世界军事年鉴 1991

WORLD MILITARY YEARBOOK

军事科学院《世界军事年鉴》编辑部

解 放 军 出 版 社

京新登字117号

版式设计　　刘泽振
封面设计　　李　戎

世界军事年鉴
1991
于新阜　主编

解放军出版社出版发行
(北京平安里3号)
(邮政编码100035)
新华书店经销
一二〇一工厂印刷

787×1092毫米　16开本　47.875印张　22插图　1548千字
1991年12月第1版　1991年12月(北京)第1次印刷
印数1—2 500
ISBN7—5065—1850—3/E·964
定　价：59.00元
社编号：01—0094

《世界军事年鉴》编审委员会

《世界军事年鉴》编辑部

《世界军事年鉴 1991》撰稿人

（以姓氏笔划为序）

丁廷福　　丁建华　　丁前星　　刁望钦　　马友谦　　马学印　　于　玲　　于汝波
于守诚　　王　立　　王　安　　王　京　　王　峰　　王　锐　　王立群　　王凤才
王永建　　王传顺　　王亦军　　王全永　　王达余　　王成刚　　王连奎　　王宝玉
王建华　　王树森　　王洪儒　　王通信　　王谊民　　王康胜　　王琦保　　王越炜
王瑜瑰　　王殿勇　　王毅杰　　牛芳河　　卞荣萱　　尹　卓　　尹承魁　　毛文喜
方　江　　孔国生　　孔繁金　　韦显文　　叶　征　　叶信荣　　申健一　　白　琼
石之英　　石兆光　　卢永金　　卢瑞泉　　兰书臣　　龙信国　　龙继泽　　纪荣仁
冯爱旺　　刘　庆　　刘　杉　　刘　超　　刘义昌　　刘凤棠　　刘书礼　　刘礼全
刘永明　　刘伟伟　　刘明涛　　刘学良　　刘国君　　刘国炎　　刘春达　　刘春秋
刘效兰　　刘海鹰　　刘桂兰　　刘温国　　刘群仓　　乔德春　　华人杰　　孙培德
孙叔林　　朱　钧　　朱小莉　　朱瑞臣　　江　山　　江　英　　江敬灼　　许　平
任　杰　　伍永昌　　全寿文　　李小彤　　李木兰　　李红炬　　李执中　　李庚起
李春玉　　李春明　　李荣怀　　李鸿飞　　李维泽　　李智舜　　李殿选　　李鲁明
吴子勇　　吴文革　　吴树凡　　何铁矛　　沙起才　　杜　健　　芹　菶　　巫汉生
余汉民　　余志佳　　肖　继　　肖　锋　　肖石忠　　武希志　　武爱琴　　杨立明
杨可怡　　杨玲凤　　周　洁　　周以蕴　　周玉贵　　周克定　　周家鸣　　周璞芬
陈力恒　　陈广田　　陈方明　　陈友谊　　陈光琪　　陈汝恺　　陈宗礼　　陈荣弟
陈树国　　陈效良　　陈瑞祥　　林　山　　林　野　　林水成　　林振国　　邹　明
邹可可　　季广智　　邸福元　　孟宪君　　罗裕凤　　张　伟　　张卫新　　张召忠
张令钟　　张有谟　　张元秋　　张兆垠　　张兆群　　张庆宪　　张成名　　张君超
张芬芬　　张邦栋　　张连国　　张武英　　张国昌　　张青森　　张家裕　　张钦贞
张春山　　张洲军　　张清文　　张湘洲　　张瑞泉　　姜春良　　项波逸　　祝凤岐
姚　成　　姚有志　　闻中华　　荣　剑　　钟学良　　洪锦珠　　赵刚箴　　赵严芳
赵金祥　　郑启航　　郑明哲　　胡仁隆　　胡国理　　胡嘉海　　徐文林　　徐克洲
徐碣敏　　袁孝华　　袁尚孝　　贾巨善　　贾坤基　　钱寿根　　钱俊德　　顾　辉
顾德荣　　高　琪　　高志勇　　高福锁　　聂和兴　　聂景贤　　夏　兵　　韩生民
谈怀春　　莫毅强　　郝东亮　　晋景民　　翁金祥　　诸葛永松　　黄　韧　　黄金鹏
黄远模　　黄宗甫　　黄硕风　　曹连成　　常学强　　梁星心　　职延明　　郭　甫
商景洲　　龚国川　　屠泆超　　董科军　　董家禄　　董新成　　董鲁湘　　彭玉成
彭训厚　　彭燕眉　　葛缘珮　　隋东升　　蒋树兴　　温味几　　雷华健　　詹正嵩
简涛洁　　谭丽华　　翟云平　　蔡文忠　　蔡建华　　蔡惠玉　　廖应昌　　薛武学
鲍世修　　魏世杰

中国共产党中央军事委员会主席
中华人民共和国中央军事委员会主席
江泽民

中国共产党中央军事委员会第一副主席
中华人民共和国中央军事委员会副主席
杨尚昆

中国共产党中央军事委员会副主席
中华人民共和国中央军事委员会副主席
刘华清　上将

中国共产党中央军事委员会秘书长
中华人民共和国中央军事委员会委员
中国人民解放军总政治部主任
杨白冰　上将

中华人民共和国中央军事委员会委员
中华人民共和国国务院国务委员兼国防部长
秦基伟　上将

中华人民共和国中央军事委员会委员
中国人民解放军总参谋长
迟浩田　上将

中华人民共和国中央军事委员会委员
中国人民解放军总后勤部部长
赵南起　上将

中国人民解放军副总参谋长
徐　信　上将

中国人民解放军副总参谋长
徐惠滋　中将

中国人民解放军副总参谋长
韩怀智　中将

中国人民解放军副总参谋长
何其宗　中将

中国人民解放军总政治部副主任
周文元　中将

中国人民解放军总政治部副主任
于永波　中将

中国人民解放军总政治部副主任
李继耐　少将

中国人民解放军总后勤部政治委员
周克玉　中将

中国人民解放军总后勤部副部长
李九龙　中将

中国人民解放军总后勤部副部长
刘明璞　中将

中国人民解放军总后勤部副部长
张　彬　中将

中国人民解放军总后勤部副部长
李　伦　中将

中国人民解放军总后勤部副政治委员
许　胜　中将

中央军事委员会纪律检查委员会书记
王瑞林　中将

国防科学技术工业委员会主任
丁衡高　中将

国防科学技术工业委员会政治委员
邢永宁　中将

中国人民解放军军事科学院院长
蒋顺学　中将

中国人民解放军军事科学院政治委
杨永斌　中将

中国人民解放军国防大学校长兼政治委员　**张　震　上将**

中国人民解放军沈阳军区司令员

刘精松　中将

中国人民解放军沈阳军区政治委员

宋克达　中将

中国人民解放军北京军区司令员

王成斌　中将

中国人民解放军北京军区政治委员

张　工　中将

中国人民解放军兰州军区司令员

傅全有　中将

中国人民解放军兰州军区政治委员

曹芃生　中将

中国人民解放军济南军区司令员

张万年　中将

中国人民解放军济南军区政治委员

宋清渭　中将

中国人民解放军南京军区司令员
固 辉 中将

中国人民解放军南京军区政治委员
史玉孝 中将

中国人民解放军广州军区司令员
朱敦法 中将

中国人民解放军广州军区政治委员
张仲先 中将

中国人民解放军成都军区司令员
张太恒 中将

中国人民解放军成都军区政治委员
谷善庆 中将

中国人民解放军海军司令员
张连忠 海军中将

中国人民解放军海军政治委员
魏金山 海军中将

中国人民解放军空军司令员
王 海 空军上将

中国人民解放军空军政治委员
朱　光　空军中将

中国人民解放军第二炮兵司令员
李旭阁　中将

中国人民解放军第二炮兵政治委员
刘安元　中将

编辑说明

一、《世界军事年鉴》是一部逐年编纂出版，以记述年度内世界各国军事新情况、新进展为主要内容的信息密集型学术性资料性工具书。其任务是，以马列主义、毛泽东思想为指针，坚持四项基本原则，面向现代化、面向世界、面向未来，有选择有重点地系统介绍中国和世界其他国家的军事基本情况和动态。主要服务对象是各总部机关、军事科学研究单位、院校和部队的官兵，同时也顾及对军事问题感兴趣的广大读者。

二、本版《年鉴》同上版一样，设9个栏目：军事要事；各国军事概况；军事理论研究；军事技术；军事建设；国际组织、条约；世界军事大事记；特辑；彩色图片。

三、本版《年鉴》所收资料的时限：一般是从1990年1月至12月；少数截至1991年3月底为止；某些专题资料和首次设立的类（项、条）目，为了给读者以较系统较全面的信息，收载了1990年以前的一些资料。

四、“各国军事概况”栏共收入146个有军队或军事组织的国家和地区。各个国家和地区分洲排列，次序是亚洲、非洲、欧洲、美洲、大洋洲；洲内各个国家和地区则按其名称的汉语拼音字母顺序排列。本栏选用的资料和数据，主要是作者对该国情况进行研究的成果，有些则直接引自各国官方公布的1990年度的材料，同时还参考了下述资料：中国《关于1990年国民经济和社会发展的统计公报》，中国《世界知识年鉴（1989～1990）》，英国伦敦国际战略研究所《军事力量对比（1990～1991）》，美国《不列颠年鉴（1990）》等。为了尽量减少与前几版内容上的重复，本版仍重点突出武装力量部分，删去了一些变化不大的条目（如科研体制、军工生产、军队节日和图表等）。同时，为减少篇幅，对一些变化不大的非洲和美洲国家，则采用了表格的形式来表述其简况。读者如需要参考上述被删去的条目和被简化的国家资料，可查阅本《年鉴》的前几版。

五、本版《年鉴》所用资料来源不尽相同，一些专业术语也因国家不同而异，某些专名的译名亦不尽统一，在编辑过程中虽注意订正和统一，但前后不一致之处尚未能完全避免。为便于读者进行对比研究，有个别条目特地收录了不同来源的资料。为增强条目内容的可信度，并便于读者进一步查考，编纂者尽量注明资料来源：“综述”条目的“主要资料来源”附在文后，而信息条目的资料出处则见于文内。

六、本版《年鉴》在编辑过程中，曾得到总参谋部、总政治部、总后勤部有关单位和各军区、军兵种、武警总部、军事院校，以及中国社会科学院等单位的支持和帮助；全书完稿后还约请王羊、尹承魁、华人杰、杨士华、范豫康、温味几等专家学者参加了本书的审阅工作。在此谨表谢意。

七、本《年鉴》涉及军事科学的方方面面，我们水平有限、经验不足，缺点和错误难免存在，欢迎广大读者批评指正。

军事科学院外国军事研究部

《世界军事年鉴》编辑部

1991年8月

《世界军事年鉴 1991》目录

军　事　要　事

亚洲军事要事

非洲军事要事

欧洲军事要事

拉丁美洲军事要事

各　国　军　事　概　况

亚　洲

非 洲

欧 洲

军事政策、军事战略理论研究

作战理论研究

军事历史研究

军事地理研究

其他军事学科理论研究

简　讯

军　事　技　术

超导技术及其军事应用

轻武器

装甲兵武器装备

炮兵武器装备

工程兵技术装备

海军武器装备

空军武器装备

战略导弹

军用航天技术

核武器

化学战装备

电子对抗装备

军 事 建 设

建军方针与计划

军队编制

军事后勤

军事法制

国际组织、条约

国际组织

国际条约

1990 年世界军事大事记

特　　辑

彩　色　图　片

亚洲军事要事

柬埔寨局势 1990年柬埔寨民族解放战争仍在继续进行。柬抵抗力量三方团结战斗，在战场上取得了重大胜利，对柬埔寨问题的政治解决起到了促进作用。由于柬民族政府和国际社会的努力，柬问题的政治解决1990年取得了重大进展。但由于越南和金边政权坚持顽固立场，截止1990年底仍有一些重大问题未能解决。

一、柬埔寨战场军事形势

(一) *1990年，柬抵抗力量在战场上取得了重大胜利。*

一年来，柬埔寨战场军事斗争总的特点是：以军事斗争配合政治斗争，配合柬埔寨问题的政治解决。战争强度一般保持在较低的水平，战场形势时起时伏，有时战斗还是相当激烈的。

尽管西哈努克亲王和柬抵抗力量三方一再重申合情合理地政治解决柬埔寨问题的5点建议，联合国安理会常任理事国和国际社会也为政治解决柬埔寨问题作出多次努力，但由于越南和金边政权坚持顽固立场，使政治解决步履艰难。在民族生存的严重关头，西哈努克亲王发出号召：一手抓政治解决，一手抓军事斗争，政治解决必须以军事斗争为后盾。在这一思想指导下，柬抵抗力量三方加强团结，联合作战，频频出击，使柬埔寨战场改变了以往旱季作战中越南和金边政权军发动攻势的态势，在部份地区出现了抵抗力量转守为攻的局面。

在柬埔寨西北战场

柬埔寨抵抗力量三方自1989年9月开始在西北部战场对越南和金边政权军发起反击，攻克马德望省重镇拜林和三隆、特莫博、普农斯罗、安龙文等县城，切断了5、6、10、69号公路等重要交通干线，使柬西北部及柬泰边境解放区有所扩大。1989年底，柬抵抗力量乘胜前进。高棉人民民族解放阵线部队攻占了战略要地斯外则和诗梳风周围地区，民柬国民军攻占了农占、梅莱山、马亨山等柬泰边境战略要地，形成了对柬第2大城市马德望的包围态势。民柬国民军和西哈努克民族主义军部队进入暹粒省作战，逼进吴哥地区，直指柬埔寨第3大城市暹粒。

1990年1月，柬抵抗力量接连击退了越南和金边政权军3个团在马德望市周围的"扫荡"，并在诗梳风等地发起进攻：1月13日，柬抵抗力量攻克安龙特莫和安比等据点；在豆蔻山南端，抵抗力量歼灭了边达地区的敌军部队，解放了"汽车头山"。在暹粒省，1月17日柬抵抗力量攻克了暹粒市以北50公里的瓦林县城。

1990年2月中旬，侵柬越军330师、309师，金边政权军4师、196师等部多次在马德望市附近10号公路对柬抵抗力量发起进攻，企图夺回1989年10月以来抵抗力量解放的地区。经1个多月激战，柬抵抗力量粉碎了敌军的反扑。至1990年3月，柬西北解放区东西深入柬境达100余公里，南北深入柬境160余公里。马德望省、奥多棉吉省、暹粒省和柏威夏省的广大农村几乎全部解放。在马德望市，尽管敌军增兵7000多人并下令死守，但城内越南和金边政权军部队已疲惫不堪，士气沮丧。抵抗力量随着前线部队的胜利，在柬西北修建了若干条东西走向的新公路，在扁担山脉中段开辟了长达100公里的运输线，形成了可以自由通往内地的运输补给网。为了便于协同作战，抵抗力量三方在西北地区成立了联合指挥机构三方委员会，负责统一协调三方军事、政治、经济活动，制定作战计划，组织兵力，分配任务，以便更有力地打击越南和金边政权军。在解放特莫博和斯外则的作战中，三方委员会充分发挥了协调作用，作战中休现了三方联合的团结精神。

1990年4月3日，越南和金边政权军2500多人在20辆坦克支援下攻入1989年被抵抗力量解放的特莫博市。4月4日，抵抗力量主动撤出该市。4月11日，西哈努克民族主义军和高棉人民民族解放阵线部队又联合作战收复特莫博市。鉴于解放区不断扩大，战场形势不断好转，西哈努克亲王4月份来到奥多棉吉省柬泰边境地区的自由村定居。5月1日，抵抗力量解放了拜林和菩萨之间的三洛。民柬国民军司令宋成说，越南和金边政权军已无力发动大规模攻势。西哈努克亲王之子拉那烈王子也指出，柬西北部大部分地区已经解放，越南和金边政权军只能控制少数重镇和交通干线。

在柬埔寨中部和东部战场

柬抵抗力量的游击活动日趋活跃。1990年1月，抵抗力量深入到磅同、磅湛、磅士卑、贡不及金边周围地区作战。1月6日，抵抗力量袭击金边市区，当场用手榴弹炸死一批金边政权军警。1月底，抵抗力量在金边西南的磅士卑省解放了巴塞、卡、蓬、斯外咋则、斯外伦别等5个乡共29个村庄，毙伤和俘虏敌军140余人，摧毁和缴获武器170余件及弹药一部。2月初，柬抵抗力量在柬南部的贡不省，攻克敌军据点7个，歼敌140余人；在柬东北部地区，抵抗力量解放了大部农村和部分城镇。1990年3月11日，柬抵抗力量攻克磅同省斯当县格罗耶据点，歼敌160余人。至3月底，柬抵抗力量在磅同地区取得了重大战果，先后解放了13个乡共72个村庄，18万民众。6月17日，西哈努克民族军和民柬国民军紧密协同，经过4个小时激战，攻占柬中部战略要地磅同市，并于当天主动撤出。这一行动具有重要的战略意义，表明柬抵抗力量已经强大到可与越南和金边政权军争夺较大城市，并已掌握了较多的战场主动权。

拉那烈王子指出，由于抵抗力量的积极努力，柬战场形势大好，解放区的面积已达全国领土的1／4至1／3。

1990年6月柬埔寨进入雨季后，战场上相对平静。10月进入旱季后，又开始了敌友双方较量的新回合。越南和金边政权军在阻挠政治解决的同时，已开始增兵围攻抵抗力量控制的拜林市等地区。

（二）越南在柬埔寨仍驻有大量部队。

越南1989年9月单方面宣布已全部从柬埔寨撤军。但事实并非如此。为了达到长期控制柬埔寨的目的，越南在柬埔寨仍留驻有相当多的部队。据柬抵抗力量人士1990年3月揭露，成建制留在柬埔寨的越军有3万余人，混编入金边政权军中的越军有3万余人，还有大量越军混藏于金边政权各级组织和民众中。越军330、309师和新编50师继续在马德望地区活动，越军302师仍驻在柬埔寨暹粒省。在洞里萨湖周围及金边地区也时有留驻的越军出现。更有甚者，越南在留驻部队的同时，还不断私下向柬增兵。西哈努克亲王指出，自1989年9月至1990年2月，越南共向柬埔寨新增兵2万余人，在蒙多基里、拉塔那基里等省，越南非法移民达100多万人。

西哈努克亲王1990年3月19日在北京向有关使团代表揭露，越南加强在柬的军事存在的事实表明，越南1989年9月宣布已全部从柬撤军完全是谎言。1989年9月以来，越南和金边当局大肆宣传，金边“已有能力保卫自己”，越南“志愿军”已完成“国际义务”，“全部从柬撤出来”，并保证不再“重返”。1990年2月，越南外长阮基石也声称，在柬埔寨已“不再有越南一兵一卒”。但在事实面前，越南当局1990年3月也不得不承认，“应金边要求”，越军“顾问”已返回柬埔寨，“帮助设计战略防线和训练炮手”。柬埔寨战场形势的发展表明，越南用了长达11年的时间扶植起来的金边政权离开越军，是难以存在的。在柬抵抗力量的强大攻势下，退居二线的侵柬越军又不得不亲自出马。越南加强在柬埔寨的军事存在说明，越南仍不愿放弃在柬的既得利益。越军仍留驻柬埔寨的事实表明，抵抗力量进行的抗越救国民族解放战争的性质未变。西哈努克亲王1990年3月27日表示：作为一个民族主义者和爱国主义者，他将不得不为祖国的彻底解放而战斗到底。

二、关于柬埔寨问题的政治解决

由于越南入侵柬埔寨而造成的柬埔寨问题至1990年已进入第12个年头。饱受战乱之苦的柬埔寨人民迫切要求尽早结束这场灾难。国际社会也普遍要求结束柬埔寨战争，实行政治解决。全面、合理、公正地政治解决柬埔寨问题是大势所趋，人心所向。一年来，以西哈努克亲王为首的柬埔寨联合政府和国际社会为政治解决柬埔寨问题作出了巨大的努力，取得了重大进展。现在的主要问题是要求越南和金边当局改变立场，顺应时代要求，以实现柬埔寨问题公正、合理地政治解决。

（一）联合国安理会常任理事国代表连续会晤为柬问题的政治解决打下良好基础。

1989年8月，在西哈努克亲王倡议下，联合国安理会5个常任理事国、东盟6国、印支3国和联合国秘书长的代表等在巴黎举行了柬埔寨问题国际会议。会议经过深入讨论，在核查撤军、国际监督、战后重建等许多方面取得了重大进展。但由于越南和金边政权在过渡时期政权结构和排斥红色高棉等问题上坚持顽固立场，会议未能最后达成协议。虽然如此，会议仍取得了积极成果，就是确立了柬埔寨问题必须全面政治解决的原则和柬四方应以平等身份参与政治解决进程的原则，为以后的谈判开创了一个良好的范例。巴黎国际会议后，柬战火未熄，引起国际社会广泛关注。在这种情况下，对维护国际和平、解决地区冲突负有重大责任的联合国安理会5个常任理事国就柬埔寨问题进行了一系列会晤和讨论，为柬埔寨问题公正、合理的政治解决制定了基本框架。

1990年1月15～16日，联合国安理会5个常任理事国在巴黎首次就柬埔寨问题进行副外长级磋商。出席会议的有：中国外长助理徐敦信、美国助理国务卿理查德·所罗门、苏联副外长罗高寿、法国外交部亚洲司司长马腾、英国外交部副次官戴维·吉尔摩。会议发表纪要指出，柬埔寨问题要本着1989年8月巴黎会议精神实施“全面政治解决”，柬各方应在联合国监督下参加自由、公正的大选，“任何一派不得发挥主导作用”，“任何一方都不得有特殊地位”。中国代表在会上提出，过渡时期成立以西哈努克亲王为首的联合政府是最佳方案，它不仅符合全面、公正、合理地解决柬埔寨问题的目标，而且有助于维持柬埔寨持久的和平与稳定。2月12～13日第2轮磋商在纽约联合国大厦举行。3月12～13日第3轮磋商在巴黎举行。5月25～26日第4轮磋商在纽约举行。在前4轮磋商中，5国一致认为，柬埔寨问题应全面政治解决，联合国应在政治解决进程中发挥更大作用，联合国应监督和监察撤军问题，并提出在过渡时期成立柬埔寨全国最高委员会，体现柬埔寨主权，最终举行公正自由的大选，实现柬埔寨国家自决权。与此同时，5国在过渡时期政权和军队问题上也存在若干分歧。

第5轮磋商于1990年7月16～17日在巴黎举行，经过激烈的谈判，会议取得了令人瞩目的进展，就柬埔寨问题的政治解决过渡时期的军事安排和行政管理两个关键性问题达成一致意见。在关于军事安排的文件中，明确规定由联合国派驻包括军事和文职两部分的过渡时期权力机构，对各派军队进行监督，实现停火后，各派军队都应在指定地点集结。关于过渡时期行政管理的文件规定，应在柬各方协商的基础上，建立由柬人民中有代表性和权威性人士组成的全国最高委员会，作为过渡时期唯一合法权力机构。5国欢迎西哈努克亲王担任该委员会主席。该委员会将授予联合国柬埔寨过渡时期权力机构一切必要权力，以对柬实行行政管理和组织大选。这两个文件是各国代表妥协的产物，尽管尚有不足之处，但基本体现了合理、公正、全面政治解决的精神，可以构成政治解决的基本框架。这次磋商的成功使政治解决柬埔寨问题的进程出现了转机。

第6轮磋商于1990年8月27～28日在纽约举行。会议就在柬埔寨由联合国主持下举行大选、保护人权和柬主权及领土完整的国际保障等3个文件取得一致意见，从而为政治解决柬埔寨冲突达成一揽子解决方案。会后发表的联合声明中，安理会5个常任理事国敦促柬埔寨冲突各方将这一方案作为一个整体接受，并将其作为解决柬埔寨冲突的基础。

（二）国际社会对柬问题的政治解决进程起了积极推动作用。

为了促进柬埔寨问题公正合理的政治解决，东盟国家于1990年2月在雅加达举行第3次关于柬埔寨问题的会晤，邀请柬四方参加，会议形成了包括17个条款的文件。但由于越南和金边当局硬要把所谓红色高棉实行“种族灭绝”问题强加入文件，致使会议未能达成协议。

1990年6月，在日本举行柬四方参加的东京会议。由于会议脱离了巴黎会议的框架，试图以两方政权而不是柬四方的模式成立柬全国最高委员会，红色高棉不得不拒绝参加会议。

中国是支持柬人民开展抗越民族解放斗争的主要国家之一。在政治解决柬问题中，中国一直在发挥重要作用。为讨论政治解决柬埔寨问题，1990年中越双方进行了两轮磋商。第1次在5月初，越南第一副外长丁儒廉以检查越驻华使馆工作名义来北京，中国方面以积极促成柬问题解决的态度与丁儒廉交换了意见。双方在柬问题必须政治解决及对撤军实行监督、核查等问题上取得了一些共识。丁儒廉表示，在过渡时期政权和军队处置问题上，也愿意研究中方建议，并邀请中国派人去河内继续商谈。为此，中方派外交部部长助理徐敦信前往河内再度磋商。但由于越南态度反复无常，经几天艰苦谈判未能取得实质性进展。越南坚持过渡时期原封不动地保留金边政权，拒绝成立拥有实权的柬埔寨最高委员会或将行政管理权交给联合国实施，反对联合国向柬派驻维持和平部队，要求柬埔寨四方部队就地冻结。越南的意图显然是保持越南和金边政权军占领的地盘，给政治解决设置障碍。由于越南缺乏诚意，中越磋商无结果而散。1990年8月，中国总理李鹏访问东南亚期间，与有关国家领导人就政治解决柬埔寨问题进行了磋商。中国和东盟国家领导人均认为，政治解决柬埔寨问题的时机已经成熟，应加快步伐，支持安理会5个常任理事国磋商达成的文件，认为这些文件构成了公正合理地解决柬问题的框架；支持巴黎会议两主席在雅加达召开四方会议，促进成立柬最高委员会。

（三）柬民族政府三方为政治解决柬埔寨问题作出了不懈努力。

柬埔寨民族政府主席西哈努克亲王1990年7月底表示，他主张按1989年联大决议和1990年联合国安理会5个常任理事国关于解决柬问题的协议，全面、公正、合理地解决柬埔寨问题。西哈努克指出，美国撤回对民柬联合政府的支持，主张柬在联合国的席位空缺是不合理的。8月21日，西哈努克亲王代表柬三方领导人表示，支持和接受联合国安理会5个常任理事国就柬问题商定的文件，赞成巴黎会议两主席关于在雅加达召开柬四方会议的倡议，支持再次召开有关柬埔寨问题的巴黎国际会议。8月22日，柬民族政府和柬民族抵抗力量领导人在北京举行会议后发表声明说，柬全国最高委员会是过渡时期唯一合法机构和权力来源，支持西哈努克亲王担任柬全国最高委员会主席。

1990年9月9日，在雅加达举行了柬四方非正式会议，宋双、乔森潘、拉那烈、洪森出席了会议，在巴黎国际会议两主席主持下，经过磋商，达成一致协议，宣告成立柬埔寨全国最高委员会，从而使全面政治解决柬埔寨问题取得了突破性进展。协议规定，柬民族政府三方在全国最高委员会中各占2席，金边政权占6席。9月8日，西哈努克亲王表示，他提出的5点和平方案仍然有效，其中一条是全国最高委员会应由各方的12名成员组成，同时选一名委员会主席，作为第13名成员。

9月17日，柬埔寨四方在曼谷举行会议。会上，金边方面的代表洪森违背了包括他本人在内的四方领导人一致同意的雅加达会晤联合声明精神，节外生枝，阻挠西哈努克亲王当选最高委员会主席，致使会议不欢而散。事后，洪森又声称，如果西哈努克被提名为主席，则金边方面要求他担任副主席和出席本届联合国代表大会。这表明金边政权对贯彻实行安理会5个常任理事国商定的文件缺乏诚意。

为了促进柬问题的政治解决和尽快派出柬四方统一的代表团出席第45届联大，西哈努克亲王1990年9月2日发表声明说，如果他当选为全国最高委员会主席，可由金边方面派出第14名成员。10月11日，柬抵抗力量三方重申，支持西哈努克亲王担任全国最高委员会主席。11月25日，西哈努克亲王呼吁召开四方非正式会议，以便就解决柬全国最高委员会等问题进行磋商。

（四）柬四方重申接受安理会框架协议

1990年11月9～10日，柬埔寨问题巴黎国际会议两主席在雅加达召开工作小组会议，包括安理会5个常任理事国在内的12个国家的代表根据安理会常任理事国商定文件的精神，为巴黎国际会议的复会准备了初步文件，并达成广泛一致的看法。11月23～26日，巴黎会议两主席又在巴黎召开柬问题工作会议。经36小时的激烈辩论和反复磋商，就有关全面解决柬问题协议文件的起草工作取得一致意见，从而为巴黎国际会议尽快复会创造了条件。会议要求柬各方作出努力，使全国最高委员会充分运转起来。据了解会议内情的人士透露，苏联坚持设一名副主席（由洪森担任），并反对在公报中写入主席由西哈努克亲王担任。1990年11月底和12月初，西哈努克亲王两次邀请柬各方领导人和最高委员会成员到巴黎会晤，共商柬和平大计，均遭到金边当局的拒绝。12月21日，在巴黎会议两主席倡议下，在巴黎举行柬埔寨问题磋商会议，出席会议包括柬全国最高委员会的12名成员。会上巴黎会议两主席和柬抵抗力量三方敦促金边接受政治解决协议。结果四方重申接受安理会框架协议作为解决柬冲突的基础。

阿富汗局势 1990年是阿富汗战争由侵略反侵略战争转为国内战争的第2年。以苏联支持的纳吉布拉政权为一方和得到美国、巴基斯坦等国支持的抵抗组织为另一方，继续在国内进行军事较量，但战争强度明显减弱。敌对双方互有攻守，均未能打破战场僵持状态。喀布尔政府军控制大城市和主要交通线、游击队控制广大农村的基本格局无大变化。围绕政治解决阿富汗问题的有关各方，继续开展政治外交活动，但和平努力的进程异常缓慢，没有取得实质性成果。

一、抵抗力量继续开展武装斗争，但未能组织强有力的攻势

一年来，阿富汗游击队小规模骚扰性的袭击、封锁道路、袭击机场、夺取城镇等军事活动一直没有停止，活动区域十分广泛，在全国31个省中有22个省有游击队活动。游击队重点攻击的地区有：首都喀布尔及其周围地区；东部及东南部的贾拉拉巴德、霍斯特地区；南部的坎大哈地区；西部的赫拉特地区以及阿富汗政府军防守薄弱的城镇。

在喀布尔地区，游击队始终没有放松对首都喀布尔的军事压力，对市区的火箭袭击经常发生，还经常组织小规模的袭扰活动。1990年上半年，游击队对喀布尔市区实施火箭袭击30余次，发射火箭弹500余枚，包括杀伤力较强的集束弹头，造成了近千人的伤亡。1990年2、3月，游击队一举攻占喀布尔北部的帕尔旺省省会查里卡和西部的瓦尔达克省省会马伊丹，进逼首都喀布尔。此后，帕格曼地区的游击队又向喀布尔发动攻击，一度攻占喀布尔北郊政府军驻地，并袭击了喀布尔以北的巴格拉姆空军基地，打死打伤政府军近500人。4、5月，游击队再度在帕格曼集中2000余人组成150余支作战分队，对喀布尔实施袭扰作战。在喀布尔东北的拉格曼，游击队4次攻击政府军营地，歼敌100余人。在喀布尔南部的卢格尔省，游击队攻占了政府军的4个阵地，控制了该省通往喀布尔的公路。1990年10月以后，游击队再次对喀布尔频繁实施猛烈的火箭袭击，轰击喀布尔的机场、政府军的兵营、弹药库等重点目标。有时一次袭击就持续48小时，火力十分猛烈，并出动地面部队攻击政府军外围阵地，对喀布尔市造成较大威胁。

在东南部地区，游击队在帕克蒂亚、楠格哈尔、加兹尼、帕克蒂卡等省十分活跃，经常攻击霍斯特、贾拉拉巴德等重要城镇。1990年2、3月，游击队集中2500余人围攻霍斯特，一度控制了该城四周的制高点，将市区团团围困，切断其与外界的交通和通信联络，每天向该城发射数百枚火箭和炮弹，迫使政府军出动空军前往支援解围。5月，游击队又多次对霍斯特机场实施攻击，击毁政府军飞机2架。游击队还经常袭击贾拉拉巴德，猛烈的炮火轰击，游击小分队频繁的袭扰，使该市政府军始终处于高度紧张状态。驻守市外围阵地的政府军在1990年5月和10月多次与游击队发生激烈争夺战。

在南部地区，游击队在坎大哈省和赫尔曼德省不时对政府军发动袭击。1990年5月和10月，游击队多次攻击坎大哈政府军营地和机场，切断坎大哈通向喀布尔的公路。毙敌近百人，摧毁政府军的一些坦克、军械库和作战阵地，烧毁军车数十辆。在赫尔曼德省，游击队经常在交通线上组织伏击，5月即击毁政府军军车数十辆，击落战斗机3架，直升机4架。

在北部、中部和西部地区，1990年5月，游击队在昆都士、巴格兰、信丹德、赫拉特等省广泛开展游击队袭扰活动，攻占多处政府军的阵地和军事设施，围困昆都士市。10月以后，游击队在这一地区又频繁出击，并于10月4日攻占了中部地区乌鲁兹冈省省会提林库特。

经过一年的战斗，游击队共打死打伤政府军近2万人，俘获800余人，击毁坦克和各种车辆1500余辆。但是，游击队未能攻占影响较大的重要城市，也未能大量歼灭政府军的有生力量，因此对喀布尔政权没有造成重大威胁。

游击队在1990年之所以没有发动大规模的军事攻势，主要原因是：（一）1989年大规模攻势失利，使游击队元气大伤。1989年2月苏军全部撤离后，游击队错误估计形势仓促发动全面攻势，结果惨遭失败。特别是规模空前的贾拉拉巴德市战役，游击队投入4万兵力对贾市轮番冲击，均被政府军击退。经过4个月的激战，游击队不仅未能攻占贾市，而且元气大伤，有生力量和武器装备损失惨重，士气遭受沉重的打击，不少游击队指挥员对用武力推翻喀布尔政权丧失信心。（二）抵抗力量内部派系斗争加剧，无法统一协调行动。阿富汗抵抗力量的各支游击队都是以部落武装为基础组合而成。他们之间互相猜忌，甚至相互敌对，誓不两立。过去反对苏联入侵的圣战使他们联合起来，而在苏军撤离，武力推翻喀布尔政权无望的形势下，游击队之间原来存在的部落、民族、宗教和意识形态的矛盾突现出来，斗争日益激化，甚至经常发生火并，以巴基斯坦为基地的七党联盟和以伊朗为基地的八党联盟一直矛盾重重。而七党联盟于1988年2月成立的临时政府，因1989年年底发生内讧也陷入瘫痪状态。1990年1月，七党联盟内的两大重要抵抗组织伊斯兰党和伊斯兰协会之间关系空前紧张，伊斯兰协会的主要战地指挥官艾哈迈德·沙阿·马苏德下令公开绞死4名伊斯兰党成员，伊斯兰党领导人古尔布丁·希克马蒂亚尔召开记者招待会进行公开谴责，要求成立联合法庭审判伊斯兰协会领导人，下令禁止伊斯兰协会的游击队通过伊斯兰党控制区和交通要道调动部队和运输补给，并要求巴基斯坦停止对马苏德部队的军援。作为实力最强的抵抗组织伊斯兰党，是一个伊斯兰原教旨主义组织，该党领导人希克马蒂亚尔1989年12月辞去临时政府外长之职，拉起大旗单干，于1990年3月支持喀布尔政权的国防部长沙阿·纳瓦兹·塔奈发动军事政变。各派游击队对此十分反感，将其称之为“邪恶的结盟”。塔奈政变失败，使伊斯兰党名誉遭受重大损失，内部也发生分裂，党的执行委员会多数成员辞职。希克马蒂亚尔为挽回面子，于8月提出在解放区搞选举，10月又提出游击队重新联合起来，全力攻打喀布尔，但均得不到其他游击队组织的响应，有的甚至公开反对。而在此同时，希克马蒂亚尔领导的游击队却经常与其他游击队火并，伤亡超过与政府军作战的损失。（三）游击队领导人想保存实力，拖以待变不愿出战。各派游击队领导人虽然表面上一直坚持要用武力

推翻喀布尔政权，坚持要纳吉布拉及追随者彻底投降，实际上他们通过1989年的较量也已知道抵抗力量并不具备在战场取胜的实力，速胜无望。因此，为了在未来政权中争取更大的利益，他们采取保存实力坐观其变的做法。加上喀布尔政府利用提供金钱、供应武器、准予自治等条件为诱饵，分化收买游击队领导人。一些游击队领导人甚至与政府军达成协议，双方和平共处。占据战略要地潘杰希尔谷地、具有较强实力的马苏德游击队即与政府秘密会谈，停止了对喀布尔通向苏联的萨兰公路的袭击，使这条对喀布尔当局的生命线基本上保持了畅通。一些游击队甚至投降政府军，变成了政府的民兵，帮助政府军守卫赫拉特等城市。

二、喀布尔当局平息政变，竭力改善防御态势

受苏联支持的阿富汗执政党人民民主党内历来存在派系斗争，在城市上层社会中影响较大的旗帜派和在军警系统及基层政权中占居优势的人民派政见分歧，争权夺利的斗争严重，双方曾多次火并。1986年，旗帜派主要成员纳吉布拉上台后，党内两派的矛盾逐渐尖锐，属人民派的国防部长纳瓦兹·塔奈在一系列军政问题上与纳吉布拉分歧很大。1989年12月，塔奈幕后策划政变，计划败露后，纳吉布拉下令逮捕了127名军官，并于1990年3月5日开始对这些军官进行审判。塔奈对此极为不满，担心纳吉布拉很快要对其下手，遂于3月6日发动军事政变。当日下午1时，塔奈发出政变指令，一批战斗轰炸机立即从巴格拉姆空军基地飞临喀布尔上空，猛烈轰炸总统府，政变部队与总统卫队在总统府及国防部等地展开激战。对这场政变，纳吉布拉事先已有所察觉，并在3月5日深夜派部队包围了准备参加政变的坦克兵团。当政变部队动手时，纳吉布拉迅速通过热线与苏联方面联系，在一支坦克部队的护送下，逃进苏联大使馆，并在那里调兵遣将，组织反击。支持纳吉布拉的政府军动用先进的苏制歼击轰炸机和"飞毛腿"导弹猛烈轰击政变军指挥中心国防部大楼及巴格拉姆空军基地，切断了塔奈的通信指挥网，使支持政变的部队无法配合行动。经过24小时激战，塔奈在孤立无援的情况下且战且退，最后带领家属和17名高级军官乘直升机飞往临近巴基斯坦的边境据点，政变宣告失败。这场政变是近年来阿富汗发生的规模最大、损失最惨重的一次未遂政变。参加政变的部队达25000余人，战斗中死伤300余人，24架飞机被毁，国防部大楼被炸成废墟，总统府被炸坏，首都喀布尔损失严重。

纳吉布拉在平息政变之后，为了巩固统治，挽回政变造成的影响，一方面在内部进行清洗，逮捕了623名参加政变的军官，开除了7名支持政变的政治局委员；另一方面调整政府军部署，加强首都和重点地区的防务，在挫败游击队袭击的同时，积极组织反击作战，改善防御态势。1990年4、5月，政府军在一些重点城市实施主动出击。在首都喀布尔，政府军4～7月对距喀市仅20公里的游击队重要基地帕格曼山区发动大规模攻击。不断出动空军前往轰炸，并出动地面部队在猛烈炮火支援下向帕格曼山区进攻，经过3个多月10多次的进攻，终于在1990年7月初攻占帕格曼，毙伤游击队2000余人，缴获大批武器弹药。在此期间，政府军还出动飞机、火炮和地面部队，轰炸并夺取了喀布尔周围不少游击队的火箭发射阵地，从而使首都的外围防线扩大了10～20公里，防御态势大为改善。在贾拉拉巴德市，政府军从1990年5～11月，出动上万兵力，发动了4次攻击，夺取了市周围一些游击队的据点和阵地，迫使游击队撤出城市外围，进一步巩固了政府军的防御。在霍斯特、坎大哈、赫拉特等重要城市，政府军也多次主动出击，均取得了较好的战果。此外，政府军还在拉格曼、昆都士、楠格哈尔、帕克蒂亚等很多省份，积极开展清剿作战，寻歼分散活动的游击队，攻击游击队据点，也取得了一定的战果。

喀布尔当局在平息政变和与游击队作战方面，均得到苏联政治上、军事上的大力支援。据美国驻阿富汗抵抗组织的特使彼得·汤姆森1990年4月透露，苏联在从阿富汗撤军以后，增加了对纳吉布拉政权的援助，估计援助额每月高达3.5～4亿美元，每年总援助额达50亿美元。武器、弹药、食品和燃料源源不断地从苏联运进阿富汗。据统计，1989年2月～1990年4月，苏联又向喀布尔政权提供了数百辆坦克、装甲输送车，还有许多过去从未提供过的高空轰炸机、1700余枚"飞毛腿"导弹、破坏力很强的240毫米口径的重型迫击炮等重型武器。此外，苏联留在阿富汗的军事顾问和情报顾问也从1989年9月的300人增加到500人，这些苏联顾问有的在喀布尔阿军总部，有的在用苏制"飞毛腿"导弹装备起来的阿军导弹部队。他们帮助阿军制定作战计划，提供情报，参与作战指挥，在平息政变、击退游击队进攻等方面，均发挥了重要作用。

三、有关各方继续为在阿富汗恢复和平进行努力，但政治解决依然步履艰难

1990年，随着美苏关系缓和进程的加快，有关各方围绕政治解决阿富汗问题，继续开展政治外交活动。

（一）苏联和喀布尔当局频频发动政治外交攻势。

1990年2月14日，苏联外交部长谢瓦尔德纳泽在苏联从阿富汗撤军一周年之际，提出政治解决阿富汗问题的10点建议，主要内容有：停止流血冲突；召开全阿富汗的和平会议；举行苏联、美国、巴基斯坦和伊朗四方会议，邀请联合国秘书长德奎利亚尔或他的代表参加，同时阿富汗各方也派代表参加；完全停止向阿富汗交战各方提供武器等。在谢瓦尔德纳泽提出上述建议的同时，喀布尔政权总统纳吉布拉也提出了阿富汗实现民族和解的9点建议。其要点是：(1) 喀布尔政府愿与所有反对党派、组织举行停火会谈；(2) 举行全国范围的和平会议；(3) 共同宣布停火6个月；(4) 组成一个各派人士参加的领导委员会；(5) 举行各派人士参加的会议，制定新宪法和选举法；(6) 由领导委员会组成一个基础广泛的临时政府；(7) 举行大国民议会，通过新宪法和选举法；(8) 在联合国监督下举行全国大选；(9) 正式成立一个经选举产生的有各派人士参加的政府。纳吉布拉还表示，他所领导的人民民主党主张未来的阿富汗将成为一个中立国家。如果和平谈判取得进展，必要时他将辞职，为和平作出个人牺牲。

此后，苏联在1990年4月、6月、9月、12月与美国进行首脑和外长会谈中，就阿富汗问题的解决提出一系列新建议，其中包括：(1) 成立一个与纳吉布拉政权并列的临时政府，这个临时政府的任务将只是负责组织阿富汗大选。该政府将由在阿富汗、巴基斯坦、伊朗和其他地方的阿富汗各派政治力量共同组成。(2) 苏联同意由联合国和伊斯兰会议组织监督大选。(3) 阿富汗大选可考虑按照尼加拉瓜和纳米比亚方式，由联合国监督，分别在喀布尔政权和游击队控制区举行选举，但在此期间不能影响纳吉布拉和人民民主党的地位。(4) 在临时政府接管权力之前，实现停火，外国停止向阿富汗敌对双方输送武器。与苏联的外交攻势相呼应，喀布尔当局也采取了一系列措施，改善其政权的形象，表示实现民族和解的“诚意”。1990年5月3日，纳吉布拉提前宣布在全国解除紧急状态，为加快全国和解进程，创造良好气氛。5月8日，纳吉布拉任命非人民民主党党员法扎勒·哈克·哈利克亚尔为总理。5月底，纳吉布拉在喀布尔召开“大国民议会”修改宪法，删去原宪法中关于人民民主党是“政治生活中的主导力量”一类的提法，放弃一党专政。纳吉布拉在会上表示，为了实现民族和解，应在国内维持一个“冷静时期”，在这个时期内，交战双方应停止使用某些武器。在过渡时期，游击队不必放弃自己控制的地区，游击队还可以在他们控制的地区，包括在国外的难民营，举行公民投票，来决定停火和结束这场战争所采取的措施。当阿富汗国内最终实现停火后，可在联合国监督下举行谈判，并举行全国范围内的选举，以决定未来的政府。纳吉布拉还表示，他将接受人民的选择，但他无意在大选前辞职。1990年6月下旬，纳吉布拉又召开人民民主党代表大会将该党名称改为祖国党，表示该党放弃在阿富汗实现共产主义的目标。7月22日，纳吉布拉在记者招待会上宣布，阿富汗政府愿与抵抗力量各派组成一个联合委员会，负责领导大选、监督停火和安置难民。阿政府可将国防部和内政部的某些权力移交给联合委员会，阿富汗各抵抗组织的武装力量可以和政府军合并。但在这一方案实施前，他和他的政府将不辞职。1990年7月底至8月底，纳吉布拉以治病和休假为名到莫斯科，与苏联领导人戈尔巴乔夫、谢瓦尔德纳泽等人反复磋商，并再次重申成立一个过渡时期协调机构的建议。9月，纳吉布拉又发布总统法令，宣布允许成立新政党，在阿富汗实行多党制。

（二）美国态度松动与苏联立场接近。

1990年，美国在政治解决阿富汗问题上与苏联一样保持着积极姿态，将阿富汗问题列入历次美苏外长会谈和首脑会谈议程。1990年2月，美国国务卿贝克在与苏联外长谢瓦尔德纳泽会谈时，放弃了在政治解决进程开始前纳吉布拉必须下台的先决条件，提出了3阶段解决方案：第1阶段实现抵抗力量控制区的自决，第2阶段实现喀布尔政权统治区的自决；第3阶段由这两个地区选举产生代表，组成临时政府，接管现政权举行全国选举或成立大国民议会，纳吉布拉政府在大选前下台。5月，贝克在与谢瓦尔德纳泽会谈时就阿富汗问题达成4点一致意见：(1) 阿富汗问题必须实现政治解决而不是军事解决，应经过一个过渡阶段，为实现自由、不结盟的阿富汗创造条件；(2) 通过自由选举产生能被全体阿富汗人民接受的新政府；(3) 必须为重建阿富汗提供人道主义援助和救济；(4) 由联合国和其他国际组织如伊斯兰会议组织监督过渡阶段各项措施的实施。此后，美国在与苏联举行的外长、首脑和专家一级的磋商中，多次商讨解决阿富汗问题的方案。美国在磋商中又作出一些松动姿态，表示不反对人民民主党作为一派政治力量参加大选，也不再坚持纳吉布拉必须在大选前下台。至此，美国在政治解决阿富汗问题上的态度已与苏联的立场接近。

（三）阿抵抗力量态度强硬，拒绝在实质问题上妥协让步。

对于苏联和喀布尔政权所作出的一系列妥协让步姿态和提出的各种政治解决方案，阿富汗抵抗组织基本上均持拒绝态度。他们坚持拒绝与喀布尔政权分享任何权力，拒绝在喀布尔政权下台之前实现停火，拒绝在基础广泛的政府建立之前维持各派所占区域现状。坚持在成立过渡临时政府之前纳吉布拉政府必须下台。他们还表示，反对由联合国监督阿富汗的大选，也反对举行由美国、苏联、巴基斯坦和伊朗参加的国际会议来讨论阿富汗问题的解决方案。1990 年 5 月下旬，抵抗组织提出了自己解决阿富汗问题的方案。总部设在巴基斯坦境内白沙瓦的六党联盟提出的方案是：在阿富汗境内的游击队控制区和在巴基斯坦、伊朗的难民营，通过选举产生 2500 名代表组成大国民议会，选举国家元首；由国家元首从大国民议会代表中任命政府首脑，组织内阁；由国家元首任命一个制宪委员会制定新宪法。纳吉布拉及其人民民主党不得参加选举，但在意大利的阿富汗前国王查希尔可以参加选举。与此同时，以伊朗为基地的八党联盟也提出了与上述方案大同小异的建议。但是，从原七党联盟分裂出去的伊斯兰党领导人希克马蒂亚尔反对上述方案，也坚决不同意查希尔国王返回阿富汗。

（四）国际社会对阿富汗问题的关注程度有所下降。

1990 年，国际社会继续敦促阿富汗问题的政治解决。联合国秘书长德奎利亚尔 7 月曾提出解决阿问题的新建议：要求阿富汗敌对双方首先实现停火并停止一切敌对行动；巴基斯坦和伊朗作为邻国，美国和苏联作为保证国，首先在大选和过渡机构问题上协调一致，然后再同阿富汗各派商谈，以便建立一个各方都能承认的临时政府。11 月 7 日，联合国大会又一致通过决议，呼吁阿富汗有关各方通过民主协商尽快建立一个基础广泛的政府。

然而，由于 8 月间发生了伊拉克入侵科威特事件，国际社会的注意力转向海湾地区，对阿富汗问题的关注程度有所下降。与阿富汗问题有直接关联的美国、苏联、巴基斯坦、伊朗等国虽均希望尽早摆脱阿富汗问题给自己造成的负担，但由于国际和国内方面的原因，都不可能把更多的注意力放在阿富汗问题上。对于有关各方仍存在分歧的两大问题（一是在实现民族和解、举行全国大选期间，喀布尔政权及其总统纳吉布拉的地位和作用问题；二是停止向交战双方提供军事援助的时机问题），美苏等国均一时下不了决心。苏联如果同意让纳吉布拉下台，争取抵抗力量参加和平进程，有可能使十几年来通过付出极大代价在阿富汗所取得的既得利益完全丧失。美国如果接受纳吉布拉实际控制阿富汗的事实，允许他在过渡时期以统治者的身份参加权力更迭进程，就要冒与游击队闹翻的危险。至于作为阿富汗邻国的巴基斯坦和伊朗目前还收留着 500 多万阿富汗难民，保留着各派游击队的基地，处境更加困难。

印巴在克什米尔问题的争端 1989 年底以来，印度控制的克什米尔地区局势急剧动荡。当地一些穆斯林组织进行罢工、罢市、游行示威活动，利用穆斯林对印度统治的不满情绪，发起要求脱离印度的自治运动。印度政府紧急派遣军警镇压，以控制混乱局势。围绕克什米尔争端，印巴关系日趋紧张，这一情况引起国际社会的关注，各国极力劝阻双方避免爆发第 4 次印巴战争。

一、印控克什米尔地区局势再度动荡

自 1990 年初以来，印控克什米尔地区穆斯林要求自治或并入巴基斯坦的呼声日益高涨，并成立了“克什米尔解放阵线”等武装组织，使罢工浪潮此起彼伏，暴力骚扰愈演愈烈，一度使当地印政府机构陷入瘫痪之中。印度政府为控制当地动荡的局势，于 1990 年 2 月 20 日解散印控克什米尔邦立法机构，实行邦长统治，并向该地区增派大量保安部队，在 20 多个城镇实行宵禁，拘捕穆斯林武装分子。此后，双方经常发生武装冲突，伤亡人员达 800 人。1990 年 5 月 21 日，印控克什米尔的穆斯林宗教领袖、“人民行动委员会”主席法鲁克被 3 个不明身份的杀手枪杀。当地群众十几万为法鲁克送葬时，又受到印度保安部队的袭击，当地群众被打死 50 人，伤数百人，使印控克什米尔地区局势处于紧张状态之中。

克什米尔问题是历史遗留问题。也是阻碍印巴关系正常化的主要症结之一。克什米尔地处印度、巴基斯坦、中国、阿富汗、苏联之间的山谷地带，总面积 19 万平方公里，人口 700 万，其中 77%信奉伊斯兰教、20%信奉印度教。1947 年印巴分治后，原殖民地宗主国英国炮制的蒙巴顿方案，未明确划定该地归属。1947 年 10 月，印巴两国因该地归属问题发生战争，后在联合国干预下实现停火并划定印巴停火线。联合国曾通过决议，要求通过当地公民投票解决归属问题，但此决议未能实施。1971 年 11 月印巴发生第

3次战争后，双方于1972年7月签署《西姆拉协定》，同意遵守因停火而形成的实际控制线，通过谈判解决克什米尔争端。1975年2月，印度单方面宣布把其控制的克什米尔地区划为一个邦，巴基斯坦不予承认。印度坚持以《西姆拉协定》作为解决克什米尔问题的指导原则，反对将该问题国际化。而巴基斯坦强调按联合国1965年决议，让当地人民自决解决克什米尔争端。近几年，克什米尔印度控制区穆斯林居民要求自决斗争不断发展，从而达到了激烈程度，究其原因，主要有以下几点：

（一）印控克什米尔人对当地政府的腐败日益不满。据印度报纸报道，克什米尔的动乱及脱离联邦运动有广泛的群众基础。因为印控克什米尔政府官员的腐败已经达到相当严重程度。例如，中央政府每年对克什米尔的经济补贴为20亿卢比，除240万卢比用于粮价补助外，其余几乎全被政府官员和九大富豪所侵吞。又如：各级官僚机构日益庞大，加重了居民负担。印控克什米尔地区各级政府职员多达60余万，此外还有10万人也享受政府薪金。人民失业严重，生活每况愈下。而在巴基斯坦一侧，成千上万的人赴海湾寻找工作，走上发财致富道路。克什米尔停火线两侧人民生活的显著差别，进一步激起印控克什米尔居民特别是穆斯林青年的思变情绪。

（二）印中央政府采取镇压措施激化了矛盾。克什米尔脱离联邦运动严重影响印度政局的稳定。维·普·辛格就任总理后，对克什米尔采取软硬两手政策，而且更多的强调硬的一手，使本来已日益尖锐的矛盾更加激化。针对一些地方的罢工行动，印度政府实行无限期宵禁，并派出准军事部队进驻克什米尔动乱地区进行镇压，造成多人伤亡。1990年2月21日印度中央政府下令军队开进克什米尔首府斯利那加，逮捕300人，遂导致该市数十万人上街示威游行。

（三）印控克什米尔人民争取民族自决运动得到巴控克什米尔地区的支持。多年来，巴控克什米尔地区人民从精神道义上给克什米尔以支持。对此次印度的镇压活动，巴控克什米尔地区人情绪激昂，予以支持。1990年春，数以万计的巴控克什米尔地区人举行集会，抗议印度镇压克什米尔穆斯林的“残暴行动”，声援印控克什米尔地区穆斯林居民争取自决权斗争。

二、印巴因克什米尔争端关系恶化

1989年一度有所缓和的印巴关系，由于克什米尔争端又陷入紧张状态。两国在激烈舌战的同时均向边界增派大量部队，并发生小规模交火事件。为使两国关系不致爆发第4次印巴战争，双方又在外交上开展活动，力图避免局势进一步恶化。

（一）印政府派兵镇压印控克什米尔地区穆斯林，引起巴方不满，双方小规模交火事件不断发生。为控制局势，印度中央政府向克什米尔地区派兵镇压骚乱活动。据报道，印度军方人士说，1990年2～3月的一个月中，印军已增调9万人进驻克什米尔，使部署在该地的印军由15万增加到24万。此举招致巴控克什米尔地区穆斯林强烈抗议。巴政府与军方对印控克什米尔地区局势的不断恶化表示关注。贝·布托总理呼吁印度在克什米尔“停止灭绝种族的屠杀”。巴控克什米尔地区领导人警告印度，如果事态继续发展，他们将率众越过印巴停火线，进行伊斯兰圣战。印军方遂宣布准备迎接任何挑战，决不允许印度边境受到侵犯。据不完全统计，1990年1～8月，印、巴双方在克什米尔印巴停火线附近共发生7起小规模交火事件，伤亡数百人。8月中下旬，双方还发生4天炮战。

（二）印度在印巴边境增调重兵，并进行演习。1990年4月上旬，印度总理、内政部长、外交部长分别发表讲话，说“印度正面临巴的威胁，战争乌云在印巴边界上空徘徊，印应从心理上作好同巴打仗的准备”。与此同时，印度军队数万人调往印巴边境。据报道，至1990年5月中旬，印军调遣了至少4个师前往印巴边界地区，其中有装甲部队。据西方专家说，1990年4～5月的一个月中，印度已将3个步兵师（第8、20、57师）从与中国接壤的地区调到印巴边境。10月上旬，巴陆军司令贝格将军指责印度，把6万人的印第12军从内地调往印巴边境。

与此同时，印方在印巴边境举行大规模演习，以恫吓巴方。巴方军事指挥官1990年4月中旬说，印度在印巴边境40～50英里处举行的演习原定于1990年2月结束，但一直仍在继续进行。演习部队共7～8万人，由1个装甲师、4～5个步兵师、1～2个装甲旅组成。巴方对印军集结重兵进行演习极为不安。

为了加强防御，巴方也向印巴边境前沿锡亚尔科特和信德地区增派部队。据西方人士1990年4月中旬报道，大约有包括装甲部队在内的4个师向印巴前沿作“战术机动”。巴空军司令哈基穆拉元帅鉴于印度“威胁日益增大”要求巴空军作好战斗准备。他说，面对数量上占优势的对手，巴方空军将按速度快、效率高和效果好的特点顶住印方的压力。

（三）在外交上，巴基斯坦积极在国际社会进行活动，以制止印巴战争的爆发。1990年2月10日，巴议会授权巴政府，在国际社会，特别是在穆斯林国家开展外交活动，迫使印度和平解决克什米尔争端。1990年5月下旬和7月下旬，贝·布托总理先后走访伊斯兰13国（伊朗、土耳其、叙利亚、约旦、北也门、埃及、利比亚、突尼斯、伊拉克、科威特、摩洛哥、阿尔及利亚、巴林），其目的是为了寻求穆斯林国家对巴的支持，压印和平解决克什米尔争端。巴对出访13国的成果表示满意，贝·布托说，出访后使巴不再担心孤立。5月底，贝·布托总理写信给美国总统布什和苏联总统戈尔巴乔夫，呼吁美苏为制止第4次印巴战争作出努力。

三、对印巴关系恶化原因的分析

（一）*印巴国内问题是使两国关系恶化的内在因素*。西方观察家认为，这次印巴关系急剧恶化，根本因素在于两国国内问题。在印度，由于维·普·辛格领导的全国阵线在议会中是少数派，他只是靠左翼印度共产党和右翼印度人民党（代表印度教徒利益）的支持才得以组成联合政府，这决定了辛格政府在处理任何问题时都必须考虑左右翼特别是印度人民党的利益，因为一旦印度人民党撤销对全国阵线的支持，该政府将很难维持下去。辛格上台后，印度教徒一再呼吁政府取消给予克什米尔的特权，为此，辛格政府对印控克什米尔地区独立运动采取了强硬态度。此举虽加剧印巴边界的紧张局势，恶化两国关系，但有利于辛格政府维持统治。在巴基斯坦，巴反对党抨击贝·布托改善印巴关系，指责她“出卖国家利益”，向印度“投降”，反对党还多次召开会议，指责贝·布托在对印度和克什米尔问题上态度软弱。政治上的脆弱地位使得贝·布托不得不作出一系列妥协，以改善同反对党的对立关系，在对印度和克什米尔问题上作强硬姿态，以求得政权的稳定。

（二）*双方以边界局势紧张为由，增加军事预算*。据西方报刊报道，在印巴由于克什米尔问题日益转向敌对的情况下，印度政府1990年3月公布1990～1991年的防务预算为1570.5亿卢比（约合92.6亿美元），比上一年度增加21%。与此同时，巴基斯坦也增加了防务预算。贝·布托政府为了满足巴防务的需要，给军队额外增加了40亿卢比（2.85亿美元）的军费，比上一年度增加11.6%。

（三）*双方关系虽紧张，但不至于爆发第4次印巴战争*。印巴虽在克什米尔争端中多次发生小规模交火，但在军事上采取了克制态度。在炫耀军力的同时，无意就克什米尔问题再启战端，也不致爆发第4次印巴战争。主要根据是：

1、印巴两国人民不希望战争。一位印度记者采访巴基斯坦时，发现巴在公共场合没有明显的反印情绪，也没有发现战争歇斯底里迹象。一位巴基斯坦人说：“两国都是穷国，战争解决不了问题。”一批在印巴战争中失去亲人的印度妇女在一份呼吁书中说：“印度和巴基斯坦已经打过3次仗，饱受战争之苦的妇女对战争创伤记忆犹新。”印度一些知名人士也呼吁印巴首脑共同努力避免战争。

2、战争不利于两国经济发展。印巴两国政府当务之急都是发展经济。印度外债近年来呈上升趋势，工业发展速度下降，发展经济是面临的共同问题。有人作了一个统计，1971年印巴战争持续2周，印度共耗费400亿卢比（按当时外汇比价合57亿美元），如果两国再次交战，由于双方都拥有现代化武器装备，战争可能持续4周以上，印度耗费的资金可能高达3000亿卢比（176亿美元），将使印度的经济倒退10年。

3、国际舆论纷纷反对印巴任何一方铤而走险。美苏都在暗中努力缓和印巴关系，力促通过对话解决分歧。孟加拉国总统致函印巴总理，敦促他们以“最大的克制”阻止克什米尔局势恶化。印度前外交联合秘书冈萨雷斯认为，当今是缓和的时代，世界都反对战争，希望和平。1990年底，美国对巴经援、军援提出的先决条件是，巴必须同印度缓和关系，保证不同印度发生新的冲突。美国不希望克什米尔争端发展成为又一个难以对付的热点。

斯里兰卡再次发生内战　1990年3月，印军全部撤出斯里兰卡。6月，泰米尔伊拉姆“猛虎”解放组织（以下简称猛虎组织）破坏与斯政府达成的停火协议，袭击军警，大搞种族屠杀活动。斯政府在和平计划被破坏后，出动军警进行镇压。经过半年战斗，双方伤亡严重，斯政府军略占上风。舆论支持斯政府军平息这场内乱。

一、“猛虎”组织破坏停火协议，大搞种族屠杀

猛虎组织1990年6月间突然中断与斯政府谈判，破坏了历时13个月的停火局面。1990年6月11日，猛虎组织在东北部向斯政府军警发起突然进攻，占领30个警察站，抓走近千名警察，揭开内战序幕。此后，在斯政府军重兵打击下，猛虎组织被迫从东部撤逃至北部，由城镇转入丛林，并逐步集中至北部大本营贾夫纳岛。在斯政府军穷追不舍的情况下，为减轻斯政府军对贾夫纳岛的压力，打乱其作战部署，制造新的种族仇恨，1990年8月初以来，猛虎组织在斯里兰卡东部制造数起种族屠杀事件。

1990年8月3日，猛虎组织在东部卡塔库迪两个清真寺屠杀140名正在做礼拜的穆斯林，并有75人受重伤。8月5日，在斯东部的穆里库拉姆、阿卡拉帕图共发生4起杀害僧伽罗、穆斯林的流血事件，死70人，失踪60人。8月11日夜，几十名猛虎组织成员持枪在东部伊拉乌尔向熟睡中的穆斯林村民开火，当场打死包括妇女儿童在内的173人。至1990年11月，这场屠杀活动仍未停止。猛虎组织扬言要杀掉马纳尔岛上的所有穆斯林。这一连串的恐怖活动引起斯里兰卡东北部穆斯林和僧伽罗人的恐慌并四处逃难，抱怨斯政府未能保护他们生命财产的安全。1990年12月，猛虎组织在北部多次发动攻势，使政府军近百名士兵丧生。北部贾夫纳半岛基本上仍在猛虎组织的控制之下。但经半年交战，猛虎组织人员锐减，装备不足，粮食、弹药、药品短缺，面临困境。猛虎组织1990年底作出单方面停火决定，呼吁斯政府予以响应。

斯里兰卡长期存在种族矛盾。在斯1650万人口中，僧伽罗人占75%、泰米尔人占18%、穆斯林占7%。泰米尔人长期以来认为受“歧视”，对政府不满，要求“独立”，成立“泰米尔国”。1983年终于爆发内战，随着猛虎组织力量的不断壮大，斯里兰卡前总统贾亚瓦德纳与印度前总理拉·甘地签定“和平协议”，印军近8万名军队到斯里兰卡作战，使猛虎组织受到重创。猛虎组织为促使印军撤离和保存实力而与斯政府谈判，于1989年5月达成停火协议。1990年3月，印军全部撤离斯里兰卡后，猛虎组织利用停火协议赢得喘息时机，再次挑起内战，使斯政府的和平计划破产。

二、斯政府军打击猛虎组织

斯政府在与猛虎组织重开谈判的希望破灭后，于1990年6月18日派部队进行全面反击。战斗头两个月，政府军进展顺利。先后收复了东部安帕拉、巴提科拉和亭可马里等几个城镇，把猛虎组织武装赶入丛林。斯政府军基本控制了东部地区的城镇和交通要道。此后，政府军又把部分兵力从东部调到北部，陆、海、空三军一起出动，决心打击贾夫纳岛猛虎组织的大本营。到1990年11月，战斗仍在进行。斯里兰卡政府11月1日宣布，斯政府已出动两万名部队，以清除马纳尔岛上的猛虎组织武装。斯国防国务部长1990年底又宣布，斯政府动用了陆海空三军，准备从4个方向对猛虎组织发起攻势，猛虎组织对此深感不安。为了与泰米尔猛虎组织作战，斯政府1990年追加27亿卢比的军事预算，使经济更加困难。据法新社报道，斯总统普雷马达萨和他的将军们正努力应付同泰米尔分离主义的战争。

三、斯国内外舆论对内战的反应

（一）斯国内舆论一致支持政府镇压猛虎组织。斯种族内战延续7年，有2万多人死于战乱，人民不堪战乱离乡背井之苦，希望有个和平稳定环境发展经济。因而，斯国内各政党，包括反对党在内纷纷谴责泰米尔猛虎组织挑起内战，支持政府军同猛虎组织作战。青年人踊跃报名参军，人民向国防基金会捐款，迄1990年8月，已达12亿卢比。

（二）国际舆论也对斯政府有利。以往每当斯国内发生种族冲突时，西方国家总是指责斯政府无视泰米尔人的要求，横加干涉。这次则不同，没有任何西方国家谴责斯政府弹压猛虎组织。相反，大多数国家都支持斯政府。英国驻斯高级专员署一位外交官说，猛虎组织中断谈判挑动内战是错误的，斯政府是正确的，因此表示要全力支持斯政府。

（三）印度表示无意干涉斯内政。1990年6月战端再起后，猛虎组织曾呼吁印度政府出面干涉，但印度鉴于出兵斯里兰卡而死亡1200名官兵、消耗大量财物而收效甚微的教训，表示无意再干涉斯内政。并宣布，不准许猛虎组织利用印南部领土作为反斯的活动基地。1990年12月，印度政府对在南印度的猛虎组织成员采取了行动，印军逮捕了700多名猛虎组织成员，并限制了泰米尔纳德邦对猛虎组织的支持活动，断绝了斯猛虎组织的后方支援，有利于斯政府军打击猛虎组织的行动。负责对猛虎组织采取军事行动的斯国防部副部长说：“如果猛虎组织的军火来源被切断，对我们有很大帮助。”

菲律宾平息第7次兵变 1990年10月4～6日，菲律宾发生自科·阿基诺政府1986年执政后的第7次兵变，这次发生在菲律宾南部棉兰老岛的兵变，虽规模较小，历时较短，但对阿基诺政府是一次新的挑战。

一、第7次兵变经过

1990年10月4日凌晨，有200多名全副武装的军人和部落民兵未经战斗突然强行占领驻扎在菲南部棉兰老岛武端市的陆军第402旅军营，并控制了附近4个城镇、3家广播电台和1家电视台。兵变首领是前总统府警卫部队司令亚历山大·诺夫莱上校。他宣布在棉兰老岛建立一个独立的共和国，他将组织一个由15人组成的委员会来管理这个共和国。这个委员会将包括7名军人、7名文职人员和流亡在外的穆斯林摩洛民族解放阵线领导人努尔·米苏阿里。他还宣称在该岛自行发行货币。根据兵变计划，叛乱的军人们在占领棉兰老岛的主要城市后，还将在马尼拉掀起一场反对科·阿基诺总统的叛乱。

二、菲政府军平息兵变

科·阿基诺总统1990年10月4日上午召开了内阁紧急会议，与参、众两院主要领导人进行了磋商。科·阿基诺总统强烈谴责叛军企图以武力夺取权力的行为，并发誓要捍卫宪法，尽快平息这场叛乱。她号召全国人民要全力支持菲政府。菲武装部队总参谋长雷纳托·德比利亚上将说，菲武装部队全力支持科·阿基诺政府。他说，菲武装部队完全控制着局势，并准备尽快平息这场兵变。10月5日，菲政府军出动飞机轰炸与袭击在武端的叛军，摧毁该兵营1门火炮和3辆卡车，炸死3名叛军。在菲政府军的强大攻击下，叛军在48小时后宣布无条件投降，诺夫莱上校被俘，被送往马尼拉市郊的阿吉纳尔多营受审。至1990年10月6日，菲政府军平息了这场兵变。

三、菲政府迅速平息兵变的原因

这次兵变组织者，是利用菲目前经济困难发动的。由于海湾危机的影响，使菲石油价格大幅度上涨，通货膨胀日益严重，引起人民的强烈不满。第7次兵变组织者利用这种不满情绪乘机发动叛乱。但由于以下几个原因，菲政府军迅速平息这场兵变：

（一）*叛军势单力薄，得不到人民支持*。菲武装部队总参谋长德比利亚说，发生在武端的叛乱是一个孤立的事件，全国其他地方没有发生兵变情况，人民也不支持叛乱军队。菲国防部长拉莫斯说，诺夫莱原打算依赖军队支持者、共产党游击队和穆斯林分离主义分子的支持，但他们未予响应，致使这场兵变迅速失败。

（二）*菲武装部队支持现政府*。菲平息兵变后，菲国防部长拉莫斯对香港记者称，目前菲政局不大稳定，菲随时有发生政变的可能，但迄今发动的7次兵变均未成功，究其原因，主要是菲武装部队支持科·阿基诺政府。

（三）*美国宣布支持菲政府*。1990年10月4日，美驻菲大使馆发表声明，明确宣布支持阿基诺总统，并强烈谴责叛乱军队动摇菲政府的任何企图。美国国会议员和政府官员警告菲叛乱者，如果他们推翻阿基诺总统，美国将取消对菲的一切援助。

菲律宾同美国谈判美军基地问题　菲律宾同美国1947年签定的《菲美军事基地协定》在1991年9月16日期满，双方如不签定新的协议，届时，美军应撤出菲律宾。为此，双方就美军基地去留问题在1990年共进行3轮会谈，因双方分歧较大，在美国使用菲基地的付款数额和使用年限问题上未达成新的协议。

一、3轮谈判情况

（一）*第1轮会谈于1990年5月14～18日在马尼拉举行*。菲方代表为菲外交部长曼格拉普斯，美方首席代表为理查德·阿米塔奇。双方就美国设在菲律宾军事基地租约期满后去留问题进行会谈。据路透社报道，第1次会谈的特点是双方分歧严重、讨价还价激烈。会谈第2天（即5月15日），菲政府发言人宣布，曼格拉普斯已正式通知美国代表，根据菲律宾宪法，1947年签定的《菲美军事基地协定》在1991年9月16日终止，不再延长。从而为关于基地前途的谈判规定了期限。这位发言人还说，如果届时美菲还未达成新的协议，美国将不得不撤离菲律宾。会谈一开始，就对美国施加压力。对此，美国也不甘示弱。美国首席代表阿米塔奇指出，美国在太平洋的存在并不取决于在菲的基地，美有可能撤出其在菲基地。布什总统在回答记者时称，如果菲不需要美，美国就不留在菲，他正在研究替代菲基地的方案。

据报道，第1轮会谈菲美双方围绕补偿金额短缺、终约日期等问题在激烈争论后达成初步妥协。

1、关于补偿金额短缺问题。菲方说，华盛顿未履行1990年和1991年每年提供4.81亿美元作为基地补偿费用的义务，美方应先补足1990年补偿金。在补偿金额数量方面，双方也有分歧。美国政府估算为9600万美元，而菲认为是2.22亿美元，其中包括食品和发展援助资金。菲谈判代表曼格拉普斯曾在一次记者招待会上说：“在我们弄清楚他们如何履行他们的义务前，考虑签定一项新的协议是不可能的。”菲议长拉蒙·米特拉说，只要华盛顿愿把金额更大的一揽子赔偿作为新条约的一部分，美国就可以继续保持在菲的军事基地。美方虽然在会谈中作出一些妥协，同意以非现金方式为菲方补足1990年补偿金，但鉴于美国财力困难和增加对东欧国家的援助，难以增加对基地使用费用。美方代表在谈判中说，双方有关赔偿问题的争执已解决，但基地谈判，不能仅仅系在“金钱的基础上”，如果完全着眼于金钱，美国将无法留驻在菲基地。

2、关于终约日期，双方也存有分歧。1966年，菲美双方对1947年菲美军事基地协定作了修改，规定基地协定于1991年届满，但应给美方一年的宽限期。菲方理解，只要菲于1991年9月16日前通知美终止基地协定，就履行给美一年“宽限期”的义务。所以，美军应在 1991 年 9 月 16 日撤出。而美方坚持，一年宽限期的起点应从 1991 年 9 月 16 日开始，只要美军在 1992 年 9 月 16 日以前撤出，就不算违约。由于非现总统任期将于 1992 年 5 月届满，非不少人士指出，美方曲解有关“宽限期”的规定，其用意是期望届时出现亲美政权，从而使美军继续留在菲律宾。

3、在基地性质上，非强调维护主权。非学术界、政界以及新闻机构反对美在非拥有基地，认为美军驻在非就意味着失去主权。鉴此，非方终止这个基地协定，考虑将这些基地性质逐渐转变美非军队都可使用的商业用基地。美军每次使用设施都得付钱，变为一种“房东与房客”的关系。美方同意废除旧的协定，从零开始。美方认为美军在非留驻符合双方利益，不能把基地前途、菲美关系建立在金钱基础上。

（二）*第 2 轮会谈于 1990 年 11 月 7～9 日在马尼拉举行*。参加会谈的仍是美方谈判代表理查德·阿米塔奇和菲律宾首席谈判代表、外交部长劳尔·曼格拉普斯。据报道，在第 2 轮会谈中，美非就美军逐步撤离驻非基地的谈判取得一些进展。

1、美国代表团同意废弃现在的基地协议。美愿意缩减它在非的军事力量，并考虑 1991 年先从克拉克空军基地撤走 48 架战斗机和 1800 多名空军人员。美国希望在今后 12 年期间分期分批逐步撤军。在通过逐渐减少在非军事存在等方面愿与非进行合作。非方欢迎美国作出撤出战斗机的决定，这表明美国同菲律宾在 1991 年 9 月 16 日后终止租借期约以及美逐步从非撤离的意向。

2、非提出于 1991 年 9 月 16 日接管除苏比克之外的所有美军基地。非方同意美方撤出苏比克海军基地要有一个过渡时期，美方提出 10～12 年的过渡期，而非方则考虑 5～10 年过渡期。在过渡期内，美在苏比克也是类似一种“房东与房客”的关系。关于克拉克基地，非方打算在租借协议期满后使其成为一个国际（航空）综合设施，改为商业之用。

3、非接管部分美军在非分散设施。非外长曼格拉普斯说，在避暑山城碧瑶的美军一休养设施兵营将于 1991 年租期届满后立即移交菲律宾；在苏比克基地附近美一海军通信站将交由非管理，但美方坚持要在 4 年过渡时期由美国人管理该地区的住宿区综合设施；对在克拉克基地附近的两个美军雷达站和一处美军兵营允许美国再使用两年，1993 年 9 月 16 日交由菲律宾士兵接管。

（三）*第 3 轮会谈于 1990 年 12 月 7 日在马尼拉结束*。美方代表仍为首席谈判官理查德·阿米塔奇，非方代表是非外长曼格拉普斯。

据报道，在第 3 轮会谈军事基地前途问题上，双方就非法律应用于基地问题未达成一致意见。非外长说，非将在 1991 年后接管克拉克空军基地和其他 4 个小型军事设施，但将允许美国在商业基础上继续使用。关于苏比克海军基地，非方愿意考虑美方提出 5～7 年的停留延长期。非方坚持要求在上述基地设施中，实施有关纳税、关税、执照颁发和对犯罪现役人员进行完全刑事管辖方面的非法律，被美国拒绝。美方表示，美国无意无视菲律宾法律，尤其是那些对美国现役人员提出刑事指控的法律。非对此表示，在非满意地确认美切实尊重非法律之前，非不能与美签署一项条约。美方表示，美非两国 40 年的联盟对双方都有利，但随着美削减在非军事存在以及军事基地商业化，两国关系与 40 年前相比大相径庭。对此，非方表示，非希望继续与美保持这种联盟关系，但这种关系不应带有殖民时代的残迹。

二、从前 3 轮会谈看出的问题

（一）美非经前 3 轮会谈，虽未就基地前途问题达成新的协议，但增进了对一些问题的一致认识，缩小了要解决问题的范围。美方在第 2 轮会谈中说：“经过讨论，增进双方对问题的一致认识和缩小有待更详细讨论的问题。”为达成新的协议奠定了基础。（二）美国仍有继续留驻菲律宾的意图。美方代表阿米塔奇在第 2 轮会谈开幕式上说：世界战略格局正由美苏对抗转变为美与地区大国的对抗，美在非的军事存在，有利于这一地区的稳定。美军迅速撤离菲律宾，既不符合美国战略利益，对非同样也不利。在这些基地工作的非近 8 万名工人（每年收入 10 亿美元）也需要有个适应过程，美军立即撤离，对非只会带来坏处。美国防部长切尼 1990 年 2 月访非后曾指出，美军在西南太平洋的军事存在并非只是针对苏联作出的反应，而是维护本地区的“均势”，美在非的军事存在，可起到“地区稳定”作用。美方建议过渡时期一直延续到新旧世纪交替，让下个世纪的非选民决定是否保留美军事基地。其用意是期望届时有亲美人士在非执政，使美军继续留驻菲律宾。但美国因经济滑坡，应付海湾问题以及增加对东欧的援助，难以满足非有关增加补偿费的要求。美国防部长切尼 1990 年 2 月访问菲律宾对菲国防部长拉莫斯说，如果美国认为保持基地花钱太多，美将放弃那些基地。（三）非方鉴于政治不稳定、经济有困难，愿意保留美在非基地，但为应付国内维护主权与反美情绪高涨的舆论，作出强硬姿态，压美方在增加基地费用上作出让步。菲长期的债务和经济不景气，自然灾害的发生，因而急需美国的援助。菲在美基地工作的近8万名工人的工资也对菲是一笔不小的收入，保留美在菲的军事基地是符合菲律宾“利益”的。

新加坡与美国签署美扩大使用新军事设施协议 新加坡与美国于1990年11月13日签署一项协议，允许美国海空军扩大使用新加坡军事设施并同意增加驻新加坡的美军人数。

一、双方谈判经过

新加坡政府1989年8月提出要美军在新建立基地后，同年10月两国达成扩大美军在新加坡活动范围协议。此后，两国在10月协议的基础上继续进行协商，以便在1990年内实现在新加坡部署美军飞机的目标。人们估计在1990年7月底，出席在新加坡召开的亚太经济合作会议的美国务卿贝克将与新加坡达成这项协议，但因新加坡对控制毒品和印度大麻的规定太严，没有得出结果。此后，双方又举行几轮谈判，最后就对在新加坡的美国军人的法定管辖权这一棘手问题达成“谅解”。据美国政府一位发言人说：“美国和新加坡的刑法不一样，但我们已达成谅解，保证美国人员享受符合我们全球政策的待遇，而同时也使新加坡政府放心，新加坡的主权和法律将受到尊重。”

二、美扩大使用新军事设施协议内容

1990年11月13日，新加坡总理李光耀和美国副总统丹·奎尔在东京参加日本天皇明仁即位大典时，签署了一项谅解备忘录。双方发表的声明说，根据这项协议，美国空军将每年数次派飞机去新加坡执行训练任务；海军将增加其军舰访问的时间和次数。据在东京的美国发言人强调，不存在美国在新加坡建立基地问题，但是为适应美国需要可能改进一些现有设施。据外交人士透露，美军飞机的部署地点将是位于新加坡中部的巴耶黎巴空军基地（旧国际机场），届时F-16型或F-15型战斗机将以每两个月一次的方式作周期性驻扎。美国海军将把森巴旺造船厂用做修理场所。美国在新加坡的军事人员将由20名增至170名。

三、新美协议对双方均有利

对于美国来说，从军事上看，新加坡地处马六甲海峡，在这里拥有军事据点，不仅可以在东盟拥有军事力量，而且把军事力量扩大到印度洋。如果在南沙群岛附近或在印度洋出现紧张局势，部署在新加坡的美空军部队便于干预。在经济上，与美国在菲的军事基地相比，美在新加坡的安排既省钱，又灵活，同时又不存在建立美军基地必需的花费和政治影响问题。从协议形式上，可能为一些东盟国家所仿效。据亚洲外交官和美国官员说，美国一直打算同文莱、泰国和马来西亚谈判建立基地的类似协议。美菲谈判代表有迹象朝着接近新加坡计划的协议方面迈进，即在由菲律宾控制的基地上美国将保持某种力量，但是规模比目前小。

对新加坡来说，新加坡准备依靠美驻军减轻面临的威胁。新加坡第一副总理吴作栋在伊拉克人侵科威特后指出：“新加坡虽然不象科威特那么富，但却是东南亚地区富裕国家之一，自身防卫能力不足，科威特问题是一个教训。”因而依靠美军人员驻扎来减轻面临的威胁。

新加坡还认为，美军如撤走将导致亚洲纠纷“激化”，对新安全有危机感。李光耀总理认为，“为了东南亚的安定与繁荣，美军的存在必不可少”。

孟加拉国政局变化情况 靠发动军事政变而上台执政达9年多的孟加拉国总统艾尔沙德，在经历人民群众持续7周的抗议示威活动后，于1990年12月4日宣布辞职。孟加拉国22个反对党一致提名首席法官谢哈布丁·艾哈迈德接任艾尔沙德职位。12月6日，艾哈迈德宣誓就职，主持看守政府工作。艾哈迈德接管政权后宣布：解除阿什拉夫·候赛因将军（艾尔沙德亲信）的国家安全局局长职务；解散总统卫队；警察和保安部队立即采取恢复秩序的必要行动等。按宪法有关规定，在90天内举行自由、公正的选举，还政于民。艾尔沙德总统辞职经过及其原因如下：

一、艾尔沙德辞职经过

艾尔沙德于1982年3月发动军事政变上台，至1990年10月，执政已近9年。为使掌权合法化，艾尔沙德于1990年10月宣布，他参加1991年6月举行的大选，并称要“争取连任”，这引起全国人民的反对。在孟反对党领导下，掀起一场全国规模的罢工、罢市、罢课和游行示威抗议活动，要求靠军事政变掌权的艾尔沙德辞职，成立中立看守政府，以实施公正、民主和自由的选举，还政于民。这一游行示威活动使孟全国陷于瘫痪。艾尔沙德于1990年11月27日宣布全国处于紧急状态，实施宵禁。在保安部队与示威者的冲突中，有80多人被打死，600人被打伤，激起人民举行更大规模的游行示威活动，使许多地区陷入一片混乱、通信中断、航班取消，孟加拉国一度与外界隔绝。在反对党和人民群众示威活动的强大压力下，艾尔沙德见控制不了局势，1990 年 12 月 4 日被迫宣布辞职。艾尔沙德下台后，孟加拉国 10 万群众涌上达卡街头，庆祝胜利。12 月 9 日，达卡所有院校复课，孟加拉国秩序恢复正常。1990 年 12 月 12 日，艾尔沙德被捕，他将受到特别法庭审判。

二、艾尔沙德被迫辞职的原因

艾尔沙德执政 9 年来，反对党联盟发动多次倒艾活动，但屡屡失败。这次倒艾运动仅历时 1 个多月就取得成功，究其原因，大致有以下 3 点:

*(一) 反对党联盟团结一致，使倒艾活动的组织领导活动坚强有力。*孟加拉国主要的反对党有人民联盟领导人谢赫·哈西娜·瓦吉德（孟第 1 任总统穆吉布·拉赫曼的女儿）领导的 8 党联盟和由民族主义党领袖卡莉达·齐亚（孟第 2 任总统齐亚·拉赫曼的遗孀）领导的 7 党联盟，这两位反对党领袖过去由于积怨很深，造成力量分散。但在 1990 年的倒艾活动开始，7 党联盟、8 党联盟、5 党联盟和其他 2 党形成 22 党同盟，协调工作，团结一致，使倒艾活动组织领导力量集中，活动有序。

*(二) 军队与艾尔沙德存有分歧，使倒艾活动造成有利形势。*艾尔沙德采取镇压措施时起初只动用警察和保安部队，随着局势日趋紧张，艾与三军首脑磋商，要求军队在达卡和吉大港实施戒严，但三军首脑不愿表态，使艾感到军队离心倾向严重。分析家说，如果不是军队及时停止对艾尔沙德的支持，就不可能迫使艾迅速下台。艾辞职后，1990 年 12 月 8 日晚，三军首脑拜会代总统艾哈迈德，表示军队将与他鼎力合作，艾哈迈德对军队在群众民主运动中所起的积极作用表示感谢。

*(三) 孟经济形势恶化是倒艾活动的根本原因。*艾尔沙德执政 9 年来，一直靠强化国家机器维持个人的统治，而孟加拉国的经济发展很慢，其增长率低于计划规定的指标，加上政治动乱与自然灾害频繁，使孟成为世界上最穷困的国家之一。孟上层官吏贪污腐败之风盛行，人民怨声载道。海湾危机使本来恶化的经济雪上加霜，10 万劳工被迫返回家园，石油价格上涨也打乱了国家经济发展计划。孟人民生活在低水平中又急剧下降，加速了艾尔沙德的下台。

缅甸军政府不交权于大选获胜的反对党

1990 年 5 月，缅甸在全国举行 30 年来第一次多党自由选举。大选结果反对党全国民主联盟获得胜利，缅甸军政府以制定和通过一部能为各界接受的新宪法之后才能移交政权为由，不交权于全国民主联盟。全国民主联盟部分当选议员见交权无望，于 1990 年 10 月底迫不急待地在缅泰边界成立一个平行于缅甸军政府的临时政府，企图逼迫军政府交权。但事与愿违，临时政府不仅受到缅甸军政府的取缔，在仰光的全国民主联盟也宣布将临时政府的成员开除出党。

一、军管后的缅甸局势和多党选举

1988 年 9 月 18 日以国防军苏貌上将为首的缅甸军人集团接管了国家政权，建立了全部由军人组成的国家恢复法律及秩序委员会，宣布执行 4 项任务：一是恢复法律及秩序；二是保证交通畅通；三是改善人民生活；四是筹备多党大选。苏貌将军表示，一旦军队完成 4 项任务，军方将“交出国家政权”。实行军管后，军政府采取各种措施，基本控制住了混乱的局势。但是枪击、爆炸事件在缅甸仍时有发生，经常有武装分子拦路抢劫，不安定因素尚未完全消除。军政府采取措施强化治安：(1) 扩编正规军和防暴警察部队；(2) 加强 4 个战术区的武装力量，对反政府武装展开扫荡；(3) 充实安全部门的侦缉力量，继续追捕制造骚乱的反对派人员。

与此同时，军政府为了稳定国内局势，放松了党禁。制定了政党登记法。1989 年 6 月 1 日正式颁布多党大选法。1990 年 5 月 27 日全国举行大选时，共有 93 个合法政党有资格参加大选。在 93 个合法政党中，第 1 个大政党是全国民主联盟（主席是前国防部长丁吴、总书记是昂山素季），第 2 个大政党是民族团结党（前执政的社会主义纲领党），这两个党的党员人数都在 200 万人以上。

在 1990 年 5 月 27 日举行的选举中，93 个政党有 27 个政党获得了席位。所获席位居第 1 位的政党是全国民主联盟，在 485 个议席中获 396 席，占议席总数的 82%。执政的民族团结党遭到失败。

二、军政府对大选后的对策

*(一) 不交权于选举获胜的党。*缅执政党在选举中失败后，军政府迟迟不把权力移交给全国民主联盟。苏貌将军坚持，在制定和通过了一部能够被缅甸社会各界均能接受的新宪法之后才能成立缅甸民主政府，然后，军政府才能把权力移交给新政府。由于 93 个政党对制宪问题的意见分歧很大，移交权力将拖延很长时间。实际上，在选举前一个月的 4 月下旬，缅甸军政府的国家恢复法制和秩序委员会就说，在 1990 年 5 月 27 日选举后产生的议会通过新宪法并组建一个稳定的政府前它将继续执政。一位外交官说：“在选举后，军人执政无论如何也要原封不动地保持两年。”美国《华盛顿邮报》1990 年 10 月底载文称，军政府规定起草新宪法需要一个漫长的过程，军

政府已经非正式表明，这个进程需要2～6年时间。

（二）不屈从国际社会要其交权的压力。缅甸大选后，美国、澳大利亚和欧共体国家等向缅甸军政府施加压力，敦促其迅速向全国民主联盟移交权力。据此，缅甸军政府通过电台发表声明，说它不会屈服外国压力，并指责这些国家干涉缅甸内政。缅甸军事情报机构首脑钦纽将军1990年12月上旬说，在仰光的美国外交官滥用外交权利，干涉缅甸内政。

三、军政府取缔缅泰边界成立的临时政府

部分当选议员见军政府交权无望，于1990年12月18日在缅泰边界的马纳普洛宣布成立一个平行于军政府的缅甸联邦全国联合政府。这个政府组成一个8人内阁。其中7人是全国民主联盟的成员，盛温（全国民主联盟总书记昂山素季的堂兄弟）被指名为这个临时政府的总理。

缅甸军政府对部分当选议员图谋组建临时政府早已察觉。情报机构首脑钦纽将军1990年12月上旬在一次记者招待会上说，一些当选议员于1990年9～10月两次在曼德勒召开会议，策划通过捷径夺取政权。为此，缅甸军政府逮捕了企图组建临时政府的35名议员，另有14名议员逃跑。盛温任总理的政府成立后，钦纽将军说："任何一个政党都无权宣布成立这样的政府。"缅军总参谋长丹瑞将军已要求泰国帮助封锁边境以切断对临时政府的供应。一位观察家反映，数以千计的缅军开往马纳普洛附近的山区，以发动一场新的扫荡。1990年12月26日，缅军方宣布将临时政府全部8个成员驱逐出国。

据法新社驻曼谷记者报道，在缅甸临时政府宣布成立不到24小时后，在缅甸首都的全国民主联盟也拒绝承认临时政府，并做出开除临时政府领导人党籍的决定。缅甸军政府官员认为，全国民主联盟开除这些议员的党籍是一个良策，这样该党就能作为一个注过册的合法政党而存在。如果不宣布同临时政府脱离关系，全国民主联盟将会被军政府取缔。

日本向"海外派兵"案成为"废案" 1990年8月初，伊拉克出兵侵占科威特，日本政府在讨论日本"对中东贡献对策"时，提出了"联合国和平合作法案"。这个法案所要解决的核心问题是向海外派兵。对于这个问题，在日本国会里展开了激烈的辩论，在日本国内掀起了声势浩大的抗议浪潮，在亚洲邻国中也引起了严重的关注和不安。在各方面的反对声中，1990年11月8日日本政府收回了此案。至此，该案以废案而告"流产"。

一、法案的主要内容

这一法案的设想最初由日本外务省提出并得到了防卫厅积极支持。伊拉克侵占科威特后，日本政府应美国的要求推出"中东贡献对策"方案，开始其主要内容是提供经济援助和非军事性的后勤供应。经过多次修改补充，1990年8月23日日本外务省提出了日本应向海外派遣由自卫队组成的"联合国和平合作队"的建议。这时，日本首相海部也改变了初衷，并表示赞同此项建议。9月27日海部正式发表了题为"协助联合国维持和平法案"的讲话。10月10日，日本政府通过了这个由内阁及自民党极少数人拟定的并取名为《联合国和平合作法案》草案。10月16日日本内阁匆忙将此案提交日本第119次国会临时会议审议。该法案共六章32条，其要点是:

（1）这项法律是为了对在联合国为维持国际和平与安全作出决议后进行的活动提供适当而迅速的合作所采取的措施，也是为了健全向海外派遣和平合作队的实施体制和在物资方面提供援助所采取的措施。同时，这项法律对官民合作也作了规定。该法律的目的是为了有助于日本国对以联合国为中心而进行的维持国际和平的努力作出贡献。

（2）不通过武力进行威胁，也不行使武力。

（3）被派往海外的和平合作队将执行下述任务:①监督停战等;②对行政事务提供建议和指导;③对选举和投票等进行监督或管理;④提供运输和通信，或帮助修理机械器具;⑤提供医疗合作（包括防疫);⑥进行灾民救援活动;⑦协助弥补因争端而造成的损失;⑧进行政令所规定的活动。

（4）在内阁设立联合国和平合作会议，由首相任联合国和平合作总部总部长，实施指挥与监督。在总部下设立和平合作队。

（5）由首相制定和平合作任务的执行计划，并要求内阁会议作出决定，外相可以要求首相下令执行和平合作任务。

（6）总部长按照计划向海外派遣和平合作队，该队在执行任务时需同日本驻外使馆保持联系。

（7）和平合作队员是普通的国家公务员，将从各界征召。有关行政首脑在总部长提出要求的情况下，须向和平合作队派遣职员。这种场合，普通职员即被任命兼任和平合作队员；自卫队员将在不改变其身份的情况下被任命为和平合作队员；自卫队及海上保安厅在总部长有要求的情况下，可以让本组织的一部分参加和平合作队。

（8）有关行政首脑在总部长提出提供物品等的合作要求的情况下，须在不影响任务的前提下提供合作。

(9) 首相认为有必要提供物资合作时，可以要求内阁会议作出决定；政府在内阁会议作出决定后实施合作；外相可以要求首相实施物资合作；有关行政首脑在总部长有要求时，须在不影响任务的前提下进行合作。

(10) 政府在有特殊情况时，可以在所需要的负担问题上，向国外要求提供派遣和平合作队所需要的物品等，也可以要求提供运输任务及物资合作方面的帮助。

(11) 将对其他有关法律作部分修改，包括修改后，使自卫队和海上保安厅可以执行和平合作队的任务。

在这里特别值得提出的是，政府有关人士在解释上述法案时又补充和透露了以下情况：

这个法案规定，派出的自卫队员可以携带武器装备，受到攻击时可以对进攻者使用武力进行反击；在向海外派遣自卫队时，还将配备护卫舰、扫雷舰及地空导弹等武器。日本防卫厅将派出1500人组成的名为“医疗卫生支援部队”。该部队除自卫队的医生和护士外，还包括防化队、飞行队、警卫队，并配备“毒刺”地空导弹、84毫米反坦克无坐力炮和手枪、步枪以及机关枪等武器。

从以上内容不难看出，这不是一项一般的法案。这项法案若在国会通过，意味着日本将打破战后45年来不向海外派兵的禁区。

二、日本国内及国际上的反应

这一法案一出笼就引起了日本国内外强烈反应。人们指出日本政府制定此法案的根本目的是企图突破宪法这一禁区，使自卫队到国外活动合法化，并把向海外派兵与军事扩张联系起来，担心日本走向军事大国的道路。在日本国内，国会里展开了激烈的辩论。日本社会党尖锐指出，尽管法案给自卫队披上了“和平合作队”的外衣，但实质上仍是向海外派兵。这一法案违反了宪法的规定，表示“强烈反对”。日本共产党严正指出，该法案是“自卫队向海外派兵法”，“支援美军作战法”，政府提出该法案是一种“暴行”，并坚决表示“不能容忍”。日本公明党深刻指出，“该法案将为日本今后向海外派兵开辟道路”。就是执政的日本自民党内部也有不少的人表示反对，他们说，日本不能做违反“宪法强行派兵的事”，“专守防卫”这一政策是“金科玉律，必须绝对遵守”，“向海外派遣自卫队是为日本走向军事大国开道”。在各在野党及国会内部展开辩论之际，日本各界纷纷举行游行、示威、集会、请愿，几乎每天有成千上万的人参加集会，走上街头，反对政府向海外派兵，反对修改宪法，反对强行通过该法案，要求政府撤销此法案。据日本共同社舆论调查表明，日本有67%的人反对此一法案。据日本《朝日新闻》称，日本持反对态度的人高达78%；在众议院512名议员中，287人表示反对，占总人数56%，社会党、公明党、共产党三党议员全部表示反对。在国外，亚洲邻国表示强烈不满和不安，纷纷抨击此法案。中国外交部副部长齐怀远紧急约见日本驻华大使，阐明中国的立场。他说，中国政府和中国人民对日本政府制定的、日本国会正在审议的这一法案十分关切。这是因为这项法案的核心是要向海外派兵，是要突破日本战后45年来“不向海外派兵”的禁区。中国人民和其他亚洲各国人民一样，对此反应强烈是有道理的。日本向海外派兵不是联合国的要求，也不是亚洲国家的要求。中国政府强烈要求日本政府谨慎行事。南朝鲜外长崔浩中表态说，“作为过去日本帝国主义的受害者，我们感到十分担心。向海外派遣自卫队可能使日本重新成为军事大国。”与此同时，南朝鲜电台和报纸对日本进行了严厉的谴责。他们说，“这是脱掉了已经披了40年的和平宪法的外衣”，“如果日本把向波斯湾派兵作为向海外派兵的先例，日本今后向海外派出自卫队就很容易了”，“这是日本朝着实现军事大国化迈出的第一步，作为邻国，不能忽视”。菲律宾外长劳尔·曼格拉普斯发表谈话指出，“突破禁区向海外派兵，就可能导致日本扩充军事力量。在日本占领期间深受其害的菲律宾人民和东南亚各国人民一样都坚决反对日本重新武装自己。”新加坡舆论指出，“海部内阁欲向海外派兵之举，既是对日本和平宪法的糟蹋，也是对亚洲人民感情的亵渎，因而是不能接受和容忍的。如果日本直接派自卫队去，那么必将产生无法挽回的新的对日本不信任感。”马来西亚、印尼、泰国等国各界人士也告诫日本当局说，“亚洲邻国对日本军事大国化深感不安”，“希望日本认真考虑人们的这种担心”，“希望日本对派兵一案采取慎重的态度”。在国内外一片反对声中，日本自民党内部提出尽快办理结案手续的建议。

三、法案变成了“废案”

1990年10月12日日本第119次国会临时会议开幕，会议的主要议题是审议“联合国和平合作法案”。按照会议议程，从10月16日开始各党代表分别在参众两院进行审议。随着审议的开始，日本政府和在野党之间展开了唇枪舌战，争论的焦点是日本应不应该派人去海湾？应派什么人去？应不应该派自卫队去?“派遣”与“派兵”有何区别?派遣自卫队符不符合宪法的规定?派遣自卫队人员能否携带武器?对进攻者实施反击，和派去“参战”有何区别?“参加”与“协助”联合国维持和平部队有何区别等等。政府官员在国会答辩中，漏洞百出，先是从联合国宪章和日本宪法的联系中寻找论据，结果是难以自圆其说，继而在“派遣”与“派兵”的异同上进行辩解，结果是无法对答；后来又在日本自卫队加入联合国维持和平部队上大做文章，结果是顾此失彼，遭到穷追猛打。对此，日本一些报纸评论说，历届自民党政府在外交和安全保障等基本政策的答辩中，还未曾有过如此现象。国会之内，在野党强烈要求该案作废。国会之外，反对呼声更趋强烈。眼看国会闭幕日期一天又一天的临近，11月8日，自民党向在野党表示，同意该法案作废，并办理了结束审议手续。至此，审议一个月之久的法案终成废案。

这项法案为何引起如此强烈反应又为何落得如此结局呢?这主要是因为这项法案违背了当前世界和平与发展两大主流的大潮，违背了日本大多数国民和亚洲人民的意愿，违背了日本政府自己制定的有关法律、决议以及有关政策。具体来说有五，一是违背了日本新宪法。日本战后制定的新宪法规定，日本永远放弃作为国家主权发动的战争、武力威胁或使用武力作为解决国际争端的手段，日本不保持陆海空三军及其他战争力量，不承认国家的交战权。二是违背了1954年日本国会的决议。这一年日本国会专门作出了“关于禁止自卫队向海外出动的决议”。三是违背了日本自卫队法。该法规定，自卫队主要任务是为保卫日本和平与独立，维护国家安全，针对直接侵略及间接侵略保卫国家，并根据需要维护公共秩序。四是违背了1956年日本加入联合国时的公开声明。当时，日本国内曾就日本自卫队是否可履行在联合国范围内使用武力的义务展开过讨论。当时的日本政府在国会答辩中公开声明说，“即便是联合国军，若是伴随使用武力的、违反日本宪法的行动，日本也不能参加”。五是违背了日本70年代提出的“专守防卫”政策。该项政策规定，日本作战范围仅限于日本本土及其周围附近，日本只有遭到对方武力进攻时才能行使武力，行使武力必须限制在自卫所必需的最小范围之内，国家所保持的武装力量也必须限制在自卫所必需的最小限度之内，即使出于防御需要也不进攻对方，并且不得拥有进攻性武器。该法案的夭折清楚地告诉日本政府，日本政府也应清醒地看到，亚洲人民，日本人民是热爱和平的，要求走和平发展道路是当今世界政治的主流，世界人民尤其是亚洲人民强烈反对日本走军事大国的道路。日本政府应深刻记取第二次世界大战的痛苦教训，不要好了伤疤忘了痛。德国前总理勃兰特说了一句令人深思的话。他说，日本作为一个有“前科”的经济大国，应实行更为负责的、更为谨慎的政策，才能获得自己所在的东亚各国的信任，这是日本发挥国际政治积极作用的前提条件。如果日本有法不依，言而无信，朝令夕改，只会加深亚洲各国的不安和对日本的不信任。

海湾危机4个多月的形势 1990年8月2日，地处海湾的军事强国伊拉克突然大举武装入侵弱小而富有的邻国科威特，并继而将科吞并。伊拉克此举不仅使沙特阿拉伯等海湾国家的安全受到威胁，也使地区局势急剧动荡，海湾危机因此骤起。伊拉克的侵略行径，理所当然地遭到国际上普遍的谴责，美国等西方国家从自身战略利益出发，反应尤为强烈。美国一方面大力推动国际社会对伊拉克实行外交上孤立、政治上打击和经济上封锁，同时又迅速大规模出兵海湾，并联合世界上许多国家同伊拉克军事对抗，从而使海湾这一地区性冲突演变成一场严重的国际化危机。迄1990年底，海湾危机已持续4个多月，其间美伊军事对峙日趋严重；国际对伊制裁不断升级，对伊造成较大的压力和困难，而伊一直未在侵科立场上后退；国际政治调解活动接连不断，又未使危机出现和平解决的转机。整个局势在逐步恶化。

一、伊拉克侵占科威特使海湾危机骤起

(一) 伊科矛盾由来已久

伊拉克与科威特这两个海湾邻国，历史上曾长期同属一个版图。公元8世纪，科威特是以巴格达为中心的阿巴斯王朝阿拉伯大帝国的一部分。1756年，萨巴赫家族在科建立酋长制部落统治。1871年，科威特为奥斯曼帝国巴士拉行省的一个县。后来，伊、科均沦为英国殖民地。1923年，英国同奥斯曼帝国签订洛桑条约，将伊、科正式从奥斯曼帝国疆土中瓜分出来，分别建立伊拉克王国和科威特埃米尔国。科自此开始脱离伊版图。在英殖民当局策划下，伊拉克旧王朝首相努里·赛义德于1932年与科威特埃米尔萨巴赫交换信件，达成划分两国边界协议，成了两国边界实际控制线的依据。但伊拉克王国统治者加齐在1933年否定这一边界协议，两国一直未正式勘定边界。1961年，科威特宣布从英国统治下独立，当时的伊拉克共和国卡赛姆政权不予承认，并对科提出领土要求。卡赛姆当局曾向伊科边境调集重兵，企图逼科同伊订立城下之盟，但在英国和一些阿拉伯国家军事压力下，伊拉克未能动武。1963年，伊复兴党政变上台，同年10月，承认科威特独立，并从科获得一定的经济实惠，但两国仍然有160公里的边界争议悬而未决。长期以来，伊拉克朝野始终认为科威特是伊领土的一部分，科威特分离出去是英国殖民主义“分而治之”政策的产物。由于历史的原因，加上两国政体不一，国际背景不同和贫富差别等因素，两国关系时好时坏，边界争端时有出现，多次发生武装冲突或摩擦。其中，两国在1976年发生的边界武装冲突更为突出，直至1977年4月才达成脱离接触协议，重新开放边界。此后，科威特一再努力争取划定两国边界，均未成功。伊拉克与伊朗于1980年9月爆发战争后，在长达8年的战争时期，科威特大力支持伊拉克，慷慨解囊180多亿美元，两国关系友好亲善。然而，两国所掩盖的矛盾并未消除，为双方关系风云突变留下了祸根。

(二) 伊拉克突然发难使伊科争端急剧上升

1990年7月17日，伊拉克总统萨达姆发表讲话，不点名地指责某些海湾国家不遵守石油输出国组织所规定的配额，大量倾销石油，造成石油市场价格下跌，从而损害了伊拉克经济，“在伊背后戳了一刀”。7月18日，伊拉克官方电台、电视台等新闻媒介大肆渲染7月16日伊外长致阿盟秘书长的信件，除点名抨击科威特和阿联酋大量超额出口石油外，重点指控科威特侵占伊领土，在伊境内设哨卡、修建军事和石油设施，掠夺伊拉克石油资源达10年之久，价值24亿美元，称此为“对伊拉克的侵略和战争”。与此同时，伊拉克开始在伊科边境地区增调部队。科威特一面指责伊对科实行威胁与讹诈政策，一面积极寻求阿拉伯国家进行调解，并命令科军处于高度戒备状态。两国关系骤然紧张，形势急剧恶化。

对伊拉克挑起伊科争端，各方反应强烈，阿拉伯国家间频繁接触，共商对策。美国则声称“将履行对海湾盟国的义务”，决不袖手旁观，坐视盟国安全受到威胁。经埃及、沙特阿拉伯等国的斡旋，伊科紧张局势曾一度有所缓和，相互停止新闻攻击。两国领导人定于1990年7月31日在沙特阿拉伯举行直接谈判。据科方事后透露，科威特在谈判中原打算在经济问题上对伊拉克作出一定的妥协让步，以求平息事态。然而，伊方在谈判中不仅要求科威特赔偿其经济损失，而且无理要求租借科威特布比延岛99年，并让科威特领导人去巴格达负荆请罪，科威特无法接受。1990年8月1日，伊拉克革命指导委员会副主席伊卜拉欣同科威特王储兼首相萨阿德在沙特阿拉伯的谈判破裂，第2天伊拉克即大举武装入侵科威特。迹象表明，伊拉克侵占科威特完全是早有预谋的行动。

(三) 伊拉克悍然入侵并宣布兼并科威特

1990年8月2日凌晨当地时间2时，伊拉克在动员14个师的基础上，以5个师约10万人的兵力，突然大举入侵科威特。在空军飞机掩护下，伊拉克先头部队2个装甲师由伊科两国边界东段兵分两路迅速突破科威特防线，第二梯队3个机械化师跟进，一路未遇有效抵抗，直抵科首都科威特市城下。另有一支伊拉克海军陆战队，负责攻占科威特布比延岛，并在科威特首都附近沿海登陆，配合主力部队进攻科威特王宫、首相府和电台等要害部门。当日下午2点40分，伊军即攻占了科威特首都，并基本控制了科威特全境，整个军事行动仅用了10个多小时，死伤人数较少。据报道，伊拉克侵占科威特过程中，仅有600～800名军、民伤亡。科威特埃米尔为首的王室人员大部分都进入沙特阿拉伯避难，科威特军队约2/3的兵力亦退入沙特境内。

伊拉克侵占科威特后，即宣布科合法政权萨巴赫王朝被废黜，新成立了“自由科威特临时政府”。1990年8月4日，伊拉克宣布阿利亚·侯赛因·阿里上校为科临时政府总理、武装力量总司令兼国防、内政部长，其余8名部长都是上校至少校衔军官。科威特人士揭露，该政府成员实际上都是祖籍为科威特人的伊拉克军官。据报道，伊拉克原想抬出科前议长等名人组建傀儡政府，在遭拒绝后才决定搞军政府。

面对国际社会的强烈反应，伊拉克曾一度玩弄过假撤军的把戏。1990年8月5日，伊从科撤出了部分部队，并声称2天后继续再撤。然而，所谓撤出的伊军是被调往伊沙边境地区，后续撤军亦未付诸实施。相反，伊拉克于1990年8月8日悍然宣布伊科两国实行“彻底和不可扭转的”合并，原科威特临时政府总理任伊副总理。与此同时，伊拉克又重新加强入侵部队的实力，并向科沙边境增兵备战，巩固侵科成果，对沙特安全构成严重威胁。8月28日，伊拉克又公布萨达姆签署的法令，将科威特列为伊拉克第19个省，将伊科有争议的边境地区划归巴士拉省，其余地区分为3个行政区，科威特市易名为卡迪马。

(四) 伊拉克侵占科威特有其近期和长远的战略需要

1、转嫁国内经济危机。历时8年的两伊战争使伊拉克国库空虚，债台高筑，外债达700多亿美元，其中欠海湾国家350多亿美元（内欠科120亿美元)。而伊拉克为巩固和发展其地区强国的需要，不仅有庞大的战后基本建设计划，还有问鼎于中东军备竞赛的巨额开支，其大力发展弹道导弹、卫星运载火箭及核、生、化武器装备和技术的研制生产项目，耗资惊人。所有这些使伊财政收支极不平衡，加之国际油价下跌，收入减少，经济危机日益加重。科威特则是世界首富国家之一，仅国家各种储备金就有800多亿美元，海外资产1000多亿美元，石油出口年收入约100亿美元。侵占科威特，伊拉克既可以科威特财富缓解国内经济危机，又可威慑其他海湾国家，减免伊拉克所欠债务，同时也为伊拉克称雄战略增加坚实的经济基础。

2、改善在海湾的战略地位。伊拉克虽为海湾强国，却仅有50多公里的海岸线。两伊战争中，伊拉克主要出海口法奥港被毁，乌姆卡斯尔成了伊拉克海军主要基地，但又受科威特瓦尔巴和布比延两岛的阻挡，伊拉克在海湾活动受到严重限制。伊拉克吞并科威特，使其有较为安全的出海口，再加上科威特的国际良港，海岸线可延长到300多公里，伊拉克在海湾的战略地位将大为改善。

3、提高伊拉克国际地位。伊科两国已探明的石油藏量达1900多亿桶，约占世界总藏量的20%，两国石油生产在海湾危机前已达日产470万桶，约占当时石油输出国组织产量的21%。伊拉克侵占科威特后，将在国际石油生产及油价问题上掌握很大程度的主导权。伊拉克在两伊战争中发展起来的百万大军的军事实力，再加上侵吞科威特后的经济实力、必将使它在中东地区进一步崛起。伊拉克还可用手中剩余的石油财富吸引阿拉伯和第三世界一些穷国，提高伊拉克的国际地位。

4、为逐步实现阿拉伯统一大业奠定基础。伊拉克执政党复兴社会党的宗旨是在整个阿拉伯世界实现“统一、自由、社会主义”。萨达姆总统1979年上台后，雄心勃勃，一心想当阿拉伯民族统一、强盛大业的英雄。两伊战争使其宏图大略受到抑制。两伊停火，伊拉克以胜利者、阿拉伯东大门坚强卫士的姿态从战争中脱身，且造就了庞大的军事实力，跃居海湾地区军事强国之首，遂又重温故愿。美苏搞缓和的战略格局及世界多极化形势的发展，阿拉伯国家在同以色列对抗中对伊实力地位依赖性增大，阿拉伯贫富矛盾加深，伊科历史状况及科威特国小力薄等状况，使伊拉克当局认为侵科条件具备，时机成熟。从伊侵科的口号“将阿拉伯财富归阿拉伯人所有”等内容来看，伊侵科不仅是其实现阿拉伯统一大业的一部分，同时也企图将海湾其他国防力量软弱的石油富国逐步纳入其统一战略的轨道。

(五）伊拉克入侵科威特的作战特点

1、集中优势兵力，进行闪击突袭。科威特全国190万人口，武装力量总共2万余人，防御能力薄弱。尽管如此，伊拉克仍集中优势兵力，以期速战速决。伊拉克入侵部队达10万余人，对科威特武装力量形成5比1的优势，且多为伊拉克精锐部队。其先头部队即是在两伊战争中屡立战功的共和国警卫部队的2个师，入侵部队5个师均为装甲、机械化师，机动能力较强，保证了入侵行动的进展速度。在入侵时机上，伊拉克选在科军防备较差的凌晨2时，当时离伊科在沙特谈判结束仅数小时，使伊军行动具有闪击突袭性，科方猝不及防。伊军以10多个小时即控制科全境的速度，使科威特的保护国来不及作出反应。

2、战略欺骗得逞，攻其不备。据报道，伊军早有侵科计划，但伊拉克在1990年上半年大肆渲染其同以色列之间的军事对抗，不断以其导弹等大规模毁坏性武器对以色列进行威胁，将各方注意力集中到伊以争端上。伊科争端突起后，伊拉克虽然公开陈兵伊科边境，但又以种种外交姿态迷惑了对手和国际视听。战前，伊拉克反复对埃及等国保证不会对科威特采取军事行动，萨达姆还召见美国大使，称伊拉克决不对科诉诸武力。伊还曾一度停止对科新闻攻击，派高级领导人同科方直接谈判，致使科威特和国际各方误以为伊拉克重兵压境只是配合谈判对科施加军事压力，未对伊入侵预作认真的准备，美国等科威特的保护国也无实际军事措施。此外，各方均以为萨达姆刚从两伊战争中摆脱困境，国家和人民急需休养生息。且科威特有恩于它，两国虽有边界争议和石油出口问题上的分歧，但伊拉克总不至于大动干戈，甚至采取亡邦灭国之举。各方思想上的麻痹使伊拉克战略欺骗得逞。

3、战前准备充分。伊拉克在侵科前已在国内进行了周密的准备。伊拉克借防以色列打击其导弹、核、生、化武器基地为名，进行过多种战备演练。此次行动前，伊拉克利用侨居科威特的伊拉克人及其他国家的侨民广泛搜集了有关情报，还曾派部队在伊科边界有争议地段对科威特防御情况作了侦察。伊拉克还侧重对有可能成为其入侵科威特的牵制力量的伊朗做了工作，积极主动地打破两伊和谈僵局，在双方直接谈判中作出了愿意退让的姿态，使伊朗的要求得到了一定程度的满足。在挑起伊科争端之时，又重点在油价上做文章，得到主张维护油价不下跌的伊朗同情，不反对向科威特等海湾石油出口国施加压力。加之伊朗务实派掌权。无意与伊拉克重开战端，从而排除了伊拉克对科威特采取军事行动的翼侧威胁。

二、国际社会对伊侵科的强烈反应和美伊严重的军事对抗使海湾危机国际化

伊拉克侵略科威特使沙特阿拉伯等海湾国家安全受到严重威胁，也使地区局势急剧动荡。国际上大多数国家为主持公道、伸张正义，强烈谴责和反对伊这一违背国际法准则的侵略行为。联合国安理会于伊拉克侵科当日即通过对伊谴责，要伊拉克立即无条件从科威特撤军和恢复科合法政府的决议，后又接二连三地作了对伊拉克制裁不断升级的12个决议，由海上封锁发展到空中禁运，以至最后通牒要伊拉克限期撤军否则将对其动武。在美国、沙特阿拉伯等方面大力推动下，对伊拉克实施制裁的国家多达106个，连原是伊拉克政治、军事上最大的支援者苏联也站在反伊联合阵线一边。美国和西方国家因伊侵科触及其石油经济命脉及地区战略利益，在推动国际对伊拉克制裁的同时，对伊拉克施加强大的军事压力。美国在海湾地区集结了侵越战争后在海外最大规模的武装力量。在美国推动下或应沙特阿拉伯的要求，西方13国、阿拉伯3国和其他6国亦向沙特阿拉伯、海湾地区派出数量不等的部队或海军舰只。加上原已卷入危机的海湾6国，参与同伊对抗的国家逾30个。这反映了海湾危机不仅是国际社会同伊拉克侵略扩张的尖锐对立，也是美伊战略利益的严重对抗。

（一）美国加紧进行针对伊拉克的大规模军事部署，并大力加强国际反伊联合行动

1、美国针对伊拉克而采取“沙漠盾牌”军事行动。美国自1990年8月7日开始实施针对伊拉克的“沙漠盾牌”军事行动，向沙特阿拉伯、海湾及其附近地区大规模部署部队。按美方宣布，该行动分2个阶段；防御伊拉克进攻沙特阿拉伯阶段和对伊拉克进攻性部署阶段，以美国总统布什1990年11月8日决定增兵海湾为界。

在前一阶段部署中，美国共集结部队24万人。其中地面部队17万人，涉及5个师又7个旅的番号，装备1000多辆M−1A1等型坦克，海军陆战队所辖战斗机120架；海军各型舰只70多艘，内含航母3艘、核攻击潜艇6艘、巡航导弹约200枚、舰载机240架；空军各型作战飞机约450架，内含最先进的F−117隐形战斗轰炸机44架、B−52战略轰炸机16架。美国这一阶段军事部署有以下几个特点：(1) 建立并完善了派遣部队的指挥机构。美中央总部司令诺曼·施瓦茨科普夫上将被任命为美军驻海湾部队总司令。他于1990年8月下旬随同其下属的指挥机构由美本土迁往沙特阿拉伯。与此同时，美国还健全了其驻海湾各军种司令及有关指挥机构。(2) 开始动用后备役部队。1990年10月1日前后共征召近5万名后备役军人服现役，此为越战后首次。(3) 空、海军力量对伊拉克形成明显优势。美国在海湾集结的空海军部队无论在数量上还是在装备质量上都对伊拉克具有压倒优势。(4) 部分美军地面部队在沙特阿拉伯北部边境建立前沿阵地。其中第7和第1陆战远征旅部队部署在最前面，最近处离沙科边界仅50多公里，第24机械化步兵师紧驻其附近。其余大部驻沙特阿拉伯石油设施集中地区。(5) 美沙同多国部队建立指挥系统。1990年10月30日，美驻海湾部队司令称，美沙协商结果，确立了多国部队指挥机构，美方指挥全部美军及在一定程度上指挥英国派遣部队，沙特指挥包括法国部队在内的其他多国部队，美沙建有协调指挥中心。

1990年11月8日，布什总统宣布向海湾增派部队，使驻沙特美军具有足够的进攻能力，从而将美国在海湾军事行动推进到新的阶段。据美国防部长切尼等官员透露，增派部队约15～20万人。其中地面部队为3个半陆军师及1个陆战远征旅，M−1A1型坦克700多辆；海军3个航母编队和1个战列舰大队，舰载机约240架；空军各型作战飞机300多架。这些部队要在1991年1月中旬部署完毕。届时，美驻海湾部队总数将达40多万人，各型舰只近150艘，各型作战飞机约1500架。为完成这一阶段的军事部署，美除从本土抽调部分部队外，主要从美驻欧部队调遣重装甲力量，与此同时进一步征召后备役及国民警卫队部队到海湾地区服现役。驻沙特部队频繁进行战前演练，重点是夜战、防化与沙漠战，还进行了一些巷战训练。驻海湾的两栖攻击部队则先后进行了5次大规模两栖登陆攻击演习，均以攻占科威特为演习目标。此外，美军还同沙特部队进行了联合演习。

2、美国大力推动反伊联合行动。美国在加紧军事部署的同时，积极带头并推动国际社会对伊拉克制裁，军事压力和政治、外交、经济压力双管齐下，尽力使其对伊拉克行动带有国际联合性质，显示美国在处理海湾危机中的领导地位。其主要做法有：(1) 推动安理会连续通过制裁伊拉克的决议，并利用联合国决议对美国可能军事打击伊拉克提供法律保证。(2) 动员西方国家向海湾派兵，共同与伊拉克军事

对抗。(3) 大力寻求盟国的援助。敦促海湾石油富国及西方经济大国为美在海湾驻军和因对伊拉克制裁而经济受损的地区国家提供经济援助。美国务卿贝克和财政部长布雷迪 1990 年 9 月出访上述国家募款。美国还要求盟国出船和飞机帮助美国向海湾运送部队。(4) 努力拉拢苏联等有影响的大国与其协调行动。1990 年 9 月 9 日，布什总统在赫尔辛基同戈尔巴乔夫会晤集中讨论海湾危机问题。11 月 20 日，美苏首脑还在巴黎欧安会期间再度就海湾危机交换了意见。两国外长间接触更为频繁。(5) 积极谋求中东地区有影响国家的合作。其中突出争取埃及、叙利亚、土耳其等国参与海湾军事行动。为感谢埃及的支持，美主动取消埃所欠美国军事债款 68 亿美元。为争取叙利亚在反伊联盟中发挥作用，美对叙武力解决黎巴嫩基督教奥恩反叙势力持默许态度。

3、美处理海湾危机的目标和战略意图。1990 年 8 月 8 日，美国总统布什宣布，美对海湾危机的政策主要达到 4 个目标：(1) 伊拉克立即无条件地从科威特撤军；(2) 恢复埃米尔萨巴赫为首的科威特合法政府权力；(3) 维护沙特阿拉伯和整个海湾地区的安全与稳定；(4) 保护美国海外侨民的生命安全。除上述 4 条外，据美国领导人表态及各方评论，美国对处理海湾危机的做法主要有以下战略意图：

(1) 控制海湾石油资源，维持西方经济命脉。海湾石油资源丰富，其目前已探明的石油藏量占世界的 60%，石油产量占欧佩克的 68%。美国、西欧和日本石油进口的 23%、39%和 63%来自海湾。能否控制海湾石油资源，直接影响到西方世界经济生命线。美国长期来始终把"维护海湾石油输出安全"置於美国在中东战略利益之首。美战略研究界人士指出："伊拉克吞并科威特后，如再兼并沙特阿拉伯，等于伊拉克掌握了世界近一半的石油资源，无疑取得了对西方国家的生杀大权。"美国务卿贝克 1990 年 11 月 13 日在加拿大对记者宣称，美国军事卷入海湾危机旨在防止伊拉克控制该地区的石油资源，这对西方经济至关重要。

(2) 长期控制中东，维护美国的战略利益。美国反复强调其在中东的另一个重要战略利益是维护美国在该地区盟友的安全。布什政府认为，伊拉克入侵科威特不仅危及美国在科威特、沙特阿拉伯的安全利益，而且给整个中东的安全与稳定增加了许多复杂因素。尤其令美国担心的是该地区核、生、化、导弹武器扩散及军备竞赛不断升级，有可能导致地区冲突并具有更大的破坏性。伊拉克同以色列之间近两年来在这方面的军备竞赛及相互威胁动武呈不断增长之势，使美国感到地区性挑战已成为美国当前面临的主要威胁。西方评论认为，伊侵科后美迅速大规模军事介入海湾危机，标志着美已进入直接控制中东的"新纪元"。

(3) 显示美国在世界上的"领导作用"。近年来，西欧的政治联合、日本的经济振兴及德国的统一，使美国在西方世界领导地位受到前所未有的冲击。美与其盟国正由"主仆关系"转向"伙伴性质"。这次危机使西欧、日本不得不借助美国来维护它们的利益，显示出西方在处理国际危机中仍离不开美国，美国仍旧是盟主。美、苏两极体制解体、世界新旧格局转化，美国力求利用这次危机确立并检验其在全世界范围内的"领导作用"。正如美国务卿贝克 1990 年 9 月初在众院汇报美国处理海湾危机对策时所称，美政府基本战略是"在政治、经济和军事上领导孤立伊拉克的全球性政治联盟"。各方评论指出，布什政府试图借处理海湾危机确立以美国为主导的解决各种争端的国际政治新秩序。

(4) 缓解美国内压力。布什政府在国防预算问题上不断受到国会要求大幅度裁减军费及一些大军火商和反对大规模裁军势力两方面的压力，左右为难。美借伊侵科大举出兵海湾，一方面表明威胁依然存在，仍需加强军备；另一方面又迎合了大军火商等方面的愿望，转移了国内视线。此外，布什政府在解决国内经济问题上进展缓慢，威信下降，也希望借助解决海湾危机问题获取政治资本，提高威望。

(二) 国际社会不断加大对伊拉克压力，期望伊改变侵科立场

1、联合国对伊拉克制裁措施逐步升级。联合国安理会于伊侵科当天召开紧急会议，通过了谴责伊侵科、要伊立即无条件从科撤军、恢复科合法政府的第 660 号决议。此后，安理会又针对伊拉克顽固坚持侵科立场和使海湾危机加剧的做法，作出了对伊拉克制裁逐步升级的决议。1990 年 8～12 月的 4 个月中，安理会共通过了 12 个针对伊拉克的决议。1990 年 8 月 6 日通过的 661 号决议对伊实施经济制裁和贸易、军品禁运（对伊实施制裁的国家逐步增至 106 个）；8 月 9 日通过的 662 号决议确定伊兼并科为非法；8 月 18 日通过的 664 号决议要求伊允许滞留在伊、科的外国侨民自由出境；8 月 25 日的 665 号决议授权海湾多国部队采取与具体情况相称的措施阻止伊同外界海运货物，实际上是默认对伊实施海上武力禁运（截止 1990 年 12 月 25 日的 4 个月中，美英等

国驻海湾军舰共拦截检查5833艘过往船只，其中登船检查的有718艘，有30艘船被强迫改变航向，西方海军在拦截检查过程中有10次开火警告)；9月13日的666号决议规定了外国向伊拉克或科威特提供食品的有关原则；9月16日的667号决议强烈谴责伊军侵犯外国驻科外交机构的行为；9月24日的669号决议授权安理会制裁伊拉克委员会审议因制裁伊而经济受损国家提出的援助要求；9月25日的670号决议对伊拉克实施空中禁运；10月29日的674号决议要伊对科赔偿战争损失；11月28日的677号决议谴责伊在科迫害科威特人的暴行及企图改变科人口构成等非法行径。11月29日678号决议授权会员国与科政府合作，采取一切必要手段维护和执行安理会第660号等针对伊的决议，恢复国际和平与地区安全，除非伊于1991年1月15日之前完全执行上述有关各项决议。该决议对伊发出最后通牒，限期要伊从科撤军，否则可使用武力将伊赶出科。

2、与伊军事对抗国家日益增多，兵力不断加大。伊侵吞科并对沙特阿拉伯等国安全构成严重威胁，海湾合作委员会6国处于同伊对抗之中。继美国之后，英、法等西方国家向沙特和海湾地区派出部队或军舰。阿盟于1990年8月10日开会作出向沙特派兵的决议，埃及、叙利亚和摩洛哥先后向沙特、阿联酋派出部队。另有一些第三世界国家应沙特要求也向海湾派兵，对伊拉克施加压力，迫其改变侵科立场。东欧一些国家也向沙特派出了一些防化小分队和战地医疗队。在美再度大规模增兵海湾后，参加多国部队的一些国家，如英、法、埃等国也进一步向海湾增兵。

至1990年12月底，除美国外，同伊拉克军事对抗的各方军事力量情况如下：(1) 西方13国总兵力约5万人，坦克近400辆，作战飞机近140架，各型舰艇约60艘。计英国总兵力3.2万人，其中地面部队1个装甲师2.2万人，装备坦克300辆，海军各型舰艇14艘，空军作战飞机72架；法国总兵力1.5万人，其中地面部队5个团8400人（内2800人驻吉布提，其余驻沙特阿拉伯），装备坦克近100辆，武装直升机68架，海军各型舰艇13艘，空军作战飞机36架；加拿大作战飞机18架，驱逐舰2艘，支援舰1艘；澳大利亚2艘导弹护卫舰，1艘支援舰；意大利2艘护卫舰在内的各型舰艇6艘，作战飞机8架；比利时2艘扫雷艇和1艘支援舰；荷兰2艘护卫舰；西班牙护卫舰与支援舰各1艘；希腊导弹护卫舰1艘；挪威补给舰1艘；丹麦、葡萄牙和德国共有各型舰艇11艘。(2) 阿拉伯3国总兵力6.2万人，坦克850辆。计埃及3.5万人，其中驻沙特2.7万人，装甲师、机械化师各1个，另有1支伞兵突击部队，坦克500辆，驻阿联酋8000余人，为防空旅、突击大队各一个；叙利亚1.6万人，其中驻沙特1.5万人，为1个装甲师加1个步兵旅，坦克350辆，驻阿联酋1000人，为1个步兵旅；摩洛哥1.1万人，其中驻沙特1个步兵旅5000人，驻阿联酋1个步兵旅6000人。(3) 其他第三世界6国总兵力约1万人。其中，巴基斯坦1个旅5000人；孟加拉国2个营1000人；塞内加尔和尼日尔各500人；洪都拉斯150人；阿根廷派出驱逐舰和护卫舰各1艘。(4) 东欧国家已同沙特阿拉伯商妥，派防化小分队与医疗队的有捷克和斯洛伐克、保加利亚、波兰等国。其中捷220人已抵沙特阿拉伯。(5) 海湾合作委员会6国总兵力16.5万人，坦克约900辆，作战飞机300多架，各型舰艇100多艘。其中，在沙特北部边境地区有科威特部队2个旅7000多人，“半岛之盾”快速部署部队2个旅1万余人。

3、国际社会对解决海湾危机的立场不尽一致。国际社会在反对伊侵吞科问题上立场基本一致，但在美国大举出兵海湾及其打算采取武力解决海湾危机问题上多数持保留或反对态度。(1) 阿拉伯国家。伊侵科后，阿盟部长理事会1990年8月4日在开罗开会通过了谴责伊拉克的决议，要求伊从科撤军。但也门、约旦、巴勒斯坦、苏丹和毛里塔尼亚5国弃权，利比亚没有与会。1990年8月10日，阿盟首脑召开紧急会议，在向沙特派兵问题上，阿拉伯国家进一步分裂，会上以12国支持的多数通过了对伊侵科进行谴责、支持安理会660、661号决议、支持对伊制裁并同沙特派兵的决议。利比亚、巴勒斯坦和伊拉克反对，阿尔及利亚、也门弃权，约旦、毛里塔尼亚和苏丹持保留态度，突尼斯未出席会议。随着形势发展，阿拉伯多数国家在反对伊侵科问题上的立场逐步趋于一致，但也门、约旦、巴勒斯坦等国对美出兵海湾持反对或保留意见。(2) 西方国家。除英国紧跟美国外，西方国家虽对伊侵科反应强烈，但担心海湾爆发战争毁坏海湾石油设施，使西方经济遭到冲击以及战争引发地区各种矛盾，影响西方在中东的战略利益和同阿拉伯国家的传统关系。因此，西方国家虽有同美国协调、配合的一面，但对军事解决海湾危机始终持保留或反对态度。(3) 邻近国家。伊朗虽然在海湾危机爆发后同伊拉克实现和解，但坚决反对伊拉克侵吞科威特，接受联合国对伊制裁决议。与此同时，伊朗也明确反对美国和西方国家出兵海湾，主张地区国家自己解决伊科争端。若美国长期在海湾驻军，伊朗将动员广大穆斯林对美展开圣战。土耳其积极参与国际反伊联合行动，除对伊制裁外，允许美国使用其军事基地对付伊拉克，并在土伊边境地区集结10万大军，从翼侧分散伊拉克对付美与多国部队的兵力。以色列从海湾危机中有所渔利，主张削弱伊拉克军事力量。虽然对伊拉克威胁在海湾开战时首先攻击以色列的说法进行针锋相对的还击，但以色列在总体上的做法还是采取低姿态，尽力不使海湾危机同阿以争端挂钩。(4) 苏联。伊拉克同苏联长期处于盟友关系，但在伊侵科当天，苏联外交部即宣布暂时停止对伊武器供应，明确反对伊侵科立场。此后，苏联一直注意同美国和西方国家协调立场。1990年9月9日，美苏首脑专门为海湾危机问题在赫尔辛基举行首脑会晤。11月20日，美苏首脑在巴黎出席欧安会之际再度就海湾危机进行了会谈，两国外长就此问题的会晤更为频繁。苏联虽派特使为和平解决海湾危机开展了一系列外交活动，但在美国推动安理会通过对伊动武决议时，苏联仍积极表示支持。为此，苏联不仅同沙特复交，而且从沙特获得40亿美元的财政援助。总的来看，苏联出于同美国、西方搞缓和的需要，同美国在海湾危机问题上协调配合较好，但苏联亦不放弃利用政治调解来扩大自身影响。(5) 中国。在伊侵科后，中国明确反对伊拉克的侵略，呼吁通过和平手段在阿拉伯国家内部谈判解决争端，对沙特出于安全考虑所采取的措施表示理解。在解决海湾危机的方式上，中国始终不渝地希望和平解决，反对诉诸武力，主张只要有一线希望，就要努力争取和平解决，避免发生对各方都不利的战争。本着这些原则立场，在1990年联合国安理会表决对伊各项决议中，除对伊动武决议外，中国均投了赞成票，仅对安理会第678号决议投了弃权票，并就原则立场作了阐述。为伸张正义、维护国际法准则，并且和平解决海湾危机，中国领导人在各种重大外交场合不遗余力地对海湾危机有关各方做了工作或阐述了自己的立场。1990年11月6～12日，中国外长钱其琛出访埃及、约旦、伊拉克和沙特阿拉伯4国，除同有关国家领导人会谈了海湾危机问题外，还分别会晤了美国务卿贝克和科威特埃米尔萨巴赫，为推动海湾危机和平解决作出了积极的努力。中国在处理海湾危机中的原则立场，受到国际社会上普遍的欢迎和好评。

(三) *伊拉克积极进行防御作战准备*

面对国际制裁及强大的军事压力，伊拉克不仅没有退让，而且顽固坚持侵科立场，采取了一系列对抗措施，力保侵科成果。

1、不断加强防御作战军事部署。美国出兵海湾后，伊拉克随即向科威特增兵，积极进行防御作战准备。除恢复13个师、新建11个师外，迅速与伊朗和解，从两伊前线抽调30万人的部队，全力加强科威特地区及伊南部地区的防御力量。在科战区及国内均分三线作纵深梯次部署。另在伊土边境地区将防御力量增加至8个师。1990年10月，伊防御作战部署大体完成，在科战区集结了27个师45万人的兵力，装备3500辆坦克、2500辆装甲车和2200门火炮，并在科沙至伊沙边界沿线构筑了长达240公里，宽7～8公里的防线，由雷区、铁丝网、沙堤、反坦克壕、半地下坦克与炮兵阵地组成，阵地前沿还有一道储油壕沟，遇敌进攻时可点火形成火墙，阻敌前进。

在美国决定再度增兵海湾后，伊拉克当局亦宣布准备向科战区增调25万人的兵力。至1990年12月底，伊在科战区部署的总兵力达35个师约51万人，装备坦克4000余辆、装甲车2500辆、火炮2700门、武装直升机125架、“飞毛腿”B式导弹发射架14部等。

2、全国动员作好大战准备。伊拉克不断在国内作战争动员，扩军备战。为满足前线兵员需求，伊拉克命令所有17～33岁男性公民全部应征参军。将人民军数量不断扩大，号称有500万，几乎全民皆兵。全国18个省划分为5个大区，由各大区复兴党书记兼人民军司令直接秉承萨达姆总统指令，掌管一切行政权力，实行战时体制。为对付国际制裁，还实行战时经济体制。于1990年9月1日开始实行生活必需品发卡定量供应。全国上下不断进行战争教育，开展民防训练。为对付土耳其可能开辟对伊军事打击第二战场，伊拉克还决定恢复忠于政府的30万库尔德少数民族地方武装。

3、利用西方人质作对抗。海湾危机爆发后，被伊拉克扣留或滞留在伊科的西方国家人员共约1.1万人，其中美国约3500人、英国4000多人、日本500多人、德国700多人。1990年8月16日，萨达姆总统警告，如美国进攻伊拉克，“数千名美国侨民将躺在棺材里回国”。接着，伊拉克议长萨利赫于8月17日宣布，伊将扣留“侵略国公民”。此外，伊拉克一方面将分散在伊科各地的西方人员集中看管，另一方面又将美英等国部分侨民押往伊军事设施等易遭美空袭的目标地区，使美对伊动武时增加顾忌。伊拉克还利用西方人质作为打破国际制裁和分化反伊联合行动的一种手段，诱使英国、日本派前首相、德国派前总理、美国派美伊友协代表团到巴格达活动，伊相应释放了一些有关国家的人质。法国总统在联合国大会发言中提出和平解决海湾危机的4点方案，对伊较为有利，伊随即释放了所有被扣法国人质。1990年11月3日，伊拉克议长提出建议，如苏、法、日、德和中国5国中的2个国家，或安理会的5个常任理事国保证不对伊诉诸武力，伊将释放所有被扣的大约4000名外国人质。1990年12月6日，萨达姆总统在美国提出美伊外长互访进行高层直接会谈之后，写信给伊议会，要求释放所有被扣的西方人质。12月7日，伊议会通过萨达姆建议，允许所有西方人质在圣诞节前离境。随后，滞留在伊的西方人员纷纷离去，仅有数百名具有双重国籍者自愿留在伊拉克。

4、逐步强化对科威特的占领。海湾危机4个多月来，伊拉克虽然作出种种姿态，表示愿意和平解决海湾危机，但截至1990年12月底在伊占科问题上不作任何退让，致使国际各方政治调解活动未能取得任何实质性进展。相反，伊却逐步强化其对科的占领。其主要做法有：(1) 宣布将科永久吞并，将科列为伊第19个省，并建立相应的地方政权；(2) 强行驱赶外国驻科使馆。伊外交部1990年8月20日宣布，限期各国关闭在科使馆，否则外交官将被当作普通侨民对待。对坚持不走的使馆，采取断水、断电，强行抓人等办法软硬兼施，逐步使绝大部分使馆关闭；(3) 取消科威特货币。伊拉克于1990年9月24日宣布，在9月24日～10月6日期间以1比1的价格将科货币兑换成伊货币，而后禁止其流通；(4) 强行改变科威特人口结构。伊拉克于9月27日颁布法令，规定所有科籍公民在1990年10月1～31日的一个月内必须更改国籍改领伊公民身份证。此前伊已开始以各种手法驱赶或逼迫科公民向沙特迁移，数天内有成千上万的科威特人背井离乡，并强行销毁各种身份证明。迄1990年12月底，在科境内的科籍人仅25万人，而且都已不能以科籍人身份出现。伊上述做法均遭国际社会的强烈反对，联合国安理会亦为此作出了一些决议。

伊拉克和伊朗实现和解 1988年8月20日，伊朗同伊拉克达成停火协议，但两国和谈未能取得实质性进展，双方仍处于军事对峙状态。1990年，伊拉克对和谈表现积极，多次采取主动行动。在联合国秘书长德奎利亚尔的帮助下，两国恢复中断一年多的和谈，并实现双方外长首次直接谈判。1990年8月中旬，伊拉克侵占科威特后面临严重的海湾危机，加快了同伊朗和谈的步伐，基本上满足了伊朗的要求，使两国由军事对峙走向和解。10月14日，两国宣布恢复正常外交关系，两伊争端大体告一段落。

一、伊拉克总统提出和解计划未能得到伊朗响应

在两伊停火后的会谈中，伊拉克坚持它拥有阿拉伯河的全部主权，主张先清理该河河道使之重新开放，然后讨论撤军问题，释放战俘问题可先于其他有争议问题单独解决。伊朗则坚持它按阿尔及尔协议对两伊交界的阿拉伯河享有一半主权，主张执行安理会598号决议条款，先撤军后谈清理阿拉伯河问题，释放战俘要同伊拉克军队撤出伊朗领土挂钩。两伊的上述立场使和谈陷入僵局。联合国秘书长德奎利亚尔为恢复两伊和谈作了多次努力均未见效。

1990年1月5日，伊拉克总统萨达姆在伊拉克建军69周年节日前夕发表电视讲话，主动提出为打破两伊和谈僵局的3点和平计划：(1) 两伊代表在联合国主持下举行直接对话，3个月内轮流在两伊首都举行6次会谈，以求双方对安理会598号决议达成共识；(2) 在国际红十字会协调下，两伊立即交换战俘，交换时间在伊朗接受伊拉克建议后的2周内开始；(3) 开放两伊边界和领空，允许两国人民有组织地互访对方伊斯兰宗教圣地，为方便这种交往，重新开设在两国首都的民航办事处。

萨达姆的和平计划未能得到伊朗方面的响应。在萨达姆讲话的第二天，伊朗官方发言人指责萨达姆讲话旨在欺骗公众舆论，企图阻挠以安理会598号决议为准则达成最终和解协议。同日，伊朗驻联合国代表在声明中重申，两伊交换战俘的同时，伊拉克必须撤出它所占据的伊朗领土。伊朗的态度表明它对伊拉克的和平计划存有疑虑，并对计划的部分内容持有异议。

二、两伊总统互致信件导致两国外长直接谈判

伊拉克总统萨达姆的和平计划虽然未能得到伊朗的响应，但伊朗和国际社会都从中感觉到伊拉克当局的和谈愿望，对恢复两伊谈判、和平解决争端产生希望。在此基础上，联合国秘书长德奎利亚尔先后在1990年4月26日和5月13日分别会见了两伊外长，商谈了重新开始两伊和谈事宜。事后，两伊均表示接受联合国秘书长关于举行新的一轮外长直接谈判的建议。与此同时，传出萨达姆总统曾经两次写信给伊朗总统拉夫桑贾尼，后者亦曾给萨达姆写了回信。有关信件的具体内容，两伊双方都未公开。从各方报道及伊朗官方表态中大体可以看出以下几点：(1)

伊拉克建议在两伊首都分别举行两国领导人直接会谈；(2) 伊朗对会谈地点如有异议，伊拉克可以接受在第三国进行；(3) 伊拉克愿意谈判解决两伊所有争端，恢复两国正常关系，并在地区安全与稳定、国际石油价格等问题上进行合作；(4) 伊朗方面坚持以执行安理会 598 号决议为基础恢复和谈；(5) 为确保和谈顺利进行，伊朗主张先在联合国秘书长主持下由两国代表进行预备性会谈，而后考虑是否举行首脑会晤。

在两伊对和谈的立场均有所松动的情况下，联合国秘书长于 7 月 3 日安排两伊外长在日内瓦举行了停火以来的首次直接会谈。会谈后的正式声明称："两伊重申安理会 598 号决议是双方进行一切接触的基础"，"双方同意组成专家小组进一步讨论如何实施该决议的具体事项"。两伊外长会谈后分别对记者说了同类的话，称两伊正在为两国签署和平协议与恢复睦邻关系作出努力。伊朗总统拉夫桑贾尼在 7 月 16～19 日多次发表讲话，称两伊外长日内瓦会谈取得进展，"预计两国将走向和平"；指出"由于伊拉克态度积极，两伊观点在阿尔及尔协议范围内已更为接近"，"两伊缩小了在边界条约问题上的分歧"。

三、伊拉克主动退让使两伊实现和解

正当两伊具体谈判各项争端之际，伊拉克于 1990 年 8 月 2 日悍然大举入侵科威特。伊拉克的侵略行径遭到国际社会普遍的谴责和制裁，面临美国等方面强大的军事压力。伊拉克为确保侧翼安全，加速了同伊朗和解的步伐。8 月 15 日，萨达姆总统向伊朗提出了从伊朗领土撤军、接受阿尔及尔协议中有关阿拉伯河等两国边界划分的条款、双方交换战俘和两国派团互访的一揽子和平建议，主动放弃了两国交战 8 年的领土之争。在伊朗方面接受这项建议后，伊拉克从 8 月 17 日开始从其所占的伊朗领土上撤军，并先行释放 2000 名伊朗战俘。5 天后，伊拉克又宣布已完全归还所占伊朗领土，第 3 军的最后一批部队撤出了沙拉姆切和库什克地区。9 月 9 日，伊拉克外长阿齐兹赴德黑兰进行访问，同伊朗外长会谈并会见了伊朗总统拉夫桑贾尼。双方讨论了复交事宜，并同意建立一个专门委员会处理两国遣返战俘问题。随行的伊拉克石油部长亦同伊朗能源部长会谈了国际石油市场的油价及两国石油合作问题。9 月 10 日，两国宣布同意复交。伊朗副外长穆塔吉和伊拉克副外长扎哈维先后于 9 月中旬和 10 月中旬进行了互访，就两国复交、重开使馆、划定国界、交换战俘等事宜作了具体安排。11 月 4 日，伊朗外长维拉亚提抵巴格达访问，会见了萨达姆总统并同伊拉克外长进行了会谈，双方就换俘的技术问题达成谅解，就双方人员互访对方伊斯兰宗教圣地达成原则协议。同日，两国正式宣布恢复中断 3 年的外交关系，实现和解与关系正常化。联合国驻两伊边境维持和平的军事观察团指挥官约维奇少将于 1990 年 11 月 12 日宣布，该团已圆满完成两伊停火、撤军的艰巨任务。所有这些都标志着两伊军事对峙告一段落。

四、两伊仍存在悬而未决的问题

两伊虽然由军事对峙实现和解，但并非两国之间所有问题都已解决。据透露，截至 1990 年 12 月止，两伊尚有一些悬而未决的问题，主要是：(1) 换俘尚未完全结束。1990 年 8 月 17 日至 9 月 12 日，两伊共交换战俘 66248 人，其中伊朗释放 33350 人，伊拉克释放 32898 人。此后，因故换俘工作中断。11 月 14 日，伊朗外长访问巴格达后，两国同意继续交换战俘。11 月 21 日，伊拉克又释放了 238 名伊朗战俘，伊朗则释放了 179 名伊拉克战俘。迄 12 月中旬，两伊共换俘约 8 万人。由于双方统计数字和统计方法不一致，因此换俘争议犹存。伊朗认为伊拉克手中还有包括一名伊朗前内阁部长在内的数千名战俘；伊拉克则认为对方还扣押其在两伊战争中失踪人员近 3 万人。(2) 尚未正式勘定边界。伊拉克要求重新签订两国边界协议，而伊朗不同意，认为阿尔及尔协议中已规定以阿拉伯河中心线划分两国边界，无需另签新约。伊拉克宣布已从伊朗全部撤军，但因两伊战争前已存在的部分边界领土争议，伊朗认为伊拉克所撤出的 2600 平方公里土地并非所占伊朗领土的全部，尚有 60 多平方公里的领土问题没有解决。1991 年 1 月 8 日，伊拉克革命指委会副主席易卜拉欣率团访问伊朗，两国签订协议，双方军队于 1 月 9 日撤回国际公认的边界。

阿拉伯国家同以色列的争端 1990 年，和平解决阿、以争端及巴勒斯坦问题的势头大为减弱。拟议中的以色列、巴勒斯坦直接会谈夭折，美国与巴勒斯坦解放组织对话中断；以色列大量安置苏联犹太移民，重弹"大以色列"老调，并出现以色列建国以来最为右倾强硬的政府，引起阿拉伯方面强烈反对；阿、以间的军事对抗和巴、以间的武装斗争较前激烈。伊拉克 8 月 2 日入侵科威特引起海湾危机后，阿、以问题在中东地区和国际上的地位下降，但阿、以争端并未因此而缓解。

一、以、巴直接和谈夭折

1989 年 5 月 14 日，以色列政府通过沙米尔总理提出的以色列、巴勒斯坦和谈计划，虽然其主要内容是通过以色列当局同巴勒斯坦被占领土选举产生的代表，谈判实现以色列统治下巴勒斯坦人民实行有限自治的问题，但它毕竟将以、巴谈判提上了议事日程。此后，各方围绕以、巴和谈问题展开了一系列活动，其中埃及、美国和巴解组织分别提出了各自的谈判方案，谋求以、巴谈判成为和平解决中东问题的突破口。由于以色列顽固排斥巴人民唯一合法代表巴解组织参加谈判，以及各有关方面在谈判方式和谈判目标上的分歧，以、巴谈判在1989年未能举行。

1990年初，各方围绕以、巴谈判问题的努力仍较活跃。为使中东和谈的车轮继续运转和以、巴谈判得以开始，埃及积极推动美、埃、以三方先进行会谈，讨论解决以、巴谈判的障碍问题。虽然由于美国入侵巴拿马问题的影响和以色列方面的顽固态度，拟议中的美、埃、以三方外长会议一直未能开成，但美、埃、以三国仍进行了频繁的交叉接触，埃及与巴解组织之间也多次进行了磋商，以色列内部工党与利库德集团之间进行了不间断的斗争。几经努力，美、埃、以、巴等有关方面曾取得了一些谅解：(1) 在巴方组团问题上，人选以被占领区代表为主，吸收在近2年内未从事恐怖活动、侨居在外的非巴解官员参加；(2) 谈判议程可由以、巴双方在会谈开幕式上各自阐述自己立场的方式解决，但以沙米尔计划为主要基础；(3) 谈判方式由美、埃、以、巴四方进行，条件成熟时再邀其他有关方面出席。此外，美私下向巴解组织保证，坚持美所提出的“以土地换和平”原则，以、巴谈判为全面解决中东问题的一个阶段，巴解组织可在和平进程的某个阶段发挥作用。为了推进中东和平进程，巴解组织作了最大限度的让步，基本上按各方达成的谅解，向美、埃交了一份巴方参加谈判的人员名单。然而，以色列政府却继续持消极态度，并一再设置种种障碍，使拟议中的会谈迟迟不能召开。3月15日，以色列内部工党和利库德集团两大势力在以、巴和谈问题上的激烈斗争导致联合政府垮台，近3个月后才组成极右势力为主体的强硬政府，以、巴谈判问题搁浅。6月下旬，美国中断同巴解组织的对话关系，以、巴谈判计划遂告夭折。

以巴谈判夭折的原因，除了有关各方立场分歧较大外，主要是以色列统治当局，特别是利库德集团没有和平解决中东问题的诚意，其抛出沙米尔计划的意图仅在于对抗国际上要求和平解决中东问题的压力。此外，美国始终坚持偏袒以色列的政策，也是一个重要因素。

二、美国中断同巴解组织的对话

1988年12月16日至1989年底，美巴双方共开展了12次不同级别的外交对话，就推进中东和平进程、以巴争端及美巴关系等问题交换了意见。虽然这些对话成果十分有限，但这是美对巴解组织外交上的某种承认，有助于推进中东和平进程。

1990年上半年，这种美、巴间的外交对话仍在继续，而且对话次数较前频繁。据统计，在1月6日至6月9日期间，美、巴在驻突尼斯的外交机构之间，共进行了9次对话。对话的主要议题有以巴谈判的障碍、苏联犹太人大量移居以色列、以色列当局在占领区镇压巴人民的暴行、美对中东和平进程承担义务、以色列组织极右政府和美巴双边关系等项内容。双方在对话中阐明了各自的立场，交换了意见。

1990年5月30日，阿布·阿巴斯领导的巴勒斯坦解放阵线一支海上突击队袭击了以色列首都特拉维夫西部的两个海滩。事件发生后，尽管阿拉法特声明巴解组织同巴解阵与这次袭击行动没有关系，而美国当局仍不满意。6月8日，美国总统布什声称，巴解阵袭击以色列海滩事件是一次“彻头彻尾的恐怖活动”，他对阿拉法特未公开谴责这一行动感到失望，因此美将考虑中断美巴对话。6月20日，布什总统正式宣布，美决定暂时中止同巴解组织的对话，“只要巴解组织用纪律制裁袭击以色列海滩事件的责任者阿布·阿巴斯，美准备马上恢复对话。”美国这一决定受到以色列的欢迎，而国际社会普遍对此感到不安。阿盟的声明指出，美这一做法是对中东和平进程的一个打击。联合国秘书长德奎利亚尔发表讲话，呼吁美巴应尽早恢复对话。巴解组织内部反应也不尽一致，“温和派”对中断对话表示遗憾；激进派则欢迎中断对话，认为这证明他们长期坚持的观点是正确的，即巴人民权利只有靠武装斗争去夺取。1990年6月21日，巴解组织在巴格达开会决定，谴责美国中止美、巴对话，决定中止巴官员同美、以政府间的任何接触，并呼吁阿拉伯国家执行巴格达首脑会议决议，对美国实行经济制裁。

美国中断美巴对话的表面原因是巴解阵袭击以色列海滩事件，而实际上却是美巴关系日趋恶化的结果。美国在中东和谈立场上偏袒以色列，力图排斥巴解组织加入中东和平进程，使和平解决中东问题陷入僵局。巴解组织对此感到失望和不满，逐步向抗以态度强硬的伊拉克靠拢，并酝酿“一项与以对抗的新的军事战略”。此外，联合国安理会在1990年5月下旬开会讨论以在巴被占领区暴行问题时，美国不仅否决了巴解要求向巴被占领区派驻联合国维持和平观察员部队的建议，还否决了联合国派团调查以镇压巴人民罪行的决议案。加之，美国会公然承认耶路撒冷为以色列首都等做法，使巴反美情绪上升。巴解组织在5月底召开的阿拉伯首脑会议上要求阿拉伯世界对美实行政治、经济制裁，谴责美国纵容包庇以色列的立场。美国对巴趋于强硬的动向深感不安，希望通过中止美巴对话对巴解组织施加压力，逼其制止巴激进势力及反美情绪的进一步增长。

三、以色列态度明显趋于强硬

1990年，苏联东欧局势的变化开始影响到中东地区形势的发展。东欧多数国家调整与阿拉伯国家的传统关系，竞相同以色列复交。苏联在中东进一步执行收缩政策，发展同以色列的关系，减少了对阿拉伯事业的支持。这些不仅打破了中东地区长期以来形成的美苏争霸的格局，而且使阿以力量对比有所失衡。这一形势的发展，使以色列地位改善，内部右翼势力对阿以问题的立场明显趋于强硬。以色列当局不仅以拖延的方式使拟议中的以巴谈判夭折，而且大量安置苏联犹太移民，推行大以色列主义，并排斥内部温和派力量，组成以色列建国以来最为强硬的极右政府。

1989年底，苏联当局为同美国、西方搞缓和，放宽了对其犹太居民出国的限制，使大批犹太人流向国外。美国虽然鼓励苏联允许犹太人迁居国外，却限制他们到美定居，规定每年接收犹太移民不超过4～5万人的数额。在此情况下，苏联犹太移民只好适应以色列的需要大批流向以色列。据统计，1990年全年，移居以色列的苏联犹太人高达16.5万人，为过去30年里苏向以输出犹太人总数25万人的66%。以色列官方预计，今后5～6年内，将接收苏联犹太移民75～100万人，使以色列的犹太居民增加1／3。以色列当局一方面大力在国内和向美国募捐安置苏联犹太移民的经费，在以色列各地及巴被占领区为新移民营造住房与生活设施；另一方面又重弹“大以色列主义”侵略扩张老调。以总理沙米尔1990年1月15日公开叫嚣有必要建立大以色列，接纳来自苏联的大批犹太移民。11月19日，沙米尔又进一步肆无忌惮地宣称，为了以色列今后世代居民及大批苏联犹太移民的利益，以色列要继续守住从地中海沿岸到约旦河一带的所有领土。沙米尔的讲话使以色列大量安置苏联犹太移民的用心昭然若揭，其主要目的，一是利用苏联犹太移民增强其国内犹太人的实力，改变以本土及占领区的人口结构，二是永久霸占阿拉伯被占领土，三是为今后进一步推行侵略扩张政策奠定基础。

国际战略格局的变化及以色列同巴勒斯坦斗争形势的发展，引起以色列内部主张与反对推进中东和平进程力量之间的激烈斗争。1990年3月13日，以色列政府内阁会议上工党与利库德集团两大势力围绕以巴谈判问题的矛盾激化，沙米尔总理宣布解除工党领袖佩雷斯在内阁的一切职务。接着所有工党部长提出辞呈，从而导致两党势力为主体的联合政府解体。3月15日，工党在国会中争取到60对55票的多数通过了对沙米尔政府的不信任案，使之垮台。以总统赫尔佐克先授权工党领袖佩雷斯组阁，但佩雷斯反复争取一些小党与之联合未遂，于4月26日正式承认组阁失败。此后，利库德集团领袖沙米尔受命组阁，3周的期限未成又延长3周，终于在6月11日以62对57票的微弱多数获得议会批准，组成了新内阁。沙米尔新政府由清一色的右翼党派组成，完全排除了工党势力，开创了以色列建国42年来工党不参加政府的先例。新内阁成员中，对中东和平持强硬态度及在以色列入侵黎巴嫩的战争中屠杀巴勒斯坦人的指挥官均占据要职。而且，沙米尔的施政纲领强调以色列决不放弃阿拉伯被占领土地，突出安置苏联犹太移民工作，重申拒不承认巴解组织，决心要加强对付来自阿拉伯方面的威胁和彻底镇压巴勒斯坦被占领区人民群众反以斗争等内容。所有这些，均使以新政府具有浓厚的极右和强硬色彩。以色列国内反对派称之为“走向民族灾难的政府”，阿拉伯国家则指责它是“战争内阁”。

四、阿以对抗形势较前有所加剧

1990年，阿以双方敌对情绪进一步上升，军事威胁与备战活动增加，对抗形势较前有所加剧。

以色列大量安置苏联犹太移民、重提大以色列计划、其对中东和谈的强硬态度和对巴勒斯坦人民群众的血腥镇压，使阿拉伯国家对其侵略扩张企图的戒心与日俱增，敌对情绪上升，以伊拉克为代表的阿拉伯强硬派势力重新抬头。在多次召开阿盟外长或代表会议基础上，阿拉伯国家于1990年5月28～31日在巴格达举行首脑会议，集中研究了对以色列斗争问题。会议声明强烈谴责以色列当局的侵略扩张和恐怖行径；指出苏联犹太移民到以色列定居是对阿拉伯国家安全构成威胁。会议期间，伊拉克等对以色列持强硬态度的势力占上风，多数与会者支持伊拉克等发展军事力量，同以色列相对抗；温和派主张受到抑制。

为巩固在中东地区的军事装备与高技术优势，以色列在1990年继续大力加强其军备建设。1990年3

月下旬，埃及报刊揭露以色列同南非合作试射了射程为1300公里的弹道导弹，可装置核、化弹头。4月4日，以色列成功发射了第2颗军事侦察卫星，并于7月9日使其返回地面。8月9日，以色列又宣布成功地试射了“箭”式反弹道导弹。此外，以色列还在研制类似美国“战斧”式导弹的海上发射巡航导弹。另一方面，以色列仍不断从美国获得一些先进武器装备。如，第一批“阿帕奇”武装直升机18架已到货，美还允诺提供“爱国者”可拦截导弹的防空导弹。据巴解组织主席阿拉法特揭露，以色列武器库中已拥有200枚核弹头。以色列在发展军备建设的同时，还不断对阿拉伯国家加强国防力量进行武力威胁。

面对以色列的侵略扩张野心及其军事力量的发展，阿拉伯国家也在不断加强军备建设，并加强了抗以军事合作。伊拉克同约旦之间除原有的军事合作外，两国又新组建了联合空军中队，严密监视以色列军事动向。伊拉克还在伊、约边境地区部署了针对以色列的中程地地导弹。1990年5月7日，巴解组织决定将其部分武装人员调往伊拉克受训，准备应付以色列可能对阿拉伯国家发动的侵略扩张行动。驻约旦和也门的2700名巴解武装人员于5月15日抵达伊拉克。

五、以巴斗争呈激化之势

1987年12月9日以来，以色列占领区巴勒斯坦人民持续开展空前规模的反对以色列占领的群众活动。1990年，这种被称之为人民起义的群众性反以斗争仍在继续，并有所升级。据不完全统计，一年来，除巴青少年用扔石块或燃烧瓶等方式不时在不同地点袭击以色列军警外，大规模巴群众示威游行并同以色列占领当局发生流血冲突的事件有8次，主要发生在巴革命节、巴国土节和巴勒斯坦国成立2周年等节日之际，以及1990年5月20日和10月8日巴平民被无辜屠杀惨案之后。另外，巴人民还举行全国性大罢工10多次。

1990年，巴起义活动大体可分为3个带有升级性的高潮。其一是年初反对以当局大量安置苏联犹太移民、推行大以色列主义而开展的斗争。按巴解组织领导人阿布·伊亚德和巴民阵总书记哈瓦特迈赫所说，这一时期的斗争主要是推动巴起义活动继续开展，并逐步向全国性全面反抗阶段发展。其二是对抗以色列成立极右政府的斗争。为此，巴解组织1990年6月在巴格达举行会议，“批准旨在把巴起义推向斗争新阶段的行动方案，以挫败沙米尔新政府要彻底镇压巴起义的阴谋”。三是1990年10月8日以军警枪杀巴平民的圣殿山事件后的斗争，在群众性抗议活动频繁开展过程中，巴青年用匕首刺杀以军警活动增加，有评论称之为石块起义的发展。巴领导人则说，巴人民有权利利用一切手段保护自己。

1990年，以色列当局加紧了对巴起义的镇压。原工党和利库德集团联合政府的国防部长拉宾就发誓要尽快平息巴起义活动。沙米尔新政府上台伊始，即将彻底镇压巴起义定为其首要任务之一。以色列当局除沿用镇压示威游行、逮捕巴起义活动青少年、捣毁起义者房屋等手法外，还新增了一些镇压措施。这些新措施主要有：(1) 增派军队对付起义活动；(2) 使用直升机空中监视或向起义者投放毒气弹；(3) 派出便衣特务监视起义者的活动；(4) 允许军警在必要时不仅可使用塑料子弹，还可使用实弹射击。除此以外，以占领当局还将一些巴勒斯坦有影响的人士驱逐出境。

巴勒斯坦游击队对以开展武装斗争在1990年也有新的发展。据统计，巴激进派游击队一年来对以进行各种形式的武装斗争近20次，比1989年的次数有所增加。其中有些袭击活动影响较大。如1990年5月30日，巴勒斯坦解放阵线派出18名突击队员，分乘6艘小型快艇，袭击了以色列首都特拉维夫西部沿海的两处海滩，同以军发生激战。这次代号为“耶路撒冷”的行动，旨在抗议美国国会把耶路撒冷视为以色列首都和对1990年5月20日巴平民遭屠杀事件进行报复。此次行动使美、以感到震惊，美国以此为由中断了同巴解组织的对话。1月22日，巴法塔赫革委会组织的游击队员在黎巴嫩南部以色列安全区伏击行动中，打死以军一名上校军官，为近5年来被击毙的以军最高级军官。11月8日，5名巴游击队员由以、约停火线渗入以占区伯利恒附近，准备进入耶路撒冷途中，与以军巡逻队遭遇并进行了激战，他们渗入以境之深，使以感到十分意外。此外，巴游击队从海上袭以活动较前增加。在黎巴嫩南部，一些同情巴的黎民兵组织也对以开展了多次武装斗争活动。其中，一名叙国民社会党女党员于11月26日以自杀性爆炸行动，炸死炸伤以色列士兵10多人。

为报复巴游击队的袭击活动，以色列在1990年对位于黎巴嫩的巴游击队基地及同情巴的黎民兵据点进行空袭约20次，还几次派小分队进行了地面袭击。

1990年，以、巴间枪杀活动也较前引人注目。5月20日，一名以色列退伍军官在特拉维夫附近开枪射杀上班途中的巴勒斯坦工人，打死8人伤10多人。6月12日，又有一名以色列人在加沙河地带向联合国开设的巴门诊所开枪，使数名巴妇女、儿童受伤。1990年11月初，以色列卡赫组织的犹太极端分子因其一名领导人在美国被暗杀而对以占区巴人民进行报复，打死打伤数人。以色列平民遭袭击的突出事例有：1990年2月4日，一辆满载以色列游客的大轿车在埃及伊斯梅利亚附近遭袭击，10名以游客当场丧命，另19人受伤。11月26日，以色列靠近埃及边界的埃拉特地区有一辆大轿车和几辆军用吉普车遭一名身穿埃及警察服装的武装分子袭击，4名以色列人被打死，23人受伤。

六、国际社会仍然重视解决阿以争端问题

由于阿以争端问题的重要性及巴勒斯坦争取民族合法权利事业的正义性，国际社会长期以来一直对此比较重视，为和平解决中东问题作了不懈的努力。1990年上半年，随着阿以对抗和以巴斗争形势的发展，国际社会亦给予了必要的关注。针对以色列大量安置苏联犹太人造成对阿拉伯、巴勒斯坦人民利益的威胁，欧共体、不结盟运动和联合国安理会曾先后开会讨论这一事态的发展，谴责或警告以色列当局停止在巴被占领土新设移民点、安置苏联犹太移民的非法行径，指责以色列当局推行大以色列政策破坏中东和平进程。1990年5月中旬，联合国安理会多次讨论以色列当局镇压和屠杀巴勒斯坦人民的残暴行径，绝大多数国家倾向于同意向巴被占领区派遣联合国维持和平观察员部队，保护巴人民安全，并一致要求派联合国调查团了解巴人民生命安全受到威胁情况，但遭美国使用否决权而未形成决议。1990年6月19日，安理会还发表声明，呼吁以色列当局遵守日内瓦公约，切实保障以占区巴居民的人身安全。

1990年8月伊拉克入侵科威特后，分散了国际社会对阿以争端与巴勒斯坦问题的注意力，中东问题的地位有所下降，阿以矛盾曾一度被掩盖。10月8日，以色列军警在耶路撒冷开枪镇压巴示威群众，造成了21人死亡、150多人受伤的圣殿山惨案，引起以色列占领区巴勒斯坦人民反以斗争新高潮，广大阿拉伯国家反应强烈，阿以问题又尖锐地突出起来。国际社会由此重新认识到阿以争端和巴勒斯坦问题仍是不容忽视的矛盾，对中东地区和平与稳定有着根本性影响。1990年10月13日，联合国安理会通过第672号决议，谴责以色列屠杀巴平民的暴行；重申要公正持久解决阿以冲突；决定派一联合国代表团赴现场调查圣殿山事件。以色列政府拒绝接待联合国调查团后，安理会又于10月24日通过第673号决议，要求以色列政府完全遵守第672号决议，重新考虑其拒绝接纳联合国调查团的决定。

鉴于以色列顽固与国际社会对抗的立场及其变本加厉镇压巴人民的做法，联合国在12月份反复不断地开会讨论巴勒斯坦问题。1990年12月6日联合国大会以144票赞成，2票反对（美、以）表决结果通过决议，呼吁召开一次由联合国主持、中东冲突有关各方及安理会5个常任理事国在平等基础上参加的中东和平国际会议。该决议对巴被占领土严峻局势及中东和平进程受阻表示担忧，指出阿以冲突的核心是巴勒斯坦问题，必须尽快谋求这一问题公正全面的解决，呼吁安理会考虑举行中东和平国际会议所需各项措施。1990年12月13日，联合国大会又通过3项决议，批评美国纵容以色列继续推行侵略扩张政策，美国继续向以提供现代化武器装备和经济援助的做法同谋求中东地区安全、公正持久和平的努力相悖。对于这一地区安全造成威胁，要求全体联合国成员停止向以色列提供任何军事、经济、财政与技术援助及人力资源方面的支持；谴责以色列对阿拉伯被占领土非法占领，要求以色列立即无条件和全部撤出其自1967年以来所占阿拉伯领土，恢复巴人民不可剥夺的民族权利；再次呼吁召开中东和平国际会议。

在联合国大会讨论中东问题的同时，也门、古巴、哥伦比亚和马来西亚等4个安理会成员国也在安理会内就以色列占领区局势及召开中东和平国际会议问题进行积极努力。他们的提案虽得到多数成员国的支持和赞同，但美国借口避免造成将解决中东问题与海湾危机相联系而出现有利于伊拉克坚持侵科立场的状况，一再从中作梗，阻挠安理会对也门等国的决议草案进行表决。经过反复的斗争和双方的妥协退让，安理会终于在1990年12月20日通过第681号决议，对以色列当局恢复驱逐巴被占领土公民的行动表示遗憾；要求联合国秘书长密切注视巴被占领土局势，并考虑召开一次国际会议讨论巴勒斯坦人民安全问题。此外，安理会还通过一项声明，提到安理会一致赞成在适当时候召开一次国际会议，为谈判解决阿以冲突和实现持久和平的努力提供便利。由于美国的阻挠，安理会有关决议和声明既未对以色列使用严厉的措辞，也未确定召开中东和平国际会议的日期，表明解决阿以争端的道路仍将曲折艰难。

黎巴嫩局势 黎巴嫩自1975年4月13日爆发内战以来，长期处于战乱状态。1990年，黎巴嫩局势在大部分时间内仍不安定。基督教和穆斯林两大教派内部武装冲突此伏彼起，赫拉维政权同奥恩为首的反政府势力之间的斗争不断加剧。10月中旬，黎政府军在叙利亚驻黎部队大力支持下，一举打垮奥恩武装部队，黎巴嫩局势由此而发生重大转折。赫拉维政府的权威得到确立，实施大贝鲁特安全计划进展顺利，全国和解努力重新起步。

一、奥恩武装部队同“黎巴嫩力量”民兵武装冲突激烈

前黎军司令、军政府首脑奥恩控制的部队和盖亚盖亚领导的黎巴嫩力量民兵，为黎基督教两支实力最强的武装。两者共处于贝鲁特东区及其东、北部基督教集中地区，曾在反对叙利亚对黎控制和同黎穆斯林派别争夺国家权力的斗争中相互依存，互相支持。然而，随着形势的发展，两派为争夺800平方公里的基督教地区控制权的矛盾不断上升。奥恩为加强其在黎发挥作用的实力，积极谋求对基督教地区的集中统一指挥，盖亚则不甘居人下，坚持维护其势力的独立地盘。自1989年起，双方不时发生龃龉。1989年11月下旬，黎巴嫩新总统赫拉维当选后，重组黎政府，被阿拉伯国家和国际社会承认为合法政权。奥恩坚持与新政权分庭抗礼，盖亚则逐步转变态度，同意接受赫拉维政权这一既成事实，因而进一步加深了双方之间的分歧。

1990年1月30日，黎巴嫩力量民兵用火箭弹炸毁奥恩画像事件发生后，奥恩随即命令其部队向黎巴嫩力量民兵的军事据点发起全面进攻，企图以武力压服盖亚。奥恩曾发表声明，要求盖亚公开拒绝承认赫拉维政权，否则就要彻底消灭黎巴嫩力量民兵。奥恩此举激起黎巴嫩力量民兵强烈反抗，双方打打停停地开展了约4个月的武装冲突，酿成黎内战以来基督教内部规模最大、历时最长、损失最为惨重的武装冲突。

双方交战初期，奥恩凭借其实力、装备均优于对方的部队，攻占了黎巴嫩力量民兵在贝鲁特东区及郊外基督教山区的许多据点。其中尤以1990年2月5日的战斗更为激烈，奥恩武装部队经10多次进攻，占领黎巴嫩力量民兵驻守的沿海重镇德贝耶，俘虏对方上百名民兵。但经几天交战后，奥恩部队内部不断发生哗变，5个旅的部队中有2个旅的大部分官兵反对奥恩在基督教内部同室操戈，并号召其他部队脱离奥恩的控制，使奥恩的进攻势头受到很大削弱。2月17日，黎巴嫩力量民兵向奥恩部队发起反击，夺取了阿德玛直升机基地和一些军火库，形成了双方军事对峙均衡态势。此后，双方大规模地面交战基本中止，但炮战与小规模冲突持续不断。在法国、梵蒂冈和黎基督教会的调解下，奥恩与盖亚之间曾达成过17次停火协议，直到5月底才基本上停止战斗。

基督教内部两大武装这次长达4个月的武装冲突，使饱受战争创伤的黎巴嫩人民蒙受较大的损失。据各方统计，这场基督教内部交战共造成1500人死亡，3500人受伤，毁坏住宅5000多幢，600多个工业设施受到重大损坏，2.4万个家庭流离失所，80万人背井离乡，直接经济损失达10亿多美元。

二、穆斯林什叶派两支主要力量武装冲突时断时续

亲叙利亚的阿迈勒运动和亲伊朗的真主党是黎穆斯林什叶派两支主要力量。两者为扩大自己地盘，极力争夺对黎巴嫩120万什叶派的领导权。自1988年4月以来，不时发生武装冲突，成为近年来黎巴嫩动乱的一个重要方面。

1990年，阿迈勒运动与真主党之间的武装冲突仍时断时续，多达24次。其中冲突规模较大的有2次，一是1989年12月5日～1990年1月7日，10多天的交战中，造成近300人伤亡；二是1990年7月16～28日在贝鲁特以南塔勒图法赫等地区的战斗，造成124人丧生，372人伤残。据不完全统计，两派冲突3年多来，总共造成1200多人死亡，3400多人伤残。

同以往相比，1990年，阿迈勒运动与真主党之间的武装冲突有以下几个特点：(1) 冲突次数多，但多数规模有限，为个别交火事件所引发；(2) 在贝鲁特南郊的冲突均在叙利亚驻黎部队干预下迅速停火；(3) 在黎南部地区的冲突，范围有所扩大，巴勒斯坦游击队与亲以色列的黎南部军队均不同程度地有所介入。如，在7月下旬，塔勒图法赫地区冲突中，巴勒斯坦法塔赫游击队先是派出武装数百人进驻交战双方之间的中间地带，力图使双方脱离接触，后又帮助阿迈勒运动夺回被真主党抢占的阵地，巴方为此也造成了一定的伤亡。

为解决什叶派内部的流血冲突，伊朗和叙利亚运用各自的影响，做了多次说服调解工作，使交战双方一次又一次地达成许多停火协议。1990年10月，阿迈勒运动和真主党一致同意实施黎巴嫩合法政府推行的大贝鲁特安全计划，从贝鲁特地区撤出各自的民兵武装。11月5日，两派又在叙利亚和伊朗官员主持下于大马士革签署和平协议。其主要内容有：(1) 双方在各自控制区内拆除一切路障，为黎政府军进驻提供方便；(2) 万一发生交火争执，双方领导立即进行接触，并按叙利亚和伊朗代表的意见行事；

(3) 两派因交战而背井离乡的人员重返家园；(4) 组成由叙驻黎部队代表和伊朗驻黎大使参加的混合委员会，及时处理阿迈勒运动与真主党之间的冲突，制止什叶派地区的动乱，并将挑起冲突的犯罪分子交付黎合法当局的司法部门处置。该协议自1990年11月10日生效，为什叶派两大力量巩固停火、实现和解奠定了基础。

三、赫拉维政权同奥恩为首的反政府势力矛盾逐步加剧

1989年11月24日，黎巴嫩议会在叙驻黎部队控制区什陶拉举行会议，选举埃利亚斯·赫拉维为黎总统。赫拉维就职数天后，组成了以胡斯为总理的新内阁，任命埃米勒·拉胡德为军队司令，解除奥恩军队司令及军政府首脑之职，使黎新政权基本组成，并得到阿拉伯国家和国际社会广泛的承认。然而，以奥恩为首的基督教势力拒不接受这一事实，认为赫拉维政权是“叙利亚一手操纵扶植的傀儡”。奥恩既不交出他所控制的5个旅的黎军部队，也不让出他所占用的总统府，并以其控制的贝鲁特东区约300平方公里的地盘，与黎当局及叙驻黎部队相对抗，成为赫拉维当局推行塔伊夫协议、在黎逐步实现全国和解的首要障碍。

1990年以来，为早日结束黎巴嫩分裂状态，停止内战，恢复和平与稳定，赫拉维当局采取了一系列措施，力图和平解决同奥恩势力的分歧。但因奥恩坚持强硬立场，致使双方矛盾日趋激化，赫拉维当局对其压力逐步升级。为解决奥恩势力的问题，赫拉维总统首先是紧密依靠叙利亚的支持，同时大力做阿拉伯国家工作，先后访叙多次，并走访了埃及、摩洛哥、阿尔及利亚等许多阿拉伯国家，争取广泛的同情并商讨解决黎危机的良策。在继续推动阿盟三方委员会为黎和平进程作出努力的同时，赫拉维政府也接受与奥恩等基督教势力关系密切的法国、梵蒂冈等国所做的调解工作。在奥恩仍不退让情况下，赫拉维当局于1990年7月13日以内阁全体会议声明的形式，要求奥恩“停止反抗”，率其部队立即归顺政府军，否则予以开除军籍。7月30日，赫拉维总统又下令对奥恩控制区实行经济封锁和外交限制措施，使奥恩处境孤立。8月22日，黎议会开会，以多数票通过一项宪法修正案，以塔伊夫协议为依据，用法律形式确定黎政权中基督教与穆斯林两大教派均分席位的原则，打消了奥恩在两大教派权力分配问题上发难的基础。1990年9月21日，赫拉维总统正式签署由两大教派平分最高权力的政治改革方案，重申政府要在全国建立权威、推动全国和解的决心，并再度敦促奥恩改变态度，和平解决争议，否则将对其实行“必要的外科手术”式的措施。

对黎合法当局的和平努力，奥恩始终未能积极响应。他先是企图搞联邦体制下的基督教独立王国，后又要求废除各方均接受的塔伊夫协议，最后则要求在黎政府中获得较大权力，使赫拉维当局无法接受，导致双方诉诸武力解决争端。

四、奥恩势力的覆灭使黎局势转向缓和

1990年10月13日，黎政府军在叙利亚驻黎部队的支援下对奥恩部队的据点发动全面进攻。叙军飞机轰炸奥恩总部所在地的同时，黎政府军兵分三路，由叙军装甲部队开道，向奥恩控制区进攻。数小时后，奥恩逃往法国驻黎使馆避难，并下令其所属部队投降，致使黎、叙联合部队顺利接管奥恩控制区，奥恩势力遂告垮台。后来虽曾发生所谓奥恩部队近百名官兵惨遭杀害及奥恩的盟友、自由国民党领导人达尼·夏蒙一家遭暗杀的事件，但均未影响黎、叙联军对奥恩势力盘踞地区的控制。据报道，这次军事行动中，黎巴嫩至少有200多人丧生，600多人受伤。

黎、叙联军之所以如此顺利一举击垮奥恩势力，其主要原因是：(1) 奥恩挑起基督教内部军事冲突，已使他的武装实力受到较大的削弱，并减少了广大基督教群众对他的支持；(2) 奥恩势力的重要支持者伊拉克，因入侵科威特而陷在严重的海湾危机中，无力向奥恩提供援助；(3) 叙利亚在海湾危机发生后出兵沙特阿拉伯，参加美国与西方为主导的反伊联合行动，改善了同美国等西方国家的关系，使其在黎采取军事行动无后顾之忧；(4) 对叙在黎军事行动有牵制作用的以色列当局，正忙于处理以警察屠杀巴勒斯坦平民的圣殿山事件所面临的国际压力，无暇他顾。西方通讯社认为，粉碎奥恩势力使黎合法当局的权威得以确立，但同时也为叙利亚进一步控制黎巴嫩提供了方便条件。

奥恩势力的垮台，消除了黎合法当局在依据塔伊夫协议、实行全国和解方案道路上的主要障碍，使黎从战乱走向和平出现重大转折。1990年10月24日，黎政府宣布重新实施大贝鲁特安全计划，在北起凯勒布河（又名狗河）、南至达穆尔河（离贝鲁特市区24公里）、东至阿尔蒙山区（离贝鲁特市区东南17公里）的450平方公里的三角地带，限期撤走所有民兵武装，建立一个统一的无武装割据的黎政府控制区，作为黎政权逐步扩大到全国范围的第一步。10月25日，阿迈勒运动、真主党和社会进步党3支穆斯林主要武装及基督教民兵均表示同意按此计划行事。11月13日，3个穆斯林民兵组织宣布，他们的武装人员已全部撤离贝鲁特，比政府规定的限期11月19日提前了6天。基督教黎巴嫩力量民兵虽然未能在限期内行事，但在12月3日也从贝鲁特地区撤走了全部武装人员。此前，巴勒斯坦解放组织亦按黎、巴之间达成的协议，将其武装人员撤往黎政府指定的地区。至此，大贝鲁特安全计划基本完成，使黎巴嫩首都经15年战乱后首次出现没有民兵武装割据的和平景象，整个黎巴嫩局势也趋于缓和。

非洲军事要事

利比里亚内战三方达成停火协议 1989年12月～1990年12月，利比里亚发生了一场全国性内战。这场内战是利比里亚错综复杂的政治、经济、民族等方面的矛盾激化造成的。先是查尔斯·泰勒领导的武装组织与政府军交战，后来发展为泰勒部队、普林斯·约翰逊部队和政府军三方混战。西非国家对利比里亚局势极为关注，在多次调解无效的情况下，于1990年8月间派维持和平部队进驻利比里亚，但遭到泰勒部队的抵制，双方发生多次激战。9月上旬，多伊总统被约翰逊部队击伤致死，利比里亚随即出现4个临时总统。此后，经过西非国家及其维持和平部队的艰苦努力，利比里亚交战各方终于停止战斗，于1990年12月下旬达成一项和平协议。整个内战过程紧张激烈，曲折起伏，造成2.5万人死亡，数万人受伤，几十万人流离失所。

一、多伊统治集团腐败无能，引起强烈不满

1980年4月，塞缪尔·多伊发动军事政变，推翻托尔伯特统治集团，执掌利比里亚大权，结束了利比里亚1847年7月26日宣告独立后由美国黑人移民后裔统治利比里亚130余年的历史。多伊在执政初期尚能保持廉洁，曾得到人民群众特别是土著黑人居民的拥护和支持。但不久，贪污腐化现象便日趋严重，种种丑闻频频曝光，远远超过了托尔伯特执政时期。多伊本人由一个仅有初中文化的军士长很快自封为五星将军，并掠取大量钱财（6000万美元）存入外国银行。其他一些军政要员也起而效尤，将大量国家资财据为己有。

经济状况日益恶化。铁矿砂和天然橡胶出口原是利比里亚两大经济支柱，分别占出口外汇收入和国内生产总值的70%和50%。多伊执政后，两项出口逐年减少，国民经济受到沉重打击。据统计，1981～1987年利比里亚国民生产总值每年递减3%。1988～1990年，经济状况更加严峻，以致政府雇员数月领不到薪金。

政治腐败和经济困难引起国内各界对多伊政权的强烈不满。80年代以来，利比里亚先后发生8次未遂军事政变。其中，1985年宁巴州籍的托马斯将军发动的未遂政变对多伊政权打击最大。多伊虽然平息了此次政变，但由于在宁巴州等地实行“血腥镇压”，迫使500名宁巴籍官兵逃至邻国科特迪瓦组成反政府武装，与之进行军事对抗。此后，利比里亚政局日趋混乱。

二、泰勒举旗“造反”，兵围首都

查尔斯·泰勒生于1948年，曾在美国居留10年，获马萨诸塞州本特莱学院经济学硕士学位。回国后与多伊交情甚笃，80年代初出任多伊政府商业部副部长等职务。后因财务问题与多伊闹翻，被多伊指控犯有贪污罪。1983年携巨款（约200万美元）逃往美国，在美国被捕，不久“越狱”逃离美国。近年来，泰勒拉起一帮人马（包括普林斯·约翰逊）在国外受训，并组建了利比里亚全国爱国阵线（简称“爱阵”）。其纲领是：在利比里亚建立彻底的自由企业制度和完全尊重民主的选举制度。实现这一纲领的步骤是：以利比里亚、科特迪瓦、几内亚三国交界处的宁巴山为根据地，首先出兵控制宁巴州；尔后沿宁巴至布坎南铁路南下，将利比里亚一分为二，占领布坎南、罗伯茨机场、卡卡塔等战略要地，围困首都蒙罗维亚，迫使多伊下台；尔后建立一个过渡政府，组织全国大选。

1989年12月24日，在宁巴山地区准备已久的“爱阵”武装按计划攻入宁巴州。该州居住着吉奥和马诺部族。这两个部族与支持多伊的曼丁哥部族和多伊所属的克兰部族矛盾很深，早已建立起反对多伊政权的武装组织，并在“爱阵”武装攻入宁巴州后表示愿意跟随泰勒推翻多伊政权，使“爱阵”武装很快发展成为一支拥有5000余人的部队。泰勒利用这一有利形势，一边加紧军事训练，一边调兵遣将与政府军展开交战，不断扩大地盘。至1990年4月中旬，“爱阵”武装经过与政府军反复较量，占领了宁巴、萨诺奎累、甘塔、格邦等重镇，牢固控制了宁巴州；随后，沿宁巴至布坎南铁路线南进，至6月上旬，占领格林维尔（有木材港口）、布坎南（有铁矿石港口）、罗伯茨机场、邦加、卡卡塔等战略重镇，控制了利比里亚全国2/3的地区，掌握了铁矿石、橡胶林、港口等重要经济命脉，并形成从东南部和北部对首都蒙罗维亚市的钳形包围，使该市只剩下向西通往塞拉利昂和从该市中心国际机场飞往邻国的两条出路。

战乱造成人心恐慌。至1990年6月初，拥有250万人口的利比里亚有35万人逃离家乡，其中6万人向东逃往邻国科特迪瓦，8万人向北逃往邻国几内亚，数万人向西逃往邻国塞拉利昂，10万曼西哥、克兰、吉奥、马诺族人则从各自乡村逃往各个城市，躲避部族之间的大厮杀。而拥有50万人口的蒙罗维亚变得“人烟稀少，犹如一座空城”。

三、多伊被迫寻求和解，未能达到目的

面对“爱阵”武装的进攻，多伊总统初期曾指挥政府军进行反击；同时，紧急招募、训练新兵近万人，召回大批退役人员重新服役，加紧寻求国外军事援助，不断向前线运送增援部队和武器装备，试图一举摧毁“爱阵”武装及其所有营垒。1990年4月25日，多伊在记者招待会上宣称：“如果叛军在两周内不缴械投降，政府军将炸平宁巴州，以斩草除根。”

但是，多伊低估了“爱阵”武装的作战能力。政府军在战场上节节失利。国内舆论界、反对党、议员大造舆论，宣扬武力解决不了利比里亚的问题，指出“只有通过非洲传统方式的调解，才能使国家转危为安”。美国在听到多伊关于“将炸平宁巴州”的言论后表示不满，并宣布将5000名包括和平队、外交官家属在内的美方人员撤出利比里亚。其他一些国家、联合国驻利比里亚机构也作出类似决定。上述情况的出现，使多伊意识到问题的严重性，被迫在继续与“爱阵”武装交战的同时，寻求政治解决问题的途径。为此，利政府发言人1990年4月28日对记者说：宁巴为利比里亚一个州，政府军无意将其炸平；5月，多伊派由政府部长、反对党领袖和社会名流组成的高级代表团访问美国，向美保证要使利比里亚将来的大选“自由、公正”地举行，并同意外国派人监督选举，欲以此劝说美国帮助利比里亚和平解决国内战乱；6月，多伊宣布不再作为总统候选人参加大选，决定解散他主持组建的选举委员会，重新组成由利比里亚所有党派代表参加的新选举委员会，并宣布对反政府组织的所有成员实行无条件大赦，取消对利比里亚统一党和利比里亚人民党的禁令，部分地答应了反政府组织提出的要求。

多伊的上述和平努力，除美国反应比较冷淡外，收到一定效果。1990年6月初，利比里亚宗教领导人提出3点和平建议：(1)交战双方立即停火；(2)举行圆桌会议；(3)确保国内安全。多伊政府当即表示同意。在多方调解下，一直反对与政府接触的泰勒也终于同意派人同政府进行谈判。1990年6月12～16日，双方代表在塞拉利昂首都弗里敦正式举行第一轮和谈。由于“爱阵”一方坚持多伊必须马上下台遭到拒绝，双方未能达成任何实质性协议。双方曾约定6月25日再次进行和谈，但因各有打算，和谈未能如期举行。

四、泰勒发兵进攻首都，多伊退让求和仍未奏效

在第一轮和谈失败后数日，泰勒便出兵攻打首都蒙罗维亚。他采取的战术是：切断所有通往蒙罗维亚的铁路公路和通信联系，控制水厂和发电厂，使蒙罗维亚成为一座“死城”，在该市不遭受重大破坏的情况下迫使多伊投降或逃往国外，从而夺取政权。根据这一战术，“爱阵”武装1990年6月20日占领蒙罗维亚东北24公里的凯里斯堡镇，该镇是利比里亚内地通往蒙罗维亚公路线上的最后一座战略重镇。接着，控制了蒙罗维亚向西通往塞拉利昂的交通要道。6月29日，夺取蒙罗维亚所有发电厂和唯一的一座供水工厂，使该市断电断水。7月2日晨，切断蒙罗维亚与外界的通信及陆空联络，市中心的飞机场陷于瘫痪。至7月4日，控制了蒙罗维亚3/4的地区。

随着战局的急剧变化，多伊领导的许多军政要员见大势已去，纷纷弃职逃跑。1990年7月上旬，总统事务部长埃尔文·琼斯、军队参谋长亨利·杜巴尔中将和多伊最信任的军队司令查尔斯·朱卢中将等先后逃往国外。政府军中的多数人员更是无心作战，甚至成建制地投降“爱阵”武装。蒙罗维亚市民饱受战乱之苦，缺粮缺水缺电，有的只能以树叶勉强维持生命，因此，成千上万的市民不断上街举行示威游行，强烈要求多伊为结束战乱马上下台，并多次与警察发生冲突。美国也希望多伊尽快辞职，并于1990年7月4日表示愿意帮助多伊离开利比里亚。

面对上述形势，多伊在组织嫡系部队加强其官邸附近地区防卫的同时，继续做出让步，积极寻求和平解决问题的途径。1990年7月3日，多伊提出：只要保证他及其克兰部族的安全，他将辞去总统职务。7月6日，多伊表示愿意离开蒙罗维亚，但美国必须把他及其卫队安全运送到他的故乡大吉德州。据说该州集结有3000名克兰族士兵。1990年7月10日，多伊政府又提出关于成立一个包括所有政党和全国爱国阵线在内的“全国统一的临时政府”的建议，并保证使临时政府做到“有秩序地转让权力，为建立一种新的政治、社会和经济秩序打下基础，领导利比里亚在国际监督下举行自由和公正的选举”。与此同时，多伊政府强烈要求西非国家及有关组织出面调解。在西非国家经济共同体常设调解委员会的劝解下，利比里亚交战双方于1990年7月13日和19日在弗里敦举行了第2轮和谈。由于双方立场仍然对立，“爱阵”武装组织7月19日晚宣布放弃和谈，决心用武力把多伊赶下台。泰勒认为：多伊进行的所谓和平努力是一个阴谋，不能接受。只有多伊无条件下台受审或逃往国外，战斗才能停止。参加和谈的多伊政府代表团也失去信心，于1990年7月21日发表声明要求多伊以国家和人民的最高利益为重，辞去总统职务。美国则拒绝把多伊及其卫队送往大吉德州，认为那样做将加剧利比里亚的战乱。

五、兵临总统府，“爱阵”武装组织发生分裂

在各种和平努力均告失败后，多伊不再退让，决心依托总统府背靠大海、地势较高、储存有大量武器弹药和食品的优势，与“爱阵”武装组织战斗到底，以图局势出现转机。他指挥约500～700名训练有素的卫队人员，在总统府周围地区加紧构筑防御工事，主动出击，与“爱阵”武装展开激烈巷战，竭力控制、争夺战略要点，积极摧毁“爱阵”武装组织的电台、通信枢纽等。这些做法在一定程度上延缓了“爱阵”武装的推进速度，但难以从根本上挡住“爱阵”武装的进攻。

1990年7月20日，即第2轮和谈宣告彻底破裂的当天，“爱阵”武装兵分3路向总统府发动进攻。7月25日，攻入市中心，彻底控制蒙罗维亚与外界保持联系的最后一条通道——斯普里格斯派恩机场，同时占领蒙罗维亚北部的布什罗德岛。7月27日，泰勒宣布推翻并取代多伊总统，解除所有政府部长、首席法官、法官和公共公司负责人的职务，暂停执行宪法的一些条款等。1990年7月28日，“爱阵”组成临时政府。7月底，“爱阵”另一领导人普林斯·约翰逊指挥的部队占领蒙罗维亚使馆区，推进到离总统府约1.5公里的地方。但是，在总统府指日可取的关键时刻，泰勒与约翰逊“因争夺胜利果实”，矛盾激化，公开分裂。实际上，两人的矛盾早在1990年2月就已产生，并随着夺取政权的日期日益临近而不断扩大。7月29日，约翰逊公开指责泰勒“是一个得到利比亚支持的社会主义者，一名从美国监狱逃跑的罪犯”，宣布脱离泰勒，另立“独立全国爱国阵线”，反对泰勒当总统。此举“犹如在泰勒背上插了一刀”，泰勒极为恼火，决定先消灭约翰逊一派，尔后再进攻总统府。1990年8月2日，泰勒部队从背后向正在攻打总统府的约翰逊部队开火；约翰逊部队腹背受敌，阵脚大乱，被迫从一些战略要地撤出；多伊及其卫队则获得喘息之机。约翰逊与泰勒的分裂，使利比里亚由双方交战变为三方混战，局势更加复杂。此时三方的实力情况是：泰勒部队号称15000人，占据全国90%的地区；约翰逊部队号称7000人，主要集中在蒙罗维亚；多伊有卫队约500～700人及数千名分散在各地的政府军。

美国鉴于利比里亚局势急剧恶化，1990年5月下旬将6艘载有2200名海军官兵的舰只派往利比里亚沿海，以便“随时准备撤走在利比里亚的1000多名美国人”。8月5日用直升机把由225名人员组成的一个海军陆战队加强连从游弋在利沿海的美国舰船上运往美国驻蒙罗维亚大使馆，“以保证美国在利比里亚公民及设施的安全”。

六、西非国家派维持和平部队进驻利比里亚，遭到泰勒部队抵抗

对于利比里亚战局的发展，西非国家经济共同体各成员国极为不安，曾多次召开高级会议研究对策，促使交战各方举行和谈，均告失败。在战局发展到“单靠政治途径无法收拾”的情况下，该共同体调解委员会7国（冈比亚、加纳、几内亚、马里、尼日利亚、塞拉利昂和多哥）元首1990年8月7日在冈比亚班珠尔召开紧急会议，一致决定：向利比里亚派遣一支维持和平部队，负责“维持和平、恢复公共秩序和监督停火”；由加纳和几内亚各派1名高级将领担任部队的正副指挥官；为保障部队行动所需费用，成立紧急特别基金会，其最初金额是5000万美元，由共同体成员国及其他非洲国家和国际社会捐助。同时，7国元首还认为，有必要在利比里亚成立一个由所有政党和民族组织参加的过渡政府，以便解决这个国家的问题。

1990年8月中旬，来自尼日利亚、加纳、几内亚、塞拉利昂和冈比亚5国的、由约2400～3000人组成的西非国家维持和平部队，在塞拉利昂首都弗里敦正式建成，其中尼日利亚士兵1100名、加纳士兵

800名。加纳全国发展委员会主席阿诺德·奎努中将任维持和平部队司令。1990年8月20日晚，维持和平部队中的几内亚士兵离开弗里敦从陆路向利比里亚进发；8月21日，维持和平部队的大多数人员从海路开往利比里亚。8月25日，两路部队在利比里亚会师，进驻蒙罗维亚。

对维持和平部队的进驻，多伊和约翰逊均表示欢迎，双方并于1990年8月18日达成停火协议，表示"要为维持和平部队的到来铺平道路"。多伊和约翰逊这样做的主要目的是：他们认为自己实力较小，占据地盘较少，难与泰勒部队匹敌；而维持和平部队进入利比里亚对泰勒部队是一个重大制约，多伊和约翰逊可抓住时机恢复或发展自己的实力。泰勒坚决反对维持和平部队进驻，并采取了一些抵制措施：(1)于1990年8月11日兵分两路向总统府发动猛攻，试图在维持和平部队进入利比里亚前推翻多伊总统，夺取政权，打掉维持和平部队进驻利比里亚的借口，但未获成功。(2) 1990年8月12日和25日，先后闯入尼日利亚、几内亚等西非国家驻利比里亚使馆抓人和在布坎南扣押约2000名加纳、尼日利亚、几内亚、塞拉利昂的侨民作为人质，并威胁说，如果维持和平部队杀死一个利比里亚人，就杀死人质。(3)向维持和平部队开战，不断对执行巡逻等任务的维持和平部队发动攻击。

维持和平部队未因泰勒部队的反对和恫吓而退缩，而是按照既定计划积极展开行动，在数日内从泰勒部队手中夺取一些战略要地，站稳了脚跟。1990年8月25日，经过与泰勒部队激战夺取蒙罗维亚港口及其附近地区；接着，占领了连接总统府和布什罗德岛自由港的重要桥梁，及蒙罗维亚郊外的洛加和凡蒂两个重镇等；8月31日，经过一整天战斗，攻占了泰勒部队控制的斯普里格斯派恩机场和几内亚、尼日利亚、塞拉利昂、加纳及其他西非国家大使馆所在的地区。

七、西非国家敦促利比里亚另立临时政府，多伊总统被俘身亡

西非国家在向利比里亚派驻维持和平部队的同时，积极促利另立临时政府，以取代早已名存实亡的多伊政权。1990年8月30日～9月2日，西非国家经济共同体邀集除多伊、泰勒、约翰逊三派之外的所有利比里亚政党、民族组织的代表共60人在冈比亚首都班珠尔开会，专门研究临时政府的组成问题。经过4天讨论，会议一致通过决议成立"利比里亚全国统一临时政府"，以便在利比里亚举行自由和公正的大选之前管理国家。会议以无记名投票方式选举曾担任过1984年利比里亚宪法（1984年颁布）起草委员会主席的阿莫斯·索耶为临时总统，路德教主教罗兰·迪格斯为临时副总统。临时政府暂时设在班珠尔，待维持和平部队实现停火后迁移回国。

对于临时政府的成立，泰勒表示坚决不承认；多伊保持沉默，但一再表示愿与维持和平部队合作；约翰逊一方面积极表示要与临时政府合作，另一方面主动与多伊"握手言和"。多伊出于联合对付泰勒的考虑，也有意拉住约翰逊。1990年9月9日，约翰逊"说服"多伊一同前往会晤维持和平部队司令奎努，商讨实现利比里亚停火等问题。当行至蒙罗维亚港口地区时，约翰逊突然下令一直乘车尾随在后的部队立即向多伊的60多名卫队开火。这些卫队无一生还。多伊本人被击中双腿束手就擒，并被带到约翰逊部队营地。约翰逊随即宣布取代多伊自任临时总统，声称要领导利比里亚人民过渡到大选结束；同时，指责多伊任人唯亲，侵吞国家财产，造成战乱爆发，表示要对多伊进行审讯，但当天多伊因伤势严重死亡。

多伊死后，留守总统府的卫队马上推选卫队长戴维·尼姆莱出任临时总统，加上索耶、约翰逊和早在1990年7月下旬就已宣布自任临时总统的泰勒，利比里亚出现了4个临时总统，局势进一步复杂化。各方特别是势力较大的泰勒和约翰逊两方为了"吃掉"对手，夺取政权，展开更加猛烈的攻势，抢占有利地形。1990年9月11日，泰勒部队集中兵力攻打总统府；约翰逊部队则攻占蒙罗维亚最大的一个政府军营地，同时调集大量兵力攻击向总统府进攻的泰勒军队。9月13日，约翰逊部队把泰勒部队赶出总统府地区。9月14日，守卫总统府的尼姆莱部队见大势已去，在维持和平部队的帮助下撤往蒙罗维亚港口地区；约翰逊部队随即占领总统府，并乘胜追击尼姆莱部队。

八、维持和平部队控制蒙罗维亚，交战各方达成和平协议

西非国家维持和平部队虽在进入蒙罗维亚初期就已站稳脚跟，但要完成恢复利比里亚和平任务尚面临着许多困难：(1)经费不足，特别是西方国家曾答应提供的部分资助因1990年8月爆发的海湾危机而取消，使维持和平部队的经费更加紧张；(2)后勤补给不足，由于陆路关闭和空运昂贵，通过海上运送物资颇费时日，影响了维持和平部队的正常行动；(3)泰勒部队不断袭击维持和平部队，成为维持和平部队开展活动的最大障碍；(4)科特迪瓦、布基纳法索等国一直支持泰勒部队，为其提供给养和武器弹药，而对维持和平部队进驻利比里亚表示反对。

面对这些困难，西非国家经济共同体调解委员会多次召开会议，商讨对策，认为解决困难的关键是尽快控制蒙罗维亚及其他战略要地，大力削弱泰勒部队的实力，之后，才能在利比里亚推行恢复和平的计划。为此，调解委员会发动各方面的力量积极筹措资金，在较短的时间内基本解决了维持和平部队所需要的费用。在进一步加强海上运输补给的同时，打通了塞拉利昂通往蒙罗维亚的陆路通道，大大缓解了维持和平部队后勤补给不足的状况。尼日利亚、加纳、几内亚、塞拉利昂和冈比亚 5 国继续抽调部队，增加维持和平部队的实力，至 1990 年 10 月上旬，维持和平部队扩大到 7000 余人。在约翰逊派和尼姆莱派均表示愿与索耶临时政府合作的情况下，维持和平部队不失时机地在利比里亚建立起统一战线，使泰勒派处于孤立境地。根据西非国家经济共同体有关机构的命令，维持和平部队从 1990 年 9 月中旬开始在蒙罗维亚对不断进行袭扰活动的泰勒部队发动全面反击。9 月 14 日，泰勒部队重炮轰击维持和平部队设在蒙罗维亚的指挥部，维持和平部队立即动用坦克、装甲车和火炮等重型武器进行猛烈反击。9 月 16 日，加纳空军也参加战斗，派飞机轰炸泰勒部队设在蒙罗维亚北部的基地。约翰逊部队和尼姆莱部队则从侧翼帮助维持和平部队打击泰勒部队。在多面受敌的情况下，泰勒部队节节后退。1990 年 9 月 21 日，泰勒被迫宣布单方面停火，呼吁维持和平部队、约翰逊和尼姆莱也停止战斗。约翰逊表示响应。但维持和平部队认为泰勒此举不能表明其已改变敌视维持和平部队的立场，仅是一个缓兵之计，因此没有停止对泰勒部队的攻击。经过近 1 个月的激战，维持和平部队于 1990 年 10 月 11 日把泰勒部队赶出首都，完全控制了蒙罗维亚。泰勒部队被迫撤往蒙罗维亚以北 100 公里的邦加。此后，维持和平部队乘胜追击，占领和控制首都附近的几个战略重镇及要道；11 月 17 日，包围泰勒部队占领的港口城市布坎南，并宣布这一带为“战区”。

在把泰勒部队彻底赶出蒙罗维亚之后，西非国家经济共同体调解委员会认为在利比里亚推行和平计划的时机已经成熟，便把交战各方的代表邀集到冈比亚首都班珠尔，于 1990 年 10 月 22 日召开会议，讨论在利比里亚实现停火问题。同日，以索耶为首的利比里亚临时政府在维持和平部队的保护下，由班珠尔迁往蒙罗维亚。考虑到泰勒一派的势力依然很大、未来政权如无泰勒及其部属参加利比里亚就很难实现和平等因素，1990 年 11 月 14 日索耶主动提出建议：让泰勒担任利比里亚未来议会领导人，泰勒部属可在议会中占有一半席位，给泰勒时间以便把其军事组织转变为政治组织。1990 年 11 月 27 日～28 日，西非国家经济共同体在马里首都巴马科召开首脑特别会议，专门讨论利比里亚的战乱问题。利比里亚交战各方代表应邀出席会议。在会议的调解下，经过相互妥协，利比里亚交战各方签署了一项立即实行停火的协议。协议规定，维持和平部队单独维护蒙罗维亚的社会治安，并负责解除利比里亚交战各方的武装。此后，蒙罗维亚局势基本恢复正常，大部分街区的商店逐渐恢复营业。1990 年 12 月 21 日，利比里亚各派在班珠尔又达成一项和平协议：在 60 天内召开一次全国代表大会，以便建立新的临时政府；立即使所有机场和港口实现非军事化；彻底解除交战各方的武装，组织监督停火。此项协议的达成，标志着利比里亚各派同意结束战乱，谋求国内和平。

卢旺达内战基本结束 1990 年 9 月底，流亡乌干达境内的卢旺达图西族难民反政府武装越过乌、卢边界，在卢发动了一场以推翻卢旺达总统朱韦尔·哈比亚利马纳（胡图族人）为目的的内战，仅在 3 天内就攻占了包括加比罗等重镇在内的卢东北大片地区。政府军在扎伊尔、法国、比利时和乌干达等国出兵助战或军事支援下，进行了 2 个多月的反击，于 1990 年 12 月初把反政府武装赶回乌干达境内，内战基本结束。这场内战共造成 1000 余人死亡，数千人受伤。

一、卢旺达民族矛盾由来已久

卢旺达位于中部非洲内陆，面积 2.63 万多平方公里，人口 600 万，其中胡图族人占全国人口的 85%，图西族人占 14%。由于历史和现实的复杂原因，这两个民族间存在着深刻的矛盾。50 年代末和 60 年代初，两族曾为争夺国家权力发生武装冲突，造成上万人伤亡。图西人失势后大多作为难民流入卢旺达周边国家，迄 1990 年底仍未返回家园。目前在世界各地的图西族难民达数十万人。周边国家希望卢旺达接回难民，卢则以该国人口密度大、无法容纳为由加以拒绝。

流亡乌干达境内的卢旺达图西族难民较多，约有 25 万人。他们盼望早日返回家园掌握国家大权，为此组建了“卢旺达全国爱国阵线”（简称“爱阵”），现由弗雷德·鲁维吉耶马将军等任该阵线领导人。“爱阵”一直积极招募、训练武装人员，四出搜购武器装备，不断积蓄力量，等待时机。为了锻炼队伍和取得更多支持，“爱阵”曾派鲁维吉耶马等大批人员参加约韦里·穆塞韦尼执政前领导的乌干达全国抵抗军，鲁维吉耶马很快升任该军队副总司令。穆塞韦尼1986年1月在乌掌权后不久，鲁维吉耶马因“贪污腐化”被解职。此后，鲁维吉耶马专心从事“爱阵”的领导组织工作。1990年9月下旬，卢总统哈比亚利马纳前往美国出席联合国大会。“爱阵”认为时机已到，“爱阵”反政府武装越过乌、卢边境，挑起了内战。

二、反政府武装攻占卢东北大片地区

1990年9月30日，“爱阵”反政府武装3000余人在鲁维吉耶马率领下，由卢首都基加利东北方向的穆塔拉地区越过边界，向卢东北地区发起猛烈进攻。他们装备有5辆装甲车和一些迫击炮、无坐力炮等武器。其中许多人是仍在乌干达军队中服役、得到起事通知后“逃出”的卢图西族难民。当日，这支反政府武装攻占卢东北一些战略据点，尔后向中部地区的首都基加利方向推进。1990年10月2日，经过激战，夺取距基加利只有60公里的要地加比罗重镇。10月3日，占领具有战略意义的卡吉通巴河谷一带50多平方公里的地区，并控制尼亚加塔雷基地的一个通信中心。

哈比亚利马纳总统在纽约得知国内爆发战争的消息后，立即赶回国内组织力量反击反政府武装的进攻。1990年10月2日，卢政府宣布在全国范围内实行宵禁。但政府军对内战的爆发反应较慢，直到10月2日丢失加比罗镇后，才调集5000～6000人的部队，动用火箭、火炮等重型武器，向反政府武装实施猛烈反击。10月4日，终于遏止反政府武装的进攻势头，并夺回加比罗等镇。

三、扎伊尔、法国、比利时应邀出兵卢旺达

由于反政府武装势力较大、攻势凶猛，卢旺达政府感到单靠自己的力量难以平息内战，因此请求扎伊尔、法国和比利时向其紧急运送军用物资，并火速派兵助战。扎伊尔根据与卢旺达之间的军事合作协定，立即满足了卢政府的要求，于1990年10月4日向卢派出500名伞兵参加“平叛”；同时，命令1个伞兵营进入戒备状态，作好入卢作战准备。法国和比利时在历史、政治、经济和军事上与卢联系较深，因此对卢局势突变极为关注，也立即答应卢政府的要求。10月5日，法国将驻扎在中非的第2外籍伞兵团2个连300人、比利时将伞兵约500～700人调往卢首都基加利。同时，法比两国决定向卢旺达运送大批军用物资。但两国均声称，向卢派兵“完全是人道主义的行动”，旨在保护在卢的670名法国人和1700名比利时人。此外，乌干达为阻止卢图西族难民进入卢境支持卢反政府武装，于1990年10月3日关闭了乌、卢边界。

四、政府军击败反政府武装在基加利市区的进攻

反政府武装在卢东北地区的攻势受阻后，其潜入或隐藏在基加利的武装人员于10月4日晚突然从拉梅尔平民区向一政府军营地发起进攻，试图在占领该营地后夺取附近的基加利机场，控制首都的交通枢纽，“从心脏地区直接打击哈比亚利马纳政权”，与东北战线的反政府武装形成对政府军的夹击之势，但由于遭到政府军的猛烈反击而未得逞。次日，这些反政府武装人员又向基加利的外国使馆区和其他主要街区发起攻击。政府军为了“彻底平息叛乱”，宣布基加利停止一切车辆通行，调集大批部队参战。经过一天激烈枪战，击败反政府武装的进攻。法国军人在使馆区附近对反政府武装“被迫进行纯防御性反击”，并与比利时和扎伊尔军人一道帮助政府军加强了对战略要地的控制。

卢政府对反政府武装在基加利的进攻并未感到意外，而吃惊的是发现政府军内部有人同情和支持反政府武装。因此，在平息首都“叛乱”后，卢政府立即对国防部和武装力量参谋部进行清洗，解除了情报机关首脑奥古斯坦·恩杜瓦耶祖等人的职务；同时，在首都范围内，特别是拉梅尔平民区搜捕反政府武装的残余和支持者，数日内关押1500人，传讯3500人。

五、哈比亚利马纳总统积极寻求邻国支持和政治解决问题的途径

对于卢政府在基加利大批抓人，比利时和法国表示不满。比要求国际红十字会促使卢政府确保尊重人权，并拒绝了卢政府提出的向其提供补充军事援助的要求。法国呼吁卢政府与国内各部族、各政治派别进行对话，在解决危机过程中避免采取任何过火行动。法国还表示，一旦法国人的安全不再有什么问题，法国军人将离开卢旺达。与此同时，卢东北地区的反政府武装增加到1万多人，加强了对政府军的攻势，于1990年10月11日重新占领加比罗镇，并毙伤一些扎伊尔士兵。

在国内外的巨大压力之下，卢总统哈比亚利马纳为消除比利时和法国的不满，于1990年10月中旬宣布释放被抓捕的1193名“叛乱分子嫌疑犯”，同时对邻国积极开展穿梭外交，寻求支持和政治解决问题的途径。10月15日，哈比亚利马纳访问肯尼亚，肯表示坚决支持卢政府对反政府武装的反击。10月17

日，哈比亚利马纳与乌干达总统穆塞韦尼、坦桑尼亚总统姆维尼在坦桑西北边城姆万扎就卢内战举行3个小时会谈，达成一项协议，决定采取坚决措施立即制止卢反政府武装对卢的进攻。10月19日，哈比亚利马纳与扎伊尔总统蒙博托在扎北部的巴多利特会晤后宣布，卢政府决定同反政府武装举行谈判，以寻求在邻国的卢难民自愿回国的办法。10月20日，反政府武装表示接受这一建议。但哈比亚利马纳10月22日又说，在完全停火之前，卢政府不会同反政府武装进行和谈。10月26日，卢旺达、扎伊尔、乌干达和布隆迪4国首脑在巴多利特聚会讨论和平解决卢内战问题，一致呼吁建立和派遣一支非洲维持和平部队帮助卢恢复和平，并决定在维持和平部队到达前向卢派出一个观察员小组，负责监督停火。该小组成员由来自扎伊尔、布隆迪、乌干达3个国家的15名军官及卢政府军和反政府武装的各5名代表组成。

六、反政府武装被赶回乌干达境内

在寻求邻国支持和政治解决途径的同时，卢政府军不断向前线增调兵力，加强对反政府武装的进攻。在重新夺回加比罗镇后，经过36小时苦战，于1990年10月30日收复卡吉通巴地区。至11月5日，又收复东北地区5个主要城镇，把反政府武装赶至边界地带。随后，反政府武装进行反击夺取加图纳和卡尼加2个边境哨卡并向卢境内推进5公里。政府军对其进行猛烈打击，将其赶至基伍耶和布塔鲁地区。这种边界交战持续到12月上旬，政府军终于把反政府武装赶回乌干达境内。12月7日，哈比亚利马纳总统视察东北穆塔拉地区，宣布内战结束。此外，哈比亚利马纳总统为吸取发生内战的教训，缓和国内政治和民族矛盾，于11月中旬宣布：卢将实行多党制，人民群众可自由组党；颁发不再注有种族标记的新的身份证；再次释放500名被捕的反政府武装的同情者。

乍得政权更迭 1990年11月10日～12月初，伊德里斯·代比领导的部队由苏丹境内向乍得发动进攻，占领首都恩贾梅纳，推翻哈布雷政权，代比出任乍得总统。哈布雷逃往邻国喀麦隆。在这场冲突中有近万人伤亡。

一、"亲密战友"反目为仇

代比1952年出生于一个贫苦牧民家庭，从小酷爱军事，早年参加哈布雷领导的武装组织，很受哈布雷赏识。1976年，年仅24岁的代比在法国获得职业飞行员证书后回国帮助哈布雷开展反政府武装活动。1982年6月，代比在哈布雷部队攻占首都恩贾梅纳的战斗中表现出"非凡的指挥才能"，为哈布雷夺取政权立下汗马功劳，被提升为部队总司令。其表弟哈桑·贾穆斯亦表现出色，升任主管情报的领导人。在长期的艰苦斗争环境中，哈布雷、代比、贾穆斯三人结下"深厚友谊"，被称为乍得"三剑客"。1985年，代比被哈布雷送往法国巴黎军事学院深造，回国后任哈布雷总统的军事顾问。其同父异母兄弟易卜拉欣·伊特诺任内政部长，贾穆斯任部队总司令。1986～1987年，代比和贾穆斯制定一系列灵活机动、适合乍军作战的战略战术，把利比亚军队赶出乍得北部，实现了乍得统一。代比作战勇敢，指挥果断有方，深受法国军事专家的称赞。

随着战火的熄灭，哈布雷与代比、贾穆斯的矛盾逐渐暴露出来。代比和贾穆斯指责哈布雷实行独裁、不会管理国家；哈布雷则担心他们要夺取政权。1989年3月中旬，"乍得苏丹边境贩卖军火案"败露，哈布雷就此指责代比、贾穆斯等人策划阴谋。1989年4月1日夜，代比和贾穆斯被迫逃跑，遭到忠于哈布雷的部队的截击，贾穆斯受重伤被捕后死亡，代比成功地逃往苏丹境内。此后仅几个月内，代比就在苏丹达尔福尔西部靠近边界的地区组建起一支2000～2500人的反对哈布雷政权的部队，从一些国家获得大量武器装备，并组建了以"建立一个公正团结的社会"为宗旨的"爱国拯救运动"组织。

二、代比部队攻占乍得东部边境城镇

经过近一年准备后，1990年3月25日代比指挥其部队越过乍得苏丹边界向哈布雷部队发起进攻，占领边界附近的巴海和蒂纳2个战略要地。4月3日，哈布雷部队发动反攻，经过2天激战夺回上述两地。4月18日和30日，哈布雷部队又先后2次击退代比部队的进攻，声称在4月的战斗中，毙敌1000余人，俘虏570人，缴获汽车100多辆、武器数百件及大批其他军用物资。

代比未因一时失利丧失信心，而是认真吸取教训，积极招兵买马，壮大部队实力，加强军事训练，并认真制定下一步作战方案。据哈布雷方面1990年8月宣布，代比部队"在利比亚和苏丹的大力帮助下建起1个巨大武器库"，将装载重武器的成百辆军车和装甲车开进阵地，做好了发动大规模进攻的准备。11月10日清晨，代比部队发动新的攻势，一举占领边境要地廷河。次日，当哈布雷部队发动猛烈反击时，代比部队主动放弃廷河，诱使哈布雷部队越境追击，在廷河东北50公里处伏击并重创哈布雷部队。接着，回师攻入乍得境内，数日内连续攻占廷河、蒂纳、伊里巴、盖雷达、阿得雷等城镇，直逼乍得东部战略重镇阿贝歇。面对严峻的局势，哈布雷被迫亲自赴前线指挥作战。1990 年 11 月 20 日，哈布雷部队夺回廷河。代比主动放弃伊里巴和盖雷达，以免被包围。哈布雷“收复失地和消灭叛军”心切，亲率部队直奔伊里巴，结果中途再次遭到代比部队的伏击和重创，哈布雷本人也险些被俘。通过上述战斗，代比部队在乍得东部边境地区站稳了脚跟，扫清了通往阿贝歇的障碍，并毙伤哈布雷部队 5000 余人，击毁或缴获军车数百辆、单兵武器数千件。

三、哈布雷失去民心军心和法国的支持

边境作战失利后，哈布雷立即在阿贝歇和恩贾梅纳等城镇组织军民筑垒防守，决心与代比部队决一死战；同时，强烈谴责利比亚和苏丹利用代比部队“入侵”乍得，并根据乍得与法国之间的联合防务协定要求驻乍法军提供空中火力支援，打击代比部队。

但是，此时的哈布雷政权已难以取得人民群众和军队的信任和支持。1987 年乍得与利比亚交战基本停止后，哈布雷政权未能搞好国家建设，经济恶化，人民生活日益贫困，而政府高级官员却借种种名义搜刮民财，侵吞国际援助。对此，人民极为不满，而对代比逐渐持同情和支持态度，认为代比“才能非凡”，作战指挥经验丰富，对乍得国情“了如指掌”，“夺取政权大局已定”。特别是在哈布雷部队中，有的因数月领不到军饷怨声载道，有的因屡遭失败对哈布雷失去信心，有的则早已对哈布雷“歧视异族、优待本族”的做法强烈不满，因此，成批倒向代比。

一直被哈布雷视为坚强后盾的法国也改变了态度，对哈布雷管理国家的能力表示怀疑，尤其对哈布雷加强“独裁统治”表示不满，而对代比一直评价颇高。据法国《周末三日》周刊称，“法国早就把代比视为乍得未来的国家领导人。”因此，法国公开宣布在哈布雷部队与代比部队的冲突中“保持中立”，拒绝向哈布雷提供空中火力支援，理由是“这纯属乍得内政，未发现利比亚和苏丹插手”；同时，哈布雷身边的法国顾问和法驻乍得大使向哈布雷陈述利弊，劝其放弃抵抗弃城逃跑，以免“市民暴动，城市被毁”。但法国将其驻恩贾梅纳和阿贝歇等地的军队由 1300 人增至 1800 人，以“保证在乍法国人的安全”。

代比充分利用上述有利形势，一面采取措施进一步瓦解哈布雷部队的军心；一面频繁与法军接触，秘密达成双方不交火的“君子协定”。1990 年 11 月 29 日，代比部队进攻阿贝歇，未经战斗便占领该镇，并收编驻守该镇的哈布雷部队，缴获大批武器装备。11 月 30 日，击溃驻守乌姆哈杰尔的哈布雷部队，快速向首都恩贾梅纳方向推进。

四、代比部队占领恩贾梅纳夺取政权

1990 年 11 月 30 日晚，哈布雷在总统府召开最后一次内阁会议，宣布“政府军正节节败退，如果代比要权就留给他”，并请诸阁僚好自为之。12 月 1 日清晨，哈布雷和追随他的 9 位部长携家眷和细软，分乘 24 辆汽车，离开恩贾梅纳逃至乍得和喀麦隆交界处的沙里河岸边，欲渡河前往喀麦隆避难，但因喀麦隆担心同乍得新领导人产生麻烦而受阻。4 小时后，喀麦隆得到代比许可，哈布雷等人才在法国第 17 空降工程兵团帮助下渡过沙里河进入喀麦隆。

守卫恩贾梅纳的哈布雷部队得知哈布雷逃跑的消息后，也纷纷脱下军装逃跑；有的则与成千上万的市民借混乱之机抢劫商店、政府大楼、富人和外国人的住宅。恩贾梅纳中央监狱的政治犯和其他犯人，也纷纷逃出。鉴此，国民议会议长阿兰盖 · 巴瓦耶乌发表广播讲话，呼吁人们保持镇静，要求军警维持好秩序。法国驻军根据巴瓦耶乌的请求，加强了对恩贾梅纳飞机场和主要街道的控制和巡逻。

1990 年 12 月 2 日上午，代比部队副司令马尔登率 200 名先遣队员开进恩贾梅纳，随即同巴瓦耶乌进行谈判。数小时后，代比乘坐一辆黑色奔驰牌轿车，在 20 辆装甲车护卫下进入首都市区，受到 60 万市民的热烈欢迎。12 月 3 日，代比宣布：解散议会和哈布雷的单一执政党“全国独立革命联盟”，终止宪法，释放全部政治犯，反对复仇主义，主张民族和解和民主开放，欢迎所有离开家园的乍得人回国参加建设。12 月 4 日，以代比为首的“爱国拯救运动”执委会选举代比为乍得总统，并成立了由 35 名阁员组成的新政府——“国务委员会”，其中包括巴瓦耶乌和哈布雷执政时期的 3 名部长。代比采取的国内政策得到较好反应。随哈布雷出逃的前外长奥马尔 12 月 4 日自愿回到恩贾梅纳，乍得前主席古库尼也声明准备无条件返回乍得，在外流亡多年的乍得全国解放阵线表示愿回国作贡献，逃到喀麦隆的部分难民陆续返回国内。在外交方面，代比在继续保持与法国同盟关系的同时，重视发展与利比亚和苏丹的关系。1990 年 12 月 3 日，宣布释放所有利比亚战俘，并派其弟杜苏赴利比亚访问。12 月 6 日，宣布关闭苏丹反政府组织驻乍得办事处。

埃塞俄比亚战乱紧张激烈 1990 年，埃塞俄比亚北部战乱仍然紧张激烈、持续不断，造成 5 万余人伤亡。为了摆脱困境、早日结束战乱，埃塞俄比亚政府积极争取国外援助，改革政治和经济制度，寻求和平解决问题的途径，但未能奏效。

一、政府军在交战中接连失利

厄立特里亚人民解放阵线（简称厄解阵）游击队继1989年包围厄立特里亚省会阿斯马拉及克伦、马萨瓦等战略重镇后，1990年继续不断发动攻势，扩大战果。2月10日，厄解阵游击队集中优势兵力，攻占红海港口城市马萨瓦。由于马萨瓦战略地位十分重要，政府军调集兵力试图夺回该城，至4月下旬先后3次发动大规模进攻，均未奏效。据厄解阵发布的战报说，在此次马萨瓦争夺战中，政府军损失3万多人，并有近2000名官兵携带武器投降。1990年4月30日，厄解阵游击队攻占北部要镇迪戈萨；随后，紧缩对阿斯马拉的包围圈，猛烈炮击守卫该城的拥有10万余人的政府军。6月，厄立特里亚地区进入雨季，政府军不能动用空中力量，战斗力受到削弱；厄解阵游击队抓住时机，频繁发动地面进攻，政府军“不断受到沉重打击”。

提格雷人民解放阵线（简称提解阵）游击队与厄解阵游击队相互呼应，在提格雷省、沃洛省等地广泛开展武装活动，多次重创政府军，加强了对港口城市阿萨布通往沃洛省会德西埃的公路的控制，增大了对首都亚的斯亚贝巴附近地区的军事压力。

二、埃塞俄比亚政府寻求以色列的军事支持

为了摆脱战场上的被动局面，埃塞俄比亚政府1989年和1990年曾多次要求其“盟友”苏联提供紧急援助，甚至要求苏联直接进行军事干预，但均遭拒绝。苏外交部新闻局局长格拉西莫夫1990年2月6日说：苏联主张停止埃塞俄比亚北部武装冲突，通过对话和平解决问题；苏联与埃塞俄比亚的军事合作是为了协助埃塞俄比亚政府建设其武装力量以抵御外来侵略，不是为了参与埃塞俄比亚国内冲突。因此，苏联军事专家已奉命离开埃塞俄比亚国内的各个交战地区。苏联驻埃塞俄比亚外交官说，苏联不与埃塞俄比亚续定1990年12月31日到期的为期4年的2亿美元的武器协议。美国和其他一些西方国家也不愿帮助埃塞俄比亚政府打内战，认为随着冷战时期的结束，埃塞俄比亚的战略价值已大为减少，不值得为“濒临崩溃”的埃塞俄比亚政府而招惹是非。

在上述情况下，埃塞俄比亚政府转向以色列寻求支持和援助，于1989年11月与以色列恢复了中断16年的外交关系。以色列认为，厄立特里亚地区对以色列来说十分重要，如果厄立特里亚地区从埃塞俄比亚独立出来，红海就会置于阿拉伯势力范围之内，对以色列不利，因此应当支持埃塞俄比亚政府对付反政府势力。为此，以色列总参谋长达恩·肖姆龙1990年1月率军事代表团访问埃塞俄比亚，对埃塞俄比亚政府的需求作出估价。随后，以色列向埃塞俄比亚运送了大量集束炸弹及其他武器装备，并派出数百名军官帮助埃塞俄比亚政府军加强训练，提高作战能力。

叙利亚、利比亚等阿拉伯国家对以色列向埃塞俄比亚政府提供军事援助感到不安，纷纷以“抵御以色列”为由加紧向厄解阵等埃塞俄比亚反政府组织提供各种援助：1990年1～4月，叙利亚、利比亚和伊拉克等提供了包括122毫米榴弹炮、SA-7地空导弹在内的大批苏制武器，沙特阿拉伯提供了20多艘轻型舰艇。据西方报纸报道，厄解阵等组织有较充足的物质保障，其中大多数来自阿拉伯国家。

三、埃塞俄比亚政府寻求和平解决战乱的途径未能奏效

面对国内外压力，埃塞俄比亚政府对靠军事手段平息国内战乱信心不足，因此，在同反政府组织游击队作战的同时，积极寻求和平解决的途径。首先，努力创造一种“民主、自由、和解”的气氛，缓解国内矛盾。门格斯图总统1990年3月5日宣布：埃塞俄比亚准备进行政治和经济改革，找出制度上存在的问题，制定“务实多于意识形态”的发展战略。为此，执政党将改变结构和政策，以便“完全代表人民的愿望”；下放权力，建立更自由化的经济和公私部门共处的混合制度。做出让步，以求反政府组织与之和谈。4月初，埃塞俄比亚政府在接受不带任何先决条件的前提下，与厄立特里亚4个穆斯林反政府组织进行和谈，各方都表示希望通过政治途径永久地结束战乱。但最主要的反政府组织厄解阵和提解阵反对此次和谈。1990年6月5日，门格斯图宣布接受厄解阵1989年提出的邀请联合国派观察员参加双方和谈的要求，呼吁厄解阵尽快同意恢复和谈，但遭到拒绝。1990年6月27日，埃塞俄比亚政府表示有条件地考虑提解阵提出的停火和组建过渡政府的建议，条件是不得支持厄立特里亚独立和破坏国家领土完整，也未得到响应。厄解阵坚持“厄立特里亚独立”，提解阵坚决主张“推翻门格斯图政权”，埃塞俄比亚政府无法满足这些要求。因此，1990年埃塞俄比亚政府未能与这两个组织进行任何实质性接触。

索马里内战导致西亚德下台　1990年1月～1991年1月，索马里总统穆罕默德·西亚德·巴雷为结束持续2年的内战，3次改组政府，多次呼吁各反政府组织接受和谈。但因各反政府组织均表示“决不相信西亚德，要把战争进行到底”，这些做法无一奏效。1990年10月，活动于中部地区的索马里联合大会党和北部的索马里民族运动，南部的索马里爱国运动联合起来，从三路向政府军发动猛攻，12月份进入首都摩加迪沙，1991年1月下旬推翻西亚德建立新政权。西亚德总统被迫逃往邻国肯尼亚。上述交战，造成1万多人伤亡。

一、西亚德政府与反政府组织进行和谈未能奏效

长期内战使索马里经济遭到严重破坏：主要经济来源的牲畜出口由以往每年6000多万美元下降到1989年的不足3000万美元。1990年年初，美国以索政府“践踏人权”为由，宣布停止拟向索提供的近1亿美元的援助，使索马里经济极度困难。为了缓和矛盾、结束内战，西亚德总统1990年1月9日突然宣布解散以萨马特尔为总理的政府，其理由是该政府在解决内战、经济和社会治安等问题方面无能为力。但2个星期后，西亚德重新任命萨马特尔为总理。经过3个多星期的反复酝酿，萨马特尔2月15日才公布内阁成员名单。

新政府成立后，立即呼吁各反政府组织接受停火谈判的建议，并提出：除了不能要求索马里北部独立和西亚德总统辞职之外，其他条件都可以谈判。但各反政府组织根本不信任西亚德，表示决不上当，要把推翻西亚德政权的武装斗争进行到底。

在和平呼吁落空后，萨马特尔总理的态度趋于强硬。1990年3月，萨马特尔强烈要求反政府组织放下武器，参加竞选；同时，政府军向北部反政府武装发起大规模的进攻，西亚德之子、索国民军总司令马斯莱赫亲赴前线指挥。但由于反政府武装反击猛烈，政府军失利而归。

二、反政府组织发布《索马里宣言一号》，在社会上掀起反西亚德高潮

反政府组织在武装打击政府军的同时，还十分注意发动社会各界力量反对西亚德政权，反政府组织于1990年5月起草了《索马里宣言一号》，并争得索独立后第一任总统奥斯曼等114名前高级官员及部族代表、各界名流的签名。宣言列举了西亚德政权“给国家和人民带来的种种灾难”，提出：现政权下台，成立临时政府，召开由各方代表参加的全国和解和救国会议，最终进行真正的民主选举产生新政府。这份宣言广为流传，影响很大，在社会上掀起反西亚德政权的高潮。

1990年7月6日，西亚德出席索马里足球运动会。当他发表讲话时，观众起而嘘之，并有许多人高呼“打倒西亚德”的口号。总统卫队喊话制止无效，鸣枪示警，场内大乱。西亚德在卫队护卫下慌忙退场。守卫在场外的总统卫队听到枪声后以为西亚德遇刺，竟用重机枪扫射蜂拥而出的人群，造成100多人伤亡。7月15日，摩加迪沙数千人上街游行，反对法庭审判《索马里宣言一号》的签名者，并发展到砸烧汽车，向警察投掷石块。警察鸣枪镇压，但人群越聚越大。西亚德见势不妙，连忙亲自打电话命令法庭立即宣布无罪释放全部受审者，平息了事态。

三、主要反政府武装联合攻打政府军

在近10年的反政府斗争中，索马里出现了许多反政府组织。其中有3个反政府组织发展最快，军事力量最强。它们是：索马里联合大会党，1989年在意大利首都罗马宣布成立，以哈威伊族为主，占据着索中部地区，受到商人的支持；索马里爱国阵线，有数万名武装人员，以欧加登部族为主，占据着南部欧加登广大地区；索马里民族运动，约有2.5万人，以伊萨克族为主，1988年率先发起反政府军事行动，占据着索北部广大地区。

1990年7月之前，各反政府组织之间合作甚少，基本上是各据一方、各自为战的局面。1990年8月3方召开了一次协商会议，决定对政府军采取一致行动，并就设立一个联合指挥部以协调3方部队行动问题达成协议。此后，3方部队开始分3路向政府军发起进攻。民族运动的部队扩大占领北部地区，尔后向南推进。爱国阵线的部队攻占南部大部地区后，向首都方面挺进。联合大会党的部队从中部发起进攻，占领包括乔哈市在内的大片地区，直逼首都。迄1990年12月下旬，3方部队已控制全国大部地区，以联合大会党一方为主的大批反政府部队兵临首都摩加迪沙城下。

四、反政府组织攻占首都建立新政权

面对日益吃紧的战局，西亚德在调集重兵进行反击的同时，继续积极寻求和平解决的途径：1990年9月3日宣布解散以主战派萨马特尔为首的政府，任命态度温和的穆罕默德·哈瓦德莱·马达尔为总理，重组内阁。1990年10月12日，西亚德辞去索马里唯一合法政党——革命社会主义党总书记职务，以示尊重新宪法不允许总统兼任其他职务的规定。1990年12月24日，宣布取消一党制。西亚德还频频向各反政府组织发出停火谈判的呼吁。1991年1月20日西亚德任命刚从监狱出来的反对派人士奥马尔·加利卜为新总理，以便与反政府组织进行和谈。但这些做法均因反政府组织不予理睬而无济于事。

1990年12月下旬，联合大会党部队率先向首都摩加迪沙发起进攻。正式进攻前，派大批人员携带武器弹药化妆分散潜入摩加迪沙，并在市内积极开展小规模袭扰活动，以分散政府军的注意力。1990年12月28日，袭击位于市中心的一座燃料库；30日，从一座仓库中抢走大批钱财，并击毙1名高级军官。31日中午，联合大会党部队发出全面进攻摩加迪沙的号令，一举夺取除总统府、国家电台、飞机场之外的大部摩加迪沙地区。守卫总统府、国家电台、飞机场的政府军进行坚决抵抗。双方展开激战。1991年1月6日，联合大会党调集3万人的部队赶往摩加迪沙增援，巩固对已占地区的控制和加强对政府军的攻击。经过20余天的苦战，政府军弹尽粮绝，实力消耗所剩无几。西亚德见大势已去，于1991年1月27日乘坦克逃往邻国肯尼亚。联合大会党部队占领总统府、国家电台和飞机场，控制了整个摩加迪沙，宣布推翻西亚德政权。1991年1月28日，联合大会党宣布建立新政权，任命阿里·马赫迪·穆罕默德为索马里新总统。

苏丹受到战乱和军事政变的困扰 1990年，苏丹政府军击退约翰·加朗领导的苏丹人民解放军在南方3省同时发动的大规模进攻，连续粉碎5起军事政变，并为和平解决战乱问题做出了努力。但加朗由于其废除伊斯兰法的要求未能得到满足，拒绝与军政府进行和谈，并不断组织兵力攻击政府军，积极扩大战果。苏丹继续处在战乱之中。

一、政府军击退人民解放军在南方3省同时发动的进攻

1990年3月上旬，经过数月准备的苏丹人民解放军同时在南方的东、西赤道省、东加扎勒省和南科尔多凡省向政府军发动多次进攻，均被击退。在东、西赤道省，人民解放军动用坦克、火炮等重型武器围攻朱巴市，一度控制通往该市的所有陆上通道。苏丹救国革命指挥委员会主席、政府总理巴希尔得知此消息后亲赴朱巴督战，并命令空军加紧向该市运送各种物资，千方百计稳定军心民心。随后，政府军发起反击，一举击退人民解放军的围攻。在东加扎勒省，人民解放军动用坦克、火炮等重型武器进攻马尔耶勒和耶伊地区。政府军予以猛烈还击，仅在1990年3月7日的战斗中就击毙人民解放军数百人，摧毁坦克55辆，并缴获大量军用物资。损失较重的人民解放军向马尔耶勒和耶伊地区增调援兵，中途又遭到政府军伏击，损失100余人。政府军将进攻马尔耶勒和耶伊地区的人民解放军击退后，乘胜追击，接连摧毁人民解放军在巴赫尔·加扎勒地区的7个营地。在南科尔多凡省，人民解放军也发动了多次进攻，并趁机从政府军控制区抢劫牛、羊、驴、骆驼等，均被政府军打退。

二、军政府连续粉碎5起军事政变

在南方3省交战犹酣之际，政府军内以穆罕默德·阿里·哈立德少将为首的一些反对巴希尔的军人加紧进行发动军事政变的准备。他们组织严密，各成员之间均采取单线联系，并制定了民族团结纲领，定于1990年3月27日（即斋月第1天）发动军事政变，企图推翻巴希尔政权。但是，军政府早在数月前就已得到这些人准备发动政变的情报，并对他们进行了严密监视。3月25日凌晨，军政府突然采取行动，逮捕了哈立德少将及20余名校、尉级军官，粉碎了这起尚未发动的军事政变。

1990年4月23日，军政府粉碎了另一起军事政变。此次政变的策划者是两名退休军官阿卜杜勒·卡迪尔·卡达鲁少将和穆罕默德·奥斯曼·哈米德·卡拉尔空军准将，及一些现役军官。他们计划动用“夏加拉”装甲部队首先攻占武装部队司令部、喀土穆机场和恩图曼电台，尔后控制整个首都，宣布推翻巴希尔政权。他们还准备请求加朗领导的人民解放军给予空中支援，卡拉尔曾为此前往伦敦和亚的斯亚贝巴与加朗代表秘密协商，达成一项协议。军政府提前得到了关于此事的情报，当1990年4月23日凌晨2时派部队进行防范时，政变行动已经开始：“夏加拉”装甲部队已开进什杰拉地区；10余名参与政变的军人冲进武装部队司令部；1名参与政变的军官登上喀土穆机场的指挥塔，中断内外航线，开放机场跑道，准备指挥人民解放军进行空中快速支援。在此情况下，军政府迅速抓捕30余名政变的主要领导者和参与者，派大批部队包围并劝降“夏加拉”装甲部队，彻底粉碎了这起政变。

1990年9～11月，军政府又连续粉碎3起军事政变，其中，9月8日挫败一些下级军官发动的政变，逮捕70余人，处决12人；9月28日挫败前总司令法特希·拉赫曼·赛义德和前军事安全负责人哈迪·布什兰等人领导的政变，逮捕50多人；11月中旬挫败一些军官和政界人士策动的政变，逮捕大批军政人员。

三、加朗拒绝与军政府和谈，派兵攻占赤道省西部大部地区

由于战乱使苏丹政局动荡，军政府十分希望加朗能够罢战言和，通过政治途径解决问题。为此，1990年军政府多次向加朗发出举行和谈的呼吁，并保证在基督教徒占多数的南方实行联邦制，不实行伊斯兰法。同时，巴希尔军政府要员频繁访问埃及、扎伊尔、利比亚和乌干达等国，请求这些国家的领导人积极进行调解。这些国家的领导人对苏丹战乱深表关切，为使交战双方实现和解，对加朗做了不少工作。但加朗均以其废除伊斯兰法的要求没有得到满足为由，拒绝与军政府和谈。1990年10月，利比亚领导人卡扎菲利用其与加朗的私人关系把加朗召到利比亚，劝他与苏丹军政府谈判。加朗再次明确表示，只要苏丹现政权受伊斯兰阵线控制，就决不同意进行任何和平谈判。

1990年12月上旬，加朗在吸取3月作战失利的教训和进行充分准备的基础上，调动重兵攻打西赤道省地区。12月7日，攻占苏丹和中非边界附近的坦布拉；随后又占领包括17个城镇在内的西赤道省大部地区，使驻守该地区的政府军遭到重创。

马里政府和图阿雷格武装实现停火

1990年6、7月间，由图阿雷格人组成的武装团伙连续向马里加奥地区发动3次进攻：6月28日，向加奥的梅纳卡发动进攻，打死13人，摧毁一些房屋，抢走大批重要物资；7月15日，向加奥地区的某警察总队教养营发动进攻；7月28日，向加奥的基达尔发动进攻，打死政府军1名上尉，打伤6人，夺走30辆车辆。政府军和警察对图阿雷格人进行了反击，挫败了上述进攻；同时，宣布上述地区进入紧急状态，告诫外国人不要进入。

加奥地区位于马里东北部，分为5个省区，每个省有38万多居民，其中大多数为游牧的图阿雷格人(占全国人口的5%)。除此之外，阿尔及利亚、利比亚、尼日尔3国靠近马里的边界地区也居住着大批图阿雷格人。长期以来，图阿雷格人问题一直困扰马里、尼日尔等国。1963～1964年，图阿雷格人为要求独立而开展武装行动，遭到马里当局的镇压。1990年5月，部分图阿雷格人向尼日尔的一个专区发动进攻，被尼政府军击退，有数百人被打死。1990年7月12日，阿尔及利亚、马里和尼日尔的内政部长召开会议，研究图阿雷格人在3国间迁徙造成的“严重安全问题”。

马里加奥地区的事件发生后，阿尔及利亚极为关注，为防止事态蔓延而积极进行调解。在阿尔及利亚的调解下，马里当局代表、军队参谋长库利巴利少校和图阿雷格人代表伊亚德·阿里在阿尔及利亚南部重镇塔曼拉塞特经过长时间谈判，于1991年1月6日签署一项和平协议。协议规定：双方实现停火，并共同努力，采取一切有效措施，最终解决由于过去的痛苦事件而遗留的问题，以实现马里北部地区的和平与安全。双方还一致表示致力于维护马里的统一和领土完整。许多观察家认为，该协议的签署，标志着问题的初步解决，有利于马里北部地区的稳定和发展，也将促进马里、阿尔及利亚、利比亚和尼日尔4国边境地区的和平与稳定。

塞内加尔与几内亚比绍发生武装冲突

1990年，塞内加尔与几内亚比绍发生“互扣渔船战”和边境武装冲突。在非洲统一组织和一些非洲国家的调解下，塞、几两国达成停火协议。但两国之间存在的领海争端尚未得到解决。

一、塞、几两国关系紧张由来已久

塞内加尔与几内亚比绍关系长期不好，主要存在边界问题，特别是领海主权归属问题。两国边界是由双方前宗主国法国和葡萄牙划定的。法、葡在划分塞、几海界时，未按与纬度平行的直线划，海界偏于几内亚比绍一方，因而塞、几两国领海产生了一个30度的三角海域争议区。该海区渔业资源丰富，70年代初又发现了储量为1亿吨的油田。因此，几内亚比绍一再表示不接受法、葡关于塞、几海界划分的协议。几内亚比绍1975年独立后，正式向塞内加尔提出重新划分领海问题。双方多次就领海划分问题举行谈判，但未达成任何实质性协议。双方商定把这一问题提交国际法庭裁决。1989年7月31日，日内瓦国际仲裁法庭做出最后裁决，把争议区判给了塞内加尔。几内亚比绍对这一裁决非常恼火，表示不予服从，再次提出与塞内加尔进行直接谈判，寻求双方都能接受的合理方案；并威胁说，如塞内加尔硬性执行裁决，几内亚比绍不排除使用武力的可能性。塞内加尔则表示应尊重日内瓦仲裁法庭的裁决，双方无需重新谈判。

二、由海上摩擦发展到陆上武装冲突

1990年1月1日，几内亚比绍在海上争议区扣留塞内加尔3艘渔船及船上76名人员，指责这3艘渔船“侵犯几内亚比绍的领海”，要求船主在4月底前交付10亿非洲法郎（300非洲法郎合1美元）的罚款，否则，将把3艘渔船没收。塞内加尔对此极为不满，寻机进行报复。1990年4月11日，塞方海军巡逻队向进入争议区的悬挂几内亚比绍国旗的苏联渔船开火，造成2名船员受伤，尔后将渔船扣留。4月14日，塞方海军在争议区又扣留2艘悬挂几内亚比

绍国旗的南朝鲜渔船。事件发生后，几内亚比绍外交部4月14日照会塞内加尔外交部表示强烈抗议，谴责塞方扣留“在几内亚比绍海区作业的渔船”是“侵略几内亚比绍的国家主权，践踏了国际法准则”，要求塞方“立即无条件释放渔船和船员”。塞方则回答：塞有权扣留“在塞内加尔海区作业的外国渔船”。

随着海上摩擦的不断发生，塞、几两国陆上边境局势趋于紧张。1990年5月19日上午，一支几内亚比绍巡逻队在塞内加尔的公路上检查过往行人车辆。塞内加尔边防军发现后，立即要求几内亚比绍巡逻队返回自己的国土。正当两国边防军领导人交涉时，突然有人开火。接着枪声大作，塞军2人死亡，4人受伤；几军无伤亡。随后，塞军紧急向边境地区增派部队；几军也在边境地区实施集结，并占据有利地形，不时向塞方境内开火，一直持续到当日深夜。1990年5月21日，两国军队在几内亚比绍北部圣多明哥发生第2次武装冲突，塞军又有6人受伤。两国领导人对边境武装冲突的态度都很强硬，互相指责对方侵犯主权，声称在保卫国家主权问题上寸土不让，将不惜一切代价战斗到底。驻塞、几两国的观察家认为，塞、几发生边境武装冲突，仍然是由于领海争议长期没有得到解决造成的。

三、塞、几两国在非统组织等方面调解下达成停火协议

塞、几两国边境局势恶化后，非洲统一组织和一些非洲国家深表关切。非统组织秘书长萨利姆立即致电几内亚比绍总统维雷拉和塞内加尔总统迪乌夫，呼吁两国要保持克制，根据非统宪章原则，通过对话和磋商的途径解决两国争端。多哥总统埃亚德马派外长携带其亲笔信访几内亚比绍，调解塞、几两国边界武装冲突。在非统组织等方面的调解下，塞、几两国考虑到各自经济困难无力承受大规模武装冲突的状况，均改变了强硬态度。几内亚比绍领导人向多哥外长表示，要通过和平方式“合理解决几内亚比绍与塞内加尔的所有问题”。塞内加尔总统迪乌夫对边境事态的发展感到不安，于1990年5月22日晚派外长去巴黎会见正在法国访问的几内亚比绍总统维雷拉，讨论结束冲突问题。最后，塞内加尔外长与几内亚比绍经济部长在巴黎进行了会晤，双方达成协议：(1) 立即制止边境事态继续发展；(2) 两国军队立即脱离接触；(3) 两国部长应在双方同意的地点再次举行会晤；(4) 成立特别混合委员会，负责调查冲突的原因；(5) 通过对话寻求和平解决所有问题的途径。此项协议有效地制止了塞、几两国边境局势继续恶化，但两国间的领海争议问题尚未得到解决。

南非局势 1990年，南非国内出现了一些积极变化。南非当局在国内外的压力下，被迫在废除种族隔离制度方面采取了一些实际行动，并开始了与非洲人国民大会（简称非国大）的对话，双方经过会谈达成了一些协议，南非问题进入了政治解决的历史新阶段。但南非迄1990年底宣布的改革措施还仅仅是初步的，种族主义制度的根基并未松动，南非当局仍在镇压广大黑人群众的反抗斗争。

一、南非当局的改革措施

1990年2月2日，南非总统德克勒克在议会开幕式上发表讲话，宣布采取以下8条改革措施：(1) 解除对非国大、阿扎尼亚、泛非主义者大会（简称泛非大）和南非共产党的禁令；(2) 取消对联合民主阵线和南非工会大会等33个反种族隔离组织的限制措施；(3) 尽快无条件释放被监禁的黑人领袖纳尔逊·曼德拉；(4) 释放政治犯，并取消对其中374人获释后的限制规定；(5) 取消紧急状态期间实行的新闻限制；(6) 废除社交娱乐隔离法，但仍为白人保留一些设施；(7) 暂停死刑处决，未审拘留限制在6个月之内；(8) 条件许可后将尽快取消紧急状态。

1990年2月11日，被南非当局关押27年之久的黑人领袖曼德拉获释出狱。这是南非人民长期坚持反对种族隔离斗争的重大胜利，也是国际社会对南非种族主义政权施加压力、实行制裁取得的重要成果。

曼德拉1918年7月18日生于南非特兰斯凯一个黑人酋长家庭。青年时曾就读于南非两所大学，获法学学士学位。成年后，他不愿继任酋长，放弃了贵族地位。1944年参加了非国大从而开始了他的革命生涯.1961年参加了抗议少数白人种族主义者成立“南非共和国”的斗争，这一斗争遭到镇压后，他被任命为非国大领导的军事组织“非洲之矛”的总司令，转入地下从事武装斗争。1962年8月5日，南非当局以“煽动罪和非法出国罪”将曼德拉判刑5年，后又被指控企图以“暴力推翻政府”，改判为无期徒刑。在被监禁的漫长岁月里，曼德拉坚贞不屈，坚持斗争，深受南非黑人群众的拥戴和尊敬，也赢得了世界各国人民的赞誉 1990年2月22日，非统组织决定“2月11日”为“曼德拉日”。

1990年6月7日，南非当局在释放曼德拉之后又采取了一些改革措施。南非总统德克勒克宣布取消在这个国家大部分地区实行4年之久的紧急状态，但仍延续了在纳塔尔省的紧急状态法。10月15日，南非正式废除了实施37年之久的《社交隔离法》。12月13日，非国大主席坦博在国外流亡30年后获准回国，受到曼德拉及数千名黑人群众的热烈欢迎。12月18日，南非总统德克勒克宣布，对1990年10月8日以前非法离开南非的人免于起诉，这为约2万名政治流亡者回国铺平了道路。

二、非国大同南非政府会谈取得重要进展

1990年5月2～4日，以曼德拉副主席率领的非国大代表团和德克勒克总统率领的南非政府代表团在开普敦举行了3天会谈。这是非国大1912年成立以来第1次与白人政府举行这样的会谈，经过会谈，双方达成了5点协议，其主要内容是：(1) 成立一个工作小组负责处理有关政治犯的工作；(2) 对过去宣布为政治犯的非国大高级领导人暂时免于起诉，允许他们回国参加政治谈判；(3) 政府保证重新审议现在的安全法规，使之适应南非出现的新形势，以便保证进行正常的和自由的政治活动；(4) 政府准备取消紧急状态法，但非国大则应履行不使用暴力的承诺；(5) 政府与非国大之间建立有效的联系渠道，以便有效地遏制国内出现的暴力行为。

1990年8月6日，非国大与南非政府举行第2轮会谈，双方达成了停火协议，政府方面同意取消肆虐4年之久的紧急状态法，分阶段释放非国大政治犯，允许流亡国外的非国大人员回国，允诺重新审议安全法，以保证政治活动自由等。非国大方面则宣布立即停止武装斗争。

1990年8月16日，曼德拉与德克勒克举行紧急会谈，讨论结束南非近来连续出现的黑人之间的派别冲突问题。

1990年11月27日，曼德拉与德克勒克举行第3轮谈判，双方在政治动乱问题上存在原则分歧，因而此次谈判没有取得任何结果。双方的主要分歧是，非国大认为，军警对暴力冲突的处置失当，政府应对此负责。政府则指责非国大搞群众抗议活动是助长暴力，违背停止武装斗争协议，非国大说“和平抗议行动是合法的民主权利”，与武装斗争是两回事，更不能对暴力冲突负责。非国大决定停止武装斗争后，即把斗争重点转移到大规模组织和发动群众上，通过群众的合法斗争，扩大联合战线，向政府施加压力。政府便以“群众运动属于武装斗争的一部分”为借口，提出联系方案，即把非国大组织群众运动同政府释放政治犯一事联系起来，以迫使非国大放弃组织群众。联系方案实际上是从8月协议的后退，成为谈判的主要障碍。

三、曼德拉频繁开展外交活动

德克勒克总统的改革措施宣布后，英国就宣布解除对南非的制裁，在国际社会可能出现放松对南非当局的压力时，非国大把工作重点放在争取国际支持上，曼德拉获释后先后出访非洲、欧洲、美国和亚太地区许多国家，外交活动非常活跃。

1990年2月27日，曼德拉对赞比亚、津巴布韦、坦桑尼亚和瑞典进行为期18天的访问。在赞比亚，曼德拉出席了前线国家首脑会议，共商南非形势及今后斗争大计。在非国大举行的执委会会议上，曼德拉当选为该组织副主席。在瑞典，曼德拉同非国大执委会以及正在养病的坦博主席就今后谈判的斗争策略进行了商谈，统一了思想。曼德拉通过这次出访，重新确立了他在非国大的核心作用，加强了非国大内部的团结，协调了同南非谈判的立场，对今后的反种族主义斗争有着重要的现实意义。

为了争取世界各国对南非人民反种族主义斗争的更多支持，曼德拉频繁进行外交活动，截至1990年12月底，曼德拉共访问了非洲、欧洲、美国和亚太地区30个国家。访问中，曼德拉强烈要求国际社会特别是西方国家保持对南非的压力，继续进行制裁，以便迫使南非当局加速已经开始的改革进程。曼德拉的访问取得了成功，西方主要国家没有步英国后尘而取消对南非的制裁。国际社会继续保持了对南非的政治压力。

四、南非的孤立处境有所改善

国际社会对南非的改革表示欢迎。南非总统德克勒克为宣传其改革成就和决心，争取早日解除制裁，改善国际处境，积极开展外交活动。德克勒克利用出席纳米比亚独立庆典的机会，会见了许多国家的领导人或外长，最引人注目的是德克勒克与苏联外长谢瓦尔德纳泽和美国国务卿贝克分别举行的会谈。1990年5月9～25日，德克勒克总统出访英、法、联邦德国等西欧国家和欧共体总部；9月下旬访问了美国；10月中旬，再访英、葡并访问了荷兰、卢森堡；10月下旬，访问了塞内加尔、马达加斯加等非洲国家。随着南非形势的发展，国际上有些国家开始放松对南非的制裁，1990年2月21日，英国决定取消对南非的制裁。12月中旬，欧共体首脑会议决定取消对南非的新投资禁令。总的来看，南非在国际上的孤立处境有所改善，随着南非国内和谈进展，国际制裁还会继续松动，但只要南非当局没有完全废除种族主义制度，国际社会将继续保持对南非的压力和制裁。

五、南非当局继续镇压黑人群众的反抗斗争

南非当局积极推行政治改革，其目的是为了适应国内外新形势，更好地维护少数白人在南非的长久统治，对黑人群众的反抗斗争，南非当局则加以无情的镇压，其手段越来越阴险狡猾，主要表现在利用解放组织之间的矛盾，挑动黑人群众相互厮杀，使暴力冲突不断升级。1990年，南非国内先后掀起3股大的暴力冲突。第1次暴力冲突是1990年3月发生在纳塔尔省。此次暴力冲突使291人丧生。冲突双方是英卡塔支持者和非国大外围组织——联合民主阵线和南非工会大会。英卡塔自称有170万成员，其主席布特莱奇是夸祖鲁“自治家园”的首席部长。联合民主阵线和南非工会大会先后成立于1983年和1985年，各有成员百万人，在南非政坛颇有势力和影响。非国大处于被禁状态时，它们是国内的声援者和代言人。在南非军警的镇压下，此次暴力冲突虽然平息，但却发生了警察枪杀黑人的“塞布肯血案”。塞布肯是约翰内斯堡附近的一个黑人城镇，3月26日，该镇黑人示威者与警察发生冲突，警察开枪打死18人，伤300余人。

第2次暴力冲突发生在1990年8、9月间约翰内斯堡及其周围地区。此次冲突双方表面上是南非第一大部族祖鲁族和第二大部族哲豪萨族，但实际上仍是英卡塔和非国大之间的激烈争斗，因为祖鲁族人多为英卡塔支持者，而哲豪萨族人大都是非国大支持者，非国大领导人坦博、曼德拉、西苏鲁、姆贝基、哈尼等都是该族人。1990年8月初，哲豪萨族和祖鲁族季节工人之间发生摩擦，非国大和南非政府第2轮会谈后，形势迅速恶化，双方手持斧头、木棒、砍刀、铁棍、自制汽油弹等器械，展开了大规模械斗，冲突迅速蔓延到附近数十个黑人城镇。1990年8月24日，南非政府宣布里夫地区的27个黑人城镇为动乱地区，并派兵进驻。9月13日晚，在约翰内斯堡开往索韦托的火车上，7名暴徒用AK-47来复枪和砍刀向旅客动武，造成26人死亡，100余人受伤。据南非《公民报》报道，自1990年8月1日~9月14日，里夫地区累计打死764人，打伤数千人，6万余人无家可归，酿成南非最严重的恶性暴力事件。

1990年9月14日，德克勒克总统与曼德拉进行紧急磋商，讨论尽快结束流血冲突措施。9月15日，南非政府即宣布“铁拳行动”计划，声称以更加严厉的措施遏制里夫地区黑人城镇的大规模屠杀。“铁拳行动”计划的主要措施有：自1990年9月25日起在索韦托、卡特莱、福斯卢勒斯和托科扎等地实行宵禁，违者最高处以1000兰特罚款或6个月拘留；一切个人和组织拥有的枪支和弹药必须在10月底前送交警察局或办理许可证；自9月15日起在索韦托等地设置路障，检查过往车辆和行人；对动乱地区季节工人集体宿舍区和可疑建筑物进行搜查，收缴各类凶器；加强黑人城镇火车站的警察力量，在各站入口处设立安全检查点，严禁旅客携带凶器登车；为执行巡逻任务的装甲车配置轻机枪，并加强直升机巡逻。为保证“铁拳行动”计划的实施，南非政府从其他地区抽调了大批军警。

里夫地区局势经过短暂平静后，1990年12月初暴力冲突再度爆发，一周内死亡人数近200人。截至12月10日，1990年南非国内死于暴力冲突的人数达3460人，比前5年死亡人数总和还多，日均死亡12人。财产损失十分严重。

南非的暴力冲突，表面上看是祖鲁族人与哲豪萨族人之间的部族冲突，英卡塔与非国大的矛盾斗争，实际原因极为复杂，概括说来，罪恶的种族隔离制度是暴力冲突的主要根源；南非当局支持一方打击一方，假“灭火”之名，行“烧火”之实，是暴力冲突此伏彼起、旷日持久的主要原因。南非当局同英卡塔关系历来密切，据南非《每日邮报》披露，为扶植英卡塔，南非国防部曾于1986年在纳米比亚卡普里维地带宽多河畔的“河马”秘密基地培训了200名英卡塔骨干分子，他们在结束了为期7个月的游击训练后返回国内，担负了培训其他英卡塔成员的任务。这些人现在都是英卡塔“武装力量”的骨干。另外，非国大再三声称有足够证据表明“第3种力量”即南非情报和警察部门插手暴力冲突。据非国大受害者揭露，警察口头上说要主持正义和公道，但实际上偏袒英卡塔，对英卡塔支持者的暴力视而不见。更为深层的原因在于，非国大被解禁后，南非政界盛传国民党将在未来的权力角逐中与英卡塔携手合作，结成政治联盟，以对付最大的政敌非国大。南非政府企图借英卡塔之手，达到削弱和分裂非国大的险恶目的，进而坐收渔利，进一步增强其与非国大谈判的地位。

六、南非人民反对种族主义的斗争

1990年2月25日，南非343名政治犯开始绝食斗争，要求政府立即释放他们。2月27日，非国大执委会在卢萨卡举行会议，讨论曼德拉释放后南非国内的新形势，制定了今后的斗争策略。会议决定把非国大的工作重点转移到国内，推举曼德拉率领非国大代表团与南非当局进行政治谈判。同时决定在国内大力开展群众运动，主要是动员群众举行游行、罢工、

拒交房租、抵制白人商店、逼迫地方市镇当局下台；继续训练地下武装人员，借以发动群众，壮大自己力量，增强非国大在谈判中的地位。10月5日，曼德拉与南非5个部族领袖会谈，一致同意非国大与部族领袖组成统一战线。10月7日，非国大提出以一人一票选举制产生地方政府，然后进行全国大选。12月9日，南非黑人组织泛非主义者大会拒绝政府提出的要其参加谈判的邀请，表示继续进行武装斗争。克拉伦斯·马奎图在这次代表大会上当选为该组织新任主席。1990年12月14日，非国大全国协商会议在约翰内斯堡举行，这是30年来非国大首次在国内举行这样的会议。1600多名非国大代表以及南非其他黑人组织代表、各国驻南非使节等出席开幕式。在国外流亡30年之久的非国大主席坦博出席会议并在开幕式上致词。他说，非国大应根据目前南非和世界形势的变化来考虑自己的战略。在谈到非国大与南非当局的和平谈判问题时说，如果谈判能导致产生一个团结和民主的没有种族和性别歧视的新国家，非国大就准备参加这样的谈判。会议通过的决议指出，除非在1991年4月30日前扫除所有障碍，否则非国大将考虑退出谈判。会议通过的另一项决议说，南非发生的暴力冲突旨在破坏和分裂非国大，因此决定建立对付暴力的防卫委员会。会议还呼吁国际社会继续对南非实行制裁。1990年12月17日，非国大向南非政府正式提出，到1991年4月30日，如释放政治犯、流亡者回国和取消安全法的障碍还不能消除，非国大就考虑停止所有谈判，并明确宣布1991年为“群众行动年”，在黑人居住区建立“民族之矛”领导的“自卫委员会”，加紧军事训练。

七、国际社会对南非的斗争

（一）联合国

1990年12月19日，联合国大会一致通过了一项反对南非种族隔离的决议。这个决议是非洲国家等国际进步势力与西方国家长期谈判的结果，决议坚决主张继续执行目前对南非所采取的制裁措施，要求各国政府采取有效措施，特别是在经济和金融领域，目的是为了保持对南非当局的压力，促使其尽快废除种族隔离制度。联大还通过了针对南非的其他5个决议，这些决议包括禁止与南非保持体育关系，谴责南非同以色列保持军事关系，还有一份具体的经济和金融制裁一览表。

（二）非洲国家

1990年3月19日，非统组织应非国大的要求同意出面与南非政府商谈和平解决南非问题，目的是协调非洲各国之间的努力，防止南非瓦解非洲国家的战斗力。7月11日，在非统组织第26届首脑会议上，非国大副主席曼德拉作为特邀代表出席会议，表示了非统组织赞扬和支持其对南非斗争的立场。首脑会议认为，南非当局虽已采取了一些改革措施，但尚未对种族隔离制度进行实质性改变，因而紧急呼吁国际社会保持和加强对南非的制裁，点名谴责匈牙利同南非建立外交关系。为防止南非对非洲国家进行分化瓦解和非洲“温和”国家同南非单独接触，非统组织根据非国大的建议，决定出面与南非政府商谈，寻求和平结束种族隔离制度的可行途径。会议呼吁南非所有反种族隔离运动组织结成广泛的统一战线，以挫败南非当局分裂和破坏阴谋。与会国家重申，倾向于通过谈判结束种族隔离制度，但若谈判无效，将继续支持南非人民的斗争，包括武装斗争。1990年8月3日，南部非洲前线国家领导人在卢萨卡开会，讨论结束南非种族隔离制度，并制定在联合国对南非应采取的新立场。

安哥拉局势 1990年安哥拉国内形势呈现打打谈谈、军事较量与政治谈判交织在一起的复杂局面。在经过一段时间的相对平静后，安哥拉国内战火再起，安哥拉政府军与争取安哥拉彻底独立全国联盟（简称安盟）游击队在东南部地区展开了自1976年以来规模最大的战斗，但均未取得预想的结果。在军事手段未能解决问题的情况下，安哥拉政府与安盟重新回到谈判桌上，会谈取得了引人注目的进展。

一、安哥拉政府军对安盟再度发起军事进攻

安哥拉政府军的进攻是在安盟撕毁巴多利特停火协议后发动的。1989年6月22日，安哥拉总统多斯桑托斯和安盟领导人萨文比在扎伊尔的巴多利特握手言和，双方达成了停火协议。协议规定，萨文比必须暂时离开安哥拉，安盟成员必须以个人身分合并到安哥拉现在的党、政、军里面去。对此安盟内部反应强烈，认为这样做让步太大。在内部压力下，萨文比推翻在巴多利特的承诺，发誓永不离开安哥拉。1989年9月底，安盟提出了一项反建议，即安盟与安人运政府直接谈判，成立过渡政府，修改宪法，举行“自由与公正”的选举。此建议的实质是安盟与人运具有同等地位，以便为安盟争取合法地位，将来通过选举夺取政权。安哥拉政府则强调必须不折不扣地坚持巴多利特协议的各项原则，政府不能在关键问题上让步。双方各执己见僵持不下。此时，南部非洲地区的形势发生了有利于安哥拉政府的变化。1989年11月，南非宣布完成了从安哥拉的撤军计划。随后南非国防部长马兰又公开表示今后南非军队不再“深入邻国追击游击队”。1989年12月，在纳米比亚大选中，与安哥拉政府关系密切的西南非洲人民组织获胜，南方邻国的变化对安哥拉政府十分有利。面对安盟的不妥协态度，安哥拉政府决心在军事上给安盟以重大打击，以削弱其谈判地位。同时也向世界证明，没有南非军队的直接支持，安盟不是政府军对手，因而安盟不能与人运享有同等地位。于是政府军出动大批飞机和坦克，投入兵力2.5万人，占其正规军的一半，于1989年12月21日向安盟发动大规模进攻，双方在南部重镇马温加一带展开了激烈交战。马温加是安盟的门户城市，在此驻有7千武装人员，实力处于明显劣势，抵挡不住政府军的强大进攻，安盟4千多人被击毙，许多人被俘，损失惨重。政府军在经历了42天的激烈战斗后于1990年2月2日占领了马温加，然后又2次派飞机轰炸安盟总部然巴市，并相继攻占了然巴附近的市镇，形成对然巴的战略包围，给安盟造成了强大的军事压力。

二、美国的干预及安盟的抵抗

在安哥拉政府军占领马温加以后，美国政府迅速做出了反应，美国务院发表声明，要求安哥拉立即停止对安盟的进攻，并利用扎伊尔南部的卡米纳空军基地，向安盟紧急空运了包括“毒刺”式防空导弹、“陶”式反坦克导弹在内的武器装备和后勤物资。南非从1990年4月起也恢复了对安盟的支持，向安盟提供了急需的燃料和运输工具。与安盟关系密切的扎伊尔、葡萄牙、摩洛哥和科特迪瓦等国领导人也纷纷向萨文比表示同情和支持。

在美国等国的支持下，安盟主力部队突破政府军的包围，由南方转移到安哥拉中部和靠近扎伊尔边界的北部地区，在政府军的后方发动袭击。他们化整为零，开展游击活动，破坏铁路、公路交通运输线，伏击政府军向前方运送食物、燃料和弹药的车队。安盟主力北移后，破坏活动扩展到安哥拉首都和北方石油区。据《安哥拉日报》报道，在安盟发动了数十次袭击中，政府军和平民近2300人丧生，3300人受伤，极大地牵制了政府军对安盟总部的攻势。

由于在马温加战斗中安盟损失惨重，安盟领导人1990年3月5日通过安盟电台宣布，只要政府不继续发动攻势并撤出马温加，安盟愿意立即停火。安哥拉政府方面，也因得不到苏联、东欧国家的军事和财政支持，战线过长易受袭击，且后勤供应又十分困难，加之1990年4月初葡萄牙报纸盛传美国等正在酝酿一个里应外合颠覆安哥拉政府的计划。由于上述种种原因，安哥拉政府一改初衷，同意安盟的停火要求，命令部队于5月上旬自马温加撤退。1990年6月6日，多斯桑托斯总统再次命令部队自宽多–库班戈省的穆孔迪向西撤退，回到进攻前的位置。至此，安哥拉政府军和安盟大规模的军事敌对行动宣告结束。

三、和谈情况及进展

1990年1月1日，多斯桑托斯总统在新年祝词中提出一项和平计划，希望结束政府与安盟之间的敌对状态。这项建议包括承认安哥拉的国家主权和现政府的合法性，呼吁双方停火，为人民能在全国范围内自由往来和货物的安全运输创造条件。建议还包括吸收安盟力量，壮大安哥拉军队。1月31日，安哥拉人民议会常设委员会第12次特别会议批准，将1990年2月4日到期的大赦法延长一年，作为政府为和平进程所做的一种努力。1990年1月10日，安盟领导人萨文比访问扎伊尔，希望蒙博托总统继续进行调解，使双方缔结一项停火协议，以结束敌对状态。2月7日，扎伊尔总统蒙博托、刚果总统萨苏、加蓬总统邦戈和喀麦隆总统比亚在金沙萨郊外的恩塞勒举行小型首脑会议，就打破安哥拉和解僵局的可行办法交换意见。1990年2月10日，扎伊尔总统特使、负责社会和文化的第一副国务委员（副总理）恩吉姆比和刚果总统特使、外交和合作部长奥巴访问安哥拉，就安哥拉和谈问题与多斯桑托斯总统进行会谈。1990年3月，美国国务卿贝克和苏联外长谢瓦尔德纳泽在参加纳米比亚独立庆典时，专门讨论了安哥拉问题。3月20日，贝克会晤安哥拉总统，表示美国打算与安人运政府讨论改善关系。随后贝克飞往扎伊尔，向萨文比转交安哥拉政府的9点和平计划。1990年4月9日，安盟发表声明表示“愿意立即停火，并在1975年1月《阿沃尔协议》基础上承认安哥拉政府”，建议双方在葡萄牙里斯本举行直接会谈。1990年4月10日，安哥拉外长范迪嫩表示安盟的声明是“积极的”，“表现了和平解决安哥拉问题的愿望”。安哥拉政府愿意同安盟进行直接会谈。

在苏、美、葡和一些非洲国家的推动下，安哥拉敌对双方于1990年4月24日在里斯本举行了大规模交战后的第一次直接会谈。此后于6月17日、8月27日、9月24日和11月16日又进行了4轮会谈，双方在达成停火协议方面取得了重大进展。1990年12月10日，苏联外长谢瓦尔德纳泽访美时，与贝克国务卿就安哥拉问题专门进行了会谈，美苏双方就解决安哥拉冲突进行了大量外交活动。

1990年12月12日，苏外长在华盛顿分别会见萨文比和安哥拉外长范迪嫩。美国总统布什和国务卿贝克也分别会见了萨文比和范迪嫩。随后美、苏、葡、安政府和安盟5方代表在美国务院开会，讨论政治解决安哥拉冲突问题。据报道，5方就实行停火已基本达成协议。苏美双方同意停火后将停止向安政府和安盟运送武器，美苏双方还压安政府同意让安盟作为一个政党参加安哥拉政治进程，尽快实行“多党民主制度”和“公正”、“自由”的选举。美负责非洲事务的助理国务卿科恩表示，解决安哥拉问题的内外条件已经成熟，从内部因素来说，安哥拉打了15年仗，双方都尽了最大军事努力，均未取得超出目前的结果，都要求和平解决问题。从外部因素来看，美苏双方现在是“携手合作，努力结束冲突，而不是象以前那样延长冲突”。美苏将以安哥拉作为试验田，以“多党民主制”模式解决其他地区冲突问题。

1990年10月26日，安哥拉政府宣布，执政党已制定出在1991年3月实行多党制并且在3年内举行多党制选举的计划。12月4日，多斯桑托斯总统在执政党第3次全国代表大会上宣布，安哥拉将取消一党制，实行自由市场经济。外电评论认为，安哥拉政府的这些措施为结束安哥拉内战，实现和解铺平了道路。

四、古巴撤军

据安哥拉官方宣布，截至1989年底，古巴已从安哥拉撤走3100多人，剩余的古巴军队也已按照1988年12月22日签署的纽约协议撤到南纬13度以北。但在发生安盟袭击古巴驻军后，撤军计划受到影响。1990年1月21日，安盟游击队向驻扎在安哥拉的本格拉省洛比托市西北部20公里处的一个古巴兵站发动了进攻，打死古巴士兵4人，打伤6人。袭击事件发生后，古巴和安哥拉两国政府决定暂停撤军计划，要求安盟对上述行动作出令人满意的解释。据法新社报道，萨文比表示，袭击古巴驻军的事件并非有意造成的，他的部队已接到严格命令，不允许这类事件再次发生。1990年2月20日，安哥拉外长范迪嫩在罗安达发表谈话时说，安哥拉和古巴会谈后一致决定，古巴恢复从安哥拉撤军。整个撤军工作仍按计划于1991年中完成。4月2日，古巴革命武装力量部宣布，古巴在3月已从安哥拉撤回783名军人，截至1990年3月31日，古巴总共从安哥拉撤军32217人。5月2日，古巴军方宣布已完成其第2阶段的撤军工作，从安哥拉撤回3.3万人。1990年6月4日，西南非和平协议监督委员会在哈瓦那举行第8次例会，古巴宣称，已从安哥拉撤回3.5万人。尽管美国干预安哥拉内战，古巴仍将按纽约和平协议到1991年6月最终完成撤军计划，撤回全部5万驻军。1990年10月3日，古巴革命武装力量部证实，古巴完成了从安哥拉撤军的第3阶段计划，共撤回38000人。

莫桑比克和谈取得进展　1990年，莫桑比克战场形势比较平静，政府军未对反政府游击队莫桑比克全国抵抗运动（简称抵运）进行大规模围剿，抵运也未发动大的袭扰活动。在意大利等国政府和教会的协调下，以交通部长戈布扎中将率领的莫政府代表团和以外长多明格斯为首的抵运代表团，于1990年7月8～10日在罗马举行了第1轮直接会谈。双方都表示用和谈方式结束长达14年之久的内战。此后，莫政府与抵运又举行了两轮直接会谈，并于12月1日达成了部分停火协议。根据协议，双方同意在贝拉和马普托走廊一带首先实现停火，以确保津巴布韦等内陆国至印度洋出海口铁路运输的畅通，双方还就津巴布韦驻莫军队的存在和作用以及国际红十字会在莫救援问题取得了一致意见。意大利、英国、美国、利比亚和刚果等国向莫桑比克派出观察员组成停火监督委员会，其成员于1990年12月25日开始抵达马普托。抵运代表也作为协议混合委员会成员进驻马普托，到内地监督停火协议的实施。莫桑比克政府与抵运的停火协议为实现和平迈出了重要一步。

纳米比亚获得独立　1989年11月7日，纳米比亚在联合国的监督下成功地举行了大选，以努乔马主席为首的西南非洲人民组织（简称人组）赢得了67万张选票中的38万张，占有效选票的57.32%，获得大选胜利。在制宪会议的选举中，人组获得了72个席位中的41席，实现了一党组阁执政。1990年2月9日，纳米比亚制宪会议一致通过第一部独立宪法，并确定了独立日期，顺利地完成了创建共和国的各项准备工作。

1990年3月21日，午夜的钟声敲响后，纳米比亚共和国国旗飘扬在体育场上空，纳米比亚共和国正式宣告独立，广大人民欢呼庆祝这一光辉的胜利。人组主席努乔马在联合国秘书长德奎利亚尔的主持下宣誓就任纳米比亚共和国第一任总统，并组成了以人组政治局委员哥根布为首的纳米比亚政府。位于非洲西部的纳米比亚1890年沦为德国殖民地，第一次世界大战期间被南非以对德作战为名非法占领。1949年南非进一步吞并了纳米比亚，对纳人民进行了残酷的殖民统治和种族压迫。为争取民族独立，纳米比亚人民在以努乔马主席为首的西南非洲人民组织的领导下，坚持了长期的武装斗争和各种形式的政治斗争。世界人民，特别是非洲国家的人民对纳米比亚人民争取民族独立的正义斗争给予了有力的支持。联合国曾多次通过决议，要求南非结束对纳米比亚的非法占领。非统组织为推动纳米比亚早日独立做了大量的工作。在世界人民的强大压力下，南非当局被迫接受联合国435号决议，承认纳米比亚人民的自决权利。

纳米比亚独立是纳人民长期斗争的结果，也是世界进步力量与反动势力反复较量取得的胜利。纳米比亚人民十分珍惜这一来之不易的胜利成果。独立9个月以来，纳米比亚人民在努乔马总统为首的新政府的领导下，对内执行民族和解政策，“巩固了国家的独立，维护了国内的和平”。对外奉行睦邻友好政策，赢得了世界上100多个国家的承认，40多个国家已在首都温得和克建立了大使馆。与此同时，纳米比亚还被联合国、不结盟运动、非统组织和南部非洲发展协调会议等国际组织接纳为正式成员国。

欧洲军事要事

苏美军事关系继续改善 1990年，苏美进一步缓和军事对抗，加强军事交流，并在军备控制谈判和解决地区冲突问题方面互作让步，加强协调，取得了较大进展，从而使双方军事关系继续得到改善。但它们军事关系中的对抗因素仍然存在，在军备控制问题上的进展势头减缓，在解决地区冲突问题上美国的进攻性日益突出。美国在发展苏美军事关系中仍然坚持从实力地位出发。

一、进一步缓和军事对抗

1990年苏美间的军事对抗进一步缓和，其主要表现有以下两个方面：

（一）继续缓和军备竞赛。1990年1月，美国防部向国会提交的《国防报告》虽仍坚持实力地位政策，强调保持“可靠的威慑力量”，但也贯彻了缓和军备竞赛的精神，对国防经费和军队规模都作进一步的压缩。该报告称，国防预算授权，1990财年为3029.15亿美元，比1989财年（3113.24亿美元）减少约2.7%；预计1991财年为2951.31亿美元，比1990年财年减少约2.6%。此后数年，美国的国防费用，计划每年减少2%（扣除通货膨胀因素）。该报告还要求进一步压缩军队规模，1990财年把美军总人数压缩到207.68万人，比1989财年减少5.3万人；1991财年将进一步压缩到203.88万人，比1990财年减少3.8万人。另据美国高级军事官员1990年12月中旬透露，今后美军还将进行更大规模的压缩，打算到1995财年裁减25%。届时，海军现役军舰将由538艘减少到450艘，其中航母将由14艘减少到12艘，陆军将由18个师减少到12个师，空军联队将由36个减少到25个。苏联也继续坚持“合理够用”的建军原则，缓和同美国的军备竞赛，其军费削减速度比美国更快。苏军总参谋长莫伊谢耶夫1990年1月24日对记者说，苏联1989年的军费为773亿卢布，1990年减少8.2%，为710亿卢布。苏联裁军的数量也比美国多。据苏总参谋部发言人宣布，从1989年1月1日～1990年12月1日，苏已单方面裁军40多万人。

（二）减少欧洲、亚太地区和海上的军事力量和军事活动。在欧洲地区，苏联继1989年从东欧撤出约5.3万人后，1990年又撤出9.4万人、2900多辆坦克、约2000门火炮、112架战斗机。据美国防部长切尼估计，到90年代中期，苏联可能撤出其驻东欧所有部队。与苏联的撤军行动相呼应，美国也计划削减驻西欧的兵力。美国驻北约大使塔夫脱1990年9月26日透露，美国已提出在今后5年内使驻欧美军减少1/3的设想。海湾危机加剧以后，美国为了向海湾增兵，加快了削减驻欧美军的步伐。1990年10月9日，美国防部长切尼宣布，从驻欧美军中抽调10万人派往海湾。其中，地面部队包括第7军司令部、第1装甲师、第3装甲师、第2装甲师第1旅、第2装甲突击团、第2支援司令部；空军共11个中队。这些部队于1990年底前后抵达沙特阿拉伯地区。随着美苏驻欧兵力的减少，双方均降低了战备和训练的要求，减少了演习次数。

在亚太地区，苏联继续执行单方面裁军计划。至1990年底，已完成了两年内裁减亚太地区苏军20万人的计划。同时，继续从越南金兰湾和蒙古撤军。

1990年1月19日，苏联宣布将撤走驻越南金兰湾的30艘舰艇及包括图-16和米格-23在内的40架军用飞机。1990年12月1日，苏军总参谋部发言人宣布，1990年苏联从蒙古撤出了3.29万人、700多辆坦克、400多门火炮、138架飞机。至此，苏联在两年内已从蒙古撤军5.29万人。其余约6000名驻蒙苏军将于1992年全部撤出。美国也制定了逐步削减驻亚太地区美军的计划。1990年4月19日，美国防部发表的一份题为《亚太地区战略原则：展望21世纪》的报告中称，美国准备分3阶段逐步削减驻亚太地区的美军兵力。第1阶段（1～3年），将驻西太平洋美军削减1.4～1.5万人；第2阶段（3～5年），进一步裁减战斗部队；第3阶段（5～10年），继续进行“有节制的裁减”，并使驻亚太地区美军稳定在“稍低的水平上”。据报道，1990年美、苏两国军队在亚太地区的军事活动进一步减少，军事对峙进一步缓和。苏联外长1990年9月访问日本时说，美苏互不敌视在亚洲也产生了影响，苏联正在减少远东地区的军事活动，以及与美军的对立。美军1990年3月提出的《太平洋部队任务概要》中，删除了以往概要中使用的“敌人”和“战争”词句，强调太平洋美军作为一支地区稳定力量的作用，而不再以美苏对抗为前提。太平洋美军还以苏联威胁减少为由，取消了驻冲绳的假想敌飞行部队——第26入侵者中队。该中队是冷战时期象征美苏严重对立的部队之一。

在海上，最近两年，美苏海军舰艇都在逐渐减少。据美联社1990年9月13日报道，在过去两年多的时间里，苏联海军具有核能力的军舰和潜艇减少68艘。在同一时期，美国这类舰艇的数量也明显减少。苏联海军的海上活动也逐渐减少。美国海军高级官员称，近年来，苏联潜艇的巡逻活动和海军在世界各地的其他活动正显著减少。因此，美国海军大幅度减少了反潜活动计划。美海军撤掉了几乎全部用于空中攻击潜艇的核武器，仅保留了一种名为B-57的深水反潜核炸弹。

二、加强军事交往

80年代末期，随着美苏关系缓和，军事交往不断加强，并形成了一个多渠道、多层次、多方式、多领域的交流机制。其中包括热线电话、高级官员会谈和互访、互相提供军事信息、进行军事学术交流、海军舰只访问等。从总的趋势看，1990年美苏在军事交往中不仅保持了以往的势头，而且在首脑会晤和军事学术交流方面还有所加强。

（一）三度举行以军事问题为重要内容的首脑会晤。1990年5月29日、9月9日、11月19日，布什和戈尔巴乔夫先后在华盛顿、赫尔辛基和巴黎举行了3次会晤。在这些会晤中，虽然讨论的议题比较广泛，包括军备控制、地区冲突、德国统一、苏联的经济和人权问题、美苏双边关系以及出售武器等问题，但军备控制、地区冲突、德国统一、出售武器等军事或与军事有直接关系的问题占居突出位置。因此，促进了美苏间的军事关系的发展。

在华盛顿首脑会晤中，军备控制谈判有所进展，布什和戈尔巴乔夫签署和发表了5个关于军备控制问题的协定和联合声明，即销毁和不生产化学武器协定、核试验条约（1974年签订）的核查议定书、和平利用核爆炸条约（1976年签订）的核查议定书、关于削减进攻性战略武器条约基本条款的联合声明、关于维也纳常规武器谈判的联合声明。布什和戈尔巴乔夫还提出了美苏首脑会晤经常化和每年举行一次的设想，实际上是要使美苏首脑会晤形成制度。

在赫尔辛基会晤中，集中讨论了海湾危机问题。会后发表了联合声明，并举行了记者招待会。在声明中和记者招待会上，美苏双方都强调严格、坚决和更有力地贯彻联合国安理会的决议，争取和平解决海湾危机。舆论界普遍认为，在这次会晤中，美苏在海湾问题上虽有一些分歧，但在主要方面立场基本一致，互相借重、互相配合，从而加大了对伊拉克的压力。美苏双方均高度评价这次会晤。

布什和戈尔巴乔夫一同参加欧安会巴黎首脑会议，是他们在1990年第3次会晤。在这次会议上取得了3项重大成果。一是北约和华约两大军事集团经过20个月的激烈讨价还价，终于签署了《欧洲常规武装力量条约》。二是北约和华约发表《联合声明》，宣布双方“不再互为敌手，相互间将建立新的伙伴关系并友好相处”。三是欧安会34国共同签署了《新欧洲宪章》，该宪章称，“欧洲对抗和分裂的时代已经结束”，今后各国将“在彼此合作和尊重的基础上”建立新的关系。宪章还决定：定期举行外长会议，每年至少一次，使之成为“欧安会政治协商中心”；在布拉格设立秘书处，负责处理欧安会日常事务；在维也纳建立“防止冲突中心”，负责交流军事情报，检查各国军备情况，以防止和减少冲突；在华沙建立监督“自由选举”的机构。这次会议，将有利于降低美苏在欧洲的军事对抗水平，改善东西方的关系，加强欧安会的职能，减少参加国之间的纠纷。

美苏通过1990年的3次首脑会晤，取得了重大成果，促进了它们之间军事关系的发展。但在这些首脑会晤中，也存在着严重分歧和尖锐矛盾。在华盛顿会晤前，布什声称双方存在巨大分歧，戈尔巴乔夫则强调西方不要因为他忙于国内问题而乘机“混水摸鱼”。在会晤中，双方在立陶宛等问题上的严重分歧并未解决。在巴黎会晤中，美苏在建立欧洲新秩序、欧洲新的安全结构、欧安会发挥何种作用等方面存在明显分歧。苏联为了维护其在欧洲的安全利益和影响，希望以欧安会取代华约和北约；美国则认为，欧安会不能代替北约，北约仍是维护欧洲和平所必须的军事政治组织。这些矛盾和分歧，说明美苏之间利害冲突和因长期敌对而产生的不信任感和疑虑很难消除。这些正是美苏关系不时出现微妙变化的原因。

（二）*军事学术交流活动有新的发展*。以往美苏之间的军事学术交流，仅限于比较低的级别的专家学者之间。1990 年，美苏等国举行的“东西方军事理论讨论会”和美苏军校学员互访就突破了先例。

“东西方军事理论讨论会”于 1990 年 1 月 16 日～2 月 5 日在维也纳举行。参加会议的是美苏以及其他华约、北约和欧安会成员国的高级军事领导和专家。苏联代表团团长是苏军总参谋长莫伊谢耶夫。美国代表团规模最大，由 76 人组成，团长是参谋长联席会议主席鲍威尔。讨论会历时 3 周。会上东西方所阐述的军事理论，在许多方面都趋向一致。例如：都认为军事公开是未来欧洲安全的前提；都主张增加北约和华约的政治作用；都要求互相协调防务政策，减少军事对抗；都赞成使武装力量结构由进攻型变为防御型；都把制止战争视为军事战略和安全政策的最高准则。据报道，这次讨论会涉及的内容之广、参加人员的级别之高，均是美苏之间和东西方之间关系史上前所未有的。它标志着美苏军事交往和军事公开的广度和深度有了新的发展。

美苏军事院校学员互访是 1990 年 2、3 月间进行的。1990 年 2 月 7 日，苏军由 10 名军校学员和 2 名校官组成的代表团前往美国西点军校进行为期一周的访问。3 月，美国军校代表团到莫斯科高级指挥学校进行了回访。据报道，苏联军校学员访问西点军校尚属首次。

三、军备控制谈判取得较大进展

由于年初美苏在立陶宛等问题上出现了严重分歧，军备控制谈判失去了美苏首脑马耳他会晤以后的势头。但是，双方为了长远利益，仍然推动军备控制谈判继续向前发展。1990 年 5 月 16 日，布什在记者招待会上强调，他决心推进同苏联的军备控制谈判。苏联方面也有类似的表示。因此，1990 年美苏在军备控制谈判方面仍取得较大进展。

（一）*签署了《欧洲常规武装力量条约》*。北约和华约自 1989 年 3 月 6 日开始的第一阶段欧洲常规裁军谈判，经过激烈讨价还价的 8 轮谈判，于 1990 年 11 月 19 日在巴黎欧安会首脑会议上签署了《欧洲常规武装力量条约》。这项条约的主要内容有以下 5 个方面：

1、5 类重要武器的最高限额。根据谈判开始时达成的协议，条约将对双方军队人数和 5 类重要武器规定最高限额。1990 年初达成美苏各在中欧保留 19.5 万军队的协议。但是，由于苏联决定在 90 年代中期撤出全部驻东欧苏军，所以 19.5 万人的最高限额已无实际意义。而制定新的限额又是个很困难的工作，为在 1990 年签定欧洲常规裁军条约，欧洲常规裁军谈判绕过了军队限额问题，将它留待第 2 阶段谈判解决。所以条约只对 5 类重要武器作了规定。即：北约和华约两大集团在条约规定的限制区内可各保留 2 万辆作战坦克、3 万辆装甲作战车辆、2 万门火炮、6800 架作战飞机、2000 架作战直升机。另外，双方可通过声明，宣布各保留 430 架岸基海军作战飞机。

为了进一步限制武装力量的战备状态，条约还给双方现役部队的装备规定了如下限额：1.65 万辆坦克、1.7 万门火炮、2.73 万辆装甲作战车辆。

为了防止某一国家常规力量过于强大，条约规定两大集团中，任何一个国家拥有的 5 种常规武器数量不得超过本集团的 2／3。

2、限制区域。条约规定，从大西洋到乌拉尔为限制区域，在这一区域内的 5 种重要武器不得超过最高限额。

3、条约有效期限。《欧洲常规武装力量条约》没有规定有效期限，只规定条约在各方批准后 10 天开始生效。

4、多余武器的销毁。按条约要求超过限额的武器必须在条约生效后 3 年零 4 个月内销毁。

5、核查。条约规定了较为严格的核查制度。其中包括详细的信息交流、现场核查、质疑核查及对武器销毁进行监视等。

在《欧洲常规武装力量条约》谈判过程中，美苏双方以及北约和华约都互有让步，但从整体上看苏联让步较大。条约将使欧洲常规武装力量对比发生不利于苏联的变化。在条约签署前，苏联在欧洲的常规武器数量比北约多一倍；按条约规定的限额计算，苏联在欧洲的常规武器数量最多只及北约的 2／3。因此东西方常规武器对比将会出现新的不平衡。同时，目前的条约还有许多缺陷，比如：条约仅对5类常规武器作了数量上的限制，而对武器的质量则没有限制，双方仍可通过改进武器的质量，谋求优势地位；条约的最高限额仍然较高，欧洲仍然是常规武器最密集的地区；由于美国坚决反对，条约对海军常规力量未做出任何限制；条约中的核查条款漏洞还比较多；条约没有对双方兵力作出限制。这些都可以成为被用来钻空子的漏洞。尽管如此，《欧洲常规武装力量条约》作为战后东西方之间达成的第一个常规裁军协议，还是具有重要意义的。它使两大军事集团的常规武器进行了大幅度削减，减少了双方在欧洲发动突然袭击的可能性。同时，对欧洲安全结构的形成和世界裁军进程也将起到推动作用。

（二）削减战略武器谈判取得较大进展。美苏在削减战略武器谈判方面，1990年未能象人们所预计的那样，签署一项削减50%战略武器条约，但还是取得了2次较大进展。

第一次较大的进展是1990年5月29日～6月3日的美苏首脑华盛顿会晤中取得的。通过这次会晤，双方于1990年6月1日发表了关于削减战略武器的声明。这个声明，就削减战略武器条约的基本条款达成了协议。其主要内容是：

1、战略核武器的运载工具削减到不超过1600枚（架），其中洲际弹道导弹不得超过154枚。

2、每一方各种战略核武器运载工具所携带的弹头不超过6000个，其中重型洲际弹道导弹的弹头数不超过1540个，机动洲际弹道导弹的弹头数不超过1100个。

3、每一方洲际弹道导弹和潜艇发射弹道导弹的总计投掷重量将限制在双方商定的水平。这个水平比目前苏联同类导弹的投掷重量少50%。

4、把能发射远程核巡航导弹的重型轰炸机同其他重型轰炸机区别开来。能从空中发射远程核巡航导弹的重型轰炸机被算作1600个运载工具中的一个，所携带的弹头计入6000个弹头里。美国的每架重型轰炸机按携带10个弹头计算。苏联的每架重型轰炸机按携带8个弹头计算。不能发射远程核巡航导弹的重型轰炸机被算作1600个运载工具中的一个，被看作6000个弹头中的一个。

5、凡射程超过600公里的空中发射巡航导弹，即被认为是远程发射的巡航导弹。

6、从海上发射的巡航导弹不受削减战略武器条约的约束。但是，每方每年都要向对方提供2份具有政治约束力的声明。一份是关于海上发射的巡航导弹的政策声明；另一份是关于计划部署海上发射的远程巡航导弹的声明，并且部署总数不能超过880枚。

7、除了明确禁止的以外，战略进攻武器的现代化可以进行。明确禁止的内容包括：新式重型洲际弹道导弹；重型潜艇发射弹道导弹及其发射器；重型洲际弹道导弹的活动发射装置；配备10个以上再入飞行器的新式洲际弹道导弹和潜艇发射弹道导弹；增加现有每个洲际弹道导弹和潜艇发射弹道导弹的所携带的弹头数量；迅速为洲际弹道导弹发射器再装导弹；配备多个可独立打中目标的弹头的远程核巡航导弹。

8、核查制度包括：现场视察、技术手段核查、禁止阻止对方获取遥测资料、交换信息，签署一项对机动洲际导弹加以限制的协定，成立联合条约和视察委员会。

9、削减将在7年内分3个阶段实施。条约有效期为15年。如双方同意，条约可在期满后每5年延续一次。

据报道，1990年初美苏在削减战略武器会谈中还存在大量的分歧，通过几个月的艰苦谈判，到美苏首脑发表关于削减战略武器联合声明时，双方已完成了削减战略武器条约起草工作的大部分。在声明发表以后，美苏在削减战略武器谈判中的分歧，已经大大减少。尚需解决的问题还有10多个，例如对苏联保留的154枚重型洲际弹道导弹规定什么限制；"逆火"式战略轰炸机是否要列为战略武器；对美国出卖给英国的战略武器应当施加什么样的限制等。

削减战略武器的谈判第二次较大进展是1990年12月10～11日美苏外长在莫斯科会晤中取得的。据报道，通过这次会谈，削减战略武器谈判中涉及"逆火"式轰炸机、重型洲际弹道导弹、美国向英国出售战略核武器等3个突出的重要问题已得到基本解决，但在条约中还有些"专门性"问题因双方分歧较大，尚待谈判解决。

美苏削减战略武器谈判取得的进展，是美苏激烈讨价还价，互相让步的结果。但从削减战略武器条约的基本内容看，苏联让步更大些。据报道，目前美国有运载工具1864件，苏联有运载工具3536件，按条约规定均减少到1600件，苏联削减数量是美国削减数量的2.8倍。美国现拥有弹头约12300枚，苏联拥有约11500枚，按条约规定均将减少到6000枚。表面上看美国削减的多一些，但由于海上发射的远程巡航导弹不计入限额，对重型轰炸机发射的远程巡航导弹的弹头作了特殊规定（即按低于实际运载能力的办法计算），美苏实际拥有的弹头总数将分别达到1万枚和8000枚左右。因此，美国保留的核弹头仍比苏联多约2000枚，而目前美国拥有的弹头数仅比苏联多800枚。

从目前已透露的情况看，拟议的美苏削减战略武器条约要求削减的武器数量已由削减50%降到了削减30%，而且对提高武器质量所做的限制极少。因此，其意义是有限的。据美《华盛顿邮报》1990年4月3日发表评论说："削减战略武器条约纯属欺世盗名。"该报援引美政府官员和专家的话说，将要签署的削减战略武器条约允许部署的战略武器和弹头，比8年前开始进行战略武器会谈时部署的数量多大约15%，美国最近几十年生产的几乎所有战略武器都不必销毁。条约对双方战略力量现代化也没有多大限制。尽管美苏削减战略武器的步子不够大，不够快，远没有达到人们所期望的水平；但是，削减战略武器条约毕竟第一次规定了美苏之间要削减大规模毁灭性武器，将使它们在军备控制问题上前进一步。

（三）采取推动日内瓦关于禁止化学武器公约谈判的新步骤。美苏为了加快日内瓦关于禁止化学武器公约的谈判，1990年采取了2个新的步骤。首先，美苏两国外长于1990年2月10日在莫斯科发表了一项关于化学武器问题的声明。该声明强调："双方决心努力签订并付诸实施一项可以有效核查的多边化学武器公约。禁止研制、生产和使用一切化学武器。为此，它们将努力加快日内瓦谈判的进程，以便尽快解决一些重大的悬而未决问题和尽早最后确定禁止化学武器公约草案。甚至在多边谈判进行之时，双方就将拟订一项把它们储存的化学武器的大部分销毁到同样低的水平的条款。"接着，美苏首脑在1990年5月29日～6月3日会晤时，发表了销毁和不生产化学武器的协议。协议规定，双方均停止生产化学武器，并销毁化学武器的80%。新闻媒介普遍认为，上述声明和协议将加快日内瓦关于禁止化学武器公约的进程。

（四）签订了两项关于限制核试验条约的核查议定书。1990年5月29日～6月3日举行的美苏首脑会晤期间，双方签署了限制地下核试验条约核查议定书和和平利用地下核爆炸条约核查议定书。限制地下核试验条约和和平利用地下核爆炸条约，是70年代美苏签订的限制地下核试验的两项条约。由于在核查问题上存在分歧，美国国会未予批准，因此，一直没有生效。这两项条约的核查议定书的签订，为美国会批准两项条约创造了条件。

（五）北约和华约就签署一项"开放天空"协议进行了讨论。1990年2月12～27日，北约和华约国家的外长在渥太华举行会议，讨论"开放天空"问题。所谓"开放天空"，是让对方集团的非武装军用飞机在临时通知的情况下进入己方领空，对有关军事活动和军事设施进行监测。

在这次会议上，北约和华约原则上同意尽快签署一项互相"开放天空"的协议。双方还公布了各自提出的协议草案。从草案的内容看，"开放天空"协议将包括以下内容：使用何种飞机由谁进行这种飞行；双方飞行次数和飞行次数限额的分配；飞行范围和飞行路线；机上核查仪器使用的规定；所获情报和资料如何使用和分享；飞行的具体安排办法；双方的责任和义务等。但是，由于双方在一些关键性问题存在严重分歧，没能制定出一个共同的协议草案。分歧主要表现在3个问题上：一是飞机使用问题。美国主张各国都用自己的飞机，但可以接受被飞行国家检查；苏联主张在苏联领空上的监视飞行必须使用苏联的飞机。二是飞机上的监测仪器问题。美国主张采用有效的仪器，保证在任何气象条件下，以及夜间都能获得应得的情报；苏联主张对仪器应有限制，以防止获取不应得到的情报。三是各国监视飞行获取的情报资料使用问题。美国主张在各自盟国之间分享使用；苏联主张任何一国取得资料，应对所有其他缔约国平等开放。此外，在飞行次数分配以及飞行范围等问题上也有分歧。

1990年5月12日，北约和华约的250多名专家在布达佩斯举行第2轮"开放天空"会议，但由于存在许多有争议的问题，未能达成协议。

如上所述，美苏在1990年拓宽了裁军的领域，并在裁军谈判中互相作了让步，取得较大进展。但是，美苏双方通过裁军谈判削弱对方加强自己的基本政策没有改变。1990年3月17日，美国军备控制和裁军署署长莱曼在参议院外交委员会上说："美国将依照以下3条主要标准判断每一项武器控制建议：能否维持或加强威慑；能否加强战略与地区力量对比的稳定性；能否对协议进行有效的核查。"苏军总参谋长莫伊谢耶夫在苏共28大小组会上发言时说，苏联在削减战略武器谈判中争取保留了苏联占优势的重型洲际弹道导弹、公路机动洲际弹道导弹和铁路机动洲际弹道导弹，而尽量限制了美国占优势的远程巡航导弹。他还强调："苏联在军备控制谈判中的立场是不允许降低国家防御能力和武装力量能力的。"以上充分说明，美苏双方都没有放弃通过军备控制谈判削弱对方加强自己的基本政策。

四、在解决地区冲突问题上加强协调与合作

1990年，美国在解决地区冲突中处于主动和进攻的地位。它利用苏联国内政治、经济困难及在国际上的不利地位，对苏联又拉又压，迫使苏联与美国加强协调与合作，共同解决地区冲突问题。在海湾问题上，主要是拉苏联与美国合作，在美国的主导下按照美国的意图解决海湾危机；在安哥拉、阿富汗、柬埔寨、尼加拉瓜等问题上，则拉压结合，迫使苏联与美国一起，采取“多党民主制度”等政治方式谋求解决目前的冲突。对美国的上述作法，国务卿贝克作过简要的概括。1990年2月1日他在美国议会讲话时说：“我们谋求通过迫使苏联人和平解决地区冲突的办法同他们建立一种新的全球关系。”他还说：“我们希望同苏联一起弄清楚对双方都有好处的论点，把冲突方面转化为尽可能合作的方面。这样做不仅对莫斯科的改革有利，对我们自己也是有利的。”苏联迎合美国的做法，在解决地区冲突问题上与美积极配合。苏联外长曾对记者说：“苏美必须在双边关系的各个领域，特别是在解决地区冲突方面相互协作。”

（一）*在海湾危机问题上*。1990年8月2日伊拉克入侵科威特，从而爆发了举世瞩目的海湾危机。此后至1990年底，美苏在伊拉克军队必须撤出科威特，对伊拉克实施制裁，释放人质，美国向海湾地区派兵，以及必要时对伊拉克使用武力等重大问题上的立场基本是一致的，并且采取了与以前大为不同的外交行动。1990年8月3日，美苏外长在莫斯科发表联合声明，严厉谴责伊拉克对科威特的侵略，苏联暂停向伊拉克供应一切武器。1990年9月9日，美苏首脑在赫尔辛基会晤，讨论海湾局势，强烈要求伊拉克无条件撤出科威特。苏联还配合和支持美国，使联合国安理会先后通过了12项决议。在这些外交活动中，美苏双方都作出了妥协和让步：美国改变了过去解决中东问题不允许苏联插手的政策，让苏联在解决中东问题上“发挥积极作用”，同时做出改变美国不向苏联提供经济援助的姿态，声称美国“对努力帮助莫斯科的新经济改革感兴趣”。美国和苏联在海湾危机中的合作和妥协，引起世界舆论高度重视，认为两个超级大国在地区冲突中，一开始就进行密切合作，在战后历史上还是第一次。

（二）*在安哥拉问题上*。美国和苏联为和平解决安哥拉政府和“安盟”游击队之间的冲突，做了很大的努力。1990年2月上旬，美国务卿贝克访苏期间双方讨论了安哥拉问题，并商定共同促进安哥拉内战双方和平解决它们之间的冲突。在访问期间发表的联合声明说：“美苏对安哥拉的和平进程没有进展而表示担忧，并呼吁停止军事行动，呼吁各方为取得持久的政治解决而举行谈判。”在美苏的推动下，安哥拉政府和游击队于1990年4月在里斯本开始会谈。1990年12月13日，安哥拉政府、“安盟”游击队、美国、苏联和葡萄牙在美国国务院举行5方会谈，讨论政治解决安哥拉冲突问题。美苏双方同意停火后停止向安哥拉游击队和安哥拉政府运送武器，美苏还向安政府施加压力，促使安政府同意让游击队方面作为“一个政党”参加安哥拉的政治进程，同意在安哥拉实行“多党民主制-和举行“公正”、“自由”选举。

（三）*在阿富汗问题上*。美苏达成通过选举解决阿富汗国内战斗的协议。1990年8月2日美苏外长在伊尔库茨克发表联合公报称：“美苏双方再次强调它们希望通过实行自由公正的选举办法促进阿富汗问题尽快政治解决。这种选举必须在联合国的主持及积极参加下进行。”据报道，苏美双方还同意停止向阿富汗政府和反政府游击队提供军火，只是在停止时间上尚未取得一致意见。美方主张立即停止，因为美国会已削减了对阿富汗游击队的秘密军事援助。苏联希望过些时候再停止，以便加强喀布尔政权的实力。

（四）*在柬埔寨问题上*。在1990年2月10日美国国务卿贝克访苏结束时发表的联合声明中作了明确的阐述。声明说：“双方再次表示愿意帮助实现柬埔寨问题的全面政治解决。解决这个问题的关键是在联合国监督下进行‘自由’、‘公正’的选举来保障柬埔寨人民的自由。双方表示支持联合国在柬埔寨问题上的作用不断增强，赞同安理会5个常任理事国的代表继续就联合国的作用问题进行磋商。双方强调必须协调各方的外交努力，以便使重心从战场转到谈判桌上。”

上述声明发表后，美苏对柬埔寨问题的政策都作了调整。美国务卿贝克1990年7月18日在巴黎宣布，美国撤回对民柬联合政府的承认并表示愿同越南谈判。这表明美国改变了奉行多年的在削弱红色高棉的同时，援助西哈努克和宋双派同越南和金边政权作斗争的政策；而采取了进一步削弱和孤立红色高棉，主动与越南和金边政权改善关系，使越南和金边政权同意通过选举改变现行体制，从而让西哈努克、宋双派和红色高棉参政的政策。美国对柬政策的这种调整，是对苏、越的让步。在让红色高棉参政问题上，美苏外长于1990年8月2日达成了以下共识：“红色高棉应该参加未来选举，如它们承认自由选举原则，选举的结果并放弃对平民使用武力的话”。苏联同意红色高棉参加选举，这也是苏对柬政策的变化。

（五）*在尼加拉瓜问题上。*苏联在美国压力下，不再向尼加拉瓜桑地诺政府提供军事援助，并同意尼加拉瓜举行大选；美国则放弃对尼加拉瓜反政府武装的援助。1990年2月10日美苏外长发表声明说：“反对利用任何一个中美洲国家的领土对非正规力量提供援助……双方指出了对尼加拉瓜选举进程进行公正有效国际监督的意义。”由于美苏在尼选举问题上合作，共同向奥尔特加总统施加压力，在1990年2月25日举行的大选中反对派查莫罗夫人击败了奥尔特加，当选为尼加拉瓜总统。4月19日，尼加拉瓜新政府的代表与尼加拉瓜反政府武装签署停火协议。

如上所述，美苏在海湾问题上采取了基本相同的立场，在安哥拉、阿富汗、尼加拉瓜等地区共同设法平息由它们挑起的冲突并取得了较大的进展。正如1990年9月12日《洛杉矶时报》发表的一篇评论所指出的，“美苏已从冷战敌手变成和平的伙伴”，它们在第三世界“确立了一种媾和的格局”。尽管如此，美苏在第三世界的矛盾仍然存在：在海湾问题上，苏与美保持距离。苏联强调政治解决海湾危机，美国则强调不能排除军事解决；苏联对美国在其南方边境不远的地方集结兵力明显表示出不安，美国则称海湾危机后仍需在海湾保持一定数量的美军。在政治解决阿富汗、安哥拉和尼加拉瓜等问题上，美苏往往强调维护各自的利益和影响，偏袒自己所支持的一方。这都说明美苏在第三世界的合作是有限度的。

苏联继续从东欧、蒙古撤军 1990年，苏联先后与匈牙利、捷克和斯洛伐克、德国、蒙古签署从这些国家撤出全部驻军的协定或条约，与波兰关于撤军问题的谈判也已基本取得一致。同时，苏联已从这些国家撤出大批部队和军事装备。苏军总参谋部总局副局长格尔曼·布鲁京宣布：1990年1月～12月1日，苏联从东欧、蒙古撤出部队12.69万人、坦克3600多辆、火炮约2400门、飞机250架，其中从东欧国家撤出部队9.4万人、坦克2900多辆、火炮约2000门、飞机112架。关于撤回部队的部署问题，苏国防部长亚佐夫1990年7月1日说：撤回的部队主要部署在工业发达和拥有社会基础的苏联中部地区，即苏联的欧洲部分。据芬兰、挪威等国军事专家反映，苏联从东欧撤回国内的大部分部队和装备将部署在苏联波罗的海沿岸地区、科拉半岛、列宁格勒地区及卡累利阿地峡。

一、从匈牙利撤军情况

在1989年苏联从匈牙利撤军1万余人之后，驻匈苏军尚有4.97万人，连同家属共有10万余人；坦克860辆，自行火炮600门，步兵战车1500辆；物资储备56万吨，弹药23万吨。1990年1月，在苏联部长会议主席雷日科夫访匈时，匈总理内梅特·米克洛什正式提出驻匈苏军全部撤走的要求，得到苏方的同意，双方于1月23日就此问题达成原则协议，并“一致认为，驻匈苏军是完全过时的政治和军事观念的结果，目前无论从政治上还是从军事上都无理由继续在匈牙利驻扎下去，应在最短时间内撤走”。1990年3月10日，匈外长霍恩访苏，与苏外长谢瓦尔德纳泽签署苏从匈撤军协定。该协定规定：1991年6月30日之前，苏从匈撤出全部驻军。撤军分3个阶段进行，即：1990年年底之前，撤出70%的战斗部队，包括65%的空军部队；1991年2月底之前，撤出90%的驻军，包括全部空军；1991年6月30日之前，除极少数留守和装运军用物资的士兵外，其余部队全部撤出。协定还规定，驻匈苏军的全部财产和财政问题应在苏军完全撤出之前得到解决。对于协定的签署，霍恩感到十分高兴，当日对记者发表谈话说：苏从匈全部撤军“反映了匈牙利人民的愿望”，“将提高匈牙利的威望和加强国家主权”。

1990年3月12日，苏从匈撤军计划开始付诸实施：驻匈牙利维斯普雷姆附近的1个苏军坦克营首先撤离回国。迄6月23日为止，共撤出2万人、353辆坦克。但是，由于匈对苏驻军所留财产的补偿问题迟迟不表态，苏方感到不安。1990年7月2日，苏军驻匈南部集群司令马特维·布尔拉科夫中将表示，如果匈不对苏撤军后移交给匈方的建筑设施等作价和付款，苏将停止从匈撤军。9月下旬，苏、匈就此问题举行谈判，未能达成协议。苏方提出：苏在匈驻军期间，兴建了许多住宅和其他军用设施，价值共为25亿卢布。因此，在苏军从匈全部撤出之前，匈应把这笔款项全部交付苏联。匈方对此十分不满，反驳称：苏的计算不合理，不能用当时的投资额来计算，而应根据建筑物的技术水平、建筑质量以及使用价值来衡量。同时，匈方还提出要苏赔偿的反方案：苏军驻匈期间，进行了大量军事演习，严重破坏了匈的自然环境，苏应予以赔偿；苏军在匈土地上搞建筑，并使用了几十年，苏应为使用过的匈牙利地皮支付租金。至1990年底，双方又进行多次接触，均未取得结果。

尽管苏、匈未就驻匈苏军财产问题达成协议和苏联军方曾就此发出“停止从匈撤军”的威胁，但苏从匈撤军的行动实际上并未停止，而且驻匈东北部的苏军比计划提前半年多、于11月下旬撤离回国。据苏军总参谋部总局副局长格尔曼·布鲁京1990年12月1日宣布：1990年全年，苏从匈撤出3.18万名官兵、630多辆坦克、500多门火炮、64架飞机及所有核武器。

二、从捷克和斯洛伐克撤军情况

在1989年苏联从捷克和斯洛伐克撤出部分驻军之后，驻捷苏军尚有7.3万人，连同家属约11万余人。1990年1月上旬，根据捷政府的强烈要求，苏、捷两国就苏从捷撤出全部驻军问题达成原则协议。但两国代表在此后磋商撤军时间问题时发生分歧。捷方坚持要求苏联驻军在1990年年底之前全部撤完，并要求苏军在1990年6月8日捷大选之前必须撤出30～50%的驻军。与此同时，捷公众舆论对苏军"破坏捷环境"的批评越来越多，如苏军"燃料储存污染了水资源，运输设备破坏了公路"等。苏方则称：撤军涉及后勤和技术问题，只有到1991年底才能全部撤完。至1990年2月上旬，双方就此举行了两轮谈判，均未达成协议。2月12日，苏联领导人戈尔巴乔夫致函捷总统哈韦尔，要求捷谅解苏在从捷撤军时间方面的困难，指出苏需要时间处理20多年来在捷储存的大量弹药，需要时间安置回国的官兵，需要时间解决国内存在的问题等。捷对此函所述情况表示理解，愿意做出让步，但希望苏不要超过捷提出的期限太多。2月下旬，双方再次举行谈判，终于达成协议：1991年6月30日之前，苏从捷撤出全部驻军；撤军分3个阶段进行：第1阶段为1990年2月26日～5月31日，第2阶段为6月1日～12月31日；第3阶段为1991年1月1日～6月30日。

根据协议，苏从捷撤军行动于1990年2月26日正式开始，至5月31日顺利完成第1阶段计划，撤出2.4万名官兵。至10月下旬，从捷撤出全部核武器。至1990年12月下旬，完成第2阶段撤军计划，连同第1阶段共撤出5万多名官兵、1000多辆坦克、1000多门火炮、48架战斗机。

三、从德国撤军情况

根据苏联领导人戈尔巴乔夫1988年12月在联合国宣布单方面从东欧撤出部分驻军的计划，在1989年～1990年期间，苏联将从民主德国撤出4个师和一些特种部队，共计3.6万人，坦克4000辆。1989年，苏联实际从民主德国撤出计划中的2个师和部分特种部队，共计1.1万人，坦克2100辆。此后，驻德苏军尚有38万人，连同家属共约60万人。1990年4月，苏联又从民主德国撤走所有"飞毛腿"B式导弹，包括弹体、发射架和其他有关装备。但随着苏联与匈牙利、捷克和斯洛伐克关于从该两国撤出全部苏联驻军协议的签订和两德统一日期的临近，苏联从民主德国部分撤军计划5月起暂停执行。据驻德苏军西部集群司令瓦西里·卡扎琴科1990年7月中旬称，苏这样做的主要原因是：(1)决定从匈、捷撤出全部驻军后，担心继续从民主德国撤军会破坏欧洲的军事均衡；(2)从东欧国家撤回苏联的官兵在社会保障方面遇到难题。据西方观察家认为，除卡扎琴科所述情况之外，还有一个重要原因就是有关各方在关于两德统一问题的谈判中尚未就驻德苏军问题及与此相关联的问题做出具体安排。

为了尽快解决驻德苏军问题，不使该问题"拖两德统一的后腿"，苏联和联邦德国官员等频繁举行会谈。会谈中棘手的问题是：两德统一之后的苏联驻军费用、通讯线路、军事演习、演习场地、军人开小差、军人及其家属的自由活动范围，及苏联驻军全部撤出德国的时间、撤军的运输手段和途径、苏军庞大的不动产和破旧营房的处理等。经过多次会谈，双方互做让步，在较短的时间内就如何处理上述问题取得一致。1990年10月3日，两德实现统一。10月9日，德苏签定关于德国向驻德苏军提供驻军和撤军费用的过渡条约，条约规定：德国在4年内向苏联提供120亿马克资助，作为驻德苏军在1994年底之前全部撤回苏联的费用；另向苏提供为期5年的30亿马克的无息贷款；组成一个联合委员会，估算驻德苏军不动产的价值和赔偿损失的要求等。1990年10月12日，德苏正式签署苏驻军和撤军的条约，条约规定：1994年底之前驻德苏军全部撤离德国；撤离前，苏驻军有义务尊重和遵守德国主权和法律；在驻地之外演习和训练的人数每次不能超过1.3万人；飞机飞行和低空飞行演习原则上同以前的条件相同；在德国土地上的苏联军事法庭不能再执行死刑等。

随着驻军和撤军问题的逐步解决，苏联于1990年8月恢复从民主德国撤军行动。8月22日，驻民主德国波茨坦专区新鲁县的1个苏军坦克师开始撤离回国。至1990年12月1日止，共撤出9200余名军人、1260辆坦克、500门火炮。

四、从波兰撤军情况

在1989年苏联从波兰撤出部分驻军后，驻波苏军尚有5.4万人。1990年2月11日，苏联政府发表声明称，如果波兰政府同意，苏联可同波兰讨论全部撤出驻波苏军问题。对此，波兰领导人表现比较慎重。波兰总统雅鲁泽尔斯基发表谈话表示同意苏联从波兰撤出其全部驻军，但指出要极大地关注德国的形势发展，并十分理智地对待这一问题。波兰总统发言人对记者进一步解释说，雅鲁泽尔斯基总统着重强调的是苏联撤军同欧洲整个形势的联系，因为苏联在波兰驻军是保证欧洲平衡结构的一个因素，也是保证波西部边界安全的重要因素。1990 年 3 月 13 日，波兰国防委员会召开会议，同意就逐步撤出驻波苏军问题与苏联举行谈判，但强调撤军应同国际形势的发展联系起来。4 月下旬，苏联国防部长亚佐夫访波，与波兰国防部长西维茨基重点讨论了苏联在波兰驻军和从波兰逐步撤军问题。西维茨基也着重指出：35 年来，驻波苏军在维护波兰边界和平与安全方面起了重要作用，是波兰民族安全的重要因素。因此，驻波苏军问题应在建设欧洲新安全体系范围内加以考虑和解决。1990 年 10 月 3 日，两德实现统一。关于两德统一的条约肯定了波兰西部边界。此后，波兰开始积极考虑苏联全部撤军问题。12 月 11～12 日，波、苏两国外交部代表在华沙再次就苏联全部撤军等问题举行谈判。据波兰谈判代表团团长、波兰外交部欧洲司司长在此次谈判结束后说：关于苏联从波兰全部撤军协定的内容，90%以上已经谈妥，朝着苏联从波兰全部撤军方向“迈出了非常大的一步”；对尚未解决的问题，双方也无根本分歧；至于撤军期限，波兰建议 1991 年 12 月底以前苏军全部撤完。

在与波兰磋商全部撤军的同时，苏联 1990 年继续执行了 1988 年宣布的从波兰撤出部分驻军的计划。按照计划，苏联 1990 年应撤出空降突击旅 1 个，空军部队、直升机部队、突击登陆部队各 1 支，共计 5000 名官兵；但至 1990 年 12 月 1 日只撤出 2200 名官兵。

五、从蒙古撤军情况

苏联军队是 1963 年开始进驻蒙古的，驻军总数一直未予公布。1987 年 4～6 月，苏联首次从蒙古撤出部分驻军。1989 年 5 月 15 日，苏军总参谋部新闻发言人马尔克洛夫宣布：1989～1990 年，苏联将从蒙古撤出 5 万人、850 多辆坦克和全部军用飞机，其中撤出人数占驻蒙苏军总人数的 75%。苏联外交部亚洲社会主义国家局副局长法捷耶维奇同日对记者说：现在苏中关系、蒙中关系都有了改善。苏联从蒙古撤军正是该地区国际和政治形势变化的结果。1989 年 10 月 9 日，塔斯社报道苏联已完成 1989 年从蒙古撤军计划，并称：至此苏联已从蒙古撤出驻军 50320 人、坦克 3118 辆、火炮 768 门、军用飞机 351 架。

进入 1990 年，苏联在继续执行从蒙古部分撤军计划的同时，就从蒙古全部撤军问题与蒙古进行磋商。1990 年 3 月初，两国政府达成协议：1992 年底之前，苏军全部撤出蒙古领土。其中，主要作战部队将于 1991 年撤出，保障撤离物资的部队将于 1992 年撤出。1990 年 5 月 5 日，蒙古国防部第一副部长和驻蒙苏军司令在新闻发布会上宣布：1990 年 5 月 15 日～8 月 31 日是苏联从蒙古撤军的一个新阶段，将撤出 2.68 万名官兵、436 辆坦克、375 门火炮、约 400 辆装甲运输车、5430 多件其他技术装备。此外，苏联还将无偿转让给蒙古 55 个军事营地、277 座兵营及一些学校、俱乐部、医疗机构等。实际上，此阶段撤军推迟到 11 月 30 日才完成。苏军总参谋部总局副局长格尔曼·布鲁京说：1990 年苏联从蒙古共撤出 3.29 万官兵、700 多辆坦克、400 多门火炮、138 架飞机。至此，驻蒙苏军还剩下 1 个不完整的摩托化步兵师及若干其他部队和分队。

拉丁美洲军事要事

尼加拉瓜局势 1990 年 2 月 25 日，尼加拉瓜举行大选，全国反对派联盟候选人查莫罗夫人以绝对多数票获胜，当选总统。4 月 25 日，查正式宣誓就职。查主张在政治上实现全国和解，赦免所有政治犯；在经济上实行自由市场经济，把前政府收归国有的银行、企业和土地等交由私人经营；在军事上实行大幅度裁军，中止义务兵役制；在外交上重点发展同美国和中美洲邻国的政治和经济合作关系。

实现全国和解是新政府的当务之急。查莫罗夫人当选后，首先促成“桑地诺民族解放阵线”（简称桑解阵）政府和反政府武装于 1990 年 4 月 19 日签署永久停火协议。即将上台的新政府和反政府武装也于 4 月 19 日签署了一项协议，反政府武装承诺至 6 月 10 日解散，新政府保证他们今后的生命安全和人身自由。6月27日最后一批反政府武装人员交出武器，尼加拉瓜长达8年的内战到此结束。

和桑解阵达成妥协是新政府立足的前提。桑解阵虽在大选中失利，但在92个议会席位中占有39席，而议会修改宪法需要60%的票数。因而，今后桑解阵在国家政治生活中仍有一定的发言权。拥有8万之众的桑地诺人民军是一支举足轻重的军事和政治力量。为同桑解阵建立合作关系以稳住局势，1990年3月27日，即将上台的新政府和桑解阵政府签署和平移交权力协议。在协议中，新政府保证尊重军队的完整性，桑解阵保证军队服从总统的领导，并同意裁减军队。查莫罗夫人就职后，宣布自任国防部长，但决定由前国防部长温贝托·奥尔特加将军担任武装力量司令，暂时掌管军队。尔后，经与奥尔特加司令商量征得同意后，查莫罗夫人政府将军队员额裁减至6.35万人。1990年7月初，桑解阵控制的全国工人阵线在首都举行8.5万人参加的罢工。总统查莫罗夫人邀奥尔特加司令出面共同调解，促成7月12日政府和该阵线签署协议。在协议中，政府作出了让步，同意增加工资43%，并被迫废除了对国有土地实行私有化的法令。

重建经济是新政府稳定的基础。由于连年战争，美国的经济封锁，加上桑解阵管理不善，尼加拉瓜经济状况不断恶化，人民生活困难。为此，新政府在外交上把改善对美关系放在首位，以争取援助振兴经济。1990年3月13日，美国宣布解除对尼加拉瓜历时5年的贸易禁运，立即提供2100万美元“人道主义”援助。5月1日美国参议院批准向尼提供3亿美元经援。美国还准备于1991财年再增加2亿美元经援。

萨尔瓦多局势　1990年初在尼加拉瓜和平进程的影响下，萨尔瓦多克里斯蒂亚尼政府和“法拉本多·马蒂民族解放阵线”（简称马解阵）交战双方寻求政治解决、实现国内和平的愿望有所增长。5月～9月间，双方在联合国秘书长代表德索托出面调解下，举行了4次谈判。政府要求马解阵立即停火，放下武器，而马解阵则要求政府改组军队、尊重人权。但随着中美洲地区形势的右转，政府的态度渐趋强硬。1990年9月18日在哥斯达黎加举行的谈判中，政府在军队问题上采取了不妥协立场，致使谈判未能取得实质性进展。

在谈判陷入僵局的情况下，内战之火又重新燃起。马解阵领导的游击队袭击了4个电站，并于1990年11月1日烧毁了1家纺织厂。11月2日，政府军出动第1步兵旅等精锐部队进攻游击队营地。11月20日，马解阵宣布对政府军发起新的军事攻势，至1990年底击落美制战斗机2架、直升机1架。

在游击队的进攻面前，中美洲国家总统1990年12月中旬在哥斯达黎加举行的第9次首脑会议上，根据萨尔瓦多总统的建议，达成了一项政治协议。该协议谴责马解阵的军事行动，要求立即停火，并决定共同努力切断马解阵的各种外部援助，以逼迫马解阵坐下来谈判。鉴于1990年底“尼加拉瓜桑地诺民族解放阵线”向萨尔瓦多马解阵提供了28枚苏制地空导弹，美国也准备不再以萨政府同马解阵谈判停火和政府军尊重人权为条件向萨政府提供军援。

巴拿马发生警察哗变　1990年12月5日凌晨，巴拿马公安部队前警察署长、退役上校埃雷拉在100多名警察的支持下占领国民警察总部，扣留了内政和司法部副部长拉蒙·利马等政府官员。埃雷拉还发表公报，表示支持12月4日工人罢工游行，要求建立“真正民主、廉洁的政府”。事发后，驻巴拿马美军“南方总部”应巴总统恩达拉的请求派出装甲部队进行干预，包围了警察总部。12月5日上午10时，美军平息哗变，逮捕了埃雷拉等人员。

埃雷拉曾在国防军中担任重要职务，后因反对诺列加而流亡美国。美军入侵巴拿马后，1990年1月恩达拉新政府组建公安部队时，埃雷拉被任命为警察署署长。埃雷拉由于利用职权制造事端，破坏政府威信，试图取而代之，遂于7月被解职。10月，埃雷拉利用工人游行，再图夺权，事败后被捕入狱。1990年12月4日下午，埃雷拉在数名警察官兵协助下乘直升机越狱，并于当晚在巴拿马城策划哗变。

古巴举行大规模军事演习　1990年5月2日，古巴革命武装力量部宣布，开始在全国举行名为“古巴之盾”的军事演习。据称，古巴政府动员了正规部队、后备役部队和民兵共计300多万人进入战备状态。在演习中，出动了最新式的苏制米格-29歼击机、各种战车，并发射了实弹。

古巴进行大规模的军事演习，乃至全国总动员，主要目的是为对抗美国可能的军事入侵作准备。

1990年4月下旬至5月上旬，美国先后在波多黎各附近海域、美国本土、古巴关塔那摩美军基地分别举行“海洋冒险”、“全球盾牌”、“防御”演习。据古巴军方称，美第82空降师、第101空中突击师、第24机步师、第10轻步师等精锐部队参加了演习，16架作战飞机还抵达古巴首都哈瓦那以北80公里的空域。古巴认为，美军3次演习在1990年5月初同时举行对古巴是“危险的”，美国政府可能正在以演习作掩护，集中力量准备进攻古巴，并可能把占领哈瓦那作为首要战略目标。为此，近几年来，古巴在首都修建了许多地下国防工程，以对付空袭，保存实力。古巴还认为，东欧局势的剧变，美国在巴拿马和尼加拉瓜建立亲美政权等，使美国企图通过军事手段消灭古巴共产党政府的愿望变得更加强烈，因而古巴对此应作必要的准备。但美方称，上述3次演习是“例行性的”。

苏里南发生军事政变 1990年12月24日，苏里南军队司令赫兰奥赫斯特发动政变，推翻尚卡尔政府，成立临时政府，并宣布将在100天内举行“自由选举”。

自1980年军事政变以来，苏里南实际上一直由前军队司令鲍特瑟控制。由于在处理内政和外交事务中的矛盾，1990年12月23日尚卡尔解除了鲍特瑟的职务，并指定赫兰奥赫斯特为军队司令。事发后，赫兰奥赫斯特、鲍特瑟联合发动政变，逼迫尚卡尔辞去总统职务。

荷兰政府谴责政变，并决定停止对苏里南的经援。美国务院也发表公报，要求赫兰奥赫斯特立即将权力交还给尚卡尔。

阿根廷发生兵变 1990年12月3日凌晨，阿根廷陆军约600名军人发动兵变，部分占领设在首都的陆军司令部、帕特里西奥斯团和坦克制造厂。兵变发生后，梅内姆总统立即命令陆军司令马丁·邦内特将军“利用一切必要的手段和不惜任何代价”恢复秩序。议会两院根据总统提案，于当天通过在全国实行戒严60天的决定。经过18个小时的激战，陆军终于当天迅速平息叛乱。在这场兵变中有19人死亡，200多人受伤，300多人被捕。为严肃军纪，12月21日陆军将军会议决定宣布57名军官和647名士官退役。同时，阿最高军事法庭开始审判兵变罪行，对叛乱首领判处终身监禁或死刑。

这次兵变是1987年以来的第4次兵变。前3次兵变的头目是赛内丁陆军上校，这次发动兵变的首领是赛的追随者。陆军将军们一致认为，“过分的宽容”是兵变接连发生的主要原因。因此，政府平息这次叛乱的行动果断，事后对清洗叛乱军人态度坚决，并对叛乱首领以军法处置，以儆效尤。

拉美国家在反毒斗争中联合反对美国的军事干涉 长期以来，美国从实力地位出发，在拉美推行“大棒”政策。1989年12月20日，美国用武力推翻巴拿马诺列加军政府，这种粗暴干涉它国内政的行为使拉美各国政府在心理上受到强烈的震撼。1990年1月4日，美国以控制毒品贩运为由，派“肯尼迪”号航空母舰和“弗吉尼亚”号巡洋舰到邻近哥伦比亚的加勒比海域活动，引起了哥伦比亚政界的强烈反应，甚至被认为是入侵的前奏。哥伦比亚还同秘鲁、玻利维亚协调立场，共同反对美国的这种做法。1990年2月14日，玻利维亚议会通过决议，反对外国军队参与玻反毒斗争。2月15日，美国、哥伦比亚、玻利维亚、秘鲁在哥伦比亚的卡塔赫纳举行首次联合反毒会议。会上，由于拉美国家的反对，美国被迫放弃了派遣美国部队和拉美国家组成多国部队，联合禁止毒品种植、贩运、消费的主张，转而支持拉美国家和军队进行此项工作。1990年9月初，拉美25国外长和政府代表在委内瑞拉首都加拉加斯举行会议，会上决定考虑建立不包括美国在内的新的拉美和加勒比地区安全体系，旨在同毒品走私活动进行斗争和保卫边境地区安全，以有效防止美国的军事干涉，维护拉美国家的主权和民族利益。

各国军事概况

亚　　洲

中　　国

国　　名　中华人民共和国。

主要统计　面积约960万平方公里。人口114333万（1990年底）。国民生产总值17400亿元（1990年）。国防费290.33亿元（1990年国防开支），325.1亿元（1991年国防预算）。钢6604万吨（1990年）。原煤10.8亿吨（1990年）。原油1.38亿吨（1990年）。天然气153亿立方米（1990年）。发电量6180亿千瓦小时（1990年）。粮食43500万吨（1990年）。货物周转量26334亿吨公里（其中铁路10593亿吨公里、公路3441亿吨公里、水运11650亿吨公里、管道642亿吨公里、空运8亿吨公里）（1990年）。旅客周转量5612亿人公里（其中铁路2616亿人公里、公路2600亿人公里、水运178亿人公里、空运218亿人公里）（1990年）。

国防政策　中华人民共和国是发展中的社会主义国家。从建国起就为维护世界和平促进人类进步事业而努力，坚持永远不称霸、不做超级大国、不侵略别国。国防政策是巩固国防，抵御外敌侵略，捍卫国家主权和领土完整，确保国家安全。国防建设要服从和服务于国家经济建设，增强国家的综合国力，逐步提高军队的防卫作战能力。其重点是发展国防科学技术，加强军队现代化建设，加强后备力量建设，逐步增强国防实力和潜力。坚持平战结合、军民结合的方针，在独立自主、自力更生的原则下，有重点有选择地从外国引进一些先进技术。努力发展与各国军队的友好关系，通过加强国防科学技术和军事学术等方面的交流，不断增强彼此之间的了解和友谊。

军事战略　中华人民共和国为抵御外敌侵略，保卫国家，维护和平，一贯实行积极防御的战略。在新的历史条件下，积极防御战略是以军队现代化建设为中心，对武装力量的建设和运用，进行全面的筹划和指导。其基本点是坚持自卫立场，坚持后发制人，坚持人民战争。这个战略要求军队在长期和平环境中始终保持良好的战备状态，遏制战争的爆发。在遭到敌人的局部入侵时，要本着有理、有利、有节的方针，予以有力的还击。一旦国家遭到大规模侵略，迅速动员人民群众和国家战争潜力，采取灵活的作战样式，逐步改变战争形势，适时转入战略反攻和进攻，最后战胜敌人。

国防体制　**中国共产党中央军事委员会**　《中国共产党章程》规定，党的中央军事委员会组成人员由中央委员会决定。现任中共中央军事委员会主席江泽民、中共中央军事委员会第一副主席杨尚昆、中共中央军事委员会副主席刘华清上将、中共中央军事委员会秘书长杨白冰上将。

中华人民共和国中央军事委员会　《中华人民共和国宪法》规定，中华人民共和国中央军事委员会领导全国武装力量。中央军事委员会由主席、副主席若干人、委员若干人组成，实行主席负责制。主席由全国人民代表大会选举产生，对全国人民代表大会及其常务委员会负责。其他组成人员由全国人民代表大会或其常务委员会根据中央军委主席的提名决定。任期与每届全国人民代表大会任期相同。现任中华人民共和国中央军事委员会主席江泽民，副主席杨尚昆、刘华清上将，委员杨白冰上将、秦基伟上将、迟浩田上将、赵南起上将。

人民武装委员会　从中央到县各级建立的群众武装建设的专门机构。主要任务是：研究贯彻党中央、国务院、中央军委有关民兵建设的各项方针、政策和指示；根据上级地方党委和军事机关的有关指示，结合本地区情况，研究解决民兵工作中的重大问题；研究贯彻有关兵员动员和转业、复员、退伍战士安置工作的方针、政策。中央军委人民武装委员会由国家机关有关部门、人民解放军各总部和有关人民团体的负责人组成，中央军委一名副主席兼主任。办事机构设在中国人民解放军总参谋部动员部。省（直辖市、自治区）、地、县（市）党委人民武装委员会，由各级党委吸收有关部门的负责人组成，主任由同级党委指定一名书记担任。办事机关分别为省军区、军分区、县（市）人民武装部。

中华人民共和国国防部 中华人民共和国国务院的军事部门。根据中华人民共和国宪法规定，国务院领导和管理国防建设事业。具体工作由国防部负责。需要国防部办理的事宜，由总参谋部、总政治部、总后勤部分别办理。现任国防部长秦基伟上将。

中国人民解放军总参谋部 中央军委领导下负责组织武装力量建设和作战指挥的军事领导机关。设有作战、情报、通信、训练、军务、装备、动员、炮兵、装甲兵、工程兵、防化、电子对抗、陆航、测绘、机要、外事等部门。现任总参谋长迟浩田上将，副总参谋长徐信上将、徐惠滋中将、韩怀智中将、何其宗中将。

中国人民解放军总政治部 中央军委领导下负责全军政治工作的领导机关。设有组织、干部、宣传、保卫、纪律检查、文化、联络、群众工作等部门。现任总政治部主任杨白冰上将（兼），副主任周文元中将、于永波中将、李继耐少将。

中国人民解放军总后勤部 中央军委领导下负责全军后勤工作的领导机关。设有财务、军需、卫生、军械、军交、车船、油料、物资、基建营房、生产管理等专业勤务部门。现任总后勤部部长赵南起上将，政治委员周克玉中将，副部长李九龙中将、刘明璞中将、张彬中将、李伦中将，副政治委员许胜中将。

中国人民解放军国防科学技术工业委员会 亦称中华人民共和国国防科学技术工业委员会（简称国防科工委），受国务院、中央军委双重领导。设有国防科学技术委员会、办公厅、司令部、政治部、综合计划部、科学技术部、后勤部、外事局等部门。现任国防科工委主任丁衡高中将，政治委员邢永宁中将。

中国人民解放军军区领导机关 是各战略区域合成军队的领导机关，直属中央军委领导。设有司令部、政治部、后勤部。现有7个军区。

沈阳军区 司令员刘精松中将，政治委员宋克达中将。

北京军区 司令员王成斌中将，政治委员张工中将。

兰州军区 司令员傅全有中将，政治委员曹范生中将。

济南军区 司令员张万年中将，政治委员宋清渭中将。

南京军区 司令员固辉中将，政治委员史玉孝中将。

广州军区 司令员朱敦法中将，政治委员张仲先中将。

成都军区 司令员张太恒中将，政治委员谷善庆中将。

中国人民解放军海军领导机关 设有司令部、政治部、后勤部、装备技术部、装备修理部和航空兵部。现任海军司令员张连忠海军中将，政治委员魏金山海军中将。

中国人民解放军空军领导机关 设有司令部、政治部、后勤部、航空工程部。现任空军司令员王海空军上将，政治委员朱光空军中将。

中国人民解放军第二炮兵领导机关 设有司令部、政治部、后勤部、技术装备部。现任第二炮兵司令员李旭阁中将，政治委员刘安元中将。

中国人民解放军军事科学院 中央军委领导下的军事学术研究机关，是全军军事科学的研究中心，是中央军委和总部从军事理论高度指导军队建设的助手。基本任务是进行军事基础理论和国防建设、军队建设重大问题的研究；为军委和总部决策提供战略性建议和咨询，提供军事学术研究方面的信息；组织协调全军的军事学术研究工作等。设有战略、战役战术、军制、军事历史、外国军事、军事百科全书、毛泽东军事思想研究、军事运筹分析、军队政治工作等研究部门。拥有一支具有相应水平和实践经验的研究队伍。编写出版了大量军事研究论著和各种条令、条例、教令，译注了大量中外军事名著、军事工具书，并编辑出版《中国军事科学》、《军事学术》、《外国军事学术》等多种学术刊物。军事科学院注重同国内外的学术交流。现任军事科学院院长蒋顺学中将，政治委员杨永斌中将。

中国人民解放军国防大学 中央军委领导下的最高军事学府，是一所具有综合性、研究性、开放性特点的合成指挥大学。基本任务是招收经过中级指挥院校学习毕业的优秀师、旅职军官，实施高层次的综合教育，同时培训高级参谋、高级理论研究人员和国家有关部门的领导干部，并从事有关战略和国防现代化建设问题的研究，为军委和总部决策起咨询作用。教学指导思想是以培养政治上合格的适应国防现代化建设和未来战争要求的高级人才为目标；坚持培养“通才”；坚持“高、新、宽、深”的教学内容；坚持自学为主，实行研究式、启发式的教学方法。设有国防研究系、进修系、基本系、留学生系、师资培训班和研究生院，还设有科学研究部和下属的战略研究所、马克思主义研究所、军队建设研究所等科研机构。国防大学坚持对国内外开放，积极开展学术交流，力求用世界最新科技和军事信息、成果，充实和丰富教学内容。成立5年来，先后接待了来自五大洲近60个国家的246批1600人次外宾到校参观、访问、演讲或座谈。同时，派出20批次84人次到10个国家进行访问、考察、讲学、留学、参加国际学术会议或担负援外任务。现任国防大学校长兼政治委员张震上将。

作战指挥系统 中央军委通过中国人民解放军总参谋部对各大军区、海军、空军、第二炮兵实施作战指挥。驻各大军区的陆军集团军和兵种部队归所在军区建制领导和指挥。部署在各军区的海军、空军部队，建制归海、空军，受军区和军委海、空军的双层领导。军区内三军联合作战行动由军区统一指挥。第二炮兵在军委集中领导下，实施垂直指挥。省军区、军分区隶属军队系统，归大军区建制领导，同时又是所在省、地党委的军事工作部门和政府的兵役机关。县（市）人民武装部的军事工作受省军区、军分区领导。

武装力量 中华人民共和国武装力量由中国人民解放军、中国人民武装警察部队和民兵组成。这三部分武装力量是一个有机的整体。中国人民解放军是中华人民共和国武装力量的主要组成部分；中国人民武装警察部队是中华人民共和国武装力量中担负国内安全保卫任务的武装部队；民兵是人民解放军的助手和后备力量。《中华人民共和国宪法》规定，中国武装力量的基本任务是巩固国防，抵抗侵略，保卫祖国，保卫人民的和平劳动，参加国家建设事业，努力为人民服务。

中国人民解放军 由陆军、海军、空军和第二炮兵部队组成。据1990年11月6日国家统计局公布，现有军人3199100人。

陆军　中国人民解放军陆军部队建军60多年来，由单一兵种逐步发展成为一支具有强大火力、突击力和高度机动能力的诸兵种合成军种。编有步兵、炮兵、装甲兵、工程兵、通信兵、防化兵等专业兵种，还编有电子对抗、测绘和航空兵部队。陆军的编制序列一般是：集团军、师（旅）、团、营、连、排、班。

步兵　是陆军部队的主要兵种和基本力量，能独立地或在其他军种、兵种的协同下作战。人民解放军步兵编有山地步兵、摩托化步兵、机械化步兵。

炮兵　是以火炮和战术导弹为基本装备的战斗兵种，是陆军的重要组成部分和主要火力突击力量。它包括地面炮兵、高射炮兵和地空导弹部队。随着国防现代化建设的发展，炮兵在合成军队中的比重得到了提高，已成为中国人民解放军中以火炮和战术导弹为基本装备的初具现代化的战斗兵种。中国研制的自行火箭炮、自行榴弹炮、自行加农炮都能利用本身的动力进行机动。各种高炮和各种类型的防空导弹相结合，形成了较完善的防空武器体系，大大提高了防空保障能力。

装甲兵　是陆军中以坦克和其他装甲车辆为基本装备的战斗兵种，是陆军的重要突击力量。自陆军部队编组合成集团军以后，装甲兵数量比重增加。坦克种类增多，除主战坦克外，还有水陆坦克、轻型坦克、扫雷坦克、反坦克导弹发射车等。新型主战坦克的战斗技术性能全面加强，弹药技术、火控系统、防护技术和通信技术已进入世界先进行列。

工程兵　是遂行作战工程保障任务的专业兵种，是军队实施工程保障的技术骨干力量。工程兵包括工兵、舟桥、建筑、工程维护、伪装、野战给水工程等专业部（分）队。在合同作战中负责保障己方军队的隐蔽安全、指挥稳定和快速机动，阻滞敌机动，并可直接歼敌有生力量。

通信兵　是担负军事通信任务的专业兵种。通常由野战通信、固定台站通信、通信工程和军邮勤务等专业部（分）队组成。

防化兵　是担负保障任务的专业兵种，由防化、喷火、发烟等部（分）队组成。中国人民解放军于1951年开始组建防化兵分队。经过近40年的建设，防化装备基本配套，形成系列，现已成为在核化条件下作战的战斗保障兵种，成为诸兵种协同训练、作战中不可缺少的组成部分。仅1978年以来，防化兵就在观测、侦察、核防护洗消、喷火等方面，获得330项科研成果，其中108项获国家和军队科技成果奖。

测绘兵　是担负军事测绘任务的兵种。中国人民解放军测绘部队于1950年成立，现已发展成为向合成军队提供综合性测绘保障和为祖国的高精尖领域提供测绘保障的重要力量。40年来，测绘部队为全军各兵种部队测制了近10万幅地形、航空、航海图；取得了400多项科技成果，研制了一批指挥自动化和精确定位的先进设备；为原子弹爆炸，导弹、卫星发射及大地测量等作出了很大贡献。在全国布设了20万个各种等级的三角点，测量了几亿个大地数据，首次建设了国家大地网数据库，6秒钟内即可查到国内任何一个三角点的经纬和地球引力等数据。

电子对抗部队　是实施电子对抗侦察和电子干扰的专业部队。1958年9月1日，中国人民解放军建立了第一支电子对抗分队，以后相继组建了一批电子对抗部队，并装备有电子对抗飞机、舰船，还设立了地面侦察站等。电子对抗部队的作战能力不断提高，在边境防御作战和训练中都发挥了应有的作用。

陆军航空兵　是陆军中装备直升机和轻型飞机直接支援地面作战的航空兵。中国人民解放军的陆军航空兵是在军队改革中组建的一个新兵种。组建以来，充分发挥其优势，出色地完成了合成演习、国防科研、抢险救灾、边防巡逻、紧急空运等任务。近5年来，共飞行8600多架次，运送各类人员近万人，空运物资1700多吨。在支援国家建设和抢险救灾中先后出动5000余架次，飞行2万多小时。陆军航空兵现已成为一个初具规模的现代化兵种。

海军　是以舰艇部队为主体，在海洋上作战的军种。中国人民解放军海军是1949年4月23日正式成立的。主要任务是独立地或协同陆军、空军防御敌人从海上来的侵略，保卫领海主权，维护海洋权益。经过40余年的发展，中国人民解放军海军部队已成为一支兵种齐全、常规和尖端武器兼备，具有立体攻防能力，能有效地保卫国家领海的战斗力量。主要由水面舰艇部队、潜艇部队、航空兵、岸防兵和陆战队等兵种以及各种保障部队组成。中国人民解放军海军编有北海、东海、南海三个舰队和海军航空兵部，以及各类院校、科研、试验机构、预备役部队和军民联防单位。海军的编制序列是：海军，舰队、航空兵部，基地，水警区、舰艇支队，舰艇大队，舰艇中队。海军的武器装备正向着导弹化、电子化和自动化的方向发展。随着中国人民解放军海军远航能力的提高，对外交往逐渐增多，41年来，先后在上海、广州、青岛等军港接待了19个国家的60艘舰船来访。80年代开始，海军舰船开始出访他国。

水面舰艇部队　是海军中在水面遂行作战任务的兵种，也是海军建立最早的一个兵种。包括驱逐舰、护卫舰（艇）、鱼雷艇、导弹艇、猎潜艇、扫（布）雷舰（艇）等战斗舰（艇）部队和登陆舰（艇）以及各种辅助船部队。

潜艇部队　是海军中在水下遂行作战任务的兵种，包括鱼雷潜艇部队、导弹潜艇部队和潜艇基地、辅助船部队等。1954年6月组建第一支潜艇部队，现已成为海军战斗力的中坚。全部潜艇都是自行研制的，不但有常规潜艇，而且有核动力潜艇。

海军航空兵　是海军中主要在海洋上空遂行作战任务的兵种，是海军的主要突击兵力之一。由歼击机、强击机、水鱼雷轰炸机、水上飞机和侦察机、运输机、雷达部队等组成。

岸防兵　是海军中部署在沿海重要地段，以火力参加沿岸防御作战的兵种。由海岸炮兵部队和岸舰导弹部队组成。

陆战部队　是海军中担负登陆作战任务的兵种。主要任务是独立地或配合陆军实施登陆作战，夺取并巩固登陆点和登陆地段，保障后续梯队登陆，也能担负海岸防御等任务。

空军　是空中作战、防空作战和从空中对地面目标实施突击的军种。具有远程作战、高速机动和猛烈突击的能力，既能协同其他军种作战，也能独立作战，是现代立体作战的重要力量。中国人民解放军空军是1949年11月11日正式成立的，主要任务是：担负国土防空、支援陆、海军作战，对敌后方实施空袭，进行空运和航空侦察。兵种有：航空兵、高射炮兵、地空导弹兵、雷达兵、空降兵等。空军的编制序列是：空军、军区空军、空军军、师（旅）、团、飞行大队（营）、飞行中队（连）。经过40多年的建设和发展，中国人民解放军空军体制编制在精干、合成、效能方面不断改进，武器装备逐步向现代化水平提高。具备了执行空中突击、空中支援、空中运输、航空侦察和防空等任务的能力，成为一支既能独立完成国土防空任务，又能协同陆、海军作战的战斗力量。

航空兵　是装备军用飞机在空中遂行作战任务的兵种，是空军的主要组成部分。具有高速机动、远程作战和猛烈突击的能力，能协同地面部队和舰艇部队遂行作战任务，也可以单独作战。

高射炮兵　是装备高射炮武器系统遂行防空任务的兵种。具有密集、猛烈的火力和较高的机动能力，能在昼、夜间各种气象条件下持续地抗击高、中、低空目标。

地空导弹兵　是装备地空导弹武器系统遂行防空作战任务的兵种。主要担负国家要地防空和军队集团防空任务，参加夺取制空权的斗争。在陆军、海军中也组建有地空导弹部队。1985年将地空导弹部队和高射炮兵部队混合编组，提高了防空作战的能力。

空降兵　是以伞降、机降方式投入地面作战的兵种，是一支具有空中快速机动和超越地理障碍能力的突击力量，中国人民解放军空军空降兵部队于1950年组建。为适应局部战争要求，空降兵部队针对现代战争的特点，展开了在恶劣环境下的快速反应训练，形成了中国伞兵独特的作战特点，可以不受地形条件的限制，在森林、雪地、高原、水网、山地、海岛迅速投入作战。空降部队已逐步发展为由引导、技侦、步兵、通信兵、炮兵、工程兵、防化兵、汽车兵等几十个专业密切协同的现代化兵种部队。

雷达兵　是以雷达获取空中情报的兵种，是全国防空情报系统的主要组成部分。中国人民解放军空军雷达兵部队成立41年来发展迅速，现已由执行单一的对空警戒任务，发展到执行对空警戒、保障引导、飞行管制等多种任务；由点状部署扩展成为雷达警戒线；由地区性雷达情报系统连接成全国性雷达情报网，基本形成全国范围的对空雷达情报系统。雷达装备不断更新换代，现已装备起各种不同性能的配套警戒、引导雷达。一批性能指标比较先进的雷达和情报自动、半自动化传递处理系统已陆续研制并装备部队，提高了雷达情报的准确性和可靠性。

第二炮兵　中国人民解放军中装备地地战略导弹武器系统，遂行战略核反击任务的部队。主要任务是遏制敌人对中国使用核武器，在敌人对中国发动核袭击时，遵照统帅部的命令，独立地或与其他军种的战略核部队共同对敌人实施有效的自卫反击，打击敌人的重要战略目标。第二炮兵部队由近程、中程、远程和洲际导弹部队以及工程、情报、侦察、测地、计算、气象、通信、防化、伪装等作战保障、技术保障和后勤保障部队组成。是一支具有一定规模和实战能力的主要核威慑和战略核反击力量。中国发展核武器，组建战略核部队，是为了防御，是为了打破核垄断，反对核讹诈，遏制核战争。核反击是被迫的，最终目的是消灭核武器和核战争，维护中国的独立和安全。中国政府一再郑重声明，中国在任何情况下，都不会首先使用核武器，不对无核武器国家和无核武器地区使用核武器。但是，如果遭到核袭击，将毫不犹豫地实施核反击，进行有效的核报复。

中国人民武装警察部队　是国家武装力量的组成部分。基本使命是维护国家主权和尊严，维护社会治安，保卫党、国家的重要目标和设施，保卫人民生命财产安全。中国人民武装警察部队于1983年成立，属国家公安系统，在各级党委和公安部门的领导下进行工作。在部队建设的大政方针上又受党中央、国务院、中央军委领导，执行中华人民共和国兵役法和中国人民解放军的条令、条例，享受中国人民解放军的同等待遇。

中国人民武装警察部队设有总部，各省、自治区、直辖市设有武装警察部队总队（师级）；各地、市、州设有支队（团级）；县（市、旗）设有大队（营级）或中队（连级）。中国人民武装警察部队包括内卫部队、边防部队和消防部队。内卫部队的基本任务是：警卫党政机关和外国使（领）馆；守卫重要机场、电台、仓库、科研机构等重要目标；守卫重要桥梁、隧道；担负看守所、监狱、劳改管教队、少年犯管教所的外围武装看押任务和押解罪犯，追捕逃犯；对大中城市和特定地区实施治安巡查警戒；应付各种紧急重大情况。边防部队的主要任务是：担负边境地区的治安管理；在对外开放的港口、机场、国境车站和孔道以及特许的进口岸，对出入境人员和交通工具实施边防检查；对国际国内航班乘客及携带物品实施安全检查；在领海线内实施巡逻。消防部队的主要任务是：向人民群众宣传安全防火常识，协助有关单位建立防火措施，搞好消防监督和检查，扑救火灾，保卫国家经济建设和人民生命财产的安全。中国人民武装警察部队总部设有武警部队指挥学院、技术学院和专科学校，总队一级设有初级指挥学校和有关专业技术学校。现任武警总部司令员周玉书武警中将，政治委员徐寿增武警中将。

民兵　是中国共产党领导的不脱离生产的群众武装，是中华人民共和国武装力量的组成部分，是中国人民解放军的助手和后备力量。1990年12月24日发布的《民兵工作条例》规定，民兵工作的任务是：(1) 建立和巩固民兵组织，提高民兵军政素质，配备和管理民兵武器装备，储备战时所需的后备兵员；(2) 发动民兵参加社会主义现代化建设，组织民兵担负战备执勤，维护社会治安；(3) 组织民兵参军参战，支援前线，抵抗侵略，保卫祖国。民兵工作应当贯彻人民战争的思想，坚持劳武结合，坚持民兵制度与预备役制度、民兵工作与战时兵员动员准备工作相结合。全国的民兵工作在国务院、中央军委领导下，由中国人民解放军总参谋部主管。军区按照上级赋予的任务，负责本区域的民兵工作。省军区（卫戍区、警备区）、军分区、县（市）人民武装部负责本区域的民兵工作。《中华人民共和国兵役法》规定，凡18～35岁符合服兵役条件的男性公民，除应征服现役以外，编人民兵组织服预备役。民兵分基干民兵和普通民兵。28岁以下的退出现役的士兵和经过军事训练的人员，以及选定参加军事训练的人员编为基干民兵；其余18～35岁符合服兵役条件的男性公民编为普通民兵。根据需要吸收女性公民参加基干民兵。陆海边疆、少数民族地区和城市有特殊情况的单位，基干民兵的年龄适当放宽。随着国防现代化建设的发展，民兵组织已由单一的步兵发展成为包括高炮、地炮、通信、工程兵、防化、侦察以及海军、空军等专业技术分队在内的基干民兵队伍。民兵的武器装备品种结构趋于合理，淘汰了旧杂式武器装备，实现了国产制式化。

兵役制度 中华人民共和国宪法规定："保卫祖国、抵抗侵略是中华人民共和国每个公民的神圣职责。依照法律服兵役和参加民兵组织是中华人民共和国公民的光荣义务。"凡中华人民共和国公民，不分民族、种族、职业、家庭出身、宗教信仰和教育程度，都有依法服兵役的义务。参加中国人民解放军的为服现役，没有服现役的公民进行兵役登记服预备役或者编入预备役部队。参加民兵组织，以及学生接受军事训练等都是履行兵役义务。

士兵服役制度 1984年颁布的兵役法规定：实行义务兵役制为主体的义务兵与志愿兵相结合、民兵与预备役相结合的兵役制度。

义务兵与志愿兵相结合　中国人民解放军的现役士兵由义务兵和志愿兵组成。每年征集的都是义务兵。义务兵服役期限：陆军3年，海、空军4年。超期服役期限：陆军1～2年，海、空军1年。志愿兵包括专业军士和军士长。专业军士是由服现役满5年，已成为专业技术骨干超期服役的义务兵，根据部队需要和本人自愿申请，经师以上机关批准改成；军士长是由义务兵经考试合格进入士官学校培训毕业后提升。志愿兵服役期限：从改为志愿兵之日起，至少8年，至多12年，年龄不超过35岁，如有特殊需要，本人自愿，经军以上机关批准，可适当延长。志愿兵实行工资制与供给制相结合的制度，除免费按照义务兵的标准供应伙食和被装外，另按不同级别发给工资。志愿兵每年均有探亲假期，退出现役后由原征集地的政府安排工作。

民兵与预备役相结合　中华人民共和国兵役法规定，凡18～35岁符合服兵役条件的男性公民，除应征服现役外，编入民兵组织或者经过登记服预备役，统称预备役人员。士兵预备役分两类：第一类包括基干民兵和经过预备役登记的28岁以下的退伍士兵及专业技术人员；第二类包括普通民兵和经过预备役登记的29～35岁的退伍士兵以及其他符合条件的男性公民。军官预备役包括退出现役转入预备役的军官，确定服军官预备役的退伍士兵、专职人民武装干部、民兵干部、非军事部门的干部和专业技术人员，以及经过军事训练考试合格的高等院校毕业学生。

预备役部队 为了建立符合中国国情的战时快速动员体制，中央军委决定建立预备役部队。从1983年开始，各军区普遍组建预备役部队，现在已是一支具有数十个师兵力的预备力量。预备役部队以少数现役军人为骨干，以预备役军官和士兵为基础，按照人民解放军的统一编制组建，属于人民解放军序列。基本任务是按照总参谋部的计划进行定期军事训练，努力提高军事素质，不断增强现代条件下快速动员能力，切实做好战时动员准备，一旦需要立即转为现役部队。

军官服役制度 根据《中国人民解放军军官服役条例》规定，中国人民解放军现役军官是被任命为排级以上或者初级以上专业技术职务并被授予相应军衔的现役军人。按性质分为军事军官、政治军官、后勤军官和专业技术军官。军官的选拔和使用，坚持任人唯贤、德才兼备、注重实绩的原则，实行经院校培训提拔军官的制度。优秀士兵经过院校培养也可以提拔为军官。军官服役最高年龄：作战部队军官，排级30岁、连级35岁、营级40岁、团级45岁、师级50岁、军级55岁；在舰艇上服役的营、团级军官的服役最高年龄可放宽5岁；省军区（卫戍区、警备区）系统、后勤基地和分部、院校、科技单位的师、军级军官最高服役年龄可放宽5岁；总部机关的团以上军官最高服役年龄可放宽5岁；大军区机关的团级军官最高服役年龄可放宽3岁，师、军级军官可放宽5岁。专业技术军官的最高服役年龄：担任初级专业技术职务的43岁，中级专业技术职务的48岁，高级专业技术职务的60岁，少数中、高级专业技术职务的军官，因工作需要按任免权限批准可放宽5岁。军官达到最高服役年龄的应当退出现役作转业、退休、离休安置。军官服现役（或参加工作）满30年或者年龄满50周岁以上，本人提出申请，组织批准，可作退休安置。中国人民解放军军官实行职务薪金、军衔薪金和军龄薪金相结合、以职务薪金为主的结构薪金制度，并对在特殊地区、特殊岗位工作的军官给予补贴。

现役军人及其家属的优待 兵役法和《军人抚恤优待条例》规定，现役军人、革命伤残军人、复员退伍军人、革命烈士家属、因公牺牲军人家属、病故军人家属、现役军人家属，应当受到社会的尊重，受到

国家和人民群众的优待，在与地方群众同等条件下，享有就业、入学、救济、贷款、分配住房的优先权。革命伤残军人乘坐国营的火车、轮船、长途公共汽车和国内民航飞机，凭《革命伤残军人证》准予优先购票和享受票价优待。义务兵从部队发出的平信免费邮寄，家居农村的义务兵家属，采取平均负担的办法给予优待；家居城镇的义务兵家属，生活困难的给予适当补助。现役军人牺牲、病故，按照条例规定，发给其家属一次性抚恤金和定期抚恤金。

退伍军人的安置 兵役法规定，义务兵退出现役后，按照“从哪里来，回哪里去”的原则，回到原入伍的地区，由当地政府安排他们的生产和生活。机关、团体、企业事业单位招收职工时，对他们给予照顾。入伍前是国家正式职工的，允许复工、复职。报考高等院校和中等专业学校的，在和其他考生同等条件下优先录取。志愿兵退出现役后，由原征集地的政府安排工作。自愿回乡参加农业生产的，给予鼓励，增发安家补助费。志愿兵在服现役期间，参战或者因公致残、积劳成疾基本丧失工作能力的，办理退休手续，由原征集地或其直系亲属所在地政府接收安置。退出现役的特等、一等革命残废军人，由国家供养终身，其余的由政府安排力所能及的工作，或转业地方工作，或作退休处理。

军衔 中国人民解放军军官军衔分为3等11级，即将官4级（一级上将、上将、中将、少将）、校官4级（大校、上校、中校、少校）、尉官3级（上尉、中尉、少尉）。根据军官所属军种和技术特点，在海军、空军和专业技术军官军衔前分别冠以“海军”、“空军”、“专业技术”名称。志愿兵役制士兵设军士长、专业军士军衔；义务兵役制士兵设上士、中士、下士、上等兵、列兵军衔。

文职制度 中国人民解放军中的文职干部是军队编制定额内的不授予军衔的干部，是军队建设的重要力量，是国家干部队伍的重要组成部分。由现役军官改任文职干部的保留军籍。文职干部编制范围：军队中科学研究、工程技术、医疗卫生、教学、新闻、出版、文化艺术、体育等单位的部分专业技术干部职务，以及机关、院校、医院等单位内部服务的部分行政事务、生活保障干部职务。文职干部的职务等级：从事专业技术工作的文职干部的专业技术职务设高、中、初三级；从事非专业技术工作的文职干部的职务名称按编制执行，分为正局级、副局级、正处级、副处级、正科级、副科级、一级科员、二级科员、办事员。文职干部的待遇基本与现役军官的待遇相同。

军事法规建设 依法治军是中央军委关于新时期军队建设的一个重要指导思想。中国共产党十一届三中全会以后，军队加强了军事法规建设。1988年成立了中央军委法制局。近几年陆续颁发了一系列军事法规，军队的军事法规建设已初具规模。1984年5月，中华人民共和国六届人大二次会议通过了《中华人民共和国兵役法》，1988年，颁布了《中国人民解放军军官服役条例》、《中国人民解放军军衔条例》、《中国人民解放军现役士兵服役条例》、《中国人民解放军文职干部暂行条例》。特别是1990年，军事法规建设取得了明显成绩，是历史上建立法规较多的一年，先后颁发了十几个军事法规。如：《中华人民共和国军事设施保护法》、《中国人民解放军军事训练条例》、《中国人民解放军武器装备管理工作条例》、《中国人民解放军立法程序暂行规定》、《中国人民解放军内务条令》、《中国人民解放军纪律条令》、《中国人民解放军队列条令》、《中国人民解放军环境保护条例》、《民兵工作条例》等（详见本年鉴“军事建设”栏）。这些军事法律法规初步构成了军队军事法规规范。这一系列军事法规的颁布实行，对于军队建立正规的战备、训练、工作、生活秩序，统一全军的意志和行动，维护部队的高度集中统一发挥了积极作用。

国防科技与国防工业 1990年国防科技工业认真贯彻中共中央、国务院、中央军委的一系列指示，发扬自力更生、艰苦奋斗、大力协同、无私奉献的精神，在国防科研、生产和军民结合等方面，都取得明显成绩。

航天技术取得了重要进展。全年先后发射4颗卫星，均获得成功。(1) 1990年2月4日，在西昌卫星发射中心，用长征3号运载火箭成功地发射了一颗实用通信卫星。2月13日，卫星定点于东经98度赤道上空。3月8日，对卫星的测试工作圆满结束，星上各种仪器设备工作状态良好，电气性能指标稳定。卫星已由有关业务部门开通使用。这颗卫星的发射成功，为中国的通信和电视广播业务增加了容量。(2) 1990年4月7日，在西昌卫星发射中心，用长征3号运载火箭将美国休斯公司制造的亚洲一号卫星准确地送入预定轨道。这颗卫星是第一颗专为亚洲地区服务的区域性通信卫星，重1.24吨，有24个C波段转发器，分南北两个波束，定点于东经105度赤道上空，覆盖面积可达亚洲30多个国家，由亚洲卫星公司购买和经营。中国长城工业公司和亚洲卫星公司签订了这颗卫星的发射服务合同，从合同签订到发射只用了14个月。为适应发射外国卫星需要，长征3号运载火箭做了适应性修改，满足了休斯公司的要求。按合同要求，卫星发射入轨后，远地点允许误差94公里，而实测结果为46.8公里，近地点允许偏差5公里，实测结果仅为1公里。这是首次用中国火箭发射外国卫星，标志着中国运载火箭技术开始进入国际市场。(3) 1990年9月3日，在太原卫星发射中心，用长征4号运载火箭成功地发射了第二颗气象卫星，卫星进入高900公里、倾角99度的太阳同步轨道。这颗卫星采用了多项新技术，比1988年发射的第一颗卫星作了重大改进，星上载有两台五通道扫描辐射计、两台磁记录器、一台空间粒子探测仪和一套数据收集系统，可以获取大气层、地表及洋面的可见光和红外辐射资料，通过星上发射机向世界各地云图接收站传送星下点分辨率分别为4公里的模拟量和1.1公里的数字量云图信息，并可在国内获取国外部分地区的延时云图信息。这颗卫星的云图画面清晰、层次丰富、分辨率高，已被国内外用户广泛接收使用，取得了满意的效果。(4) 1990年10月5日，在酒泉卫星发射中心，用长征2号丙运载火箭成功地发射了一颗科学探测与技术试验卫星。卫星按计划在轨道运行8天，于10月13日安全回收，获得了大量遥感信息。在这颗卫星上还安排了生物、微重力等搭载试验项目，特别是首次安排的生物舱（舱内装有两只纯种小白鼠）搭载试验，获取了大量试验数据，取得了较好的试验效果，对发展中国的生物卫星和载人航天事业有重大的意义。到目前为止，中国共发射了12颗返回式卫星，回收成功率达到百分之百。

为了满足大型运载火箭发射的需要，经国务院批准，在西昌卫星发射中心建成了中国最大的航天发射设施。其活动工作塔高97米，自重4000余吨，局部设有空调和空气净化环境，可沿150米长的轨道南北向行走。固定发射塔高74米，重1050吨，耸立在深23米、地面孔径14米的导流槽上。塔架周围架设三座高170米的避雷塔。场区内还设有其他配套的技术设施。这套设施仅用了14个月就胜利建成。经过调试和1990年7月长征2号捆绑火箭首次发射试验的考验，表明整个发射设施的性能良好。

1990年7月16日，中国新研制的大推力运载火箭——长征2号捆绑运载火箭，在西昌卫星发射中心成功地进行了首次飞行试验，助推火箭和一、二级火箭正常工作和分离，为巴基斯坦搭载的一颗小型科学试验卫星也准确入轨。“长二捆”是以改进的长征2号为芯级，捆绑4个液体助推器组成，起飞推力600吨，运载能力8.8吨（200公里近地圆轨道，倾角28.5度）。“长二捆”首次发射成功，表明中国已经具有发射重型卫星的能力，将有力地促进中国航天技术的发展，推动中国同世界各国的技术交流与合作。对上述重大成就，中国共产党和国家领导人给予高度评价，国务院、中央军委致电全体参试人员，表示热烈的祝贺和亲切的慰问。

1990年11月5～14日，在北京军事博物馆首次举办国防科技预研成果展示会，展出了近千项预研成果，其中不少成果已在新型武器装备研制方面得到了应用，收到良好的效益。国防科技预先研究是为增强国防科技工业发展后劲，提供人才和技术储备的一项重要工作，它对于保持国防科技工业持续、稳定、协调发展具有重要战略意义。中央军委主席江泽民，国务院总理李鹏等领导同志参观了展览并作了重要讲话。

1990年12月12～19日，在北京召开了全国国防科工办主任会议。中央军委副主席刘华清到会作了重要讲话。会议强调发扬艰苦创业的优良传统，加强领导，克服当前军民结合工作中面临的困难，挖掘潜力，促进科研生产的良性循环，努力实现国防科技工业持续稳定协调发展。会议要求国防科技工业全体同志增强主人翁责任感，振奋精神，利用国家产业结构和产品结构调整的有利时机，大力开发高新技术产品，努力承担国家重大技术装备的研制、生产和攻关任务。同时，大力发展外向型经济，将军工企业民品生产重点逐步转移到发展出口产品上来。党和国家领导人江泽民、杨尚昆亲切会见了出席会议的全体代表，作了重要讲话，并和大家合影留念。

按照军民结合的要求，中国国防科技工业在国家产业政策指导下，进行了产业结构和产品结构的调整。在优先保证军品的前提下，大力开发民品。现已研制生产了包括民用飞机、船舶、汽车、发电设备等43个大类1万多种民品。1990年民品产值约占总产值的65%。为了推进军民结合工作，国家计委、国家科委、国防科工委、经贸部于1990年12月15～20日在北京中国国际展览中心，联合举办了1990年军转民高技术、出口产品展览交易会。机电、航空航天、核、兵器、船舶和军队等部门的726个企事业单位参加，展出面积约1万平方米，推出2500项技术和产品。据统计，达到国内和国际先进水平的项目，占75%；获国家发明奖的422项，占17%；获国家级和省、部级科技进步奖的537项，占21.5%；获国际和国内专利的有30项；其中技术含量高、技术难度大、潜在经济效益高的高技术及产品约占30%。这次展交会在一定程度上反应了当前军工转民用的水平。中央军委副主席刘华清等领导人出席了开幕式，国家主席、中央军委副主席杨尚昆等领导人参观了展交会。

阿富汗

国　　名　阿富汗共和国。

主要统计　面积652300平方公里。人口2035.2万人（其中，13～17岁男116.6万人，女112万人；18～22岁男99.6万人，女95.5万人；23～32岁男105.4万人，女146.9万人）。国内生产总值1872.2亿阿富汗尼，合37亿美元（1988年）。国防费145亿阿富汗尼，合2.8656亿美元（1985年）。原煤16.7万吨（1987年）。天然气29.89亿立方米（1988年）。发电量12.57亿度（1987年）。粮食440.8万吨（1988年）。民航能力，固定航班机场2处、客运量1.747亿人公里、货运量809.3万吨公里（1989年）。

国防体制　执政的祖国党（原名人民民主党，于1990年6月改现名）党中央设最高军事委员会，党主席兼任该委员会主席、武装力量总司令。武装力量由正规军（陆军和空军两个军种）、预备役部队和准军事部队组成。政府设国防部，武装力量总司令通过国防部对军队实施指挥。

领导人物　阿富汗祖国党总书记兼武装力量总司令沙尔·纳吉布拉（1986年上任）。国防部长瓦坦贾尔（1990年3月上任）。参谋长迪利瓦尔（1989年上任）。

武装力量　**兵力**　现役部队5.8万人。

陆军　5万人。编有4个军部、16个步兵师、3个装甲师、1个特别防卫师、3个独立特别防卫旅、1个机械化步兵师（旅）、5个突击旅、1个炮兵旅。

主战坦克：620辆（T-34型50辆、T-54和T-55型400辆、T-62型170辆）。轻型坦克：PT-76型60辆。步兵战斗车БМП-1、БМП-2型250辆。装甲输送车：БТР-40／-50／-60／-70／-80／-152型850辆。牵引炮：1000余门，口径为76毫米、85毫米、122毫米、130毫米、152毫米。火箭炮：132毫米50门，122毫米、140毫米和220毫米若干门。迫击炮：1000余门，其中120毫米100门，82毫米、107毫米若干门。地地导弹："飞毛腿"2部。无坐力炮：73毫米、82毫米若干门。高炮600余门，口径为14.5毫米、23毫米、37毫米、57毫米、85毫米、100毫米。

空军　8000人。编有8个攻击战斗机中队、3个战斗机中队、8个武装直升机中队、3个运输机中队。作战飞机188架、武装直升机90架。

攻击战斗机：米格-23型30架、苏-7B型30架、苏-22型10架、苏-25型50架。战斗机：米格-21型30架。武装直升机：米-8型25架、米-17型35架、米-25型30架。侦察机：安-30若干架。运输机：伊尔-18D型2架、安-2型10架、安-12型12架、安-14型12架、安-26型40架，米-4直升机12架。教练机：L-39型18架、米格-15型6架、米格-21型18架。空空导弹：AA-2型若干枚。

防空部队　1个师，编有2个地空导弹旅（每旅3个营），装备SA-2型导弹115部、SA-3型110部；1个高炮旅（2个营），装备37、85、100毫米高炮若干门，1个雷达旅（3个营）。

准军事部队　边防部队（由陆军领导）约2万人，编成10个旅；国家安全部队2.5万人；地方武装3.2万余人，包括"保卫革命"部队和乡村民兵；内政部控制的武装部队2万人。

部署　阿军兵力主要部署在大城市和阿、巴（基斯坦）及阿、伊（朗）边境地区。陆军4个军部分别驻喀布尔、加德兹、坎大哈和赫拉特。空军战斗部队主要部署在喀布尔西北巴格拉姆和西部的信丹德基地。

兵役制度　义务兵和志愿兵两种，男性公民服役年龄15～55岁。士兵服役期：志愿兵2年，义务兵3年以上，服役期满后转入预备役22年，每年受训2个月，实际上大部分士兵均需在部队超期服役。

军衔　军官分3等13级，即高级军官5级（元帅、上将、中将、少将、准将）、校官3级（上校、中校、少校）、尉官5级（大尉、上尉、中尉、少尉、准尉)。

阿富汗抵抗组织 总实力约15万人，是一支以宗教部落武装为基础组成的武装力量，主要由三大部分组成。一是国内地区性部落武装。二是总部设在巴（基斯坦）境白沙瓦的七党联盟。该联盟于1988年2月成立“临战政府”。成员包括伊斯兰党希克马蒂亚尔派、伊斯兰党哈利斯派、伊斯兰协会、解放阿富汗伊斯兰联盟、伊斯兰革命运动、民族解放阵线和伊斯兰民族阵线。1989年底，伊斯兰党希克马蒂亚尔派拉出单干，致使七党联盟变六党联盟。三是总部设在伊朗德黑兰的“八党联盟”，即：胜利组织、伊斯兰运动、伊斯兰圣战卫士、伊斯兰革命联合阵线、伊斯兰呼声、伊斯兰党、伊斯兰力量和真主党，该联盟成立于1987年9月，主要活动在阿中部和西部地区。

阿拉伯联合酋长国

国　　名 阿拉伯联合酋长国。

主要统计 面积85000平方公里。人口166万人（包括外来人口约8万人，其中，13～17岁男6.5万人，女6万人；18～22岁男5.2万人，女4.1万人；23～32岁男16.7万人，女7.6万人）。国内生产总值954.6亿迪拉姆，合260亿美元（1989年）。国防费75.2亿美元（1989年国防预算）。原油5.73亿桶（1988年）。天然气186.4亿立方米（1988年）。发电量131亿度（1987年）。粮食0.5万吨（1988年）。海运能力，商船（载重100吨以上）240艘、总载重量131.19万吨（1988年）。民航能力，固定航班机场5处、客运量30.29亿人公里、货运量9620万吨公里（1989年）。

国防体制 最高军事决策机构是1976年5月成立的“武装力量总司令部”。最高行政机关是国防部。联邦总统兼任武装力量最高统帅。武装力量由正规军和准军事部队组成。正规军分陆、海、空三个军种。联邦总统通过武装力量总司令部、国防部和陆海空三军司令部领导和指挥全军。

领导人物 联邦总统兼武装力量最高统帅扎伊德·本·苏尔坦·阿勒纳哈扬（1976年上任）。武装力量副总司令、王储哈利法·本·扎耶德（1976年上任）。国防部长穆罕默德·本·拉希德·阿勒马克图姆（1972年上任）。

武装力量 **兵力** 现役部队4.4万人（外籍军人占30%）。

陆军 4万人（包括迪拜6000人）。编有3个军区：西部军区（阿布扎比）、中部军区（迪拜）和北部军区（哈伊马角），其中有1个王室警卫旅、1个装甲旅、1个机械化步兵旅、2个步兵旅、1个炮兵旅、1个防空旅。在迪拜另驻有1个步兵旅。

主战坦克：131辆：AMX-30型95辆、0F-40MK2型36辆。轻型坦克：“蝎子”式76辆。装甲侦察车：220辆，其中AML-90型90辆、“萨拉丁”70辆、“白鼬”式60辆。步兵战车：AMX-10P型30辆。装甲输送车：510辆，其中AMX-VCI型和VCR型112辆、“庞阿尔”M-3型300辆、VAB型20辆、EE-11“蝰蛇”66辆、“萨拉逊”12辆。牵引炮：77门，其中105毫米59门、其他18门。自行炮：155毫米20门。火箭炮：58门，其中70毫米18门、122毫米40门。迫击炮：101门，其中81毫米80门、120毫米21门。反坦克导弹：“米兰”和“警戒”45具，“陶”和“霍特”25具。无坐力炮：84毫米若干门。高炮：20毫米48门、30毫米12门。地空导弹：160部，其中“响尾蛇”8部、“轻剑”12部、RBS-70型140部。

海军 0.15万人。

海岸巡逻作战舰艇：17艘，其中轻型护卫舰2艘、海岸巡逻艇9艘、导弹艇6艘。两栖舰艇：坦克登陆舰2艘。支援舰：1艘。

空军 0.25万人（包括迪拜700人）。编成2个攻击战斗机中队、1个战斗机中队、1个防暴机中队。作战飞机91架、武装直升机19架。

攻击战斗机：29架，其中“幻影”ⅢEAD型14架、“隼”式MK63型15架。战斗机：39架，其中“幻影”5AD型12架、“幻影”2000型27架。防暴机：11架，其中MB-339A型5架、MB-326型6架。改装训练机：12架，其中“幻影”5DAD型3架、“隼”式MK61型7架、MB-339A型2架。侦察机：“幻影”5RAD型3架、“幻影”RAD型8架。电子战机：C−212型4架。攻击直升机：19架，其中AS−332F型2架、SA−342K型10架、SA−336/319型7架。运输直升机：54架。运输机：8架。教练机：30架。防空武器：改进型“霍克”导弹5个连。空空导弹：R−550“魔术”式若干枚。空地导弹：“霍特”、AS−11、AS−12、AS−15TT、AM−39“飞鱼”等若干枚。

准军事部队　海岸警卫队装备有巡逻艇28艘、小船32条。

部署　陆军西部军区司令部驻阿布扎比、中部军区司令部驻迪拜、北部军区司令部驻哈伊马角。海军基地有10处：代勒马岛、扎耶德港、阿治曼、拉希德港、贾贝勒·阿里港、富查伊拉、萨克尔港、哈立德港、古尔·法坎、塔维拉（正在修建中）。

兵役制度　实行志愿兵役制。

驻外兵力　1990年8月，伊拉克入侵科威特后，向海湾地区派驻了4万余人地面部队。

阿　曼

国　　名　阿曼苏丹国。

主要统计　面积30万平方公里。人口149.2万人（其中，13～17岁男8万人，女7.9万人；18～22岁男6.7万人，女6.1万人；23～32岁男12.2万人，女9.8万人）。国内生产总值32.34亿里亚尔，合84.1亿美元（1989年）。国防费5.33亿里亚尔，合13.85亿美元（1990年国防预算）。原油2.1800万桶（1988年）。天然气24.5亿立方米（1988年）。发电量37.93亿度（1987年）。粮食0.2万吨（1988年）。海运能力，商船（载重100吨以上）32艘、总载重量1.64万吨（1988年）。民航能力，固定航班机场6处、客运量14.18亿人公里、货运量3600万吨公里（1989年）。

国防体制　最高军事决策机构为国防委员会，由国家元首卡布斯苏丹兼国防委员会主席。国防部是最高军事行政机关。武装力量由正规军、预备役和准军事部队组成。正规军分陆、海、空三个军种。最高统帅通过国防部指挥陆、海、空三军。

领导人物　国家元首兼外交、国防和财政大臣卡布斯·本·赛义德·苏丹（1970年7月23日上任）。负责安全和国防事务的副首相法赫尔·本·泰木尔·赛义德（1979年5月上任）。武装力量总司令哈米德·本·赛义德·奥菲中将。海军司令赫尔利·马克洛海军准将（1989年6月上任）。陆军司令纳西卜·本·萨利姆·拉瓦希少将（1989年6月上任）。空军司令埃里克·彼德·贝内特空军少将（英国人）。

武装力量　**兵力**　现役部队2.95万人（含王室卫队和3700名外籍人员）。

陆军　2万人。编有1个师部、2个旅部、1个装甲团、2个炮兵团、1个高炮连、1个装甲侦察团、8个步兵团、1个步兵侦察团、2个独立侦察连、1个野战工程兵团、1个伞兵团。

主战坦克：39辆（M−60A1型6辆、“酋长”33辆）。轻型坦克：36辆（其中“蝎子”30辆、VBC−90型6辆）。步兵战车：VABPC型2辆。装甲输送车：VABVCI型6辆。牵引炮：63门（其中105毫米39门、130毫米12门、155毫米12门）。自行炮：155毫米12门。迫击炮：81毫米若干门、107毫米12门、120毫米12门。反坦克导弹：“陶”式10枚、“米兰”50枚。高炮：20毫米若干门、23毫米4门、40毫米12门。地空导弹：“吹管”、SA−7型若干部，“标枪”28枚。

海军　0.25万人。海岸作战巡逻舰艇：12艘，其中导弹快艇：4艘、巡逻艇：8艘。两栖舰艇：2艘，为坦克登陆舰，另有机械化登陆舰3艘及其他一些船只。后勤支援舰：运输船1艘。

空军　0.3万人。编有2个攻击战斗机中队、1个攻击兼侦察机中队、1个防暴兼教练机中队、3个运输机中队、2个直升机中队、2个防空中队。作战飞机：57架。

攻击战斗机：“美洲虎”MK1型17架、GR1型1架、T−2型4架。攻击兼侦察机：“猎人”FGA−73型13架、T−67型3架。防暴兼教练机：BAC−167MK82型12架、BN−2型7架。运输机：21架。运输直升机：26架。防空武器：“轻剑”地空导弹28部、“圆形小石堡”雷达若干部。空地导弹：AM−39型若干枚。空空导弹：“魔术”、“响尾蛇”若干枚。

王室卫队　0.4 万人。编有 1 个王室警卫旅（3000 人）、1 个特种部队团（500 人）。装备有皇家游艇（3800 吨）1 艘、皇家飞机 11 架。

预备役部队　国民志愿预备役部队约 1000 人。

准军事部队　部族国土卫队 3500 人，海上警察卫队 400 人，警察航空联队 100 人，装备有各型飞机 17 架。

军事基地　海军基地：马斯喀特、雷伊苏特、加纳姆岛、乌达姆·阿勒瓦。空军基地：西卜、萨姆里特·马拉西、萨拉拉。

兵役制度　实行志愿兵役制。

驻外兵力　1990 年 8 月伊拉克人侵科威特后，共向海湾地区派驻了 2 万人左右的地面部队。

巴基斯坦

国　　名　巴基斯坦伊斯兰共和国。

主要统计　面积 796095 平方公里。人口：11161.1 万人（其中，13～17 岁男 665.3 万人，女 592.3 万人；18～22 岁男 579.8 万人，女 520.2 万人；23～32 岁男 902.4 万人，女 816.5 万人）。国内生产总值 7223.4 亿卢比，合 351.7 亿美元（1989 年）。国防费 619.3 亿卢比，合 28.9 亿美元（1990 年国防预算）。原煤 241.9 万吨（1987 年）。原油 1700 万桶（1988 年）。天然气 125.9 亿立方米（1988 年）。发电量 334.75 亿度（1987 年）。粮食 1884.9 万吨（1988 年）。海运能力，商船（载重 100 吨以上）73 艘、总载重量 52.62 万吨（1988 年）。民航能力，固定航班机场 32 处、客运量 77.07 亿人公里、货运量 3.602 亿吨公里（1989 年）。

国防政策　巴基斯坦国防政策的基本点是：维护国家独立、主权和领土完整；反对印度称霸南亚，争取同南亚小国加强军事合作，以抵御外来的侵略；主张建立“南亚无核区”，同印度签订互不侵犯条约；在阿富汗问题上，支持阿富汗游击队反对苏联及苏扶植的喀布尔政权的斗争；创造对巴基斯坦有利的周边环境，努力建设一支与巴基斯坦的“安全环境”相适应的武装力量，稳步增加国防费用，重点提高武器装备现代化水平；武器来源实行引进与自产相结合的方针，不断发展国防工业，努力提高自力更生能力；不排除发展核武器的选择，以打破核威慑。

军事战略　自苏联 1989 年从阿富汗撤军后，巴基斯坦军事战略稍有调整，但其“东抗西堵”的战略从总体上没有改变。“东抗”印度的军事威胁，是巴基斯坦战略始终不渝的主导方面；“西堵”苏联通过阿富汗南下扩张，是巴基斯坦军事战略的重要组成部分。为此，巴将 70%的兵力部署在东部边境，而在西部边境也部署有 20%的兵力。在作战指导思想上，巴基斯坦鉴于国土狭长、纵深浅的特点，强调“先发制人”、“速战速决”战术，避免久拖不决的消耗战。在武装力量建设上，实行稳步扩军的方针，并力争实现军队武器装备现代化，设法与对手保持“势均力敌”。

国防体制　总统为武装力量最高统帅。内阁设防务委员会，是最高军事决策机构，总统为该委员会主席，成员包括国防、外交、财政、内政等部长。参谋长联席会议主席、三个军种参谋长、国防部秘书长等一般均出席防务委员会会议。国防部是贯彻执行内阁防务委员会决议的最高军事行政领导机构，主要负责三军的财务管理、武器生产与采购。参谋长联席会议在行政上受国防部领导，但在军事指挥上直属总统，主要负责拟定三军联合战略计划、研究武装力量的兵力与编成。武装力量由正规军、准军事部队和预备役部队组成。总统通过国防部和参谋长联席会议领导和指挥全军。

领导人物　总统兼武装力量最高统帅伊沙克·汗（1988 年 12 月 13 日上任）。国防部长纳瓦兹·谢里夫（1990 年 11 月上任）。陆军参谋长米尔扎·阿斯拉姆·贝格上将（1990 年上任）。海军参谋长亚斯土尔·马立克中将（1988 年 10 月上任）。空军参谋长哈基姆·汗上将（1988 年 3 月上任）。参谋长联席会议主席赛罗希上将（1988 年 10 月上任）。

武装力量　**兵力**　现役部队 55 万人。

陆军　50 万人。编有 9 个军部、2 个装甲师、19 个步兵师、7 个独立装甲旅、4 个独立步兵旅、7 个炮兵旅、4 个高炮旅、3 个装甲侦察团、1 个特种勤务团（3 个营）、1 个飞行中队、4 个直升机中队和 1 个独立空中观察队。

主战坦克：1850 余辆，其中 M-47／-48 型 500

辆、T-54/-55型50辆、其他型号约1300辆。装甲输送车：M-113型800辆。牵引炮：1230门，其中105毫米300门、122毫米400门、130毫米200门、140毫米45门、155毫米285门。自行炮：215门，其中105毫米50门、155毫米125门、203毫米40门。多管火箭炮：122毫米若干门。迫击炮：81、82、107、120毫米若干门。反坦克导弹："陶"式224具。无坐力炮：75、106毫米若干门。高炮（机枪）：14.5、35、37、40、57毫米若干门（挺）。地空导弹："毒刺"100部，RBS-70型144部，其他500部。航测机1架、联络机83架、观测机85架。攻击直升机20架、运输直升机102架。

海军　2万人（包括海军航空兵）。基地设在卡拉奇（舰队司令部）。

潜艇：6艘，其中"初日"级2艘、"汉格尔"级4艘。驱逐舰：3艘，其中"雄狮"级1艘、"征服者"级2艘。护卫舰：10艘，其中导弹护卫舰4艘、常规护卫舰6艘。导弹快艇：8艘。鱼雷快艇：4艘。巡逻艇：13艘。扫雷艇：3艘。供应船和其他船：5艘。

海军航空兵　装备作战飞机5架、武装直升机10架。

空军　3万人。编有14个攻击战斗机中队、12个战斗机中队、1个侦察机中队、2个运输机中队、1个救援直升机中队，1个运输直升机中队。装备有作战飞机470架（型号有"幻影"、"F-16"等）、运输机20余架、直升机20架、教练机106架。空地和空空导弹若干枚。

预备役部队　51.3万人，其中陆军50万人、海军0.5万人、空军0.8万人。

准军事部队　国民警卫队15万人。边防部队6.5万人，装备有装甲输送车45辆。巴基斯坦步兵团1.6万人。北部轻装步兵部队9500人，约10个营。

巴勒斯坦

国　　名　巴勒斯坦国。

主要统计　面积约27000平方公里（1947年11月分治前巴勒斯坦地区的总面积，分治后的阿拉伯领土面积约13000平方公里；目前巴勒斯坦人的居住地区——被以色列占领的约旦河西岸和加沙地带的面积为5800平方公里）。人口500多万人（主要分布在以色列、约旦河西岸、加沙地区、约旦和黎巴嫩等十几个国家或地区，其中在以色列有70万人、约旦河西岸和加沙地区大约有170万人、约旦有150万人、黎巴嫩约有50万人、科威特有40万人、沙特有20万人、伊拉克有17万人、阿联酋有7万人、卡塔尔有2万人）。

国防体制　巴勒斯坦解放组织（巴解组织）军事最高决策机构为巴解组织执行委员会军事部。巴解执委会主席、巴勒斯坦国总统、革命武装力量总司令亚西尔·阿拉法特任军事部主任。武装力量有陆军和空军部队，另有一些游击队组织。

武装力量　**巴勒斯坦解放军**　于1964年8月成立，成立时由恩杰鲁特（艾因贾卢德）、哈坦（希丁）、库德西耶赫（卡迪西亚）、巴德尔4个旅组成。兵力约6000余人。司令部在叙利亚。哈坦和库德西耶赫两旅驻在叙利亚，恩杰鲁特旅驻在埃及，巴德尔旅驻在约旦。巴勒斯坦解放军装备有一些苏制坦克、反坦克武器及导弹等。

巴解组织空军（取名为"第14部队"）于1969年成立。这是一支游击队性质的空军，成员基本上都分散在别的国家。1982年6月以色列军队大规模入侵黎巴嫩南部以前，"第14部队"的大部分飞行员及主要空军基地在叙利亚和黎巴嫩。此后，该部队人员及装备便转移到阿拉伯也门、伊拉克、民主也门、苏丹、利比亚和阿尔及利亚等国，飞行员便在这些国家的空军服役。巴解组织空军共有200余名飞行员，主要来自在阿拉伯国家空军服役的巴勒斯坦人，着空军制服，戴空军徽章，有军衔。巴解组织空军没有战斗机，仅装备有"福克"27型运输机和贝尔-206型直升机，但有驾驶战斗机的能力。

巴解组织执委会主席阿拉法特的私人部队叫"第17部队"，驻在突尼斯市南郊。

巴勒斯坦游击队　1969年曾一度达到5万人左右。现实力量不详。巴游击队组织主要有：(1)巴勒斯坦民族解放运动（简称"法塔赫"），武装力量称"暴风部队"，约8000余人，领导人亚西尔·阿拉法特。(2) 巴勒斯坦人民解放战争先锋队（简称"闪电"），武装力量 2000 人，领导人伊萨姆·卡迪。(3) 巴勒斯坦解放阵线（简称"巴解阵"），武装力量 800 余人，领导人乔治·哈巴什。(4) 解放巴勒斯坦民主阵线（简称"民阵"），武装力量 100 余人，领导人纳耶夫·哈瓦特迈赫。(5) 解放巴勒斯坦阿拉伯阵线（简称"阿解阵"），武装力量 400 余人，领导人阿卜杜勒·拉希姆·艾哈迈德。(6) 解放巴勒斯坦人民阵线（总指挥部），简称"人阵（总部）"，武装力量约 300 人，领导人艾哈迈德·贾布里勒。(7) 巴勒斯坦解放阵线（简称"巴解阵"），武装力量约 300 人，领导人塔拉阿特·雅古卜。(8) 巴勒斯坦人民斗争阵线（简称"人斗阵"），武装力量约 300 人，领导人萨米尔·古希。

巴　林

国　　名　巴林国。

主要统计　面积 662 平方公里。人口 48.6 万人（含外国侨民 15.5 万人）。其中，13～17 岁男 2.12 万人，女 2.12 万人；18～22 岁男 2 万人，女 1.88 万人；23～32 岁男 4.64 万人，女 3.54 万人。国内生产总值 14.7 亿第纳尔，合 39.1 亿美元（1989 年估计）。国防费 0.759 亿第纳尔，合 2.0218 亿美元（1990 年国防预算）。原油 1500 万桶（1988 年）。天然气 55 亿立方米（1988 年）。发电量 30.2 亿度（1987 年）。海运能力，商船（载重 100 吨以上）89 艘、总载重量 6.79 万吨（1988 年）。民航能力，固定航班机场 1 处、客运量 14.18 亿人公里、货运量 3600 万吨公里（1989 年）。

国防体制　埃米尔（酋长）掌管军事大权。武装力量主要由现役部队和准军事部队组成，现役部队分陆、海、空三军。

领导人物　埃米尔（酋长）伊萨·本·萨勒曼·阿勒哈利法（1961 年 12 月 16 日即位）。王储兼国防大臣哈马德·本·伊萨·哈利法（1975 年 8 月 25 日上任）。

武装力量　**兵力**　现役部队 6000 人。

陆军　5000 人。编有 1 个旅，下辖 2 个步兵营、1 个坦克营、1 个特种兵营、1 个装甲车辆中队、2 个炮兵连、2 个迫击炮连。

坦克：M-60A3 型 54 辆。装甲侦察车："萨拉丁"8 辆，AML-90 型 22 辆、"白鼬"8 辆。装甲输送车：AT-105"撒克逊"约 10 辆、"庞阿尔"M-3 型 93 辆。牵引炮：105 毫米 8 门、155 毫米 14 门。迫击炮：81 毫米 9 门。反坦克导弹：BGM-71A"陶"式 60 具。无坐力炮：106 毫米 30 门、120 毫米 6 门。地空导弹：RBS-70 型 40 余部、"毒刺"60 余部。

海军　600 人。

小型护卫舰：AL"麦纳麦"级 2 艘。导弹攻击快艇："艾哈迈德·莱·法特赫"级 4 艘。巡逻艇：2 艘。

空军　450 人。编有 1 个攻击战斗机中队、1 个战斗机中队、1 个直升机中队。作战飞机 24 架、武装直升机 12 架。

攻击战斗机：F-5E 型 8 架、F-5F 型 4 架。战斗机：F-16C 型 8 架、F-16D 型 4 架。运输机："湾流"2 架。武装直升机：AB 212 型 8 架、BO 105 型 4 架。直升机：AB-212 型 2 架。空地导弹：AS-11、AS-12 若干枚。空空导弹：AIM-9P"响尾蛇"若干枚。

准军事部队　2250 人。其中海岸警卫队 250 人，装备有巡逻快艇 6 艘、登陆艇 3 艘，汽垫船 1 艘。警察 2000 人，装备有直升机 7 架。

兵役制度　实行志愿兵役制。

不　丹

国　　名　不丹王国。

主要统计　面积 46000 余平方公里。人口 142

万人（1988年）。国内生产总值25亿努尔聪（1986～1987年）。发电量0.21亿度（1987年）。粮食19.4万吨（1988年）。民航能力，固定航班机场1处、客运量440万人公里（1989年）。

国防体制 国王为不丹皇家陆军最高统帅。陆军总参谋长（少将衔）为国王掌管军队的全权代表。不丹皇家军队只有陆军。

领导人物 国王兼陆军统帅吉格梅·辛格·旺楚克（1972年7月24日即位，1974年6月2日加冕）。

武装力量 **兵力** 皇家陆军总兵力为1万人。编有7个中队（相当于营）。40个连队。不丹军队装备主要是印军淘汰的装备，有步枪、冲锋枪、机枪、迫击炮等。印度在不丹的“军事训练团”约4000人。

部署 兵力主要部署在不丹西部中国不丹边境地区。

兵役制度 1968年开始实行征兵制度，规定15～40岁的男子都应服兵役。

军衔 共分4等12级，即将官1级（少将）、校官3级（上校、中校、少校）、尉官3级（上尉、中尉、少尉）、士兵5级（军士长、上士、中士、下士、兵）。军官晋升须经考核。

朝　鲜

国　　名 朝鲜民主主义人民共和国。

主要统计 面积222209平方公里（其中南半部98900多平方公里）。人口2279.2万人（其中，13～17岁男127.3万人，女121.7万人；18～22岁男114.8万人，女112.1万人；23-32岁男190.6万人，女196.2万人）。国内生产总值450.4亿朝鲜元，合471.3亿美元（1988年）。国防费38.9亿朝鲜元，合41.54亿美元（1989年国防预算）。粗钢675万吨（1988年）。原煤5200万吨（1987年）。发电量502亿度（1987年）。粮食1187.2万吨（1988年）。海运能力，商船（载重100吨以上）77艘、总载重量58.17万吨（1988年）。民航能力，固定航班机场3处、客运量8400万人公里、货运量200万吨公里（1988年）。

国防体制 朝鲜劳动党中央委员会总书记、共和国主席是武装力量的最高司令，同时担任党中央军事委员会委员长，指挥和统帅国家的一切武装力量。劳动党中央还设有军事部，共和国政府设人民武装力量部。朝鲜的常备武装力量是人民军，分陆、海、空三个军种，常设领导机关为总参谋部和总政治局。

领导人物 武装力量最高司令、党中央军事委员会委员长、共和国国防委员会委员长金日成元帅。人民武装力量部部长吴振宇次帅。总参谋长崔光大将（1988年4月上任）。总政治局局长由吴振宇兼任。

武装力量 **兵力** 根据伦敦国际战略研究所的资料，朝鲜人民军现役部队111.1万人。

陆军 100万人。编有17个军（其中1个装甲军、5个机械化军、1个步兵军、8个合成军、2个炮兵军）、25个步兵／摩托化步兵师、15个装甲旅、30个摩托化步兵旅、3个独立步兵旅。1个特种作战军部：8万人，辖22个旅（其中包括3个突击团、4个侦察团、1个渡河作战团、3个两栖作战营、3个空降营、22个轻步兵营，以及特种部队侦察局所属8个营）。

坦克：T-34型200辆、T-54／-55型1600辆、T-62型1500辆、其他175辆。轻型坦克：各种型号约650辆。装甲侦察车：BA-64型140辆。步兵战车：БМП-1／БМП-2型200辆。装甲输送车：БТР-40／-50／-60／-152型4000辆，其他若干。牵引炮：76毫米、85毫米、100毫米、122毫米、130毫米、152毫米共2500门。自行炮：122毫米、130毫米、152毫米、180毫米约3300门。多管火箭炮：107毫米、122毫米、130毫米、200毫米、240毫米共2300门。迫击炮：82毫米、120毫米共11000门。地地导弹：FROG-3／-5／-7型54部、“飞毛腿”B型约15部。反坦克导弹：AT-1“甲鱼”和AT-3“耐火箱”若干具。无坐力炮：107毫米1000门。反坦克炮：37毫米、57毫米、85毫米若干门，苏-76、苏-100型800门。高炮（枪）：14.5毫米、23毫米、37毫米、57毫米、85毫米、100毫米共8000门。地空导弹：SA-7型若干部。

海军　4.1万人。编有2个舰队司令部。

潜艇：苏制R级等20艘、苏制W级4艘。护卫舰："罗津"级等3艘。小型护卫舰："沙里院"级3艘。导弹快艇：苏制"黄蜂"级、"蚊子"级等34艘。鱼雷艇：苏制"大胡蜂"级3艘，小于100吨的约170艘。巡逻艇：大小共154艘。扫雷艇：约20艘（小于100吨）。登陆艇：机械化登陆艇14艘、通用登陆艇12艘、步兵登陆艇约100艘（小于100吨）。支援及其他船只：远洋拖轮2艘、潜艇补给船1艘。

岸防部队："幼鲑"地舰导弹团2个（6个发射场）；122毫米、130毫米、152毫米火炮若干门。

空军　7万人。编有3个轻型轰炸机团、10个攻击歼击机团、12个歼击机团、10个运输机团、4个地空导弹旅。

作战飞机716架、武装直升机60架。

轰炸机：轻型80架。攻击歼击机：苏-7、苏-25型等共310架。歼击机：米格-21型、米格-23型、米格-29型等共376架。武装直升机：休斯500型60架。运输机：安-24型10架、伊尔-14型5架、伊尔-18型5架、伊尔-62M型4架、图-134型2架、图-154型4架、其他250架。直升机：休斯300C型1架、休斯500D型20架、休斯500E型6架、米-2型100架、米-8／-17型70架、其他40架。教练机：各型210架。空空导弹：AA-2"环礁"、AA-7"顶尖"若干。地空导弹：SA-2型72部（分布在45个发射场）、SA-3型约32部、SA-5型约72部。

预备役部队　54万人，其中陆军50万人、海军4万人。

准军事部队　保安和边防部队20万人。工农赤卫队约400万人，最大年龄为50岁，建立于道、市、村镇，指挥机构为旅-营-连-排。装备有轻武器、迫击炮和高炮。

兵役制度　实行义务兵役制。服役期：陆军5～8年，海军5～10年，空军3～4年。

军衔　共分5等20级，即将官以上6级（元帅、次帅、大将、上将、中将、少将）、校官4级（大校、上校、中校、少校）、尉官4级（大尉、上尉、中尉、少尉）、军士4级（特务上士、上士、中士、下士）、兵2级（上等兵、下等兵）。

附：南　朝　鲜

南朝鲜系指朝鲜分界线（大体为北纬38度线）以南部分。

主要统计　面积11万多平方公里（南朝鲜公有概念研究院1989年2月20日正式公布数字）。人口4376.8万人（其中，13～17岁男218.6万人，女207.1万人；18～22岁男222.9万人，女209.1万人；23～32岁男451.6万人，女423.3万人）。国内生产总值1403460亿南朝鲜元，合2090.2亿美元（1989年）。国防费75185亿朝鲜元，合108.91亿美元（1990年国防预算）。粗钢1678万吨（1988年）。原煤2427.4万吨（1987年）。发电量802.5亿度（1987年）。粮食928.7万吨（1988年）。海运能力，商船（载重量100吨以上）1930艘、总载重量1152.41万吨（1988年）。民航能力，固定航班机场6处、客运量144.96亿人公里、货运量16.54亿吨公里（1989年）。

国防体制　南朝鲜实行的是"总力安全保障"体制。总统为武装力量统帅。国家安全保障会议为最高统帅机关，总统任主席，其成员包括总理、国防部长、国家安全企划部部长、参谋长联席会议主席和政府有关部长。国防部长在总统和国家安全保障会议领导下工作，参谋长联席会议向国防部长负责，会议主席对整个军队实行业务领导。在作战指挥方面，南朝鲜实行的是"韩美联合作战"体制，作战指挥权掌握在"韩美联合部队司令部"司令手中。"韩美联合部队司令部"下设陆、海、空军司令部。南朝鲜本身陆、海、空军的领导人仅负责其下属各部队的行政和后勤工作。

领导人物　总统兼国家安全保障会议主席卢泰愚（1988年2月25日上任）。国防部长李钟久上将（1990年10月8日上任）。参谋长联席会议主席郑镐根上将（1989年4月14日上任）。陆军参谋总长李镇三上将（1990年10月8日上任）。海军参谋总长金钟浩上将（1987年9月4日上任）。空军参谋总长韩同上将（1990年10月8日上任）。

武装力量　**兵力**　现役部队75万人。

陆军　65万人。编有3个集团军部、8个军部、2个机械化步兵师、19个步兵师、2个独立步兵旅、7个特种作战旅、2个地地导弹营、2个高炮旅、2个地空导弹旅、1个航空兵旅。

坦克：88型250辆、M-47型350辆、M-48A5型950辆。步兵战车：约530辆。装甲输送车：共约1550辆，其中，M-113型450辆、"菲亚特"6614／KM-900／-901型400辆。牵引炮：105毫米、155毫米、203毫米共约4000门。自行炮：

155毫米100门，175毫米、203毫米若干门。火箭炮："九龙"130毫米140门。迫击炮：81毫米、107毫米共5300门。反坦克导弹："陶"式若干具。地地导弹："诚实约翰"12部。无坐力炮：57毫米、75毫米、90毫米、106毫米若干门。反坦克炮：76毫米8门、90毫米50门。高炮（枪）：600门，其中20毫米60门、35毫米20门、40毫米80门，其他若干门。地空导弹："轻标枪"100部、"红眼睛"若干部、"毒刺"200部。

陆军航空兵装备有O-IA型飞机10架，攻击直升机AH-IF／-J型48架、休斯500MD型50架，运输机8架，通用直升机249架。

海军　6万人（其中海军陆战队2.5万人）。编有3个舰队司令部。

潜艇：KSS-1"海豚"级近海潜艇3艘。驱逐舰："忠北"级（美制"基林"级）7艘、"大邱"级（美制"萨姆纳"级）2艘。护卫舰："蔚山"级7艘、"勃海"级18艘、"东海"级4艘。导弹快艇："白鸥"-52型8艘、"白鸥"-51型1艘、"大雁"-71型2艘。近海巡逻艇："大雁"-11型32艘、"海鹰"-51型36艘。扫雷艇："燕"级1艘、"昆圣"级8艘。登陆舰：美制LST-511型8艘、美制LSM-1型7艘、坦克登陆艇6艘、机械化登陆艇10艘、通用登陆艇1艘、车辆人员登陆艇约20艘。支援和其他舰只：支援油船3艘、远洋拖轮2艘、调查船（民用部门经管）约4艘。

海军航空兵编有2个反潜中队，作战飞机25架，武装直升机35架。

海军陆战队2.5万人，编有2个师、1个旅、若干个支援分队。装备有坦克M-47型40辆、装甲输送车LVTP型60辆、牵引炮105毫米、155毫米若干门、地地导弹"鱼叉"若干。

空军　4万人。编有作战飞机联队7个（攻击战斗机中队18个、战斗机中队4个、防暴机中队1个、侦察机中队1个、搜索与救援直升机中队1个）和运输机联队2个（5个中队）。作战飞机469架。

攻击战斗机：F-16型48架、F-5型204架。战斗机：F-4型128架。防暴机：A-37B型23架、T-28D型6架。引导机：O-1型20架、O-2A型10架、OA-37B型25架。侦察机：RF-4C型27架、RF-5A型10架。搜索与救援直升机：贝尔UH-1B型15架、UH-1N型2架。运输机：BAe748（要员座机）2架、波音737（要员座机）型1架、C-54型9架、C-118型1架、C-123J／K型10架、"空中指挥官"3架、C-130H型10架。运输直升机：贝尔212型7架、贝尔412型3架、UH-ID型5架、UH-H型5架。教练机：F-5B型25架、F-5F型35架、T-33A型25架、T-37型40架、T-41D型20架。空地导弹："小牛"若干枚。空空导弹："麻雀"和"响尾蛇"若干枚。

预备役部队　450万人（正在重新组织）。

准军事部队　民防部队（50岁以下）350万人，海岸警卫队约3500人，装备有大型巡逻艇14艘（"马山湖"级8艘、"海龙"／"海鲸"级6艘）、近海巡逻艇"海狼"／"海鲨"级等32艘、直升机休斯500D型9架。

兵役制度　实行普遍征兵法和招募志愿兵。各军种的服役期限：陆军和海军陆战队为2.5年，空军和海军为3年。

军衔　共分5等15级，即将官4级（上将、中将、少将、准将）、校官3级（上校、中校、少校）、尉官4级（上尉、中尉、少尉、准尉）、军士3级（上士、中士、下士）、兵1级。

外国驻军　美国驻军44200人。其中，陆军32000人，编有1个军部、1个步兵师、1个地地导弹连，空军12200人，编有1个师、2个联队，装备有作战飞机84架。

菲律宾

国　　名　菲律宾共和国。

主要统计　面积29.97万平方公里。人口6150万人（其中13～17岁男354.1万人，女343.1万人；18～22岁男307.4万人，女299万人；23～32岁男517.6万人，女501万人）。国内生产总值442.3亿美元（1989年）。国防费10.52亿美元（1990年国防预算）。原煤117.1万吨（1987年）。原油340万桶（1988年）。发电量238.52亿度（1987

年)。粮食1339.9万吨(1988年)。海运能力，商船(载重100吨以上)1483艘、总载重量1548.51万吨(1988年)。民航能力，固定航班机场18处、客运量86.53亿人公里、货运量2.741亿吨公里(1989年)。

国防政策 菲律宾支持把东南亚地区建成一个“和平、自由和中立区”的主张。当前由于菲律宾仍需依靠美国的军事支援，故一直保持同美国的防务联系。1990年，菲律宾与美国就美驻菲军事基地问题进行了谈判，双方达成初步协议(菲政府将在1991年9月美菲基地协议期满后接管克拉克空军基地及其他4个军事设施；苏比克海军基地使用期延长7年)。与此同时，菲律宾还积极发展同东盟国家的军事合作，提高联防能力。

近年来，菲武装部队为加强正规化建设，已着手调整和完善编制体制，购买先进武器装备。菲海军先后制定了3年、5年、10年发展规划，准备在今后10年内投资5.8亿美元，以改善武器装备。菲还计划建立一支约10万人的准军事部队，以协助正规军维护治安，加强联防自保能力。

菲律宾坚持对所占中国的南沙岛礁拥有主权的立场。其基本政策是：保卫已占岛礁、争取谈判解决。同时，对越南在南沙的扩张活动保持警惕。

军事战略 菲军实行“重点防御”战略。其防卫重点区域是首都马尼拉和南沙当面的西部海区。为了应付突然事件，菲在主要依靠陆军和保安军的同时，重点加强海、空军的建设，并发展地方武装，提高协同和机动作战能力，逐步建立“自主的国防力量”。

国防体制 宪法规定，总统为武装力量最高统帅。国防部为政府中的一个部，是最高军事行政机关，负责制定和实施国防计划和政策。武装力量由正规军和准军事部队组成。正规军分陆、海、空三个军种。最高军事指挥机构为武装力量司令部，总参谋长是总统之下的最高指挥官。总统通过国防部和武装部队司令部对全国武装力量实施领导和指挥。

领导人物 总统兼武装力量最高统帅科拉松·阿基诺(1986年上任)。国防部长菲德尔·拉莫斯上将(1988年上任)。总参谋长雷纳托·德比利亚上将(1988年上任)。陆军司令基莱尔莫·夫罗雷斯少将(1990年上任)。海军司令马里亚诺·杜曼卡斯海军少将(1990年上任)。空军司令给拉尔多·布洛塔希奥空军少将(1990年上任)。

武装力量 **兵力** 现役部队10.85万人。

陆军 6.8万人。编有6个军区、8个步兵师、1个轻装甲旅、3个工程兵旅、1个建筑营、8个炮兵营、1个特种勤务旅、1个总统保安队。

轻型坦克：“蝎”式41辆。步兵战车：YPR-765PRI型85辆。装甲输送车：M-113型100辆，“恰米特”20辆，V-150型165辆。牵引炮：105毫米230门、155毫米12门。迫击炮：81毫米若干门，107毫米40门。无坐力炮：75毫米、90毫米、106毫米若干门。

海军 2.5万人。编有6个海军区。

护卫舰：“坎农”级2艘。巡逻舰艇：51艘。两栖舰艇：7艘。后勤支援舰船：8艘。

陆战队(8000人)编有4个旅(10个营)。装备有装甲输送车85辆，105毫米火炮150门。

海军航空兵装备有6架作战飞机和12架直升机。

海岸警卫队 2000人。装备有巡逻艇65艘，轻型飞机2架。

空军 1.55万人。编有2个战斗机中队、1个防暴机中队、1个防暴直升机联队、1个总统专机联队、7个运输机中队、1个联络机中队、3个教练机中队。作战飞机26架、武装直升机71架。

战斗机：F-5型9架、T-28D型8架。海上侦察机：F-27M型2架。救援机：HU-16型4架。武装直升机：贝尔UH-1H／M型55架，AUH-76型16架。专用直升机：贝尔212型1架、S-70A型2架、SA-330型2架、BO-105C型10架。运输机：C-130H型3架、L-100-20型3架、C-47型3架、F-27型7架、BN-2“岛人”10架、N-22B“办事能手”9架。运输直升机：贝尔205型15架、UH-1H型17架。联络机：“色斯纳”180型6架、“色斯纳”-210型2架、“色斯纳”310型1架、DHC-2型5架、U-17A／B型15架。教练机：T-33型5架、RT-33型3架、T-41D型20架、SF-260MP型14架、SF-260WP型9架。空空导弹：“响尾蛇”若干枚。

预备役部队 12.8万人。其中陆军10万人、海军1.2万人、空军1.6万人。

准军事部队 9万人。其中保安军4.5万人，编有14个地区司令部，234个连；国民自卫军4.5万人。

部署 菲律宾军队重点加强首都及西部南沙海区的防卫，有半数以上的舰艇和陆战队部署在南沙当面海区。全国海空军基地主要有5处，其中空军基地3

处（克拉克、库比岬、马尼拉），海军基地2处（三格莱／卡维特、三宝颜）。

兵役制度 实行志愿兵役制，服役年限3年以上。

军衔 分5等17级，即将官4级（上将、中将、少将、准将）、校官3级（上校、中校、少校）、尉官3级（上尉、中尉、少尉）、军士4级（军士长、上士、中士、下士）、兵3级（上等兵、一等兵、二等兵）。

外国驻军 美国驻军1.47万人。其中陆军200人；空军8700人，编有1个空军师，装备有48架作战飞机；海军5000人，基地苏比克；另有海军陆战队800人。

柬 埔 寨

国　　名 柬埔寨(1990年2月3日起改现名)。

主要统计 面积181035平方公里。人口817.3万人（其中，13～17岁男29.2万人，女29.5万人；18～22岁男42.8万人，女41.8万人；23～32岁男78.2万人，女75.8万人）。国民生产总值29.18亿瑞尔（1988年）。发电量0.7亿度（1987年）。粮食210万吨（1988年）。海运能力，商船（载重100吨以上）3艘、总载重量3800吨（1988年）。空运能力，固定航班机场1处（1989年）。

国防体制 抗击越南侵略的柬埔寨全国政府有三派："民主柬埔寨"（原柬埔寨共产党，又称红色高棉）；宋双领导的"高棉人民民族解放阵线"；诺罗敦·西哈努克领导的"争取柬埔寨独立、中立、和平与合作民族团结阵线"。三方都拥有各自的武装力量，即"民主柬埔寨国民军"；"高棉人民民族解放军"；"西哈努克国民军"。三方各派一名代表组成"国防协调委员会"，负责协调军事工作。

领导人物 "民主柬埔寨国民军"总司令宋成(1985年9月上任)。"高棉人民民族解放军"总司令沙索沙康（1985年5月上任)。"西哈努克国民军"总司令诺罗敦·拉那烈王子（1985年1月上任)。

武装力量 **兵力** "民主柬埔寨国民军"总兵力7万人，编有24个师。"高棉人民民族解放军"总兵力1.5万人，估计编成30个"旅"、7个"突击"大队。"西哈努克国民军"总兵力约1.2万人，编成7个"旅"、6个"团"、5个"突击"大队。

以上抗越力量主要装备轻武器，包括12.7毫米机枪，60毫米、82毫米迫击炮，RPG－T－7火箭筒，DK－75毫米无坐力炮，SA－7导弹等。

兵役制度 各方均实行义务兵役制。

军衔 "民主柬埔寨国民军"不设军衔，其余两方军衔主要分为将、校、尉三等。

外国驻军 侵柬越军5万人（越南当局自称已于1989年9月底全部撤军)。

附：韩桑林集团

由越南扶植的金边韩桑林傀儡政权称为"柬埔寨人民共和国"，其武装力量称为"柬埔寨人民革命军"。

领导人物 军队总司令、国防委员会主席韩桑林（1981年6月上任)。国防部长迪班（1988年8月上任)。总参谋长波尔沙伦（1988年8月上任)。

武装力量 **兵力** 现役部队约11万人（含省和区地方部队)。

陆军　约5.55万人，划分成4个军区。编有7个步兵师、3个独立步兵团、1个骑兵团、4个坦克营、若干独立侦察营、炮兵营和防空营。

坦克：T－54／－55型100辆、PT－76型10辆。装甲车：БТР－40／－60／－152型约170辆、M－113型若干辆。牵引炮：76毫米、122毫米和130毫米约350门。火箭炮：107毫米、122毫米、132毫米和140毫米若干门。迫击炮：82毫米、120毫米、160毫米若干门。无坐力炮：82毫米、107毫米若干门。高炮（机枪)：14.5毫米、37毫米、57毫米若干门（挺)。地空导弹：SA－7若干部。

海军　约1000人。

巡逻艇：苏制"图利亚"级水翼鱼雷快艇2艘、苏制"斯坚卡"级近海巡逻艇4艘、小于100吨的巡逻艇5艘。

空军　约800人。作战飞机17架、武装直升机3架。

歼击机：米格-21型17架。武装直升机：米-24型3架。运输机：安-24型3架。直升机：米-8型、米-17型6架。

省地方部队　约2.25万人，每省至少1个步兵团。

区地方部队　约3.25万人，每区至少1个步兵营。

准军事部队　约5万乡村部队，估计每村10～20人。

兵役制度　义务兵役制。服役期5年，服役年龄18～35岁。

军衔　分将、校、尉三等。

卡塔尔

国　　名　卡塔尔国。

主要统计　面积11437平方公里（官方公布材料）。人口42万人（含外国侨民约30万人），其中，13～17岁男1.64万人，女1.38万人；18～22岁男1.78万人，女1.24万人；23～32岁男4.64万人，女2.34万人。国内生产总值197亿里亚尔，合54.1亿美元（1989年）。国防费5.612亿里亚尔，合1.542亿美元（1987年国防预算）。原油12700万桶（1988年）。天然气64.7亿立方米（1988年）。发电量44.2亿度（1987年）。粮食2000吨（1988年）。海运能力，商船（载重100吨以上）65艘、总载重量46.34万吨（1988年）。民航能力，固定航班机场1处、客运量14.18亿人公里、货运量3600万吨公里（1989年）。

国防体制　埃米尔（酋长）为国家元首，掌管国家的最高权力，为武装力量最高统帅。武装力量由正规军和准军事部队组成。正规军分陆、海、空三个军种。

领导人物　埃米尔兼武装力量最高统帅谢赫哈利法·本·哈马德·阿勒萨尼（1972年2月22日即位）。王储兼国防大臣哈马德·本·哈利法·阿勒萨尼（1972年2月上任）。

武装力量　**兵力**　现役部队7500人。

陆军　6000人。编有1个王室警卫团、1个坦克营、3个机械化步兵营、1个特种兵营、1个野战炮兵团、1个地空导弹连。

坦克：AMX-30型24辆。装甲侦察车："白鼬"10辆。步兵战车：AMX-10P型30辆。装甲输送车：VAB型160辆、"突击队员"V-150型8辆。牵引炮：88毫米8门。自行炮：155毫米6门。迫击炮：81毫米若干门。反坦克导弹："米兰"、"霍特"100具。无坐力炮：84毫米若干门。地空导弹："轻剑"、"吹管"12部、"毒刺"约12部。

海军　700人（含海上警察）。

导弹攻击快艇："斗士"级3艘。巡逻艇："巴尔赞"级6艘。登陆艇：1艘。

空军　800人。编有1个战斗机中队、1个运输机中队。

作战飞机18架、武装直升机20架。

攻击战斗机："阿尔法喷气"式6架。战斗机："幻影"F-1型12架。运输机：波音707型2架、波音727型1架。攻击直升机：SA-342L型12架、"突击队员"MK-3型8架。运输直升机："突击队员"4架。通信联络直升机：SA-341G型2架。空地导弹：AM-39"飞鱼"、"霍特"若干枚。地空导弹："罗兰"6部。

准军事部队　警察若干人，装备有2架直升机。

兵役制度　实行志愿兵役制。

科威特

国　　名　科威特国。

主要统计　面积17818平方公里。人口203.7万人（其中，13～17岁男10.5万人，女10.2万人；18～22岁男9.1万人，女8.6万人；23～32岁男

17.2万人，女13.2万人)。国内生产总值67.79亿第纳尔，合203.9亿美元（1989～1990年)。国防费4.5亿第纳尔，合15.4亿美元（1989～1990年国防预算)。原油4.58亿桶（1988年)。天然气64.9亿立方米（1988年)。发电量184亿度（1987年)。粮食0.3万吨（1988年)。海运能力，商船（载重100吨以上）206艘、总载重量101.1万吨（1988年)。民航能力，固定航班机场1处、客运量33.7亿人公里、货运量3.382亿吨公里（1989年)。

国防体制 国家元首、科威特埃米尔为武装力量最高统帅。国防部是最高军事行政机构，负责国防行政事务。武装力量主要由正规军和准军事部队组成。现役部队分陆、海、空三个军种。准军事部队为内政部下属的国民警卫队。

领导人物 埃米尔兼武装力量最高统帅贾比尔·艾哈迈德·萨巴赫（1977年12月继位)。国防大臣谢赫·纳瓦夫·艾哈迈德·贾比尔·萨巴赫（1988年1月上任)。武装力量参谋长马吉德·阿卜杜拉·萨尼伊少将（1989年9月上任)。海军司令哈比卜·米尔（1989年9月上任)。

武装力量 **兵力** 现役部队2.03万人。

陆军 1.6万人。编有3个装甲旅、1个机械化步兵旅、1个炮旅。

坦克：约251辆，其中“维克斯”MK1约70辆、M-84型6辆、“百人队长”10辆、“酋长”165辆。装甲侦察车：“萨拉丁”100辆、“白鼬”90辆。步兵战车：БМП-2型245辆。装甲输送车：430辆，其中M-113型200辆、“萨拉逊”130辆、“法赫德”100辆。牵引炮：105毫米16门。自行炮：155毫米56门。迫击炮：81毫米若干门、120毫米40门。反坦克导弹：“霍特”20具、“陶”式和改进型“陶”式若干具、AT-4“塞子”200枚。无坐力炮：84毫米若干门。地地导弹：FROG-7型12部。地空导弹：SA-7、SA-14型若干部。

海军 0.21万人。基地设在阿达米、舒瓦赫。海岸巡逻艇23艘，其中导弹快艇8艘、巡逻艇15艘。两栖舰艇4艘。支援舰3艘。

陆战队：2个营突击队。

空军 0.22万人。编有2个战斗机中队、1个防暴兼教练机中队、3个直升机中队。作战飞机35架、武装直升机18架。

战斗机：“幻影”F-1CK型18架、F-1BK型5架。防暴兼教练机：“隼”式MK64型12架。运输机：8架。直升机：33架，其中运输直升机16架、教练直升机17架。防空武器：1个地空导弹营，6个连，每连装备改进型“霍克”若干枚。空空导弹：“魔术”、“响尾蛇”若干枚。空地导弹：AS-11、AS-12、“霍特”、AM-39“飞鱼”若干枚。

预备役部队 法律规定退出现役后服预备役14年。

准军事部队 国民警卫队（包括宫廷卫队和边防卫队）0.7万人，装备V-150型装甲输送车20辆、V-300“突击队员”装甲输送车62辆。

兵役制度 实行义务兵役制。士兵服役2年。大学生实行1年的军训。

（编注：1990年8月2日，伊拉克军侵占科威特后，科空军共损失作战飞机和直升机13架（其中“幻影”F-1型8架、A-4“天鹰”3架、直升机2架)；C-130“大力士”运输机4架；美制“霍克”地空导弹发射群4个，约150枚“霍克”导弹。科威特大部分飞机转移至沙特阿拉伯，少部分装甲部队也转移至沙特阿拉伯，保存了约一半的军事实力)。

老 挝

国　　名 老挝人民民主共和国。

主要统计 面积236800平方公里。人口460.1万人（其中，13～17岁男25.1万人，女24.8万人；18～22岁男22.8万人，女23.1万人；23～32岁男25万人，女25.5万人)。国内生产总值1766亿基普，合5.04亿美元（1988年)。发电量11亿度（1987年)。粮食140万吨（1989年)。民航能力，固定航班机场7处、客运量900万人公里、货运量100万吨公里（1989年)。

国防体制 老挝最高军事领导机关是人民革命党中央军事委员会，军委书记兼任国防部长和总司令的职务。总司令部下辖国防部和总参、总政、总后、总技4大局。总司令部负责全军的作战指挥，总司令为最高军事指挥官。国防部是军队的行政管理机构。总参谋局是总司令部的作战指挥参谋机构，负责协调全军的训练、作战等事宜。武装力量由正规军和准军事部队组成。

领导人物 军委书记兼国防部长和人民军总司令坎代·西潘顿上将。总参谋长西沙瓦·乔奔潘上将。总政治局主任俄沙甘·汤马特瓦中将。总后勤局局长纳坤·西沙嫩中将。总技术局局长普温·乔汶龙。

武装力量 **兵力** 现役部队5.51万人。

陆军 5.25万人。编有5个步兵师、7个独立步兵团、1个工程兵团、2个建筑团、5个炮兵营、9个高炮营、65个独立步兵连、1个轻型联络飞机小队。

坦克：T-54／-55型30辆、PT-76型25辆。装甲输送车：БТР-40／-60／-152型共70辆。牵引炮：105毫米25门、122毫米40门、130毫米10门。迫击炮：82毫米、120毫米若干门。无坐力炮：57毫米、75毫米、107毫米若干门。高炮（机枪）：14.5毫米、23毫米、37毫米、57毫米若干门（挺）。地空导弹：SA-3、SA-7若干部。

海军 内河水兵部队约600人。

江河巡逻艇：100吨以下40艘。

空军 2000人。编有1个攻击歼击机团、1个运输机中队、1个直升机中队。作战飞机34架。

攻击歼击机：米格-21型30架。运输机：安-24型5架、安-26型2架、雅克-40型2架。直升机：米-8型10架、米-6型2架。教练机：米格-21型4架。空空导弹：AA-2“环礁”若干枚。

准军事部队 有民兵、自卫队若干人。

兵役制度 实行义务兵役制，服役期18个月。

外国驻军 越南驻军1～1.5万人，多为经济建设部队。

黎巴嫩

国　　名 黎巴嫩共和国。

主要统计 面积10.452平方公里。人口265.1万人（其中，13～17岁男15.8万人，女15.4万人；18～22岁男15.7万人，女15.6万人；23～32岁男19.3万人，女23.2万人）。国内生产总值36.04亿美元（1989年估计）。国防费1.54亿美元（1990年国防预算估计）。发电量46.3亿度（1987年）。粮食2.5万吨（1988年）。海运能力，商船（载重100吨以上）201艘、总载重量63.45万吨（1988年）。民航能力，固定航班机场1处、客运量6.42亿人公里、货运量1820万吨公里（1989年）。

国防体制 宪法规定，总统为武装力量最高统帅。最高国防决策机构为最高国防委员会，成员有总统、内阁全体部长、军队司令、参谋长等，由总统任主席。国防部为政府中的一个部，是最高军事行政机关，负责军队与地方部门的协调，提供防务咨询和建议，进行国际交往等工作。武装力量由正规军和准军事部队组成。正规军分陆、海、空三个军种。最高军事指挥机构为军队司令部。总统通过国防部和军队司令部对全国武装力量实施领导和指挥。

领导人物 总统兼武装力量最高统帅埃利亚斯·赫拉维（1989年上任）。国防部长艾伯特·曼苏尔（1989年上任）。参谋长（空缺）。海军司令安东·库雷迪准将（1979年上任）。空军司令法希姆·哈里姆·哈吉准将。

武装力量 **兵力** 现役部队2.23万人。

陆军 2.1万人。编有12个旅。

坦克：M-48A1／A5型100辆、T-54／-55型100辆、AMX-13型32辆。装甲侦察车：“萨拉丁”65辆、“白鼬”5辆。装甲输送车：M-113型和“萨拉逊”共300辆、VAH-VTT式40辆。牵引炮：105毫米15门、122毫米18门、130毫米15门、155毫米64门。迫击炮：81毫米和120毫米120门。反坦克导弹：“安塔克”若干具、“米兰”若干具、“陶”式20具。无坐力炮：106毫米若干门。高炮：20毫米、23毫米、30毫米若干门、40毫米15门。

海军 500人。

巡逻艇：1艘。登陆艇：2艘。

空军 800人。作战飞机3架、武装直升机1架。

战斗机：“猎人”3架。运输机：“鸽”式1架，“涡轮指挥官”1架。直升机：攻击型1架，运输型15架。教练机：6架。

准军事部队 8000人，为内部治安军和警察。

教派民兵武装 “黎巴嫩力量” 基督教马龙派“黎巴嫩阵线”的一支武装，约有基干民兵1万人，后备及地方武装3.5万人。装备主要有T-55、M-48型坦克150辆、轻型坦克AMX-13型5辆、压制火炮约100门、无坐力炮和高炮若干、巡逻艇3艘。司令萨米尔·盖亚盖亚。

“阿迈勒运动” 穆斯林什叶派军事组织，约有基干民兵5000人，后备及地方武装1.5万人。装备主要有T-54／-55型坦克50辆。主席纳比·贝里。

“人民解放军” 穆斯林德鲁兹派“社会进步党”所属的军事组织，约有基干民兵5000人，后备及地方武装1.5万人。装备主要有T-34、T-54／-55型坦克70辆。最高领导人瓦利德·琼布拉特。

“真主党” 穆斯林什叶派原教旨主义组织，约有武装民兵3500人，后备及地方武装1.5万人。精神领袖穆罕默德·侯赛因·法德拉拉。

“巨人旅” 基督教马龙派的一支武装，约有基干民兵5000人，后备及地方武装1.5万人。领导人罗伯特·弗朗吉亚。

“黎巴嫩南方军”（简称“南黎军”） 以色列在黎巴嫩南部边境地区扶植的傀儡武装，兵力约2500人。装备主要有M-4型坦克40辆、T-54／-55型坦克30辆。司令安东·拉赫德少将。

兵役制度 实行义务兵役制，并招募部分志愿兵。士兵服役期1年6个月。

军衔 军官分3等9级，即将官3级（中将、少将、准将），校官3级（上校、中校、少校），尉官3级（上尉、中尉、少尉）。

外国驻军 联合国驻黎巴嫩临时部队约5500人。

马来西亚

国　　名 马来西亚。

主要统计 面积329293平方公里。人口1738.4万人（其中13～17岁男92.5万人，女88.4万人；18～22岁男85.5万人，女82.3万人；23～32岁男158.3万人，女153.7万人）。国内生产总值374.5亿美元（1989年）。国防费15.6亿美元（1990年国防预算）。原油1.97亿桶（1988年）。天然气164.5亿立方米（1988年）。发电量173.87亿度（1987年）。粮食170万吨（1988年）。海运能力，商船（载重100吨以上）499艘、总载重量226.58万吨（1988年）。民航能力，固定航班机场38处、客运量85.92亿人公里、货运量3.859亿吨公里（1989年）。

国防体制 宪法规定，国家元首为武装力量最高统帅。最高决策机构为国家安全委员会，总理兼任主席。内阁设国防部，为最高军事行政机关。武装力量由正规军和准军事部队组成。正规军分陆、海、空三个军种，各军种均设参谋部。最高军事指挥机构为武装力量司令部。

领导人物 国家元首兼武装力量最高统帅阿兹兰·沙阿苏丹（1989年上任）。总理兼国家安全委员会主席马哈蒂尔·穆罕默德（1981年上任）。国防部长M·纳吉布·拉扎克（1990年上任）。武装力量总司令达图·莫赫·加扎利·泽·马特（1985年上任）。总参谋长哈希姆·穆罕默德·阿里上将（1987年上任）。陆军司令阿布·巴卡尔中将（1989年上任）。海军司令达图·沙里夫·伊萨中将（1990年上任）。空军司令达托·莫赫德·恩加（1984年上任）。

武装力量 **兵力** 现役部队12.95万人。

陆军 10.5万人。编有1个军、4个师、1个防暴安全指挥部、9个步兵旅（含36个步兵营、4个装甲团、5个野战炮兵团、2个高炮团、5个工程兵团、1个特种勤务团）。

轻型坦克：“蝎”式26辆。装甲侦察车：SIBMAS162辆、AML-60／-90型140辆、“白鼬”92辆。装甲输送车：V-100／-150“突击队员”184辆、“攻击者”25辆、“神鹰”460辆。牵引炮：105毫米206门、155毫米9门。无坐力炮：106毫米150门、120毫米5门。高炮：35毫米8门、40毫米36门。

海军 1.25万人。编有东、西2个海军司令部。

护卫舰：“卡斯图里”级2艘、“汉都亚”级1艘、“拉玛”级1艘。导弹攻击快艇：“汉达兰”级4艘、“柏达那”级4艘。巡逻艇：29艘。扫雷艇：5艘。两栖舰艇：2艘。登陆艇：33艘。后勤支援舰船：3艘。

海军航空兵装备有6架直升机。

空军　1.2万人。编有2个空军司令部、2个攻击战斗机中队、1个战斗机中队、1个侦察机中队、1个海上侦察机中队、4个运输机中队、4个直升机中队、4个教练机中队、1个机场防卫中队。作战飞机67架。

攻击战斗机：A-4型35架。战斗机：F-5E型14架、F-5F型2架。侦察机：RF-5E型2架、F-5F型2架、C-130HMP型3架。运输机：C-130H型6架、DHC-4型14架、BAe-125型2架、“隼”-900型1架、HU-16型2架、“色斯纳”402B型11架。直升机：NAS-332型1架、S-61A型31架、SA-316B型25架。教练机：81架。空空导弹：“响尾蛇”若干枚。

预备役部队　4.66万人，其中陆军4.5万人、海军1000人、空军600人。

准军事部队　20余万人，其中警察1.8万人、地区治安警察3500人、边境侦察部队1200人、人民志愿团18万人。

部署　马来西亚以东经109度线为界把其本土和所属海域分为东、西两部分。海军分设两个军区，分界线以西为第1海军区（司令部驻关丹），以东为第2海军区（司令部驻拉布安）。空军也在东、西两部分设两个军区。全国主要海、空军基地7处，其中海军基地4处（卢马特、关丹、伍德兰兹、拉布安）、空军基地3处（吉隆坡、亚罗士打、吉打）。

兵役制度　实行志愿兵役制。

驻外兵力　参加联合国两伊军事观察组观察员15人。

外国驻军　澳大利亚陆军1个步兵连、空军1个分遣队。

蒙　古

国　　名　蒙古人民共和国。

主要统计　面积156.65万平方公里。人口215.4万人（其中，13～17岁男12.2万人，女11.8万人；18～22岁男10.9万人，女10.8万人；23～32岁男16.8万人，女16.8万人）。国民生产总值77.1亿图格里克，合23亿美元（1987年估计）。国防费9亿图格里克，合2.6838亿美元（1988年国防预算估计）。原煤710万吨（1990年）。发电量28亿度（1990年）。粮食70万吨（1990年）。民航能力，固定航班机场1处、客运量3.68亿人公里、货运量810万吨公里（1989年）。

国防体制　宪法规定，大人民呼拉尔主席团主席是武装力量最高统帅。国防会议是国家最高军事决策机构，由部长会议主席、国防部长、外交部长、公安部长、总参谋长、人民军政治教育部主任等组成。国防部是人民军的最高领导机关，下设总参谋部、政治教育部、后勤部、干部部、军训部、陆军部、空军处、防空军处、民防局和建筑部队总管理局。国防部通过各部（处）对各军种部队实施统一管理。武装力量由陆军、空军和准军事部队组成。

领导人物　大人民呼拉尔主席团主席、总统兼国防会议主席、武装力量总司令彭·奥其尔巴特（1990年上任）。国防部长沙·扎丹巴中将（1990年上任）。国防部第一副部长兼总参谋长拉·嘎瓦少将（1990年上任）。人民军政治教育部部长鲁·普日布道尔吉少将（1990年上任）。人民军后勤部部长策·达希哲博格（1990年上任）。国家民防局局长贡·达木丁苏荣（1990年上任）。

武装力量　**兵力**　现役部队2.15万人。

陆军　2.1万人。编有4个摩步师。

坦克：T-54／-55／-62型650辆。装甲侦察车：БРДМ-2型135辆。步兵战车：БМП-1型420辆。装甲输送车：БТР-40／-60／-152型300辆。牵引炮：122毫米、130毫米、152毫米共300门。火箭炮：122毫米、132毫米、140毫米共135门。迫击炮140门。反坦克炮若干门。高炮（机枪）：14.5毫米、37毫米、57毫米100门（挺）。地空导弹：SA-7型300部。

空军　500人。编有1个歼击机团、2个运输机中队、1个直升机中队。作战飞机28架、武装直升机10架。

歼击机：米格-21型25架。武装直升机：米-24型10架。运输机：安-2型20架、安-24型19架、安-26型3架、安-32型1架、图-154型1

架。直升机：米-8型4架、米-4型10架。教练机：米格-15型2架，米格-21型3架，雅克-11/雅克-18型6架、其他3架。

预备役部队　陆军20万人。

准军事部队　1.6万人，其中边防和内卫部队1万人、警察6000人。

兵役制度　实行义务兵役制。征兵年龄18～28岁，士兵服役年限2年，军官服役最高年龄：尉官45岁、校官55岁、将官60岁。预备役人员由退役军官和未服现役的人员组成。预备役军官服役年限比同级现役军官延长5年。

军衔　分4等16级，即将官3级（上将、中将、少将）、校官3级（上校、中校、少校）、尉官5级（大尉、上尉、中尉、少尉、准尉）、士兵5级（上士、中士、下士、上等兵、列兵）。

外国驻军　苏联驻军约1万人。

孟加拉国

国　名　孟加拉人民共和国。

主要统计　面积143998平方公里。人口11333.5万人（其中13～17岁男706.7万人，女685.9万人；18～22岁男636.4万人，女588.8万人，23～32岁男845.1万人，女807.3万人）。国内生产总值6411.7亿塔卡，合198.7亿美元（1989年）。国防费113.9亿塔卡，合3.48亿美元（1990年国防预算）。原油20万桶（1988年）。天然气46亿立方米（1988年）。发电量58.95亿度（1987年）。粮食2298.9万吨（1988年）。海运能力，商船（载重100吨以上）289艘、总载重量61.19万吨（1988年）。民航能力，固定航班机场7处、客运量19.87亿人公里、货运量7430万吨公里（1989年）。

国防体制　宪法规定，总统为武装力量最高统帅。陆、海、空三军分立，三军的作战指挥权分别由三军参谋长自行负责。国防部由文官掌握，负责军事预算、军工生产、装备采购等行政事宜，对军队无指挥权。武装力量由正规军、预备役部队和准军事部队组成。正规军分陆、海、空三个军种。准军事部队属内政部管辖，平时负责边、海防和内卫治安，战时配合正规军作战。

领导人物　代总统兼武装力量总司令谢哈布丁·艾哈迈德（1991年1月上任）。陆军参谋长M·诺鲁丁·汗上将（1990年8月上任）。海军参谋长阿米尔·阿梅德·穆斯塔法少将（1990年8月上任）。空军参谋长索塔兹·艾哈迈德少将（1987年7月上任）。

武装力量　**兵力**　现役部队10.3万人。

陆军　9万人。编有6个步兵师、14个步兵旅（约26个营）、1个装甲旅（2个装甲团）、6个炮兵团、6个工程兵营。

主战坦克：T-54/-55型30辆、其他20辆。轻型坦克：约40辆。牵引炮：105毫米80门、122毫米20门。迫击炮：120毫米50门、81毫米、82毫米若干门。无坐力炮：106毫米30门。反坦克炮：57毫米18门、76毫米50门。

海军　7500人。基地设在吉大港（司令部）、达卡、库尔纳、查尔纳。

护卫舰4艘、导弹快艇8艘、鱼雷快艇8艘、海岸巡逻艇11艘、近岸巡逻艇13艘、江河船艇5艘、登陆艇6艘、运输船和其他船只4艘。

空军　6000人。编有2个攻击战斗机中队、2个战斗机中队、1个运输机中队、3个直升机中队。作战飞机82架。

攻击战斗机：Q-5型等45架。战斗机：米格-21型18架、其他17架。运输机：安-24型1架、安-26型4架、DHC-3型1架、DC-6型1架、雅克-40型1架。直升机：贝尔-206L型2架、贝尔-212型13架、米-8型12架。教练机：38架。

准军事部队　孟加拉步枪队3万人（边防卫队）、武装警察5000人、保安队2万人。

兵役制度　实行志愿兵役制。陆军士兵一般需服役20年。

军衔　军官分3等8级，即将官2级（中将、少将）、校官3级（上校、中校、少校）、尉官3级（上尉、中尉、少尉）。军士3级（上士、中士、下士）、兵3级（一等兵、二等兵、新兵）。

驻外兵力　参加联合国驻伊朗、伊拉克观察员15人。

缅　甸

国　　名　缅甸联邦。

主要统计　面积 676581 平方公里。人口 4067.2 万人（其中，13～17 岁男 225.1 万人，女 221.3 万人；18～22 岁男 207.9 万人，女 204.8 万人；23～32 岁男 338.9 万人，女 336 万人）。国内生产总值 111.1 亿美元（1988 年估计）。国防费 3.34 亿美元（1989 年国防预算）。原煤 8.1 万吨（1987 年）。原油 500 万桶（1988 年）。天然气 10.4 亿立方米（1988 年）。发电量 22.79 亿度（1987 年）。粮食 1482.1 万吨（1988 年）。海运能力，商船（载重 100 吨以上）120 艘、总载重量 41.25 万吨（1988 年）。民航能力，固定航班机场 21 处、客运量 2.29 亿人公里、货运量 2300 万吨公里（1989 年）。

国防体制　1988 年 9 月，由军人组成的"国家治安建设委员会"接管政权，在缅甸实行军人统治。国防部为军政府中一个部，为缅甸国防军最高统帅机关，统管作战、训练和军工等重大事务。武装力量由正规军和准军事部队组成，正规军分陆、海、空三个军种。总参谋部为最高军事指挥机关。"国家治安建设委员会"主席通过国防部和总参谋部对全国武装力量实施领导和指挥。

领导人物　"国家治安建设委员会"主席兼总理、国防部长和总参谋长苏貌大将（1988 年 9 月上任，国防部长职务 1988 年 7 月上任，总参谋长职务 1985 年 11 月上任）。副总参谋长兼陆军司令丹瑞上将（1985 年 11 月上任）。副总参谋长兼海军司令貌貌钦中将（1985 年 11 月上任）。副总参谋长兼空军司令丁吞中将（1985 年 11 月上任）。

武装力量　**兵力**　现役部队 23 万人。

陆军　21.2 万人。编有 9 个轻装步兵师师部、10 个军区司令部、58 个战术指挥部、175 个步兵营、4 个炮兵营、2 个装甲营和 1 个高炮营。

主战坦克："慧星"26 辆。装甲侦察车："白鼬"45 辆。装甲输送车："亨伯"40 辆。牵引炮：76 毫米 120 门、88 毫米 50 门、105 毫米 96 门、140 毫米若干门。迫击炮：120 毫米 80 门。无坐力炮：84 毫米 500 门。反坦克炮：57 毫米、76.2 毫米 60 门。高炮：40 毫米 10 门。

海军　9000 人（包括海军陆战队 1 个营 800 人）。编有 3 个海军区、6 个海军基地、1 个战略舰队和 3 个艇队。

小型护卫舰：PCE 级和"极妙"级各 1 艘。巡逻艇：37 艘。支援船：3 艘。

空军　9000 人。编有 6 个空军基地、2 个防暴机中队、3 个运输机中队、4 个直升机中队和 4 个雷达中队。作战飞机 16 架。

防暴机：PC-7 型 12 架、PC-9 型 4 架。运输机：DHC-3 型 8 架、F-27 型 1 架、FH-227 型 4 架、PC-6A／-B 型 7 架。联络机："色斯纳"180 型 3 架、"色斯纳"550 型 1 架。直升机：贝尔 205 型 17 架、贝尔 206 型 6 架、SA-316 型 5 架。教练直升机：10 架。

准军事部队　8.525 万人，其中人民警察 5 万人、民兵 3.5 万人、渔业部门 250 人。12 艘巡逻艇。

兵役制度　实行志愿兵役制。

军衔　军官分 3 等 11 级，即将官 5 级（大将、上将、中将、少将、准将）、校官 3 级（上校、中校、少校）、尉官 3 级（上尉、中尉、少尉）。

尼　泊　尔

国　　名　尼泊尔王国。

主要统计　面积 147181 平方公里。人口 1881.1 万人（其中 13～17 岁男 107.6 万人，女 102.2 万人；18～22 岁男 91 万人，女 88.2 万人；23～32

岁男 140.2 万人，女 134.1 万人）。国内生产总值 745.8 亿尼泊尔卢比，合 27.4 亿美元（1989 年）。国防费 11.14 亿尼泊尔卢比，合 0.39 亿美元（1990 年国防预算）。原煤 0.8 万吨（1986 年）。发电量 5.38 亿度（1987 年）。粮食 460.6 万吨（1988 年）。民航能力，固定航班机场 5 处、客运量 3.36 亿人公里、货运量 590 万吨公里（1989 年）。

国防体制 国王为武装力量最高统帅。国王通过王宫军事秘书处、皇家军队司令部和国防部指挥和管理军队。王宫军事秘书处是国王的军事参谋机构。皇家军事司令部是国王统帅军队的指挥机构，由参谋长领导。国防部由文官组成，对军队无指挥权，主要负责军费预算、武器装备和军需物资的供应，办理外国的军事援助，确定兵源补充和对军官的提升、任免提出建议。武装力量主要由正规军和准军事部队组成。正规军只有陆军。

领导人物 国王兼武装力量最高统帅比兰德拉·比尔·比克拉姆·沙阿·德瓦（1972 年 1 月即位）。国防大臣克里希纳·巴特拉伊（1990 年 4 月上任）。陆军参谋长沙启德·沙姆谢尔·拉姆上将（1987 年上任）。

武装力量 **兵力** 现役部队 3.5～4 万人。

陆军 3.5～4 万人。编有 1 个皇家警卫旅（含 1 个骑兵中队、1 个守备营）、7 个步兵旅（含空降营）、1 个炮兵团、1 个工程兵营、1 个装甲侦察中队。装备有装甲侦察车 25 辆、牵引炮 17 门（75 毫米 6 门、94 毫米 5 门、105 毫米 6 门）、迫击炮（81 毫米若干门、120 毫米 18 门）、14.5 毫米高射机枪 30 挺、40 毫米高炮 2 门、轻型飞机 4 架、直升机 6 架。

准军事部队 武装警察 2.8 万人。

部署 尼泊尔陆军主要部署在加德满都和尼泊尔与印度边境一带。

兵役制度 实行志愿兵役制度。士兵服役期一般为 15 年。各级军官最高服役年限：将官 60 岁、校官 55 岁、尉官 52 岁。

军衔 分 3 等 10 级，即将官 4 级（上将、中将、少将、准将）、校官 3 级（上校、中校、少校）、尉官 3 级（上尉、中尉、少尉）。

驻外兵力 参加联合国秘书长驻阿富汗、巴基斯坦代表处 1 人，参加联合国驻黎巴嫩临时部队 1 个步兵营（857 人）。

日　本

国　　名 日本国。

主要统计 面积 377835 平方公里。人口 12325.5 万人（其中，15～29 岁男 1316.6 万人，女 1361.5 万人；30～44 岁男 1348.9 万人，女 1403.9 万人）（1989 年 10 月 1 日）。国民生产总值 4172000 亿日元（1990 年度预算）。国防费 41593 亿日元（1990 年度预算），占国民生产总值的 0.997%，占政府财政支出的 6.3%（1990 年度预算）。粗钢 10814 万吨（1989 年度）。原煤 1018.7 万吨（1989 年度）。原油 64.1 万千公升（1989 年度）。天然气 200900 万立方米（1989 年度）。发电量 7046.7 亿度（1989 年度）。主要农作物总产量约 1165.6 万吨（1988 年度）。海运能力，商船（100 吨以上）7777 艘、总吨位 2636.7 万吨（1989 年度）。民航能力，固定航班机场 89 处、客运量，国内航线 471.46 亿人公里、国际航线 499.78 亿人公里，货运量，国内航线 6.0694 亿吨公里、国际航线 44.0314 亿吨公里（1989 年度）。

国防政策 日本政府宣称，日本的国防政策是根据日本国宪法和 1957 年国防会议通过的《国防基本方针》制定的。日本政府强调，有效地建设和管理自卫队及保持和提高日美安全保障体制的可靠性是其国防政策的“两大支柱”。国防政策和基本方针的主要内容包括：日本在战后和平宪法下，贯彻专守防卫的战略方针，不作威胁他国的军事大国；加强国际间的协调与合作，遏制侵略，实现世界和平；确立保障国家安全所必需的国防基础；根据国力和国情，在自卫所必要的限度内，有节制地建设一支有效的防卫力量；在联合国尚不能有效地制止外国对日发动侵略的情况下，日本将依靠日美安全保障体制来对付这种侵略。日本坚持由议会和内阁审议、决定国防重大问题，由文职的防卫厅长官统辖自卫队的“文官治军”原则。坚持“无核 3 原则”，即不拥有、不制造、不运进核武器。坚持行使自卫权的“3 条件”，即只在遭到侵略时，无其他手段排除侵略时，行使武力控制在必要的最低限度时，才允许行使自卫权。坚持不参加“集体自卫”，禁止向国外派遣军队。禁止装备战略性进攻武器。实行“禁止出口武器3原则”，即不向社会主义国家、不向联合国决议中禁止向其出口武器的国家、不向国际纠纷或可能发生国际纠纷的当事国出口和提供武器，等等。

随着经济实力的迅速增长，特别是进入80年代以后，日本日益感到自己在国际事务中的地位与其经济大国的地位太不相称，因而对积极发展军事实力，“在国际事务中发挥更大作用”，充当以一定军事实力为后盾的政治大国的野心日益膨胀。日本政府首脑近年来多次声称，日本必须在经济、外交、对外援助和国际合作中作出努力，使日本在国际事务中获得更多的发言权；在军事上，必须建立一支与国力相称的武装力量。日本当局一方面慑于国内外舆论的压力而口头上宣称继续坚持宪法指导下的既定国防方针和政策，实际上却在谋求或正在对其国防政策进行修正。近年来日本国防政策中出现的一些引人注目的变化，就是这种思想和行动的体现。1987年，中曾根内阁取消了军费不得超过国民生产总值1%的限额，使当年度军费达到生产总值的1.004%，1988年度达1.013%，1989年度达1.006%，军费绝对值约为306亿美元。多年来，日本政府一直默许携带核武器的美国舰艇使用日本港口，突破了“无核3原则”。1988年以来，日本还声称，为了国际合作、保护海外日本的利益和为维护和平作出贡献，将研究向海外派出自卫队的问题。为此，日本政府和议会曾为向海湾地区派遣扫雷艇以及为向日本运输钚的商船提供海上护航而派出自卫队舰艇的问题大造舆论。1990年8月海湾危机发生后，日本政府借口为解决海湾危机“作贡献”，提出“联合国和平合作法案”，拟向海湾地区派出由自卫队组成的“联合国和平合作队”，这一法案因遭到国内有识之士和亚洲各国人民的反对而未能成立。尽管此次向海外派兵的企图又未得逞，但它说明日本当局在为突破战后以来所奉行的军事政策方面正在采取日益严重的步聚。日本还宣布，要保护1000海里海上交通线，从而扩大“防区范围”，改变了“专守防卫”的原有含义。日本承诺为上述海域的美国舰艇护航，并在战时与美军联合作战，从而改变了不参加“集体自卫”的方针。日本防卫厅还计划建造航空母舰，引进大型空中加油机，因而“禁止装备战略性进攻武器”的承诺将被推翻。1983年日美达成协议，日本同意向美国转让武器装备技术，放弃了“禁止武器出口3原则”。日本国防基本方针和政策发生的这些变化，不能不引起国际社会尤其是亚洲各国人民的关注和不安。

军事战略 日本地处亚洲东部，扼宗谷、津轻、对马三大海峡，控制着苏联从其亚洲大陆经鄂霍茨克海、日本海进入太平洋的交通要道，一直是美国与苏联在亚太地区进行争夺的战略前沿和基地，战略地位十分重要。日本的经济、科技高度发达，是世界第二经济大国。但资源贫乏，主要资源的绝大部分需从海外进口，对外依赖程度很高。日本又是第二次世界大战的战败国，军事力量的发展受到战后新宪法及国内外舆论的制约。这种环境和条件决定了日本军事战略的特点和内容：

一、以苏联为主要作战对象，把北海道作为战略重点方向。70年代以后，日本政府改变了过去一直把中、苏、朝作为假想敌，把中国作为其主要作战对象的军事战略，认为苏联对日本既有侵略意图，又有侵略能力，严重威胁日本的安全。它不仅长期霸占日本北方四岛，而且不断在日本周边地区增强其军事力量。苏联在日本北方四岛部署的兵力已达1个师的规模。部署在远东地区的兵力相当于苏军总兵力的1／4～1／3。1989年日本《防务白皮书》指出，最近苏联虽然提出了在远东方向裁减军备的提案，但其内容却模糊不清。即使其单方面削减兵力的提案付诸实施，人们对苏联能否减少远东方向的军事压力也持怀疑态度。苏联很可能通过裁减一些破旧装备的手法，重新调整远东苏军的部署，加快远东军事力量现代化的速度。近两年来，随着国际军事形势的进一步缓和，日本为顺应国际上对这一缓和潮流的基本认识，在1990年版《防务白皮书》中第一次删掉了沿用10年的“远东苏军是潜在威胁”的措词，但这并不意味着日本对苏联的军事威胁的认识有实质性变化。白皮书仍然强调远东苏军“对周围各国构成了压力”，“日本周围地区严峻的军事形势仍然没有变化”。基于上述认识，日本防卫厅早就对苏联入侵的可能时机、兵力规模、作战样式和特点等作了多种设想和分析研究，并拟定了对苏作战方案。

日本认为北海道距苏联最近，便于隐蔽企图、发动突然袭击和进行作战支援。占领北海道后，可控制日本北部的宗谷海峡和南部的津轻海峡，打通太平洋舰队进出太平洋的通道，同时还可以把北海道作为向日本腹地进攻的基地。因而，苏军入侵日本时选择北海道作为重点入侵方向的可能性最大。为此，日本一直在努力加强北海道的兵力部署，把北海道作为其主要防御方向。自卫队13个师中有3个步兵师和1个坦克师约5万人部署在北海道，占陆上自卫队总兵力的近1／3，有约500辆坦克配备在北海道地区，占其坦克总数40%以上。在历次较大规模的师改编中，驻北海道地区的各师总是优先实施，并优先获得最新式的武器装备。日本自卫队还经常组织驻北海道以外的其他部队通过陆、海、空路机动支援北海道各部队作战的演练，以加强抗击苏军入侵的协同作战能力。

二、以日美军事同盟为日本"国防的基础"，强调加强"自主防卫"能力。日本当局认为，当前靠日本自己来对付任何样式和规模的侵略是不可能的，只有在保持一支适度规模的军事力量的同时，依靠与美国的安全保障体制，使侵略者认识到，在日本遭到侵略时，不仅将遭到日本自卫队的有力抗击，而且可能遭到美国强大军事力量的直接打击，从而付出巨大代价，才能防止侵略于未然，有效地对付核威胁和对日本发动的大规模常规侵略战争，保障日本的安全。日美双方对签订的《日美安全条约》不断进行修改和补充，并达成了多项协定和行动方案。进入80年代后，鉴于苏美加紧了全球范围内的争夺，日美双方进一步加强了两国间的军事合作。近年来，两国军队间进行了一系列联合作战研究，例如联合作战计划研究、远东发生紧急事态的研究、保护海上交通线研究、战时美军来援研究等等。

日本还积极参与美国SDI计划研究。1987年两国政府通过协商，签订了日本参加这一计划研究的日美政府间协定。为进一步加强双方军事技术合作，日本同意向美国提供武器技术，从而改变了过去美国单方面向日本提供武器装备技术的状况，使日美军事合作领域进一步扩大。尽管目前有人对日美军事同盟的性质问题议论纷纷，甚至对是否有必要继续坚持日美安全保障体制问题提出了质疑，但日本政府重申，日美安全保障体制必须坚持下去，它不仅是日美军事合作的基础，而且是两国政治、经济、社会等广泛领域友好合作关系的基础。

另一方面，70年代日本就提出要建立"自主防卫"战略，与美国区分防务责任。中曾根上台以后，更加强调向"自主防卫"过渡的必要性。他认为，1957年制定的《国防基本方针》有军事上过分依赖美国的倾向，应修改为首先依靠本国的力量击退敌人的武装进攻，必要时才依靠与美国的合作。他在1987年6月的一次自卫队高级干部会议上甚至提出"建立一支能有效而灵活地对付未来发生的任何事态的自卫队"。中曾根以后的历届日本政府首脑都强调日本在维持日美安全条约的同时，要"依靠自己的力量保卫自己的国家"。这表明，日本在着力增强其在日美军事同盟中的"自主对等"性，提高在集体防务中的地位。

三、继续强调以"专守防卫"为基本战略方针，但日益重视积极主动的战略原则。日本政府为避免因其保持武装力量而遭到国内外舆论的谴责，为"自卫队"的存在寻求法律依据，多年来一直对宪法第9条进行变通解释。日本政府认为，日本既然是个独立国家，其作为主权国家的自卫权就应得到承认，因而"保持一支保证行使自卫权所必需的最小限度的实力"是宪法所允许的。既然这是一支为行使自卫权所必需的最小限度的自卫力量，那么"专守防卫"就应是日本的基本国防政策和战略方针。所谓"专守防卫"，日本的《防务白皮书》解释说："只有遭到对方武力进攻时才行使武力，行使武力必须限制在自卫所必需的最小限度，国家所保持的武装力量也必须限制在自卫所必需的最小限度。这是遵照宪法精神的被动的防卫战略。"日本历届政府都强调把"专守防卫"作为日本的基本战略方针。1987年1月，日本内阁会议决议中重申：日本在和平宪法下，恪守专守防卫的原则，不做威胁别国的军事大国。但许多情况表明，日本正在逐步打破"专守防卫"的框框，日益重视战略方针的积极性和主动性原则，表现出其"专守防卫"的军事战略向"攻势防卫"转变的倾向。军界首脑曾多次表示"行使武力的地理范围不一定仅限于日本的领土、领海、领空"，并提出"远方迎敌"、"海上击破"的原则，强调在距日本尽可能远的地方歼灭敌人。1987年5月，铃木首相与里根总统会谈时，明确保证日本要对包括1000海里海上交通线在内的日本周围海空域进行防卫。这意味着自卫队可以超越"专守防卫"的原则，到领域之外行动。前首相中曾根在1987年8月27日的内阁会议上谈到自卫队派扫雷艇到海湾扫雷护航时甚至说"在法律上说是可以的"。日本战略研究中心在一份与此有关的报告书中公开要求日本向海湾派遣扫雷艇和护卫舰。此后，日本政府和议会首脑还提出派自卫队舰艇为向日本运输钚的商船提供海上护航的问题。伊拉克入侵科威特后，日本政府又主动提出以向海湾地区派遣自卫队为主要内容的"联合国和平合作法"。与此同时，政界某些要人积极主张要修改战后宪法，抓紧战时立法研究，为建立向海外派兵的体制寻求法律依据。

四、以"建设高质量的自卫队"为建军的基本方针，强调增强军事力量的威慑力。战后在新宪法和国内外舆论的抑制下，日本不得不把以"自卫"名义建立起来的军事力量的数量控制在较小的规模和较低的水平上，而把更多的财力投入到经济发展上。随着经济的迅速发展，日本当局认为，必须建设一支与自己经济大国地位相称的军事力量。但是在可预见的未来，大规模扩充军队数量是不现实的，因而要在现有兵力的基础上加强质量，增强其威慑力。基于这种认识，日本政府把"根据国力和国情，在自卫所需限度内，逐步发展有效的防卫力量"作为建军的基本方针，强调自卫队必须具备"防止侵略于未然的威慑力"，这种威慑力"必须伴随以在遭受侵略时能独立或与美军协同击退武力进攻的强大的抗击能力"。因此，日本政府在从 1958 年开始推行的数次防卫力量发展计划及 1977 年开始实施的《防卫计划大纲》和 1986～1990 年中期防卫力量发展计划中，主要着眼点不是增加数量，而是提高质量。为贯彻这一建军方针，日本政府采取了一系列措施。首先保持高额军费开支。1987 年度军费开支首次突破占国民生产总值 1%的限额，达 230 多亿美元，1990 年度达 330 多亿美元。如此高额的军费，为不足 30 万人的自卫队实现现代化提供了雄厚的物质基础。

其次，注重武器装备的更新换代。近年来日本在加紧研制和引进先进武器装备，加快自卫队武器装备的更新速度，使一部分主要武器装备的性能已具备世界一流水平。例如 1989 年度和 1990 年度首次采购装备部队的装甲步兵战车和 90 式新型坦克、AH-IS 反坦克直升机、岸舰巡航导弹、"爱国者"防空导弹、"宙斯盾"导弹驱逐舰、F-15 战斗机和正在与美国共同研制的下一代隐形战斗轰炸机、超视距雷达等等。目前日本自卫队的武器装备数量并不多，但质量和性能却相当高。

第三，改革自卫队指挥、编制体制，加强三自卫队合同作战能力。在目前的军事改革中，把理顺指挥、编制体制关系作为改革的一个重点。上从防卫厅、参谋长联席会议、三自卫队参谋部，下至作战部队，都在根据以往军队建设的经验教训和未来战争的要求进行改组和改编，以提高指挥体制的灵活性和效率，加强各军兵种之间的协调。

第四，改革教育训练体制，严格各项教育训练制度，加强对官兵的培养教育，为建设一支"精强的、具有威慑力的自卫队"提供和输送高素质的人才。

竹下、宇野、海部上台后，基本上继承了中曾根时期的军事政策，对当前的国际形势看得比较严峻，认为，尽管国际形势在趋向缓和，但是，"目前的国际和平和安全是靠包括核武器在内的实力的均衡来维持的，苏联加强军事实力趋势依然没有变化"。因而当前日本政府仍然强调，日本必须"努力建设一支与国力相称的、高质量和有效的防卫力量"。在今后相当长的时期内日本将坚持这一既定的基本建军方针。

国防体制 **统帅机构** 日本国防组织的最高领导人、自卫队的最高统帅是内阁总理大臣，他代表内阁对自卫队行使最高指挥监督权；内阁会议是国防问题的最高决策机构，负责对提交国会审议的有关国防问题的法律草案、预算草案作出决定，制定有关政令，决定有关国防的重大方针和计划。安全保障会议是国防问题的最高审议机构，它由以下人员组成：根据《内阁法》第 9 条的规定预先指定的国务大臣、外务大臣、大藏大臣、内阁官房长官、国家公安委员会委员长、防卫厅长官、经济计划厅长官，由内阁总理大臣任主席。当主席认为必要时，可让有关国务大臣、参谋长联席会议主席及其他有关人员列席会议，陈述意见。安全保障会议的职责是：审议有关国防的重要事项及处置重大紧急事态的重要问题，其中包括：国防基本方针、国防计划大纲、国防产业等的调整计划大纲、作战行动及内阁总理大臣认为必要的其他有关事项。防卫厅是在内阁总理大臣领导下处理国防事务的行政机关，其任务是"管理、指挥陆上、海上、航空自卫队、处理与此有关的事务，以保卫日本的和平与独立，维护国家的安全"。防卫厅直属总理府、防卫厅长官由内阁总理大臣任命的国务大臣担任，在内阁总理大臣的指挥与监督下领导防卫厅的工作，统管防卫厅的业务，并通过陆海空自卫队参谋长指挥自卫队。参谋长联席会议是辅佐防卫厅长官的合议体参谋机构，主要任务是统一和协调陆海空自卫队的运用。职责是：制定合同作战计划、合同后勤计划和合同训练计划，统一、协调自卫队军事行动的指挥命令，协助防卫厅长官指挥两个以上军种的合成部队的作战行动，搜集情报、调查研究，以及防卫厅长官交办的其他事项。参谋长联席会议由自卫队现役军人中资历最深、军衔最高者任主席，主持和领导参谋长联席会议的工作。会议每月召开两次，必要时可临时召集。陆、海、空自卫队各参谋长出席会议，必要时可让防卫厅有关人员列席。事务局负责处理会议的事务。

日本的武装力量由现役部队、在军事部门服务的文职人员和预备役部队组成。正规部队分为陆上自卫队、海上自卫队、航空自卫队。

作战指挥系统 内阁总理大臣是三自卫队的最高

指挥官。防卫厅是内阁总理大臣对三自卫队实施指挥的职能机关。防卫厅长官在内阁总理大臣的指挥监督下，统一领导和指挥三自卫队。陆海空各自卫队分别设有参谋部，作为防卫厅长官的参谋机构和各自卫队的指挥管理机构，负责制定本自卫队的作战计划、教育训练计划及编制、装备、后勤保障、情报搜集、卫生保健、人事等计划。它既是防卫厅长官的参谋机构，又是管理和运用各自卫队的执行机构。防卫厅长官通过各自卫队参谋长对陆、海、空三自卫队实施领导和指挥。参谋长联席会议主席协助防卫厅长官对三自卫队的运用进行统一和协调。

领导人物 内阁总理大臣兼自卫队最高统帅海部俊树（1989年8月10日上任）。国务大臣、防卫厅长官池田行彦（1990年12月19日上任）。参谋长联席会议主席寺岛泰三上将（1990年3月16日上任）。陆上自卫队参谋长志摩笃上将（1990年3月16日上任）。海上自卫队参谋长佐久间一上将（1989年8月31日上任）。航空自卫队参谋长铃木昭雄上将（1990年7月9日上任）。

武装力量 **兵力** 现役部队274652人（1990年度末预算编制员额，不含文职，下同）。

陆上自卫队 180000人。编成5个方面队（相当于集团军）、12个步兵师、1个坦克师、2个混成旅、1个空降旅、1个炮兵旅、1个坦克群、5个工兵旅、8个“霍克”防空导弹群。截至1990年3月底，共装备坦克1200辆、装甲车650辆、口径81毫米以上火炮（含无坐力炮、迫击炮、榴弹炮、火箭炮等）5700余门、各型直升机420架、固定翼飞机19架、反坦克导弹发射架约400部及防空导弹若干。

海上自卫队 46520人。编成1个自卫舰队、1个护卫舰队、1个航空集团、1个潜艇舰队、5个地方队。截至1990年3月底，共装备各型舰艇476艘，约30.30万吨，其中驱逐舰、护卫舰58艘，约16.1万吨，潜艇14艘，约3万吨；各型飞机157架，直升机114架。

航空自卫队 47967人。编成1个航空总队、3个航空方面队、1个航空混成团、6个战斗航空团、6个“奈基”防空导弹群、1个航空支援集团、1个航空教育集团、2个训练航空团、3个飞行教育团、1个航空开发实验集团等。截至1989年3月，共装备各型飞机约860架，其中作战飞机413架（截击机256架、轰炸机74架、侦察机14架、运输机61架、预警机8架）。

文职人员 25925人。

预备役部队 50900人，其中陆上自卫队48000人、海上自卫队1600人、航空自卫队1300人。

部署 陆上自卫队参谋部驻东京都。北部方面队部署在北海道，司令部驻札幌市，辖4个师、1个炮兵旅、1个“霍克”防空导弹旅、1个坦克群、1个工兵旅。其中第2步兵师师部设在旭川，下辖第3、9、25、26步兵团。第5步兵师师部设在带广，下辖第4、6、27步兵团。第7坦克师师部设在东千岁，下辖第71、72、73坦克团、第11机械化步兵团。第11步兵师师部设在真驹内，下辖第10、18、28、29步兵团。第1炮兵旅旅部设在东千岁，辖第1、4炮兵群。第1“霍克”防空导弹旅旅部设在东千岁，辖第1、4“霍克”防空导弹群。第1坦克群和第3工兵旅分别部署在北惠庭和南惠庭。

东北方面队部署在本州地区东北部，司令部驻仙台市，辖2个师、1个炮兵群、1个“霍克”导弹群、1个工兵旅。其中第6步兵师师部设在神町，辖第20、21、22、44步兵团。第9步兵师师部设在青森市，辖第5、38、39步兵团。第2炮兵群、第5“霍克”防空导弹群、第2工兵旅分别部署在仙台、八户、船冈。

东部方面队部署在本州地区中部，司令部驻东京都市谷，下辖2个师、1个空降旅、1个“霍克”防空导弹群、1个工兵旅。其中第1师师部设在东京都练马，辖第1、31、32、34步兵团。第12步兵师师部设在相马原，辖第2、13、30步兵团。第1空降旅、第2“霍克”防空导弹群、第1工兵旅分别部署在习志野、松户、朝霞。

中部方面队部署在本州地区西南部，司令部驻伊丹市，辖3个师、1个混成旅、1个“霍克”防空导弹群、1个工兵旅。其中第3步兵师师部设在千僧，下辖第7、36、37、45步兵团。第10师师部设在守山，下辖第14、33、35步兵团。第13师师部设在海田市、下辖第8、17、46步兵团。第2混成旅、第8“霍克”防空导弹群、第4工兵旅分别部署在善通寺、青野原、大久保。

西部方面队部署在九州和冲绳地区，司令部驻健军，辖2个师、1个混成旅、1个“霍克”防空导弹旅、1个炮兵群、1个工兵旅。其中第4步兵师师部设在福冈，下辖第16、19、40、41步兵团。第8步兵师师部设在北熊本，下辖第12、24、42、43步兵团。第1混成旅、第2“霍克”防空导弹旅、第3炮兵群、第5工兵旅分别部署在那霸、饭塚、汤布院、小郡。

海上自卫队参谋部驻东京都，分为横须贺、吴港、佐世保、舞鹤、大凑5个警备区。在横须贺警备区的横须贺基地部署有护卫舰队的第1和第4护卫队群、潜艇舰队的第2潜艇队群、第2扫雷队群及横须贺地方队。自卫舰队司令部、护卫舰队、潜艇舰队、练习舰队的司令部均设在横须贺。航空集团司令部及其所属的第4航空群、第51航空队、第61航空队部署在厚木，第21航空群部署在馆山。教育航空集团司令部及其所属的下总教育航空群、航空集团的第111航空队部署在下总。在吴港警备区的吴港基地部署在潜艇舰队的第1潜艇队群、第1扫雷队群、练习舰队的第1练习队以及吴港地方队。航空集团的第31航空群部署在岩国。教育航空集团的德岛教育航空群部署在德岛。在佐世保警备区的佐世保基地部署有护卫舰队的第2护卫队群和佐世保地方队。航空集团的第1航空群和教育航空集团的鹿屋教育航空群部署在鹿屋。航空集团的第22航空群部署在大村。第5航空群部署在冲绳岛那霸市。教育航空集团的小月教育航空群部署在小月。在舞鹤警备区的舞鹤基地部署有护卫舰队的第3护卫队群和舞鹤地方队。在大凑警备区的大凑基地部署有大凑地方队。航空集团的第2航空群部署在八户。

航空自卫队参谋部驻东京都。北部防区：千岁部署有第2航空团、第3“奈基”防空导弹群、第1基地防空群；三泽部署有北部航空方面队司令部、第3航空团、北部航空警戒管制团、第6“奈基”防空导弹群。中部防区：浜松、小松、百里分别部署有第1、第6和第7航空团；岐阜部署有第4“奈基”防空导弹群；入间部署有第1“奈基”防空导弹群、中部航空警戒管制团、航空开发实验集团司令部、航空救护团；航空总队、中部航空方面队、航空教育集团的司令部分别设在府中、入间、浜松。西部防区：新田原、筑城分别部署有第5、第8航空团；春日部署有第2“奈基”防空导弹群，西部航空警戒管制团，西部航空方面队司令部也设在春日。西南防区：冲绳岛那霸市设有西南航空混成团司令部，并部署有第83航空队、第5“奈基”防空导弹群、西南航空警戒管制队。

综上所述，日本自卫队兵力部署的主要特点是：陆上自卫队兵力部署的重点在北海道，其目的是便于迅速组织兵力抗击其主要作战对象苏联从北海道方向可能发动的突然袭击；海上和航空自卫队兵力部署的重点在日本中部基地和防区，一旦发生紧急事态，海、空自卫队可利用其机动速度快的特点，迅速向各个方向实施支援。

兵役制度 日本实行志愿兵役制，又称募兵制。上等兵（含）以下实行任期制；陆上自卫队规定为2年（专业技术兵为3年），海上和航空自卫队为3年，任期届满后，根据本人志愿并经审查合格后可继续延长2年任期；军士和军官为职业军人，实行退休制，退休年龄分别为：下士、中士、上士和军士长53岁，准尉至上尉53岁，少校和中校54岁，上校55岁，少将、中将和上将60岁。

军衔 日本自卫队军衔共分6等18级，即将官3级（上将、中将、少将）、校官3级（上校、中校、少校）、尉官3级（上尉、中尉、少尉）、准尉1级、军士4级（军士长、上士、中士、下士）、兵4级（上等兵、1等兵、2等兵、3等兵）。

塞浦路斯

国　　名 塞浦路斯共和国。

主要统计 面积9251平方公里。人口69.7万人（其中，13～17岁男2.6万人，女2.4万人；18～22岁男2.4万人，女2.3万人；23～32岁男5.9万人，女5.5万人）。国内生产总值21.9亿塞浦路斯镑，合44.4亿美元（1989年）。国防费0.7656亿塞浦路斯镑，合1.5529亿美元（1989年国防预算）。发电量15.12亿度（1987年）。粮食14.4万吨（1988年）。海运能力，商船（载重100吨以上）1352艘、总载重量3281.06万吨（1988年）。民航能力，固定航班机场1处、客运量21.51亿人公里、货运量2.26亿吨公里（1989年）。

国防体制 总统通过国防部统帅全国武装力量。武装力量由国民警卫队和武装警察等组成。国民警卫队司令和一些高级军官由希腊军官担任。

领导人物 总统兼武装力量最高统帅乔治·瓦西利乌（1988年2月上任）。国防部长斯太里奥斯·卡柴里斯（1983年2月上任）。

武装力量 **兵力** 现役部队1.04万人。

国民警卫队 1.04万人。编有1个军部、2个师部、2个旅部、1个装甲旅、13个步兵营、1个特种兵营、7个炮兵营。

坦克：T-34型8辆、AMX-30B-2型28辆。装甲侦察车：EE-9“响尾蛇”126辆、EE-3型36辆、“马蒙-哈林顿”装甲车24辆。步兵战车：VAB-VCI型27辆。装甲输送车：“利奥尼达斯”16辆、VAB-VTT型81辆、EE-11“蝰蛇”15辆、БТР-50P型17辆。牵引炮：75毫米4门、76毫米54门、88毫米18门、100毫米36门、105毫米36门。火箭炮：128毫米24门。迫击炮：81毫米72门、82毫米80门、107毫米12门。反坦克导弹：“米兰”、“霍特”若干具。火箭筒：89毫米450具。无坐力炮：57毫米216门、106毫米144门。高炮：共155门，其中20毫米27门、35毫米8门、40毫米和94毫米若干门。地空导弹：SA-7型24部、“西北风”18部。海上巡逻艇1艘。海上巡逻机：BN-2A“海上防御者”1架，PC-9型2架。直升机：AB-47G型1架、SA-342“小羚羊”6架。

预备役部队 10.8万人，其中第一类预备役6.5万人（20～34岁），第二类预备役4.3万人（35～50岁）。

准军事部队 武装警察3700人。装备有装甲车若干辆及巡逻艇2艘。

兵役制度 实行义务兵役制。士兵服役26个月，最高服役年龄为50岁。军官服役最高年龄为65岁。

外国驻军 希腊驻军950人；英国驻军4200人；联合国维持和平部队约2300人，3个步兵营（奥地利、加拿大、丹麦）。

沙特阿拉伯

国　　名 沙特阿拉伯王国。

主要统计 面积2149690平方公里。人口1406.2万人（其中，13～17岁男76.7万人，女73.4万人；18～22岁男62.4万人，女57.7万人；23～32岁男114.5万人，女86.4万人）。国内生产总值2941亿里亚尔，合785.3亿美元（1989年）。国防费519亿里亚尔，合138.4亿美元（1990年国防预算）。原油17.19亿桶（1988年）。天然气291亿立方米（1988年）。发电量371亿度（1987年）。粮食324.7万吨（1988年）。海运能力，商船（载重100吨以上）320艘、总载重量380.25万吨（1988年）。民航能力，固定航班机场23处、客运量149.35亿人公里、货运量48990万吨公里（1989年）。

国防体制 国王为皇家军队最高统帅。最高国防决策机构为高级防务委员会，成员有国王、国防与航空大臣、财政与经济大臣、通信与外交大臣和武装力量参谋长，由国王任主席。国防部为最高军事行政机构。武装力量由正规军和准军事部队组成。正规军分陆、海、空和防空军4个军种。最高军事指挥机构为总参谋部。国王通过国防部和总参谋部对全国武装力量实施领导和指挥。

领导人物 国王兼武装力量最高统帅法赫德·本·阿卜杜勒·阿齐兹（1982年继位）。国防与航空大臣苏尔坦·本·阿卜杜勒·阿齐兹亲王（1982年上任）。总参谋长穆罕默德·萨利赫·哈马德（1982年上任）。

武装力量 **兵力** 现役部队约6.75万人。

陆军 4万人。编有2个装甲旅、4个机械化旅、1个步兵旅、1个空降旅、1个王室警卫团、5个炮兵营。

主战坦克：550辆（AMX-30型300辆、M-60A1型50辆、M-60A3型200辆）。装甲侦察车：AML-60和AML-90型240辆。步兵战车：AMX-10P型500余辆。装甲输送车：1280辆（M-113型1100辆、EE-11“蝰蛇”30辆、M-3“庞阿尔”150辆）。牵引炮：200门（105毫米64门、155毫米136门）。自行炮：155毫米275门。火箭炮：127毫米14门。迫击炮：107毫米360门。反坦克导弹：“陶”式、“霍特”若干具。无坐力炮：75毫米、90毫米、106毫米若干门，84毫米450门。高炮：40毫米若干门、90毫米15门。地空导弹：“红眼睛”500部、“毒刺”若干部。

海军 0.95万人（包括陆战队0.15万人）。编有2个舰队。

护卫舰：8艘。导弹快艇：9艘。鱼雷快艇：3艘。海岸扫雷艇：5艘。登陆艇：16艘（通用登陆艇4艘、机械化装备登陆艇12艘）。辅助舰船：5艘（油船2艘、远洋拖船3艘）。

陆战队0.15万人，编成1个海军步兵团，装备步兵战车140辆。

海军航空兵装备有AS-365N型直升机24架，其中20架为武装直升机。

空军　约1.8万人。编有5个攻击战斗机中队、3个战斗机中队、2个直升机中队、1个侦察机中队、1个预警机中队、3个运输机中队。

作战飞机189架。

攻击战斗机：78架（F-5E型53架、“旋风”IDS型25架）。战斗机：F-15C型42架、“旋风”19架。侦察机：RF-5E型10架。空中预警机：E-3A型5架。加油机：16架（KE-3A型和KC-130H型各8架）。运输机：70架（C-130E型7架、C-130H型23架、L-100-30HS型医院机5架、C-212型35架）。直升机：55架（AB-205型8架、AB-206B型13架、AB-212型27架、KV-107型7架）。教练机：95架。皇家专机：19架（飞机16架、直升机3架）。

防空军　约0.4万人。编有33个地空导弹连。

高炮：420门（20毫米92门、30毫米50门、35毫米128门、40毫米150门）。地空导弹：269部（“夏安”141部、MIM-23B“霍克”改进型128部）。

准军事部队　7.05万人。其中国民警卫队5.5万人（现役3.5万人、部族部队2万人），编有2个机械化步兵旅、2个步兵旅、1个骑兵仪仗队。装备有装甲输送车1100辆、牵引炮68门、无坐力炮若干门；边防部队1.05万人；海岸警卫队0.45万人，装备有海岸快速巡逻艇4艘、海岸巡逻艇40艘、气垫船24艘、小型巡逻艇400艘；特种安全部队0.05万人，装备装甲输送车若干辆。民防部门装备有直升机10架。

兵役制度　平时实行志愿兵役制，战时实行义务兵役制。18～35岁男子经批准参军，服役期限一般为3年。

外国驻军　“半岛之盾”部队约2000人，编成1个步兵旅（由海湾合作委员会成员国派出）。

斯里兰卡

国　　名　斯里兰卡民主社会主义共和国。

主要统计　面积65610平方公里。人口：1724万人（其中13～17岁男87.2万人，女85.1万人；18～22岁男86.7万人，女86.2万人；23～32岁男152.4万人，女155.7万人）。国内生产总值2418.7亿卢比，合67.1亿美元（1989年）。国防费80.3亿卢比，合2.23亿美元（1989年国防预算估计）。发电量27.07亿度（1987年）。粮食251.6万吨（1988年）。海运能力，商船（载重100吨以上）111艘、总载重量55.76万吨（1988年）。民航能力，固定航班机场1处、客运量24.31亿人公里、货运量2.829亿吨公里（1989年）。

国防体制　宪法规定，总统为武装力量总司令，最高国防决策机构为国家安全委员会，成员有国防部长，国家安全部长，陆、海、空三军司令，警察总监等，主席由总统兼任。国防部为最高军事行政机构。武装力量由正规军、预备役部队和警察组成。正规军分陆海空三个军种。总统通过国防部和陆海空三军司令部对全军实施领导和指挥。

领导人物　总统兼武装力量总司令拉纳辛哈·普雷马达萨。陆军参谋长哈米尔顿·瓦拉辛赫少将（1991年2月上任）。空军参谋长戈纳瓦德内少将。

武装力量　**兵力**　总兵力约6.51万人（含应召再服现役的预备役人员）。现役部队2.2万人。

陆军　5万人（含应召再服现役的预备役人员）。编有3个师部、6个步兵旅、5支“特遣部队”（含5个正规营、6个后备营）、2个侦察团（含1个后备团）、3个野战炮团（含1个后备团）、3个野战工程兵团。

装甲侦察车：“萨拉丁”18辆、“白鼬”15辆、“野狗”12辆。装甲输送车：БТР-152型10辆、其它76辆。牵引炮：76毫米12门、85毫米10门、88毫米25门、105毫米10门。迫击炮：82毫米12门、107毫米10门。无坐力炮：82毫米、106毫米若干门。高炮：40毫米24门、94毫米15门。

海军　8100人。基地设在亭可马里（司令部）、卡赖纳加、科伦坡、唐加拉、卡南皮提亚。装备有海岸巡逻作战舰艇38艘（其中海上巡逻艇2艘、近海巡逻艇36艘）、登陆艇2艘、勤务船4艘。

空军　7000人（含应召再服现役的预备役人员1000人）。装备有作战飞机9架（SF-260TP型防暴机）、武装直升机14架（其中10架贝尔212型、4架贝尔412型）、1个海上侦察机中队（各型飞机5架）、1个运输机中队（各型飞机12架）、贝尔206直升机7架、教练机11架。1个后备飞行团（3个中队）、1个后备场建团（1个中队）。

准军事部队　警察部队2.6万人（含1000名妇女），计划增加至2.8万人。国民志愿军5000人。国民卫队1.8万人。

兵役制度　实行志愿兵役制。

泰　国

国　　名　泰王国。

主要统计　面积513115平方公里。人口5652.4万人（其中，13～17岁男314.7万人，女302万人；18～22岁男314万人，女301.4万人；23～32岁男522.9万人，女509.2万人）。国内生产总值650.1亿美元（1989年）。国防费20.4亿美元（1990年国防预算）。原煤690.1万吨（1987年）。原油1400万桶（1988年）。天然气54.6亿立方米（1988年）。发电量299.9亿度（1987年）。粮食2620.7万吨（1988年）。海运能力，商船（载重100吨以上）258艘、总载重量77.67万吨（1988年）。空运能力，固定航班机场23处、客运量134.52亿人公里、货运量5.235亿吨公里（1989年）。

国防政策　泰国积极支持把东南亚地区建成一个“和平、自由和中立区”的主张，反对任何国家以武力入侵他国领土。泰国赋予其武装力量的任务是维护国内安全和抵御外敌入侵。强调“先发制人，迅速有效，决策周密”，对任何入侵之敌，要给予坚决回击。为了适应现代战争的需要，大力加强军队的现代化建设。1990年12月，泰军制定了1991～1995年新的5年扩军计划。计划至1995年，其现役部队将增加到30万人，预备役部队将增加到100万人。同时，扩大购买先进武器装备，加速对其武装力量的调整整编，计划将传统单一的步兵师整编为轻型步兵师、机械化步兵师和摩托化步兵师，并大力提高海、空军的现代化水平，使泰武装力量成为“数量较少、训练有素、装备精良”，并具有“强大预备役”的现代化军队。近年来，随着越南从柬撤军，泰国提出了“变印支战场为贸易市场”的主张，奉行灵活的军事外交政策，主动改善同老挝、缅甸等周边国家的关系，并加强同东盟国家的军事合作，提高协同作战和联合防御能力。同时，泰军重视军队在国家建设中的地位和作用，已在各部域军组建了经济开发师。

军事战略　泰国实行“总体防御战略”，其防御力量由单纯依靠现役部队转向实行全民“总体防御”，逐步建立由正规部队、后备役部队和民兵三位一体的防御力量。其总体防御战略要求达到“既具备防御能力，又具备反攻击能力”。防御重点是首都所在的中部地区和与老挝、柬埔寨交界的东部地区。近年来随着泰经济迅速发展和东南沿海新兴工业区的开发建设，泰军制定了保卫经济目标的战略防御计划，在继续加强中部和东部防御的同时大力加强东南沿海地区的防卫。

国防体制　宪法规定，国王为武装力量最高统帅。最高国防决策机构为国家安全委员会，隶属于国务院，总理兼任该委员会主任。最高咨询机构为国防委员会，隶属于国防部。国防部为政府中的一个部，是最高军事行政机关，负责制定、实施国防政策和计划。武装力量由正规军和准军事部队两部分组成。正规军分陆、海、空三个军种。最高军事指挥机构为最高司令部。国王名义上是三军统帅，实际上是国务院通过国防部和最高司令部对全国武装力量实施领导和指挥。

领导人物　国王兼武装力量最高统帅普密蓬·阿杜德（1946年继位）。总理兼国防部长差猜·春哈旺上将（1988年上任，1990年3月，因代理最高司令差瓦立·永猜裕出任国防部长，差猜暂不兼国防部长，同年6月差瓦立辞职，差猜再次兼任国防部长）。最高司令顺通·空颂蓬上将（1990年上任）。总参谋长披西·萨立库空军上将（1990年上任）。陆军司令素津达·卡巴允上将（1990年上任）。海军司令巴帕·格萨拉赞海军上将（1988年上任）。空军司令甲社·洛乍那尼空军上将（1989年上任）。

武装力量　兵力　现役部队28.3万人。

陆军　19万人。编有4个部域军、1个骑兵师、1个机械化步兵师、7个步兵师、2个特战师、1个炮兵师、1个高炮师、19个工程兵营、1个独立骑兵团、8个独立步兵营、4个侦察连、3个空中机动连。

主战坦克：M-48A5型100辆、其他60余辆。轻型坦克："蝎子"154辆、M-41型200辆、M-24型20辆、"䲟"式约100辆。装甲侦察车："肖兰"MK-3型 32辆。装甲输送车：M-113、M-3A1／M-16型340辆、V-150"突击队员"150辆、"萨拉逊"20辆、YW-531型12辆、其他300辆。牵引炮：105毫米244门、130毫米30门、155毫米150门。反坦克导弹："龙"式300具。无坐力炮：106毫米150门。高炮：20毫米48门、37毫米30门、40毫米108门、57毫米24门。地空导弹："红眼睛"若干部。运输机："山毛榉"99型1架、C-47型4架、"色斯纳"208型10架、"肖特"330型1架、"超级空中大王"1架。联络机：O-1A型63架、O-1E型17架、T-41A型5架、U-17A型13架。直升机：攻击直升机AH-1S型8架、运输直升机贝尔206型10架、贝尔212型15架、贝尔214型6架、OH-58A型3架、UH-1H型94架。教练机：休斯300C型36架、OH-13型3架、TH-55型7架、T-41D型16架。

海军　5万人（含陆战队和航空兵）。编有1个作战舰队、5个基地。

护卫舰："玛古·拉差古曼"级1艘、"达比"级2艘、"波莱士"级2艘。小型护卫舰："拉坦纳凯辛"级2艘。导弹快艇："拉差立"级3艘、"布拉巴拉巴"级3艘。巡逻舰艇：44艘。扫雷舰艇：7艘。两栖舰艇：10艘。后勤支援舰船：5艘。

陆战队2万人。编有1个师，7个团，2个营。装备有装甲输送车33辆、155毫米牵引炮18门。

海军航空兵900人，装备有作战飞机27架，武装直升机8架。

空军　4.3万人。编有1个攻击战斗机中队、2个战斗机中队、8个防暴机中队、1个电子侦察机中队、3个运输机中队、1个教练机中队、2个直升机中队、4个高炮营。作战飞机158架。

攻击战斗机：F-5A型9架、F-5B型4架、F-16A型12架、F-16B型4架。战斗机：F-5E型40架、F-5F型3架。防暴机：A-37B型15架、AC-47型7架、AU-23A型24架、N-22B"办事能手"型15架、OV-10C型25架。侦察机：RF-5A型3架、RT-33A型3架、IAI-201型3架。航测机："指挥官"690型1架、"利尔杰特"35A型3架、"默林"IAV型2架、"空中女王"2架。运输机：C-130H型3架、C-130H-30型3架、DC-8-62F型3架、C-123B／-K型10架、BAE-748型6架、C-47型10架。要员专机：波音737-200型2架、"空中大王"200型1架、"默林"IV型1架、贝尔412型直升机2架。教练机：CT-4型24架、"空中旅客"V-600型16架、GROBG-109型8架、SF-260型16架、T-33A型10架、T-37B型13架、T-37C型6架、T-41型11架。联络机："指挥官"型3架、"空中大王"E90型2架、O-1型30架、U-10B型3架。直升机：S-58T型18架、UH-1H型22架。空空导弹："响尾蛇"若干枚。地空导弹："吹管"若干部。

预备役部队　50万人。

准军事部队　14.17万人，其中"猎勇"部队1.85万人、国家安全志愿团4.3万人、海上警察1700人、航空警察500人、边境巡逻警察2.8万人、地方警察5万人。

部署　陆军主要部署在泰中部和东部与老挝、柬埔寨接壤地区。海军部署在各海军基地，陆战队驻梭桃邑海军基地。空军各飞行大队分别驻各空军基地。共有军事基地18处，其中海军基地5处（曼谷、宋卡、攀牙、梭桃邑、达叻)、空军基地13处（廊曼、柯叻、打卡里、华富里等)。

兵役制度　实行义务兵役制，服役期2年。泰国从1988年起对其兵役制度进行改革，拟改为以志愿兵役制为主，服役期延长到5～8年。

军衔　军官分3等10级，即将官4级（上将、中将、少将、准将)、校官3级（上校、中校、少校)、尉官3级（上尉、中尉、少尉)。

土 耳 其

国　　名　土耳其共和国。

主要统计　面积781000平方公里。人口5586万人（其中，13～17岁男293.86万人，女287.22万人；18～22岁男283.74万人，女272.32万人；23～32岁男482.74万人，女462.02万人）。国内生产总值1670840亿土耳其里拉，合787.5亿美元（1989年）。国防费78414亿土耳其里拉，合32.8亿美元（1990年国防预算）。粗钢801万吨（1988年）。原煤4698.8万吨（1987年）。原油1800万桶（1988年）。天然气1亿立方米（1988年）。发电量443.53亿度（1987年）。粮食3098.5万吨（1988年）。海运能力，商船（载重100吨以上）872艘、总载重量544.13万吨（1988年）。民航能力，固定航班机场14处、客运量26.18亿人公里、货运量4550万吨公里（1989年）。

国防体制　宪法规定，总统为武装力量最高统帅。最高国防决策机构为国家安全委员会，成员有总统、总理、总参谋长、国防部长、内政部长、外交部长和宪兵司令，由总统任主席，基本任务是制定战争动员计划、议决国家军事政策和其他有关国家安全的重大问题。武装力量的最高决策机构为最高军事委员会，由总理、总参谋长和陆、海、空军司令以及宪兵司令组成，任务是讨论和决定武装力量各级军官任免和调动、晋升和退休、国防费用的计划和分配、军队编制和军法军纪等问题。国防部为政府中一个部，是最高军事行政机构，设部长、副部长等，部长由总理任命的文职官员担任，任务是负责武装力量的征兵、武器装备、后勤补给、军工生产等工作。武装力量由正规军和准军事部队组成。正规军分陆、海、空三个军种。最高军事指挥机构为总参谋部，总参谋长由总统根据总理提名在担任过陆、海、空军司令的上将中任命，任期4年。总统通过国防部和总参谋部对全国武装力量实施领导和指挥。

领导人物　总统兼武装力量最高统帅图尔古特·厄扎尔（1989年11月上任）。国防部长胡斯尼·多安（1990年11月上任）。总参谋长居雷斯·多安（1990年11月上任）。空军司令西亚米·塔什坦上将（1990年上任）。

武装力量　**兵力**　现役部队64.74万人。

陆军　52.5万人。编有4个集团军司令部、10个军司令部、1个机械化师、13个步兵师、7个独立装甲旅、6个独立机械化旅、10个独立步兵旅、1个空降旅、2个突击旅、5个海防营。军直属部队有10个坦克营和50个炮兵营。

主战坦克：约3714辆（M－47型523辆、M－48A1／A2型1130辆、M－48A5型1980辆、“豹”式1A3型约81辆）。轻型坦克：M－24型114辆。装甲侦察车：M－8型若干辆。装甲输送车：3210辆（M－59型500辆、M－113型2110辆、M－2和M－3型600辆）。牵引炮：1724门（105毫米830门、150毫米104门、155毫米650门、203毫米140门）。自行炮：538门（105毫米326门、155毫米150门、175毫米36门、203毫米16门）。火箭炮：26门（227毫米6门、70毫米20门）。迫击炮：3429门（81毫米1500门、107毫米1429门、120毫米500门）。海岸炮：240毫米20门。反坦克导弹：1608具（“眼镜蛇”400具、SS－11型300具、“陶”式516具、“米兰”392具）。无坐力炮：3426门（57毫米1631门、106毫米1795门）。高炮：1105门（20毫米20门、35毫米260门、40毫米825门）。地空导弹：“轻剑”、“红眼睛”12部。此外，还装备有各型飞机163架、直升机273架。

海军　5.5万人。

常规潜艇15艘、驱逐舰12艘、护卫舰10艘、导弹快艇16艘、鱼雷快艇2艘、巡逻艇28艘、布雷舰艇6艘、反水雷舰艇33艘、两栖舰艇7艘、辅助舰船17艘。

海军航空兵装备有武装直升机15架，空军配属作战飞机22架。

海军陆战队1个团，约4000人。

空军　6.74万人。设有2个战术空军司令部、1个运输司令部、1个训练司令部。编有17个攻击战斗机中队、2个战斗机中队、1个反潜机中队、4个运输机中队、3个教练机中队、10个地空导弹中队、13个联络飞行小队。

作战飞机455架（另有134架储备）。

攻击战斗机：371架（F-4E型105架、F-5A型48架、F-5B型6架、NF-5A／B型24架、F-16C／D型48架、F-104G型130架、TF-104G型10架）。战斗机：20架（F-104S型18架、TF-104G型2架）。侦察机：28架（RF-4E型6架、F-5B型4架、RF-5A型18架）。改装训练机：44架（F-4E型30架、F-16D型14架）。反潜机：TS-2A／E型22架（配属海军）。运输机：C-47、C-130、C-160D等型69架。直升机：UH-1H和AS-330型49架。地空导弹：152部（"奈基"128部、"轻剑"24部）。

预备役部队 110.7万人，其中陆军95万人、海军8.4万人、空军7.3万人。

准军事部队 12.11万人，其中宪兵和国民警卫队12万人（现役7万人、预备役5万人）、海岸警卫队0.11万人。

兵役制度 实行义务兵役制，士兵服役期18个月。

军衔 军官分3等11级，即将官4级（上将、中将、少将、准将）、校官3级（上校、中校、少校）、尉官4级（上尉、中尉、少尉、准尉）。

驻外兵力 驻塞浦路斯1个军，辖2个步兵师，共3万人。装备有坦克300辆、装甲输送车200辆、牵引炮188门、自行炮24门、迫击炮114门、高射炮84门、飞机8架、直升机12架。参加联合国驻两伊军事观察团15人。

外国驻军 美国驻军4800人，其中陆军1200人、空军3600人。此外，还驻有北约盟军东南欧陆军司令部、第6战术空军司令部。

文　莱

国　名 文莱达鲁萨兰国。

主要统计 面积5765平方公里。人口26.7万人（其中13～17岁男1.1万人，女1.2万人；18～22岁男1.1万人，女1.1万人；23～32岁男2.7万人，女2万人）。国内生产总值32.1亿美元（1986年）。国防费2.29亿美元（1988年国防预算）。原油5000万桶（1988年）。天然气85.2亿立方米（1988年）。发电量9.98亿度（1987年）。粮食2000吨（1988年）。海运能力，商船（载重100吨以上）34艘、总载重量34.5万吨（1988年）。民航能力，固定航班机场1处、客运量3.33亿人公里、货运量600万吨公里（1989年）。

国防体制 国家元首（苏丹）为武装力量最高统帅，内阁设国防大臣。国家元首通过国防大臣对武装力量实施领导。但实际上根据文莱与英国签订的防务协定，英对文莱军队拥有作战指挥权。文莱皇家马来军团司令和参谋长仍由英籍军官担任。武装力量由正规军和准军事部队两部分组成。正规军分陆、海、空三个军种。

领导人物 国家元首（苏丹）兼武装力量最高统帅穆达·哈桑纳尔·博尔基亚·穆伊扎丁·瓦达乌拉爵士（1967年10月即位）。国防大臣苏丹穆达·奥马尔·阿里·赛福丁爵士（1984年上任）。文莱皇家马来军团司令约翰·布里伯杰准将。

武装力量 **兵力** 现役部队4200人。

陆军 3400人。编有2个步兵营、1个装甲侦察中队、1个地空导弹连、1个工程兵中队。

轻型坦克："蝎子"16辆。装甲输送车："桑凯"AT-104型24辆，VAB型24辆。地空导弹："轻剑"12部。

海军 500人，编有2个分队。海军基地设于穆阿拉。

导弹快艇"瓦斯帕达"级3艘。巡逻艇"佩尔维拉"级3艘。两栖舰船2艘。

空军 300人。编有1个防暴机中队、1个直升机中队。作战飞机4架，武装直升机7架。

防暴直升机：BO-105型7架。直升机：贝尔212型10架、贝尔214型1架、S-70型专机2架。教练机：SF-260W型4架、贝尔206B型直升机2架。

预备役部队 900人，编有1个营。

准军事部队 2650人，其中警察部队1750人、廓尔喀后备队900人。

兵役制度 实行义务兵役制。

外国驻军 英国驻军约900人（包括一个廓尔喀步兵营、一个直升机分队）。新加坡驻军约500

人（建有一所训练学校，配有1个直升机分遣队，UH-1型直升机5架）。

新加坡

国　　名　新加坡共和国。

主要统计　面积620平方公里。人口269.4万人（其中13～17岁男10.5万人，女9.9万人；18～22岁男11.2万人，女10.6万人；23～32岁男27.4万人，女26万人）。国内生产总值266.4亿美元（1989年）。国防费16.4亿美元（1990年国防预算）。发电量118.14亿度（1987年）。海运能力，商船（载重量100吨以上）715艘、总载重量1179.35万吨（1988年）。民航能力，固定航班机场1处、客运量249.482亿人公里、货运量12.99亿吨公里（1989年）。

国防体制　宪法规定，总统为武装力量最高统帅。国防部为政府中的一个部，对武装力量拥有领导和管理权。武装力量由正规军和准军事部队组成。正规军分陆、海、空三个军种。最高军事指挥机构为总参谋部。

领导人物　总统兼武装力量最高统帅黄金辉（1985年上任）。总理兼国防部长吴作栋（1984年任第一副总理兼国防部长，1990年任总理兼国防部长）。国防部第二部长李显龙（1987年上任，主管军务）。国防部第二部长杨林丰（1988年上任，主管计划）。武装力量总参谋长朱维良少将。

武装力量　**兵力**　现役部队5.55万人。

陆军　4.5万人。编有1个步兵师（辖2个步兵旅，1个空中机动旅、1个侦察营、1个炮兵营、1个迫击炮营、1个高炮营、1个工程兵营）、1个装甲旅、1个突击营、1个炮兵营、1个迫击炮营、1个目标搜索营、1个工程兵营。

轻型坦克：AMX-13SM1型350辆。装甲输送车：M-113型720辆、V-100型30辆、V-150／-200“突击队员”250辆。牵引炮：155毫米78门。迫击炮：81毫米若干门、120毫米50门、160毫米12门。反坦克导弹：“米兰”30具。无坐力炮：84毫米若干门、106毫米90门。高炮：20毫米30门、35毫米34门、40毫米16门。地空导弹若干部。

海军　4500人。编有1个导弹快艇中队、2个岸防巡逻艇中队、1个快速巡逻艇中队、1个混合舰艇队。

小型护卫舰“胜利”级3艘。导弹快艇“海浪”级6艘。巡逻艇20艘。扫雷艇2艘。两栖舰船5艘。

空军　6000人。编有5个攻击战斗机中队、2个战斗机中队、1个侦察机中队、1个空中预警中队、2个运输机中队、3个直升机中队、3个教练机中队、1个高炮营、3个地空导弹营、1个野战防卫中队。作战飞机193架，武装直升机6架。

攻击战斗机：A-4S／SI型62架、TA-4S／SI型13架、“猎人”F-74型24架、T-75型4架、F-16型8架。战斗机：F-5E型31架、F-5F型9架。侦察机：“猎人”FR-74型4架。预警机：E-2C型4架。运输机：C-130B型4架、C-130H型6架、“空中货车”3M型6架。直升机：AS-350型6架、UH-1B型18架、AB-205型4架、贝尔205型5架、AS-332M型22架。教练机56架。地空导弹：“猎狗”2型28部、“轻剑”10部、“霍克”改进型6部。高炮：35毫米若干门。空空导弹：ATM-9J／P“响尾蛇”若干部。

预备役部队　21.2万人，其中陆军17万人、海军4500人、空军7500人、人民防卫队3万人。

准军事部队　11.16万人。其中警察部队1.16万人（包括廓尔喀警卫营750人）、民兵10万人。

部署　全国共有军事基地3处，其中海军基地1处（三巴旺）、空军基地2处（丁加和巴耶黎巴）。

兵役制度　实行义务兵役制，服役期限24～30个月。

驻外兵力　驻文莱部队500人，包括1个直升机分遣队（直升机5架）。驻台湾1个训练营。

外国驻军　新西兰20人，编有1个支援单位。

叙 利 亚

国　　名　阿拉伯叙利亚共和国。

主要统计　面积185180平方公里。人口1238.3万（其中13～17岁男73.4万人，女72.1万人；18～22岁男60.4万人，女57.9万人；23～32岁男95.8万人，女89.6万人）。国内生产总值2273.8亿叙镑，合202.6亿美元（1989年估计）。国防费24.9亿美元（1989年估计）。原油1亿桶（1988年）。天然气7.2亿立方米（1988年）。发电量71.61亿度（1987年）。粮食503.1万吨（1988年）。海运能力，商船（载重100吨以上）59艘、总载重量9.74万吨（1988年）。民航能力，固定航班机场5处、客运量8.478亿人公里、货运量8980万吨公里（1989年）。

国防体制　1973年3月12日通过的现行宪法规定，总统为武装力量总司令。最高军事统帅机关是武装力量总司令部，下辖国防部和总参谋部。国防部是最高军事行政机关，主管部队的行政、训练和军工生产等项工作。武装力量由正规军和准军事部队组成。正规军分陆、海、空三个军种。总参谋部在总司令部和国防部领导下，平时主要负责陆军工作，临战或战时则根据总司令的命令协调陆、海、空三军的作战行动。叙军政治局负责全军政治宣传工作，受总司令部和叙复兴社会党总部的领导。总统通过国防部、总参谋部和三军司令部对全军实施领导和指挥。

领导人物　总统兼武装力量总司令哈菲兹·阿萨德中将（1973年3月上任）。副总理兼国防部长和武装力量副总司令穆斯塔法·塔拉斯中将（1984年3月上任）。总参谋长希克迈特·谢哈比中将（1984年3月上任）。副总参谋长阿里·阿斯兰中将（1984年7月上任）。哈桑·图克马尼少将（1987年1月上任）。海军司令苏布哈·哈达德海军少将。特种部队司令阿里·海达尔将军（1984年3月上任）。空军司令穆罕默德·扈利将军。总统卫队指挥阿德南·马赫卢夫（1984年3月上任）。

武装力量　**兵力**　现役部队40.6万人。

陆军　30万人。编有2个军部、5个装甲师、3个机械化师，1个特种部队师、1个独立机械化步兵旅、2个炮兵旅、7个独立特种团、3个地地导弹旅、1个海防岸舰导弹旅、2个海防旅。

坦克：4000辆，其中T－54、T－55型2050辆、T－62M／K型1000辆，T－72和T－72M型950辆。装甲侦察车：БРДМ－2型500辆。步兵战车：БМП－1型2250辆。装甲输送车：БТР－40、БТР－50、БТР－60、БТР－152、OT－64型1500辆。牵引炮：约2000门，其中122毫米750门、130毫米650门、152毫米50门、180毫米10门。自行炮：122毫米136门、152毫米50门。火箭炮：122毫米250门。迫击炮：82毫米和120毫米400门、160毫米100门、240毫米若干门。反坦克导弹：1100具，AT－3“耐火箱”700具、AT－4“塞子”200具、“米兰”200具。高炮：共1700门，其中有23毫米、37毫米、57毫米、85毫米、100毫米等。地地导弹：FROG－7型18部、SS－21型约18部，“飞毛腿”B型18部。地空导弹：SA－7、SA－9、SA－13若干部。

海军　0.6万人（包括海军陆战队和海军航空兵）。

苏制R级常规动力鱼雷攻击潜艇3艘。“别佳”Ⅱ级小型护卫舰2艘。海岸巡逻作战舰艇20艘（苏制导弹快艇12艘、苏制巡逻艇8艘）。反水雷舰艇9艘（苏制“娜佳”级扫雷舰1艘、苏制T－43级扫雷舰1艘、苏制“索尼亚”级远洋猎雷艇1艘、苏制“瓦尼亚”级扫雷艇2艘，苏制“叶夫根尼亚”级近海和江河扫雷艇4艘）。两栖舰艇3艘。

海军航空兵装备武装直升机17架（米－24型12架、KA－25型5架）。

空军　4万人。编有11个攻击战斗机中队、18个战斗机中队。作战飞机558架、武装直升机100架。

攻击战斗机：米格－17型38架、苏－7型15架、苏－20型35架、米格－23型60架、苏－24型22架。战斗机：米格－25型30架、米格－21型172架、米格－23型80架、米格－29型30架。侦察机：米格－25R型6架。电子战机：米－8型8架。运输机：安－12型6架、安－24型4架、安－26型4架、伊尔－76型4架、雅克－40型7架、“猎鹰”20型2

架。直升机：米－25型50架、SA－342型50架。运输直升机：米－8型100架、米－17型45架、米－2型10架。反潜直升机：KA－25型5架、米－14型20架。教练机：拉－39型90架、拉－29型10架、MBB－223型20架、米格－21型50架、苏－7型5架、米格－23型16架、米格－25型5架。空空导弹：AA－2、AA－6、AA－7、AA－8、AA－10等若干枚。空地导弹：AT－2“蝇拍”、AS－7、AS－12、“霍特”若干枚。

防空军　约6万人。编有21个防空旅、2个地空导弹团。地空导弹：SA－2、SA－3式392部，SA－6式200部，SA－5和SA－8式108部。

预备役部队　40万人，其中陆军39.2万人（编有9个机械化旅）、海军8000人。

准军事部队　国民卫队1万人，编有3个旅。沙漠卫队（又称前线部队）1800人。巴勒斯坦解放军4500人，编有2个旅，装备T－54、T－55型主战坦克90辆，火箭炮若干门，AT－3“耐火箱”反坦克导弹若干具，SA－7地空导弹若干部。宪兵8000人。

军事基地　10处，其中陆军基地有凯塔纳；海军基地有拉塔基亚、塔尔图斯、米奈特、贝达等；空军基地有阿勒颇、大马士革、杜马、里萨法、迈扎等。

兵役制度　实行义务兵役制，士兵服役期30个月。预备役的服役年限为45岁。

驻外兵力　驻黎巴嫩3万人，编有1个军部、3个装甲旅、3个机械化旅、1个步兵旅、2个炮兵旅、8个特种部队团。驻黎叙军的司令部设在黎叙边界上的杰迪达亚布斯镇。驻军主要分布在黎北部、东部和贝鲁特地区。1990年8月，伊拉克入侵科威特后向海湾地区派驻了2万人左右的地面部队。

外国驻军　由澳大利亚、加拿大、芬兰和波兰参加的联合国维持和平部队约1300人；苏联军事顾问700余人。

也　门

国　名　也门共和国。

（1990年5月22日阿拉伯也门共和国和也门民主人民共和国实现了统一，建立了也门共和国。但至1990年底，尚未获悉有关新共和国联合军事组织情况，故本版暂按原两国军力分开介绍，以作为估计统一后军力的依据。）

原阿拉伯也门共和国

主要统计　面积195000平方公里。人口918.3万人（其中，13～17岁男52.6万人，女52.1万人；18～22岁男46.3万人，女46万人；23～32岁男70.1万人，女70.9万人）。国内生产总值566亿里亚尔，合58.1亿美元（1988年）。国防费55.3亿里亚尔，合5.66亿美元（1988年国防开支）。发电量7.18亿度（1987年）。原油460万桶（1988年）。粮食80.8万吨（1988年）。海运能力，商船（载重100吨以上）11艘、总载重量40.85万吨（1988年）。民航能力，固定航班机场5处、客运量5.845亿人公里、货运量6030万吨公里（1989年）。

武装力量　**兵力**　现役部队3.85万人。

陆军　3.7万人。编有3个装甲旅、9个步兵旅、1个机械化旅、1个特种兵旅、2个空降突击旅、5个炮兵旅、3个高炮营、2个防空营（内1个地空导弹营）、1支中央警卫部队。

坦克：T－54和T－55型475辆、T－62型100辆、M－60A1型140辆。装甲侦察车：“萨拉丁”、“白鼬”50辆、AML－90型125辆。步兵战车：БМП－1／2型120辆。装甲输送车：M－113型70辆、БТР－40／－60／－152型300辆。牵引炮：76毫米200门、105毫米90门、122毫米30门、155毫米12门。自行炮：100毫米30门。火箭炮：122毫米65门。迫击炮：120毫米50门、81毫米、82毫米若干门。地地导弹：SS－21式12部。反坦克导弹：“警戒”20具、“陶”式12具、“龙”式24具。火箭筒：66毫米若干具。无坐力炮：75、82毫米若干门。高炮：20毫米72门、23毫米30门、37毫米150门、57毫米120门。地空导弹：SA－2、SA－9若干部。

海军　500人。

海岸巡逻艇8艘。扫雷艇“叶夫根尼亚”级3艘。登陆艇2艘。

空军　1000人。编有3个攻击战斗机中队、2个战斗机中队、12个地空导弹连。作战飞机87架。

攻击战斗机：F-5E型11架、米格-17型10架、苏-22型20架。战斗机：米格-21型30架、J-7M6架。运输机：安-12型1架、安-24型3架、安-26型2架、C-130H型2架、F-27型2架、"空中货车"3M型2架。直升机：AB-204型2架、AB-206型6架、AB-212型6架、米-4型1架、米-8型23架、SA-316型2架。教练机：F-5B型2架、米格-15型2架、米格-21型4架、苏-22型4架、雅克-11型若干。地空导弹：SA-2式4个连、SA-3式3个连、SA-6式5个连。空空导弹：AA-2"环礁"、AIM-9"响尾蛇"若干枚。

预备役部队　4万人。

准军事部队　3万人。其中，国家安全部队1万人、部族部队2万人。

原也门民主人民共和国

主要统计　面积336869平方公里。人口234.9万人（其中，13～17岁男13.6万人，女13.2万人；18～22岁男12.3万人，女12万人；23～32岁男19.1万人，女19万人）。国内生产总值4.5亿第纳尔，合13.02亿美元（1989年估计）。国防费0.76亿第纳尔，合2.2亿美元（1988年国防开支）。发电量4.65亿度（1987年）。原油5800万桶（1988年）。粮食12万吨（1988年）。海运能力，商船（载重100吨以上）22艘、总载重量1.24万吨（1988年）。民航能力，固定航班机场9处、客运量1亿人公里、货运量170万吨公里（1989年）。

武装力量　**兵力**　现役部队2.75万人。

陆军　2.4万人。编有1个装甲旅、3个机械化旅、9个步兵旅、3个炮兵旅、10个炮兵营、1个地地导弹旅。

坦克：T-34／-54／-55／-62型480辆。装甲侦察车：БРДМ-2型130辆。步兵战车：БМП-1型约180辆。装甲输送车：БТР-40／-60／-152型350辆。牵引炮：122毫米160门、130毫米65门。岸炮：130毫米36门。火箭炮：122毫米140门、140毫米15门。迫击炮：120毫米50门、82毫米和160毫米若干门。地地导弹：FROG-7型12部、"飞毛腿"B型6部。反坦克导弹：AT-3"耐火箱"若干具。无坐力炮：82毫米20门、107毫米若干门。火箭筒：85毫米30门、100毫米40门。高炮：37毫米30门、85毫米20门、23毫米和57毫米若干门。地空导弹：SA-7／-9若干部。

海军　1000人。

导弹攻击快艇"黄蜂"Ⅱ型6艘。登陆艇苏制"蟾蜍"级1艘、苏制"北方"级4艘。

空军　2500人。编有3个攻击战斗机中队、3个战斗机中队、1个运输机中队、1个直升机中队、1个地空导弹团（下辖9个连）。

作战飞机94架、武装直升机12架。

攻击战斗机：米格-17型25架、米格-21型12架、苏-20型25架。战斗机：米格-21型30架。运输机：安-12型2架、安-24型6架、安-26型2架、伊尔-14型4架。直升机：卡-26型2架、米-4型4架、米-8型30架、米-24型12架。教练机：米格-15型3架、米格-21型2架。地空导弹：SA-2型、SA-3型、SA-6型若干。空地导弹：AT-2"蝇拍"、AT-6"螺旋"若干。空空导弹：AA-2"环礁"若干。

预备役部队　4.5万人，均属陆军。

准军事部队　4.5万人，其中人民民兵1.5万人、公安部队3万人。

外国驻军　古巴驻军300人。

伊　拉　克

国　　名　伊拉克共和国。

主要统计　面积438446平方公里。人口1908.6万（其中13～17岁男112万人，女107.1万人；18～22岁男90.4万人，女86.8万人；23～32岁男135.4万人，女130.1万人）。国内生产总值182亿第纳尔，合585.4亿美元（1989年估计）。国防费41.5亿第纳尔，合133亿美元（1990年国防预算）。原油9.78亿桶（1988年）。天然气57.3亿立方米（1988年）。发电量228.6亿度（1987年）。粮食276.8万吨（1988年）。海运能力，商船（载重100

吨以上）135 艘、总载重量 167.59 万吨（1988 年）。民航能力，固定航班机场 3 处、客运量 12 亿人公里、货运量 5200 万吨公里（1989 年）。

国防体制 伊拉克革命指挥委员会的主席为共和国总统和武装力量总司令。伊拉克复兴社会党地区领导机构军事局是国家最高军事决策机关，它在武装力量总司令的领导下工作，负责制定国防政策、战略方针等重大事宜。国防部是最高军事行政机关。总参谋部是最高军事指挥机构。国防部和总参谋部在武装力量总司令和军事局的领导下各负其责。武装力量由正规军和准军事部队组成。正规军分陆、海、空三个军种。全国分 3 个军区：第 1、第 2、第 3 军区，亦称北部、中部、南部军区。

领导人物 革命指挥委员会主席、总统兼武装力量总司令萨达姆·侯赛因（1979 年 7 月上任，1982 年 6 月连任）。国防部长兼武装力量副司令萨阿迪·图马·阿巴斯上将（1990 年 12 月上任）。总参谋长候赛因·拉希德上将（1990 年 11 月上任）。共和国卫队司令侯赛因·拉希德。空军司令哈米德·沙班中将（1989 年 9 月上任）。海军司令阿卜德·穆罕默德·阿卜杜拉（1989 年 6 月上任）。民兵司令塔哈·雅辛·拉马丹（1989 年 9 月上任）。

武装力量 **兵力** 现役部队 125 万人。

陆军 120.5 万人。编有 7 个军部、9 个装甲师、50 个步兵师、8 个共和国卫队师、20 余个特种作战旅、2 个地地导弹旅。

主战坦克：约 5530 辆，其中 T-54、T-55 和 M-77 型 1500 辆，T-62 型 1500 辆，T-72 型 1000 辆，M-47、M-60 及 MK3／5 型 30 辆，其他 1500 辆。轻型坦克：PT-76 型 100 辆。装甲侦察车：约 2500 辆，其中 БРДМ-2 型 1300 辆，EE-9 型 600 辆，EE-3 型 300 辆，AML-90、AML-60 型 300 辆，ERC-90 型等若干辆。步兵战车：БМП-1／-2 型 1500 余辆。装甲输送车：约 8000 辆，其中 MTLB 型 1500 辆，YW-531 型 1000 辆，БТР-50、БТР-60、БТР-152 型、M-113A1 型、EE-11“蝰蛇”、OT-62、OT-64 等若干辆。牵引炮：约 3000 门，其中 105 毫米若干门、122 毫米 500 余门、130 毫米若干门、152 毫米若干门、155 毫米 300 门。自行炮：约 500 门，口径有 122 毫米、152 毫米、155 毫米。火箭炮：200 门，口径有 107 毫米、122 毫米、127 毫米、132 毫米、180 毫米、262 毫米、300 毫米。迫击炮：81 毫米、120 毫米、160 毫米若干门。反坦克导弹：AT-3“耐火箱”、AT-4“塞子”、SS-11、“米兰”、“霍特”等若干具。无坐力炮：73 毫米、82 毫米和 107 毫米若干门。反坦克炮：85 毫米、100 毫米若干门。地地导弹：FROG-7 型 50 部、“飞毛腿”-B 型 36 部、“阿巴斯”、“侯赛因”若干部。直升机：523 架，其中武装直升机：159 架（B0-105 型 56 架、米-24 型 40 架、SA-316 型 30 架、SA-321 型 13 架、SA-342 型 20 架），运输直升机 364 架（米-6 型 15 架、米-8 和米-17 型 140 架、AS-61 型 5 架、SA-330 型 20 架、米-4 型 20 架、贝尔 214ST 式 40 架、A-109 型 3 架、AB-212 型 5 架、SA-342 型 30 架、休斯式 86 架）。高炮：4000 门，口径有 23 毫米、37 毫米、57 毫米、85 毫米、100 毫米、130 毫米。地空导弹：660 部，其中 SA-2 型 160 部、SA-3 型 140 部、SA-6、SA-8、SA-9、SA-14 型 300 部、“罗兰”60 部。

海军 0.5 万人（包括海军陆战队和海军航空兵）。

护卫舰 5 艘，其中“狼”级 4 艘、教练舰 1 艘。导弹艇 8 艘。鱼雷艇 6 艘。近海巡逻艇 20 艘。小型护卫舰 6 艘。扫雷舰艇 8 艘（苏制 T-43 扫雷舰 2 艘、近海和江河扫雷艇 6 艘）。两栖舰 6 艘。支援及后勤舰 3 艘。

空军 4 万人（包括 1 万名防空军）。编有 2 个轰炸机中队、22 个攻击战斗机中队、17 个战斗机中队、1 个侦察机中队、2 个运输机中队。作战飞机 689 架。

攻击战斗机：米格-23 型 90 架、“幻影”64 架、苏-7 型 30 架、苏-20 型 70 架、苏-24 型 16 架、苏-25 型 60 架、其他 30 架。战斗机：米格-25 型 25 架、米格-21 型 150 架、“幻影”30 架、米格-29 型 30 架、其他 40 架。预警机：伊尔-76 型等 2 架。侦察机：米格-21 型 5 架、米格-25 型 7 架。运输机：安-2 型 10 架、安-12 型 10 架、安-24 型 6 架、安-26 型 2 架、伊尔-76 型 19 架。教练机：337 架。空空导弹：“魔术”R-530 型、R-550 型、AA-2、AA-6、AA-7、AA-8 型若干枚。空地导弹：AS-30“激光”、“阿麦特”、AM-39“飞鱼”、C-601、AS-11、AS-12、AS-4“厨房”、AS-5“鲑鱼”若干枚。

预备役部队 人民军，约 85 万人。

准军事部队 边防卫队若干人，保安部队 4800 人。

兵役制度 实行义务兵役制，士兵服役期 21～

24个月。

驻外兵力 1990年8月2日，伊军入侵科威特后，在科驻军最多时达24个师，约30余万人。

外国驻军 25国参加的联合国军事观察组，约400人。

伊 朗

国 名 伊朗伊斯兰共和国。

主要统计 面积1645000平方公里。人口5204.9万人（其中13～17岁男299.1万人，女280.3万人；18～22岁男258.5万人，女246.7万人；23～32岁男405.3万人，女393.3万人）。国内生产总值322090亿里亚尔，合4472.5亿美元（1989年估计）。国防费6150亿里亚尔，合87.66亿美元（1991年国防预算估计）。粗钢125万吨（1988年）。原煤124万吨（1987年）。原油8.06亿桶（1988年）。天然气200亿立方米（1988年）。发电量379.1亿度（1987年）。粮食1256.2万吨（1988年）。海运能力，商船（载重100吨以上）375艘、总载重量793.93万吨（1988年）。民航能力，固定航班机场13处、客运量54.12亿人公里、货运量6.859亿吨公里（1989年）。

国防体制 伊朗伊斯兰革命后，霍梅尼主张政教合一，神权高于一切，宗教领袖在国家政权中享有至高无上的权力。"精神领袖"为武装力量总司令，最高国防委员会是领袖领导下的军事决策机关，成员有总统、国防部长、总参谋长、革命卫队司令以及领袖的两名代表组成。伊朗武装力量主要由正规军、革命卫队和准军事部队组成。正规军分陆、海、空三个军种。革命卫队由地面部队、海上部队、陆战队和航空部队组成。1989年7月正规军和革命卫队合并，组成松散的联合。

领导人物 "精神领袖"、武装力量最高统帅兼最高国防委员会主席霍贾特伊斯兰·赛义德·阿里·哈梅内伊（1989年6月上任）。总统兼武装力量代总司令拉夫桑贾尼（1989年8月上任）。国防部长阿克巴尔·托坎（1989年8月上任）。武装力量总参谋长兼宪兵司令阿里·沙巴兹准将（1989年8月上任）。陆军司令侯赛因·哈桑尼·萨阿迪准将（1989年9月上任）。空军司令曼苏尔·萨塔里准将（1989年9月上任）。海军司令穆罕默德·侯赛因·马立利-扎德甘海军准将（1989年9月上任）。革命卫队总参谋长阿里-礼萨·阿夫沙尔（1989年9月上任）。伊斯兰革命卫队司令穆赫辛·雷扎耶（1989年9月上任）。"精神领袖"哈梅内伊在国防委员会中的代表艾哈迈德·霍梅尼和哈桑·鲁哈尼（1988年8月上任）。

武装力量 **兵力** 现役部队50.4万人。

陆军 30.5万人。编有3个军部、4个装甲师、7个步兵师、1个空降旅、1个特种部队师、若干独立装甲旅和步兵旅、5个炮兵群、12个地空导弹营。

主战坦克：共500余辆，其中T-54和T-55型100辆、T-62型100辆、M-47和M-48型100辆、M-60A1型100辆、"酋长"MK3／5型共100辆、T-72型和其他若干辆。轻型坦克："蝎子"40辆。装甲侦察车："响尾蛇"130辆。步兵战车：БМП-1型150余辆。装甲输送车：БТР-50、БТР-60、M-113型约500辆。牵引炮：105毫米、122毫米、130毫米200门、155毫米248门、203毫米约30门。自行炮：155毫米约45门、175毫米30门、203毫米10门。火箭炮：107毫米若干门、122毫米65门、其他若干门。迫击炮：120毫米3000门、81毫米、107毫米若干门。反坦克导弹："安塔克"、SS-11、SS-12、"陶"、"龙"等若干具。地地导弹："飞毛腿"、"娜佳"-8型等若干部。高炮：共1500门，其中35毫米92门，23毫米、37毫米、57毫米若干门。地空导弹："霍克"改进型30部、RBS-70型约200部、SA-7若干部。飞机："色斯纳"40架、F-219型2架、"福尔肯"2架、PC-6型15架、"空中指挥官"5架。直升机：390架。

海军 1.45万人（包括海军陆战队和海军航空兵）。

驱逐舰3艘。护卫舰5艘（"沃斯珀"MK-5型3艘、PF-103型2艘）。导弹攻击快艇"石弩"级10艘。海岸巡逻艇19艘。登陆艇7艘（其中"亨加姆岛"级4艘）。布雷舰3艘。支援及其他舰只8艘。

海军航空兵装备武装直升机 9 架。

海军陆战队 3 个营。

空军　3.5 万人。编有 8 个攻击战斗机中队、4 个战斗机中队、1 个侦察机中队、1 个加油机中队、5 个运输机中队、5 个地空导弹中队。作战飞机约 185 架。

攻击战斗机：F-4D／E 型 60 架、F-5E／F 型 60 架。战斗机：F-14 型 60 架。侦察机：RF-5 型约 5 架、RF-4E 型 3 架。加油机兼运输机：波音 707 型 4 架。运输机：波音 747F 型 9 架、波音 707 型 11 架、波音 727 型 1 架、C-130 型约 20 架、F-27 型 9 架、"空中指挥官"690 型 3 架、"猎鹰"2 架。直升机：AB-206A 型 2 架、贝尔-214C 型 39 架、CH-47 型 3 架。教练机："山毛榉"26 架、T-33 型 7 架、PC-7 型 45 架、EMB-312 型 40 架。地空导弹："轻剑"30 部、"山猫"25 部、"霍克"改进型 10 部、其他 35 部。空空导弹：AIM-54"不死鸟"、"响尾蛇"、"麻雀"若干枚。空地导弹："小牛"若干枚。

革命卫队　地面卫队：约 15 万人。编有 11 个军区、24 个步兵师、4 个装甲师及若干独立营，包括步兵、装甲兵、特种部队、炮兵、防空和边防等兵种。编制松散，以营为基本建制，每营人数不定。

海上卫队：实力不详。装备 40 艘瑞典造小艇，艇上安装反坦克导弹和机枪，还有意大利地地导弹。另有一些海岸防御分队、炮兵分队和若干导弹基地。

海上陆战卫队：3 个旅。

空中卫队：装备有各型飞机 70 架。

预备役部队　陆军 35 万人。

准军事部队　"民众动员军"35 万人，参加者多为青年，战时曾高达 100 万人，编成 500 个营，每营 300～350 人，分为 3 个连。宪兵 4.5 万人（包括边防部队）。

兵役制度　实行义务兵役制，士兵服役期 24 个月。

驻外兵力　革命卫队驻黎巴嫩 2000 人。

外国驻军　25 国参加的联合国军事观察组 400 人。

以　色　列

国　　名　以色列国。

主要统计　面积 20700 平方公里（此系 1948 年巴勒斯坦战争后以色列实际控制的面积。1947 年联合国分治决议规定以色列的面积为 14000 平方公里。1967 年"六·五"战争后，以色列又侵占了约旦河西岸、加沙地区、戈兰高地和耶路撒冷阿拉伯区约 7000 余平方公里的土地，至今未撤，使其实际控制面积达 28000 平方公里）。人口 457.9 万人（其中，13～17 岁男 23.4 万人，女 22.3 万人；18～22 岁男 20.8 万人，女 19.7 万人；23～32 岁男 35.6 万人，女 33.7 万人）。国内生产总值 765 亿新谢克尔，合 399.19 亿美元（1989 年）。国防费 124.3 亿新谢克尔，合 63.2 亿美元（1990 年国防预算）。原油 10 万桶（1988 年）。天然气 0.4 亿立方米（1988 年）。发电量 174.9 亿度（1987 年）。粮食 25.7 万吨（1988 年）。海运能力，商船（载重 100 吨以上）66 艘、总载重量 65.57 万吨（1988 年）。民航能力，固定航班机场 5 处、客运量 72.84 亿人公里、货运量 6.481 亿吨公里（1989 年）。

国防体制　总理为武装力量最高统帅。最高军事决策机构为国防委员会，成员有总统、总理以及国防、外交、内政、财政、交通、邮电部部长和总参谋长等，由总理兼任主席。战时，则成立以总理为首的战时内阁，成员有国防、外交、财政、交通和邮电等部部长。国防部为政府中的一个部，是最高军事行政机关，部长由文官担任，平时负责兵力的动员、国防预算、国防科研与军工生产、军队规章制度的颁布等军事行政和技术业务；战时可行使总司令职权。武装力量由正规部队和准军事部队组成。正规部队分陆、海、空三个军种。最高军事指挥机构为总参谋部，总参谋长为最高军事指挥官，在总理领导下通过三个军区司令部、两个军种司令部及其所属的 14 个兵种司令部对全军实施指挥。

领导人物　总理兼国防委员会主席、武装力量最高统帅伊扎克·沙米尔（1987 年 10 月 20 日上任）。国防部长摩西·阿伦斯（1990 年 6 月 11 日上任）。总参谋长丹·肖姆龙中将（1987 年 4 月 19 日上任）。副总参谋长艾胡德·巴拉克少将。海军司令米哈·拉姆少将（1989年2月1日上任）。空军司令艾夫雅胡·本·努恩少将（1987年上任）。

武装力量 **兵力** 现役部队14.1万人。

陆军 10.4万人（动员后可达59.8万人）。编有2个军部、3个装甲师、3个步兵师部（边防）、5个机械化步兵旅、4个营。

坦克："百人队长"1080辆、M-48A5型550辆、M-60/A1/A3型1400辆、T-54/-55型488辆、T-62型110辆、"战车"Ⅰ/Ⅱ/Ⅲ型660辆。装甲侦察车："拉姆塔"RBY、M-2/-3、БРДМ-2等型共约400辆。装甲输送车：M-113A1/A2型5900辆、"纳格马肖特"约80辆、БТР-50型若干辆、M-2/-3型4400辆。牵引炮：105毫米70门、130毫米109门、122毫米100门、155毫米300门。自行炮：105毫米35门、155毫米605门、175毫米140门、203毫米36门。火箭炮：122毫米、160毫米、240毫米、290毫米若干门。迫击炮：120毫米250门、81毫米、160毫米若干门。地地导弹："长矛"12具、"杰里科"1/2型100具。反坦克导弹："陶"式、"龙"式、AT-3"耐火箱"、"马帕茨"等若干具。火箭炮：122毫米、160毫米、240毫米、290毫米若干门。无坐力炮：84毫米若干门、106毫米250门。高炮：20毫米850门、23毫米60门（自行）、37毫米、40毫米等若干门。地空导弹："红眼睛"若干部。

海军 0.9万人（动员后可达1万人）。

潜艇："盖尔"级3艘。导弹攻击快艇："阿利亚"级2艘、"罗马"级2艘、"雷谢夫"级8艘、"米夫塔奇"/"萨尔"级10艘、"西姆雷特"（弗拉格斯塔夫）级3艘、"德沃拉"级1艘。巡逻艇：37艘。登陆艇：9艘。勤务船：2艘。

陆战队300人。

空军 2.8万人（动员后可达3.7万人）。编有1个联队、20个中队、17个防空导弹连。

作战飞机553架、武装直升机75架。

攻击战斗机和战斗机：F-4E型112架、F-15A型20架、F-15B型2架、F-15C型18架、F-15D型7架、F-16A型57架、F-16B型7架、F-16C型51架、F-16D型24架、"幼狮"C2/C7型95架。A-4H/N型121架。侦察机：RF-4E型14架。空中预警机：E-2C型4架。电子战机：波音-707型6架、C-130H型1架、EV-1E型2架、IAI-201型4架、RC-12D型4架、RC-21D型6架、RU-21A型3架。海上侦察机：IAI-1124"海上扫描"5架。加油机：波音-707型5架、KC-130H型2架。联络机："岛民"4架、"色斯纳"U-206型41架、"色斯纳"-172型2架、"色斯纳"-180型2架、Do-27型6架、Do-28D型10架、"空中女王"-80型12架。教练机："色斯纳"-152型6架、CM-170"画眉"80架、F-4E型16架、"幼狮"TC-2/7型5架、"超级幼熊"35架、TA-4H型20架、TA-4J型7架。运输机：波音-707型3架、C-47型19架、C-130H型24架、IAI-201型10架、IAI-1124型3架。武装直升机：AH-1G/S型40架、休斯-500MD型35架。直升机：150架。地空导弹："霍克"改进型若干部。

预备役部队 50.4万人，其中陆军49.4万人（编有10个师、14个旅）、海军0.1万人、空军0.9万人。

准军事部队 边防警察0.6万人，装备БТР-152型装甲输送车。

军事基地 海军基地3处（海法、阿什杜德、埃拉特）。

兵役制度 实行义务兵役制，军官服役期4年；士兵服役期男性3年，女性2年。此后作为预备役人员每年进行训练男性至54岁，女性至24岁。

军衔 军官分3等9级，即将官3级（中将、少将、准将）、校官3级（上校、中校、少校）、尉官3级（上尉、中尉、少尉）。

驻外兵力 派往埃塞俄比亚专家和技术人员125名。

印　度

国　　名 印度共和国。

主要统计 面积297.47万平方公里。人口8.43347亿人（其中，13～17岁男4749.4万人，女4495.8万人；18～22岁男4318.4万人，女3912.7万人；23～32岁男6865.5万人，女6308.9万人）。国内生产总值44230亿卢比，合2725.9亿美元（1989～1990年度）。国防费1575亿卢比，合92.5亿美元（1990～1991年度国防预算）。粗钢1420万吨（1988年）。原煤18535.5万吨（1987年）。原油2.31亿桶（1988年）。天然气86.6亿立方米（1988年）。发电量2175亿度（1987年）。粮食17563.8万吨（1988年）。海运能力，商船（载重100吨以上）797艘、总载重量992.28万吨（1988年）。民航能力，固定航班机场95处、客运量178.32亿人公里、货运量67040万吨公里（1989年）。

国防政策 印度奉行保持高额军费、提高军队质量、相对稳定数量、加强武器装备研制、加速国防现代化建设的国防政策。其长远目标是主宰南亚、控制印度洋。近期争取做一个“区域性超级大国”，将来发展成为一个可在国际社会中发挥重要作用的独立的军事强国。

在军队建设方面，印度主要通过引进、仿制和自制三种途径，加速武器装备的更新换代。印度强调仿制和自制武器，以尽快摆脱在武器装备供应上长期受制于人的状况，走自力更生发展国防的道路。

在国防工业方面，印度着眼于发展国防潜力，实行寓军于民、以民养军，相互促进的方针，以较少的投资获取较大的效益。主要强调两个方面，一是大力发展军民结合、以军为主的国防国营企业，二是积极发展以民为主、军民兼顾的工业（如核能和航天工业）。

1990年11月，以维·普·辛格为首的全国阵线政府执政11个月后下野，以钱德拉·谢卡尔为总理的新人民党（社会主义者）政府上任。新政府在世界形势发生重大变化的情况下，准备调整其对外政策，准备以改善同邻国的关系为起点，改善自己在南亚称霸的形象；力求继续在不结盟运动中发挥领导作用；要求美苏承认印度在国际社会中的重要作用，希望成为对美苏都有一定影响并在南亚起决定性作用的重要力量。

军事战略 在立足南亚、称雄印度洋、争当世界军事强国的思想指导下，印度推行“攻势防御”的军事战略。依据这种战略，印度平时把45%左右的陆、空兵力部署在西部边境，突出“进攻态势”的特点；把25%左右的兵力部署在北部边境，保护其“既得利益”；把30%的兵力部署在纵深地区，作为战略预备队和内部治安力量。海军在沿海部署东、西两支舰队，活跃于孟加拉湾和阿拉伯海，重点放在西部，对付与其利益相冲突的国家并保护自己的海上经济利益和石油通道。空军重点部署在西部和首都附近。

在“攻势防御”的军事战略指导下，印度的作战原则不断完善和发展，其特点是：

1、强调快速闪击、速战速决。印军认为，现代常规战争利在快速，弊在持久。在主要作战方向上要集中优势兵力，先敌发起进攻，在战争初期最大限度地使用一切力量，全力突破，在较短的时间内消灭敌战略、战役第1梯队，速战速决，力求一次战争决定胜负。

2、强调实施机械化、大纵深、立体进攻。随着印军机械化程度的不断提高，印军日益重视在平原地区采取由武装直升机与机械化部队结为一体、大纵深突入和立体推进的作战方式。

3、强调全面夺取空中优势，掌握战区主动权。印度防务专家认为，在情况复杂的现代战争中，空军的运用将是决定战争胜负的重要因素。地面作战固然主要依靠机械化大兵团，但若无空军强有力的支援，就不可能取得战场的主动权，因此也就无法在短期内取得胜利。所以，必须充分发挥空军高度机动灵活和强大的攻击能力。在山地作战中，空军尤其显得重要。

4、强调诸军、兵种协同作战。印军要求诸军、兵种在战争全过程中进行密切协同，特别注重陆、空协同作战。印军规定，在通常情况下，应根据步兵的任务来组织其他军、兵种的行动。在强调陆、空联合作战的同时，也注重步、炮、坦诸兵种的协同作战。

国防体制 宪法规定总统为武装力量最高统帅。最高决策机构为内阁政治事务委员会，成员有国防、内政、财政等主要内阁部长，由总理任主席。三军参谋长、国防秘书和财政顾问等可视情况列席会议。国防咨询机构有国防部长委员会、国防部长生产与供应委员会、国防研究与发展委员会、国防计划委员会等。国防计划委员会由内阁秘书任主席，其余委员会均由国防部长任主席，吸收国务部长、三军参谋长、国防秘书、国防财政顾问和有关单位负责人参加，负责制定有关政策及其落实与检查。国防部长委员会负责制定和提出有关三军建设和民防、空防、边防和海防政策，提出有关作战、情报和国家安全等问题的咨询意见。该委员会下设国防电子、首席人事官、首席供应官和参谋长等委员会。参谋长委员会由三军参谋长组成，由其中任职最长的委员任主席，负责就重大国防问题向国防部长委员会提出报告。参谋长委员会下设10个分委员会，由三军参谋军官联合组成，轮流任主席，分别处理有关三军联合作战、计划、训练、通信、情报、电子战、装备政策与国防计划等方面的咨询事务。国防部长是最高军事行政长官，由两名国防国务部长协助工作。国防部下设国防局、国防生产与供应局和国防科研局等3个常设办事机构（均由国防秘书任局长），以及财政顾问处（由财政部派出的国防财政顾问任领导）和国防计划协调与执行委员会（由国防秘书任主席）。

武装力量由正规军和准军事部队组成。正规军分陆、海、空三个军种。三军设有统一的作战指挥机构。总统通过内阁总理及其领导下的内阁政治事务委员会对全国武装力量实施领导。三军统一作战指挥权平时直属内阁总理，通过内阁秘书处和国防部行使；战时通常授权主要军种参谋长实施统一指挥。三军司令部为各军种最高作战指挥与行政管理机构，最高领导人为军种参谋长，配有两名副参谋长协助工作，直接负责第一和第二参谋局的作战指挥与兵种领导业务。军种参谋长通过所属军区司令部对部队实施战区作战指挥与控制。除地区司令部外，陆军司令部还设训练司令部；空军司令部还设训练和保养两个专业司令部；海军司令部下辖的南部海军司令部负责全部海军水面和水下训练舰艇的指挥与控制，并主管海军人员的基础训练与专业训练工作，履行海军训练司令部的职能。驻果阿的海军航空兵司令部主管海军航空兵的训练等工作。驻维沙卡帕特南的海军潜艇司令部负责海军潜艇的训练等工作。

领导人物 总统兼武装力量最高统帅拉瓦斯瓦米·文卡塔拉曼（1987年7月25日上任）。总理兼国防部长钱德拉·谢卡尔（1990年11月10日上任）。陆军参谋长S·F·罗德里格斯上将（1990年7月1日上任）。海军参谋长L·拉姆达斯海军上将（1990年11月30日上任）。空军参谋长S·K·梅拉上将（1988年8月1日上任）。

武装力量 **兵力** 现役部队126.2万人。

陆军 110万人。编有5个军区（相当于野战集团军）、10个军部和33个师（2个装甲师、1个机械化师、19个步兵师、11个山地师）、14个独立旅、3个独立炮兵旅、6个防空旅、4个工程兵旅，共有53个坦克团（营）、19个机械化营、332个步兵营、9个空降营、164个炮兵团（营）、29个高炮团、10个地空导弹大队、7个空中观察中队（25个空中观察分队）、6个反坦克兼运输直升机中队和4个联络直升机中队。

坦克：3300辆，其中T-55型800辆、T-72型700辆、“常胜者”1700辆和PT-76型100辆。步兵战车：БМП-1型800辆。装甲输送车：OT-62／64型400辆、БТР-60型50辆。牵引炮：4240门，其中75毫米900门、76毫米215门、88毫米1000门、100毫米185门、105毫米约830门、130毫米550门、140毫米150门、155毫米410门。自行炮：105毫米80门、130毫米100门。火箭炮：122毫米80门。迫击炮120毫米1000门、160毫米200门。无坐力炮：106毫米1000门。高炮：23毫米215门、40毫米2035门、94毫米500门。反坦克导弹：SS-11、“米兰”等万余枚。地空导弹：SA-6型26部、SA-7型620部、SA-8A／-B、SA-9、SA-13等型20部、“山猫”25部；直升机：“猎豹”150架、“印度豹”130架。

海军 5.2万人（含海军航空兵和海军陆战队）。编3个地区司令部、2个舰队、33个舰艇中队。装备有轻型航母2艘、核潜艇1艘、常规潜艇18艘、导弹驱逐舰5艘、护卫舰20艘、小型护卫舰10艘、导弹艇12艘、巡逻艇15艘、扫雷舰艇20艘、登陆舰艇10艘、支援及其他舰船18艘。

海军航空兵5000人；编有1个攻击机中队、1个反潜机中队、6个反潜直升机中队、2个海上侦察机中队、1个通信机中队、1个搜索救援直升机中队、2个教练机中队，装备作战飞机41架、武装直升机73架。

海军陆战队（约有1000人），编有1个团，另1个团正在组建中。

空军 11万人。编有5个空军司令部、37个飞行联队（78个飞行中队）、6个地空导弹联队（42个导弹中队）。计有1个轻型轰炸机中队（9架“堪培拉”）、26个攻击战斗机中队（米格-23、米格-21、米格-27、“美洲虎”、“无敌”、“风神”等共400架）、22个战斗机中队（米格-29、“幻影”2000、米格-23、米格-21等共361架）、3个侦察机中队（“堪培拉”PR-57、米格-25、HS-748等共20架）、13个运输机中队（安-32、安-12、DHC-3、DHC-4、BAe-748、Do-228、伊尔-76等共196架）、11个运输直升机中队（米-8、米-17、米-26等共140架）、1个专机中队（波音707／737、BAe-748共13架）。此外还有370架教练机、20架教练直升机、12架攻击直升机、8架海上攻击机、4架海上侦察与测量机、16架联络机。印度空军共有现役飞机1397架、直升机172架，其中作战飞机833架、武装直升机12架。另有地空导弹部队30个营，拥有

SA-2 和 SA-3 地空导弹 280 部，以及“阿卡什”、AM-39“飞鱼”、AS-7、AS-11B、AS-30、“海鹰”等空地导弹和 AA-2“环礁”、AA-7“顶点”、R-550“魔术”、法制“超级”530D 等空空导弹若干。

预备役部队　分第 1 线和第 2 线。第 1 线为三军预备队，其中陆军 30 万人。第 2 线为不脱产地方军事组织，其中地方军 16 万人、国民学兵团 102.8 万人（1987 年 3 月）、民防志愿队 40 万人、家乡卫队 44 万人，共计 200 余万人。

准军事部队　约 67.45 万人。其中国家安全警卫队 0.5 万人，系反恐怖紧急部署部队，由武装部队分队、中央后备警察部队分队和边境保安队分队组成；中央后备警察部队 9 万人（预备队 25 万人），100 个营，担负国内治安任务，并充当第 1 线陆军的预备队；边境保安队 9 万人，约 100 个营（到 1991 年再增加 44 个营），装备轻武器、若干轻型火炮、运输兼联络空中支援飞机；阿萨姆步枪队 4 万人；拉达克侦察部队 0.5 万人；印藏边境警察部队 1.4 万人；特种边境部队 0.8 万人；中央工业保安部队 7 万人；国防保安部队 3 万人；铁路护路部队 7 万人；邦武装警察 25 万人；国家步枪队（正在组建中）；海岸警卫队 2500 人，装备巡逻艇 37 艘，拥有 3 个航空兵中队（装备 11 架 Do-228、2 架 F-27“友谊”、5 架 BN-2“岛民”飞机和 4 架“猎豹”直升机）。

部署　陆军主要部署在印巴边境和中印边境地区，分 5 个军区。北部军区 2 个军：1 个军辖 2 个步兵师、1 个山地师、1 个山地旅、1 个独立步兵旅、1 个独立炮兵旅；另 1 个军辖 4 个步兵师、2 个独立装甲旅、1 个独立步兵旅、2 个独立炮兵旅。西部军区 3 个军：1 个军辖 1 个装甲师、1 个机械化师；另 1 个军辖 2 个步兵师；还有 1 个军辖 3 个步兵师。中部军区 1 个军：辖 1 个装甲师、2 个步兵师、3 个独立师（2 个步兵师、1 个山地师）。东部军区 3 个军：每个军辖 3 个山地师。南部军区 1 个军：辖 4 个步兵师。

海军重点部署在西部和东部沿海，分西部、东部和南部 3 个海军司令部，另有海军航空兵司令部（驻果阿）和海军潜艇司令部（驻维河卡帕特南）。西部和东部海军司令部各辖一支舰队，分别驻孟买和维沙卡帕特南。南部海军司令部履行海军训练司令部的职能。西部海军基地有孟买（西部海军司令部）、果阿、拉克代夫群岛、卡尔瓦尔，东部海军基地有维沙卡帕特南（东部海军司令部）、加尔各答、布莱尔港（安达曼群岛），南部海军基地有科钦（南部海军司令部）。

空军重点部署在西部和首都附近。

兵役制度　实行募兵制。服役期：兵 15 年，军士 21～33 年，准尉 26～33 年。各级军官最高服役年限：将官为 60 岁，校官为 52 岁，尉官为 48 岁。

军衔　分 7 等 20 级，即元帅 1 级（只在战时授予有特殊功勋的军种参谋长）、将官 4 级（上将、中将、少将、准将）、校官 3 级（上校、中校、少校）、尉官 3 级（上尉、中尉、少尉）、准尉 3 级（一级准尉、二级准尉、三级准尉）、军士 3 级（上士、中士、下士）、兵 3 级（一等兵、二等兵、三等兵）。准尉以下军衔，三军之间略有不同。

驻外兵力　参加联合国驻安哥拉核查撤军观察团 6 人、驻中美洲观察团 22 人、驻伊朗／伊拉克军事观察团 15 人。

印度尼西亚

国　　名　印度尼西亚共和国。

主要统计　面积 1904569 平方公里。人口 1.78892 亿人（其中，13～17 岁男 1058.4 万人，女 1010.4 万人；18～22 岁男 939.8 万人，女 891.1 万人；23～32 岁男 1413.7 万人，女 1441.4 万人）。国内生产总值 827.3 亿美元（1989 年）。国防费 14.76 亿美元（1990 年国防预算）。原煤 173 万吨（1987 年）。原油 4.15 亿桶（1988 年）。天然气 380.2 亿立方米（1988 年）。发电量 348.1 亿度（1987 年）。粮食 4844.1 万吨（1988 年）。海运能力，商船（载重 100 吨以上）1736 艘、总载重量 295.66 万吨（1988 年）。民航能力，固定航班机场 134 处、客运量 111.12 亿人公里、货运量 3.37 亿吨公里（1989 年）。

国防政策　印尼支持把东南亚地区建设成为“和平、自由和中立区”的主张，反对任何国家以武力入侵他国领土。印尼赋予其武装力量的任务是：对外抵御侵略，对内维护社会治安和支援国家建设。根据第4个国防战略计划（1989～1993年），印尼确立和平时期的建军方针是：建设一支“兵力精干、机构合理”，“具有高度机动和威慑能力”，“拥有现代化武器装备和专业人员”的军队。据此，印尼计划在今后几年内将其武装力量扩展到50万人，增加军费开支，购买大批先进武器装备，大力发展军工生产，加强部队训练，并密切同外国的军事合作，以提高部队的现代化水平和机动、协同作战能力。

军事战略 印尼实行积极的“逐岛防御”战略。即，以大岛为核心，以群岛为基地，建立内外兼顾，独立防守与机动作战相结合的防御体系，独立保卫本岛领土完整和维护社会治安。根据这一战略思想，为了加强作战指挥，提高部队快速反应能力，印尼确立其战区划分的原则是：陆军与行政区划保持一致，全国分为10个军区；海、空军将全国划分为东、西两个战区，由武装部队司令部直接指挥作战。其战略方针是：国防建设服务于国家建设，以确保海洋及领土主权和海洋经济权益为中心，突出发展海上力量，加强海上防御，全面提高海上作战能力。鉴于近年来越南加快了对南沙岛礁的侵占步伐和过往南中国海和马六甲海峡的外国舰船日益增多，以及印尼发展经济的需要，印尼特别重视加强西部海上防务力量。

国防体制 宪法规定，总统为武装力量最高统帅。实行国防与内卫合一的武装体制。国防安全部负责制定国防政策，武装部队司令部负责作战指挥。武装力量由正规军和准军事部队组成。正规军分陆、海、空三个军种。总统通过国防安全部和武装部队司令部对全国武装力量实施领导和指挥。

领导人物 总统兼武装力量最高统帅苏哈托（1968年上任）。国防安全部长本尼·穆达尼上将（1988年上任）。武装部队司令特里·苏特里斯诺上将（1988年上任）。陆军参谋长埃迪·苏德拉贾特上将（1988年上任）。海军参谋长穆罕默德·阿里芬海军中将（1989年上任）。空军参谋长西文中将（1990年上任）。

武装力量 **兵力** 现役部队28.3万人。

陆军 21.5万人。编有1个战略后备部队司令部和10个军区司令部。战略后备部队编有2个步兵师、1个装甲骑兵旅、3个步兵旅、3个空降兵旅、2个野战炮兵团、1个高炮团、2个工程兵营。10个军区编有63个步兵营、8个骑兵营、4个空降兵营、8个野战炮兵营、9个高炮营、6个工程兵营、1个混合航空兵中队、1个直升机中队、4个特战大队。

轻型坦克：AMX－13型约100辆、PT－76型41辆。装甲侦察车：“萨拉丁”56辆、“白鼬”58辆。装甲输送车：AMX－VCI型200辆、“萨拉逊”56辆、V－150“突击队员”60辆、БТР－40型80辆、БТР－152型24辆。牵引炮：76毫米若干门、105毫米170门。自行炮：105毫米50门。迫击炮：81毫米500门、120毫米若干门。无坐力炮：90毫米480门、106毫米若干门。高炮：20毫米20门、40毫米90门、57毫米200门。地空导弹：“轻剑”若干部。飞机：BN－2“岛民”1架、C－47型2架、NC－212型4架、“色斯纳”185型2架、“色斯纳”207型2架、“色斯纳”310型2架、“指挥官”680型2架、“吉拉提克”18架。直升机：贝尔205型16架、Bo－105型13架、NB－412型28架、休斯300C型20架、“索罗－贝尔”47G型8架。登陆舰艇：21艘。运输舰艇：14艘。

海军 4.3万人。编有东、西两个舰队司令部。

潜艇：“卡克赖”级2艘。护卫舰：“阿迈德燕尼”级5艘、“法塔希拉”级3艘、“提亚哈胡”级3艘、“沙玛迪昆”级4艘、“哈加尔达温塔拉”级1艘。巡逻舰艇：27艘。扫雷舰艇：2艘。两栖舰艇：15艘。后勤支援舰船：20艘。

陆战队1.2万人。编有3个团。装备有轻型坦克30辆、步兵战车40辆、装甲输送车57辆、牵引炮122毫米40门、火箭炮和高炮若干门。

海军航空兵1000人，装备有作战飞机18架、武装直升机12架、反潜飞机和直升机12架、海上侦察机18架、其他飞机20架、直升机9架。

空军 2.5万人。编有2个空军作战司令部、2个攻击战斗机中队、1个战斗机中队、1个防暴机中队、1个海上侦察机中队、4个运输机中队、3个直升机中队、4个教练机中队，还有机场卫队5个营。作战飞机81架。

攻击战斗机：A－4型28架、F－16型12架。战斗机：F－5型14架。防暴机：OV－10F型12架。海上侦察机：波音737－200型3架、C－130H－MP型2架、HU－16型4架。空中加油机：KC－130B型2架。运输机：C－130型19架、L－100－30型1架、波音707型1架、C 47型7架、“色斯纳”401型5架、“色斯纳”402型2架、F－27－400M型7架、F－28－1000型1架、“杰特斯塔”2架、NC－212型10架、“空中货车”1架。直升机：UH－34T型12架、贝尔 204B 型 2 架、贝尔 206B 型 2 架、休斯 500 型 12 架、NAS-332 型 7 架、NBO-105 型 12 架、NSA-330 型 13 架、SE-3160 型 3 架。教练机：AS-202 型 40 架、C-47 型 2 架、"色斯纳"172 型 2 架、"色斯纳"207 型 5 架、"隼"T53 型 15 架、T-34C 型 23 架、T-41D 型 10 架。

预备役部队　80 万人。

准军事部队　41.5 万人。其中国防安全部下辖 11.5 万人（包括特种警察防暴部队和警察机动旅部队 1.2 万人）、民兵 30 万人。

部署　印尼陆军 10 个军区划分与地方行政机构辖区基本一致。海军重点部署在东部海域。空军 2 个作战司令部分别负责东、西部空防任务。全国共有军事基地 42 处，其中空军基地 26 处（主要有雅加达、朱安达、乌戎潘当等）、海军基地 16 处（主要有雅加达、丹绒槟榔、腊太港、比东、泗水、沙璜等）。

兵役制度　实行义务兵和志愿兵相结合的兵役制。义务兵服役 2 年。军官最高服役年龄 55 岁。

军衔　军官分 4 等 13 级，即将官 4 级（上将、中将、少将、准将）、校官 3 级（上校、中校、少校）、尉官 3 级（上尉、中尉、少尉）、准尉 3 级（预备军官、1 级准尉、2 级准尉）。士兵分 2 等 6 级，即军士 4 级（军士长、上士、中士、下士）、兵 2 级（一等兵、二等兵）。

驻外兵力　参加联合国驻两伊军事观察团观察员 16 人。

约　旦

国　　名　约旦哈希姆王国。

主要统计　面积 96188 平方公里（包括约旦河西岸）。人口 414 万人（其中 13～17 岁男 26.3 万人，女 24.2 万人；18～22 岁男 23.2 万人，女 21 万人；23～32 岁男 35.6 万人，女 29.9 万人）。国内生产总值 21.52 亿第纳尔，合 37.75 亿美元（1989 年）。国防费 2.548 亿第纳尔，合 3.8322 亿美元（1990 年国防预算）。原油 20 万桶（1988 年）。发电量 34.86 亿度（1987 年）。粮食 12.4 万吨（1988 年）。海运能力，商船（载重 100 吨以上）4 艘、总载重量 4.77 万吨（1988 年）。民航能力，固定航班机场 3 处、客运量 39.27 亿人公里、货运量 20150 万吨公里（1989 年）。

国防体制　1952 年 1 月颁布的宪法规定，国王兼任陆、海、空三军统帅，拥有宣布战争、军管、缔结和约的权力。下设"最高国防委员会"，由国防、外交、财政、内政大臣和军队总司令等人组成，通常由国防大臣召集会议，制定国防政策和监督国防计划的实施。国防部是内阁中的一个部，主要负责制定国防预算、后勤保障，与军队司令部共同发布一些有关军队的行政命令，但对军队无调动和指挥权。军队总司令部是国王统帅军队的办事机构，其成员有总司令、总司令助理和军队总监各 1 人。总司令代表国王处理军队日常事务。总司令部下设总参谋部，其成员有总参谋长及主管作战计划、情报、人力、行政管理等的副总长。此外，还设有"国防委员会"和"军官委员会"。前者负责军队的编制、装备、征兵等具体计划和建议；后者负责对军官的考核、提升和调动提出建议。武装力量由正规军和准军事部队组成。正规军分陆、海、空三个军种。

领导人物　国王兼武装力量最高统帅侯赛因·伊本·塔拉勒（1952 年 8 月继位）。首相兼国防大臣巴德兰（1989 年 12 月上任）。军队总司令法西·阿布塔列布少将（1989 年 9 月上任）。军队总司令助理泰-西尔·扎鲁尔准将。约旦皇家空军司令埃赫斯安·哈米德·舒尔杜姆中将。总参谋长阿卜杜勒·哈迪·马贾赫（1989 年 9 月上任）。

武装力量　**兵力**　现役部队 8.525 万人。

陆军　7.4 万人。编有 2 个装甲师、2 个机械化步兵师、1 个独立皇家卫队旅、1 个特种部队旅、1 个炮兵旅。

主战坦克：约 1131 辆，其中 M-47、M-48A5 型 260 辆、M-60A1、M-60A3 型 218 辆、"酋长"等 653 辆。轻型坦克："蝎子"19 辆。装甲侦察车："白鼬"144 辆。步兵战车：БМП-2 型 25 辆。装甲输送车：M-113 型 1160 辆、"萨拉逊"34 辆、EE-11"蝰蛇"若干辆。牵引炮 89 门，其中 105 毫米 36 门、155 毫米 49 门、203 毫米 4 门。自行炮：105 毫米

50门、155毫米131门、203毫米56门。迫击炮：81毫米、107毫米、120毫米600门。无坐力炮：106毫米330门。反坦克导弹："陶"式330具、"龙"式310具。高炮：408门，其中20毫米100门、23毫米44门、40毫米264门。地空导弹：SA-8型20部、SA-13型20部、SA-14和SA-7B2型若干部。

海军　0.025万人。基地设在亚喀巴。

巡逻舰只：巡逻艇1艘、其他船若干艘。

空军　1.1万人。编有4个攻击战斗机中队、2个战斗机中队、1个运输机中队、5个直升机中队、1个王室专机中队、2个防空旅。作战飞机104架，武装直升机24架。

攻击战斗机：72架。其中F-5E型54架，F-5F型18架。战斗机："幻影"F-1型32架。运输机9架，其中C-130型6架、C-212A型3架。王室专机：8架，其中波音-727型2架、S-76型直升机4架、"湾流"2架。直升机：106架，其中攻击直升机AH-1S型24架、运输直升机33架、教练直升机49架。地空导弹："霍克"改进型126部。空空导弹："魔术"R-550型、R-530型、"响尾蛇"若干枚。空地导弹："陶"式、AGM-65"小牛"等若干枚。

预备役部队　3.5万人（其中陆军3万人）。

准军事部队　3.32万人，其中治安部队1.7万人、民兵（"人民军"）1.5万人（男16～65岁，女16～45岁）、巴勒斯坦解放军1200人（受约旦军队管理）。

兵役制度　实行志愿兵与义务兵相结合的制度。志愿兵实行薪金制，招收14岁以上的男性公民。义务兵招收18岁以上的男性公民，服役期2年。

越　南

国　　名　越南社会主义共和国。

主要统计　面积329556平方公里。人口6630万人（其中13～17岁男384.2万人，女375.3万人；18～22岁男360.6万人，女347.4万人；23～32岁男625万人，女612.7万人）。国内生产总值98674亿盾，合141亿美元（1988年估计）。国防费13亿美元（1990年国防开支估计）。粗钢6.91万吨（1987年）。原油150万吨（1989年）。原煤560万吨（1987年）。天然气196亿立方米（1990年）。发电量95亿度（1990年）。粮食2150万吨（1990年）。海运能力，商船（载重100吨以上）164艘、总载重50.15万吨（1988年）。民航能力，固定航班机场3处、客运量103.87亿人公里、货运量600万吨公里（1989年）。

国防政策　越共"六大"把"建设祖国和保卫祖国"列为社会主义革命的两大战略任务；规定总的国防政策是：贯彻全民皆兵和人民战争的思想，实现全民建设祖国和保卫祖国，全军保卫祖国和建设祖国；强调在集中力量进行经济建设、巩固国防事业中，把建设祖国和保卫祖国紧密结合起来，巩固强大的国防；建设正规化和现代化的人民军队、建立强大的人民公安部队；巩固和发展越、老、柬三国特殊联盟，加强与苏联的全面合作联盟，积极争取同所有其他国家改善、发展关系。

"六大"后，越南当局重新估计国际战略形势，认为本世纪末、下世纪初不会发生针对越南的大规模战争，因此决定军队建设的指导思想由"战争环境下建设军队"，逐步转向"和平环境下建设军队"，部队由"临战状态"转向"平战结合状态"。为此，积极进行军队调整改革，裁减军队员额；确定建设一支数量适当、质量优良的常备军和一支管理严格、训练有素、能迅速扩编的预备力量；调整部队的现行编制体制；扩大生产部队；改革作战指挥系统、院校系统和后勤技术保障系统；组织军队和各国防企业从事经济建设，并将其纳入国家经济改革的总体规划。

军事战略　越共"六大"以后，越南当局对其军事战略进行了调整，由"南攻北防"变为"积极防御"。执行"陆缩海进"的战略方针，在中越边境，减少驻军，收缩防线，尽可能保持边境局势稳定；在柬埔寨，减少军事行动，逐步完成全部撤军，谋求"在不损害既得利益的前提下"的政治解决；在老挝，全部撤出驻军。同时，积极推行海上进攻战略，"捍卫"已侵占的中国南沙岛礁，伺机扩大占领范围。

由于战略方针的变化，越军的战略部署也由"北重南轻"逐步调整为"南北均衡"；战略手段由侧重军事一手调整为军、政、外交多手并用；战略立足点由准备大打转变为准备应付局部情况。在运用军事手段对付局部情况时，强调搞好省（市）区域防御，保障能随时作好战斗准备。

国防体制 越共中央军事党委为最高军事决策机构，通过国防部对全部武装力量实行统一领导。

国防部是越共中央的办事机关，又是越军的军事领导机关。国防部下设总参谋部、总政治局、总后勤局、总技术局和经济建设总局，分别实施军事指挥、政治控制、后勤保障和经济建设。总政治局负责越军党政工作的领导。

国防部的直属单位还有军事科学委员会、军事监察委员会、军事检查院等。

武装力量由现役部队、预备役部队和准军事部队组成。现役部队分陆军、海军、空军、防空军。

领导人物 越共中央总书记兼中央军事党委书记阮文灵。国防部长黎德英大将。总参谋长段奎上将。总政治局主任阮决大将。总后勤局主任阮仲川中将。总技术局主任阮维太少将。经济建设总局主任潘秋少将。

武装力量 **兵力** 现役部队105.2万人。

陆军 90万人。编有14个军部、62个步兵师（估计有2个训练师、28个基干步兵师)、3个机械化师、10个装甲旅、15个独立步兵团、特种作战部队（包括空降旅和爆破工兵团)、约10个野战炮兵旅、8个工程兵师、10～16个经济建设师、20个独立工程兵旅。

坦克：T-34／-54／-55型1600辆、其他350辆。装甲侦察车：БРДМ-1／-2型80辆。步兵战车：БМП120辆。装甲输送车：БТР-40／-50／-60／-152等型1500辆。牵引炮：130毫米200门、152毫米250门，另100毫米、105毫米、122毫米、155毫米等若干门。自行炮：152毫米250门，另100毫米、122毫米等若干门。火箭炮：107毫米、122毫米、140毫米等若干门。迫击炮：81毫米、82毫米、120毫米、160毫米等若干门。反坦克导弹：AT-3“耐火箱”若干具。无坐力炮：57毫米、75毫米、82毫米、88毫米、107毫米等若干门。高炮（机枪)：14.5毫米、23毫米、30毫米、37毫米、57毫米、85毫米、100毫米等共8000门（挺)。地空导弹：SA-7若干枚。

海军 4万人（含海军陆战队2.7万人)。划分为4个沿海地区。

护卫舰：“范五老”（美制“巴奈加特”）1艘、“别佳”Ⅱ级5艘、“陈庆余”（美制“萨维奇”级）1艘。巡逻艇和小型快艇64艘：其中苏制“黄蜂”-Ⅱ级导弹快艇8艘、苏制“图利亚”级水翼鱼雷艇7艘、“大胡蜂”级鱼雷快艇16艘、美制“极眇”级2艘、苏制SO-1级6艘、美制PGM-59／-7级10艘、小于100吨的近海巡逻艇15艘。扫雷舰：“尤尔卡”级2艘、“索尼亚”级沿海扫雷舰1艘、“叶夫根尼亚”近海猎雷艇2艘。登陆艇：“美制LST-511坦克登陆舰3艘、苏制“北方”级中型登陆舰3艘、美制LSM-1中型登陆舰1艘。小型登陆艇：24艘。

空军 1.2万人。编有4个航空师、3个攻击歼击机团、5个歼击机团、3个运输团、1个直升机师（3个团)、3个教练机团。作战飞机250架、武装直升机37架（另有多架储备)。

攻击歼击机：苏-7B型30架、苏-17型30架、苏-22型40架。歼击机：米格-21比斯型150架。攻击直升机：米-24型20架。海上侦察机：贝-12型4架。反潜直升机：卡-25型17架。航测机：安-30型2架。运输机：安-2型12架、安-24型9架、安-26型40架、伊尔-18型2架、图-134型8架、雅克-40型11架。直升机：米-6型、米-8型等共200架。教练机：拉-29型、拉-39型、米格-21型等共53架。空空导弹：AA-2“环礁”若干枚。

防空军 10万人。编有14个防空师、4个高炮旅、6个雷达旅。装备有SA-2／-3型地空导弹66部、雷达站100个，37毫米、57毫米、85毫米、100毫米、130毫米高炮若干门。

准军事部队 360万人。其中人民地方武装50万人，地方部队约260万人，“战术后方部队”约50万人。

兵役制度 实行义务兵役制。普通士兵服役期3年，专业技术士兵和海军舰艇的士兵4年，高等学校或大学毕业的士兵2年，某些少数民族士兵2年。服役年限：尉级军官为38岁，少校43岁，中校48岁，大校55岁，少将、海军准都督60岁，中将和海军副都督以上军官不规定服役年限。

军衔 军官分3等12级，即将官4级（大将、上将或海军都督、中将或海军副都督，少将或海军准都督)、校官4级（大校、上校、中校、少校)、尉官4级（大尉、上尉、中尉、少尉)。

驻外兵力 驻柬埔寨少量部队（越南政府自称已于1989年9月底全部撤军)。驻老挝1～1.5万人（多为经济建设部队)。

非　洲

阿尔及利亚

国　　名　阿尔及利亚民主人民共和国。

主要统计　面积2381741平方公里。人口2550.3万人（其中，13～17岁男153.5万人，女133.3万人；18～22岁男132.8万人，女105.2万人；23～32岁男200.7万人，女252.7万人）。国内生产总值3569.2亿第纳尔，合469.14亿美元（1989年估计）。国防费81亿第纳尔，合10.1亿美元（1990年国防预算估计）。原煤8000吨（1987年）。原油2.43亿桶（1988年）。天然气449亿立方米（1988年）。发电量134亿度（1987年）。粮食177.1万吨（1988年）。海运能力，商船（载重100吨以上）148艘、总载重量105.26万吨（1988年）。民航能力，固定航班机场24处、客运量22.48亿人公里、货运量1060万吨公里（1989年）。

国防体制　宪法规定，总统为武装力量最高统帅。最高国防决策机构为国家最高安全委员会，由总统任主席。国防部为政府中的一个部，是最高军事行政机关。武装力量由正规军和准军事部队组成。正规军分陆、海、空三个军种。最高军事指挥机构为国家人民军参谋部。总统通过国防部和国家人民军参谋部对武装力量实施领导和指挥。

领导人物　总统兼武装力量最高统帅和国防部长沙德利·本·杰迪德（1979年2月上任）。国防部秘书长穆斯塔法·谢鲁菲准将（1986年2月上任）。国家人民军参谋长纳扎尔准将（1988年11月上任）。

武装力量　**兵力**　现役部队12.55万人。

陆军　10.7万人。编有6个军区、3个装甲旅、8个机械化旅、9个摩托化步兵旅、1个特别空降旅、31个独立步兵营、4个空降营、5个独立炮兵营、5个防空营、4个工程兵营、12个沙漠部队连。

坦克：T－34型113辆、T－54／－55型390辆、T－62型300辆、T－72型100辆。装甲侦察车：БРДМ－2型140辆。步兵战车：БМП－1型690辆、БМП－2型225辆。装甲输送车：БТР－50／－60型460辆、БТР－152型400辆。牵引炮：122毫米330门、152毫米60门。自行炮：122毫米70门、152毫米50门。火箭炮：122毫米48门、240毫米30门。反坦克导弹："耐火箱"和"米兰"若干具。无坐力炮：82毫米110门、107毫米58门。反坦克炮：57毫米156门、76毫米85门、100毫米50门。高炮（机枪）：14.5毫米65门、20毫米100门、23毫米65门、37毫米150门、57毫米75门、85毫米20门、100毫米150门、130毫米20门。地空导弹：SA－7／－8／－9型若干部。

海军　6500人。

潜艇：K级2艘、R级2艘。护卫舰："科尼"级3艘、"纳奴契卡"级3艘。导弹攻击快艇："黄蜂"级11艘。巡逻艇：11艘。登陆艇：3艘。扫雷艇：1艘。

海岸警卫队550人。装备有巡逻艇16艘。

空军　1.2万人。编有5个攻击战斗机中队、9个战斗机中队、2个防暴机中队、1个侦察机中队、1个海上侦察机中队、4个武装直升机中队、5个运输直升机中队。作战飞机257架、武装直升机38架。

攻击战斗机：米格－17型30架、米格－23型17架。战斗机：米格－21型128架、米格－25型18架。防暴机：CM－170型18架。侦察机：米格－25R型3架。海上侦察机："超级空中大王"B－220T型2架。运输机：安－12型6架、安－26型2架、C－130H型14架、SE－210型3架。"空中指挥官"1架、伊尔－18型1架、福克－20型1架、"湾流"4架、"超级空中大王"4架。直升机：米－24型攻击机38架、米－8型38架、米－6型5架、米－4型42架、SA－330型5架、休斯－269A型6架、SA－313型4架、SA－316型6架。教练机：米格－15型14

架、米格-17型25架、米格-21型9架、米格-23型9架、米格-25型3架、雅克-11型19架、T-34C型6架。

防空部队　编有3个高炮旅和3个地空导弹团。装备有85毫米、100毫米和130毫米高炮若干门，地空导弹SA-2型30部、SA-3型21部、SA-6型若干部。

预备役部队　陆军预备役部队约15万人。

准军事部队　5.3万人，其中宪兵2.3万人、警察2.5万人、共和国卫队5000人。

兵役制度　实行义务兵和志愿兵相结合的兵役制度。士兵服役期18个月。

军衔　分6等16级，即将官1级（准将）、校官3级（上校、中校、少校）、尉官3级（上尉、中尉、少尉）、准尉2级（一级准尉、二级准尉）、军士2级（军士长、军士）、士兵5级（上士、中士、下士、上等兵、列兵）。

驻外兵力　在安哥拉派有军事观察员。

埃　及

国　　名　阿拉伯埃及共和国。

主要统计　面积100.2万平方公里。人口5477.4万人（其中，13～17岁男293.3万人，女277.3万人；18～22岁男255.4万人，女239.3万人；23～32岁男447.5万人，女416.6万人）。国内生产总值703.9亿埃镑，合1020.1亿美元（1989年）。国防费44亿埃镑，合63.8亿美元（1990年国防预算）。原油31100万桶（1988年）。天然气69.2亿立方米（1988年）。发电量325亿度（1987年）。粮食951.4万吨（1988年）。海运能力，商船（载重100吨以上）431艘，总载重量182.13万吨（1988年）。民航能力，固定航班机场10处、客运量55.08亿人公里、货运量12190万吨公里（1989年）。

国防体制　总统为武装力量最高统帅。最高军事决策机构为国防委员会，由总统任主席。总统下设武装力量总司令，由国防部长兼任。武装力量由正规军和准军事部队组成。正规军分陆、海、空和防空军四个军种。最高军事指挥机构为总参谋部，统辖各军种、军团和军区。总统和总司令通过总参谋部指挥全军。

领导人物　总统兼武装力量最高统帅穆罕默德·胡斯尼·穆巴拉克（1987年10月连任）。武装力量总司令兼国防和军工生产部长尤素福·萨卜里·阿布·塔列布上将（1989年4月上任）。总参谋长萨菲丁·阿布·谢纳夫中将。海军司令艾哈迈德·阿里·法迪勒少将（1990年10月13日上任）。空军司令艾哈迈德·阿卜杜勒·拉赫曼·纳斯尔少将（1990年4月上任）。防空军司令穆罕默德·扎希尔·阿卜杜勒·拉赫曼少将（1990年12月3日上任）。

武装力量　**兵力**　现役部队45万人。

陆军　32万人。编有2个军团司令部、12个师、28个旅、7个大队、2个团。

坦克：T-54／-55型1040辆、T-62型600辆、M-60A1型700辆、M-60A3型850辆。装甲侦察车：БРДМ-2型300辆。步兵战车：БМП-1型220辆、БМП-600型约250辆。装甲输送车："瓦利德"500辆、"法赫德"200辆、БТР-50／OT-62型1075辆、M-113A2型970辆。牵引炮：122毫米668门、130毫米440门、152毫米12门。自行炮：122毫米若干门、155毫米140门。火箭炮：80毫米、122毫米、130毫米、132毫米、140毫米、240毫米等共约300门。迫击炮：82毫米若干门、120毫米450门、160毫米100门、240毫米24门。地地导弹：FROG-7型4部、"飞毛腿"B型9部。反坦克导弹：AT-1"甲鱼"、AT-2"蝇拍"共1000具、AT-3"耐火箱"1400具、"米兰"220具、"旋火"200具、"陶"式520具。无坐力炮：107毫米若干门。高炮：23毫米615门、37毫米150门、57毫米340门。地空导弹：SA-7型1200部、SA-9型若干部，M-54（自行）"小檞树"26部。

海军　2万人。

潜艇：R级10艘。驱逐舰："法塔赫"级1艘。护卫舰："苏伊士"级2艘、"胜利者"级2艘。导弹艇："拉马丹"级6艘、"黄蜂"-Ⅰ级3艘、"十月"级6艘、"河谷"（"蚊子"）级6艘。巡逻艇：18艘。布雷舰：3艘。反水雷舰：6艘。两栖舰：3艘。支援舰船：6艘。

海军航空兵：装备有武装直升机17架。

岸防部队：装备有130毫米火炮和“奥托马特”、“幼鲑”等岸舰导弹30具。

空军　3万人。编有44个中队。

作战飞机475架，武装直升机74架。

攻击战斗机和战斗机：“阿尔法喷气”式14架、F-4E型33架、“幻影”-5E2型16架、F-16A型33架、F-16C型34架、米格-21型83架、“幻影”-5E型54架、“幻影”-2000C型16架、其他型128架。侦察机：“幻影”-5SDR型6架、米格-21型14架。电子战机：C-130H型2架、“山毛榉”-1900型4架、“突击队员”-2E型（直升机）4架。空中预警机：E-2C型5架。海上侦察机：“山毛榉”-1900C型2架。教练机：“阿尔法喷气”式28架、DHC-5型4架、EMB-312型40架、F-16B型6架、F-16D型6架、“共和国”36架、JJ-6型16架、L-29型40架、米格-21型若干架、“幻影”-5SDD型5架、“幻影”-2000B型3架、PZL-104型10架、Z-526型若干架。运输机：C-130H型19架、DHC-5D型5架、“超级空中大王”1架。武装直升机：SA-342K/-L型74架。直升机：CH-47C型14架、米-8型40架、“突击队员”-1型5架、“突击队员”-2型17架、“突击队员”-2B型3架、米-4型12架、UH-12E型17架、“猎豹”10架。

防空军　8万人。编有5个师、225个营、24个连。

高炮：20毫米、23毫米、37毫米、40毫米、57毫米、85毫米、100毫米等共约2500门。防空导弹：SA-2型约400部、SA-3型240部、SA-6型60部、“霍克”改进型108部、“响尾蛇”约50部。防空系统：“太阳神”约18套、“西奈”-23型（短程）若干套。

预备役部队　62.3万人，其中陆军50万人、海军1.4万人、空军2万人、防空军8.9万人。

准军事部队　37.4万人，其中海岸警卫队约2000人，装备有巡逻艇32艘；中央公安部队30万人；国民警卫队6万人，装备有“瓦利德”式装甲输送车；边防部队1.2万人。

军事基地　海军基地6处（亚历山大、塞得港、马特鲁赫港、萨法卡、陶菲克港和胡尔加答）。

兵役制度　实行义务兵和志愿兵相结合的兵役制度。义务兵服役期3年。

军衔　军官分4等11级，即元帅1级、将官4级（上将、中将、少将、准将）、校官3级（上校、中校、少校）、尉官3级（上尉、中尉、少尉）。

驻外兵力　在科威特、阿曼、沙特阿拉伯、索马里、苏丹和扎伊尔派驻有军事顾问。

外国驻军　驻有联合国多国部队与观察员约2600人。

埃塞俄比亚

国　　名　埃塞俄比亚人民民主共和国。

主要统计　面积1223600平方公里。人口4910.2万人（其中，13～17岁男283.5万人，女273.9万人；18～22岁男239.2万人，女231.7万人；23～32岁男366.2万人，女358.3万人）。国内生产总值59.7亿美元（1989年）。国防费4.72亿美元（1987～1988年度国防预算估计）。原油598万桶（1987年）。发电量8.1亿度（1987年）。粮食596万吨（1988年）。海运能力，商船（载重100吨以上）26艘、总载重量9.41万吨（1988年）。民航能力，固定航班机场37处、客运量5.58亿人公里、货运量1.04亿吨公里（1989年）。

国防体制　宪法规定，总统为武装力量最高统帅。最高国防决策机构为国防安全委员会，成员有总统、国防部长、内政部长及国家安全部长等，由总统任主席。国防部为政府中一个部，是最高军事行政机关。武装力量由正规军、预备役和准军事部队3部分组成。正规军分陆、海、空三个军种；预备役部队为全国民兵；准军事部队有边防军和警察机动应急部队。最高军事指挥机构为总参谋部。总统通过国防部和总参谋部对全国武装力量实施领导和指挥。

领导人物　总统兼武装力量最高统帅门格斯图·海尔·马利亚姆中校（1987年9月上任）。国防部长（暂空缺）。总参谋长亚的斯·特德拉中将（1989年5月上任）。陆军司令安比贝尔·阿耶勒少将（1989年5月上任）。海军司令耶胡瓦拉什·吉尔马少将（1989年5月上任）。空军司令阿勒马耶胡·阿戈纳弗少将（1989年5月上任）。警察部队司令吉尔马·纽威少将（1989年5月上任）。

武装力量 **兵力** 现役部队43.8万人（包括20万民兵）。

陆军 43万人（含民兵）。编有31个步兵师（其中包括3个摩步师、4个山地炮师、3个轻型师）、8个伞兵突击旅、32个坦克营、40个炮兵营、12个防空营。

坦克：T-54／-55约1200辆、T-62型100辆。装甲侦察车：БРДМ-1／-2型200辆。步兵战车：БМП-1型50辆。牵引炮：120毫米210门、130毫米100门、152毫米12门。自行炮：155毫米6门。火箭炮：122毫米若干门。迫击炮：82毫米若干门、107毫米200门、120毫米100门。反坦克导弹：AT-3"耐火箱"若干具。高炮：23毫米、37毫米、57毫米等若干门。地空导弹：SA-2型20部、SA-3和SA-7型30部。飞机：DHC-6型3架、DHC-3型4架、U-17型1架。直升机：UH-1H型6架。

海军 3500人。基地设在马萨瓦和阿萨布。

护卫舰："别佳"-Ⅱ级2艘。导弹攻击快艇："黄蜂"级8艘。鱼雷快艇：6艘。近海巡逻艇：6艘。登陆艇：2艘。运输和教练舰各1艘。

空军 4500人。编有7个攻击战斗机中队、1个运输机中队。作战飞机120架、武装直升机20架。

攻击战斗机：米格-21型78架、米格-23型37架。运输机：安-12型11架、安-26型2架、L-100-30型2架、雅克-40型1架。教练机：L-39型21架、米格-21型5架、SF-260TP型21架。直升机：米-24型20架、IAR-330型1架、米-8型35架、UH-1型3架、IAR-316型10架、"猎豹"10架。

预备役部队 民兵20万人。所有年龄在18～50岁的埃塞俄比亚公民，都必须依法到陆军、警察部队或边防军登记，并在其中接受为期6个月的军事训练。

准军事部队 边防军若干人，警察机动应急部队9000人。

兵役制度 实行征兵制，服役期30个月。

外国驻军 古巴军事顾问25人，以色列军事顾问和技术人员约125人，北朝鲜军事顾问200人，苏联军事顾问和技术人员约550人。

安　哥　拉

国　　名 安哥拉人民共和国。

主要统计 面积1246700平方公里。人口1001.5万人（其中，13～17岁男56.3万人，女56.5万人；18～22岁男46.6万人，女47万人；23～32岁男70.7万人，女72.4万人）。国内生产总值47亿美元（1987年估计）。国防费8.19亿美元（1988年国防预算）。粗钢0.7万吨（1988年）。原油1.64亿桶（1988年）。天然气5亿立方米（1988年）。发电量18亿度（1987年）。粮食35.2万吨（1988年）。海运能力，商船（载重100吨以上）110艘、总载重量12.19万吨（1988年）。民航能力，固定航班机场18处、客运量9.75亿人公里、货运量3390万吨公里（1989年）。

国防体制 宪法规定，总统为武装力量最高统帅。最高国防决策机构为政治和军事协调委员会，由总统任主席。国防部为政府中一个部，是最高军事行政机关。武装力量由正规军、预备役部队和准军事部队3部分组成。正规军分陆、海、空三个军种；预备役部队有全国民兵；准军事部队有边防军。最高军事指挥机构为总参谋部。总统通过国防部和总参谋部对全国武装力量实施领导和指挥。

领导人物 总统兼武装力量最高统帅若泽·爱德华多·多斯桑托斯大将（1979年上任，1990年11月起兼任国防部长和总参谋长）。海军司令安东尼奥·孔德萨·德卡瓦略少将。空军司令阿尔贝托·内托上校。

武装力量 **兵力** 现役部队约10万人（含民兵1万人）。

陆军 约9.15万人（含民兵1万人）。编有10个军区、73个旅。

坦克：T-34型100辆、T-54／-55型300辆、T-62型100余辆、PT-76型约50辆。装甲侦察

车：БРДМ－2型 200余辆。装甲输送车：БТР－40／－50／－60型和БТР－152型255辆。牵引炮：76毫米、85毫米、122毫米、130毫米和152毫米500门。火箭炮：122毫米75门。迫击炮：82毫米若干门、120毫米40门。反坦克导弹：AT－3"耐火箱"若干具。无坐力炮：75毫米、82毫米和107毫米共900门。高炮和高机枪：14.5毫米、20毫米、23毫米、37毫米和57毫米等300余门(挺)。地空导弹：SA－7和SA－14型若干部。

海军 1500人。基地设在罗安达、洛比托和纳米贝。

导弹攻击快艇："黄蜂"－Ⅱ级6艘。鱼雷快艇："大胡蜂"级5艘。巡逻艇：9艘。水雷战舰艇：2艘。登陆艇：3艘。

空军 约7000人。作战飞机191架、武装直升机28架。

攻击战斗机：米格－17型25架、米格－23型51架、苏－22型10架。战斗机：米格－21型75架。防暴兼侦察机：PC－7型8架。海上侦察机：F－27MPA型1架、EMB－111型2架。攻击直升机：米－25型16架、SA－365M型6架、SA－342型6架。运输机：安－12型12架、安－26型30架、BN－2型13架、C－47型3架、C－212型8架、L－100－20型2架、PC－6B型4架。直升机：IAR－316型30架、SA－316型10架、米－8型49架、米－17型13架、SA－315型1架、SA－365型10架。联络机：安－2型10架、DO－27型5架。教练机：色斯纳172型3架、米格－15型3架、米格－21型6架、PC－7型11架、苏－22型2架、雅克－11型6架。地空导弹：SA－2型12部、SA－3型40部、SA－6型72部、SA－8、SA－9和SA－13型48部。地空导弹："霍特"若干枚。空空导弹：AA－2"环礁"若干。

预备役部队 5万人。由全国民兵（亦称"人民防御组织"）组成。其中1万人编人陆军服役。

准军事部队 7000人，为边防军。

兵役制度 实行征兵制，服役期2年。

驻外兵力 驻圣多美和普林西比部队约500人。

外国驻军 古巴1万余人（古巴驻军原有5万人，根据1988年12月纽约和平协议规定，古巴驻军从1989年4月1日起，在27个月的期限内分5个阶段全部撤出安哥拉。截至1990年9月底，古巴已撤走38000名军人，完成了头3个阶段的撤军任务。其余驻军将在1991年6月全部撤完）。苏联军事顾问和技术人员1200人。联合国驻安哥拉核查撤军观察员60人。

刚　果

国　名 刚果人民共和国。

主要统计 面积342000平方公里。人口224万人（其中，13～17岁男12.3万人，女12.2万人；18～22岁男10.8万人，女10.7万人；23～32岁男15.6万人，女15.9万人）。国内生产总值20.5亿美元（1989年）。原油4900万桶（1988年）。天然气0.34亿立方米（1988年）。发电量2.35亿度（1987年）。粮食1.1万吨（1988年）。海运能力，商船21(载重100吨以上）艘、总载重量1.08万吨（1988年）。民航能力，固定航班机场6处、客运量2.137亿人公里、货运量3610万吨公里（1989年）。

国防体制 宪法规定，总统为武装力量最高统帅。最高国防决策机构为刚果劳动党军事常设委员会。国防和安全部为政府中一个部，是最高军事行政机关。武装力量由正规军和准军事部队组成。正规军分陆、海、空三个军种。最高军事指挥机构为总参谋部。总统通过国防和安全部、总参谋部对全国武装力量实施领导和指挥。

领导人物 总统兼武装力量最高统帅德尼·萨苏－恩格索上将（同时兼任国防和安全部长）。总参谋长穆科科准将（1987年上任)。

武装力量 **兵力** 现役部队8800人。

陆军 8000人。编有2个装甲营、2个合成步兵营、1个步兵营、1个工程兵营、1个炮兵分队、1个空降突击营。

坦克：T－54／－55型35辆、PT－76型3辆、其他型29辆。装甲侦察车：БРДМ 1／ 2型25辆。装甲输送车：M－3型若干辆、БТР各型共104辆。牵引炮：75毫米6门、76毫米8门、100毫米10门、122毫米8门。火箭炮：122毫米8门。迫击炮：82毫米若干门、120毫米10门。无坐力炮：57毫米若干门。反坦克炮：57毫米5门。高炮（机枪）：14.4毫米、23毫米、37毫米、57毫米各若干门（挺）。

海军　300人。基地设在黑角。

巡逻艇：12艘。

空军　500人。作战飞机20架。

攻击战斗机：米格-17型20架。运输机：安-24/-26共6架、C-47型2架、伊尔-14型2架、N-2501型1架。教练机：L-39型1架、米格-15型1架。直升机：SA-316/-318/-365型共5架。

准军事部队　宪兵1400人，编成20个连。民兵4700人。

兵役制度　实行志愿兵役制，服役期2年。

驻外兵力　驻安哥拉军事观察员若干人。

外国驻军　古巴驻军500人。

几　内　亚

国　　名　几内亚共和国。

主要统计　面积245857平方公里。人口693.9万人（其中，13～17岁男34万人，女35.7万人；18～22岁男29.9万人，女31.4万人；23～32岁男49.1万人，女51.8万人）。国内生产总值24.4亿美元（1989年）。发电量5亿度（1987年）。粮食59.9万吨（1988年）。海运能力，商船（载重100吨以上）19艘、总载重量2900吨（1988年）。民航能力，固定航班机场2处、客运量2880万人公里、货运量250万吨公里（1989年）。

国防体制　宪法规定，总统为武装力量最高统帅。国防部为政府中的一个部，是最高军事行政机关。武装力量由正规军和准军事部队组成。正规军分陆、海、空三个军种；准军事部队有宪兵、民兵和共和国卫队。最高军事指挥机构为武装力量参谋部。总统通过国防部和武装力量参谋部对全国武装力量实施领导和指挥。

领导人物　总统兼武装力量最高统帅萨纳·孔戴少将（1984年4月上任）。国防部长巴巴卡尔·恩迪亚耶（1988年1月上任）。总参谋长费南多·蒂奈上校。

武装力量　**兵力**　现役部队9700人。

陆军　8500人。编有1个装甲营、5个步兵营、1个炮兵营、1个工程兵营、1个突击营、1个特种兵营、1个防空营。

主战坦克：T-34型30辆、T-54型8辆。轻型坦克：PT-76型20辆。装甲侦察车：БРДМ-1/-2型25辆。装甲输送车：БТР各型40辆。牵引炮：76毫米8门、85毫米6门、122毫米12门。迫击炮：82毫米若干门、120毫米20门。无坐力炮：82毫米若干门。反坦克炮：57毫米若干门。高炮：30毫米若干门、37毫米8门、57毫米12门、100毫米4门。地空导弹：SA-7若干部。

海军　400人。基地设在科纳克里、卡坎达。

海岸巡逻艇：9艘。两栖舰艇：2艘。

空军　800人。作战飞机12架。

攻击战斗机：米格-17型4架、米格-21型8架。运输机：安-12型2架、安-14型4架。教练机：拉-29型3架、米格-15型2架、雅克-18型6架。直升机：米-4型4架、SA-316B型1架、SA-330型1架、IAR-330型1架、SA-342型1架。

准军事部队　9600人，其中民兵7000人、宪兵1000人、共和国卫队1600人。

兵役制度　实行征兵制，服役期2年。

几内亚比绍

国　　名　几内亚比绍共和国。

主要统计　面积36125平方公里。人口98.1

万人（其中，13～17岁男5.8万人，女5.3万人；18～22岁男4.9万人，女4.6万人；23～32岁男6.6万人，女7.3万人）。国内生产总值1.29亿美元（1986年估计）。国防费388万美元（1987年国防预算）。发电量1400万度（1987年）。粮食22.5万吨（1988年）。海运能力，商船（载重100吨以上）17艘、总载重量2800吨（1988年）。民航能力，固定航班机场1处、客运量900万人公里、货运量100万吨公里（1989年）。

国防体制 国务委员会主席为武装力量最高统帅。最高国防决策机构为革命委员会。武装力量部（相当于国防部）为政府中的一个部，是最高军事行政机关。武装力量由正规军和准军事部队组成。正规军分陆、海、空三个军种。最高军事指挥机构为武装力量总参谋部。国务委员会主席通过武装力量部和武装力量总参谋部对全国武装力量实施领导和指挥。

领导人物 国务委员会主席兼武装力量最高统帅若奥·贝尔纳多·维埃拉准将（1984年5月上任）。武装力量部部长雅法伊·卡马拉上校。国防国务秘书乔斯·马克·维埃拉上校（1990年3月上任）。武装力量总参谋长安苏梅恩·梅恩上校（1990年3月上任）。

武装力量 **兵力** 现役部队7200人。

陆军 6800人。编有1个装甲营、5个步兵营、1个炮兵营、1个侦察连、1个工程兵连。

主战坦克：T-34型10辆。轻型坦克：PT-76型20辆。装甲侦察车：БРДМ-2型10辆。装甲输送车：БТР-40／-60／-152等型55辆、其他型20辆。牵引炮：85毫米8门、122毫米18门。迫击炮：82毫米若干门、120毫米8门。火箭筒：89毫米若干具。无坐力炮：75毫米若干门、82毫米若干门。高炮：23毫米18门、37毫米6门、57毫米10门。地空导弹：SA-7若干部。

海军 300人。基地设在比绍。

巡逻艇：13艘。两栖艇：苏制登陆艇2艘。

空军 100人。

战斗机：米格-17型3架。直升机：SA-318型1架、SA-319型2架。

准军事部队 宪兵2000人。

兵役制度 实行征兵制。

加　纳

国　　名 加纳共和国。

主要统计 面积239460平方公里。人口1492.5万人（其中，13～17岁男84.8万人，女84.6万人；18～22岁男70.1万人，女70.4万人；23～32岁男104万人，女106.1万人）。国内生产总值50.8亿美元（1989年）。国防费4256万美元（1989年国防预算）。原油10万桶（1988年）。发电量47.58亿度（1987年）。粮食106.1万吨（1988年）。海运能力，商船（载重100吨以上）136艘、总载重量12.25万吨（1988年）。民航能力，固定航班机场4处、客运量2.71亿人公里、货运量3370万吨公里（1989年）。

国防体制 宪法规定，加纳临时全国保卫委员会为最高军事决策机构，负责制定各项重大防务和军事政策。该委员会主席为武装力量总司令。临时全国保卫委员会下设国防参谋部，负责全军作战、训练、后勤等具体事务。武装力量由正规军和准军事部队组成。正规军分陆军、海军和空军。准军事部队主要为民兵。国防参谋部下设陆军、海军和空军参谋部，分管本军种部队的作战、训练和行政领导。政府设国防部，为行政机关。

领导人物 临时全国保卫委员会主席兼武装力量总司令杰里·约翰·罗林斯上尉（1982年1月上任）。武装力量总司令蒙萨·沃德少将（1990年6月上任）。国防部长姆哈马·伊德里苏。总参谋长阿诺尔德·凯诺。陆军参谋长蒙萨·沃德。

武装力量 **兵力** 现役部队1.22万人。

陆军 1万人。编有2个司令部、2个步兵旅（辖6个步兵营）、1个侦察营、1个伞兵营、1个独立步兵营、1个炮兵团、1个工程兵团。

装甲侦察车："萨拉丁"3辆、EE-9"响尾蛇"3辆。步兵战车："剪刀鱼"50辆。迫击炮：81毫米50门、120毫米28门。无坐力炮：84毫米50门。

海军 1400人。编有2个司令部（东部和西部）。基地设在塞康第、特马。

巡逻艇：6艘。

空军　800人。作战飞机18架。

防暴机：MB-326K型4架、MB-339型2架。运输机：F-27型5架、F-28型1架、C-212型1架、“空中货车”6架。直升机：贝尔212型2架、米-2型2架、SA-318型4架。教练机：“大斗犬”10架、L-29型12架。

准军事部队　民兵5000人。

兵役制度　志愿兵役制。

驻外兵力　参加联合国驻黎巴嫩临时部队1个营(980人)，驻阿富汗和巴基斯坦观察员1人，驻两伊观察员15人。

津巴布韦

国　名　津巴布韦共和国。

主要统计　面积390759平方公里。人口994.7万人（其中，13～17岁男56.2万人，女56.1万人；18～22岁男49.7万人，女49.7万人；23～32岁男74万人，女74.7万人）。国内生产总值53.9亿美元（1989年）。国防费3.63亿美元（1989年国防预算）。粗铜1.93万吨（1988年）。原煤484.3万吨(1987年)。发电量76.45亿度（1987年）。粮食298.9万吨（1988年）。民航能力，固定航班机场8处。客运量6.48亿人公里、货运量910万吨公里(1989年)。

国防体制　宪法规定，总统为武装力量最高统帅。最高国防决策机构为国防委员会。国防部为政府中一个部，是最高军事行政机关，负责国防预算、军事行政和对外军事关系等工作。武装力量由正规军和准军事部队组成。正规军分陆、空两个军种；准军事部队有警察部队、警察支援部队和全国民兵。总统通过国防部长和陆、空军司令对全国武装力量实施领导和指挥。

领导人物　总统兼武装力量最高统帅罗伯特·穆加贝（1987年12月上任）。国防部长理查德·霍维（1990年4月上任）。陆军司令塔普夫马奈伊·穆朱鲁中将（1981年8月上任）。空军司令乔西亚·通加米莱中将（1986年1月上任）。

武装力量　**兵力**　现役部队5.46万人。

陆军　5.16万人。编有7个旅（含1个总统卫队）、1个装甲团、26个步兵营（含3个警卫营、1个机械化营、1个突击营、2个伞兵营、1个山地营）、2个炮兵团（1个地炮团、1个高炮团）、1个工程兵支援团。

主战坦克：T-54型8辆、其他型35辆。装甲侦察车：“响尾蛇”EE-9型90辆、“大羚羊”AML-90型28辆。装甲输送车：YW-531型10辆、UR-416型约40辆、“鳄”式约50辆。牵引炮：122毫米30门。火箭炮：107毫米40门。迫击炮：81毫米若干门、120毫米4门。无坐力炮：106毫米12门。高炮（机枪）：14.5毫米、23毫米、37毫米各若干门(挺)。地空导弹：SA-7型若干部。

空军　3000人。编有2个攻击战斗机兼防暴机中队、3个战斗机中队、1个防暴兼侦察机中队、1个教练兼侦察和联络中队、2个直升机中队、2个治安中队。

作战飞机81架。攻击战斗机和战斗机：“猎人”FGA-90型10架、“隼”MK-60型6架、T-81型1架、其他型48架。防暴兼教练机：色斯纳337型16架。教练兼侦察和联络机：SF-260C/W型13架、SF-260TF型5架。运输机：BN-2型7架、C-212-200型11架、C-47型7架。直升机：AB-205型6架、SA-316型10架、AB-412型10架。

准军事部队　3.8万人，其中警察部队1.5万人、警察支援部队3000人、民兵2万人。

兵役制度　实行征兵制。

驻外兵力　驻莫桑比克3000～8000人。

喀麦隆

国　　名　喀麦隆共和国。

主要统计　面积 475000 平方公里。人口 1214.4 万人（其中，13～17 岁男 64.3 万人，女 64.4 万人；18～22 岁男 50.1 万人，女 50.4 万人；23～32 岁男 77.8 万人，女 79.5 万人）。国内生产总值 120.6 亿美元（1987～1988 年度）。国防费 1.82 亿美元（1990 年国防预算）。原油 6200 万桶（1988 年）。发电量 23.92 亿度（1987 年）。粮食 91.6 万吨（1988 年）。海运能力，商船（载重 100 吨以上）46 艘、总载重量 7.18 万吨（1988 年）。民航能力，固定航班机场 10 处、客运量 5.8 亿人公里、货运量 1.11 亿吨公里（1989 年）。

国防体制　宪法规定，总统为武装力量最高统帅。最高国防决策机构为武装力量部。武装力量由正规军和准军事部队组成。正规军分陆、海、空三个军种；准军事部队有宪兵。最高军事指挥机构为武装力量总参谋部。总统通过总参谋部对全国武装力量实施领导和指挥。

领导人物　总统兼武装力量最高统帅保罗·比亚（1982 年 11 月上任）。总统府负责国防事务的国务部长梅瓦·梅布图·米歇尔（1986 年 11 月上任）。总参谋长皮埃尔·赛芒盖少将。

武装力量　**兵力**　现役部队 7600 人。

陆军　6600 人。编有 3 个军区、7 个军分区、1 个总统卫队（含 1 个警卫营、1 个装甲侦察营、3 个步兵连）、1 个空降突击营、5 个步兵营（含 1 个训练营）、1 个工程兵营、1 个炮兵营（辖 5 个炮连）、1 个高炮营（辖 6 个连）。

装甲侦察车：“白鼬”M-8 型 8 辆、“突击队员”V-150 型 8 辆。步兵战车：“突击队员”V-150 型 12 辆。装甲输送车：“突击队员”V-150 型 29 辆、M-3 半履带式 12 辆。牵引炮：75 毫米 6 门、105 毫米 16 门。迫击炮：81 毫米、120 毫米 16 门。反坦克导弹：“米兰”若干具。火箭筒：89 毫米若干具。无坐力炮：57 毫米 18 门、106 毫米 40 门。高炮：35 毫米 18 门、37 毫米 18 门。

海军　700 人。基地设在杜阿拉、林贝、克里比。

导弹攻击快艇：“巴喀西”PFM 型 1 艘。巡逻艇：3 艘。登陆舰：7 艘。

空军　300 人。编有 1 个混成中队、1 个总统专机小队。作战飞机 16 架、武装直升机 4 架。

攻击战斗兼防暴机：“阿尔法喷气”式 5 架。CM-170 型 11 架。海上侦察机：DO-128D-6 型 2 架。攻击直升机：SA-342L 型 4 架。运输机：C-130H 型 3 架、DHC-4 型 1 架、DHC-5D 型 4 架、IAI-201 型 1 架、PA-23 型 2 架。直升机：SE-3130 型 3 架、SA-318 型 1 架、SA-319 型 4 架、贝尔 206 型 3 架、SE-3130 型 3 架、SA-318 型 1 架、SA-319 型 4 架。

准军事部队　4000 人（宪兵）。

兵役制度　实行志愿兵役制。

肯尼亚

国　　名　肯尼亚共和国。

主要统计　面积 582646 平方公里。人口 2494.7 万人（其中，13～17 岁男 149.5 万人，女 150 万人；18～22 岁男 117.1 万人，女 117.8 万人；23～32 岁男 164 万人，女 165.8 万人）。国内生产总值 86.1 亿美元（1989 年）。发电量 26.29 亿度（1987 年）。粮食 315.6 万吨（1988 年）。海运能力，商船（载重 100 吨以上）28 艘、总载重量 0.48 万吨（1988 年）。民航能力，固定航班机场 16 处（1989 年）、客运量 7.54 亿人公里、货运量 9990 万吨公里（1989 年）。

国防体制　宪法规定，总统为武装力量最高统帅。武装力量由正规军和准军事部队组成。正规军分陆、海、空三个军种；准军事部队有警察勤务总队等。总统通过总参谋长对全国武装力量实施领导和指挥。

领导人物 总统兼武装力量最高统帅丹尼尔·阿拉普·莫伊（1979年11月上任）。总参谋长哈吉·穆罕默德上将（1986年2月上任）。陆军司令詹姆斯·伦吉斯中将（1986年4月上任）。海军司令基布瓦纳少将（1988年4月上任）。空军司令邓肯·瓦齐拉少将。

武装力量 **兵力** 现役部队2.36万人。

陆军 1.9万人。编有1个装甲旅（辖2个装甲营）、2个步兵旅（辖5个步兵营、1个装甲侦察营、2个炮兵营）、1个工程兵旅（辖2个工程兵营）、1个独立空中骑兵营、1个空降兵营、1个防空营。

坦克："维克斯"MK-3型76辆。装甲侦察车：AML-60／90型40辆、"肖兰"8辆。装甲输送车：UR-416型30辆、"庞阿尔"M-3型10辆。牵引炮：105毫米56门。迫击炮：81毫米20门、120毫米10门。反坦克导弹："旋火"8具。无坐力炮：84毫米80门、120毫米若干门。高炮：20毫米50门。

海军 1100人。基地设在蒙巴萨。

导弹攻击快艇："伏斯勃"56M型2艘、"布鲁克"37M／32M型4艘。巡逻艇：1艘。

空军 3500人。作战飞机28架、武装直升机38架。

攻击战斗机：F-5E型9架、F-5F型2架。防暴机："打击能手"MK-87型5架、"隼"T-62型12架。运输机："指挥官"680型1架、DHC-5D型8架、DO-28D型7架、PA-32型1架。教练机："大斗犬"130／127型8架。直升机：休斯500MD型15架、休斯500ME型8架、休斯500M型15架、教练直升机休斯500D型2架。运输直升机：IAR-330型9架、SA-330型3架、SA-342型1架。空空导弹：AIM-9"响尾蛇"若干枚。空地导弹：AGM-65"小牛"若干枚。

准军事部队 警察勤务总队4000人、警察航空兵和警察海上分队若干人。

兵役制度 实行志愿兵役制。

利 比 亚

国　　名 大阿拉伯利比亚人民社会主义民众国。

主要统计 面积176万平方公里。人口457.5万人（其中，13～17岁男26.2万人，女25.2万人；18～22岁男21.6万人，女20.5万人；23～32岁男32.2万人，女28.9万人）。国内生产总值71.2亿第纳尔，合243.8亿美元（1989年估计）。国防费4.05亿第纳尔，合13.9亿美元（1988年国防开支估计）。原油3.4亿桶（1988年）。天然气55亿立方米（1988年）。发电量142.6亿度（1986年）。粮食29.9万吨（1988年）。海运能力，商船（载重100吨以上）107艘、总载重量146.32万吨（1988年）。民航能力，固定航班机场11处、客运量14.47亿人公里、货运量350万吨公里（1989年）。

国防体制 利比亚"九·一"革命领导人为武装力量最高统帅。最高国防决策机构为革命指挥委员会。防御总委员会是最高军事行政和指挥机关。武装力量由正规军和准军事部队组成。正规军分陆、海、空三个军种。总参谋部隶属防御总委员会，负责作战、训练、情报和侦察等工作。最高统帅通过防御总委员会对全国武装力量实施领导和指挥。

领导人物 "九·一"革命领导人兼武装力量最高统帅穆阿迈尔·卡扎菲上校（1969年9月1日上任）。武装力量总司令尤尼斯·贾比尔准将。总参谋长阿卜杜拉赫曼·隋德上校。

武装力量 **兵力** 现役部队8.5万人。

陆军 5.5万人。编有1个坦克师、2个机械化步兵师、38个坦克营、54个机械化步兵营、1个国家警卫旅、41个炮兵营、2个高炮营、12个伞兵突击营、7个地地导弹旅和3个地空导弹旅。

坦克：T-54／-55／-62型2000辆、T-72型300辆。装甲侦察车：БРДМ-2型270辆、EE-9型380辆。步兵战车：БМП-1型985辆。装甲输送车：БТР-50／-60型和OT-62／-64型850辆、EE-11型100辆。牵引炮：105毫米60门、122毫米330门、130毫米330门。自行炮：122毫米130

门、152毫米60门、155毫米180门。火箭炮：107毫米和122毫米654门。迫击炮：82毫米、120毫米、160毫米和240毫米若干门。地地导弹：FROG-7型40部、“飞毛腿”B型80部。反坦克导弹：“警戒”、“米兰”、“耐火箱”共3000具。无坐力炮：106毫米220门。高炮：23毫米、30毫米、40毫米和57毫米共600门、57毫米92门。地空导弹：SA-7／-9／-13型若干部、“响尾蛇”24部。直升机：CH-47型13架、AB-206型5架、SA-316型11架。

海军 8000人（包括海岸警卫队）。

潜艇：F级6艘。护卫舰：“达特·萨瓦里”级1艘、“科尼”级2艘。小型护卫舰：“阿萨德”级4艘、“纳奴契卡”级3艘。导弹快艇：“战士”级9艘、“黄蜂”级12艘、“苏萨”级3艘。巡逻艇：23艘。扫雷艇：8艘。登陆艇：5艘。支援和杂务船：4艘。

海军航空兵编有2个直升机中队，装备有米-24型直升机25架、SA-321型直升机12架。

空军 2.2万人（包括防空军）。编有1个轰炸机中队、7个攻击战斗机中队、9个战斗机中队、1个防暴机中队、1个侦察机中队、2个运输机中队、9个直升机中队和4个教练机中队。作战飞机513架、武装直升机35架。

轰炸机：图-22型4架。攻击战斗机：“幻影”5D／DE型50架、“幻影”5DD型10架、“幻影”F-1AD型12架、米格-23型28架、苏-20型90架、苏-24型16架。战斗机：“幻影”F-1ED型12架、F-IBD型6架、米格-21型75架、米格-23型143架、米格-25型58架。防暴机：J-1型30架。侦察机：“幻影”5DR型6架、米格-25型7架。运输机：安-26型20架、C-130H型7架、L-100-20型2架、L-100-30型3架、G-222型20架、伊尔-76型15架、L-410型15架。直升机：米-24型35架、米-35型10架、CH-47C型18架、米-8型7架、米-2型10架、米-4型50架、SA-316型4架。教练机：G-2型89架、米-2型20架、图-22型2架、L-39型70架、SF-260型77架。空空导弹：AA-2型、AA-6型、AA-7型、AA-8型、R-550型若干。空地导弹：AT-2型若干。

防空军 隶属空军，编成1个指挥控制系统和3个区域防空部队。编有3个SA-5A导弹旅、2个SA-2导弹旅、2～3个SA-3导弹旅、3个SA-6／-8导弹旅。装备有SA-5A导弹发射架36部、SA-2导弹发射架36部、SA-3导弹发射架24～36部、SA-6／-8导弹发射架约70余部。

预备役部队 人民民兵4万人。

准军事部队 伊斯兰泛非军团2500人，革命卫队、人民骑兵、海关和边防部队若干人。

兵役制度 实行选征兵役制，士兵服役期限2～4年。

军衔 军官军衔分3等9级，即将官3级（中将、少将、准将）、校官3级（上校、中校、少校）、尉官3级（上尉、中尉、少尉）。

驻外兵力 驻乍得、喀麦隆共2000人。

外国驻军 苏联、东欧国家、朝鲜民主主义人民共和国、巴基斯坦、意大利、叙利亚、南斯拉夫、法国等国派有军事顾问和专家。

马达加斯加

国　名 马达加斯加民主共和国。

主要统计 面积627000平方公里。人口1199万人（其中，13～17岁男67.6万人，女66.9万人；18～22岁男56.9万人，女55.4万人；23～32岁男85.9万人，女83.8万人）。国内生产总值18.9亿美元（1989年）。国防费3666万美元（1987年国防预算）。发电量5.04亿度（1987年）。粮食225.2万吨（1988年）。海运能力，商船（载重100吨以上）77艘、总载重量1.72万吨（1988年）。民航能力，固定航班机场51处、客运量4.226亿人公里、货运量3800万吨公里（1989年）。

国防体制 宪法规定，总统为武装力量最高统帅。国防部为政府中一个部，是最高军事行政机关。武装力量由正规军和准军事部队两部分组成。正规军分陆、海、空三个军种；准军事部队为宪兵部队。总统通过国防部和总参谋部对全国武装力量实施领导和指挥。

领导人物 总统兼武装力量最高统帅迪迪埃·

拉齐拉卡（1975年12月上任）。国防部长克里斯托弗·拉韦洛松·马哈桑波准将（1986年6月上任）。人民军总参谋长让·克劳德·拉萨莫埃利纳准将（1987年7月上任）。

武装力量 **兵力** 现役部队2.1万人。

陆军 约2万人。编有2个合成营、1个工程兵团、1个勤务团、7个基建团、1个通信团。

坦克：PT-76型12辆。装甲侦察车：M-8型8辆、M-3A1型约20辆、"白鼬"10辆、БРДМ-2型约35辆。装甲输送车：M-3A1半履带式约30辆。牵引炮：76毫米12门、105毫米若干门、122毫米12门。迫击炮：81毫米若干门、120毫米8门。火箭筒：89毫米若干具。无坐力炮：106毫米若干门。高炮（机枪）：14.5毫米50挺、37毫米20门。

海军 500人（含100名海军陆战队）。基地设在迪耶果-苏瓦雷斯。

巡逻艇：1艘。两栖艇：1艘。支援艇：1艘。

空军 500人。编有1个攻击战斗机中队、1个直升机中队。

作战飞机12架。攻击战斗机：米格-17型4架、米格-21型8架。运输机：安-26型4架、BN-2型3架、C-212型2架、雅克-40型2架。直升机：米-8型6架。联络机："色斯纳"-310／-337型3架、PA-23型1架。教练机："色斯纳"172型4架。

准军事部队 7500人（宪兵）。

兵役制度 实行征兵制，服役期18个月。

马 拉 维

国　　名 马拉维共和国。

主要统计 面积118485平方公里。人口825.7万人（其中，13～17岁男46.9万人，女47万人；18～22岁男37.9万人，女38.8万人；23～32岁男55万人，女59.5万人）。国内生产总值16.1亿美元（1989年）。国防费2230万美元（1986～1987年国防预算）。发电量5.78亿度（1987年）。粮食152.3万吨（1988年）。海运能力，商船（载重100吨以上）1艘、总载重量300万吨（1988年）。民航能力，固定航班机场4处、客运量8690万人公里、货运量970万吨公里（1989年）。

国防体制 宪法规定，总统为武装力量最高统帅。武装力量由正规军、预备役部队和准军事部队组成。正规军分陆、海、空三个军种；准军事部队为警察部队。总统通过陆军司令对全国武装力量实施领导和指挥。

领导人物 总统兼武装力量最高统帅海斯廷斯·卡穆祖·班达（1966年7月上任）、陆军司令麦尔温·马卢达·康加少将。

武装力量 **兵力** 7250人。

陆军 7000人。编有3个步兵营、1个支援营（含1个侦察中队）。

装甲侦察车："狐狸"20辆、"白鼬"10辆、"大羚羊"4辆。牵引炮：105毫米12门。迫击炮：81毫米若干门。火箭筒：89毫米若干具。无坐力炮：57毫米若干门。地空导弹："吹管"12部。

海军 100人。基地设在奇龙巴。

巡逻艇：1艘。

空军 150人。编有1个运输机中队。武装直升机2架。

运输机：Do-28／-228型6架、HS-125-800型1架。直升机：AS-350型2架、SA-316B／-330／-365型4架。

预备役部队 约1000人（陆军）。根据法律，凡退役士兵均有义务在陆军服预备役5年。

准军事部队 500人，为警察部队，装备有BN-2T"防御者"飞机3架、"空中货车"飞机1架、SA-350型直升机1架。

兵役制度 实行志愿兵役制，服役期7年。

马　里

国　　名　马里人民共和国。

主要统计　面积1241238平方公里。人口851万人（其中，13～17岁男48.9万人，女49.万人；18～22岁男42.8万人，女42.6万人；23～32岁男52.8万人，女56.6万人）。国内生产总值18.9亿美元（1989年）。国防费6094万美元（1987年国防预算）。发电量2.04亿度（1987年）。粮食243.2万吨（1988年）。民航能力，固定航班机场2处、客运量1.1亿人公里、货运量60万吨公里（1989年）。

国防体制　宪法规定，总统为武装力量最高统帅。最高决策机构为国防与安全委员会。国防部为政府中一个部，是最高军事行政机关。武装力量由正规军和准军事部队组成。正规军分陆、海、空三个军种；准军事部队有宪兵、共和国卫队、民兵和国民警察。最高军事指挥机构是武装力量总参谋部。总统通过国防部和总参谋部对全国武装力量实施领导和指挥。

领导人物　总统兼武装力量最高统帅穆萨·特拉奥雷上将（1979年3月上任）。国防部长阿卜杜拉希·乌龙格将军（1988年6月上任）。国防部长的部长级代表马马杜·库利布莱准将（1989年9月上任）。宪兵参谋长卡福古纳·科内中校。

武装力量　**兵力**　现役部队约7300人。

陆军　6900人。编有2个坦克营、4个步兵营、2个炮兵团、1个工程兵营、1个特种部队营、1个空降兵营、2个高炮连、1个地空导弹连。

坦克：T-34型21辆、T-62型18辆。装甲侦察车：БРДМ-2型20辆。装甲输送车：БТР-40型30辆、БТР-152型10辆、БТР-60型10辆。牵引炮：85毫米6门、100毫米6门、122毫米8门。火箭炮：122毫米2门。迫击炮：81毫米若干门、120毫米30门。高炮：37毫米6门、57毫米6门。地空导弹：SA-3型12部。

海军　约50人。基地在巴马科、莫普蒂、塞古、廷巴克图。

巡逻艇：3艘。

空军　400人。作战飞机26架。

攻击战斗机：米格-17型5架、米格-19型8架。战斗机：米格-21型13架。运输机：安-2型2架、安-24型2架、安-26型2架。教练机：拉-29型6架、米格-15型1架、雅克-11型4架、雅克-18型2架。直升机：米-4型2架、米-8型1架。

准军事部队　7800人。其中宪兵1800人、共和国卫队2000人、民兵3000人、国民警察1000人。

兵役制度　实行征兵制，服役期2年。

毛里塔尼亚

国　　名　毛里塔尼亚伊斯兰共和国。

主要统计　面积103万平方公里。人口192.4万人（其中，13～17岁男10.9万人，女10.5万人；18～22岁男9.4万人，女9.1万人；23～32岁男13万人，女13.6万人）。国内生产总值9.29亿美元（1988年估计）。发电量1.2亿度（1987年）。粮食11.3万吨（1988年）。海运能力，商船（载重100吨以上）112艘、总载重量1.96万吨（1988年）。民航能力，固定航班机场9处、客运量2.376亿人公里、货运量3850万吨公里（1989年）。

国防体制　最高国防决策机构为救国军事委员会，其主席为武装力量最高统帅。国防部为政府中一个部，是最高军事行政机关。武装力量由正规军和准军事部队组成。正规军分陆、海、空三个军种；准军事部队有宪兵、国民卫队和边防卫队。救国军事委员会主席通过国防部和武装力量总参谋长对全国武装力量实施领导和指挥。

领导人物　救国军事委员会主席兼武装力量最

高统帅、国防部长马维亚·乌尔德·塔亚上校（1984年12月上任）。国防部秘书长坎·阿马特中校。武装力量总参谋长莱米尼·乌尔德·恩迪内上尉（1987年上任）。副总参谋长穆罕默德·莱卡尔少校（1986年9月上任）。宪兵参谋长柴克·布瓦德上校。国民卫队司令恩迪亚·凯恩中校（1990年2月上任）。

武装力量 **兵力** 现役部队11100人。

陆军 10500人。编有6个军区，3个摩托化步兵营、1个伞兵突击营、1个炮兵营、1支骆驼部队、1个装甲侦察车中队、4个高炮连、1个工程兵连。

装甲侦察车：AML-60型39辆、AML-90型20辆、"萨拉丁"40辆。牵引炮：105毫米10门、122毫米30门。迫击炮：81毫米100门、120毫米20门。反坦克导弹："米兰"4具。无坐力炮：57毫米、75毫米、106毫米各若干门。反坦克炮：85毫米12门。高炮（机枪）：14.5毫米若干挺、23毫米50门、37毫米25门、100毫米12门。地空导弹：SA-7式若干部。

海军 450人。基地设在努瓦克肖特。

巡逻艇：4艘。

空军 150人。作战飞机5架。防暴机："防卫者"BN-2型5架。海上侦察机："齐恩尼"Ⅱ型2架。运输机："色纳斯"F-337型1架、DHC-5D型1架、"湾流"1架、"空中货车"3M型1架。

准军事部队 4700人。其中宪兵1800人、国民卫队2800人、边防卫队100人。

兵役制度 实行征兵制，服役期2年。

摩 洛 哥

国　　名 **摩洛哥王国。**

主要统计 面积459000平方公里（未包括西撒哈拉266000平方公里）。人口2481.1万人（其中，13～17岁男143.7万人，女138.2万人；18～22岁男134.3万人，女129.5万人；23～32岁男203.2万人，女206.4万人）。国内生产总值1954亿第纳尔，合230.2亿美元（1989年）。国防费110.1亿第纳尔，合13.6亿美元（1990年国防预算）。原煤76万吨（1987年）。原油10万桶（1988年）。天然气0.6亿立方米（1988年）。发电量71.2亿度（1987年）。粮食801.8万吨（1988年）。海运能力，商船（载重100吨以上）335艘、总载重量59.3万吨（1988年）。民航能力，固定航班机场15处、客运量22.18亿人公里、货运量5090万吨公里（1989年）。

国防体制 宪法规定，国王为武装力量最高统帅。由政党领袖组成的国家安全委员会以及由主要大臣与军队领导人组成的最高防务委员会是国王的国家安全咨询机构。不设国防部，只设一个国防行政机构，负责军队的行政管理事宜。武装力量由正规军和准军事部队组成。正规军分陆、海、空三个军种。国王在军队总协调员（由王储兼任）和国防行政机构秘书长的协助下，直接领导和指挥全国武装力量。

领导人物 国王兼武装力量最高统帅穆莱·哈桑二世（1961年3月3日即位）。王储兼军队总协调员西迪·穆罕默德。国防行政机构秘书长穆罕默德·阿卡巴尔准将。

武装力量 **兵力** 现役部队19.25万人。

陆军 17.5万人。编有3个军区（南部军区、西北阿特拉斯军区和边境军区）、3个机械化步兵旅、2个伞兵旅、11个机械化步兵团、10个独立炮兵群、1个独立高炮群、3个独立骆驼营、3个独立骑兵营、9个独立装甲营、1个独立山地营、37个独立步兵营、4个独立工程兵营、1个皇家卫队营、1个皇家卫队机动中队。

坦克：M-48A5型224辆、M-60A1型60辆、AMX-13型50辆。装甲侦察车：EBR-75型16辆、AMX-10RC型80辆、AML-90型190辆、AML-60-7型38辆、"大羚羊"40辆。步兵战车："非洲獾"30辆、VAB-VC1型30辆。装甲输送车：M-113型420辆、VAB-VTT型360辆、UR-416型70辆、M-3型29辆、OT-62/-64型45辆。牵引炮：105毫米106门、130毫米18门、155毫米20门。自行炮：155毫米142门。迫击炮：81毫米和120毫米680门。火箭炮：122毫米40门。反坦克导弹："米兰"80枚、"龙"式500枚、"陶"式350枚。无坐力炮：75毫米260门、90毫米30门、106毫米

350门。反坦克炮：90毫米28门、100毫米8门、105毫米80门。高炮（机枪）：14.5毫米200门、20毫米100门、23毫米90门、37毫米25门、100毫米12门。地空导弹："小檞树"37部、SA-7若干部。

海军　7000人（含陆战队）。

护卫舰："侦察"级1艘。导弹快艇："拉萨加"级4艘。巡逻艇：21艘。登陆艇：3艘。支援舰：2艘。

陆战队1500人，编有1个陆战营。

空军　1.35万人。编有2个攻击战斗机中队、1个战斗机中队、2个防暴机中队、1个侦察机中队、1个运输机中队。作战飞机93架、武装直升机24架。

攻击战斗机："幻影"F-1EH型14架、F-5E型15架、F-5F型3架。战斗机："幻影"F-1CH型15架。防暴机："阿尔法"23架、CM-170型23架。侦察机：OV-10型4架、C-130H型2架。电子战机：C-130H型1架、"猎鹰"20型1架。运输机：C-130H型11架、"猎鹰"1架、"湾流"1架、"空中大王"8架、CN-235型9架、DO-28型3架。加油机：波音707型1架、KC-130H型2架。直升机：SA-342型24架、CH-47型7架、SA-330型27架、AB-205A型27架、AB-206型20架、AB-212型3架。教练机：AS-202型10架、CAP-10型2架、CAP-230型4架、T-34C型10架。联络机：2架。空空导弹："响尾蛇"和"魔术"若干枚。空地导弹："小牛"和"霍特"若干部。

预备役部队　10万人。

准军事部队　4万人，其中宪兵1万人、辅助部队3万人。

兵役制度　实行义务和志愿相结合的兵役制度，服役期为18个月，入伍者多为志愿兵。

军衔　军官军衔分4等13级，即将官4级（上将、中将、少将、准将）、校官4级（大校、上校、中校、少校）、尉官3级（上尉、中尉、少尉）、准尉2级（一级准尉、二级准尉）。

驻外兵力　驻赤道几内亚360人（1个营）；向阿联酋派有5000名陆军、宪兵和警察人员。

外国驻军　美、法等国派有军事顾问和专家。

莫桑比克

国　　名　莫桑比克共和国（1990年12月起用现名）。

主要统计　面积799380平方公里。人口1587.6万人（其中，13～17岁男86.4万人，女90.1万人；18～22岁男73.5万人，女76.6万人；23～32岁男113.6万人，女119.2万人）。国内生产总值11.9亿美元（1988年估计）。国防费1.13亿美元（1990年国防预算）。原煤4.3万吨（1987年）。发电量5亿度（1987年）。粮食53万吨（1988年）。海运能力，商船（载重100吨以上）106艘、总载重量2.78万吨（1988年）。民航能力，固定航班机场2处，客运量3.896亿人公里、货运量4490万吨公里（1989年）。

国防体制　宪法规定，总统为武装力量最高统帅。最高军事决策机构为莫桑比克解放阵线中央防务部。解放阵线主席兼任防务部部长。国防部为政府中一个部，是最高军事行政机关。武装力量由正规军和准军事部队组成。正规军分陆、海、空三个军种；准军事部队有边防卫队、民兵和村镇自卫队。最高军事指挥机构为总参谋部。总统通过国防部和总参谋部对全国武装力量实施领导和指挥。

领导人物　总统兼武装力量最高统帅若阿金·阿尔贝托·希萨诺少将（1986年11月上任）。国防部长阿尔贝托·若阿金·希潘德大将（1975年7月上任）。国防部副部长兼总参谋长安东尼奥·哈马·泰中将（1987年6月上任）。国防部副部长兼全国武装力量政委爱德华多·达西尔瓦·尼赫亚少将（1987年12月上任）。陆军司令托拜厄斯·戴中将（1987年6月上任）。海军司令曼纽尔·凯塔诺上尉（1987年6月上任）。空军司令努尔·亨格瓦纳上校（1987年6月上任）。

武装力量　**兵力**　现役部队7.2万人（包括边防卫队）。

陆军　约6万人。编有10个省军区、1个坦克旅、7个步兵旅、1个轻装步兵旅、6个高炮营、若干独立作战营、战斗支援营及治安分队。

坦克：T-34 型约 20 辆、T-54／-55 型 80 辆。装甲侦察车：БРДМ-1／-2 型等共计 48 辆。步兵战车：БМП-1 型 16 辆。装甲输送车：БТР-60 型 100 余辆、БТР-152 型 100 辆。牵引炮：76 毫米、85 毫米、100 毫米、105 毫米、122 毫米、130 毫米、152 毫米等合计 200 门。火箭炮：122 毫米 30 门。迫击炮：82 毫米若干门、120 毫米若干门。无坐力炮：75 毫米、82 毫米、107 毫米若干门。高炮：20 毫米、23 毫米、37 毫米、57 毫米等合计 400 门。地空导弹：SA-7 型若干部。

海军　1000 人。基地设在马普托、贝拉、纳卡拉、彭巴、伊尼扬巴内、奎利马内、梅坦古拉（尼亚萨湖）。巡逻艇：苏制 20 艘。扫雷艇：苏制 3 艘。登陆艇：2 艘。

空军　6000 人。编有 5 个攻击战斗机中队、1 个运输机中队、2 个直升机中队。作战飞机 43 架、武装直升机 12 架。

攻击战斗机：米格-21 型 43 架。运输机：安-26 型 9 架、"色纳斯"152 型、172 型各 2 架。攻击直升机：米-24 型 12 架、运输直升机：米-8 型 8 架。教练机："色纳斯"180 型 1 架、182 型 4 架、米格-15 型 3 架、PA-32 型 4 架。地空导弹：SA-2 型若干部、SA-3 型 10 部。

准军事部队　国防卫队 5000 人，编有 5 个旅；民兵和村镇自卫队 1991 年将达到 30 万人。

兵役制度　实行征兵制，服役期 2 年。紧急状态下可以延长服役期。

外国驻军　津巴布韦 3000～8000 人。马拉维约 800 人。军事顾问：苏联 250 人；古巴 400 人；北朝鲜 40 人；津巴布韦约 200 人。

南　非

国　　名　南非共和国。

主要统计　面积 1222161 平方公里（不包括沃尔维斯湾）。人口 3651.6 万人（其中，13～17 岁男 197 万人，女 195.4 万人；18～22 岁男 174.8 万人，女 172.9 万人；23～32 岁男 279.8 万人，女 279.6 万人）。国内生产总值 904.6 亿美元（1989 年）。国防费 39.2 亿美元（1990 年国防预算）。原煤 17728 万吨（1987 年）。发电量 1224.65 亿度（1987 年）。粮食 1098.1 万吨（1988 年）。海运能力，商船（载重 100 吨以上）241 艘、总载重量 52.27 万吨（1988 年）。民航能力，固定航班机场 39 处、客运量 91.32 亿人公里、货运量 41150 万吨公里（1989 年）。

国防体制　宪法规定，总统为武装力量最高统帅。最高国防决策机构为国家安全委员会，成员有总统、国防部长、外交部长、内务部长、财政部长、司法部长和国防军司令等，由总统任主席。国防部为政府中一个部，是最高军事统帅机构。武装力量由正规军、预备役部队和准军事部队组成。正规军分陆、海、空三个军种和医务部队；预备役部队分两类：第一类预备役为国民军，第二类预备役为国民军预备役和地方突击队（相当于地方自卫队），部分预备役部队要编入正规军服役；准军事部队分警察和警察预备队。南非 4 个独立的"黑人家园"武装力量实际上也为南非当局所控制。总统通过国防部对全国武装力量实施领导和指挥。

领导人物　总统兼武装力量最高统帅弗雷德里克·德克勒克（1989 年 10 月上任）。国防部长马格纳斯·马兰上将（1980 年 10 月上任）。国防军司令凯特·利本伯格上将（1990 年 11 月上任）。国防军参谋长伯特·贝克尔中将（1990 年 11 月上任）。陆军司令乔治·梅林中将（1990 年 11 月上任）。空军司令简·洛吉伦伯格中将（1989 年上任）。海军司令德利埃斯·普特中将（1989 年上任）。警察部队司令范·德尔·默威将军（1990 年 1 月上任）。

武装力量　**兵力**　现役部队 7.74 万人（医务部队未计）。

陆军　6.09 万人，包括正规部队（约 1.99 万人）和执行现役任务的预备役部队（约 4.1 万人）。其中，正规部队编有 1 个伞兵旅（辖 1 个正规营、1 个训练营、2 个国民军伞兵营、1 个国民军炮营）、5 个特种兵侦察连（其中 4 个正规连、1 个国民军连）、1 个总统卫队营。正规军的地方部队编有 10 个地区军区、8 个步兵营（其中 2 个有色人营、6 个黑人营）。正规军的训练部队（均具有作战能力）编有 2 个装甲营、9 个步兵营（其中 8 个白人营、1 个黑人营)、2个炮兵团、1个高炮团、1个工程兵团。执行现役任务的预备役部队有国民军和地方突击队两部分:国民军编有1个军部(正规化管理),下辖2个师(每师辖1个装甲旅、2个机械化旅。其中,装甲旅辖2个装甲团、2个机械化步兵营;机械化旅每旅辖3个步兵营。各旅均有1个装甲侦察团、1个炮兵团、1个工程兵团)、1个独立摩步旅、2~3个炮兵团。国民军地方部队编有2个装甲侦察团、2个高炮团、16个步兵营、3个工程兵团、2个炮兵团。地方突击队编有约170个步兵营。

坦克:“百人队长”和“号角”250辆。装甲侦察车:“大羚羊”1600辆、“山猫”若干辆。步兵战车:“非洲獾”1500辆。装甲输送车:“水牛”等共计1500辆。牵引炮:88毫米、140毫米、155毫米共145门。自行炮:155毫米10余门。火箭炮:127毫米120余门。迫击炮:81毫米4000门、120毫米120多门。反坦克导弹:SS-11“安塔克”120具。反坦克炮:90毫米若干门。高炮:20毫米若干门、35毫米150门、40毫米25门。地空导弹:“仙人掌”20部、“山猫”54部,另有若干苏式地空导弹。

海军　5500人。编有东、西两个军区:东部军区司令部在开普敦;西部军区司令部在德班。基地设在西蒙斯敦和德班。

潜艇:“桂树神”级3艘。导弹攻击快艇:“雷谢夫”级9艘。扫雷艇:9艘。支援补给舰:4艘。护卫舰:“普雷托里斯总统”号1艘(储备)。

空军　1.1万人。编有2个本土军区、1个防空司令部、1个战术支援司令部、1个后勤保障司令部、1个训练司令部、1个轰炸机中队、8个战斗机中队、1个侦察机中队、1个电子战机中队、2个海上侦察机中队、1个反潜直升机中队、3个运输机中队、5个直升机中队、3个联络和引导机中队、6所学校。

作战飞机317架、武装直升机14架。轰炸机:“海盗”S-50型5架。攻击战斗机:“英帕拉”92架、“幻影”F-1AZ型29架、“幻影”ⅢEZ型9架、战斗机:“猎豹”13架、“幻影”F-1CZ型14架、“幻影”ⅢCZ/-BZ共16架。侦察机:“幻影”ⅢRZ/-R2Z型共7架。电子战机:波音707-320型4架。海上侦察机:C-47型8架。反潜直升机:SA-316型6架。运输机:C-130B/160Z型16架、HS-125型7架、“子爵”781型1架、C-47型19架、DC-4型4架。直升机:SA-316/-319型57架、SA-330型63架。联络和引导机:AM-3C型34架、C-4M型24架、“色斯纳”185型10架。教练机:C-47型12架、“猎豹”14架、T-69“哈佛”ⅡA/-Ⅲ型130架、“英帕拉”Ⅰ型115架。教练直升机:37架。空地导弹:AS-11/-20/-30型若干枚。空空导弹:R-530、R-550“魔术”、AIM-9“响尾蛇”等各若干枚。

医务部队　8000人。作为南非国防军的一个独立部队,部署在全国各地,支援陆、海、空三军。

预备役部队　第一类预备役国民军38万人;第二类预备役即国民军预备役15万人、地方突击队14万人。部分预备役部队要执行现役任务。

准军事部队　南非警察6万人、警察预备队3.7万人。

兵役制度　对白人实行征兵制,服役期1年。服现役期满后,一律转入第一类预备役即国民军中继续服役。服现役的国民军士兵一般编入陆军,作为陆军现役部队的组成部分。国民军间断性的服役期为12年。在此期间,以2年为一轮,每轮须进行60天的军事训练。12年期满后,或改为志愿兵继续在国民军中服役至55岁,或自愿到第二类预备役即国民军预备役中服役5年。此后,有可能抽调到地方突击队,每年服役12天,服役至55岁。非白人可以自愿到正规军、国民军和地方突击队中服役。

黑人“家园武装”　约7600人,其中:

博普塔茨瓦纳“家园武装”　约3100人。编有6个军区、1个步兵营、1个空降特种兵分队、2~3个独立步兵连、1个侦察机小队、1个轻型教练机小队、1个直升机小队。

装甲输送车:“水牛”若干辆。迫击炮:81毫米若干门。飞机:C-212-2002架、P-68型2架、PC-7型1架。直升机:AS-355型1架、BK-117型2架、SA-316型2架。

西斯凯“家园武装”　约1000人。编有1个步兵营、1个空降特种兵连。

装甲输送车:“水牛”若干辆。迫击炮:81毫米若干门。飞机:BN-2型2架、IAI-1124型1架、“空中货车”2架。直升机:BK-117型3架、BO-105型1架。

特兰斯凯“家园武装”　约2000人。编有1个步兵营、1个特种部队团(辖1个特种部队连、1个空降连、1个山地中队、1个海军陆战队小队)、1个飞行小队。

迫击炮:81毫米若干门。飞机:C-212型2架。直升机:BK-117型2架。

文达"家园武装" 约1500人。编有2个步兵营、1个工程兵小队、1个飞行小队。

装甲输送车:"水牛"若干辆。迫击炮:81毫米若干门。直升机:BK-117型2架、SA-316B型1架。

尼日利亚

国 名 尼日利亚联邦共和国。

主要统计 面积923768平方公里。人口11825.5万人(其中,13~17岁男671.3万人,女672.1万人;18~22岁男549.1万人,女553.3万人;23~32岁男810.7万人,女828.2万人)。国内生产总值215亿美元(1989年)。国防费2.77亿美元(1990年国防预算)。原煤14.5万吨(1987年)。原油4.96亿桶(1988年)。天然气38亿立方米(1988年)。发电量99.05亿度(1987年)。粮食1197.5万吨(1988年)。海运能力,商船(载重100吨以上)220艘、总载重量85.19万吨(1988年)。民航能力,固定航班机场14处、客运量16.32亿人公里、货运量3720万吨公里(1989年)。

国防体制 宪法规定,总统为武装力量总司令。武装力量执委会为最高军事决策机构,负责制定国防政策、建军方针、军事预算等。国防部是武装力量最高行政机构。武装力量由陆军、海军和空军组成。总统通过国防部和国防参谋长对全国武装力量实施领导和指挥。

领导人物 总统兼武装力量总司令易卜拉欣·巴达莫西·巴班吉达上将(1985年8月上任)。国防部长兼国防参谋长萨尼·阿巴查上将(1990年8月上任)。陆军参谋长萨利胡·易卜拉欣中将(1990年1月上任)。海军参谋长莫塔拉·恩雅科中将(1989年12月上任)。空军参谋长恩·奥·尤素福中将(1989年12月上任)。警察总监阿·伊·阿塔少校(1989年12月上任)。

武装力量 **兵力** 现役部队9.45万人。

陆军 8万人。编有1个装甲师(含4个装甲旅、1个机械化旅)、1个合成师(含1个空降旅、1个空中机动旅、1个两栖旅)、2个机械化师(每师辖3个机械化旅)。上述各师均编有1个炮兵旅、1个工程兵旅和1个侦察营。

坦克:T-55型60辆、"维克斯"72辆、"蝎子"100辆。装甲侦察车:"萨拉丁"20辆、AML-60/-90型180辆、"狐狸"55辆。装甲输送车:"萨拉逊"10辆、4K-7FA型300辆、牵引炮:105毫米200门、122毫米200门、155毫米24门。自行炮:155毫米25门。迫击炮:81毫米200门。无坐力炮:84毫米、106毫米各若干门。高炮:20毫米60门、23毫米30门、40毫米若干门。地空导弹:"吹管"48部、"罗兰"16部。

海军 5000人。编有2个司令部,基地设在阿帕帕、卡拉巴、沃瑞。

护卫舰:2艘。小型护卫舰:3艘。导弹攻击快艇:6艘。巡逻艇:42艘。扫雷艇:2艘。两栖艇:2艘。支援舰:1艘。海军直升机:2架。

空军 9500人。编有3个战斗机中队,1个搜索救援中队、2个运输机中队。

作战飞机95架、武装直升机16架。攻击战斗机和战斗机:"阿尔法喷气"式22架、米格-21型17架、"美洲虎"17架。防暴兼教练机:L-39型23架、MB-339AN型12架。攻击直升机:BO-105D型16架。海上侦察搜索救援机:F-27MR型2架、BO-105D型4架。运输机:C-130H/-H-30型9架、DO-228型3架、F-27型3架、G-222型5架、DO28D/-128-6型36架。直升机:AS-322型4架、BO-105C型4架、SA-330型2架、教练机:米格-21型2架、"大头犬"25架、休斯300型14架。空空导弹:"环礁"AA-2型若干枚。

准军事部队 有海军警卫队、港口警察和治安卫队。其中港口警察1.2万人。

兵役制度 实行志愿兵役制。

塞内加尔

国　　名　塞内加尔共和国。

主要统计　面积 196722 平方公里。人口 766.3 万人（其中，13～17 岁男 43.5 万人，女 43.6 万人；18～22 岁男 35.6 万人，女 36.1 万人；23～32 岁男 53.5 万人，女 54 万人）。国内生产总值 43.58 亿美元（1987 年）。国防费 1.06 亿美元（1989～1990 年国防预算）。原油 387 万桶（1987 年）。发电量 7.52 亿度（1987 年）。粮食 91.9 万吨（1988 年）。海运能力，商船（载重 100 吨以上）155 艘、总载重量 3.76 万吨（1988 年）。民航能力，固定航班机场 10 处、客运量 2.086 亿人公里、货运量 3520 万吨公里（1989 年）。

国防体制　宪法规定，总统为武装力量最高统帅。最高国防决策机构为国防委员会。武装力量部（相当于国防部）为政府中一个部，是最高军事行政机关。武装力量由正规军、预备役和准军事部队三部分组成。正规军分陆、海、空三个军种。最高军事指挥机构为武装力量总参谋部。总统通过武装力量部和总参谋部对全国武装力量实施领导和指挥。

领导人物　总统兼武装力量最高统帅阿卜杜·迪乌夫（1981 年 1 月上任）。武装力量部部长梅杜纳·法尔。总参谋长芒苏·塞克准将（1988 年 6 月上任）。总统卫队参谋长杜杜·迪奥普准将（1988 年 6 月上任）。宪兵司令瓦利·法耶少将。

武装力量　**兵力**　现役部队 9700 人。

陆军　8500 人。编有 4 个军区司令部、1 个装甲营、6 个步兵营、1 个空降营、1 个炮兵营、1 个高炮营、1 个突击营、1 个工程兵营、1 个总统骑兵卫队、3 个基建连。

装甲侦察车：M－8／－20 型 14 辆、AML－60／－90 型 57 辆。装甲输送车：“庞阿尔”M－3 型 16 辆、M－3“半履带”12 辆。牵引炮：75 毫米、105 毫米、155 毫米各 6 门。迫击炮：81 毫米、120 毫米各 8 门。反坦克导弹：“米兰”若干具。火箭筒：89 毫米若干具。高炮：20 毫米 21 门、40 毫米 12 门。

海军　700 人。基地设在达喀尔、卡萨芒斯。

巡逻作战艇：10 艘。两栖艇：2 艘。

空军　500 人。编有 1 个防暴机中队、1 个运输机中队。

作战飞机 9 架。防暴机：CM－170 型 5 架、“游击战士”4 架。海军侦察搜索机：EMB－111 型 1 架。运输机：F－27－400M 型 6 架、MH－1521 型 2 架、PA－23 型 1 架。直升机：SA－318C／－330／－341H 共 5 架。教练机：“运动会”160／－235A 型 4 架。

准军事部队　宪兵若干人，装备有装甲车 12 辆；海关侦缉队若干人，装备有小艇 2 艘。

驻外兵力　参加联合国驻两伊军事观察员 15 人。

外国驻军　法国驻军 1200 人（1 个海军陆战团）。

苏　丹

国　　名　苏丹共和国。

主要统计　面积 2505813 平方公里。人口 2528 万人（其中，13～17 岁男 146.3 万人，女 137.9 万人；18～22 岁男 120.9 万人，女 114.4 万人；23～32 岁男 184.1 万人，女 177.9 万人）。国内生产总值 473.6 亿苏丹镑，合 105.2 亿美元（1987～1988 年度）。国防费 21.5 亿苏丹镑，合 4.78 亿美元（1988 年国防开支）；43 亿苏丹镑，合 9.56 亿美元（1990 年国防预算）。原油 737 万桶（1987 年）。发电量 10.55 亿度（1987 年）。粮食 537.7 万吨（1988 年）。海运能力，商船（载重 100 吨以上）25 艘、总载重量 12.77 万吨（1988 年）。民航能力，固定航班机场

10处、客运量4.707亿人公里、货运量930万吨公里（1989年）。

国防体制 苏丹救国革命指挥委员会主席为武装力量总司令。国防部为政府中的一个部。武装力量由正规军和准军事部队组成。正规军分陆、海、空三个军种。全国划分为6个军区。最高军事指挥机构为武装力量总司令部。参谋长负责军队日常工作。

领导人物 救国革命指挥委员会主席、武装力量总司令、总理兼国防部长奥马尔·哈桑·艾哈迈德·巴希尔中将（1989年7月1日上任）。参谋长伊沙克·易卜拉欣·奥马尔中将（1989年7月1日上任）。作战副参谋长哈桑·阿卜杜勒·拉赫曼·阿里中将（1989年7月1日上任）。行政副参谋长哈桑·穆罕默德·哈桑·阿拉姆中将（1989年7月1日上任）。军需副参谋长易卜拉欣·苏莱曼·哈桑中将（1989年7月1日上任）。海军司令赛义德·侯赛因·阿卜杜勒·凯里姆准将。空军司令阿里·尤素福·艾哈迈德·巴德里少将。

武装力量 **兵力** 现役部队7.45万人。

陆军 6.8万人。编有7个师、1个装甲师部、27个旅、4个团。坦克：T-54／-55型155辆、M-60A3型20辆、T-62型40辆、其他70辆。装甲侦察车：AML-90型6辆、“萨拉丁”15辆、“白鼬”50辆、БРДМ-1／-2型若干辆。装甲输送车：БТР-50／-152型40辆、OT-62／-64型30辆、M-113型36辆、V-100／-150型100辆、“瓦利德”120辆、YW-531型21辆。牵引炮：105毫米18门、122毫米83门、130毫米35门、155毫米12门。自行炮155毫米6门。火箭炮：122毫米10门。迫击炮：81、82毫米若干门、120毫米100门。反坦克导弹：“旋火”18具。无坐力炮：82、106毫米若干门。反坦克炮：76毫米18门、100毫米20门。高炮：20、23、85、100毫米等若干门、37毫米120门、40毫米60门。地空导弹：SA-7型若干部。

海军 500人。基地设在苏丹港。

巡逻艇：2艘。登陆艇：2艘。

空军 0.6万人，编有7个中队、5个连。

作战飞机53架。

攻击战斗机和战斗机：F-5E型7架、F-5F型2架、米格-21型8架、米格-23型3架、其他16架。防暴机：BAC-167MK90型3架、“喷气大教堂”MK55型3架。海上侦察机：C-212型2架。运输机：C-130H型5架、C-212型4架、DHC-5D型2架、F-27型1架、“猎鹰”20型2架。教练机：米格-15型4架、米格-21型4架、JJ-5型2架、JJ-6型2架。直升机：AB-412型11架、IAR／SA-330型15架、米-4型4架、米-8型14架。地空导弹：SA-2型若干部。空空导弹：“环礁”若干枚。

准军事部队 0.3万人。其中国民警卫队500人、边防卫队2500人，编有1个师部、10个营。

兵役制度 实行志愿兵役制。

军衔 军官分4等11级，即元帅1级、将官4级（上将、中将、少将、准将）、校官3级（上校、中校、少校）、尉官3级（上尉、中尉、少尉）。

索 马 里

国　　名 索马里民主共和国。

主要统计 面积637657平方公里。人口623.8万人（其中，13～17岁男33.8万人，女33.6万人；18～22岁男27.4万人，女28万人；23～32岁男42.7万人，女44.2万人）。国内生产总值6.66亿美元（1988年估计）。国防费1100万美元（1989年国防预算估计）。原油181万桶（1987年）。发电量2.55亿度（1987年）。粮食49.3万吨（1988年）。海运能力，商船（载重100吨以上）26艘、总载重量1.59万吨（1988年）。民航能力，固定航班机场14处，客运量2.919亿人公里、货运量390万吨公里（1989年）。

国防体制 宪法规定，总统为武装力量最高统帅。国防部为政府中一个部，是最高军事行政机关。武装力量由正规军和准军事部队组成。正规军分陆、海、空三个军种；准军事部队有警察、边防卫队和民兵。最高军事指挥机构为国民军司令部。总统通过国防部和国民军司令部对全国武装力量实施领导和指挥。

领导人物 总统兼武装力量最高统帅穆罕默

德·西亚德·巴雷少将（1969年10月任最高革命委员会主席，1976年7月任总统）。国民军司令穆罕默德·赛义德·摩根准将（1990年11月上任）。海军司令赛义德·阿卜杜拉·奥马尔准将（1987年2月上任）。空军司令穆罕默德·努尔·杜迪准将（1988年2月上任）。

武装力量 **兵力** 现役部队6.45万人。

陆军 6万人。编有7个军区、16个师部（仅名义上编组；以下旅按其人员与装备相当于营）、3个坦克旅、44个机械化旅和步兵旅、6个突击旅、2个地空导弹旅、3个野炮旅。

坦克："百人队长"30辆、M－47型120辆、T－34型30辆、T－54／－55型110辆、M－41型10辆、PT－76型10辆。装甲侦察车：БРДМ－2型30辆、AML－9015辆、"白鼬"10辆、"萨拉丁"30辆。装甲输送车：БТР－40／－50／－60型64辆、БТР－152型100辆、"菲亚特"6614／6616型310辆、"庞阿尔"M－3型10辆。牵引炮：100毫米23门、105毫米100门、122毫米92门、130毫米18门、152毫米45门、155毫米18门。迫击炮：81毫米120门、82毫米200门、120毫米50门。反坦克导弹："米兰"和"陶"式共100具。火箭筒：89毫米300具。无坐力炮：106毫米60门。高炮：20毫米、23毫米、37毫米、40毫米、57毫米、100毫米共计约250门。地空导弹：SA－2型42部、SA－3型9部、SA－7型20余部。

海军 2000人。基地设在柏培拉、摩加迪沙、基斯马尤。

导弹快艇：2艘。鱼雷快艇：4艘。巡逻艇2艘。两栖艇：2艘。

空军 2500人。编有3个攻击战斗机中队、3个战斗机中队、1个防暴机中队、1个运输机中队、1个直升机中队。

作战飞机56架。攻击战斗机：米格－17型10架、"猎人"4架。战斗机：米格－21型8架、其他22架。防暴机：SF－260W型6架。战斗兼侦察机："猎人"FR76型1架。运输机：安－2／－24／－26共8架、BN－2型4架、C－212型1架、G－222型1架。直升机：米－4／－8型共8架，贝尔各型共5架。教练机：米格－15型2架、"色斯纳"150型2架、雅克－11型10架。空空导弹："环礁"AA－2型若干枚。

准军事部队 2.95万人。其中警察8000人、边防卫队1500人、民兵2万人。

兵役制度 实行征兵制，服役期18个月。法律规定，凡年龄在18～40岁之间的索马里男性公民，均有义务服兵役。

军衔 军官军衔分4等10级，即将官3级（中将、少将、准将）、校官3级（上校、中校、少校）、尉官3级（上尉、中尉、少尉）、准尉。

坦 桑 尼 亚

国　　名 坦桑尼亚联合共和国。

主要统计 面积945087平方公里（其中桑给巴尔2657平方公里）。人口2657.4万人（其中，13～17岁男146.8万人，女149.9万人；18～22岁男121.9万人，女125.3万人；23～32岁男172.6万人，女178.8万人）。国内生产总值31.4亿美元（1988年）。国防费2.23亿美元（1985～1986年国防预算）。原煤3000吨（1987年）。原油400万桶（1987年）。发电量8.74亿度（1987年）。粮食375.1万吨（1988年）。海运能力，商船（载重100吨以上）39艘、总载重量3.36万吨（1988年）。民航能力，固定航班机场19处，客运量2.49亿人公里、货运量24.95亿吨公里（1989年）。

国防体制 宪法规定，总统为武装力量最高统帅。最高国防决策机构为革命党中央国防安全委员会，由革命党主席任主席，政府总理任书记。国防部为政府中一个部，是最高军事行政机关，全称为国防和国民服务部。武装力量由正规军、预备役和准军事部队三部分组成。正规军分陆、海、空三个军种；预备役为全国武装民兵；准军事部队有警察、国民服务队和普通民兵。最高军事指挥机构为人民国防军司令部。总统通过国防部和国防军司令部对全国武装力量实施领导和指挥。

领导人物 总统兼武装力量最高统帅阿里·哈桑·姆维尼（1985年10月上任）。革命党主席兼国防安全委员会主席朱利叶斯·克·尼雷尔（1977

年2月上任)。政府总理兼国防委员会书记约翰·马来西拉(1990年11月上任)。国防部长萨利姆·艾哈迈德·萨利姆(1985年11月上任,1989年8月当选非统组织秘书长后,该职务由总统暂时兼任)。总统办公室负责国防和国民服务事务的国务部长阿姆拉尼·马亚吉拉(1990年11月上任)。人民国防军司令欧内斯特·基亚罗上将(1988年9月上任)。人民国防军参谋长图马伊内尔·基韦卢中将(1988年9月上任)。

武装力量 **兵力** 现役部队4.68万人。

陆军 4.5万人。编有3个师、8个步兵旅、1个坦克旅、2个野炮营、2个高炮营、2个迫击炮营、2个反坦克营、1个地空导弹营。

坦克:T-62式30辆、“蝎子”36辆、其他60辆。装甲侦察车:БРДМ-2型20辆。装甲输送车:БТР-40/152型45辆、其他30辆。牵引炮:76毫米45门、85毫米80门、122毫米220门、130毫米50门。火箭炮:122毫米50门。迫击炮:82毫米300门、120毫米50门。无坐力炮:75毫米540门。高炮(机枪):14.5毫米280挺、23毫米40门、37毫米120门。地空导弹:SA-3型9部、SA-6/-7型12部。

海军 800人。基地设在达拉斯萨拉姆、桑给巴尔、姆万扎(维多利亚湖)。

鱼雷快艇:4艘。巡逻艇:14艘。登陆艘:4艘。

空军 1000人。编有3个战斗机中队、1个运输机中队。作战飞机24架。

战斗机:各式24架。运输机:DHC-5D等型6架。直升机:AB-205型4架。联络机:“色斯纳”310/400型共9架、PA-28型5架、PA-32型1架、贝尔206B直升机2架。教练机:米格-15型2架、PA-28型5架。

预备役部队 1万人。为武装民兵。

准军事部队 10万余人,其中警察野战部队1400人、警察飞行小队若干人、警察海上分队100人、全国普通民兵10万人。

兵役制度 实行征兵制,服役期2年。

军衔 军官军衔分4等11级,即将军4级(上将、中将、少将、准将)、校官3级(上校、中校、少校)、尉官3级(上尉、中尉、少尉)、准尉。

突尼斯

国　名 突尼斯共和国。

主要统计 面积164150平方公里。人口800.7万人(其中,13~17岁男45.9万人,女43万人;18~22岁男43万人,女39.9万人;23~32岁男69.5万人,女67.9万人)。国内生产总值94.97亿弟纳尔,合100亿美元(1989年估计)。国防费3.51亿弟纳尔, 合3.88亿美元(1990年国防预算估计)。原油3800万桶(1988年)。天然气3.5亿立方米(1988年)。发电量45.49亿度(1987年)。粮食32.4万吨(1988年)。海运能力,商船(载重100吨以上)72艘、总载重量44.74万吨(1988年)。民航能力,固定航班机场6处、客运量23.75亿人公里、货运量2150万吨公里(1989年)。

国防体制 宪法规定,总统为武装力量最高统帅。最高国防决策机构是国防委员会。国防部为内阁中的一个部,是最高军事行政机关。武装力量由正规军和准军事部队组成。正规军分陆、海、空三个军种。国民军参谋部隶属国防部,负责全军的作战、训练和后勤等工作。总统通过国防部长对全军实施领导和指挥。

领导人物 总统兼武装力量最高统帅本·阿里(1987年11月上任)。国防部长阿卜杜拉·卡莱勒(1988年7月上任)。国民军参谋长尤素福·巴拉卡特中将。

武装力量 **兵力** 现役部队3.8万人。

陆军 3万人。编有2个机械化旅、1个撒哈拉旅、1个伞兵突击旅、1个防空旅、1个装甲侦察团、1个反坦克团、1个野战炮兵团、1个工程兵团。

坦克:M-48A3型14辆、M-60A3型54辆、M-60A1型30辆、AMX-13型40辆、M-41型10辆、SK-105“屈拉西尔”42辆。装甲侦察车:“萨拉丁”24辆、AML-90型23辆。装甲输送车:M-113A1/-2型100辆、EE-11型18辆、F-6614

型 90 辆。牵引炮：105 毫米 48 门、155 毫米 75 门。自行炮：105 毫米 10 门、155 毫米 18 门。迫击炮：81 毫米和 107 毫米 12 门、120 毫米 18 门。反坦克导弹："陶"式和"米兰"式若干。高炮：20 毫米 26 门、37 毫米 10 门、40 毫米 12 门。地空导弹：RBS-70 型 48 部、MIM-72"小榭树"25 部。

海军　4500 人。

护卫舰："野人"级 1 艘。导弹快艇："战士"级 3 艘、"比塞大"级 3 艘。巡逻艇：14 艘。

空军　3500 人。作战飞机 50 架。

攻击战斗机：F-5E 型 15 架、F-5F 型 4 架。防暴机：MB-326K 型 7 架、MB-326L 型 4 架。运输机：C-130H 型 2 架。联络机：S-208M 型 2 架。教练机：SF-260 型 21 架、MB-326B 型 8 架。直升机：SA-313 型 6 架、SA-316 型 5 架、UH-1 型 6 架、AB-205 型 17 架、AS-350B 型 6 架、AS-365F 型 1 架。空空导弹：AIM-9J"响尾蛇"若干枚。

准军事部队　1.35 万人，其中宪兵 3500 人、国民警卫队 1 万人。

兵役制度　实行选征兵役制，士兵服役期 1 年。

军衔　军官军衔分 4 等 11 级，即将官 3 级（中将、少将、准将）、校官 3 级（上校、中校、少校）、尉官 3 级（上尉、中尉、少尉）、准尉 2 级（一级准尉、二级准尉）。

乌　干　达

国　　名　乌干达共和国。

主要统计　面积 241038 平方公里。人口 1723.7 万人（其中，13～17 岁男 99.3 万人，女 99.1 万人；18～22 岁男 81.3 万人，女 81.9 万人；23～32 岁男 118.3 万人，女 121.3 万人）。国内生产总值 44.9 亿美元（1989 年）。国防费 4068 万美元（1988～1989 年国防预算）。发电量 6.55 亿度（1987 年）。粮食 106.3 万吨（1988 年）。海运能力，商船（载重 100 吨以上）3 艘、总载重量 8600 吨（1988 年）。民航能力，固定航班机场 4 处、客运量 9610 万人公里、货运量 2340 万吨公里（1989 年）。

国防体制　宪法规定，总统为武装力量最高统帅。国防部为政府中一个部，是最高军事行政机关。总统通过国防部和军队司令对全国武装力量实施领导和指挥。

领导人物　总统兼武装力量最高统帅和国防部长约韦里·穆塞维尼中将（1986 年 1 月上任）。负责国防事务的国务部长戴维·提尼富扎少将（1989 年 11 月上任）。军队司令穆吉沙·蒙图少将（1989 年 11 月上任）。军队参谋长弗里德·纳勇巴中校（1989 年 11 月上任）。

武装力量　**兵力**　国民抵抗军约 7 万人（含加入政府军的原反政府武装人员）。编有 6 个旅，若干个营。

装甲输送车：БТР-60 型若干辆、OT-64 型 4 辆。牵引炮：76 毫米 60 门、122 毫米 20 门。迫击炮：82 毫米、120 毫米若干门。反坦克导弹：AT-3"耐火箱"40 枚。高炮：23 毫米 40 门、37 毫米若干门。地空导弹：SA-7 型若干部。战斗机：米格-17 型 8 架、米格-21 型 5 架。教练机：L-29 型 5 架、P-149D 型 5 架、S-211 型 4 架、SF-260/260W 型 8 架。攻击直升机：AB-412 型 2 架。运输直升机：贝尔 47/205/206/214 型共 12 架、米-8 型 2 架。联络机：PA-23 型 2 架、"超级幼熊"11 架。警察飞行小队装备 DHC-2/4/6 型飞机共 3 架、贝尔 206/212 型直升机 6 架。

兵役制度　实行志愿兵役制。

赞　比　亚

国　　名　赞比亚共和国。

主要统计　面积 752617 平方公里。人口

800.1 万人（其中，13～17 岁男 46.4 万人，女 45.6 万人；18～22 岁男 38.1 万人，女 37.5 万人；23～32 岁男 54.7 万人，女 56.9 万人）。国内生产总值 27.4 亿美元（1988 年）。国防费 1.27 亿美元（1987 年）。粗铜 42.2 万吨（1988 年）。原煤 46.3 万吨（1987 年）。发电量 84.79 亿度（1987 年）。粮食 156.4 万吨（1988 年）。民航能力，固定航班机场 9 处、客运量 6.09 亿人公里、货运量 2570 万吨公里（1989 年）。

国防体制 宪法规定，总统为武装力量最高统帅。最高国防决策机构为国防安全委员会。国防部为政府中一个部，是最高军事行政机关。武装力量由正规军和准军事部队组成。正规军分陆、空两个军种；准军事部队有警察机动分队和警察准军事分队。最高军事指挥机构为国防军总部。总统通过国防部和国防军总部对全国武装力量实施领导和指挥。

领导人物 总统兼武装力量最高统帅肯尼思·卡翁达（1964 年 10 月上任）。国防安全委员会主席兼政府国防安全国务秘书亚里克斯·夏皮。陆军司令弗朗西斯·西巴姆巴少将（1990 年 7 月上任）。空军司令休伯特·西莫托少将（1990 年 7 月上任）。

武装力量 **兵力** 现役部队 1.62 万人。

陆军 1.5 万人。编有 1 个装甲团（含 1 个装甲侦察营）、9 个步兵营（其中 3 个预备役营）、3 个炮兵连、2 个高炮连、1 个工程兵营。

坦克：T－54／－55 型 10 辆、其他 20 辆。轻型坦克 PT－76 型 30 辆。装甲侦察车：БРДМ－1／－2 型 88 辆。装甲输送车：БТР－60 型 13 辆。牵引炮：76 毫米 35 门、105 毫米 18 门、122 毫米 25 门、130 毫米 25 门。火箭炮：122 毫米 50 门。反坦克导弹：AT－3“耐火箱”若干具。无坐力炮：57 毫米、75 毫米、84 毫米等若干门。高炮：20 毫米 50 门、37 毫米 40 门、57 毫米 55 门、85 毫米 16 门。地空导弹：SA－7 型若干部。

空军 1200 人。编有 1 个攻击战斗机中队、1 个战斗机中队、1 个运输机中队、1 个直升机中队。

作战飞机 81 架、武装直升机若干架。

攻击战斗机和战斗机：米格－21 型 12 架，其他 12 架。防暴兼教练机：G－2“海鸥”5 架、J－1“隼”式 4 架、MB－326 型 18 架、MFI－17 型 20 架、SF－260 型 8 架。侦察机：RJ－1E“隼”式 2 架。运输机：安－26 型 4 架、C－47 型 4 架、DC－6B 型 2 架、DHC－5D 型 5 架。联络机：DO－28 型 6 架。教练机：米格－21 型等 12 架。直升机：AB－205 型 13 架、AB－212 型 2 架、米－8 型 7 架、AB－47G 型 15 架。反坦克导弹：“耐火箱”若干枚。地空导弹：SA－3 型若干部。

准军事部队 1200 人，其中警察机动分队 700 人（编有 1 个营，辖 4 个连）、警察准军事分队 500 人（编有 1 个营，辖 3 个连）。

兵役制度 实行志愿兵役制。

扎伊尔

国　　名 扎伊尔共和国。

主要统计 面积 2344885 平方公里。人口 3563.2 万人（其中，13～17 岁男 199.1 万人，女 199.4 万人；18～22 岁男 165.7 万人，女 165.2 万人；23～32 岁男 252.5 万人，女 251.4 万人）。国内生产总值 32.1 亿美元（1989 年）。国防费 4656 万美元（1987 年国防预算）。粗铜 43.85 万吨（1988 年）。原煤 9.5 万吨（1987 年）。原油 1100 万桶（1988 年）。发电量 52.95 亿度（1987 年）。粮食 115.6 万吨（1988 年）。海运能力，商船（载重 100 吨以上）30 艘、总载重量 7.59 万吨（1988 年）。民航能力，固定航班机场 22 处、客运量 3.82 亿人公里、货运量 1220 万吨公里（1989 年）。

国防体制 宪法规定，总统为武装力量最高统帅。最高国防决策机构为最高国防委员会。国防部为政府中一个部，全称是国防、领土安全和退伍军人部，是最高军事行政机关。武装力量由正规军和准军事部队组成。正规军分陆、海、空三个军种；准军事部队有宪兵和民卫队。最高军事指挥机构为总参谋部。总统通过国防部和总参谋部对全国武装力量实施领导和指挥。

领导人物 总统兼武装力量最高统帅蒙博托·塞塞·塞科元帅。国防、领土安全和退伍军人部部长马维阿·米迪纳上将（1990 年 4 月上任）。国防国务秘书卡吕姆·农比准将（1990 年 4 月上任）。总参谋长芒赞贝·马·埃邦加中将（1990 年 1 月上任）。

武装力量 **兵力** 现役部队5.1万人（含宪兵）。

陆军 2.2万人。分3个军区，编有1个步兵师（辖3个步兵旅）、1个特种部队师（含1个伞兵旅、1个特种部队旅、1个总统警卫旅）、1个独立装甲旅、2个独立步兵旅（每旅辖3个步兵营、1个支援营）。

坦克：约60辆。装甲侦察车：AML-60／-90共155辆。装甲输送车：M-113型12辆、YW-531型12辆、M-3型60辆。牵引炮：75毫米30门、85毫米20门、122毫米50门、130毫米8门。火箭炮：107毫米20门。迫击炮：81毫米、107毫米若干门、120毫米50门。无坐力炮：57毫米、75毫米、106毫米各若干门。高炮（机枪）：14.5毫米、20毫米、37毫米、40毫米各若干门（挺）。

海军 1500人（含海军陆战队600人）。基地设在巴纳纳、博马、马塔迪、金沙萨和卡莱米。

海岸巡逻艇：4艘。

空军 2500人。编有1个战斗机中队、1个防暴机中队和1个直升机中队。

作战飞机28架。战斗机："幻影"5M／-5DM共8架。、防暴机：MB-326GB／-K共14架、AT-6G型6架。运输机：波音707-320型1架、BN-2型1架、C-47型8架、C-130H5架、DHC-5型3架。直升机：AS-332型1架、SA-316／330型16架。联络机："色斯纳"310R型6架、Mu-2J型2架。教练机："色斯纳"150／310型15架、SF-260C型9架、贝尔47型6架。

准军事部队 5万人，其中宪兵2.5万人（辖40个营）、民卫队2.5万人。

兵役制度 实行志愿兵役制。

军衔 军官军衔分5等14级，即元帅1级、将官4级（上将、中将、少将、准将）、校官3级（上校、中校、少校）、尉官3级（上尉、中尉、少尉）、准尉3级（一级准尉、二级准尉、三级准尉）。

乍得

国　　名 乍得共和国。

主要统计 面积128400平方公里。人口567.3万人（其中，13～17岁男29.3万人，女29.4万人；18～22岁男25.4万人，女25.6万人；23～32岁男41.1万人，女41.7万人）。国内生产总值9.27亿美元（1987年）。国防费0.57亿美元（1989年国防预算）。发电量0.51亿度（1987年）。粮食82.5万吨（1988年）。民航能力，固定航班机场1处、客运量2.137亿人公里、货运量3610万吨公里（1989年）。

国防体制 宪法规定，总统为全国武装力量最高统帅。武装力量由正规军和准军事部队组成。正规军分陆、空两个军种。最高军事指挥机构为国防部。总统通过国防部对全国武装力量实施领导和指挥。

领导人物 总统兼武装力量最高统帅侯赛因·哈布雷（1982年10月上任）。武装力量司令阿拉福扎·科尼·沃里米（1989年6月上任）。

武装力量 **兵力** 现役部队约1.72万人。

陆军 1.7万人。编有1个装甲营、3个步兵营和16个步兵连、1个总统卫队团、1个侦察中队和2个侦察分队、2个炮兵连。

步兵战车："庞阿尔"ERC-90型4辆、AML-60／-90型约50辆、V-150型9辆。牵引炮：105毫米5门。迫击炮：81毫米、120毫米若干门。反坦克导弹："米兰"若干具。火箭筒：89毫米若干具。无坐力炮：106毫米、112毫米若干门。高炮：20毫米、30毫米若干门。地空导弹："毒刺"10部。

空军 200人。

作战飞机4架。防暴机：PC-7型2架、SF-260W型2架。运输机：C-47型3架、C-130A／-B／-H型4架、C-212型1架、DC-4型2架。直升机：SA-314／-341型5架。联络机：PC-6B型2架、"色斯纳"FTB337型5架。

准军事部队 约5700人。其中国家宪兵和地方宪兵若干人，警察800人。

兵役制度 实行征兵制，服役期3年。

外国驻军 法国驻军1100人（3个步兵连和一些高炮分队，配有飞机和直升机若干架）。

欧 洲

阿尔巴尼亚

国　　名　阿尔巴尼亚社会主义人民共和国。

主要统计　面积28748平方公里。人口329.1万人（其中，13～17岁男17.3万人，女16.5万人；18～22岁男16.1万人，女15.4万人；23～32岁男29.5万人，女28.5万人）。国民生产总值244亿列克，合38亿美元（1989年估计）。国防费10.75亿列克，合1.673亿美元（1989年国防预算估计）。原煤230万吨（1987年）。原油1600万桶（1988年）。天然气8亿立方米（1988年）。发电量38.4亿度（1987年）。粮食102.4万吨（1988年）。海运能力，商船（载重100吨以上）20艘、总载重量7.99万吨（1988年）。民航能力，固定航班机场1处（1989年）。

国防体制　宪法规定，阿尔巴尼亚劳动党中央委员会第一书记为武装力量最高统帅。最高国防决策机构为国防委员会，成员有部长会议主席、国防部长、内务部长等，由劳动党中央第一书记任主席。国防部为部长会议中的一个部，是最高军事行政机关，负责处理军事行政事务、国防建设等项工作。武装力量由正规军和准军事部队组成。正规军分陆、海、空三个军种。最高军事指挥机构为总参谋部。阿尔巴尼亚劳动党中央第一书记通过国防部和总参谋部对全国武装力量实施领导和指挥。

领导人物　阿尔巴尼亚劳动党中央第一书记兼武装力量最高统帅拉米兹·阿利雅（1985年4月上任）。国防部长基乔·穆斯塔奇（1990年7月上任）。

武装力量　**兵力**　现役部队4.8万人。

陆军　3.5万人。编有1个坦克旅、4个步兵旅、3个炮兵团、6个轻型岸炮营、1个工程兵团。

坦克：T－34、T－54型190辆。装甲侦察车：БРДМ－1型13辆。装甲输送车：БТР－40／－50／－152型等120辆。牵引炮：122毫米、130毫米、152毫米若干门。火箭炮：107毫米若干门。迫击炮：82毫米、120毫米、160毫米若干门。反坦克炮、45毫米、57毫米、85毫米若干门。高炮：23毫米、37毫米、57毫米、85毫米共80门。

海军　0.2万人。

潜艇："威士忌"2艘。鱼雷艇："哈赤万"PHT型29艘。巡逻艇：8艘。

空军　1.1万人，编有9个中队。作战飞机95架。

攻击歼击机：45架。歼击机：50架。运输机：伊尔－14M型3架、里－L型6架、其他10架。直升机：20架。教练机：24架。地空导弹：SA－2型约4部。

预备役部队　15.5万人，其中陆军15万人、海、空军0.5万人。

准军事部队　1.2万人，其中内卫部队0.5万人、边防军0.7万人。另有人民自卫志愿部队若干万人。

兵役制度　实行义务兵役制。士兵服役期陆军2年，空、海军和特种部队3年。

军衔　1966年3月7日，阿尔巴尼亚人民议会颁布法令，取消了军衔。

爱 尔 兰

国　　名　爱尔兰。

主要统计　面积70282平方公里。人口370.6万人（其中，13～17岁男17.8万人，女17万人；18～22岁男17.4万人，女16.8万人；23～32岁男30.9万人，女29.8万人）。国内生产总值234.2亿爱镑，合332.4亿美元（1989年）。国防费2.92亿爱镑，合4.584亿美元（1990年国防预算）。原煤4.5万吨（1986年）。天然气20.2亿立方米（1988年）。发电量126.36亿度（1987年）。粮食207.4万吨（1988年）。海运能力，商船（载重100吨以上）169艘、总载重量17.28万吨（1988年）。民航能力，固定航班机场6处、客运量27.36亿人公里、货运量8410万吨公里（1989年）。

国防体制　宪法制定，总统为武装力量最高统帅。最高咨询机构为国防委员会，成员有国防部长、参谋长、人事行政参谋主任和陆军军需兵司令兼军需局局长等。武装力量由陆、海、空三个军种组成，由国防部长直接领导。

领导人物　总统兼武装力量最高统帅玛丽·鲁宾逊（1990年12月上任）。国防部长迈克尔·诺南（1987年3月上任）。

武装力量　**兵力**　现役部队1.3万人。

陆军　1.12万人。编有1个步兵队（辖2个步兵营）、4个步兵旅、3个野战炮团、11个步兵营、1个防空团。

坦克："蝎"式14辆。装甲侦察车：AML－90型19辆、AML－60型32辆。装甲输送车："庞阿尔"VTT／M－3型60辆、"蒂蒙尼"10辆。牵引炮：88毫米48门、105毫米12门。迫击炮：81毫米400门、120毫米72门。反坦克导弹："米兰"21具。无坐力炮：84毫米444门、90毫米96门。高炮：40毫米26门。地空导弹：RBS－70型7部。

海军　1000人。

巡逻艇：7艘。

空军　800人。编有3个联队、6个中队。

作战飞机13架，武装直升机8架。

防暴机：CM－170－2"超级教师"6架。防暴兼教练机：SF－260型8架。SA－342型2架。运输机：HS－125型1架、"超级空中大王"200型1架。直升机：SA－316B型8架、SA－365型5架。联络机：7架。

预备役部队　1.61万人。

部署　陆军划分为4个军区（东南军区、南部军区、西部军区和克拉军区）。海军基地1处(科克)。

兵役制度　实行志愿兵役制。士兵服役期：正规军3年，预备役6年。各级军官最高服役年限，正规军：士兵为60岁，军官为56～65岁；预备役：士兵为60岁，军官为57～65岁。

驻外兵力　参加联合国维持和平部队854人。其中，驻阿富汗和巴基斯坦1人、驻中美洲31人、驻塞浦路斯8人、驻伊朗和伊拉克43人、驻黎巴嫩750人、驻中东21人。

奥 地 利

国　　名　奥地利共和国。

主要统计　面积83853平方公里。人口754.8万人（其中13～17岁男24.2万人，女23.1万人；18～22岁男28.9万人，女27.7万人；23～32岁男63万人，女61万人）。国内生产总值15568亿先令，合1185.7亿美元（1989年）。国防费192.5亿先令，合16.1亿美元（1990年国防预算）。粗钢456万吨（1989年）。原煤212.9万吨（1989年）。原油117.6万吨（1989年）。天然气12.6亿立方米（1988年）。发电量490亿度（1989年）。粮食496万吨（1989年）。海运能力，商船（载重100吨以上）32艘、总载重量35.06万吨（1988年）。民航能力，固定航班机场6处、客运量16.44亿人公里、货运量2340万吨公里（1989年）。

国防体制 宪法规定，总统为武装力量最高统帅。最高国防决策机构为内阁。最高咨询机构为总理府所属的国防委员会。国防部为政府中的一个部，是最高军事行政机关，负责全军的建设、战备和训练工作。国防部下辖部队总监部和部队司令部。武装力量由正规军和预备役部队组成。正规军分陆军和空军两个军种。总统通过总理和国防部长对武装力量实施领导和指挥。

领导人物 总统兼武装力量最高统帅库尔特·瓦尔德海姆（1986年上任）。国防部长维尔纳·法斯尔阿本特（1990年上任）。部队总监卡尔·马耶岑上将（1990年上任）。部队司令部司令菲利普上将（1984年上任）。

武装力量 **兵力** 现役部队4.25万人。

陆军 3.8万人。常备兵力1.5万人，编有1个装甲步兵师。基干部队编为2个军部，辖9个军区、30个基干团。

坦克：M－60A3型170辆。装甲输送车："绍勒尔"4K4E／F460辆。牵引炮：105毫米180门、155毫米24门。自行炮：155毫米55门。要塞炮：155毫米24门。火箭炮：128毫米18门。火箭筒：400门。反坦克炮：971门。迫击炮：81毫米551门、107毫米105门、120毫米82门。高炮：20毫米、35毫米、40毫米612门。

空军 0.45万人。编有1个航空兵师部，辖3个航空兵团、1个高炮团、11个中队（2个攻击战斗机中队、1个战斗机中队、7个直升机中队、1个联络机中队）。作战飞机54架：攻击战斗机"萨布"24架、战斗机J－350e型24架、侦察机6架。直升机80架。联络机28架。教练机24架。高炮54门。

文职人员 9000人。

预备役部队 24.2万人，均属陆军。

部署 陆军作战部队主要部署在奥东北部地区。航空兵师部署在内地，设有4个基地。

兵役制度 实行义务兵役制，服役期为6个月。另在服役期满后的15年内共需参加复训60天。

军衔 军官军衔分为3等11级，即将官4级（上将、中将、少将、准将）、校官3级（上校、中校、少校）、尉官4级（大尉、上尉、中尉、准尉）。士官分6级（上士、一级中士、二级中士、三级中士、一级下士、二级下士）。兵分3级（一等兵、二等兵、三等兵）。

驻外兵力 参加联合国驻塞浦路斯部队1个营410人。驻两伊军事观察团13人、驻叙利亚脱离接触观察部队1个营530人、驻中东停战监督组织17人。

保加利亚

国　名 保加利亚共和国（1990年11月15日起改现名）。

主要统计 面积110911.5平方公里。人口906.2万人（其中，13～17岁男33.8万人，女32.3万人；18～22岁男32.4万人，女30.8万人；23～32岁男63.1万人，女60.3万人）。国民生产总值310～614亿美元（1989年估计）。国防费22.08亿美元（1990年国防预算估计）。粗钢300万吨（1988年）。原煤3681.9万吨（1987年）。原油30万桶（1988年）。天然气1.5亿立方米（1988年）。发电量434.7亿度（1987年）。粮食785.8万吨（1988年）。海运能力，商船（载重100吨以上）201艘、总载重量198.43万吨（1988年）。民航能力，固定航班机场13处、客运量35.78亿人公里、货运量4170万吨公里（1989年）。

国防体制 国防委员会为最高军事决策机构和最高领导机关。国防委员会由主席、副主席及委员组成，主席由总统担任，副主席由总理担任。委员包括：国防部长及副部长、总参谋长、军兵种司令等。国防部是武装力量的行政领导机关，主要负责制定和实施军队和国防建设计划。总参谋部是平时和战时的主要指挥机关，负责协调国防部下属各部和各军种的工作。武装力量由正规军和准军事部队组成。正规军分陆、海、空三个军种。国防委员会主席通过国防部和总参谋部对全国武装力量实施领导和指挥。

领导人物 总统兼国防委员会主席柳·热列夫（1990年8月上任）。国防部长为约·穆塔弗契耶夫上将（1990年9月上任）。国防部第一副部长兼总参谋长拉·明切夫（1990年9月上任）。

武装力量 **兵力** 现役部队12.9万人。

陆军 9.7万人。编有3个集团军，下辖8个摩步师、5个坦克旅、4个地地导弹旅、1个地空导弹旅、3个炮兵团、3个高炮团、1个空降团。

坦克：2888辆，其中T-34型862辆、T-54型1612辆、T-62型80辆、T-72型334辆。装甲侦察车：БРДМ-1／-2型共450辆。步兵战车：БМП-1型31辆、БМП-23型86辆。装甲输送车：БТР-60型803辆、MT-LB型1481辆。牵引炮：100毫米1128门、122毫米715门、130毫米74门、152毫米315门。自行炮：122毫米728门、152毫米13门。火箭炮：122毫米222门、130毫米40门。迫击炮：107毫米71门、120毫米490门、160毫米96门。地地导弹：FROG-7型28部、"飞毛腿"36部、SS-23型8部。反坦克导弹：AT-3"耐火箱"200具。反坦克炮：85毫米150门、100毫米200门。高炮：23毫米、57毫米、85毫米、100毫米共400门。地空导弹：SA-4／-6／-13型共50部。

海军 1万人。编有1个黑海舰队、1个多瑙河分舰队。

潜艇："胜利"级4艘。护卫舰："里加"级2艘。小型护卫舰：5艘。导弹快艇：6艘。鱼雷快艇：6艘。巡逻艇：3艘。反水雷舰艇：33艘。登陆舰艇：2艘。支援和其他舰只：7艘。

海军航空兵 装备武装直升机6架。

空军 2.2万人。编有2个航空师、7个作战团。作战飞机195架、武装直升机70架。

攻击歼击机：苏-25型40架。歼击机：米格-23型32架、米格-21型108架。侦察机：米格-17型5架、米格-21型10架、米格-25型10架、苏-22型10架。运输机：安-2型4架、安-24型5架、安-26型5架、拉-410型1架、雅克-40型1架。航测机：安-30型6架。直升机：米-2型10架、米-4型20架、米-8型30架、米-24型40架。教练机：拉-29型70架、拉-39型30架、米格-15型20架、米格-21／-23型15架。空地导弹：AS-7型"克里牛"若干枚。空空导弹：AA-2型"环礁"、AA-7型"顶尖"、AA-8型"蚜虫"等若干枚。地空导弹：SA-2／-3／-5／-10型280部。

预备役部队 47.25万人。其中陆军42万人、海军0.75万人、空军4.5万人。

准军事部队 16.8万人。其中边防部队1.3万人、治安警察0.5万人、地方民兵15万人。

兵役制度 实行义务兵役制。陆、空军士兵服役期为2年，海军为3年。

军衔 军官军衔分3等11级，即将官4级（大将、上将、中将、少将）、校官3级（上校、中校、少校）、尉官4级（大尉、上尉、中尉、少尉）。

比利时

国　　名 比利时王国。

主要统计 面积30519平方公里。人口987.8万人（其中13～17岁男32.16万人，女30.8万人；18～22岁男35.24万人，女33.84万人；23～32岁男78.36万人，女75.66万人）。国内生产总值61170亿比利时法郎，合1552.38亿美元（1989年）。国防费1020亿比利时法郎，合28.9亿美元（1990年国防预算）。粗钢1124万吨（1988年）。原煤440万吨（1987年）。天然气2920万立方米（1988年）。发电量634亿度（1987年）。粮食229.8万吨（1988年）。海运能力，商船（载重100吨以上）344艘、总载重量340万吨（1988年）。空运能力，固定航班机场4处、客运量59.77亿人公里、货运量5.38亿吨公里（1989年）。

国防体制 宪法规定，国王为武装力量最高统帅。平时国王授权国防大臣领导全国武装力量。内阁防务委员会是最高军事决策机构，同时也是国王的最高防务咨询机构，由首相、国防大臣、外交大臣、内政大臣等组成，首相任主席。"国内防务问题委员会"是协调内阁各部防务事宜的机构，由军人、外交官和公职人员专家组成，直接对首相负责，平时为内阁防务委员会会议做准备工作，战时改名为"防务技术秘书处"，协助内阁协调防务问题的决策。国防部是内阁的一个部，是国防的最高行政领导机关。国防大臣在首相的领导下，负责制定和执行防务政策，领导国防和军队建设。武装力量由正规军和准军事部队组成；正规军分陆、海、空三个军种。总参谋部是最高军事指挥机构。国王通过国防部和总参谋部对全国武装力量实施领导和指挥（因比军大部分兵力平时已编入北约中欧盟军司令部序列，故战时实际上归北约盟军最高司令部指挥）。

领导人物 国王兼武装力量最高统帅博杜安一世（1951年7月即位）。首相维尔弗里德·马尔滕斯（1981年上任）。国防大臣居伊·高埃姆（文职，1988年上任）。总参谋长让·夏利埃中将（1988年上任）。陆军参谋长让·贝兰中将（1988年上任）。海军参谋长约瑟夫·德·维尔德中将（1989年10月上任）。空军参谋长亚历山大·莫里奥中将（1988年12月上任）。

武装力量 **兵力** 现役部队9.2万人（不含卫生勤务部队）。

陆军 6.87万人。编有1个军部、2个师部、3个机械化步兵旅、1个装甲旅、1个伞兵突击团、1个侦察团、1个独立坦克营、3个自行炮营、1个地地导弹营、2个地空导弹营、2个高炮营、4个工程兵营和3个航空兵中队。

坦克：492辆，其中"豹"式坦克334辆、"蝎"式133辆、M-41式25辆。装甲侦察车："大弯刀"153辆。步兵战斗车：AIFV-B型520辆。装甲输送车：1348辆，其中M-113型535辆、"斯巴达人"266辆、AMX-VCI型419辆、M-75型77辆、BDX型43辆、YPR-765型8辆。压制火炮：664门，其中105毫米牵引炮21门、自行炮207门（105毫米28门、155毫米168门、203毫米11门）、迫击炮436门（107毫米133门、120毫米18门、81毫米285门）。地地导弹："长矛"5部。反坦克导弹：463具，其中"米兰"420具、"旋火"43具。反坦克炮：90毫米80门。高炮：190门，其中20毫米136门、35毫米54门。地空导弹："霍克"39部。运输机：10架。直升机：51架。

海军 4500人。编有1个小型舰队和2个分舰队。设有奥斯坦德、泽布吕日和卡洛3处海军基地。

护卫舰："维林根"级4艘。反水雷舰艇："范·哈韦比克"级6艘、"紫菀"级8艘、"赫斯塔尔"级9艘、"斯达维洛特"级4艘。后勤支援舰：2艘。考察测量船：1艘。直升机：3架。

空军 1.88万人。编有3个司令部，下辖5个攻击战斗机中队、2个战斗机中队、1个侦察机中队、2个运输机中队、1个联络机中队、3个教练机中队和1个直升机中队。

作战飞机170架。其中攻击战斗机："幻影"5BA／BD型34架、战斗机：F-16A／B型108架、侦察机："幻影"5BR型28架。运输机：24架（其中C-130型12架、波音727型2架、HS-748型3架、"默林"ⅢA型5架、"神秘"20型2架）。联络机：18架。教练机：59架。直升机："海王"5架。空空导弹："响尾蛇"若干枚。

三军卫生勤务部队 5098人。编成2个卫生勤务部队司令部，下设6所军队医院、1所机动外科医院和1个军事药品中心。

文职人员 2876人，其中编入陆军的1435人、海军114人、空军164人、卫生勤务部队280人、总数883人。

预备役部队 45万人，其中在过去5年内在部队服过役的约14.65万人（陆军10万人，海军0.45万人、空军1.9万人、卫生勤务部队2.3万人）。

准军事部队 宪兵1.68万人。装备各型装甲车142辆，直升机8架。

部署 陆军作战部队主要沿本土东部和东北部一线部署，空军作战飞机主要驻首都布鲁塞尔以东地区。全国共有军事基地15处，其中陆军基地6处、海军3处、空军6处。

兵役制度 实行义务兵与志愿兵相结合的兵役制度。义务兵的服役期：驻本土部队为12个月，驻德国部队为10个月。志愿兵的服役期为2～9年。军官最高服役年龄：将官为61岁、校官为56岁、尉官为51岁。

军衔 分5等17级，即将官2级（中将、少将）、校官3级（上校、中校、少校）、尉官4级（大尉、上尉、中尉、少尉）、军士6级（军士长、军士、一级上士、上士、中士、下士）、兵2级（一等兵、二等兵）。

驻外兵力 驻德国（原联邦德国地区）部队24900人。编有1个军部、1个装甲旅和1个机械化步兵旅，下辖3个炮兵营、1个地地导弹营、4个地空导弹营、3个工程兵营和3个轻型陆航直升机中队，共装备各型坦克200辆。另外，派驻中东地区"联合国巴勒斯坦停战监督组织"观察员2人。

外国驻军 北大西洋公约组织总部（驻布鲁塞尔）；北大西洋公约组织欧洲盟军最高司令部（驻蒙斯市）；美国驻军2100人。

波 兰

国　　名　波兰共和国（1989年12月29日起改现名）。

主要统计　面积312683平方公里。人口3847.9万人（其中，13～17岁男152.5万人，女146.1万人；18～22岁男134.3万人，女128.8万人；23～32岁男291.3万人，女278.8万人）。国内生产总值296300亿兹罗提，合688.19亿美元（1988年）。国防费100834亿兹罗提，合10.49亿美元（1990年）。粗钢1710万吨（1987年）。原煤26620.5万吨（1987年）。原油120万桶（1988年）。天然气57亿立方米（1988年）。发电量1458.32亿度（1987年）。粮食2450.4万吨（1988年）。海运能力，商船（载重100吨以上）714艘、载重量466.68万吨（1988年）。民航能力，固定航班机场12处、客运量33.4亿人公里、货运量1950万吨公里（1989年）。

国防体制　最高国防决策机构为国防委员会，由总统任主席，并设有若干副主席：部长会议主席任第一副主席、内务部长任国内安全事务副主席、财政部长任经济事务副主席、国防部长任武装力量及国防战略规划事务副主席，成员还有议会议长、参议院议长、外交部长、运输和海洋经济部长、总统办公厅主任、国务部长、国防部常务副部长、总参谋长、内务部第一副部长以及民防司令（兼任国防委员会秘书）。国防委员会直属由议会和参议院组成的国民大会，其职责是制定国家安全与防御方针，为国民大会决定国家实施战时状态、紧急状态或发布动员令提出建议。国防部为政府中的一个部，是最高军事行政机关。国防部设有军事委员会和政治磋商委员会。军事委员会成员包括各总部及军、兵种负责人，由国防部长任主席。政治磋商委员会是国防部的咨询机构。国防部负责制定并实施国防和军队建设计划，完善军队体制，领导军队训练与教育，保障武装力量的技术和物资供应，确定职业军官的服役原则，制定武装力量科研工作计划，参与民防建设的规划和实施。各地兵役部门也受国防部领导。武装力量由正规军和准军事部队组成。正规军分陆军、海军、空军防空军3个军种。最高军事指挥机构为总参谋部，其主要职责是制定战略计划和组织战略指挥，协调国防部各部局、军兵种司令部的工作。国防委员会主席（总统）通过国防部和总参谋部对全国武装力量实施领导和指挥。

领导人物　共和国总统、国防委员会主席兼武装力量最高首长莱赫·瓦文萨（1990年上任）。国防部长彼得·科沃杰依契克海军中将（1990年7月上任）。总参谋长兹季斯瓦夫·斯泰尔玛舒克中将（1990年10月上任）。海军司令罗姆阿尔德·瓦加海军少将（1990年上任）。空军防空军司令耶日·戈托娃瓦中将（1990年上任）。

武装力量　兵力　现役部队31.28万人。

陆军　20.66万人。编有9个摩步师、1个空降旅、1个两栖突击旅、6个炮兵旅、4个地地导弹旅、4个反坦克团。

坦克：2960辆，其中主战坦克2900辆（T－54和T－55坦克2150辆，T－72坦克750辆）、PT－76式轻型坦克60辆。装甲侦察车：БРДМ－2型900辆。步兵战车：БМП－1型1250辆。装甲输送车：2000辆，其中包括OT－64A、OT－64B、OT－64C、OT－62A、OT－62C等型。牵引炮：948门，其中122毫米782门、152毫米166门。自行炮：593门，其中122毫米498门、152毫米93门、203毫米2门。火箭炮：122毫米262门。迫击炮：120毫米556门。反坦克导弹：AT－1“甲鱼”、AT－3“耐火箱”、AT－4“塞子”、AT－5“拱肩”、AT－7“萨克号”共435具。反坦克炮：395门，其中85毫米380门、100毫米15门。高炮：23毫米和57毫米共1000门。地地导弹：“FROG”52部、“飞毛腿”30部。地空导弹：SA－6、SA－7、SA－8、SA－9、SA－13型共若干部。

海军　2万人（含航空兵）。编有3个区舰队。

潜艇：3艘。驱逐舰：1艘。护卫舰：1艘。小型护卫舰：4艘。导弹快艇：11艘。巡逻艇：8艘。登陆艇：25艘。反水雷舰艇：32艘。支援舰艇：10艘。

海军航空兵　2300人。编有1个师，装备有武装直升机4架、直升机17架。

空军防空军　8.62万人。编有6个航空兵师、4

个攻击歼击机团、2个运输机团、3个直升机团。作战飞机516架、武装直升机100架。

攻击歼击机：165架，其中苏-7型30架、苏-20型35架、苏-22型100架。歼击机：米格-21型、米格-23型和米格-29型共300架。运输机：安-2型9架、安-12型20架、安-26型12架、安-28型5架、伊尔-14型12架。专机：图-134型、雅克-40型、伊尔-18型等40架。直升机：米-2型100架、米-4型10架、米-6型3架、米-8型50架、卡-26型8架、米-24型40架。教练机：米格-29型4架、PZL-130型7架、TS-8型50架、TS-11型50架以及里姆-1型、米格-21型、米格-23型若干架。地空导弹：SA-2/-3/-4/-5/-6/-8型700部。空空导弹、空地导弹若干枚。

预备役部队　50.5万人，其中陆军42万人、海军1万人、空军7.5万人。

准军事部队　4.35万人，其中国防部所属的内卫部队1万人、内务部所属的边防军及海岸警卫部队1.55万人、民警预防队1.8万人。

兵役制度　实行义务兵役制。士兵服役期18个月。

军衔　分7等25级，即波兰元帅1级、将官4级（大将、上将、中将、少将）、校官3级（上校、中校、少校）、尉官3级（大尉、上尉、中尉）、准尉5级（一级准尉、二级准尉、三级准尉、四级准尉、五级准尉）、军士7级（一级上士、二级上士、三级上士、四级上士、一级下士、二级下士、三级下士）、兵2级（上等兵、列兵）。

驻外兵力　参加联合国驻叙利亚脱离接触观察部队50人。

丹　麦

国　名　丹麦王国。

主要统计　面积43092平方公里（不含格陵兰和法罗群岛）。人口508.8万人（其中，13～17岁男17.56万人，女16.8万人；18～22岁男19.38万人，女18.52万人；23～32岁男39.4万人，女37.76万人）。国内生产总值6508.86亿克朗，合1001.36亿美元（1990年）。国防费142.9亿克朗，合21.92亿美元（1990年国防预算）。粗钢52.8万吨（1990年）。原油517.3万吨（1990年）。天然气23.9亿立方米（1988年）。发电量30兆瓦（1990年）。粮食2029.8万吨（1990年）。海运能力，商船（载重量100吨以上）944艘、总载重量633.29万吨（1988年）。民航能力，固定航班机场12处、客运量35.56亿人公里、货运量1.292亿吨公里（1989年）。

国防体制　宪法规定，国王（现为女王）为武装力量最高统帅。实际上，防务问题的决策权在内阁。国防安全政策由议会审定。国防部在内阁的领导下负责执行议会确认的政策。国防委员会为国防大臣的政策咨询及助理机构，由国防司令、国防参谋长、作战部队司令、国民警卫队司令和陆、海、空军三个总监组成。武装力量由陆、海、空军和国民警卫队组成。由国防司令统一指挥陆、海、空军三军。最高军事指挥机构由国防司令和国防参谋部组成。陆、海、空军总监均为国防参谋部成员。另设作战部队司令（兼任北约波罗的海通道司令部司令），直属国防司令领导。丹麦是北约成员国，并加入了北约军事一体化组织，战时其主力部队将按规定交北约指挥。届时经议会批准，国防司令将向作战部队司令移交对上述部队的作战指挥权。战时国防司令只是负责本土防务和部队后勤保障，作战部队司令则率部队受领北约赋予的作战任务。

领导人物　女王兼武装力量最高统帅玛格丽特二世（1972年1月14日即位）。国防大臣克努德·英高（1988年6月上任）。国防司令约恩·林陆军上将（1989年11月上任）。国防参谋长加德海军中将（1989年11月上任）。陆军总监约恩·克里斯钦·艾斯曼少将（1987年6月上任）。海军总监泰林少将（1986年6月上任）。空军总监拉森少将（1984年9月上任）。作战部队司令汉森空军中将（1990年8月上任）。国民警卫队司令戈特里布陆军少将（1984年9月上任）。

武装力量　**兵力**　现役部队3.17万人（不含国民警卫队）。

陆军　1.94万人。野战部队编有2个军区、1个师部、5个机械化步兵旅、1个步兵旅、2个侦察营、1个航空兵分队；地方部队编有7个军区、2个步兵旅、7个团。另编有1个执行联合国任务的营。

主战坦克：336辆，其中“豹”式1A3型120辆、“百人队长”216辆。轻型坦克：M-41型和DK-1型共52辆。装甲输送车：M-113型530辆。牵引炮：317门，其中105毫米184门、155毫米121门、203毫米12门。自行炮：155毫米76门。迫击炮：81毫米388门、120毫米160门。反坦克导弹：“陶”式140部。无坐力炮：106毫米150部。高炮：40毫米36门。地空导弹：“红眼”若干部。飞机：8架。直升机：14架。

海军　5400人。编有一个舰队，下辖潜艇、护卫舰、鱼雷艇、扫布雷艇4个分舰队。

潜艇4艘，其中“图姆勒伦”级2艘、“诺瓦伦”级2艘。“尼尔斯”级护卫舰3艘。“威尔莫斯”级导弹艇10艘。“海狮”级鱼雷艇6艘。“西提斯”级、“白熊”级、“桂树神”级等巡逻艇24艘。布雷艇6艘，其中“法尔斯特岛”级4艘、“巨人”级2艘。“阿尔松”级扫雷艇3艘。近海油船2艘。破冰船4艘。皇家游艇1艘。

海军航空兵编有“大山猫”反潜直升机8架（其中舰载机4架）。岸防部队辖2个要塞，装备有150毫米岸炮、40毫米高炮和岸防雷达。

空军　6900人。编有1个战术空军司令部，辖5个攻击战斗机兼防空战斗机中队、1个攻击战斗机兼侦察机中队、1个运输机中队、1个搜索和救援中队。防空导弹群辖2个地空导弹营。控制、预警系统辖5个雷达站。飞行学校1所，编有教练机17架。

作战飞机106架，其中F-16A型和B型攻击战斗机63架、“天龙”F-35型攻击战斗机16架、RF-35型攻击战斗侦察机18架、TF-35型教练机9架。C-130H型运输机3架、“湾流”3型运输机3架、“萨布”T-17型运输机兼教练机29架。S-61型搜索与救援直升机8架。“响尾蛇”空空导弹若干。改进型“隼”式地空导弹装置36部。空地导弹若干。

国民警卫队　7.05万人。其中陆军国民警卫队5.53万人、海军国民警卫队4600人（装备近海巡逻艇37艘）、空军国民警卫队1.06万人。

文职人员　8200人，其中陆军文职人员3650人、海军文职人员2100人、空军文职人员2450人。

预备役部队　7.24万人，其中陆军预备役5.27万人、海军预备役7600人、空军预备役1.21万人。

部署　国防司令部驻西兰岛的韦德贝克。作战部队司令部驻日德兰半岛的卡鲁普。陆军西部军区司令部驻日德兰半岛的奥尔胡斯，东部军区司令部驻西兰岛的林斯特德，两大军区各自以日德兰半岛和西兰岛（含菲英岛）的范围部署部队。2个师部分别驻日德兰半岛和西兰岛。7个地方军区中3个位于日德兰半岛，2个位于西兰岛，另2个分别位于菲英岛和波恩荷尔姆岛。海军作战司令部驻奥尔胡斯，4个分舰队分别驻哥本哈根、腓德列港、科尔塞3个海军基地，2个要塞分别位于史蒂文斯和朗格兰的。空军战术空军司令部驻卡鲁普，有奥尔堡、卡鲁普、范德尔、斯克鲁斯鲁普、特斯鲁普、凡尔吕色6处基地。

兵役制度　实行义务兵与志愿兵相结合的兵役制。起始应征年龄为18～19岁。服役期：义务兵一般为9～12个月，最高可达27个月；志愿兵陆、海、空军分别为54、63和72个月。服役期满后转入动员部队18个月，或转入预备役部队5年。国民警卫队成员第1年参训100小时，第2年和第3年参训50小时，以后每年参训24小时，直至50岁。

军官服役制度　各级军官晋级前在上一军阶的最低任期为27个月。最高服役年限：将官为60岁、校官48岁、尉官38岁。

文职人员制度　同国家公务人员，退休年龄男60岁，女55岁。

军衔　军官分3等10级，即将官3级（上将，中将、少将）、校官3级（上校、中校、少校）、尉官4级（上尉、中尉、少尉、准尉）；士官和士兵分8级，即一级军士长、二级军士长、上士、中士、下士、一等兵、二等兵和新兵。

驻外兵力　参加联合国驻塞浦路斯部队一个营，350人；驻阿富汗观察员1名；驻印巴军事观察员6名；驻两伊军事观察员15名；驻中东地区观察员12名。

德　国

国　名　德意志联邦共和国（1990年10月3日两德统一后用此名）。

主要统计 （一）原德意志联邦共和国面积248237平方公里。人口6036.2万人（其中，13～17岁男164万人，女157.2万人；18～22岁男218.7万人，女209.3万人；23～32岁男511.9万人，女485.4万人）。国内生产总值22575亿马克，合12102.61亿美元（1989年）。国防费525.2亿马克，合310.2亿美元（1990年国防预算）。粗钢4101万吨（1988年）。原煤19123.2万吨（1987年）。原油2800万吨（1988年）。天然气166.7亿立方米（1988年）。发电量4158.12亿度（1987年）。粮食2713.3万吨（1988年）。海运能力，商船（载重100吨以上）1233艘、总载重量499.45万吨（1988年）。民航能力，固定航班机场27处、客运量340.08亿人公里、货运量36.17亿吨公里（1989年）。

（二）原德意志民主共和国面积108333平方公里。人口1666.4万人（其中13～17岁男51.8万人，女49.2万人；18～22岁男57万人，女54.4万人；23～32岁男136.4万人，女130.4万人）。国民生产总值约1963亿美元（1989年）。国防费约118.6亿美元（1989年国防开支）。粗钢825万吨（1988年）。原煤30297.6万吨（1987年）。原油20万桶（1988年）。天然气120亿立方米（1988年）。发电量1141.8亿度（1987年）。粮食981.6万吨（1988年）。海运能力，商船（载重100吨以上）369艘、总载重量180万吨（1988年）。民航能力，固定航班机场4处、客运量28.46亿人公里、货运量7880万吨公里（1989年）。

国防政策 统一后的德国根据其所处的新的外部安全环境，正在酝酿重新修定国防政策，其走向是：(1) 积极探索新的欧洲安全结构。主张在北约、欧共体和欧安会三大支柱之上建立未来的欧洲安全结构，以其有利的地缘政治优势在美苏之间以及东西欧之间“发挥桥梁作用”。(2) 在防务上将从过去主要针对苏联、华约集团逐步转为实行“多方位防御”，其意向：一是“对付在欧洲范围内由于民族矛盾和边界纠纷而导致的局部武装冲突”，二是“参加北约多国部队担负的军事行动”，三是“修改基本法后在联合国的旗帜下派兵海外，执行国际军事任务”。

军事战略 主张修改北约奉行的“灵活反应”战略，放弃“前沿防御”作战方针，调整以往主要与苏联和华约集团相抗衡的军事部署，转而准备对付“来自各个方向的危机”。根据“多方位防御”的构想，准备将前沿部署体系逐步转变为“均衡”兵力部署，即在平时将部队较为均衡地分散部署在全国各地，并实行不同的战备等级。只有在发生危机的情况下，“才将部队调遣至有关的边界地区或使部队集中遂行相应的军事任务”。

国防体制 基本法规定，联邦总理为武装力量最高统帅，最高国防决策机构为联邦安全委员会，成员有联邦总理、国防、内政、外交、财政和经济部部长，由联邦总理任主席。联邦国防军总监察长（相当于军队总参谋长）列席该委员会会议。国防部为政府中一个部，是最高军事行政机关，负责军队建设、战备和训练工作。武装力量分陆、海、空三个军种。联邦总理通过国防部和三个军种的指挥参谋部对武装力量实施领导和指挥。

领导人物 联邦总理兼武装力量最高统帅赫尔穆特·科尔（1982年上任）。国防部长施托尔滕贝格（1989年上任）。联邦国防军总监察长迪特尔·维勒斯霍夫海军上将（1986年上任）。陆军监察长亨宁·冯·昂达察中将（1987年上任）。海军监察长汉斯-约阿希姆·曼海军中将（1986年上任）。空军监察长霍斯特·容库尔特中将（1987年上任）。

武装力量 **兵力** 现役部队57.67万人。

陆军 39.73万人，其中野战陆军兵力29.04万人，编为3个军、12个师、36个旅、161个营。本土陆军兵力为10.69万人，编为3个本土陆军司令部、1个联邦国防军东部司令部、8个军区司令部、18个乡土防卫旅、15个乡土防卫团。陆军共装备坦克7133辆、装甲车9598辆、火炮4644门、武装直升机208架。

海军 4.67万人。编有1个舰队司令部、19个分舰队。装备有潜艇24艘、驱逐舰7艘、护卫舰9艘、小型护卫舰10艘、导弹快艇53艘、登陆艇22艘、两栖登陆舰船12艘、反水雷舰艇77艘、布雷艇42艘、支援勤务舰65艘。海军航空兵编为1个航空师，辖5个联队、装备作战飞机129架、武装直升机49架。

空军 13.27万人。编有1个航空队司令部、6个师部。装备有作战飞机917架、运输机205架、武装直升机100架、直升机115架。另有6个地空导弹团（导弹422部）。

部署 陆军主要部署在北德平原和中部地区。海军部署在北海沿岸和波罗的海通道一线。空军重点部署在中部和南部地区，共有军事基地约300余处。

兵役制度 实行普遍义务兵役制，士兵服役期为12个月。各级军官最高服役年限：将官均为60岁，上校为58岁，中校为56岁，少校为54岁，尉官均为52岁。

军衔 军官军衔分3等10级，即将官4级（上将、中将、少将、准将）、校官3级（上校、中校、少校）、尉官3级（上尉、中尉、少尉）；士官7级（一级上士、二级上士、三级上士、一级中士、二级中士、一级下士、二级下士）；兵4级（一等兵、二等兵、三等兵、四等兵）。

外国驻军 美军24.42万人、英军6.72万人、法军5.27万人、比军2.49万人、荷军0.57万人、加军0.71万人、英军38万人。

法　国

国　名 法兰西共和国。

主要统计 面积551208平方公里。人口5641.4万人（其中，13～17岁男202.6万人，女193.7万人；18～22岁男212.9万人，女204.3万人；23～32岁男435.3万人，女420.6万人）。国内生产总值61130亿法郎，合9581.5亿美元（1989年）。国防费1945.48亿法郎，合389亿美元（1991年国防预算）。粗钢1927.3万吨（1989年）。原煤1366.6万吨（1989年）。原油324.4万吨（1989年）。天然气44.1亿立方米（1989年）。发电量3831.9亿度（1989年）。粮食5617.8万吨（1988年）。海运能力，商船（载重100吨以上）930艘、总载重量685.4万吨（1988年）。民航能力，固定航班机场69处、客运量400亿人公里、货运量36.7亿吨公里（1988年）。

国防政策 法国是北约集团成员国，但于1966年7月1日退出北约军事一体化组织，推行独立的防务政策和军事战略。当前法防务政策的要点是：（一）主张维持东西方力量平衡，以确保欧洲的战略稳定。维持均势历来是法国军事战略的基本点之一，其目标是通过维持美苏之间以及东西方两大军事集团之间的力量平衡，确保法国的战略安全。为了防止削弱法国核武器的威慑作用，法坚决反对美苏发展战略武器防御系统，并要求美苏率先大规模裁减核武库；同时，积极推动欧洲常规裁军谈判，实现东西方力量均势，减少以至消除发动大规模突然袭击和持久作战的能力，从而确保欧洲的战略稳定。

（二）强调依靠核威慑来遏制入侵。法认为，核威慑战略“是目前唯一可以避免战争的战略”。其核心思想是：战略防御、遏制入侵、力求避免战争。法作为中等强国，不可能也不需要同超级大国追求核武器数量上的均势，只需建立一支可靠的“有限规模的核力量”来确保本国安全。如遇对法发动大规模进攻，危及法国安全，法将动用战略核力量对敌方境内目标进行还击，使敌方因担心蒙受巨大损失而放弃入侵。为确保核威慑的有效性，法公开宣布，法绝不能保证“不首先使用核武器”。

（三）加强与北约的军事合作，但不重返北约军事一体化组织。法认为，只有借助于北约的力量才能抗衡苏联的军事优势，以求得自保。为此，近年来法频繁地参加北约组织的联合军事演习，并表示，需要时，法快速行动部队将参加北约的“前沿战斗”。但法对参与北约军事行动仍有明确的界限：强调不返回北约军事一体化组织；平时不接受北约关于各防区任务的分工；战时即使同盟国并肩作战，法军也将置于本国指挥之下。

（四）积极推动西欧防务联合。随着西欧国家对美国不信任情绪的增长，法十分重视推动西欧的防务联合，力图通过西欧联合来增强其抗衡美苏的地位。法尤其重视发展同德国和英国的防务合作，包括：积极加强同德、英两国进行安全战略和防务政策磋商，并使其制度化；同德国探讨把法核武器庇护范围扩大到德国的途径，双方还先后成立了法德防务委员会和组建了法德混合旅；同英国磋商平时核潜艇分工巡逻某些海域的可能性，并商定交换核武器情报等。另外，法还同意大利、西班牙签订了双边协定，初步形成了西地中海安全合作网。

（五）维持在海外的重点部署，同时依靠当地力量保护法传统势力范围。作为历史上的老牌殖民帝国，法国在海外至今仍有较大的传统势力范围。目前法国与非洲28个国家签有军事协定，在非洲、印度洋地区有海、空军基地和可使用的机场、港口10余处，常驻军队2万多人，在印度洋经常保持舰只10余艘。另外，法在南太平洋的穆鲁罗瓦岛建有核试验基地，并针对该地区一些国家反对核试验呼声日高和法属殖民地人民要求独立情绪不断增长的情况，法近年来还增加了在这一地区的兵力，以加强控制。

军事战略 法国奉行“有限核威慑战略”，其概念是：依靠本国独立的、具有足够威慑作用的有限核力量，遏制敌方可能对法国发动的军事进攻。基于这一战略，法采用“逐步反应”的作战原则，即在战争初期，动用常规部队配合北约集团进行抵抗；在敌军逼近法边境时，动用战术核武器向敌发出警告，令其后撤；如敌军继续深入并危及法根本利益时，法将作出使用战略核武器的决定。总之，重点是确保核威慑的有效性，同时建设一支既能适应在欧洲战场作战，又能在海外进行干涉的精干的现代化常规力量。

国防体制 宪法规定，总统为法武装力量的最高统帅。总统下设内阁会议、国防委员会、限制性国防委员会和高级国防会议。内阁会议负责制定全面防务政策，其成员有总理和所有内阁成员，由总统任主席。国防委员会负责具体防务问题的决策，其成员有总理、外交、国防、内政和财经部长等，由总统任主席。限制性国防委员会负责军事问题的决策，其成员有总理和由总理指定的人员，由总统任主席。高级国防会议为咨询机构。总理负责贯彻既定防务政策。国防部为内阁中一个部，国防部长在总理领导下负责防务工作，下设三军参谋部和陆、海、空军军种参谋部以及武器装备部等单位。武装力量由陆、海、空三军和宪兵组成。最高军事指挥机构为三军参谋部。总统通过国防部和三军参谋部对全国武装力量实施领导和指挥。

领导人物 总统兼武装力量最高统帅弗朗索瓦·密特朗（1988年5月连任）。国防部长皮埃尔·若克斯（1991年1月上任，文职）。三军参谋长莫里斯·施米特上将（1987年11月上任）。陆军参谋长吉尔贝·福雷上将（1987年11月上任）。海军参谋长阿兰·科阿塔内阿上将（1990年11月上任）。空军参谋长让·弗勒里上将（1989年4月上任）。

武装力量 **兵力** 现役部队55.31万人（含行政机关和直属队人员）。

陆军 28.86万人。编有1支快速行动部队和1个集团军，辖2个军、15个师。

坦克：AMX-30型1340辆、AMX-13型153辆。装甲侦察车：AMX-10RC型238辆、“萨盖”ERC-90型177辆、AML式640辆、VBL M-11型15辆。步兵战车：AMX-10P型817辆。装甲输送车：AMX-13VTT型291辆、VAB式3840辆。牵引炮：105毫米172门、155毫米222门。自行炮：105毫米24门、155毫米353门。迫击炮：120毫米622门。反坦克导弹：“米兰”1500具、“霍特”825具。高炮：20毫米800门、30毫米459门。地空导弹：“霍克”69部、“罗兰”181部、“西北风”40部。直升机：682架。飞机：14架。

海军 6.53万人（含陆战队和航空兵）。编有2个舰队。

航母：“克莱蒙梭”级2艘、“圣女贞德”级1艘。战略导弹核潜艇：“可畏”级6艘。潜艇：“红宝石”型4艘、“阿戈斯塔”型4艘、“桂树神”型6艘。巡洋舰：“科尔贝尔”型1艘。护卫舰：“乔治·莱格”型7艘、“图尔维尔”型3艘、“迪佩雷”型1艘、“乌头”型1艘、“里维埃指挥官”型6艘、“德蒂安纳·多尔韦”型17艘。驱逐舰：“卡萨尔”型2艘、“絮弗伦”型2艘、“迪歇拉”型1艘。巡逻舰（艇）：24艘。登陆舰（艇）：9艘。扫布雷舰（艇）：23艘。

陆战队2600人，装备有89毫米反坦克火箭筒、120毫米迫击炮、VAB式装甲输送车、P-4型吉普车等。

海军航空兵11000人，飞机273架、直升机97架，其中作战飞机96架、武装直升机44架。

空军 9.31万人。编有18个联队、66个中队。作战飞机597架。

轰炸机：“幻影”4P型18架。攻击战斗机：“幻影”3E型60架、“幻影”5F型32架、“幻影”2000N型45架、“美洲虎”84架。战斗机：“幻影”F-1C型103架、“幻影”2000型80架、“美洲虎”27架。运输机：C-160型等149架。直升机：192架。

战略核力量 18700人（其编制分属各军种）。导弹核潜艇：“可畏”级6艘、潜射导弹96枚。中程弹道导弹：18枚。战略轰炸机：“幻影”4P型18架。

宪兵 9.18万人，装备有装甲车337辆、迫击炮288门、直升机44架。

文职人员 128417人。

预备役部队 41.9万人，其中陆军32.5万人、海军2.4万人、空军7万人。

准军事部队 警察12.7万人。

部署 陆军主要部署在法、德边境和北部地区，海军重点部署在地中海和大西洋沿岸一带，空军主要部署在东北和中部地区。共有军事基地73处，其中陆军基地16处（马伊、穆尔默隆、锡索讷等），海军基地7处（土伦、布雷斯特、瑟堡等），空军基地50处（兰斯、斯特拉斯堡、图尔等）。

兵役制度 实行义务兵和募兵相结合的兵役制度，以义务兵为主。士兵服役期为1年。各级军官最高服役年限；将官为62岁，校官为57岁，尉官为52岁。

军衔 分5等20级，即将官4级（上将、中将、少将、准将）、校官3级（上校、中校、少校）、尉官4级（上尉、中尉、少尉、准尉）、军士6级（总军事长、军事长、准军事长、上士、中士、下士）、兵3级（上等兵、下等兵、列兵）。

驻外兵力 驻德国5.27万人、驻非洲和驻中东地区9500人、驻南太平洋地区10100人、驻印度洋地区4200人、驻安德烈斯地区8800人。派往第三世界国家军事顾问、专家264人。

芬　兰

国　　名 芬兰共和国。

主要统计 面积338145平方公里。人口501万人（其中，13～17岁男15.8万人，女15.1万人；18～22岁男17万人，女16.3万人；23～32岁男38.7万人，女37.4万人）。国内生产总值4865亿芬兰马克，合1134亿美元（1989年）。国防费72亿芬兰马克，合18亿美元（1990年国防预算）。粗钢279万吨（1988年）。发电量534.64亿度（1987年）。粮食352万吨（1988年）。海运能力，商船（载重100吨以上）259艘、总载重量81.09万吨（1988年）。民航能力，固定航班机场21处、客运量40.34亿人公里、货运量10790万吨公里（1989年）。

国防体制 宪法规定，总统为武装力量最高统帅，最高国防决策机构为内阁国防委员会，成员有国防、外交、内政、财政、工商等部队和国防军总司令、总参谋长等，由总理任主席。内阁总理和国防军总司令在总统的授权下领导国防建设。国会国防委员会是最高行政当局与最高立法当局之间酝酿、论证中长期国防建设规划的临时性机构，向内阁负责，在芬兰国防最高决策体系中发挥着重要作用，成员有国会议员、外交、军事专家及社会名流和知名学者等。国防部是政府中的一个部，是最高军事行政机关，负责制定与贯彻国家防务政策并为国防建设和国防军活动提供全面保障。武装力量由正规军和准军事部队组成。正规军分陆、海、空三个军种。最高军事指挥机构为总参谋部。总统通过国防部和国防军总司令对全国武装力量实施领导和指挥。

领导人物 总统兼武装力量最高统帅毛诺·科伊维斯托（1982年上任，1988年连任）。国防部长伊丽沙白·列恩（女，1990年6月上任）。国防军总司令克伦贝格上将（1990年3月上任）。总参谋长古斯塔夫·黑格龙德中将（1990年　月上任）。海军司令萨卡里·维萨少将（1990年　月上任）。空军司令贝尔蒂·约基宁少将（1984年上任）。边防军司令玛蒂·奥迪欧中将（1989年上任）。

武装力量 **兵力** 现役部队3.1万人。

陆军 2.78万人。编有1个装甲旅、8个步兵旅、4个独立步兵营、1个炮兵团、2个海岸炮兵团、3个独立海岸炮兵营(其中1个为机动炮兵营)、4个防空团、2个工程兵营。

坦克：T-54、T-55M型100辆、T-72型80辆、PT-76型15辆。步兵战车：БМП-1型30辆、БМП-2型20辆。装甲输送车：БМР-50P型90辆、БТР-60型60辆、A-180型80辆、MT-LB型10辆。牵引炮：105毫米70门、122毫米若干门、130毫米170门、152毫米240门、155毫米12门。岸炮：100毫米若干门。岸舰导弹：若干部。火箭炮：122毫米若干门。迫击炮：81毫米880门、120毫米550门。反坦克导弹：M-82型24具、M 83型12具、AT 5"拱肩"若干具。无坐力炮：55毫米、74毫米若干门、95毫米100门。高炮：20毫米、23毫米、30毫米、35毫米若干门、40毫米100门、57毫米24门。地空导弹：SA-3、SA-7、SA-14、SA-16型若干部。

海军 1400人。编有1个联合舰队、4个分舰队。

小型护卫舰："图伦马"级2艘。导弹攻击快艇："赫尔辛基"PFM级4艘、"图伊马"级4艘。巡逻艇：11艘。登陆艇：14艘。布雷艇：2艘。扫雷艇：6艘。两栖登陆艇：14艘。支援和杂务船：13艘。

空军 1800人、编有3个战斗机联队、3个战斗机中队、1个运输机中队、1个侦察机小队。

作战飞机 73 架。

战斗机：米格-21 型 24 架、J-35 型 40 架。改装训练机：米格-21 型 5 架、“萨布”SK-35C 型 4 架。侦察机：“隼”MK-51 型 8 架。运输机：F-27 型 3 架。航测兼拖靶机：“利尔杰特”35A 型 3 架。直升机：休斯 500 型 2 架、米-8 型 7 架。教练机：“隼”MK-51 型 37 架、L-70 型 28 架。联络机：“教师”CM-170 型 6 架、其他型 15 架。

文职人员 1.12 万人。

预备役部队 70 万人。

准军事部队 4400 人边防军。

部署 芬兰陆军划分为 7 个军区：北部军区（奥鲁）、波赫扬军区（瓦沙）、中部军区（铁卡柯斯克基）、沙卡军区（库奥皮欧）、东南军区（科浮拉）、西南军区（土尔库）、南部军区（哈门林纳）。海军重点部署在南部沿海地带，司令部设在赫尔辛基。海军基地 2 处（赫尔辛基、图尔库）。空军主要部署在中南部，司令部设在铁卡柯斯克基，有空军基地 9 处。

兵役制度 实行义务兵役制。士兵服役期 8 个月。各级军官最高服役年限：上将为 65 岁，中、少将和上校为 60 岁，中、少校为 55 岁，上尉、高级中尉和中尉为 50 岁。

军衔 军官分 3 等 10 级，即将官 3 级（上将、中将、少将）、校官 3 级（上校、中校、少校）、尉官 4 级（上尉、高级中尉、中尉、少尉）。军士分 4 级（军士长、上士、中士、下士）。

驻外兵力 参加联合国维持和平部队人数共 1013 人。其中，驻阿富汗 3 人、驻塞浦路斯 8 人、驻印度／巴基斯坦 4 人、驻伊朗／伊拉克 15 人、驻黎巴嫩 550 人、驻中东 23 人、驻叙利亚 410 人。

荷　兰

国　名 荷兰王国。

主要统计 面积 41863 平方公里。人口 1484.6 万人（1989 年，其中，13～17 岁男 50.72 万人，女 48.6 万人；18～22 岁男 59.4 万人，女 56.9 万人；23～32 岁男 127.68 万人，女 122.04 万人）。国内生产总值 4707.13 亿荷兰盾，合 2220.34 亿美元（1989 年）。国防费 142.37 亿荷兰盾，合 74.66 亿美元（1990 年国防预算）。粗钢 554 万吨（1988 年）。石油 3100 万桶（1988 年）。天然气 680 亿立方米（1988 年）。发电量 684.11 亿度（1987 年）。粮食 1222.2 万吨（1988 年）。海运能力，商船（100 吨以上）1173 艘、总载重量 469.8 万吨（1988 年）。民航能力，固定航班机场 4 处、客运量 220.27 亿人公里、货运量 17.31 亿吨公里（1989 年）。

国防体制 宪法规定，女王是荷兰武装力量的最高统帅。战时首相是武装力量的最高司令，平时通过国防大臣行使职权。国防委员会是最高国防决策机构，由国防大臣、国防国务秘书、国防部秘书长、国防参谋长、各军种司令和国防部各总局局长等组成，国防大臣任主席。国防部是政府中的一个部，是最高国防领导机构。武装力量由正规军和准军事部队组成。正规军分陆、海、空三个军种和宪兵，由各军种司令和宪兵司令分别指挥。国防参谋部是最高军事指挥机构。女王和首相通过国防部和国防参谋部对全国武装力量实施领导和指挥。

领导人物 国家元首兼武装力量总司令朱丽安娜女王（1981 年 10 月即位）。首相鲁道夫·吕贝尔斯（1982 年 4 月上任）。国防大臣勒吕斯·特尔贝克（文官，1989 年 11 月上任）。国防参谋长皮特·赫拉夫上将（1989 年 12 月上任）。陆军司令兼陆军参谋长威尔明克中将（1988 年 12 月上任）。海军司令兼海军参谋长琼克海尔·范·福雷斯特少将（1988 年 6 月上任）。空军司令兼空军参谋长卢维尔斯中将（1989 年 12 月上任）。

武装力量 **兵力** 现役部队 106531 人（1990 年，含宪兵 3931 人、皇家军警 4700 人、总部机关 1000 人）。

陆军 63000 人。编有 1 个军部、3 个机械化师师部、3 个装甲旅（其中 1 个架子旅）、6 个机械化步兵旅（其中 2 个架子旅）和 1 个架子独立步兵旅。作战部队共编成 17 个机械化步兵营、2 个步兵营、12 个坦克营、4 个侦察营、19 个炮兵营、1 个地地导弹营、3 个防空营和 3 个直升机中队。

坦克：913 辆，其中“豹”IA4 型 468 辆、“豹”II

型445辆。步兵战车：973辆，其中YPR-765型708辆、M-113C型和M-113R型265辆。装甲输送车：2237辆，其中M-113型484辆、YPR-765型1130辆、YP-408型623辆。牵引炮：183门，其中105毫米42门、155毫米141门。自行炮：298门，其中155毫米222门、203毫米76门。火箭炮：227毫米22门。迫击炮：246门，其中107毫米194门、120毫米152门。地地导弹："长矛"7部。反坦克导弹：753具，其中"龙"式427具、YPR-765型和"陶"式326具。无坐力炮：106毫米185门。高炮：226门，其中35毫米自行高炮95门、40毫米牵引高炮131门。地空导弹："毒刺"479枚。直升机：93架，其中SA-316型64架、BO-105型29架。船艇：坦克运输艇1艘、海岸巡逻艇3艘、内河巡逻艇15艘。

海军　16500人。编有1个潜艇中队、3个护航中队和3个扫雷中队。

潜艇：5艘，其中"海豹"级1艘、"旗鱼"级2艘、"海豚"级2艘。导弹驱逐舰：4艘，其中"特罗姆普"级2艘、"范·赫姆斯克"级2艘。导弹护卫舰："科顿艾尔"级10艘。扫雷艇26艘，其中"阿尔克马尔"级15艘、"杜库姆"级11艘。登陆艇：12艘，辅助船：8艘，其中后勤供应船2艘、测量船3艘、布雷勤务艇1艘、教练船2艘。

海军航空兵1400人，编成3个反潜巡逻机中队、1个教练机中队和2个反潜兼救援直升机中队。装备"猎户座"P-3C型反潜巡逻机13架、"大山猫"反潜直升机22架。

海军陆战队2800人，编成2个两栖作战营和1个山地与寒带作战连。

空军　17400人。编有4个攻击战斗机中队、4个战斗机中队、1个侦察机中队、2个反潜巡逻机中队（划归海军指挥）、1个运输机中队、1个改装训练机中队、1个救援直升机小队和12个防空导弹连。作战飞机193架。

各型飞机：225架，其中NF-5A型23架、NF-5B型14架、F-16A型139架、F-16B型35架、F-27型14架。直升机：SA-316型4架。"响尾蛇"空空导弹若干枚。地空导弹："霍克"48部，"爱国者"32部、"毒刺"100部。40毫米高炮100门。

宪兵　3931人，列入正规军编制。

文职人员　24381人，其中编入陆军11775人，海军5862人、空军2694人、宪兵100人、总部机关3950人。

预备役部队　15.57万人（经战时动员72小时后可达40万人）。其中陆军13.51万人、海军0.94万人、空军1.12万人。

准军事部队　4970人，其中皇家军警4700人、机动民防团270人（经战时动员后可达18500人）。

部署　陆军作战部队主要部署在东部地区。第1军军部设在阿佩尔多恩，3个师部分别驻斯哈尔斯贝亨、哈尔德威克、阿恩海姆。陆军共有军事基地12处（其中国内11处）。海军基地有登海尔德、鹿特丹、弗里辛恩、瓦尔克堡、德库伊5处。空军作战飞机中队主要部署在东部地区。防空导弹部队全部驻德国。战术空军司令部设在海牙。空军有沃尔克尔、吕伐登、特文特等9处基地。

兵役制度　实行志愿兵和义务兵相结合的兵役制度。志愿兵服役期为2～9年。义务兵服役期：陆军为14～16个月，海、空军为14～17个月。

军衔　分5等20级，即将官4级（上将、中将、少将、准将）、校官3级(上校、中校、少校)、尉官5级（上尉、中尉、少尉、一级准尉、二级准尉）、军士6级（军士长、上士、一级中士、中士、一级下士、下士）、兵2级（一等兵、二等兵）。

驻外兵力　驻德国（原联邦德国地区）5700人，编成1个装甲旅，下辖2个装甲步兵营、1个坦克营、1个侦察营和1个工程兵营，装备有各型坦克122辆，155毫米自行炮18门，各型反坦克导弹发射装置30部。驻荷属安得列斯群岛1艘护卫舰、F-27MPA型海上巡逻机2架、1个两栖作战连和1个海军陆战连。驻冰岛30人，配有P-3C型反潜巡逻机1架。驻埃及西奈半岛联合国多国部队1个轻装步兵连共105人。驻中东地区联合国巴勒斯坦停战监督组织观察员15人。

外国驻军　北约中欧盟军司令部。美国驻军3000人（其中陆军900人、空军2100人）。1个战术空军中队。

捷克和斯洛伐克

国　　名　捷克和斯洛伐克联邦共和国（1990年4月20日起改现名）。

主要统计　面积127905平方公里。人口1569.2万人（其中，13～17岁男66.2万人，女63.8万人；18～22岁男58.2万人，女55.9万人；23～32岁男110.8万人，女107万人）。国民生产总值1440亿美元（1988年）。国防费32.24亿美元（1990年国防预算）。粗钢1540万吨（1988年）。原煤12607.2万吨（1987年）。原油100万桶（1988年）。天然气8.7亿立方米（1988年）。发电量858.25亿度（1987年）。粮食1186.1万吨（1988年）。海运能力，商船（载重量100吨以上）18艘、总载重量23.17万吨（1988年）。民航能力，固定航班机场14处、客运量24.43亿人公里、货运量6300万吨公里（1989年）。

国防体制　宪法规定，总统为武装力量最高统帅，最高国防决策机构为国防委员会，成员有联邦政府总理、负责经济计划工作的副总理、外交部长、国防部长、内务部长、总参谋长等，由联邦政府总理任主席，总参谋长任秘书长。国防部为政府中一个部，是最高军事行政机关，负责处理军事行政事务和国防建设等工作。武装力量由正规军和准军事部队组成。正规军分陆军、空军防空军两个军种。最高军事指挥机构为总参谋部。总统通过国防部和总参谋部对全国武装力量实施领导和指挥。

领导人物　总统兼武装力量最高统帅瓦茨拉夫·哈维尔（1989年12月上任）。国防部长卢博什·多布罗夫斯基（1990年10月上任）。总参谋长安东·斯利马克中将（1989年12月上任）。

武装力量　**兵力**　现役部队19.82万人（含总部及直属部队2万余人）。

陆军　12.57万人。编有2个集团军、5个摩步师、5个坦克师、1个炮兵师、2个炮兵旅、3个地地导弹旅、1个地空导弹旅、6个工程兵旅、2个反坦克团等。

坦克：T-34型50辆、T-54型1547辆、T-55型1543辆、T-72型815辆。装甲侦察车：БРДМ各型970辆、其他280辆。步兵战车：БМП-1型2252辆、БМП-2型242辆。装甲输送车：OT-62A／B型464辆、OT-64A／C型1568辆、OT-810型333辆、OT-65型642辆、其他326辆。牵引炮：100毫米559门、122毫米1373门、130毫米113门、152毫米48门。自行炮：122毫米148门、152毫米360门、203毫米12门。火箭炮：122毫米466门、130毫米388门。迫击炮：120毫米210门、240毫米8门。地地导弹：FROG36部、SS-21型8部、“飞毛腿”30部、SS-23型若干部。反坦克导弹：AT-3“耐火箱”、AT-4“塞子”486具、AT-5“拱肩”80具。反坦克炮：100毫米250门。高炮：30毫米、57毫米575门。地空导弹：SA-4／-6／-8／-9／-13型210部、SA-7型若干部。

空军防空军　4.48万人。编有2个航空兵集团军、4个航空兵师、2个防空师、12个航空兵团、6个地空导弹团。

作战飞机312架、武装直升机135架。

攻击歼击机：米格-21型和苏-22型25架、米格-23型35架、苏-7／-20型20架、苏-25型35架。歼击机：米格-21型120架、米格-21／-29型30架、米格-23型35架。电子干扰机：图-134型2架。侦察机：拉-29型5架、米格-21型16架、苏-22型10架。运输机：安-12型2架、安-24型16架、伊尔-14型5架、拉-410M型30架、图-134型1架。直升机：米-24型60架、米-8型75架、米-2型30架。地空导弹：SA-2／-3／-5型250部。空空导弹：AA-2“环礁”、AA-7“顶点”、AA-8“蚜虫”等若干部。

预备役部队　29.5万人，其中陆军25万人、空军防空军4.5万人。

准军事部队　2.52万人，其中边防军1.3万人、内卫部队0.9万人、民防部队0.32万人。

兵役制度　实行义务兵役制。士兵服役期18个月。各级军官最高服役年限将官为55岁，校官为45～50岁，尉官为40岁。

军衔　分6等21级，即将官4级（大将、上将、中将、少将）、校官3级(上校、中校、少校)、尉官4级（大尉、上尉、中尉、少尉）、准尉6级

(一级准尉、二级准尉、三级准尉、四级准尉、五级准尉、六级准尉)、军士3级(上士、中士、下士)、兵1级(列兵)。

外国驻军 苏联驻军7.35万人(预定将于1991年7月1日前全部撤离)。

卢 森 堡

国 名 卢森堡大公国。

主要统计 面积2586.36平方公里。人口37.7万(1989年,其中,13~17岁男1.1万人,女1.06万人;18~22岁男1.28万人,女1.22万人;23~32岁男2.86万人,女2.82万人)。国内生产总值2901.8亿卢森堡法郎,合73.6亿美元(1989年)。国防费31.92亿卢森堡法郎,合9044万美元(1990年国防预算)。粗钢366万吨(1988年)。发电量10.4亿度(1987年)。粮食45.9万吨(1987年)。海运能力,商船(载重100吨以上)1艘、总载重量2500吨(1988年)。民航能力,固定航班机场1处、客运量9263万人公里、货运量8.86亿吨公里(1989年)。

国防体制 宪法规定,国家元首大公是全国武装力量的最高统帅。平时,国家元首授权国防大臣领导武装力量。国防部是政府的一个部,是武装力量的最高领导机关。武装力量由正规军和准军事部队组成。正规军仅有陆军一个军种。陆军司令部为最高军事指挥机构。大公通过国防大臣和陆军司令对全国武装力量实施领导和指挥。

领导人物 国家元首兼武装力量最高统帅让大公(1964年即位)。首相雅克·桑特尔(1984年上任)。国防大臣玛克·费施巴赫(1984年上任)。陆军司令莱伊上校。宪兵司令哈尔普斯上校。警察司令获德里希上校。

武装力量 **兵力** 现役部队800人。编有1个轻装步兵营。装备有"突击队员"装甲输送车5辆,"陶"式反坦克导弹6具,"劳"式反坦克火箭筒若干具。本国无海、空军建制,但北约1个预警机中队基地设在卢森堡,18架E-3A型预警飞机和2架波音707型飞机以卢森堡国籍注册。

文职人员 110人。

准军事部队 宪兵500人。

兵役制度 实行志愿兵役制,服役期3~10年。

军衔 分4等16级,即校官3级(上校、中校、少校)、尉官3级(上尉、中尉、少尉)、军士6级(准尉、军士长、军士、上士、一级中士、中士)、兵4级(一级下士、下士、上等兵、列兵)。

罗 马 尼 亚

国 名 罗马尼亚(1990年1月6日起改现名)。

主要统计 面积23.75万平方公里。人口2329.5万人(其中,13~17岁男98.4万人,女94.1万人;18~22岁男99.1万人,女95.2万人;23~32岁男164.4万人,女158.6万人)。国内生产总值575.9亿美元(1988年估计)。国防费7.9748亿美元(1989年国防开支)。粗钢1388.5万吨(1988年)。原煤4730万吨(1987年)。原油6800万桶(1988年)。天然气330亿立方米(1988年)。发电量730.9亿度(1987年)。粮食3109万吨(1988年)。海运能力,商船(载重100吨以上)462艘、总载重量535.65万吨(1988年)。民航能力,固定航班机场15处、客运量38.52亿人公里、货运量6300万吨公里(1989年)。

国防体制 宪法规定,总统为武装力量最高统帅。最高国防决策机构为国防委员会,成员有总理、国家计委主席、外交部长、国防部长、内务部长、总参谋长等,由国家总统任主席。国防部为政府中的一个部,是最高军事行政机关,负责实施国防委员会所制定的各项军事政策。武装力量由正规军和准军事部队组成。正规军分陆、海、空三个军种。最高军事指挥机构为总参谋部。国家总统通过国防部和总参谋部对全国武装力量实施领导和指挥。

领导人物 总统兼武装力量最高统帅扬·伊利埃斯库（1989年12月上任）。国防部长维·斯坦库列斯库上将（1990年2月上任）。总参谋长瓦·约内尔上将（1990年1月上任）。

武装力量 **兵力** 现役部队16.3万人。

陆军 12.6万人。编有4个集团军（军区），下辖8个摩步师、2个坦克师、3个山地旅、2个炮兵旅（团）、1个反坦克旅（5个团）、4个高炮旅、2个地地导弹旅、2个高炮团、3个地空导弹团、4个空降团。

坦克：T-34型1060辆、T-55型757辆、T-72型30辆、TR-80型556辆、TR-580型414辆。突击炮（车）：SU-76型326辆、SU-100型84辆、ISU-152型20辆。装甲侦察车：БРДМ-1、БРДМ-2型650辆。步兵战车：MLI-84型127辆。装甲输送车：БТР-40型28辆、БТР-60型50辆、TAB-77型156辆、TABC-79型387辆、TAB-71型1912辆、MLVM型39辆。牵引炮：100毫米、105毫米、122毫米、130毫米、150毫米、152毫米共1549门。自行炮：122毫米18门。火箭炮：122毫米424门、130毫米108门。迫击炮：120毫米、160毫米、240毫米共1704门。地地导弹：FROG-3型32部、“飞毛腿”18部。反坦克导弹：AT-1“甲鱼”、AT-3型“耐火箱”400具。反坦克炮：57毫米、85毫米、100毫米共300门。高炮：30毫米、37毫米、57毫米、85毫米、100毫米共400门。地空导弹：SA-6型160部、SA-7型若干部。

海军 0.9万人。编有1个黑海舰队、1个多瑙河分舰队和岸防部队。主要基地有曼加利亚、康斯坦察、布勒依拉、朱尔朱、苏里纳和土耳恰。

潜艇：苏制K级鱼雷攻击潜艇1艘。驱逐舰：“门特尼亚”级1艘。护卫舰：“科尼”级4艘、“波蒂”级3艘。导弹攻击快艇：“黄蜂”I型6艘。鱼雷快艇：42艘。巡逻艇：33艘。布雷艇：2艘。扫雷艇：40艘。支援和其他舰只：10艘。

岸防部队 0.2万人，编有10个岸炮连。

空军 2.8万人。编有3个师、7个作战团、1个运输机团、2个直升机团。作战飞机370架。

攻击歼击机：米格-17型60架、IAR-93型50架。歼击机：米格-23型45架、米格-21型185架。运输机：安-2型10架、安-24型11架、安-26型8架、伊尔-14型3架、里-2型5架。航测机：安-30型3架。直升机：IAR-316B型55架、IAR-330型和米-2型40架、米-4型10架、米-8型25架。教练机：IAR-823型40架、IAR-28型10架、IAR-93型15架、拉-29型40架、拉-39型35架、米格-15型10架、米格-21型15架。空空导弹：AA-2“环礁”、AA-7“顶点”等若干枚。地空导弹：SA-2型135部。

预备役部队 20.3万人，其中陆军17.8万人、海军0.6万人、空军1.9万人。

准军事部队 约7.5万人，其中边防部队约1.5万人、安全部队约3万人、爱国卫队约3万人。

兵役制度 实行义务兵役制。陆、空军士兵服役期为16个月，海军为24个月。军官最高服役年限：将官、校官60岁，尉官45岁。

军衔 军官军衔分3等11级，即将官4级（大将、上将、中将、少将）、校官3级（上校、中校、少校）、尉官4级（大尉、上尉、中尉、少尉）。

马耳他

国　名 马耳他共和国。

主要统计 面积316平方公里。人口35.50万人（其中，13～17岁男1.44万人，女1.34万人；18～22岁男1.28万人，女1.18万人；23～32岁男2.78万人，女2.48万人）。国内生产总值6.67亿马耳他里拉，合19.2亿美元（1989年）。国防费763万马耳他里拉，合2298万美元（1990年国防预算）。发电量9.4亿度（1987年）。粮食1万吨（1988年）。海运能力，商船（载重100吨以上）356艘、总载重量451.85万吨（1988年）。民航能力，固定航班机场1处、客运量6.36亿人公里、货运量520万吨公里（1989年）。

国防体制 政府中不设国防部，武装力量由内政部负责管辖，由正规军和准军事部队组成。正规军即“马耳他武装力量”，不分陆、海、空军三个军种，也不设参谋部。战时，总理经内政部对其武装力量实施指挥。

领导人物 总统文森特·塔博恩（1987年上任）。总理爱德华·菲尼奇·阿达米(1987年上任)。副总理兼内政、司法部长圭多·德马科（1987年上任）。

武装力量 **兵力** “马耳他武装力量”现役部队1500人。编有1个司令部，辖第1团：1个步兵连、1个机场警卫连、1个海军陆战中队和1个直升机中队；第2团：1个高炮连、1个总务连、1个警戒连和1个电动与机械工兵连。装备有40毫米高炮39门、14.5毫米四联装高射机枪50挺，以及81毫米、82毫米迫击炮和火箭筒若干；巡逻艇5艘；直升机5架（贝尔-47G型1架、AB-47G型3架、AB-206型1架）。

兵役制度 实行志愿兵役制。

外国驻军 意大利驻有2架AB-212型搜索救援直升机及机组人员。

南斯拉夫

国　　名 南斯拉夫社会主义联邦共和国。

主要统计 面积255804平方公里。人口2379.6万人（其中，13～17岁男94.06万人，女89.68万人；18～22岁男91.36万人，女87.84万人；23～32岁男186.02万人，女180.04万人）。国民生产总值1672.68亿第纳尔，约合581.6亿美元(1989年估计)。国防费344亿第纳尔，约合29.04亿美元（1990年国防预算)。粗钢448.7万吨（1988年)。原煤7113.3万吨（1987年）。原油2700万桶(1988年)。天然气30.2亿立方米（1988年)。发电量807.92亿度（1987年)。粮食1499.6万吨（1988年)。海运能力，商船（载重100吨以上）499艘、总载重量548.77万吨（1988年）。民航能力，固定航班机场17处、客运量88.69亿人公里、货运量13890万吨公里（1989年）。

国防体制 宪法规定，联邦主席团主席为武装力量最高统帅。最高国防决策机构为国防委员会，成员有联邦执行委员会主席、联邦议会主席、联邦国防部长、联邦外交部长和联邦内务部长等，由联邦主席团主席任主席。联邦国防部为联邦执行委员会中的一个部，是最高军事行政机关，负责南斯拉夫人民军和国土防御部队的行政管理、编制、发展和动员等项工作。武装力量由正规军和准军事部队组成。正规军分陆、海、空军防空军三个军种。最高军事指挥机关为武装力量总参谋部。联邦主席团主席通过国防部和总参谋部对全国武装力量实施领导和指挥。

领导人物 联邦主席团主席兼武装力量最高统帅约维奇（1990年5月上任)。国防部长卡迪耶维奇大将（1988年5月上任)。武装力量总参谋长阿季齐上将（1989年9月上任)。

武装力量 **兵力** 现役部队18万人。

陆军　13.8万人。编有4个军区、16个军部、2～3个步兵师部、8个坦克旅、5个机械化旅、23个步兵旅、1个山地旅、4个轻步兵旅、1个空降旅、14个野战炮兵旅、6个反坦克团、4个高炮团、6个地空导弹团。

坦克：T-54／-55型850辆、M-84（T-74、T-72改进型）和T-72型约300辆、T-34型约400辆、M-4型300辆、PT-76型13辆。装甲侦察车：M-3A1型92辆、M-8型18辆、БРДМ-2型约40辆。步兵战车：M-80型410辆。装甲输送车：БТР-40／-50型200辆、M-60P型300辆。牵引炮：105毫米400门、122毫米532门、130毫米186门、152毫米240门、155毫米576门。自行炮：105毫米和122毫米若干门。火箭炮：128毫米160门。迫击炮：82毫米3400门、120毫米3000门。地地导弹：FROG-7型4部。反坦克导弹：“耐火箱”AT-3型、“塞子”AT-4型和“拱肩”AT-5型若干具。无坐力炮：57毫米1550门、82毫米2000门。反坦克炮：75毫米748门、90毫米540门、100毫米511门。高炮：20毫米2300门、30毫米620门、37毫米418门、40毫米128门、57毫米304门、85毫米260门、90毫米210门、94毫米46门。地空导弹：SA-6／-7／-9／-13型若干部。

海军　1万人。编有1个舰队。

潜艇："萨瓦"级2艘、"海洛伊"级3艘、"乌纳"级6艘。护卫舰："科托尔"级2艘、"斯普里特"级2艘。导弹攻击快艇："拉德·康查尔"级6艘、"米塔尔·阿采夫"级（黄蜂级）9艘。鱼雷攻击快艇："托普希德尔"级（"蝴蜂"级）14艘。

巡逻艇：30艘。登陆艇：35艘。

海军陆战队2个旅（各辖2个团），若干人。

空军　3.2万人，编有3个空军军、3个防空师、40个中队、14个地空导弹营、15个高炮团。作战飞机455架、武装直升机198架。

攻击战斗机："克拉古依"P-2型25架、"雅斯特莱伯"59架、"超级海鸥"60架、"奥拉欧"-2型55架。战斗机：米格-21型130架、米格-29型16架。侦察机："海鸥"25架、"雅斯特莱伯"20架、"奥拉欧"-1型25架。运输机：安-12型11架、安-26型15架、CL-215型4架、"猎鹰"50型2架、"利尔杰特"25型2架、PC-6型9架、雅克-40型6架。联络机：50架。直升机：225架。教练机：180架。地空导弹：14部。空空导弹和空地导弹：若干枚。

预备役部队　51万人，其中陆军44万人、海军4.3万人、空军2.7万人。

准军事部队　2万人，其中边防军1.5万人、警察0.5万人。另有地方防御部队（民兵）约150万人（战时）。

兵役制度　实行义务兵役制，士兵服役期限1年。各级军官最高服役年限：大将为65岁、上将60岁、中将58岁、少将56岁、上校52岁、中校以下50岁。

军衔　军官分4等13级，即将官4级（大将、上将、中将、少将）、校官3级（上校、中校、少校）、尉官4级（大尉、上尉、中尉、少尉）、准尉2级（一级准尉、二级准尉）。士官4级（一级上士、上士、中士、下士）。

驻外兵力　参加联合国驻安哥拉核查团若干人、驻两伊军事观察团观察员若干人。

挪　威

国　　名　挪威王国。

主要统计　面积386958平方公里（包括斯瓦巴德群岛、杨马延岛等属地）。人口420万人（其中，13～17岁男15.1万人，女14.34万人；18～22岁男16.8万人，女15.9万人；23～32岁男33万人，女31.3万人）。国内生产总值6403.4亿挪威克朗，合926.7亿美元（1989年）。国防费218.93亿挪威克朗，合33.51亿美元（1990年国防预算）。粗钢91万吨（1988年）。原煤39.9万吨（1987年）。原油39000万桶（1988年）。天然气298.3亿立方米（1988年）。发电量1038.1亿度（1987年）。粮食128.5万吨（1988年）。海运能力，商船（载重100吨以上）2078艘、总载重量1523.51万吨（1988年）。民航能力，固定航班机场49处、客运量88.28亿人公里、货运量90860万吨公里（1989年）。

国防体制　宪法规定，国王为武装力量最高统帅。最高国防决策机构为国防理事会，成员有国防、外交、司法、财政、航运和交通大臣，外交和国防部的秘书长，国防司令，北部军区和南部军区司令及民航局长等，由首相任主席。国防部为政府的一个部，是最高军事行政机关，负责制定国防政策、掌管军费、采购武器装备、组织军事科研、实施兵役动员和处理军民关系等工作。最高军事指挥机构为国防司令部。国防司令部在国防部的领导下组织战备建设和统率部队。武装力量由正规军和国民警卫队组成。正规军分陆、海、空三个军种。国王通过国防部和国防司令部，并经过南、北两个军区司令部对全国武装力量实施领导和指挥。

领导人物　国王兼武装力量最高统帅哈罗德维（1991年1月即位）。国防大臣约翰·约尔根·霍尔斯特（1990年11月上任）。国防司令莱茵上将（1989年9月上任）。国防参谋长罗兹哈根中将（1990年上任）。陆军总监苏利少将（1989年9月上任）。海军总监佩德森少将（1989年9月上任）。空军总监奥莫特少将（1985年8月上任）。国民警卫队总监斯莱本少将（1986年8月上任）。

武装力量　**兵力**　现役部队3.41万人（含400名联合勤务机构和300名国民警卫队在编人员）。

陆军　1.9万人。分南、北两个军区，编有1个加强机械化旅、1个边防卫戍营、1个加强特遣步兵营、1个步兵营和一些独立部队。

坦克:“豹”I型80辆、M-48A5型37辆、NM-116型70辆。步兵战车:NM-135型100辆。装甲输送车:M-113型150辆。牵引炮:105毫米228门、155毫米48门。自行炮:155毫米126门。迫击炮:107毫米97门、81毫米28门。反坦克导弹:“陶”式若干具、NM-142型若干具。高炮:20毫米和40毫米若干门。地空导弹:RBS-70型108部。飞机0-1A型17架。

陆上国民警卫队7.5万人。编有18个军区,每个军区分为2~6个军分区,共约470个分队(排)。

海军 0.53万人(含0.2万人海岸炮兵)。编有8个海上/海岸防御司令部(动员后可达9个)。

潜艇:“乌拉”级2艘、“科本”级10艘。护卫舰,“澳斯陆”级5艘。小型护卫舰:2艘。导弹攻击快艇:“隼”级14艘、“暴风”级16艘、“伶俐”级6艘。扫雷和布雷艇:10艘。两栖舰:5舰。支援舰:2艘。

海上国民警卫队0.7万人。动员后成为第9个海上/海岸防御司令部。装备有登陆艇2艘、渔轮400艘。海岸防御有32个堡垒,编有34个炮兵连和一些水雷、鱼雷连。

空军 0.91万人,编有12个中队。

作战飞机87架。

战斗机:F-5A/B型20架、F-16A型52架、F-16B型10架。运输机:C-130H型6架、“猎鹰”20C型3架、DHC-6型4架、MFI-15型18架。巡逻机:P-3C型5架,P-3B型2架。直升机:贝尔412SP型13架、“大山猫”MK-86型5架、“海王”MK-43型9架、UH-IB型15架。导弹:“大斗犬”空地导弹和“响尾蛇”空空导弹若干。高炮:40毫米96门。地空导弹:“奈基”128部。

防空国民警卫队0.3万人,编有2个营,动员后归空军指挥。

文职人员 1.16万人。

预备役部队 28.5万人,其中陆军14.6万人,海军2.6万人、空军2.8万人、国民警卫队8.5万人,另有第二线预备役部队6万人。

部署 陆军部署在挪威与瑞典、挪威与芬兰和挪威与苏联边界上和沿海地区。海军主要部署在首都奥斯陆附近和中部地区。海军军事基地4个(奥拉夫斯万、拉姆松、哈康斯万和特隆赫姆)。空军基地14个(安纳欧亚、巴拿克、巴尔多伏斯、博多、欧尔兰、万尔纳斯、加德莫恩、奥斯陆、列格、托尔普、弗莱斯兰、斯塔万格、苏拉、里斯塔)。陆军基地8个(奥斯陆、特罗姆斯、博多、特隆德拉格、黑莱、卑尔根、斯增万格、弗尔达纳)。

兵役制度 实行义务兵制。士兵服役期1年。军官最高服役年限:将官、校官、尉官均为60岁。

军衔 分5等14级。即将官4级(上将、中将、少将、准将)、校官3级(上校、中校、少校)、尉官3级(上尉、中尉、少尉)、军士2级(中士、下士)、兵2级(二等兵、新兵)。

驻外兵力 驻黎巴嫩联合国维持和平部队901人,驻安哥拉联合国观察员6人,驻埃及西奈多国部队参谋人员若干人,驻印度/巴基斯坦联合国军事观察团4人,驻伊朗/伊拉克联合国军事观察团15人,驻中东地区联合国停战监督组织17人。

外国驻军 驻有北约北欧盟军司令部。美国储有供1个海军陆战队远征旅使用的装备。

葡萄牙

国　名 葡萄牙共和国。

主要统计 面积92072平方公里,其中大陆面积88941平方公里,亚速尔群岛面积2335平方公里,马德拉群岛面积796平方公里。人口1050.4万人(其中,13~17岁男42.5万人,女41.3万人;18~22岁男43.3万人,女41.9万人;23~32岁男87.4万人,女85.5万人)。国内生产总值66370.4亿埃斯库多,合421.5亿美元(1989年估计)。国防费1920亿埃斯库多,合12.5亿美元(1989年国防预算估计)。粗钢48万吨(1985年)。原煤25.4万吨(1987年)。发电量201亿度(1987年)。粮食142.2万吨(1988年)。海运能力,商船(载重100吨以上)300艘、总载重量158.16万吨(1988年)。民航能力,固定航班机场20处、客运量49.8亿人公里、货运量1.36亿吨公里（1989年）。

国防体制 宪法规定，总统为武装力量最高统帅。最高国防决策机构为国家最高国防委员会，成员有总理、副总理和外交、国防、内政、财政、计划、工业、能源、交通部长，总参谋长及三军种参谋长，由总统任主席。最高咨询机构为最高军事委员会。国防部为政府中一个部，是最高军事行政机关。武装力量由正规军和准军事部队组成。正规军分陆、海、空三个军种。最高军事指挥机构为总参谋部。总统、总理通过国防部和总参谋部对全国武装力量实施领导和指挥。

领导人物 总统兼武装力量最高统帅马里奥·苏亚雷斯（1986年上任）。总理卡瓦戈·席尔瓦（1985年上任）。国防部长费尔南多·诺格拉（1990年3月上任）。总参谋长索阿雷斯·卡尔内罗陆军上将（1989年上任）。陆军参谋长马里奥·菲尔米诺·米格尔上将（1987年上任）。海军参谋长安东尼奥·安德拉德·埃·席尔瓦上将（1988年上任）。空军参谋长孔塞桑·席尔瓦上将（1988年上任）。

武装力量 **兵力** 现役部队6.8万人。

陆军 4.4万人。编有6个军区、1个混编旅、2个步兵旅、1个轻型空降旅、1个伞兵旅（由空军掌握）、3个骑兵团、12个步兵团、1个高炮团、1个岸炮团、1个野炮团、2个工程兵团。

坦克：M-48A5型86辆。装甲侦察车："萨拉丁"30辆、AML式56辆、"白鼬"MK-4型32辆。装甲输送车：M-113型132辆、M-557A2型19辆、"突击队"81辆。牵引炮：105毫米78门、140毫米24门、155毫米40门。自行炮：155毫米6门。岸炮：150毫米27门，152毫米、234毫米若干门。迫击炮：107毫米69门、120毫米108门。无坐力炮：90毫米、106毫米共240门。反坦克导弹："米兰"45具、SS-11型31具、"陶"式46具。高炮：20毫米64门、40毫米322门。地空导弹："吹管"57部。

海军 1.3万人（含陆战队）。编有3个司令部。

潜艇："大青蛙鱼"级3艘。护卫舰："贝洛"级4艘、"巴蒂斯塔·德安得拉德"级4艘。巡逻艇：27艘。两栖舰艇：6艘。

陆战队 2700人。装备有7艘登陆艇、"突击队"装甲输送车、迫击炮等。

空军 1.1万人。编有1个作战司令部、4个攻击战斗机中队、1个侦察机中队、6个运输机中队、1个反潜机中队、1个航测机中队、2个搜索与救援机中队、2个联络机中队、1个改装训练机中队、3个教练机中队。作战飞机97架。

战斗机和攻击战斗机：A-7型33架、G91型42架。反潜巡逻机：P-3P型6架。运输机：C-130型5架、C-212型12架、"猎鹰"20型3架。直升机：45架。教练机：60余架。

预备役部队 19-万人。

准军事部队 4.45万人，其中国民警卫队1.9万人、公安警察1.7万人、边防部队0.85万人。

兵役制度 实行义务兵役制。服役期：陆军、海军12～15个月，空军18～20个月。

军衔 军官分3等9级，即将官3级（上将、中将、少将）、校官3级（上校、中校、少校）、尉官3级（上尉、中尉、少尉）。

外国驻军 美国驻军2000人（海军700人、空军1300人）。

瑞　典

国　　名 瑞典王国。

主要统计 面积449964平方公里（不含领海面积）。人口834.4万人（其中，13～17岁男27.3万人，女26万人；18～22岁男29.6万人，女28.1万人；23～32岁男58.7万人，女56万人）。国内生产总值12212亿瑞典克朗、合1894.2亿美元（1989年）。国防费339亿瑞典克朗，合55.12亿美元（1990年国防预算）。粗钢478万吨（1988年）。原煤2.5万吨（1987年）。天然气1.36亿立方米（1986年）。发电量1466.25亿度（1987年）。粮食495.2万吨（1988年）。海运能力，商船（载重100吨以上）633艘、总载重量192.66万吨（1988年）。民航能力，固定航班机场43处、客运量57.12亿人公里、货运量17650万吨公里（1989年）。

国防体制 宪法规定，国王为武装力量最高统帅。最高国防决策机构为内阁。由三军总司令任主席、各军种司令参加的军事指导委员会负责协调三军关系，并向国防大臣提供咨询意见。国防部为政府的一个部，是最高军事行政机关，负责制定国防政策、确定军费，并根据军事指导委员会的建议，审批部队的编制、装备和训练计划等工作。武装力量由正规军和准军事部队组成。正规军分陆、海、空三个军种。最高军事指挥机构为总参谋部。国王通过国防部和总参谋部对全国武装力量实施领导和指挥。

领导人物 国王兼武装力量最高统帅卡尔十六世·古斯塔夫（1973年9月即位）。国防大臣拉依奈·卡尔松（1985年10月上任）。三军总司令本特·古斯塔夫松上将（1986年10月上任）。总参谋长吐斯滕·恩格贝里中将（1987年10月上任）。陆军司令艾利克·本特松中将（1984年4月上任）。海军司令本特·舒巴克中将（1984年10月上任）。空军司令劳什·艾利克·恩格隆德中将（1988年10月上任）。

武装力量 **兵力** 现役部队6.45万人。

陆军 4.45万人。平时编有44个团，即16个步兵团、7个装甲团、6个炮兵团、5个防空团、3个辎重团、2个通信团、2个骑兵团、3个工程兵团；战时编为15个旅、100个独立的装甲、步兵、炮兵和防空营。

坦克：STRV-101型340辆、“百人队长”110辆、STRV-103B型335辆、IKV-91型200辆。装甲输送车：PBV-302型600辆。牵引炮：105毫米550门、150毫米140门、155毫米300门。自行炮：155毫米30门。迫击炮：81毫米1000门、120毫米500门。反坦克导弹：“矮脚鸡”，“陶”式若干具。无坐力炮：74毫米、84毫米和90毫米若干门。高炮：20毫米114门、40毫米600门。地空导弹：“红眼”、RBS-70型和RB-77型若干部。

海军 1.2万人。编有1个海岸舰队、4个分舰队。

潜艇：“韦斯特哥特兰德”级4艘、“水怪”级3艘、“索尔门”级5艘。导弹攻击快艇：“斯德哥尔摩”级2艘、“休金”级16艘、“诺尔切平”级12艘、“哥特尔博格”级1艘。巡逻艇：11艘。布雷艇：3艘。扫雷艇：28艘。登陆艇：12艘。支援船：12艘。

海军航空兵编有1个战斗机中队，3个直升机中队。装备有作战飞机1架、武装直升机14架、各型直升机23架。

空军 8000人。编有1个司令部、12个联队、22个中队。

作战飞机415架。

攻击战斗机：AJ-37型81架、SK-37型18架。战斗机：J-35F／J型68架、SK-35C型4架、JA-37型139架。侦察机：SH／SF-37型48架。电子战机：2架。专机：5架。运输机：C-130E／H型8架。救援机：12架。直升机：8架。教练机：207架。空空导弹、空地导弹和高炮各若干。

文职人员 2.25万人。

预备役部队 70.9万人，其中陆军55万人、海军10.2万人、空军5.7万人。

准军事部队 海岸警卫队600人、民防人员约100万人（16～25岁全部居民均应参加）。

部署 陆军部署在6个军区（上诺尔兰军区、下诺尔兰军区、东部军区、西部军区、贝里斯拉根军区、南部军区）。海军主要部署在波罗的海沿岸。空军主要部署在中、南部地区。海军基地10处、空军基地12处。

兵役制度 实行义务兵制。服役期：陆、海军为7.5～15个月，空军为8～12个月。军人退役后有90天的复训义务。每年征召新兵约5万人，复训士兵约6～12万人。

军衔 分为3等10级，即将官4级（上将、中将、少将、准将）、校官3级(上校、中校、少校)、尉官3级（上尉、中尉、少尉）。

驻外兵力 参加联合国维持和平部队驻阿富汗／巴基斯坦6人、驻黎巴嫩645人、驻伊朗／伊拉克15人（军事观察员）、驻中美洲若干人、驻中东地区若干人(观察员)、驻塞浦路斯若干人（参谋人员）。

瑞　士

国　　名 瑞士联邦。

主要统计 面积41293.1平方公里。人口

668.9万（1989年，其中13～17岁男20.1万人，女19万人；18～22岁男23.6万人，女22.3万人；23～32岁男50.9万人，女48.6万人）。国内生产总值2866亿瑞士法郎，合1751.8亿美元（1989年）。国防费56.93亿瑞士法郎，合37.8亿美元（1990年国防预算）。粗钢82.5万吨（1988年）。发电量569.76亿度（1987年）。粮食143万吨（1987年）。天然气858.5万立方米（1987年）。海运能力：商船（载重100吨以上）25艘、总载重量43.4万吨（1988年）。民航能力，固定航班机场5处、客运量143.25亿人公里、货运量8.13亿吨公里（1988年）。

国防政策 瑞士奉行和平自主的对外政策和"武装中立"的国防政策。1815年的维也纳会议最后议定书确认瑞士为"永久中立国"。在第一次和第二次世界大战中均保持了中立地位，未参与战争。至今也未参加任何政治、军事集团，也是联合国非成员国。瑞士实行独具特色的全民皆兵的民兵制军队，战时经48小时动员后能组织起一支62.5万人的武装力量。瑞士有平战结合、系统完善和行之有效的动员制度和民防体制。瑞军平时战备程度高，训练严格有素，平均每年有近44万人参加军训。

军事战略 瑞士推行以"军事防御"为核心的政治、军事、经济三位一体的"总体防御"战略。一旦发生战争，立即进行战争总动员并迅速转入战时状态，实现全民皆兵。在这一战略思想的指导下，瑞军只准备在本土作战，总的作战思想是防御性的。瑞士认为，战时瑞士虽然不是敌人的主要进攻对象，但由于瑞士所处欧洲腹地的特殊地理位置，交战双方可能取道瑞士。因此，战时瑞士将成为交战双方的必争之地和激烈战场。鉴此，战时瑞士军队将贯彻以阵地坚守防御为主的作战方针，充分利用易守难攻的有利地形、坚固的战备工事和多层次人工障碍，组织纵深梯次防御，争取长时间独立地保卫国土。

国防体制 瑞士是联邦议会制国家。宪法规定，联邦议会是国家最高权利机构。国家战争总动员、对外宣战或结盟、国家安全防务政策、国防预算、军队体制编制、武器装备的研制、采购和出口等重大防务与军事问题均须经议会批准并立法。联邦议会的国民院和联邦院各设一军事委员会，是议会有关军事问题的最高咨询机构。宪法规定，瑞士联邦委员会（即联邦政府）是国家最高行政机构。全国武装力量的最高指挥权属联邦政府。联邦政府主席为国家元首兼政府首脑，是全国武装力量的最高统帅。联邦主席由联邦政府7名部长轮流担任，任期1年。在联邦政府内由联邦军事部长（即国防部长）、司法警察部长和财政部长组成联邦政府军事委员会（即"三人小组"），代表联邦政府负责处理日常军事问题。联邦政府负责起草国家安全防务政策和防务计划，经联邦议会讨论通过后执行。除战时任命瑞军总司令需经联邦议会外，其余高级将领平、战时的任免权均属联邦政府。联邦政府下设"防御参谋部"和"中央防御办公厅"两个日常办事机构和一个咨询机构——"防御委员会"。联邦军事部（即国防部）为联邦政府中的一个部，是最高军事行政机关，负责起草国防预算、军费开支、军队体制编制、武器装备研制和采购计划等，经联邦政府讨论通过后报请联邦议会审议批准。军事部还负责军队日常行政管理、军训以及中、下级军官的任免等工作。联邦军事部下设联邦军事办公厅、总参谋部、训练部、装备部、空军与防空部队司令部和陆军4个野战军军部。战时，由联邦政府提名，经联邦议会核准任命一名上将（瑞军平时最高军衔为中将）为瑞军总司令，直属联邦政府，统一指挥全军作战。同时，由总司令提名，经联邦政府核准任命一名中将总参谋长和一名中将首席军法执行官，协助总司令指挥全军作战和执行战时军法。武装力量由民兵正规军、民兵预备役部队和准军事部队（即民防部队）三部分组成。民兵正规军和民兵预备役部队分陆、空军两个军种，但按瑞军传统，空军未自成体系，仍隶属于陆军。军事最高指挥机构是总参谋部。平时，联邦政府通过联邦军事部和总参谋部对全国武装力量实施领导和指挥。

领导人物 瑞士联邦1991年度国家元首兼政府首脑（即联邦主席）弗拉维奥·科蒂。联邦军事部长卡斯帕尔·维利格（文职，1989年2月上任）。联邦军事办公厅主任汉斯·乌尔里希·恩斯特（文职，1979年3月上任）。总参谋长海因茨·哈斯勒中将（1990年1月上任）。训练部长罗尔弗·宾德中将（1987年1月上任）。装备部长弗里克斯·维特林（文职，1985年7月上任）。空军与防空部队司令韦尔纳·容中将（1990年1月上任）。

武装力量 **兵力** 现役民兵部队4.25万人（战时经48小时动员后可达62.5万人）。

陆军 现役民兵部队3.35万人（战时经48小时动员后可达56.5万人）。编有3个野战军军部和1个山地军军部，下辖3个机械化师、6个野战步兵师、3个山地步兵师、6个领土区司令部（即后勤部队，编有若干个后勤团、运输团、卫生勤务团和抢险救灾团）、11个边防独立旅、3个防空团、3个工程兵团、3个炮兵营、5个独立团、1个机场警卫独立团、1个机场警卫独立营、1个轻型陆军航空兵小队、4个直升机中队和20个要塞警卫连。

坦克：870辆，其中“豹”式Ⅱ型180辆、“百人队长”150辆、PZ-68型390辆、61型150辆。步兵战车：M-63型和M-73型625辆。装甲输送车：M-63型、M-64型和M-73型725辆。牵引炮：105毫米900门。自行炮：155毫米473门。火箭炮：RWK-014型81毫米30管式共20000管。迫击炮：81毫米和120毫米共2750门。反坦克导弹：“莫瓦格·剪刀鱼”和“陶”式40具、“矮脚鸡”和“龙”式800具。火箭筒：83毫米5500具。反坦克炮：90毫米850门。无坐力炮：600门。高炮：20毫米1700门、35毫米260门。地空导弹：“轻剑”60部。巡逻艇：“宝瓶座”11艘。

空军与防空部队　现役民兵部队9000人（战时经48小时动员后可达60000人）。编有1个航空兵旅（辖3个飞行团和1个常备空中警戒大队。计有：8个攻击战斗机中队、8个战斗机中队、1个侦察机中队、1个空中联络兼救援中队、11个教练机中队和7个直升机中队）、1个基地旅（辖3个高炮团，每团编制4个高炮营，每营辖4个高炮连）和1个防空旅（辖1个地空导弹团，编制2个导弹营，每营辖2个导弹连。7个高炮团，每团编制3个高炮连）。

作战飞机271架。

攻击战斗机：“猎犬”F-58型126架、“猎犬”T-68型7架。战斗机：F-5E型92架、F-5F型12架、“幻影”ⅢS／BS型34架。侦察机：“幻影”ⅢRS型18架。空中联络兼救援机：“利尔杰特”36型2架、PC-6型18架。教练机：PC-3型66架、PC-7型40架、PC-9型4架、“拖靶机”37架。直升机：AS-332型3架、SA-315型26架、SA-316型70架。高炮：20毫米192门、35毫米双联装148门。空地导弹：“小牛”式等若干枚。空空导弹：“猎鹰”和“响尾蛇”若干枚。地空导弹“警犬”64部。

文职人员　瑞士军队实行民兵制，全军仅有职业军官和士官1500余名（其中职业军官700余名、职业士官800余名），主要是总部机关准将以上、部队少将以上军官，总部和部队少数参谋军官以及各军校教官和部分专业技术军官。其他长期在总部和师以上部队机关工作的人员主要由民兵军官和联邦官员（即文职人员）担任。联邦官员经军事部门严格审选、由双方自愿签订合同后成为军队文职人员，一般工作至65岁退休。目前，在总部和师以上部队机关工作的文职人员约占总工作人员的80%。

预备役部队　即民兵预备役部队，经战时48小时动员后可达58.25万人，其中陆军53.15万人，空军与防空部队5.1万人。

准军事部队　民防部队48万人，其中经过全面军事训练的约30万人。

部署　陆军野战部队主要兵力部署在北部、东北部、中部和西部地区；山地部队全部部署在阿尔卑斯山地区；11个独立旅全部沿北部、东北部和东南部边境地区部署；空军与防空部队的航空兵旅和基地旅驻中部地区；防空旅部署在重点保护目标、主要军事设施和军用机场附近地区。

兵役制度　瑞军实行独特的民兵制，和平时期无常备军。全军除1500余名职业军人外，其他军人都是非职业军人。非职业军人平时从事民间职业，仅定期短时间离职进行军事集训，到新兵学校参加新兵训练或到部队参加复训。瑞士实行义务兵役制。联邦宪法规定，凡20～50岁身体健康的男性公民（民兵军官到55岁）都有义务服兵役。妇女可自愿服妇女辅助役。凡有正当理由不宜服兵役者要交纳本人收入的1.5%作为免役税，还要依照联邦有关法律服民役，但联邦议员、政府部长、联邦办公厅主任、警察、法官和神父享有免役权。联邦兵役法规定，每年春、秋季各征兵一次，全年共征召新兵3.4万人。凡年满19岁的男性青年必须到就近征兵处报名并体检，合格者20周岁入伍。入伍第一年在所属军兵种新兵学校接受为期17周的军事基础训练，此后分3个阶段到部队参加复训，直到50周岁。(1) 21～32岁在野战部队复训，12年内共8次，每次3周；(2) 33～42岁在守备部队复训，10年内共3次，每次2周；(3) 43～50岁在后勤部队复训，8年内共2次，每次1周。合计起来，兵从20～50岁总共服役364天。服役期间和退役之后，单兵武器装备均由个人保管。军士和军官一生中服役的时间要比兵多，因从兵到军士、从军士到军官以及各级军官的晋升均须经各级军校培训。如中士一生中服役557天，少、中尉929天，上尉1191天，少校1370天，中校1402天，上校1549天。

瑞士每年经新兵学校和各部队复训的人员多达43.85万人。

服役年限：(1) 职业军官和职业军士，少、中将最高服役年限为62周岁；准将、上校和一级上士为58周岁；中校为54周岁；少校、上尉、中尉、少尉、二级上士、一级中士、二级中士、下士为50

周岁。(2) 民兵军官最高服役年限为55周岁，军士和兵均为50周岁。(3) 文职人员（即联邦官员）最高服役年限为65周岁。

军衔 共分5等17级，即将官4级（上将、中将、少将、准将)、校官3级(上校、中校、少校)、尉官3级（上尉、中尉、少尉)、军士5级（一级上士、二级上士、一级中士、二级中士、下士)、兵2级（上等兵、列兵)。

民防体制 (1) 立法。1962年3月瑞士联邦政府颁布的《瑞士联邦民防法》规定，平时，凡不适合服兵役的和已退出现役的20～60岁的男性公民，均有义务在民防系统服役；年满16岁的男子和已过60岁的民防人员可自愿在民防系统服役；妇女可自愿在民防系统服役。战时，凡不到部队当兵的16～65岁的男子均应到民防系统服役。按上述规定，战时瑞士在民防系统服役者可达62.5万人。平时实际在民防系统服役的有48万人，其中妇女2.5万人。(2) 体制。瑞士的民防实行联邦、州、市（镇）三级领导体制。民防最高指挥权属联邦政府。联邦司法警察部民防局为全国民防最高执行机构。各州、市（镇）政府领导本州、市（镇）的民防工作，其下属的各级民防局负责处理日常事务。各州、市（镇）编有民防部队，最高建制单位为团，编成各专业分队，配备民防器材和轻型自卫武器。民防部队每年定期训练，并经常举行各级和全国性民防实战演习。(3) 工事设备。联邦民防工事建筑法规定，所有民防工事的防护力至少能抗住3个大气压，保证万吨级核弹在600米距离爆炸时，工事内人员不遭杀伤，物资器材不遭损坏。并要求工事内各种设备齐全配套，要能藏、能生活、能医疗、能打、能撤离。目前，全国已建成的达标地下掩蔽所可容纳近600万人（瑞士1989年底总人口为668.9万人)。辅助性掩蔽所可容纳180万人。计划到1992年（原计划到1990年）全国每人有一个达标地下掩蔽位置。现在瑞士已建成各种地下民防工事1400多处，地下医院100多个，地下卫生所和急救站1100多个，共有地下病床10万多张。(4) 制度化、法律化。《联邦民防工事建筑法》明确规定，凡今后新建公、私办公楼、厂房、住宅等必须同时建有具备“三防”能力的地下配套工事。对违者，联邦一律不予批准修建。为了备战需要，《民防法》规定，瑞士每个家庭必须储备14公斤／人的地下食品，并要求每隔3个月更换一次。另外，瑞士还对民防专门器材和装备实行标准化和统一化的制造、管理和维修。(5) 特种部队。瑞士还拥有一支特种部队——抢险救灾部队。该部队组建于1952年，直属总参救灾部队局，其部队分别编入6个领土区司令部，主要任务是配合各州政府和民防部队进行平、战时的抢险救灾。兵力3.5万人，最高建制单位为团。现有10个团辖29个营和13个独立连，装备有各种抢险救灾器材和轻型自卫武器。

苏　联

国　名 苏维埃社会主义共和国联盟。

主要统计 面积22402200平方公里。人口28880万人（1990年初)。国民总产值9056亿卢布（1990年)。国防费709.76亿卢布（1990年国防预算)。粗钢15400万吨（1990年)。原煤70300万吨（1990年)。原油57000万吨（1990年)。天然气8150亿立方米（1990年)。发电量17280亿度（1990年)。粮食21800万吨（1990年)。海运能力，商船（载重100吨以上）6741艘、总载重量2919.93万吨（1988年)。民航能力，固定航班机场52处、客运量2131.7亿人公里、货运量272300万吨公里（1989年)。

国防政策 苏联当前的国防政策的要点是：(一) 在保障国家安全方面，采取政治手段与军事手段相结合，而以政治手段优先的方针，改变过去偏重军事手段，甚至军事政治相脱节的做法，同时强调“把自己的军事潜力保持在防御所需的可靠而合理的适度水平上”，以及与美国和北约保持水平尽可能低的军事均势，保持战略稳定。

(二) 在国防建设和军队建设方面，在与美国和北约保持军事均势的前提下，贯彻“适度国防”和以质量为主的方针。改变国防建设和军队建设的“外延”式发展途径，转而采取“内含”式发展途径，即采取削减军费，裁减兵员，提高军队质量的做法。“平衡地发展各军种、兵种和专业兵”。逐步改变军队结构，减少进攻性的军兵种和武器装备，加强防御性的军兵种和武器装备。战略核力量的建设以能“保障同美国的战略进攻力量保持军事战略均势”，使对方的核进攻受到惩罚，遭到回击为原则。通用力量的建设以能“保障国家可靠的防御”为原则。继续完善战备和动员准备，加强国防教育，使武装力量的战备和“战斗力保持在应有的水平上”。

（三）在军事技术政策方面，“从‘进化’式的改进武器型号的途径”（即仅通过提高武器的战斗性能的方法来达到武器的更新换代）转为“质的飞跃式的途径”，即研制具有崭新战斗性能的武器。实现这一转变的基础是更加广泛地利用基础研究，探索性研究和应用研究的成果。为此，在继续提高现有核武器和常规武器的质量的同时，侧重研制精确制导、激光、隐形等高技术常规武器和太空武器，以便“在基本类型的武器方面与可能的敌人始终保持稳定的均势”。同时，在发展武器装备上改变单一的“对称对策”（即对方发展什么武器，苏联也同样发展什么武器），侧重实行“不对称对策”。完善军队指挥和武器控制用的器材，特别是战略核力量指挥系统（包括预警、通信和制导）和监督军控协议执行情况用的器材。

（四）在军事经济方面，逐步实现“从军备经济向裁军经济过渡”，在保障可靠的国防能力的前提下有步骤地提高军事工业转产民品的比重，同时增强研制和生产新武器的能力，加强技术储备、科技潜力和经济潜力，做好国民经济及时由平时状态转入战时状态的准备。

（五）在军事科学研究方面，着力研究防止战争（核战争和常规战争）问题，根据“防御性战略”构想发展军事学术理论和实践。

军事战略　苏联军事战略除了把立足点由打世界核大战为主转变为打高技术常规战争为主外，还由过去遭到侵犯时立即打出国门的“进攻性战略”转变为基本上在本土边界内作战的“防御性战略”。这一战略规定，“苏联武装力量决不首先实施先发制人的突击”，“防御是遭到侵略后军事行动的主要类型”。但防御必须是“积极的”、“稳定的”，能阻止敌人进攻，使其丧失元气，并“不得丧失领土”，在粉碎突入的敌军集团后实施反攻，收复失地。

苏联军事战略认为，核战争一旦爆发，将具有全球性，它不仅将给交战双方而且将给全人类造成灾难性的后果；想把核战争限制在某一地区或战区是不可能的。

这一战略还认为，常规战争也可能具有世界规模和持久性，要求动员国家的全部人力物力。现代常规武器系统，特别是精确制导武器系统，将成为武装斗争的基本手段。其作战效能并不亚于核武器。作战情况将更加复杂，战争损失和破坏性更大。首先遭到破坏的将是核电站、化工企业、核弹药库和化学武器库，因而将出现大范围的沾染区、破坏区和泛滥区。“常规战争也随时有可能变成核战争”。

苏联称军事战略的首要任务是防止战争，即在战端未起之前防患于未然，也包括战端既起之后“为尽快停止战争和恢复公正持久的和平创造条件”。

国防体制　苏联人民代表大会是苏联国防决策的最高国家权力机关，负责审议涉及国防的任何问题并通过决议，决定国家在防务方面的基本方针。苏联最高苏维埃则“确定国防和保障国家安全方面的基本措施”，就实行军事管制、宣布战争状态和使用苏联武装力量等问题作出决定；批准苏联国防战略、国防建设的基本方针、国防预算拨款并对其执行情况实行监督；决定苏联与外国军事合作的基本方针和对外军事援助的限额，以及批准和废除有关军事合作的国际条约。

1990 年 3 月 14 日，苏联人民代表大会通过了苏维埃社会主义共和国联盟《关于设立苏联总统职位和苏联宪法（基本法）修改补充法》，设立了苏联总统。根据该法，苏联总统是苏联武装力量最高统帅。苏联总统依靠总统委员会和总统下属的国防委员会，对苏联国防和武装力量实行总的领导，协调国家机构在确保国防方面的活动；宣布总动员或局部动员；在苏联受到军事进攻的情况下宣布战争状态，并把这个问题立即提交苏联最高苏维埃审议；就使用核武器作出决断；宣布在个别地区实行军事管制；任免苏联武装力量的高级指挥人员和授予高级军衔等。

苏联总理负责采取保障国家安全和国防的措施，指导国防部、国家安全委员会和内务部的工作，以及领导各国防工业部门的工作。

苏联国防部为政府中的一个部，是最高军事行政机关，负责领导苏联武装力量，对苏联武装力量的建设、发展、训练和教育、战斗准备和动员准备，以及可靠地保卫苏联国家主权和领土完整等向最高国家权力机关和管理机关负责。

1990 年 7 月苏联共产党第 28 次代表大会通过了“关于现阶段党的军事政策基本方针”的决议，声明“苏共将努力巩固自己在军队中的政治领导作用”。

苏联武装力量即苏军，包括战略火箭军、陆军、防空军、空军和海军 5 个军种及武装力量后勤和民防司令部。另外还有边防军和内卫军。总统通过国防部和总参谋部对全国武装力量实施领导和指挥。

领导人物 总统兼武装力量最高统帅戈尔巴乔夫（1990年3月上任）。国防部长亚佐夫苏联元帅（1987年5月上任）。国防部第一副部长兼总参谋长莫伊谢耶夫大将（1988年12月上任）。苏军总政治部主任什利亚加上将（1990年7月上任）。国防部副部长兼战略火箭军总司令马克西莫夫大将（1985年7月上任）。国防部副部长兼陆军总司令瓦连尼科夫大将（1989年初上任）。国防部副部长兼防空军总司令特列季亚克大将（1988年初上任）。国防部副部长兼空军总司令沙波什尼科夫航空兵上将（1990年7月上任）。国防部副部长兼海军总司令切尔纳温海军元帅（1985年11月上任）。

武装力量 **兵力** 现役部队399.3万人（1990年1月1日）。

战略火箭军 26万人。编有5个火箭集团军。

洲际导弹：1398枚，其中SS-11型350枚、SS-13型60枚、SS-17（PC-16）型75枚、SS-18（PC-20）型308枚、SS-19（PC-18）型320枚、SS-24型约60枚、SS-25（PC-12M）型约225枚。

陆军 147.3万人。编有14个军区、4个驻外国军队集群（其中2个集群在撤离回国）、197个师（摩步师142个、坦克师46个、空降师7个和机枪炮兵师2个），另有19个炮兵师、约12个独立重炮旅和约10个空降突击旅。

坦克：主战坦克约61500辆，其中T-80型4000辆、T-72L／-M型10000辆、T-64A／-B型约9700辆、T-62型11300辆、T-54／-55型约19000辆，另有储存待处理的约10000辆。轻型坦克ПТ-76型1000辆。装甲侦察车：8000辆，其中БРДМ-2型约3500辆。步兵战车：БМП-1型和-2型约28000辆、БМП-3型若干辆。伞兵战车：БМД型约3000辆。装甲输送车：50000多辆，其中МТ-ЛБ型4500辆，余为БТР-50П型、БТР-60П型、БТР-70型、БТР-80型和БТР-152型。牵引炮：约33000门，包括100毫米、122毫米、130毫米、152毫米及203毫米等。自行炮：约9000门，包括122毫米、152毫米和203毫米等。火箭炮：约8000门，包括122毫米、140毫米、220毫米、240毫米和300毫米等。迫击炮：约13000门，其中120毫米10000门，余为160毫米、240毫米。战役战术导弹：约1723部，其中FROG（“月亮”）式约650部、SS-21（“圆点”）型300部、“飞毛腿”（P-17）-B型和C型660部。反坦克导弹：AT-2型、AT-3型、AT-4型、AT-5型、AT-6型和AT-7型若干。反坦克炮：57毫米、76毫米、85毫米、100毫米共8000门。高炮：23毫米、30毫米、37毫米、57毫米、85毫米、100毫米和130毫米共约12000门。地空导弹：约4960部，其中SA-4A型和B型1350部、SA-6型850部、SA-8型约950部、SA-9型430部、SA-11型300部、SA-12A型70余部、SA-13型860部、SA-15型20部、SA-17型和SA-19型130部。另有肩射式SA-7型约18500部、SA-14型2500部、SA-16型3500部。直升机：约4500架，其中战斗直升机约2050架：米-8型340架、米-17型290架、米-24型1420架。

防空军 50万人。编有5个防空集团军。

歼击机：约2315架，其中米格-23型850架、米格-25型350架、米格-31型360架、苏-15型500架、苏-27型210架。地空导弹：约8650部，其中SA-1型1600部、SA-2型2400部、SA-3型1000部、SA-5型1950部、SA-10型约1700部。反弹道导弹：100枚。

空军 42万人。编有远程航空兵（5个集团军）、方面军航空兵（分别编入军区和驻外军队集群空军）、集团军航空兵（在作战方面归集团军指挥）和军事运输航空兵（5个师和一些独立团）。作战飞机约4335架。

轰炸机：565架。其中远程轰炸机175架：图-95B型、G型和H型160架，图-160型15架；中程轰炸机390架：图-26型190架、图-16型80架、图-22型120架。歼击轰炸机：约2610架，其中米格27型905架、苏-17型535架、苏-24型830架、苏-25型340架。歼击机：约1825架，其中米格-21型50架、米格-23型595架、米格-29型540架、苏-27型90架。侦察机：约530架，其中米格-21型10架、米格-25型185架、苏-17型110架、苏-24型225架。运输机：约669架，其中安-12型150架、伊尔-76型435架、安-22型55架、安-124型29架。空空导弹和空地导弹若干枚。

海军 41万人。编有4个舰队和1个区舰队。

航空母舰：5艘，其中“第比利斯”级1艘（在试航中）、“巴库”级1艘、“基辅”级3艘。潜艇：323艘，其中弹道导弹潜艇63艘、攻击潜艇242艘、其他潜艇18艘。弹道导弹潜艇：“台风”级6艘、D-IV级6艘、D-Ⅲ级14艘、D-Ⅱ级4艘、D-I级18

艘、Y–Ⅱ级1艘、Y–Ⅰ级12艘、G–Ⅱ级2艘。攻击潜艇："奥斯卡"级6艘、C–Ⅱ级6艘、C–Ⅰ级9艘、E–Ⅱ级22艘、Y级3艘、"阿库拉"级5艘、"赛拉"级2艘、A级5艘、V–Ⅲ级24艘、V–Ⅱ级7艘、V–Ⅰ级16艘、N级4艘、E–Ⅰ级4艘、Y–1级1艘、J级14艘、"基洛"级15艘、T级18艘、F级39艘、W级42艘。巡洋舰：43艘，其中"莫斯科"级2艘、"基洛夫"级3艘、"光荣"级3艘、"勇敢"级11艘、"尼古拉耶夫"（"卡拉"）级7艘、"喀琅施塔得"（"克列斯塔–Ⅱ"）级10艘、"佐祖利亚海军上将"（"克列斯塔–Ⅰ"）级4艘、"斯维尔德洛夫"级3艘。驱逐舰：31艘，其中"现代"级12艘、"威严"（"肯达"）级4艘、"镇静"（"卡辛"改装型）级4艘、"乌克兰共青团员"（"卡辛"）级10艘、"厉害"（"基尔丁"改装型）级1艘。护卫舰：148艘，其中"淘气"（"克里瓦克"–Ⅱ）级11艘、"警惕"（"克里瓦克"–Ⅰ）级21艘、"乌里扬采夫"（"科尼"）级1艘、"里加"级15艘、"格里莎"–Ⅰ、–Ⅲ、Ⅴ级53艘、"P–Ⅱ"级12艘、"米尔卡"–Ⅰ、–Ⅱ级13艘、"别佳"级22艘。导弹艇：157艘，其中"塔兰图尔"级34艘、"纳努契卡"级36艘、"黄蜂"级70艘、"蝗虫"级1艘、"蜂王"级16艘。鱼雷艇：33艘。巡逻艇：205艘。登陆舰：77艘，其中"罗戈夫"级3艘、"蟾蜍"级24艘、"鳄鱼"级14艘、"北方"级36艘。登陆艇：约140艘。

海军步兵约15000人，编有1个师和3个独立旅，装备有中型、轻型坦克、装甲输送车、自行榴弹炮、多管火箭炮、反坦克武器、高炮和地空导弹等。

海军航空兵约有750架作战飞机和320架作战直升机。

战略核力量　(37.6万人)。弹道导弹潜艇（63艘）、洲际弹道导弹（1398枚）、战略轰炸机（175架）。

预备役人员　约1300万人（近5年服过现役者）。

边防军23万人，内卫军25万人（分别由国家安全委员会和内务部领导）。

部署　苏军约3/4的兵力部署在欧洲地区，1/4的兵力在亚洲地区。分4个战区和统帅部预备队，共有14个军区。

列宁格勒军区：司令部驻列宁格勒。1个集团军、2个军、11个摩步师、1个空降师、1个炮兵师、1个空降突击旅、1200辆主战坦克、2140门火炮、44部FROG、SS–21和42部"飞毛腿"地地战役战术导弹、135架作战飞机、40架战斗直升机。

北方舰队：司令部驻北莫尔斯克。153艘潜艇（含37艘战略导弹潜艇）、60艘大型水面舰艇（含2艘航空母舰）、1个海军步兵旅、197架作战飞机、68架战斗直升机。

西部战区：司令部驻累格尼察。3个驻外集群、3个军区、1个空军集团军、1个舰队、60个师（26个坦克师、31个摩步师、3个空降师）、7个炮兵师、4个空降突击旅、约16000辆主战坦克、16600门火炮、536部战役战术导弹、约1335架作战飞机和约800架战斗直升机。

苏军西部集群（驻德国东部）：36.4万人（预定于1994年全部撤离回国）。5个集团军、9个坦克师、8个摩步师、1个炮兵师、1个空降突击旅、12个战役战术导弹旅、5个炮兵旅、6个战斗直升机团、590架作战飞机、约350架战斗直升机。

苏军北部集群（驻波兰）：司令部驻累格尼察，5.6万人。1个坦克师、1个摩步师、1个"飞毛腿"战役战术导弹旅、1个战斗直升机团，85架米–8和米–24直升机。

苏军中部集群（驻捷克和斯洛伐克）：5万人（预定于1991年6月底前全部撤离回国）。1个军、1个坦克师、3个摩步师、1个空降突击营、2个"飞毛腿"战役战术导弹旅、1个炮兵旅、1个直升机团。70架作战飞机、90架米–8和米–24直升机。

波罗的海沿岸军区：司令部驻加里宁格勒。1个集团军、3个坦克师、7个摩步师、2个空降师（含1个教导师）、1个炮兵师、1个空降突击旅、70架作战飞机、120架米–8和米–24直升机。

白俄罗斯军区：司令部驻明斯克。9个坦克师、3个摩步师、1个空降师、2个炮兵师、1个空降突击旅、4个"飞毛腿"战役战术导弹旅、315架作战飞机、200架米–8和米–24直升机。

喀尔巴阡军区：司令部驻利沃夫。3个集团军、3个坦克师、9个摩步师、3个炮兵师、1个空降突击旅、3个"飞毛腿"战役战术导弹旅、200架作战飞机、300架米–8和米–24直升机。

波罗的海舰队：司令部驻加里宁格勒。42艘潜艇（含战略导弹潜艇2艘）、39艘大型水面作战舰艇、1个海军步兵旅。海军航空兵204架作战飞机和50架战斗直升机。

西南战区：司令部驻乌克兰贝尔采。1个驻外集群、2个军区、1个空军集团军、1个舰队、28个师（10个坦克师、17个摩步师、1个空降师）、3个炮兵师、1个空降突击旅、约7100辆主战坦克、6000

门火炮、222部战役战术导弹、410架作战飞机、190架战斗直升机。

苏军南部集群（驻匈牙利）：司令部驻布达佩斯。4万人（预定于1991年6月底前撤离回国）。1个坦克师、2个摩步师、140架作战飞机、75架米-8和米-24直升机。

基辅军区：司令部驻基辅。9个坦克师、7个摩步师、1个炮兵师、180架米-8和米-24直升机。

敖德萨军区：司令部驻敖德萨。1个集团军、1个军、8个摩步师、1个空降师、2个炮兵师、1个空降突击旅、150架作战飞机、110架米-8和米-24战斗直升机。

黑海舰队：司令部驻塞瓦斯托波尔。20艘潜艇、54艘大型水面作战舰艇、1个海军步兵旅。海军航空兵119架作战飞机、85架战斗直升机。

南方战区：司令部驻巴库。3个军区，33个师（2个坦克师、30个摩步师、1个空降师）、1个炮兵师、1个空降突击旅、约6600辆主战坦克、6600门火炮、194部战役战术导弹、630架作战飞机、约300架战斗直升机。

北高加索军区：司令部驻罗斯托夫。1个坦克师、6个摩步师、1个炮兵师、1个"飞毛腿"战役战术导弹旅。

南高加索军区：司令部驻第比利斯。12个摩步师、1个空降师、240架作战飞机、320架直升机。

土耳其斯坦军区：司令部驻塔什干。1个集团军、1个坦克师、12个摩步师、1个空降突击旅、1个炮兵旅、1个战役战术导弹旅、390架作战飞机、170架米-8和米-24直升机。

远东战区：司令部驻赤塔。3个军区，驻蒙苏军、1个空军集团军、1个舰队。45个师（6个坦克师，39个摩步师）、2个机枪炮兵师、3个炮兵师、1个空降突击旅、约10500辆主战坦克、12500门火炮、约239部FROG和"飞毛腿"战役战术导弹、800架作战飞机、约1100架直升机。

西伯利亚军区：司令部驻新西伯利亚。8个摩步师、1个炮兵师。

后贝加尔军区：司令部驻赤塔。2个坦克师、11个摩步师、1个炮兵师、330架作战飞机、225架直升机。

远东军区：司令部驻哈巴罗夫斯克。3个坦克师、18个摩步师、2个机枪炮兵师、1个炮兵师、1个空降突击旅、470架作战飞机，约670架直升机。

驻蒙苏军：司令部驻乌兰巴托。1个集团军，1个摩步师，1个坦克师。另有1个摩步师在撤离回国（预定1992年全部撤离回国）。

太平洋舰队：司令部驻符拉迪沃斯托克（海参崴）。110艘潜艇（含战略导弹潜艇24艘）、69艘大型水面作战舰艇（含2艘航空母舰）、1个海军步兵师。海军航空兵233架作战飞机、89架战斗直升机。

统帅部预备队：2个军区、1个空军集团军、17个师（2个坦克师，14个摩步师，1个空降师）、4个炮兵师、3700辆主战坦克、3100门火炮、82部战役战术导弹、115架作战飞机、190架战斗直升机。

莫斯科军区：司令部驻莫斯科。1个坦克师、7个摩步师、1个空降师、4个炮兵师、115架作战飞机、70架战斗直升机。

伏尔加河沿岸-乌拉尔军区：司令部驻古比雪夫。1个坦克师、7个摩步师。

此外，苏联在地中海常驻1个分舰队，通常由2～3艘潜艇（由北方舰队派出）如3～6艘大型水面作战舰艇和20～24艘辅助舰只（由北方舰队、黑海舰队和波罗的海舰队派出）编成。另太平洋舰队经常向印度洋和南也门（亚丁、索科特拉岛、波斯湾）及埃塞俄比亚（达拉克群岛）等地派出舰艇，通常为0～1艘潜艇、2～3艘大型水面舰艇、1～3艘扫雷艇、1艘登陆舰和8～10艘辅助船。向越南（金兰湾）和南中国海通常派遣1艘潜艇、1艘大型水面作战舰艇、1艘巡逻艇、2艘扫雷艇和9～12艘辅助船。

兵役制度 实行普遍义务兵役制。士兵服役年限，除海军舰艇和岸上战斗保障部队为3年外，其他军兵种均为2年。具有高等教育程度者可分别缩短为2年和1.5年。各级军官最高服役年限：尉官40岁，少、中校45岁，上校50岁，少将、中将55岁，上将60岁，大将以上年龄不限。为保留造诣深的人才，必要时根据法定程序可延长个别军官的现役期5年。

军衔 分6类22级，即高级军官7级（苏联大元帅，苏联元帅，苏联海军元帅，航空兵主帅、炮兵主帅，大将、海军元帅、航空兵〔炮兵、工程兵、通信兵〕元帅，上将，中将，少将）；中级军官3级（上校、中校、少校）；初级军官4级（大尉、上尉、中尉、少尉）；准尉2级（高级准尉、准尉）；军士4级（大士、上士、中士、下士）；兵2级（上等兵、列兵）。航空兵高级军官的军衔均冠以"航空兵"字样。医务和司法军官的军衔分别冠以"医务"和

“司法”字样。

驻外兵力 驻德国东部苏军集群36.4万人。驻波兰苏军集群5.6万人。驻捷克和斯洛伐克苏军集群5万人。驻匈牙利苏军集群4万人。驻蒙古约3.7万人。驻地中海分舰队若干人。派往古巴约6000人(军事顾问约1100人、电子侦察和其他技术人员约2100人、1个旅2800人)。派往越南金兰湾海军基地2800人。派往下列国家的军事顾问和技术人员分别为:柬埔寨500人;老挝500人;阿富汗若干人;印度500人;伊拉克200人;叙利亚2000人;南也门1000人;埃塞俄比亚600人(另派有1艘干船坞和1支海军步兵分队);阿尔及利亚700人;安哥拉1000人;莫桑比克700人;刚果75人;利比亚1500人;马里75人;其他非洲国家600人;尼加拉瓜100人;秘鲁50人。

西班牙

国　　名 西班牙。

主要统计 面积504750平方公里。人口3985.9万人(其中,13~17岁男169.7万人,女161万人;18~22岁男167.7万人,女160.4万人;23~32岁男314.3万人,女304.2万人)。国内生产总值44.174万亿比塞塔,合3731.5亿美元(1989年)。国防费8704.33亿比塞塔,合79.8亿美元(1990年国防预算)。粗钢1169万吨(1988年)。原煤3495.3万吨(1987年)。原油1100万桶(1988年)。天然气9.2亿立方米(1988年)。发电量1331.68亿度(1987年)。粮食2366万吨(1988年)。海运能力,商船(载重100吨以上)2343艘、总载重量726.32万吨(1988年)。民航能力,固定航班机场30处、客运量222.12亿人公里、货运量6.3亿吨公里(1989年)。

国防体制 宪法规定,国王为武装力量最高统帅。最高国防决策机构为国防委员会,成员有首相,副首相,国防、内政、外交大臣,国防参谋长及三军种参谋长等,由国王任主席。最高咨询机构为参谋长联席会议。国防部为政府中的一个部,是最高军事行政机关。武装力量由正规军和准军事部队组成。正规军分陆、海、空三个军种。国防参谋部是最高军事组织机构。国王、首相通过国防部和国防参谋部对全国武装力量实施领导和指挥。

领导人物 国王兼武装力量最高统帅胡安·卡洛斯一世(1975年11月22日登基)。内阁首相费利佩·冈萨雷斯(1982年上任)。国防大臣纳尔西斯·塞拉(1982年上任)。国防参谋长比拉·米兰德海军中将(1990年5月上任)。陆军参谋长拉蒙·波格拉斯中将(1990年5月上任)。海军参谋长马丁·格兰尼索海军中将(1990年5月上任)。空军参谋长费尔南德斯·塞古伊罗斯中将(1990年5月上任)。

武装力量 **兵力** 现役部队27.45万人。

陆军 20.14万人。编有8个军区、5个师、3个旅、1个独立步兵团、6个特种作战营、5个独立工程兵营。

坦克:AMX-30型299辆、M-47E1型329辆、M-47E2型46辆、M-48A5E型164辆。装甲侦察车:BMR-VEC式340辆。装甲输送车:M-133型1201辆、BLR型35辆、BMR-600型641辆。牵引炮:105毫米434门、122毫米160门、155毫米84门、203毫米24门。自行炮:105毫米48门、155毫米96门、203毫米12门。岸炮:152毫米117门、305毫米16门、381毫米17门。火箭炮:140毫米12门。迫击炮:81毫米1200门、120毫米416门。反坦克导弹:“米兰”442具、“霍特”28具。无坐力炮:106毫米654门。高炮:20毫米329门、35毫米92门、40毫米274门。地空导弹:“奈基”4部、“霍克”24部、“罗兰”13部、“空中卫士”13部。直升机:183架,其中武装直升机60架:HU-8型3架、HU-10B型56架、HA-15型71架、HU-18型6架、HR-12B型17架、HT-21型12架、HT-17型18架。

海军 3.94万人(含陆战队)。编有1个舰队司令部、4个军区司令部。

潜艇:“加勒内风”(法“阿古斯塔”)级4艘、“海豚”(法“桂树神”)级4艘。航母:“阿斯图里亚斯王子”级1艘。驱逐舰:“丘鲁卡”(美“基林”)级4艘。护卫舰:“圣玛丽亚”(美“佩里”)级3艘、“巴利阿里”级5艘、“侦察”级6艘。海岸巡逻舰艇:60艘。扫雷舰：12艘。两栖舰只：5艘。辅助舰只：19艘。

陆战队 7500人。编有1个陆战团、5个守备团。装备有M-48E型坦克18辆、各型装甲车80辆、105毫米牵引炮12门、105毫米自行炮12门、155毫米自行炮6门、106毫米无坐力炮68门、"陶"式反坦克导弹122具、"龙"式反坦克导弹18具等。

海军航空兵：编有9个中队，作战飞机23架，武装直升机39架。

空军 3.37万人。编有：作战司令部，辖4个联队（8个战斗机中队）；战术空军司令部，辖3个联队（2个攻击战斗机中队、2个改装训练机中队、1个海上侦察机中队、1个联络机中队）；加那利群岛司令部，辖1个攻击战斗机中队、1个运输机中队、1个搜索与救援中队；运输司令部，辖3个联队（6个中队）；物资司令部，辖1个联队；训练司令部（13个中队）；空军司令部直属群，辖2个运输中队、3个搜索与救援中队、2个支援中队、2个联络中队。作战飞机221架。

战斗机和攻击战斗机："幻影"F-1型59架、"幻影"Ⅲ型23架、EF-18型66架、F-4型44架、F-4C型32架、RF-4C型12架。反潜巡逻机：P-3型6架。运输机：波音707型2架、C-130H型7架、C-212型34架、G-101型87架、DHC-4型18架、"猎鹰"7架。直升机：AB-205型12架、SA-319型5架、SA-330型5架、AS-332型10架、TH-55A型17架。

预备役部队 24.96万人，其中陆军14.27万人、海军4.77万人、空军5.92万人。

准军事部队 民防军6.3万人。

兵役制度 实行义务兵与志愿兵相结合的兵役制度。义务兵服役期12个月，志愿兵服役期16～36个月。

军衔 分6等17级，即将官4级（上将、中将、少将、准将）、校官3级(上校、中校、少校)、尉官3级（上尉、中尉、少尉）、准尉、军士5级(军士长、上士、中士、一级下士、二级下士)、兵1级（列兵）。

驻外兵力 参加联合国驻安哥拉军事观察员6人，驻中美洲军事观察员58人。

外国驻军 美国驻军8700人（海军3700人、空军5000人），1个战术联队，作战飞机72架。

希　腊

国　　名 希腊共和国。

主要统计 面积131990平方公里，其中岛屿面积24796平方公里。人口1013.9万人（其中，13～17岁男36.9万人，女34.72万人；18～22岁男38.9万人，女36.74万人；23～32岁男75.8万人，女72.44万人）。国内生产总值90102亿德拉克马，合554.75亿美元（1989年）。国防费6039.3亿德拉克马，合37.9亿美元（1990年国防预算）。粗钢97万吨（1988年）。原煤4461.2万吨（1987年）。原油804万桶（1988年）。天然气1.2亿立方米（1988年）。发电量300.87亿度（1987年）。粮食558.4万吨（1988年）。海运能力，商船（载重100吨以上）1874艘、总载重量3971.86万吨（1988年）。民航能力，固定航班机场29处、客运量71.4亿人公里、货运量1.14亿吨公里（1989年）。

国防体制 宪法规定，总统为武装力量最高统帅。最高国防决策机构为最高国防委员会，成员有总理、副总理及国防、外交、公共秩序、协调部长和国防总参谋长，由总理任主席，副总理任副主席。最高咨询机构为参谋长委员会，由国防参谋长任主席，成员有陆、海、空军参谋长。国防部为政府中一个部，是最高军事行政机关，负责执行政府制定的国防政策和对部队的管理等工作。武装力量由正规军和准军事部队组成。正规军分陆、海、空三个军种。最高军事指挥机构为国防总参谋部。总统、总理通过国防部和国防总参谋部，对全国武装力量实施领导和指挥。

领导人物 总统兼武装力量最高统帅康斯坦丁·卡拉曼利斯（1990年4月上任）。总理兼最高国防委员会主席康斯坦丁·米佐塔斯基（1990年4月）。国防部长瓦尔维齐奥蒂斯（1990年4月）。国防总参谋长韦里瓦基斯陆军上将（1990年4月）。陆军参谋长斯卡尔维利斯中将（1990年5月上任）。海军参谋长拉加拉斯中将（1989年7月）。空军参谋长斯塔西阿斯中将（1990 年 5 月）。

武装力量 **兵力** 现役部队 16.25 万人。

陆军 11.7 万人。编有 1 个集团军部、4 个军部、1 个装甲师、1 个机械化师、10 个步兵师、1 个伞兵突击师、5 个独立装甲旅、2 个独立机械化旅、1 个海军陆战旅、4 个装甲营、18 个野战炮兵营、10 个高炮营、2 个地空导弹营、3 个陆军航空兵营、1 个独立航空兵连。

坦克：M–47 型 390 辆、M–48 型 1300 辆、AMX–30 型 149 辆、“豹”式 1A3 型 106 辆、M–24 轻型 198 辆。装甲侦察车：M–8 型 48 辆。步兵战车：AMX–10P 型 98 辆。装甲输送车：“狮座”100 辆、M–2 型 114 辆、M–3 型 403 辆、M–59 型 300 辆、M–113 型 1034 辆。牵引炮：105 毫米 496 门、140 毫米 32 门、155 毫米 271 门、203 毫米 85 门。自行炮：105 毫米 76 门、155 毫米 184 门、175 毫米 12 门、203 毫米 28 门。迫击炮：81 毫米 690 门、107 毫米 666 门。反坦克导弹：“陶”式、“米兰”394 具。无坐力炮：90 毫米 1057 门、106 毫米 763 门。高炮：20 毫米 101 门、30 毫米 24 门、40 毫米 322 门。地空导弹：“霍克”改进型 42 部。飞机：“超级空中大王”2 架、“空中指挥官”3 架、U–17A 型 20 架。直升机：装备“陶”式导弹的 AH–1 型 10 架、贝尔–47 型 5 架、UH–1 型 64 架、AB–204B 型 3 架、AB–205A 型 43 架、AB–206A 型 15 架、AB–212 型 1 架、A–109 型 1 架、CH–47C 型 18 架、NH–300 型 20 架。

海军 1.95 万人。编有 1 个舰队司令部、辖 5 个支队、11 个分队。

潜艇：“灰鱼”级 8 艘、“卜特桑尼斯”级 2 艘。驱逐舰：“泰米斯托克勒斯”级 7 艘、“米亚奥利斯”级 1 艘、“盾牌”级 4 艘。护卫舰：“埃利”级 2 艘、“天鹰”级 4 艘、“爱琴海”级 1 艘。导弹攻击艇：“拉斯科斯”级 14 艘、“斯塔莫”级 2 艘。鱼雷快艇：“赫斯佩罗斯”级 6 艘、“不平庸”级 4 艘。巡逻艇：“阿马托洛斯”级 PCC 型 2 艘、PC1 型 8 艘。布雷艇：“阿克蒂昂”级 2 艘。扫雷艇：“翠鸟”级 9 艘、“阿塔兰蒂”级 5 艘。登陆艇：“纳夫克拉托萨”级 1 艘、“因奥塞”级 2 艘、“伊卡里亚岛”级 5 艘、“伊波利亚霍斯·格里戈罗波洛斯”级 5 艘。支援辅助舰船：5 艘。

海军航空兵：编有 1 个师部，下辖 3 个航空兵中队，装备 AB–212 型反潜、电子对抗武装直升机 14 架、SA–319 型反潜武装直升机 4 架。

空军 2.6 万人。编有 1 个战术空军司令部、7 个作战飞机联队和 1 个运输机联队。下辖 10 个攻击战斗机中队、9 个战斗机中队、2 个侦察机中队、1 个反潜巡逻机中队、3 个运输机中队、3 个直升机中队、1 个防空营、1 个空军训练司令部。作战飞机 376 架。

攻击战斗机：A–7H 型 47 架、TA–7H 型 5 架、F–104G 型 70 架、TF–104G 型 8 架、F–5A 型 36 架、F–5B 型 6 架、F–4E 型 32 架、F–16 型 36 架。战斗机：F–5A 型 24 架、F–5B 型 4 架、F–4E 型 15 架、“幻影”F–1CG 型 32 架、“幻影”2000E 型 24 架。侦察机：RF–104G 型 18 架、RF–4E 型 5 架、RF–84 型 7 架。反潜巡逻机：HU–16B 型 8 架。运输机：C–130 型 12 架、YS–11–200 型 6 架、C–47 型 8 架、CL–215 型 14 架、DO–28 型 15 架。运输直升机：AB–205A 型 15 架、AB–206A 型 1 架、贝尔–47G 型 11 架、AB–212 型 4 架。地空导弹：“奈基”36 部、“麻雀”40 部。空空、空地导弹若干。

预备役部队 40.6 万人，其中陆军 35 万人、海军 2.4 万人、空军 3.2 万人。

准军事部队 3.05 万人，其中宪兵 2.65 万人、海岸警卫队和海关部队 0.4 万人。

兵役制度 实行义务兵役制。士兵服役期：陆军 20 个月、海军 24 个月、空军 22 个月。

军衔 分 6 等 17 级，即将官 4 级（上将、中将、少将、准将)、校官 3 级(上校、中校、少校)、尉官 3 级（上尉、中尉、少尉）、准尉、军士 4 级（军士长、上士、中士、下士）、兵 2 级（上等兵、列兵）。

驻外兵力 驻塞浦路斯 2250 人。

外国驻军 美国驻军 3400 人，其中陆军约 400 人、海军约 600 人、空军约 2200 人。

匈 牙 利

国名 匈牙利共和国（1989年10月18日起改现名）。

主要统计 面积93031平方公里。人口1056.7万人（其中，13～17岁男41.4万人，女39.3万人；18～22岁男37.9万人，女35.8万人；23～32岁男70.7万人，女67.5万人）。国内生产总值243.35亿美元（1989年）。国防费446.2亿福林，合7.1684亿美元（1990年国防预算）。粗钢358.3万吨（1989年）。原煤2284.4万吨（1987年）。原油1400万桶（1988年）。天然气63亿立方米（1988年）。发电量297.49亿度（1987年）。粮食1463.5万吨（1988年）。海运能力，商船（载重100吨以上），15艘、总载重量10.8万吨（1988年）。民航能力，固定航班机场4处、客运量13.44亿人公里、货运量1160万吨公里（1989年）。

国防体制 1989年10月18日匈国民议会通过的宪法修正案规定，共和国总统兼任武装力量总司令。战时设立国防委员会，成员有总统、议会主席、总理、国防部长、内务部长、外交部长和国防军司令、总参谋长等，由总统任主席。国防部作为政府中一个部，是最高军事行政机关，负责制定有关国防问题的政策和规定。武装力量由正规军和准军事部队组成。正规军分陆军和防空军–空军两个军种，没有海军，只有一个多瑙河区舰队（旅），1968年编入陆军序列。根据1989年12月开始实施的新军事体制，最高军事指挥机构为国防军司令部，总统通过国防部和国防军司令部对全国武装力量实施领导和指挥。

领导人物 临时总统根茨·阿尔帕德（1990年5月3日上任）。总理安道尔·约瑟夫（1990年5月23日上任）。国防部长费尔·拉约什（1990年上任）。国防军司令吕林茨·卡尔曼中将（1989年上任）。国防军第一副司令兼总参谋长博尔西茨·拉斯洛中将（1989年上任）。

武装力量 **兵力** 现役部队9.4万人。

陆军 7.2万人，编有1个集团军部、3个军部。每军辖3个摩步旅、1个坦克旅、1个炮兵旅、1个地空导弹团。集团军直属部队有1个地地导弹旅、1个地空导弹旅、1个坦克旅、1个炮兵旅、1个反坦克营、1个高炮营、1个空降营。另有1个多瑙河区舰队。

坦克：约1516辆，其中T–54／55型1287辆、T–72型138辆、T–34型91辆。装甲侦察车：БРДМ–2型160辆、其他340辆。步兵战车：БМП–1型542辆。装甲输送车：PSZH型1223辆、БТР–50／–60／–80型140辆、Fugd–442型386辆。牵引炮：122毫米235门、152毫米359门。自行炮：122毫米154门、152毫米18门。火箭炮：122毫米58门。迫击炮：120毫米260门。反坦克导弹：AT–3“耐火箱”式117具、AT–4“塞子”式21具、AT–5“拱肩”174具。高炮：23毫米14门、57毫米144门。反坦克炮：85毫米163门、100毫米106门。地空导弹：SA–4型18部、SA–6型44部、SA–7型240部、SA–9型44部、SA–13型4部、SA–14型54部。地地导弹FROG–7型18部、“飞毛腿”9部。反水雷舰艇6艘，快艇若干艘。

防空军–空军 2.2万人。编有1个防空师（辖3个地空导弹团）、1个航空兵师（辖2个歼击机团和1个中队）、2个直升机团、1个侦察机中队。作战飞机87架、武装直升机64架。

歼击机：米格–21型50架、米格–23型10架。侦察机：苏–22型11架。运输机：安–26型9架、安–24型2架。直升机：米–24型39架、米–8／–17型48架。教练机：米格–21型22架、米格–23型2架、苏–22型3架、Z–43型4架。空空导弹：“环礁”若干枚。地空导弹：SA–2／–3型120部。

预备役部队 13.44万人，其中陆军12.5万人、防空军–空军0.94万人（55岁以下）。

准军事部队 2.66万人，其中边防军1.8万人、建筑部队0.79万人、民防700人。

兵役制度 实行义务兵役制。士兵服役期18个月。各级军官最高服役年限为55岁，担任要职的高级将领可适当延长。

军衔 分6等19级，即将官4级（大将、上将、中将、少将）、校官3级(上校、中校、少校)、尉官4级（大尉、上尉、中尉、少尉）、准尉2级

(一级准尉、准尉)、军士3级(上士、中士、下士)、兵3级(上等兵、一等兵、二等兵)。

驻外兵力 参加联合国驻两伊观察员15人。

外国驻军 苏联驻军正陆续撤离，预定于1991年6月底前撤完。

意大利

国　名 意大利共和国。

主要统计 面积301277平方公里，人口5729.9万人(其中，13~17岁男206.16万人，女195.8万人；18~22岁男226.56万人，女215.98万人；23~32岁男447.6万人，女430.3万人)。国内生产总值1177.608万亿里拉，合8582.5亿美元(1989年)。国防费23.615万亿里拉，合189.79亿美元(1990年国防预算)。粗钢2376.04万吨(1988年)。原煤160万吨(1988年)。原油3400万桶(1988年)。天然气165.11亿立方米(1988年)。发电量2013.72亿度(1987年)。粮食1742.3万吨(1988年)。海运能力，商船(载重100吨以上)1583艘、总载重量1186.7万吨(1988年)。民航能力，固定航班机场36处、客运量156.36亿人公里、货运量10.45亿吨公里(1989年)。

国防体制 宪法规定，总统为武装力量最高统帅，最高国防决策机构为国防最高委员会，成员有总统、总理，及国防、外交、内政、国库、预算、工业、农业部长和国防参谋长，由总统任主席，总理任副主席。最高咨询机构为武装力量高级委员会，下设陆、海、空三个小组，主席由三名组长中军衔最高、资历最深者担任。国防部为政府中的一个部，为最高军事行政机关，负责武装力量的建设与管理等工作。武装力量由正规军和准军事部队组成。正规军分陆军(含宪兵)、海军、空军三个军种。最高军事指挥机构为国防参谋部，下设陆、海、空军参谋部。总统通过总理、国防部、国防参谋部和陆、海、空军参谋部对武装力量实施领导和指挥。

领导人物 总统兼武装力量最高统帅弗朗切斯科·科西加(1985年上任)。国防部长维尔吉利奥·罗尼奥尼(1990年7月上任)。国防参谋长多梅尼科·科尔乔内陆军中将(1990年4月上任)。陆军参谋长戈弗雷多·卡尼诺中将(1990年4月)。海军参谋长菲利波·鲁杰罗中将(1989年上任)。空军参谋长斯泰利奥·纳尔迪尼中将(1990年4月上任)。国防秘书长兼全国军备主任路易吉·斯特凡尼陆军中将(1988年上任)。

武装力量 **兵力** 现役部队49.96万人(含宪兵)。

陆军 26万人。编有7个军区、3个军部、26个旅，其中8个机械化旅、6个摩托化旅、5个山地旅、4个装甲旅、1个机步旅、1个伞兵旅和1个导弹旅。

坦克：M-47型313辆、M-60AI型300辆、“豹”式920辆。装甲侦察车：“半人马座”6辆。装甲输送车：M-106型419辆、M-113型2390辆、M-549型211辆、M-577型199辆、VCCI／-2型1565辆。牵引炮：105毫米360门、155毫米587门、203毫米23门。自行炮：155毫米260门、203毫米23门。火箭炮：227毫米2门。迫击炮：81毫米1205门、120毫米700门。地地导弹：“长矛”6部。反坦克导弹：“陶”式432具、“米兰”1000具。火箭筒：500具。无坐力炮：80毫米800门。高炮：25毫米50门、40毫米210门。地空导弹：“霍克”126部、“毒刺”154部。飞机：SM-1019型59架、O-IE型32架。直升机：A-47G／J型22架、A-109型29架、A-129型18架、AB-205A型92架、AB-206型136架、AB-212型18架、AB-412型11架、CH-47C型30架。

宪兵 11万人(属陆军编制)。编有1个总司令部，下辖本土宪兵与机动宪兵。本土宪兵编为9个旅、24个团、101个营、1个训练旅。机动宪兵编为2个旅、1个骑兵团、13个营、1个机载营和若干海、空宪兵队。坦克：M-47型37辆。装甲车：“菲亚特”48辆。装甲输送车：M-113型119辆、VCC2型92辆、M-106型24辆。直升机：A-109型22架、AB-205型4架、AB-206型40架、AB-412型9架。

海军 5万人(含陆战队和航空兵)。编有6个军区、1个作战舰队司令部、4个分舰队、2个潜艇大队。

潜艇："佩劳希"级2艘、"萨乌罗"级4艘、"托蒂"级4艘。航母："加里波第"号轻型航母1艘。巡洋舰："维托里奥·维内托"级1艘、"安德雷阿·多里亚"级2艘。驱逐舰："大胆"级2艘、"无畏"级2艘。护卫舰："西北风"级8艘、"狼"级4艘、"山地步兵"级2艘、"智慧女神"级5艘、"德·克里斯托法罗"级4艘。轻型护卫舰："信天翁"级3艘。导弹攻击舰："鹞鹰"级7艘。巡逻艇：7艘。扫雷舰艇：15艘。登陆艇：2艘。支援舰艇：24艘。

水下袭击队（600人）。装备有快艇2艘。

陆战队（800人）。装备有VCC-1型装甲输送车30辆、LVTP-7型装甲登陆车10辆、81毫米迫击炮16门、106毫米无坐力炮8门、"米兰"反坦克导弹6具。

海军航空兵（1500人）。编有5个反潜直升机中队，装备武装直升机98架、"火星"MK-2型空舰导弹若干。

空军　7.96万人。编有3个军区、1个作战司令部、7个攻击战斗机兼侦察机中队、4个近距火力支援中队、7个战斗机中队、2个侦察机中队、1个电子战机中队、2个反潜机中队、1个救援机中队、3个运输机中队、1个独立联络机中队、8个防空导弹大队和5个防空导弹连。作战飞机425架。

攻击战斗机和战斗机："狂风"82架、F-104S型102架、G-91Y型36架、M-339型15架、AMX式12架。侦察机：RF-104G型30架、G91R型18架。反潜机："大西洋"18架。电子战机：G-222VS型2架、PD-808型8架。运输机：C-130型10架、G-222型32架、PD-808型8架、DC-9型2架、"猎鹰"50型2架、"湾流"2架。联络机：P-166型36架、SIAI-208型36架。救援直升机：65架。地空导弹："奈基"96部。空空和空地导弹若干。

文职人员　6.7万人，其中职员1.5万人，职工5.2万人。

预备役部队　58.4万人，其中陆军52万人、海军3.6万人、空军2.8万人。

准军事部队　公安警察8.04万人，财政警察5.3万人。

兵役制度　实行义务兵与志愿兵相结合的兵役制度。陆、海、空军义务兵服役期1年。志愿兵的服役期限由所签合同而定。各级军官最高服役年限：将官为65岁、校官为57岁、尉官为50岁。

军衔　分5等19级，即将官4级（四星中将、中将、少将、准将）、校官3级（上校、中校、少校）、尉官3级（上尉、中尉、少尉）、军士6级（军士长、一级上士、二级上士、三级上士、中士、下士）、兵3级（一等兵、二等兵、列兵）。

驻外兵力　参加联合国驻埃及（西奈多国和平部队）90人和巡逻艇4艘；驻黎巴嫩52人；驻两伊军事观察团15人；驻印巴军事观察团7人；驻中美洲军事观察团9人。

外国驻军　北约驻有南欧盟军司令部和战术空军司令部；美国驻军1.57万人，其中，陆军约4100人（1个空降营）、海军约5700人、陆战队300人、空军5600人。

英　国

国　　名　大不列颠及北爱尔兰联合王国。

主要统计　面积244110平方公里。人口5664.5万人（其中，13～17岁男188.42万人，女178.86万人；18～22岁男215.4万人，女205万人；23～32岁男444.52万人，女427.54万人）。国内生产总值5107.13亿英镑，合8386.1亿美元（1989年）。国防费212.23亿英镑，合355.6亿美元（1990～1991年度国防预算）。粗钢1901万吨（1988年）。原煤10443.5万吨（1988年）。原油86700万桶（1988年）。天然气457.5亿立方米（1988年）。发电量3002.47亿度（1987年）。粮食2098.3万吨（1988年）。海运能力，商船（载重100吨以上）2142艘、总载重1111.35万吨（1988年）。民航能力，固定航班机场47处、客运量591.96亿人公里、货运量20.68亿万吨公里（1989年）。

国防政策　保持一支独立的核力量；保卫英国本土；参加北约集体防务；维护海外利益。

军事战略　以苏联为潜在的军事威胁，以欧洲为主要战场，依靠北约的集体防务，并参与欧洲联合的军事行动，以保护英国的利益。一向奉行北约的

“灵活反应”战略（华约军事组织解散后可能有所调整）。

国防体制 英法律规定，女王为武装力量名义上的最高统帅，最高国防决策机构为“国防与海外政策委员会”。该委员会成员有首相、国防大臣、外交和联邦事务大臣、内政大臣和财政大臣等，由首相任主席，必要时，可请国防参谋长和军种参谋长列席会议。国防部为政府中一个部，是最高军事行政机关，负责具体贯彻和执行首相和“国防与海外政策委员会”的指示和决议，负责制定政策、预算、三军的作战指挥、人事管理、装备采购等工作。武装力量由正规军和准军事部队组成。正规军分陆、海、空三个军种。最高军事指挥机构为国防参谋部。首相通过国防部和国防参谋部对全国武装力量实施领导和指挥。战时则组成战时内阁，指挥作战。

领导人物 女王兼武装力量名义最高统帅伊丽莎白二世（1952年即位，1953年加冕）。国防大臣汤姆·金（1989年上任）。国防参谋长戴维·克雷格元帅（1988年12月上任）。陆军参谋长约翰·查帕尔上将（1988年9月上任）。海军参谋长朱利安·奥斯瓦尔德海军上将（1989年5月上任）。空军参谋长彼得·哈丁上将（1988年11月上任）。

武装力量 **兵力** 现役部队30.6万人。

陆军 15.29万人。编有1个军部、4个师、57个团，55个营。

坦克：“挑战者”450辆、“酋长”830辆、“百人队长”50辆、FV-101“蝎子”254辆。装甲侦察车：FV-107“大弯刀”290辆、“白鼬”500辆、“狐狸”200辆、FV-601“萨拉丁”12辆。步兵战车：“勇士”350辆、FV-432“拉登”10辆。装甲输送车：FV-432型2338辆、FV-603“萨拉逊”200辆、FV-103“斯巴达人”435辆、AT-105“萨克森”527辆、“亨伯”300辆。牵引炮：105毫米263门、140毫米11门、155毫米72门。自行炮：105毫米200门、155毫米114门、175毫米37门、203毫米16门。火箭炮：227毫米4门。迫击炮：81毫米500门。地地导弹：“长矛”14部。反坦克导弹：“米兰”1100具、“旋火”48具。地空导弹：“标枪”12部、“轻剑”120部、“吹管”若干部。飞机：26架。直升机：341架。

海军 6.35万人（含陆战队和航空兵）。编有1个舰队、3个分舰队。

航母：“无敌”级3艘。潜艇：“北极星”级4艘、“特拉法尔加”级6艘、“快速”级6艘、“勇士”级2艘、“丘吉尔”级3艘、“支持者”级1艘、“奥伯隆”级10艘。护卫舰：“康沃尔”级4艘、“大刀”级10艘、“诺福克”级1艘、“女将”级6艘、“利安德”级14艘。驱逐舰：“伯明翰”级12艘、“布里斯托尔”级1艘。巡逻艇：44艘。扫雷艇：38艘。两栖登陆舰：7艘。登陆艇：35艘。

陆战队7600人，装备有“米兰”反坦克导弹，“标枪”、“吹管”地空导弹若干部，SA-341型直升机8架、“大山猫”AH-1型直升机6架。

海军航空兵7500人，装备有作战飞机45架、武装直升机153架。

空军 8.96万人。编有3个联队、51个作战中队。

作战飞机538架。

轰炸机：“狂风”156架、“海盗”34架。战斗机和攻击战斗机：“狂风”F-2／3型78架、“美洲虎”44架、“鹞”式64架、“鬼怪”54架、“隼”式144架。运输机：VC-10型22架、“大力士”60架、“安多弗”16架。加油机：12架。直升机：169架。地空导弹：“警犬”64部。

战略核力量 （2000人）。导弹核潜艇（“北极星”级4艘）。潜射战略导弹（A3TK型64枚）。

文职人员 17.31万人。

预备役部队 34.01万人，其中陆军26.4万人、海军3.54万人、空军4.07万人。

部署 陆军主要部署在德国境内和英格兰地区。海军重点部署在英吉利海峡沿岸一线及直布罗陀。空军集中部署在德国境内和英格兰地区。共有军事基地108处，其中陆军基地12处（阿尔德肖特、威尔顿等）、海军基地7处（普茨茅斯、克莱德湾、罗斯赛等）、空军基地89处（海威克姆、马汉姆、布莱兹诺顿等）。英已宣布了5年的裁军计划，在今后5年内英将关闭部分军事基地，如驻德陆军基地将减到2处，空军基地将减到2处。其军事部署情况也将随之有所变化，范围将收缩，基地将减少。

兵役制度 实行志愿兵役制。士兵服役期按本人与军方签定的合同而定，分为3年、6年、9年、12年、15年、22年。各级军官最高服役年限：元帅和上将为60岁、中将59岁、少将57岁、准将至少校55岁。尉官从授予军衔起，16年内若不能晋升至少校军衔就必须退役。此外，为保留人才，一些专业技术军官的最高服役年限规定较宽，如医务、军法等将、校军官可服役至60岁。

军衔 分7等19级，即元帅1级、将官4级（上将、中将、少将、准将）、校官3级（上校、中校、少校)、尉官3级(上尉、中尉、少尉)、准尉2级(一级准尉、二级准尉)、军士3级(上士、中士、下士)、兵3级(一等兵、二等兵、新兵)。

驻外兵力 驻德国部队67200人;驻香港部队6800人;驻塞浦路斯部队3800人;驻直布罗陀部队1700人;驻马尔维纳斯群岛部队1600人;驻伯利兹部队1500人;驻文莱部队900人;驻加拿大1支陆军训练和联络部队、1个"狂风"战斗机小队;驻尼泊尔部队1200人。派往33国军事顾问、专家600人。驻塞浦路斯联合国维持和平部队785人;驻埃及西奈多国部队行政和后勤人员38人。

外国驻军 美国驻军2.74万人(海军0.24万人、空军2.5万人)。

美 洲

阿 根 廷

国　　名 阿根廷共和国。

主要统计 面积2776889平方公里。人口3268.6万人(其中,13～17岁男149.2万人,女145.6万人;18～22岁男129.9万人,女127.1万人;23～32岁男233.6万人,女229.4万人)。国内生产总值578.7亿美元(1989年)。国防费11亿美元(1990年国防开支)。粗钢362万吨(1988年)。原煤37.3万吨(1987年)。原油1.64亿桶(1988年)。天然气189.6亿立方米(1988年)。发电量521.65亿度(1987年)。粮食2159.7万吨(1988年)。海运能力,商船(载重100吨以上)451艘、总载重量283.4万吨(1988年)。民航能力,固定航班机场66处、客运量77.85亿人公里、货运量1.86亿吨公里(1989年)。

国防体制 宪法规定,总统为武装力量最高统帅。最高军事决策机构为国防安全委员会;成员有总统、副总统和内政、外交、国防、经济部部长等,总统任主席。国防部为政府中一个部,是最高军事行政机关,负责管理国防预算、军工生产、后勤、征兵动员和民防等工作。武装力量由正规军和准军事部队组成。正规军分陆、海、空三个军种。军事委员会为最高军事指挥机构,由国防部长、联合参谋长和三个军种的参谋长组成,联合参谋长任主席。联合参谋部是军事委员会的工作机构,隶属国防部,平时协助国防部长管理部队,战时协调三军联合作战。三个军种的参谋长为各军种的最高军事长官。总统通过国防部和联合参谋部对武装力量实施领导和指挥。

领导人物 总统兼武装力量最高统帅卡洛斯·梅内姆(1989年上任)。国防部长吉多·迪特利亚(1990年底上任)。武装力量联合参谋长埃米略·何塞·奥塞斯(1990年上任)。陆军参谋长马丁·费利克斯·博内特中将(1990年上任)。海军参谋长豪尔赫·奥斯瓦尔多·费雷尔中将(1990年上任)。空军参谋长何塞·安东尼奥中将(1989年上任)。

武装力量 **兵力** 现役部队7.5万人。

陆军 4万人。编有4个军部、9个旅、7个直属营。

坦克:"坦姆"250辆、M-4"谢尔曼"100辆、AMX-13轻型60辆。装甲侦察车:AML-90型50辆。步兵战车:AMX-VCI型30辆。"坦姆"VCTP式100辆。装甲输送车:M-3型140辆、M-113型200辆、"罗兰"70辆。牵引炮:105毫米200门、155毫米176门。自行炮:155毫米24门。火箭炮105毫米、127毫米若干门。迫击炮:81毫米300门、120毫米120门。火箭筒89毫米若干具。反坦克炮:105毫米106门。无坐力炮:75毫米280门、90毫米和105毫米若干门。高炮:若干门。地空导弹:"山猫"、"吹管"、"罗兰"、SA-7型若干部。反坦克导弹:"眼镜蛇"、"马托戈"若干部。

海军 2万人(含陆战队和航空兵)。划分为3个海区,编有3个舰队、5个海军基地。

潜艇:TR-1700型2艘、T-209型2艘。航空

母舰:“巨人”级1艘。驱逐舰:UK-42型2艘、“迈科”-360型4艘。护卫舰:“迈科”-140型4艘、A-69型3艘。鱼雷快艇:2艘。海岸巡逻艇:12艘。扫雷艇:“内乌肯”级4艘。猎雷艇:“查科”级2艘。登陆舰艇:15艘。保障勤务舰艇:9艘。

海军陆战队:0.4万人。装备有装甲侦察车12辆、装甲输送车64辆。牵引炮:105毫米36门、155毫米12门。迫击炮、反坦克和防空武器若干。

海军航空兵:0.2万人,7个中队,装备有作战飞机32架,武装直升机15架,空空、空地导弹若干。

空军 1.5万人。编有9个航空旅、18个中队、10个高炮连、1个空降连。作战飞机173架,武装直升机12架。

轰炸机:“堪培拉”B-62型4架、T-64型2架。攻击战斗机兼战斗机:“幻影”ⅢC型21架、“幻影”ⅢE型15架、“幻影”5P型9架、“鹰”式23架。攻击战斗机:A-4P型18架。防暴机:IA-58A型35架、IA-63型12架、MS-760型24架、休斯MD500型12架。运输机:波音707型3架、C-47型4架、C-130型6架、L-100-30型1架、DHC-6型6架、F-27型12架、F-28型6架、IA-50型20架、“默林”IVA型2架、LC-47型1架。运输直升机:8架。海上侦察机:1架。加油机:2架。救援机:4架。航测机:3架。空地、空空导弹若干。

预备役部队 37.7万人。其中陆军25万人(国民警卫队20万人、国土警卫队5万人),海军7.7万人,空军5万人。

准军事部队 2.8万人。其中宪兵(属国防部)1.5万人、海岸警卫队1.3万人。

兵役制度 实行义务兵役制。士兵服役期:陆军6~12个月、海军14个月,空军12个月。将军最高服役年限35年(自军校毕业后任职算起)。

军衔 分5等20级,即将官3级(上将、中将、少将)、校官3级(上校、中校、少校)、尉官4级(上尉、中尉、少尉、准尉)、军士7级(一级军士长、二级军士长、一级上士、二级上士、三级上士、中士、下士)、兵3级(上等兵、二等兵、三等兵)。

巴拉圭

国　　名 巴拉圭共和国。

主要统计 面积406752平方公里。人口427.9万人(其中13~17岁男23.4万人,女22.6万人;18~22岁男21.2万人,女20.4万人;23~32岁男36.3万人,女34.8万人)。国内生产总值46344亿瓜拉尼,合52.9亿美元(1989年)。国防费640亿瓜拉尼,合0.61亿美元(1989年国防预算估计)。发电量28.25亿度(1987年)。粮食162.4万吨(1988年)。海运能力,商船(载重100吨以上)39艘、总载重量4.43万吨(1988年)。民航能力,固定航班机场1处、客运量8.727亿人公里、货运量620万吨公里(1989年)。

国防体制 宪法规定,总统为武装力量最高统帅。最高国防决策机构为国防委员会,成员有总统、全体内阁部长、武装力量参谋长和陆、海、空三军司令,由总统任主席。国防部为政府中一个部,是最高军事行政机关。武装力量由正规军和准军事部队组成。正规军分陆、海、空三个军种。最高军事指挥机构为武装力量参谋部。总统通过国防部和武装力量参谋部对全国武装力量实施领导和指挥。

领导人物 总统兼武装力量最高统帅安德烈斯·罗德里格斯(1989年5月上任)。国防部长阿道弗·萨马涅戈将军(1989年2月上任)。武装力量参谋长欧莱得奥·贝尔纳尔·希门尼斯将军(1989年2月上任)。

武装力量 **兵力** 现役部队1.6万人。

陆军 1.25万人。编有3个军部、5个步兵师、1个骑兵师、1个独立步兵师、1个伞兵营、4个炮兵营、6个工程兵营。

坦克:M-4A3型3辆、M-3A1型18辆。装甲侦察车:M-8型12辆、M-3型若干辆、EE-9“响尾蛇”式20辆。装甲输送车:EE-11“蝰蛇”10辆。牵引炮:75毫米25门、105毫米48门、152毫米6门。迫击炮:81毫米和107毫米若干门。无坐力炮:75毫米若干门。高炮:20毫米10门、40毫米10门。直升机:UH-1B型3架、UH-12型2架。

海军　0.25万人。

江防舰：2艘。小型护卫舰：3艘。大型巡逻艇：1艘。运输舰：2艘。中型登陆舰：1艘。

陆战队500人。编有1个陆战营、1个突击营。

海军航空兵50人。装备有各型飞机13架，其中作战飞机2架。

空军　0.1万人。编有1个混合中队、1个运输机中队。

作战飞机20架。

防暴机：AT-6型6架、EMB-326型9架。运输机：C-47型7架、C-131型1架、C-212型4架、DC-6B型3架、DHC-6型1架、PBY-5A型1架。联络机：11架。教练机：25架。直升机：1架。

预备役部队　4.5万人。

准军事部队　特种警察0.8万人。

兵役制度　实行义务兵役制。士兵服役期为1.5～2年。

巴　拿　马

国　　名　巴拿马共和国。

主要统计　面积77082平方公里（包括运河区）。人口239.7万人（其中，13～17岁男13.4万人，女13万人；18～22岁男12.5万人，女12.1万人；23～32岁男21.1万人，女20万人）。国内生产总值44.72亿巴波亚，合44.7亿美元（1989年）。国防费1.046亿巴波亚，合1.046亿美元（1987年国防预算）。发电量29.02亿度（1987年）。粮食28.9万吨（1988年）。海运能力，商船（载重100吨以上）5022艘、总载重量7147.6万吨（1988年）。民航能力，固定航班机场6处、客运量5.052亿人公里、货运量930万吨公里（1989年）。

国防体制　1989年12月20日美军入侵巴拿马后扶植起来的恩达拉政权于1990年2月宣布解散国防军，并正式组建公安部队。公安部队分国民警察、国民海上服务队和国民航空服务队。巴拿马新的法令规定，共和国总统为公安部队最高统帅。公共安全与国防委员会为总统咨询机构，成员有外交部长、内政和司法部长、公安部队司令。公安部队由第一副总统兼内政和司法部长直接领导。总统通过内政和司法部长及公安部队司令指挥全国公安力量。

领导人物　总统兼公安部队最高统帅吉列尔莫·恩达拉·加利马尼（1989年12月21日上任）。第一副总统兼内政和司法部长阿里亚斯·卡尔德隆（1989年12月21日上任）。公安部队司令爱德华多·埃雷拉（1990年1月3日上任）。

武装力量　**兵力**　现役公安部队12250人。

国民警察　11500人。没有重型装备，只有一些轻武器。

国民海上服务队　380人。

大型巡逻艇：2艘。海岸巡逻艇：1艘。中型登陆艇：4艘。支援船：1艘。

国民航空服务队　370人。作战飞机5架。

海上侦察机：C-212型5架。运输机：BN-2A型1架。联络机：PA-34型1架。直升机：13架。

兵役制度　实行志愿兵役制。

外国驻军　美国驻巴拿马运河部队11000人，其中陆军7650人、海军700人、陆战队150人、空军2500人。

巴　西

国　　名　巴西联邦共和国。

主要统计　面积8511965平方公里。人口15018.9万人（其中，13～17岁男774.3万人，女770.9万人；18～22岁男711.3万人，女709.6万人；23～32岁男1294.1万人，女1293.7万人）。国内生产总值10575亿克鲁扎多，合3731.3亿美元

(1989年估计)。国防费3.1725亿克鲁扎多,合14.1亿美元(1988年国防开支估计)。粗钢2462万吨(1988年)。原煤688.4万吨(1987年)。原油2.03亿桶(1988年)。天然气27.6亿立方米(1988年)。发电量2022.87亿度(1987年)。粮食4254万吨(1988年)。海运能力,商船(载重100吨以上)719艘、总载重量1010.38万吨(1988年)。民航能力,固定航班机场110处、客运量244.23亿人公里、货运量12.26亿吨公里(1989年)。

国防体制 宪法规定,总统为武装力量最高统帅。最高国防决策机构为国家安全委员会,成员有总统、副总统、全体内阁成员、武装力量参谋长及陆、海、空军参谋长,由总统任主席。最高咨询机构为武装力量参谋部,参谋长由陆、海、空军上将衔军官轮流担任,任期一年。巴西没有国防部,内阁设陆军部、海军部和空军部,三军部长即三军司令。武装力量由正规军和准军事部队组成。正规军分陆、海、空三个军种。最高军事领导和指挥机构为武装力量最高指挥部。总统通过该指挥部对全国武装力量实施领导和指挥。

领导人物 总统兼武装力量最高统帅费尔南多·科洛尔·德梅洛(1990年3月上任)。陆军部长卡洛斯·蒂诺科·里贝罗·戈麦斯上将(1990年2月上任)。海军部长马里奥·塞萨尔·弗洛雷斯上将(1990年2月上任)。空军部长索克拉特斯·达科斯塔·蒙特罗上将(1990年3月上任)。武装力量参谋长诺纳斯·德莫赖斯·科雷亚·内托陆军上将(1990年3月上任)。陆军参谋长安东尼奥·若阿金·苏亚雷斯·莫雷拉上将(1990年5月上任)。海军参谋长雷纳托·德米兰达·蒙特罗上将(1990年5月上任)。空军参谋长莱利奥·维亚托·洛博上将(1990年5月上任)。

武装力量 **兵力** 现役部队32.42万人。

陆军 22.3万人。编有7个军事司令部、12个军区、8个师部、1个装甲骑兵旅、3个装甲步兵旅、4个机械化骑兵旅、12个摩托化步兵旅、1个山地旅、2个丛林旅、1个边防旅、1个伞兵旅、2个海岸高炮旅、3个骑兵警卫团、28个炮兵群、2个工程兵大队。

坦克:M-3型140辆、X-1A型80辆、X-1A2型40辆、M-41C型300辆。装甲侦察车:EE-9“响尾蛇”200辆、EE-3“哈拉拉卡”60辆、M-8型30辆。装甲输送车:EE-11“蝰蛇”175辆、M-59型20辆、M-113型600辆。牵引炮:105毫米420门、155毫米150门。自行炮:105毫米120门。海岸炮:57毫米、75毫米、120毫米、150毫米、152毫米和305毫米共240门。火箭炮:108毫米、180毫米和300毫米若干门。迫击炮:81毫米、107毫米、120毫米若干门。反坦克导弹:“眼镜蛇”300具。火箭筒:60毫米若干具。无坐力炮:57毫米240门、75毫米20门、105毫米和106毫米若干门。高炮:20毫米若干门、35毫米38门、40毫米60门。地空导弹:“罗兰”Ⅱ型4部。直升机:SA-365型36架、HB-350型10架。

海军 5.05万人。编有1个舰队、1个潜艇分舰队、1个水面作战舰艇分舰队、1个巡逻艇分舰队、1个扫雷舰分舰队、1个两栖分舰队、1个支援分舰队。

航母:“巨人”级1艘。潜艇:T-209级1艘、“奥伯隆”级3艘、“食蚊鱼”Ⅲ级1艘、“食蚊鱼”Ⅱ级1艘。驱逐舰:“基林”级2艘、“艾伦·萨姆纳”级4艘。护卫舰:“加西亚”级4艘、“印哈马”级1艘、“尼泰罗伊”ASW级4艘、“尼泰罗伊”GP级2艘。大型巡逻艇:“皇家水兵”级9艘、“皮拉提尼”级6艘。江河巡逻艇:6艘。扫雷艇:“射手座”级6艘。登陆舰:“德索托县”级1艘。坦克登陆舰:“卡西亚·达维拉”级1艘。通用登陆艇:3艘。机械化登陆艇:3艘。车辆人员登陆艇:14艘。油船:1艘。修理舰:1艘。运输舰:4艘。测量船:5艘。教练船:1艘。

陆战队 1.5万人。编有1个两栖师、1个炮兵营、5个增援营、6个地区安全大队、1个特种作战大队。装备有装甲侦察车6辆、装甲输送车34辆、牵引炮16门、高炮8门、108毫米火箭炮、106毫米无坐力炮若干门、火箭筒若干具。

海军航空兵 700人。编有5个中队。装备有飞机17架、武装直升机36架、直升机5架。

空军 5.07万人。编有5个司令部(防空、战术、海上、运输、训练),21个大队、2个战斗机中队、3个攻击战斗机中队、3个防暴机中队、2个侦察机中队、6个联络机中队、1个反潜机中队、3个搜索与救援机中队、13个运输机中队。

作战飞机302架,武装直升机8架。

战斗机:“幻影”ⅢEBR型14架、“幻影”ⅢDBR型4架。攻击战斗机:F-5E型49架、F-5B型4架、F-5F型4架、AMX型9架。防暴机:AT-26型48架。运输机:C-130E型9架、C-130H型5架、KC-130H型2架、KC-137型4架、C-91型12架、C-95A/B型23架、C-115型13架、

VC-91型1架、VC／VU-93型10架、VC-96型2架、VC-97型5架、VU-9型5架、VH-4型3架、C-115型7架、C-95A／B型82架、EC-9型6架。运输直升机：AS-332型9架、AS-355型13架、贝尔206型2架、SA-330型6架、SA-350型30架、SH-1H型6架。侦察机：23架。联络机：77架。反潜机：11架。搜索与救援机：21架。教练机：358架。

预备役部队　134万人，其中第1类预备役111.5万人（40万人可立即征召）、第2类预备役22.5万人。

准军事部队　公安部队24.3万人（受陆军领导可视作陆军预备役部队）。

兵役制度　实行义务兵役制。士兵服役期1年，特种兵可延长6个月。

军衔　军官分3等10级，即将官3级（上将、中将、少将）、校官3级（上校、中校、少校）、尉官4级（上尉、中尉、少尉、准尉）。军士4级（军士长、上士、中士、下士）。兵2级（上等兵、列兵）。

驻外兵力　参加联合国驻中美洲观察员组21人，驻安哥拉核查撤军观察员6人。

秘　鲁

国　　名　秘鲁共和国。

主要统计　面积1285215平方公里。人口2072.5万人（其中，13～17岁男118.2万人，女116.3万人；18～22岁男112.2万人，女109.1万人；23～32岁男170万人，女176.7万人）。国内生产总值346.7亿美元（1989年估计）。国防费2.45亿美元（1990年国防预算）。原煤15万吨（1987年）。原油5200万桶（1988年）。天然气12.5亿立方米（1988年）。发电量141.95亿度（1987年）。粮食228.5万吨（1988年）。海运能力，商船（载重100吨以上）621艘、总载重量89.69万吨（1988年）。民航能力，固定航班机场24处、客运量25.44亿人公里、货运量3.068亿吨公里（1989年）。

国防体制　宪法规定，总统为武装力量最高统帅。最高国防决策机构为部长特别会议，成员有全体内阁部长、三军总司令和国防秘书长，会议由总统主持。国防部是内阁中一个部，为最高军事行政机关，负责国防预算、征兵动员、民防及军工生产等。武装力量由正规军和准军事部队组成，正规军分陆、海、空三个军种。最高军事指挥机构为武装力量联合指挥部，其主席由三军总司令轮流担任。总统通过国防部和武装力量联合指挥部对全国武装力量实施领导和指挥。

领导人物　总统兼武装力量最高统帅阿尔维托·藤森（1990年上任）。国防部长豪尔赫·托雷斯退役少将（1990年上任）。陆军总司令佩德罗·比利亚努埃瓦中将（1991年初上任）。海军总司令路易斯·蒙特斯上将（1990年上任）。空军总司令阿纳尔多·贝拉尔德上将（1990年上任）。

武装力量　**兵力**　现役部队12万人。

陆军　8万人。分5个军区，编有13个师、1个总统警卫团、8个大队、2个独立营、3个直升机中队。

坦克：T-54／55型350辆、AMX-13型110辆。装甲侦察车：M-8／-20型60辆、“菲亚特”6616型20辆、“БРДМ-2型15辆。装甲输送车：M-113型300辆、UR-416型225辆。牵引炮：105毫米180门、122毫米30门、130毫米30门、155毫米36门。自行炮：155毫米24门。火箭炮：122毫米14门。迫击炮：120毫米300门。81和107毫米若干门。高炮：23毫米35门、40毫米40门。地空导弹：SA-3、SA-7型12部。

海军　2.5万人。编有3个舰队。

潜艇：T-209／1200型6艘、“食蚊鱼”Ⅰ级1艘、“阿夫塔奥”级4艘。巡洋舰：“德鲁伊特尔”级2艘。驱逐舰：“果勇”级2艘、“弗里斯兰”级6艘。护卫舰：“狼”级4艘。导弹攻击快艇：PR-72型6艘。两栖登陆艇“派塔”级4艘。后勤补给船9艘。河湖船艇：炮舰4艘，巡逻艇6艘。

海军航空兵　装备有作战飞机8架、武装直升机14架。

海军陆战队2500人，编有2个营、2个连。

空军　1.5万人。编有6个大队、22个中队。作战飞机116架、武装直升机24架。

轰炸机："堪培拉"18架。攻击战斗机：苏-22型41架、A-37B型29架。战斗机："幻影"2000P/-DP型12架、"幻影"5P/-DP型16架。侦察机："利尔杰特"25B/-36A型4架。加油机：波音707型1架。运输机：安-32型14架、C-130A型4架、C-130D型6架、L-100-20型5架、DC-8-62F型2架、DHC-5型12架、DHC-6型8架、FH-227型1架、PC-6型9架。总统专机：F-28型1架、"猎鹰"20型1架。直升机：贝尔206型8架、贝尔212型11架、贝尔214型5架、贝尔412型3架、Bo-105C型10架、米-6型5架、米-8型5架、米-17型10架、SA-316型5架。联络机：34架。教练机：飞机80架、直升机12架。空地导弹和空空导弹若干。

预备役部队　18.8万人（均为陆军）。

准军事部队　7.06万人（国民警察7万人、海岸警备队600人、民兵若干人）。

兵役制度　实行义务兵役制。士兵服役期为2年。

军衔　分5等18级，即将官3级（上将、中将、少将），校官3级（上校、中校、少校）、尉官3级（上尉、中尉、少尉）、军士6级（一级军士长、二级军士长、一级上士、二级上士、中士、下士）、兵3级（一等兵、二等兵、三等兵）。

玻利维亚

国　名　玻利维亚共和国。

主要统计　面积1098581平方公里。人口725万人（其中，13～17岁男40.7万人，女40.6万人；18～22岁男34.3万人，女34.7万人；23～32岁男52.1万人，女54.3万人）。国内生产总值63.1亿美元（1989年估计）。国防费8680万美元（1988年国防预算）。原油700万桶（1988年）。天然气27.8亿立方米（1988年）。发电量15.2亿度（1987年）。粮食80.1万吨（1988年）。海运能力，商船（载重100吨以上）1艘、总载重量1.58万吨（1988年）。民航能力，固定航班机场19处、客运量10.11亿人公里、货运量2370万吨公里（1989年）。

国防体制　宪法规定，总统为武装力量最高统帅。最高国防决策机构为国家安全委员会，成员有外交、内政、司法、国防各部部长以及陆海空三军司令和武装力量总司令，由总统任主席。国防部为政府中一个部，是最高军事行政机关，负责国防预算、征兵动员和军队福利等工作。武装力量由正规军和准军事部队组成。正规军分陆、海、空三个军种。最高军事指挥机构为武装力量联合司令部。总统通过国防部和联合司令部对全国武装力量实施领导和指挥。

领导人物　总统兼武装力量最高统帅海梅·帕斯·萨莫拉（1989年上任）。国防部长埃克托尔·奥马切亚硕士（1989年上任）。武装力量总司令豪尔赫·莫雷伊拉陆军上将（1989年上任）。陆军司令罗兰多·埃斯皮诺萨上将（1989年上任）。空军司令赫尔曼·卡列哈上将（1989年上任）。海军司令阿尼瓦尔·古铁雷斯上将（1989年上任）。

武装力量　**兵力**　现役部队2.8万人。

陆军　2.02万人。编有10个师、5个团、32个营、13个大队，共6个军区。

坦克："施泰尔"SK-105型36辆。装甲侦察车："响尾蛇"EE-9型24辆。装甲输送车：M-113型50辆，V-100"突击队员"15辆。"罗兰"24辆、"蝰蛇"EE-11型24辆。牵引炮：75毫米16门、105毫米4门。迫击炮：81毫米250门、107毫米若干门。无坐力炮：90毫米和106毫米50门。飞机：6架。

海军　0.38万人（含陆战队）。划分为6个海区、8个基地。编有1个舰队。

江河巡逻艇：10余艘。运输舰：1艘。

陆战队：0.2万人。编有1个营另5个连。

海军航空兵装备飞机1架。

空军　0.4万人。编有7个中队。作战飞机50架，武装直升机10架。

战斗机：AT-33N型12架、F-86F型4架。防暴机：AT-6G型2架、PC-7型12架。特别行动机：休斯500型直升机10架。救援机：HB-315B等型直升机6架。勘测机："色斯纳"206/210型2架、"利尔杰特"25A型2架、PA-31型1架。运输机："刀鞘"1架、"超级空中大王"2架、C-130型6架、F-27-400型4架。通信联络机：23架。教练机：45架。

准军事部队　1.36万人。其中国民警察1.3万人、缉毒警察600人。

兵役制度　实行义务兵役制，士兵服役期为1年。军官服役期限为30年。

军衔　分6等20级，即将官3级（上将、中将、少将）、校官3级（上校、中校、少校）、尉官3级（上尉、中尉、少尉）、准尉5级（特级准尉、高级准尉、一级准尉、二级准尉、初级准尉）、军士3级（上士、中士、下士）、士兵3级（一等兵、上等兵、士兵）。

多米尼加共和国

国　　名　多米尼加共和国。

主要统计　面积48442平方公里。人口717.6万人（其中，13～17岁40.3万人，女39万人；18～22岁男38.1万人，女36.9万人；23～32岁男63.9万人，女61.1万人）。国内生产总值421.8亿多米尼加比索，合52.1亿美元（1989年）。国防费2.9451亿多米尼加比索，合7660万美元（1987年国防预算）。发电量52.96亿度（1987年）。粮食55.9万吨（1988年）。海运能力，商船（载重100吨以上）36艘、总载重量7.81万吨（1988年）。民航能力，固定航班机场5处、客运量2.061亿人公里、货运量300万吨公里（1989年）。

国防体制　宪法规定，总统为武装力量最高统帅。国家安全最高决策机构为内阁。武装力量部为内阁中一个部，是最高军事行政机构，平时由三个军种参谋部负责各自军种的领导与指挥。战时由总统通过武装力量部和三军参谋部对全国武装力量实施领导和指挥。

领导人物　总统兼武装力量最高统帅华金·巴拉格尔（1986年8月上任）。武装力量部部长埃利亚斯·魏辛将军。

武装力量　**兵力**　现役部队2.28万人。

陆军　1.5万人。编有4个步兵旅（共17个营）、1个炮兵营、1个装甲营、1个总统警卫营、1个工程兵营。

坦克：AMX−13型2辆、M−41A1型12辆。装甲侦察车：“大山猫”10辆。装甲输送车：M−16型20辆。牵引炮：105毫米22门。迫击炮：120毫米24门、81毫米若干门。无坐力炮：106毫米若干门。

海军　4000人（含海军陆战队）。

护卫舰：“江河”级1艘。轻型护卫舰：“科霍斯”级3艘、“钦佩”级2艘。大型巡逻艇：8艘。海岸巡逻艇：4艘。通用登陆艇：1艘。测量船：1艘。油船：1艘。教练船：5艘。拖船：9艘。浮标供应船：1艘。

空军　3800人。编有1个防暴机中队、1个运输机中队、1个空降兵中队、1个高炮营。作战飞机12架。无武装直升机。

防暴机：A−37B型8架。运输机：C−47型3架、“指挥官”680型1架、MU−2型1架。联络机：9架。直升机：12架。教练机：13架。

准军事部队　国家警察1.5万人，其中特种作战部队1000人。

兵役制度　实行志愿兵役制。士兵服役期4年。

厄 瓜 多 尔

国　　名　厄瓜多尔共和国。

主要统计　面积281341平方公里。人口1075.5万人（其中，13～17岁男61.1万人，女59.6万人；18～22岁男54.5万人，女53.3万人；23～32岁男86.1万人，女84.8万人）。国内生产总值101.2亿美元（1989年）。国防费2.32亿美元（1989年国防预算估计）。天然气0.8亿立方米（1988年）。原油1.13亿桶（1988年）。发电量56.68亿度（1987

年)。粮食 89.1 万吨(1988 年)。海运能力，商船(载重 100 吨以上)154 艘、总载重量 60.9 万吨(1988)。民航能力，固定航班机场 16 处、客运量 8.93 亿人公里、货运量 4260 万吨公里(1989 年)。

国防体制 宪法规定，总统为武装力量最高统帅。最高国防决策机构为国家安全委员会，由总统任主席，成员有副总统、内政部长、外交部长、国防部长、武装力量联合指挥部司令和三军司令。国防部为政府中一个部，是最高军事行政机关，负责国防预算、兵力动员等工作。武装力量由正规军和准军事部队组成。正规军分陆、海、空三个军种。最高军事指挥机构为武装力量联合指挥部。总统通过国防部和武装力量联合指挥部对全国武装力量实施领导和指挥。

领导人物 总统兼武装力量最高统帅罗德里戈·博尔哈(1988 年上任)。国防部长豪尔赫·费利克斯中将(1988 年上任)。武装力量联合指挥部司令兼陆军司令豪尔赫·阿科斯塔·布里奥内斯中将(1988 年上任)。海军司令费尔南多·埃切维里亚中将(1987 年上任)。空军司令卡洛斯·哈拉米略中将(1988 年上任)。

武装力量 **兵力** 现役部队 5.78 万人。

陆军 5 万人。分 4 个防区，编有 1 个装甲旅、5 个步兵旅、3 个丛林旅、1 个伞兵旅、1 个高射炮兵大队、1 个航空兵大队、3 个工程兵营。

坦克：M-3 型 45 辆、AMX-13 型 108 辆。装甲侦察车：AML-60/-90 型 35 辆、EE-9“响尾蛇”10 辆。装甲输送车：M-113 型 20 辆、AMX-VCI 型 60 辆、EE-11“蝰蛇”20 辆。牵引炮：105 毫米 50 门、155 毫米 10 门。自行炮：155 毫米 10 门。迫击炮：81 毫米、107 毫米、160 毫米 500 门。无坐力炮：90 毫米、106 毫米 400 门。高炮：20 毫米 20 门、35 毫米 30 门、40 毫米 30 门。地空导弹：“吹管”220 部。飞机：11 架。直升机：30 架。

海军 0.48 万人。编有 1 个海区司令部、2 个内河区司令部。设有 3 个基地。

潜艇：T-209/-1300 型 2 艘。驱逐舰：“基林”级 1 艘。小型护卫舰：“埃斯梅拉尔达斯”级 6 艘。导弹快艇：“基多”级 3 艘、“曼塔”级 3 艘。巡逻艇：6 艘。两栖舰艇：LST-511 型 1 艘。勤务船只：5 艘。

陆战队 0.1 万人。编有 3 个营。

海军航空兵装备有飞机 10 架，直升机 5 架。

空军 0.3 万人。编有 1 个联队，5 个中队。作战飞机 80 架。

攻击战斗机：“美洲虎”S 型和 B 型 11 架、“幼狮”C-2 型 9 架、“幼狮”TC-2 型 1 架。战斗机：“幻影”F-1JE/JB 型 14 架。防暴机：A-37B 型 10 架、“打击能手”MK89 型 9 架。运输机：波音 727 型 4 架、波音 707 型 7 架、BAe-748 型 2 架、C-130H 型 1 架、DHC-6 型 3 架、DC-10-30 型 1 架、F-28 型 1 架、L-100-30 型 1 架。通信联络机：“空中大王”E90 型 1 架、“刀鞘”1 架。直升机：36 架。教练机：78 架。

预备役部队 10 万人，年龄在 18～53 岁。

准军事部队 海岸警卫队 200 人。

兵役制度 实行选征兵制，士兵服役期为 1 年。

驻外兵力 派往联合国驻中美洲观察员组 21 人。

哥伦比亚

国　名 哥伦比亚共和国。

主要统计 面积 1141748 平方公里。人口 3117.1 万人(其中，13～17 岁男 168.1 万人，女 164.1 万人；18～22 岁男 161.9 万人，女 159.2 万人；23～32 岁男 286.4 万人，女 286.1 万人)。国内生产总值 151215 亿比索，合 395.3 亿美元(1989 年)。国防费 1324.9 亿比索，合 3.7413 亿美元(1989 年国防预算)。原煤 1459.4 万吨(1987 年)。原油 1.26 亿桶(1988 年)。天然气 41.4 亿立方米(1988 年)。发电量 353.68 亿度(1987 年)。粮食 355.4 万吨(1988 年)。海运能力，商船(载重量 100 吨以上)97 艘、总载重量 58.46 万吨(1988 年)。民航能力，固定航班机场 69 处、客运量 40.08 亿人公里、货运量 1.444 亿吨公里(1989 年)。

国防体制 宪法规定，总统为武装力量最高统帅。最高国防决策机构为最高国防委员会，成员有总统、外交部长、经济部长、国防部长等内阁成员，由总统任主席。最高咨询机构为高级军事委员会。国防部为政府中一个部，是最高军事行政机关，负责武装力量的领导和管理。武装力量由正规军和准军事部队组成。正规军分陆、海、空三个军种。最高军事指挥机构为武装力量总司令部，下设联合参谋部。总统通过国防部和武装力量总司令部对全国武装力量实施领导和指挥。

领导人物 总统兼武装力量最高统帅比尔希略·巴尔科·巴尔加斯（1986年8月上任）。国防部长奥斯卡·博特罗·雷斯特雷波陆军上将（1990年8月上任）。联合参谋长彼德罗·内尔·莫拉诺·巴内加斯陆军中将（1988年11月上任）。陆军司令何塞·内尔松·梅希亚·埃纳奥上将（1988年11月上任）。海军司令曼努埃尔·费尔南多·阿文达尼奥·加尔维斯中将（1988年11月上任）。空军司令阿方索·阿马亚·马尔多纳多上将（1988年11月上任）。国民警察司令何塞·吉列尔莫·梅迪纳·桑切斯上将。

武装力量 **兵力** 现役部队13.6万人。

陆军 11.5万人。编有4个师部、15个步兵旅、1个防暴旅、1个教导旅、1个总统警卫营、1个机械化大队、1个伞兵营、1个突击营、1个别动营、1个高炮营。

坦克：M-3A1型12辆。装甲侦察车：M-8型20辆、EE-9"响尾蛇"120辆。装甲输送车：M-113型50辆、EE-11"蝰蛇"76辆。牵引炮：105毫米50门。迫击炮：81毫米125门、107毫米148门、120毫米120门。反坦克导弹："陶"式若干具。无坐力炮：75毫米和106毫米若干门。高炮：37毫米30门、40毫米30门。

海军 1.4万人。编有1个舰队、1个潜艇分舰队、1个护卫舰分舰队、1个巡逻艇分舰队、1个勤务分舰队。

潜艇：209级2艘、K级2艘。护卫舰：FS1500级4艘。攻击快艇："阿什维尔"级2艘、"阿劳卡"级3艘。巡逻艇：10艘。运输舰：2艘。测量船：2艘。教练船：1艘。

陆战队6000人。编有5个陆战营、2个海警营。即将装备EE-9"响尾蛇"装甲侦察车和EE-11"蝰蛇"装甲输送车。

海军航空兵装备有飞机6架、直升机4架。

空军 0.7万人。编有6个司令部、2个攻击战斗机中队、2个防暴机中队、1个侦察机中队、1个运输机中队。

作战飞机68架、武装直升机51架。

攻击战斗机："幻影"5COA型12架、"幻影"5COD型2架、"幻影"5COR型2架、"幼狮"C2型11架、"幼狮"TC2型2架。防暴机：AC-47型1架、AT-33型10架、IA-58型3架、A-37B型8架、OA-37B型4架、UH-1B型6架、UH-1H型23架、OH-6型12架、休斯500MG型10架。运输机：BAE748型1架、波音707型1架、C-47型8架、C-54型4架、C-130B型2架、C-130E型1架、C-130H型2架、"色斯纳"310型2架、"色斯纳"340型1架、"色斯纳"404型4架、"指挥官"560A型1架、DC-6型4架、DHC-2型10架、F-28型2架、IAI-201型2架、PA-31型2架、PA-32型1架、PA-34型1架、PA-44型1架、PC-6B型5架、"空中女王"4架。运输直升机：23架。侦察机：16架。教练机：66架。空空导弹："麻雀"若干。

预备役部队 11.69万人，其中陆军10万人、海军1.5万人、空军0.19万人。

准军事部队 8.15万人，其中国民警察8万人（飞机15架、直升机17架），海岸警卫队0.15万人（小艇3艘）。

兵役制度 实行义务兵役制。士兵服役期1～2年。

军衔 军官分3等9级，即将官3级（上将、中将、少将）、校官3级（上校、中校、少校）、尉官3级（上尉、中尉、少尉）。

驻外兵力 参加联合国驻埃及西奈多国观察员部队500人，驻中美洲和平部队12人。

古　巴

国　　名 古巴共和国。

主要统计 面积110860平方公里。人口1047.9万人（其中，13～17岁男55.2万人，女53万人；18～22岁男59.6万人，女57万人；23～32

岁男93.6万人，女93.2万人)。社会生产总值272.7亿比索，合357亿美元(1989年估计)。国防费14亿比索，合18.3亿美元(1989年国防预算估计)。粗钢41.2万吨(1986年)。原油93.8万吨(1986年)。天然气2200万立方米(1988年)。发电量135.94亿度(1987年)。粮食58.4万吨(1988年)。海运能力，商船(载重100吨以上)412艘、总载重量121.88万吨(1988年)。民航能力，固定航班机场12处、客运量27.29亿人公里、货运量3920万吨公里(1989年)。

国防体制 古巴共产党中央第一书记兼国务委员会主席为武装力量最高统帅。革命武装力量部为政府中一个部，是最高军事行政机关，也是最高军事指挥机构，负责武装力量的指挥和管理，下设总参谋部、总政治部、后勤部等机构。武装力量由正规军和准军事部队组成。正规军分陆军、海军、空军与防空军三个军种。准军事部队有劳动青年军、民防部队、地方民兵、国家保安队和边防警卫队。古共中央第一书记兼国务委员会主席通过革命武装力量部和总参谋部对全国武装力量实施领导和指挥。

领导人物 古共中央第一书记、国务委员会主席兼武装力量最高统帅菲德尔·卡斯特罗·鲁斯总司令(1959年上任)。革命武装力量部部长劳尔·卡斯特罗·鲁斯大将(1959年上任)。革命武装力量部第一副部长兼总参谋长乌利塞斯·罗萨莱斯·德尔托罗中将。总政治部主任塞尔希略·佩雷斯·莱斯卡诺少将。革命武装力量部副部长兼后勤部部长胡利奥·费尔南德斯·佩雷斯少将。革命武装力量部副部长兼海军司令佩德罗·贝当古·佩雷斯海军少将。革命武装力量部副部长兼空军与防空军司令鲁文·马丁内斯·普恩特少将。

武装力量 **兵力** 现役部队18.05万人(含第1类预备役1.5万人)。

陆军 14.5万人(含第1类预备役1.5万人)。编有4个军区司令部、4个军部、13个步兵师、9个机步师、3个装甲师、1个空降突击旅、8个独立步兵团、2个特种部队营以及防空炮兵团和地空导弹旅。

坦克：T-54／-55型800辆、T-62型300辆、PT-76型60辆。装甲侦察车：БРДМ-1／-2型100辆。步兵战车：БМП型50辆。装甲输送车：БТР 40／-60／-152型500辆。牵引炮：76毫米、122毫米、130毫米、152毫米若干门。火箭炮：122毫米、140毫米、240毫米若干门。迫击炮：82毫米、120毫米若干门。固定防御炮：122毫米15门、100毫米若干门。反坦克炮：85毫米、100毫米若干门。高炮：23毫米、30毫米、37毫米、57毫米、85毫米、100毫米等共计1600门。反坦克导弹：AT-1"甲鱼"、AT-3"耐火箱"若干具。地空导弹：SA-6型12部、SA-7／-9／-13／-14型若干部。

海军 1.35万人。编有3个舰队(共7个分舰队)、3个海防大队(共10个分队)、2个独立分舰队。

潜艇：F级3艘。护卫舰："科尼"级3艘。导弹攻击快艇："黄蜂"级18艘。水翼攻击快艇："图利亚"级9艘。巡逻攻击快艇："斯坚卡"级3艘、"甲虫"级24艘。大型巡逻艇：SO-1级2艘。扫雷舰："索尼亚"级4艘。猎雷舰："叶夫根尼亚"级10艘。中型登陆舰："北方"级2艘。机械化登陆艇：T4级2艘。巡逻艇：9艘。支援和勤务船：4艘。

陆战队(550人)，编有1个两栖突击营。

海岸防卫队编有1个海防团(1个岸舰导弹营、1个岸炮营)，装备有岸舰导弹50部，以及122毫米、152毫米和130毫米火炮若干门。

空军与防空军 2.2万人。编有4个师，下辖5个攻击战斗机中队、8个战斗机中队、8个直升机中队、4个运输机中队、3个教练机中队以及10个防空团。作战飞机185架、武装直升机36架。

攻击战斗机：米格-23型36架、米格-17型24架。战斗机：米格-21型96架、米格-23型15架、米格-29型6架。武装直升机：米-17型16架、米-25型20架。反潜直升机：米-14型5架。运输机：安-2型30架、安-24型3架、安-26型21架、安-32型2架、伊尔-14型20架、伊尔-76型2架、雅克-40型4架。直升机：米-1型30架、米-2型2架、米-4型55架、米-8型36架。教练机：米格-15型30架、米格-21型10架、米格-23型4架、Z-326型20架、L-39型25架。空地导弹：AT-2型"蝇拍"等若干具。空空导弹：AA-2型"环礁"、AA-8型"蚜虫"若干枚。地空导弹：SA-2型、SA-3型、SA-6型、SA-9型和S-13型共200余部。

预备役部队 13万人。其中陆军11万人、海军0.8万人、空军1.2万人。

准军事部队 146.9万人。其中劳动青年军10万人、民防部队5万人、地方民兵130万人、国家保安队1.5万人(归内政部领导)、边防警卫队0.4

万人（归内政部领导）。

兵役制度 实行义务兵役制。士兵服役期3年（妇女为2年）。

军衔 分6等16级，即总司令（相当于元帅）、将官4级（大将、上将、中将、少将）、校官3级（上校、中校、少校）、尉官4级（大尉、上尉、中尉、少尉）、军士2级（军士长、军士）、兵2级（上等兵、列兵）。

驻外兵力 驻安哥拉部队以及军事顾问和文职人员共约2万人（预计1991年7月1日前陆续撤出），驻刚果500人，驻莫桑比克400人，驻也门300人。

外国驻军 苏联驻军7700人，其中作战部队2800人（1个摩托化步兵旅）、通信情报人员2100人、军事顾问2800人；美国驻关塔那摩部队2400人，其中海军2000人、陆战队400人（1个加强陆战连）。

洪都拉斯

国　名 洪都拉斯共和国。

主要统计 面积112088平方公里。人口515.5万人（其中，13～17岁男31.3万人，女29.9万人；18～22岁男23.9万人，女26.7万人；23～32岁男29.3万人，女38.1万人）。国内生产总值97.7亿伦皮拉，合48.9亿美元（1989年）。国防费2.47亿伦皮拉，合1.24亿美元（1989年国防预算）。发电量10.85亿度（1987年）。粮食60.4万吨（1988年）。海运能力，商船（载重100吨以上）587艘、总载重量87.3万吨（1988年）。民航能力，固定航班机场9处、客运量3.905亿人公里、货运量1432万吨公里（1989年）。

国防体制 宪法规定，总统为武装力量最高统帅。最高国防决策机构为国防最高委员会，成员有总统、外交部长、国防和公安部长、武装力量总司令等。由总统任主席。最高咨询机构为武装力量最高委员会，成员有武装力量总司令、国防和公安部长、联合参谋长、武装力量总监、各军种司令和参谋长等，由武装力量总司令任主席。国防和公安部为政府中一个部，是最高军事行政机关，负责军事行政管理。武装力量由正规军和准军事部队组成。正规军分陆、海、空三个军种。最高军事指挥机构为武装力量总司令部，成员有武装力量总司令、联合参谋长等。总统通过国防和公安部和武装力量总司令部对全国武装力量实施领导和指挥。

领导人物 总统兼武装力量最高统帅拉斐尔·莱昂纳多·卡列哈斯（1990年1月27日上任）。武装力量总司令阿努尔福·坎塔雷罗·洛佩斯少将（1989年10月～1990年12月）、国防和公安部长弗朗西斯科·塞佩达·安迪诺上校（1990年1月上任）。

武装力量 **兵力** 现役部队1.82万人。

陆军 1.5万人。编有4个步兵旅、1个炮兵旅（相当团）、1个独立装甲骑兵团、1个特种部队营、1个工程兵营、1个高炮营。

坦克："蝎子"12辆、"大弯刀"3辆。装甲侦察车："苏尔坦"1辆、"萨拉丁"72辆、RBYMK-1型12辆。牵引炮：105毫米24门、155毫米4门。迫击炮：60毫米和81毫米400门、120毫米60门、160毫米30门。无坐力炮：106毫米80门。火箭筒：84毫米120具。高炮：20毫米80门。

海军 1100人（含陆战队600人）。编有2个分舰队。

攻击快艇："褐雨燕"105FT级3艘。海岸巡逻艇："褐雨燕"65FT级5艘、"卫士"级2艘、"查梅莱孔"号1艘。江河巡逻艇："奥乌特拉赫"级10艘、"剪刀鱼"级8艘。登陆艇：1艘。浮标供应船：1艘。

空军 2100人。编有2个攻击战斗机中队、1个战斗机中队、1个运输机中队、1个联络机中队、1个直升机中队、1个教练机中队。作战飞机50架。

攻击战斗机：A-37B型13架、F-5型12架。战斗机："超级神秘"B-2型8架。运输机：C-47型9架、C-123型1架、C-130型2架、DHC-5型2架、L-188型1架、IAI-201／-1123／-1124型4架。联络机：17架。直升机：39架。教练机：26架。

预备役部队 6万人。

准军事部队　公安部队5000人（2个旅）。

兵役制度　实行义务兵役制。士兵服役期2年。军官最高服役年限为30年（不包括在军官学校学习时间）。

军衔　军官为3等8级，即将官2级（中将、少将）、校官3级（上校、中校、少校）、尉官3级（上尉、中尉、少尉）。

外国驻军　美国陆军300人。联合国驻中美洲观察员若干人。

加　拿　大

国　　名　加拿大。

主要统计　面积9970610平方公里。人口2662.5万人（其中，13～17岁男94.16万人，女89.9万人；18～22岁男99.44万人，女95.14万人；23～32岁男242.58万人，女233.56万人）。国内生产总值5425.75亿美元（1989年）。国防费101.94亿美元（1990～1991年度国防预算）。粗钢1518万吨（1989年）。原煤7060.7万吨（1988年）。原油5.86亿桶（1988年）。天然气982.2亿立方米（1988年）。发电量4890亿度（1988年）。粮食5164万吨（1989年）。海运能力，商船（载重100吨以上）1225艘、总载重量338万吨（1988年）。民航能力，固定航班机场61处、客运量526.41亿人公里、货运量12.24亿吨公里（1989年）。

国防体制　宪法规定，总督代表英国女王，为形式上的武装力量最高统帅。最高国防决策机构为内阁，总理是事实上的最高军事领导人。国防部为内阁中的一个部，由文官和军人组成，是最高军事行政和指挥机构，负责人事管理、经费分配、武器装备采购、武装力量建设等工作。国防参谋长由军人担任，是国防部长的最高军事顾问。在内阁决策下国防部长通过国防参谋长领导和指挥全军。武装力量由正规军、预备役部队和准军事部队组成，实行全军统一体制，国防部下直接设立机动（相当于陆军）、海上（相当于海军）、空中（相当于空军）、驻欧部队、通信和训练6大司令部。

领导人物　总理马丁·布赖恩·马尔罗尼（1988年连任）。国防部长威廉·麦克奈特（1989年上任）。国防参谋长德切斯特林上将（1989年上任）。

武装力量　**兵力**　现役部队9万人。

机动部队　2.35万人。编有3个旅群、1个防空团和1支相当于旅的特种勤务部队（共4000人）。

坦克："豹"式C-1型114辆。装甲侦察车："大山猫"174辆、"美洲狮"195辆。装甲输送车：M-113型881辆、M-577型55辆、"灰熊"269辆。牵引炮：248门，其中：105毫米191门、155毫米57门。自行炮：155毫米76门。迫击炮：81毫米150门。反坦克导弹："陶"式215具。无坐力炮：84毫米780门。高炮：35毫米20门、40毫米57门。地空导弹："吹管"111部。

海上部队　1.71万人。编有2个舰队（5个中队）、1个海上航空大队（10个中队）。

潜艇："奥吉布瓦"级3艘。护卫舰："安纳波利斯"级2艘、"圣劳伦特"级5艘、"雷斯蒂古什"改进型4艘、"麦肯齐"级4艘。驱逐舰："易洛魁"级反潜驱逐舰4艘。巡逻艇：12艘。反水雷舰艇：2艘。支援和杂务船：7艘。

空中部队　2.42万人（含驻欧部队内的空中部队）。编有3个攻击战斗机中队、2个战斗机中队、6个海上侦察中队、6个运输机中队、10个战术直升机中队和3个教练机中队。

作战飞机173架（含储存37架）、武装直升机131架、直升机56架、运输机53架、教练/联络机201架。

此外，现役部队中还有通信部队、宪兵等不按军种区分的军人2.52万人。

预备役部队　2.61万人，其中机动部队后备队（含民兵）1.88万人、海上部队后备队4000人、空中部队后备队1300人、通信部队后备队2000人。

准军事部队　0.66万人，主要是海岸警卫队。

部署　机动部队主要部署在魁北克省和阿尔伯塔省；海上部队重点部署在大西洋和太平洋沿岸地区；空中部队主要部署在中部和东部地区。机动部队主要基地有卡尔加里、瓦尔卡提尔等；海上部队主要基地有哈利法克斯、埃斯基莫尔特等；空中部队主要基地有北湾、波戈特维尔、冷湖等。

兵役制度 实行志愿兵役制，士兵基本服役期4年。各级军官最高服役年限一律为55岁。

军衔 分6等17级，即将官4级（上将、中将、少将、准将）、校官3级(上校、中校、少校)、尉官3级（上尉、中尉、少尉）、准尉3级（一级准尉、二级准尉、准尉）、军士3级（上士、中士、下士）、兵1级（列兵）。

驻外兵力 驻联邦德国部队4400人。参加联合国秘书长驻阿富汗和巴基斯坦代表处观察员1人、驻中美洲观察员45人、驻伊朗／伊拉克军事观察团14人、驻塞浦路斯部队572人、驻埃及多国部队136人、驻叙利亚／以色列隔离与观察部队240人、驻中东其他地区停火监督机构22人。

美　国

国　　名 美利坚合众国。

主要统计 面积9363123平方公里。人口24885.5万人（其中，13～17岁男850.2万人，女816.5万人；18～22岁男900万人，女867.1万人；23～32岁男2111.6万人，女2064.2万人）。国内生产总值51988亿美元（1989年）。国防费2914亿美元（1990年国防预算）。粗钢9075万吨（1988年）。原煤83175.4万吨（1987年）。原油298100万桶（1988年）。天然气4724.9亿立方米（1988年）。发电量26856.2亿度（1987年）。粮食20646.7万吨（1988年）。海运能力，商船（载重100吨以上）6380艘、总载重量2992.04万吨（1988年）。民航能力，固定航班机场834处、客运量6291.48亿人公里、货运量161.56亿吨公里（1989年）。

国防政策 1990年美苏关系进一步趋向缓和，双方裁军进程顺利推进；东欧政局剧变，德国实现统一；第三世界地区局势动荡不稳，海湾危机爆发；同时，美国巨额财政赤字居高不下。鉴于上述情况，布什政府在其执政的第二年继续调整美国国防政策。其主要内容是：（一）强调苏联仍是美国的主要战略对手，继续对苏推行“超越遏制”战略。布什政府在1990年《国家安全报告》和《国防报告》中指出，1989年以来，东欧形势的变化使华约组织失去了其军事意义，苏联结束了对东欧40余年的控制，并正在撤军。苏联的注意力“正在转向处理其国内政治和经济问题”。因此，“苏联在欧洲的威胁正在减少”。但“苏联仍是一个超级核大国，拥有强大的军事力量，对美国及其盟国的利益仍然是一种潜在的威胁”。对第三世界国家，苏联尽管“从直接使用武力转为提供经济援助”，但仍在“对第三世界国家进行干涉”。90年代“美苏将继续在世界范围内互为主要对手”。鉴此，布什政府重申对苏推行以军事力量为后盾、以经济合作为手段、以和平演变为目的的“超越遏制”战略，力图“将苏联作为一个有益的伙伴纳入国际体系中”。为了实现这一目标，布什政府强调在政治上促使苏联改革和开放制度化，鼓励苏联继续履行支持东欧诸国“民主自决”的承诺，使东欧国家按西方模式演变。在经济上，支持苏联的经济改革，促使苏联尽快转入自由市场经济。在军事上，美国将寻求与苏联在全球范围内的低水平平衡。加强双边军事往来，并要求苏联“与美国合作处理地区冲突”。

（二）加强美国军事实力，维护“美国的安全”。布什政府认为，“减少军事威胁，维护美国安全”是美国国家安全战略的首要目标，尽管“今天冷战已在消退，实现持久和平的可能性比以往任何时候都大”，但美国面临的全球性和地区性军事威胁仍未完全消除。从总体意义上讲，消除军事威胁是减少来自其他方面安全威胁的前提。美国只有在“军事安全得到充发保证”的情况下，才能放手处理“经济安全和地区稳定”问题。为此，布什政府强调90年代美国仍将以“增强实力地位”作为其安全政策的首要支柱，以强大的军事力量作为推行“超越遏制”战略的基础，并从实力地位出发，迫使苏联在军控谈判中作出更大让步。

（三）推行竞争战略，确保技术优势。布什政府强调竞争战略是维持美国长期安全的一种战略思想，是国防政策的重要支柱，也是保持美国军事实力地位的重要手段。竞争战略要求美国的国防建设突出以苏联为竞争对象，在综合分析苏美双方强、弱点的基础上，寻求最佳决策，以美之长，击苏之短，达到以较小代价取得较大利益的目的。美国《1991财年国防报告》指出，“在这一充满变革和不确定因素的时期，虽然美国与苏联的合作关系在不断加强，但美国必须做好继续同苏联进行长期竞争的准备。为实现这一目标，美国必须发挥自己在关键性技术、武器系统和作战思想方面的优势，以保证在美国国防资源日益受到限制的情况下，最大限度地发挥威慑效应”。

竞争战略不是谋求数量优势，而是强调质量优势。布什政府认为，美苏核武库的超饱和以及高技术的崛起，使核武器和常规武器数量的增加失去战略意义。为了减少美苏冲突的危险，减轻美国因巨额财政赤字和外贸赤字带来的经济困难，布什政府致力于军备控制，主张在美苏双方都裁减军备的前提下，适当削减美国军费，压缩军队规模，削减海外驻军和武器装备采购数量，着重提高武器装备的质量，加强科研，保持和发挥美国技术优势，在高科技领域竞争。这样，不仅可以保持美苏在武器装备方面的“时间差”，而且可以“迫使苏联为应付美国在某一领域里的挑战而改变投资方向，从而消耗苏联的财力物力。1991 财年，布什政府十分重视对军事高技术的研究和开发。尽管整个国防开支实际削减约 2%，但研究和发展新型武器系统的费用仍有较大增加，达 380 亿美元，比 1990 财年增加 3%。重点发展航天、精确制导、超导和微电子技术，既用于军事，也帮助民用工业，保持竞争优势。

（四）利用军备控制和裁军谈判，削弱对方军力，减少对美国的军事威胁。1990 年，布什政府继续奉行控制和裁减军备的“新现实主义”的指导思想，力图利用军备控制和裁军谈判，削弱苏联对美国的核威胁和常规威胁，达到“维护美国切身利益”的战略目标。为了贯彻这一指导思想，美国坚持“非对称裁减”原则，力求在苏占优势的领域谋取“低水平均衡”，以强化美军备的质量优势地位，扩大美战略主动权。美在常规裁军谈判中，通过设置“共同限额”，使华约裁减的坦克比北约多 8 倍，使苏撤出的军队比美约多 30 万人，基本消除了苏对北约突然发动大规模常规进攻的能力。在化学武器谈判中，以淘汰 2.4 万吨过期弹药，谋取苏削减 4.4 万吨有实战效力的弹药，并保留了美在达成国际全面禁止化学武器公约之前继续生产新型二元化学武器的权利，改变了美在双方化学武库的质量对比中的劣势地位。在战略武器谈判中，使苏比美多裁了约 2000 枚弹头，从而提高了美陆基导弹的生存系数，双方核力量结构对比将产生有利于美的变化。在美已占优势而谈判有可能削弱美军事实力地位的关键领域，美坚持“不损害美国利益和不给苏联可利用之处”的原则。在苏联提出的裁减美占优势的舰载巡航导弹和太空武器谈判等问题上，美顶住苏联的攻势，寸步不让。

（五）积极协调联盟关系，适当调整对盟国承担的防务“义务”。布什政府认为，“维系充满活力的联盟关系是美国安全战略的首要原则之一”，美国基于 7 个主要“共同安全条约”与 26 个国家建立的“联盟结构”，对美国安全起支柱作用。强调美国联盟政策的核心是：通过与盟国的战略合作，抗衡敌性国家；通过盟约的约束力对盟国进行适当控制。为此，布什政府主张采取下述措施进一步协调联盟关系。其一，“建立更为平等的伙伴关系”，在某些问题上甚至可以“分担全球性领导责任”；其二，美国继续保留其在北约的驻军，“支持西欧政治、经济、军事一体化”，与欧共体、欧安会建立更为密切的关系，进一步扩大美国和西欧盟国对东欧、苏联的影响；其三，继续保持美国在亚太地区的军事存在，加强与日本、南朝鲜、菲律宾等国的“防务合作”关系。布什政府认为，亚洲政治和地理条件复杂，没有像东欧那样的“改革形势”，美国不能像在欧洲那样撤军太多，以便防止由于出现军事力量真空而导致地区性的军备竞赛。

布什政府强调发挥盟国的作用，适当调整美国对盟国承担的防务“义务”。主张美国适当调整和逐步裁减美国驻西欧、东北亚的兵力和军事基地，要求盟国承担更多的防务任务。在欧洲地区的防务，要求欧洲盟国发挥主要作用，美国则主要负责西欧的空中和海上防务。在亚洲地区，要求日本、南朝鲜增加防务开支，扩大所承担的防务范围，并为驻当地美军支付更多的费用。

军事战略　1990 年美国国防部和参谋长联席会议分别向国会提出的《国防报告》和《冷战后安全战略》报告阐明了布什政府在新形势下的军事战略。其主要内容是：（一）调整核作战计划，增强核威慑效果。布什政府称，“核威慑是美国国防政策的核心”，“遏止核进攻依然是保障美国国家安全的基石”，“增强核力量的综合威慑能力仍是美国核战略的当务之急”。为了加强核力量的“实战威慑”，布什政府对美国核战略作了调整，主要体现在两个方面：(1) 突出两个核打击目标。针对近些年来苏联已建立了许多供上层领导人使用的地下加固掩体，美国的第 7 个“统一作战计划（SIOP-7）将摧毁苏联地下防御工程、杀伤苏联领导集团定为首要目标；要求在一场核战初期的头几个小时内能对苏联领导集团的所在地发动袭击，使其丧失组织指挥能力。新的核作战计划确定的另一个重点打击目标是苏联的机动战略目标。鉴于苏联已部署了 SS-24 铁路机动洲际导弹和 SS-25

公路机动洲际导弹，并根据美国情报部门预计，到90年代中期，美国准备打击的苏联境内的战略目标大约一半可实现机动，新的核作战计划提出了打击苏境内机动战略目标的新方案，强调加强对机动导弹等可移动目标的侦察和数据收集。(2) 强调贯彻4项核军备措施。根据新的核作战计划，美国防部调整了核进攻力量的发展计划，突出强调落实以下4项措施：①要求创建一支执行特殊任务的核打击"精锐力量"。这支力量事先不确定打击目标，以便在危机时刻灵活运用。建立这样一支核"战略预备队"，既可避免"分兵把口"地部署核力量，又可不打乱其他战略核部队确定的核打击目标计划。②发展能穿透地下工程的新武器，包括钻地核武器、可钻入地下183米深的高强度金属弹头（其地下爆炸的破坏力为地面爆炸的40多倍）和巡航导弹运载的钻地弹等。③发展4倍于音速的隐形侦察机，研制可秘密置藏在苏境内的无人操纵的遥感装置，高分辨率的侦察卫星和全天候雷达成像卫星，以便应用这些装备昼夜跟踪苏联的战略机动目标。④加紧更新战略核武器。一方面淘汰陈旧的核武器。如1991年起逐步淘汰所有450枚"民兵"Ⅱ型战略导弹（约占陆基战略导弹的47%），另一方面加紧部署MX机动导弹、B-2型新一代高级隐形轰炸机和新式的隐形导弹，以提高核打击的灵活性和选择性。布什政府的企图是，通过核武器的调整，侧重提高核武器打击硬目标和战略机动目标的能力以及自身的生存能力，从而增强美国核威慑的效果。

（二）调整SDI计划，强调更切实地发挥战略防御系统的威慑作用。近年来由于战略环境、政治局势及技术、经济等方面的阻碍因素，美国的SDI计划曾一度陷入低潮。布什政府根据其战略需要和技术上的新进展，开始重新重视SDI计划，并为战略防御确定了3项目标：一是"遏制苏联的战略核进攻"；二是"遏制那些拥有或发展携带核与化学弹头导弹的国家的进攻"；三是"应付事故性或偶发性核袭击"。为了切实推进SDI计划，尽早实现上述战略目标，布什政府主张对里根政府的SDI计划进行调整。调整的指导思想是：放弃里根政府所追求的全面而完善的战略防御思想，将SDI计划转向为保存己方的战略进攻武器而提供点状防御；强调战略防御要与战略进攻相结合；由侧重研究多层次、多手段的先进反导系统，改为侧重研究性能有限的反导系统，以便更切实地增强战略防御系统的威慑作用。布什政府打算按低水平、分阶段部署的目标推行SDI计划。目前正利用最新突破的技术，研制能达到第一阶段部署要求的"智能卵石"天基防御系统，即从太空建立大规模的多层防御盾牌转向在太空部署大量小型高智能拦截火箭的反导系统。其作战方向已由主要对付来自苏联的大规模导弹袭击，转为在继续针对苏联的同时，也对付第三世界国家日益增长的对美国的导弹威胁。美国《1991财年国防报告》指出，"正是由于苏联拥有战略攻击能力，以及弹道导弹技术在不断向其他国家扩散，美国才必须积极推行SDI计划"。

（三）更加强调对付低强度战争，随时应付突发事件。面对近年来国防战略环境的变化，特别是欧洲政治和军事形势的发展，以及一些"地区性大国"在军事领域里对美国的"挑战"，布什政府对美常规战略作了适当调整。一方面强调"要通过维持强大的常规军备，减少对核报复的依赖"；另一方面注重"建立一支能在威慑失灵时发挥实战作用的常规威慑力量"。布什政府认为，第三世界地区的低强度战争是"最有可能危及美国利益的一种战争样式"，美国应将对付低强度战争放在突出位置。强调必要时不惜使用武力来对付一些国家的内部暴乱、地区性冲突和恐怖活动。美国在第三世界使用军事力量时，主要是"支持自由战士"，打击给美国带来威胁的"不稳定根源"。布什政府认为，鉴于苏联在第三世界的某些做法已变得比较有节制，美国在第三世界可以更加放手、更加灵活地使用军事力量。为了适应低强度战争的需要，布什政府主张通过军援、出售武器、派遣军事顾问、加强战略机动能力、增强轻型和特种部队建设以及提高部队战备程度等措施，进一步增强对付小规模战争、应付海外突发事件的能力。

（四）逐步压缩军队规模和数量，强调质量建军。布什执政后，由于美国经济不容许继续保持里根政府时期军费增长的速度，随着苏联军事力量的削减，美国已采取步骤削减军费和兵员。1990财年，美国防预算为2914亿美元（约占美政府总开支的24%，占国民生产总值的5.2%），扣除通货膨胀因素，实际比1989财年下降约2.7%。1991财年国防预算为2951亿美元，扣除通货膨胀因素，比1990财年实际减少2%。美还计划以后逐年削减，使美国防开支进入一个较大的负增长阶段。为了使有限的国防经费发挥更好的效益，美国在军队建设上适当裁减兵力。1990年，美现役兵力降至211.7万人。布什政府还计划在今后几年内进一步裁减现役部队。在1991～1995财年内，拟裁减44万余人，使美军总兵力降至160万人。届时，陆军现役师将由目前18个师减至12～14个师，海军航母编队由14个减至12个，海军战舰将减少111艘，空军战术战斗机联队将减少8个（由36个减至28个）。

在军队规模压缩的情况下，美军更加强调质量建军。主要包括3个方面：(1) 确保骨干武器装备的生产，研制高技术兵器。要求在适当削减武器装备采购数量和费用的情况下，对骨干武器装备的采购继续按原定现代化计划进行。同时强调增加军事科研经费，把科研重点放在业已证明有希望和有价值的项目上，其中包括战略防御系统、隐形轰炸机、隐形战斗攻击机、新式反坦克武器及反潜武器等。(2) 加强后备役部队的建设，以提高战时的紧急动员能力和总体军事力量。美军平时强调加强后备役部队的训练，将现役部队担任的一些勤务保障任务交由后备役部队担任，同时培养大量的后备役专业技术人员，使之能适应战时的需要。海湾危机爆发后，美国下令首批征召5万名后备役人员服现役，在一个多月的时间内就征召了3万多名。(3) 提高美官兵的技术和精神素质，加强院校教育，坚持高强度的训练和保持部队战备水平。

(五) 逐步收缩海外兵力部署，同时强调必要时调集兵力对第三世界热点地区进行军事干预。布什政府表示坚持前沿防御战略，继续在欧洲、西太平洋和中东等前沿地区部署兵力。但是鉴于苏美关系缓和以及苏联军事威胁减少，美国准备有计划地减少海外兵力。在欧洲，美将根据与苏联达成的《欧洲常规武装力量条约》，把驻欧美军由目前的30余万人，计划到1995年裁减至22.5万人。在西太平洋，美国已决定至1993年将驻西太平洋美军削减1.5万人，约占西太平洋美军总兵力的12%。在这一计划完成后，美军还将逐步关闭设在南朝鲜、意大利、德国、英国、希腊和土耳其的部分军事基地。美国防部1990年8月宣布，从1991财年开始，美国将裁减150个海外基地，其中包括在德国的94个。布什政府强调收缩海外兵力部署并不排除必要时美国调集兵力对海外热点地区进行军事干预。鉴于在美国获取重要战略资源的地区一些地区性大国试图称霸，控制小国的意图明显增强，布什政府强调必要时，对第三世界地区冲突采取"调拨战略"，必要时调集兵力，进行军事干预。1990年8月，伊拉克大举武装入侵科威特后引起了海湾危机，对此，美国迅即作出了强硬的反应。布什总统于当年8月6日宣布出兵海湾，开始了"沙漠盾牌"行动。美驻本土和欧洲的一大批部队抽调到海湾地区。海湾战争爆发前夕，美国在海湾地区部署的兵力达40万、坦克1300辆、军舰150艘、作战飞机977架。这次军事行动是越战后美在海外最大的一次军事集结，表明了在新形势下美对第三世界地区冲突进行军事干预的决心。

国防体制 美国总统兼任武装力量总司令，是美军的最高统帅。平时，总统通过国家安全委员会、国防部统率全军；紧急时，可越级指挥第一线部队。战略核袭击兵器的使用权集中控制在总统手中。

国家安全委员会是美军最高决策机构，其成员包括总统、副总统、国务卿、国防部长、参谋长联席会议主席、中央情报局局长以及其他总统认为必要的资深官员。

国防部是全军的最高军事机关，是美国政府中组织机构最庞大的一个部。其主要职责是：为全军制定统一的政策并负责全军的军事预算和建军计划；统一领导全军科学技术的研究和后勤供应工作；对外负责制定对外军事政策，进行军事谈判，设立军事基地，派遣军事顾问团，对外国进行军事援助与培训外国军事人员等。

美国防部由3大系统组成：国防部本部系统、军事部系统和作战指挥系统。

国防部本部系统（国防部办公厅） 主要负责全军的政策、财务和共同性业务，并协调各军事部的计划。该系统包括政策、研究与工程、人力、后备役与后勤、公共事务、卫生事务、情报监督、监察立法、规划、分析与鉴定、法律总顾问等部门。其中政策部门、研究与工程部门各有一名副部长主管。

军事部系统 包括陆军部、空军部和海军部3个军事部。各军事部只负责本军种范围的行政管理、训练、教育、军事科研、武器装备和后勤保障，无作战指挥权。其主要职责是为各作战司令部提供训练有素、装备齐全的部队，并保障这些部队的勤务和后勤支援。3个军事部部长均为文职官员，是国防部武装力量政策委员会和部长联席会议的成员。陆军参谋长、空军参谋长、海军作战部长和海军陆战队司令是各自军种的最高长官。

作战指挥系统 全军作战指挥由参谋长联席会议统一负责，参谋长联席会议通常通过下辖的联合司令部与特种司令部指挥全军作战部队。

参谋长联席会议是总统、国家安全委员会和国防部长的主要军事咨询和作战指挥机构。参谋长联席会议主席由总统从陆、海、空三军高级将领中任命。他是美国武装力量的最高军事长官，是总统和国防部长的首席军事顾问。参谋长联席会议的正式成员还有参谋长联席会议副主席，陆、空军参谋长和海军作战部长、海军陆战队司令。参谋长联席会议下设联合参谋部，主要职责是处理参谋长联席会议的日常工作，特别是拟制战略计划和统一各军种的战略行动。联合参谋部设正、副主任，参谋人员由陆军、海军、空军和海军陆战队的军官组成。参谋长联席会议还设立“联合战略目标计划参谋部”，在总统和参谋长联席会议的直接领导下，负责对战略导弹部队、战略轰炸机部队和导弹潜艇部队实施集中指挥和统一使用。其职责是：选定战略核攻击目标，排列打击目标的次序，确定攻击各目标的核力量，拟定战略核袭击部队的统一作战计划。

联合司令部和特种司令部是美军高级作战指挥机构，根据总统的指令设立，隶属于参谋长联席会议，并就完成受领的任务向国防部长负责。联合司令部按战区（或职能）划分，由2个以上军种部队组成。特种司令部按专业职能划分，通常由单一军种部队组成。目前美军设有太平洋总部、欧洲总部、大西洋总部、南方总部、中央总部、特种作战司令部、航天司令部和运输司令部8个联合司令部以及战略空军司令部和部队司令部2个特种司令部。

美国武装力量主要由现役正规部队、后备役部队和在军内工作的文职人员3部分组成。美军现役正规部队分陆军、空军、海军和海军陆战队4个军种，分属陆军部、空军部和海军部三大军种部领导。美军后备役部队按组织系统分为国民警卫队和联邦后备队两部分；按动员准备程度则分为第1类后备役、第2类后备役和第3类后备役。其中第1类后备役又分编组的和非编组的2种。第2、第3类后备役均由非编组的后备役人员组成。

领导人物　总统兼武装力量总司令乔治·布什（1989年1月20日上任）。国防部长理查德·切尼（1989年3月21日上任）。参谋长联席会议主席科林·鲍威尔陆军上将（1989年10月1日上任）。陆军部长迈克尔·斯通（1989年7月上任）。陆军参谋长卡尔·沃诺上将（1987年6月上任）。空军部长唐纳德·赖斯（1989年5月30日上任）。空军参谋长梅里尔·麦克皮克上将。海军部长劳伦斯·加勒特（1989年5月30日上任）。海军作战部长弗兰克·凯尔索海军上将。海军陆战队司令小阿尔弗雷德·格雷上将。欧洲总部司令约翰·高尔文陆军上将（1987年6月上任）。太平洋总部司令亨廷顿·哈迪斯蒂海军上将。大西洋总部司令利昂·埃德尼海军上将。南方总部司令马克斯韦尔·瑟曼陆军上将。中央总部司令诺曼·施瓦茨科普夫陆军上将（1988年8月上任）。航天司令部司令唐纳德·库泰纳空军上将。特种作战司令部司令卡尔·斯蒂纳陆军上将。运输司令部司令汉斯福德·约翰逊空军上将（1989年上任）。战略空军司令部司令约翰·钱恩空军上将。部队司令部司令埃德温·伯巴陆军上将（1989年9月上任）。

武装力量　**兵力**　现役正规部队总数为211.7万余人（1990年）。

陆军　76.1万余人。编有7个集团军司令部、6个军部、18个作战师（装甲师4个、机械化师6个、步兵师1个、摩步师1个、轻步兵师4个、空中突击师1个、空降师1个）、26个作战旅（团）、28个战术导弹营（地地导弹营10个、地空导弹营18个）。

主战坦克：M-48A5型1013辆、M-60／M60A1型2659辆、M-60A3型5328辆、M-1／M-1A1型6440辆，合计15440辆。轻型坦克：M-551型1334辆。步兵战车：M-2／M-3型4955辆。装甲输送车：总数26480辆，其中M-577型4799辆、M-113型14203辆，其他型号7478辆。牵引炮：105毫米1148门、155毫米1111门，合计2259门。自行炮：155毫米2437门、203毫米1029门，合计3466门。火箭炮：227毫米373门。迫击炮：107毫米2519门、120毫米若干门。地地导弹：“潘兴”Ⅱ99部（待销毁）、“长矛”65部，合计164部。反弹克导弹：“陶”式9472具。“龙”式7700具，合计17172具。无坐力炮：90毫米和106毫米3590门。高炮：20毫米（牵引）220门、20毫米（自行）378门、40毫米（自行）40门，合计638门。地空导弹；“报仇者”（车载“毒刺”地空导弹）51部、“小檞树”432部、“霍克”改进型400部、“爱国者”303部、“剑”式4部、“红眼”和FIM-92A型“毒刺”若干部。飞机：各种侦察机、运输机和教练机约696架。直升机：各种直升机8484架，其中武装直升机1612架。两栖舰船：24艘。

海军　59万余人。编有4个舰队，即第2舰队（大西洋）、第3舰队（太平洋）、第6舰队（地中海）和第7舰队（西太平洋）。

潜艇：战略导弹潜艇34艘、战术潜艇91艘（“圣胡安”级核动力导弹潜艇5艘、“普鲁维顿斯”级核动力导弹潜艇8艘、“洛杉矶”级核动力攻击潜艇31艘、“鲟鱼”级核动力攻击潜艇37艘、“大鲹鱼”级核动力攻击潜艇8艘、“一角鲸”号核动力攻击潜艇1艘、“长颌须鱼”级攻击潜艇1艘），合计125艘。航空母舰：核动力6艘（“尼米兹”级5艘、“企业”号1艘）、常规动力8艘（“小鹰”级2艘、“肯尼迪”号1艘、“福莱斯特”级4艘、“中途岛”级1艘），合计14艘。战列舰：“衣阿华”级4艘。巡洋舰：核动力导弹巡洋舰9艘（“弗吉尼亚”级4艘、“加里福尼亚”级2艘、“特拉克斯顿”号1艘、“长滩”号1艘、“班布里奇”号1艘），导弹巡洋舰34艘（“提康德罗加”级16艘、“贝尔纳普”级9艘、“莱希”级9艘），合计43艘。驱逐舰：导弹驱逐舰28艘（“基德”级4艘，“孔茨”级8艘、“亚当斯”级16艘）、“斯普鲁恩斯”级31艘，合计59艘。护卫舰：“奥利弗·哈泽德·佩里”级导弹护卫舰51艘、“诺克斯”级46艘、“格洛弗”号1艘、“布朗斯坦”级2艘，合计100艘。导弹攻击快艇：“飞马座”级6艘。巡逻艇：24艘。登陆舰艇：65艘。

海军陆战队：19.5万余人。编有3个陆战师、3个航空联队，装备有主战坦克716辆、步兵战车416辆、装甲输送车1323辆、自行炮251门、牵引炮803门、迫击炮438门、反坦克导弹2913枚、无坐力炮1929门、作战飞机533架、武装直升机96架。

海军航空兵：编有舰载航空联队13个、作战飞机1554架、武装直升机372架。

空军　57.1万余人。编有6个战略导弹联队（下辖20个战略导弹中队）、16个战略轰炸机联队（下辖B－52轰炸机联队11个、B－1B轰炸机联队4个、FB－111轰炸机联队1个）、24个战斗机和攻击机联队（下辖94个战斗机和攻击机中队）。

战略轰炸机：B－52型187架、B－1B型90架、FB－111A型24架，合计301架。战斗机3620架，主要有：F－4型540架、F－15型904架、F－16型1251架、F－111型273架、F－117型46架、A－7型272架、A－10A型291架。运输机1015架，其中C－5型110架、C－141B型250架、C－130型520架、C－135型12架、C－137型7架、VC－137型7架、C9－A型23架、C－12型86架。直升机201架。

战略核力量　战略导弹潜艇34艘（“俄亥俄”级10艘、“富兰克林”级12艘、“拉菲特”级4艘、“麦迪逊”级8艘）、潜射弹道导弹624枚（“三叉戟”D 5型48枚、“三叉戟”C－4型384枚、“海神”C－3型192枚）、洲际弹道导弹1000枚（“民兵”Ⅱ型450枚、“民兵”Ⅲ型500枚、MX式50枚）、战略轰炸机301架（B－52型187架、B－1B型90架、FB－111A型24架）。

文职人员（直接雇员）　总数106.4万人。

后备役部队　161.36万人（不包括海岸警卫队）。其中陆军国民警卫队45.46万人、空军国民警卫队11.61万人、陆军后备队58.84万人、海军后备队23.81万人、海军陆战队后备队8.01万人、空军后备队13.63万人。

部署　1990年美国本土部署的现役部队共156.83万余人。其中主要的有：驻美国大陆124.5万余人。驻阿拉斯加2.27万人，驻夏威夷4.55万余人，驻关岛7939人。以美本土港口为基地的海军部队编有第2和第3舰队，共20.5万余人。

美军在欧洲部署的现役部队34.4万余人，其中主要的有：驻德国24.66万余人，驻英国2.65万余人，驻意大利1.56万余人，驻西班牙8984人。在荷兰、比利时、冰岛、葡萄牙和希腊等国亦驻有少量部队。

美军在太平洋、东亚地区部署的现役部队13.6万余人。其中主要的有：驻日本（包括冲绳）4.68万余人，驻南朝鲜4.51万余人，驻菲律宾1.48万余人，驻太平洋的舰上部队2.79万余人。

美军在非洲、中东和南亚地区部署的兵力6370人，其中主要的有：驻埃及620人，驻沙特阿拉伯443人（海湾事件发生之前），驻印度洋英国领地（包括迪戈加西亚）958人。

美军部署在拉丁美洲的兵力2.49万余人，其中主要的有：驻巴拿马1.34万人，驻古巴（关塔那摩湾）2513人，驻洪都拉斯2520人。

军事基地　1989年美军拥有军事基地和主要军事设施共1306个，其中美国大陆889个，占68%；海外417个，占32%。按军种和部门分，陆军基地和设施491个，海军基地和设施316个，陆战队基地和设施30个，空军基地和设施457个，国防部直属机构的基地和设施12个。

兵役制度　美国平时实行志愿兵役制。凡志愿应募的青年须与军方签订服役合同。

军衔　分6等24级，即将官5级（五星上将、四星上将、中将、少将、准将）、校官3级（上校、中校、少校）、尉官3级（上尉、中尉、少尉）、准尉4级（一级准尉、二级准尉、三级准尉、四级准尉）、军士6级（一级军士长、二级军士长、三级军士长、上士、中士、下士）、兵3级（一等兵、二等兵、三等兵）。

墨 西 哥

国　　名　墨西哥合众国。

主要统计　面积 1972546 平方公里。人口 8892.8 万人（其中，13～17 岁男 541.5 万人，女 524.9 万人；18～22 岁男 482 万人，女 468.8 万人；23～32 岁男 729.1 万人，女 720.1 万人）。国内生产总值 4735397 亿比索，合 1923.8 亿美元（1989 年）。国防费 19080 亿比索，合 7.09 亿美元（1990 年国防预算估计）。粗钢 779 万吨（1988 年）。原煤 1113.7 万吨（1987 年）。原油 9.22 亿桶（1988 年）。天然气 261.4 亿立方米（1988 年）。发电量 1047.91 亿度（1987 年）。粮食 2199.2 万吨（1988 年）。海运能力，商船（载重 100 吨以上）659 艘、总载重量 198.53 万吨（1988 年）。民航能力，固定航班机场 78 处、客运量 263.17 亿人公里、货运量 1.66 亿吨公里（1989 年）。

国防体制　宪法规定，总统为武装力量最高统帅。国防部和海军部分别为政府中一个部，是最高军事行政机关，也是最高军事指挥机构。国防部领导和指挥陆、空军和准军事部队；海军部领导和指挥海军。武装力量由正规军和准军事部队组成。正规军分陆、海、空三个军种。总统通过国防部和海军部对全国武装力量实施领导和指挥。

领导人物　总统兼武装力量最高统帅卡洛斯·萨利纳斯·德戈塔里（1988 年上任）。国防部长安东尼奥·里维略·巴桑上将（1988 年上任）。海军部长路易斯·卡洛斯·鲁亚诺·安古洛上将（1990 年 7 月上任）。空军司令费尔明·阿科斯塔·希门尼斯上将（1988 年上任）。

武装力量　**兵力**　现役部队 14.85 万人。

陆军　10.55 万人。编有 2 个步兵旅、1 个机步旅、1 个空降旅、24 个摩托化骑兵团、8 个炮兵团、3 个装甲团、80 个独立步兵营，以及若干高炮、工程兵和支援分队。

坦克：M-3／-5 型 45 辆。装甲侦察车：M-8 型 50 辆、“大山猫”ERC-90F 型 60 辆、M-11VBL 型 40 辆、DN-3／-5 型“卡瓦略”60 辆。装甲输送车：HWK-11 型 40 辆、M-3 型 30 辆。牵引炮：75 毫米 18 门、105 毫米 70 门。自行炮：75 毫米 5 门。迫击炮：81 毫米等共 1500 门、120 毫米 60 门。反坦克炮：37 毫米 30 门。高炮（机枪）：12.7 毫米 40 门。反坦克导弹：“米兰”若干具。

海军　3.5 万人。编有 2 个舰队、14 个分舰队。

驱逐舰：“基林”级 2 艘、“弗莱彻”级 1 艘。护卫舰：“埃德索尔”级 1 艘、“杜兰戈”级 1 艘、“查尔斯·劳伦斯”级和“克罗斯利”级 3 艘。巡逻舰：“游隼”级 6 艘、“阿吉拉”级 4 艘、“海鸦”级 17 艘、“钦佩”级 12 艘、“瓜纳胡安托”号 1 艘。大型巡逻艇：“阿孜特克”级 31 艘。“鸬鹚”级 6 艘。海岸巡逻艇：6 艘。江河巡逻艇：18 艘。部队运输船：1 艘。后勤支援舰：2 艘。教练舰：1 艘。

陆战队（9000 人）。编有 1 个旅（2 个营）、1 个总统警卫营、15 个大队、35 个保安连。

海军航空兵（500 人）。编有 4 个中队；装备有飞机和直升机 59 架。

空军　8000 人（含空降旅 1500 人）。编有 1 个战斗机中队、9 个防暴机中队、5 个运输机中队、2 个搜索与救援中队、1 个摄影侦察中队。作战飞机 113 架，武装直升机 23 架。

战斗机：F-5E 型 9 架、F-5F 型 2 架。防暴机：PC-7 型 70 架、AT-33 型 12 架、IAI-201 型 10 架。防暴直升机：贝尔 205 型 5 架、贝尔 206 型 5 架、贝尔 212 型 15 架。运输机：BN-2 型 2 架、C-47／-54 型 16 架、C-117／-118 型 10 架、C-130A 型 9 架、“嘉奖”1 架、“指挥官”500／680 型 6 架、“空中货车”3 架、波音 727／737 型 9 架、T-39 型 5 架、其他型 6 架。直升机：10 架。联络机：6 架。摄影侦察机：10 架。教练机：91 架。

文职人员　3000 人。

预备役部队　30 万人。

准军事部队　农防民兵 10.5 万人。

兵役制度　实行志愿兵役制。士兵服役期 3 年。各级军官最高服役年限将官为 65 岁，校官为 58 岁，尉官为 52 岁。

军衔　分 5 等 15 级，即将官 3 级（上将、中将、少将）、校官 3 级（上校、中校、少校）、尉官 4 级（一级上尉、上尉、中尉、少尉）、军士 3 级（上士、中士、下士)、兵2级(一等兵、列兵)。

尼加拉瓜

国　　名　尼加拉瓜共和国。

主要统计　面积13万平方公里。人口380.9万人(其中，13～17岁男23万人，女22.3万人；18～22岁男19.4万人，女19万人；23～32岁男29.1万人，女29万人)。国内生产总值26.8亿美元(1988年)。国防费14.2亿美元(1988年国防预算估计)。发电量10.63亿度(1987年)。粮食56.1万吨(1988年)。海运能力，商船(载重100吨以上)23艘、总载重量1.82万吨(1988年)。民航能力，固定航班机场1处、客运量7600万人公里、货运量550万吨公里(1988年)。

国防体制　总统为武装力量最高统帅。国防部为政府中一个部，是最高军事行政机关，也是最高军事指挥机构。总参谋部是国防部长的最高计划和协调机构。武装力量由正规军、民兵、预备役部队和内政部部队组成。正规军分陆军、海军、空军–防空军三个军种。德查莫罗就任总统后亲自兼任国防部长，直接对全国武装力量实施领导和指挥。

领导人物　总统兼武装力量最高统帅和国防部长比奥莱塔·巴里奥斯·德查莫罗(1990年4月上任)。内政部长卡洛斯·乌尔塔多·卡夫雷拉(1990年4月上任)。人民军总司令温贝托·奥尔特加·萨维德拉大将。总参谋长华金·夸德拉·拉卡约中将。海军司令曼努埃尔·里瓦斯·瓜特马拉中校。空军–防空司令曼努埃尔·萨尔瓦铁拉·里维拉上校。

武装力量　**兵力**　现役部队6.35万人(包括执行现役任务的预备役部队和民兵)。

陆军　5.7万人(含执行现役任务的预备役部队和民兵2.2万人)。编有2个装甲旅、2个摩步旅、1个炮兵旅、2个边防旅、8个地区炮兵大队、20个步兵营、4个工程兵营。

坦克：T–54／–55型130辆、PT–76型27辆。装甲侦察车：БРДМ–2型102辆。装甲输送车：БТР–60型19辆、БТР–152型120辆。牵引炮：122毫米36门、152毫米60门。火箭炮：122毫米35门。迫击炮：82毫米625门、120毫米42门。反坦克炮：57毫米354门、76毫米84门、100毫米24门。反坦克导弹：AT–3“耐火箱”若干具。地空导弹：SA–7／–14／–16型500余部。

海军　3500人。编有太平洋防区大西洋防区。

猎雷艇：“叶夫根尼亚”级4艘。扫雷艇：K–8级4艘。巡逻艇：“甲虫”级8艘、“辛亨格”级8艘、“达伯”级2艘、法国制4艘。

空军–防空军　3000人。编有1个防暴机中队、1个运输机中队、1个直升机中队，以及2个高炮营。作战飞机16架。武装直升机7架。

防暴机：“色斯纳”337型6架，L–39ZO型6架、SF–260WL型4架。武装直升机：米–25型7架。运输机：安–26型6架、C–212型2架。直升机：米–8／–17型37架。联络机：25架。教练机：17架。空地导弹：AT–2“蝇拍”若干部。高炮(机枪)：14.5毫米、23毫米、37毫米、57毫米和100毫米共计700余门。

预备役部队　9.25万人，其中陆军9万人，编27个旅(共150个营)；海军2500人。

准军事部队　内政部所属部队1300人(1个特种部队旅)。

兵役制度　德查莫罗就任总统后宣布取消义务兵役制，新的兵役制尚未颁布。

军衔　分5等16级，即将官4级(大将、上将、中将、少将)、校官3级(上校、中校、少校)、尉官4级(大尉、上尉、中尉、少尉)、军士3级(上士、中士、下士)、兵2级(上等兵、列兵)。

萨尔瓦多

国　　名　萨尔瓦多共和国。

主要统计　面积21393平方公里。人口525.4万人（其中，13～17岁男34.3万人，女33.2万人；18～22岁男28.4万人，女27.8万人；23～32岁男33.9万人，女37.5万人）。国内生产总值322.7亿科朗，合64.5亿美元（1989年）。国防费11.18亿科朗，合2.24亿美元（1989年国防预算）。发电量19亿度（1987年）。粮食79.8万吨（1988年）。海运能力，商船（载重100吨以上）14艘、总载重量3300吨（1988年）。民航能力，固定航班机场1处、客运量8.38亿人公里、货运量652万吨公里（1989年）。

国防体制　宪法规定，总统为武装力量最高统帅。国防与公安部为政府中一个部，是最高军事行政机关。武装力量由正规军和准军事部队组成。正规军分陆、海、空三个军种。准军事部队有国民警卫队、国家警察、财政警察和民防部队。最高军事指挥机构为联合参谋部。总统通过国防与公安部和联合参谋部对全国武装力量实施领导和指挥。

领导人物　总统兼武装力量最高统帅阿尔弗雷多·克里斯蒂亚尼（1989年上任）。国防与公安部长雷内·埃米利奥·庞塞上校（1990年上任）。联合参谋长希尔贝托·鲁比奥上校。

武装力量　**兵力**　现役部队4.46万人。

陆军　4万人。编有6个步兵旅（32个步兵营）、1个炮兵旅（4个营）、1个机械化骑兵团（2个营）、1个工程兵营、1个空降营（归空军指挥）、1个高炮营（归空军指挥）、5个快速行动营。

坦克：M-3A1型5辆。装甲侦察车：AML-90型12辆。装甲输送车：M-37BI型66辆、M-113型20辆、UR-416型10辆。牵引炮：105毫米54门。迫击炮：81毫米300门、120毫米60门。无坐力炮：90毫米400门。高炮：20毫米24门、20毫米（自行）4门。

海军　2200人（包括陆战队1500人）。编有2个分队。

巡逻艇："保护者"级10艘、"剪刀鱼"级6艘、"快艇"级1艘、"默库加"级10艘、"坎克拉夫特"级3艘、"西沃德"级1艘。机械化登陆艇：3艘。拖船：1艘。

空军　2400人（包括防空部队）。编有1个战斗机中队、1个防暴机中队、1个直升机中队、1个运输机大队、1个教练机小队。作战飞机32架、武装直升机19架。

战斗机："暴风"8架。防暴机：A-37B型8架、AC-47型5架、O-2A型13架、O-2B型2架。武装直升机：休斯-500型7架、UH-IM型12架。直升机：UH-IH型42架。运输机：C-47／-123K型6架、"指挥官"1架、DC-6B型1架、IAI-201型3架、"默林"1架、"运动会"10架。联络机：16架。教练机：12架。

准军事部队　2.59万人。其中：国民警卫队4500人、国家警察6400人、财政警察2500人、民防队1.25万人。

兵役制度　实行义务兵役制。士兵服役期2年。军官最高服役年限为30年。

军衔　军官分3等7级，即将官1级（少将）、校官3级（上校、中校、少校）、尉官3级（上尉、中尉、少尉）。

危地马拉

国　　名　危地马拉共和国。

主要统计　面积108889平方公里。人口909.2万人（其中，13～17岁男54.8万人，女53.1万人；18～22岁男45.2万人，女43.8万人；23～32

岁男 66.9 万人，女 65.4 万人）。国内生产总值 238.8 亿格查尔，合 84.8 亿美元（1989 年）。国防费 3.22 亿格查尔，合 0.87 亿美元（1990 年国防预算）。原油 140 万桶（1988 年）。天然气 1700 万立方米（1987 年）。发电量 17.7 亿度（1987 年）。粮食 142.3 万吨（1988 年）。海运能力，商船（载重 100 吨以上）5 艘、总载重量 6500 吨（1988 年）。民航能力，固定航班机场 3 处、客运量 1.647 亿人公里、货运量 1140 万吨公里（1989 年）。

国防体制 宪法规定，总统为武装部队总司令。最高咨询机构为国防最高委员会，成员有国防部长、国防参谋长和陆、海、空军参谋长等。国防部为政府中一个部，是最高军事行政机关，由军衔最高、资历最深的军官担任部长。武装力量由正规军和准军事部队组成。正规军分陆、海、空三个军种。准军事部队有国家警察、财政警察和地方民兵。最高军事指挥机构为国防参谋部。总统通过国防部和国防参谋部对全国武装力量实施领导和指挥。

领导人物 总统兼武装部队总司令比尼西奥·塞雷索·阿雷瓦洛（1986 年上任）。国防部长胡安·路易斯·波拉尼奥斯·查维斯少将（1990 年上任）。国防参谋长罗贝托·恩里克·马塔·加尔维斯少将（1990 年上任）。

武装力量 **兵力** 现役部队 4.33 万人。

陆军 4.1 万人。编有 3 个战略预备旅（各 2 个营）、36 个独立步兵营、5 个安全营、2 个防暴营、1 个工程兵营。

坦克：M-41A3 型 10 辆。装甲侦察车 M-8 型 10 辆、RBY-1 型 10 辆。装甲输送车：M-113 型 9 辆、V-100“突击队员”7 辆、“犰狳”18 辆。牵引炮：75 毫米 10 门、105 毫米 5 门。迫击炮：81 毫米 55 门、107 毫米 12 门、120 毫米 8 门。无坐力炮：106 毫米若干门。高炮：20 毫米若干门。

海军 1000 人（包括陆战队 600 人）。编有 2 个分队。

海岸巡逻艇：“大刀”级 1 艘、“西沃德”级 2 艘、“弯刀”级 5 艘。江河巡逻艇：14 艘。部队运输船：2 艘。

空军 1300 人。编有 1 个防暴机中队、1 个运输机中队、1 个联络机中队、1 个直升机中队、1 个安全战术大队（3 个连）。作战飞机 17 架，武装直升机 10 架。

防暴机：“色斯纳”A-37B 型 9 架、PC-7 型 8 架。武装直升机：贝尔 212 型 5 架、贝尔 412 型 5 架。运输机：C-47 型 7 架、F-27 型 3 架、IAI-201 型 6 架、“超级空中大王”专机 1 架。联络机：4 架。直升机：19 架。教练机：6 架。救援机：4 架。

预备役部队 陆军 3.5 万人，海军若干人，空军 200 人。

准军事部队 国家警察 1.07 万人，财政警察 2100 人，地方民兵 60 万人（其中少数人有武装）。

兵役制度 实行义务兵役制。士兵服役期 2.5 年。

军衔 军官分 3 等 9 级，即将官 2 级（中将、少将）、校官 3 级（上校、中校、少校）、尉官 4 级（上尉、中尉、少尉、准尉）。

委 内 瑞 拉

国　　名 委内瑞拉共和国。

主要统计 面积 912050 平方公里。人口 1961.6 万人（其中，13～17 岁男 107.5 万人，女 103.9 万人；18～22 岁男 97.7 万人，女 94.6 万人；23～32 岁男 166.9 万人，女 162 万人）。国内生产总值 15221.8 亿玻利瓦，合 665.4 亿美元（1989 年）。国防费 243.5 亿玻利瓦，合 5.64 亿美元（1990 年国防预算估计）。粗钢 361 万吨。（1988 年）。原煤 6.2 万吨（1987 年）。原油 6.05 亿桶（1988 年）。天然气 196.8 亿立方米（1988 年）。发电量 547.04 亿度（1987 年）。粮食 238.6 万吨（1988 年）。海运能力，商船（载重量 100 吨以上）286 艘、总载重量 142.86 万吨（1988 年）。民航能力，固定航班机场 29 处、客运量 35.4 亿人公里、货运量 1.132 亿吨公里（1989 年）。

国防体制 宪法规定，总统为武装力量最高统帅。最高国防决策机构为国家安全与防务委员会，成员有总统、国防部长、内政部长、外交部长、财政部长、武装力量总监、联合参谋长等，由总统任主席。国防部为政府中一个部，是最高军事行政机关，负责武装力量的管理、训练、装备和军工生产等工作。武装力量由正规军和准军事部队组成。正规军分陆、海、空军和合作武装力量（亦称国民警卫队）。最高军事指挥机构为全国武装力量最高委员会、成员有国防部长、武装力量总监、联合参谋长及陆、海、空军和合作武装力量司令，由国防部长任主席。总统通过国防部和全国武装力量最高委员会对全国武装力量实施领导和指挥。

领导人物 总统兼武装力量统帅卡洛斯·安德列斯·佩雷斯（1989年2月上任）。国防部长埃克托尔·里卡多·胡拉多·托罗中将（1990年6月上任）。武装力量总监爱德华多·阿德莱诺·莫拉·希门尼斯中将（1990年6月上任）。联合参谋长曼努埃尔·安东尼奥·海因斯·阿斯布鲁阿中将（1990年6月上任）。陆军司令卡洛斯·胡利奥·佩尼亚洛萨·桑布拉诺中将（1987年7月上任）。海军司令胡安·阿尔赫尼斯·加西亚中将（1990年6月上任）。空军司令路易斯·多明戈·蒙塞拉特·佩雷斯中将（1990年6月上任）。合作武装力量司令曼努埃尔·伊贝达卡·罗梅罗中将（1987年7月上任）。

武装力量 **兵力** 现役部队7.1万人。

陆军 3.4万人。编有1个机械化骑兵师、4个步兵师、1个别动旅、1个伞兵团、1个总统警卫团、1个陆军航空兵团、1个工程兵团、1个军事警察团。

坦克：AMX-30型81辆、M-18型35辆、AMX-13型36辆、“蝎子”约50辆。装甲侦察车：AML-245型10辆、M-8型12辆。装甲输送车：AMX-VC1型25辆、V-100型70辆、V-150型30辆、“龙”式100辆。牵引炮：105毫米70门、155毫米12门。自行炮：155毫米15门。火箭炮：160毫米20门。迫击炮：81毫米165门、120毫米65门。反坦克导弹：SS-11型和AS-11型若干具。无坐力炮：106毫米若干门。高炮：20毫米和40毫米共110门。地空导弹：“罗兰”4部。飞机：15架。直升机：23架。

海军 1万人（含陆战队和航空兵）。编有1个舰队、1个潜艇分舰队、1个护卫舰分舰队、1个巡逻艇分舰队、1个两栖分舰队、1个勤务分舰队。

潜艇：209级2艘。护卫舰：“狼”级6艘。导弹快艇：6艘。江河巡逻艇：7艘。坦克登陆舰：5艘。通用登陆舰：2艘。后勤舰：1艘。运输舰：2艘。测量船：1艘。教练船：1艘。

陆战队6000人。编有4个步兵营、1个炮兵营、1个两栖车辆营。装备有装甲输送车51辆、105毫米牵引炮18门、40毫米高炮6门。

海军航空兵2000人。编有2个中队。装备有各型飞机25架，其中作战飞机4架、武装直升机6架。

空军 0.7万人。编有3个战斗机和攻击战斗机大队、1个防暴机大队、1个轰炸机大队、1个武装直升机大队、1个教练机大队。

作战飞机145架、武装直升机26架。

轰炸机：“堪培拉”17架、T-84型1架。战斗机和攻击战斗机：F-5A型10架、F-5B型2架、T-2D型19架、“幻影”3EV型18架、“幻影”5V型2架、“幻影”5DV型2架、F-16A型18架、F-16B型6架。运输机：C-47型5架、C-123型7架、C-130H型6架、G-222型6架。直升机：贝尔206型16架、贝尔412型2架、HB-350型5架、UH-1N型2架。防暴机：EMB-312型12架、IA-58型10架、OV-10E型11架。武装直升机：SA-316型10架、UH-1D型12架、UH-1H型4架。侦察机：3架。联络机：24架。教练机：53架。要员专机：7架。

合作武装力量(国民警卫队) 2万人。编有8个地区司令部、48个大队。装备有步兵战车25辆、装甲输送车15辆、迫击炮170门、轻型飞机14架、直升机21架、海岸巡逻艇26艘。

兵役制度 实行义务兵役制。士兵服役期2年（海军2年半）。各级军官最高服役年限为：上将无年限、中将59岁、少将57岁、上校54岁、中校50岁、少校46岁、上尉42岁、中尉37岁、少尉32岁。

军衔 军官分3等9级，即将官3级（上将、中将、少将）、校官3级（上校、中校、少校）、尉官3级（上尉、中尉、少尉）。军士7级（军士长、副军士长、一级上士、二级上士、三级上士、中士、下士）。兵4级（一级上等兵、二级上等兵、上等兵、列兵）。

驻外兵力 参加联合国驻中美洲和平部队1个营(700人)、观察员25人。

乌 拉 圭

国　　名　乌拉圭东岸共和国。

主要统计　面积176215平方公里。人口312.4万人（其中，13～17岁男13.4万人，女13万人；18～22岁男12.6万人，女12.2万人；23～32岁男23.5万人，女23万人）。国内生产总值51790亿新比索，合85.5亿美元（1989年）。国防费228.3亿新比索，合1.5019亿美元（1986年国防预算）。发电量45.26亿度（1987年）。粮食120万吨（1988年）。海运能力，商船（载重100吨以上）87艘、总载重量28.22万吨（1988年）。民航能力，固定航班机场7处、客运量3.893亿人公里、货运量3700万吨公里（1988年）。

国防体制　宪法规定，总统为武装力量最高统帅。最高国防决策机构为内阁。最高咨询机构为国防委员会。国防部为政府中一个部，是最高军事行政机关。武装力量由正规军和准军事部队组成。正规军分陆、海、空三个军种。最高军事指挥机构为联合参谋部。总统通过国防部和联合参谋部对全国武装力量实施领导和指挥。

领导人物　总统兼武装力量最高统帅路易斯·阿尔韦托·拉卡列（1990年上任）。国防部长马里亚诺·罗米欧·布里托（1990年3月上任）。陆军司令卡洛斯·贝罗伊斯将军（1987年上任）。海军司令里卡多·拉赫尔将军（1986年上任）。空军司令费尔南多·阿尔贝将军（1985年上任）。

武装力量　**兵力**　现役部队2.52万人。

陆军　1.72万人。编有1个独立步兵旅、1个工程兵旅、15个步兵营、10个骑兵和机械化骑兵营、6个炮兵营、6个工程兵营。

坦克：M-24型17辆、M-3A1型28辆、M-41A1型22辆。装甲侦察车：FN-4-RM-62型20辆、EE-3“哈拉拉卡”18辆、EE-9“响尾蛇”15辆。装甲输送车：M-113型15辆、“秃鹰”50辆。牵引炮：75毫米12门、105毫米25门、155毫米5门。迫击炮：81毫米40门、107毫米5门。反坦克导弹：“米兰”10具。无坐力炮：57毫米30门、106毫米10门。高炮：20毫米6门、40毫米2门。

海军　0.45万人（含陆战队和航空兵）。编有1个舰队。

护卫舰：“里维埃司令官”级1艘、“迪利”级1艘、“坎农”级1艘。小型护卫舰：“海鸦”级1艘。扫雷艇：“里奥内格罗”级1艘。巡逻艇：5艘。登陆艇：5艘。油船：1艘。运输艇：1艘。教练船：1艘。

陆战队500人。编有1个陆战营。

海军航空兵400人。编有1个小队。装备有各型飞机22架，其中作战飞机6架。

空军　0.35万人。编有2个防暴机中队、1个搜索与救援中队、3个运输机中队。

作战飞机21架。

防暴机：A-37B型8架、IA-58B型6架。搜索与救援机：C-212型1架、U-17型8架、贝尔212型2架、UH-1B型2架、UH-1H型4架。运输机：C-212型4架、EMB-110C型4架、F-27型2架、FH-227型2架。联络机：10架。航测机：2架。教练机：42架。

准军事部队　3150人。其中城市卫队650人、共和国卫队500人、海岸警卫队2000人。

兵役制度　实行义务兵役制。士兵服役期为1～2年，也可自愿延长。

军衔　军官分3等10级，即将官2级（中将、少将）、校官3级（上校、中校、少校）、尉官5级（上尉、一级中尉、二级中尉、少尉、准尉）。

驻外兵力　参加联合国驻埃及西奈多国观察员部队70人，驻两伊军事观察团12人，驻印巴军事观察员1人。

智 利

国　名　智利共和国。

主要统计　面积756626平方公里（含岛屿）。人口1295.8万人（其中，13～17岁男60.6万人，女59万人，18～22岁男58.3万人，女56.9万人；23～32岁男116.5万人，女115万人）。国内生产总值252.5亿美元（1989年）。国防费5.59亿美元（1990年国防预算）。原煤159.8万吨（1987年）。原油900万桶（1988年）。天然气10.2亿立方米（1988年）。发电量156.36亿度（1987年）。粮食280万吨（1988年）。海运能力，商船（载重100吨以上）287艘、总载重量91.27万吨（1988年）。民航能力，固定航班机场18处、客运量24.4亿人公里、货运量4.648亿吨公里（1989年）。

国防体制　宪法规定，总统为武装力量最高统帅。国家安全委员会是国家安全事务的最高决策机构。成员有总统、国防、外交、内政、经济、财政各部部长和陆军、海军、空军、警察司令。国防部是内阁中一个部，为最高军事行政机关。国防参谋部是国防部的执行机构，负责国防预算、情报、征兵动员等工作。武装力量由正规军和准军事部队组成。正规军分陆、海、空三个军种。三军实行分权独立、无统一的军事指挥机构。各军种司令为本军种最高军事长官。总统通过各军种司令和国防部对武装力量实施领导和指挥。

领导人物　总统兼武装力量最高统帅帕特里西奥·艾尔文·阿索卡尔（1990年上任）。国防部长帕特里西奥·罗哈斯·萨阿韦德拉（1990年上任）。陆军总司令奥古斯托·皮诺切特·乌加特上将（1973年上任）。海军总司令豪尔赫·马丁内斯·布什上将（1990年上任）。空军总司令费尔南多·马太·奥维尔上将（1978年上任）。警察司令斯坦赫·奥尔克斯·鲁道夫上将（1985年上任）。

武装力量　**兵力**　现役部队9.58万人。

陆军　5.4万人。编有6个师、1个旅、10个装甲骑兵团、25个步兵团（其中5个摩托化步兵团、12个山地步兵团、8个步兵团）、7个炮兵团、7个工程兵团、1个航空团。

坦克：M-4A3型60辆、M-51型150辆、AMX-30型21辆、M-24型50辆、M-41型60辆、AMX-13型47辆。装甲侦察车：EE-9“响尾蛇”50辆。步兵战车：“剪刀鱼”20辆。装甲输送车：M-113型50辆。“剪刀鱼”200辆、EE-11“蝰蛇”30辆。牵引炮：105毫米108门、155毫米24门。自行炮：155毫米MK-F3型12门。迫击炮：81毫米和120毫米若干门。反坦克导弹：“米兰”/“马姆巴”若干。火箭炮、无坐力炮和高炮若干门。飞机34架，直升机46架。地空导弹若干部。

海军　2.9万人（含海军航空兵、陆战队及海岸警卫队）。编有3个（舰队、潜艇和运输）司令部、4个海军基地。

潜艇：“奥伯隆”级2艘、T-209/1300型2艘。巡洋舰：“布鲁克林”级1艘。驱逐舰：“诺福克”级4艘、ASUW型2艘、“萨姆纳”级2艘。护卫舰：“利安德”级2艘。导弹攻击艇：4艘。鱼雷艇：4艘。巡逻艇：3艘。给养及其他舰艇：6艘。两栖登陆艇：3艘。

海军陆战队：0.52万人。装备有装甲输送车70辆、牵引炮52门、海岸炮16门、迫击炮100门和地空导弹若干。

海军航空兵：500人。装备有作战飞机6架、武装直升机4架、其他飞机和直升机约50架。

海岸警卫队：0.16万人，装备有巡逻艇13艘、直升机1架。

空军　1.28万人。编有5个航空旅、4个联队、6个中队。作战飞机107架。

攻击战斗机：“猎人”33架。F-5E型13架、F-5F型3架。防暴机：A-37B型25架、A-36型19架。战斗机：“幻影”50型15架。侦察机：“堪培拉”PR-9型2架、“空中大王”A-100型1架、“利尔杰特”35-A型2架。运输机：波音707型2架、C-130H型2架、“比奇”99型3架、DHC-6型14架；SA-315B型直升机5架。通信联络直升机：10架。教练机：122架。

预备役部队　10.2万人（其中：陆军8万人、海军1.4万人、空军0.8万人）。

准军事部队　2.7万人（警察）。

兵役制度 实行义务兵役制。兵役法规定，年满18～45岁的男性公民必须服兵役。士兵服役期限均为2年。将军的最高服役年限为40年，上校的最高服役年限为32年。

军衔 分5等19级，即将官3级（上将、中将、少将）、校官3级（上校、中校、少校）、尉官4级（上尉、中尉、少尉、准尉）、军士6级（一级军士长、二级军士长、上士、中士、一级下士、二级下士）、兵3级（一等兵、二等兵、三等兵）。

大洋洲

澳大利亚

国　　名 澳大利亚联邦。

主要统计 面积768.23万平方公里。人口1674.5万人（其中，13～17岁男67.6万人，女64.6万人；18～22岁男69.8万人，女66万人；23～32岁男145.6万人，女137.8万人）。国内生产总值2825.5亿美元（1989年）。国防费63.8亿美元（1990年国防预算）。粗钢630万吨（1988年）。原煤1.895亿吨（1987年）。原油2.02亿桶（1988年）。天然气140.8亿立方米（1988年）。发电量1321.72亿度（1987年）。粮食2208.1万吨（1988年）。海运能力，商船（载重100吨以上）709艘、总载重量364.89万吨（1988年）。民航能力，固定航班机场441处、客运量262.08亿人公里，货运量38.55亿吨公里（1989年）。

国防体制 总督为武装力量总司令。国防部为政府中的一个部，为武装力量最高统帅机构。国防委员会为总司令的参谋机构，国防部长任主席。国防军司令为国防部长的首席军事顾问。武装力量由现役部队和预备役部队组成，现役部队分陆、海、空三个军种。

领导人物 总督兼武装力量总司令威廉·海登（1989年2月上任）。总理罗伯特·霍克（1983年3月上任）。国防部长罗伯特·雷（1990年4月上任）。国防军司令彼得·格雷森上将。陆军参谋长劳伦斯·乔治·奥唐纳中将。海军参谋长迈克尔·赫德森中将。空军参谋长雷·芬内尔中将。

武装力量 **兵力** 现役部队6.81万人。

陆军 3.03万人。编有1个野战部队司令部、7个军区、1个步兵师（1个机械化旅、2个步兵旅）、3个炮兵团、2个工程兵团、2个航空团以及防空团、特种空中勤务团、侦察团和装甲输送车团各1个。

主战坦克："豹"1A3型103辆。步兵战车：M-113型40辆。装甲输送车：M-113型725辆、LAV型15辆。牵引炮：105毫米160门、155毫米35门。迫击炮：81毫米284门。无坐力炮：84毫米574门、106毫米73门。反坦克导弹："米兰"10具。地空导弹："轻剑"和RBS-70各19部。飞机：N-22B"办事能手"22架、PC-6型14架。直升机：OH-58型47架、S-70型14架、UH-1H型12架。两栖船只：101艘。

海军 1.57万人（包括舰队航空兵950人）。编有1个近海司令部、1个支援司令部、6个海区司令部和4个海军基地。

潜艇："奥克斯利"级6艘。导弹驱逐舰："佩思"级3艘。导弹护卫舰："阿德莱德"级4艘。护卫舰："斯旺"级2艘、"帕拉马塔"级3艘。坦克登陆舰："托布鲁克"级1艘。巡逻艇：22艘。扫雷艇：3艘。后勤支援及杂务舰船：6艘。

舰队航空兵 编有1个反潜直升机中队和1个通用兼搜救直升机中队，有直升机30架（其中武装直升机10架）。

空军 2.21万人。编有2个攻击战斗机兼侦察机中队、3个战斗机兼攻击战斗机中队、1个攻击机兼教练机中队、2个海上侦察机中队、5个运输机中队及前进指挥导引小队和改装训练分队。作战飞机

116 架。

攻击战斗机兼侦察机：F-111C 型 18 架、RF-111C 型 4 架。战斗机兼攻击战斗机：P-18A 型 45 架、F-18B 型 3 架。攻击机兼教练机：MB-326H 型 16 架。海上侦察机：P-3C 型 20 架。加油机波音 707 型 1 架。运输机：C-130E 型和 C-130H 型各 12 架、波音 707 型 5 架、DHC-4 型 19 架、BAC-111 型和 BAe-748 型各 2 架、"猎鹰"900 型 4 架。前进指挥导引机：CA-25 型"温吉尔"4 架。改装训练机：F-18B 型 14 架。教练机：176 架。空地和空空导弹若干。

文职人员　2.5 万人。

预备役部队　2.65 万人（陆军 2.34 万人、海军 1500 人、空军 1600 人）。

准军事部队　海关总局所属 N-22B 型"搜索能手"海上侦察机 10 架及小船 6 艘。

兵役制度　实行志愿兵役制。

驻外兵力　驻马来西亚（"五国联防"组织）1 个步兵连及 1 个空军分遣队，驻巴布亚新几内亚 180 人及顾问 110 人，驻伊朗、伊拉克（联合国驻伊朗、伊拉克军事观察团）15 人，驻中东（联合国停战监督组织）14 人，驻红海（海湾地区多国部队）舰只 3 艘，派往所罗门群岛、瓦努阿图、汤加、西萨摩亚和基里巴斯顾问若干人。

外国驻军　美国驻军 720 人（海军 450 人、空军 270 人）。

巴布亚新几内亚

国　　名　巴布亚新几内亚独立国。

主要统计　面积 461693 平方公里。人口 358 万人（其中，13～17 岁男 23 万人，女 21.2 万人；18～22 岁男 21.1 万人，女 19.2 万人；23～32 岁男 32.4 万人，女 27.8 万人）。国内生产总值 37.3 亿美元（1989 年）。国防费 4561 万美元（1989 年国防开支）。发电量 17.97 亿度（1987 年）。粮食 3000 吨（1988 年）。海运能力，商船（载重 100 吨以上）82 艘、总载重量 4.63 万吨（1988 年）。民航能力，固定航班机场 177 处、客运量 4.92 亿人公里、货运量 4.63 万吨公里（1989 年）。

国防体制　总督为武装力量司令。国防部为政府中的一个部，为武装力量最高统帅机构。武装力量主要是陆军，还有海、空军。总督通过国防部长统率全军。

领导人物　总督兼武装力量司令塞雷·埃里（1990 年 2 月上任）、总理拉比·纳马柳（1988 年 7 月上任）、国防部长贝尼亚斯·萨布梅（1989 年上任）。

武装力量　**兵力**　现役部队 3540 人。

陆军　3100 人。编有 2 个步兵团（营）和 1 个工程兵营。

海军　300 人。编有 2 个海军基地。巡逻艇：4 艘。坦克登陆艇：2 艘。

空军　140 人。作战飞机 3 架。海上侦察机：N-22B"搜索能手"B 型 3 架。运输机：C-47 型 5 架、N-22B"办事能手"1 架。

兵役制度　实行志愿兵役制。

外国驻军　澳大利亚驻军 180 人和顾问 110 人。

斐　　济

国　　名　斐济共和国。

主要统计　面积 18333 平方公里。人口 74.3 万人（其中，13～17 岁男 4.04 万人，女 3.84 万人；18～22 岁男 3.82 万人，女 3.68 万人；23～32 岁男 6.64 万人，女 6.48 万人）。国内生产总值 11.38 亿美元（1989 年）。国防费 1973 万美元（1990 年国防预算）。发电量 4.3 亿度（1987 年）。粮食 3.3 万吨（1988 年）。海运能力，商船（载重 100 吨以上）57

艘、总载重量 3.68 万吨（1988 年）。民航能力，固定航班机场 18 处、客运量 5.4 亿人公里、货运量 1910 万吨公里（1989 年）。

国防体制 1987 年军队两次发动政变，组成了由斐济族人掌权的临时政府。武装力量由现役部队和预备役部队组成。现役部队分为陆军和海军。临时政府通过武装力量司令领导和指挥全军。

领导人物 临时政府总统佩纳亚·加尼劳(1987 年 12 月上任)、临时政府总理卡米塞塞·马拉(1987 年 12 月上任)、武装力量司令西蒂韦尼·兰布卡少将（1987 年上任)。

武装力量 **兵力** 现役部队 5000 人。

陆军 4700 人。编有 4 个步兵营和 1 个工程兵连。迫击炮：81 毫米 12 门。

海军 300 人。编有 1 个海军基地。巡逻艇：5 艘。海洋调查船：1 艘。

预备役部队 约 5000 人。

兵役制度 实行志愿兵役制。

驻外兵力 驻黎巴嫩（联合国维持和平部队）726 人，驻埃及（西奈多国部队）400 人，驻阿富汗和巴基斯坦（联合国秘书长代表处）顾问 1 人。

新 西 兰

国　名 新西兰。

主要统计 面积 268112 平方公里。人口 335.6 万人（其中，13～17 岁男 14 万人，女 13.3 万人；18～22 岁男 15 万人，女 14.2 万人；23～32 岁男 29.5 万人，女 27.9 万人）。国内生产总值 401.5 亿美元（1989 年）。国防费 8.4 亿美元（1990 年国防预算）。原煤 226 万吨（1987 年）。原油 1000 万桶(1988 年)。天然气 45.7 亿立方米（1988 年）。发电量 270.3 亿度（1987 年）。粮食 90.9 万吨（1988 年)。海运能力，商船（载重 100 吨以上）131 艘、总载重量 37.81 万吨（1988 年）。民航能力，固定航班机场 36 处、客运量 107.28 亿人公里、货运量 3.348 亿吨公里（1989 年）。

国防体制 总督为武装力量司令。国防部为政府中一个部，为武装力量最高统帅机构。国防委员会为政府在国防政策方面的咨询机构，国防部长任主席，国防秘书长和国防参谋长任副主席，成员有陆、海、空三军参谋长等。武装力量由现役部队和预备役部队组成，现役部队分陆、海、空三个军种。

领导人物 总督兼武装力量司令凯瑟林·蒂泽德（女，1990 年 2 月上任)，总理吉姆·博尔杰(1990 年 10 月上任)。国防部长沃伦·库珀（1990 年 10 月上任)。国防秘书长麦克莱恩。国防参谋长约翰·梅斯中将。陆军参谋长唐·麦克利维尔准将。海军参谋长道格拉斯·多梅特少将。空军参谋长帕特里克·内维尔中将。

武装力量 **兵力** 现役部队 1.16 万人。

陆军 5200 人。编有 2 个步兵营、1 个轻型装甲中队、1 个特别活动中队和 1 个野战炮兵连。

轻型坦克：“蝎子”26 辆。装甲输送车：M−113 型 76 辆。牵引炮：105 毫米 68 门。迫击炮：81 毫米 72 门。无坐力炮：84 毫米 61 门、106 毫米 13 门。

海军 2400 人。编有 1 个海军基地和 1 个舰队司令部。

护卫舰：英制“利安德”级 4 艘。巡逻艇：4 艘。支援与杂务船：4 艘。武装直升机：HAS−1 型“黄蜂”7 架。

空军 4000 人。编有 2 个攻击战斗机中队、1 个海上侦察机中队、1 个轻型攻击兼教练机中队、3 个运输机中队、1 个通信机小队和 1 个教练机联队。作战飞机 36 架。

攻击战斗机：A−4K 型 17 架、TA−4K 型 5 架。海上侦察机：P−3K 型“猎户座”6 架。轻型攻击兼教练机：BAC−167 型 8 架。运输机：C−130H 型 5 架、“安多弗”8 架、波音 727 型 2 架。直升机：贝尔 UH−1H 型 12 架。通信机：“色斯纳”421C 型 3 架。教练机：25 架。“小牛”空地导弹和“响尾蛇”空空导弹若干。

预备役部队 1.01 万人。其中正规军 3800 人(陆军 1640 人、海空军各 1080 人)、地方军 6300 人(陆军 5590 人、海军 490 人、空军 220 人)。

兵役制度 实行志愿兵役制。

驻外兵力 驻伊朗、伊拉克（联合国驻伊朗、伊拉克军事观察团）27人，驻埃及（西奈多国部队）25人，驻新加坡支援部队20人，驻中东（联合国停战监督组织）4人。

非洲和美洲一些国家武装力量简况

国名	现役部队					主要武器装备								预备役部队	准军事部队（宪兵、民兵、警察等）
	总人数	陆军	海军	空军	其他	装甲战斗车辆	火炮	反坦克导弹	地空导弹	飞机	直升机	舰艇	其他		
贝宁	4350	3800	200	350		43	4			10	5	6	迫击炮若干		约3500
博茨瓦纳	4500	3100		1400		52	30	若干	10	19	5		迫击炮10		1000
布基纳法索	8700（含宪兵）	7000		200		96	38		若干	28	4		迫击炮若干		1570
布隆迪	7200（含宪兵）	5500	50	150		54	30						迫击炮18		1500
赤道几内亚	1300	1100	100	100		16				2		4			2000
多哥	5900（含宪兵）	4000	100	250		70	36			25	5	2	迫击炮20		1550
佛得角	1300	1000	200	100		8	若干			2		5	迫击炮8		
冈比亚	900	820	80			若干	若干					3			700
吉布提	4100（含宪兵）	2700	90	100		55	25			6	6	6	迫击炮24		2400
加蓬	4750	3250	500	1000		105	52	4		21	13	6	迫击炮39		4800
科摩罗	1400（含宪兵）	800			总统卫队400										
科特迪瓦	7100	5500	700	900		57	25			8	8	5	迫击炮16	12000	7800
莱索托	2000	2000				10					5				
利比里亚	7800	7300	500			10	11			3		4		50000	2000

（续表）

国　名	总人数	陆军	海军	空军	其他	装甲战斗车辆	火炮	反坦克导弹	地空导弹	飞机	直升机	舰艇	其他	预备役部队	准军事部队
卢旺达	5200	5000		200		28	6			5	11		迫击炮 8		1200
尼日尔	3300	3200		100		64	24			13			迫击炮 45		4500
塞拉利昂	3150	3000	150			14	若干		若干		3	5	迫击炮若干		800
塞舌尔	1300	1000	200	100		18	5		若干	3	2	6	迫击炮 6		800
圣多美和普林西比	约 1000	2 个营	1 个排		总统卫队 100								轻武器		
斯威士兰	约 2600	2600											轻武器		若干
中　非	6500（含宪兵）	3500		300		53	14			19	2		迫击炮 12		2700
巴巴多斯	400	100	100(海岸卫队)		后勤 200								轻武器	300	
伯利兹	760	700	50	15			8			3		2	迫击炮 6	500	
哥斯达黎加										14	2	5	火箭筒若干		7800
格林纳达													轻武器		600
圭亚那	1950	1500	150	300		4	6		若干				迫击炮 48	2000	3500
海　地	7400	7000	250	150		11	39			11		2	迫击炮 36		
苏里南	3000	2700	250	约 100		30	若干			6	3	6	迫击炮 6		
特立尼达和多巴哥	2650	2000	600	50			若干			2		9	迫击炮 46		4000
牙买加	3350	3000	200	150		20				4	10	5	迫击炮 12	800	

军事思想研究

马克思恩格斯军事理论研究 1990年，马克思恩格斯军事理论研究的成果，主要反映在3个问题上：恩格斯的军事科学研究方法，恩格斯对战斗力构成的考察，恩格斯晚年在战争与和平问题上的理论贡献。

恩格斯的军事科学研究方法 1990年4～5月，鲍世修在解放军报刊载的《恩格斯军事科学研究方法漫议》的系列文章中，从5个方面系统介绍了恩格斯认识和分析战争现象的科学方法。

切实把握战争现象与其他事物的相互联系和相互制约性 作者指出，根据唯物辩证法的基本原理，恩格斯认为，要想了解某次战争，预见其大体发展规律，必须把它放在同社会其他现象的广泛联系之中，放在它所由形成的历史条件之中，去认真加以研究。他在评论1870～1871年普法战争时曾提出过许多精辟的见解，这首先得益于他对战争与政治间关系的深刻分析。战争前夕，欧洲许多人都寄希望于通过和平途径解决两国的外交争端，恩格斯却明确指出，不存在这种可能。原因在于：法皇拿破仑第三所奉行的对外扩张、对内镇压政策，发展到70年代末，除了乞灵于对外战争已无其他选择；而普鲁士首相俾斯麦，为了增强本国在欧洲同法国争霸的地位，扫清德国统一道路上的障碍，也认定唯有诉诸武力方能奏效。可见，普法两国在70年代后期推行的正是一种孕育战争的危险政治。宣战不久，一些资产阶级军事专家纷纷断言，准备充分的法军将在战争中获胜，恩格斯又提出完全不同的看法，指出战争对拿破仑第三不可能有美满的结局，德国人一定能击溃他的全部军队。这一为后来的事实完全证实的预言，正是由恩格斯通过对法国战前政治的深入分析得出的。拿破仑第三统治下的法国在发动战争之前，国内的阶级矛盾已相当激化，第二帝国本身腐朽透顶。因此，战争刚一开始，法军就出现了人员不齐、装备不足、给养状况极差等很不正常的情况，从而使本来处于进攻地位的法军在战争最紧要的关头丢掉了几乎一星期的时间，丧失了战场上的一切主动权，以致造成尔后一败再败，直至第二帝国最后崩溃。恩格斯分析法军在战争触发之初便很快陷入被动挨打境地的原因时指出："第二帝国的军队迄今为止败就败在第二帝国本身。"(《马克思恩格斯军事文集》第5卷第108页)

对战争的产生和发展影响较大的另一个因素是经济。恩格斯在认识和分析战争时，除充分考虑政治的干预作用外，还往往要把有关国家的经济利益，放在极重要的位置来一起剖析。例如，早在1853～1856年克里木战争爆发前三年，恩格斯和马克思就从俄国、英国、土耳其等国在当时推行的政治和各自的经济状况中，预见到这次大规模武装冲突的必不可免。他们指出，对土耳其君士坦丁堡的长期觊觎、自身财政状况的恶化以及西欧革命政党力量的日益增强，将迫使俄国尽快地走上战争道路。1853年春天，恩格斯进一步剖析了导致这场不幸事件的经济和政治原因。他指出，由于事关切身利益，"英国是不能同意俄国占领达达尼尔海峡和博斯普鲁斯海峡的。俄国如果占领这两个海峡，无论在贸易方面和政治方面，对英国实力都是一个沉重的打击，甚至是致命的打击。"(《马克思恩格斯军事文集》第3卷第164页）这也正是英国之所以决心支持土耳其并直接参与这场战争的根本原因。

在发展变化中考察战争和军事现象 作者指出，恩格斯在考察战争时，从不把自己的视野固定在某一点上，而总是时时着眼于战场形势的发展变化。1861～1865年他对美国内战中不同时期南北两军在战场上主被动地位变换的深刻剖析就是鲜明例证。

战争第一阶段（1861～1862年），北部各工业州的资产阶级和联邦政府，深恐群众发动后危及自身安全，故而试图同南部讲和，不想决战，并限制工人和农场主、甚至黑奴参加军队。相反，南部各蓄奴州，为扩展和永保奴隶制度，具有进行战争的极大决心，因而他们在这一阶段打过一些胜仗。在这种情况下，1862年7月底，恩格斯曾认为，南部军队具有较大的获胜希望。战争第二阶段（1863～1865年），情况有了很大变化。北部联邦政府在人民群众的压力下，采取了一系列革命和民主措施，如废除奴隶制、给需地者分配一定土地和允许黑奴参加军队等等；与此相适应，北军在战场上一改过去那种被动挨打的姿态，大胆组织进攻。面对出现的这些新情况，恩格斯从政治和军事上进行了深入分析，1864年11月指出："尽管北军做了许多蠢事（南军也做得够多的），但是进攻的浪潮的确在缓慢而稳定地向前推进，在1865年总会有一天，南部的有组织的抵抗突然瓦解"。（《马克思恩格斯军事文集》第5卷第537页）事实果然不出恩格斯之所料，1865年4月，南军终于再也抵挡不住北军攻势，全部弃械投降。

恩格斯对70年代普法战争中不同时期普法两军优劣地位的变化也曾作过类似的推断。他的这些深刻剖析给后人一个极重要的启示：观察战争现象不能只看交战双方一时的优劣处境，而是必须认真考虑到整个战争事态的发展，必须随时注意双方作战力量在战争过程中的可能发展变化。也就是说，必须是发展地、辩证地，而不是静止地、形而上学地去看待战争中的一切现象。

运用量变到质变规律预见战争事态的可能发展

作者指出，自然界和社会的发展是一个过程。在这个过程中，不显著的、逐渐的量变积累起来，达到一定程度之后，就会引起这些微小的、隐蔽的量变到根本质变的飞跃式的转化。恩格斯在研究战争事件时，十分注意运用唯物辩证法这一关于量变到质变的规律，去预见大规模流血较量的可能发展。

他和马克思对普法战争的性质在不同时期有着不同的评价。武装冲突一开始，他们明确指出，这场战争，从德国方面来说，是防御性的，是为了粉碎拿破仑第三阻碍德国统一的企图，具有进步性质。但与此同时，他们又注意到俾斯麦政府一段时间来的所作所为，有使这场战争失去纯防御性质的可能。这就是说，早在战争触发伊始，恩格斯、马克思即已觉察到，普鲁士对法战争潜藏着一定的侵略因素，而且这种因素从一开始就有明显的上升趋势。后来，随着战争双方作战行动的进一步展开，恩格斯看到，普鲁士统治集团的意图已远不是国王威廉所宣称的打退法国的进攻，而是力图击垮拿破仑第三的全部军队，并进而夺占法国的领土。这时，一场原本为民族利益而战、带有进步性质的战争，由于统治阶级的一己私利，已开始逐步向反动的侵略战争转化。那么，这个转化究竟是在什么时候最后完成的呢？恩格斯和马克思对此作了科学说明。

同社会的其他领域一样，战争中的一切事物和现象都有其量的规定性和质的规定性。对那些处于变化状态中的事物和现象，研究人员需要注意的是它们完成质变的准确时机。这里有个把握"度"的问题。尽管自7月19日开战以来，随着普军乘胜向法国境内的不断深入，普方的侵略意图已暴露得日益明显，但恩格斯、马克思并没有马上宣布这是一场侵略战争。因为当时普军的作战对象乃是拿破仑第三的军队，而这场战争首先就是此人挑起的。后来，只是在拿破仑第三和8万余名法军在色当投降引发了9月4日的巴黎革命后，恩格斯和马克思才认定这场对法战争已完全改变了性质。他们在把握战争现象中量变到质变的"度"的操作上，为后人作了生动的示范。

把对立统一规律作为观察战争中事物运动的钥匙

作者指出，战争是一种充满矛盾的复杂社会现象。人们要想揭示出它的客观运动过程，预见其大致发展，最有效的方法，莫过于学会对战争的某种矛盾进行深入分析。也就是说，要懂得自觉运用对立统一规律来观察战争中的一切现象。而恩格斯研究战争问题采取的正是这种方法。

首先，恩格斯看待战争中的任何问题，从来都是一分为二的，即不仅看它的正面，而且也看它的反面。他对19世纪80～90年代欧洲战争与和平形势的深入剖析是共产党人运用一分为二方法认识社会现象的典范。尽管那一时期欧洲的政界、外交界、学术界乃至整个舆论界，由于以法、俄为一方和以德、奥、意为另一方两大军事集团的尖锐对立而大谈战争的迫近，恩格斯却不以为然，指出战争危险虽然严重存在，但决不到一触即发之势。他考察形势时不仅看到孕育战争的一面，而且还看到制约战争的另一面。他根据对19世纪最后30年欧洲战争可能达到的规模、军事技术发展的状况、欧洲列强各自的政治、经济处境和广大劳动人民反战的觉醒程度的分析，提出了五个足以制止一场大规模战争爆发的有利因素，即：（1）一场新战争的巨大规模使后果无法预料；（2）军事技术的巨大变革和飞速发展，使人们失去左右战争进程、稳操胜券的信心；（3）热衷于挑起战争的国家自身存在着困难；（4）在世界战争中，有时一国的有利战略地位能使别国的十倍努力归于落空；（5）以各国无产阶级为主体的反战力量，牵制着欧洲列强战争计划的实现。通过对以上五个因素的认真分析，恩格斯确认欧洲当时存在着争取和平的现实可能性，并根据这种判断正确指导当时工人运动的发展，收到极好效果。

其次，恩格斯在考察战争时，十分注意识别战争矛盾的特殊性。他认为，战争中的矛盾是普遍存在的，但这些矛盾的性质却各不相同，必须具体分析，采取相应的解决办法。1848 年，意大利人民不堪奥地利帝国的残酷统治，奋起反抗，举行起义。但当时领导抗奥战争的各小国君主对自己国家同大国之间，在进行军事较量中存在的矛盾的特殊性认识不清，因而采取了错误的对付方法，不是广泛发动群众，全国动员，开展人民战争，而是仅以政府数量很少的部队同奥地利侵略大军周旋，从而很快导致了整个战争的失利。恩格斯在分析皮蒙特（当时意大利的一个小国）军队的失败时指出："皮蒙特人一开始就铸下的一个大错误，就是他们只用正规军队来抵抗奥军，他们想同奥军进行一般的、资产阶级式的、规规矩矩的战争。一个想争取自身独立的民族，不应该仅限于用**一般的**作战手段。群众起义，革命战争，到处组织游击队——这才是小民族制胜大民族，不够强大的军队抵抗比较强大和组织良好的军队的唯一手段。"(《马克思恩格斯军事文集》第 3 卷第 61 页）恩格斯在这里所讲的"唯一手段"，是他通过对大国与小国间矛盾的特殊性进行深入分析后得出的，这在方法论上对后人很有启迪意义。

再次，恩格斯认为，面临战争中各种错综复杂的情况，人们要想认识某一事物或现象的本质，唯一的办法就是找出这一事物或现象运动发展的主要矛盾和矛盾的主要方面。恩格斯认识普法战争正是采取这种办法。这一战争，自 1870 年 8 月上旬在两国边境发生数次交战后，拿破仑第三的军队屡遭挫败。到 8 月 18 日，法巴赞元帅的莱茵军团（约 17～18 万人）被围于麦茨城，使法军在野战中尚能自由行动的部队仅剩下麦克马洪元帅率领的 11～12 万人。这时，战场上出现了三对比较明显的矛盾，即：普军加强对麦茨的围攻和法军设法乘机突围、普军集中兵力围攻巴黎和法军组织力量保卫巴黎、普军抽调兵力追歼麦克马洪军团和法军力争保全麦克马洪军团。面对这种复杂态势，恩格斯通过对各方面情况的综合分析，敏锐地发现，前两对矛盾当时处于相对稳定状态，短期内不足以影响战局的发展。但第三对矛盾却具有不同的性质，这一矛盾斗争的结局将影响到战争的前途，因而具有主要矛盾的性格，而主要矛盾的主要方面则是在战略上处于主动地位的普军。根据这种认识，恩格斯在观察战况发展时，始终把注意力集中在这支军队的一举一动上。普军总参谋长毛奇在调集兵力围歼法麦克马洪军团的战役行动中，曾以进军巴黎的伪装迷惑对手和舆论界，但却未能瞒过恩格斯。他通过对交战双方作战行动和内外部矛盾的细致分析，终于在麦克马洪元帅率 8 万余官兵在色当投降前一周就准确预报了法军这场灾难的必不可免，而且对悲剧发生的地点判断得毫厘不差，并因而赢得"将军"的美誉。

把历史方法和逻辑方法巧妙地结合起来　作者指出，历史方法和逻辑方法是恩格斯研究战争问题时一贯采用、并运用得得心应手的主要方法。所谓历史方法，就是按照历史过程本身来考察事实和现象，尊重事件发生和发展的前后连贯性及其涉及的方方面面，不放过其中的曲折、迂回和偶然性。所谓逻辑方法，则是通过对事实和现象的总结，从已被揭示出的客观规律的必然联系出发，来论述事件的发展，这里不包括非本质的和偶然的东西。恩格斯是把这两种方法巧妙地结合起来的典范。

他在进行战争评论时，通常以历史方法为主，辅之以逻辑方法。例如，他在评述 1859 年 4 月底到 7 月上旬的意大利战争时，一方面如实描写各次会战和战斗的经过，另一方面又从客观事物发展的一般规律出发，对那些足以影响会战和战斗结局的诸种因素，包括经常出现和偶然出现的因素，进行深入细致的分析，力求使战场内外的每一个细节都能成为认识和判断战争运动内在逻辑的有力佐证。他在一些介绍马振塔会战的文章中，就不是只讲奥军被打败的经过，而且还从理论高度分析了会战中双方军队所采取行动的合理性。例如，恩格斯并没有因法军的胜利而放过对拿破仑第三在作战指挥上所犯错误的揭露。这位法军统帅，在准备会战的过程中，曾违背公认的战略原则，在敌人可到达的范围内进行了侧敌行军；而糊涂的奥军总司令居莱竟不懂得"集中兵力去袭击敌人拉得很长的行军纵队"。恩格斯指出，拿破仑第三之所以获胜应归功于"居莱给了他极大的恩惠"。(《马克思恩格斯军事文集》第 4 卷第 441～442 页）恩格斯这样引入逻辑方法来评论战争事件，摆脱了通常军事报道中只简单罗列战场事实的做法，起到画龙点睛的作用，在理论上给人以新的启迪。

恩格斯在撰写学术专著时，则往往是以逻辑方法为主，辅之以历史方法。他在《反杜林论》一书关于"暴力论"的三章中研究战争和军事问题时正是按照这种方式进行的。他首先高度抽象地以《鲁滨逊漂流记》中鲁滨逊用剑奴役星期五为例，说明武器的生产必须以“经济力量”为基础这一基本原理（恩格斯指出，剑“从来不是树上长出来的”），并进而提出“没有什么东西比陆军和海军更依赖于经济前提”，“装备、编成、编制、战术和战略，首先依赖于当时的生产水平和交通状况”这样的著名论断。（《马克思恩格斯军事文集》第1卷第12页）其次，他又运用大量的历史事实来说明他所提理论观点的正确性。他对自14世纪初到19世纪70年代期间的战争、军队和战略战术的发展情况进行了深入的剖析，指出，从历史上看，军事上的一系列革新和演变，诸如火药和火器的采用、炮兵的出现、带刺刀的燧发枪把长矛从步兵装备中排挤出去、封建雇佣兵被彻底淘汰、线式战术为散兵战术和纵队战术取代、后装线膛枪代替滑膛燧发枪、蒸汽舰代替帆力木质舰船等等，无一不同工业的、即经济的进步紧密相联系。恩格斯关于“暴力论”三章的写作，从军事科学研究方法论的角度看，通篇贯穿着逻辑方法同历史方法的巧妙结合，读后使人深受教益。

恩格斯对战斗力构成的考察　在恩格斯诞辰170周年到来之际，《解放军报》军事论坛版于1990年11月30日发表了论述恩格斯考察军队战斗力构成的文章。作者指出，恩格斯为了摸索军队建设的成功之道，考察了20世纪以前东西方不同时期各类军队的发展情况，得出结论认为，军队建设的根本，在于全面提高自身的战斗力，而战斗力的合理构成应包括以下6个方面。

完善的武器装备　武器装备，作为战斗力的物质基础，受到恩格斯的极大重视。他在驳斥杜林的谬论时指出：“暴力不是单纯的意志行为，它要求促使意志行为实行的非常现实的前提，特别是**工具**”。1866年7月，他也曾结合普奥战争的实际说明了先进武器可能给军队战斗力带来的巨大效应。他说：“一个简单的事实是：普鲁士有50万支针发枪，而整个其余世界还不到500支。在两三年或五年之内，没有一支军队能配备后装枪，而在此以前优势在普鲁士一边。”恩格斯并且指出，从历史上看，冷兵器时代结束后，相当长的一段时间，军队在火器的数量和构造上的优势，一直是决定会战胜负的主要因素。（《马克思恩格斯军事文集》第1卷第12页、第2卷第7页）

科学合理的编组　恩格斯认为，兵力悬殊的双方，如果弱小的一方编组得当，有时也能成功地战胜对方。他在著作里两次提到过拿破仑总结自己在埃及成功地使用骑兵战胜不善协同作战的马木留克骑兵的经验时，所想强调的正是军队合理编组的重要性。恩格斯还论述了17世纪瑞典一位国王通过改进军队编组提高战斗力的例子。古斯达夫二世–阿道夫把纵深的队形改为浅近的队形（把长矛手减少到6列、火枪手减到3列），把每团人数减少到1300或1400人，而在这之前是2000或3000人。恩格斯指出：“他采用这样的队形，打败了常常编为30列（类似纵队或方队）的密集成群的敌人”。（《马克思恩格斯军事文集》第1卷第371页）

良好的军事训练素养　恩格斯十分重视军事训练在提高军队战斗力方面的决定性作用。首先，他认为不严格训练，就无法掌握好武器装备，指出，“每一个自觉的兵士都应当知道自己武器的构造原理和性能。”又说，“如果缺乏训练和组织而仅凭热忱，任何人都不能打胜仗。”其次，他认为只有通过严格的训练，兵士才能获得良好的军事素质。在谈到罗马军队时他指出，这支军队“对兵士的训练是非常严格的，目的在于用一切可能的方法增强兵士的体力”，并“养成吃苦耐劳的习惯”。再次，恩格斯认为严格的训练可以使部队养成高度的组织纪律性。他在论述队列教练的意义时指出，进行这种教练就是要使指挥官能最有成效地运用士兵的力量。最后，恩格斯强调，只有按照实战需要进行训练，军队才能真正具有战斗力。他指出，一定要“只教给兵士们在打仗时有用的东西，而使他们不在任何传统的旧事物上白白浪费时间”。（《马克思恩格斯军事文集》第2卷第238页、第5卷第73页、第1卷第356页、第2卷第489页）

优秀的思想政治素质　恩格斯认为，优秀的思想政治素质是一种巨大的无形战斗力。1845年2月，他曾对先建成共产主义社会的国家中的人民抗击外敌入侵时所可能表现出的精神风貌作过设想。他指出：“一旦发生战争……，这个社会的成员一定会保卫**真正的**祖国、**真正的**家园，因此他们将精神焕发、坚毅勇敢地作战，使受过机械化训练的现代军队也要望风披靡。”19世纪50年代，普鲁士军界曾有人错误地认为，速射后装针发枪的大量装备部队，将使传统的肉搏战退出战争历史舞台。恩格斯驳斥了这种看法，认为“赢得战斗胜利的是人而不是枪”。他在另一些文章里还指出，勇敢和必胜的信念常使战斗得以胜利结束；精神因素在一定的条件下可以转化为物质力量。（《马克思恩格斯军事文集》第1卷第47～48页、第2卷第229页）

统一果断的指挥和周密可靠的后勤保障　恩格斯认为，在不少情况下军队丧失战斗力，首先同缺乏统一果断的指挥有关。他在评论1859年奥军在马振塔会战中失利的原因时指出，路易-拿破仑公然违反战略原则在奥军可以到达的范围内进行侧敌行军，而奥军总司令居莱面对如此有利的战机，竟然“踌躇起来”，“失去了果断的精神”，不敢对法军进行攻击，终于遭致失败。恩格斯在分析这次战争中另一重要会战——索尔费里诺会战奥军失败的原因时，着重剖析了统帅机关指挥上的不统一对军队战斗力带来的重大影响。由于出现了这种不统一，奥军的3个军行动起来彼此矛盾、互相妨碍，因而，“这次会战的失败与其说是因为人数少，不如说是因为指挥极端拙劣”。没有周密可靠的后勤保障，部队同样难以遂行战斗任务。恩格斯在分析法军统帅部在1870年普法战争中的一次重大失误时指出：“原因很简单，如果说法军兵士已经准备就绪，那末他们的军需部门还没有准备好。”又说，“正是在这方面产生的混乱使得作战行动在战争最紧要的关头推迟了几乎一个星期。”（《马克思恩格斯军事文集》第4卷第394、445页，第5卷第108页）

先进的军事思想 恩格斯认为，一支军队要在强手如林的国际环境中取得领先地位，必须经常保持军事思想上的先进性。1855年，他在全面认真考察了欧洲各国军队的情况后指出：“在目前军事公开的情况下，只有多动脑筋，在军事领域和国家资源的利用方面不断地改进和发明创造，以及发展本民族特有的军事素质，才能在一个时期内使一个国家的军队在竞争者中间跃居首位。”他通过观察发现，俄国军队的兵士打仗很勇敢，但俄国军队却经常被别国打败，究其原因，主要的正是由于军事思想落后。恩格斯指出，“任何一个俄国将军……都没有独创的思想”。他批评俄军在1854年11月克里木战争的因克尔芒会战中不讲方法和谋略，只是“前进，前进，前进——这就是一切”，结果打了败仗。恩格斯通过研究战争史还注意到一种常见的现象，即：一支革命军队，如果拥有先进的军事思想，加之领导人指挥得当，往往能在劣势情况下战胜强敌。1860年，他仔细剖析了意大利革命领袖朱·加里波第率领“千人志士”进军西西里，打败那不勒斯王国军队的成功经验。当时，加里波第仅有志愿军1400人和农民游击队3000多人，而所要攻取的西西里首府巴勒摩却有守军22000人。尽管如此，起义部队还是依靠先进的作战指导思想打了胜仗。（《马克思恩格斯军事文集》第1卷第225～226页、第3卷第413页）

文章的作者最后指出：恩格斯这种从多角度、多层次考察军队战斗力的独特做法，是他在军事科学领域运用唯物辩证法和唯物史观认识事物客观规律的又一成功尝试；他考察战斗力的先进方法，对于我们今天正确认识战斗力标准，仍然具有指导意义和启迪作用。（鲍世修《恩格斯考察军队战斗力的6个方面》，《解放军报》1990年11月30日）

恩格斯晚年在战争与和平问题上的理论贡献 1990年第4期《军事历史研究》杂志，在“马列主义军事理论研究”专栏，发表了近年来学术界研究恩格斯晚年军事思想的新成果。文章分三个部分介绍了恩格斯对未来战争的特点、战争对工人运动发展的关系、制约战争的可能性、反对战争和保卫和平的策略等问题所做的深刻分析。作者指出，学习和研究恩格斯的这一部分重要思想，不仅将有助于我们全面领会马克思主义的战争学说，而且可加深我们对中央领导同志关于正确看待当代战争危险的科学论断的理解。

对未来战争特点的科学预测以及对这一战争可能带来的危害的判断 恩格斯基于对欧洲历史和现状的深刻洞察，以及对19世纪30年代军事技术发展状况的透彻了解，提出了自己对未来战争特点的独到看法。（1）未来战争将是一场国家集团对国家集团的世界大战。他指出：“在拿破仑第三的时代还可能有局部战争；在我们的时代，战争就会是全面的”。恩格斯之所以作出这样的判断，原因在于他看到了当时欧洲大陆已形成以法、俄为一方和以德、奥、意为另一方的两大军事集团，而且一个由人数众多、武器威力巨大的军队进行的战争，将会给战败国造成毁灭性的后果。因而单个国家轻易不敢发动这种战争。1886年9月，他在分析德国政府的对俄政策时提出，如德决心抗俄，就有可能“导致法俄同盟和世界大战”。（2）未来战争将是一场参战人数空前庞大的战争。恩格斯认为，19世纪80年代以前的战争，囿于当时军队本身的数量、参战国动员的规模，双方军队的总数一般只有几万或几十万；可是，在19世纪最后的20年里，由于欧洲各国疯狂备战，军队的数量急剧增长，大工业的发展又为大量的征召兵员提供了可能，因而未来战争中参战军队的总数估计将达到1500～2000万人。这一数字后来得到第一次世界大战的大致验证。（3）未来战争将是一场损失巨大、后果极其严重的战争。恩格斯在预测这场战争的结局时，充分考虑了19世纪下半期武器发展的现状。90年代经过改进的步枪，其射程接近于火炮的毁伤半径，枪弹的穿透力与过去相比增加3～5倍。炮弹由于充填了黄色炸药，威力也空前提高。因而，恩格斯指出，这“将是一场闻所未闻的流血和浩劫”，将出现“欧洲二百年未发生过的衰竭”。恩格斯通过上述对未来战争特点的考察，还看到这场战争可能带来的种种危害：(1) 会导致各国反动统治的暂时加强，使革命运动难以正常发展，使取得胜利的时间大大推迟；(2) 将煽起沙文主义和民族仇恨，分裂国际工人运动队伍；(3) 将增加工人阶级对军费的负担，使劳动群众变得更加贫困。尽管恩格斯看到战争将给国际工人运动的发展造成那么多严重的障碍，但他对无产阶级革命事业却始终抱有必胜的信念。他认为，从根本上看，反动统治阶级为巩固本身地位而挑起的世界战祸，只能给自己的最后灭亡创造条件。而当这场悲剧过去之后，“无产阶级的胜利不是已经争得，就是终于不可避免”。(《马克思恩格斯全集》，第 22 卷第 627 页，第 36 卷第 512、381 页，第 37 卷第 11 页，第 21 卷第 402 页)

对足以制止世界战争爆发的因素的分析　既然一场破坏性极大的世界战争将使社会主义革命推迟许多年，那么，一个持久安定的国际环境对世界无产阶级革命事业的发展来说，就显得特别重要。因此，恩格斯在 80 年代中期就提出了要“不惜一切代价争取和平”。当然，这并不是一种单纯的主观愿望。因为恩格斯对当时维持和平的可能性曾作过客观的分析。他指出，试图发动战争的普鲁士和俄国“对于一场世界性的战火毕竟有些害怕，因为其后果是无法预料的”。他强调说：“这就是我们唯一的和平保障。”恩格斯还发现，军事技术的巨大变革和飞速发展也是制约战争的重要因素。他指出：“新式速射武器的准确性和远射程以及无烟火药的运用，标志着军事上发生了这样的变革，以致谁也不能说，在这些新条件下，正确的战术应该是什么样的。”此外，恩格斯看到，一些热衷于挑起战争的国家自身存在着困难，另一些国家又担心自己在战场上经过艰难战斗取得的战果有可能为某些占有有利战略地位的国家所篡夺，所有这一切都有助于遏制一场世界战争的爆发。最后，在探讨制约战争办法的过程中，被恩格斯视为极重要因素的是以各国无产阶级为主体的世界反战力量。通过以上几个方面的分析，恩格斯得出结论认为，19 世纪 80～90 年代的欧洲，尽管存在着严重的战争危险，但争取和平的可能性则是存在的，从而正确地指导了当时欧洲的工人运动。(《马克思恩格斯全集》第 36 卷第 553、614～615 页，第 22 卷第 634 页)

对反对战争和保卫和平策略的制订　客观上存在着制约战争的因素，不等于和平就已经有了保障。和平的维持还需要千百万人去努力争取。为此，恩格斯为各国无产阶级及其政党制订了反对战争和保卫和平的具体策略。(1) 不断揭露战争策划者的阴谋，积极宣传保卫和平的重要性。恩格斯在晚年写了大量揭露欧洲主要侵略势力俄、法、德、英等国进行战争谋划的文章，同时还写了许多宣传保卫和平重要性的书信。(2) 竭力促成消除一切可能引起战争的隐患。恩格斯认为，19 世纪下半叶，欧洲的战争隐患主要有三个，即德国吞并亚尔萨斯-洛林，沙皇俄国力图占领君士坦丁堡，列强争夺巴尔干。为了消除这些隐患，恩格斯曾作过长期不懈的努力。(3) 大力提倡裁减军备。19 世纪 90 年代，针对欧洲不少国家疯狂扩军备战、进入军备竞赛的客观实际，恩格斯曾把大力呼吁各国裁军作为防止欧战的主要措施，提到各国工人政党的议事日程。他还亲自撰写了一份呼吁欧洲各国实行普遍裁军的意见书——《欧洲能否裁军?》他确信：“裁军，从而保障和平是可能的。”(4) 制定防止侵略战争的共同的国际政策，反对各行其是。在存在战争危险的情况下，世界各社会主义政党对待未来军事冲突的协调一致的态度，会有助于国际危机的消除；反之，则有可能促使战争危险的增长。因此，恩格斯认为，要维护世界和平，在各社会主义政党间“有必要制定共同的国际政策”，以统一大家的行动。(《马克思恩格斯全集》第 22 卷第 437 页、第 37 卷第 4 页)

当然，争取持久的国际和平，推迟乃至完全制止世界大战，是国际工人运动的根本利益所在，为各国无产阶级政党所衷心企求。但是，事情并不取决于单方面的愿望。恩格斯在充分考虑通过努力促使事态向好的方面发展的同时，还认真估计了“战争可能不依各国政府的意愿爆发起来”(《马克思恩格斯全集》第 36 卷第 682 页) 的可能。一旦出现这种情况，恩格斯认为，各国工人政党就应根据战争的不同性质来决定自己对待战争的不同态度；并利用战争所提供的特有条件，因势利导，领导工人阶级和人民群众，争取社会主义革命的胜利。

作者在文章的最后，特别强调了恩格斯晚年在战争与和平问题上所提见解的重要理论价值和实践意义。他提醒读者注意恩格斯这方面理论的 4 个突出之点：(1) 这种理论，避免了有些马克思主义经典作家在论述同一问题时带有的片面性，如强调了战争的不可避免性，就忘记了争取和平的可能性；(2) 这种理论，宣传阐发了持久的国际和平环境有利于各国工人运动和社会主义革命的发展的重要思想；(3)

这一理论，分析战争制约因素的部分，具有重要的方法论指导意义；(4) 这一理论，使人感觉不出它产生于一百年前国际工人运动的实践，相反，它就象是昨天经验的总结。恩格斯关于战争与和平问题的丰富思想，在一个世纪后的今天，又获得了极其可喜的发展。前些年，邓小平不断发表的关于判断当代战争与和平形势的精辟论述，就是这方面的最好明证。(鲍世修《 恩格斯晚年在战争与和平问题上的理论贡献》,《军事历史研究》1990 年第 4 期)

毛泽东军事思想研究 关于毛泽东军事思想的指导地位 1990 年，全军在深入贯彻中国共产党十三届四中、五中、六中全会和中央军委扩大会议精神的新形势下，先后由军事科学院和一些大军区及军事院校在北京和安徽合肥等地，分别召开了有关毛泽东军事思想学术讨论会和理论座谈会。同时，各类刊物发表的有关毛泽东军事思想的理论性文章也显著增加。在这些会议和报刊所发表的不少文章中，对如何坚持以毛泽东军事思想为指导问题，作了深入探讨。现综述如下：

坚持毛泽东军事思想的指导地位有着特别重要的意义 许多专家学者认为，自党的十一届三中全会以来，全军在坚持以毛泽东军事思想为指导方面主流是好的。但由于受资产阶级自由化思潮的影响，有些人对毛泽东军事思想的指导地位在一定程度上发生了动摇。有的甚至以“学派论”、“过时论”等观点对毛泽东军事思想的指导地位加以否定。学者们认为产生上述模糊认识的主要原因：一是对毛泽东军事思想的科学本质缺乏完整、准确的理性认识，对其科学价值的深远历史意义认识不足；二是用静止的观点看问题，把它当成一个时代真理的终结；三是在新时期发展军事理论中，忽略了以毛泽东军事思想为指导这个根本原则和前提。他们指出，在新时期的军事实践中，自觉坚持以毛泽东军事思想为指导，对于永保人民军队无产阶级性质，粉碎国内外敌对势力的“和平演变”阴谋，具有特别重要的意义。

毛泽东军事思想的指导地位是由它的科学价值决定的 “全军毛泽东军事思想学术讨论会”上，蒋顺学在题为《在新时期的军事实践中自觉坚持以毛泽东军事思想为指导》的报告中指出：“军委江泽民主席从我军建设与发展的根本大计出发，多次强调，要坚决地坚持以毛泽东军事思想为指导，对此决不可动摇。”他认为，毛泽东军事思想作为解放军的指导思想，从根本上说，是由它的科学价值决定的。它是中国化的马克思主义军事科学，是集中外优秀军事理论成果于一体的完整的军事科学体系，既揭示了中国革命战争的特殊规律，同时也揭示了现代中国条件下军事斗争和军事建设的普遍规律；它不仅系统地揭示了军事领域的客观规律，而且为人们提供了一整套正确认识和运用军事规律，解决各种军事问题的立场、观点和方法，具有长期稳定的指导作用。新的历史条件的某些变化，没有也不可能降低它的科学价值和指导作用。姜思毅在“全军毛泽东军事思想学术讨论会”的开幕词中指出，“毛泽东军事思想是马克思主义军事理论的最高成就，它在世界军事理论之林中占有重要地位。不论过去、现在和将来，都是我军建军作战行动的指南，是我们无价的传家宝。对于中国人民解放军来说，它是须臾不能离开的指导思想。”许多学者认为，中国革命战争和人民军队长期建设的实践证明，毛泽东军事思想是解放军唯一正确的指导思想。当前在理论上，一是要破除把毛泽东军事思想当作“一家之言论”的“学派论”的观点，维护毛泽东军事思想的指导地位，真正解决好“定位”问题；二是要破除“过时论”，明确在新的历史时期内，由于时代和我军性质、任务、根本宗旨没有变，毛泽东军事思想的基本原理原则仍然具有长远的指导意义。任何一个国家的军事理论，都有自己的指导思想。在我国，能够成为军事领域指导思想和理论基础的只能是毛泽东军事思想。这是由它不可磨灭的历史地位和长兴不衰的科学性与适用性所决定的。在这个根本问题上，不能有任何的怀疑和动摇。

坚持以毛泽东军事思想为指导，当前需要解决的几个问题 专家学者们普遍认为，要坚持以毛泽东军事思想为指导，应从理论和实践上解决好 3 个问题。

第一，充分认识理论的普遍指导意义。毛泽东军事思想是接近哲学的军事理论的最高层次，其范畴和规律在空间上覆盖了整个战争和军事领域，具有极大的包容性。它是无产阶级军事科学的理论基础和核心，对军事科学的具体学科和问题的研究有重要的指导作用。中国革命战争的长期实践证明，毛泽东战争观反映了战争实践的客观真理，他所得出的认识和对待战争的基本结论，在时间和空间上具有普遍的指导意义。

第二，必须坚持实事求是的思想路线。学者们普遍认为，以毛泽东军事思想为指导，必须坚持一切从实际出发，才能找出问题的症结所在，找准理论与实际的结合点，更好地发挥理论的指导作用。为此，必须解决好以下问题。一是对毛泽东军事思想要始终保持坚定的信念，在任何情况下都毫不动摇地坚持它的指导地位；二是坚持无产阶级党性原则与求实创新精神的统一，研究新情况，解决新问题，探索新规律；三是要从中国和解放军的实际出发，批判地借鉴外军理论和其他科学领域的有益成果，正确地运用于建军和作战的实践；四是重视总结新时期的实践经验，不断丰富和发展毛泽东军事思想。

第三，关键是掌握立场、观点和方法。专家学者普遍认为，坚持以毛泽东军事思想为指导，就是运用毛泽东军事思想的科学理论，尤其是它的立场、观点和方法，研究新情况，解决新问题，进而丰富和发展毛泽东军事思想。不把握毛泽东军事思想的立场、观点和方法以及基本原理原则，就不能完整准确地理解它的科学体系，也就根本谈不上坚持与发展。要正确运用毛泽东军事思想指导自己的行动，就必须抓住问题的中心和实质，理解毛泽东军事著作中提出的方针、原则和结论。只有理解毛泽东军事思想的体系，掌握毛泽东军事辩证法思想，把握毛泽东军事思想的党性原则，才能把毛泽东军事思想的立场、观点和方法真正学到手。许多学者认为，毛泽东军事思想的基本理论是，运用辩证唯物主义和历史唯物主义，研究和解决指导军事问题的立场、观点和方法，因而具有稳定性和长期的指导意义。即使是不具有普遍指导性的个别结论，我们也可以通过它来学习毛泽东军事思想解决问题的立场、观点和方法。因此说，毛泽东研究战争的立场、观点和方法是不会“过时”的。他们还认为，以毛泽东军事思想为指导，正确借鉴外军的理论和经验，必须立足于中国和解放军的实际，根据建军和未来反侵略战争需要，用毛泽东军事思想的立场、观点和方法加以鉴别，做到“洋为中用”，才能使毛泽东军事思想不断发展。

关于新时期继承毛泽东建军思想的研究

在新时期如何继承毛泽东建军思想，加强人民军队的建设，许多学者认为必须做到以下几点：

坚持党对军队的绝对领导　在新形势下，继承和发展党对军队绝对领导的原则，对于保持人民军队无产阶级性质，做到政治上永远合格，加速现代化建设进程，具有重大而深远的意义。学者们指出，坚持党对军队的绝对领导，是毛泽东建军思想的核心内容，反映了中国人民解放军建设的基本规律，体现了中国共产党和人民军队的性质的一致性。在社会主义建设时期，军队作为国家的要素而存在，但军队的阶级属性和为党的政治任务服务，为全中国人民服务的根本宗旨没有变。要保持军队的无产阶级性质和现代化建设的正确方向，保证各项任务的圆满完成，必须坚持党对军队的绝对领导。马克思主义认为，军队是一定阶级及其政党实现政治目的的工具，阶级属性和国家属性是并存在统治阶级军队中的两种基本属性。新中国成立后，党对军队实施绝对领导与国家对军队实施领导是一致的。党、国家、军队，说到底是同一属性。只有始终不渝地继承党对军队绝对领导的原则和制度，才能确保中国人民解放军的无产阶级性质，充分发挥其在国家安全与稳定中的柱石作用。至于如何坚持党的绝对领导，学者们提出的措施是：坚定不移地在政治上、思想上、行动上同党中央保持高度一致；坚持党领导军队的一系列根本原则和制度；加强各级领导班子建设，使枪杆子牢牢地掌握在政治上忠实可靠的人手里；大力加强和改进思想政治工作。他们还指出：坚持党的绝对领导，关键是要搞好党的自身建设。为此，(1) 加强党的政治建设，把贯彻执行党的路线、方针、政策作为党的建设的基本内容；(2) 加强党的思想建设，把它作为加强军队党的建设的中心内容；(3) 加强党的组织建设，把建立健全各级党组织作为党的建设的基础，把党委集体领导下的首长分工负责制，作为军队党的建设的根本制度。

加强思想政治工作　继承和加强思想政治工作，是人民军队建设的重要内容。普遍认为，在新的形势下，不但要求政治工作要在继承的基础上有所发展，而且要在广度和深度上改革创新。学术理论界提出的措施是：(1) 坚定社会主义的理想和信念。树立和坚定干部战士的社会主义理想和信念，是政治工作的重要使命。在新的历史条件下，要把社会主义事业继续下去，就必须树立和坚定社会主义的理想和信念，抵制资产阶级自由化和其他腐朽思想的侵袭，这是关系到党和国家命运及社会主义四化建设成败的根本问题。政治工作如果不坚定人们的理想和信念，就等于抽掉了自己的灵魂。(2) 坚持改革创新。改革创新是政治工作的自我完善。必须遵循党性原则，深入实际，调查研究；改革不适应新形势要求的内容、形式和方法，进一步提高政治工作的针对性、战斗性、科学性和有效性。(3) 坚持党的群众路线。在新的历史时期，强调继承并健全民主制度，贯彻党的群众路线，是加强官兵团结，稳定部队的一项十分重要的措施。只有善于发挥各级领导干部和群众的集体智慧，各项工作才会在广大官兵积极支持下取得成绩。(4) 进一步搞好军内外关系。在相对和平时期，战争年代那种军民生死相依的感情相对“淡化”，军队与地方的利益关系也变得较为突出。在军队内部，由于士兵成分和质量的变化，对如何正确处理军内各种关系也提出了一系列新的要求。必须坚持毛泽东的群众观点，研究新情况，探寻新规律，总结新经验，以建立新型的军内外关系。

探索新时期的治军规律 学者们普遍认为，从严治军是新时期建军的重要内容之一。无论古今中外，凡军队都强调集中统一和令行禁止，这是治军的共同规律。人民解放军遵循严爱一致的治军规律，这是由人民军队的性质和宗旨决定的。在新时期必须继承和发扬人民军队的光荣传统，严格按严爱一致的规律带兵用兵。他们认为治军先治官，对各级领导班子要严；居安思危，安不忘战，在当今世界存在着私有制和阶级，战争因素并未消除的情况下，切不可麻痹松懈；牢记人民军队的宗旨，强化拥政爱民观念，增强军民团结等优良传统都是治军规律。学者们还认为，只有坚持以马列主义、毛泽东思想为指导，运用其立场、观点和方法，探索、掌握和发展在新的历史条件下我军管理的基本规律，才能找出那些推动管理实践发展的、最基本的、带规律性的东西，继承和发扬人民军队的优良传统。否则，丢掉了优良传统，便丢掉了人民军队的本质特征。

加速军队的现代化建设 一些学者认为，认真贯彻毛泽东关于加速军队现代化建设的思想，是现代化战争的必然要求，是军队建设向更高阶段发展的必由之路。其基本目标是逐步达到世界先进水平。根本方针就是从中国的实际出发，坚定不移地走自己的发展道路。新时期加强军队现代化建设，必须认真贯彻坚持以积极防御战略思想为指导；坚持独立自主，自力更生方针；坚持以国民经济发展为前提，正确处理经济建设与国防建设的关系；坚持以革命化为前提，现代化与正规化建设同步前进；坚持以改革为动力，不断把中国人民解放军现代化建设推向前进。学者们提出：在武器装备相对落后条件下，加速军队现代化建设，必须认真探索诸军兵种合同作战的规律；突出重点，科学安排与协调发展诸军兵种；改进武器装备和体制编制；加强“软件”和“硬件”建设，努力提高合同作战能力。

关于毛泽东战争观当代价值的研究 毛泽东战争观是认识、研究和指导战争的理论指南。由于受到高技术兵器的发展和国际战略形势变化的重大影响，近些年来，学术界产生了一种认为马克思主义的战争观已不能完全解决当今战争特别是核战争现实的观点。学术界对这一问题进行了广泛探讨，主要集中在以下三个问题上。

关于战争根源 许多学者针对战争的阶级标准，生产关系标准已不再适用于当今战争，帝国主义与霸权主义不再是现代战争的根源的理论，明确指出：这种抽掉阶级斗争，脱离阶级分析方法的战争根源论是十分错误的。大家认为，关于战争根源，依据毛泽东军事思想的基本观点，首先应区分为两个层次：一是指阶级社会的战争，最初是与一定的生产关系相联系的特殊的社会历史现象，它是在人类社会出现了私有制和阶级以后的必然产物。二是指各历史阶段具体的、现实的战争根源。在人类进入帝国主义与无产阶级革命的时代，列宁曾指出“现时的战争产生于帝国主义”。毛泽东亦说过“只有帝国主义消灭了，才会有和平”。并在后来针对美苏争霸世界的现象指出，美苏是现实最危险的战争根源。80年代后，邓小平把现代战争根源进一步理论化，指出“战争是同霸权主义联系在一起的”，从而补充和发展了列宁和毛泽东的理论。他们指出，近年来兴起的“利益说”，认为当代战争的阶级标准、生产关系标准已经过时。这种理论的危害在于使具体的战争根源消失了，抹杀了“利益”的阶级性。总之从根本上讲，战争仍然是阶级斗争的产物。学者们还指出，有人认为，“由于‘核均势’和‘互相威慑’的产生，不但核战争不可能爆发，就是常规战争也一去不复返了。”这种观点是荒唐的。我们不否认核武器的发展对战争与和平产生了重大影响，但核武器的出现和销毁，不可能最终消除战争根源。“在现时代，帝国主义和霸权主义是产生战争的根源。”就是说，只要帝国主义存在，战争也就不会最后消亡。在阶级社会，战争是敌对双方或多方利益矛盾冲突到不可调和时的产物。只有在阶级、国家、私有制消亡以后，战争这种社会历史现象才会最终消亡。当然核武器的发展在一定程度上成了制约世界战争爆发的一个重要因素。但它只是现阶段成为制约战争的一个重要因素，不能永远地避免战争的爆发。而且核武器以后超过核武器的新式武器的出现和销毁，同样不能使战争消亡。

关于战争本质 不少学者针对现代特别是核条件下“战争不再是政治的继续”的观点提出不同的看法。他们认为，列宁从唯物史观的基本原理出发，批判地吸取了克劳塞维茨“战争是政治的继续”的基本观点，赋予了政治以阶级性的内涵，成为马克思主义战争观的传统观点。毛泽东对这 理论作了创造性的补充和发展。无产阶级革命导师对阶级社会战争本质的科学概括，至今具有普遍的指导意义。蒋顺学在军事理论座谈会上的讲话中指出，首先，核战争一旦爆发，必然是由政治引起的，是某种政治的继续的形式，决不会是毫无政治目的的暴力行为。其次，核战争即使达不到政治目的，也不会失去其政治的本质属性。战争能否达到政治目的和它是不是政治的继续是两回事。再次，核武器的巨大破坏力可以起到制约和遏制大战的作用，但说到底，核武器是受使用者的政治目的支配的，不可能改变核战争的政治本质。许多学者认为，核武器的巨大破坏力，对战争产生重大影响。但战争本质不决定于武器的威力和战争的形态，而是看谁掌握了它，并为了什么样的政治目的而使用它。核战争确实会给人类带来巨大灾难，这种惨痛后果并不能抹杀发动核战争的政治动因。战争动因与战争结局既有联系，又有区别。战争动因反映了战争的政治目的，但战争实践不一定都能实现既定的政治目的。用核战争有不能实现政治目的的可能性，来否定它本身存在的政治目的，在逻辑上是错误的。随着核武器威力的增大和数量的增加，在未来战争中使用核武器这一手段，可能不是理想的选择。然而，这种不理想的选择并不能说明战争不是政治的继续。学者们指出，在核武器时代，任何拥有核武器的国家，在定下重大军事决心时，都必须充分考虑政治问题。虽然美苏双方处于核均势，但正在从核战争的死胡同中寻找出路，大力发展其他防御系统，以打破僵持局面。这说明，任何新武器归根到底都是为政治目的服务的。超级大国推行核威慑政策，以达其政治目的，“威慑是政治的继续”，如果一旦发生核大战，这种战争必将是政治的继续。他们还指出，就核战争的本质属性而言，它无疑是“政治通过另一种手段的继续”。政治是整体，战争是局部，政治产生战争；政治是目的，战争是手段，政治支配战争。不仅如此，政治还将作用于、贯穿于核战争的全过程。

关于战争性质 有人认为，在核条件下，既然核战争将给人类带来巨大灾难，那战争就无所谓有正义与非正义之分；也有人认为，现代局部战争很难区分谁是谁非。一些学者在探讨这一问题时提出不同观点，他们指出，战争的政治本质决定着战争的性质，是战争性质的质的规定性，并以此决定我们对待战争的态度。这也是毛泽东历来的观点。一场战争，要么是正义的，要么是非正义的，介于两者之间的战争是不存在的。那种认为，战争性质不可分的观点是错误的。学者们认为：(1) 战争是政治的继续，这种正义与非正义的性质规定着核条件下的战争性质也必然有正义与非正义之分。以核战争的灾难性后果来否认核战争的性质，是把战争的政治目的与战争的手段能否达到政治目的混为一谈。首先挑起核战争者，置世界人民死活于不顾，是掩饰不了其非正义性的。(2) 区别战争的不同性质，是对不同战争采取不同态度的根本前提。在核威胁的条件下，我们坚决反对核战争，努力进行防止核战争的准备，都具有正义性。(3)“得道多助，失道寡助”。发动核战争，与人民为敌，在政治上是反动的，当然要遭到全世界人民的反对。但为了制止和反对核战争，而采取相应的反核手段，则具有正义性质。学者们指出，中国拥有核武器之后，仍然要坚持人民战争，通过人民战争达到以劣势装备战胜优势装备之敌，这是毛泽东核战略思想区别于其他核战略思想的一个重要之点。毛泽东历来认为决定战争胜负的是人，是战争的性质，而不是一两件新式武器。把核武器吹得神乎其神，认为单靠核武器决定战争胜负的观点是不符合客观实际的。

关于如何坚持与发展毛泽东军事思想的研究　1990 年，学术理论界普遍强调，必须把坚持与发展毛泽东军事思想作为重大的历史任务继续下去。

坚持与发展的关系 学者们普遍认为：坚持与发展的关系是辩证统一的。在这个问题上过去林彪提出的“顶峰论”否认发展；粉碎“四人帮”后出现的“两个凡是”不允许发展；近几年资产阶级自由化思潮提出的“过时论”则离开坚持讲发展，实际上是既不要坚持，也不要发展。他们指出：我们是坚持与发展的统一论者。主张坚持是发展的基础和前提；发展是在坚持中贯彻实事求是思想路线、理论联系实际的过程和结果。真正的坚持，是按照毛泽东军事思想所揭示的军事规律办事，把普遍真理与新的军事实践相结合，这就必然导向发展。他们还认为，从坚持是发展的必要条件来讲，坚持具有决定意义；从发展是坚持的必然趋势来讲，发展具有决定意义。“坚持与发展在本质上是理论指导实践，实践丰富理论的过程，是实践、认识、再实践、再认识的过程。二者的统一也是在这个过程中实现的。”当然，在坚持和发展毛泽东军事思想的长过程中，在一定时期一定条件下，为纠正和反对某种错误倾向，着重强调坚持和发展是需要的，也是有现实意义的。学者们指出，有人说，根据政治斗争形势有时可以继承为主，有时可以发展为主。这听起来好象符合辩证法，分清了主次，实则是一种糊涂观念。因为辩证法的否定本身就包含了肯定。这种思想上的糊涂往往导致理论和实践上的错误。还是邓小平高瞻远瞩，他在突破“四人帮”设置的种种禁区时，提出必须坚持四项基本原则；在反对资产阶级自由化时，又提出党的十一届三中全会以来的方针政策不能变。在理论和实践的结合上成为继承和发展的光辉榜样。

如何坚持与发展毛泽东军事思想 概括起来主要有3点：

(1) 必须进一步肃清资产阶级自由化思潮的影响。不少学者指出，近几年在资产阶级自由化思潮鼓吹的马克思主义“过时论”的影响下，有人认为，毛泽东军事思想是我军战争年代的经验总结，其原理原则已不再适用了；有的则盲目推崇外国的军事理论；个别人甚至热衷于从毛泽东军事思想中找“错误成份”。这些思想如果不及时澄清，势必影响到对毛泽东军事思想的坚持与发展。事实表明，如果我们不能始终不渝地坚持毛泽东军事思想的基本理论阵地，在实际工作中就不可能自觉地坚持以毛泽东军事思想为指导。当前主要是应当旗帜鲜明地反对资产阶级自由化。搞资产阶级自由化的人打出“解放思想”的旗号，其要害是否定四项基本原则。只有把解放思想、敢于创新与坚持毛泽东军事思想的基本原理辩证地统一起来，才能在实践中坚持与发展毛泽东军事思想。学者们认为，要坚持与发展毛泽东军事思想，必须加强世界观的改造，才能自觉地抵制资产阶级思想的侵袭，经得起“和平演变”的考验，做到政治上永远合格。

(2) 必须把理论功底打好。理论界普遍认为，只有从理论上搞清毛泽东军事思想中哪些原理原则有其长期稳定性，是必须坚持的；哪些内容和个别结论是反映当时历史特点的，必须依新的历史条件加以修正和发展，才能真正做到坚持与发展毛泽东军事思想。要做到这一点，其关键就是要在理论上打好功底。主要应在3个方面下功夫。一是完整准确地理解毛泽东军事思想的科学体系；二是掌握毛泽东的军事辩证法思想；三是把握毛泽东军事思想的党性原则。因为马克思主义的立场、观点和方法不但贯穿于毛泽东军事思想的体系之中，并在其军事辩证法中完美统一地表现出来，且反映着鲜明的无产阶级性质。许多学者认为，毛泽东军事思想的基本原理，具有稳定性和长期性的指导意义，必须结合新的历史条件加以坚持。至于个别结论，则是基本原理在各个历史时期，针对具体情况作出的，具有一定时空范围的特殊性。随着新的历史条件的变化，个别结论的不断发展，是正常的新陈代谢。因此，个别结论的发展变化，并不能动摇基本原理的根基。坚持与发展毛泽东军事思想必须建立和完善人民军队现代军事科学理论体系。因而，遵循毛泽东军事思想的基本原理，依据变化了的敌我双方的客观实际，去创造现代条件下人民战争的新形式和新方法，适应现代战争要求，建立现代军事理论体系，是中国人民解放军现代化建设的一个重要目标。他们还认为，要打好理论功底，还必须把学习毛泽东的军事著作和学习邓小平在新时期的军事论述结合起来。这样既可加深和拓宽对毛泽东军事思想的理解，又可充分领会坚持与发展毛泽东军事思想的科学方法，从而更好地把握军事理论研究的正确方向，以繁荣和发展人民军队的军事理论。

(3) 必须理论联系实际并正确指导实践。理论界普遍认为，坚持与发展毛泽东军事思想，必须坚持理论联系实际的马克思主义学风，正确地以理论指导实践。为此，一要掌握并运用好毛泽东军事思想的世界观与方法论，研究和解决军事实践中的具体问题；二要坚持实事求是的思想路线，深入军事实践不断研究新情况，解决新问题；三既要重视基础理论的学习，又要加强实际问题的调查，坚持理论为现实服务。总之，坚持与发展毛泽东军事思想，就是要运用毛泽东军事思想的科学理论来分析研究新情况，回答和解决各种实际问题，并在解决问题的过程中，探索新的规律，进而丰富和发展毛泽东军事思想。有些学者认为，必须紧紧把握“指导实践”这个基本要求。坚持与发展毛泽东军事思想，本质上是一个理论与实践相结合的过程。离开了指导实践的客观要求，任何理论都将失去其意义。可以说，坚持与发展毛泽东军事思想本身不是目的，而指导实践才是目的。他们指出，坚持和发展毛泽东军事思想，就是要提倡创新。而理论创新的动力是实践。坚持以毛泽东军事思想为指导，必须紧密联系实际。理论与实践距离越近，结合得越好，其作用就越大。有的学者指出，十大军事原则来源于战争实践，并随着战争实践的深入而不断发展。因此，坚持和发展毛泽东十大军事原则，必须依据实际情况灵活运用，在新的实践中不断赋予新的形式和内容，这样才能适应新情况发展的需要。

新时期邓小平对毛泽东军事思想的坚持与发展 学术界普遍认为，邓小平在新的历史时期把毛泽东军事思想这一科学理论同新的历史条件密切地相结合，正确地回答和解决了新时期国防建设，军队建设和未来作战的许多重大问题，提出了一系列理论、方针和原则。

维护毛泽东军事思想的指导地位，在实践中丰富和发展毛泽东军事思想 学者们认为，在继往开来的历史转折时刻，邓小平不仅坚决地维护毛泽东军事思想的指导地位，而且还在军事实践中丰富和发展了毛泽东军事思想。诸如提出世界战争可以避免的新论断；提出并领导完成了国防建设和军队建设指导思想的战略性转变；确定军队建设要在国家经济建设大局下行动的原则；确定为建设一支强大的现代化、正规化革命军队而奋斗的总方针，提出实行现代化条件下人民战争的思想及军队改革的思想和原则等。其内容十分丰富，充满了马克思主义的哲学思想和毛泽东军事辩证法思想，完全符合中国社会主义初级阶段的实际，揭示了新时期国防和军队建设的基本规律，为人民军队在新的历史条件下继续前进指明了方向。

邓小平是当代毛泽东军事思想的集大成者 许多学者认为，邓小平在新时期对坚持和发展毛泽东军事思想发挥了重大作用，成为当代毛泽东军事思想的集大成者。他们把邓小平在新时期军事理论贡献概括为10个方面。其中主要有：提出世界大战可以避免的新论断，实行了军队建设指导思想的战略转变；强调国防建设必须服从和服务于经济建设的大局，制定了和平时期建军的总方针；明确军队建设以现代化为中心，规定了和平时期全面建设军队的总目标；把教育训练提到战略地位，揭示了和平时期提高军队战斗力的基本规律；准确地找到了军队建设的主要问题，果断地作出了精简整编和体制改革的战略决策；全面考察现代战争特点，发展了积极防御的战略方针等。一些学者还从不同侧面论述了邓小平在理论上的新贡献。

在军事教育和训练方面丰富发展毛泽东军事思想 学者们指出，邓小平对毛泽东教育训练思想的继承和发展的内容十分丰富，认为它集中反映在3个方面：一是科学地阐明了教育训练的地位和作用，把教育训练提高到战略地位。二是把教育训练内容从技术训练为主提高到以智能训练为主，着重强调，要学会现代条件下诸军兵种的协同作战。三是把教育训练的方法从单一兵种训练为主，提高到多兵种合成训练为主，并提出了编组合成军进行合成训练的决策。

在核战略理论方面对毛泽东军事思想的丰富和发展 学者们把邓小平对毛泽东核战略理论的发展，概括为4点：(1)提出“核武器我们还要发展一点”的有限核力量的理论。(2)发展了毛泽东和平时期的核威慑思想，主张遏制核战争的同时又积极发展有限核力量，调整与平衡核战略格局。(3)在核战争中，运用“报复”手段的思想，提出要以小的代价达成有效的战略目标。(4)提出用现代化武器打游击战的思想。这是在现代条件下对毛泽东游击战争理论的新发展。

邓小平丰富发展毛泽东军事思想的哲学特征 许多学者认为，邓小平在新时期提出的一系列重要的军事思想，结构严谨，内涵丰富，他所提出的把工作重点转移到现代化上来的主题和把教育训练摆到战略地位上来的重点，阐明了具有哲学特征的3个内容：武器装备的现代化，即科学辩证的发展观；培养使用现代化武器的人，即唯物主义的历史观；以科学的编制体制把人组织起来，即实事求是的世界观。

中国古代军事思想研究 1990年中国古代军事思想研究在原来基础上又有新的进展。(1)《孙子兵法》研究日趋兴盛。集当今学术界最新研究成果的《孙子新探》和《孙子校释》的先后出版，规模空前的第二届《孙子兵法》国际研讨会的召开，使风靡世界的“孙子热”更“热”。《孙子》的思想已进入了当今许多国家的“庙堂”，成为他们战略决策和指导局部战争的依据。将《孙子兵法》用于和平建设事业，是近年来《孙子》研究出现的一个新特点。(2)一些长期处于被遗忘角落里的兵书、非兵书、非军事人物的军事思想逐步引起人们的注意，先秦诸子多被论及，《车营扣答合编》、《乾坤大略》、范仲淹、陈亮等的军事思想已有探讨专论。研究的范围在逐步扩大。(3)注意选取新的角度，如从系统论的角度、管理学的角度等对中国古代军事思想进行探析，多有新意。

对《孙子》理论框架的新概括 吴如嵩将《孙子兵法》的军事理论框架概括为“十六论”：安国全军的慎战论、谋深虑远的先胜论、不战而屈人之兵的全胜论、威加于敌的伐交论、纵深奔袭的突袭论、攻虚击弱的易胜论、示形动敌的致人论、因利制权的任势论、兵以诈立的诡道论、奇正相生的阵法论、用兵八法与十围五攻的常法论、令文齐武的治军论、五德兼备的将帅论、因粮于敌的后勤论、九地六形的军事地理论、刚柔皆得的战道论。在突破以往对古代军事思想传统的概括模式方面作了有益的尝试。在各论中提出了一些新的观点。如：认为不战而屈人之兵的全胜论是高于军事战略的大战略；威加于敌的伐交论是古朴的威慑战略；“高陵勿向，背丘勿逆”等是作战指挥的常法；“归师勿遏，围师必阙，穷寇勿迫”中，“归师”是指主动退却或有“必死之志”的军队，“必阙”是网开一面，虚留生路，而绝不是放跑敌人，“穷寇”是指决心死战的军队，而不是夺路狂逃的败军，“勿迫”不是说不要追击，而是说不要威迫太甚，以瓦解敌人困兽之志，以便伺机歼灭之。这也是作战指挥的常法。《孙子兵法》所提出的众多的战争规律中，最根本、最核心的规律是"刚柔皆得"，抓住了它，就获得了深刻认识《孙子兵法》的钥匙，它是《孙子兵法》战略策略、柔武思想及罚重赏轻治军思想的哲学基础。（吴如嵩《孙子兵法新论》，解放军出版社 1989 年 6 月）

《孙子》战略思想要点 傅尚逵概括为四项原则：(1)"非危不战"——挽危而战的原则。这一原则是建立在"尽知用兵之害"基础之上的，其主旨是"安国全军"。它要求决策者慎战、重战，但不排除在国家受到敌人威胁的总的战略形势下，为避免将来可能出现的被动局面而在军事上"先发制人"。(2)"非利不动"——战而趋利的原则。它要求战争指导者必须首先明确进行战争的目的性，这就是"唯民是保，利合于主"；其次，还必须懂得"杂于利害"。(3)"非得不用"——战则必胜的原则。这就必须做到：未战而先庙算，先胜而后求战，遵循"战道"行事。为此，它提出了"修道而保法"、"攻其不备，出其不意"、"以虞待不虞"、"奇正相生"、"以众击寡"、"避实击虚"、"以迂为直，以患为利"、"避其锐气，击其惰归"等谋略。(4)"不战而屈人之兵"——不战而胜的原则。这是《孙子》战略指导所追求的最佳目标。这一原则并不仅仅是为了威慑，主要是为了达到"自保而全胜"这一根本的战略目的。这四项原则鲜明地体现了《孙子》的军事思想理论在历史上的进步性，以及在体系上所具有的某种程度的科学性和完整性。（傅尚逵《〈孙子〉战略思想探要》，《社会科学辑刊》1990 年第 2 期）

《孙子兵法》中的早期朴素军事运筹方法 汪爱华认为，《孙子兵法》是我国军事运筹方法萌芽时代的代表，主要表现在两个方面：一是早期朴素军事运筹方法的整体性观点，即把战争系统的各条件看作是互相联系的有机整体。它提出的决定战争胜负的"五事""七计"这一战争系统，涉及国家最高统治者、军事指挥者、执行者与控制机制；它还意识到战争系统与外部环境的关系，形成又一大系统。在运筹和实施决策的进程中，它注重调动各方面、各层次的积极性，防止顾此失彼，以为战争胜利这一整体利益服务；对任何问题都要求采取多方面的综合分析的态度，而不是孤立、片面地看问题；对具体问题的分析，注重透过现象抓住本质。二是注意定量分析，进行最佳化决策。《孙子兵法》在论述中不仅使用比较抽象的定性概念，而且大量使用量化概念，以此作为运筹谋划的基本依据。其关于决策程序的论述也体现了自组织系统（即提出问题、确定目标、信息处理、设计方案、决策和反馈）的胚芽。为做出最佳决策，它提出了一系列原则：相敌原则、动敌原则、践墨随敌原则等。我们目前讲的决策分类（确定性决策，风险性决策，非确定性决策等），在《孙子兵法》中也可找到端倪。（汪爱华《〈孙子兵法〉中的早期朴素军事运筹方法》，《军事历史研究》1990 年第 3 期）

第二届孙子兵法国际研讨会主要学术观点

(1) 关于《孙子兵法》思想渊源和理论内容。认为中国古代以仁德为根、诡诈为用的思想对《孙子兵法》的形成有直接的影响；《孙子兵法》与《周易》在哲学思想和军事思想上有许多相近乃至相通之处；对《孙子兵法》的战略威慑思想、系统和运筹思想、战略地理思想、军事哲学思想、军事经济思想和心理战理论等进行了进一步的探讨。(2) 关于《孙子兵法》对当代国际战略研究的理论启示。认为《孙子兵法》所产生的时代与当今时代有许多相似之处，它所总结的多极竞争的基本原则对今天仍有指导意义；"不战而屈人之兵"对当代世界战略有着深刻的影响；《孙子兵法》适用于局部战争的指导、调解国际冲突等。(3) 关于《孙子兵法》在当代社会各个领域的应用与影响。认为孙武是中国行为学、斗争学的创始人；《孙子兵法》在国际技术竞争、进出口管理、市场开发、乃至中医治病等方面均有指导价值。(4) 关于《孙子兵法》在外国的影响及东西方军事理论比较。认为《孙子》对日本海军具有深刻影响；被列入联合国教科文组织中国代表作的格里菲思的《孙子兵法》英译本存在严重不足；从《孙子》与古代希腊、罗马和近代俄国的军事著作比较看，中、西方军事理论存在着许多不同的特点。（刘庆《第二届〈孙子兵法〉国际研讨会综述》，《军事历史》1990 年第 6 期）

《墨子》的防御思想 于泽民认为，《墨子》对于战争的态度是非攻、救守。其"安国之道"已着眼于综合国力的提高，主张尚贤尚同，修治内政；强本节用，发展经济；信交诸侯，互助互救；全面动员，全民抵抗等，而不只是着眼于军事。《墨子》提出的防御原则主要有：依托坚城，正确部署；梯次配置，层层抗击；搞好侦察，保障联络；多种手段，积极歼敌。其中包括：针对敌人的攻城方法防守，以高制高，以穴对穴，以弓弩射杀和长短兵器击刺相结合；给敌以连续打击，不使之有喘息和另作图谋的机会；拒、打结合，设置障碍物阻击敌人，同时施以攻击手段，顽强坚守与适时出击相结合；内守与外救相结合等。其防御思想与《孙子》的进攻思想可谓是异曲同工，对后世均产生了深远的影响。（于泽民《〈墨子〉防御思想初探》，《先秦军事研究》，金盾出版社

1990年5月)

《尉缭子》的“兵教”思想 董珍将其概括为4点:(1)认为“兵教”是战争准备的重要方面,是战争胜负不可缺少的保证。“兵教”的目的在于将军队训练成为“开封疆,守社稷,除患害,成武德”的“王霸之兵”。(2)“兵教”要按“伍”、“什”等建制单位循序渐进地进行,由长任教,逐级训练。训练时,从士兵熟悉手中武器开始,由简入深,先分后合。对将吏则进行以“制胜之道十二条”为基本内容的训练。(3)重视军队的政治教育。强调“先礼信而后爵禄,先廉耻而后刑罚,先亲爱而后律其身”,认为“太上神化,其次因物”。(4)严格训练,严格要求。坚持“刑上究”、“赏下流”的赏罚原则;对训练好的将吏有赏,违反教令者,教官和犯法者同罪;军队中的各项制度首先在训练中贯彻,以养成良好的战斗作风;注重军队整体素质的提高,把将帅与士兵的关系比作人的大脑和四肢;强调将吏的表率作用,认为将吏“率身以励众士”,会产生其他任何教育都不能比拟的巨大的精神力量。(董珍《浅谈〈尉缭子〉的“兵教”思想》,《兵家史苑》1990年第2辑)

《管子》的边防思想 储南君认为,《管子》的边防思想主要体现在3个方面:(1)“安边境,亲四邻”的指导方针。为此,主张主动归还过去侵占的四邻国家的疆土;帮助弱国“立国存祀”;开展积极的外交活动,在与外国的交往中轻币重礼,睦邻求士,免征关税,吸收外国商人来齐贸易等。(2)建关设塞,强化边防。关塞既是保卫国家的边防要点,又是与各国进行经济、政治和文化交流的通道。因此,凡设关塞的地方必须要有健全的编制,所置官吏有:侯人、行人、关尹等。关塞与国都保持密切的联络,边关有警,通过烽火传报。(3)建立严密的边境防御体系。包括:建立边境巡逻队伍“游守”;建立侦察、缉捕的治安队伍;加强边境情报的传送;修建城郭、墙垣、路障、护城河等边防工程;储备充足的粮食,开发边境,就地解决边境地区的后勤供应问题。(储南君《〈管子〉的边防思想初探》,《军事历史》1990年第2期)

商鞅对兵家的贡献和影响 马来西亚学者郑良树指出,商鞅兼具兵、法二家的身份,不但在军事上拥有丰富的著作,而且还是一名著名的军事将领。部分篇章为商鞅亲著的《商君书》中,反映了他对兵家的理论贡献。与纯粹兵家不同的是,他不但畅论兵战的方法、技术及谋略等问题,而且还从法家的立场兼论影响兵战成败的政治、法律等因素。商鞅提出:“凡战法必本于政胜”,“政久持胜术者,必强至王”,认为政治是兵战成败的主要因素。同时,他又强调兵战的胜败与法律的建立有密切的关系,“错法而俗成,俗成而用具,此三者必行于境内,而后兵可出”。商鞅从法家立场出发,介入兵家理论的讨论,导进法家的观点,修改及充实兵家的一些理论,为兵家带来崭新的见解。商鞅的理论对后世产生了深刻的影响,受其影响最深的,莫过于三国曹操,二者有许多相通之处。(郑良树《商鞅对兵家的贡献和影响》,《孙子新探》,解放军出版社1990年2月)

早期儒家的战争观念 吕绍纲认为,早期儒家学派孔子、孟子、荀子三位大家有一个基调一致的战争观念:具有强烈的保守主义色彩,过多地看到战争反人道的一面,而忽视战争的社会历史作用。他们猜到了战争受政治制约这个历史的奥秘,因而力图通过好的政治消灭战争。在决定战争胜负的主要因素是什么的问题上,十分强调政治的作用,以为军事的因素不足道。但这三位大家的战争观念也不尽相同,其间有一个发展的过程。孔子肇其端,荀子集大成。孔子战争观念的核心是“礼乐征伐自天子出”。过多地怀念过去而不敢正视现实,这一特点构成了儒家学派战争观念的思想基础。孟子战争观念的核心是认为“春秋无义战”,“仁者无敌”。由于他过分强调民本主义的意义,过分看重“仁政”的效果,忽略战争的必然性,形成了过激的、反对战争的战争观念。荀子对战争问题的思考已不单单局限于政治领域,而是已经真正跨入了军事领域。他坚持政治对战争具有决定意义的观点,认为政治是本,军事是“末”,但同时又强调最后赢得战争必须靠军事;他坚持“兵要在乎善附民”的观点,但同时又强调“术”、“权”的作用;他概括的“六术”、“五权”、“三至”、“五无圹”以及“凝民”的理论,说明他既重政治,又重军事;他对战争采取了现实主义的冷静态度,进行了较深刻的研究,形成了比较合乎时宜的战争观念。(吕绍纲《论早期儒家的战争观念》,《先秦军事研究》,金盾出版社1990年5月)

《战国策》谋略思想 于汝波认为,《战国策》做为纵横家的代表作,其基本思想是以避害趋利为最高准则,崇谋尚奇,以智取胜。政略上,主张不战而胜,伐交屈敌。认为战争所造成的“残费”极大,不但难以使诸侯服,而且会因“用兵穷”而导致自身灭亡,只有不战而胜才是上策。达成这一目的的主要手段有:用重金收买内间;使用威慑;以计谋分化敌国联盟;在别国最高统治集团中培植代理人;雄辩折人等。在理论和实践上丰富和深化了《孙子》的“全胜”思想。

兵略上，主张后发制人，诡诈取胜。提出“按兵而后起，寄怨而诛不直，微用兵而寄于义”的用兵原则。作战指导上，突出强调结友分敌、利用矛盾、以敌制敌、利而害之、乘机而动、声东击西、用间反间等策略的应用。治国治军方面，基本主张是坚持改革，用智使能。认为人主发现、得到、驾驭人才的重要原则是：拔能于穷困；贵而富之；扬长避短，合理使用；知而后用，用而不疑；坚持智能竞争，驭能于争。这样，既可防止“下比周”，又可使能者脱颖而出。《战国策》谋略思想的哲学基础是“权籍”“时势”，认为只要善于凭借时势，在任何情况下都会有计可施。用小利而获大利，甚至可转危为安。运亡为存，变利为害，倒强为弱，使自己处于主动地位。（于汝波《〈战国策〉谋略思想析要》，《南开学报》1990年第3期）

秦统一中国的战略问题　顾孟武认为，秦统一中国的战略特点并非只是为了单纯扩土而一成不变地远交近攻，而是为各个击破敌人经常灵活机动地变换手法，有时远交近攻，有时也近交远攻。其各个击破又以歼灭敌军有生力量为主要目标，并为此制定了一整套赏罚制度。秦在一段相当长的时期内实施的战略总方针是：寻找一切机会，打击和不断削弱对手，为战略决战做准备。这一阶段大约经历了150年的时间。至秦王政十五年（公元前232年）开始战略转变，以摧枯拉朽之势消灭六国，这段时期只有10年的时间，而这10年都是以其先的150年为准备的。（顾孟武《秦在七国争雄中的战略问题》，《先秦军事研究》，金盾出版社1990年5月）

中国古代军队改革的历史经验和教训　闻三思对此作了宏观的概括：(1) 正确把握改革的时机。古代军队改革的机遇主要产生于时代的激烈竞争、社会的繁荣发展和自身发展中摆脱被动与困境的需要。善于正确把握这3种不同时机，才能把军队改革推向前进。(2) 富国与强兵紧密结合。如此者改革成功；反之，无不导致严重后果。(3) 建设高度集中统一的军队。军权是否统一，关系国家之存亡。中央集权的政治体制和高度集中统一的军队，是维护国家长治久安的根本保证。(4) 不断提高和完善军队的构成。这就要重视科技的研究、发展和应用，改善武器装备，建设适应客观需要的新的兵种和军队，使之不断有较低级的阶段进入较高级的阶段，步入先进而强大之途。(5) 自上而下地实施改革，使军队的改革做到绝对稳定和令行禁止。自上而下地实施，就要抓住主要矛盾；同时要把组织建设与制度建设结合起来，防止人存事兴，人亡事废。要做到这一点，领导集团能否统一认识、统一行动和团结一致，具有决定性的影响和意义。（闻三思《中国古代军队改革的历史经验和教训》，《军事历史》1990年第2期）

范仲淹的国防思想　耿曙生认为，北宋时期著名的政治家范仲淹将富国强兵看成是国防之本，并建议实行严边实内的防御之策，招抚睦邻的安境之法。这些适合当时实际情况的思想和措施，对北宋的国防乃至整个中国古代国防思想都有一定的贡献。（耿曙生《试论范仲淹的国防思想》，《军事历史》1990年第2期）

《虎钤经》研究　毛元佑认为，《虎钤经》是北宋初期问世的一部较为著名的兵书。它在继承前人成果的基础上，丰富和发展了中国古代的军事理论，特别是在发挥《孙子兵法》的任势思想，强调变通和创新，提出“逆用古法”对敌作战，重视人的主观能动作用方面都有详细的论述，具有进步的朴素辩证法色彩，因而在中国古代兵学史上占有一定地位。（毛元佑《〈虎钤经〉简论》，《兵家史苑》1990年第2辑）

陈亮的军事思想　方如金指出，南宋爱国思想家陈亮的军事思想是中国古代军事思想的精华之一。陈亮已经认识到战争的正义性是战争胜负的决定因素。他批判投降苟安，主张依靠“匹夫匹妇”，重用“度外之士”进行抗金斗争。实行军事改革，逐步增强宋朝军事实力，掌握破敌的战略战术，渐期摇撼金朝在北方的统治是取得抗金胜利的重要保证。（方如金《论陈亮的军事思想》，《军事历史研究》1990年3期）

对蒙古战术思想的新认识　达林太认为，所谓成吉思汗的“三条战法”，即“进如山桃皮丛，摆如海子样阵，攻如凿穿而战”是指蒙古骑兵在进攻战斗中利用夜暗、不良天候和有利地形，隐蔽地向进攻出发地域开进，并摆出一种“百骑不绕可裹万众，千骑分张可盈百里”的战斗队形。在具体作战中，则集中优势兵力于某一点或某一地段进行突击，直捣敌人的要害部位，得手后再及其余。这些思想在统一蒙古，征服世界的战争中起到了相当重要的作用。（达林太《蒙古兵学研究——兼论成吉思汗用兵之谜》，军事科学出版社1990年5月）

戚继光军事学说的历史地位　范中义指出，明代军事家戚继光从军队建设到战争指导，对古代军事理论都有所发展，尤以对军队建设学说的发展更突出。他主张对古兵法“师其意，不泥其迹”，并重视从实践中总结经验，把儒家理论引入军事学之中，侧重阐述将领和士兵的思想道德修养，从而形成自己独特的军事学说。（范中义《戚继光军事学说及其历史地位》，《兵家史苑》第2辑）。张云勋指出，戚继光的军事著作中所蕴含的军事哲学思想相当丰富。他主张进行知己知彼的算定战，集中兵力的歼灭战，冷热兵器并用的协同战，依靠人民的卫国战。他还注重实用的练兵法，在具体的军事斗争实践中取得了卓越的成效。（张云勋《浅谈戚继光的军事哲学思想》，《兵家史苑》1990年第2辑）

《车营叩答合编》的战术思想 孔德骐认为，明代兵书《车营叩答合编》确实是一部内容丰富，思想观点新颖，表达技巧上具有特色的军事著作。它继承和发扬了戚继光的车营理论，使火器和战车相结合，编组了新型的营阵，并阐述了这种营阵的编制、装备、训练和战术运用原则，反映了火器与车、骑、步、辎重结合运用和协同作战的特点，将中国古代战术向前推进了一步。（孔德骐《〈车营叩答合编〉初探》，《军事历史研究》1990年第2期）

努尔哈赤军事思想要点 孔德骐指出，清太祖努尔哈赤是在继承中国古代军事思想遗产，结合女真人口少，兵员不足，军事技术落后等特点，在巧用古代兵法的基础上形成了独具特色的军事思想体系。他主张以正义战争对非正义战争；主张兵民合一、严于教诫的治军思想，“智巧谋略为贵”的战略战术思想，恩威并行、军政兼施的策略思想。这些思想不仅在指导当时的战争中发挥了重要作用，而且对清代军事思想有着较大的影响。（孔德骐《努尔哈赤的军事思想和实践》，《兵家史苑》1990年第2辑）

《乾坤大略》的理论贡献 邱心田指出，《乾坤大略》是清前期一部颇具特色，值得一读的战略学著作。作者从推翻清王朝统治的目的出发，认真总结了历史上初起之兵用兵之道，夺取政权的经验教训。指出初起之兵的战略原则，即注重战略方向的选定；强调快速和进攻；以弱敌强、以寡胜众和出奇制胜；敢打善打，慎重决战；发挥政治优势，注意招降；重谋略，强调人的主观作用。这些基本的战略理论，丰富和充实了中国古代军事学理论宝库，也具有普遍的意义。（邱心田《清代一部有特色的战略学著作——王余佑及其〈乾坤大略〉述论》，《清史研究通讯》1990年第3期）

中国近代军事思想研究 1990年中国近代军事思想研究方面取得了不小的进展。这主要表现在：（1）军队和地方史学工作者共同协作，举办了有关鸦片战争、中法战争、甲午战争的学术讨论会，出版了《甲午战争与中国近代海军》、《中国近代军事思想与军队建设》等一批论文集、专著，并在报刊上发表了相当数量的学术论文。（2）研究更加系统、深入。加强了对中国近代海军战略、近代军事教育思想发展线索的讨论，尤其是对中国近代海权观念的探讨，使近代海军战略研究前进了一大步，对现实国防建设也不乏借鉴价值。（3）加强了对袁世凯、张学良、冯玉祥的军事思想的研究，填补了一些学术空白。对曾国藩、袁世凯的军事思想也不以人废言，一概否定。既指出其反动性质和封建糟粕，也一定程度上肯定了其思想中有价值的部分。

对中国近代海权思想的新研究 史滇生、张仁善指出，鸦片战争以后，“师夷长技以制夷”的海防思想，冲破了中国士大夫“夷夏之防”的传统心态和重陆轻海的国防观念，成为中国近代海权意识觉醒的起点。此后，一批舰船的自制和引进，近代海军的组建等，表明海权意识的进一步觉醒。但是这仅是对西方列强入侵的被动反应，缺乏内在的经济政治动力，这种觉醒是很有限的。（史滇生、张仁善《近代中国海权意识淡薄的历史反思》，载于《甲午海战与中国近代海军》一书，中国社会科学出版社1990年9月）杨志本、许华提出，中国古代曾是一个航海事业和海上力量发达的国家。但从16世纪60年代开始，则逐步演变成一个闭关锁国，囿于大陆的民族，中华海权思想大衰落。而与此同时，西方资本主义兴起，自古代就存在于海洋斗争中的海权思想，经美国人马汉之手，在19世纪80年代以战略理论的形式阐发出来，成为西方一些主要国家海洋战略的基础。清政府虽然以比较快的速度建起一支在远东首屈一指的近代海军，却根本不是为了使用这支海军去争取应有的国家海权。实际上，他们根本不知海权为何物。甲午海战在双方实力相差无几的情况下中败日胜，关键在于前者是没有海权思想的没落的封建帝国，而后者是振兴海权思想的新兴的资本帝国。（杨志本、许华《从甲午海战北洋海军的覆没看中华海权思想》，载于《甲午海战与中国近代海军》一书，中国社会科学出版社1990年9月）

近代军事教育思想研究 阳阶平认为，蔡锷对军队教育和院校教育的关系有深刻认识。他强调军事教育的主体在军队，主张培养爱国心、军纪和近代军事知识、技能皆优的军事人才，表达了鲜明的救亡图存思想。他视军事学校为军队的附属品，强调军事教育不能以智能教育为第一目标，要以一切有利于军队建设为基本准则。（阳阶平《蔡锷的军事教育实践与思想》，《兵家史苑》1990年第2辑）姜廷玉认为，尽管袁世凯出卖维新派，镇压义和团，屠杀革命党人，恢复帝制，是一个不择手段的野心政客；但他能借鉴东西方资本主义国家军事教育的经验，结合中国军队的实际情况，提出了一系列有关军事教育的理论，如“练兵以储将为重，储将以兴学为先”；治军之道首重训兵，其次练兵；次第开办军事学堂，层累递进地进行军事教育；注意速成教育和对在职军官的教训；进行专科教育，分途造就人才。这些思想及实践，在一定程度上推进了中国军队近代化的进程。（姜廷玉《略述袁世凯的军事教育思想及实践》，《历史教学》1990年第11期）周林指出，中国革命的伟大先行者孙中山晚年积极进行革命武装的创建活动，在军事教育领域提出了一系列符合时代要求的有价值的新思想，形成了较为完整的中国资产阶级军事教育思想体系。他把苏联无产阶级的军事教育理论与西方资产阶级的军事教育理论加以融汇综合，取其所长，为我所用；确立了党统率军队的原则；坚持习武育人，培养既掌握好军事本领，又树立革命精神的革命军人；不仅重视对军校学生的知识培养，更为重视对其进行实践斗争的锻炼，使学生“知行合一”。（周林《孙中山军事教育思想浅论》，《河南师范大学学报》1990年第1期）

林则徐、魏源的反侵略思想　杨国桢指出，林则徐在定海失陷后，根据英国从海上大举入侵的新形势，改变以守为战的防御战略为海上交锋的进攻战，第一个提出了建立近代海军的建议。（杨国桢《林则徐爱国主义思想的形成和发展》，《福建日报》1990年6月11日）狄宠德认为：林则徐的海军建设思想绝非书生狂语，而是在总结鸦片战争初期胜利和熟读兵书后所做出的通盘规划，包括建设一支“彼北亦北，彼南亦南”的外洋水军的指导思想；关于海军规模、战船型号、官兵素质及来源的设想等，对后来中国的海军建设具有积极影响。（狄宠德《试论林则徐关于建立外洋水军的思想》，《福建论坛》1990年第4期）朱竹云指出，魏源在“师夷长技以制夷”思想指导下，是坚决主张“使西洋之长技，尽成中国之长技”的，凡是外国好的东西，诸如军事工业、兵船、火炮的制造，均在学习之列。同时，他还初步认识到，中国不进行内政的改革，不进行人才使用制度的改革，光凭尖锐的武器，是不能抵抗侵略者的。（朱竹云《魏源“师夷”以“制夷”的先进思想》，《学术论坛》1990年第4期）孟彭兴、黄新田认为，魏源极力主张在新的国际形势下，必须变更传统，采取他提出的新的治国御敌方针，即对内重整武备，筹建国防工业，加强海防建设；对外进行正当贸易，为军队建设筹军费；“师夷长技”，引进舰船枪炮；学习养兵练兵之法，并主张“外联属国之师”的一套比较完整的“富国强兵”巩固国防的战略构想。同时，他还呼吁改革旧制，建立适应近代战争的军事体制；考求国情，制定弱国战胜强国的战略战术原则。无论从其对日本近代所起的作用，抑或其对近代中国军事思想的影响来看，魏源军事思想是代表着一个时代的先进思想的组成部分，在中国近代军事思想研究中，应该引起重视，它的价值及其历史地位应该获得社会的承认和肯定。（孟彭兴、黄新田《魏源军事思想研究》，载于《中国近代军事思想和军队建设》一书，军事科学出版社1990年9月）

曾国藩的建军治军思想及军事战略　方仁言认为，曾国藩作为晚清军政重臣和封建礼教的捍卫者，其军事思想具有浓厚的封建性糟粕，但其建军、治军思想仍有许多值得重视的内容。如他组建了一支编制精悍、员额固定、冷热兵器配置合理、利于作战指挥的湘军陆师和水师，实为清代军制的第一次变革。他所提出的关于建军治军方面的一系列方针、原则和措施，无一不是为了强化军队的阶级意识，增强军队内部的聚合力，从而提高军队的战斗力。他既重视军队精神方面的建设，又重视军队物质方面的建设。这些做法至今仍有现实借鉴价值。（方仁言《试论曾国藩建军治军思想》，《军事历史研究》1990年第2期）张红军认为，曾国藩的军事战略思想，是其镇压对象——太平军的顽强抗战与清朝廷的猜忌干扰这一双重压力下的产物。包括对清军原有的指挥体制加以改革的思想，“致人而不致于人”的作用指导思想，求稳妥、尚坚忍、明主客的具体作战原则等。（张红军《曾国藩军事战略思想初探》，《山东社会科学》1990年第6期）池子华指出，曾国藩在镇压捻军时，针对捻军采取的流动作战方法，把“以有定防无定”，寓战于防作为清军作战宗旨，尤以河防方略切中捻军要害。所以李鸿章继任剿捻主帅后，仍“守其策”，力行河防圈制之方，终于最后残酷镇压了捻军起义。（池子华《曾国藩剿捻方略探析》，《社会科学战线》1990年第2期）

郑观应的国防思想　傅立群认为，郑观应的国防思想，反映了晚清时期中华民族救危图存的时代要求。他以富与强相维系作为自己整个国防思想的根本立足点，提出“习兵战不如习商战”，强调“能强而后可以保富”，“兵在精不在多”，注重军队的质量建设。在军事训练的指导思想上，要坚决破除那种只求鼓号响亮、操练齐整、“观美徒存、难收实效”的形式主义；在训练内容上，应“先练其心（爱国精神），次练其身（军事技能），再练其气（作战胆略）”，并将提高将帅素质、办好武备学堂作为军队建设的重点。郑观应的上述思想，是晚清时代条件的产物，其观点主张的局限与偏颇之处固然不乏，但对我们今天仍多有启发、借鉴作用。（傅立群《郑观应的国防思想及其现实价值》，载于《中国近代军事思想和军队建设》一书，军事科学出版社 1990 年 9 月）

张之洞的军队建设思想的发展 欧阳跃峰指出，身为晚清著名洋务派大吏的张之洞关于军队建设的思想呈现为一个不断发展、日益深化的过程：甲午战争以前，他片面强调更新武器装备的重要性，思想上基本没有超出一般洋务派的“船坚炮利”的认识水平。甲午至庚子年间，其军队建设思想的重心是提高军队素质，言行涉及指挥员的军事理论水平、战术知识，战斗员的文化程度、身体状况等各个方面，将军队建设的侧重点由物转移到人，无疑是一个值得肯定的进步。辛丑以后，他致力于军事制度的改革，论及中央、地方的军事指挥机构、军队编制、征兵制度、退伍制度及军队的新式训练、管理方法等各个方面，反映了他军队建设思想日趋成熟。限于当时的条件，张之洞的上述建议、主张不可能得到全面的、切实的施行，但我们决不应因此而否认其军队建设思想的合理性。（欧阳跃峰《论张之洞的军队建设思想》，载于《中国近代军事思想和军队建设》一书，军事科学出版社 1990 年 9 月）

蔡锷、蒋百里的国防思想 余子道认为，《军事计划》和《军事常识》是蔡锷和蒋百里这两位中国资产阶级军事家留给后人的思想遗产。他们倡导在增强综合国力的基础上，强化武力与兵力，建立总体性国防体制，以战胜外敌、保卫国家的国防思想。他们主张在国家的政治经济体制变革的基础上变革军事，革新军制，建设崭新的资产阶级军队和军事体制。这些真知灼见，都是中国近代建军思想发展中的不可多得的思想成果。（余子道《蔡锷〈军事计划〉和蒋百里〈军事常识〉两书的军事思想》，《复旦学报》1990 年第 6 期）余子道还指出，蒋百里的国防经济思想已经涉及到国防和军事的发展对于国家经济发展的依赖关系，提出了生活条件与战斗条件一致的原则以及适合中国国情的，以国防经济为基础的国防体制。其国防经济思想，值得认真研究。（余子道《蒋百里国防经济思想述论》，《军事历史研究》1990 年第 3 期）

冯玉祥治军思想的演变 刘其奎认为，近代著名军事家和政治家冯玉祥在 50 年戎马生活中，为了探索治军的道路，始终跟着时代的脚步曲折而又艰难地向前迈进。他早年企图借助基督救国思想以治军，利用“博爱”、“利他”思想教育军人矢志救国救民。五卅运动以后，又实施三民主义治军，从建立政工制度、实行政治训练、提倡爱国为民教育、注重道德纪律培养、到强化实战演习，进行“以乐治军”，都体现了冯玉祥治军思想的革新与创造。抗战前夕，他经过深刻反思，重新与共产党合作之后，坚定地走向了新民主主义的中国，这是他治军思想最活跃、内容最丰富、成效最佳的时期。纵观其治军思想的演变，可以看出，他兼收并蓄、博采各种思想的积极内核，为其治军所用；善于总结历次军事斗争成败的经验教训，勇于弃旧图新；在曲折迂回的征途上决不气馁，而是百折不挠地追求光明与进步，终于从一个旧军人转变成为坚定的民主主义战士。（刘其奎《试论冯玉祥治军思想演变》，载于《中国近代军事思想和军队建设》一书，军事科学出版社 1990 年 9 月）

美国军事思想研究 *影响美国军事思想的三大因素* 美国陆军退役将军唐·斯塔里，在美《军事评论》撰文分析美国军事思想演变过程和影响美国军事思想的几个主要因素。作者指出，在美国革命的早期历史上，军事思想处于贫乏状态。直到 1812 年的第二次独立战争之前，美国在军事理论上几乎仍然是空白。美国军事思想主要是在南北战争经验的基础上，在拿破仑的军事艺术、工业革命以及现代技术三大因素的影响下，形成和发展起来的。

拿破仑的影响 1846 年 5 月，美国对墨西哥发动了一次远征。这次战争对美国陆军具有深远的影响。这次战争中的中尉、上尉和少校军官，15 年以后成了美国内战中南北双方军队指挥旅、师和军一级部队的军官。他们的作战理论知识，大多来自斯科特的论述、18 世纪的战争、欧洲的拿破仑战争以及北美 1812 年战争的战术、战区和战略作战理论。这些职业军官大多毕业于 1802 年创办的西点军校。在西点军校，约米尼和克劳塞维茨关于拿破仑军事艺术的论述是经典的历史教材和占统治地位的学术研究题材。拿破仑的军事思想在这些美国军官的头脑中深深地扎下了根，并以这样那样的方式一直被继承下来直至今天。

约米尼在总结拿破仑的军事艺术时，有一句名言，即陆上军事行动的恰当目标应是消灭敌人的军队。美国南北战争中双方军队的将领，如南方的罗伯特·李将军、北方的尤利塞斯·格兰特将军，都对这句名言有精深的理解，他们都把它作为作战的根本指导原则。格兰特不仅认识到最重要的是必须消灭敌人的军队，而且认识到必须摧毁敌人支持战争的物质力量——后方支援基地。

在南北战争中，由于双方军队实行歼灭战战略，双方人员伤亡远比过去所有战争要多得多。因此，战争对人力资源的需求成了一个突出的重要问题。为了解决这个问题，美国效仿拿破仑，大量征兵扩充军队，把人力视为一种无偿的、能够赢得战争胜利的最可靠的资源。这种观点至少在核武器出现之前，在美国军事思想中一直占居统治地位，而且迄今仍然是根深蒂固的。

工业革命的影响 工业革命对美国军事思想的直接影响是建立新的军事制度，包括新的动员制度、参谋制度和军事教育制度，目的在于充分利用工业革命的生产技术和手段，在战争中取得数量上的压倒优势。1812 年战争之后，在美国出现了各种关于战略、计划制定、后勤支援等方面的军事思想。在内战以后的年代里，许多富有思想的军事家们开始呼吁进行军事改革，提出各种建议，其中主要的是强调必须建立对军官进行专门军事教育的制度；建立编制适当而有效的参谋制度；采用当时欧洲现成的参谋制度和普法战争中普鲁士实行的有效的动员制度。到 20 世纪初期，美国军事改革的结果是产生了一个参谋部制度和军官教育制度。这两种制度对自从 1812 年战争以来就一直奉行但效果不佳的战略产生了良好的作用。在参谋任务中，最重要的是发展动员制度、制定计划、征集兵员、尽快组织对新兵进行训练，为他们提供大量武器装备和数以百万吨的补给物品，以使他们在战争中享有武器装备上的优势。新的动员制度为美国军队提供了成千上万名士兵；同时，飞机、坦克、车辆和枪炮工厂生产了大量重要的战争物资。这个动员制度在第一次世界大战中对美国所起的作用是巨大的。战后，美国又着手使之更加有效，特别是富兰克林·罗斯福总统使之更加富有活力、更加完善。1940 年，美国正是以这个不断完善的动员制度进行了第二次世界大战的动员工作。在这两次世界大战中，大洋的阻隔为美国进行动员提供了时间，蓬勃发展的工业化生产为美国提供了造船能力和运输能力，为部署已经动员的部队提供了可靠的保证。在第一次世界大战中，由于大部分物资是由盟国提供的，所以一个很大的问题主要是部队的运输。但是，在第二次世界大战中，由于对兵力和物资的需求是全球性的，这就使大工业动员制度再次面临新的挑战。

第二次世界大战后，美国根据自己的经验和对苏军作战能力的估计，特别是根据对已在战争中覆灭的德军的看法，修正了自己的军事学说。美国仍然认为：进攻是战斗的主要形式；在决定性地点集中兵力是最有效的艺术。运用这些原则，能打败敌人的空中和地面部队，既能赢得战斗的胜利，亦能赢得战争的胜利。美国有能力在自己希望的任何时候、任何地点集中足够的兵力。但是，苏联常规力量的增长使力量发生了不可逆转的变化，美国即使有盟国的帮助，也已经不再能够保证享有数量上的优势。因此，美国整个理论——以拿破仑式的大量征兵来建设军队和以大工业生产为支持的大规模歼灭战——开始发生危机。例如，艾森豪威尔将军曾以欧洲盟军最高统帅的身份，提出保卫北约需用 96 个师和 9000 架战术战斗机。但北约成员国表示无力或不愿意提供如此大量的武器。最后，艾森豪威尔总统只好减少到 26 个师（其中 12 个师驻联邦德国）、1400 架战斗机以及 15000 件战区和战术核武器。

现代技术的影响 现代技术是指核武器，这是对美国军事思想产生影响的最复杂的一个因素。多年来，美国的战略核力量一直占优势。然而 60 年代中期以来，苏联的核力量有了戏剧性的发展。现在，美国已不再能把苏联的核反击能力控制在可以容忍的水平上。鉴于这一事实，肯尼迪政府放弃了大规模报复战略而代之以灵活反应战略。

越南战争以后，正当美国试图寻求一种更[illegible]的理论时，1973 年 10 月爆发了第四次中东战争。这次战争的一系列教训很快展现在人们面前：在关键性地点，战场密度越来越大；战争双方大量使用现代武器系统；指挥与控制的重要性日益提高；由于大量使用先进的电子战手段，指挥与控制中断的可能性越来越大；占优势的单一武器系统已不起作用，诸兵种合同作战的必要性重新得到肯定；战斗结果表明经常起作用的因素是武器的质量而不是数量；在现代战争中，初战能在短时间内造成大规模破坏，等等。所有这些都表明，在无边无际的大洋阻隔下，美国已不能象过去那样有足够的时间进行动员和部署来救援被围的部队。这是对美国动员制度的一个最后的挑战，迫使美国不得不对征兵制、全民武装、大工业动员制度以及大规模歼灭战等理论加以重新考虑。在这种情况下，1976 年美国提出了积极防御学说，试图利用 70 年代初期发展并大量部署的反坦克导弹系统来提高杀伤力，加强防御。但是，许多观察家认为这一学说与美国历来把进攻作为战斗的决定性形式是不相符合的。所以，对积极防御问题，围绕进攻还是防御，美国国内重新开始了一场历史上已经发生过的传统的辩论。“防御主义者”认为，以 1∶3 的兵力就可以进行成功的防御，但必须以 6∶1 的兵力才能发动一次成功的进攻。因此，他们认为防御是最经济的作战方式。然而，中东战争的一些战斗实例充分说明：当战斗地域很宽大时，对于兵力较小的一方来说，最好是在一个点上或在一个很窄的正面上实施进攻，而不应处处防御，因为这样的防御处处都不会成功。基于这样的认识，美国军事思想由积极防御演变为现在的空地一体作战，即把积极防御和纵深攻击合为一体的作战。它通过兵力和火力机动来夺取并掌握主动权，它的基本理论基础是坚信必须在不诉诸核武器的情况下进行作战，并赢得战斗、战役的胜利。从广义上说，空地一体作战是一种大攻势防御，也就是乔治·华盛顿将军在独立战争中，李将军和杰克逊在南北战争中，以及麦克阿瑟在第二次世界大战中，都曾成功地运用过的那种大攻势防御。

几点结论 综观美国在两个世纪中的军事思想演变，可以得出如下一些基本看法。

(1) 过去长期以来美国一直是、现在仍然是拿破仑遗产的继承者。美国的军事制度和军事理论，如在紧急时以大规模征兵组建军队，以压倒的数量优势消灭敌人的作战方式，就是继承拿破仑遗产的产物。美国的历届主要军事领导人几乎毫无例外地精通此[illegible]

(2) 工业革命的制度与进程，促进了美国关于大规模征兵、全民武装的思想，并为最终达成歼灭战提供了物质手段，也就是为迫使敌人无条件投降提供了物质手段。

(3) 第二次世界大战后，由于苏联常规军事力量的发展，美国在与苏联的对抗中，不可能仅以兵力兵器优势取胜。这种情况已扩展到其他战区，尤其是东北亚和中东地区。

(4) 一旦苏联取得核均势或核优势，美国试图以现代技术（即核武器）取代数量优势，毫无疑问是注定要破产的。对这一现实，美国很久以来一直执迷不悟。

(5) 阿以战争揭示的现代装甲作战的特点清楚地表明，取得初战胜利和续战胜利都是至关重要的。在初战中，没有足够的手段和时间保障快速部署足够的兵力。

(6) 以上几点意味着：尽管在本世纪初把拿破仑的作战原则与工业革命制度恰当地结合起来而形成的动员制度一直是适用的，但是当我们进入下一个世纪时，这种动员制度很可能将成为一个时代错误。

(7) 以使用核武器进行威胁为背景，在常规力量的大规模毁灭性潜力日益增长的情况下，拥有核武器的敌对双方在对抗中把使用武力作为国家政策的工具，已越来越失去吸引力，越来越行不通了。

(8) 根据阿以战争的教训，现代战斗越来越激烈艰苦，人——士兵和指挥官——成了决定性因素。不论现在和将来，赢得战斗胜利要靠士兵的勇敢、指挥官的指挥才能和部队在战前的有效训练。新式武器系统的发展使武器的射程加大，杀伤破坏力增强，命中精度提高，同时也加剧了战斗的激烈程度和破坏性以及人员的疲劳感和恐惧心理。解决这些问题，技术是无济于事的，还得靠士兵、指挥官和部队的出色训练。

(9) 随着时代的不断前进，美国军事思想（包括作战原则、战略、战术和技术）将从基于大规模破坏、歼灭、蛮力和工业革命的一套观念转变为更先进、更理智、更灵活的一套作战观念。这种发展势在必行。今后将如何发展，只有历史才能作出判断。（肖梁编译《影响美国军事思想的几个因素》，《外国军事学术》1990 年第 1 期）

评美国的现代战争起源论 中国学者撰文认为，在现代战争起源问题上，美国流行两本代表著作。一本是美国国际问题专家肯尼恩·沃尔兹的《人、国家与战争》（1962 年英文版），另一本是美国军事问题专家昆西·赖特的《战争的研究》（1965 年英文版）。这两本书对现代战争的起源，提出了 3 种基本观点。第 1 种观点是现代战争起源于人的自私、过激的冲动和愚昧。认为人们为了解决自己的利益以及有关的领土、群体、生活资料和生活方式问题而发生冲动时，会挑起战争；人们为了实现其理想的社会以及缺乏文化知识，丧失道德、理智和正常心理状态时，往往会挑起战争。第 2 种观点是现代战争起源于国家的内在需要。认为一些国家为了取得独立，或推行其对外政策，提高本国威望，增强国家力量，或为了摆脱内部折磨和经济困境，有可能对外发动战争。第 3 种观点是现代战争起源于国际无政府状态。认为由于国际上没有建立强制执行的法制，各国都按各自的理智或愿望行事，都以自己的利益为最高准则去制定法律，判断是非，指导行动，因而一些国家会制造事端，把战争作为施行自己的意志的工具。

上述种种有关现代战争起源的论述，是与马列主义战争观相对立的。这种对立主要体现在 3 个方面。

一是马列主义认为战争是人类社会发展到一定阶段的产物，而西方军事理论把战争归结为一种人们生活中的自然而永恒的现象。按西方一些学者的观点，人的自私、国家之间的利益冲突、国际无政府状态等现代战争的根源是人类生活中的自然现象，是无法解决和消除的。昆西·赖特在《原子时代的战争起因》一文中说："和平是人为的，而战争是必然的"，不可避免的。二是马列主义认为私有制和阶级社会是产生战争的根源，而西方的军事理论却认为战争起因于人的心理，国家的内在需要、国际环境的影响等种种因素。西方理论家在分析现代战争根源时，闭口不谈最根本、最主要的起因，即私有制、阶级社会和霸权主义。按他们的说法，只有在教育、伦理宗教或心理上有适当发展，国家的内部结构作了合理的调整，经济得到发展，可用契约把各国合成一个世界联邦政府，才有可能消除战争。三是马列主义认为，任何战争都有正义与非正义之分，而西方学者抹煞战争的正义性与非正义性的区别。在他们看来，战争的正义性与非正义性是没有客观标准的；各国利益不同，需要不同，难以形成统一衡量的尺度。

马克思、恩格斯用历史唯物主义和辩证唯物主义的观点，分析了战争产生的根源，指出：战争是私有制和阶级社会的产物。"一切历史冲突都根源于生产力和交往形式之间的矛盾"。在资本主义发展到帝国主义的时代，帝国主义就是战争的根源。第二次世界大战后，世界上政治力量发生了深刻的变化。超级大国为争夺世界霸权，加紧军备竞赛，在世界各地抢占战略要地，使国际形势动荡不安。战后世界发生了许多局部战争和武装冲突，不是超级大国挑起的，就是它们背后策划或施加某种影响引起的。一些战争可能与它们无关，但它们往往要对战争的进程和结果施加自己的影响，使战争变得更加复杂、不可收拾。因此霸权主义成为现代战争，尤其是新的世界战争威胁的主要根源。

地区霸权主义者发动的战争，宗教、民族冲突，以及领土、边界冲突等，看起来似乎是超阶级的，实际上都是私有制和阶级社会的产物，都是历史上的阶级斗争的另一种形式的延续，都反映了某一阶级的意识或意志。

战争既然是阶级社会的产物，是一种历史现象，就有它自身发生、发展和消亡的过程。战争的最终消亡不是靠改善教育、发展经济或调整组织体制等改良办法来实现，而必须通过消灭私有制、阶级、帝国主义和霸权主义来实现。共产主义是一个高度物质文明和高度精神文明的社会。共产主义革命，不仅同传统的所有制关系实行最彻底的决裂，而且也同传统的观念实行最彻底的决裂，从而铲除了一切产生战争的经济和政治原因。因此，西方资产阶级军事理论关于"战争是永恒的"这一结论，是违背社会发展规律的唯心主义的观点。

有史以来，人类经历的战争不胜枚举，但就战争的政治性质而言，只有正义战争和非正义战争两种。人民为了自由和社会进步，为了摆脱剥削和民族压迫，或者为了捍卫国家独立、抵御外敌入侵而进行的战争，都是正义战争。而一切镇压被压迫阶级或民族的解放斗争、阻碍社会进步、推行强权政治、侵占别国领土、奴役别国人民和掠夺别国财富而发动的战争，都是非正义战争。西方资产阶级军事理论以所谓各国利益不同、需要不同为由，妄图抹煞战争的正义与非正义的区别，其目的无非是为垄断资产阶级的侵略政策、非正义的掠夺战争进行辩护。不区分正义与非正义战争，把所有战争统统看成是对人类有益的，或者相反，把一切战争都视为灾难，不承认有正义、进步和革命的战争，因而反对一切战争，这也是错误的。我们应坚持马列主义的立场，拥护正义战争，反对非正义战争。（钱俊德《浅析美国流行的现代战争起源理论》，《外国军事学术》1990 年第 8 期）

对美陆军机动战作战思想的研究　有的作者撰文指出，进入 80 年代以来，美国陆军作战思想发生了深刻的变化，完成了从消耗战向机动战的转变，并在机动战思想的指导下，制定了新的作战理论。

消耗战思想和机动战思想是对机械化战争中军队作战使用的理性认识。这种认识对军队建设的影响主要体现在制定作战理论原则和作战方法，制定军队的编制体制，以及军事学术的研究和发展等方面。80 年代美陆军作战指导思想从消耗战转变为机动战主要体现在以下 4 个方面。

正确认识战斗力的能动性，强调机动的地位作用

80 年代以前美军极为强调火力的作用。虽然认为"战斗威力就是火力和机动的结合"，也强调机动，但是，"强调实施机动的目的主要在于通过机动来发射火力或增加兵力，其本意并不在于打击敌军意志"。美军认为，作战中应始终保持火力优势，而机动只是"对于扩展战果、保护行动自由和减少遭受突击可能性，具有重大意义"。进入 80 年代，美军突出强调机动的作用，认为机动可以达成精神和物质上的优势。机动是战斗力的能动因素。机动和其他要素相结合，可以使战斗力具有能动性，这将决定战役、战斗的结局。而“火力通过压制敌火力和破坏敌方部队的运动而为机动提供方便。火力通过压制敌作战部队和摧毁其作战意志与能力而扩展机动的战果。”从“机动扩展火力突击效果”到“火力扩展机动的战果”，反映了美军对火力和机动地位作用和相互关系的认识发生了质的变化。

美军历史上奉行消耗战思想，过分依赖火力，忽视了机动在精神和物质上都能达成优势的作用。当前美军强调机动，并未忽视火力的作用，在研究具体战法时仍十分重视以火力特别是远程火力消灭敌纵深目标。但应该看到，美军已走出依赖火力耗敌致胜的窠穴。在机动战思想指导下，火力和机动可以在作战中实现真正的平衡，发挥应有的威力。

制定空地一体作战理论，采用机动战的作战方法

西方军事学术界（包括美国军事学术界）普遍认为，80年代以前，美陆军作战条令规定的以及在战争实践中主要实行的作战方法，是注重火力的消耗战，其主要特点有：①作战行动按固定程式实施，作战进程按部就班；②以火力歼灭敌人，以兵力占领地域；③战斗行动沿正面向纵深逐次展开。这一时期，美军的作战方法主要围绕如何发挥火力的作用。

进入80年代后，美陆军作战方法发生了重大变化。空地一体作战理论所阐述的美军战役级和战术级作战方法具有明显的机动战特征。主要表现在：

(1) 积极进攻，夺取和保持主动权。空地一体作战理论要求军队握有主动，避免与敌“面对面”地拼消耗。夺取和保持主动权是空地一体作战理论的核心，贯穿于所有的攻防行动之中。其基本途径是积极进攻，只有积极进攻才能掌握主动。因此，美军把进攻作为空地一体作战的主要类型。虽然空地一体作战是攻防兼容的理论，但其核心思想——掌握主动，决定了在遂行一切作战行动时要有进攻精神。在进攻作战中，这种精神体现在3个方面。对敌实施强大的首次突击，打得敌人惊慌失措；迅速实施继续打击，决不能让敌人从进攻造成的最初震撼中恢复过来；连续作战，达成进攻目的。进攻精神体现在防御作战中，就是在坚守关键地形的同时，以机动部队进攻敌薄弱部位，并迅速利用所取得的主动权，变局部进攻为全面反攻。

空地一体作战的进攻具有新的特点：①进攻目的着眼于从精神上瓦解敌军斗志，摧毁敌军的凝聚力。②进攻的方法侧重于“间接路线”，即避免“面对面”地进攻敌军，而是运用智谋以出敌意料的行动实施进攻。③进攻的主要类型是仓卒进攻，基本样式是包围。从行进间发起仓卒进攻，能在瞬息万变的战场抓住稍纵即逝的战机。包围则是最能体现机动战特征的进攻样式，能给敌军造成最大的心理震撼，通常可实现“抓的俘虏多于给敌人造成的伤亡”的进攻效果。④进攻具有高速度的性质，高速度进攻是机动战的重要标志之一。在现行条令中，美军把50～80公里作为进攻可能达成的日推进距离。

(2) 打击重心，影响全局。机动战不允许平分兵力，它要求每战集中优势兵力，打击敌重心，从而影响作战的全局，这是机动战作战指导上的特点。根据这一特点，美军首先运用重心概念筹划组织作战，确定打击目标、地点、方式，形成作战企图和决心；其次，围绕打击重心，展开作战行动。以打击重心为焦点，将分散在整个战场的各种行动形成有机整体；第三，紧紧把握重心，实施作战指挥。指挥的重点是确保打击敌重心取得成功，在组织协调打击敌重心行动的同时，要及时发现敌重心的转变，调整作战行动，还要利用打敌重心的初战胜利，推动全局的发展。

(3) 纵深作战，同时打击。机动战强调“同时打击敌纵深”。纵深作战，能够在整体上瓦解敌部署，同时打击能够在相对集中的时间内产生最大的战斗力。在空地一体作战中，交战区域向敌我双方纵深延伸。打击敌纵深的距离明显增大，师为70公里，军为150公里。纵深作战成为空地一体作战的重要作战行动，主要包括远程火力遮断、特种部队纵深袭扰和机动部队纵深攻击。使用机动部队对敌纵深实施奔袭作战，军可派出一个师，集团军可派出一个军。美军要求近距离、纵深、后方作战行动在相对集中的时间内同时实施，三种行动同时进行，使敌首尾不能相顾，腹背受敌。

(4) 协调配合，发挥整体作战威力。协调是指对战场上的各种活动进行时间、空间和目的方面的安排，以便在决定性的时间和地点产生最大限度的相对战斗力。指挥官必须连续不断地协调各职能领域的活动，协调近距离、纵深、后方三种作战行动，协调各个方向的作战行动，以便使各武器系统、各职能领域互相配合，取长补短，以便在相对集中的时间里集中最大的兵力，以便创造并利用有利的作战态势。

空地一体作战是80年代具有美国特色的机动战。它既不同于传统的消耗战，又不同于历史上的机动战。它具有历史的继承性和鲜明的时代性，反映了现代军事技术给军队作战行动带来的影响。

改革陆军编制体制，适应机动战需要 美军在发展新的作战理论的同时，进行了陆军编制体制的改革。改革后的“86年陆军”在以下两个方面为实施机动战进行了组织上的准备。

(1) 组建装甲机械化重型军，提高装甲突击能力。重型军主要由装甲师和机械化步兵师组成，用于欧洲战场大规模装甲机动战。

(2) 提高作战分队作战组织的合成性、灵活性，以独立分散的作战行动实施多方向、全纵深的机动战。重型师属坦克营和机步营交叉配属，可编组以坦克为主、以机械化步兵为主或两者均衡的营特遣队。这样的编组方法有利于各兵种间的协同配合，以便使用高度合成的作战部（分）队在战场全纵深实施多方向、多地域的机动战。

美军认为，86年陆军编制还不能完全适应机动战的需要，仅仅是个过渡的编制。随着技术装备的发展，美军将对陆军编制体制作出重大改革。

确立战役法，筹划和实施大规模机动战 1982年，美军将准备与实施战争的活动，区分为战略、战役法、战术三级，首次确立了战役法在军事学术中的地位。促使美军在忽视战役法的几十年之后正式确立战役法的重要原因之一是，其作战思想的转变，即奉行机动战思想促进了美军战役法的确立。

美军认为，战役法是筹划和实施战役的艺术。战役法要解决的是大部队为了打赢战役，贯彻战区战略而实施机动的问题。因此，战役法的核心是机动思想。这一思想体现在作战手段上，表现为以机动作为战役的主要致胜手段，因此战役法是通过实施机动遂行空地一体作战的艺术，并以大部队的调动为特点。在战役中，陆海空军要密切协调，以机动作战击败敌军。在追求的目标上，美军认为，“战役取胜目标，是摧毁敌军战斗意志”。这和机动战的目标相一致。

美军战役法和机动战的联系体现在：作为科学，战役法以机动战思想为理论基础制定战役理论；作为艺术，战役法运用机动战的作战方法实施战役作战。从这个意义上说，美军的战役法是研究机动战的科学，是实施机动战的艺术。从历史上看，奉行机动战思想的苏军和法西斯德军都承认和运用战役法。而英、美、法等国军队奉行消耗战思想，在战争活动中没有区分战役法一级。美军没有战役法理论，当其实施大兵团作战时，沿用的是师以下部队作战的战术理论原则。随着美陆军指导思想的转变，继续用战术理论原则指导大兵团的机动战显然不行。因此，确立适应机动战需要的战役法成为军事学术发展的必然结果。

美陆军作战思想的转变并非军事理论界的即兴之作。促使作战思想发生转变的最初原因是对1976年版《作战纲要》提出的“积极防御”理论的批评和由此引发的学术争论。争论的焦点之一是美军应以消耗战还是机动战对付苏军的进攻。这在很大程度上推动了作战思想的转变。为使80年代及其以后一段时期内的作战思想具有科学的基础，美军依据所担负的任务，考察了未来对苏战争的背景，着眼技术发展，研究现代战争特点，并吸取了军事理论家的先进思想，借鉴了历史上机动战的成功战例。可以说，奉行机动战思想是美军经过激烈的学术争论和充分的酝酿，综合分析了各种因素之后作出的重大决策，已经并必将对美军的全面发展产生重要的影响。（于伟鹏《向机动战转变的美陆军作战思想》，《外国军事学术》1990年第10期）

战争正在向第4代发展 美国军事改革学会会长威廉·林德等5人在《军事评论》撰文指出，“战争正在向第4代发展”。作者们认为，如果我们回顾一下现代战争，就会发现有3代不同的战争。第1代战争反映滑膛枪时代的战术——线式战术与纵队战术。第2代战争体现了使用来复枪、后膛炮、铁丝网、机关枪与间瞄火力的战术。其主要特点是以密集的火力代替密集的人力，重视间瞄火力。这种战术一直到80年代仍是美军的军事理论基础和作训指导思想。第3代战争是火力不断增强的产物，但引起战术发生变化的主要是思想。在第一次世界大战中，德国人发现自己的工业基础薄弱，不可能在物质的竞争中占上风，于是发展出以机动为主的新战术。在进攻战中，采用渗透的方法迂回和击溃敌军，而不是包围和消灭他们。在防御战中，采用纵深防御，诱使敌军突破，以便对其发动反攻。这种以机动而不是以消耗为基础的战术是首次出现的真正的非线式战术。由此可以看出，战争的发展是随技术和思想的发展而发展的。从第一次世界大战到现在，第3代战争已经走过70多年的历程，科学技术和人类思想已经发生深刻的变化。那么，第4代战争是不是也应该随之而出现了呢？如果是，它可能呈现出何种形式？

下一代战争不同于上一代战争，但又是在上一代战争的基础上发展起来的。因此，第4代战争仍将具有上一代战争的如下特点：(1) 任务指令特征。战场更为分散是新一代战争的显著标志，战场可能包括敌方的全部领土。这样就使小部队作战显得尤其重要，就要求最小的战斗单位都能根据指挥官的意图灵活作战。(2) 越来越不依赖集中的后勤支援。战场分散必然要求部队加快作战节奏，具备独立生存能力。(3) 更加强调机动。集中人力或火力不再是压倒一切的因素，小规模、高机动、反应灵活的部队将起决定作用。(4) 作战的目的是从心理上击溃而不是从生理上消灭。未来的作战目标包括破坏敌人的文化和动摇敌方民众对战争的支持。

总之，第4代战争将是非线式的，没有明确的前线与后方，没有明确的战争与和平的界线，军民之间的差别将消失，作战行动将在各地同时发生。机场、固定通信场所、大型司令部等最易遭到攻击的军事设施将荡然无存；政府所在地、发电厂、工业基地等民用设施也将被摧毁。战争的胜利将主要取决于一个国家整体作战的能力。如果把第4代战争这些一般的特点同当代的新技术结合起来，我们就可能窥见下一代战争可能呈现的某些具体形式和特点。

小型定向能武器将摧毁常规武器不能摧毁的目标，并且能够在没有核爆炸的情况下获得电磁脉冲效果。超导体研究使小武器能够储存和运用巨大的能量。因此，在未来战争中，少数几个士兵可能起到当今一个旅才能起到的作用。

机器人技术、遥控车辆、不易截获的通信以及人工智能技术的出现，为改变战术提供了巨大潜力。但越来越依赖这些技术又反过来使它们易于遭到“计算机病毒”之类的东西的攻击。

装备高技术武器的高机动分队可搜寻广阔地域中重要的军事和民用目标，“前线”与“后方”这样的术语将被“确定的目标”和“不确定的目标”这样的术语所取代。这反过来又会使部队的编制与结构发生变化。

部队将装备由人工智能程序遥控的“灵巧”武器和躲避、欺骗类似武器的防御系统，从而集侦察与攻击能力于一身。

由于敌方的政治基础结构和平民社会成了作战的目标，战略和战术将混为一体，但最重要的是不让敌人进入自己的国土，因为少数人在很短时间内就能造成重大破坏。

指挥官必须同时精通战争艺术和技术，因为未来战争需要这两种不同的思维方式。要求各级指挥官具有掌握目标选择能力，在极度分散的情况下突然集中的能力，选用下级的能力和处理大量情报而不漏掉战略和战役目标的能力。

心理战可能成为主要的战略和战役武器。“逻辑炸弹”和“计算机病毒”可被用来破坏敌方军民的作战行动。宣传工具将被用来改变国际国内舆论，为投入作战部队作准备。心理战的主要目标是改变敌方民众对战争及其政府的支持，电视新闻可能成为比装甲师强大得多的战役武器。

然而，技术并不是推动战争向第4代发展的唯一因素，技术不发达的国家可能通过思想而不是技术发展第4代战争。

恐怖主义可能拉开第4代战争的序幕，因为恐怖活动具有从第3代战争过渡到第4代战争的特征：其一，恐怖分子执行高层次的更原则的任务指令，并且常常单独行动。他们的“战场”高度分散，可能包括敌方的整个社会。他们几乎完全脱离自己的国土，并且不与敌人公开接触。他们的火力不强，无力实施大规模破坏，他们设法从内部瘫痪敌人。可以说，恐怖活动实际上实施的是机动作战。其二，恐怖活动把瘫痪敌人的重点从前线移到了后方，力图绕过敌方军事目标而直接打击敌国土上的非军事目标。其三，利用敌人的力量去反对敌人。恐怖分子利用自由与开放从事破坏活动。他们可以有效地进行战争而又受到敌国社会舆论的保护。

恐怖活动甚至在装备上也显示出向第4代战争转化的特征。上一代战争总是需要比下一代战争大得多的资源去达到一定的目的。现在，美国花5亿美元制造一架隐形轰炸机，而恐怖分子的“隐形轰炸机”则是一辆普通汽车装上炸弹。

除高技术和恐怖主义外，下列因素也促使战争向第4代发展。

(1) 诸如思想或宗教这样的超国界精神因素，一个国家的安全力量只能在国界内发挥作用，超越国界就会遇到重重困难。当前的毒品战就是极好的例证。第4代战争的发动者可能以毒品贩子的方式进行战争。

(2) 直接攻击敌人的文化。这种攻击不仅可以避开敌方的军事力量，而且可以越过敌方政府，从内部和外部产生作用。例如，毒品就是对美国文化的直接攻击，并且使美国遭受重大损失，因为贩毒者有强大的“第五纵队”(买毒品者) 支持。

(3) 可利用越来越现代化的宣传工具，特别是电视新闻，进行心理战。敌对势力可以轻易利用电视、广播、报刊的效果达到自己的目的。如果我们轰炸敌方的城市，晚间新闻就会把敌方平民死亡的惨景带进千家万户，轻易地把军事胜利转变为政治上的失败。

现在，促使战争向第4代发展的技术、思想等客观因素早已具备，一旦这些因素结合起来，就会出现第4代战争。第4代战争是高技术战争，将以摧毁或破坏重要工业设施、政治基础结构和社会组织为主要目标，因此很容易导致战争升级，直至使用核武器。鉴于这种潜在的危险，有核国家不敢贸然进行第4代战争。（樊高月编译《第4代战争》，《外国军事学术》1990年第5期）

军事政策、军事战略理论研究

军事（国防）政策研究 *苏联军事政策研究* 1990年在苏联的军事政策方面发生了一件引人注目的事件，7月苏共28大公布了《关于现阶段党的军事政策基本方针》的决议。这是多年来苏联首次对外正式公布的军事政策，它与以前苏联实行的军事政策有很大变化，引起了世人的关注。此后，1990年8月，戈尔巴乔夫总统论述了苏联的新军事政策；1990年9月，有影响的某些专家学者在刊物上专门论述了苏联的新军事政策。从这些论述中，人们又注意到，在涉及诸如对军事政治形势和军事威胁的估计、军事预算、武装力量领导体制和结构、兵役制度、裁减军备、武器研制等军事政策的许多问题上，官方公布的观点与总统、专家学者发表的观点都有所不同，有的分歧还相当大。今后随着军事政治形势的发展，苏联的军事政策变化趋向，值得关注。

苏共公布《关于现阶段党的军事政策基本方针》的决议 1990年7月苏共28大公布的关于苏联军事政策的这一决议，其内容共分4个部分。第一，对当前军事政治形势现状和发展前景的全面估计。指出苏联军事政策是建立在新政治思维的基础上；主张不断发展防御性的苏联军事学说，并为推进建立一个没有战争和暴力的世界而努力。但是，目前发生的各种积极变化，尚未使形势发展到不可逆转的地步，对苏联的战争危险依然存在。在这种形势下，武装力量必须按照宪法履行保卫社会主义祖国的义务。为了巩固和加强防御能力，保证国家的安全，建设一支武装力量使之达到可靠够用的水平就成为党和国家的一项最重要的任务。第二，苏联武装力量建设必须遵循的基本原则。这些原则是：强调实行一长制；坚持超地区服役；按混合兵役制即普遍义务兵役制与合同志愿兵役制相结合的原则建设多民族正规军队；所有现役军人和预备役军人都应享有社会公正性和平等权利；军队只能按苏联宪法规定的直接使命加以动用。主张根据统一的联盟法律对国防和军事建设问题实行集中领导。同时，决议针对军队面临的许多尖锐问题，强调军队劳动的特殊社会政治意义及其光荣性，责成各级党组织全力提高武装力量的威信，提高兵役制度的威信，维护军人的荣誉和尊严。第三，根据苏联法律分阶段实行军事改革。要求：依据合理够用的原则使防御潜力达到有科学根据的水平；制定出长远的军事技术政策，运用科技新成就研制高质量的现代化武器装备，并装备部队；优化武装力量的组织编制和指挥机构；改革干部政策；使军队各方面的关系实现民主化；改革人员补充体制和训练体制，改进对预备役军人的训练；加强苏联公民服现役的法律基础。第四，改革武装力量的党政工作。要求明确区分党组织和政治机关的职能，努力巩固苏共在军队中的领导地位，反对军队非政治化，对军人进行政治、品德、思想和法制教育，以培养军人忠于社会主义理想，使其具有爱国主义和国际主义精神。（《关于现阶段党的军事政策基本方针》，《军队共产党人》1990年第16期）

戈尔巴乔夫谈苏联军事政策 1990年8月，戈尔巴乔夫在敖德萨军区，向参加演习的部队发表讲话，谈到有关苏联军事政策问题，其内容如下：(1) 对军事政治形势的估计。认为“冷战”已结束，双方削减全部核武器、削减战略武器、常规军备、禁止和销毁化学武器的决心不可逆转。东欧事件不仅没有损害苏联的安全，而且苏联的安全相反更加稳固。为在欧洲建立新的安全结构以取代集团结构奠定了令人抱有很大希望的基础。(2) 未来苏联武装力量的数质量。要求应根据最新资料评价美国及其北约盟国、日本、中国、伊朗、巴基斯坦、印度、一些阿拉伯国家、以色列以及东南亚等国家的军事学说、军事意图、军事活动的趋势。尽可能准确地了解这些国家90年代武装力量的发展计划，从而确定苏联国防的目标和任务，以及不远的将来需要多少人数和什么质量的武装力量。(3) 军队的结构。目前苏军有五大军种。将来是否还需要所有这些军种？每个军种的作用应该怎样改变？(4) 军费开支。应严格按照防御的合理够用的原则，来衡量可以拨给国防多少资金。(5) 确定苏军的补充原则。目前的意见并不一致，其中有的意见已占主导地位。一种意见是实行混合式补充原则，军官、准尉和超期服役者是基干部分，对于这些人，服役是终身职业。兵和军士实行普遍义务兵役制。另一种意见认为，建立一支志愿的职业化军队的时机已经成熟，实行这种原则，兵和军士也是基干人员。(6) 兵役原则。应解决实行哪种服役原则问题，是民族地区原则，还是跨地区的全联盟原则，或是两种办法结合起来。(7) 国防领导体制。已成立了由总统领导的、革新形势的国防会议。这一机构将讨论和审议武装力量军事活动和建设的一切问题。国防会议将与苏联最高苏维埃各有关委员会进行协作。(戈尔巴乔夫《无愧于国家历史上的伟大转折》，苏联塔斯社敖德萨 1990 年 8 月 18 日俄文电)

苏专家学者论苏联军事政策 苏《世界经济与国际关系》杂志 1990 年第 9 期刊登了一些专家学者和人民代表起草的《苏联军事改革构想》(草案)，其中第 3 部分主要谈论苏联新的军事政策。(1) 军事政策以及制定和实施军事政策的机构是国家整个安全体制的一部分。军事政策由苏联人民代表大会、苏联总统和最高苏维埃确定，其根椐是总统委员会和最高苏维埃各有关委员会的建议，以及最高苏维埃所属的战略预测中心的分析和判断。(2) 优化制定和实施军事政策的机制，把领导和指挥机构划分成政治、行政和军事机构，明确每个机构的职权范围，建立起相互间的协调机制。(3) 苏联总统作为最高统帅，负责领导上述机构的协调。总统使用武装力量的权力由宪法规定。这一体系的有效性与灵活性，应靠制定出有关军事政策与军事建设的专门法规来保障。(4) 苏联总统根据宪法赋予的军事权力，会同立法机关实施政治领导。总统具有下列特殊权力：确定国防与武装力量组织体制的基本原则，制定军事政策各学说，批准有关军事建设方面的法规；确定武装力量现役和预备役的员额、服役与训练期限、武器装备的数量、质量以及军事预算；组织研究军事经济、军事政治等问题，任命国防部长 (文职)。为保障总统的权力，应由实行党对军队的领导过渡到实行以宪法为基础的国家对军队的领导；依照法律中关于政党的规定决定军队内部政党活动问题；确定国家安全委员会的地位，成立隶属于苏联总统的、由宪法所规定的人所组成的国家安全机构；建立最高苏维埃情报与研究网，为决策提供分析与预测；切实保障所有政党、社会组织和权力机构以平等机会参预制定和通过军事政策；在国家不受损失的前提下，按国际标准，最大限度地实行公开性。(5) 苏联国防部实施政治行政领导，会同其他执行机关和社会各界参预制定军事政策。要区分国防部与总参谋部的职能，使国防部变成由文职国防部长领导的行政领导部门；国防开支由国防部统管，彻底改组武装力量后勤以及各军事工业部，撤销中间环节和重复环节；彻底改革国防部军事科研系统。(6) 总参谋部作为独立军事指挥部门，会同其他指挥机构通过制定战略与战役计划落实国家的政治军事决定，并负责直接组织苏军的训练与作战。取消战区指挥部，在确保遂行任务的前提下改组各军种和各军区，优化总参谋部和作战指挥部门的结构；建立竞争机制，优化人员组合；提高通信、指挥、侦察系统作用。(7) 制定军事政策的重要环节是：在新的联盟条约的基础上，苏联各加盟共和国有权共同参与决定国防建设、武装力量建设和国家安全问题。应在苏联宪法和联盟条约范围内，从法律上加强各加盟共和国参与制定与实施军事政策的权利和义务；恢复各加盟共和国政府全权军事代表制度，并保障国防部有各加盟共和国全权军事代表参加。(《苏联军事改革构想》，《世界经济与国际关系》1990 年第 9 期)

美国防务政策研究 **美国调整防务政策** 有的作者撰文指出，布什政府针对迅速变化的国际形势，正在对防务政策进行调整。调整的特点是，既对形势的变化作出反应，又留有回旋的余地。调整的内容有以下 7 个方面：(1) 强调威胁多元化，但仍视苏联为最大威胁。在未来几十年，对美国的威胁将是多元的。美国的利益不但遇到来自苏联的威胁，而且面临着可能出现的新强国和第三世界的潜在冲突、暴乱、恐怖活动、毒品走私活动以及核生化武器和导弹扩散所带来的日益增大的威胁。为此，布什政府已下令对美军的编制体制和武器研制进行必要的调整，以适应多元化条件下作战的需要。布什政府还认为，近年来美苏关系虽然有了显著改善，“冷战已趋于完结”，但“冷战的结构远未拆除”，苏联在过去几十年建立起来的军事力量仍然是对美国及其盟国利益的最大威胁。因此，美苏关系的核心仍然是军事关系，必须使之建立在“战略稳定”的基础上。(2) 提出战略上的“总体概念”，使防务建设各个方面协调发展。战略上的“总体概念”主要指：①在防务建设中兼顾军备控制、军备发展、削减预算等几个方面，使其相互协调。方针是，在确保美国武装力量具有“可靠性”的同时，逐步使其具备更多的“可谈判性”，并在提高效费比原则下，逐步调整结构。②在军控问题上必须从自己的需要和目的出发，避免被动应付。③更加重视“国家安全的经济方面”、联盟关系的变化、技术发展对军事的影响、高技术武器的扩散等防务领域中的重要问题。(3) 更加重视军控与裁军，借以达成有利于美国的新的力量平衡。军控与裁军政策是美国防务政策的重要组成部分。布什政府的基本立场是对涉及调整美国武装力量的结构或战略使用原则的问题采取十分慎重的态度；着眼战略格局的变化，确保优势和主动。在削减战略武器会谈上，美国希图实现下述目的：①大量裁减双方用于“第一次打击”的进攻性战略核武器，特别是限制苏联 SS-18 大型洲际弹道导弹；②对具有“第二次打击”能力的武器不做大的削减，并留有发展余地；③不涉及战略防御系统的发展。在欧洲常规力量谈判中，美国旨在更大规模地裁减美苏及北约和华约的常规力量，建立双方新的军事力量平衡。但是，美国坚持不谈裁减海军，意在对苏、对欧都保持战略上的有利地位。在防御与空间武器会谈上，美国将坚持发展战略防御系统（涉及反导和反卫星两个方面）的立场。在限制核试验谈判中，美将批准签署 70 年代与苏联达成的两个协议，但对进一步限制 15 万吨级以下地下核试验问题采取谨慎态度。在化学武器谈判中，美将与苏达成第一个双边协议，其目的是：以大规模销毁化学武器的姿态，牵制和影响日内瓦多边裁军会议，为解决化学武器扩散问题做准备，以及完成美国化学武库的换代，以二元化学武器替代一元化学武器。此外，美将力促在美苏、华约北约和欧安会这一更大范围内建立信任与安全措施。(4) 坚持“集体安全”原则，竭力保持美国在联盟体系中的领导地位。“集体安全”也是美国防务政策的重要组成部分。布什政府对这一问题的看法和主张是：①认为集体安全体制仍是设计西方整个防务结构最可靠、实用和经济的办法，这种共同利益的需要将会使集体安全体制持续相当长的时期。②由于国际形势的变化，西方集体安全体系已进入一个“过渡时期”。这个时期“最不稳定”。对各种内部矛盾，要通过磋商解决并发挥美国的“领导作用”。③对集体安全内部关系的调整，必须以安全上“可靠”和经济上“合理”为基本原则。(5) 适当削减防务预算，但仍要确保美国的军事大国地位。防务预算是美国防务政策中的一个有形的组成部分，也是国内防务政策辩论的焦点。由于国际形势的变化，布什政府在 1990 年 1 月提交国会的 1991 财年预算中，放弃原定增加防务费用 1%的目标；1990 年还决定进一步削减 1991 财年防务预算，扣除通货膨胀因素后，比上年度实际减少约 100 亿美元；此外，还决定在 1991～1993 年期间，共削减防务开支 300～500 亿美元。总的说来，美国削减防务预算将是一个发展趋势，但布什政府对削减防务预算是谨慎的，这与当前美国防务界在预算问题上的下述思想动向和舆论有关。美国防务界认为，①防务预算与美国的财政赤字没有必然联系，这一点已为 60、70、80 年代的历史所证实。②防务预算应随经济发展相应增长。防务开支稳定在国民生产总值的 5～6%是必要的。即防务开支应随国民生产总值增长而增长，在经济增长的情况下，防务开支每年应相应增长 1～2%。③裁军并不意味着防务支出可以大幅度减少。(6) 适当增加军事科研经费，努力保持军事技术的领先地位。当前，美国军队建设虽然受到削减防务预算的影响，但 1991 财年军事科研费用都较前一年有所增加，表明布什政府重视质量建军，重视保持技术优势。美在战略进攻力量方面将继续实施战略核力量现代化计划（主要涉及陆基机动战略导弹、B-2 隐形战略轰炸机和战略巡航导弹）。在战略防御方面，SDI 和 ADI（防御低空突防的巡航导弹和轰炸机）是两个正在研究发展的主要系统。此外，还有改进全美防空警戒及拦截作战系统。除战略武器系统外，航天武器系统和先进常规武器系统的研制，也是美国为争夺下世纪战略优势而正在发展的两个主要军事领域。(7) 调整美军海外部署的同时，保持美国对全球事务的军事干预能力。美国对海外军事部署的调整主要是逐步裁撤海外基地和驻军，在保持“核威慑”、“制海权”和“制天权”的前提下使美军具有结构灵活、技术先进、反应快速的全球机动及常规作战能力。（陈小功《布什政府防务政策的调整》，《外国军事学术》1990 年第 7 期）

布什谈美国防务政策问题　布什 1990 年 8 月 2 日在科罗拉多州阿斯彭学会谈及美国防务政策的下述内容。

一、美国安全环境的变化

世界变化改变了美国的安全环境。美国已进入一个新时代，因而确保和平所必需的防务战略和军事结构必将不同于以往。苏联入侵西欧的战争威胁，比战后任何时候都小。东欧的民主化使华约组织失去了军事意义。苏结束了对东欧、中欧 40 多年的控制，正从那里撤军。总之，全球战略环境正在发生变化，欧洲面临的直接威胁正在消失，爆发全球大战的危险性正在减小。然而，地区性突发事件层出不穷，这要求美国平时仍要在重要战略地区驻军，以保卫美国的利益。尽管苏已发生了许多具有积极意义的变化，但它仍然是一个世界军事大国。即使裁减了常规部队之后，苏仍将保持200～300万人的大军。即使签定了削减战略武器条约，它仍拥有强大的、现代化的、十分有效的战略力量。美国所关心的头等大事仍是苏所保持的不断现代化的战略核武库。在世界其他地区，威胁仍然存在。恐怖主义活动、扣押人质的行动、一些国家任意侵略他国的行为，都是动乱之源。伊拉克侵占科威特的行动说明，在苏联威胁减少的情况下，世界上仍不乏严重威胁美国利益的危险地区，这类威胁出现十分突然，常常难以预测。

二、美国的战略需求

1、美国目前所需要的是，一方面要使防务政策适应已发生的重大变化。另一方面又不忽视对美国安全战略一直发生重大影响的那些永久性因素。美国必须使平时的每项防务政策和过去一样，有助于保卫美国的利益和理想。美国一直在欧洲、太平洋、地中海和波斯湾有重大的利益。因此，美国必须坚持把前沿部署作为美国战略的一个不可分割的组成部分。美国要再次使苏联相信，美国的前沿部署并不构成对它的威胁和包围。

2、美国及其盟国必须保持有效的威慑力量。这支威慑力量的用途有二：一是巩固当今局势缓和情况下的和平；二是遏制苏联领导人重新谋求对抗。为了在本世纪内保持一支显然可靠的战略威慑力量，美国需要有B-2战略轰炸机（25架即可），需要完成“三叉戟”潜射战略导弹的装备计划（18艘潜艇），继续完成小型洲际导弹和“和平卫士”导弹的发展工作，将来看情况再做生产和装备部队的决定。

3、美国需要发展一种防御性战略威慑力量。发展这种力量在90年代具有更重要的意义。这类战略防御系统将仅摧毁敌方打击美国的战略导弹，而不毁灭人类，因而再好不过。美国必须为SDI计划开辟更广阔的发展前景，一旦成功就部署这类防御系统。

4、只要盟国需要，美国就继续在欧洲驻军。这支驻军的规模和结构将随着北约组织的变化而做调整，以适应威胁减少情况下的安全需要。未来美国欧洲驻军的作用是：遏制任何新的危险，作为一种稳定局势的力量，一如既往地确保整个欧洲的力量平衡。

5、在欧洲以外地区，美国必须拥有必要的部队，以便能对全球任何地区发生的威胁作出反应。伊拉克侵占科威特的事件表明，美国唯有使用现有的、能立即作出反应的军事力量，才能保护美国的利益；美国的防务结构不仅应能保卫美国的安全，而且应能为支援盟友进行合法自卫提供资源。这应当成为美国的一项永久性义务，美国在调整自己的军队结构时切不可忘记这一点。

6、为应付各种可能的挑战，美国必须搞好战备和提高快速反应能力。首先，美国需要有一项富有创造性的、积极的国防研究与发展计划。国防研究与发展工作具有长远的意义。它使美国始终能依靠其技术优势来抵消敌方的数量优势。由于大多数现代化武器从设计、生产到装备使用至少需花10年时间，美国在制定国防研究与发展计划时必须考虑到未来的军事需要，以便使2000年及其以后的美国武装部队获得所需的技术装备。其次，巴拿马之战说明，美国可能被迫对世界上可能发生的各种挑战做出反应。由于这些挑战事先很少有或根本没有警报，因此，美国要有能力使其军队迅速到达世界任何地区。在美国未来可能面临的许多冲突中，美国也许无法事先在海外地区保持必要的人力和物资。因此，美国需要有足够的海、空运力量来担任快速部署部队及其装备的输送任务。在这方面，美国必须特别强调输送手段的灵活性和多样性。再次，必须提高现役部队的战备水平，尤其是要把提高担负应急作战任务的现役部队的战备水平放在首位，重点应提高这些部队的反应速度和训练水平，积累作战经验，增强部队官兵士气。

三、美国当前的主要任务

美国当前的主要任务是根据战略环境的变化调整美国的军事结构。美国将压缩其武装部队的规模，调整部队的结构和编组。其目标是，在满足国家安全需要的前提下，到1995年把武装部队减少25%，即达到1950年以来美军数量的最低水平。新战略将确定一个总的框架来指导美军的削减，同时又保证有足够的部队来捍卫美国的永久性利益。即能在关键地区进行前沿部署，对任何危机做出有效反应，并保持一种在需要时能扩充美国军队的能力。因此，既要裁减人员，又要调整部队结构。调整部队结构的一个重要环节，是如何对待后备役部队。由于大规模的短期动员在未来越来越不需要，美国应根据将来可能面临的挑战对后备役部队的规模、结构和战备要求进行适当调整。在调整部队结构时，还要考虑到苏联的意图今后有可能发生重大逆转。这意味着调整后的部队结构要使美国具有一旦美苏在90年代中期后再度发生对抗，便能迅速扩充军队的能力。因此，作好未来扩充军队的准备，应成为美国防务政策的重要组成部分和遏制侵略的重要手段。（姜绍崇《布什谈美国防务政策问题》，《外国军事学术》1991年第4期）

军事战略理论研究 中国军事战略问题研究 军事战略研究包括基础理论研究和应用理论研究两部分。基础理论主要研究战争的规律、战略理论的形成与发展、战略活动特点、相关因素对军事战略的影响、进行战争的方式方法及指导原则等。应用理论主要研究战争的准备与组织实施，武装力量的动员和建设，根据战争具体条件，确定军事战略目标、军事战略方针，并研究实现战略目标的方式方法等。

50年代初期直至80年代中期，中国军事战略研究较多地是进行应用研究：针对国家可能面临的全面入侵，围绕全面战争的战略问题，着重研究探讨全面战争的样式、特点、规律；军事战略方针；战略部署；全面战争战略指导等问题。1985年，中国人民解放军在军队建设指导思想实行战略性转变后，对军事战略问题给予了更多的重视，学术界展开了热烈的讨论，战略理论研究进入一个新的发展时期。其突出特点是：(1) 由注重应用理论研究转为基础研究和应用研究并重；(2) 由注重全面战争战略研究转为突出局部战争战略研究；(3) 研究成果较多，学科理论有很大发展；(4) 运用当代科学理论和技术方法于战略研究领域有了可喜的开端。

近几年军事战略研究涉及的主要问题有：当今时代战略概念的基本内涵和外延；战略理论体系的结构；政治、经济、文化、科技等相关因素对军事战略的影响；军事战略与国家利益、意识形态的内在联系；现代战争的根源；战争类型和战略层次的划分；当代军事战略思想、未来局部战争的战略指导、战争准备及武装力量建设等。

1990年军事战略研究注重了对国外军事战略理论的分析、消化、吸收；注重了对中国传统军事理论中优秀部分的继承、发展有中国特色的军事战略理论；针对国际战略形势的变化，加强了对策性研究。主要探讨了以下几方面问题。

现代军事战略概念 有关战略基本概念的研究主要集中在现代军事战略概念的定义和具体表述等方面。有的作者认为，传统的战略概念和现代的战略概念的最大不同点是对象反映的范围，亦即是否限于战争和军事斗争领域。这主要因为，一是战争发展了，战争样式、类型多了，反映战争全局指导的战略也随着增多。二是战争全局的概念扩大，影响战争全局的因素和实现战争目的的手段增多，各种因素和各种手段之间的联系更加广泛，与军事结合得愈来愈紧，战争力量也更加依赖于综合国力。三是战略不仅应用于战争的进行，而且也作用于战争发生前和战争结束后。因此，战略是具有科学内涵而又不断发展的概念，应从历史发展的角度去理解。但战略概念是有科学内涵的，概念的借用和概念本质属性的改变是两回事，不应该把战争用语和一般用语混同起来。关于军事战略与战略是否同义，各国的认识不尽相同，我国居多数意见认为战争不单是军力的较量，战争全局的指导包括在使用军事手段的同时，也使用政治、经济、外交等手段。战略不论是国家战略还是军事战略，不论是广义还是狭义，其本质属性和基本特征都是全局性的，不能任意把局部扩大为全局。一般讲战略，可以理解指的就是“军事战略”。（孙向明《战略理论几个问题之我见》，《中国军事科学》1990年第3期）

军事战略理论体系 关于中国军事战略理论体系的构成，一些作者认为，本着符合我国实际和合理有序的着眼点，由“党的总路线、总方针、总政策（或称基本路线、方针、政策）——军事战略——战区和军种战略”的三层次结构体系，或许更符合我国实际。因为军事战略关联的是战争或军事斗争全局，不是单纯的军事行动；国防战略与军事战略在我国来说本质是相同的，不能说军事战略统辖不了国防建设；从理论发展和实际情况讲应该有军种战略和战区战略。核战略涉及国家核力量的建设、发展、核斗争的方针与核力量的运用，关系国家安危，影响到战争全局，因而是国家的军事战略而不是军种战略，是军事战略的一种类型或一种具体战略。（孙向明《战略理论几个问题之我见》，《中国军事科学》1990年第3期）关于是否存在“国际战略”问题，有的作者认为，国际战略是客观存在的战略层次，它包括各个国家的对外战略、国家集团的共同战略。国际战略研究的对象是国际社会中各行为主体的对外战略及相互间战略关系的总和。具体包括：制定实施国际战略的基本要素；组成国际战略关系的各国战略；各国战略相连接的条件；国际战略关系的类型；战略形势及内在规律等。（高金钿《国际战略与国际关系研究》，《国防大学学报》1990年第5期）

军事战略理论的发展 发展中国军事理论，尤其是战略理论，是时代发展提出的客观要求。围绕如何发展的问题，多数的观点认为，在研究借鉴国外军事理论时，应该把握两点，一是时代特征，一是我国特色。任何国家的军事理论包括战略理论，都是为一定的政治服务的，有深刻的国家利益和阶级利益的内涵，既反映军事斗争的一般规律，也反映特殊规律。各国情况不同，战略理论也各有差异，不能强求统一。理论是没有国界的，加强国际间军事交往，努力学习外国的成功经验，特别是反映现代科学技术较为充分的战略理论，是有益于我国军事理论的发展的。借口“中国特色”排斥、限制研究和学习外国军事理论，或者否认军事战略理论的国家特色，提出“军事理论国际化”、“相互融合”都是不正确的。（孙向明《战略理论几个问题之我见》，《中国军事科学》1990年第3期）

军事战略与国家利益、意识形态 关于军事战略与国家利益、意识形态间的相互关系，军事战略是否应首先服从国家利益等问题，多数作者认为，不应把国家利益、阶级利益、意识形态相互割裂和对立起来。国家是统治阶级的国家，任何国家确定其国家利益，都主要取决于统治阶级的利益，并受其意识形态的制约。在国际关系中，基本行为主体是国家。因而在制约和影响军事战略的诸因素中，国家利益是首要的决定性的因素，是研究制定军事战略的基础和分析战争问题的基本依据，国家利益的变化发展不断对军事战略提出新的要求。社会主义国家的国家利益是工人阶级和广大人民群众根本利益以及社会主义意识形态的集中的最高的体现，军事战略必须服从并服务于国家利益。研究制定军事战略，要着眼于维护国家利益，综合考虑国家利益、阶级利益、意识形态的相互关系及作用；要把握对国际战略格局稳定、对战争起重要制约作用的关键因素；要重视军事战略与政治战略、经济战略、外交战略等方面的协调，使军事战略从所处的角度更有效更实际地为国家利益服务。（郝东亮、曾苏南《试论国家利益、阶级利益、意识形态的关系及对军事战略的影响》，《中国军事科学》1990年第2期）关于意识形态对军事战略的具体影响，有的作者指出，军事战略反映了人们对战争领域中社会关系的看法，军事战略的制定和实施，总是直接或间接地受到意识形态的影响和制约。主要表现为：政治观决定军事战略的性质，制约军事战略力量动员的范围和战争方式，决定军事战略联盟的构成，决定军事战略能否顺利实现；哲学观影响军事战略对整个战争的总看法和基本观点，影响到军事战略的决策方法，哲学思想中的价值观不仅支配军事战略决策者对军事战略目标的选择，而且支配民众对这一选择的态度；道德观通过传统的民族、阶级的道德观念，通过决策层对军事战略产生无形的潜在的影响，并影响人们对军事战略所持的感情和态度；宗教是诱发一些战争的因素，是对一些地区有较大影响的政治力量，能够帮助某些战略家达成其战略目的。也有的作者认为：近年来，在战争和战略理论讨论中兴起的“利益说”，即认为当代战争根源于国家和民族利益的观点，具有明显弊端和缺陷：首先是使具体战争根源消失了，因为国家利益各国有之，利益产生战争，等于说所有国家都是战争的根源；其次是没有指出利益的阶级性，把霸权主义的利益和爱好和平的国家和人民的正当利益都说成是战争根源，模糊和掩盖了两种利益的本质区别；再次，国家利益不等于民族利益，要对利益作具体分析。“利益说”没有揭示战争的根源，所揭示的只是战争的本质问题，战争的本质也不能单纯地用“利益”来衡量。如果战争根源是“利益”，那也可以说政治是战争的根源。现代战争尽管起因复杂，但各种原因都与阶级原因密切相关，都是阶级关系的具体反映和表现形式。

国际战略格局和军事形势 1990年国内学术界对国际战略格局演变的认识有三点共识：1、以“雅尔塔体制”为标志的两极战略格局已经瓦解。2、新的战略格局尚未最终建立。3、目前正处于向多极格局转化的过渡阶段。在对战略格局演变具体过程的分析方面，有的作者认为，今天，战后两极战略格局衰落的“惯性阶段”尚未完全过去，各国原有的敌、友关系未完全改变，两极的“惯性”仍在国际事务中起主导作用。“混沌阶段”正加速到来，世界战略格局和区域战略格局的不一致加剧，各种矛盾交织，关系错综复杂，敌友关系容易易位。海湾危机将是阶段划分的显著标志，美国等国的得手，意味着“惯性阶段”的继续，反之亦然。“新序阶段”是新的战略格局起主导作用的阶段，也是首先建立区域集团的阶段，国家在国际战略格局中的地位，将取决于所在区域集团中的地位和集团在国际上的地位。（陈维民《试论新旧战略格局过渡的阶段性》，中国国际友好联络会和平与发展研究中心《学术交流》1990年第4期）关于世界格局向多极化转变的影响，有的作者认为，其积极方面一是有利于世界政治的民主化进程，不利于世界霸权主义和强权政治；二是削弱了超级大国控制和左右国际局势的能力，中小国家参与世界事务的能力得到加强；三是有利于世界和平。不利方面是地区性国家间矛盾突出；多种力量崛起引发的矛盾更加复杂；军事领域的多极化可能增加不安定因素。（黄崎《世界经济政治的多极化趋势及影响》，《国防大学学报》1990年第6期）关于亚太地区形势，一些作者认为，亚太形势正趋向缓和，但仍是世界上较不稳定地区之一；亚太地区多极化格局初步形成，但美苏仍是发展的主导；从长远看日本将是影响亚太安全形势变化的十分重要的因素；朝鲜半岛仍是“热点”；东南亚将以经济发展为首要问题，越南在南海的扩张政策是造成不稳定的主要因素；南太平洋仍是最为稳定的地区。

军事战略与军事威胁 关于如何认识相对和平时期的军事威胁等等问题，有的作者认为，军事威胁是在国家、国家集团之间，使用军事手段，或以军事力量为后盾而产生的一种敌对性的制约行为。和平时期的军事威胁具有长期性、多样性、隐蔽性的特点。1、长期性是由军事威胁的阶级性决定的，是国家利益矛盾和斗争决定的。2、多样性首先表现在军事威胁影响的范围广阔，存在着全球性军事威胁、地区性军事威胁、国家间军事威胁；其次表现为产生军事威胁原因的多样性，即存在着政治利益、经济利益、领土资源矛盾、民族矛盾等多种因素作用；其三是军事威胁的性质、特点呈现多样性。3、隐蔽性主要表现是：军事威胁由政治斗争的“前台”转向“后台”；军事威胁渗透于政治、经济斗争之中；资本主义国家对社会主义国家的“和平演变”也隐含着一定的军事威胁。有的作者认为，国家利益的矛盾是产生军事威胁的根本原因，国家利益的发展变化决定军事威胁的消长，要从分析处理国家利益矛盾入手判断和处理军事威胁。减少国家外部威胁，要充分重视各国利益间的共同点，努力发展良好的对外关系，同时要建设与未来形势需要的国防力量。关于对威胁的判断，有的同志提出，研究军事战略问题时，必须充分重视地理环境，它是判断国家安全所受威胁的一个基本依据。在当代，围绕海洋物产资源问题展开的斗争将更加复杂，由此引起一些战争和冲突是完全有可能的。

苏联军事战略研究 在讨论苏联的战略问题时，美国前总统尼克松认为，“军事力量是莫斯科的唯一优势”，但是，“莫斯科的困境是：它的优势不能解决它的问题，而它的问题则在削弱它的优势”。(《1999 不战而胜》第 25 页）其实，苏联也痛感军事的畸形发展确实给其经济和社会发展造成了很大的困难，这种认识已经和正在促使苏联战略思想发生着比其他国家更为明显的变化。

关于战争问题的认识 苏联从赫鲁晓夫时期强调准备打核大战并要打赢核战争，到勃列日涅夫后期，在强调全面进行实战准备的同时，重视以核武器为后盾的常规战争。到现在改变为，苏联应准备打核条件下的常规战争。而且，即使是常规战争也应尽力避免。苏联空军中将谢列布里亚科夫在《军队共产党人》1989 年第 17 期撰文时，引用苏联国防部第一副部长兼总参谋长莫伊谢耶夫大将关于苏联“军事科学的一项复杂任务，就是研究制定防止战争的战略”的观点，主张创立一门防止战争的新学科，为各级指挥部门和部队制定崭新的行动手段、方法和形式。(李木兰摘译《创立关于防止战争的新学科》，《外国军事学术》1990 年第 3 期)

关于军事战略指导方针 苏联改变了赫鲁晓夫时期强调并为勃列日涅夫时期继承了的战略进攻是军事行动的基本类型的思想，强调战略防御是军事行动的基本类型。为实现这种转变，苏联采取了如下一些措施：(1) 从理论上强调防御战略的重要性，指出，“苏联军事学说具有单一的防御目的性。”(2) 在军事部署上，开始进行某些收缩。苏联在实行 50 万裁军计划时，分别从它的西、东、南 3 个前出方向削减了 24 万、20 万和 6 万部队。但从目前情况看，苏军部署上的前出态势尚未根本改变。(3) 近年来，苏军突出了防御型的军事演习。(4) 在编制结构上，调整了进攻性武器和防御性武器的配备比例，增加了防御性武器的比例和防御性部队的编制等。(5) 在裁军谈判和军备控制的指导思想上有明显的变化。比如，同意大幅度裁减核武器；改变了过去坚持 5 个核大国共同裁减的立场，接受苏美率先裁减的建议；同意现场核查；改变了过去在裁军谈判中坚持“对等”的原则，同意非对等裁减。(周爱群《苏联对军事战略的调整》、知遥《转变中的苏联军事战略》，《外国军事学术》1990 年第 2 期）在这些思想指导下，继 1987 年 12 月 8 日美苏签订中导条约之后，1990 年 6 月 1 日又签订了削减 1/3 战略武器框架条约，削减化学武器条约以及有关核试验问题的条约。1990 年 11 月 19 日，出席欧安会首脑会议的北约和华约的 22 国首脑又在巴黎签署了欧洲常规武装力量条约，使裁军谈判又取得了新的突破。不过从总体上看，苏联似乎没有完全放弃进攻性战略理论和作战准备。

关于军队建设问题 苏联改变了过去大力扩充军备的方针，提出“合理够用”的建军原则和质量建军的指导方针。为此，苏联采取了以下主要措施：(1) 裁减军队员额。戈尔巴乔夫于 1988 年 12 月在联合国大会上宣布的单方面裁军 50 万人的任务，预计于 1990 年底基本完成。(2) 削减军费开支。据苏联公布，1989～1990 年间，军费开支削减 8.2%（从 773 亿卢布降到 709.76 亿卢布），武器和军事技术装备的生产减少 19.5%。(3) 精简机构。苏联宣布，已撤销了中亚军区和乌拉尔军区，撤销了一些军、师及部分兵团的指挥机关等。(4) 调整武器发展结构，采取“多研制、少生产”的方针，同时减少进攻性武器的生产，加强C^3I系统的建设，加快一些军转民项目的实施。据称，1990年军工生产的民品产值将占其全部产值的一半。(周爱群《苏联对军事战略的调整》、知遥《转变中的苏联军事战略》,《外国军事学术》1990年第2期)

关于作战理论问题 主要有以下一些变化：(1)作战指导思想正从过去的“外线进攻”向“内线防御”为主的方向转变，更加重视战争初期的防御作战。(2)在作战类型上，提高防御作战的地位，强调防御的积极性，突出防御中的攻势行动。在防御作战中主张采取阵地防御与机动防御相结合以阵地防御为主的方法。(3)在作战行动方面，增强防御作战的立体性和纵深性等。(王海运、周毅《新思维影响下的苏军作战理论》,《外国军事学术》1990年第1期)

另外，为适应苏联向市场经济过渡和沿着民主化道路前进，苏军成立了军事改革构想委员会，制定了苏联军事改革构想草案，提出要建立保障国家安全和有效地进行军队建设的机制，使武装力量与现实军事威胁程度相适应，与新的政治、经济和社会环境相适应等。

美国军事战略研究 在世界形势急剧变化的情况下，美国军内外高层人士及许多专家对美国的军事战略发表意见，展开讨论。国防部高层人士有的主张不必改变现有的军事战略；有的主张对现有的军事战略进行调整；有些著名专家主张进行重大的改变；有的则提出制定新的军事战略的建议。

鲍威尔认为美国的军事战略毋需改变 美国参谋长联席会议主席鲍威尔认为，美国的军事战略是成功的，毋需改变，需要的是对现役部队的规模进行削减。“人们一直在谈论说我们没有战略或我们需要一个新的战略，这是不正确的，根本错误的。我们有一项完好的战略，它在发生作用。”通过实力维持和平、前沿部署部队和谋求军备控制协议是这一战略中的关键部分。“去年的事件毫无疑问地证明我们的战略是成功的。改变战略的正是我们的对手。”美国的战略不应改变。入侵巴拿马表明，美国必须保持一支训练有素的常规力量“以对付一系列全球性的突发事件”。美国将逐步“裁减军队员额，但不会使安全受到危害或放弃一项致胜战略”。美国将继续充当全面的超级大国，掌握与超级大国地位相称的全部力量与手段，按照美国利益的要求消除种种威胁，推进全球“民主化”。美国将继续保持一支基干力量，以保证美国在大西洋、太平洋、东亚和波斯湾地区维持必要的前沿部署，提供应急作战部队；保持足够的动员能力和增援能力，以支持前沿部署部队和应急作战部队。美国还必须拥有一支世界第一流的海军；确保战略核力量足够强大，遏制对美国的任何核威胁。(鲍威尔1990年1月22日《在后备役军官协会上的讲话》，美国《海军时报》1990年2月5日；鲍威尔3月23日《在加利福尼亚市镇大厅论坛组织上的讲话》，美国《每日重要讲话》1990年5月1日第1期)现任国防部长切尼在1990年早些时候曾说，“现在尚不是考虑改变防务战略的时候。我们要做的是分析现有战略的正确之处，并作出适当的调整”。(陆宝生编译《新形势下的美国军事改革》,《外国军事学术》1990年第9期)

但是，许多著名专家，包括前国防部长布朗、施莱辛格和麦克纳马拉，以及前国防部官员考夫曼和科布，都一致认为美国的军事态势需要进行重大的甚至彻底的改变。他们批评说，面对急剧变化的国际形势和变化了的世界战略格局，国防部在军队改革上表现得谨小慎微、缩手缩脚。为此，这些专家提出了许多大胆的建议，例如从欧洲撤回绝大部分的地面部队，更多地依靠后备役部队，大大地砍掉购买新型洲际导弹的经费等等。(陆宝生编译《新形势下的美国军事改革》,《外国军事学术》1990年第9期)

萨姆·纳恩主张奉行新的军事战略 1990年4月19日，美参议员、参院军事委员会主席萨姆·纳恩在该委员会发表的讲话中概括地提出了一项“新的军事战略”。同年4月20日，他在参院发表的题为“奉行一项新的军事战略”的讲话中详细阐述了这一战略的内容。(1)核威慑现在和可以预见的将来都是美国军事战略的基石，但应在较低的军备水平和很高的稳定性基础上得以保持。为此，应继续推进SDI计划、洲际弹道导弹和战略轰炸机的现代化，但应对其规模和速度加以调整；重新确定“三叉戟Ⅱ”(D-5)导弹和“三叉戟”核潜艇的年度采购量；继续就禁止铁路机动的多弹头分导式洲际弹道导弹同苏联谈判，以最终实现全面禁止陆基多弹头分导式导弹系统。(2)对前沿部署部队进行同威胁的变化相一致的裁减，把重点放在盟国分担防务责任和美国的增援能力上，也就是奉行“增援战略”。减少海外驻军，但要保持在前沿重建部队的能力，即保留一定的留守部队；依靠技术优势使快速部署部队和特种部队在装备上更轻、火力上更猛、持续作战能力和机动性更强；提高海空投送能力；退役大批陈旧的、保养费用昂贵但功能单一的武器装备；鼓励军兵种之间科学的竞争，打破看待问题的传统方式，统一军队的各种能力，协调各军种的行动。比如让航母战斗群同空军的远程轰炸机部队在制海权上加以竞争。(3) 将更多的部队转为后备役，并充分发挥其作用。由于威胁减少，预警时间延长，军费缩减，必须更多地依靠后备役部队。首先，要完善动员体制，保证后备役部队能在紧急情况下迅速承担作战任务；其次，增加空军后备役部队的数量，扩大海军后备役部队的使用范围，把一部分现役部队所承担的任务转让给后备役部队。如把战术空运交给空军后备役部队，把反潜作战任务交给海军后备役部队。(4)“灵活的战备”(或“弹性战备”)。即依据威胁的不同，预警时间的长短，动用的可能性和投送能力，调整不同部队的战备水平。有些部队要保持高水平战备，有些部队则保持一种可以升级的低水平战备。比如，战略值班部队、远征部队、前沿部署部队、早期部署部队、特种作战部队、情报部队等，指定其处于高水平战备状态，其他部队则可以保持较低水平的战备状态。但更重要的是，部队的战备水平应能在紧急情况下迅速提高。此外，应对部队的模拟训练大量投资。第 3、4 代模拟系统已经可以使部队进行广泛而系统的训练，如作战、维修、后勤等。(5) 防务管理和资源战略应以“少投入、高效益”为指导。在防务预算缩减的情况下，关键是有一项稳定而长期的预算，使投入的每一美元产生最大的防务能力。加强防务资源的管理，应采取“先检验、后购买”，“先研制、后装备”的方针，以减少浪费。B-1 轰炸机就是一个未经充分检验和评估而匆忙购买的典型，它浪费纳税人 10 亿美元。应对现有武器装备加以改进，不必研制新一代装备；通过维持强大的技术基础，使实验室和大学重新充满活力来保持技术上的优势；裁减过剩的武器生产能力；精简司令部和指挥所；加强同盟国在研究和发展上的合作。采用以上战略，可使美国在 1991 财年节省预算 250～270 亿美元，节省开支 90～100 亿美元。(萨姆 · 纳恩《奉行一项新的军事战略》，美国《每日重要讲话》1990 年 5 月 15 日第 15 期)

美国在军事战略研究中重视运用数学方法 有的作者撰文指出，美国从 50 年代开始，在军事战略研究中重视运用数学方法。这首先是由于运筹学在第二次世界大战中的成功运用，大大开阔了人们在军事上运用数学方法的眼界；其次是新的数学分科特别是应用数学和电子计算机技术的迅速发展，使数学方法在军事战略研究中的应用成为可能并逐渐深化。美国战略家主要在以下 4 个方面运用数学方法研究军事战略问题：

一、分析战略武器的发展及其对未来战争的影响，为军事战略的制定和发展提供理论依据。美国战略家们认为，导弹核武器的出现和迅速发展，从根本上改变了战争的性质。制定军事战略，首先要考虑战略武器的发展及其对未来战争的影响。由于既无热核战争的经验又无可能进行实战试验，美国战略家非常注重运用数学模拟方法预测战略武器的发展及其对未来战争的影响，为军事战略的制定和发展提供理论依据。过去，兰德公司的物理学家赫尔曼 · 卡恩曾运用数学方法描述了不同等级的核战争可能产生的后果，并用 70 个表格列出了详细的计算结果，据此提出了核升级理论。他认为，那种认为热核战争如此恐怖以致它决不能发生的想法是一种幻想。如果美国不惜巨额经费构筑大量的地下掩蔽工事并加固核基地，“一些人可以幸免于破坏性最大的核浩劫”。这样，美国就能在核战争中取胜。这种观点曾受到美国当局的高度重视。

苏美双方的战略武器出现均衡状态以后，美国一直在谋求能够有效地摧毁对方，同时又能确保己方生存的方法和途径，他们制定“高边疆”战略并将 SDI 计划付诸实施，主要根据就是推行这一战略可以取得对苏联的全面战略优势。一些战略家和空间武器系统专家通过定量分析，认为 SDI 计划实现后，这个严密的反弹道导弹系统，4 段拦截的每段拦截率可达 90%，总拦截率可达 99.99%。如果苏联同时向美国发射 1400 枚导弹，共带 14000 枚真弹头，最后只有 1.4 枚真弹头落到美国本土。

二、评估己方和主要对手的战略力量及其相互对比，论证军事战略的合理性、可行性和合算性。美国战略理论家认为：“军事战略是运用一国武装力量，通过使用武力和以武力相威胁，达成国家政策的各项目标的一门艺术和科学。”军事战略＝军事目标+军事战略方针+军事实力。这一定义已得到美国参谋长联席会议的认可。制定军事战略，必须选择军事目标、军事战略方针和军事实力这 3 者结合在一起的最佳方案。所谓最佳方案，就是要符合合理性、可行性和合算性这 3 项标准。美国战略家们认为，军事战略能否符合这 3 项标准，起决定作用的是军事实力，特别是战略打击力量及其与敌国的比较。因此，他们非常注重运用数学方法评估战略力量。例如，兰德公司曾运用计算机作战模拟方法，评估第二次打击战略的可行性。其中一个想法是，假设苏联用 264 枚 8 弹头的 SS-1 导弹，采用二打一（发射两个核弹头，有一个能击中美方的地下发射井）的打法，对美国的1054个发射井进行袭击，只能摧毁40%的洲际导弹，美国还可具有600多个核导弹的反击能力，足以构成对苏联的威慑，从而说明了这种战略是行得通的。

为提高战略决策的科学性，减少战略力量发展的盲目性，美国战略家还采取定性分析和定量分析并举的方法，确定美国战略武器的数量和改进发展新一代战略武器的方法。他们通过定性分析，认为美国的第二次打击力量必须摧毁苏联70%（有说50～70%）的城市和工业以及25%的人口，才具有足够的威慑力量。通过对苏联的国土面积、城市、工业和人口分布，以及美国导弹核武器的打击能力进行的定量分析，他们认为，美国必须保持1054枚陆基、656枚（有说685枚）海基战略导弹核武器和400架战略轰炸机。

为提高战略武器的生存能力，美国通过定量分析得出结论：苏联用增加核武器摧毁力的方法，很容易克服美国加固陆基导弹发射基地所作的努力，于是60年代建立了“三合一”的战略打击力量，80年代又建立了在铁路和公路上移动的陆上基地，进一步提高了战略武器的生存力，以较小的代价使战略打击力量得到较大的增强。

三、预测未来可能发生的军事冲突，评估美国在军事冲突中可能采取的战略方针和作战方案。美国制定某一时期的军事战略后，则据此准备在世界某些地方打某种性质、某种规模的战争。例如70年代初制定“现实威慑”战略，准备在欧洲或亚洲打一场大战，在亚洲或其他地方打一场小战。80年代制定“威慑”战略后，准备与苏联打核战争，也准备使用战术武器打战区核战争。

为适应美国推行某种军事战略打赢某种战争的需要，美国战略家非常注重运用电子计算机模拟的方法，预测未来可能发生的战争（军事冲突），评估美国在这些战争（军事冲突）中可能采取的战略方针和作战方案。1982年，兰德公司建立了战略评估中心，并以“美国在1983～1990年期间关于与苏联的潜在冲突的国家安全决策”为题，用MARKⅡ战略模型预测了西南亚局部冲突升级的后果，即假定苏联蓄意侵犯西南亚，美国与北约国家为保护西方在波斯湾的利益与苏联发生军事冲突，并逐步升级为核战争。通过预测，评估了美国在核威慑失效后应采取的战略方针和作战方案，特别着重评估了美国在确保其利益的前提下，能够控制战争升级、使美国付出最小代价的战略方针。

四、分析武装力量的规模和结构，为建设与军事战略相适应的武装力量提供理论依据。美国战略家认为，武装力量是制定和推行军事战略的重要基础。美国军事战略的每一次变化，都引起武装力量规模和结构的相应调整。战略理论家的一项重要任务，就是运用数学方法分析武装力量的规模和结构，为建设与军事战略相适应的武装力量提供理论依据。美国1982年公布的58个战略模型中，有10个这样的模型。分析的主要目的，是在一定的国防开支和资源条件下，针对当前或今后潜在的主要威胁，确定武装力量的总规模；现役与预备役力量的比例；陆海空军的比例和相应的武器装备与作战能力，等等。

目前，定量评估已经成为美国确定武装力量规模和组成结构的主要方法和依据。定量评估一般着眼于未来10～20年。美国海军2000年兵力规划就是采用这种方法制定的。其论证工作是委托美国普列萨奇公司进行的。军方提出的海军战略是：为保障美国的总目标和军事战略的实现，海军应具有全球作战能力，以足够的攻击能力和支援能力，在地中海、太平洋以至苏联的海域作战。根据这一战略，普列萨奇公司首先根据不同的预算条件提出3种规划方案。然后利用计算机作战模拟方法模拟了保卫海上交通线、本土防御和防御性攻击的各种海上冲突，并根据各次交战结果综合出总的兵力需求。最后，以经费和兵力需求为选择的出发点，再参照能否维持稳定，能否遏制危机，能否阻止全球性战争以及风险度的大小等判据综合考虑，在3种兵力规划中选出建立600艘舰船的方案为最佳方案。（黄培义《美国在军事战略研究中重视运用数学方法》，《外国军事学术》1990年第4期）

北约调整军事战略　北约1967年以来，一直沿用“灵活反应战略”，其基本思想是建设一支由战略核力量、战术核力量和常规力量组成的“三位一体”的威慑力量，作好打常规战争、战区核战争直到全面核战争的各种类型的战争准备，以便能够在任何地点，任何时间，以适当的武器和部队作出反应；其基本原则是“前沿防御”、“逐步升级”（即“灵活反应”）和“首先使用核武器”。苏联和东欧各国的变化，德国的统一，华约的名存实亡，以及欧洲常规裁军谈判迅速进展的势头，北约面临的军事威胁减小，“前沿防御”的概念不再适用。在这种情况下，北约开始酝酿调整军事战略。1990年5月9、10两日在加拿大召开的北约国防部长会议上，虽然各成员国在核战略问题上存在争论，但会议仍然作出决定：不再更新“长矛”短程核导弹和核炮弹；取消各成员国的军费每年增加3%的目标；降低某些部队的战备水平；减少军队演习次数；下令重新审查北约原军事战略的基本概念，并向拟于7月份召开的北约首脑会议提出报告。在7月5～6日召开的伦敦北约首脑会议上，正式宣布修订“灵活反应”战略，提出向注意重建军事力量能力、重新部署和重新装备能力的“重建战略”转变。减少对核武器的依赖程度，缩小核威慑力量的规模，使核武器成为“最后使用的武器”；缩小前沿的军事存在，代之以多国组成的快速机动部队，逐渐改变“前沿防御”的作战方针；会议并重申相应降低现役部队的战备状态，减少军事训练和军事演习的次数。7月首脑会议之后，北约内部还在继续酝酿军事战略的进一步调整的问题。随着来自苏联的军事威胁的降低，诸如海湾危机之类的地区冲突和其他安全问题的位置有所上升，并日益引起北约的关注。由于《北大西洋条约》中有不在北约防区外采取集体军事行动的条款，海湾危机中，除在北约成员国土耳其境内有北约名义下的协调的军事行动外，出兵的14个北约成员国都是单独地参加多国部队而不打北约旗号。对北约地区以外的周边安全采取何种对策的问题是北约内部争论的重大问题之一。此外，其他争论的问题还有北约核武器的前途，北约的主要威胁来自何方，……等等。这些问题的讨论和结论，将对北约军事战略的进一步调整产生影响。(亨宁·韦格纳《联盟的转变》,《北约评论》1990年8月第4期；庄林《北约军事战略的调整》,《国防展望》1990年第15期)

华约和北约军事理论讨论会主要观点综述　1990年1月16日至2月5日，北约和华约两大军事集团的高级军事首脑和专家，在维也纳举行了战后以来的第一次东西方军事理论讨论会，会议重点研讨军事理论和防务政策；各国军队的兵力编成和军事部署调整；军事训练、演习和有关军费预算与分配等问题。现综述如下：

关于军事理论和防务政策问题　苏军总参谋长莫伊谢耶夫在阐明本国的战略观点时指出，苏联将把反对战争视为解决国际争端的一种手段，不主张以武力解决国际争端，视维护和平为全人类的最大利益。西方专家分析认为，从莫伊谢耶夫的观点中，至少可以看出两点变化：一是苏联军事理论和内容已由准备和进行战争转变为制止战争。因为自戈尔巴乔夫上台以来，苏联的军事理论变化非常明显。1986年以前，苏联军事理论强调的是准备和进行战争，而此次莫伊谢耶夫强调的是反对动用武力，阻止战争的爆发。二是解决国际问题的途径已由依赖军事技术转变为依靠政治和外交。勃列日涅夫时期（1964～1982年），苏联军事理论比较强调武器技术，不太重视政治和外交的重要作用。结果是，本来可以用外交手段解决的许多问题，却错误地诉诸了武力。正如莫伊谢耶夫所说：“苏联的军事理论越来越感到，一个国家，只靠军事技术保卫自己，是达不到目的的。因为没有任何一种武器能确保它的安全。”莫伊谢耶夫还论述了1987年苏联提出的“合理够用”原则的确切含义。他说，这条原则的主要含义是，在战略进攻武器方面，要同美国保持均势，按非进攻性和小规模的原则削减、改编苏联的武装力量。

美国参谋长联席会议主席鲍威尔在会上阐明了美国和北约的战略原则。关于美国国家安全问题，他提出了4项指导原则：(1) 强调以威慑求安全；(2) 如果受到挑战即决心作出反应；(3) 依靠盟国，集体保安全；(4) 继续保持陆、海军的实力。西方军事专家认为，这后一项原则，主要是针对苏联提出的。因为苏联曾一再要求美国讨论海军军备控制、进行海军常规力量和战术核力量谈判。关于北约问题，鲍威尔阐明了美国在北约所执行的6项原则：(1) 同盟国协商；(2) 集体防卫；(3) 前沿防御；(4) 灵活反应；(5) 在东道国政府要求下保持军事存在；(6) 推行北约内部的民主进程。鲍威尔强调指出：“关于前沿防御这一点，在最近的将来，似乎不会发生太大的变化。”美国代表约翰·罗宾逊少将在会上指出，“整个北约部队，特别是美军的任务，都是阻止敌人从进攻中捞到好处，而并非主张进攻行动”，因为任何北约的进攻都要先行动员，这样就会耗费时日，使行动公开，而且花费是巨大的。

在讨论会上，最引人注目的是华约其他成员国代表对他们本国军事理论变化的说明。西方军事理论家称，华约国家军事理论的变化，就象它们更迭领导人一样迅速。代表们一个接一个地表示，他们正在放弃20年来苏联强加给他们的“主张进攻和把战争打到敌国领土”的理论；代之以“足够防御”的新的苏式理论。捷克和斯洛伐克总参谋长指出，“即使受到进攻，我们也并不打算把作战行动强加到别国的领土”。“捷的武装力量，象坦克、装甲输送车、空中突击部队、架桥器材和飞机等，都将进行裁减。今后，将重点加强象反坦克武器、障碍器材等防御性武器装备。”匈牙利总参谋长也指出，“过去，我们一直把军事力量作为国家安全的保证手段，军事因素的作用应该逐渐但要明显地削弱。”他强调，匈牙利的军事理论要具有自己民族的特点，对任何侵略者的入侵行动，都要进行民族防御。因为匈牙利将把防御理论建立在以领土防御为原则的基础上……部分防御任务将由当地居民组织的领土防御部队去承担。保加利亚总参谋长指出，要从苏联控制下独立，强调保卫本国领土，而不再是尽国际主义义务的观点。他在接受美国《华盛顿邮报》记者采访时透露，他们的部队已从保加利亚西部边界移防东部，并说，“我们准备对付来自任何方向的侵略。”

关于军队结构问题 西方军事专家普遍认为，通过对军队结构的讨论，为西方国家了解华约威胁的变化提供了良机。因为以前华约国家也是对外宣称以防御为目的，但它们的军队结构却是进攻性的。在此次讨论会上，除了戈尔巴乔夫宣布的，到1990年底前裁军50万的单方决定外，莫伊谢耶夫还在会上宣布，“取消战役机动集群”，并把它作为苏军作战理论不再强调进攻的例证。西方军事专家认为，战役机动集群的取消，确实可以限制苏军的进攻能力。华约代表表明，他们的军队正从编制结构上由进攻型向防御型转变。其他华约国家也都先后表示，要从削减军事人员和装备方面体现其军事理论的变化。民主德国代表宣布，他们打算削减600辆坦克、50架飞机和大量的火炮。保加利亚代表宣布，保军摩步师将削减1/3的坦克、30%的装甲车和50%的人员。空军和防空部队装备的飞机也要减少15%。捷代表宣布，在捷军的摩步师中，坦克将减少12%，反坦克武器将增加20%以上；坦克师中的坦克亦将减少30%。匈牙利代表宣布的更为具体，匈军将削减：总兵力的30%（由10.6万人减至7.5万人）、坦克总数的40%（由1400辆减至800辆）、火炮总数的40%以上（由1700门减至900门）。

关于军事训练和演习问题 长期以来，北约和华约国家，都很关心对方的军事训练，特别是军事演习。尽管许多军事演习确实是在训练部队，但是，各方都担心对方会利用军事演习之名发动突然袭击。北约一直把1968年苏军入侵捷克斯洛伐克作为以演习作幌子发动突然袭击的战例。因此，每当对方举行演习时，都要下令部队保持戒备。此次讨论会，使这个问题得到了解决。部分华约国家代表在会上表示，随着各国作战理论由进攻向领土防御的转变，大规模军事演习应该减少或取消。有的华约代表还指出，他们国家军队的服役期已经缩短，训练的程序和方法也都在按照防御的需要进行改革。

关于军费问题 与会的军事专家认为，分析投入军事目的的费用，也可以看出一个国家军事理论的发展趋势。以前，美国的军费是公开的，而苏联和东欧国家的军费却一直是保密的。因此，在过去几十年内，北约国家每年都要花费大量的精力去研究华约国家的军费问题。这次军事理论讨论会上，华约国家代表第一次具体地公布了有关军费问题的资料，包括他们的军费是怎样通过的；各项军事费用是怎样确定的；前几年军费的变化；以及今后的可能变化趋势。不少华约国家代表还用军费的变化表明，他们研制与采购武器的重点，也同作战理论的变化一样，正在由进攻型向防御型转变。不难看出华约国家的军费都在进行削减。保加利亚在1990财年，军费预算削减12%；罗马尼亚自1982年以来，军费一直没有增加；匈牙利军费在1989年被削减了9%以上，1990年还要削减11%。苏联军费，公开报道是削减了8.2%，1990年为710亿卢布。但苏军的一名财务部长巴布耶夫大校在会上透露，在1990年的军费中，有310亿卢布用于采购武器装备：130亿卢布用于研究与发展工作；国防部还计划以130万卢布用于生产和采购核弹药（比1989年减少了43%）。

作战理论研究

战役理论研究 中国人民解放军战役理论研究 1990年战役理论研究，有几个突出的特点：在古今战役的研究中，侧重对现代战役特点的研究；在全面战争和局部战争战役的研究中，侧重对局部战争战役的研究；在战役规律的研究中，侧重对战役特殊规律和具体问题的研究。这些特点，在战役应用理论研究领域里表现尤为明显，一定程度上反映了战役理论研究与实际相结合，深入发展的趋势。

战役基础理论研究 1990年，关于战役基础理论方面，学术界研讨的主要问题有以下几个方面。

战役定义问题　战役定义的确定，关系战役的研究、发展和对现代战役的探索，是战役理论研究中的重大学术问题。随着战役实践的不断丰富和人们对战役这种武装斗争形式本质认识的不断深化，许多人认为，现行战役定义对战役的本质概括得还不够准确，尚待完善，并对战役的定性叙述提出了一些新的见解。

《"战役"应用科学准确的定义》一文认为，现行战役定义主要不足是难于看出战役与战争、战役与战斗的根本区别。问题出在战役的种差和属概念两个方面：一是种差含混不清。在战争、战役、战斗通常包括的作战力量、目的、地域、时间和指挥诸因素中，只有作战力量是能够区别三者内在不同的主要因素，具有种差的意义。而现行战役定义却把战役作战力量笼统含混地称作军队，这就混淆了战争、战役、战斗三者种差上的区别。二是属概念内涵过细且不明确。现行战役定义把战役的属概念定为"一系列战斗的总和"，这与战争、战斗的属概念明显不协调。战争、战役、战斗定义上的差别应主要反映在种差上，属概念则应是相同的。根据以上认识，该文将战役的定义概括为"各军种合成军团、独立军团或相当于军团的兵力，在统一计划和指挥下进行的协调一致的武装斗争"。（吴政宏，《军事百科通讯》1990年第11期）

《从哪些方面区分现代战役和战斗》一文主张战役的概念应着重突出作战的目的。该文认为，战役的本质属性在参加战役的实体和目的两点上，其他成份由于缺乏具体的量化，难以作为准确的种差成份。至于在实体和目的之间，目的又是最本质、最稳定的东西。因为，真正能区分战役和战斗的，最终还要看它们为了什么样的目的。如果是为了战争的局部目的或者带有战争全局性的目的，那就是战役。（冯君瑞，《军事百科通讯》1990年第9期）与这种观点接近的还有《我国战役的历史发展初探》一文，该文认为战役是战争整个活动的一个局部，是为了达成一定的战争目的，在一定的时间和区域内所进行的若干相互联系的战斗行动，是战争和战斗的中间环节。（王清魁，《军事百科通讯》1990年第9期）

综合起来，在战役的定义问题上主要存有两种不同观点：一种认为现行战役定义对战役的复杂内容表述得过于简单，不能充分体现现代战役的特点，主张给战役下个更全面、更准确、更有现代特点的定义。如除提出了用"战役军团或相当于战役军团"等量化了的词汇来替代"军队"表述作战兵力外，有的还认为在作战行动的组成上，只讲"一系列战斗的总和"，反映不出现代战役的特点，主张改用"一系列战斗、交战和机动的总和"；还有的认为，军队遂行战役不能仅靠正规军，还要依靠大量的民兵游击队参战，大量的民工支援，以及各级地方政府的保障。因此，应在"军队"或"战役军团"后面加上"其他力量"才更准确，等等。

另一种认为战役定义表述得"简单"，并非是定义本身的缺陷，而正是定义本身的要求。概念关键是准确，在准确的基础上，表述得越简单越好。主张战役的定义只须采取种差加属概念的方法作一般概括，没有必要包含现代战役的全部特点。现代战役和中国人民解放军战役的特点，可分别在"现代战役"和"中国人民解放军战役"的定义中加以揭示。

战役的产生问题　在这一问题上，有两种观点：一种认为战役产生于近代，是工业革命和社会发展的产物，古代虽然也有一些大规模战争，但不具备战役的完整形态，更不具备战役的理论体系；一种认为战役古已有之，作为一种军事行动样式，它是战争发展演变到一定程度后的结果，它的产生不以人的意志为转移。不同时代的战役应有不同的特点，不能简单地以现代战役的标准来否定古代战役。从今年发表的学术文章上看，多数人持后一种观点。

《我国战役的历史发展初探》一文在对我国战役发展历史的追溯过程中，肯定了战役这一战争现象在我国历史悠久，春秋末期就已出现萌芽的说法。该文认为，战国时期，由于生产力的提高和诸侯国争霸加剧，战争胜负已不能在一两次战斗中取得，于是，作为战争和战斗中间环节的战役便登上了历史舞台。同时，考证了作为真正反映战役这一事物的"战役"一词的出现年代，得出了"战役"一词首次使用在我国近代甲午海战之中的结论。但该文认为，尽管"战役"一词出现要比战役这一事物晚得多，但这并不能作为否定我国古代存在战役的依据，只能说明对战役这一事物的认识需要一个较长的过程。（王清魁，《军事百科通讯》1990年第9期）。《也谈战役学在世界上的形成和发展》和《战役学在世界上的形成和发展》两文作者的观点与上文基本一致，都认为战役产生于古代。前者把中外战役作战形态的产生均划在公元前的5世纪左右。（刘金胜，《军事百科通讯》1990年第11期）后者更明确地提出，世界上首次具有战役特征的作战是在中国土地上进行的，具体发生在公元前506年的吴楚柏举决战。如果将公元前491年希（腊）波（斯）战争中的马拉松会战作为外国的第一次战役性作战的话，柏举决战比马拉松会战要早15

年。(董建华,《军事百科通讯》1990年第7期)

战役学形成和发展问题 战役学的形成和发展是战役学学科的主要研究内容之一。对于这一问题,军事理论界的看法还不一致,基本可分两种观点:一种认为“战役学作为一门独立的学科,是近代才出现的”;一种认为战役学萌芽于古代,是在漫长的过程中确立和发展起来的。

有的学者持前种观点,把战役学的形成和发展划分了5个时期:第1个时期是战役理论与战略战术理论混合时期,始于公元前21世纪,经历了约4000年。这一时期具有战役特征的作战行动已客观存在,但在理论上还未达到同步的需要,战役理论是随着战略战术理论的发展而发展的。第2个时期是战役理论萌芽时期,即17世纪英国资产阶级革命到1917年10月苏联社会主义革命成功的一段时间,约300年。这一时期,随着工业革命的成功,西方军事理论发展较快。第3个时期是战役学科形成的时期。在苏联10月革命后到第二次世界大战前的这段时间里,战役学作为一门独立的学科,在苏联以及一些发达国家中渡过了初创阶段。第4个时期是战役理论大发展时期,即1939年~1945年,第二次世界大战时期。第5个时期是战役理论新的发展时期,时间是第二次世界大战结束至今。这里,通过分析战役理论逐渐形成的过程,提出了战役学于19世纪出现萌芽,20世纪初在世界上形成的说法。(董建华《战役学在世界上的形成和发展,《军事百科通讯》1990年第7期)

有的学者则持不同意见,提出了战役学萌芽于公元前5世纪左右的说法,这要比董建华的说法早2000余年。他认为,公元前5世纪左右,中国产生了以《孙子》为代表的、内容涉及冷兵器时代战役作战指导理论的兵书,这是战役学在中国最早出现的萌芽。之后的两千多年中,战役学经历了由萌芽、雏形到学科确立和发展的漫长过程。(刘金胜《也谈战役学在世界上的形成和发展》,《军事百科通讯》1990年第11期)

军事理论界认为,进一步弄清战役学的形成和发展问题,对于研究战役学的发展规律,科学预测战役学的发展趋势,不断深化对战役学理论认识,有着重要的意义。

战役学、战役理论、战役法的关系问题 军事理论界对战役学概念的理解尚不一致,在战役学和战役理论的关系问题上存有不同解释。

1、相近说。有的学者认为,战役学科是在战役理论发展的过程中建立起来的,二者紧密相连,从战役理论的形成发展过程中可以看到战役学的形成发展过程。战役学就是已经达到系统的战役理论体系和明确的知识结构。(董建华《战役学在世界上的形成和发展》,《军事百科通讯》1990年第7期)

2、不同说。有的学者认为,战役学与战役理论不属于同一范畴,战役理论是战役实践的反映,战役学是研究战役规律和战役指导规律的学科,不能互相替代,也不能以战役理论的形成发展代替战役学的形成和发展。(刘金胜《也谈战役学在世界上的形成和发展》,《军事百科通讯》1990年第11期)

3、异同说。有的学者认为,战役法与战役学既是不同的概念,又同属一个范畴的理论。二者的主要不同点在于,战役法着重研究进行战役的方法,从理论形态上分析,属于应用理论,而战役学则从学科的角度,全面系统地研究战役指导规律,属于基础理论;二者的主要相同点在于,它们都是研究战役客观规律的,都是以战役为研究对象,从中抽象、概括出理论,用以指导战役实践,所以说它们又都是属于一个范畴。因此,他认为,战役法和战役学既有区别又互相作用,战役学的形成和发展,离不开战役法的变化和变革,战役法的研究成果,可以充实和补充战役学系统的理论;战役学系统理论的发展,又可促进战役法的发展和深化。(李之遇《也谈战役法与战役学》,《军事百科通讯》1990年第9期)

战役应用理论研究 战役应用理论研究是整个战役理论研究的重心。1990年,在战役应用理论方面,主要研讨了以下几个问题。

防御体系问题 对这一问题的研讨,主要反映在以下方面:

(1)对防御体系主要要素的认识有两种不同观点:一种认为防御体系构成的主要要素是阵地编成;一种认为防御体系构成的主要要素是兵力部署。此外,还有人认为,防御体系是由诸要素构成的整体,具有不可割裂性。把其中任何一个要素突出出来都是片面的,都会从实际到概念破坏防御体系的完整性。

(2)对现代防御体系的模式有不同认识。有的学者认为作战对象不一,地理条件差别较大,不宜提出一种统一的防御体系模式,应因地制宜,具体问题具体分析;另有意见认为,如果仅考虑作战对象和地理等差异,防御体系模式将是无穷无尽的。作为总体指导,在一个时期内还是应该有一个称谓相对统一的防御体系,并提出了一些具体设想。

此外,有的学者还总结归纳了防御体系自产生后发展变化的7个基本趋向,也在一定程度上活跃了防御体系问题的研讨，具有较高的学术价值。

防御战役问题 防御战役是未来战争初期主要的战役作战样式。1990年，研究者就阵地防御战役的防御重心和组织实施以及如何在阵地防御战役中运用其他战法增强阵地防御的稳定性等问题提出了一些新的看法。此外，对抗登陆战役指导思想和特殊地形条件防御战役以及反空降战役等问题，学术界也进行了较深入的研究，提出了一些新的、有较高学术价值的观点。

进攻战役的"顶点"问题 "进攻的顶点"是19世纪著名军事理论家卡尔.冯.克劳塞维茨提出的命题，含义是进攻只能进行到其力量还足以进行防御，攻方的力量不再大大超过守方力量的那个时侯为止。近年来，这一命题在世界军事理论界再度受到重视，也引起了中国一些研究者的极大兴趣。

有的学者认为，现代条件下作战，关于"进攻的顶点"的思想仍具有重大学术价值和实践意义，并提出，由于现代技术兵器威力巨大，战斗节奏加快，连续性强，损耗成倍增加，而防御的机动应变能力提高，这就使进攻一方的攻击能力更容易迅速下降，物资补给不继，主动地位丧失，而在完成进攻任务之前就已达到"进攻的顶点"。为防止"进攻顶点"过早地出现，一是要客观估价自己的进攻能力，在组织计划上留有余地；二是要自觉地关注和把握"进攻的顶点"，辩证地分析战场情况；三是要力求速战速决，不给敌以调整喘息之机；四是要恰当地使用力量，确保主要进攻方向始终保持对敌优势；五是要审时度势，善于组织实施攻防转换。有的学者提出，把握战役"顶点"是确定进攻战役企图和掌握战役进程的重要依据，并认为，战役指挥员对战役企图的决断，必须控制在最低和最高两个临界点之内。最低临界点即对战役所规定的最低目的要求，最高临界点即战役的"顶点"，是战役企图不可逾越之点。战役指挥员在确定战役企图时必须慎重考虑"起点"与"顶点"的制约因素，既要符合实际切实可行，又要留有余地。在战役实施过程中，要力争准确地把握顶点到来的时侯，防止不知不觉或在侥幸取胜心理的支配下，超出顶点的界限。此外，学术界对选择战役目标、转换主突方向、行军间发起进攻、粉碎敌反突击、进攻战役中使用空降兵以及现代进攻战役组织准备的工作方法等问题的研究，取得了引人注目的具有较高学术价值的研究成果。

防空战役问题 从战役层次研究防空作战，是近年来防空作战研究的新趋势。目前防空战役研究已成为军事学术界的"热点"。有的学者以毛泽东军事思想为依据，探讨了要地防空作战的指导问题，提出了"积极反应、确保重点、整体制胜"的基本指导思想。有的对作战方法和战役保障以及防空战役的诸多方面作了较深入的分析研究。有的提出了"快速反应、积极打击、综合制胜"的局部战争防空战役的作战思想；有的以重点突击、区域相连、关系协调、运转灵活为原则，构想了以合理划区、科学编组、重点部署为核心的战役防空布势；有的还探讨了防空战役中防空兵作战的要求以及方法，引起了学术界的重视。有的则用定性与定量分析相结合的方法，科学地论证防空战役中的一些不可忽视的战役参数，对人们从整体上科学地认识防空战役，提出了有价值的依据。

战区战役问题 开展对战区战役的研究，是近几年战役理论研究中的一个新内容，虽然起步较晚，但经过军事理论界的不懈努力，已初见成果。1990年陆续出版和发表了一些学术专著和文章。如黄彬(《战区与战区战役》，国防大学出版社1990年)、何涤清(《战区的产生及其演变》，《军事百科通讯》1990年第9期）等，通过归纳整理几年来的研究成果，有的较系统地探讨了战区战役问题；有的从具体入手，对战区的演变作了阶段性的分析，推动了战区战役理论研究。

游击战战役问题 从战役的角度研究游击作战是近年来游击战研究的一个特点。1990年有的学者在游击战战役的协同问题上提出了3种协同方式：一是游击战战役与正规战战役之间的协同可采取策应式，即以正规战战役为主，游击战战役为辅，通过整体上的协调达成对敌的一致行动；二是游击战战役各作战区域之间的协同可采取时间效应式，即以在规定时限内，对预定目标达到的毁伤程度为基准来规范各作战区域的行动，通过产生符合战役企图的局部作战效益来达成战役上的整体效益。三是游击战战役各作战区域内部的协同可采取目标式。也就是将战役的总目标分解成若干个分目标，各攻击部队分别围绕分目标组织相互间的协同动作，分步骤地直至实现总目标。关于在新的条件下如何发展现代游击战的问题，有的学者认为，随着科学技术的发展，一方面军队对各项保障的依赖加大，另一方面游击战的手段获得加强，这就必然使游击战对入侵者威胁更大。因此，现代游击战的战场将更广阔，对战争的全局的影响将大于以往。他们还认为现代游击战的舞台，已不限于农村和边远地区而将向城市扩展，甚至主要在城市中进行。有的学者则着重探讨了现代条件下游击战场的变化以及开辟新的游击战场的意义，扩展了游击战战役研究

的内容。

苏、美、德等国军队战役理论发展规律研究 有的作者撰文对外军战役理论的发展进行研讨。作者认为，本世纪初，“战役”这一武装斗争的崭新样式在人类战争实践的沃野中破土而出，经历了半个多世纪的运用、检验和探索，在理论和实践上都得到了长足的发展。虽然各国战役理论产生的年代、遵循的指导思想、发展的方向和道路不尽一样，但在演进的历史全程中，却表现出不少共同的追求，形成了鲜明的规律性。

寻求与军事技术的和谐统一，是战役理论发展变化的逻辑起点 本世纪20～40年代，是战役理论的初创和成熟期。在这20多年的发展变化中，无论苏军的“大纵深战役理论”，还是德军的“闪击战”理论，它们的发展都有一个共同的起点，即寻找能最大限度地发挥坦克、飞机、空降兵等作战效能的行动样式、兵力编成。例如，20年代末期，为了克服以往战役进攻速度过低的弊端，苏军根据坦克兵业已壮大的事实，提出：“要用坦克装备步兵并在红军中组建庞大的机械化兵团，以便把进攻速度提高到每昼夜25～30公里”。到了30年代，根据坦克、飞机、汽车等技术装备不断增加这一情况，苏军又提出了大纵深战役理论，强调利用坦克、航空兵、空降兵和远程炮兵的快速远距离的突击能力，对敌整个战役纵深内的目标同时实施打击，而德军也在稍后提出并确立了与之近乎一致的“闪击战理论”。在尔后的第二次世界大战中，苏、德军队的上述理论一直在紧紧追随着军事技术的发展。

在战后至今的40多年里，战役理论仍一直在追求着与军事技术的和谐统一，如，50～60年代，随着核武器的装备军队，苏军的战役理论从以往的以坦克、摩托化步兵、航空兵所实施的大纵深突击转到了核武器突击，坦克、摩托化步兵占领的理论上来。战役的原则、集中兵力兵器的方法、突破的样式和发展胜利的手段等也随之发生重大变化，传统的“快速集群”亦被从理论和实践中抹掉。而到了70～80年代，随着核武器的“贬值”和精确制导武器、航空兵器的飞速发展，苏美等国军队发展了空中包围、空中奔袭、纵深攻击，以及用精确制导武器打坦克、打飞机等战法，使战役理论在对军事技术的追求中又跃进到了一个新的境界。当前，战役理论每迈进一步都是以未来一定时间内，军事技术所能达到的水平和提供的武器装备为依据。这就是美军为何要将“空地一体作战”理论限定在2000年内的原因所在。

连续不断地发展胜利，是战役理论发展变化的“主线” 第一次世界大战给刚萌发的战役法留下了一个悬而未决的难题，这就是如何将战术突破发展为战役胜利。诚如《战争史和军事学术史》一书中指出的那样：“到大战结束前夕，突破战术地幅的问题已经基本解决……但是还缺乏将战术突破发展为战役突破的方法。”于是，如何使初战的胜利保持和发展下去，以便实现战役的终极目的，成了20年代战役法致力于回答和解决的根本问题。1920年，各级战役军团不但组建了强大的预备队，而且还在方面军和集团军的布势中增加了新的成份，出现了庞大的骑兵快速集群，这就使其连续进攻和防御的能力大为增强。从1919年夏季起，为了能连续发展胜利，方面军战役开始采取一系列向纵深连续实施数个中间战役的方式，使敌屡次受到毁灭性打击。因此说，在战役法刚刚确立的20年代，它的一系列重大发展几乎都是围绕着如何“连续发展胜利”这条主线前进的。

本世纪30～40年代，随着苏军“大纵深战役理论”和德军“闪击战理论”的推出和付诸实施，“连续不断地发展胜利”作为当时各国战役理论发展变化的“主轴线”更是鲜明地表现了出来。苏军要求各级战役军团均要建立包括1～2个梯队、预备队、航空兵群、炮兵群和专门用来发展胜利的“发展突破梯队”（后称快速集群）的深远的战役布势，并将大量的兵力兵器集中在狭窄的突破地段上，“实行威力愈来愈强大的连续打击”，直到达成战役目的为止。而德军的闪击战理论也强调：“必须集中全部兵力于战略第一梯队，以实施猛烈的首次突击”，尔后“应毫不停顿地向战役的全纵深实施进攻”。

由上可见，20年代的战役法以及30、40年代的“大纵深战役理论”和“闪击战理论”，一直是围绕着“连续不断地发展胜利”这条主线向前发展的。而今天，苏美军和北约军队的战役理论仍然不但强调首战的成功，亦强调后战的顺利发展，要求“不分昼夜，风雨无阻，毫不间断地实施进攻”。很显然，“连续不断地发展胜利”依然是当今各国战役理论发展变化的一条“主线”。

全纵深打击是战役理论发展变化始终不移的追求目标 第一次世界大战的战况表明，每一次大规模进攻的受阻或失败，原因固然是多方面的，但无法有效地阻止、击退对方配置在纵深内的预备队的反突击行动，则是根本原因。因此，如何及早地消灭或瓦解对方纵深内的抵抗力量（特别是预备队），使其无力反击，成了当时战役理论走出“阵地战死胡同”的唯一出路。而要做到这一点，就只有力争在尽可能短的时间内对其纵深的各主要目标在突击前沿的同时就予以有力的打击。于是，以“全纵深打击”实现战役目的，自然成了战后各国战役理论发展变化所不懈追求的目标。30年代，苏、德军队的战役理论要求从作战一开始就以各种力量突击和杀伤敌防御全纵深内的敌人。第二次世界大战时，这种“全面纵深打击”又发展到了一个新高度——出现了规模宏大、目的坚决、以彻底消灭对方重兵集团为目的的合围战役。而今天，由于各种远距离、高速度、大威力、精确制导武器的出现和攻防双方战役力量核心的向后推移，对“全纵深打击”目标的追求，更成为苏美军战役理论不可分割的组成部分。而且这种思想已不单局限在进攻，同时也扩展到了防御战役的理论和实践中来。

行动空间的调整利用，是战役理论发展变化的基本途径 30年代战役理论的飞跃不能排除外界因素，特别是武器装备发展所起的重要作用，但就其变化途径来说，还是由于对战役行动的空间范围进行了重大调整所致。比如，在战役布势上，30年代的战役理论开始要求各级战役军团均要形成包括数个梯队在内的深远梯次的部署形式；在战役行动上，则要求空地配合，向对方战役布势的全纵深同时实施突击等。而这些是20年代的战役理论和实践所不具有的。因此说，30年代战役理论的发展首先是通过战役行动空间的调整实现的。

在苏联卫国战争第一阶段，由于苏军各战役军团的力量本就不足，又按战前的规定在宽大的正面上展开，防御的密度和纵深十分有限，因此抵挡不住德军的迅猛突击。到了战争的第二三阶段，苏军开始缩减各级战役军团的防御正面，这就使其在兵力兵器总数不变的情况下，仍能在各方向，特别是主要方向上建立起必要的兵力密度和防御纵深，从而得以抗住敌人强大的连续突击。又如战争初期，由于苏军对各级战役军团规定的战役标准过高，致使进攻行动屡陷力不能及、进退维谷的境地。为了改变这种目标与能力间的不协调，到了战争中、后期，苏军开始大大压缩战役军团进攻地带的宽度，即便是在人员和武器数量大大增加的条件下也是如此。至战争结束前，各级战役军团进攻地带的宽度已缩减到战前标准的1／2，突破地段的宽度则锐减到原来的1／2～2／3，这就使其获得了突破敌人坚固的大纵深防御体系所必不可少的力量优势。

第二次世界大战结束后的几十年来，战役作战的物质基础发生了重大变化，战役理论自我更新的途径仍与历史上一样，通过对战役军团任务和行动空间的不断调整加以实现。例如，为了避开现代大规模杀伤兵器的突击，战役布势的正面和纵深进一步扩大；为了发挥现代远程突击兵器的作用，战役军团的任务空间向着敌方的纵深继续延展；而为了克服日趋饱和的地面战场给作战行动带来的种种掣肘，战役行动正向空中不断拓进。出现了空中梯队、空中—地面梯队等新成份。

整体作战效能的提高，是战役理论致力解决的基本课题 整体的联系与协调从一开始就成为最基本的组成要素，植入了战役理论和实践的机体中。也就是说，没有整体的联系与协调就不会有战役的产生，更不会有战役的发展。初创时期的苏联红军由于对整体联系与协调的忽视，曾使它在国内战争一些重大的战役中屡遭挫折。如1919年8月对邓尼金的反攻战役，由于未组织好主要突击和辅助突击集群间的协同动作而使整个战役遭到失败。因此从战役法刚一确立时，苏军便将保持整体的联系与协调作为最基本的行动法则，并对此做了大量的研究和探讨工作。

进入30年代，随着坦克兵、航空兵、空降兵等的发展壮大，战役军团的力量构成日趋复杂，如何保持战役力量各组成部分间的合理比例和行动的协调一致，使它们获得和释放出最大的战役能量，成了当时战役理论致力于回答和解决的中心课题。苏、德军队强调“诸兵种合同作战”的思想，就是为了提高整体作战的效能。第二次世界大战初期，在1941年各次战局中，虽然苏军当时拥有坦克、飞机等的总数并不比德军少，但由于编配和使用不当，致使各战役军团内坦克和步兵的比例失调，前者既形不成、也无法发挥它的强大突击力，后者也得不到前者的有力支援，整体作战效能很低。所以从1942年夏季起，苏军开始把坦克、摩托化步兵等集中编为坦克军和机械化军，亦不再将其配属给步兵，而是单独组成战役布势中的一个新成份——扩张战果梯队，这就使得步兵、坦克兵等可以各扬所长，互补短缺，形成强大的整体作战能力。又如1941年时，苏方面军的防御布势只编为一个梯队和兵力很少的预备队。虽然一线抵抗能力较强，但下腹部（纵深）却十分脆弱，德军的坦克集群只要一突破第一梯队的防御，便能畅通无阻地向纵深发展进攻。因此到了1942年，苏军方面军的战役布势虽仍以上述方法为主，但预备队的兵力大有增加，并开始出现了第二梯队，这样一来，第一线的防御力量虽不及1941年，但总体抗击能力却大大提高了。象这种为提高整体作战效能而时常变更战役布势和行动方式的例子，在第二次世界大战各交战国的战役实践中可谓多不胜数。

第二次世界大战结束后的几十年来，保持战役力量各组成部分的协调发展和作战行动的协调一致，以此谋求最佳的整体作战效能，仍是战役理论的基本法则和致力于解决的基本课题。例如，现代战役军团的火力杀伤能力已达到十分可观的程度，然而传统的地面突击力量却难以及时利用这些杀伤效果。因此苏美军都十分重视发展空降部队和空中突击部队（空中机动部队），来弥补火力与突击速度间的时间差。而"综合火力杀伤"、"近战与纵深作战结合"、"一体化战场"等概念的提出，也无不是谋求整体作战效能的结果。（牛俊锋《外军战役理论发展规律初探》，《外国军事学术》1990年第11期）

苏军战役原则发生变化　有的作者撰文对苏军的战役原则的变化进行研讨。作者认为，近两年来，苏军为了适应与未来战争有关的各种因素的发展变化，特别是为了适应"军事新思维"理论，对其战役战术原则进行了广泛深入的讨论和研究，废弃了一些由于军事发展而失去意义的原则，对一些仍具有现实意义的原则在内容上进行了调整、修改和补充，使其具有了新的内涵。与此同时，还提出了一些新的原则。从苏军报刊反映的情况看，苏军目前遵循的战役原则有下述诸条。

经常的和高度的战斗准备　军队保持经常的和高度的战斗准备这一原则是苏军战役战术的基本原则。这一原则认为，在现代条件下和目前的政治、军事形势下，苏军必须保持高度警惕，提高战斗准备水平，加强战斗训练。这一原则的内容中具有特别重要意义的部分是：担任战斗值班的兵力兵器必须经常处于可靠的战斗准备状态；及时组织武装力量各军兵种由平时状态转入战时状态，使其迅速展开并做好遂行战斗任务的准备；指挥员、司令部和军队必须具有高度的战斗素养；武器和技术兵器经常处于完好状态；保持必要的物资器材储备；人员具有良好的政治思想和心理素质。

突然性　近两年来，苏军结合对防御作战方法的研究，重点探讨防御中达成行动突然性的方法，使这一传统的原则具有了新的内容。这一原则认为，防御中达成突然性可弥补兵力兵器的不足，迫使进攻之敌在对其不利的条件下实施战斗行动，改变其预定计划和任务，进行无准备的变更部署，局部或全部地丧失主动权。防御中达成突然性方法主要有：经常认真地研究敌人进行战争的观点、战斗能力及其遂行战斗的方法；善于分析和判断战争、战役、战斗的可能进程；对敌实施有效的侦察，积极地同敌侦察—破坏手段作斗争；在防御阵地编成、兵力兵器部署以及作战方法等方面坚决摒弃千篇一律的作法；广泛施展军事计谋，隐蔽行动企图；出其不意地破坏敌军队指挥系统和武器控制系统；对己方兵力兵器实施稳定而可靠的指挥；对当前行动的企图和计划严格保密，等等。

非对等威胁　非对等威胁原则是苏军战役战术的一个新原则，其实质在于提高兵力兵器质量，在战役（战斗）中做到以少胜多，即在任何情况下都要能够而且必须达到这样的水平：使敌为了对付苏军的少量兵力兵器实施的战斗行动而不得不消耗大量的人力物力，付出极高的代价。在现代战役、战斗中，只要善于运用非对等威胁原则，就能够取得良好的战果，在极短时限内以较小的代价达到预定的目的。

积极性和坚决性　苏军认为，现代战争中，敌对双方都将广泛使用高效能毁伤兵器，双方的战役（战斗）目的坚决，方法多样，力量消长迅速，情况变化急剧。不同战斗样式之间的一些规律性的差异逐渐消失，进攻和防御的作战方法趋于接近。现代战役（战斗）越来越具有激烈的进攻—防御、地面—空中交战（战斗）的性质。上述变化导致坚决性和积极性原则的内容发生重大变化，战斗行动的积极性、坚决性和迅猛性进一步加强。现在的坚决性和积极性原则强调：在现代战争中，必须全力夺取并保持主动权，将自己的意志强加给敌人，迫其行动背离预定的战役（战斗）计划。其中，首要的是夺取并保持火力优势，对敌实施火力毁伤，削弱（有利条件下应破坏）敌首次密集火力突击，毁伤敌火箭（导弹）集团，摧毁敌高精度武器系统和自动化侦察系统以及军团、兵团的自动化指挥系统，制止敌第二梯队、预备队前出和展开，毁伤敌后方集团并将其增援兵力消灭在纵深地区、空运（海运）过程中或空降（上陆）地域，阻止敌恢复遭破坏的指挥、侦察、电子干扰、后勤保障、技术保障等系统。

实施不间断的战斗行动　不间断地遂行战斗行动是苏军战役战术的又一条重要原则。目前，这一原则的内容发生了变化，这种变化主要表现在两种相互矛盾的发展趋势方面。一方面，随着武器装备的现代化，军队在各种复杂地形和天候条件下作战的能力不断提高，高精度武器能够不受季节、气候等条件限制对敌实施有效的火力突击和对己方军队实施可靠的和不间断的大纵深火力支援，从而增强了军队战斗行动的连续性。另一方面，不间断的战斗行动会使军队伤亡急剧增加，武器、弹药和各种器材的消耗量增大，补充困难。同时，军队长时间在放射性沾染区和染毒区作战会导致行动迟缓，惧怕遭受严重损失的心理因素也会对战斗行动不间断原则的执行产生不利影响，形成较长时间的战斗间隙。解决这一问题的办法是加强军队的实战训练，提高其在各种复杂条件特别是在核、生、化条件下坚持作战的能力和生存能力。

坚决集中兵力兵器 苏军认为，关键性时刻在最重要方向上大量集中兵力兵器，建立必要的兵力兵器密度，形成对敌绝对优势，是战役（战斗）取得胜利的极为重要的条件。但在现代条件下，运用集中兵力兵器这一原则时必须：(1) 精选目标。选择的突击目标必须最有利于达成战役（战斗）目的；(2) 根据使敌遭受毁伤的百分比及其丧失战斗力的时间，准确、具体地确定遂行每一个战役（重要的战斗）任务时的行动目的，比如，是破坏敌火力准备还是破坏其在某一方向上的进攻，是疲惫被合围之敌还是阻止其侦察—破坏行动；(3) 根据战斗行动的目的和电子计算机给出的各种数据，确定在每一种具体情况下遂行战役、战斗任务时所需兵力兵器的最佳方案，以便最合理地使用兵团和军团的兵力兵器，尽可能地避免机械搬用优势倍数标准；(4) 防御中集中兵力兵器时，在最重要地域实施防御的兵力兵器应分散配置在该地域之外，在进攻之敌实施密集火力突击之后再向阵地（地域）前出。

密切协同 协同原则内容的变化主要表现在两个方面：(1) 各军兵种兵力兵器之间的协同措施增多，协同的组织更加复杂（如组织通信、指挥极为困难）；协同不仅要求准确，而且应当不间断；需要在短时限内向不同兵种的诸多兵力兵器明确任务，在组织敌后突击和多种兵器的火力突击时需要明确的任务量更大；战役（战斗）行动开始后，改变原定决心的可能性增大，使战斗任务的下达更加复杂。(2) 各类战役（战斗）中都会出现一些全新的任务，完成这些全新任务过程中的协同对实现战役（战斗）最终目的有着重大影响。

实施机动 机动原则的变化表现在其作用和地位的提高。这是因为战斗行动越坚决，越快速多变，实施机动的必要性就越大。现代条件下，机动不仅是打击敌人的有效方法，而且是防敌进攻和摆脱敌火力突击特别是敌高精度武器突袭的有效方法。机动原则要求指挥员和司令部对情况变化迅速作出反应，以成功的机动减少损失，摆脱困境，稳定或恢复态势。但兵力兵器的机动可能会导致某一方向上力量的削弱，这要求司令员（指挥员）和司令部必须隐蔽机动企图，既要巧妙地实施机动，又要不致减弱对敌压力，避免敌以优势兵力对该方向实施突击或向其他方向转移兵力。与此同时，机动原则强调，由于高精度火器弹道机动能力的提高和空运工具的发展，高精度大纵深的火力突击机动、使用直升机的空中战役战术机动、空降—强击行动对战役（战斗）的胜利具有特别重要的意义。

独立作战 独立作战即战斗中的独立性和自主性，已成为战役、战斗的一条新的原则。该原则要求军团、兵团能够独立自主地实施纵深火力突击，在各种（包括远离集团主力）复杂情况下长时间地作战。独立作战的兵团和部队应能够依靠自身保障能力进行纵深作战，遂行实施空降、登陆、奔袭、侦察、破坏等战斗行动，完成所受领的任务。

稳定而不间断的指挥 这一原则强调，现代武器系统的不断更新和增多给实施稳定而不间断的指挥带来许多复杂的问题。只有减少或统一自动化指挥和控制系统的型号，完善情报和数据保障系统，充分发挥和利用军队自动化指挥和武器自动化控制系统以及电子计算机设备的能力，建立自动化情报分析处理系统，使司令部和参谋人员掌握计算方法，目的明确地将与定下决心有关的实时情报传递给首长和司令部，才能够可靠保障指挥的稳定性和不间断性。

使用常规武器和核武器两种作战方法趋于接近 这是一个新原则。这条原则认为，在战役、战斗中使用常规武器和使用核武器遂行的各种任务之间的界限正在消失，因而使用这两种武器实施战役、战斗的方法趋于接近。这一原则产生的直接原因是：一方面，现代常规武器射程远、精度高、威力大，不仅能够对敌战役布势中的弱点，而且能够对其强点实施极为有效的火力突击，从而为在极短时限内粉碎敌主要集团提供可能。另一方面，由于核武器的客观存在，使用常规武器作战的军队必须随时做好在核条件下或转而使用核武器作战的准备。此外，对核事故后果的研究表明，破坏敌核电站、核设施以及化工企业也可取得很好的军事效果。

保持和及时恢复军队的战斗力 在核武器依然存在和新型高精度常规武器不断发展的情况下，保持和及时恢复军队战斗力具有极为重要的意义。在这条原则中，提高军队的生存力和遂行战役、战斗的持久能力占有主导地位。为此，必须预先采取一系列措施提高军团第二梯队、预备队、防空配系、指挥系统和空军集团等敌首要突击目标在抗击敌任何武器突击时的坚持力和生存力，以有效地保存军队的战斗力。遭到突击后，应视情况迅速补充人员，调整编制，加强领导，补充武器、弹药和其他物资器材，最大限度地恢复遭受损失的军队集团的战斗力，包括恢复其指挥系统和武器控制系统的战斗力。(陈玺《苏军战役战术原则的变化》,《外国军事学术》1990年第8期)

战术理论研究 *中国人民解放军战术理论研究* 1990年，全军学术界在战术理论研究方面比较活跃，研究领域涉及到毛泽东战术思想、战术基础理论、攻防战术等各个方面，提出了许多新的学术观点。

毛泽东战术思想研究 1990年，学术界不少学者对毛泽东战术思想展开了研究，提出的主要学术观点有：

毛泽东战术思想在现代条件下仍具有重大现实指导意义 毛泽东战术思想，是毛泽东军事思想的重要组成部分，是在继承和吸取了古今中外战术理论精华、根据我军战斗特点、注重总结自身战斗实践经验的基础上所创立的，曾经指导我军夺取了无数战斗的胜利，在新的历史条件下，仍然具有重大的现实指导意义。

毛泽东战术思想是一个完整的科学理论体系 毛泽东战术思想，涵盖了战斗领域的方方面面，有着极其丰富的内容，构成了一个完整、严密的理论体系。一是阐明了研究和指导战斗的基本思想方法，提出了研究和指导战斗的一系列基本观点和原理。例如，要客观地、全面地研究战斗问题，忌带主观性、片面性和表面性；必须从敌我双方各方面的情况出发，探索战斗的客观规律；研究战斗要着眼其特点和发展，重要的是研究特殊的战斗规律；认识过程不但存在于战斗计划制定之前，而且存在于制定之后，要不断深化对战斗的认识；指导战斗要关照全局，掌握关节等。二是揭示了战斗的本质和规律。毛泽东战术思想认为，保存自己、消灭敌人，既是战争的目的，也是战斗的目的，是战斗的本质，是一切战斗行动和战斗原则的依据；在保存自己与消灭敌人这对矛盾中，消灭敌人是主要的，保存自己是第二位的；攻防矛盾运动是推动战斗发展的根本动因；军事技术决定战斗方式；武器是战斗的重要因素，人是战斗胜负的决定因素等等。三是规定了我军战斗的基本指导方针。强调我军进攻战斗的基本方针是歼灭战、速决战，但也不忽视歼灭性打击和一定程度上的击溃战；防御战斗是承认积极防御，反对消极防御；核心思想是积极主动，速战速决，力争全歼。四是提出了我军战斗的基本原则和方法。这些原则和方法主要有：集中优势兵力，各个歼灭敌人；谨慎选择打击方向和歼击目标，先打弱敌，后打强敌；采取迂回包围、穿插渗透、分割歼敌战术；注重近战、夜战和袭击战；不打无准备、无把握之仗，不打则已，打则必胜；发扬勇敢战斗、不怕牺牲、不怕疲劳和连续作战的作风。其基本精神是扬长避短，趋利避害，避强击弱，集中兵力，各个击破。上述毛泽东战术思想的四个主要方面，既相对独立、互相区别，又紧密联系、相互依存，共同构成了一个有机整体。研究和指导战斗的思想方法，是毛泽东战术思想形成的理论基础；对战斗本质和规律的理性认识，是规定我军战斗指导方针、提出战斗基本原则和方法的直接理论依据。它们之间有着内容相关、地位不同、功能各异、有机联系、缺一不可的明显特征。

以毛泽东战术思想指导我军现代战斗，需要把握的几个问题 一是要完整、准确、系统地学习和领会毛泽东战术思想。也就是说，要把毛泽东战术思想作为一个有机整体去学习、去理解，全面系统地领会其基本思想和精神实质，用以指导和实施战斗。二是在学习方法上做到三个结合。即把学习毛泽东战术思想与学习毛泽东军事思想的其他内容结合起来，与学习我军的战斗历史结合起来，与学习其他老一辈无产阶级革命家有关战术方面的论述结合起来。三是要善于用毛泽东战术思想中关于研究和指导战斗的基本立场、观点、方法，全面、深刻、辩证地认识和把握现代战斗面临的新情况。即对有关现代战斗的所有主要情况，都予以重视和研究，不留死角和空档；善于透过纷纭繁杂的表面现象，看到新情况的实质，不为假象所迷惑；要把现代战斗所面临的新情况与过去的战斗情况进行对比分析，防止认识上的一点论、绝对化和片面性。四是把坚持和发展毛泽东战术思想有机地结合起来。即把毛泽东战术思想与现代战斗的新情况结合起来，坚持用毛泽东战术思想的基本原理，分析、认识新的实践，运用其指导新的实践，总结出新的经验和方法，概括出新的战术思想。

必须坚持和发展毛泽东的歼灭战思想 有的学者指出：毛泽东的歼灭战思想，是在长期的革命战争中形成和发展起来的，是经受了战争实践检验的、科学的、正确的战役战斗指导思想，它具有强大的生命力。在现代战争条件下，我们必须坚持和发展这一思想。要在深刻理解毛泽东歼灭战思想的精神实质的同时，将它与未来战争的客观情况结合起来，分析新情

况，解决新问题，总结新经验，努力探讨现代条件下如何打歼灭战。作者认为，在现代条件下运用毛泽东的歼灭战作战指导思想，要注意以下几个问题：一是既要选打“弱敌”，也要敢于先打“强敌”；二是既要用传统的手段和方法创造歼敌战机，也要用现代技术手段和方法创造歼敌战机；三是既要强调从数量上集中兵力，也要从质量上集中兵力；四是既要注重对敌实施地面包围，又要注重对敌实施空中封锁；五是既要力求全歼敌人，也要紧紧把握住打击的重点。

战术基础理论研究 1990年学术界在战术基础理论领域，主要就战斗原则的运用等问题进行了研究。

关于正确认识和运用战斗原则问题 有的学者对如何正确认识和运用战斗原则问题提出了自己的见解，主要的学术观点有：(1) 战斗原则既具有普遍指导意义，又不可避免地带有局限性和滞后性，因为它既是相对稳定的，又是不断发展的。战斗原则作为一种法则，是战斗活动规律的反映，是人们对以往战斗活动规律的认识和抽象概括，集中反映了一定战斗活动的内在本质联系，因而具有普遍指导意义。然而，正因为它是人们对客观规律的认识，而认识总是逐步深化的，又使它与战斗规律本身仍然存在一定的差距，使战斗原则不可避免地带有某种局限性；同时任何战斗规律都是不断发展的，尤其是现代条件下，科学技术的进步，智力的开发和观念的更新，导致战斗样式、战斗方法以及战斗规模和强度的变化，必然使战斗原则在内涵和外延上不断发展变化，这种战斗规律的发展性，导致人们抽象概括的战斗原则不可避免地存在某种滞后性。(2) 战斗原则既具有层次性，又具有相互联系性，因而它的运用是复杂和微妙的。战斗原则作为解决战斗指导问题的理论体系，既有反映战斗规律的一般（基本）原则，又有反映特殊战斗规律的特殊（具体）原则；各条原则既有普遍的指导性，又有特定的适用性；既有相对独立的含义，又相互联系、相互制约。这种层次与关系的复杂性，决定了战斗原则在运用中是复杂和微妙的：一是要正确选择运用基本原则和具体原则，并把握好其相互联结，把相对于攻防战斗和军兵种战斗的具体原则的基本原则，作为具体原则的基础和纲要，把具体原则作为基本原则的阐发、补充和特殊表现形式，实现战斗原则对战斗行动的指导作用。二是在战斗实践中不能独立地权衡某一战斗原则的作用，而应在各条原则的共同作用中把握原则运用的实际结果，使一系列战斗原则共同发挥作用。三是战斗中各条原则因客观条件不同，其地位和作用也不同，在选择和运用战斗原则时，既要全面思考，使各条原则共同协调发挥作用，又要分清主次，紧紧把握住对赢得胜利具有决定意义的起主要作用的原则。(3) 战斗原则虽然能提供理论指导，但不是包打胜仗的秘方，因而它只是在一定条件下才能发挥作用。一、它有赖于客观物质条件，诸如能满足它最低限度的兵员数量、时间、空间、气象、后勤补给等要求；二、战斗原则是一种法则，而法则即是一种尺度，战斗原则的规定性需要保持在一定的数量和幅度内，这种“度”是战斗原则条件性的另一种表现形式，掌握好运用原则的“度”，是充分发挥原则作用的重要一环；三、战斗原则的作用发挥，有赖于指挥员的应变能力和创造性思维活动，它可能在战斗原则指导下，以奇制胜而充实和扩展原则的内涵和外延。

“集中兵力”原则在现代战斗中的运用 有的学者指出：随着现代科学技术的飞速发展，军队武器装备、作战方式和作战手段等都发生了很大变化，使现代条件下的集中兵力，出现了不少新的特点：一是以集中优势技术兵器为主。由于高技术兵器具有很高的效费比（如一枚精确制导炸弹相当于数百枚普通炸弹的威力），集中优势技术兵器可以达成作战的高效益，使集中优势技术兵器的作用大大提高。在近期的几场局部战争中，集中优势高技术兵器，突出表现为导弹战和电子战这两个方面。二是更加强调集中火力。新技术在军事领域的运用，使得火力已成为消灭敌人的主要手段；同时，兵力兵器的合理配置完全可以达成火力集中，并可减少兵力集中所带来的损失；机动火力比机动兵力快，有利于提高快速反应能力。因此，现代条件下的集中兵力，在很大程度上表现为集中火力。三是更加强调数量和质量的结合。长期以来，始终把兵力兵器的数量优势，视为战胜敌人的重要前提。随着科学技术在军事上的广泛运用，军队武器装备的性能有了质的飞跃，使用优势武器装备发挥出较大战斗力已成为可能。因此，现代条件下的集中兵力，必须摒弃数量制胜的观念，树立数量与质量结合的思想。四是在机动中集中兵力。现代战斗，高技术兵器的抗争异常激烈，以动态求优势，以灵活的战术制胜，将使先进的技术兵器发挥巨大的威力，取得最佳作战效益。因此，现代条件下的集中兵力，要树立效能、合理、适时、快速的观念，变过去集团式集中为疏散式集中、静态式集中为动态式集中。

辩证地分析利弊因素 有的学者提出，制约和影响战术运用的客观因素，在作战中具体表现为利与弊

两个方面。为此要求指挥员在运用战术时要辩证地权衡利弊，趋利避害，去夺取战斗的胜利。(1) 要全面认识利弊因素。首先，战场上的利弊因素存在于敌我双方之间。战斗中双方利用客观条件的可能性通常是大致相等的。自古以来，一方占尽有利因素，而另一方都是不利因素的事情极少发生。因此，指挥员应随时从利弊两方面考虑问题，既充分认识有利因素，又足够地看到不利因素。其次，利弊是并存互寓的。利弊作为一对矛盾，两者既互相对立又互相依存，常常是利中有弊，弊中有利。如地形开阔平坦利于展开攻击，但同时又不利于隐蔽；气象恶劣利于麻痹敌人、出奇制胜，但同时又给己方行动造成困难；争时间、抢速度利于抓住战机，但同时又不利于充分做好战斗准备等等。为此，指挥员应该而且必须弊中见利、利中见弊，辩证地考察利弊因素。再则，指挥员的主观情绪对于能否正确认识利弊有直接影响。骄傲轻敌就不能清醒地估计到不利条件，对完成任务缺乏信心则容易过高估计不利条件，急功近利往往存在侥幸心理，如此等等，都会程度不同地干扰指挥员正确认识利弊的眼光和思维。(2) 正确认识利弊需要注意的几个问题。实战中，利与弊的关系十分复杂，指挥员只有对利弊两方面的所有情况及其相互间的各种关系作综合权衡，才能得出比较正确的结论。一是要见利中之害、害中之利；二是要对有害因素想得更周到些，因为对有害因素估计不足，就可能造成无法挽回的损失；三是要考虑到利与弊在一定条件下可以互相转化，把眼光放在把握利弊转折点上，并且为促使利弊转化创造条件；四是要考虑到敌人将如何趋利避害，即必须认识到，敌我之间的斗智斗勇包含了对利与害的利用和反利用、限制和反限制，我欲取利于敌，不能忘记敌也欲取利于我。

合同战术发展趋势 有的学者指出，到21世纪初，先进国家军队的武器装备，将以全新的面貌出现于战场，可能使合同战术呈现出以下发展趋势：一是合同战斗行动高度立体化。主要表现在多层次、全方位的立体侦察；以近战火力为主体与远战、防空火力和垂直火力突击相结合，对敌全纵深实施立体火力突击；使用坦克、装甲战车与攻击直升机相结合，由地面和空中对敌实施立体攻击；指挥官和司令部乘地面和空中机动工具，实施立体机动指挥。二是战斗样式多样化。由定向能武器、核生化武器、导弹武器、机器人武器、电子战武器的出现和发展，战术兵团在一次战斗中可能在不同地形上以几种不同的战斗样式与对方展开交战，空中机动和突击将成为一种重要的战斗样式，火力将成为独立的突击反突击方式。三是战斗部署动态化。军队机动力、突击力空前增强，武器使用效率急剧提高，运动中形成、变换兵力部署和战斗队形，将成为争取优势和保存力量而普遍采取的方式。四是战斗编组小型化。目前，各国军队都遵循“火力越密、编组越小巧”的原则。由此可见，在未来战斗中军队将主要由营以下分队组成以防空兵器和反坦克兵器为骨干，攻防兼备，火力、机动、突击和防护一体化的多功能合成战斗群，独立遂行各种战斗任务。五是战斗指挥智能化。未来战斗，将广泛运用自动化、智能化的指挥控制系统，实施高效能的指挥与控制，大大提高指挥系统的智能化程度。

攻防战术研究 1990年学术界在攻防战术领域，主要就“进攻顶点”、强点攻击、现代防御体系等问题展开了研究。主要学术观点如下：

关于“进攻的顶点”问题 有的学者提出，由克劳塞维茨提出的“进攻顶点”这一命题，在现代进攻作战中仍具有重大学术价值和实践意义。由于现代技术兵器威力巨大，进攻一方的攻击能力容易迅速下降；战斗节奏加快，连续性强，进攻一方的攻击锐势容易迅速衰减；作战损耗成倍增加，进攻中物资补给不继的情况很容易发生；防御的机动应变能力提高，进攻一方的主动地位容易丧失等。因此，现代进攻作战中极易出现“进攻顶点”。

关于强点攻击问题 有的学者提出，选敌弱点实施主要攻击，是进攻作战通用的战斗方法。然而，在某些情况下，也可采取从敌强点实施主要攻击，即强点攻击。这些情况是：敌弱点与其要害部位关联不大，从敌弱点突破后不能迅速动摇其整个防御体系时；由于地形条件限制，选敌弱点攻击难以发挥诸兵种协同作战威力；使用战术核武器等大规模杀伤武器，能对敌方强点实施有效突破等。实施强点攻击，应把握好以下几点：一是集中优势兵力，构成我强敌弱之势；二是强中选弱、重点突击、各个击破，即集中优势兵力兵器对敌强点中的弱处实施重点攻击；三是采取快速而坚决的攻击行动，一旦发起攻击，就应勇往直前、义无反顾地突入敌人阵地。

关于现代防御体系问题 有的学者指出，随着武器装备的发展，现代防御体系具有了许多新的特点，主要表现在：一是防御配系更趋立体化。由于直升机的飞速发展及其广泛用于配合地面的进攻作战，防御者既要对地面防御，又要对空中防御，因此现代防御体系必须在三维空间内寻找整体优势，将制地与制空紧密地联为一体，即人们通常所说的立体防御。二是

防御体系的要素更趋多元化。兵力部署的编组成分日趋增多，障碍物配系和火力配系等包含许多新的内容，防御体系的要素正在"膨胀"，防御体系结构的组合方式和模式的变化呈现出越来越多元化的趋势。三是防御部署更趋疏散化。火力的增强、杀伤威力的增大，要求防御部署向疏散化发展，全纵深、小兵群、星点式、大间距的配置格局，已成为现代防御兵力部署的发展趋势。四是防御体系模式趋于不规则化。防御体系"标准化"的积极意义，在智能技术和程控技术面前越来越淡薄，从不规则中求生存、求主动，将是未来防御作战的一条重要去路。五是防御体系更趋动态化。未来防御作战，敌军全方位攻击手段越多，对防御体系的动态化要求越高，防御者不仅要能形成全方位的相对静态抗击部署，还要确保在动态中形成抗击重点。六是防御体系的阵外打击和攻势机能日趋加强。火器射程的增大，使攻防双方"接火"距离显著增大，同时也使防御体系具备了在阵地以外的一定空间有效减杀敌进攻锐势的机能。

关于现代夜战战术问题 有的学者指出，从现代局部战争的实践看，尽管现代侦察、观测、防护技术和器材不断发展，但夜幕仍然是隐蔽战术行动、造成奇袭的天然条件，夜战在现代条件下仍具有重要地位。快速行动部队和高技术相结合，采取奇袭战术，把夜战推向了一个新水平，夜袭战很可能成为夜间战斗的主要形式。但是，现代夜袭战术发生了许多新的变化：一是过去那种黄昏发起攻击、拂晓结束战斗的模式已被打破，夜间战斗发起时间的可选幅度增大。二是夜战战术的奏效，在很大程度上取决于夜间侦察、观瞄、指挥、制导、驾驶等夜视器材，没有夜视器材的保障，将很难获得夜战的自由。三是现代夜战，借助先进的夜视器材构成了丰富多彩的袭击手段，使夜战的突然性和时效性显著增强。四是现代夜袭战斗，已不仅仅是袭扰或为昼战创造条件，而多是直接打击对方的要害部位。五是夜间对抗条件下，将使小分队、多方向的机动攻击获得出奇制胜的效果，它能在夜间对抗中自由地歼灭敌人，巧妙地保存自己。六是立体战术使夜袭可以随时组织地空策应，直升机配合和策应地面攻击，已被现代夜战证明是非常有效的打法。七是积极同敌人夜视器材作斗争，不仅是个技术问题，而且更是个战术问题。

苏军战术理论研究 苏军战术理论在其新的军事战略影响下，发生了一些重大变化。

战术原则的新变化 据有关资料介绍，苏军为适应未来战场情况的发展变化和"军事新思维"理论，对其战术原则作了重大修改、调整和补充。从苏军报刊反映的情况看，目前苏军遵循的战术原则为下列12条：保持经常的和高度的战斗准备；战斗行动的突然性；非对等威胁（强调提高兵力兵器的质量，在战斗中以少胜多。——编注）；积极性和坚决性；实施不间断的战斗行动；坚决集中兵力兵器；密切协同；实施机动；独立作战；稳定和不间断的指挥；使用常规武器和使用核武器两种作战方法趋于接近；保持和及时恢复军队战斗力。与过去的战术原则比较，新增加了"非对等威胁"、"独立作战"、"使用常规武器和使用核武器两种作战方法趋于接近"三项新的原则；删去了注重"利用精神——政治因素和心理因素"和"对战斗进行全面保障"两项原则；把原来战斗行动的"积极性、坚决性和连续性"，分为"积极性和坚决性"、"实施不间断的战斗行动"两条原则；对原来的原则在内容上也作了很大的修改。（陈玺《苏军战役战术原则的变化》，《外国军事学术》1990年第8期）

提高防御的地位 据有关资料介绍，苏国防部长在《保卫社会主义与和平》一书中明确指出："苏联军事学说把防御视为抗击侵略军事行动的基本类型。"目前苏军各类战斗条令、条例和教材正在按以防御为主加以修订；苏陆军训练部成立了专门的"战术发展小组"，研究"兵团采用严格防御体制"情况下的新战术。（王海运、周毅《新思维影响下的苏军作战理论》，《外国军事学术》1990年第1期）

强调防御的积极性和攻势行动 苏一些高级将领指出："不能把防御仅仅理解为顽强防守预有准备的防御阵地，而应看作是一系列积极行动的综合。"要求采取下列措施增强防御的积极性：一是提高防御目的的坚决性，不仅要能抗击敌进攻，而且能粉碎敌进攻；二是广泛实施反突击、反冲击行动；三是频繁实施兵力兵器、火力和障碍物机动；四是使用火力反准备、袭击支队、机降分队等，积极实施纵深攻击。（王海运、周毅《新思维影响下的苏军作战理论》，《外国军事学术》1990年第1期）

强调防御作战的立体性和纵深性 苏军要求建立"空地一体"的防御战斗队形；组织严密的立体毁伤火力和火力配系，从地面和空中各个层次上同时毁伤进攻之敌；组织以各级反空降预备队为主体的反空降配系；实施"空地一体"行动，实现指挥、机动、火力毁伤、反冲击以及战斗保障的立体化；采取纵深梯次配置，增加阵地数量，加大防御纵深；增大远距离火力毁伤的比重，在防御的远接近地大量毁伤敌人；广泛使用袭击支队、空降兵等机动兵力实施纵深攻击（袭

击)。(王海运、周毅《新思维影响下的苏军作战理论》,《外国军事学术》1990年第1期)

强调建立以绵亘堑壕和交通壕与支撑点相结合的防御阵地体系 据《苏军作战理论的发展趋势》一文介绍,苏军防御阵地体系,60年代以前是绵亘堑壕体系,60年代至80年代属支撑点防御体系。进入90年代,苏军学术界提出以绵亘堑壕和交通壕与支撑点相结合的防御阵地体系,新近出版的《工程兵军官手册》中明确规定:摩步营防御地域可构筑三道绵亘堑壕,第一道在防御前沿,第二道在第一梯队连纵深,第三道在营防御纵深,交通壕则在营防御地域全纵深构筑,但连支撑点仍然存在。(陈学惠《苏军作战理论的发展趋势》,《外国军事学术》1990年第2期)

重新肯定机动防御的地位 苏军在修订的战斗条令中,已重新把防御区分为阵地防御和机动防御两种类型,陆军训练部"战术发展小组"正在研究实施机动防御的方法。但苏军认为,阵地防御仍是主要的,机动防御只能与阵地防御相结合而存在,并为阵地防御服务。(陈学惠《苏军作战理论的发展趋势》,《外国军事学术》1990年第2期)

分队防御战斗队形研究 据有关资料介绍,苏《军事通报》开辟专栏探讨分队防御战斗队形,并提出了以下几种分队防御战斗队形新方案:一是"蜂窝"状战斗队形。所谓"蜂窝"状战斗队形,是指坦克(摩步)营成后三角队形,各连则成"三叶"状队形。二是"十"字形战斗队形。所谓"十"字形战斗队形,是指营成后三角队形,各连则成"十"字队形。三是"扇"形战斗队形。所谓"扇"形战斗队形,是指在营防御地域内,各连从前沿向纵深作一线配置(实际上是三个梯队部署——编注)。苏军学术界对上述三种防御战斗队形的看法不一,有赞成的,有反对的,有建议进一步改进的,目前尚处在探讨中。(罗庆云《苏刊关于分队防御战斗队形的争论》,《外国军事学术》1990年第6期)

提出用坦克炮打直升机 据有关资料介绍,苏军学术界提出了使用坦克炮打直升机的学术观点。要求坦克部队在战斗中,除用建制内的防空分队和坦克上的防空火器打击空中目标外,还可用坦克炮采取拦阻射击打敌直升机。射击方式可采取:集火齐射,纵长弹幕齐射,集火急速射,逐次射击等。射击时机:当目标距离4公里时,进行首次射击;目标进至3.5公里时,进行第二次射击;目标进至3公里时,进行第三次射击。苏军认为,用坦克炮打直升机,一般都能取得较好效果。打高度为1500米悬停的直升机,命中率可达50%以上;打高度为250米、航速为92.5公里和185公里飞行中的直升机时,命中率分别达74%和50%。(彭彬、刘书礼编译《用坦克炮打直升机》,《外国军事学术》1990年第4期)

美军战术理论研究 美军学术界目前正在对作战"顶点"理论和使用高技术兵器条件下的新战术展开研究。

正在对作战"顶点"理论作深入研究和探讨 美军学术界正在对克劳塞维茨提出的作战"顶点"理论进行深入研究和探讨。美陆军退役上校乔治·霍尔在《对"顶点"概念的探讨》一文中,提出了如下学术观点:一是作战中确实存在一个"顶点"问题。认为一切进攻作战迟早都会达到这样一个时刻,攻方的力量不再大大超过守方,如果继续进攻就要冒遭到反击和被击败的风险,这个时刻在作战理论上被称为"顶点"。二是"顶点"并非一个固定点或一条固定线。当进攻一方拥有压倒优势兵力和意志十分坚决时,"顶点"可能在敌方深远后方出现;反之,则可能在进攻出发线就出现。三是招致出现"顶点"的因素很多,丧失大量战斗力是其中的主要因素之一,因此集中优势兵力和防止战斗力的丧失,是防止"顶点"过早出现的主要因素。四是"顶点"观念使战斗计算具有了实在的内容。攻方要想击败防御一方,至少要建立三比一的兵力优势,当防御一方十分顽强坚决时,甚至要建立十比一以上的兵力优势。五是要加强对"顶点"理论的研究。"顶点"观念是一个涉及到战斗各个领域的非常重要的问题,迄今仍有许多问题未解决,需要更加深入地开展对"顶点"观念的探索。(孟建华、谭业绥译《对"顶点"概念的探讨》,《外国军事学术》1990年第9期)

提出新的"未来空地一体作战"理论 据有关资料介绍,1990年3月美军报刊报道称,"美陆军最近提出了新的作战理论——'未来空地一体战'理论"。新作战理论的主要要点:一是对未来战场环境有新的设想。认为未来作战将在更宽广的正面和纵深地区内进行,作战速度更快,但参战部队将更少,部队将普遍使用一系列高技术兵器实施战斗,战场将变成非线性。二是强调主要依靠下一代高技术兵器,尤其是先进的遥感侦察系统和极其准确的纵深打击兵器进行作战。三是美陆军将在21世纪初实现部队的新结构。为克服陆军现行编制过于笨重的弊端,将在旅一级实行3营制、营一级实行3连制;从陆军师编制中撤销直升机、防空兵和远程炮兵部队,将其集中到军一级,以加强军长的协调作战能力,能根据需要灵活编组战斗部队。四是对后勤支援方式作重大改革。未来空地一体战，将改变以往陆军后勤支援“补给站分配”方式（即前方作战部队自派车辆到相应的补给站或仓库去领取），而采取由后方补给站直接向前方作战部队送达供应物资的支援方式。五是陆军的武器装备将发生重要变化。陆军部队有可能减少坦克数量，装备更加优良且具有昼夜作战能力的攻击直升机，采用更加先进的野战火炮和迫击炮，大力研制无人驾驶兵器（如机器人、无人驾驶飞机等），以及红外对抗系统、遥感目标定位系统等新式兵器。（姜绍崇《美陆军提出‘未来空地一体战’理论》，《外国军事学术》1990年第8期）

高技术兵器战术已见雏形　据有关资料介绍，美国正在研究和制定新的陆军编制方案。在新的陆军编制方案中，陆军师编有一个高技术旅。高技术旅是一支拥有先进技术装备的新型战斗部队，称它是美国陆军的未来。该旅由2个高技术营、1个炮兵营和1个支援连编成。高技术营内编有轻步兵连、步兵连、机器人连、飞行器连、欺骗连各1个。战斗中，装备有激光指示器的轻步兵连，配置在营阵地前沿前，为机器人连发射的反坦克导弹指示目标、进行制导。机器人连编3个排，每排配24辆高机动多用途轮式车(带拖车)，每车配16枚反坦克导弹（其中8枚备用弹），3个排轮流投入战斗和补充弹药，导弹发射后由配置在前沿前的轻步兵连实施激光制导。无人飞行器连内编有1个监视排和3个攻击排，负有监视、反坦克和反直升机3项任务，监视排能在恶劣环境和不良天气条件下，对指定地域实施不间断监视和观察，提供实时情报，攻击排使用装备的无人驾驶飞行器打敌直升机、坦克和攻击敌纵深梯队等。欺骗连编有4个排，分别使用各自的电子装备、充气坦克装甲车和其他音响器材等，从电子信号、形态、音响、气味等方面，模拟一支强大的装甲部队，以迷惑敌人。（刘书礼《对90年代美陆军编制的预测》，《外国军事学术》1990年第1期）

军队指挥理论研究（中国）　继1989年一系列系统反映我军军队指挥理论研究成果的军队指挥理论专著问世后，1990年，又有大量反映军队指挥理论研究最新成果的论文相继发表。这些论文，对军队指挥理论进行了多方面的深入探讨，并使我军军队指挥理论形成了较为完整的理论体系。

军队指挥的基本特征　军队指挥作为一种特殊的军事领导活动，具有不同于一般军事领导活动的特殊性。《军队指挥的基本特征》一文认为，军队指挥的基本特征，存在于军队指挥活动之中，并主要表现为：目的性：提高作战能力，赢得战役、战斗胜利；命令性：这是军队指挥区别于其他领导活动的最明显的特征，主要表现为作战行动的一切指令均以命令形式下达，指挥员下达的一切命令，都具有绝对的权威性和强制性；动态性：军队指挥过程是一个动态过程，指挥活动在可变的运动中进行；风险性：军队指挥活动的风险性比其他任何领导活动都大。诡诈性：运用谋略手段来达成战略或战役战斗行动目的，是军队指挥区别于其他领导活动的另一基本特征。

军队指挥学的研究对象　任何一门学科都有自己的研究对象，军队指挥学的研究对象是什么？有的作者提出，军队指挥学的研究对象是作战指挥。除作战指挥外，其他行动或其他军事行动的组织领导活动均不属军队指挥学的研究范围。其理由是：第一，从军队指挥学孕育和产生的渊源看，军队指挥既然是从战略学、战役学和战术学中分离出来，是对战略、战役、战术指挥理论的高度概括和总结，并指导战略、战役和战斗作战行动的指挥活动，它就不应再任意扩大自己的研究范围，去包含“其他行动”的指挥活动。第二，其他军事行动的组织领导活动更具有军队管理学的特征，没有必要纳入军队指挥学的研究范畴。第三，军队指挥学与军事领导学、军事管理学之间既有密切的联系，也有明确的分工。从已出版的有关军队指挥学专著看，尽管每本专著都声称要包括对“其他行动”或“其他军事行动”的指挥活动，但事实上哪一本也没有研究这部分内容。与之相反，已出版的军事领导学、军队管理学却包含了对这些行动的组织领导活动。

关于指挥要素　认识指挥要素，是认识指挥活动的起点。有的作者在对诸多指挥理论专著中关于指挥要素的观点进行了分析比较后提出，现在学术界对指挥要素的认识主要有三种意见。一种意见认为，指挥要素包括指挥者、被指挥者和客观环境；另一种意见认为包括指挥者、被指挥者、指挥器材、指挥环境和作战活动；第三种意见把指挥要素分为两部分：基本要素，包括指挥员、指挥机关、指挥对象和指挥工具；环境要素，包括作战对象、时空环境和军事信息。作者认为，将全部指挥要素分为两个部分要比笼统地堆在一起更有利于认识它们的作用和联系。但用基本要素和环境要素来区分，不如用内部要素和外部要素来区分更科学。因为要素就是构成事物必不可少的、重要而又基本的因素。因此，不宜再分为基本或非基本的要素。在对上述几种观点进行比较之后，李大中提出，军队指挥的要素由内外两部分组成。内部要素包括指挥主体（指挥员及其机关）、指挥客体、指挥渠道（通信工具、情报手段和指挥设施）。外部要素包括作战对象、时空环境（作战时间、战场空间及水文、气象、地形等）二个要素。

关于军队指挥理论的基本问题 任何一门学科理论都有其要解决的基本问题。军队指挥理论的基本问题是什么？有的作者提出，军队指挥理论的基本问题是军队的作战潜力与现实战斗力之间的关系问题。首先，从军队指挥理论研究的对象来看，它包括指挥规律、指挥原则、指挥系统、指挥的组织形式和方法等。无论是认识指挥活动的本质及规律，提出具有科学根据的军队指挥原则，还是对指挥系统最佳组合方式的研究，对科学的决策方法及优化指挥方式的探讨等，都是为了寻求能最大限度地将作战潜力转化为现实战斗力的有效途径，揭示其转化机制。其次，从军队指挥理论本身来看，其基本问题包含着十分丰富的内容。既然作战潜力是现实战斗力的基础，就必须研究怎样积蓄作战潜力的问题；既然作战潜力可以转化成战斗力，就应该探讨使之最大限度转化的机理；既然指挥是完成“转化”的最重要因素，就应该科学合理地分析构成指挥活动各个方面之间的相互关系。要全面系统而深刻地研究军队指挥理论，就必须以这一基本问题为主线，将各方面的研究“串”起来。再次，从理论和实践的关系来看。军队指挥活动是指挥主体与指挥对象通过指挥中介系统的相互作用。作战潜力是属于指挥员、士兵及武器装备等的客观实在，战斗力则是指挥人员主观因素与这种客观实在的有机结合，是主观见之于客观的东西。因此，军队指挥理论的基本问题，落实到指挥实践中，则在很大程度上变成了主观与客观的关系问题。只有正确处理作战潜力与现实战斗力之间的矛盾，按指挥规律办事，才能取得最大的指挥效能。因此，军队指挥理论的基本问题，也是指挥实践的基本问题。

关于军队指挥的职能 有的作者认为，所谓作战指挥职能就是作战指挥活动所具备的基本功能与作用。表面上看，“指挥职能”与“指挥活动”相似，其实二者是两个不同的概念。主要差别表现在两个方面，一方面“指挥职能”是指挥活动的客观规律的反映，是指挥实践经验的总结，具有规范性和科学性，因此，指挥职能对指挥实践有指导意义；“指挥活动”是指指挥的行为表现和过程，这些行为和过程不一定具有规范性和科学性。另一方面“指挥职能”反映的是指挥活动所具有的功能和作用；而“指挥活动”表现的是活动本身的具体工作。因此，提出并科学地阐述“指挥职能”的概念，对于研究作战指挥理论是非常必要的。基于上述认识，作者提出了军队指挥的六项职能：统御：即统领和驾御部队，使其保持稳定和高度集中统一，去实现指挥者的意志。造势：即创造有利于已不利于敌的作战态势。对于兵力兵器处于劣势的军队，这一点尤其重要。组织：即用人和根据作战任务建立战役、战斗编成。决策：即指挥员及其机关对即将进行的作战行动定下决心，制定计划，或对作战有关的人事变动、后勤、技术保障等重大问题作出决定。控制：即检查监督部队的作战行动，纠正决策和计划实施中出现的偏差。协调：即组织协同动作，调整内、外部关系。

关于军队指挥方式 军队指挥方式，是军队指挥员在指挥活动中指挥和控制军队、完成作战任务的方法和形式的总称，是发挥军队作战潜力以达成作战目的的重要手段和艺术。作为军队指挥理论的重要内容之一，军队指挥方式的研究，历来受到学术界的重视。

关于指挥方式的定义及分类，有的作者认为，定义是揭示概念内涵的逻辑方法，对某种指挥方式进行定义时，应全面研究该指挥方式所反映的客观事物在战争实践中的一切联系，从而准确地揭示该指挥方式的本质属性。军队指挥方式的本质属性是关于指挥职权的区分，同时它又是一个多质的概念。因此，军队指挥方式应按照不同的标准做不同层次的划分：第一层次以指挥职权的区分为标准，分为指令性指挥（命令式指挥、程序式指挥）、指导性指挥（委托式指挥、任务式指挥、适应性指挥）。第二个层次，以军队指挥方式的其它属性作为标准，做若干个“一般划分”。例如，以指挥层次的跨越程度为标准，分为按级指挥和越级指挥；以指挥员及其指挥机关的运动状态为标准，分为定点指挥和运动指挥；以指挥的通信工具为标准，分为简易指挥、有线电指挥与无线电指挥、自动化指挥等。关于上述各种指挥方式的定义，大多仍可采用目前已被广为接受的相应定义。

关于定下决心的思维方式 定下决心，是作战指挥的核心，也是指挥员实施作战指挥时的中心任务和基本职责。作战决心的正确与否，对作战的胜负至关重要。因此，如何科学合理地定下决心，历来为人们所重视，也一直是人们研究的重点问题之一。

有的作者认为，定下决心的思维方式归结起来有三种，即经验思维、公理思维和辩证思维。前两种思维是辩证思维的基础，辩证思维则是思维方式的最高层次。在运用辩证思维方式定下决心时，应先着眼于客观实际，正确地判断数量与质量两方面的因素，并研讨其相互联系和可能的发展变化，探讨主要环节和对完成作战任务有决定性影响的主要因素，以此来决定作战行动。有的作者认为，定下决心的思维活动，具有以下显著的特点：(1)精确思维与模糊思维并存。指挥员定下决心，应当借助于数理分析手段，对有关情况进行定性、定量和层次分析。然而，由于在指挥活动中指挥员常常得不到所需情报，再加上情况变化以及某些要素无法量化等特点，定下决心离不开模糊思维。如果指挥员不善于把精确思维与模糊思维有效地结合起来，很难定下正确的决心。(2)直觉和理念互为补充：善于灵活运用直觉和理念的思维方式，并将两者结合起来，使定下决心的过程变得简洁、明快。(3)寻常和反常思维：善于将常规思维方式与反常思维方式巧妙地结合，是用兵如神的诀窍。

关于指挥效能　有的作者指出，目前人们对作战指挥时效性的认识尚不一致。有人认为，作战指挥的时效性主要体现在指挥的速度上；有人认为作战指挥的时效性高低，应以单位时间内完成的指挥工作量的多少来衡量；也有人认为作战指挥的时效性应主要表现在指挥的正确率上，正确的指挥才能在作战时产生效益。尽管上述几种不同的见解都涉及到作战指挥时效性的某些因素，有一定的合理成分，但都未能全面反映作战指挥时效性的含义。他认为，所谓时效，是指作战指挥信息在一定时间内发生的有效作用。作战指挥要发挥有效作用，必须具备及时、适时、正确三个要素。这三个要素是一个整体，忽视哪一个都不能达成指挥的时效性。指挥的本质是情报和指令等信息的流通过程。这一过程包括：战场情况反应、收集、整理加工过程；判断、决策、处置过程；传递指令和接受、执行指令的过程等四个环节。由于这些环节都要对指挥活动产生作用，因此，影响指挥时效性的因素，就不仅仅是指挥员及其指挥机关。要提高现代条件下作战指挥的时效性，就应运用系统的观点，从指挥员、指挥机关、指挥对象、指挥工具等各方面去创造条件。

局部战争中军队指挥研究　局部战争是当今世界各国军事界普遍关心的热门课题，局部战争中军队指挥问题，则是局部战争研究中的主要内容之一。

有的作者提出，在局部战争中，要实施有效的作战指挥，首先应建立党、政、军、民、警五位一体的指挥机构，实施统一的指挥与控制。其次，应做到宏观指导与微观指导相结合。搞好上述两个结合的要点是：把指挥重心放在主要作战方向上，打好初战，掌握好各阶段作战任务的转换和衔接；充分发挥各级指挥员的作用，增强作战指挥的主动性、灵活性和创造性。第三，改善指挥手段，提高指挥时效性。其途径是：实现指挥自动化，简化指挥层次，减少工作程序。有的作者提出，局部战争战役指挥的着眼点应是：第一，着眼战役目的的战略性，从战略高度实施指挥，其核心是使战役层次的组织、计划、控制、协调和保障等五大活动能够充分体现战略意图，坚定地追求既定战略目的。第二，战役指挥要为尽快稳定战局、实现战役的有利转机创造条件。第三，着眼于战役战场的有限性，把“热点”作战地区作为战役指挥的重心。第四，着眼于战役行动的进攻性，力求速战速决，把战役性反击作战作为战役指挥的主要内容。有的作者认为，局部战争中战役组织指挥的要点是：第一，科学使用战役力量：局部战争中战役力量构成的突出特点是跨建制编成和超常规加强。这就要求战役力量的编组形式必须多种多样。其基本要求是：量敌用兵，适量足够；精干灵活，适应性强；按需编组，结构合理。第二，灵活运用战法。在局部战争战役作战中可较多运用的战法是：以战役机动力量为主体，以消灭敌人有生力量为基本目的，在不固定的作战区域内以积极的进攻性行动挫败敌人之企图的机动战；突然对敌实施打击的袭击战；战役军团以火力对入侵之敌实施突然猛烈打击的火力战；使用特种部队或临时特殊编组的战役力量，采取特殊的作战手段，遂行特殊任务的特种作战。第三，提高战役指挥效率。提高战役指挥效率的关键在于战役指挥体系的构成及选择合理的指挥方法。

中国人民解放军传统指挥艺术　中国人民解放军在长达几年的革命战争中，成功地进行了数百次战役和无数次战斗。在这些战役、战斗中，各级指挥员表现出了高超的指挥艺术。研究中国人民解放军传统的指挥艺术，并用以指导未来作战，受到了许多军事理论研究者的重视。1990年，许多作者从不同角度对中国人民解放军战役作战指挥艺术进行了探讨和总结。研究者认为，中国人民解放军的战役指挥艺术，主要表现为：第一，善抓战机；第二，重抓枢纽，即注重抓住对战略、战役全局有重大影响和决定作用的关节；第三，善于造势，即善于通过运筹和机动，在兵力对比上造成优势，在态势上造成锐不可挡之势；第四，善于依据战场情况，活用战法；第五，善于把握战局的发展，因敌而变，随机应变，灵活地修正或改变原有的计划；第六，善于集中兵力打歼灭战。

军兵种军事理论研究

海军军事理论研究（美国） 1990年，由于冷战的结束，美国海军理论界研讨的重点集中在调整海军战略和海上封锁等问题，并首次提出战役的概念。

关于海军战略的讨论 美国海军作战部长特罗思特在《海上力量》1990年第1期上发表题为《90年代的美国海上战略》一文指出：走出冷战后，尽管苏联威胁有所减少，再继续增加海军军费不现实，但必须看到美国东临大西洋，西滨太平洋，其贸易总额的70%，进出口货物吨位的99.7%都是通过海上进行的。而且，目前有41个国家拥有150多艘攻击型潜艇，102个国家拥有反舰导弹，40个国家拥有先进武器的生产能力，不仅如此，由于高技术武器的扩散，许多第三世界国家可以从岸上对海攻击。所以不管有没有超级大国的介入，低强度冲突的激烈程度都将会不断增加。与苏联海军作战和与某一小国海军作战的区别是舰艇飞机数量的不同，而不是它们单个兵器能力的不同。在80年代指导美国海上战略的基本原则在90年代仍然有效，即仍然是威慑、前沿防御和与盟国紧密结合这3大原则。美国海军中校高赖特里在《海军学会会报》1990年第4期上撰文指出：要纠正1986年海上战略的3个战略错误：(1)常规防御比核威慑更安全；(2)西方最紧迫的威胁是苏联的公然入侵；(3)认为低强度的、或与第三世界国家的冲突在战略上不太重要，或者说不是真正意义上的战争，而只是处于战争边缘的冲突。《纽约时报》1990年5月下旬发表系列讨论专文和《北美现代化》杂志1990年第7期报道了海军建设方案之争。有人认为冷战后的海军建设规模应保持在400艘，甚至300艘；海军的意见为488艘。美国参谋长联席会议提交国防部长切尼关于航母的数量的方案为12艘，而有人则赞成减至9艘，哈佛大学教授考夫曼则认为减至6艘就足够了。攻击潜艇的数量要变原来的100艘为80艘。另外，美国空军提出海军的航母应从战略前沿撤回，空军的岸基飞机攻击远距离目标比在海上保持一支庞大的航母编队要经济得多。布来恩·米切尔在1990年9月24日《海军时报》上批驳了这种观点。同时他认为世界今后会出现为特定目标和短期目标而形成的国际联盟，美国可能会与传统的敌人结盟以对付传统的朋友。美国海军的任务更加艰巨。

美国海军陆战队首次正式提出战役概念 美国《海军陆战队》杂志1990年第4期转载新出版的海军陆战队条令第一章，解释了战略、战役、战术概念的区别，这是美国海军陆战队第一次正式对战役概念进行定义。该条令对战役的定义是：战役是在一个时期内，在既定的地区，为达到一定的目标而采取的一系列相关的军事行动。战役包括为了实现战略目标而制定、集中和利用的各种战术行动。战略指挥官根据战略构思，就何时、何地、为何目的、在何种条件下，实施或者不实施作战行动作出判断。它规定为达成战略目的而采取的军队部署和决定它们投入或撤出战斗以及确定连续战术行动的顺序。

两种海上封锁 据美国报刊解释，战时的封锁为军事封锁，平时的封锁为经济封锁。经济封锁的目的是为了解决国际或地区纠纷而向对方施加的一种压力，因而只是一种“有限”的封锁。海湾地区对伊拉克的海上封锁的目的是为了迫使伊接受联合国的各项决议，任务是阻断伊的石油海上外运，防止安理会决议禁运的各种物资流入伊拉克。

对非岛国实施海上封锁的方法 美刊认为，当年对越南的海上封锁之所以不能达到对古巴海上封锁的效果，主要是因为越南是一个非岛国，世界援助越南的物资可以从陆路自由进入越南。伊拉克也是一个非岛国，所以为了使海上封锁奏效，要采取双管齐下的办法：(1)要求伊的陆上邻国在政治上与伊划清界线，中断伊拉克石油的过境管道输出和参加对伊的禁运。(2)扩大封锁范围，从北纬22度直到27度，包括波斯湾、阿曼湾、阿拉伯海、红海及地中海东部，堵住伊直接贸易和转口贸易的全部通道。

对伊拉克海上封锁的法律地位问题 法国认为，美国总统8月12日封锁命令不合法，因为当时联合国没有授权封锁，只授权禁运。安理会 13 个国家中的大多数也不赞成美国的做法。联合国秘书长德奎利亚尔说，根据联合国宪章第 39 条、40 条、41 条、42 条的精神，联合国在采取封锁行动前要先呼吁，再制裁，措施无效后才能采取封锁措施，因此美国宣布的对伊封锁是违背联合国宪章的。对此，美国加强了旨在使联合国通过封锁决议的法律程序的活动，8 月 25 日联合国通过封锁决议后，美国及国际海军对伊的封锁行动才具有合法的地位。

空军军事理论研究 1990 年空军学术界在涉及未来空军作战的特点、空军发展战略及苏美日等国空军作战理论方面，进行研究，提出了新的学术观点。

关于未来空军作战问题 世界上许多国家对未来空军作战研究非常重视，归纳起来有 5 点。(1) 空袭作战和防空作战将更加注重"联合"。有的学者认为，未来战争从战役到战斗，将更多地由诸军兵种联合实施。在空军作战方面，多机种联合群体实施空袭作战，将是空袭作战的主要样式；而陆、海、空、民联合防空防天作战，必将成为防御和粉碎多机种联合群体空袭的防空作战的主要样式。(2) 空袭和防空作战更加重视纵深和立体性。有些学者认为，90 年代战区空中进攻战役、防空战役是空袭和防空作战的主要样式。全纵深打击和防御将在一个或数个相邻战区同时实施。远距离攻击和全纵深防御日益突出。空中作战行动将跨国界和洲界，遍及交战国的全部疆土。作战高度将从超低空到超高空乃至外层空间。特别是"两极"争夺空前加剧。航天器及隐形轰炸机将抢占空间的"制高点"；抢占低高度作战则成为战术飞机发展的重要方向。在空地一体全纵深打击中，航空火力突击可能占空地一体火力突击的一半左右。全纵深突击对地面作战行动将产生很大影响，很可能出现远战决定近战，远战决定胜负的局面。(3) 空袭和防空作战中的高技术斗争更加突出。有的学者认为未来空中战场，高技术、高性能武器将大量使用，利用武器装备的"技术差"取胜，是未来战争的重要特征。90 年代空袭和防空作战中，精确制导武器、灵巧武器、高爆弹药、隐形武器等为中心的高技术常规武器将获得极高的作战效能。利用高技术研制和改进武器装备，是当前各国发展武器装备的主要趋向。苏军强调，要研究使用和对付高技术武器的手段和方法，尽力利用高技术制胜。很多人认为，高精度制导加高爆弹药的杀伤威力已接近小型核武器，使用和不使用核武器作战，其突击威力指标基本相同。使用高精度武器与使用非制导武器相比，兵力约减少 90%。隐形技术是一种高科技、新材料全新技术，使空袭兵器突防能力增强，生存率提高，对防空系统构成巨大威胁。研制反隐形技术装备，抗击隐形空袭兵器的袭击，则是防空作战理论的新课题。未来战争中，光电干扰技术将使电子干扰技术向前发展一步。电磁优势与空中优势相容并存。谁的电子战系统失去活力，谁就将从整体上失去制胜的机会。(4) 空中作战手段更加新颖多样化。有些学者认为，小群空（机）降将成为空袭和防空作战的热点，并以此弥补空袭空白区。空中战场的激变性正随着空中力量突击效能的提高而增长，现代空中作战将更加强调机动和快速，时间价值呈增值趋势，军事空运将成为军队远程机动的支柱并广泛运用于战场上。战略航空兵与战术航空兵作战使用界限日益淡化，越来越互相渗透，紧密结合。(5)"全高度、全方位"攻击空战战术已日趋完善；空战中超视距攻击技术已日趋成熟；新型光电设备对空战战术影响极大。红外光学扫描跟踪设备，将在作战飞机上普遍装备，并与激光测距器协调使用，这将在一定程度上解决敌我识别问题。还有一些专家认为，空战编组将出现小群多组的新趋势，空战胜利将更多地依赖信息的及时获取和处理。

关于空军发展战略问题 许多专家学者认为局部战争条件下使用空军的机会更多了，面对高技术、高强度作战的现实情况，许多国家在空军的发展建设上着重研究 4 个方面的问题。(1) 关于空军发展建设的模式。目前世界许多国家都在调整空军的发展战略，按照本国国情，充分利用有利的和平国际环境，探索发展途径，概括起来主要有 4 种：一是前沿竞争型。依靠本国雄厚的经济和科技优势，发展空军的先进装备，如美国、苏联。二是局部优势型。利用自己的部分技术优势，几个国家联合研制，如英国、法国、意大利等国。三是引进自产型，如印度、以色列、澳大利亚等国。四是依靠军援型。如越南、叙利亚等国。(2) 关于空军武器装备。许多专家主张空军武器装备要减少数量，提高质量。他们认为，空军装备发展应注重 4 个方面：一是精减机型，重点发展多用途飞机。新研制和生产的飞机应采用现代高技术成果，性能先进，具有空战和对地攻击的作战能力；具有全方位、全高度、全天候、大纵深和下视下射能力。二是重视武器系统配套整体协调发展。他们认为，一支现代化的空军不仅要有突击力量，而且还必须要有配套的指挥、预警、掩护和保障力量。有了这些飞机的协调发展，就能互相取长补短，产生综合战斗力。三是在研制新型飞机的同时，把第二代战斗机作为改型的重点。采取延长飞机的更新周期，实行新、旧飞机、几代飞机和高低档次飞机并存，以及由低向高数量递减。四是武器装备要多样化。建设成具有高技术装备、适应局部战争和军事冲突需要的空军，空军的武器装备必须保持一定的数量，不求多、应求够。武器装备效能上的差距，虽然不能通过增加数量来代替，但数量在构成总体战斗能力中仍占一定地位。仍可在一定程度上弥补先进装备数量之不足。(3) 关于空军的体制编制。空军体制编制总的趋势是：减少员额，精简机构，分清职责，灵活编组，使之做到高度专业化与高度合成化相结合，通过谋求力量的最佳结构提高战斗力，实现明确分工，配套成龙，攻防兼备，功能齐全。近年来，在苏联随着军事战略的调整，其空军的体制编制也进行了相应的调整。一是随着苏军数量的减少，裁并部分指挥机构和部队，有的军区空军降格为军，远程航空兵已撤销2个集团军指挥机构。空军师、团两级机构减少的数量更大一些。二是调整指挥体制，探索建立既适宜于发挥空军的作战能力，又符合苏防御性军事学说的指挥体制。战区远程集团军的指挥权又交回给统帅部，一度交由军区空军指挥的防空军航空兵部队又脱离了军区空军，交回防空军。(4) 关于“热点”和重点地区防空建设。很多同志认为，90年代空军发展建设应突出重点和“热点”地区。“热点”地区是和平时期军事斗争的重点地区，因此必须制定科学的防空建设规划。这个规划应包括防空体系建设的总目标、建设步骤、所需时间和方法等。他们主张“热点”地区防空建设应注重六个方面：一是走精兵之路；二是小而全，自成体系；三是远、中、近期全面规划，分阶段建设；四是建设与改造相结合；五是军民兼容，平战结合；六是“硬”、“软”件同步发展，提高综合实力。

美国使用空军作战新特点　从美韩“协作精神”演习可以看出美空军在局部战争中作战使用的一些新特点。一是机动使用境外力量。美军认为空军的快速机动能力是取得战争胜利的一个重要条件。如果美空军能在关键时刻向全球任何爆发战争的地点实施远距离调动，并在短时间内将兵力集中在最重要的方向上，就能保障行动的突然性，使敌人丧失战场主动权。二是扩大战略轰炸机的参战规模。美军战略轰炸机是能克服航程、时间和数量劣势等障碍的军力“倍增器”，是进行战略空中进攻的主要依靠力量。经改装的B-52型战略轰炸机具有更强的常规作战能力。因此，美军日益重视在局部战争中使用B-52型战略轰炸机。从演习看，B-52型飞机的出动架次逐年呈增加趋势。三是将空军主力用于制空作战和支援地面作战。美军特别强调，在未来战争中，制空权是决定地面、海上战斗胜负的重要因素，作战双方必将进行激烈争夺。用于争夺制空权的兵力可能占总出动量的30%，最高可达47%。美空军在使用大量兵力争夺战场制空权的同时，还用相当大的兵力支援地面部队作战。执行这一任务出动的兵力，占总出动量的36%，最高可达60%。四是利用远程空中打击力量主动攻击敌纵深地带。战争一开始美空军就将集中优势兵力，出动航程远、机动性能好、攻击能力强的战略和战术飞机主动进攻敌纵深地带，深度达到敌心脏地区。轰炸重点是敌战略、战役重要目标，致使敌后方处于瘫痪状态，并使敌前线部队处于孤立无援的境地。五是重视使用空军后备力量。美空军后备力量由空军后备役部队和民间航空力量两大部分组成。美军认为，空军后备役部队机动至海外战区作战，不仅可以使其熟悉作战环境，而且可以弥补战时空军现役力量的不足，达到平时少养兵，战时多出兵的目的。(王善清，《外国空军研究》1990年第1期)

日本确立新的防空战役理论　《从日本军事战略的调整看其空军建设趋向》一文指出，日本随着“攻势防御”战略思想的逐步形成以及防空兵器现代化水平的不断提高，日空军逐步形成了一套以“洋上防空”为主的新的防空战役理论。这一理论的主要内容有4个方面。(1)“洋上防空”理论的核心是，以空军为主体，融战斗机远海防空和远洋舰队防空为一体，以日本本岛为中心，在远离本土的海洋上空实施海空一体的防空作战，旨在保卫本土以及1000海里海上交通线。(2) 摒弃消极防御，强调积极防御是这一理论的基本点。日空军主张在海上实施远距离防空和广域防空，力争歼敌于远海上空。(3) 确立航空兵在防御作战中的主导地位。随着日本军事战略转向“攻势防御”，日空军由以执行战术性防空任务为主，转变为执行战略战役性防空任务为主，实施先发制人的防御性作战，消除对日本列岛的空中威胁，直接达成战略战役目的。(4) 主张大纵深、全方位、多层次的防空作战原则。作战空间由原来地、空立体为主转向海、空立体为主，形成三道拦截线。第一道拦截线以F-15为主，重点拦截导弹射程以外的目标，歼敌于远海；第二道拦截线以“爱国者”防空导弹为主，将入侵目标歼灭于近海上空；第三道拦截线由近程防空导弹及高炮组成，歼敌于基地外围空域。(赵军，《外国空军研究》1990年6月)

2000年以后空军作战展望 有些学者认为，2000年以后的空袭与防空作战将是新技术、新兵器、新指挥系统与新型战术的较量。其发展趋势可能包括5个方面。一是制天权对空袭和防空作战的影响愈益明显。二是高技术层出不穷，各种武器结合使用。三是突防方法多样，防空战术多变。四是远程攻击、临空突击并举，整体防卫、多层拦截结合。五是全高度和全方位攻击，集中控制和分散实施防卫。

战略导弹部队军事理论研究 核军事理论的研究仍然是当前世界普遍关注的重大问题，各有核国家都将其作为制定国家安全、防务、外交和军事斗争策略的基础。现将1990年世界核军事理论研究的重点综述如下：

核战争理论研究 自核武器问世以来，核战争成为军事战略研究的重点。但近两年来，美苏陆续签署了一些核军备控制协议。到目前为止，美国核武器已下降到1967年的2/3，爆炸当量下降到1960年最高点的1/4。苏联核武器和1971年相比，运载工具总数减少1/3，弹头总数减少1/2。核武器的使用自第二次世界大战结束以来不曾打破零的记录。加之常规武器的飞速发展，“最大的炸弹”已接近“最小的核弹”。因此，在军事战略研究方面，已经有人提出我们的时代已进入了“非核时代”、“核后时代”以及“核冬天”等观点。1990年，不少研究人员对这些理论提出一些看法：

“非核时代”是一种幻想 《非核时代是危险的幻想》一文认为：目前既不是“非核时代”或“核后时代”，也不是“高技术时代”，目前仍然是“核时代”，是“核时代向高技术转化的时代”。文章在叙述理由中写到：布什总统在1989年8月纪念美国国防部成立200周年庆祝人会上说：“SDI计划、B—2隐形轰炸机、MX导弹、“侏儒”导弹是建设强大国防的4个现代化项目”，这4个项目的后3项仍是战略核力量的重要组成部分。美国军事评论家约翰·沃尔科特认为：“美国核战略的重点是确保美国战略轰炸机基地和导弹发射井遭受突袭后的生存能力，即确保它剩有足量的，能向大约2000个苏联重要军事目标实施核反击的核武器。”美国制造原子武器的利弗莫尔实验室专家乔治·宾计算结果表明：即使核力量减至6000枚核弹头，仍能完成打击苏联2000个军事目标的任务。而现在谈判的裁军指标是剩余9000枚。苏联国防部长亚佐夫提出：“对于苏联战略核力量而言，适度原则的实质，就是必须在任何情况下，甚至在最不利的情况下，都足以防止不受惩罚的核进攻。”英国前首相撒切尔夫人认为：“核武器是在欧洲发生常规战争情况下保证安全的手段。”日本防卫厅白皮书中提出：“国际社会的和平与稳定，仍要依靠包括核武器在内的军事力量局势的遏制作用来维持。”综上所述，作者认为：当今美苏在发展核武器的同时，又考虑常规武器和高技术兵器的发展。但这并不是不要核武器，他们仍然把战略核力量作为军事实力的重要组成部分，作为威慑的后盾；美苏的核裁军，不过是从数量减少向质量提高的转化，核武器的地位没有改变。信息技术，精确制导，智能技术等高技术可以使核武器向着弹种多样化，威力档次化，弹头小型化，命中精度高的方向发展。从而形成了不同类型、不同作战目的、可供选择的多等级核台阶，使其既可达成战略战役目的，又可达成战术目的。因此，说不上核时代的终结。（华钟亮《非核时代是危险的幻想》，《防化杂志》1990年第1期）

“后核时代”已悄悄来临 美国有些作者认为，军事领域的核时代虽尚未终结，但“后核时代”确已悄悄来临。《“核后时代”还是“后核时代”》一文认为：核威慑的效应值在下降。虽然美国一直把核武器作为一张“王牌”，却不能遏制所有战争的发生，在局部战争和非现代化的游击战争面前，核武器显得无能为力。核战争威胁大，可能性最小，局部战争威胁小，可能性最大。这种威胁程度与可能性成反比的情况，迫使美苏把注意力移向常规威慑。里根曾说：“由于美苏之间出现了大体核均势，对于保持可靠的威慑来说，常规部队变得更重要了。”受到两霸威胁的中小国家，已不把核威慑作为现实威胁来看待，顾虑的主要是美苏常规力量中的快速部署部队和特种作战部队。核武器的“绝对武器”——“可靠武器”——“盾牌”的这种变化，正是其威慑效应值逐步下降的反映。“核战争自杀论”、“双毁论”、“同归于尽论”、“文明终结论”比几十年前广为流传，并且在苏美军界引起反响。核门槛“不可逾越”，“核大战打不得”，已成为世界舆论的主流，苏美军近几年举行的大规模演习，都是常规实兵演习。“后核时代”不是战略理论家的主观臆造，它的来临是历史的必然。核武器因一定条件而产生，又因一定条件而衰落，消失。人类发明了核武器，人类也可以控制核武器的使用，乃至逐渐取消核武器在军事领域里的位置，这正反映了人类文明的进步。作者还认为，随着科学技术的发展，特别是微电子技术和定向能技术的开发，使常规武器的命中精度、射程和毁伤力大幅度提高，出现了可以逐步替代核武器的新物理原理武器。总之他认为：“后核时代”较为准确地反映了当前和未来相当长一段时间军事领域的客观形势。(董文先《"核后时代"还是"后核时代"》,《解放军报》1990年1月19日)

"核冬天"理论新说 在《"核冬天"理论新说》一文中谈到,1983年提出"核冬天"论点的5位美国科学家经过5年研究之后,最近在美国《科学》杂志发表了题为《气候与烟:核冬天的估计》的文章。他们说,当年他们提出的一般结论依然成立,但在仲夏季节,一次全面的核战争造成的尘埃和烟,只能在北纬线中部使气温平均下降10~20摄氏度,而不会象1983年估计的那样下降15~25摄氏度。这种降温相对来说比较平和,还不能成为真正的"核冬天"。(张启昕《核冬天理论新说》,《人民日报》1990年2月12日)

苏联调整核战略思想 1990年苏联在国内外形势发生剧变的情况下,核战略思想发生了很大变化。苏联的军事理论研究机构和报刊杂志载文,强调核战争的毁灭性;完全排除打核战争的可能性;反对"第一次打击"的概念;重申苏联"永远都不会首先使用核武器"。苏联的核战争思想正从重点准备和争取打赢核战争,转向重点防止核战争和推行核威慑。更加重视核威胁条件下的高技术新型常规战争。(奚志豪《西方专家对苏军未来发展的预测》,《解放军报》1990年5月28日)现将1990年苏联核军事理论研究的重要情况综述如下:

保持与美国"最低标准"的核均势 在核战争问题上,苏联坚持认为,军事行动的扩大,有可能使常规战争发展成为全面核战争。只有在核均势下,并做好打核战争的准备,才能置敌于威慑之下,使敌不敢贸然使用核武器。戈尔巴乔夫等苏联领导人声称,苏美的核均势是苏联"付出巨大人力和财力,才取得的重要历史成果","绝不允许美国予以突破"。苏联绝不会放弃核大国的地位,绝不甘心核落后,因为核落后就意味着失去平衡,失去能与美国抗衡的军事实力。

继续依靠进攻性战略核力量维持现存局面 "戈尔巴乔夫领导下的苏联,并未改变传统的军事发展战略,而是在裁减军队和武器数量的同时,积极研制新型先进武器,更新装备,提高武器质量和效率,……从整体上提高苏军的战斗力"。研制生存能力更强、命中精度更高的战略核导弹,并大力提高其突防能力和机动性能,积极发展远程战略巡航导弹。

加紧战略防御系统的发展 事实证明,要遏制美国的SDI计划的实施已不可能。为了与美国抗衡,1990年,苏联加紧了战略防御计划的进程,开始研制激光武器、粒子束武器、动能武器,并且已拥有可干扰美国卫星的电子系统和摧毁卫星及导弹和弹头的粒子束武器。

从1990年的情况来看,苏联核战略的调整仍是有限的。首先,苏联并未完全放弃与美国争夺的目标,在核军事实力上仍坚持要同美国保持均势,其核军事实力远远超过本身防御的需要,仍然是苏联推行大国政治可以依托的现实手段。其次,苏联核战略的调整尚在发展之中,不同观点的激烈争论,对这一调整将会产生一定影响,有可能导致某些重大改变。第三,苏联军事战略的调整尚停留在理论探讨或文件上,未见之行动。武装力量的结构、部署、武器发展等尚未发生重大变化,苏军的进攻作战能力还远远没有改变。此外,苏联军事战略中的一些概念模糊不清,其"合理够用"实力原则具有很大伸缩性,戈尔巴乔夫所宣称的"纯防御性"、"绝对防御性"也包含有明显的宣传成分。(周爱群《苏联对军事战略的调整》,《外国军事学术》1990年第2期)

美国调整核战略思想 有的作者认为,布什政府上台以后,十分重视对核战略问题的研究,把核战略视为国家军事战略的基础。1990年,为实现继续称霸世界的战略目标,针对国际形势的变化,特别是苏联和东欧形势的变化,以及国家经济实力和军事科学技术的发展变化,美国对其核战略思想作了新的调整。布什政府称"核威慑仍将是美国国家安全的基石",其意义在于"向美国的盟国及其对手显示美国的实力和决心";不仅旨在"防止核战争的爆发",而且在于"遏制常规战争和有限核攻击"。为此,布什政府重新强调SDI计划的作用,认为"SDI计划在90年代比以往任何时候都更具实际意义",它的发展将为美国"通过从以传统的战略进攻为主,向更多依赖战略防御系统的根本性转变来增强威慑提供了机会"。(李庆功《美国在新形势下的军事战略》,《解放军报》1990年3月12日)

布什政府核战略思想的特点:一是在苏联核威胁有所减缓的情况下,改变里根政府时期侧重实战的战略思想,重新立足于威慑,并在继续提高战略核进攻打击能力的同时,更加注重增强核生存能力。二是重新突出SDI计划,力求建立攻防兼备的核战略体系。(黄海元《美国仍要保持超级大国的地位》,《解放军报》1990年6月4日)

美国加快战略核力量建设的进程 布什政府为了加快战略核力量建设采取以下步骤:

(1)抓紧进攻性战略核力量的改造和部署。进攻性战略核力量是美国核军事实力的第一大支柱。1990年，尽管美苏就裁减50%战略武器谈判取得了明显进展，但美国并未放松关于"三位一体"战略进攻核力量的更新换代工作，重点是提高其生存能力、突防能力和打击目标能力。1990年布什政府在对陆基导弹做了进一步审查后宣布，将把现在部署在地下发射井中的50枚MX导弹，分成25对改装在列车上；待改装工作完成后，开始着手部署"侏儒"导弹；抓紧对B-2隐形战略轰炸机和"三叉戟"弹道导弹核潜艇的研制，并从1990年起，开始正式装备空、海军部队。

(2) 积极推行SDI计划。近年来，美国由于受战略环境、政治局势、国内经济以及科技发展等因素的制约，里根政府在1983年3月提出的SDI计划的实施曾一度放慢了速度。布什政府根据世界形势的变化、战略上的需要以及高科学技术的新进展，开始加快SDI计划实施的步伐，并为SDI计划确定了3项目标：一是"遏制苏联的战略核进攻"；二是"遏制那些拥有或发展携带核与化学弹头导弹的国家的进攻"；三是"应付事故或偶发性核袭击"。为尽快实现上述战略目标，确保该计划的实施，布什政府在紧缩军费开支的情况下，仍然为1990年度SDI计划的研究发展提供了44.71亿美元的经费，比原计划增加了25%。到本世纪末或下世纪初，美国将进入"初级部署阶段"，然后逐步完成"包括陆基和天基武器在内的多层次战略防御系统"的部署计划。届时，美国战略核力量将处于攻防兼备的状态。

(3) 重视对巡航导弹的战略运用研究。巡航导弹是美国的一大技术优势，新型巡航导弹的出现，大大提高了战略轰炸机的突防能力和打击目标能力，并对"三位一体"战略核力量的协同运用产生重大影响，1990年美军加强了这一问题的研究。(李传滋《美国制定新的核作战计划》，《解放军报》1990年2月5日；王仲春《布什政府核战略走向初析》，《外国军事学术》1990年第4期)

关于核军备控制理论研究和核裁军　核军备控制是美苏核战略思想的一个重要方面。美国认为："军备本身不是目的，只是保卫国家安全的一种方法和手段。同样，军备控制是达成同一目标的另一种方法和手段。在一定的条件下，一种方法和手段也许会胜过另一种方法和手段。"布什政府明确提出："军控与裁军是减少对美国安全威胁的最有效的途径"，是美国国家安全战略的重要组成部分。美苏1990年6月1日草签的削减50%战略武器协议框架，就是在这一思想指导下取得进展的。但是由于海湾战争以及美苏国内的一些原因，使正式签署的时间推迟(原定于1990年底前正式签署)。1990年美苏围绕核军备控制和核裁军所进行的斗争有以下特点：

(1) 适应国际战略格局多极化的变迁，积蓄保存国力，为达成长期的战略目标服务。80年代中期以前，美苏核裁军谈判主要是从调解两极对抗，避免迎头相撞的战略需要出发。而现在美苏从综合国力上考虑的比重加大，担心军备竞赛将影响经济发展和国力的提高，使美苏在多极化的世界竞争中落伍。日本、德国的崛起和美苏经济实力的相对衰落，已有力地证明，加大军费在国家财政中的比重，势必影响国民经济的发展速度，这是美苏核裁军谈判取得进展的主要原因之一。(《钱其琛外长在40国裁军会议上谈世界军控形势》，《解放军报》1990年2月28日)

(2) 利用核裁军谈判影响国内政治形势，克服政治、经济危机，巩固政府的政治地位。戈尔巴乔夫的"新思维"和外来势力的影响已在苏联、东欧引起巨大震荡和历史性变迁。在这种社会演变过程中，苏联需要通过裁军继续维持与西方的缓和，以稳定内部，克服危机。布什政府根据苏联、东欧局势的发展和国际安全环境的变化，也对其裁军战略作了较大幅度的调整。确定对核裁军的主要战略目标是：通过谈判、缔约，迫使苏联大幅度裁减核军备，以减少对美国安全利益的威胁；解决军费开支不足对军备发展造成的难题，维持关键的战略威慑力量和主要研究发展项目；摆脱核军备竞赛对美苏关系的困扰，与苏联建立一种"新的战略关系"，克服国内政治、经济等方面的危机，缓和各类社会矛盾，以巩固自己的政治地位。布什政府认为戈尔巴乔夫的改革与裁军，符合美国削弱苏联实力和推进社会主义国家和平演变的战略目的。因此，也采取了较前更加灵活、更趋主动的裁军立场和行动。(李庆功《美国在新形势下的军事战略》，《解放军报》1990年3月12日)

(3) 苏联在美国的进逼之下节节退缩，但在关键项目上双方争夺仍很尖锐。1990年，苏联由于经济、政治等因素的制约，无力与美国进行耗费巨大财力的核军备竞赛。而美国却依仗其经济和技术优势以及实力雄厚的西方联盟，不断压诱苏联退缩。在1990年的核裁军谈判中，苏联几乎从所有原来的立场上作了妥协，如削减战略武器必须和限制发展空间武器挂钩，以及限制美国发展海基远程巡航导弹等重大问题上，苏联都作了让步。而美国只是在禁止陆基机动导弹和核查等问题上作了一些无关痛痒的让步。

然而，在诸如涉及到未来国家科学技术实力的空间武器谈判，以及高边疆控制权的空间军备竞赛等关键项目上，双方互不相让，争夺激烈。为了摆脱对空间军备竞赛的羁绊，甚至还打算废除1972年达成的禁止部署和发展反导弹系统的双边协议。（陈林海、吴新正《雷声大、雨点小》，《解放军报》1990年7月16日）

总之，美苏两国裁减战略武器的谈判，目前主要涉及数量，却回避质量。因此，两国的核军备竞赛并没有结束，而是更多地转向质量上的竞赛。它们运用最先进的科学技术成果发展外空武器，势必导致核军备竞赛从陆地、海洋和天空扩展到外层空间这一新领域，从而给世界和平带来新的威胁。

关于弹道导弹非核化作战研究　近几年，几场地区性局部武装冲突中，弹道导弹以常规武器的面貌出现在战场上，初步显示出它在现代局部常规战争中的巨大威力。世界上包括美苏在内的众多国家都在竞相研究、装备新型的非核弹头。美国的代号为“沉默的彩虹”巡航导弹，能远距离发射，用非核爆炸装置摧毁对方雷达部队的电子装置。美国的一种远程常规导弹武器系统，射程达2000多公里，能够用来摧毁铁路、桥梁和重要的军事、政治和工业目标。现在又在实施其他威力强大的新式常规导弹计划，并采用了“隐形”技术。美国的军事决策者认为，高精度的常规导弹可以承担部分核武器的任务，又不受削减核武器条约的限制。这种动向引起了苏联的注目，并采取了相应的对策，它的部分弹道导弹也已装备了大威力的非核弹头。一些中小国家也不惜重金发展弹道导弹。很多资料分析表明，在中东地区，目前已集中了1200枚以上的导弹。许多国家竞相制定弹道导弹的研制计划。因此，拥有弹道导弹的国家将会大量增加，未来战争大量使用弹道导弹已成为一种必然趋势。各国专家比较一致的认识是，弹道导弹在现代局部常规战争中有以下优越性：

（1）远程作战，独立主动。弹道导弹可实现远距离常规战略袭击，在远离战场的本国国土内作战，不受出国作战等诸多复杂不利因素的制约。在作战、后勤保障等方面，完全可以独立进行。

（2）战略机动，火力集中。由于导弹武器，特别是机动发射的导弹，体积小、装备车辆少，便于机动作战，可在较广阔的区域内实施战略机动。同时，由于射程远，覆盖面积大，既可实现武器分散配置，又可实现火力集中，便于打击敌方战略目标。

（3）隐蔽可靠，袭击突然。由于弹道导弹可在本国国土纵深内分散配置，便于伪装隐蔽，有利于隐蔽战略意图。战时不改变武器部署，就可以发起突然猛烈的突击，在较短的时间内，摧毁敌纵深战略目标，增大了作战的突然性。同时，由于导弹的弹道较高，作战使用受地形、气象等条件的影响较小。因此，专家们指出，在未来战争的“大舞台”上，弹道导弹是一个“海阔任鸟飞”的理想武器之一。

（4）经济高效，维护简便。弹道导弹不仅打得远，控制范围广，弹道高，速度快，反应迅速，而且效费比高。如苏制的“飞毛腿B”导弹，每枚价值约30～50万美元，而一架美制F-15战斗机高达4000多万美元。1988年伊拉克共向伊朗发射了189枚“飞毛腿”导弹，仅相当于损失2架飞机的代价，而所取得的突击效果却十分惊人。此外，导弹及发射装置在备件更换以及维护、修理、训练、操作等方面，也都比较简便。

炮兵军事理论研究　中国人民解放军炮兵军事理论研究综述　1990年，中国人民解放军炮兵军事理论研究，针对近几年来合成战役中的炮兵作战问题，以及炮兵在装备更新后战术与射击方面的变化，重点地研究了以下问题。

战役炮兵作战　系统地研究现代条件下炮兵的战役作战问题，是近年来炮兵军事理论研究的重要内容。不少人士对战役炮兵作战理论的形成和发展、现代战役炮兵作战的特点、炮兵作战能力分析以及作战行动的基本原则等进行了研讨。在运用上着重从集中使用、适时机动、纵深打击、整体协调、快速反应、全面保障等方面研究论证了炮兵的作战使用。为能有效地实施远距离火力打击，普遍认为必须提高炮兵的战役侦察能力，强调协调各种侦察力量，综合使用各种侦察手段，重视发展远距离侦察兵器等。地地战役战术导弹的使用也是近两年来人们关注的课题。

炮兵战术　炮兵战术研究的内容涉及面广。其中，较为突出的论题，一是关于火力协调。首先，在炮兵的火力手段不断增多的情况下，各种火炮之间，火炮与导弹之间以及各级编成内的炮兵在作战中如何协调一致，形成火力合力，不少人士就上述问题从优化指挥、合理部署等方面做了进一步的探讨。其次，对炮兵的火力与空军航空兵和陆军航空兵（武装直升机）火力、岸防火力以及防空兵火力之间的协调，一些人士着重从指挥体制和协同方法上提出各自的见解。对此，还有待于在更广泛的范围内加以论证。二是关于边境作战炮兵的运用。有的学者依据不同的作战任务和地形等条件，以提高炮兵的兵力、火力机动能力和火力打击效能为主要着眼点，对炮兵的兵力加强、配置和编组形式以及火力运用方法展开了探讨。对火炮在高寒山区的射击效能做了进一步论证。

炮兵射击 炮兵导弹射击的研究，主要从理论分析、体系论证、射击方法和经验总结等方面，研讨了炮兵导弹射击理论体系、各种现装备导弹的作战使用、射击指挥、射击效率、目标选择与分析、导弹控制与抗干扰以及导弹射击训练等内容。其中提出的一些新的观点和思路，有益于进一步推动炮兵导弹射击的研究、炮兵射击指挥自动化的研究。在以往理论研究和实践的基础上，主要围绕炮兵射击指挥自动化的发展方向及炮兵射击指挥自动化的管理问题，提出了加强统筹领导，简易系统与复杂系统并举和发挥技术革新效益等建议和措施。

苏军炮兵军事理论研究综述 1990年，苏联陆军火箭兵炮兵以苏联的防御学说和新的战斗条令为依据，编写了新版《射击规则和射击指挥》教令，并为重新编写《炮兵训练教程》在全军范围内组织了广泛讨论。此外，有人对防空导弹兵的战术提出了新观点。

移动火网射击 是苏联陆军炮兵在苏军突破敌人预有准备的防御，并以低速（1～3公里／小时）向前推进时采用的一个新的射击种类。它已写进1990年版《射击规则和射击指挥》教令（草案）。移动火网射击，可对进攻的坦克和摩托化步兵部（分）队前方3个或更多地区上的目标同时实施射击。在主要突击方向上，支援纵深通常达到敌第一梯队营的防御纵深。对移动火网射击各地区上的目标同时射击的纵深，根据炮兵的数量和各地区之间的距离，可为400～600米，有时更大。根据防御的实施和地形特点，这些地区在敌防御的突破地段上相距为150～200米。移动火网射击，由数个炮兵组负责实施。炮兵组的数量应根据对之同时实施射击的地区数量确定。每个炮兵组内的炮兵营的数量，根据对敌防御突破地段进攻的第一梯队营的数量确定。

移动火网射击的第一道地区，确定在敌防御前沿。对第一道地区射击的持续时间，取决于进攻分队通过从冲击展开地区到已军炸点安全距离地区之间的距离所需的时间。对其余各地区射击的持续时间，要根据地区间的距离、计划的冲击速度、火力转移的时间和方法确定。火力由一个地区向另一个地区的转移，通常根据摩托化步兵（坦克）团长的口令（信号）进行。（[苏]Б·科姆廖夫《<射击规则和射击指挥>（草案）的特点及其基本内容》，苏《军事通报》1990年第10期）

防空导弹兵战术的新观点 苏联有的作者指出，部队和分队的防空战斗是防空导弹兵战术的研究对象，也是防空导弹兵战斗行动的基本样式。他认为，关于“防空战斗是防空分队按目标、地点和时间协调实施的火力和机动”的表述不够全面，应把战斗组成部分由火力和机动两部分扩展为侦察与电子战、火力、机动和兵力兵器防护四个部分，即把侦察和电子战作为一体，视为防空战斗的一个组成部分，此部分可称之为争取指挥控制权的斗争。同时，把保持防空部（分）队的战斗能力和生存能力的各种防护措施，视为防空战斗的新组成部分，即战斗中对防空导弹兵力兵器的防护。据此，防空战斗的准确定义应该是：“防空战斗是防空导弹部队和分队按目标、地点和时间协调实施的下述诸行动：争取指挥控制权的斗争；实施射击；完成火力和分队机动；在消灭空中之敌或破坏其影响时，防护兵力兵器免遭敌火力和无线电电子对防守目标和军队的压制”。

关于实施防空战斗的基本方式，萨延克认为有3种：（1）在战斗中集中使用兵力，即集中若干防空导弹兵分队对最重要的空中目标实施射击；（2）在战斗中分散使用兵力，即防空导弹兵分队分别对所有目标实施射击（无法区别最重要目标时）；（3）分队独自实施战斗，其使用时机是当争取指挥控制权的斗争未能做到对目标实施可靠的侦察和采取电子战措施，或者当指挥配系不能保障防空导弹部队对各分队实施集中指挥时，以及当敌人对我方部队战斗队形实施火力压制时。

实施战斗的基本方法，首先是用以保障部队指挥所对分队实施集中指挥和混合指挥。混合指挥就是对部分分队实施集中指挥，而另一部分分队则独自实施防空战斗。实施射击的基本方法是同时或逐次对目标实施射击。在防空导弹的兵力兵器进行防护时，可采用不同的战术方法，如：当敌人对防空导弹战斗队形实施火力压制时，可实施自卫射击或掩护友邻分队（互相掩护）的射击；摆脱突击；完全的无线电静默（禁止防空导弹电子系统工作）；以气溶胶、烟幕掩护；使用阵地上的热诱饵及其他。（[苏]Б·萨延克《防空导弹兵战术的新观点》，苏《防空通报》1990年第9期）

美军炮兵军事理论研究综述 近年来美国陆军提出了“未来空地一体作战”理论。这一新的作战理论更多地着眼于世界范围的应急作战。它保持了“空地一体作战”的立体作战特点，但减少了对前方部

署部队的依赖，注重非线性作战，强调轻重型部队混合编组和及早实施火力支援。美陆军野战炮兵和防空炮兵正在根据这一新的作战理论研究和更新其作战条令。

重新区分野战炮兵基本任务 美军野战炮兵在“空地一体作战”中有3项基本任务：近距离支援、纵深攻击和反火力战，现在考虑在“未来空地一体作战”中把它们合并为两种：近距离支援和远距离火力突击。由于采用高技术武器装备，提高了远距离侦察和远距离精确射击的能力，野战炮兵已不必再将反火力战作为一项单独的基本任务。新的野战炮兵条令指出，支援机动作战的反火力战既是近距离支援的组成部分，又是远距离火力突击的组成部分。(哈拉达少将《野战炮兵现状报告》，美国《野战炮兵》1990年第12期)

军属炮兵将发挥更大作用 美陆军军属炮兵将逐渐发展成为类似师炮兵那样的单一战术实体，而不再是辖数个野战炮兵旅到战时临时编组。在“未来空地一体作战”中，军炮兵将负责计划、分配和实施军范围内的远距离火力突击任务，还将为师一级提供全般火力支援。过去作战时，由师炮兵响应前方部队的火力呼唤，军炮兵担负加强任务。现在在非线性作战中，随着远距离侦察和远距离射击能力的增强，军长将计划和控制大部分火力支援行动，因此军炮兵指挥官的作战指挥任务将比过去更多。他将负责计划、分配和控制军的所有火力支援手段，特别是在火力突击阶段。(哈拉达少将《野战炮兵现状报告》，美国《野战炮兵》1990年第12期；福斯上将《变革时代的挑战》，美国《野战炮兵》1990年第8期)

师属炮兵主要担负直接支援任务 美军师属炮兵在“未来空地一体作战”中的主要任务是整体运用军分配给师的火力支援手段和师建制内的火力支援手段。要求师炮兵抓好直接支援炮兵营的训练，提高密集火力的及时性和准确性。美军认为目前师的编制过于笨重，有可能从陆军师的编制中撤消直升机、防空兵和远程炮兵，将它们集中到军一级，使军长能够更灵活地根据需要编组战斗部队。(哈拉达少将《野战炮兵现状报告》，美国《野战炮兵》1990年第12期)

及早实施火力支援 美军“未来空地一体作战”理论强调初战进攻，要求野战炮兵及早发现和查明敌军位置，用精确的炮兵火力打击敌军。在“未来空地一体作战”的第1阶段，即侦察阶段，野战炮兵将使用先进的目标侦察器材，在尽可能远的距离上精确测定敌军位置。在第2阶段，即火力突击阶段，军炮兵将与陆军航空兵和空军部队协同，使用远程火炮和火箭炮实施火力突击，在敌军尚未投入交战之前就力争将其摧毁。(哈拉达少将《野战炮兵现状报告》，美国《野战炮兵》1990年第12期)

轻重型混编部队的火力支援 近年来美国陆军研究了轻型、重型和特种部队混合战斗编组的做法，这给野战炮兵的火力支援提出了新的要求。这几种部队各有其特点。野战炮兵火力支援协调官，除了要分析任务、敌情、地形、我情和现有时间等基本因素外，还必须了解被支援部队的战术和技术，了解各种部队的局限和弱点。根据情况的变化调整火力支援战术和技术，同时又必须保持火力支援系统本身的灵活性，最大限度地发挥轻、重型火炮的不同作用，而避免其弱点。美军野战炮兵人士指出，在研究这一问题时，要认识到火力支援原则和条令是不变的，只是根据轻重型部队混合编组的具体情况，对火力支援战术和技术作一些修改。轻重型部队混编只是要求野战炮兵完善其火力支援条令，而不是改写条令。(哈拉达少将《野战炮兵现状报告》，美国《野战炮兵》1990年第12期)

野战炮兵在低强度冲突中的作用 美军认为，低强度冲突如果发生在人口稠密的城市建筑区域，火炮的使用将受到限制。但是，火力支援指挥控制系统仍将发挥作用，它将不仅用于指挥控制火炮，还将用于指挥控制其他火力手段。如果低强度冲突发生在比较开阔的地域，敌军的机动能力又比较强，美军可能非常分散地使用野战炮兵，但火力支援网络不会改变。美军在低强度冲突中更加要依靠外科手术式打击来取胜。由于在人口稠密区域打击目标比较困难，因此对野战炮兵的准确性要求将越来越高，要求野战炮兵迅速、可靠和准确地完成任务。在低强度冲突中，更加需要使用精确制导弹药。(福斯上将《变革时代的挑战》，美国《野战炮兵》1990年第8期)

新的防空炮兵作战条令突出进攻精神 美国陆军防空炮兵学校正在编写的新防空作战条令，要求防空炮兵部队在作战中采取攻势。例如，即将出版的FM44-77条令提出，在高炮射击和阻止敌军机降的作战中使用“毒刺”导弹。美军防空炮兵人士指出，当前的重点是搞好协同，以便在关键的时间和关键的地点集中火力。这与第二次世界大战中，高射炮兵部队采用的经过实战检验的富有进攻性的战术相似。在进攻中，防空炮兵部队将靠前配置，利用“布雷德利”战车的装甲和武器作为防护，掩护交通枢纽和突破口。随着进攻的发展，防空炮兵部队将伴随机动作战部队行动，提供具有决定性作用的防空火力支援。在防御作战中，防空炮兵部队应为防御部队提供均衡的相互支援的火力掩护，“毒刺”导弹的射程和“布雷德利”战车上的光学器材，使防空炮兵能有效地完成这一任务。防空炮兵部队将利用战车的装甲防护和机动能力，与作战部队平行或在其后提供防空火力支援。(利奥内蒂少将《“截击点”》，美国《防空炮兵》1991年1～2期)

越军炮兵军事理论研究综述 1990年，越军通过军队刊物和召开学术研究会等多种形式，研究炮兵运用问题，总结炮兵作战的经验，以求完善炮兵的使用艺术，适应新时期作战需要。

炮兵作战任务和对象 越军认为，越军炮兵的火力远远满足不了它所要承担的任务的需要。要改变这种状况就要善于在主要作战任务和对象上集中使用炮兵力量。进攻作战中，越军炮兵的首要任务是支援步兵、坦克的突击；主要的经常性的任务是钳制、压制敌炮兵和其他重要目标；在某一时间内的主要任务是杀伤、阻止敌军反击，支援己方挫败敌之反突袭。进攻时，炮兵的主要作战对象是：敌火力点、敌炮兵和装甲兵。防御时，炮兵的主要任务是：支援步兵坚守己方主要防御阵地，支援己方反突击和反攻，主要作战对象是敌步兵、炮兵和装甲兵。越军认为，在己方炮兵力量十分有限的条件下，善于正确确定作战对象，集中力量完成主要任务，打败优势之敌，是当前炮兵急需集中研究的问题。

炮兵运用的基本原则 越军认为，炮兵是地面作战中主要突击火力之一，在作战中起着十分重要的作用。在未来战争中炮兵的运用应遵循以下基本原则：

(1) 集中使用，在主要方向形成强大火力密度和火力优势。越军认为，对炮兵来说，集中，不仅是指在一个狭小的地区集中大量的火器，而且还要使这些火器在必要的地段和时间形成强大的火力优势和火力密度，有效地掩护各兵种和其他武装力量，特别是掩护步兵和装甲部队顺利地进行战斗。在反击敌人多路、多梯队、多方向突然进攻时，炮兵必须坚决集中火力打击对己威胁最大之敌。在关键时刻，以最大的火力密度支援在主要方向上作战的部队。在集中使用炮兵火力的过程中，使用何种火炮，火力集中到多大密度，要视敌多寡、队形密度、驻止或运动以及目标价值等情况而定。同时，也要根据战斗部队的要求确定。特别是在发生意外情况时，要能够迅速集中最大密度的炮火实施支援。为此，炮兵部队要不间断地侦察和掌握敌情，掌握各部队的战役、战斗进展情况，按规定的时间和地点迅速、及时地组织足够的火力实施机动，预先制定应付各种特殊要求和突然情况的火炮集中使用计划。

(2) 使用各种火炮，形成梯次火力网。越军认为，使用各种射程不同的火炮，形成梯次综合火力网，是发挥炮火威力的关键。合成军、师、团指挥员，要最大限度地运用编制内或加强火炮，直接、及时地支援所属分队作战。步兵和坦克分队要充分利用随伴火炮的效果。各种火炮结合使用，各级炮兵火力结合组成战役、战斗火力，不应片面只强调使用某种火炮。越军认为，对一些小而不固定的目标，使用直射火炮或迫击炮，其效果比大口径、远射程火炮更好。

(3) 准确、及时、突然进行射击，大量杀伤敌人。越军认为，准确、及时、突然进行射击，是达到大量杀伤敌方有生力量的几个重要因素。为此，炮兵部队在作战中，首先必须善于隐蔽作战企图、阵地位置和行动方向，采取疑兵和伪装战术，保持行动的突然性。二是充分使用各种侦察手段，及时发现目标和确定射击诸元。三是正确选择射击诸元和确定射击方法，力求达到大量杀伤敌军的射击效果。四是在近距离和最有效的射程范围内进行射击。

(4) 同步兵、装甲兵和其他武装力量密切协同。越军认为，炮兵部队的一切作战行动，必须同步兵、装甲兵和其他武装力量的作战行动密切协同。特别是在较大规模的作战中，由于战场情况变化迅速和复杂，给炮兵同各部队的协同作战提出了新的内容和要求。为搞好协同，炮兵指挥员必须了解并掌握步兵、装甲兵和其他兵种的作战任务及战术，以此作为制定炮兵作战计划和确定作战行动的基础。炮兵的火力支援计划，应由合成军指挥员和炮兵指挥员共同拟定。越军炮兵在总结自己的作战经验时认为，在同步兵、装甲兵协同作战的过程中，炮兵的主动性和积极性是形成强大战斗力的重要因素。在协同作战中，炮兵部队要发挥能动性，按规定时间和地点完成射击准备工作，及时、准确地进行射击。炮兵指挥员要主动提出协同作战、炮兵使用和炮火机动等建议计划。合成军指挥员要详细了解炮兵的特点，为发挥炮兵威力创造条件，共同完成作战任务。

反炮击作战 越军炮兵重视关于反炮击作战问题的研究，对如何提高反炮击作战效果，提出以下观点：

(1) 制定反炮击作战预案。越军炮兵强调，根据战役任务的要求和敌方炮兵作战的特点，首先要认

真制定反炮击作战预案。预案应包括以下主要内容：①战斗决心和具体任务以及要达到的作战效果；②兵力使用，包括使用的单位、兵力、炮种和口径，火炮阵地的位置，部队的机动、展开和转移等；③作战程序，包括射击目标、射击准备和保障、射击诸元和机动火力的确定。

(2) 利用各种侦察手段，为反炮击作战提供目标情报。越军认为，为了在最有利的时机实施反炮击，及时发现和确定射击目标十分重要。为此，必须充分发挥各种侦察手段的作用。炮兵旅（团）、营、连应分别开设观察台（哨、所）和交会台。重要地区和方向上的观察台（哨、所）应占整个战区观察台总数的 60%以上，形成梯次配置。同时与特工、技侦、情报、空军、地方部队、民军自卫队以及当地群众的侦察相结合，形成综合观察、侦察网。各种侦察手段相互协同，以便准确发现并确定射击目标，特别是炮阵地、指挥所和观察台等。

(3) 建立系统的目标资料，为炮兵射击提供准确依据。越军认为，敌方经常调整部署，变化活动方式，进行疑兵伪装等。因此，必须通过各种侦察手段及时发现敌情，掌握对方活动规律，建立系统的目标资料，并及时进行调整和补充，以便为炮兵射击提供准确的依据。目标资料应包括：目标的精确位置、数量、质量、性质、防护能力以及摧毁目标所需的射击诸元、命中概率和兵力等。

(4) 及时反击，讲究效果。越军认为，节约弹药是炮兵作战的一项重要原则。用少量炮弹摧毁敌方重要装备，大量杀伤敌有生力量是炮兵作战的基本要求。要符合上述要求，炮击时必须做到：不抓住目标坚决不打；不能保证达到最佳射击效果坚决不打；出现误差时，未经精确校正坚决不打。越军还认为，周密组织射击指挥通信网是保证炮兵能及时实施反击的一个重要环节。与合成兵种共同使用一个通信网必须密切协同，在关键时刻和关键地点，保证炮兵射击指挥能优先使用通信线路。越军还强调要严密组织并认真搞好射击准备工作，以保证射击效果。

炮兵独立作战与协同作战 越军认为，独立作战和协同作战是炮兵的两种基本战法，这两种战法都是从人民战争军事艺术观点出发，结合战争每一时期的战略、战役任务与决心，结合军队的实际情况和具体作战对象来运用的。协同作战是炮兵使用的主要方法，炮兵不仅要较好地配合主力兵团每场战役和战斗行动，而且要有效地支援人民战争中乡村防御力量的作战行动。但是，在未来战争中，炮兵的独立作战并不会因此而受到限制。越军认为，独立作战是一种冒险的打法，但它具有效率高，能够以少胜多、以小胜大、随时作战等特点，在战场上能够依靠密集、连续的火力造成进攻态势。独立作战具有战斗和战役价值，很多时候还具有战略价值，即己方炮兵攻击敌后方的指挥机构、通信中心、导弹阵地等战略目标，迫使敌方改变一个战场方向的整个军事部署。在抗美救国战争初期，越军炮兵实施独立作战占整个作战量的 60%，1969 年上升到 80%，发挥了很大威力。越军强调，应该懂得独立作战的“相对”意义，炮兵的独立作战经常要随战略、战役和战斗的变化而变化，要根据每次战斗的情况统一制定计划，进行充分的准备，才能发挥效益。应避免滥用独立作战方法，以及无计划无准备地实施炮击，浪费弹药等现象。

火炮效力与弹药消耗 越军认为，火力的效力是衡量炮兵战斗结果的尺度，它受火力组织、射击方法和弹药保障等因素的制约。越军使用炮兵的一个指导思想，是使火炮威力大而耗弹少。这是从未来若干年内，其炮兵装备和战斗保障存在着无法解决的困难这一客观实际出发得出的结论。越军强调，作战中，特别是协同作战中，炮兵火力组织是炮兵使用艺术中最关键的一环，炮兵火力的组织要与合成兵种部队的打法相适应，使之符合目前火炮、弹药缺少的条件。越军在 1990 年关于火力组织研究中得出很多新的见解：进攻火力准备阶段要确定射击任务、杀伤与破坏目标和火力结构；规定射击时间，使火力准备与组织更加符合当前实际情况；火炮靠近敌人，实施直接瞄准射击。越军认为，直接瞄准射击，既提高射击效果，耗弹又少。对同一个目标，如果用火炮直接瞄准射击，耗弹指数仅为间接瞄准射击的 1／10。同时，越军认为，在现代战争条件下，不是任何时候都有条件普遍实施直接瞄准射击，况且也不能用直接瞄准来完全代替间接瞄准，当前有必要大力开展对火炮间接瞄准有效射击方法的研究。越军还认为，运用对能观察目标的射击，不断修正射击诸元，代替对不能观察目标的射击，可以减少 1／4 耗弹量。运用破坏性射击与短时频频射击相结合来代替以前只运用频频射击的打法，可使火炮发挥出威力大、耗弹省的优点。大胆使用炮兵连（炮兵火力分队）射击具体目标来代替射击划定面积的目标是火炮射击方法的创新。（越南《全民国防》1990 年第 6 期）

工程兵军事理论研究 *工程保障理论体系研究综述* 战争实践证明，军队的现代化程度愈高，其作战行动对工程保障的依赖性愈大；不论是军队的战场生存、机动，还是技术兵器性能的发挥，都离不开有效的工程保障。因而，对工程保障的理论研究，引起军事家的普遍关注。近些年来，不仅战役、战斗工程保障的理论研究异常繁荣，而且战略(战争)工程保障的研究也已兴起。为了顺应这一发展要求，把属于工程保障的不同层次、不同范畴、不同部类的分支理论、分支学科正确地区分开来，并在正确区分的基础上，认识它们之间互相联系、互相制约的关系，确定不同分支理论、学科在工程保障理论体系中的地位、作用，揭示其内部结构和矛盾运动规律，从而对工程保障有一个完整、系统的认识，并能动地运用这一认识指导军事学术、技术研究和教育训练的改革工作。中国人民解放军总参工程兵部于1990年3月，在工程兵指挥学院，召开全军工程兵首届工程保障理论体系研讨会。各方专家、学者交流了学术观点和研究成果，为深入探讨开阔了思路。

关于工程保障在军事科学体系中的位置和从属关系问题 有的学者认为，工程保障从属于战役学、战术学；有的认为，工程保障从属于军事工程学；还有的认为，工程保障是横跨军事学术、军事技术等多门类的边缘学科。蔡敬元等提出：工程保障不仅与军事技术门类中的军事工程有着紧密联系，而且与军事学术门类多种学科有着交叉关系。因此，不应将它列为战役学、战术学、军队指挥学或军事工程学中某一学科的分支。在我军军事科学百花园里，工程保障理论应该占有自己特有的一席之地，成为横跨军事学术、军事历史、军事技术等多门类之间的一门边缘学科。不少学者认为，工程保障是一项极为重要的作战保障内容，随着侦察、通信、电子对抗、工程、伪装、气象、水文、测绘和防护等作战保障内容的日益丰富，其作用与地位日显突出。应在军事学术门类之下，建立一个与军队指挥并列的作战保障分支，将工程保障列入作战保障之一，这样更为顺当。

关于工程保障理论体系的结构模式问题 由于工程保障理论的内容极其繁杂。它包括工程保障的指导思想和基本原则，工程保障在战略、战役、战斗中的地位、作用和运用，工程保障的组织指挥和力量运用，各种军事工程技术、工程器材和技术保障措施，工程保障的发展历史，等等，加上长期以来没有一个统一的分类标准，因而关于工程保障理论体系的结构众说纷纭。但是，大体都是以“二分法”或“三分法”的模式构建的，即“基础理论+应用理论”或“基础理论+应用理论+技术理论”。其中工程兵指挥学院副院长李杰提出的“三分法”的方案和工程兵工程学院教授蔡敬元提出的“二分法”的方案比较有代表性。这两个方案各有特点，但其相同点是都将工程保障的应用理论区分为战略工程保障、战役工程保障和战斗工程保障3个层次，正被越来越多的人所承认。(于守城《工程保障理论研究的新发展》,《人民工兵》1990年第7期)

地雷战问题研究 **关于智能雷场研究** 所谓智能雷场，就是所设的雷场无需人员操作即能自行搜索、探测、鉴别、攻击目标。智能雷场与常规雷场相比，具有以下特点：首先，它是一种大面积自动杀伤雷弹，能控制较大的空间，起到节省兵力的作用；其次，它只阻碍敌军的单向障碍物，能有效地限制敌人机动而不限制己方部队机动；再次，它是反装甲作战的主动武器，而不是被动武器。由于智能雷场具有独自使用的能力，使战场指挥官在应用时可作下述选择：创造大面积的迟滞地带；加强关键目标；在敌战区破坏敌人的后勤供应。这种智能雷场在整个作战地域内都可以使用。大面积智能雷场，可以迟滞敌军在广大地域上的进攻行动。小型和单一的智能雷场，可用于近战和在敌后方行动中控制关键地形。在敌师或集团军后方地域布设的智能雷场，可以摧毁敌人快速重建后勤支援的能力。

1、大面积智能雷场。北约军事专家认为，根据历史经验，一旦发生战争，苏军将采用多路正面进攻，在每个正面上找出对方的防御薄弱环节，一当发现，立即实施突击，大量兵力投入这一地域，第二梯队随之迅速跟进。在这种冲突中，北约部队必须具有经得住苏军装甲部队的突击而不溃散的能力。为达此目的，北约就有必要建立一种迟滞地带，方法之一就是大量使用近战地域的智能雷场。雷场必须能掩护大部分防御正面。通过事先准备以及对雷场采取隐蔽措施，经受住苏军炮火准备的打击。当受到进攻压力威胁或这种压力逐步增大时，北约部队撤出一连串的雷带和大范围杀伤地带，只选留一些小分队负责遥控地雷成战斗状态。操纵直瞄武器，为合成军部队防御提供交通、通讯或控制保障。进攻中苏军一旦陷入雷带，大面积杀伤智能地雷即攻击目标。天然障碍物和人工障碍物用来限制敌军的横向机动，使苏军蒙受无法弥补的损失，为己方部队赢得时间。

2、加强防御的智能雷场。当防御者受到压力不断增加时，北约的前线部队将开始后撤，苏军战役机动集群向北约领土纵深推进，战场呈流动状态。这就要求北约机动作战部队指挥官作好兵力部署，在近战和敌后战斗区阻击敌人前进。结果，指挥官将面临的是在防御配系中发现一连串不断变化的薄弱部位和间隙地。为了使防御部队既能集中兵力，又能保住必要的正面，战场指挥官需要借助智能雷场，用于控制间隙地面和薄弱地域，将节省的兵力火力集中用于双方争夺的关键地区。这种用于加强防御的雷场是作为机动障碍物使用，它既有杀伤武器的功能，又有地形障碍物的作用。用于加强防御的智能雷场的形式将是两条平行地雷带。两雷带之间是一个设置有大范围杀伤力的新式雷弹杀伤带。整个雷场在敌方侦察分队早期探测期间都保持潜伏状态。只要雷场设置得合适，敌方将会认为是防御阵地的间隙地。囿于一套固定战术的苏军下级指挥官，将设法利用看起来是对方战线上的间隙地。这样，雷场将阻击敌军的正面冲击，承受敌军的主要压力，减轻那些由人防守的部分阵地上的压力。

在未来空地一体作战方案中，当敌人的前方警戒部队或前卫先头部队进入第1地雷带时，智能雷场就进入战斗状态。智能雷场要让敌军通过位于中央的杀伤地带到达第2地雷带。第2地雷带内的大面积杀伤雷弹可挫败敌人任何试图突破的企图。使后续部队拥挤在新式雷弹杀伤地带或被完全阻止。然后智能雷场起动第1地雷带，使敌军车辆困阻在能战斗的智能地雷场中，受到大面积杀伤雷弹的一系列打击，为机动作战部队指挥官赢得时间和实施反机动的作战空间。

3、纵深智能雷场。北约的迟滞战术将使苏军蒙受重大损失。如果苏军要保持进攻锐势，就必须得到再补给。纵深作战地域的智能雷场是破坏苏军后勤供应最有希望的武器系统之一。从战术上说，纵深作战地域的智能雷场要设置在能阻挠敌军企图从“初期进攻阶段”转入“后续进攻阶段”的地方。为了完成这一任务，应该在敌军师和集团军的后方地域，甚至在敌军“后方部队”的地域设置智能雷场，通过破坏交通要道和后勤基地就能使敌军难以支持其主攻轴线和助攻轴线上的进攻行动。为了经济起见，纵深雷场中使用的大多数地雷都是撒布地雷，只能用足够数量的新式雷弹来提高雷场的效能，对于特别重要的目标或要长时间牵制敌军的目标，要派特种作战部队用手工埋设更为现代化的智能雷场，这与在近战地域所使用的智能雷场相似。

4、与智能雷场有关的技术。要使未来智能雷场充分发挥作用，就必须依赖刚刚在计算机科学、图像、通信、传感和机器人等领域中发现的新技术。尽管未来雷场设计中很可能有众多的样式，但用于设置雷场的技术可分成3个基本系统：地雷系统，传感器系统和专家控制系统。大型复合雷场还将包括用于埋设、维护和回收地雷的机器人车辆。

(1) 地雷系统。用于未来雷场的地雷系统，将包括战场指挥官可利用的以下3种地雷：一是常规地雷。由于造价低廉可以广泛用于设置大面积持久雷场。二是改进型常规地雷。由于具有自成战斗状态或保险状态，主要用来构成雷带或阻塞式雷场，作为挫败敌军开辟通路和突破的手段。三是大面积杀伤地雷。用于加强雷场内的障碍物，提高雷场的持久作战效能，这种地雷可以从顶部攻击敌军车辆，也可水平发射攻击敌军车辆侧甲，杀伤范围大大超出其设置位置。

(2) 传感器系统。用于智能雷场的所有传感器，至少在进入战斗状态之前都是无源被动式的，一旦进入战斗状态，有源主动式传感器系统开始搜寻和跟踪目标。传感器有3种基本使用方法：一是用于远距离侦察设备内，以搜集战场情报信息；二是作为地雷体系中的一部分，用来探测敌军车辆的存在和位置；三是在地雷中作传感器引信，自动捕捉目标。

(3) 专家系统。是为雷场提供所需要的智能水平，以控制雷场对敌军行动作出反应。这种“专家系统”利用传感器提供的数据，确定敌军的行动特点和规模，然后作出战术反应。专家系统的基本类型有两种：一种是控制纵深或近距离快速设置的雷场，不需要太大的知识库；另一种控制更大、更复杂的预有准备的雷场，需要相当大容量的知识库。

5、智能地雷技术发展现状。关于智能地雷不是对未来的幻想。这种技术已经在其它系统中进行了大量的研究。例如，可用于智能雷场的地雷，现已存在或处于原理论证发展阶段；用于智能雷场的传感器，无论在民用系统还是在军用系统都已成为得到广泛应用的成熟技术；管理雷场计算机技术，取自现有的计算机系统和新出现的专家系统。总之，智能雷场是根据现有技术预想到的一种概念。(李登云《智能雷场与空地一体战》，《外军工程兵》1990年总第5期)

关于地雷战能力问题研究 有的作者撰文介绍，第二次世界大战以来，人们曾多次预言坦克即将消亡。尽管如此，坦克的战斗力却继续不断地加强，而且和以前相比已发展到令人惧怕的程度。甚至到下一个世纪，坦克作为一种主要的进攻武器，毫无疑问将依然具有强大的生命力。然而，当前在反装甲问题上没有强调反坦克地雷的作用，特别是没有谈到未来反坦克地雷的价值。当人们认识到地雷是反坦克的很有效的武器时，就会发现地雷发展中的不足，从而采取各种补救措施来弥补这一缺陷。如美军当前采取以下几种补救措施。首先，计划改进老式地雷。使目前库存的二百多万枚老式地雷通过改进，改善其性能，提高使用寿命，这样既能节约经费，又能在短期内解决燃眉之急。其次，是使工程兵以外的部队具有地雷战能力。以往大规模雷场的设置从计划到实施均由工程兵负责，由于工程兵以外的部队已经或将要装备“火山”布雷系统、标准组装式布雷系统和155毫米火炮撒布地雷系统，机动作战部队自已就可构筑雷场，首次使工程兵以外的部队具有大规模开展地雷战的能力。再次，发展敌后纵深用的广域地雷。广域地雷采用最新控制装置，在捕捉目标时发射弹头，当弹头到达搜索地域的上方，便开始搜索、探测、攻击目标，由自锻破片击毁目标。广域地雷将采用战术导弹、飞机和多管火箭布雷系统布设。广域地雷不仅能有效地对付敌装甲车辆，而且对敌直升机、紧急补给和重要人员的运输均能造成威胁。为了达到战场上的最后胜利，今后迟滞敌方的行动将显得格外重要，广域地雷的使用将对未来的作战产生重大影响。(高德卿《新时代的地雷战能力》,《外军工程兵》1990年总第7期)

防化兵军事理论研究 核条件下作战理论研究 近几年来，各主要军事强国的军事战略开始由全面应付核战争，军队立足于核条件下作战，转向采取以核武器为后盾的核威慑战略，军队立足于核威胁条件下的常规作战。因此，军事学术界对于能否爆发核战争，军队核条件下作战研究的地位如何，核威慑条件与核条件下作战有什么区别等问题讨论热烈，观点不一。1990年，不少刊物及学术讨论会发表了很多这方面的文章，阐述对上述问题的看法:

诱发核战争的因素很多，军队在核条件下作战的可能性不能排除 有的作者撰文分析：目前全世界核武器多达50000多件，核武器的总当量已达到150～200亿吨，全世界每人平均3～4吨（TNT当量)，由于核武器大量部署，客观上存在着诱发核战争的种种因素，除了人为的因素以外，还存在以下几种偶然因素。

1、核导弹及运载工具失事。例如1968年1月，美军一架携带4枚氢弹的B—52飞机在苏格兰岛上空发生事故坠落，弹头至今未找到，给人类留下了核灾难的隐患。又如1961年1月24日，美军一架携带2枚大当量氢弹的B—52飞机因故障在格尔兹博罗地区坠落，其6道联锁安全开关被打开了好几道。假如美国本土由于偶然因素爆炸了一颗核弹而又不明原因，美国实施旨在对敌对国家的核报复也是完全有可能的。

2、计算机系统出现故障。例如1980年，美国战略空军司令部的一台电子计算机芯片曾经出现了故障，发出了苏联实施核攻击的信号，美国的战略导弹发射基地立即进入战备状态，核潜艇司令部也接到了明确的通知，战略轰炸机群紧急集结待发。从1979年1月到1980年6月，北美防空司令部计算机曾因故障而发生的错误警报多达3703次，引起较大震动的有151次。目前“电脑病毒”迅速蔓延。美苏一些研究人员的报告也指出，目前控制世界上数万枚核弹头的系统极为复杂，在编写程序时如稍有疏忽，后果就难以设想。

3、通信指挥系统突然中断。例如1961年11月24日清晨，美国弗特空军基地的战略空军司令部设在地下深处的作战指挥中心，与其最前沿的警戒网——弹道导弹早期报警系统的警戒雷达基地的联系突然全部中断，在无法判断原因的情况下，为了不失去反击的时机，美国战略空军司令官向有关的战略空军基地下达了“准备进行核战争”的命令。

4、判断失误。1984年8月，苏联太平洋舰队司令部的一名军官，向海上巡弋的苏联潜艇发出了准备战斗的警报，苏联舰艇按照司令部的命令准备追击美国舰队，与此同时，美国和日本的舰队进入一级战备状态……人为的判断失误也曾几次使美国进入核战争准备状态。

此外，作者还认为，对于恐怖主义故意制造的事端，核武器操纵者和战争决策者失去理智也不可掉以轻心。诱发核战争的偶然因素“只用概率小，可以忽略不计”的设想是极端危险的。仅从这个意义上说，军队在核条件下作战的可能性不能排除（李力纲、张大勇《对诱发核战争偶然因素的分析》,《防化学报》1990年第1期)。

核条件下作战与核威胁条件下常规作战 有的作者认为：核条件下的战争是使用核武器的战争；不使用核武器而只使用常规武器的战争是常规条件下的战争；核威胁条件下的战争是以常规作战为主要形式，核武器仅起“遏制”、“威胁”对方的作用，企图以声势或威力相慑服的战争。核条件下的作战是作战条件确定的、勿需转换的作战；核威胁条件下作战是在作战过程中存在着转换和不转换的不确定性作战，这是二者的显著区别。核条件与核威胁条件下作战也有共同点，即作战准备的出发点相同，都是立足于对方使用核武器。由此作者认为：核威胁条件下的常规作战既不同于传统的常规战争，也不同于核战争。与二者相比具有以下特点：军队随时处于核武器的威胁之下，核武器的使用权均由作战双方指挥员掌握；战争样式转换具有突发性；军队对核武器的防护行动和措施，贯穿于作战的全过程；作战行动变化与组织将更为复杂；先期可能是常规武器的作战，对作战先期取胜的要求更高了。（曹战华《谈谈核威胁与核战争的区别》，《防化杂志》1990年第1期）也有的作者认为：从广义上说，核条件下作战和核威胁条件下作战的提法从属于核条件这个大概念，核威胁是以使用为基础的，它具有一定的核特性，已属于核范畴。故核条件可以包括核威胁条件。至于说区别，作者认为是为了强调核武器使用前的威胁和实际使用的区别。（桑中林《几个术语的联系与区别》，《防化杂志》1990年第4期）

对于什么是核威胁条件下常规作战的问题，目前还处于讨论中，综述其主要观点不外乎有3种：一是核威胁条件下的常规作战的战法，主要兵器和作战手段以及作战的体制均属常规作战，因此核威胁条件下的常规作战就是现代条件下的常规作战；二是核威胁条件下的常规作战无论在作战的指挥、部署及战法上都具有核战争的特性，只是个转换问题，因此属于核条件下作战的范畴；三是核条件下常规作战是核战争和常规战争两种条件的混合型，既区别于传统的常规作战，也有别于核战争。

化学战研究　1990年，化学战及化学战研究在世界引起了广泛的注意，化学武器的战场使用及对作战的影响成为军事理论研究的重心，特别是海湾战争爆发后，以美国为首的多国部队与伊拉克就化学战问题，展开了激烈的威慑与反威慑斗争，引起了世人的关注。不少军事专家预测，化学裁军的前景黯淡，化学武器的扩散将进一步加速，化学武器将在未来战争和局部武装冲突中扮演十分重要的角色，化学战的威胁不断增大等等。

未来禁止化学武器公约难以阻止化学武器扩散　有作者撰文指出：近年来，化学武器的迅速扩散，引起了全世界的关注，人们希望早日缔结一项全面禁止化学武器的国际公约。然而，令人忧虑的是，未来公约对传统化学战剂的严格控制，可能会进一步加速各种新型的难以核查的生物化学毒剂的研制步伐。而且，由于未来公约将以不妨碍和平化学工业的发展为原则，所以氢氰酸、氯化氰、光气等双用途毒剂（军用和民用）大量存在将是合法的。因此，在未来战争中随时可能会有人把这些双用途化学产品用于战争目的。许多专家认为：双用途化学产品的存在和二元化学武器的出现，将会给未来公约的核查条款构成难以逾越的障碍，无论未来公约多么完善，也阻止不了化学武器在民用的和防护目的的掩护下继续发展。公约的约束力也是很有限的，尤其是战争时期，军事上的考虑往往是主要的。例如，德国是《海牙公约》的缔约国，然而正是德国于1915年4月开创了在战争中使用化学毒剂的先例，使第一次世界大战的化学战越演越烈，造成了130万人伤亡的惨痛教训。1919年在凡尔赛缔结的《对德和约》中，严禁德国生产和进口化学毒剂。然而，在第二次世界大战期间，德国生产了74000吨化学毒剂，并惨无人道地用其杀害战俘。又如伊拉克，早在1931年就加入了1925年《日内瓦议定书》，但它在两伊战争中曾以每年几十吨的规模对伊朗使用多种毒剂，造成了大约50000人的伤亡。伊朗于1929年加入1925年《日内瓦议定书》，但它从1985年开始使用化学武器对伊拉克进行报复，并于1987年12月27日公开宣布正在生产化学武器。更为严峻的是，尽管联合国调查小组先后于1984年3月和1986年2月证实了伊拉克对伊朗使用芥子气和神经性毒剂塔崩，然而，并未阻止化学武器在两伊战争中继续使用。按照日内瓦裁军谈判会议化学武器特设委员会已经商定的条款，未来公约缔约国应在公约对其生效后12个月内开始，并至迟于10年内完成所有化学武器的销毁工作。这就意味着，拥有大量化学武器的超级大国仍将在化学战能力方面处于优势地位。法国公开要求给于未来公约缔约国保持安全储存的权利。法国在它1987年2月19日提交给裁军谈判会议的文件中表示，世界各国都需要储存化学武器，以便把“安全储存”保持到10年销毁期结束之日，并且进而提出在销毁的这一期间，仍可进行化学武器的生产。现实是化学武器正在扩散，根据斯德哥尔摩国际和平研究所1987年年鉴，目前拥有化学武器的国家和地区至少有34个，其中发展中国家占2／3。（李本松《举世关注的化学武器的扩散趋势》，《外国军事学术》1990年第8期）

化学武器的威慑价值　有的作者认为：从战场上看，化学武器与核武器相比有更多的优点。因为核武器使用后，遭袭地区损失严重，较高的放射性沾染使部队难以占领，特别是大城市，胜者攻占的不是现代化的都市，而是一座带放射性程度很高的废墟。与其说是“福音”，不如说是祸害。而化学武器使用后，对胜者的占领和使用影响不大，这有利于达成战争的政治目的。作者还认为，化学武器的作用与核武器相差无几，它有较强的心理战作用，加速战争进程作用和独立完成某些作战任务，并为其他军兵种提供有利的作战条件。由此可见，化学武器已不是一个兵种性武器，而是一种能起到合成作战效应的武器。还有的作者认为，化学武器的威慑力量来源于它的巨大杀伤力。第一次世界大战使用化学武器，造成了 130 万人的伤亡。在人们心理上造成了对化学武器的极大恐惧。化学武器的威慑价值与人们的这种心理恐惧成正比，并伴随着化学武器不断发展而增强。现代化学武器的威力已提高到空前的程度，已经使其成为名副其实的大规模杀伤破坏性武器。二元化学武器技术的兴起，从根本上解决了毒剂的工业化生产、储存和运输的安全问题。苏军正在研制的用集束式炸弹投送的化学小炸弹给多种毒剂的同时使用开辟了新途径。现代化的投送技术和分散技术使化学战剂的毒性进一步发挥。当前，企图从根本上动摇几十年化学攻与防平衡状态的各种努力，已引起了国际社会的普遍关注。美国军方确认："苏联正在研制可破坏北约组织防毒面具和防毒服的新型毒剂"。以此为背景，美军把"破坏防毒服和防护器材的新毒剂与新方法"的研究项目已列入化学战计划。与此同时，"超毒性毒剂"的研制工作受到特别重视，目前的注意力，主要集中在其毒性至少超过现有神经性毒剂 30～300 倍或不易防护的毒素上。更令人不安的是，现代生物技术为毒素战剂的发展、使用开辟了十分广阔的前景。

作者还认为，化学武器之所以受到一些国家的青睐并形成一股扩散势头，主要原因是化学武器与常规武器相比，有其特点。在战术应用上，现代化学武器不管处于何种情况，均可使用；在应用方法上，既可单独使用，也可以与其他兵器结合使用，以增大整个火力配系的突击效果和灵活性。化学武器的另一个特点是成本低廉，制造技术相对容易，有"穷国的原子弹"之称，被无核国家作为对付核威慑的一种手段。所有这一切都使化学武器的威慑作用增大。（李本松《举世关注的化学武器的扩散趋势》，《外国军事学术》1990 年第 8 期）

苏军的化学战能力 苏联拥有世界上最大的化学武库。其储存总量说法不一，经常援引的数据是 35～70 万吨。苏联外交部于 1987 年底宣布，它们储存的化学武器总量不超过 5 万吨。但是据英国《泰晤士报》报道，苏联的化学武器超过所承认储备的 6 倍。苏联在着手销毁陈旧化学弹药的同时，正在致力于化学武器的更新换代。（李本松《举世关注的化学武器的扩散趋势》，《外国军事学术》1990 年第 8 期）

有作者撰文介绍苏联公布的七种毒剂，它们是芥子气、路易氏气混合剂、胶粘路易氏气、沙林、胶粘梭曼、维埃克斯、胶粘维埃克斯。其中胶粘毒剂就占 3 种。胶粘毒剂历来在苏联化学武器库中占相当重要的位置，也是苏联化学武器威慑力量的重要组成部分。这种毒剂的显著特点是毒害作用时间长，比一般毒剂的消毒要困难得多。因此，对军队在化学环境中作战影响比一般的化学武器的影响要大。苏联军事人员在一次小型记者招待会上谈到，苏联展示的胶粘毒剂的胶粘剂是聚氯乙烯化合物、橡胶化合物和其他化合物。（王新民《苏联的毒剂及其消毒》，《国外化学战科技动态》1990 年第 10 期）

美军的化学战能力 美军有巨大的化学武器储备，美军储存在钢制容器中的化学战剂有 18700 吨，这些毒剂一旦装人弹体可立即使用。空军使用的沙林毒剂航弹约 13000 枚，布洒器 900 具；炮兵使用的毒剂炮弹 265 万发。美军做好了进行化学战报复的一切准备。（张国昌《海湾危机与化学战》，《国外化学战科技动态》1990 年第 1 期）据西方认为，美军目前拥有毒剂总量约达 3.11 万吨，沙林毒剂的年产量 3 万吨，其他毒剂的年生产能力达 20～30 万吨。（方人、虞德山《云集海湾的美军化学战能力》，《解放军报》1990 年 9 月 17 日）有作者撰文介绍说，已经拥有大量化学武器的美国，仍在千方百计地更新其储备，努力发展新一代的化学武器。美国政府于 1986 年 7 月 29 日正式批准生产二元化学武器，于 1987 年 12 月 16 日开始生产二元沙林炮弹。它们的近期目标是获得二元沙林炮弹 120 万发，二元维埃克斯（VX）"巨眼"炸弹 44000 枚，XM135 型二元沙林多管火箭弹头 60000 枚。这 3 种二元弹药，在 1986～1993 年的整个生产成本为 27.49 亿美元。美国早在 1971 年以前就曾在日本冲绳储存过 13243.7 吨化学弹药。目前，美国仍在联邦德国储存着沙林和维埃克斯毒剂 435 吨，装填在大约 10 万发 155 毫米榴弹和 1.5 万发 203 毫米榴弹中。美国还打算在联邦德国至少再建 5 个二元化学武器仓库，华盛顿毫不掩饰它在欧洲部署二元武器的计划，首先是在联邦德国，还有英国和意大利。（李本松《举世关注的化学武器的扩散趋势》，《外国军事学术》1990 年第 8 期）还有的作者介绍：美国二元化学武器的生产正在泊布拉夫兵工厂加紧进行，预计年产 7 万枚化学弹。还有另外的 15 个工厂处于准生产状态，一旦需要，可立即投产，每年可生产数十万吨弹药。（李巍民《试析美国化学战政策》，《国外化学战科技动

态》1990 年第 4 期)

化学威慑是美国化学战政策的灵魂 美国在确定化学战政策之前，曾对各种可供选择的方案进行综合论证和评价。最后选择了用化学战对付化学战的“以牙还牙”的政策。这一政策的要点包括：(1) 不首先使用化学武器；(2) 公开宣布保留化学反击的权利；(3) 保持强大的化学反击能力，能够对敌人的化学攻击做出迅速而有力的反击；(4) 保持良好的化学防护能力，能有效地保护前线军队和后方居民不受化学袭击的伤害。这一政策的首要目标是遏制化学战的发生。因此，这一政策的灵魂是化学威慑，即让敌人由于害怕遭到报复而不敢轻易发动化学战。

美国选择这项政策的原因在于，一是单纯防御的政策不足以遏制化学战的发生；良好的防护虽然可以大大降低化学武器的使用效果，但再好的防护也不足以阻止敌人使用化学武器。因为化学武器的突然使用，以及现代化学武器的极高毒性和快速作用，使遭袭人员还来不及防护就可能造成重大伤亡。二是核威慑政策不能代替化学战报复。因为核武器的使用是一个重大的战争升级，由于门槛较高，真的受到化学武器的攻击，也未必一定使用核武器进行报复。三是只有“以牙还牙”的政策才能真正起到遏制化学战的作用。化学战的历史表明，只有在双方化学战力量悬殊，一方的防护能力薄弱和缺乏报复能力的情况下，另一方才会诉诸手中的化学武器。(李巍民《试析美国化学战政策》，《国外化学战科技动态》1990 年第 4 期)

美军加强防化学能力 1989 年，美国陆军仅研制、装备化学防护手套一项，投资就达 2654 万美元。1990 年，随着海湾危机的发展，化学战的威胁更加明朗。为此，美军不断加强防化能力。有的作者撰文介绍，执行“沙漠盾牌”行动任务的美军士兵，大都已具有在恶劣环境下作战的体验。美军第 82 空降师在进入沙特前，就在美国西部沙漠相应的地形天候下，进行全防护高温度训练。美国海军陆战队进入沙特后，即在大沙漠中紧张地进行以防化科目为重点的训练。穿戴全套个人防护器材的美军，进行各种战术动作训练，每人还带有 3 支注射器，以备中毒时自己注射解毒剂。美国海军在中东海域的航母也加紧进行防化训练。(张桂林《美军在沙漠练兵》，《解放军报》1990 年 9 月 29 日) 有的作者介绍，美军派驻沙特的 M1 主战坦克，均经改装。该车的防核生化系统有过滤通风装置，还可对车体内加压，使外界空气不致渗入车内。M2、M3 战斗车的士兵还配有防毒面具，以便在核生化条件下投入作战。11 月 15 日报道说，美国首批数百辆 M1A1 主战坦克已抵达沙特阿拉伯，以替换 M1 型坦克，这种新型坦克装备有对付化学和生物战的防护装置，可使 4 名坦克手不穿防护服在舱内工作。从这些报道可以看出，美军在加强防化学能力。(《美国首批主战坦克抵达沙特》，《解放军报》1990 年 11 月 16 日)

法军的化学战观点 法军认为：化学战的效果，直接与所使用毒剂的布洒形式有关。不管它们是何种毒剂，是致死性毒剂、神经性毒剂还是失能性毒剂。布洒方式是多种多样的，可通过战场上的各种武器施放，如迫击炮、加农炮、榴弹炮、火箭炮、导弹等等。短射程武器所载弹药之毒剂应是非持久性毒剂。也就是说，蒸发较快，只在若干分钟内造成目标染毒的毒剂。远射程武器所使用的弹药之毒剂应是持久性毒剂，用以在若干小时内远至几天内对无防护的目标及通道进行染毒封锁。空军弹药一般使用装有毒剂的航弹或是通过飞机布洒毒剂，以使目标染毒。(郎宗亨《法军化学战若干观点》，《国外化学战科技动态》1990 年 5 月号)

法军的化学战政策是既不公开证实，也不否认拥有化学武器。有报道说，法国目前储存的化学战剂约有 450 吨。1988 年出版的《简氏防务周刊》报道了密特朗总统已宣布“法国将不会使它自己失去别国所拥有的任何类型的武器，包括化学武器”。法国 1987 年通过了一项拨款 7 亿法郎的五年计划 (1987～1991)，用来加速化学战剂的生产，首先是二元化学武器的发展工作。(李本松《法国的核化政策与能力》，《国外化学战科技动态》1990 年 3 月号)

电子战理论研究（美国）

电子战内涵的扩展 美国参谋长联席会议发布新的政策备忘录 MOP.6，扩大了电子战的官方定义。新定义如下：“电子战是一种军事行动，包括运用电磁能量来探测、利用、削弱敌方对电磁频谱的应用，或通过损害、摧毁或瓦解来防止敌方应用电磁频谱，同时保障己方对电磁频谱的应用。”MOP.6 中的新定义取代老的 MOP.95 中的定义，增加“损害”和“摧毁”的内容。定义的变化反映出电子战领域中新技术的发展趋势，如激光和大功率微波技术的发展。按照新定义，象反辐射导弹这类武器系统进入了电子战领域。(《参谋长联席会议的新定义扩大了电子战的范围》，《电子对抗技术》1990 年 3 月号)

指挥、控制和通信 (C^3) 对抗 美国国防部的指令性文件 4600.4 对 C^3 对抗的定义是：“在情报支援下，综合运用保密、军事欺骗、干扰及实体摧毁，使敌不能获取情报，影响、削弱或破坏敌 C^3 能力，保护己方 C^3 系统免遭敌类似行动的影响、削弱或破坏。”（《C^3 对抗概念及其实施》，《电子对抗情报》1990 年 8 月号）C^3 对抗由两部分组成。(1) 反 C^3 (Counter−C^3)：反 C^3 是 C^3 对抗的一个组成部分，它是破坏敌方指挥官和其它决策者对其部队的指挥和控制能力。(2) C^3 保护（C^3−Protection)：C^3 保护包括保护己方 C^3 效能，降低敌方反 C^3 作用和支持己方反 C^3 行动。（马秀荣《电子战新术语介绍》，《电子对抗》1990 年 2 月号）C^3 对抗有四种基本手段：侦听／反侦听、欺骗／反欺骗、干扰／反干扰、摧毁／反摧毁。(魏本涛《C^3CM 的基本概念及其效果度量与评估》，《电子对抗》1990 年 4 月号)

现代战争对电子战飞机的依赖性增强 美国海军太平洋舰队战术电子战航空联队司令格雷迪·L·杰克逊少将指出，“现代战争对电子战飞机的依赖性日益增强。”他认为，“电子战软武器系统对提高军队战斗力至关重要”，“这些系统常常对战斗结局起决定性作用。”美国海军在国会听证会上也强调，“认识电子战飞机是战斗力倍增器十分重要。电子战飞机大大提高了其它航空兵的生存率和有效性，并且是战斗群的有机组成部分。”杰克逊少将进而就其理由阐明如下：在现代航母战中，美国海军必须具有影响岸上活动的攻击力量。为了完成这一任务，不管冲突规模大小，航母战斗群均必须在保持有效的战斗力基础上，在各种情况下都掌握局部优势。这就要依赖电子战飞机才能有效地达成局部优势。电子战飞机在航母战中的重要使命有三项：①对战区实施电子侦察；②掩护舰载航空兵和海军陆战队的飞机突防；③保护舰队免遭反舰导弹袭击。防御精确制导武器对战斗编队威胁的最佳措施是，阻止敌军对战舰定位，并使之无法引导精确制导武器攻击各个军舰。不运用电子战飞机就不可能有效地达到此目的。

大纵深立体战同样也依赖于电子战飞机。这是高技术与作战新理论相结合的必然。在现代战争中，特别是高技术战中，电子战能通过瘫痪指挥控制通信和情报（C^3I）系统，有效地瓦解敌军整体作战能力，并且是精确制导武器的克星。

随着高技术的发展，防空系统的作战距离增大了，反应时间缩短了，制导模式多样化了，杀伤概率提高了，且频段也在不断扩展；另一方面，作战新理论要求大纵深突防。这两个方面对飞机突防构成了严重挑战。使全频段多模式电子侦察和电子干扰系统非常复杂庞大，以致于使飞机自卫干扰系统的体积、重量和费用难于承受。因此，不能指望战术飞机和舰艇的自卫电子战软武器系统能对抗每一种已知的威胁。即使装备了有限的自卫软武器系统，也不能保障飞机有足够的生存率。其自卫软武器系统只能主要对抗制导、未寻的、高炮炮瞄雷达和机载火控雷达，以及红外寻的导弹。而对预警、监视、截击引导和目标指示雷达的压制任务，就要依靠专用电子战飞机来完成。

隐身飞机须在有源干扰的掩护下，才能对制导、炮瞄和火控雷达达成有效的隐身效果。而隐身飞机本身又不便装备有源干扰系统，否则易被发现。这样，对电子战飞机的需求将随着隐身飞机的增加而增强。

为了提高现代整体作战能力，不论大规模一体化电子战系统的实现，还是软硬一体化压制，都进一步增强了对电子战飞机的需求。

局部战争证明，在空战和空对地作战中，电子战飞机是使战斗力倍增必不可少的特种武器系统。据统计，突防编队内若有随队支援电子战飞机突施护航，由敌方截击机造成的战损率可减少 70%，由敌方地空导弹造成的战损率则减少 30%。无怪电子战飞机数量有稳定增加的趋势。([美]格雷迪·L·杰克逊《90 年代的电子战》，《电子防御杂志》1990 年 4 月)

空军进一步加强支援干扰力量 美战术航空兵在进攻中，为了减少飞机损失，在战斗队形中出现了新的成分——电子战群。在实施突袭时，电子战飞机从己方境内值班空域对敌防空雷达实施干扰，掩护突击飞机。并利用预警机帮助突击飞机沿“干扰机——被压制雷达”方向飞行。一旦飞出干扰区，则干扰措施无效。在突击机群进入己方远距支援干扰失效阶段时，需要继续对机群实施干扰掩护。为此通常每 3 架突击飞机就配有 1 架干扰飞机实施随队支援。飞行时，为保障伪装效果，飞机间的距离缩小，突击机群队形变密集。在敌雷达屏幕上，4 架飞机溶为一个亮点。当到达预定空域后，干扰飞机再飞出机群，实施近距支援干扰。在突击机群之前，还配置携带反雷达导弹的“野鼬鼠”飞机，先期攻击开机工作的敌方雷达。

进攻机群的电子战力量按梯次部署。第 1 梯次：补充侦察群。编有 SR−71 和 U−2 战略侦察机、BQM−34 无人侦察机和 RF−4“鬼怪”式战术侦察机。在目标上空由无人机侦察，有人驾驶侦察机不越过边境，只从高空（12，000～22，000 米）进行照相和无线电技术侦察。第 2 梯次：佯动机群。其行动目的在于“惊动”敌防空兵器，诱使雷达开机工作，欺骗和疲劳敌军，使敌防空战勤人员在较长时间内处于紧张状态。第3梯次：防空火力压制群。其中携带反雷达导弹的“野鼬鼠”飞机，首先对开机的雷达实施攻击，然后与其它攻击飞机由近至远，交替向敌目标攻击。第4梯次：电子战群。为突击机群实施支援干扰。第5梯次：突击机群。配备电子干扰飞机随航掩护。第6梯次：突击效果检查群。由侦察机担任。(基利尔洛夫《战术航空兵战斗队形的发展趋势》，苏《外国军事评论》1990年第4期)

航母战斗群中电子战力量分层部署 美军航母战斗群，通常采取远中近三层攻防武器配系。第一层，外防区，距母舰185～400公里。在此防御区中，探测设备为军用卫星、2个预警机中队的8架E-2C预警机、2个侦察机中队的6架RF-14A或RF-4F侦察机，担负防空预警任务。第二层，中防区，一般距航母45～185公里。此层防区中，主要探测设备为舰载预警机、侦察机和舰载雷达，还部署有2个中队约8架EA-6B“徘徊者”电子战飞机。EA-6B飞机在执行防空反导任务时，可部署在母舰外围，对来袭导弹和飞机实施干扰，使攻击失效。EA-6B还可配合攻击机和战斗机出击作战，实施电子支援干扰。第三层，内防区，防御纵深距母舰0.1～45公里。主要电子战力量为各舰载电子战系统，提供战斗群内各作战单元的自卫。为便于各平台使用无源干扰设备（如箔条弹、红外干扰弹等)，内圈各护航舰艇采取疏散队形，在距母舰30公里半径内展开。(张召忠、刘海鹰《美国海军航母战斗群特点剖析》，《现代军事》1990年11月)

陆战中的电子战以干扰指挥通信为主 在陆军作战中实施电子战，是为了查明和压制敌无线电通信系统、无线电接力通信系统、雷达侦察系统和武器控制系统。进攻作战中，无线电压制在敌防御全纵深实施，以近战为重点。在发起进攻时，地面与空中电子战兵力与器材，首先保障军队的纵深攻击行动，迷惑敌无线电电子侦察，并破坏敌指挥部的无线电通信和火力控制。纵深攻击的无线电电子压制，在进攻军队接近防御军队之前发起，主要由空中无线电电子压制设备实施。在防御作战中，当进攻之敌接近主要防御地域并实施突破时，实施无线电电子压制，无线电电子压制的主要任务是破坏敌军指挥与敌主力用无线电实施的协同。在这种情况下，如果掌握足够的有关敌无线电设备的情报或己方不能阻止敌军的进攻，则可对敌实施干扰。否则，可将电子战分队用于侦察敌军无线电情报，只在个别情况下用于有选择地压制最重要的无线电通信。(穆奕编译《美国陆军作战中的电子战》，《外国军事学术》1990年第6期)

夺取空中优势必须首先压制敌方防空 C³I 系统 第二次世界大战后，局部战争经验表明，交战的任何一方要夺取空中优势，必须对敌方防空部队实施有效的压制。只有首先对敌方防空指挥-控制-通信-情报(C³I) 系统实施软硬压制，才能达成有效的压制。因为C³I系统是防空网系的中枢神经和耳目，通过瘫痪C³I系统，可以瓦解防空整体作战能力。

软压制包括远距支援干扰、近距支援干扰、随队支援干扰以及自卫干扰。软压制只能暂时瘫痪防空C³I系统，使雷达迷盲、指挥通信瘫痪、导弹失控、截击引导中断，旨在掩护安全实施硬压制。硬压制包括运用各种反辐射武器和其它硬航空武器，从根本上摧毁防空系统。反辐射武器是压制防空雷达主要而有效的武器，其中包括空-地反辐射导弹、反辐射无人机、以及地-地反辐射导弹和反辐射炮弹。典型的空-地反辐射导弹有美国的AGM-88高速反辐射导弹、英国的“阿拉姆”(ALARM)伞悬式反辐射导弹、法国的“阿马特”和苏联的AS-11等。反辐射无人机的优点是，当敌雷达采取关机规避战术时，可以在空中盘旋待机实施攻击。美国的AGM-136“默虹”和德国的KDAR反辐射无人机就是其中的两个典型。通过协同，运用软硬压制使对敌防空系统的压制效果达到最佳。软压制可以提高硬武器载机的生存率；硬压制可以保卫软武器载机。

对防空系统实施硬压制的战术方案可分为两种：一种方案是从中程（50～150公里）运用中程反辐射导弹摧毁防空雷达；第二种方案是从近程（10～20公里）发射自卫反辐射导弹摧毁防空雷达。第一种方案又包括两种战术实施方式：一种是“搜索-突击”方式；另一种是“侦察-突击”方式，即在己方空域利用升空平台通过电子侦察，查明敌防空兵器的频率、类型和位置，并立即引导突击兵器实施摧毁。第一种方案中的“搜索-突击”方式是常用的一种战术。这种战术要求通过“搜索-突击”一体化来提高其航空武器系统的作战效能，亦即要求逐行“搜索-突击”一体化航空武器系统应能对目标进行自动搜索、识别、定位，并能立即以反雷达导弹对其实施摧毁。为此，美国早在越南战争中提出“野鼬鼠”计划，通过改装F-100和F-105飞机达到上述一体化要求。随着防空武器战斗效能和生存力的提高，促使美国决策者修订了“野鼬鼠”计划，并于1989年通过对F-4E改型，推出 F-4G“野鼬鼠”反雷达攻击机，称之为“反雷达职业杀手”。经过局部战争实战考验，美军认为，F-4G 运用反辐射导弹的效果最好，中程反辐射导弹对其战斗效能具有决定性作用。所以美国空军已装备了至少 130 多架 F-4G，并正在改型，拟用 F-16 作为其后继机。对 F-4G 的作战运用如下：

空中支援。在这一类任务中，F-4G 飞临目标区域，运用反雷达导弹、AGM-65“幼畜”光电制导空对地导弹和集束炸弹，压制敌防空系统。在随后的战斗中，对地攻击部队抓住时机摧毁主要目标。在对地攻击部队脱离坚固设防的目标区域之后，F-4G 仅仅破坏所截获的目标，它最先进入交战，最后撤出。

护航任务。当突防方向和纵深是敌后方要害部位，需要对敌防空系统进行压制时，通常由“野鼬鼠”系统覆盖目标区域，对执行任务的轰炸机和战术对地攻击机进行导航、警戒和支援。在这种情况下，F-4G 系统的主要任务是开辟一个安全的空中走廊，使攻击编队得以顺利地飞抵目标区域。(金谦《空地反雷达导弹的作战使用》，《外国空军资料》1990 年第 7 期)

军事建设理论研究

军队政治工作理论研究（中国） 中国人民解放军政治工作理论研究，本年度主要遵循“加强政治建设，保证军队在政治上永远合格”这一主题，从各个方面开展深入广泛的研究和探讨。现将理论研究的主要问题综述如下：

加强政治建设，保证军队在政治上永远合格 **政治建设含义的表述** 有的作者提出，政治建设就是以保护本阶级的根本利益为目的，为建立和巩固本阶级统治地位所进行的思想、组织和制度建设。所谓思想建设，即政治思想建设。中国人民解放军的政治思想建设，主要是深入进行坚持四项基本原则、反对资产阶级自由化的教育；坚定部队无产阶级政治立场，忠于党，忠于人民，忠于社会主义祖国，全心全意为人民服务；坚持实事求是的思想路线；保持和发扬艰苦奋斗的优良作风，从而使军队建设保持坚定正确的政治方向。所谓组织建设，即政治组织建设。中国人民解放军的政治组织建设，主要是加强中国共产党在军队中各级组织的建设，充分发挥党委的核心领导作用和党支部的战斗堡垒作用，使枪杆子永远掌握在党的手中，永远听党中央和中央军委的指挥。所谓制度建设，即政治制度建设。中国人民解放军的政治制度建设，主要是坚持军队的最高领导权和指挥权集中于党中央和中央军委；坚持民主集中制的组织原则；坚持党委统一的集体领导下的首长分工负责制；坚持设立政治委员和政治机关的制度；坚持支部建在连上的制度等。政治建设不仅包括思想建设，而且包括组织、制度建设。如果把思想建设比作政治建设的“软件”工程，那么组织、制度建设就是政治建设的“硬件”工程，三位一体，缺一不可。(刘庆忠《加强军队政治建设应把握的几个关系》，《中国军事科学》1990 年第 3 期)

加强政治建设，全面提高战斗力 有的作者撰文指出：加强政治建设，保证军队在政治上永远合格，是军队建设第一位的任务，是全面提高战斗力的首要问题。他认为，国际反动势力从来没有放弃过敌视和颠覆社会主义制度的立场，同国际垄断资产阶级和国内极少数反社会主义分子之间的较量，将更为尖锐复杂。对于党和国家来说，需要的是一支政治合格、训练有素、装备精良、作风顽强、团结一致的精锐之师。这中间，最重要的是政治上坚强可靠。政治上不合格，临阵动摇或为敌所用的战斗力，对于党领导的人民民主专政的国家是毫无意义的、是有害的。他指出，正确理解和处理政治建设与战斗力的关系，有几个倾向值得注意。一是误解战斗力的标准，忽视政治建设的倾向。有的把战斗力标准单纯看成是军事训练标准。必须明确，在战斗力构成中，不仅不能排除政治因素、思想因素，而且应当把它看成是最重要的因素。二是误解政治建设的含全面建设的倾向。有人认为政治合格就是政治上不犯错误，大是大非面前有正确的态度，而忘记了对军人来说，政治合格包含了能够胜任并圆满完成党和人民赋予的战斗任务。因此，一定要把政治建设放在加强部队全面建设当中进行。他强调，军队建设的全部目的，在于使军队成为党和国家信得过、靠得住、用得上、过得硬的武装力量。

加强政治建设一方面可以解决“信得过”和“靠得住”的问题，另一方面也可以为“用得上”、“过得硬”提供精神动力。政治建设是解决战斗力中的首要问题，但不能代替军事建设、后勤建设等其它方面的建设。（赵丛《加强政治建设，全面提高战斗力》，《解放军报》1990年4月10日副刊）

政治上永远合格要坚持高标准 有的作者撰文指出：军队在平暴斗争中考试合格，这没有疑问。但是，要用更高的标准要求自己，向完全合格、永远合格努力。（郭锡章等《关于保证部队政治上永远合格的几点思考》，《解放军报》1990年2月27日）有的作者指出，中国人民解放军坚决服从党的指挥，表现了忠于党、忠于祖国、忠于人民的崇高品格。中国人民解放军人民军队的性质没有变，优良传统没有丢，这些基本方面是合格的。但是事物都是一分为二的，合格中包含着不合格的因素。军队整体合格，不等于每个单位都合格；单位合格不等于每个人都合格；完成平暴任务合格不等于其它工作都合格；行动上合格不等于思想上都合格。对合格要作具体分析，不能片面夸大合格的因素，以偻遮丑。要变现在的“合格”为完全合格、永远合格。（韩德胜《“合格”与“不合格”》，《解放军报》1990年1月16日）

政治合格要落到实处 有的作者撰文指出，保证部队在政治上永远合格，已是中国人民解放军政治建设的一项根本任务。要完成这一根本任务不能空喊，必须把它落到实处。他指出，政治合格必须区分不同层次、不同对象提出不同要求。譬如军队中的中高级干部，担负着领导部队建设的重任，他们的政治思想、理论素养和作风如何，直接影响到部队建设的方方面面，因而对他们的要求标准要更严、更高一些。对他们不仅要求要有高度的政治坚定性、政治敏感性和政治原则性，能在政治风浪中旗帜鲜明、立场坚定，自觉与党中央保持高度一致；而且要率先垂范，带领部队坚定、勇敢地捍卫党和人民的利益，做一名党可以信赖，人民可以放心的合格指挥员。而对基层干部和士兵的标准和要求，则应贴近他们的具体职责和实践范围。具体来说主要是认真学习马列主义、毛泽东思想，热爱党和社会主义，关心国内外大事，遵守纪律，服从命令听指挥，安心服役等。这决不是降低标准，而是为使政治合格的目标在各个层次、各类人员中更加具体、可行。他还指出，把政治合格落到实处，必须围绕党、国家和军队不同时期的中心任务，不断赋予政治合格的具体内容。随着形势、任务的不断变化，政治合格的内容、衡量的尺度也必然不断发展变化。把政治合格落到实处，还要有相应的法规、制度保证。要把军队保持政治合格的成功经验加以总结，形成法规、制度固定下来，使干部战士有所遵循，监督检查有所依据。（周传统《政治合格要落到实处》，《解放军报》1990年9月20日）

政治上永远合格必须把握正确界限 有的作者撰文指出：在政治合格的问题上，要以科学的态度，正确把握政策界限，防止把好经念坏。一是要防止把政治合格与“突出政治”等同起来。加强政治建设决不是要回到“突出政治”的老路上去，要防止讲政治合格就把什么问题都看成政治问题，把本来属于一般思想、认识和业务上的问题，也说成是政治问题。二是防止把政治合格与政治民主对立起来。政治民主是中国人民解放军的优良传统，一方面要防止把政治民主与自由主义、极端个人主义等同起来，对破坏国家法制和社会安定的所谓“民主”，对政治上的自由主义要坚决反对；另一方面也要防止借口政治合格压制党内民主和内部不同意见。三是防止把政治合格与解放思想对立起来。既要警惕敌对势力打着解放思想的旗号，兜售资产阶级自由化思想，也要防止怀疑和否定解放思想的积极成果和积极作用，更不允许把政治合格等同于僵化和保守。四是防止用政治合格代替其它合格。各项工作都有它自身的规律，不是政治合格了其他工作就都自然合格了。同时政治合格，既要看政治表现，还要看是不是落实在行动上。政治合格与思想合格、行动合格是一个统一的整体。（温宗仁等《关于保证部队政治上永远合格的几点思考》，《解放军报》1990年2月27日）

政治工作的党性原则

政治工作党性原则的意义 许多学者认为，中国人民解放军政治工作是共产党创立、领导和组织实施的。党性，是政治工作的根本特性。政治工作要以党的指导思想、纲领、路线、方针、政策为依据，保证党对军队的绝对领导；要维护人民军队的性质，贯彻全心全意为人民服务的宗旨；要用马列主义、毛泽东思想和党的正确路线教育部队，坚定马克思主义信仰和社会主义信念；要与资产阶级及各种非无产阶级思想进行斗争，保证无产阶级思想占领意识形态领域阵地。

坚持意识形态领域的阶级斗争，是政治工作最基本的党性原则。他们指出，在平息暴乱之前，社会上掀起一股“改造政治工作”的歪风，抹煞政治工作的党性、阶级性，抽掉政治工作的灵魂，要使其成为国内外敌对势力推行“和平演变”的工具，妄图推翻共产党的领导，改变社会主义制度，变无产阶级专政为资产阶级专政。严重的斗争现实，使大家看清，政治工作必须坚持意识形态领域里的阶级斗争，要用无产阶级思想去战胜资产阶级思想。世界上无产阶级与资产阶级的斗争从来没有停止过。国际垄断资产阶级一再声称："我们的最终目的，是要从地球上彻底消灭共产党和社会主义。"真正的马克思主义者也从来不隐讳：一定要用社会主义代替资本主义，最终在全世界实现共产主义。无论是从否定政治工作的政治性来取消政治工作，还是从否定阶级斗争来取消政治工作，在理论和实践上都是错误的，政治工作必须坚持意识形态领域里的阶级斗争。

政治工作应保证党的纲领、路线的实现 学者们认为，坚定的理想和信念，是部队政治合格的基础，不断坚定理想和信念，保证党的纲领、路线的实现，是中国人民解放军政治工作的重要使命。在当前渗透与反渗透、颠覆与反颠覆、和平演变与反和平演变的严峻斗争中，资本主义在同社会主义争夺思想阵地，争夺后代。这种斗争是长期的，它存在于整个改革开放的全过程。政治工作能不能在广大官兵中坚定社会主义的理想和信念，抵制资产阶级自由化及其腐朽思想的侵袭，保证党的纲领、路线的实现，是决定枪杆子掌握在什么人手里的重大问题，是关系到党和国家的命运、社会主义前途和四化建设成败的大问题。因此，把社会主义、共产主义理想、信念一代代传下去，直到党的纲领的彻底实现，这是政治工作最根本的党性原则。

思想政治工作要"适合"，不要"迎合" 有些学者指出，坚持政治工作的原则性，是要依据实际积极主动去"适合"，而不是消极被动去"迎合"。"适合"是着眼于思想政治工作的根本目标，从新时期官兵的特点和需求出发，采用思想性、知识性、艺术性相结合的、为广大官兵所喜闻乐见的方式进行思想教育。而"迎合"则是不加分析地一味迁就和满足一些人的趣味和爱好，以"玩"代"教"，以"利"代"义"，以"情"代"理"，使思想政治工作低格调、庸俗化。怎样改变这种状况？他们认为，要做到灌输和疏导的统一。一方面要强化灌输，理直气壮地讲革命道理，帮助官兵树立正确的立场、观点；另一方面通过各种方法进行潜移默化式的渗透，启发官兵的自觉性。既讲"情"又讲"理"，始终保持思想政治工作的原则性和战斗性。再是要做到塑造和改造的统一。对积极因素要弘扬、肯定，对消极因素要抑制、否定。提倡什么，反对什么要泾渭分明，对不正当要求要进行严肃的批评教育，防止各种腐朽落后意识对官兵的侵蚀。

关于军心凝聚问题 1990 年出版的《论军心凝聚》一书，是翁世平等从"时代发展与军心凝聚"理论研究会论文中精选荟萃的，对军心凝聚问题作了深入的探讨。

军心凝聚的基本含义 有的作者认为，现阶段对中国人民解放军来说，军心凝聚就是指在党的领导下，坚持党的基本路线，发扬爱国主义精神，全军团结一心，精神振奋，为实现军队"三化"建设目标，履行军队根本职能而保持自身强大的向心力和内聚力，形成一种协调有序的严整状态。军队军心凝聚最佳状态有 4 个特征：一是军队成员有强烈的献身精神，为保卫国家利益而奉献个人的家庭幸福与生命；二是军队组织具有高度的集中性，在党的领导下为实现共同的理想、完成共同的任务，而达到思想、政治和行动上的高度一致；三是军队管理机制具有较强的科学性，依据科学技术和武器装备的发展，要求军队在军心凝聚的内在机制上与之相适应，使人的积极性与物的现代化有机结合，形成最大的战斗力；四是军队行动具有严格的纪律性，纪律严明，令行禁止，步调一致，保证军队胜利完成所肩负的重任。四个特征中献身精神是军心凝聚的基础，集中性是军心凝聚的核心，科学性、纪律性是军心凝聚的保证。（张志俊《军心凝聚三题》，载于《论军心凝聚》，解放军出版社 1990 年 6 月）

军心凝聚的途径 有些作者认为，实现军心凝聚，首先，把新目标化为军魂，增强官兵的向心力。战争年代，中国人民解放军在极端艰难困苦的条件下，历经挫折终不悔，受尽磨难志不渝，是因为有着新的奋斗目标作为精神的支柱。土地革命时期，军队的精神追求是"打土豪，分田地"；抗日战争时期是"抗日救国"；解放战争时期是"打倒蒋介石，解放全中国"；抗美援朝战争时期是"抗美援朝，保家卫国"。纵观各个历史时期中国人民解放军精神动力之源，就是把共同的奋斗目标和军人的个人追求紧密地联系在一起，使军人强烈地感到努力实现军队的目标，就是实现自己的追求，集合在军队的光辉旗帜下，并为之无私奉献，自己的人生才有意义。同样，在新时期应该在军队现代化这个总方向之下，提出军队在社会主义初级阶段的具体目标。这个具体目标的确定，既要体现人民军队的职能和国家对军队的要求，又要体现当代军人的价值取向和共同向往，把全体军人引导到军队的整体目标上来，为加强军队的建设而努力奋斗。第二，形成国防教育氛围，增强社会的推动力。军人来自社会，社会是军人的第一影响源，对军心的凝聚有很大的影响。和平时期，军人的价值容易被人忽视，有人认为“养兵”是一种负担。因此，在和平时期创造国防教育氛围，对实现军心凝聚尤为重要。第三，创造“家园”条件，增强军营的吸引力。要实现军心凝聚，拴心留人，就必须下大力气把军营建设成象个“家”的样子。一是提供“家”的物质文化生活环境；二是培养和建立“家”的感情关系；三是创造“家”的价值实现环境。第四，坚持从严治军，增强部队的约束力。中国人民解放军历来以纪律严明著称，铁的纪律是我军具有凝聚力的重要保证。从严治军，一是要严格训练；二是严格管理；三是奖惩严明，把官兵紧紧地团结在一起，才能使军队具有坚强的战斗力。（罗来军、鄢圣学《实现军心凝聚的思考》，载于《论军心凝聚》，解放军出版社 1990 年 6 月）

增强凝聚力与提高战斗力 有些作者指出：虽然凝聚力和战斗力两者是两个不同的层次、不同形式的力量，由于人是战斗力的决定因素，而凝聚力又是指人心的凝聚，因此两者有着密切的联系。战斗力是凝聚力的具体表现，并是检验其强弱的根本标准；凝聚力又是保证战斗力充分发挥的重要条件。这是因为：第一，增强凝聚力，就能充分调动官兵的主观能动性，全面提高官兵的素质，使战斗力中人的要素得到充分发挥。第二，增强凝聚力能更加有效地发挥集体的合力作用。战斗力是一种整体力量，而凝聚力能强化整体观念，使每个个体明确自己在集体中的地位和作用，而且在集体中建立起良好的人际关系，达到成员之间感情融洽，从而减少冲突和内耗，促使大家为实现集体目标而同心协力地去奋斗，成为一个打不垮、拖不烂的坚强集体。第三，增强凝聚力，能更好地促使人和武器的有机结合，有效地发挥武器装备的作用。由于凝聚力使人提高了思想觉悟、科学文化等各方面的素质，达到了人与武器装备的有效结合，保证军队的现代化，使军队具有更高的战斗力。（曹石斌、孔净《增强凝聚力与提高战斗力》，载于《论军心凝聚》，解放军出版社 1990 年 6 月）

意识形态领域的斗争

意识形态领域斗争的意义 有的作者认为：意识形态领域的对立和斗争，说到底是无产阶级思想体系和资产阶级思想体系的对立和斗争。这种对立和斗争是一种客观存在，尤其是在改革开放的新的历史条件下表现得更为明显。在意识形态领域里无产阶级不去占领，资产阶级就必然去占领。当前有人误认为在人民共和国的社会里没有阶级斗争了，淡化了阶级斗争观念，丢掉了阶级分析的方法，忽视或放弃了意识形态领域的斗争。意识形态领域的斗争，虽然不都是阶级斗争，但是包含阶级斗争。去年发生的由动乱到反革命暴乱的这场严重的政治风波，就是由意识形态领域斗争开始又主要在意识形态领域展开的，并且由不流血的斗争发展到流血的斗争。这说明，意识形态领域斗争的存在，是由国内的阶级斗争状况决定的。在国际上各种反马克思主义思潮泛滥，也必然对国内意识形态领域产生冲击和影响，在意识形态领域与社会主义争夺阵地。军队是社会主义人民共和国的柱石，肩负起对外反侵略对内防演变的重任，必须高标准地抓好意识形态领域的工作，保持意识形态领域的纯洁性，从根本上增强反腐蚀的能力。（周林《重视意识形态领域的斗争》，《解放军报》1990 年 10 月 4 日）

特殊形式的阶级斗争 有的作者认为，这些年来，四项基本原则未能得到始终一贯的坚持，资产阶级自由化思潮严重泛滥，以致酿成危及党和国家生死存亡的反革命暴乱。这就从反面提醒大家，克服阶级斗争扩大化的倾向不易，自觉地坚持阶级斗争观念则是更现实、更复杂、更艰巨的任务。一般说来，如果说阶级斗争是社会发展的主要矛盾或主流时，论及阶级斗争就比较容易；在阶级斗争并非主要矛盾或主流时，仍要保持必要的阶级意识和阶级斗争观念，就困难得多了。从这个意义上说它是“特殊形式的阶级斗争”，表明既要反对阶级斗争扩大化的观点，又要反对阶级斗争已经熄灭的观点。作者还明确指出：在中国现阶段特殊形式的阶级斗争，其主要内容是坚持四项基本原则还是搞资产阶级自由化的斗争。四项基本原则是全党和全国各族人民在社会主义现代化建设中团结奋斗的共同的政治基础，也是一面体现无产阶级的阶级利益和全国各族人民根本利益的旗帜。坚持社会主义道路，就是坚持无产阶级的政治方向和历史使命；坚持人民民主专政，就是坚持并保障以工人阶级为领导、以工农联盟为基础的政权性质和根本制度；坚持共产党的领导，就是坚持无产阶级通过其先锋队对整个国家生活和社会生活的领导地位；坚持马列主义、毛泽东思想，则是坚持具有科学思想体系的无产阶级先进思想在社会意识形态领域中的主导地位。所谓资产阶级自由化，就是反对党的领导，反对社会主义制度，主张资本主义的思潮。伴随国家社会主义现代化建设进程的政治上的风风雨雨，凡是表现为阶级斗争或带阶级斗争性质的，始终是围绕坚持四项基本原则还是搞资产阶级自由化这个核心问题进行的。（郭方《特殊形式的阶级斗争》，《解放军报》1990 年

2月13日）

增强阶级斗争观念 有的作者认为，在中国，剥削阶级作为一个阶级虽然消灭了，但阶级斗争在一定的范围内仍然存在，并在一定条件下可能激化。在这种情况下，依然要增强阶级斗争观念。近几年一些人不讲阶级斗争了，阶级斗争观念大大淡化。其原因，一是思想上的片面性。只看到阶级斗争表面上有所缓和的一面，看不到国内外敌对势力仍然以各种方式对中国社会主义制度进行颠覆活动的一面；只看到党内存在腐败现象的一面，看不到敌对分子利用反腐败作幌子，阴谋推翻党的领导的一面；只看到前一段风波中青年学生有良好愿望的一面，看不到少数坏人利用青年学生的弱点，身居幕后以售其奸的一面；只看到社会主义必须推进民主的一面，看不到敌对分子打着民主的旗号搞动乱，阴谋推翻人民政权的一面。二是思维方法绝对化，看问题爱走极端。在否定“阶级斗争为纲”的同时，又走向另一个极端，连阶级斗争也不讲了，似乎讲阶级斗争就是极左，怕再犯“左”的错误。他指出，树立阶级斗争观念，关键是用马克思主义哲学和马列主义关于阶级斗争的学说武装头脑，在错综复杂的阶级斗争中，透过现象，看清本质，防止各种片面性，对社会主义社会的阶级斗争既不扩大，又不缩小，在以主要精力抓经济建设的同时，不忘阶级斗争，把社会主义的改革和建设推向前进。（龙丕泉《增强阶级斗争观念》，《解放军报》1990年2月8日）

开展积极的思想斗争 有的作者撰文指出，世界上充满了矛盾，有矛盾必有斗争。在革命队伍中，积极的思想斗争是取消不得的。中国共产党是工人阶级的先锋队，但既然生活在有阶级斗争、有各种非无产阶级思想影响存在的社会当中，要保持党的先进性，就只有通过积极的思想斗争，战胜各种剥削阶级腐朽思想的侵蚀。党和革命队伍如果取消了思想斗争，就等于去掉了一个人身上的免疫系统，势必一点轻微的感染也难以抵御，招致严重后果。从这个意义上说，取消了积极的思想斗争，便是扼杀了党和革命队伍的生机。文章最后指出：我们所说的积极的思想斗争，乃是用正确的思想去克服错误的思想。这种斗争可以是对抗性的，也可以是非对抗性的；有的是用以战胜敌对势力的，更多的则是用来解决革命队伍内部的是非问题，不能一概而论。例如，对顽固坚持资产阶级自由化立场的人所散布的否定四项基本原则的观点的批判，就具有阶级斗争的性质。政治生活中大量的思想斗争，则是同志间的互相帮助，同对敌斗争根本不是一回事。（彭晓枫《思想斗争不能取消》，《解放军报》1990年1月7日）

坚定社会主义信念 **社会主义信念的基本含义** 有的作者认为，社会主义信念是指坚定地认为社会主义完全正确并坚定不移地贯彻到底的观点。它是坚持走社会主义道路的前提，是革命军人不可或缺的精神支柱。他认为，信念作为一种社会意识形态，又总是受社会实践的影响和制约，信念的牢固确立，必然是较长时间的过程。（施永琅《社会主义信念教育不能放松》，《解放军报》1990年11月29日）有的作者认为信念的一个突出特点是“信”，有的作者认为即坚信自己的信仰、主义是正确的，是真理。要使干部、战士、学员坚定社会主义信念，做到“信”而不疑，就一定要加强正面灌输，把信念建立在对科学社会主义理论的深刻理解上。要发挥政治理论课“明理释疑”的作用，理论联系实际，抓准官兵的“思想扣子”，有针对性地把道理讲深透、讲实在，令人信服。（周琨光《让社会主义永远成为我军官兵的精神支柱》，《解放军报》1990年11月20日）

坚信社会主义的优越性 有的作者指出，讲社会主义优越，是指他们基本特征方面比资本主义先进，而不是说社会主义社会中现存的一切都那么完美无瑕。不能因为社会中还存在一些消极面、阴暗面，就从根本上怀疑社会主义制度的优越性。社会主义制度的基本特征是：在经济上实行生产资料公有制，生产目的是为了满足全体人民的物质文化需要，通过按劳分配达到共同富裕；在政治上实行人民民主专政，一切权力归全体人民；在意识形态上以马克思主义为指导。把社会主义与资本主义两种制度加以比较，显而易见是社会主义的生产资料公有制要比资本主义的私有制更能促进社会生产力的发展；社会主义的共同富裕的分配制度比资本主义社会按资分配、两极分化更能调动全体人民的生产积极性。（沈军《把社会主义信念建立在科学的思想方法之上》，《解放军报》1990年5月8日）有的作者认为社会主义经济是建立在生产资料公有制基础上有计划的商品经济，它以满足人民日益增长的物质和文化生活需要为其根本目的，对社会的生产和供给从总体上进行调整和控制，从而克服资本主义社会那种生产的无政府状态。而资本主义国家对经济的干预与调节，是资本主义生产方式范围内的一种调整，并没有改变资本主义生产关系的性质，其根本目的是为了垄断资产阶级获取高额利润，维护资本主义的统治。因此，这种干预和调节只能是一时期和一定程度上暂时起作用，而不能从根本上解决资本主义的基本矛盾。当资本主义自身的这种干预和调节达到极限，其生产关系最终不能容纳社会生产力的发展时，生产力就要冲破这种生产关系，社会主义就要战胜和代替资本主义。这是不依人们意志为转移的必然规律。(李挺康、杨稳泉《西方国家加强对经济的干预是否意味着两种制度的"趋同"》,《解放军报》1990年11月29日)

社会主义必然代替资本主义 有的作者撰文指出：近年来，国际反动势力掀起了"社会主义大失败"的大合唱，国内搞资产阶级自由化的人也胡说什么社会主义失败是20世纪的一大"遗产"。然而，敌人的谩骂阻挡不住社会主义胜利的历史潮流。首先，走社会主义道路是社会发展规律的要求，也是人心所向，谁也逆转不了。社会主义制度建立以后，消灭了阶级压迫和剥削，这是社会主义制度给全人类作出的最伟大的贡献。虽然这个制度还不够完善，诸多方面还不尽人意，但是生活在社会主义国家的人民，毕竟改变了被剥削、被奴役的命运，物质文化生活水平也有了明显的改善和提高。如中国历朝历代都解决不了的人民吃饭问题，社会主义给解决了；中国人民的健康状况、营养水平、平均寿命等方面，都已接近或达到世界平均水平。身受社会主义之惠的人们，心和社会主义是相通的，如果硬要倒回去走资本主义道路，重新沦为资本家的奴隶，人民是绝对不会答应的。其次，社会主义为生产力发展创造了优越条件，谁也否认不了。衡量一种社会制度的优劣，最根本的是要看它能否适应和促进生产力的发展。社会主义的生产资料所有制形式，能够满足日益发展的社会化大生产的需要；社会主义的生产方式和分配形式，能够满足人们不断增长的物质文化需求；人与人之间的平等关系，能够充分调动人民群众建设新生活的积极性。尽管社会主义的生产关系与生产力的发展，在不少方面还不尽善尽美，需要通过改革不断调整，但从本质上看，它已经为生产力发展开辟了广阔的天地。再次，社会主义强大的政治经济基础，谁也消除不了。社会主义制度经过几十年的发展和积累，已经建立起雄厚的物质基础。社会主义的存在和发展，改变了世界的政治格局。第二次世界大战结束后的近半个世纪以来，所以没有发生新的世界战争，和平与发展所以成为当今世界的主题，决定的因素就是社会主义力量的发展和它支持下的第三世界的兴起。第四，坚持改革开放的正确方向，社会主义就能蓬勃发展。社会主义作为一种先进的社会制度，其优越性在相当一段时间里之所以还未能充分发挥出来，并不是由于社会主义制度有什么问题，而在于对社会主义的认识和指导思想上发生了偏差，在于社会主义国家在具体体制上还存在某些弊端。要走出困境，唯一的出路是实行改革开放。党的十一届三中全会以来，中国改革开放的成果是辉煌的，社会主义的优越性正在逐步充分显示出来。可以相信，只要继续坚持四项基本原则，坚持改革开放，中国社会主义制度的优越性将进一步发挥。作者指出，困难和曲折绝不能改变社会主义代替资本主义这一历史发展的总趋势。(柏轩《困难和曲折改变不了社会主义发展的大趋势》,《解放军报》1990年6月12日)

军制学研究 1990年在军制学研究方面许多学者对军制的产生、军制学科的形成和发展、军制学的理论体系、军制学的基本特征、现代军制理论的发展等基础理论问题进行了探讨。其中有的成果，内容上立意新，观点上有独到之处，有一定代表性。现综述如下。

关于军制的产生 《现代军事学》一书认为，军制是军事制度的简称。国家组织、管理、储备和运用军事力量的制度就是"军制"，在中国古代亦称"兵制"。军制的实践是军制学的基础，并制约着军制学的发展，军制同其他上层建筑一样，是随着私有制、阶级、战争和国家的产生而产生的，也是随着社会的更替、变迁和战争的变化而发展的。它的发展和变化，始终受经济条件、政治制度、军队武器装备水平，以及作战方式等基本因素的影响和制约，而生产力的发展对它具有最终的决定作用。原始社会后期出现了"进行战争的组织"，这可视为军制的萌芽。奴隶社会是在原始社会解体过程中建立的，作为阶级矛盾不可调和的产物和表现的国家随之产生。军队是国家政权的主要成分。任何国家的统治者，为了维护阶级统治，无不致力于政权组织的建设，而这种组织在国家武装力量领导、国防建设事业领导和管理、军队内部组织形式上的具体表现，则构成国家基本军事制度。公元前21～16世纪的夏朝，是中国历史上第一个奴隶制国家。从《尚书 · 甘誓》可知，这个国家从建立起就有了军制。商、周的军制，比夏王朝又有发展。约于公元4世纪至前6世纪，古代埃及、苏美尔、巴比伦、亚述、印度等早期奴隶制国家，也建立了维护奴隶主阶级统治的军制。中国从春秋战国到清末第一次鸦片战争，经历了两千多年的封建社会，军制在发展中相对完备。18世纪中期，随着工业革命的兴起，资产阶级登上历史舞台。在这个阶段，战争规模不断扩大，军队的众多性和运动性显著增强，武器装备发生了质的飞跃，不仅国家对军事和国防的领导进一步强化，而且军队的构成及其内部关系也急剧变化，在发展陆军的同时，先后组建了海军、空军等军兵种，从而使军制进入了一个新的时代。(王普丰主编《现代军事学》，重庆出版社 1990 年 1 月)

关于军制学科的形成　《当代军事学科》一书认为，军制学作为一门独立的学科，大约形成于 19 世纪上半叶。19 世纪初，军事工业蓬勃兴起，科学技术的发展，大量的新兵器应用于战场，新的军兵种应运而生。军队的体制编制、指挥系统等军事制度发生了重大变化。一些国家从理论上对军制进行系统论证，军制理论有了很大的发展，在一些国家出现了军制学的名称和专著，军制学逐步形成。在苏联，军制学作为一门学科，是 19 世纪 30 年代出现的。起初仅涉及军队指挥的组织问题，随后增加了军队组织编制、总参参谋业务和军队补充等内容。苏军的军事院校把军制学作为基础课，要求凡涉足军事的人员必须学习。苏联出版了多种供军事院校学员用的军制学专业教程。1927 年由 M·扎丘专门编写了《简明军制学》，内容包括军制学教程的全部基础理论；1973 年，苏联出版了新版本的《军制学》。日本 30 年代前出版了《日本军制》、《日本陆军军制法》、《军制学教程》等专著。60 年代后，出版了《日本军制与政治》、《各国军制与政治》、《兵制概说》、《军队·兵役制度》、《世界各国国防制度》等理论著作。中国的学科性军制学研究出现于清朝末期。在清朝末期和民国时期翻译编写了不少军制学著作和教程，并在军事学堂、陆军学校开设军制学课程。例如：清朝光绪三十一年（1905 年），北洋陆军学堂印行了北洋将弁学堂编纂的《军制学》；清末翻译出版了日本人写的《列国陆军制》、《日本陆军军制法》；1927 年国民党中央军事政治学校讲授了军制学讲义；1933 年国民党陆军学校还请德国教官林德曼讲授军制学；1935 年国民党陆军大学就有军制学专册教材，此后连续不断出版过不同版本的军制学；1965 年蒋纬国在台湾任三军联合大学副校长时还写了一本《军制基本原理》。以上各书内容略异，但思想体系基本一致。特别是 1935 年后所出的各种版本的军制学，其具体内容包括军政、军令、军法三个方面。另外，许多书中还包括人事制度、兵役法、各军兵种部队的具体编制等内容。(总参政治部宣传部编《当代军事学科》，中国工人出版社 1990 年 6 月)

关于军制学的理论体系　《现代军事学》一书介绍，一些国家认为，军制学科的理论体系，主要包括军制史学理论、基础理论、应用理论和发展理论。军制史学理论，主要研究军制产生发展史和思想史；军制基础理论，主要研究军制的本质，军制基本原理，军制构成的基本原则、形式和发展的基本规律等；军制应用理论，它是基础理论在军制某一方面的具体应用，从而形成了多层次、多部门、多分支学科的军制理论；军制发展理论，它主要研究现代经济、科技、教育和现代战争给军制发展带来的影响，揭示军制和军制理论的未来。军制学的分支学科，主要由军制史、军制思想史、国防领导体制学、武装力量建设学、战争动员体制学、兵役学、国防经济管理学、国防科技与武器装备发展管理学、国防教育制度学、民防体制学、军队组织编制学、军队管理学、军事法学、军制未来学等构成。这些分支学科，既有自己特定的研究对象和领域、又相互交叉和联结，共同构成军制的理论知识体系。随着军事科学的发展，军制理论的内涵更加丰富，向其他军事学科的渗透更加广泛。(王普丰主编《现代军事学》，重庆出版社 1990 年 1 月)《当代军事学科》一书则认为，依据研究对象和主要内容，军制学分为若干分支学科。其中每一分支学科既有自己的理论范畴和特定内容，也包括它的史学理论、基础理论、应用理论和发展理论。具体说来，军制学的理论体系主要由如下方面构成：(1) 国防组织体制理论。它涉及国防建设和军队建设的规模、领导、管理和保障体系等，不仅范围广、制约因素多，而且层次高。国防组织体制理论主要研究国家各类型、各层次的国防组织体制（包括国防领导体制、武装力量体制和动员、民防、国防经济、国防教育体制与制度）的本质和规律，解决国防组织体制理论与实践问题，具有很强的应用性，是军制学的重要内容。它的不少内容与军制学或军事学的许多分支学科相交叉。(2) 军队组织体制理论。主要研究军队的总体结构，诸军兵种在军队总体结构中的地位和作用，诸军兵种的体制、编制、编成、领导机构设置、隶属关系、权限划分等方面的规律性。它是军制学的主要内容。(3) 军事管理理论。军事管理理论是研究军事管理一般规律和知识体系的科学。它是管理学在军事领域的运用和发展，是一门实践性很强的应用科学。它研究的基本问题有军事管理的特征和任务、过程和职能、原理原则、法规制度、方法和手段，重点是关于军队管理问题。(4) 军事法理论。以国防和军事领域一切法规为研究对象，是研究军事法这一特定社会现象及其发展规律的科学。它的基本功能在于揭示军事法的基本规律，论述军事法的基本原则，阐明军事法的基本原理，为军事法的制定和实施提供理论依据，以提高军事立法的素质，推动军事法制建设的健全和完善。(5) 兵役理论。以兵役制度为研究对象，目的在于揭示兵役制度产生、发展的基本规律。阐明兵役制度的特征和原理，为兵役制度的制定和实施提供理论依据。兵役制度包括兵员的征集、复退、军人和家属的优抚、预备役、民兵、学生军训等制度，是国家的一项重要军事制度。(6) 动员体制理论。以保障战争动员准备与实施的组织和制度为主要研究对象。动员体制是动员领导机构与动员计划、动员法规体系的总称，是国家为保障平时战争动员建设与战时动员实施的组织保证和法律保证，是夺取战略主动权的重要措施。动员体制理论主要研究其产生、发展的客观条件和形成结构的基本规律及其基本原理。它属于军制学与战争动员学的交叉学科。(7) 武器装备体制理论。以武器装备的发展规律和管理活动的理论与方法为主要研究对象。研究内容主要包括武器装备的属性、地位与作用，武器装备发展规律、特点和趋势，武器装备总体结构，现代武器装备管理，以及武器装备现代化的途径、方针、政策和措施等等。(总参政治部宣传部编 《当代军事学科》，中国工人出版社 1990 年 6 月)

军制学的基本特征 《当代军事学科》一书认为，从军制及军制学的产生、形成及其理论体系上讲，军制学的基本特征有以下 4 个方面：(1) 军制学是一门体现统治阶级意志和利益的学科，具有鲜明的阶级性。军制属于上层建筑，建立在一定的经济基础之上，是阶级社会的产物。在阶级社会中，只有统治阶级才能通过国家政权或权力机构，把自己的意志变为军事制度，强迫人们共同遵守，以便更有效地维护自己的统治地位。体现统治阶级意志和利益的军事制度，是实现阶级专政、维护国家机器正常行使职能的根本保证。按经济基础和阶级属性划分，军制的发展大体经历了奴隶社会、封建社会、资本主义社会(半封建半殖民地) 和社会主义社会 4 个大的阶段。前 3 个阶段的军制均为剥削阶级社会的军制，所实行的军事制度除具有科学合理的一面以外，还具有野蛮、欺骗和虚伪的性质。这是由剥削阶级社会制度的性质所决定的，是剥削阶级的反人民性的反映。社会主义社会国家的军制，则是区别于任何剥削阶级社会的新型的无产阶级国家的军制。(2) 军制学在内容和结构上是一门多层次、多系统、多专业的军事学科，具有完备的整体性。现代战争是一个国家整体力量的较量。作为保障战争准备与实施的军事制度，必然要把国家的各个领域、各个部门、各个方面的力量组织和动员起来，形成整体作战力量。因而军事制度在构成上，与政治、经济、文化、科技、教育等制度，呈现密切共容的情况。在内容上，既有基础理论，又有应用理论；既有物质技术基础因素，又涉及到军队的最基本战斗单位。在结构上，与诸多军事学科和其他社会科学相互衔接，有着广泛的交叉和渗透。(3) 军制学研究主要是以体制、制度和法规建设为核心，以加强组织建设为基本特征，具有明确的目的性和极强的实践性。国防和军事上的各种体制，实际上就是各种组织 (编组) 形式，制度和法规则是调节社会与军队以及军队内部的各种关系，保证组织功能的实现，以加强和巩固国防实力，提高整体作战能力。(4) 军制学在对军事现象的运动规律的研究上，受到诸多因素的影响，具有综合性和制约性。军制属于上层建筑，一方面受经济基础决定上层建筑规律的支配；另一方面，上层建筑中的政治制度、民族特点以及国家的军事思想、战略方针和战役战术等等也必然对军制产生影响和制约。同时，适合于经济基础的军制，能充分发挥国防和国家武装力量的效能，起到保卫国家安全和促进国家经济建设的作用，适合于作战任务、作战方法的体制和战斗编组，使战略战术得到更好的发挥。(总参政治部宣传部编《当代军事学科》，中国工人出版社 1990 年 6 月)

现代军制理论的发展 《现代军事学》一书认为，当前军制建设面临着许多重大理论问题和实践问题。主要集中反映在以下 4 个方面：(1) 关于发展“掌兵体制”的理论，实现国防领导科学化、高效化。所谓“掌兵体制”即国防领导体制，是指国家对整个武装力量的统帅和指挥系统。我国国防领导体制是健全的，并具有中国特色。由于现代国防建设、现代战争筹划和进行，把科学决策提到国防领导体制建设的重要地位，这就要求纵向战略筹划层、战役战术计划层职责权限清楚明细；横向上的决策系统、执行系统、监督系统和咨询系统，必须各司其职，各负其责，以发挥整体效能。实现我国国防领导体制决策的科学化和效率化，一是十分慎重地进行体制改革，科学确定党和政府对武装力量和国防建设事业的领导职责、领导方式和权限划分；二是完善国防领导决策制度和决策程序，实现国防领导的科学化。(2) 关于完善“养兵体制”理论，增强国防经济、技术实力。所谓“养兵体制”，是指国家对整个国防建设事业的领导和管理。国家最高权力的执行机关，必须发挥领导和管理国防建设事业的职能，强化对国防建设事业的领导和管理。当前，中国以经济建设为中心，国防建设转入和平轨道。因此，如何正确处理国防建设和国家经济建设的关系，寓国防发展于国家总体战略之中，寓国防经济于国民经济之中，寓国防教育于整个国民教育之中，寓战略后方建设于国家整个经济布局之中等等，都是属于军制理论要解决的重大理论问题和实际问题，这些问题搞好了，就可以从根本上增强国防实力，加快国防现代化的步伐。(3) 关于改革"军伍组织"的理论，谋求军队内部组织及其相互关系的最佳组合，发挥其整体功能，增强军队战斗力。所谓"军伍组织"，是指整个武装力量内部的组织、编制、编成系统。不少国家军事理论界认为，现代战争规模大，战场广阔，参战的军兵种多，电子对抗激烈，特别是导弹战、电子战出现以后，使军事行动的时效和速度急剧提高，军队内部结构和分工日趋细密，诸军兵种联合作战的规模空前增大，这就要求军队的指挥系统，必须精干、健全和高效，做到战区划分合理，指挥幅度适当，职责权限分明，隶属关系顺畅，工作效率很高。现代军队组编理论研究的主要任务，就是根据新的作战理论，寻求最佳的组织结构形式，使军队的领导指挥系统、战斗部队系统、战斗保障部队系统、后勤保障系统，以及院校、科研系统，进行科学的排列组合，提高军队的整体战斗功能。世界一些国家的军事院校，正在编写军队组编学，以指导现代军队的编制、编成。有的还运用军事组织系统工程理论和战术理论，力图寻求"最佳的组织形式"、"最合理的军队编制"和"最有效的指挥体制"。此外，许多国家军队在组织编制上强调依据"整体大于各个部分之和"的原理，演化整体上和各个层次、各个系统中的有机合成，以提高整体作战能力。(4) 关于加强军事法规建设，实现军队和国防建设现代化、正规化和法制化。军事法规历来是国家法律的重要部分，它具有很强的权威性，一旦由国家立法部门、政府或军队有关机构颁布，即具有法律效力，任何个人或部门、单位，都必须执行。苏联和西方军事强国都提出，有无健全的军事法规，这是衡量国防建设现代化水平的重要标志。目前，外国军事法规涉及军队和国防建设的各个领域，诸如国防体制、战争动员、兵役制度、军费开支、武器装备生产和采购、军队训练教育，以及军人的行动规范、生活秩序都有相应的法律、法规和规章等加以约束。中国共产党十一届三中全会以来，国家和军队加强了军事立法工作，初步形成了具有中国特色的军事法规体系。与此同时，恢复和健全了军事司法机构，加强了军事政法队伍建设，从而形成了比较完整的军事政法工作系统。过去那种无法可依、有法不依、以权代法、以言代法、朝令夕改等倾向已经基本转变，促进着有中国特色的军事法规日益完善化、系列化，实现军队和国防建设的法制化。(王普丰主编《现代军事学》，重庆出版社 1990 年 1 月)

军事法学研究（中国） 军事法学在中国是一门新兴学科。1990 年，学术界在军事法学研究方面比较活跃。研究领域主要集中在军事法的概念、军事法的渊源、军事法体系、军事立法学基础理论方面，提出了许多新的学术观点。

关于军事法的概念 指对军事法律规范这一客观对象本质属性的思维形式，它要求对军事法的内涵和外延作出明确的规定和准确的表述。目前，法学界认识尚不统一。有些学者主张，军事法是在"武装力量中实行的大法"。更多的学者主张，军事法是一个综合性的法律部门，其适用范围已大大超出武装力量范畴。例如：有的著作认为，军事法是指国家机关为实现国防目的而制定或认可的，调整有关军事力量建设和作战行动的社会关系的法律规范的总称。军事是实现国家防卫目的的手段，在战争时期主要表现为作战行动，在和平时期表现为国防建设。有关国防建设的许多军事法，就不仅适用于武装力量，而且在全国范围内具有法律效力。(张柔桑《军事法的概念和体系》，《军事法学通讯》1990 年第 1 期) 有的著作认为，军事法是指调整特定范围内涉及国家军事利益关系的法律规范的总和。国家军事利益是"国家利益"和"军事利益"有机联系在一起的整体，是军事法的本质反映。它具体包括国防建设、武装力量建设、兵役、军事指挥、后勤供应和保障、战争权益保障、戒严管制、行政奖惩、军事刑法和战时军律等方面的内容。根据这一定义，表明军事法具有以下特征：(1) 军事性；(2) 综合性；(3) 紧急性；(4) 保密性；(5) 严格性。(夏勇、汪保康《军事法学》，黄河出版社 1990 年 12 月) 有的著作认为，军事法概念完整地表述应为：国家制定或认可，由国家强制力保证其实施，调整军事领域内的社会关系的法律规范的总和。军事法之所以能够成为一个独立的法律部门，首先是因为军事法律规范所调整的社会关系能够组成统一的、其本质特性不同于其他社会关系的整体；其次这一社会关系的整体，客观上需要而且可能进行相对独立的法律调整。古今中外，军事法浩如烟海，形式各不相同，但有一个共同之点，就是调整的对象都是军事领域内的社会关系。这是军事法最本质的特征，是军事法能够成为一个独立的法律部门的主要依据，也是军事法与其他法律部门的根本区别所在。根据这一概念可以看出，军事法具有以下特征：(1) 鲜明的阶级性。军事法是统治阶级的意志在军事和战争领域内的集中体现。(2) 调整对象的特殊性。军事法调整的军事领域内的社会关系是其他任何法律部门都无法调整和难以包括的，这就决定了军事法是一个相对独立的法律部门。(3) 内容的综合性。军事法调整的社会关系的范围十分广泛，其内部又分为许多分支部门，构成了一个内容和谐、体系完整的综合性法律部门。(4) 高度的强制性和统一性。这是军事法的一个非常重要和显著的特征。(莫毅强、钱寿根、陈航《军事法概论》，中国人民公安大学出版社 1990 年 5 月)

关于军事法的渊源 指军事法律规范的创制和表现形式。一般认为，法的渊源是国家机关通过一定方式创立的，表现为一定法律文件形式，抑或被国家认可的习惯。军事法的渊源是指按照军事立法权限和程序制定的具有不同名称，不同层次，不同法律效力的各种规范性法律文件或国家认可的习惯。关于中国军事法的渊源，在法学界也有不同的观点。第 1 种观点认为，军事法的渊源主要有：(1) 军事法律，由全国人大及其常务委员会制定；(2) 军事法规和军事行政法规，由中央军委和国务院在各自的职权范围内分别或联合制定；(3) 军事规章和军事行政规章，由军委各总部、国防科工委、各军兵种、各军区制定，或由军委各总部、国防科工委和国务院各部委在各自的职权范围内分别或联合制定。第 2 种观点认为，军事法的渊源有：(1) 宪法；(2) 国家立法机关制定的军事法律；(3) 中央军委制定的军事法律和国务院、中央军委联合制定的军事行政法规；(4) 军委各总部、各军兵种、各军区制定的军事规章和军委各总部、国防科工委与国务院各部委联合制定的军事行政规章。第 3 种观点认为，军事法的渊源主要有：(1) 宪法性条款。宪法是国家的根本大法，宪法中有关国防和武装力量建设的条款是制定其他军事法的依据，在军事法中具有最高的法律效力。(2) 军事法律（包括军事基本法律和军事法律）。军事基本法律虽然目前在中国尚未制定出来，但它是调整国家国防和武装力量建设中具有全局性、根本性问题的规范性法律文件，应由全国人民代表大会制定或修改。军事法律是调整国防和武装力量建设某一方面重要关系或重大措施的规范性法律文件，由全国人大常务委员会制定或修改。(3) 军事法规和军事行政法规。是调整国防和武装力量建设某一方面的社会关系或某项措施的规范性法律文件，由中央军委或国务院分别或联合制定。(4) 军事规章和军事行政规章。是调整某一部门、某项工作、某项措施中社会关系的规范性法律文件，由军委各总部、国防科工委、各军兵种、各军区制定或者与国务院各部委联合制定。(5) 国际军事条约。凡中国签署、加入、批准的国际军事条约对国内都具有约束力，应当是军事法的渊源之一。军事法律有权解释是指立法机关或授权的国家立法机关对有关的规范性法律文件所作的有效解释，包括军事立法解释、军事司法解释、军事行政解释，它与所解释的规范性法律文件具有同等的法律效力，可以包括在各个层次的法律渊源之中。在中国，判例不作为军事法的渊源。(莫毅强、钱寿根、陈航《军事法概论》，中国人民公安大学出版社 1990 年 5 月出版)

关于军事法的体系 军事法学界主要有两种不同的观点。第 1 种观点认为，军事法的体系既包括纵向的层次划分，又包括横向的部门划分。有的著作认为，军事法体系是指由军事法律规范组成的，纵向层次分明，横向门类齐全，具有内在联系，和谐统一的有机整体。中国的军事法体系，在纵向构成上分为 3 个基本层次：即军事法律（包括军事基本法律和军事法律）、军事法规和军事行政法规、军事规章和军事行政规章。在横向构成上分为 14 类：即军事组织类、兵役类、人事类、优抚类、战争与动员类、教育与训练类、军队行政管理类、国防科技与装备类、国防经济类、国防工程类、交通运输类、军事司法类、安全防卫类，其他类。(傅润明《试论新时期我国军事法建设的目标》，《法学杂志》1989 年第 4 期) 第 2 种观点认为，法的体系指一个国家的法律规范分类组合为不同的法律部门而形成的有机联系的统一整体。它不包括按照法的表现形式即法的渊源所作的划分。有的著作认为，军事法的体系指现行的或即将制定的军事法律规范按照内容分类组合为门类齐全、内容和谐、体系完整的有机联系的统一整体。军事法是我国社会主义法律体系中一个独立的法律部门，它同其他法律部门之间既紧密联系又相互区别，既互相协调又相互制约。军事法本身按其所调整的社会关系的范围以及与之相适应的调整方法的不同又划分为不同的分支部门。中国军事法的体系应是以宪法为依据，以军事基本法为核心，以不同的分支部门为主干组成的完整、和谐的统一整体。(莫毅强《关于建设具有中国特色的军事法律体系的几个问题》，《法学论坛》1990 年第 1 期) 关于军事法分支部门有的著作认为，应包括以下门类：(1) 军事基本法。调整国家国防建设和武装力量建设的基本大法，在军事法体系中占有统帅和核心地位，具有最高的法律效力。(2) 军事组织法。规定国家国防和武装力量的组织结构、机构设置、人员装备编配，调整军事组织中各种社会关系的法律规范的总称，是国家国防和武装力量组织建设的法律。(3) 军事行政法。国家机关和军事机关对国防和武装力量进行行政管理，调整军事行政管理活动中各种社会关系的法律规范的总称。它是国家机关和军事机关进行各种行政管理的法律。在军事法律体系中占有较大比重和重要地位。军事行政法中包括作战指挥法规、军事训练法规、政治工作法规、干部人事法规、军事后勤法规、职工管理法规、武警勤务法规等。(4) 兵役法。规定国家兵役制度和兵役义务的法律规范的总称。是公民依法服兵役，确立国家兵役制度，确保常备军和后备兵员补充的法律。(5) 军事刑法。规定军人犯罪及刑罚处罚的法律规范的总称。是确定军人犯罪及适用刑罚处罚的法律。(6) 军事诉讼法。规定军队及军人参加刑事、行政、民事、经济诉讼活动，调整各种诉讼活动中社会关系的法律规范的总称。是军队及军人进行各种诉讼活动的法律。(7) 军事经济法。调整军事经济管理和军事经济活动中所发生的各种社会关系的法律规范的总称。它是国家和武装力量进行各种经济管理和活动的法律。军事经济法中包括军事计划法规、军事拨款法规、军事审计法规、国防生产法规、国防工程建设和管理法规、国防资源及环境保护法规、军事交通运输法规、军事经济合同管理法规等。(8) 国防科技法。国家对国防科学技术的发明、研制、生产、使用与管理中，用以调整国防科技的各种社会关系的法律规范的总称。其中包括国防专利法规，国防计量法规，国防科技合同管理法规，武器装备研制、生产、使用与管理法规，武器装备进出口管理法规等。它是国家对国防科技和武器装备管理的法律。(9) 国防教育法。国家对全民进行国防教育，提高全民族国防观念，培养国防人材的法律规范的总称。它是国家对全民实施国防教育的法律。(10) 国防动员法。国家为实施由平时状态转入战时状态，统一调动人力、物力、财力、服务于战争的各种法律规范的统称。它是国家在平时和战时实施战争动员的法律。(11) 军事设施保护法。国家为保护军事设施的安全，保障军事设施的使用效能和军事活动的正常进行，调整人们在保护军事设施中所产生的各种社会关系的法律规范的总称。它是国家对军事设施实施保护的法律。(12) 军人优抚法。国家对现役军人及军烈属实行优待、抚恤，调整军人优抚活动中各种社会关系的法律规范的总称。它是国家对军人实行优待抚恤的法律。(13) 国界及边境管理法。国家对国界及边境地区实行管理，调整国界及边境管理活动中各种社会关系的法律规范的总称。它是国家对国界及边境地区实施管理的法律。(14) 紧急状态或战时特别法。国家进入紧急状态和战时实施的一系列特别措施，用以调整紧急状态或战争状态时国内的各种社会关系的法律规范的总称。它是国家在紧急状态下和战时在国内采取各种非常措施的法律依据。(15) 战时国际法(战争法)。战争或武装冲突中用以调整各交战国之间，交战国与中立国或非交战国之间关系以及有关作战行为、作战方法和手段的原则、规则的总称。战争法是国际法的组成部分，是军事法调整对象在国际法中的延伸，也是军事法的分支部门之一。(莫毅强、钱寿根、陈航《军事法概论》，中国人民公安大学出版社 1990 年)

关于军事立法问题 国家机关依照职权范围通过一定程序制定（包括修改或废除）军事法律规范的活动和制度。一般认为，军事立法包括军事立法的概念、特点、基本原则、军事立法体制、军事法制机构、军事立法程序、军事法的整理、汇编和编纂。军事立法理论是军事法学基础理论的组成部分。

军事立法的概念 有的著作认为，军事立法是指国家立法机关或授权的国家行政机关和军事机关制定军事法律、军事法规和军事行政法规、军事规章和军事行政规章的活动。军事立法的基本原则主要有：(1) 坚持四项基本原则；(2) 坚持以宪法为依据，以政策为指导的原则；(3) 坚持符合国家战略和军事战略的原则；(4) 坚持实事求是，从实际出发的原则；(5) 坚持平战结合的原则；(6) 坚持充分协商、民主决策的原则。(莫毅强、钱寿根、陈航《军事法概论》，中国人民公安大学出版社 1990 年)

军事立法体制 1990 年 4 月中央军委发布《中国人民解放军立法程序暂行条例》，对军事机关的立法权限作了明确划分，确立了中国的 3 级军事立法体制即：(1) 军事法律。是军事法的最高层次，由全国人大及其常委会制定。(2) 军事法规和军事行政法规。是军事法的第 2 层次，由中央军委和国务院在各自的职权范围内分别或联合制定。(3) 军事规章和军事行政规章。是军事法的第 3 层次，由军委各总部、国防科工委、各军兵种、各军区制定或者由军委各总部、国防科工委与国务院有关部委联合制定。中国的军事立法体制，符合国家立法体制，便于和国家与政府的立法活动协调，同时与中国的国防和武装力量领导体制相适应，体现了军事立法权限高度集中统一。（宋丹《军事立法权限的划分及其根据》，《解放军报》1990年5月24日）

军事立法程序 包括军事法律的立法程序和军事法规、军事规章的立法程序。军事法律的立法程序包括4个阶段：（1）军事法律议案的提出；（2）军事法律草案的讨论；（3）军事法律的通过；（4）军事法律的公布。军事法规，军事规章的立法程序也包括4个阶段：（1）立法规划和计划；（2）军事法规、军事规章的起草；（3）军事法规军事规章的送审与审定；（4）军事法规，军事规章的发布。

战争动员理论研究 在目前动荡不定的国际形势下，世界各国为了调整战略目标和战略需求，普遍加强了战略研究，各种新的战略理论陆续出现。战争动员理论研究作为战略研究的一个方面，也受到各国军事学术界的普遍重视。从1990年这一领域的研究成果看，与战略调整相适应的战争动员预测性研究，是最受重视的一个侧面。

当前，世界形势和国际关系正在发生深刻变化。国际战略的旧格局已经打破，新格局尚未形成。苏美关系虽然趋于缓和，但战争危险依然存在，世界许多地区并不安宁。1990年8月以后海湾危机的形成和激化，便是国际战略格局新旧交替过程中，种种矛盾冲突的集中表现。面对这样的形势，各国在开展战略研究，实行战略调整中，加强了对战争动员的预测。美国较有代表性的观点认为，根据“世界战略形势的新变化”，美国“需要的是一种能更加有效地履行现有义务的新型的资源战略”，即更多地依赖战争动员准备的战略。另外，“可获得明确的、政治上有利的预警时间充分动员后备役力量，也为确定以后备役部队为主的力量态势提供了多方可能性”。因此，他们的结论是，“现役部队已开始向小而精的方向发展，整个军队已开始向更多地依赖后备役部队的方向转变”。（马学印译《美国90年代面临的战略选择》，《外国军事学术》1990年1期）苏联的一些军事专家也着眼于战争动员的发展趋势，提出了军队体制改革的具体方案，其中较有代表性的是军事学院主任教员B·伊万诺夫所写的《关于苏联武装力量体制的构想》一文。该文提出将军队分为战略部队、战备部队、一般任务部队、训练部队、共和国部队和民防部队等。其中一般任务部队属于战时动员对象，它“包括战时组建团和师保留下来的人员、武器装备和物资技术储备，还包括作为骨干的干部”，总人数约占作为常备军队的战略部队与战备部队总和（160～170万）的1／3，即63万人。可见，苏联在战略调整中，也已将加强军队后备力量的动员建设提到了议事日程。

战争动员理论研究的另一重要侧面，是用于指导战争动员准备的专题研究。从中国一些主要军事理论刊物发表的数十篇重要论文的内容看，这类研究包括了战争动员潜力的开发与积蓄，兵员动员、工业动员、政治动员准备的方针原则和侧重点，建立诸军兵种动员体系的设想，战争动员的基本经验等。

此外，战争动员一般理论问题的研究，1990年以来进一步拓宽了领域。各国军事学术界除了继续探讨战争动员的一系列基本理论问题之外，还剖析了一些构成理论体系的战争动员思想，就其内容、特征、形成条件和指导意义等，作了深入的阐述。特别在中国，出现了对毛泽东、徐向前等无产阶级革命家以及蒋百里等近代军事家的战争动员思想的研究。这对于推动中国战争动员理论体系的完善，有着重要的意义。

中国战争动员理论研究 **毛泽东战争动员思想研究** 中国军事理论界对毛泽东战争动员思想的探讨，一年来有较大进展。不少论者或全面、或从不同侧面，研究了毛泽东战争动员思想的基本内容、精神实质、产生与形成过程，以及它的重要指导意义。

关于毛泽东战争动员思想的基本内容和精神实质

有的学者指出，毛泽东战争动员思想是历史唯物主义在战争指导上的运用，是党的群众路线的生动体现，是中国人民解放军战争动员实践经验的科学总结，是人民战争思想的重要组成部分。认为其精神实质是动员人民群众，扩大人民军队，进行人民战争。毛泽东从理论和实践的结合上，回答了中国革命战争动员的几乎所有问题，是一个很完善的、具有中国特色的战争动员思想理论体系。它的基本内容包括：广泛地动员人民群众，是进行人民战争的前提；实施政治动员，是夺取战争胜利的一个头等重要的问题；确立符合中国实际的兵员动员、物力动员形式，是满足战争需要的重要保证；做好动员的保障工作，是有效地实施战争动员的必要措施；加强和平时期的战争动员准备，是做好反侵略战争准备的重要方面。有的学者认为，以毛泽东为首的老一辈无产阶级革命家、军事家将马列主义关于武装群众、建立巩固后方、扩大无产阶级军队、保障前线各种需要的基本理论与中国革命战争的客观实践相结合，适时提出了一系列战争动员指导原则，从而逐步形成了战争动员理论体系的框架。这个理论体系的基本内容包括：战争动员的地位作用；战争动员的范围内容；战争动员的实施计划；战争动员体制和保障措施；战后复员；动员建设的平战结合。

关于毛泽东战争动员思想的产生与形成 学者们普遍认为，毛泽东战争动员思想是在中国长期革命战争的实践基础上产生和形成的。就其历史发展而言，有的作者提出“四阶段”说和“五阶段”说。四阶段说，即第一次国内革命战争时期为萌芽阶段；土地革命时期为形成阶段；抗日战争时期为深化阶段；解放战争和建国以后为逐步完善阶段。五阶段说，即在上述四阶段的基础上，把解放战争时期和建国以后区分为不同发展时期，成为五个阶段。

关于毛泽东战争动员思想的科学价值和指导作用 学者们认为，毛泽东战争动员思想不仅揭示了战争动员的一般规律，而且具有鲜明的中国特色，是指导中国革命战争动员工作的基本理论；在现代战争条件下，它的基本精神并没有过时，因为它坚持了人民群众创造历史的唯物主义观点，符合中国的国情、军情和民情，代表着无产阶级和广大人民群众的根本利益，因而具有很强的现代适用性，是任何外国战争动员理论所无法替代的。

徐向前兵员动员思想研究 徐向前作为伟大的无产阶级革命家、军事家，中国人民解放军后备力量建设的主要决策人之一，对毛泽东战争动员思想的创立和形成有着重要的贡献。中央军委人民武装委员会办公室在《悼念徐向前元帅》一文（载于《中国民兵》1990年第12期）中，把徐向前兵员动员思想的主要内容概括为以下三个方面：

兵员动员基础在民兵 民兵是战时配合和支援部队作战的一支武装力量，又是补充扩大军队的强大后备军。因此，平时后备兵员准备的基础，基本上靠民兵，尤其是基干民兵。这是我们的基本国策。

兵员动员准备必须同现代战争的要求相适应 今天动员人民参加和支援战争，不能停留在过去阶段的水平上，应当面对现代战争的实际，实事求是地向广度和深度发展，向现代化方向发展。除了搞好民兵工作之外，必须把复员退伍军人、尤其是干部和技术兵登记起来，使他们成为战时动员的骨干，成为首次动员补充的主要对象。

为建立和完善快速兵员动员体制，必须组建预备役部队 早在60年代，徐向前就提出，民兵工作平时主要搭好架子、配好班子，一有战争就集合起来，你要多少个师，就有多少个师。哪里有兵，那里就有武器，那里就有干部，一定要配起套来。要搞简编师、架子师，平时用来训练民兵，战时可以成建制地进行兵员动员。

有的作者则把徐向前的兵员动员思想融入他关于实行群众战争的思想中加以阐释，指出：从创立鄂豫皖根据地时起，徐向前就强调红军作战要依托根据地人民的支持，“要尽量号召群众参加”。主张在发展红军力量的同时，配合地方党组织扩大人民武装，发展主力部队、地方武装和人民群众三位一体的革命战争。60年代在中央军委分管民兵工作时，多次论及人民战争仍是我们的最大优势、克敌制胜的主要法宝，必须永远坚持和发扬；并据此提出了一系列加强民兵建设、做好人民战争兵员动员准备的指导思想。（朱玉《徐向前的军事理论概述》，《军事历史》1990年第6期）

蒋百里国家总动员理论研究 蒋百里（1882～1938）是中国近代军事思想家，著有《总动员纲要》等文。1990年，有的作者对蒋百里的国家总动员思想作了专题探讨，认为他的这一思想包含三个方面的内容：

总动员的意义和目标 总动员比军队动员有着更广泛的意义。它是“以国家为主体，将国内一切的一切，熔铸锻炼起来，成为一国的国力”，其实质是“民事与军事之熔成一片”，互相适应，实现全国范围生活条件与战斗条件的一致。为达此目标，应实施现有条件的改造和未来设施的规划，“凡国家现在所有的生活工具”和“未来或正在进行之一切设施”，都能“供长期战争之用”。

总动员的要素 要素“不外乎三，曰人，曰物，曰组织”。在人的因素中，应注意利用中国人口众多这个“伟大的数量”；应注意激发国民的爱国精神，提高全民族统一的自信力；同时，还应采取措施增强国民的健康水平。物的因素包括原料、动力和“运用此种原料动力的工具即人类的‘能’”。为了有效实施物力总动员，要注意培养设计家、管理家、技术研究者和熟练的工业生产骨干。至于组织的因素，则是“总动员的根本”。一个优良的组织，能弥补人力、物力、财力的不足。中国正“处于有‘人’有‘物’而组织不健全”的状况，因此“中国之生死存亡之关键，完全在此‘组织’一事”。而健全组织，主要是健全国家行政组织和社会组织。

总动员的实施 这是一项非常复杂而又十分巨大的事业，是一场与敌国争速度抢时间的斗争。因此，必须实行全面规划和分级领导的方针，即在最高统御

机关领导下，中央与地方各机关实行统一规划，分工负责，分级指导。如此，才能统一实施总动员的各项工作。（余子道《蒋百里国防经济思想述论》，《军事历史》1990年第3期）

中国战争动员基本经验总结 中国的一些著作和论文普遍认为，中国战争动员的主要特色是全党动员、全民动员。在这种独特的动员实践中，中国军民在毛泽东战争动员思想的指引下，数十年来创造了极为丰富的经验。有的作者将这些基本经验总结概括为四条：①党政军和群众团体根据统一规划，采取多种形式和措施，深入持久地进行政治动员。经验表明，中国人民解放军在战争年代所以能够取得伟大胜利，是与深入持久地进行政治动员分不开的。②建立和健全党中央统一领导的军队、政府、支前系统"三位一体"的各级动员领导机构，加强对各项动员工作的领导。③制定动员组织机构建设、人力动员、物力动员和优待抚恤等方面的法规、制度，为战争动员实施提供法律保障；④坚持自力更生、发展经济的方针，有计划、按比例地实施兵员、物资动员，满足战争的需要。（翟福恩《我国战争动员理论初探》，《中国军事科学》1990年第3期）

工业动员研究 工业动员作为战时经济动员的主要内容，其理论研究近年来在中国呈现十分活跃的局面。专家学者们在这一领域的研究中，既涉及现代工业动员的内容、特征和地位、作用等基本理论，也围绕我国工业动员的准备提出了一系列思想、观点和方针、原则。有些作者较全面地探讨了工业动员问题。他们提出：技术设备、劳动力、原材料和能源等的动员，构成了现代工业动员的内容；它的显著特征是突发性、高技术性、组织实施的复杂性和与战争的并存性；它作为战争重要手段的地位，是由现代战争对工业愈来愈大的依赖性决定的；加强工业动员准备，主要在于完善工业动员措施以提高快速反应能力，调整军事工业布局和结构以提高军工生产能力，调整军品结构、建立军工动员区以提高军工保障能力，更新军工生产设备、做好民用厂动员准备以提高战时军品扩产能力。（王其琨、徐勇《工业动员论》，《军事经济研究》1990年第8期）还有的作者从总结第一、二次世界大战主要参战国的经验教训入手，肯定了建立强大的工业基础和完善工业动员机制的重要意义。认为必须积极地遵循客观规律，做好工业动员准备。包括建立雄厚的工业基础；健全工业动员机制；制定工业动员法规；编制工业动员计划等。（王世兰《美国工业战备动员的经验与教训》，《军事经济研究》1990年第3期）

军队后勤动员研究 作为武装力量动员重要内容之一的军队后勤动员，同经济动员有着内在的联系。经济动员的首要目的，就是满足军队遂行战争任务时的后勤需求。有些作者指出，未来反侵略战争是广泛使用现代技术装备的诸军兵种合同作战。各种物资消耗巨大，后勤保障任务极其繁重，仅仅依靠军队现有的储备和后勤自身的保障力量是难以完成任务的。只有依靠后勤动员，依赖整个国家的经济力量和全国人民的支持，才能完成后勤保障任务。因此，必须完善军队后勤动员工作，使之成为机构健全、法规完备、制度完整的后勤动员体系，并逐步走上正规化、法律化、制度化的轨道。据此，建立军队后勤动员体系的初步设想主要是：建立完整精干的后勤动员机构；编制包括后勤兵员、经费保障、物资、交通运输、装备保障、修理技术力量、医疗卫生等动员的计划；建立国家储备与军队储备、集中储备与分散储备、军队储备与民间储备相结合的后方储备体系。建立军队后勤动员体系应当把握的指导思想是，着眼战争全局，依靠国力，依靠政府和人民，动员一切人力、物力、财力，充分发挥总体保障能力，迅速、有效、全面地做好军队后勤动员保障。（祝茂余等《关于建立后勤动员体系的思考》，《军事经济研究》1990年第10期）

美国战争动员研究 资料表明，对美国战争动员的最新研究，涉及三个方面：

国家动员的概念及内容 美国学者约翰·E·斯泰隆认为，在美国，全国动员被看作是一种反常的状态。当战争或其他重大灾难发生时，政府把人民的力量和平时积累的资源集中起来，用于保卫国家，保卫国家的领土、利益和人民，这就是国家动员。它是在国家面临生死存亡的关头进行的，至少包括政治、社会、经济和技术四个方面的内容。在政治方面，要求国家领导人和政治活动家积极参与协商，以作出举国一致的决定，采取必要的行动；在社会方面，要求全国人民自动地为国家安全吃苦和作出牺牲；在经济方面，要求将消费品生产转到至关重要的军需生产的轨道上来；在技术方面，要求集中科学家和工程师们的智慧和才能，以便解决国家在动员时期可能遇到的技术上的难题。（《国家动员的概念和原则》，载于《变化中的世界》一书，国防大学出版社1989年10月第1版）

国家动员的政策和原则 斯泰隆指出，美国的全国总动员政策体现和运用了八条切实可行的原则，这就是：在履行义务方面，社会各方面必须同等地承担义务；在政治控制方面，总统和参议院要直接参与决策并贯彻执行国家的方针政策，在任何情况下都不允许军事机构和商界决定国家政策；在政府管理方面，要求政府发挥应付全国性危机和紧急情况的作用；在实施指令性计划方面，政府必须明确生产目标，合理分配资源，制定鼓励政策和各方面的验收标准，具体任务由工业部门、承包商以及国营军工部门去完成；在后备机构方面，平时就要设立负责全国动员工作的国家动员部门、机构和委员会，使之拥有动员的权力并负有相应的责任；在权力下放方面，计划的实施必须与最高决策分开；在有关知识和资料方面，必须建立综合数据资料库；在代表权方面，社会各阶层都要有代表，避免出现不公平的现象。这些原则，是通过总结历次战争的实际经验、实施动员演习和进行工业研究而形成的。虽然形势在变化，但这些原则不会变，现在仍然是有用的。(出处同上)

美国战争动员思想的形成 美国作战理论专家唐·斯塔里认为，在1812年第二次独立战争之前的美国，军事理论几乎处于空白状态。后来，在南北战争经验的基础上，由于拿破仑军事艺术、工业革命和现代技术三大因素的影响，美国军事思想才得以形成和发展。拿破仑的影响，在于促使美国人把人力视为一种无偿的、能够赢得战争胜利的最可靠的资源。这种观点在美国军事思想中一直占居统治地位，而且迄今仍然是根深蒂固的。工业革命的影响，是导致包括新的动员制度、参谋制度等的建立，其目的在于充分利用工业革命的生产技术和手段，在战争中取得数量上的压倒优势。动员制度的建立，使美国在两次世界大战中实施了有效的人力、物力动员。现代技术的影响，则迫使美国不得不对征兵制、全民武装、大工业动员制度等理论加以重新考虑，从而在70年代导致积极防御与纵深攻击合为一体，即"空地一体"作战思想的产生。(肖梁编译《影响美国军事思想的几个因素》,《外国军事学术》1990年第1期)

美国战争动员基本经验总结 美国通过对1929年至1939年经济大萧条时期、第二次世界大战和朝鲜战争的研究，归纳出八个方面的实际经验，并据以制定全国总动员的政策和原则。这些经验是：当国家必须动员经济资源时，需要人民以忍受困难和作出牺牲的精神和意志，平等地承担义务；全国总动员作为民主生活的一种极不正常的状态，要求被选出的领导者必须直接参与决策并贯彻执行国家的方针政策，这已被罗斯福总统在大萧条时期和第二次世界大战中的实践证明是正确的；在全国紧急状态下，国家利益高于一切，因而特别需要挑选、培训和储备动员时期所需的领导人才和专业人才，以加强政府管理；全国总动员牵涉面很广，要想建立和实行一种切实可行而又能有效地应付所有问题的中央制度，主要应通过指令性计划去实施；为了国家安全，花很多钱设立动员机构，给它配备工作人员是值得的；动员决策者需要总揽全局，不需要很深入地了解每一项动员计划，也不需要对全国总动员的过程进行过于精细的管理，否则有因行政事务负担过重而发生迷失政策方向的危险，因而必须把计划的实施与管理同最高决策分开；在全国总动员过程中，要作出正确合理的抉择，就必须及时、准确地获得有关知识和资料；全国总动员必定会影响到社会各阶层，为了保证取得广大群众的支持，也为了做出合理正确的决定，必须听取各种各样的不同意见。(约翰·E·斯泰隆《国家动员的概念和原则》，载于《变化中的世界》一书，国防大学出版社1989年10月第1版)

后备力量建设理论研究（中国） 1990年，中国广大理论工作者和实际工作者，从世界形势和国情、军情出发，广泛吸取其他国家后备力量建设的有益经验，提出了加强新时期国防后备力量建设的新思想和新观点。

关于国防后备力量的概念 研究国防后备力量理论首先要弄清其定义，把握这一概念的内涵，这是正确地进行思维、抽象和概括的前提和基础。有的作者指出，长期以来，相当一部分人认为：国防后备力量就是民兵、预备役。由于认识上的偏差，在一定程度上影响了国防后备力量建设的全面协调发展。作者认为，国防后备力量与民兵、预备役之间虽然存在着密切的联系，但是，二者之间的区别也很明显。国防后备力量是相对于国防现实力量而言的，它是除国防现实力量以外的一切可用于保卫国家主权、领土完整和安全，防御外来武装侵略的人力、物力的总称。而民兵、预备役只是其中的一部分，是一种兵役制度和兵员组织形式，它与国防后备力量的关系是从属关系、局部与整体的关系。虽然，民兵、预备役是国防后备力量的主要组成部分，但它不是全部的后备力量。有的作者认为，国防后备力量是一个具有特定内容的概念，有狭义和广义之分。狭义的国防后备力量，是指国家非正规武装和准军事组织。由于各国条件不同，其构成和名称也各不相同。一般包括预备役部队和群众武装。在中国是指民兵和预备役。广义的国防后备力量，是指除常备军之外，国家可用于战时动员使用的一切力量。它包括国家的人力、物力、财力、经济力和科技力及其转化机制等。它既是国防力量的组成部分，又是国防力量的坚强后盾。（高昆山、张秀山《国防后备力量学概论》，中国国际广播出版社 1989 年 11 月出版）

新时期国防后备力量的战略地位 有的作者指出，首先要从国家的长治久安、稳定大局的需要，认识加强国防后备力量建设的重要性。民兵、预备役部队不仅是生产建设的主力军，而且是维护社会治安，防止社会动乱，保卫人民和平劳动的一支重要力量。把这支队伍组织好、建设好，本身就是一个很重要的社会稳定因素。其次，要从经济建设和国防建设的辩证统一关系上，认识和确立国防后备力量建设应有的战略地位。任何一个国家搞经济建设，都是以强大的国防实力做后盾的。不然，国家的安全就没有保障，也就谈不上搞建设了。中国国防建设指导思想实行战略性转变，并不意味着可以放松军队和后备力量建设。通过寓兵于民的办法，使国家始终拥有保持国家防务所必需的武装力量，这是建设具有中国特色的现代化国防的必由之路。经济建设与国防建设的关系是辩证统一的。经济建设搞上去了，可以为国防建设提供雄厚的物质基础；国防建设搞上去了，可以为经济建设提供可靠的安全保障。因此，既要集中主要精力抓好经济建设，使国家和人民尽快富裕起来，又要关心和支持国防建设，尽心尽力、尽职尽责地做好民兵、预备役工作。（岳岐峰《充分认识新时期国防后备力量的战略地位》，《国防》杂志 1990 年第 7 期）

关于民兵工作的标准 常备军建设必须也只能以战斗力为标准。民兵作为武装力量的组成部分，人民解放军的助手和后备力量，其建设的标准是什么？这是一个关系到民兵工作方向的问题。对这个问题，有两种截然不同的观点：

一种观点认为，民兵建设应以生产力和战斗力为标准。有的作者指出，民兵既是民，又是兵，具有“民”和“兵”的双重属性。中国兵役法规定：“民兵是不脱离生产的群众武装组织”，这是对民兵性质的高度概括。民兵的双重属性，决定着民兵的双重职能。民兵既然是不脱产的生产者，就应当在本职岗位上“积极参加社会主义现代化建设，带头完成生产和各项任务”，为提高经济效益、发展生产力作贡献。这是由其“民”的属性决定的。民兵既然是武装组织，要“随时准备参军参战，抵抗侵略，保卫祖国”，“担负战斗执勤，保卫边疆，维护社会治安”的重任，就应当加强自身建设，不断提高战斗力，真正做到“召之即来，来之能战”。这是由其“兵”的属性所决定的。既出生产力，又出战斗力，是民兵的“民”和“兵”双重属性的本质体现。民兵工作如果不抓生产力的发展，就缺乏坚实的经济基础，失去生存力；不抓战斗力的提高，就没有存在的价值，失去了生命力。（张长顺《既出生产力，又出战斗力》，《国防》1990 年第 2 期）

另一种观点认为，民兵工作要以战斗力为标准。他们指出，将“既出生产力，又出战斗力”作为民兵工作的标准，其内涵缺乏科学根据。“战斗力”和“生产力”都是具有特定含义的概念。一般地说，战斗力是指武装组织在一定的条件下担负作战任务的实际能力，其构成要素主要包括经过一定军事训练并掌握一定军事技能的人、一定的武器装备和能使人与武器装备有机结合的作战编成等。民兵作为群众性的武装组织，具备了这些要素。而生产力是指人们改造自然和创造物质产品的能力，其构成要素除了生产者之外，还包括生产工具和劳动对象。民兵虽然是不脱离工作岗位的生产者，但并不是生产力的全部，因而也不可能对提高生产力发挥全面的影响和作用。那么，以生产力为标准来衡量其社会作用，并作为其工作标准，就勉为其难了。任何一项工作标准，都应集中体现该项工作的基本性质，并把其根本职能作为自己的出发点和落脚点，否则，就会造成工作标准与工作目标的背反或偏离。民兵作为群众性的武装组织，其根本职能是配合中国人民解放军巩固国防，抵御侵略，保卫祖国，保卫社会主义建设，保卫人民的和平劳动。所以，民兵工作还是只提以战斗力为标准好，不要提以生产力为标准。

后备力量建设的中心工作 军队的各项工作是以军事训练为中心进行的，那么作为军队的后备力量其建设应以什么为中心呢？对此众说纷纭，莫衷一是。具有代表性的观点概括起来有以下几种：

一种观点认为，后备力量建设应以军事训练为中心。有的作者指出，后备兵员所具有的“民”与“兵”的双重属性，是区别于其它社会群体的内在的“质”的规定性。它的本质属性是“兵”，舍此，民兵、预备役组织就失去存在的必要。民兵、预备役的根本任务是配合和扩充现役部队，抵御外来侵略，保卫祖国安全，保卫四化建设。这是民兵、预备役存在和发展的根据。正因为如此，民兵和预备役建设是国防建设不可缺少的重要组成部分，是和平时期实行寓兵于民、巩固国防的一项重要措施。这一特点，决定了后备力量建设只能以军事训练为中心。（刘忠、钟德罗、刘忠民《突出“兵”的特点是由民兵预备役的根本性质和任

务决定的》，《国防》1990年第2期）

另一种观点认为，后备力量建设应以动员为中心。有的作者指出，后备力量建设尽管包含了许多内容，但在实质上仍然和军事理论界普遍认可的动员这一提法紧紧相连。战争动员分为战时的动员实施与平时的动员准备。后备力量建设从根本上讲，应该是战争动员中的平时动员准备。后备力量建设实质上包含两层意思：一是将综合国力的一部分转化为准军事力量，即开发和储备战争潜力；二是准备迅速将这种力量转化为现实的军事力量。这"两个转化"过程，都必须以动员为核心，离开了这个核心，后备力量将无从建设。因此，后备力量建设应以动员为中心是较科学和客观的提法。（高虹《应以动员为中心》，《国防》1990年第2期）

再一种观点认为，后备力量建设应以组织、政治和军事"三落实"为中心。有的作者指出，毛泽东提出的"民兵工作要做到组织落实、政治落实、军事落实"，科学地概括了民兵建设的三个基本环节，为民兵的组织建设、政治工作和军事训练提出了明确要求。后备力量建设千头万绪，只要抓住这三个基本环节，也就抓住了根本，就能走活"一盘棋"。后备力量建设只有以"三落实"为中心，打好坚实的基础，才能完成所赋予的各项任务。（唐玉生《应以"三落实"为中心》，《国防》1990年第2期）

还有一种观点认为，后备力量建设应以经济建设为中心。有的作者指出，古今中外的历史表明，任何战争，实质上都是国力的较量，即国家的富强程度的较量。军力是以国力作后盾的。全党工作重点转移到以经济建设为中心的轨道后，后备力量建设也必须围绕这一中心来进行，如果不把国家当作强兵的根本大事来抓，一味强调兵的特性而大抓战斗力的提高，即使一时强大，也难免衰落下来。如果后备力量建设不坚持以经济建设为中心，后备力量建设的耗费不建立在自己的贡献基础之上，就会偏离方向，甚至很难落实，加强后备力量建设也将是一句空话。再则，强兵不但需要足够的兵员、现代化的武器装备，而且还必须有充足的后勤供给。在生产力不够发达，国家没有丰裕的财力作保证的情况下，超越现阶段的客观基础，去空谈加强后备力量建设，也只能是空中楼阁。（李佐魁《要以经济建设为中心》，《国防》1990年第2期）

民兵在维护社会稳定中的地位和作用 民兵队伍不仅是抵御侵略、保卫祖国的一支重要力量，而且是防止和制止社会动乱、稳定社会局势的一支不可忽视的力量。怎么认识和发挥民兵在维护社会稳定中的地位和作用，成为后备力量建设应用理论研究的一个重要课题。论者的主要观点有：

组织民兵维护社会治安，是国际国内阶级斗争的客观需要。有的作者指出，1989年春夏之交发生的动乱和反革命暴乱说明，国际反动势力总是妄图用"和平演变"战略，采取资本主义政治、思想、文化、经济渗透的办法，颠覆社会主义制度；而国内一些顽固坚持资产阶级自由化立场的人，借改革开放之机，大肆鼓吹资本主义的所谓"自由"、"民主"、"人权"，恶毒攻击社会主义制度和中国共产党，否定四项基本原则。树欲静而风不止。在关系到党和国家生死存亡的斗争中，作为国家武装力量组成部分的民兵，理所当然地应该肩负起保卫社会主义制度，维护国家安定的神圣职责。（温景义《谈谈组织民兵维护社会治安问题》，《中国民兵》1990年第5期）有的作者认为，去年国际、国内形势的急剧变化告诉我们，没有政治的稳定、经济的稳定和社会的稳定，改革开放，四化建设乃至一切工作都无从进行。在为实现社会稳定而斗争的过程中，民兵不但要在政治、经济等领域发挥积极作用，而且还要随时准备应付各种突发事件，积极参与维护社会治安的活动。这两方面的工作做好了，民兵就能成为保持社会稳定的重要因素，为实现社会稳定作出积极的贡献。（闫琢《统一认识、不辱使命》，《中国民兵》1990年第5期）

民兵在维护社会稳定中具有特殊的作用。有的学者将民兵在应付突发事件、制止动乱中的特殊作用，归纳为以下4点：一是人数众多，力量雄厚，能适时补充；二是可以起到群联、群治的作用，就是发生局部动乱，也能及早发现，及早采取措施；三是以民的身份出现，劝阻、说服群众，可以达到军队、警察难以起到的效果；四是民兵人熟地熟，就地动员，就地使用，可以减少集结、运输、开进等程序，召之即来，使用方便。这些是国家武装力量的其他组成部分无法与之相比的。

组建民兵应急分队是应付突发事件，保证国家长治久安的重要措施。有的学者认为，中华人民共和国宪法和兵役法规定，民兵是国家武装力量的重要组成部分，不仅肩负着对外反侵略的神圣使命，而且担负着维护国内社会治安的重要职责。在新的历史条件下，采取赋予任务的办法，在基干民兵组织中建立民兵应急分队，对于协助军队和执法机关，保卫祖国，维护社会治安，促进社会稳定，保证国家长治久安，不仅是十分必要的，而且是完全符合国家法律的。有的学者则认为，为适应各种突发性事件的需要，民兵应急分队应强化训练，提高三种能力：一是遂行多种任务的能力。为此，不但要根据国内可能发生的各种突发性政治事件，开展有针对性的应急训练，而且要防止敌对势力的渗透和破坏活动，进行反颠覆、反敌特等训练。二是快速反应能力。要在定人、定位、定车、定武器和明确任务的基础上，加强紧急战斗准备、快速集结、紧急出动等训练，达到收得拢、拉得出和开得快。三是恶劣环境下的生存能力。要坚持从难从严，合理加大运动量，进行增强力量、速度、耐力、灵敏、柔韧等训练，以适应高强度、体力重、任务多的需要。

关于国防后备力量学的研究对象和任务 有的作者认为，国防后备力量学是研究国防后备力量建设、发展和运用等活动现象、过程及其规律的一门综合性学科。它是以探求国防后备力量内部和外部的联系、相互作用的机制及其规律作为研究对象的。即：通过对国防后备力量建设、发展、运用等活动现象、活动过程、相互关系的研究，揭示其内部活动的一般规律；通过对国防后备力量与国家综合力量相互关系、作用等因素的研究，从宏观上进行科学分析，揭示其规律，确立国防后备力量应遵循的方针、原理和原则等。 其理论体系主要包括五个方面： 一是基础理论——国防后备力量学总体指导的理论；二是国防后备力量建设——国防后备力量的组织、领导、管理的形式和规范；三是国防后备力量转化机制——由国防潜在力量转化为现实力量中的理论和实践问题；四是国防后备力量战时应用——国防后备力量经过动员和转化后，如何在战争中发挥整体威力；五是国防后备力量发展原理——在国防现代化发展战略的指导下，国防后备力量的发展战略问题。国防后备力量学的研究任务，是围绕国家经济建设和国防建设发展的总目标，根据国防后备力量学的研究对象所具有矛盾的特殊性，运用军事科学中相邻学科的原则、方法、手段，从国防后备力量的结构、功能和机制等方面进行理论探讨，探索和揭示其规律和特点，提出指导原则，以指导国防后备力量的实践活动。(高昆山、张秀山主编《国防后备力量学概论》，中国国际广播出版社 1989 年 11 月出版)

国防经济学研究 近年来，国际经济、政治、军事形势发生了剧烈变化。在这种情况下，许多国家在国防经济学研究方面提出了一些值得注意的观点。

苏联提出军转民的新思路和军工生产集约化经营的方针 苏联在总结前几年国防工业军转民的经验的基础上，1990 年制定了新的"国家军转民计划"，该计划的基本思路是：优先安排食品工业和轻工业以及消费品；努力发展电子设备、计算设备、民航机和民用船舶；制定"军转民法"，以保护转产民品的军工厂及其员工的利益；安排技术水平较高的军转民产品的生产，以保留军工企业的先进生产能力；鼓励以生产军品为主的军工企业加强出口创汇或与外资合作，提高技术水平。1990 年国防工业的民品产值达到了 40%左右。根据这个计划，1995 年的民品产量将在 1989 年的基础上翻一番。(《中国军转民报》1991 年 1 月 29 日第四版)

在大力进行军转民的同时，苏联也不断提高军事经济效益。军工生产是军事经济活动的核心，加强军事经济实力，关键是提高军工生产能力和产品质量。在目前经济和军费有限的条件下，走内含式扩大再生产道路是必由之路。近年来，苏联在军工生产方面，为大力提高技术和产品质量，提出由粗放型生产向集约化经营过渡。苏联科学院世界经济和国际关系研究所室主任 A · 阿尔巴托夫在苏《国际生活》杂志撰文指出，苏联武装力量人数多，武器型号多，生产批量多，更新频繁，这造成了军费开支增大而不一定形成战斗力的结果。他提出，要从根本上改变军事工业和各武器设计局活动中的浪费机制，调整那些型号不同而用途基本相同或型号翻新性能改进不大的项目，对武器装备的生产计划要进行广泛的论证，限制产品的批量，延长更新周期，提高产品质量。通过集约化经营，提高整体的、长远的军事经济效益。(甄希摘译《多少防御力量才算够用》，《外国军事学术》1990 年第 2 期)

苏联进一步强调提高军备质量 苏联国防部长亚佐夫元帅 1990 年指出：在国防科技政策、武器装备生产和供应方面，必须把质量作为决定性方针，必须建立有效的经济机制，既要杜绝这方面各种陈规旧套的作法，放弃跟在对方后面一步一趋地照套其武器装备发展计划的办法，同时又要使我军的技术装备水平符合实际的军事威胁程度和合理够用原则。关键的问题是，武器设计和生产贯彻竞争原则，改进军事订货工作。苏联质量建军的主要作法是：(1) 减少军队数量，削减武器装备。1990 年底以前，苏计划减少军队员额 50 万，撤销 24 个坦克师和摩步师，4 个空军师和 19 个空军团；1991 年 6 月 1 日前销毁全部中程导弹和射程 500 公里以上的战役战术导弹。(2) 削减军费，压缩军工生产规模。在压缩国防开支方面，1989年军费比上年削减1.5%，1990年和1991年预计再削减14%，并决定将武器装备生产近年内压缩约20%。(3) 调整武器装备发展方针，重点研制高技术武器。在“合理够用”原则指导下，苏军武器装备发展方针和政策正在发生重大变化。一是由以前的以量补质转为侧重质量；二是放弃在每个军事计划和武器系统上赶超美国的所谓“针锋相对的方针”，采用合理的、综合的、足够有效的、经济的反措施；三是在新型武器装备的发展上采取“多研制、少生产”的方针，搞好技术后备；四是加强重点科研，把财力物力用于投资小的防御项目上。(张国平《苏军建设的新变化》，《外国军事学术》1990年第2期)

美国提出新型的资源战略 美国战略与国际问题研究中心在《90年代的国防经济学：资源、战略和选择》政策报告中提出，国际战略环境已发生重大变化，这使美国在资源日益减少的情况下，为保卫美国的利益，必须找到一种能更有效地以有限资源应付各种挑战的资源战略或地缘战略，并制定或调整相应的国防政策。据这份报告介绍，这项战略的基本目的是为分配有限的国防经费，确保那些最重要的利益提供指导。这项新型的资源战略的主要内容有：(1) 常规力量的开支在国防预算中占有最大的比例，裁减常规力量才能大大减少国防预算。(2) 核武器同常规武器相比可以更廉价地确保威慑，但常规力量也是一种现实威慑力量。(3) 美国、欧洲、南朝鲜等地区谁也没有足够的经济或政治力量大幅度增加国防开支，所以当务之急是“精兵”，加强后备力量建设，而不是“加钱”。(4) 减少现役部队，加强预警力量，为动员提供充分的条件。(5) 调整武装力量结构，加强快速部署部队的建设，减少非战斗人员，削减文职雇员。(6) 调整武器装备结构，有选择有比较地取消已过时或即将过时的武器装备，节省经费开支。用在武器装备研究和采购中的重点上，政府必须根据对国际形势和未来威胁的预测，决定是采购更多的低成本普通技术装备还是采购少量的高成本高技术装备。(7) 改革国防采购体制，包括严格管理制度，建立一支更加专业化“采办队伍”，减少对采办人员的限制并加强其权力，扶持国防工业体系。(8) 加强国际间特别是联盟内部的防务合作，要求盟国承担更多的义务和经济援助，弥补美国军事力量的不足；但要求日本增加国防开支是不明智的，应重点促使日本对有共同利益的国家提供经济援助。(马学印《美国90年代面临的战略选择》，《外国军事学术》1990年第1期)

美国对军费开支的研究概况 军费的研究是国防经济学的基本内容之一。1990年前后，美国军内外高层人士曾展开了一场围绕防务建设的大讨论，其中军费是一个重要问题。大多数人认为，沉重的防务负担，长期以来严重影响了国民经济的发展。但也有人在防务开支与国民经济的关系上提出了一些新的观点。例如，美国有人指出，防务预算与财政赤字没有必然的联系，从历史上看，美国60年代防务支出几乎占联邦政府预算的50%，但当时并不存在财政赤字；70年代防务支出比例下降为25%左右，却出现了严重的赤字问题；80年代财政赤字越来越大，但同期的非防务开支的增长大大超出了防务支出。因此，他们提出，考虑到美国的地位和在国外承担的军事义务以及经济低速增长的情况，防务支出应稳定在占国民生产总值5～6%，每年应增长1～2%。对削减军费，美国各方普遍持肯定态度，但对削减幅度分歧较大，主要有3种意见：第1，美国政府和国防部认为，在1997财年之前每年军费可减少2%，这是一种稳健的态度；第2，前国防部长布朗、施莱辛格等人主张，1991年后5年内将防务预算削减25%；第3，前国务卿伊克雷、前国防部官员考夫曼等人主张，到2000年裁减军费50%，认为可以通过拨出一小部分军费援助盟国、资助东欧国家民主运动等办法来捍卫美国的安全。他称对东欧国家的经济援助为“第一线武器”，认为只要从防务预算中抽出一个百分点的1/3，就可以使东欧“面目皆非”。现任国防部长切尼持完全相反的立场。他反驳说，军费削减一半，美国只配当二流国家。一些权威人士也都认为，削减军费过猛，美军实力受损过大，会带来难以预料的后果。(陆宝生编译《新形势下的美国军事改革》，《外国军事学术》1990年第9期)

日本强调防卫建设中的经济因素和效益 日本在防卫和军队建设中充分考虑经济因素的制约和财政状况，力求同国家的其他各项政策协调一致，强调军事力量发展必须在国家负担能力允许的范围内进行。但在军队建设计划和规划上，要有一定的超前性。日本认为，国家负担能力指国家的人力、财力、物力方面能够承受的限度。为了提高防卫资源的效益，日本非常重视军事技术的发展和管理，强调对引进的军事技术装备项目进行多方调查，全面论证，以求投资的合理性。例如，日本军事当局在确定更新F-4EJ战斗机后，立即派员到美、英、德、法、瑞典等国多次调查选型，选出7种综合防空性能好、战斗力强的先进机型，后又经多方实验、分析、论证，最后选中美国

F-15 战斗机，保证了这种武器装备的实用性和技术领先性。（文武《日本制定防卫力量发展计划时考虑的问题》，《外国军事学术》1990 年第 9 期）日本为提高防卫资源效益，采取了许多措施，如在人才培养方面，强调充分利用地方教育机构为军队培养各种技术人员；在计算机软件的开发和维护方面，尽可能委托地方机构进行，特别是难度较大的系统；在武器装备设计维修方面，将更多的业务工作委托民间机构承担；在民品租借方面，从计算机系统到军官住房，侧重采取租赁制，扩大民品满足军需的程度；在军品储备和保管方面，充分利用民间设施或委托地方机构代管。这些措施都可以大大节省军费，可以集中财力和精力加强军队建设和军事训练。

印度提出国防建设与经济建设同步进行 印度 V · P · 马利克在印度《战略分析》杂志 1990 年第 4 期撰文指出，国防建设是一个确定国家安全目标，制定政策和战略，并据此确定费用分配以及国防资源采购、使用和处理的过程。从经济方面看，这个过程中有两个基本问题：一是综合分析国防建设和经济建设两方面的需要，确定国防资源的分配比例，将国防开支可能给经济发展带来的不利影响缩小到最低限度；二是发挥现有国防资源的最大效益，最大限度地加强国防力量。这位作者在研究了印度国防建设的历史经验教训后，进一步提出，要正确处理国防与经济发展的关系，把国防建设放在整个经济与工业计划中去考虑，以期从经济发展中得到最大好处；经济建设与国防建设要协调一致，在近期和远期都应达到综合平衡；经济建设中的科学技术与国防科学技术要协调发展。为了提高国防经济效益，他认为需要制定的一系列措施有：（1）建立和健全最高领导机构，如国家发展委员会、计划委员会、国防生产局、国防科研局等，统一协调国防建设各个方面以及与国民经济之间的关系；（2）国防建设要有长远的观点和计划，至少应考虑 15～20 年；（3）国防政策和国防计划要进一步规范化、制度化；（4）国防建设领导机构要有政治、外交、军事、经济、技术等各方面的专业人才参加，增强国防决策的科学性。（王颖、陈平生译《印度的国防计划》，《外国军事学术》1990 年第 9 期）

许多国家提高国防科研投资的比重 经费开支是国防资源分配的重要形式，历来是国防经济学研究的重点内容之一。许多国家都强调，只有科学而又合理地分配和使用军费，才能在资源有限的情况下达到增强总体国防能力的目的。为此，各国根据经济、技术和国际形势的发展，不断调整国防开支结构，提高国防科研投资的比重。例如，美国在国防科研投资结构上，重视基础技术和关键技术项目的投资，多年来美国国防科研费中的预研费和型号研制费大体保持在 23：77，而 80 年代末的近千个国防科技项目，其中 25%为预研项目、60%为型号研制、15%为保障性项目。英国、法国等预研投资比例呈上升趋势，英国从 70 年代的 14.9%上升到 80 年代末的 17.4%，法国从 20.2%上升到 31.5%。从各军种科研投资上看，日益重视技术构成较高的空、海军。美、英、法等国空军的科研投资占整个国防研科投资的 40%以上，海军约占 30%。从武器装备类别上看，各国的高技术武器装备研制费日益提高，如飞机和导弹（制导武器）的科研投资，80 年代美国分别达到 30%和 40%，英国达到 28%和 14.1%，法国为 16%和 24%，而军械、舰船、弹药的科研投资相对较低。军用航天器方面的科研投资增长最快，美国已由 70 年代的 9.2%上升到 80 年代的 25.5%。国防科研费的增长和开支结构调整，反映了科技发展对国防经济的影响，也说明了各国争夺技术优势的努力。（翟宝林《对美英法国防科研投资比例的几点分析》，《外国军事学术》1990 年第 7 期）

军事管理理论研究（中国） 1990 年是中国人民解放军军事管理理论研究蓬勃发展的一年。这一年中央军委修订和颁布了《中国人民解放军内务条令》、《中国人民解放军纪律条令》、《中国人民解放军队列条令》，制定和颁布了《中国人民解放军装备管理工作条例》。人民武装警察部队颁发了《关于加强部队管理教育工作的决定》。这些管理法规吸收了新时期部队管理的新经验，改革的新成果和军事管理理论研究的新成就，为部队贯彻依法治军、从严治军的方针和原则，提高科学管理水平创造了条件。这一年，总参谋部召开的工作会议，提出了和平建设时期军事工作要以军事训练和部队管理为重点。会议指出军事训练和管理是部队基本的实践活动，是一项全局性的工作，是军队建设中的大事。总后勤部召开了全军后勤管理研究座谈会，会议对新时期军队后勤管理的理论和实践问题作了深入的研究探讨，强调后勤工作要以管理为重点。这一年，全军管理理论研究领域有了新的突破，出版了一批新的管理著作。如黄河出版社出版了高润清等主编的《军校管理学》，兵器工业出版社出版了任振芳等主编的《炮兵分队管 理学》，解放军出版社正在编辑出版工程兵指挥学院编写的《工程兵部队管理学》。军事科学出版社出版了马云新主编的，探讨部队安全管理的《预防事故讲义》等等。《中国行政管理》、《管理世界》杂志还发表了有关军校管理、国防科技部队管理、武警部队管理、依据条令管理等内容的论文。管理理论研究领域的拓宽，推动了军事管理研究向广度和深度发展。在军事管理研究中，根据中央军委关于加强基层建设的指示精神，全军日益重视基层管理研究，出版了有关基层管理的工具书。如吉林出版社出版了纪玉祥、白金华等主编的《军队基层管理百科》，国防科技大学出版社出版了刘全坤等主编的《军队基层管理手册》等。军事管理理论研究的另一个特点是紧密结合部队的管理实际，加强了理论研究对实践的有效指导。去年新的共同条令颁发之后，报刊发表了有关从严治军、依法治军的论文，蓝天出版社出版了《纪律条令通论》，《解放军报》组织了有关军事法规的讲座，所有这些都有效地促进了军事管理工作的开展，提高了全军科学管理水平。

军事管理工作要树立大管理观念　《对新时期军队管理的理论思考》一文提出，军事管理“必须拓宽视野，适应情况变化的要求，树立‘大管理’的观念”。作者认为，有的同志把军队管理局限于行政管理，自觉不自觉地把主要精力用在抓部队的日常生活秩序及安全防事故上，这种狭义的思维定势，不仅影响了军队管理科学体系的形成，而且影响军队管理工作的全面开展。因为，行政管理只是军队管理的一个重要内容，但不是唯一的内容。军队管理作为一门相对独立的学科，旨在系统地研究治军的基本规律，充分发挥人力、物力、财力、信息、时间和空间的作用，形成整体功能。军队管理作为一种社会职能，已经渗透到军事领域的方方面面，向更深层、更广阔的领域延伸。就军队管理的职能讲，包括统一行动目标、手段、时空的计划职能；科学组合人力、物力的组织职能；维系组织和计划的牢固联系，促使系统发挥最大功能的指挥职能；确保指挥顺畅，减少系统内耗的协调职能；检查、分析系统管理效果，纠正偏差的控制职能。就管理的对象讲，包括构成军队战斗力的诸要素，即：人、武器装备、体制编制，以及财力、信息、时空等。就管理的内容讲，军队管理包括不同层次的综合性管理，又包括作战、训练、行政、科技、人才、后勤等分科性管理。军队建设中物能消耗的控制、训练动力的激发、结构内耗的减少、战备意识的强化、人才效益的发挥、军事机密的保守等，都是军队管理不可忽视的内容。总之，军事领域的各个方面，都有赖于运用军队管理的基本原理和方法，追求最大的系统效益。因此，不能把军队管理局限于行政管理，必须树立“大管理”的观念，拓宽军队管理的领域，实行全员额、全方位、全时制的系统管理。（刘继贤《新时期常备军建设研究》，军事科学出版社 1990 年 8 月）

军队社会性管理　《新时期军队社会性管理》一文指出：“新的历史时期，随着改革开放的深入发展，军队建设与社会的联系日益密切。认真研究社会因素对军队管理工作的影响，建立起部队、地方政府、军人家庭等相结合的管理网络，运用社会和军队的合力，完善军队管理机制，有着重要的意义。”作者认为，军队生活在社会之中，军队的成员来自社会，军人服役期满之后，还要回到社会中去。从兵员的征集到干部战士转业退伍后的安置，都要依靠政府和人民群众的关怀和支持，因此，军队除自己实行严格的管理之外，还有个社会性管理问题。尤其是和平建设时期，由于非军事性活动的增加，军人与社会各界的交往日益增多，军队与社会的密切联系使军队的管理远远超出了军营的范围，具有某些社会性的特征。适龄青年从体检、政审、办理应征入伍的手续，要依靠当地政府和兵役机关的管理。兵员补入部队后，管理工作主要由部队承担，但是，我们的士兵同社会有着千丝万缕的联系，需要军队和地方通力合作加强管理。干部战士服役期满后，要转业、退伍回到地方安置，还要继续服预备役，参加民兵组织，搞好对他们的管理，部队仍然有责任，但是，更直接的管理工作已经由地方政府承担，能否按照有关政策规定妥善安排他们的工作、住房等问题，不仅关系到转业退伍军人的切身利益，而且直接影响着官兵能否安心服役，青年能否踊跃参军，所有这些都说明了加强对军队社会性管理的重要性。加强军队社会性管理是关系到人民利益和国家安危的大事。作者认为，加强军队社会性管理，在很大程度上是要地方政府、人民群众和军人家属协助部队进行管理工作。其主要内容：一是加强适龄青年和全民的国防教育；二是兵员征集工作的管理；三是兵员服役期间的管理；四是兵员退出现役后的安置工作。实行社会性管理，从总体上讲应当以军队为主，地方政府、军人家庭等社会力量协助部队搞好对兵员的管理。（王安《中国行政管理现状与改革》，北京出版社 1990 年 4 月）

军事工作重点要抓好训练和管理　中国人民解放军总参谋长迟浩田提出，实现军事上过硬，是一个综合性很强的系统工程，军事工作的各个方面都要做好，都要落实。对部队来说，重点是要抓好训练和管理的落实，通过训练和管理提高部队的军事素质，增强部队的整体作战能力。训练出战斗力，管理也出战斗力。训练和管理的水平，在很大程度上决定着战斗力的水平，只有把训练和管理抓好，才能不断巩固和提高部队战斗力，保证在关键时刻能够圆满完成党赋予的各项任务。迟浩田还指出，军队建设的章法已很明确，关键的问题在于抓好落实，要按照条令条例严格训练和管理部队；要解决干部的素质和模范作用问题；要坚持训管结合，教养一致；要进一步增强官兵团结，密切官兵关系，这是搞好训练和管理的重要保证。（晋鹰、顾伯良《坚持战斗力标准实现军事上过硬》，《解放军报》1990 年 12 月 5 日）

军事管理的学科体系　《军事管理学》一书认为军事管理学的学科体系有 3 个部分："管理理论"、"管理技术（方法）"、"管理实践"。管理理论部分包括管理基本原理、管理决策理论、管理行为理论、管理人才理论等，是管理实践活动的理论依据。管理技术部分包括"软技术"和"硬技术"两大类。软技术是指非规范、非程序的技术。如调查研究技术、目标管理技术等。硬技术是指程序化的定量分析的技术。管理技术是实现管理目标的方法和手段，现代管理强调定量分析，这种技术就显得非常重要。管理实践部分所指的范围非常广泛。不同的管理层次，有不同的实践范围，不同的管理专业，实践的重点也不同。军事管理学是一个有机的整体，上述 3 个部分互相紧密联系，融为一体，构成了军事管理学的学科体系。（蔡香圃等，军事科学出版社 1989 年 1 月）

军队管理理论研究应以我为主　《提高后勤管理效益的对策思路》一文提出："创造新的管理理论应以我为主，兼容并蓄。"作者认为，改革开放以来，中国人民解放军很重视对现代管理理论、管理方法的研究和借鉴，这对开阔视野，建立适应我军现代化建设的新的管理模式起了积极作用，但有些同志对我军后勤管理的优良传统缺乏足够的重视，甚至认为已经过时了，这种简单的肯定或否定，都是有害的，有必要重新估价和认识传统管理经验的现实价值。象艰苦奋斗、经济民主、群众监督、思想动员、革命竞赛、领导的表率作用、平等和谐的人际关系等，在今天的军队后勤管理中仍不能忽视。要力求把传统的管理经验同现代管理科学有机结合起来，形成具有中国人民解放军特色的管理理论和方法，要把握住如何将先进的管理经验恰到好处地嫁接到中国的文化背景和管理传统上，形成没有排斥反应的、充满活力的中国式的军队后勤管理体制和机制，这是提高后勤管理的基础性工作。（李杰臣，《解放军报》1990 年 11 月 2 日）

和平时期要重视国防科技部队的管理　《国防科技部队管理问题探讨》一文提出："和平时期，是进行武器装备研制工作的大好时机，也是磨炼部队作风纪律的好机会。我们应抓住这一有利时机，通过严密组织部队完成科研试验任务，努力培养部队英勇顽强、连续作战的优良作风，提高部队协同作战、快速反应的能力和高度的组织性，以适应未来反侵略战争的需要。"作者认为，目前发达国家都在积极调整科技战略，将原来的"全球战略"膨胀为"宇宙战略"，并给这一战略蒙上一层"文明"的面纱，将触角伸向太空和月球，把发展高技术视为 21 世纪生存的必要条件，集中人力、物力和财力，争夺和发展最先进的科学技术，实施一系列重大的科技发展计划，并在管理上采取了一系列相应措施、手段和方法，表现为激烈的竞争的和高速发展。在严峻的挑战面前，科技部队首当其冲。中国国防科技部队组建以来，在发展中国航天技术和战略武器等方面已经取得了举世瞩目的成就，随着国际形势的变化和科学技术的飞速发展，在和平建设时期，加强对这支高科技部队管理理论的研究和管理实践的领导，日显重要。要充分利用当前的和平环境，加速国防科技事业的发展，就必须进一步加强对国防科技部队的管理，向管理要效益，向管理要战斗力。作者还指出，加强科技部队管理，是履行我军职能的根本需要，是完成科研试验任务的重要保证。科技部队整体性很强，部队管理必须加强宏观控制；技术要求高，管理必须按照科学规律办事；任务重、周期长，管理必须着眼试验任务的需要和部队长远建设。（祁军，《管理世界》1990 年第 4 期）

炮兵分队管理学的研究对象和范围　《炮兵分队管理学》一书认为："炮兵分队管理学，作为一门综合性的应用学科，它以炮兵分队内部管理活动的现象及其规律与一般方法为主要研究对象。"作者指出，炮兵分队管理学的研究范围相当广泛，按不同的划分标准，分为以下 4 个方面：按管理要素分，可分为炮兵分队人、财、物、时间、信息、空间等的管理。按炮兵基层的专业分，可分为指挥分队、炮兵分队、通信分队、驾驶分队等。炮兵分队管理学重视对各炮兵专业分队管理的共性与特点的研究。按炮兵分队管理性质分，有基层组织管理、思想政治工作管理、教育训练管理、作战管理、日常行政管理、基层后勤工作管理等。这些是炮兵分队建设的基本方面，是炮兵分队管理学要研究和解决的重要问题。按炮兵分队管理的层次分，可分为营、连、排、班的管理。炮兵分队管理以连队管理作为研究的重点，同时兼顾其他层次。作者还认为，搞好上述多要素、多专业、多层次的研究，有利于促进炮兵分队管理学学科体系的不断发展和完善，有利于实现炮兵分队管理的科学化。有利于提高炮兵分队管理者的管理水平，造就千千万万炮兵分队管理者的队伍。（任振芳等，兵器工业出版社1990年7月）

军校管理学的研究对象　《军校管理学》一书提出："军校管理学的研究尽管要涉及军校的宏观管理，但研究问题的界限，主要是划定在军校内部，研究军校自身的管理问题。"作者认为，对军队院校的管理，包括两个方面的含义：一方面，它是指上级行政部门对军校的管理，如中央军委、军委各总部、各军兵种和大军区对军校的领导与管理，即军校的宏观管理；另一方面，它是指军校内部的自身管理，一般称为军校的微观管理。这两个方面是紧密联系的，但作为学科研究，又是可以区分的。军校管理学所要研究的对象，存在于军队院校这一领域之中，是军校领域中所特有的管理活动及其运动规律。可见，军校管理是研究军队院校管理活动及其规律的一门独立的学科。在管理的二重性、管理的基本原理、职能和过程等方面，军校管理和其他管理都有着共同的地方。但是，军校管理是一个特殊领域的管理，具有与其他领域不同的特殊属性。它不同于地方院校的管理，军队院校的编制体制、管理机构、管理目标以及管理方法等，都具有军队的特色；它也不同于一般部队的管理，军校的管理任务、管理体制、管理方法等，具有鲜明的学校教育领域的特色。因此，研究军校管理，必须着眼其特点，紧紧把握军校的特殊性，找出其内在的运行规律，形成自己特色的军校管理学。（高润清、吴玉金等，黄河出版社1990年8月）

《孙子》军事管理思想的主要内容　《<孙子>的军事管理思想及其在新时期的运用》一文认为，著名的"《孙子》兵法，系统地论述了军事管理问题，其中许多精辟的论述，揭示了军事管理的客观规律"，作者从10个方面进行了分析研究：一是"分数"治理，系统管理的思想。孙武提出"凡治众如治寡，分数是也"，这里讲的"分"是指军队的各个部分、各个层次，"数"是指军队的全局和整体。"分数"这一命题揭示了军队管理的部分和整体，局部和全局之间的辩证关系，体现了系统管理的思想。二是知彼知己，信息管理的思想。孙武关于"知彼知己，百战不殆"的著名论断，深刻揭示了信息在军队指挥管理中的重要作用。作为指挥员和管理者，既要了解敌方，掌握敌情，即"知彼"；又要了解自己的部队，即"知己"；还要了解自然环境和条件，即"知天知地"。掌握信息是军事指挥员、管理者正确判断和正确决策的前提，只有充分地掌握了上述几个方面的信息，并将其有机地结合起来进行分析，决策才能避免盲目性，具有科学性。三是"庙算"胜负，定量管理的思想。孙武主张每逢开战之前，在"庙堂"举行庙会，进行"庙算"，"多算胜，少算不胜"。他还用"度、量、数、称"4个数字概念加以区别和联系，提供了量化4种因素的尺子，并明确指出这4把尺子能预测战争胜负的结果。四是赏罚分明，严格管理的思想。孙武把严格管理，严格要求作为将帅的五项素质之一。他强调带兵要从严治理，反对溺爱，并且把"赏罚孰明"作为判断敌我双方胜负的一个条件。他主张论功行赏，对有重大贡献者给予重赏，对作战不力，违犯军纪者施以重罚。五是修道保法，依法管理的思想。孙武提出"善用兵者，修道而保法，故能为胜败之政"，要求善于用兵的将帅，重视研究治军之道，确保军队行动合乎法规的要求，有令则行，有禁则止，以维护军队高度的集中统一。六是爱兵如子，感情管理的思想。七是察人情理，心理管理的思想。八是因敌制胜，动态管理的思想。九是为将有能，智能管理的思想，十是文武结合，辩证管理思想。孙武提出"令之以文，齐之以武"的命题，深刻揭示了军队管理中的一个普遍规律：即管理要文武结合，刚柔相济，管教互补。就是要把严格管理与说服教育结合起来。作者认为孙武提出的军事管理思想，体现了朴素的军事辩证法思想，值得我们深入研究和认真借鉴。（王安《<孙子>的军事管理思想及其在新时期的运用》，载于《管理思想探源》一书，新华出版社1990年10月）

国防教育理论研究（中国）

毛泽东国防教育思想　毛泽东国防教育思想，是在中国革命战争和国防建设的长时期实践中形成和发展起来的，它既是毛泽东军事思想的重要组成部分，又是毛泽东教育思想的有机组成部分。有些作者认为，毛泽东国防教育思想的主要内容是：(1)运用阶级观点剖析帝国主义和一切反动派的本质，揭露其反革命的两手，相应采取革命的两手策略，实施以反帝斗争为中心的国防教育。(2)运用矛盾分析的方法观察国际形势，把握其主要特点和发展变化，制定相应的国际战略，实施以形势、任务为中心的国防教育。(3)根据人民群众是历史发展的根本动力的观点和党的群众路线，高度重视符合客观规律性的主观能动性的发挥，重视人的因素，实施以思想政治教育和军事教育为中心的国防教育。(4)根据独立自主、自力更生的精神，把革命战争和国防建设的方针主要放在自己力量的基点上，实施以爱国主义为中心的国防教育。十一届三中全会以来，以邓小平为代表的中国共产党人，结合社会主义现代化建设新时期国防建设的新实践，以实事求是的精神，继承和发展了毛泽东国防教育思想。比如，充分肯定“三个世界”划分理论，制定出搞“大三角”外交政策；在战争与和平问题上，坚持“两种可能”观点，并根据“和平与发展是当代世界的两大问题”论断，在告诫人们对战争危险提高警惕的同时，将立脚点放在世界战争在一定时期是“可能避免”的；用宪法和其他有关法律对民兵制度加以肯定，并将实行单一的民兵制度改为实行民兵和预备役制度；彻底实行国防建设服从于经济建设的战略，采取一系列措施使国防建设适应于经济建设，从而促进了国防现代化；等等。这些，都极大地充实和丰富了当前我们进行国防教育的内容，使毛泽东国防教育思想体系更臻于完善，并富有浓厚的时代特点。(毕剑横、张国新《毛泽东国防教育思想初探》,《人才与现代化》1990年第3期)

国防教育的基本内容 有的作者认为，国防教育的基本内容包括以下几个方面：一是爱国主义的教育。这既是国防教育的核心，又是设立国防教育内容的指导思想。其目的是启发公民对祖国有忠贞的情怀；有领土、领海、领空和主权观念；有国家利益和荣誉高于一切的思想；有对损害国家利益、荣誉行为的憎恶感；有居安思危的国防警觉和一旦强敌压境全民族同仇敌忾战胜敌人的精神准备；有对国家安全的关注感、参与感、责任感。二是军事理论知识。其主要目的，使公民了解中国军事思想的产生、形成和发展，了解中国古代军事思想的精华，了解毛泽东军事思想是指导中国革命取得胜利的指针，了解西方资产阶级思想的大致轮廓，明确要指导未来战争，必须发展军事理论，以及我国未来反侵略战争的样式和特点。三是中国人民解放军一般常识。其目的是让人民群众和军人了解这支军队的伟大，并熟悉军队，理解军队，热爱军队，激发自觉服兵役和拥军的思想，积极参加军训和预备役训练。四是军兵种知识。其目的使公民清楚未来战争将是诸军兵种的合成战、立体战。五是现代军事科学知识。其目的是告诉全体民众，科学技术是战斗力，激发他们钻研科学文化知识，建设社会主义强国的积极性。六是战争动员知识。其目的是使公民了解战争动员的意义、时机、内容、类别，对动员工作的要求等，以适应未来战争动员的突然性和快速性。七是三防知识。主要使公民了解核化生武器的一般常识和防护原理。八是一般武器装备的常识与使用。主要了解简易射击原理，掌握射击基本动作，做到会使用、会保养、会分解结合。九是国防政策、国防战略知识。其目的主要是使国家政府各部门和各省市领导明确国家安全的战略目标、国防现代化建设的目标、国防现代化在四化中的地位、国防建设目标同全国其他各条战线的关系、和平时期国防建设的基本原则和基本途径等。(邱桂金《国防教育问题的探讨》,《毛泽东军事思想研究》1990年第2期)

爱国主义是国防教育的核心 有的作者认为，爱国主义是国防教育的核心，理由有4点：其一，爱国主义是民族团结、国家统一、防御内部分裂和反对外敌入侵的思想基础。爱国主义是一切国家的凝聚力、向心力，有了这种凝聚力、向心力，才有民族的团结，国家的统一和富强，具有防御外敌侵略的强大力量。否则，这个国家只能是四分五裂的一盘散沙，任人宰割的弱国。其二，爱国主义是树立民族自尊心、自信心，培育高尚的民族气节和民族骨气，反对侵略、保卫国家的巨大精神力量。对祖国的热爱、对民族的热爱、对祖国历史的热爱，自然会激起人们强烈的民族自尊心、自信心，从而认识到自己民族在世界民族之林中的平等地位，认识到自己民族对整个人类历史发展的贡献和价值，确认自己民族有继续生存和发展的活力，确信自己民族有光辉灿烂的前景，产生为争取祖国独立富强而奋斗的爱国精神。这种爱国感情使人们在国家顺利发展的时刻，能看到自己的前程，为国家富强献身，贡献自己的聪明才智，增强国家的防御实力；在国家受到挫折，受到外敌侵略时，则能遇逆境而不馁，遭厄运而不卑，坚信自己的国家民族有战胜困难，打败敌人的能力。其三，爱国主义是提高军队思想素质，增强国防力量的可靠保证。在构成军队战斗力的人和武器这两个要素中，人的因素起着决定性的作用。用爱国主义思想武装起来的军人，就能提高掌握丰富的科学文化知识，熟练的技术，先进的战术和武器装备的自觉性，增强军队的军事实力。用爱国主义思想武装起来的军队，在军队内部官兵之间、上级和下级之间、各部门之间、各兄弟部队之间，就会团结对敌，共赴国难。在战争中不怕艰难困苦，不怕流血牺牲，英勇顽强，坚韧不拔。其四，爱国主义是组织和动员全国人民保卫祖国，反对侵略的巨大力量。任何国家保卫祖国，反对侵略，都必须依靠全民抗战，依靠全民对战争的支援。反对外敌侵略，只有用爱国主义精神把全国人民动员起来、组织起来参加抗战，实现有钱出钱、有力出力、有枪出枪，举国上下，精诚团结，反对侵略，才能赢得卫国战争的胜利。如果丢掉爱国的旗帜、民族解放的旗帜，那就在客观上帮助了敌人，使自己陷于失败。(贾大泉《爱国主义是国防教育的核心》,《人才与现代化》1990年第3期)

要把国防教育作为一项重要的战略任务 有的作者指出,“中国共产党是工人阶级的先锋队，是中国各族人民利益的忠实代表。党在领导全国人民夺取政权以后作为执政党，把国防教育作为一项重要的战略任务，从根本上说是由党的无产阶级性质和所担负的历史使命决定的。”作者认为，执政党之所以要把国防教育作为一项重要的战略任务，主要有以下理由：(1) 加强国防教育是执政党巩固政权的基本要求。要巩固政权，就离不开广大人民群众作坚强后盾，离不开人民群众的充分信任和坚决支持，人民群众是我们党和政权的力量源泉。而要动员广大人民群众万众一心，保卫人民民主专政的国家政权，支持国防，保卫国家，一个重要的途径就是要通过加强全民国防教育，增强国防意识，提高人民保卫社会主义共和国、保卫人民政权的政治觉悟，形成巩固人民政权的向心力、凝聚力和战斗力。(2) 加强国防教育是执政党发展生产力的必要条件之一。国防知识是一个内容丰富、门类齐全的知识群体，凝聚着当代科学技术的最新成果，预示或代表着生产力的发展前景或方向。学习、掌握和运用国防知识、国防科技，既可以拓宽国民的知识结构，开发智力资源，又可以提高劳动者的劳动技能、管理技能和经营技能，促进国防建设上的先进生产力迅速地向其他经济部门转移，提高国家和整个民族的科技水平。国防教育还可以使公民认识与国家安危密切相关的内外部因素，认清个人利益同国家利益的关系，认清自己对国家安全的责任和义务，增强参加国家建设、维护国家安全利益的自觉性。这就是劳动者能站在国家存亡、民族兴衰的高度，认识国家建设的必要性，发挥劳动积极性，促使劳动生产率不断提高，有力地推动生产力发展。(3) 加强国防教育是执政党建设社会主义精神文明的重要途径。社会主义精神文明建设的根本任务，就是培养“四有”新人，提高整个民族的思想道德和科学文化素质。实现这个根本任务，要做深入细致的思想政治工作，开展多方面的教育和有益的活动。而国防教育的特殊内容和功能在社会主义精神文明建设中具有其他教育不可替代的作用。科学的完整意义上的国防教育，是以一定的战争观、国家安全观、国防知识为主要内容，以爱国主义为核心，对全体国民施加思想影响的过程。开展国防教育，可以产生强大的吸引力和感染力，并转化为强大的精神力量。作者还强调加强国防教育要有实实在在的措施：党要把国防教育摆到应有的位置；党的中高级干部要带头学习，使自己成为领导国防教育的内行；党要把抓国防教育的具有普遍意义的成功经验，通过国家法律、地方法规或其他有关制度加以确定。(杨汝岱《执政党要把国防教育作为一项重要的战略任务》,《四川日报》1990年7月8日)

军事历史研究

中国人民解放军军战史研究 *土地革命战争时期军战史研究* 1990年，土地革命战争时期军战史研究继续向深、广方向发展，学术探讨和争鸣十分活跃。据不完全统计，各类杂志发表学术论文130余篇，研究著作、资料汇编等书籍也多有出版。现将一年来研究情况和有关成果分类介绍如下：

关于中国革命道路问题 “建立农村根据地，以农村包围城市，最后夺取城市”是中国革命战争胜利唯一正确的道路。长期以来，学术界比较普遍的观点认为，中国革命道路理论形成的标志，是毛泽东1930年1月所写的《星星之火，可以燎原》的通信。一些人不同意这种看法。有的作者对《星星之火，可以燎原》原版本进行考证分析，认为毛泽东所写的这一通信，只是中国革命道路理论的奠基之作，它和《中国的红色政权为什么能够存在?》一样，所解决的是“工农武装割据”思想的问题。而中国革命道路的理论则是在以后形成的。从大革命失败后“上山”思想的提出和“割据”概念的出现，到“工农武装割据”

观念的形成；从以“城市为中心”到以“农村为重点”的转换；从局部战略到整体战略的发展和作出科学的论证，前后经历了10余年时间，直至1938年党的六届六中全会才最后形成并在全党确立。其间，毛泽东作出了最重大的贡献，同时这也是全党逐步摸索，逐步提高认识的结果，是全党智慧的结晶。作者提出，研究中国革命道路形成问题，除了细心研读毛泽东的著作外，还必须对众多的党的文献和有关著作作系统考察，从中探寻党的指导思想发展变化的轨迹。(鲁振祥《略谈“农村包围城市”道路理论的形成与确立》,《中共党史研究》1990年第6期）有的作者撰文探讨了中国革命道路理论与反对党内左右错误倾向的关系。(吴荣宣《毛泽东的中国革命道路理论和立三路线》,《党史研究与教学》1990年第2期)

秋收起义中，共产国际、中共中央及湖南省委的作用 有些作者撰文指出：秋收暴动计划是中共中央根据共产国际政策转变后的精神决定的。在湖南，具体计划是由改组后的湖南省委制订并实施的。在秋收暴动中，放弃还是继续攻打长沙这一关键问题上，中共中央按照共产国际的意图，坚持了以城市为中心的错误路线；湖南省委特别是以毛泽东为首的前委则经过现实的分析，采取了与共产国际和中央不同的策略，果断地把革命力量转向农村，从而挽救了中国革命。(尹庆军、郭欣《秋收暴动中共产国际、中共中央及湖南省委的作用探析》,《求索》1990年第5期）此外，一些文章对南昌起义和广州起义进行了进一步的考证和论述。(王森生《南昌起义的决策经过》,《军事历史》1990年第4期；杨学军《广州起义的决策经过》,《军事历史》1990年第6期)

关于井冈山革命根据地和朱、毛红军的创建 井冈山革命根据地是我党创立的第一个农村革命根据地，在党史、军战史上占有重要地位。对井冈山革命根据地和工农红军的研究始终是一个热门主题，经久不衰。关于毛泽东和朱德率部在井冈山会师的时间问题，学术界有多种说法，即1928年4月上旬说、中旬说、下旬说。当年亲身参加会师的陈士榘著文回顾了这一重大历史事件并提出了自己的见解。他首先对会师的概念作了说明，认为会师是有目的的重大而严肃的军事行动或重要的军事决策，应有各方部队的领导人正式会面，所率部队的正式会合，有会师的时间、地点和内容背景。如果仅有领导人、联络人员的会见和所属部队的偶然相遇，则不能称之为会师。据此，朱德、毛泽东正式会师的时间应为1928年4月底的一天。作者回忆了朱、毛红军会师庆祝大会的盛况，对细节叙述尤详。(《关于朱毛会师的几点回忆》,《党的文献》1990年第2期）有些作者著文阐述井冈山时期党对军队实行绝对领导的历史经验。文中指出：井冈山时期，毛泽东和他的战友们，不仅制订了党对军队实行绝对领导的原则，而且在实践中解决了党如何对军队实行绝对领导的问题。其主要措施有：在军队中建立党的各级组织，确立“支部建在连上”的制度；健全党代表制度；在战斗兵中发展党员；对广大士兵群众进行思想政治教育，实行党对军队的思想领导；对袁文才、王佐部队采取团结、教育、改造的方针，将其置于党的领导之下。(颜广林、钱晓初《井冈山时期怎样加强党对军队绝对领导的》,《军事历史》1990年第2期）有的作者撰文探讨了井冈山革命精神的内涵。认为既不能把井冈山的革命精神仅概括为艰苦奋斗的精神，也不应将其无限扩大，使之包罗所有一切革命内容。否则便不能全面、恰当地揭示这一精神的内涵及特征。这一精神应该概括为依靠群众、为着群众；实行民主、官兵平等；努力创造、艰苦奋斗这三方面构成的一个完整的统一体。(坚毅《关于井冈山革命精神内涵的探讨》,《争鸣》1990年第3期）有的作者认为，井冈山时期的思想政治教育是井冈山精神的重要组成部分，为促进井冈山革命根据地的建设发挥了巨大的作用。文章论述了当时思想教育的主要内容，分析了进行教育工作的特点。主要有：坚持理论联系实际；不拘一格，方法多样；注重建立基本制度；针对不同对象开展思想工作。(周运柏《论井冈山时期党的思想教育的光荣传统》,《江西大学学报》社科版1990年第2期)

关于古田会议 这也是党史、军战史研究比较集中的问题。有的作者撰文对古田会议决议的历史地位进行了新的探讨，认为它不仅提出了建党建军的一系列原则，奠定了党和红军政治工作的基础，而且在中国特定条件下，解决了党和红军在农村斗争中的理论和实践问题，从而突破了“城市中心论”的严重束缚，打通了中国革命道路理论形成过程中的重大障碍。这一决议是中国革命道路理论形成过程中的重要一环。(赵晓石《中国革命道路理论形成过程中的重要一环——〈古田会议决议〉的历史地位新探》,《南京政治学院学报》1990年第4期)《红四军部队情况报告(1929年7月——1930年4月)》是目前所能见到的仅存的一分研究从红四军党的七大到古田会议的宝贵历史文献。这份文件的作者是谁，长期以来是个疑问。有的文章对此作了考证，认为它的作者确是红四军前委候补委员、四军军委代理书记熊寿祺。(黄少群《〈红四军部队情况报告〉究竟为何人所写?》,《中共党史研究》1990年第1期)

关于各革命根据地和红军的创建发展 有的作者提出,弋横暴动是党的"八七"会议精神在赣东北贯彻的结果,是一次有组织、有领导、有计划的革命暴动,它拉开了创建赣东北革命根据地的序幕,是马克思主义的普遍真理与赣东北实际相结合的产物。(方志纯《弋横暴动追记》,《争鸣》1990年第5期)有的作者著文论述李文林对赣南红军和革命根据地创建的重要贡献。文中强调指出:在以往的关于中央革命根据地的研究中,一般只讲它是毛泽东、朱德领导的红4军开创的,而忽视了当地党组织和地方红军的作用。事实上红2、红4团开辟的东固革命根据地应是中央革命根据地的第一块基石,对中央革命根据地的形成和发展起了不可低估的作用。(姚仁隽《赣南红军和苏区的创建人——李文林》,《军事历史》1990年第3期)有的作者著文论述黄公略对创建中央革命根据地的重要贡献。文章列举了他三个方面的贡献:忠实执行古田会议决议,组建红6军,在创建中央革命根据地的过程中发挥了重要作用;独到的军事思想,杰出的指挥才能,为创建和保卫中央革命根据地立下了不朽功绩;以党的利益为重,维护党和军队的团结,促进了中央革命根据地的巩固和发展。(谢秉忠《黄公略对中央革命根据地的贡献》,《中共党史研究》1990年第5期)关于闽粤赣苏区,以往党史军战史研究很少论及。有些文章开始探讨闽粤赣苏区的历史并对闽粤赣苏区与中央苏区的关系进行了分析。作者指出:闽粤赣苏区是在党中央的直接关怀下建立起来的全国6个苏区之一,它既有党政军团工领导机关,又建立了省地县区乡各级政权组织,是一个独立而完整的苏区。它在前期是中央苏区的后方根据地,后期发展成为中央苏区的组成部分。这一苏区在土地革命战争史中的地位应予重视。(罗梅腾《闽粤赣苏区与中央苏区的密切关系》、《闽粤赣苏区军事斗争史略》,分别见《中共党史研究》1990年第2期、《军事历史》1990年第2期)。有的作者则撰文分析建立闽粤赣苏区的设想未能实现的原因并与上述作者提出商榷。(吴锦荣撰,见《福建党史月刊》1990年第6期)

关于红军反"围剿"战争 1930年到1934年,国民党军对中央苏区进行了五次大规模"围剿",红军取得前四次反"围剿"的胜利。长期以来,这在史学界基本成为定论。有的作者对此提出质疑,认为红军第二次反"围剿"战争中的第五仗是不该打的,"至少有4点失误";第三次反"围剿"战争"不能说是红军胜利了,国民党军失败了,较恰当的说法是双方退却,胜负持平"。(黄少群《对中央苏区第二、三次反"围剿"战争的几点新议》,《中央党史研究》1989年第4期)这种观点引起商榷。有的作者撰文坚持认为,在第二次反"围剿"中,红军攻打建宁的决策是正确的,并非失误;在第三次反"围剿"中,红军战胜了10倍于己之敌,取得了伟大胜利,并是一次以弱胜强,各个击破敌人的光辉范例。作者指出:对第二、三次反"围剿"重新评价的论点,不能令人信服;过去只讲胜利不讲缺点的说法,也是不符合事实的。(商涛《怎样评价中央苏区第二、三次反"围剿"战争的胜利》,《中共党史研究》1990年第3期)

关于长征 对于红军长征的原因,学术界比较统一的观点,一直认为:是王明"左"倾冒险主义领导造成第五次反"围剿"失败,红军主力才被迫长征转移到陕北。有的作者对此提出异议,认为王明错误造成的失败,仅是红军转战陕北的主观原因之一,而中原大战后,国内外客观形势的变化和中国共产党主观上的要求,决定了南方红军必须向北方转移,这是历史发展的必然。其理由是:中原大战后,南方农村成为国民党统治力量日益加强的地方,红军继续发展的有利条件已不复存在;九一八事变后,中日民族矛盾日益上升为主要矛盾,南方红军只有向北方抗日前线转移,才能使自己立于不败之地;从中国革命战争的战略战术角度看,中原大战后南方红军就地固守也不可取;从史实的比较中可以证实红军向北方转移的必然性:早转移比晚转移好,转移比不转移好,向陕北转移比向其他地方转移好。(马树功《论中原大战后南方红军向北方转移的历史必然性》,《河南大学学报》哲社版,1990年第4期)一些学者不同意这种观点,彼此进行了商榷。长篇纪实文学《湘江之战》出版以后受到史学界的关注。一些读者撰文,指出这部作品所反映的重大历史事件严重失实。有的文章详细分析了这部作品对毛泽东等历史人物的描写,指出:历史小说的人物描写褒贬应该鲜明,如果硬把神降为人,把鬼升为人,貌似公允,实则不然。(刘志青《评〈湘江之战〉中历史人物的描写》,《中共党史研究》1990年第5期)有的文章就湘江战役、通道黎平转兵及遵义会议后中央红军的长征等问题,指出了作品中失实之处,强调反映重大历史题材的纪实文学,应该用文学的笔法真实地记述历史事件和人物,而不应该歪曲历史。(金新果等《对〈湘江之战〉中几个历史问题真实性的商榷》，《军事历史》1990年第3期）四渡赤水战役在党史、军战史研究中历来受到很高评价。有的作者著文认为，四渡赤水的胜利同第五次反“围剿”和长征初期的挫折相比，是应该充分肯定的。但它也存在着失误：战略行动上不适当地强调进攻；渡江战略方针的制定实施，使作战行动受挫；土城战斗、鲁班场攻坚失利等，都给党和红军造成了损失。作者认为一些史书对四渡赤水多有溢美之词而讳言其失误，是60年代后随着个人崇拜的兴起而出现的，是特定历史条件下的产物。（元江《试论中央红军四渡赤水中的失误及其原因》，《近代史研究》1990年第3期）山西人民出版社出版了赵镕著《长征日记》，其中反映了1933年底至1936年10月红9军团长征有关情况，具有一定史料价值。关于二、四方面军的长征。有的作者撰文论述了1934年10月红二、六军团与以博古、李德为代表的军委在军事方针上的争论。文中指出：这场争论的正确意见是在二、六军团领导人方面。根据这一意见采取的行动，为策应中央红军的转移创造了有利条件，为湘鄂川黔革命根据地的进一步形成和发展奠定了良好的基础，并为红二方面军的形成和建立作好了准备。（宋毅军《红二、六军团与军委的一场争论》，《中共党史研究》1990年第3期）伍修权在《尊重史实，实事求是》一文中对红四方面军的历史功绩进行了全面评述，其中指出：红四方面军1932年10月离开鄂豫皖革命根据地西征，1935年3月撤出川陕革命根据地加入长征，这两次大的战略转移，在中国工农红军史上占有重要地位。(《人民日报》1990年7月29日)

关于遵义会议 有的作者著文指出，遵义会议决议曾号召全党“反右倾”，而后来党的《关于若干历史问题的决议》(1945年）和《关于建国以来党的若干历史问题的决议》(1981年）则明确指出：第五次反“围剿”战争的失败是由于“左”倾错误路线造成的，这两者并不矛盾。因为遵义会议召开前，在军事斗争中，的确存在“具体的右倾机会主义”，遵义会议决议号召“反右倾”是在一定的历史条件下，对王明、博古等人错误的某个方面的具体批判。这种批判是合乎当时实际的。而两个历史决议的反“左”倾的结论，则是在更广阔的范围内和更深刻的程度上揭示了王明、博古等人的机会主义的实质，是一个完整正确的结论。（邹削强《怎样理解遵义会议决议中提出的“反右倾”问题》，《湖湘论坛》1990年第5期）遵义会议后存不存在扎西会议？扎西会议是怎样一种性质的会议？史学界就这一问题进行了商榷和考辨。有的作者认为扎西会议是政治局的系列会议，是遵义会议的继续和最后完成。这些会议完成了“博洛交接”，通过了《遵义会议决议》，开始了由张闻天同毛泽东配合合作领导全党全军，为实现伟大战略转变进行了切实的指导和具体的部署，因而具有重要历史地位。（程中原《论扎西会议的历史地位》、《扎西会议考辨》，分别载《中共党史研究》1989年第4期、1990年第4期）而有的作者认为在扎西召开过政治局系列会议的依据不足，在扎西召开的是一般的干部会议。（张子明《关于扎西会议的若干问题》，《中共党史研究》1990年第2期）

关于红军西路军的失败 对这一问题的探讨仍在继续深入。伍修权在文章中指出：西路军是在奉中央军委命令西渡黄河后组成，为执行党的关于“打通苏联为实现全国抗日战争，首先为实现西北新局面进行部分抗日之重要环节”的决策而战斗的。西路军虽然失败，但其忠于党和人民，艰苦奋战的悲壮历程将永留史册。（伍修权《尊重史实，实事求是》，《人民日报》1990年7月29日）一些作者对西路军失败的问题，继续进行考辨。有的文章认为，渡河西征并非出自党中央的战略部署，张国焘不仅要对西路军的失败负责，而且对宁夏战役的流产和河右红军的被动负有不可推卸的责任。有的文章认为西路军的失败并非党中央战略指导失当所致,而是多方面原因造成的。（张嘉选《红军西路军史研究中有关问题的再探讨》、《红军西路军失败原因之异议》，分别载于《社会科学》（兰州）1990年第5期，《攀登》（西宁）1990年第4期）

总之，1990年中国人民解放军土地革命战争时期军战史的研究，在以往的基础上又有长足的进步。随着资料发掘的深入、理论视野的开阔和研究方法的更新，研究将出现新的局面。

抗日战争时期军战史研究 对中国人民抗日战争时期军战史的研究，1990年继续向深度广度发展。主要论著所涉及的问题有以下几个方面。

关于抗日战争的战略反攻 长期以来，对中国抗日战争有无战略反攻阶段及这一阶段的性质和特点的研究，是史学界注意力比较集中的问题。在过去的论著中，对中国抗日战争有无战略反攻阶段及其作战过程探索较多，对战略反攻阶段的性质及其特点探索较少。1990年出版的《抗日战争的战略反攻》一书，在这方面作了比较深入的探讨。该书作者不仅论证了中国抗日战争存在着一个战略反攻阶段，而且论证了这个阶段的性质和特点。作者认为，1943年9月，日本提出了一个“绝对国防圈”的构想，决定收缩太平洋战线。这一构想表现了日军无论在太平洋战场还是在中国战场，在战略上都由外线进攻转入内线防御。这个转变，给中国战场由战略相持转入战略反攻创造了有利形势。尽管目前还没有充分证据证明中国共产党的军事领导机关察知日军由进攻转入防御的计划，但从战争发展的史实可以看出，中国共产党领导的抗日武装力量，从1944年初就开始了战略反攻的部署。其主要表现：一是开始部署从游击战向正规战的战略转变，强调了进行有利条件下的运动战。二是从华北、华中各抗日根据地展开了内线攻势作战，迅速扩大抗日根据地。三是部署八路军、新四军挺进豫西、南下五岭、进军苏浙沿海，这实际是实施外线战略进攻的作战行动。敌后军民的内外线进攻作战，一直持续到日本宣布投降，取得了辉煌的战果。日本投降后，由于日军拒绝向中国共产党领导的军队缴械，故敌后战场在“8·15”甚至9月2日以后，还进行了许多大规模的进攻战役。这些战役与1944年初开始的攻势作战，共同构成了抗日战争的战略反攻阶段。但是，作者认为，中国的抗日战争战略反攻阶段，只存在于中国共产党领导的敌后战场，而不存在于国民党领导的正面战场。因为国民党领导的正面战场在日军进行打通大陆交通线的作战中，从郑州到南宁全线败退，丢失了河南、湖南、广西大片地区，而且在此后也没有进行过具有战略反攻性质的作战，所以不能说中国抗日战争的战略反攻阶段同时在敌后和正面两个战场上进行。作者还认为，中国抗日战争的战略反攻，与一般战争的战略反攻，在性质和特点上都有所不同。一般战争的战略反攻任务，通常都是由正规军、正规战来担任。而中国抗日战争的战略反攻恰恰相反，不是由担负正规战任务的军队担任，而是由担负游击战任务的军队担任，因此，它的性质是游击战争的战略反攻。它的特点是从游击战的内线进攻开始，逐步发展成为小规模的运动战，最后发展成为大规模的运动战。作者指出，“游击战争的战略反攻”的提法，在战争史上是没有先例的，但在中国抗日战争中却是客观存在，这是由中国抗日战争存在着两个战场、两种作战形式以及日军部署的高度分散等特点所决定的。如果不照顾到这些特点，而生搬硬套一般战争的固定格式来解释中国的抗日战争，就不可能对中国抗日战争的战略反攻阶段作出正确的评价。（张宏志《抗日战争的战略反攻》，国防大学出版社1990年5月第1版）

关于“十二月事变”的经验教训　阎锡山于1939年冬在山西制造的“十二月事变”，是国民党在抗日民族统一战线中发动的一次严重的反共事件，也是国民党在抗日战争时期掀起的第一次反共高潮的发端。中国共产党在处理这次事变和打退第一次反共高潮中，总结了一整套与资产阶级又联合又斗争，以斗争求联合的经验。对发展和巩固抗日民族统一战线起了决定性的作用。有的作者撰文指出，今天研究“十二月事变”，还有新的经验可以总结。这些经验主要有：一是无产阶级在与资产阶级合作的过程中，应当时刻保持高度的政治警惕性，这是一项不可动摇的原则。作者认为，无产阶级与资产阶级联合是有条件的，国共两党在抗战时期的联合只是以抗日为基础的联合，它们之间的阶级矛盾并未解决。由于阶级矛盾的存在，在一定情况下斗争会表现得异常激烈。如果无产阶级不保持高度的政治警惕性，就有可能落入资产阶级的圈套。在“十二月事变”发生前，中共山西省的党组织和牺盟会、决死队中的共产党员，在与阎锡山联合抗日时对他反共的本质始终没有丧失警惕，在阎锡山召开秋林会议时，共产党的重要干部均未参加，从而挫败了阎锡山企图在秋林会议上扣留共产党干部，进而肃清决死队中共产党员的图谋。二是对资产阶级破坏联合的警惕性，必须落实在具体措施上。这些措施除在军事上应有所准备以外，还应包括对干部和人民群众进行防变的思想教育。在“十二月事变”突然发生时，从总体上说，共产党领导的抗日军队和抗日团体保持了高度的思想稳定，在保持稳定的前提下静观事态发展，适时采取正确对策，使自己立于不败之地。相反，个别单位由于平时教育不够，对事变感到突然，甚至不知所措，结果造成不应有的损失。三是一旦发生事变，在弄清情况的前提下，斗争态度要坚决，采取措施要及时，行动要果断，在策略上要有理、有利、有节。（柏山松《山西‘十二月事变’与牺盟会决死队的主要经验教训》，《山西党史通讯》1990年第3期）

关于“皖南事变”的真相　皖南事变是国民党蓄谋已久、一手制造的严重的反共事件。这一观点过去在史学界的论著中认识是比较一致的。并且每年都有新的材料补充。有些作者撰文，以国民党在“皖南事变”前后往来的文电为线索，进一步证实了上述观点。文章作者揭露，早在1940年3月，国民党政府军事委员会就制定了“剿办淮河流域及陇海铁路东段以南附近地区非法活动之异党指导方案”，这个方案不仅确定了将江北的新四军全部压迫至江南，然后消灭的企图，而且，还具体规定了对新四军作战的兵力和目标。蒋介石亲自审阅这个方案并多处加了批语。这个方案制定不久，蒋介石就下达“协力将伪军（指新四军——笔者注）压迫于大江以南一举歼灭”的密令。1940年10月，鲁苏战区副总司令韩德勤以其主力进攻新四军驻地黄桥镇，是实施上述计划的一个步骤。失败后，才将消灭新四军的主要矛头指向皖南。文章进一步指出，朱德等人向国民党当局发出“佳电”后，新四军北移的先头部队实际上在12月初就已经行动，这一情况从何应钦、白崇禧12月14日的电报可以证实，他们是完全知道新四军正在执行北移的命令。但国民党在公开场合却到处宣传新四军“北移是假，南窜搞三山计划是真”，为制造事变作舆论准备。在新四军北移的路线上，从文电上也可以看出国民党当局玩弄了花招。11月26日，顾祝同给上官云湘的电报已明确地规定了新四军的北移路线，这是国共双方共同商定的路线。按照商定的这一路线，新四军应在镇江一带渡江，新四军也是按此路线准备的。然而，12月10日，蒋介石却突然发电规定新四军不得从镇江一带渡江，改由皖南原地渡江。这一突然改变实际上已置新四军于死地。因为皖南沿江日军兵力集中，新四军如若在此渡江，必遭日军优势兵力的攻击。而且，大军行动，突然改变路线，需得重新准备部署，以至延误行动时间。这样，国民党就有了进攻新四军的借口。文章还揭露，在查阅国民党在皖南事变前的“进剿匪军计划”和皖南事变中的往来电报中，都没有发现国民党内部提及新四军在移动途中“袭击友军”（即国民党军）之事，由此可以判定，“袭击友军”的罪名是事变后国民党才无中生有地强加给新四军的。因为国民党当局知道，只讲新四军“违反军纪”或“不遵调遣”，都构不成消灭新四军的理由，至多只能将新四军的长官撤职查办，因此必须加上“袭击友军”的罪状，才能为自己消灭新四军开脱罪责。（刘岳化、尤亮《从国民党文电看皖南事变的真相》，《近代史研究》1990年第4期）

对军事人物的研究　对军事人物的研究，主要集中在中国人民解放军重要军事人物的军事理论及其对建军作战的贡献等方面。其中对张闻天、朱德、徐向前、罗荣桓、聂荣臻等人的研究较为突出。

对张闻天的评价　在遵义会议以后，张闻天虽然没有在军内担任职务，但一些论著认为，作为党的总负责人，他的理论和实践对抗日战争时期党的军事战略具有重大的影响。有的作者认为，中央红军长征到达陕北后，在党实行由国内革命战争向民族革命战争的军事战略转变的过程中，围绕建立抗日民族统一战线这个中心，张闻天在一系列重大问题上，表现了深邃的政策远见。他与毛泽东、周恩来等配合，提出了把抗日民族统一战线策略路线作为实现党的政治路线重要环节的思想。张闻天主持了瓦窑堡会议，为实现党的策略路线的转变作出了重大贡献。在党的抗日战争战略方针形成的过程中，张闻天于1936年4月就提出抗日战争“是一个持久战”的思想。在红军改编为国民革命军的问题上，张闻天认为“绝对不能削弱苏维埃红军的力量，不能取消苏维埃红军组织上与领导上的独立性”。这些观点与毛泽东是完全一致的。（邓力群《忠诚的马克思主义者，杰出的理论家》，《中共党史研究》1990年第5期）

对朱德的评价　有的作者认为，朱德一贯强调“从人民出发，为人民服务”是人民军队建军的总原则；必须把政治工作作为军队工作的生命线；练兵必须注重智力、体力、技术3方面全面发展。朱德认为，革命要有一支现代化的军队，要按现代化的要求选用干部、建立军校，研究编制与装备。朱德还提倡实事求是的唯物主义的用兵新法。他在抗日战争时期反复强调有什么枪打什么仗，对什么敌人打什么仗，在什么时间地点打什么时间地点的仗。朱德擅长打游击战和运动战，在战略防御时，常常采用灵活的攻势防御，避强击弱，各个击破。他主张，在一般情况下，战略上要寻找敌军的主力，战术上要寻找敌军的弱点。在抗日战争初期，朱德与彭德怀提出了防止日军奇袭和合击的16条战术原则和指挥作战的5项原则。以后，又把这些原则概括为抗日根据地军民就利避害的机动作战原则，即：“小股进退，分支袭扰，集中主力，乘弱伏尾，昼伏夜动，声东击西，有意暴露，及时隐蔽，利害变换，毫不犹豫，拿定火色，转入外线。（龚希光《朱德的军事理论概述》，《军事历史》1990年第4期）

对徐向前的评价　有的作者认为，徐向前在抗日战争时期的主要贡献，在于提出了一系列游击战争的作战原则。这些原则是：坚持小打而不能大打，量力而行，多打小仗，积小胜为大胜；坚持活打而不能死打，强调战术灵活多样，不打硬仗；坚持快打而不能慢打，强调战役战斗的突然性，速战速决；坚持稳打，反对蛮打，强调周密计划，细致侦察，不打无把握的仗。作者认为，徐向前的这些提法，是毛泽东游击战争理论的具体化。（竹郁《建国前徐向前的军事理论和实践概述》，《党的文献》1990年第2期）

对罗荣桓的评价　有的作者认为，抗日战争时

期，罗荣桓在山东坚持以游击战为主的方针，针对日军的“扫荡”、“合围”和“蚕食”，于1942年提出了“开展分散性、地方性、群众性游击战”的方针。他认为，在日伪军对根据地采取“拉网式扫荡”和“铁壁合围”的战术以后，如果仍然局限在根据地内与敌人周旋，随着日军的包围圈步步紧缩，回旋余地就会越来越小，最后必然陷于无法立足的地步。基于上述分析，罗荣桓于1942年提出“敌人打到我这边来，我就打到敌人那边去”的“翻边战术”。山东抗日根据地普遍采用这一战术以后，逐步由被动转为主动，军事形势迅速改观。在抗日战争中，罗荣桓还反对单靠主力部队打天下的思想，主张实行主力部队、地方武装和民兵三结合的武装力量体制。罗荣桓的上述军事思想，对于扩大和巩固山东抗日根据地起了重要的作用。（刘汉、李维民《罗荣桓的军事理论》，《军事历史》1990年第5期）

对聂荣臻的评价　有的作者认为，抗日战争时期，聂荣臻关于建立农村根据地的思想和关于游击战争的理论，对争取抗日战争胜利有着重要的贡献。聂荣臻关于建立农村抗日根据地思想的主要论点是：敌后游击战争必须有巩固的根据地作依托，而巩固的敌后根据地必须有一支坚强的武装力量，有抗日政权和正确的政策，有发动起来的群众。八路军是发动群众建立抗日政权，保卫边区的中坚力量。新型的抗日民主政权是组织、动员群众的杠杆。根据地的发展和巩固应采取波浪式推进的政策，根据地的对敌斗争是以军事为中心的政治、经济、文化等各方面的全面斗争。聂荣臻根据上述论点，在华北敌后建立了第一个抗日根据地，以后又把它发展成为全国最大的抗日根据地之一。聂荣臻关于抗日游击战争的理论，集中起来有以下几个方面：一是正确处理点、线、面的关系。聂荣臻认为，日军由于兵力不足，在作战中只能由点到线，由线到面地占领地盘。八路军进入敌后以后，必须采取与日军相反的战略，首先打击“面”上的日军，将其向“点”上压缩，尔后开展交通破袭战，切断日军各点联系的“线”，使其分割孤立，以达到各个击破的目的。二是对深入根据地的日军，在有利的地形和群众的条件下，集中主力，以歼灭战的办法打击之，使其不敢轻易大规模地向根据地进犯。三是对日军的“围攻”、“扫荡”，要有充分准备，制定作战预案，划定部队活动地区，先以小部队袭扰敌军，如不能阻其前进，主力则转出外线，将日军逼退。在日军撤退时，寻机歼其一部。四是采取敌进我进的方针。以1／3或1／2的正规军分散进入日军的后方，在敌后之敌后开展军事、政治、经济的斗争，使被动变为主动，逐步恢复根据地。（魏巍、周均伦《聂荣臻的军事理论概述》，《军事历史》1990年第4期）

解放战争时期军战史研究　1990年，中国人民解放军解放战争时期军战史研究获得重要进展。各类报刊发表有关文章近百篇，并有多部著作问世。一系列资料丛书的出版为军战史研究提供了有利的条件。1990年6月全国解放战争史学术讨论会在天津举行。这次会议汇集了近些年来的研究成果，反映了近期解放战争史的研究水平。各地也分别举行了规模不同的学术交流活动。一些重要的理论问题和史实问题的研究得到突破，学术争鸣呈现出活跃的气象。现将讨论的主要问题综述如下。

关于解放战争时期的战略全局　（一）解放战争时期的战略方针问题。有的作者提出：解放战争的战略总方针是：“打倒蒋介石，解放全中国”。而在各战略阶段，又依照战争的发展制定了具体的战略方针。过渡阶段为“向北发展，向南防御”的战略方针；战略防御阶段为“以歼灭国民党有生力量为主而不是以保守地方为主”的积极防御战略方针；战略进攻阶段为“以主力打到外线去，将战争引向国民党区域”的战略方针；战略决战阶段为就地歼灭各个敌军重兵集团的战略方针；战略追击阶段为追歼残敌，解放全国领土的作战方针。（毕健忠《全国解放战争战略指导新探》，《中共党史研究》1991年第4期）

（二）解放战争时期的时间划分问题。有的作者撰文对党史、军史界将解放战争称之为“三年解放战争”的说法提出质疑。文章认为解放战争有广义、狭义两种划分。广义的解放战争，作为新民主主义革命的一个历史阶段，从1945年9月开始到1949年9月，共4年时间，这是没有疑义的。而狭义的解放战争，其时间的划定应从1946年6月底全面内战爆发起到1950年6月止，时间也为4年。这是因为：人民解放军解放全国的大规模连续性战略战役行动一直持续到1950年6月，而解放军的最高指挥机构也把解放战争的下限划定到这一时间。之所以会出现“三年解放战争”的错误提法，原因之一，是误解了党的领导人的讲话。毛泽东在《论人民民主专政》中提到过“三年的人民解放战争”，那是指当时解放战争已进行了三年，并未说解放战争就此为止。原因之二，是混淆了广义和狭义两种含意的解放战争的划分依据。广义解放战争时间的划分，以全国性政权在国共之间的转换为依据；狭义的划分，以国共双方大规模持续性军事行动的爆发和结束为依据，两者起止时间不同。如果开始时间从广义出发，结束时间从狭义出发，就会人为地将狭义解放战争的时间缩短一年。(周军《“三年解放战争”的提法不准确》，《教学与研究》1990年第4期)

关于过渡阶段 有的作者撰文探讨了过渡阶段在解放战争史中的地位，认为这一阶段为解放战争的胜利创造了必不可少的条件。(刘冠森《试论“过渡阶段”在解放战争史中的地位》，《抚顺师专学报》社科版，1990年第2期) 在关于这一阶段的研究中，东北问题是比较敏感的问题，许多看法不尽一致。有的作者撰文分析了中共中央和人民解放军建设东北根据地方针的演变。文中认为抗战胜利后，党对于建立东北根据地，起初是采取独占的方针，以后鉴于形势变化又发出12月指示改取分占，即“让开大路占领两厢”的方针，这是符合实际的正确决定。在执行这一方针过程中出现了反复。作者认为，对于四平保卫战问题，不在于应不应该打，而在于应该怎样打。当时主要偏差是对自己估计过高，对敌人估计过低，不应该在四平与强敌硬拼，而应该寻敌之弱点攻击；不应该打阵地消耗战，而应该实行运动歼灭战。党中央及时发现和纠正了这一偏差，重申12月指示，使东北工作方针达于完善。这对以后辽沈战役的胜利，东北全境的解放具有重要意义。(丁晓春《关于建设东北根据地方针的认识》，《中共党史研究》1990年第2期) 王建新《关于“让开大路，占领两厢”东北工作方针的几个问题》，孙耀民、孙雅坤《北满根据地建设的特点及历史意义》，丁晓春、戈福录《四平保卫战的评价值得重新研究》，魏蒲《关于十万大军进军东北的几点认识》等文也从不同角度分析了争取东北、建设东北根据地的历史过程，并提出了自己的看法。

关于战略防御和战略进攻阶段 (一) 关于中原解放区。全面内战爆发的起点，是国民党大举进攻中原解放区。中原突围在战史上具有重要地位。有的文章系统论述了中原军区部队战略转移的酝酿变化过程。其中在列举大量史料的基础上指出：关于中原军区的战略转移问题，是中共中央、中央军委同中原局、中原军区之间进行较长时间酝酿商讨，并经过坚持、转移、继续坚持以争取停战后之有利地位、争取合法转移、准备突围等几度变化之后，才确定下来的。这一战役的胜利，对解放战争发生了深远的影响。(陈廉《中原军区部队战略转移的酝酿变化过程》，《党史研究资料》1990年第11期) 屈德骞在《地方革命史研究》上发表文章，论述解放战争初期的三大战役，重点分析了中原突围的重大作用。

(二) 关于华中解放区。国民党发动全面进攻的另一个方向是华中解放区。华中解放区军民在党中央指示指引下，以自卫战争粉碎蒋介石的进攻，取得了苏中七战七捷等一系列重大胜利。郑建文撰文阐述了华中解放区在解放战争初期的历史地位。(《浅论华中解放区在解放战争初期的历史地位》，《南通师专学报》社科版1990年第1期)

(三) 关于晋察冀解放区。1947年春，中共中央决定刘少奇、朱德等组成中央工作委员会到华北进行中央委托的工作。中央工委对指导晋察冀的军事斗争起了直接的作用。有的文章论述了刘少奇对1947年晋察冀军事斗争的贡献。作者列举大量史实，说明刘少奇到晋察冀后，在部队的整编、作战方针的确定，以及一系列重要战役指导上起了重要作用。尤其是石家庄战役的胜利，为人民解放军进行阵地攻坚战和夺取大城市创造了范例。(朱元石《刘少奇与一九四七年晋察冀军事斗争》，《党的文献》1990年第2期)

(四) 关于人民解放军的战略进攻。1947年6月以后，晋冀鲁豫野战军强渡黄河，千里跃进大别山，拉开了人民解放战争战略进攻的序幕。尹萍的《千里跃进，挺进中原》(《地方革命史研究》1990年第4期)，李福昌的《刘邓陈粟大军逐鹿中原纪略》(《中州古今》1990年第5期)，在以往研究的基础上，对人民解放军的战略进攻进行了论述。

关于战略决战阶段 战略决战历来是解放战争史研究的热点，一年来著述甚丰。《震憾世界的大决战》是一部重要学术专著。这本书因引用大量第一手资料而成为一部信史，在研究方法上，也进行了新的探索和尝试。其特点主要有：(1) 从整体上，从纵向、横向的结合上综合研究三大战役。(2) 对战略决战的方针、计划的形成提出了新的见解。认为从决战的构想开始，到决战胜利结束，有关决战的方针、计划、部署、战法，均是根据战争实际而制定并逐步完善的。这是战略决战能迅速取得胜利的关键所在。(3) 对交战双方统帅及战场指挥员的关系作了客观、公正的反映。书中以丰富的史料，澄清了一些论著人为地在我军统帅和战场指挥员之间制造分歧的错误观点，指出：战略决战之所以能沿着正确的方向发展，将帅协谋、决策民主是一个重要原因。(4) 对毛泽东战略决战理论进行了深入探讨。(王道平、周鸿雁、姜铁军著《震撼世界的大决战》，解放军出版社1990年4月版) 此外，许多作者对战略决战阶段的以下几个问题，进行了深入研究。

(一) 济南战役。有的作者撰文，详细论述了战略决战的序幕——济南战役的经过和意义，有的文章对在这一战役中国民党第2绥靖区司令王耀武被解放军俘获的经过作了详细介绍。(王宗荣《伟大战略决战的序幕：济南战役》,《历史教学》1990年第7期；王珠发《王耀武被俘经过》,《档案与历史》1990年第3期)。

(二)辽沈战役。为纪念辽沈战役纪念馆落成开馆，有的作者撰文分析阐述了辽沈战役的胜利原因及其伟大意义。(毛敏修《辽沈战役胜利原因及伟大意义》,《锦州师院学报》哲社版1990年第1期)有的作者撰文对林彪在辽沈战役中的表现究竟如何，有没有错误，错误的原因是什么，有没有正确的方面，如何看待这些正确的方面等问题进行了分析阐述。文章认为，在组织辽沈战役的整个过程中，前期，林彪对中央关于就地全歼东北蒋军方针的执行表现得十分犹豫，不敢打长春，不敢打沈阳可能北援之敌，不敢南下北宁线，错失了若干有利战机。后期，即最后定下攻锦决心到攻占沈阳、全歼守敌为止，由于中共中央军委、毛泽东多次批评及济南战役胜利的影响，林彪解决了思想问题，指挥积极主动，领导部队顺利攻克锦州，并接连取得和平解放长春、辽西围歼廖耀湘兵团和全歼沈阳守军的一连串巨大胜利。作者认为，以往我们在批判辽沈战役中林彪错误时，所依据的事实还是对的，但也存在问题，即未指出他在后期表现的积极之处，同时也不适当地把思想性、局部性的错误提高到资产阶级军事路线的高度上去批判。(姚杰《论辽沈战役中的林彪》,《中共党史研究》1990年第4期)1989年出版的一本以描绘东北解放战争为主要内容的长篇纪实文学，因严重违背历史事实，受到学术界及各界干部群众的批评。原东北野战军第9纵队政委李中权撰文指出：这部纪实文学严重丑化和歪曲了东北解放战争，混淆了是非功过，贬低毛泽东等老一辈无产阶级革命家，这是我们辽沈战役的参加者所绝对不能接受的。(《中流》1990年第9期)全国解放战争史学术讨论会也就此进行了讨论，与会人员一致认为，要采取积极有效的措施，一方面繁荣党史、军战史题材的文学创作，另一方面要保证这类题材的真实性和严肃性。(郭晓平《全国解放战争时期党史学术讨论会综述》,《河南党史研究》1990年第5期)

(三)平津战役。平津战役是对解放战争进程具有决定意义的三大战役中的最后一个战役。其基本特点是"军事攻势与政治攻势同时并举"。这次战役不仅获得了完全胜利，而且创造了解决国民党军队的"天津方式"、"北平方式"和"绥远方式"。有的作者撰文详细论述了平津战役的军事战略和政治战略，认为争取傅作义，和平解放北平，是平津战役的最大成功之处，是中央军委、毛泽东政治战略指导艺术的一大硕果。(傅国祯《略论平津战役的军事战略和政治战略》,《党的文献》1990年第1期)。有的作者撰文，论述了北平谈判的具体过程。(郁晓航《关于和平解放北平的三次谈判》,《历史教学》(津)1990年第8期)对于傅作义下决心接受和平改编，目前史学界比较普遍的看法是，攻克天津和1949年1月16日人民解放军平津前线司令员林彪、政治委员罗荣桓致傅作义的公函，曾发生了重要作用。有的作者对此提出不同看法。他依据崔月犁、周北峰等的回忆文章所提供的材料，认为傅作义最后下决心的时间是在天津解放前而不是在这之后；并且，依据聂荣臻、杨令德、苏静等的回忆材料，认为在傅作义下决心接受和平改编前并没有看到林彪、罗荣恒发去的公函，因此，公函对北平的和平解放并未发生实际影响。作者对傅作义转变的原因作了分析，认为解放军的武力是迫使傅作义下决心的前提；中共的政治争取和正确的和谈方针，为傅作义指明了光明的道路；而傅作义朴素的爱国爱民思想是他下决心起义的决定性因素。(黄兆康《探讨北平和平解放的若干问题》,《党史研究与教学》(福州)1989年第6期)

(四)关于战略决战阶段的起止时间。一般认为战略决战主要包括济南战役和辽沈、淮海、平津三大战役。有的作者就此提出一种新观点，认为战略决战阶段应从1947年6月底鲁西南战役开始，到渡江战役结束。他认为鲁西南战役使用了主力、歼灭了敌重兵集团、夺占了战略要地，起到了伟大转折作用，故应属战略决战范围；从形势、中央部署、对战争全局的重大影响等方面看，渡江战役应列为战略决战阶段的重要战役，而不应列为战略追击阶段的一个战役。(陈元考《对解放战争的战略决战起止时间之我见》,《国防大学学报》1990年第1期)一些文章不同意陈元考的观点，就此进行了探讨和商榷。

关于战略追击阶段 (一)战略追击的方针。有的作者撰文论述了毛泽东关于战略追击中的战略方针运用及其特点。作者指出：人民解放军向全国进军的实践，充分证明了中央军委、毛泽东关于大迂回大包围大歼灭，穷追猛打不歼不止的战略指导方针的正确。其特点主要为：对伺机逃跑之敌，从两侧实行远距离迂回包围；坚决彻底断敌逃路，然后回打；军事进攻与政治攻势相结合，集中力量歼灭主要之敌与分化敌垒改编次要之敌相结合；统一指挥，加强各部、各战略区协同配合；勇敢迅猛连续追击，力求全歼。（宋毅军《毛泽东关于战略追击中的战略方针运用及其特点》，《军事历史》1990年第1期）

（二）渡江战役。有的作者撰文对渡江战役的一些传统提法提出不同见解。认为：解放军渡江登岸的西部起点不应是“西至湖口”，而是在澎泽境内；1949年4月21日毛泽东朱德发布的《向全国进军的命令》并非渡江命令，渡江战役已在此前一天打响，该命令的受命者不单是渡江大军，而且包括全军，这一命令正如其标题所称是向全国进军的命令。（刘峰《对“渡江战役”有关提法之我见》，《求实》1990年第2期）史学界曾有一种说法，认为渡江战役发起之前，斯大林曾通过米高扬劝阻解放军过江。党的七大后曾任中央书记处办公室主任并长期担任毛泽东俄文翻译的师哲，撰文对此加以否认。他是参加与米高扬会谈的当事人，他肯定地说那不是事实。（师哲《新中国外交风云》，世界知识出版社1990年）

（三）进军西南。有的作者撰文对人民解放军进军西南的大迂回、大包围的作战方针进行了系统论述，强调这一方针是从战争的实践中总结出来的，刘伯承、邓小平和贺龙等部创造性地贯彻执行了这一方针，这一方针具有重大历史和现实意义。（唐义路《试谈进军西南大迂回、大包围的作战方针》，《党的文献》1990年第4期）有的作者撰文分析了进军西南战略方针的若干特点，即有严密的科学性、精确的计划性、革命的彻底性、因敌而变的灵活性。（元江《进军西南战略方针的若干特点》，《成都大学学报》社科版1990年第1期）

（四）进军中南。《实施战略追击，横扫中南残敌》一文，对人民解放军进军中南进行了全面分析论述，史实准确详尽。（黎连荣《党的文献》1990年第3期）徐芳春、覃光航分别撰写了解放海南岛、广西诸战役的回忆文章和学术文章。

（五）进军福建。这是人民解放军进行攻击作战的重大战略行动，石玉山著文对此进行了论述。（《党的文献》1990年第2期）此外，《军事历史》杂志刊登了朱云谦、彭允太的有关回忆文章。

（六）进军西北。有的文章阐述了人民解放军进军西北的作战方针及其实施。（华国富《关于进军西北的作战方针》，《党的文献》1990年第5期）新疆人民出版社出版的《新疆和平解放》，为军战史研究提供了资料。

关于国民党军的起义和投诚问题　随着人民解放战争的胜利进行，大批国民党军起义投诚，构成了这一时期的重要历史特点。1990年度论述这一主题的文章较多。有些作者撰文详细记述了解放战争中争取国民党军起义的史实。（蔡惠霖《战火硝烟的背后——记解放战争中争取国民党军起义》，《军事史林》第2～4期；钟健英《解放前夕我党对国民党在闽海军人员的策反工作》，《军事史林》1990年第1期）有些作者撰文对国民党将领起义投诚的原因作了较深入的分析。（冯治、董连翔《解放战争时期国民党将领起义投诚述论》，《山东大学学报》社科版1990年第2期）有的作者把国民党将领率部起义称为与人民解放军的军事斗争、以广大学生为主的人民群众争取和平民主的斗争同时存在的“第三条战线”。这种新观点引起了史学界的注意。（张春英《论解放战争的第三条战线》，《中共党史研究》1989年第4期）有的作者虽然同意解放战争存在“第三条战线”的看法，但认为这一战线的较为准确的概括应为：“中国共产党发起、组织和领导的国民党官兵起义运动与蒋介石独裁政府严加控制军队的斗争。”（陈随源《对〈论解放战争的第三条战线〉一文的一点意见——与张春英商榷》，《中共党史研究》1990年第2期）有些作者则坚持解放战争时期并不存在第三条战线的观点。他们认为：解放战争时期中国共产党和广大人民群众同国民党反动派的矛盾是主要矛盾，而国民党内部的纷争是次要矛盾；人民解放军的军事斗争和第二条战线人民的斗争，对打垮国民党反动政权起了决定性作用，同时也促成了国民党将领的起义，故不应将国民党将领率部起义称之为与前两者并列的第三条战线。（李敦送、江羽翔《解放战争时期存在第三条战线吗？——与张春英商榷》，《中共党史研究》1990年第3期）

关于解放战争时期的游击战问题　解放战争是中国历史上一场规模空前的正规战争，其主要作战形式是运动战，同时游击战仍占有重要地位。它一方面直接担负配合野战军作战的任务，另一方面又独立开辟敌后战场，为野战军的作战准备基地。吴明刚的《试述福州解放战役中闽浙赣边区党组织与游击队的贡献》，曾梅生、陈本亮的《华南坚强的一翼：闽粤赣边纵队在解放战争中的作用》，陈立平的《解放战争时期华南游击纵队的历史作用》，王光廷、叶克秋的《解放战争时期的闽西北爱国武装斗争》等都反映了这方面的研究成果。

解放战争军战史研究资料比较齐全，许多当事人健在，一些重大问题的研究比较成熟。随着资料发掘的深入、研究方法的更新，必然会在微观和宏观研究上有新的突破，理论性研究也将得到进一步加强。

中国人民志愿军抗美援朝战争史研究

1990年在纪念中国人民志愿军抗美援朝战争40周年之际，抗美援朝战争史研究已引起广泛的关注。不仅有多部专著和回忆录出版以及众多学术论文发表，而且有两次学术讨论会先后在武汉和南京举行。重点研讨了下述几个问题。

关于出兵参战决策问题 有些研究人员认为，出兵参战决策是中共中央和毛泽东经过分析研究当时国际形势和朝鲜战争形势，根据朝鲜劳动党和朝鲜政府的请求，从挽救朝鲜危局、保卫中华人民共和国安全和维护世界和平的立场出发作出的重大战略决策。出兵参战，既是朝鲜人民和世界人民利益的需要，又是中华民族利益的需要。只有出兵参战才是积极的政策，才是对朝鲜、中国、东方乃至整个世界有利的政策。出兵参战决策，是爱国主义和国际主义相结合的产物。出兵参战决策，是战略上藐视敌人和战术上重视敌人的辩证统一。出兵参战决策的具体内容包括：(1) 先着东北边防军4个军和3个炮兵师参战，尔后再调12个军作第2批及第3批兵力，逐步投入作战。(2) 任命彭德怀为中国人民志愿军司令员兼政治委员。(3) 以东北行政区为志愿军的总后方基地，由东北军区司令员兼政治委员高岗负责后方工作、供应事宜及援助朝鲜的事务。(4) 以贷款方式向苏联订购武器装备，制订改善军队武器装备的长远计划。(5) 采取先组织防御、后实施反攻的作战指导方针。(6) 由周恩来、彭真、聂荣臻、薄一波、李立三组成全国防空筹委会，负责加强国土防空工作，防备美国使用空军轰炸我国大城市及工业基础。(7) 由华东军区司令员陈毅、华南军区司令员叶剑英分别负责加强福建方向和广东方向的海军防御，防备美国使用海军或指使台湾国民党军攻击我国沿海地带。（王汉鸣、李荣耀《论抗美援朝战争的战略决策》，《军事历史》1990年第3期）

关于战争指导问题 原志愿军副司令员兼后方勤务司令员洪学智在回忆录中指出，出兵参战之前我们确立的作战原则是：在战略上树立持久作战的思想，在战术上集中优势兵力，采取穿插、迂回、分割、包抄、近战、夜战、速战速决的传统战法。回忆录还记录了，洪学智在总结运动战时期建设兵站运输线和开设供应站经验的基础上，根据战略方针和后方对敌斗争要求，针对转入阵地战后面临的基本情况，提出分区供应与建制供应相结合的供应体制并报彭德怀批准执行。这种供应体制规定，战役后方由志愿军后勤划分供应区，开设兵站线，负责对本区的部队实施供应；战术后方取消兵团后勤，以军后勤为主体，仍按军、师、团系统实施建制供应。这种供应体制在抗美援朝战争中充分显示了它的优越性。（洪学智《抗美援朝战争回忆》，解放军文艺出版社1990年）

有些研究人员认为抗美援朝战争指导可概括为：(1) 根据战局急剧变化，适时改变先组织防御的计划，径直实施战略反攻来转变战局。战略反攻指导的主要特点有：利用“敌人完全没有料到的突然性”；既强调歼灭敌人又重视控制一定地方；创造性地解决在技术装备居于劣势的情况下打运动战如何扬长避短的问题。(2) 适应朝鲜战争的特殊规律，采取充分准备持久作战和争取和谈达到结束战争的方针，实行由运动战到阵地战的转变。出兵参战以前，毛泽东、周恩来就预见到朝鲜战争有长期化的可能。志愿军入朝之初，毛泽东还设想，如果志愿军能进行有力作战，“便有迫使美国和我进行谈判之可能”。后来，中共中央和毛泽东根据形势的变化，对战争进行适时地指导，作出“充分准备持久作战和争取和谈达到结束战争”的战略决策，并提出“持久作战、积极防御”的战略方针。彭德怀认为，这项战略决策“也就是政治斗争与军事斗争双管齐下”。为了坚持持久作战并给谈判造成军事上的强有力的后盾，在作战形式上实行由运动战向阵地战的转变，并在前线筑成以坑道为骨干的坚固防御阵地；在作战指导上贯彻“零敲牛皮糖”，打小歼灭战，尔后向打大歼灭战过渡的方针，在战略防御的方针指导下进行积极的频繁的攻势防御作战，在兵力使用上继续贯彻轮番作战的方针，在军队建设上贯彻边打边建的方针，在后勤保障上大力加强后勤机构并创造出“打不烂、炸不断”的钢铁运输线。(3) 战争处于转折的关头，针对艾森豪威尔当选总统前后，美国的战争喧嚣和进行大规模军事冒险的可能性，特别是在朝鲜东西海岸实施两栖登陆的可能性，大力加强海防以做好粉碎敌人从侧后登陆进攻的充分准备。(4) 利用敌人营垒中的矛盾，实施金城战役痛击南朝鲜军后，再签字停战，以保证稳定可靠的停战。（王汉鸣、李荣耀《论抗美援朝战争的战略决策》，《军事历史》1990年第3期）

有的研究人员从5个方面总结第五次战役的经验教训。(1) 关于战役企图。认为挫败敌人以侧后登陆配合正面进攻而在“朝鲜蜂腰部建立新防线”的计划，是正确的，但企图在三八线附近一举歼敌数万，则“口张大了”。(2) 关于战役发起时机。认为为避免两线作战而提前发起攻击是必要的，但从战役的组织准备并不充分来看则“打早了”。(3) 关于迂回包围战法。认为迂回包围、穿插分割、集中兵力、各个歼敌，是行之有效的战法，但敌我武器装备对比悬殊，志愿军不能实施战役的大迂回、大包围，故而规定的任务“打深了”。(4) 关于组织与指挥转移。有关教训包括：转移的组织计划不周，部署不严密；没有留置足够的兵力控制道路，阻击敌人；未能保障不间断的指挥；被敌包围或处境不利的阻击部队的指挥员举措失当。(5) 关于后勤供应。当时后方供应组织基础较差，交通运输极端困难，加之准备时间仓促以及敌人对后方交通线的封锁轰炸，因而粮弹以及其他物资的供应远未达到战役计划的要求。(蔡田夫《抗美援朝战争第五次战役的经验教训》，《军事历史》1990年第5期)

有的研究人员认为，抗美援朝战争中的以打促谈是卓越的战略指导艺术，是对我军军事打击和政治斗争相结合的战争指导原则的进一步丰富和发展。抗美援朝战争期间军事打击和停战谈判的配合，主要有3种形式：第1，以充分的军事准备防敌迫我订立城下之盟，这主要是谈判之初我军第六次战役的准备；第2，以坚决的军事打击粉碎“联合国军”的军事压力，迫使其在谈判桌上放弃无理要求，这主要是1951年夏末至1952年深秋的防御作战和反“绞杀战”、反细菌战；第3，充分利用敌人内部矛盾，加以区别打击，以我强大的军事压力，迫使“联合国军”早日签字停战，这主要是1953年夏季的作战。(齐德学《以打促谈——卓越的战略指导艺术》，《解放军报》1990年10月26日)

有些研究人员认为，在朝鲜战场上，志愿军是以两个优势（英勇顽强的革命精神和灵活机动的战略战术）对付敌人的一个优势（武器装备）。志愿军的战略战术以毛泽东军事思想为指导，具有巧妙灵活、以长击短、富有创造性等特点。例如，经过几次较量，证明大歼灭战难以实现，便迅速决定采取轮番作战和打小歼灭战的方针；连续5次战役以后，从敌我双方的实际情况出发，采取战争准备长期，尽量用谈判方式结束战争的方针；在军事战略上，采用“持久作战，积极防御”的方针；具体打法上，创造了坑道战术，依托阵地和不远离阵地的进攻战等等。(陈忠龙《南京抗美援朝40周年学术讨论会述要》，《军事历史》1990年第6期)

有的研究人员在对抗美援朝战争历史进行回顾和反思之后认为，经过抗美援朝战争，中国业已产生“局部战争”观念，确立了积极防御的国防战略。积极防御战略的新发展表现在：在作战原则上，变“诱敌深入”为坚守防御；在作战方法上，给集中兵力歼灭敌人增添新的概念，即形成兵力、火力和其他技术条件的全面优势；在战略上“后发制人”的前提下，争取战役和战斗中的突然性和先发制人。(徐焰《第一次较量》，中国广播电视出版社1990年)

毛泽东军事思想在抗美援朝战争中的运用与发展

有的研究人员认为，毛泽东军事思想在抗美援朝战争中的运用与发展主要表现在8个方面：(1) 坚持战略上藐视敌人，战术上重视敌人，从全局利益出发，制定出兵参战的英明决策。(2) 按照实事求是的原则，提出“在稳当可靠的基础上，争取一切可能的胜利”的战争指导路线。(3) 利用夜间行军作战，成为我军进行战争的主要作战手段。(4) 实行以翼侧迂回为主要特征的、有着一定限制的运动战。(5) 阵地战逐渐转变为主要的作战形式，并丰富了它的内容。(6) 运用十大军事原则，表现为空前的创造性和灵活性。(7) 实行边打边建的方针，使我军逐渐发展成为多兵种联合作战的体制，后勤工作也逐渐适应现代战争的要求。(8) 发展了人民战争的思想和内容。(孟照辉《毛泽东军事思想在抗美援朝战争中的运用与发展》，刘宏煊主编《抗美援朝研究》，人民出版社1990年)

有的研究人员认为，毛泽东军事思想在抗美援朝战争中的新发展包括：(1) 作出抗美援朝的出兵决策，发展了支持正义战争的理论。(2) 提出战术小包围的理论，发展了歼灭战思想。(3) 把阵地战作为主要作战形式，发展了积极防御的思想。(4) 重视防空和反坦克作战，发展了我军的传统战法。(5) 实行轮番作战方针，发展了利用战役间隙休整部队的军事原则。(6) 一面打仗一面加强现代化建设，发展了军队的建军思想。(7) 团结朝鲜人民和全世界爱好和平人民共同对敌，丰富了人民战争思想的内容。(陈炎《毛泽东军事思想在抗美援朝战争中的新发展》，刘宏煊主编《抗美援朝研究》，人民出版社1990年)

中国人民志愿军思想政治工作的基本经验 有些研究人员指出，抗美援朝战争有着同国内革命战争不同的特点，因而对思想政治工作提出了新的课题和更高的要求。他们认为志愿军思想政治工作的主要经验是：出国作战的特点，要求政治工作把“抗美援朝、保家卫国”的号召变成指战员的自觉行动；面对敌人装备上的极大优势，要求政治工作充分发挥政治优势，扬长避短，克敌致胜；大兵团、多军兵种协同作战，要求思想政治工作切实做好加强部队集中统一和团结的工作；军事斗争与外交斗争交织，要求政治思想工作贯彻“坚决打，争取和”的指导思想。（刘宏煊《武汉抗美援朝40周年理论研讨会述要》，《军事历史》1990年第6期）

第二次世界大战史研究　第17届国际历史科学大会关于二战史研究综述　1990年8月26日至9月2日第十七届国际历史科学大会在西班牙首都马德里举行。以中共中央文献研究室副主任金仲及为团长、以中国社会科学院世界史研究所所长张椿年为副团长兼秘书长的中国史学家代表团一行13人出席了会议。现将此次会议关于二战史研究的主要内容综述如下。

关于《苏德互不侵犯条约》　对这一问题的认识，苏史学界占主导地位的观点仍然是对这一条约持基本肯定的观点。他们认为签订这一条约是在战争迫在眉睫的形势下苏联被迫采取的唯一正确的抉择，对此，必须放在当时特定历史条件下加以分析。并认为，正是由于这个包括“秘密附属议定书”在内的条约的签订，才推迟了德军进攻苏联的时间，从而在一定时间内保障了苏联的安全；同时，也阻止了德军对苏联邻近小国的占领。另一种观点则认为，《苏德互不侵犯条约》的签订对希特勒更加有利。他们指出，1939年秋，德军并未做好进攻苏联的准备，说条约推迟了德国发动侵苏战争的时间是不正确的。历史证明，这种在策略上获得的好处，最终使苏联在战场上付出了沉重代价。使德国成功地离间了苏联同它在欧洲大陆的主要潜在盟友法国之间的关系，各个击破，打败法国，并在占领中、西欧之后，于1941年得以从容地向苏联发动突然袭击。

关于慕尼黑协定　苏部分史学家认为，这一协定是英法拒绝与苏合作的标志，它加剧了以斯大林为首的苏领导层对英法的猜疑和憎恶心理，这种状况又为希特勒所利用。他们认为，这个协定的签订，使苏联对集体抵御德国的一切希望归于破灭，也使苏领导未能看到1939年3月德国占领捷克斯洛伐克后，英法在政策上出现的积极变化（关于后一点，西方部分学者亦持同样观点）。苏对外政策正是随着《慕尼黑协定》的签订和同英法结盟谈判破裂，而开始朝着与德国关系正常化的方向发展的。这一变化也反映在1939年5月莫洛托夫接替苏负责外交事务的人民委员李维诺夫这一人事变动上。如希特勒所说，“撤换李维诺夫起到了决定性的作用”。

关于苏德战争爆发前夕苏与英法外交谈判失败的原因　苏部分史学家认为主要原因有三：

（1）苏、英、法及其他被侵略国家的领导人未能充分认识纳粹德国领土扩张和称霸世界的本质和危险性。他们指望象第一次世界大战结束时那样，通过与希特勒达成妥协，建立一种“新的领土与政治的国际秩序”。希特勒则把缔结国际协定当作一种加强帝国地位、离间潜在敌手并为增强其侵略手段创造有利条件的策略。

（2）英法与苏联出于社会制度、意识形态和历史的原因各怀戒心。

（3）由于苏联红军内部遭到清洗，西方认为红军力量削弱，除勉强可以保卫苏本土外，不能指望它对欧洲局势施加任何实质性影响。

西方部分学者则认为，苏1939年4月开始的同西方的谈判并无诚意，这种谈判只是苏联为在对德谈判中获得更加有利地位的一种讨价还价的筹码。

苏联军事历史学界关于战争史研究的新观点　苏联国防部军事历史研究所所长、著名军事历史学家沃尔科戈诺夫上将在第17届国际历史科学大会上的发言引人注目。他的发言在一定程度上反映了当前苏联军事历史学界对待以往战争和未来战争的新看法。值得注意的有如下三点：

（1）否定斯大林在苏联卫国战争中的历史作用。沃尔戈诺夫上将指出：“苏联人民取得伟大卫国战争的胜利，并不是由于斯大林主义，而是尽管存在斯大林主义，苏联人民仍取得了胜利。”

（2）认为出于“履行国际义务”和意识形态方面的原因而参加的许多战争和造成的结果，同苏联要实现的长远社会目标背道而驰。

（3）认为核武器的出现使得战争不再是政治的继续。在战争根源消除以前是可以防止战争的。（孙利辉《第17届国际历史科学大会综述》，《军事历史》1991年第1期）

雅尔塔体制与战后世界格局学术讨论会综述

1990年11月21～22日，中国世界现代史研究会华北分会、中国社会科学院世界历史研究所和天津社科联世界当代史研究会在天津联合举办了“雅尔塔体制与战后世界格局学术讨论会”。来自北京、天津、河北等地十几所高校、科研机构和新闻出版单位的专家、学者和记者近50人应邀出席讨论会。与会者就雅尔塔体制的涵义、性质、现状、评价以及雅尔塔体制与冷战的关系等问题，进行了热烈的讨论。现综述如下：

关于雅尔塔体制的内涵 过去通常认为是第二次世界大战中，苏美英三国首脑在1945年2月召开的雅尔塔会议上根据大国实力对比发生的变化重新绘制世界政治地图和就战后秩序所达成的协议，它对战后世界历史的发展，世界格局和国际关系的演变均有重大影响。有的学者不同意这种看法，认为雅尔塔体制不能只理解为是在雅尔塔会议上确立的。他们认为这一体制是以第二次世界大战期间三次大国首脑会议和会议签署的宣言、条约为基础以及战后一系列会议的协议、条约所构成的两极体制。冷战格局的形成是雅尔塔体制确立的最后标志，时间下限应到1955年华约的建立。会上也有人提出，上限应为1941年8月《大西洋宪章》的发表，下限到1951年9月旧金山体制的建立。多数学者认为，对雅尔塔体制内涵的理解既不能太窄，也不宜过宽。太窄不能概括其全貌，太宽又容易造成概念上的混乱。雅尔塔体制应是以雅尔塔会议为主的三次大国首脑会议（德黑兰会议和波茨坦会议）通过的决议和协定对战后世界的安排和设想，它是第二次世界大战期间和结束时，大国之间实力对比和妥协的产物。

关于雅尔塔体制的性质 一般认为，它是凡尔赛体系的继续，是大国之间在力量对比发生变化的情况下对世界势力范围的重新划分。与会代表普遍认为，对雅尔塔体制不能用帝国主义划分势力范围这种固有观念简单地对号入座，应以历史发展的眼光，运用辩证唯物主义的观点，实事求是地加以分析。凡尔赛体系是战胜的帝国主义列强在第一次世界大战后建立起来的世界性的国际关系体系，它排斥社会主义苏联，具有明显的侵略扩张和瓜分、掠夺殖民地等帝国主义性质。雅尔塔体制与凡尔赛体系有质的区别。首先，社会主义苏联是雅尔塔体制的主体之一，同时，这一新体制具有强烈的反对法西斯侵略的民主进步的性质，一改过去帝国主义主宰世界的格局。其次，雅尔塔体制把国际民主原则和和平共处原则纳入了国际关系体系。第三，雅尔塔体制扩大了社会主义影响，许多社会主义国家加入国际社会形成世界新的格局。雅尔塔体制是根据几个大国力量对比的变化改写世界政治地图，包括了社会主义力量和反法西斯民主力量的壮大，具有历史的进步性。同时，也应看到雅尔塔体制中仍有诸如大国强权政治、侵犯中小国家领土及其他利益等消极因素。

雅尔塔体制与冷战的关系 有的学者认为：雅尔塔体制不是直接导致冷战的动因，而是在雅尔塔体制确立后又产生的新的矛盾。当战后美苏同盟关系结束时，由于国家社会政治制度和意识形态不同等原因，美国对苏联采取敌对态度，实行军事包围、经济封锁、政治孤立的政策，苏联采取针锋相对的反击措施，遂形成战后40多年以美苏为中心的东西方的冷战格局。有的学者则认为，雅尔塔体制与冷战既有联系，又有区别。冷战是雅尔塔体制的必然产物和表现形式，雅尔塔体制是冷战的基础。区别在于雅尔塔体制在欧洲，是对德国实行分区占领，对东欧各国给予自由选择的权利；在亚洲，由美国对日本实行军事占领，在中国、朝鲜、越南划分新的势力范围。而冷战，在欧洲西方要夺回东欧，实现西方的欧洲统一；在亚洲争夺扩大各自的势力范围。其结果在欧洲导致德国的分裂，及社会主义在东欧各国的出现；在亚洲则导致蒙古脱离了中国，和社会主义中国的诞生，以及朝鲜和越南的分裂。雅尔塔体制的重点在欧洲和亚洲。战后迅速把东西方的冷战扩展到全世界。也有的学者认为，雅尔塔体制和冷战体制均是由历史造成的。应该历史地分析冷战的起源，不能说冷战是雅尔塔体制造成的，更不能把冷战的根源统统归罪于雅尔塔体制和苏联；要充分认清美英等资本主义国家反对社会主义制度的阶级本质，冷战的主要责任在美国。

对雅尔塔体制的评价 许多学者认为，对雅尔塔体制，应以马克思主义的唯物史观和方法论为指导，把它放在国际关系发展的历史进程中进行比较，从爱好和平的世界人民的立场和大多数国家的利益出发，实事求是地评价其功过是非。要在考虑国外各种观点的同时提出中国的看法。归纳起来大体上有3种意见：

第一种意见认为，对雅尔塔体制应更多地给予肯定，对它的消极作用和影响等问题应根据当时的历史条件具体分析。持这种观点的学者认为，雅尔塔体制的历史作用表现在以下几个方面：(1) 第二次世界大战期间，包括雅尔塔会议在内的前后三次大国首脑会议及其达成的协议对最后打败法西斯国家、结束战争，发挥了巨大作用。(2) 对战后世界和平的安排比凡尔赛体系有进步；联合国在维护世界安全与和平方面比国际联盟更有效；战后45年世界没有大战，雅尔塔体制是重要因素之一。(3) 确立了不同制度国家间的和平共处原则。

他们认为，雅尔塔体制存在的主要问题是大国强权政治，把中小国家领土主权作为大国之间讨价还价的筹码。对苏联的大国主义要进行历史的分析，应与美国的政策区别开来，同时也要与苏联后来的霸权主义和扩张主义加以区别。

第二种意见认为，既要肯定雅尔塔体制的历史进步作用，又要否定其消极影响和后果。雅尔塔体制与凡尔赛体系相比较，有以下几个方面的进步：(1)在第二次世界大战中对于最终战胜法西斯德、日、意的侵略，起了决定的作用。(2) 维护并扩大集体安全原则，联合国促进了国际经济文化交流，这是国际联盟所没有的。(3) 肯定了国际民主原则，确立了法西斯国家非军事化。(4) 推动了世界民族解放运动的进程。(5) 把和平共处原则纳入国际关系体系。

他们认为，雅尔塔体制的消极作用是：没有摆脱凡尔赛体系中大国强权政治的基本框架。如果与和平共处五项原则为基础的国际政治体系相比较，它不符合广大中、小国家的利益。主要表现在：(1) 大国强权政治、大国主宰世界，战后重新调整欧洲国家边界，讨论并侵犯邻国领土、主权，不要当事国代表参与。两个德国、两个朝鲜、两个越南以及两大军事集团的形成和对立，种下了冷战、各种冲突和局部战争的种子，产生了加剧世界紧张局势，危及世界和平的恶果。(2) 侵犯中小国家领土、主权合法化。苏军和美军分别长期进驻东欧和西欧各国。(3) 开创了大国干涉小国内政的先例（如波兰联合临时政府的建立)。(4) 不尊重国家间的平等互利原则。(5) 雅尔塔体制确认的和平共处实际是冷战共处，是以军事实力为后盾，从而导致美、苏及两大军事集团持续的军备竞赛，加剧了战后几十年来的国际紧张局势。

第三种意见认为，雅尔塔体制应基本否定。因为它诱发国际危机，威胁世界和平。美苏为谋求各自的利益产生的矛盾和斗争，在不同时间和地点激化，在世界上导致政治、经济、军事各种危机；战后200多场局部战争中，美苏介入的比例呈明显上升趋势；美苏及两大军事集团在欧洲的军事对峙，加剧了欧洲核军备竞赛的升级。持这种观点的学者还认为，战后40多年之所以未爆发核大战，并非是雅尔塔体制在起作用，而是美苏核军备对抗异化的产物。美苏双方共同认识到，“核战争将没有胜利者”，双方对抗下去势必增加军费开支，影响经济发展，国力减弱，危及本国根本利益。

关于雅尔塔体制的崩溃　第一种意见，即多数与会者认为，由于苏联和东欧各国的剧变，德国的统一，华约的解体，北约的松散，美苏对峙缓和，两大军事集团在欧洲的对峙也随之缓和，使雅尔塔体制的核心，即欧洲的分裂，德国的分治和美苏在欧洲的冷战以及北约和华约在欧洲的军事对峙，都已发生根本的改变，从而导致了雅尔塔体制崩溃。第二种意见，即对雅尔塔体制持肯定意见的学者则认为，雅尔塔体制没有解体，也不能解体，否则将会世界大乱。第三种意见认为，如果把“体制”理解为处理国际事务的规范原则，那么，雅尔塔体制的瓦解还有相当的时期，有一个逐渐发展的过程。有许多东西延续下来，如联合国大国一致原则，欧洲的边界和亚洲的冷战。（张浩《雅尔塔体制与战后世界格局讨论会述要》，《世界史研究动态》1991年第2期）

关于第二次世界大战起点的不同观点　原德意志民主共和国学者鲁道夫·哈特曼在民主德国第八次历史学家大会上发言指出：通常认为第二次世界大战由法西斯德国发动，始于1939年9月1日。实际上，日本帝国主义早在1931年9月18日就武装入侵中国挑起了第二次世界大战。从那时起，战争行动不断升级，1937年扩大到全中国，1940年扩大到印度支那。在东亚进行的这场战争已经直接和间接地席卷了1000万平方公里的土地，波及到1亿多人口。当时，死于这场战争的人数已逾百万。1939年，希特勒袭击波兰不过是使第二次世界大战扩大到欧洲而已。

哈特曼认为，纳粹德国1939年发动了第二次世界大战的观点不仅在欧洲占主导地位，而且也为日本的史学工作者所接受，因为这样日本可以不对一场世界大战，而只是对一场局部战争负责。实际上，在第二次世界大战爆发问题上，日本应承担的责任并不比德国轻。（李广起《民主德国学者对二次大战起点的看法》，《军事历史》1990年第5期）

中国人民解放军国防大学何理教授为纪念中国抗日战争胜利45周年撰文指出，1931年“‘九一八’事变是日本对中国的直接武装侵略，也是国际法西斯势力发动新的世界战争的起点。中国人民是最先遭受法西斯侵略，也是最早站起来反对法西斯战争的人民。‘九一八’事变及日本在中国的侵略扩张，打破了第一次世界大战后帝国主义各国在东方暂时的平衡，引起了日本与美英等国矛盾的加剧和远东国际关系的重大变化。因此，中国人民的抗日斗争一开始就具有十分明显的世界意义，是对世界一切反对法西斯的正义力量的支持。”（何理：《弘扬英勇不屈的民族精神——纪念抗日战争胜利45周年》，《解放军报》1990年9月3日）

日本发现南京大屠杀新证据　日本《朝日新闻》1991年2月5日晚刊登载的本多胜一的题为《南京大屠杀新资料》的文章，记述了日本福岛县小野贤二先生在对南京大屠杀史实调查中发现的“宝贵的一级资料”。文章说，小野先生在调查中发现了曾经参加攻占南京的一名日本军官所写的约 20 册战地日记。根据这些日记记载，当年在“幕府山麓长江边”“处分”（即屠杀）的俘虏数为 17025 人，枪杀这些人用了两天时间，而且处理尸体又用了两天时间。第一天的屠杀是在 12 月 16 日进行的。“傍晚按照军部的命令，将俘虏的 1／3 押到江边，由第一大队枪杀”。“剩余的 1 万多人于 17 日被‘处决’”。文章还说，这名侵华军官后来战死在菲律宾。他的这些日记，由他的家属保存至今。文章强调说，象这样的有关日军侵华的宝贵资料，在日本各地还有许多，为了发掘这些有关南京大屠杀的战地日记和证言，小野呼吁组成一个“南京事件联络协议会”。以早稻田大学教授洞富雄元为代表的“南京事件调查研究会”表示赞同小野先生的意见。（本多胜一《南京大屠杀新资料》，日本《朝日新闻》1991 年 2 月 5 日）

苏联正式承认卡廷事件系苏所为 卡廷事件发生在 1940 年左右，当时一批被拘留的波兰军官在斯摩棱斯克以西 90 多公里处的卡廷森林被集体杀害。长期以来，这一事件属谁所为，一直是个谜。

1990 年 4 月 13 日苏联塔斯社发表声明说：“从发现的档案材料中可以得出结论，卡廷森林中这些罪行的直接责任者是当时苏联内务人民委员部的领导人贝利亚 · 梅尔库罗夫及其帮手。”苏联出面对“卡廷事件”表示深为遗憾，并且将所发现的文件的复制本转交给波兰方面。雅鲁泽尔斯基表示，“苏联方面的声明从道义上说对波兰人民是非常重要和宝贵的。”波兰政府新闻发言人涅托比托夫斯卡发表声明说，对苏联这种敢于正视事实的行动表示欢迎。但她同时表示，波苏关系史中还有其他一些“空白点”，希望都能得到澄清。波兰议会议长科扎凯维奇说，苏联勇敢地承认对卡廷事件的责任，将对波苏关系产生积极影响。团结工会主席瓦文萨在声明中说，苏联承认这事件的责任还不够，还应惩罚对这一罪恶负责的人，并为波兰的受害者家属提供经济补偿。（《解放军报》1990 年 4 月 15 日）

军事地理研究

军事地理学研究 1990 年军事地理学研究有两个突出成果：一是中国人民解放军首届全军军事地理学术研讨会于 1990 年 11 月 1 日至 3 日在北京召开，会议共收到论文 114 篇，内容涉及军事地理学的各方面，反映了军事地理学研究的最新进展。二是国内外有关军事地理学论著明显增加，军内外学术刊物上发表了上百篇军事地理学术论文，对军事地理学的学科建设起到了推动作用。

地理环境与现代战争 地理环境是人类赖以生存和发展的地球表层。地理环境可分为自然地理环境、经济地理环境和社会文化环境。这三种地理环境之间在地域上和结构上又是互相重叠、相互联系的，从而构成统一的整体地理环境。地理环境是一切军事活动的客观基础，随着人类社会的进步和科学技术的发展，现代战争与地理环境仍然有着密切的关系。

地理环境是战争的一种客观因素。任何战争都是在一定的时间、空间进行的，它不仅受到交通、人口、资源等因素的制约，而且受到自然地理环境的影响。从古到今，不少作战行动因受到不利的地理条件的影响而失败，也有许多作战行动因善于利用有利的地理环境而赢得胜利。

地理环境对战争的影响是可以认识和改变的。人们在战争实践中，有能力逐渐认识、利用、改造地理环境，使战争向有利于己，不利于敌的方向发展，达到克敌制胜的目的。现代科学技术和武器装备的发展，能够增强或削弱自然地理环境对战争的影响，但是战争受地理环境的制约，仍是一条客观规律。

自第二次世界大战结束以来，现代战争的主要表现形式是局部战争。资源、边界与领土、民族与宗教等地理因素与局部战争的引发有密切关系。世界上大部分国家，尤其是亚洲、非洲和拉丁美洲国家，由于遭受帝国主义和殖民主义者的侵略和统治遗留的问题，与邻国大多存在着领土和边界争端。边界与领土问题容易引发局部战争和军事冲突已被战后的事实所证明。1990 年 8 月伊拉克入侵科威特就有这方面的原因。有作者提出，不管由于何种原因引起的边界争端和局部战争，其实质都是由于阶级利益、民族利益和国家利益而引起的，其根源则是帝国主义、殖民主义和霸权主义。(杨勇《边界与边界争端》，《百科知识》1990年第5期)

随着人口的增加，工农业生产的发展和科学技术的进步与运用，世界上的资源日益减少，而人类对资源的需求则有增无减，石油等战略资源、及水资源、海洋资源都可能引发军事冲突与局部战争。有的作者研究了国际河流的水资源和边界问题。认为国际河流因素也是引发局部战争与军事冲突的原因之一。(姜春良《国际河流与地区冲突》，《地理知识》1990年第11期) 1990年伊拉克对科威特的入侵也涉及到石油资源问题。

民族与宗教问题也是引发战争与军事冲突的因素之一。1990年巴尔干半岛和苏联国内的民族纠纷，黎巴嫩的教派冲突，非洲一些国家部族矛盾导致的内战就是这方面的原因。

中东地区历史上遗留下来的边界、民族与宗教问题十分复杂，由这些地理因素引发的武装冲突与战争成为中东动乱的原因之一。第二次世界大战后的阿拉伯国家与以色列之间的战争与冲突就既有边界与领土问题也有民族和宗教矛盾。

美国有的作者探讨了边界与领土、民族与宗教对战后局部战争和军事冲突的影响。(〔美〕埃文·卢亚德《现代国际关系中的冲突与和平》，1988年美国出版) 现代战争尽管有各种先进技术，武器装备用于战场，使现代作战在样式上、特点上发生了很大变化，但从来没有超越地理环境的影响，军事行动和战争都必然受其支配和制约。(李亚东等《试谈谋略与军事地理》，《军事测绘》1990年第6期)

苏联有的作者指出，局部战争可分为两类。一类是交战双方都动用正规军参战，战区的地理条件便于使用大规模军队，以及各种武器和技术装备（如阿尔及利亚战争、朝鲜战争、阿以战争)。这类战争有明显的战线，作战行动是以战役和战斗的形式进行，其内容和特点与第二次世界大战中的战役和战斗相似。另一类是在特殊的地理环境下，如热带丛林，水网稻田和沙漠地区进行。同时侵略一方是以正规军参战，而被侵略的一方则常是使用非正规军，使用游击队(如印度支那国家的战争)。这类战争没有标志明显的军队部署。战场的地理条件不便于实施重兵军团和兵团作战。同时侵略者力求使用各军种和海军的力量来实施广泛进攻，并同时积极采用反游击战的各种方法。(〔苏〕C.A.丘什克维奇主编《战争与当代现实》，军事科学出版社1990年)

地理环境对现代战争的作战原则，武器装备的发展、武装力量建设和军事训练直至战争的进程与结局都有一定的影响。但是地理环境仅是影响和制约战争的诸因素之一，不是决定性因素，战争胜负的决定因素是人而不是地理环境，对此要有正确的认识，才能使地理环境对现代战争产生有利的影响。

关于战略地理　战略地理是军事地理学和战略学之间的交叉学科。它专门研究地理环境对战略理论和军事战略的影响。在国内外的军事实践中，许多军事理论家和军事领导人在其军事著作和制定战略方针及作战原则时十分重视地理环境的影响。毛泽东在抗日战争期间与美国记者斯诺谈话时说过："战略的成功完全要靠在地形险阻的地方保持高度机动性，其特点是进攻和退却都要迅速，集中和分散都要迅速"。"我们的战略和战术必须依作战的地形来决定，而这就决定了运动战"。毛泽东的诱敌深入，积极防御战略思想，建立革命根据地，以农村包围城市夺取全国政权和人民战争及人民战争的战略战术理论的思想基础，某种程度上来自毛泽东对中国地理环境以及其他国情因素的全面思考，至今毛泽东这些思想对于研究战略地理仍有重要指导意义。

有的作者研究了中国历史上地理环境与战略观的关系。认为历史上的政治家、军事战略家和谋略家们，为立国图存，反对外来的侵略都注意结合敌我双方的政治军事形势，研究地理环境特点，制定相应的国家战略和作战指导原则。范睢的远交近攻论；诸葛亮的天下三分战略思想；林则徐的海防边防观和孙中山的陆战海空权并重论就是这方面的例子。(沈伟烈《中国历史上的地理战略观》，《人文地理》1990年第1期) 有的作者指出，地理条件是决定战略的重要因素，如果没有对地理条件的正确分析和运用，也就不可能对战争全局实行正确指导。地理要素是战略要素。它对作战的影响是战略决策的依据，国家疆域形势空间距离、国家幅员大小及其形状，人口的地理分布，城市、交通运输，地貌、森林、河流、海洋和气象条件等地理因素对军事行动和制定战略有着重要影响。地理条件是客观存在，作战双方都可以利用。在现代战争中，地理条件对作战影响既有减小的一面，也有增大的一面，在战争和战略中仍然是不可忽视的重要因素。(赵国良《战略与地理》，载于《军事测绘》1989年增刊第6期) 有的作者提出，战略地理研究的宗旨是为制定战略提供地理依据。国力分析与评估，军事力量分析与评估，战略环境分析，战略方

向研究是战略地理研究的重要内容。(郭树桂《关于国家战略地理研究的探讨》,载于《军事测绘》1989年增刊第6期)

有的作者认为战略地理是一种研究战略与地理相互关系的理论和科学。战略地理论则是从国家安全的需要出发,以人地关系的理论为基础,研究战略力量布局条件及特点的规律性和方法论的科学。他认为战略地理研究应分为四部分,即战略地理思想;国际战略地理论;国防战略地理论和军事战略地理论。(陈力《战争地理论》,解放军出版社1990年)

英国有的作者阐明了地理环境对战争与国家和联盟安全的影响,并深入分析了核战争、海战、空战和陆战与地理环境之间的关系。(〔英〕H·法林登《战略地理学》,1989年英国出版)

地理与国家力量 国家力量是一个综合性概念,是衡量一个国家在国际社会中的地位、作用、影响的重要尺度,是一个国家防御能力的体现。定居的居民和固定的领土是国家得以存在的根本前提,这两者的增减对于国力的消长有着直接的影响。地理环境是一定数量的人口赖以生存和发展的基础。一个国家所拥有的领土面积、自然与人文地理条件和地理位置对一个国家力量有强烈的影响。国家的国际地位、对外政策和军事战略,国与国之间的力量对比和相互关系,地球上陆地、海洋、岛屿以及主权国家的分布情况,影响到国际战略结构。(张季良主编《国际关系学概论》,世界知识出版社1989年)。

日本的佐藤英夫指出,尽管通信技术和航天技术日益发达,但对于对外政策来说,地理条件的重要性还是不容忽视的。甚至,直到了20世纪后半叶,正如两伊战争所提示的那样,战争还基本上常常爆发在地理上接壤的国家之间,或者距离相近的国家之间。在国家间的关系上,最容易发生战争的也是相互接壤的邻国,因为比起距离远的国家,邻国之间的接触频率高。(佐藤英夫《对外政策》,经济日报出版社1990年)

印度的辛德指出,地理对国家力量的影响方式是多样的,对一个国家的潜力具有直接的影响。(1)地理位置,一个国家所处的地理位置决定了它的发展方向,或者是陆上强国,或者是海上强国。一个国家与什么样的国家为邻可以影响到它的发展,如果占据了重要的战略位置,则可能引起大国对它的兴趣。(2)面积,一个国家领土面积的大小影响到国家的国防能力。(3)领土的形状也影响国防,狭长的形状战时难以防卫,而方形或是圆形的国土形状对国防比较有利。(4)地貌形态如山脉、河流是理想的天然国界,高山也可能起到天然防卫屏障的作用。(5)气候和自然资源对国家力量也有影响。辛德还认为对地理因素的作用估计不要过高,人类毕究不象林木那样完全受环境的支配,相反,人类能克服环境障碍而繁荣发展。(J·R·辛德《国际政治学导论》,四川省社会科学院出版社1989年)

地理环境对战术的影响 在现代战争中,许多战术作战行动受到作战地区环境的影响。主要有(1)山地,在山地道路网较稀少,但却有关键意义,而控制道路网可能是最重要的军事目标。山间道路通常在谷地里,而且是由一个谷地经过一道山口进入另一个谷地。在争夺道路控制权的斗争中,部队占领俯瞰这些山谷和山口的高地,就占有极大的优势。(2)沙漠,沙漠上缺乏公路和铁路设施,隐蔽条件差,补给困难。因此沙漠地形上的军事行动非常复杂。但是沙漠也提供了极大的机动自由和便于疏散,山脉、江河、森林等天然障碍常对部队机动力所造成的限制,在沙漠上几乎完全不存在,适合装甲部队行动。由于没有树木和其它天然隐蔽物,疏散和欺骗更显得重要。(军事科学院计划组织部编译《论战争与军事科学》,军事科学出版社1990年)

山岳丛林地主要分布在赤道两侧,向南北延伸在热带地区,终年高温多雨。丛林聚生、四季常绿的山岳地带,是战斗行动的天然障碍,对作战双方的行动影响很大。山岳丛林地区的地形和气候历来是影响作战胜负的重要因素之一。有些作者系统论述了这种特殊地理环境对战术的影响,回顾了山岳丛林地战史,以及如何利用这种地理环境采取正确的战斗行动和作战方法。(郑色等《山岳丛林地作战》,解放军出版社1989年)

1982年英国阿根廷马尔维纳斯群岛战争中的突击队长,以亲身经历论述了地理条件对战斗的影响。他认为即使在尖端武器时代,在制定作战计划时,也必须把地理条件作为一个极其重要的因素进行考虑。军事技术的进步并不能忽视战场地理因素的重要性,相反地理更加重要,因为科学技术进步还会带来新的问题。(李喜来编译《马岛战争中的地理学》,《地理知识》1990年第8期)

地理环境与后勤保障 军队的后勤保障总是在一定的地理环境中进行的,只有与地理环境相适应,才能发挥其作用。1990年军事地理工作者在这方面作了探索和研究,在首届军事地理学术研讨会上提交了这方面的论文,相关的学术刊物上发表了这方面文章。现代战争的实践反映出地理环境对军队后勤保障的影响。海洋大国和远离国土海外作战的军队后勤保障，通常其海空作战保障力量占较大比例；沙漠地区作战，水的保障重要；热带山岳丛林地区作战，医疗和运输问题突出；高寒地区作战，油料、被装、给养的保障有相当的难度。总之，在不同的地域作战，要根据不同地理环境的特点和差异，有针对性地制定适应各种不同的地理条件下的保障措施，保障供给，维护部队的战斗力。

有的作者指出，中国可能发生局部战争的地区，大多是远离内陆腹地的边境地区。地形和气候条件复杂，经济发展较慢，资源不足，就地补给困难，运输线长，交通不便，社会文化环境较为复杂，后勤防卫和后勤保障任务繁重。因此，针对上述地理条件，有的放矢地制定适应各种特殊地理环境的保障计划和具体措施是今后后勤保障的重要任务。（孙秀德主编《战略后勤学》，国防大学出版社 1990 年版）

地理环境与军事通信 地理环境对通信联络具有重要影响。从古代利用烽火台进行的简易信号通信，到现代有线、无线、卫星、光纤通信等，都受地理环境的影响。实践证明，通信工具现代化程度的不断提高，并没有减少军事通信对地理环境的依赖。通信设备技术效能的发挥，通信手段的运用、军事通信的建立以及机动通信的实施都不同程度地受到地理环境的影响，其中自然地理环境的影响更为突出。通信指挥人员只有重视研究地理环境，才能趋利避害，确保通信联络畅通。（郑文斌《地理环境对军事通信的影响》，《军事测绘》1990 年第 5 期）

关于海洋军事地理 海洋军事地理是研究海洋地理环境与海上军事活动关系的学科，是军事地理学的重要分支，其研究的客体是海洋区域的地理环境。分析中国所辖海区及相邻海区的自然与政治地理特点，可为实施海上防御和维护海上安全，以及海军的战役战斗行动提供依据。（顾浩然《国家利益与海洋军事地理》，《军事测绘》1990 年第 1 期）有的作者指出，随着工业化程度的提高，人类对资源的需求越来越多。人们已将目光投向资源丰富的海洋。随着世界形势的演变，任何海洋国家都必然会正视海洋，围绕着海洋权益和海洋资源的开发展开竞争，并建设相应的武装力量、加强海上竞争的实力。（章大初《海洋战略地理初探》，载于《军事测绘》1989 年增刊第 6 期）

关于历史军事地理 历史军事地理是研究历史时期地理环境与军事活动之间的关系的学科。历史军事地理研究在中国已有悠久的历史，明清时代有关这方面的著述较多。但历史军事地理作为现代军事地理学的组成部分其发展还比较缓慢。1990 年召开的首届军事地理研讨会和第二届孙子兵法国际研讨会上都有探讨孙子关于军事地理方面论述的文章。对顾祖禹、魏源等人的军事地理论述也作了一些研究。

有的作者认为《孙子兵法》中的《地形》、《九地》、《行军》篇可称得上先秦时代论述兵要地理和战术地形的不朽篇章，是中国军事地理学发展史上一座高大的丰碑。孙子的有关军事地理的论述内容丰富，思维独特，应当引起重视。他归纳出孙子有关军事地理论述的要点是：（1）孙子高度重视地理在战争中的重要地位，他的许多名言至今仍然成为军事地理学上研究的发端，成为军事指挥员用兵作战的警策。（2）孙子对军事地形进行了分类，确定了概念，并且对这些地理现象作出了若干规律性的总结。孙子是中国研究军事地理的开山祖，对后世影响极为深远。（3）孙子关于军事地理的论述，由于受历史条件的限制，今天看来也存在着不足，但他揭示的反映一般军事地理规律的论述仍然具有借鉴价值。特别是他提出的“地形者，兵之助也。料敌制胜，计险厄、远近、上将之道也”。至今仍是军事地理学上的至理名言。（吴如嵩《孙子兵法新论》，解放军出版社 1989 年版）有的作者指出《孙子兵法》13 篇中有《九变》、《行军》、《地形》和《九地》四篇专讲地理与军事的关系，其它篇章也有涉及到地理问题的地方。（陶汉章《孙子兵法概论》，解放军出版社 1989 年第 2 版）有的作者指出，为了探讨地理因素对军事的影响，夺取战争的胜利，人们很早就开始了对军事地理的研究。论述地理形势、自然条件、经济因素、社会状况、交通运输、通信设施、城镇要地等内容的兵书就是军事地理类兵书。阐述历史上各要塞地域的地理形势对用兵影响的《读史方舆纪要》成为中国历史军事地理的代表作。作者还对《筹海图编》、《海防图论》、《江南经略》、《灰画集》、《海国图志》、《洋防说略》6 部军事地理兵书作了全面介绍。（许保林《中国兵书通览》，解放军出版社 1990 年）

顾祖禹是明末清初的历史军事地理学家，他编著的《读史方舆纪要》历来被兵家所重视，誉为“千古绝作”，是研究中国历史军事地理的重要参考文献。日本作者在《世界大百科全书》撰写的有关条目中指出兵学的流行促使军事地理学的发展。明末清初顾祖禹的《读史方舆纪要》是集大成者。（军事科学院计划组织部编译《论战争与军事科学》，军事科学出版社 1990 年版）有的作者认为，顾祖禹历时 30 余年，编著的 130 卷，280 万字的《读史方舆纪要》核心在于阐明地理形势在军事上的战略价值。（《中国大百科全书，地理学》卷，《顾祖禹》和《读史方舆纪要》条目，1990 年）

军事测绘理论研究　军事地形学理论研究　1990 年研究的主要问题有以下几个方面。

军事地形学学科体系、任务与内容的发展　过去一个时期以来，在许多国家（如美、苏）军队中，有不少人主张将军事地形学的基本任务规定为："为军事目的进行识图与用图"。随着科学技术的发展，各类新型武器的使用，以及作战指挥自动化的日趋成熟，陆海空作战行动不断赋予军事地形学新的任务和内容，使本学科的理论得以不断发展。现在各国专家学者普遍认为：军事地形学的任务是为军事活动的需要，研究获取和利用地形信息的方法与手段，是地形学的一个分支。随着任务的变化，本学科的内容应扩展为：（1）为管理军队和作战，利用地形图、航空／航天相片及其他有关地形文件；（2）研究进行地形侦察和地形分析的方法与手段；（3）研究进行实地定向和量测的方法与技术，以获取炮兵射击和解决工程及其他任务所需的数据；（4）研究军队战斗行动所需的地形、大地测量保障的理论及其他问题（包括现代条件下地形的战术性能研究，地形大地测量保障的组织与实施等）。

上述关于军事地形学任务和内容的新发展均见诸于美、苏的教科书和野战条令及野战教范中。

关于地形分析与利用的理论　许多国家专家学者认为，为了最佳地保障军事行动，使指挥员正确决策，军事地形学必须详细阐明分析和利用地形的基本理论，揭示地形与战斗行动之间的内在联系和发展规律。在地形分析与利用的研究和发展上，有以下 3 个特点：

（1）研究地形对战斗行动影响的规律，定量和定性地评价各种地形的战术特点。以合成军在山地的战役作战为例：地形对陆军作战的影响，集中表现在部队的机动能力和展开的幅员以及战役容量等方面；对空军作战的影响，主要表现在进入作战空域和空袭目标以及陆空的协同上面。具体而言，在作战行动中，地形对步兵作战的影响，集中表现在对部队运动速度的降低和人员体力的消耗上；限制攻方运动的地形，可使守方节省兵力，集中力量防守危险的接近路；对装甲兵的影响，则集中表现在地形所形成的难以通行的天然障碍上；对炮兵的影响，主要表现在射界和射程上。对火力效率的研究表明，不同的地形条件，对使用火力的效率也有不同的影响。例如，在灌木林中，炮弹爆炸有 80%以上的弹片将被 6 米以内的树木所阻，只有 15%左右的弹片能飞出 6 米以外；在高约 2 米的草地内，普通手榴弹地面爆炸的杀伤半径仅 4～6 米，比通常情况下降低 15～30%。

（2）在地形分析中，充分把握地形的"通视性"分析和"机动性"分析。虽然结合战术的运用和各类地形对军事行动的影响来分析、利用地形在实践中比较复杂，但根本点是把握住地形的"通视性"和"机动性"分析。只有通过地形的通视性分析．才能确定各种兵器的有效射界、死角和传感器探测范围，确定隐蔽性等。只有通过机动性分析，才能确定军队及各种装备的可通行性以及兵力展开的可能性和速度。因此，通视性和机动性对决定战术行动具有极其重大的意义。掌握这一根本点是达到发扬火力、保存自己、消灭敌人的科学根据。

（3）研究掌握具有快速反应能力的定性和定量相结合的地形分析手段。由于现代战争中战斗准备的时间越来越短，指挥员不能再象过去那样将大部分时间用于和所属人员共同研究地形方面的问题。为了取得通视性和机动性的正确数据，不仅需要有科学的地形分析理论，而且要有快速反应的定性与定量相结合的地形分析手段。美军工程兵测绘研究所（ETL）根据多年的试验研究，于 1990 年正式研制出一种自动地形分析系统（DTSS），它可以采用微机以及国防测绘局提供的数字地形数据库和地形分析软件，快速生产出复杂的战区地形图形，保证获得在战术上最重要的相互通视性和机动性，大大提高了战术计划和决策的地形保障能力。根据该系统对高程、坡度、土壤和植被等地形要素进行的定量分析，可预测出地形对陆军武器、传感器、车辆和装备的影响，并能获得大量的地形分析成果和资料帮助指挥员计划军事行动。DTSS 导出的机动图形可帮助指挥官识别飞机航线，估价着陆和空降区，预先指定地形隐蔽区，绘出机动走廊图。其通视成果可以回答有关通信、电子战和传感器定位等问题。

此外，现在对地形分析的要求越来越注重实时性和综合性。由于在计划、组织和实施军事行动中，对任何目标只有在一定的地理环境中去认识才能掌握全貌，把握全局，得出正确的结论，所以分析地形既要考虑局部地形，更要顾及整体地形和地形环境。有人展望，将来的军事地形学有可能与军事气象学汇合成为一门新的学科——军事环境学。（胡国理《外军军事地形学训练的现状与发展趋势》，《军事测绘》1990年增刊第3期；程长生、刘智勇《军事地形学学科发展初探》，《军事测绘》1990年第6期）

卫星定位导航理论研究　美军现正部署全球卫星定位系统（GPS），苏军也正部署类似的系统——GLONASS。

美军认为，定位导航技术是军事技术中的基本技术和基础技术。现代化战争中，只有具备全球性、全天候以及三维定位、测速和测时能力的全球卫星定位系统，才能满足诸军兵种合成作战的需要。在SDI计划中，美国防部研制的GPS，将对军队指挥和武器的使用提供有力的保障。未来的C^3I必须有GPS提供的统一时间和空间坐标系，“没有GPS的支持，C^3I将无法达到自动化的基本目标”。新近美军将GPS形象地比喻为“兵力倍增器”，在美军各种定位导航系统中GPS已成为优先发展的重点。从1990年8月海湾危机开始，美国防部加速了GPS计划的实施。在8月2日伊拉克侵占科威特的同一天，即比原计划提前3个多星期，启动了新发射的第8颗GPS工作卫星。直至1990年年底，又增加2次发射（至此共有10颗GPS工作卫星），使“沙漠盾牌”行动获得“更好的定位与导航能力”。通过GPS在实战中的考验，美军认为，“在缺乏参考方位物的沙漠环境中，GPS帮助指挥官和士兵实时定位，比地图和罗盘更顶用”。美国空军系统司令部耶茨上将证实：“现在GPS接收机已是热门商品。所有这些提供导航信息的空间技术，都可以组合应用于海湾的一切作战行动中。”

理论上，凡是有GPS接收机的用户，都能使用GPS系统进行高精度的快速导航和定位。该系统既可适用于静态条件（如大地测量），又可适用于高（导弹）、中（飞机）、低（地面车辆及舰艇）动态条件。但美军为了“国家安全”和保密，使GPS卫星发射两种不同的定位代码，即在L_1波段发射精度低的C／A码（粗码），在L_1和L_2波段发射加密的、精度高的P码（精码）。前者可提供民用，后者则只有美国及其盟国军队与授权的其他用户才能使用。1990年3月，美国防部进一步以维护国家安全为理由，宣布执行所谓“选择可用度”（SA）政策，将C／A码的精度人为地降低至100米左右。这一系列措施，使测量界和导航界（包括美国北约以外国家的军事部门）不得不加紧差分定位和卫星测轨的理论研究与应用，以提高精度和独立自主能力。

目前，由GPS定位导航的理论研究及实践，产生了两个值得注意的结果：

（1）军事技术装备愈是趋向“完整性”，也同时会产生“趋同性”。美国及其盟国在研制GPS接收机达到今天的成熟阶段后，许多军用接收机都有下述一些共同特点：①一般都采用统一的基本模块（型芯接收机）；②可根据用户的要求，将控制与显示部分单独分开，或者都安在一个密致的机壳内；③仪器的重量和体积按用户分类，同一类用户重量和体积也大致相同；便携式（包括车载式）重量＜5公斤，体积＜5l；空载式（不计天线）重量＜8公斤，体积8l；舰载式（密致部件）重量＜20公斤，体积5l；④均有标准接口与其他传感器组合。

（2）在GPS与GLONASS的P码仍将继续保密和控制使用的情况下，有必要进一步开放民用并实现两个系统的综合利用。目前无论是GPS，还是GLONASS，单就一个系统而言，虽然在1990年中期全部建成后，均各有24颗星，但在全球覆盖，观测窗口和几何因子等方面，均有一定的局限性。为此，必须发展综合利用这两种系统的混合式系统。从1990年春季开始，美苏两国的一些公司和单位（如美国Astech公司和苏联空间局空间测量仪器研究所等），已在联合研制GPS／GLONASS混合式接收机，以使同时观测两种系统的卫星（共48颗），进一步提高定位与导航能力。（胡国理《GPS及其在军事上的应用与发展潜力》，《测绘科技》1988年增刊；胡国理《苏联GLONASS全球卫星导航系统的现状》，《测绘科技通讯》1991年1月）

数字制图学理论研究　计算机技术的发展，使传统的地图制图学（模拟制图学）面临着一场新的变革，它使原本应在传统地图上浓缩和存储的大量空间信息，可以用数学语言表述，并通过数字形式来搜集、存储、处理和应用。这种数字形式的空间数据的广泛生成与应用，是信息时代的客观要求，是现代化战争的客观物质基础。由此产生了一门研究有关数字空间数据制图的科学——数字制图学。许多学者认为，数字制图学与传统的制图学的最大区别在于，传统的制图学是以视觉地图作为其活动的中心点，而数字制图的中心点则是空间数据库。后者是空间现实的模型，它可以借助计算机系统进行检索和人机交互作业，获取军事上特殊需要的数字地形模型和数字地图。

数字制图学的研究对象与任务　数字制图学的主要研究对象和任务是地形要素的数字表示以及数字地图的生产和应用。具体来说，是将空间信息表示为离散数据的条件下，研究这些空间信息的搜集，管理和应用。根据其理论和方法，将具有一定坐标和属性标志的离散数据，科学地处理成为计算机可识别的有序的数据集合，这便是数字地图。这种数字地图，与模拟地图相比，具有不同的特点，因而在军事上有广泛的适用性和用途。

许多学者认为，数字地图的出现和应用是“对军事指挥系统和武器的一次重大的革命”，不仅指挥系统的自动化有赖于数字地图的产生和使用，而且某些武器的出现和发展（如巡航导弹）也归功于数字地图。在自动化指挥系统中，指挥官可根据自己的需要从地图数据库中自动检索指定地域的地图，并在大屏幕上显示出来，以组织计划战斗行动。而在巡航导弹这类武器系统中，可预先将导弹所经地域的数字地图输入弹内计算机，然后在飞行途中与弹内雷达测高仪测出的地面高程逐点地进行比较，纠正导弹的航向而引导其高精度地命中目标。

数字制图学的分类 按照数字制图学的理论和技术方法，数字地图分为栅格图形和矢量图形两大类。栅格图形将地图图象细分为等大而有序的栅格或象元（军事上一般通用的象元大小为 50 微米），将这些栅格通过数字化扫描仪扫描和存储，即变成一系列有序的数字，一般需存储在光盘上。矢量图形则是将地图的各个要素数字化，采集点、线、面目标的位置或轮廓坐标，将其存储于地图数据库中。由于现代武器系统机动导航定位的需要，目前一些国家又将数字地图加上导航定位信息（例如 GPS 信息）发展成电子地图（公式：电子地图＝数字地图+GPS）。例如美军的一些现代化战车、舰艇和飞机内的电子地图，除了能在屏幕上用图形方式显示所在地域的数字地图外，还能显示出它们本身当前所在的确切位置，使乘员便于指挥和战术机动。美国、加拿大有的新式舰艇上，还在电子地图上附加一些其他信息（如敌我友目标及其参数），构成一种“地图显示与信息系统”（ECDIS），这种系统则属于军事地理信息系统（GIS）。海湾战争中，美陆海空军已部分装备了上述电子地图和 GIS。这些新装备的应用，“使野战指挥官进入了数字制图和电子定位的新时代”，而且在理论上，按照现在国际制图学界流行的看法，为现在广泛研究的地图传输理论（详见本年鉴 1989 年卷）奠定了物质基础，成为后者的“物化”及制图学的应用部分。随着数字制图学的发展，将加速计算机科学的“视觉化”及自动目标识别技术的发展。根据美军国防测绘局的“现代化计划”，美军打算到 90 年代中期实现“全球数字化”目标。预计今后数字制图学的理论和方法将进一步发展成熟，与此相关的另一门学科——数字地理学或数字军事地理学也将进一步形成并得到迅速发展。（维斯瓦林加姆《地图制图学、地理信息系统和地图的展望》，《测绘译丛》1990 年第 4 期；刘家豪《数字地图学——信息时代的地图学》，《军事测绘》专辑 1989 年第 25 期）

军事气象学研究 **气象因素在现代战争中的作用** 气象条件在军事活动中的作用，虽然是一个古老的命题，但在以高技术对抗为特点的现代战争中，气象条件仍然是影响战争胜负的一个十分重要的自然环境因素。美、苏等国的军队都认为指挥官在现代战争的战场上进行作战决策时，不能只考虑任务、敌情、地形和部队这 4 个因素，还要加上气象因素。美军在 1989 年新版野战条令 FM34-81J《陆军战术活动的气象支援》中认为，天气是“指挥官在战场上唯一难以控制的动态因素。它对每个战斗人员，每件武器装备和战斗行动都有潜在的影响”。他们认为随着武器系统的现代化和作战样式的改变，天气的影响将比过去更加严重。“空地一体作战”是包括空中和地面作战在内的大规模合同战斗，使用的武器可以是包括常规的和非常规的所有武器，靠陆军和空军合同作战的整体威力夺取作战胜利，比单一兵种作战受气象条件的制约更大。“对于使用对天气比较敏感的光电武器系统的‘空地一体作战’，天气将变得更加重要。”在“空地一体作战”的主动性原则中，他们认为“恶劣天气通常有利于进攻的一方。而条件的变化可为双方提供机遇或不利的窗口。防御一方利用这些窗口投入作战力量，击退敌人的进攻，争取主动。进攻一方利用这些窗口加强进攻并将战斗进行到底”。因此，“指挥官必须了解和掌握天气对敌我双方主要武器系统和作战活动的一般影响和特殊影响。制定计划以减少恶劣天气对我军的影响和增大其对敌军的影响”。

苏军作战理论认为，“……大气层空间在战斗行动和战役中的地位越来越重要了，它使现代战役具备了立体的、大纵深的性质”，而且认为在现代战争中气象因素的重要作用仍然是不可忽视的。在苏军的作战原则中，明确规定要将气象因素作为正确判断情况必须进行周密分析的 5 个因素（任务、地形、气象、敌我兵力和时间）之一，并要求利用气象、地形条件，在出其不意的时间和地点攻击敌人。

军事活动不能脱离大气环境，因此，战争的发展、变化，将给气象因素在战争中的作用这个问题不断带来新的内容。

大气环境与武器系统相互作用的规律 由于武器系统日趋复杂，大气环境的影响更加深入地渗透到军事活动之中，因此大气环境与武器系统相互作用的规律问题一直是研究的重点。通过研究，寻求减少各种有害因素对武器系统影响的方法，以期利用某些地球大气物理效应，增强武器系统的功能。在这方面的研究主要有：

武器系统的天气效应 研究的目的是建立一系列表征对武器和通信、监测系统有影响的大气环境模式，例如应用于电子光学系统和毫米波系统的水云、冰云模式，预报电磁波异常传播的大气边界层模式以及用于不同地区的作战天气模式等。

对武器系统和战斗人员有害的、自然的或人工造成的环境因素的探测和警报 主要是建立雷电、低空风切变、龙卷和大暴雨的自动监测和报知系统；化学战的释放物、有毒化学物质意外溢出、导弹发射时排出的有毒气体等的探测，以及上述有毒物质扩散的气象条件的潜势预报方法。

军用大气光学研究 主要是着眼于自然的或人工造成的环境和辐射源的光学及红外特性，使精确制导武器中的光学电子系统能从背景中分辨目标，使空间目标的监测系统能在尽可能远的距离上探测到空间的红外辐射体。研究内容包括红外辐射背景和目标的光学特性及热特性；精确制导系统和空间目标监测系统所用波长在大气中的透射特性。由于大气的光学效应不仅是大气中所含有的各种粒子浓度的函数，而且与粒子的大小、形状、化学成分和物理结构有关，其特性随地区、大气条件而变化。目前正在研究气溶胶粒子和云中水汽凝结物粒子的可见光、红外光学特性模式。这项研究具有较大的难度，与军事需要之间还有较大的差距。

空间大气环境研究 美国于1983年提出SDI计划以后，不久在美军中成立了航天司令部，这标志着战争领域正开始从陆战场、海战场、空战场扩展到外层空间战场——第4战场。为了适应发展空间武器的需要和加强对空间活动的环境支援，美军于1988年开始建立空间预报中心，其任务是向空军和国防部的空间飞行任务提供环境支援。该中心预计1991年10月初步建成。在此之前，负责美军气象研究的空军地球物理实验室，已将其研究重点转向日、地空间大气环境研究。日、地空间大气环境是一个具有日、季变化的动态环境，经常出现扰动，这些扰动主要来自太阳活动，造成空间电子和质子密度变化，空间大气温度和密度变化以及电磁场变化等。在空间环境中活动的空间站，轨道武器（天基武器），和往返式航天飞机，其正常工作和生存能力受这些扰动的影响很大。经过若干年的研究，目前在对太阳活动的探测和预报方面，能够对太阳耀斑的发生时间，发射的无线电波和粒子辐射的强度以及持续时间进行5天左右的中期预报。1988年美空军制定了“空间气象军官”计划，计划进行3次载有气象军官的航天飞机飞行，现已完成了有关的训练，将在航天飞机上，从空间对流层到电离层中发生的各种大气现象进行研究。

新技术在军事气象领域中的应用 现代战争的气象保障不仅要求气象人员提供战区一般天气特征，而且越来越多地要求他们提供天气如何影响部队使用的各种新技术武器和正确使用这些武器的建议。为了满足这些要求，必须利用科学技术的新成果研制先进的气象技术系统。美、苏等军事大国一直非常重视加强气象保障的技术手段。80年代末，在这方面的进展主要有：

气象卫星和遥感技术 美军自1971年以来已先后发射了13颗专用的军事气象卫星——防务气象卫星（DMSP），目前正在准备发射第三代防务气象卫星。新的气象卫星已于1989年研制完成，计划在2005年以前发射12颗。在第三代防务气象卫星上装有先进的微波辐射成像仪（SSM／I），用4个不同的频率，能透过云层遥感轨道高度以下至地球表面的大气环境参数，通过计算机处理能确定洋面风速、海冰的分布、降水、大气中的液态水含量、气柱的总水汽量、土壤水分、陆面温度和雪水量等。同时，改建了气象卫星资料处理系统。1989年底建成了全球范围气象卫星图像实时接收系统（ADFS）和气象卫星资料处理系统（SDHS）。系统中包括全球气象卫星资料数据库（SGDB）和原始卫星资料数据库（RSDB）。通过ADFS的发射机可将图像资料发送到军事气象单位。

苏联现有3颗“流星2”和2颗“流星3”气象卫星在轨道上运转，1989年底发射了第3颗“流星3”气象卫星。苏联没有军队专用的气象卫星，“流星”系统气象卫星为军民兼用型。

下一代天气雷达 天气雷达作为一种云、雨的探测手段已经使用了40余年，在军事气象领域中发挥了重要作用。美国从70年代末开始，花了10年的时间研制成下一代天气雷达，1990年已正式作为美军的装备投入使用。该雷达利用先进的多普勒雷达技术和计算机技术，除了能探测云、雨之外，还可探测气流的变化。确定流场的结构，是气象雷达技术中一

项重大进展。

战术气象通信系统 为了适应军队紧急行动的气象保障要求，美军研制了快速反应通信终端（QRCT），高频区域广播系统（HFRB）和防务气象卫星地面终端设备（Mark Ⅳ B）等几种战术气象通信系统。QRCT是一种由微机控制的轻便气象通信设备，可接收图像和数字化气象资料，便于携带，使气象人员到达配置地点后迅速开展工作。Mark Ⅳ B是一种可用C—130飞机空运的机动设备，可接收防务气象卫星和其他民用气象卫星资料，供战区气象人员使用。

关于气象保障自动化的研究 随着军队作战指挥自动化的发展，与C³I系统的建设相适应，有些国家的军队在气象保障自动化系统方面也有了很大的进展。主要表现在两个方面，一是以电子计算机为核心的系统硬设备的构成，例如美军的自动化天气分发系统（AWDS）。该系统应用先进的电子计算机和通信技术，可迅速获取和处理气象资料，制作天气预报、警报和天气咨询，并及时分发到使用单位，使他们能更加有效地利用气象信息，及时地满足军队的作战指挥和其他方面的需要。该系统已于1990年夏季开始在美国本土安装，并计划于1993年开始在欧洲战区安装，1994年开始在太平洋战区安装。英军气象部门在80年代末也开始研制一种新型气象通信和情报自动化系统——天气情报系统（WIS）。该系统的一种简化形式——外场显示系统（ODS）已于1989年开始在基层气象台站安装使用。二是与作战指挥决策密切结合的应用气象软件系统。作为这一类气象软件的基础是各种表述战场大气环境的数学模型和定量化的天气预报。例如美军的概率天气预报，是以出现概率的形式表述战区天气预报结果，便于输入计算机以适应计算机辅助决策的需要，使战区未来天气变化作为战区自然环境参数，加入决策模式。还有美军的任务成功指数（MSIS），是一种综合了天气、武器性能以及其他因素对完成作战任务的影响的参数，反映某项任务能够完成的概率，也是一种适应于定量决策的气象参数。这两类工作，于70年代末就已开始研究，目前仍在完善之中。

其他军事学科理论研究

军事未来学研究 军事未来学，是现代军事科学体系中一门新兴的综合性学科，是未来学的一个分支。根据时代的主流和未来的世界形势变化，世界各国对军事未来学进行了积极的探讨。中国军事未来研究会于1990年2月20～22日在国防大学召开第二届年会，专题研究未来的军事技术发展问题。会上发表论文50多篇，从不同侧面就战略格局与军事技术未来发展的关系、高科技与未来战争、下世纪初世界高技术武器的发展、中国军事未来发展的导向和对策、军事技术发展预测的理论与方法等问题进行了探讨。中国未来研究会于4月初召开理事会，对开展有中国特色的未来研究、建立和发展马克思主义未来学等问题进行了探讨。世界未来研究联合会于5月底在匈牙利布达佩斯召开第11届世界大会，对世界未来有关问题进行了研究。美国未来学家约翰·奈斯比特于90年代的头一年推出了他的新著《2000年大趋势》。这些都对军事未来学的研究起着积极的作用。

关于军事未来学的定义和称谓 对军事未来学的定义，目前说法很多，但尚未得到统一。归纳起来，主要有以下几种说法：(1) 军事未来学是用定性和定量分析来探索军事理论和军事技术发展的前景，指示按照人类所作的各种选择应付未来战争可能性的一门综合性科学。(2) 军事未来学是直接为军事决策和军事实践服务的、横跨军事理论科学和军事技术科学的一门新兴综合性学科。(3) 军事未来学亦称“超越型研究”，主要探讨未来可能发生的战争的特点、进程、结局以及武装力量、军事技术装备、军事学术和军事人才培养的发展趋势与前景。关于军事未来学的称谓，归纳起来有以下几种观点：(1) 军事未来学亦叫军事预测学，只是称谓不同，并无严格区别。(2) 军事未来学包含军事预测学，是军事预测学的属概念，军事预测学则是军事未来学的一个分支。(3) 军事预测是军事未来研究的一个组成部分，军事未来研究是研究军事未来的理论和方法，而军事预测是对人们探索未来军事的一种社会实践活动的概括，等等。以上共提出4个不同的概念：军事未来学、军事预测学、军事未来研究和军事预测。前两者是学科概念，后两者是普通的术语。军事未来学的涵义比军事预测学有着更广泛的研究领域。军事预测学是研究军事预测活动的理论和方法论，而军事未来学的研究除了军事预测之外，还包括军事未来学基础理论和方法论的研究活动在内，所以，军事预测学是军事未来学的一个分支。军事未来研究与军事预测，都是对人们的一种社会实践活动的概括，只是前者比后者概括的范围更广一些。

军事未来学的特点 许多学者认为，军事未来学具有不同于一般未来研究的特点，主要有：(1) 不确定性。军事未来学的研究对象，是个未知的不确定的对象。未来的军事作为整个未来学研究的一个特殊领域，不确定性最为突出。(2) 保密性。军事未来研究的目的是为军事决策服务的，一般说来无论何种军事未来研究成果都是保密的。(3) 风险性。在一定意义上说，军事领域里的一切预测活动都是有风险的。军队和战争的现代化程度越高，遇到的风险就越大。(4) 限制性。所谓限制性，是指妨碍目标得以实现的障碍。对未来军事来说，这种限制性很突出，战争的准备和进行都是限制在秘密的条件下进行的，出奇才能制胜。(5) 复杂性。军事斗争是一个涉及双方政治、经济、科技以及环境、人才等多方面因素的综合活动。因此，预测未来战争的样式的进程，以及军事技术与武器装备的变化，必须考虑这种复杂的社会因素。

军事未来学的研究任务 有的作者指出：军事未来学的主要任务，一方面是通过基础理论的研究，为军事预测活动提供理论依据、指导原则和科学的方法论；另一方面是开展实际的军事预测活动，为军事决策和战争决策服务，为制定军事计划和作战计划服务。具体来说，(1) 基础理论研究，就是要继承和发展马克思主义的未来观，用马克思主义发展的观点，总结前人研究未来、预测未来的经验和教训，研究当今世界未来研究的各种学说和流派，尤其是对于未来战争方面的种种学说的见解，从而掌握军事未来研究的基本特点，发现和指示这种研究活动的自身规律，整理与借鉴前人和他人研究、预测未来的方法，尤其重视对现代科学技术方法的总结和推广应用。(2) 实际应用研究，就是要从军队建设和改革的实际需要出发，分析各国军事科学技术发展趋势和他们的对策，分析武器装备的发展趋势和他们的发展战略，分析新技术、新武器、新装备对军队建设和战争爆发、作战的规模与样式，将会带来什么样的变化和影响。根据这些分析，制定本国的军事战略。根据对未来的基本军事战略构想，为长远和近期军事计划的制订和具体决策提供依据，并且帮助决策者预知未来可能面临的危机，对可能发生的问题提供可供选择的多种方案。

军事未来学研究的内容 一些学者认为，军事未来学作为一门综合性学科，其研究内容是极其丰富广泛的。从学科体系上看，军事未来学研究的基本内容主要有：(1) 军事未来学的基本理论。它包括：马克思主义未来观的形成与发展；马克思主义未来观的地位和作用；马克思主义未来学研究的要则；现代军事未来学的基本概念、内容和方法；当今世界各国军事未来学的学说和流派及基本特点等。(2) 军事未来学在军事各领域研究的具体内容。主要有：①未来的国际环境。主要是展望全球未来国际战略格局，分析不同国家、军事集团的国策和军事政策等。②未来的军事政治。主要是研究未来的时代特征和世界战争与世界和平的社会政治内容、性质和实质，判断可能建立的多边和双边军事政治集团，分析他们之间的关系及其对世界军事政治的影响。③未来的军事战略。主要是根据国际战略环境和军事政治预测的结果，判断未来世界战争或局部战争的性质、进程、战略指导和战略规划等。④未来的战役战术。主要是揭示各种战役和战斗的性质，以及使用新式武器进行战役、战斗的方法等；⑤未来的军事经济。按照一般经济法则和军事经济理论，揭示本国和假想敌国供应武器装备及今后作战必需品的军事经济能力的发展远景；向政府和军事领导机关提供武装力量及各军、兵种编成的尽可能合理的数量和质量数据，以及部队最合理的组织编制；确定维持这样的武装力量所需要的预算拨款，并预测战争准备和战争过程中经济资源可能消耗量的数据。⑥未来的军事技术。通过军事技术预测，提供各种使用武器和技术装备可能的战术性能及其进一步发展和改进的前景，以及未来可能出现新式武器的前景。⑦未来的军事人才。通过对军事人才成长发展规律的研究，指出未来军事人才发展的特点，以培养适应未来战争需要的合格人才。⑧未来的军事编成。主要是研究军、兵种发展比例规律，把握军、兵种与军事技术和战术的联系，以便在数质量上建立合理的军、兵种建制。⑨未来的整体战场。通过预测找出未来战场的特点，从而使己方在未来战场上取得主动权。⑩未来的军事潜力。主要是揭示国家可能动员的所有用于反侵略战争的人力、物力、财力等。

关于军事未来学研究的基本要则 军事未来学的

研究，是一种创造未来信息和有关军事未来知识的科学活动。它要从理论上回答国防建设和军队建设发展的一系列重大问题，为军事领导人科学地进行决策提供科学方案选择和参考数据。为此，在进行军事未来学研究中，必须以马克思列宁主义、毛泽东思想为指导，把握有关研究的基本要则。有的学者认为，应注意把握以下基本要则：（1）要把握规律，预测未来。马克思主义认为，“军事的规律，和其他事物的规律一样，是客观实际对于我们头脑的反映”。军事领域如其他事物一样，是一个有规律运动的领域。战争作为军事活动的主要内容，是人类社会发展到一定阶段的产物，是以暴力手段来进行的交往，也就是进行武装斗争。对于这种敌对力量、敌对意志互相冲突的过程，完全可以从其运动、变化、发展的规律中把握其未来发展的趋势。（2）要坚持实践，科学预测。军事未来学研究是人的一种认识活动，其基础是实践。军事实践活动为未来的预测活动提供实际材料，并决定军事未来学研究的具体内容、方向性、可能性及其性质。在实践的基础上，军事人员可以作出对未来战争的某种预测、假设或结论，制定近期计划或远期规划。就战略、战役、战术指挥员来说，未来的预测问题先是以总意图的形式产生，而总意图服从于军队最终的实践目的。即使是军事条令、条例的变化和发展，也是对未来可能发生的战争的性质、战争的形式和方法进行科学预测的结果。所以说，实践不仅是军事未来学研究的基础，而且还是军事未来学研究的动力。（3）要立足现实，着眼发展。世界上任何事物都是发展变化的，而未来即意味着发展。研究考察未来军事和未来战争必须用发展变化的观点，军事未来学研究的一切活动，其着眼点不是过去，而是现在，特别是未来。着眼未来，要立足于现实和历史。军事上的未来发展包括战争的未来，都是存在于现实的基础和前提条件下。只有研究过去和现在，才能预测未来。

关于军事未来学的研究方法　军事未来学的研究方法很多，对其分类也有多种方式。目前，多数学者普遍有两种分类法：

一是按应用分类：主要有3类：（1）马克思主义哲学方法，即辩证唯物主义和历史唯物主义的方法，如彻底可知论观点、运动发展论观点、形态系统论观点、趋势概率论观点和革命实践论观点。又如矛盾的对立统一规律、量变质变规律和否定之否定规律等。（2）军事未来学研究领域内使用的专用方法。如趋势外推法、特尔斐法、军事模拟模型法、关连树法、投入产出法、网络分析法、交叉效应法、因果关系法等。（3）一般的科学方法。这类方法是许多学科都可使用的方法，如系统论、控制论和信息论的科学原理和方法，又如直觉性、探索性、规范性、反馈性和综合性预测方法等。

二是按未来研究的特性分类。主要有4类：（1）定性分析法。它是指对事物质的方面发展变化状况的分析，即对事物本质的认识，其中包括对已知现象确定概念，判断其未来发展，揭示某些不确定因素；也包括根据新的苗头与设想，判断某些现象的未来概念，目的是为了预见发明、发现、揭示某些未知因素。定性分析方法主要用于：在缺乏定量数据时直接进行预测；对定量预测作定性依据并对其预测结果进行评估。如未来脚本法、头脑风暴法、特尔斐法、专家调查法等。（2）定量分析法。它是指对事物量的方面发展变化状况进行的分析，主要依据预测对象历史数据样本，运用数学模型为主的定量预测法。这种方法在实际应用比较多。如回归预测法、因果模型法、计量经济数学模型法、兰彻斯特战斗模拟模型法、杜派战斗效能定量判定模型法等。（3）定时分析法。它主要研究预测目标与时间之间的关系，包括时间序列的发展趋势、季化、因期变化和不变化。如时间系列预测法、生命周期分析法等。（4）概率预测法。它是按照随机事件出现的各种状态的概率，并按概率推断原理去推断预测对象的未来状态的一种方法，如随机型时间序列预测法、马尔科夫预测法等。

在军事未来学研究中，由于军事问题的复杂性和不确定性，因此应该把定性与定量分析相结合，即在定性分析指导下进行定量分析，在定量分析基础上再进行定性综合，才能得出正确的科学的判断。特别是运用人工智能技术与方法辅助人们对未来进行科学预测是军事未来学研究方法的发展方向。（刘继贤《军事未来学的理论与研究方法》，《未来与展望》1990年第6期）

军事未来学与军事决策　决策，就是对未来的选择。研究军事未来学，不能不研究未来的军事决策。而对2000年以后军事斗争形势的变幻，将决策仅仅停留在经验和常规的认识上，已显不足。必须放在更广阔的背景上，进行深层的研究，特别是军事决策的思维趋向问题。不少专家、学者认为决定2000年军事决策的思维趋向，主要有如下几点因素：一是世界战略的变化。当前，世界处于新旧战略格局转换的重要过渡时期。美苏两极体制已趋于瓦解，世界正加速向多极化发展，但新的格局尚未形成。二是战争形态的演变。各种政治、军事、经济力量的此消彼长，既激化了国际间的各种矛盾，又抑制了世界大战一触即发的态势，促成了全球大战向局部战争的演变。三是军事斗争手段的变化。既然核战争难以成为可供选择的有效手段，采用新的战争手段就是合乎逻辑的选择。这就决定了2000年军事决策的思维样式，将会出现以下趋向：第一、全方位的思维趋向；第二、超前性的思维趋向；第三、随机性的思维趋向。带来的直接结果是：（1）作出决策的难度大；（2）执行决策的风险性更大；（3）实现决策目标将更加实际可靠。这就要求军事未来学为军事决策者提供科学的理论和方法。（沈明《2000年军事决策思维趋向》，《军事展望》1990年第3期）

军事预测理论研究（中国） 中国军事预测理论，以预测90年代及其后的军事为主要背景的研究工作，发端于1979年中国共产党第十一届三中全会的胜利召开。1985年5月中共中央军委扩大会议决定，国防建设和军队建设指导思想实行战略性转变之后，全军兴起了群众性的研究未来军事的热潮。在这一时期，其主要特点是：（1）领导高度重视。在中共中央军委的统一要求下，中国人民解放军的领导机关、科研机构、院校、报社等，有组织地广泛地展开对未来军事的研究。（2）形成了军事未来研究队伍。在广泛开展研究的基础上，于1988年5月成立了中国军事未来研究会，同年12月创办了《军事展望》杂志，为持久地开展军事未来研究创造了更好的条件。（3）军事预测学已纳入国家哲学社会科学研究基金“七五”规划首次开列的30项军事研究课题。（4）预测目标集中。军事未来的研究，主要以未来的局部战争为背景，时间跨度集中在中期上，即本世纪末并兼及下世纪初。（5）预测活动紧跟形势。1989年下半年以来，根据东欧和海湾地区等世界形势的变化，有关机关组织力量进行跟踪预测和研究。1989年12月，中国军事未来研究会召开了亚太地区军事发展预测学术研讨会。1990年，先后召开了以预测军事科技发展为主题的学术年会、世界形势军事展望学术座谈会、海湾危机学术座谈会、世界军事形势预测学术座谈会。（6）预测研究总体效率高。1985年以来出现了一批学术成品。包括：有关国防建设和军队建设的战略咨询报告、理论专著、论文汇编、学术论文译著、外军论文汇编等。（7）学术成品基本上属于应用研究范围（个别译著和部分译文除外）。

关于预测方法的研究 军事预测理论中关于预测方法的研究有两种情形。

第一种情形是，把可用于军事领域进行预测的方法都列入“军事预测方法”这个范围，并统称之为“军事预测方法”。在这个范围里，大多数所说的军事预测方法均指预测的一般科学方法，也有的把哲学方法论和“三论”（信息论、系统论、控制论）包括在内。所谓预测的一般科学法，由于分类的着眼点不同，其数量也就说法不一，有的认为据统计有一二百种，有的说在300种以上。

《军事预测学介绍》一文，把预测的一般科学方法等同于军事预测方法，并分为三大类，即：经验判断预测法、数学模型判断预测法、仿真（模拟）实验法。经验判断预测法包括：调查法、社会趋势外推法、特尔菲法、专家咨询法，等等。数学模型预测法有：兰彻斯特方程、蒙特卡洛随机模型、杜派战斗效能定量判定模型，等等。所谓仿真实验法则是给军事人员提供的进行预测实验的实验室。

《军事预测方法概述》一文，亦把预测的一般科学方法等同于军事预测方法，并归纳为下列三大类：约束外推类、专家判定类、模拟模型类。第一类包括：指数平滑法、移动平均法、趋势外推法、时间序列法，等等。第二类包括：头脑风暴法、特尔菲法、交叉影响法、德比克法，等等。第三类包括：动态模拟法、统计模拟法、投入产出分析法。（孟昭营，《军事展望》1989年第2期）

《军事预测学》一书同样也把预测的一般科学方法等同于军事预测方法，并认为：“我军理论界有的将预测方法分为定性预测方法、定量预测方法和综合预测方法三类，有的则将军事预测方法分为经验判断预测方法、数学模型预测法、模拟实验预测法”。（肖显社等编著，国防大学出版社1990年3月）这后面的三类与《军事预测学介绍》一文所说的分类相同，但各类所包括的具体方法有差别。《军事预测学》一书认为，经验判断预测法包括：个人经验判断法、集体经验判断法、专家预测法（如专家会议法、特尔菲法、德比克法等）。数学模型预测法，至少有上千个，其中比较著名的有兰彻斯特方程、蒙特卡洛随机模型、杜派战斗效能定量判定模型、卡蒙尼捷系列模型、雅曲娜模型等。他们还认为，对于无法直接使用作战数学模型的一些预测对象，还可以选用相应的数学模型预测法，例如趋势外推法、回归分析法、马尔可夫分析法，等等。模拟实验预测法，是按照想定和事先给定的条件，将对抗双方的情况建立数学模型，编制计算程序，然后输入计算机加工处理，这是一种综合性的军事预测方法。

以上各种意见，虽有许多不同，但其共同点是研究如何将社会领域、经济领域以及其他领域进行预测的一般科学方法，移植并应用于军事领域的预测。

第二种情形是，既重视研究社会、经济以及其他领域进行预测的一般科学方法如何移植并应用于军事领域，更重视研究专门用于军事领域的特定的预测方法。他们把军事预测方法分为两大类，一类是所有可以用于军事领域进行预测的一般科学方法；另一类是军事领域特定的预测方法。1990 年 5 月军事科学院在北京召开的“国家哲学社会科学‘七五’规划军事学重点课题 30 项业务工作会议”，其中项目之一《军事预测学》课题组（军科战略部）在会上汇报了“研究纲目”。纲目认为：马克思主义哲学包括认识论和方法论，是我们研究军事预测学的指导思想和理论基础，不能作为预测方法而把它降到预测手段的地位上。军事预测方法本身，除了可以用于军事领域进行预测的所有的具体方法（手段）以外，军事领域应该有它自己特定的预测方法。前一类所包括的具体方法是大量的，同时又是复杂的。对后一类的认识和研究还只是刚刚提到议事日程上来，需要大家共同来总结和创造。其难度较之前者更大些。这种认识，得到了会议主持者及与会学者的肯定和支持。“研究纲目”认为：通常所谓的预测的一般科学方法，绝大部分是社会领域和经济领域使用的预测方法，有一部分既是研究方法也是预测方法，甚至有的只是研究方法而不是预测方法，如社会调查、民意调查、系统论、信息论、控制论等方法。社会领域和经济领域所使用的预测方法，并不就是军事领域的预测方法，而是这些预测方法在军事领域中如何运用的问题。换句话说，是军事预测中如何运用这些预测的一般科学方法。可以被称之为预测的一般科学方法的，尽管有二三百种，但是基本的预测方法只有十几种，其他均属于应用中的改进型和演变型。

所有预测的一般科学方法，从其在预测上所起的作用的性质而言，也就是从其本质属性上看，可以划分为定性的分析方法和定量的分析方法两大类。定性分析方法是定量分析方法的依托、起点和归宿。许多预测方法本身就是定性和定量分析方法的结合。单纯的定性分析方法，是对客观事物发展趋势规律性揭示，这是进行预测的不可或缺的基本环节。脱离定性分析的单纯的量的计算，它不可能反映客观事物发展趋势的规律性，因而也就不可能独立地使用于预测。

对于这十几种基本的预测的一般科学方法在军事领域如何运用问题的研究，不能停留在对预测方法本身的介绍上，而要深入一步研究并揭示这些方法可以在军事领域的哪个方面或哪个层次，解决什么问题，解决到何种程度。这是研究军事预测方法的很重要的一个方面，但更为重要的方面是研究军事领域特定的预测方法。军事领域特定的预测方法，存在于古今中外的军事实践中，并见之于马克思、恩格斯和毛泽东等人的著作。军事预测理论研究的任务是，学习它，总结它，发展它，按照军事预测的需要，写出系统的或较为系统的军事的预测规律，亦即军事领域特定的预测方法。此前虽然没有专门提出这个命题，但在实际上有不少人正在探索。

《毛泽东军事预测思想与军事未来研究的几个问题》一文提到：“毛泽东军事预测思想告诉我们，必须结合国际国内的形势，从政治、经济、技术、文化、自然、地理诸方面去把握军事问题的发展趋势”。此文还提到：“毛泽东研究战争，预测战争的发展趋势，不是简单地就战争论战争，而是从政治、经济、文化、民族等更广阔和更高的层次入手，综合考察作战双方各方面的具体情况，研究影响和制约战争发生的各种因素，并在此基础上，运用马克思主义的立场、观点和方法加以综合分析，从中得出对战争的科学认识，作出全面科学的战争指导决策和部署。他特别善于把握战争全局，善于抓住事物的本质，抓住影响和制约战争的主要矛盾进行预测。……他始终坚持用客观的、全面的、发展的观点，分析敌我双方的特点及其相互联系，分析、对比双方赖以进行战争的物质基础和精神因素，并据以推断其可能的发展的过程和前途，从而给战争以有力的指导。”（寿晓松等人，《中国军事科学》1988 年第 4 期）

《军事预测与战争爆发时间的判断》一文提出：“预测战争时间的关键是研究潜在战争发动者的开战决策”；“这种预测方法，实际运用时的基本程序大致是：首先确定潜在的战争发动者，然后同时或先后研究它的决策体制、发动战争的历史规律，当前和今后一个时期的战略环境（国内、国外等等），最后落实到可能制定的战略决策（打，不打，何时打）”。（吴春秋，《外军学术专题资料》（9）1986 年）

《战争预测刍议》一文提出：“战争是政治的继续”是战争的本质，同时又是预测战争的基本原理。影响“政治”发生量变，并能导致质变而转化为战争的因素有主客观两个方面。从客观方面分析，主要抓住这 3 个因素：国家的战略目标性质、国家力量的结构和消长，以及国家的对外政策。从主观方面分析，最主要

的是，要看军力的大小和对外政策的妥善程度。（陈力恒，《预测》1990年第2期）

《根据军事技术的发展规律预见其发展趋势》一文提出，军事技术愈来愈迅速地朝着足以使自身和战争形态发生更高一个层次新的质变的方向发展，同时指出它受战争需求和政治、经济条件制约的具体形态。（陈力恒、罗援，《外国军事学术》1990年第3期）

《军事预测学》课题组（军科战略部）的“研究纲目”则认为：作为军事预测学，其首要的和基本的性质应该是方法论意义上的战略学。与此相适应，它的中心任务是系统地揭示军事领域特定的预测原理。从战略的高度和角度看，从军事客观实际本身的逻辑关系着眼，至少应从下列问题上进行探索，并提出预测原理，即：战争是政治的继续的预测原理；经济制约战争的预测原理；军事对抗方式决定战争特点的预测原理；战争需求和社会条件影响军事技术发展的预测原理；军队组织形式必须与武器装备和作战需求相适应的预测原理；军事技术的发展决定作战方式变革的预测原理；战争和作战决策受偶然因素影响的预测原理。军事预测原理源于军事和战争的实践，又高于军事和战争的实践。唯其如此，军事预测原理的揭示和确立不可能一蹴而就，这需要有一个不断探索的过程，不断深化的过程，不断地受军事和战争实践检验的过程。

军事运筹与系统工程研究 *军事运筹学研究* 近年来，军事运筹学在军事行动和作战中的应用越来越广泛，研究越来越深入。1990年人们在军事运筹学的各个分支上进行了不懈的努力和探索，并且在完善经典理论上取得了显著成效，提出了一些新的算法和理论，以便拓宽应用范围，提高应用效果。现将研究情况综述如下。

搜索论 是军事运筹学的一个重要分支。研究对运动着的目标搜索，需要解决的首要问题是以何种路径才能使目标发现概率最大。以往的一些近似算法，只能在搜索者的速度比目标运动速度快得多时，才可获得比较准确的结果。当搜索者的速度与目标运动速度相近时（例如潜艇对潜艇的搜索），确定最佳路径就很困难。J·伊格尔和J·伊提出了一种寻找最优路径的新方法，它比以前的方法运行速度快5～10倍，且要求的计算机内存小。他们的理论使在小型计算机上解决这类搜索问题前进了一步。（〔美〕J·伊格尔、J·伊《约束路径的最佳分析估价法，运动目标搜索问题》，《运筹学》1990年1～2月）

当被搜索的目标所处周围环境有与目标相类似的物体、或有敌方设置的假目标时，如何提高发现概率。凌如镛以水底水雷搜索为背景，把真假目标混杂下的搜索看作是半马尔可夫过程（即各状态有随机逗留时间），建立了三状态半马氏模型，给出了求解模型所需状态转移矩阵及初始概率的确定方法，用以计算确定真假目标混杂下的搜索概率及搜索的平均时间。（凌如镛《对真假混杂目标搜索的一种半马尔可夫模型》，《军事系统工程》1990年第2期）

规划论 在现代合同作战中，如何把具有不同杀伤力和不同经济价值的武器，分配去射击各种不同目标，以构成整体优化的攻防火力系统，迫使敌目标对我方之威胁达到最小限度，这是武器——目标分配的核心问题。这方面的量化分析的主要结果，可参考由S·马特林、M·阿什、A·S·曼内及R·E·贝尔曼等人分别采用的条件极值、线性规划、动态规划等方法建立的模型。有的作者认为，由于这些模型是在完全确定的约束条件和目标函数的前提下建立的，因而，往往不能很好地解决在战斗环境中的武器——目标分配问题。他指出，实战中的武器分配的约束条件是具有弹性的，敌对目标的威胁程度也不很清楚。因此，目标函数只能在一定满意程度上达到优化，并带有决策者较多的主观意向。据此，他采取含参数的模型，多目标线性规划的方法来解决这类问题。首先将问题归纳为一般规划模型，然后给出模糊多目标规划，以及含参数情况下的满意解，最后通过实际例子的计算和比较，验证该模型的有效性和可靠性。（胡应平《武器——目标分配的模糊多目标规划》，《军事系统工程》1990年第3期）

对军队在有敌情威胁下的机动、生产与存贮和交通运输调度等问题的研究，多用动态规划方法来解决。马云东等人在研究动态规划方法的基础上，提出了可行状态点、可行边和可行策略的概念及其充分而必要的条件，并作了理论证明，同时还结合实例建立了一种解决多目标、多阶段决策的最优化方法。（马云东、朱柏石《多目标多阶段决策问题的最优化方法》，《系统工程理论与实践》1990年第1期）

排队论 排队论是军事运筹学研究中比较活跃的一个分支，1990年有关排队论的研究论文较多，主要提出了一些特殊的排队问题的理论算法。B·森格普塔研究了具有服务中断的排队系统，他提出的算法实质上是优先排队方法的推广，可用于解决遭受随机故障的单服务器的排队问题，也可用于解决优先和循环服务系统。（〔美〕B·森格普塔《交替随机环境中具有服务中断的排队问题》,《运筹学》1990 年 3～4 月号) D · 伯特西马斯研究了多服务器排队系统,提出了一种新的方法,可精确地分析具有一般到达和服务时间分布的多服务器排队系统的稳态分布和有关性能量度。(〔美〕D · 伯特西马斯《一般类型 G／G／S 排队系统的分析方法》,《运筹学》1990 年 1～2 月) C · 尼斯尔等人研究了具有不同速率的双服务器排队系统,提出了用积分方程法来分析这类问题,这类问题用标准的排队技术是难以解决的。(〔美〕C · 尼斯尔、B · 马特科斯基、Z · 舒斯、C · 蒂尔《M／G／2 排队问题的积分方程法》,《运筹学》1990 年 7～8 月号)

军事系统工程研究 军事系统工程是一门年轻的学科,尽管其理论体系还不完善,但结合实际的应用研究却十分广泛,现将近年来研究与应用的理论、方法,作一概要介绍:

关于开放的复杂巨系统及其方法论 在中国,马宾最先发起对这一系统的研究。1990 年,中国系统工程学会上,著名科学家钱学森等人对这一系统的概念、研究方法和意义作了新的阐述。他们指出:开放的复杂巨系统存在于自然界、人自身及人类社会。所谓巨系统,就是组成系统的子系统的数量非常大。如果巨系统中子系统的种类很多,并有层次结构,它们之间的关联关系又很复杂,并且与其周围环境有物质、能量和信息交换,就把它称作开放的复杂巨系统。

钱学森等人指出:开放的复杂巨系统目前还没有形成从微观到宏观的理论,没有从子系统相互作用出发构筑出来的统计力学理论。他们既不赞成把处理简单系统或简单巨系统的对策论、系统动力学、自组织理论用于开放的复杂巨系统中,又反对把复杂巨系统的问题上升到哲学的高度,空谈系统运动是由子系统决定的;宏观是由微观决定的等等。钱学森等人认为:现在能用的、唯一有效处理开放的复杂巨系统(包括社会系统)的方法就是采用定性与定量相结合的综合集成方法。这一方法的实质是将专家群体(各种有关专家)、数据和各种信息与计算机技术结合起来,把各种科学理论和人的经验知识结合起来,体现了整体优势和综合优势。(钱学森、于景元、戴汝为《一个科学新领域——开放的复杂巨系统及其方法论》,载于《科学决策与系统工程》一书,中国科学技术出版社 1990 年 7 月出版)

模拟是研究复杂巨系统特性的主要工具,它用于预测、分析和描述。以往的模拟研究,数值预测模型占统治地位。过去 40 年经验告诉我们,光靠数值预测模型对复杂巨系统来说,不会有多大的好处。因为我们所要模拟的巨系统世界里,在数量级上要比我们使用的计算机所能处理的最大模型复杂得多。因此,西蒙主张用四种方法发挥计算能力:①考虑描述巨系统需要多少瞬时的细节,以及从可获得的数据和理论算法上能描述到多详细的细节;②是否注意考虑到,了解平稳比了解瞬时的路径更重要;③利用系统的分级特性进行聚合,从而简化系统;④在适当的地方用符号模拟代替数值模拟。很好地回答这些问题,有助于确定复杂巨系统构模的实际可行目标。(〔美〕H · A · 西蒙《系统构模中的预测和规定》,《运筹学》1990 年 1～2 月号)

关于决策分析 决策分析涉及的理论方法很多。1990 年有以下进展。

(1) 决策支持系统 (DSS)。这是基恩和 S · 莫顿于 1978 年创造出来的计算机信息系统。虽然至今它还没有一个公认的确切定义,但它已成为系统工程、管理科学、人工智能等领域的热门课题。清华大学赵纯均根据国内外研究开发的情况,进行总结,提出了以下问题:①问题的类型有结构化、半结构化和非结构化三类。②决策风格有系统型 (ST)、思辨型 (NT)、司法型 (SF) 和直观推断型 (NF) 四种。③ DSS 的开发步骤:决策支持分析阶段;DSS 软件评价和选择阶段;原型开发阶段;运行开发和支持。④共同问题:数据的收集;数据的完整性和安全性;DSS 的管理;费用——效益分析;标准化;单个决策者与决策支持系统的矛盾。⑤发展方向:群决策支持系统 (GDSS);智能决策支持系统;决策支持中心;战略决策支持系统。(赵纯均《决策支持系统:问题和希望》,载于《科学决策与系统工程》,中国科学技术出版社 1990 年 7 月)

数据库应用理论研究是决策支持系统的基础。A · 森等人对演绎数据库管理系统 (D—DBMS) 在决策支持系统中的应用进行了深入的研究,他们指出:D—DBMS 是在人工智能 (AI) 和数据库管理系统 (DBMS) 中演绎系统的产物。他们首先分析了演绎系统和评价系统的特性,然后提出了一个新结构,力求将这两个系统合并在该结构中,同时提出了演绎数据模型的定义。(A · 森、J · 乔内《演绎数据模型:决策支持系统数据库管理的新趋势》,《决策支持系统》1990 年 3 月)

(2) 层次分析法。有些作者认为:在层次分析法中,对一次判断多于 9 个因素的情况,通常是用分组形成新的层次，或直接评分的方法来处理。但是，这样处理有时（特别是一次判断多于15个因素时）并不可行。如果采用分解的方法来处理这一问题，则可避免因素众多时判断的模糊性，减少判断的难度及成对比较的次数。同时，还可用于一致性要求不满足的判断矩阵的修正。所谓分解法就是把众多因素的判断矩阵，分成若干关联子块（子集），并使每个子块的因素不多于9。对一致性要求不满足的判断矩阵，也可用这一分解方法来修正。其做法是：根据已知的判断矩阵A，划分因素集合F，使所得子集对应的A中的对角子块具有较好的一致性，再在关联子块中选取有把握的元素，然后算出其他元素。实际应用表明，这样的修正，既可使一致性得到改善，又可省时省力。（龙茂林、刘永清、张启人《层次分析法中的分解》，《系统工程》1990年第5期）

(3) 协商对策与多人多目标决策（M2D）。多目标决策理论能有效地解决M2D分析的第一个层次问题（如何对每个决策者的多个目标进行折衷分析）。但是，此理论考虑的偏好结构是面向单一决策者的，它很难将多个决策者的冲突目标和偏好结构，合理地反映到模型中。有的作者认为：作为多人决策方法的对策论恰好适合于分析M2D的第二个层次的问题（如何对多个决策者之间的冲突利益进行折衷分析）。虽然对策论本身具备考虑多人和冲突情况的特点，但它却过多简化和回避了许多现实问题，理论框架的高度简化和每个决策者的单目标描述都大大限制了对策论的实际应用。他们以多人多目标决策（M2D）问题为背景，将多属性效用理论结合到协商对策理论中，把所有满足多人Pareto最优性公理的协商对策解，推广到多目标情况下，并从理论上证明了推广的合理性。着重把Nash解和Raiffa解推广到具有协商对策特征的M2D问题的分析中。这说明，将对策论与多目标决策理论结合起来分析M2D问题，是一条有效的求解途径。（曲晓飞、王众托《协商对策与多人多目标决策（M2D）》，《控制与决策》1990年第4期）

关于作战模拟 计算机作战模拟研究，在建模理论上，近年来没有新的突破，在方法上有以下四个方面的进展：

(1) 实现模拟战斗中指挥的自动化。法国H·亚历克斯介绍CARNEADE模型时，说明该模型箝入了师专家系统，它可依据上级（军）的命令及下属（团）的报告，模拟师长及参谋人员进行决策。（〔法〕H·亚历克斯《CARNEADE：作战模拟的新概念》，《信号》1989年7月）又如中国人民解放军军事科学院同北京军区联合研制的"战役对抗模拟系统"中专门设计了团自动决策子系统。它可模拟团指挥员实施对下属的营、团炮兵群及直属分队的自动指挥，同时可将本团的战斗情况综合上报给师。

(2) 采取更加直观形象的图形显示方式。以往的作战模拟图形显示，均采用二维图形，故有人称它为"电子地图"。为了形象地描述地形，国内外许多研究部门相继开发出三维地形图。1990年中国人民解放军装甲兵技术学院等单位，吸取了国内外三维地图的描述方法，初步开发出在计算机的三维地形图上迭加立体象形军标的系统，从而使计算机模拟作战推演过程更加直观形象，成为真正的"电子沙盘"。

(3) 不断完善人—机界面。法国CARNEADE模型客观环境（地形、气候及居民等）数据的自动获取，大大简化了模拟数据的输入。该模型还提供了用户问题的预处理及模拟结果的后处理功能，使用更为方便。中国人民解放军近两年来研制的作战模拟系统，大多也实现了地理信息的自动或半自动获取，缩短了数据准备的时间。

(4) 积极开发语音识别系统。目前这类产品正逐步达到实用水平。例如中国科学院声学研究所研制的"SHQ—1中文语言输入系统"2.00版本已于1990年商品化，估计不久将来可用于作战模拟命令的输入，从而实现指挥员直接对计算机里的"部队"下达口述作战命令。

军事谋略理论研究（中国） 中华民族是一个善于进行理性思维的伟大民族。注重谋略的创造与运用，是中华民族进行军事抗争的主要手段和传统。中国古代史上无数杰出将帅的睿智和韬略，体现在浩如烟海的军事典籍中，《孙子兵法》是其杰出的代表作。在近代的中国革命战争中，毛泽东等无产阶级革命家、军事家，在把马克思主义普遍真理应用于中国革命的具体实践的同时，吸取中国古代军事谋略之精华，在武器装备始终处于劣势的客观条件下，把谋略运用作为克敌制胜的重要因素，从而使军事谋略产生了质的飞跃。但是，军事谋略作为一门科学进行研究，还是近几年的事。1979年，中国思想界开展的关于"实践是检验真理的唯一标准"的讨论，推动了军事科学理论研究领域里的思想解放。1980年初，《解放军报》连载《三十六计新编》，以及该报"军事纵横谈"专栏，登载的一批阐述军事谋略思想的文章，吸引了军内外众多读者。1983年，战士出版社出版了《兵家权谋》等书，进一步引发了军内外学者学习、研究军事谋略的兴趣。日本、美国某些学者掀起的研究“三国”和“孙子”热，启迪学术界认清研究和发展军事谋略理论的时代意义，研究成果不断推出。1986年《说三国话权谋》出版。1987年《说东周话权谋》出版。1988年《现代谋略训练基础》出版。1989年《军事谋略学》出版。1990年《纵横捭阖》出版。1988年以来，一批军队院校把军事谋略列入教学内容。1989年10月，中国人民解放军首次召开了“军事谋略学研究与教学论证会”，就军事谋略学的一系列理论问题进行了深入探讨。1990年现代军事谋略的研究更趋活跃，发表了一批优秀专著和研究成果。归纳起来，研讨的主要问题有以下几个方面。

关于军事谋略学的性质 一些学者提出，军事谋略学是一门软科学，跨学科的边缘科学。“软科学”是相对“硬科学”而言的，它是研究“软对象”、“软问题”的学问。具体说是与主观性、难以定量化、多变量相联系的科学门类。谋略学是研究主体在一定环境条件下，为达成一定目的（目标，利益等），或为制服客体（个人、集团、自然等）的规律和方法（或按预想抉择，或随机应变）的科学，它完全符合软科学所应有的特征，因此，它是一门软科学。简言之：谋略学是为决策提供方法或支持的学科，反过来，决策就是选择谋略。军事谋略学则是研究战争各方在一定条件下克敌制胜的基本规律和方法的学科，即研究如何在战略、战役、战斗中克敌制胜的规律和方法，比起战略、战役、战术来，它更具共性。战略、战役、战术都要使用谋略。为决策提供理论和方法的学科很多，例如《运筹学》、《系统科学》、《技术经济学》等等，而谋略在决策支持系统中占有重要地位。谋略学的主要特点是：研究主体驾驭、控制客体的规律和方法，要充分运用非逻辑思维方式，如形象、直觉、会意思维活动，因此，就有了在很大程度上是顿悟式的谋略艺术的特点，相对说来，可操作性则比较差。

军事谋略学的软科学性质极为明显，它的综合性极强、跨度较大、相关学科特别多。军事谋略所追求的又是“制胜”和“先胜”这样的高境界，所涉及的领域必然广阔，除政治、外交、经济、文化、自然科学、军事科学这些大的类别的学科外，其前沿相关学科至少应当有以下诸方面：哲学、思维、心理、行为科学；有关社会人文科学、社会学、史学、民族学、传统文化、比较文化学；数学处理方法，包括运筹学、统计学、突变理论、图论、拓扑学；新的科学理论，如系统论、控制论、信息论、耗散结构、协同理论、超循环理论等。在军事学的领域里，军事谋略学是一门大跨度的横断学科，更具有共性特征。

军事谋略是一个典型的系统的有机过程。《孙子》中讲的“五事”、七计，正是社会科学和自然科学的综合，是一种朴素的系统思想；是把战争放到一定的政治、历史、自然环境下加以考察，谋取制胜之路的思维方法。这种典型的软科学思维方式，说明军事谋略学是有悠久历史的一门软科学。当然，由于当时的科学技术不发达，《孙子》所述只是一种依靠心智的谋略技能，除了用算筹进行“庙算”以外，别无什么机器可以作为辅助手段。

在科学技术飞速发展的今天，战争正向电子化、智能化、外层空间立体化方向发展，活力对抗各方的力量、手段、主观能动作用都空前增强，军事问题比起古代来，无论在综合性、模糊性，还是在随机性、离散性、非线性方面，都愈加突出。这一方面对军事谋略的发展不断提出新的更高的要求；一方面也为军事谋略研究不断提供新的技术工具，为谋略的应用开拓更加广阔的领域。当今，计算机科学的发展，已经出现了多种类型的“决策支持系统”（DSS）和“专家系统”（ES）。为了满足军事谋略研究的需要，可以预料将来必会出现各种“谋略系统”（ARS）。它们作为军事领导者的“外脑”，将进行一些非逻辑推理和作出一些直观判断，辅助决策者进行谋划，避免某些决策者因主观情感、意志、胆略方面的弱点对谋略形成的不良影响。

军事问题比一般社会经济、技术问题复杂得多，对军事谋略要比一般软科学决策有更高的要求。战场是“图穷匕首见”的“生死存亡之地”，对抗各方都力图“破彼之破”，军事态势瞬息万变，必须有极强的随机应变能力与之相适应。充分运用非逻辑的形象、直觉、会意思维，提高谋略主体的谋略素质和谋略艺术，是军事谋略学的重要任务之一。

关于军事谋略学的研究对象 什么是军事谋略，学术界直接或间接地作了一些解释。《现代谋略训练基础》（石庆明主编，国防大学出版社1988年7月）一书中表述：“军事谋略是战争发展的产物，是人的主观能动性作用于物质力量的具体表现，是指挥员在掌握丰富知识的基础上，根据战争实际情况，通过思维所产生的制敌妙策”。有些作者认为，军事谋略是筹划和指导战争的艺术，是研究以智取胜的计谋策略。（陈继仁、柴宇球《军事领导学》，国防大学出版社1987年）有些作者著书，对军事谋略的主体又作了进一步的限制，认为谋略产生于“能思维的活人或活人集团，运用一定的工具所进行的竞争和抗击

——活力对抗。”（李炳彦、孙兢《军事谋略学》，解放军出版社 1989 年）

从这些表述中可以看出，军事谋略的研究对象首先存在于军事领域。这也是军事谋略与一般谋略的根本区别。谋略在战争出现以前就产生了，并且在除军事以外的许多领域都广泛运用着，而军事谋略则是军事实践活动发展的产物。第 2，军事谋略学研究对象的主体应该是群体之间的对抗而不是个体之间的对抗。虽然谋略的最后决策往往是个人，但这时的个人是具有集体意义的代表，离开群体，单纯的个人之间是不存在军事谋略问题的。第 3，军事谋略研究的客体是思维创造活动。一些学者认为，上述 3 个方面归纳起来，军事谋略学的研究对象是军事领域中对抗集团之间的思维创造活动及其规律。如果从更广泛的意义上讲，凡是国家或政治集团，在战争或战争之外的军事斗争中所运用的一切政治、经济、外交、内政等方略，都属于军事谋略学的研究对象。

关于军事谋略学的研究任务 学者们认为，军事谋略学的研究任务应是：揭示军事谋略这一战争现象的本质并论证其客观规律，形成具有指导意义的系统理论。这一任务包含相互联系的两个方面：一方面要研究和认识军事谋略的本质和规律，这也是形成系统军事谋略理论的基础和前提。马克思主义认为，一切现象都是相互联系，相互依存的，规律就是现象之间内在的本质联系，它决定事物的发生和发展。军事谋略同一切社会现象一样，具有自己的规律性。军事谋略的实现，是多种因素综合作用的结果。因此，军事谋略学必须仔细考查、分析影响军事谋略的各种现象及该现象与它现象之间的本质联系，找出其客观规律，而不能停留在对前人谋略成品的收集和编纂上，只有这样，才能促进军事谋略理论向深度和广度发展。

另一方面，形成的理论要对战争实践具有指导意义。这是军事谋略研究的最终目的。任何理论，如果不能对实践起指导作用，就失去了自身的价值。军事谋略学不仅要揭示规律，更重要的是告诉人们如何掌握运用谋略于军事斗争，既要研究如何用我之谋，又要研究如何识敌之谋。这样，军事谋略学才有自身内在的发展活力。

关于军事谋略学的研究内容 研究内容是由研究对象和研究任务决定的。军事谋略学作为一门高度综合的学科，有着极为丰富的研究内容。但是，由于军事谋略学尚处在探索阶段，许多内容还有待于随着学科的发展而进一步完善。学者们认为，当前研究的内容主要有 6 个方面：(1) 军事谋略的形成和发展。(2) 军事谋略学与相关学科的关系。(3) 谋略的过程及其本质。(4) 军事谋略的基本原则和基本方式。(5) 谋略能力的培养。(6) 未来军事谋略的特点及发展趋势。上述 6 个方面，相互联系，相互依存，相互影响，构成了军事谋略学研究的基本内容，但军事谋略的研究范围不仅限于这 6 个方面。

军事谋略产生“增值效应” 许多学者认为，战争是力量的对抗，也是智谋的对抗。智谋本身不是力，但它可以使力量产生“增值效应”。它犹如杠杆的“支点”，通过改变这个“支点”的位置，可以产生“四两拨动千斤”的效果。

谋略的作用不是由于物质潜力的发挥而产生的价值。因为使物质发挥潜力的主要因素是领导者或指挥员的领导管理才能，而领导和管理才能不能取代军事谋略。谋略的重要作用，是以物质潜力的发挥为基础，并使其产生“增值”。

战争史上，人们对军事谋略产生的“增值”曾作过不少定性评述。如“一语退千军，一计平骚乱，数言而定国基”，“以计代战一当万”，“胸中自有雄兵百万”等等。尽管这些描述带有某些文学色彩，但它们又都有历史事实作依据。因此，军事谋略在战争中的“增值”是客观存在的。至于如何定量确定它的上界值和下界值，需要在研究中继续探讨。

关于军事谋略学研究的指导思想和方法 关于指导思想，学者们认为，军事谋略学研究应以马列主义、毛泽东思想为指导，正确把握谋略研究的基本方向，着眼于弘扬中华民族传统文化，坚持古为今用，注重于毛泽东及其他老一辈无产阶级军事家军事谋略思想的研究，使这一学科具有浓重的中华民族特色和中国人民解放军特色。要注意汲取西方兵学思想的精华，与东方谋略思想融为一体，充实和发展军事谋略理论。同时要充分注意科学技术的发展对军事谋略的影响，更好地为现代军事斗争服务。

关于军事谋略学的研究方法，学者们总的认为，要以马克思列宁主义的辩证唯物论和历史唯物论作为基本方法，同时运用具有方法论意义的新兴学科作为辅助方法，注重抽取规律性的东西，以求得实质性的突破和进展。

鉴于军事谋略学作为一门新兴学科来研究还开始不久，对其基本概念、研究对象、研究目的、研究范畴和研究任务等主要理论问题需要进一步讨论和科学论证，对其研究方法尚未进行深入探索。但是，有的学者对军事谋略理论的研究方法提出了两方面的建议。

一是军事谋略理论中新概念的建立应有利于发挥思维的创造性。概念一般包括4类：白概念，即内涵、外延均可确定的概念；灰概念，即外延确定，内涵不确定的概念；模糊概念，即内涵确定，外延不确定的概念。灰色模糊概念，即内涵、外延都不确定的概念。从总体上说，概念越具体越明晰，越抽象越带有不确定性。但是，概念的白与灰是相对的。在科学领域里，白有白的好处，灰有灰的优势。自然科学和技术科学追求白概念，因为它的理论建立在严格的逻辑推理基础上，概念不严格就会导致一系列谬误；而社会科学把主体——具有意识、意志、愿望、意图和智能的人包括在内，所以在对社会现象的认识上，会遇到客观与主观、存在与意识、物质与精神等种种不同看法，从而带来认识上的差异,这种差异又必然反映到表达这种认识的概念上。任何一门社会科学中都有若干灰概念。只要这些灰概念没有偏离内涵的区间，都应该是允许的，而且有利于学科内部的争鸣和发展。军事谋略学作为研究军事领域中对抗思维规律的科学，不应排斥"灰概念"的使用。

二是在重视运用新的科学方法的同时不应忽视传统的科学方法。近些年来，学术界对以系统论、信息论和控制论为内容的"老3论"，以耗散结构理论、协同学和突变论为内容的"新3论"兴趣甚浓，引用借鉴甚多，似乎用它们可以解释一切现象，引出一切规律。学者们认为，所谓"老3论"和"新3论"，都是现代科学方法论的重要组成部分，但不是科学方法论的全部。任何学科不仅应该有自身特定的研究对象，同时也有其自身特点的基础理论和研究方法。军事谋略的研究和应用在中国、在东方乃至整个世界，已经有悠久的历史。因此，在研究现代条件下的对抗思维规律时，不可冷落了传统的思维方法。（注：以上具体资料除注明出处者外，来自李炳彦、孙兢著《军事谋略学》，解放军出版社1989年）

军事心理学研究　*苏联的军事心理学研究*　1990年主要研讨以下几个问题。

苏军的心理训练　有的作者在研究苏联的《军事心理学的实践问题》等书刊后指出，苏军的心理训练方法，主要包括言语法、实践法和自我认识法。前两种方法主要用于指挥员对部属进行心理训练，后一种方法主要用于军官提高自身的心理素质。苏军心理训练的言语法，要求指挥员熟练掌握口头和书面表达能力，清楚地表述命令和号令，能够随时给部属心理帮助。言语法的表现形式主要有说服、暗示和心理辅导等；实践法是指在战备训练过程中和值勤过程中所采取的提高军人集体心理素质的方法，主要包括心理锻炼法、遇险状态法和应激反应法等。苏军认为，军人集体的心理训练在很大程度上取决于军官的心理可靠程度。在战斗中，指挥员除了要和士兵一样接受体力和心理考验外，还要了解敌情，在有限的时间内定下决心，对部属的安全负责，防止与下级失去联络等。因而，军官更需要提高自己的心理素质。军官的自我认识心理训练主要采取自我监督、自我分析、自我说服和自我调节等方法。（罗庆云《苏军心理训练方法》，《外国军事学术》1990年第5期）

苏军飞行心理训练　苏联作者撰写《飞行训练心理学》专著，论述了飞行训练中各个阶段的心理训练。作者指出，在平时：提高学员的政治觉悟，培养坚定、沉着、果断的意志品质和保卫祖国的自豪感。在飞行前准备时：(1) 讲解飞行的重要性和必要性，培养学员的积极情绪。(2) 介绍飞行时将遇到的心理困难，尽量多介绍一些可能出现的不利情况以增强应变能力。(3) 举行专题座谈，如"做好完成飞行任务准备的主要阶段"等。(4) 检查学员的心理状况，如信心、情绪、责任心等。(5) 让学员实施想象飞行，最大限度地缩短"进行工作"过程的时间。在带飞时：(1) 最初几次带飞要选择有利天气，不做急剧机动动作，以减少学员的恐惧反应。(2) 教练下达指示应精练，语气要亲切，以免分散学员注意力，树立起学员的信心。(3) 学员技能提高后，尽可能发挥学员的主动性和独立性，设置一些特殊情况，培养学员的机智果断。(4) 让学员进行自我评价。第一次单飞时：(1) 教练让学员坦诚地报告自己飞行时的心理状况。(2) 教练和学员一起对单飞进行分析总结。（袁忠学译自苏联《飞行训练心理学》，《外国空军训练》1990年第1期）

苏军战斗心理反应研究　苏哈赛·埃维尼指出，专家预言，现代战争将有10%～25%的人员伤亡源于战斗紧张反应。战斗中心理因素控制的好坏将决定战斗的胜败。有的专家提出，帮助摆脱战斗紧张感的方法是：(1) 使布置的任务尽可能简单化。(2) 尽可能消除使队伍产生惊扰的因素。(3) 尽量提供足够的睡眠时间。(4) 提高军心士气。(5) 使军队上下一致，尤其是使士兵体会到上级的关心与保护。

苏军战术心理一规则还指出，为了导致敌方士兵心理上的战场瘫痪，可在前线阵地上每隔八米设置一门火炮，构成集中火炮网，这样即使对敌方幸存者来说，至少也使其在25分钟内失掉行动的能力，以利于己方发动坦克与步兵冲锋。（叶斌、杜汝波《战斗紧张感与现代士兵》，《军事心理学》1990年第2期）

美国的心理战研究 苏联作者根据美国资料指出，美国的心理战是和平时期或战时，针对敌对、友好或中立力量实施的一种有计划的宣传或"辅助性"（包括政治、经济、文化、军队本身等）的行动。目的是对它们的态度和行为施加影响，使之朝有利于实现美国政治和军事目标的方向发展。美国的心理战行动是在战略、战役和战术三个层次上实施。战略心理战不分平时与战时，依靠全球性的、内容广泛的综合行动，追求从政治思想基础上破坏敌国内外政策的长远目标。其具体任务是：在敌国居民中煽动不满情绪（为此可利用民族的、宗教的、经济的、社会的、心理的以及其他方面一切可以利用的因素）；支持反对派分子和反抗现行制度的势力，赢得中间力量的同情；在敌领导集团内部制造矛盾；破坏居民对本国领导人及其政策的信任；制造社会上的政治分裂；增强居民对美国目标和行动的理解与支持。美国不仅对敌对国家实施心理战，对"友好"和"中立"国家也同样实施心理战。目的在于，在国际舆论中揭露、抵制敌对国的政策和宣传行动，增强盟国对美国和北约方针的信心，阻止中立国采取违背西方利益的行动。战役心理战是在局部地区、小国家或战区范围内实施的宣传和"辅助性"行动，主要任务在和平时期是对人们的现实认识施加影响（例如散布假消息，歪曲事实真相，对人们的心理施加影响），直接配合当前任务的完成。在战时主要是破坏敌方军民士气，隐蔽、伪装己方军队的行动意图。战术心理战主要针对有限地区、居民点的有限人员实施短期影响，保证美国在该地区现实政策的推行。其基本任务是：降低敌军士气和作战能力；制造犹豫、不满和不信任情绪；实施战术伪装与欺骗；加强对居民、战俘和被拘押人员的监视；抵制敌方宣传。美军的战略心理战行动由参谋长联席会议实施领导。战役心理战行动由相应的联合司令部、特种司令部实施领导。心理战部队在行政上受心理战上级单位领导；在战时接受相应的联合司令部和军、师司令部指挥。美军心理战部队最高行政单位为群，目前编有4个心理战群。战时可能编两种类型的群；第一类是全般支援群，下编3～5个营；第二类是对军、师的作战行动进行直接支援的群，下编相应数量的营、连。（笑海译编《美国心理战》，《外国军事学术》1990年第2期）美国《军事评论》1989年第10期，刊载军事改革学会会长威廉·林德等五人撰写的文章《战争正在向第4代发展》，作者在论述第4代战争的特点指出，战争的目的是从心理上击溃而不是从生理上消灭。未来的作战目标包括破坏敌人的文化和动摇敌方民众对战争的支持。心理战可能成为主要的战略和战役武器。宣传工具将被用来改变国际国内舆论，为投入作战部队作准备。心理战主要目标是改变敌方民众对战争及其政府的支持，电视新闻可能成为比装甲师强大得多的战役武器。（樊高月编译《第4代战争》，《外国军事学术》1990年第5期）

美国心理战特点 有的作者提出，美国心理战表现出8大特点：（1）注重多方位突击，进行立体战。其体现是：充分运用社会各方面力量；运用陆海全空间，前后方相结合，近远期作战相配合的原则进行心战。（2）注重运用科技成果，进行高技术战。如投入巨资研究心战装备等。（3）注重精神战，把宣传心理化。即从意识形态转到社会心理上，通过大众心理描述和个性心理诱导影响人的意志。（4）运用社会科学成果，进行人性战。如美将行为科学引入心战，试图找出战争条件下人的行为发生、发展规律，用宣传、恫吓手段影响人的行为。（5）注重实际，进行效益战。这体现在根据战场情况变化，及时调整策略和进行心战效果的综合评定两方面。（6）注重自身建设，进行素质战。其体现是：加强心理训练，提高心理素质；注重战场反心战宣传。（7）注重资料收集，进行情报战。美国情报组织和心战组织融为一体，常将情报收集作为心战的第一阶段。（8）既注重协调配合，又强调独立作战。如美国既把心理战看作总体战的一个组成部分，又在许多情况下单独实施心理战。（张天、邓红梅《美国心理战特点研究》，《军事心理学》1990年第1期）

美国和平时期的心理战 有些作者认为，美国和平时期推行心理战的策略和手段主要有：（1）价值观渗透。美国主要通过大众传播媒介进行价值观念的渗透。他们认为，大众传播对社会心理的影响具有潜在性、暗示性和渐变性，通过对公众天长日久、潜移默化的影响，使社会主义国家的公众逐步接受西方的价值观。（2）社会交往。美国政府和有关财团，曾拨出数亿美元资助各种文化、学术社团，并通过这些社团交往来进行心理渗透。（3）谣言欺诈。它是以无中生有的欺骗方式去扰乱和迷惑对方的心理，使之信念动摇、精神崩溃、上当受骗。（4）利诱胁迫。美国政府凭借强大的经济实力和科技优势，根据社会主义国家对经济、资金技术普遍渴求的心理状态，采用利诱的心理手段，诱使社会主义屈服于资本主义。(5) 民族融合与民族分裂。主要是推行语言融合和风俗习惯、生活方式的同化，制造民族分裂。(刘红松、王新建《美国和平时期的心理战》，《外国军事学术》1990 年第 4 期)

美军战斗心理反应研究 有的作者指出，目前，美军已在陆军编制装备表中增编了战斗紧张症控制组织的名额。其任务是：(1) 为指挥官控制军旅生活中不可避免的心理紧张情绪提供咨询服务。(2) 为患战斗紧张症的人员提供及时就近的治疗，使之尽快返回战斗岗位。(3) 指导后备部队的休息、饮食、卫生及娱乐活动，以便尽快恢复部队的体力和自信心。(4) 稳定重病号的情绪，诊断出短期内不会复原的病人，并将他们迅速后送。另外，美军对战斗紧张症还积极采取预防措施，如教育广大官兵端正对战斗紧张症及其患者的态度，加强实战训练，以提高人体承受能力等。(姚云竹《战斗紧张症及西方军队的处理对策》，《外国军事学术》1990 年第 6 期)

英国的心理战研究 《英国陆军评论》载文对心理战给出了定义和分类。作者指出心理战是针对敌人或中立对象开展的有计划的心理影响活动，目的在于改变对方的态度和行为，以实现政治和军事目标。作者认为心理战可分为三大类：第一类为战略心理战，指一个国家针对另一个国家而统一计划和实施的心理战；第二类为心理巩固活动，指在己方控制的地区为争取民众的支持而进行的心理宣传活动；第三类为战场心理战，是在战术层次上作为整个作战的不可分割的一部分而计划和实施的心理战活动。

作者在分析研究华约与北约各国军队心理战部队的组织、编制、目的、任务，以及其心理战能力之后，认为，心理战是一种有用的战斗支援手段，是一种增强战斗力的、潜在的、投资少效益大的手段。指出在战斗中一定不要忽视心理战的作用。作者建议，英陆军应在军司令部设立专门的心理战部门；军一级部队增编一支心理战分队，配备以现代化的心理战器材和装备。(云竹、绍崇编译《心理战的使命与运用》，《外国军事学术》1990 年第 4 期)

联邦德国的心理战研究 苏联奥夫夏尼克等人撰文介绍，联邦德国军队的心理战部队是从 50 年代末开始组建的。此后，逐步增加编制和兵力，完善指挥系统和组织编制，改善装备器材，培养专门人才。联邦德国军队总部根据心理战的性质和投入兵力的多少将心理战分为战略心理战，战役心理战和战术心理战。作者指出，从联邦德国军队的《陆军战斗指挥》、《陆军指挥原则》条令和《心理战指示》中可以看出心理战的目的是：瓦解敌军的心理战斗精神；动摇敌军的抵抗意志；引发敌军对战斗行动合理性的怀疑心理；使敌军产生失败情绪；挑起不同阶层居民间的矛盾；同时对本国军民开展思想教育和心理宣传，促进军民关系，督促居民帮助军队。(李国强译《联邦德国军队的心理战部队》，《外国军事学术》1990 年第 4 期)

北约的心理战研究 英国的莫尔指出，美国陆军有 4 个心理战术大队，共约 2700 人担负心理战任务；联邦德国军队有两个心理战营和一个心理战独立连；意大利军队有一个心理战营；土耳其和希腊军队各有一个心理战连。北约组织心理战的主要内容是：(1) 确定潜在的心理战目标；(2) 设计心理战使用的各种材料和方式；(3) 制作心理战材料；(4) 投送心理战材料。其战场心理战的计划和实施步骤如下：(1) 获取有关心理战对象的情报；(2) 分析心理战对象的弱点；(3) 确定心理战目标和就实施心理战的轻重缓急顺序作出安排；(4) 选择心理战内容；(5) 选择实施心理战的方式（如无线电广播、散发传单等）；(6) 选择投送方式；(7) 制定完整的实施计划；(8) 监视和报告心理战的效果。(云竹、绍崇编译《心理战的使命与运用》，《外国军事学术》1990 年第 4 期)

简　讯

军事理论研究简讯 **1990 年中国举行了 3 次与海军建设问题有关的学术理论讨论会** 一次是 1990 年 2 月 27～28 日海军学术委员会暨海军军事学术研究所在北京举办的"纪念甲午海战 95 周年学术讨

论会”。另一次是1990年8月27～29日，中国国际文化书院、太平洋历史学会、海军等13个单位在北京联合举办的“纪念鸦片战争150周年国际学术理论讨论会”。主要讨论了中国近代海军建设及失败的经验教训等问题。主要观点有：(1) 鸦片战争的失败是中国近代海权衰落到了谷底的标志；(2) 甲午海战的失败是中国近代海军由兴而衰的转折点；(3) 中国近代海军的建军经验教训。再一次是1990年10月19～21日，海军指挥学院在南京主持召开“海洋与中国海军”学术理论讨论会。参加会议的有军内外的领导和专家学者90余人，共选用论文43篇。对当前海洋战略研究的主要问题、南中国海和东中国海的形势、维护国家海洋权益斗争对策、加强海军战斗力建设以及海上作战方针等问题进行了研究。

限制海军军备国际讨论会在莫斯科召开 据苏联《海军文集》1990年第6期报道，1990年2月6～10日，在莫斯科召开了限制海军军备国际讨论会。参加会议的有美、英、法、加、联邦德国等40多个国家的约120名代表和苏联的250多名代表。会上有100多人发言。苏联和一些第三世界国家主张裁减海军军备，北约集团中的加拿大、北欧国家及新西兰等国对裁减海军有兴趣，多数北约国家对裁减海军有保留，美国坚决反对。会上建议：(1) 建立海上信任措施：通报海军演习；公布舰队部署；开展学术交流、人员交流及军舰互访；扩大预防公海事件。(2) 限制海上军事活动：禁止在划定非核海区部署核武器；限定海军日常活动范围；限制携载核武器的舰只的航行；建立对机动式洲际弹道导弹和海基巡航导弹的监视系统；限定战略潜艇活动范围和反潜范围。

苏军专家学者建议成立军事科学院 苏总参军事学院科研部部长斯利普琴科少将主张提高军事科学的地位，建议立即成立军事科学院。他在《红星报》编辑部召开的军事改革圆桌会议上，针对目前苏军科研情况和军事改革众说纷纭的状况，强调指出，“大家就军事科研和军事改革问题发表了不少值得重视的主张和建议，但由谁来加以归纳、分析、研究给以客观评价？目前的实际情况是，军事科学在国内牵头的科研组织中处于受歧视的地位。苏联有各式各样的科学院，有医学科学院、教育科学院、农业科学院、艺术科学院，如此等等，但唯独没有军事科学院。结果，军事科学学者无法充分利用国家的科研潜力。军事科学仅能在国防部管辖范围内发展，常常被用来论证已通过的决定。我们缺乏实现科研成果的机制。有鉴于此，我坚决主张，为认真进行军事改革，为制定出切实可行的军事改革方案，必须立即成立军事科学院，或在苏联科学院下设军事科学分院。这一常设机构应由军事科学学者组成，下辖各军事院校科研部(处)、各研究所或科研中心。如照此办理，军事科研工作、目前的军事改革，以及今后势必还要进行的一切军事改革，都能高效而及时地进行。”

此一建议已得到苏军内其他一些学者的支持。例如，苏军军事科学博士萨延科在《红星报》撰文说，“目前军内正在大谈振兴战术问题，我认为，与其说振兴战术，还莫如说振兴整个军事科学”，“必须恢复军事科学的地位”，“我同意总参军事学院教员的建议”，“应研究关于成立军事科学院的问题”，“要使军事科学院成为苏军的主要科研协调中心，并根据现代防御学说开展对军事学术、现阶段军事建设、军事经济等问题的基础研究。军事科学院应统管全军各军事科研中心和科研部（所）。此外，军事科学院还应成为全军军事院校广泛建立的科研部（处）网的协调中心”。萨延科还强调指出，“目前，军事科学学者必须对军事科学各方面的问题展开基础研究，克服教条主义，弄清武装斗争规律，就抗击侵略时防御和进攻(反攻) 行动的实施问题提出崭新的观点，据此给部队提供必要的建议”。(苏联《红星报》1990年5月27日、6月7日)

苏联学者建议建立“军事科学学” 近年来，苏联军事学术界有些专家学者陆续建议建立“苏联军事科学学”这样一门学科，以便集中最有水平、最有经验和各种专业的专家学者对苏联军事科学的研究方法和组织原则进行基础研究。

“苏联军事科学学”作为科学学的一个分支，应该研究和阐述以下几方面的问题：(1) 迄今为止的苏军科研工作的组织、实施和发展史。(2) 研究现代军事问题的基本方法论、共同方法论和专门方法论，包括用马列主义方法论进行科学探索，运用系统分析方法和军事科研工作的专门方法与形式，特别要在如何学会辩证地思考、获得新的知识、预见军事的发展方面提出建议。(3) 武装力量中科研工作的计划和组织。包括计划和实施综合性军事科研工作的方法，撰写科学著作、专著、学位论文以及组织评审和出版的方法，确定军事理论现实问题的方法，选择研究课题、明确研究目的和研究问题的方法，以及把科研成果应用于实际的方法。(4) 对国防部和部队科研机构的工作提出要求，对它们的技术装备、情报保障、相互关系以及它们与军事院校、国家科研机构间的关系提出建议。还应专门阐述军事科研工作的协调、军事科研干部的培养以及对科研著作撰写的组织、评价和物质、精神奖励问题。

军事科学学的建立，将有助于提高军事科研人员的方法论素养和科研工作的效率。（朱小莉《苏军改进军事科研工作的一些思路》，《外国军事学术》1990年第10期）

苏国防部召开全军科学大会 据苏《红星报》1990年12月8日报道，苏国防部召开全军科学大会，总结近年来军队中的科学研究工作。会议的中心议题是，在严格遵循合理够用防御原则的基础上，研究军事因素在保障国内与国际安全的新的防御体系中的作用；发展防御性军事学说并在现阶段苏联国防建设中加以贯彻执行；全面完成目前和未来军事改革的任务，以及在进行社会改革、建立新的政治结构和转入市场经济的条件下，改革武装力量等重要问题。

军事理论专著出版简讯 **1990年解放军出版社出版的部分军事理论专著评介** 解放军出版社是全军学术理论界发表军事理论专著和学术研究成果的主要园地。自成立以来，认真贯彻党中央的出版方针和中央军委、总政治部的有关指示，出版了大批具有中国特色的军事理论著作和军事法规性书籍。

近年来，解放军出版社出版的军事图书，正在向着门类、种类、层次相对齐全，学科体系逐步完整的方向发展。既有学术水平高的军事名著，又有适合基层需要的军事理论读物；既有质量好、生命力强的传世之作，又有体现中国军队特点，适应部队教育训练需要的学术专著；既有中国著名将帅的军事著作，又有外军著名将领的著作；既有传播中国悠久军事遗产的著述，又有探讨现代战争特点的新作。到1990年底，象军事理论读物、军事历史著作、中国古代兵法、外国著名军事著作、外国著名军事人物、军事谋略丛书等基本上成龙配套。这些图书的出版不同程度地满足了广大读者多方面、多层次的需要。

1990年出版的军事图书近百种，现将其中部分重要著作简介如下：

毛泽东军事思想的重要组成部分——中国人民解放军将帅的军事著作陆续出版 继《毛泽东军事文选》（内部本）、《刘伯承军事文选》（内部本）出版之后，又先后公开出版了《贺龙军事文选》、《粟裕军事文集》。《文选》和《文集》收录了他们在中国长期的革命战争实践中的重要文章、总结、报告、文电、讲话等，这些内容既反映了人民军队的光辉业绩，又是中国人民解放军建军和作战的经验总结，是毛泽东军事思想的重要组成部分，是全党全军的宝贵财富。为广大指战员和理论工作者系统研究毛泽东军事思想的科学体系，学习老一辈无产阶级革命家，军事家的军事思想和军事理论，提供了宝贵的史料。

记录人民军队历史功绩的光辉篇章——军战史与读者见面 继1989年《中国工农红军第四方面军战史》出版以后，1990年《中国工农红军第二十五军战史》、《中国人民解放军第2野战军战史》相继出版。军战史记录了人民军队在中国共产党的领导下，从无到有、从小到大、从弱到强的发展过程，展现了人民军队在极其艰难困苦的情况下，浴血奋战，屡胜强敌的光辉战斗历程。热情地讴歌老一辈无产阶级革命家、军事家和人民军队为中国革命的胜利所建树的丰功伟绩。还各自分别全面、系统地总结了历史经验。研究和学习军战史，对于我们继承和发扬中国共产党及其军队的光荣传统，加强党对军队的绝对领导，加速军队革命化、现代化、正规化建设，必将产生巨大的推动作用。

研究和学习中国古代兵书的良师益友——《中国兵书通览》出版 《中国兵书通览》系统地介绍了中国兵书的源流、作用、种类、内容、价值、发展分期、特点、影响，以及研究的现状；对近百部有代表性的兵书要籍，概括地介绍了它们的产生、发展和沿革；还按时代顺序编纂了现存兵书简明目录，并详细注明各部兵书的作者、版本、卷篇数和藏书地点。中国兵书卷帙浩瀚，种类繁多，继承中国优秀的军事遗产，从中汲取精华，弃其糟粕，对于指导战争和加强军队建设无疑具有重大的意义。《通览》的出版为我们整理、研究、借鉴中国二千多年的宝贵军事遗产提供了方便。

我国从古至今重要军事人物研究取得丰硕成果 继《解放军将领传》之后，《民国高级将领列传》、《中国军事史》中的《兵家》卷和《中国近代军事人物传》相继出版。在中国军事历史发展的长河中，对军事人物的研究，从一个侧面反映了中国军事史上的一些重大事件和重要学术成就。对各个历史时期军事人物的研究成果，已构成完整的系列体系，已不再存在断层。目前看主要是如何提高研究水平的问题。

史料翔实的《第二次世界大战大事纪要》问世 《第二次世界大战大事纪要》，是中国军事史学家、历史工作者对第二次世界大战史研究的新成果。该书记述了第二次世界大战的起因和根源、进程和结局；各大战场的形成、发展和相互作用；军事行动对经济、政治、外交、意识形态诸因素的依赖关系；对战后世界的深远影响等。还有与第二次世界大战相关的

历史事件。该书广泛而深刻的内容，给我们对现实和未来以宝贵的启示。为史学家、政治家、军事家、文学家研究和创作提供了系统而全面的史料。

1990 年军事科学出版社出版的部分军事理论专著评介 军事科学出版社的基本职能是出版发行军事理论图书，它是军事学术界发表军事科学理论著述和研究成果的主要园地之一。自成立以来他们认真贯彻党中央的出版方针和中央军委的有关指示，努力配合本院及有关部门，出版了一大批有中国特色的军事理论图书和军事法规性书籍，受到国内外、军内外好评。现将其出版的图书特点以及近年来特别是 1990 年间出版的主要军事理论专著，简要介绍如下。

一、突出中国特色。新的军事理论是新的社会关系的产物，而具有中国特色的军事理论，则是中国革命战争和中国人民军队建设的产物。为此，军事科学出版社在指导思想和重点选题上，始终把出版探索和发展有中国特色、有人民军队特色的军事理论著作作为自己的基本职责和首要任务。1990 年，它们出版关于反映中国古代军事理论精粹的著作有《中国古代兵法精粹类编》、《孙子校解》、《古代兵法要籍选注》、《孙子校释》、《中国历代名将》和《中国军事历史》丛书。这些著作在国内外产生了一定影响。其中《孙子校释》一书，对于《孙子兵法》中的计、作战、谋攻、形、势、虚实、军事、九变、行军、地形、九地、火攻、用间各篇，分正文、校记、注释和译文作了全面介绍，这给予人们学习、研究《孙子兵法》提供了一本很好的教科书。为了反映具有人民军队特色的军事理论的研究成果，近年来还出版了《毛泽东军事思想的形成和发展》、《毛泽东的领导艺术》、《毛泽东建军思想研究》、《叶剑英传略》等一大批著作，为指导有中国特色的国防现代化建设发挥了先导作用。特别是《毛泽东的领导艺术》一书，力图以历史的辩证的观点来说明毛泽东领导艺术的素养，阐述毛泽东励精图治，善于从战略上进行总体设计，分类指导，调查研究，抓主要矛盾，成为善于实现组织和政治领导的决策大师，这对各方面的读者有着重要的启迪作用。他们还多次承担了由中央军委颁发全军的《共同条令》、《政工条例》的印制、发行任务。

二、逐步完善中国军事理论体系。在新的科学技术革命浪潮的冲击下，武器装备更新换代的步伐大大加快，使现代战争的作战方式、军队编制编成、军队指挥以及军人素质等，出现了许多新的特点，从而使军事理论原有的研究领域得到进一步拓展，形成了高度分化又高度综合、互相交叉、互相渗透的大趋势，造成一大批新兴学科、边缘学科、横断学科以群体态势发展，这就是所谓“现代大军事科学观”。为适应这个形势，近两年军事科学出版社在出版了填补中国军事学术界空白的《战略学》、《战役学教程》、《国家军制学》、《中国人民解放军组织沿革和各级领导成员名录》等一大批重点书籍的同时，还出版了有关国防建设、后备力量建设丛书，以及《军事辩证法新论》、《新时期兵员动员》、《战争动员学概论》、《军事社会学》、《军事人才学基础》、《军事管理学》等专著，从而逐步丰富和完善了中国军事科学理论体系。例如，1990 年出版的《军事辩证法新论》一书，不仅论述了军事辩证法的研究对象和范围，军事辩证法的研究方法，战争观和军事认识论的一般问题，而且重点论述了恩格斯、毛泽东、邓小平等军事辩证法的主要内容，对于人们认识战争本质，战争规律和战争指导规律，有着重要指导意义。

三、把重点放在指导国防建设和军队建设上。军事基础理论是军事应用研究的基础，而军事应用理论研究的发展，又为军事基础理论开辟了新的领域，提出了新的课题，并在对客观实践进行概括和总结的基础上，推动军事基础理论发展。在中国的国防建设和军事建设指导思想实现战略性转变之后，面临着许多重大理论和实践问题。例如确定对现代战争最有决定意义的武器装备发展的方向和目标；从国家总体的经济、科技、人才和后备力量上增强国防实力；如何完善国防领导体制和军队编制、编成；如何加强新时期军队建设，保证在政治上永远合格，在军事上真正过硬等，都急待作出科学的回答。因此，军事科学出版社力求立足现实，面向现代化，面向未来，使军事基础理论研究和军事应用理论研究结合起来，把加强军事应用理论研究以指导国防建设和军队建设的实践，作为自己工作的重点。在这一思想指导下，1990 年前后，军事科学出版社组织出版了《新时期军队政治工作研究》、《军队管理研究》、《军队预防事故讲义》、《从严治军故事选》、《连长带兵之道》等，这对新时期军队建设很有指导意义。例如《新时期常备军建设研究》，比较全面地回答了军队对内职能和对外职能的关系，明确了军队建设的根本方向；回答了如何突出质量建军，实行精干的常备军与强大的后备力量相结合；军队政治工作如何坚持战斗力标准，保证在政治上永远合格；如何加强高技术研究，改善军队武器装备质量等等，对新时期常备军建设很有指导意义。《军队预防事故讲义》一书，则比较系统地介绍了行政责任事故的分类、产生的原因，以及如何预防车辆、工程作业、船只、枪械走火、爆炸、失火、触电、医疗、食物中毒等常见事故的发生，对于及时防范这些事故很有指导意义。与此同时，他们还适应军事软科学的发展，组织出版了《世界著名思想库》、《军事系统工程》等著作，为军事决策科学化、民主化提供参考。军事科学出版社还出版了《时代精英录》，这本书记述了中国国防科技工业一代精英的创业道路和丰功伟绩。其中有著名科学家钱学森、"两弹"元勋邓稼先、核弹专家王淦昌、氢弹专家于敏、加速器专家越忠尧、潜艇水下发射导弹总设计师黄纬禄等，使广大读者受到巨大鼓舞和激励。

苏海军总司令切尔纳温撰写海军军事理论专著

苏联《海军文集》1990年第1、2期连载了苏联海军总司令切尔纳温海军元帅撰写的《交通线的斗争：战争的经验教训和当今现实》一书的部分章节。该书共分两卷，第一卷有五章：第二次世界大战以前的海运；西方和日本的战争准备；第二次世界大战的交通线斗争；战争的经验教训：他们教训了谁；海上交通线斗争的经济观点。第二卷有三章：和平和战争时期的干线；海运和经济的相互关系；海运用于北约国家军事目标的可能性。

超导技术及其军事应用

综述 超导体的发现是20世纪物理学的一项重大成就。它为人类展现出一个应用广泛、潜力巨大的崭新的技术领域。超导技术一旦广泛应用起来，将象电力技术带来电气化，半导体和微电子技术带来信息化一样，引发又一场科学技术革命，对科技、经济、军事乃至社会发展产生难以估量的深远影响。然而，自1911年超导体的发现到1985年的74年间，科学家们仅仅把获得超导体的转变温度从4.2K提高到23.2K（K为绝对温度的温标符号，OK等于零下237.15摄氏度）。虽然在超导体的理论研究和应用研究方面取得了可喜的进展，并且开始应用于科研、工业、医疗和军事等领域，但是这类低温超导材料的应用要具备极低温的工作条件，因而大大限制了超导技术的应用范围。所以，寻求高转变温度的超导材料，一直是科学家们追求的目标。

1986年4月，在美国国际商用机器（IBM）公司设在瑞士苏黎世的实验室里，瑞士物理学家阿利克斯·缪勒和乔治·柏诺兹共同发现了镧钡铜氧化物陶瓷材料在30K左右成为超导体。这一发现，为高温超导体的探索开辟了一条新路，给世界科学家以极大地启发和鼓舞。此后高温超导体的研究成果捷报频传，一些国家相继研制出多种转变温度高于30K的超导体。至今，最高转变温度已达132K，而且还在研制转变温度更高乃至室温的超导材料，给超导技术的推广应用带来现实的前景。

鉴于高温超导具有极其重大的意义，一系列高温超导体的研制成功，掀起了超导技术研究和开发的强大的国际浪潮。1987年以来，围绕着高转变温度超导体和实用超导材料的研制，展开了一场空前规模的国际性科学竞赛和技术角逐。鉴于超导技术在军事领域的广泛应用将引起武器装备等许多军事系统发生巨大的变革，所以超导技术研究国际性的竞争必然会反映到军事领域中来。一些国家特别是美国，在继续进行低温超导军事应用研究的同时，已经采取措施，加强了高温超导军事应用的研究。目前，随着世界性“超导热”的兴起，超导技术研究正在向深度和广度发展。

超导技术研究的发展概况 高温超导研究取得突破性进展，之所以引起世界各国的极大关注，并纷纷参加到超导技术研究和开发的竞争行列，是因为超导体具有神奇的特殊性质，因而在广泛的领域中具有重大意义的应用价值。

超导体及其特殊性质 通常，物体或材料按其导电性能（即电阻率的大小）可分为导体、半导体和绝缘体。所谓超导体，是指那些在外界温度和磁场都小于一定数值的条件下，其电阻和体内磁感应强度都突然变为零的导体。超导体的特殊性，表现为它们具有以下3个基本性质：

超导电性 一般来说，作为良导体的金属材料，其电阻率随温度的降低而减小。1911年荷兰物理学家卡曼林·昂尼斯首先发现汞（Hg）在温度降到4.173K以下时，其电阻会突然消失。随后人们发现许多金属、合金和化合物等都具有当温度降至某一特定值时其电阻突然消失的现象。这种电阻突然消失的现象被称为超导电性。物体从正常状态过渡到超导态是一种相变。发生这种相变时的温度被称为此超导体的临界温度（或转变温度）。

完全抗磁性 1933年德国科学家迈斯纳和奥森费尔德首先发现，处于超导态的超导体，在磁场低于一定强度时，其体内磁感应强度为零，即能把原来在体内的磁场排挤出去。这种不为磁力线所穿透的完全抗磁性，被称为迈斯纳效应。当磁场达到一定强度时，超导态就会被破坏，这个磁场限值称为临界磁场。这个磁场可以是外加的，也可以是由通过超导体的电流产生的，因此超导体所承载的电流必须小于被称为临界电流的限值。

约瑟夫森效应 1963年英国物理学家约瑟夫森提出，夹有薄绝缘层的两块超导体之间，即使不加电压也可通过一定数值的直流隧道电流（或称无阻超流）。允许通过的最大直流隧道电流称为约瑟夫森临界电流，该临界电流值受外界磁场影响十分灵敏。当上述超导体间通过的直流电流超过临界电流值时，则两超导体间会产生电压并出现高频交流电流，其频率与所加电压成正比。人们把这些现象称为约瑟夫森效应，并据此用一层很薄的绝缘体来连接两块超导体，制成了具有广泛用途的约瑟夫森隧道结（或称超导结）。

超导体研究的进展情况 超导体的超导态的产生，决定于其临界温度、临界磁场和临界电流3个参数。为了扩大超导体的实际应用，首先需要提高这3个参数的限值。为此，自1911年超导体被发现以来，科学家们一方面致力于寻求和研制这3个临界参数值高的超导材料，一方面进行超导理论的研究，以促进前者的研制。

提高超导体临界温度的研究工作 寻求和研制高临界温度的超导体，是超导技术研究的首要任务，经历了长期的艰难历程。从1911年发现汞在极低温度下具有超导性后，截止到1986年春天，人们陆续发现许多金属（如铟<In>、锡<Sn>、铝<Al>、铅<Pb>、钽<Ta>、铌<Nb>等）、合金（如铌-锆<Nb-Zr>、铌-钛<Nb-Ti>等）和化合物（如Nb_3Su、Nb_3Al、Nb_3Ge等）超导体。但是它们的临界温度提高有限，仅在4.2K至23.2K之间（见图1）。这类低温超导材料只能在液氦温区（4.2K）工作。获得和保持这样低的温度需要氦液化器和低温容器或致冷机，不但体积庞大，操作复杂，价格昂贵，而且致冷效率很低，因而大大限制了超导技术的推广应用。

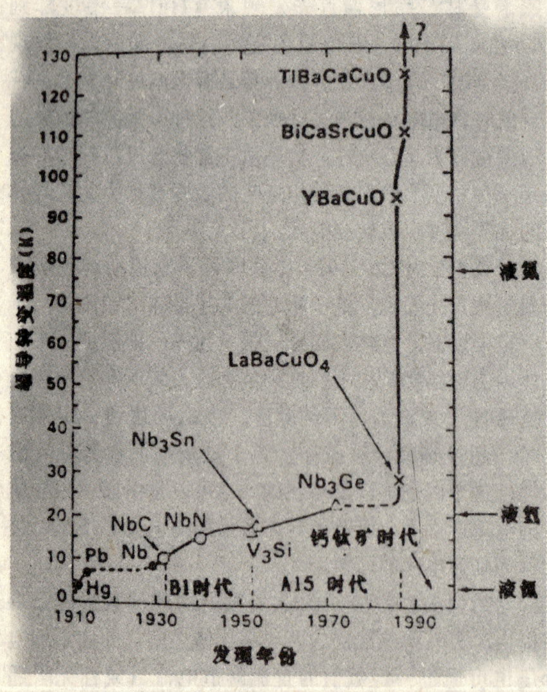

图1 超导体的发现时间曲线

1986年4月，瑞士物理学家缪勒和柏诺兹共同发现了镧钡铜氧化物陶瓷材料在30K左右成为超导体。这一重大发现给科学家们带来重大启迪。过去70多年间，人们一直在金属、合金和金属与金属的化合物中寻找超导材料，而缪勒和柏诺兹指出陶瓷材料也能呈现超导性，为高温超导体的探索开辟了一条新路。缪勒和柏诺兹的论文于1986年9月在联邦德国物理杂志上发表以后，一些国家的科学家积极投入到研制高温超导材料的竞赛，超导材料的临界温度扶摇直上。最引人注目的成果有：

——1987年2月16日，美国国家科学基金会宣布朱经武和吴茂昆等科学家获得转变温度为98K的超导体。

——1987年2月24日，中国科学院宣布，赵忠贤等科学家获得起始转变温度在100K以上的超导体，并首次公布了钇钡铜氧化物体系。

——1987年3月3日，日本宣布制成在93K变为超导体的材料。

——1988年1月22日，日本经济新闻报道，日本国立金属研究所的前田研究小组发现，铋钙锶铜氧化物可在液氮的沸点（77K）观察到超导性。

——1988年2月15日，美国阿肯色大学赫尔曼宣布，多相的铊钙钡铜氧化物在107K时变成超导体。

由于这些令人兴奋的发现，一些国家的科学家们继续日以继夜地投入进一步的研究工作。目前发现的高温超导材料主要有以下4个系列：镧钡铜氧化物转变温度达20～40K；钇钡铜氧化物转变温度达80～95K；铋钙锶铜氧化物转变温度达0～110K；铊钙钡铜氧化物转变温度达0～125K（见图1）。上述后3个体系的超导材料，均已可在液氮温区（77K）工作。与此同时，科学家们还在研究更新的高温超导材料，并向新的壁垒——"室温超导"发起冲击。例如日本发现不含铜的氧化钒在临界温度130K时呈现超导性。中国研制出临界温度达132K的超导材料。美国还发现常压含氧有机超导体。据报道，有些科学家已经观察到在290K下出现的零电阻现象，这已是人们感到最舒适的室温温度（17摄氏度）了。但迄今为止室温下呈现零电阻的材料，还没有显示出迈斯纳效应，且稳定性和实验重复性还不高。

把超导体的工作温度从液氦温区提高到液氮温区，具有重大的科学和经济价值。过去，为了将材料冷却到转变温度，必须采用液氦做致冷剂。液氦价格昂贵，每升约为3美元，而液氮价格每升仅6美分。利用液氮温区工作的超导材料，不仅致冷剂价格便宜，而且致冷设备体积减小，致冷效率提高，这将大大扩展超导体的应用范围。

提高超导体临界磁场强度和临界电流密度的研究工作 为了满足超导体的实用需要，过去发现的一些低温超导体临界磁场可达到10万高斯，临界电流密度达到10^5～10^6安培／厘米^2。临界温度、临界磁场强度和临界电流密度3个参数，对超导体性质的影响是相互牵联的。如果临界温度较高的超导体在较低的温区中工作，则会有较高的临界磁场和临界电流密度。因此使用超导体时需取三者间的一种折衷选择。对于目前发现的高温超导氧化物来说，其临界磁场约可达200万～300万高斯（地球磁场强度约为0.5高斯）。这个数值比一般应用所需的数值大20～30倍，所以临界磁场因素对将来的应用不会有问题。但是临界电流目前是一个主要难题。目前，提高高温超导体临界电流密度的研究进展是：用于传输大电流的超导体方面，钇钡铜氧化物多丝超导线在77K时传输的电流密度已可达1.5×10^4安培／厘米^2，与铜线相当，这是应用中的最小值。1989年的最新纪录是7.5×10^4安培／厘米^2。日本研制的这种超导体在77K、1万高斯磁场中的临界电流密度可达1×10^4安培／厘米^2。用于电子工业的高温超导体薄膜方面，钇钡铜氧化物薄膜在77K时的临界电流密度分别达5×10^6安培／厘米^2、1×10^6安培／厘米^2（直径70毫米）或2×10^4安培／厘米^2（在22万高斯磁场中）。铋锶钙铜氧化物超导体薄膜在77K时临界电流密度已可达1.9×10^6安培／厘米^2（零磁场中）或1.1×10^6安培／厘米^2（在1000高斯磁场中）。铊钙钡铜氧化物超导体薄膜在77K时临界电流密度可达1～1.2×10^5安培／厘米^2。

超导体基础理论的研究工作 为了解释神奇的超导现象，科学家们作出极大努力，通过多种途径进行理论上的探讨，提出过许多假说和解释。例如，50年代初，苏联科学家金兹堡和朗道提出了超导体唯象理论，其理论公式较好地表达了低温超导体中电子的运动状态，并计算出描述超导体特征的有序度参量，为后来工业生产实用超导材料奠定了基础。1957年，美国科学家巴丁、库伯、施里弗以量子理论为基础提出了著名的BCS理论，指出超导现象是电子间的引力引起的。电子在低温下通过固体物质的晶格振动而相互吸引，构成库伯对，它相当于没有阻力的超导电子。这个理论成功地解释了低温超导现象，并推动了低温超导体研究的进展。但是，今天在高温下出现的超导现象，已经不能用上述理论来解释其机制。科学家们在探索更高温度的超导材料的同时，也在探索高温超导材料的超导机理。目前已经提出了诸如电子——声子理论、激子理论、共振价键理论、“磁量子对作用”理论等许多新理论，但尚未出现能作统一解释的一般性理论。例如，迄今关于铜氧原子特殊结合体以及铜氧原子多层二维平面的理论，还不能解释最近发现的临界温度为70K的非铜超导体。总之，高温超导体的理论研究方兴未艾，各国科学家正积极投入这方面的研究。

超导技术的应用研究 由于超导体具有超导电性、完全抗磁性和约瑟夫森效应等神奇的基本性质，所以从它被发现起就受到人们重视，并在广泛的领域内对它的应用进行研究。高温超导材料的发现，给超导体的广泛应用带来更诱人的前景。科学家们预言：“21世纪将是一个超导应用的世纪。”迄今各国对超导技术的应用研究主要在以下诸领域展开。

超导输电线 利用超导体输电是一种最有成效的节能措施。现在各国都用铜导线输送电力，由于它有一定电阻，输电过程中电能损耗高达20%或更多。如改用零电阻的超导导线输送电力，可以做到无电能损耗的输送电力，这几乎是一场能源革命。这方面的研究早已在进行。例如美国布鲁克海文实验室就架设了一条300英尺长的超导电线进行实验，只是由于低温超导导线需用液氦冷却，耗资巨大，在经济上无法同现有的输电网竞争。高温超导体研究的突破，可大大降低冷却费用，使采用超导导线输电有了现实的可能，因此各国科学家正在全力研究实用的超导导线。

超导发电机 采用超导材料制成的超导磁流体发电机，其体积可缩小一半，运行费用减到1／4，其效率要比火力发电效率提高50%，而且能使电力系统的稳定性大大提高。因此目前美、苏、日、德、法等国都在大力研制。1986年，苏联进行了30万千瓦超导发电机的最终试验，现正设计120万千瓦的超导发电机。日本已完成6万千瓦超导发电机的试验。德国已制造出12万千瓦超导发电机。人们预计，下世纪初将出现500万千瓦的超导发电机。

超导电能储存系统 采用超大型超导线圈（其直

径达百米量级，大的可达近千米)，可以把电能作为磁能储存起来，做为储能和调节输送电能之用。用超导线圈储能，效率可高达95%以上，是现有的各种储能方式（水电站储能、蓄电池储能、电容器储能、压缩空气储能等）所远不能及的。美国1987年已开始对一个小功率超导储能系统进行试验。

热核聚变和高能加速器等用的超导磁体 在地球上矿物能源日趋减少的今天，实现可控热核聚变从而向占地球表面7／10的海水要能源，是从根本上改变人类能源供应的重要途径，因此各国正在抓紧进行研究。为实现可控热核聚变，必须利用强大的磁场把上亿度的高温等离子体约束在特定的区域。而超导磁体将是产生这种强大磁场不可缺少的关键部件。此外，高能粒子加速器是靠高强度磁场使粒子沿轨道运动加速的。采用超导磁体不仅可造成更高强度的磁场，而且将大大降低能源消耗。美国和西欧一些国家的粒子加速器实验室，已建成氢气泡室用的大型超导磁体。美国决定投资44亿美元建造超导超级对撞机，将采用1万块超导磁体。用高温超导材料制造，可免用液氦冷却，仅此一项就可节约1.6亿美元，并可使整个对撞机系统的电能消耗减少25%。

超导磁悬浮列车 利用超导磁悬浮（迈斯纳效应）解决地面高速运行问题，预示着交通运输业的重大技术革新。普通列车由于车轮与钢轨间存在摩擦力，其时速不可能超过300公里（目前最快达200余公里)。若采用超导磁体悬浮列车，其时速可达550公里以上。这种无轮列车是利用超导体产生磁场，使它与另一磁场产生斥力，将列车悬浮并推动列车前进。超导磁悬浮列车最早于1976年11月3日在联邦德国试验成功，后来日本也开始研制。迄今实验型超导磁悬浮列车的最高时速可达500公里，试运行列车的时速也达400公里。这种列车不仅车体小、重量轻，而且无噪声、无颠簸，将是未来理想而舒适的陆上交通工具。

超导电磁船 这是以电磁力为推进力的新型船舶。它利用船舱中的超导磁体在船底海域造成强大磁场，并在船底部装设两个异性电极给海水通电，当海水中的电流切割磁力线时，电流和磁场便产生相互作用力（劳伦兹力)，推动超导电磁船前进。这种船舶无螺旋桨及其配套的机械传动设备，而且振动小、噪声低，能量损失小，对环境无污染，是未来有前途的船种。此外，超导电机将是未来车、船的优良动力。用超导电机驱动车船，将避免令人生厌的污染。

超导探测仪器 人们利用超导体的完全抗磁性，正在研制超导重力仪、加速度计、无摩擦轴承、陀螺仪以及天体物理中引力波和核物理方面的基本粒子探测器等。超导结已在电磁波的探测、电压基准监视、磁场测量方面显示了重要用途。特别是用超导结制作的超导量子干涉仪，可作为灵敏度极高的磁强计，探测10^{-11}高斯的微弱磁场变化，广泛用于探矿、军事侦察、考古、地震预报和生物磁场研究等方面。超导磁体用于制作电磁屏蔽、磁选矿机、扫雷器、观察原子和分子的电子显微镜等方面的研究也在进行。

超导医疗系统 超导核磁共振扫描仪是超导材料在医疗系统实用的典型例子。用高温超导材料制作的核磁共振扫描仪，可提供比现有设备强10倍的磁场，用液氮冷却超导线圈，每年每台可节省10万美元的运行费，它将成为非常普及的医学检测设备。此外，超导体在心磁仪、脑波仪、肺磁仪等传感器的应用研究，和在小型机器人用的小型发动机及电源、磁蒸气浴等治疗领域的应用研究也在进行。

超导计算机 由于超导结能实现比微微秒还短的高速转换动作，而且在低温下耗能低、生热少、噪声低，可高密度地安装芯片，所以用超导材料制作计算机，不仅可将运算速度提高10倍以上，而且体积可以大大减小。日本研制的超导计算机处理器，已达到了约为硅器件37倍、砷化镓器件15倍的超高速性能。一旦高温超导材料制作的超导结研制成功，超导计算机无论在价格上，还是在使用、维护上，都会大大提高竞争力。所以许多国家都在加强超导计算机的研制。

超导宇宙系统 宇宙与超导的关系有两个方面，一是可利用高真空、极低温、微重力的宇宙环境生产超导材料；二是将超导体应用于宇宙系统。低频超导传感器与其他磁性传感器相比，无论在灵敏度、频率反应、波幅、线性等方面，还是在成本、可靠性、小型化方面，都达到了宇宙应用的水平。性能更高的低频超导传感器，将可作为微波、红外线传感器、观测用激光器、通信用接收机使用。此外，还在考虑研究利用超导磁体制作航天器发射的动力推进系统和宇宙飞船的观测系统等。

超导技术的军事应用潜力 科技发展的历史表明，军事领域是利用科技成就最多最快的领域。新的科技成果往往首先应用在军事上，超导技术也不例外。超导技术在军事上的潜在应用范围十分广泛，并将对许多军事系统产生重大的变革性影响。这些应用大体可分为强电技术应用和弱电技术应用两大类。

超导强电技术的军事应用 利用超导强电

技术，可以制造超导强磁体、超导发电机、超导电动机和超导储能装置等，这些设备可以广泛应用于各种武器装备，大大提高武器装备的作战性能。

武器平台的超导推进系统 超导强电技术应用中收效最快的是超导电动机和发电机。因为采用超导材料，取消了磁路材料和激励绕组，所以超导电动机和发电机的特点是体积小、重量轻、能耗少、效率高，可以作为舰船、坦克、飞机的有效而灵活的推进系统。目前，军用舰艇大多采用柴油机和燃气轮机作动力源，因此航速不高，即便用核动力航速也只能提高到40节左右，而且整个推进系统加上配套设备既庞大又笨重。如果采用超导发电机、电动机和动力传输装置，可以大大减小舰艇推进系统的体积和重量，增加武器装备，并可以成倍提高航速，减小舰艇的振动和噪声，使敌方不易发现。据报道，苏联已开始在舰艇上装备超导发电机。美国已制造了一台试验性3兆瓦超导直流电动机用于船舶推进，并在海上进行了试验。超导推进系统用于驱逐舰，其排水量可减小14%，航程增加30%；如果把推进系统装在外舱内，其排水量可减小25%，巡航距离增加40%。此外，采用超导储能装置和电动机作为坦克、军用车辆乃至飞机的推进系统，可以取代其易燃易爆的油箱和发动机，并大大减小推进系统乃至整个武器平台的体积和重量，提高安全性，增强其战场机动能力。

正在进行研究的还有超导磁流体动力学推进系统。日本1990年已经建成世界上第一艘排水量为185吨、采用磁流体动力学驱动装置的船舶——“大和”1号实验船，并已试航成功。这种驱动装置除可用于水面舰船外，还可以作潜艇和鱼雷的静寂推进系统。

定向能武器的超导装置 激光束和粒子束等定向能武器是未来战术防空、反坦克、飞机自卫、光电对抗、致盲和战略反导、反卫星、反一切航天器的理想武器，一些国家正在加紧研制。研制这类武器的一个重大难题是其高能量发生器难以瞬时发生强大功率的能量，而且体积庞大笨重不易在战车、舰艇、飞机和卫星等平台上部署。采用超导发电机和储能系统作为这类武器的高能量发生器可以较好地解决上述问题。美国邦纳维尔能源局已经研制出一台小型超导电能储存装置（3×10^7焦耳）。更大型的储能装置（10^{12}焦耳）可以满足陆基自由电子激光器或天基定向能武器的高峰值功率需要。定向能武器研制的另一个难题是能束控制和加速系统体积庞大笨重且能耗高、效率低。采取超导磁体可以克服这些缺点。目前正在研究采用超导磁体的自由电子激光器束控系统和粒子束加速器。

超导电磁炮 正在研制的电磁炮主要由发电机、储能装置、高速开关、导轨和弹丸组成，可以把弹丸加速到极高速度，以其动能摧毁目标。它将用于战术防空、反坦克和战略反导、反卫星以及反一切航天器，作战性能远比现有武器优越。用超导发电机和储能装置作为电磁炮的动力源，可以大大减小体积、减轻重量、提高效率，优化性能并便于部署在战车、舰船和航天器等平台上。采用超导薄膜制作高速开关，可以解决开关工作时产生高热而熔化的难题。采用高临界电流密度的超导材料还有可能实现一种新概念——超导加力轨道炮。在这种轨道炮中，大部分发射能量都储存在超导磁体中，不再需要为达到期望的加速度值而配备脉冲高能系统。为了克服弹丸与轨道间滑动接触问题，已提出了电磁同轴发射装置方案，在弹丸与发射装置之间不需要物理接触。在这种被称为超导猝熄炮方案中，可以采用小型高磁场超导元件有效地工作，发射能量全都储存在一个多段螺线枪管中。每一段的磁场都与其紧接的一段和超导弹丸线圈非常严格地耦合。弹丸线圈被螺线管磁场加速，当它通过螺线枪管每一段中点时，使该段中的超导电流突然断开。这种猝熄炮可以高效地将磁能直接转变为动能。

军用超导有线电通信 利用超导电线可以实现远距离、大容量通信。研究试验表明，超导电线传输信息的速度，比光纤系统快得多，可以传输仅几万亿分之一秒的脉冲。科学家们预言，未来超导电线每秒能传输相当于1000部大英百科全书的信息量。高温超导技术的突破，使超导信息传输因大大降低冷却费用而具有实用的可能性。美国罗彻斯特大学和IBM沃森研究所研制成功的高温超导薄膜，能传输超导脉冲，脉宽不到1毫微秒。罗彻斯特大学的科学家认为，高温超导的远距离通信线的容量将比光缆大几百倍。另一方面，超导电线因为无损耗，可以省去每3～4公里就要设置的放大器。

超导弱电技术的军事应用 超导弱电技术的理论基础是约瑟夫森效应。利用这种效应制成的仪器设备，具有灵敏度高、噪声低、反应快和能耗小等特点，在军事侦察、通信、电子对抗和指挥控制等方面，都大有用武之地并产生重大影响。

军事侦察用的各种超导探测器 利用超导弱电技术制成的探测器件，由于对磁场和电磁辐射极其敏感，其灵敏度比常规探测器件高上千倍，是军事遥感

侦察的理想设备。正在研制的主要有以下几种:

(1) *天基凝视红外焦面阵列探测器*。　这种探测器将由大型探测器阵列、电子多路转换电路和从致冷器到环境温度电子设备的一套数据处理装置组成。它的最大技术难题之一是信号处理用的模—数转换器功耗太大。CMOS 模—数转换器的功耗达几千瓦。如果用低温超导材料模—数转换器并与红外探测器一样冷却到 10K，则功耗可降低 90%，并可大大减小重量和尺寸，提高作用距离和灵敏度。高温超导模—数转换器的可利用性，尚有待于高温超导有源元件的开发。

(2) *微波和毫米波探测器*。　采用超导材料制造的低噪声小功率单片接收机，使多波段毫米波焦面成象阵列探测器的实现成为可能，而且具备一般可见光和红外探测系统所不具备的全天候以及穿透烟云的探测能力，提高空间监视系统的探测距离、空间分辨率和多普勒分辨率，并能提供对低特征目标的探测能力。采用高温超导材料还可减小无源微波／毫米波探测元件的重量，改善振荡器等毫米波集成电路器件的性能，从而可用于航天器的相控阵天线。

(3) *磁探测器*。　低温超导量子干涉仪磁强计和重力梯度计已经发展得相当成熟，美国海军正在对其进行评价，以用于反潜和水雷探测。这种超导磁探测器，也可用于探测和跟踪运动中的坦克和军用车辆。高温超导材料由于热噪声功率比低温超导材料大，因此不能用于对噪声有限制的那些领域。但是，由于支援设备的复杂性大大降低，将有可能用于遥感领域。表 1 给出了超导磁探测器与常规磁探测器的性能比较。

表 1　超导磁探测器与常规磁探测器性能比较

	常规磁探测器	低温超导磁探测器	高温超导磁探测器
灵敏度	10^{-5}～10^{-8} 高斯	10^{-8}～10^{-10} 高斯	比低温超导磁探测器稍差
测量能力	场强只能达到 10 高斯；不能测量磁源的强度和位置	全场强梯度；能测量磁源的强度和位置	全场强梯度；能测量磁源的强度和位置

军用超导无线电通信　超导材料不仅可制成电线实现有线电通信，还可用来制作无线电通信设备。利用超导材料制作无线电发射机和接收机，不仅灵敏度高、带宽宽、而且可减小天线的尺寸和重量，提高设备寿命、自主能力和生存能力。1988 年 10 月，英国伯明翰大学制成了世界上第一台超导无线电发射机，长度还不到 1 英寸，当能量输入相同时，其发射距离比常规发射机大 10 倍。超导材料是制造通信卫星的理想材料。它可以提高信息处理速度，并可使其频率响应时间缩短 2 倍，效率提高 1 倍。利用超导材料制造卫星天线，其效率约可提高 90%。

电子对抗　现代战争的实践表明，敌对双方的电子斗争日益激烈。由于超导体具有完全抗磁性，不被磁力线穿透，因此用超导材料制造 C^3I 和各种武器系统的微电子设备，可以免遭敌方的电磁干扰。此外，根据超导体的完全抗磁性，还可以用做电子仪器的屏蔽层。美国军方正在研究利用超导薄膜来做电子设备的屏蔽，以防止核爆炸时产生的核电磁脉冲的干扰破坏。

军事指挥控制　现代军事指挥和武器控制，需要高速地处理大量信息。电子计算机是关键设备。现有计算机采用的是硅集成电路技术，要进一步提高运算速度，就必须克服散热问题。采用具有零电阻特性的超导材料制造计算机，由于功耗很小，电路产生的热量可以忽略不计，运算速度可大大提高，而且体积和重量可大幅度减小。日本富士通公司 1988 年研制成功的 4 位超导微处理机，与采用砷化镓技术的同类型处理机相比，速度快 10 倍，功耗只有后者的 1／500。据报道，在军事信息处理方面，超导技术可用于制造模—数转换器、延迟线信号处理机以及数字信号处理机。高温超导模—数转换器的发展，由于致冷要求降低，功耗更低，并且性能也有所提高，因此其用途大大增加，还可制成多路模—数转换器，用于数千兆赫光谱系统的分析。采用高温超导材料的延迟线信号处理机，将显示出在许多宽带雷达和截听系统中应用的前景。在信息储存方面，用超导材料制作的磁带，可以特别密集地储存信息，几厘米长的一圈就可以作为功能很强的储存器。日本宣称，采用超导材料制作计算机，目前的亿次巨型计算机可制成只有个人微机那么大。这种微型高速计算机的应用，必将大大提高军事指挥效率，也可改进武器制导系统的性能。

当前超导技术开发动态 *民用超导技术开发动态* 自1986年高温超导材料问世以来，全世界掀起了前所未有的“超导热”。鉴于高温超导技术对所有技术领域提供了重大的新机会，为保持和争取领先势头，或避免落后，各国特别是工业发达国家十分重视超导技术及其应用研究的发展。现在，许多国家的政府乃至科研、经济等部门以及产业集团，纷纷采取措施，制订规划，增拨资金，促进超导技术和超导产业的开发，形成了国际性的开发竞争。

美国在超导研究方面是世界上积累科研资料和科研成果最多的国家。美国政府采取了一系列行政措施促进超导技术研究，如制定“超导技术十一点倡议”国家总计划，各部门据此又制定了各自的计划；修订有关法律，以便为更多的企业合作创造机会；建立研究体制，以指导各部门和公司的研究工作；改进专利保护，优先办理超导专利申请等。同时，还大幅度增加了对超导技术研究的投资。例如1987财年的政府超导研究预算，能源部和国防部合计仅为1950万美元；但据报道，该年美国政府和工业界给超导研究的资助达1.5亿美元，国防部共资助1.5亿美元（分3年拨给），私人风险资本对新超导公司的投资也达1.5亿美元。

日本的高温超导研究和开发机构已由争夺高温超导发现权的激烈竞争转向重视基础和应用的踏实研究阶段。国家对高温超导研究和开发进行了精心指导，投入了充足的资金。政府对超导研究的资助从1977年的5.55亿日元增加到1989年的35亿日元，在以后几年还将继续增加。日本科技厅关于超导研究的“多核心计划”和通产省、文部省等各自的计划都已开始实施，并建立了国际超导产业技术研究中心和超导研究所等新的研究机构。据不完全统计，日本约有8个政府机构、12个国家研究所、35所大学、159个企业、47个团体在从事有关高温超导的研究开发工作，特别是民间企业投入的人力和财力已大大超过官方机构。日本在高温超导研究开发方面取得了多项世界先进成果，在应用开发方面显示了突出的优势。

在欧洲国家中，联邦德国采取一系列措施使其超导研究能与世界先进水平同步。政府研究技术部多次开会对超导研究进行协调，增加资金，确定研究重点，特别强调工业界、大学和研究中心的合作。联邦德国政府1987年用于超导研究的资助为700万马克，1988年则追加了1200万马克。1989年4月又制定了《高温超导技术的资助政策草案》。据报道，1989～1995年工业界与科研机构开发资金将达12亿马克，研究技术部在1990～1995年的财政预算中将对研究所、工业基础研究和应用研究项目提供3.35亿马克的资助。在英、法两国，一些企业、大学和研究机构都积极投入超导技术研究，两国政府给予了大力支持。除企业界提供资金外，英国政府拨出数百万英镑予以资助，法国政府也准备提供360万美元用于超导技术的研究。

据报道分析，苏联超导计划之大可能仅次于美国和日本。苏联在超导基础研究方面是高质量的，但在应用方面还远远落后于美国和日本。

中国是世界上独立发现液氮温区超导体的国家之一，先后研制出一系列高温超导材料，其中有的材料临界温度达132K，至今还保持着世界最高纪录。用熔融织构法制备的钇钡铜氧体材料，在77K、1万高斯磁场下，临界电流密度接近7×10^4安培／厘米^2，也是目前世界最高水平。中国政府十分重视促进超导技术的研究和开发，为此采取了加强领导、制定攻关计划、强化研究队伍、增加投入等一系列措施，并建立了国家超导技术专家委员会、国家超导技术联合研究开发中心和国家超导实验室，组织了10余所大学和科研机构约400余名科技人员投入了高温超导技术研究。目前，被列为“七五”攻关计划的“高温超导材料的基础与应用研究”已全面完成，正在为实现“八五”期间（1991～1996年）超导技术攻关计划而奋斗。

综观世界各国超导技术研究的动态，目前和今后一个时期的研究课题主要集中于以下领域：(1)超导发生机制的研究；(2)高温超导材料及常温超导材料的探索；(3)超导材料的加工处理技术；(4)超导材料在电子学方面的应用；(5)超导技术在能源系统中的应用；(6)超导技术在信息、医疗和运输系统中的应用等。目前，超导产业市场规模还比较小，例如1988年全世界超导材料市场销售额仅为1.72亿美元。但人们预测，到2000年将达到13.5亿美元。随着超导技术的发展及其应用效益的增加，其使用范围将继续扩大。到21世纪前叶将形成包括超导材料产业、超导电力产业、超导信息产业、超导车辆、船舶产业等新兴超导技术产业群，将带来巨大的市场效益，并对世界经济和社会发展发挥越来越大的作用。

军用超导技术开发动态 早在40年代，美国军方就开始了超导技术军事应用的研究，当时着重研制超导红外探测器、第一代电子计算机开关以及磁

表 2　美国国防部超导研究与发展计划进度表

	1990	1995	2000
材料与加工	· 转变温度更高的高温超导材料 · 适于制造探测器和电子互连的高温超导薄膜 · 高温超导材料的理论认识	· 转变温度更高的高温超导材料 · 高质量高温超导材料隧道结 · 屏蔽和谐振腔用的大面积高温超导材料薄膜	· 转变温度更高的高温超导材料 · 大型阵列中的高质量高温超导材料隧道结
探测器	· 从直流到红外的低温超导材料探测器 · 直流高温超导材料探测器	· 低温超导材料红外焦平面阵列 · 从直流到红外的高温超导材料探测器 · 低温超导材料惯性和陀螺敏感元件	· 低温超导材料反潜磁性探测器反潜武器系统 · 高温超导材料红外焦平面阵列 · 高温超导材料惯性和陀螺敏感元件
超导电子学	· 低温超导材料模拟通信和监视元件 · 低温超导材料模–数转换器 · 低温超导材料 Nb／NbN 数字电子技术	· 低温超导材料模拟通信和监视系统 · 高温超导材料模拟通信和监视元件 · 高温超导材料模–数转换器 · 低温超导材料 Nb／NbN 数字芯片级技术 · 半导体电路的高温超导材料互连 · 高温超导材料数字电子技术	· 高温超导材料模拟通信和监视系统 · 低温超导材料 Nb／NbN 数字信号处理机和存储器 · 高温超导材料数字芯片级技术
基于超级磁体的应用	· 发电和推进系统用的低温超导材料转动电机的工程设计 · 低温超导材料磁能储存装置的工程设计 · 低温超导材料磁炮的工程设计 · 低温超导材料磁流体动力学舰船推进的设计研究	· 低温超导材料转动电机的样机 · 低温超导材料磁能储存系统样机 · 原型低温超导材料磁炮 · 低温超导材料磁流体动力学舰船推进系统试验 · 适当性能的高温超导材料超级磁体	· 工作型低温超导材料转动电机的工程研制 · 工作型低温超导材料磁能储存系统的工程研制 · 工作型磁炮工程研制 · 工作型磁流体动力学舰船推进系统工程研制 · 高性能高温超导材料超级磁体
粒子加速器	· 高温超导材料的高频响应试验	· 低损耗高温超导材料谐振腔	· 原型高温超导材料谐振腔粒子加速器

悬浮陀螺仪等。1986年高温超导研究取得突破性进展后，一些国家尤其是美国，在继续进行低温超导技术军用研究开发的同时，大力开展高温超导技术的军用研究和开发。

1987年12月美国国防部授权国防科学委员会成立一个由各方面专家组成的特别工作组，研究和估价高温超导材料的军事应用潜力。这个特别小组，经过全面深入调研，于1988年9月提出了关于超导材料军事应用的调研报告。这个报告肯定了超导技术（包括低温超导和高温超导）在军事应用上有许多具有重大影响的潜在前景，并对加速超导技术的军事应用研究开发措施，提出了具体建议，如今后的基础研究课题和应用研究项目，制定计划与任务分工，增加研究经费等等。与此同时，美国国防部和陆、海、空三军均制定了超导技术研究开发计划，拨出了巨额资助。美国国防部关于保证美国武器系统长期质量优势最为重要的技术的发展计划——“关键技术计划”中，1990财年所列的22项技术和1991财年所列的20项技术中均有超导技术。美国国防部超导研究与发展计划涉及低温超导和高温超导两个方面，包括基础理论探索，材料特性研究，材料加工，新发明和新设计，直到工程试验模型和实用系统等广泛的研究活动。美国国防部对超导技术研究开发的资助，1988年为2510万美元（其中低温超导860万美元，高温超导1650万美元），1989年为7790万美元（其中低温超导2700万美元，高温超导5090万美元），而1990年在“关键技术计划”中拨给超导研究与发展计划的经费约为1亿美元。超导研究与发展的计划进度见表2。

轻 武 器

综述 1990年，美国等北约国家对轻武器的发展方向进行了热烈讨论。讨论的要点有：步枪口径是大些好，还是小些好？轻武器的构件是钢制件好，还是多用塑料件好？轻武器是延长寿命好还是经常更新换代好？有些专家不同意5.56毫米或更小的步枪口径，而主张加大口径，如7毫米，甚至恢复到7.62毫米口径，但多数专家仍坚持较小的口径。一年来，各国轻武器的发展特点是：提高步枪的点面杀伤能力，开发和完善榴弹发射器和枪榴弹；防暴武器发展迅速，品种多样，性能各异，出现了各种用途的防暴枪和区别于普通弹药的防暴弹；改进和研制能有效摧毁工事、车辆、轻型装甲车、电子设施的大口径机枪、带瞄准镜的大口径步枪、发射爆炸弹的武器系统以及抵肩发射的反坦克/反掩体武器。

枪械 大口径远射步枪受到重视；美国继续执行其先进战斗步枪发展计划；5.56毫米小口径步枪仍受欢迎；美、英、法等国给进驻海湾的部队配发了新型小口径枪械；大口径机枪趋向复苏；单兵自卫武器也有所发展。

奥地利推出9毫米口径的新手枪 手枪型号为SSP，由斯泰尔-曼利夏公司研制，发射9毫米派拉贝鲁姆枪弹。该枪由41个零件组成，框架由高强度塑料制成。除枪口消焰器外，整个枪管都裹在框架内。活动枪机与框架直接连接，没有任何导向装置。机匣上方有两个突耳，起着装填拉柄的作用。SSP型手枪全长270毫米，枪管长150毫米，枪高162毫米，弹匣容量25发。目前该公司只销售单发民用型手枪，带射击选择器的军用型手枪还在研制中。

奥地利“格洛克”手枪增添新成员 奥地利格洛克公司继开发9毫米格洛克17手枪以后，又研制了格洛克18、19、20、21、22、23等手枪系列。格洛克18的口径是9毫米。格洛克19和23是袖珍型手枪，外廓尺寸相同，但口径不一，前者9毫米，后者10毫米。格洛克20口径为10毫米，发射10毫米“马格努姆”枪弹。格洛克21口径0.45英寸（11.43毫米），尺寸与格洛克20相同，发射0.45英寸“盖科”枪弹。格洛克22口径为0.40英寸（10毫米），发射温彻斯特弹。其中，格洛克19是奥地利军方选中的手枪，其显著特点是：扳机保险装置和击发装置没有待机解脱杆和击锤跌落保险。推弹上膛时，扳机自动移向前方，击针处于半待击状态，击锤扳下也不会走火。预压扳机时，枪上机构能使击针处于完全待击状态。当完成扳机第二道行程时，击针向前运动打击枪弹底火，然后套筒后坐，抽壳，再复进，推弹上膛。

表1　格洛克手枪主要性能表

主要诸元＼枪名	格洛克 20	格洛克 21	格洛克 22	格洛克 23
口径(毫米)	10	11.43	10	10
枪长(毫米)	210	210	188	177
枪管长(毫米)	117	117	114	102
空枪重(克)	747	715	634	586
弹匣容量(发)	15	13	15	13
初速(米／秒)	约 375	约 250	约 300	约 290

匈牙利 KGP 型冲锋枪问世　KGP 型冲锋枪由匈牙利 FEG 公司生产，发射 9 毫米派拉贝鲁姆弹。该枪结构紧凑，工艺考究。扳机拉柄位于机匣左侧，枪托向右侧折叠。小握把和前托均用塑料制成。武器内部结构有两大特点：(1) 采用带套枪机，因此枪机长度很短；(2) 闭膛射击，很适合警察和特种部队使用。此枪目前还未大量生产。

南斯拉夫生产 MGV176 冲锋枪　MGV176 冲锋枪由一家家用电器公司生产，发射 22LR 边缘发火弹。该枪采用枪机后坐式原理，开膛射击。全长 745 毫米，枪托折叠时长 480 毫米，枪管长 260 毫米，带空弹鼓重 2.88 公斤，射速 1200～1600 发／分。其主要优点是：结构紧凑；重量轻；用高强度复合材料制成；弹鼓透明，且容量大，达 176 发；使用方便，首发命中率高；枪上装有 M88 型消音器，无需专用工具在几秒钟内便可拆卸。

英国展出 9 毫米"布什曼"微型冲锋枪　1990 年英国在陆军装备展览会上展出的"布什曼"微型冲锋枪，引起了参展的 55 个军事代表团的兴趣。"布什曼"基本型采用 9 毫米口径，以 83 毫米长度作为标准枪管，但有 152～356 毫米的不同长度枪管供选用。该枪开膛射击，弹匣容量 20 发或 32 发。枪管与上机匣是钢质的，机座由合金制成。枪全长仅 276 毫米。该枪的最大特点是采用了电子控速器，靠隐藏在枪握把内由电池驱动的电机完成动作。控速器实际上是一种减速装置，可以在最高理论射速 1400 发／分的限度内指定任何其他射速，以使点射的每一发子弹都命中射靶。这种全天候密封调速器可以胜任 30000 发射击。在靶场试验中，该枪在 7 米距离上发射 20 发子弹，全部射中约 120 毫米的圆靶。据英军报道，在室外用同一枪管对 25 米距离的人像靶射击，一整匣子弹全部上靶。另外，积木式瞄准具座上，可选装常规手枪缺口准星瞄准具、光学瞄准具或腰际射击的激光瞄准具。枪口上有螺纹，可装消音器。外军评论认为，"布什曼"是一种警察和特种部队通用的肩射武器，适于在手枪和霰弹枪有效射程之外进行精确射击。

美国完成先进战斗步枪的野战试验　美国 4 种候选步枪的野战试验，因故推迟 6 个月后，到 1990 年 8 月已经结束，1991 年底完成试验数据的评估。试验中，参试各分队先分组后一起用每一种候选枪射击。射击距离为 25～600 米。近距离（25～75 米）射击分为：立姿、抵肩、对单个目标或分散隐现（暴露时间 1.5～5 秒）的集群目标射击。中距离（75～300 米）射击分为：卧姿无依托，对每秒 6 英寸和 12 英寸速度的运动目标射击。最后是在散兵坑内进行有依托的远距离（300～600 米）射击，目标成对出现，暴露时间 3～10 秒。试验标杆是 M16A2 步枪，考核 4 种先进战斗步枪的命中率能否达到比 M16A2 提高 100%的要求。

美国陆军发放 M-24 新狙击步枪　M-24 狙击步枪是一种专门用于完成重要任务的武器，大部分将首先发给特种作战部队、别动队和其他轻型步兵部队。第一批 36 支已发给肯尼迪特种作战中心。M-24 狙击步枪采用可拆卸枪管，配有可卸式 10 倍瞄准镜、伸缩式枪托、可拆式两脚架和辅助机械瞄准具，发射 7.62 毫米 M-118 标准军用弹。这种枪可精确命中标准步枪有效射程以外的特殊目标，具有杀伤战场重要目标的远距离射击能力。

奥地利研制 15 毫米大口径步枪　这种枪由奥地利斯泰尔-曼利夏公司研制，型号为 AMR。AMR 的含义是"打器材的步枪"。这种枪主要用于对付战场目标，如：直升机、装甲输送车、侦察车、班用武器、雷达、监测系统和机场设施等。枪重约 20 公斤，由枪架支撑，枪管长 1200 毫米，枪口装有 7 孔制退器，发射尾翼稳定箭形弹，初速 1500 米／秒。弹丸可穿透 800 米距离上的 40 毫米厚的装甲，并有 2 次杀伤效应。此枪尚处于研制阶段。

图 1 AMR 大口径步枪

美军将装备 M－4 卡宾枪 M－4 卡宾枪是 M16A2 自动步枪的改进型，比 M16A2 短而轻，枪托折叠时长 760 毫米，伸展时长 840 毫米，枪管长 368 毫米，初速 750 米／秒，射速 700～900 发／分。该枪使用 M16 步枪的供弹具，弹匣容量 20 或 30 发。美军拟于 1994 年装备。

美国正在研制 TARG 新机枪 TARG 机枪是美国阿雷斯公司正在研制的一种 0.50 英寸滑膛枪，由著名枪械设计师尤金·斯通纳设计，发射塑料弹壳埋头弹。该枪是一种导气式武器，枪内有一个旋转式 4 室弹巢。采用这种弹巢，简化了装弹／抛壳操作程序，使射速高达 2000 发／分。它采用贯穿直推方式填弹和退壳，省去了运动循环中的抽壳过程。全枪只有 188 个零部件。供弹装置无链，由一个装填旋转器送弹进弹室。弹室是一些两头相通的孔，而弹丸又全部埋在弹壳内。当射击开始时，弹丸先在弹壳内运动，不触及弹室表面。因此，弹丸在最初运动期间不同枪接触，这就解决了转膛机枪难以解决的两个问题：高射速引起的自燃和火药气体的烧蚀。

新加坡轻量级重机枪的研制工作接近尾声 新加坡技术公司于 1984 年开始研制 0.50 英寸机枪，现已拿出第 9 号样枪，为最后式样。0.50 英寸机枪是导气式武器，带有旋转枪机、双气体活塞和可快速更换的枪管，可由左侧供弹迅速改为右侧供弹。连同一根 9 公斤重的备份枪管，机枪全重共 30 公斤。击发装置有全自动和全自动／单发两种结构。全枪可分解成 7 个大组件和 2 个小组件。大组件是枪管、双气体活塞、枪机组、击发装置／铲柄式握把、上盖和下盖，小组件是左右侧弹带导引／供弹盖。枪管有固定的闭锁间隙和 3 排隔式每排 8 齿的锁紧突笋。更换枪管约需 8 秒钟。试射表明该枪机匣的寿命超过 3 万发。

枪弹 为了对付装甲目标和武装直升机日益严重的威胁，各国都十分重视提高枪弹的侵彻力和破甲力，并从材料选用、制造技术等方面入手不断改进枪弹的性能。

新加坡设计出脱壳穿甲弹 为了同国产 0.50 英寸大口径机枪配套，新加坡自行设计了 0.50 英寸脱壳穿甲弹。这种弹相当于美国脱壳薄甲穿甲弹。弹头重 27 克，初速 1210 米／秒，膛压 3792 巴，穿甲心杆重 23 克。据报道，它可以在 180 米的距离内穿透布氏硬度值为 321～375 的 30 毫米厚Ⅲ类均质钢板。其实际用途是在常用射程内射穿厚装甲步兵战车。

瑞典正在研制 5.56 毫米高性能穿甲弹 瑞典正在研制的新型 5.56 毫米弹头重 3.4 克，内有一硬心，初速 1000 米／秒。在 100 米的距离上以 90°角命中目标时，可穿透布氏硬度值为 300 的 13 毫米厚装甲板，以 60°角命中目标时可穿透 10 毫米厚的同类装甲板。

防暴武器 西方国家为了对付国内发生的各类暴力事件，十分重视防暴武器的发展。近年来陆续研制了防暴手榴弹、枪榴弹、枪械和榴弹发射器等防暴轻武器。

意大利研制出防暴塑料弹和霰弹 塑料弹是非奥奇公司研制的防暴弹，其主要特点是装有合成塑料弹头，适用于治安防暴部队。目前生产的枪弹有 9×19 派拉贝鲁姆弹、9×21 毫米弹、9 毫米短弹、9 毫米斯泰尔特种弹等。弹头易碎、无铅，击中坚硬目标后破碎，因此，不会产生跳弹现象，也不会释放有害微粒。其中 9 毫米派拉贝鲁姆近程枪弹可用于冲锋枪。该弹初速 670 米／秒，在 50 米的距离上可穿透 25 厘米厚的塑料胶块。同样距离上，9 毫米普通弹可穿透 50 厘米的塑料块。在 50 米以外的距离上，由于弹头较重，弹速大大衰减，因此不会伤及无辜。另外，菲奥奇公司还为意大利弗兰奇霰弹枪研制出系列专用弹：塑料粉尘驱散弹、18 粒橡胶弹丸失能弹、单一橡胶弹心失能弹、CN 和 CS 毒气弹、训练用着色弹等非杀伤弹；小型铅头弹、4 型大粒霰弹（27 粒）、00 型大粒霰弹（9 粒）、次口径穿甲弹等杀伤弹。

法国军警武器展览会展出防暴新武器 1989年11月7～10日，法国在巴黎举办了军警武器展览会，参展单位有344家，展出的新型防暴武器主要有：

美制卡利科（*Calico*）枪族 它包括M-110和M-950手枪，M-100、M-105和M-900卡宾枪。M-950手枪和M-900卡宾枪发射9毫米NATO/PARA枪弹。M-110手枪、M-100和M-105卡宾枪发射5.6毫米边缘发火弹。它们都采用可容50发和100发子弹的筒形螺旋弹仓，这在轻武器设计中是罕见的。M-900卡宾枪采用伸缩式枪托，配有激光瞄准具。M-100卡宾枪装有可折叠枪托。卡利科枪族的许多零件都采用了塑料件，根据其外形和重量适合警察使用。

法制*HB-308*和*HB-308P*狙击步枪 前者有固定式木托，长1020毫米，枪管长600毫米，全重5.6公斤；后者有复合材料制成的可折叠枪托，枪托折叠时长770毫米，枪管长450毫米，全重5.5公斤。

意大利弗兰奇*SPAS15-MIL*防暴枪 这是一种多功能防暴武器，外形与普通军用步枪相似，带有小握把，枪托向左折叠。弹匣略弯，装6发弹。框形提把上有U形照门，还可快速安装激光瞄准具。该枪半自动发射各类12号口径弹。装上带空包弹的弹匣，枪管拧接上不同种类的掷弹器，可发射大剂量催泪弹、烟雾弹、声响弹、杀伤榴弹或破甲弹。

法国研制"火球"弹子枪 法国弗尼·卡伦公司研制的名为"火球"的弹子枪，外形酷似一支大号步枪，有两根滑膛枪管，口径44毫米，并列放置在一根轴上，以便装弹和退弹时枪管摆动。安装枪管的支架有两个握把，击发装置由两个扳机和横置击锤组构成，击锤可使击针弹回。此枪大部分由高强度合成材料（树脂和碳纤维）制成，只有枪托是金属的。它发射的枪弹弹壳由聚乙烯制成，可重复装填，内部填料有：装在缩短的12号猎枪弹壳中的推进药、填塞材料、软橡胶弹子。弹子直径44毫米，重约25克。"火球"弹子枪重量轻、体积小，易操作，近距离射击精度良好，缺点是不便藏匿。

榴弹武器 **意大利推出40毫米榴弹发射器** 这种发射器由弗兰奇公司研制，型号为GL40 90-P，军、警两用。发射器重2.95公斤，伸缩式枪托，托伸时长683毫米，托缩时长463毫米。摆动式发射筒长356毫米，手工装弹、退弹。发射失能弹射程30或40米，发射各类刺激性毒剂弹或烟雾弹射程可达70米。如果需要，还可发射杀伤弹。

新加坡制成别致的自动榴弹发射器 新加坡技术公司开发的40毫米榴弹发射器构造简单，主要由枪管、38毫米厚的六边形枪管结合部、3毫米的金属机匣和枪机组件等构成，结构别致。枪机组件重7公斤，由粗大的中心导杆支承，中心导杆靠一个大螺栓与枪管结合部连接，两侧有小导杆，上缠多股复进簧，以减小枪机组件的后坐力。发射器采用自由枪机式后坐原理，开膛待击，双程供弹，射速约300发/分。

装甲兵武器装备

综述 1990年，东西方关系进一步缓和，常规裁军谈判已达成协议，但局部地区依然动荡。伊拉克并吞科威特引发了海湾危机。在新的形势下，世界一些大国除集中力量发展重型武器装备外，还特别重视轻型武器装备的研究和发展，提高部队的战略机动性，满足快速反应部队的需要。一年来，各国坦克装甲车辆的发展特点是：新型主战坦克和140毫米火炮的研制工作持续进行；轻型装甲车辆的发展得到加强；反应式装甲的地位已受到非议；电热炮、电磁炮仍在研制之中。

主战坦克 1990年，各国主战坦克发展的总特点是：增强火力与防护力，提高机动性与通信指挥控制能力；发展140毫米滑膛炮，研制电热炮；采用先进的复合装甲、反应式装甲与必要的隐形技术；发展车辆电子技术、坦克反导系统与灵巧弹药等。

美国继续研制M-1A2坦克 M-1A2坦克是美国M-1坦克的第2阶段改进型。1990年7月第1辆样车出厂，以后又产出9辆样车，1992年开始全面生产。据美陆军向参议院军事委员会听证会作证时称：M-1A2坦克与M-1A1坦克相比，进攻能力提高 54%，防御能力提高 100%，射速提高 1 倍，毁歼概率提高 1 倍。M-1A2 坦克火炮身管寿命延长到 1000 发，履带板寿命也延长 1 倍。采用贫铀装甲后，车重增至 62.2 吨。车内装有先进的电子系统，在车长显示器上可显示战场态势和车辆系统的工作状况和故障检测状况。发动机采用数字式电子控制装置，改善了发动机性能，提高了热效率，研制了新弹种。火控系统改进后，车长能从车长瞄准镜中将捕捉到的目标转移给炮长瞄准镜，供炮长射击。车长同时将瞄准镜对准下一个目标。从车长捕捉目标到炮长射击所需时间仅 7.5 秒。

美国计划研制未来主战坦克 美国陆军部于 1988 年 9 月制定了重型部队现代化计划，以后修订为装甲系统现代化计划。计划于 1990 年底或 1991 年初正式开始研制未来主战坦克，1992 年秋开始选择重型通用底盘的演示器，基本方案是发动机后置。1994 年初开始全尺寸研制工作，准备制造 14 台样车。该坦克也称第 3 阶段坦克，是 M-1A2 坦克的后继型。在方案探索阶段，美国通用动力公司、食品机械与化学品公司和泰莱达因大陆汽车公司 3 家研制了通用底盘的试验性底盘。美陆军计划采购 1946 辆未来主战坦克，该坦克乘员 3 人，战斗全重 62 吨，火炮口径不小于 140 毫米，自动装弹，动力装置采用一台通用的 1119 千瓦发动机和通用的传动装置。最大行程 482 公里，最大公路速度 64 公里／小时。

苏联展出 T-80 坦克改进型 1990 年 5 月，莫斯科红场游行时，苏联首次展出 T-80 坦克改进型，西方称 SMTM1989 坦克。该坦克的主要特点是：(1) 安装一台柴油机，而不是 T-80 坦克的燃气轮机。所用的柴油机有 3 种方案，一是苏 T-64 坦克系列的 5ДТF 水平对置式 5 缸柴油机的改进型，二是苏 T-72 系列坦克的 B-46 V 型 12 缸柴油机的改进型，三是新研制的。(2) 安装新型被动式装甲，而不是 T-80、T-64Б 坦克采用的反应式装甲。据分析，该附加装甲为金属盒内安装金属和陶瓷层组成的结构体。

英国继续研制“挑战者”2 型坦克 “挑战者”2 型坦克是英国为替换现装备“酋长”坦克而研制的一种新型坦克。1990 年 8 月研制成 7 辆样车，同年 9 月验收时，指出该车需要改进的部位有：炮长座位、车长观察位置、驾驶员安全问题。该坦克安装一门 L30E3 型 120 毫米线膛炮，发射贫铀弹芯的尾翼稳定脱壳穿甲弹。车上装有新一代“乔巴姆”装甲，并采用了隐形技术，动力传动装置采用数字式电子控制装置，行动装置为液气悬挂。该坦克具有发展潜力，可安装一门 140 毫米口径火炮。

图 1 英国“挑战者”2 型坦克

法国正式展出“勒克莱尔”坦克样车 1990 年 6 月，法国在“萨特利 90”展览会上正式展出第一辆“勒克莱尔”坦克样车，已生产 6 辆样车。1991 年 12 月将完成第一辆生产型车。1993 年进行试验，1996 年装备法军第一装甲师。该车安装一门 GIAT120 毫米滑膛炮，发射尾翼稳定脱壳穿甲弹，初速 1750 米／秒。另已发展的新弹种有 OFL120FA 型弹，钨合金弹芯，初速达 1800 米／秒；正在研究的还有贫铀弹芯的新弹种。车上采用可拆卸或可更换的复合装甲组件，战斗全重增至 54 吨。车体紧凑，车长 6.6 米，较德“豹”2 坦克短 1 米，比英“挑战者”2 坦克短 2 米，车高仅 2.46 米。单位功率达 21 千瓦／吨，0～32 公里／小时的加速时间仅 5.5 秒。

德国积极研制“豹”2 坦克改进型 德国为参加英国“酋长”坦克的替代计划，由克劳斯·墨菲公司积极研制“豹”2 坦克改进型，1990 年制成首辆样车，1992 年初制成另两辆样车。该型坦克的主要特点有：(1) 120 毫米火炮发射 DM33 尾翼稳定脱壳穿甲弹和 DM12 破甲弹，另配有 LKL 和 D18 训练弹，火炮身管寿命为 1500 发。(2) 炮弹为金属底可燃药筒，其尺寸与重量同 105 毫米炮弹相近。(3) 采用 EMES15 型数字式火控计算机和热成像仪。炮塔装有指挥和控制系统，车长有 PERIR17TW 360° 周视瞄准镜，可昼夜使用。炮长有卡尔·蔡斯 EMES15 型瞄准镜，倍率 12 倍，内装激光测距仪，可昼夜使用。炮长还有 8 倍 FERO Z-18 型望远式辅助瞄准镜。(4) 炮塔采用电驱动式。(5) 采用组件式复合装甲，并以附加装甲层覆盖，炮塔顶部还装有附加的反应式装甲，车重自55吨增至62.5吨，加速性变差，最大车速和最大行程略有减少。(6)采用发动机电子控制系统，以优化发动机性能，另装一台辅助动力装置，主发动机熄火时，可用它发电。(7)采用增强扭杆和改进的液力阻尼器。(8)采用液力减速器，供车速在30公里/小时以上制动时使用。(9)履带寿命增至5000公里。(10)可靠性达80%。

图2 德国"豹"2坦克改进型

北约建议该集团各国发展通用坦克 1990年2月，北约工业顾问小组坦克组建议北约各国发展一种通用坦克，以代替目前北约各国装备的10种主战坦克和90年代将装备的其他多种坦克。美、英、法、德等9国代表参加讨论了这一建议。对这种通用坦克提出的设计要求是：(1)仍采用传统炮塔式结构方案，驾驶员在前，炮塔位于中部，动力装置后置；(2)火炮口径为140毫米，以后用电热炮或电磁炮代替；(3)采用自动装弹机，乘员减为3人。该通用坦克于2000年后，在常规战争条件下，可在西欧任一坦克修理厂修理、加油或补充弹药。

以色列改进美制M-60坦克 以色列在美制M—60坦克上加装新的被动式复合装甲，提高了抗弹能力，可防苏125毫米坦克炮击穿，改装后称"玛珈"7坦克。

巴基斯坦积极研制"喀立德"坦克 巴基斯坦目前正在中国69Ⅱ型坦克的基础上改装一门105毫米线膛炮，采用改进的装甲，计算机化火控系统和激光测距仪。发动机功率增大。改装总费用约为12亿美元，改装后称"喀立德"坦克，它是巴基斯坦走向独立制造本国坦克的一个重要步骤。该坦克的第一辆样车称P-90坦克，1991年6月进行试验，预计年产150～200辆。

巴基斯坦计划研制MBT-2000坦克 巴基斯坦对未来主战坦克的发展有3个方案：(1)在中国69型坦克基础上改装一门125毫米滑膛炮和一台800马力的柴油机；(2)在苏制T-64坦克基础上加装西方现代坦克的多种先进技术；(3)重新设计坦克。巴基斯坦陆军准备选择第2种方案。

台湾地区展出M-48H"猛虎"坦克 1990年台湾装甲战车发展中心在美国通用动力公司地面系统分公司协助下，在美制M-60A3坦克底盘上加装改进的M48炮塔，研制成M-48H坦克，又称"猛虎"坦克。该坦克仍采用美大陆汽车公司的AVDS-1790-2C型750马力柴油机。车上装有一门M-68型105毫米线膛炮，指挥仪式火控系统，并有热成象通道。瞄准镜为双向稳定瞄准线。

南非装备"象牙号角"1B坦克 1985年南非开始研制"象牙号角"1B坦克，1987年完成第一辆样车，1990年投入生产。该车战斗全重58吨，主炮为105毫米线膛炮，炮身管装有热护套，弹药基数68发。辅助武器为一挺7.62毫米并列机枪，车长另有防空机枪，炮塔上装有81毫米烟幕弹发射器。车上装一台V-12气冷柴油机，功率940马力(1A型为750马力)，单位功率达16.2马力/吨。传动装置为AMTRAⅢ型自动变速箱，双差速转向系统和双速机械转向，采用液力减速器和扭杆悬挂。该车装新型复合装甲，炮塔尾部作为浴室，这在热带条件下颇受欢迎。

南非研制国产坦克 南非为对付90年代中期及其以后可能出现的威胁，以苏T-64坦克和苏早期T-72坦克为作战对象，积极研制本国坦克，以替换现有的"象牙号角"坦克，预计该坦克采用"梅卡瓦"3坦克的120毫米滑膛炮，车上安装反应式装甲，采用可靠的半自动装填机构和1100马力柴油机，预计在1995年装备使用。

步兵战车

苏联展出БМП-3步兵战车 1990年5月，苏联在莫斯科红场游行时正式展出БМП-3步兵战车。该车与БМП-2相比，有较大不同。车上主要武器除一门30毫米机关炮外，还并列安装一门100～110毫米滑膛炮，据西方分析，该炮可发射精确制导炮弹，用于反坦克和反直升机。火炮上装有激光发射器，既可用于激光测距，也可用于激光制导炮弹。辅助武器为3挺机枪。该车车体结构紧凑，采用ГМ-569/МТ-С中型履带装甲输送车底盘，车体上无射击孔；车体装甲可防25～30毫米机

表1 现装备主战坦克主要性能表

车型	国别	装备年代	战斗全重(吨)	乘员(人)	火炮口径(毫米)	发动机功率(千瓦)	最大公路速度(公里/小时)
FST-2	苏联	1989年出现		3	135滑		
T-80	苏联	80年代中期	42~43	3	125滑	724	
T-72	苏联	1972	41	3	125滑	573.3	60
T-64Б	苏联	80年代中期	38	3	125滑	551	
M-1	美国	1982	55.5	4	105线	1119	72.42
M-1A1	美国	1986	57.78	4	120滑	1119	
M-1A2	美国	90年代初	58.97	4	120滑	1119	
"豹"2	德国	1979	55.2	4	120滑	1103	72
"挑战者"	英国	1983	62	4	120线	895	56
90型	日本	1990	50	3	120滑	1103	

关炮炮弹。炮塔左前方和右前方各装有3个烟幕弹发射器。指挥塔采用БМП-2型光学装置，包括防空光学瞄准镜和红外探照灯，炮长采用新的瞄准镜。行动装置有6对负重轮，3对托带轮，履带着地长比БМП-2大约长1米。

图3 苏联БМП-3步兵战车

美国计划发展未来的重型步兵战车 根据装甲系统现代化计划，美国计划发展4种重型车辆，其中一种为未来重型步兵战车，用以替换M2步兵战车。该车与未来主战坦克采用同一通用底盘，车上装一门中口径机关炮和一具中型反坦克导弹系统，乘员2名，载员6~9名，战斗全重45吨左右，1994~1998年进入全尺寸工程研制阶段，拟装备1321辆。

美国积极生产并继续改进M-2A2步兵战车 美国M-2A2步兵战车于1988年5月生产后，已开始装备部队。该车战斗全重，不装反应式装甲27.2吨，安装反应式装甲为29.94吨，空车重量为19.96吨。该车正继续改进瞄准镜，由休斯航空公司研制。瞄准镜采用热成像仪和自动目标跟踪装置。该车下一阶段的改进内容有：装一门30~35毫米机关炮；改进车体和顶装甲防护；安装一台功率更大的发动机；采用双销履带。改进后称M-2A3步兵战车。

英国研制"武士"沙漠型步兵战车 英国"武士"步兵战车1987年装备于陆军机械化步兵营，新研制的"武士"沙漠型步兵战车装有空调系统，能适应在中东沙漠地区使用。新型车装有LAV-25炮塔，炮塔上装一门25毫米"大毒蛇"机关炮，而不是原来的30毫米"拉登"炮。另外还增装双管"陶"式反坦克导弹发射架。车体上开有射击孔，这与原车体上无射击孔的不同。

意大利研制VCC-80步兵战车 意大利于1985年生产第一辆VCC-80步兵战车样车，现正在继续研制中。该车车体为5083和7020铝合金装甲焊接结构，并将高硬度钢装甲附加在车体正面和两侧。该车乘员3名，载员6名，战斗全重21.7吨。装一门KBA25毫米火炮和一挺7.62毫米机枪。动力装置为一台功率为388千瓦的MTCA6V（菲亚特8260）涡轮增压直射式柴油机和一台ZFLSG1500自动传动装置，最大时速70公里，最大行程500公里。车长采用独立式稳定周视潜望镜，炮长瞄准镜可昼夜使用，装热成像仪和激光测距仪。车内有三防装置和“哈隆”1301灭火抑爆装置。

南非研制“密獾”步兵战车 “密獾”步兵战车为轮式，驱动型式为6×6，战斗全重18.5吨，最大公路速度105公里／小时，车上装一门20毫米机关炮。作为火力支援车使用时，可改装一门90毫米或60毫米迫击炮。

瑞典试验G-40步兵战车样车 瑞典CV-90战车族的基型车G-40步兵战车，于1989年交瑞典装备局试验。另有两种变型车，即防空车和装甲输送车也同时进行试验。G-40步兵战车乘员3人，载员8人，战斗全重21吨。车体为钢装甲焊接结构，车长6.4米，车宽3.1米，安装一台斯坎尼亚GS14型涡轮增压柴油机，功率500马力，传动装置为沃尔伏BM自动变速箱，扭杆式悬挂装置。最大公路速度70公里／小时，最大行程300公里。该车主要武器为一门40毫米机关炮，发射尾翼稳定脱壳穿甲弹、防空弹、杀伤爆破弹、破甲弹和训练弹，有效射程2000米，对空射程达4000米。射速有单发、每分60发和300发3种。

表2 现装备步兵战车主要性能表

车型	国别	装备年代	战斗全重(吨)	乘员／载员(人)	火炮口径(毫米)	发动机功率(千瓦)	最大公路速度(公里／小时)
БМП	苏联	1967面世	12.6	3／8	73	220.5	65
БМП-1	苏联	1970面世	13	3／8	73	220.5	65
БМП-2	苏联	1982面世	14.6	3／7	30	235.2	65
БМП-3	苏联	1990面世			30+100～110		
M2	美国	1983	22.59	3／7	25	373	66
M2A1	美国	1986		3／7	25	373	
M2A2	美国	1989	29.48	3／7	25	447.6	
“黄鼠狼”	德国	1971	28.2	4／6	25	447.6	75
AMX-10P	法国	1973	14.2	2／9	20	209	65

其他轻型装甲战斗车辆 80年代以来，为了适应局部战争和快速反应部队的需要，西方各国都加强了对轻型装甲车辆的研制与发展。美国原定的重型部队现代化计划，只着重发展6种中、重型车辆，经修订后改为装甲系统现代化计划，要求进一步发展轻型坦克和装甲火炮系统。英国主要准备战斗全重5～25吨、约于1995～2010年服役的轻型装甲车族。1990年，北约陆军军械小组提出了“未来多用途装甲车辆”的需求书，建议发展战斗全重30吨的履带式装甲输送车。

美国改进LAV-25型8×8轮式装甲车 LAV-25型（8×8）轮式轻型装甲车是美海军陆战队的主要装备之一，也供美陆军使用。1988年共采购758辆。为适应第82空运师侦察作战的需要，美陆军对LAV-25作了一些改进：安装热成像夜视瞄准镜；改进轮胎性能，提高越野机动性和低压通过能力；降低炮塔高度63.5毫米，便于空运。

通用电气公司试制的该车变型车LAV-AD防空车样车，已于1990年6月交付海军陆战队试验。该车可由CH-53E直升机运载，车上装一门25毫米“盖特林”火炮，四管“毒刺“防空导弹和一具“九头蛇”70火箭发射器。

美国提出AAAV先进两栖突击车研制方案 美海军陆战队正积极研制AAV-7A1两栖突击车的后继型AAAV先进两栖突击车，对AAAV的要求是：(1)具有与M-1坦克相同的机动性，陆上时速为64公里，水上时速32～40公里，水上行程120公里，陆上行程482公里；(2)载员17～18人；(3)车体装甲能防14.5毫米机枪弹，理想要求是能防30毫米炮弹。

AAAV 车的竞争方案有：(1) 两栖突击型车辆有 AAAV 和 AAV-7A2 型两种，前者水上速度高，后者水上速度低；(2) 非两栖突击型车辆有 M2 步兵战车、APC-X 装甲输送车、新型步兵战车、M-113A3 装甲输送车和 LAV-25 轮式装甲车；(3) 具有潜水性能的车辆方案。

美国食品机械与化学品公司、通用动力公司地面系统部和航空工业公司已联合向美海军陆战队提交了先进两栖突击车的方案建议。发动机采用 MTU883 柴油机，陆上输出功率为 700～800 马力，海上输出功率可达 2250 马力。AAAV 将在机动试验台和水上高速技术验证车的基础上进行研制。美军现正进行 AAAV 二分之一缩比的演示器试验。演示器上装有水翼助力装置，以使车辆升出水面。车体每侧装一水翼装置，车辆水上速度已超过 25 节。该车定于 1991 年第一季度进入验证阶段。

美国积极准备装甲火炮系统（AGS）竞争方案 发展 AGS 系统是 1990 年美陆军现代化计划的优先项目。美陆军对 AGS 提出的作战能力要求是：战斗全重 17.5 吨，主要装备第 82 空运师，用于低强度冲突和应急作战行动；AGS 的装甲防护与机动性应高于原 M-551“谢里登”轻型坦克；火控系统应具有与 M-60A3 坦克火控系统相同的性能；能在运动中射击；主要武器只考虑低后坐力火炮；行动装置可用轮式的或履带式的；动力装置可用汽油机或柴油机。美海军陆战队对 AGS 的要求是：机动性高于 M-1 坦克；防护性高于 LAV-105 轮式轻型装甲车。

目前，参加 AGS 竞争方案的有：(1) 美国食品机械与化学品公司的 CCV-L 轻型近战车辆，该车战斗全重 20 吨，装一门 EX35 型 105 毫米火炮，自动装弹，采用 6V92TA 型柴油机和一台 HMPT-500-3 型传动装置，车体可防 14.5 毫米机枪弹，附加模块式装甲后，可防 30 毫米炮弹。(2) 该公司的另一方案是在“谢里登”轻坦克底盘上加装卡迪拉克·盖奇公司的“矛”式炮塔或 LAV-105 炮塔，战斗全重 20 吨。(3) 该公司第 3 个方案是在 V-600 型 6×6 轮式装甲车底盘上装“矛”式炮塔。(4) 美国通用汽车公司建议在 LAV 型 8×8 轮式装甲车底盘上加装一台“谢里登”炮塔，安装一门 EX35 型 105 毫米火炮。(5) 瑞典哈根伦特公司提出在 IKV-91 轻坦克基础上安装一门“博福斯”105 毫米低后坐力炮和 CV-90 战车的动力传动装置。(6) 英国阿尔维斯公司提出以 11 吨的车辆为基础，上装 TML 炮塔。(7) 意大利奥托·梅莱拉公司提出采用“半人马座”8×8 轮式装甲车。

法国积极研制“玛斯”15 履带式装甲车族 法国为替换现装备 AMX-13 轻坦克系列，克鲁萨·罗瓦工业公司于 1985 年开始设计“玛斯”装甲车族，1988 年开始全尺寸研制，1991 年完成第 3 辆样车，1992 年交付第一批生产车，准备生产 700～800 辆。计划发展的车族包括轻坦克、指挥车、迫击炮运载车、155 毫米自行火炮、炮兵观察车、雷达监视车、防空车、救护车和抢救车、步兵战车、装甲输送车、火力支援车等。

其中轻坦克乘员 4 人，战斗全重 15～18 吨，车长 7.75 米，车宽 2.98 米，车高 2.75 米，安装一门 105 毫米火炮，发动机采用 6F12SRY 涡轮增压柴油机，功率 400 马力。车体正面在 100 米距离上可防 14.5 毫米穿甲弹，乘员在 200 米距离上可防 30 毫米穿甲弹，车体两侧和后部可防 7.62 毫米机枪弹。最大公路速度 75 公里／小时，最大行程 600 公里。该车光、电、磁、红外特征较弱。排气管放在隔热舱内降低了红外特征。除冷却空气外，另有通风系统，车形设计能降低雷达截面。

该车族的步兵战车乘员 3 人，载员 7 人，战斗全重 16.5 吨，装一门 25 毫米机关炮。装甲输送车乘员 1 人，载员 12 人，战斗全重 15.3 吨。火力支援车乘员 1 人，载员 2 人，战斗全重 16 吨，装一门 90 毫米火炮。

图 4 法国“玛斯”15 装甲车

法国制定 VBM 组件式装甲车辆规划 为在 90

年代末至2005年替换陆军现装备的15～32吨装甲车辆，法国陆军参谋部制定了发展VBM组件式装甲车辆规划。这是90年代法国继“勒克莱尔”坦克发展计划后最大的装甲战斗车辆发展规划。规划中的步兵战车将是6×6或8×8轮式装甲车，战斗全重30～32吨，单位功率大，可协同“勒克莱尔”坦克作战。法国地面武器工业集团公司已被指定为VBM的主承包商，该公司认为VBM应为轮式全轮转向车辆。雷诺工业公司为子承包商，该公司也研究了一种8×8轮式30吨级车辆。

法国改进美制M-113装甲输送车 法国在美制M-113装甲输送车车体正面和两侧加装硬度为600HB的装甲钢板，车体正面90°弧度上可防20～23毫米炮弹，车体两侧100米距离上可防14.5毫米穿甲弹。改装后，车重增加650公斤。

法国改进AML（4×4）系列轮式装甲车 AML-90装甲车的改进是：以微光夜视仪替换红外夜视仪；研制了90毫米火炮的尾翼稳定脱壳穿甲弹，1000米距离上可击穿50毫米厚的钢装甲。AML-60的改进是：以20毫米机关炮或以榴弹发射器替换60毫米迫击炮；以功率为95马力的XD3T涡轮增压气冷柴油机，替换原汽油机；改用新的车体及其他有关装置。

德国空降部队装备“鼬鼠”空降战车 1990年8月德国第一空降旅开始装备“鼬鼠”空降战车，以替换原装备的“克拉克”全地形车辆。“鼬鼠”空降战车计划生产343辆，1992年装备完毕。其中210辆为“陶”式反坦克导弹发射车，乘员3人。133辆为步兵战车，乘员2人，装一门Rh202型20毫米机关炮。该车战斗全重2.8吨，可由CH-53直升机空运两辆。该车采用许多民用部件，动力装置前置，并配以自动传动装置。美国已采购7辆样车，供作机器人坦克试验用，中东各国对该车也同样感兴趣。

以色列研制“龙”式高技术防暴车 1989年“沙特利”军事装备展览会上，以色列首次展出“龙”式高技术防暴车，车上装高压喷水枪，动力装置为一台145马力的柴油机，配有自动传动装置。共有3个容器：2500升的容器盛水，50升的容器盛染料，70升的容器盛CS型催泪瓦斯。水压为10巴，流量为每分钟1600升，水泵动力为50马力。喷枪具有自动喷射、半自动喷射和灭火用连续喷射3种喷射方式。喷射距离为50米，喷水方向360°，俯仰角为-36°～+60°，车体装有防枪弹和燃烧弹的装甲，轮胎装有限陷装置，车前装破障铲。车内还装有能拍摄现场的闭路电视系统等。

意大利开始生产“半人马座”B1坦克歼击车 意大利陆军于1984年初提出研制高机动轮式坦克歼击车，以代替原坦克歼击车部队装备的美制M-47坦克。该车乘员4人，战斗全重24吨，车长8.515米，车宽3.05米，车高2.71米。车体为全焊接钢装甲结构，正面能防20毫米炮弹，两侧和后部能防12.7毫米机枪弹。最大公路速度100公里/小时，最大行程800公里，安装一台MTCA-V-6涡轮增压柴油机，功率520马力，与德国ZF SHP-1500全自动变速箱匹配，采用液气悬挂，前四轮均能转向。4个轮胎损坏后，仍能以低于20公里的时速行驶。车内装超压三防装置、空调系统（-30°～+44℃）、火情探测器和抑爆装置。

意大利开始试验“美洲狮”轮式装甲输送车 意大利阿维科·费亚特与奥托·梅莱拉两公司已生产两辆“美洲狮”（4×4）轮式装甲输送车样车，战斗全重5.5吨，乘员1人，载员5人，计划作为意大利陆军装甲部队的联络车用，其变型也可作为反坦克导弹发射车、防空导弹发射车、救护车和迫击炮车。“美洲狮”（6×6）的一种样车，战斗全重7.5吨，乘员1人，载员8人，既可作为装甲输送车使用，也可作为指挥车使用。该样车已开始试验，正式投产后，发动机采用“菲亚特”80型42.45柴油机，功率为134千瓦，与阿维科/伦克·兰科全自动传动装置匹配。

南非研制“大山猫”轮式装甲车 1989年，南非开始生产并装备“大山猫”（8×8）轮式装甲车，以替换原装备的“伊兰德”90轮式装甲车。该车主要用于侦察，并遂行战斗任务。乘员4人，战斗全重27吨，车长8.2米，车宽2.9米，车高2.5米。车上装一门76毫米火炮，发射尾翼稳定脱壳穿甲弹、榴霰弹、烟幕弹和训练弹。穿甲弹射程2000～3000米，可击毁苏T-55、T-62坦克。车体正面可防23毫米炮弹，并有热烟幕装置，发动机为一台V-10水冷柴油机，功率420千瓦，采用自动变速箱。发动机和乘员室装有自动火情探测器和抑爆系统。最大公路速度120公里/小时，越野速度60公里/小时，0～32公里/小时的加速时间为6秒，最大行程1000公里。

表 3　现装备装甲输送车主要性能表

车型	国别	装备年代	战斗全重（吨）	乘员／载员（人）	武器口径（毫米）	发动机功率（千瓦）	最大公路速度（公里／小时）
БТР-60ПБ	苏联	1961	10.3	2／14	14.5	2×66.2	80
БТР-70	苏联	1978	11.5	2／9	14.5	2×88.2	80～100
БТР-80	苏联	1987	13.6	3／7	14.5	191	80～85
M113A1	美国	1964	11.2	2／11	12.7	160.4	67.6
M113A2	美国	1978	11.34	2／11	12.7	160.4	67.6
M113A3	美国	1987	12.25	2／11	12.7	205	64
FV-432	英国	1963	15.3	2／10	7.62	176.4	52.2
VAB(6×6)	法国	1977	13.4	2／10	7.62	173	92
73 式	日本	1973	13.3	3／9	12.7	224	70

保障车辆　**苏联研制工程侦察车**　苏联在БМП-1 型步兵战车的基础上研制了ИРМ 工程侦察车，乘员 4 人（车长、驾驶员各 1 人，侦察员 2 人），战斗全重 17 吨，车长 8.2 米，车宽 3.1 米，车高 2.4 米。车上装一挺 7.62 毫米机枪和一挺 7.62 毫米突击步枪。发动机为 УТД-20 型 6 缸直列柴油机，功率 300 马力，采用手动变速箱，为单差速器转向，扭杆悬挂，车上装有地形侦察和定位的专用设备。车载 ДСП-30 式测距仪可测定河宽和其他障碍物的宽度；另有专用装置可测定桥梁的承载能力和雷场。该车能水陆两用，陆上最大时速 52 公里，最大行程 500 公里，水上靠螺旋桨推进，水上时速 10 公里。

苏联公开 RKHM 履带式核生化装甲侦察车　RKHM 履带式核、生、化装甲侦察车是苏联 MT-ЛБ 履带式多用途车的变型车，是苏军现装备 БРДМ-2 轮式三防装甲侦察车的后继车型。该车采用的三防传感器，性能优越，车顶后部装有警告旗撒布器，用于标示污染地带。

英国陆军装备“挑战者”装甲抢救修理车　1990 年，英国陆军开始装备“挑战者”装甲抢救修理车，共订购 80 辆。该车采用“挑战者”2 坦克底盘，车重 62 吨，车长 9.6 米，车宽 3.6 米，车高 3.0 米，车上装一台 TN-54 式变速箱和一套数字式动力传动系统控制装置。绞盘牵引力为 52 吨，利用滑车可牵引 100 吨。车上装 6 吨吊具一个，并有驻锄和推土铲，乘员室装有全自动灭火抑爆系统，发动机室装半自动灭火系统。

法、德两国联合研制新型装甲抢救车　法国地面武器工业集团公司和德国克劳斯·墨菲公司正联合研制新型装甲抢救车，用于抢救“勒克莱尔”坦克。该车乘员 4 人，战斗全重 54 吨，发动机功率 1500 马力，液气悬挂，车上装一挺 12.7 毫米机枪和 12 具烟幕榴弹发射器。绞盘牵引力 35 吨，钢丝绳长 160 米。另有牵引力为 1.5 吨的辅助绞盘 1 个，钢丝绳长 200 米。吊具起吊力为 36 吨，可水平转动 220°，车体前装有液力驱动的驻锄。

德国给驻海湾美军生产“狐”（6×6）核生化侦察车　德国蒂逊·亨舍尔公司生产的“狐”式核、生、化侦察车，车上载有单通道地面和空运无线电系统、XM21 远距离化学探测器和 AN／VDR-2 核辐射探测器。1990 年应美军需要，车上安装美国通信设备和空调系统，美军共订购 48 辆，并已运至沙特，供驻沙美军使用。

德国陆军开始装备“密獾”战斗工程车　德国“密獾”战斗工程车是在“豹”1 坦克底盘的基础上改装的，1990 年 4 月已交付部队使用，共需 140 辆，该车战斗全重 43 吨，最大时速 62 公里，发动机功率 610 千瓦，绞盘牵引力 35 吨，钢丝绳长 90 米，挖掘机工作量为 140 米^3／小时，挖土深 8.3 米。

印军装备新型战斗工程车　印度向英国宇航公司皇家军械厂订购了 CET 战斗工程车，首批已于 1989 年 10 月交付印度陆军，主要遂行填沟和渡河架桥前的场地清理任务。该车乘员 2 人，可在三防条件下使用。构筑一个坦克掩体约需 45 分钟，车上还可配装辅助和起重装置，完成车辆修理和卸货等工作。车上另装有绞盘和扫雷器材。

新技术与新部件 1990年坦克装甲车辆新技术与新部件的研制情况是：140毫米火炮的研制工作仍在进行；反应式装甲的地位受到非议；电热炮、电磁炮和车辆电子技术的研制仍在加紧进行。

苏联新型坦克不再安装反应式装甲 苏联T-80改进型SMT M1989坦克，不再安装反应式装甲，而采用新型被动式附加装甲。这表明，苏联不再依赖安装反应式装甲来提高坦克的防护力。新型被动式附加装甲厚约76.2毫米，由金属盒组成，盒内装金属及镶有陶瓷材料的夹层。

美国陆军研制140毫米坦克炮 1988年初美国开始140毫米火炮演示器射击试验，1989年初，美陆军军械研究发展和工程中心开始140毫米先进坦克火炮系统三阶段试验计划。1990年12月在M-1A1坦克底盘上制造试验台架，并进行射击试验。该炮长7.01米，比德国Rh120型与美国M256型120毫米火炮长1.41米。它采用Rh120火炮的主要技术，发射分装式尾翼稳定脱壳穿甲弹，炮弹总长度约为1.52米，重量约45.5公斤。

美国研制120毫米电热炮 美国食品机械与化学品公司已签订1050万美元的合同，研制一门120毫米快速射击的电热炮，拟于1991年11月交货，包括火炮、弹药、自动装弹机和电源装置。该炮将利用电孤作用使液体发射药气化燃烧发射炮弹，弹丸初速达2000～3000米/秒，这种炮称增燃等离子炮(CAP)。在此以前，美国已试验过90毫米和105毫米CAP炮。这种炮的优点之一是可利用传统火炮的身管及装填系统的技术。

美国继续研制电磁炮 美国军械研究和工程中心计划在2003年完成第一门电磁炮的全尺寸工程发展工作。1986年，该中心与国防高级研究计划局合作提出两阶段试验规划。第1阶段目标是在1991年演示轨道炮和线圈炮，初速达2500～4000米/秒，炮口能量达到9兆焦耳，相当于120毫米固体发射药动能弹的能量。第2阶段定于1991～1995年完成，计划从备选方案中选择一种炮口能量为15兆焦耳的车载多发电磁炮演示器。

美国研制M-1A1坦克新型尾翼稳定脱壳穿甲弹 美国现装备M-1A1坦克120毫米火炮的动能弹是M829尾翼稳定脱壳穿甲弹，长径比为20：1，贫铀弹芯，初速约1650米/秒，2000米距离上可击穿约550毫米厚的均质轧制装甲钢。现正积极研制XM829E1弹，在同等距离上，穿甲能力可提高到600毫米。1992年计划研制XM829E2弹，穿甲能力提高到700毫米。

美国陆军对反应式装甲提出异议 美国审计总署在一份有关提高M-2/M-3步骑兵战车生存力的规划报告中提出：美陆军对反应式装甲已失去兴趣。目前认为被动式附加装甲具有更大希望。1990年已签订3项研制新的被动式附加装甲的合同，计划于1991年5月完成对比性试验。此后即签订生产合同，1993年5月开始装备，车上安装部位与原安装反应式装甲的部位相同。

美国研究装甲车辆激光致盲武器 1982年美国马丁·马利埃特·奥兰陀公司开始研制装甲车辆激光致盲武器，1986～1987年制成演示器，进行试验。1991年秋将开始全尺寸工程研制阶段，准备装在M3骑兵战车上，共采购48套，价值约2亿5千万美元。

英国研制XL30E4型120毫米线膛炮 英国为“挑战者”2坦克研制了一门XL30E4型120毫米线膛炮，身管口径比为55。该炮与“挑战者”1坦克安装的L11型120毫米线膛炮相比，除身管外径和药室相同外，另有以下特点：(1)采用电渣重熔装甲钢身管，炮膛镀铬；(2)采用全可燃药筒；(3)炮身管装有更紧凑的铍铜材料制抽气装置；(4)炮弹最初为钨合金弹芯XL26(CHARM1)尾翼稳定脱壳穿甲弹，炮口动能达11兆焦耳，以后采用贫铀弹芯，研制CHARM2型弹，穿甲力将提高20%。

英国改进105毫米坦克炮 1990年英国陆军装备展览会展出105毫米的改进型线膛炮，用以替换现有的英制L7型和美制M68型105毫米线膛炮。该炮利用了XL30型120毫米火炮的技术，穿甲威力相当于120毫米火炮。该炮的尺寸和重量与原105毫米火炮相同，易改装在“豹”1、M60或“百人队长”坦克上，也可改装在苏制系列坦克上。该炮可发射现有105毫米火炮的各种弹药，主要弹种为新型尾翼稳定脱壳穿甲弹，采用钨、镍、铁弹芯。弹芯质量比常规的105毫米弹芯大40%，长径比也较大，采用铜底可燃药筒。试验表明：德国105毫米火炮发射DM33弹不能击穿的装甲，而该炮发射的炮弹却能击穿。

英国研制车辆主动防护系统 1990年，英国陆军装备展览会展出英国研制的车辆主动防护系统。该系统由多个探测器组成，与带有方向性的炸药匹配。当探测器发现来袭弹头时，系统即发射预定的钨合金弹片，破坏来袭的弹头。探测器有雷达、激光和红外探测器多种，也可与毫米波金属泊条、红外烟幕等锈饵匹配使用。

英、意、瑞士等国联合研制 120 毫米火炮灵巧弹 英、意与瑞士等国联合研制 120 毫米火炮末段制导反坦克炮弹，该弹装有微波寻的弹头和串接式弹头，效能相当于多管火箭炮炮弹。

炮兵武器装备

综述 1990 年世界炮兵武器装备的发展仍保持了以往的三大趋势，即：不放弃传统技术，着力于挖潜改造；积极利用最新科技成果，突破传统技术；大胆创新，进行超前研究。一年来，苏联炮兵武器的发展有所放慢，但美国等西方国家炮兵武器系统的发展势头并未减。战术导弹的发展有所放慢，但火箭炮、反坦克导弹、防空导弹以及各种炮兵武器的制导系统和弹药引信的发展势头并未减。1990 年，各国正在研制的新型反坦克导弹和火箭炮各有 3 种，防空导弹有 6 种。原装备的一些炮兵武器也有了改进，出现了新的型号。无论是新研制的炮兵武器，还是原装备的武器改进型，都利用了新材料、新技术、新制导、新弹种，因而具有了新性能。

炮兵压制武器系统 1990 年，炮兵压制武器系统的发展重点是多管火箭炮。美国 MLRS12 管火箭炮虽仍处于试验阶段，但海湾危机爆发后，就立即投入海湾战场。美、英、法、德等国研制的 MARS 火箭炮已开始投入装备。在炮兵压制武器的发展中，各国都重视利用合金材料，减轻武器重量；改进火控系统，缩短反应时间；采用子母弹头，增强火力威力。同时，还重视发展轻型压制武器，以适应快速反应部队的需要。

加农炮、榴弹炮和加榴炮 **苏 2A36 式 152 毫米加农炮已装备部队** 据英国《詹氏苏联情报评论》1990 年第 1 期报道，苏联 2A36 式 152 毫米加农炮已装备集团军炮兵营，取代了原装备的 M46 式 130 毫米加农炮。2A36 式加农炮有两个箱式大架，由固定在右大架尾部的牵引杆相连接，牵引杆可以折叠。炮架前面有一个可旋转的座钣。用千斤顶把座钣顶起，炮架的四个轮子即可离开地面，便于较快地定向。该炮配用分装式弹药，装药 11 公斤，可发射榴弹、破甲弹、核弹、化学弹和火箭增程弹。该炮还可安装在 2C5 式 152 毫米自行加农炮上发射。

主要战术技术性能

行军状态长	12930 毫米
战斗状态长	12300 毫米
行军状态宽	2788 毫米
行军状态高	2760 毫米
高低射界	−2°～57°
方向射界	±25°
发射速度	5～6 发／分
持续射速	1 发／分
榴弹射程	27000 米
增强弹射程	35000 米
炮班人数	10 人

苏 2C19 式 152 毫米自行加农炮向国外市场开放 据英国《詹氏防务周刊》1990 年 12 月 22 日报道，装备苏联陆军的 2C19 新式自行加农炮已向国外市场开放。2C19 式又称 MCTA−C 式。

火炮身管装有抽烟装置和炮口制退器。该炮装有自动装填机，不仅可从弹仓内选取炮弹，而且还能控制发射炮弹的数量。火炮高低瞄准为全自动、方向瞄准为半自动。火炮发射时十分稳定，载车后部不必安装驻锄。火炮所需弹药可从炮塔后部补充。

该炮具有三防能力，采用履带式底盘，驾驶室在前，炮塔居中，发动机置后，车体和炮塔为全焊接钢结构，能防枪弹、炮弹破片和地雷袭击。悬挂装置为扭力杆式。该车有 6 个负重轮，诱导轮在前，主动轮在后。履带上部有裙板防护。

主要战术技术性能

最大射程	24700 米（榴弹）
	40000 米（增程弹）
高低射界	−3°～+68°
方向射界	360°
最大射速	8 发／分
弹药携行量	50 发
发动机功率	840 马力
最大行速	60 公里／小时（公路）
最大行程	500 公里

美国陆军批准生产 M109A6 式 155 毫米自行榴

弹炮 1990年2月7日，美国陆军部长宣布，将改进型155毫米自行榴弹炮定型为M109A6式，并批准小批量生产。

M109A6式榴弹炮的问世，使美国M109系列155毫米自行榴弹炮的型号增至6种，即M109A1、A2、A3、A4、A5和A6。A6是1985年10月美国陆军开始执行"榴弹炮改进计划"的产物。该炮装有自动化火控系统和内部检测系统，可对火炮全系统及各分系统的工作状况进行监督检查，及时发现和预报其工作状态和出现的故障。该炮还装有导向系统，可使火炮从行军状态到射击状态的转换时间缩短到60秒之内。进入射击状态的火炮，其反应时间不超过30秒。

M109A6式自行榴弹炮的炮塔采用凯夫拉夹层铝合金装甲，分离式液压部件。为保障在特种条件下作战，炮塔采用了新型致冷系统，称之为"小气候致冷系统"。

美国M109炮手训练装置投入试用 1990年上半年，美国利用M109炮手训练装置对炮手进行试验式训练。驻西尔堡的美军第3军的榴弹炮手利用该装置每天可"发射"600多发炮弹，对目标进行多发和单发"射击"。该训练装置由西尔堡野战炮兵训练中心研制。它由安装在特制框架上的M109A2式榴弹炮的炮塔组成，方向转动±100密位，高低转动−50～70密位。输弹机和反后坐装置可反映M109火炮的真实情况。该装置仍在试验阶段。这套设备可完成士兵的预先个人训练。

联邦德国炮兵车辆驾驶模拟训练中心投入使用

1990年4月底，联邦德国克劳斯·玛菲防卫技术有限公司向德国陆军交付了一个炮兵车辆驾驶模拟训练中心。该中心由下述5类设备构成：M109A3GE式155毫米自行火炮驾驶模拟器（4套）；M109自行火炮教练车（15部）；中程火箭炮教练车（4部）；M110A2式203毫米自行榴弹炮（4部）；其他辅助训练设备。

该训练中心的训练器控制台可以监视和控制驾驶员的训练。教员可以把行驶距离、行驶难度、昼夜和不同季节的天候情况从控制台上输进去，也可以随时输入车辆技术故障，并在监视器上显示出各种不同的战场图景。一台自动化学员动作评价系统可重现各种道路条件及其他一些图景。玛菲公司提供的训练器材还有：室内驾驶操作台、教官控制台、外部照明和灭火器材、制动器和三防设备。

采用这套驾驶训练模拟器，可使炮兵车辆驾驶人员不受天候及其他自然条件限制进行逼真的训练，从而更好地完成训练计划，达到良好的训练效果。

英国"超轻型野战榴弹炮"样炮进行初始试验

1990年初，由英国维克斯造船与工程有限公司（VSEL）制造的"超轻型野战榴弹炮"第2门样炮在美国由美陆军和海军陆战队进行初始试验。该炮是为参加美陆军155毫米轻型榴弹炮的竞争而研制的。美陆军发展155毫米轻型榴弹炮的目的是取代原装备的M198式155毫米榴弹炮。美陆军要求新炮重量为4000公斤左右（比M198式轻3000多公斤），能用美陆军改进型UH−60直升机吊运。这种超轻型炮设计重量仅3679公斤，高低射界−89～1244密位，方向射界±400密位。炮架、摇架、前大架和后大架等部件的驻锄均用钛合金制造。炮闩改旁开式为上开式，采用39倍口径的M231身管。

法国155TR榴弹炮第1门样炮进行射击试验

1990年初，由法国地面武器工业集团公司研制的

图1 法国155TR榴弹炮样炮

155TR 榴弹炮样炮进行了射击试验。该炮是在法国TRF-1式155毫米牵引榴弹炮的基础上发展的，全重11000公斤，射程30公里（普通榴弹）～41.5公里（弹底排气弹）。该炮身管长改40倍口径为52倍口径，高低射界5°～66°，对弹射式输弹装置和反后坐装置进行了改进。

西班牙发展新的203毫米榴弹炮 据瑞士《国际防务评论》1990年第8期报道，西班牙系统与技术发展公司研制了一种新的203毫米榴弹炮。身管长为45倍口径。

主要战术技术性能

炮重	16415公斤
炮长	12087毫米
炮宽	2736毫米
炮高	3800毫米
射程	50公里
高低射界	−5°～+55°
方向射界	±25°
药室长	1485毫米
药室直径	260毫米
药室容积	64.757升
最大射速	3发／分
持续射速	2发／分
距离散布	0.2%（25公里外）
	0.4%（50公里以外）
方向散布	1.5密位

加拿大订购英国M119式105毫米轻型榴弹炮

1990年加拿大向英国订购了40～100门新型轻型榴弹炮，用以取代原装备美制M101和M102式105毫米榴弹炮，主要装备快速部署部队。

这种火炮由英国皇家兵工厂和加拿大厄利康宇航公司合作生产。这是继1989年美国订购151门这种轻型榴弹炮之后，英国获得的又一宗较大的订购合同。

表1 现装备加农炮、榴弹炮、加榴炮主要性能

国别	型号	口径(毫米)	初速(米／秒)	榴弹射程(米)	射速(发／分)	战斗重(公斤)	机动方式
美国	M109A2／A3	155	684	18100		25175	自行
苏联	2A36(加)	152	800(榴弹)	27000	5～6(最大)	8800	牵引
	2C19(加)	152		24700	8(最大)	42000	自行
	2C1(榴)	122	690	15200	5(最大)	15700	自行
法国	LG1	105	675	11700	8		牵引
	AUF1	155	810	23350	8	42000	自行
比利时	GC45	155	897	30000(远程弹)	2	8222	牵引
奥地利	GHN45	155	903	39000(弹底排气弹)		12382	牵引
西班牙	FGH155	155	897	20200	5(4分钟)	9700(行军)	牵引

迫击炮　**美国陆军决定用以色列K6式120毫米迫击炮换装**　1990年3月，美国陆军决定引进以色列的K6式120毫米牵引迫击炮，定型为M285式120毫米迫击炮，并从以色列获得生产许可证。以色列索尔塔姆公司负责人说，1990年已收到美国陆军价值为1700万美元的订购单，采购60门M285式迫击炮和83000发迫击炮弹。首批订购的60门迫击炮由以色列制造。将来，按生产许可证由美国生产。

美陆军决定用M285式120毫米迫击炮取代现装备的M30式106.7毫米迫击炮，为重型部队营一级提供火力支援。M285式120毫米迫击炮比M30迫击炮射程远，最大射程为7200米，最小射程170米；射速快，最大射速（短时间内）为15发／分，持续射速4发／分；展开与撤收快，架炮时间＜1分，撤收时间＜1分；可发射多种迫击炮弹，能兼用北约某些国家的迫击炮弹，从而提高了北约内部的标准化水平。M285迫击炮配有两轮炮车，便于牵引或人力搬运。装在车轴上的管状弹箱可容弹6发，此外车轴上还设有两个盛装工具和备件的箱子。M285式迫击炮及两轮炮车总重约318公斤，迫击炮本身连同座钣和支架总重约136公斤。该炮通常需4人操作。野战条件下由5人操作更理想。

苏军装备2Б16式120毫米加农迫击炮 联邦德国《士兵与技术》杂志1990年第2期刊登了苏联2Б16式120毫米加农迫击炮照片。这种加农迫击炮现已装备苏联空降兵和海军陆战队。

该炮实施直瞄射击时，既可发射迫击炮弹，又可发射带药筒的普通炮弹，还可发射破甲弹以对付装甲车辆。前两种炮弹的最大射程为8800米，后一种炮弹的最大有效距离为1000～1200米。

该炮驻退机和复进机装在炮身管上方，炮口装有一个形状特殊的四气室箱形制退器。与普通迫击炮不同的是，在射击时，不仅要放下支撑座盘保持火炮稳定，而且还要使火炮双轮离开地面，同时火炮大架落地并由驻锄支撑。火炮大架装有架尾轮，可使炮手开架时省力。

该炮的某些部件与苏2C9式120毫米自行加农迫击炮相同，装有半自动机械式输弹机，采用这种输弹机，使火炮以较高的角度射击时不必降低炮身就能装填弹药。

图2 苏2Б16式120毫米加农迫击炮

主要战术技术性能

高低射界	−4°～+80°
方向射界	±35°
展放时间	＜30秒
车体长	6020毫米
车体宽	2630毫米
车体高	2300毫米
土路行速	30～35公里／小时
公路行速	60公里／小时
陆上最大行程	500公里
水上最大行程	75～90公里

苏军装备2Б11式120毫米迫击炮 据联邦德国《士兵与技术》杂志1990年第8期报道，苏联2Б11式120毫米迫击炮取代2Б9式82毫米迫击炮，装备于摩步营。

2Б11式120毫米迫击炮与M1943式120毫米迫击炮性能虽有相似之处，但其射程比后者远，可达7100米；重量比后者轻；高低射界45°～80°，方向射界±5°。该炮炮口装有一个防止在忙乱中重复装弹的重装保险器。此外，脚架上的水平调整器装在左侧，而不象M1943式那样装在右侧。座板上装有提把。

2Б11式迫击炮通常用带有平台式车箱的载重卡车（4×4）运载，只在特殊情况下才用该卡车牵引。这种载重卡车称之为2C12式，与"嘎斯"−66式载重汽车十分相似，但迫击炮不能从车上发射。

火箭炮

美陆军MLRS12管火箭炮交由海军陆战队试验 1990年4月之前，应海军陆战队请求，美陆军将11门MLRS12管火箭炮借给海军陆战队试验鉴定。该炮发射架既可用于发射火箭弹，又可用作储弹箱，整套设备比较轻、体积较小，由3人操作，紧急情况下，一个人也可完成发射任务。该炮使用改进型双用途常规弹，每发弹装有644个空心装药双用途杀伤子弹，每颗子弹重0.23公斤，在目标上方空炸后可穿透100毫米厚的装甲。

苏军装备"龙卷风"300毫米多管火箭炮 根据英国《詹氏苏联情报评论》1990年5月号报道，苏军"龙卷风"300毫米多管火箭炮早已装备部队。该炮除火箭发射车之外，还有一部专用的火箭弹装填车。装填车重4.1万公斤，携弹量14发，最大行速65公里／小时，最大行程650公里。

火箭发射车共有12个发射管，由4个人操作，最大射程70公里，最小射程20公里。火箭弹战斗部是集束式子母弹，内含72颗子弹，全弹重800公

表 2 现装备迫击炮主要性能

国别	型号	口径(毫米)	初速(米/秒)	最大射程(米)	射速(发/分)	战斗全重(公斤)	机动方式
苏联	2Б16	120		>8800	6～8	8000	自行
	2Б11	120	325	7100	15(最大)		车载
	2C9(M1981)	120		6000～7000			自行
	新 M37	82	211	3040	15～25	55.5	人背
英国	RO2003	120				18000	自行
法国	VPX40M(履带) RPX40M(轮式)	120	365	13000	12(最大)	4700(履带) 4500(轮式)	自行
奥地利	SM-4	120	518	11500		7000	车载
西班牙	L105	105		6000		102.95	牵引
以色列	K6	120		7200	4	318	牵引

斤，战斗部重 300 公斤。其专用的装填车由 MA3-7318 型运载车改装而成。该车配有起吊设备，便于装填火箭弹。

苏联 БМ-22 式 220 毫米多管火箭炮 根据英国《詹氏苏联情报评论》1990 年 5 月号报道，苏军 БМ-22 式“飓风”多管火箭炮是 1977 年开始装备陆军的。但其具体情况一直无人知晓。1990 年，美刊报道，该炮是苏军炮兵武器中占有重要地位的有效火力支援系统。

该炮发射车是吉尔-135 型（8×8）12 吨越野车，最大速度 70 公里/小时，最大行程 500 公里。它的 4 个轴均为驱动轴，驾驶室和火箭操纵室均有空调设备。发动机是 2×8 缸 4 冲程水冷汽油机，功率 2×132 千瓦，位于驾驶室的后部。车体后部两侧各有一个活动支撑板，发射时可以向外伸出，平时可缩进。该炮共有 16 个发射管，分 3 排安装，上部 1 排为 4 个管，下部 2 排各有 6 管。方向机和高低机分置于发射管的两侧。在发射过程中，驾驶室前面的玻璃有钢板遮盖，起到防护作用。火箭弹长 4600 毫米，发射重量 360 公斤。

联邦德国开始装备 MARS 火箭炮 1990 年 2 月 5 日，联邦德国陆军收到两门新式多管火箭炮。该炮是美、英、法、联邦德国和意大利合作研制的 MLRS 火箭炮，联邦德国称为 MARS 中型火箭炮。

MARS 中型火箭炮采用履带式发射车，具有装甲防护，可防步兵武器攻击；能在核、生、化条件下保证较高的生存能力。火箭炮运载车装有惯性导向设备，便于快速确定火箭炮的坐标，载车重 20 吨。火箭炮本身配有射击指挥计算机，可大大缩短火箭炮的反应时间；火箭弹采用标准的整装式结构，便于储存、运输和装填发射，可大大缩短射击准备时间。

MARS 中型火箭炮的组成如下：(1) 履带式运载车，由 M2 或 M3 步兵战车改进而成，机动性好，可保证“打了就跑”；(2) 发射箱装在运载车上，高低和方向转动灵活，便于瞄准，有两个火箭发射器，可分别储存、运输和发射 6 枚火箭弹；(3) 火控系统，包括计算机、遥控发射器、稳定装置、电子仪器和火控面板等。

该炮目前配备有两用子母弹、训练弹、AT-2 式反坦克布雷弹，另外还在研制末制导反坦克子母弹。两用子母弹具有杀伤人员和攻击装甲目标的双重能力。训练弹的战斗部装有发烟罐，可显示炸点，便于训练。AT-2式反坦克布雷弹装有28个反坦克雷，适于远距离大面积布设反坦克雷场。反坦克雷采用空心装药，具有较高的二次效应，可有效地攻击坦克车体、履带和无装甲防护的各种车辆。

主要战术技术性能

火箭炮战斗全重	25吨
公路行速	64公里／小时
最大行程	480公里
一次齐射时间	50秒
射程	10～40公里
AT-2反坦克布雷火箭弹	
弹长	3936毫米
弹径	236.6毫米
弹重	259.45公斤
战斗部重	107公斤

英国和智利联合研制的火箭炮首次试射 1990年9月中旬，英国和智利联合研制的火箭炮在威尔士进行了首发火箭试射。试射的弹头为代用品，重量与真弹相同，射距离达26公里。试验证明，火箭炮已达到第一研制阶段的指标。按设计要求，火箭弹长应为3.212米，弹径160毫米。火箭炮第二阶段研制任务是完成两种战斗部、发射架和火控系统的研制，并且将所有这些系统装在一个底盘上。这一阶段的研制工作计划到1992年完成。

表3 现装备火箭炮战术技术性能

国别	型号	口径(毫米)	管数	射程(公里)	一次齐射时间(秒)	机动方式
美国	M-270	227	12	32～45	60	自行
苏联	“龙卷风”	300	12	70		自行
	БМ-22(“飓风”)	220	16	40	30～90	自行
意大利	“菲洛斯”6	51	48	6.55		自行
捷克	MK70	122.4	40	33.7	18～22	自行
以色列	MAR290	700	4	25～42	10	履带自行
巴西	“阿斯特罗斯”2 SS-60	300	4	20～60		自行
南非	“瓦尔基里”	127	24	22		自行
南朝鲜	KM809A1	130	36	23		自行

战术导弹 **美国紧急生产陆军战术导弹系统** 1990年6月，美国众议院拨款委员会已决定停止给陆军战术导弹系统拨款。海湾危机爆发后，美国国防部又于1990年8月紧急决定，加快陆军战术导弹系统的生产。1990年11月5日，美国国防部防务采办委员会正式批准了这种导弹的生产计划。计划要求生产1136枚陆军战术导弹，分3年完成：1991年318枚、1992年411枚、1993年407枚。该委员会还指示陆军对导弹再进行一些必要的试验，以检验导弹战斗部的威力。

这种导弹的战斗部是一种子母弹头，内含近1000个M74或M77两用子弹。这种子弹只有与目标直接碰撞时才能爆炸，其威力尚不足以摧毁坦克。为了提高战斗部的威力，按照陆军战术导弹系统研制计划，下一步是为该导弹研制末制导反装甲子母弹战斗部，并分两个阶段完成。首先，为子弹研制并装配双色红外寻的器，这种寻的器可以两个不同的红外频带宽度工作，以提高发现目标的概率；其次，再为子弹研制毫米波／红外双模寻的器。

主要战术技术性能

弹长	3.96 米
弹径	0.61 米
战斗部重	454 公斤
最大射程	100～150 公里
制导方式	H-700-3A 综合制导系统 采用环形激光陀螺
机动方式	履带车载
发射车型号	M993

法国宣布减少“哈德斯”战术导弹的装备数量 1990 年上半年，法国总统密特朗宣布将减少“哈德斯”导弹的装备数量，但仍加紧该导弹的研制速度。密特朗认为国际形势的变化是减少这种武器的因素之一。法国原来计划生产 80～120 部“哈德斯”导弹，并于 1992 年装备部队。

印度计划再次进行中程弹道导弹发射试验 1990 年，印度决定进行第 2 枚中程弹道导弹的发射试验。第 2 枚导弹是该弹的Ⅱ型样弹，或称发展型。该弹完全由印度科学家设计研制。其Ⅰ型样弹已于 1989 年 5 月进行了发射试验，并取得了成功。该弹取名“安格尼”（Agni)。

炮兵反坦克武器系统 1990 年，反坦克武器的发展主要是采用先进的火控技术、研制多种和多用途战斗部、开发先进的制导系统。发展重点仍然是反坦克导弹。原装备的反坦克导弹又有了改进型，具有了摧毁坦克顶装甲的能力。与此同时，新的反坦克导弹还处于研制阶段，如美国的“地狱火”和 KEM、法国的“艾利克斯”反坦克导弹。单兵反坦克火箭筒也有了改进，重量更轻、射程更远、穿甲力更强，有的还具有了摧毁工事、掩体的能力。

反坦克火箭筒 **美对瑞典 M3 式“卡尔·古斯塔夫”反坦克火箭筒进行评估** 为了改变美军别动队反坦克武器的落后局面，1990 年上半年，美军在美阿伯丁靶场和尤马试验场对瑞典的 M3 式“卡尔·古斯塔夫”反坦克火箭筒进行了评估。

M3 式反坦克火箭筒是 M2 式演化而来的。其发射筒采用钢制内衬，外绕碳素纤维，后喷筒用玻璃钢，其他部件均用铝或塑料制成，所以 M3 比 M2 的重量减轻了 6 公斤，只有 8 公斤。火箭筒长 1.06 米，大大减轻伞兵的负担。M3 式火箭筒可发射空心装药破甲弹、榴弹、照明弹和发烟弹等多种弹药，使用比较灵活。破甲弹的射程可达 600～1000 米，比美军别动队原装备的 M67 式无坐力炮远 200～600 米。

法国研制 AB92 式反坦克火箭筒 法国马特拉公司于 1990 年上半年对外展示了其新研制的 AB92 式反坦克火箭筒。该火箭筒为单兵便携式轻型多用途反坦克兵器，同时可以摧毁掩体、野战工事等战场目标。

该火箭筒采用了以配重物抵销后坐力的技术。它可从密闭空间发射。必要时可配夜视仪，便于夜间作战。

主要战术技术性能

火箭筒长	1000 毫米
筒径	92 毫米
筒重	7 公斤
有效射程	300 米
初速	290 米／秒
工作温度范围	-48℃～51℃
火箭弹弹径	92 毫米
弹重	1.8 公斤
破甲厚度	>520 毫米（300 米以内)

西班牙推出 C90 式反坦克火箭筒 据 1990 年 7 月 14 日英国《詹氏防务周刊》报道，西班牙推出 C90 式反坦克火箭筒参加法国陆军反坦克武器发展计划的竞争。C90 反坦克火箭筒共有 C90-A／B／C 3 个型号，用加固的合成树脂制造，重量轻，抗腐蚀能力强，为一次性使用武器。为便于夜间射击，火箭筒瞄准镜内有氚发光点永久性光源。

主要战术技术性能

筒径	90 毫米
筒长	840 毫米
筒重	1.5 公斤
弹径	90 毫米
弹重	2.4 公斤
有效射程	200 米（对活动目标)；300 米（对固定目标)
破甲厚度	>460 毫米
战斗全重	3.9 公斤

反坦克导弹 **美国“陶”2B 反坦克导弹完成飞行试验** 1990 年 10 月 3 日，美国陆军完成了对“陶”2B 的飞行试验。这次试验采取攻击坦克顶部装甲的方法，以两枚爆炸成形弹丸攻击了坦克炮塔顶部，取得成功。

“陶”2B导弹比攻击坦克前装甲的“陶”2A导弹的战斗部小，重量轻，可单兵携带。发射时，射手只需瞄准坦克本身，导弹就会自动向上偏移，从坦克上方飞过。

按照这次试验结果，美将对过去生产的部分改进型“陶”导弹和“陶”2A导弹进行改造，使之适于攻击坦克顶装甲。

美M113装甲车首次发射“地狱火”反坦克导弹 1990年11月初，美国洛克韦尔公司首次使用M113装甲输送车进行“地狱火”反坦克导弹的射击试验。试验时共发射3枚导弹，其中2枚直接命中目标，1枚脱靶。

“地狱火”原是直升机载反坦克导弹。为使它适于地面作战，陆军已从各种车辆上试验过“地狱火”反坦克导弹。目前，为了进一步验证“地狱火”导弹能否利用已有的发射装置从地面发射，正在执行一项为期16个月的地面发射“地狱火”导弹可行性研究计划。

美国开始执行HOMS“地狱火”反坦克导弹全尺寸研制计划 1990年第一季度，美国陆军同美国马丁·玛丽埃塔公司签订一项为期27个月的HOMS“地狱火”反坦克导弹全尺寸研制计划合同。HOMS的含义是“地狱火最佳导弹系统”。这种导弹将采用威力更大的串列式双级战斗部，其导引头由“铜斑蛇”反坦克炮弹的导引头改进而成，装有一个微处理机和一个数字式自动驾驶仪，具有抗光电干扰能力。这种导引头可与美AH-64A“阿帕奇”机载“地狱火”反坦克导弹的毫米波导引头相兼容。合同要求对HOMS导弹要进行65次飞行试验，试验预计在1991年底开始。

美国KEM反坦克导弹进行射击试验 1990年8月23日，美国LTV公司在白沙导弹靶场对KEM式反坦克导弹进行射击试验。在此之前已进行过一次类似试验。这次试验成功地命中了目标。KEM式反坦克导弹是一种动能导弹，它是美国陆军“罗萨特”反坦克导弹计划的一个组成部分。按照设计要求，导弹命中目标后应以动能穿透并击毁目标。陆军还计划把“罗萨特”导弹装在“布雷德利”履带式步兵战车上。

苏军装备“混血儿”轻型反坦克导弹 1990年，新加坡航空展览会介绍了苏联“混血儿”轻型反坦克导弹的情况。西方国家曾把它称作AT-7式反坦克导弹。该导弹的主要任务是加强对坦克防御能力，而不是取代某种导弹。它装备于摩步连，比苏联AT-4反坦克导弹装备的级别低。

“混血儿”导弹通常由2人操作：1人携带发射架支座和1枚导弹，另1人携带3枚导弹。该导弹最小射程为40米，适于在城市或隐蔽地形使用。

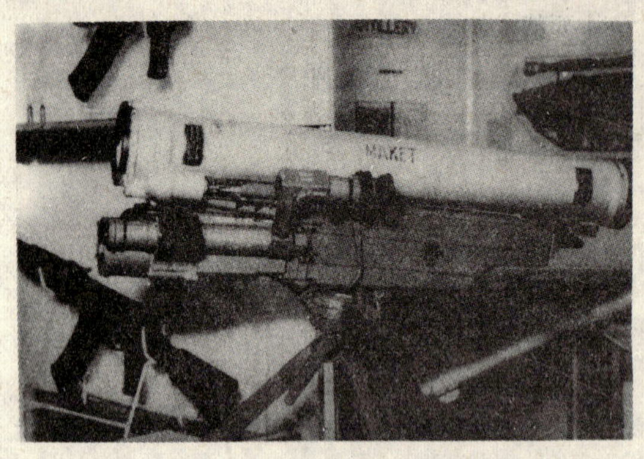

图3 苏“混血儿”反坦克导弹

“混血儿”和AT-4主要战术技术性能对比

名称或代号	“混血儿”（AT-7）	AT-4
型号	9K115M	9M111
系统重	16.5公斤	7公斤
发射架型号	9П151	9П135M
发射架重	10.3公斤	23公斤
发射管长	0.85米	1.2米
导弹重	4公斤	8公斤
弹径	120毫米	135毫米
导弹飞行速度	180米/秒	180～200米/秒
射程	40～1000米	2500米（最大）
制导方式	半自动有线制导	目视瞄准+红外自动跟踪+有线指令

苏联展出AT-6车载反坦克导弹 AT-6是西方国家对苏联直升机载反坦克导弹的称呼，苏联自己称为9M114式反坦克导弹。1990年，在菲律宾马尼拉举行的防务展览会上，苏联展出了一种车载AT-6反坦克导弹。发射车为苏联MT-ЛБ水陆两用装甲输送车，车上可装12枚导弹。导弹发射架位于车体后部，瞄准具装在车体前部。

法国研制成“艾利克斯”反坦克导弹 1990年，在法国萨托里武器展览会上展出了一种超近程反坦克导弹，称之为“艾利克斯”（ERYX）。该导弹配备给步兵班和排一级。它由筒装导弹和发射装置两部分组成。

发射装置包括瞄准具、测角仪和制导指令传输设备。测角仪用于测量导弹与瞄准线之间的偏差。瞄准具的放大倍率为3倍。该发射装置可用于立姿射击、跪姿射击和卧姿射击。

导弹采用红外半主动制导方式。导弹尾部装有红外辐射装置，地面制导系统可自动测出导弹与瞄准线的偏差并给出控制指令，通过导线传给导弹，修正导弹飞行方向，直至命中目标。在整个射击过程中，射手只需要将瞄准镜上的十字线对准目标即可。

导弹战斗部为两级串列结构，可对付反应装甲；同时由于战斗部的主装药后置，可获得最有利的爆炸距离，能充分发挥战斗部的威力。

截止1990年，该导弹的研制工作已经结束，可望于1991年投产。

主要战术技术性能

武器系统全重（肩射式）	16公斤
发射具重	4公斤
发射支架重（卧式）	3公斤
导弹重	12公斤
战斗部重	3.6公斤
弹长	925毫米
弹径	168毫米
战斗部直径	135毫米
导弹飞行速度	280米/秒
命中概率（50～600米距离）	≈1

南斯拉夫改进苏制AT-3式反坦克导弹 南斯拉夫克鲁西克兵工厂于1990年4～5月间透露，他们根据南斯拉夫军队的经验，对特许生产的苏制AT-3反坦克导弹进行了改进。改进的部位是在导弹战斗部前端的鼻锥体部分设置了一根长探杆，以增大其破甲威力。改进后的导弹对最低硬度为330HB的装甲钢板的贯穿深度可达520毫米，比原型弹增大了120毫米。

表6 现装备反坦克导弹战术技术性能

国别	型号	弹径（毫米）	弹长（毫米）	射程（米）	战斗部种类	战斗部重（公斤）	破甲厚度（毫米）	制导方式
美国	AAWS-H（“陶”3）			6000	双级串列	9(主战斗部)		毫米波指令
	AAWS-H (FOG-M)		1500	10000		32(全弹)		光纤
	AAWS-H (HVM)	152	2400	6000		2.2～2.7（弹芯）		激光指令
苏联	AT-6 (9M114)	135	1700	8000		10	750～800	红外(或激光、毫米波)
	AT-8	120	1200	5000		25(全弹)	600～650	无线指令
法国	ACCP	150	840	25～600	多级串列	3.9	>900	激光跟踪+有线指令
日本	87KM-40			2000	空心装药		600	激光驾束
以色列	“马帕兹”	148	1450	5000		18.5(全弹)	1000	激光驾束
	“火焰”	170	2600	2600		10	>800	激光半主动
南非	“打击者”	127	1220	50～5000	空心装药	17.6(全弹)	>1000	红外+激光指令

防空武器系统 1990年，防空武器系统发展的重点是防空导弹。这种发展主要体现在：(1) 利用新材料和新技术改进现装备的防空导弹；(2) 继续试验和论证80年代后期的一些发展项目；(3) 克服现装备的武器系统在训练和实战中暴露的问题和不足。特别值得注意的是，法、德两国正在研制的超高速防空导弹。这种超高速（一般指飞行速度超过4.7马赫的导弹）导弹具有高炮和防空导弹的综合特点，它具有攻击先进的战术弹道导弹、悬停直升机和超低空目标的三重能力。

高射炮 **联邦德国和荷兰合作改进"猎豹"双35毫米自行高炮** 为提高"猎豹"双35自行高炮的性能，使之适应现代战场乃至2000年战场的需要，联邦德国制定了"猎豹"改进计划。改进部位有如下3个方面：

(1) 为火控系统增加被动工作方式。为对付电子干扰，"猎豹"拟用光电传感器代替炮长潜望镜。传感器包括昼用光学观察仪和热像仪，热像仪采取陀螺稳定方式。采用电视跟踪装置被动跟踪目标，用自备的激光测距机测量目标距离。采用上述措施后，"猎豹"在雷达不开机的情况下也可以搜索和跟踪目标并计算提前量。

(2) 用数字式计算机取代模拟式计算机。新的指挥控制装置装有一台计算射击提前量的数字式计算机，它不仅能对火控系统的工作方式及控制电路进行控制，而且还具有逻辑功能。采用以数字计算机为核心的指挥控制系统并优化提前量的计算，可以大大提高对快速目标的命中概率、缩短系统的反应时间。数字化的指挥控制装置可控制火炮发射不同弹道和不同弹种的炮弹以对付不同类型的目标；它能及时、高效地处理来自陆军防空侦察系统和防空作战指挥系统的大量信息，从而减轻高炮连长的指挥负担；它通过自动和辅助决策装置，可大大简化自行高炮的操作；火控装置的数字化为实现高炮系统的自检创造了条件。

(3) 将"猎豹"火控系统纳入陆军的C^3I系统。"猎豹"火控系统纳入陆军C^3I系统之后，可对陆军C^3I系统负责监视的空域作补充侦察，弥补陆军C^3I系统的不足。陆军防空侦察及作战指挥系统雷达网所获得的空情通过无线数传方式可在"猎豹"火控系统的荧光屏上显示出来，而"猎豹"本身搜索雷达所获得的空情也同样可在荧光屏上显示出来。这样"猎豹"高炮系统的车长就可把从两个不同渠道获得的目标空情图重叠起来，得到合成图像。

按照联邦德国和荷兰1989年10月签订的研制合同，1993年3月将对德国的6门和荷兰的2门双35自行高炮系统试验样机进行验收试验。如验收合格，预计1994年可开始生产。

瑞典研制新型C90防空车 据英国《詹氏防务周刊》1990年10月6日报道，瑞典陆军CV90式新型战车将装备博福斯公司的L／70式40毫米高炮，构成一种新型防空车。1990年12月底参与此项研制工作的公司向瑞典陆军提供5部C90式防空样车。

该车安装博福斯公司的双人炮塔和L／70式40毫米高炮，雷达尚未选定。C90式防空车有6名乘员，驾驶员在前，雷达操作手、火控指挥员和对外协调员在车后部，车长和瞄准手分置车体中部炮塔的左右两侧。

瑞士展出高炮用新型火控系统 在1990年2月举行的亚洲航空展览会上，瑞士康特拉夫斯公司展出了一种名为"炮星"的高炮用新型火控系统。

该火控系统适用于20～57毫米高炮，由电视跟踪系统、激光测距机、数字式计算机等组成。可控制6门火炮，装在一部双轮拖车上，由两个人操作。装备"炮星"火控系统对火炮本身不必作硬件改动，在战术和后勤上也不必作相应的调整，只需将火炮原来的瞄准具换成"炮星"系统所配套的瞄准镜即可。在一次试验中，"炮星"系统配用于瑞士的GAI-B01式20毫米高炮，命中率达100%。

防空导弹 **美批量生产"复仇者"防空武器系统** 1990年4月11日，美国防务采办委员会正式批准批量生产"复仇者"防空武器系统。1990年8月美军加速向派驻沙特的美军第1骑兵师交付了该武器系统。"复仇者"防空系统共有3种型号，已批准生产的属标准型。

标准型 由2个4联装"毒刺"防空导弹发射箱、敌我识别器、前视红外装置和光学瞄准具、轮式载车组成。前4部分装在一个活动舱体（或称炮塔）上。既可在轮式载车上发射，也可在地面隐蔽发射。

弹箭结合的"复仇者"系统 和标准型不同的是在2个"毒刺"导弹发射箱的下面各增装了一个蜂窝式火箭发射器。每个发射器可装7枚火箭弹，弹径70毫米。

弹枪结合的"复仇者"系统 它同标准型的区别是在右边"毒刺"导弹发射箱下增装了一挺3管速射机枪（亦有称作3管加特林速射炮的）。该枪口径为12.7毫米，身管长118厘米，既可3管联装，也可6管联装。3管联装重31公斤，6管联装重44公斤，射速可达800～2000发／分。

表 7　现装备高射炮战术技术性能

类别	国别	型号	口径(毫米)	管数	有效射程(米)	有效射高(米)	初速(米／秒)	射速(发／分)	火控方式
牵引式	法国	“塔拉斯科”	20	2	1500～2000		1050	200	M348 式瞄准具
	联邦德国	MK20Rh202	20	2	1600	800		2×600～1000	P56 瞄准具
	瑞士	GBI-A01	25	1	2000～2500		1100	160	光学
	意大利	“布雷达”40L／70	40	2	4000	1000～3000	1025	2×600(理论)	雷达等多种方式
	希腊	“狩猎女神”	30	2	2500～3500	4800(最大)	1040	2×800(理论)	雷达＋光电＋光学
	以色列	TCM-20	20	2	1200	4500(最大)	850		光学+光电
自行式	美国	M163“伏尔康”	20	6	1650	900	1030	3000	雷达+光电
	美国	“鹰”	35	2	4000		1175	2×600	光电
	英国	“神枪手”	35	2	4000	3000	1175	2×550	雷达+光电
	法国	M3VDA	20	2	1800	800	1050	2×1000(理论)	雷达+光电
	法、德	“龙”	30	2	3300	2000	1080	2×650	雷达+光电
	法国	AM13DCA	30	2	3300	2000	1080	2×650	雷达+光电
	日本	87 式	35	2	4000	3000	1175	2×550	雷达+光电
	瑞士	ATAK-35	35	2	4000	3000	1175	2×600	雷达+光电
	意大利	OTO-76	76	1	6000	5000	900	120	雷达+光电

标准型“复仇者”防空系统的载车由美国机械总公司生产，型号为M988“哈默”（4×4）轮式车。“复仇者”防空系统利用这种载车进行多次发射试验表明，无论行进间还是停止间，无论昼夜以及任何天候条件，该武器系统都能稳定跟踪目标，射击准确。在180多次射击试验中，命中概率达95%以上。

美国陆军订购“毒刺”防空导弹训练器 1990年5月，美国陆军向美国科尔斯曼仪表公司订购了155部“毒刺”防空导弹训练器，价值550万美元。

该训练器配有分辨率较高、价格便宜的晶体玻璃显示系统，由训练导弹发射具、教官控制台组成。该训练器坚固耐用，可在室内外使用，不需要价格昂贵的固定显示系统。训练时，只需把地形和目标图像插入训练导弹发射具的操作手瞄准镜，操作手就可看到逼真的现地环境和目标图像，并可听到模拟的声响、感觉信息。

美国为“毒刺”防空导弹研制两种夜视瞄准具 第1种夜视瞄准具是以美国AN／PVS-4微光瞄准镜为基础设计的。它采用先进的25毫米微通道板像增强管，能把可见光输出放大10倍左右。该瞄准具的物镜焦距为60毫米，相对孔径为1：1.2，可提供一个宽度为23.5°的视场，从而使导弹射击时有足够大的提前角。这种物镜和像增强管相结合的夜视瞄准镜，在星光下能探测到7公里以外的飞机。

第2种夜视瞄准具以WASP式“毒刺”防空导弹广角指示器为基础，采用热成像技术，经改进制造而成。它是一种热成像瞄准仪，其工作波长为3～5微米，视场为20°×12°，装有发亮的十字分划。该瞄准具全重不超过2.3公斤，采用标准的BA5847／U锂电池，电池寿命10个小时。

美国ADATS防空反坦克导弹系统列为陆军重点项目 1990年1月，美国陆军部长米切尔·斯通透露，ADATS防空反坦克导弹是陆军1992～1997年最优先的开发项目之一。ADATS导弹是美国陆军前方地域防空系统的重要组成部分之一。该防空系统由5个部分组成：指挥控制与情报分系统；非视线可见武器分系统；视线可见前方重型武器分系统；视线可见后方武器分系统；合成武器分系统。ADATS导弹是在众多竞争对手中被美国陆军选中的。ADATS防空反坦克导弹系统可用于对付飞机和直升机，为前线部队和装甲车辆提供空中掩护，同时还可用于反坦克。

美国“小槲树”防空导弹又获改进 1990年春美国陆军接收了“小 树”防空导弹的最新改进型MIM-72G。至此，“小槲树”防空导弹已从最初的MIM-72A发展到MIM-72C／F／G共4种型号。MIM-72G导弹装有可圆周扫瞄的红外搜索装置，能有效地对付电子干扰。

美国推出改进型“霍克”防空导弹 “霍克”防空导弹的改进是根据美国陆军和海军陆战队联合制定的计划进行的，经过1990年2月和5月的试验已取得成功。改进后的“霍克”防空导弹具有了数字计算能力；其发射架的机械和液压系统的功耗已从21千瓦降低到3.5千瓦；配备了数字式计算机，取消了通信电缆。配备数字式计算机可加快各系统的展开速度；统一控制各个武器系统；减轻“霍克”导弹连和排的装备重量；使发射架的运载车更加轻便；使发射架能够安装尺寸较小的多枚导弹，以提高导弹排的火力。改进后的“霍克”导弹系统既可用于低强度，也可用于高强度防空作战，且可发射专用的防空导弹用于对付战术弹道导弹。

美紧急生产PAC-2型“爱国者”防空导弹 1990年8月7日，美国国防部指示紧急生产PAC-2型“爱国者”防空导弹，用以装备美进驻海湾的部队。过去，美只生产“爱国者”原型弹及其变型弹，即MIM-104型和PAC-1型弹。PAC-2型弹的战斗部和导弹软件已有改进，可用于战术反导，截击敌方战役战术弹道导弹。

苏联展出SA-15防空导弹 在1990年菲律宾马尼拉防务展览会上，苏联展出新型SA-15防空导弹系统。SA-15是一种车载机动防空系统，它采用的车底盘由MT-C装甲运输车改进而成。其炮塔可垂直发射8枚导弹。炮塔前部和后部分别安装跟踪雷达和搜索雷达，两种雷达在行军时均可折叠。

主要战术技术性能

最大射程	12000米
射高	10～6000米
战斗部重	15公斤
战斗部引信	近炸
制导方式	指令制导

英国“轻剑”2000防空导弹进入工程研制和试验阶段 从1990年开始，英国“轻剑”2000防空导弹进入工程研制和试验阶段。该导弹属于“野战标准”C型防空导弹系统。它是在光电式“轻剑”防空导弹的基础上改进的，由搜索雷达、“盲射”跟踪雷达、光电跟踪系统与发射装置3大部分组成。每个部分都用同一型号的两轮拖车装载，每个拖车均自带电源。

搜索雷达为3坐标雷达，采用超大规模集成电路。天线为平面阵，外部由一个大半球形罩覆盖。雷达工作波段为 E／F。发射机功率很高，在高低上可产生数个波束，且波束很窄，对小目标具有较高的分辨率。此外，它还可产生一个高仰角警戒波束，用于及时发现反雷达导弹。

“盲射”雷达采用双道跟踪，提供的目标信息及时、数据精确，可同时制导两枚导弹分别攻击两个目标。

光电跟踪和发射装置与光电式“轻剑”导弹基本相同，但增装了适于夜间射击的光电跟踪装置，并增装了 2 条发射导轨，使待发导弹增加到 8 枚。

英国激光“轻剑”防空系统试验成功 1990 年 5～6 月，英国航空空间公司对新研制的激光“轻剑”防空系统进行了一系列试验，并取得成功。

第 1 次试验共发射 7 枚导弹。第 1 枚起爆过早，第 2 和第 3 枚均击毁目标。其余 4 枚分 2 次发射，分别击中 1 公里和 3 公里处的 2 个目标。第 2 次试验也发射 7 枚导弹，共击毁靶机 6 架。这次试验的激光“轻剑”防空系统为支座式，可在履带式或轮式车上发射，也可在地面上发射。

激光“轻剑”与原型“轻剑”相比，最主要的变化是采用了自动激光跟踪装置，取代了原来的光学跟踪装置，并用一部新型毫米波雷达代替了原来的雷达。

激光“轻剑”的载车是一辆中型卡车。卡车载重为 3～4 吨。卡车后部有一个可旋转 360° 的转盘。4 联装导弹发射架、辅助光学瞄准具、电视跟踪系统、自动激光跟踪装置、毫米波搜索雷达和操作人员工作舱均安装在这个转盘上。卡车驾驶舱可以拆卸，也可以向前落下，以保障全方位发射导弹。工作舱可容纳 2 个人，内设全套控制显示设备。

激光器所产生的激光波束只有几毫弧度并由陀螺稳定。因此，其跟踪和制导精度很高。一旦激光波束照到目标，防空系统的计算机就会迅速算出目标的距离。当目标进入导弹射程时，计算机会立即向操作手发出信号，操作手即发射导弹攻击目标。导弹飞行速度为 2 马赫。导弹战斗部装有着发和近炸两种引信。

毫米波雷达的最大有效作用距离为 10 公里，略小于原型导弹搜索雷达（11.5 公里），雷达探测高度与原来雷达相同，仍为 10～3000 米。由于其旁瓣很小，所以抗干扰能力很强。当毫米波雷达出现故障或遭严重干扰时，可采用辅助光学瞄准具捕捉目标。

激光“轻剑”能昼夜作战，具有全自动作战程序。射手只需监视战斗过程，只在必要时才进行人工干预。

法国和联邦德国合作研制 RM5 超高速防空导弹

1990 年上半年，法德两国的 3 家公司签署协议，合作研制 RM5 超高速防空导弹。RM5 导弹是以“罗兰”防空导弹为基础的研制项目。字母 R 是“罗兰”（Roland）的字头，M5 表示导弹的飞行速度为 5 马赫。

RM5 导弹可用最新型“罗兰”导弹发射架发射，具有较高的抗干扰能力。导弹战斗部由无线电近炸引信引爆，引信兼有低空作战和探测小目标的能力。导弹制导系统采用半主动制导，具有对付低空直升机和飞机的能力。

主要战术技术性能

弹长	2550 毫米
弹径	172 毫米
翼展	250 毫米
战斗部重	11 公斤
最大飞行速度	1600 米／秒
最大射高	8000 米
有效射程	1.5～12 公里

瑞典陆军开始装备 RBS-90 防空导弹 1990 年第一季度，瑞典博福斯公司研制生产的 RBS-90 防空导弹系统已开始在瑞典陆军服役。该系统配用 MK2 型弹，也可发射 MK1 型弹。

导弹系统的瞄准具装有一架前视红外和电视摄像机，可用于夜间作战，另外还有一个综合敌我识别系统。

RBS-90 防空导弹系统为组合式结构，能和各种车辆相组合，构成不同的防空系统。车载 RBS-90 系统装备两辆 BV206 越野车，一辆用于装载发射架、导弹和操作人员，另一辆作为射击指挥车，车顶装有搜索雷达。

瑞典研制新型 RBS-3 防空导弹 据联邦德国《国防技术》1990 年第 5 期报道，为满足瑞典陆军防空的需要，博福斯公司研制了一种 RBS-3 新型中程地空导弹系统（BAMSE）。

该系统包括 1 部搜索雷达、2 辆发射架载车、4 枚待发导弹、1 部火控雷达。导弹与 RBS-70 基本相同，但装有一个推力较大的助推器，采用雷达制导，射程在 15000 米以上，可对同一目标或目标群同时射击而不相互干扰。火控雷达是埃里克森公司的“鹰”式雷达的改进型，工作于 Ka 波段，用于对目标和导弹的跟踪和对导弹的制导。

RBS-3 防空导弹系统具有全天候和高空防御能力，可弥补瑞典陆军现装备 RBS-70／90 和“霍克”

导弹的不足，主要用于机场、海军基地、居民稠密区和陆战区要点防空。

南斯拉夫改进苏制"箭"2M便携式防空导弹 据南斯拉夫1990年4～5月间透露，南军工部门对苏制"箭"2M便携式防空导弹进行了改进。改进后的导弹型号定为"箭"2M／A。改进措施主要有两个方面：(1) 加长导弹战斗部，保持导弹原有尺寸；(2) 改进导弹电子部件，实现电子部件微型化。

改进后的"箭"2M／A导弹在性能上有了较大提高。单发毁歼概率提高了20%，战斗部重量增加了20%，战斗部炸药重量增加了40%，导弹整体效能提高了30%，冲击波效应提高了40%，破片效应提高了30%。

日本装备"爱国者"防空导弹 1990年日本6个防空群换装了美制"爱国者"防空导弹。连同1991年以前的3个群，目前已有9个群装备了这种导弹，以代替原装备的"奈基"和"霍克"防空导弹。1990年以后，日本还将有6～9防空群换装"爱国者"防空导弹。

印度试验国产"阿卡什"（Akash）防空导弹 据《詹氏防务周刊》1990年8月25日报道，印度对自制的中高空防空导弹系统进行了首次点火试验。据称，该导弹的功能与美国"爱国者"防空导弹相类似，外形与苏式"立方体"（КУБ）导弹相似。导弹的助推火箭发动机采用固体燃料，可使导弹加速到2马赫，而后再由一台冲压火箭发动机完成飞行过程。

炮兵弹药 1990年炮兵弹药和引信发展的重点依然是解决射程、威力、引信安全和抗干扰问题。一年来，防空弹药发展较少，反坦克弹药发展较多。后者的发展突出地表现在各种压制炮兵武器配用了十分先进的反坦克弹药。例如155毫米榴弹、81毫米和120毫米迫击炮弹、火箭弹均具有了反坦克功能。运用现代高技术，如红外传感技术、激光制导、毫米波技术、电视跟踪和雷达导引技术，双级串列式爆炸成形技术等，发展新型弹药引信又是炮兵弹药和引信发展的又一突出特点。

美国试验红外和激光制导155毫米炮弹 继1989年半主动激光制导155毫米炮弹试验成功之后，1990年美国马丁·玛丽埃塔公司又进行了红外和激光复合制导155毫米炮弹的试验。这种制导方式建立在红外热成像导引头技术和半主动激光双膜导引头技术的基础上。导引头的红外探测器由包括25万个硅化铂单元的焦平面阵列组成。射手用手提式激光照射器对目标进行近距离照射。

法国展出TACED式155毫米反坦克制导炮弹

在1990年萨托里展览会上，法国展出了一种TACED式155毫米反坦克制导炮弹。该弹有3个子弹头。子弹头射程为1000米，可攻击坦克顶装甲。子弹与母弹分离之后，由降落伞控制子弹头的旋转，子弹的毫米波和红外复合传感器可对地面进行搜索扫描，发现目标后，弹头即直接攻击目标。

TACED式制导炮弹用155毫米榴弹炮发射，主要用于摧毁装甲纵队，或攻击坦克集结地域和重炮连，其射程为25公里。

瑞典完成反装甲子母弹方案论证 1990年上半年，瑞典博福斯公司已完成155毫米反装甲子母弹的方案论证工作。这种炮弹装有2个传感器引爆模块，可在1000米的高度由定时引信激活，使子弹从母弹内飞出。子弹装有2个伸开的控制翼面，控制子弹作螺旋飞行。在旋转飞行过程中，子弹上的红外传感器可对30°的扇形区进行搜索，并从适当距离上攻击目标。子母弹重24公斤，最大射程25公里。

英国末制导反装甲迫击炮弹试验成功 1989年底，英国宇航公司动力分部进行了末制导反装甲迫击炮弹的射击试验。试验证明，该弹能有效地发现、跟踪和攻击静止的和运动的装甲目标。它装有主动式毫米波导引头，在飞行过程中可向地面控制系统传送控制弹丸飞行所需的信息。导引头和制导装置可以经受炮弹发射时高加速度的冲击，具有较高的可靠性。

这种炮弹可用标准的81毫米迫击炮发射，发射方法与普通迫击炮弹相同。发射后，弹的6片尾翼展开，保持气动稳定，尔后控制方向的4组鸭式翼展开，在接近弹道顶点时，导引头开始工作，对9万平方米范围内的目标进行搜索。一旦发现目标，导引头即向制导系统提供攻击目标所需角偏差信息。该弹可全天候攻击4公里内的各种装甲车辆。作为步兵的反装甲武器，具有间接攻击能力。操作人员不必直接瞄准目标，因而降低了射手的危险程度。

法国展出末制导迫击炮弹 1990年在法国萨托里展览会上展出了120毫米末制导迫击炮弹，取名"新手"。该弹由法、英、意大利和瑞士4家公司联合研制，1990年上半年达成第1阶段研制协议。这种炮弹用普通120毫米迫击炮发射，用于攻击坦克顶装甲。炮弹飞行初段由推进装置推进，尔后进入弹道飞行，末段由毫米波全天候导引头制导飞行。在向目标实施俯冲飞行时，导引头控制并导引炮弹攻击目标。炮弹射程为8公里，使用方便，引信不必调控。

表 8　现装备防空导弹战术技术性能

类别	国别	型号	弹径 (毫米)	弹长 (毫米)	射程 (米)	射高 (米)	战斗部重 (公斤)	制导方式
便携式	美国	“毒刺”	70	1524	500～5500	30～4800	1.2	被动红外寻的
	苏联	SA-14	75	1300	300～6000			激光驾束
	苏联	SA-16	80	1550				
	苏联	“箭”2M	72	1440	1000～2800(迎击) 5000～42000(追击)	50～2230(迎击) 50～2000(追击)	0.87	被动红外寻的
	英国	“标枪”			500～5000	10～4500	2	电视／无线指令
	英国	“星光”			7000			激光驾束
	瑞典	RBS-90	>106	>1580	6000～7000	4000(最大)	>1	激光驾束
低空	苏联	SA-15			12000	10～6000	15	指令制导
	美国	M48“小榭树”	127	2897.5	6000	50～3000	12.6	被动红外寻的
中高空	美国	改进型“霍克”	360	5230	2000～40000	30～18000	75	半主动雷达寻的
	美国	“爱国者”	410	5310	3000～80000	500～24000	90.8	雷达经由导弹跟踪+无线指令+雷达末寻的
	苏联	SA-10	460	7010	50000	300～25000	1500 (全弹)	无线指令+末段雷达主动寻的
	苏联	SA-12b	500	7500	5000～80000	900～30000		无线指令+末段雷达寻的
	法国	SA90	180		30000	20000	15	惯性+无线指令+雷达主动寻的

瑞典结束 GJC4P 式 40 毫米炮弹的试验工作 据《国际防务评论》1990 年第 11 期报道，瑞典博福斯公司已结束对 GJC4P 式 40 毫米近炸引信喷气弹道修正弹的发射试验。该弹在弹体中部有一个弹道修正气体喷孔，可改变弹丸飞行方向。其基本工作方式是：在弹丸向预先计算好的目标未来点飞行过程中，高炮火控系统的计算机根据目标的实际航向、速度等参数，计算出目标更精确的未来点，并通过无线电指令向弹丸尾部的信号接收装置发出信号，弹丸接收到修正信号后，即连续自动地修正飞行路线直至命中目标。该弹底部尾翼可以减少炮弹的旋转速度，使喷气修正系统更加可靠有效。

伊拉克加速研制战术导弹油气炸药战斗部 1990 年，伊拉克加快了油气炸药的研制工作。这项研究工作是在“潘兴”导弹的油气战斗部的基础上开展的。伊拉克曾和阿根廷、埃及共同参与了“秃鹰”导弹的研制工作，从中掌握了制造油气炸药战斗部的技术。伊拉克研制这种战斗部主要是为“飞毛腿”等型战术导弹提供威力更大的战斗部。

英国研制“陶”式反坦克导弹战斗部的红外引信 1991 年上半年，英国桑恩电子公司开始为“陶”式导弹战斗部研制红外引信。这种红外引信可在导弹飞临目标上空时识别坦克。引信采用了特殊的红外技术，特别是相关的信号处理技术，因此能保障导弹战斗部在最佳时刻爆炸。桑恩公司研制的激光高度表。可为战斗部提供地面目标特征的初始数据，能保障引信在目标受到树叶、烟雾和红外曳光掩护时也能识别目标；在导弹受到严重震动和温度剧变的影响时，也能正常工作。

英国研制“轻剑”防空导弹的主动红外引信 从 1990 年开始，英国桑恩电子公司为“轻剑”MK2 防空导弹战斗部研制主动红外引信。这种引信将用于英国“轻剑”2000 低空防御系统。它可发出红外波束，当空中目标飞过红外波束时，引信即可获得目标的有关信息。引信的信号处理器可测出目标的距离，并判明目标是临近飞行还是离远飞行，该引信对干扰的敏感性低。

工程兵技术装备

综述 1990 年，工程兵技术装备的发展动向是：(1) 地雷器材的发展最为突出：南斯拉夫制成了油气炸药地雷；英、意联合研制了 ATIS 智能地雷；法国制成了 MAZAC 区域地雷；美国 XM-93 宽域地雷已进入工程发展阶段，AHM 反直升机地雷也进入原理方案阶段；德国开始发展 DAVID 地雷系统。显然，地雷器材正向智能、可控、宽域、空间方向发展。而扫雷器材也有明显发展：苏联和前民主德国已装备电磁扫雷器，加拿大制成了线性油气炸药扫雷系统，德国即将装备链锤式装甲扫雷车。(2) 就不同国家而言，又有不同的动向。作为军事大国的美国，在工程装备方面积极与他国合作研制或选用别国的一些装备；日本的工程装备则有了广泛的发展，生产或装备了 87 型直升机布雷系统、自行扫雷车、新型冲击桥、新型舟桥、新型战斗工程车、坑道掘进装置、新型陆军水雷；一些发展中国家已从引进别国装备转入积极研制本国的工程装备。(3) 海湾危机爆发后，美国紧急订购“沙特棕黄”伪装网、德国抛撒布雷系统等；其他一些西方国家也把原装备的工程器材运往海湾以便经受实战检验。

地雷 **中国 GLD-160B 防步兵雷定型列装** GLD-160B 是一种压发地雷，该雷全重 154 克，直径 78.5 毫米，高 40 毫米，起爆压力 2.5～20 公斤力。具有诡计装置，当敌排雷时，也会起爆。

苏军装备 BП-12／-13 电子控制装置 BП-12／-13 电子控制装置可与 MOH 定向破片雷、O3M 反步兵跳雷或反坦克地雷配套使用，构成电子感应地雷系统，用于警卫环形营区和阵地，以及为暂时停留的装甲编队提供掩护，还可用于封锁雷场道路。电子控制装置呈圆柱形，其下部为电池室，上部为电子控制线路和电子指令线插座：5 个插座通过长 5 米的导线与地雷连接，发出起爆信号；另有 2 个插座连接 CB-20-П 地音探测器，能测出人员的脚步声。电子控制装置根据地音探测器的信号起爆地雷。电池提供的工作寿命为 69 天。该系统曾用于阿富汗，通常与 O3M-72 反步兵跳雷一起使用。该系统能设定成按特定时间间隔的保险状态或战斗状态，从而在封锁雷场的通道口时可诱惑敌人误入雷场。

美国撒布地雷的自毁时间解密 美国撒布地雷的自毁时间如下表:

撒布系统	地雷	自毁时间			
		4小时	48小时	5天	15天
ADAM／RAAMS	M731／M741	✓			
ADAM／RAAMS	M692／M718		✓		
GATOR／VOLCANO	M89／M90	✓	✓		✓
GEMSS	M74／M75			✓	✓
MOPMS	M76／M77	✓			

到达自毁时间的80%时，地雷开始自毁，自毁期限一到，便不应有剩余地雷。自毁期过后，未自毁地雷的概率为1／1000。

从安全脱离到进入战斗状态的时间如下表:

撒布系统	从安全脱离到进入战斗状态时间			
	45秒	90秒	2分钟	45分钟
ADAM／RAAMS	✓(今后)		✓(当前)	
VOLCANO			✓	
GEMSS				✓
MOPMS		✓		

从安全脱离到进入战斗状态的时间内，地雷进行自检。如自检失败，在进入战斗状态时地雷自毁。VOLCANO地雷进入战斗状态时的自毁率为13／10000。

美国XM-93宽域地雷进入工程发展阶段 XM-93属于WAM宽域地雷，目前正进行研制。这是美国第一种灵巧地雷，可由人工设置，或从以35公里时速行驶的卡车上布设。今后的布设系统包括VOLCANO抛撒布雷车、MLRS多管火箭炮、ATACMS陆军战术导弹。XM-93广域地雷全重15.9公斤，直径18.8厘米，高34.3厘米。布设后，地雷展开8个稳定支腿，展开由3个微音器和1个地震检测器组成的传感器阵列。地雷对来自传感器的信号进行处理，发现、跟踪和区分目标。当发现目标进入100米的摧毁半径时，上部雷体朝向目标预估截击点转动（可倾斜到35°），随即发射小弹。小弹是一种包含有一个爆炸成形破甲弹头和一个双色红外传感器的自由飞行弹药。小弹探测目标，并从大约20米的高度启动破甲弹头。宽域地雷的战场寿命为180天。特克斯特伦公司现正与防务高级研究计划署一道工作，使地雷具有随意接通、断开的开关能力，这种装置将加入设计中，作为对原先计划产品的改进。

图 1 美国 XM-93(WAM)宽域地雷

美国 AHM 反直升机地雷进入原理方案阶段 AHM 反直升机地雷从 1988 年 7 月开始进行可行性方案论证研究。从 1989 年 6 月开始，由 3 家公司根据 4 年的合同再进行两个阶段的研究：第 1 阶段是原理方案阶段，用现成部件制成试验性模型，进行 6 个月的试验，以验证方案和技术，直到 1991 年 6 月；第 2 阶段是研制样雷，进行野外试验。目前已知的是两家公司提出的设计方案。

第 1 种方案是英国费朗蒂有限公司提出的。该方案倾向采用短射程武器，如向高度 10 米左右的目标发射爆破雷，或向飞行高度 50 米的直升机发射有破片战斗部的武器。该公司对地雷本身的设计思路是：采用高 25.4 厘米的锥体，底部直径 22.9 厘米，顶部直径 10.2 厘米，配有 7 个传感器窗口，可覆盖 360°。传感器包括毫米波雷达、声响、震动或光学装置，通过雷上处理器，从 2～3 种雷上传感器就能生成目标识别和触发数据。该公司认为，反直升机雷有多种用法，包括布撒在敌方机场、空中通道、以及己方指挥所等重要设施周围，或以跳跃变换方式混合配置防御雷带和常规武器，以遏制敌直升机。

第 2 种方案是特克斯特伦公司提出的。该设计方案采用 XM-93 宽域地雷的大部分技术，预计雷重 18.2 公斤，有 4 个微音器，较 XM-93 有更广的空间，以获得更多的原始资料。反直升机雷的作用范围，从地平面到 200 米高的空间，并期望达到 400 米。它发射的小弹具有多重聚束爆炸成形破甲弹头和双模态传感器。反直升机雷可以遥控接通和断开。

日本特许生产瑞典 FFV-013 定向破片雷 瑞典 FFV-013 定向破片雷可用于重要设施、机场、码头、岸防炮发射阵地的防直升机机降和突袭的需要，也是一种理想的伏击武器，可在区域防御中造成密集杀伤。日本经过试验研究之后，决定采用这种地雷，并按许可证进行生产。

日本新型陆军水雷进入技术开发阶段 新型陆军水雷系现装备水雷的后继型，是一种小型、轻量级水雷，用水陆两用布雷车布设，有沉底或系留两种型式，用于抗击登陆舟艇和浮游战斗车辆。1990 年这种新型陆军水雷已进入技术开发阶段，预期下一个中期防务计划的前半期将可实用。

德国批量采购 PARM 反坦克侧甲雷 PARM 是一种路外反坦克侧甲雷，用于掩护道路和场地。据 1990 年 11 月报道，德国国防部首批已订购 25000 枚 PARM 地雷。该雷由人工设置，易于伪装，延期 5 分钟后即进入战斗状态，采用光纤传感器方式触发。现正发展一种红外传感器，以取代光纤传感器。有效射程 40 米，据称其成型装药战斗部可穿透已知的装甲。

德国发展 DAVID 地雷战系统 DAVID 的含义是动态、自主、计算机辅助防御系统，它是根据 1987 年的 2000 障碍系统计划（曾一度称为 2000 地雷战系统）发展的。其基本构思是：把限制敌装甲部队机动的普通障碍系统发展成为主动战斗系统，从而在防御地域前方就给进攻的装甲部队造成损失。整个系统包括各种封闭和隐蔽设置的组成部分，能自主和遥控地大面积攻击敌装甲车辆、下车的步兵和支援直升机。其中，除人工设置和机械布设的组成部分外，还有用抛射工具和撒布工具远距离布设的组成部分。所有组成部分组成一个对话控制的和部分自主的完整系统。通过遥控，能够接通和关闭。己方部队通过时系统关闭；目标进入有效杀伤范围时，智能地雷或作战机器人能作出反应，使系统的一些组成部分接通。

系统的组成部分包括：带遥控引信的 AT-2 型撒布地雷；带自主传感器的侧甲雷（可遥控的智能地雷）；钢珠动态雷（如弹跳地雷）；具有搜索引信或多模传感器的区域防御雷（如 ADW），用于攻击顶甲和侧甲；多功能、部分自主和／或遥控的作战机器人，配备反坦克火箭或带自锻破片弹头的地雷；可远距离布设、人工布设或机械布设的传感器，机械传感器场，获取 10～40 公里外的信号；与传感器场耦合的地雷撒布系统；光纤（波）制导的反坦克导弹；预设的即时爆破成形的反坦克壕，作为辅助障碍和己方部队的工事；具有多种引信和保险装置的反直升机雷和反步兵雷。

DAVID是一种新型武器系统，它能把防御能力提高到新水平，导致对地雷、弹药、工兵和步兵传统观念的变化，它将引起陆军现代化的新飞跃。

DAVID系统的发展分为3步：第1步是把现有地雷和适宜的反坦克武器综合成一个可遥控的地雷战系统；第2步是采用必要的技术，补充智能、半智能对话式控制的组成部分，使之扩大成一种可控的计算机辅助的地雷战系统；第3步是继续补充和组合其他智能自主部分和传感器部分，以便继续提高各组成部分及整个系统的战斗力。目前，共有17家厂商参预初期工作，预计到1993年完成预研阶段。

英国开始生产 RO-150反坦克地雷引信 RO-150反坦克地雷引信，用于配装新型非金属地雷，特别是可迅速安装在现役非金属地雷上，以提高其效能。该引信具有全宽攻击能力；有一个插入式反倾斜机件，具有反电子扫雷防护能力，对附近的爆炸不起反应；地雷启动期可由用户确定，可避开预先设定的低价值目标。引信具有4种状态：解脱保险、感受信号、失效和回收使用。有24分钟的解脱保险延期，适于布雷车使用。存储寿命10年，但每隔5年需更换电池一次。

英、意联合研制出 ATIS 智能反坦克雷 ATIS智能反坦克雷由英国和意大利的两公司联合研制而成，1990年在英国陆军装备展览会上首次展出。

ATIS的感应传感器使用电子智能技术，可测定正在接近的坦克速度；其信号处理装置可处理震动传感器的信息，以确定坦克的前沿，并根据车速，发出引爆指令，使地雷在坦克中部底装甲爆炸。按照引爆指令，地雷的双锥形装药战斗部就攻击目标。这种垂直攻击，能严重破坏坦克内部结构，也能破坏履带和负重轮。试验证明，ATIS地雷把智能和垂直破坏力结合起来，能摧毁速度范围很宽的主战坦克。ATIS地雷重5.5公斤，破甲能力150毫米。其特点是：装有先进的智能感应引信和微处理器；能根据计算，有选择地攻击坦克车底的最薄弱部位，而不管坦克的行驶速度如何；地雷可以埋设，也可在地表布设；具有反排装置，能防止挪动或人工破坏；还有适于短距离遥控的能力。

法国发展 MAZAC 区域反装甲雷 在1990年"萨托里90"展览会上，法国马特拉机械公司首次展出了MAZAC区域反装甲雷。该雷的作用半径为200米，可攻击装甲车辆的顶甲。该雷的结构是：在带有可伸缩支腿的基座上装有两具可回转360°的发射筒，筒内装攻击地雷（子弹药）。当声波和震动警戒系统感知装甲车辆时，数据处理系统便开始鉴别目标、确定方位，并由声跟踪系统自动跟踪，目标进入200米距离时，地雷射出并以20转/分、50米/秒的速度飞行，雷上的红外探测器一捕获目标，地雷即被引爆，射出爆炸成形弹头，以7马赫的速度攻击目标顶甲。每枚地雷的毁伤面积超过0.1平方公里。在可行性试验中，发射10多枚子弹药，100%的成功。MAZAC区域反装甲雷可人工设置，也可空中投放。其效能相当于60～100枚常规地雷，而其价格仅为常规地雷的3倍。该雷的有效工作期为3个月。

图2 法国MAZAC区域反装甲雷

法国生产 AC DISP F1 反坦克撒布雷 AC DISP F1反坦克撒布雷可用"米诺陶"自主布雷系统、EBG战斗工程车的地雷发射管、

OMI G1火炮布雷弹撒布。整个雷用一个抗刚性撞击的合成橡胶骨架封装，具有弹性；有2个金属支腿，可防止撒布的地雷倾斜。地雷由一个探测和点火模块、一个战斗部组成。探测和点火模块具有磁传感器和测时逻辑电路。战斗部为2个对置半装药，内有1个电子引信和1个雷管，爆炸时2个半装药向一个方向作用。地雷的工作时间，可在发射前设定；工作时间结束，地雷即自毁。

主要战术技术性能

直径：支腿收置时	139毫米（弹载雷为130毫米）
支腿展开时	200毫米（弹载雷为190毫米）
高度	89毫米
全重	2.6公斤
装药重（高爆药）	0.7公斤
破甲能力(距离50厘米，且倾斜60°时)	50毫米(或炸坏履带)
工作时间（发射前设定）	1～48小时

意大利生产SATM反坦克撒布雷 SATM是一种攻击坦克底甲的撒布地雷，用Istrice抛撒布雷系统布设。该雷具有单罩成形装药和感应引信。雷体呈圆柱形，装有可展开的翼片，以保证飞行稳定和正确的着地方向，双传感器组合引信把目标识别和高抗扫性结合起来。具有双作用惯性保险与解脱保险装置，一旦进入战斗状态，随时能以成型装药攻击坦克底甲。该雷也有自毁能力，在发射时设定。主要战术技术性能

直径：翼片收回时	96毫米
翼片展开时	114毫米
高度	106毫米
全重	1.4公斤
主装药重	0.4公斤
适应环境温度：工作	−32～+60℃
储存	−40～+70℃

图3 意大利SATM反坦克撒布雷

南斯拉夫研制成UDAR油气炸药地雷 UDAR油气炸药地雷，用于对付人员和轻型装甲车辆。该雷由2个主要部分构成：基础装置和鼓形雷体。一旦引发基础装置的装药，雷体便被向上抛起。雷体用两根线与基础装置的双向引爆器相连。到预定高度，雷体被内部小型装药炸开，释放出油气炸药云。这时基础装置的2个引爆器点火，引爆油气炸药云。标准型UDAR雷总重40公斤，其中油气炸药约20公斤。爆炸时能产生压力为20巴的定向冲击波和压力为40巴的反射冲击波。压力的有效作用半径为40米以上。小型UDAR雷总重20公斤，装药约10公斤，有效作用半径25米以上。UDAR雷设置在地表之下，遥控起爆。可单个设置，也可成组设置。成组设置超过500枚时，其爆炸威力相当于1000吨TNT炸药。

布雷器材 **中国定型列装GBL－120自动布雷车** GBL－120自动布雷车采用GJT－210军用推土机底盘作基础，车上装有储雷、供雷机构，车后装布雷装置，布设GLD－214和GLD－215反坦克雷，供雷、布雷、埋设作业过程全部自动化。车上配有电台、夜视仪和潜望镜，并有高平两用机枪。战斗全重25吨，储雷量252枚，布雷雷距3米、4米、5米可调，布雷速度252枚／15～20分钟。

美军紧急采购德国抛撒布雷系统 为适应"沙漠盾牌"行动需要，美军紧急采购100多辆德国"天蝎座"抛撒布雷系统，该布雷系统采用M548GAI装甲运输车作底盘，装设6个布雷模块，布撒AT－2反坦克地雷，装雷量600枚。该系统是德国目前已生产列装的唯一车载抛撒布雷系统。

法国研制出"米诺陶"自主抛撒布雷系统 1987年初开始研制，1989年2月进行首台样车试验，预计1991年中开始批量生产。

"米诺陶"布雷系统主要由装地雷发射管的发射模块和控制电子设备构成。根据底盘车的尺寸，通常组配6～8个发射模块。发射模块通过俯仰平台能从垂直面向两侧倾斜到45°，向后的10°倾斜则是固定的。每个模块有20个发射管，每个发射管有1个迫击炮式抛雷药筒，装5枚反坦克雷或10枚反步兵雷。电子设备有1个中央控制台，把指令传给各控制装置。中央控制台根据存储器中存储的地雷数量和所

要求的雷场密度给出可布雷的地段长度；控制装置(每对发射模块1个)按照指令对预先解脱保险、地雷有效期、发射脉冲、或为重新使用而使地雷失效进行固定管理。此外，车上装有位移传感器以测量车辆运动，通过显示器显示车速，据此可确定雷场的密度。

主要战术技术性能如下：

发射模块尺寸　长1米，宽1.15米（倾斜45°时为1.35米），高1.1米。

发射模块重量　空载350公斤，加外设700公斤（若模块转动选用电动机时为750公斤）。

单个模块装雷量　100枚（反坦克雷）

6个发射模块的布雷能力　4分钟可布设1800枚地雷的1000×300米雷场；地雷落地4分钟进入战斗状态。

抛雷距离　0号装药药筒抛雷距离100米，2号装药药筒275米，最大抛雷距离300米。

布雷方式　可隔河布雷；在天然障碍布雷；遇到壕沟可瞬时停止布雷，过后继续布雷；通过调节发射模块的倾角可从停止的车上布设雷场。

图4　法国"米诺陶"自主布雷系统

埃及研制成抛撒布雷系统　埃及新研制的一种车载抛撒布雷系统，可用于快速布设反装甲雷场。其运载车采用Fahd　4×4轮式装甲输送车，车上装6个发射模块，每个模块有20个发射管，每管装5枚反装甲雷，总装雷量600枚。地雷的直径为110毫米，重2公斤，装电磁传感器，能发现接近的装甲车辆。地雷起爆后，在0.5米的距离上可穿透120毫米的装甲。该雷具有抗扫和自毁能力。布雷密度和覆盖面取决于车辆速度、发射速度以及发射管数。

这种反装甲地雷也可用SAKR80火箭炮布撒。火箭弹径210毫米，每枚火箭弹装65枚地雷。

扫雷器材　**苏联和原民主德国联合研制成EMT电磁扫雷装置**　这是一种磁性地雷扫雷装置，与KMT-6扫雷车配套使用。EMT是一个扁平箱体，装在坦克的前上甲板上，此外原来的V形偏导板和各种安装销均被除去。EMT可在坦克前方产生一个与坦克磁场相似的磁场，引爆磁引信地雷。

苏军装备ПСК通路标识装置　ПСК是一种发光柱投放器，用于标识雷场中的通路。它能安装在各种苏式坦克上。坦克车体后上部装有一个特别的矩形板，标识装置即装在其上。ПСК包括若干个分配匣，每个匣装有6枚磷基发光柱，每间隔15米投放一枚。每枚发光柱在地上可发光约20分钟。ПСК标识装置通常与KMT-5M车辙扫雷器配套使用。

德国"雄野猪"（Keiler）装甲扫雷车的研制工作即将结束　该车从1983年开始研制，1989年中期完成工厂试验，1990年下半年进行部队试验。试验取得了满意效果，不久可装备部队。"雄野猪"扫雷车以M-48坦克底盘作基础，采用链锤式扫雷装置：在两个主轴上装有24个链锤，由发动机动力驱动旋转。通过液压系统可将扫雷装置回转于车体上方成运输状况。扫雷时，通过链锤旋转击打地面，可将埋深25厘米的地雷摧毁或引爆，扫雷效率达到80%。该车已进行了20公里的扫雷试验，并且对各种现代地雷都作了试验，能达到10分钟内在雷场中开辟宽4.7米、纵深120米通路的要求，并且可靠性高。扫雷车前下方装有铲刀，可将土推向两边。

图5　德国"雄野猪"装甲扫雷车

德国研制成MIPAG撒布地雷清除装置　这种地雷清除装置称为MIPAG地雷筛，装在坦克和轮式车辆前面，用于清除在道路、通路或发射场表面布设和撒布的地雷。该装置重120公斤，在10分钟内可装在适宜的装甲车辆上，并在车辆前方伸出4米，清除通路宽度4.7米，在铺砌路面上的最大清扫速度达40公里／小时。作为一种简单、价廉的清除跑道禁区地雷的器材，德国空军部队已作了试验。

英国研制出新的RAMBS-2枪射扫雷装药系统 RAMBS-2是在RAMBS枪射扫雷装药系统的基础上改进而成的，并在1990年英国陆军装备展览会上展出。RAMBS-2全重6.4公斤，装在可背挎的包装箱内。箱的上部装发射榴弹、2个锚桩、6个发光柱以及起爆装置；箱的下部装长60米的RDX线性装药。整套器材在1分钟内即可设置完毕。与RAMBS相比，RAMBS-2最主要的改进是采用了新的MECAR火箭助推枪榴弹，可装在任何7.62或5.56毫米武器上，用标准的子弹击发。RAMBS-2可在反步兵雷场中开辟宽0.6米、纵深60米的通路(RAMBS为40米)。

加拿大完成FALCON线性油气炸药扫雷系统样品试验 根据与加拿大国防部的合同，汤姆森无线电公司研制的FALCON线性油气炸药扫雷系统样品，1989年底已进行了试验，计划1990年完成生产型。FALCON系统使用一枚由4个CRV-7火箭发动机作动力的火箭，把300米长的软管发送到反坦克雷场中开辟道路。软管放置在一个大格栅内，发射前用钢索与火箭相连。火箭从格栅旁的斜轨发射。发射后，向软管充填丙稀氧化物，并在软管靠近发射点的部分充水，以造成100米的安全距离。然后，通过软管内的起爆线引爆，造成油气云，延期400微秒后，每隔15.24米，油气云引爆。通过爆炸可清除单脉冲反坦克雷和反步兵雷。整个发射到点火起爆需时不到3分钟，开辟通路宽10米、纵深200米。FALCON试验样品装在双轴拖车上，可用M-113装甲输送车或5吨卡车拖牵。生产型底座根据用户需求，可以是拖车、卡车或雪撬。

埃及研制成Gehad-1反坦克雷扫雷系统 Gehad-1是为埃及陆军研制的扫雷系统，用单轴拖车运载线性扫雷装药，由坦克或其他装甲车辆拖牵到发射地点，然后牵引车脱离，拖车以4个支腿稳定，从拖车上将放置线性装药的托板拖放到拖车前的地上。拖车上有一枚两级火箭及其发射架，点燃后火箭把线性装药拖带到雷场。发射距离200米，线性装药长120米，每米重6公斤。起爆后，可在反坦克雷场中开辟出宽4米、纵深120米的通路。

埃及研制成Fateh-1反步兵地雷扫雷系统 Fateh-1扫雷系统，是一种两人携带的线性装药扫雷系统。全重72公斤，用运载箱运输，箱内装有线性装药、火箭发动机、火箭发射架。将运载箱运到发射点后，展开发射架，发射火箭，把线性装药拖带到雷场。发射距离140米，线性装药长120米，重50公斤。起爆后，可在反步兵雷场中开辟宽0.6米、纵深120米的通路。

桥梁器材

苏军装备УСМ-2架桥作业车 УСМ-2是УСМ架桥作业车的改进型，其结构、架桥尺寸和承载能力与УСМ相同，但又有许多区别。УСМ-2的架设车采用克拉斯260G汽车作底盘，运输车采用克拉斯260载重汽车。架设车上，采用2个液压支腿、伸缩式起吊装置和行星传动回转机构。架设车的作业平台采用液压铰盘以钢索伸出和收回。其操纵系统增设了卸载指示仪、倾角测量仪等监测仪表。运输车上设置了可装集装箱的专用平台，集装箱侧壁设有12个箱子，用以装放小部件。

日本首次公开新型装甲冲击桥 1990年10月7日，日本在自卫队工兵学校首次公开了新型装甲冲击桥试作车。该车采用74式坦克底盘作基础，上部结构与德国“海狸”（Biber）装甲冲击桥相似，为轻合金制平移式桥梁。桥长18米，承载60吨。总重40吨。车体后部配置有6个烟幕弹发射器，车前配有障碍宽度测量器材。架设时间要求为5分钟，试验中（水平、斜上、斜下）的平均值为4分45秒；撤收时间要求为10分钟，试验的平均值为4分16秒。动载试验时用90式坦克以3～20公里的时速通过，最大应力为153公斤／厘米^2，最大挠度为16.5厘米，均在要求范围内。

新加坡研制成LAB-30轻型冲击桥 新加坡造船与工程公司已研制出LAB-30轻型冲击桥。LAB-30采用AMX-13轻坦克底盘作基础，其上装液压架设机构。桥梁用铝合金制造，长14米，宽2.9米，重3200公斤，承载力为30吨，两桥并列架设，承载力为60吨。整套器材运输状态长7.38米，高3.2米，架设时间3～4分钟。

巴基斯坦研制出装甲冲击桥 巴基斯坦军用车辆研究发展院研制出装甲冲击桥样车。该车采用M47M坦克底盘作基础，其上安装架设撤收机构。桥梁用铝合金制作，有两种型式：一是剪刀折叠式，全长21.4米，净跨20.3米，桥宽4米，桥重9800公斤；二是短跨桥，是前一种桥的一半，但附加有岸边部分，与半桥铰结并折叠其上。装甲冲击桥（带21.4米桥）全重54吨，宽4米，高3.83米，乘员2

人，架设时间约3分钟。

德国进行DOFB折叠支援桥试验 DOFB由道尼尔有限公司和戴姆勒·本茨公司联合研制，跨度45.9米，承载60吨，作业人员5名，架设时间约60分钟，模块式结构。运输状态（含运载车）尺寸约11×2.75×3.9米；模块式桥长13.9、20.3、26.7、33.1、39.5、45.9米。45.9米桥需5辆6×6运载车和1辆8×8架设车。

英国推出MACH MGB机械辅助架设的中桁桥 MGB中桁桥原来是为第2和第3梯队设计的，但在缺乏所需器材的情况下也可用于前线部队。该桥为“北约”的标准装备，已为世界35个国家所采用，但仍在继续发展。MACH MGB便是MGB中桁桥的配套发展。它是一种用起重机进行半机械化架桥的器材，可减少架桥点的作业人员。它用标准的MGB部件在另外的装配区预装成模块，用输送车运往架桥点，用起重机或车载起吊设备进行架设。架设31.8米的桥（8辆车运载），在同样时间内，可使架设人员由通常的25人减少为9人。MACH MGB只补充少量用于机械化作业的专门部件，便能在无法使用起重机的场合用人工架设。MACH MGB的另一改进是把承载能力提高到70吨。

法国首次展出TCP车辙冲击桥 在1990年萨托里展览会上法国首次展出TCP新型冲击桥。该桥为剪刀折叠式，展开时长14米，宽4米，可跨越宽12米的壕沟；折叠时长8米。桥重4800公斤，承载能力70吨级。该桥用单轴拖车运载，全重6吨，长9.45米，宽2.5米，高3.7米。使用时，用汽车牵引到预定地区，EBG装甲工程车利用其吊臂和专门的钢索辅助装置将桥转置于装甲工程车上：桥的近端置于EBG的推土铲刀上，另端用辅助钢索拉起，移到壕边，通过钢索把桥降下，在重力作用下桥梁展开在跨壕沟的预定位置上。架设时间约3分钟。TCP冲击桥利用装有推土铲刀和起吊臂的重40吨的其他装甲车辆，也可架设。

西班牙研制出VLDP装甲突击桥样车 西班牙研制的VLDP装甲突击桥样车，采用M47坦克底盘作基础，配用德国26米铝质60吨级平移式桥梁。架设时间4分钟。桥车前端装有推土铲，可在未经装备的地点架设，也能从任何一端撤收。乘员4人，全重57吨。

舟桥器材　美军推行改进型带式舟桥研制计划 为了改进现装备带式舟桥的性能，美军正推行一项改进型带式舟桥的研制计划。计划要求改进型带式舟桥的承载力为70吨级，适应流速3米／秒；提高浮舟舟首的水动力性能；浮舟内充填防沉材料（密封舱泡沫），以增强生存力；加长岸边桥节，以适应2米高的垂直河岸；运载车采用较大的底盘（10吨HEMTT高机动多用运输车，以减轻超载情况，或10吨PLS装载系统）。

目前，有两家公司参加此项计划的竞争，并提出了两种设计方案。美国鲍恩·麦克劳林·约克公司提出的IRB设计方案是，计划研制11个中间桥节和4个岸边桥节。德国曼公司的设计方案是，研制FSB2000改进的带式舟桥。该桥在流速达3.5米／秒的情况下，承载能力为70吨级（特殊情况下可达80吨级），岸边桥节适应岸高2.2米，可架浮桥或结构门桥，用两个岸边桥节和两个中间桥节即可构成70吨级门桥。美军新的带式舟桥将在IRB和FSB2000之间竞争产生。

法军展出BAC-20和BAC-60摩托门桥 在1990年亚洲防务展览会和萨托里展览会，法国展出了BAC-20和BAC-60摩托门桥。

BAC-20门桥采用一个PFM带式舟桥桥节，带有两个液压操纵的跳板，可载渡20吨级轮式和履带式车辆，准备时间5分钟。2座BAC-20门桥可结构成45吨级门桥。BAC-20已用于法国陆军。

BAC-60门桥采用两个PFM带式舟桥桥节，带有液压操纵的跳板。每个桥节用两部OB操舟机驱动，用半拖式运输车运载，以液压操纵实现展开、泛水、撤收和折叠。BAC-60可运载60吨级装甲部队仓促渡河和强渡江河。门桥结构时间7分钟。法国陆军已决定采用。

运动保障器材　美军试制ESV工兵班车 美军工兵中心试验把一辆无炮塔的坦克改装成工兵班车，它具有坦克的机动性和生存力。美军工兵学校设想，ESV将由带有装甲隔舱的“艾布拉姆斯”坦克底盘和上部结构构成，安装小型瓦砾清除铲。试验时，由于没有现成的“艾布拉姆斯”坦克，改用一辆M—60A2坦克作底盘。钢制上部结构内设有7个座位，乘员经过顶部的领航员舱口进入。上部结构的后部有两个鸥翼形门。用大的钢制工具箱取代了坦克侧防护箱，在发动机舱上方加装了人员装备和必需品储存架。试验期间，安装了扫雷索，以进行扫雷时的偏移试验。试验表明，ESV的运行效能好，增强了装甲防护能力，增加了外部的装备存储空间。ESV可以配装扫雷索或扫雷滚，提供了变换任务的潜在能力。

美军发展CMV战斗机动车 美军计划发展

CMV 战斗机动车，用于清除复合障碍，以取代M728 战斗工程车。CMV 将采用重型通用底盘，配装有：一个带自动深度控制装置的扫雷铲；一个可挖掘、升举和锁定的动力驱动挖掘臂；一个同通用底盘相结合的操纵控制模块。为适应 CMV 的特殊要求，通用底盘将改装。操纵控制模块的显示、控制、防护和后勤支援功能与通用底盘的其他装备系统兼容。此外，CMV 将配备机枪，也许还有 MAR-19 式 40 毫米榴弹发射器。按照计划，1991 财年开始预研，先期技术论证将采用 M-1A1 坦克底盘配装扫雷铲和挖掘装置。全面研制从 1994 年中期开始，包括 8 台样机。1999 年开始生产，将按 2：1 的比例取代工兵部队的 M-728 战斗工程车。

日本制定新型战斗工程车研制计划 战斗工程车是随伴装甲部队行动、清除各种障碍、保证部队机动的装备。根据日本新制定的研制计划，这种新型战斗工程车除具有扫雷能力外，还有推土、挖掘、起吊等能力，并有装甲防护、高速行驶和作业自动化（智能化）等功能。目前日本技术本部第 4 研究所正在进行研制，原定 1990 年完成试制，现已推迟到 1991 年完成。通过试制，探索各种作业装置的组合和配置，以及作业智能化程度等问题。

德、法联合发展的折叠路面器材开始批量生产 德国和法国联合发展的折叠路面器材的研制工作已全部结束，从 1990 年 9 月开始批量生产。德国称为 FSG 折叠路面器材，法国称为 MATS 地面通行支援器材。

该器材可反复使用，主要用于在不适于车辆通行的地形，如沼泽地、沙地、坡度为 30% 的岸坡、浅滩，保障部队机动，建立渡口进出路，铺设弯道、叉道，构设迂回路和物资转换场，等等。

整套器材由路面、铺设撤收机构和基础车构成。路面是在德军装备的钢质六角路面板的基础上改成铝质路面板，并组成 2.77 米（德国）、2.22 米（法国）长的路面段，各段间用铰链联结而成折叠路面（有的路面板由两个半路面板铰接而成）。铺设撤收机构由主框架、路面托架、弧形架、导向臂及绞盘组成。路面托架的下平台可纵向移动，上平台承放路面，可左右回转 90°，以保证在运输状态时的宽度不超过 3.0 米，作业时可全宽（4.2 米）铺设撤收。路面通过弧形架铺设和撤收。基础车采用德国 MAN 8×8 15 吨载重汽车，装载长 50 米的路面；或采用法国 TRM10000 6×6 10 吨载重汽车，装载长 40 米的路面。铺设时车辆倒行，撤收时车辆前进。器材性能如下表：

性　能	FSG	MATS
折叠路面		
每段路面长（米）	2.77	2.22
每套路面长（米）	50	40
宽度　（米）	4.2	4.2
每段路面重（吨）	5.1	4.2
每套路面重（吨）	9.2	7.58
承载能力（吨级）	履带 60,轮式 25	履带 60,轮式 25
全重　（吨）	25.06	23.26
外形尺寸（行驶状态）（米）	11.12×2.99×3.60	10.56×2.99×3.67
铺设作业时间（分）	10	10
撤收作业时间（分）	20	20
作业人员	驾驶员和作业手各 1 名	驾驶员和作业手各 1 名

英国开始生产管式束柴 新生产的管式束柴由英国皇家军械研究发展院研制，分大型和小型两种。大型束柴重 2.5 吨，能填塞 5 米的壕沟，可成捆地装在现有坦克底盘上，或用任何适宜的车辆设置。用“酋长”主战坦克改装的 AVRE 装甲工程车，可运载 3 捆大型束柴，或 2 捆大型束柴和 1 捆路面器材。小型束

柴重 210 公斤，可用任何装甲输送车或轮式车辆运载和设置。在早期试验中，一辆 70 吨级履带车越过束柴桥 3000 次，对束柴没有不良影响。

法国生产 EBG 战斗工程车 法国陆军 AMX-30 型 EBG 战斗工程车由法国陆军武器工业集团的 ARE 厂生产，用以取代已服役 20 年的 AMX-13 战斗工程车。EBG 可配备一座 TCP 车撤冲击桥，用单轴拖车载运。该桥和 EBG 的起吊臂及钢索从拖车上放置在推土铲上，利用钢索和重力的联合作用将桥展开，可跨越 12 米的干沟。

加拿大装备"獾"装甲工程车 "獾"装甲工程车是德国 Dachs 装甲工程车的加拿大型，它采用"豹" I 坦克的底盘作基础，配装有可加长的推土铲；大功率伸缩臂，臂端可装两种尺寸的挖斗和专用抓钳；35 吨救援绞盘。此外，还配有松土齿、切割和焊接设备。试验表明，该车的可靠性高，能承受加拿大冬季的严寒。1990 年 3 月，已装备加拿大第 4 战斗工程兵团。

阵地作业器材　中国研制成 PQ 挖掘机具

PQ 挖掘机具是装在火炮牵引车上的挖掘作业装置，用以挖掘炮兵部队自身的火炮工事以及车辆、人员掩蔽部平底坑，还可用来装卸弹药。挖掘装置所需动力，由火炮牵引车分动箱引出，约 50 马力。挖掘臂上可装 0.25 立方米或 0.4 立方米挖斗。用液压操纵，压力为 18.5 兆帕。根据试验，作业率为 60 立方米／时（用 0.25 立方米挖斗）和 72.4 立方米／时（用 0.4 立方米挖斗）。

美军发展 RRR 机器人挖掘机 美国空军工程与勤务中心发展了一种采用智能机器人技术的复合挖掘机，主要用于跑道弹坑的修复作业。挖掘机采用可由 C-130 飞机空运的 JD-690 多用途挖掘机，用硬橡胶胎更换了履带，挖掘臂上可装挖掘斗、夯实板、破碎器，机前加装了平整铲刀。该机可用于清除弹坑浮土，平整碎石和基础材料，压实和平整回填材料。人工操作试验表明，填平、修整一个直径 28 英尺的弹坑需时不到 1 小时。这种挖掘机现已装备美国驻欧空军和太平洋空军的各主要基地。快速工具变换系统，用于保障挖掘机操作手不借助外界帮助，在驾驶室内就能更换挖掘臂端的工具（挖掘斗、夯实板、破碎器），并在 1 分钟内更换完毕。工具均放置在与挖掘机后架联结的单轴小车上。程控装置可给操作手提供菜单选择程序，由计算机完成作业功能。该装置建有全部液压功能的伺服操纵阀、模／数和数／模转换器、动力调节器，采用一台耐震 IBM／AT 当量计算机，用 Fortran 语言编制程序软件。记录表明，计算机已超过 1000 机械工作小时而无故障。该系统能保证指定挖深的误差在 2 英寸以内，压实质量控制达到 95%，更换工具时间小于 30 秒。正在进行的研制工作有两个方面：一是采用遥测技术实现计算机对计算机的控制；二是建立陀螺导航装置，从而发展成智能机器人挖掘机。

日本定型列装筑城器材搬运车 1990 年日本定型列装了一种筑城器材搬运车，主要用于在不平整地域输送筑城器材。该车系履带式，装有起吊设备。自重约 5 吨，载重约 3 吨，起吊能力约 2 吨。外形尺寸约 4.3×2.2×2.2 米，可用大型卡车运输。最大自行速度约 20 公里／时，爬坡能力约 30°，越壕宽度约 1 米，乘员 2 人。装备工兵分队、战斗部队和特种部队。

日本自卫队即将装备坑道掘进装置 日本陆上幕僚监部从 1987 年开始研究坑道掘进装置，从 1988 年下半年到 1989 年进行了性能试验，从 1991 年开始列装。该装置能快速构筑坑道式结构工事，可用于构筑导弹发射井和指挥所等重要设施。一般用于软岩土质，内壁需经被覆加强。

英军 HYDREMA 多用工程车列装 英国陆军已有 300 台 HYDREMA 多用工程车服役。该车综合了 1.2 $米^3$ 前端装载机、8 吨挖掘机、反铲挖掘装载机 3 种专用机械的特点，能实施多种作业。工程车携带有各种可换装置和辅助装置，具有良好的越野能力。其中心枢轴摆动的转向系统具有高速和稳定性能。该车可用拖车、飞机运输，也可用直升机吊运。

伪装欺骗器材　美国紧急订购"沙特棕黄"超轻型伪装网

超轻型伪装网是新近发展的用以隐蔽陆军直升机和固定翼飞机的战术器材。在"回师德国 90"演习中，用一个 AH-64 攻击直升机大队（营）进行了战地试验。这种伪装网不下垂，没有损伤飞机发动机的部件，易于设置，并能快速撤离。据 1990 年 10 月报道，美国陆军已紧急订购了 500 套这种超轻型伪装网，供驻沙特的 AH-64 攻击直升机部队使用，超轻型伪装网的重量约为标准网的一半，其雷达散射能力为 6～140GHz，并改进了抑制热反射的性能。遮障长 33.5 米，宽 23.8 米。

美国研制成 MCCD 多频谱近战假目标 据 1990 年 12 月报道，美国特莱汀·布朗工程公司为美国陆军研制成一种可用于对抗现代监视和武器传感器的多频谱近战假目标。它与近距离目视、红外和目标识别段长以及各种车辆典型射频信号相匹配。这种假目标即使被敌火力击中，仍能保持效果。撤收后可用军用帆布袋盛装，目标设置可由3人在10分钟内完成。

英军订购ZSU23-4自行高炮充气模型 这种模型可用作空中识别和电子目标训练器材。它能为前线空军人员指挥飞机攻击单个装甲目标和战斗编队提供逼真的识别训练，也是机组人员担任战术侦察和近战空中支援任务的有价值的训练设施。ZSU23-4模型放气包装重量为100公斤，包装尺寸为1.8×0.9×0.9米。设置时，两人从车上卸下，使用一个用12伏电池作动力的便携式充气机，8～15分钟可充气展开，再用2～3分钟用金属杆撑好，即设置完毕。撤收包装约需10分钟。该模型配用热红外和雷达特征模拟装置，更为逼真。

图6 英国ZSU23-4自行高炮充气模型

英国研制成F-16飞机金属结构假目标 英国新近研制的F-4和F-16飞机假目标，是一种可全尺寸展开的金属结构。运输状态时折叠成一辆4轮拖车，可牵引运输；展开后即为一架全尺寸飞机。F-16假目标可在17分钟内设置完毕，能提供视觉和雷达欺骗，用一个内在红外源，对应于电磁频谱部分工作的传感器。为了增强真实感，可插入一种电子情报信号发生器，以模拟机载电子设备的工作。

海军武器装备

水面舰艇 1990年，在海军水面舰艇中，两栖舰艇、反水雷舰艇和军用辅助船的发展颇具特色，推出了一批新船型和新概念作战舰艇。

在两栖舰艇方面，大型两栖攻击舰和船坞登陆舰的发展仍倍受重视。在反水雷舰艇方面，远洋扫雷和猎雷舰艇的发展速度很快，建造批量也很大。在船体结构和材料的选择上也不断推陈出新，反水雷的效能有所提高。

在军用辅助船的发展方面，各海军大国在继续加大吨位，提高航速和自持力的基础上，开始建造快速战斗支援舰、海洋监视船、音响测定舰等新型军辅船。

在新船型的发展方面，气垫船、水翼艇、小水线面双体船和地面效应艇等高性能艇的发展速度较快，同时，还推出了电磁船等新概念船型。

两栖舰艇 **美国海军“黄蜂”级多用途两栖攻击舰首舰(LHD—1)服役** 首舰部署在大西洋舰队，第2艘“埃塞克斯”号(LHD—2)已开工建造；第3艘“奇尔沙治”号(LHD—3)和第4艘“拳师”号(LHD—4)已列入计划。“黄蜂”级两栖攻击舰可执行制海、两栖突击、兵力投送和医疗支援等多种任务。可装载一个全副武装的海军陆战分队，包括：8门115毫米炮、5辆M—1坦克、25辆轻型两栖车辆、80多辆卡车、4部铲车、2部发电机以及2000余名陆战队员，登陆装备包括3艘登陆艇和42架CH—46“海上骑士”直升机。

该级舰采取通长飞行甲板和岛形上层建筑，飞行甲板长约236米，可供“鹞”Ⅱ型垂直／短距起降飞机滑跑起飞，为登陆部队提供近接支援和有限的制空能力。舰上飞机配置包括：“鹞”Ⅱ垂直／短距起降飞机及AH—1T“海眼镜蛇”、UN—IN“休伊”、CH—46“海上骑士”以及CH—53E“超级种马”直升机。该舰主要装备自卫用武器系统，包括2座八联装“海麻雀”防空导弹系统(或新型“北约海麻雀”MK41导弹垂直发射系统)、3座“密集阵”近防武器系统、4座导弹诱饵投射装置和1套AN／SLQ-25型声学鱼雷诱饵。

“黄蜂”级还可作为舰队旗舰，舰上设有供编队指挥官及参谋人员使用的舱室和生活设施，有关通信设备完善，包括：43个收／发信道、27个发信和42个收信信道、频率覆盖由广播频道至超高频。医疗设施包括：600 张病床、6 个手术室、4 个牙科诊室、X 光检查室、一个血库和一间化验室。

美海军继续建造“惠得贝岛”级船坞登陆舰 第 4 艘“惠得贝岛”级船坞登陆舰“冈斯顿厅”号(LST—44)、第 5 艘“康斯托克”号(LST—45)都已完成海试，开始服役。第 6 艘“托尔图加”号(LST—46)、第 7 艘“拉什摩尔”号(LST—47)、第 8 艘“阿希兰”(Ashland)号(LSD—48)也都已下水，准备进行海试。新建后续舰战术技术性能基本不变，但从“冈斯顿厅”号起加装了三防系统，提高了生存能力。

在建造“惠得贝岛”级的同时，美海军又发展了该级的改进型，其主要改进是提高了两栖装备的运载能力，改进型首舰已定货。

法国海军建造 TCD90 级船坞登陆舰 首舰“富德雷”号(L—9011)于 1988 年下水，计划 1991 年服役。该舰满载排水量 11800 吨，可搭载 1810 吨货物、470 名陆战队员、2 艘坦克登陆艇或 10 艘突击登陆艇，并载有 4 架“超美洲豹”直升机。防空武器包括 2 座六联装“萨德尔／西北风”防空导弹发射装置和 2 座双管 40 毫米炮。

意大利海军第 2 艘“圣乔治奥”级两栖攻击舰“圣马科”号(L—9893)服役 该级舰满载排水量 7665 吨，主尺度 133.3×20.5×5.3 米，航速 26 节，续航力 7500 海里／16 节。该舰车辆甲板为艏艉贯通式；直升机起降甲板设前后 2 个起降区，可供 5 架 SH—3D 和 CH—47 等大型直升机同时起降，飞行甲板长 100 米，宽 20.5 米；舰艉设一个 20.5×7 米的可充水船坞，供登陆艇出入，每舰可搭载 3 艘机械化装备的登陆艇，每舰可装载 36 辆装甲输送车或 30 辆中型坦克；可为 500 余名登陆兵提供住舱。

日本海上自卫队计划建造新型登陆舰 日本海上自卫队在 1984～1989 年的五年计划中曾计划订购两艘 3500 吨级坦克登陆舰，供日本海军使用，这一计划目前已被性能更全、吨位更大的新型登陆舰所取代。

新型登陆舰外形与意大利海军的“圣乔治奥”号登陆运输舰相似，舰体全长 160 米，宽 20 米，吃水 5 米，标准排水量为 5500 吨，采用英制 16500 马力柴油发动机，双轴驱动，航速为 20 节。

该舰有一个普通飞行甲板、舰桥和烟囱置于右舷，飞行甲板下有一个装载车辆的甲板，气垫登陆艇可从该舰尾部开出。飞行甲板前端部有 1 门自卫用 6 管 20 毫米“火神—密集阵”近防炮，以及综合电子支援设备和诱饵火箭发射装置。飞行甲板上有两个直升机起降区(飞行由舰桥的飞行控制站监控)，居住舱可供 250 名舰员和 400 名陆战队员使用。除执行军事任务外，该舰还可用于海上救援。

反水雷舰艇

美国海军继续扩建“复仇者”级扫雷舰 该舰满载排水量 1313 吨，主尺度 68.3×11.9×3.5 米，能处理中等水深水雷，并在美国领海和公海海域执行扫、猎雷任务，并能远洋部署。该级舰选用木质船体材料，外敷玻璃钢，重量轻、安全性好。动力装置为 4 台 620 马力低磁柴油机，导航设备为专为“复仇者”研制的 PINS 精确综合导航系统，携有 MNS 灭雷具及多种磁声扫雷具，并装有 AN／SQQ—32 变深声纳。

目前已服役的 4 艘舰为“复仇者”号(MCM—1)、“哨兵”号 (MEM—3)、“保卫者”号(MCM—5)和新服役的“破坏者”号(MCM—6)；另外有 4 艘在建，其中 3 艘已下水，它们是“冠军”号(MCM—4)、“侦察兵”号(MCM—8) 以及“爱国者”号(MCM—7)。

1989～1990 年，美海军又订购了 5 艘“复仇者”级，这批订货为该级舰的第 9～13 艘，其中 9～11 艘分别命名为：“先锋”号(MCM—9)、“勇士”号(MCM—10)和“斗剑士”号(MCM—11)。

美国海军采购“鱼鹰”MHC 级沿海猎雷舰 该型舰以意大利“莱里希”级反水雷舰艇为基本型加以改进，由美国和意大利联合生产。作为“复仇者”级的补充，其主要任务是定位、识别和销毁美国沿海水域及港口的锚雷和沉底水雷，并能与水面及空中反水雷力量协同作业。该舰排水量约 790 吨，长 57. 9 米，宽 11 米，装有 SQQ—32 型变深声纳和主动式猎雷装置。美国海军准备采购 17 艘该级舰，但采购计划有所推迟。目前首舰(MHC—51)已于 1989 年 7 月下水，第 2 艘于 1989 年 3 月定货。美国对船体进行了振动试验，以验证其强度。

苏联海军最大的远洋扫雷舰“戈里亚”号服役 该级舰于 1986～1987 年在列宁格勒造船厂建造，1989 年完工并下水，1990 年进入服役。该舰满载排水量为 950 吨，主尺度为长 66 米、宽 11 米、高 3.5 米。主要武器装备有前部的 76 毫米炮和后部的 30 毫米“加特林”防空火炮，上层建筑有“顿河”2 雷达、前视雷达和低音帐篷雷达。此外还有雷达回波金属反射器等电子战设备。

联邦德国 343 型反水雷舰艇服役 343 型布雷／扫雷艇首艇“哈默尔恩”号 1989 年 4 月服役；第 2 艘“库姆巴赫”号(M1093)于 1989 年 6 月下水，第 3 艘“哈默尔恩”号(M1092)于 1989 年 6 月完工。该艇排水量 590 吨，主尺度 55×9.1×2.5 米，艇体采用低磁钢建造，携有标准的机械、声、磁扫雷具，兼有布雷和扫雷能力。执行布雷任务时，可载 60 枚水雷。该艇具有较强的防空火力，装有 2 门 40 毫米炮和 2 座“毒刺”防空导弹发射装置。

联邦德国 332 型反水雷舰艇开始生产 该艇采用与 343 型相同的艇体，排水量约 600 吨，但装载设备不同。任务为猎雷、扫雷和作为“特洛依卡”遥控系统的主控艇，将主要部署在波罗的海及北海海域，为北约组织的船队提供海上交通线的安全保障。目前，首艇已开工建造，预计 1992 年服役。

英国海军“桑当”级猎雷艇首艇服役 “桑当”级为一型单用途猎雷艇，主要用于海底环境较好、适于猎雷作业的海区，英国海军建造该级艇系作为“猎”级猎扫雷舰的补充。其排水量 450 吨,主尺度 50×9.5×2.1 米，采用电力驱动，装有 2093 型变深猎雷声纳和 2 套 PAP—104 遥控灭雷系统；船型为传统的排水型船体，艇体为单板加构架结构，与“猎”级相比，船体结构重量减轻 40%，造价降低 50%。目前，该艇第一批定购 5 艘，其首艇已于 1989 年 6 月服役。

该艇艇身采用玻璃钢船体结构，结构强度高且无磁。艇上采用了低磁柴油机。艇上主机装有筏式减震座，三台柴油发电机安装在上甲板的弹性基座上，减少了向水中散射噪声。柴油机采用气冷，减少了水泵噪声。该级艇采用单板肋加玻璃钢船体结构。单板厚度一般在 20 毫米以上，并有加强纵骨，抗冲击系数是一般海军舰艇抗冲击系数的 4 倍。该艇外形低矮，上层建筑靠后，受风力影响小，低速航行时风力不会使船偏航。该艇机动性较强，采用柴油机直翼推进器，还有两部电力艏推进器，转速低、空泡小、噪声小，并可手动和自动控制。该级艇猎雷速度相当于“猎”级的 4 倍，单艇造价约为 3000 万英镑。

英国海军研制出口型低成本反水雷艇 英国两家公司正在合作研制一种专供出口的低成本反水雷舰艇，该艇价格只有常规猎扫雷艇的 1／10。这种小型猎雷／扫雷艇既可以通过安装 MARK—5 型遥控水雷引爆系统作为猎雷艇使用，也可以装两具扫雷器作为扫雷艇用。QUILS—2 型支援系统为该艇提供任务规划、路线勘察和集中导航。该系统与扫雷声纳和处理机相连，全面实现了作业自动化。该型艇总长 26 米，排水量为 75 吨，乘员 12 人，装备一门单管 20 毫米炮。该艇的全套设备还包括艇上和岸上的支援设备，岸基指挥中心的建设等。

法国海军建造“纳维克”号反水雷舰 法国海军正在建造的远洋反水雷舰将用于在法国核潜艇基地附近的广大区域进行扫雷。该舰的设计作业深度为 80 米，计划建造 9 艘。它将是世界上最大的复合材料结构船，该舰排水量 300 吨，自持力为 20 天，能进行海底监视、水下遥控运载器作业和清除水雷。该舰使用一个拖曳式旁扫声纳及相连的数据处理系统，数据只需进行搜集，处理工作在岸上进行。该舰装有机械、声、磁扫雷具及其控制设备。从监视转变为扫雷的时间不超过 24 小时。该舰设计至少要在 50%的 4 级海况下和冬季使用。该舰选用了玻璃钢结构，磁特性极小，1 吨 TNT 炸药在 50 米距离内爆炸舰体不会受损。该舰的所有技术舱室和舰员居住区都在主甲板以上。舰艉用于存放、搬运和操作水下活动设备。操作舱位于舰中部。

该舰最大航速 15 节，监视航速为 10～12 节，10 节航速时最大航程 5000 海里，燃油储备 100 吨。主机为 2 台 1000 千瓦柴油机，辅助动力为 2 台 250 千瓦的电动机，供电为柴油发电机电力系统。该舰声纳的理论作用距离为 400 米。一组艇员年使用时间为 2400 小时，二组艇员时为 4000 小时。该艇编制 4 名军官，21 名下级军官，24 名士兵。

意大利建造“莱里奇”Ⅱ型反水雷舰艇 该级艇是“莱里奇”级的改进型，排水量增大 22 吨，艇长增加 1 米。该艇采用单柴油机和新的艇艏推进系统；装有指挥系统，航道测绘声纳，变深猎雷声纳，MNI—77 遥控装置，遥控灭雷潜水器及机械扫雷具；艇体为玻璃纤维结构，并采用了非磁性动力装置以及无噪声阻尼隔震装置。

挪威海军气垫扫雷艇开工 该艇排水量 500 吨，主尺度 54.5×13×2.3 米，采用水面效应双体船型，动力系统为 2 台柴油机喷水推进，另外 2 部柴油机用于提供升力，航速达 30 节以上，船体采用弹性夹层结构，装有 2 套 PAP-104 灭雷系统和 1 部“汤姆逊”猎雷声纳。目前，同级计划建造 10 艘，其中 6 艘为扫雷艇，另外 4 艘为猎雷艇。首艇已于 1989 年开工，1996 年前全部交付使用。

日本海上自卫队建造改进型“初岛”级扫雷艇 该级艇排水量 490 吨，是“初岛”级的改进型。首艇“粟岛”号和第 2 艘“佐久岛”号于 1989 年 4 月下水，1989 年 12 月服役。

日本海上自卫队继续建造新型猎雷舰 日本于 80 年代完成了“初岛”级近海猎／扫雷艇，该艇满载排水量为 510 吨。日本海军目前正以一年 1 艘的速度订购 1000 吨级的远洋扫雷舰，该计划将延续到 90

年代中期进行，90 年代中期还将发展新型扫／猎雷舰。

澳大利亚海军“湾”级双体猎雷艇进行海试 该艇排水量 170 吨，艇长 31 米，最大艇宽 9 米，单体艇宽 3 米，吃水 2 米。该艇排水量小，因而压力场低，为在此基础上提供一个稳定宽敞的压力平台，采用了非对称双体船，艇体采用玻璃钢夹层材料。“湾”级艇的任务是在港口、港口航道、河口和其他浅水海域执行探测、识别和销毁水雷的任务。自 1988 年起，澳大利亚对已建成的 2 艘“湾”级猎雷艇进行试验，尚未正式投入生产，若试用成功，将继续建造。

比利时和荷兰合作研制近海扫雷艇 比利时和荷兰海军设计能扫除 80 米深锚雷和 50 米深感应水雷的近海型扫雷艇。该艇长 47 米，宽 9.6 米，深 3.6 米。满载排水量为 600 吨。推进系统采用两台 8800 千瓦的低速柴油机，最大航速为 15 节。扫雷时的最大航速为 10 节。巡航速度 12 节时的最大航程为 3000 海里，艇员 25 人，其中有 5 名后备人员。

军用辅助船 **美海军建造“供应”级新一代快速战斗支援舰** 为了提高舰队远洋部署和全球作战能力，海军决定建造第 2 代快速战斗支援舰(AOE)，预计同级建造 4 艘。

新型战斗支援舰是 60 年代后半期服役的“萨克拉门托”级快速战斗支援舰的改进与发展型，满载排水量为 48800 吨，可装载 1400 余吨(15 万桶)燃油、1800 吨弹药、400 吨冷冻食品和 250 吨杂货。该舰具有较强的自卫防空能力，装备有 MK-29 八联装“海麻雀”舰空导弹发射装置、“密集阵”近防武器系统、MK-88 型 25 毫米防空炮以及电子战设备，并携载 3 架“海上骑士”直升机用于海上补给。首舰“供应”号(ADE-6)已于 1988 年开工，目前正在建造，预计 1991 年服役。第 2 艘“波·哈米顿”号(ADE-7)于 1989 年 8 月开工。4 艘舰将于 1994 年前全部交付使用。

美海军建造“凯泽”级补给油船 该级油船排水量 45400 吨。全船有 12 个柴油机舱、3 个透平油舱、3 个变换使用的油舱、2 个沉淀舱和 8 个舷边压载水舱；艏楼后部设有 1 个小干货舱，8 个 20 英尺冷藏集装箱安置在驾驶桥楼前面的甲板上。

为了进行海上补给和输油，“凯泽”油船设有 5 个柴油输送泵和 4 个柴油清舱泵、3 个透平油输送泵和 2 个透平油清舱泵，另外还有 2 个压载水泵。每种油都有独立的输送系统，输油能力为：柴油每小时 3406 立方米，透平油每小时 2044 立方米。该船系按商船规范建造。

美国海军建成 18 艘海洋监视船 霍尔特船舶公司为美国海军建成 6 艘海洋监视船，第 6 艘“坚韧”号(T—AGOS—18)最近交付美海军，它是美国海军计划的 18 艘单体海洋监视船的最后一艘。该船主要用于展开低速拖曳 AN／UQQ-2 监视基阵声纳系统，以监视敌潜艇的活动。该船排水量为 2315 吨，长 68.3 米，宽 13.1 米，吃水 4.6 米，全钢结构。动力装置为柴电装置，采用 4 台 398 型柴油机驱动 4 台发电机，2 台电动机驱动 2 个螺旋桨，功率 3200 马力，航速 11 节，拖曳航速为 3 节。所有发动机和电气设备的控制均在驾驶室进行。船上配备 10 名军官、11 名船员和 10 名技术人员。该船由美国军事海运司令部管理。

美国海军采购小水线双体船 AGOS AGOS 型船主要进行反潜战监视活动，自 1979 财年订购第一艘以来，到 1987 年已订购 19 艘。前 18 艘船采用近海供应船船形，排水量为 2315 吨，第 19 艘以后增购的 8 艘船采用小水线面双体船形，满载排水量为 3384 吨，计划到 90 年代中期共建成 27 艘 AGOS 船。

苏联海军大型靶场测量船进行海试 苏联海军最大的导弹靶场测量船，32000 吨的“卡普斯塔”号，与“马莎·克洛夫”级第 2 艘正在波罗的海进行海上试验，该船排水量为 2500 吨，其最显著的特点是装备了先进的“顶板”三坐标雷达，该船的第一艘装备的是较老式的“撑曲面”雷达。

苏海军核动力破冰船“列宁”号退役 苏联最早建造的核动力破冰船“列宁”号即将退出现役。该船的首要任务是为苏海军远洋舰艇及其商船队在北极海区航行开辟航道，以及为苏联海军检验首批核反应堆的工况和安全性能。至今该船已服役 30 年，运行了 90000 小时，相当于运行了 10 余年。它先后为 4000 艘舰船开辟航道。退役后仍留在北极海域作为发电站使用。继“列宁”号之后，苏联先后建造了 3 艘核动力破冰船。它们是“西班牙”号、“北极”号和“罗西亚”号。此外，还有几艘在建，其中已知名的是“苏联”号，它于 1986 年 10 月开工建造。按照苏联海军现行的计划，将建 7 艘大功率核动力破冰船，以保证其舰船在北极海区的正常航行。

日本海上自卫队训练支援舰“黑部”号服役 该舰 1987 年 7 月 31 日开工，1989 年 3 月建成，1990 年完成海试并服役。

该舰的主要任务是携载和控制靶机，以便为防空作战训练提供支援，这是日本海上自卫队的第2艘训练支援舰，第1艘“吾妻”号于1969年底建成。该舰排水量为2200吨，长101米，宽16.5米，人员编制155人；动力系统包括4部柴油机、双轴推进，9100轴马力，最高航速为20节；主要武器为1座“奥托”单76毫米炮。该舰首次采用固定式四面平板型阵列天线，装有高性能计算机，可同时跟踪控制多架靶机训练。目前的试验已证明该舰可同时跟踪、控制3架“火蜂”大型无人驾驶靶机。

日本海上自卫队将建造音响测定舰 为了对付苏联日益严重的潜艇威胁，美国和日本商定建造新型音响测定舰，由美国提供部分设备和技术辅助。该舰排水量2800吨，将装备“萨尔塔斯”大型拖曳阵监视系统，用于实施海洋监视。

中国台湾海军“武夷”级后勤支援舰下水 台湾中华造船厂基隆造船公司建成台湾海军最大的后勤支援舰“武夷”(503)号，该舰排水量为17000吨，总长162.12米，宽22米。该舰采用美国设计,能为作战舰艇补给油料、弹药、食物和其他物品，是一艘综合补给舰，该舰在航行中可同时为2艘舰艇进行补给作业。该舰配备了较强的自卫火力，包括1座“海小檞树”舰空导弹发射架、2门40毫米火炮和2座20毫米多管近防系统。

新船型 在传统的排水型舰艇仍占统治地位的前提下，小水线面双体船、气垫船、水翼艇、地效翼艇等各种新船型发展十分活跃，近年来，它们以其独特的、排水型船所无法比拟的优点引起各国兴趣，并在军事上得到越来越广泛的应用。

美国海军SWCM多用途侧壁式气垫登陆艇海试 该船满载排水量为110吨，长23.9米，宽10.7米，可以用船坞登陆舰运载，能担负导弹攻击、雷达哨舰、运送登陆人员、沿海巡逻和搜索救援等任务，目前首艇正在试用。

苏联“贼鸥”级全垫升式气垫船海试 该船重350吨，长约56米，配有2门6管30毫米炮和2座SA—N—8防空导弹发射架，装载量约100吨，可在甲板上装运3辆坦克，速度50节以上。

苏联海军水面效应舰加入海军特种任务编队 1990年初，世界上最大的水面效应舰已作为导弹巡逻艇在苏联海军正式服役。该舰命名为“德加奇”号，首舰1987年下水，1988年以来一直进行航试。该舰满载排水量为650吨，全长211.6英尺，宽55.8英尺，推进和悬浮动力系统为3台燃汽轮机。

该舰采用双体结构，船体由甲板相连。船体间的空间以艏、艉部的橡胶裙板围起，充入高压压缩空气，使之能在水面浮起。这一效应使该舰具有较高的航速，较好的适航性，可在高海况条件下执行任务。

“德加奇”号的武器系统包括:双联装SS—N—22“鹿斑”反舰导弹发射架，双联装SA—N—4“壁虎”防空导弹发射架，备弹20枚，1门76.2毫米多用途火炮和2门30毫米“加特林”近防火炮。该舰装备1台导航雷达、1台BASS-TILT型火炮火控雷达、1台用于“壁虎”导弹的POP-GROUP型制导雷达。

“德加奇”及其未来的4艘姐妹舰将与水翼效应舰和气垫船一起，组成苏联海军执行特种作战任务的水面舰艇编队。

法国海军研制侧壁式气垫船 法国海军研制的侧壁式气垫船有两种：一种排水量250吨，具有良好的适航性，可搭载1架“海豚”直升机，航速20～40节，在4级海情下可以28节速度航行；另一种是排水量1400吨的“埃蒂斯”1200型气垫船，它装有拖曳线列阵声纳，5～6级海情下速度仍可达35～40节，使用拖曳声纳反潜作业时的平均速度大于20节。

意大利海军研制新型气垫船 意大利泛安科纳造船厂推出新研制的水面效应艇。它是一种侧壁式气垫船，在作气垫航行时相当于一个双体船，此时约可减轻15%的排水量，因此减少了总阻力，并且在高速航行时运动消耗只有常规单体船和双体船的一半。两个喷水推进系统有极好的操纵性和运动性能，同时也带来了良好的推进效率。其主机是一台柴油机或一台燃气轮机，通过齿轮箱和喷水推进器相连。使用垫升系统时，与常规单体船相比具在高海情条件下航行的优良性能。该型艇总长40米，宽14.5米，排水量220吨，最大连续航速50节，最大航速60节。

作为军用艇，有攻击型和反潜型两种。攻击艇装备有1门“奥托·梅莱拉”76毫米火炮、1座四联装“奥托马特”反舰导弹系统及火控、搜索、导航雷达、C^3系统和TLC系统等。其作战任务是：进攻、封锁交通线、控制要塞和巡逻。反潜艇装有拖曳阵声纳、2座三联装鱼雷发射装置、1门30毫米自动火炮、光学火控系统和C^3系统。

该型艇的优点是：高航速、高机动性、低功率、重量轻、高平台稳定性、大平台面积、高载荷/重量比、4～5级海情下仍具全部作战功能和浅水作战能力。

意大利海军研制“鹗鹰”级水翼导弹艇 该级艇在平时承担打击走私活动和海盗行为、维护捕鱼权、保障国家安全等任务；在战时担负浅海巡逻警戒、封锁交通要道和海峡、攻击两栖部队、进攻大型舰船和对付轻型导弹艇等使命。意大利海军目前拥有7艘该级艇。“鹞鹰”级水翼导弹艇排水量60.6吨，垂线间长20.1米，水翼上翻时总长24.6米；艇宽7.01米，水翼上翻时宽12.34米，水翼放下时宽11.16米；翼航吃水1.48米，水翼放下排水航行时吃水4.37米。静水中翼航最大航速达50节；最大持续航速为44节；在4级海况下持续航速为38～40节；排水航行时航速为8节；翼航时续航力是400海里，以8节航速排水航行时续航力为1200海里，自持力为5天。因此，该级艇具有较好的适航性、较强的战斗力和较高的维修保养性能。

“鹞鹰”级艇采用燃气轮机喷水推进翼航和柴油机螺旋桨排航的推进系统。翼航时，由一台4500～5000马力英国“海神”150M／560型燃气轮机驱动离心泵，喷水推进。排水航行时，由一台美国165马力6V—53N型柴油机，带动一部可伸缩式螺旋桨推进。

该级艇的水翼系统采用全浸式，由艏翼和两艉翼组成，鸭式配置。艏水翼负荷为30%，艉水翼负荷为70%。在吊运或靠岸时，艏翼板可向上折起置于艇首，艉部两舷翼板可分别向上折起贴于船体两侧。艏翼柱兼作方向舵控制面。整个水翼系统由一姿态自控系统控制，使艇在翼航时保持良好姿态，并借以操纵艇作回转等机动。该系统由美国引进，仿制而成，整个系统比较复杂，造价昂贵，约占全艇造价的1／3。

“鹞鹰”级导弹水翼艇主要装备有：2座箱式“奥托马特”反舰导弹发射装置和1门“奥托·梅莱拉”76毫米紧凑型单管高平两用自动炮。艇上还装有用于控制“奥托马特”反舰导弹和76毫米炮的NA－10－3型火控系统，以及SMA－3－RM7－250型搜索雷达和“奥利安”PTN－1OX跟踪雷达。

西班牙研制2000吨级BES－95型侧壁式气垫舰 该舰舰体采用HY－80型钢，航速50节以上，舰上装有相当于美国“佩里”级护卫舰的武器装备，包括2套八联装舰空导弹垂直发射装置、1门76毫米炮、MK－32型鱼雷发射装置和“梅罗卡”近防武器系统，装有三座标对空搜索雷达和TACTASS战术拖曳线列阵声纳，并可搭载LAMPS－III“海鹰”直升机。

日本发展新型水面效应导弹艇 1988年12月，日本三菱重工签约试制水面效应试验艇。与现役的水翼导弹艇相比，水面效应船的航速与耐波性更高，还可用计算机控制船体行驶的姿态，从而大大减轻船员的劳动。实验艇的建造尺寸比例为实用艇的1／2，长为20米，排水量约20吨，航速高于50节。研制重点在于应用高技术的姿态修正装置控制效应艇的航行。只有保证船体平稳行驶，才可能使实用艇的航速接近于直升机的飞行速度(100节)。实验艇预定于1989年9月完成。如果进展顺利，则可能在下一期的防御力量装备计划中，落实导弹艇的研制项目。

日本新型电磁船准备进行海上试验 世界上第一艘电磁推进船“大和”1号的制造工作在日本已接近完成。如果一切正常。这艘长30米的双体船将于1991年开始进行海上试验。“大和”的推进系统有若干电磁体置于管形装置的前部，海水流入管道，充电的电极在水中形成电流，海水将被磁体的磁场和电流相互作用的电磁力沿管道后推，形成射流高速喷出。这种推进装置运用液氦冷却的超导电磁体来增大场强，由额定功率分别为2000千瓦的两台柴油发电机为磁体供电。据信，这种推进装置可推动以8海里最大时速航行的重280吨的船体。该船虽使用了超导磁体，但效率仍较低。将来如高温超导技术能有较大突破，该船可望达到实际应用的程度。目前三菱重工可制造出较高温的新型陶瓷体超导材料，但均未生产出能产生强磁场的装置。

日本海上自卫队建造改进型“鹞鹰”级导弹水翼艇

日本将对计划建造的“鹞鹰”级导弹水翼艇进行部分改装，保留前甲板的“奥托·梅莱拉”76毫米高平两用自动炮，用日本自行设计生产的SSM－1B型反舰导弹取代尾部的“奥托马特”反舰导弹等。改进后的导弹艇主要性能：标准排水量50吨，长23米，宽7米，最高航速为49节，1部燃气轮机，装备有：1门20毫米加农炮、4座反舰导弹发射装置、2座箔条发射装置。

该级艇装备的SSN－1B型反舰导弹是在ASM－1型空舰导弹基础上研制的岸舰导弹，为SSM－1型的舰载型，主要性能及技术数据:长约5米，直径为0.35米，战斗部重200公斤，巡航速度为0.9马赫，射程150公里。该型导弹为日本首次自行研制的舰载反舰导弹，拟取代日本海上自卫队现装备的美国“鱼叉”导弹。据信，该弹的装备将大大增强日本“鹞鹰”级导弹水翼艇的对舰攻击能力。

日本海上自卫队引进“鹞鹰”级导弹艇，表明他们既重视发展中、远型海上机动突击群，提高远洋作战能力，但也未忽视高速攻击艇作为近海突击兵力所起的作用。预计日本仍将继续依靠导弹攻击艇与护卫舰的协同作战担负其近海防御任务。

舰载武器 1990年，舰载武器的发展特点有三：一是继续发展远射程、高精度的巡航导弹和空空导弹；二是改进现役导弹、鱼雷和舰炮的性能，三是停止一些论证和预研多年的项目。

在潜射战略导弹方面，美国海军“三叉戟”Ⅱ经历三次试射失败后，第4次试射终获成功，已确定1990和1991财年分别采购63枚和52枚导弹。

在巡航导弹方面，美国海军在“沙漠盾牌”行动中，将1600枚导弹中的600余枚部署到海湾。除“战斧”导弹外，美海军正在执行一项新的射程更远(达3200公里)的“远程常规武器计划”。

在反舰导弹方面，美海军利用“鱼叉”导弹作基本型，继续进行一系列新的改进，使之具有重复攻击和对地攻击能力，并开始装备空军F-16C/D型战斗机。此外，美国海军还加速研制和采购机载“小牛”和“企鹅”导弹。英国海军继续研制“海上大鸥”舰舰导弹和“海鹰”空舰导弹。

在舰空导弹方面，美国海军“标准”Ⅱ型导弹试射成功，命中率达100%。同时，还计划在驱逐舰上加装反卫星导弹系统。法国海军的“西北风”和“紫苑”导弹年内首次进行试验，均获成功。法德联合研制的“独眼巨人”潜空光纤制导导弹的研制工作已取得初步成果。

在空空导弹方面，美国海军改进型“不死鸟”导弹首次发射试验成功，AIM—120先进中距空空导弹已开始交付使用，并装备英国海军“海鹞”舰载战斗机。北约6国联合研制的“北约对空作战系统”论证工作已全面展开。

在反潜导弹和鱼、水雷方面，美国海军经过几年论证的“海矛”反潜导弹计划流产，推出了替代方案。意法合研的“米拉斯”反潜导弹年内进行了10次总体发射试验。美国海军新一代MK-50型鱼雷的研制工作仍在继续。英国海军“甫鱼”鱼雷年内已交付1000枚。日本海军G-RX系列鱼雷的研制工作仍在顺利进行，总体性能优于MK-48鱼雷。联邦德国和瑞典合研的SMG-2型沉底水雷已开工生产。美国海军406毫米大口径舰炮炮弹的改进型计划因故撤销。正在研制330毫米新型炮弹。英国海军155毫米中口径舰炮的研制工作已经展开。意大利海军开始研制新一代“万发”近防武器系统。

战略导弹 **美海军“三叉戟”Ⅱ潜射战略导弹第4次试验取得成功** 美国海军“三叉戟”Ⅱ潜射战略导弹首次水下试射失败，导致事故的原因是由于导弹后端载荷超过设计值，致使喷管和推力向量控制系统的机械部件发生故障。“三叉戟”Ⅱ导弹第3次潜射试验又遭失败，导弹只飞行了4秒钟，失败原因是由于对导弹水下发射时产生的压力估计不足，引起液压制动器和喷管密封装置损坏。在试验屡次受挫后，主承包商洛克希德公司进行强化喷管结构的改进设计，以使其能够承受较大的水压负荷。“三叉戟”Ⅱ导弹在换装了第一级发动机喷管组件之后，在“田纳西”号核潜艇上进行了第4次水下发射试验，终于获得成功。

“三叉戟”Ⅱ弹道导弹是美国洛克希德导弹与空间技术公司研制的。1983年10月开始工程研制。1985年开始导弹分系统的生产装配。1983年底，海军开始研制该型导弹携载的W-87型分导核弹头，弹头当量为300～450千吨。与“三叉戟”Ⅰ型相比，“三叉戟”Ⅱ型具有射程远、杀伤力强和命中精度高的特点。因此，该导弹装备美国海军，将大大增强美国的战略核打击力量。按预订计划，“三叉戟”Ⅱ导弹首先安装在“田纳西”号(SSBN—734)核潜艇上。因“三叉戟”Ⅱ导弹的装备仍存在一些技术问题，服役日期推迟。

美海军披露“三叉戟”Ⅱ导弹的改进情况 1990年初，美国海军针对“三叉戟”Ⅱ导弹在1989年进行的两次性能鉴定试验失败的原因，披露了该导弹进行改进的详细情况。改进内容是发动机最初的点火脉冲和充满水的喷管喉部相互作用的问题。据信，公司为此组建了专家小组，该问题已基本得到解决，由于这些改进，公司能按时完成“三叉戟”Ⅱ导弹剩余的技术性能鉴定试验。

巡航导弹 **美海军“战斧”巡航导弹进行新项目试验** 1990年8月4日，美国海军从加利福尼亚海岸以南1500公里的水下发射了“战斧”对地攻击巡航导弹，并与海军飞机模拟了一次联合进攻。发射后导弹进入全制导飞行，然后模拟攻击并压制了法龙海军航空站内靶场的防空火力阵地。此后，F/A-18战斗攻击机和A-6、A-7攻击机在F-14战斗机和E-2C预警机掩护和导引下对靶场进行了空中火力突击。

美海军在中东部署配备“战斧”巡航导弹的舰只 装备有“战斧”巡航导弹的“威斯康星”号战列舰于1990年8月中旬驶往地中海。此行是美国海军完成在中东部署装备“战斧”巡航导弹舰艇计划的一部分。目前，美国海军共投资75亿美元，装备了大约1600枚“战斧”巡航导弹。海军的4艘战列舰、5艘核动力导弹巡洋舰、11艘“宙斯盾”级巡洋舰和16艘“斯普鲁恩斯”级驱逐舰，以及50艘攻击型核潜艇都配备有这种导弹。

美海军提出发展“远程常规武器”(LRCSW)计划 国会认为该计划投资大、效益低，从而将该系统的预算由原来1990财年的拨款总额5540万美元，削减到1991财年的2770万美元。该武器射程达2000英里，精度极高。可由水面舰艇、潜艇和飞机以及空军的战斗机和轰炸机携载，装备量达10000枚。

反舰导弹 **美海军改进型“鱼叉”反舰导弹具有再攻击能力** 美国海军与麦·道公司签署了为期2年的改进AGM-84“鱼叉”反舰导弹的合同。改进内容主要是使导弹在首次未命中目标时仍具有再行攻击能力。同时也可大幅度提高导弹射程，导弹的电子反干扰措施也会有一定的提高。此项工程主要依靠对软件和制导系统进行改进。当导弹第一次攻击目标失败后，瞬即脱离目标，然后按三叶玫瑰型弹道爬高，继续保持初始发射后的超低空掠海攻击状态，此时导弹与目标的相对距离，保持在末制导头的工作范围以内。导弹末制导头适时重新搜索、锁定目标，再次实施攻击，直至击中目标。这样的再次攻击可重复数次，直至耗尽燃料。为增加射程，“鱼叉”导弹的长度约增加61厘米，重量增加68公斤，射程可达280公里。改进型“鱼叉”反舰导弹可装备水面舰艇和飞机，用于超视距反舰作战。

“鱼叉”远程对地攻击导弹通过舰载发射试验 AGM-84E远程对地攻击导弹(“鱼叉”反舰导弹的改进型，亦称“斯拉姆”)成功地进行了舰载发射试验。试验中运用了“鱼叉”贮运发射筒。“斯拉姆”对地攻击导弹可对地面重要固定目标进行攻击，也可对海上运动目标、港口内停泊的舰艇进行攻击。该导弹采用了“小牛”导弹的红外成像寻的头和“白星眼”激光制导炸弹的战术攻击数据链，还利用全球卫星定位接收/处理机提高中段惯性制导精度。“斯拉姆”导弹首次试验射程就已超过111公里。

自1989年11月在白沙靶场进行首次试验以来，导弹已进入飞行试验阶段，预计共进行10次实弹飞行试验，在完成5次试验之后，已结束了该导弹的技术性能鉴定；另外5次飞行试验是为作战鉴定安排的。导弹飞行试验由A-7攻击机和F/A-18战斗/攻击机作为空中载机平台，发射后由载机或另一架飞机控制导弹进行攻击，模拟目标是3个一组和6个一组的目标群，每次试验均准确命中目标，同时进行的机载设备试验也获成功。“斯拉姆”导弹已于1990年3~7月服役。

美空军F-16C/D装备“鱼叉”反舰导弹 美国空军正在进行F-16C/D战斗机安装“鱼叉”反舰导弹的论证工作。这项工作是美国空军“猎鹰”计划(鉴定“鱼叉”导弹在F-16上部署可行性研究)的一部分，其中还包括对“鱼叉”反舰导弹进行外形改进，以便使导弹与F-16的机体气动外形相适应。此外还要进行一系列的综合、分析、系留和飞行试验。该计划可满足美国战术空军对远程武器系统的要求，空军可从战术飞机上对远距离各种海上/地面目标进行攻击。

“鱼叉”导弹于1975年开始生产，在1500多个武器平台上(包括飞机、水面舰和潜艇)广泛装载，生产数量已逾10万枚。“鱼叉”导弹设计具有低伸巡航弹道特性，采用主动雷达制导、抗干扰电子系统和高效装药战斗部，生存力和杀伤力都非常高，导弹的作战使用可靠性高于93%。

美海军加速研制机载“小牛”导弹 由于海湾危机，休斯公司加快了直升机机载AGM-65D“小牛”导弹的研制进程，4枚样弹已成功地进行了分离试验。1990年8月在海军航空试验中心，对“小牛”导弹进行了点火试验。初始分离试验是在AH-1W火力支援直升机上分别以每小时111公里、204公里和278公里3个飞行速度进行的。导弹分离时引起的振动比火箭点火时产生的振动要小。“小牛”导弹装有红外导引头和重56.7公斤的聚能炸药战斗部，能穿透重型装甲或摧毁坚固的指挥掩体。美国海军要求用该种导弹装备8~12架海军飞机，以满足海湾战争的应急需要。试验结束后，休斯公司每周最多可向海军交付2~4枚“小牛”导弹。

美海军继续采购“企鹅”导弹 自1986年美国海军同挪威海军装备司令部签订了将AGM-119B“企鹅”空舰导弹改装为MK2-7型，以装备SH-60B“海鹰”直升机的合同后，美国海军在1989年9月首批采购64枚导弹的基础上，1990年继续采购“企鹅”导弹。新的采购合同包括200枚MK2-7型“企鹅”导弹，价格为16亿挪威币单位(约2.7亿美元)，交付期为1992~1996年。

在首批订购之后，该导弹完成了适用性和发展评定，美国海军还进行了装备“海鹰”直升机的战术与作战评定，直升机的结构也进行了改装，以携载“企鹅”导弹，其航空电子设备也进行了相应的调整。

美海军空射武器用的光纤数据线进行试验 近3年来，美国海军密切关注着称为《舰用FOG-M计划》的研制工作。海军武器试验中心正在进行地面和飞行试验，以评价远程空射武器使用光纤数据线的可行性，两年来进行了27次飞行试验，评估了光纤制导武器系统的技术特点。试验包括从LTV-A-7飞机上投射两枚“泉眼”1电视制导武器(采用光纤数据线的改进型“泉眼”武器系统)。

这项称为“空光”的空射武器计划是由国防部投资的，计划中的“跳跃者”导弹是一种空射反舰光纤制导导弹。与该计划密切相关的还有“海光计划”。“海光计划”是研究从舰上发射的反舰光纤制导导弹(FOG-M)武器系统的计划。

两项计划都从陆军地面发射的光纤制导导弹计划中获得设计技术和试验经验。“空光计划”重点研究与空间环境有关的专用技术，确定光纤数据线是否能用于空地和空空制导武器。“海光计划”主要研究海射武器的光纤技术，重点是单轴释放光纤系统和光纤数据线的应用性能。海军飞机的所有典型机动战术都将作为试验计划的一部分进行，以论证光纤制导空射武器能否适应现代海军飞机的各种高机动飞行状态，包括超音速投射。另外还有由空中发射的“泉眼”光纤制导炸弹的试验计划。光纤的质量以及光纤缠绕和放线技术无疑是FOG-M计划成败的关键。

光纤制导空射武器具有如下一些显著特点:(1)载机与武器在飞行期间数据交换保密性好。(2)具有比射频线更强的抗干扰(包括抗电磁干扰)能力。(3)射程更远且不会降低武器的命中精度，陆军论证过的射程已达15～16.5公里；休斯公司设想的射程为74～93公里；正在研制的电子系统则可把信号通过100多公里的光纤传送给空射武器。(4)具有提高武器命中精度的极大潜力。(5)很宽的信号频带。由于光纤有数千兆赫的带宽，因而可把昂贵的信号处理设备从导弹转移到空中、地面和海上的发射平台上。仅此一项就可以大大节省一次性使用的空射灵巧武器的造价。

苏联试验和鉴定SS-NX-25型反舰导弹 苏联海军航空兵正在试验和鉴定一种类似于美国“鱼叉”反舰导弹的SS-NX-25小型高亚音速反舰导弹系统，以满足苏海军航空兵对100～180公里射程范围内对敌中小型舰只和海上目标作战的需要。

英国“海上大鸥”舰舰导弹首射成功 英国“验证者”号试验艇最近首次发射了舰载型“海上大鸥”反舰导弹，并获得成功。舰载型“海上大鸥”系统由舰载发射装置、发射控制台和火控雷达构成。这些设备分别装于艇面、甲板下方舱内和桅杆顶部。该弹的舰载型主要是为装备小型快艇设计的。

导弹平时装于起保护作用的储运箱中，战时直接从储运箱中发射。火控雷达采用“海上浪花”MK3型雷达，具有360度监视、跟踪和目标指示的功能。发射控制台由单人操作，显示器可提供目标指示、跟踪、导弹发射等各种火控数据。试验过程中，雷达捕获、跟踪目标以及导弹锁定、发射等各个环节工作均正常，导弹掠海飞行，直接命中12公里外的海上目标。1982年马岛海战中机载轻型“海上大鸥”导弹取得了8发8中的战果。因此英国海军大力挖掘该弹的潜力，希望能使该导弹成为攻击敌方驱逐舰以下小型舰艇的主要武器。除机载和舰载型外，还可将该弹的发射装置和火控、雷达设施装在一部军用车辆上，构成岸基机动的“海上大鸥”反舰导弹系统。

印度海军将装备英制“海鹰”空舰导弹 英国宇航公司研制的“海鹰”空舰导弹是一种高性能、全天候远程掠海飞行反舰导弹，具有发射后不管的自主寻的功能，现已装备“海盗”攻击机和“海鹞”垂直短距起降战斗机。最近应印度海军的要求，该公司又研制了一种加装2个助推器的直升机机载型“海鹰”反舰导弹，准备装备印度海军的“海王”反潜直升机。“海鹰”导弹具有装载机型广、远距离发射（最大发射距离100公里)、可对多个目标进行选择攻击、抗电子干扰能力强、战斗部威力大的特点。

“海鹰”反舰导弹改进完成 “海鹰”反舰导弹系统完成部分改进后，进入全面的战术／技术鉴定阶段。改进后的弹长2.5米,弹径0.25米,翼展0.72米,以高亚音速飞行时射程15公里。控制人员只需调定导弹的最后掠海高度，在发射后的其余各阶段，主控制台无需对导弹进行人工引导。

舰空导弹

美国海军“宙斯盾”系统的“标准”导弹试射成功 美国雷西昂公司最近已成功地发射了4枚与“宙斯盾”武器系统相配套的“标准”SM-II-2MR型舰空导弹，这4枚导弹是从“蒙特里”号巡洋舰的MK-41垂直发射系统同时发射的，分别击中4个不同型的空中目标，发射成功率达100%。试验是论证在不同的威胁环境下导弹对付各种空中目标的作战能力。

美国海军拟在驱逐舰上装备反卫星导弹系统 美国海军提出一项计划，打算在“斯普鲁恩斯”级大型导弹驱逐舰上安装反卫星导弹系统。每艘舰计划装10枚垂直发射的反卫星导弹。该舰装备的反卫星导弹是试验成功并在空军F-15战斗机上装备的机载反卫星导弹的改进型，导弹主要用于攻击敌方运行在2000公里以内低地球轨道上的侦察及通信卫星，该系统的作战反应时间为10分钟。

美国海军“北约海麻雀”舰空导弹将采用新型自动火控系统　“北约海麻雀”新型舰用防空导弹系统已于1990年中期装备美国海军“黄蜂”级两栖攻击舰，旨在提高两栖攻击舰对反舰导弹的防御能力。系统型号为SWY-1，通过舰上战斗探测系统将“北约海麻雀”MK23目标捕获系统与SPS-49和SPS-48两型空中搜索雷达，以及SYS-2综合自动化探测与跟踪系统连接起来，使得“海麻雀”导弹从探测到交火全面实现自动化。到1998年为止，美国海军还准备在“黄蜂”级两栖攻击舰和“尼米兹”级航空母舰等14艘水面舰艇上安装新的“北约海麻雀”导弹。用于该系统的改进型“海麻雀”AIM／RIM—7P导弹已研制完工，它提供了低角度目标跟踪／反击能力来对付掠海反舰导弹，海军已在MK48垂直发射装置上对这种改进型导弹进行了试验。

法国海军“西北风”防空导弹进行首次反导弹试验　马特拉公司于1990年9月对“西北风”极近程对空导弹进行了首次反导弹试验并取得成功。在这次试验中，“西北风”攻击了距海面7米高的一个浮动模拟掠海飞行导弹的固定目标，验证了“西北风”近炸引信在通过目标时，能够正常引爆而不受海浪杂波的影响。

法国海军“紫菀”导弹试射成功　1990年5月22日，法意两国国防部将“未来防空导弹系列计划”(FSAF)合同授予了由法意几家公司组成的欧洲防空导弹集团。其中两级发动机方案、飞行分离机构、组合控制、垂直发射以及末段制导等项可行性鉴定已完成，目前已开始利用“紫菀”15型导弹分别研制两种用于两国海军的舰空反导导弹系统(SAAM)，总的计划还包括利用“紫菀”30型导弹研制通用型中程地空导弹(SAMP)系统。

法德研制“独眼巨人”潜空光纤制导导弹取得初步成果　“独眼巨人”潜空导弹目前正由法国宇航公司和联邦德国MBB公司联合研制，已经取得初步成果，预计在5年内可进行首枚样弹发射试验，在90年代中后期投入使用。从1987年到现在进行了多次全尺寸的导弹发射和飞行试验，试验距离多为6.5公里，最大达到7公里，目前研究的制导距离为10公里级，速度为150～250米／秒，最终可能将制导距离提高到60～100公里，速度提高到350米／秒以上。“独眼巨人”潜空导弹系统主要由导弹、水下运载器和发射器3部分构成。作战目标为反潜巡逻机和舰载反潜直升机，作战距离10公里，飞行速度搜索时为150米／秒，攻击时为250米／秒，飞行过载为15G。该型弹弹长1.85米，弹径0.165米，运载器重62公斤，导弹重43公斤，总重105公斤，战斗部装药3公斤；试验型采用固体火箭发动机，生产型预计安装涡轮喷气发动机；光纤制导系统试验型采用电视摄像机导引头，生产型采用红外热成像或毫米波雷达导引头。

“独眼巨人”在作战前，首先要接收艇上声纳设备提供的或是根据目标投放的探潜系统和反潜鱼雷发射后的水声信号等，经测量得出目标大致仰角和方位指示数据。导弹在大于6级的恶劣海情环境下仍可发射，导弹射出鱼雷管后，按预编的程序轨道以15米／秒的速度在水下航行，在大约距发射位置1公里处出水。该系统的鱼雷管发射深度为300米，因此母艇的位置不易被敌方探知。

运载器内装有低压气体，并有一套自主推进系统。运载器出水后，导弹与运载器依靠爆炸装置自动分离，导弹助推器和主发动机先后点火，导弹前部有4个用于控制方向的鸭式小翼，后部有4个固定的稳定翼，导弹折叠翼在点火后展开，发动机喷管是横向斜置的，可保证光纤释放不受影响。然后，导弹在空中飞行并进入目标搜索阶段，导弹可选择定向搜索和区域搜索两种方式。一旦搜索到目标，其视频图像通过光纤双向线路，就显示在主控制台的监视器上，操纵手可根据战场环境手控攻击一个目标，也可发射多枚导弹自动攻击不同目标。如发现攻击错误，随即通过自毁装置将导弹引爆。当目标的距离和航向数据不能精确测定时，导弹先在一定高度作圆周运动，搜索整个1公里范围内的空间，待发现目标后再进行捕获和跟踪。

“独眼巨人”光纤导弹是一种很有前途的远距离对付空中机动目标或高价值点目标的战术武器，从技术角度看，该导弹成功与否关键是光纤放线装置和推进系统的技术突破，估计到1994年，将有部分这类武器达到实用程度。

以色列“伯拉克”I型导弹装备改型导弹艇　以色列自行研制的“伯拉克”I型舰载防空导弹系统于1991年初装备以色列海军的“萨尔”4改进型导弹艇，“伯拉克”防空导弹主要是为以色列“萨尔”5中型导弹艇研制的，该导弹采用垂直发射系统，可反导、防空，经部分改装还可反舰；最近拦截距离为500米，最大射程12公里，导弹发射重量86公斤，战斗部装药22公斤。

“萨尔”5艇预定1995年服役，以色列海军决定将“伯拉克”I型导弹系统首先安装在“萨尔”4导弹艇上，一方面提高该艇的防空能力，另一方面也为“萨尔"5 艇装备"伯拉克"导弹提供实用经验。

意大利发展舰空导弹与干扰火箭通用的发射装置 意大利首次展出一种可同时用于舰空导弹和105毫米无源干扰火箭的新型发射装置，该装置是布雷达公司生产的"斯克拉尔"多用途火箭发射装置的派生型，重量比原型重40公斤。这一兼用型发射装置可以发射20发不同种类的105毫米"斯尼亚"火箭(包括干扰物投放火箭、红外假目标火箭、照明火箭和对地攻击火箭)和6枚"西北风"被动式红外制导对空导弹。该装置共有两个导弹发射箱，每个箱装3枚"西北风"对空导弹，导弹发射箱下面装有20个火箭发射筒，采用4排每排五联装置。发射装置上装一部电视摄像机和一部红外跟踪仪。导弹由人工装填，发射全部导弹和火箭总反应时间不超过5分钟，导弹和火箭可同时发射，发射装置由单人操作。

空空导弹 **美国海军改进型"不死鸟"空空导弹首次发射试验** 1990年8月14日，美国海军首次从F—14A"雄猫式"舰载战斗机上成功地发射了改进型AIM—54C"不死鸟"空空导弹，导弹摧毁了QF4型靶机。除此次试验外，还要进行两次最终评估试验。该项工作是从1987年8月开始的，两枚部分改进的导弹已在1989年底进行的首次评估发射试验中命中了目标。

美国海军AIM-120导弹重新开始交付 由于可靠性问题而中断验收达6个月之久的美国海军AIM-120先进中距空空导弹目前又开始交付，批量生产待1991年4月经空军验证后进行。该导弹的主要问题是与F—15等大型战斗机配套时不能承受较大的振动载荷，休斯公司已对弹翼、尾翼和某些内部硬件进行了重新设计。

北约对空作战系统计划论证工作全面展开 美、英、加、西班牙、西德和荷兰六国对北约对空作战系统(NAAWS)的论证试验已于1990年初全面展开，该系统可装备护卫舰以上级别的舰只，北约海军普遍采用的第二代护卫舰也将装备该系统。

由于各国反舰导弹已广泛采用隐形技术、低空高速接敌、末端规避机动技术，要求新一代防空系统能在30秒内对距离30公里、速度3倍音速低空来袭的反舰导弹完成跟踪、探测和发射。NAAWS系统综合运用舰上一切可用的探测手段，包括雷达、红外探测器和光电系统，用尽可能短的时间作出探测与反应。该系统因综合了舰载所有的探测器，从而使探测更为有效，系统记忆容量大，配有采用人工智能软件的高速处理机，并开发一种具有高速优良操纵性的短程对空导弹，用来对付敌反舰导弹的规避机动，这种导弹准备用MK-41垂直发射系统发射。但由于技术和经费保障上的原因，NAAWS计划可能延迟。

该系统涉及了极高速集成电路、超大规模集成电路、先进的软件集成、微波／毫米波集成电路和GaAs等关键技术。由于对关键技术的出口与转让限制，NAAWS计划已比原进度推迟数月。

反潜导弹和鱼、水雷 **美国海军"阿斯洛克"反潜导弹正在改进** 美国洛拉尔公司正在研究将其生产的垂直发射"阿斯洛克"反潜导弹(简称VLA)的射程增大5倍；美国海军也在考虑将"阿斯洛克"的有效载荷由MK-46改为MK-50先进轻型鱼雷。据美海军有关人士称，改进后的"阿斯洛克"可满足海军对正在研制的"海矛"导弹的技术需求。

美国海军在1991年预算中，用于"阿斯洛克"改装试验和评估的研究费用已达3000万美元，目前问题是改进后的"阿斯洛克"能否仍用MK41垂直发射系统发射，或者用潜艇鱼雷发射管发射。洛拉尔公司将以MK46鱼雷作为"阿斯洛克"的载荷进行10次垂直发射试验。洛拉尔公司将生产300套"阿斯洛克"垂直发射系统，用于装备"斯普鲁恩斯"级驱逐舰和"提康德罗加"级巡洋舰。

意大利和法国联合研制"米拉斯"反潜导弹 由于现代潜艇装备有高性能探测设备、远程重型鱼雷和反舰导弹，因此，水面舰船的警戒距离，以及用于反潜的配套装置也将随之相应发展。目前，意法两国正在为两国海军研制"米拉斯"反潜导弹。该导弹是"奥托马特"对舰导弹的派生型。1989年6月，"米拉斯"反潜导弹在意大利进行了两次发射试验，均获得圆满成功。试验的目的在于使鱼雷从运载器上分离，这次试验为在1993年开始的批量生产奠定了基础。1990年还进行了10次总体发射试验，基本达到试验目的。该导弹可望满足法、意海军到2000年以后在反潜战方面的需要。

"米拉斯"导弹弹长6米，翼展1.35米，弹重800公斤，发射架与装弹后的鱼雷运载舱总重1.8吨，飞行速度可达0.9马赫。该反潜系统性能特点是：(1)鱼雷航程远，达5～55公里，并有现代化的探测系统与之配套；(2)发射系统反应快，所需的时间非常短；(3)在飞行制导过程中，包括助推、爬升、分离阶段，巡航制导阶段和鱼雷分离入水阶段，该系统可根据所探测到目标最新数据对飞行的导弹进行航向、弹道修正，有效地提高导弹的命中概率。

美国研制气动涡轮泵式鱼雷发射系统 美国航空发动机公司设计制造的新一代M-17气动泵式鱼雷发射系统，经几年来数百次试验，已达到设计要求，并进行了实艇发射试验。M-17系统是以巨大的旋转能量运动，将鱼雷挤压出发射管，能量利用率很高，实测时出管速度已达15米／秒，此种方式发射鱼雷延缓了舱室增压过程，从而改善了艏舱的噪声环境，使潜艇在水下发射鱼雷更加安静；该系统结构紧凑，齐射时间仅间隔1秒，因而提高了命中率。英国在M-17发射系统的基础上对气路、水道及发射阀等作了改进设计，研制成M19型气动涡轮泵式发射装置，并已装备于英国海军2400型“支持者”号潜艇。

气动涡轮泵式发射系统的工作原理为，通过程控电路，打开鱼雷气压式发射阀，贮在气瓶内的高压空气经金属软管输向涡轮泵喷嘴，高压高速气体喷出并推动涡轮泵叶片，使发射管尾部的液体工质高速旋转，工质的流量达1.0～1.5立方米／秒，通过调节高压气体的排量，即可控制鱼雷出管速度。通过脉冲水柜控制流体工质可对鱼雷减压发射系统进行销声。该系统可满足水深300米处和航速30节时的安全发射，大大优于常规潜用鱼雷发射系统。

美海军自航式鱼雷发射管有较大发展 美国海军“海狼”级攻击型核潜艇装备了多功能自航式鱼雷发射装置，用以发射MK-49高性能鱼雷、“战斧”远程对地攻击巡航导弹、“海矛”反潜导弹以及水雷、潜艇模拟器和鱼雷诱饵。该装置能满足潜艇战术技术指标要求，且具有占用空间少、便于多管布置的特点。采用该种装置，线导鱼雷能靠自身的动力以较低的出管速度“游出”发射管，无需在管外补充发射能量，发射噪声极小，因而提高了潜艇和鱼雷攻击的隐蔽性。

美海军发展MK-2-O型鱼雷诱饵 为对抗苏联海军65式超大型尾流自导鱼雷，美海军研制成“声对抗智力式”MK-2-O型鱼雷诱饵。诱饵长度为100厘米、直径8厘米。可从飞机弹舱、大中型水面舰艇尾部以及潜艇尾部发射。载机(舰、艇)先将诱饵进行设定，发现目标后射出诱饵，诱饵垂直沉于海底，同时发出设定频段的声波信号，当敌鱼雷接近时，电信号指令触发引信起爆，击毁来袭目标。MK-2-O型诱饵由三段组成，头部为探测系统，装有换能器基阵和声波发射器，中部为非触发换能器引信，并装有40～50公斤高能炸药战斗部，尾部为动力推进系统，装有受海水压力控制的电动机及套封式螺旋桨。MK-2—O型鱼雷诱饵供北约海军使用，目前正对MK-2—1型鱼雷诱饵进行可靠性研究，以将完善的智能微机处理技术广泛应用到反潜武器上。

英国海军“闭式循环热动力”鱼雷新型推进系统准备海试 “闭式循环热动力”系统(CCTS)能够产生比电池大得多的功率，这种动力装置以金属锂及氟化硫作为动力源，通过锅炉产生大量蒸气驱动涡轮旋转，现在装在“甫鱼”小型鱼雷中的锅炉样机能够产生约一兆瓦的功率，该系统能较容易移植到空投或大型潜射鱼雷上。闭式鱼雷可满足将来鱼雷高速、大航程、大功率、低噪音及对深度不敏感的推进系统的要求，该系统如海试成功，将获得有力的竞争地位。

英国海军发展“带鱼”新型防鱼雷装置 该装置直径102毫米，长995毫米。它能在发射后几分钟发出强噪音，麻痹敌方鱼雷的声纳工作，该系统具有与拖曳式防鱼雷装置同等的功能，且研制周期较短。“带鱼”防鱼雷装置是“洁星”计划中的软杀伤部分，该计划还包括硬杀伤部分，全系统由噪音探测传感器、干扰测量装置、改进型拖曳式噪音发生器及作为最后防御用的破坏鱼雷的炸药等构成。

法国海军研制K69系列轻型短装鱼雷发射管 法国海军于1982年研制了专供发射“海鳝”鱼雷用的轻型短装K69系列鱼雷发射管，经考核性试验，取得了预期设计目的。K69系列鱼雷发射管的结构形式共有三种:KU69单管鱼雷发射管、KD69双联装鱼雷发射管和KT69三联装鱼雷发射管。三种发射管都可采用控制板发射程序发射或战位手动发射方式发射。K69系列鱼雷发射管可装备干舷为3～15米的大、中、小型舰艇，各型舰艇在航速不大于30节的情况下都可发射鱼雷，鱼雷发射管本身可经受15G～50G垂直及水平方向的冲击过载。鱼雷出管速度为10米／秒，平均入水角为15度。其成本仅为MK32型鱼雷发射管的一半。

瑞典海军推出鱼雷发射系统新设想 瑞典海军针对自身地理条件和现代潜艇的发展，在对本国鱼雷武器和未来战场环境详细论证后，提出了“现役鱼雷电力推进系统已不再满足反潜战需要”的观点。他们认为在挪威和瑞典海军服役的G1鱼雷，采用的以高浓度过氧化氢为氧载体的新推进系统，是今后鱼雷推进系统的发展方向。

该系统不仅可提高鱼雷的水下航速并加大鱼雷的续航力，还因采用半封闭式结构，减轻水对鱼雷的背压力，从而增加了鱼雷的下潜深度。废气系统生成的水可重新流回循环系统，生成的二氧化碳经浓缩后排入并溶解于海水中，因此鱼雷后面不会形成大的气泡航迹。据信这种新型热效应鱼雷推进系统的造价，仅为美国现役 MK48 鱼雷动力系统造价的 1/3。

英国海军改进"甫鱼"鱼雷 英国马可尼公司准备对现役的"甫鱼"鱼雷进行改进，目的是提高鱼雷总体战术性能，同时降低总造价。改进后的鱼雷将采用双速电推进装置，可使鱼雷搜索速度达 36 节，攻击速度可达 50～55 节，持续时间增至 13 分钟，鱼雷战斗部采用塑胶聚能炸药，爆炸威力有了较大幅度的提高。

"甫鱼"鱼雷研究计划始于 1979 年，鱼雷于 1983 年开始服役。该公司已决定进行后续发展计划，准备利用闭式循环热动力系统生产一种小型试验航行体，或者是用锂电池动力取代现用的氯化银电池。鱼雷电子舱将变小，利用同轴电缆可大幅度降低电子舱占用的体积，提高电动机输出功率，电机启动 10 秒即可达到理想工作状态，鱼雷还可加长 51 毫米，用来提高战斗部有效载荷。

法国海军更新现役鱼雷 法国地中海造船公司正对 L3、E14、E15、Z16 以及 E15–2 等型现役鱼雷进行更新。主要是更新 AH8 自导头，并用银锌电池替代铝镉电池。这些更新项目曾在 F17 型鱼雷上试用成功，上述鱼雷更新后，其自导头探测距离可达到 2000 米，搜索深度为 25 米。最大攻击深度为 6～18 米，航速也可达 31 节，航程则增至 12000 米。

巴西海军试验"虎鱼"鱼雷 巴西采用 209 级潜艇成功地发射了 MK24 大型"虎鱼"鱼雷。鱼雷从该艇的自航式鱼雷发射管中成功地射出。试验证明，鱼雷的整个制导过程，由一根连接"卡弗斯"火控系统和鱼雷本身的导线来完成。试验中，鱼雷对移动的水面目标进行了成功的多层攻击。"虎鱼"鱼雷是英国和巴西海军的标准潜射反舰/反潜鱼雷。

挪威海军装备联邦德国 DMZA3 型鱼雷 挪威海军从联邦德国 AEG 公司订购了 84 枚 DMZA3 型鱼雷，用以装备挪威海军最新建造的 6 艘"乌拉"级潜艇，于 1992 年底完成装舰使用。挪威 6 艘"乌拉"级潜艇，计划于 1992 年前先后建成服役，艇上装备 8 具艏鱼雷发射管，每艘艇可装备 14 枚 DMZA3 型鱼雷。

日本海上自卫队研制 G–PX(2、3、4) 型鱼雷 G–PX–2 型高速制导鱼雷做为 G–11 型和 72 型鱼雷的替换品，历经近 20 年的研制，于 1988 年定型，并开始制式生产。2 型雷直径 533 毫米，使用过氧化氢和酒精混合燃料，二重反转斜盘式发动机采用反向螺旋桨，制导方式为线导加末端主/被动声制导，以攻击潜艇为主，亦可通过线导方式对水面舰艇实施攻击。在 1988 年海上打靶试验中，G–PX–2 型雷由"夕潮"级潜艇发射，发射后导引头搜索、跟踪目标，准确击沉了驱逐靶舰"矶波"号。海试结束后，日本防卫厅当局评价该雷称:高速、大航程、大潜深、无鱼雷尾迹，总体性能优于美制 MK48，G–PX–3 型鱼雷的设计要求为高命中率、大潜深、高航速、大航程，可机载或舰载。总体设计性能已超过美 MK46–5 型雷的设计指标。经改进后，性能不低于美国正在研制的 ALWT 轻型鱼雷。该雷使用新型高能电池，采用以 G–11 型鱼雷的动力为原型的经多次改进的电动力装置。

G–PX–4 型是轻型反潜鱼雷，是为攻击高航速、大潜深的潜艇而设计的。该型雷总体设计指标以美制 MK50 为准。设计指标要求该雷具备优异的制导控制和水下运动性能；能应付各国海军各种先进的现役反鱼雷措施，并具有强有力的定向爆破性能。4 型鱼雷的燃料为金属锂和六氟化硫，主机采用闭式循环发动机，战斗部采用塑性成形装药，雷体为复合金属材料。如研制进度较顺利，1995 年该雷可实现制式化。

中国台湾海军舰艇装备线导鱼雷 中国台湾海军从美国和意大利购买了 10 艘 P132 型导弹驱逐舰，该舰舰身中部左、右舷都配置有三联装鱼雷发射管，可发射美制 MK44 型电动力声制导小型反潜鱼雷和 MK46–2 型热动力声制导小型反潜鱼雷，以及意大利海军 A244S 电动力声制导小型反潜鱼雷。

台湾海军鱼雷装备基本上达到了英、美 80 年代初期的水平，线导鱼雷供潜艇使用，小型反潜鱼雷供水面舰艇使用，这种编配表明台湾海军反潜装备顺应鱼雷反潜战战术发展的趋势。

舰炮

美国研究 120 毫米电热炮 该炮是利用高能电子束轰击液体发射药，液体工作介质在电热能产生的电热—化学等离子体的作用下分解、释放出氢气，并被加热急剧膨胀，利用气体能量把炮弹以极高的速度推出炮口。1991 年 11 月结束研制工作，并交付试验用的炮、弹丸、自动装填系统和电源。

美国海军改进"火神–密集阵"系统 为改善 MK15"密集阵"近程防御武器系统，美国海军对已部署的"密集阵"系统中的火炮、雷达和计算机等进行多项改进。第 1 阶段主要针对大攻角俯冲导弹的威胁进行改进，增设一部新的雷达搜索天线和一个使备弹量增加 50%的弹舱。第 2 阶段的改进包括用自动弹药装填系统代替液压系统，使总射速从 3000 发/分增至 4500 发/分，现已进入生产。下一步的改进将围绕提高雷达和电子设备的可靠性和可维修性来进行。同时，美国海军已开始将"密集阵"系统原来使用的贫铀穿甲弹改为钨穿甲弹，进行了700余次试验。后者能以较大的动能穿透导弹前部弹体而击毁目标的制导系统，钨制弹没有辐射，价格也较低，美国海军今后生产的"密集阵"近防系统，从1990年起全部使用钨芯炮弹。

美国海军发展330毫米次口径炮弹 美海军正在研制一种暗盒式次口径炮弹以准备对"依阿华"级战列舰用MK7—406毫米三联装炮塔炮进行现代化改装。330毫米炮弹射程同该级舰原使用的爆破杀伤弹相比，几乎可增大2倍，而且弹丸可以分离，弹体内装有550个定向爆破的杀伤子弹丸，具有区域压制能力。330毫米弹主要用作杀伤敌人有生力量和击毁轻型装甲目标。新型弹采用M-724电子定时引信。同时还在研制一种装有精确瞄准子弹丸的暗盒"萨达姆"弹，用以击毁坦克和其他装甲装备。

美国海军进行"守门员"系统试验 自1990年4月起，美国海军在已退役的"斯托达德"号驱逐舰(DD-566)上安装了荷兰的"守门员"近防武器系统,以进行拦截实际目标的武器试验。实际的导弹目标准备采用美国AGM-84A"鱼叉"反舰导弹以及其他反舰武器。该项试验准备在太平洋导弹试验中心进行。

英国海军研制对岸攻击155毫米舰炮 英国维克斯造船工程公司与皇家军械部合作研制成一种用于对岸攻击的新型155毫米舰炮。研究认为，实施对岸攻击，要求炮弹飞行距离远、精度高、杀伤威力大，因此该公司选中了北约通用的155毫米中口径系列火炮，并进行了长达18个月的海上火力支援武器对比试验。在试验中采用了陆军AS90自行火炮的有关技术，该炮身管比为52倍，射程可达40公里(21.6海里)。为了简化炮整体结构及维修保养要求，该舰炮的射速降为10发/分。该炮也可用于对付水面目标，但不执行对空射击任务。

意大利海军研制76毫米反导用弹道修正弹 意大利奥托公司和英国宇航公司联合研制了一种76毫米的弹道修正炮弹，主要用来对付距离较远的末端制导反舰导弹。这种炮弹重6.66千克，包括0.5千克重的炸药和1.1千克重的预制破片，可由普通近炸引信引爆，弹尾有4个折叠式尾翼，并装有滑动弹带，以降低转速并保持弹丸稳定。弹体重心周围有5个脉冲式烟火喷射装置，以便给弹丸适当的侧向推力。当来袭目标作机动飞行时，通过地面火控系统计算出该炮弹新的弹着点和相应的修正弹道，不断给出炮弹瞬时位置数据，通过指令系统控制喷射装置依次点火，产生喷射脉冲，修正飞行弹道；最大修正量可达15°，炮弹接近目标时在近距爆炸击毁目标。现役76毫米各型火炮无需修改均可发射这种炮弹。但火控系统需改进，使之能测定炮弹弹道。据称该炮弹也可对付飞机，预计1991年底交付使用。

意大利海军采用改进型"海上卫士"近防武器系统

改进型"海上卫士"与原型相比，模件化程度较高，易于安装。该系统装有2部新型远距离目标跟踪雷达，抗杂波干扰能力较强，由于波束较窄，在跟踪掠海飞行目标时避免了捉浪现象。改进型"海上卫士"系统，仍装原型"海上卫士"4管25毫米口径炮，射速达3400发/分，备弹1000发，射击距离大于2000米，300米以外击毁掠海反舰导弹的概率为95%。

意大利研制"万发"近防武器系统 意大利正在研制一种"万发"高射速近程武器系统，用以对付下一代反舰导弹。"万发"系统可对付以高亚音速和超音速接近并在末端作各种机动的反舰导弹，还可对付从掠海到爬高超过70°的密集导弹攻击，以及间隔时间仅为5秒的单个来袭导弹。该系统的设计思想是，在同一炮架上安装2部7管高射速转管式自动炮，总射速在10000发/分以上，用饱和弹丸形成弹幕来拦截机动性好的反舰导弹饱和攻击，火炮采用反导脱壳穿甲弹，可以穿透采用多层防护材料的反舰导弹战斗部。"万发"计划从1988年开始，其性能现已全部确定，整个系统将在1993年装舰海试。

瑞典装备SAK—57MK2型舰炮 MK2型舰炮已开始装备瑞典、加拿大等国舰艇。射程比MK1型增大4000余米，达到17000米，射速约为220发/分，提高了精度并大幅度减小了弹着散布面。该炮可变换弹种，在2台计算机的控制下自动工作，实现了炮位无人化。该炮主要配用近炸引信预制破片弹和薄壁远射程弹，反导、防空和对海作战能力强，配装该炮的3P新型弹已在研制。该炮还可按"特里尼迪"系统的技术，改进成一型完整的全自动、多功能对海攻击系统。

瑞典海军研制40毫米"海上三伙伴"多用途防空武器系统 "海上三伙伴"自动防空系统是建立在高精度40毫米防空炮基础上的最新武器系统。40毫米舰炮射程较远，并与火控系统相连接，使用多用途高杀伤弹药，可有效地攻击摧毁多个目标，射击原则是连发10发弹摧毁一个目标，可采用手动和自动两种操作方式。该系统配有100发备用弹药，足以攻击10个目标。每发40毫米弹在火炮发射前，就已选定引信作用方式并装入炮膛，每枚弹分别按编制程序工作，所以不会造成弹药浪费。对付飞机时最大射击距离 6000 米，对付反舰导弹的最大射击距离为 3000 米，能同时打击 3000 米以下相距 2600 米远的两架悬停直升机。目前博福斯公司已完成了该武器系统的 2 台样机，其中 1 台样机已完成了舰上的初始射击试验。

海军电子设备 1990 年，海军电子设备的发展特点是:应用高技术改进现有武器的指挥、控制、通信和情报系统，提高信息存储和处理能力，发展和研制新一代电子设备。

在作战指挥控制系统方面，主要发展特点是：(1) 将人工智能、计算机辅助分析等先进技术应用于潜艇的作战指挥和反潜训练系统；(2) 大力发展卫星、激光、超视距雷达等远程高容量战术和战略通信及探测系统；(3) 发展舰载机动型 C^3I 系统和战术通信数据处理系统。在对海对空探测设备方面，主要发展特点是：(1) 发展“可调防式超视距雷达”和“超视距后向散射雷达”；(2) 发展多波段合成孔径雷达、舰载多功能和有源孔径相控阵雷达、高灵敏度雷达及新型海洋监视雷达；(3) 继续发展舰载三坐标及对海对空雷达，在水下探测方面，主要是改进潜艇、水面舰艇主被动声纳、探雷声纳和拖曳列阵声纳的技术性能，并研制新型光学和光导潜望镜。

作战指挥控制系统 **美国海军发展统一的潜艇作战系统** 雷西昂公司已获 4.055 亿美元的合同，为美国海军研制统一的潜艇作战控制系统，以更换目前在各型潜艇上服役的几十种系统。

美海军现有 13 种潜艇作战系统，加上不同的软件组合，共有 30 多种，给后勤保障带来很多困难。新系统称为 MK-2 作战指挥系统，具有很强的通用性，既可替代各型老式火控系统，又可与最先进的 AN／BSY-1 型声纳系统配套使用。MK-2 作战指挥系统可协调所有的声纳系统，控制武器瞄准和发射，与其兼容的武器包括 MK-48 鱼雷、潜射“鱼叉”和“战斧”导弹及各种水雷等。

全部合同包括研制和生产 114 套 MK-2 系统，计划 1992 年 9 月底完成设计，首套设备预计于 90 年代中期装艇。该系统将装备美海军全部“俄亥俄”级弹道导弹核潜艇和“洛杉矶”级攻击型核潜艇。

美国海军发展人工智能技术的潜艇专家分析系统

该系统采用计算机人工智能分析技术，以提高反潜能力和效率。它适于装设在岸基反潜战指挥所，用于帮助指挥员确定被探测潜艇的活动和意图，判定其敌我属性，并帮助指挥员快速有效地使用反潜兵力，例如解决如何部署反潜飞机和布放声纳浮标最为有效等问题。

1989 年底美海军对此系统已进行试验。该系统可使用由 P-3C 反潜机传输的真实、实时数据，预计海军可能将此系统装备于设在世界各地的 18 个反潜战作战中心。

美国海军继续发展计算机辅助防空反潜作战系统

为了提高舰艇防空和反潜作战能力，美国海军水面作战中心正在探索利用神经网络技术解决舰艇作战问题，其中包括从防空和反潜系统探测到的复杂、不确定的数据中提取有用信息的问题。目前海军作战系统用计算机的常规存储器只能存储一维情报，从中取出的情报需要检索和挑选，耗时耗人耗力太大。该中心研制的多维存储器样机可进行复杂数据的快速选录和存取。

这项研究还包括海浪的特征和海波瞬时传输对雷达的影响，并建立相应的数据库，供雷达设计师设计可排除这些杂波干扰，捕获和跟踪低飞或“隐形”目标的雷达。目前该中心已完成了计算机流体动力学和导弹动力学的研究，并编制了计算机程序用以预测下一代战术导弹的空气动力特征，这对设计先进的战术导弹大有益处。在反潜战信号处理技术方面，还取得了突破性进展。

美国海军研究神经网络型探潜系统 近年来，美国防高级研究规划局正在研究一种以神经网络为基础的信号处理器。这种处理器具有工作速度快、效率高、可靠性好和体积小等特点。采用这种神经网络型处理器构成的探潜系统，其基本方法是将探潜声学信号分为 11 种频段，消去各频段中的平均值，然后通过神经网络处理系统对剩余数据进行分析处理。与该系统相配并支持该系统的是一套包括大约 6000 种被动声纳录取信号抽样的信号库。这样构成的一套探潜处理系统可对海洋环境和舰船噪声进行自适应处理。

试验表明，这种统计学神经网络处理系统比声纳操作员的工作可靠。在识别潜艇和水面舰船时，声纳操作员的正确率为 70～75%，后向传播型神经网络系统为 86%，而统计学神经网络系统的正常率为 98%，且在没有舰船的情况下不会产生虚警。据专家预测，这种新型网络处理系统的能力可能超过美海军正在研制的 BSY-2 型潜艇作战系统。目前，国防高级研究规划局开始将此项研究转给海军，希望到 1995 年能完成研制工作。

美国海军大力发展卫星通信技术 为了进一步改

善卫星通信能力，美国海军正大力发展以下通信技术：(1)向更高的频段发展。开辟和使用极高频（30～300GHZ），以提高抗干扰能力，减少核爆炸的影响及减轻较低频带拥挤的压力。到90年代，目前用于舰船卫星通信的主要特高频业务基本上要逐渐统一到“军用星”系统上，频段主要使用44／20GHZ。(2)向数字化发展。提高抗干扰、抗截收能力和进行各种传输处理。(3)更多地采用星上处理。未来的“军用星”系统的绝大部分经费都放在卫星上，以提高其功能，降低终端成本，并使舰船终端简化和小型化。(4)发展高速宽带跳频。由于极高频上可使用更宽的频带，因而可以在1GHZ带宽上应用扩频跳频技术以提高抗干扰能力。此外，还发展跳频TDMA以及混合扩频（跳频加直接序列）等抗干扰技术。(5)更多地采用TDMA或混合多址方式。“军用星”系统将使用混合的多址方式，即上行线路使用FDMA，下行线路使用TDMA等。

美研制“潜艇战术通信系统”　美国GTE公司研制出一种机动式潜艇战术通信系统（SUBTACS）。该系统采用极低频和特低频之间的频率，因此发射速率比极低频高，可达10字母／分（ELF为9字母／分），最高时可比后者高300倍。与极低频通信相比，SUBTACS有如下优点：发射速率较高；通信距离可大于1000海里；发射平台为机动式，可地面车载机动，也可舰载（发射机装在航母上）或机载；地面机动时可作为地波紧急通信网络的后备与补充；舰载时可使水面舰艇与潜艇进行战术协调；机载时可用于甚低频网络覆盖不到的区域。

美国海军计划改进舰用标准计算机　为了满足日益复杂的数据处理和适应90年代中期作战要求，美国海军计划对目前使用的UYK-43标准舰载计算机进行改进。其主要构想是利用原标准计算机的“开放结构”来增加其功能，并用Ada语言。改进后，系统仍使用现有的软件库。

美国海军将计算机技术用于舰艇损管　美国研制了一套称为“镇流”系统(Ballast)的计算机软件程序，用于舰艇的排漏水损管。

根据计算，如果一枚鱼雷命中一艘两栖攻击舰，可能会导致30个舱室需要采取损管措施，若采用人工计算，则需要6～7小时来确定所造成的影响及对抗措施，这个时间还没有计人烟气的影响。然而，如采用这种“镇流”系统，在不到一分钟内便可完成破损评估和措施制定。为了支持这一系统，需要根据每艘舰建立一个数据库，用于在需要时计算各舱室的体积、进水的重量以及产生的惯性动量等。

目前，美国海军已在一艘FFG-7“佩里”级护卫舰和一艘两栖攻击舰上进行了港口锚泊下的静态试验，下一步准备在10艘“佩里”级护卫舰和5艘两栖攻击舰上装备试用。在研制过程中，曾利用了美国海军“斯塔克”号被“飞鱼”导弹击中时的一些数据，结果证明，该程序计算的结果与当时舰艇的情况非常吻合。

英国发展新一代潜艇指挥系统　英国道梯集团正在为英海军研制下一代的潜艇指挥系统(SMCS)。该系统具有多功能彩色显控台、分布式处理单片机和采用Ada语言等特点。

新的潜艇指挥系统由4个主要分系统组成，即：输入输出节点、共同服务节点（由大容量存储器为支持）、多功能显控台和遥控工作站。数据传输采用双光纤网络从而保证了高数据吞吐量和系统扩充能力。目前的数据传输量仅是其传输能力的30%。一般情况下，一个典型的潜艇指挥系统配置包括150个Intel 38632位处理机芯片，具有足够的计算处理能力，能够满足现代化探测器和武器的各种复杂要求。该系统采用Ada语言，每秒钟可进行2000万条计算，是当前各国使用Ada语言的海军系统中的最大一个。

该潜艇指挥系统的研制进度已基本确定。1989～1990年交付部分分系统。1989年底完成一套初始生产系统以及一套岸上研制、发展设施(SDF)。预计90年代中系统将投入使用，英国海军潜艇将逐步广泛装备这种潜艇指挥系统。

英国试验美国ROTHR系统　英国准备对美国海军的可移动式ROTHR超视距雷达进行为期2年的试验。ROTHR雷达是可机动部署的超视距雷达，该雷达以英国为基地可提高英国军队的防空和预警能力。目前英国正在探讨ROTHR工作站与英国海军的联合海洋监视情报中心相连接，期望大幅度地提高该中心的工作效率。

雷达发射机将以圣·戴维机场为基地，接收机将设在威尔特郡的无线电控制站。美国将提供全套的雷达试验设备，英国则负担1130英镑的设计、建造费，以及300万英镑的运转费。ROTHR系统最小探测距离为925公里，最大探测距离为2960公里，接收天线长达2960米，发射天线也达755米，雷达发射机占地85000平方米，它将由35个大型天线组成，其中16个天线高约42米，其余19个天线较短。

法国海军“塔维泰克”2000战术数据处理系统 法国汤姆逊公司的“塔维泰克”2000系统采用双计算机型和模块化设计，其显示器系统由5台位于战斗情报中心的VISTA—RM型控制台和1台位于舰桥上的专用显示器组成，光栅扫描显控台采用高分辨率彩色图像监控器。该系统可完成各种大小舰船所必需的战术数据传输功能。法国海军已决定选用该系统，用来装备90年代法国新型的“拉斐特”级导弹护卫舰。

法国发展“西尼特”6型海军战术数据处理系统 法国海军编程中心研制的新型海军战斗系统“西尼特”6型海军战术处理系统已装备法国海军“卡萨尔”级防空导弹驱逐舰。该系统能显示并不断更新舰艇周围的战术态势画面(包括空中、水面或水下)，并快速与其他海军部队进行情报、指令交换，以及完成舰上武器系统的协调工作。

“西尼特”6型是一种使用7台15M125X互连中心计算机的“联邦”结构，分别安装于舰首和舰尾的两个舱室内。它们具有一个64—512K字的16位模块化存储器。该系统共有6个子系统:

(1)监视子系统:录取、监控的目标点迹由DRBV26C两坐标搜索雷达、DRBJ11B三坐标搜索雷达、RM1229导航雷达和“旺皮尔”DIBV1对空监视雷达提供。(2)显示子系统:在“战斗情报中心”CIC设有12个单人操作控制台、1个双人指挥控制台和2块战术绘图板，在舰桥上设有1个附加的控制台。(3)威胁评估／自卫子系统:能自动操纵所有舰上防空武器，即2座SADRAL舰空导弹发射装置、1门100毫米炮(装有多传感器雷达／光电火控系统)和电子对抗ECM系统(MM-40“飞鱼”反舰导弹系统与该子系统相联)。(4)操作区域防空“鞑靼人”导弹的子系统，可为该导弹进行威胁评估和射击程序选择。(5)电子支援ESM、电子对抗ECM子系统，以及操纵11和14号数据链子系统。(6)反潜战子系统，用海军编程中心开发的LTR高级语言写入。

法国发展Aidcomdr式舰载C^3I系统 为了指挥大型舰队海上作战，法国编程中心和法国海军正在联合研制Aidcomdr舰载C^3I系统。该系统是在一个包含常设和临时两种数据链的主要数据总库的基础之上研制成功的。这两种数据利用实际辅助程序在舰艇出航前输入，或者在执行使命期间通过键盘或通过来自外部的格式化报文输入。

该系统将与航母“战斗综合系统”或“西尼特”系统联络，以便从周围实时战术态势的更新信息中得到需要的情报。在核动力航空母舰上，“战斗综合系统”的计算机应当留作两系统之间的情报交换专用。该系统计划在法国大西洋舰队和地中海舰队中至少装备一条指挥舰。法国海军所有大型舰只在将来都将装备这种系统，该系统包含10个操作控制台，同时也可为陆基指挥中心安排控制台，以便进行高度的合成作战。

荷兰研制小型舰船火控系统 这种专为小型舰船设计的火控系统由一个全光电式指挥仪和一部I波段搜索雷达构成。指挥仪部分包括电视摄像机、红外摄像机和激光测距仪组成，其体积小、重量轻，可装在舰船桅杆上。I波段搜索雷达的水平扫描速度为每秒360°，高低方向扫描角为40°，可在雷达视距内探测到海面目标，在约13.5海里距离内探测到飞机大小的空中目标。该雷达具有边扫描边跟踪功能，一旦探测到目标，由操作员将信息传给光电指挥仪继续捕获和跟踪，也可采用自动目标捕获的工作方式。

该系统可以同时控制数门75毫米口径以下的舰炮，对付空中和海面目标，另外也可控制舰舰导弹。

瑞典研制新的海军武器控制系统 继9LV200 MK2系列之后，菲利普电子工业公司又研制了9LV MK3型“海贼”海军武器控制系统。典型系统包括雷达监视系统、X和G双波段搜索雷达、战术分析与目标管理指挥控制系统、数据存储系统以及由光电传感器和Ku波段超宽带跟踪雷达组成的火控指挥仪。与MK2系统相比，MK3系统不仅可控制一部或多部火炮，且可控制近防武器系统和防空导弹。

对海对空探测设备

美国海军部署可调防式超视距雷达 为了扩大对飞机和舰艇的探测距离，美国海军从1989年夏开始在安奇特卡岛部署AN／TRS-71(XNI)“可调防式超视距雷达”，这是美海军在太平洋地区部署的第一部超视距雷达。安奇特卡岛位于阿拉斯加，前出阿留申岛岛链，是一个重要的战略基地。在该岛部署超视距雷达，能够很好地监视白令海、苏联东部以及北太平洋海域舰艇和飞机的活动情况，从而成为环绕美国大陆的远程后向散射超视距雷达网(由空军管辖)的补充，用于覆盖空军后向散射超视距雷达覆盖不到的区域。

可调防式超视距雷达是在整个战略要地布设数处超视距雷达天线，而雷达及处理设备等则采取移动式，即根据作战需要在设有天线的阵地间转移和重新部署。AN／TRS-71(XNI)型雷达采取双基形式配置，即接收机和控制中心在一起，而发射机则设在距接收机90～185公里远的地方。利用卡车或舰船，可将雷达在约10天的较短时间内重新部署到新的基地，并快速校准天线方向图，进入工作状态。目前，美海军已决定将AN／TRS-71(XNI)雷达的样机部署至安奇特卡岛，最终还将在阿留申群岛部署2部、在关岛部署3部，还计划在夏威夷、东部的弗吉尼亚州以及欧洲某些地方部署超视距雷达天线和基地。

美国海军发展有源孔径相控阵雷达系统 美国海军正在研制一种有源孔径相控阵(AAR)雷达，按计划1991年将验证组成AAR系统的1000块模件，以便检验与AAR系统有关的许多关键技术性能、成本及其他特征。目前AAR研制工作主要集中在L、S、C和X波段。该计划如成功，将能够满足地面、舰艇和作战飞机防空的要求，其中主要部件AN／SPS-48E型雷达的工作仍将深入开展。

AAR系统主要使用先进的MMIC单片微波集成电路、VHSIC超高速集成电路和光学控制技术。这些技术将使AAR系统具有更宽的频带、极高的稳定性，并且可探测远距离的隐形目标。该系统的天线为圆柱形相控阵阵列或多面相控阵列，不采用传统的旋转天线。这种小孔径雷达将装备美国海军下一代轻型舰艇。该雷达的天线可能采用共形阵列，装备在海军3500吨级的护卫舰上层建筑上，它比美国海军的高性能AN／SPS-48型远程三坐标雷达具有更佳的技术性能，能提供高低空覆盖，在严重杂波条件和干扰环境下探测并跟踪难以发现的小型目标，并能区别和跟踪不同类型的目标，且具有出色的多功能工作能力。

AAR系统采用许多先进的技术，从而大大改善了重量／功率比，重量减至原相应功率系统的1／3～1／4，一块功率为5瓦的发射模块，重量不超过43克。AAR系统体积也有大幅度的减少。另外还使用了一种多功能自动校准门电路技术(MSAG)，可使子系统功率增20瓦，带宽超过1千兆赫，有效功率大于30%，噪声系数低于2分贝。系统采用T／R模块。C波段(5.6千兆赫)模块包括:低噪声放大器，可编程衰减器和相位器，T／R制式转换器和功率放大器等。

AAR系统旨在使研制的雷达系统成为一种易于安装和便于运输的高性能雷达，且具有很强的抗电子干扰能力。该系统除提供给美国海军舰艇外，还打算用这种系统解决美国陆空军和海军陆战队的装备战术技术问题。

美海军改进AN／SPS-49型雷达 美国海军改进型AN／SPS-49-5远程探测雷达，具有在敌方电子干扰环境下仍保持较高性能的特点。4环相关旁瓣对消器能自动启动并有效地抑制人为的干扰。AN／SPS-49-5远程雷达的工作频率为850～942MHZ，频率选择有固定和捷变2种。发射机峰值功率为360千瓦，平均功率为13千瓦，天线转速为6转／分或12转／分，旋转净空直径为8.7米，增益为28.5分贝，分位波宽为3.4度，余割平方至30度。瞄准机械稳定倾角为25度。

美海军研制AN／SPS-48E舰载三坐标雷达 为了改进老式AN／SPS-48C型防空监视雷达的可靠性和可维修性，使之能对付新一代高速巡航导弹和反舰导弹的威胁并与目前计划发展的NTU(新威胁对抗)系统相匹配，美国海军正在48C型雷达的基础上研制新型AN／SPS-48E型雷达。

该雷达的天线长5.1米，由59个辐射单元组成，能发射一系列笔形波束，这些波束相互交叠，形成一个较大的三维覆盖探测区，多目标识别是通过对成千上万个波束的回波图形进行比较进行的。这样一部雷达能同时完成整个舰队的监视、跟踪和武器制导等任务。

AN／SPS-48E型雷达的跟踪精度范围为411米高度，方位角为0.6度，天线360度旋转，可以提供全方位搜索。采用的新型数据处理机具有自动探测和跟踪能力，能自动处理协同过程中获得的作战数据。借助一台先进的检测数据转换器(DDC)，使动目标显示器的功能进一步扩大。DDC能使雷达操纵员将发射功率集中在某个距离和方位角内，这样可消除箔条和海杂波的干扰及恶劣气候带来的影响。与48C型雷达相比，48E型雷达减少了70%的电子元件，取消了300多个调准点和700个测试点，而且将故障的平均间隔时间提高了50%以上。发射机、接收机和整个系统的其他部件都采用了机内测试(BIT)处理机，它能以0.1秒间隔速度对接近5000个采样点进行连续测试，因此输入功率、射频输出、噪音量、冷却剂流率和目标数据等这些功能参数，实际上都可受到定时的故障检测。故障间隔平均时间已达到2万小时。BIT故障检测微处理机的价格虽贵，但集成电路的可靠性可有效地抵销人员操作方面的不利因素。

美海军用激光对“宙斯盾”系统进行控制 美国休斯敦研究所计划用激光对“宙斯盾”防空用相控阵雷达系统进行控制，可使该系统的重量、尺寸和费用大大减少。激光器可以代替“宙斯盾”雷达系统数十吨重的微波波道和其他支援设备，雷达性能也将有较大的提高。

目前相控阵雷达在一个平面天线上，应用数千个原件发射雷达波束，每个元件装有一个移相器将波束叠加于某个方向上，为完成一项特定任务，这些波束每秒钟要更换数千次才能形成一组信号，除了移相器外，信号还必须经过微波波道进行延时。新开发的用于舰载系统的激光控制器，用头发丝大小的光纤和微片激光器取代“宙斯盾”相控阵雷达系统的波道和移相器。目前尚未改进的相控阵雷达单个辐射尚不能进行精确瞄准，所以发射出去的信号存在着偏斜，而激光控制器可对辐射信号精确延射，对聚焦信号精确对准。预计在2000年，这种光子学控制系统可装舰使用。

美国重点发展高灵敏度雷达 美国准备发展的高灵敏度雷达能探测到目前难以探测到的目标，能对非协同(孤立)目标进行分类、识别和鉴定。美国国防部旨在加速发展高灵敏度雷达的低探测(LO)计划已经开始，目前重点进行多频谱技术的开发试验。该计划的任务是研究在未来的复杂战术环境中，如何才能对非协同的单个空中威胁目标进行准确详细的探测、跟踪、识别和分类。UHF／L波段雷达、双波段雷达、红外传感器、机载双基地雷达及有关传感器是高灵敏度雷达系统研究的重点。

高灵敏度雷达计划中的模块式低高度拦截雷达，计划用于无人驾驶飞机或低空探测飞行器。探测隐形目标的传感器(高分辨力成像雷达)，具有大范围搜索和探测杂波中的目标、全天候地探测远距离目标、可靠地探测隐形目标(如被树木覆盖的目标)和伪装目标的能力。研制技术上则要求开发大搜索角、极化波分集的低频合成孔径雷达。SDI激光雷达计划，将开发针对战略威胁目标的火力控制、识别、主动成像及其空间应用技术，包括高功率激光发射机、检测器、波束扫描机构、调制器、放大器；信号处理用火力控制、识别以及图像应用分析器等。

此外，海军还希望能把这种超视距雷达的信息与北美防空司令部设在科罗拉多州夏延山的中心指挥所相联，互相交换信息，同时海军的可调防式超视距雷达可以靠前部署，从而为防空指挥当局提供有关人侵飞机或来袭巡航导弹的补充预警信息。

美海军发展多波段合成孔径雷达 美国海军航空兵发展中心研究出一种先进的多波段合成孔径雷达。这种新的侦察雷达具有两个特点：其一是工作频率宽、抗干扰能力强，可工作在L、C和X 3个波段，工作频率为400兆赫～10千兆赫，而通常的合成孔径雷达只使用其中的一个波段，因此新雷达更难受到干扰；其二是分辨力高，具有全天候工作能力，在一般情况下可探测2米的目标，而一般合成孔径雷达在天气晴朗时才能探测到27米大小的目标，使用这种新雷达得到的侦察照片，分辨率比原来可提高15倍。这种多波段合成孔径雷达可设置在飞机和卫星上。目前，新雷达的研究阶段已经完成，将进人工程发展阶段。

苏联海军装备舰载相控阵雷达 苏联海军“巴库”号和“第比利斯”号航空母舰装备“望天”型相控阵雷达。这是苏联海军80年代在电子装备方面取得的最大进展，同时使苏联成为继美国之后第2个装备舰载相控阵雷达的海军。

“望天”相控阵雷达系统采取4个16.5×16.5米方形固定板阵天线，15°倾斜，每阵含有约5100个反射单元，工作频率0.2GHZ～4GHZ。系统内包含6部计算机，可执行搜索、目标捕获、分类、跟踪、威胁估计并可为舰载导弹提供一定的制导。该系统最多可同时对付15～18个目标。

苏联海军水面舰艇装备新雷达 “喀拉”级“刻安”号导弹巡洋舰首次装备新型三坐标雷达，用于取代原来的“顶帆”雷达。从外形上看，新雷达与美国舰艇上装的AN／SPS-48三坐标对空警戒雷达十分相似。

英国海军发展“海浪花”舰载雷达 “海浪花”原为机载对海搜索雷达，在近年发展的“海上大鸥”直升机载反舰导弹中，“海浪花”作为目标照射雷达。最近，费伦迪防御系统有限公司又研制了“海浪花”雷达的舰载型，将其装在桅杆上，为舰舰导弹提供目标照射。试验表明，将“海上大鸥”舰载型导弹同“海浪花”舰载雷达配合使用，具有结构简单、导弹装载量大、系统费用低、各种舰船通用性好等特点，即使小型舰艇也同样适用。

英国发展“空中大师”机载对海对空搜索雷达 正在研制的这种雷达可装备小型飞机和直升机，同时具有仰视和俯视能力，因此可同时执行空中预警和对海搜索两方面的任务。该雷达在“海面搜索者”雷达基础上发展而成，工作在3厘米波段，天线较小，全套设备仅重450公斤，适于安装在比C-130型运输机小的14种以上的机型上。“空中大师”雷达对驱逐舰大小的目标探测距离为290公里，对小舰的探测距离为130～160公里；在执行空中预警任务时，对“海鸥”大小飞机的探测距离约为200公里，以对海方式工作时，预警距离为120公里；具有目标人工起始自动跟踪能力，可同时提供50个模拟目标。

法国将装备DRBV-15C型“海虎”雷达和DRBV-26C型“丘比特”雷达 新的C型“海虎”雷达为一部相参多卜勒脉冲式对海对空搜索雷达，工作在

S 波段。该雷达采用频率捷变与脉冲压缩技术，具有良好的抗干扰能力；通过采用经稳定的平板天线和新的信号录取器，使其具有良好的探测能力；双通道接收机可分别用于跟踪空中和海上目标。该雷达对飞机目标的最大探测距离为 100 公里，对导弹目标为 50 公里。该型雷达将装备法国“戴高乐”级航母和“蒙热”号试验研究舰。

DRBV−26C 型“丘比特”对空警戒雷达的第一套样机也交付法国海军。该雷达为工作在 L 波段的远程雷达，采用了固态发射技术，准备装备法国“卡萨德”级护卫舰和“让·巴尔”级护卫舰。

荷兰开始装备多波束目标捕获雷达　由荷兰信号公司研制的多波束目标捕获雷达(SMART)已得到 16 部的定货，准备装备 8 艘 M 级护卫舰、2 艘 L 级防空护卫舰，另一套作为岸基训练用。此外，还将出口联邦德国 5 套。

多波束目标捕获雷达工作在 F 波段，在垂直面上可产生 12 个波束，水平面波束宽度为 2°，高度方向覆盖范围为 0～90°，扫描更新率为每分钟 30 次。由于该雷达可同时产生 12 个波束，因此，其精度可与相控阵雷达相媲美，只是高度方向的覆盖面有限。荷兰 L 级防空型护卫舰装备该型雷达后，其导弹控制系统可同时控制 SM−2 标准和“海麻雀”等 6 枚导弹，从而提高该舰的防空作战能力。

加拿大海军装备瑞典“海上长颈鹿”雷达　该型雷达将装备 12 艘加拿大舰艇，第 1 批是装备目前正在建造的 6 艘“哈利法克斯”级护卫舰，第 2 批将装备 6 艘“蒙特利尔”级护卫舰。该雷达主要执行对空对海警戒，工作在 G 波段，采用了数字脉冲压缩技术和动目标显示及非动目标显示的频率捷变技术，在恶劣气象条件及存在严重杂波条件下对反舰导弹的探测距离达 20 公里。该雷达在垂直面上有 4 个波束，因而高度方向上覆盖面较大。

水下探测设备　**美国研制全光学拖曳声纳**　美国海军研究所正领导利顿公司研究一项全光学拖曳阵系统，海军为此项目拨款 430 万美元。全光学拖曳阵具有以下优越性：一是传导信息量大；二是所用传感器少，且传感器间没有串音；三是可使用极大型的水听器和阵列；四是费用较低。

全光学拖曳阵利用由光学传感器提取声学信号，并运用了光导纤维上声压的变化会改变纤维上光的运动速度的原理。美国利顿公司希望在平时多年研究的基础上，用 21 个月的时间为海军提供一套能实际工作的传感器系统。

美国研制强化型和改进型低成本声纳浮标　美国海军正在实施强化型(ELCS)／改进型(ILCS)声纳发展计划。经强化或改进的声纳浮标本身可进行自动探测和信号处理，并可连续几天进行不间断的监视，记录被监视海域的潜艇活动情况，并为己方飞机提供数据。

美国海军发展新型潜望镜　随着被动式电子支援测量系统、自动测向、微光电视和热成像传感器的运用，使美国海军研制的新型潜艇潜望镜变得更加先进。这种非穿透式艇体潜望镜是尖端潜艇成像技术计划中的一部分，它同传统的光学潜望镜不同，摆脱了传统的液压式升降机构，采用全反射透镜传透艇体的探测方法，通过光纤传感器进行数据搜集和传输。数据信息经高分辨率彩色电视监控器显示，控制中心结合来自光纤和红外两种传感器的信息，利用热成像(波段为 3～12 微米)处理软件，便可相当清晰地全天候观察目标。为了提高潜艇的隐蔽程度，伸出水面的天线部分涂有吸收雷达能量的聚合物，整个天线部分将被制成流线型，传感器部分在水面旋转，型体航迹将非常小。

美国核潜艇将装备新型潜望镜　美国海军研究的一种先进潜艇用成像系统潜望镜，将安装在“洛杉矶”级和“海狼”级攻击型核潜艇上。这种电子成像系统提供的信息量将远远超过光学潜望镜。它包括一个安装在支柱上的转动探测器舱。支柱固定在潜艇的一个非水密容器上。支柱分成两级，可从容器顶部向上伸出 20 英尺(6.7 米)。探测器箱中包括：电视摄像机，既能扫描天空又能扫描水面；红外传感器，用以保证夜晚的热成像；电子支援接收器，用被动方式探测空中及水面目标。通过一根细光缆，探测器的信息输送到潜艇控制中心的操作台，从而省掉了穿透潜艇艇体的镜管。显示方式可采用彩色电视或高分辨率黑白电视，热成像亦用同一显示屏。为与新型潜艇成像系统配套，还将研制一个成像处理机，以加强图像的对比度及图像轮廓的清晰度。

该成像处理机与操作台为一整体。以后也可能开发一个独立的成像处理机，使其能进行更复杂的信息处理，以期得到更清晰的图像。系统控制软件使用“C”高级程序语言。1990 年 6 月已在攻击型核潜艇“孟菲斯”号（SSN−691）上试验科尔摩根原型，1993 年开始生产。

英美联合研制光导潜望镜　传统的目视光学潜望镜需穿过耐压舱安装在控制室内，不仅在艇内占较大空间，而且还要求潜艇控制室必须以正对着指挥塔的镜座为中心布局。目前英国道蒂海上系统公司和美国科尔摩根公司正在研制一种与传统目视光学潜望镜完全不同的光导纤维潜望镜。这种潜望镜利用纤细的光缆将来自光学和热成像传感器的视频信号送入控制台，并在大屏幕显示器上显示出来，镜座不需穿过耐压舱，从而使控制室的位置可以任意选择。此外，新型潜望镜主桅上还将安装电视、热成像仪和电子侦察设备。

参加研制的两个公司已于1990年研制出一部光导潜望镜镜座样机，并将在美国"孟菲斯"号新技术试验潜艇上进行安装试验。

美国海军装备新型AN／SQQ-32型猎雷声纳 美国雷西昂公司研制的下一代先进猎雷声纳系统，1990年底已装备部队。新的AN／SQQ-32声纳系统将包括两部声纳，一部为搜索声纳，用于对目标进行初步的探测，另一部为高频声纳，用于声学成像，可对水下目标进行分类。SQQ-32比原来的SQQ-30猎雷声纳在探测距离、水平覆盖面以及分类能力上都有很大的提高。

英国主动拖曳阵列声纳试验成功 由英国宇航公司设计的主动拖曳阵列声纳在波罗的海成功地进行了海上试验。试验期间，该声纳安装在250吨的"斯卡夫特岛"号扫雷舰上，在各种气象条件下进行了8天试验。试验表明主动拖曳阵适于跟踪现代化小型"安静型"潜艇，其跟踪距离大于常规小型舰船用声纳，该系统采用独特的分离式拖曳发射机和接收机的主动拖曳阵列声纳，即使在波罗的海水声设备工作极为困难的浅水水域也具有良好的探测能力。

英国发展2075全综合式声纳 英国利用换能器和信号处理方面的先进技术，研制成新型2075潜艇综合声纳系统，用以装备"支持者"级常规动力潜艇(自第5艘起)，从而淘汰过去的分离式声纳系统。

2075全综合声纳包括多部艇外和壳体基体，包括:一部圆柱形主被动接收换能器艏阵，艇体两侧装有一系列被动测距基阵，指挥台围壳前部有信号截获基阵和水雷探测用高频扫描基阵，围壳后部为一弧形基阵，艉部则为一个拖曳式线列基阵。该系统采用32位字节的通用处理机网络，与艇上的信号处理交互式计算机配套，程序语言采用了与潜艇指挥系统相容的Ada语言。系统的模块化设计保证了大容量的处理能力，使该声纳具有很大的改造余地。2075声纳的显示设备包括5个操作手面板，安装在控制室，每个面板上都有2个彩色显示屏、跟踪球和触敏等离子控制屏。操作手面板由控制室的光线与信号和显示处理器相连，每一个面板都能对声纳的各种功能进行显示和控制。

2075声纳的主要功能包括被动监视、被动测距、主被动搜索、跟踪、信号截获和攻击。该声纳还有水下电话和声模拟器两个分系统，供艇上声纳员训练用。

英国研制模块式声纳系统 英国费伦迪计算机系统公司正在研制模块化声纳系列(FMS)。该系列的主要设计出发点是优化性能、缩小体积、使用灵活和分解结合简便，并可降低设备全寿期费用。通过提高性能标准，采用先进信号处理技术及新的M700分布式列阵处理机，提高了自动化水平，同时，通过模块而降低了成本，减少了风险。目前，这一系列的基本组成包括被动式双倍频窄频FMS-12型、被动式五倍频窄频FMS-15型、主动式FMS-20型、21型以及被动式FMS-30型和宽频31型声纳。

法国推出IBIS-43高技术水雷监视系统 该系统可提供高清晰度的海床图像，其分辨率符合识别海底水雷的要求，是对付沉底水雷的理想工具。该系统由先进的处理系统及一部TSM—2054侧视声纳组成，换能器装在一个与主体连接的拖鱼中。运算处理系统可根据拖曳速度以及距海床的高度实时调整声纳的工作参数，使之处于最佳状态，并可进行停航及纵横摇的自动补偿。计算机辅助图像管理系统可确保对海底不明物体进行实时探测与分类，还可对连续几次获得的同一地域海床图像进行比较。

德国研制ASO-90系列水面舰艇用主动声纳 新声纳系在DSQS-23BZ型声纳基础上发展而来，用以替换现役的ASO-80系列声纳。新的90系列声纳的特点是：采用圆柱体发射与接收阵列，换能器数目多；阵列可舰壳安装并可采取变深拖曳方式，可根据安装舰的类型，分别满足低、中、高不同的频率范围要求；系统具有并行主、被动方式，在信号处理上采取了特殊的预先处理及善后处理新技术，且可通过功率放大等改善恶劣传播条件的探测性能。

澳大利亚研制被动测距声纳 目前正在研制的这种称为截获声脉冲被动测距声纳(PIPRS)系统能够进行被动测距和定位。该声纳通过收集其他潜艇、水面舰艇以及飞机吊放的声纳信号辐射来定位、测距和判定属性，这样既避免了本舰使用主动声纳，又缩短了探测时间。据称，此系统只需用"奥伯隆"级现装声纳阵改装即可，因而研制周期短、造价低。目前该声纳已开始在澳生产。

英国、法国、荷兰联合研制探雷声纳 新声纳系统将在法国海军 DUBM-41 型拖曳声纳基础上研制，拖曳阵内装备非线性声阵和部分处理系统，其高分辨力的旁视声纳用于对海底进行搜索，能探测出掩埋在海底泥沙中的水雷，且在强海潮下仍能继续正常工作。目前，法国负责拖曳声纳阵和发射电路、接口以及显示系统，英国负责接收部分，荷兰则提供“泰德曼”号试验舰。

空军武器装备

综述 1990 年东西方关系进一步缓和，表现在苏美继续压缩军费，华约的解体改变了欧洲的军事形势和政治格局。另一方面，因伊拉克吞并科威特而开始的海湾危机，导致了一场有 40 多个国家介入的战争。这说明超级大国关系缓和并不能导致世界和平。在大国纷纷调整战略的情况下，某些地区如石油产地的局势却更加动荡。武器竞赛并不因为欧洲形势缓和而停止，只是迫于世界经济衰退的情况，调整了方针和步骤。

在上述世界军事新形势下，空军武器装备的发展有如下的特点：

新机发展速度变慢，空军装备竞赛依旧 大国军费继续削减的趋势，并不因海湾战争而改变。美国 1991 财年的国防经费比 1990 年削减 420 亿美元，即减去 22%，还准备在今后 5 年内一共要节约 1800 亿美元。苏联 1990 年国防预算已减至 1183 亿美元，计划到 1995 年减至现有水平的一半。英国近 5 年来，军费开支减少 10%。1991 财年的国防经费为 348 亿美元，比上年下降 3%；由于英国通货膨胀率不是原先估计的 3%，而是 8%，故实际减少还要多。法国决定从 1990 年起，把军费削减到国民生产总值的 0.5～1%。北约各国的国防部长 1990 年 5 月在比利时开会，一致同意放松战备强度，撤销 1977 年以来执行的每年防务费增长 3%的决定。在这种情况下，许多研制计划受到影响。计划推迟的有欧洲战斗机（EFA）和美国先进战术飞机（ATF），C-17 运输机和 V-22 倾转旋翼机。项目取消的有美国海军和空军都需要的 A-12 隐形攻击机，暴露了美国力不从心的窘境。

美国空军参谋长韦尔奇在 1990 年 6 月任满离职前，曾直言不讳地提出警告：美国空军到 1995 年战术战斗机部队比前几年的预测要减少 20～25%，空军兵力从 1986 年的 60.7 万人减至 1990 年的 54.4 万人，到 1991 年为 53 万人，1995 年为 46 万人。他认为苏联歼击机的数质量都在提高，新一代歼击机很可能苏联先服役，而美国按计划要到 21 世纪初才能有一定数量的先进战术飞机，因而在本世纪末至下世纪初苏将在争夺制空权方面占上风。韦尔奇的警告可能有些危言耸听，因为从目前情况看，苏联的隐形歼击机在本世纪内不可能出现，只能把苏-27 和米格-29 的几种改进型搞出来。韦尔奇的警告只能反映苏美尽管在限制战略武器和常规武器上可能在 1991 年取得进展，但武器竞赛不会停止。空军又是武器竞赛的重点，但因经费所限，飞机采购的数量会下降，新一轮竞赛将是质量竞赛。

军工生产竞争加剧，飞机生产形成集团竞争 1990 年在各大国纷纷削减军费之时，军工企业为谋求生存，出现了联合和兼并。大型国防工业公司都到国外寻找合作者。欧洲比美国的步伐更快。他们抢在军费大幅度削减之前改组公司，缩小规模，改变布局。北约欧洲国家规定，从 1990 年起，凡价值 100 万欧洲货币单位以上的国防科研项目或采购项目均应向北约成员国通报，便于各国军工企业参加竞争。过去欧洲各国的做法是把本国的航空航天工业集中在一两个集团，然后参加国际合作。现在则干脆并入国际集团，例如法德合作建立欧洲直升机公司。1990 年又兴起了联合和兼并之风。例如法国汤姆逊公司与 CSF 公司联合，英国 GEC 公司与西门子公司联合，英国航空航天公司、法国航空航天公司和德国航空航天公司联合兼并了普莱赛、费伦蒂两家公司。尤其令人震惊的是德国戴姆勒·奔驰公司兼并梅伯布公司。由于欧洲航空航天工业在国防经费大幅度调整之前采取了上述措施，使一些公司摆脱了危机。但美国则无此准备，当国防部在 1990 年 6 月及 1991 年 2 月两次削减订货，宣布一些重要项目取消（如 A-12 和 P-7A），许多公司在项目取消或推迟进度的过程中，才匆忙作结构调整，并大量裁减人员。美国 5 大航空航天工业公司均宣布裁员。麦道公司 1990 年裁员 1.4 万人以上。这对国防力量将产生长远的不利影响，而且造成了失业等社会问题。欧洲的联合使美国航空航天工业的欧洲市场缩小。美国军工企业在本国削减军费、海外市场萎缩的情况下，前景黯淡，势必加强竞争以图生存。

美国航空航天技术的领先地位受到挑战 美国航空航天技术的领先地位不仅面临苏联的挑战，而且受到欧洲和日本的挑战。北约欧洲 12 国（英、法、德、意、西、比、荷、丹、挪、希、葡、土）在 1990 年 11 月签订备忘录，拟定欧洲国防长期合作计划，在 11 个技术领域内展开技术研究，以联合的力量来与美国抗衡。这 11 个技术领域虽然与美国航空航天工业协会提出的 11 项关键技术不完全一样，这个集团的国家研究费一共也不到美国的 1／3，但是它可利用欧洲某些高技术领域的优势建立起独立的欧洲科技力量，这对美国是一个威胁。日本利用其电子工业、特别是微电子方面的技术优势，力图占领美国航空航天市场，逼美与其合作。

美苏欧军工生产转民品步骤加快 在东西方缓和与裁军的情况下，军工产品市场趋于缩小。各国军工企业谋求出路，除了组成集团竞争外，另一出路是军品转民品生产。美国的军转民生产刚起步，如马丁－玛丽埃塔公司用军工技术研制邮政编码查询装置，洛克希德公司承接大型民用飞机修理业务等。1990 年 5 月美国举行军转民技术政策研讨会上提出的军转民办法，有无偿移交（如学校、医院等）、拍卖、封存生产线和转产民品等。美国国会技术鉴定局正在进行一项 2000 年军工需求和军转民规模及速度的研究。苏联军转民政策中有利用军工高科技水平带动民用经济、摆脱困境的因素。苏联国防部计划军工企业中民品生产的比例由 1989 年的 35%提高到 1992 年的 65%。一些飞机制造厂在生产电冰箱，坦克工厂生产卡车。苏联还成立一个航空转产公司，由飞机设计局、飞机工厂、发动机工厂、银行等组成，专门从事军用航空产品转民品生产，包括国际合作研制民用飞机。但苏联的军转民工作推行并不顺利。到 1991 年初为止，120 项军转民技术中，适合国内市场需要的只有 23 项，适合国际市场的才 4 项。欧洲国家的情况是，军工企业与民用企业合并后，大力开发民品，正在向大公司垄断的方向转变。维也纳国际和平研究所拟组织军转民的学术讨论会。联合国裁军总署于 1990 年 8 月在莫斯科召开了国际军转民会议，有 37 个国家参加。1990 年 9 月苏联总统委员会通过了 1991～1995 年国防工业转民品生产的计划。

第三世界加强发展空军装备 在大国纷纷削减军费之时，第三世界许多国家却在增加国防军费。这是因为地区冲突并不因为东西方缓和而消除，历史遗留的民族矛盾和边界纠纷仍难解决。何况大国在调整战略过程中，为争夺势力范围，不可能不伸手，第三世界是难于安宁的。据联合国预测，第三世界军费开支每年增长 150～200 亿美元。从 1960～1986 年，第三世界军费从 240 亿美元增至 1600 亿美元，即增加 6 倍，而工业化国家只增加 1 倍。目前第三世界军费每年约 2000 亿美元，今后若干年内，将为每年 2150～2200 亿美元。

印度 1991 年国防预算是 93 亿美元，比上年增长 10.5%。印度政府在空军现代化上不惜巨额投资。虽然这两年进口了米格－29 歼击机，但印度的目标是主要装备全部国产化。印度斯坦飞机公司迄今已经生产了 27 种型号，3000 架飞机，其中 1／3 是自己设计的。

南朝鲜国防部长 1990 年 10 月在向总统的报告中提出，今后几年要大大增加防务开支，为美军最后撤离南朝鲜作准备。南朝鲜力求空中力量现代化，正在实施野心勃勃的战斗机计划。为此南朝鲜军费中科研费所占的比例已从 1980 年的 1.5%提高到 1990 年的 3%，到 2000 年将提高到 7%。

近年来，南朝鲜、印尼、泰国、马来西亚、新加坡、巴基斯坦以及台湾地区的国防费开支在逐年增加，到 1989 年总数达 350 亿美元。如照过去这种增长速度推算，到 90 年代中期能达到 1300 亿美元。这些国家和地区都在大力发展、更新航空装备，新加坡是一个城市国家，还购置了 E－2C 空中预警机。

日本虽不属于第三世界，但它在工业化国家中，却是继续增加军费的唯一国家。1990 年 12 月 20 日防卫厅通过的中期（1991～1995）防卫力量整备计划，经费总数达 22.75 万亿日元，年平均增长率达到 3%。日本自卫队的飞机虽然不多，但现代化程度很高，每年采购的新机在 100 架以上。旧机改进工作也抓得很紧，现役的 F－4 飞机已全部更新电子设备，使其性能接近 F－16，可以使用到本世纪末。90 年代中，日本还要采购 18～20 架加油机，12～16 架空中预警机。

战略轰炸机 **B—2 飞行试验满意，订购数削减** 1990 年 B－2 原型机继续进行飞行试验，试飞的结果比预想的好。原计划每月试飞 20 小时，实际每月试飞 30 小时。这是因为原型机上装的通用电气公司的 F118 发动机性能令人满意；大型飞机经常出现的漏油现象没有在 B-2 上发生；飞机的可靠性、维修性都比较好，提高了飞机的出勤率。

首架原型机已试飞 16 次，共 67 小时。主要检验了飞行包线，高度达 10700 米，速度达 602 公里／小时。通过试飞，验证了基本系统的性能。关于飞机试飞取得的极限性能至今还保密，未公开透露。据首席试飞员称，飞行操纵性能比模拟器上的表现好，尤其是滚转性能。由于机翼面积大，着陆技术简化了，多数情况下，下沉率为 0.3 米／秒。

第一架原型机完成飞行性能包线第一阶段试飞后回厂整修，表面抛光，填缝隙后，再涂上隐形材料。内部设备和飞机构型也要作一些调整，使飞机更接近于生产型，然后返回基地作第二阶段试飞——检验隐形技术。

第二架 B-2 原型机于 1991 年 1 月也开始了飞行试验。

尽管 B-2 的试飞工作，从 1989 年起就顺利进行，1990 年又取得比较满意的成果，但它的生产和采购计划却因军费大幅度压缩而屡受挫折。先是 1990 年 6 月美国国防部长切尼宣布将 B-2 原定的采购数 132 架改为 75 架，估计费用为 611 亿元。按照这一新计划，1991 财年的拨款是 46 亿美元，比 1 月提出的减少 9 亿美元。1990 年 8 月国会在 1991 年国防预算案的投票中又决定取消 B-2 的生产费，在这个国防预算案中只给美国空军留下 15 架已经批准生产的 B-2。1991 年原定生产的 5 架已改为 2 架。削减后的采购计划是否能顺利进行，还要看第二阶段试飞隐形性能的结果。如果达不到预期的结果，国会中的反对派将会群起而攻之，B-2 的支持者将遇到困难。美国空军在 1990 年给国会的一份报告中竭力宣扬生产 B-2 的必要性。报告预测，到公元 2000 年美国只剩下不到 200 架 B-1B 和 B-52H。那时 B-1B 的机龄已达 14 年，B-52H 的机龄则达 40 年。苏联的防空系统迄今已投资 4000 亿美元，包括 1 万套雷达，8000 部地空导弹发射架，3000 架左右的截击机和歼击机，以及空中加油机和空中预警指挥机。到那时，无论 B-52H 或 B-1B 都无法突防。如果美国放弃 B-2，等于放弃三位一体打击力量的体系。因为带巡航导弹的轰炸机是三位一体战略打击力量中最有灵活性和最稳定的力量。B-2 的突防能力和打击高机动目标的作战能力是其他战略打击力量所做不到的。何况在限制战略武器会谈中，一架战略轰炸机虽然作为 1600 件战略武器限额中的一件，但它只作为一个弹头计算，而实际上 B-2 可携带 20 枚核炸弹和核导弹。

美国空军认为，B-2 并非不可探测，只是苏联到 21 世纪初尚做不到用雷达发现 B-2。因为要探测到敌机必须在各种高度的飞行剖面中探测到目标，并有较长的跟踪时间，才能引导某种武器对其截击。现在苏联的地面雷达不能及时探测到 B-2，歼击机得不到地面引导；而依靠现有的机载雷达，又不能在远方探测到隐形飞机，因而苏联没有可靠的方法对付 B-2。

歼击机（战斗机） 1990 年，歼击机（战斗机）的发展呈两种趋势：一是研制新机的工作有突破性进展，主要样机相继进入验证试飞；二是改进现役机的工作继续加紧进行，各种改型纷纷投入生产。如果这两种趋势持续下去，第 3 代和第 4 代歼击机（战斗机）之间的断档期可能缩短。但由于大国纷纷削减军费，因此无论是新机的生产、采购，还是现役机的改进规模都不会很大，尤其是新机的数量最多只能达到已定的装备计划。最先进的第 4 代歼击机（战斗机），特别是隐形飞机，不但价格昂贵而且技术保密，不可能在短期内出口，所以在各主要空军大国力图保持歼击机（战斗机）质量方面的优势的同时，中小国家更加着力依靠自力更生来研制自己的新机或改进已装备的旧机。但这些国家由于财力有限，以发展轻型机为主，也由于技术水平限制，不得不谋求国际合作，因此其歼击机（战斗机）的先进性与苏、美、法等国相比，存在较大差距。

F-117A 隐形战斗机公开展出，并在海湾战争中大显身手 F-117A 在一年多前美国入侵巴拿马时首次用于实战，只出动 6 架，仅属试验性作战。但在海湾危机中，美仅有的 2 个 F-117A 中队几乎全部调往海湾。战争爆发之际，该机率先突破伊拉克防空系统，轰炸了伊拉克首都巴格达市区内的主要战略目标。据称除美海军发射“战斧”巡航导弹突击了部分目标外，巴格达市区内主要战略目标大多是由 F-117A 打掉的，而且该机在历时 43 天的空袭作战中，一架未损，显示了隐形飞机的优越性。

以往有关 F-117A 的各种数据均为根据少数照片所作的分析和推测，因此各家说法不一。1990 年 4 月 21 日，美空军在内利斯空军基地公开展出 2 架 F-117A，至此该机才真相大白。

该机全身黑色，整个机体呈楔形，尾翼似燕尾。翼展 13.2 米，机长 20.09 米，机高 3.78 米；机翼前缘后掠 67 度，翼面积达 105 平方米；最大起飞重量为 23813 公斤，空重为 13608 公斤，两台 F- 404-

GE- F1D2 发动机，单台推力 5443 公斤，飞机推重比为 0.45；飞行速度为 0.8 马赫；可用 C-5 运输机载运；炸弹舱长 4.7 米，宽 1.75 米，可载 2 枚 900 公斤级激光制导炸弹，或数量不详的 AGM-88 高速反辐射导弹、GBU-15 滑翔炸弹、B-61 核炸弹等。该机机身为铝合金结构，可承受 6g 过载。机身蒙皮由若干铝合金板组成，其中多数与水平面成 30 度以上的倾角，因此从前视方向上看，机身多棱角，这样的结构外形可将射到机身的雷达波反射到搜索雷达探测不到的方向。另外，整个机身外表及结构接缝处全部涂有黑色橡胶似的雷达波吸收材料，表面平整但不光滑。飞机机头上装有 4 根空速管。座舱前面装有一台前视红外摄像机。下视红外摄像机装在前起落架舱门前缘。两台摄像机的窗口均装有雷达波吸收网覆盖，但红外线可穿网而过。该机的全动式“V”型尾翼的夹角小于 90 度，翼切面呈菱形，因此构不成雷达反射体。“V”型尾翼根部前为着陆减速伞舱，机身下方后部有尾钩。

该机的座舱盖向后上方开启，座舱内装有标准仪表，布局与其他飞机略有不同，与 SR-71 的相似。座舱内正前方是平显，平显两侧为多功能显示器，平显的下方是红外影像大屏幕荧光屏。

该机发动机进气口装有防雷达波格栅。发动机风扇有 3 级，直径 87.63 厘米，轴向式压缩机共 7 级，环筒状燃烧室，没有加力燃烧室。发动机的高温气体在排出飞机前由机内冷却空气预冷，以减小喷管的热应力，然后经机身后缘其内装有导流板的宽扁形喷口向上成一定角度喷出，喷出的气流亦成宽扁平状，散布面积大，可与机外大气迅速混合冷却，从而大大降低红外辐射。宽扁喷口的下缘向后延长，且上翘一定的角度，延长部分的上表面粘有耐高温的雷达波吸收瓦，瓦的外表面涂有黑漆。

F-117A 采用电传操纵，操纵性能可与 F-16 媲美。起飞着落速度与 F-104 相近，为每小时 278 公里。从飞机性能、平时训练及两次参战的情况来看，该机主要用于夜间对地攻击，攻击时通常以 7000 多米高度接近目标，然后下降高度采用水平直飞姿态投弹，制导炸弹弹着偏差为 1 米左右。

F-117A 是 1978 年开始生产的，美国空军一共订购 59 架，到 1990 年 7 月 15 日交付最后一架，宣布生产线取消。59 架 F-117A 总费用为 65.5 亿美元(包括研制费 20 亿美元)，平均单机价格 1.112 亿美元，是现役战斗机中最昂贵的。由于 F-117A 在海湾战争中大露锋芒，因此 1991 年 1 月美国空军要求洛克希德公司提供另一个中队的 F-117A，该公司已就第 2 批生产时对飞机的改进问题与空军进行了商谈。

美 ATF 候选机 YF-23A 和 YF-22A 先后试飞

经过 5 年的论证和近 4 年的研制，两组 4 架 ATF 样机终于先后推出试飞。诺思罗普公司集团抢先于 1990 年 6 月 2 日推出第一架 YF-23A 原型机并于 8 月 27 日首飞；洛克希德公司集团研制的 YF-22A 稍后于 8 月底推出第一架样机，9 月 29 日首飞。

YF-23A 外型有点像 SR-71，纵向线条舒展；又有点像 B-2，曲线较复杂。该机机体比其将替代的 F-15 以及苏联的米格-29 都大，与苏-27 相当。该机长 20.56 米，翼展 13.30 米。座舱为贝壳形，位于机翼前方较远的前机身上，位置较高，可为飞行员提供良好的全方位视界。座舱盖导轨成扇形，风档边缘靠前，便于飞行员下视。从机头顶端两侧处开始，各有一由 3 条直线构成的小边条，边条很窄，沿座舱两侧成水平直线走过，直抵翼根，可在大迎角机动时控制漩涡流向，防止机头向某一侧偏转。机头两侧边条下各装一个肘状空速管，另外机头下面和侧面还有几个孔，孔内嵌有传感器，试飞时用于获取大气数据，试验完成后传感器将被拆除，换装新系统进行试验。YF-23A 机头和内侧机翼处产生的涡流看来对尾翼的影响很小，有助于改善飞机剧烈机动时的俯仰、滚转和偏航操纵。机腹前部平坦，装有武器舱门。机载武器主要有 AIM-9 红外寻的空空导弹，AIM-120 雷达制导先进中程空空导弹，皆为内装式，以保持飞机的隐形特性。武器舱内导弹的装法为前 AIM-9，后 AMRAAM，同型导弹并列。导弹发射时由一台货盘式组合装置将导弹从弹舱内送出至机身下的气流中发射。据称该机今后可能会装备一种“先进技术发射器”，可迅速将导弹从机身内伸出、发射和退回。

该机采用截尖等腰三角形机翼和蝶形尾翼，尾翼间距较大，各成 45° 角外倾。尾翼很薄，但面积很大，其前后缘与机翼的前后缘平行。

YF-23A 计划装 2 台新研制的先进战术战斗机发动机（ATFE)，单台加力推力 13600～15900 公斤，最大干推力为 9076 公斤。ATFE 发动机有两种竞选型号，即普 · 惠公司的 YF-119 和通用电气公司的 YF-120。YF-23A1 号样机装 YF-119，2 号样机装 YF-120。两台发动机埋装于远离座舱的后机身内紧靠飞机纵轴线两侧的发动机舱里。2 个进气口位于机翼前方靠近翼根处，两条进气道为 S 型，从进气口前端开始向上向内掠入，可有效地屏蔽压气机的迎面雷达脉冲。进气口顶部有格栅式进气门，可根据需要调节吹入发动机的气流流量。近似方形的尾喷管位于排气槽前端，尾喷口上端装有后缘为锯齿状的可调节水平叶片，可避免尾喷管沿飞行方向强烈地反射雷达波。

图1 YF-23A 编队飞行

YF-23A 在演示／验证试飞阶段暂装一套与 F-15E 飞机同代的航空电子设备。按研制计划，ATF 的航空电子设备将是一套由“一体化电子战综合系统”（INEWS）与一套“通信、导航、识别一体化航空电子设备”（ICNIA）组成的高级航空电子设备。

YF-22A 样机问世比 YF-23A 晚了 2 个月，首架样机于 1990 年 8 月 29 日出厂，9 月 29 日首飞，第 2 架样机 1 个月后于 10 月 30 日开始试飞。YF-22A 样机出厂耽搁的主要原因之一是飞机的总体布局作了修改，1987 年 8 月才定型。该机的数据未见详细报道。据目击者推算，机长约为 19.56 米，翼展 13.11 米，机高 5.41 米。该机长度比 YF-23A 短，主要原因是 YF-22A 的腹下弹舱只装一排先进中程空空导弹，AIM-9 导弹装在进气道两侧的弹舱内，而不像 YF-23A 那样两种导弹纵列在机腹弹舱内。YF-22A 的机翼形状比 YF-23A 较为常规，前缘后掠 48 度，后缘前掠 17 度。为了保证高机动性能，该机尾翼采取平尾和垂尾分装式，没有像 YF-23A 那样安排蝶式尾翼。双垂尾外倾 30 度，使用传统的方向舵，没有采用全动式垂尾，但平尾为全动式。

YF-22A 的前段机身呈钻石形，加上低展弦比和高垂尾，使该机显得比 YF-23A 结构更坚固。该机座舱盖为整体透明式。进气口为钻石形，位置相当靠前并较高，以防止吸入异物。进气口上部前倾，以保证大迎角飞行时为发动机供气。双发比 YF-23A 的相互靠得更近，可减少滚转惯性。该机还装有推力导向系统，矩形截面的导向喷管用陶瓷和金属材料制成，俯仰导向角各为 20 度，只能作下俯或上仰导向。尾喷管有可活动的护板，以减少飞行方向的雷达反射面积。

进气道很长，向上并向内弯曲呈 S 形，以隐蔽反射雷达波的部件。进气道中多余的空气可通过多孔进气道壁，从进气道上方筛状排气口排出。低速大功率工作需要额外空气时，可打开中机身背部的锯齿形辅助进气门。

YF-22A 的隐形原理是将雷达反射信号集中到几个窄波束上，而从别的方向几乎探测不到反射信号。从平视图看，机翼前缘、进气口上部前缘、垂直安定面前后缘、水平安定面前缘、喷管护板边缘均在同一方向上。飞机大部分开口，如座舱盖、起落架舱门、导弹舱门及其他口盖均有锯齿形边缘，使雷达信号反射在相同方向上。

美 ATF 两种候选机试飞顺利，YF-22A 中选

YF-23A 和 YF-22A 均在 1990 年底完成了演示／验证试飞，试飞项目主要包括全包线飞行性能和导弹发射，航空电子设备试验已在其他试验飞机上进行，隐形性能试验将用模型机在地面专用设施内进行。

YF-22A 试飞工作抓得比较紧，2 架样机共试飞 74 架次 91.6 小时，而 YF-23A 2 架共试飞 50 架次 65 小时。YF-22A 和 YF-23A 在试飞中均实现了不开加力的超音速巡航飞行。YF-22A 装 YF-119 发动机试飞时的超音速巡航速度接近 1.43 马赫，装 YF-120 时达 1.58 马赫。据称 YF-23A 的速度稍高，分别为 1.43 马赫和超过 1.58 马赫。但试飞时的最大飞行速度是由 YF-22A 飞出的，用加力时达到 2 马赫，而 YF-23A 只飞到 1.8 马赫。两机试飞高度均达到 4650 米。据报道，YF-22A 超音速巡航飞行时比伴飞的 F-15 少耗油 1／3。

YF-22A 在大迎角机动试飞中显示了很好的机动性，实现了每秒 100 度的滚转角速度和每秒 60 度的俯仰角速度。该机迎角 35 度飞行时产生最大升力，迎角 50 度时不借助推力导向也具备良好的操纵品质，迎角 60 度持续 1 分钟仍可保持控制，只有轻微抖振，不致产生机翼摇摆。YF-22A 的推力导向系统在试飞中也证明可有效地改善飞行性能。例如在大迎角飞行时，使用推力导向系统可将滚转角速度提高约1倍，将下俯角速度提高3倍，从而可使飞机迅速恢复正常飞行姿态。当飞机速度超过1.4马赫时，推力导向系统可提高飞机的气动操纵品质，如转弯角速度可提高1／3。

YF-22A还成功地进行了导弹发射试验。首次发射的是AIM-9，发射高度6100米，飞行速度为0.7马赫，发射时发射架从进气口外侧的武器舱中伸出。后来发射先进中程空空导弹是从机身下腹部的武器舱伸出发射的，因为目前YF-22A进气口两侧的武器舱装不下先进中程空空导弹。据称定产后将进行改进。YF-22A和YF-23A还进行了空中加油试验。

从试飞情况看，YF-23A和YF-22A的各种飞行性能均大大超过F-15。2种样机都较好地将隐形技术同超音速飞行融合到一起，并具备良好的气动性能，安定性、操纵性及飞行品质俱佳，满足了美国空军提出的ATF性能指标。2种样机的主要差别在于YF-23更强调隐形性，而YF-22A则更注意飞机的机动能力。现2种样机均已完成演示／验证阶段的试飞。1991年初美空军已宣布选定YF-22A作为ATF的全面发展型样机。

图2　YF-22A放下起落架

法国"阵风"首架预生产型机计划1991年3月试飞　法国于1985年退出"欧洲战斗机"（EFA）计划后，决定自力更生研制本国新一代作战飞机，并终于抢在英、德、意和西班牙4国研制的EFA之前推出了首架"阵风"预生产型"阵风"C。1990年10月31日该机已运抵达索航空公司试飞基地，计划于1991年3月开始试飞。

首架"阵风"预生产型"阵风"C-01为单座空军型，第2架预生产型为单座海军舰载机，已开始组装，计划于1991年晚些时候试飞。

"阵风"为多用途战斗机，可担负防空、空战、空地突击和侦察等任务。空军型空重9.9吨，海军型因加固了起落架和机体，因此比空军型重750公斤。该机装2台M-88-2发动机，飞行速度为2马赫，可作+9g～-3.6g机动。

"阵风"C型与验证型"阵风"A的气动总布局基本相同，仍为三角翼、单垂尾，但体积稍小，总体尺寸约小3%，布局更紧凑，并对机体作了改动，以提高飞机的隐形性能和便于安装M88发动机、导航／攻击系统及武器系统。该机总长15.3米，翼展10.9米，机翼面积45平方米。飞机头部为一雷达天线罩。预生产型装试验型雷达用于试飞，试飞完毕后换装RBE2型雷达。机身前部两侧装有全动鸭式前翼，鸭翼为钛质，用扩散结合法进行过超可塑性成型处理，使翼轴与翼体综合成一体。机身前部两肋大幅度凹进，直抵发动机口。"阵风"预生产型机仍沿用验证机的半埋式进气道，进气口安有一分流板，有助于在整个飞行包线中为发动机提供充足的气流。水泡型座舱稍有改动，但保持了良好的全向视界。弹射座椅装成29度倾角，便于飞行员在陆地和航母跑道上降落时进行观察。三角翼前缘沿进气道外壳向前伸出一整流片，右翼整流片下装有一门30毫米口径航炮。机翼有2块前缘缝翼，亦为钛质并经过可塑性及扩散结合处理。升降副翼由3片减为2片。垂尾前缘与机身上部成弧线平滑接合，接合部装有侧面开口的通气口，可为辅助动力装置供气。垂尾上部有一大型水平状整流罩，内装电子对抗设备。预生产型机的前起落架改用2个机轮（验证机仅1个），起落架为前收式，为机身下中轴线部位空出外挂区。"阵风"C空军型共有14个外挂点，其中5个挂油箱，舰载型比空军型少1个外挂点，但也有5个供挂油箱用。

EFA进入第2阶段组装　欧洲战斗机（EFA）的全面发展阶段工作，去年进展顺利。8架工程样机中的第一架于1990年下半年开始第2阶段组装，即安装机身各口盖和系统部件。第2阶段装配完成后将安装航空电子设备、座舱盖、弹射座椅等，然后运至德国MBB公司安装机翼等。

现EFA已选定装用费伦蒂公司为主研制的欧洲通用雷达ECR90。计算机硬件选用数字设备公司的VAX／VMS系统，软件语言选用SD-Scicon公司的Ada语言，另外还选用了该公司的综合计划支援环境系统。飞机上拟用的欧洲喷气发动机EJ200的研制工作也比较顺利，某些方面的试验已提前2年完成，如试验温度已超过 2000K，干推力已达到或超过 6356 公斤，加力推力已达 9080 公斤，而且还进行了高度 15250 米的模拟试验和马赫数 1.8 的试验。

由于 EFA 的雷达等设备选定工作的耽搁，EFA 的试飞将从 1991 年底推迟到 1992 年初，原定的开始装备部队时间也将推至 1997 年。

海军型的方案已由英国航空航天公司提出，拟装罗·罗公司的 RB571 混合矢量推力发动机，以实现短距起飞和垂直降落。

瑞典 JAS-39 恢复试飞 JAS-39 首架原型机 1989 年 2 月 2 日试飞时坠毁后，曾有下马的危险，但瑞典国防部装备局经 2 轮调查后坚持原评价不变，决定继续研制。由于第 1 架原型机失事是因为飞行控制系统故障，故先用美国空军的 NT-33A 模拟 JAS-39 的主数字飞控系统和备份的数字和模拟飞控系统，经 57 次试飞终于成功。

第 2 架原型机的操纵系统作了改进，并于 1990 年 5 月 2 日进行了首飞，首飞高度 2000 米，速度 150～250 公里／小时，试飞比较顺利，仅飞机的冷却系统曾一度出现故障，因此稍稍缩短了试飞时间。落地后飞行员称飞机非常平稳，降落时更是如此。到 1991 年 1 月中旬，已飞行 27 次共 27 小时。

JAS-39 原计划生产 5 架样机试飞，第 1 架样机坠毁后，瑞典政府决定不再补充，用剩下的 4 架完成试飞。第 3 架样机先作地面试验，于 1991 年 1 月完成滑行试验，2 月开始试飞，第 4 架样机早在 1989 年 12 月首飞，持续 43 分钟。1991 年 1 月完成地面检查，即将进行第 2 次试飞，4 号机装的是生产型"玻璃驾驶舱"。

瑞典政府已决定在样机生产完毕后立即生产首批 30 架生产型 JAS-39，并将于 1991 年决定双座型和第 2 批 110 架生产型飞机的正式计划。瑞典空军可能需要 350～400 架 JAS-39 替换 Saab-37"雷"式和 Saab-35"龙"式机。据瑞典国防部 1991～1992 年预算草案透露，JAS-39 计划由于耽搁和首架样机失事坠毁，已超支 16 亿美元，交货时间将推迟 2 年，1994 年才能开始装备部队。

南朝鲜放弃 F／A-18，改选 F-16 南朝鲜的 FX 计划，即 KFP"韩国战斗机"计划，本年鉴去年已有报道。1990 年 9 月 7 日美国国防部通知国会，准备和南朝鲜签订一项 32 亿美元的合同，允许南朝鲜购买和自产 120 架 F／A-18。订合同后如 30 天内国会无异议，合同将自动生效。1991 年 3 月 28 日，南朝鲜政府宣布放弃先前选定的 F／A-18，而改选 F-16 作为南朝鲜战斗机研制和军用航空工业发展的基础。据称原定的发展程序未变，仍分为 3 个阶段，即购买 12 架，组装 36 架，许可证生产 72 架。南朝鲜改选 F-16 的主要原因有：美公司关于 F／A-18 发展费用的报价超过原估计 31%，由 32 亿美元涨至 42 亿美元，而南朝鲜政府不可能增加拨款，若继续上 F／A-18，则达不到 120 架的数量指标；F-16 的作战性能大幅度提高，如新增的发射先进中程空空导弹的能力和加装的内装式电子干扰设备，特别是 F-16 在海湾战争中的杰出表现，证明该机的作战能力与 F／A-18 相比并无明显差距；F-16 可更好地与南朝鲜现装备的美制飞机协同配合并简化维护保养程序。

与此同时，南朝鲜还同通用动力公司达成协议，由后者帮助南朝鲜设计、研制、生产一种新型教练机。南朝鲜尚未决定该机分两步发展，即先上初教机再发展高教机，还是一步到位，直接研制高教机。该新型教练机很可能是南朝鲜独立研制国产先进战斗机 FXX 计划的过渡机。

印度政府批准生产 LCA 原型机 印度轻型作战飞机（LCA）于 1989 年底完成方案设计。1990 年 6 月印度政府批准拨款 8.72 亿美元研制头 2 架原型机（计划共 7 架），至此，LCA 进入全面发展阶段。负责全面发展阶段工作的印度航空发展管理局（IADA）准备向美国通用电气公司购买 11 台 F404 涡扇发动机。预计这头 2 架 LCA 原型机要到 1995 年才能完成。

印度原打算把 LCA 作为制空及近距空中支援的飞机，逐步替代现役的米格-21 飞机。由于经费困难，LCA 计划已推迟。原来打算 1992 年首飞，1995 年投产，1996 年装备部队。现在看来，要改为 1995 年首飞，2000 年投产，交付部队将在下世纪初。但印度现役的米格-21 则在 1992～1993 年期间将陆续退役，这样就会有一个青黄不接的时期，印度将谋求先解决一个过渡机型。过渡的方法有 3 种可能，一是延长米格-21 的服役期，采取一些延寿措施。二是向国外购买类似 LCA 性能的飞机，以应急需。三是修改 LCA 计划，先搞出性能较低的飞机尽快服役，然后再逐步改进。

强击机（攻击机）

A-12 隐形攻击机被迫下马 1991 年 1 月 7 日美国国防部正式宣布取消 A-12"复仇者"的购置计划。这一历时 10 年的 A-12 研制计划中途流产是历来取消武器发展计划的最大一项，影响甚大。因这一事件而被解职或调任者有海军武器系统研究部部长、海军战术飞机计划执行官和A-12的项目主任；美国国防部副部长贝蒂也被迫辞职。

造成A-12下马的主要原因是研制费大大超支，目前已耗去51亿美元，估计到工程研制阶段结束时，共需86亿美元，承包商无力承担，而且势必影响到生产的费用。国防部长切尼把620架的采购费限制在519.6亿美元，实际将需要600亿美元。在国防费大幅度压缩的情况下，政府无力支付，只可动大手术，削减项目。研制费超支的原因很多，主要是承包商缺乏隐形技术的经验，投标时报价比别的集团低10亿美元，中标后，复合材料没有过关影响到许多方面。飞机要隐形，还要在军舰上使用，要求大量使用高强度复合材料。如材料强度不过关，势必增加材料用量，并把大部分结构的载荷由2根梁承担，导致飞机超重，这样又不得不降低飞机的战术技术性能。当然除了材料之外，还有管理体制的问题，解决这方面的问题可能比解决技术问题更难。

A-12计划取消的后果是严重的。第一，美国海军攻击机后继机落空，影响战斗力。重新研制一种新的型号看来不大可能；延长现役A-6攻击机的寿命固然可以做到，但A-6经过几次改进，潜力几乎挖尽，难以满足要求；改进F-18和F-14，固然还有余地，但无论如何变不成隐形飞机。第二，由于A-12下马，两家主承包商和许多转包商蒙受巨大损失，被迫裁员收缩，造成社会问题。第三，暴露出美国国防部的保密制度有问题。国会早就对国防部的“黑计划”不满，可能会由A-12的问题而引起国会审查其他保密的研制计划，影响国会对国防尖端武器研制计划的支持。

A-12的资料一向保密，详情从未透露，下面是1990年陆续透露的一些技术特点。

飞机的气动力布局是无尾三角形机翼。机翼面积比A-6大2倍多，达120.8平方米。翼展21.3米，机长11.3米。机翼前缘后掠角47度，后缘为直线形，使飞机在沿飞行方向产生敌方雷达所不需要的雷达反射波。其他隐身飞机例如YF-23和B-2都是锯齿形后缘，以避免在飞行方向产生雷达反射波。在机翼后缘靠近翼尖方向有几副升降副翼，在副翼的前方有几对扰流片，机翼后缘中部有一俯仰襟翼。飞机没有垂直尾翼，依靠翼尖操纵面的阻力差来进行偏航运动。由于操纵面的面积较大，加上数字式电传操纵飞行控制系统，故可提供在舰上降落所需的快速俯仰运动和升力控制。机翼可以折叠，以适应舰载机的需要。最大有效载荷估计比A-6E高40%，但武器舱的容量相当于A-6的正常载荷（2700公斤或12枚MK82炸弹），可以带外挂载荷。当然有外挂会影响隐形性能。发动机为2台通用电气公司的F404发动机，无加力。梯形进气口在内侧机翼前缘的下表面，尾喷口则在机翼后缘的上方。驾驶舱右壁板上有收放式加油探管。

A-12的速度、机动性、空战能力和航程均优于A-6E，如A-12携带与A-6E相同的载荷，则航程较A-6E大80%。如带12枚MK82炸弹，按高-低-高剖面飞行，即离目标185公里处改为低空飞行，作战半径达1220公里。

美国提出替代A-12的AX计划 由于A-12计划取消，美国海军航空兵的攻击机面临没有后继机的局面。因为ATF海军型目前已经停止，原来的F-14生产线也停用。海军A-6飞机虽曾在几次局部战争中立过战功，但毕竟太老了。因此，美国海军部在1991年2月提出还要研制新的攻击机来替代被取消的A-12，称为AX计划。1993年将拨款3.51亿美元进行研究、发展、试验和评审工作。

AX仍要求具有隐形性能，故其外形应类似ATF。为提高生存力，要求速度较大，并有高性能的电子对抗设备。在武器方面，要求携带先进空中阻滞武器系统（AIWS）和远射对地攻击导弹（SLAM）及先进的炸弹系列。

目前推荐的方案中，格鲁曼公司的“雄猫”21，即F-14改进型，美国防部认为最接近A-12的性能，主要是它的航程较大，并有全天候作战能力。另一个方案是麦道公司的“大黄蜂”2000。这原是针对美国国防部1987年提出的要求而进行的F/A-18改进计划。麦道公司曾提出5种改进方案，方案Ⅰ是改进发动机，装一套综合通信、导航、识别的电子设备（ICNIA），有一副有源阵列天线，供APG-65雷达使用，还包括座舱显示器的改进等。方案Ⅱ的特点是有导弹探测、激光告警，C^3接收机，以及加强机翼刚度等；更换发动机，单台推力加大至9080公斤；增加机背油箱，可多带1225公斤燃油等。方案Ⅲ加大机翼和尾翼的面积，机身插入式油箱可多带1225公斤燃油，但不是机背油箱。方案Ⅳ是重新设计机翼，有鸭式前翼，机身插入式油箱容纳1450公斤燃油。

改进A-6也算一种选择。美国海军会在今后2年内拨款9亿美元，将60架A-6更换机翼，使其和总数320架A-6飞机都能满足下世纪全天候中等强度对地突击的需要。

再一种选择是研制 F／A−18 的 E 型和 F 型。1992～1993 年的预算拨款中已拨出 14 亿美元去研制这 2 种新改型，希望到 90 年代后期替代现役的 F／A−18A。其中 E 型为单座，F 型为双座。双座型需加大机翼，并加强机身，增加 1361 公斤燃油，可增大 241 公里的航程。这样，估计飞机在着舰时的重量比现在的 F／A−18 大出 1814 公斤。它还可作为同型加油机使用，替别的 F／A−18 加油。E 型和 F 型都能夜战，但要把它做成全天候强击机还要花 7 亿美元研制费。

以上这些方案都没有解决一个主要问题即隐形能力，看来不可能达到 A−12 的性能。鉴于海湾战争后美国更重视高技术兵器，因此也可以设想，已经花费数十亿美元的 A−12 不致从此销声匿迹。恢复此项目总比重新研制新型号节省。因而 A−12 东山再起不是没有可能的。

F−16 近距支援型完成验证工作 1990 年，F−16 近距支援型的研究计划已完成验证阶段工作。验证飞行用的是 AFTI／F−16 飞机，装了一套综合电子设备，包括自动目标信息协调系统、一套带有前视红外和激光测距系统的传感跟踪器，还有一套地形辅助惯导算法的数字式地形地图系统。第 1 阶段试飞后，又对 GEC 电子公司的地形参考导航／地形跟踪系统及 3 套不同的防撞系统进行试飞和评审。这些系统与 AFTI／F−16 上已有的自动机动飞行和攻击系统（AMAS）结合，能使飞机具有高机动能力，在第 1 次通过目标时测定目标并实施攻击。另外，美国空军还用 AFTI／F−16 验证机试验了执行近距空中支援任务中飞机与地面军队的数字式通信设备，其关键设备是自动目标传递系统（ATHS）。下一阶段将评审执行近距支援任务的核心航空电子设备，这需要两年时间。目前正在考虑用一年时间来验证携带火箭弹、"幼畜"空地导弹和高速反辐射导弹等多种武器情况下的多目标攻击能力。

按照布什政府 1990～1991 财年的预算计划，美国空军的 F−16 近距空中支援和战场空中阻滞型是用现在的采购计划中的 146 架 F−16 改进型来补充经过改进的 225 架 A−10。实际上现有的 F−16 只要对通信设备略加改进，并增加目标识别能力，就可担任近距空中支援和战场空中阻滞任务。这和在 F−16 基础上经过较大的改进变成 A−16 是不同的概念。

侦察机

苏 M−17"神秘"高空侦察机 苏联 M−17 高空侦察机是类似美国 U−2／TR−1 那样的飞机。早在 1982 年美国就通过侦察卫星在苏联的拉明斯卡耶试飞中心发现它的原型机，当时给它一个临时的代名"拉姆−M"。据说 3 架原型机中头 2 架是单发的，第 3 架是双发的。

M−17 是米雅西舍夫设计局设计的，北约称之为"神秘"。苏联报刊一直把它说成是执行民用科研任务的飞机。1989 年圣诞节，在教会主持下，租用一架这种飞机去考察是否存在臭氧层空洞。机身上用俄文书写"空气监控飞行实验室"等字样。但西方认为这种飞机的双发型是一种侦察机。飞机为单座，在机身下部的舱内有照相机和其他传感器。它的空气动力布局类似美国 U−2 飞机，有很大的展弦比，实际上是一架有动力的滑翔机。机翼前缘有后掠角，后缘在外翼段为直线，内翼段则逐渐向翼根方向增大翼弦，到双尾梁所在段，又成为直线。机翼从翼根起有下反角，副翼和襟翼几乎占了后缘大部分的位置。进气道在机身两侧，从机翼向后伸出 2 根尾梁，连接双垂尾和平尾。

起落架为前 3 点式，主起落架收起后，进入尾梁内。翼展 40.75 米，机长 21.25 米，机高 5.25 米。

1990 年一架 M−17 改型"地球物理学"开始试飞，苏联仍声称是执行民用任务的。这架飞机的机身已经重新设计，进气道更靠近机翼前缘，进气道之前的机身更长，座位也升高了。据说，M−17 的飞行高度能达 22000 米。

图 3 M−17 高空侦察机

D−500 多用途高空侦察机 美、德两国 3 家公司合作研制的 D−500"艾格莱特"高空侦察机是一种多用途的高空监视和通信中转飞机，能适应不同国家的需要。"艾格莱特"（Egrett）是这 3 家公司的名称各取部分字母拼成的新词。

"艾格莱特"Ⅰ型验证机于 1987 年上天，1988 年创造了单发螺旋桨飞机的3项世界记录：升限16394米、持久平飞高度16226米和42分37秒爬高到15000米。到1989年已积累了250小时的飞行时间。

该机在海面、平原和山区上空均有出色的无线电通信中转能力。机身内部容积较大，除可安装各种任务设备外，也可加装机内辅助油箱以延长续航时间。

1989年"艾格莱特"Ⅰ型验证机经过改进获型号D−500，于该年4月首飞，并在年内飞行试验共120小时。它与验证机"艾格莱特"Ⅰ型不同之处在于翼展加长5米，以便增加几副天线；座舱为增压舱；主起落架可以收起，以避免屏蔽机身下的无线电罗盘的天线；后机身也有改进，飞机总重也增加了。这架飞机可能很接近于计划在1991年投产的生产型。生产型将在1991年装上信号情报设备进行作战评审。

飞机为单座单翼机，主要用复合材料制成。内侧机翼后缘有分裂式襟翼。机身很大，有足够的空间放各种传感设备和一名系统操作员。后机身下部轮廓线向上逐渐收缩，有高大的垂尾和低平尾，起落架为前3点式。有一台980轴马力的涡桨发动机，型号TPE331−14F。四叶低噪声螺旋桨能顺桨和反桨。机翼两侧各有一个1105升的油箱。

机上装有各种无线电通信和导航设备。天线作用距离为500公里，能监测对方雷达或电台的电磁信号，并可能使用TR−1侦察机上的先进合成孔径雷达。这种雷达可通过数据链向地面传送近似光学照相那样的图像。

"艾格莱特"Ⅰ型和D−500的基本技术数据见下表。

	"艾格莱特"Ⅰ	D−500
翼　　展(米)	28	33
机　　长(米)	12	12
机　　高(米)	6	6
螺旋桨直径(米)	2.74(估计)	2.74(估计)
机翼面积(平方米)	41.81	46.45
最大有效载荷(公斤)	408	408
最大起飞重量(公斤)	大于3630	4200
最大平飞速度(公里／小时)	大于352	352
最大作战高度(米)	—	17000
续航时间(小时)	有人驾驶6.9 无人驾驶15	—

运输机　进入90年代以来，军用和民用运输机的发展呈2种不同的走向。军用运输机的大型化似乎已走到尽头，开始朝短距起降，战场生存力和灵活性方面发展，其中以美国的C−17为代表；民航运输机则大型化势头不减，并开始考虑发展新一代超音速运输机。从市场预测来看，90年代将是民航运输机机队大发展的10年。据估计，机队更新到2005年将耗资5000亿美元，仅购置新机每年平均将花费300亿美元。到2000年，平均每年交付各型喷气式飞机600～700架。新机研制方向有二：一是搞"协和"替代机，朝超音速方向发展；若超音速新技术不过关，则发展"超大型"运输机，如波音公司开始研制波音−777，载客500人以上。

另外，由于军用运输机的发展已减弱势头，制造大型飞机的公司将调整军、民品生产比例，如麦道公司的军民品生产比例原为50%比50%，现准备增加民品生产，比例调至民品70%，军品30%，波音公司也因军品定货下降，计划调集更多的人力物力用于民品生产。

美国首架C−17装毕，准备首飞　目前首架C−17原型机已装配完毕并涂上伪装色，准备于1991年6月开始试飞，比原计划推迟了一年左右。首架C−17原型机比原设计作了某些改动，主要是取消了一些重复设备。C−17原型机重量比空军的要求多出900公斤，但仍能满足空军规定的航程和载重指标。目前麦道公司正研究如何减轻原型机重量，但尚未决定具体措施。可能会取消发动机主函道推力导向系统，可减重1362公斤并降低飞机成本。空军担心此举会降低 C-17 的导向推力，从而影响飞机性能，但麦道公司称即使取消该系统，该机的风扇推力导向系统仍足以满足飞机的导向推力需要，因为 C-17 所需的导向推力大部分是由风扇导向推力系统提供的。

新一代超音速运输机开始可行性研究 曾风靡一时的英法合作生产的“协和”超音速运输机在造了 13 架之后就销声匿迹了。随着航空材料和发动机技术的改进，研制“协和”后继机的呼声再起。据美国波音公司市场调查表明，如能研制出商业利润较高，环境污染限制达标的超音速运输机，到 2015 年全世界可能需要 1000 架。因此世界各大飞机制造公司纷纷考虑研制新一代超音速运输机。由于研制费用可能高达 100 亿美元，因此各国公司谋求国际合作。目前英国航空航天公司和法国航空航天公司为一个集团，上述两公司再加波音、麦道和空中客车公司为又一集团，开始了超音速运输机的可行性研究。

英法两公司的集团有一项为期 3 年，耗资 0.1 亿美元的联合研究计划。计划研制一种结构性能比“协和”机高 20～25%，气动性能高 30%的新型超音速运输机。英国公司设想新机载客 275～300 人，航程 10190 公里，而法国公司则设想载客稍少、航程更远一些。两家公司认为新机速度应为 2.0～2.2 马赫，巡航高度为 1.5～1.8 万米，最大起飞重量为 27～30 万公斤，比“协和”机重一倍，机长约 100 米，计划装 4 台发动机。若作远程飞行，如欧洲至远东，航行时间将只有目前班机的一半。该集团认为新机的最低市场销售量不应少于 400～500 架，可于 2005～2010 年间投入运行。

英、美、法、德 5 家公司的集团也达成协议，联合进行超音速运输机的先期研究。从目前的研究方案看，各家公认的下一代超音速运输机的基本性能指标包括：比“协和”机载客量多，为 250～300 人，满载航程大于 9265 公里，速度比“协和”机快，超过 2.2 马赫。西方各航空公司设想方案的共同点是：三角翼，4 个发动机吊舱，狭长机身，载客 250 人左右，速度 2.4 马赫，航程 9000 公里左右。苏联也积极考虑超音速大型客机的研制工作，但尚未公布设想方案。

超音速运输机的研制工作将面临 3 大难题：经费、污染、技术，其中关键是技术问题，而技术问题则集中在发动机上。因此各公司纷纷加紧发动机的研究工作。

英国罗·罗公司设想的是一种变循环发动机。该发动机在飞机起飞时可提供低速喷气，因此噪音小，然后可转入超音速巡航飞行。法国斯奈克玛公司也在研究变循环发动机，起飞和亚音速巡航飞行时为涡扇工作方式，超音速飞行时变成涡喷方式。该公司最近介绍了一种 3 级压缩中段风扇型 MCV99 发动机。该发动机吊舱两侧的进气道为巨大的单级风扇供气，风扇由本身的 4 级回流涡轮驱动，燃烧室极为“干净”，采用预混预气化燃烧技术。该发动机有 2 种循环方式。亚音速工作时，该发动机为一外函道风扇发动机，函道比可满足降低噪音的需要，而且风扇还有一个辅助进气道；超音速工作时，风扇停止运转，发动机变成一个涡喷发动机。

另外罗·罗公司还设想了一种串列风扇发动机，起飞时通过调整压气机之间或压气机下方的气流通道，以及利用辅助风扇来提供超额气流,以增大空气流量并以相对来说较低的特定推力工作。超音速飞行时，进气道内的函道和阀门系统则收起来。据称这种发动机可解决噪音和污染问题。

美国的普·惠公司和通用电气公司也在研究速度为 1.5～3.5 马赫的超音速运输机的发动机。普·惠公司设想的是一种主机进气道和初级进气道均为可变几何形状的外函涡轮喷气发动机，该发动机还有一个可用作推力导向器的引射装置。通用电气公司设想的发动机有 2 套可变截面外函道喷嘴，1 个位于风扇后，1 个位于低压涡轮后。起飞和亚音速飞行时，发动机的函道比约为 2.5：1，这时外函道喷嘴打开，将风扇后的一部分空气导入主机周围；超音速飞行时，喷嘴关闭，使风扇气流通过主机。

其他可能采用的技术包括可变喷口、新型重量轻的耐高温材料。据估计，目前具备相当推力的发动机只要能减轻 1／3 的重量，就可满足超音速运输机的需要。另外若能大幅度降低耗油量，则飞机可少载油，也可减轻飞行重量。

目前各公司一致认为必须马上着手研究超音速运输机上的发动机，其中罗·罗公司和斯奈克玛公司已达成协议，共同进行市场调查，以决定可行的设计方案、可采用的关键技术以及必需的试验设备。

超音速公务机研制进展迅速 目前，超音速公务机研制进度加快，很可能于 90 年代末投入运行。1990 年英国范堡罗航展上美国湾流公司和苏联苏霍伊设计局联合推出 2 架这种飞机的模型，1 架为三发，1 架为双发。目前 2 家公司的研制工作进展顺利，计划 1994 年试飞一种 10～20 座位的三发飞机，1997 年或 1998 年正式投产。两家公司还准备在此基础上研制一种 50～60 座位的微型超音速客机。

1990年2月新加坡航展上，苏联展出了2种超音速运输机，其中S-21为8～10座，计划1993年试飞；S-51为50～65座，计划1995年试飞。估计两机均为苏霍伊设计局与湾流公司联合研制的超音速公务机。

教练机 1990年世界各国空军教练机的研制工作未见大的发展。北约16国中有12个国家的飞行学员参加由美国牵头的欧洲-北约联合喷气机训练计划，初级飞行训练由美国空军负责组织实施，因此西欧各国很少大量投资研制教练机。高级教练机的研制目前仍强调与现役飞机衔接，即高教机的性能尽量接近已装备部队的作战飞机。这是因为现役飞机越来越先进，性能落后的教练机培训不出可迅速适应作战需要的飞行员。因此目前正研制和改装的高级教练机一方面性能大为提高，另一方面尽量兼备一定的作战能力。新型教练机的研制还有一个值得注意的动向是，新机与其配套系统同时上马，一旦新机交付使用，立即形成齐全配套的教学与训练能力。

美国研制空海军通用初级教练机 由于美空军的T-38B和海军的T-34C老化，T-46研制计划取消，美空海军决定选购一种通用初级教练机系统，用于2020年前的飞行学员培训。空海军共需842架飞机，其中空军495架、海军347架。1990年9月空军和海军联合公布了该机的初步性能指标，即速度为463公里/小时，并可加速至500公里/小时，最大飞行高度为9100米，最大重量不超过4540公斤，纵列式座舱，并有增压系统，耗油量少、噪音小、安全系数高，航空电子设备和座舱显示系统尽量接近现役飞机。为了降低研制费用，该机将用现有的飞机稍作改装，以满足空海军的需要。空海军定于1991年4月1日正式公布该机的性能指标，阐明各军种的具体要求，1993年春提出改进建议，随即进行选定试飞，1994年签订生产合同，1996年开始交货，1998年形成初始训练能力。

瑞士研制欧洲教练机2000 原来称为FFH2000，现称为欧洲教练机2000。瑞士飞机及车辆公司（FFT）研制，全复合材料制成，装一台莱康明AEIO-540L发动机，容许过载为+6g～-3.5g，机上可载4人。翼展10.4米，机长8.14米，机高3.2米，座舱宽1.15米，翼面积14平方米，基本空重920公斤，最大起飞重量1360公斤（特教型）和1480公斤（通用型，燃料260升），海平面最大速度315公里/小时，6100米高度最大巡航速度404公里/小时，失速速度96公里/小时，极限速度416公里/小时，实用升限7925米，起飞距离500米，着陆距离490米。该机计划1990年底首飞，瑞士航空公司将为第一家用户，已订购8架，1992年可交付。

美国强化飞行筛选机即将试飞 该机为美空军研制的一种可作特技飞行的教练机，以取代老化的T-41。美空军还计划用该机进行双轨和专科飞行学员训练。目前，穆尼公司的候选机已安装完毕样机主件，计划于1991年2月试飞。该机采用M20K252TSE的机翼，M20MTLS的机身、座舱和尾翼；气泡式滑动座舱盖可在飞行中打开；双杆操纵系统；双座横列，学员右座，教员左座；双油门，一居中为学员用，一位于左方座舱壁处，教员用；飞行及发动机仪表位于仪表面板右侧；发动机计划装AEIO-540活塞式发动机，功率260马力；最大巡航速度为海平面347公里/小时，爬升率为495米/分，最大航程1575公里，最大续航时间6小时（高度4540米）；最大起飞重量1317公斤。

预警机 预警机的发展似乎并不受当前军费紧张的影响。1990～1991年间美苏均稳步改进现有的预警机，并谋求增加新的机型。这是因为预警机对提高防空作战能力和战术作战指挥能力有明显的作用。模拟计算表明，一架预警机相当于30部地面警戒雷达。北美防空司令部自从装备E-3A预警机后，在保持同样防空能力的条件上，截击机数量可减少62.3%。海湾战争中多国部队使用预警机对伊拉克地面部队和空中飞机、导弹的活动均获得准确的情报，被誉为军队的耳目。现在世界上有10个国家装备了200余架预警机。10年内还有近30个国家和地区准备购买100余架预警机。

美国E-3预警机开始第2阶段改进 E-3是当今性能最好的预警机。美国已装备35架（包括1架经改进的原型机），北约装备18架，沙特阿拉伯5架。英国在放弃“猎迷”预警机后订购了7架E-3，法国订购了4架。计划订购的还有日本、意大利、南朝鲜、西班牙和巴基斯坦。

美国空军武器系统研究部曾制定1981～1998年的长期改进计划。到1989年已完成第1阶段的改进工作。改进内容主要是：前24架E-3A改用APY-1雷达，以增加海上监视能力，改装后称为E-3B，其余11架改用APY-2，以增加各种海情下的监视能力，改装后称为E-3C。但从1989年起又对第30～35架进行一项“提高雷达灵敏度”计划（RSIP）作为第2阶段改进，目的是使机载雷达具有探测小目标和隐形目标的能力。此外还把 JTIDS（联合战术情报分配系统）升级为 TADIL-J（战术数字信息链 J）；改进计算机，使磁芯存储器容量增大 4 倍，改进后的计算机为 IBM-CC-2E；增加一个环球定位系统接收机。此外还要增加“海夫快”A 网络，用能跳频的抗干扰设备，代替机上的全部 20 部 UHF 电台。第 30～35 架改进的全面研制工作应在 1991 年中期完成，预计到 1993 年能达到初步作战能力。

这种改进将同样使用在英国和法国订购的 11 架 E-3 上。英国订购的 7 架，型号为 E-3D，正在进行飞行试验，1991 年 3 月起交付，到 1992 年 7 月可交付完。法国订购的 4 架，型号为 E-3F，第 1 架于 1990 年 5 月交付，其余 3 架将在 1991 年内交付完毕。

北约的 18 架从 1990 年底开始做改进工作，到 1997 年底结束。改进的内容为：更换机载雷达数据相关仪和信号处理器，采用 Ada 语言以提高雷达探测能力；采用 TADIL-J 以满足防空协同作战的需要；提高通信抗干扰能力；增加计算机存储容量；增装空情监视彩色显示器。

以色列研制“弗尔康”预警机 以色列飞机工业公司正在用一架波音 707 试验改装成预警机。美国的 E-3 也是用波音 707 作为空中平台的，故预计这将是一种高性能的预警机。

改装的核心问题是使用艾尔塔电子公司的“弗尔康”固态 L 波段雷达。这种雷达有 6 副保形相控阵雷达天线，机身两侧各 2 副，在放大的机头里装 1 副天线，在尾翼下有 1 副天线。由于使用相控阵雷达，就可以不要像 E-3 和 E-2C 那样在机身顶上装巨大的旋转天线了。旋转天线有很多缺点：一是天线正下方有半径 35 公里的盲区；二是巨大的天线罩产生的扰流使尾翼振动；三是雷达旁瓣较大。此外旋转天线是机械扫描，天线转动速度不能太快，E-3A 和 E-2C 上都是每秒转 6 圈，不可能达到较高的波束扫描速度。相控阵雷达不要旋转天线，利用控制相位的变化，进行电子扫描，故可灵活变化波束形状和快速扫描。采用相控阵雷达是预警机突破性进步，有巨大的发展前途。

“弗尔康”雷达上还连接 1 套先进的单脉冲敌我识别器，1 套大范围电子支援措施系统和供战术情况显示器用的通信情报数据处理系统。完整的 1 套“弗尔康”系统将在 1990～1991 年进行飞行试验，争取 1992 年底能投入使用。

美国着手 E-2C 预警机的改进 E-2C 预警机从 1972 年生产型首飞以来，已有 164 架订货，是世界上使用最广泛的预警机。到 1990 年初，已经交付 130 架，现正以每年 6 架的速度生产。

E-2C 现在的改进计划是把 2 台 T56-A-425 涡桨发动机改用 T56-A-427 发动机，并把 APS-139 搜索雷达改为 APS-145，使其能跟踪更多的目标，并扩大探测距离（增大 40%），增加电磁环境的自适应性和抗干扰能力。还将加装先进的特殊信号源探测系统，提高探测的灵敏度，尤其是对陆上目标的探测能力。新雷达从 1986 年起就开始试飞和评审，计划在 1991 年底投产。

E-2C 目前主要用于海上监视，美国打算在 10 年内把 E-2C 改为水面和陆地上空都有良好探测能力的预警机。

瑞典研制小型预警机 瑞典国防器材局(FMV)在 1982 年与美国费尔柴尔德飞机公司签订合同，用该公司的“梅特罗”Ⅲ型飞机，安装一副“类平衡木”的双面相控阵天线和艾里克森公司的 PS-890 静态电子扫描 E／F 波段雷达，研制一种小型空中预警机。1988 年该机在英国范堡罗航展上展出，1990 年开始把装好雷达设备的飞机试飞。如试飞成功，即可成为“梅特罗”Ⅲ型空中预警机。

这种预警机的天线共长 9.14 米，藏在复合材料做成的雷达天线罩内，天线安装在机身顶部的支架上。在天线罩前端有一个吸入冲压空气来冷却的进气口，在后端有一出气口。天线有 20 度左右的倾角，以适应飞机用大迎角小速度飞行。在飞机尾翼后面伸出 2 个辅助垂尾，其后掠角较大，分别在平尾的上下方。还有一个较大的腹鳍，以增大方向安定性。雷达所需的动力由 1 台辅助动力装置供给 60 千伏安的电源。此辅助动力装置放在吊舱内，吊舱位于机翼中段下面中心线站位处。该预警机的性能是：巡逻飞行速度在襟翼放下一半时为 250～270 公里／小时；在襟翼放 1／4 时为 305～325 公里／小时；续航时间为：离基地 185 公里的巡逻空域内续航 4～6 小时。据说瑞典政府准备购买 10～15 架这种预警机。

军用直升机 与固定翼军用飞机相比，旋翼机的研制和生产受国防经费压缩的影响要小一些。这是因为旋翼机的研制和生产费用小，而且用途广。局部战争证明，在执行航空火力支援任务方面，攻击直升机有固定翼飞机比不上的独特功能。从 1990～1991 年度情况看，世界直升机市场尽管萎缩，有的重要研制项目推迟或下马，但有的项目进展情况良好，各国不断推出新型号的直升机，尤其是苏联。

美国1991财年的军用直升机预算从1990财年的61亿美元减为42亿美元，下降32%，将影响军用直升机的采购量。但是美国直升机协会的报告预测，直升机的研究和发展费以及改装费用，今后几年仍将维持上升趋势，这将导致军用直升机需求减少，间接也会影响到民用直升机价格上涨。

美陆军轻型直升机LH计划推迟 美国陆军研制的轻型直升机实验计划原称LHX，1990年初美国陆军宣布将LHX中的X字母取消，改称LH，以表示实验阶段已结束。经过23个月的演示／验证阶段的工作，于1990年5月1日宣布LH的全尺寸样式和2096架生产方案的最后技术要求。1990年9月1日前由2个竞争集团（波音／西科尔斯基集团和麦道／贝尔集团）对上述要求作出反应，到1991年1月再宣布中标者，进入全面研制阶段。正式生产后，LH的型号很可能是AH-66。

波音／西科尔斯基集团设计的全尺寸样机于1990年4月11日在美国陆军航空兵协会的例会上展出。这是一架有5桨叶无轴承旋翼和高效率函道尾桨的直升机。旋翼和机体全部用复合材料制成，因而有良好的抗战斗损伤性能及强度高、重量轻的优点。这个方案的特点是具有隐形特性，采取了消除发动机红外辐射的技术，不容易被“毒刺”一类肩射地空导弹击中。它有2台T800涡轮轴发动机，单台功率1200轴马力级。发动机排出的热气流和航空电子设备舱排出的热气流都引入尾梁之中，再从主旋翼格栅吸入外界冷空气与这些热气流混合，形成温度较低的气流，沿尾梁两侧约2米长的平板流出，可以大大减少飞机的红外辐射。采用5桨叶旋翼使桨叶载荷减小，噪声也小，振动可减少20%。起飞后，起落架可收入舱内，炮舱与机身融合，这些也有助于改善隐形特性。

麦道／贝尔设计组提出的是先进4桨叶无轴承主旋翼系统，复合材料加上无尾桨抗扭系统。2台T800涡轮轴发动机，不采用发动机红外抑制技术。

LH具有侦察、攻击和空战3种用途。武装侦察型将携带4枚“毒刺”空空导弹、4枚AGM-114“地狱火”反坦克导弹、320发炮弹和2.5小时的燃油。攻击型将携带8枚“地狱火”反坦克导弹、2枚“毒刺”空空导弹、500发炮弹和1.8小时的燃油。空战型将携带2枚“地狱火”导弹、8枚“毒刺”导弹、500发炮弹和2.5小时燃油。LH其他的数据按照军方要求为：旋翼用超轻型桨叶，无轴承系统，主旋翼直径12.5米；机身用90%复合材料，机身长12.19米；机组2人，飞行员和武器系统控制员各1人；串列阶梯式座舱；航空电子设备有夜视系统、头盔显示器、前视红外目标定位系统、数字地图显示器、机载目标交接系统、环球定位系统等，绝大多数与A-12及F-22／F-23通用；直升机重量3402公斤，最大起飞重量5080公斤，巡航速度315公里／小时；燃料量可供2.5小时飞行，用副油箱转场航程2335公里。

陆军原定的采购量1987年已减至2096架，但是1990年9月美国防部再次压缩生产计划，减少采购量，陆军的采购数将由2096架减为1875架。原定1991年1月开始的全面发展工作，推迟到1994年9月开始制造3架原型机，1架演示验证飞行包线，2架装全部任务装备试飞。由于全面发展阶段推迟，原定的1996年达到初步作战能力，要延迟到1998年底实现。

轻型攻击直升机LAH计划流产 LAH轻型攻击直升机就是原来的“托纳尔”（TONAL）计划，由英、意、荷、西4国的制造商合作研制。1989年4月4国政府筹划指导委员会开会后，已非正式地宣布暂停进行该计划。1990年11月四国政府决定取消LAH计划。LAH计划流产的原因是4个参加国对这种反坦克／侦察／空战的直升机的要求各不相同，要制造1架能满足4国要求的直升机势必费用很高。原来4国一共订购305架，在军费紧缩情况下，都想减少订货，而出口的前景不容乐观，这样总产量减少势必增加单机的价格，以致都无法承受而作罢。

意大利A129首架交付，A139开始论证 意大利阿古斯塔公司研制的反坦克攻击直升机A129“猫鼬”自1972年开始研制以来，已经过12个春秋。1983～1985年5架原型机陆续上天。原定1990年4月开始交付陆军，结果延迟到1990年8月才将第1架A129交付意大利陆军。

由于意大利的国防经费可能会削减，故除原定采购60架反坦克型A129直升机不变外，另外30架侦察型可能会缩减数量。由于意大利陆军航空兵很需要侦察直升机，有可能从第1批60架反坦克型中改装20架侦察型。

侦察型A129将装备“毒刺”或“西北风”空空导弹和旋转炮塔，并可快速改装成反坦克型，以后还可能改装激光制导的AGM-114“海尔法”反坦克导弹。

侦察型有2个系列，分别装罗斯·罗易斯公司的“宝石”发动机和轻型直升机涡轮发动机公司的T800发动机。

A139 是在 A109 及 A129 基础上派生出来的。1990 年进行方案论证，初步方案是总重 5000 公斤(A129 是 4100 公斤)，有效载荷 1600 公斤，载人 12 名，装 2 台 T800 涡轮轴发动机，单台功率 1206 轴马力。

意大利政府正和澳大利亚和阿根廷政府磋商合作研制 A139。据报道，日本也有一家公司拟参与合作。

西欧国家合作研制的 NH-90 起死回生 这种称为北约 90 年代使用的直升机 NH-90，从一开始就难产。1985 年 9 月法、英、德、意、荷签订备忘录，进行为期 14 个月的预研阶段，到 1987 年 4 月英国就退出。剩下的 4 国为了分摊研制费的份额争论不休。

英国退出后，原来研制费分摊为法、意各 35%、德 25%、荷 5%。1990 年德国首先提出要把它的份额降低到 21%，这样法、意份额升至各 36.3%、荷兰 6%。但意大利表示无力承担 36.3%，要求降到 26.4%。后经法国和荷兰再度磋商，各自增加份额，4 国总算再次签订理解备忘录，继续研制 NH-90。按照新协议，法国占份额 43.3%，意大利 26.4%，德国 23.6%，荷兰 6.6%。按照新的计划，原型机于 1993 年试飞，1998 年开始交付第 1 架。研制费原估计 18～19 亿美元，现估计为 25 亿美元。由于参加的 4 家公司都有困难，也可能降低技术要求。

方案论证阶段定下的技术指标为：任务飞行重量，视机型不同，为 8000～9100 公斤，2 台罗·罗／透博梅卡的 RTM3222-01／2 发动机，或通用电气公司的 CT-6 涡轮轴发动机，单台功率 2020 轴马力。主旋翼和尾桨均为 4 桨叶，复合材料。主旋翼用合成橡胶轴承，尾桨无轴承。舱内可容纳 20 名突击队员或 2 吨货物。机身用大量复合材料，加之外形设计的改进，可有一定的隐形能力。前 3 点起落架可收放，并有抗坠毁能力。海军型的旋翼和尾梁均可折叠。4 余度电传操纵。有先进的航空电子设备，保证环境温度-40～+50℃均可昼夜作战。主旋翼直径 16 米，尾桨直径 3.2 米，机长（前后旋翼均转动）19.4 米，客货舱长 4 米，宽 2.2 米，高 1.6 米，容积 16 立方米。重量：TTH 型（即战术运输直升机）5000 公斤，NFH 型（护卫舰直升机）5400 公斤。燃油 2000 公斤，最大吊载（NFH 型）4000 公斤。最大起飞重量：TTH 型 8500 公斤，NFH 型 9100 公斤。巡航速度：最大 285 公里／小时，正常 250 公里／小时。实用升限 6000 米，悬停升限：有地效 4000 米，无地效 3400 米。最大航程 1100 公里，最大续航时间（用速度 140 公里／小时）为 5.5 小时。

印度公布 ALH 先进轻型直升机设计草图 ALH 是印度斯坦航空公司和德国梅伯布公司为印度政府合作研制的先进轻型直升机，用以替换现役的“猎豹”和“印度豹”直升机。其研制情况，本年鉴在 1987 和 1990 年版中均有报道。1990 年 4 月印度斯坦公司发表了该机的设计草图。

ALH 是多用途军用轻型直升机，其民用型也在考虑之中。军用 A 型为陆军和空军型，B 型为海军型。主旋翼为 4 桨叶，全复合材料制成，海军型的桨叶可折叠。旋翼用人造橡胶轴承。尾桨为 4 桨叶，无轴承。采用一体化传动系统，周期变距和总桨距控制系统均有保护装置。机身为金属加复合材料（头锥是凯夫拉，尾梁为碳纤维）。海军型尾梁可折叠。动力装置采用 2 台“透博梅卡”TM333-2B 涡轮轴发动机，单台功率 1000 轴马力。发动机采用全权数字式电子控制。三点式起落架，可收放。主旋翼直径 13.3 米，尾桨直径 2.5 米，全长（主旋翼、尾桨均转动）15.87 米。空重：A 型 2216 公斤，B 型 2352 公斤。燃油量：A 型 1032 公斤，B 型 1100 公斤。最大吊载：A 型 1000 公斤，B 型 1500 公斤。最大起飞重量：A 型 4000 公斤，B 型 5000 公斤。海平面最大平飞速度 290 公里／小时，无地效悬停升限 3000 米。海平面（700 公斤有效载荷时）航程 400 公里；海平面续航时间 3 小时以上。

法德合作研制的“虎”式直升机进展顺利 “虎”式直升机（PAH-2／HAP／HAC）1990 年的研制工作按计划顺利进行。按照原计划，制造 5 架原型机，包括 3 架没有武器的空气动力试验原型机（1～3 号原型机）。第 1 架原型机已于 1990 年 5 月由法国航空航天公司按协议做出中段机身(包括发动机装置)，德国分工做前机身（包括座舱）和后机身，然后结合成整机。到 1991 年 2 月这架原型机已装配完毕并完成地面试验，计划 4 月开始飞行试验。另外 4 架原型机将在 1991～1993 年陆续完成。

计划法国用的侦察／火力支援型 HAP“虎”式 1997 年开始交付。该机机头下装 AM-30781 航炮，口径 30 毫米，载弹 150～450 发。短翼下挂 4 枚“西北风”红外制导空空导弹，还有 2 个吊舱，内装 22 枚 68 毫米 SNEB 火箭弹。如不挂空空导弹，可增挂 2 个各 12 枚火箭的吊舱，使火箭弹总数达到 68 枚。

法国用的反坦克型 HAC“虎”式，1999 年开始交付，短翼下内侧可挂 8 枚“霍特”2 或 Trigat 远射反坦克导弹，或 2 种各 4 枚；外侧挂 4 枚“西北风”空空导弹。

德国用的反坦克型 PAH−2“虎”式，将于 1998 年交付，翼下两侧挂架的挂弹与法国 HAC 相同，外侧挂 4 枚“毒刺”2 型空空导弹。

主旋翼为 4 桨叶半刚性复合材料桨叶，可承受 12.5 毫米机枪的射击。机身用复合材料，可承受 23 毫米炮的射击。起落架后三点式，尾轮不能收放。乘员 2 人，前座为飞行员，阶梯式串列后座，后座为武器系统操作员。航空电子设备有 4 轴自动飞行控制系统、激光陀螺导航系统、多功能显示器、雷达／激光告警系统、电子战设备，桅顶瞄准具为多传感器系统（有电视及红外通道，由后座控制），头盔瞄准具及头盔显示器，平视显示器以及夜视设备等。其他数据为：旋翼直径 13 米，尾桨直径 2.7 米，机身长 14 米，机高（到旋翼顶）3.81 米；重量 3300 公斤，任务起飞重量 5300～5600 公斤，最大起飞重量 6000 公斤；巡航速度 250 公里／小时，无地效悬停升限 2000 米以上；续航时间 2 小时 50 分（留 20 分钟备份燃油）。

苏米−38 直升机进入实质性研制工作　米−38 是苏联准备替换现役米−8／17 系列直升机的中型多用途运输直升机。除担任战术空运外，还可执行森林灭火、建筑吊装、医疗救护、搜索救援、海上补给、海上油田作业、航摄航测等任务。装上浮筒可在水上起降。1989 年在巴黎航展上展出模型，计划在 1992～1993 年原型机首飞，1996 年开始生产。

按照要求米−38 能在−60℃至+50℃范围内昼夜飞行。按可比条件，其运输能力及燃油效率比米−8 提高 1～2 倍。有先进的自诊断系统，维修工时和费用都较少，第 1 次翻修寿命在 2000 小时以上，大修寿命 6000～12000 小时。

采用常规构型，复合材料 5 桨叶主旋翼。尾桨为 4 叶，共 2 副，装在 1 个轴上，桨叶也用复合材料制成，并有人造橡胶轴承。2 台 TV7−117V 涡轮轴发动机，单台功率 2300 轴马力。发动机位于客舱顶部，可用航空煤油也可用液化石油气。

飞行员 2 人，但货运型可由 1 名飞行员驾驶。客舱可容 32 名旅客或 5000 公斤货物。货运型有起重机及液压驱动后部运货跳板。起落架为前三点式，可收放。

电子设备有 5 台彩色综合显示系统，用于飞行及地面维修，飞行控制系统经预先装定，可全自动驾驶、自动悬停和自动着陆，还有设备监控、故障警告、损坏控制系统。电子设备由 1 大型中央计算机控制，与自动多普勒导航系统、仪表着陆系统、卫星导航系统、气象／导航雷达等交连。有监控装货及吊载的闭路电视及称货舱内货物重量，确定重心位置及检查吊载重量的传感器。

主旋翼直径 21.23 米，货舱长 6.7 米，宽 1.85 米，高 2.2 米。起飞重量，正常 13460 公斤，最大 14500 公斤。最大平飞速度 280～290 公里／小时，巡航速度 265～275 公里／小时。实用升限 6500 米，无地效升限 2500 米，满载航程 325 公里。

苏开始制造卡莫夫 V−62 原型机　1990 年莫斯科航空展览会上展出卡莫夫设计局新设计的中型直升机 V−62。这种直升机的设计背离了卡莫夫设计局的传统布局，采用单副旋翼而不是传统的共轴对转双旋翼，尾桨放在垂尾的函道内。故其构型与法国的“海豚”直升机甚为相似。

V−62 原型机已在 1990 年开始制造，机体的 50～55% 用复合材料，装两台诺维科夫设计局的 TVD−1500 涡轮轴螺旋桨，单台功率 1300 轴马力。出口型用罗·罗公司和透博梅卡公司合制的 RTM322 涡轮轴发动机，单台功率 2312 马力，但这种发动机要到 1991 年才能取得民用证书。

这种直升机的详细资料尚未公开。目前仅知道最大起飞重量为 5850 公斤，载重 2000 公斤或 12～14 名旅客，正常巡航速度 280 公里／小时。原型机计划在 1993 年首飞，1995 年可投入使用。

美国 V−22 倾转旋翼机暂停生产，试飞仍在进行　V−22 倾转旋翼飞机兼有直升机和固定翼飞机的长处，是一种新概念的直升机或垂直起落飞机。1986 年起执行为期 7 年的全面试验和研制阶段。包括制造 6 架飞行试验的原型机，3 架地面试验的原型机。第 1～4 号原型机已于 1989 年 3 月～1990 年 5 月先后完成首飞。这 4 架飞机主要用于试飞和鉴定飞行包线。在试飞中曾达到前飞速度 647 公里／小时，升限 6553 米，法向过载达到 2.3～0.5（规定应达+4～−1），累计飞行时间 350 小时。第 5 架原型机原拟 1990 年内试飞，但实际情况到 1991 年 3 月才出厂，准备参加 1991 年 5 月开始的为期 3 个月的使用鉴定。整个飞行试验计划为 4000 飞行小时。5 号机用于扩大飞行包线及考察气动弹性载荷，2 号机试验电传操纵系统，3 号机检验飞行载荷、振动和声学问题，并进行海上试验。4 号机试验舰载使用的适应性，并进行推进问题的研究。5 号机试验航空电子设备，飞行控制系统及有关设备，还将试验美国空军的任务设备。6号机试验美国海军和海军陆战队的任务设备。倾转旋翼机飞行试验中十分关键的一项技术是从垂直起飞后过渡到前飞，这种过渡飞行已经在1989年第4季度用1号机试飞成功。

但是美国国防部因为大幅度削减军费，不得不削减一些耗资巨大的研制项目。1990年6月美国防部长切尼正式宣布因为国会不同意执行V-22计划，故1991财年暂不生产。然而研制工作仍在进行，预计美国国防部不会完全放弃这一快到手的新型飞机。

日本完成TW-68倾转机翼飞机模型 倾转机翼飞机与倾转旋翼飞机不同。它是整个机翼旋转，达到像直升机那样垂直起落和像常规飞机那样巡航飞行。严格来说，它已不属于旋翼机。

TW-68是第1架尝试这种新概念的垂直短矩起落飞机，可军民两用，客货运输和搜索救援。由日本石田公司独立投资，美国DMAV公司设计，1990年上半年已完成全尺寸木模型，并拟在美国造4架原型机。这种飞机的特点除机翼旋转外，在水平尾翼上装有一个函道风扇，用来解决因螺旋桨没有周期变距控制在悬停时的俯仰姿态控制。位于螺旋桨滑流后面的差动襟副翼可用来作偏航和滚转操纵。

飞机用2台2200轴马力级的涡轮轴发动机，各带动一副5片桨叶的螺旋桨。飞行员2人，可载旅客9名（专机）或14名（支线客机）或16名（最大数量），也可装同等重量的货物。

翼展10.97米，机长12米，机高4.08米，螺旋桨直径5.08米，客（货）舱长4.82米，最宽1.63米，最高1.6米。最大起飞重量：垂直起飞5670公斤，短距起飞7484公斤。最大平飞速度648公里／小时，最大巡航速度496公里／小时，远航速度346公里／小时，久航速度315公里／小时，最大航程1800公里。预计1992年开始制造原型机，1994年首飞，1997年可交付使用。石田公司估计日本需要200～250架，到2000年，世界市场共需750架，甚至1500架。飞机研制费不高，研制风险较小，估计研制费不到2亿美元。

战略导弹

综述 1990年，美苏签署了《削减战略武器条约》草案，但双方依然把战略核力量的威慑作用视为遏制战争的重要手段，继续实施战略进攻性核武器的现代化计划，提高导弹的质量和调整核力量结构作为重点。法、英在坚持核威慑战略的前提下，推迟其战略核武器更新计划，并打算调整其战略核力量结构。

陆基弹道导弹 陆基弹道导弹是美苏“三位一体”战略进攻性核力量的重要组成部分，双方仍加紧实施其现代化计划，主要是提高导弹的机动能力和生存能力；法国将逐步取消陆基弹道导弹；第三世界的一些国家加快陆基弹道导弹的研制步伐。

洲际弹道导弹 1990年，洲际弹道导弹的发展特点和趋势是：继续以机动部署取代地下井部署；加固导弹地下井提高其生存能力；加快导弹的更新换代步伐。

美国空军建议取消“民兵”Ⅱ导弹 美国政府官员1990年1月12日透露，美空军已建议从1991财政年度开始取消所有的“民兵”Ⅱ导弹。美空军目前有该型导弹450枚，其中有440枚为单弹头。空军估计，这一削减措施将使美空军每年节约4亿美元的管理费用。据报道，空军的这一建议已得到国防部长切尼的批准，但尚需国会的同意。美一高级官员说，拆除“民兵”Ⅱ导弹的工作将于1991年中期到晚期参议院批准美苏削减战略武器条约前开始。

“民兵”Ⅱ导弹是美国部署最早的洲际弹道导弹之一，1966年开始部署在蒙大拿、南达科他和密苏里州的三个占地数百平方英里的基地。在战略导弹武器库中，只有这种导弹可携带百万吨级当量的核弹头。

美国研制“民兵”Ⅲ导弹后继型 美国空军目前正研制“民兵”Ⅲ导弹后继型，拟在2000年前取代现有的“民兵”Ⅲ导弹。改进后的“民兵”Ⅲ导弹将采用先进材料和推进系统，减轻导弹自重，但增大投掷重量，适于装载钻地核弹头。如果这种方案不行的话，美空军将研制一种配备新型制导和再入系统的新型导弹，这种导弹装在发射筒里，既可地面机动部署也可地下井部署。

美国将更换“民兵”导弹拖车 1990年初，美国空军与马丁·玛丽埃塔公司签订了一项价值3300万美元、为时44个月的合同。根据合同，该公司战略系统部将建造55辆“民兵”导弹拖车。除了导弹外，这些拖车也能将导弹的有效载荷从现有基地运往发射井。这些拖车将取代“民兵”导弹现有的拖车。

美国进行“和平卫士”导弹铁路列车模拟弹发射 1990年10月26日，西屋电气公司在科罗拉多州从一导弹发射列车上发射了一枚“和平卫士”导弹的模拟弹。此次试验的主要目的是要证实导弹发射列车和路基能否承受发射载荷。这辆导弹发射列车是1990年初由洛克韦尔国际公司交付空军的。车长26.7米，重249.5吨，车上配有除指挥与控制无线电设备以外的一切设备。1990年4月，美国空军曾对该车进行了交付试验。“和平卫士”导弹的模拟弹重91吨，发射高度约几百米，模拟弹最后落在导弹发射列车附近。

这次发射试验是西屋电气公司根据与空军弹道导弹局签订的一项价值为1.67亿美元的研制合同进行的。根据该合同，西屋电气公司将负责“和平卫士”导弹铁路部署的导弹发射车的方案论证、设计、研究和试验。

美国开始全面研制“侏儒”导弹的制导和控制系统 1990年上半年，美空军弹道导弹局与洛克韦尔国际公司签订了一项为期一年、价值3060万美元的合同，用以对“侏儒”导弹的制导和控制系统的全面研制工作。这种系统将采用抗核辐射加固的计算机来校准、装定和制导导弹。预计，全面研制阶段的总费用可能超过5亿美元。

由于90年代头5年要实施许多重要的导弹计划，再加上防务预算的削减，美政府不得不减少“侏儒”导弹的研制经费。但为了平息“侏儒”导弹支持者们的不满，美政府已决定追加9.47亿美元作为1992～1994财年研制“侏儒”导弹的费用。

美国研制两个弹头的“侏儒”洲际弹道导弹 “侏儒”导弹是美研制的一种公路机动的固体洲际弹道导弹，用于打击导弹地下井等硬目标。美国研制“侏儒”导弹的指导思想是靠改善机动性来提高导弹发射前的生存能力。鉴于“侏儒”导弹造价昂贵，马丁·玛丽埃塔公司正在研制可装两个弹头的该型导弹，作为提高成本效益的一种方案。据称，“侏儒”导弹装一个弹头，采购费为60亿美元，若装两个弹头，采购费只需100亿美元。单弹头导弹重约16.8吨、长16米、直径1.17米、射程约10000公里。两个弹头的“侏儒”导弹，重量增加了373公斤，长度和直径均只增加了5厘米，两个弹头的飞行距离分别为8112公里和8330公里。

美国进行紫外辐射试验以发现来袭洲际弹道导弹 1990年，美国战略防御计划局在沃洛普斯岛进行了一项耗资200万美元的“弧激波紫外”实验。该次试验用一枚“小猎犬—雪橇狗”二级火箭，从沃洛普斯岛试验场起飞做亚轨道飞行，火箭上装有各种仪器，在火箭爬升（最大高度712公里）和回落时观测其周围所产生的紫外辐射。仪器读数表明，紫外辐射一直持续到70公里高空以上。这项实验结果证实了“任何导弹在冲出大气层时都将产生紫外辐射”的推测。

美国现有的导弹发射传感器是探测苏联导弹发动机辐射的热和红外的。军事计划人士认为苏联正试图为其洲际弹道导弹改用速燃助推器，以避开红外传感器的发现。为测得苏联新型导弹的紫外辐射，美国将使用一种在空间工作的新一代传感器。它能在发动机关机后测到使用速燃助推器的洲际弹道导弹。紫外辐射不是发动机产生的，而是火箭穿越大气层时产生的。

从防御角度上讲，主要问题不是跟踪速燃助推器，而是要尽快摧毁导弹，摧毁弹头最有利的时间是当它们还在导弹上的时候。这时摧毁一枚导弹就摧毁了多枚弹头。美国估计，苏联的速燃助推器在释放弹头之前能给美国留100秒时间。

苏联研究SS-18导弹作为民用的可能性 由于美苏即将达成削减50%战略核武器协议，苏联正在研究SS-18洲际弹道导弹作为民用的可能性，即把即将销毁的这类导弹作为航天运载工具使用并出售，以便得到一笔数量可观的资金。

SS-18成为民用运载工具后，不需要做任何改进便能把4.5吨重的有效载荷送入200～250公里的圆形低轨道。这是苏联继1989年宣布将SS-20中程弹道导弹改成运载工具后，又在战略弹道导弹军转民方面作的又一次尝试。

苏联将停止生产SS-24导弹 1990年8月2日，苏外交部长谢瓦尔德纳泽和美国务卿贝克在苏联东部城市伊尔库茨克进行两天会晤之后，苏联宣布将从1991年1月1日起停止生产SS-24洲际弹道导弹，但已生产的该型导弹将继续部署。专家们称，苏联此举的目的是为了削减防务预算，以便将节省下来的钱用于解决国内严重的经济问题。

苏联首次展出SS-25导弹 1990年11月7日，在苏联十月革命节73周年莫斯科红场阅兵中，首次展出了苏军80年代中期装备的SS-25公路机动洲际弹道导弹。此种导弹长 18 米、直径 1.8 米、全重 30 余吨、射程 10500 公里、命中精度 400 米、弹头当量 50 万吨，主要用于打击面积较大的点状目标。SS-25 导弹发射车平时停放在顶部可以开启的掩蔽部里，顶部打开后即可作为固定发射阵地。机动发射时，发射车从掩蔽部开出沿专用路线行驶，途中有多处预先测好的坐标点，紧急发射时不需临时测定坐标。SS-25 导弹可随时机动，敌方难于发现和摧毁，是苏军用于第二次核打击的主要核威慑力量。

苏联 SS-25 导弹装运箱接受美方检查 1990 年 3 月 22 日，苏联首次允许美国使用价值 1500 万美元的货物扫描 X-射线装置，在不打开导弹装运箱的情况下对运离工厂的 SS-25 导弹装运箱进行检查，以确定 SS-25 导弹装运箱内是否装了 1987 年中导条约禁止的 SS-20 中程弹道导弹。在此之前，美国专家向苏联技术小组证明，X-射线装置符合 1989 年美苏协议备忘录的要求，不会对被检查导弹造成损伤。

印度称有能力制造洲际弹道导弹 1990 年 8 月，印度国防研究与发展局局长卡拉姆在接受印联社记者采访时再次声称，印度已经拥有制造洲际弹道导弹的技术。印度武装部队一旦掌握这种导弹，便可对敌采取惩罚性行动。但卡拉姆拒绝详细说明这种导弹的射程。卡拉姆曾于同年 1 月称，只要有钱，印就能生产出洲际弹道导弹。

中程弹道导弹 1990 年，中程弹道导弹的发展特点和趋势是：美苏正按中导条约的规定销毁各自的中程弹道导弹，双方中程弹道导弹的数量继续减少；法国将改变战略核力量发展结构，逐步取消中程弹道导弹；第三世界一些国家加快中程弹道导弹的研制步伐。

美国"潘兴"Ⅱ导弹弹头改装后重新部署到欧洲 1988 年 6 月 1 日中导条约生效后，美国开始将部署在欧洲的"潘兴"Ⅱ导弹运回美本土销毁。条约生效前，美国就考虑该型导弹弹头的继续使用问题。美国能源部（负责核弹头研制工作）的一份秘密材料说，"潘兴"Ⅱ导弹的核弹头是由 B-61 核炸弹改进而成的，目前洛斯阿拉莫斯核武器工厂的设计师们已着手将"潘兴"Ⅱ导弹的核弹头经过改动再变成 B-61 核炸弹。新型 B-61 核炸弹（第 10 次改进型）的批量生产于 1990 年 6 月开始。美国武器专家比尔·阿金证实：新型 B-61 核炸弹将装备美国以及北约三种最重要的作战飞机，即 F-16、F-111 和"旋风"飞机。1991 年 5 月底最后一批"潘兴"Ⅱ导弹从欧洲撤走后，改进后的"潘兴"Ⅱ导弹弹头又将作为核炸弹重新回到欧洲。

苏联全部销毁 SS-4 导弹 1990 年 5 月 23 日，苏联在布列斯特的列斯那亚导弹销毁基地销毁了最后一枚 SS-4 中程弹道导弹，至此苏全部 149 枚该型导弹已全部销毁。苏联战略火箭军总参谋长斯坦尼斯拉夫·科切马索夫上将在答《消息报》记者问时说，美方对中导设施进行了 200 余次核查，在销毁 SS-4 导弹时也有美国代表在场。

法国将取消 S-3 导弹 据《简氏防务周刊》1990 年 10 月 27 日报道，法国正研究一项关于核战略方面的大变革。这项变革就是在今后 10 年内把部署在阿尔比昂高原的 18 枚 S-3 导弹全部淘汰。在此之前，法国曾计划用 S-4 导弹来替换 S-3。取消 S-3 导弹的计划将于 1991 年下半年修改跨年度军事拨款前正式作出。到实施 1992 财年的国防计划时，330 亿法郎（65 亿美元）核军备拨款将全部用于装备核潜艇部队和发展远程空中发射的战略巡航导弹。

表 1 现役陆基弹道导弹主要战术技术性能表

国家	导弹型号	级数	推进剂	长度(米)	直径(米)	弹头数×当量(万吨)	射程(公里)	数量(枚)
美国	"民兵"Ⅱ	3	固体	18.2	1.7	1×100	11250	450
	"民兵"Ⅲ	3	固体	18.3	1.7	3×33.5	11250	500
	"和平卫士"	3	固体	21.5	2.4	10×50	12000	50
苏联	SS-11	3	液体	20.0	2.5	1×100	13000	350
	SS-13	3	固体	20.0	2.0	1×100	10000	60
	SS-17	2	液体	24.0	2.5	4×75	11000	75
	SS-18	2	液体	35.0	3.0	10×50	11000	308
	SS-19	2	液体	25.0	2.7	6×50	10000	320
	SS-24	3	固体	21.0	2.0	10×50	10000	60
	SS-25	3	固体	18.0	1.8	1×50	10500	225

海基弹道导弹 海基弹道导弹是“三位一体”战略核力量中生命力最强的一种。美苏两国都十分重视海基战略核力量的发展，法国也加紧发展以海基弹道导弹为主的战略核力量，英国则继续发展海基核力量。

美国“三叉戟”Ⅱ(D-5)型导弹进行水下发射试验 1989年初美国对“三叉戟”Ⅱ（D-5）型导弹进行第19次陆基发射试验后，同年3月至1990年2月进行了正式部署前的9次水下发射试验，发射成功率达80%。

1990年2月12日，美国海军从“田纳西”号核潜艇上发射最后两枚“三叉戟”Ⅱ（D-5）型导弹，两枚导弹发射间隔只有15～20秒的时间。这两次发射时间间隔之短，在历次试射中尚属首次。

美国“三叉戟”Ⅱ（D-5）型导弹已装备3艘核潜艇 1990年3月29日，美国“三叉戟”Ⅱ（D-5）型导弹正式装备“田纳西”级核潜艇。“田纳西”级核潜艇是美海军中最强大的核动力潜艇，每艘造价16亿美元，配备24个导弹发射筒，美国海军计划建造21艘这类潜艇。到1990年底，美已有3艘装备“三叉戟”Ⅱ（D-5）型导弹的核潜艇服役，装备该型导弹72枚。

表2　现役海基弹道导弹主要战术技术性能表

国家	导弹型号	级数	推进剂	长度(米)	直径(米)	弹头数×当量(万吨)	射程(公里)
美国	“海神”（C-3）	2	固体	10.36	1.88	14×5	4600
	“三叉戟”I（C-4）	3	固体	10.36	1.88	8×10	7000
	“三叉戟”Ⅱ（D-5）	3	固体	13.59	2.11	8×47.5	11000
苏联	SS-N-5	1	液体	12.9	1.42	1×80	1300
	SS-N-6	2	液体	9.6	1.65	2×20	3000
	SS-N-8	2	液体	12.9	1.65	1×100	7800
	SS-N-18	2	液体	14.0	1.8	7×20	7000
	SS-N-20	3	固体	15.0	2.0	9×10	8300
	SS-N-23	3	液体	16.9	1.8	6×25	8500
法国	M-20	2	固体	10.7	1.5	1×100	3000
	M-4	3	固体	11.05	1.93	6×15	6000

战略巡航导弹 战略巡航导弹机动灵活，超低空突防能力强，命中精度高。美苏都十分重视战略巡航导弹的发展；法英也有意向发展在战略巡航导弹方面的合作与联盟。

美国将海射型“战斧”巡航导弹的控制权交给北约 由于美国部署在欧洲的“潘兴”Ⅱ导弹和陆射型“战斧”巡航导弹1991年5月底前要全部销毁，北约认为其防务力量中陆基核导弹已出现“真空”，为了弥补这种缺陷，美国已将部分海射型“战斧”巡航导弹的控制权交给北约。

美国海射型“战斧”巡航导弹进行模拟试验 1990年8月4日，美对海射型“战斧”巡航导弹进行了模拟试验。这次试验是与海军飞机一起进行的。试验中，先由“战斧”巡航导弹压制地面防空火力，后由海军飞机发动攻击。

“战斧”巡航导弹是从距加利福尼亚海岸以南1500公里的水下潜艇发射的。发射后导弹进入全制导飞行，然后模拟攻击了法龙海军航空站内靶场的防空火力阵地。此后，A-6、A-7攻击机在F-14和E-2C掩护下对靶场进行了攻击。

美国载有海射型“战斧”巡航导弹的舰只进驻中东 海湾危机爆发后，美国将载有“战斧”巡航导弹的“威斯康星”号战列舰等舰只派驻中东地区。据称，美国部署在中东地区的“战斧”巡航导弹多达500枚，一旦海湾战争爆发，美国将在实战中首次使用该型导弹。美国海军目前共装备大约1600枚“战斧”巡航导弹，最终共采购3994枚。

美国先进巡航导弹进行全面研制试飞 1990年，美国对先进巡航导弹（ACM）进行了全面研制、试飞试验，其中有两次使用了麦道公司的改进型号，另外4次使用了通用动力公司的样弹。通用动力公司为主承包商，麦道公司为第二制造商。美国空军计划1991财年生产100枚先进巡航导弹。1992年开始全面生产，从1992～1994财年，每年生产250枚，1995财年将生产151枚。空军共需1461枚ACM导弹，其中10%将在试验和维修周期中使用。

战略防御武器系统

综述 1990年，美苏继续进行战略防御武器系统的研制，但进展速度放慢。美国“战略防御倡议”(SDI)计划在技术上又取得许多新的进展，但在新的国际和国内形势下，计划的实施步履艰难，正在着手对计划和政策作重大的调整。有关苏联战略防御领域的情况又有了一些透露。同时，有迹象表明，苏联国内正在争论与美国合作部署有限战略防御系统的可能性。

美国SDI计划的主要动向 1990年，SDI计划在技术上，特别是在动能武器小型化和探测技术等方面又取得了一些新进展，同时进行了一系列重要的试验。然而，由于(1)国际形势特别是美苏关系趋于缓和，政治上军事上对SDI的需求减弱并变得不明确；(2)美国国内经济日趋困难，出现了经济衰退的某些征兆，不得已对SDI计划的经费一压再压，再次出现负增长；(3)技术的进展并不像计划提出时那样乐观，虽几经调整，即使按第一阶段部署方案，要达到满足军事上有效、有生存能力和效费比高于进攻导弹这三原则，也还有许多有待解决的问题；(4)计划、方针与步骤不断遭到非议，反对派的呼声增强；因此1990年是SDI计划处境维艰的一年。基于上述情况，美国在SDI计划上不得不继续调整政策，推迟计划进度，再次对计划的实施作出重大调整。调整的趋势是：从原来重点发展针对苏联大规模导弹攻击的第一阶段战略防御系统，转向重点发展针对有限导弹攻击的全球保护系统(GPALS)。

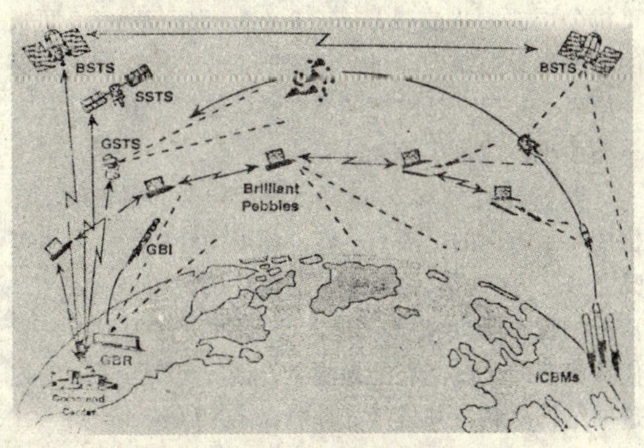

图1 美国第一阶段战略防御系统结构

1. BSTS助推段监视跟踪系统 2. GBI地基拦截弹 3. SSTS空间监视跟踪系统 4. GSTS地基监视跟踪系统 5. GBR地基雷达 6. BP智能卵石

美国SDI计划6年来的进展 1990年4月4日，美国国防部SDI局局长乔治·莫纳汉，在众议院军事委员会研究与发展小组委员会举行的听证会上作证时说，经过6年多的研究，SDI计划已在广泛的技术领域中取得了显著的进展。

(1) 依照参谋长联席会议在1987年提出的正式要求，已经设计出近期在技术上可以实现的第一阶段战略防御系统结构方案，即两层防御系统方案(图1)：第1层是天基“智能卵石”拦截弹实施助推段与末助推段防御；第2层用地基拦截弹实施中段的后段防御。该方案所需的各项技术有了重大进展。

(2) 在动能拦截弹技术方面，已实现了“用一个非核子弹击中另一个子弹”的目标：1984年，用一枚地基红外寻的拦截弹，摧毁了从一枚洲际弹道导弹发射出来的模拟弹头；1986年在试验中通过摧毁一个推进飞行中的目标，验证了天基动能拦截弹的制导规律，模拟了助推段拦截技术；1987年，通过“轻巧灵活制导试验”演示了在大气层内用雷达制导拦截弹可以拦截弹头；1990年1月，大气层内高空拦截弹(HEDI)的首次飞行试验，演示验证了对末段拦截弹的头体和探测器窗口进行有效冷却的能力，这是朝着验证探测器不会被大气摩擦产生的高温所损坏而迈出的关键一步。

(3) 在探测技术方面，已研究和试验了在各种条件下监视、捕获、跟踪和识别各种目标的能力：从1986年开始的“德尔它180”系列试验，探测、捕获和跟踪了助推火箭、弹头和诱饵等大量目标；1988年在“女王竞赛”(QUEENMATCH)飞行试验中，收集到了外国目标的第一批红外数据，并评价了诱饵、对抗措施及目标识别的有效性；1989年在“贾纳斯”(JANUS)试验中，利用高分辨率红外成像技术，收集到了末助推飞行器的目标特征数据；1989年，通过天基拦截弹悬浮飞行试验，演示了弹上红外探测器捕获和跟踪火箭喷焰，然后转到跟踪火箭硬壳体的全部能力。

(4) 在确保有人参与作战管理和系统生存能力方面也取得了许多进展：为开发、试验和验证战略防御系统方案及软件，建立了国家试验台；为开发防御系统所需的大量综合软件，建立了软件中心；正在建造高度逼真的模拟设施，用来按真实威胁模型检验防御系统方案；初期型的指挥中心已在陆军研究中心进行了成功的演示试验，表明由人参与作战管理时，有足够的时间评价威胁、作出反应和在整个作战空间拦截来袭导弹；通过地下核试验验证了诸如电子设备、光学设备及系统结构部件等的生存能力。

(5) 在后续系统的先进技术（主要是指激光和粒子束武器技术）发展方面，正在研究解决的关键技术问题是目标的捕获、跟踪与瞄准，高功率激光与粒子束的产生及束流的杀伤力。已经取得的主要进展是：1985 年用低功率激光演示了跟踪空间火箭和在大气层内传输激光束而无大的畸变的能力，还验证了激光对导弹的杀伤力；1986 年用高能质子束照射微型弹头的试验，证明粒子束能引爆弹头的炸药；1988 年制成了第一台电子控制的大直径分段组合的反射镜；1989 年“阿尔法”化学激光器在地面试验中首次产生高功率激光束；1989 年“火箭载粒子束试验”，首次在空间检验了中性粒子束，并演示验证了复杂的定向能武器能可靠地在空间使用；1990 年 2 月，发射了第一个长时期在空间使用的定向能技术试验设施，其中为期 2 年半的“低功率大气补偿试验”（LACE 试验）将测量激光束的大气补偿效应；为期 1 年的“中继反射镜试验”（RME 试验）将演示地基激光的中继技术；“金爪”（Talan Gold）地面试验演示了能把光束非常准确地照射到目标的能力，其精度相当于从纽约帝国大厦上发射激光，射中加利福尼亚海滩上的一个排球。

(6) SDI 计划所取得的技术成果，可转用于其他军用和民用领域，产生出大量有益的副产品。例如动能拦截弹技术可用于降低空空导弹的重量和成本；电磁炮与定向能技术可用于战场防御；中性粒子束技术可用于机场安全检查、癌症治疗和成品检验；激光技术在医疗领域将有广泛应用；光学技术可产生新一代巨型计算机；SDI 计划在计算机技术、信号处理和轻型结构材料学等方面的进展，将会使包括宇航局的空间站和航天飞机计划在内的各个领域受益；SDI 计划的研究工作正在超导、金刚石石英涂层、通信、工业制造工艺、电子学和微波技术方面创造商用机会；等等。

美国 SDI 计划 1990 年新的技术进展 主要技术进展有以下几个方面：

(1)“智能卵石”、陆基动能反卫星导弹、地基雷达等研究项目转入更高一级的研究阶段。“智能卵石”天基拦截弹方案倍受美国国防部重视，已成为当前 SDI 计划的研究重点。1990 年 2 月，国防部 SDI 计划局正式宣布，用“智能卵石”代替原来的天基拦截弹（SBI），作为第一阶段战略防御系统的天基助推段防御武器；5 月 24 日，又授予 6 家公司合同，进一步进行“智能卵石”的方案拟定研究，这标志着此项研究已从实验室的方案拟定研究，转入工业生产方案的研究。继 1989 年 12 月美国国防部国防采办委员会审查并通过发展有限陆基动能反卫星武器系统方案之后，国防部又于 1990 年 2 月 15 日批准了陆基动能反卫星导弹的研究工作从方案拟定转入演示验证发展阶段；7 月 13 日又确定洛克韦尔公司为主承包商，着手演示陆基动能反卫星导弹的关键技术。1990 年 7 月美国国防部国防采办委员会批准了地基雷达（GBR）的研究工作从方案拟定转入演示验证发展阶段，并把该雷达列入第一阶段战略防御系统方案。雷西昂公司正在研制试验型地基雷达（GBR-X）。

(2) 动能武器小型化技术和探测技术又取得重要进展。洛克韦尔公司研制并试验了一种新型天基拦截弹动能杀伤拦截器，其重量只有 18 公斤，比 1989 年试验的同类拦截器重量（100 公斤）减轻 4／5 以上；长度只有 0.6 米，为 1989 年试验的同类拦截器长度（1.5 米）的 1／3 左右。洛克韦尔公司与得克萨斯仪器公司分别研制出 2 种运算速度达每秒 5 亿次、重量只有 75 克的弹上微小的巨型计算机。休斯飞机公司研制出重量只有 2.8 克、长度仅为 2.5 厘米的微型姿态控制发动机。史密斯工业公司研制出世界上第一个采用光纤陀螺的惯性测量装置，其尺寸只有拳头大小，重量小于 450 克。

据 SDI 计划局 1990 年 5 月给国会的报告称，在探测技术方面的进展有：红外焦平面阵列的生产率提高了 1 个数量级，成品率比预计提高了 7～23 倍，象元的成本降低到 1～25%；验证了一种滤光器，它使探测器的抗激光性能提高 1 万倍；还发展了一些先进的结构材料，其抗激光性能提高 10 倍。

(3) 进行了一系列重要试验，取得了一些新的成果。1990 年 SDI 计划至少进行了 16 次重要试验，其中探测技术方面有激光雷达试验、紫外探测技术试验、红外探测技术试验、陆军背景试验；定向能武器技术方面有自由电子激光关键设备试验、低功率激光大气补偿试验与中继反射镜试验、“阿尔法”激光试验、首次“星鸟”试验；动能武器技术方面有大气层内高空防御拦截弹试验、天基拦截弹悬浮试验、“智能卵石”首次飞行试验、大气层外轻型射弹关键技术试验、电磁轨道炮试验、“箭”式反战术导弹首次飞行试验；创新科学技术方面有弧激波紫外试验、空间电源试验、空间核爆炸模拟试验等。在这些试验中，较为成功有4次：①2～9月在夏威夷毛伊岛进行的中继反射镜试验，首次验证了利用天基中继反射镜将地面发射的低功率激光束传到地面的另一点，激光的瞄准精度达到1微弧度；②3月29日在瓦洛普斯岛进行的“萤火虫”试验，验证了精密激光成像雷达能跟踪、识别真假弹头；③7月24日在爱德华兹空军基地进行的天基拦截弹悬浮试验，证明了该弹能稳定和精确地跟踪飞行的卫星；④9月19日进行的机载光学监视系统跟踪“民兵”Ⅲ导弹试验，证明该系统能连续8.5分钟跟踪该导弹的1个母舱和3个子弹头。其他试验大都在不同程度上出了一些问题。例如，1990年8月25日进行的首次“智能卵石”拦截弹亚轨道飞行试验，因遥测数据中断而失败。

美国SDI计划舆论导向不利，经费大幅度削减

美国SDI计划在技术上虽取得了许多重大成就，但在一些关键技术上仍进展缓慢。例如定向能武器技术难度大还需进行长期研究；天基平台和武器的生存能力还未解决；作战管理系统软件技术可能会长期停留在试验阶段等等。所以，离部署有效的、有生存能力的、高效费比的战略防御系统还有相当大的差距。特别是受政治、经济因素的影响，1990年SDI计划的处境更为困难。

(1) 政治、军事需求减弱，舆论导向不利。1990年，舆论界认为，由于国际局势缓和，政治格局变化，SDI计划在“冷战世界”的任务和作用还不明确；而实施SDI计划的代价又太高，效用太低，SDI到底如何搞法值得很好研究。多数舆论认为，要使SDI更为现实，就只能使它成为一项服从于反导条约限制的研究计划，必须放弃原来热衷于试验与部署的计划安排。如果急于部署采用“智能卵石”的第一阶段系统，不仅代价大，所能起到的威慑作用也有限，而且势必削弱对美国科技竞争有重大影响的“新奇”技术（主要指定向能技术）的研究。对这种以研究为重点的舆论意见，美国政府官员虽然极力反对，但又无力驳斥。特别是SDI计划在1990年头9个月的10余次重大技术试验中，有近半数未获成功，而且多为天基系统试验，而陆基系统试验则较为顺利。这给反对派增加了非议的口实。

由于上述情况，加之美国经济面临困难，SDI计划的方针、步骤不断遭到非议。虽然里根政府和布什政府原来都已作出1993年部署第一阶段的天基系统的决定，但国会和舆论界迄今还认为“试验远不充分，此举十分轻率”。批评者强调，SDI计划现在应侧重于定向能与动能等“新奇”技术的长期研究，不要急于部署。美国参议院于1990年8月4日正式通过以部署陆基武器系统为主的修正案，还投票提出“以研究为重点，进行长期研究”的方针，使急于部署的实施步骤受到严重挑战。

(2) 经费再次削减，计划进度难以实现。SDI计划问世时，由于当时政治、军事需求强烈，即使美国财政困难，其年度经费也能维持在40亿美元左右（表1）。然而10年来美国财政困难日趋严峻，已由世界上最大的债权国变为最大的债务国，债务总数达5000亿美元，超过发展中国家债务的总和，加上前述各种原因，美国不可能再给SDI这种目标尚不确定，技术也不成熟的计划大量投资。实际上，1990财年SDI计划经费预算已经一减再减，最后国会批准数额仅为38亿美元，首次出现负增长。1991财年政府申请的SDI计划经费为46.6亿美元（见表1），但1990年10月17日，美国国会只批准28.9亿美元，比政府申请数少18亿美元，比1990财年少9亿美元，再次出现负增长。此外，国会对SDI计划的预算项目作了重新分类（以往按技术领域分类，现在改为基本上按防御系统分类），并严格控制各类经费分配。其中第一阶段战略防御系统为7.45亿美元；符合反导条约的有限保护系统为3.89亿美元；战区防御和反战术导弹防御为1.8亿美元；后续的战略防御系统为7.543亿美元；研究和支持工作为7.494亿美元。国会只允许国防部对上述数额有±10%的调整权限。国会还提出了一项称为“战术导弹防御倡议”（TMDI）的计划，交国防部SDI计划局管理，1991财年的经费为2.18亿美元。

表 1 SDI 计划经费表

(单位：百万美元)

项目		财年	1984	1985	1986	1987	1988	1989	1990	1991*
国防部项目	研究、发展、试验与鉴定	监视、捕获、跟踪与杀伤评价技术	366.5	545.6	844.0	923.0	934.5	1100.7	1232.2	1572**
		定向能武器技术	322.5	377.0	796.0	853.1	934.3	819.8	703.3	803
		动能武器技术	195.8	256.1	596.0	722.5	773.2	773.1	744.6	1018
		系统分析与作战管理技术	82.7	100.3	212.3	385.8	461.5	506.5	550.0	674
		生存能力、杀伤力与关键技术	23.5	108.6	214.0	375.3	429.6	406.3	341.0	394
		战略防御计划局管理费	0.0	9.1	12.8	20.0	20.0	21.0	0.0	
		小计	991.0	1397.3	2675.1	3279.7	3553.1	3627.4	3571.2	
	军事建筑		0.0	0.0	3.1	10.3	59.2	83.0		11
	合计		991.0	1397.3	2678.2	3290.0	3612.3	3710.4	3571.2	4472
能源部项目			116.0	215.0	284.9	360.3	353.8	336.0	244.8	192
总计			1107.0	1612.3	2963.1	3650.3	3966.1	4046.4	3820.0	4664

* **1991 年 1 月，美国总统提出的申请数，国会尚未批准。** ** **其中，13.07 亿美元用于研究、发展、试验与鉴定；2.65 亿美元用于助推段监视跟踪系统的全面工程发展。**

在美国国会批准 1991 财年 SDI 计划经费前，SDI 计划局局长莫纳汉曾对《防务日报》记者说，如果国会决定把 SDI 计划的经费只保持在 1990 财年的水平上，第一阶段部署计划只好停留在技术阶段，而不能进展到工程研制。所以，预算经费的削减，势必使 SDI 计划的规模缩小，进度放慢。

美国再次对 SDI 计划作重大调整 由于政治、经济、技术等方面的种种困难，特别是为适应经费的削减，美国政府不得不对 SDI 计划再次进行调整，继续放慢研究进度，降低技术要求，简化部署方案，走更为现实可行的路子。实际上，美国国防部SDI计划局在1990年的后半年即着手对SDI计划进行重大调整。调整的主要内容是近期发展重点的转变，即从原来重点发展针对苏联大规模导弹攻击的第一阶段战略防御系统，转向重点发展针对苏联意外发射的或第三世界国家发射的少量导弹攻击的战略防御系统。这一转变进一步体现了从用防御代替核导弹威胁到用防御增强核威慑的指导思想的转变。调整的措施是对第一阶段战略防御系统方案继续进行一次重大简化。新的SDI计划局局长亨利·库珀（1990年7月10日上任）就职前，就已经完成了一项重新制定计划的研究。这项研究的结论是：需要转向针对偶然发射的弹道导弹进行保护的系统方案。该方案与以前由参议院军事委员会主席纳恩提出的“意外发射保护系统”（ALPS）方案不同。纳恩的方案只要求用有限数量的地基拦截武器，不违反反导条约；而新方案要求包括天基武器，因此将违反反导条约。该方案也与现在研究的第一阶段战略防御系统方案不同。第一阶段系统方案要求能摧毁苏联大规模袭击所发射导弹弹头的1／3；而新方案则要求接近全部摧毁从全球范围来袭的少量弹头。据最近透露，这种简化的防御有限导弹攻击的全球保护系统方案大致如下：探测系统由50个被称为“智能眼”（Brilliant Eyes）的探测卫星组成，以代替原来易受攻击的地基雷达或其他探测器；天基拦截弹由“智能卵石”组成，但从原来预计部署的4600枚减至1000枚；地基拦截弹由200枚大气层内和大气层外拦截弹（E2I）以及2000枚射程更短的拦截弹（如“爱国者”和“箭”式导弹）组成。整个系统10年间的经费估计为410亿美元，少于原来预计的550亿美元。SDI计划局对SDI计划的上述调整，还有待美国政府批准。

苏联战略防御计划的主要动向　苏联一向重视战略防御，尤其重视对弹道导弹的防御。它在这方面的研究工作，一直是在严格保密的情况下进行的。据近年来透露的一些情况分析，苏联战略防御方面的研究工作进展是缓慢的，技术水平落后于美国，并且也在讨论调整计划。

苏联战略防御技术水平低于美国　苏联是目前世界上唯一有反弹道导弹武器系统的国家。1988年，苏联国防部官员向西方记者承认，莫斯科反导系统的改进工作已接近完成；1989年9月，美国国防部推测，改进的莫斯科反导系统可能在1989年部分服役。与此同时，苏联也一直在秘密地研究包括激光武器技术、粒子束武器技术、射频武器技术和动能武器技术等在内的各种先进的反导技术。虽然美国国防部一直宣传苏联的战略防御计划比美国SDI计划规模还大，但无论在技术上还是投资上，苏联都无力与美国SDI计划全面抗衡。目前，苏联先进防御技术的研究水平大大低于美国。在探测技术方面，特别是红外探测技术方面，苏联比美国落后10年左右；在动能武器技术方面，美国的火箭推进动能武器技术已基本成熟，而苏联还没有可与之相比的系统技术；在定向能武器技术方面，尽管美国国防部认为美苏之间技术水平相当，但由于苏联在探测、电子与计算机技术方面落后于美国，因此从武器系统的水平看，苏联也落后于美国；在作战管理方面，主要依靠计算机软、硬件的能力，而计算机技术更是苏联的弱项，同美国相比至少落后5～10年。在巨型计算机方面，美国巨型机的运算速度已达到1亿次／秒以上，有几部已超过10亿次／秒，而苏联的巨型机运算速度才刚突破1亿次／秒。

最近《苏维埃俄罗斯报》刊登的一篇对苏联前反弹道导弹系统负责人格里高里·基斯文科的访问记透露，苏联的超视距导弹预警雷达网性能很差，尽管已运转了近20年，但仍处于“试运转”阶段；莫斯科的核反导系统是模仿美国“卫兵”系统的产物，不适于用来保护城市；苏联也研究了非核反导拦截弹，但还不能用。

苏联正在研究对抗美国SDI系统的技术措施　为了对付美国SDI系统，苏联一直在跟踪研究SDI系统的发展趋向，判断美国有可能部署什么样的系统，从而提出有效的对抗办法。苏联科技界提出的研究报告，几乎都认为对抗SDI系统比建立SDI系统更容易和省钱。目前苏联科学家已经研究了几十种旨在对付美国SDI系统的技术措施，可以给SDI系统造成非常复杂的技术问题。

苏联研究的对抗SDI系统的措施主要有：(1)采用速燃火箭发动机缩短弹道导弹助推段时间，使对方天基反导武器难以拦截；(2)对己方导弹进行加固和使其自旋，提高抗定向能束攻击的能力；(3)改变己方导弹发动机喷焰的亮度和形状，使对方红外探测器定不准精确位置；(4)利用各种电子干扰手段，如干扰、压制和欺骗诱饵等，使对方无法探测和拦截目标；(5)使用烟雾或大气中的悬浮微粒掩护己方导弹发射；(6)采取包括大气上层核爆炸在内的各种破坏或干扰手段，使对方SDI系统关键的C^3I环节失效；(7)摧毁对方地面激光站，或在对方天基作战反射镜上喷撒轻而强烈吸收激光的物质；

(8) 部署具有保险引信的洲际导弹，当其在飞行中受到攻击时能使弹头自动起爆，破坏对方 SDI 系统；(9) 发展天雷、地基定向能武器和直接上升式拦截弹，攻击对方天基装置使其系统失效。

苏联研究的对抗反卫星武器的措施主要有：(1) 针对定向能武器和核武器的各种效应，对卫星采取加固措施；(2) 在卫星上装备自主式自卫武器系统；(3) 发展卫星按指令机动或自主机动的能力；(4) 将卫星升入高轨道隐蔽，使对方探测和攻击更加困难；(5) 设计"隐形"卫星，使其产生最微弱的雷达、红外和光学信号；(6) 使用诱饵卫星，对对方反卫星系统进行欺骗；(7) 扩充低成本的备用卫星网，隐藏在空间备用，或者用时从地面快速发射；(8) 备有陆地、海洋和空中机动的指挥中心，以便集中式地面指挥中心失效时，使灾难损失减到最小；(9) 使用极难被干扰的通信波长（即毫米波激光通信系统）；(10) 部署己方反卫星武器，以保护己方卫星。

苏联又停建一部"伯朝拉"预警雷达 80 年代初，苏联开始建造新的"伯朝拉"预警雷达网，至少将部署 9 部，以补充和最终代替老式"鸡窝"雷达网。该网在克拉斯诺雅尔斯克附近动工的一部雷达，因美苏之间有争论已于 1987 年停建，而 1990 年 2 月又停建了位于穆卡切契附近的另一部。

苏联开始公开讨论部署有限战略防御系统问题 据西方分析家及前美国政府官员说，苏联高级官员一直在讨论与美国合作分阶段部署有限战略防御系统的可能性，以防止美苏意外发射或第三世界国家发射的弹道导弹威胁。自 1989 年中期以来，几位苏联官员已发表了几篇文章，支持部署有限战略防御系统，以防备弹道导弹在第三世界的扩散。苏联外交部一名官员在《苏联军事评论》上发表文章说，"该是我们变得实际和放弃希望美国不要继续进行 SDI 有关研究工作的时候了"，"看来，如果正确认清防御技术发展趋势，非但不会破坏稳定，还会导致出现比我们现有的战略稳定性更好的模式"。作者还认为，过渡到"新的战略稳定模式将包含一定的政治风险，因此看来实现新的战略结构模式的唯一办法就是采取相互一致、协调的步骤，可以包括分阶段部署反弹道导弹系统部件"。

动能武器系统 反导动能武器技术，特别是火箭推进的动能拦截弹技术，是 SDI 计划中发展最迅速、最接近于成熟的技术，也是当前 SDI 计划发展的重点。1990 年，动能武器不仅在小型化技术上取得了进展，而且 SDI 计划研究的各种动能武器技术几乎都进行了重要试验。这些试验显示了所取得的技术成果，但也遇到了失败。例如"智能卵石"和大气层内高空防御拦截弹的首次飞行试验都出现了故障。

美国进行首次大气层内高空防御拦截弹飞行试验 大气层内高空防御拦截弹是一种陆基高加速拦截弹，主要用于拦截再入大气层的来袭弹头，也可用于拦截战术弹道导弹。1990 年 1 月 26 日，美国在白沙靶场进行了这种拦截弹的首次飞行试验。试验弹从导轨发射出去，完成了 90～95%的试验目的，但由于弹头在起飞后 7～8 秒过早爆炸，使得飞行试验很快中止。

这次试验是"动能武器技术综合试验"（KITE）系列的首次试验，主要目的是确定红外寻的头与非核弹头能否拦截来袭弹头及能否同时承受该拦截弹将遇到的强热应力和高冲击速度。试验弹用"斯普林特"导弹的两级火箭，从地面导轨式发射架上发射。它离开导轨时就达到 90 米／秒的速度；在飞行的第 4～5 秒钟，即第 2 级助推火箭关机时达到 3200 米／秒的飞行速度；随后头部保护罩分离，冷却系统开始冷却头部受热最重的部位和红外窗口部位。获得的试验数据表明，冷却系统的性能高于需要，这可为减小拦截弹体积和重量提供新的途径。但是，在飞行试验的第 7～8 秒钟，弹头过早地爆炸，使原定进行 14.9 秒钟的试验缩短了 6 秒多钟，原定的 10 个试验目标，只实现了 9 个。美国陆军战略防御司令部说，弹头过早爆炸是由于导弹飞行时轴向过载过大，使一束导线的插头脱落，从而触发弹上自毁装置所致。

美国进行天基拦截弹跟踪卫星的悬浮试验 1990 年 7 月 24 日，美国在爱德华兹空军基地航天实验室成功地进行了一次天基拦截弹跟踪卫星的悬浮试验。这次试验采用了最新型的"先进悬浮拦截试验"（AHIT）弹，该拦截弹由推重比达 1200：1 的小型推进系统、体积只有 32 立方厘米的弹上计算机、采用石英谐振技术的惯性测量装置和可见光寻的头等组成。由于采用了先进的材料和总装技术，拦截弹重量只有 18 公斤（去年试验用的弹重为 99 公斤和 67.5 公斤）。在 14 秒钟的悬浮飞行试验中，该弹在水平方向机动飞行 3 米，加速度达 4g；并利用弹上寻的头首次跟踪了从实验室上方空间飞过的一颗卫星，跟踪目标精度小于 500 微弧度。这次试验所演示的关键技术，不仅可用于"智能卵石"拦截弹上，也可用于动能反卫星导弹上。这次试验的经费约为 50 万美元，试验工作是按照洛克威尔国际公司火箭达因分公司承担的910万美元的天基拦截弹合同进行的。

迄今为止美国至少进行7次天基拦截弹悬浮试验。这些试验由简单到复杂逐步发展，例如就跟踪的目标说，先跟踪计算机模拟目标，后跟踪固定的火箭发动机喷焰，再后跟踪飞行的卫星。

美国进行“智能卵石”首次飞行试验未获成功

1990年8月25日，美国在弗吉尼亚州的沃洛普斯岛进行了“智能卵石”拦截弹的首次亚轨道飞行试验。试验用的“智能卵石”拦截弹由探测器（一台红外与紫外像机及一台“鱼眼”型星体跟踪器）、弹上计算机及姿态控制推进系统组成。这次试验旨在检验“智能卵石”的关键部件，演示其探测器探测和跟踪助推飞行的火箭发动机的能力。按计划，“智能卵石”拦截弹用一枚“黑雁X”助推火箭发射到200公里的高度，火箭投出试验弹；然后试验弹上的探测器跟踪助推火箭的一台发动机，进行星体成像并试验姿态控制系统。试验预计历时13分钟（耗资2000万美元），运载火箭和试验装置最后均溅落在大西洋，不回收。但是，就在“智能卵石”与助推火箭分离后，调过头来观测助推火箭的瞬间，弹上的遥测数据突然中断，使试验归于失败。据美国SDI计划局局长库珀说，遥测系统的故障是由于一个爆炸螺栓过早爆炸所致。

美国计划研究性能更好的“智能卵石”　据美国《航天新闻》1990年12月10～16日报道，负责SDI计划“智能卵石”天基拦截弹技术研究工作的官员已经得到指示，研究性能比现在的设计方案更好的“智能卵石”，以便应付苏联和第三世界变化不定的导弹威胁。现在的计划集中研究只实施助推段与末助推段防御的“智能卵石”拦截弹。据新的指示，今后将研究还要具有中段防御能力的“智能卵石”。美国国防部和工业界人士说，第三世界导弹威胁的增长和苏联导弹不断提高机动能力，可能使研究性能更高的“智能卵石”拦截弹变得更为重要。据“智能卵石”计划特别工作组组长沃雷尔空军上校说，尽管国会把1991财年SDI计划的预算削减近18亿美元，但“智能卵石”计划将得到3.92亿美元的经费，比最初的1991财年预算申请数还多6300万美元。

美国大气层外轻型射弹的研制取得进展　大气层外轻型射弹（LEAP）原来是为电磁炮研制的一种射弹，现在美国将它作为天基动能杀伤拦截器的一种备选方案。大气层外轻型射弹，是一个以其高速运动碰撞摧毁来袭导弹的不很昂贵的系统，它的关键技术也可用于“智能卵石”拦截弹上。据报道，美国通用发动机公司导弹系统部与休斯公司正在为美国陆军研制一种先进的大气层外轻型射弹。该弹长约为35.56厘米，弹径15.24厘米，重仅2.7公斤。其主发动机紧凑、轻巧。在姿态控制系统中采用了8台微型发动机，重仅3.5克，长不到2.54厘米，在1毫秒的起动中可提供1磅的推力，所用燃料与主发动机相同，即肼和四氧化二氮。该弹的微小红外寻的头采用128×128元的碲镉汞焦平面阵列，厚0.8厘米，重约60克，其尺寸比现有的小几个数量级，但要灵敏得多。弹上计算机重不到28.5克，每秒可发出420万条指令。

1990年，大气层外轻型射弹的关键技术取得了一些进展：（1）美国波音公司为美国空军的大气层外轻型射弹系统研制出一种关键部件——热燃汽火箭阀门，并已进行了试验。采用这种新的火箭阀门，射弹能够把液体燃料的性能与固体燃料的稳定性结合起来，既具有固体燃料的稳定性，又能通过调节液体燃料流量来增大或减小火箭发动机的功率。(2) 1990年8月22日，美国休斯飞机公司成功地完成了大气层外轻型射弹制导系统的首次试验。在2次11秒钟的试验中，该射弹的制导系统在地面上试验了飞行全过程的制导功能，包括捕获目标、瞄准目标和跟踪目标的功能。(3) 1990年8月27日，美国陆军战略防御司令部又在加利福尼亚州的一个实验室里，成功地试验了大气层外轻型射弹的推进系统。在19秒钟的试验中，该射弹的变轨发动机进行了57次脉冲点火；姿态控制发动机进行了2500多次点火，完成了今后进行全弹悬浮试验的全部功能。

美国电磁炮技术取得重大进展　美国电磁炮技术已作为SDI计划、电磁炮武器系统计划、关键技术计划和装甲／反装甲计划的重要发展项目。它虽然是SDI计划的远期发展项目，目前仍处于实验室的研究阶段，但1990年获得了重大进展。设在得克萨斯大学机电中心和麦克斯韦实验室的两台直径90毫米的电磁轨道炮是目前最大的实验装置，它们创造了射弹动能约8焦耳的世界新纪录。前者在1990年2月23日，以2.6公里／秒的速度成功地发射了2.4公斤重的铝弹丸，试验中采用6台单极发电机组成的发电机组作电源，峰值脉冲功率达2.2万兆瓦，通过两导轨的电流达300万安培；后者采用了电容器组电源。

此外，美国桑迪亚国家实验室研制的电磁线圈炮，也创造了把重约5公斤的弹丸加速到335米／秒的线圈炮发射纪录。这种电磁线圈炮，主要由一组电感应线圈、炮管和电容器组件组成，被发射的弹体放在炮管内，两者的间隙约为千分之几英寸（图2）。当大型电容器向线圈组输入强脉冲电流时，线圈中产生的磁场与其弹体电枢中感应的电流相互作用产生推进力，使弹体电枢沿炮管加速。该炮的设计目标是把带有61公斤有效载荷的1吨重的射弹加速到4～5公里／秒的发射速度。该实验室过去4年的此项研究工作已花费700万美元，为建造全尺寸线圈炮发射系统，计划再申请拨款800万美元。这种电磁线圈炮将可以发展到用于发射卫星，而发射费用比现用的火箭要低得多，预计仅为后者的1／100。

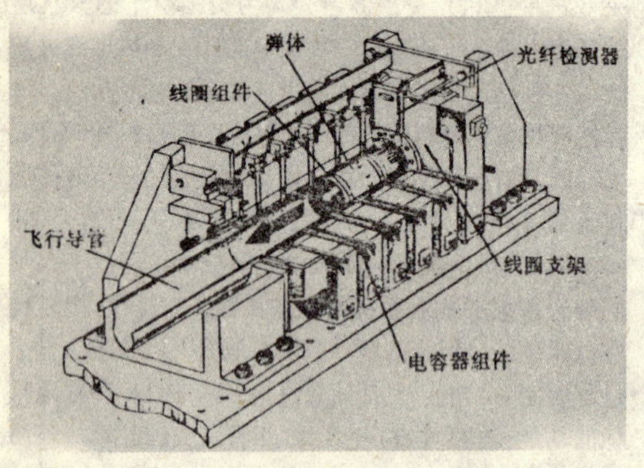

图2　实验型6级线圈炮剖视图

美国和以色列联合研制反战术导弹的“箭”式导弹并进行飞行试验　用于拦截战术弹道导弹的“箭”式导弹，是SDI计划内美国与以色列的联合研究项目。该计划始于1988年，拟分3个阶段完成：第1阶段1988～1991年，设计和制造“箭”式导弹；第2阶段1991～1994年，发展“箭”式武器系统；第3阶段1994年开始进行全面工程研制，预定1995年完成。预计该计划要花费8亿美元，迄今已用了1.78亿美元。研究经费的80%由美国提供，20%由以色列支付。主承包商是以色列飞机工业公司。

“箭”式导弹为两级固体导弹，全长6.75米，弹径0.61米，发射重量1350公斤，具有很高的机动能力，最大加速度可达160g，并配备有超快速的目标探测与跟踪手段，能拦截从960公里以外发射的战术弹道导弹。

1990年8月9日，以色列在特拉维夫以南20公里远的一个导弹试验场，进行了“箭”式导弹的首次飞行试验，目的是检验导弹的部件设计和总体设计。试验中，导弹成功地发射升空，但由于一部地面雷达跟踪系统出了故障，导弹发射后不久就被迫炸毁。12月21日以色列又对“箭”式导弹进行了第2次飞行试验并取得了成功。试验时，改进的“杰里科”地地导弹在同一试验场发射，几秒钟后，当导弹到达东地中海上空时，“箭”式导弹试验弹发射升空进行拦截，并用模拟爆炸弹头摧毁了“杰里科”。美国东地中海上空的信息收集系统对试验进行了监视跟踪。遥测数据表明，“箭”式导弹跟踪住了靶弹并与之交会，交会距离在“箭”式导弹弹头的杀伤范围之内。

美国用“爱国者”导弹系统拦截战术弹道导弹试验再获成功　1990年9月，美国陆军在白沙导弹靶场进行了“爱国者”导弹实弹射击试验，这是该导弹自1986年开始飞行试验以来，第13次拦截一枚战术弹道导弹或一架飞机目标。该导弹系统的一系列实弹射击试验表明，它能够捕捉并摧毁飞机和战术弹道导弹两种目标。改进的PAC-2型“爱国者”地空导弹系统，可以对付苏联的“飞毛腿”、FROG和SS-12M、SS-21、SS-23战术弹道导弹。

新型反战术弹道导弹的武器还有SDI的战区高空防空系统（THAAD）。它可提供更高更远的反战术弹道导弹的作战能力，但还需研制几年才能投入战场。

美国“霍克”、“爱国者”组合系统反战术导弹试验获得成功　据英国《简氏防务周刊》1990年12月15日报道，美国陆军已成功地将“爱国者”导弹地面装备插入一个“霍克”火控部件，发射“霍克”导弹迎击战术弹道导弹靶标，显示出“爱国者”和“霍克”武器系统具有更多的互通性。1990年11月，在白沙导弹靶场的一次试验中，这种组合系统成功地拦截了一枚模拟战术弹道导弹的“爱国者”导弹。试验中，用“爱国者”雷达探测来袭导弹并将信息电传给“霍克”Ⅲ发射装置；发射2枚“霍克”导弹，第1枚击毁目标，第2枚用指令销毁。

美国、芬兰和德国有一项探索演示这些系统互通性的3年计划。这次试验是该计划中最近的一次，其目的是对“霍克”Block4软件及反战术弹道导弹目标跟踪雷达局部部件的改进作出评价。

定向能武器系统　定向能武器技术尚处于实验室研究阶段，因其技术难度大，已被列入SDI计划的后续部署系统和长期研究项目。1990年，美国重点演示试验了陆基激光武器的关键技术，包括演示自由电子激光器的环形谐振腔系统，进行低功率激光大气补偿试验与中继反射镜试验；此外还进行了“阿尔法”激光器的发射激光试验等。这些试验显示了定向能武器技术的进展，也暴露出发展定向能技术要比预期的困难。同时，由于经费的削减，定向能武器技术的发展进度将会进一步放慢。

美国陆军自由电子激光武器计划实施不久遇到困难 美国陆军战略防御司令部在1990年7月3日说，已与波音航空航天与电子公司签定了一项总额为4.8亿美元的合同，在白沙导弹靶场建造一个陆基自由电子激光器（GBFEL）系统。此前，在1990年3月23日，波音公司与火箭达因公司和洛斯·阿拉莫斯国家实验室一起，演示试验了自由电子激光器的一项关键设备——环形谐振腔系统。试验中用同一束激光反复在环形谐振腔中通过，演示了激光束在谐振腔中每循环一次，功率就提高一次的能力。陆军自由电子激光计划负责人巴伦上校说，这项自由电子激光器的研究与发展合同，"是使我们的工作能够真正向前推进的一项计划，因为我们要进行最后的设计"。

陆基自由电子激光武器系统的设想方案包括数个地面站。每个地面站都装有1个或多个陆基自由电子激光器，每个激光器产生高强度激光束，该激光束穿过大气层到达轨道上的中继反射镜，然后由中继反射镜导向作战反射镜，再由作战反射镜快速地将聚焦的激光束导向一个个威胁目标，达到识别或摧毁目标的目的。这种系统用于对处在助推段和末助推段飞行的弹道导弹的拦截。

然而，随着SDI计划经费的大幅度削减，美国整个定向能武器技术的发展进程将可能再度推迟。1991财年，自由电子激光器计划经费可能从政府要求的1.29亿美元减至0.3亿美元；化学激光器计划的经费从要求的2.21亿美元减至0.7亿美元；中性粒子束计划经费从要求的1.6亿美元减至0.7亿美元。据美国《航天新闻》1990年11月26日～12月2日报道，美国陆军战略防御司令部一官员说，由于经费被削减，波音航空航天与电子公司已暂停发展陆基大功率自由电子激光器的工作，陆军已发出非正式的停止这项计划研究工作的指令。

美国进行低功率激光大气补偿和中继反射镜试验 1990年2月14日，美国SDI计划局在卡纳维拉尔角用一枚"德尔它"2运载火箭，将2颗用于陆基激光武器技术研究的卫星成功地发射到绕地球飞行的轨道上，开始了迄今SDI计划最为庞大的空间试验。其中，一颗卫星用于进行"低功率激光大气补偿试验"；另一颗卫星用于进行"中继反射镜试验"。这项试验计划同以往的大型试验相比，一是试验项目多，除了试验激光大气补偿和中继反射镜技术外，还附带进行火箭紫外尾焰测量试验、陆军背景试验（ABE）及其他保密的试验项目；二是试验时间长，整个试验计划预计要持续两年半时间；三是耗资大，整个试验要花费3.13亿美元。

低功率激光大气补偿试验卫星是美国海军研究实验室研制的。卫星重约1430公斤，价值1.3亿美元，轨道高度约550公里，轨道倾角43°，工作寿命为两年半。星上载有测量激光畸变的各种仪器，如由40个探测器组成的红外激光探测器阵列、由85个探测器组成的可见光激光探测器阵列和由85个探测器组成的脉冲激光探测器阵列等。这项试验的主要目的是研究大气对激光束传输的影响，测量大气引起的激光束畸变；研究对光束畸变进行电子补偿的技术，评价补偿技术的效果。试验中，当该卫星从夏威夷毛伊岛上空通过时，首先向卫星上的一个反射镜发射一束激光，测量大气所引起的光束畸变；然后，再向卫星上的探测器阵列发射一束经过补偿的激光束，测量激光束的能量分布。这种试验方式与设想的陆基激光武器的工作方式是一致的。但试验结果尚不清楚。

中继反射镜是陆基激光武器的一个重要组成部分，用于把地面发射的激光束准确地反射到目标上，以便将目标摧毁。中继反射镜试验所用的卫星，是美国鲍尔航天公司研制的。卫星重1035公斤，轨道高度约460公里，倾角43°，价值1.45亿美元，工作寿命为8个月。该卫星主要由一个直径为0.6米的激光反射镜组成，还装有一台宽波段角振动试验仪，用以测量卫星振动对中继光束的影响。这项试验的目的是演示陆基激光武器的中继反射镜系统，确定陆基激光如何准确和稳定地对准和跟踪反射镜，并测定空间反射镜将地面发射的激光瞄准目标的精度。试验中，当中继反射镜卫星从夏威夷毛伊岛上空通过时，首先用毛伊岛上的2部低功率激光器发射的激光照射中继反射镜卫星，以便让中继反射镜调准方向。随后，第3部激光器发射红外激光，中继反射镜准确地把这束激光反射回到毛伊岛上的靶板上。在1990年3月26日的试验中，研究人员用低功率激光照射了中继反射镜卫星，使卫星上的一个跟踪器完成了粗略地跟踪程序，但未完成整个试验过程。6月25日，中继反射镜把地面发射的激光束首次成功地反射到地面靶板上。9月11日，再次成功地完成了整个试验过程，且持续时间增长（达1分钟），验证了激光射击精度小于1微弧度。两次成功的试验初步演示了用空间中继反射镜导引地面发射来的激光束的可行性。

但是，低功率激光大气补偿与中继反射镜 2 项试验并不像预期的那样顺利，试验中出现了多种问题。例如，中继反射镜卫星发射入轨后的头 2 周失去控制，在轨道上翻滚；在其稳定之后，又出现从 2 颗卫星上反射回来的激光亮度不如预想的程度；SDI 计划局原想每天都要对 2 颗卫星试验，但实际成功的试验次数却很少。

美国首次进行“阿尔法”化学激光器全功率试验并获成功 “阿尔法”化学激光器是天基激光武器试验的备用激光器。自 1989 年 4 月 7 日首次进行发射激光试验以来，已进行了多次试验。其中第 5 次试验是在 1990 年 4 月 19 日进行的。前 5 次试验中，2 次发射激光持续 4 秒钟，其余 3 次还不到 4 秒钟，且没有一次达到全功率水平，只达到计划目标水平的 40～50%。1990 年 11 月 30 日，美国空军武器实验室在加利福尼亚州卡皮斯特拉努试验场成功地进行了兆瓦级功率的“阿尔法”氟化氢化学激光器的全功率运转试验。美国 SDI 计划局说，“这次试验标志着第一次成功地演示验证了兆瓦级的化学激光装置”。还说，“为使系统的体积和重量达到最小，激光器用铝做成圆柱体，其许多部件也被设计成适用于外层空间。”

这种化学激光器，最终要作为天基战略防御的一部分部署，其作用是摧毁助推段的弹道导弹、末助推段的弹头母舱，以及在末助推段和中段识别真假弹头。该激光器与其他完善的光学设备、探测器和电子设备相配合，还可对真假弹头完成监视和捕获目标的任务。据美国空军负责这项计划的人说，“阿尔法”激光计划已取得一些重要成果，包括光束质量已达到或接近计划目标，研制出了金刚石型光学切削机，利用这台机器加工出来的光学镜面，比哈勃望远镜的镜面还精密，不必再研磨和抛光。

美国进行首次“星鸟”飞行试验 1990 年 12 月 18 日，美国轨道器科学公司为 SDI 计划局制造的第一台“星鸟”4 级固体助推火箭进行了首次研制性飞行试验，演示验证其模拟弹道导弹的能力。在未来的“星实验室”试验中，“星鸟”将作为目标被航天飞机上的探测器跟踪。

这次试验中，“星鸟”从卡纳维拉尔 20 号发射台发射到大西洋上空的亚轨道，有效载荷是一块 1.9 米×0.9 米的平靶板。在助推火箭携带靶板飞行的过程中，2 月 14 日发射的低功率大气补偿试验卫星与中继反射镜卫星、1 架 NC-135 飞机和 1 架“湾流”2 运输机以及 2 个地面站，同时发出激光束照射靶板。火箭共飞行 6 分 51 秒，用激光照射靶板的时间为 228 秒。这也是一项难度很大的激光瞄准试验，火箭的发射窗口仅为 10 秒钟，只有在这 10 秒钟内，卫星、飞机和地面站才能同步工作。初步迹象表明试验是成功的。火箭的尾焰也被低功率大气补偿试验卫星上的紫外尾焰探测设备观测到。

美国核激励 X 射线激光器计划将缩小规模 在核定向能技术方面，美国过去几年中，重点研究了 X 射线激光武器技术，已经进行了多次地下核试验，证实了核爆炸激励 X 射线激光的原理，并发出了脉冲功率达几百兆兆瓦（10^{14} 瓦）的 X 射线激光；但是也遇到了如何提高能量转换效率和将激光聚成窄束等许多技术难题。目前，这种曾被视为 SDI 的主要部件的 X 射线激光器，由于研究经费的严重削减，可能从一项 10 年花费 10 多亿美元的相当大的研制计划降为一项适中的科研计划。核定向能武器计划的经费预算高峰是 1987 财年，当时达到 3.49 亿美元，以后则逐年减少。最近美国国会决定，将该计划 1991 财年的预算经费由申请的 1.919 亿美元削减到 0.906 亿美元，比 1990 财年（2.144 亿美元）大幅度减少。由于经费的减少，这项计划的规模将进一步压缩。建筑费用达 0.625 亿美元的一座研究 X 射线激光武器的工程原定 1992 年完成，现在则很难确定完成日期。利弗莫尔实验室的 X 射线激光器计划负责人诺瓦克说，下一步的研究工作规模尚未确定，但预期从事该计划的研究人员将从 200 人减到 100 人左右。他还说，削减 X 射线激光计划的经费并不表示 SDI 的方向发生了重大变化，削减后的 X 射线激光研究计划“仍将是一项很好的科学研究计划，继续研究一些基本的科学问题，但规模与过去不同”。

美、苏竞相发展高功率微波武器技术 美国国防部 1990 财年投资 5000 多万美元，用于发展高功率微波武器技术。该技术目前处于先期发展阶段，1992 年将进入演示验证阶段。苏联着重发展高功率微波源，其性能目前优于美国，已研制成功峰值功率超过 1 吉瓦（1×10^{9} 瓦）的微波振荡器，并正在研制一种专用防空微波武器，预计 2～3 年内可能部署。

反卫星武器系统 研制和部署反卫星武器，是美国国家空间政策的一部分。美国认为，尽管美苏关系趋向缓和，但冷战结束后，随着美苏地面常规武器装备力量的减少，空间力量将成为未来战场的第一位力量。近来美国国防部反复强调，鉴于苏联空间能力已增长到今天可用百余颗实用卫星支援军事活动的程度，而且拥有反卫星实战能力；同时，第三世界有

7个国家和地区（中国、巴西、印度、伊拉克、以色列、南朝鲜和台湾）已经或即将掌握卫星发射技术，今后还将扩散，这将对美国及其盟国的力量构成威胁。所以，美国政府将发展反卫星武器放在优先地位。1989年11月2日，美国总统布什在谈到国家空间政策时指出："美国将研制和部署包括动能武器和定向能武器在内的一种广泛的反卫星能力。"美国急于发展反卫星武器系统已在布什政府提出的1991财年国防预算中反映出来，预算用于美军联合反卫星计划的申请经费为2.08亿美元，比国会已批准的1990财年预算（0.74亿美元）增加近2倍，使之成为当前美国各种武器发展计划中经费增长最快的一项计划。美国的反卫星武器计划，包括近期发展的陆基动能反卫星武器计划，预计90年代中期部署；还包括定向能反卫星武器计划，预计在90年代后期部署。据美国《防务监视器》杂志报道，当前SDI计划中正在研制的许多武器都可能用作将来的反卫星武器，美国政府为反卫星武器和与之有关的SDI计划武器所申请的预算总金额超过10亿美元。

美国动能反卫星武器计划转入演示验证阶段

1989年1月，美国国防部制定了一项新的反卫星武器发展计划。经过近一年的方案论证，美国国防部防务采办委员会于1989年12月审查并通过了发展有限的陆基反卫星武器系统的方案；1990年2月15日，又正式批准该系统的陆基动能反卫星导弹的研究工作转入为期2年的演示验证阶段。随后，美军反卫星武器联合计划办公室向工业界招标，1990年7月13日从投标的公司中选定罗克韦尔国际公司为主承包商，着手演示验证陆基动能反卫星导弹的关键技术，预定1992年中期转入为期3年的全面工程研制阶段，1995年开始生产和部署，1996年具备初始作战能力。

美国陆基动能反卫星武器方案 美国计划研制的陆基动能反卫星导弹，将是一种依靠直接碰撞杀伤方式摧毁卫星的直接上升式反卫星武器。据透露，它主要由2级助推火箭和一个动能杀伤器（弹头）组成。全长9.06米（第1级助推火箭长6.48米；第2级助推火箭长1.55米；动能杀伤器长1.03米），弹径0.61米，起飞重量3486公斤，动能杀伤器重68公斤。2级火箭能在60秒内把弹头加速到6.8公里/秒的速度，射程可达7500公里。动能杀伤器由寻的头、计算机与惯性测量装置、用于姿态控制与转向机动的推进系统、杀伤增强器和通信设备等组成（见图3）。反卫星导弹制导方式为惯性加自动寻的，采用可见光单模寻的头，内有650×650象元的凝视焦平面阵列，视野4度×4度，能探测到3000公里远的受日光照射的目标。动能杀伤器采用三轴稳定结构，姿态控制系统由6个小火箭发动机组成。转向机动推进系统由4个径向配置的液体单组元推进剂火箭发动机和1个轴向配置的固体火箭发动机组成，具有一定的机动能力。杀伤增强器是一个可膨胀展开的装置，膨胀后面积增至113平方米（半径6米），可提高直接碰撞目标的概率。

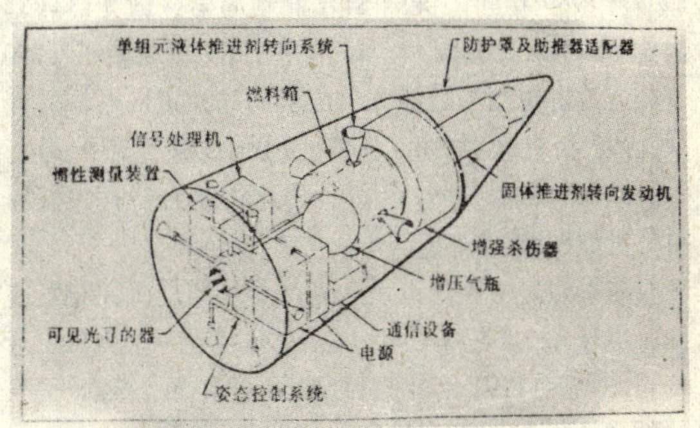

图3　反卫星导弹动能杀伤器结构

依照美国航天司令部制定的作战要求，计划研制的陆基动能反卫星导弹主要用于拦截轨道高度在2000公里以下的战术侦察卫星，包括雷达型海洋监视卫星、电子型海洋监视卫星、照相侦察卫星和电子情报卫星等。美国防务采办委员会审定的部署方案是，准备在美国本土的一个待定地区部署这一系统。初步计划采购的陆基动能反卫星导弹总数不超过100枚，导弹按连建制部署，每个连有3～4部发射器，每部发射器有6枚导弹。封装在一个发射器上的6枚导弹运到预定的阵地发射。发射命令由国家最高指挥当局通过美国航天司令部空间防御作战中心下达到反卫星部队。反卫星作战所需要的目标数据由现有的空间监视网提供。

美国定向能反卫星武器发展计划 美国国防部正在考虑将SDI计划的几种陆基激光器作为备选的定向能反卫星武器，并计划于1991年从中选出一种，于90年代后期进行部署。陆军的陆基自由电子激光器是远期的定向能反卫星的主要备选系统。此外，美国空军正在研制的2种陆基激光器，即中等功率喇曼频移准分子激光器（EMRLD）和氧碘化学激光器（COIL），也考虑用作远期的反卫星武器。SDI计划中将来可用作定向能反卫星武器的其他系统还包括天基“阿尔法”氟化氢化学激光器和中性粒子束武器。在研制远期定向能反卫星武器期间，美国国防部还计划改进设在白沙靶场的先进中红外氟化氘化学激光器(MIRACL)，将其作为临时的近期反卫星武器，但国防部官员公开声明说，他们不相信该激光器会成为一种特别有效的反卫星武器。

美国陆军激光反卫星武器研究计划 美国陆军战略防御司令部正在研究和发展2种可能用作反卫星的激光器。一种是先进中红外氟化氘化学激光器。在1987～1989年间，美国SDI计划局为该激光器计划拨了6820万美元经费。陆军在1989年花费了2150万美元改进更新与该激光器配套的光束定向器，并计划1990年再拨款900万美元用作该激光器的运行费。陆军计划在1991年进行用这种激光器打大气层中靶机的试验。

陆军的另一项反卫星激光武器计划是研究与发展自由电子激光器。该计划在1990年花费了1500万美元，预定1991财年拨款4000万美元。美军反卫星联合计划主任杰利特在参议院作证谈到SDI计划经费削减而造成自由电子激光器的输出功率指标降低时说，“功率降低将影响激光的最大作用距离，但仍足可用于进行一些内部试验，我们将可能看到在低地球轨道空间的反卫星应用”。

美国空军激光反卫星武器研究计划 美国空军一直在研究发展几种反卫星用的激光器， 为此1990财年投资4100万美元， 1991财年申请2310万美元。

美国空军的激光反卫星武器计划主要是研究与发展氧碘化学激光器。最近已签定了一项与发展该激光器有关的为期4年的1400万美元合同。目前空军武器实验室的研究人员正在对氧碘化学激光器的结构设计进行一系列改进，其研究中心是Rotocoil激光装置。该装置采用超声速喷嘴在真空室中将激发态的氧与碘混合起来。据1989年空军交给美国国会的预算报告说，Rotocoil是一台长54厘米的装置，产生的功率已达35千瓦，并已实现极好的光束质量。利用将多个模式装置组合在一起的方法，可将Rotocoil定标放大到较高的功率水平。如果把30～40个这种模式装置组合成行，则可能产生1兆瓦的功率。增加喷嘴的高度还可能将输出功率提高到10兆瓦。氧碘化学激光器产生的激光是波长相当短的1.3微米红外激光。如果一台1兆瓦功率的该激光器与星火光学靶场建造的3.5米孔径的光束定向器组装在一起，则发出的光束亮度可达10瓦／立体弧度。若这一亮度的激光束能在所拦截的目标上停留5秒钟，则可毁坏1000公里高地球轨道上的卫星部件，也可使更高轨道上卫星的太阳能电池板和传感器受到损害。另外还在进行使氧碘化学激光器输出激光倍频的研究，产生了1千瓦的红色光束。该实验室也采用机械闸刀开关试验调制光束的方法。这样可使激光器以不同的脉冲速率运行，从而可以跟踪目标和对其成像，或者“致眩”空间传感器。

中等功率喇曼频移准分子激光装置，是美国空军研究发展的另一种可用于反卫星的激光器。它安装在白沙导弹靶场。这种激光器已演示试验了每个脉冲24焦耳的能量，平均功率约5千瓦。但是，该装置也遇到了问题，已于1989年末关闭。空军官员在解释关闭的原因时说，主要是因为“维持该试验设施和继续发展喇曼频移分系统与功率放大分系统的费用高”。

美国空军建造激光反卫星武器用的大孔径望远镜

美国不论最后选定哪一种激光器作为激光反卫星武器，都将需要一个光束控制系统。这个光束控制系统将通过其望远镜捕获目标，然后将光束瞄准射向运动目标，并在其上稳定足够时间，才能毁坏卫星部件或“致盲”卫星上的光学传感器。为此，美国空军武器实验室在新墨西哥州曼扎诺山上的星火光学靶场，建造直径为3.5米的大型望远镜。这种望远镜除比现有的系统（直径1.5米）具有更大的孔径外，而且为试验提供了更强的灵活性。这种折轴式望远镜的结构，可将光束沿着一条曲折的肘形路径传送到穹顶下室内的一个固定点，然后光束沿水平路径被引导进4个实验室中的一个。3个实验室用于进行激光成像、跟踪与瞄准和大气效应补偿试验，1个可进行其他试验。

这台3.5米孔径的望远镜由匹兹堡的康特拉维斯·戈策公司制造，采用了亚利桑纳光学科学中心制造的主镜，投资2300万美元，计划于1991年后期完成。建成后可供几组研究人员同时进行大气效应补偿、光束控制和光学成像的试验。

目标监视跟踪系统和作战管理系统 目标监视、捕获、跟踪与杀伤评定（SATKA）系统是有效的SDI系统的关键组成部分之一。美国SDI计划在这方面已进行了广泛的研究和试验，取得了一些重要成果，但识别真假弹头的技术仍是有待解决的难题。1990年，美国有关这一系统的探测技术又有了不同程度的进步，并组织进行了多项重要试验，获取了大量试验数据，识别真假弹头的技术也取得一些新的成果。但由于经费削减，一些供第一阶段部署用的探测器方案发展可能被推迟。

作战管理与指挥、控制、通信（BM／C^3）系统是SDI系统的大脑和中枢神经。美国已经研究制定了第一阶段SDI系统的作战管理与指挥、控制、通信系统的基本方案，并秘密完成了多次作战管理模拟试验。但由于软件开发进展缓慢，又没有足够的能用以研制、试验和维护大规模系统软件的工具和手段，SDI计划开发作战管理软件的工作可能会长期停留在试验阶段。

美国进行激光雷达试验　1990年3月29日，美国进行了名为“萤火虫”的试验，首次演示了用激光雷达对目标进行精确跟踪和成像的能力，验证了用激光雷达探测和识别气球式假弹头的方案，同时还演示验证了指挥控制系统对探测器所获数据进行汇总的方法。

试验中带有可膨胀假弹头的探空火箭从弗吉尼亚州的沃洛普斯岛被发射到260公里高度，然后用设在林肯实验室的光学和雷达探测器对其进行捕获和跟踪，接着这些探测器将目标传给现场的“火塘”激光雷达。在假弹头膨胀之前、之中和之后，距其800公里处的孔径为48英寸的激光雷达对假弹头进行了多普勒测距成像。据称，与同时跟踪此过程的一台24英寸光学望远镜所获的图像相比，其分辨率要好得多。这种Co_2脉冲式多普勒激光雷达，还能探测到假弹头的不规则运动并确定其旋转速率。

美国“机载试验台”多次试验取得成功　“机载试验台”（AST），以前称之为“机载光学辅助系统”（AOA），是SDI计划已研制成的最复杂的机载红外探测系统，主要用于探测、跟踪和识别来袭弹头。它由一架改进的波音767飞机和有38400个敏感元的红外焦平面阵列探测器及大型数据处理系统等组成。1990年，美国对该系统进行了多次成功的试验。5月11日，机载试验台在西亚图进行首次飞行试验，据美国陆军战略防御司令部发言人宣称，这次试验“近于完美无缺”。5月31日，又进行了第2次飞行试验。到8月28日止，共进行了8次演练性飞行试验，每次试验飞行6个小时左右，其中包括捕获和跟踪多颗卫星的试验，并用机上的专门软件预测卫星的飞行路线；还演练了飞机的各种飞行方式，以达到最佳飞行高度和飞行位置，获得最多探测数据。9月19日，美国又用机载试验台进行了首次探测弹道导弹弹头的试验。试验中，耗资7亿美元的机载长波红外探测器跟踪了从范登堡空军基地发射的“民兵”Ⅲ导弹的模拟弹头。当“民兵”Ⅲ导弹向南太平洋落区方向飞行时，该探测器在几百英里的距离外对导弹的弹头母舱和弹头进行了大约10分钟的跟踪。该项研究计划的负责人称，这是计划的一个重大成就。

美国识别弹头与诱饵的陆基雷达转入演示验证阶段　SDI计划正在研制用于区别弹头和诱饵的陆基雷达。1990年7月21日，美国国防部宣布，防务采办委员会已批准陆基雷达转入演示验证阶段，并将列入第一阶段防御系统。为此，将先在夸贾林靶场建造一部原理试验雷达GBR-X并进行试验。这种铁路机动的GBR-X雷达的独特之处在于其双重视场，雷达的辐射面由一个直径为3米的小孔径的相控阵天线和一个环绕它的近正方形的12米阵列所组成。在较低灵敏度情况下，内孔径可提供±50度的瞬时视场。外孔径可提供±10度的有限瞬时视场，但灵敏度要高得多。

美国进行紫外探测器跟踪助推段火箭尾焰试验　紫外探测器是“智能卵石”拦截弹计划采用的探测器之一。为了收集能够用于设计“智能卵石”拦截弹紫外探测器所需的数据，美国在空间试验了一种称之为“火箭尾焰紫外测量仪”的设备。该测量仪是作为“低功率激光大气补偿”与“中继反射镜”试验的辅助试验设备，于1990年2月14日送入空间的。由于很难协调火箭的发射时间，所以直到8月25日才观测到火箭发射。这是该仪器首次观测到地面发射的火箭，并收集到火箭尾焰的紫外图像数据，但所取得的数据比预期的要少得多。

美国进行“陆军背景试验”　1990年2月26日，美国陆军战略防御司令部进行了一项名为“陆军背景试验”的试验。试验目的是测量空间背景的中子数水平，为发展利用中性粒子束识别真假弹头技术提供必要数据。目前，美国SDI计划正在重点研究的一种识别真假弹头的方法就是利用中性粒子束进行相互作用识别。其基本原理是：当用中性氢原子粒子束照射所有的来袭目标时，较重的真弹头辐射出来的中子射线多，而较轻的假弹头辐射出来的中子射线少；只要测量出各种目标辐射出的中子射线多少，就可区分出真假弹头。但是在空间背景中存在自然产生的中子，相互作用识别系统要想测出目标辐射的中子数，就必须把背景中自然产生的中子数补偿掉。这次试验就是为了填补有关自然背景中中子数量的数据空白而进行的。这次试验的设备是由洛斯阿拉莫斯实验室研制的，作为“低功率激光大气补偿试验”与“中继反射镜试验”的辅助试验项目，于1990年2月14日随其一起发射到空间。2月26日，陆军背景试验设备在卫星上启动工作，测出了宇宙射线打在地球大气层上产生的中子，测得的中子数水平与理论预计大致相当。这项试验的成功，将为研制相互作用识别系统提供重要的数据。

美国拟发展“智能眼”探测卫星作为弹道导弹防御的监视系统 不久前，美国一些公司和氢弹之父爱德华·泰勒曾提出利用“智能卵石”拦截弹有关技术可以发展一种小型监视卫星。这种称为“智能眼”的探测卫星，现在已被美国SDI计划局纳入拟定的有限防御全球保护系统方案中，以组成新方案的目标监视系统。“智能眼”监视系统将由高度分散部署的众多轻小型“智能眼”探测卫星构成，其任务是监视末助推段和中段的弹道导弹。按照重量轻和安排紧凑的设计原则，该卫星将安装主动式和被动式两种微小型探测器、星上处理机和控制设备。这种监视系统的验证、核实阶段，包括证实关键技术功能的飞行试验；而工程发展阶段重点在产品的可制造性和可生产性。美国参议院军事委员会说，“智能眼”是继现在弹道导弹预警系统——防务支援计划（DSP）之后的监视系统，它“可能把多个探测器配置在为数众多的卫星上，以提高生存能力、减少发射经费和提高发射灵活性”。继DSP之后的其他备选监视系统还有助推段监视跟踪系统（BSTS）和改进的DSP。BSTS虽然比DSP性能好，但由于它的进展比计划要慢，因而已从第一阶段战略防御系统结构中取消，拟由“智能眼”系统代替。据美国《宇航日报》1990年12月4日报道，美国空军空间系统部将在1991年1月底为“智能眼”弹道导弹监视系统征求建议。

美国作战管理与指挥、控制、通信实验系统计划 为了研究与发展SDI计划第一阶段部署的作战管理与指挥、控制和通信（BM／C^3）系统，美国制定并实施了BM／C^3实验系统计划。这一计划是美国SDI计划局技术验证战略的一部分，其主要任务是研究和发展实验型BM／C^3结构，验证具体的BM／C^3的结构方案、性能和可行性，以便最后发展出作战型BM／C^3系统。

1987年9月，美国国防部批准将BM／C^3实验系统计划转入演示验证阶段。接着，1987年11月3日，美国国防部成功地进行了一项验证实时处理和交接多种传感器获得的目标数据的试验。试验中，采用了陆基、机载和天基的各种探测器，获得了未装弹头的弹道导弹从发射点到弹着点全过程的数据。试验中，在同一时刻至少有2个以上的探测器跟踪目标，并把几个探测器跟踪目标的数据进行汇集综合，从而提高了跟踪精度。同时还可把数据传给下一防御段的探测器，这可提高探测器发现目标的能力。

1988～1989年又进行了EV88组合和实验。1988年夏季首先开始进行局部作战管理仿真工作。同年8月完成了EV88零级试验。1989年5月，完成了EV88系列试验，包括完成了160次的保密试验。这些试验包括国家试验台和高级研究中心之间的处理机到处理机的电子设备对接试验。最后的EV88试验包括具有“硬件回路”的SDI首次作战管理仿真试验。

1990年6月或7月，按计划开始进行EVPA试验。1989年9月，美国陆军和TRW公司已签定了一项为期2年、金额为2050万美元的EVPA合同。这项试验是根据EV88系列试验计划的结果制定的，将把EV88试验验证了的技术组成一个实验性的BM／C^3分系统。预计EVPA将验证的BM／C^3系统性能比EV88验证的BM／C^3系统性能有重大提高。例如，EV88技术能模拟2000个目标，而EVPA技术预计能模拟24000个目标（到1991年）。EVPA计划至少进行3次提高性能的BM／C^3验证试验，第1次预计在1990年6月或7月进行，另外2次将在这之后每隔6个月进行一次。EVPA试验的重要目标是发展可用来进行工程发展BM／C^3系统的软件和发展多种探测器相关能力等。

为了加强所有SDI实验性的BM／C^3计划工作，美国还将实施星球计划（Stellar Program）。作为星球计划的一部分，在1990或1991财年，将开始进行组合探测器、指挥和控制系统及作战功能的仿真工作。

军用航天技术

综述 1990年世界各国进行了116次航天发射活动，共把164个航天器射入轨道。苏联的航天发射量仍占世界首位，共进行75次发射，把96个航天器送入轨道，占世界发射总数的58.5%，比航天发射量最低的1989年仅多1次，这表明苏联航天活动的规模继续在缩小。美国的航天发射量有较大的增长，达27次，发射了40个航天器（其中包括6架次航天飞机飞行）；美国的一次使用运载火箭的生产线已全面恢复，共发射21次，其中发射了8颗国外的同步通信卫星。美国的航天发射活动并不一帆风顺，3月14日"大力神"3运载火箭发射国际通信卫星6时，因故障卫星未进入预定轨道，后经地面控制，卫星已处于较稳定的轨道，等待航天飞机于1992年实施营救。欧洲"阿丽亚娜"空间公司的发射活动也不顺利，只进行了6次商业发射活动（其中1次失败），把8颗通信和直播卫星、1颗法国的"斯波特"2遥感卫星和6颗小卫星射入轨道。而2月22日"阿丽亚娜"4火箭发射2颗日本的通信卫星时，因第一级火箭故障，发射100秒后发生爆炸，损失达6亿美元。中国成功地进行了5次发射活动，是中国1970年开展航天活动以来发射卫星最多的一年。日本进行了3次发射活动，把5个航天器送入轨道。以色列也于4月3日用自制火箭发射了1颗重160公斤的技术试验卫星。

军用卫星 由于美苏从海外撤军和东欧局势的变化，对重大事件和地区冲突进行监视并作出反应显得极为重要，要求空间系统为支援作战提供更强的通信能力和更多的情报数据。美国原空间司令部主任威廉·拉姆齐说，缩编后的美军将更加依赖空间能力，为了更有效地作战，部队应"具备全球情报搜集能力、快速判断和分发能力，实施快速有效的指挥、控制和通信能力，预警和监视能力，环境导航应急及支援先进灵巧武器的能力"。总之，将增强对空间能力的开发和依赖。目前美苏设在国外的卫星地面站和监视基地已大大减少，这就要求更多的卫星间通信，即把信息从一颗卫星中继传给另一颗卫星，然后再传到美苏本土。当前美国正在实施这类可发展横向通信的计划，如军用战略和战术中继卫星系统(Milstar)、防务支援计划（DSP）和助推段监视和跟踪系统（BSTS），这些系统可望于90年代建成。

1990年下半年，美苏军用航天系统在海湾地区进行了频繁活动。其中美国的军用卫星系统在支援海湾地区的军事行动中发挥了重要作用。美国国防部调动了照相侦察、导弹预警、海洋监视、通信、导航等10多种军用卫星系统，全面支援美国在海湾地区的军事行动。它们监视伊拉克的军事行动、协助国家最高当局决策和支援驻海湾美军的军事活动。美国的KH-11侦察卫星最先获取了伊拉克部队要入侵科威特的证据，布什总统根据卫星提供的情报，决定派兵进驻沙特阿拉伯。

美国向海湾地区调用大量军用卫星系统 美国用于海湾的各种军用卫星达40多颗，其中有10颗是1990年发射的。

照相侦察卫星 共有5～6颗在轨工作，包括2颗KH-11、2颗KH-12数字图像传输型卫星和1～2颗"长曲棍球"雷达成像卫星。KH-11是美国第5代侦察卫星，图像的地面分辨率为1.5～3米，具有实时侦察能力。KH-12是更为先进的第6代侦察卫星，它采用高分辨率数字成像技术和超长焦距相机，地面分辨率达0.1米。"长曲棍球"雷达成像卫星采用合成孔径雷达技术，具有全天候、全天时的实时侦察能力，分辨率为1～1.5米，主要用于监视伊拉克坦克部队的行动。

电子侦察卫星 主要用于侦听伊拉克军方的电话及无线电通信，其中包括萨达姆·候赛因司令部与野战指挥官之间的通信联络。美国现有5颗此类卫星在轨工作，包括1颗"牧人小屋"、2颗"折叠椅"和2颗"大酒瓶"。"大酒瓶"是美国的第3代电子侦察卫星，工作在地球同步轨道上，重约2500公斤，装有直径为90多米的大天线，可覆盖更广大的地区，截获更多、更微弱的信号。

海洋监视卫星 用来监视海上舰船和潜艇的活动情况并获取军事情报。美国现用的"白云"海洋监视卫星位于1000多公里高的轨道上，一颗母卫星入轨后弹出3颗子卫星。目前，美国有4组共16颗卫星在轨工作。

导弹预警卫星 美国共有5颗这类卫星在地球同步轨道上工作，其中2颗为备用星。在海湾危机中有1颗卫星移至中东地区上空，用于监视伊拉克装有常规和化学弹头的中、短程导弹的发射。11月12日，美国又发射了一颗预警卫星，用于加强海湾地区的导弹预警。

军用通信卫星 美国主要有两个卫星通信系统，用于保证驻海外部队与五角大楼和白宫的通信联络。一个是国防通信卫星系统（DSCS），包括2颗DSCS-Ⅱ国防通信卫星和4颗DSCS-Ⅲ国防通信卫星。另一个是舰队通信卫星系统，包括2颗舰队通信卫星（Flt Satcom）和4颗"辛康"Ⅳ同步通信卫星，它们为美国海军提供舰船与舰船和舰船与岸站之间的特高频通信。美国部队仅能使用这两个系统定点在印度洋和大西洋上空的卫星。此外，还有5月9日发射的2颗低轨道小型试验通信卫星，为美军提供战术通信。

导航卫星　用于为飞机、舰船和地面车辆精确定位，精度达16米，还可为B-52轰炸机的驾驶员提供攻击伊拉克城市和军事设施的精确坐标。美国已有16颗全球定位系统的导航卫星在轨工作，其中Ⅰ型6颗，Ⅱ型10颗。美国驻海湾部队已装备了大量的导航卫星接收机，其中包括几百台定位精度不高的民用手握式接收机。这种接收机的重量不到1.5公斤，可放在军服口袋内，士兵在没有精确地图的情况下，用它可在沙漠中执行军务。国防部已紧急采购数千台军用和民用接收机，首批1000台已于10月底运往海湾。

国防气象卫星　用于为驻海湾美军提供重要的气象信息，如跟踪沙暴，也可跟踪化学云并作出预报。美国原有2颗卫星在轨工作，12月1日又补充发射了一颗。

除此之外，还有数颗工作在大椭圆轨道上的SDS（卫星数据系统）卫星向美国本土实时传送侦察卫星获取的图像；美军还利用美国商用的“陆地卫星”和法国“斯波特”卫星拍摄的图像绘制海湾地区的作战地图。

美国军用航天系统在海湾的全面使用，显示出它们在未来军事冲突中的重要作用。美国空军空间司令部负责人指出：“我们的部队部署在远离美国的地区，他们需要得到各种支援，而空间系统是唯一能提供这种支援的系统。我认为，在90年代军用航天系统将变得越来越重要。”同时他认为：“空间系统支援地面战斗的全面展开并达到合成作战的程度，仍有一个较长的过程。”

苏联向海湾地区发射侦察卫星　苏联在海湾危机中显示了其军事航天系统的应急快速反应能力。在伊拉克人侵科威特后不到48小时内，苏联就发射了一颗“宇宙2089”照相侦察卫星，于8月5日和6日在科威特上空进行侦察。8月8日苏联又用一枚火箭把6颗小型战术通信卫星送入轨道。此后，苏联又分别在8月31日、10月1日和10日、11月11日发射了4颗“宇宙”号照相侦察卫星，保持对海湾地区的日常监视。

法、意和西班牙联合研制“太阳神”侦察卫星　“太阳神”侦察卫星重2.5吨，多光谱分辨率为1～3米，总研制费用为70亿法郎。法、意和西班牙分别承担79%、14%和7%的费用，并在各自的国土上建立接收站。卫星主承包商为法国马特拉公司。1990年4月19日法国与“阿丽亚娜”空间公司签订了1993年末发射第1颗“太阳神”卫星的合同。

西欧酝酿联合研制监视卫星系统和军用通信卫星系统　3月27～28日荷兰、比利时、英国、法国、意大利和联邦德国等国的国防高级官员在罗马集会，讨论在西欧联盟内成立一个欧洲核查局，提出用第2代“太阳神”侦察卫星为欧洲提供一种独立卫星核查手段。现已由挪威和法国联合牵头，研究高分辨率相机和合成孔径雷达等技术，这些工作已纳入“欧洲长期防务合作计划”。在90年代，欧洲无论从经济上还是从运营角度看，都迫切需要一个联合军用通信卫星系统，这种系统应在性能和生存能力上有明显改进，包括采用电子对抗、抗干扰、电磁防护、抗撞击、抗核冲击波、防激光武器等技术。

小型卫星　1990年世界各国共发射了大约31颗小卫星，其重量绝大多数在100公斤以下，其中苏联发射了14颗（一箭六星，一箭八星），供战术通信用；美国用“侦察兵”、“宇宙神”E和“飞马座”火箭分别发射了2颗、3颗和2颗小卫星，其中6颗属军用；欧洲用“阿丽亚娜”火箭发射“斯波特”地球观测卫星时搭载了6颗小卫星；日本用H-1火箭发射海洋观测卫星时搭载了2颗小卫星；以色列发射了1颗小卫星；巴基斯坦利用我国“长征2E”火箭试验的机会发射了1颗小型科学卫星。这表明小卫星技术业已成熟，并将在军事和科学研究等方面发挥重要作用。小卫星也称轻型卫星或廉价卫星，它们采用各种小型化部件，使卫星更轻、更灵巧，而且价格便宜、易于发射。

美国高级研究计划局和军队发展小卫星计划　高级研究计划局的计划称先进航天技术计划，重点是发展先进的轻型卫星技术。5月9日已把2颗68公斤重的存贮转发型通信卫星送入低轨道，试验其战术通信能力。1991年初还将把7颗22.5公斤重的通信卫星送入轨道进行试验。空军的快速反应取代飞行器计划将研制侦察、通信和导航等一系列轻型卫星。在发生突发事件或战争期间，这些卫星可在战区司令员直接指挥下快速发射入轨，以弥补现有军事航天系统战术支援能力的不足。海军的计划称为廉价卫星计划，准备研制几种不同类型的小卫星。陆军主要发展供战场指挥员使用的战术通信和侦察卫星。

美国研制成空中发射小卫星的运载火箭　美国国防部高级研究计划局已研制成能在下达发射任务后72小时内把小卫星送入轨道的空中发射运载火箭。4

月5日美国用新研制成的长约14米的“飞马座”火箭从B−52轰炸机在约12公里的高空释放后，从空中发射了两颗小型卫星。“飞马座”是一种带翼的三级固体火箭，它可将270公斤重的航天器（或多颗更轻的卫星）送入460公里的极地轨道，也能把405公斤重的航天器送入460公里的低倾角轨道。与地面发射方式相比，空中发射有较大的优越性，它不受地面发射系统的种种限制，在发生突然事件时，空射火箭能迅速把所需卫星秘密送入轨道。用这种低成本运载工具部署“星座”式小卫星，也有利于控制空间。“飞马座”火箭的每次发射费用约600万美元，大约为地面发射相同重量有效载荷的费用的1/3。据研制“飞马座”火箭的轨道科学公司称，空射方式使卫星发射前的准备工作量大大减少，只需6～7名技术人员就可在机场完成火箭装机工作，所需地面设备也很少。

航天飞机 1990年一年中，美国的航天飞机进行了6次飞行，比1989年多1次；苏联的航天飞机未作任何飞行；欧洲航天局和日本仍在研究和完善它们的小型航天飞机的方案。

美国航天飞机未完成原定飞行计划 美国航天飞机原计划进行10次飞行（见表1），但由于“哥伦比亚”号和“阿特兰蒂斯”号航天飞机先后发生严重的液氢泄漏等问题，结果只进行了6次飞行，其中一次为配合波斯湾行动应急发射了一颗大型侦察卫星，在其他5次飞行中按计划部署了KH−12侦察卫星、“辛康”同步通信卫星、“哈勃”空间望远镜和欧洲“尤利塞斯”太阳探测器各一个，将“天文”1号观测台带入空间，后又带回地面，还将轨道上运行的长期暴露设施“抓回”航天飞机舱内并带回地面。

表1 美国1990年原定航天飞机飞行计划

序号	时间	航天飞机	完成的任务
1	1.9	“哥伦比亚”号	部署海军通信卫星“辛康F5”，回收长期暴露设施
2	2.15	“阿特兰蒂斯”号	部署国防部KH−12侦察卫星
3	3.26	“发现”号	部署“哈勃”望远镜
4	4.26	“哥伦比亚”号	携带“天文”1号观测台
5	6.4	“发现”号	部署γ射线观测器
6	7.4	“阿特兰蒂斯”号	执行国防部任务
7	8.16	“哥伦比亚”号	携带空间实验室，执行“生命科学”1号任务
8	10.5	“阿特兰蒂斯”号	部署欧洲“尤利塞斯”太阳探测器
9	11.1	“发现”号	部署空军研究卫星
10	12.6	“哥伦比亚”号	执行国际微重力实验室1号任务

美国航天飞机前3次飞行基本上按原计划进行，只是时间上有拖延。从第4次开始就出了严重的氢泄漏问题。5月30日竖立在发射台上的“哥伦比亚”号航天飞机于发射前6小时出现了严重的氢泄漏问题，由于在发射台上无法检测到具体的泄漏部位，不得不于6月中旬将这架航天飞机从发射台撤回航天飞机装配大楼，并将轨道器与外挂箱分离，以检查这两者之间的液氢快速截流管道。6月29日，当“阿特兰蒂斯”号航天飞机准备发射时，也遇到同样的问题。因此，从5月30日起美国航宇局接连停止了2架航天飞机的发射，使原计划中第5、7、9、10次的任务被迫取消，航天飞机停飞了5个多月，直至10月6日才由当时唯一正常的“发现”号航天飞机部署了欧洲“尤利塞斯”太阳探测器。11月16日，“阿特兰蒂斯”号航天飞机经检修得到恢复，部署了国防部的军用有效载荷——KH−12。12月2日，“哥伦比亚”号航天飞机经过长达半年的检修才得以发射，它携带一个“天文”1号观测台进入太空。

自1988年9月航天飞机恢复飞行后，美国航宇局计划通过平时对航天飞机进行力所能及的改进，

1992年还将把“奋进”号航天飞机投入使用，使其航天飞机逐年提高飞行次数，至1994年计划每年达14次，并期望航天飞机能一直飞行到2020年。然而1990年实际只飞行了6次，使这种“逐年提高飞行次数”的计划难以兑现。早在1989年底美国国会技术评价局提交的一份报告就指出，要求航天飞机飞得时间更长或更频繁是一种冒险；而且在1995年“自由”号空间站用航天飞机实施装配飞行以前仍存在着失去一架轨道器的可能性。

值得指出的是，美国国防部除了1990年安排了3次军用有效载荷的发射外，基本上不再用航天飞机来部署军用有效载荷。美国空军负责空间事务的助理部长马丁·费加说：“我们并不要求任何有效载荷都具有载人能力，一次使用运载火箭对我们来说更灵活，也更便宜，而且在少数情况下，‘大力神’4火箭的满载能力比航天飞机从西海岸发射的能力还大些。”

欧洲航天局“海尔梅斯”小型航天飞机完成初步设计 其设计方案由重复使用的航天飞机和一次使用的资源舱组成，重量限制在22吨内，可由“阿丽亚娜”5火箭（将于1995年进行首次发射）发射入轨，运送3名宇航员和3吨货物。它的机身选用铝合金作为结构材料，放弃了更为先进的复合材料方案；选用弹射椅作为乘员紧急救生系统，放弃了弹射座舱的方案。目前，“海尔梅斯”的C1阶段的工作已完成，等待1991年欧洲航天局决策，是否进入全面研制阶段。西欧各国对“海尔梅斯”小型航天飞机有较大的争议。法国认为，它是保证欧洲在21世纪初达到欧洲载人航天的自主能力所必需的。而英国等其他国家则认为，它的实用性仍有问题，而且费用太高。

日本研究20吨级“希望”号无人航天飞机设计方案 日本经过多年研究认为，原来考虑的10吨级“希望”号只能把500公斤重的载荷送上空间站，实用性较差。因而日本正着手研究20吨级无人航天飞机方案，它可把3吨货物送往空间站，并把5吨货物运回地面，它有可能取代10吨级的方案。

载人空间站 目前世界上共有2项载人空间站计划正在执行，一项是苏联以“和平”号空间站为核心的组合式空间复合体扩建计划，另一项是以美国为首的国际“自由”号空间站研制计划。这两项计划在1990年均取得一定进展，但也遇到了新问题。

苏联“和平”号空间站规模扩大 1990年苏联为“和平”号空间站进行了9次运送人员和物资的活动，其中“进步”号飞船5艘、“联盟”号载人飞船3艘、“晶体”号舱1个，使空间站规模进一步扩大，并开始空间材料的商业生产，试验了各种新技术，还完成了近10次舱外活动，排除了多种故障。

5月31日苏联从拜科努尔发射场用“质子”号火箭将重19.5吨的“晶体”舱送入轨道。该舱全长13.73米，最大直径4.35米，容积为76米^3。由于该舱定向系统的推力器出了故障，使它于6月10日才与“和平”号空间站对接，然后由机械臂将该舱移至侧向对接口，使“和平”号复合体的体积增大约1/3。目前该空间复合体由“和平”号核心舱、“量子”1号天文物理实验舱、“量子”2号技术舱、“联盟”TM飞船和“晶体”舱5部分组成，总重为77.6吨，总长仍为40米（因“晶体”舱对接在空间复合体的侧向对接口上），它与美国70年代初发射的重75吨的天空实验室相当。

“晶体”舱外装有两个大型太阳能电池阵，是可多次折叠和展开的新技术产品，能根据飞行和机动过程中所受负载大小来改变太阳能电池阵的面积，电量总输出为20千瓦。舱内装有7吨重有效载荷，包括4个半导体材料熔炼装置，电泳装置、紫外线望远镜、分光仪和照相机（KFA-1000）等地球观测仪器。此外，舱内还有容积为100公升的保温室，可以试验蔬菜、蘑菇等植物的栽培。在“晶体”舱外还有一个多用途对接口，“暴风雪”号航天飞机或“联盟”号飞船等预计都利用这个对接口对接。“晶体”舱的4个新型工作炉，将使苏联从试验性材料加工转入空间材料的商业生产。据苏联专家估计，只要花3年时间，舱内生产的半导体材料不仅可抵偿该舱的制造和发射费用，还可盈利。另据日本《读卖新闻》1990年1月15日报道，“晶体”舱的新型炉重40公斤，一次能制造直径为14毫米、长150毫米的晶体18根。苏联宇宙科学研究所根据这些实验成果，再经7～10年的努力，就可发射大型商业炉，从而使空间工厂正式运转。此外，舱内的自动化电泳装置将培养大量匀质蛋白晶体，用生物工艺装置可对人工合成干扰素、抗原等病毒进行高效率的提纯，以制造地面上难以获得的疫苗和血清。

苏联试验载人机动装置和“进步”M号飞船的返回能力 1989年底由“量子”2号技术舱将新研制成的载人机动装置送上“和平”号空间站，1990年2月初，在2名宇航员分别进行的2次舱外活动中，对该装置进行了飞行试验。它重200～220公斤，体积为124×81×64厘米，装有32个助推喷管（其中16个为备份），飞行速度为每秒30米，一次飞行最长时间为6小时，其最大优点是推力器采用压缩空气，清洁而安全。2月1日，谢列布洛夫首次用这种装置进行了飞行，飞行最远距离为33米，他做了绕空间站飞行、原地打转等机动飞行。2月5日，索洛维约夫用该装置进行了第2次飞行试验，他完成了包括滚动360度的几种特技机动飞行，最远飞行距离为200米。

能源设计局领导人里昂尼德·戈尔希科夫认为，回收舱的短缺已造成空间站生产的产品出现积压现象。为解决此问题，“进步”M4和“进步”M5货船已设计成为可部分回收的飞船。1990年9月，“进步”M4与空间站分离，地面控制人员对它的回收舱进行了首次返回试验，其目的是对回收舱自动系统进行飞行检验，舱内未装有效载荷；后于10月份返回的“进步”M5飞船的回收舱，已把重200公斤的货物送回地面，其中包括半导体材料、录相带和生物制品等。当飞船进入大气层后回收舱从飞船上弹出，用降落伞落在苏联本土回收，飞船本身烧毁，从而结束了空间站上的物资只能与宇航员一起由“联盟”号载人飞船运回地面的历史。

苏联空间站上资源消耗过多 苏联于1986年2月发射“和平”号核心舱，原计划于1990年与4个大型组合舱对接后全面投入运营。然而，空间站已运行了4年半，由于前两个大型组合舱发射推迟、故障较多以及事先计划不周等原因，致使空间站的扩建计划只完成一半，站上资源几乎已消耗殆尽。

第一个大型舱“量子”2号比原计划推迟两年后于1989年底才与“和平”号空间站实现了对接，使这个空间复合体形成不对称的“L”状结构，给空间站的姿态控制带来困难。由于站上的姿控系统是按空间站拥有4个组合舱的设想设计的，因此不对称的空间站使这种姿控系统一直不能很好工作。自“量子”2号舱与空间站对接后的半年内，站上燃料消耗率一直较高，造成站上燃料耗费过多。

1990年2月苏联发射了“联盟”TM-9载人飞船，在发射过程中飞船外壳的3块防热板受损，与空间站对接后，为控制舱内温度不得不多次启动站上姿控系统，以防舱内仪器因过热而损坏或过冷而使舱内水凝结。“联盟”TM-9飞船返回地面前，2名宇航员于7月17日和26日进行了2次计划外的舱外活动，修复松动的防热板，在修理过程中又出现了“量子”2号舱舱门关不上的问题。

原定3月发射的第2个组合舱——“晶体”号，由于计算机的问题推迟了两个多月。1990年初安装在空间站上的一种称为“礼炮”5B的新型计算机，原要求与空间站其他系统兼容，但遇到了预想不到的困难，为调试这台计算机，“晶体”舱被迫于5月31日才发射。

上述问题不仅使空间站上的资源消耗过多，需要增加货船发射，而且使苏联指望1990年从“和平”号获得的效益也显著减少。

“和平”号空间站开始实施改装和修理计划 为了最后完成“和平”号空间站的扩建，计划于1991年对接另外两个大型组合舱。在此之前空间站需进行一系列准备工作，从1990年11月开始对空间站的电源系统进行重大改装和修理“量子”2号舱舱门。

位于加里宁格勒的载人航天飞行控制中心飞行主任弗拉基米尔·索洛维耶夫说，1990年底以前站上的舱外活动是更换“量子”2号舱舱门的铰链，从1991年开始实施太阳能电池帆板改装计划。由于“晶体”舱上的太阳能帆板经常被站上其他太阳能帆板所遮掩，降低了它向空间站提供的电能，因此，要把“晶体”舱上的太阳能帆板拆卸下来，再装到“量子”1号舱体上。预计这个过程需要5～8次舱外活动才能完成，它是一项非常艰巨的操作任务。电源系统的另一项改造工作是在空间站内铺设新的电缆，通过这条新线路，可以使电源在核心舱、“量子”2号舱和“晶体”舱之间进行更合理的分配，以满足不同设备，不同部分对电源的不同要求。1990年8月15日发射的“进步”4飞船已将所需电缆送上了空间站。一位苏联宇航员说，所有这些活动证实，像“和平”号这样的空间站需要大量的支援工作，而且其工作量随着空间站规模的扩大而增加。

美国“自由”号空间站完成初步设计评审 由里根总统于1984年批准的“自由”号空间站是迄今最大的一项国际空间工程计划。它获得1990财年的拨款(17.5亿美元）后已进入正式工程设计阶段，并定于1990年底完成初步设计评审，1992年中完成关键设计评审。日本、西欧和加拿大也分头对日本实验舱、“哥伦布”舱和机动服务中心开展相应的工作。值得指出的是，原属“自由”号空间站系统的美国和西欧的两个极轨平台已划归“地球观测系统”计划。

美国空间站总体设计面临种种问题。 主要有8个问题。*对轨道碎片量估计不足* 美国总审计局认为，目前正在设计的“自由”号空间站所用的空间碎片数据是1984年的，它“大大低于2005年的数据值”。直径为1厘米至10厘米的空间碎片对空间站安全的威胁最大，它们主要来自燃烧结束的火箭级爆炸，目前数量达3.5万个。航宇局考虑用双层铝制防护结构来保护空间站不受2厘米大小碎片的损害，但这种多层系统不仅制造费用昂贵，而且增加了空间站埋设线路、设置天线和温控系统的难度。如果采用空间站机动来避免与空间碎片撞击，按现有不太精确的空间碎片模型，估计空间站每年需作20次轨道机动，这对空间站的用户是“不可接受的”。但更精确的地面跟踪系统会使空间站的机动次数降为每年4次。为此，美航宇局和国防部从1990年至1992年实施一项联合研究计划，发展更精确的空间碎片模型，研制轨道碎片敏感器等。

空间站的重量和电源需求均超过计划指标 空间站的设计总重和保障各系统运行的太阳能电池功率是最关键的设计指标，它们分别为230.4吨和45千瓦。然而，1990年7月13日航宇局空间站计划主任里查德·科耳斯说，经计算发现，空间站总重为281.25吨，公用系统所需电源为56千瓦。美国负责的4个工作包的重量总和与空间站的相应重量也不符，这是航宇局各业务中心协调工作差和航宇局总部对空间站工作的监督不得力所致。后对空间站的重量和电源分配方案作了较大变动，至10月份空间站总重已降为239吨，电源功率降为47.4千瓦，均已接近设计指标。这样可保证空间站划分为20个单元由航天飞机分20次送入轨道，也可为用户提供30千瓦的平均功率。

舱外活动的次数过多 经研究表明，在载人舱进入空间之前，为装配空间站一年要进行6000小时的舱外活动，相当于宇航员每星期需进行4次舱外活动。由于宇航员必须靠航天飞机来完成所有的舱外活动，这是空间站面临的最大难题。为解决这个问题，航宇局决定从两方面下手：一是大部分空间装配操作改由地面控制的机器人来完成，从而大大减少宇航员的舱外活动量；二是空间站系统的所有部件在空间运行中尽量减少维修和储存的需求，并采用标准的轨道更换单元。

空间站面临引发电弧的危险 1989年确定的空间站电源管理和分配系统从交流电改为直流电，对此美国等离子体专家提出批评。他们认为，当空间站进入轨道时，将被高度带电的等离子体所包围，撞击着4块太阳能电池阵部件，使它们之间可能产生摧毁性的电弧问题，其后果将极严重，或是烧毁外部设施，引起电气系统的短路,或者形成有害于宇航员的工作环境。因此专家们认为，空间站的电气系统必须重新设计，否则将引起新的安全和维修问题。美航宇局打算通过地面模拟实验来解决这个问题。

空间站遭到国内外用户抱怨 美国科学家们认为，由于1989年空间站规模缩小使空间站性能受到严重影响，使它成为二流水平的科研设施。微重力专家们指责空间站并不能满足他们对低振动的需求；空间站上可用于实验的有效时间也由于空间站结构的变化而减少。因此，他们开始考虑用无人平台作为避免使用载人空间站的替代手段。欧洲国家对推迟“哥伦布”附属舱的发射感到愤懑，还担心空间站的能力和电源功率难以满足欧洲的需要。

空间站的商业应用将受到影响 为了支持布什总统提出的载人月球和火星倡议，空间站将更多地侧重于空间生命科学研究。但航宇局空间站计划首席科学家艾德蒙·里夫斯认为：“空间站侧重于生命科学计划，并不意味着放弃材料科学。”突出生命科学意味着在空间站上进行的各项实验将集中在宇航员及动植物在空间的生长和健康问题，同时也表明潜在的空间站计划始终存在着不确定性，其中包括价格政策，因而潜在的商业用户对空间站持谨慎态度。空间站设计的多变也挫伤了企业家开发空间站商业应用的积极性。

一系列新技术有待开发 由于“自由”号空间站的目的是要在轨道上永久载人，其自主能力应远远高于航天飞机及其他空间系统。为研制这样的空间站，美国及其国际伙伴还要开发一系列新技术，它们是：机器人、新型复合材料、先进宇航服、低温技术、先进推进技术、闭环生命保障系统以及自主计算机等。机器人在建造和装配空间站中将起重要作用。航宇局目前在研制的机器人系统能在危险环境和费时的舱外活动中承担许多工作；还在研制能感知周围环境的机器人以及能在遥控指挥下完成极复杂任务的机器人系统。为了减少空间站对昂贵的地面控制系统的依赖，还研制复杂的计算机软件。这种软件不仅能用于控制空间站，而且能发现故障并在必要时进行修理。空间站将来还要成为空间仓库和发射台，给飞往月球、火星的飞行器补充燃料，因此，航宇局还在进行低温物理方面的研究。

空间站的预算得不到长期保证 从1990财年开始的5年内“自由”号空间站将处于全面工程设计和制造阶段，使用经费也处于高峰期，大约每年需耗资20多亿美元，而每年预算都要经国会众、参两院讨论批准才能落实，因此航宇局负责航天飞行的副局长威廉·利诺尔说：“投资的稳定性是我们推进空间站计划的第一需要。”然而，美国国会在讨论1991财年预算时，面临经济衰退和巨额赤字，并准备在今后5年内执行消灭5000亿美元财政赤字的一揽子计划。目

前估计“自由”号空间站1991年的拨款约19亿美元，比航宇局申请的经费少7亿美元。90年代前5年平均投资为18亿美元，90年代后5年的年平均投资为15亿美元。

日本实验舱的研制工作进展顺利 日本实验舱是日本研制的第一个载人航天器，研制费用为22亿美元，定于1998年用H－Ⅱ运载火箭发射。实验舱的主承包商是三菱重工业公司，由另外6家公司分别研制暴露平台、遥控机械臂系统、后勤支援舱、环境控制和生命保障系统、电源系统以及计算机与数据管理系统。该舱定于1991年下半年进行初步设计评审，1994年进行关键设计评审。为充分利用实验舱，由14家公司和银行组建了一个日本载人系统联合公司，它在协调日本工业界使用实验舱中将起重要作用，还将与世界范围的用户建立密切联系。1991年日本将租用美国航天飞机的1/3舱位，进行35项空间材料加工和生命科学实验。这些实验结果将有助于日本实验舱的设计。

欧洲载人航天计划决策推迟 “哥伦布”舱和“海尔梅斯”小型航天飞机已按1987年罗马会议决议基本上完成了初步设计和研究阶段的工作，本应于1990年中作出全面研制的决定。然而由于以下两个原因，这两项载人航天计划的研制工作决策时间推到1991年。一是政治上的原因，即1990年秋统一后的德国大选所带来的政治问题。欧洲航天局运输部主任比克尔说：“西德在选举前也许无法作出这么重大的空间计划的决定，我们也不希望这两项计划成为这次大选的政治争论点。”二是对“哥伦布”舱仍存在不同看法。联邦德国和意大利1987年虽已允诺承担“哥伦布”计划的38%和25%的投资，但1990年4月底，在联邦德国不来梅召开的“哥伦布”舱用户会议上，这两个国家的一些高级官员对“哥伦布”舱仍提出异议。西德航天局局长沃尔夫冈·怀尔德说：“德国参加‘哥伦布’和‘海尔梅斯’计划是个有争议的问题，已不是秘密，让德国公众支持昂贵的航天计划已越来越困难。在德国，技术计划虽可带来国家声望，但这不是批准计划的决定因素，重要的是实用性。”“对微重力实验的投资在短期内不可能得到利润和突破”。一些用户对在“哥伦布”舱上进行实验的要价高于他们的支付能力表示不安，认为在“哥伦布”舱内进行的许多实验可以用其他更廉价的方法进行。欧洲航天局空间站和微重力主任弗雷德里克·恩斯特龙为这项计划辩解说，建造“哥伦布”舱的主要理由，既有达到西方合作与欧洲自主相互平衡的政治需要，也有取得未来技术工具的战略需要和加强欧洲航天局竞争能力的工业理由。

加拿大全速研制遥控机械臂系统 加拿大为“自由”号空间站负责研制的机动服务系统（MSS），也称为游动遥控机械臂系统，在空间站的装配和维修中将起重要作用。它由机动服务中心、双臂遥控机械装置和维修仓库3部分组成。加拿大政府计划在10亿美元的预算内按时研制成功，即在1995年秋执行空间站第3或第4次装配任务时运上轨道。这对1997年开始永久载人之前装配空间站是至关重要的。该系统已于1990年完成初步设计评审，1992年进行关键设计评审。

核 武 器

综述 1990年6月，美苏两国首脑发表了关于削减战略核武器的声明，双方就缔结削减战略武器条约达成了一致性意见。原定1991年2月正式签订这个条约，但由于海湾战争爆发，签约日期推迟。按照美苏首脑的联合声明，双方将部署的陆基洲际弹道导弹、潜射弹道导弹和战略轰炸机的总数减少到不超过1600件，将上述战略运载系统装备的核弹头总数削减到不超过6000个。此外，美国和苏联还考虑削减他们的战术核武器。

尽管如此，各有核国家在过去一年里，仍把核武器的威慑作用视为遏制战争的重要手段，继续实施各自的核武器现代化计划。其重点是提高核武器的质量，调整核力量的结构，使核武器及核力量结构更加适应未来的需要。

战略核武器 截至1990年年中，估计苏联拥有近3万颗核弹头，其中大约有1.27万颗核弹头装备陆基洲际弹道导弹、潜射弹道导弹和战略轰炸机，其余核弹头装备战术核武器运载系统（详见表1）。美国大约拥有2.1万颗核弹头，其中战略武器的核弹头约有1.2万颗，其余的为非战略武器核弹头（详见表2）。英法两国的核弹头数与1989年相比没有多大变化。

苏联继续部署战略进攻核武器 1990年，苏联继续部署第5代陆基机动洲际弹道导弹：铁路机动的SS-24分导式多弹头导弹和公路机动的SS-25单弹头导弹。50多个SS-19导弹地下井已换装新的SS-24Ⅱ型洲际导弹，并开始部署单弹头SS-18Ⅵ型陆基洲际弹道核导弹。

装备SS-N-20潜地核导弹的第6艘“台风”级核潜艇和装备SS-N-23潜地核导弹的D级Ⅳ型核潜艇已服役。第7艘D级Ⅳ型核潜艇于1990年年初下水。

1990年苏联继续生产“海盗旗”战略轰炸机和研制新型AS-X-12B空地核导弹。

苏联调整核武器系统的发展速度 由于苏联经济和国内政治形势的恶化，1990年苏联核武器系统的发展与前几年相比显著下降。一年来，苏联仅进行1次地下核试验，并宣布从1991年开始不再生产SS-24洲际弹道核导弹，停止建造“台风”弹道导弹核潜艇，原计划到2000年生产100架“海盗旗”战略轰炸机，现计划只生产60架。此外，新型空地核导弹的研制计划也已推迟，到1990年年底尚未发现部署这种新型空地核导弹。

苏联拟拆除一个核试验基地 苏联在1990年公开宣布，打算到1993年拆除中亚塞米巴拉金斯克核武器试验基地，今后核试验都将在北极新地岛试验基地进行。据苏联原子动力与工业部长维·米哈伊洛夫1990年10月24日在《真理报》上发表文章说，苏联中亚塞米巴拉金斯克试验基地是1948年建成使用的，苏联在这个试验场共进行过467次核试验。北极新地岛核试验基地是1954年建成使用的，在这个试验基地已进行过131次核试验。

美国正在生产5种核弹头 (1) B61核航弹是从1966年开始生产的，到1990年年中已生产出8种型号、3025颗，计划到1995年再生产500颗。(2) B83核航弹是从1983年开始生产的，到1990年年中已生产1200颗，计划到1995年再生产400颗。(3) W80-1核弹头是用来装备先进的巡航导弹的。从1988年开始生产，到1990年年中，已生产200颗，计划到1995年再生产250颗。(4) W80-0核弹头是用来装备海射巡航导弹的。从1983年12月开始生产，到1990年年中已生产325颗，计划到1995年再生产350颗。(5) W88核弹头是用来装备“三叉戟”Ⅱ潜地导弹的。从1988年9月开始生产，到1990年年中已生产200颗，计划到90年代末再生产200颗。

美国“三叉戟”Ⅱ潜地核导弹服役 1990年3月29日，美国携带“三叉戟”Ⅱ潜地核导弹的“俄亥俄”级导弹核潜艇开始服役。这是已服役的第9艘“俄亥俄”级导弹核潜艇，也是第一艘装备“三叉戟”Ⅱ潜地核导弹的潜艇，每艘潜艇携带24枚“三叉戟”Ⅱ潜地核导弹，每枚导弹装备8个W88／MK-5分导式核弹头，每个核弹头的当量为47.5万吨。到1990年底，已有2艘带“三叉戟”Ⅱ潜地核导弹的潜艇服役。

美国加紧研制陆基机动核导弹 1990年，美国继续执行布什总统1989年4月关于加速研制MX和“侏儒”陆基机动核导弹的决定。

1990年4月，美国空军进行了MX导弹铁路机动模拟控制车厢的试验，10月份又从导弹发射车厢的工程模型上成功地发射了一枚重91吨的MX导弹试验模型，检验发射车厢能否承受MX导弹的发射载荷。决定在1992年进行MX导弹从发射车厢发射的首次飞行试验。“侏儒”导弹仍在进行飞行试验，不过试验次数已从原定的22次减为16次，部署这种导弹的时间也从1992年推迟到1997年，预计装备数量为500枚。此外，美国空军正在考虑更换现役“民兵”Ⅲ导弹的两种方案：其一是改进“民兵”Ⅲ导弹，采用先进的材料和推进系统，减轻导弹本身的重量，增加投掷重量，以适于装备钻地核弹头；其二是研制一种全新的导弹，其弹头和制导系统均采用新技术，导弹装在发射筒里，既可地面机动部署，也可地下井部署。

美国继续研制B-2隐形战略轰炸机 B-2隐形战略轰炸机1989年7月首次飞行试验成功，为此，美国国会在1990财政年度批准20亿美元的研制经费。由于B-2战略轰炸机耗资高，因此，1991财政年度决定只生产75架，比原计划生产132架减少了57架。

法国第一艘新型导弹核潜艇下水 1990年5月，法国计划建造的6艘新型弹道导弹核潜艇的第一艘“凯旋”号已下水。这艘新型核潜艇计划于1994年编入现役，第二艘新型核潜艇计划1997年服役。到2008年，6艘新型核潜艇将全部服役，其中头3艘核潜艇开始装备M-45潜地核导弹，从第4艘核潜艇开始将装备新型M-5潜地核导弹。

法国计划发展陆基中程核导弹 法国计划到本世纪末研制一种新型陆基中程核导弹，用来替换目前装备的S-3D中程核导弹。共有两种方案：一种方案是研制两级的S4导弹，带一个当量为30万吨的TN-35核弹头；另一种方案是为S-3D导弹研制一种新型核弹头。还有人主张将 M-45 潜地核导弹部署在地下井中，或研制带突防装置的核导弹，称为 S45，采用固定或机动发射方式。

战术核武器 1990 年，各有核国家继续调整其战术核武器的发展计划；战术核武器的弹头数量减少；研制更先进的战术核武器系统，使战术核力量的结构更适应未来战争的需要。

苏联继续从东欧撤出战术核武器 1990 年苏联不仅与美国就削减战略核武器问题达成了协议，而且愿意就削减战术核武器甚至全部销毁战术核武器问题与美国进行谈判，并为此创造条件，例如，继 1989 年宣布单方面从东欧撤出 500 个战术核武器系统的弹头之后，1990 年又宣布削减在东欧部署的 60 部战术核武器发射装置、250 多门能发射核弹的火炮和 1500 颗核弹头。

美国海军 3 种战术核武器退役 到 1990 年 9 月，美国海军的 3 种战术核武器——"小猎犬"舰空核导弹、"萨布罗克"和"阿斯罗克"反潜核导弹——已全部退出现役。由于这 3 种核导弹的退役，使美国海军大约减少了 1100 个核弹头，为此，美国能源部正在为海军研制一种机载的深水核炸弹 B90，计划从 1993 年开始生产，到 1995 年计划生产 300 个 B90 深水核炸弹。

美国拟调整部署在欧洲的战术核武器 由于欧洲形势的巨变，美国及其北约盟国一致认为近程核武器的作用将大大减小，因此 1990 年 5 月 3 日，美国总统布什宣布中止拟部署在欧洲的"长矛"战术地地导弹的后继型研制计划，取消核炮弹的现代化计划。

截至 1990 年年中统计，美国在欧洲大约部署 4000 颗核弹头，其中包括 700 颗"长矛"导弹的核弹头、1430 颗核炮弹、1400 颗飞机携带的核航弹和 200 颗反潜深水核炸弹，以及少量的核地雷。1990 年 7 月，北约首脑在伦敦会议上对调整部署在欧洲的战术核武器提出了初步方案，即美苏关于削减近程核力量的谈判应在欧洲常规力量谈判条约签署之后不久开始举行；一旦美苏开始近程核力量的谈判，美国将从欧洲撤出所有的核炮弹，以此作为交换条件，苏联也应采取相应的行动。待美苏达成削减欧洲常规力量和近程核武器的协议之后，美国将从欧洲撤出全部陆基核武器系统，只保留机载核武器。与此同时，美国还将在欧洲部署新一代空地核导弹。

英国替换 WE177 核航弹的计划推迟 英国皇家空军计划在 90 年代末期用战术近程攻击核导弹装备"旋风"GR1 攻击机，替换目前装备的 WE177 核航弹。但由于制造这种导弹的美国波音公司不可能按期交货而推迟，其原因是美国国防部要求这家公司对该导弹的部件进行改进。英国虽可能向法国公司订购这种导弹，但法国导弹的价格比较昂贵。因此，英国将替换 WE177 核航弹的计划推迟。

法国决定生产"哈德斯"核导弹 1990 年 7 月 10 日，法国对"哈德斯"导弹进行最后一次（第 5 次）试验发射之后，密特朗总统宣布开始生产这种核导弹，共生产 50 枚（原定生产 120 枚），用来替换目前装备的"冥王星"核导弹。

"哈德斯"是陆基机动核导弹，射程 500 公里，每辆发射车带 2 部发射装置。导弹带 1 个当量低于 8 万吨的 TN-90 核弹头，也可带中子弹头。按原计划可能于 1992 年装备部队使用。

表 1 苏联现役主要导弹核武器系统

类　别	部署时间(年)	射程(公里)	发射装置数量	弹头数(颗)	单弹头当量(万吨)	注
陆基洲际弹道导弹						
SS-11Ⅱ／Ⅲ	1973／1975	13000／10600	150／210	1／3(集束式)	100／10～30	
SS-13Ⅱ	1968	9400	60	1	60	
SS-17Ⅲ	1982	10000	75	4(分导式)	50	
SS-18Ⅳ	1982	11000	308	10(分导式)	50	
SS-19Ⅲ	1982	10000	320	6(分导式)	55	
SS-24	1987	10000	60	10(分导式)	10	铁路机动发射，有些为地下井发射。
SS-25	1985	10500	225	1	75	公路机动发射

续表 1

类　别	部署时间(年)	射程(公里)	发射装置数量	弹头数(颗)	单弹头当量(万吨)	注
潜射弹道导弹						
SS-N-5	1964	1400	6	1	100	装备 2 艘潜艇
SS-N-6 Ⅰ/Ⅲ	1968/1974	2400/3000	192	1/2(集束式)	50～100/50	装备 12 艘潜艇
SS-N-8 Ⅰ/Ⅱ	1972/1973	7800/9100	280	1/2(集束式)	80/80	装备 22 艘潜艇
SS-N-17	1977	3900	12	1	50	装备 1 艘潜艇
SS-N-18 Ⅰ/Ⅱ/Ⅲ	1977/77/78	6500/8000/6500	224	3(分导式)/1/5(分导式)	20/45/10	装备 14 艘潜艇
SS-N-20	1981	8300	120	6(分导式)	10	装备 6 艘潜艇
SS-N-23	1985	8300	96	10(分导式)	10	装备 6 艘潜艇
陆基中程导弹						
SS-20	1977	5000	174	3(分导式)	15	按中导条约销毁
陆基近程导弹						
SS-21	1978	120	300	1	10	
SS-1C“飞毛腿 D”	1965	300	660	1	千吨级	
陆射巡航导弹						
SS-C-1b	1962	450	40	1	35	
海射巡航导弹						
SS-N-3a/b	1962	450	192		35	
SS-N-7	1968	—	72		20	
SS-N-9	1968/69	100	268		20	
SS-N-12	1973	550	84		35	
SS-N-19	1980	550	204		50	
SS-N-21	1987	3000	118		20	
SS-N-22	1981	400	144		20	

续表 1

反潜导弹						
SS-N-14	1974	55	372		0.1～0.5	
SS-N-15	1982	45	—		0.5	
SUW-N-1	1975	30	10		0.5	
空射巡航导弹						
AS-4	1967	300			100	
AS-6	1977	300			35～100	
AS-15	1984	1600			25	
AS-16	1989	200			35	
地空(反导)导弹						
SH-01("橡皮套鞋")	1964	320	100	1	300	
SH-11(改进型"橡皮套鞋")	1983	320	100		—	
SH-08("小羚羊")	1984	80	100		1	
SA-10	1981	100	1500		—	
SA-5	1967	300	2000		—	

表 2　美国现役主要导弹核武器系统

类　别	部署时间	射　程 (公里)	发射装置数量	弹　头　数	单弹头当量(万吨)	注
陆基洲际弹道导弹						
“民兵”Ⅱ	1966	11300	450	1×W56	120	计划90年代退役
“民兵”Ⅲ	1970	10500	200	3×W62/MK12 (分导式)	17	
“民兵”Ⅲ	1980	13000	300	3×W78/MK12A (分导式)	33.5	
“和平卫士”MX	1986	11000	50	10×W87/MK21 (分导式)	30或40	
潜射弹道导弹						
“海神”	1971	4600	192	10×W68/MK-3 (分导式)	4	装备12艘潜艇
“三叉戟”Ⅰ	1980	7400	384	8×W76/MK4(分导式)	10	装备20艘潜艇
“三叉戟”Ⅱ	1990		48	8×W88/MK5(分导式)	47.5	装备2艘潜艇
陆基中近程导弹						
陆射巡航导弹	1983	2500	57	1×W84	1～5	按中导条约将销毁
“潘兴”Ⅱ	1983	1800	99	1×W85	0.5～1	按中导条约将销毁
“长矛”	1972	110	65	1×W70	0.1～1 (三种当量)	
海射巡航导弹						
“战斧”	1983	2500		1×W80-0	20	已生产325颗W80-0核弹头

化学战装备

综述 1990年，美苏达成停止生产和销毁化学武器的协议后，化学武器的生产与扩散有所遏制，但自伊拉克入侵科威特以来，化学战威胁又趋向严峻，促使一些国家再次研制和发展新一代化学武器和化学防护装备，以加强核化条件下的生存和作战能力。

美苏达成停止生产和销毁化学武器协议 1990年2月，全球禁止化学武器的联合国裁军谈判在日内瓦复会。5月19日美苏外长达成协议，同意停止生产并销毁两国80%储存的化学武器。接着，苏联总统戈尔巴乔夫和美国总统布什在华盛顿签订了“销毁和不生产化学武器及促进多边禁止化学武器公约的措施”的协议。

协议规定，1992年前开始销毁各自宣布拥有的化学武器，到1999年前各方至少销毁50%，到2002年前把各方拥有毒剂的储存量减到5000吨。在两国议会批准这项协议后，双方将停止生产化学武器，并互相核查对方的化学武器生产设施，以确保互不生产。并建议在国际禁止化学武器公约达成协议并生效后的第八年底，各自的化学毒剂储存量不得超过500吨。

美苏签订的销毁化学武器协议，顺应了国际形势发展的潮流，有助于遏制化学武器的扩散，对促成多边禁止化学武器公约的签订有一定作用。但美苏协议的实质是只销毁过时的旧化学弹药，并不销毁生产设施，因此并不能防止发展新一代化学武器。

海湾危机使化学战威胁又趋严峻 1990年8月2日，伊拉克入侵科威特引发了海湾危机，以美国为首的多国部队向海湾地区大举调兵。伊拉克总统萨达姆声称：“一旦发生战争，他将使用他拥有的一切武器。”从两伊战争以来，伊拉克拥有了相当规模的化学武器和发展核武器、生物武器的实际能力。在这种情况下，美国等西方国家在向海湾调兵的同时，还调来了大量各类化学战防护装备，派遣了化学消毒部队，美国国防部还加紧生产了8.5万袋神经性毒剂解毒药；法国加速研制了适应海湾地区特点的新型三防服；沙特阿拉伯也采购了200多万套防毒面具。有些国家加速了化学装备的发展、生产、采购与训练。于是，海湾地区面临着化学战的严重威胁。

毒剂与化学武器

海湾战争中是否动用化学武器，已引起世人的关注。伊拉克和美国军队都装备有随时可以动用的化学武器和化学弹药。

美国的化学武器 美国现装备的一元化学弹药有两类：一类较新，另一类即将过时。

表1 美国现装备的较新化学弹药

弹药类型	数量	化学战剂量（短吨）
155毫米芥子气榴弹	300000	1700
105毫米和203毫米沙林榴弹	200000	850
155毫米和203毫米VX榴弹	300000	750
MK94式500磅和MC-1式750磅沙林航弹	13000	1300
2000磅VX毒剂布洒器	900	630

表2 美国现装备的即将过时的化学弹药

弹药类型	数量	化学战剂量(短吨)
107毫米芥子气迫击炮弹	470000	1400
105毫米芥子气榴弹	480000	700
105毫米沙林榴弹	900000	750

美国尚库存有散装在1吨钢制圆桶中的芥子气、沙林、VX共22000桶、约18700吨。一旦需要，即可装弹使用。此外，尚有1987年12月投产、现已列入库存的新一代M687型155毫米二元沙林榴弹，约120万发。

总之，美国目前共拥有12种可供使用的化学武器以及26900多吨芥子气和神经性毒剂。

伊拉克的化学武器 伊拉克既拥有生产化学毒剂的工厂，也拥有随时可用的化学武器。

伊拉克共有5个化学毒剂生产厂点。这5个生产厂点位于：首都巴格达、萨迈拉（巴格达北部110公里处）、卡伊姆（巴格达西北）、伊斯坎德利亚（巴格达南）及萨马恩帕克。其中萨迈拉是最大的化学毒剂生产厂，每月可生产芥子气60多吨，沙林和塔崩各6吨。

伊拉克目前拥有的毒剂种类有芥子气、路易氏气等糜烂性毒剂和沙林、塔崩等致死性神经性毒剂，其有效储备近万吨。随时可以动用的化学武器有芥子气和神经性毒剂炮弹、航弹、直升机布洒器、多管火箭和化学导弹。此外，伊拉克还拥有二元化学武器。据1990年4月2日美联社报道，萨达姆总统首次承认他的国家拥有二元化学武器。

美苏销毁现存废弃化学弹药 美苏双方将销毁芥子气和神经性毒剂8万吨，其中苏联5万吨、美国3万吨。

1990年7月联邦德国国防部宣布，自7月26日起美国部署在联邦德国的10万枚榴弹（约含400吨毒剂），将运往太平洋夏威夷西南的约翰斯顿珊瑚岛销毁。美国拟销毁的化学弹药计有：

表3 美国拟销毁的化学弹药

弹药类型	数量	化学战剂重(短吨)
115毫米火箭弹	480000	2500
115毫米炮弹和地雷	320000	1400
155毫米和203毫米化学榴弹	100000	400

化学侦察器材 1990年，化学侦察器材的发展以报警器和侦毒器较为明显。为了发展更新型的化学侦察器材，美国正在开发一些基础性技术，如质谱法、激光器和生物技术。

美国发展主动式远程毒剂报警器 美国休斯顿电光和数据系统集团根据同美国陆军夜视光电中心签订的合同，生产了一种探索性研究型远程主动分光计（RAS）。RAS使用4条CO_2激光束照射毒剂云团，基于毒剂对特定波长激光的吸收作用，经过光电探测器的作用探测毒剂云团的存在，从而使部队能避开染毒地域。它能探测到远至4.8公里处的毒剂云团，并确定这种毒剂的类型、数量和位置。除激光器外，RAS还使用一个精确的60单元光学系统和一条先进的信号处理用计算机系统。仪器最终将实现小型化，以便为防化侦察车和直升机携带创造条件。

英国发展SEMA MT90投射式毒剂报警器 这一系统包括10个投射式毒剂探测器、一套无线电收发报装置、一个压缩空气钢瓶和一架以压缩空气为动力的投射器。它们全部装在一只大小为80×60×40（厘米）的装运箱中携行。使用时，打开收发报机，用软管将投射器和压缩空气钢瓶连接起来，将投射式毒剂探测器上的安全栓取下，然后像装迫击炮弹一样从炮口装入，发射至预定地域。发射出去的探测器发现毒剂后便通过自身所装的发报机迅速将信号发送至接收机。信息发送间隔为10秒、20秒和30秒。每枚毒剂探测器长27厘米，直径5厘米，外形像迫击炮弹，可发射至20公里远。收发报机可连续工作7天。探测器上的发报机在发信号时，能报告其编号、探测到的毒剂种类和浓度。如有两个或两个以上的探测器发信号，接收机能按号码依次对每个探测器的信号进行记录。

多台收发报机可构成一个无线电网进行工作，并以30～88mHz的频率范围重新转发信息。一只钢瓶所装的压缩空气可供100次发射之用。该系统可由两人携行和使用。

以色列CHASE毒剂报警器投产 CHASE是一种高灵敏的、响应快速的差示火焰光度计，属便携式装置，既可人背，也可置于轻型车辆上，用于对化学袭击提供有效的早期警报，鉴定毒剂类型，进行侦察和表面监测，以及进行消毒和防护检查。它报警的毒剂种类为蒸气态或气溶胶状态的神经性和糜烂性毒剂，报警毒剂的阈值浓度范围为10～3毫克/米^3，响应时间为几秒。毒剂浓度的指示是通过指针进行的。运用一种重发器，可对报警器进行遥控，并将报警信号引导到500米远处。报警器一旦报警，能快速复位，以备另一次报警。CHASE具有操作简单和误报率低的特点，并具有故障自检能力，平时所需保养甚少。现已投产并装备以色列部队。

南斯拉夫DRHT型毒剂和核辐射报警系统服役 DRHT系统由5部分组成，即辐射探测器、自动化学战剂报警器、测量控制装置、压缩机和回旋加速器。系统全重30公斤，通常装置在装甲战车上，用以探测核辐射，测量地面辐射剂量，还用于探测周围大气中的神经性毒剂和其他毒剂。一旦探测到核辐射或毒剂浓度超过预定值时，它就会向乘员发出警报信号。它能测出的最低辐射剂量值为0.05厘戈瑞/时，辐射剂量测量范围为0.1～999.9厘戈瑞，响应时间为8秒；对神经性毒剂的灵敏度为6×10^{-6}毫克/立方分米，90秒响应。正常工作的温度范围为-15℃～+55℃。

南斯拉夫PHD半自动毒剂报警器投产并装备部队 它是一种便携式毒剂自动报警器，由两个盒子构成。一盒盛放报警器，另一盒盛装电源和消耗性的备件与附件，二者通过电缆相联。全重5公斤。使用时，由侦察员背负，用来连续或间断地监测气态或气溶胶态毒剂。一旦发现毒剂，探测装置上的闪光灯就开始闪烁，以此发出报警信号。对战场浓度下的光气和芥子气响应时间为10～20秒，当毒剂浓度很小时，其响应时间则可能为上述时间的3～5倍。探测器由两节6伏电池供电，也可使用车上电源，功耗不超过700毫安。

南斯拉夫DHM-11B侦毒器开始装备部队 该侦毒器有一携行盒，内装1个抽气唧筒，3种侦毒管，2种取样管，侦毒纸，1个手电筒和1个唧筒头罩，携行盒外附带着一只采样勺。3种侦毒管可侦检神经毒剂、氢氰酸、氯化氰、光气、双光气、芥子气和氮芥气。装有硅胶的取样管用以采集气溶胶态毒剂样品，装有棉花的取样管则用以采集毒烟。采集到的样品送往机动化验车化验。唧筒头罩在采集装备表面上的毒剂样品时使用。不管是侦毒纸还是侦毒管都是基于毒剂与侦毒试剂发生反应所引起的颜色变化而进行侦毒。侦毒所需的准备时间为1.5～3分钟，每次采样需时1.5～5分钟。

核监测器材 随着国际形势的变化和核裁军的进展，世界各国对核爆炸试验的监督和对现存核武器的核查探测技术便更加重视。与此同时，核辐射监测器材的军民兼容性也成了发展新型核监测器材的一个重要特点。

核爆炸监测器材 **美国建立核爆炸卫星监测系统** 它是部署在“定位系统”卫星和“防务支援计划”卫星上的一种核爆炸综合监测系统，可获知有关大气层和空间核爆炸的确切情报数据。

美国制成首批5套实用地震核查系统的单机地震仪装置 该装置由美国能源部在1989财年完成。为了对地下核爆炸进行探测、鉴别和定位，美国着重研究和开发地区性地震法核查手段。其“挪威地区性地震监测网络”、“实用地震核查系统”也属此种地震核查设施。

核辐射监测器材 **美国3种超小型多功能通用辐射测量器投产** 它们是监测-4型、监测-5型和数字指示型辐射测量器。其共同特点是体积小、重量轻、功能多、军民通用。三者均采用新型G-M计数管做探测元件，皆可兼测α、β、γ和X射线。其中监测-4型和监测-5型采用电表指示读数，数字指示型采用发光二极管指示读数。监测-4型用于监测辐射剂量率，该测量器上设有抗饱和电路，可容许辐射强度超出该仪器满刻度的100倍而仪器仍能正常工作。监测-5型用于监测服装、装备以及工作区的沾染情况，量程1～150000计数/分。以上两种测量器均采用一个9伏的碱性电池供电，可连续工作2000小时以上，尺寸大小均为145×72×38（毫米），重量约200克。数字指示型辐射测量器用于监测周围环境辐射强度的变化，量程0～19999计数/分，尺寸大小为100×80×30（毫米），重270克。采用一个9伏的碱性电池供电，可连续工作3～6个月。

美国XM-87核生化侦察车列装 美国参照联邦德国的“狐”式核生化侦察车，采用M-113A2装甲输送车作载车。车上所用的核生化装备与“狐”式侦察车类同，预计可在1990年12月首批列装。

联邦德国研制出TM-170核生化侦察车 该侦察车采用TM-170装甲输送车作载车，可在核生化条件下完成测量、侦检和标志受染区的任务。该车的特点是：所有的侦察操作（连同对土壤的取样在内）都可在车辆内完成。除具有装甲防护外，车上还设有滤毒通风系统，用以滤除化学和生物战剂。在车体上涂有非吸收性涂层，便于受染后洗消。为了定位和导航，车上装有PNA5导航系统，可与1：20000

和 1：250000 比例尺的地图匹配使用。该侦察车的乘员一般为 3 人，如有需要，也可改乘 4 人。车上的三防装备包括：ASG-1 自动核跟踪测量装置（可测量 20 毫德拉／时～1000 拉德／时的 γ 剂量率，能量响应范围 0.083～2 兆电子伏）、生物战剂取样装置、MM-1 车用质谱仪、M-43A1 型神经性毒剂侦检器。车上还设有气象测量装置。TM-170 核生化侦察车的战斗重量为 11650 公斤，其功率／重量比为 14.4 马力／吨。

图 1　德国 TM-170 核生化侦察车

化学防护器材　1990 年，各国加强了化学战战备，大量生产与发展个人防护装备。美军自 90 年代开始重点采购各种急需的化学、生物防护装备。1990 年下半年，以美国为首的多国部队加紧研制、装备了适用于热带地区使用的三防装备。

防毒面具　各国研制的新一代防毒面具，具有佩戴舒适，气密性好，视野广，通话性能好，能在毒区进行饮水和进食。有些国家还加强了警用防毒面具的研制工作。

苏军装备 ГП-7 防毒面具　该面具由过滤吸收罐、МГП 面罩、防雾膜片（6 片）、防冻环（2 个）、保护套和面具袋组成。面具全重 900 克；过滤吸收罐重 250 克；面罩重 600 克，有 3 种尺寸。其特点是吸气阻力小，密封性能好，佩戴舒适，已投产装备。

英国 AR10 警用防毒面具　该面具是在 S10 面具基础上发展而来的。特点是密合框性能好，能防各种控暴剂，男女均适佩戴。镜片用聚碳酸酯制做，视野宽、抗碰撞，防雾性能好。面具结构紧凑，轻便，通话清晰，呼吸阻力小，佩戴者活动自如，且易于消毒。

法国 G1 警用防毒面具　该面具能防控暴剂、催泪剂、放射性灰尘和气溶胶。面罩用透明塑料制作，没有眼窗，用头带固定在头部，把嘴和鼻全部包住。滤毒罐在面罩两侧，呼气活门可兼作通话器用。面具气密性好，全重 760 克。

芬兰 M76 防毒面具　M76 防毒面具系头带式。罩体内有一阻水罩，有害空间小。用 6 根头带固定，适用于不同脸型。头带用增强尼龙制做，便于洗消。镜片采用高强度聚碳酸酯制作，视野好。滤毒罐装有 130 克优质浸渍炭和高效折叠玻璃纤维纸，气溶胶过滤率可达 99.99%以上。当毒剂浓度为 2 克／米^3，气流速度为 30 升／分，相对湿度为 75%时，可防氢氰酸 110 分钟，氯化氰 200 分钟，氯化苦 600 分钟。通话薄膜是一种不锈钢薄膜，通话性能好。面具全重 650 克。面罩可保存 10 年，滤毒罐 5 年。

防护服　**法国透气式三防服投入使用**　该防护服为全身式连衣裤，颜色像沙漠的沙子。1990 年经检验合格，已运往海湾使用。防护服外层由经特殊处理的防油聚酯棉布制作，毒剂落在防护服上能变成油滴流下；内层为浸有活性炭的泡沫层。有效防毒时间至少 24 小时，总重不到 2 公斤。具有热应力，在酷热气候条件下穿着不感闷热憋气。

比利时研制成透气式防毒服　它由两层材料缝制而成。外层为棉布或聚酯棉混纺织物，内层织物喷涂有活性炭，两层织物均经防火剂处理，能防毒、防火、防高强度热辐射。该防护服制有各种型式，有二截式、全身式、伪装式和前开胸式。

南斯拉夫两种隔绝式防毒衣　其中一种为 M3 隔绝式防毒衣，用两面涂聚酯和丁基胶尼龙织物制作，为两截式，有 3 种尺寸，重量不大于 2.4 公斤，可防毒剂液滴 120 分钟。另一种为 M5 型隔绝式防毒衣，供洗消和侦察分队使用。它用阻燃橡胶织物制做。衣服正面有拉链，便于穿脱，重约 3 公斤。

集体防护器材　1990 年，各国研制重点是简易轻便集体防护帐篷、组装式掩蔽部。坦克、装甲战斗车辆的集体防护系统，以研制高效防毒过滤装置为主，使坦克、战斗车辆内部形成超压，净化空气环境，使车内人员不佩戴防护器材就能遂行战斗任务。美国还研究了用于集体防护设施的压力和温度可变吸附新技术。

美国研制成改进型集体防护帐篷　该帐篷用防毒

织物制作。外面罩有可防毒剂液滴和日光直接照射的防护罩，采用可更换的对接拉锁。在 12.7 毫米水柱压力下，其漏气率小于 1 英尺^3 / 分 / 英尺。该帐篷既可单独使用，也可与各种战车、指挥车、建筑物和掩蔽部衔接使用，可供 6～12 人工作或休息。

法国生产 MS40 防毒掩蔽部 该掩蔽部按照模式金属构件制成，尺寸与国际海上集装箱体积相同。在此种构件内，灌入混凝土防护板，能承受常规轰炸和化学武器袭击，能防放射性沉降及电磁辐射等，适用于民防和军需。其优点是成本低，易运输，重量为 2.5～5 吨，拆装迅速，整体使用面积在 15～200 平方米之间。

法国生产空军 AP60 半加固组装式掩蔽部 该掩蔽部用钢筋混凝土构制。两端用轻质铝合金制作的密闭门封闭，里外均有通道，可供 60 人使用 48 小时，内设 50 个座位和 10 张床，还备有照明、通风系统、担架、凳子和卫生间。有 2 台核生化过滤和通风装置，通风量每小时为 240 立方米。

洗消器材 1990 年外军的核生化洗消器材主要发展小型、轻便及单兵使用的消毒应急器材。英国的多用途、动力驱动的大规模快速洗消器等洗消器材近年发展较快。

美国装备 M280 个人消毒箱 该消毒箱用于对个人装备进行消毒和洗消。它由 20 个塑料消毒盒组成，每个消毒盒装 1 号或 2 号消毒巾包各 1 个。每个 1 号消毒巾有一块浸有消毒液的纱布垫，上端有一个拉绊；每个 2 号消毒巾有 1 个纱布垫和 1 个内装消毒液的玻璃安瓿。该消毒箱全重 15.88 公斤，当温度超过 110 ° F 时储存不稳定。它不能用于对皮肤及多孔材料进行洗消。

美国生产 M291 皮肤消毒包 消毒包外形似一个柔软的钱夹，内装 6 个人员消毒小包，以金属箔包装。内装 1 个消毒垫，浸有 2.8 克 XE-555 树脂粉，可以完成对手、脸和脖颈进行完整的 3 次消毒，主要用于对持久性毒剂和某些毒素的消毒，系一次性消耗品。目前已进入生产和使用阶段，将用以取代 M258A1 皮肤消毒盒及 M58A1 训练急救消毒盒。优点是无毒，使用安全。

英国研制 NGL 多用途洗消 / 发烟装置 该装置的洗消部分能提供高压热水或热空气，用于对人员和器材的洗消和清洗，每分钟能提供 25 升消毒液和热水，压力为 70 巴。同时，该系统能利用发烟剂造成烟幕。它可固定安装使用，也可安装在轻型车辆或装甲输送车上使用。其主要动力源是 WAEL 式 600 千兆涡轮燃烧器，这种动力装置性能可靠，维修率低，且操作简易。整个系统采用遥控式控制。由涡轮膨胀器空气马达驱动高液压流体泵和低压叶片型水泵，这些组件连同所有联结管和其他零配件组装成一个装置，该装置的内部管路与沸水炉相联，而沸水炉又固定在涡轮燃烧器的排出管线上。整个系统重 130 公斤，尺寸为 840×420×208 毫米。

英国生产 Partaflex100 型淋浴器 该淋浴器重 26 公斤，能由一人运载，并在 30 秒内安装完毕。使用时，将淋浴器与移动式水泵联结好，淋浴器的 4 个淋浴框架软管便在 3 巴的附加水压下变硬，形成一个围绕着洗消人员的圆形框架结构，水从 16 个喷头喷出。喷头以 360 度的全方位角从头到脚均匀地设置。水通过一个 63.5 毫米的插入式偶合器的金属基架，当没有加压水时，4 个淋浴框架软管能被淋浴器上方的吊架悬起。

意大利研制出 3 种人员淋浴器 这 3 种淋浴器是 SAM125M 型便携式淋浴器、箱式淋浴器、隧道式淋浴器。

SAM125M 型便携式淋浴器，通常用于野外，对穿着防护服的人员进行淋浴洗消。它有 3 个不同高度的喷头，用于人员 3 个不同部位的洗消。

箱式淋浴器由玻璃纤维制成，内有一个环形系列喷嘴。人体在其中转 180 °，即可对全身进行有效的喷射消毒。

隧道式淋浴器，通常串联起来使用。第 1 个淋浴器专喷洗消剂水溶液；第 2 个专用于人员冲洗。每个淋浴器依身体的不同部位设置 3 个喷头，洗消人的整体。

这 3 种淋浴器若与意大利生产的高温高压洗消器联用，可提供压力 4 巴，流速 100 升 / 分或 50 升 / 分，温度 40℃或 38℃的淋浴用水。

加拿大 DEW3 升和 DEW20 升新型洗消器服役 DEW3 升洗消器坚固耐用，能独立作业。装填简便、快速、一次可装填 3 升 C1（DS2）消毒剂，一次加压喷射，形成 1～3 米的扇形喷射面，可对军用装备表面的化学战剂进行消毒。该洗消器能抗 C1 消毒剂的腐蚀，使用温度范围为−45℃～+50℃。易于清洗，可重复装填使用。

DEW20 升洗消器，专用于分散 C8 乳浊液消毒剂。其容量为 18.5 升，装满消毒剂后，可喷洒 8 分钟，喷射距离可控制在 1～3 米。易装填，耐腐蚀，可重复使用，通常装在纤维袋中运载，洗消器和其他零部件总重 8 公斤，尺寸为 180×180×600 毫米。

电子对抗装备

综述 1990年，电子对抗装备的发展仍同往年一样，保持了如下趋势，即全频段、全方位、全高度；实现空地一体，软硬一体，多功能一体，支援、自卫、干扰一体，主动与被动一体；发展通用化、模块化、电脑化的高技术装备。在陆基电子对抗装备方面，仍以通信对抗为主，雷达对抗为辅，同时发展光电对抗装备。在舰载电子对抗装备方面，主要提高反应时间，改进工作精度，提高自动化程度，与各种舰载武器系统紧密结合，构成整体。在机载电子对抗装备方面，一次性干扰装备更加受到重视，一次性使用干扰机有了很大发展。

一年来，美英等发达国家在电子对抗装备的发展方面仍保持着领先地位，而广大发展中国家也都根据本国的需要，积极引进、采购和研制各自的电子战装备。下半年爆发的海湾危机及随后引发的海湾战争再次证明，在现代条件下，电子对抗不仅是战斗力的倍增器，而且交战双方谁能取得电磁优势，谁就能取得作战主动权。

1991年1月18日，即海湾战争爆发的次日，法国《巴黎日报》就报道，在战争一开始，驻海湾美军就查明了伊拉克各种电台的高频、甚高频、超高频和特高频信号，立即用相同的频率发射更强的电波，干扰了伊拉克的通信联络，使电台的信号根本听不清楚。美国空军战斗机还撒下大量干扰箔片，在伊拉克的大部分雷达荧光屏上出现一片雪花，操作人员根本“看不见”飞越伊拉克领空的飞机。当美国第一批“战斧”巡航导弹飞向巴格达时，电子战达到了最激烈程度，连巴格达电台的广播也受到压制，致使伊拉克的整个通信、指挥与武器控制都陷于瘫痪境地。

陆基电子对抗装备 陆基电子对抗装备主要用于侦察和干扰敌无线电通信，是对敌方无线电通信截获和定位的重要手段。目前装备的陆基电子对抗系统有移动式、固定式和便携式，种类繁多。发展的重点是研制分辨率高、频率覆盖范围宽、多功能和自动化的电子对抗系统。

美国研制“背负”便携式野战电子支援系统 该系统是美国通用电器公司根据与美国陆军通信电子司令部电子战／侦察、监视和目标搜索中心签订的预研合同而研制的，这项工作是该中心战术保密计划的一部分，旨在研制战术电子情报装置。

“背负”样机覆盖2～18千兆赫波段，重量7～9公斤，功率消耗600瓦，预计1991年完成。该设备还可以配备“毒刺”地空导弹。

美国陆军情报总体规划特别需要便携式通信和非通信侦察测向系统。在战术行动中，特种作战部队也需要对其周围进行监视。“背负”系统使用最新模块化自适应信号分选器的信号处理器。处理器与高集成化宽频带天线和接收机子系统工作在一个单元里。样机计划处理多部捷变信号和脉冲多普勒信号，同时跟踪几个辐射源并鉴别敌我信号。设计特性包括瞬时带宽500兆赫，测频精度5兆赫和测角精度5度。

“背负”设备利用通用电器公司和电子战／侦察、监视和目标搜索中心的现有成果。1989年美国陆军已对小型电子支援系统进行野外实验，该机高45厘米，直径38厘米，重21公斤，消耗功率300瓦。它用光纤线路处理机连接，这种处理机派生于电子情报无人飞机，如“天空跳舞者”上的处理器。

美国推出“火屏”防空干扰机 车载式干扰机“火屏”以美国陆空军的“防空电子战系统”的有源部分为基础，用来干扰地形跟踪雷达、无线电测高仪和其他射频导航、目标搜索和轰炸瞄准设备。该系统也能根据飞机的辐射源识别飞机，同时也可以提示防空导弹系统。

“火屏”可单独或连网使用。多波束发／收阵列天线，视野90度，操作员可旋转360度。高功率干扰发射机可使用人工、半自动和自动操作方式来对付多个目标。

在对高价值目标进行区域防御时，可组成较严密的分配网。用一个单独的车载式电子支援指挥与控制车，可以控制8个移动式干扰机，开成3000公里的保护区。这种车有两个多功能彩色工作站，一个有600个人口的辐射源数据库和通信接口，还能提供瞬时全方位精确测向。

美国研制成“快测”便携式测向系统 该系统由美国辅助德国罗德和施瓦茨与康普戴内公司研制，后一个公司提供天线组件和处理器，这些单元与罗德和施瓦茨公司的 MDR-88 接收机连接。

"快测"系统的频率范围 20～1000 兆赫，重 23 公斤（三角架、电池和平面图扩充器除外），一个人可以携带，或把模块分别由巡逻成员携带，装配时间少于 10 分钟。"快测"接收机的体积 103×286×343 毫米，有 30 个信道的存储能力。在自动工作状态，还可以搜索 10 个信道。频率读出采用六位数 LCD 的方式，分辨力为 1 千赫。OAR3001 处理器单元的尺寸为 103×286×310 毫米，方位读出精度为 1 度。

美国研制 AN／PRD-12 轻型无线电测向系统

PRD-12 系统是一个小型单兵携带式装置，用于轻型、空降和特种部队，可补充 AN／PRD-10 单兵无线电测向系统。

该系统覆盖的波段为 0.5～500 兆赫。接收机／处理器子系统可以装入帆布背囊，天线子系统可以装入另一个帆布背囊。这个装置可单独侦听和测向，用三角测量法，可与另外两部 PRD-12 或大型测向系统，例如 AN／TRQ-32 连接。方位和协调数据通过单独电台，例如标准装备 AN／PRC-77VHF 甚高频电台传到其他站。如果加装卫星接口，PRD-12 甚至在移动时也可产生方位数据。

美国推出新型 MIDAS 系统　MIDAS 是一种通信测向侦察系统，其核心部件是一个短小机壳的接收机／处理器单元，重 10.3 公斤，测向天线重 2.3 公斤，一个重 27 公斤的大手提箱，可以容纳整个系统，另外包括一个交流／直流电源和锂电池组、射频天线、磁带录音机、报话员的耳机和电缆线。

该系统覆盖 20～1300 千兆赫波段，对调幅、调频、连续波、上边带和独立边带信号进行测向、频谱分析和侦察。高分辨力 LCD 显示器有频谱和模拟测向显示方式。接口可以提供计算机控制、遥控和输入罗盘数据，并输出到达角、到达时间和日期、幅度和频率信息。

美、德两国研制的激光告警接收机推广试验

1990 年，MBB 公司研制的一种新型通用光电激光探测系统由美国陆军坦克机动车司令部进行鉴定。该探测器将与特拉科 MBA 公司生产的烟幕施放系统结为一体。坦克机动车司令部和通信电子司令部与 AIL 公司签定 100 万美元的合同，为坦克研制毫米波雷达告警接收机。

改进的通用光电激光探测系统已扩展了频率覆盖范围，通用光电激光探测系统可以探测二氧化碳激光测距仪（工作在 10.6 微米），美国的 M—1A2 和英国的"挑战者"2 坦克将装备这些激光测距仪。较早型的上限为 1.9 微米，适用探测红宝石和掺钕钇铝石榴石测距仪和指示器。光电激光探测系统已经由英国、德国和美国陆军作为坦克和直升机的防御装备进行了试验。根据 MBB 公司的研制情况，通用激光测距仪处理器既有处理激光输入的能力，也有处理告警接收机输入的能力，称为全综合系统。

德国生产模块化通信侦察系统　由西门子公司生产，是一种新型模块化固定或移动式接收机，目前还没有命名。它可截获在甚高频／特高频频段内无线电或无线电中继信号。该系统可以自动或人工控制来检测和分析所有在 20～100 兆赫之间的模拟和数字信号或多信道辐射源。它能截获战斗网中在甚高频波段的无线电传输及无线电中继传输，多信道系统，卫星及在特高频频段高段的散射传输。其独特之处是它能接收并解调调幅、调频、连续波、单边带、脉位调制和相移键控通信。处理速度可达 16Kbit／s 到 4Mbit／s，并可对多信道系统进行信号分选，该系统适用于重要的特高频无线电通信（它用于分析数字信号）。

英国制成方舱载电子侦察系统　索恩·埃米公司研制的新式 Corvus 方舱载电子情报／电子侦察系统，可由一辆 4 吨卡车装载。它以该公司的 EP-4220 信道化接收机和 EP-4210 脉冲分析仪为基础，具有高度抗干扰（或者由同站雷达带来的影响）能力，以及探测在雷达视距或超视距的辐射源旁瓣所需的高灵敏度。其处理系统以计算机为基础，通过与威胁数据库的参数相比较可快速实时辨别出辐射源。

澳大利亚信号情报站使用 LP-1001K 型对数周期天线　澳大利业设立的地面情报站有 5 处，其中在墨尔本附近的罗克贝克信号站由澳大利亚第 6 通信团负责，配有高频截收和测向的干涉仪阵列天线和 4 付 LP—1001K 对数周期天线。

以色列外销新型陆基通信电子战系统　以色列塔迪兰—艾利沙公司向国际市场提供一种新的地面和海上通信干扰机。这种战术自动通信干扰系统是一个功率管理的高频／甚高频搜索干扰机，适合安装在 M113 装甲输送车里。同样的人／机接口既可用在高频系统上，也可用在甚高频子系统上，以便简化操作训练。

不管是移动式还是固定式干扰机，都可以用信号触发或采用周期时分制，在电子战指挥部的指挥下，把几部通信干扰车连成网，标准车辆适合安装一部 2 千瓦高频和两部 1 千瓦甚高频发射机。高频设备的频率范围1.5～30兆赫，一个鞭状天线和调谐设备。它可提供调幅／连续波／上边带／下边带／独立边带探测方式，灵敏度101毫瓦分贝／3千赫。输入信号类型包括连续波、调幅、单边带、调频和脉冲。甚高频频率范围是20～500兆赫，使用杆式双锥形天线。探测方式包括调幅和调频（灵敏度为97毫瓦分贝／20千赫）、连续波、调频或脉冲输入方式。

舰载电子对抗装备 近年来，许多国家的海军不仅在主要舰艇上配备了电子战装备，甚至小型舰艇和辅助舰只也具备了一定的电子战能力。防御反舰导弹用的舰载箔条诱饵发射系统在日益增加。不少公司设计和生产了各种从小巧简单到大型复杂精密的舰载装置。诱饵发射器被认为是一种效费比较高的有效的自卫措施。许多国家试图研制多种型号的诱饵来补充传统的箔条和红外诱饵装置，其中包括一次性使用的投掷式干扰机以及对付反辐射导弹的一次性使用辐射源。许多国家在舰载雷达告警接收机的基础上加装简单的干扰机，有些复杂的电子对抗系统通常都具有专用的接收机和自动化功率管理单元，以便缩短反应时间和提高电子对抗的有效性。这些较先进的干扰机通常能同时处理几个雷达威胁目标，并可通过高速转换设备和电子式可控天线掌握多批目标。这些系统通常与舰艇中心战斗序列形成一个整体，以便正确协同作战。

美国研制“海妖”主动式电子对抗诱饵系统 该系统目前正分别由英国皇家海军以及美国海军进行3阶段试验及性能评价。

该系统的可行性研究和概念研究自1983年开始，1988年一套未定型的“海妖”系统交付给英国皇家海军进行评价并对有关设备进行试验。

英国研制成“超防栅”型箔条红外对抗系统 在原“防栅”舰载箔条发射装置基础上，英国又发展了“超防栅”舰载箔条红外对抗系统，用以对付当前及今后的反舰导弹威胁，适用于装备护卫舰以上舰艇。

与原系统相比，“超防栅”系统主要有以下3方面的改进：一是增大直径，由于反舰导弹速度提高、反应时间缩短，因此该系统用102毫米火箭取代了原来的57毫米火箭，其产生的对抗效能相当于数枚57毫米火箭；二是改善布散方法，用炸弹布散取代原来的活塞式箔条布散法，从而使烟卷形箔条云变得更趋于圆形，干扰效果提高；三是采用多种干扰弹，即2种箔条火箭干扰弹，2种红外诱饵和1种箔条／红外混合干扰弹。

芬兰海军已采购该系统，装备其新建造的布雷艇，此外，该系统还可能装备美国、英国和智利舰艇。

英国研制新型舰载诱饵系统 这种称为“保证”的舰载诱饵系统的特点是发射架结构紧凑、重量轻，而箔条载量却大幅度提高。其发射架采取经改进的钢结构，重量为137公斤，特别适于装备中小型舰艇，但其保护能力却超过现有57毫米系统的3倍，可以迷惑方式提供2500米范围内的分层防御。

利用计算机控制，诱饵的发射可实现自动点火齐射，同时可指示出舰艇在受到威胁时摆脱危险的最佳航向和速度。此外，由于采用了高精度、高性能的无触点诱导点火系统，点火时产生的冲击小，所以无需对甲板加固。

英海军“乌鸦座”箔条防护系统 “乌鸦座”是维克斯公司60年代研制的无源干扰火箭发射系统，它适于装备大、中型舰艇，现已广泛装备于英国驱逐舰和护卫舰上，还出售给法国和西欧一些国家。“乌鸦座”主要由2座多管火箭发射装置、发射控制板、箔条火箭、弹仓和备用弹仓组成。其系统结构简单、甲板载荷小、安装维护方便，适应外界环境的能力较强。它的圆柱形回转架通过方向回转轴承和甲板连接，使发射装置能够回转。在回转架上有8根发射管，分3层安装。下2层互相垂直，相交成90°的方向角，每层3管；最上1层2管，取上述交角的中线安装，所有发射管为30°的固定仰角。

“乌鸦座”系统利用箔条火箭为舰艇提供被动的多频带防护手段，按选定的分散、转移和质心3种方式中的某一种或其组合及导弹攻击类型，在己舰周围的战术位置上施放箔条，形成假目标，以对付雷达制导的舰舰和空舰导弹的攻击。

法国海军全自动“达盖”干扰系统 该系统由法国信号和电气设备公司研制，80年代初开始列装，现已出口20多个国家。该系统的组成部分主要有：旋转式干扰弹发射装置（可发射箔条、红外和电磁火箭3种干扰弹）；数据接口装置；数据处理计算机和自动控制显示台。

发射装置可装10个箔条／红外发射箱，或8个箔条／红外发射箱和6个箔条火箭弹，发射箱外形相同，在发射装置上的每个位置可互换，但箱内结构依弹型而不同，每个发射箱内有一个加固小盒和一个延时点火网，根据舰艇的大小，可安装多座发射装置。

这套发射装置适合于装备250～6000吨舰艇，它在接收到预警飞机或电子支援系统发出的威胁信息后，由计算机进行综合处理，快速给出控制指令，实施干扰。其特点是方位上可进行回旋，将诱饵布设在有利于对付反舰导弹的方向上。

在箔条发射箱内有33个预先定向的发射筒，内装33枚箔条弹，每枚有4组箔条，可形成132个散开点。每枚按照预先选定的射角、初速和散开的持续时间在同心弧内散开，在来袭导弹自导头分辨单元内形成大的雷达截面箔条云。箔条云在3秒钟内形成，每箱雷达截面积5千平方米，覆盖频率范围为6～18千兆赫，持续时间超过10分钟，效果取决于发射舰的相对运动和导弹寻的头的性能。

红外发射箱内有34个预先定向的发射筒，每筒一弹，共有12枚近炸弹、20枚远炸弹。34枚弹几乎同时从发射筒内射出，近炸弹在舰艇附近散开，用来干扰红外制导的导弹；远炸弹在距舰较远处爆炸，延长干扰的作用，保证红外和雷达干扰物的共同定位。反应时间为1秒钟，持续时间为30秒，辐射面积300平方米，红外辐射强度2000W／Sr，高度15米。光度在3～5微米和10～14微米波长的大气透明窗口内能量较高，且较可靠。

箔条火箭干扰弹是“达盖”Mk2系统的一项新技术，主要用于在来袭导弹自寻的头未开机之前发射，进行迷惑式干扰。

英、法两国联合研制“女巫”舰载全自动诱饵发射系统 该系统是在1982年英阿马岛海战后，无源干扰设备受到重视的情况下研制的。

“女巫”系统的设计旨在对付世界上目前装备和正在研制的反舰导弹，它应用了现有的先进技术。其控制计算机能接收舰船的速度、方向和区域防御威胁、气象条件、干扰弹使用状况、评估数据等信息，进行综合分析，选择相应的诱饵组合方式（红外、箔条、烟幕），通过控制台把发射角度和方位送给发射器，直接控制诱饵发射装置的瞄准和发射。应用迷惑、分散、转移、干扰定位和充当假目标等多种诱饵方式进行有效的干扰。

“女巫”系统的主要组成部分有：装在上层甲板上的多联火箭发射器；可发射多种干扰方式的7种火箭弹；装在舰船内的自动控制台和显示器。

其干扰弹有7种类型，有1种实习弹和6种战斗弹。6种战斗弹分别为：雷达假目标、红外假目标、复合假目标、投掷式有源干扰机、吸收型假目标和雷达模拟器。弹径有170毫米和263毫米两种，分别用于小型和大型舰艇上，利用干扰弹及其组合功能可伪装舰艇、设定假目标、遮断和防止导弹寻的头跟踪舰艇。干扰火箭的有效射程为0～8.5千米。

“女巫”发射系统为12联火箭发射器，火箭发射器为双轴稳定式，具有仰俯、旋转功能，可使箔条弹准确地在有效引诱来袭导弹所必需的位置上散开，这是以往假目标系统所没有的重要特性。

为了使诱饵系统在遭受导弹攻击时能及时响应，控制系统能够自动探测导弹攻击，确定最佳诱饵干扰方式，选择最佳弹型，控制发射器的俯仰、旋转，以瞄准在最有效的位置，在引诱导弹的最佳时刻将所有火箭一同发射出去。同时，自动地准备下次发射。

以色列推出“最现代化”通信情报／测向系统 该系统命名为NATACS，为模块化设计，避免了繁琐的安装工作。该设备用于补充其他舰载情报收集系统，采用对消技术，保护设备免受平台上已方无线电／雷达发射频率的影响。基本的NATACS系统与一个操作手工作站和可根据用户要求修改的装置配备在一起，起到一个“指挥所”的作用，另外还可增加叫做“监控所”的设备。埃塔兰公司指出，在制造各种操作员工作站时，采用了“先进的人体工程”，以减轻人员的工作负载。

为完成通信情报功能，NATACS采用“自动信号分选器”，丢弃不需要的信号流。该系统通过自动扫描接收机完成对信号的监视。设计该系统的埃塔兰公司声称，这种扫描接收机在“整个通信频率范围内”的扫描率“优”于1000信道／秒。在测向方面，采用了干涉测量系统，埃塔兰公司声称该设备应用了“独特的测向算法”，即使对方辐射源发射时间很短，也可保证有相当高的精度。

NATACS系统是一个海军战术通信情报和测向系统。标准频率范围20～500兆赫。干涉仪测向系统有效精度为2度，反应时间以启动发射机来进行定位。如果空间受限，测向天线可以安装在电子支援天线上，也适用于潜艇使用。

系统的频率分辨率为1千赫，信道的扫描率为1000／秒，中频带宽为10／20／50／100千赫，这套设备的覆盖范围超过了150个预调频率，大于16个选择频率的搜索范围，并超过2000个保护信道。双控制台操作员工作站与舰上导航、通信和C^3系统相连，并向舰上导弹火控系统告警。通过附加接收机、磁带录音机、磁盘音频存储系统、信号调制分类模块和互调算法，提高电子情报的能力。

以色列研制NS—9000系列电子对抗系统 以色列埃利萨集团海用系统部研制具有电子对抗、电子支援和电子情报功能的电子战系列，其功能包括：对声频、视频威胁进行识别、截取电子信号、判定和显示威胁性质以及控制箔条/红外等电子干扰装置。

系列中的不同型号具有不同能力或装备不同舰艇:

NS-9001型　工作在0.5～18千兆周波段，对雷达信号具有识别和分析能力;

NS-9003型　工作在2～18千兆周波段，可提供超视距信号探测、对单脉冲信号测向、对发射机或平台进行识别，以及对干扰机和箔条红外装置实施控制;

NS-9005型　工作在7.5～18千兆周波段，主要任务是施放噪声干扰和进行欺骗调制;

NS-9009型　工作在2～18千兆周波段，为小型舰艇提供自卫能力;

NS-9010型　工作在2～18千兆周波段，是NS—9003的紧凑型，适于装备小艇。

日本海上自卫队拟购买EA—6B电子战专用飞机　在1991～1995年期间，日本海上自卫队计划购买远距离干扰电子战专用飞机，估计需要10～15架EA-6B的ICAPⅡ型飞机，配有ALQ-99电子干扰机。日本方面希望配备ALQ-99的最新改进型ADVCAP，但美国海军的方针是只能提供舰队已经使用的技术出口。日本还考虑引进技术，由日本国内生产，而美国厂商只愿意帮助日本建立后勤支援和军械站级维修设施，预计1991年批准预算，1994年装备日本海上自卫队。

日本海上自卫队计划装备AN/ALQ-78型电子侦察系统　日本已获得许可生产约60部美国洛雷尔公司的AN/ALQ-78型电子侦察系统，计划装在日本海上自卫队的P-3C"猎户座"(ORION)海上巡逻飞机上。另外还取得美国通用仪表公司的许可，生产AN/ALR-66(V)1电子侦察系统，计划装在SH-3A/B空中预警直升机上。

机载电子对抗装备　机载电子对抗是发展最快、种类最多、普及最广的电子战手段。它既包括雷达对抗、通信对抗和光电对抗、又包括自卫干扰、支援干扰、有源干扰和无源干扰。1990年，美、苏等发达国家在发展机载电子对抗装备方面虽未推出新项目，取得新进展，但广大发展中国家则越来越广泛地引进、采购和研制本国的机载电子对抗装备。在海湾战争中，美国的电子战飞机又一次显示了巨大作用。

美国EA-6B和EF-111电子战飞机在"沙漠风暴"行动中大显身手　EA-6B是美国海军电子对抗专用飞机。它装备有"哈姆"反辐射导弹、AN/ALR-62电子侦察接收机、AN/ALQ-99大功率干扰系统、AN/ALQ-126自卫干扰系统、AN/ALQ-92通信干扰系统和AN/ALE-29A无源干扰投放装置，具有很强的电子对抗能力。EF-111是美国空军主要的远距离战术干扰飞机，装备有AN/ALQ-99E战术干扰系统，具有远距离干扰、突防和护航能力。

在"沙漠风暴"行动中，这两种电子战飞机与各种作战飞机联合编组，首先出动，干扰和压制伊军的雷达、通信设备，有效地支援了各种作战飞机的行动。

美国发展"勇敢"200/3000电子对抗无人机　这是一种廉价的多用途程序控制的无人机，可执行电子对抗，压制敌防空火力和侦察等任务。它可从火车、卡车或舰船上发射，也可用助推火箭快速发射。该机有多种改型，作为反雷达飞机，型号定为"勇敢"200。"勇敢"3000是波音公司1981年开始研制的一种新改型，可用于战场侦察与电子对抗。

日本航空自卫队装备J/APR雷达告警接收机

日本航空自卫队有75架F-1攻击/训练飞机装备J/APR-3型雷达告警接收机，F-15J截击机装备J/APR-4型雷达告警接收机。最新制造的F-15J飞机上装备J/APR-4A型雷达告警接收机，14架RF-4EJ飞机装备J/APR-5型雷达告警接收机，根据K计划将有96架F-4EJ飞机装备J/APR-6型雷达告警接收机。

南朝鲜计划更新现役飞机的电子对抗装备　在引进F/A-18飞机之前，南朝鲜对现役的F-16和F-4飞机更新电子对抗装备，拟采用AN/ALQ-171战术电子干扰系统，或用AN/ALQ-187电子干扰吊舱和AN/ALQ-131雷达干扰吊舱。同时给一些EH-60直升机配备"快定"通信干扰机和M-130投放器。

以色列装备AN/ALR-73无源探测系统和EL/L-8300电子情报系统　以色列用4架E-2C"鹰眼"飞机进行空中预警，除装备AN/APS-125/138系列监视雷达外，还装备AN/ALR-73无源探测系统。以色列的波音707-320战略信号情报飞机装备EL/L-8300电子情报系统，用于战略信号情报搜集。该系统由0.5～18千兆赫的L-8312A电子情报设备、20～500兆赫通信情报设备和L-8350指挥/分析分系统组成。在90年代这套系统将增加"菲尔康"相控阵机载预警雷达。

埃及空军装备SL/ALQ-234干扰吊舱　埃及空军已购进赛莱尼亚公司的SL/ALQ-234干扰吊

舱，用于装备全部200多架米格−21、F−7和74架“幻影”5型飞机。SL／ALQ−234干扰吊舱为双模干扰系统，能干扰6～18千兆赫频段上的脉冲和连续波信号。该干扰吊舱的特点是具有功率管理能力，内装超外差接收机。此外，埃及正在用西方国家的航空电子设备改进米格—21飞机，改装计划包括安装雷卡公司0.5～18千兆赫处理机控制的“预言家”雷达告警接收机。

埃及空军装备“赛维尔”雷达告警接收机 埃及16架“幻影”2000E截击机安装法国汤姆逊—CSF公司的“赛维尔”雷达告警接收机（频率范围为2.5～18千兆赫）和“印鱼”双模干扰吊舱（频率范围为6～18千兆赫）。埃及新增加的F−16飞机上（38架F−16F／B已交付使用，另定购47架F−16C／D）至少将使用40部第3代AN／ALQ−131（V）干扰吊舱的样品。埃及的“战隼”飞机还装有AN／ALR−69雷达告警接收机和AN／ALE−40（V）箔条／红外诱饵投放器。

沙特皇家空军装备AN／ALR−56C雷达告警接收机和“天影”干扰吊舱 沙特皇家空军用于截击任务的42架F−15C飞机全部装备有AN／ALR−56C雷达告警接收机。沙特正在接收48架“旋风”IDS飞机，所有飞机都装备有雷达寻的和告警系统、箔条投放器和“天影”干扰吊舱。该系统是英国马可尼公司生产的灵巧的双模干扰吊舱。沙特皇家空军执行攻击任务的62架F−5E飞机则装有AN／ALR−46（V）雷达告警接收机、AN／ALE−40（V）箔条／红外诱饵投放器或AN／ALQ−17(V)干扰机。未来，沙特皇家空军可能采购“隼”200攻击机，机上可能装备“维康”78箔条／红外诱饵投放器，以及“预言家”雷达告警接收机或2～18千兆赫的“空中卫士”200雷达告警接收机。为进行空中监视，沙特阿拉伯有5架装备AN／APY监视雷达的E−3A“步哨”机载预警与控制飞机。

澳大利亚空军计划装备高速反辐射导弹和AN／ALQ−131（V）干扰吊舱 澳大利亚皇家空军对AGM−88高速反辐射导弹和AN／ALQ−131（V）干扰吊舱进行试验，准备装在F−111C飞机上。澳大利亚皇家空军还更新F−111飞机，准备装配AN／ALE−40、ALE−471和ADDSⅡ投放器。

后 勤 装 备

综述 1990年，世界各国军队在发展武器装备的同时，始终重视后勤装备的同步发展及其在各种情况下的运用。综观全年，各国军队后勤装备的发展和使用有如下特点：一是加紧后勤装备的补缺配套，提高后勤装备的整体保障能力。这一特点，在军需、卫生、油料补给、运输、后勤自动化系统方面表现尤为明显。为适应特种条件下部队对被装的要求，美军研制了沙漠作战服；为简化后勤保障程序，提高作业速度，美、英、法、德、苏等国竞相发展将运输、装卸、保存一体化的新型整装整卸车；在加油器材方面，美军发展了与运输直升机一同使用的新型加油系统，从而使加油作业适应其空地一体作战的要求。二是在各种突发事件中，检验后勤装备的保障能力，完善其性能。海湾危机爆发后，美军实施了“沙漠盾牌”行动，把数十万美军和各类武器装备调到海湾，同时也将大量后勤装备运往当地，接受实战检验。从服装、食品、运输车辆，到卫生、油料补给、维修、野营和自动化指挥系统，一应俱全。为使部队适应沙漠作战条件，美军改进、研制了沙漠作战长筒靴，法国研制了适于热带地区作战的“密封式服装”。为保障伤病员救治，美军部署了新研制的“可部署医疗系统”。为向部队快速提供物资补给，采用了后勤自动化管理系统。苏军在国内各种灾害中，也动用了运输、卫生、物资补给的器材。三是运用最新科技成果，发展新型后勤装备。各国军队在机械、电子、计算技术、新材料、微电子等方面的技术进步的基础上，积极发展后勤装备，使后勤装备逐渐从传统的应用技术领域向高技术领域过渡。在纤维材料取得进展的基础上，美军将“高尔泰克斯”、“诺梅克斯”等特种纤维应用于被装，使服装防护和重量有了明显变化。后勤运输车辆采用电子点火、自动变速技术，电子计算机在后勤管理上的运用，使后勤管理达到了自动化程度，微电子技术在卫生装备的运用，大大提高了伤病员的治愈率。总之，科技进步成果在后勤装备上的运用，正迅速改变着后勤装备的面貌。

军需装备 1990年，世界各国的军需装备都不同程度地得到了发展。其发展特点：一是针对战场特点，研制和改进被装装备。海湾危机爆发后，美军根据沙特的沙漠高温气候，为进驻沙特的部队紧急研制了沙漠迷彩作战服，降温背心，并在热带丛林作战靴的基础上改进、设计了沙漠作战长筒靴；法国研制了适合热带地区使用的“密封式服装”。这些新型装备，更符合作战环境的要求，能保证军人作战能力的正常发挥。二是研制成一批新型作战防护服。根据世界上核、生、化武器存在的现实，各国对防护服的发展给予了足够的重视。1990年，美、法、德和西班牙等国又发展了新型作战防护服，其性能明显提高，并趋向多功能和迷彩化。德军新研制的“三防”服还具备防水、防油、防火、防汗、散热功能和伪装特性。西班牙研制的新型防护服具有防光辐射能力。三是大型野战炊事装备得到改进，小型野战炊具发展迅速。如苏军 КП−130 炊事挂车换用新型 ГКБ−8912 型挂车底盘后，其通过性明显提高。美军新研制的单兵快餐口粮无火加热垫和单兵／班用多燃料炉，携带方便，使用简单、加热迅速。

被服装备 **美军研制成新型沙漠迷彩作战服** 美军过去的作战服不适合沙漠高温气候。海湾危机爆发后，美军为进驻海湾的部队紧急研制、配发了新型沙漠迷彩作战服。

沙漠迷彩作战服共有4个型号：S、M、L、XL，由沙漠作战茄克和沙漠作战裤组成。其基本式样与美军现役标准作战服一样。该作战服是针对中东地区的特殊自然环境设计制作的，其特点是：(1)可有效散发体温。沙漠迷彩作战服是美国陆军装备开发局的纳蒂克研究开发工程中心通过对过去40年的野战服进行研究后设计的，可有效地散发体温。(2)结实、耐用。沙漠迷彩作战服采用特殊编织的棉布和聚酯布料制成，非常结实，而且腿部、膝盖和肘部有加强布，可经受野外的激烈活动，不易被沙漠特种植物扎破，可防止皮肤受伤。(3)隐蔽效果好。沙漠迷彩作战服带有与沙漠浑然一体的迷彩图案，不易被发现，可防止穿用人员成为射手瞄准的目标。(4)笔挺、耐脏、易洗。沙漠迷彩作战服洗涤简单，无论水洗或干洗，均可很快洗净。与普通衣服相比，非常耐脏，即使长时间穿用也能保持笔挺，因此可以减少换洗次数，减少换洗服装的携带量。(5)可减轻单兵负荷。沙漠迷彩作战服的衣裤各有两个大口袋，能容纳相当多的物品，如有效地加以利用，可适当减轻单兵负荷。

美军为进驻海湾的空军发放新型防化飞行服 美空军过去的防化飞行服由3层构成：内层为棉织品，中层为夹带活性碳的织物，表层为诺梅克斯耐火材料。这种飞行服的缺点是不散热。为了改变这种情况，新型防化飞行服改为编织有活性碳微粒的单层式，其穿着舒适性和灵活性都有了大幅度提高。

这种新型防化飞行服是1985年开始研制，原定1992年采购配发的。由于海湾危机爆发，美军在加速最后试验的同时提前紧急采购，并于1990年10月上旬配发派往中东的空军部队。

美军装备新式防护服 目前，美军正在装备新开发的上下身分离的防护服。该防护服为双层，内层为用活性碳浸透过的聚氨酯泡沫和尼龙、毛线织物，外层为尼龙和棉混纺的斜纹布（经过防水加工处理）。上衣门襟上装有拉链，袖口为松紧式。新防护服可以吸附、过滤所有的化学毒剂。

美空军研制出多人用间歇式降温装置 所谓多人用间歇式降温装置，是通过导管将拖车供冷装置的冷气输入穿在防化服下的降温背心内，达到降低体温的目的。它可使在高温环境下穿着防化服的空军地勤人员在休息时即使不脱下防护服也可保持身体凉爽。这种降温装置一次最多可向10人供冷。冷气经过防毒面具的过滤器送入降温背心。体温降低后的地勤人员脱离降温装置可连续工作30分钟。

美军研制出“综合型战斗系统” “综合型战斗系统”包括战术背心、框架式野战背囊、寒区睡眠系统等。

战术背心用尼龙制作，肩部有12.7毫米厚的衬垫。背心由挂钩、吊带和携带子弹和手榴弹的弹袋组成，挂钩与吊带可使负荷分布均匀。士兵可在几秒钟内穿、脱完毕。背心重860克。

框架式野战背囊长3英尺，宽2英尺，厚1英尺，容积达5200立方英寸。经过训练的士兵可将59公斤的物品装入囊内，背着行军4～5小时而不觉疲劳。背囊上下细长，与人体吻合。空降兵使用时可将其改成正方形。该背囊的铝制框架通过肩部套环可上下调节。背囊腰部有衬垫，士兵背上更合体。背囊分成几个格兜，能分别盛装单人帐篷、斗篷、衣服和食品等，睡袋装在背囊底部的拉锁开合部。背囊外侧有3个口袋，左侧2个，右侧的1个较深，可装18厘米的迫击炮弹。背囊上部可与主体分离。空背囊重3.8公斤。

寒区睡眠系统可保证在−51℃的气温下野营睡眠

4 小时。该系统由带兜帽的睡袋、分离式防水盖、短袜、滑雪长筒靴及装这些东西的袋子组成，重约数磅。睡袋和短袜用防寒材料制作。

美军给弹药、油料补给人员发放新型头盔 1989 年 10 月，美军开始给弹药和油料补给人员发放新型头盔。这种组合式头盔（HARRP）是海军飞行甲板人员头盔的改进型，有两种型号：HGU-24／P 型（发给油料补给、飞机军械、导弹系统维修专业人员使用）和 HGU-25／P 型（发给弹药专业人员使用）。HGU-24／P 型带通信装置，HGU-25／P 型只带耳防护器。两种型号均由 4 部分组成：布质内层，前、后防撞保护层，前、后泡沫衬垫和收发话通信装置或耳防护器。此外，头盔还配有防光、防风、防尘护目镜。

新头盔比老式防噪声 4 号头盔轻一半，且有相同的防护性能。但该头盔的设计只具有对中等撞击和高强度噪音的防护性能。

美军研制出沙漠作战长筒靴 美军现行作战靴是黑色革制品，只适合在美国本土和欧洲使用，不适合沙漠地区作战使用。为了适应海湾地区作战，美军给开赴中东的部队紧急配发了新研制的沙漠作战长筒靴。该靴是在热带丛林作战靴的基础上改进、设计的，与过去的作战靴相比具有以下几个优点：(1) 透气性好。沙漠作战长筒靴保留了过去作战靴靴帮上的通气孔，利于靴内热气的散发。(2) 具有一定的防雷能力。该靴是在越南战争初期开发并根据实战经验改进了的作战靴的基础上设计的，靴底装有蜂窝状铝制保护层，踏上地雷可吸收一部分爆炸能量，可减轻脚部的负伤程度。(3) 穿着轻松、稳实。该靴靴底有宽深底纹，无论在沙漠地或坚硬地面行走，脚步稳实，故可减轻脚部的多余负担，减少疲劳。(4) 不需擦油。该作战靴系皮革和帆布制作，不需擦油，可长时间穿用。

此外，该作战靴还具有轻便、舒适、沙漠迷彩、防沙钻入等特点。共有 4 个型号：6W～9W。

美军研究开发组合式防寒靴 据报道，美纳蒂克研究开发工程中心研究开发了一种由陆军黑色皮靴、tan／ski 登山袜、高尔泰克斯袜、高尔泰克斯内套靴等 4 个基本品种组成的组合式防寒靴。经试穿表明，穿这种组合式防寒靴行军，既不会像穿密闭靴那样越走越湿，严重降低保暖性能，也不会像穿丛林靴那样因靴底坚硬而不适，以及因有通气孔而引起脚趾冻伤。该靴因充分利用了医学和其他领域的技术成果，穿着时能始终保持干燥，使脚经常处于舒适状态。

日本陆军服装改革取得进展 日陆军服装改革已取得实质性进展，并于 1990 年 6 月展示了陆军的 6 种新服装，即第 1、2、3 种夏服，冬服，大衣和雨衣。与旧服装相比，新服装有明显改进。

材料 第 1 种夏服虽仍为麻、聚酯混纺织物，但混合比例由原来的麻 35%、聚酯 65%，改为麻 12%、聚酯 88%；雨衣由原来的经过防水处理的棉 35%和聚酯 65%的混纺织物，改为经过防水处理的聚酯 80%和尼龙 20%合成纤维织物。

颜色 冬服由茶灰色改为自然绿色；第 1、2、3 种夏服由浅茶灰色改为浅绿色；大衣由茶灰色改为深绿色；雨衣由茶灰色改为浅灰绿色；衬衫由白色改为象牙色。

外观 雨衣由单排扣改为与大衣相同的双排扣；与第 3 种夏服配套的部队识别帽改用绿色贝蕾帽，金色帽徽配在贝蕾帽中央偏左一侧；女式冬服上衣口袋改为漂亮的倾斜式。

性能 现用冬服透水，易湿，而新冬服进行了防水处理，不易透水。由于采用了缝制、加工新技术和改变材料比例，新军服重量有所减轻。例如，第 1 种夏服与同种旧夏服相比，减少重量 15%。

德军研制出新式“三防”服 新研制的防护服由渗有高质活性碳的材料制成，可穿在野战服外面，能防止以任何方式施放的任何浓度的化学毒剂。此外，还具有防水、防油、防火、防汗、散热等功能。其染色亦具有伪装特性和一定程度的防红外线及肉眼侦视能力。

法国研制出适应海湾地区的新军服 这种新军服又称“密封式服装”。它是供热带地区使用的核、生、化防护连衣裤，全重 2 公斤。“密封式服装”的面具前部有圆形滤毒吸嘴，可供人呼吸。服装外层用经过特殊处理的防油聚酯棉制成，毒气碰到衣面上会变成油滴流下来。在聚酯棉下层粘有浸透着活性碳的泡沫层，它可吸附渗入的毒气。在染毒环境中测试表明，新军服的防毒效能至少能持续 24 小时。穿这种服装时，里面只需再穿一身衬衫裤或棉毛衫即可，从而可减轻全部着装的重量。此外，这种服装还有“热应变能力”，可减轻人在酷热气候条件下的闷热感。

西班牙生产出新型防护服 这种防护服重量轻，热应力低，在 24 小时内能有效防止化学毒剂的伤害，还能防火、防光辐射。防护服外层为尼龙和特克兰混纺织物，涂有防水硅涂料，内层为尼龙和粘胶纤维混纺，能防水、防化和防油。

野战炊事装备 野战炊事装备主要包括野战

炊具和野战供水装备。1990年，外军在研制和改进野战炊事装备方面又取得了一些新进展。

苏军改进 КП-130 型炊事挂车 КП-130炊事挂车是苏军70年代初研制的，已服役近20年。在使用过程中，苏军对炊事车不断进行改进，如将炊事挂车换用新型 ГКБ-8912 型挂车底盘，明显提高了它的通过性。КГФ-3М 型燃烧器换成了新型 ФК-01 型燃烧器。在炊事挂车结构中，摒弃了用铆钉结合的方法，提高了炊事挂车的可维修性，清理擦拭也较前省力。苏军还根据在阿富汗实际使用经验和部队的意见，着手研制全新型炊事挂车，以取代 КП-130 型炊事挂车。

美军研制成新型单兵快餐加热装置 继装备纳蒂克炉之后，美陆军纳蒂克研究开发工程中心1990年又研制出两种便于携行的新型快餐口粮加热装置。

新型单兵快餐口粮无火加热垫 加热垫是一种薄型水激活产热化学加热垫，长11.43厘米，宽8.9厘米，重20克；装在一个长36厘米，宽12.7厘米的袋里，袋子的尺寸正好盛放一份快餐口粮，因此便于携带和保存。

加热垫与现行餐盘支架及热料棒加热法相比，具有省时、省水、无火焰等优点，不产生有害气体。士兵在行军中也可对快餐口粮进行加热。加热时，先将一份快餐口粮放入装有加热垫的袋内，加入约57克水。行军中加热时，可将袋子放入装快餐口粮的纸板盒内，并将其装在士兵作业服口袋中。约12分钟，便可将重226.8克的快餐食品加热到38℃。

新型单兵／班用多燃料炉 该炉可烧各种不同型号的柴油和汽油，也能烧 JP4、JP5 和 JP8 涡轮机航空煤油，且不需使用预热油。炉重1.2公斤，炉箱可作为锅使用，一次能加热6份快餐口粮。主要工具和备件放在气泵手把里。多燃料炉每小时可产热8500个热量单位（2142千卡）。油箱满装时可烧1.5小时，5分钟可烧开1升水，或融化1满箱雪。新型多燃料炉将取代美军现行的 M1950 型汽油炉。

美国进驻海湾部队装备新型防渗透净水装置 该装置的净水能力为3000加仑（11355升）／小时，与目前美军装备的水处理能力最大为600加仑(2270升）／小时的水净化系统相比，水处理能力提高了5倍。新型净水装置可从海水、咸水或受化学战剂污染的水中制取饮用水，非常适合在沙漠地区使用。该装置正处在试验阶段，但由于海湾战争爆发，美军取消了进一步试验，提前配发给进驻沙特的部队。

日本研制出轻便耐腐蚀纯钛锅 日本钢管公司研制出比铁锅轻便、质硬、耐腐蚀，且难以散热的纯钛锅，它适用于连续长时间做菜。过去，由于钛不易弯曲加工，故无法用它做锅。日本钢管公司通过反复研究，确立了将钛板延展和弯曲的技术。纯钛锅就是采用这项技术研制成的。这对野战炊具的发展无疑起到积极作用。

英国研制出新型野战饮水管 英国亨特过滤器材公司新研制出一种携带方便、使用简单的军用野战饮水管。该管装有尼龙过滤薄膜，可滤除直径2微米的微小颗粒，具有良好的净水作用。一根扁圆形的饮水管可使用24小时。

法国研制出双轮军用炊事挂车 法国大西洋机械制造公司研制出一种双轮军用炊事挂车，满载总重2870公斤，10分钟内可从运输状态变成使用状态。该炊事挂车的炉灶有4个100升的热扩散锅底式方形炊事锅，每个炊事锅由一个独立的可拆卸多燃料混合炉加热。该车的宽大工作面，可组成一个四边折起的平台，并配备有登梯、人行通道和防风雨的遮蔽帐篷。该车有双烟囱，连接系统设计合理，折叠后体积较小。

马来西亚研制成小型军用炊事挂车 马来西亚国防部国防生产局研制成一种小型两轮军用炊事挂车，满载总重1080公斤，2名炊事兵在2小时内可做好200份以米饭为主食的饭菜。这种炊事挂车使用各种普通燃料，配有一个124升米饭蒸锅，一个81升滤锅，一个63.7升的炸锅及一顶帐篷。帐篷可用来遮盖炊事挂车及作为36人就餐的食堂和炊事兵的宿舍。

油料补给装备 1990年各国军队油料补给装备发展的重点是野战油料分发装备，同时继续完善油料储存、油料运输、油料化验等各类野战油料补给装备。在发展中，注重油料器材的标准化和单元化，以及油料装备的战场适应性和战术灵活性，以便提高野战供油能力。

美军装备新型加油设备 这种新型加油设备可用陆军现装备的 M969、M970 和 M131 系列5000加仑半挂加油车组成能同时给8辆车加油的加油站，从而节省加油时间，提高加油效率。美军现装备的半挂加油车由5吨卡车牵引，配有2根带加油枪的软管，利用本车泵或自流加油，一辆加油车可同时给两辆车加油。新加油设备包括：8根15米长的软管，可连接成120米长输油管线，其中间接头与加油车出油阀连接；8根7.5米长的带加油枪的软管；以及T型接头等。加油时，管线在加油挂车前、后各展开约60米，接上加油软管，每15米左右设置一把加油枪，因此有足够地方停放受油车辆。不使用时，管线和软管存放在专用设备箱内，放置和展开非常方便。

美军研制成软体油罐卸油系统 为解决软体油罐卸油问题，美陆军贝尔沃研究、发展与工程中心最近研制了一种新型卸油系统。该系统可以安装在3000到21万加仑软体油罐上快速卸油，从而大大减少油罐的卸油时间。美军过去软体油罐卸油时，大部分燃料是通过安装在油罐顶部的卸油装置排放，而剩余的1%则通过罐底的放油装置排放。使用新的卸油系统勿需上下两部分放油，卸油速度明显加快。美军的这种4英寸卸油装置使用标准部件，比现行12英寸卸油装置使用方便。

美军开始装备缴获燃料化验箱 为解决战场缴获燃料的化验问题，保证战时燃料补给，美陆军贝尔沃研究、发展与工程中心研制了一种用于缴获燃料的化验箱，并已投入生产。这种新化验箱可在短时间内化验战场缴获的燃料或征用的燃料；与化验箱配套的油泵可把燃料及时加注到自己的车辆或装备上去。新型燃料化验箱可化验车用汽油和柴油，主要化验密度、粘度和洁净度几项指标，采用浮动指示器、落球粘度计和比较瓶来进行测量。化验箱内装有燃料密度／粘度／洁净度联合检测器，一根取样管和用于取样和化验的烧杯。化验箱箱体采用耐油防碎塑料，密封性好，箱内的耐油泡沫具有防震性能。化验箱外型尺寸为15×27×17厘米，重量很轻。

苏军研制、生产油槽车全套加油设备 为提高野战油库和固定油库大批量分发油料的效率，苏军最近研制生产了КН-6АП全套加油设备。该设备用于油槽车和油罐车大批量收发油料，无论上部加油还是底部加油的油槽车均能使用，尤其适用于没有底部加油装置的民用油罐车和油槽车。全套加油设备由6个加油站和泵站自动调压装置组成。加油站设备有运输箱、底部加油连接装置、加油软管、接头、上部加油喷头等。自动调压装置由调压器和排气阀组成。该套加油设备与苏军现行加油设备相比，具有以下优点：容易展开和运输；自动调节泵站的输出压力，能防止液压冲击，使用安全；节约油料，避免环境污染；减少维修人员等。

苏军发展单元化油料器材 为了减少油料器材品种，提高通用化水平，简化油料器材的维修保养，提高其机动性和快速保障能力，苏军目前正采用组合技术加快发展单元化油料器材。苏军使用的油料器材目前已达近400种，而且还呈继续增加的趋势。油料器材种类越多，成套备件的种类就越复杂。因此苏军正采取有效措施，发展单元化器材。采用组合技术发展单元器材，就是将可以互换的零部件组合起来，形成具有一定功能的通用单元，而多种通用单元在作业上的相互联系，就形成一个完整的单元化器材。苏军经过研究认为，把整个油料器材分为储、泵、加油单元较为适宜。储油单元是大多数油料器材的基础，其容量系列为2.5、5、7.5、10、12.5立方米，重量分别为3、5、7.5、10、12吨。这些单元符合苏联国产集装箱和国际集装箱的要求，可由各种运输工具运输。苏军使用各单元组合成成套油料器材的方法有两种：一种是在生产厂家组配；另一种是生产厂家提供各种单元，由部队根据需要任意组配。后者更有发展前景。单元化油料器材的广泛运用，可简化苏军油料补给工作，同时使油料勤务部（分）队的组织编制和战术发生积极变化，从而对平、战时的油料补给工作发挥重要的作用。

澳大利亚军队即将装备新型机动加油设备 为满足澳大利亚军队的供油需求，澳大利亚国家阀门与工程公司专门设计了一种油罐油泵装置，可使飞机和车辆在野外加油更为简便。新型加油设备包括一个容量为4250升的铝质油罐，一个柴油机动力加油装置，一套加油软管、接头及一台过滤分离器。这种配套式加油设备有两种型号，一种用于加注柴油，另一种用于加注航空涡轮煤油，均由一人操作。该设备重5吨，既可公路运输，也可海运、空运或直升机吊运，机动性很强。

卫生装备 1990年，世界各国军队在发展卫生装备方面的主要特点是建立快速救护反应体系，配备先进装备，突出加强海、空机动能力，并通过局部冲突和抢险救灾检验卫生装备的救治能力。以美国为首的多国部队，在海湾行动中都动用了各自最先进的卫生装备。苏军在救灾中也迅速投入了现行的卫生装备，检验其性能。此外还广泛采用最新科技进步成果，积极研制、发展防病、医疗诊断、快速救治的器材和装备。

苏联首次展出米-17医用直升机 苏联在1989年的巴黎航展会上首次展出医用米-17直升机。它是第一种能在飞行中实施外科手术的直升机。该机装有两台TV3-117BM涡轮发动机，功率从1450千瓦提高到1680千瓦，机上加装了新型手术台、3个可拉长的座椅和1个医生和3个助手的座椅。

苏联研制出新型绷带 苏拉脱维亚科学院木纤维

化学研究所生物复合材料实验室研制出用廉价木浆掺和天然聚合物制成的新型里格里尔绷带。它具有非外伤性，微生物不能通过，有良好的透湿透气性能，关节部位活动不受限制，不妨碍血液循环。该室在此基础上正在研制一次性使用的医用内衣、外科床单、吸收垫、个人绷带包等。

美军改装 V-22 医用直升机 美军 V-22 直升机容载量大、速度快、续航力强、震动轻、噪音小，所以，军医署要求把它改装成医用直升机。改装后的直升机能在海拔 4000 英尺以上的地区起飞，爬高 6000 英尺，续航力 500 海里，可载运 12 名卧姿伤员或 22 名坐姿伤员。使用 V-22 型医用直升机有利于医院靠后配置，以增加其安全性；有利于加强卫勤补给和支援；有利于外科手术队与危急伤员的快速前后送；有利于夜间搜寻伤员和后送中的救治。

美陆军卫生部建议研制 2000 年野战机动医院 为适应未来空地一体作战的要求，美陆军卫生部建议研究一种把抢救与后送结合起来的高机动野战医院。这种医院由 3 个手术队组成，装备 3 台轮式抢救车。车长 15.2 米，高宽各 3.7 米。车内设 20 个床位，还有化验、放疗、药房和器材供应室。3 辆车连接在一起，可组成一个 60 个床位的野战医院。这种医院在 1 小时内可展开工作，工作效率高，防护力强，使用方便。

美军设立新式帐篷医院 这种医院主要用帐篷组成，可用汽车和其他运输工具运输。根据帐篷的多少，可组成小到 6～8 个病床的营救护所，大到 200 个床位的外科医院，设有手术、化验、X 线室。帐篷骨架是轻质高应力铝合金支柱。每个帐篷都装有供热、空调、供电、供氧设备。帐篷本身由聚酯织物加防火、防水、防红外复合层制成。

英国研制成新型野战伤员搬运工具 这种搬运工具与兰德·罗沃 110 型车配套，由平台和坚固的 FW26 型合金车架构成，装有液压减震装置，一人就可将伤员从车内担架上抬下。

德军用集装箱组成中心包扎所 德军的中心包扎所相当于师救护所，由手术集装箱、带血库和药房的 X 线化验集装箱和护理集装箱等单元组成。手术集装箱装有麻醉输注药品、手术台、手术灯、电动手术器械、麻醉机、氧气瓶、加压空气设备、器械桌、石膏台、灭菌器、洗手盆、煮水器等。X 线化验集装箱内有防 X 线的铅围裙和铅服装、X 线手术台、X 线机、洗片设备、低温储血箱、自动分析器等。护理集装箱由护理室、术前准备室、术后室 3 部分组成。这些集装箱可按需要任意组配，也可以加帐篷。

比利时军队研制成新型移动外科医院 新型外科医院具有多种医疗功能，可进行手术前、中、后期处理，用于第二、第三梯队的外科支援和空运任务的外科支援，能用舰船、飞机和车辆运输，开设容易，可独立工作。其设计能力为每天 10 个大手术，由手术室、手术前室、手术后室、化验灭菌室组成。这些室可以根据需要任意组合，如手术与化验室相组合可支援空运任务或加强第二梯队的外科力量，也可单独使用手术室。两套 8 个室能组成 120 个床位的外科医院。

卢森堡研制成新型运血箱 这种大型运血箱，用双层聚乙烯作箱壁，中间填塞 100 毫米厚的聚氨脂。其体积为 32×19.7×21.7 英寸，容积为 42 升，可装 60 袋（0.25 升）或 20 瓶（0.5 升）血。箱内只加 8～9 公斤湿冰，可在气温 32℃的条件下，使箱内温度保持 1～10℃ 7 天以上。该箱可用交直流电、石油气、煤油、沼气做动力来源。箱内装有监视和报警系统。经寒热区野外试验表明，该箱具有抗震、防热和抗寒性能，适于在野外条件下储运血液。

运输装备 1990 年，各国军队运输车辆的发展，主要有以下两个方面：一是军用运输汽车的改进和更新换代，如英军改进后勤运输车辆，德军全面研制第 3 代军用车辆，美军加紧实施“中型战术汽车系列”计划等。二是发展多功能自动整装整卸车。

美陆军采购整装整卸车 1990 年，美国奥什卡什公司与陆军签定合同生产的整装整卸车，装有一部活动载货托盘系统和一部液压自动装卸系统，操作员无需离开驾驶室就能在 2 分钟内用托盘将重达 16.5 吨的弹药或其他重型物资装上或卸下车。该车的主车为奥什卡什 HEMTT（10×10）型车，其发动机为 500 马力的 Detroit8V-92TA 型柴油机，采用带扭力转换器的埃利森 CLT755 型自动变速器，分动器由奥什卡什公司自产，2 速比，带有差速锁，每辆车上都还安装了作为标准装备的 Grove 起重机，起重能力为 1769 公斤。该车采用的自动装卸系统，由奥什卡什公司特许生产。与主车配套使用的整装整卸挂车，由奥什卡什公司按照从法国洛尔公司购买的挂车图纸生产。奥什卡什整装整卸车的特点是可以转动，便于用 C-130 运输机空运机动。

美陆军装备坦克运输新型牵引车 该牵引车是一种 8 轮牵引车，美陆军取名为 M1070 型，它采用 5 人驾驶室、500 马力柴油发动机和 5 档自动变速器。该车的特点是机动性较强，能通过二级道路及土路，并有一定越野能力，还可用C-5和C-17运输机实施空运机动。

德军全面展开新一代军用车辆的研制工作 进入90年代后，德军第3代军用车辆即"非装甲化轮式车辆90"的研制工作已全面展开，并将在整个90年代陆续装备部队。1990年，德军新一代军用车辆共分10大类。第一类为轿车：包括各种民用轿车、轻型汽车、摩托车。第二类为小型载重车：计划用本茨公司生产的有效载重0.5～0.9吨的短车身敞篷轻型越野车、长车身敞篷轻型越野车、空降兵用短车身敞篷轻型越野车和加长车身厢式轻型越野卫生车4种车取代现役的0.4吨、0.5吨和0.75吨3种车。第三、四、五类为载重车：按有效载荷分为3型：LKWⅠ型≤4吨、LKWⅡ型≤8吨、LKWⅢ型≤17吨。第六类为整装整卸运输车：包括多管火箭炮弹药整装运输车、155／203毫米榴弹炮弹药整装运输车和其他物资整装运输车，采用LIWⅢ型载重车底盘、液压装卸系统和14吨活动载货平台。第七类为消防车：包括普通、多功能、重型3种。第八类为油罐车：在公路油罐车中，有供陆军野战部队使用的2万升（8×8）重型油罐车，有供海、空军及边防部队使用的2万升（8×4）重型油罐车和1.6万升双轴油罐挂车；在机场油罐车中，有供陆军航空兵使用1.3万升（6×6）带卸油装置的重型油罐车，有供空、海军使用的1.3万升（6×6）不带卸油装置的重型油罐车和2.7万升（6×4）油罐半挂车汽车列车以及1.2万升（4×2）喷气式飞机加油车。第九类为半挂车：分轻、中、重3种，并与LKW载重车相协调。第十类为挂车：将在现役第2代挂车停购后装备使用，并与第3代牵引车相适应，在技术上将进行相应改进。目前，德军第3代军车除个别车型已少量装备部队外，大部正在全面研制中，将在整个90年代陆续定型投产。

英军计划改进后勤运输车辆 为了改变现役军用汽车型号繁杂，使用、维修及备件供应落后的状况，英军计划将分类改进其现役军用汽车。1990年，英军将其军用汽车分为5大类。第一类为超轻型车：90年代计划用"卡巴喀特"2和"埃卡科"（6×6）型车取代现役"阿格凯特"、"卡博特"3和1600P型车。第二类为轻型战术汽车：计划用"兰德·罗沃"110和90两种新型车取代现役1.5吨"兰德·罗沃"109和88型车，新型车均采用柴油机，载重量更大，车速更高，经济性更好。第三类为2～3吨战术汽车：由70年代末80年代初装备的P500M、RB44和"埃卡科"（8×8）型车构成，专家认为此类车可充分满足现代战争要求。第四类为4～5吨战术汽车：包括80年代初开始装备的4吨"贝德福德"Mj型车和5吨FV622型水陆两用汽车，前者采用77千瓦的涡轮增压柴油机，其他总成则与民用型通用，后者经改进可长时间使用。第五类为8～16吨汽车：80年代初装备的"贝德福德"TM4-4型车将作为未来多用途战术汽车的基型车取代老式的10吨汽车，用其通用部件和总成可以生产载重14吨的"贝德福德"TM6-6型车；用于牵引155毫米榴炮的"福登"（6×6）型车，将被英军作为基础研制未来的修理后送车；后方使用的载重量均为15吨的"福登"（6×6）和"斯堪迈尔·科曼德"26（6×6和8×6）型车，正在改装成整装整卸车（DROPS）；在坦克运输车方面，正在用"斯堪迈尔·科曼德"新型牵引车和CF-2000型半挂车取代老式"安塔"FV12004型牵引车。

英国陆军装备整装整卸后勤运输车 英军整装整卸车计划包括两种车型，1990年接收的是英国莱兰德·达夫公司生产的（8×6）中机动性整装整卸车。该车采用Multilift玛克4型整装整卸系统和20×8英尺国际标准尺寸载货托盘，可在25～30秒钟内将15吨重的整装物资自动装车或卸车。

法军试验新型整装整卸运输车 新型整装整卸运输车是一种集装、卸、运于一身的多功能后勤运输车。法国陆军继1988年开始装备雷诺G290（6×4）型整装整卸后勤运输车之后，又计划开发供前方地区使用的高机动性整装整卸车。为此，法国雷诺公司以其TRM10000（6×6）高机动重型战术汽车的底盘和驾驶室为基础研制出TRM10000（6×6）高机动性整装整卸车。该车发动机功率达235千瓦，有效载重13吨，满载总重28吨。TRM10000（6×6）高机动性整装整卸车已在1990年法国萨托利陆军装备展览会上首次露面，并交付法国陆军进行评估试验。

法国研制出新型主战坦克运输半挂车牵引车 为了满足法国陆军新一代主战坦克机动运输的需要，法国雷诺公司以大批量生产的机械部件为基础设计出TRM700-100（6×6）新型坦克运输半挂牵引车，该车装有功率为700马力的V8玛克E9型柴油发动机和6档自动变速器，满载允许总重38.5吨（鞍架负荷23吨），最大行驶允许总重106吨，最高车速78公里／小时，能在公路或坡度达20%的道路上牵引装载60吨以上坦克的运输半挂车。

法国研制出新式中型运输汽车 法国雷诺汽车工

业公司研制出TRM150.11 (4×4) 5.5吨新式中型运输汽车。该车驾驶室与法国陆军80年代初开始装备的TRM2000 (4×4) 2吨战术汽车相同。满载总重为11000公斤(单轮胎)或13000公斤(双轮胎),总载重量为6000~8000公斤;轴距为3.65米。发动机为159马力/2600转/分的6缸增压柴油机,最大扭矩为50米公斤/1700转/分。变速器有5个同步前进档和1个倒档。前后桥均有双减速器,后桥有差速锁。双管路气控液压制动。液压伺控助力转向。轮胎规格:900×20或10×22.5(后双轮胎);1200×20或1300×20(后单轮胎)。油箱容量200升。最高车速90公里/小时。该车将有多种变型车,如载货车、运兵车、水罐车、油罐车、自卸车、方舱运载车、武器运载车等。与现役TRM4000型车相比,该车在发动机功率、车速、载重量方面有了较大提高。

瑞典陆军生产新型运输车 瑞典斯堪尼亚汽车公司正在为瑞典陆军生产SB-AT111 (6×6) 新型运输车。该车装备一部300马力的发动机和一部自动变速器,越野性能良好。

后勤指挥自动化系统 1990年,各国军队在进一步加强作战指挥自动化的同时,也重视后勤指挥管理自动化的建设。一年来,后勤指挥管理自动化在两方面取得了进展,一是使后勤指挥与作战指挥协调统一,为建立统一的指挥自动化网络创造必要的条件;二是促进后勤业务工作由劳动密集型向技术密集型过渡,使用各种自动化手段减轻后勤业务工作的劳动,使各种业务工作做到反应快速、切实可靠。

美陆军计划试用新型计算机辅助采办与后勤支援系统 美陆军计划于1992和1993财年在5个单位试用计算机辅助采办与后勤支援系统(ACALS),并从1994年起在其他51个单位安装实用型系统。美军采用ACALS系统的目的在于使装备采购、设计、制造和保障方面所需后勤技术信息的收集、存储和分析处理过程实现自动化,它将成为武器系统全寿命周期数据集中汇总的通用综合体,使后勤技术信息为不同用户使用。采用该系统比使用技术手册节省开支20~30%,故障诊断精确度将提高35%,武器装备保障费节约20~35%,全寿命费用预期节约20%。

美军试验新型自动化补给系统 美军正在得克萨斯州的胡德堡试验新型自动化补给系统,其目的是使修理用零备件的补给工作最大限度地实现自动化。使用该系统可以使负责携行量登记的人员在数秒钟内确实了解某仓库或供应基地是否有所需备件。根据试验,从提出申请到收到零备件的平均时间已从12~25天减少到7天。虽然该系统尚处于试验阶段,但它已显示出在快速及时提供后勤保障和降低储存费用方面的巨大潜力。下一步该系统计划在军级部队试验,如获成功,将在整个陆军使用。

美陆军研制战场受损部队重新组建的自动化系统 为使战场上损失严重部队迅速重建,美陆军在弗吉尼亚州利堡后勤中心试验了自动化重建系统。该系统可给部队指挥官和参谋提供如何使部队恢复到建制水平的必要数据。当系统开通时,使用人员即可掌握现存多少武器,还缺多少,可在哪里得到补充。该系统还配有用于补充人员和第1、3、5类补给品携行量的子模型。第一阶段是对营一级机械化步兵、装甲、炮兵的5个武器系统进行补充试验。试验成功后,再进一步扩大试验范围,用于其他类型的部队重建。

美军后勤领域广泛使用人工智能技术 美军认为,后勤是人工智能技术应用潜力很大的领域。目前,美军后勤应用的人工智能技术有以下几种:(1) 专家系统:专家系统可用于后勤管理、预测和规划、计划、资金预测、库存管理、医疗救护、装备维修等方面。目前,专家系统应用最多的领域是装备的故障诊断和维修。这种专家系统可根据装备使用历史数据及目前状况,自动提示何故障、在何处、如何维护。美陆军导弹司令部研制了脉冲搜索雷达智能诊断系统,可提高故障诊断速度和准确率,降低对维修人员技能水平的要求,节省维修费用。美军最大的专家系统是空地一体作战规划系统。它能给作战、后勤指挥员适时提出建议,做出决策。(2) 自然语言理解系统,即人机语言自动交流系统:在后勤系统中,应用这种技术,可使后勤人员在下达命令、进行后勤业务工作时,用声音取代了键盘操作,提高了作业速度。美陆军最近研制的用于诊断和维修军用车辆、坦克的专家系统能与维修人员对话,回答问题。维修人员可根据提示,进行有针对性的作业。(3) 视觉机器人:它是人工智能获取知识、反馈信息的一个重要手段,可用于后勤图像判读、图像处理和物资搬运等。美军正在研制的搬运机器人,采用超声和视觉传感装置,可在20~45秒钟内自动确认散乱集装物资的具体位置。(4) 智能教学系统:美陆军研究学院研制了MACHⅢ智能系统,用于培训“霍克”导弹系统的操作、维修人员。整套设备需7万美元,而购买“霍克”导弹硬件则需3000万美元。(5) 自动程序设计系统:它可根据后勤用户的需求,自动完成软件设计,满足后勤自动化软件的要求。

美国空军后勤进入全盘自动化阶段 美空军后勤指挥、管理系统，经过3个发展阶段，特别是80年代实施的《后勤现代化管理系统规划》，建立了后勤9大信息系统，把空军整个后勤指挥管理提高到全盘自动化水平。目前，这个系统可在全球范围内快速传递、计算与综合处理空军所需物资的采购、储存、分发、运输、维修、人事、卫生、财务等数据，并与全军和空军指挥网联网。它的建成，使空军后勤人员从14万减少到9万，基地库存量减少一半，零备件提供时间从几个月减到几天，查询物资急需情况过去需几天，现在只需几分钟即可查清，物资请领和合同签订时间缩短10%，3800万张缩微平片的检索时间从1～3周减至2～4分钟，使飞机完好率增加10%。整个自动化系统分后勤司令部计算中心、后勤中心计算中心和基地计算中心三级。后勤司令部计算中心是自动化系统的中枢，装备几十台大中型计算机，与5个后勤中心计算中心、空军各大司令部及空军参谋部连接。前两级装有第3代大型计算机60台，配有70台新型自动化指挥工作台。基地购买了2.7万台“齐尼思”Z-100型微机。管理软件有需求数据库、武器管理信息系统、合同数据管理系统、库存物资控制与分发系统、后方维修管理信息系统、增强型运输自动化数据系统、工程数据计算机辅助系统、局部网络系统、网络间联接系统、空运控制系统、基地管理与文件编制系统等。其通信线路依托国防通信系统、战术通信系统、战略通信系统。美军从事自动化人员在70年代共8万人，后勤系统有2万，空军后勤有5000人，其中系统分析人员占12.1%、程序人员占15.8%、操作人员占43.7%、指挥管理人员占28.4%。

美空军后勤司令部计算机终端联网 美空军后勤司令部遍及全国和世界各地的计算机终端实现联网。该网共耗资1.26亿美元。其主要优点是能迅速测定损坏的飞机所需的零部件，并能在几分钟内作出向基地发送备件的指令。这个网络可传送电文、图表和声像，使用方便，易于改装。该网络中最大的独立装置设在奥格登空军后勤中心，拥有140公里长的电缆，连接着90个设施的计算机终端。

苏军布尔坚科总医院建立自动化工作站 这种工作站主要用于医疗信息的自动收集、处理和使用。整个信息使用2台EC-1045和EC 1046计算机，3台EC-1840微机，50多个EC-7927型显示器和15台EC-7934型电传打字机，12个存储器。建立此工作站后，取消了6种统计表格，处理信息的时间比原来快一倍多。

苏军卫材仓库物资统计自动化取得初步成果 苏军卫材仓库使用火花-555型微机进行自动化统计，其运转速度达每秒65万次，统计系统使用40种格式的原始文件。卫材库每年进行5～6次清点。使用这种系统年经济效益达2500～3000卢布。完成一次解题任务过去平均为1140卢布，使用该系统后仅需584卢布。

德军利用电子计算机推行现代化后勤管理 自1988年后勤部开始对各级后勤部门进行精简后，德军在各级后勤推行现代化管理方法和计算机数据处理系统，并吸收大量受过高等经济管理学教育的人到后勤机构工作，以便将现代化管理思想和方法应用到部队后勤管理。实行现代化管理的主要途径：一是通过计算机实现更高层次的标准化。工业部门研制、生产的各种新型装备、器材，都在国防部的装备部由计算机数据处理系统辅助控制中心加以检验和登记。二是建立计算机网络，使指挥机关切实掌握各类军用物资的市场行情和贮备情况，改善贮备条件，加快信息传递，缩短储备周期。

陆军拥有庞大的武器系统，在编制缩减、备件价格提高而经费不增加的情况下，严密的组织管理体制和使用自动数据处理技术，是陆军实施有效后勤保障的可靠保证。为配合计算机数据处理系统的使用，对后勤工作进行了相应调整和变动：按标准定额分配训练弹药，减少库存量，设立营级财务管理处，组织军用物资联营网，简化物资管理程序，减少人员数量。在1990年，陆军后勤系统投入使用的计算机有1235台，预计到1992年将达到3919台。

空军后勤使用计算机，保证了装备器材供应．维修决策的科学化，使各部门之间更密切地协调、配合，更经济地确定采购量、降低成本，减少运输费用。

英军野战外科医院使用便携式计算机 这种计算机在必要时可向外科医生提供伤员处置最佳方案、计算伤员收容数量、伤情特征、预诊结果、伤员外科处理所需时间、外科医生负荷量、手术数量。在德军演习中，英军使用这种设备，提高了医院处置伤员的能力，达到每小时89名伤员。

日航空自卫队仓库开始改建成全自动仓库 日空军后勤器材仓库分两级：一级为补给本部的第1～4补给处所属仓库，基础仓库均在空军基地内，从80年代末开始，此类仓库开始改建成自动化仓库。1989年将第1补给处的中型器材库，第2、3、4补给处的小型库改成自动化仓库。1990 年将改建第 1 补给处的小型库和第 2、3、4 补给处的中型库。全自动仓库用计算机来控制自动化提取、拣选装置，控制器材的进出库；中型库使用计算机控制吊车提取器材；小型库使用计算机来控制集装箱（每箱 20 种器材）的提取。

日航空自卫队基地使用“基地训练维修数据处理系统” 1990 年，日军对 1989 年在百里空军基地安装的“基地训练维修数据处理系统”进行可行性试运转和评估。该系统包括主机和终端。终端设在飞行团司令部、飞行队和维修群本部。

南朝鲜陆军后勤向自动化管理迈进 1973 年，南朝鲜陆军后勤司令部建立了自动化数据处理中心（ADPC）。该中心于 1974 年正式运转。1978 年，为满足陆军后勤管理信息系统（MIS）的需要，成立了一个 MIS 委员会，工作重点是人事、后勤、财务和战略战术四个方面。1982 年，陆军后勤开始收集数据。1984 年，陆军又建立了仓库管理方面的演示性局部后勤 MIS。目前，只有仓库部门、后勤副参谋长办公室各部门（陆军司令部后勤职能部门由计划预算部、物资供应部、装备及维修部、运输部、通信电子部、卫生部组成，每部有 3～4 个局）使用这个 MIS。

海空军后勤装备 1990 年，各国海空军对后勤装备的发展仍然给予一定的重视，主要表现在：一是注重后勤装备与作战装备的协调发展和配套建设，使专业化保障程度普遍提高；二是强调高技术，把新材料、新科技成果引入后勤保障装备，以后勤装备的质量来保障武器装备性能的发挥；三是更加重视后勤装备的机动性与综合性，其中海军综合补给船的发展尤为明显。例如，1990 年日本已有 2 艘综合补给船服役，大大提高了舰队的快速保障和中、远海作战能力。

补给装备　**苏海军 БЗКР-100 型岸滩无码头加油设备服役** 该设备主要由软体油罐、软管及软管卷盘、软管传送设备、软管头浮标、油泵车、燃料油加温车、海上工作艇、空压机等组成。全套设备重 80 吨，可由 4 辆吉尔-164 或 157 汽车运载。设备展开后可为停泊在距岸滩 700 米以内的军舰加油，也可将停泊地油船的油料卸至岸滩油库。该加油设备的主要技术参数如下表。

项目 \ 参数 \ 油品	柴　油	重　油
补给对象	各型舰艇、油船	各型舰艇、油船
软管直径(毫米)×长度(米)	ϕ100×720	ϕ100×720
排量(立方米／时)	180	130
工作压力(兆帕)	0.1	0.1
软管卷盘数	3	3
补给距离(米)	小于 700	小于 700
压缩空气扫线时间(分)	10	10～30
适应海况(级)	3	3

美海军装备散装燃料补给系统 该系统由 2 套设施组成：两栖攻击燃料补给设施（AAFSF）和两栖油轮终端设施（ATTF）。两栖攻击燃料补给设施包括：1 条长度为 1600 米、直径为 150 毫米的浮动软管从海滩接到海上液体储存箱。4 个可拖运的海上软体油囊（长 66.9 米、直径 3.34 米、容量 4.6 立方米），1 个锚泊装置和 1 台转运泵。海上软体油囊由驳船从油船拖至距海岸 760 米处的锚泊区，通过转运泵输送到岸滩。全套设施可在 3 天内安装好，适应在 3 级海况下作业。两栖油轮终端设施是该系统的核心部分，它由供油船使用的单点系泊油料浮筒、铁锚支架、浮筒输油软管、复式接头以及 2 条长 3040 米、直径 200 毫米的海底输油管线组成。其中单点系泊浮筒是使油船终端设施达到预定功能的一个重要配套设备，浮筒直径 8.5 米、吃水 3 米、重约 59 吨，上面安装有能输送 2 种油品的分发装置，1 个舷侧双臂旋转装置和 4 个锚链筒，具有在各个方向均能锚泊 102 吨的能力。该设备可在水深 20.6～60.8 米

的任何海区安装，安装时间 14 天，每天可输送油料 3785 立方米。

英海军船岸野战油料储运设备 该设备包括：陆地轻质合金管线和海上橡胶软管、容量为 136 立方米的海上软体油囊、泵机组以及燃料净化设备等。作业时用海上软体油囊从停泊在海上的油船卸下油料，拖至岸边将油料卸到岸滩的软体油罐中，为登陆部队车辆和直升机补给油料。滩头阵地建立并巩固后，则采用野战管线前送油料，进一步建立野战散装油料设施。该设备的主要技术参数如下：

项 目	技术性能
管 线	陆地轻质合金管线：直径 150 毫米、每根长 6 米、质量 36.288 公斤；直径 100 毫米、每根长 6 米、质量 25 公斤。海上软管直径 150 毫米。
水上软体油囊	长 68.58 米、直径 2.74 米、容积 376 立方米。用尼龙纤维、合成橡胶制成，内层耐油，外层防海水浸蚀、耐磨。
储油容器	容积为 45 和 136 立方米的软体油罐。
泵机组	干线泵：流量为 102 立方米／时，工作压力 1.4 兆帕。 卸油泵：流量为 102 立方米／时，工作压力 0.633 兆帕。
过滤设备	在船至岸滩管线的终端设有沉淀池，清除油流中较大的颗粒杂质。最终点设有过滤分离器。

美军前方地区加油站配备新型加油系统 1990 年，美海军陆战队的前方地区加油站开始使用新型加油系统。这种系统由美国罗伯逊公司研制，把防穿刺油罐与前方地区加油设备器材组合配套，同运输直升机一起使用。它采用模块化组合，使前方地区加油站具有超视距多功能作业能力。在最近一次试验中，一架 CH-53E 直升机载运 3 个容积为 800 加仑油罐，就能给 8 架 AH-1W 直升机加满油。新型加油系统采用的软体油罐容积为 185～800 加仑。前方地区加油设备还包括带两用接头的可折叠软管。这种软管可同时为离油泵 60 米的 2 架飞机安全加油。加油速度为 120 加仑／分。该系统还适合给大部分地面装备加油。系统安装好后，不使用工具就能在 6 分钟内撤除或更换油罐，因此具有很高的快速反应能力。

日本"常盘"和"浜名"号综合补给舰服役 1987 年开始建造的"常盘"和"浜名"号综合补给舰已于 1990 年 3 月服役。主要用来为联合舰队的护卫舰群补给燃料、弹药、粮食及其他物资。"常盘"号补给舰的标准排水量 8150 吨，舰长 167 米，宽 22 米，型深 15.9 米，吃水 8.2 米。主机为 2 台双轴三菱柴油机，功率 26000 马力，航速 22 节，编制 140 人。舰上装有最新的海上补给装置和舰内物资输转装置。"浜名"号补给舰除了标准排水量为 8100 吨和吃水 8.1 米外，其他性能均与"常盘"号相同。目前，日本海上自卫队已拥有 4 艘综合补给舰（总吨位 29350 吨），联合舰队的 4 个护卫舰群均配有 1 艘综合补给舰，可实施伴随保障。这表明日本海上自卫队已完全具有中、远海作战的综合保障能力。

西班牙海军新型补给油船服役 西班牙海军"诺尔特"号新型油船已于 1990 年服役。该船长 122.21 米、标准排水量 13237 吨，航速 16 节。船上设 3 个补给站，一个中型直升机库，具有垂直补给能力，并装备了防空武器和电子对抗装置。该船可装载舰艇油料 7487 吨、航空油料 1 万吨，主要任务是担负西班牙海军航母编队的海上油料补给。

美空军研制大容量飞机加油车 为提高机场加油能力，减少作战飞机回场加油时间，美国空军研制了种容量为 6000 加仑的飞机加油车，并初步计划采购 754 辆，这种新型加油车将成为 90 年代美国空军的主要加油车辆。目前，美国空军用于飞机加油和存油的车辆有 2600 多辆，每辆机场加油车的容量为 5000 加仑。采用新加油车可增大容量，从而能为更多的飞机加油而不必返回油罐场注油。新型加油车设计体积小，能用 C-130、C-141 和 C-5 运输机空运；还从保护环境和安全出发，采用了排放加油时所产生的蒸汽的排放系统。

美空军发展空投物资的伞降系列器材 这种器材由空投集装箱、空投装货平台和投物伞组成。现装备的空投集装箱为 A-22 型，16 个为一组，重 1000 公斤，可单独投放，亦可成双投放。现装备的通用空投装货平台，尺寸为 1.22×2.64 米，厚为 6.67 厘米，由木框架制成，上面包铝合金板。空投物资重量为1140～18100公斤，最大可投27180公斤。投物伞有3种：超低空、低空和高空投物伞。超低空投物伞可在飞机飞行高度1.5～3米的条件下投放专用平台，投物重量在1130～15860公斤之间，最大可空投24900公斤物资。低空投物伞的空投高度为200米，空投物资重量为6800公斤。高空投物伞的投放高度为600～7600米，可同时空投几个重为680～1000公斤的集装箱，空投偏差为200米。新研制的投物器材有以下几种。第1种是带火箭制动器的低空多伞投物伞组，以减轻着地冲击；第2种是高空滑翔投物伞，可在一定方向上滑翔50公里，并能变向滑翔；第3种是可控空投平台，台上装有自动控制仪和方向舵，在一定范围内改变空投地点。

维修检测设备 **中国海军舰船装备状态监测系统投入使用** 中国自行研制的舰船装备状态监测系统，已在海军各基地投入使用。这种监测系统，将先进的装备状态监测仪器与故障诊断仪器结合起来，组成一个完整的系统。通过它可以准确而迅速地了解舰船装备的技术状态，发现并判断故障的部位及产生的原因。这一监测系统的研制成功和投入使用，为及时发现和排除舰船装备故障提供了科学手段，对于保障海军舰船装备时刻处于良好的技术状态具有重要作用。

中国研制成功海军战术导弹自动检测系统 中国海军战术导弹自动检测系统，由海军航空工程学院研制成功并投入试用，该系统具有对多型现役战术导弹进行“透视”的功能，自动完成导弹末制导、引信、自动驾驶仪等弹体部位检测，性能达到“CAMAC”国际标准。该系统采用国产元件和部件，运用模块化结构和计算机控制技术，可大大缩短检测时间，减少操作人员，提高导弹测试的准确率。

美海军MK-540全雷自动测试装置 该装置主要由1台微型计算机及其控制设备、数台标准通用程控仪、1个伺服转台、1个测试装置、全雷电气系统间的专用转换接口及LEEE-488标准总线接口等部件组成。该装置主要承担霍尼维尔公司生产的MK-46鱼雷的维修检测，包括对鱼雷自导段、操雷（战雷）段、控制段、燃料舱段及后舱段的测试。MK-540自动测试装置的4大要素：计算机控制设备、程控仪器、接口和软件，均由中心微型计算机控制，并配以数据采集系统的多台可程控通用仪器组成的协调装置。所以能连续地、实时地显示、处理及打印大量的测试数据，数率高、速度快，操作简便、稳定可靠，改变了过去使用20余种非标准设备和仪器人工联调的方法，每条次鱼雷只需1～2小时即可完成全雷电气性能的测试。

美海军MK-541自动测试装置 该装置是为美古德公司研制生产的MK-48重型反潜鱼雷配套的检测设备，它比MK-540检测装置更进了一步。该装置具有自检功能，简化了装置本身故障的查找和维修过程，使可靠性大大提高。同时也简化了MK-48鱼雷的总装试验和维修过程，减少了鱼雷系统测试和功能元件替换组件试验所用的时间。

意海军A244/S鱼雷测试维修设备 该设备是为意大利白头公司研制生产的A244/S轻型反潜鱼雷配套的检测设备，主要包括：电子设备直流电源装置（PWS-102A）、电动机直流电源装置（PWS-103A）、便携式控制板（PPS）、功能测试台（FTS）、声波发射器测试仪（ACP）、操雷头显示器（PTE）、操雷头探测仪（ATE）、陀螺与压力传感器测试仪（GPT）、后舱测试仪（ATS）、电子设备测试台（ETS）、便携式功能测试装置（STS）、战雷测试仪（WTS）、引信测试仪（ACA）、击发测试仪（ACF）以及舵角偏移指示器、静横倾测试装置、重心测定装置等34种机械设备组成。主要测试项目包括：功能测试、发射前测试、发现故障时的系统测试和组件测试、操（战）雷头测试以及发射回收后的测试与维修等。该设备功能完善、性能可靠，可保证鱼雷在整个寿命有效期间的可靠性。

英海军“石鱼”水雷系统检测设备 该设备是为英国马可尼公司水下系统分公司和皇家军械弹药有限公司共同研制生产的“石鱼”水雷系统而配备的。该设备主要包括预设器和仓库自动测试装置。预设器是一个小型便携式设备，外形尺寸为250×250×100毫米，重量6公斤。它通过一根短电缆与水雷的电气装置连接。数据由手工键盘或通过外接口装置输入。水雷的战术数据以文件格式存于预设器内，每一文件都有一个相应的标识符，当预设器启动后，通过其数据链给水雷传输战术数据。此时，预设器对水雷进行测试，对水雷的数据逐一核实，即用预先设定的数据与之对照。然后打印出来，以达到发现故障之目的。这种测试一般每两年进行一次。仓库自动测试装置是1台可移动的组合式仪器，受计算机控制，可在车间对水雷尾段进行测试，还可对预设器功能进行测试，这种测试适用于周期为6年的维修。如诊断出故障，则通过显示器向操作人员报告故障情况，为此它包括一套与操作人员进行对话的提示设备。

美海军密集阵近程武器系统检测设备 该设备是为美国通用动力公司波莫纳分部研制生产的密集阵近程反导舰炮武器系统配备的。主要由自检系统和外部辅助检测系统2大部分构成。自检系统可定期对武器系统的状态进行测试和故障检测，并对故障及时按程序进行维修，由于是采用预先编制好的自检软件程序输入控制计算机内进行，因而自动化程度高，安全可靠系数大，使武器系统处于良好的工作状态和作战状态。外部辅助检测系统主要由专用和通用电子测试设备，联机监视器，频谱分析仪以及各型示波器、检波器、传感器等设备组成，主要功能是协助机内自检系统共同完成一部分需进一步检测的项目。除此之外，还包括一套验收测试用设备。

意海军“曼塔”水雷检测设备 该设备是为意大利米萨尔公司研制生产的“曼塔”非触发性沉雷的检测而配备的。这套检测设备又称 MT 检查与测试设备，由1个可激励水雷引信电路的中心控制板组成，用适当的测试连接器从水雷上采集信号，对各个电路的工作情况进行测试，并在中心控制板上具体显示出来。在水雷布放前，可对所有部件（包括起爆装置、延期电路、预警装置、探测装置、舰只计数器、引信电路、抗扫装置及压制电路等）进行快速而完全的测试及精确的校准。

美空军机场抢修器材 这种器材在机场被炸后用于快速抢修跑道的弹坑。它包括道面板和道面板铺设车。美空军现装备 AM-2 铝道面板，每套 140 块，每块尺寸为 3600×600×38 毫米，重 64.8 公斤，全套铺装面为 23.64×16.46 米。现装备的自行式道面板铺设车，车体为 12 轮平板卡车，车上放置风箱式折叠铝道面板，每组道面板长 40 米、宽 3.6 米，由长 3.6 米、宽 30 厘米的铝合金板条联锁而成。铺设时，铺设车直接开到现场，在 45 分钟内可铺设 300 米长的活动道面板，然后拖到填平的弹坑上加以固定。

卫勤装备

苏海军超大型救生船加入现役 苏海军的“厄尔布鲁士”级超大型救生船的首船“阿尔根茨”号已建成服役。该级船满载排水量 22000 吨以上，长 175 米，宽 24.5 米。可在条件极端恶劣的北极海区实施救生，主要任务是救助遇难和沉入海底的潜艇。船上配备 2 艘小型潜艇，以便在北极海区冰层下救生。该船的破冰艏异常坚硬，且特别锋利，可在较厚冰层区自由破冰航行。该级船预计建造 2 艘。

苏海军新医院船服役 由芬兰一家船厂承建的苏海军医院船“斯维尔”号已经服役。该船满载排水量 1.1 万吨，长 154 米，宽 18.5 米，吃水 5.7 米，航速 20 节。该船编制船员 80 人，医务人员 200 人。拥有 400～500 张床位。医疗设施包括 7 个治疗室、1 个手术区、2～3 个药品仓库。船上有 2 个配有全套运动器械的健身厅、2 个游泳池、排球场和篮球场、乒乓球台和自行车练习器等。还有 1 个 100 座位的影剧场和拥有 3000 多册书刊的图书馆。船上配装 1 架卡-25 直升机，用于转运伤病员和运输医疗物资。自 1980 年“鄂毕”号医院船和 1981 年“叶尼塞”号医院船服役以来，苏海军已有 3 艘大型医院船能伴随舰艇编队远洋训练和作战。“斯维尔”号医院船配置在太平洋地区。

美军在海湾部署医院船 为满足驻海湾美军的医疗救护需要，美军于 1990 年 9 月把军事海运司令部所属“仁慈”、“舒适”号医院船等部署到海湾地区。这两艘船分别于 1986 年秋和 1987 年底装备美海军，排水量均为 69360 吨，航速 17.5 节，船上各有 1000 个床位、12 个手术室、4 个 X 光室、80 个集中治疗室和 1 个烧伤治疗室，有 800 名医务人员，每天可提供淡水 7.5 万加仑，可在两小时内为 2500 人供餐。船上设直升机平台，可垂直接受伤病员，最大收治能力为每天 300 人。“仁慈”号医务人员来自奥克兰海军医院，“舒适”号人员来自贝塞斯达海军医务中心。

美海军研制成新型运血箱 新型运血箱由塑料制成，有大小不同的两种。小箱（10×7×5 英寸）可装两个单位的血液；大箱（14×14×14 英寸）可装 8 个单位。两种箱内都有热敏电阻探头，以监督箱内温度。小箱内放 8.2 磅湿冰，大箱内放 16 磅。在气温 21～24℃ 的条件下，可将血液保存 1～3 天。此外，美海军还研制了便携式温差冷藏箱，用于野战条件下储运血液，可储存 15 个单位的浓缩红细胞。

美海军提高伤病员救治能力 为保障海外作战需要，美海军重视加强其伤病员救治能力。目前，美海军已决定将 2 艘油船改成大型医院船，从而增加 2000 个床位和 24 个手术室，使海军海上总床位达 10702 张，手术室达 161 个。目前，美军海上救治能力见下表：

表 1　美海军两栖舰医疗能力

船　　名	病床数	手术室数
LHD-1(直升机船坞登陆舰)	600	6
LHA-1(通用两栖攻击舰)	300	4
LPH-2(两栖攻击舰)	300	2
LKA-113(两栖货船)	13	1
LPD-1(两栖船坞运输舰)	12	0
LPD-4(两栖船坞运输舰)	6	1
LSD-36(船坞型登陆舰)	9	1
LSD-41(船坞型登陆舰)	8	1
LSD-41CV(船坞型登陆舰)	8	1
LST-1179(坦克登陆舰)	0	0

表 2　美海军陆战队两栖舰医疗能力

舰　名	陆战队远征营(混合)	陆战队远征部队(混合)	陆战队远征营		陆战队远征部队	
			病　床	手术室	病　床	手术室
LHD-1	3	7	1800	18	4200	42
LHA-1	3	2	900	9	600	6
LPH-2	0	3	0	0	900	6
LKA-113	1	4	13	1	42	4
LPD-1	0	0	0	0	0	0
LPD-4	2	9	12	6	54	9
LSD-36	3	2	27	3	18	2
LSD-41	2	7	16	2	56	7
LSD-41CV	2	6	16	2	48	6
LST-1179	5	15	0	0	0	0
总　计	21	55	2784	41	5918	82

建军方针与计划

中国人民解放军建军方针原则

综述 1990年，中国人民解放军根据1989年11月召开的中央军委扩大会议精神，围绕建设“一支强大的现代化、正规化的革命军队”的总任务，确定并贯彻了一系列与新的历史条件相适应的方针原则，全军部队建设出现了新的局面。

军队建设面临的新形势 中国共产党十一届三中全会以来的10年间，中国人民解放军的革命化、现代化、正规化建设取得了巨大的成就。这些成就包括：根据对战争与和平形势的新判断和全党工作着重点的转移，实现了军队建设指导思想的战略性转变；进行体制改革和精简整编，完成了减少百万员额的裁军任务；各级领导班子和整个干部队伍在坚持革命化的前提下，年轻化、知识化、专业化的程度有了明显提高；制定、修订并颁布了一系列条令条例，全军实行了新的军衔制度、文职干部制度和士官制度；加强和改进了教育训练和管理工作，提高了部队的军政素质；进行了后勤保障体制改革，提高了全军后勤的经济效益和保障效率；调整完善了国防科技和国防工业管理体制，国防科研和武器装备建设获得了不少新的成果。军队建设的这些成就，有效地提高了部队的战斗力。全军部队无论在保卫国家安全和领土完整，还是在抢险救灾、支援经济建设、促进社会主义精神文明建设，乃至制止动乱、平息反革命暴乱等方面，都发挥了极其重要的作用。新任中央军委主席江泽民在1989年11月召开的军委扩大会议上指出：“这十年是军队在改革中不断前进、战斗力有了很大增强、面貌发生重大变化的十年，是我军发展史上一个崭新的阶段。”

在目前国际形势发生重要变化、中国国内进一步实行改革开放的历史条件下，军队的革命化、现代化、正规化建设在取得重大进展的同时，也面临着许多新的情况和问题，需要在认真总结10年经验、坚持既定的大政方针和基本原则的基础上，确定与新的历史条件相适应的具体方针原则，把军队建设继续推向前进。从国际形势看，近年来世界正处在新旧战略格局交替的时期，多极化正在发展；尽管总的趋势是从紧张转向缓和，但是不稳定、不确定的因素却日益增多，局部战争甚至大规模战争的危险并未消除。对于中国人民解放军来说，以遏制战争、维护和平为宗旨的军事斗争任务，依然十分艰巨、复杂。从国内情况看，随着改革开放和社会主义有计划商品经济的发展，如何抵制资产阶级自由化思潮的影响，进一步加强政治建设，保证军队永远听从党的指挥，真正做到“政治合格”；如何有效地克服和平麻痹思想，加强军事训练和管理工作，解决军队的质量优势问题，实现军事和作风、纪律过硬；如何根据国家经济力量所能提供的条件，进一步深化后勤改革，提高军队后勤保障的能力等等，都是军队建设中亟待研究解决的重大课题。这些国际、国内背景，正是人民解放军一年来确定的一系列方针原则的历史条件。

军队的4个会议及其基本精神 中国人民解放军一系列与新形势相适应的方针原则，是在中央军委领导下确定的。1989年11月10～12日，中央军委召开扩大会议，研究部署了1990年的军队工作。这次会议是根据中国共产党十三届五中全会决定，在军委领导成员调整以后召开的第一次会议。会议强调，军队今后的工作，要继续贯彻邓小平提出的新的历史时期军队建设的理论和一系列方针原则，把人民解放军的革命化、现代化、正规化建设推向前进。

根据这次会议精神，人民解放军三总部先后召开工作会议，分别就新形势下加强全军军事工作、政治工作和后勤工作的建设，提出了一系列具体的方针原则。按照时间顺序，这3个工作会议的基本精神如

下:

(1) 1989年12月11～17日，总政治部召开全军政治工作会议。会议强调，要以中共中央和中央军委的有关精神，在改革开放、发展社会主义有计划商品经济的新形势下，进一步加强和改进政治工作，保证党对军队的绝对领导，保证全军的高度稳定和集中统一，保证军队在政治上永远合格。

(2) 1990年11月28日～12月3日，总参谋部召开全军军事工作会议。会议强调，全军部队要坚决贯彻执行中央军委确定的一系列方针原则，振奋精神，有所作为，努力做到政治上合格，军事上过硬，全面提高部队战斗力，开创军事训练和管理工作的新局面。

(3) 1990年12月中旬，总后勤部召开全军后勤工作会议。会议强调，1991年军队后勤工作要树立全局观念，向深化改革、强化管理要效率、要效益、要战斗力和保障能力。

军队建设方针原则的具体内容 上述4个会议确定，今后一个时期，中国人民解放军围绕革命化、现代化、正规化的总目标加强部队建设的基本要求，是坚持战斗力标准，真正实现政治合格，军事过硬，纪律严明，保障有力。这一基本要求，包含3个方面的基本精神：一是全面提高部队战斗力，应当成为军队一切工作的出发点和落脚点，成为处理各种工作关系的基本依据，成为衡量各项工作的根本尺度；二是构成部队战斗力的主要因素，是坚定正确的政治方向、过硬的军事素质、严明的纪律和高效的后勤保障能力；三是军队的军事、政治、后勤建设，是一个紧密联系、不可分割的有机整体，它们共同在提高部队战斗力的基本要求上，达到辩证的统一。

基于这一基本要求，人民解放军在政治、军事、后勤建设各个领域确定并贯彻的方针原则分别是:

政治建设的方针原则 人民解放军政治建设的方针原则，体现在全军政治工作会议纪要《关于新形势下加强和改进军队政治工作的若干问题》之中。主要是:

*坚持政治工作的生命线地位。*数十年革命和建设的实践证明，政治工作是人民解放军的生命线。在进一步实行改革开放和发展社会主义有计划商品经济的情况下，坚持政治工作的生命线地位，具有非常重要的意义。人们的物质利益观念越是增强，越要加强政治工作，这样才能使部队保持强大的精神支柱。政治工作要服务于国家的社会主义现代化建设，服务于军队的现代化建设，从政治上、思想上、组织上保证党对军队的绝对领导和人民军队的性质，保证军队的社会主义精神文明建设，保证军队内部的团结和军政军民团结，保证军队战斗力的提高和各项任务的完成。这“两个服务”、“四个保证”，是对新时期政治工作生命线地位的具体化。坚持政治工作的生命线地位，必须注意防止两种倾向：忽视政治工作，把它看成可有可无，是错误的；片面地夸大政治工作的作用，把它摆到不适当的位置，同样是错误的。

*坚持中国共产党对军队的绝对领导。*党对军队的绝对领导，历来是人民解放军建设的一项根本原则，是新时期军队政治合格的可靠保证。人民解放军是为实现党的纲领、路线服务的，党的性质和军队的阶级属性，决定着人民解放军必须接受党的绝对领导。要把军队置于党的绝对领导之下，必须坚持一系列根本制度，包括：军队的最高领导权和指挥权集中于党中央和中央军委；民主集中制的组织原则；党委统一的集体领导下的首长分工负责制；设立政治委员和政治机关的制度；支部建在连上。党对军队的领导，是通过军队党的组织来实现的。因此，加强军队党的建设是一项极为重要的任务。要按照“学习、团结、廉洁、求实”的要求，切实把各级党组织尤其是领导班子建设好；同时，要严格党的纪律，一切行动听指挥，坚决维护党中央、国务院、中央军委的权威。

*突出抓好坚持四项基本原则、反对资产阶级自由化的教育。*始终保持坚定正确的政治方向，提高坚持四项基本原则的自觉性和坚定性，是保证人民解放军在政治上永远合格的重要政治思想基础。这就要求把坚持四项基本原则、反对资产阶级自由化作为当前部队政治教育的主课，贯穿到各项教育中去。教育要结合国情，联系近年来被搞乱了的一些理论问题，批判资产阶级自由化的错误观点，划清是非界限，加深对党的基本路线的理解。必须进行马列主义、毛泽东思想的再学习、再教育，以纠正忽视理论学习的倾向；在全军大兴理论学习之风，用马列主义、毛泽东思想武装官兵的头脑。要通过几年的努力，使广大干部特别是中高级干部具有比较扎实的理论基础，掌握正确的立场、观点和方法，认识和解决问题的能力有新的提高。

此外，全军政治工作会议纪要还提出，要坚持按照“有理想、有道德、有文化、有纪律”的目标培养革命军人；严格按照德才兼备原则选拔培养干部；积极开展反腐蚀斗争；实行官兵一致、军民一致等方针原则，这些都是加强军队政治建设的重要内容。

军事工作的方针原则 全军军事工作会议

认为，实现军事上过硬，是一个综合性很强的系统工程，军事工作的各个方面都要做好，都要落实。对于部队来说，重点是要加强军事训练和管理工作。军事训练和管理工作，是军队基本的实践活动，是提高和巩固部队战斗力的基本途径，是军队正规化建设的基本内容。全军部队都要努力做到战斗队思想牢固，战备工作落实，技术战术精湛，组织纪律严明，战斗作风顽强，保证一声令下，开得动、打得准、联得上、合得成，能圆满完成党中央、中央军委赋予的各项任务。具体的方针原则是：

*在领导思想上把军事训练作为部队工作的中心，把正规化建设作为部队工作的重点。*作为拿枪杆子的武装集团，军事手段是军队履行职责、完成任务的基本形式。如果没有强有力的军事手段，履行军队的职能将是一句空话。因此，在下功夫抓好政治建设的同时，必须十分重视军事训练和管理工作。训练和管理的水平，在很大程度上决定着战斗力的水平。只有把训练和管理抓好，才能不断巩固和提高部队战斗力，保证在关键时刻能够圆满完成党赋予的各项任务。为此，必须把这两方面工作提到战略位置上切实抓好，并把它们作为检验部队工作和领导干部能力的一个重要标志。要通过训练和管理提高部队的军事素质，增强部队的整体作战能力。

*按照条令条例严格训练和管理部队。*依法从严治军，是形成、保持和提高部队战斗力的重要保证，是军队正规化的基本标志。严格训练和管理，是毛泽东和邓小平等老一辈革命家历来强调的一个重要建军原则。严格训练和管理，就必须以条令条例为依据，坚持训管结合、教养一致，确保部队训练和管理目标的全面落实。

*提高干部队伍的素质，充分发挥干部在训练和管理中的模范作用。*搞好部队训练和管理，关键在干部。要从干部抓起，提高他们的事业心和责任心。干部要以身作则，要搞五湖四海，要一级抓一级、一级带一级，要起模范带头作用。特别是中高级干部，要下功夫学习和钻研毛泽东军事思想和邓小平关于新时期军队建设的论著，努力使自己的视野更加开阔，目光更加敏锐，更加深刻地认识军队建设的客观规律，把军事训练和部队管理等各项工作越做越好。

*加强部队的基层建设。*军事训练和管理工作的任务，最终都要在部队基层全面落实。因此，必须加强基层建设，特别是加强连队党支部建设，提高基层自身抓训练、抓管理的能力。在基层建设中，要进一步增强官兵团结，密切官兵关系，保证训练任务和管理工作的落实。

*提高司令机关组织、指导训练和管理的水平。*各级司令机关作为部队训练和管理的领率机关，必须以身作则，形成合力，把部队训练和管理作为工作重点，讲究效率、协调一致地抓出成效来。

后勤工作的方针和任务　为坚持战斗力标准，实现“保障有力”的基本要求，人民解放军全军后勤工作会议在总结近几年经验的基础上，提出了“树立全局观念，深化后勤改革，强化集中管理”的基本方针。在这一基本方针指导下，确定1991年全军后勤要认真贯彻军委领导的指示，重点抓好4个方面的工作：

*改进和加强财务管理。*完善事业经费“双轨制”管理，由事业部门主管事业经费的指标分配，财务部门负责经费的划拨、结算和监督；同时，继续推行经费供应标准化。

*军办企业实行集中归口管理。*师以下作战部队不再开办企业，现有企业交由军级单位生产管理部门归口管理。总部二级部和各大单位司政后机关经营的企业，也要集中到本级生产主管部门归口管理。军办企业集中归口管理后，师以下部队主要是搞好农副业生产。

*加强基层后勤规范化管理。*从健全和落实规章制度入手，进一步加强旅、团后勤建设，解决当家人不会当家、管家人不会管家的问题。

*开展房地产清理整顿和营房管理改革。*在查清情况的基础上，限额使用和调整利用房地产，加强集中统一管理，提高现有房地产使用效益，逐步实现制度化、标准化、规范化管理。同时，根据国家的部署，进一步研究军队住房制度改革方案。

主要资料来源：

《解放军报》1989年11月14日、12月18日，1990年12月5日、16日第一版。

中国人民武装警察部队建设原则

综述 1990年，中国人民武装警察部队各级党委、机关和广大官兵，在实际工作中贯彻了下述几条对新形势下加强部队建设具有重要指导意义的建警原则。

必须坚持党对武警部队的绝对领导 武警部队是党的武装力量、国家的专政工具之一。坚持党的绝对领导，坚持党指挥枪，是部队建设的一条根本原则。1990年，在坚持党对部队绝对领导的问题上，着重强调的几个方面是：(1) 及时传达学习，贯彻执行上级的指示。1990年，党中央、国务院、中央军委领导同志在会见武警部队师以上干部、接见部队官兵和听取总部党委汇报时，曾就武警部队建设作了许多重要指示，均及时迅速向部队传达，并认真组织学习和贯彻执行。坚持用党中央、国务院、中央军委的指示，武装广大官兵的头脑，统一思想，指导行动，使全体官兵在政治上、思想上、行动上同党中央保持高度一致。(2) 毫不动摇地坚持党领导部队的一系列根本制度。1990年，武警部队各级党委认真抓了党的民主集中制、党委统一的集体领导下的首长分工负责制和“支部建在连上”等制度的健全和落实，使部队坚持党的绝对领导有了牢靠的组织保证。(3) 大力加强政治建设，保证部队政治上合格。1990年初，武警总部党委作出了关于加强党委自身建设的《决定》和关于加强部队政治建设的《决定》，各级结合部队实际普遍研究制订了落实的具体措施。为保证枪杆子牢牢掌握在忠实可靠的人手里，根据党中央、中央军委的指示精神和公安部党委的要求，严肃认真地进行了清查清理工作，对重要线索，一一查证，对确有问题的人按政策作了处理，严肃了部队的政治纪律。

必须按照解放军的建军方针原则建设武警部队 党中央、国务院、中央军委领导同志反复强调了这个问题。1990年12月19日，江泽民总书记和乔石同志听取武警总部党委汇报时，再次明确指出：武警部队和解放军一样，是人民子弟兵，要按照解放军的建军原则、指导思想，把这支部队建设好。各级党委按照中央领导同志的要求，依据新时期军队建设的大政方针，努力开创军事、政治、后勤工作的新局面，有力地促进了部队的全面建设。认真贯彻全军政工会议《纪要》，坚持政治工作的生命线地位，坚持按“四有”目标培养干部战士，大力加强和改进思想政治工作，使部队的精神面貌发生了深刻的变化；坚决贯彻保持部队稳定的方针，坚持以战斗力为标准，以正规化建设为重点，按照条令条例从严治警，强化军事训练和管理，把加强基层建设作为工作重心，常抓不懈，使部队的军政素质、作风纪律和生活管理有了明显进步；继承和发扬人民军队的优良传统，坚持官兵一致、军民一致的原则，进一步密切了官兵关系和警政、警民关系，保持了人民子弟兵的本色。实践证明，只有坚决认真地贯彻执行人民解放军的一整套方针原则，才能把部队真正建设成一支政治合格、军事过硬、作风优良、纪律严明、保障有力的武装力量。

必须从武警部队实际出发，创造性地开展工作 要把武警部队建设好，不仅要遵循武装力量建设的一般规律，还要善于模索和把握武警部队建设的特殊规律。1990年，各级领导对这个问题的认识逐步深化，自觉性越来越强。首先，注意研究武警部队的特点。贯彻军委的大政方针和上级的指示精神，不简单地照搬照套，在领会精神实质的基础上，从实际出发，力求同武警部队的情况紧密结合起来，有针对性地提出贯彻落实的具体措施和办法。总部党委提出的“两手抓”的工作指导方针、作出的4个决定，总部制订的各项规章制度，抓的工作试点和召开的3个现场会，都较好地体现了这一点。其次，注意工作上的总体筹划、分类指导。武警部队的情况千差万别，各级党委和领导机关，在工作指导上既注意加强宏观控制、层次领导，又注意根据不同部队、不同单位的情况，提出不同的要求，实施分类指导、分类建设。贯彻《纲要》，加强基层建设，不仅有统一部署、统一规定、统一标准，而且反复强调要加强具体指导、具体帮助，分步实施、逐步落实。再次，注意发挥武警部队的优势。实行双重领导是武警部队的一个鲜明特点，地方各级党委、政府和公安机关对武警部队的关心爱护，是武警部队建设的一大优势。各部队坚决服从地方各级党委、政府和公安机关的领导，注意搞好与目标单位的关系，为人民群众做好事，以实际行动赢得了各方面的支持和帮助，从而形成了建设部队的良好外部环境。1990年，各地在财政十分紧张的情况下，仍拿出一定经费，解决了武警部队许多难以解决的困难。

苏联军队建军方针与计划

综述 1990年苏联的军队建设在继续坚持“新的防御性军事学说”和质量建军的基础上，出现了以加快准备与实施军事改革为核心内容的新情况、新变化。这些变化主要有3方面的背景：一是国际背景，二是国内背景，三是军队改革的背景。1990年8月，戈尔巴乔夫在接见敖德萨军区演习部队代表时正式宣布，苏军从1991年起将实行“重大军事改革”，随后国防部长亚佐夫元帅进一步明确地讲，苏军的这次改革“为期10年”，将持续到本世纪末。一年来，苏联国内围绕军事改革问题展开了广泛的讨论，并且根据戈尔巴乔夫的提议组成专门班子起草军事改革方案。1990年下半年，陆续公布了《国防部军事改革构想（草案）》（国防部起草）和《苏联军事改革构想（草案）》（苏联人民代表专门小组起草）两个方案，并已经总统委员会和最高苏维埃审议。在上述背景下，1990年苏联军队建设的基本情况是：

在建军基本指导思想上，继续强调坚持“防御性军事学说”和“质量建军”的方针。 戈尔巴乔夫在多次讲话中都强调苏联武装力量的建设“要严格按新的防御性军事学说来进行”。国防部长亚佐夫在1990年6月3日《红星报》发表的讲话中指出，苏联的军事改革“必须达到两大目标：一是要根据改革政策和新思维，以合理够用为原则，以绝对保证质量为指针，切实进行有效的国防建设；二是使改革后的苏联武装力量完全符合防御性军事学说，能充分可靠地保卫苏联”。新公布的两个军事改革方案（草案）中，也把“贯彻合理够用的防御原则”和质量建军做为军事改革的基本指导思想。

在裁军方面，继续迈出较大步伐，截止1990年底基本完成了预定的裁军计划。 戈尔巴乔夫在苏共中央2月全会（1990年）上指出，“我们打算在考虑到正在形成的局势情况下，在谈判范围内，继续奉行裁军方针”。在纪念卫国战争胜利45周年大会上他又指出，“需要制定和实施有关大规模削减军队和武器，减少军事预算和国防工业转产的全国性计划”。一年来，苏联同美国先后达成了一些裁军协议，如《关于削减化学武器的协议》、《关于限制地下核试验核查措施的协议》以及《裁减欧洲常规武器条约》等。据苏官方公布，1990年年初以来，苏联在落实戈尔巴乔夫1988年12月提出的单方面裁军50万的计划方面进展较快。截止1990年年底，已全部完成裁减50万人的计划，使苏军的总兵力降至376.8万人；在常规兵器方面，原计划裁减坦克1万辆、火炮8500门、作战飞机820架，实际裁减坦克1.5万辆、火炮2.1万门、作战飞机860架，已超出宣布的计划；在核武器方面，按苏美协定，射程在500公里以上的短导已全部销毁，中导已销毁80%。随着核武器的裁减，战略火箭军的兵力也裁减了1个火箭集团军和6个火箭师。在撤军方面，1990年又有新的进展，驻蒙苏军已撤出3.29万人，预计1992年全部撤完；已从东欧撤出9.4万人，坦克2900辆、火炮2000门、作战飞机112架。苏计划在1995年之前撤回全部国外驻军。到本世纪末，军队总员额降到300～320万。

在武装力量领导体制方面，开始实施重大调整。 1990年年初以来，随着苏联国家政权体制的变化，苏联武装力量领导体制也发生了由党领导军队向国家领导军队过渡的变化，主要表现是：

*高层军事决策与领导体制已经变化。*多年来，苏联国防和武装力量领导权集中在苏共中央政治局下设的国防会议。1990年3月戈尔巴乔夫当选总统，设总统委员会后，苏联国防和武装力量领导权已经由政治局移到了总统委员会。总参谋长莫伊谢耶夫大将认为：“确定总统为苏军最高统帅，是苏联军事建设的重大步骤”。总统拥有批准军事学说、批准军事预算、宣战、批准使用核武器等重大军事权力。调整后的国防与武装力量领导体制的情况是：苏共政治局下设苏共军事政策委员会，主席是苏共中央书记巴克拉诺夫；最高苏维埃设国防与国家安全问题委员会，主席是沙林；总统委员会下设国防会议，戈尔巴乔夫任主席，成员有国防部长、外长、内务部长、国家安全委员会主席等。

*按党政分开的原则改组政治机关。*政治机关历来是苏共对军队实施领导的机构，但这一体制已开始改

变。戈尔巴乔夫在1990年苏共中央3月全会上提出“要革新军队的政治工作，重新认识政治机关在军队中的作用”。总政治部主任什利亚加上将在苏共28大上更明确地说，军队政治工作改革的实质，就是“根据行政领导和党的领导职能分开的原则，使军队政治机关由党的领导机关变为国家宪法和军事政治领导机关”。1990年9月4日，苏联总统正式发布了改组军队政治机关的命令。总政治部主任什利亚加把改组后政治机关的职能归纳为“教育职能、组织职能、政治职能、加强军队法纪职能和军人社会保障职能”等。苏军还拟依据新的政工体制调整现行政工人员培训体系，修改政工院校的教学大纲。

军队补充原则发生重大变化，肯定了“职业化”的建军方向，决定先实行“混合兵役制”。 苏联实行的《普遍义务兵役法》是1967年颁布的，尔后在1985年进行了修订。近几年，苏联开始酝酿搞职业化军队和改革军队补充原则问题，但各方意见不一致。1990年情况发生较大转变，各方意见趋向基本一致。苏军首脑认为，军事改革的一个重要方面“是军队职业化问题”，“要逐步提高苏军职业化水平”，“分阶段实现职业化”，“逐步向志愿兵役制过渡”。同时又认为，由于财力不足，完全实行志愿兵役制的条件尚不具备。苏共28大《关于现阶段党的军事政策基本方针》的决议提出，当前先实行“混合兵役制”，即普遍义务兵役制与合同志愿兵役制相结合的制度。新颁布的《普遍义务兵役法》除写进上述内容外，还规定可服“替代役”，即允许因宗教信仰和其他原因不愿服兵役的人员在军外服役。苏防空军正在进行“混合兵役制”的试点，海军定于1991年进行试点，军人将按合同服役，士兵服役期由3年改为2年。

在军兵种建设上，提出要调整5大军种设置和内部结构。 苏军的5大军种体制是60年代初形成的。苏军认为，军种多固然有分工细、职能专的好处，同时也带来机构庞杂，服务保障人员多的弊端。1990年8月，戈尔巴乔夫在敖德萨军区的一次讲话中，对是否有必要保留现行的5大军种体制提出疑问，提出“要调整军种设置，调整军兵种内部结构”。《国防部军事改革构想（草案）》则明确提出将来要“合并在作战任务和装备上近似的军兵种”，但1996年以前现行军种体制不变。对军种内部结构的调整，主要是本着加强防御性部队和新技术部队的原则来进行。

在武器装备的发展上，提出要建立竞争机制，改革定购体制，并且提出了1996～2000年完成全军装备更新的设想。 在武器装备的研制和生产方面提出了以下新观点：(1) 实行独立的军事技术政策，避免跟在西方后面亦步亦趋；(2) 将竞争机制引入科研和生产过程，尽可能降低产品的成本；(3) 建立有效的经济机制，利用最新科技成就，提高武器装备的质量，把质量作为决定性因素；(4) 减少武器装备的型号，改进保障和维修器材，更新训练模拟器材；(5) 实行国防部按合同向科研和生产部门订购的制度。《国防部军事改革构想（草案）》提出“1996～2000年要实现全军武器装备的换装”。

在部队训练方面，强调提高训练质量，建立美国欧文堡那样的大型训练中心。 苏军继续强调把训练的重点由进攻转为防御。合成军队的进攻演习明显减少，防御演习显著增多；海军减少了远洋训练，增加了近海防御作战演练。与此同时，进一步强调提高训练的质量。作为一项重要措施，苏军在改革方案中提出要建立若干类似美国欧文堡那样的大型训练中心，每个中心可供几个团同时进行训练。苏军认为，通过这个方法，可达到节约经费，提高训练效益的目的。

在预备役体制方面，提出建立新的体系。 苏军在广泛讨论的基础上，提出了改组预备役制度的设想，主要包括：(1) 根据志愿原则，按合同方式建立一类预备役；(2) 由退出现役的军人和一类预备役服役期满人员组成二类预备役；(3) 由退休人员组成三类预备役。并且提出，提高预备役质量的前提是“减少数量，重点加强在军兵种建立的一类预备役”。

在军事法规建设方面，强调军队建设应进一步纳入法制轨道，继续修改和制定一系列军事法规。 苏军认为，必须加快制定和完善各种军事法规，以便作为军队建设和军事改革的基本依据。为此，国防部成立了军事立法委员会主持军事立法方面的工作。该委员会由苏国防部第一副部长、总参谋长莫伊谢耶夫大将领导。先后制定或修订的军事立法文件有：《苏联国防法》、《苏联普遍义务兵役法》、《军队政治机关概则》、《军队党组织工作细则》、《内务部内卫军维护社会秩序的义务和权利法》、《苏联军人抚恤待遇法》、《苏联军人地位法》等。其中《苏联国防法》是苏联建国70年以来第一部“涉及国防领域的一切活动”的法规，“可作为整个军事法律的原则基础”。

在军人的地位及其社会保障方面，制定了一系列措施。鉴于社会上反军思潮和民族矛盾对军队建设的影响和冲击，戈尔巴乔夫及苏军领导人一再强调从法律上保障军人的权益和地位。戈尔巴乔夫在纪念卫国战争45周年大会上指出："我们应该提高军人的荣誉和尊严，完全排除任何妨碍军人的政治和社会权利的现象"，"必须起草和批准军人社会保证专项计划"。国防部长亚佐夫在谈到军事改革的方针时，也提出要"建立有效的军人社会保障制度"。为建立对军人法律保障而采取的一整套具体措施，已在《苏联国防法》、《军人地位法》、《苏联普遍义务兵役法》、《军人服役条例》、《共同条令草案》中得到反映。苏已批准从1991年起，军官、准尉、超期服役军人的薪金平均每人每月增加90～150卢布，口粮补助费每人每月增加到50卢布；定期服役人员每月津贴视其所任职务将增加到30～55卢布。此外，还加紧为军人建设住房等。

主要资料来源:

①苏《红星报》1990年8月19日。

②苏《武装力量共产党人》杂志1990年第14期。

③苏《政府通报》1990年第48期。

美国军队在军费减少情况下的新建军方针

综述 美国的国家安全目标主要有两个：一是保卫美本土不受外来侵略；二是保卫美在世界各地的利益不受侵犯。第1个目标容易达到。因为目前世界上只有有限的几个国家能对美本土构成军事威胁，而且其手段也仅仅是空中和海上的攻击。美国只要有一支强大的海军、较强的防空和早期预警能力，就足以对付。第2个目标则难以对付，因为"侵犯"可能是政治的、经济的和文化的，且常常引起低强度冲突，十分复杂。所以，实现第2个目标，对付低强度冲突，是美国当前军队建设的重点。鉴于当前美国军费不仅不能增加，反而日趋减少的新形势，美军正在研究和提出减人省钱，集中财力和物力加强军队建设的新方针。

裁减军队、基地和设施，节省军费开支 为了节省军费，美国国防部提出了5年裁军计划。计划在今后5年（至1995年）内，以每年近10万人的裁减速度，将现有210万人的兵力裁减1/4。其中，各军种裁减的比例分别为：陆军30.1%、海军15.2%、海军陆战队24.9%、空军14.5%。具体计划见下页表：

裁军的原则是尽量裁减现在用不着的部队（包括压缩核力量规模、减少驻欧美军），压缩采购项目（如花钱多的飞机、重型装甲车辆和C^3I系统等）。在裁军的同时，还将关闭、合并部分基地和仓库。海军打算关闭1/5在世界各地的军事设施。美军估计，通过上述措施，5年内可以节省10%以上的军费。仅人员开支费即可节省13亿美元。

加强总体力量建设，提高部队的威慑与实战能力 美军认为，在军队规模明显缩小的情况下，要想保持和提高部队的威慑与实战能力，必须继续走质量建军的道路。陆军参谋长沃诺上将1990年10月发表文章指出，军队要想适应新形势，必须做到以下6点：(1) 素质，必须吸收和保持高素质的士兵和文职人员；(2) 理论，必须制定着眼于未来战场的作战理论；(3) 体制，必须保持所需要的军队规模和重型、轻型部队、特种部队相结合的编制体制；(4) 训练，必须对部队进行严格而逼真的训练；(5) 装备，必须继续进行装备现代化；(6) 军官，必须建设一支有进取心，有必胜信心的军官队伍。这6个必须虽然主要是针对陆军建设提出来的，但对整个美军建设都有意义，其他军种也提出了类似的建军指导原则。其主要做法是：

调整军队编制体制，合理使用人力物力。美军根据新形势和军队规模缩小的新特点，准备重新对部队进行整编，主要做法是：(1) 全军重新编组总体力量。美军参谋长联席会议主席鲍威尔多次提出，美为保持其世界超级大国的地位，未来的军事力量将主要由以下4种类型组成：一是拥有战术核武器，主要遂行中高强度冲突的重型军事力量；二是用于保卫太平洋利益的轻型军事力量；三是随时准备用于世界热点地区的"应急"作战力量；四是能够遏制超级大国之间发生冲突的战略核力量。(2) 陆军采用新的兵力编成结构。美陆军根据总兵力将裁减1/3的新形势，提出了一项旨在进行未来陆军建设的"水银"计划，现正根据该计划设计未来陆军编成的蓝图。其中一项"新21世纪陆军"编成方案认为，未来的陆军将由现

项目		现有数	裁减数	保留数
现役	陆军（万人）	74.4	22.4	52
	海军（万人）	59.1	9	50.1
	空军（万人）	54.5	7.9	46.6
	海军陆战队（万人）	19.7	4.9	14.8
	合计（万人）	207.7	44.2	163.5
后备役	陆军（万人）	75.7	24.2	51.5
	海军（万人）	15.3	0.2	15.1
	空军（万人）	20.1	1.6	18.5
	海军陆战队（万人）	4.4	0	4.4
	合计（万人）	115.5	26	89.5
战略部队	“和平维护者”导弹（枚）	50	0	50
	“民兵”导弹（枚）	950	450	500
	“三叉戟”导弹（枚）	576	96	480
	轰炸机中队（架）	21	4	17
一般任务部队	地面作战师（个）	32	10	22
	海军舰艇（艘）	566	111	455
	空军战斗机联队（个）	36	11	25
	海军攻击机联队（个）	15	2	13
	陆战航空联队（个）	4	0	4
	B-52轰炸机联队（个）	3	1	2
	战略空运中队（个）	25	0	25

在的6个军、18个师和8个旅（团）压缩至3个军、9个师和9个独立旅（团）。除欧洲继续保留第7军、第1装甲师、第3机步师和第12装甲骑兵团外，本土陆军主要区分为两大类，一类是重型第3军，由3个师、5个独立旅（团）编成，主要任务是遂行中、高强度作战；一类是轻型第18空降军，由3个师、2个独立旅（团）编成，主要是遂行世界各地的低强度作战任务。(3) 空军拟采用新的多机种混合式战术联队编制。美空军认为，随着装备的现代化，空军飞机的出勤率提高了22%，对地攻击精确度提高了98%（1架F-15E“鹰”战斗机可顶12架F-4“鬼怪”战斗机，更可以顶75架B-17“飞行堡垒”轰炸机），空战能力也有明显提高。但是，由于军费有限，不可能更多地采购更先进的飞机和导弹。要想在人员减少情况下提高作战能力，还必须在兵力编成上挖掘潜力。目前，美空军正在研究、试验编组混合战术战斗机联队的新办法。其主要做法是将现行的单一机种联队（一般编制飞机72架），改编成多机种合成联队。即象海军舰载机联队和陆战航空联队一样，把执行各种任务的不同型号的飞机（包括攻击、防空拦截、远距离干扰、反雷达反导弹、空中加油及其他任务飞机）合编到一起。让不同机种的飞行员平时一起训练，战时一起战斗。美空军参谋长认为，采用这种编制不仅可简化指挥程序，加强作战控制，而

且还可提高部队的合同作战能力。

*加强装备建设，提高部队现代化水平。*美军认为，在人力减少的情况下，装备现代化是保持和提高部队实战能力的最有效手段。为此，美军决定集中财力和物力，有重点地加强装备建设。(1) 战略空军在继续进行现有战略武器现代化的同时，进一步研制新的导弹防御系统。B-2 隐形轰炸机的采购计划已被压缩，原计划采购 75 架，现只打算花 42 亿美元采购 15 架。耗资 6000 万美元的核防御通信卫星计划将继续进行。由于用于 SDI 计划的研制费已减少到 31.5 亿美元，美军已开始拟制“小型战略防御计划”。据称，该计划所研制的是一种包括空基、陆基武器在内的“有限打击防御系统”。它将不再以苏联的弹道导弹为目标，对付的不是苏联可能向美本土发射的数千枚导弹，而是苏联以外核导弹拥有国可能向美本土发射的几十枚以至几百枚战略导弹。美军认为，该系统在当前核导弹威胁不断扩大的情况下，将不可或缺。(2) 陆军将继续更新先进武器装备。美陆军认为，与空、海军相比较，陆军武器装备的现代化速度最慢，比如，陆军现有 15984 辆坦克，而先进的 M-1 型坦克仅有 6804 辆，占总数的 43%；现装备的 23479 辆步兵战斗车中，只有 4658 辆是先进的“布莱德利”步兵战斗车，占总数的 20%；现有的 8643 架直升机中，只有 1812 架是新一代的 AH-64 和 UH-60 直升机，占总数的 21%。目前陆军的许多装备还是越战时期的。新老装备一起在战场上使用，不仅难以配合，而且严重影响新一代武器技术的作战效能。为此，美军打算集中财力采购先进装备，加快部队的现代化速度。(3) 海、空军将重点加强战略运输能力。“沙漠盾牌”行动的实践证明，美军虽然长期称战略运输能力是其推行全球战略的关键，但在实际装备建设上却很少予以重视。比如，军事空运司令部现有 226 架 C-141 运输机和 110 架 C-5 运输机。仅空运第 82 空降师就需要 860 架次 C-141 和 19 架次 C-5 运输机。如果空运第 101 空降师，所需飞机至少要增加 1 倍。军事海运司令部现有各型运输船 402 艘，其中航速 33 节的 SL-7 快速运输船只有 8 艘，仅够运送 1 个装甲师。连海运司令部司令都埋怨说，“第二次世界大战以后，美国海军曾拥有一支 2000 艘船的商船队。由于海军只顾花巨款造作战舰艇，不重视商船队的建设，现在只剩下 400 多艘商船。致使美军在‘沙漠盾牌’行动中，不得不租借外国商船，使美国战略成了依赖外国才能实现的战略。”根据这一教训，美军已决定把战略运输部队的装备建设作为今后军队建设的重点。空军将加紧研制新型运输机，海军将加紧采购快速运输船。

*加强后备役部队建设，提高战备动员能力。*美军自 1973 年由征兵制改为募兵制以来，长期处于没有后备役部队参加就没法打大仗的状态。因为实战部队中有 50% 的战斗部队和 80% 的后勤支援部队要由后备役部队提供。仅陆军国民警卫队就在总体力量中占有很大的比例（见下表）。

国民警卫队		所占比例
按任务区分	战斗部队	44%
	战斗支援部队	31%
	战斗勤务支援部队	25%
按建制区分	作战师	36%
	防空营	26%
	炮兵营	52%
	航空分队	33%
	工兵营	52%
	特种作战大队	25%

由此可见，后备役部队在美军总体力量中占有十分重要的地位。这也正是美军在“沙漠盾牌”行动开始不久，布什总统就下令动员后备役部队的原因。但是，由于今后 5 年，后备役部队也将同现役部队一样进行精减，美军只能以提高质量和战备动员水平为指针，加强后备役部队建设。其主要做法是：(1) 保留专业技术骨干，提高后备役部队的军事素质。比如招收有专业技术的人员参加后备役部队；鼓励军事素质好的士兵再次服役等。(2) 改革支援方式，使后备役部队独立遂行作战任务。至 1990 年底陆军的 18 个现役师中有 9 个是缺额师，只编 2 个旅。这 9 个师只有得到 1 个后备役旅补充后才能投入使用。既影响快速反应能力，也影响师的整体作战能力。为此，美军准备把现役师改编成满员师，后备役部队不再以补充的方式投入使用，而是以独立的建制单位投入使用。(3) 更新武器装备，提高后备役部队现代化水平。1990 财年的装备费是 29 亿美元，是历年来最高的。新的裁军计划中，准备把撤军、裁军后的武器装备移交给后备役部队。如果把 M-1 和 M60A3 坦克、改进的“陶”式反坦克导弹发射车和 155 毫米自行

榴弹炮等装备给后备役部队，将使后备役同现役拥有差不多的作战能力。(4) 加强训练，提高后备役部队的战备水平。目前，美军后备役部队在全国有3000个国民警卫队训练中心，71个训练场。为缩短战前训练时间，美军还准备建设一些必要的设施，以保证后备役人员的训练时间和质量。在训练方法上，将广泛采用先进的计算机模拟技术，增加难度和逼真程度，以提高单兵、分队和指挥官的军事素质。使之一经动员即可部署，部署后即可投入战斗。

稳定部队，保证军队建设计划的实施。美国防部长切尼多次强调，在压缩军费和军队员额的情况下，使军人树立信心，保持军队的稳定，将是军队现代化能否顺利进行的关键。为了稳定部队，美军计划采取的主要措施是：(1) 提高军人的工资和福利待遇。(2) 创造满意的工作和生活环境。(3) 教育军人"为国献身"，使广大官兵安心服役。

主要资料来源：

①美国《陆军》杂志1990年6、10、11月号。

②美国《陆军时报》1990年7月12日。

③美国《海上力量》杂志1990年11月号。

④美国《空军时报》1990年11月12日。

日本防卫力量发展计划

综述 1990年是日本自卫队"中期防卫力量发展计划"的最后一年。1990年度防卫力量发展计划的基本指导方针是，努力做好"中期防卫力量发展计划"的收尾工作，提高装备质量，协调发展主要战斗装备和后勤装备，加强协同作战体制。在这个方针指导下，自卫队将充实主要装备并使之现代化，提高续战能力、快速反应能力和抗毁能力，加强指挥通信能力和情报搜集能力，提高部队素质，改善部队待遇，确保部队员额，改编部队，加强研究与开发工作。

充实主要装备并使之现代化 陆上自卫队 为推进师现代化建设，加强反坦克火力、炮兵火力和打击海上目标火力，提高机动力等，计划采购30辆90型坦克、44门FH-70型155毫米榴弹炮、6门203毫米自行榴弹炮，8门87型自行高射机关炮、9辆89型装甲战斗车、32枚88型地舰导弹、260门84毫米无坐力炮、28部87型反坦克导弹发射系统、28部79型反坦克、反登陆舰导弹发射系统、10架AH-1S反坦克直升机、2753支89型步枪、42挺62型机枪、7挺74型车载机枪、25挺12.7毫米重机枪、24辆73型装甲车、24辆82型通信指挥车、16辆87型侦察警戒车、8辆87型炮侧弹药车、4辆90式坦克回收车和1个群的改进型"霍克"导弹。

海上自卫队 随着军事技术的飞速发展，飞机和导弹的续航力、飞速和射程日益增大，潜艇的航速不断加快，噪音大大降低，水面舰艇普遍装备了导弹。为对付这一新的形势，排除高性能水雷，将提高防空导弹系统的性能和反潜部队的反潜能力，发展能在大深度、中深度排除高性能水雷的扫雷装备和水面攻击能力很强的导弹快艇。为此，计划采购1艘7200吨级的驱逐舰、1艘2400吨级的潜艇、1艘1000吨级的扫雷舰、1艘490吨级的扫雷艇、3艘50吨级的导弹快艇、2艘420吨级的运输艇、1艘2800吨级的音响测量舰、11架P-3C反潜巡逻机、12架SH-60J反潜直升机、2架LC-90联络机、7架T-5初级教练机、2部81式近程防空导弹系统和24部便携式防空导弹系统。

航空自卫队 为提高防空能力、早期预警能力、空运能力和救护能力，将加快组建第7个F-15战斗机飞行队的步伐，改进20架F-4EJ战斗机，发展预警机、运输直升机、救护直升机。为此，计划采购11架F-15战斗机、2架E-2C预警机、2架CH-47运输直升机、20架改进型F-4EJ战斗机、21架中级教练机、4架UH-60J救护直升机、1架U-125飞行检查机和装备1个高射群的"爱国者"防空导弹。

提高续战能力、快速反应能力和抗毁能力 为提高续战能力，将增加坦克、舰艇和飞机的弹药储备量；采购的弹药数量比上年度增长15%；另外，增加预备役人员，陆上自卫队增加3000人，海上自卫队增加1100人，航空自卫队增加1200人。这样，1990年末预备役人数可达5.47万人。

为提高抗毁能力，将继续装备用于掩护基地的近程防空导弹、便携式防空导弹和高射机关炮，并构筑掩体，配发机场跑道用的底板。

为提高快速反应能力，陆上自卫队的满员率将增加0.2%，由原来的86.5%提高到86.7%。目前，海空自卫队的满员率为96%。此外，要给部队装备实战鱼雷和水雷，加速弹药库的修建工作。

加强指挥通信和情报搜集能力 加快综合数字通信网的建设工作，加强通信保密，增强潜艇使用的超长波发射台的能力和卫星通信能力，发展固定式三维雷达系统、移动式警戒监视系统和监视雷达，建设反潜作战中心，提高电子战能力，更新通信设备，发展野战炮兵情报处理系统和师防空情报处理系统。

提高部队素质 将陆上自卫队团和连等单位的年度训练次数分别恢复到原来的4次和6次，增加驱逐舰年度航海时间和次数（由1270小时增加到1510小时，将第4护卫队群的训练次数增加1次）；采购90式坦克模拟器，继续充实教育训练器材，以适应训练的需要；并加强各种演习训练。陆上自卫队继续实施"北方特别机动演习"，"霍克"导弹部队到美国进行年度射击训练。海上自卫队进行远洋训练，参加"环太平洋90"演习，以提高战术技术水平。航空自卫队进行综合演习，"奈基"和"爱国者"防空导弹部队到美国进行年度射击训练，并在美国进行C-130H飞机的训练。日美还要进行联合演习。

改善部队待遇 改建和修建营房、食堂、体育馆、浴池、游泳池、生活福利中心和潜艇人员的陆上待命所，新建造的舰艇将采用双层床，建立舰船使用的卫星广播电视接收系统，努力更换已达到使用年限的冬服和夏服，减轻部队的杂务。

加强研究、开发工作 为在质量上维持和提高防卫力量的水平，将继续加强FS-X下一代强击机、近程防空导弹和G-RX4反潜鱼雷的技术研究开发工作，并着手研制XATM-4重型反坦克导弹和FCS-3舰载射击指挥系统，将F-104飞机改装成无人驾驶飞机。

改编部队和确保编制员额 (1) 关于部队改编，1990年陆上自卫队计划从第1、3、4、6、8师抽调6个坦克连的坦克，配备给北海道的部队，以加强北海道地区的防卫能力；并对第4、6、8、9、10、12、13师进行改编。海上自卫队将新编第21扫雷队，并改编海洋业务群，以有效地运用反潜中心。航空自卫队为适应各型飞机的服役，也要改编部队。(2) 关于确保编制员额，将通过节省工作人力，合理调整，努力削减人员。此外，随着舰艇和飞机的服役，将增加人员。海上自卫队增加790人，航空自卫队增加1080人，参谋长联席会议增加12人，计1882人。这样，1990年，陆上自卫队为18万人，海上自卫队为47196人，航空自卫队为48869人，参谋长联席会议为177人，合计27.6242万人。(3) 关于事务人员，整个防卫厅将增加145人；另一方面，因削减定员，预计减少296人。(4) 关于任期制军人，将录用男兵23300人，女兵940人。

加强卫生、救灾工作 (1) 加强医疗体制；(2) 对救灾时能利用的飞机、车辆和通信器材等要加强维修保养；(3) 采取保护环境的措施，如修建污水处理设施，配发消音设备等；(4) 维修保养用于防止海难的器材和救难设备，加强海上安全工作；(5) 修建航空安全无线电设施，加强航空安全工作。

主要资料来源：

①日《国防》杂志1989年10月。

②日《防卫天线》1989年2月。

制定新5年防务计划 1990年12月20日，日本政府召开安全保障会议和临时内阁会议，正式批准新5年防务计划（1991～1995年度）。《外国军事学术》1991年第3期就这一计划的主要内容作了介绍。

新5年防务计划的基本方针是：以《防务计划大纲》的基本思想为依据，以维持防卫力量的基本水平为着眼点，努力建设一支"有效的、适度的防卫力量"。

新5年防务计划的重点 从新5年防务计划的经费分配及内容看，今后5年将把重点放在自卫队的质量建设上，同时加强后勤保障系统及福利待遇措施。计划中明确提出，要控制三自卫队主要武器装备的发展规模，加强后勤建设。例如主要武器装备的发展指标中规定，1990年度计划完成时坦克装备数量为1205辆，其中第4代新型90型坦克30辆，占2.5%，第二代61型和第三代74型坦克1175辆，占97.5%，到新5年防务计划完成时，坦克装备数量为1136辆，减少69辆。然而，其中性能先进的、具有世界一流水平的90型坦克则由30辆增至132辆，占11.6%，淘汰的69辆坦克全是1961年开始装备的第二代坦克。在新5年防务计划期间，陆上自卫队还将装备新型多管自行火箭炮；海上自卫队和航空自卫队将装备具有西方一流水平的"宙斯盾"防空导弹驱逐舰、预警指挥飞机等。由此可见，占新5年防务计划拨款总额22.4%的主要武器装备发展费，将主要用于增添新式装备、淘汰和改进旧式装备，以提高武器装备的质量，促进防卫力量的现代化，增强自卫队

的作战能力。

加强后勤建设是新5年防务计划的重点课题之一。1986～1990年度防务计划中，后勤建设方面的经费占总额的32.9%，而新5年防务计划用于后勤建设的经费占总额的40.2%，增长率为5.9%，大大超过主要武器装备发展费增长率的2.1%。鉴于目前自卫队征兵难，中途退役的人日益增多，计划中特别重视改善自卫队人员的生活环境和工作条件，提高福利待遇，以稳定军心，吸引青年加入自卫队，保障有较充足的兵源，提高部队满员率。

新5年防务计划期间日本防卫力量的发展趋向 从新5年防务计划的具体内容看，今后5年日本将从以下5个方面加强自卫队的建设。

防空能力 首先继续装备F-15歼击机，使该型飞机由1990年度计划完成时的164架增加到204架，并对已装备的F-15进行改装，以提高其空中截击能力。新装备4架预警指挥飞机，完善早期预警体制。其次，为进一步加强要地防空能力，将对陆上自卫队现装备的"霍克"防空导弹进行大改装，陆上自卫队共有8个防空导弹群，到新5年防务计划完成时，将有4个防空导弹群装备"改进"Ⅱ型，2个防空导弹群装备"改进"Ⅰ型，2个防空导弹群装备"改进"Ⅲ型。继续把航空自卫队的"奈基"防空导弹群换装为"爱国者"防空导弹。目前，航空自卫队共有6个防空导弹群，其中5个已装备"爱国者"防空导弹，1个尚装备"奈基"防空导弹，新5年防务计划完成时，将全部换装为"爱国者"防空导弹。此外还将继续采购81式地空导弹和新式高射炮等。

海上作战能力 在新5年防务计划期间，将采取以下措施来加强海上作战能力：(1) 建造10艘驱逐舰和护卫舰，其中包括2艘新型"宙斯盾"防空导弹驱逐舰，加上上一期5年防务计划建造的2艘，共装备4艘这样的舰艇，使4个护卫队群每群拥有1艘。这种舰艇排水量为7200吨，装备有"宙斯盾"防空系统、"鱼叉"舰舰导弹、高性能20毫米机关炮和三联装鱼雷发射管等，能同时处理和对付10多个目标。它将大大增加舰队的防空和反潜能力。新5年防务计划完成时，海上自卫队装备的58艘驱逐舰和护卫舰中，装备防空导弹或舰舰导弹的舰艇所占的比例，将由目前的70%提高到80%以上，其海上防空能力和水面打击能力将大大增强。(2) 淘汰旧式、增加新式反潜巡逻机。1990年度计划完成时，海上自卫队拥有主要反潜飞机约200架，其中新式P-3C型94架，SH-60J型36架。新5年防务计划完成时，将全部淘汰目前装备的6架P-2J，HSS-2B型也将由66架减少到32架，而新型P-3C和SH-60J将分别增至100架和68架。这200架反潜飞机基本上都是具有世界先进水平的新式装备，它同约60艘水面反潜舰艇相结合，将使海上自卫队原来就处于世界第二位的反潜作战能力得到进一步提高。

抗登陆反空降能力 为加强海上和水际歼敌能力，陆上自卫队新装备40部SSM-1式地对舰巡航导弹发射装置，导弹发射队由3个增加至5个，发射装置由38部增加至78部，为加强炮兵火力和装甲机动能力，陆上自卫队继续装备AH-1S反坦克直升机，使之由目前的72架增加至88架，完成每个集团军编成内均有1个反坦克直升机队的体制。新采购36辆自行多管火箭炮，以取代集团军炮兵部队的203毫米榴弹炮和155毫米加农炮。新装备90式坦克100多辆、89式步兵战斗车约50辆。新5年防务计划完成时，将拥有坦克1136辆、各种装甲车1082辆。届时，陆上自卫队的装甲机动能力、步坦协同作战能力将有明显提高。

情报搜集和指挥通信能力 更新和换装警戒管制雷达，为装备超视距雷达作准备；加强舰艇、飞机对周边海空域的监视警戒。发展军用数字通信网，充分利用卫星通信，加强中央通信所的建设，完善各种通信手段和措施，提高指挥通信效率和能力。

改善生活条件和福利待遇 为确保部队满员率，提高士气，把改善自卫队人员的生活条件和福利待遇问题提到战略高度来认识。为此，将根据地区和任务特点，抓紧营房、宿舍的建设，充实福利设施，重视训练设施的改建和修建。减轻杂务负担，放宽军营外居住的要求和限制等。

综上所述，90年代前半期，日本防卫力量的发展，无论在军费增长率方面，还是在人员、主要武器装备的数量方面，均有保持现有规模或减少的趋向，但实际上，在人员素质、部队编成、教育训练、武器装备的质量、后勤保障能力等方面均将有明显的加强和提高。

蒙古军队建军方针与计划

当前军队建设的基本方针 当前蒙军建设的基本方针是：用“蒙古思维”创立本国的军事学说，按照军队建设要服从国家经济建设的原则，研究军队的结构、编制和员额，以最少的开支把国防力量保持在适当的水平，建立一支适合国情、经济能力和民族传统的快速机动和具有一定防卫能力的军队。

*贯彻服从国家经济建设的方针。*蒙军认为，国防实力的发展必须以国家经济力量为基础。近年来，蒙古在国际形势日益缓和，特别是蒙中关系改善的情况下，为迅速改变经济落后面貌，制定了加速发展经济的战略。蒙军为适应国家发展战略的需要，对过去自身建设进行了反思，认为没有雄厚的经济实力，就没有强大的国防。70 年代和 80 年代，蒙古经济之所以处于落后状态，与沉重的军费负担有直接关系。因此，在新形势下，军队建设必须贯彻服从国家经济建设的方针。这一方针的主要内容包括：(1) 逐步裁减军备，压缩军费开支，支援国家经济建设；(2) 调整军队编制结构，精简军事机关，使军队变成纯防御性军队；(3) 把部分军工企业转产民用，部队参加国家经济建设，规定每年要为国家经济建设创造 3 亿图格里克的价值；(4) 大力发展农副业生产，努力减轻国家经济负担，目标是达到部分物品自给。

*贯彻“政治保国”的方针。*蒙古认为，由于蒙古地广人稀，经济基础薄弱，又处在两个大国之间，没有能力处处设防，只能是“重点部署”。为解决兵力不足，蒙军将走“寓兵于民”之路，即加强预备役部队的建设和人民的训练，使国家武装力量能够应付突发事件和局部战争。但是，在新形势下蒙军认为国家安全主要靠政治保障，而不是靠军队保卫。蒙军第一副总参谋长道尔吉高勒布 1990 年 7 月 26 日称，蒙古政府保障国家安全的基本方针是：在继续裁军和苏军从蒙古撤出的情况下，蒙古奉行在国土上不部署外国军队和军事设施，不参与他国政治的原则，坚持在国与国之间相互理解相互信任的基础上，首先用政治手段保障国家安全；因为蒙军的任务是“不侵犯他人，只抵御敌人，军事实力、武装力量和军事学术理论只具有防御性质。”蒙古前部长会议主席索德诺姆说，苏军撤走后，蒙古的安全有了可靠的保证，因为与蒙古接壤的两个大国都是联合国安全理事会常任理事国，他们对维护各国人民的和平与安全负有重大责任。蒙古位于中苏之间，应成为无常规部队的国家。蒙古总统彭·奥其尔巴特十分重视对华关系，在当选大人民呼拉尔主席团主席不到 24 小时，即宣布按原定巴特蒙赫访华的计划前往中国访问。通过访问强调 1962 年签订的中蒙友好互助条约仍有效。与此同时，蒙古还注重与中国发展军事关系，1990 年中国国防部代表团访问蒙古时，蒙军方非常重视，称这次访问是 1961 年以来的首次，是恢复和发展两军关系的重要步骤，具有重大意义。

*贯彻“国家化”的方针。*蒙军是蒙古人民革命党缔造和领导的军队，但 1989 年以来在苏联、东欧局势剧变的影响下，蒙古宪法取消了“蒙古人民革命党是蒙古人民共和国国家和社会的领导力量”的条款。1990 年 4 月蒙古人民革命党举行特别代表大会提出了军队非政治化的建议。1990 年 5 月 10 日，蒙古颁布《蒙古人民共和国政党法》，正式实行多党制。1990 年 7 月蒙古革命党中央主席团决定，从 1990 年 7 月 16 日停止党在人民军、国家安全保障总局和国家警察总局中的政治活动。从此，蒙古人民革命党放弃了对军队的领导，把决策权移交给蒙古总统和大人民呼拉尔，同时取消了领导军队的法律政策部，由新成立的大人民呼拉尔和国家安全保障常设委员会替代。

当前的建军计划与措施 目前，蒙古社会正处在剧变中，蒙军建设也正在发生变化，所宣布的建军计划与措施主要有以下几方面：

*裁减军队数量，削减武器装备。*随着国际形势的缓和，蒙军从 1987 年起就开始着手裁减军队数量和武器装备。1990 年 7 月 26 日，蒙军副总参谋长道尔吉高勒布上校宣布，最近两年内已裁减兵员 1.9 万人，其中包括军官、士兵和军队中的文职人员。国防部机关人员精简了 40%，仅 1990 年就撤销 16 个部队、合并 17 个部队。此前，蒙古总统彭·奥其尔巴特于 1990 年 6 月 13 日宣布，1991 年蒙军还将裁减兵员 1.2 万人。与此同时，蒙军还封存了 2 个摩步师的装备，裁减了 1000 辆军车、60 辆坦克以及空军的 18 架歼击机。这些被裁减下来的装备多数改为民用。经过裁减，目前蒙军的总兵力已从近 6 万人减至

2万余人，武器装备削减了10%以上。与此同时，蒙军为实行军队职业化，正在防空军中进行试点。

*改变军队最高领导，改组国防体制和军队结构。*为适应新形势的变化，蒙军对其最高领导和国防体制与军队结构进行了改革和调整。一是由总统取代了蒙古人民革命党总书记，成为军队的最高领导。1990年5月蒙古制定的宪法规定，总统是国家武装力量的总司令，总统通过国防部长指挥军队，从而取代了蒙古人民革命党总书记是蒙军最高统帅的惯例。新任国防部长只对总统负责，有权直接向政府提出任何问题，是对武装力量实施指挥的国务部长。国防部长负责制定和实施国家的国防政策。国防部设国防部长会议，撤销了国防部务委员会。二是改组国防体制。撤销公安部，组建国家警察总局和国家安全总局，原公安部所属的边防、内务部队分属上述两个局。民防局重新划归国防部。1990年10月蒙古调整国防部后的构成是：人民军总参谋部、政治教育部、后勤部和国家民防中央司令部。在改组国防体制中，对在国防部任职的人员提出了明确要求，规定由技术素质强、文化水平高、具有政治修养和丰富工作经验以及“新思维”的将军和军官们组成。三是增加文职人员。改革后，蒙军中的财会人员、军校教员等都改为文职。四是调整军队构成。1990年4月以前，蒙军由人民军、边防军和内卫军组成。1990年9月，蒙古新政府制定的国防条例规定，蒙军由人民军、边防军、内卫军和支援国防协会组成。

*削减军费开支，各部队实行经费预算包干制。*蒙古国防部长宣布，1988～1990年蒙军开支比1987年减少了11%，所占国家财政支出的比例也由10.5%降至4～6%，其中1990年比1989年削减1.06亿图格里克（约合250万美元）。1990年10月，蒙新任国防部长扎布丹在国家小呼拉尔会议上说，为了维持合理的国防力量，节约国防开支，近两年来已把价值5800万图格里克的建筑设施和600多辆汽车转为民用。为解决军官的社会生活问题，人民军师、团部队已实行了经费预算包干制。各部队为解决经费不足，加强了生产经营，并把一些军工企业转为民用，开办了一些企业和公司，生产出口产品，大力发展农副业生产。

*改革战争动员体制，以适应新形势的变化。*在部队大裁减的情况下，蒙军根据国家地广人稀、经济实力薄弱的情况，对正规军与预备役人员相结合的战争动员体制进行了改革，以建立适合蒙古国情的新战争动员体制。一是把部分常规部队改编为教导部队，对预备役人员进行有计划的训练；二是建立若干个区域训练中心，每个中心又分为若干个责任区，负责轮训预备役人员。

*改革军训工作，注重提高军训质量。*蒙军原来的训练工作是按照苏军模式进行的，而现在新建军方针的要求是，改变脱离实际的旧观念，坚持“掌握知识，提高本领”的原则，根据战士的文化水平、服役期限、武器装备以及战备标准，在训练大纲和教材、物质基础与教学方法等方面不断完善和配套，以提高训练质量与效果。每个军人必须学好军事知识和技能，达到现代化战争的要求。在技术上，士兵必须熟练掌握各种技术，射击、驾驶和操作等练习要进行数百次；在战术上，部队要能进行从班到团、师的作战演练。

主要资料来源：

①蒙古《红星报》1987～1990年。

②蒙古《真理报》1987～1990年。

越南军队建军方针

当前的建军方针 1987年至今为越军建设的调整时期。由于国家战略重点已转向“以经济建设为中心”，武装力量的建设也由战时状态转入平时状态。越党提出建设一支“强大的、高质量的人民武装力量，这支力量的正规军数量必须合理，预备役部队和自卫民军的建设也不可忽视”的发展新方向。当前越南武装力量建设的具体作法和基本设想：一是建设一支数量适当、编制合理、“英勇善战”的现代化正规军。近年来，越军当局继续通过撤编、缩编部队，精简机构等措施实现裁减员额50万的目标；力争使总部到基层各级编制达到最优状态；根据战略发展的需要，拟集中建设一些担负机动作战任务的陆军合成兵团和强大的海军、空军、防空军兵团；为担负主要战略任务的现役值班部队优先装备各种现代化兵器；继承和发扬“光荣传统”，研究和发展军事艺术，最大限度地利用现代化军事科学技术为作战服务；重视和加强地方武装力量的建设，使之成为区域作战的地方主力；提高新征兵员素质，克服部队是“大学校”的偏见，以实现正规军“少而精”的目标。二是建设一支实力雄厚随时可参战的预备役部队。越军认为，预备役部队是国家武装力量的一个重要组成部分，是战时正规部队的直接来源。它的数量、质量将对越军战斗力产生直接影响。因此，新形势下预备役部队的建设比战争时期有着更为严格的要求和特殊内容：预备役部队不能只是步兵单一兵种，而应是诸军兵种合成部队；预备役部队的编制成份应包括军官、士官、士兵、专业技术人员；省、县两级地方部队将根据区域作战预案就地组建，所需武器装备自行筹措；预备役部队的登记、管理、训练、演习等项工作由中央到地方各级党政机关按有关规定统一实施；预备役部队平时按计划在基层活动和演练，战时则根据动员令按预案展开。三是建设一支适应新形势要求的自卫民军队伍。依据《自卫民军条例》，所有符合条件的公民均应参加自卫民军，履行军事义务。自卫民军是活跃在基层、农村、街道的不脱产的武装力量。它的任务是保家卫国，维护治安，发展生产；自卫民军的组织编制因地而异,一般可设连、排、班，有条件的地方可设营，但不设团以上编制；自卫民军的训练根据所在单位、地区的实际，按照建设“坚固防守区域”的精神，灵活进行；自卫民军工作由地方各级主管干部和乡、社、厂、矿领导负责；地方党委支部书记要成为各级优秀的军事指挥员。

主要资料来源：

①越《全民国防》杂志 1990 年第 12 期。

②《越军建军简史》。

老挝军队建军方针与计划

当前军队建设指导思想与计划 老挝人民革命党中央规定，保卫祖国和建设祖国是军队的两项根本战略任务。军队建设的指导思想是：在全民国防的防御性战略思想指导下，建立一支革命的、正规化的、逐步现代化的各军兵种合成的常备军。军队建设原则是：数量适当、结构完整、比例恰当、适合国力。根据环境因素的新变化，当前强调根据国情处理好国防建设与经济建设的关系，要求统筹兼顾，在经济工作中充分考虑国防建设的需要；在国防建设上则要厉行节约，减少财政支出。根据老挝新闻机构的报道，当前老挝军队建设计划的主要内容是：

*巩固和稳定部队，加强革命化建设。*加强部队的政治思想教育，坚持党的领导、坚持社会主义目标、坚持马列主义思想等 6 项基本原则，坚决反对政治多元化、反对缺乏阶级立场、反对极右倾向、反对资产阶级民主自由，防止和平演变。保证部队在任何时候、任何复杂情况下，都绝对服从党的领导。加强领导班子建设，选好用好干部，以政策纪律稳定部队。加强统一集中领导，反对山头主义和宗派主义；加强组织纪律，反对松懈涣散。

*积极推进正规化建设。*在部队中加强正规化教育，反对游击习气。逐步统一编制，进一步调整和完善部队体制。建立健全条令条例和规章制度。逐步建立正规的军官培养、职务晋升和军衔晋升制度。继续加强特种兵建设，逐步建立专业较齐全的特种兵技术学校。建立健全财务预算制度，完善后勤供应体制。

*努力提高部队的实战能力。*在越军撤走后，部队必须树立独立保卫祖国的战斗意识，教育干部战士树立必胜信心，面对任何敌人都敢打敢拚，从战斗精神上压倒敌人。通过军事训练和清剿作战，不断提高部队的独立作战能力和诸军兵种合成作战能力，增强部队战斗力。空军、防空部队和内河水兵部队、装甲部队要完善作战预案，始终保持较高战备水平；同时加强训练，熟练掌握技术兵器，提高与步兵、炮兵的协同能力。

*努力提高军官的组织指挥能力。*通过院校培养和出国深造，提高各级军官的管理水平和组织指挥能力，提高军官的文化水平。中高级军官要努力克服单一兵种思想，学习诸军兵种合成知识，普遍进行反坦克训练。特种兵部队军官要熟悉本专业武器装备性能和本级指挥业务。

*继续保持适当规模的主力部队，加强地方部队建设。*1990 年征集兵员约 4000～5000 人，主要补充主力部队缺额。各级地方党委和行政委员会都要建立民兵自卫队建设指导组织，巩固地方军事部门，调整地方部队编制，部分省属和县属独立连扩编为独立营，建立部分民兵防空连。注意研究政策，制定有关民兵章程，确定民兵的编制、经费和待遇。在有反政府武

装活动的地区，组织地方部队和民兵积极参加作战，完成巡逻和运输任务。

*积极参加国家经济建设，开展生产弥补军费不足。*根据中央政治局1990年提出的“军队要在发展经济建设、推动农业畜牧业和工商业方面起杠杆作用和领先作用”的指示，成立“山区开发总公司”，下设10个分公司，负责组织部队参加机场、公路建设和山区经济开发。同时，建立北部山区生产建设基地，开展经济作物栽培。各部队开展农副业生产，改善生活。

主要资料来源：

①老挝《人民报》（1988～1990）。

②老挝国家广播电台新闻稿（1988～1990）。

民主柬埔寨国民军建军方针原则

综述 1978年底越南发动侵柬战争后，柬埔寨先后出现了四支武装力量。其中民柬三方抗越救国武装力量已实现政治上的联合，并得到大多数国家的承认和支持；另一支是金边政权军队。

民柬三方武装力量总兵力近10万人，其中民柬国民军7万人、西哈努克民族军1.2万人、宋双领导的高棉人民民族解放军1.5万人。民柬国民军是抗越的主力军，其建军方针原则是：

抗击越南侵略、解放柬埔寨领土是民柬建军的基本宗旨 民柬国民军是原柬共领导的一支武装力量，前称民柬革命军，创建于1968年1月17日。1975年4月17日解放全国后，总兵力曾达到20万人，其中正规部队10万余人，地方部队8万余人。1978年底越南大举侵柬时被击溃，人数剩下不足3万，被迫转入柬泰边境地区开展游击战。在生死存亡的关键时刻，柬共中央和政府于1979年初作出战略决策：“整顿和发展武装力量，在全国开展抗击越南侵略的人民战争，以最终打败越南侵略者、解放柬埔寨。”同年12月，又将民柬革命军改名为民柬国民军，并成立了国民军最高委员会。经过10多年的抗越斗争，民柬国民军逐步得到恢复和发展。迄1990年底，民柬国民军正规部队总兵力已发展到7万人，编成24个师，主要分布在马德望、菩萨、奥多棉吉、暹粒、戈公省和金边周围地区。同时，解放了2／5的国土，挫败了越南侵吞柬埔寨的图谋。

将建军与作战、做群众工作结合起来，是民柬建军的基本方针 民柬国民军自建军以来，先后经历了国内战争、抗美战争和抗越战争，特别是抗击越南及其傀儡的战争已持续12年，现仍在进行中。民柬国民军总部根据处于战争状态的实际情况，规定“各部队的首要任务就是打仗”，要求“部队建设必须从实战出发，广大官兵必须无条件地参加战斗，英勇杀敌”。从越侵柬开始，民柬国民军所有部队都投入了对越、对金边政权军队的作战，目前50%的部队在内地开展以打击金边政权基层组织、瓦解金边政权军队基层人员、伺机突袭中小城镇为主要目标的游击战，20%的部队保卫后方基地、仓库和负责向内地运输补给，30%的部队在泰柬边境地区袭击越、金边政权军队交通线和孤立据点。经过千辛万苦的作战，民柬国民军不仅给敌以沉重打击，而且在战争中经受了锻炼和考验，“已具有较强的攻坚能力，能成建制地歼灭敌军有生力量”。同时，针对在内地没有巩固的根据地，兵源困难等情况，民柬国民军积极开展对群众的宣传教育工作，以改善军民关系，争取群众，补充兵员。近几年来，民柬国民军所到之处，主动加强与民众接触，走村串户，召开群众大会，宣传自己的方针、政策和抗越救国主张，揭露越军的侵略行径，动员乡村青年参加国民军；组织部队向群众运送粮食、煤油、食盐、衣料、炊具和其他用品；命令部队保护农民抢收粮食，不准向百姓要一粒粮食。经过上述努力，民柬国民军在内地广大农村扩大了影响，与百姓的关系较前有明显改善：群众积极为民柬部队筹集大米，帮助开荒生产；主动当向导、提供隐蔽所和情报；广大青年踊跃报名参加国民军。

搞好军队内部上、下级关系及与友军的协调配合，是民柬建军的基本原则 民柬国民军总部规定，国民军内部必须团结一致，干部和士兵、上级和下级政治平等，互相帮助，同甘共苦，实行集中领导下的民主和自觉的纪律。在这一原则的指导下，国民军内部上、下级之间的关系比较融洽，干部爱护士兵，关心士兵的进步和生活；士兵拥护干部，自觉遵守纪律；下级服从上级，上级尊重下级；政治、军事民主也得到较好地发扬。为联合西哈努克民族军和高棉人民民族解放军共同对敌，民柬国民军从民族利益出发，主动向他们提供车辆、炮弹和粮食，帮助抢救伤员，让他们的一些单位驻扎在民柬部队驻地附近，以免遭越军、金边政权军队袭击。这些举动促进了三方之间的团结合作。除政治上的联合日益巩固外，在战场上的协同作战逐渐增多。三方部队经常在一起研究制定共同作战方案，同时对越军和金边政权军队展开攻势，大大提高了战果。

附：金边政权军队建军方针原则

金边政权军队现有总兵力为10万人，其建军的宗旨、方针和原则是：

维护金边政权的统治，逐渐“消灭”民柬武装力量

金边军队（“柬埔寨人民武装革命力量”）自称成立于1951年6月19日，实际上是越南1978年下半年全面入侵柬埔寨前夕拼凑起来的，当时编成2个营和一些工作队，总兵力5000人，兵员成份主要是越籍下柬人和民柬叛逃人员。1979年1月7日越侵占金边、扶植金边政权后，即决定全面加强军队建设，“扩充军事实力，以军事清剿和政治瓦解相结合，逐步消灭波尔布特武装力量”。据此，越南扶植金边政权军队大力招募新兵，扩充实力。特别是从1987年11月开始，侵柬越军将活动重点由清剿民柬武装转为帮助金边政权军队建设，多次趁撤军之机将部分侵柬越军换装编入金边政权军队。1989年9月越从柬“全部”撤军后，金边政权国防部又决定“进一步发展武装力量，以确保其能独立完成保卫祖国的任务”；并将“柬埔寨人民武装革命力量”改名为“柬埔寨人民武装力量”。迄1990年底，金边政权军队已按越军模式建成了主力部队、地方部队和民兵三位一体的武装力量体制，总兵力达10万人（编成4个军区、7个师）。在扩军的同时，金边政权军队不断配合越军向民柬武装发动攻势；1985年4月攻占民柬三方武装在柬泰边境地区的主要营地，并加强了对柬泰边境地区的封锁和对柬内地抵抗武装力量的清剿，企图消灭民柬武装；1986年10月以来又加紧推行所谓“综合行动计划”，强调运用“军事、政治、经济和治安等综合打击力量”，从多方面削弱民柬武装力量。

既重视主力部队建设，又重视地方部队和民兵建设 金边政权军队国防部长迪班称，金边政权军队“特别重视和优先建设、巩固主力部队、机动部队，同时抓好地方部队和民兵建设”。金边政权国防部、总参谋部和总政治局每年都派出“优秀干部”深入主力部队抓建设。各主力部队边战斗边建设，陆军中的步兵从只有连、营、武工队等分队编制发展为团、旅、师等部队编制，炮兵、坦克、装甲、工程、特工、侦察、通信等战斗和技术保障兵种也有较大发展；空军已建立1个飞行团和部分地面防空部队；海军也按实战要求迅速建立起来。同时，地方部队和民兵也得到迅速发展。全国20个省（市）、162个县（市）都建立了连、营、团规模的地方部队。其中，边境、海湖和内地战斗激烈地区的省（市）成立了1～2个团和若干个营，后方省（市）建有营；各县（市）都有担负作战、生产双重任务的连，一些前线县（市）还组建了营。民兵达数万人，“既是保卫乡村就地作战的主要力量，又是主力部队和地方部队的主要兵源”。

既重视部队的实战锻炼，又重视部队的正规化建设 金边政权军队最初只是配属侵柬越军作战，1987年开始逐步接管侵柬越军防务，担负“独立作战”任务。近几年来，金边政权军队在加强点线防守的同时，主要实施了封锁和小规模清剿、反袭扰、反游击作战。经过实战“考验”，金边政权军队战斗力有一定提高，已基本具备独立作战能力。金边政权军队重视部队训练。除经常对部队进行战术、技术训练外，还注意培训各级干部。金边政权国防部、军区、师和省军事指挥部所属30余所军事院校平均每年向各部队输送政治、军事、后勤和专业技术干部上千人；金边政权军队还选送少量师以上干部和特种技术骨干到苏联军事院校深造，分批将连以上干部送往越南军校学习1～3年。金边政权军队现有2万多名干部中60%的已受过国内和国外军事院校的培训。金边政权军队还重视军队“政治思想工作”。金边政权军队成立时只有2个支部、28名党员，经过12年发展，已在部队中建立从基层到中央的各级党、团组织，吸收党员1万余名。还经常教育部队“认清波尔布特制度重返柬的危险性，坚决贯彻党的政治、军事路线；明确各自的战斗任务，提高战斗意志。”此外，积极改善武器装备。金边政权军队的武器装备主要靠苏联和越南。1979年以来，苏、越一直源源不断地向金边政权军队提供武器装备。其中，仅1989年苏联就提供了176辆坦克、装甲车和36架歼击机等。

主要资料来源：

①越《全民国防杂志》1990年第7期。

②越《党的工作、政治工作通讯》1990年9月。

菲律宾军队建军方针与计划

1986年2月科拉松·阿基诺就任总统后，根据国内外形势的需要，逐步确立了一套新的建军方针和计划，并不断付诸实施。1990年，为继续落实这套方针和计划，又采取了一系列措施。

强化对军队的控制，确保军队忠诚可靠

在马科斯时期，菲律宾军队是维护总统个人统治的工具，享有种种特权，不仅任意干预政治，还打入许多经济部门。军队内部派系林立，纪律松驰。科·阿基诺总统上台后为适应国内政治的需要，对军队进行了全面的改组和整顿，主要措施是：(1) 降低军队的政治地位。废除马科斯统治时实行的军管，取消军队所享有的特权；通过制定宪法，规定军队不得参政，不得支持政党，不得经商；大力加强对军队的政治教育，要求官兵遵守宪法，服从政府领导，团结一致，树立为人民服务的思想，忠实履行保卫宪法、保卫国家的职责，坚决镇压企图推翻现政府的各种势力。(2) 撤换军队高层领导，清除反政府势力。科·阿基诺总统削弱军队权力、降低军队地位的做法遭到军队右翼势力的强烈反对。为推翻科·阿基诺政府，把国家置于军队的控制之下，菲军中的右翼势力在1986～1989年的4年中先后发动6次未遂军事政变。特别是在1989年12月的未遂政变中，参与政变的陆海空三军官兵达6000多人，其中包括5名将军和30多名校级军官。在美国驻菲空军的援助下，科·阿基诺政府才得以平息政变。多次未遂政变的惨痛教训使科·阿基诺总统认识到，必须保证军队各级领导特别是高层领导的忠诚和可靠。否则，军队不但不能担负起保卫国家的任务，而且还会成为政局动荡的重要根源。为此，科·阿基诺总统对军队的领导层进行大调整。1988年，撤换了包括前国防部长恩里莱在内的500多名亲前总统马科斯、与政变有牵连或对现政府不满的军官；逮捕法办发动政变的叛军军官；任命原总参谋长拉莫斯为国防部长、原保安军司令德比利亚为总参谋长，原首都警备区司令蒙塔诺为保安军司令，形成以总司令科·阿基诺、国防部长拉莫斯和总参谋长德比利亚为首的领导核心，实现了军队指挥系统一体化。1990年，科·阿基诺总统又提名让比亚松少将接替已到退役年龄的德比利亚任武装部队总参谋长，提名陆军参谋长赫拉尔多·弗洛雷斯接替比亚松任武装部队副总参谋长，同时先后提拔一批文化素质高、忠于现政府的年轻军官任各军区和军兵种司令。此举不但加强了对军队的控制，而且加快了军官年轻化的步伐，缓解了中下级军官对升迁慢的不满情绪。(3) 改善官兵的福利待遇。菲律宾军队官兵的福利待遇一直比较低，1986年每个军人的开支费用平均只有2653美元，居东南亚国家之末。而且官兵之间工资差额大，上校军官月收入340美元，普通士兵月基本工资只有23.5美元，加上其他补贴也只有83美元，低于政府规定的维持生活的最低工资水平。所以军内特别是下层官兵对生活待遇问题反应强烈，并极易受到反政府组织的拉拢和利用。为保持军队的稳定，缓和官兵的不满情绪，科·阿基诺总统不顾国库空虚，大幅度提高军人待遇，军饷增加60%，并加强与军队的对话，争取各级官兵对政府的信任和支持。

逐步减少对美国的依赖，建立独立的国防力量 菲律宾军队是由美国一手组建的。其前身是1901年美国在菲律宾建立的保安部队。1936年，菲律宾自治政府以保安队为基础组建了菲陆军。1941年太平洋战争前夕，菲陆军并入美陆军远东部队，尔后在第二次世界大战中参加对日作战时全军覆没。1945年美军占领菲律宾后又重建菲陆军。1946年7月菲律宾独立后，以陆军为基础建立了菲律宾武装部队。菲军自成立后一直依赖美国的援助和支持。1947年和1951年，菲律宾同美国先后签定了《军事基地协定》、《军事援助协定》和《共同防御条约》。根据上述协定和条约，菲律宾军队的一切装备和供应均由美国提供，校级以上军官必须到美国受训；美在菲设有6个军事基地，驻军17000人，飞机2500多架。科·阿基诺总统上台以来，菲律宾国内反美情绪日趋高涨。科·阿基诺总统的反对派就美在菲军事基地问题不断向政府施加压力；菲共新人民军多次对美军事基地设施和美驻菲人员进行袭击；民众和学生频频举行反美游行示威，强烈要求关闭美在菲的军事基地，部分政界和军界高层人士也反对美在菲的军事存在。科·阿基诺总统在执政初期在这一问题上态度比较暧昧。主要原因：一是其政权基础比较脆弱，担心因军事基地问题损害与美国的关系从而影响她的地位；二是顾虑美军一旦撤走菲每年将减少几亿美元的收入，在经济上给菲带来较大的影响。1989 年以来，随着国际形势以及东南亚地区形势趋于缓和：美苏正逐步减少在这一地区的军事存在；越南已公开宣布从柬埔寨撤军，柬问题出现了政治解决的前景；中印（尼）复交；中越关系逐步改善。科·阿基诺总统认为对菲律宾的外来威胁正在减少，美在菲驻军防止大国在这一地区扩张和对菲"颠覆"的作用也在降低，当前和今后一个时期对菲的威胁主要是内部的"叛乱"。在这种思想的指导下，菲政府决定逐步改变过去军队建设完全依赖美国的做法，主张今后依靠本国建立一支独立的国防力量。1990 年，美国单方面削减了对菲的援助后，又进一步加剧了菲国内的反美情绪，使菲政府认识到美在菲驻军已成为影响菲政局稳定的一个重要因素。为此，菲律宾于 1990 年 5 月在同美国就军事基地问题举行谈判时正式照会美国，宣布菲将在 1991 年 9 月 16 日中止《美菲军事基地协定》（该协定于 1947 年 3 月 14 日签定，期限为 99 年。1966 年两国对协定进行了修改，将使用期限缩短至 25 年，1991 年期满）。1990 年 9 月、11 月，两国先后就基地问题又举行两次谈判。经过激烈的讨价还价，双方在美军逐步从菲律宾撤走问题上达成一致意见，但在撤出时间上仍存在很大分歧。美国希望在 10 年内分阶段撤军，而菲律宾则要求美军在 3～5 年内全部撤走。双方已决定 1991 年再次就这一问题进行谈判。现在菲律宾正在拟定美军撤走后的军队建设计划，其内容包括部分军事基地的管理和使用；军队的训练；武器装备的来源等。同时，菲政府鉴于其国力不强，表示在一段时间内继续保持同美国之间的安全关系，以便在美国帮助下发展自己的国防能力直至完全自立。

改革陆军体制，加强陆军建设 陆军是菲军中最大也是最主要的军种，共 6.8 万人，占整个军队总数的 60%。但长期以来，陆军的编制体制一直没有理顺，机构重叠，令出多门，战斗力不强。为了提高陆军的战斗力，1990 年 5 月，菲陆军司令弗洛瑞斯决定对陆军体制进行改革。改革的主要内容是：调整指挥体制，压缩重复建制，减轻行政部门的负担，以提高陆军的机动能力和快速反应能力。同时，改变新兵服役分配地区。以前，菲陆军为了防止新兵因同乡观念而与菲共游击队建立关系，将招募的新兵分配到远离家乡的地区。现在决定改变这一政策，将新兵分配在其家乡服役。这样新兵由于熟悉地形入伍后即可直接参加同菲共新人民军的战斗。1990 年菲陆军增加了 4000 人。

加速实现海、空军现代化 菲军自组建后，海、空军一直从属于陆军，主要在陆军作战时担负运输、截击、救护和增援任务。其军费在国防开支中占比例较少，装备的舰机数量少且比较陈旧。科·阿基诺总统执政以来，特别是 1988 年越南侵占中国南沙部分岛礁与中国海军发生武装冲突后，菲许多军、政界人士认识到，菲律宾是个岛国，共有大小岛屿 7000 多个，海岸线长，所辖海域面积大。近 3 年来，外国船只经常进入菲海域活动。因此，要有效地控制所辖海域，确保海洋资源不受侵犯，就必须大力发展海空军力量。1990 年，菲律宾分别制定了海军、空军 10 年现代化发展计划。海军现代化发展计划主要内容是：(1) 淘汰陈旧的舰艇，根据需要对部分舰艇进行大修或改装。(2) 自制或同美国联合制造舰艇。1990 年 7 月，菲海军自制的首艘炮艇"阿吉纳尔多"号编入现役。该型艇长 44 米，最高时速 25 节，装备有 20、40 毫米枪炮，以后将改装 76 毫米舰炮和舰空导弹。菲律宾还同美国订有联合制造 38 艘快速巡逻艇的协议。第 1 艘艇于 1990 年 11 月编入菲海军现役。(3) 从国外购买先进舰艇。计划在 1991～1995 年购买 3 艘护卫舰、4 艘攻击快艇、3 艘后勤支援舰和 3 架海上巡逻机，并准备购买一些常规导弹。这一计划实现后，菲海军将能有效地控制菲近海水域、沿岸地区及海上交通要道和专有经济区。空军现代化发展计划主要内容是，提高武器装备质量，使菲空军作战能力达到周边国家的水平。(1) 购买 24 架先进战斗机。机型从美国的 F-16 或 F-5E、法国的"幻影"2000、以色列的"幼狮"、英国的"鹞"式飞机中选择。现已将美国的 F-16 型机作为第一选择。(2) 向意大利订购 18 架 S211 教练机；向美国订购 29 架 MD-520 直升机。首批 4 架已于 1990 年 9 月交付菲海军，其余在 1992 年前交货。该型机装备有先进的导航设备，还可装备机炮、火箭发射架和导弹，能在几分钟内对 50 公里范围内的作战活动作出反应。(3) 购买导弹、雷达和通信设施。实施这一计划共需资金 26～36 亿美元。

继续加强同东盟国家的合作，提高联合防御能力 长期以来，菲律宾军队主要担负"清剿"菲共新人民军和维护国内和平任务，而在防御对外侵略方面除了依靠美国以外，主张同东盟其他国家进行合作。科·阿基诺总统执政后，更加重视同东盟其他国家的军事合作。合作的主要形式是：军方首脑不定期的就地区防务进行磋商；互通情报；舰船互访；联合进行海上警戒巡逻；在近海或边境地区举行联合演习等。

主要资料来源：

①《人民日报》1990年有关文章。

②《东南亚》有关文章。

印度军队建军方针与计划

印度军队经过60～70年代的突击发展，80年代的调整改革，到1990年底，陆、海、空三军总兵力已达136.7万人，居世界第4位，是南亚其他各国总兵力的2倍。对此，印当局及时制定出了新的建军方针和计划：以现代化建设为根本，以提高部队战斗力为目的，相对增加数量，重点提高质量，加速军队改革，走科技建军的道路，建立一支装备精良的具有攻防兼备能力的现代化合成武装力量。其主要做法是：

优化编制体制 健全各类机构 为了对军队内部实行有效的指挥与控制，自80年代以来，印国防系统先后成立了各类不同性质的委员会，主要有国家安全委员会、国防开支委员会、工资改革委员会、军种专家委员会、飞行安全委员会等。

组建特种作战部队 为适应未来现代化作战的需要，印军先后建成了机械化步兵、陆军航空兵、快速部署部队、空中突击师、潜艇部队等。这些特种部队的组建，大大加强了印三军的现代化合成作战能力。其中陆、海、空三军联合快速部署部队已于80年代中期组建完毕。该部队能在短时间内遂行全方位远程奔袭作战任务。该部队以陆军为主，配备海、空军支援部队，其编成是机械化步兵旅、直升机机降旅、两栖作战旅、伞降旅、火力支援旅各1个。其中两栖作战旅配备武装直升机，火力支援旅配备攻击直升机、伞降重火炮、第三代反坦克导弹和足够的防空兵器等。

调整编制体制 调整总部机关。陆军司令部增设1名副参谋长，即把过去的2名副参谋长增至3名；将过去的第一副参谋长的任务一分为二。陆军司令部军务局局长由1名增至3名，任务一分为三；陆军司令部内增设机械化步兵处、陆军航空兵处和电子战处等技术业务主管部门；海军司令部的物资局和后勤局合并，组成新的物资局。

改编作战部队：陆军改编了步兵师和山地师，并把部分步兵师改建为机动和快速反应能力较强的“整编陆军平原步兵师”和“空中突击师”，将一些山地步兵师改建为山地与平原作战功能兼备的“整编陆军山地步兵师”。海军按其远洋作战的要求，调整了作战舰艇、海军航空兵部队和海军机关的结构。空军则把作战部队按同型兵器集中编组。

调整部队战斗人员和非战斗人员比例。过去，印军中战斗部队与后勤部队比例失调。几经调整，战斗人员的比重已由过去的50%左右上升到70%左右。

增建或扩编各类训练机构和院校 新设训练指挥机关。1990年，陆军训练司令部正式成立，印陆军参谋长罗德里格斯上将称其为“第六司令部”。该司令部相当于军区级，主要任务是负责陆军各兵种训练计划的制定和各类训练的组织、指挥和监督检查等事宜。

新建和扩建各类军事院校。迄1990年底，陆军正式建成了电子与机械工程学院、军械技术学院、防空与导弹学校；海军建成了海军学院、海军作战学院、水面舰艇学院和海军潜艇学校；空军建成了飞行安全学院和8所新型技术训练学校，并计划筹建一所空军工程学院。还计划创建一所三军联合作战学校。

实现三军武器装备现代化 大量购进外国先进武器装备 80年代以来，印逐步改变了70年代单一进口苏联武器的作法，实行武器来源“多样化”的政策。除继续进口苏联先进武器外，还从美国、英国、德意志联邦共和国和法国等西方国家进口先进武器装备。印花在购买外国先进武器装备上的费用，每年平均达20亿美元，超过了伊朗和伊拉克购买武器费用的总和，是邻国巴基斯坦武器购置费的12倍。据不完全统计，迄1990年，印共进口坦克650辆，装甲车约1000辆，大口径火炮1000余门，反坦克导弹3000多枚，高性能作战飞机近600架，地对空导弹近1000枚，攻击航母、潜艇、导弹驱逐舰等各型先进舰只40余艘，各型先进海航机40多架。目前，印已成为世界上最大的武器进口国。印陆、海、空三军中，外国先进的武器装备占总装数的1／3还强。

引进、吸收外国先进技术 在进口武器装备的同时购进生产专利。印政府明确规定，凡是大批量的进口外国武器，必须同时引进生产专利，使外国武器“国产化”。近10年内，印已先后从苏联购进了多种武器装备的技术专利，还从美国、英国、法国、德意志联邦共和国、瑞典、荷兰、意大利等国家购进了先进武器装备的特许仿制权。

吸收外国的先进技术。印在确定购买某项外国武器装备后，及时派出有关专家和技术人员前往所产国，学习制造技术或参与共同制造，还进口该武器的部件运回国内组装，从中领会或借鉴技术。

寻求同发达国家的技术合作。印与苏联建立了多种联合军事科研机构，签订了长期进行技术合作的协定。印与法国通过印法促进防务研究中心，已在13个特别防务研究项目中进行了合作。此外，印还与美国、英国、意大利等西方国家在兵器工业方面进行着长期合作。

改造现有武器装备　陆军重点改造坦克和火炮，以提高火力和机动能力。空军重点改造战斗机和运输机，以提高纵深打击、空战和空中机动能力。海军重点改造航母和驱逐舰、护卫舰，以提高攻击能力和远海作战能力。正在服役的2艘航母，均进行了较大规模的现代化改造。驱逐舰装备了舰对舰和舰对空导弹，护卫舰装备了反潜直升机，各种舰艇都新配了反鱼雷装置。

提高自给能力　加强国防科研。目前，印从事国防科研的机构已发展至40余个，并拥有一支3万人的军事科研队伍，已成功地研制出一批“具有世界一流水平”的常规武器。印在核武器和国防尖端技术的研制方面也取得了一定成果，成为世界上继美国、苏联、英国、法国、中国和以色列之后第7个拥有中程弹道导弹的国家。

加紧国防生产。印度目前已形成了由9家大型国防公营企业和39家兵工厂以及一些私营小厂组成的国防工业体系。重装备的年生产能力已达到坦克200多辆，火炮1000多门，飞机200余架。同时还能生产护卫舰、扫雷艇、巡逻艇等水面舰只。军工年产值已达30多亿美元。

提高陆军综合作战能力　组建机械化步兵和陆军航空兵，提高机动作战和陆空协同作战能力。印军认为，未来次大陆平原与沙漠地作战的主要形式将是装甲兵和机械化步兵的协同作战。因此，80年代初，印军先将一些步兵营经过改装和改编组成机械化步兵营，后又在此基础上扩编成机械化步兵旅和机械化步兵师。该种部队主要装备苏БМП-1步兵战斗车。印军计划在90年代组建若干机械化步兵师和机械化独立步兵旅。

为适应现代条件下的作战和周边多山的特殊地理环境，印军于1986年开始将原空军直升机部队改编为陆军航空兵，到1990年已基本改编完毕。陆军航空兵现有各型直升机300余架，编成9个中队，32个分队。印军计划90年代期间将其作为重点发展之一，预计配备国产高级多用途直升机和国产第3代激光制导反坦克导弹等先进装备。

加强装甲兵和炮兵部队建设，提高火力和战场机动能力。装甲兵部队在适当增编作战部队的同时，重点进行了装备更新。一是购进并装备了一批包括T-72在内的新型坦克。二是完成了对现用“常胜者”和T-55坦克的改装。为前者更换了功率更大的发动机和国产“坎琴”式复合装甲，增装了英SFCS600微电脑火控系统和被动夜视仪，为后者更换了105毫米火炮和电动炮塔，改善了火控系统和通信系统，增装了夜视仪和激光测距仪。三是加紧研制具有世界一流水平的国产“阿君”主战坦克，计划80年代末投产，90年代初装备部队。陆军拟订购3000辆，作为90年代到21世纪初的主战坦克。

炮兵部队重点是更新火炮和组建新型炮团。在更新火炮方面：一是从瑞典购进了博福斯FH-77B型155毫米加榴炮，作为炮兵80年代末至90年代主战炮。二是新装备了国产改进型105毫米“2号野炮”。三是对过时但还能用的火炮进行现代化改装。除此之外，印炮兵部队还相继组建了40管火箭炮团和防空导弹团等新型炮团。今后，印炮兵部队发展的重点仍然是用重量轻、射程远、操作灵活、运载方便的新型火炮替换过时的老式旧炮。

提高海军远洋作战能力　增加军费比重，大力扩充部队　海军军费原在印国防开支中的比重很小，后不断增加，1989～1990年度增到13.5%。前海军参谋长泰里安尼上将提出，印政府“应适当紧缩陆、空军的开支，使海军的份额逐步增加到20%。”目前，印度海军实力已达到5.2万余人，编成2个舰队，25个舰艇中队，19个海航兵中队，装备各种舰艇170余艘，各种舰载飞机180余架。已初步形成了空中、海面和水下三层立体作战体系，并具有较强的近海作战能力。

为增强海军反潜、登陆作战和远洋作战能力，印政府已制定出90年代的海军发展规划：一是稳步增加数量。二是加快武器装备更新换代的步伐。三是调整海军总体部署。90年代期间，印海军将组建南部舰队，改变目前这种以西部为主、东部次之、南部为辅的部署态势，使3个舰队得以均衡发展。

加速发展大、中型水面舰只和潜艇部队，增强反潜和远洋作战能力 印海军将在90年代把发展大、中型水面舰只和潜艇作为海军建设的重点。目前，印海军已计划再购买1艘并自行设计建造1艘排水3万吨的中型航母。自制航母预计1993年下水，1997年加入海军服役。同时，计划在90年代启用一大批新级别的大、中型水面舰艇，并从苏联、美国、英国、法国等西方发达国家购进一批新型导弹快艇、登陆艇、扫雷艇等先进装备，以期在本世纪末建成一支以航母为核心的舰艇大型化、导弹化和直升机化的远洋水面特混舰队。印海军除现有的14艘常规潜艇外，已于1988年以租借形式从苏联获得1艘核动力潜艇，还有5艘常规潜艇正在建造之中，到本世纪末，印海军将拥有一支由1～2艘核潜艇和20余艘常规潜艇组成的大型潜艇部队。

加速发展海军航空兵和海军陆战队，提高空中侦察、空中攻防和两栖登陆作战能力。90年代印海军航空兵的发展方针是，继续组建新的中队，逐步换装新的先进飞机，努力提高空中侦察、反潜能力和空中攻防能力。具体计划是再建2个海军航空站（印海航兵最大建制部队），新建4～8个海航兵中队，装备各种飞机220余架。此外，印海军还将研制和装备以直升机为运载平台的机载预警系统和舰对舰导弹超视距制导系统。

海军陆战队编制相当于陆军团级（陆战团），主要装备海王MK-42C型突击直升机3架，LCU型通用登陆艇8艘和一些轻型陆战兵器。为应付现代局部战争和突发事件的需要，该部队在90年代将会得到迅速发展，并计划将其扩建为师级规模（陆战师）。

加速海军基地和后勤设施建设，逐步实现现代化和自动化。目前，印海军正在果阿以南的卡尔瓦尔修建一处现代化的大型海军基地。该海军基地占地9000英亩，仅第1期工程就投资35亿卢比，预计在1995年建成。该基地建成后，一次可同时停泊100多艘远洋舰只，将是“亚洲最大的海军船坞”。此外，印海军还将继续加强战略性岛屿的建设。目前，印海军已在东部安达曼群岛的布雷尔港建立了前进基地，在西南部的拉克代夫群岛上建立了海军后勤设施，这些基地和设施相互呼应，已构成了印海军在印度洋上的前沿防御链环。

提高空军作战能力和空中机动能力 *提高遂行战略任务的能力* 1990年1月，印空军参谋长称，印空军目前虽有一定的战略打击和战略运输能力，但还微不足道，根本不能满足空军战略转变的需要。为此，印空军将进一步加强米格-23、米格-29等歼击机的远程奔袭作战能力，加紧研制空中加油机，并于90年代中期投入使用。为了提高战略防空能力，印空军将在90年代装备数种远、中程地对地和空对空导弹。

提高空中运输能力 90年代期间，印空军将把提高空运能力作为发展重点之一。据外刊称，在本世纪末，印空军将为仿制德意志联邦共和国“道尼尔-228”轻型运输机100架，遂行近距离空运任务；购买或仿制100～160架安-32中型短距起降运输机，遂行中程空运任务；购买20架伊尔-76运输机，执行远程空运任务。目前，印空军正在研制短距起降运输机，并将继续开发新型运输工具。

加强防空作战能力 印空军制定了“空防地面环境系统”的规划：装备先进的防空截击机，提高夺取空中优势的能力；引进中低空防空导弹，增强重要目标的地面防空能力；加强警戒监视系统，提高防空预警能力。据外刊报道，目前，印空军已基本形成了由地面雷达、防空导弹、空中预警和通信系统等4个方面组成的防空网络。

印空军下一步加强防空力量的措施，一是改装国产“阿佛罗”HS-748型机4～6架，使其具有俯视、环视和电子干扰能力，能在9300米的高空探测300～400公里的范围。二是向西方洽购类似于美国E-2C的空中预警机或购买苏联的伊尔-76预警机至少5架。三是加紧生产并装备自制的“英迪拉”式雷达，据外刊报道，第一部已编入现役。

实现全军电脑化、自动化 印军全军无线电控制网络工程现已基本完成，各种现代化无线电通信已纳入统一的自动化网络中；全军利用英国的第三代电子计算机和美国的超级电子计算机建起4个计算机中心，使各总部到战区之间的作战、训练和管理等工作实现了电脑化。

建立统一的计划协调机构，加速实现电脑网络化 印军设立的陆军软件中心和自动数据处理管理委员会为军内的软件开发和应用发挥了重要作用。印军下一步还准备建立各军种的电脑化处，分别组织和领导各军种的电脑化工作。目前，印陆军正在解决计算机的程序语言和硬件的兼容性，以便能互通数据库，最终把自上而下的系统并入当地网络和以后范围更广的网络中去。

加速发展 C^3I 系统，逐步实现全军指

挥、控制、通信和情报自动化　印军首先在上层指挥体系的固定通信中心实现以电脑化为基础的自动化，其次是在野战部队推行“陆军无线电工程网络”计划。该计划是在更新旧装备的基础上，建立地区格式自动转换综合通信系统，启用包括微机控制无线电中继系统、模拟与数字微波对流层散射系统、多路传输模拟时间分割电子转换器和全自动化电子转换器等在内的13项国产新技术装备。第三是在前两个步骤的基础上，全面实现野战指挥自动化。其具体方针是：先分系统后综合系统；先小规模试行，后大规模定型应用。目前，印军已制定出战区C^3I系统发展方案，将在90年代大规模地推广应用。

主要参考资料：

①《印度军事年鉴》1988～1990年。

②印度国防部《国防年度报告》1989～1990年度。

巴基斯坦军队建军方针与计划

综述　巴基斯坦1947年独立后，国家安全一直面临着东、西两方面的威胁。东部的印度由于同巴存在着深刻的民族、宗教矛盾和复杂的领土争端，曾3次与巴兵戎相见，现仍对巴保持着巨大的军事压力；西部的阿富汗，苏联长期插手其国内事务，特别是1979年苏人侵阿富汗后，两国结成战略同盟，对巴构成了潜在威胁。在这一背景和形势下，巴基斯坦军队长期以来所奉行的建军方针是：以东抗印度、西防阿苏为战略指导思想，全面加强军队建设，提高自身防卫能力。

不断扩充实力编制，重点发展陆军　巴基斯坦认为，实力是抵御外来入侵，维护国家安全的基础。因此，巴自独立40多年来，军队实力一直保持增长势头。大体可分为两个阶段：第1阶段（自独立初至1971年第3次印巴战争），巴先是对原有军队进行“民族化”改造，1954年巴美签定军事协定后，开始大力扩充实力。但是，由于此期间巴经历了3次印巴战争，兵员消耗较大，实际增长幅度不大。1971年战前，巴军扩至近40万人，战后减至30余万人，较独立初期的15万人增加了1倍。第2阶段（1971年战后至今），巴为了迅速恢复和进一步壮大军事力量，加快了扩军步伐，实力稳步增长。至1990年总兵力已达52万，比独立初期增加了2倍半。在增加实力的同时，巴基斯坦三军的编制也随之扩充。至1990年，巴陆军已由独立初期的14个团扩充为7个军、16个师、27个旅（团），并组建了陆军航空兵。巴空军已由独立初期的3个中队扩充为3个地区指挥部，1个防空指挥部，31个中队和7个地空导弹连。巴海军编制已由独立初期的十几艘舰艇发展为1个舰队司令部、1个基地司令部、1个后勤司令部和海军航空兵。1990年11月25日，巴海军又正式成立了海军陆战队。

在巴基斯坦三军实力的发展中，陆军是发展重点。迄1990年，巴陆军总兵力已达48万人，占总兵力的92%。空、海军的总兵力分别为2.5万和1.5万人，分别仅占总兵力的5%和3%。据《印度斯坦时报》1990年10月报道，巴基斯坦陆军仍在扩充实力和编制，现正在组建的2个军部、4～6个师即将完成，届时巴军总兵力将近60万人。巴重点发展陆军的原因主要有两个：一是巴总结了3次印巴战争的经验教训，认为对巴国家安全的威胁主要来自陆地，未来的战争将主要在陆地展开；二是巴陆军将领长期参与国家领导，具备发展的有利条件。

以国外援助和进口为主，实现武器装备现代化　巴基斯坦军队在积极扩充实力的同时，也十分重视武器装备的改善，努力实现现代化。由于巴国内经济困难，军工生产落后，难以满足武器装备的需求，巴采取了“以国外援助和进口为主”的方针，独立40多年来这一方针一直未变。据印度1985年出版的《印度国家安全展望》一书反映，50年代中期至60年代中期，巴由于同美国签定了“共同防御协定”，三军武器装备主要来自美国。其中，陆军得到了3000辆装甲车、1000辆坦克、300门火炮和近300辆各型车辆；空军得到了近200架各型飞机；海军得到了潜艇、驱逐舰、炮艇等各型舰艇20多艘。60年代中期至70年代中期，由于美国对巴实行武器禁运，巴转向从法国、英国和意大利等国获取各种武器装备。从法国购买了“幻影”飞机；从英国购买了先进雷达；从意大利购买了“侏儒”潜艇。80年代以来，由于苏联人侵阿富汗，美开始大力武装巴基斯坦。巴先后从美国获得了40架F-16A／B战斗机，约300辆坦克，250门火炮及数千枚“毒刺”导弹和

“陶”式导弹等先进武器。据美国国防部发言人1990年3月透露，今后美国将继续向巴提供先进的武器装备，现已纳入计划的包括：60架F-16A／B战斗机、62架各型直升机、4500枚“陶”式Ⅱ型导弹和44枚“鱼叉”巡航导弹等。为了加快实现武器装备现代化，巴正在进一步扩大武器来源。1990年内，巴已同澳大利亚签定了转口15架“幻影”2000飞机的协定；同土耳其达成了土协助巴制造3艘潜艇的协议。此外，巴还计划直接从法国购买“幻影”2000飞机；从捷克和斯洛伐克、波兰、匈牙利等东欧国家购买苏制T-72坦克。

由于大量引进外国先进武器装备，巴军的作战能力已大大提高。巴陆军参谋长贝格上将1990年11月发表讲话说，巴基斯坦军队由于装备了良好的武器，已提高了对纵深目标的打击能力。巴军不仅能进行防御作战，还能实施大规模的进攻。

以印军为主要作战对象，重点提高对印作战能力 虽然巴基斯坦面临着来自东、西两面的威胁，但实际上东部的印度是直接的、主要的敌人。因此，“以印度为主要作战对象，重点提高对印作战能力”一直是巴军队建设的主要方针之一。巴军的主要做法是：

在兵力部署上 集中主要兵力对付印度。据掌握，巴陆军4个军部，14个师（含北方指挥部）和空军近20个中队部署在印巴边境地区，占陆、空军总兵力的65%。据称，巴即将组建完成的2个军部，4～6个师也将部署在印巴边境地区。

在武器装备上 巴军有针对性地选择与印相匹敌的武器装备。其中，针对印陆军的T-72坦克，巴陆军装备了美制M-48A5坦克和“陶”式反坦克导弹，并准备再从美国购买100辆更先进的M-60坦克，以加强地面防御力量；针对印空军的米格-23、米格-27和米格-29战斗机，巴空军装备了美国较先进的F-16战斗机、“响尾蛇”空空导弹，并设法从美国购买E-2C早期预警机，以提高空中截击和空防能力；针对印海军的航母、驱逐舰和潜艇等大型远洋舰只，巴海军也相应装备了驱逐舰和潜艇，并计划从美国购买“鱼叉”巡航导弹，以提高海上自卫能力。

在训练演习方面 部队平时主要是进行以对印作战为内容的训练和以印度为假想敌的演习。特别是1989年10～12月巴军在印巴边境地区举行的代号为“穆斯林打击”的陆、空联合演习，参演兵力达20万人，其规模为巴军历史上最大的一次。演习内容由过去的“单纯防御”变为“进攻性防御”，充分体现了巴军新倡导的“御敌于国门之外”的作战思想，同时向印度表明，巴有能力对印实施进攻作战。

在核生产问题上 巴以同印保持“核对称”和“核均衡”为原则，在印度拥有核武器生产能力的情况下，加紧核武器的研制和生产。据《美国新闻与世界周刊》1990年2月披露,巴基斯坦武器库中现存有6枚原子弹，已成功地对首枚原子弹进行了冷试验。巴已开始第2代核武器的研制工作，现正在伊斯兰堡附近修建第2座核武器工厂。巴还正在改装美国援助的F-16飞机，在机翼下安装挂载核弹的特殊装置。

建立由正规军、准军事部队和预备役力量组成的多层次武装力量 巴基斯坦为了维护国家安全，虽十分重视正规部队的建设和发展，但由于国内财力有限，难以支撑庞大的军费开支，因而确立了以正规军为主要力量，以准军事部队为辅助力量，以预备役为后备力量，建立多层次武装结构的指导思想。在这一思想指导下，巴准军事部队和预备役力量也取得了很大发展。迄1990年为止，巴准军事部队已近19万人，其中国民警卫队7.5万人、边防部队6.5万人、游骑队2万人、巴基斯坦别动队1.5万人、北方轻步兵9000人、海岸警卫队4000人。这些部队的主要任务是，平时分别担负边境巡逻、维护国内治安和反走私等任务，战时将协助正规军作战。巴预备役力量已达51.3万人，其中陆军50万人、空军8000人、海军5000人。巴预备役力量主要由18～35岁的公民组成，平时每年定期接受军事训练，战时编入正规军执行作战任务。

主要资料来源：

①印度《印度国家安全展望》1985年。

②《伦敦国际战略研究所报告》1989～1990年度。

科威特在海湾危机前的建军方针

建立多军种、多兵种部队，维护国家独立 科威特自独立以来一直致力于建立一支现代化的军队，保卫国家，抵御外来侵略，同时密切与海湾其他国家的军事合作，确保海湾地区的安全和稳定。

科威特陆军建立于1949年，当时兵力约5000人，由正规军和治安部队组成，主要任务是维持国内治安，守卫边境。1961年6月19日，科威特正式独立。1962年建立了空军和防空军力量。科威特西濒波斯湾，海岸线长213公里，有布比延、瓦尔巴、法拉卡等10个岛屿，为了保卫领海的安全，科威特于1973年建立了海军，并于次年建立了海军基地。至此，科威特已建立了多军种、多兵种的军队。到海湾危机发生时，科军已发展至2.03万人。

提高军人素质，增强战斗力 科威特针对军队人员素质低的状况，积极采取措施，加强对人员的训练。首先是把军训列为学校的基础课程。继而设立军事学院，并从1986～1987学年开始制定为期3年的学习计划，有计划、有步骤地培养军事人才。同时，科军采取聘请外军顾问和派军人出国受训相结合的办法，提高军人的军事水平和文化水平，提高军人的素质。建军初期，科曾要求英军协助训练科威特陆军，并聘请了英军顾问。此外，科还向美、苏、英、法和其他阿拉伯国家派出人员进行轮训。

购买先进武器，增强防御能力 科威特本国无力大规模研制和生产武器，武器装备主要从国外购买。建军初期，科军的装备主要依靠英国，近年来，科军逐渐实行武器来源多样化，除从法国、德国、美国等西方国家获取外，还注意发展同苏联的军贸关系。1988年7月科王储兼首相萨阿德访美，与美签订购买40架F-18战斗机的协议，价值达40亿美元。同年9月，科武装部队参谋长萨尼伊少将访苏，与苏签订价值3亿美元的军品贸易。

密切与外军合作，确保独立与安全 由于科威特地小人少，兵员不足，且境内多沙漠地带，没有天然屏障，科军很难抵御外来入侵。因此科认为，必须密切与美和西方国家，与阿拉伯国家特别是海湾合作委员会国家的军事合作。1981年5月，海湾合作委员会成立后，科积极参与促进海湾6国在军事、集体安全和共同防御方面的合作，参加了海湾合作委员会组建的一支常驻沙特的“半岛盾牌”联合部队，定期在沙特和阿联酋举行联合军事演习，加强6国的联合防御。科威特对外军的依赖性很强，如1961年6月，科与伊拉克边界发生冲突，形势紧张。应科政府要求，英军立即进驻科威特，后来英军由阿盟保安部队接替。1987年4月，两伊战争威胁科油轮安全，科要求美军为其提供护航。1990年8月2日，伊拉克入侵科威特后，科立即要求美军支援，美、英、法、德等多国部队立即进驻沙特和其他海湾国家。

伊拉克在海湾战争前的建军方针及主要措施

综述 1975年，身为伊拉克副总统的萨达姆·侯赛因提出了“世界将走向多极化”的理论，即在1995年以前，世界将由美、苏两个中心转变为美国、苏联、中国、日本、西欧和阿拉伯“六个政治中心”。萨达姆认为，伊拉克应成为阿拉伯世界的领袖，松散的阿拉伯世界只有在伊拉克的领导下才能统一起来，成为一个坚强的实体，在世界政治舞台上发挥“一个政治中心强有力的作用”。为此，伊拉克必须建立一支强大的武装力量。1979年萨达姆担任伊拉克总统、复兴社会党总书记、革命指挥委员会主席和武装力量总司令之后，更加注重武装力量的建设，进一步明确了建军方针，积极采取了一系列建军措施。

建军方针 伊拉克在海湾战争之前的建军方针概括起来有以下几点：

*伊拉克军队必须建设成由伊拉克阿拉伯复兴社会党控制的武装力量，要忠实地为伊复兴社会党制定的在阿拉伯世界实现“自由、统一、社会主义”的目标服务。*对内，要维护伊拉克的安全与稳定，镇压反政府组织企图颠覆伊拉克政权的行动；对外，要防御外敌侵略和为统一阿拉伯世界而奋斗。

*要建设成一支兵员众多、军种齐全、装备精良的庞大武装力量。*这支武装力量不仅在海湾乃至中东地区首屈一指，就是在世界军坛上，也要占有“实实在在的一席之地”，从而为开展“实力外交”奠定坚实的基础。

*实行数量建军与质量建军相结合的方针。*在陆、海、空三军的发展中，要优先发展陆军和空军，特别要在陆军中建立一支政治可靠、装备精良、作战能力强的“共和国卫队”，作为政府的主要守卫力量和对外作战的主要突击力量。

武器装备主要靠进口，但要在引进的基础上加以消化，逐步建立起自己强大的军事工业，变单纯武器

进口国为武器生产国，做到一般武器装备均能自己生产。在武器品种上，不但要装备常规武器，而且还要逐步装备化学武器、生物武器和核武器。

建军措施 为建立一支强大的武装力量，伊拉克主要采取了下列措施：

向部队灌输“统一阿拉伯世界”的思想。伊拉克地处中东腹地，是人类文明发源地之一，历史上曾以巴格达为中心建立过盛极一时的阿拉伯帝国。萨达姆对祖先的“伟业”十分崇拜，立志在自己领导下建立一个“现代阿拉伯帝国”。他为伊拉克执政的阿拉伯复兴社会党规定的宗旨就是在阿拉伯世界实现“统一、自由、社会主义”。为使军队成为复兴社会党的“忠实工具”，萨达姆在伊军国防部设立了政治指导部，负责全军的政治思想工作，并在军队各级组织增设政治指导机构，配备专职政治指导军官，经常用伊拉克复兴社会党的宗旨教育部队，对官兵进行阿拉伯民族主义教育，要求他们牢记祖先的“英雄伟业”，为“阿拉伯民族的统一大业”而献身。

借助战争扩充兵力。1980年9月，萨达姆以伊朗对阿拉伯世界进行政治侵略和领土扩张为名，挑起了与伊朗的战争。两伊战争期间，科威特等海湾国家向伊拉克提供了400多亿美元的军事援助。到1988年8月两伊战争结束时，伊拉克总兵力已由开战之初的20万人扩充到100万人。1990年8月侵占科威特后，伊拉克又迅速扩充兵力，至当年底总兵力已达130万人，拥有各型坦克6200辆，其中主战坦克5500辆；飞机1300架，其中作战飞机700余架；装甲输送车近8000辆；火炮8000余门；军舰70余艘；各型导弹数千枚。

在大力扩充正规军的同时，伊拉克还建立了一支庞大的“人民军”。它与一些国家的民兵组织相似，但每年要接受更多的军事训练，具有较强的战斗力。一旦战事需要，既可以迅速扩编为正规军，又可以边生产边作战。据伊拉克官方宣布，迄1990年底，伊拉克人民军已由1979年的7.5万人发展到500万人。

加快建设王牌军“共和国卫队”。1979年萨达姆上台时，伊拉克的“共和国卫队”只有1个旅，而到1990年8月，已扩编为7个师15万人，包括2个坦克师、5个装甲和机械化师。装备有500多辆先进的苏制T-72坦克、大量的武装直升机和化学武器，还装备有大批苏制SA-6地空导弹和各种先进火炮。卫队成员都是伊拉克阿拉伯复兴社会党党员，大多来自萨达姆总统的家乡提克里蒂县，年龄均在30岁以下。“共和国卫队”装备精良、训练有素，具有较强的作战能力。这支部队在两伊战争中经常赴前线执行紧急任务，在保卫巴士拉等重大战役中屡建战功。伊拉克入侵科威特的作战行动主要是由这支部队执行的。另据美联社报道，伊拉克入侵科威特后，为抗击美国可能对其实施的军事打击，于1990年12月又组建了5个新的共和国卫队师，13万人左右，这支部队的大多数成员参加过两伊战争，或以前在卫队中服过役。

多方引进各种先进兵器。70年代以前，伊拉克军工生产能力较弱，武器装备都要靠进口。萨达姆上台后，改变了单一从苏联进口武器的做法，走武器来源多样化道路，在继续从苏联引进武器的同时，与法国、联邦德国、意大利等西欧国家建立了比较牢固的军火贸易关系，还与巴西、埃及等第三世界国家结成军火贸易伙伴。伊进口的武器包括较为先进的米格-29歼击机、“幻影”战斗轰炸机、米-24武装直升机、T-72坦克、SA-14和“罗兰”防空导弹、“飞毛腿”地地导弹等。伊拉克购买武器花费很大。1980年以来，伊拉克的国防开支每年都在100亿美元以上(其中一半是用来购买武器的)，是中东地区最大的武器进口国。近年来，伊拉克在引进武器的同时，随着国力的增长，逐步建立起比较强大的军事工业体系。到1990年底，伊拉克军队相当一部分装备如枪支、火炮、弹药等都能自己生产，还能自行生产成套的导弹系统，其中包括射程达2000公里的地地导弹。

积极发展核、生、化武器。1981年，伊拉克以建立农业杀虫剂工厂为名，在西欧国家的帮助下，建成第1个生产芥子气、塔崩和沙林的化学武器工厂。此后不久又建成第2个化学武器工厂。这2个工厂每月至少能生产60吨芥子气、8吨塔崩和沙林。从1988年开始，伊拉克开始建立第3个化学战剂工厂，用于生产二元化学武器。到1990年12月，伊拉克研究、生产、储存化学武器的研究中心和工厂达12个，共拥有各种化学战剂2000～4000吨，其中1000～2000吨已经装弹。伊拉克不仅拥有化学武器，而且还有丰富的化学战经验。据有关专家估计，伊拉克在两伊战争时期和镇压本国库尔德人的反抗时，使用化学武器达240次以上，造成数万人伤亡，仅1988年3月的一次大规模化学战袭击就造成伊朗12000多人伤亡。

伊拉克在大力发展化学武器的同时，还积极研制核武器和生物武器。70年代末期伊拉克从法国引进核反应堆装置，建立了核试验中心，但于1981年6

月被以色列摧毁。此后，伊拉克一直致力于核武器的研究。迄1990年底，已从西方获得了关键的浓缩铀储备技术。对生物武器的研究始于1988年8月两伊战争停火后。研究周期虽然不长，但进展迅速。据苏联国防部化学兵司令斯坦尼斯拉夫·彼得罗夫上将称，迄1990年12月，伊拉克已拥有少量疔毒菌、霍乱菌和内杆菌病毒的生物武器。

主要资料来源：

①英国《星期日泰晤士报》1990年12月16日。

②《兵器知识》1990年第4期。

以色列军队建军方针

制定建军方针的依据 以色列"国防军"正式建于1948年5月26日，其前身是第二次世界大战中的"犹太旅"和"犹太突击队"。从历史的经验和现实的处境出发，以色列历届政府十分重视军队的建设。以色列制订建军方针的依据是：

*政治历史　在巴勒斯坦建立一个恒久的犹太人的国家。*以色列历届政府均推行拓展领土、扬犹排阿政策。根据1947年联合国大会决议，以色列国的面积为1.4万平方公里，但经过4次以、阿战争，以色列占领了加沙、约旦河西岸和戈兰高地等阿拉伯国家领土，实控面积为2.8万平方公里。1990年6月，以色列右翼利库德集团组成新政府，继续推行"扩张"政策，极力主张对阿拉伯国家采取强硬政策，坚决反对建立巴勒斯坦国，并大量从世界各地向以色列移民，扩大犹太人在以色列的人口比例，对巴勒斯坦人民的反抗进行坚决镇压，致使以色列与阿拉伯国家的矛盾进一步激化。

*周边环境　以色列处于阿拉伯国家包围之中。*以色列西临地中海，东、南、北均与阿拉伯国家毗邻，以、阿（埃及除外）双方至今仍处于战争状态。周边国际环境对以色列的"安全"极为不利。从人数看，阿拉伯22个国家，人口1.8亿，而以色列只有450万人；从兵力看，仅与以色列相近的埃及、约旦、黎巴嫩、叙利亚和伊拉克5国总兵力就达200万，而以色列现役军人只有14.1万；从武器数量看，埃及、约旦、黎巴嫩、叙利亚和伊拉克5国坦克共1.3万辆，作战飞机2000多架，而以色列坦克只有4288辆，作战飞机553架。各种基本数字相比，以色列处于劣势。以色列总理沙米尔说，以色列十分重视阿拉伯国家及其资源和军事力量对以构成的"威胁"。

当前的建军方针与计划 为保卫国家"安全"，抵御阿拉伯国家的"侵略"，以色列军队从实战要求出发，制订了与以基本国情相适应的建军方针与计划。

*平战结合，建军于民众之中。*根据以色列的兵源结构，以不可能建立一支在数量上与阿拉伯国家相匹敌的正规军队伍，因而以制定了平战结合、军民结合的建军方针。平时，以色列只保留一支14.1万人的常备军，其中陆军10.4万人、海军9000人、空军2.8万人。一旦战争需要实行紧急动员，以总兵力可达64.5万人。

以色列从"国家安全"的最高利益出发，全国各行各业都为建立一支强有力的军队服务。在工业建设时，必须优先考虑军事效用，使以色列所选定的工业项目不仅具有经济价值，而且具有军事意义。在利达建立的大规模航空工业，在海法建立的大型造船厂等，主要是为了军事上的需要。农村和其他居民点的建设，也同样考虑军事效用。许多居民点设有堑壕网、火力点、地下掩蔽部、地下医院等，一个个都是"设备齐全的军事堡垒"。在"边界地区"，以色列建立了称为"纳哈尔"的半军事组织，一面从事生产，一面保卫边防。以色列在全国各地建立了自卫性的准军事组织，平时负责本地区的社会治安，战时配合正规军作战。以色列还建有一支有组织、有战斗力的预备役部队。以色列兵役法规定，年满18岁的公民必须服现役，男子39个月，女子24个月，服满现役后一律转为预备役，男子服预备役至55岁，女子服预备役至34岁。39岁以前的预备役军人每年须返回部队服役14天。在爆发战争进行紧急动员时，预备役和各种半军事性组织在12小时内能动员12个旅，24～72小时内所有预备役人员和全国的车辆均可赶到指定地点，投入战斗。所有这些措施，都有力地保证了以色列建立一支"强大的国防军"的需要。

*注重质量，以周边阿拉伯国家为主要作战对象。*以色列认为，周边阿拉伯国家是以色列安全生存的最大"威胁"。以色列确定了一个针对阿拉伯国家的建军方针，即要确保对阿拉伯国家的"军事质

量优势”，在军队人员和武器装备的质量上大大超过阿拉伯国家，依靠质量上的优势来弥补数量上的不足。这种质量优势主要包括军人的素质和武器的质量，以及两者的有机统一。

在军人素质上 以色列十分重视军人的素质培养。以色列规定，以色列青少年从学生时代就开始接受每年1个月的军事训练。应征入伍的士兵必须具备身体好、文化水平高两个基本条件。新兵入伍后即进行严格的军事训练。训练内容从实战出发，一方面进行总结战争经验教训和实施协同作战的训练，一方面对部队进行使用新式武器、新式装备的训练。还定期派人赴西方国家学习考察，吸取外军的先进经验。为了保证在战争中也能进行军事训练，以色列还专门设立了战时训练机构，以便不断为战斗部队补充有战斗力的新兵。

军官队伍的素质决定军队的战斗力。以非常重视建立一支精干的年富力强的军官队伍。以军各总部、各军区和各军兵种，指挥机构简、设职精。以军从优秀军士中选拔培养指挥官。各级指挥军官都必须进相应的军事院校学习，择优任用。因此，以军军官不仅具有军事指挥才能，也具有较高、较新的科学技术知识。以色列要求军官队伍年轻化，以适应于军官在作战时“身先士卒”、“靠前指挥”的要求。

以色列特别重视空军的建设，以军要求飞行员不但有良好的“政治素质”，较高的科学文化水平，更要具备过硬的军事技能。飞行学员入学后即进行高强度训练，航校学习结束，经考核不合格者淘汰，以确保毕业生质量。学员分配到作战部队后，便进行更为严格的飞行训练。

在武器装备上 以军原来主要从美国、英国和法国等西方国家购买先进武器，近年来，以军特别重视自己研究制造尖端武器，国防费的53%用于武器的采购、生产和研制。以军工企业现主要有两家，一家是“以色列飞机工业公司”，生产“幼狮”C-1、C-2型直升机，“德沃拉”导弹艇，“加布里尔”舰舰导弹等。一家是“塔阿斯军火公司”，主要生产“战车”式坦克，“乌齐”式冲锋枪，“蜻蜓”式空空导弹，“杰里科”地地导弹等。以色列研制核武器开始于1956年苏伊士运河战争后。1990年，伦敦国际战略研究所称，以色列可能已拥有100枚核弹头。除继续发展进攻性核武器外，以又决定发展反弹道导弹。据报道，“箭”式反弹道导弹已被列入以色列与美国的战略合作计划，研制经费的80%由美负担。

主要资料来源：

①《中东》1989年。

②《南德意志报》1991年1月。

英国军队建军方针与计划

发展独立的核力量，增强战略威慑能力

战后以来，无论是工党掌权，还是保守党执政，英国始终把苏联作为主要敌手，强调发展本国独立的核力量，进行核威慑。早在1955年3月，丘吉尔首相在英下院发表了核恐怖平衡的演说，指出英国必须拥有最新的核武器和运载工具，通过核威慑实施防御。此后，英历届政府反复强调，“核威慑就是最有效的防御”。为了英国的安全，英国一方面需要借助美国的核保护伞，另一方面还必须拥有自己独立的核力量，以便最大限度地增强核威慑的效果。1987年3月，玛·撒切尔首相在访问苏联时声称，核武器是最好的遏制战争的手段。两次世界大战表明，常规武器无法制止战争。由于核武器的威慑作用，欧洲在战后享受了40年的和平。她的结论是，对英国来说，核武器是与华约对抗的唯一手段。1988年以来，欧洲的安全形势发生了深刻的变化，但现保守党的政府仍视苏联为“潜在威胁”，其发展独立核力量的方针保持不变。

以北约为依托重点防守欧洲，保持一定海外干涉能力 1968年1月，威尔逊首相宣布，英国的安全从根本上讲是在欧洲，并且必须以北约组织为依托。于是，从60年代末至70年代中期，英国除在香港、马岛等几个地方继续留驻少量部队外，相继从苏伊士运河以东、印度洋、加勒比海及地中海等地区撤出驻军，将其防御重点集中到欧洲。多年来，英坚定地贯彻北约的“灵活反应”战略，将其主要兵力用于担负联邦德国前沿、东大西洋及英吉利海峡地区的防御，并向北约提供战略核力量、战区核力量和常规力量。

与此同时，英注意保持一定的机动部队，以随时应付海外不测事件。1990年8月海湾危机爆发后，英派出3.7万人的部队及许多战舰、战机参加了海湾

多国部队。英认识到，海外干涉部队只能加强，不能削弱。特别是鉴于海军在海外干涉中所处的重要地位，英计划在本世纪内进一步加强海军建设，着重提高其质量。

维护英美之间的“特殊关系”，加强与美的战略合作 英美两国之间有着悠久的历史和文化联系，二战中又因是盟国结下了“特殊关系”。战后，共同的利益又将两国紧紧地联系在一起。英国认为，要遏制苏联，确保英国乃至欧洲的安全，万万离不开美国的核保护伞；美国则认为，要与苏联抗衡，维护美在欧洲的战略利益，同样离不开英国的支持与配合。因此，两国的“特殊关系”不断加强。多年来，英积极加强与美的战略合作，在一系列重大问题上支持美国，美国也在许多方面支持英国。英的战略核力量就是在美的一手帮助下发展起来的。

削减兵员数量，注重质量建军 1990 年，英军总兵力为 32 万人。据英国《星期日泰晤士报》1990 年 1 月 25 日报道，鉴于东欧、华约已发生变化，英国防部正考虑在 90 年代对军队进行大裁减，可能将现有员额削减 1／3 以上，驻德英军（6.7 万人）绝大部分将逐步撤离。

在裁减兵力数量的同时，英积极采取措施提高部队的质量。一是狠抓军事科研，努力改善武器装备。英军 1989～1990 年度科研经费约占国防预算的 4%，而装备预算则占国防预算的 41%。除主要立足本国独立进行研究外，还参加 SDI 研究计划及“尤里卡”计划，与美、法、德等国联合开展研究，重点致力于开发高技术，研制生产各种电子设备、各类导弹以及新型作战飞机与舰船等，使军队的武器装备不断得到改善。从 1991 年起至下世纪初，英军计划陆续装备“三叉戟”核潜艇、MBT-2000 主战坦克、“欧洲猎手 90”歼击机以及新型的反坦克、反舰、防空、空空、空地导弹。届时，英军的战斗力将进一步增强。二是狠抓军事训练，提高部队的快速反应能力及实战能力。英军认为，在现代条件下作战，军事行动的成功在于快速反应以及“单兵表现的技能、耐力与决心”，而军事训练是提高这方面能力的有效途径。因此，英军始终坚持日常训练，并经常单独或与有关国家联合举行各种军事演习，以提高部队的整体素质，使部队时刻保持高度的战备水平。

加强预备役部队建设，提高战时动员能力 英国的预备役部队主要有志愿后备队（陆军地方军、皇家海军后备队和皇家辅助空军）、正规后备队和辅助部队 3 种，是英武装力量的重要组成部分。迄 1990 年，预备役部队总兵力为 32 万人，其中陆军 25 万人、海、空军各 3.5 万人。英国认为，加强预备役部队的建设，既可在平时节省国防开支，又可在战时迅速扩充部队。例如，陆军地方军，平时每年的开支仅占国防预算的 1%，而战时则可提供陆军总兵力的 1／3。因此，英注意增加预备役部队员额，改善其武器装备，并加强对他们的训练。据英《星期日泰晤士报》1990 年 1 月 25 日报道，英国防部正计划在 90 年代大规模裁减正规军的同时，大力扩充地方军，并从财力上给予较多投入，包括改进训练工作及提高薪金等。由于重视预备役部队建设，英国保持着较强的战争动员能力。

法国军队建军方针与计划

建军方针 第二次世界大战以后，法国因在海外进行长期的殖民战争而国力衰竭，军队现代化进展缓慢，不得不在战略上依靠美国和北约保护本国的安全。1958 年戴高乐担任法国总统后，果断地结束了殖民战争，在努力发展国民经济的同时，开始大抓军队的现代化建设。戴高乐和法国政府认为，为了摆脱法国对美国的依附，并和苏联抗衡，恢复法国的世界大国地位和争取法国在欧洲的领导地位，维护法国在欧洲和世界其他地区的利益，必须实行独立的国防政策，建立独立的防务体系，进行军事体制改革，并实行核威慑战略。戴高乐特别强调核武器的作用，认为用核武器对敌方实行威慑，是实现国家战略目标的主要手段。法国必须发展自己的独立核力量，但在数量上要坚持有限的原则，不与美苏比高低，质量上要可靠有效，一旦发现敌方侵略意图，立即用核武器对其实施大规模报复，以迅速遏制战争。正当法国准备将其打算付诸实施的时候，却受到了美国的阻挠，这使得戴高乐更加坚定地建立独立的防务体系，推行核威慑战略。戴高乐政府所推行的建军方针是：优先发展独立的核力量，同时注重常规力量的现代化，压缩数量，提高质量，增强攻击能力和机动能力，改革军队的体制，将法军建成一支既能打核战争，又能打常规战争的精干部队。

在戴高乐之后，蓬皮杜、德斯坦和密特朗政府都继承了戴的建军思想和建军方针，同时根据国际形势的变化、国内经济实力的增强和军队建设的实际，进行了适当的调整，并有所发展。历届领导人都坚持了独立和改革的原则，都极力推行核威慑战略，把发展核力量放在优先地位。但在核力量的使用时机、常规力量的作用、核力量与常规力量的关系等方面，认识和主张有所不同。戴高乐急于使法国跻身于核大国之列，因此在贯彻执行建军方针过程中，重视和强调核力量的建设，而使常规力量的建设受到一定影响。蓬皮杜政府认为，使用核武器应根据战争发展情况而定，应首先使用常规武器和敌作战，不能奏效时再使用核力量。德斯坦政府认为，欧洲发生有限冲突和战争的可能性较大，这种冲突和战争在一定条件下可能升级为核战争，并认为，核力量不能解决有限冲突和战争问题。因此，两届政府认为，法国要作好应付各种战争的准备，加强常规力量的建设，克服戴高乐政府对常规力量建设有所忽视的倾向。密特朗政府也主张在对敌使用核武器之前，先使用常规武器，并且认为常规力量是法国威慑力量的组成部分，它和核力量互相配合实现威慑，因而更加重视常规力量的建设，谋求在优先发展核力量的前提下，两种力量的协调发展。

建军计划及实施情况 30年来，法国政府在上述建军思想和建军方针的指导下，连续实行了6个军备发展计划（或称军事纲领法），使法国军队的现代化程度达到了比较高的水平，并正在向更高的目标迈进。

第1个军备发展计划（1960～1964年）由戴高乐政府制定，主要实施情况是：(1) 初步建立核力量。(2) 开始更换50年代的旧式常规武器。(3) 裁减了三军人数。(4) 改组三军体制。

第2个军备发展计划（1965～1970年）由戴高乐政府提出，主要实施情况是：(1) 核力量继续增加。(2) 改善常规装备。(3) 继续压缩三军数量。(4) 改革兵役制度。(5) 进一步调整指挥体制。

第3个军备发展计划（1971～1975年）由蓬皮杜政府提出，主要实施情况是：(1) 发展第2、3代核武器。(2) 加速常规装备的更新，提高常规部队的本土防御能力和海外机动作战能力。

第4个军备发展计划（1977～1982年）由德斯坦政府提出，主要实施情况是：(1) 提高和改进核力量的质量。(2) 加紧改善常规武器装备。(3) 改编陆军。

第5个军备发展计划（原计划年度为1984～1988年，因预算经费不足，实际执行到1986年即被下一个军备发展计划代替）由密特朗政府提出，主要实施情况是：(1) 提高核力量的攻击能力和可靠性。(2) 加紧改善常规武器装备。(3) 改编陆军。

第6个军备发展计划（1987～1991年）由密特朗政府提出，在实施过程中，1989年提出修正案，压缩了一些常规项目的经费，时间延长至1993年，1989年还提出“2000年军队”计划，即改编陆军的计划，两项计划的主要内容和目标是：(1) 继续提高核力量的质量。将导弹核潜艇全部改装M4多弹头导弹、研制新型导弹潜艇和装备该型潜艇的M5潜射导弹，第1艘将于1994年装备部队，研制S-4战略导弹，1996年取代目前的S-3中程导弹和战略轰炸机。发展“哈德斯”战术核导弹取代“冥王星”导弹，继续装备“幻影”2000攻击机和“超级军旗”战斗机并使两种飞机携带地空核导弹。(2) 发展空间军事力量。将于1991年发射“锡拉库Ⅱ”通信卫星，1993年发射“太阳神”照相和电子侦察卫星，以提高法军的通信指挥能力和侦察能力。(3) 加强更新和研究常规武器装备。陆军的AMX改进型坦克装备700辆之后即停止采购，研制新型“勒克莱克”主战坦克，中止155毫米火炮的订货，改购先进的多管火炮，继续装备直升机、反坦克导弹、防空导弹等，以提高部队机动性和反坦克能力。空军继续装备“幻影”2000战斗机，采购美国的预警飞机、研究“狂风”新型战斗机，中程地空导弹等，提高空战和防空能力。海军建造1艘核动力航母，计划1998年服役，并建造攻击型核潜艇、护卫舰等，加强远洋作战和防空反潜能力。(4) 进一步改编陆军。陆军集团军所属军由3个改为2个，由这2个军和快速行动部队组成机动部队，陆、海、空军和宪兵的22个军区减为9个，并按地区成立3个分别由陆、海、空军负责的防区领导这些军区，将分属三军的后勤部门合并，这次改组的目的是进一步精简机构和人员，加强三军协调统一和适应装备新型武器的需要，改组将于1992年完成。

附：南朝鲜军队建军方针与计划

军队建设的内外环境 南朝鲜军方通过对建军环境的分析和预测，提出以下看法：

周边形势发生了变化 南朝鲜认为，进入90年代，随着欧洲的冷战结束，东西方之间的开放与和解的气氛正在形成，朝鲜半岛终于出现了解冻的迹象。1990年，朝鲜南方与苏联实现了关系正常化，与中国互设贸易办事处；朝鲜北方与日本开始建交谈判；朝鲜北南双方进行总理会谈实现了政治对话。这些新形势的变化是前所未有的，必将对军队建设产生重要影响。

美军逐步撤离计划已定 1990年4月4日，美国和南朝鲜同时宣布了分阶段撤出驻朝美军部队的计划。其中第1阶段为1990年底至1993年，撤出2000名空军人员和5000名陆军非战斗人员；第2阶段为1994～1995年；第3阶段为1996年以后。随着驻朝美军的逐步撤离，美国在朝鲜地区的军事地位将由“主导型”转变为“辅助型”，南朝鲜军队从美军手中收回作战指挥权成为必然趋势。为此，双方于1990年11月14日在第12次“韩美军事委员会”会议上达成协议，正式决定在1992年以前，首先把由美国将军担任的朝鲜军事停战委员会的联合国军司令部首席代表一职改由南朝鲜将军担任，美国将军出任副代表。然后，美国将“韩美联合部队司令部”地面组成部队司令一职转交南朝鲜将军担任，以完成地面作战指挥权的移交。

军事费用逐年增长 由于南朝鲜国民经济持续增长，为军队发展提供了较雄厚的物质基础。南朝鲜当局以缩小北南军力差距，建设所谓“自主防卫力量”为由，每年将其国民生产总值的5～6%用于国防建设，从而使军费逐年增长。据南朝鲜官方公布，1978年国防开支总额仅为36.9亿美元，至1988年增长为85.1亿美元，10年翻了一番多，1989年为90亿美元，1990年达到94.2亿美元。国防部长李钟九于1990年11月29日宣布1991年的国防预算将为106亿美元。

军队建设的指导方针 南朝鲜于1990年11月8日发表的《1990年度国防白皮书》简要指出90年代军队建设的指导方针是：(1) 根据形势需要，灵活地制定军费控制政策；(2) 在努力实现自主国防的同时，继续发展与美国的军事合作关系；(3) 不断改进军事机构，建立高效率的指挥体制；(4) 力求国防业务科学化，建设先进的国民军队；(5) 强化军民战争胜利态势，确立新型的民、政、军关系。

军队建设计划与措施 南朝鲜军事战略的基本内容可概括为努力实现自主国防，保持战争遏制态势，坚持攻势性防御作战原则，力争2000年前后实现对北方的军事优势。根据这一战略要求，1990年南朝鲜为实现军队建设计划采取有关措施如下：

改革军队组织，完善指挥体制 1990年7月14日，南朝鲜议会通过了“国军组织法修正案”，该案决定将现行陆、海、空军“三军并立”体制改为“合成军”体制。新体制于1990年10月1日正式实施，其主要内容是：在国防部下设立联合参谋本部，以取代原参谋长联席会议。联合参谋本部在国防部长直接领导下，统管陆海空三军作战部队，并负责“自主、有效地”指挥作战。陆海空三军参谋总长只拥有本军种的人事、司法、军纪、教育、训练和预算方面的职权。由此解决了原“三军并立”体制中存在的作战指挥力量分散、组织机构职能重复、国防资源管理混乱等问题，形成了统率三军的“强有力的指挥体制”。国防部长李钟九1990年11月26日称：“作为加强自主国防态势的一项内容，将继续改革国防体制，以使作战指挥体系日臻完善。”

增建地面部队，加强首都防御 南朝鲜当局强调“韩国防御的成功与否在于首都汉城的防御如何”。根据“首都圈综合防御计划”，南朝鲜于1982年设立“首都防卫司令部”，并不断创建地面防卫部队归其指挥。1990年在汉城地区又增建2个防卫师，使南朝鲜军队正规预备役地面部队师达到25个。为此，国防部宣称，这两个师的创建，“将使首都圈的防御更加巩固”。

坚持自主国防，推进装备国产化 1978年美国中止无偿军援后，南朝鲜进入“自主国防时代”，自己承担国防费用，并在尽可能的范围内独立发展“适合韩国条件”的武器装备。80年代南朝鲜已可以自行生产火箭、火炮、装甲车辆和战斗舰等重装备。1990年，南朝鲜加速研制开发“韩国型武器系统”，将批量

生产的新式88型自产坦克陆续装备到一线部队，使武器国产化达到了一个新水平。

维持与美合作，扩大对日交流　南朝鲜历来把同美国的军事合作视为其自身安全保障的关键。驻朝美军撤离计划公布后，双方于1990年11月13～15日在华盛顿召开第22次安全保障协商会议上，一致同意尽早缔结《战时军事援助协定》。根据协议，“一旦韩半岛发生战争，美国将立即给韩国提供兵力及后勤援助”。美国一再表示撤出驻南朝鲜美军部队并不说明双方长期密切的安全保障关系发生了变化，美国仍将对这一地区的防御承担“义务”。此外，南朝鲜不顾朝鲜北方反对，1990年继续与美国举行大规模联合军事演习和其他训练。在军工领域，双方开始谈判联合制造先进战斗机的有关计划等等。

1990年南朝鲜与日本的军事交流有很大发展。3月，双方空军制定了交换军事留学生、互派士官生的计划，海军也制定了长达5年的互派后备军官的计划。1990年12月6日，日本防卫厅长官石川访问南朝鲜，双方确定进一步扩大军事人员的交流，并就加强包括交换防空情报等实质内容的军事合作问题达成了协议。尤其是1990年4～5月，南朝鲜海军首次派舰参加美日等国举行的“环太平洋”演习，第一次实现了与美日的联合演练，显示其在90年代进一步深化合作关系的意向。南朝鲜《中央日报》对此评论说：“通过这次环太平洋联合军事演习，韩国将为今后的韩美日军事合作关系奠定了基础，并针对中苏北韩的军事合作关系，在东北亚起到类似北约组织军事集团成员国的作用。”

主要资料来源：

①南朝鲜《东亚日报》1990年。

②南朝鲜《汉城新闻》1990年。

军队编制

日本自卫队高级指挥机构的编成及职能

日本自卫队实行文官统制，其三军最高统帅是内阁首相。“国防会议”是政府在军事问题上的最高审议机构，负责审定国防方针，处理各种突发事件和一切与国家安全有关的重大事宜，由首相和外务、大藏大臣、防卫厅、经济企划厅、内阁官房长官及国家公安委员长组成，首相任主席。由于宪法规定日本不得拥有陆、海、空军及其他战争力量，因而，日本的武装部队称作自卫队，参谋部称作幕僚监部，参谋长称作幕僚长，其他与军队、军事有关的名称也常冠以“自卫”、“防卫”等字。

防卫厅机关的编成　“防卫厅”相当于国防部，隶属于总理府。防卫厅长官承首相之命，通过陆、海、空三自卫队的幕僚长对自卫队实施统一指挥。防卫厅机关全部为文职人员，设防卫厅长官、政务次官、事务次官各1名和负责国际、卫生、施设(设施)、技术的专职参事官各1名及6名由官房长、局长兼任的参事官。编为长官官房和防卫、教育训练、人事、经理、装备5个局。局下设课，课下设班或系及室。局设局长，课设课长，均不设副职。

长官官房　相当于办公厅，设官房长（相当办公厅主任）和4名防卫审议官及总务、法规、广报(宣传）3个课。

防卫审议官　主要负责一些重大事项的调查、规划及其他有关事务。

总务课　主要负责公章保管、文电收发、机关事务、对外联络、防卫厅机关定员、任免、奖惩。设庶务、总括(综合)、人事、给与(薪金)、文书(2个)、国会（2个）、调查、资料、企画（规划）统计等系(股）和1个图书馆及环境对策、能率（效率）管理、国际等3个室。

法规课　主要负责自卫队有关法律、法令及上级指定的重要文件的立案、审查。

广报（宣传）课　主要负责向外界宣传自卫队及有关资料的搜集和编写。

防卫局　设防卫、运用课，2个调查课和数名计划官。

防卫课 主要负责自卫队的机构、定员、编成、装备、部署及有关制度的调查研究。下设总括（综合）、政策、年度3个班。

运用课 主要负责管理自卫队的训练、作战等行动。下设总括（综合）运用班和研究班。

调查1课 主要负责搜集整理与国家安全有关的国内情报和资料。下设3个调查班。

调查2课 主要负责搜集整理与国家安全有关的国外情报和资料。下设总括(综合)分析班、欧洲苏联班、亚洲班和技术情报班。

计划官 主要负责自卫队机构、定员、编成、装备、部署及有关事项的分析评价。

教育训练局 设教育、训练、卫生3课。

教育课 主要负责自卫队文职人员的教育训练以及防卫大学和防卫研究所的管理。

训练课 主要负责自卫队的部队训练工作。

卫生课 主要负责自卫队保健医疗工作的调查研究，医药卫生器材的采购计划以及防卫医科大学的管理工作。

人事局 设3个人事课及厚生课。

人事第1课 主要负责军官的人事任免、奖惩，防卫大学和防卫医科大学学生的管理，礼仪、服装及官兵的公正审查工作。

人事第2课 主要负责文职人员、士兵、预备役人事管理。

人事第3课 主要负责防卫设施厅等单位文职人员的人事管理以及自卫队薪金制度、赔偿等工作。

厚生（福利）课 主要负责自卫队的福利、互助会以及营舍和旧军人的福利等。

经理局 设会计、监查、施设(即设施)、工务4个课。

会计课 主要负责自卫队的预算、决算及防卫厅机关的行政财产的管理等。设总括(综合)、预算决算、支出、警备、管财等5个班。

监查课 主要负责会计、旅费制度、会计监查、赔偿等事项。设监查、讼务2个班。

施设（设施）课 主要负责行政财产的管理，自卫队设施的维护、管理、使用、调整等。

工务课 主要负责土木建筑的实施及地方委托的此类事项。

装备局 设管理、武器需品、通信、舰船、航空机4个课和开发计划官1名。

管理课 主要负责本局事务的协调，自卫队装备品的采购、补给、管理等。

武器需品课 主要负责武器装备的采购及装备品的规格管理等。

通信课 主要负责通信器材的采购及规格管理和通信设施的建设，电波监查管理等。

舰船课 主要负责舰船及其器材的采购和规格管理等。

航空机课 主要负责飞机及机用器材的采购和规格管理等。

开发计划官 主要负责自卫队武器装备品的规格统一管理和技术研究本部的工作。

统合幕僚会议的编成 “统合幕僚会议”即参谋长联席会议，是防卫厅长官的辅助机构，主要负责拟定和调整陆、海、空三自卫队作战、训练和后勤补给计划，搜集研究军事情报。统合幕僚会议设议长（即参谋长联席会议主席）1人，议长承防卫厅长官之命统一指挥2个军种以上的联合作战和训练，下设事务局和1个统合幕僚学校（联合参谋学校）。事务局设局长1人，副官1人和5个幕僚室。室下设班。各室设室长1名，班设班长1名。

第1幕僚室 主要负责文电收发、人事、定员、预算决算、年度扩军计划及统合幕僚学校的管理。下设企画（规划）调整官和企画（规划）、人事计划、总务3个班及中央指挥所管理运营室、会计室。

第2幕僚室 主要负责情报资料搜集整理，自卫队情报工作的协调管理。下设情报调整官和总括（综合）、年度、长中期、情报4个班。

第3幕僚室 主要负责联合作战、训练年度计划的制定和调整，联合部队的指挥协调及通信、管理。下设运用计划调整官、教育训练调整官和总括（综合）、年度、指挥调整、通信电子、教育训练5个班。

第4幕僚室 主要负责联合作战、训练中的后勤补给及其指挥协调。下设后方补给计划调整官和总括（综合）、年度、中期、长期4个班。

第5幕僚室 主要负责联合作战、训练、中长期计划的制定、调整及装备体系的研究评价。下设防卫计划调整官和总括、中期、长期、研究4个班和分析室。

陆上幕僚监部的编成 “陆上幕僚监部”即陆上自卫队参谋部，设幕僚长(参谋长)、幕僚副长各1名、监察官1名、副监察官2名。下设监理、人事、调查、防卫、装备、教育训练和卫生7个部。部下设课，课下设班和室。部设部长1名，课设课长1

名，班设班长1名。

监理部 下设总务、法务、会计3个课。

总务课 主要负责文书呈送、年度业务计划的制定、部队管理、涉外、宣传、机关事务管理及陆上自卫队队史编写等。下设企画（规划）、庶务、涉外、文书、监理5个班和广报（宣传）室。

法务课 主要负责受理诉讼，对民赔偿，官兵受灾补助，法规研究。下设法务、赔偿、补偿3个班。

会计课 主要负责预算决算，会计监查，财会业务。下设经理、契约、预算、会计监查4个班。

人事部 下设人事计划、补任、募集、厚生、警务5个课。

人事计划课 主要负责人事计划、奖惩、预备役工作及本部内的事务性工作。设企画（规划）、财务、预备自卫官3个班和援护室。

补任课 主要负责人事任免。设2个人事班和职员人事管理室。

募集课 负责自卫队员征集和地方联络部（相当武装部）的工作。设总括（综合）、募集2个班。

厚生（福利）课 主要负责官兵薪金、福利等。设厚生、共济（互助）、给与（薪金）3个班。

警务课 主要负责警务官（军警）的管理及警务工作。设总括（综合）、警务2个班。

调查部 设2个调查课。

调查第1课 主要负责军事、作战情报搜集规划及安全保密工作。设企画（规划）、业务、保全（保密）3个班。

调查第2课 主要负责军事、作战的搜集整理及各类地图的管理和本部内的事务性工作。设4个调查班。

防卫部 设防卫、运用、研究3个课。

防卫课 主要负责作战计划、部队编成、定员、装备、部署及年度扩军计划。设防卫、编成、业务计划3个班。

运用课 主要负责作战、训练及航空管制、通信、密码等。设2个运用班和航空运用班、通信班。

研究课 主要负责作战方案、部队编成及各种作战、后勤装备品的研究。设总括（综合）、研究2个班和分析室及1名主任研究官。

装备部 设装备计划、武器化学、通信电子、航空机、需品、施设、输送、开发8个课。

装备计划课 主要负责后勤补给计划和装备品的采购、补给、管理。设企画（规划）、后方计划、补给管理3个班。

武器化学课 主要负责武器、弹药、防化器材的补给、管理，爆炸物的处理。设总括（综合）、火器、车辆、诱导武器、弹药5个班和化学室。

通信电子课 主要负责通信电子器材的补给与管理。设总括（综合）、通信器材、电子器材、电计班和1个IDDN（综合防卫数字通信网）计划室。

航空机课 主要负责航空机及有关器材的补给与管理。设总括（综合）、航空机、航空安全3个班。

需品课 主要负责军需品的补给与管理。设总括（综合）、需品、燃料、粮食4个班。

施设课 主要负责自卫队设施和工兵器材的规划、建设、管理。设总括（综合）、建设、营缮、环境保全4个班。

输送课 主要负责部队运输及后勤部队的管理。设总括（综合）、铁道船舶、通信航空3个班。

开发课 主要负责陆上自卫队各种装备品的研究改善计划与组织落实。设总括（综合）班和2个开发班。

教育训练部 设教育、训练2个课。

教育课 主要负责教育训练计划的综合调整和学校、训练保障部队的管理。设企画、教育、教材班和第1、第2学校班。

训练课 主要负责部队训练演习计划的制定及教范的修订。设训练、演习、评价、教范教养4个班。

卫生部 主要负责卫生保健、医药卫生器材的补给管理和研究改善。设保健、医务、药务3个班和1个企画室。

监察官 主要受幕僚长之命负责安全与事故调查工作。

海上幕僚监部的编成 “海上幕僚监部”即海上自卫队参谋部，设幕僚长(参谋长)、幕僚副长各1名，监察官1名，副监察官2名，首席卫生官1名。下设监理、人事教育、防卫、调查、装备、技术6个部。部下设课，课下设班。部设部长，课设课长，班设班长。

监理部 设总务、法务、经理、监查4个课。

总务课 主要负责文秘收发、涉外、宣传、扩军计划、部队管理等。设总务、文书、效率管理、涉外4个班和广报（宣传）室。

法务课 主要负责诉讼、海难审理及有关法规的调查研究。设法务、诉讼、法规3个班。

经理课 主要负责预算、决算及会计工作。下设经理、预算、主计、契约、出纳5个班。

监查课　主要负责会计监查及会计工作的研究改善。设监查、指导2个班。

人事教育部　设人事、厚生、教育3个课。

人事课　主要负责任免、奖惩及预备役工作。下设人事、要员、补任、募集、服务、经历6个班和职员人事管理室、援护室。

厚生课　主要负责薪金、福利。下设厚生、共济(互助)、给与（薪金）3个班。

教育课　主要负责教育训练计划及有关资料整理等。下设教育、学校、航空教育、教材、教范5个班。

防卫部　设防卫、装备体系、运用、通信、施设5个课。

防卫课　主要负责作战、编成、定员及扩军计划。下设防卫、业务计划、编成3个班和分析室。

装备体系课　主要负责装备体系的计划和研究。下设装备体系、舰船体系、航空机体系、指挥通信体系班和研究班。

运用课　主要负责部队行动、部队运用、部队训练、爆炸物处理及南极观测支援等。下设运用第1班、运用第2班和训练班、气象班及南极观测支援室。

通信课　主要负责通信、电波管理、密码研究等。下设通信班和暗号（密码）班。

施设（设施）课　主要负责设施建设与管理，有关器材的采购与管理。下设施设、建设、营缮、基地对策、环境保全5个班。

调查部　设调查第1课和调查第2课。

调查第1课　主要负责国内情报资料的搜集与整理。下设第1、第2、第3调查班和动态班。

调查第2课　主要负责国外情报资料的搜集与整理。下设第1、第2、第3调查班和收集班。

装备部　设装备、舰船、航空机、武器、需品5个课。

装备课　主要负责后勤补给计划及装备的采购、补给、管理。下设装备、调达（采购）管理、补给管理、整备管理、后方计划5个班。

舰船课　主要负责舰船的采购、管理等。下设舰船、建造、船体、机关（即主机)、电器5个班。

航空机课　主要负责飞机与机载装备的补给、管理与采购。下设航空机、机体、机器、航空武器、航空电子、战术支援器材6个班。

武器课　主要负责武器装备品的补给、管理与采购。下设武器、诱导武器、弹药、通信电子、训练器材5个班。

需品课　主要负责军需品的补给、管理与采购。下设需品、燃料、衣粮、车辆4个班。

技术部　设技术第1课和技术第2课。

技术第1课　主要负责舰船及舰载武器装备的研究改善。下设技术第1班、开发班、舰船技术班、武器技术班、电子技术班。

技术第2课　主要负责飞机及机载武器装备的研究改善。下设技术第2班、航空机技术班、航空武器技术班、指挥通信技术班。

监察官　主要受幕僚长之命负责安全与事故调查工作。

首席卫生官　主要受幕僚长之命负责卫生保健、医药卫生及有关器材的整备。

航空幕僚监部的编成　“航空幕僚监部”即航空自卫队参谋部，设幕僚长（参谋长)、幕僚副长各1名，监察官1名、副监察官3名、首席卫生官1名、副官1名。下设监理、人事教育、防卫、调查、装备、技术6个部。部下设课，课下设班。部设部长1名，课设课长1名，班设班长1名。

监理部　设总务、法务、监理、会计4课。

总务课　主要负责文秘、涉外、宣传、礼仪。设总务、文书、涉外3个班和基地对策室、广报(宣传)室。

法务课　主要负责诉讼及有关法规的调查研究。设法务、补偿、法规3个班。

监理课　主要负责部队管理、扩军计划。下设监理、统计、会计监查3个班。

会计课　主要负责预算、决算及会计工作。下设经理、预算、主计、审查4个班。

人事教育部　设有1个副部长，设人事、厚生、教育3个课和企画室。

人事课　主要负责任免、奖惩及预备役工作。下设制度班、2个人事班和募集班及职员人事管理室。

厚生课　主要负责薪金、福利。下设厚生、共济(互助)、给与（薪金）3个班和援护室。

教育课　主要负责教育训练计划及有关资料整理等。下设计划、一般教育、飞行教育、术科（技术）教育、教范教材、实务（业务）训练6个班。

防卫部　设防卫、运用、通信电子、施设4个课。

防卫课　主要负责防卫计划、编成、定员、扩军计划。下设防卫、业务计划、编成、研究4个班和分析室。

运用课　主要负责部队运用、部队行动、飞行管制。下设运用第1、第2班和飞行支援班、调整班。

通信电子课　主要负责通信、电波管理、电子计算机的管理。下设总括（综合）班、第1、第2通信电子班、程序班。

施设（设施）课　主要负责设施建设与管理及有关器材的采购与管理。下设计划、施设基准、管理班和建设第1班、建设第2班、通信建设班。

调查部　设调查第1课和调查第2课。

调查第1课　主要负责国内情报资料的搜集与整理。下设计划班和第1、第2调查班。

调查第2课　主要负责国外情报资料的搜集与整理。下设情报第1、第2、第3、第4班。

装备部　设装备、调达（即采购）、补给、整备4个课。

装备课　主要负责后勤补给计划及运输管理。下设调整、计划、研究3个班和输送室。

调达（采购）课　主要负责航空装备品的采购。下设计划班、调达基准班、调达第1、第2、第3班。

补给课　主要负责航空装备品的补给与管理。下设计划班、补给基准班、补给第1、第2、第3、第4班。

整备课　主要负责飞机补给、维护管理。下设计划班、整备基准班、整备第1、第2、第3、第4班。

技术部　设技术第1课和技术第2课。

技术第1课　主要负责航空装备品的研究改善。下设计划、诱导武器、地上电子、研究4个班。

技术第2课　主要负责飞机及航空整备器材的研究改善。下设管理、航空、电子、器材、新中级练习机5个班。

监察官　主要受幕僚长之命负责安全与事故调查工作。

首席卫生官　主要受幕僚长之命负责卫生保健、医药卫生及有关器材的整备。

主要资料来源：

①日《自卫队现况》1989年。

②日《防卫年鉴》1990年。

③日《自卫队年鉴》1990年。

蒙古军队编制

第二次世界大战结束以来，随着国内外形势的变化，蒙古军队的部队结构和编制装备不断变化。60年代初期，蒙军员额由第二次世界大战期间的5万多（号称10万）减至不足1万，编制装备压缩了近80%，其中陆军编制由军、师缩编为旅、团，空军改为民航局。从1960年后，蒙古重新扩军备战，1965年组建防空军，1972年组建空军，陆军编制迅速扩大，由旅扩编为师，到80年代初期，又扩编为集团军。80年代中期以来，由于国际形势的缓和和蒙中关系的改善，蒙军即着手裁减军备，按照本国情况改革部队结构和编制装备。目前，蒙军由人民军、内卫军和边防军等组成。

人民军编制

蒙古人民军包括陆军、建筑部队、空军、防空军等。1990年，蒙古人民军各军兵种的编制情况如下：

陆军编制　蒙古陆军在改革中进行了编制结构调整，把常规部队中的部分部队改编为教导部队，担负对地方预备役人员的军事训练；把常规部队中的部分部队和分队按官兵1：2或1：3的比例，改编为基干部队，战时可迅速扩编为满编部队；把近50%的部队改编为动员部队，仅保留少数保养维修武器装备的人员，不单独组织演练活动。经过调整，兵员装备减少，但多数部队的编制还在。到1990年蒙陆军作战部队的最大编成为摩步师，每师编有摩步团（或训练教导团）2～3个，坦克团、高炮团、炮兵团、坦克营、反坦克营、防化营、工兵营、通信营、汽车营、营房营、面包厂等各1个，总兵力约为6000人；装备坦克180余辆、步兵战斗车120余辆、装甲运兵车250辆、反坦克导弹车50余辆、各种火炮400门、各种枪4000余支、汽车1800余辆。独立摩步团编有摩步营2～3个，炮兵营、迫炮连、防化连、通信连、防化排、汽车排各1个，总兵力约为2000人；装备步兵战斗车40余辆，装甲输送车 20 余辆，各种火炮 30 余门，反坦克导弹车 3 辆，各种枪 1600 余支，汽车 30 余辆。摩步营编有摩步连 3～4 个，总兵力约为 300～400 人；摩步连编有摩步排 3～4 个；摩步排编有 3～4 个班。

建筑部队编制 目前，蒙军建筑部队最大编成为建筑旅，每旅辖有 3～4 个建筑营，兵力为 3000～4000 人；营下编有建筑连 3～5 个，兵力为 600～800 人。

空军编制 蒙空军的最大编成为歼击航空兵团，下辖歼击机大队 2 个，团直属歼击机中队 1 个，以及指挥和勤务保障分队若干个，总兵力约为 1000 人；装备米格-21 歼击机 25 架。独立直升机大队编有直升机中队 3 个，总兵力为 300 余人，装备米-4、米-24 直升机各 10 架，米-8 直升机 4 架；运输直升机大队编有 3 个运输机中队，共有 200 余人，装备有安-2 运输机 20 架、安-24 运输机 19 架、安-26 运输机 3 架、安-32 和图-104 运输机各 1 架。另外，蒙空军还编有 1 个训练机大队，装备有米格-21 歼击机 3 架、雅克-18 运输机 6 架。

防空军编制 蒙防空军的最大编成是雷达团，下辖雷达连和直属通信连、教导连、警卫连，总兵力约 1000 人；全部装备苏制雷达机和辐射测量仪。防空火箭营下辖防空火箭连 3～4 个，共装备 SA-7 型防空导弹 150 枚。

内卫军编制

蒙内卫军隶属于国家警察总局，其最大编成为内卫团，下辖 3～4 个内卫营，内卫营下辖 3～4 个内卫连，总兵力约 3000 人。

边防军编制

蒙边防军隶属于国家安全保障总局，总兵力约 10000 人，编有边防团、边防代表机构、机场检查站和独立警卫团；边防团辖有若干边防连，总兵力为 350～600 人；边防连辖有边防哨所，每个边防连的兵力为 80～100 人。

主要资料来源：

①蒙通社《蒙古消息报》1987～1990 年。

②伦敦战略研究所《1990～1991 年度军事力量对比》。

老挝军队编制

老挝人民军分为陆军和空军两个军种。作为内陆国家，其小规模的湄公河内河部队不足以组成海军军种，因而将其归属陆军指挥。

陆军编制 老挝陆军分为正规军、地方军和准军事部队，分别称为主力部队、地方部队和民兵自卫队。

陆军部队的编成 主力部队由总部指挥，分为诸兵种合成兵团和独立的兵种部队两种。老挝陆军原有军区编制，为减少指挥层次，现已撤销。师是陆军中的最高战术兵团，营是基本战术单位。作战时常不按固定建制遂行任务，临时编组诸军兵种合成的作战指挥部，临时指定指挥官，并以某一团级机关为主、加强适当人员组成指挥所。其所辖部队亦不固定，少则几个营，多则十几个营加若干独立连，并配属空军、炮兵和其他特种部队。

地方部队由各省、市、县的军事指挥部指挥，编制为独立营和独立连，多为步兵，仅有少数独立高炮连和炮兵连。独立炮兵连一般装备迫击炮和无坐力炮，个别炮兵连装备了 85 毫米加农炮。民兵自卫队分为普通民兵和机动民兵两种，前者只编有班、排，不离村寨；后者编成连队，在本县范围内活动。

步兵师的编制 老挝陆军步兵师的编制尚未完全固定。现编有两种步兵师，即大师和小师。大师辖 3 个步兵团（10～12 个步兵营）和 1 个炮兵团，一般还辖有 1 个独立反坦克炮营、1 个由高炮连和 SA-7 防空导弹连混编的防空营、1 个通信营、1 个工兵营、1 个运输营、1 个侦察连、1 个警卫连、1 个化学连。有的师还编有 1 个坦克营。全师共约 8000 人，装备 152、122、85 毫米火炮 48 门，23、37 毫米高炮 12 门，SA-7 防空导弹发射具 9 个。小师没有团的编制，相当于旅，但比通常概念的旅要大些。小师辖 8～10 个步兵营，1～2 个炮兵营，1 个防空营，1 个通信营，1 个工兵营，1 个运输连，1 个侦察连，1 个警卫连。全师约 6000 人。

师部设师长 1 人，政治副师长 1 人，军事副师长 1 人。指挥机关分为参谋部、政治部、后勤部、技术部四大机关。参谋部设作战、情报、训练、通信、机要、炮兵、工兵、军力、防空、化学等科；政治部设组织、干部、保卫、政策、青年、宣教等科；后勤部设财务、军需、卫生、运输、军粮等科；技术部设军械、装备科。

团的编制　步兵团编制 1300～1500 人。辖 3～4 个步兵营，1 个炮兵连（装备迫击炮和无坐力炮），1 个防空连（装备 23 毫米高炮和 SA-7 防空导弹），1 个侦察连，还编有通信排、警卫排、运输排等。

炮兵团编制约 700 人。辖 3 个炮兵营，一般有 85 或 130 毫米加农炮营 1 个、105 或 122 毫米榴弹炮营 2 个，共 36 门火炮。团直属部队有指挥连、通信连、工兵连、运输连等。每个炮兵营约 250 人，12 门炮，辖 3 个炮兵连及侦察排、通信排、运输排等。

工兵团的编制不固定，完全依任务确定。担负基本建设的工兵团，一般辖 2～3 个筑路工程营和 1 个桥梁工程营。

各种团的团部大体相同，设团长 1 人，政治副团长 1 人，军事副团长 1 人。团部设参谋处、政治处、后勤处、技术处四大机关，处以下不再设科。

步兵营、连的编制　每个步兵营编制 350～450 人不等。营部编制为营长 1 人、政治副营长 1 人、军事副营长 1 人，下辖 3～4 个步兵连，每个步兵连辖 3 个排和 1 个火箭筒班，每个排辖 3 个班。装备主要是苏联制造的 CKC 半自动步枪、CK-47 冲锋枪、7.62 毫米轻机枪、B40 和 B41 火箭筒。

内河部队的编制　内河部队共有 650 人，装备 100 吨以下的江河巡逻艇 40 艘，另有数十艘木船。基本编制为连，下辖若干艇队。以连为单位归沿河的省军事指挥部指挥。

空军编制　老挝空军规模小，共有 2000 人。编制有 1 个战斗机团，1 个直升机大队，1 个运输机大队和 10 余个机场地勤部队。战斗机团下辖 3 个飞行大队，大队下辖 3 个飞行中队，共装备苏联制造的米格-21 战斗机 30 架。直升机大队装备有苏联制造的米-6、米-8 直升机 12 架，原右派部队空军遗留的 30 多架 H-34 直升机尚有少数可飞行。运输机大队装备有苏联制造的安-24、安-26、雅克-40 运输机 5 架，原右派部队空军遗留的 20 多架 C-47、C-123、DC-4 运输机少数可飞行。此外，空军还编有通信营、雷达连、导航分队和技术分队。

主要资料来源：

①老挝《人民报》(1988～1990)。

②老挝国家广播电台新闻稿（1988～1990)。

伊拉克军队编制

1979 年，萨达姆·侯赛因担任伊拉克武装力量总司令后，根据与伊朗作战的经验，不断对军队编制进行改革。迄 1990 年，伊拉克军队主要编制情况如下：

武装力量的编成　伊拉克武装力量由陆、海、空军和人民军、武装警察、保安部队及特种部队组成。陆、海、空军为正规军，隶属于国防部。人民军是民兵组织，隶属于人民军总司令部。武装警察、保安部队和特种部队属于准军事部队，分别隶属于内政部和复兴社会党情报局。国防部、人民军总司令部、内政部和复兴社会党情报局均隶属于伊拉克阿拉伯复兴社会党地区领导机构军事局。该局是伊武装力量最高决策机构，负责制定国防政策、战略方针等重大事宜；成员有复兴社会党地区领导总书记、副总书记、国防部长、总参谋长、副总参谋长、空军司令、军事情报部长、军事国务部长、人民军司令、内政部长和复兴社会党情报局长等。各武装力量均由武装力量总司令统率。

国防部组织体制　伊国防部为军队最高统帅机构，设部长 1 人，还设有由军事国务部长领导的、原总参谋长和副总参谋长等高级将领组成的总统军事顾问委员会，作为武装力量总司令的军事咨询机构。国防部下辖总参谋部和政治指导部。总参谋部为最高军事指挥机构，设总参谋长 1 人，负责总参全面工作，副总参谋长 4 人，分别协助总参谋长负责作战、训练、组织、后勤工作。总参谋部下设 20 多个部（局），主要有作战部、情报部、训练部、组织部、总监部、海军与海岸防卫司令部、空军与防空司令部、边防部队司令部、化学兵部、步兵部、炮兵部、装甲兵部、通信兵部、工程兵部、运输兵部、动员统计部、征兵总局、军事法庭和军体部等。其中，空军与防空司令部编有作战处、防空处、情报处、训练装备供应处、军事工程处和行政管理处；海军与海岸防卫司令部编有作战处、情报处、训练处、供应装备处、军事工程处和行政管理处。政治指导部是复兴党军事局的办事机构，具体指导军队和其他武装力量的政治思想工作。军队各级司令部和机关中均设有政治指导部，处、科等。基层单位设政治指导军官，他们在同级主官领导下开展工作。伊军无总后勤部，有关工作由国防部下设的二级部主管，其中主要有装备部、军需部、供应运输部、合同采购部、医务部、军事财会部和机电工程部。

陆军编制 伊拉克陆军由总参谋部直接管辖。共125.5万人，编成7个军团、1支共和国卫队(军团级）和1个陆军航空兵部。下辖67个师（14个装甲和机械化师、53个步兵师）和22个独立旅(每个军团辖5～8个师和1～3个独立旅)。装备主战坦克5500辆，装甲侦察车2500辆，步兵战斗车1500辆，装甲输送车6000辆，各种火炮约8000门，各种直升机489架（其中武装直升机159架)，地空导弹约700枚。1个步兵师编制12000人，编成3个步兵旅（每个旅编有3个步兵营)、3个野炮团、1个高炮团、1个反坦克炮团、1个坦克团、1个工兵团、1个通信团、1个特种兵营、1个侦察连和1个化学连。1个装甲师编制约10000人，编成2个装甲旅（每个旅辖2个坦克团、1个机械化步兵团)、1个机械化步兵旅、3个野炮团、1个高炮团、1个反坦克团、1个装甲侦察团、1个工兵团、1个通信团、1个特种兵营、1个侦察连和1个化学连，装备坦克250～300辆，火炮若干门，步兵战斗车和装甲输送车若干辆。共和国卫队编成7个师，均为装甲和机械化师。共和国卫队师编成比一般陆军师大，1个师编有约20000人，武器装备也比一般陆军师精良。

海军编制 伊海军由总参谋部通过海军与海岸防卫司令部管辖。共5000人，编成巴士拉和乌姆卡斯尔2个海军基地、1个护卫舰分队、1个导弹艇分队、1个鱼雷艇分队、1个混合舰艇分队、5个海岸炮营、3个岸对舰导弹营、1个海军陆战旅和1个直升机中队。装备各型舰船60余艘，其中护卫舰5艘、轻型护卫舰6艘、导弹艇8艘、鱼雷艇6艘、海岸巡逻艇20艘、反水雷舰艇8艘、两栖舰船6艘、后勤支援舰3艘。

空军编制 伊空军由总参谋部通过空军与防空司令部管辖。共40000人，拥有各型飞机1300余架，其中作战飞机约700架。编成只有基地和中队2级。共有约20个基地、44个飞行中队。其中轰炸机中队2个、攻击战斗机中队22个、战斗机中队17个、侦察机中队1个、运输机中队2个。每个基地下辖1～6个中队。1个轰炸机中队装备轰炸机8架，1个攻击战斗机中队装备攻击战斗机15～18架，1个战斗机中队装备战斗机12～16架，1个侦察机中队装备侦察机12架，1个运输机中队装备运输机20余架。

主要资料来源：

①伦敦国际战略研究所《军事力量对比1990～1991》。

②日本《军事研究》1989年8月。

以色列军队编制

军区的编成 以色列全军划分为3个军区，即北部军区、中部军区和南部军区。军区司令部由下列机构组成：参谋处，下设作战科、空中侦察科和军训科；情报处，下设部队侦察科和保卫科；后勤处，下设装备科、供应科、运输科和通信科；地区防御处；人事动员处，下设文化科、军医科、宗教科、女兵科、宪兵科、档案科、征兵科等。各军区下辖装甲师和机械化步兵旅等若干部队。战时，如情况需要，可在师和军区司令部之间增设1个相当于军级的作战指挥机关，指挥若干个师作战。

陆军编制 现役部队共10.4万人（战时可动员至59.8万)，编成3个装甲师、3个步兵师、5个机械化步兵旅、4个营（1个地地导弹营、3个炮兵营)。装备坦克4288辆，装甲侦察车400辆，装甲运输车5900辆，各型火炮2460门，反坦克导弹和地空导弹若干。

师的编制 装甲师由2个装甲旅和1个机械化步兵旅组成，另编有炮兵、工兵和侦察兵等战斗支援部队以及后勤部队。全师共约1.3万人。装备作战坦克约255辆，装甲输送车约340辆，火炮数十门。

旅的编制　*步兵旅*的编制单位有：旅部，辖通信排、运输排、救护和宪兵排；3个步兵营；1个工兵连，辖1个侦察排和1个突击排；1个高射机枪连；旅属炮兵分队（1个榴弹炮营、1个重迫击炮连、1个反坦克炮连和1个高炮连）。全旅共约4500人。装备各类火炮100多门。*机械化步兵旅*编有：旅部，辖1个通信连、1个运输营和1个宪兵排；3个机步营；1个装甲营；1个侦察连；1个工兵连；旅属炮兵分队（1个自行火炮营、1个自行高炮营、1个重迫击炮连和1个反坦克炮连）。全旅共约3000～4000人。装备作战坦克约35辆，装甲运输车约200辆，各类火炮100余门。*装甲旅*编有：旅部，辖1个通信连、1个维修连、1个救护排和1个宪兵排；3个装甲营；1个机械化步兵营；1个侦察连；1个工兵连；旅属炮兵分队；支援分队。全旅共约3500～4000人。装备作战坦克约110辆，装甲运输车约65辆，各型火炮约60门，还有反坦克发射车等若干。*炮兵旅*由5个炮营组成，装备有60～90门各种口径火炮。

营的编制　步兵营由3个步兵连、1个指挥连和1个支援连组成。机械化步兵营由1个支援连和4个机械化步兵连组成，全营装备装甲输送车60～70辆。装甲营由营部和3个装甲连组成；全营共有坦克约35辆。炮兵营由3个炮连组成，装备约15门火炮。

连的编制　步兵连辖3个步兵排。机步连由3个机步排组成，装备装甲运输车15辆（每排4辆，连部3辆）。装甲连由3个装甲排组成，装备坦克11辆（每排3辆，连部2辆）。

海军编制　海军员额为9000人（动员后可达1万人）。装备有潜艇3艘，导弹快艇28艘，巡逻艇90艘，登陆艇9艘，支援舰船2艘。陆战队员300人。编成1个舰队。

空军编制　空军员额为2.8万人（动员后可达3.7万人）。编有4个攻击战斗机中队，16个截击机中队，3个武装直升机中队，1个电子干扰机中队，1个运输机联队。装备有作战飞机553架、武装直升机80架、运输机59架、直升机183架，以及空空、空地导弹等若干。

预备役部队编制　预备役部队共50.4万人，其中陆军49.4万人，编有10个预备师、14个预备旅。海军1000人。空军9000人。

主要资料来源：

德《南德意志报》1991年1月。

军队政治工作

中国人民解放军政治工作

综述　1990年中国人民解放军的政治工作，在中央军委和总政治部的领导下，把保证军队政治上合格作为政治工作的一项根本任务来抓，认真贯彻1989年底召开的全军政治工作会议精神，加强马克思主义理论学习，深入进行社会主义教育，广泛开展学雷锋活动，发扬光荣传统，保证了军队政治上的合格，很好地发挥了政治工作的服务保证作用。

落实全军政工会议《纪要》精神　1989年底，全军政治工作会议召开，形成会议纪要，《纪要》要求在当前和今后一个时期内要把加强政治建设、保证部队在政治上永远合格作为根本任务。

《纪要》下发部队后，全军立即形成了一个学习、宣传、贯彻《纪要》精神的热潮。整个工作分为3个阶段，一是全军政工会议结束后，各部队采取多种形式，由上而下的传达学习，吃透《纪要》的精神实质。二是党中央批转全军政工会议《纪要》后，总政治部向全军发出通知，要求各级把文件精神的宣传、学习、贯彻更深入一步，各部队派出大批工作组深入基层宣讲《纪要》，进行具体指导。三是各部队紧密联系本单位的实际，一条一条具体化，一条一条抓落实。

《纪要》的学习贯彻，有力地促进了部队的政治建设，特别是在政治工作的一系列重要问题上较好地统一了全军上下的认识。在要不要重视和加强政治工作，要不要坚持党的绝对领导，要不要提倡和发扬无私奉献精神等方面，划清了是非界限，消除了资产阶级自由化的影响。广大干部战士对政治工作是中国人民解放军的生命线的认识更加深刻，使政治工作的优势得到了更好的发挥。

全军干部认真学习马克思主义理论 据《解放军报》1990年2月7日报道，解放军总政治部发出通知，对全军干部学习马克思主义理论作出部署，号召全军干部认真学习马克思主义理论，保证军队政治上永远合格。1990年全军干部重点学习马克思主义哲学。其中军以上领导干部，主要是学习马克思主义哲学原著，包括马克思、恩格斯、列宁、毛泽东的哲学著作和邓小平的有关哲学论著。师团领导干部，重点学习毛泽东哲学著作，适当选学马列哲学原著，同时结合学习中央宣传部编写的《马克思主义哲学学习纲要》。营以下干部和专业技术干部，主要学习总政治部编印的《马克思主义哲学通俗读本》，适当选学马克思主义哲学原著，特别是毛泽东、邓小平的有关论著。学习内容既要有系统性，又要突出重点。要按照辩证唯物主义和历史唯物主义的基本理论体系，重点学习领会马克思主义主观与客观相统一的观点、事物联系发展的观点、对立统一的观点、历史的观点和群众的观点等，努力掌握马克思主义的世界观和方法论。

总政治部通知下发后，全军广大干部积极响应党中央、中央军委的号召，迅速掀起学习马克思主义理论的热潮。为了进一步加强团以上干部的理论学习，总政治部于6月14日向全军发出通知，对团以上干部在职理论学习制度作出规定。

开展坚定社会主义信念教育 据《解放军报》1990年2月10日报道，总政治部发出通知，要求全军开展以坚定社会主义信念为重点的四项基本原则教育。《通知》指出，深入搞好坚持四项基本原则的教育，清除资产阶级自由化的影响，是1990年全军政治工作的首要任务。

全军各部队按照总政治部的统一部署，把坚定社会主义信念教育当作1990年全军政治建设的一件大事来抓。全军军以上单位普遍进行了各种类型的教育试点，有近万名团以上干部为部队讲课，其中包括许多军区、军兵种司令员、政委。许多单位还组织编写了坚定社会主义信念教育的通俗材料下发部队。军内许多新闻单位开辟了社会主义教育专栏，宣传全军部队开展社会主义教育的经验。通过教育，干部战士认识到走社会主义道路是历史的选择，是中国革命的必然，“只有社会主义才能救中国”。社会主义制度的优越性体现在它能够通过自身的力量克服缺陷，消除弊端，逐步完善。社会主义充满生机和活力，具有美好的发展前途。通过教育全军干部战士进一步认清新时期军队的地位和作用，决心把思想认识的提高落实到为建设现代化、正规化的革命军队建功立业的具体行动中，做捍卫社会主义制度的忠诚卫士。

大力开展学雷锋活动 1990年是全军学雷锋活动十分深入的一年，在纪念毛泽东等老一辈无产阶级革命家为雷锋题词27周年之际，为了激励全国军民在新时期大力开展学习雷锋活动，党和国家领导人江泽民、杨尚昆、李鹏、乔石、姚依林、宋平、李瑞环分别题词，号召全国军民认真学习雷锋精神，积极开展学雷锋活动。总政治部于3月5日发出通知，要求全军学习贯彻中央领导题词精神，深入扎实地开展学雷锋活动，把学雷锋活动当作一项长期的经常性的工作；引导干部战士学习雷锋精神的实质，做好本职工作；注意在实践中摸索新的学习方式，总结推广新的经验；加强组织领导，防止和克服形式主义。为配合全军深入开展学雷锋活动，经总政治部领导批准，总政宣传部组织新华社解放军分社、中央人民广播电台军事部、《解放军生活》编辑部和各军区、军兵种报纸等12家新闻单位，从1990年3月1日～8月31日，共同发起举办《时代呼唤雷锋精神》征文。宣传了学习雷锋的先进典型，在全军引起了巨大反响。军事博物馆专门举办了题为“理想、奉献、人生——全军学雷锋事迹展览”。总政治部还组织全军部队开展了“学雷锋精神，做‘四有’军人”为主题的群众性读书演讲活动。

1990年全军学雷锋活动成效显著，涌现出了以李润虎、张子祥为代表的1.5万多名先进典型，组成了15万余学雷锋小组。许多单位开展了“让雷锋精神在第二故乡闪光”活动，全军为驻地群众做好事几百万件。

加强基层建设 1990年是《基层建设纲要》正式颁发的第1年，各部队都把加强基层建设作为一项大事来抓，做到了机关按《纲要》指导基层，基层按《纲要》建设连队，同时，认真贯彻落实新颁发的《纪律条令》、《内务条令》、《队列条令》，进一步加强了基层建设。全军各级机关纷纷组成工作组，下到基层，和战士同吃、同住、同操作、同学习，帮助基层解决问题，排忧解难。为了防止政出多门，给基层带来不必要的忙乱，各级党委对抓基层工作的指导方针和原则，重要政策和制度，年度工作计划和重点，做到了统一思想、统一决策。许多部队还建立了抓基层的制度，如党委定期分析基层形势制度，机关抓基层协调会和通气制度，联合现场办公解决棘手问题制度，定期统一组织检查考核制度等，使抓基层真正落到实处。军委、总部还在国庆之际，邀请200名优秀基层干部代表和学雷锋积极分子，参加国庆观礼，受到党和军队领导人的接见，说明了军委对基层的关心。

密切基层官兵关系 来自全军各部队的信息表明，1990年中国人民解放军的官兵关系得到了进一步的密切，官兵团结得到了进一步的加强。

各单位以端正干部对战士的根本态度为重点，普遍对部队进行了尊干爱兵的光荣传统教育。重新修订的《内务条令》、《纪律条令》、《队列条令》经中央军委批准正式颁发后，各级认真学习贯彻，增强了法规意识，坚持用条令调节和处理官兵关系，收到了良好的效果。

绝大多数基层干部都能坚持文明带兵、科学带兵，在日常工作、学习和生活中能够做到平等待人，以身作则，管教结合。战士们对干部能够做到听从指挥，接受管理，支持干部的工作，维护干部的威信。

在密切官兵关系中，各级还重视加强基层民主建设，活跃和健全基层的民主生活，激励官兵齐心协力为基层建设作贡献，许多基层干部自觉尊重战士的民主权利，经常就连队建设的一些重要问题听取战士的意见和建议。

开展向“南京路上好八连”学习活动 据《解放军报》1990年4月20日报道，总政治部根据中央军委领导的指示发出通知，要求在全军部队中广泛开展向“南京路上好八连”学习的活动。“好八连”是在腐蚀与反腐蚀斗争中始终保持党和军队艰苦奋斗政治本色的一面旗帜。在新的形势下，学习好八连的优良传统和作风，对于加强部队的思想政治建设，保证政治上永远合格，对于克服面临的各种困难，推进军队的革命化现代化正规化建设，具有重要的意义。“好八连”在特殊的环境和长期建设的实践中，形成了许多好思想、好作风，创造了许多好经验；“好八连”的优良传统和雷锋精神在根本上是一致的；领导干部要带头学习“好八连”的优良传统和作风，在保持我党我军政治本色上起表率作用。

总政治部的通知发出后，《解放军报》发表了毛泽东的《八连颂》和朱德、邓小平、陈云等人为“好八连”的题词，军内新闻单位大量宣传报道了“好八连”的事迹，全军迅速掀起了学习“好八连”的热潮。

加强纪检工作 1990年6月4日，中央军委决定并经党中央批准，军委纪委办事机构并入总政治部编制序列，成立了纪律检查部。这是军委从军队的长远建设和军队的特点出发作出的重要决策。杨白冰秘书长对总政纪检部的工作提出了4点要求：要充分认识新形势下纪检工作的重要使命，把保持军队的高度稳定、保持党组织的纯洁作为纪检部门的首要任务；既要有很强的原则性，又要有很强的政策观念；要增强围绕中心开展工作的意识，更好地发挥纪检部门的职能作用；要进一步振奋精神，改进作风，认真细致地抓好工作的落实。1990年下半年，全军各级纪委的办事机构根据军委和总政的指示精神，陆续并入政治机关的编制序列。

1990年全军纪检工作把保持军队高度集中统一和党组织的纯洁与巩固作为首要任务，坚持以教育为主，以预防为主，以宣传积极因素为主，进一步明确了纪检工作的思路，全军纪检工作在过去的基础上有了新的起色，在部队深入进行了维护政治纪律的教育，认真抓了以保持廉洁为主要内容的党风建设，加强了对中高级干部的监督和管理，抓紧了对大案、要案、积案的查处。对于保证党组织的纯洁和巩固，加强部队政治建设起了重要作用。

从优秀士兵中选拔军官预提对象 据《解放军报》1990年4月17日报道，经中央军委批准，解放军三总部发出通知，确定从优秀的军士长、专业军士和军士中选拔一部分军官预提对象，经过培训和代职锻炼，提拔为基层军官。

这次选拔军官的预提对象，是根据中国人民解放军编制体制的变化、基层建设需要和院校培训生长干部情况决定的。选拔范围为师以下成建制的作战部队、试验训练部队和保障部队。主要用于补充院校生长干部来源不足的基层连、排级军官。选拔的数量根据部队需求统一分配，优先保证驻边远艰苦地区部队的需要。通知要求选拔预提对象一定要把政治标准放在第一位，对每个人选的政治表现，思想品德，军事、文化、专业技术素质，组织指挥能力，工作实绩等方面进行全面考核。选拔程序是，先由基层党支部推荐，群众评议，然后报团党委提名，师级单位机关考核，军级党委审定，最后报大军区级单位政治部批准。为使选拔工作做到任人唯贤，公道正派，要求各级必须做到“五公开”，即：选拔数量公开，选拔标准条件公开，选拔程序公开，预选对象的表现公开，选拔结果公开。预选对象确定之后，送初级指挥院校或军以上单位教导机构，按照拟任军官任务的有关要求，进行严格的训练，时间不能少于5个月，期满后就地结业考试，然后再到部队代理军官职务见习锻炼半年，以完成从士兵到军官的转变。训练和代职不合格者予以淘汰。

表彰英模单位和先进个人 1990年2月11日，中央军委发布命令，奖励首都戒严部队有功单位和个人：授予某部侦察营以“卫国英雄营”荣誉称号；授予某师医院以“卫国先进医院”荣誉称号；授予某部干部队以“卫国英雄干部队”荣誉称号；授予某团政治处以“卫国先进政治处”荣誉称号；授予某部3营以“卫国英雄营”荣誉称号；授予某部2营以“卫国英雄营”荣誉称号；授予某部9连以“卫国英雄连”荣誉称号；授予某部侦察1连以“卫国英雄连”荣誉称号；授予某部3连以“卫国英雄连”荣誉称号；授予某部8连以“卫国英雄连”荣誉称号；授予某部3连以“卫国英雄连”荣誉称号；授予某部5连以“卫国英雄连”荣誉称号；授予某部3连以“卫国英雄连”荣誉称号；授予某部8连以“卫国英雄连”荣誉称号；授予某部侦察连以“卫国英雄连”荣誉称号。

授予排长王景生、营长刘阁云、战士刘加林、班长李树存、报务员葛明军、医师杨蓉娅、营长傅勇、股长种振庆、卫生员乐立成、连长袁华荣等10人“共和国卫士”荣誉称号。

2月11日，中央军委发布命令，奖励参加老山地区防御作战的有功单位和个人：授予某部4连以“坚守英雄连”荣誉称号；授予某部1连以“坚守英雄连”荣誉称号；授予某部加榴炮2连以“英雄炮兵连”荣誉称号，授予某部火箭炮连副连长范仲奎以“炮兵侦察英雄”荣誉称号；授予某部炮连战士邓尚春烈士以“战斗英雄”荣誉称号。

2月11日，中央军委发布命令，通令嘉奖云南省军区老山地区支前民兵；授予成都军区某部12连以“戍边英雄连”荣誉称号；授予成都军区某侦察大队3队以“英雄技侦队”荣誉称号；通令嘉奖老山地区对越防御作战某师及加强配属部（分）队指战员；授予某团政委杨崇元“模范团政委”荣誉称号。

7月7日，中央军委发布命令，授予总后青藏兵站部以“青藏高原模范兵站部”荣誉称号；授予红其拉甫气象导航站以“模范气象导航站”荣誉称号。

11月3日，中央军委发布命令，授予某部志愿兵张洪以“川藏线上的英雄汽车兵”荣誉称号。

12月17日，中央军委发布命令，授予某部1连以“尊干爱兵模范连”荣誉称号。

积极开展拥政爱民工作 全军指战员发扬拥护政府、爱护人民的光荣传统，以实际行动为国分忧，为民造福，传播社会主义精神文明，进一步密切了军政军民关系，受到人民的拥护和爱戴。积极支持国家经济建设。各部队把参加和支援经济建设，作为服从国家建设大局的实际行动。1990年全军共投入2300万多个劳动日；动用各种车辆77万台次；参加了国家重点工程建设1000余项；参加公益事业2000余项；植树220多万株。亚运会期间，有数十万官兵参加了规模宏大的亚运宣传活动，近万名官兵参加了亚运会团体操表演。各部队还积极开展扶贫活动，帮助驻地群众发展商品生产。奋勇参加抢险救灾。1990年全军官兵为了保护国家财产和人民生命安全，共出动110万人次，各种车辆机械3.8万台次，飞机、舰船1574架(艘）次，转移抢救出遇险群众8万多人，抢运各种物资73万吨。有的官兵在抢险救灾中牺牲了自己的生命，用鲜血和生命谱写了爱国爱民之歌。同时，全军广大官兵还与驻地群众一起共学雷锋、共创双拥模范城，有效地扩大了社会主义精神文明的影响力和覆盖面。

举办1990年全军业余文艺会演 1990年全军业余文艺会演12月10日在南京揭开序幕，12月24日在北京结束。在15天的会演中，全军13个大单位的15支业余文艺演出队，先后演出了22台216个丰富多彩的文艺节目，观众达3万多人。参加会演的730名干部战士90%以上来自基层，参加演出的节目98%是新创作的。13支优秀业余演出队和128名优秀演出队员受到总政治部表彰，154个节目分别获得优秀节目一、二、三等奖和荣誉奖，255名演员分别获得表演一、二、三等奖。江泽民、杨尚昆等中央领导观看了汇报演出，江泽民称赞演出“充满了生活气息，源于生活，高于生活”。

在全军业余文艺会演颁奖大会上，中央军委秘书长杨白冰作了题为《沿着兵写兵、兵演兵的方向继续前进，把我军业余文艺工作提高到新的水平》的祝辞。杨白冰在祝辞中指出，要继续坚持“兵写兵、兵演兵”的正确方向，把加强业余文艺演出队的建设同加强部队基层文化工作紧密结合起来，始终保持“业余”特色，发挥“业余”优势，还要加强对业余文艺工作的领导，保证这项工作的健康发展。

积极开展群众性体育活动 1990年全军认

真贯彻实行《军人体育锻炼标准》，普遍开展了军体训练达标活动。各军区、军兵种结合部队训练特点和任务，把体育达标作为军事训练年终考核的组成部分，作为连队基层建设的一项重要内容。部队每天做到了正课1小时体育训练。各院校把《军人体育锻炼标准》作为学员考核和升留级的必训考核课目，部队体育训练的正规化、制度化、标准化正在形成。为了检查实行情况，促进和指导部队体育工作的开展，总参军训部考核小组于1990年9月～12月，抽考了各大军区、海军、空军、二炮的几个团（旅）单位、14所初级指挥院校，结果，总达标率为90%，其中团（旅）领导和机关军官全部达到标准，院校总达标率为97%。经过严格的体育训练，官兵身体素质提高，为培养顽强的战斗作风和坚强的意志品质起到了良好的作用。

北京亚运会期间，全军群众性体育活动达到了高潮，各部队纷纷开展体育竞赛，参加"亚运之光"火炬接力赛活动，促进了群众体育活动的开展。在亚运会上，解放军和武警部队体育健儿共获金牌19枚，银牌11枚，有近万名官兵参加了亚运会团体操比赛，为国争了光。

中国人民武装警察部队政治工作

开展坚定社会主义信念教育 1990年武警部队开展了历时一年的坚定社会主义信念教育，"只有社会主义才能救中国，才能发展中国"的科学论断更加深入人心，广大官兵的社会主义信念更加坚定，捍卫和建设社会主义的热情空前高涨。

作为思想战线的"基本建设"来抓。 根据武警部队党委的部署，各级把信念教育作为思想战线的"基本建设"，作为加强部队政治建设的"主课"来抓。总部在广东总队二支队召开现场会后，各级分别集训了支队和基层主官。各级领导、机关和广大干部在教育中先学一步，带头讲课辅导、听课讨论、完成作业、参加考试。许多总队拨出专款为部队购买学习资料。不少总队的主官还深入到边远分散执勤点为部队辅导串讲。据统计，有56%的师职、76%的团职干部为部队上过课。先后有1964个工作组下到基层与战士们一道学习、参加教育。从将军到士兵，从机关到基层，人人参与教育。部队出现了少有的学习热情，涌现出了许多"考不倒"、"问不倒"的官兵。一些军事、后勤主官也直接抓教育，亲自上讲台，这是以往教育中不多见的。

鲜明的教育特色，浓厚的教育氛围。 各单位在引导部队学习基本理论、讲清基本道理、了解历史国情的基础上，改进教育方式，全方位、多渠道进行教育。课堂上讲社会主义，讨论中谈社会主义，演讲会上赞社会主义，歌咏比赛上唱社会主义，使大家时时受感染，处处受教育。

强烈的反响，可喜的成果。 通过这次教育，使干部战士不仅开始"懂"社会主义，而且从内心深处更加信社会主义、爱社会主义，为理顺政治工作思路、改进政治教育奠定了良好的基础。

组织学雷锋先进个人事迹报告团 为推动武警部队深入持久地开展学雷锋活动，武警部队学雷锋先进个人事迹报告团于1990年4月下旬在北京组成。报告团自4月27日首场报告以来，共行程1万多公里，先后到12个总队进行了36场报告，听众达3.2万多人。听众一致反映，受教育深，受鼓舞大。报告团所到之处，受到各总队热情欢迎。7月2日回到北京，7月3日武警总部领导会见报告团成员并合影留念。这次参加报告团的6位英模是：内蒙古总队锡林郭勒盟支队卫生队队长郭振阁、湖南总队三支队政治处副主任段建新、安徽总队灵璧县中队指导员李万清、山东总队苍山县中队中队长李英、云南总队二支队警通中队排长杨露、青海总队贵德县中队指导员刘建民（介绍焦喜娃事迹）。

.首届业余文艺晋京汇报演出圆满成功 为了占领和巩固部队社会主义思想文化阵地，推动基层文化工作的开展，武警总部政治部于1990年6月底至9月初分别在呼和浩特、太原、南昌和成都分4个片区举行了武警部队首届业余文艺汇演，来自26个总队演出队的806名文艺骨干推出了426个节目，其中156部作品、243名演员、69个节目获奖。尔后，从中挑选出20多个节目晋京汇报演出。这次晋京汇报演出历时20多天，于11月23日降下帷幕，共演出15场。中央军委首长，三总部首长，以及国家机关、团中央、解放军武警部队和首都近2万名观众观看了演出。各界观众对演出给予了高度评价；在新闻界、文艺界引起了较为强烈的反响。

拳击队获全国拳击锦标赛团体冠军 1990年全国拳击锦标赛暨亚运会选拔赛于7月8日在北京体育学院体育馆降下帷幕，武警拳击队在共12个级别的比赛中，夺得6块金牌、2块银牌、5块铜牌，以总分第一的优异成绩夺得团体冠军，实现了夺取全国拳击锦标赛“三连冠”的目标。

苏联军队党政工作

综述 1990年是苏军开展党政工作极为困难的一年。苏国内严重的社会、政治、经济问题，不时出现的反军浪潮，给苏军实施党政工作带来极大困难。苏军“健康力量”同激进派和形形色色的反军派进行了一定的斗争，在稳定苏联社会、支援国家建设、加强军队建设和改革、维护现役军人及其家属的权益方面做出了贡献。主要特点：一是坚持军队由共产党领导，坚决反对军队“非政治化”、“非党化”，强调军队政治工作必须建立在马、恩、列的思想基础上，并经过斗争在苏共28大上通过两个军事问题决议，即《关于现阶段党的军事政策基本方针决议》和《关于反对军队非政治化决议》，其中宣布，“苏共主张根据统一联盟法对国防问题和军事建设问题实行集中领导”，“苏共将努力巩固自己在军队中的领导地位，团结一切健康进步力量，以提高国防能力”。二是保卫和巩固苏维埃社会主义共和国联盟。苏军根据国内动乱不已、民族矛盾日益加剧、联盟面临解体这一严峻现实，强烈要求通过立法形式赋予军队以对内职能。苏军几位高层领导人特别强调军队对稳定局势的作用。在局势不断恶化的情况下，戈尔巴乔夫不得不颁布《苏联紧急状态法》，其中规定必要时为平息内乱可动用军队，国防部长亚佐夫奉总统指示发布了军队在必要时可以开枪自卫的命令。三是加强国防体制改革的立法工作，使军队改革有章可循，有法可依。以国防部长亚佐夫为首的军事改革构想制定委员会拟制的《苏联国防部军事改革构想》（草案），集中代表了军方和国内“传统派”对军队改革的意见。《国防法》、《国防企业转产法》、《普遍义务兵役法》、《军人地位法》等一些法规和条例，有的在紧张拟制中，有的已公布草案。四是由戈尔巴乔夫总统颁布命令，批准了《苏军政治机关概则》，苏军总政治部改称为苏军总军事政治部，实行政治机关和党组织职能分开，党不再直接领导军队，军队将成为国家和人民的工具。改革后的军事政治机关不再负责党团组织、工会方面的工作，其职能是进行政治、爱国主义、法纪教育；开展思想文化工作，领导军队新闻、出版工作，向军人及其家属提供社会保障。五是采取措施稳定部队。其中主要措施是坚持正面教育，提高官兵思想认识，通过加强军官的马列主义基本理论训练，改进思想工作的方法，建立部队与社会、与家庭的联系，搞好个别教育工作，激发全体官兵的服兵役光荣感，把思想工作搞活搞扎实，收到一定效果。其次是建立有效的社会保障制度，即制定、颁发军人社会和法律保护命令、法规，提高各类人员的工资、补贴，改革退休金制度，加快建房速度，缓解紧张状况。上述措施对稳定军心起到了一定作用。

苏共仍是军内最有群众性、最有威望的组织 据苏联《红星报》报道，1990年10月9日苏联最高苏维埃通过了《社会团体法》。这一法案的通过，使社会上形形色色的政党、团体、组织取得了合法的地位。军内先后出现了《文职人员独立工会》、《盾牌协会》、《士兵母亲协会》、《老战士协会》、《“阿富汗”战士协会》等非官方组织。但由于最高苏维埃代表在讨论这一法案时对军队和护法机关中党的活动问题意见尖锐对立，因而在这一法案中未收入使军队非政治化或在军内建立其他政治性组织的条款。尽管目前已有一些军人参加了社会民主党等新党派，社会上的15个政党也千方百计要在军内争取与共产党同等的地位，但至今军内尚未出现除共产党外的其他政党的组织，苏联共产党仍然是军内最有群众性、最有威望的组织。迄今为止，军队党组织仍拥有110万党员，占军队总人数的25%，特别是军官队伍中，党员占军官总数的75%。在苏共威信下降、全年中约有80万人退党，入党人数仅有20万的不利形势下，军队党组织仍保持了其力量。据苏军总政治部的最新统计资料：“1990年全军共有33180人退出苏共（其中军内职工占相当大的比例），与此同时却有41474人加入苏共，比退党人数多19.8%，比上一年度入党人数增加3.8%。”总政治部主任什利亚加说：“在当前这种困难情况下，依然选择把自己与党的事业相联系的年轻人是苏联武装力量的未来，这使我们可以乐观地预料明天。”

根据苏共28大的有关决议，苏军将在法律规定的范围内“建立和调整陆海军中的苏共组织”，即在苏军中建立一个从基层党组织到各级党委会直至全军党委会独立的党组织机制。它将依法行使党的领导职能，但它与军内其他合法组织之间的关系将不再是领导和被领导的关系，而是一种平等协作的关系。10月，苏公布了《苏联武装力量中苏共党组织工作细则》（草案），提请全体党员和党外人士讨论，一旦该项细则获正式通过，将与《苏联武装力量军事政治机关条例》同步实施。

苏军总政主任反对军队非政治化　1990年9月30日，苏《真理报》刊登苏军总政治部主任什利亚加上将答《真理报》军事部问，其中谈到对军队非政治化的看法。他指出，无数客观事实证明，任何国家的武装力量无论过去或现在都是政治的工具。历史上从没有绝对非政治化的武装力量：从古罗马恺撒军团到美国海军陆战队无不是国家的工具，即政治权力的工具。今天苏联武装力量的政治化程度之高，超过任何时候。我认为军队非政治化观点是不民主的，因为它使一个庞大的人的社会群体——军队脱离政治活动，限制其宪法权利和自由。之所以不能接受非政治化思想，还因为它违背军人服役和军人保卫祖国劳动的政治意义和崇高的道德标准。有人认为苏联总统关于军队政治机关改革的命令是向军队非政治化迈出了第一步。俗话说，每人看到的是他想看见的东西。一些人是借“非政治化”为名，达到取消军队政治机关的目的。应该看到，这是夺权势力把军人拉向自己一边的阴谋，军队应该为人民利益服务并只服从于苏联宪法。

政治机关实行改革　据苏联《红星报》报道，1990年9月3日，苏联总统戈尔巴乔夫发布了《关于改革苏联武装力量、苏联国家安全委员会部队、苏联内务部队及铁道兵部队中的政治机关》的命令，指出，要把上述部门的“政治机关”改建为贯彻国家防务和安全政策的、对军人进行教育和提供社会保护的“军事—政治机关”，要求苏国防部会同国家安全委员会及内务部在3个月内制定出军事—政治机关条例草案，并按规定程序提交审查。据此苏军总政治部组织了一个专门的班子，负责起草《军政机关条例草案》，9月下旬该草案下发到各级政治机关，广泛征求意见。

据苏《红星报》报道，1990年苏军仍维持现行的政工机关编制及体制，与此同时分阶段实施改革方案：

改革陆海军总政治部的组织机构　苏陆海军总政治部将易名为苏军总军事—政治部。初步构想，内设3个独立的意识形态部门：军事政治教育部、舆论宣传部、国际军事政治情报与合作部。此外，将设立意识形态部门的技术器材与印刷企业管理部。还将设立一个社会政治组织与运动工作处等等。

制定和明确其他各级政治机关向新编制过渡的计划　未来从苏联武装力量总军事政治部到各级军事政治部、处均享有各级第一副指挥员（首长）的领导权，准备保留从连到团的军事—政治副指挥员制度。团一级军事政治处将由政治工作副指挥员领导，他将依靠教育工作助手、青年工作助手、政治训练和通报助手及俱乐部主任开展工作。

改革列宁军政学院和军政学校及各类政工人员培训班的教学大纲　随着政治机关组织机构的改革，对未来军政机关工作人员的要求也将发生变化。在未来的军政机关里不仅有教育军官，还要有心理学家、社会学家、法学家等专门军官。为此将改革上述院校的教学大纲，调整政工人员培训体制，同时对现有的政工人员进行一次普遍的鉴定，在此基础上对其进行再培训。

安置过剩的政工人员　由于裁军和改组政治机关，连、营政治副职，宣传员，政治机关的协理员大量过剩。为稳定军心，将采取有效措施安置被裁减的政工人员。首先将安排达到规定服役年限，并已取得领取退役金资格的人退出现役，截止1990年底这类政工人员约有2000名。与此同时，已连续两年减少军政学校学员的招收数量。此外，由于政治机关组织机构发生的根本变革，一定数量的党团工作者将要离开政工人员队伍。

戈尔巴乔夫会见苏军人民代表　据《红星报》1990年11月15日报道，苏总统戈尔巴乔夫11月13日会见了苏军中的人民代表。这次会见由苏联国防部长亚佐夫元帅主持。他说，参加会见的1100名人民代表代表着各级政治机关。这1100名代表来自各加盟共和国，其中绝大部分是在部队工作，34%是指挥员，24%是政工人员，37%是工程技术人员。这次会见是在不寻常的复杂形势下举行的，军内积累了许多问题，存在着消极和紧张状态，对服役感到不满。对军队的攻击也使军人们不安。代表们在会见中向戈尔巴乔夫提出诘问。最后，戈尔巴乔夫回答了与会者的问题。戈尔巴乔夫认为，为了联盟的安全，需要一支统一的军队。应该采取具体措施阻止那些企图动摇军队的人。“我们需要依靠军队来解决我们在改革中提出的革命任务。”

对军人实行人身保险 据《红星报》报道，苏联国防部、财政部和国家保险总局共同制定了《关于对军人、参加军训的预备役军人实行国家强制人身保险的决定》，并经苏联部长会议批准自1991年1月1日起实施。苏联武装力量首次实行的国家强制人身保险，是根据苏联总统戈尔巴乔夫1990年9月5日令《关于加强军人的社会保护和法律保护的若干措施》而采取的一项具体措施，对稳定军心、提高军人地位将起到一定的作用。

按照这个决定，军人自应征入伍之日起即自动成为被保险人。军人在服役期间如果牺牲或死亡，保险部门必须按规定向其亲属支付2.5万卢布的保险金。此规定同样适用于服役（军训）期间因负伤（包括震伤、暗伤）和生病而退役（军训）后不满1年死亡的人。退役（军训）后不满1年被评定为残废的人，且其残废是在服役（军训）期间造成的，也可领取保险金。其中，一级残废的保险金是1.5万卢布，二级残废的保险金是1万卢布，三级残废的保险金是5000卢布。还规定定期服役军人、参加军训的预备役军人被确认为其健康状况已不再适应于继续服役（军训）时，可领取1000卢布的保险金。规定军人负伤时领取的保险金金额为：重伤1000卢布，轻伤500卢布。

统计表明，几乎1/4的事故是由于军人不守纪律或犯法行为造成的，所以规定军人因故意行为和过失而损害身体健康的，国家保险部门拒绝支付保险金。

苏共28大有军人代表269名 1990年7月召开的苏共28大上共有军队代表269名（苏共25大军队代表297名；26大军队代表304名；27大军队代表302名）。据《红星报》报道，这些军队代表来自12个民族。其中50%（134人）是指挥员，32%（87人）是政工人员和党的工作者，12.5%（35人）是司令部、后勤部和工程技术部门的干部，还有4名兵役、军法和克格勃特别处的军官。其年龄结构分别为：40岁以下者有40人，40～50岁的有81人。军队代表中大部分受过高等教育：有82人毕业于总参军事学院，24人是科学副博士，8名博士，7名教授，7名副教授，6名高级科研人员，1名科学院院士。

继续裁减将官 据苏联《苏俄报》1990年11月报道，苏军1988年前约有将军以上干部3500名。通过近几年的改革，压缩编制，精减人员，大幅度调整和改革了干部使用和管理制度，将官以上干部职位削减了1400个，校官职位减少了1100多个，担任苏军高层领导职务的200名将领中有2/3被撤换，仅总参机关1988～1989年一年间就有400名将、校级军官退职。据苏联总统顾问阿赫罗梅耶夫元帅称，“到1990年10月1日，苏军中共有元帅、将军1991名（美军现有将军1591名），其中48%的人是工人出身，14%是农民出身，26%是知识分子出身，17%是军人家庭出身。他们的平均工资为700～750卢布，比上校多150～200卢布。”苏军总参谋长莫伊谢耶夫说，“从1990年起，苏军将继续裁减30%的将官，到2000年苏军将保持一支1300人的将官队伍。”

1990年度新兵素质不佳 据《军事通报》1990年第10期消息，苏军总政治部社会—心理学研究中心统计表明，1990年度苏军新兵素质如下：18%的青年出身于不完整家庭，2%父母不全，64%在校学习成绩不及格，24%入伍前无工作，20%以上参加了各种群众组织，约有10%被拘留过。

美国军队的道德与精神教育

综述 1990年美国继续削减防务预算，随之而来的是裁减军队，关闭基地，降低或取消某些福利待遇。这些直接影响着美军的士气和军心。许多官兵担心因裁减而被强制退役，从而失去应有的福利，且前途茫然；同时也有一部分军人由于收入低于地方同行而纷纷要求离队。为此，美军采取了一系列稳定军心的措施。

在入侵巴拿马的所谓“正义事业”行动，特别是在出兵海湾的“沙漠盾牌”行动中，美军面临着许多困难，部队官兵产生了许多思想问题。首先，美国国内反战情绪高涨，反对“用美国人的鲜血换取中东石油”的战争。部队官兵不愿抛下妻子儿女上前线，有的甚至违抗命令坚决不走，军人家属又哭哭啼啼忧虑万分。第2，沙漠的环境条件十分恶劣，风沙扑面，酷暑难熬，饮水缺乏，生活艰苦。数十万人驻扎中东，闲着无事，又与外界隔绝，信息闭塞。不知何时开战，何时回家，许多不确定因素困扰着广大官兵，厌倦情绪与日俱增。第3，美军对伊拉克的化学武器十分惧怕，心理压力甚大。鼓舞士气、振奋精神已成为美军迫在眉睫的重要任务。为此，除了下发防化装备和进行防化战及沙漠战斗训练外，美军采取了许多提高士气的措施，民间的各种团体、劳军机构、学校等也动员起来实施各种提高士气的计划。

要员赴前线开展战前宣传 自1990年9～11月，美陆战队总司令格雷上将、参谋长联席会议主席鲍威尔上将、海军部长劳伦斯、总统布什偕夫人以及众议院军委会主席莱斯·阿斯平为首的国会代表团先后赴中东，视察陆军哨所、海军舰艇、空军和陆战队营地等一线部队的战备与士气状况，开展了政治宣传。布什总统偕夫人于11月24日到中东作感恩节访问，这是自越南战争期间尼克松总统1969年访问越南后20余年来首次总统亲临前线视察。布什视察了美海军通用两栖攻击舰“纳索”号、第1陆战师的一个哨所、一个陆军司令部和空军部队。他与陆军、士兵共进感恩节午餐，回答各种问题。海军部长劳伦斯于11月初到派往海湾的美第7舰队旗舰“兰岭”号、航母“中途岛”号、两栖攻击舰“硫磺岛”号、战列舰“威斯康辛”号、导弹巡洋舰“邦克山”号、医院船“仁慈”号等作了4天的视察访问。陆战队总司令格雷上将9月下旬视察驻沙特陆战队部队时，叫士兵们不要老嘟囔着回家问题。参谋长联席会议主席鲍威尔9月视察驻沙特部队后认为，部队的工作“很出色”，“士气高涨”，指示要把后方基地的各项士气工作扩展到前线野战部队。

发放《士兵社交手册》 为使部署在中东的部队尊重阿拉伯人的风俗习惯，以取得当地人民的“支持”，美国防部于1990年8月中旬专门制作了《士兵社交手册》发至部队。8月27日美《陆军时报》刊登了《赴沙特美军注意事项》。《社交手册》和《注意事项》的内容基本一致：(1) 穿着要谨慎守旧。不穿色彩鲜艳明快的服装。女性须穿长裙和宽松上衣，公共场合用围巾盖头。(2) 不得饮食或携带酒类和猪肉食品。(3) 不得携带色情材料或沙特人视为色情的材料，如穿泳装的女朋友照片。(4) 不要说粗话，不要打手势，要讲礼貌。(5) 女性不要单独旅行或与无关的男人同行；应避免与沙特的异性讲话，店员除外；男性军人不要凝视沙特女人。(6) 不得拿取任何文物或历史纪念品，即使是陶器碎片。(7) 不要用左手吃东西，也不要用左手给人递东西。(8) 坐着时不要把脚搁在桌子上，也不要把脚底板对人。(9) 不要向沙特人问及其家中的女性成员。(10) 在公共场所或沙特人家中，不要与异性握手或拥抱。(11) 不要对清真寺、政府大楼或正在祈祷的沙特人拍照，拍照前要取得许可。(12) 与阿拉伯人共事时，不要表现得太着急，否则一事无成。8月27日美《陆军时报》载文说，中东与西方在文化上的差异会产生政治枝节问题。美军的一举一动关系到阿拉伯人对美国的看法。行为不端会引起沙特人的反美情绪。该文的标题是“每个士兵都是美国的大使”。

对参战军人提供特别福利并优先奖励晋升 自1990年8月中旬美军部署中东后，美国防部便研究了驻中东部队的一揽子福利计划，包括发放危险津贴，免费邮寄，免交联邦所得税，扩大蒙哥马利士兵教育计划享受面，以及中止军人的民间债务，优先授予奖章等。9月19日美国防部长切尼批准了参加“沙漠盾牌”行动的军人每月110美元危险津贴的建议；9月27日参议院通过了危险津贴于1990年8月1日起生效的立法。9月18日，国会通过了驻中东部队免费邮寄的立法，当日国防部长便签署实施。事实上，邮局于9月12日起已办理免费邮寄工作，因为国防部和邮局预料国会立即会通过立法。仅免费邮寄一项，国防部需每月向邮局系统支付10～50万美元的统付邮费。入侵巴拿马的美军部队也同样享有每月110美元危险津贴和免费邮寄的福利。

1990年11月16日～12月3日，美海军军人人事司令部任命处处长汤姆·蒂尔特上校带领20人赴部署在海湾的海军舰只，与水兵们讨论他们未来的工作选择和安排问题，以使水兵们对撤回后的任职心中有数。以往，凡海军部队到海外执勤，任命处总是在部队出发前做此稳定军心的工作。这次是由于大量部队出动，未能及时做到而改在出发后补做的。

在美军执行“正义事业”行动的过程中，美陆军参谋长卡尔·沃诺将军于1990年1月批准临时修改陆军军士教育规定：自1990年1月1日起，凡派往巴拿马参加“正义事业”行动的下士和专业军士，未完成“初级领导发展课程”也可晋升为中士。

牧师、律师开赴前线 部署在中东的美军部队皆配有牧师，从事宗教事务并协助指挥官进行"思想劝导"工作。由于沙特对异教的敏感性，牧师改称为士气顾问，做礼拜改称为士气会议。美国公众还捐赠了大量圣经，迄 1990 年 11 月中旬已有 1 万本袖珍圣约书送到驻中东的官兵手中。美国防部拟再送 4 万本。

除牧师外，赴中东的美军各部队还有随军律师。他们除了为指挥官当法律顾问外，还为士兵提供各种法律帮助，解决诸如个人债务、结婚、离婚等悬而未决的问题。美本土的律师在部队出发前为官兵提供免费的法律服务，如草拟遗嘱和律师委任书等。

1990 年 11 月下旬，美国军医协会召开会议讨论驻中东部队的健康保障问题。各军种的军医主任认为，对驻沙特的美军来说，厌倦比疾病更具有危害性，它会损害官兵的心理健康，降低部队的战备状态。得克萨斯州圣豪斯顿堡卫生科学院院长斯道克斯上校在会上宣布，为了帮助部队克服困难，减轻心理压力，一个由 48 名现役陆军精神病学专家组成的分遣队与医务部队一起开赴中东。他要求陆军后备队的各心理健康小队作好赴中东的准备。

另外，为驻中东部队官兵能参加 11 月 6 日美国会、州和地方选举，国防部送去 20 万张空白选票和其他选举材料。

演员赴中东作慰问演出　美军的士气、福利与娱乐工作由各军种自行负责。但在"沙漠盾牌"行动中，美国防部特别重视士气工作，每周召开士气、福利与娱乐工作会议，讨论和安排有关事宜。国防部要求联合参谋部与驻沙特的美中央总部联系，了解部队对士气、福利与娱乐方面的需求。

喜剧演员史蒂夫·马丁及其夫人、女演员维多利亚·田南特于 1990 年 10 月初赴中东为部队作慰问演出。喜剧演员杰伊·莱诺于 11 月下旬赴沙特进行感恩节慰问演出。87 岁的著名喜剧演员鲍勃·霍普的剧团和德尔他·博克及其丈夫杰拉尔德·麦克兰尼于 12 月下旬分别到前线进行圣诞节演出。

为使部队过好圣诞节，美国防部规定：各部队除值班外，圣诞节放假；美军驻地可进行非宗教性的庆祝活动；可张灯结彩但不得挂在建筑物、帐篷、设施或武器装备外面；并要求牧师在节日期间做好工作。为了开好圣诞宴会，运输部门将火鸡、牛肉、虾等大批食品海运或空运到前线。美国内公众寄去了圣诞树、圣诞老人的服装及各种礼品。

惩处违纪犯法者　执行"沙漠盾牌"行动初期，第 7 步兵师军乐队的 1 名小号手乔治·摩尔斯军士不服从命令，拒绝开赴沙特担任该师司令部宪兵连的军官而受到军事法庭审判。

在入侵巴拿马的行动中，发生违纪受惩事件：第 5 步兵师 6 团 1 名专业军士因擅离职守丢失 1 支 M-16 型步枪及其他物资而被判 9 个月监禁，降为列兵并作行为恶劣退役处理。第 75 突击团 3 营一士兵因将夜视镜及军火偷运回国而被判 2 年监禁。第 25 步兵团 5 营 2 名士兵于 1990 年 1 月 25 日在巴拿马城郊枪杀 1 名 50 岁的巴拿马妇女而受军法审判。第 22 空降师 1 名军士长被控违反交战规则杀死 1 名欲投降的巴拿马国防军军人而受审。该案件在美军中引起了争论。

削减防务预算造成军心浮动　由于美国继续削减防务预算，美军不得不裁减军队、关闭部分基地。广大官兵及其家属忧虑万分，尤其是中等的专业军官和专业军士害怕被迫退役而失去医疗和退休福利。驻德国和冲绳的部队官兵纷纷给参议员约翰·麦凯恩写信或打电话反映意见，担心削减预算会把他们冻结在海外岗位上，长期不能返回美本土。在后备役军官训练团受训人员的家长关心孩子能否服现役。许多军人盼望国会能在 1991 年夏天通过众议员吉姆·斯莱特里关于离队金的议案。否则，等不到国会通过议案，他们就被迫退役。

另一方面，不少军队人员又不愿在部队服役。1990 年第 1 季度，国会派人对军医进行了调查。军医们都想离开军队，因为民间同行的收入比军队高出 3 倍。调查报告的结论是：增加报酬和减少医生从事非医务工作的时间是稳定人心的最有效措施；医生平均增加薪金 1 万美元，可减少 14～19%的离队率。

采取措施稳定军心　1990 年 4 月初，美国防部、劳工部和退伍军人事务部共同制定了"就业咨询计划"，以帮助因裁军而被迫退役的军人在地方就业。此计划于 5 月在加利福尼亚、佛罗里达、佐治亚、弗吉尼亚、科罗拉多、得克萨斯、路易斯安那 7 个州进行试点，5 月 7 日始，在各军事基地举行了 3 天的就业咨询会议，凡在 180 天内要退役或退休的军人皆可免费参加。会议活动有，给离队人员以基本就业指导，提供雇佣信息。与会者名单皆输入民间职业劳工市场计算机系统。

参议院军事委员会也于 7 月批准了非自愿离队军人及其家属的一揽子福利计划，又称 6 点计划，即：(1) 离队金。凡服役 5～20 年，因裁减而离队的军人给予光荣退役或一般退役并发给离队金。金额为基本年薪的 10%乘以军龄。取消原来的军官离队金最高限额为3万美元的规定。(2)医疗福利。非自愿离队的军人及其家属享受在职军人自愿保险计划的半年公费医疗。此后，还可享受1年的医疗包干。(3)就业安置咨询。拟订转业援助计划，扩大到全国各地和海外。(4)联邦雇佣。由国防部帮助离队人员安置联邦政府的工作职位，如军事基地的娱乐设施、商店等。(5)搬家支援。离队人员可外出寻找工作和住房。家具由军队帮助运到美国的任何地方。(6)教育福利。凡无其他的退伍军人教育福利的离队人员，皆可享受蒙哥马利士兵教育计划的福利，即交纳1200美元后可得到政府10800美元的补贴，用于就学深造。

美国防部于1990年2月开始考虑抽取部分武器经费转入人事经费帐目，以维持军队士气，保护军人免遭1990年大减员之苦。经过三四个月的争论，国防部长切尼与众议院议长托巴斯·弗利于6月初达成协议，从武器经费和其他经费中抽取15.06亿美元转入人事经费帐目，转帐手续自6月8日起办理。这笔费用的分配是：陆军3.89亿美元，海军5.77亿美元，空军5.40亿美元。15.06亿美元中有5800万美元从战略计划经费中抽出，但SDI计划和B–2型飞机研制计划的经费一文不动。

采取措施解决种族和性别歧视问题 美军强调不同种族和性别的军人在军队中应享有同等机会。鉴于部队中潜藏着紧张的种族关系和性别歧视问题，国防机会均等管理研究所专门设计一种调查表于1990年5月发至各部队。初步调查发现，士兵和黑人认为军队中对少数民族和妇女待遇不公，妇女认为性骚扰确实存在，而军官、白人和男人的看法总是倾向乐观。国防部拟把调查结果作为秘密报告，直接发给各指挥官。这样又可使指挥官们无需担心此报告会影响个人前程，又可使他们面对现实作出改善。国防机会均等管理研究所还将派出流动训练小队，到各部队进行具体的机会均等训练。

1990年10月21日，国防部公布了反性骚扰政策的修改概要。新设内容有：(1)性骚扰事件及惩处情况一律在基地报纸上公开，以示告诫；(2)强调预防为主。在新兵训练中心，要重点宣讲反性骚扰政策并讲明违犯政策的后果；(3)修改专业军事教育课程，教育指挥官明确在维护良好的机会均等风气和处理性骚扰申诉方面的责任。

陆军以诊治精神病为由乱整人 1990年4月9日美《陆军时报》载文说：1988年6月，陆军表彰威廉·墨菲为优秀军士。此后不到3个月，墨菲又被赶出外国物资情报大队，因为他曾对陆军的精神病鉴定做法提出异议。该报称，经过6个月的调查发现，陆军对精神病鉴定程序的管理十分松散，乱以精神病为由而整人的做法早就有之。1969年，西点军校一学员因告发有学员吸毒即被说成有偏执狂而被送进沃尔特·里德陆军医院禁闭起来。当时，对反对侵越战争的官兵也照此办理。这些人常被强制服大麻并接受休克治疗。从事情报专业的士兵最易受此迫害。此事引起了众议院军委会成员巴巴拉·博克塞的注视，他提出了一个保护军队揭发者权益的法案，以禁止以精神病为由乱整人的行为。

海军发起改善形象运动 海军经过调查发现，海军被公众看成是一帮“在冷酷环境中被迫长期在海外服役的肇事者和性格孤癖的人”。而陆战队像是一支“精锐部队”，空军是“有技术素养”的军种，陆军是一支“组织严密的军队，领导得力，团结友爱，退役后享有教育福利”。对比之下，海军形象不佳、问题严重。为此海军决定在1990年发起改善形象的公共关系运动。其主要内容有：向海军官兵提供受教育机会，提高海军文化水平，教育部队遵守纪律，加强公开的舰艇访问、飞行表演并宣传海军的生活与工作。

蒙古军队政治工作

1990年，蒙古实行多党制后成立了以蒙古人民革命党为主的联合政府，蒙军为适应国家政治体制的变化，对各级政治机关和政治工作进行了一系列改革。

改革和调整各级政治宣传机关 (1)蒙军最高政治宣传工作机关是人民军政治部，1990年10月改名为人民军政治教育部，成为中央政府的所属机构，不再受蒙古人民革命党的领导。该部设主任、副主任各1名，由8名委员组成执行委员会，全权负责国家武装力量的政治教育工作。人民军政治部主任兼任国防部副部长。人民军中央军官之家改名为文化中心。军内革命青年团改名为“青年爱国者同盟”。目前，蒙军内部党组织尚未取消，但从 1990 年 7 月停止活动以来至今尚未恢复。人民革命党中央主席贡·奥其尔巴特仍坚持在军队中保留基层党组织，并批评军队领导人搞军队非政治化，取消军队中的党组织。他强调指出，不准对军内党员进行意识形态迫害，应继续保留军队党组织，但党组织不应介人军队工作。

(2) 国家安全保障总局和建筑兵管理总局分别设立政治部，负责本系统的政治教育工作。国家安全保障总局、建筑兵以及师政治部均编有主任、宣传干事、文化和群众工作指导员、青年工作助理、俱乐部和文化中心主任各 1 名，但人多的师政治部还可多设 1 名副主任。师军官之家改名为文化中心。建筑兵管理总局还下设生产集体委员会，包括工会、青年团等群众组织和各政党联合支部的代表。

(3) 蒙军部队团政治部编有政治副部队长、宣传干事、青年工作指导员、俱乐部主任、图书管理员各 1 名。部队的分队编有政治副分队长，分队的苏赫巴特尔室改名为俱乐部。

(4) 国家警察总局所属内卫军处负责内卫部队的政治工作。蒙军所有基干部（分）队和缩编部（分）队均不设政治副职，军事领导兼管部（分）队的政治工作。

(5) 蒙军为推进军队内部政治生活民主化，加强上下级和官兵之间的联系，在全军范围内建立各级军官、士兵呼拉尔，其领导机构均以无记名投票方式选举产生。

政治工作的主要内容 (1) 深入开展政治教育工作。当前蒙军政治教育工作的主要内容是：以学习蒙古国家的历史为主，重点学习民族国家的历史和蒙古民族的起源。强调不懂得自己国家的历史就谈不上爱国主义思想。为继承和发扬蒙古军队进步的优秀传统，要冲破禁区，系统学习和研究蒙古军队的历史和军事艺术，其中包括成吉思汗时代的军史和军事艺术的研究。各级政治机关主要通过讲座和讨论的形式进行教育，以使全体官兵树立爱国主义思想，认清军事勤务的性质，提高为保卫祖国而进行身体、心理、知识和专业训练的自觉性。

(2) 开展多种多样的宣传教育工作。蒙军各级政治机关和俱乐部开展宣传教育工作的形式很多，主要通过广播、报刊、电影、电视等形式，向全体官兵宣传国家的各项方针政策，提高部队的思想认识水平，使全体官兵拥护国家的政治、经济和军事政策。蒙军在修改军人誓词后，各部队还通过军人新誓词宣誓仪式对官兵进行了忠军爱国教育。

(3) 积极开展军队与地方的群众工作。为了保持部队的稳定和取得地方群众对部队的支持，蒙军各级政治机关积极开展了军队与地方的群众工作，以改善军政、军民关系和提高部队的物质文化生活。蒙军开展的主要工作有：组织落实国家有关军人社会福利的规定，维护军人的切身利益和名誉，负责解决军官、超期服役军人及其家属的生活安置和社会福利；同军人家属建立联系，取得人民的广泛支持；加强同合作社和地方企业的联系，在解决部队副食品供应方面得到地方企业的帮助；必要时部队派人支持地方完成临时任务；根据武装力量的任务、特点和国家的方针、政策，正确引导军内产生的多元化思想，同各党派领导人举行不定期会晤，以便和他们一道加强军队建设。

(4) 加强青年工作。蒙军认为，青年是军队的主体，必须根据青年的特点加强工作。为此，蒙古人民军政治教育部专门制定了青年工作方针，通过坦诚、耐心的思想工作，教育青年遵纪守法，积极上进，安心服役，认真履行兵役义务。

主要资料来源：

①蒙古《红星报》1987～1990 年。

②蒙古《真理报》1987～1990 年。

越南军队政治工作

综述 近年来，苏联、东欧形势的剧变，不仅给越南造成严重的思想混乱和社会动荡，也给越军带来了重大影响。随着越军战略调整，体制改革进程不断深入，员额减少，军费降低，复退增多，就业困难等后遗症相继出现，给越军政治工作带来了新的困难和挑战。部分官兵怀疑社会主义道路和党的领导作用；对政治不感兴趣，只关心个人的前途、出路；怕艰苦，图安逸，厌倦军旅生涯，急于复退。军队待遇菲薄，官兵生活水准下降，也使不满情绪空前滋长，士气低落。针对这些问题，越军当局采取了下述措施，以期尽快稳定部队。

强化信念教育，提高认识　越共中央政治局指示军队，在开展政治教育中要批判否认社会主义道路，否认社会主义民主，否认党的领导等倾向，要反对敌人从心理、思想、组织、武器装备等方面对军队进行“异化”和破坏，强调军队必须认清帝国主义的阴谋和手段，看到斗争的长期复杂性，克服“和平主义”思想。要大力宣传社会主义的优越性，彻底揭露资本主义的反动本质，认真总结越党领导下越南进行革命和建设的“伟大成绩”。与此同时也要客观地承认已经出现的失误和不足，以便帮助全体官兵正确认识本国困难，看到社会主义建设的美好前景，确立只有坚持共产党的领导，坚持社会主义方向，越南的革命和建设才有出路的观念，从而提高官兵的思想认识和政治觉悟，坚定社会主义信念，肩负起维护社会主义制度，保卫革命政权的特殊使命。

健全教育制度，狠抓落实　根据“全党全军做思想工作的原则”，为有效地抓好军内教育，越共中央书记处和部长会议联合制定了《军内政治生活制度》，据此，越国防部采取了多种形式狠抓落实：利用军内刊物组织文章宣传社会主义、党的领导，号召官兵与中央保持一致；分期分批组织干部学习中央和总部的《目前形势和我们的首要任务》等文件，坚定“党领导军队”的观念；出版并组织学习《越南人民军军官与士兵政治教育教材》，提高官兵对形势的认识。与此同时，把政治学习与纪念胡志明诞辰100周年活动结合起来，以推动军内青年思想教育工作的展开。

严格内部整肃，稳定部队　自1990年6月以来，越军利用整党之机，对军内腐败现象进行了系统清理。为纯洁内部，越国防部、各总部分别就此发出通知，要求军队党员干部要在整党中展示党员的新风貌。军、师两级还分别组织了整党动员大会，整党分3个阶段展开。同时各总部还告诫部队要认清形势，站稳立场，顶住各种思潮影响，严格组织纪律，不擅离职守，不信谣传谣，不参加非法活动，切实掌握部队思想动态，以保障部队的稳定。

解决实际困难，安抚军心　为了缓解广大官兵的不满情绪，越军当局采取了一系列措施以解决实际困难，其中包括：放宽政策界限，允许部队生产自救；修正补充有关规定，提高部队待遇；落实军队后方政策，妥善安排伤残军人和阵亡人员家属；动员地方为部队捐赠钱物，书写慰问信。通过上述工作，越军内部不满情绪得到初步控制，部队基本稳定。

主要资料来源：

①越南《人民军队报》1990年5月3日版。

②《越南之声》广播电台报道。

阮文灵号召加强军队政治思想工作　据越南《人民军队报》报道，1990年9月22日，越共总书记阮文灵会见了越南《人民军队报》工作人员，号召越党加强政治思想工作，他指出：“我们必须将武装部队的政治思想建设放在首位，从而不断加强党在军队里的工作”，“在军队中建立党组织是必要的，这样它才能纯洁，并在政治、思想和组织上可靠”。要求越《人民军队报》发挥更加积极的作用，大力宣传1986年底提出的重建政策以及党的原则、主张和观点。

梅志寿在越边防部队会议上作4点指示

据“越南之声”1990年7月2日报道，1990年6月25～30日，越边防部队司令部召开了关于贯彻落实党的六届八中全会精神的会议，越共政治局委员、内务部长梅志寿出席会议并作了4点指示：(1) 继续做好边防工作，保卫边疆，保卫人民。(2) 发动群众，调动一切力量，共同对付来犯之敌。(3) 建设一支廉洁的干部队伍，提高革命觉悟和战斗意志。(4) 忠于人民、忠于党，勇敢战斗，努力工作，出色完成党赋予的各项政治任务。

召开中央军委党委会议学习“八中”全会精神　据“越南之声”1990年4月26日报道，越中央军委党委会议于1990年4月16～24日召开，会议学习了越共“六届八中”全会精神，对国际形势的演变进行了讨论，分析了反对势力向社会主义进攻的策略，对东欧各国形势的复杂演变进行了探讨。与会代表表示要与党中央保持一致，黎德英大将要求全军干部战士深入贯彻执行决议精神，强调加强军队内部的政治教育，坚持社会主义革命理想，加强群众工作，提高警惕保卫主权和领土完整，保卫胡志明缔造的党，保卫社会主义制度。

召开党政军高干会议学习贯彻“八中”全会精神　综合“越南之声”报道，5月3～11日，越共中央在胡志明市召开党政军高级干部会议，学习贯彻六届八中全会决议，会议由政治局委员、国防部长黎德英大将主持。阮文灵在会上发表讲话称，当前，国际国内形势比较复杂，全党、全军、全民要警惕帝国主义的和平演变阴谋和对越军的渗透，要捍卫胜利果实，保卫和建设祖国。尤其是军队要提高警惕，保持战斗意志，加强组织纪律性，及时识破和粉碎阶级敌人的一切破坏活动，完成新时期赋予军队的光荣任务。同时，军队也要积极参加经济建设，各级领导要尽一切努力，改善和提高部队生活待遇。黎德英代表中央军委、国防部在会上表示，一定要把军队建设成为一支党和人民信得过的武装力量。

制定军内政治生活制度 据“越南之声”1990年3月22日报道，越共中央书记处和部长会议最近联合制定了军内“政治生活制度”，要求“建设好人民武装力量，巩固国防，保卫社会主义祖国，维护社会秩序”。制定该制度的目的是为了提高党员的责任意识，更好地完成各项任务。目前新形势下军队的急迫任务是“完成国防任务和维护社会安宁”，为实现这一任务，越军总政治局专门作了指导性部署，要求全军上下认真执行这一政治生活制度。

越海军政治局主任谈党政工作重点 据越《全民国防杂志》1990年报道，越海军政治局主任郑循大校在该刊物上撰文称，当前海军党政工作的重点是：(1) 最重要的是使海军指战员认识到海军是贯彻党的海上人民战争思想的骨干力量，认识到“保卫领海和岛屿”是保卫祖国不可分割的一部分；(2) 让海军指战员认识到海上战略与保卫和建设祖国的整体战略的重要关系；(3) 贯彻党的全民国防和人民战争思想，使部队保持高度警惕，为作战胜利提供思想保证；(4) 针对各部队的实际情况，健全组织，培养人才，对不同对象运用切合实际的工作内容和方法。

越通信兵1990年党政工作的4项内容 据越《人民军队报》1990年3月8日报道，越军通信兵种1990年党政工作的任务是：集中力量在政治思想和基层组织方面完善和纯洁队伍，提高综合战斗力；加强党的领导，建设一支素质好、能力强、联系群众的党员干部队伍。为完成上述任务，要实施以下工作：(1) 将思想政治工作置于首位，把兵种全体干部、战士的思想统一到党的路线、方针、政策上来。(2) 切实按党的领导机制进行工作，加强支部建设，使之真正成为本单位的核心。全面清理、检查违纪事件，及时将个别蜕化变质的党员清除出党。(3) 关心青年组织建设，力争在1990年使50%的基层组织成为优秀团组织，70%的团员成为先进团员，30%的团员成为优秀团员。(4) 努力提高干部质量，特别是各级主要领导的素质。

越通信兵司令部对部队提出新要求 据“越南之声”1990年9月7日报道，越军通信兵司令黄念发表讲话，对越通信部队提出了新的要求，主要内容如下：当前，国内外敌人正加紧进行破坏活动，企图分裂党、分裂军队，他们利用部队管理中的漏洞进行破坏活动，削弱部队战斗力。他们破坏通信设备，特别是通信线路，给国家和军队造成严重损失，因此，通信部队要做到：(1) 参加宣传党和国家的路线、方针、政策；(2) 维护政治安宁和社会秩序；(3) 帮助人民群众发展生产，稳定生活；(4) 与地方邮电部门密切配合，保证通信畅通，为国家的共同任务服务。

开展纪念胡志明活动 综合“越南之声”报道，越军结合纪念胡志明诞辰100周年活动，加强了政治教育工作：各单位配合纪念抗美救国战争胜利15周年，举行了丰富多彩的活动；军事博物馆举办了“胡志明武装力量”的专辑展览和演讲活动；防空军认真指导各直属部队过好政治生活，编辑发行了《胡志明与防空部队》一书；第4军区开展了“建设100个纯洁而坚固的党支部”竞赛活动；为鼓励先进，越军于5月15日在河内召开了“争做胡志明好战士活动表彰会”，来自各部队的278名代表参加了会议。会议对越军开展争做胡志明好战士活动两年来的情况进行了总结，认为这一活动是军队的一大政治事件，越《人民军队报》专门刊发了社论，专文介绍了这一活动中的先进单位及个人的事迹。

老挝军队政治工作

综述 老挝人民军的政治工作，开始于1949年建军之时。50多年来，几经变化，基本形成体系。建军初期至70年代末，实行军政首长共同负责制，团以上设政治委员，营设政治教导员，连队设政治指导员。80年代初期以来，按照越南军队的模式改行一长制。但由于老挝人民革命党对军队政治工作相当重视，实行一长制后，军队政治机关的作用没有受到实质性削弱。

老挝军队政治工作的首要任务，是保证党对军队的绝对领导，保证部队的团结一致，激发干部战士的高昂斗志，提高部队的战斗力。在夺取政权的武装斗争中，政治工作发挥了重要作用，建立了优良的传统。80年代以来，在社会主义过渡时期和执行改革开放政策的新形势下，军队政治工作的重点是进行社会主义目标教育，巩固和扩大党的队伍，以保卫祖国、建设祖国为基本任务，随时准备抗敌入侵和平息叛乱。1990年，根据国际形势的新变化，又将坚持6项基本原则，坚持改革开放，防止和平演变，作为政治工作的新课题。

政治工作体制 老挝人民军的最高领导机构——人民革命党中央军事委员会，是党中央的军事部门，既全权负责重大国防决策，同时也负责军队政治工作的重大决策。军委主席曾由党的总书记凯山·丰威汉兼任，现任军委书记由中央政治局委员、书记处书记坎代·西潘敦上将兼任。人民军总政治局是中央军委的办事机构，是全军政治工作的最高领导机关。总政设主任1名（少将至中将军衔），副主任3～4名（准将至少将军衔）。总政治局下设组织局、干部局、保卫局、政策局、宣传教育局等，有关奖惩和军官福利事宜由政策局负责。总政还辖有干部理论学校、文化学校及文艺、体育团体。

老挝军队现实行一长制。取消了各级政委、政治教导员、政治指导员。各级均设一名政治副职，政治副职是本级政治工作的首长，而正职主官一般兼任同级党委（支部）书记，在全面负责军事工作的同时，负责政治工作的重要决策。空军领导机关设政治部，所属各处与总政各局对应。陆军各步兵师和各省军事指挥部均设政治部，下设组织、干部、保卫、政策、宣教、青年等职能科。各步兵团、炮兵团、工兵团和各县军事指挥部均设精干的政治处，一般不分科（股）。营、连只设政治副营（连）长，不设政治机关。军队各单位都设有人民革命党的基层组织，不允许建立其他党派。

政治工作的主要任务 保证党对军队的领导 各级政治副职和政治机关最重要的任务，就是开展积极的政治工作，统一部队思想，在任何复杂的情况下，都要保证坚决贯彻执行党中央和中央军委制定的路线、方针、政策，坚决服从党的领导。鉴于党员数量较少这一情况，1975年以来，军队政治部门始终将发展党员、巩固基层党组织作为经常性任务来抓。

保证内部团结统一 老挝军队在战争时期多处于分散状态，“山头”较多。军队成员来自老龙、老松、老听等民族，各民族的文化、习惯、性格差别较大。为此，老挝军队政治部门十分重视团结问题，军队领导人经常强调党内团结，反对山头主义、地方主义、宗派主义；强调民族团结，反对狭隘民族主义。注意教育各民族的指战员互相学习，取长补短，共同提高。同时，注意运用纪律维护内部统一，惩戒破坏团结、涣散军心的人员。

鼓舞士气保障完成作战任务 为完成保卫祖国和建设祖国的双重任务，经常进行革命传统教育，宣扬英模事迹，表彰先进。在执行作战任务时，及时进行战前动员和战场鼓动，激励斗志，战后适时评功授奖，并注意做好伤员和阵亡人员家属的工作。

培养选拔干部 建国初期军事干部缺乏，不得不保留一些起义的原右派军官。军队政治部门一方面帮助他们提高思想觉悟，一方面大力培养自己的各类干部。通过院校教育和出国深造，培养了数千名军官，并及时将政治可靠、组织指挥能力较强的干部选拔到领导岗位上。总政负责向中央军委提出高中级干部的任免意见，并负责向国会提出上校以上军官的晋衔建议。

组织文化教育 老挝军队官兵的文化素质较低，1975年刚取得政权时，多数军官文化程度在小学以下，士兵多为文盲。为适应军队革命化、正规化建设的需要，政治机关下大力加强文化教育，总部和各大单位均设立了文化补习学校，采用分期分批轮训方式提高文化程度，10多年来取得显著成果，部队文化素质大有改观。

做好青年和妇女工作 在青年中进行社会主义教育，培养组织观念，增强纪律观念。近10年来，军队建立了近600个团支部，吸收团员12000人，输送了千余名优秀团员入党。在有女军人和女职工的单位建立妇女协会组织，提出“三好两任务”的口号，即做国家的好公民、丈夫的好妻子、孩子的好母亲；完成保卫祖国建设祖国的任务和解放妇女的任务。

改造右派军政人员 1975年后，主要由军队政治部门负责集中管理和改造近万名前右派高中级军政官员。通过劳动改造和政治学习，使之了解与适应新制度，然后分批逐步释放。

当前政治工作的新课题 1990年，根据东欧局势演变和老挝改革开放的新形势，针对国内出现的一些错误思潮，老挝军队政治部门为统一思想，明确方向，组织部队深入学习党中央根据老挝国情提出的6项基本原则（又称革命6原则）：(1) 新时期老挝革命的性质是实现人民民主制度逐步向社会主义制度过渡，因此要始终坚持社会主义目标。(2) 马克思列宁主义是指导老挝革命的思想基础。(3) 党的领导是老挝革命胜利的决定因素，也是老挝改革开放前进发展的决定性条件。(4) 在民主集中制的基础上大力发扬民主和健全法制。(5) 加强人民民主专政的威力。(6) 将爱国主义与无产阶级国际主义紧密结合起来。

在学习教育中，首先强调以坚持党的领导为核心，以坚持社会主义信念为重点，组织干部战士特别是高中级干部，认真学习党中央四届八中、九中全会决议，引导干部战士正确分析老挝国情，正确看待当前形势，正确看待党和政府工作的成绩与失误。认识社会主义制度适合老挝国情，向社会主义过渡是老挝的必由之路，不管遇到多大困难，决不放弃正确道路；认识改革开放政策适应当前形势，决心坚持改革开放，积极克服困难，继续稳步前进；认识人民革命党是全国人民的领导核心，是各族人民利益的总代表，在任何情况下都要坚持党的领导。要求部队必须绝对服从党的领导，坚决反对政治多元化，对国内外反动势力颠覆新制度的阴谋保持高度警惕，随时准备粉碎动乱和叛乱，防止和平演变。针对国内出现的一些不安定因素，还组织全军大讲“三个团结”，即加强党内团结、全国各族人民的团结和国际团结。

为提高学习效果，军队政治机关根据党中央和中央军委的要求，首先组织高中级干部认真座谈讨论，统一认识。同时组织干部战士听广播，看报纸，谈形势，并从机关抽调大批政治水平较高的党员干部到基层指导。部队还派出大批人员深入村寨，宣传群众，组织群众，促进团结，稳定形势。由于注重效果，学习比较深人，部队比较稳定，对稳定全国政局起了重要作用。

主要资料来源:

①老挝《人民报》1990 年。

②老挝国家广播电台新闻稿 1990 年。

缅甸军队的思想教育

缅军历来重视军队的思想教育，认为大力加强思想教育，可以鼓舞士气，提高官兵素质，增强部队凝聚力，因而一直将其作为军队建设的一个重要组成部分。

思想教育的地位和任务 缅军作为缅甸国家的武装力量，不仅担负着抗击外来侵略、保卫国家领土与主权完整、维护国内和平的任务，而且在国家政治生活中发挥着重要作用。1962 年奈温发动政变上台后，缅军一直控制着缅甸政治、经济及社会生活的各个方面，从中央到地方的各级政府机构和经济部门及工、农、妇、青等群众组织的要职，大都由现役或退役军人担任。1988 年 9 月，缅军总参谋长苏貌乘国内政局动荡之机宣布接管政权，又建立了全部由军人组成的“国家治安建设委员会”。为适应军队全面控制缅甸政治、经济的需要，60 年代中期，缅军领导人提出把缅军改造成“具有多种职能的人民武装力量”，即成为一支“生产力量、社会力量和国防力量”，并把缅军的任务概括为 8 个字:“组织、战争、生产、训练”。1988 年，总参谋长苏貌又提出把建设祖国、保卫祖国和维护民族团结作为缅军当前的首要任务，要求官兵提高军事能力、组织能力和生产能力。为此，缅军反复强调，各级指挥官都要经常深入基层对官兵进行思想教育，及时了解部属的思想倾向，各职能部门也要做人的工作，重视部队的宣传教育，要通过思想教育、心理训练和严格的行政管理，使部队保持思想和行动的高度统一，使官兵明确自己的使命和应尽的义务，积极主动地完成各项任务。

由于缅军重视思想教育，较好地保持了军队的稳定，从而使奈温政权在缅甸维持了 26 年的统治。即使在 1988 年政局急剧动荡，反政府活动席卷全国的情况下，缅军仍较好地控制了局势并使动荡的局势逐步趋向缓和。1990 年 5 月又顺利地举行了多党制大选。

思想教育的发展阶段及特点 缅军的思想教育根据国内形势的变化分为两个阶段，每一阶段又有着不同的特点。

1962 年 3 月～1988 年 9 月为第 1 阶段。1962 年 3 月奈温上台后，为使军队有效地控制国家政权，组建了“缅甸社会主义纲领党”。该党自成立后基本由军队控制，是军队的政治组织，党的领导核心中央执行委员会中 2/3 以上的成员是现役或退役军人。军队通过纲领党领导国家。曾任缅军国防部长和总参谋长后任缅甸总统的山友对纲领党和军队的关系作了如下阐述:“纲领党和军队应该像水一样不可分割。”由于党和军队这种独特的关系，缅军在这一阶段强调纲领党对军队的领导，实行以党治军。为此，在军队内自上而下建有完整的组织机构，最高机构为党委会，由总参谋长兼任书记，排以上单位设有组织委员会，负责发展党员，贯彻执行党的路线和政策。同时，纲领党在军队各级机构还分别设有“教育委员会”或“教育小组”，负责对党员的宣传教育。

1988 年 9 月以后为第 2 阶段。1988 年苏貌军政府上台后，根据国内形势的变化，为了加强对军队的控制，保持部队的稳定，改变了以党治军的做法，主张军队“非政治化”，在国家政治生活中保持“中立”，要求军队内所有党员退出纲领党，同时也禁止参加其他任何政党组织，撤销纲领党在军队的各级组织机构。为了显示军队的“中立”，缅军在 1990 年 5 月举行的多党制大选中，一再强调陆海空三军官兵及家属都要根据自己的意愿自由投票，不得参加、帮助、偏袒任何政党，各级军官不得对部属和防区内的民众采用命令、指示、恐吓或刁难等手段，强迫他们为自己支持的某个政党组织的人选投票，真正让人民群众相信军队是一个“公正的政治团体”。

思想教育的主要内容 1988 年以前，缅军思想教育的主要内容是向官兵系统地灌输“缅甸社会主义”思想。为此，缅军领导机关规定有专门的课程，经常举办各种类型的训练班。官兵受教育的面也比较广，平均每 10 个军人就有 1 人受过专门教育。1988 年以后，思想教育则以军队自身建设和担负的任务为内容。主要有以下几方面:

国防教育 缅军在教育中注重从缅甸所处的地理环境及缅军同邻国军队在数量、质量方面存在的差距来增强官兵的国防意识和“忧患”意识，教育官兵要认识到，缅甸的陆地边界线和海岸线总长 8890 公里，从外可长驱直入的通道有 67 条。缅军数量少装备差，要防御来自各方的入侵，确保领土及主权的完整，除不断增加军队数量，改善武器装备外，还必须努力钻研国防业务，学习国防知识，提高战术技术水平，时刻牢记强有力的国防是国家和平与安宁的重要保证。

军史和传统教育 缅军为缅甸的独立解放做出过贡献，第二次世界大战中曾英勇地抗击过英、日殖民主义者，独立后又积极参与国家的经济建设。缅军经常就这些内容对全军进行教育，鼓励官兵继承和发扬缅军的优良传统和作风，增强军人的自豪感和保卫国家、建设国家的使命感。

品德和法纪教育 缅军认为，优良的品德和严明的纪律是军队战斗力的一个重要标志。因此，要求官兵特别是主官要具备忠诚、老练的品质，忠于职守，以友爱、互助的精神关心体贴部属，不滥用职权牟取私利，不为金钱美女所动，不贪污受贿，不酗酒，不吸毒，不听信西方国家新闻机构的宣传。士兵要能吃苦耐劳，尊重主官，服从命令。同时，全体官兵都要遵守军队纪律和地方法规，在执行任务及同地方人员和组织的接触中注意维护军队的声誉。

思想教育的方式 *充分发挥各级主官和职能部门的作用* 缅军没有专门进行思想教育的机构和人员。军队的思想教育主要由各级主官实施。各级主官经常利用视察、开会、节日、授衔晋衔、授勋授奖及同官兵谈话等场合和机会向官兵宣讲军队的历史、传统、地位、作用，军人的使命、任务和当前国内外大事等，职能部门则负责解决一些具体问题。缅军要求各级主官在进行思想教育时要有针对性，确实能发现问题解决问题，真正起到规范官兵行为的作用，教育方法要得当，使官兵乐于接受，教育内容要适合官兵的文化水平，并能把思想政治教育同军队的其他工作较好地结合起来，同时注意做好官兵家属的工作，切实关心他们的生活。为了提高各级军官的理论水平和政治素质，缅军除在各级军事院校设有政治、心理方面的课程外，还专门设有一所中央政治学院，负责培训军区和师一级指挥官，各军区和师也分别办有政治基础培训班，培训营、连等级的基层军官。此外，缅军在各个单位还设有一定比例的政治教员，协助主官编写教材，安排课程或上一些理论课。

广泛利用广播电视等宣传工具 缅军非常重视广播电视在思想教育中的作用，规定部队每天组织官兵收看、收听广播和电视，阅读报纸。除利用国家的广播电视对部队进行教育外，缅军还建有广播部队，在营以上单位设有广播站。军队广播每天用 9 种民族(缅族、掸族、勃欧族、拉祜族、克钦族、克耶族、高族、累拉族、波吉仁族）语言进行广播，广播内容包括军民关系、军队内部团结、反政府武装对国内和平的危害性等。1988 年缅军宣布“不介入政治”后，又在军队内部出版一份名叫“我们的事务”的报纸，每 2 天出 1 期，其口号是“军队是你的父母，不要相信任何人，除了你身上流动的血外，谁也不要相信”，目的是保持军队的团结和稳定。同时，缅军还在各营区建有宣传栏、标语牌，并根据形势和任务的变化及时更换内容。

重视宗教信仰对军队的影响 缅甸是一个宗教迷信很深的国家，缅军官兵除少数民族信仰基督教、天主教和伊斯兰教外，大多数信仰佛教。一般军官家中供有菩萨，士兵睡前必先祈祷，未当过和尚的官兵要

轮流到寺庙当和尚。缅军十分重视宗教信仰对官兵的影响，定期请和尚到部队讲经，为官兵举行婚丧仪式，要官兵接受僧侣的教诲或向菩萨忏悔，把宗教教义同各种教育内容结合起来，用宗教的形式向官兵灌输。

辅之以奖惩　缅军民族成分复杂，官兵文化水平低。这些因素使缅军认识到，要使思想教育发挥较好的作用，还必须辅之以必要的奖惩。

缅军的奖励比较优厚。各级军官特别是高级军官不仅有较高的政治地位，还享有优厚的生活待遇，成绩优异的都能得到提升或提前晋衔。退役后有的授予勋章，分配一套别墅和一辆汽车，有的安排到政府机构或经济部门任职。士兵入伍后每月津贴 120 缅元，接近缅一个普通工人的月工资。服役满 3 年经申请批准结婚后，家属可随军住在后方营地，从事农业生产或手工织品生产，每月增加津贴 45 缅元，增发 1 筒牛奶、半斤白糖和 2 斤豆子。士兵满 30 岁、服役满 10 年可申请退役，每月发给 130～170 缅元生活费。士兵在战场上或因公牺牲，可得 5000 缅元抚恤费，其家属可在营区住 4 个月，选择地方安家后，每月发 60 缅元生活费，将其子女抚养至参加工作。缅军的惩罚也比较严厉。对思想偏激、玩忽职守、违法乱纪、不服从命令的官兵特别是军官轻则撤职，重则判刑。

主要资料来源：

①"缅甸之声"1988～1990 年。

②《东南亚研究》1990 年。

印度军队的精神教育

综述　随着社会的发展和兵员的不断变化，印度军队越来越重视加强其内部的精神教育。近年来，印军除坚持思想灌输，发挥宗教信仰的作用和提高官兵福利待遇外，还注重以奖为主，加强正面教育；开展尊官爱兵和为民服务等活动，以增强官兵关系和军民关系，从而收到了较好的效果。

以奖为主，加强正面教育　前几年，印军在此方面已经取得了一些成效。近年来，印军进一步推广了这一"成功经验"。一是多宣扬成绩，少搞批评处罚。印军方利用报纸、广播和书籍，广泛宣传印军取得的成绩和印"维持和平部队"入斯里兰卡作战中"在政治和军事方面"所取得的"新经验"。印"维持和平部队"司令卡尔卡特中将还多次接见国内外记者，大造舆论，渲染气氛，声称全体入斯作战将士充分"发扬了爱国主义和国际主义精神，保持了印军高度的纪律性和丰富而光荣的传统"。二是总统亲自为众多将士授勋。1990 年 1 月 26 日，是印度国庆 40 周年大庆，印军适时抓住这一机会，由总统亲自出面为陆、海、空三军和准军事部队的 460 多名官兵授予了各种不同层次的勋章和奖章。其受勋人员之多，范围之广，为历年之最。三是军队内部各级军官也逐步改变了过去那种批评指责多，表扬鼓励少的现象，以正面教育为主，收到了明显效果。

开展尊官爱兵活动，密切官兵关系　过去，印军中官兵矛盾突出，官兵关系紧张，经常发生军官体罚士兵，士兵结伙殴打军官的现象。近年来，印军上层领导人十分注意抓了军队内部的团结问题，在全军上下开展了官爱兵，兵敬官的活动。在提拔任用军官方面，逐步克服了过去那种只注重家庭出身，不注重自身素质的现象，使那些出身低下而又具有真才实学的下层军官有了更多的晋升机会。这样既提高了军官的素质，又从某种程度上缓和了内部矛盾。其次是注意发挥班长的作用。印军认为，班长是兵之头，"兵头"的作用发挥好了，在士兵中的影响比军官还大。为此，印军十分重视发挥各类班长的作用，经常委以重任。如士兵遇到难言之苦，军官就让班长找其谈心，尔后班长将实情告诉军官，军官再根据具体情况"对症下药"。这样军官对士兵的思想动态就能及时掌握并予以解决，士兵也就逐步增加了对军官的信任和尊敬。

开展"为民服务"活动，加强"军政军民团结"　过去，印军受英殖民主义旧军队思想的影响，自以为是，常以老大自居，结果军政军民关系较为紧张。驻地群众经常割断军队电话线和潜入营区偷东西。近年来，印军认识到，密切军政军民关系，从某种意义上讲，可以提高部队的战斗力。为了缓和军政军民关系，印军开展了"为民服务"活动。一是广泛进行宣传，维护群众利益。印军在执行维护社会治安活动中，先是利用广播、文艺节目等形式讲清道理，以求得民众的支持和协助。特别是在围剿叛乱分子的作战行动中，印军除宣传群众外，还注意不伤无辜，尽量避免损坏公共设施和农民的庄稼。二是主动与驻地政府搞好关系。近年来，印军经常采取拜访和征求意见的办法，利用召开座谈会、联席会等形式，以求得当地政府的支持。当地政府遇灾要人、要车辆时，驻军部队立即支援；驻军部队遇到什么困难，当地政府也及时予以解决。三是为当地老百姓解决实际困难。印军为了得到一个安定的驻防环境，十分注意利用部队的优势和有利条件为群众解决实际问题。据印地方报刊报道，印军除支援当地政府建设外，还为当地老百姓捐资办校、义务巡诊、开办“商品补给供应点”、免费安装电话和电视机以及进行科技支农等，从而使军民关系得到改善。

主要资料来源：

①印《军事新闻》杂志 1988～1990 年度各期。

②印联合新闻社和印报托 1990 年新闻稿。

印总统为众多将士授勋 据印报托和《军事新闻》杂志 1990 年 1 月报道，为表彰印度陆、海、空三军将士和准军事部队官兵的出色表现，印当局利用国庆 40 周年之际，为全军 460 多名官兵分别授予勋章。这些勋章有：一至三级英雄勋章、一至三级战斗英雄勋章、一至三级卓越服役勋章和陆军勋章、海军勋章、空军勋章等。此次获勋人员比过去任何一年都多，且范围广泛，照顾到了各个方面，既有将军，也有士兵，既有男军人，也有女军人，既有作战指挥官，也有专业技术人员。但从总体上看，军官多于士兵，并且有搞军种平衡之嫌。据不完全统计，此次获勋人员中，军官人数占 70%左右，且勋章的级别越高，获勋人员的衔级也越高；陆、海、空三军人员所获勋章的比例刚好与其部队总人数成正比。

印总理为空军优胜单位颁奖 印报托新德里 1990 年 4 月 18 日消息，印度总理维·普·辛格是日会见了出席空军司令官会议的代表并讲了话。在讲话中，印总理充分肯定了印空军近年来为国家所作出的贡献。此后，印总理为优胜单位颁发了奖旗和奖品。

军事训练与教育

中国人民解放军军事训练与教育

陆军（合成军队）部队训练

综述 1990 年，中国人民解放军陆军（合成军队）各部队，认真贯彻中央军委关于新时期军队建设的指导思想和总参谋部关于加强军事训练的各项指示，坚持把军事训练作为部队工作的中心，加强领导，统筹安排，科学组织，狠抓落实，使军事训练稳步发展，取得了显著的成绩。

在 1990 年度的军事训练中，各部队贯彻执行军委颁发的《中国人民解放军军事训练条例》和新一代训练大纲，强调依法治训，按纲施训，使军事训练正规化建设取得了可喜的进展。根据现代作战对陆军军事素质提出的要求，各部队立足于在近似实战的条件下从难从严进行训练，把练技术、练战术和练思想、练作风紧密结合，提高在各种条件下走、打、吃、住、藏的能力。各部队根据自身所担负的训练任务，认真抓好各层次的训练落实，旨在进一步提高整体作战能力。单兵训练向正规、系统、统一的方向发展；分队、合同战术训练进一步加强了在各种复杂条件下的应用性；战役训练在拓展训练内容，完善训练体系的基础上，逐步进入检验性、研究性训练的更高层次。训练改革稳步向深度和广度发展，其成果对推进军事训练发挥了重要作用。军事训练中的思想政治工作广泛开展，军事训练保障配套建设深入进行，军事训练监督、考核、奖惩制度不断完善，有力地保证了训练质量的不断提高，进一步增强了部队的战斗力。

部署 1990 年度军事训练任务 据《解放军报》1990 年 1 月 9 日报道，总参谋部下发文件部署了 1990 年度部队军事训练任务。总参谋部确定的 1990 年度部队军事训练的指导思想是：继续贯彻军委确定的方针、原则，打牢基础，加强合成，确保质量，进一步提高部队战斗力。

总参谋部强调，要坚定不移地把军事训练作为部队工作的中心，增强中国人民解放军履行根本职能的能力。各级领导要处理好军事训练与其他工作的关系，形成各级、各部门围绕提高战斗力合力抓训练的局面。要以军事训练为中心统筹安排工作，主官要以主要精力抓训练，评价单位和个人的工作要把军事训练作为重要尺度。

总参谋部要求，各部队要严格按照训练大纲规定，加强单兵训练，注重分队、合同战术训练，抓好战役训练，促进部队训练有重点地协调发展。

总参谋部还要求加强训练正规化建设，培养扎实的训练作风。要增强法规意识，克服训练工作的随意性；要坚持从实战需要出发，从难从严训练，把训练工作的着眼点放在扎扎实实提高部队战斗力上，敢于在艰苦复杂的条件下摔打部队，把练技术、练战术与练思想、练作风紧密结合起来；要加强思想政治工作，抓好军队职能、军人职责教育，使广大官兵明确训练目的，激发练兵热情；要加强训练监督，严格训练考核，搞好训练奖惩，确保训练质量。

全军1990年按新训练大纲施训 《解放军报》记者1990年2月19日从总参谋部有关部门了解到，从1990年开始，陆、海、空军和第二炮兵各部队，将按照新颁发的军事训练大纲组织训练。

新一代训练大纲反映了和平时期中国人民解放军军事训练的规律。它在充分吸取10年训练改革新鲜经验的同时，充分考虑了多方面的因素：一是依据现代战争对军队素质的要求和中央军委积极防御的战略思想，以及有关条令、条例确立的训练中心和重点；二是适应军队武器装备的发展、特种兵成分的增加、部队合成程度的提高及军官队伍成分的改变等内部结构的变化；三是继承和发扬了中国人民解放军的历史经验和传统的练兵方法。

据总参谋部有关部门介绍，新的训练大纲与过去的训练大纲相比，在训练内容和组织方法上都有显著的变化。以陆军军事训练大纲为例，它具有以下几个鲜明特点：第一，新大纲打破了过去各兵种训练内容自成体系的做法，统一了各兵种的训练内容、进度和时间，使各兵种都围绕合同战役、战术训练这个中心，实行同步训练，在共同目标下完成各自的专业训练；第二，新大纲在充分论证士兵应具有的共同素质的基础上，统一了各兵种的共同训练内容、时间和要求，加强了军人基本素质的训练；第三，新大纲适应军官队伍成分的变化，使军官的在职训练内容与院校培训内容相衔接，并突出了应用训练的内容；第四，新大纲将训练课题区分为必训和选训两类，以必训为主，选训为辅。

江泽民强调加强军事训练 中央军委主席江泽民1990年12月1日在总参谋部召开的军事工作会议上发表重要讲话。他指出，加强军事训练和管理，提高战斗力，是军队基本的实践活动，与国家安危和社会稳定息息相关。他强调军事训练是部队工作的中心，必须摆在战略位置上，切实抓好。他说，军事训练是军队在和平时期增强战斗力的主要手段。抓不抓军事训练，能不能抓军事训练，是检验部队工作和领导干部能力的一个重要标志。领导机关要以身作则，形成合力，共同抓好军事工作。全军同志都要尽心尽力，扎扎实实抓好训练和管理，抓出成效，使部队真正做到政治合格，军事过硬，纪律严明，保障有力。

迟浩田对军事训练提出要求 1990年3月4日，总参谋长迟浩田上将在全军教学法集训结束时发表讲话强调，各部队要加强军事训练，全面提高部队素质。他对搞好军事训练工作提出了4点要求：第一，要坚定不移地把军事训练作为部队工作的中心。这是中央军委关于军队建设的一个重要指导思想，是与加强政治建设相一致的。各级军政主要领导要加强对军事训练工作的领导，从全面着眼，协调好各方面的工作，保证军事训练的落实。第二，抓好以质量为中心的训练落实，促进军事训练有重点地协调发展。把训练工作的着眼点放到提高质量上，是军事训练必须遵循的基本原则。各部队要采取措施，抓好基础训练，下功夫抓好军官训练，要认真办好教导队，重视抓好各类部队的训练。第三，改进院校教学，大力培养人才。院校要坚持正确的办校方向，提高学员的军政素质。各级指挥院校都要从提高学员指挥、训练、管理和做思想工作能力的需要出发，改革教学内容，改进教学方法，加强教学管理，提高教学质量。院校与部队要相互促进，合力培养人才。第四，从严治训，建立正规化的训练秩序。各部队要从实战需要出发，从难从严组织训练。要把练技术、练战术和练思想、练作风紧密结合起来。要确立依法治训，按纲施训的观念。要着力抓好正规化训练，使军事训练正规化建设迈上新的台阶。

总参谋部举办全军教学法集训 1990年2月16日～3月4日，总参谋部举办了全军教学法集训。来自中国人民解放军各大军区、军兵种和各集团军、部分省军区、院校主管军事训练的百余名将校军官参加了集训。

这次集训依据新训练大纲，把单兵基础训练、分队战术训练和师团合同战术训练，构成一个完整的训练体系，较好地解决了基础与应用、技术与战术、兵种与合成、部队训练与院校教学的内部联系，体现了改革后训练内容的变化。集训中，总参谋部军训部的各业务处处长担任理论教学，桂林陆军学院和广州军区某师在总部的指导下，对每个课题训练的组织与实施逐个进行了示范。

召开全军教导队训练工作会议 1990年11月7～12日，总参谋部在山东莱阳召开了全军教导队训练工作会议，总参谋长迟浩田、副总参谋长韩怀智到会，同与会人员共同商讨教导队的长远建设问题。

大会听取了受到总参谋部表彰的9个先进教导队的经验介绍，观摩了6个示范课目的表演，参观了6个不同兵种教导队的训练、生活设施，抽考了9个教导队的已训课目。会议对如何办好教导队统一了如下认识：一是明确培养目标，使学员基本达到“三能”（能指挥打仗、能组织训练、能管理士兵）和“四会”（在任教中会讲、会做、会教、会做思想工作）的标准；二是选拔好领导、教员、学员3个层次的人才；三是千方百计克服困难，创造条件扶持教导队。在此基础上，会议研究形成了《教导队训练工作规定》这一规范性文件。

初步确定省军区战役训练体系 1990年11月20日，总参谋部论证通过了由兰州军区编写的《省军区战役训练纲目》。这表明，经过3年的艰苦探索，省军区战役训练的理论与方法已正式纳入了中国人民解放军战役训练的总体系。1987年以来，甘肃、青海、陕西等省军区着眼自身特点，分别演练研究了兵员动员和战役军团组建、战役的组织指挥、与野战兵团共同执行作战任务等12种战役类型和样式，逐步确立了省军区战役训练的内容体系。训练实践表明，根据训练纲目进行训练，思路清晰、重点突出，使首长机关的战役意识、组织能力明显增强，有利于培养较高水平的战役指挥人才。

成都军区举行研究性战役演习 据《解放军报》1990年9月12日报道，9月上旬，成都军区举行首长机关研究性战役演习，使该军区范围内的战役训练上升到一个新的层次。这次演习的特点，一是从“上导下演”、“主导副演”，上升为自导自演、主官主演。演习砍去了庞大的导演部，只设情况诱导组，司令员、政委均在自己的位置上处置情况，直接成为受训对象。主官主演、以演为主，促使军区机关和各参演部队的首长机关均由主官上阵，扩大了战役训练的受训面，保证了战役训练的质量。二是从练程序上升为练谋略、练筹划。采取“进入情况搞演练，退出情况搞研究”的形式，不搞全过程推演，以研究为主，突出战役指导上的重点和难点，努力提高首长机关的谋略意识和筹划能力。三是从掌握一般战役理论原则上升为探索特殊条件下的战役指导原则。采取“学习——演习——研究——总结”的方法，演习前集中时间学习一般的战役理论原则，演习后结合特定的战役课题，开展学术研究，交流了30多篇学术论文，对组织实施特殊条件下的战役进行了较系统的理论探讨。

新兵训练质量明显提高 全军1990年度新兵训练严格贯彻新的训练大纲，按照全军教学法集训统一的路子组织实施，扎扎实实打好政治、军事、纪律作风、身体4个基础，训练质量明显提高。其显著特点，一是各军兵种都切实加强了共同科目训练，使新兵一入伍就得到严格的军人基本军事技能训练。1990年陆、海、空军和第二炮兵各部队，根据新训练大纲统一规定的共同科目训练内容和时间，对新兵进行了共同条令、卫生与防护、战术技术基础、体育等训练，培养了军人的基本素质。二是带新兵的干部和骨干都经过上岗前的严格培训，熟悉大纲，胜任教学。新兵训练前，各部队普遍组织带兵干部和骨干集训，学习和领会新训练大纲的内容和组织训练的程序。成都军区各部队先后组织了98期集训，培训干部、骨干6000余人，对训练的全过程，以及训练中的难点，易出现漏训、偏训、粗训的课目进行了反复研练。济南军区也通过示教分队和示范分队的教学，培训新兵班长13000多名，干部5000多名，使带兵人员达到了会讲、会做、会教、会做政治思想工作的要求。三是新兵训练考核严格按大纲进行规范，按照总部统一规定的成绩评定标准，全面验收新兵的训练质量，严格把好训练质量关。

首次征用民船海运部队演练成功 据《解放军报》1990年10月13日报道，9月下旬，沈阳军区某高炮旅千余名官兵和武器装备，搭乘由“天鹅”号客轮和两条货轮组成的民船队，经一昼夜航行，抗“空袭”，越“雷区”，顺利抵达目的地，使中国人民解放军首次征用民船海运部队演练获得成功。

征用民船、民港海运部队是未来战争中的重要课题，无论是对战时部队机动，还是对平时维护国家海洋权益都具有重要意义。这次参运的某高炮旅围绕海运这一陌生课题进行严格训练，做到进舱装备一次到位，使装载时间比计划提前1小时。由于重视了乘船和预防晕船知识的教育，及时配发药品，使官兵晕船人数仅占人员总数的40%，保持了航行中的战斗能力和到岸后的快速反应能力。海运中，针对可能出现的复杂情况，设立了对空观察哨、值班火炮和应急防卫、救生小组，同配属护航的空、海军共同演练了对空射击、甲板灭火、船舱堵漏、海上救生、排雷等十几个课题，锻炼了部队海运中的防护能力。

征用民船海运部队，涉及军地双方，参加演练的沈阳军区机关、部队，辽宁省政府及3个沿海城市的港航、铁路、军交等10多个单位，坚持军民合练、科学协调，共同研讨了军地双方组织指挥体制和保障体系的各种关系，积累了动员民船海运部队的经验。

快速反应部队苦练硬功 据《解放军报》1990年7月29日报道，广州军区某快速反应部队进行的军事训练汇报表演，受到总参谋部、广州军区和广东省领导的称赞。

这支快速反应部队坚持从难从严训练的方针，在广泛吸取全军现有训练成果的基础上，探索和制定了快速反应部队的训练纲目。特殊的训练内容、特殊的训练手段和特殊的训练设施，使这支部队具有很强的快速反应能力：紧急集合、全副武装开进20公里到达预定地域仅用35分钟；战士携带多种武器，穿越山岳丛林、水网稻田、堑壕高墙等18种障碍，攻克8个目标，强行推进1000米，仅用8分钟；20名战士从接受命令、全副武装登机、空中运行8公里，到跳伞、占领某高地，只用15分钟。在单兵战斗素质方面，他们搭乘摩托车、吉普车和卡车，在车速不减的情况下分别换手驾驶3种车辆；驾驶坦克和装甲车冲击时，坦克炮射击4发4中，高射机枪点射全部命中目标；12名战士进行6种轻武器和无坐力炮、迫击炮、火箭筒等火器的换手射击，取得优秀成绩。他们还积极开展在各种恶劣环境下提高生存能力的训练：在深山老林练走、打、吃、住、藏；在水网稻田地练技术、战术；在断崖峭壁练孤胆意志。此外，战场电视侦察系统、无人驾驶侦察机和其他新式武器装备，更使这支特殊部队如虎添翼。

尚自席堪称今日郭兴福 1990年11月12日举办的尚自席“单兵战斗动作”示范教学，得到参观者的一致赞赏。大家将尚自席的教学法归纳为“直观、形象、灵活、简明、配套、新颖”12个字，称他不愧为郭兴福式的教员。

尚自席是某师教导队副队长兼教员，他人伍10年，一直是部队爱军习武的标兵。入伍第1年，他曾在全师五项全能比赛中夺魁。第2年当班长后，他开始潜心研究和总结教学方法。几年来，他阅读了《战争论》、《战略论》、《战术学概论》等100多册军事书籍；结合每年百余次的示范教学实践，写下了20多万字的教学资料，绘制了200多幅教学图案。训练场上的摸爬滚打，在他身上留下了30多块伤疤。尚自席1983年到济南陆军学院深造，院校的理论学习又为他的实践拓宽了视野。在校期间，他总结出24份训练教学法，带出了连续两年荣立集体三等功的学员班。尚自席运用这套教学法，培养了近万名训练骨干，带出了100余名训练标兵。

加强训练保障配套建设 全军训练保障配套建设第2批上马的师、旅，按照总部提出的“立足现实、着眼发展、全面配套、经济实用”的指导思想，艰苦奋斗，到1990年8月，90%的试点单位完成了6项内容的基本建设：有设备完善、功能齐全的军官训练中心；有能够基本保障部队训练需要的配套场地；有比较规范、标准的训练器材仓库；有一支训练有素、能进行战术对抗训练的模拟分队；有从班到师（旅）、从分队到首长机关、从室内到室外成系列的训练器材；有一套比较健全的训练保障制度。据悉，1990年上马的第3批若干师、旅的训练保障配套建设，定于1991年3月完成。

南京军区高级军事主官训练述职 1990年1月中旬，南京军区召开军事行政工作会议，各军级单位军事主官对照个人立下的抓军事训练工作的“军令状”和军区对各部队军事训练的检查、考核结果，作述职报告并接受军区机关的讲评。训练述职制度的建立，把军级军事主官从训练的幕后推到了前台，增强了抓训练的责任感。据南京军区的调查统计，各军级单位的军事主官1989年用于参加和组织军事训练的时间平均达60天。他们带头抓训练，给部队的军事训练工作带来了新的动力。全军区96%的团完成了全训任务，合同战术、实弹实爆作业和夜间课目、武装泅渡等重点难点课目普遍落实。军区对所属特种兵82%的连队进行的基础训练抽考，总评成绩达到良好以上。

表彰军事训练先进单位 1990年11月12日，在全军教导队训练工作会议上，14个军事训练先进单位受到表彰，他们是：81200部队、81415部队、51011部队、52940部队、84803部队、54642部队、32417部队、53023部队、35208部队、37751部队、37531部队、39221部队、80413部队。

上述先进单位的基本经验是：坚持把军事训练摆在部队工作的中心位置，主官以主要精力抓训练，司、政、后、技机关紧紧围绕中心展开工作；认真贯彻新一代训练法规，坚持依法治训，建立正规化的训练秩序；坚持从实战需要出发，努力提高训练质量；发扬勤俭练兵的传统，提高训练保障效益；加强思想政治工作，激发官兵爱军习武热情，从而保证了军事训练的落实。

总参谋长迟浩田上将为14个军事训练先进单位颁发了锦旗，并希望全军部队向他们学习，在训练工作中做到严格、正规、扎实、过硬。

颁发实施新的炮兵军事训练成绩评定标准 1990年4月，总参谋长迟浩田上将发布命令，执行新的军事训练成绩评定标准，即炮兵施行《陆军军事训练成绩评定标准》第三册《炮兵》。新的炮兵军事训练成绩评定标准在结构和内容上都较前版有所变化。主要是将1986年本陆军地面炮兵演习教令中的实弹战术演习成绩评定标准部分抽出来，增编为第五分册《战术演习》，并根据团属炮兵口径的变化，将1984年本标准按师属以上与团营属的划分办法改为依火炮种类和弹道特性划分。《战术演习》分册在规定炮兵部队演习任务时，增加了"计划组织战斗"和"兵力机动"两个阶段，并对演习各阶段中群首长、机关和营以下指挥员、分队的工作规定了详细的内容和评定尺度，提出了要求。新的标准发布后、与前几年业已执行的新条令、条例、大纲等构成了新的炮兵训练法规的体系。

组织炮兵快速反应汇报演示 1990年6月，组织炮兵有关部队，向有关领导、机关汇报演示了80年代以来炮兵快速反应研究、试验和革新的技术成果。演示中，地炮火力反应时间接近或达到世界发达国家军队水平，射击精度也显示出崭新的水准；高炮情报传递和射击指挥手段也取得了突破性的进步。领导、机关观看演示后，充分肯定了炮兵在快速反应方面取得的成就和改革的正确思路，表彰了炮兵在改革中表现的钻研精神和扎实的工作作风，并表示了把炮兵快速反应改革的思路推广到整个军队中去的意向。

广州军区炮兵快速反应普及面扩展 1989年全军炮兵部长观摩广州军区"快反"普及后，1990年广州军区制定了新的普及"快反"三年规划，按照抓普及质量，扩大普及面，提高改革层次的新思路，开始把快速反应向预备役炮兵、团营属炮兵和海边防守备炮兵普及。该区各部队认真贯彻落实新"三年规划"，1990年初及早部署，年内狠抓基础训练、协同训练、野营训练，重点检查指导，并对普及"快反"的单位实行"倾斜政策"。年终考核时，又有一批炮兵部（分）队展现出良好的快速反应能力，预备役师炮兵也达到了现役炮兵部队的快速反应水平。

沈阳军区炮兵完成快速反应达标训练3年规划 根据沈阳军区1988～1990年炮兵快速反应达标训练规划，该区部队各级领导和炮兵部门把深入开展炮兵"快反"达标训练当作本年度的一项重大任务，积极深入炮兵部队抓达标训练。各部队坚持以战斗力为标准，严格执行军区制定的《炮兵快速反应达标训练考核验收评定标准》，从实战需要出发，全面训练，提高"五快一准"能力。考核验收中，各大单位严格把关，不迁就照顾。年终，军区根据考核验收结果，批准并通报了一批单位为1990年度炮兵"快反"训练达标单位。至此，沈阳军区多数炮兵部队已在达标训练中取得好成绩。

组织实施炮兵群教练试点 1990年年初，总部提出组织炮兵群教练试点的任务。各军区根据总部要求，年内分别组织了试点。试点的主要工作是研究、试验并提出规范炮兵群教练的程序、步骤、方法的意见，为在全军炮兵统一规范炮兵群教练提供依据。各军区组织试点部队进行了认真系统的研究、试验，就群教练的组织职责、准备工作、内容安排、实施步骤与方法以及质量控制等总结了经验，并分别编写出炮兵群教练的《暂行规定》、《实施细则》、《指导法》等资料，为总参谋部编修地高炮两本《训练细则》，在全军范围内规范地高炮从单兵到群的教练，推进炮兵训练的正规化，奠定了基础。

举办全军炮兵战役作战集训 1990年8月，总参谋部组织了全军炮兵战役作战集训。总参首长参加了集训活动，肯定了炮兵战役作战训练在现代合成军队战役层次训练中的重要地位，和近几年炮兵在战役作战训练方面研究探索的成果。集训前，先行布置了战役想定作业。集训中组织观摩了攻防战役炮兵、防空兵作战示范性想定作业，讨论交流并统一了战役炮兵作战组织指挥的工作内容、程序及作战文书的种类、格式等。集训后，总参谋部组织力量进一步编修了《战役炮兵训练纲目》、《战役防空兵训练纲目》和《战役炮兵防空兵训练法》，规范了战役炮兵训练的内容体系和方法。

装甲步兵分队进行战术训练改革 从1990年开始，新版《装甲步兵军事训练大纲》和新制定的《装甲步兵分队战术训练教程》分别由中国人民解放军总参谋部和总参谋部装甲兵部颁发全军装甲步兵分队执行和试行。新版大纲继承了以往装甲步兵军事训练的基本经验，吸收了自1983年以来训练改革的成果，较好地规范了装甲步兵军事训练的内容。同期颁发的战术训练教程与训练大纲有关内容相对应，是装甲步兵分队战术训练的重要依据。

针对以往装甲步兵分队战术训练存在的主要问题，本着“精炼训练内容，规范训练程序，讲求训练方法，打牢战术基础”的指导思想，实行了分队战术训练的系统改革。一是从兵种特点和训练实际出发，确定了战术训练的基本内容，缩小了范围，突出了重点，并以训练大纲的形式固定下来。二是规范了训练的基本程序，即在层次上按班（组）、连（排）、营训练的顺序进行；在内容上按协同基础、战术（基础）训练、战斗勤务、综合演练的顺序进行；在步骤上，按先军官训练、后实兵训练；分队实兵训练按分段作业、连贯作业、综合演练的步骤组织实施。这一改革符合训练规律，有利于打牢训练基础，提高训练质量。三是明确了训练的方法、条件，减少了训练的随意性，同时对人车结合问题提出了具体要求，有利于提高分队的整体作战能力。四是制定了各训练课题的成绩评定标准和评定方法，分队战术训练“软指标”的问题开始得到解决。

1988～1989年，沈阳军区部分机械化（装甲）步兵部队按照上述改革的基本思路，在上级机关的帮助指导下进行了装甲步兵分队战术训练改革的研究试验工作。通过两年的研究试验和总结，形成了《装甲步兵分队战术训练教程》。该教程的颁发试行，改变了以往装甲步兵分队战术训练无章可循的状况，适应了训练需要，标志着装甲步兵分队的战术训练在向正规化、科学化方向迈进。

坦克分队战术训练改革成效显著 1990年，全军坦克分队开始执行新的训练大纲，全面推广使用《坦克分队战术训练教程》，有效地提高了坦克分队战术训练的水平和训练质量。过去，坦克分队战术训练的基本形式是按照课题施训，以练程序为主，训练内容多，且存在着一定的局限性，场地也不易落实，训练中随意性很大。针对这些问题，总参装甲兵部明确了坦克分队战术训练改革的着眼点：落实训练内容，规范训练程序，讲求训练方法，打牢战术基础，加强战法研练，以军官和车长为重点，以单车和连为主要训练层次，提高坦克分队的整体战斗力。从1983年开始，经过广泛的调查研究和反复试验论证，先后三次修改训练纲目，并编写试行了《坦克分队战术训练教令》和教材。在此基础上，总参装甲兵部于1988年3月颁发了《坦克分队战术训练教程》，总参谋部于1989年2月又颁发了《坦克分队军事训练大纲》。经过改革，将坦克单车、排、连战斗的基本动作归纳为13个练习，连战术分段演练归纳为15个练习，并将原大纲的47个战术课题提炼成攻防、战斗勤务等7个课题，使战术课题少而精，覆盖面广，更切合部队实际和实战需要。

全军工程兵部队开展训练正规化达标活动 1990年是全军工程兵部队开展军事训练正规化达标活动的第一年。年终经总参工程兵部组织的联合检查验收小组实地考核，全军工程兵已有22%的师属工兵营以上单位，达到训练正规化标准，整个工程兵部队的训练在这一活动的推动下，呈现出一派生机。

长期以来，工程兵部队的训练不够落实。为改变这一局面，适应新时期建军的要求，落实军委关于以战斗力为标准、以军事训练为中心、以正规化建设为重点的指导方针，总参谋部工程兵部根据本兵种的特点，制定了《工程兵军事训练正规化单位标准》，从训练领导、训练组织实施、训练保障、训练任务的落实等4个方面，规定了实现正规化的20项具体标准和规范，使军事训练工作中许多难以衡量的软指标变成了量化的硬指标，并于1989年9月，专门举办了有工程兵部队师、团主官参加的全军工程兵正规化训练集训，明确了正规化训练的路子，展示了样子，制定了规划。从此，训练正规化达标活动便在全军工程兵部队蓬勃展开。围绕实现训练正规化的目标，各全训部队，主官上阵，机关形成抓训练的合力，人、财、物向军事训练倾斜，改善训练条件，优化训练环境，坚持依法治训，按“纲”施训。“达标”活动不仅改变了“中心不居中”的现象，而且有效地激发了官兵的练兵热情。讲训练，比训练，蔚然成风，带动了部队的全面建设，使全军工程兵部队遂行作战工程保障任务的能力明显提高。

组织全军通信兵教学法集训 1990年3月，总参通信部组织了全军通信兵教学法集训。总结了全军通信训练改革的经验，观摩了某通信部队组织实施共同科目和专业技术、战术科目共8个项目的作业，参观了该部训练场地设施及训练正规化管理的做法；传达了全军桂林教学法集训精神，学习了《中国人民解放军军事训练条例》；讨论修改了《通信部队正规训练验收标准》以及专业技术能手、“四会”教练员和通信分队训练考核标准，部署了新年度的训练工作任务。通过集训，进一步明确了训练的指导思想和任务，对巩固、普及和完善训练改革成果，加强训练法规建设，建立正规的训练秩序，具有重要的现实意义。

举行全军无线电报务专业技术竞赛

1990年7月19～28日总部在张家口通信学院举行了全军无线电报务专业技术竞赛。这是自1964年全军通信大比武以来的又一次全军性的通信专业技术竞赛活动。参加竞赛的有各军区、军兵种、总后勤部、国防科工委、总参通信部直属队和张家口通信学院共15个代表队，139名队员。其中，16个建制无线电台的64名队员进行了9个项目的激烈竞争，45名技术尖子进行了3个项目的精彩表演，均取得了优异成绩，刷新了一批纪录，在中国人民解放军通信兵史上写下了光辉的一页。这次竞赛，是对全军无线电报务训练成果的一次大检阅，在全军通信部队中产生了广泛而深刻的影响，对于推动全军无线电报务专业训练向更高层次发展，激发练兵热情，促进训练落实，提高无线分队遂行通信保障任务的能力，具有十分重要的意义。

组织战役通信演习 为了进一步论证野战综合通信系统，摸索该系统在战役作战中的使用特点和组织实施办法，深化战役通信训练，促进战役通信保障能力的提高，1990年7月上旬在华北地区组织了一次战役通信演习。野战综合通信系统是运用无线电、有线电、卫星、散射等多种通信网络和电话、电报、传真、微机等终端设备，形成多层次、多方面、多信道、多功能的综合通信系统。这次演习，在理论与实践的结合上，系统地研究和演练了该系统在战役作战中的组织运用问题，展示和验证了野战综合通信系统的各种功能，在8个战役课题的实际演习中，先后进行了各种情况的通信保障课题演练和试验，探索了组织地域网通信部（分）队遂行任务的方法，各通信部门组织计划野战综合通信系统的程序、内容和方法。论证了我军新一代通信条令的有关内容，为深化战役通信理论和发展野战通信系统提供了实践依据。总参谋部副总参谋长徐惠滋中将到演习现场检查指导，赞扬演习取得的成绩，祝贺演习成功。

通信部队军事训练出现好势头 为检查了解部队军事训练的落实情况，总部于11月对9个通信部队的342名军官，1163名士兵进行了8种专业人员20个项目的抽查考核。各单位总评均取得优秀成绩。从检查的结果看，全军通信部队训练出现了好势头。其主要特点，一是各级党委坚持以军事训练为中心，司政后通力协作抓训练，保证了训练的落实；二是认真贯彻训练《条例》，建立健全规章制度，坚持按纲施训，训练工作初步走上了正规轨道；三是基础训练比较扎实，应用技术比较熟练，军官技术骨干训练落实，训练质量有明显提高；四是自筹资金，艰苦创业，建设了比较完善配套的训练设施，为训练创造了良好的条件。

防化训练成绩显著 全军防化部（分）队继续坚持把军事训练作为本单位的中心工作，以打牢技术、战术基础，提高干部的组织指挥和任教能力为重点，进一步提高防化兵的专业保障能力。全军有95%的防化部（分）队担任全训任务，在任务重、活动多的情况下，训练内容、训练时间、参训人数和训练质量等四个方面得到较好落实，年度训练结束时，经考核验收，总评成绩均在良好以上，有1／3的连、营被评为训练达标或先进单位。

随着新大纲、新教材、新的军事训练成绩评定标准的颁发，严格按照“三新”施训，注重建立正规化训练秩序是1990年防化训练的一个显著特点。按照“三新”要求，认真抓好各层次的基础训练，加强实毒、实消和实喷训练，注重野战条件下训练，全军有1／3的军、师将防化兵拉出营区进行野外集中驻训，进一步保证了训练质量。为激发练兵积极性，交流经验推动训练，沈阳、北京、成都等军区进行了技术、战术比武，评选了一批技术能手和特（优）等喷火手。

组织全军防化分队军官战术教学法集训

为适应按“三新”训练的要求，规范训练路子和方法，提高军官组织训练和任教能力，总参防化部组织了一期全军防化分队军官战术教学法集训，重点进行了分段作业、连贯作业和军官编组作业三种方法的学习。各军区防化部也分别组织了教学法集训或战术训练现场会。南京、成都军区进行了防化分队军官“四会”教练员评比，评选了一批“四会”教练员。目前，有1／3的防化分队军官初步掌握了新的训练方法和步骤，提高了组织训练和任教能力。

研练核化条件下防空作战 1990年10月，空军进行了一次在核化条件下防空作战研究性演习。为加强演习的深度和针对性，在演习准备阶段，进行了核化条件下防空作战的学术研究，并在演习开始前作了交流。此次演习，不仅在地面指挥所进行了首长、机关图上推演，还在空中和地面进行了实兵演练：空中演练了穿云破雾拦截“敌机”，直升机航空辐射侦察；地面保障分队进行了侦察、灭火和抢救、消除等行动。

实兵实毒防化保障演练 据《解放军报》

1990年11月2日报道，南京军区某集团军所属防化分队，9月下旬在闽南某地成功地进行了一次实兵实毒防化保障演练，科学论证了防化兵在未来作战中的防化保障能力。有关部门的领导和专家对这次演练给予高度评价。

这次实兵实毒防化保障演练，是在摩托化步兵师合同战术演练的背景下进行的。他们围绕合同作战，从紧急离营疏散，到走、打、吃、住、藏各个环节，以及对重要目标的防化保障，逐一进行演练。作业中，观察、侦察、喷洒、淋浴各分队配合默契，估算、观测、取样、标志、监测、洗消有条不紊。通过演练，不仅检验了集团军所属防化分队按新训练大纲施训取得的良好成绩，而且对现有装备在未来作战中的防化保障能力进行了充分论证。

海军部队训练

综述 中国人民解放军海军注重抓基础训练，加强首长机关和合同训练，严格训练制度，注意抓好训练的正规化建设，训练效益比较明显，较好地完成了1990年度训练任务。

摆正军事训练的中心位置，狠抓训练落实 各部队普遍加强了国防观和军队职能教育，增强了广大指战员练兵习武的紧迫感与保卫祖国海疆的责任感，提高了练兵的积极性。各级党委做到定期分析训练形势，及时解决训练中的问题，主要领导能深入训练现场组织和指导训练，师以上领导出海天数比1989年增加31.5%。各部队广泛开展了群众性的训练比武竞赛和争先创优活动。据统计，仅团以上单位组织的比武竞赛就近800次，参赛4万多人次。许多部队还制定了训练奖惩措施，强化了训练意识。

*坚持分类指导，按纲施训，注重抓基础，求质量。*各部队根据装备状况和训练水平将舰艇与飞机分类，采取进舰艇训练中心和飞行训练师、团等方法相对集中时间和人员，重点抓好基础科目训练，在1990年中，进行基础科目训练的舰艇，有90%完成了单舰艇全部科目，飞行部队战斗团全部达到甲级水平。训练中严格执行条例、大纲，严格训练制度，有的依据大纲内容定出量化训练指标，既有操练次数和时间要求，又有质量标准。每一个科目训练结束时，都坚持严格考核验收，把好质量关。海军和各师以上单位对部队年度训练质量进行综合考核，有力地促进了部队训练质量的提高。

加强了首长机关和合同训练，在提高指挥和谋略水平上下功夫 各部队普遍重视了对毛泽东军事思想、邓小平军事论著和中央、军委对海上军事斗争的方针、原则、策略的学习，注意将理论研讨与指导现实军事斗争和部队建设实践紧密结合，组织了战役、战术集训和实兵演习。有的部队还结合执勤组织部队进行多舰（兵）种合同攻防演练，并带动沿岸兵力进行对抗训练以及后勤保障检验性实兵演习，不仅提高了首长机关指挥和谋略水平，而且促进了战备工作的落实。此外，各级还加强了参谋基本功训练，不少单位进行了参谋合格考核试点。

重视抓好新装备的训练和管理 针对新装备自动化程序高，技术复杂，训练难度大的特点，海军从抓一艘舰的新装备训练入手，摸索了组织新型舰艇基础训练的路子。不少单位为抓好新装备训练，专门成立攻关小组，主要领导亲自抓，编写了新装备训练规范和细则，修改部署，完善各种使用保养条例，并结合改装、试验，举办军官和技术骨干集训，注重理论学习、实际使用和维护保养，积累了新装备训练和管理的经验。

坚持从严治训，狠抓训练的正规化建设 各部队认真抓了《全军军事训练条例》的学习，并结合实际制定贯彻措施，根据不同层次、不同人员的特点，层层抓落实。许多单位采取典型引路、组织观摩评比等方法，以条例为依据规范训练。各级在组织训练检查考核中，都把训练管理、行政管理和装备管理作为重要内容，从检查情况看，部队正规化管理水平有较大提高。此外，海军还完成了总部赋予的《舰艇人员体育锻炼标准》的制定和试训任务。

海军航空兵降低一批飞行员技术等级

据《解放军报》1990年2月27日报道，飞行时间和课目进度落实难，曾是长期困扰海军航空兵训练的难题之一。1989年，经海航党委讨论通过的《建立稳定正规训练秩序若干问题的暂行规定》，作为海军航空兵训练的重要制度，开始在海航部队试行。为巩固刚建立起来的新的训练秩序，维护飞行训练任务指标的严肃性，海航在对1989年训练进行严格考核验收的基础上，坚决兑现《暂行规定》，于1990年2月降低了未能完成年度训练任务指标的99名飞行人员的飞行技术等级。

东海舰队航空兵以整体合力抓训练 据《解放军报》1990年4月18日报道，东海舰队航空兵实行了“3级捆绑”抓训练制度，即：将司、政、后、工与各师、团“捆绑”在一起，促使机关各部门盯着战斗力抓工作，过去同飞行训练争时间等矛盾得到较好解决；将师、团领导与所在团队“捆绑”在一起，促使师、团领导千方百计抓训练，改变了飞行训练低层次循环状况；将场站、雷达团等与飞行团“捆绑”在一起，扭转了保障部队拖飞行团后腿的现象，飞行保障良好率上升到98%以上。由于用整体合力抓训练，整体战斗力水平得到提高，4月上旬，所属战斗团全部达到甲类水平。

重视发挥舰艇训练中心的作用 据《解放军报》1990年10月26日报道，东海舰队十分重视发挥舰艇训练中心的作用，使舰艇部队的训练发生了喜人的变化。舰队为训练中心配备了思想好业务强的骨干，这里的近百名业务骨干，多数是各舰艇部队抽调来的尖子，具有丰富的实践经验；同时积极利用训练中心30多个港岸训练室进行基础训练。在海军和舰队有关部门的指导下，训练中心还探索了一套适合于水面舰艇的量化训练路子，以大纲为依据，对训练时间、训练次数和训练标准都作了明确要求。这种训练方法，效果好，成效大。9月底，刚从舰艇训练中心结束训练的3艘舰艇在实弹演练中又取得优秀成绩。

海军陆战旅苦练两栖作战本领 据《解放军报》1990年10月30日报道，海军陆战旅着眼未来海战特点，抓好两栖训练，从难从严锻炼在复杂条件下的生存和作战能力。从1990年6月以来，官兵们在海练点驻训，500多名入伍刚半年的新战士，通过严格训练，在海面7级阵风的条件下，徒手游泳5000米，武装泅渡500米考核合格率达98.5%。针对陆战部队担负的特殊使命，官兵们在海练点还完成了班排在陆地、海滩的战术课目：登陆舰装载航渡训练，登陆、抗登陆演练；海上驾驶冲锋舟、水上水下火箭爆破训练；坦克、装甲车在复杂道路上通过各种障碍物驾驶；登岛侦察、野外求生等课目的训练，提高了部队在复杂条件下的作战能力。

图上战役演习改革推动战役训练 据《解放军报》1990年11月16日报道，曾荣获1989年优秀教学成果军队级一等奖的海军指挥学院“图上战役演习改革”成果，1990年已在海军机关、舰队、基地推广应用，推动了海军战役训练的发展和提高。海军图上战役演习是利用电子计算机等设备模拟实战状态，在图上摆兵布阵来训练海军中高级指挥员。这项成果使图上演习增强了针对性和实用性；在方法上注重了“活导活演”，有利于提高参演人员的谋略思想和当机立断的能力。

海军航空兵战斗团全部达到甲类团标准 据《解放军报》1990年12月21日报道，海军航空兵部队自1990年开训以来，一大批飞行员完成了海上超低空等20多个高难课目的训练。截止11月30日，提前1个月完成了年度训练任务。同时，年初被降低飞行等级的飞行员已有60多人达到恢复和晋升飞行等级的标准。为克服训练与保障“两张皮”的状况，海军航空兵规定：飞行部队未完成年度训练任务，所在场站不能评为优质安全场站。这项制度理顺了保障与训练的关系，有效地提高了保障质量，保证了飞行训练任务的完成。经严格考核验收，所属各战斗团全部达到了甲类团标准，使战斗力水平得到了明显提高。

空军部队训练

综述 1990年，空军部队认真贯彻军委、总部和空军党委的有关指示精神，坚持以战斗力为标准，以军事训练为中心，在各项训练保障困难、环境复杂的情况下，树立了振奋精神，艰苦奋斗，克服困难，有所作为的思想，积极组织军事训练，参训兵力、时间、内容和质量指标得到了落实，巩固提高了部队战斗力。

圆满完成各项年度训练任务 航空兵部队提前1个月完成了年度飞行训练时间指标，全年完成年计划时间指标的106.5%。各部队坚持质量标准，严格按大纲施训，按评分标准评定成绩，注重打牢飞行员的技术基础，对每个飞行员进行了全面的技术考核，摸清了技术状况，对照新大纲认真组织了技术补训，提高了训练质量，部队的基础课目训练成绩都达到良好以上，有一半以上的航空兵部队训练成绩达到优秀。部队的战术技术水平有提高，战斗团普遍开展了高难度课目训练，进行复杂条件下机动训练的部队比1989年增加21个百分点；50%以上的部队参加了各种实兵合练、演习，达到4种气象训练水平的飞行员和甲类战斗团数创历史最好水平。新飞行员按大纲规定的期限、质量完成了改装训练任务。共同科目、航空救生和体育训练落实得比往年好。地面部队的军事训练也取得了好成绩。有2个航空兵师被总参谋部授予1990年度全军军事训练先进单位，空军授予19个师、旅级单位为1990年度空军军事训练先进单位。

执行新的训练法规，建立正规的训练秩序 从1990年7月1日起，新的飞行训练法规在空军航空兵部队正式执行。各部队按照空军党委的要求，认真组织了新训练法规的宣传、学习和集训；严密组织了新、老训练法规的转换和衔接；以新的训练法规为依据，开展了对所有飞行部队和飞行保障单位的整顿，增强了广大官兵的章法观念，维护了训练法规的权威性，促进了训练工作的落实。

突出干部训练，加强指挥员、教员队伍建设 1990年，空军各级按照分工，对所有飞行指挥员进行了轮训，并组织了飞行教员和航空理论教员骨干集训。通过训练，提高了飞行指挥员、教员的指挥、教学能力。

以训练质量为核心，开展岗位练兵活动 在各行各业和各类人员中，继续深入开展了以提高训练质量为核心的岗位练兵活动。普遍组织了模拟训练、默画计算、军事专业知识抢答比赛和小规模的比武竞赛等多种形式的岗位练兵活动，提高了各类人员的业务素质和技术水平，促进了训练任务的完成，从整体上增强了保障训练和抵御事故的能力。1990年，飞行员正确处置较大空中特殊情况数百起，空军范围各行各业涌现出了一批岗位练兵先进单位和技术能手。

飞行安全保持了较好的形势 空军提出了“以预防为主，以训练质量为基础，以提高战斗力为目的，积极保证安全”的飞行安全指导原则，各部队积极贯彻这一原则，始终把安全工作摆在重要位置，狠抓落实。1990年发生的严重飞行事故次数是历史上最少的年份之一，万时率是最低的一年。从1989年12月9日至1990年4月23日，全空军连续保证了135天的飞行安全。36.4%的团连续保证了10年以上的飞行安全。

新的训练法规在空军颁发执行 为适应新时期军事训练工作发展的需要，空军组织力量用3年时间经过总体论证，制定规划，提出设想和纲目，系统编修几个阶段，从1990年7月1日起，具有中国空军特色的新的训练法规正式在部队颁发执行。新的训练法规以毛泽东军事思想和邓小平关于新时期建军思想为指导，充分体现了军委、总部有关军事训练的方针、原则，体现了空军军事训练指导思想，较好地处理了继承与发展的关系，反映了军事训练发展的客观规律和空军组织实施训练工作的基本经验。它的颁发执行，适应了新时期部队训练发展需要，健全完善了空军的法规体系，使空军军事训练工作进一步走上了依法治训的轨道，促进了空军部队的正规化建设。

组织飞行指挥员集训 为研究落实新的飞行训练法规的实施方法，全面提高飞行指挥员组织指挥水平，为部队全面、严格贯彻新法规培训骨干，1990年6月，空军组织了航空兵飞行指挥员骨干集训。这次集训，采取授课和讨论相结合，课堂学习和实际指挥相结合的方法，认真学习了《指挥员训练大纲》规范的内容，学习了组织指挥飞行训练的方法、程序，互相交流了在组织指挥方面的经验。在集训过程中，明确了飞行指挥员除本身应该具备飞行员的八项素质外，在组织指挥水平方面，还必须达到：组织计划周密，指挥调度得当，特情处置正确，组织保障有力，执行规章严格的5条标准。对进一步提高飞行指挥员队伍素质。更好地适应军事训练工作发展的需要，促进部队战斗力的巩固和提高起到了重要作用。

第二炮兵部队训练

综述 1990年，第二炮兵部队的军事训练工作，狠抓了训练秩序，广泛开展了发射营达标和专业技术竞赛活动，进一步加强了训练的组织领导，提高了依法治训的意识，增强了军事训练的生机和活力，促进了军事训练的持续稳步发展。

以质量为中心，狠抓训练任务落实 各部队从所担负的作战任务出发，区分训练层次，实行分类指导，做到宏观指导与具体指导、全程指导与阶段指导、计划指导与现场指导相结合，促进了训练时间、人员、内容和效果的落实。年度参训连队达100%，人员参训率达86.2%，各科目考核成绩及格率达97%，良好率达65%，实弹发射成功率达100%。

巩固成果，深化训练改革 一是新兵训练坚持“先训后补”，采取了训练团、训练营和临时训练机构并存的编组形式，适应了各专业新兵训练特点，提高了质量。人伍教育考核成绩优秀率达75%，专业科目训练考核成绩平均达良好以上；二是在试点的基础上，颁发了《第二炮兵导弹发射营、工程建筑营等级达标活动实施办法》，健全、完善了导弹发射营达标活动，达标率比1989年增长10%；三是加强了法制建设，正式颁发了《第二炮兵战役训练规定》等4个法规，组织了《第二炮兵军事训练条例》等5个军事训练基本法规的编写和试点工作，有效地提高了依法治训的程度。

适应发展，强化首长机关训练 在组织部队完成训练任务的同时，各级狠抓了首长机关自身的军事训练。共举办各类集训班近百期，集训干部数千人次；有4个单位组织了战役集训和首长机关带部分实兵的战役演习，2个单位结合实弹发射组织了检验性演习，提高了机关干部的军事理论水平和组织指挥能

力。

突出重点，搞好训练保障　为满足部队训练急需，组织编写了训练教材34种，近170万字；下拨训练器材25种，12000余台（件，套），缓解了供需矛盾，保障了训练落实。

二炮军事训练与考核智能系统通过鉴定

1990年6月3日，由二炮工程学院组织研制的“二炮军事训练与考核智能系统”，在西安通过了专家鉴定。该系统冲破了人员、装备、地形、气象等种种条件的制约，把训练情况通过计算机用声音、文字、图形等形式形象逼真地显示出来，给决策机关和基层指挥员提供准确的决策依据。

陆军（合成军队）院校教育

综述　1990年，中国人民解放军陆军（合成军队）各级院校认真贯彻中央军委的办校方针、原则和各项指示，围绕培养适应新时期军队革命化、现代化、正规化建设和未来作战需要的合格人才这个主题，采取积极措施，推动教学工作进一步发展。一是强调对考生政治、军事、文化、身体综合素质的选拔。通过提高考生军事科目考核成绩所占比重、扩大初级指挥院校对优秀班长的招生数量、实行直接保送入学和改善从地方招生的条件等方法，进一步提高招生质量。二是注重不断增强教学力量。各级院校在努力提高教育管理水平，按“四化”要求建设教员队伍，积极改善教员队伍的组成结构，加强教学力量的同时，还建立了军事学学位制度，努力创造高层次专门人才的培训条件。三是重视对学员政治素质的培养。各级院校坚持把提高学员的政治素质放在首位，发扬中国人民解放军政治工作的优良传统，结合社会主义的实践，加强政治理论教学，培养学员坚定的马克思主义信念和政治立场，有效地抵制资产阶级自由化思潮的影响，成为政治上的合格人才。四是深入进行教学制度、内容和方法的改革。教学改革围绕进一步提高学员的学习积极性，完善教学计划体系、学科课程大纲体系及教材体系，加强实践性教学，以促使知识向能力的转化和完善教学管理，优化教学过程等基本环节展开，进一步提高了教学质量和效益。五是不断改善教学手段和教学保障。

部署年度军队院校招生工作　据《解放军报》1990年6月10日报道，总参谋部、总政治部在部署1990年度秋季军队院校招生工作的通知中强调，要坚持德才兼备和把政治素质放在第一位的原则，进一步提高学员的质量，为院校培训合格人才奠定基础。根据总参谋部、总政治部的要求，1990年度军队院校在招生中，进一步扩大了初级指挥院校招收初中毕业文化程度的优秀正副班长的数量，各陆军学院按中专排长班招生数量的1／2安排，各兵种初级指挥院校，按中专排长班招生数量的1／4安排。对在团（旅）范围内建制连队战斗班特别优秀的班长，实行军事、文化科目双免试，直接保送入学，并规定了各级保送的名额。根据总参谋部、总政治部的部署，1990年度军队院校共招收4万余名军官、战士和地方青年入学。

较大幅度提高院校教育经费　总参谋部、总后勤部1990年5月31日颁发了新的《全军院校教育经费标准》，较大幅度地提高了院校教育经费，以保证军队院校教育事业的发展。新标准中的人员标准经费部分，除研究生培训经费标准保持原有水平外，其余均翻了一番；新标准中的院校单位标准部分比过去的标准提高了20%。这次较大幅度增加院校教育的投资，即体现了中央军委和总部对军队院校建设的关怀，又对全军院校教育领域的全体人员提出了多出人才、出好人才的更高要求。

举办全军院校教育管理研究班　由50多名院（校）长参加的全军院校教育管理研究班，于1990年11月10日至12月11日在国防大学举办。这期研究班在理论学习和经验交流的基础上，专题研究了有关加强院校政治建设，坚持以教学为中心，培养军队信得过、用得上、留得住的军事人才等问题，进一步提高了院（校）长的领导管理水平，推动了全军院校的全面建设。总参谋长迟浩田上将在研究班结业典礼上讲话，要求充分发挥院校教育在加强部队训练和管理中的重要作用，扎扎实实为部队建设服务。

改善教员学历结构　《解放军报》记者1990年9月中旬从有关部门获悉，军队院校教员队伍学历结构发生显著变化，教员队伍中具有大专以上学历的达93%，其中大学本科学历的占52%，获得博士、硕士学位的占9.5%，并拥有一批包括中国科学院学部委员、博士生导师在内的高级教育人才，形成了一支素质较高、结构合理的教学队伍。

根据中央军委和总部制定、颁发的一系列加强教员队伍建设的法规和文件，全军院校把改善教员队伍知识结构作为一项系统工程来抓。一是从部队选调大批德才兼备的人才充实教员队伍；二是从地方招收了数千名教师、本科毕业生和毕业研究生；三是选留军校优秀毕业生留校任教；四是通过轮训、进修、讲座、函授、自学、出国留学深造等多种形式培训教员。经过几年的努力，大大改善了军队院校教员的学历结构。据悉，许多院校已提出了教员队伍必须具有本科以上学历的目标，并已制定了具体的培训措施。

建立军事学学位制度 据《解放军报》1990年12月8日报道，经国务院学位委员会第九次会议批准，中国首次设立了军事学硕士学位授予单位及其学科、专业授权点。这是中国人民解放军教育史上的一个创举，标志着军事学教育已达到一个新的水平。

国务院学位委员会这次审核批准的军事学硕士学位授予权学科、专业共计55个，其中包括军事学门类中8个一级学科（军事理论及军事史、战略学、战役学、战术学、军队指挥学、军制学、军队政治工作学、军事后勤学）所属29个二级学科中的26个，覆盖率达89.67%。

经国务院学位委员会审核批准的军事学硕士学位授予权单位共20个，包括国防大学、军事科学院等院校和科研单位。国务院学位委员会和军队学位领导小组自1989年3月开始，对各授予权单位和授予权学科、专业逐一进行了审核。在审核过程中，专家、教授们一致认为，这些单位办学历史长，办学经验丰富；学科门类比较完备，支撑研究生教学的各相关学科基础建设扎实；比较充分地具备了研究生教学的物质条件；建立了完整的研究生管理机构，积累了一定的研究生教育经验，是中国军事学高层次专门人才的培训基地。

实行培训制度改革 据《解放军报》1990年5月7日报道，西安陆军学院在大力加强政治思想工作的同时，对学员从入学到毕业分配各个环节实行全程淘汰制，有效地提高了教学质量。学院党委认为，教书育人既要坚持把政治工作放在首位，也要把淘汰制贯彻始终，以激发学员自觉地勤奋学习。目前，这个学院建立了较为完善的全程淘汰制度，制定了《学员学籍管理细则》，把学员的政治素质、军事训练、文化学习、管理能力融汇于考生预选、注册登记、量化管理、综合考察之中，一环紧扣一环。与此同时，学院还建立了评选优秀学员制度，每学期由学院、大队、学员队根据不同的标准，评选出各级的优秀学员，并按不同奖励权限，分别给予嘉奖、立功或毕业时高定一职（或一衔）的奖励。

据《解放军报》1990年2月6日报道，总参谋部炮兵所属院校在近3年试点的基础上，普遍实行了培训层次升降制，奖优汰劣，因材施教，充分调动了广大学员的学习积极性。为了保证学习的连续性和毕业分配时专业对口，学员培训层次的升降在校内或院校之间的相同专业内部进行。到1990年2月为止，各炮兵院校学员由中专升入大专的有12名，由大专升入本科的有3名；由本科降至大专的有6名，由大专降至中专的有79名。这种做法，有效地保证了各培训层次毕业学员的人才质量，达到了院校、部队都满意。

试行定向教育 据《解放军报》1990年2月16日报道，昆明陆军学院探索和施行的西南战区定向教育，被国家教委评为“教育科学优秀成果奖”。该学院从1986年起开始试办云南、西藏边防定向队，根据招生、培训、分配“三定向”的原则，先后有6批数百名有志于献身边防的优秀的士兵入院学习。这种定向教育的方法，使学员毕业后较好地适应了第一任职的需要。这个学院1989年对134名毕业分配到边防的定向队学员进行了跟踪调查，部队的普遍反映是：合格、对路、顶用。

加强政治理论教学 据《解放军报》1990年8月20日报道，国防大学在社会主义建设理论教学中，从强化基本理论入手，抓住理论学习、调查研究、集体攻关等主要环节，着力回答当前社会主义建设理论教学中面临的现实问题，收到良好效果。在教学内容和教学环节的安排上，学校着眼于满足学员系统掌握社会主义建设理论的需要，围绕社会主义运动中出现的曲折和如何建设具有中国特色的社会主义等一系列带根本性的重大现实问题，以坚定社会主义信念为主题展开讨论，为真正进入课题研究打好思想理论基础。学校充分利用地处北京的人才优势，先后20余次请专家学者和实际工作者来校作报告，并专门集中10多天时间，组织学员走出校门，到工厂、农村和附近的经济开发区进行实地考察，掌握中国社会主义建设和改革开放事业的第一手材料。在此基础上，他们选定了调查中收集到的27个问题作为研究课题，因势利导地发动学员共同研讨，集体攻关，撰写出一批具有一定理论深度和学科水平的论文，编写了20多万字的学科专著，整理了近30万字的教学专题资料。

据《解放军报》1990年7月16日报道，南京政治学院在政治理论教学中，坚持正面灌输和疏导，强化马克思主义教育，巩固了思想阵地。他们的这一成果获得了“全军优秀教学成果 等奖”和“全国优秀教学成果一等奖”。为了搞好疏导式教学，学院党委组织全体政治理论教员，围绕教学难点、热点问题，依据马克思主义理论认真研究，对哪些是马克思主义、哪些是资产阶级自由化思潮进行分析、鉴别，并对哲学、经济学、政治学等学科的100多种教材分门别类进行梳理，澄清理论是非。在教学中，他们敢于把改革开放中出现的新情况、新问题搬上讲台，先后开设了《当代西方哲学思潮评介》、《当代西方文化思潮评介》等专题讲座，通过正确的评介，帮助学员在比较、批判中，学习马克思主义，提高鉴别力和免疫力。

首批军事学硕士获得学位证书 中华人民共和国第一批军事学研究生1990年12月15日在国防大学获得硕士学位，国防大学校长兼政委张震上将在军事学硕士学位授予大会上向23名军事学研究生颁发了硕士学位证书。

全军18项教学成果获国家级奖 在1990年1月17日举行的全国普通高等学校国家级优秀教学成果奖励大会上，全军院校的18项教学成果分获“国家优秀教学成果特等奖”和“国家级教学成果优秀奖”。这批国家级优秀教学成果，是在军队院校及总部认真评选的基础上，经国家级优秀教学成果奖评审委员会评审通过、国家教委批准的。获奖成果中，有的突出体现了加强政治建设，坚持用马克思主义、毛泽东思想育人，努力提高学员的政治素质；有的坚持为部队建设服务的方向，按照“觉悟、知识、能力、气质、体魄”五位一体的人才培养目标，为部队培养“信得过、用得上、留得住”的合格人才；有的追踪本学科的前沿信息，深入专业教学改革，建立了具有军队特色的学科体系。

陆军指挥学院推出战术模拟系统 据《解放军报》1990年6月12日报道，有关专家对陆军指挥学院研制的《合成军队指挥员战术训练模拟系统》进行了鉴定。专家们一致认为，该系统战术模拟训练功能达到了军内师、团级战术模拟系统的先进水平，在系统规模和战术模拟功能开发范围方面处于军内领先地位。

这个系统主要用于军队指挥院校和部队进行合成军队师、团两级首长和司令部对抗演习，以及合同战术理论和方法的研究。该系统具有情报资料处理、战况显示、信息传递、模型仿真、辅助裁决、演习情况的存贮与复现以及人机对话等多种功能。受训者充当红、蓝军师、团首长和司令部参谋，运用现代化作业手段组织指挥战斗。学员根据战术想定条件，把自己的决心和有关方案输入计算机，红、蓝军双方对抗的战斗态势及发展过程，就在图形显示屏上显示出来，并同步计算出双方兵力兵器损耗情况和战斗结果，战场态势形象逼真。演习和导演人员可根据战斗发展情况，随时进行人工干预，修改战斗方案，调整对抗态势，以更好地达成演习目的。美国、英国、瑞士等10多个国家的军事代表团先后参观了这个系统，对其训练效果均很感兴趣。

昆明陆军学院组织学员进行高原综合战术演练 1990年5月14日，昆明陆军学院为高原边防定向培养的60多名学员，奔赴海拔3700米的高原严寒地区，进行了一次为期15天的多课题综合演练，完成了他们在校学习的最后一课。学院为增强这些即将毕业学员的实际工作能力，组织他们来到低压缺氧、空气稀薄的高原地区，实地教学和演练，从组织指挥、部队行政管理、基层政治思想工作等方面，全面培养和锻炼，提高学员适应边防建设需要的能力，使他们尽快掌握边防部队作战、训练的规律和特点，增强对高原的感性认识，缩短了院校教育和部队需要的差距。

装甲兵指挥学院战术模拟系统获奖 据《解放军报》1990年2月6日报道，装甲兵指挥学院研制的战术模拟系统，以其高精度、高效率、多功能的特点，荣获军队院校教学成果一等奖。

这个模拟系统，采用多目标程控、大屏幕等手段，使学员直接接受作业条件，得到综合锻炼。它能将影响战斗的各种因素用数字模型模拟反应出来，对地形的精确模拟接近实地，解决了装甲兵对地形依赖较大的难题；它能把每个学员的决心输入计算机，并将按其决心方案进行推演的攻击速度和每个阶段双方的战果和伤亡情况显示在屏幕上，根据作战各阶段的结果选出最佳想定方案，让学员直接看到自己确定的方案的合理程度；它能自动控制各种设备，把4套文书用坦克电台传输给作业有关各方，解决了坦克指挥员只靠听的不足。该模拟系统的运用，有助于装甲兵战术训练层次的进一步提高。

装甲兵工程学院第1期“指技合训”试点班学员毕业 装甲兵工程学院于1986年秋季承担了装甲兵初级指挥军官与坦克技术管理军官合训的试点任务。经过4年的努力，第1期合训试点班学员于1990年秋季毕业，取得了试点工作的初步经验。从全面考核验收的结果来看，毕业学员在德、智、体、军人素质诸方面达到了培养目标的要求，初步具备了指挥与技术兼备的初级军官的条件，总体素质较之以往各届学员都好。其中，80%以上学员取得了坦克射击、驾驶、通信3个2级等级。军人素质和身体素质普遍较好。到部队后既能胜任坦克分队指挥又能胜任坦克分队技术管理工作。

在试点过程中，学院积极探索合训人才培养的特点和规律，提出了“交叉渗透，综合强化”的训练原则，并积极贯彻到训练的全过程，注意加强实践环节的训练，强化了能力培养；贯彻“严格训练，严格要求”的方针，实行了“全面加权学年学分制”等一系列行之有效的科学管理方法，建立了一整套与之相适应的管理规章制度，保证了学员的培训质量。

装甲兵工程学院4年来指技合训试点的实践已经证明，在一定的专业范围内，在条件具备的情况下，进行指挥军官与技术军官合训，培养既能担负组织指挥工作，又能担负技术管理工作的人才，不仅理论上是可行的，而且经过努力也是可以实现的。

建立初级指挥专业学员任职能力培养体系 装甲兵院校在实践中探索军事教学过程的特殊规律，把初级军官学员应具备的任职能力外化分解为一系列可控性的目标和标准，从制订3个教学指导性文件入手，在初级指挥专业的教学中初步形成了一套像传授知识那样包括教学目标、培养途径、评价标准和考核方法在内的相对独立的任职能力培养体系。一是《学员任职能力培养纲要》，主要内容包括：培养目标和能力结构、分科能力项目和要求、培养途径、考核评价规定等。纲要和各科教学大纲相辅相成，作为制定教学实施计划、组织和管理任职能力培养活动的基本依据。二是《分科能力培养和考核实施细则》，主要内容包括：能力内容、培养方法、保障措施、考核方案等，作为各单位控制和考核能力培养质量的直接依据。三是《学员培养目标达标手册》，主要内容包括：达标考核规定、考核科目和成绩记载、能力综合评定等，作为检验和综合评价学员是否达到培养目标的量化手段，同时也对学员起到指向和自我评价的作用。这3个文件围绕学员毕业后实际任职能力的培养目标，从教学设计、教学实施和学习主体3个层次，对能力培养活动进行计划、规范和控制，并贯穿教育的各方面及全过程，最后在按标准逐项考核量化的基础上，对毕业学员的任职能力作出综合评价，使之成为人才合格标准的重要组成部分，从而加强和完善了在教学过程中学员知识向实际任职能力转化的机制，使能力培养变零散为系统、变软任务为硬指标，变一般培养为强化培养、变自然形成为自觉形成，以更好地实现军事教学过程的职业指向。1990年2月，总参装甲兵部在蚌埠坦克学院召开了学员能力培养情况交流会，充分肯定并进一步研究了这一做法。

召开优化教学过程研讨会 1990年10月上旬，总参装甲兵部召开装甲兵院校优化教学过程研讨会，参加会议的有装甲兵院校的领导，各军区坦克乘员训练基地（团）的领导，以及军事教育学院、陆军指挥学院、各军区陆军学院兵种教员代表，总参装甲兵部陈本梃部长作了会议总结，会议围绕优化教学过程，提高教学质量问题，交流了经验和学术论文，观摩了装甲兵指挥学院的示范课和装甲兵院校优质授课录像。会议认为，军队院校的教学过程有与地方院校共性的地方，也有其特殊性，要培养受部队欢迎的人才必须遵循军事教育规律，办有军队特色的院校。要坚持院校为部队服务的方向，加强院校政治建设，对学员进行卓有成效的理想、信念教育和军人职业教育，保证学员政治上合格，姓“军”不姓“民”。要加强专业课程建设，教学内容要紧密联系部队实际，立足当前，着眼未来，首先满足学员第一任职需要，突出指挥能力、管理带兵能力、组训能力、实际动手能力、思想政治工作能力的培养，保证学员军事上过硬。

海军院校教育

综述 1990年海军院校认真贯彻中央军委的办校方针原则，注重加强政治建设、教学基本建设和正规化建设，在教学、科研、教员队伍建设和教学保障等方面都取得了良好的成绩，教学质量和办学效益有了进一步提高。

加强院校政治建设 各院校认真贯彻《全军政治工作会议纪要》，清醒认识军队建设面临的新形势，把保证政治上永远合格作为一项根本任务来抓，通过各种形式进行坚定党对军队的绝对领导和坚信社会主义制度的教育。学习推广海军勤务学院政治理论课教学改革的经验，改革政治理论课的教学内容和教学方法。

优化课程体系，加强课程建设 各院校认真制定和落实课程建设规划。通过课程建设和开展课程评审工作，促进了院校以教学为中心的各项工作的落实，促进了教学过程的优化，促进了教学规章制度的完善，促进了院校之间的相互交流。

加强教员队伍建设 各院校高度重视教员队伍中年龄结构、知识结构、职称结构上存在的问题，从摸清教员队伍现状入手，制定教员队伍建设规划，突出对中青年教员的培养，选调具有部队工作经验的干部

充实教员队伍，促进了教员队伍年龄结构和知识结构的变化。为了鼓励和调动广大教员的积极性和创造性，海军设立了院校优秀教育成果奖励基金，并制定了奖励制度。

加强正规化建设　各院校认真学习贯彻中央军委颁布的三大条例，围绕以教学正规化为中心，进一步加强和完善各种教学规章制度建设，建立正规的教学秩序、工作秩序和生活秩序。

院校与部队合力育人　为贯彻总部“一个服务、两个适应”(院校教育必须为军队建设服务，适应和平时期部队建设的需要，适应未来战争的需要)的办学思想，提高人才培训质量，海军从1989年年底开始，在大连舰艇学院与旅顺基地、海军工程学院与东海舰队训练基地进行联合育人定点挂钩试点工作。第1份《关于旅顺基地与大连舰艇学院进一步加强协作共同培育合格人才的协议》于1990年3月15日正式签定。东海舰队训练基地与海军工程学院联合举办的第1期“内燃舰艇机电部门长岗前集训班”将于1991年9月1日开训，为期15周。入学对象为海军工程学院分配到东海舰队内燃水面舰艇任职的应届毕业学员。试点之后，挂钩协作单位迅速增加，截止1990年年底，海军所有初级指挥和专业技术院校，都采取签定协议书、意向书等方式，确定了挂钩协作单位。海军航空兵部成立了由海航领导担任组长，机关、院校和部队领导参加的合力育人领导小组，组建了机关、院校和部队间的专业协作网络。

建立海军院校优秀教学成果奖励制度　海军决定自1990年5月22日起建立海军院校优秀教学成果奖励制度，并设立优秀教学成果奖励基金。海军院校优秀教学成果奖励的对象是：在开展教学改革、提高教学质量、进行教学管理等方面取得优秀教学成果的个人或集体，包括海军院校的专任教员、实验教员和教学管理干部。奖励的重点是在海军院校第一线工作的教员及其在教学活动中取得的教学成果，在同等条件下优先考虑长期从事公共课、基础课教学工作的教员所取得的成果。

电视教材获奖　1990年10月，在国家教委举办的首届全国优秀电教教材评选中，海军工程学院摄制的电视教材《涡街》荣获高等教育优秀电教教材一等奖；海军大连舰艇学院摄制的电视教材《舰艇发烟器材》获职业技术教育优秀电教教材三等奖。

对战士考生全部实行军事科目考核　根据总参谋部、总政治部颁发的《中国人民解放军院校招生军事科目考核暂行规定》和总部的统一部署，中国人民解放军海军从1990年秋季起，对报考军事院校的战士考生全部实行了军事科目考核。海军装备复杂、专业众多、部队驻地分散。为确保考核质量，师以上机关均成立了“军事科目考核工作领导小组”。各部队司、政、后机关密切配合，院校与部队共同把关，严密组织了院校招生军事科目考核工作。通过考核，全海军有13%的考生因军事科目考核不合格，被取消了参加全军文化统考资格；有5%被录取的考生在海军院校军事科目复试中被淘汰。由于将军事科目考核成绩作为考生报考资格和录取的重要条件，从而提高了军事专业在招生工作中的地位，有利于全面衡量考生的军事素质、身体素质和专业技能。对战士考生实行军事科目考核是提高院校招生质量、保证部队优秀军事骨干进入院校培养的重要措施，同时对激发广大战士爱兵习武、精通专业，促进部队的教育训练也有明显的促进作用。

海军第1个重点实验室诞生　1990年11月12日，海军正式批准海军工程学院“磁性防护及磁性应用实验室”为海军重点实验室。这是《中国人民解放军海军院校重点实验室建设管理细则》颁发后，第1个经过专家鉴定、获得批准的海军重点实验室，标志着海军院校实验室建设工作进入了一个新阶段。该室主要设施有供磁性防护与磁性应用研究的专设模拟系统和从事磁性武器及磁性扫雷研究实验室；拥有一支技术职务结构、年龄梯次合理、学术水平较高的技术队伍。1980年以来，该室共完成军内外科研课题35项，获军队科技成果一等奖2项、二等奖3项、三等奖5项、四等奖5项。这些成果的应用和推广，为提高军队装备技术现代化水平，增强部队战斗力发挥了很好的作用。

执行《实验教学目录》　1989年1月至1990年3月，海军院校按统一要求，根据现行教学计划与教学大纲和多年的实验教学经验及实验室的发展规划，编写了《实验教学目录》。《目录》主要内容包括：院校专业设置、各专业开的实验课程、各实验课程开的实验项目、各专业实验状况统计和说明、各实验课程及实验项目的简要说明。具体反映了每门实验课程的性质、教学目的、实验时数、适应专业、对应理论课程、使用教材和实施方法；明确规定了每个实验（实习）项目的时数、性质、目的要求、主要内容、主要设备器材（保障条件）。《目录》已成为院校实验教学的基本法规文件之一，是组织实施实验教学、检查实验教学质量和进行实验室建设与管理的依据，并为实验项目优化，建立具有海军特色的、达到国内先进水平的实验体系奠定了基础。

评出首批15门院校优秀合格课程 1990年在各海军院校自评的基础上，海军组织专家组实地检查后评审出首批15门优秀合格课程，即：指挥学院“海军战役学”，广州舰艇学院“普通物理”，大连舰艇学院“模拟电子学”和“航海仪器”，潜艇学院“大学物理实验”和“天文航海”，工程学院“舰艇结构力学”和“舰艇内燃机维修”，航空工程学院“高等数学”，电子工程学院“大学英语”和“高等数学”，勤务学院“中国社会主义建设”，航空技术专科学校“模拟电子技术基础”，医学专科学校“外科动物手术学”，士官学校“机械制图”。海军对这15门课程进行了通报表彰。

为进一步加强课程建设，海军正式下发了《关于进一步加强课程建设的意见》和《海军院校优秀合格课程评审标准》，对院校课程建设起到推动作用。

新增一批博士、硕士学位学科专业 经国务院学位委员会学科评议组第4次会议评审通过，国务院学位委员会第9次会议批准，海军工程学院“轮机工程”、“水中兵器”两学科获得了博士学位授予权，施引和叶平贤两教授被批准为博士研究生指导教师。同时，海军指挥学院、海军大连舰艇学院、海军潜艇学院和海军电子工程学院被新增列为硕士学位授予单位。加上原有的海军工程学院、海军航空工程学院和海军装备论证中心，目前海军已有博士学位授予单位1个（4个学科、专业），有硕士学位授予单位7个（35个学科、专业）。至此，海军的研究生教育已具备一定规模，为培养海军建设急需的高层次人才奠定了基础。

海军院校学员随“郑和”舰出访泰国 1990年12月5～28日，海军大连舰艇学院等3所指挥院校40余名应届毕业学员，随“郑和”舰出访泰国、远航实习。总航程3600余海里，200多小时，完成了天、地文航海、电航仪器及海洋气象等各科实习任务，熟悉了湛江、曼谷、梭桃邑等港口航法及外国海域，了解了南沙、西沙群岛的地理位置、特点及识别和航行方法。航渡中大涌大浪日数比较多，不少学员晕船呕吐，但仍严格要求，严格训练，磨练了意志，锻炼了海上生活能力。在泰国访问期间，学员们参观了泰国皇家海军学院、舰队训练中心和观看了泰国陆战队员跳伞表演。

空军院校教育

综述 1990年，中国人民解放军空军院校认真贯彻落实中央军委、总部和空军党委关于军事训练的指示，大力加强政治建设，保持了院校高度稳定和集中统一；坚持以教学为中心，认真贯彻训练法规，积极完成教学任务，积极保证飞行安全，圆满完成了教育训练任务。

坚持以教学为中心，超额完成了全年教育训练任务 在教学条件比较困难的情况下，各院校树立了振奋精神，艰苦奋斗，有所作为的思想，增强了任务观念，千方百计克服困难，想方设法挖掘潜力，高标准地完成了学员培训任务。飞行、领航学院完成全年飞行时间指标的110.8%；毕业飞行学员和地面各类学员均超过了培训计划指标。新增了博士学位授予单位，扩大了硕士学位授权点，有本科教育的院校全部获得学士学位授予权。有3所飞行学院被评为1990年度空军军事训练先进单位。

扎实打好基础，提高了学员训练质量 1990年空军各院校坚持在政治思想、军事业务、作风纪律、身体素质等方面全面打好学员基础。坚持坚定正确的政治方向，把培养人才的政治素质放在第一位。各院校加强了马克思主义基本理论和党的路线方针政策教育，使学员提高了政治觉悟，增强了反腐蚀、反渗透、反“和平演变”的意识，确保在政治上合格。毕业的飞行学员首次全部获得大学本科学历及军事学学士学位，达到在3种气象条件下飞行的技术水平，创造了历史最好成绩。执行了新的军事共同科目和体育训练大纲，大幅度增加了训练时间和内容。强化了学员入伍入校教育和军人素质养成教育，加强了实践性教学环节，学员的指挥、训练和管理部队的能力明显提高。

贯彻训练法规，正规化建设有了新的加强 各院校认真贯彻落实中央军委颁发的新的共同条令、军事训练工作条例和空军颁发的新的飞行条令、训练大纲等一系列训练法规，全面加强了教学管理。深入学习法规，组织骨干集训和普训，做到了参训人员一个不漏；通过试点，摸索经验，指导全面贯彻；依据法规，逐个单位地整顿了训练秩序；深入开展了各行业人员岗位练兵活动，提高了工作质量和效率；空军和军区空军进行了考核验收。院校依法治训观念明显增强，训练正规化水平进一步提高。抓紧了落实法规的配套建设，新编了《飞行教学法》、《飞行指挥员教材》，重新编修了37本飞行学员使用的航空理论教材。有20位院校长参加了总部在国防大学举办的第2期全军院校教育管理研究班，4所院校介绍了坚持以教学为中心、优化教学管理、科学确定人才培养目

标和加强青年教员培养等方面的经验。

落实规划，加强了教员和教学管理队伍建设 空军制定了飞行教员和飞行指挥员队伍三年建设目标和措施，各院校结合实际，抓好落实，普遍加强了管理和培养提高。从地方大学和军队院校毕业生中选调的新教员全部进行了入伍集训或基层当兵代职锻炼。重视加强青年教员培养，发挥中、老年教员的教学骨干作用，进一步优化了教员队伍结构，提高了整体素质。飞行院校举办教员集训班55期，达到了空军提出的全部轮训一遍的要求。飞行教员教学和飞行指挥员指挥水平有提高，飞行教员能在3种气象以上条件任教的占84%，飞行指挥员能在3种气象以上条件指挥的占86%，均达到历史最高水平。

勤俭办校，教学保障工作取得新的进展 各院校发扬艰苦奋斗，勤俭办校的精神，充分发挥现有教学设备的作用，努力提高教学保障效益，满足了教学基本需要。飞行训练团有90%按标准完成了教学设施建设，86%配发了标准化、系列化教学模型和教具。翻修、改造了一批飞行训练模拟器，提高了良好率和使用率。在2所飞行学院和领航学院进行了军事专业教室建设试点，通过了检查验收。在国家和军队优秀电化教材评选中，有32部教材获奖。

第二炮兵院校教育

综述 二炮院校教育工作以提高人才培养质量为核心，以加强学院的正规化建设为重点，及时总结经验，不断巩固和消化历年来教学改革成果；努力提高训练效益，不断推进院校和部队共育合格人才进程；落实转型转轨训练任务规划要求，重点加强了人才、教材、器材和训练场地的配套建设，推动了院校建设的全面发展。

结合二炮部队特点，加强“三爱”教育，确保学员首先在政治上合格 院校根据二炮部队驻地偏僻，条件艰苦的特点，在普遍进行马克思主义哲学、革命传统、军人理想和职业道德教育的同时，重点抓了“爱二炮、爱阵地、爱本职”的理想教育，将政治理论课教学与学员队经常性的思想政治工作相结合，不断加强对学员的思想政治教育，用正确的、积极向上的思想占领院校的思想文化阵地。各院校还进一步加强了校风建设，从严治校，严谨治学，在严格管理和集中统一的环境中培养具有共产主义觉悟和高度组织纪律观念的合格人才。

完善学位授予权工作，促进硕士研究生教育的发展 1990年10月5～6日，国务院学位委员会第9次会议审批了全国第4批博士、硕士学位授权学科专业及博士生指导老师。其中，二炮又新增硕士点10个。二炮工程学院已连续招生6期，现有招生专业12个。1990年10月19日，学院召开了第2次研究生工作会议，全面系统地总结了1985年9月招收首届工科专业硕士学位研究生以来的经验。

加强教学实践环节，提高学员的实际动手能力 二炮院校近年来不断加强和改进实践性教学环节，注重能力培养，促进学员的知识向能力转化。实行在校学员实践性环节不断线，外语学习不断线，计算机教学不断线，为人才成长和发展奠定良好的基础。

规范校外实习活动，开展院校部队共育合格人才活动 进一步树立为部队服务观念，加强院校、部队的交流，增强学员到部队后满足第一任职的能力。1990年年初，二炮对学员校外实习工作提出了具体要求，学院与部队共同拟制了实习计划和大纲，根据不同专业的情况，在广泛开展当兵代职的同时，组织教员和少数学员与部队工程技术人员一道进行科研攻关，为部队解决235个技术难题。

实行中级指挥教学转轨，增强中级指挥教学的针对性和实效性 开办中级指挥进修性专业培训，逐步实现中级指挥教育由学历教育与进修性教育双轨并存局面向进修性教育正常轨道的转变。1990年9月3个中级指挥专业70人进入一年制进修班学习。

筹资奖励优秀教学人员 1990年初，二炮筹集教育资金53万元，主要用于奖励在教育工作中成绩特别突出的优秀教员、优秀学员及教学管理干部，开展为促进二炮教育事业发展的各项活动。

举办首届二炮优秀教员夏令营 1990年8月，二炮开展优秀教员、优秀学员评选活动，并组织25名优秀教员代表，赴云南西双版纳进行社会实践活动，举办首届二炮优秀教员夏令营。

“战略导弹部队技术训练模拟系统”分系统获奖 军队重点投资项目“战略导弹部队技术训练模拟系统”中的动态模拟分系统，获1990年度军队级科技成果1等奖。该模拟系统中有4个子系统被移植到部队。

预备役部队训练

综述 1990年，中国人民解放军预备役部队坚持把提高战斗力作为军事训练的根本标准，训练水平有了新的提高。预备役部队在军事训练中，在突出师

(团）首长、机关和各级军官训练的同时，抓紧了对战斗分队的骨干和专业技术兵的训练；各部队还从各自的实际情况出发，不断探索新的训练形式，采取灵活多样的训练方法，有计划地组织不同规模的检验性演习，不断提高训练层次，增加了预备役部队的整体作战能力。

总参召开预备役部队训练研讨会 1990年5月8～12日，总参动员部在湖北省襄樊市召开预备役部队训练研讨会。参加会议的有各军区、部分省军区和预备役师训练部门以及海、空军有关部门的负责人员。会议着重研讨了预备役部队如何把工作重点转移到军事训练上来，进一步提高训练质量的问题。会议认为，全军预备役部队自组建以来，在各个方面取得了明显成绩。目前，多数师、团基本建设初具规模，训练设施和规章制度进一步完善，预备役部队开展训练的良好条件已经具备。会议还认为，把工作重点转移到军事训练上来，是预备役部队的性质、任务所决定的。预备役部队在各项工作的安排上，应突出军事训练这个重点。为此，当前和今后一段时间内，应着重抓好以下工作：一是要进一步统一思想，切实把工作重点转移到军事训练上来；二是要抓好训练试点，总结经验，带动全盘；三是要合理安排训练任务，突出重点训练内容，并采取灵活多样的方法施训，确保军事训练的人员、内容、时间和效果落实；四是要上下结合，分级负责，搞好训练的物资保障；五是要切实加强对军事训练工作的领导，像抓现役部队军事训练那样抓好预备役部队的军事训练。

深入进行训练改革 据《解放军报》1990年6月9日报道，某预备役师为提高军官的本级指挥能力，依据预备役部队训练大纲和本师军官训练的实际情况，成立训练改革领导小组，制定了军官层次件训练改革方案，即按师首长、机关，团首长、机关，营以下军官，专业技术军官，带实兵的合同战术演练等5个训练层次，逐级开展军官的指挥业务训练。改革方案试行后，取得了良好的效果。

据《解放军报》1990年8月18日报道，某预备役师在不断深化训练改革中，注重探索军事训练的新路子。师司令部根据不同季节和可能担负的急难险重任务，结合预备役部队训练中的紧急动员、快速集结、开进输送、战术攻防等基础科目，预先拟定演练方案、战斗文书和联络信号，把训练的重点内容纳入完成任务之中。他们还采取请进来、送出去等方法，培训各级指挥员和教学骨干。这个师还与南昌陆军学院和某集团军挂钩训练，采取伴随对抗等形式，提高了诸兵种协同作战的能力。

举行演习和训练表演 1990年10月5日，某预备役师在安徽省东部地区进行了一次集步兵、装甲兵、炮兵、通信兵、工兵、防化兵和空军于一体的加强步兵团进攻战斗实弹演习。在南京军区举行的预备役部队现场经验交流会上，推广了这个师的训练经验。

1990年6月18日，江苏省政府和省军区在南京联合举行预备役部队和民兵军事训练汇报表演。参加表演的有步兵、装甲兵、炮兵、通信兵、侦察兵、防化兵和人防等8个兵种专业的19个战术技术科目。这次训练汇报表演，是对江苏省预备役部队和民兵建设的一次大检阅，受到总部代表和南京军区领导的好评。

空军机务预备役教学中心初具规模 据《解放军报》1990年2月17日报道，空军某部初步建立起一个拥有空军发展史、训练模型模具等8个专业教室和一个停机坪，一次可保障150名预编人员复训的空军航空兵机务预备役教学中心。这个教学中心自1989年开始建设以来，已为地方复训了8批895人次的航空机务人员。

中国人民武装警察部队军事训练

综述 1990年武警部队认真贯彻军委颁发的《军事训练条例》，把军事训练作为提高部队战斗力的根本途径，从执勤和处置突发事件需要出发，开展训练，使部队军事素质有了明显提高。

党委重视，主官上阵，初步形成重视训练的良好局面。 一年来，总部党委和首长在用《军事训练条例》统一部队训练认识和指导思想上下了很大功夫。总部首长从机关训练抓起，为部队作出了表率。总部在北京召开现场会，研究解决了按条例进行正规化训练的问题。许多单位联系武警部队职能、任务、特点

和现状，认真学习训练条例和总部指示，不断深化对训练是提高战斗力的根本途径的认识，逐步摆正位置，树立了积极训练的思想，并采取积极措施，促进了训练落实。辽宁、福建、甘肃、安徽、江西、上海等总队党委作出加强军事训练的决定。许多单位在训练中以干部训练为重点，注重抓了干部组织指挥和组织训练能力的提高。18 个总队组织了三级主官教学法集训，不少总队的主官任队长，亲自任教。广泛开展了评比竞赛活动，增强了训练活力。北京、河南、山西、陕西、甘肃等总队采取通令嘉奖、开庆功会等形式表彰先进。据统计，全部队有 802 个单位和 4123 名个人因训练成绩突出而立功，涌现出 603 个训练先进中队和一大批“四手”、“四会”教练员，激发了部队的练兵热情。为加强训练保障，有 26 个总队从生产收益中拿出 772 万元补助基层训练。山东、天津总队为 90%以上的中队建了综合训练场，改善了训练条件。

训练秩序开始走向正规。《军事训练条例》颁发后，多数部队把条例作为武警部队训练的基本法规，认真抓了学习贯彻。湖北总队专门组织了中队以上主官集训，四川、福建等总队制定了贯彻条例的实施细则和加强训练管理的若干规定，江西、江苏、黑龙江、内蒙古、吉林、云南等总队抓了贯彻落实条例和按纲施训试点。通过学习贯彻训练条例，增强了依法治训、按纲施训的意识，逐步建立健全了训练制度。总部依据训练条例，结合武警部队实际，制定了《军事训练若干规定》，为部队正规化训练提供了依据。

从任务需要出发，从严训练。1990 年，武警机动部队以提高处置突发事件能力为目的，强化了以防暴技术、战术为重点的应急训练。首长、机关以“五熟悉”为主要内容，普遍抓了组织指挥训练。内蒙古、青海、陕西、广西、贵州等 19 个总队以处置突发事件为背景，组织了两级首长机关带部分实兵的演习，在近似实战的情况下，练指挥、练协同、练保障，提高了部队处置突发事件的整体能力。北京二总队进京后，专门对干部进行“北京通”集训，为执行任务奠定了基础。特警大队从职能需要出发，严格训练，严格要求，圆满完成了战备执勤和为外宾表演的任务。执勤部（分）队加强了执勤业务训练和执勤方案演练，并根据可能担负的防暴任务，加强防暴技术、战术训练。为提高班长骨干训练和管理能力，各级重视抓了班长骨干的培训。1990 年共培训班长和各类专业技术骨干 1625 期、62670 人次，较好地发挥了班长骨干在基层建设中的作用。

苏联军队军事训练

陆军训练

综述　1990 年苏陆军副总司令德米多夫上将撰文指出，苏军本年度的训练方针是：训练内容要符合防御性军事学说的要求和现代战斗的特点；在军队改编的情况下，保持训练内容的完整性，重点提高分队的合练质量；各级指挥员和司令部要把训练放到优先地位，以身作则地搞训练；制定切实可行的训练计划，严密组织训练，合理利用训练时间与训练器材，全体官兵必须完成规定的训练内容。

根据上述方针，针对以往训练中存在的问题，苏联陆军采取各种措施，改进了训练领导，加强了军官训练，完善了训练计划，改革了训练方法。然而，由于苏联整个军事改革构想尚未定型，武装力量正在精减整编，体现新军事学说的新条令、新教令尚未制定，加之社会动荡和民族纠纷对军人的社会地位和生活保障带来了一定冲击，因此，军队训练状况并未明显改观。1990 年苏联《军事通报》杂志编辑部透露，苏军“师、团、营战斗训练的质量提高极慢，对战斗训练进行彻底改革的构想尚未形成”。

改进训练领导，推进训练改革。近几年，苏军训练领导在作风上存在官僚主义，在思想上存在保守主义，对训练产生了消极影响。针对这种状况，近两年苏军采取了改进措施。

各级指挥员深入部队具体指导。1988 年苏军新版《内务条令》不仅重申了领导训练是各级指挥员的基本职责，还规定擅自脱离训练属于违法，要受纪律处分。为了贯彻条令的这一要求，从 1989 年起，各军区正副司令员、兵种和勤务主任组成若干小组，深入部队，每月在一个军团和二三个兵团工作 10～12 天，师团长每月在所属一个部（分）队工作 10～12

天，就此指导训练，推广先进经验，发现和解决训练中出现的问题，亲自组织和实施作业，重点帮助落后的部（分）队。

建立训练改革机构。为了推动训练改革，1990年，在苏联陆军总部领导下建立了训练法委员会。它吸收部队、院校和科研机构的代表参加，负责研究训练方法的改革，推广先进的训练器材，拟制训练改革的远景构想。与此同时，在陆军总军事训练部的领导下，设立了战术发展小组，其任务是根据陆军编制的变化，总结战术演习、战术训练的经验，研究战术的发展，拟制战术研究规划，以期"振兴战术思想"，打破战术发展的停滞状态。

开展提高训练质量的大讨论。在裁减军队、压缩军费的情况下，探讨一条既节约开支又提高效益的途径，是苏军训练改革的基本方向。1990年，苏军报刊围绕这一课题开展了全军性大讨论。讨论中除从宏观上提出改进武器装备的构造与设计，按照精减、效率原则完善指挥机关的组织编制外，从微观上提到的主要办法有：改进军事经济机制，扩大部队的经济权限，加强对军人劳动的物质鼓励，废除部队中对训练物质器材消耗只进行估算统计的不良作法；在拟制训练计划时，拟定数个计划方案以资对比，在不简化训练内容的前提下，选择最节约人力物力的计划方案；综合实施各种作业，即在一次作业中同时演练数个训练问题，并据此修订训练大纲和训练法教材，废除多余的训练环节和过大的物质消耗；建立配备有各种先进训练器材的大型训练场和训练中心，供部（分）队实施演习和作业之用。据苏联《军事通报》杂志1990年报道，目前，苏联国防工业部门已开始生产新型激光射击模拟器；少数军区已经建立了正面20公里、纵长30公里的大型训练中心，并在这些训练中心举行了带部分实兵的集团军级演习。

加强军官训练，鼓励军官的训练积极性。军官是苏军训的组织者和领导者。目前，苏军基层军官在社会动荡和民族纠纷的冲击下，训练的积极性不高，新任命的青年军官不善于组织训练。为了改变这种状况，这两年苏军采取了以下改进措施。

举行全军军官大比武　根据国防部的决定，1989年苏军举行了全军军官大比武，1990年对这次大比武进行了广泛的总结。参加此次比武的，是现役排、连、营正副职军官以及军校学员。比赛项目包括战术、技术、射击、指挥和体育。比武按排、连、营职军官三个大组并分三个阶段进行，每个阶段的优胜者参加下一阶段比赛。在第二阶段比赛和最后决赛中取得前三名的连职军官可提前晋职、晋衔；第二阶段比赛取得冠军的连职军官和决赛中名列前茅的营职军官可保送军事学院深造。1990年，对这次比武进行总结时，一些军区领导人撰文指出，这次比武对全军军官组织训练的积极性起了促进作用，今后每逢单数年份都要举行全军军官比武，1990年一批比赛优胜的军官已按兵种进入对口的军事学院。

建立常设的军官集训队　为了加强对军官的培训，1990年各军区建立了常设军官集训队，其任务是训练新到任的军校毕业生，使之尽快熟悉部队的装备与训练，弥补军校训练与部队实际之间的差距，集训期2～4个月。与此同时，恢复了原有的高级进修学院，任务是培训准备晋升副营职的连级军官，使之尽快掌握营级战术，熟悉新的训练器材与训练方法，以便适应新职务的工作需要。

实行训练成绩与工资挂钩的制度　为激发基层军官的训练积极性，1989年起，苏军开始实行分队训练成绩与指挥员工资挂钩的制度。同是连长，如所属分队的训练成绩为优秀，则领取115%的工资；如分队训练成绩为良好，则领取105%的工资；训练成绩及格时，领取100%的工资；否则，只领取80%的工资。

改进训练计划，试行新的计划方法。过去，苏军逐级制定训练计划，而团是计划训练的基本单位，训练内容分两个训练期按建制级别规定。这种计划训练的方法，留给营以下分队的主动权极少，常导致训练计划不能落实，而且两个训练期的训练内容重复，延长了部队掌握执行战备任务能力的期限。1989～1990年，苏军一些军区先后试行了计划训练的一些新做法。

把营作为计划训练的基本单位。在演习次数大大减少的情况下，多数训练项目都在营以下分队实施。把营作为计划训练的基本单位更符合军队实际，因为营编有多种武器分队，能组织多种科目的训练，能在训练中运用多种训练方法，使训练改革具有系统性。同时，营作为计划训练的基本单位，使分队具有组织训练的更大自主权，使之除保证参加上级规定的训练项目外，有权规定各个科目的作业量和作业时间，有权根据分队的具体情况综合实施各种作业，并根据分队承担计划外任务主动调整训练计划。营作为计划训练的基本单位，在计划训练时要以训练大纲和上级提前发放的训练文书为依据，师团领导则要协调各营参加上级组织的训练措施，并调配各营对师、团所属训练设施的利用。

按战斗类型计划训练。从1989年开始，苏军各军区先后试行了按战斗类型计划训练的新做法。按战斗类型计划训练，就是每个部队在拟制训练计划时都要根据其战备任务优先安排一种战斗类型的训练。各分队的训练都要优先演练与其战备任务一致的战斗类型，各个科目的训练都要与战术训练的课题相适应。掌握好一种战斗类型的协调行动之后，再转入另一种战斗类型的训练。

苏军认为，按战斗类型计划训练，利于保障部队在尽短时间内掌握完成战备任务的能力；避免两个训练期的训练内容重复；便于调配对训练中心的利用。

按战斗类型组织训练，虽然仍按建制层次逐级进行，但对班、排不独立执行的任务，可以不安排训练，而直接转入连的训练；对复杂的训练问题则可多安排作业，反复演练。

战斗部队不再担负新兵的单兵训练。过去，战斗部队的训练都从新兵的单兵训练开始，而后转入分队的逐级合练。从1990年开始，新兵的单兵训练完全由训练部队承担，新兵补入战斗连队后，即与老兵一起参加分队合练。这样就可避免在两个训练期重复进行的单兵训练。与此同时，少数军区还取消了训练部队培训班长的任务，改为训练各类专业射手。专业射手只有取得优秀训练成绩，并且服役5个月，再进行1个月的集训，经考试合格，才能获得军士军衔并担任班长职务。

推广在训练中心的训练，突出防御训练内容。苏军认为，在压缩军费的情况下，在训练中心进行训练，可节省训练开支，避免装备的磨损，保障训练质量，因此从1989年开始，苏军一些部队试验了在训练中心进行训练的方法，1990年报刊介绍了这些部队的经验。为了贯彻防御性军事学说，训练内容仍侧重防御训练。

在训练中心进行训练。根据一些部队的试验，在训练中心训练以营为单位实施。营每月到训练中心1次（全年8～9次），每次5～6昼夜，每昼夜10个训练小时，总计50个训练小时。营利用训练中心的设施，可进行战术作业、战术演习、射击练习、驾驶练习、技术作业和专业作业以及实弹射击。训练时间的分配是：30%用于战术训练和射击训练，20%用于驾驶训练，其余时间用于专业和技术训练。其中2个昼夜用于夜间训练。营每年到训练中心的次数与时间由团司令部规定，并列入团、营训练计划。营制定训练实施计划，经团长批准后，以命令形式下发执行。

目前，由于苏军多数训练中心容量较小，在这些训练中心的训练，只能以连为单位实施，营每月计划到训练中心2次（每次3～4昼夜），这就使摩步营每月只能训练6～8昼夜。因此，为了推广到训练中心进行训练的方法，苏军正在扩建一些大型训练中心。

侧重防御训练，加强体育锻炼。为了贯彻防御性军事学说，近几年，苏军陆续增大了防御训练的比例，1990年，仍侧重防御训练。苏陆军副总司令指出，战术演习和首长司令部演习仍然要侧重防御课题。防御演习中要演练：阵地防御的编成与实施；机动防御的实施；城镇环形防御的组织与实施。分队应演练：建立火力配系；防御中的机动；反冲击的实施；基本阵地、斜切阵地、假阵地的构筑与伪装。此外，还应演练：直接接触条件下的进攻，行进间进攻，突破预有准备的防御，纵深内的追击与奔袭。

苏陆军领导人还要求，每个部队每天都要进行40～50分钟的体育锻炼，把白刃格斗、超越障碍、急行军、滑雪、武装泅渡等科目纳入战斗训练范围，并在分队指挥员的领导下实施。

主要资料来源：

①苏《军事通报》杂志1990年。

②苏《军事思想》杂志1990年。

海军训练

综述 1990年，苏联国内的各种矛盾不断加深，对海军的训练产生了一些影响。

减少演习次数、缩小演习规模。在近海防御战略思想的指导下，苏联海军在远洋的活动已经匿迹。演习次数明显减少，演习海域均靠近苏联近海。以训练活动较为频繁的太平洋舰队为例，其训练海域多在彼德罗巴甫洛夫斯克附近、鄂霍次克海南部和日本海中、北部。各舰队的训练均为战术规模，如反潜、对海攻击等。北方舰队一艘核潜艇冬季训练的任务仅为水下发射弹道导弹。训练中突出了防御内容。舰艇、攻击型潜艇和航空兵的训练主要是以保护近海水域的战略核潜艇基地和其他重要目标为背景；陆战队主要进行以保护驻泊点和附近其他目标的抗登陆演练，已不再进行大规模的进攻型登陆演习，个别情况下进行的与陆军协同的登陆演习属于战术性质。

突出训练重点，强调提高训练质量。苏海军领导人认为，在现代条件下，若海上舰队没有可靠的空中掩护，在战斗开始的头几个小时就可能被消灭。因此，苏海军特别重视航空兵特别是舰载航空兵的训练，并增加了训练强度。为提高反潜航空兵的训练水平，常把反潜航空兵飞行员派到被攻击潜艇上体验生活。由于军费开支进一步缩减，迫使苏联海军一改过去数量、质量并重的原则，更加重视质量因素，走上了着重提高训练质量的轨道。1990 年，苏联舰艇部队加强了基础训练，训练内容以单科目训练为主，并注重提高单舰、单艇及舰机的协同作战能力。苏海军领导人强调从实战需要出发训练部队，要求部队在近似实战和实际对抗的条件下进行训练。能模拟出各种实战环境的训练器材和电子计算机日益受到重视，因为它们能使各级指挥员在不出海的情况下演练各种战术课目，并能节省开支。

*强调人的因素、改变训练评定方法。*苏海军认为，要保持防御的足够合理，就应提高训练效果，充分发挥人的因素。由于武器装备的不断更新，对海军人员的知识、技能和素养提出了更高的要求。在苏现代化潜艇上，现已全部达到由专业军士操纵的要求。另外，苏海军加强了各级指挥员的训练，要求他们具有果断性、勇敢性和及时作出正确决定的本领。正如苏联海军总司令切尔纳温海军元帅指出的那样，在平时的训练中，指挥员的训练是一个重要环节，其训练课题首先就是掌握战斗条件下灵活而果断的行动方法。现在的训练演习，指挥员有了更多的自主权，可以根据具体情况，定下自己的决心。在评定训练成绩时，已不再单纯看训练结果是否达到了“好”，而是注重看指挥员是否表现出了主动精神，是否在复杂条件下创造性地运用了作战原则。以往对训练结果评价过高的现象和简单化的作风正逐渐得到克服。

主要资料来源：

①苏《海军文集》1990 年。

②苏《红星报》1990 年。

空军训练

综述 1990 年苏联空军继续贯彻防御性作战思想和质量建军的方针，在军队改革总的指导思想下，根据合理够用原则，对部队编制和训练体制进行调整；调整从东欧和蒙古撤回的部队的驻防部署及训练计划；加强防空作战、防御作战和协同作战演练，提高机动作战能力；提高部队抗击突然袭击的应变能力，缩短航空兵部队改装期限，提高飞行人员训练质量，改善航空兵驻地配系；改进教学，提高教育训练水平。

*控制演习规模，注重演习效果。*1990 年苏空军组织了多种飞行战术演习，但演习的次数明显少于往年，多数演习规模较小。演习中多以航空兵师、团为单位，以防御训练为中心。而且演习多以考核和检验为目的。从国防部总检查局的检查来看，没有发现什么漏洞和毛病。许多机组都是在最复杂的气象条件下遂行飞行任务的，表现出良好的素养。

*突出防御作战演练，提高防御作战能力。*为适应防御性作战思想的转变，以沿海、近海防御作战为主要内容，以要地防空和遭受空袭为背景的各种演习增多，以检验部队反空袭和防御敌突然袭击的作战能力。在防御作战演练中，远程航空兵主要遂行战区作战，打击敌纵深目标和第二梯队。前线航空兵主要遂行战术作战，支援地面部队，夺取制空权。

*注重协同作战演练，提高机动作战能力。*1990 年多军兵种、多基地间的协同作战演习得到加强。演习中既有协同陆、海军的攻击作战，也有协同防空军的防空作战。演习中空中战役已由单一兵种发展为诸军兵种联合作战。远程航空兵、空军集团军、防空军航空兵、陆军航空兵各兵种、各机种混合编队协同作战；夺取制空权，实施航空火力支援。苏空军认为，航空兵是机动性强，突击威力大的作战力量。能把兵力从一战区迅速调到另一战区。在防御作战中，航空兵从用途上讲是进攻性兵种。从战术意义上讲，它的行动，特别是在争夺制空权时，只能是进攻性的。防御的积极性取决于运用进攻行动来补充防御行动的能力。因此，苏空军把如何打退敌首次突击，夺取制空权，粉碎战场主要方向敌军，确保司令部可靠指挥作为训练、演习的主要内容。

*贯彻新飞行训练大纲，提高教育训练水平。*1990 年，空军的军事院校改革工作主要是改组一些机构，缩减部分军事院校以加强另一些军事院校；宣传和推广先进教学法，提高飞行、工程和技术军事院校毕业生的专业知识水平。部分空军院校已开始按新飞行训练大纲和新的空地训练方法进行教学试验，并把试验中的好经验写进新教程，规定飞行学员必须有一定数量的检查飞行和带飞。

*增加飞行事故透明度，分析事故，确保飞行安全。*1990 年苏空军对飞行安全工作抓得较紧，其特点是：（1）首次公开分析飞行事故万时率，部队飞行事故次数减少，飞行安全形势好转。从分析 1965～1988 年一等飞行事故的数量看，飞行安全水平已从一次飞行事故平均飞行时数的 16000 小时（万时率 0.625）提高到 27000 小时（万时率 0.37），飞行事故约减少 1／3。远程航空兵的一次飞行事故的飞行

时数从 1972 年就已开始下降。前线航空兵一次飞行事故的指标为 12300 小时（万时率 0.813）。米格-23 总飞行时间为 150 万小时，一次飞行事故的指标为 8000 小时（万时率 1.25），米格-21 一次飞行事故的指标为 7000 小时（万时率 1.43），苏-24 约为 1 万小时（万时率为 1）。（2）保证飞行时间，减少飞行事故。保证飞行安全的一个重要措施是保证最低标准的飞行时间。尽管空军总飞行时间在 1965～1988 年增加了 62%，但平均飞行时间仍然很低，尤其是前线航空兵。这是因为由于航空技术装备的发展，航空兵所遂行的任务大大复杂化，用于飞行前准备的时间，预防事故作业和提高飞行员知识的时间，以及飞机驾驶的时间都感到短缺。发生一、二等飞行事故主要是由于职业训练不足。对飞行事故的分析表明，有 2／3 发生在平均飞行时间少于 90 小时的飞行员身上；一、二等飞行事故有 75%发生在最后 6 个月飞行不足 45 小时的机组；有 30%以上的飞行事故发生在飞行员在作战部队服役的头 4 年内。为此，苏空军采取了一系列措施来增加飞行时间，包括制造廉价的模拟机来增加飞行时间。（3）加强地面特殊情况处置训练。特殊情况处置得好坏，直接影响着飞行安全，而特殊情况处置又要靠在地面模拟设备上的训练来提高。要求飞行人员地面多练、熟练掌握，这就需要性能良好的模拟机。但目前苏空军中又没有完全合乎条件的技术训练器材。存在着综合模拟机装备部队晚于飞机，模拟机座舱和性能与飞机不相符等问题。

主要资料来源：

①苏联《航空与航天》杂志 1990 年。

②苏联《红星报》1990 年。

演　　习

综述　1990 年苏军大规模演习次数继续保持低水平，实兵规模继续压缩，并基本停止了与华约盟国的联合军事演习。这既与苏联忙于从东欧各国撤军有直接联系，也与华约面临解体有关。本年度，苏军在训练演习中继续贯彻“防御性”军事学说和“质量建军”原则，深化防御作战演练，深入进行训练改革。与前几年相比，防御作战演练的深度和广度有明显加强。不但演练边境地区防御作战，而且开始演练国土纵深内的防御作战；不但演练阵地防御，而且重视演练机动防御；不但陆军以演练防御为主，而且防空军、空军、海军亦以演练防御为主。这些，都反映了苏军在贯彻“防御性”军事学说方面的新进展。

驻德苏军演习　1990 年 2 月 1～14 日在原民德中部地区举行。驻德苏军某集团军司令任指挥。参演兵力为 1 个坦克师、1 个不满员摩步师，共 1.3 万人。主要研练指挥、协同等问题，未邀请观察员观看。

基辅军区演习　1990 年 3 月 16～23 日在苏联基辅水库以东地区举行。基辅军区代司令茨韦特科夫中将指挥。参演兵力为 3 个不满员坦克师及部分加强和保障部（分）队，约 1.7 万人，其中包括 4000 名预备役人员。欧安会 23 个与会国的 46 名观察员应邀观看了演习。

此次演习是一次以防御演练为主的常规条件下实兵攻防对抗演习，其主要特点是：（1）重点演练国土纵深内的防御作战。此次防御演习与以往防御演习最大的不同点在于，着重演练国土纵深内的攻防作战行动。演习设想“敌”坦克集团突入苏联国土纵深约 280 公里，占领基辅后继续推进。苏军在基辅东北地区依托有利地形组织纵深梯次防御，大量消耗“敌军”后发起集团军规模战役反攻。（2）注意利用有利地形组织大纵深梯次防御。演习中，防御一方成大纵深梯次配置，以第 3 集团军（演习番号）2 个师在基辅东北地区依托有利地形组织一线防御，第 16 坦克集团军（演习番号）3 个师则在德纳斯河以北地区集结，建立纵深防御。（3）演练了集团军规模战役反攻。演习最后阶段，苏军以 2 个坦克师和 1 个摩步师，在大批武装直升机的支援下对“敌军”实施了集团军规模战役反攻，粉碎了“敌军”1 个摩步师、1 个坦克师仓促占领的防御，将战线前推数十公里。（4）预备役人员作用突出。演习中，参演兵力的 1／3 是预备役人员。他们不但担负战斗保障和后勤保障任务，而且直接编入战斗分队，包括空降分队。

白俄罗斯军区演习　1990 年 9 月 1～14 日在博布鲁伊斯克地区举行。白俄罗斯军区司令科斯坚科上将任指挥。参演兵力为不满员摩步师、坦克师各 1 个，约 1.3 万人。

敖德萨军区演习　1990 年 10 月 20 日～11 月 5 日在敖德萨地区举行。敖德萨军区司令任指挥。参演兵力为 1 个摩步师、1 个伞兵团和 1 个海军陆战旅，约 1.7 万人。主要演练了登陆和抗登陆作战科目，邀请了各国观察员。

远东军区演习　1990 年 3 月在远东濒海地区举行。参演单位包括远东军区所属主要作战部队。此次演习是一次首长司令部带部分实兵的抗登陆作战演习。演习设想美国和南朝鲜军队联合对苏实施登陆作

战。苏军则先后实施了防空作战、空袭作战和抗登陆作战，粉碎了登陆之“敌”，恢复原防御态势。

首长司令部防御作战演习　1990年8月在中亚地区举行。参演单位为土耳其斯坦军区所属主要作战部队。主要演练了各级首长司令部的指挥、协同和图上作业等科目。

1990年，太平洋舰队的各种演练活动仍贯彻“近海防御”的作战思想，主要演练防空、反潜、对舰攻击、保卫海军基地等课目。除举行例行的春季、秋季演习外，还实施了几次近海防御作战演习。

美国军队军事训练

陆军训练

综述　1990年，美陆军进一步完善军士训练、考核和晋级制度，提高中高级军官的作战指挥能力；贯彻练为战的指导思想，突出演练和提高快速部署、夜战和轻重型部队混合作战能力；加强作战训练中心的建设；加强后备役部队训练，重点提高战备动员和海外部署能力；加强模拟训练网络的建设，推广“灵巧训练”新方法。

把射击列为训练重点　美陆军步兵中心司令兼步兵学校校长卡夫查少将在美《步兵》杂志1990年11～12月刊撰文强调，步兵在现代化战场上的首要任务依然是与敌近战，消灭敌人。射击技能依然是步兵基本作战技能之一。最近，美陆军训练与条令部司令福斯上将说：美陆军是世界上“唯一”拥有统一的步枪射击标准的一支军队。步兵班、排的生死存亡经常取决于精确射击敌人的能力。现在是步兵发展精确射击技能的时候了。

美步兵学校一直致力于制定新的射击要求和标准。目前，训练与条令司令部的教学计划规定，基础作战训练和同一基地训练必须安排70小时的步枪射击基础训练。几周后，还将新增步枪射击高级训练，其达标要求是：对移动目标和固定目标射击50发，命中18发。

目前，经过同一基地训练的士兵的步枪射击水平已大大高于最低合格标准。为使步兵达到更高的水平，第29步兵团正在制定新的步枪射击计划和同一基地射击计划。这两项计划定于1991财年实施。实施之前，还要进行3个阶段的试验，第1阶段试验射击定于1990年11月进行。根据试验结果，将对为期13天的同一基地射击计划进行修订。同一基地射击计划旨在培训能在核生化环境和夜战条件下对固定目标和移动目标进行远距离精确射击的步兵。

开设联合作战课程　据美《陆军时报》1990年4月30日报道，根据1986年国防部改组法，美军决定为三军8000多名联合专业职务军官设置联合作战课程。该课程分为2个阶段，第1阶段在陆、海、空、陆战队的指挥和参谋学院以及陆、海、空三军的军事学院进行。指挥和参谋学院负责培训中级军官，军事学院负责培训中、上校级军官。第2阶段定于1990年7月9日开始在美武装部队参谋学院进行。武装部队参谋学院联合作战第2阶段课程的学习时间因学员来源不同而异。来自陆、海、空、陆战队指挥和参谋学院的中级军官学员的学习时间为9周，来自陆、海、空军事学院的中、上校级军官学员的学习时间为5周。武装部队参谋学院联合作战第2阶段课程第1期训练班学员共300名。240名为中级军官，60名为中、上校级军官。该课程各军种军官学员的比例与各军种担任联合专业职务的比例基本保持一致，陆军为37%、空军为37%、海军为21%、陆战队为5%。中级军官为期9周的学习自始至终都很紧张，每天上课时间为6～7个小时，研究和准备时间为3～4个小时。入学第1天，学员参加连续24小时的危机处置演习。中、上校级军官的学习重点放在联合参谋业务上。所有学员都要参加为期2周的战争演练。武装部队参谋学院计划聘请已退休的高级将官在战争演练中担任联合司令部司令和特种司令部司令之职。绝大部分演习想定是将远征部队开往美军在当地没有军事支援设施的地区，如北非和西南亚。此外，还要对第2次世界大战时的爪达尔卡纳尔战役、菲律宾战役等战役进行战例研究。最后，中级军官参加9小时的考试，中、上校级军官参加3小时的考试。考试合格者才准予毕业。按照1990年国防授权法规定，武装部队参谋学院联合作战第2阶段课程的学制将在今后2年内从9周增加到12周。

狠抓营、旅长任职前训练　据美《陆军时报》1990年5月7日和8月27日反映，尽管预算紧缩，训练经费有限，美陆军参谋长沃诺上将仍然要求新提升的营、旅长在上任前必须学完任职前培训课程。

1989年5月，美陆军在营长任职前培训课程中增设了作战研究课目。1990年4月，美陆军把为期一周的旅长任职前培训课程延长为3周，并增设了作战研究课目。师装甲旅、步兵旅和航空旅旅长、独立装甲旅旅长和独立装甲团团长、独立航空旅旅长和独立航空团团长、独立步兵旅旅长和独立步兵团团长、师炮队司令、师支援司令部司令、炮兵旅和工兵旅旅长都要到陆军指挥和参谋学院学习旅长任职前培训课程。美陆军增设作战研究课目旨在提高旅级指挥官的作战指挥技能。全国训练中心和联合战备训练中心的报告表明，旅级指挥官作战指挥能力不强，作战技能不高，其中最严重的一个问题是他们不能审时度势，把握速度、时间和空间，不能在流动性很大的战场上综合运用机动、火力支援、指挥和控制、情报、后勤和防空等战场主要作战系统。在课程开始前8个月，陆军指挥和参谋学院向学员寄去一份包括120个问题的考卷，考试内容包括美苏作战思想及其对学员所在兵种的影响，使学员明确今后需要重点研究的课题。在陆军指挥和参谋学院学习时，学员7人一组，每组配1名教员。授课时间仅占20%，其余时间都让学员相互切磋研讨。旅长任职前课程内容包括攻防战术。学员使用最简单的地形模型和最先进的计算机进行训练。学员在地形模型上摆开双方交战阵势，尔后把阵势和作战计划输入计算机进行交战。指挥官很快就可以了解自己制定的计划是否正确、周密，从中吸取经验教训。

对学员实施能力考评 据美《步兵》杂志1990年5～6月刊报道，美陆军步兵学校定于1990财年对军官基础课程、军官高级课程以及军士高级课程训练班的学员实施领导能力考评和发展计划。领导能力考评和发展计划的考评结果不与学生的学业鉴定报告挂钩，因而不影响学员的任命和晋级，其目的只是让学员正确估价自己的长处和弱点并帮助学员制定今后提高领导能力的计划。

领导能力考评和发展计划是以FM22-100"军事领导"野战手册为基础制定的。它把该手册规定的9项领导能力作为考评的框架。该计划采用领导或教官鉴定、群众评议和自我鉴定3种方法。鉴定表包括36个小项，即每项能力细分为4个小项。群众和被考评学员分别对每个小项进行打分，领导或教官则根据学员在指定训练课目中的表现进行考评。考评结束后，考评人员综合考评数据，对学员提出咨询意见。学员毕业分配工作后，根据该计划改进工作，提高能力以成为优秀的指挥官。

改革军士考核制度 据美《陆军时报》1990年7月16日和《国民警卫队》杂志1990年11月刊报道，美陆军对军士将采用新的自我发展考核，废除现有的技能合格考核。

陆军参谋长沃诺上将于1990年7月初批准了有关新考核制度的计划。改革军士考核制度是由陆军训练与条令司令部提议并得到陆军高级军士领导人包括陆军军士长盖茨的积极支持。沃诺上将定于1990年8月初下达分阶段取消技能合格考核，逐步推广自我发展考核的具体指令。分阶段实施方案大体为：(1)现役部队于1990年11月30日、后备役部队于1991年10月1日取消对二等兵、一等兵、技师和下士的技能合格考核。(2)中士、技术军士和上士将继续参加技能合格考核直至新的自我发展考核制度付诸实施。现役陆军在1991年10月1日前全面实施自我发展考核，后备役部队在1992年10月1日前全面实施自我发展考核。

自我发展考核是考核军士军事专业技能、施训和领导知识的正式书面考核。考核对象是现役部队、国民警卫队和后备役部队的中士、技术军士和上士。下士、技师和列兵不参加自我发展考核。现役陆军每年考核1次，后备役部队每2年考核1次。军士利用业余时间学习《士兵》手册以及4本野战手册以提高军事专业技能、施训和领导知识。这4本野战手册为FM25-101"营和营以下部队训练"，FM22-100"领导"、FM22-101"领导忠告"、FM22-102"士兵和分队发展"。沃诺说，"自我发展考核全面推广后，将成为决定军士晋升、任命、选送入学和留队的关键因素。它还将与军士教育体系相挂钩，有可能成为军士参加军士基础课程和军士高级课程的必备条件。

技能合格考核自70年代实施以来，美陆军对其进行多次修改，以便使它能公正、有效地评估军士的技能和能力，作为晋升和采取其他人事行动的依据。然而，对技能合格考核一直持有各种争议。许多士兵认为，技能合格考核并不公正，因为不是所有的军事专业都进行此类考核。

新设军士作战参谋课程 据美《陆军时报》1990年6月11日报道，按照美陆军训练与条令司令部军士培训调研小组1989年提出的18项建议，美陆军军士长学校将于1991年1月为担任营、旅作战参谋的军士新设置一项课程——军士作战参谋课程。新课程学制6周，每期训练班培训160名学员。该课程强调提高学员的实际工作能力，并按陆军训练与考核计划进行考评。军士作战参谋课程将代替现行的为期4周的人事和后勤课程与为期10周的作战和情报课程。

美陆军国民警卫队和陆军后备队早已在1989年把军士人事和后勤课程与军士作战和情报课程合并为军士作战参谋课程并试办了4期训练班。陆军国民警卫队定于1990年夏天在8个训练中心开办军士作战参谋课程训练班。

陆军后备役军官教育体系进行重大改革 据美《国民警卫队》杂志1990年9月刊和11月刊报道，1989年美陆军参谋长沃诺上将批准了陆军指挥和参谋学院工作小组提出的关于改革后备役军官教育体系的建议。改革的主要内容是缩短后备役军官高级课程、诸兵种参谋学校课程以及指挥和参谋学院课程的学制。改革不立即付诸实施，将分阶段逐步进行。

根据新的后备役军官教育体系，军官高级课程的教学重点将放到连指挥技能上，课程安排将从现在的6个阶段或7个阶段压缩为2个阶段。1个阶段为函授或其他形式的分散训练；另1个阶段在有关兵种学校学习2周。因此，美陆军后备役部队学校不再进行任何形式的军官高级课程训练。后备役军官高级课程新学制将于1993财年试行，1994财年全面实施。学完军官高级课程是选送进修诸兵种参谋学校课程的先决条件。

后备役军官诸兵种参谋学校课程将从现在的4个阶段压缩为3个阶段。第1个阶段为函授教学或其他形式的分散训练；第2阶段由后备役部队学校实施；最后一个阶段在诸兵种参谋学校学习2周。完成诸兵种参谋学校课程是后备役军官晋升少校的要求之一。

后备役军官指挥和参谋学院课程的教学重点放在战术和战役作战技能上，学制将从3年缩短为2年。课程安排分为2个阶段，每个阶段又进一步分为2个部分。完成第1阶段课程者才能晋升为中校；完成第2阶段课程者才能晋升为上校。指挥和参谋学院工作小组预测，后备役军官指挥和参谋学院课程或许将增设第3阶段课程。届时，完成第3阶段课程将成为后备役军官选送陆军军事学校或其他高等军事学院学习的先决条件，也是晋升将官的要求之一。

国民警卫队加强高级军官专业训练 据美《国民警卫队》1990年2月刊报道，陆军国民警卫队每年选送16名高级军官到陆军军事学院、海军军事学院、空军军事学院、国防研究院、武装部队工业学院等高等军事院校进修在校学习课程；选送50名高级军官进修陆军军事学院函授研究课程。3年来，陆军国民警卫队除参加高等军事学院的研究员计划外，每年还选送8名高级军官到哈佛大学、俄亥俄州立大学与战略和国际研究中心参加为期1年的研究员计划。此外，陆军国民警卫队高级军官还可参加为期1周和2周的在校学习课程或函授课程以满足各种教育需求。各军事院校提供的课程不同。陆军军事学院开设的课程有：面向将官的后备役高级军官课程和为期6个月的防务战略函授课程。陆军军事学院还举办国家安全问题研讨会，旨在使与会的少校级军官到少将级军官增进对当代地缘政治问题的了解。国防大学开设的课程有：为期16个月的国家安全管理函授研究课程以及为期2周的国家安全课程。指挥和参谋学院开设的课程包括：军、师级部队综合运用课程、师长和副师长课程、营至军级指挥控制人员训练课程、部队发展课程、军史教官课程、动员和部署计划课程，任职前课程以及美陆军国民警卫队旅和营指挥课程。武装部队参谋学院开设了后备役军官联合制定计划课程。

国民警卫队高技术训练中心每年培训19000人 据美《武装部队杂志》1990年11月刊报道，美陆军国民警卫队高技术训练中心主要依靠模拟器训练后备役和现役人员操纵和保养步兵、装甲兵和野炮武器系统。高技术训练中心于1987年投入使用，3年来，平均每年培训19000人。绝大部分学员为陆军国民警卫队和陆军后备队人员。高技术训练中心42%的工作人员为专职人员，各类训练的教员和学员的比例分别为：装甲训练为1：3，步兵和炮兵训练为1：4，核生化训练为1：5。这是该中心训练取得好成绩的关键，国民警卫队高技术训练中心约有价值1亿美元的训练装备和战术装备。坦克射击训练系统有录像磁盘射击模拟器和机动射击训练器。高技术训练中心拥有美武装部队唯一的班交战训练系统。该系统是一个供10～20人使用的室内步枪和反坦克武器射击靶场，射手使用装有视力保护激光器的武器向10×30英尺的荧光屏上的目标射击。计算机记录下射手射击的命中情况。最近班交战系统还对学员进行了核生化条件下的射击训练。高技术训练中心还配备了陆军作战训练模拟系统，训练和提高营、旅、师级指挥官及参谋人员的作战指挥和控制能力。指挥所下达战斗开始命令后，参训人员把地形和气象条件、部队实力和配置、武器装备和补给、战术和后勤等数据输入作战训练模拟系统计算机，计算机模拟作战，显示作战结果，尔后向指挥所上报战况。

国民警卫队为参加“沙漠盾牌”行动加紧训练 据美《陆军时报》1990 年 12 月 24 日报道，3 个已征召服现役的陆军国民警卫队战斗旅将为参加“沙漠盾牌”行动进行前所未有的训练。这 3 个旅是佐治亚州第 48 机械化步兵旅、密西西比州第 155 装甲旅和路易斯安那州第 256 机械化步兵旅。这 3 个旅先进行动员后训练，尔后到全国训练中心进行大强度沙漠作战训练。任何训练都包括防化课目。旅指挥官和参谋人员还将到利文沃思堡参加战术指挥发展课程训练。

使用训练器进行步枪和反坦克武器射击训练 据美《武装部队杂志》1990 年 7 月刊报道，美陆军非常重视使用训练器教会士兵正确使用 M16A1 步枪、“陶”式和“龙”式反坦克武器。训练系统集真实的武器硬件和最新的计算机技术于一身，可使士兵在实弹射击前熟练地操作武器系统。

步枪射击基础训练是美陆军新兵训练计划的一部分，要求士兵达到打靶 40 发命中 23 发的合格水平并能在夜间射击场上或身穿防核生化服进行射击。在步枪射击基础训练第 3 阶段，士兵使用武器操纵训练器进行射击训练。该系统的视频监视器可显示步枪射手的目标瞄准点和中靶部位。教官控制台可监视步枪射手射击前的瞄准、屏气和击发等动作以便及时纠正错误。所以，使用武器操纵训练器进行训练的效果比实弹训练要好得多。

美陆军现有 450 多部武器操纵训练器，计划在 1991 年再购买 50 部，每部价格约为 4 万美元。美陆军于 80 年代初开始给基础训练设施配发武器操纵训练器，目前每个基础训练设施约有 7 部。美海军陆战队也已购买 10 部。据美陆军步兵学校统计，每部武器操纵训练器每年可为陆军节省 55000 美元训练费。

现在，美陆军和陆战队使用老式的 M70 进行“陶”式反坦克武器训练；使用发射环境模拟器和发射效果训练器进行“龙”式反坦克武器训练。这三种训练器将由精确射击训练系统所代替。精确射击训练系统现已投产，定于 1991 年初装备部队。美陆军拟采购 1800 部室内型和室外型精确射击训练系统。每部室内型“陶”式和“龙”式精确射击训练系统的价格分别为 19600 美元和 16700 美元；每部室外型“陶”式和“龙”式精确射击训练系统的价格分别为 21800 美元和 22700 美元。

西点军校实施“扩大机会”训练计划 据美《陆军时报》1990 年 8 月 20 日报道，1990 年夏，西点军校实施一项名为“扩大机会”的训练计划，让学员到军事机构和地方企业工作以开阔视野，增长实践经验。西点军校校长助理威廉·威尔逊上校说：“这项计划是培训领导人的另一种训练模式”。学生可根据个人的兴趣、特长和薄弱环节进行训练。共有 685 名学员参加了“扩大机会”训练计划。有的到五角大楼公共事务处工作，有的到美国广播公司担任编辑；有的到陆军新闻关系处实习。陆军新闻关系处发言人利恩·霍恩西中校说：“对学员来说，这是一次了解我们如何工作、向我们学习的机会；对我们来说，这是向未来的军官提供帮助的机会。”西点军校学员在军外单位的工作也很出色。许多企业纷纷要求西点军校派学员来实习，并付给月薪或生活费。

后备军官训练团实施非奖学金学员志愿退学计划 据美《陆军时报》1990 年 5 月 14 日报道，美陆军后备军官训练团共有 10530 名学员领取奖学金，45062 名学员不领取奖学金。不领取奖学金的学员在学习军事学课程时免交学费和书费，在院校 3、4 年级学习期间每月发给 100 美元。

1990 年 2 月美陆军后备军官训练团宣布实施非奖学金学员志愿退学计划以来，已有 216 名学员退出非奖学金计划。退学学员都为大学 4 年级学生，曾签订过毕业后服现役或到国民警卫队和陆军后备队工作的合同。根据志愿退学计划，退学学员不再承担服役义务也不需归还政府给予的教育经费。美陆军和空军官员希望 1991 年底前各有 500 名学员志愿退学。陆、空军官员认为志愿退学计划是完成军官削减指标的一个经济方便的途径。海军后备军官训练团不实施志愿退学计划。

海军训练

综述 1990 年美国海军大力发展先进的模拟训练系统，以模拟训练取代部分实战训练，以达到降低费用、提高质量之目的。在发展模拟训练系统方面有以下 3 个特点：一是注重发展综合性训练系统，以实现不仅可实施平台操作和武器系统使用的模拟训练，而且也进行 C^3I 系统和电子战的训练与决策、使用评估；不仅进行单舰、单机的训练，而且可进行编队乃至多军、兵种协同作战的模拟训练；二是强调模拟训练系统要反映实战的真实性与复杂性，突出实战要求；三是加强港内舰上训练系统的发展。目前采取的定期岸上训练虽能在集中训练时较大程度地提高官兵的素质和技能，但返舰后往往难以保持。因此，加强港内舰上训练，既可降低训练费用，又可提高训练和战备水平。

制定1991～1995年训练工作5年计划 由美国海军训练系统司令部和训练中心制定的这一计划，从水面、水下、特种作战与联合作战、C^3I与电子战以及研究与发展等几个方面，对今后5年内，训练工作的需求与发展进行了规划与预测，确定海军训练系统中心需要发展的技术与设备。根据该预测和计划，海军训练系统司令部将安排各类训练系统设备的采购，并开展相关技术的研究与开发。

发展两栖作战战术训练系统 该系统主要突出3项训练内容，一是两栖作战中，后勤支援的指挥控制与作战的协调配合；二是实施近距空中支援的固定翼飞机、直升机的作战训练与战术协调；三是气垫登陆艇的使用训练。

改进战术指挥训练模拟系统 为了适应新的作战环境和需求，美海军开始对现行的20F16型战术指挥训练模拟系统进行改进。改进的核心内容是提高系统的实战需求，从而为各级指挥人员提供一个真实的、包括多种威胁、多个平台的作战环境。系统利用人工智能技术和实时并行专家系统，提供包括潜艇、水面舰艇、飞机以及电子战在内的各种作战手段，并由计算机产生敌、友兵力的各种战术行动，使指挥员获得一个逼真的战术环境、并能评价每一作战决策的实施效果。

建立E-6A战略通信飞机训练基地 用以取代“塔卡木”通信飞机的E-6A“大力士”战略通信飞机的训练基地将设在得克萨斯州。该训练基地将装备全套的E-6A飞机训练设施以及2架由波音公司提供的训练用波音707-320型飞机，在该基地将完成对E-6A飞机机组人员的全套训练。该系统计划在1992年第3季度投入使用。

大力发展港内综合训练系统 为了提高舰上训练水平、弥补岸基训练基地的不足，同时减少训练费用，美海军开始发展港内综合训练系统。该系统通过将岸基训练中心的设施同舰上计算机系统、通信系统以及训练工作站连网，从而使舰艇在港内锚泊期间，在舰上便可向舰员提供各型舰艇与岸基兵力联合作战的综合性训练。目前，已经实现岸、舰联网的包括：分别设在诺克斯和达克堡的2个大西洋舰队岸基训练中心、“宙斯盾”系统训练中心以及LHD-1“黄蜂”级两栖攻击舰。利用此种方法，可在不大幅度提高舰上训练设备的情况下，提供高质量的舰上综合作战训练。

发展作战任务演练模拟器 针对舰载航空兵舰上训练机会少的问题，美国海军开始发展以航母为基地的作战任务演练模拟器。这种模拟训练系统的最大特点是它可为飞行员提供为执行某一具体作战任务、针对性极强的作战演练。这种系统的核心是1套可快速重新组配的数据库。库内存有平时通过卫星照相和空中侦察得到的照片，经过1套计算机控制的图像发生器，需要时可为飞行员训练提供如同实景的飞行路线或作战地域的地形图像，以及包括与实际目标区完全一致的树木、建筑物以及其他地形地物景象，此外甚至还可模拟作战海区或地区的典型气象条件。利用这一系统，飞行人员可在随舰部署至战区的航渡中，通过舰上的这套作战任务演练系统，熟悉目标区的环境情况。此外，如果数台模拟器配合作用，飞行员便可进行编队飞行或执行攻击任务的训练。目前，F／A-18“大黄蜂”舰载战斗攻击机的这一演练系统已经开始研制，计划到1993年投入使用。

主要资料来源：

美《海军新闻》1990年。

空军训练

综述 1990年美空军提出“竞争战略”，推行“质量建军”方针，强调“高质量装备”和“高质量训练”，力图保持和增强美国空军的实力，提高战备程度。1990年，美空军参加了协助菲律宾平息兵变和闪击巴拿马的两次低强度作战；8月2日，海湾危机爆发，美空军参加了“沙漠盾牌”行动，大举增兵中东。在此情况下，美空军加紧进行实战条件下的临战训练，部队的战备水平和训练素质明显提高。

调整训练体制，改进现有武器装备 美空军训练面对的挑战是，一方面，复杂的技术装备要求人员要进行更多的训练；另一方面，军费又在不断减少，而训练经费又常常是被优先削减的项目。美国空军不得不采取相应的对策以保证训练质量：一是裁减人员，精减机构。据美空军部长唐纳德B·顿斯宣布，到1991年，美空军将裁减军人8150名，文职人员8300名，其中作战和训练系统裁减军人3500名，文职200名。这样可节省经费9.5亿美元；二是调整训练体制，缩短院校学制。如美国空军中队军官学校的学制已由8.5周减为7周，教学重点为领导艺术；航校训练内容也作了调整，取消了“重复”的训练课目，航校的某些飞行课目放到部队完成，以节省装

备、人力和飞行时间；三是改装现有武器装备，为训练提供可靠保证。1990年，美空军用于研制和采购新式飞机装备的经费仅为9.115亿美元，但却不惜拨款71.109亿美元改装现有武器装备，主要用于增强战术战斗机的机载火力，增加飞机的动力，更新机载电子设备，满足当前作战和训练的需要。通过对老式装备进行经济有效的改装，延长了使用寿命，其性能、完好率和出动能力均有不同程度的提高，增强了部队的总体实力，保证了飞行训练时间的落实。1990年美空军仍保持了较多的飞行时间，战斗机飞行员月均飞行19.5小时。飞行时间多，飞行经验积累快，利于保证飞行安全，提高训练水平。

部队训练突出重点　美空军始终把培养高质量的第一流飞行员视为训练部门的最大目标，一直致力于保持训练质量上的优势。而这种训练质量上的优势主要是通过增强训练的针对性，突出重点，提高训练的难度和强度去获取的。1990年美空军部队训练的重点及其特点是：

更加强调夜间和全天候作战能力训练　美机均装备有先进的夜视和复杂气象领航及攻击系统，具有较强的全天候、全天时作战能力。在夜间采取行动，是美军在近几年的几次空袭作战中惯用的战法。为此，特别重视夜战训练。本年度F-117A隐形战斗机飞行员夜间飞行架次占总架次的65%；作战部队的大部分训练都是在夜间进行的，例如A-10作战联队的夜间训飞时间约占总飞行时间的80%。夜间全天候作战训练的比重还会有增加的趋势。

尽可能保证低空训飞时间　美空军在近期空袭作战中广泛运用夜间低空大速度突防和低空快速攻击战术，把低空超低空训练放在重要位置。美空军要求所有飞行人员均应进行低空大速度飞行训练。通过训练使飞行人员能熟练掌握机载自动地形跟踪系统和低空突防技能，并能在未来战场实施有效的低空攻击。美空军对各机种每名飞行员每年的低空训飞时间都作了明确的规定，如F-16和F-111飞行员每年50小时，F-4G飞行员43小时，A-10飞行员多达125小时。因涉及低空飞行噪音扰民问题，对飞行高度和速度的要求，视不同低空飞行空域而异。但最终目标是，能在昼夜间以自动地形跟踪状态飞行，高度可降到250英尺（76米），速度达到1000公里/小时；在战术靶场上空以100英尺（30米）的高度作超低空飞行。为保证部队足够的低空训飞时间，美驻欧空军在本年度主要采取了如下措施：增加在加拿大吉斯湾空域进行的超低空（30米）飞行训练；充分利用意大利撒丁武器训练基地，增加低空训飞时间；建立北约战斗机战术中心，使低空飞行训练不再受到限制。另外，着手研制大功率高逼真度的低空飞行训练模拟器。

重视电子战训练　美空军部原部长麦克卢卡斯说："电子战可以说是在陆海空三军中最迅速地引起人们兴趣和重视的技术。"实战经验表明：在高技术战争中夺取电磁优势是夺取战争胜利的一个前提。因此，美空军一方面加紧研制和采购电子对抗设备（据称，美军目前大约共有300多种电子对抗设备，其中空军有150多种，占50%），另一方面，大力加强电子战训练，主要方法是在战术靶场逼真的敌对电子战环境下进行训练。到1990年，北约范围内已有11个、美本土内利斯空军基地有4个可以进行电子战训练的靶场。电子战靶场装备有各种各样的敌威胁模拟系统，如MSQ-T4/T6普通发射机模拟器、MPS-T10导弹火控雷达模拟器和能够模拟"敌"探测雷达信号的MPS-39模拟装置等。海湾危机爆发后，飞行人员在近似中东的内华达沙漠电子战靶场反复进行电子战飞行演练。空军电子战中心派出电子侦察机和电子战飞机，为参演部队提供近似实战的电子战环境，使飞行员获得电子战条件下的作战经验。此外，组织电子战模拟器训练。飞行人员使用AN/ALQ-T5综合电子战模拟器（有8个练习台）训练电子干扰设备的操作方法、熟悉和识别敌电子干扰信号、掌握特高频无线电联络的标准化程序等。

着力提高快速反应和远程机动作战能力　迅速地对冲突作出反应并在冲突地区快速集结部署兵力，是现代局部战争制胜的重要因素。海湾战争前，美空军首批参战部队在接到出兵令后的5～6小时内全部起飞，42小时内开进海湾，远程连续飞行15小时，途中进行空中加油12次。"沙漠盾牌"开始仅仅9天之后，美空军便向该地区派去了150架作战飞机和100架保障飞机，以及大约1.2万名军队和几百万磅的作战物资。其快速反应和远程机动作战能力是严格训练的结果。1990年度美空军主要从以下几个方面加强了训练：一是通过在北约和本土组织的各种战术鉴定演习演练快速升空作战能力。各联队还定期（通常每月1次）组织紧急起飞演练，以便在接到命令几小时内提供战时所需的主要兵力；二是加强战略空军应急支援作战能力演练。1990年美战略空军共4次派出B-52战略轰炸机到太平洋地区进行应急支援作战演练。他们先从本土飞往关岛，然后以关岛为起降基地分别赴南朝鲜、泰国参加军事演习；三是实施远距离机动转场，提高远程机动作战能力。美空军部队经常向完全不同的作战环境进行远距部署并参加战区演习。本年度美空军从本土派出包括战斗机、轰炸机、加油机、压制防空火力的飞机、侦察机、电子战飞机等各种飞机，前往太平洋、印度洋地区与盟国联合举行各类演习19次。另外，还经常从驻欧空军派出作战飞机前往中东地区实施远距部署并参加演习。

在"酷似实战"条件下训练部队 在总结80年代以来世界上发生的7次典型的空袭反空袭作战和多次低强度作战经验的基础上，美空军参谋部重申并确定了90年代空军训练的指导方针，认为"只有通过酷似实战条件下的训练，使飞行员掌握实战所必需的战斗技能，才能适应现代战争的需要"。为此，1990年美空军为训练设置了更为逼真的假想敌，增强了训练的"实战"意识。

以美国空军在内利斯空军基地实施的"红旗"演练为例。进入90年代后，"侵略者"中队已开始换装新型的F-16C，模拟米格-21、23、29和苏27飞机，与原装备的F-5E相比，模拟的逼真程度更高，同时增加了空中加油能力。经换装的"侵略者"中队除参加例行的"红旗"的演习外，可以化整为零，组成若干小分队，到分散在国内的各F-15作战联队巡回，进行对抗空战演练。每次训练大约半个月。通过训练，F-15飞行员可以结合各自的经历学会如何纠正空战中的错误，提高变被动为主动的战术技术。据日本《航空周刊》称，美空军准备在90年代初将"红旗"演练的时间由6周延长到9周，扩大演习规模，每次可同时投入100架以上各种飞机，演练多机种、多兵种协同作战。在演练内容上，为提高遂行夜间作战的能力，本年度还专门开展了以夜战和电子战训练为主体的"红旗"演练，投入了F-15E和最先进的F-117A隐形战斗机。

为使演习更加逼真，美空军正在研制红外制导和雷达制导空对空模拟导弹。过去使用的空战机动监视系统已被淘汰，开始采用评价性能更先进的"空战情况分析与评价系统"，它可同时监视和录制参演飞机空战、地靶射击轰炸和各种目标的情况，并如实地再现出来，供飞行员对抗演练后进行讲评。

突出强调空军特种作战部队和军事空运机动部队的训练 1990年4月30日，美国宣布在本土赫尔伯特空军基地成立美国空军特种作战司令部。美空军在部队缩编、人员精减、经费减少的情况下，唯独加强和扩编了特种作战部队。本年第23航空队新组建了2个驻海外的特种作战联队：一个驻菲律宾克拉克空军基地，另一个驻德国的莱茵-梅因空军基地。目前这支专门用于特种作战的空军部队装备有MC-130运输机、AC-130武装运输机和BC-130电子战飞机，以及MH-53、CH／HH-3、MH-60直升机。用于特种作战部队的军费已由1981年的5亿美元，增加到1990年的30多亿美元。今后4年特种作战部队的经费将提高1倍，并优先保证其日常训练和作战的需要。美空军特种作战部队是由精心挑选和经过多方面严格训练的人员组成的。日常训练重点放在夜间复杂气象条件下的作战训练、低空超低空训练、空中加油训练、机降与伞降训练以及生存能力训练等。战斗指挥组成员的挑选与训练格外受到重视。训练中，学员们要研究广泛的问题，包括不同条件下航空兵作战的战术与技术；同时强调掌握各种武器、体质锻炼、心理稳定性的养成和极端复杂条件下的生存能力训练等。空军特种作战部队1990年内参加各种规模的演习约30次，其中规模最大的是代号为"漂亮的圆顶建筑"的快速反应部队演习，以此检验特种作战部队的训练水平和接近实战条件下的作战能力。通过训练，各分队可在昼夜间复杂气象条件下，利用低空、超低空尽可能以大速度飞行遂行战斗任务。

海湾危机爆发后，自1990年8月底开始，军事空运司令部的战略运输机部队几乎全部出动，向海湾地区运送兵员和装备，出动量达90%以上。日出动量最高达20余架次。为提高向中东快速空运部队的能力，美空军运输机部队经常在美国加利福尼亚州与中东地形和气候条件相似的莫哈维沙漠进行空运演习。此外，经常派各型运输机前往埃及沙漠地区参加大型联合军事演习。除加强训练外，美空军正抓紧发展C-17新型运输机，并采购C-5B运输机和KC-10加油机，进一步增强军事空运能力。

针对海湾危机展开临战训练 1990年8月2日，海湾危机爆发，美空军针对中东地区作战的突出特点，在本土和海湾地区加紧进行了为中东沙漠战而设定的各种战术演练。美空军在本土内华达沙漠地区内利斯基地的战术靶场设置了模拟伊军防空配系、机场、通信塔架以及按实物样式和尺寸设置的"飞毛腿"导弹发射架等地面目标；扮演"红军"的"侵略者"中队，用F-16C战斗机模拟伊军的米格-25、29和苏-27等型机，采用伊机空战战术。演习由美空军战术战斗机武器中心负责组织实施。该基地每年通常组织6～8次"红旗"演习，海湾危机爆发后，将其改为"沙漠旗"演习，分批轮训参战部队。演练的重点是，

电子战环境下夜间低空突防、摆脱伊军防空炮火的攻击、按战时分工对目标实施实弹轰炸，以及海湾实战条件下的对抗空战演练等。其训练强度大大超过日常训练。参战人员和飞机对事先计划的攻击目标作了分工，并将攻击参数输入机载电脑，进行了模拟演练。例如，进驻印度洋迪岛的B-52轰炸机1990年底曾60余次赴沙特进行远程奔袭演练。B-52日常训练多采用3机编队，但在演练中却采用了每个波次出动大机群2批16架，以1500米高度突入目标区，从150米低空对目标实施轮番轰炸。进驻海湾的F-15E战斗机部队，在座舱温度高达50℃的炎热条件下，坚持临战训练，使飞行员迅速熟练地掌握了机上武器装备和战术技术，提高了沙漠环境下的实战能力。驻美国本土的F-117A隐形战斗机部队在调往海湾前加紧进行夜战训练，为夜袭巴格达奠定了基础。A-10攻击机部队轮流到欧文堡陆军训练中心，与陆军部队进行协同作战训练。在模拟的中东地面战环境下，反复演练了A-10飞机对地面部队实施近距空中支援的具体战法，同时演练了夜间低空突防、快速出击和近距轰炸战术。武装直升机在超低空训练受到飞沙袭击的艰难条件下，出动率高达85%，超过军方规定的标准。空中搜索与救援分队在新墨西哥州近似中东沙漠环境条件下，进行逼真的空中搜索与救援训练，营救队使用MH-60武装直升机实施远距、超低空飞行，并进行了比较危险的直升机空中加油训练。为提高沙漠生存能力，参战的飞行人员在开赴海湾前，都受过半个多月的特种训练，学习弹射跳伞后在沙漠地区如何自救生存；了解当地的文化背景和对付伊军审讯的方法等。

主要资料来源：

①美《航空周刊与空间技术》1990年6月18日。

②美《空军时报》1991年1月4日、2月11日。

演　　习

综述　据不完全统计，1990年美军在美国本土和海外各地单独或与其他国家（不含与北约盟国）联合举行的各种类型军事演习39次。其中，美军单独举行的各类演习17次。与其他国家联合举行的双边或多边演习22次。一年来美国的军事演习是在东西方关系趋向缓和，美军削减军费，调整军事战略的情况下进行的。综观美军演习，具有以下几点比较突出的变化和特点：一是压缩了部分例行性军事演习的规模。二是注重特种作战科目的演练。三是突出盟军在演习中的主导地位。

诸军兵种联合演习　*太平洋战区后勤支援演习*　1990年4月在太平洋地区举行。演习由美太平洋总部组织实施。驻太平洋地区的美陆、海、空三军及后备役部队的后勤支援系统均参加了这次演习。演习的主要内容包括检验战区内的弹药、油料设施、武器装备状况，检验军事运输系统在战区内的空运、海运、医疗后送的能力，物资和油料供应人员还演练了在平时和战时的战备物资及油料的管理、供应和远程支援等科目。演习旨在检验和提高美太平洋战区后勤系统在战时的后勤支援能力。

“海洋冒险·90”演习（*OCEAN VENTURE·90*）　1990年4月20日～5月7日在大西洋和加勒比海举行。演习由美参谋长联席会议协调，大西洋总部具体组织实施。来自陆海空三军、海岸警卫队、国民警卫队、后备役部队等共计1.4万人、12艘舰船参加了演习。演习主要内容包括快速部署与展开、后备役部队和国民警卫队转为现役作战部队、海空运输支援、海港防御、水面作战、两栖作战、陆上作战、模拟轰炸、特种作战等。“海洋冒险”演习是美大西洋总部自1981年以来每两年举行一次的三军联合演习，目的是检验和提高大西洋总部所属部队的快速部署和协同作战的能力。此次演习因受美削减军费的影响，演习经费由1988年同类演习的900万美元减至400万美元，参演兵力由4万余人减至1.4万人，其规模为近年来同类演习的最小一次。

战俘管理演习　1990年7月中旬在美国弗吉尼亚州举行。这是美国首次举行的由陆海空三军、国民警卫队和后备役部队参加的大规模模拟管理战俘演习。来自美陆海空三军的4000余人和数千名后备役人员参加了这次演习。

陆军演习　*快速部署演习*　1990年1月下旬美陆军第82空降师举行了由美本土至洪都拉斯的快速部署演习。美军事空运司令部出动大批C-130型运输机为参演部队担负了空中运输任务。第82空降师抵达洪都拉斯后，与美驻洪部队在尼洪边境地区联合举行了地面攻防、特种作战等科目的演练。美陆军第82空降师是一支快速反应部队，自1981年以来曾多次赴拉美地区举行军事演习，仅在洪都拉斯境内举行的军事演习就多达30余次。此次赴洪尼边境地区演习正值尼加拉瓜大选之机，其目的是通过举行军事演习，向尼政府进一步施加军事压力。

野外攻防与山地作战演习　1990年9月29日～11月3日在美华盛顿州刘易斯堡地区举行。演习由

美军部队司令部主持，陆1军具体组织实施。参加演习的部队有第9步兵师、第6轻步师、第25步兵师、第35防空炮兵旅、第142通信旅等。参演部队主要进行了地面攻防、山地作战、大炮射击、后勤支援、应急增援等科目的演练。演习旨在检验和提高美驻本土陆军部队的野外攻防和山地作战的能力，以及驻夏威夷第25步兵师对美本土的应急增援作战能力。

海军演习 *扫布雷演习* 1990年1月底至2月初美海军第7舰队新泽西号战列舰、斯特雷特号巡洋舰等各型舰船10余艘、P-3型反潜巡逻机和E-3A型预警机共10余架在南朝鲜浦项至釜山外海举行了一次扫布雷演习。同时，还进行了舰船编队防空作战、反潜作战、突破海峡封锁和医疗后送等科目的演练。

"舰队90-1"演习（FLEETEX · 90-1） 1990年1月24日～2月17日在西大西洋和波多黎各海区举行。演习由美大西洋舰队第2舰队司令担任指挥。参加演习的有美海军艾森豪威尔号、肯尼迪号2艘航母在内的各型舰船约30艘，海军和陆战队人员共2.5万人。演习的主要科目有水面作战、反潜作战、海空协同作战和两栖登陆作战等。演习旨在检验美海军舰队的戒备状态和提高舰队的作战能力。

"舰队90-3"演习（FLEETEX · 90-3） 1990年6月中旬在大西洋西部和波多黎各附近海域举行。演习由美大西洋舰队第2舰队组织实施。参加演习的有美海军肯尼迪号、萨拉托加号航母等各型舰船24艘，海军和陆战队人员共2.1万余人。演习的主要科目有反水面作战、兵力投掷、攻击与支援作战、两栖攻击作战、舰炮攻击与空中轰炸等。这次演习是为海军舰只和陆战队提供真实的海上训练机会，以检验和提高部队的战备状况和快速反应能力。

两栖后勤支援演习 1990年4月23日～5月13日美海军陆战队第3勤务支援大队在日本冲绳地区举行了以反恐怖活动为主要内容的两栖后勤支援演习。演习的主要科目有支援陆战队在恐怖分子活动地区实施垂直与平面登陆作战、攻击恐怖分子、营救人质等。演习中，美驻日本横田基地第374战术空运联队的部分C-130型运输机配合了这次演习。演习旨在提高美海军陆战队勤务支援部队在反恐怖活动中的后勤支援能力。

"贸易风90"演习（TRADE WINDS · 90） 1990年5～6月美海军在加勒比海举行了代号为"贸易风90"海上扫毒演习。参加演习的有美海军大西洋舰队各型舰船10余艘、驻加勒比海地区美海岸警卫队等。这次演习主要进行舰船编队海上航渡、搜索拦截模拟贩毒船只、两栖登陆等科目的演练。演习目的是检验美海军与海岸警卫队联合扫毒行动的程序，提高美海军直接参与扫毒活动的能力。

空军演习 *搜索与救援演习* 1990年1月23日～2月5日在美阿拉斯加艾尔门多夫附近山区举行。演习由美阿拉斯加空军救援中心主持，阿拉斯加灾难控制中心具体组织实施。参加演习的有美空军第71救护中队、陆军第3搜索与救援连等单位。参演部队主要进行了搜索与救护、跳伞与空投、爆破处理等科目的演练。演习旨在提高美陆空部队联合搜索与救护的能力。

"红旗90"演习（RED FLAG · 90） 1990年1月6日～2月17日在美国内华达州内利斯空军基地举行。演习由美战术空军司令部主持，第4440战术战斗机训练大队具体组织实施。参加演习的除驻美本土战术空军部队外，战略空军和军事空运司令部也派出了部分部队参演。参演飞机主要有F-4、F-15、F-16、F-111、FB-111、RF-4G等型机共130余架。演习的主要科目有防空拦截、空中格斗、对地攻击、近距离空中支援、空运支援、空投空降、特种作战等。

"阳光下决斗"演习（DUEL IN THE SUN） 1990年3月3日在美国路易斯安那州巴克斯代尔空军基地举行。演习由美战略空军第8航空队组织实施。参加演习的除美战略空军第8航空队的B-52、B-1B、FB-111型战略轰炸机外，战术空军第116战术战斗机联队和第125战斗截击机大队的F-15、F-16型机配合了这次演习。参演飞机主要进行了电子对抗、空中拦截、低空轰炸等科目的演练。演习旨在提高美战略空军轰炸机部队的常规作战能力。

"骑兵精神90"演习（SABRE SPIRIT · 90） 1990年6月4～9日在南朝鲜乌山空军基地举行。这是一次轰炸与导弹发射训练演习，参加演习的有：美空军驻南朝鲜第460战术侦察机大队、第8战术战斗机联队、第51战术战斗机联队、第19战术空军支援中队，驻日本第18战术战斗机联队、第400军火维修中队，驻菲律宾第432战术战斗机联队和驻阿拉斯加第21战术战斗机联队等共11个飞行单位。演习的主要科目包括合成战斗、导弹攻击、导弹供给和快速上载弹药等。在合成战斗科目演练中，战斗机着陆后，勤务人员在24分钟内完成飞机再次升空的勤务保障任务。在导弹和弹药装填科目演练中，

参演人员身着防化服在20分钟内上载6枚空对空导弹、40分钟内装载30500磅炸弹。

“绿旗90”演习（*GREEN FLAG·90*） 1990年7月2～20日在美国内华达州内利斯空军基地举行。演习由美战术空军司令部主持，驻美本土战术空军部队和驻西太平洋地区的第13航空队第3联队、第5航空队第18联队参加了这次演习。在这次演习中，参演部队进行了以电子战和空战为主要内容的演练。

“大勇士90”演习（*GIANT WARRIOR·90*） 1990年7月中旬至8月中旬在太平洋地区举行。演习由美战略空军司令部组织实施。这次演习是美战略空军继1988年8月举行的“非凡勇士”演习以来的第3次年度性大规模常规作战演习。参加演习的部队有战略空军第8航空队、第15航空队，战术空军第5航空队、第13航空队。参加演习的主要飞机有B−52、B−1B型战略轰炸机，KC−10、KC−135型加油机，F−15、F−16型战术战斗机等100余架。演习的主要科目有海洋监视、低空突破、低空轰炸、远程奔袭、空中加油、战略轰炸机与战术战斗机协同作战等。演习旨在检验美战略轰炸机部队的远程奔袭及与战术空军部队的协同作战能力，提高美战略空军轰炸机部队的常规作战能力。

“对抗日程”空防演习（*COPE AGENDA*） 1990年10月25日在菲律宾克拉克地区举行。演习由美驻菲空防司令部具体组织实施。驻菲美空军第13航空队的F−14、F−15等型机参加了演习。美空军驻冲绳加手纳基地的1架E−3B型机担任了演习的空中指挥。参演飞机主要进行了低空突防、异型机空战、空中拦截和空中加油等科目的演练。

与其他国家的双边演习 美国南朝鲜“协作精神90”演习（*TEAM SPIRIT·90*） 1990年1月26日～3月22日在南朝鲜地区举行。演习由美参谋长联席会议协调，美太平洋总部主持，“韩美联合部队司令部”具体组织实施，南朝鲜第3集团军司令申米业上将担任演习总指挥。“协作精神”演习是美国与南朝鲜于1976年开始举行的年度性诸军兵种实兵演习。此次演习为第15次，其规模较往年有所减小，参加演习总兵力较1989年的20万余人减至18万人，其中美军为6万人、南朝鲜部队为12万人。演习科目主要有快速部署、地面攻防、空中支援、陆空协同、两栖登陆、渡江作战、特种作战等。在这次演习中，美改变了以往由美军担任总指挥的做法，首次让南朝鲜军方担任演习总指挥。

美国南朝鲜特种作战联合演习 1990年2月中旬在南朝鲜地区举行。演习由“韩美联合部队司令部”主持，美国南朝鲜联合特种作战部队具体组织实施。参加演习的有美空军第5航空队、第7航空队、第374空运联队、第353特种作战联队等，南朝鲜除特种作战部队参演外，部分政府官员及民众也参加了这次演习。演习的主要内容包括渗透与反渗透、空降与空运、战场支援、保卫城市安全等特种作战科目。演习目的是检验美国与南朝鲜军民联合抵御外来特种作战部队渗透的能力，提高参演部队的非常规作战的能力。

美国南朝鲜“英勇闪击90”演习（*VALIANT BLITS·90*） 1990年10月底至11月中旬在南朝鲜浦项沿海地区举行。演习由“韩美联合部队司令部”组织实施。参加演习的有美海军第7舰队各型舰船10余艘、飞机数十架，南朝鲜海军陆战队和部分舰船，双方兵力共1万余人。“英勇闪击”演习是美国与南朝鲜自1982年以来在朝鲜半岛联合举行的年度例行性两栖登陆作战演习。此次演习因受海湾危机的影响，演习规模明显缩小，参演舰只为1989年“英勇闪击89”演习的1/5，且未派航母参演。

美国日本“山樱”演习（*YAMA SAKURA*） 1990年1月22日～2月15日驻日美军与日陆上自卫队在日本仙台地区举行代号为“山樱”指挥所演习。演习旨在检验和提高美日两国部队共同保卫日领土的作战指挥能力。

美国日本“北风90”演习（*NORTH WIND·90*） 1990年2月21日～3月6日美日两国陆军部队在日本阿尔俾斯山区举行了一次严寒气候条件下的野外训练演习。参加演习的有美驻阿拉斯加州理查森堡的第6轻步师，日陆上自卫队东部军第12师。参演部队主要进行了雪地行军、越野滑雪、挖掘雪洞等雪地生存技能和攻防作战等科目的演练。演习旨在提高参演部队在严寒气候条件下的生存与作战能力。

美国日本空防联合演习 1990年7月31日～8月10日在日本冲绳地区举行。美空军驻冲绳加手纳、三泽和岩国3个基地的F−15、F−16、E−3B等型飞机30余架，日航空自卫队驻冲绳那坝和茨城百里2个基地的F−4、RF−4等型机10架参加了演习。参演部队主要进行了防空作战、空中支援、拦截与格斗等科目的演练。演习旨在提高美日空军部队的协同作战能力。

美国泰国特种作战联合演习 1990年1月9日～2月9日在泰国南部地区举行。演习由泰空军组织实施，泰空军素差·乔山上校担任演习总指挥。演习以营救人质和保卫基地设施为主要内容，两国部队先后出动了UH-1、OV-10、N-22、MC-130、HC-130等型机50余架次演练了空投、空中拦截、空中指挥、空中干扰等科目，特种作战部队着重演练了快速登机、跳伞、负重行军、穿越障碍、轻武器射击、营救人质等科目。此次演习首次将演习总指挥由以往美方改为泰方担任，明显突出了泰国部队在演习中的地位和作用。

美国泰国反恐怖活动演习　1990年2月16～17日在泰国南部地区举行。参加演习的有美驻太平洋地区的部分特种作战部队，泰陆军特种作战部队和海军部分部队。这次演习以泰国在以往多次发生劫机事件为背景，着重演练和提高美泰两国特种作战部队的反劫机能力。

美国泰国“金色眼镜蛇90”演习（COBRA GOLD·90)　1990年5月14日～6月2日在泰国中部及其沿海地区举行。演习由美太平洋总部主持，美海军第7舰队具体组织实施。参加演习总兵力为1.5万余人，其中美军8000人、泰国武装部队7200余人。演习的主要内容包括两栖登陆作战、防空作战、反潜作战、空降空投、低空突防、低空轰炸、特种作战等科目。“金色眼镜蛇”演习是美泰两国武装部队自1982年以来每年举行一次的例行性联合演习。演习旨在增强泰国自身的防御能力，检验和提高美军支援泰国的应急作战能力和两国部队的协同作战能力。在这次演习中，美加强了特种作战科目的演练，来自美陆海空三军的特种作战部队除进行了丛林作战、夜间跳伞、渗透与反渗透等科目的演练外，还首次与泰国民兵举行了特种作战科目的联合演练。这明显反映出美军在未来常规作战中将会十分重视对特种作战部队的使用。

美国菲律宾“对抗雷90-7”演习（COPE THUNDER·90-7)　1990年6月4～7日在菲律宾克拉克地区举行。演习由美空军第13航空队主持，第6200战术战斗机训练大队具体组织实施。参加演习的有美驻西太平洋地区战术空军第5、7、13航空队，驻夏威夷空军国民警卫队和菲空军部分部队。演习的主要科目有异型机空战、空中拦截、空中支援、搜索与救援等。“对抗雷”演习是美驻西太平洋地区战术空军部队在菲律宾举行的综合性空战演习，每年度举行7次，并在历次演习中均邀请有关国家派部队参演或派要员前往观摩。

美国菲律宾“巴厘加丹90”演习（BALIKATAN·90)　1990年12月3～14日美国与菲律宾在菲举行了代号为“巴厘加丹90”诸军兵种联合演习。参加演习的有美太平洋特种作战司令部第1特种作战部队、陆军第25步兵师、驻太平洋地区的部分空军部队和海军陆战队，菲律宾部分陆海空三军部队。演习的主要内容包括特种作战、两栖登陆作战、空战、战略空运等。“巴厘加丹”演习是美国与菲律宾部队于1978年开始举行的年度例行性演习，演习旨在提高两国部队共同保卫菲律宾的协同作战能力。1989年的此类演习因菲律宾发生未遂军事政变而被迫取消，此次演习为第12次。

美国新加坡“对抗投掷90-1”演习（COPE SLING 90-1)　1990年4月23日～5月10日在新加坡举行。演习由美太平洋空军司令部主持，美第7航空队和新加坡皇家空军具体组织实施。参加演习的有美空军第51战术战斗机联队、第376战术战斗机联队、第374战术空运联队，新加坡皇家空军部队。参演部队主要进行了空中机动、空中拦截、攻防转换、紧密空中支援等科目的演练。演习旨在检验和提高美新两国空军部队空防与空战的联合作战能力。

美国新加坡“对抗投掷90-2”演习（COPE SLING 90-2)　1990年8月8～24日在新加坡举行。演习由美太平洋空军司令部主持，美空军第13航空队和新加坡皇家空军共同组织实施。美空军参加演习的有第7航空队和第13航空队的部分战术战斗机联队和空运联队，新加坡皇家空军部队。演习的主要科目有应急出动、空中加油、空中机动、空中拦截、空中格斗、模拟对地攻击等。此次演习是美新空军部队在年内举行的第2次同类演习。演习目的是进一步加强美新两国的军事合作关系，提高两国空军部队的协同作战能力。

美国印尼“对抗西”演习（COPE WEST)　1990年6月4～15日美国与印尼空军部队在印尼举行了代号为“对抗西”联合空防演习。演习由美太平洋空军司令部主持，美空军第13航空队和印尼空军共同组织实施。参加演习的有美空军第13航空队、夏威夷空军国民警卫队和印尼空军部队。演习的科目有电子对抗、异型机空战、防空作战、空中拦截、空中格斗等。演习旨在加强两国的军事合作关系，检验和提高美军应急快速部署能力和美新空军部队的协同作战能力。

“美国印尼15”海军航渡演习　1990年9月11～12日在印尼纳土纳海域举行。演习由印尼海军西部

舰队和美海军第7舰队共同组织实施。参加演习的有美海军第7舰队旗舰“蓝岭”号、巡洋舰斯特雷特号，印尼海军护卫舰2艘、各型飞机数十架。演习主要科目有海上航渡、舰炮攻击、舰机协同、防空反潜等。演习旨在检验和提高印尼海军的组织指挥能力和两国海军的协同作战能力。此类演习始于1983年，此次是第15次演习。

美国阿联酋海空联合演习　1990年7月下旬在波斯湾举行。演习由美中东部队司令部组织实施。参加演习的有美中东部队司令部旗舰拉萨尔号和5艘作战舰只，驻欧美空军KC-135、C-141型飞机共4架，阿联酋空军部分飞机。参演部队除进行了水面作战、反潜作战、舰机协同作战等科目的演练外，美空军KC-135型加油机还与阿联酋空军的“幻影”战斗机实施了空中加油科目的演练。这次演习是在伊拉克与科威特边境地区局势日趋紧张的情况下进行的。演习的目的是显示美有能力在海湾地区与盟友进行有效的合作，以向伊拉克施加更大的军事压力，确保美在海湾地区的长期利益。

美国英国“大逃亡”演习（*GREAT ESCAPE*）1990年3月10～11日在英国拉肯希思空军基地举行。参加演习的有美驻英空军第81战术战斗机联队的医疗小组和参谋机构人员，英国后备役部分部队。参演部队主要进行了夜间穿越沼泽和森林、野外生存与急救等科目的演练。演习目的是演练和提高从敌占区逃脱危险的各种技能。

美国洪都拉斯后勤支援演习　1990年2～3月美陆1师第789支援营、第1勤务支援大队、第1战斗工兵营抵洪都拉斯，与洪都拉斯部队联合举行了后勤支援演习。演练的主要内容包括部队远程调动与部署、修建军事设施与基地兵营、为居民提供医疗援助和修建民用服务设施等。演习旨在进一步加强美洪两国的军事合作关系，提高美洪两国部队的野外后勤支援能力。

与其他国家的多边演习　“环太平洋90”演习（*RIMPAC 90*）　1990年4月9日～5月20日美国、加拿大、日本、南朝鲜、澳大利亚海军在美西海岸至夏威夷等广大海域举行了代号为“环太平洋90”海上联合演习。演习由美参谋长联席会议协调，美太平洋总部具体组织实施，美第3舰队司令担任演习总指挥。参加演习总兵力约5万人、各型舰只55艘、飞机200余架。演习分部队集结和实兵演练两个阶段进行，主要演练了海上航渡、两栖登陆、海空协同、陆空协同、反潜、防空、特种作战等科目。演习旨在提高美与盟军在未来常规作战中联合保卫海上通道的作战能力。“环太平洋”演习是美与盟国于1971年开始每2年举行1次的海上联合演习。演习初始只有美国、加拿大、澳大利亚和新西兰等4国参加。1980年以来，日本海上自卫队每次均派舰参演。南朝鲜在此次演习中派出2艘舰只参演尚属首次。

“漆黑90”演习（*PITCH BLACK*）　1990年7月23～27日美国、澳大利亚、新加坡空军在澳大利亚北部地区举行了代号为“漆黑90”联合空防演习。演习由美太平洋空军司令部组织实施。参加演习的有美驻太平洋地区战术空军部队、军事空运部队，澳大利亚和新加坡部分皇家空军部队。演习的主要科目有高、低空轰炸、低空突防、空中拦截、空中加油等。演习旨在演练美、澳、新三国空军部队在紧急情况下协同作战时使用的战术与程序，检验澳大利亚防空系统的空防能力，提高美军应急增援能力和美、澳、新三国空军部队的协同作战能力。“漆黑”演习是美国与澳大利亚于1983年开始联合举行的年度例行性演习。此次新加坡派部队参演尚属首次。

“尤尼塔斯31”演习（*UNITAS 31*）　1990年7～12月美大西洋舰队丹尼尔斯号导弹巡洋舰等10艘舰船在环绕南美洲大陆的航行中分别与南美洲的秘鲁、智利、乌拉圭、巴西、委内瑞拉、哥伦比亚等国海军举行了海上联合演习。演习内容主要包括反潜作战、防空作战、战术对抗、水面作战等科目。美海军陆战队、海岸警卫队和海军特种作战部队也随同美舰与上述国家的相应部队共同举行了演练。“尤尼塔斯”演习始于1960年，是美海军与南美洲有关国家海军每年举行1次的海上联合演习，此次演习为第31次。演习目的是显示美洲国家间的“团结”，检验和提高参演国家的战备能力和协同作战能力，确保美在南美洲海上交通线的安全。

“迅雷”演习（*IMMINENT THUNDER*）1990年11月15～21日在沙特阿拉伯东部沿海地区举行。这次演习是自海湾危机以来美在海湾地区举行的第4次两栖登陆作战演习，也是首次在沙特领土上由美国、沙特和英国组成的多国部队举行的规模最大的演习。参演飞机有美国的AV-8B型紧密空中支援机、F/A-18型战斗攻击机、F-14型战斗机、A-6型攻击机；英国的“旋风”和“美洲豹”式飞机等共计1100余架，参演舰船包括美海军中途岛号航母编队、威斯康星号战列舰编队、纳索号通用两栖攻击舰编队等共计16艘，美海军第1、4陆战队远征部队2000余人和沙特陆海空三军的部分部队参加了演习。参演部队着重演练了登陆突击作战、空中突击、近距空中支援、地面作战、陆海空三军协同作战、指挥与控制等科目。此次演习是在伊拉克侵吞科威特后，美、沙、英三国部队在靠近科威特边境的沙特沿海地区举行的一次大规模实战演习。演习旨在检验和加强参演国部队间的协调指挥和协同登陆作战的能力，为尽快解决海湾危机，迫使伊拉克无条件撤出科威特做好军事准备。

主要资料来源：

①美《星条旗报》1990年。

②日《防卫日报》1990年。

附：北约演习 *"回师德国90"演习* 1990年1月2日～2月28日，美国、西德、挪威、比利时、荷兰、英国、卢森堡、加拿大和意大利等北约成员国在西德南部及挪威北部地区举行了代名为"回师德国90"的大规模陆空协同军事演习。演习由北约军事委员会和美国参谋长联席会议协调，欧洲盟军总司令高尔文上将任总指挥。参演总兵力为57500人，演习分战略空、海运和地面野战训练两个阶段进行。此次演习为同类演习的第21次，目的是检验在实战条件下美向欧洲战场战略空运和海运部队及武器装备的能力以及欧洲接受增援的能力和联合作战的能力。

"百人队长盾牌90"演习 1990年1月15～26日，美国与盟国共80000人在联邦德国巴登—符滕堡和巴伐利亚地区举行了代名为"百人队长盾牌90"的野外实兵机动演习。演习由野外训练演习和司令部野外演习两部分组成。主要演练科目有实兵对抗、指挥与控制、火力防空、机动与反机动和抗毁能力等。演习旨在提高参演部队及指挥官的作战和指挥协调能力。

"阵列·遭遇战90"演习 1990年2月14～28日，北约6个国家在挪威北部地区举行了代名为"阵列·遭遇战90"的联合演习，西德首次派部队参加。演习旨在检验北约盟军机动部队在严寒环境中的作战能力。

"中央企业90"演习 1990年6月18～22日，美国、英国、比利时、加拿大、西德和荷兰等国军队在荷兰阿姆斯特丹地区举行了代号为"中央企业90"的空军联合演习。演习旨在检验战术航空作战程序并根据需要对现行程序加以改进。

"显示决心90"演习 1990年9月28日～10月12日，美国大西洋舰队和北约盟国海军在地中海举行了代号为"显示决心90"的海军联合演习。主要演练科目有护航、防空、反潜、两栖突击登陆和海上航渡等。演习旨在检验北约海军部队在海上进行联合作战的能力并据此改进北约作战程序和更新作战计划。

日本自卫队军事训练

陆上自卫队训练

综述 日本1990年版《防卫白皮书》在强调自卫队教育训练的重要性时指出"为了有效地遂行我国防卫的任务，自卫队不仅要努力充实武器装备，而且更重要的是要提高官兵的素质和能力，并使部队保持高度的训练水平。通过维持和提高部队的训练水平，增强全军的战斗力，强化应急态势，确立牢固的防卫体制。为此，自卫队从平时就要严格地实施教育训练，努力培养高训练水平的军人和造就精强的部队"。

1990年，日本陆上自卫队在完成各项战备任务的同时，努力贯彻全军平时要以教育训练为中心的指导方针。一年来，重视部队的基础训练，注意打牢每个军人的军事基础；把军事院校和教导部队视为培养合格军人的摇篮，新装备、新技术优先保证部队的教学和训练；以提高部队的训练水平为目标，增加部队的训练时间和训练设施，有效地利用国内外的训练场地强化炮兵部队和导弹部队的军事训练；继续改革现行师的编制体制结构，调整训练体制。

大力开展基础性练兵活动 1990年，日本陆上自卫队把部队的基础训练作为全年训练的重要内容。3～7月份，各部队的小型练兵活动十分频繁。其主要内容包括：队列训练、射击训练、野营拉练和柔道、剑道比赛以及检验军事专业技能掌握情况的各种小型专业比赛等。通过各种训练和比赛及其表彰活动等，激励斗志，提高练兵的自觉性，以打牢每个军人的军事基础。同时，也为后期的专题性应用训练和基础合练奠定了基础。

新装备、新技术优先保证教育部队 1990年将部队采购的使用电子计算机控制的90型新型坦克射

击训练用模拟器优先装备给富士学校；将1990年部队采购装备的90型新型坦克和新型坦克回收车全部装备给富士教导团和装甲教育队，以作为教育部队的操纵、射击、维修等教学使用。为北部军第2、5、7、11师各装备一套交战训练用装置后，1990年又为第12步兵师装备一套交战训练用装置。该训练装置投入部队使用后，不仅节省了部队训练经费，而且大大提高了训练效果。

采取各种保障措施提高部队的训练水平 日本陆上自卫队把基层连队的训练作为提高全军训练水平的标准，1990年通过增加部队训练用油使步兵连的年度训练次数由1989年的5次增加到6次。至此，日本陆上自卫队的部队训练正式恢复到日本1973年石油危机前的训练水平上。为了保证部队的训练任务的完成，1990年还从当年防卫预算中拨款7000万日元，作为调查费，用于整备位于日本北海道的远距离射击场和抗登陆演习场。为了解决训练场地不足的矛盾，1990年陆上自卫队还采取了驻内地的炮兵部队转场至北海道演习场实施重炮射击训练和“霍克”导弹部队赴美国新墨西哥州麦克格雷高尔射击场实施导弹射击训练的措施，使部队的训练任务均能按计划完成。

继续实施现代化改编 日本陆上自卫队在1989年结束对北部军第2、5、7、11师改编之后，于1990年3月又对东北部军的第6、9步兵师和西部军的第4、8步兵师进行现代化改编。通过现代化改编，日本陆上自卫队近2／3的步兵师在编制体制上更加适应作战和训练的需要。

主要资料来源:

①日本《防卫白皮书》1990年版。

②日本《防卫日报》1990年。

实施研究射击 据日《朝云》1990年11月15日报道，日陆上自卫队富士学校步兵部研究课邀请步兵教导团等部队于1990年10月1～22日在东富士演习场第二缩尺射击场实施了5.56毫米89式步枪的研究射击。在22天实弹发射4800发子弹的研究射击中，听取了有关使用人员的意见，拿到了制订教范的第一手数据。

实施冬季战技训练 据日《朝云》1990年3月8日报道，日陆上自卫队所属各部队在1990年冬季期间特别重视军人的各种训练，以提高其身体素质。训练内容主要包括战技比赛、雪地滑行、雪地机动、对抗武装赛跑，等等。特别是驻扎在日本的北海道、东北地区以及日本海一侧的寒冷地区的部队取得了雪地训练的好成绩。

设立训练中心 据日《朝云》1990年12月6日报道，日陆上自卫队北部军于1990年10月12～27日在矢臼别、北海道大演习场等地首次以设立训练中心方式实施了炮兵情报、防空情报战斗、工兵等各种训练，以提高所属各部队的火力战斗、防空战斗、工兵技术等各种作战能力。此次训练代号为“北方先锋90”。设立训练中心进行部队综合训练是北部军在训练方式上新的尝试。上级部队设立专门的指挥组织和管理组织，分别让各同级部队在一起训练，综合检验其作战能力。北部军所属的炮兵、导弹、工兵3个兵种，共计约5000人参加了训练，出动火炮、导弹等约200门，坦克、装甲车等1200辆，飞机20架。北部军军长志方俊之中将于10月23日乘坐航空自卫队的F-1战斗机视察了各部队的训练。

长官训示 据日《朝云》1990年1月11日报道，1990年1月6日日陆上自卫队第1直升机旅实施飞行训练时，日陆上自卫队参谋长寺岛泰三上将乘坐飞机在空中向训练部队训示说:“1990年是进一步强化陆上自卫队空中机动能力的飞跃之年，要使CH-47大型直升运输机战斗力化。与此同时，各部队要扎扎实实地加强训练，朝着部队的精锐化迈进”。这一天，共计有35架CH-47、V-107型运输直升机参加了空中输送训练。据日《朝云》1990年4月19日报道，日陆上自卫队副参谋长西元彻也中将于1990年4月12～13日进行的1990年度前期地方联络部长集合训练的开幕式上训示说:“地方联络部是防卫厅、自卫队和一般社会连接的纽带，担负着就职支援和预备役军人管理的重任，其工作的好坏直接影响到自卫队。作为防卫厅、自卫队的代表，要保证部队有良好的兵员，这是自卫队存在的基础”。

长官视察部队训练 据日《朝云》1990年7月19日报道，日防卫厅长官石川要三在陆上自卫队西部军军长久我干生中将的陪同下于1990年7月11日视察了驻扎在日本九州地区的第8步兵师，并在部队驻地第2训练场检阅了该师的训练情况以及坦克、火炮等武器装备。据日《朝云》1990年9月6日报道，日防卫厅长官石川要三在陆上自卫队参谋长志摩笃上将的陪同下于1990年8月28～30日视察了驻扎在北海道地区的陆上自卫队北部军第2步兵师和第7坦克师，并检阅了部队的6500名官兵和重装备以及部队的战斗训练情况。

炮兵实施转场训练 据日《朝云》1990年6～11月报道，日陆上自卫队于1990年6月1日～10

月上旬在北海道矢臼别演习场和北海道大演习场实施了炮兵部队转场训练。除北部军外，其他各军的重炮部队7个营和中部军的第8“霍克”导弹群参加了训练。各重炮营实施了FH-70型155毫米自行榴弹炮、203毫米自行榴弹炮和155毫米加农炮的长距离射击训练。

“霍克”导弹部队进行年度射击训练 据日《朝云》1990年5～12月报道，日陆上自卫队“霍克”导弹部队1990年度射击训练于1990年6～12月在美国新墨西哥州麦克格雷高尔射场举行。日陆上自卫队第1～8导弹群和导弹教导队共计23个中队660人交换参加了训练。

海上自卫队训练

突出综合性远洋作战训练 1990年日本海上自卫队的训练演习是紧紧围绕“远洋积极防御”的战略方针以及所担负的作战任务进行的。1990年，日本海上自卫队举行或参加他国举行的各种演练活动数十次，其规模与往年基本持平，但在训练演习中突出了综合性远洋作战训练，特别是保卫海上交通线的演练，以全面提高远洋综合作战能力。如1990年10月上旬进行的一年一度的综合大演习，以敌人入侵、破坏日本海上交通线为背景，以反潜护航作战为中心，重点演练了美日联合保卫海上交通线科目。同时将封锁海峡作为保卫海上交通线的一种积极手段和有效措施进行了演练。为全面提高专门担负保卫1000海里海上交通线任务的“八·八”舰队（由8艘驱逐舰和8架反潜直升机组成）的远洋作战能力，日本海上自卫队于1990年4～6月派出了刚刚组建的第3支“八·八”舰队赴夏威夷海域参加了由美、日、加、澳、南朝鲜等五国共同举行的“环太平洋90”演习。这也是日本海上自卫队第3次派出“八·八”舰队参加“环太平洋”演习。

1990年日本海上自卫队与美国海军的联合训练比往年也有所加强。年内除举行例行性的联合反潜、扫雷等演习和派舰艇飞机赴美国训练外，日本海上自卫队还派出指挥参谋人员赴美国，利用美国海军先进的图上演习系统进行图上演习，以加强两国海军指挥参谋人员的相互了解与合作。

1990年，日本海上自卫队共派出各型舰船10艘，载院校学员进行远航训练，访问了环太平洋的8个国家。日本海上自卫队反潜作战的主要兵力——护卫舰队的海上训练时间也由1986年的5300小时，提高到1990年的6250小时，提高了约18%。

航空自卫队训练

综述 1990年是日本航空自卫队“告别草创时代，迎来守成时代”的一年。在教育训练方面的主要特点是：

取消中间环节，加强训练机构建设 日本航空自卫队自1989年3月起对其组织机构进行了有史以来的重大改革。改革的主要内容是把全部23个部队重新编成，按职能分别纳入作战、教育训练、作战支援、后勤保障和科研五大体系。机构改革突出了教育训练工作的位置，使教育训练工作自成体系。为使教育训练体系更加趋于合理、科学和高效率，航空自卫队成立了航空教育集团，撤消了飞行教育集团司令部和技术教育本部，取消了中间环节。负责培训飞行员的第1、4航空团，第11、12、13飞行教育团和第1～5技术学校归航空教育集团直接领导。

强化战术技术训练 1990年，日本航空自卫队增加了作战部队的训练强度，战斗机飞行员的年平均飞行时间由原来的143.5小时增至160小时。根据部队作战任务和装备情况，有针对性地进行空靶、地靶、仪表飞行、超低空飞行、特技飞行等基本战术课目和防空拦截、空中格斗、电子对抗等实战应用课目的强化训练。同时，为增强“实战”意识，开展不同机种的对抗空战训练，飞行教导队从1990年4月起换装F-15战斗机，计划年内换装完毕。飞行教导队类似美国空军的“侵略者”中队，其任务一是研究和开发战斗机空战战术与机动能力；二是总结经验向部队推广；三是巡回下部队，指导和配合部队进行近似实战的模拟空战训练。日本航空自卫队认为，飞行教导队巡回下部队开展高强度的不同机种的对抗空战演练，对于丰富一线战斗机飞行员的实战经验，缩短理论知识与实际空战的差距，提高战斗机部队的整体作战水平起着极其重要的作用。

换装新式教练机，加快飞行员的培养 1990年，航空自卫队购买了19架国产T-4新型中级喷气教练机和2部T-4飞行模拟机，以取代过时的T-33A型教练机。至此，担负中级飞行训练任务的第1航空团于1989和1990年新组建的第31、32教育飞行队全部装备完毕。每个飞行队装备20架T-4教练机。装备T-33教练机的第33、35教育飞行队已被相继撤编。更换新机不仅能提高飞行学员的训练质量，而且还能缩短训练周期，使飞行学员的总飞行

时间由 395 小时缩短到 300 小时，节省部分经费。

1990 年，为弥补因部分飞行员停飞和部分飞行员转业到民用航空公司而引起的飞行员不足，提高人机比，日本航空自卫队增加了招飞员额，由历年的 90 名增加到 110 名，其中部分学员由美国代训。飞行学员毕业人数由 73 名增加到 88 名，淘汰率为 28%，人机比从 1.5：1 提高到 2：1。据日本防卫厅公布，航空自卫队 1990 年培养 1 名战斗机飞行员所需的费用较 1989 年有大幅度提高。按机种分算具体为：

机种	培训时间	所需费用	
		1989 年	1990 年
F-1	4 年 6.5 个月	29404.5 万日元	39969.3 万日元
F-4EJ	4 年 6.5 个月	35121.7 万日元	45892.9 万日元
F-15	5 年 1.5 个月	45300.2 万日元	55980.7 万日元

费用的计算标准是从地方招收的飞行学员入伍开始接受飞行教育起，到分配到作战部队，成为一名能担负战备值班任务的战斗机飞行员止。费用中包括 1990 年度的人事费（薪金、补贴等）、住房费、被装费、伙食费、器材费、油料费等。

从实战需要出发，积极举行各类军事演习 日本航空自卫队十分重视从实战需要出发，对部队进行严格的训练，除完成年度训练计划外，经常举行各类军事演习，包括与陆上自卫队、海上自卫队和美国驻日海、空军举行的联合军事演习。1990 年，日本航空自卫队共实施日美共同训练、战术技术比赛、综合演习等各类战备演练约 30 次，参加演练的飞机达 1500 架次以上，演练的规模越来越大，层次越来越高，实战性越来越强，不断检验各种作战预案，有效地增强了部队的素质，提高了在多种威胁条件下的战斗和生存能力。

注重理论教育，提高军官的指挥能力 航空自卫队非常重视各级军官的战略战术理论教育。认为培养具有高水平指挥艺术和谋略思想，"具有国际感觉"的军官最为重要。1990 年，日本航空自卫队除利用国防大学、防卫研究所、参谋学校、干部学校等院校的长训班、短训班对高级军官、部队指挥官和参谋人员进行轮训以及进修战略战术的基本运用课程外，还选派一些军官到美、英等国的军事院校深造。

1990 年 8 月，日本航空自卫队在其最高学府——干部学校成立了"战略战术研究会"。研究人员全部由该校的指挥、情报、作战等方面的专家、权威人士组成。干部学校校长铃木至中将亲自任会长。该研究会的任务是专门从事战略战术问题的研究，向机关和部队推广研究成果。

主要资料来源：

①日《自卫队年鉴》1990 年版。

②日《飞行周刊》1991 年 1 月 2 日。

③日《航空情报》1990 年第 7 期。

演　习

陆上自卫队演习 *1990 年度陆上自卫队演习* 1990 年 8 月 20 日～9 月 3 日在日本全国范围内举行。日陆上自卫队参谋长志摩笃上将任演习指挥官。参加演习的有陆上自卫队参谋部、各方面军、长官直辖部队，共计约 14 万人。演习由陆上自卫队参谋部及各方面军、步兵师的司令部参加的指挥所演习和各部队参加的应急出动训练以及部分部队参加的机动展开训练组成。其目的在于综合演练陆上自卫队实施防卫作战的准备要领和机动展开作战的能力。演习大体分为两步进行，即 8 月 20～21 日为应急出动准备训练，由各方面军实施；22 日以后为机动展开训练。指挥所演习于 9 月 22 日举行。首次陆演是于 1980 年实施的。此后，1982 年和 1985 年各实施过 1 次。这次为第 4 次陆演，其规模比前任何一次都大。

北方机动特别演习 1990 年 8 月 28 日～10 月 8 日在日本九州至北海道的途中举行。日陆上自卫队西部军军长久我干生中将任演习指挥官。参加演习的有第 8 步兵师等部队，约 3600 人。出动车辆约 1400 辆，火炮约 40 门，坦克约 30 辆。陆上自卫队直升机和航空自卫队 C-1、C-130 型运输机共计 40 架飞机、海上自卫队 4 艘输送舰以及部分民用渡船也参加了演习。在 8 月 28 日～9 月 10 日的长途机动中，海上自卫队的输送舰在海上实施了防空作战、反潜战，航空自卫队的飞机实施了对舰攻击、航空自卫队的运输机实施了战斗机护卫战斗等协同训练。第 8 步兵师到达北海道后在矢臼别演习场还实施了战斗团训练和师规模的演习。

"富士综合火力演习" 1990 年 9 月 6～9 日在日本东富士演习场举行。参演部队以富士教导旅为主，共计约 1800 人。东北部军、东部军、中部军、第一空降旅、第一直升机旅、航空学校、工兵学校和航空自卫队也派部队参加了演习。出动的主要装备有 89 型新型坦克等 76 辆，203 毫米自行榴弹炮等 71 门，反坦克直升机等 21 架，航空自卫队的运输机 5 架、

F-4EJ 战斗机 4 架。演练科目为空降、空中攻击、直升机输送攻击和火力战斗等。演习目的在于向陆上自卫队各学校的学生展示步兵、炮兵、装甲兵的火力的效果和现代作战的火力战斗等。

课目指定演习 1990 年 12 月 12～15 日在日本相马野演习场举行。日陆上自卫队中部军军长中尾时久中将任演习总指挥官，第 10 步兵师师长里中哲朗中将任演习指挥官。参加演习的有陆上自卫队第 10 步兵师等部队，共计 2800 人。出动坦克 20 辆、装甲车等 650 辆、火炮 30 门、反坦克直升机等 10 架。1990 年度陆上自卫队参谋部课目指定演习的内容为“夜间战斗”。

综合火力展示演习 1990 年 10 月 14 日在日本北海道、然别演习场举行。日陆上自卫队第 5 步兵师约 2000 人参加了演习。其目的在于使部队充分认识现代战的火力战斗样式，并通过演习加深军队外部人员对自卫队的理解。

海上自卫队演习 *1990* 年度海上自卫队综合演习 1990 年 10 月 2～9 日在日本周边海域举行。日海上自卫队自卫舰队司令小西岑生中将任演习指挥官。参加演习的有自卫舰队、佐世保地方队、舞鹤地方队、大凑地方队，共计约 20000 人。出动舰艇 90 艘、飞机 120 架。演习的目的在于实兵演练旨在保卫日本的海上作战。此外，日航空自卫队派出约 100 架飞机参加了演习。海上自卫队与航空自卫队实施了防空作战等协同演习。美海军也派出 1 艘航母、12 艘舰艇和反潜巡逻机、舰载机等约 100 架飞机参加了演习。日美海军在日本本州的南方海域和东方海域演练了反潜战、防空战、反水面战和电子战等。

航空自卫队演习 *1990* 年度航空自卫队综合演习 1990 年 10 月 3～23 日在日本全域及其周边举行。日航空自卫队参谋长铃木昭雄上将任演习指挥官。参加演习的有航空自卫队全体部队、机关及航空自卫队参谋部，共计 48000 人，650 架飞机。陆上自卫队的导弹部队、地面对抗部队和海上自卫队的舰艇也参加了这次演习。演习分两个阶段进行，即：作战准备阶段和实兵演练阶段。作战准备阶段主要演练了部队的机动展开、快速锻炼、快速配备等；实兵演习阶段主要演练了防空战斗、空中拦截和基地防卫。其目的在于实兵综合演练实施防空作战时的一连串活动。在演习期间（10 月 9～17 日），美军派出驻日美空军司令部、第 18 战术战斗航空团、第 12 海军航空群，同日航空自卫队实施了日美空军联合演习。

日美联合演习 日美共同联合指挥所演习 1990 年 1 月 25 日～2 月 2 日以桧町地区（日自卫队）、横田地区（驻日美军）和仙台驻地为中心举行。日本自卫队参谋长联席会议主席石井政雄上将和驻日美军司令戴维斯上将分别任演习指挥官。参加演习的有日本自卫队参谋长联席会议、陆、海、空自卫队各参谋部、驻日美军司令部、驻日美陆、海、空军各司令部，共计约 5300 人。演习是在想定“日本有事”的情况下进行的。其目的在于演练日自卫队与美军实施联合作战时的指挥参谋活动。演习前半期主要在日美海、空军间进行，后半期为陆上作战。这次演习为第 5 次日美共同联合指挥所演习。其规模是同类演习中最大的一次。演习特点：首次将日美联合方面军级指挥所演习纳入本演习中同时进行。

日美联合方面军级指挥所演习 1990 年 1 月 25 日～2 月 2 日在日本仙台驻地举行。日陆上自卫队东北部军军长森野安弘中将和驻日美陆军司令兼第 9 军团长杰克·D·伍德奥尔中将分别任演习指挥官。参加演习的有日本陆上自卫队东北部军司令部、第 6、8、9 步兵师各司令部和第 2 工兵旅等东北部军直辖指挥机关，约 1800 人；美军第 9 军团、第 6 轻步师、第 29 独立步兵旅各司令部和第 9 军团直辖部队、第 3 海军陆战队的指挥机关，约 1600 人。1 月 27 日以前为技能训练，1 月 29 日以后为综合演练。

日美海军联合指挥所演习 1990 年 3 月 14～22 日在美国罗得岛州新港海军大学举行。日海上自卫队参谋部防卫部长森崎千明少将和驻日美海军司令萨凯特少将分别任演习指挥官。参加演习的有日本海上自卫队参谋部、自卫舰队、地方队和干部学校，共 20 人；驻日美海军司令部、第 7 舰队和海军大学，共 50 人。此次演习使用了“美海军图上演习系统”。日美双方按照各自的指挥系统演练了联合保卫日本实施海上作战时的指挥参谋活动。“图演系统”能够通过计算机直接显示彼我的兵力活动和战斗结果。

印度军队军事训练

陆军训练

综述 1990年，印度陆军在继续进行训练改革，不断完善训练体制，进一步充实训练内容的基础上，重点抓了训练制度的落实，士兵的基础训练，军官的知识更新和诸军兵种的联合训练等，收到了良好效果。其主要做法是：

*进一步完善训练制度，努力提高训练水平。*印度陆军为了加强对各类人员的训练，制订了许多制度，如新兵训练制度、老兵训练制度、军官训练制度、在职训练制度和出国深造制度等。年内，印陆军从实际需要出发，在不断调整改革的基础上，着重抓了完善工作。一是进一步完善了“新兵文化教育计划”。前几年印陆军为改变新兵文化水平较低的状况，除提高新兵入伍条件外，还制订了“新兵文化教育计划”。年内，印陆军对已建立的10余个“正规教育中心”进行了扩充和完善，即增加了教官，增添了教具，完善了教学内容，使其走向正规化。二是进一步完善了军官的轮训制度，从而使其制度化。据不完全统计，一名军官从少尉升至准将，至少要在不同层次的院校受训7～8次，受训时间长达7年之久，约占其服役期的1／4或1／5。三是进一步完善了军官定期交流制度。印军认为，军官通过职位交流，可以由此学到各方面的知识。因此，印军规定，军官在一个岗位任职时间正常情况下不得超过3年。机关与部队，部队与院校之间经常相互交流，既有晋升，也有平调。从而使各级指挥官既熟悉了各方面情况，又学到了未来现代化作战中的各种知识和技能。

*注重士兵基础训练，努力提高现代化作战的基本技能。*在抓士兵训练中，印军重点抓了新兵基础训练和骨干培训两个方面。

新兵训练注重打好基础。印度民族较多，宗教信仰复杂。为了避免和缓和不必要的矛盾，印陆军在新兵训练中，一般按地区、民族的不同分配到相应的训练联队或训练中心集中训练。近年来，印陆军在确保训练时间的基础上，增加了一些新技术和新内容。训练时间分3种：基础前训练2周，入伍教育8周，基础训练34周，总共44周。除基础训练课外，有些技术兵还要增加技术基础训练，其中手艺兵（如理发师、洗衣工等）6～8周；专业技术兵18～22个月不等。基础训练课的内容主要有：队列、射击、刺杀、投弹、武器操作与保养、班排攻防、识图用图、信号识别以及文化学习和军体活动等。通过训练，要求新兵了解军事常识，熟练掌握士兵基本技能。

骨干培训注重战术提高。印度陆军中的士兵骨干，主要指军士。军士分为下士、中士、上士、军士长4级，通常在连队担任正、副班长和各技术兵种的技术兵和技工等。军士日常训练中除接受士兵所进行的一切训练外，每年还要进行为期3周的骨干训练，主要学习怎样当班长、军需和战术等知识和技能。其中战术内容包括突击、阻击、夜战、攻防战、丛林战、山地战和沙漠战等战术动作和班、排指挥。训练一般采用轮训形式，通常在兵种训练中心和专业学校进行。

*注重军官知识更新，努力提高现代管理艺术和综合指挥能力。*印军认为，军官是部队的核心，军官的素质越高，部队的整体素质才愈高。因此，对军官的教育训练是整个军队训练的中心环节。特别是近几年来，随着世界科技的迅猛发展，印军除狠抓了军官任命前的基础训练外，重点抓了军官的知识更新。军官的知识更新可分为初、中、高等3级训练。一是初级训练。军官的初级训练由各兵种院校负责，主要轮训连、排级指挥官。轮训时间因专业而异，一般为3～4个月。内容有兵种新武器、分队战术、组织指挥、兵种协同等。轮训中强调理论与实践并重，重点使初级指挥官熟练和了解新兵器，提高独立指挥现代化战斗的能力。二是中级训练。主要培训上尉至中校级指挥官和参谋官，使之能胜任营级指挥和师、旅参谋工作。轮训时间一般在10个月左右。训练内容侧重战术运用，作战心理，师、旅参谋业务，三军协同以及与军事有关的政治、经济、现代科学等知识。通过训练，使中级指挥官和参谋官增加新知识，提高组织指挥诸军兵种协同作战能力。三是高级训练。主要培训中校至少将级的高级军官。训练时间9个月至1年不等。训练内容很广泛，主要有领导与管理技术、战略战役理论、核战争、电子战、新武器动向、系统论、运筹学以及印度和世界政治、经济、国防发展、国家

安全等。通过训练，使高级军官了解世界动向和当前的国家安危，提高战争理论水平和指挥大规模现代化作战能力。

注重部队的合成演练，努力提高诸军兵种协同作战能力。近几年来，随着陆军航空兵的建立和部队合成程度的不断提高，印军要求各部队把诸军兵种协同，特别是陆空协同作战作为日常训练的重点。为了提高陆军各兵种之间和陆军与空、海军之间的协同作战能力，印军不惜代价，经常举行各种不同级别，不同规模的实兵演练或司令部沙盘演习。特别是驻北部边境地区的部队，每年春、秋两季，均要举行例行性诸军兵种协同作战演习，平均每支部队都能参加1～2次。演习先从预警开始，尔后转入部队集结，快速机动，抢占要地，火力支援和勤务保障等科目，经此检验基础训练和战备的成果。通过各种合成训练和演习，印陆军在步坦协同、步炮协同、空地一体、攻防作战和夜战等能力方面都有不同程度的提高。

主要参考资料：

①印《军事新闻》杂志1989～1990年。

②印《步兵杂志》、《国防》、《前线》等1989～1990年。

③印《印度时报》、《政治家报》、《甘露市场报》等1989～1990年。

征召民用车驾驶员进行军训 据印联社1989年12月7日报道，为适应未来对外战争的需要，印度陆军勤务部队正计划每年将民用车驾驶员征入地方军部队进行为期2个月的军事训练。为此，印陆军司令部供应与运输处处长基·纳斯中将解释说，自愿应征的民用车驾驶员可以同其车辆一道加入地方军运输部队，在军训期间，每人可以得到较为丰厚的报酬和补贴以及车辆租金。到战时，这些人员及车辆将加入陆军勤务部队担任二线战备运输任务。

进行"局限范围"训练 综合印度《军事新闻》和印报托1990年12月报道，印度陆军目前在认真总结过去周边局部战争和近期入斯作战经验的基础上，创立了一种新的代号叫"局限范围"的作战训练，以提高部队在建筑物密集地区进行攻击的战斗能力。该训练主要包括快速占领阵地、在建筑物密集条件下有效进攻、使用尖端武器在逼真的战场条件下对地堡、活动目标实施准确攻击、步兵和装甲兵的协同作战等。据称，印陆军正在不断提高其在不规格布局地区的战斗技能。印陆军第31装甲师师长古拉迪少将说："对陆军来说，训练是一个连续的过程，我们要提高新的作战技能，以适应防御技术的复杂性。我相信凡参加"局限范围"课程训练的人都将成为较好的战斗员，因为他们是在近乎战场的模拟条件下受训的。"据印报刊评论，实践证明该项训练"效果是显著的"。

海军训练

综述 印度海军把军事训练作为海军现代化建设的一项重要任务来抓，不断调整组织机构，逐步完善院校训练体制，切实加强基础训练、战术技术训练和分类达标训练，收到了较好的效果。

建立健全组织机构和院校训练体制，切实加强基础训练。70年代中期之前，印度海军建设没有引起当局的足够重视，海军训练未提到重要的日程。随着印度海洋战略的形成，海军建设也提到了重要地位，海军训练随之引起了高度的重视。印度海军参谋长纳德卜尼上将1988年2月10日在视察南部海军司令部时进一步强调："军事训练是确保印度海军作战效能之关键，应当大力加强。"

逐步健全训练组织指挥机构，加强对训练工作的领导。印度海军经过一系列的调整改革，在各级指挥机关组建了专门负责训练工作的组织指挥机构。海军总部在人事局设立了海军训练处，专门负责制定海军训练计划、方案，编写训练纲要，审批区域海军司令部和各兵种呈报的训练报告，承办海军参谋长交办的有关海军训练方面的各项事务。各区域海军司令部和兵种指挥机关也都相应组建了训练机构，具体负责本辖区部队的日常训练工作。各兵种联合训练和演习由区域海军司令部组织指挥，大规模海上训练演习和军种协同训练演习由海军司令部直接组织或与陆、空军组成联合指挥部统一指挥。

为进一步加强对训练工作的组织领导，印海军于70年代中期成立了南部海军司令部，专门负责整个海军各类技术人员的训练和培训工作。同时，印海军还利用从一线作战部队替换下来的一些大、中型军舰组成了训练中队，供海军人员的训练和海军院校学员实习。

增加军事院校，适应海军建设急需。随着海军地位的提高和装备的更新，对人才的要求愈加突出。为了适应海军建设的急需，印海军当局除调整现有院校，增加学员人数和训练内容外，还相应组建了一批新的海军院校。据印刊报道，一所新的海军作战学院于1988年在西南部的卡兰贾建成，其任务是培养有实践经验的海军高级军官和文职人员。主要学习海军战略战役理论和国际政治与经济等课程。另一所海军

学院已在南部喀拉拉邦的伊日马拉开工修建，计划1991年建成开学。此外，印海军当局为加强两栖作战中的军种配合，计划新建一所陆、海、空三军联合作战学校。

加强基础训练，严把初训“三关”。印海军规定，所有加入海军的人都必须进行严格的基础训练。基础训练可分为入伍训练、学位训练和专业训练3种：

(1) 入伍训练　印度实行志愿兵役制，凡自愿报名加入海军并经考核合格后，首先要到有关海军院校(或训练中心)接受入伍训练。军官学员入伍训练主要在国防学院和海军学院进行；士兵入伍训练主要在新兵训练学校或少年水兵训练学校进行。训练时间均为6个月。训练内容包括队列、军人礼节、军纪军规、识图用图和实弹射击等。

(2) 学位训练　主要训练对象是高中毕业后考入军校的学员。这些学员先经6个月的入伍训练，再接受为期3年的高等教育，以获得国家认可的理学、文学学位。

(3) 专业技术训练　经过入伍训练的海军新兵和已获得学位的学员还要到相应的院校接受专业技术训练。士兵专业训练时间为半年，主要学习本专业的基础知识和专业技能，学成经过考核合格后授予专业技术等级；军官学员的专业训练时间为1～3年，主要学习专业理论知识，毕业后授予海军少尉军衔(硕士、博士生可直接授予中尉军衔)。专业训练的最后阶段通常是到海上实习。士兵由所在部队组织进行；见习军官由南部海军司令部所属第一训练舰中队负责实施。实习期满后，才正式被分配到海军各部队服役。

注重知识更新，定期进行轮训。印海军当局除抓好官兵的基础训练外，还十分重视官兵的知识更新，其主要做法是：

(1) 专题训练　这是印度海军官兵在服役期间学习和掌握新知识、新技术的一种特殊训练方式。80年代以来，印海军不断更新武器装备，为了让海军官兵尽快了解和掌握操作使用技术，海军有关院校定期开办各种专题训练课，各部队根据自己的实际需要，派出一定数量的人员分期分批前往轮训。这样既不影响正常的工作又学到了新知识和新技术，效果较好。

(2) 晋升训练　在印度海军中，少校以下为普通军官，中校至准将为中级军官，少将以上为高级军官。为确保各级军官的素质，印海军明确规定，各级军官晋升前，特别是少校选升为中校和准将选升为少将，都必须在相应等级的院校接受晋升训练。训练经考核合格后方能提升。

根据实战需要，突出战术技术训练。印海军在日常训练中，特别强调从实战需要出发，严格要求，严格训练。其方式是从简单到复杂，从低级到高级，循序渐进，逐步提高。

(1) 单战位训练　这是印度海军最基本的战术技术训练方法。通常由舰(艇)的专业部门主官负责在基地内组织实施，其主要目的是提高单兵专业基础技术和熟练掌握手中武器的能力。

(2) 单舰训练　这是一种在单战位训练基础上的多战位综合训练方法。通常在舰(艇)长的统一指挥下在海上实施。训练内容既有技术训练也有战术训练，其中包括单舰反潜、防空、鱼雷、枪炮、导弹攻击等科目。主要目的是提高舰(艇)只的整体作战能力。

(3) 编队训练　通常由中队或舰队组织实施。训练内容以战术训练为主，包括编队反潜、编队防空、通信联络、海上补给等科目。主要目的是提高编队指挥和舰舰协同作战能力。

(4) 军(兵)种合成演习　这是印海军训练的最高形式。兵种合成演习通常由海军舰队或区域海军司令部组织实施；军种合成演习由区域海军司令部或海军总部与陆、空军相应级别的指挥机构组成联合司令部组织实施。训练内容以战役战术为主，其中包括联合反潜、联合防空、两栖登陆作战、三军协同攻防作战等科目。主要目的是增强战役指挥能力和诸军(兵)种协同作战能力。印海军大规模合成演习一般每年举行1～2次。

根据不同专业，实行分级分类训练。印度海军属于技术密集型军种，包括舰艇部队、潜艇部队、海上特种作战部队、海军航空兵部队和海岸炮兵部队等多种现代化作战兵种，可分10多个专业技术种类。因此，印海军不仅对训练抓得较紧，而且还根据不同专业的需要，实行科学分类，科学管理。

军官训练　印军认为，军官是部队的骨干，只有军官的素质提高了，才能带领和指挥好部队作战。因此，印海军对军官的要求严格。军官训练一般分为新委任训练、在职训练和离职深造三种：

(1) 新委任训练　印海军规定，海军军官必须经过院校学习，然后才能正式委任军官。该种训练可分为2个阶段：第1阶段：共同科目训练。这一阶段的训练主要在国防学院进行。国防学院学制为3年，分为6个学期。主要训练科目为大学课程和基础军训。学员毕业后发给尼赫鲁大学理工科和文科学位证书。

此后还要到海军训练舰上接受6个月的海上训练，然后任命为见习军官。这一阶段的训练不划分专业，所有学员训练内容和要求完全相同。第2阶段：专业技术训练。海军学员在第1阶段训练结束后，经考试合格后才能进入第2阶段训练。这一阶段的训练按专业划分，由海军各专业院校分别实施。目前，印海军专业大体分为指挥专业、轮机专业、电子专业、海航专业、医务专业和教练专业等6种。

指挥专业。指挥专业军官主要学习作战指挥和部队管理，包括领舰、枪炮鱼雷指挥、反潜作战、航道测量、飞行与控制、财会和物资管理以及文秘等。该专业军官训练主要在海军学院进行。海军学院的入学年龄限制在19～22岁。学制1年，分为上、下两个学期。每学期6个月。先在学院内进行课堂专业理论学习，然后用22周时间到训练舰上实习。训练科目有航海技术、导航、电机工程和通信技术等。训练结束经考核合格后，发给舰艇值班军官证书，授予指挥专业少尉军衔。授衔后，还必须参加在柯钦举办的为期52周的专业训练，尔后再分配到各部队任职。印海军规定，只有指挥专业毕业的军官，才有资格担任舰（艇）长和岸基各级指挥机构主官，包括海军参谋长。

轮机专业。轮机专业军官主要从事海军舰艇和飞机机械部分的保养维修任务，包括枪炮保养、舰艇保养和飞机发动机保养等。轮机专业毕业军官可在海上或岸上各级指挥机构中担任本专业职能部门主官。轮机专业军官训练主要在海军工程学院进行。海军工程学院入学年龄限制在19～24岁。学制3年。学员学完第1年课程后，授予轮机专业少尉军衔，再带衔继续学完全部课程，毕业后还要到海上进行为期26周的实习训练，以获得轮机舱值班军官证书。在分配到各部队任职前，必须参加1年时间的船舶工程专业训练课或1年半的航空工程专业训练课以及核物理简介训练课的学习。

电子专业。电子专业军官主要从事海军各种电子电器设备的操作、保养、维修等。该专业军官训练主要在海军工程学院进行。入学年龄在19～24岁。学制3年半，分为7个学期。1～6学期学习基础工程课程。学员学完第1年课程后授予电子专业少尉军衔。学完全部课程毕业后，还须到海上进行26周的实习训练。

海军航空兵专业。海航专业是指挥专业的一个分支。该专业军官在经过第一个阶段的训练后，即在进入第二阶段训练前，必须经过严格的飞行能力试验和体检。该专业军官的训练主要在海军学院或空军学院进行。学制2年。第1年学习专业理论。第2年进行实际飞行训练，飞完半年后授予海航兵专业少尉军衔。毕业时发给飞行军官证书，准予佩戴飞翼标志符号。在分配到各部队前，不须再进行1年的海军作战飞行实习训练。

医务专业。医务专业军官主要担负舰艇军医官、各海军医院军医官和海军各级指挥机关医务部门主官等职。该专业军官主要由陆军医务部队或陆军牙医部队统一培训和委任。然后转入海军服役。

教练专业。教练专业军官主要从事海军部队科学文化教育工作。包括海军各院校的理论教员和海军部队的文化教员等。该专业军官直接从地方大学硕士毕业生中招收。年龄限在21～25岁。要求具有物理、数学、电子工程、机械工程、外语（英、汉、日等）或化学等专业中的某一种硕士学位。经武装部队甄选委员会考核和体检合格后，正式加入海军，并授予教练专业中尉军衔。授衔后须进行26周的入伍基础训练，12周的教练方法训练和8周的海军基本知识训练，然后分配到各部队任职。

(2) 在职训练　印军认为，军官在学校的正规训练是必要的，但在职训练也是不可缺少的。为了不断提高各级军官的军事和业务素质，印海军重点采用了政绩考评和带职短训等方法。

政绩考评。印海军给各级军官都规定了较为详细的年度训练内容和要求，年终结合军官年度述职报告的晋级考试进行考评。成绩优异者提前或按时晋升，反之则推迟或取消晋升。在考评中，对各级主官要求比普通技术军官更严。

带职短训。为了适应海军武器装备和技术战术的快速发展，印海军各院校经常举办各种专题短训班，分期分批对在职军官进行轮训。时间长短不一，短则几周，最长不超过半年。训完返回原单位继续任职。

(3) 离职深造　离职深造是印海军对少校以上的中、高级军官进行正规训练的一种重要方法。印军规定，军官晋升分为按时晋升和选拔晋升两种。普通军官实行按期晋升。除年度鉴定或晋升考试不合格外，一般均可按年限逐级晋升至中校。中校以上军官实行选拔晋升。凡少校晋升中校者，须在国防参谋学院接受离职深造；凡准将选拔晋升少将者，须到高级国防学院接受离职深造。为了适应对中、高级军官的训练要求，印海军于1987年在卡尔兰加新组建了海战学院，专门负责海军中校以上军官的训练。

除在国内军事院校深造外，印海军还与苏联、英国、美国等国家的海军院校建立了联系，经常选派具有发展前途的中、高级优秀军官前往深造或参观学习。

士兵训练　士兵训练可分为新兵训练和老兵训练两种。

(1) 新兵训练　凡年满15.5岁～16.5岁自愿报名参加海军的青年，经当地招募中心考核合格（文化考试和体检）后，即成为海军新兵。海军新兵一般要集中进行3个阶段的训练：

第1阶段：在海军新兵训练中心进行44周的入伍训练，主要学习军纪军规，礼节礼貌，接受基础军事训练（枪炮射击、通信、操舵等）和体育训练。训练结束时根据考核成绩确定个人的专业。

第2阶段：根据分配的专业分别送到海军各技术院校进行专业技术训练。主要学习专业基础知识和专业技能。各人所在院校及训练时间，依据专业的不同而确定。这一阶段的训练时间一般为半年左右。

第3阶段：上舰实习。时间约3个月。实习完经考核合格后，授予专业技术称号并升为二等兵。

(2) 老兵训练　一般为岗位训练。印海军过去不设准尉衔，士兵服役期满后就退役，很不利于人才的保留。从1970年起印海军效仿陆、空军的等级，增设一级海军准尉和二级海军准尉，从而构成了列兵、军士、准尉3档8级海军士兵军衔体制。为了适应现代化舰船装备的需要，近年来，印海军成立了高级水兵学校。该校定期举办水兵管理训练班，专门培训准尉或拟提升准尉的海军老兵。

主要参考资料：

①印度《军事新闻》杂志1986～1990年。

②印度《印度军事年鉴》、《前线》、《国防》、《印度联合勤务学会志》等刊物1988～1990年。

创建两栖作战训练学校　综合印度《军事新闻》和《印度时报》1990年12月报道，为进一步完善两栖作战，印海军当局决定在南部安德拉邦沿海的卡基纳达修建一所两栖作战训练学校。目前，该校已购置了大约200英亩的土地，并计划3年内完工。为了应付海湾局势日益恶化的局面，印海军参谋长拉姆达斯上将称，该校不能等到完全建成后开学，91年底前就将在临时建筑物内开课。

引进高级模拟训练装置　据印报托新德里1990年12月9日报道，印度海军已引进一批最现代化的高级模拟训练装置，其中包括用于在岸上对士兵和军官进行高、精、尖军舰电子与作战设备操作训练的舰队和战舰海战控制模型。

印海军第一个最先进的海上运动控制模拟装置，是在1989年从西方国家引入东部舰队的。另一新的模拟装置正引入西部舰队。这些模拟装置通过模拟舰船、港口、航道、导航标志和锚地等来创造出一种非常逼真的环境。象领航、海上补给等典型的海上任务及演习都可在模拟装置上演练。

印西部海军司令斯·杰恩中将最近在“维拉特”号战舰上告诉印报托记者说，这些模拟装置非常理想，甚至连反潜、反空袭以及各类攻势战斗队形都能进行模拟演练。这种装备有电子计算机的模拟装置可贮存并处理有关导弹命中、接触、反应时间、反潜及防空演习的灵敏性等数据。“它就象在评价真的演习一样”。

据海军权威人士说，造成目前这种日益依赖模拟装置结局的原因主要有两个：一是当今的武器、传感器及其他装备越来越先进，这就要求增加训练的时间；二是预算上的限制对压缩训练费用、裁减训练人员提出了要求。

空军训练

综述　随着空军装备的更新换代，印度空军当局更加重视训练工作，把军事训练列入总部的重要议事日程。强调军事训练是提高空军战斗力的一种重要途径，只有训练有素的人，才能适应未来战争的需要。为了提高空军人员的素质，印空军当局采取了一系列措施。

不断完善招募方式，切实把住学员质量关。印军认为，对空军战斗人员的要求很高，除了有合格的身体外，还要有聪明的头脑和高超的技术才能。因此，印空军在人才培养上注意从“胚子”抓起。首先在招募挑选上注重质量。过去，印空军人员的招募与陆、海军人员的招募连在一起，经常出现各军种相互争抢人才的现象。近年来，印空军的招募组织从三军联合招募组织中独立出来，组成单一军种的招募组织。到1990年，印空军在全国范围内已组建了13个招募办公室（或曰募兵站）。为了鼓励大批的青年学生参加空军，印空军各招募办公室广泛开展了全国性的宣传活动，除散发有关招募提纲的传单和小册子外，还从空军中挑选一些文艺宣传队前往各地方教育机构、工程学院进行宣传，各大专院校也定期组织各种形式的鼓动性活动，以鼓励青年学生参加空军和工程技术人员到空军谋职。然而，宣传归宣传，在具体录取人员时却相当严格。印空军军官大体上可分为指挥军官、特种军官和技术军官三大类。其中指挥军官和技术军官直接面向社会，招募对象为16～18.5岁的高中毕业生和少年军事学校毕业生。各地空军招募办公室进行初试，合格后呈报空军招募委员会，该委员会则根据考生的笔试成绩，遂对候选人进行面试，尔后将其笔试、面试成绩登记在考绩单上。在对其考绩、身体状况以及性格、履历等进行严格的综合审查，全面合格者才能批准参军。被批准参军者还必须进入国防学院学习3年，毕业后转送初级飞行学校和空军学院接受专业训练1年，经考试合格后才被正试授予少尉军衔；国民学兵团毕业生则可直接进入空军院校学习1年半，毕业后即被任命为军官；技术军官的招募对象主要是地方院校的毕业生，招收条件比指挥专业的条件要低一些，录取后经过1年的军事训练就被任命为“初级委任军官”，以后经过服役时间的延长逐次递升。

*改革训练体制，加强适应性训练。*印空军目前实行的是三级训练体制，即使用从初级到高级的三种不同型号的飞机，训练周期长，实际效果差。印《今日印度》杂志1988年12月号透露，由于印空军“不良的飞机和落后的训练体制”，不仅训练效果不佳，且事故频繁，其中“10天内就有5架战斗机坠毁”。为此，印空军专门成立了一个飞行安全委员会，负责训练安全工作。该委员会经过深入部队，广泛调查，反复研究，提出了一系列空军训练改革措施，其中之一就是改三级训练体制为二级训练体制。这种训练体制经初步实践取得了良好效果。印空军参谋长高兴地说，二级训练体制不仅能控制飞行事故的发生率，而且可在较短的时间内为空军输送更多技术熟练、技能全面的飞行员。这种训练体制目前已在部分空军部队中试行，90年代将在所有的空军部队中推广。

为了早日普及二级训练体制，印空军计划耗资20万美元从西方国家购进先进的喷气式教练机，其中包括米格系列、“美洲虎”等双型教练机。这些作战训练兼用型飞机的购进，可以为印空军飞行员提供从基础训练到高级训练的安全过渡，从而达到减少训练环节，增强训练效果之目的。

除了提高训练效果，确保飞行安全外，印空军还十分重视空军的适应性训练。一是在飞行训练中，从实战条件出发，从难从严地要求，尽量模拟逼真的战场环境，使飞行员熟悉未来作战特定的战场环境和实战氛围。二是参加空军系统和陆空、海空协同作战演练，以提高飞行员的各种作战技能。近年来，印空军在联合演习中的训练科目已不再局限于空投给养、弹药和空对地一般火力支援，而逐步发展为遂行战略、战役空中侦察和战场遮断等。通过各种协同作战演习，不仅提高了空军部队的支援地、海作战、空中突击和空中运输能力，而且还锻炼了各级指挥官的组织指挥和协同配合能力。印空军参谋长在1988年11月强调，为了让武装直升机驾驶员掌握和运用空地导弹和空空导弹实施对地攻击和空中格斗技术，提高战术作战技能，空军今后还将增加战斗直升机的演习。

*加强院校建设，不断完善训练考核制度。*随着新机种不断装备部队，印军对空军各类人员的军事素质和技术水平的要求越来越高。为此，印空军采取了增加军事院校和完善训练考核制度等措施。

扩建和新建军事院校。一是将部分训练机构升格。据印报刊报道，随着训练地位的提高，印军有关部门正在制定计划，将一些专业技术学校、训练中心和部队中的训练指挥机关在原来的基础上递升一格，以便理顺关系，使其更好地履行相应的职权。二是组建新的技术院校。从1987年9月第一所技术训练学校破土动工以来，印空军系统已先后组建了8所技术训练学校，分别培训米格-23、米格-27、米格-29、“幻影”2000、“美洲虎”、安-32和米格-17等型机的专业技术人员。另据印报透露，印空军正计划在南部的邓迪加尔筹建一所工程学院，主要培训有关军校学员和在职军官等。截至1990年底，印空军学院已达34所。

不断完善训练考核制度。印空军十分重视部队官兵的严格训练，逐步建立健全了一整套训练考核制度。总部设有甄选委员会，下辖1个选飞中心和4个技术考核委员会，分别负责飞行学员的选拔和现役空地勤人员的晋升考试。特别是对新的飞行学员的甄选十分严格。新学员在初级飞行学校飞HPT-32迪帕克初级教练机1个学期，时间5个半月。成绩合格方可进入空军军官学校飞喷气教练机，时间2个学期。经过全面考核后再进入航校进行高级训练。各方面考核合格后，根据空军任务需要分配到训练改装部队进行“猎人”、“无敌”或米格飞机训练，经最后一次严格考核各科成绩合格后，才能分到作战部队。

*采取多种方式，强化各种技术技能训练。*由于空军技术性强，专项项目多，所以印空军在训练中，根据不同专业和不同情况采取了在职训练、离职深造和出国受训等多种方式。

在职训练是印空军训练的主要方式。一般由各部队根据自身的实际和条件，组织本部队的各类人员边工作，边训练，以此进一步了解和熟练掌握各自专业的知识和技能。离职受训一般由空军司令部或各区域空军指挥部负责组织，各空军院校和特定的训练单位（即上级指定负责训练的联队、中队等）具体实施。有时，空司还将少量军官送至国防学院、国防参谋学院和有关陆、海军院校或地方院校代训。据印刊报道，印空军军官离职集训的课程多达100多种。训练时间最长达26个月，最短为10天左右。受训人员多来自作战部队，有军官也有士兵。通常要求年龄在40岁以下，军龄在2年以上，并有较丰富的专业实际工作经验。具体选拔方法有以下3种：一为一级指定；二为上级规定条件、名额，各单位自行挑选、推荐；三是在规定条件和范围内征集志愿者。受训人员结业后，原则上回原单位工作，少数优异者由空司或区域空军指挥部统一分配。70年代以来，由于印军大量从外国引进装备，因此经常派有关专业技术人员出国深造，这已逐步成为一种训练方式。出国受训人员均由空司直接指派。受选人员除政治条件符合要求外，还必须身体健康，具有相当的对口专业知识和技术水平。出国之前，有时还要举行短期培训，熟悉所去国的基本情况。

主要资料来源：

①《印度空军杂志》1988～1990年。

②印度《军事新闻》、《今日印度》、《前线》、《国防》等刊物1988～1990年。

印空军参谋长谈训练改革 印度《前线》杂志1989年11月报道，印度空军参谋长迈赫拉在接受《前线》杂志记者采访时谈到了空军的训练问题。他说：印度空军的训练目前还存在着一些问题，必须进行改革。一是训练方式的改革。过去我们实行的是三级训练步骤，使用三种不同型号的飞机，今后我们将随着先进喷气教练机的购进，逐步将三级减少到两级。在大量的摸索和论证后，两级训练方案已经形成。相信两级训练能在较短时期内为我们输送更多的技术熟练、技能全面的飞行员。二是完善训练管理。前几年空军在飞行训练中管理不够，失事较多。因而专门成立了一个飞行安全委员会。该委员会对空军的训练安全起到了较大的督促作用。其中两级训练就是该委员会指出了飞行训练中存在的许多不足并提出了某些改进意见后产生出来的。今后空军在飞行训练中，要进一步加强组织管理，既要增加训练难度，又要注意防事故保安全。

部分训练机构升格 据印报托1990年2月10日报道，印度空军参谋长迈赫拉上将2月9日在班加罗尔接受记者采访中透露，有关印度空军一些训练机构的升级和向空军引进（教学）设备的计划正在执行之中。后据印军报刊透露，这些训练机构主要包括空军一些专业技术学校、训练中心和部队中的训练指挥机关。

计划成立—空军工程学院 据印报托1990年2月10日报道，印度空军参谋长迈赫拉上将2月9日在班加罗尔接受记者采访时透露，随着空军队伍的日益庞大和现代化程度的逐渐提高，印度空军工程技术训练学校已经不能满足需要。因此，印当局正计划筹建一所空军工程学院。校址暂定在南部海德拉巴附近的邓迪加尔。主要培训对象是有关军校学员和在职军官等。

组建一批新型技术训练学校 综合印度《军事新闻》和《今日印度》等报刊1990年度报道，为适应空军装备日益现代化的需要，印空军着手组建了若干个新型技术训练学校，以向空军飞行员、地面参谋人员和保养维修人员施以复杂的新技术训练。此种新型技术训练将有助于空军技术训练系统现代化、正规化；有助于空军技术人员的知识更新，消除新老技术人员技术上的差距；有助于为各型战斗机提供高质量的保养与维修，进而为提高飞行安全系数奠定基础。

印空军司令部保养局直接负责新型技术训练学校的领导与控制。1987年9月28日，印空军参谋长拉方塔上将在冒迪加尔空军站为第1所训练学校主持了开学典礼。目前，该型技术训练学校已组建了8所，分别隶属于各地区空军指挥部。各学校侧重开设一种机型的技术训练课。已知参训单位有空军战斗机联（中）队、运输机联（中）队、空军站、基地修理库和空军院校的飞行专业军官、机械维修和保养军官和技术士兵等。

越南军队军事训练

综述 1990年越军在国家战略重点转移的新形势下，从“质量建军”的基本原则出发，以“基本、切实、牢固”的训练思想为指针，狠抓“和平时期的部队训练”，力求能在大量裁军的情况下“建立一支精锐常备军”，从而“保持军队战斗力”，取得了一定的成效。但由于训练经费不足，训练方法落后，部队训练质量还远远不适应正规化建设的需要。

训练工作要求　1990年初，越军总参谋长段奎大将根据以往越军基层训练存在的问题，在总结1989年训练工作经验的基础上，向全军下达了“关于战斗训练的指示”，并通过《全民国防杂志》发表专题署名文章，对部队训练工作提出了具体要求。主要内容包括：各单位的训练内容要切合实际，符合本单位所执行的具体任务；要把各基层单位的干部队伍建设成为一支既能训练管理部队，又有实战能力的骨干力量；要充分发扬训练中的民主，努力为训练工作提供有利条件和创造良好的环境；要建设并经常保持部队的正规化秩序。并号召全体官兵在严格执行条令、条例的基础上，全面落实上述要求，以“提高基层单位的训练质量”。

训练工作成绩　1990年越军训练工作在认真准备的基础上，基本上完成了预定计划。“总的形势还是好的”，在一定程度上促进了部队的正规化建设。主要表现在：

准备比较充分　在1990年3月15日正式开训前，各军兵种根据总部的要求，组织部队在学习文件提高认识的基础上，充分利用现有条件，因地制宜，准备训练基地、制作教学用具；各总部、军区、军兵种曾先后举办了各个层次、不同类型的集训班1200余次，培训从班至师级干部4万余人次，提高了各级训练管理干部的认识水平和实践能力（包括战术技术、兵种技术、专业技术以及训练方法和组织能力等）；全军各单位均按要求制定了训练计划和教学方案，规定了具体的训练内容；总参战训局组织了干部检查团实地考察了部队的备训情况，各单位均在规定时间内展开训练。

计划基本落实　1990年越军年度训练工作仍按惯例分两个阶段进行。其中第一阶段于3月中旬前后开始，7月中旬相继结束。主要科目是单兵和分队的基础训练。越总参战斗训练局局长阮海鹏少将7月30日就越军第一阶段训练情况答记者问时称，“今年第一阶段训练总的情况是好的。在分队训练中，能注意理论与实践相结合，训练质量有所提高；在新兵训练中，许多单位都进行了周密的组织，使训练达到了有质量、有深度”。第二阶段8月份开始，年底前后结束，主要科目是部队战术技术合练。进入11月份以来，各军兵种、军区、军等有关单位纷纷通过组织演习、会操和“决胜竞赛”等活动检查各种科目的训练效果。据称，“由于准备充分，各部队均取得了良好成绩”。

重点相对明确　1990年内，越军在重视部队基础训练的同时，突出了对海上目标侦察、巡逻、保卫训练。其中，空军加强了飞行员在复杂天候条件下的飞行训练，注重空对空、空对地、空对海上目标的战斗应用飞行，并把海上飞行作为当前训飞的重点；海军训练则突出了单舰战术技术、编队航行、外岛警戒、紧急支援外岛作战等科目。

训练工作存在的问题　1990年越军训练工作尚存在着许多严重问题与不足，已影响到基础单位的建设。主要表现在：

领导不重视　据越报刊透露，一些部队主官轻视和平条件下的练兵工作，不深入训练实际，不对训练内容和形式进行具体指导，而把训练工作全部推给机关参谋一手包办。在整个训练期间有些师团领导甚至一次也没到过训练场地。有些连队干部则将训练的组织工作交由值班员和教员负责，自己在家喝茶、看小说。有的排长在军训期间不仅自己不能坚持与战士同吃同住，反而指使士兵为自己服务。在某师检查1990年第一阶段训练工作时，发现总部规定的分队训练内容全部搞错了，需要重新补训。

计划不够落实　越军训练工作中的形式主义现象相当严重。一是训练搞形式，训练大纲头头是道，实际训练另搞一套，层层弄虚作假，谎报成绩。在操场训练中，一个班“一个人训练，七个人闲坐”的现象普遍存在。在战术训练中，情况简单，战术演练都是搞“花架子”，“没有运用灵活的战术和智慧来体现我军创造性的打法”，指挥员和分队均不能从中得到锻炼和提高。二是检查形式化。当进行检查时，检查内容和时间常常是预先通知部队作好准备，甚至安排人员帮助受检单位将要检查的科目进行事先演练。

物资不保证。　1990年，越军缺乏训练物资的现象是普遍存在的，在1990年第一阶段训练中，第1军308师102团的训练经费只有80万盾（实际需要250～300万盾），自己补贴了120万盾。该军325师101团的训练经费只拨了130万盾，本单位贴了54万盾。另外，由于组织不严密，管理方法落后，不少技术装备得不到充分利用，许多车辆、机器、器材严重损坏。有的单位已连续3年没有检修坦克上的通讯机，导致演习时不能通过无线电台指挥行动，而让战士从坦克里面伸出头来接受指挥信号。

主要资料来源:

①越《全民国防杂志》1990年第3、10期。

②越《人民军队报》1990年3月~1991年2月。

积极进行训练准备 据越《人民军队报》反映，越军为深入贯彻总参谋长段奎的训练指示和训练局关于完成1990年训练任务的指示，根据具体情况积极备训。总参训练局组织干部下到各军区、兵团、军种和兵种检查备训情况。到1990年3月中旬，全军所有单位都拟定了训练方案，并在规定时间内展开了训练。海军各部队举办了干部训练班；第七军区、胡志明市军指、D06、S747旅等单位集中干部进行培训，明确了训练任务和计划；第四军区D07、D09和22旅组织了两批步兵干部训练班，参训人数达500人；空军组织训飞23架次，100%完成了3月上旬的训练任务；防空军各雷达、高炮部队开展了训练，并对每个单位都进行了验收。第三军区组织检查团到基层检查了战备训练情况；广宁省军指为1990年新兵训练培训了带兵干部，添置了训练器材，完成了新兵训练中心的准备工作；"光荣"师机械化步兵单位认真做好车辆及现代化武器、器材的管理和保养，为保证训练质量作出了努力，该师24团、68团、268团武器保养率达到了100%。第二军区总结了1989年训练经验，充分准备了训练场地和教学用具。1、2月份，全军区举办了13个训练班，为各省和各级机关培训了853人次班到师的干部。为了提高干部的认识水平和实践能力（包括战术技术、兵种技术、专业技术和训练组织方法等能力），军区进行了深入细致的指导，对训练内容作了具体的规定。第一阶段训练中的干部集训，用了75%的时间进行实际能力训练，训练质量较好。但参加第一阶段训练的连、排、班干部中，得到集训的只占总数的44%。

越总参战训局长阮海鹏谈越军分队训练

阮海鹏少将在越军《全民国防杂志》1990年第10期发表文章，谈越军分队训练经验如下：(1) 深刻领会、灵活运用训练的基本观点。训练要与提高政治责任感教育相结合；理论与实践相结合，并以实践为主；现代军事意识与传统的战斗经验相结合。(2) 切实注重干部队伍的培养和集训，提高干部的训练水平和能力。(3) 训练过程中要不断总结经验，补充内容，改进方法，以提高分队训练水平。

展开第1阶段训练 第1阶段训练开始后，第4军区认真执行"新形势下应注重基础，切合实际"的训练方针，在1990年初军区军政会议精神指导下，各部队认真编写教案和教学资料，训练工作取得较好效果。"决胜"兵团对所属部队的战备、训练器材准备，及党、政、后勤、生活等各项工作进行了检查，以完成1990年第1阶段训练和复退任务。"香江"兵团、装甲兵还对教员队伍、政工干部、宣训干部进行了集训。工兵物资装备技术局、"香江"兵团"荣光"部队等单位为战备、训练所需的物资装备作了充分准备。第7军区和首都军区集中力量搞好城市民兵自卫力量的建设，加强专业训练，使其在保卫社会治安中起到了"突击队"作用。第7军区从3月份起组织了18次民兵自卫队干部集训，参训人员达1200人次。胡志明市和头顿一化昆仑岛特区还成立了维持社会治安自卫分队，配合公安部门对各重要地段和部门进行巡逻。河南宁省和义静省的4个县举行了本土防御演习。

第2军区和通信兵开展"决胜"竞赛活动

综合"越南之声"1990年5月14日报道，越第2军区各部队目前正积极行动，争取在"决胜"竞赛活动中取得好成绩。326师在第1阶段训练中严格要求，全师训练成绩在良好以上。313师在完成好战备任务的同时，各项训练均达到要求。由于严格了部队管理，各单位违纪现象与去年同期相比下降了30%。河宣、黄连山、莱州省军指则按照新颁《民兵自卫队条例》开展工作，集中力量建设民兵队伍，巩固和发展村、社各级民兵组织。

据"越南之声"1990年4月23日报道，为完成好战备训练工作，越通信兵在1990年第1季度组织了"决胜"竞赛活动，并取得了显著效果。各单位做到了工作无事故。其中无线电通信量比去年同期增长18%，传递军邮公文达40280次。各通信学校组织了教员考核，有75%达到优良。134团、205团、614团、通信技术士官学校、通信技术学校、139总站和87营在竞赛中取得好成绩。

陆军第1军士官学校重视战术训练教学

据越《人民军队报》1989年底报道，越陆军第1军士官学校根据越共中央军委关于军事院校工作的指示精神，十分重视战术训练教学。进入1989~1990学年后，该校训练处即组织部分有经验的人员集中研究修改战术训练教案，新编了32编教材，新建了2个训练场，并补充了一批训练器材，对通信、化学、侦察等专业教室亦进行了维修。与此同时，还明确规定战术训练教学92%的时间要在训练场上进行。

以演习全面检查1990年度训练质量 据"越南之声"1990年11月19日报道，在1990年训练即将结束之际，越第1军312师、第2军304师等部队相继组织演习，以检查年度训练质量。据称，由于准备充分，各部队均取得了良好成绩。演习的主要内容是在各种不同地形条件下的作战应变能力。通过演习，各部队还总结了阵地战的经验。此次演习是1990年训练计划的一部分，主要是为了检查训练计划中各科目的具体训练情况。

炮兵司令部组织北方炮群会操 据“越南之声”1990年11月19日报道，越军炮兵司令部最近组织了越北方炮群会操。参加会操的有1、2、3、4、首都军区，海军、1军、2军的炮兵部队和45炮兵预备旅。

越防空军副参谋长谈1990年的训练指导思想 据“越南之声”1990年7月24日报道，越防空军副参谋长阮文仲大校在接受记者采访时谈到，1990年的训练指导思想主要是集中搞好基层分队的训练，抓好基层分队的干部队伍素质。另一个重要内容是狠抓技术训练，所谓技术就是射击技术和操作技术。目前亟待解决的问题是抓好导弹和高炮部队对低空目标的射击。关于打击低空目标的问题前几年就提出来了，但训练质量不高，主要原因是训练教材未根据各单位的情况制定且带有普遍性。1990年组织防空军高级学校编写了一份打击低空目标的教材，然后组织高炮、导弹分队干部进行集训，并根据新编教材对部队进行训练。在技术训练方面，要求导弹营能完成本单位的战斗准备任务即“月定期保管”，但由于技术人员缺得太多，所以这一问题以前一直未能解决。现存的问题是分队的训练质量低和基层干部（从团到分队）领导水平低。为此，防空军拟开展一次训练方针知识竞赛。

防空军导弹部队注重培养基层干部 据“越南之声”1990年7月23日报道，防空军部队注重集中培训基层干部队伍，以提高基层分队指挥员的指挥能力和实际操作能力。防空军副司令兼参谋长武玉越大校在检查了导弹部队基层分队的训练情况后指出，对于士官，主要检查他们的基本动作是否正确，不要求他们完成动作需要多少时间。在训练过程中，指挥员说的太多而示范太少，不注意观察和听取汇报，只一味地指挥，说的比做的多，尤其是士官学校，实践活动、实际操作太少了，这就无法保障训练质量，更无法去指挥对战士的训练。“奠边”导弹团52营营长黄公赫大尉称，1990年以来，防空军对基层训练的指导思想是集中培训干部队伍。训练的方针是：基本、切实、稳固。作为基层干部，要重视实际操作能力的提高，熟练掌握导弹操作的基本动作要领，这样才能使战士的动作正确、规范。365师师长阮万大校称，1990年年初，在第1阶段的训练中，部队组织了会操，集中培训基层指挥人员，解决了第1阶段训练中存在的问题和薄弱环节。防空军训练处副处长阮清新中校称，1989年365师的训练成绩在防空军部队中名列榜首，到1990年的第1阶段训练中又出了一个369师，通过操练，北方各导弹部队学习了365师和369师的先进经验，提高了1990年的训练成绩。经过这一段时间的训练，分队干部的水平和分队训练的质量得到了很大提高。去年上半年的训练中，取得良好以上成绩的分队只有百分之十几，今年上半年提高到40.8%。

山罗省重视各级干部的军事训练工作 据“越南之声”1990年9月26日报道，越山罗省贯彻“全民国防”和“人民战争”的方针，重视各级干部，特别是指挥干部队伍的军事训练工作。1990年初，该省建立了省、县、乡三级指挥协调系统，落实“党委领导、政府实施、军事机关作参谋”的体制原则。迄8月中旬，90%的县以上干部和353名乡委书记、乡长参加了军事集训，集训的内容是：党的军事方针和建设新形势下的人民武装力量。1990年来，该省省委和省军指还组织了县、乡区域防御演习，安洲、郑东县组织的区域防御演习反应较好。

部分省份举行防御演习 据“越南之声”广播电台1990年1月11日报道，越太平河南宁、义静、广南-岘港和多乐等省组织了三级区域防御演习。通过演习，各地区军事机关和地方政府在民兵自卫队训练工作方面总结出许多经验。同时，使各地对巩固国防，动员人力、物力方面有了新的认识，加强了各地党政领导的国防观念。据“越南之声”1990年1月25日报道，最近，越高平市组织了一次预备役部队动员演习，参演员额达到上级规定标准的103%，参演部队配发了武器和军装，演习科目完全按上级规定的时间和内容完成。

地方大学开设军事系 据“越南之声”1990年6月25日报道，自1979年以来，越在各大学开设了军事系、科，为部队培养了大批专业知识人材。目前，培训部队干部和士官已成为各大学的重要任务。河内百科大学军事系主任黎勇大校说，近年来培养的导弹、雷达、电力等方面专业人材，是很有成绩的。防空军增加了5名科学副院士。河内医科大学军事系主任阮越岩说，应按士官的培养计划培养军医人员，除学习专业外，还应学好军事科目。目前，该系军事科目的教员占全系教员的30～40%。7年来，大批毕业生已成为军官，并在各部门担任技术管理人员和指挥人员。

英国军队军事训练

海军训练

训练领导体制 英国海军对全军训练实行统一领导，各兵种、各部门自行负责，分级管理的领导体制。海军委员会中分管人事工作的第二海军大臣统一领导全军的训练，负责制定训练方针和政策。海军本土司令部在海军委员会的领导下，负责海军官兵的岸上训练和作战准备，管理海军各专业院校和海军后备役部队的训练。海军舰队司令部领导和监督各水面舰艇分舰队、潜艇部队和海军航空兵的部队训练。海军陆战队的训练工作，接受国防部和海军委员会的双重领导，陆战队驻舰队员直接在驻在舰有关长官领导下进行各种训练。

军官教育 英国海军对军官的选拔和教育训练十分严格，强调先训后用，适时复训、轮训，训练和晋级相结合。军官只有在有关院校毕业之后，才有资格被授予相应的军衔和担任相应的职务。设在达特默思的布列塔尼皇家海军学院是英国海军的一所初级学院。英国海军的军官均须在此接受海军初级养成教育。该学院的学员来自中学毕业生、大学毕业生或海军舰队推荐的优秀士官。学员毕业后，或被分配到舰艇部队服役，或送海军中级院校学习专业技术，或送地方大学深造。

英国海军的中级院校主要有格林尼治海军学院和海军工程学院。前者主要培训海军参谋军官和中级指挥官，并承担部分军官的复训、轮训任务；后者培训海军工程技术人员，毕业生具有大学本科程度。

国防学院和皇家国防研究学院是英国三军联合高级学府。前者接纳海军少校和中校军官入学；后者培训对象是海军上校以上军官。

英国海军现役军官在晋升或调动职位前，或其所在舰艇经过现代化改装后，均要通过复训掌握有关知识和技能，以保证军官胜任新的岗位职责。

士兵训练 英国海军士兵服役实行志愿合同制。设在全国各地的 30 多个新兵招募站常年工作，负责对志愿青年进行初步选拔。初选合格者被送到设在普茨茅斯附近的海军新兵训练中心，接受入伍教育（1 周）和士兵初训（6～14 周）。志愿者经复查选拔合格者正式签定服役合同。新兵初训合格后或分配到舰艇部队服役，或送海军士兵专业技校继续接受培训。

士兵在服役期间变更职务和晋级前，均须经过复训通过资格考核，掌握履行新的职务所必需的知识和技能。

部队训练 英国海军的部队训练采取战训合一的组织形式，各级主官兼管本部队的技术和战术训练。海军舰艇出海时间占全年的 70%以上，除执行各种值勤任务外，大部分时间用于单舰或编队训练，或与其他兵种进行合同战术训练，使官兵熟练掌握武器装备，熟悉作战程序，提高战术水平和舰种及兵种间协同作战能力。英国海军舰艇每年定期参加盟军的海上演习活动，演练各种海上协同作战能力。

英国海军航空兵一线部队每年至少用 50～60%的时间搭驻航空母舰和其他水面舰，进行技术、战术演练，或参加海上演习活动。

英国海军在波特兰港设有海上训练司令部。这里各种训练设施齐备，并有较广阔的海上训练场。英国海军新造舰、改装舰和大修舰艇，在加入作战建制之前，均在这里进行单舰或编队训练，使官兵掌握本舰的性能特点，掌握本舰武器装备技术器材的操纵和使用。熟悉舰艇各部门间的协同动作。

空军训练

继续进行低空训练 据英国《国际飞行》周刊 1990 年 11 月 7 日报道，英国政府同意英国皇家空军继续进行低空军事飞行训练。皇家空军的低空飞行训练过去是针对苏联的，现在则是为了对付任何一场战争。

英国政府知道低空飞行对环境的不利影响。之所以同意皇家空军继续进行低空飞行训练，是考虑到军用飞机在战争中需要以低空飞行去规避敌防空武器。尽管如此，根据防务形势的变化，国防部还是决定把低空飞行训练的数量减到最低限度：既要能继续满足低空飞行训练对逼真、有效、安全等方面的要求，又要最大限度减小对公众的不利影响。

为帮助国防部达到这一目的，英国政府已制订了减少低空飞行高度层和改进公众关系的计划，并采取了下述措施：

(1) 改进和推迟使用“低空飞行自动询问与通报系统”（一种预订航线与消除航线矛盾的装置）。该系统原计划在1992年1月开始工作，但政府考虑到该系统是一个比较大的计算机网络，需要使用新软件，因此决定给其加装新软件，并把开始使用时间推迟到1992年年中。

(2) 研究利用飞行模拟器的最新视景系统，以模拟器训练代替部分实机低空训练。英国现正在研究能为“狂风”飞机模拟器提供高清晰高目视图像的视景显示器。

(3) 国防部决定今后每年都公布各型飞机的飞行事故率，适当的时候还将公布各种飞机的累积飞行事故率，以期获得公众的关心、支持和谅解。

另据英国《国际飞行》周刊1991年2月20日报道，自1990年8月2日伊拉克入侵科威特之后，英国驻德空军从德国政府那里又获准在德国境内进行2周低空飞行训练。之后英国皇家空军曾向德国政府要求延长在德国境内进行的低空飞行训练时间，但没被批准。德国政府不让英国皇家空军在德国境内进行低空飞行的禁令是在1990年9月生效的。

公布飞行事故万时率 据英国《国际飞行》周刊1990年3月28日和11月7日报道，英国皇家空军飞行事故率在1990年之前一直定为秘密级资料，英国国防部决定从1990年起废除这一规定，今后将每年公布一次皇家空军的飞行事故率。

英国皇家空军的飞行事故依飞机修复的难易程度（非修复费用的多寡）分为5类：在飞行中队级能修复的划为1类；在飞行联队级能修复的划为2类；在有关单位协助下，在空军基地级能修复的划为3类；只有送工厂才能修复的划为4类；飞机无法修复或失踪的划为5类。1、2类事故通称小事故。4、5类事故称严重事故。凡造成人员死亡（1年内）或重伤（需28天以上才能康复者）的事故，也划为严重事故。

英国皇家空军1989年严重飞行事故万时率为0.31，1988年为0.37，1987年为0.28，1986年为0.31。

高速喷气飞机的严重飞行事故万时率呈下降趋势：1989年为0.59，1988年为0.79，1987年为0.84。在这3年中，多发动机飞机没有发生过严重飞行事故。

直升机严重飞行事故万时率：1989年为0.40，1988年为0.26，1987年为0.27。

教练机严重飞行事故万时率：1989年为0.24，1988年为0.29，1987年为0.06。

1989年总鸟撞事故万时率为0.24，1988年为0.49。

自1946年以来，在每年的飞行事故中，因飞行人员的差错造成的事故约占当年总事故的40%。

英国皇家空军1989年共发生飞行事故33起，死亡9人，15架飞机坠毁，1架飞机发生四类事故。在这些飞行事故中，有两起是飞行学员造成的：一架飞机毁于单飞跃升失速倒转练习时进入反螺旋；另一架飞机毁于因疏忽入云而迷航。但这两架飞机上的两名飞行学员都安全跳伞。还有两起低空飞行事故：一起是一架“狂风”飞机与一架“阿尔发喷气”飞机相撞，飞行人员遇难；另一起是一架“美洲虎”飞机撞在海边峭壁上，飞行员丧生。

英国皇家空军1989年标有“原因未定”的飞行事故有所下降。这类事故多发生在新一代飞机上，如“旋风”飞机、“鹞”式GR.5飞机和“巨嘴鸟”（过去曾译为“图卡诺”）飞机等。

法国军队军事训练

海军训练

综述 1990年法国海军战略开始调整，调整的指导思想“维持核威慑能力现有水平，重点提高实施常规打击战略能力”已经在训练中有所体现。1990年法国海军训练的基本原则是：提高快速反应和实战能力，突出海外进攻作战和合成军作战训练。

1990年8月开始，法国海军奉命参加了对伊拉克的海上禁运封锁行动，在红海和波斯湾等海域始终保持有10～12艘大、中型作战舰只，但法国海军的训练强度和训练舰日总数不但未受影响，反而有所增加。与 1989 年比较，舰艇出动强度提高 5.8%，从 104 日／舰年增至 110 日／舰年，训练舰日总数从 4750 日增长到 5430 日，增幅达 14.3%。在全年舰日总数中所占比例也从 38%升至 41%。具体情况参见下表：

1989 年与 1990 年训练情况对比

舰日＼年度 项目		1989	1990	增幅(%)
舰艇出动强度(日)		104	110	5.8
舰日总数	作战舰艇	12500(30 万小时)	13200(316800 小时)	5.6
	辅助舰艇	4167(10 万小时)	4167(10 万小时)	0
训练舰日(百分比)		4750(38%)	5430(41%)	14.3
演习舰日(次数)		不详	1215(42)	

注:1990 年法国海军有作战舰艇 120 艘，作战飞机（含直升机）144 架。

训练工作直接服务于作战，所以海军战略调整促使海军训练从内容到形式都有变更。1990 年海军训练的重点是航母编队和两栖攻击编队在远洋海军进攻作战或合成军作战行动中的运用。反潜战训练和演习明显减少。1990 年法国海军训练可概括出以下几个特点：

*航母编队训练多、规模大。*航母编队是法国海军实施常规打击战略的基干力量，也是法国海军远洋进攻能力的主要标志。1990 年，法国海军 2 艘航母共出动 250 多个舰日，担任 1 号舰的“福煦”号出动 150 个舰日，2 号舰“克雷蒙梭”号作为混合航母或两栖直升机航母出动 100 多个舰日，均达到最高出动强度。2 艘航母的训练舰日共 130 多个，占出动舰日总数的 50%以上，大大超过平均训练强度（41%）。除少量舰载机新飞行员的训练考核需单舰出航外，其余均为编队训练。1990 年，法国海军组织多次远海实兵演习，均是以航母为核心的。如 1990 年 4 月在大西洋举行的代号为法尔法代演习中，法国海军出动了 2 艘航母等共 18 艘大、中型舰只，为期 9 天，共计 162 个舰日。5 月在加勒比海域进行的赫尔克生士远洋进攻作战演习，也是以航母为核心，参演舰艇 8 艘，共用 70 多个舰日。1990 全年，航母训练海区几乎覆盖了地中海、红海、东大西洋、加勒比海、西印度洋，有效地保持了航母编队的远洋机动作战能力。

*重视海外两栖作战的训练。*为增强远距离投送力量和两栖作战能力，法国海军计划建造 4 艘万吨级两栖攻击坞舰，至 1990 年已服役 2 艘，加上原有的 20 余艘大、中型两栖作战舰只，使两栖攻击编队已成为与航母编队齐驱的常规打击战略骨干兵力。同时，根据海军战略调整目标，法国海军明显加强了海外两栖作战训练。1990 年，海军进行了：以收复瓜德罗普和马拉尼克岛为想定背景的加勒比海两栖作战演练，以在科西嘉岛击退外国入侵为想定背景的地中海两栖作战训练，在南太平洋的岛屿争夺战演练。海湾战争爆发前，“暴风雨”号两栖攻击舰曾长期在西非沿岸海域进行两栖作战训练并显示力量，随时准备在加蓬、贝宁、刚果等西非法语国家发生动乱时干涉政局或武装撤侨。派遣两栖攻击舰独立在远洋执行训练和显示力量的双重任务尚属首次。海湾战争爆发后，法国两栖攻击舰运送参战的“达盖师”在沙特西海岸的延布港上陆，并在当地进行了频繁的战前两栖战训练。新服役的两栖攻击坞舰“霹雳号”进行为期 3 个多月的远洋两栖战训练。航母 2 号舰“克雷蒙梭”号也作为直升机母舰参加了多次两栖作战训练。随着海军对陆作战任务加重，两栖作战将成为实施常规打击战略的主要作战样式之一。

*加强远航训练。*与 1989 年相比，1990 年法国海军作战舰只数量基本持平，仍为 120 艘，但海军海上训练舰日却猛增 14.3%，其主要原因是法国海军加强了远航训练。法国海军历来重视远航训练，海军军官学校毕业生必须进行为期 6 个月的环球远航训练方能取得毕业证书。1990 年 12 月，90 届毕业生乘“贞德”号直升机航母出发进行例行远航训练，他们定于 1991 年 6 月返法，行程 3 万余海里，遍访西非海

岸、南美东、西海岸、南太平洋诸岛、北美东、西海岸、加勒比海地区。1990年4月和5月举行的法尔法代和赫尔克里士两次远航训练行程均超过1万海里途经地中海西非海域、大西洋至加勒比海域。两个训练编队均以航母为核心，边显示实力，边训练，同时多次与美、英、意、加等盟国海军进行联合演习。除大编队合练外，1990年有10余艘大、中型舰艇进行了单舰远航训练。近10年来，法国海军作战舰艇从140余艘减至1990年的120艘，但吨位却略有增加，说明作战舰只正向大型化发展，平均吨位比1985年增长了17%，同时，作战舰艇舰龄已从70年代末的19年降至13年，远航适航性大为提高，这也是远航训练舰只增加的主要原因之一。

合成军演练增加。对法国海外利益和海上权益的威胁主要来自于地区性强国，因此法国海军实施常规打击战略的作战区域以海外为主。1990年，法国海军举行的远洋进攻作战或两栖作战演习大多为以海军航母编队和两栖攻击编队为核心，配属有空军和陆战队的合成军进攻演习。

实兵演习多，与作战任务结合紧密。法国海军1990年举行的实兵演习次数明显增加，全年共有42次，计有1215个舰日，占全年训练舰日数的22.4%。上述数字反映出：①每次演习平均舰日达30个以上，说明实兵演练的大型化、远洋化趋势；②实兵演习占训练舰日总数的比例几乎达1／4，表明法海军部队普遍训练水平高，实战能力强。结合“2000年军队发展规划”的要求看，注重实兵演练将是90年代法国海军训练的主要特点之一。

1990年的实兵演习不少是战训结合，带着作战任务进行有针对性的训练，随着东西方对抗的减弱，法国海军当前的海外作战任务以显示力量、显示存在为主，同时不排除武装干涉、封锁、两栖作战、武装撤侨、巡逻等其他任务。1990年举行的麦德兰特演习、埃肯夫德演习、法尔法代演习、赫尔克里士演习、奥尔当西亚演习、苏禄阿演习、90葡月演习等等均安排在法国利益最受威胁的海域进行。不少演习想定紧密结合当时的周边形势，按照作战预案进行。部分演习直接转入了作战行动。在索马里和黎巴嫩的武装撤侨行动是由位于该海域的训练部队完成的。

法刊介绍航母舰载机飞行员的培训 据法国海军蓝领杂志2012期介绍，法国海军舰载机军官飞行员均选自海军军官学校或舰队军官学校毕业生，凡经过2年理工科预科，考入军官学校，学习2年毕业者均可报名体检。体检合格者已有海军中尉军衔，并首先在海军航空兵罗什福尔航空站作为期1个月的体验飞行训练，训练机种为CAP-10。通过体验飞行者进入空军普罗旺斯航校，接受飞行员通科训练、学制1年。其中，航空理论学习为6个月，主要课程为热动力学、航空机械学、航空动力、导航、航空管制和调度等。飞行实习6个月，训练机种为初级教练机。初级飞行考核通过后，学员转入空军图尔航校接受6个月的高级教练机飞行训练，训练机种为阿尔法喷气教练机。学员从图尔航校毕业后获得飞行员证章，返回海军航空兵叶尔战斗机航校进行弹射和着舰训练，训练机种为喷气教练机，训练期6个月。合格后学习驾驶舰载机，进行弹射着舰技能训练，为期1年。1年后考试合格者可进入舰载机飞行联队服役。入役后飞行机种有：“超级军旗”攻击机、“十字军”战斗机和“军旗”ⅣP侦察机。刚服役的飞行员还不能担负作战任务。服役1年后，如能够通过昼间作战值班起降考核，才能正式担负作战任务，成为作战飞行员。担任作战值班后，舰载机飞行员仍有许多飞行科目要完成：训练僚机、作战僚机、副带队长机、夜间着舰合格飞行员、带队长机、空中小编队指挥员等，可以看出，培养舰载机飞行员较空军或海军岸基飞行员的过程要长得多，作为训练飞行员进入舰载机联队服役需要5年，担任作战值班的训练僚机飞行员需6年，成为全天候飞行员需要7年时间。但这些舰载机飞行员均有坚实的水面舰艇理论知识和基本航海技能，法国海军许多水面舰艇长均出身于舰载机飞行员。

空军训练

综述 法国空军飞行学员的选拔有两个来源：一是来自军队内部，一是来自地方高中毕业生。来自军队的飞行学员，预先经过地面测试甄选，合格者，到位于法国中部的阿沃尔初级航校进行空中飞行甄选，合格后进空军军官学校或空军预备役军官学校进行基本飞行训练。参加甄选的人经法国空军心理研究探讨中心的各种测试，如空中适应能力、定向能力、速度适应能力等测试，各个方面完全合格者，也可不到初级航校接受飞行甄选和其他训练，而直接到空军军官学校或空军预备役军官学校受训。法国空军军官学校和空军预备役军官学校主要负责飞行学员的基本飞行训练，训练期限为1年，在“富加”式教练机上和“教师”式教练机上共飞145小时。

报考法国空军飞行学员的地方高中毕业生，先要经过空勤人员地面甄选中心的甄选，进行生理、心理等各个方面的测试。通过这次甄选，将有75%的报考者被淘汰，合格者进飞行专修班，但还须到阿沃尔的初级航校进行空中飞行甄选，即在CAP-10教练机上进行12架次10小时的飞行。在飞行甄选前，这些学员须进行25小时的飞行前地面训练课程，其中包括技术训练（重点是介绍CAP-10教练机的操作与使用）、飞行原理和空中领航规定，以及飞行安全与航空医学等。在飞行甄选中，有60%的学员被淘汰。飞行甄选合格的学员，还要依据其英语程度的高低对其进行4周或8周的英语训练。在英语训练之后的10周中，学员们将同时接受军事训练和技术训练。军事训练包括1周的野外课程，3天的救生训练和跳伞训练，每人须进行4次跳伞，获初级跳伞证书。技术训练课程包括空气动力学、发动机学、飞行术及航空仪表学等，共计91小时。训练进行7周后，负责技术训练的中队要及时计算每个学员的平均学科成绩。20分为满分，12分为及格。不及格者，由学校决定退训。及格者到科涅克基地的第315基本飞行训练学校接受9个月122小时的基本飞行训练，所用飞机为“埃普西隆”教练机。该校每年培训飞行学员约200名，其中90%将飞战斗机，10%飞运输机。

法国空军飞行学员经过地面和空中飞行甄选，淘汰率高达90%。

在空军军官学校、空军预备役军官学校和飞行专修班完成基本飞行训练后，飞行学员分为运输机飞行学员和战斗机飞行学员。

运输机飞行学员将到阿沃尔基地第319运输机航校接受7个月的运输机训练。训练内容分为航空理论教育、飞机课程和飞行训练。

航空理论教育为期1个月，156小时，重点是航行学、航空管制和飞行安全。

飞机课程的期限也是1个月。学员首先学习“兴古河”教练机的构造与性能，然后进行14小时的飞行操作理论课程和5小时的模拟器“飞行”，最后是飞行前的9小时座舱实习。

飞行训练在“兴古河”教练机上进行，期限约5个月，空中飞行108小时30分（由战斗机换装的学员飞73小时），在模拟器上训练50小时30分。

经过上述训练，运输机飞行学员大约有90%可以结业，并在结业后直接分配到空运司令部各部队。

战斗机飞行学员则前往图尔基地第314战斗机航校接受6个月72架次91小时的“阿尔发喷气”高级教练机训练。从第314战斗机航校毕业后，战斗机飞行学员大都直接到卡佐基地第8飞行大队接受作战训练，只有少数学员先到科涅克基地第315基本飞行训练学校担任一段教官，然后再到卡佐基地第8大队接受作战训练。从第314战斗机航校淘汰的战斗机飞行学员，可改飞运输机，到第319运输机航校接受运输机飞行训练。

卡佐基地第8大队的作战训练分为飞行训练和地面与海上训练。

地面与海上训练在飞行训练之前进行，为期2周。第1周学员要接受有关飞行安全和个人救生训练，其中有海上拖伞、海上生存、救生艇与救生包的使用，以及在获得直升机救援前各种可能情况下的救生演练。另外还有3天的野外生存训练。第2周进行地面训练，其中包括模拟器“飞行”、座椅弹射、英语实习、飞行安全教育和健身房体育训练。地面训练完成后，学员就进入作战飞行训练。

卡佐基地第8大队的作战飞行训练在“阿尔发喷气”高级教练机上进行，训练期为3个半月，共飞56架次，其中26架次为单飞训练。其具体课目如下：

(1) 性能飞行：4架次，熟悉飞行和熟悉空域；(2) 编队空战：13架次，其中9架次单飞，重点是战斗动作和搜索敌机的技巧；(3) 超低空航行：12架次，其中3架次单飞，重点是训练低空突击技术；(4) 夜航：7架次，其中3架次单飞，训练如何适应在夜间环境下进行集合和实施密集编队；(5) 空对地投射：10架次，其中5架次为单飞；(6) 空靶射击：10架次，其中6架次单飞。

战斗机飞行学员在卡佐基地第8大队完成作战飞行训练后，就成为标准的战斗机飞行员了。

法国空军战斗机飞行学员在航校阶段的飞行训练中总共飞行275小时，实际上分两个阶段实施。第1阶段除飞“富加”和“教师”飞机外，主要是飞“埃普西隆”教练机，飞行时间总计约为155小时。第2阶段主要是飞“阿尔发喷气”高级教练机，飞行时间为120小时。

负责实施作战飞行训练的飞行教官都是从作战部队挑选来的，他们都具有双机或四机编队的带队长机资格。这些到卡佐基地第8大队任教的飞行教官又分为长期性的和临时支援性的。长期性飞行教官是飞行教学骨干，能确保教学的连续性。临时支援性飞行教官任期约2年。由于他们每两年更换一次，所以他们比较熟悉部队当前使用的飞机和新的作战方法。他们参加作战飞行教学，可以给教学带来新的知识和新的方法，使飞行训练更加切合部队的实际需要。

法国空军在飞行学员的飞行训练中需要一种涡轮螺旋桨初级教练机，以便节省训练经费。为此，法国空军已选择了巴西航空工业公司生产的 EMB-312“巨嘴鸟”（过去曾译为“图卡诺”）教练机，预计订购60架，但合同要在1990年10月之后才能签订。

主要资料来源：

①日《航空爱好者》1990年第4期。

②英《国际飞行》周刊1990年12月5日。

演　　习

海军演习　*赫尔克里士远航拉练*　1990年4月18日～7月7日，法国海军TF471特遣编队在地中海舰队司令梅尔洛海军准将率领下在大西洋进行了为期81天的战训结合远航拉练，拉练代号为赫尔克里士。TF471特遣编队的编成是：航空母舰“福煦”号为旗舰，下率防空导弹驱逐舰“絮弗伦”号、反潜驱逐舰“蒙卡尔姆”号和“乌头”号，机动补给舰“杜朗斯河”号。拉练途中演习时还临时编入了其他舰艇19艘。

TF471特遣编队远航拉练的任务是：(1) 在北非、西非和加勒比海域显示力量，顺访卡萨布兰卡、达喀尔、奴阿迪布等法语非洲港口城市以及美国和加勒比海域主要港口；(2) 远航训练：演练舰载机在高海情下的起降、夜航、反舰反潜和防空作战、海上机动补给、装备维修、舰员和装备对远航的适应性等；(3) 与本国及西方盟国海军联合举行实兵演习。

除单舰和编队内的各种演练外，TF471特遣编队在拉练期间共参加了4个大型实兵演习：

①与法国海军大西洋舰队举行了“麦德兰特90”对抗演习；

②与美、英等盟国海军混合编组，在亚速尔群岛和波多黎各海域举行了2次“巴塞克斯”演习；

③在直布罗陀海域举行了“法尔法代”演习；

④在加勒比海域瓜德罗普和马提尼克岛举行了“高延布克”演习。

特遣编队司令梅尔洛准将指出，这是4年来法国海军组织的规模最大的一次远航拉练，其目的在于说明“法国海军的航母编队活动并非局限于地中海，它有能力到大西洋乃至一切与法国利益相关的海域作战。”

“法尔法代90”演习　1990年4月20～26日，法国海军在直布罗陀海域参加，法尔法代90合成军演习。演习的想定是：距法国4000公里的绿国与橙国长期关系紧张，并于不久前发生了边界武装冲突，侨居两国的法国公民的生命财产受到直接威胁。绿国与法国订有防务协定，要求法国从中干预，同时，两国政府均已同意法国的撤侨。法国政府决定武装撤侨，并在双方边界部署强制停火部队。

整个演习分3个阶段，4月20～22日为兵力集结和航渡阶段，4月23日从法国海军航母和两栖攻击舰上对两国实施两栖登陆和机降行动以部署掩护撤侨部队；4月23～25日撤退法国侨民；4月24～25日部署强制停火部队。

海、陆、空三军参演兵力编成为：

海军：参演舰艇14艘，由地中海战区司令特雷比埃海军少将指挥，下辖2个特遣编队。特遣编队TF471由地中海舰队司令梅尔洛准将指挥，下辖航空母舰“福煦”号、导弹巡洋舰“科尔贝尔”号、导弹驱逐舰“絮弗伦”号、反潜驱逐舰“蒙卡尔姆”号和“迪普莱克斯”号。2艘护卫舰和1个中队的“军旗”攻击机担任演习敌方部队。

特遣编队TF472由舰载机和航母部队司令德勃雷准将指挥，下辖航空母舰“克雷蒙梭”号、导弹驱逐舰“迪盖恩”号、机动补给舰“瓦尔河”号、两栖攻击舰“暴风雨”号以及2艘登陆蛙人支援船。“克雷蒙梭”号作为2号航母，演习中作直升机母舰用，携载“小羚羊”武装直升机20架，“美洲豹”中型运输直升机20架，“超黄蜂”直升机3架以及6架“贸易风”雷达反潜机，另有1艘租用滚装船也参加了演习。

陆军：参演部队为法军快速部署部队所属第6轻装甲师，由班斯曼少将指挥，该师下分直升机降部队、机械装甲部队和空运部队，装备有250辆装甲车辆和40架大、中型直升机。

空军：参演部队由10架C—130、C-160中型运输机、30余架“幻影”2000战斗机和美洲虎攻击机组成，由战术空军副司令克雷蒂安少将指挥。

整个演习由三军参谋长委托快速部署部队副司令维达尔中将指挥，演习主要目的是加强海军与陆、空军在海外进行合成军进攻作战的能力。海军在演习中的主要任务是：由航母编队掩护两栖攻击编队输送陆军第6轻装甲师抵达作战地域，航母编队实施夺取制空、制海权部署，两栖攻击编队在舰载机掩护下实施两栖登陆和机降。撤侨后支援第6帅在绿、橙国边境强行部署，以达到制止两国军事冲突，强制停火的目的，如橙国有反击行动，航母编队与空军协同对敌纵深目标实施威慑性打击。战区的通信、侦察和后勤保障均由海军承担。陆军参谋长、海军参谋长代表以及部分驻法武官参观了演习过程。

“黑橄榄 90”演习 1990 年 10 月 19～31 日，法国、意大利、西班牙、希腊、加拿大和德国等 6 国海军，在法国地中海当面的第一大港马赛外海举行了代号为“黑橄榄”的反水雷战联合演习。

本次演习的想定是：橙国和国籍不明恐怖主义船只在马赛外海和西地中海部分航道布设了水雷，严重阻碍了马赛港及西地中海国际航道的使用。上述 6 国遂组织联反水雷部队，对可疑海区先进行检扫，然后进行猎、扫雷作战。演习想定由法国海军制定，报请各参演国海军参谋部审定。6 国海军除进行猎扫雷训练外，还演练了反水雷作战中的统一指挥、协调行动。各国参演舰艇为：法国海军：猎雷舰 8 艘，排雷潜水工作母船 1 艘；意大利、西班牙海军各派出猎扫雷舰 3 艘；希腊海军：扫雷舰 2 艘；加拿大和德国海军分别派出猎扫雷舰多艘和排雷潜水工作母船各 1 艘。

“暴风”号两栖攻击坞舰远航训练 1990 年 4 月初至 7 月底，法国海军暴风号两栖攻击坞舰在大西洋进行了为期 3 个半月战训结合的远航训练。远航训练第一阶段中，该舰参加了法国海军的“法尔法代”、“冷默龙”和“塞班”等 3 个演习。然后该舰出列，离开 TF471 特遣编队到达几内亚湾执行第 2 阶段任务，显示实力，准备武装撤侨和干涉某些西非国家动乱政局等。“暴风”号排水量 8500 吨，坞中可装载机械化部队登陆艇 4 艘，中型人员坦克登陆艇（670 吨）1 艘，“超黄蜂”直升机数架，海军突出队 1 个连，陆战队 1 个分队（470 人）。在此期间，该舰多次访问了达喀尔、阿比让、利伯维尔、让蒂、洛美、马永巴、圣多美等几内亚湾的所有主要港口城市，并与部分友好国家举行了各类联合演习。法国海军力量的出现使加蓬、多哥、象牙海岸等国的动乱有所缓和。远航训练的第三阶段中，暴风号与法国护卫舰布莱松舰长号、美国通用两栖攻击舰塞班岛号和两栖攻击舰庞塞号在加蓬首都利伯维尔外海举行了联合演习。7 月底，该舰与姊妹舰暴风雨号交接后返回母港布列斯特。

主要资料来源：

法国海军蓝领杂志 2078、2086、2092、2094 期。

军事后勤

中国人民解放军后勤

“七五”期间后勤工作综述 1986～1990 年，人民解放军各级后勤面对军费紧缺的情况，自觉服从国家经济建设大局，按照军队建设指导思想实行战略性转变的要求，以加强管理、提高效益为中心，积极稳妥地推进后勤改革，开源节流，用有限的军费基本保障了部队各项任务的完成。

坚持以改革促进管理，改进了后勤保障体制和管理机制 在后勤保障体制改革上，试行三军部队划区互相代供、代医、代修，统一组织运输，开始打破三军后勤自成体系、自我封闭的格局，方便了部队，节省了开支，提高了经济效益和保障效率。目前，油料代供已在全军展开，并向划区责任联供发展。4 年来，仅此一项，共减少不合理运输 1.8 亿车公里，节约油料 4 万多吨，节省经费 6000 余万元。划区医疗解决了全军 85% 的人员在 50 公里以内的军队医院就医问题。

后勤各项业务管理改革陆续展开，经济管理方法在军事经济领域得到有效运用。全军物资站库 1987 年以来实行经济核算，开源创收成绩显著，改善了对部队的物资供应。1989 年开始，总部和各大单位相继设立财务结算中心，清理撤销了事业部门的一部分银行帐户，集中了财力，加速了资金周转，不仅少占用了周转金，而且对加强事业经费管理，保障经济供应，发挥了良好作用。在推行经费物资管理包干责任制，基建项目招标投标制，装备择优订货合同制，生产单位承包经营制，以及后勤科研、训练和装备维修改革等方面也有新的进展，激发了后勤工作的生机和活力。

坚持面向基层，加强了基层后勤建设 在物价变动中，努力保障部队生活水平不降低。5年间，先后几次调整伙食标准，调整干部薪金和战士津贴，并建立了基层军官岗位津贴制度，提高了艰苦地区补助标准。全军85%的建制旅、团办起了生活服务中心，既有利于堵塞伙食管理上的漏洞，又改善了对连队的主副食品供应。配合军衔制的实行，对军官、士兵的服装作了系统改进。

有计划地安排部队基础设施建设，努力改善基层部队住房、医疗、交通等条件。按照1987年确定的营以下部队营房治理计划，对数以千计的营的住房及配套设施进行了综合整治，使数十万名基层官兵住进了新房。进行医院用房整治，更新了部队医疗卫生设备，部队的健康水平有了提高。

提高基层经费供应标准。1990年，调整提高了建制旅、团以下部队公务、事业费标准。加强了对基层后勤管理的指导。各级后勤领导和机关坚持深入基层，特别是1990年，组织大批干部下基层蹲点，既为基层排忧解难，又帮助基层提高后勤管理水平，取得明显成效。

坚持走"标准加补助"的路子，生产经营在整顿中稳步发展 在军费严重不足的情况下，各单位自己动手，克服困难，积极发展农副业生产，努力提高以实物补助部队生活的能力，对大中型农牧渔场进行了列编。有80%左右的建制旅、团建立了副食品生产基地。连队养猪、种菜等业余生产也有新的发展。现已基本形成师以上单位列编农场、旅团副食品基地、连队业余生产三位一体的部队农副业生产体系。1990年，全军生产粮豆7亿公斤，肉蛋鱼虾1.5亿公斤，食油3430万公斤，蔬菜6.6亿公斤，总收益比1985年增长2.4倍。

贯彻军委批转的《关于改革军队生产经营的总体方案》，逐步实行军企分开，基本完成了团以下作战部队经营的企业归口师管理的工作。对军办公司进行清理整顿，公司个数减少了88%。企业化工厂在确保完成军品任务的同时，积极发展民品生产，民品产值已占总产值的55%。军办厂矿、第三产业经过清理整顿，开始向控制规模、开拓内涵、提高效益的方向发展。1990年全军企业总产值和利税都比1985年增长1倍多。

绿化工作取得显著成绩，超额完成计划任务。成片造林59万亩，营区植树7000多棵。1990年，生产木材2.6万立方米、干鲜果品2300万公斤，全军有数千个团以上单位营院初步达到"园林式营院"标准。

坚持保障重点，后勤战备建设在调整中有所加强 加强了重要方向、重点部队的后勤战备建设。补充装备器材，充实储备物资，改善后勤设施，抓紧装备维修，较好地完成了重要军事行动的后勤保障任务，经受了应付突发事件的考验，锻炼和提高了后勤应急保障能力。

坚持把智力开发摆在重要位置，后勤训练和科技工作取得显著成果 着眼后勤现代化建设的需要，采取多渠道、多层次、多形式办学，加速了人才培养。5年间，后勤院校和训练机构培训后勤干部数万人。积极开展函授和自学考试，有5万多人获得了大、中专毕业证书。各单位还加强了战役后勤演练，狠抓了团后勤处长、副连长和司务长集训，广泛开展了群众性的岗位练兵活动。

后勤科技工作取得丰硕成果。1986年以来，全军后勤获得军队科技进步二等奖以上的有1085项，比上一个5年增加了1倍多。获国家奖励的热熔粘结絮片技术、锅炉清灰剂等成果在全国推广应用，创造社会经济效益20多亿元。后勤通信和自动化建设也有较大进展。

后勤学术理论和政策研究有较大发展。编审出版了《抗美援朝战争后勤经验总结》、《当代中国军队的后勤工作》等一批有重要价值的后勤历史和基本理论著作，编译出版了20余种外军后勤研究专著等。

坚持依靠国家和地方各级政府的支持，解决了后勤工作中的一些实际问题 1986年以来，在党中央、国务院、中央军委的亲切关怀下，经与国家有关部门积极研究协调，在保障军队原材料、主副食品供应、扶持军队生产经营，保护军队房地产和设施、减轻军队社会性负担等方面，国务院及有关部委颁发了一系列立法性文件。各部队也主动向地方政府反映情况，请示工作，不少地方政府颁发了支持军队生产经营、搞好后勤供应等方面的政策规定。国家和各级地方政府的有力支持，为军队后勤工作解决了不少实际困难和问题。对军队基建三材和生产所需原材料，国家优先安排，尽力保障。在全国客运紧张的情况下，实行军事运输优先，新老兵运输结束了长期使用闷罐车的历史，改为乘坐客车。这对减轻军队负担，保障部队供应，密切军政军民关系，都有重要作用。

"七五"期间全军后勤学术研究工作成绩显著 "七五"期间，全军后勤落实《全军后勤学术研究工作"七五"计划纲要》的要求，研究成果不断问世，72项研究课题已基本完成，较好地发挥了对实践的指导作用和为决策服务的咨询作用。

后勤改革和发展战略的研究有很大进展 针对和平时期后勤建设出现的新情况、新问题，围绕新时期后勤建设的方向和运行机制，完成了61项后勤改革的总体论证，为军委、总部实施科学决策提供了一批有价值的研究报告和建议。

后勤法规研究成果得到广泛应用 《军事后勤法概论》的编著出版，填补了军事法领域里的一项空白。着眼抓根本、打基础、理顺关系的需要，编写、修订、颁发近20本条例和300余项规章制度，编制了军用后勤主题词表，使全军后勤各个层次、各个专业的建设和工作有了基本依据，规范化水平有了明显提高。

后勤历史研究进一步深化 在搜集、整理大量资料的基础上，由史而论，以史鉴今，取得丰硕成果。编审出版了《抗美援朝战争后勤经验总结》(4卷)与《资料选编》(13卷)、《当代中国军队的后勤工作》和中国、世界军事后勤史7部，为加强新时期后勤建设和做好局部战争后勤保障工作，提供了有价值的历史经验。

外军后勤研究的针对性增强 翻译出版20余本近3000万字的外军后勤著作，撰写4项关于和平时期外军后勤建设经验的专题报告，及时提供了北约和华约两大军事集团后勤理论的部分成果与发展动态。

后勤基本理论研究的领域进一步拓宽 编纂出版了《中国大百科全书·军事》军队后勤分册。初步完成了《中国军事百科全书》军事后勤门类条目的编纂工作。出版了《军事后勤学》、《战役后勤学》、《战术后勤学》等近30本学科专著，完成了全军和国家研究规划中所赋予的22项课题，初步形成具有中国军队特色的现代后勤理论体系，为后勤建设和后勤保障提供了理论指导。

学术交流活动深入健康地开展 《后勤学术》、《外军后勤资料》等刊物的编辑出版质量进一步提高；《军事经济研究》等近30种学术杂志陆续问世；解放军出版社、金盾出版社等出版了大批后勤学术专著。这些刊物和著作的出版，对繁荣全军的后勤学术研究，推动后勤科学研究的发展起到了积极作用。在学术活动方面，结合后勤建设和后勤保障所面临的重要问题，各级后勤组织召开了各种不同规模、不同类型的后勤学术讨论会、报告会和座谈会，其中“军队后勤基础理论研讨会”、“军队后勤管理学术讨论会”等重要学术活动，对坚持正确的学术研究方向、丰富后勤理论，帮助科学决策，指导训练和管理都发挥了重要作用，促进了全军后勤学术研究工作深入健康地开展。

“七五”期间全军后勤科技工作成绩斐然

“七五”期间，全军后勤科技工作坚持面向部队、面向战备、面向后勤现代化建设的方向，以提高部队战斗力和后勤综合保障能力为中心，打基础、上水平、储后劲、增效益，后勤科学技术持续、稳定、协调发展，取得了一批有重大意义的新成果，把全军后勤科学技术水平提高到一个新的高度。在军需装备方面，完成了89迷彩作训服、单兵携行具、84面包加工车、饮水保障车、陆勤系列野战食品等的研究，使军需装备进一步完善配套。在军械保障方面，研制成功了步兵团抢修车、雷达修理车、军用光学仪器综合检测设备等骨干装备。在车船技术保障方面，完成了汽车发动机综合测试仪、汽车底盘故障诊断仪、汽车维修工具箱组、磁罗经导航系统等重点装备技术的研究，军用通用方舱研究取得重大进展。在油料保障方面，野战油料化验车已通过设计定型，重点攻关项目×毫米野战输油管线的骨干装备油泵车、拖车泵、薄型铜管及连接器、阀门等关键部件已研制成功，管线系统已进入现场输油试验阶段；合成刹车油、坦克通用油等新油品相继问世。在军事交通方面，研制成功了×千吨级海上战备活动浮码头、双体承压舟、高架浮桥、海船装运重装备绑扎设备等重点装备。在野营装备和“三节”技术方面，研制成功了组合式野营帐篷、脊骨式拱形结构指挥帐篷、侦察帐篷等多种野战帐篷、新型野营房屋现场构筑材料及技术、高原取暖炉、平原取暖炉、野战供水管线、野战小型发电机组等系列装备。锅炉供暖量化节能技术、水箱节水型冲洗阀等一批“三节”技术装具已在全军推广应用。在卫勤保障方面，研制成功了高原制氧机、成套医疗箱、“三防”技术装备、多种卫生技术车辆等大型装备，使全军“三防”医学和野战卫生装备逐步完善配套；烧伤救治、野战外科、弹道创伤、爆震性耳聋的机理及防治等领域的研究都获得高水平成果；痢疾基因工程菌苗、抗人单克隆抗体、肿瘤导向药物等国家重点高技术攻关项目的研究取得了重大突破，使全军后勤跻身于高技术领域。在海军、空军、二炮专用后勤技术装备方面，350米饱和潜水系统载人验收试验、代医院船、岸滩补给系统、大型飞机管道加油车、航空弹药工程车、航空电源车、机场清扫车、空投油料容器、放射卫生防护车、导弹推进剂和放射性防护装具等一批骨干装备研制成功或正式定型装备部队。在软科学研究和计算机软件开发应用方面，完成了智能图形工作站和电子地图库、军队物资中心数据库管理系统、外军后勤装备现状和发展趋势、装备维修性通用规范、国家军用标准体系表（后勤技术装备部分）等一批重点课题的研究，为科学决策和后勤指挥管理自动化提供了较高水平的研究成果。

5年来，全军后勤获军队科技进步二等奖以上的重大科技成果1085项，比“六五”期间增加1倍多，其中获国家奖励的135项；242项发明成果获得国家专利；206项发明成果参加了国家、国际发明展览会，共获奖牌99块。这些成果，有的填补了国内空白，有的达到国际先进水平，特别是一批高水平的研究成果，对全军后勤技术装备的现代化建设和后勤科学技术本身的发展，都具有长远的、支撑性的意义。

贯彻落实《纲要》座谈会召开 为了抓好《军队基层建设纲要》在院校基层—学员队的落实，总后勤部于1990年10月25～30日在某学院召开了“院校学员队贯彻落实《纲要》座谈会”。总后勤部政治委员周克玉中将、副政治委员许胜中将到会并讲了话。这次会议以落实《军队基层建设纲要》为主题，抓住院校特点，突出政治建设，提出院校的根本任务是培养德智体全面发展的合格人才。为此，必须大力加强德育教育，加强军事素质培养，从学员的世界观、人生观、价值观、道德观、法纪观等5个方面，切实打牢基础。会议总结交流了23份经验材料，参观了某学院学员队建设现场，讨论修改了总后勤部《关于认真贯彻落实<纲要>，加强学员队建设的若干规定》(60条)，探讨研究了如何加强学员队党支部建设，学员队在教学中的作用，学员队的管理教育，校园文化生活，以及学员队达标考评等问题，为推动学员队的全面建设打下了基础。

全军后勤系统自动化建设总体方案论证工作完成 为了提高后勤系统自动化建设的整体效益，解决系统建设中的条块矛盾、重复劳动等问题，经总后首长批准，1988年初，在全军后勤系统开展了自动化建设总体方案论证工作。到1990年底，这项工作已基本完成，历时2年零9个月，工作量共计140多个人年，撰写了770余册2100余万字文档资料，记述了整个调研、分析、论证、设计过程的情况，对后勤系统自动化建设的目标规划、体系结构、开发计划等，作了比较详细的描述。后勤系统自动化建设总体方案论证工作取得的主要成果是：(1)明确提出了后勤指挥管理自动化系统的总体结构及数据库建设方案，为后勤系统自动化建设进一步确定了目标，拟定了规划，指明了方向，也为实现对后勤自动化建设的宏观控制提供了依据。(2)按照生命周期法与原型法相结合的思想，建成并投入使用两大分系统。部分分系统还开发了一批边界清楚、接口明确、相对独立的子系统，应用效益逐步明显。(3)促进了后勤业务工作的规范化、制度化建设，推动了后勤业务工作与计算机技术的结合，提高了机关人员的计算机应用知识，培养了一批既懂后勤业务，又掌握计算机技术的人才，改善了用户环境和信息环境，为后勤自动化建设进一步发展创造了条件。

军队财务管理体制改革论证取得重大成果 根据军委和总后首长指示精神，1990年5月以来，总后财务部先后召开3次财务管理体制改革论证会，提出了改进和加强军队财务管理的措施。

经过反复论证，总后向军委提出了改进和加强军队财务管理的措施和意见，并已经军委批准。主要是：在党委统一领导下，各项经费由事业部门和财务部门共同管理；逐步推行经费供应标准化，提高经费分配透明度；建立和办好财务结算中心，加强资金的集中统一调度；适当加大各级党委的机动财力，增强宏观调控能力；加强综合财务计划，完善经费包干管理责任制；明确经费审批权限，从严控制经费支出；统一财务立法，健全财务法规；严肃财经纪律、加强财务监督。

全军建制团(旅)以下部队公务事业费实行标准化供应 为贯彻军委关于面向基层，加强基层建设的指示，经总后批准，从1990年起，对建制团以下部队的公务事业费实行标准化供应。

近几年，由于事业经费由事业部门层层切块分配供应，经费分配透明度小，指标下达慢，不便部队及时使用和实行计划管理。实行标准化供应是总后为解决上述问题推出的一项改革措施，即凡能订出标准的经费都订出标准，由后勤财务系统按实力和标准领报。1990年1月1日起建制旅团以下部队的公务事业费，在适当调整增加标准幅度的基础上，实行了按标准供应。

经总后财务部和各大单位财务部调查，对建制旅团以下部队公务事业费实行标准化供应，收到良好效果，深受部队欢迎和好评。大家反映：经费标准直接订到旅团，由后勤财务部门按标准实力计领，经费一下子就沉到了底，部队见到标准就等于拿到钱；什么单位、什么人该领什么钱，领多少，上下都明白，年初就知道，不仅提高了经费分配透明度，而且便于统筹安排，计划开支。此外，同一地区、同一类型的部队，执行同一标准，还为实行三军统供创造了条件。

总部和各大单位开办财务结算中心

1990年，全军各大单位成立军队财务结算中心，并正式办公。

军队财务结算中心是军队财务管理工作的一项重要改革和创新。1986年以来，全军实行事业经费由事业部门主管的财务管理体制，这一体制，对调动事业部门管家理财的积极性，促进管钱管事结合，起了积极作用。但是，由于家家都管钱，资金分散在各部门，无法调剂周转，也不便实施财务监督。在对军事经济工作进行治理整顿中，总后财务部经过反复调查论证，决定用集中结算的办法解决上述弊端。在总后首长和国家工商银行支持下，总部财务结算中心于1989年8月率先开业。之后，各大单位也相继开办了财务结算中心。

军队财务结算中心的主要任务是：统一管理事业部门开户银行，集中管理与调度资金，办理事业部门直接开支经费的划拨、收支与结算业务，并通过银行结算和军队财务控制两个渠道对军队各项经费收支实行监督。

一年来，各结算中心边筹建，边开展工作，在军队财务管理中发挥了重要作用。各单位清理撤销事业部门帐户，集中存款，收回借、欠款，缓解了资金周转的困难。同时，有效地控制了无计划、超计划开支；减少了垂直拨款和不符合财务制度的开支；为有关事业部门提供了大量经济信息和业务咨询服务。

基层伙食管理形成团连结合的体制 军队基层伙食管理，一直是以连为基本核算单位，自行领购、储存、加工、烹调的单一的管理体制。近年来，为适应国家经济体制改革，市场开放和军队现代化建设的新形势，在驻地相对集中的旅团陆续开办了生活服务中心，从现编炊事员中抽调了部分人员，集中配置了合面机、压面机、豆浆机、绞肉机、饺子机、电烤箱等加工设施，对连队所需的副食品和部分主食，实行统一筹措、加工、供应、结算，使连队能集中精力组织伙食和业余生产。这种团、连结合管理伙食的办法，不仅保证了供应，减轻了基层负担，而且有效地堵塞了漏洞，对于加强基层伙食管理起到了重要作用，深受部队欢迎。中央军委批准颁发的《军队基层建设纲要》中，明确规定“建制旅团要建立一个多功能的生活服务中心”。到1990年底，全军已有85%的建制旅团建立了不同规模的生活服务中心，基层伙食管理基本形成了团连结合的体制。

全军建制团（旅）完成副食品基地建设任务 总后勤部1988年下发了《关于建制团农副业生产配套设施建设的通知》，要求驻地相对集中的建制团（含航空兵场站），本着自力更生、勤俭节约，因地制宜的原则，每个团建1个有两三千只蛋鸡的养鸡场、50头母猪的养猪场和1个饲料加工间，有条件的挖四五十亩养鱼塘的副食品基地，为连队提供仔猪、饲料和部分禽鱼蛋等副食品。整个配套建设分3年完成。

经过3年的努力，到1990年底全军有85%的团（旅）建成了副食品基地，并开始发挥作用。副食品基地与团服务中心相结合，有效地补助了部队供应，加强了基层生产生活管理。中央军委委员、总后勤部部长赵南起上将指出，副食品基地和服务中心是一个创举。

下发《团以下部队农副业生产规定》

1990年初，三总部下发了《团以下部队农副业生产规定》。《规定》明确团以下部队从事农副业生产是一项长期任务，目的是提高副食品自给能力，补助供给不足。主要任务：团搞好种植业、养殖业，为连队提供仔猪、菜苗、配合饲料和部分副食品，指导连队业余生产。连队主要是搞好养猪、种菜和小菜加工等。基础建设：团要搞好副食品基地建设，有条件的连队要有人均1分地、园田化的好菜园，1个保温、通风、能饲养25头左右的好猪圈。南方连队有1个好鱼塘，北方连队有1个好菜园和塑料大棚。生产人员从5%的生产用兵中解决，旅团副食品基地可占用8人。生活服务中心人员从现编炊事员中调剂解决，可占用4人。人员不足时，可使用部分临时工和家属工，连队生产以业余时间为主。经营管理实行承包责任制，有奖有罚，不准对外出租和承包。产品主要用于补助连队生活，增强有效供给，副食品价格应低于市场价格10～15%。原则上将生产收益的60%用于改善伙食，20%用于扩大再生产，20%用于福利和奖励。

组织团后勤处长副连长司务长集训

1990年，全军后勤围绕加强管理这一主题，组织了万名团后勤处长、副连长、司务长集训，有针对性地解决了基层后勤管理中存在的一些实际问题。集训的主要特点：一是领导重视，参训率高。军区、军兵种和军级单位后勤领导把集训当作一件大事，精心组织，直接筹划。不少单位的副司令员还亲自到场授课。全军共办短训班900多期，团后勤处长、副连长、司务长参训率分别达65.4%、67.9%、75.6%。二是结合实际，突出应用。着眼解决“想管、会管、敢管”等问题，集训紧密结合实际，突出了本级本职职责、基层后勤管理规定、常见标准制度和业务知识等内容的学习。三是讲究方法，灵活施训。各单位以理论讲解、参观见学、交流经验、学术探讨等为主要形式，以基层后勤工作先进单位为现场，结合现场教学，结合问题讨论，增强了学习效果。通过集训，受训人员增强了法规意识，强化了效益观念，掌握了实施后勤管理的一些方法要领，明确了改进基层后勤管理的若干措施。

国家军用标准《装备维修性通用规范》获奖 国家军用标准《装备维修性通用规范》，于1990年12月4日，由国家科技进步奖评审委员会审议评定为国家科技进步二等奖。

该标准是中国第一套国家级装备维修性通用系列标准，包括6个分标准。该标准的制定和发布，填补了中国军事技术装备通用维修性标准的空白，对推动军队武器装备论证、研制、生产、使用和维修各个环节维修性标准体系的建立，改善装备性能，节约装备全寿命费用都具有重要作用，满足了军事技术装备发展的迫切需要。

该标准系统完整，结构合理；内容精炼，重点突出；充分吸取国外最新成果，保持先进水平；系统总结中国实际经验，考虑中国国情，有独创、有发展。

该标准1987年由总后勤部和国防科工委联合发布以来，已被数十个标准、规范通用技术条件引用。在该标准的指导和推动下，全军正在着手编制各类装备的维修性专用规范。

军械等3个专业首次进行高等教育自学考试 为提高中国人民解放军在职军官业务素质和文化程度，经全国高等教育自学考试指导委员会批准，从1989年起，在全军军械管理等3个特有专业，首次开展高等教育自学考试，为全军摸索经验和作法。

根据国家和军队的有关要求，以及军械工作的实际情况，中国人民解放军高等教育自学考试军械专业委员会确定，开展军械管理专业高等教育自学考试，要以提高军械干部素质为目的，以培养一批中青年业务骨干为重点；以自学为主，辅导为辅。考试计划设8门必考课，12门选考课。采用学分制，各门课的学分数反映其在全部课程中占的比重。应考者经全军统一考试，累计学分达73分以上，完成毕业论文，政治思想合格，发给大学专科毕业证书，国家承认学历。采取个人申请，所在单位推荐，各军区、各军兵种择优录取的办法。确定第1批759人参加微机应用、管理系统工程、汉语与写作3门课的考试。经过半年多时间的自学和辅导，1990年10月组织了全军统一考试，592人3门课全部达到及格以上，占参考人数的78%，收到了较好的效果。

中国交通运输协会国防交通专业委员会成立 为适应国防交通事业发展的需要，经中国交通运输协会批准，总后勤部首长同意，中国交通运输协会国防交通专业委员会于1990年6月26日在北京正式成立。该专业委员会由国家机关和军队有关单位的领导、专家和专业人员组成。该委员会在政府、国家交通系统与军事交通部门之间起桥梁、纽带作用。其指导思想是以新时期军事战略为指针，以国民经济发展战略为依据，结合国家交通事业的发展，加强国防交通建设，为应付各种突发事件和平时战时的军事交通保障服务。该委员会的基本任务是围绕国防交通和军事交通建设的重大问题开展调研、交流、咨询、服务活动，适时向军队和地方有关领导机关提供建议。

《中国人民解放军军事交通史》和《军事交通》画册出版 由中国人民解放军总后勤部有关部门主持编著的《中国人民解放军军事交通史》和《军事交通》大型画册，于1990年初先后由解放军出版社和长城出版社出版发行。《军事交通史》全书50万字，《军事交通》画册收入的图片近400幅。它们分别以大量翔实的史料和众多艺术画面，系统地形象地记述、展示了中国人民解放军军事交通工作半个多世纪来的发展历程和军事交通在保障军队作战与建设中的重要作用，重点反映了新中国成立后，特别是中国共产党第十一届三中全会以来，军事交通工作革命化、现代化、正规化建设的主要成就和主要经验。它们作为中国人民解放军首次出版发行的军事交通专业的史书和图册，对于人们全面了解、研究具有中国特色的军事交通的发展概况和历史经验，具有重要意义。

“磁罗经导航系统”获奖 中国人民解放军总后某研究所研制成功的舰船导航仪器“磁罗经导航系统”，1990年获军队科技进步一等奖和第5届全国发明展览会金牌奖。这项成果在国内尚属首创，经专家鉴定，达到了国际先进水平。

根据指南针原理制造的磁罗经，在数百年的航海史上一直被世界各国视为航海的眼睛。但是随着现代导航设备的不断发展，磁罗经由于存在传送误差，不具备陀螺罗经那样发送真航向信息带动负载的功能，使它在航海中的重要地位，与陀螺罗经相比逐渐相形见绌。如何扬长避短，使古老的磁罗经能发出真航向信息，带动负载，组成完全自主式的导航系统，一直是国内外航海界关注和开发的重大课题。

某研究所高承斌等人从1983年起开始磁罗经导航系统的研究。经过几年的艰苦努力，终于研制出我国第一套磁罗经导航系统，成功地解决了传送误差自动校正、高线性度电子航向发送和高灵敏度电子航向保护3项关键性先进技术难题，使磁罗经能够发出真航向信息，并与自动操舵仪、雷达现代导航设备等负载相匹配，组合成完全自主式的导航系统，从而大大提高了导航系统的可靠性和舰船的机动性。

沈阳、济南战区试行三军油料联供 根据总后勤部关于试行战区网络型划区保障试点的指示精神，沈阳、济南战区在油料代供取得明显成效的基础上，全面试行战区内陆、海、空三军部队的油料联合供应。

1990年，济南、沈阳战区先后召开了由战区内各军兵种油料部门领导参加的油料联供协调会议，成立了战区油料联供领导机构，明确了联供的指导思想、实施原则，制定了统一的供应手续、管理制度和各项措施。与此同时，依据陆、海、空军油料设施布局和部队驻防情况，沈阳、济南战区分别划分了油料供应区，由陆、海、空三军油料部门共同担负油料供应保障。会议之后，油料联供全面试行。

油料联供是油料代供的深化，是向油料统供（联勤）发展的重要阶段，它把三军油料支援性的代供转变成为具有责任性的供应关系，为合理使用油料保障力量、统一安排油料设施建设、提高油料供应保障的效率，打下了非常重要的基础。

总后物资部拟定军队物资工作5年立法规划 为加强军队后勤物资工作法制建设，提高物资管理水平，增强物资保障能力，总后物资部根据军委对军队立法的统一部署和要求，于1990年6月拟定出《军队物资工作5年立法规划》。

军队物资工作法规，以《军队物资工作条例》为基础，与有关"标准"、"定额"、"规定"、"办法"、"细则"、"规则"等相配套，构成军队物资工作法规体系。

立法规划，除已立法项目加以修改完善外，5年内共安排立法项目20项，按完成年度区分，1991年6项，1992年6项，1993年5项，1994年3项。这些法规制定后，基本上达到门类齐全，互相衔接，协调配套，从而保证军队物资工作有法可依，有章可循。

《军队物资管理信息系统》各子系统通过鉴定 总后勤部物资部，继1988年3月《军队物资管理信息系统》总体设计方案通过鉴定后，于1988年5月开始组织本系统物资业务和技术人员研制各子系统。1990年1月，组织有自动化、计算机技术、计算机软件、计算机信息、人民大学、北方交大等科研单位、院校的专家、教授和工程技术人员组成的评审会，在听取各子系统研制报告、用户试用报告、系统测试报告和审阅系统文档及现场演示后，进行了严肃认真的研讨、论证和评审，通过了鉴定。

《军队物资管理信息系统》各子系统的研制，是严格按照软件工程的理论和方法进行的，结构设计严谨，构思新颖，整体性强；其逻辑结构是以数据流图和数据字典为依据，采用专用、共享、分享和时间序列4类件的管理方式，较好地适应于物资管理工作。各子系统可分可合，分则可以独立运行，自成系统；合则可以中心数据库为核心，集数据处理、信息管理、初步辅助决策3种功能于一体。

《军队物资管理信息系统》是全军物资系统的计算机应用系统，全系统基本覆盖了全军物资管理业务工作，它的研制成功与推广应用，将使军队物资业务工作在计算机应用领域实现宏观控制。

全军审计工作在军事经济活动中发挥监督作用 1990年，全军审计工作取得了较好的成果。主要表现在：

加强年度预算审计 全军各级审计机关与财务部门密切配合，对1990年度预算安排进行审计，把该压的开支坚决压下来，把该保的重点优先保障好，调整预算数亿元，其中核减计划外工程、社会集团购买力和其他不合理开支数亿元，调整增加基层建设、装备维修、教育训练等经费8000多万元。从而，优化了经费投向，加强了宏观调控，促进部队过好"紧日子"。有的军区审计局对部队年度预算审计后，还对预算执行情况进行跟踪审计，绝大多数单位预算执行效果较好，做到收支平衡略有节余。有的军区审计局加强对本军区机关事业经费投向的审计监督，较好地纠正了事业经费计划不周、挤占挪用和扩大开支范围等问题，促使事业部门把有限的经费用到部队建设最需要的地方。有的军区对向基层倾斜经费的到位、使用、管理等情况进行全面审计，保证了倾斜经费全部到位并发挥了较好的效益。

加强自动化建设审计 解放军审计局向军委提出的关于加强全军自动化建设的审计建议，得到军委、总部首长的充分肯定，杨白冰秘书长、迟浩田总长和其他几位副总长都作了重要批示。总参在向军委的报告中明确指出："解放军审计局通过审计调查，全面分

析了军队指挥、训练（教学）模拟、业务处理（办公）3个方面应用计算机等技术设备的情况，肯定了成绩，指出了问题，提出了今后工作的建议，是非常及时的，必要的。”驻京各大单位主管首长亲自主持有关会议，研究落实军委、总部首长指示和审计建议。大多数单位加强了自动化建设的集中管理，统一了技术标准，逐步健全了规章制度，基本上控制了盲目购置设备的现象。

压缩基本建设投资　全军通过审计500多项工程，压缩基建投资3000多万元，核减出包工程预决算2000多万元。某军区审计局与财务、营房部门密切配合，审计了59个出包工程，核减施工图预算、竣工决算共600多万元。某军区审计局对20个自筹经费新建项目进行事前审计，压缩计划投资32.5%。某单位审计局在修建部门配合下，重点审计了2个机场翻建工程，压缩总概算14%。某单位审计局对31个自筹经费新建项目进行事前审计，压缩计划投资24.3%。解放军审计局同某军区审计局组成联合审计组，对几十个营、连营房整治工程进行就地审计，重点审计出包工程预算，核减预算总造价14.2%，还帮助部队挖掘潜力，节省开支200多万元，受到了部队好评。

促进生产经营单位提高经济效益　在生产经营审计中，注意帮助企业改善经营管理，降低成本，清理经济悬案，减少损失浪费，据不完全统计，共促进提高经济效益6000余万元。某军区审计局审计生产经营项目233个，其中经济效益审计项目占88%，帮助企业收回三角债、处理积压物资、改善经营管理、提高经济效益1418万元。某军区审计局派出审计组，对某工厂管理不善、亏损严重的问题进行审计，帮助该厂改善经营管理，转入正常生产，当年产值上升722万元，成本下降1.83%，盈利35万元。某军区审计局派出审计组帮助某农场健全经济责任制，完善承包合同，加强农副产品管理，使该场当年粮食获得大丰收，养殖业也有较大发展，仅养鱼一项就盈利22万元。某单位审计局对16个生产经营单位进行审计，帮助他们纠正和挽回经济损失330万元。某军区审计局对5个生产经营骨干项目进行审计调查，帮助总结推广经验，对这些单位的生产发展起了很好的推动作用。

军品订货价格审计初见成效　某单位审计局会同装备部门对某装备主要部件价格进行联合审计，节省装备购置费3000多万元。有关主管部门反映：审计机关参与装备订购价格审定，有利于推动装备审价工作的开展，对提高装备购置费使用效益，增强部队战斗力很有好处。

重视预算外经费审计　各大单位审计机关还对部分单位1988、1989年度预算外经费收支情况进行了审计调查，针对发现的问题，提出了改进预算外经费管理、严格控制投向投量等建议。被审计单位认真落实审计建议，进一步健全了制度，加强了管理。某单位审计局通过审计调查，督促被审计单位归还挪用价拨收入366万元，收回拖欠、截留应上交经费159.6万元。根据审计建议，该部领导机关专门印发了《关于加强退役装备回收经费管理的通知》，有效地堵塞了预算外经费管理中的漏洞。某单位审计局对几十个团以上单位预算外经费收支、管理情况进行审计，督促被审计单位上交价拨油料、被装等项收入2亿多元。

清理整顿军办企业　军办企业是由各部队投资、管理、经营、受益的中小型企业。进入80年代以来，特别是“七五”期间，军办企业有了较快的发展，已成为部队生产经营，开源创收的主体，为减轻国家负担，弥补军费不足，安置随军家属子女就业发挥了重要作用。同时，军办企业也不同程度地存在着多、散、乱，基础管理水平低，发展不平衡的状况。1990年，总后勤部和国家工商行政管理局先后下发了《关于军办企业登记管理有关问题的规定》和《关于清理整顿军办企业的通知》，这对于加强军办企业的管理，促进军办企业向企业化、集团化的方向发展，确保部队各级军政首长集中精力抓好部队建设具有重要意义。

针对一些军办企业存在着的名称不规范、经营管理较乱、经济效益不高以及违法经营等问题，清理整顿的主要内容是：军办企业的名称必须符合《工商企业名称登记管理暂行规定》，并与军队番号、代号严格分开；军办企业必须按照工商行政管理机关核准的经营范围依法经营；军办企业必须建立健全规章制度，加强各项基础工作和政治思想工作，不断提高企业素质和经济效益，对不符合国家产业政策，原材料无来源、产品无销路、重复建设、质量低、能耗高、效益差、长期亏损、污染严重的军办企业要结合产业结构和产品结构的调整，视情关停并转。

办理《军办企业设立批准书》、《军办企业法定代表人审批书》和《企业财务人员合格证书》是这次清理整顿军办企业的重要标志，对清理整顿合格的企业，由主管部门逐一验收；凡在清理整顿期间未取得“三证”的企业，视为清理整顿不合格企业，要限期整改。

为保证军办企业的清理整顿工作顺利进行，总后勤部成立了全军清理整顿军办企业领导小组，举办了全军各大单位企业主管部门业务骨干参加的企业法人登记管理知识学习班，全军各大单位也相继成立清理整顿组织机构。清理整顿军办企业的工作正在全面铺开，这项工作可望在1992年底结束。

《当代中国军队的后勤工作》出版发行

总后勤部负责组织编写的《当代中国军队的后勤工作》，由中国社会科学院出版社出版，向国内外发行。1990年12月11日，总后勤部在京隆重举行首发仪式。中共中央政治局委员、国防部长秦基伟，全国政协副主席洪学智，中顾委委员、《当代中国》丛书主编邓力群，中央军委委员、总后勤部部长赵南起等出席致贺。

《当代中国军队的后勤工作》是大型丛书《当代中国》中的一卷，是新中国成立40年来军队第一部全面系统地阐述后勤工作的历史专著，是军队后勤理论建设的重大成就。全书共50万字，包括绪论、5编25章和附录。书中插配彩色图片112幅，随文黑白照片33幅。该书以马克思列宁主义、毛泽东军事思想为指针，全面系统地记述了后勤工作的建设历程、成就和主要经验教训，真实而生动地反映了新中国成立后军队几次重大作战和抢险救灾的后勤保障情况，分门别类地介绍了后勤各专业勤务以及后勤训练、科研和军队生产经营等方面的工作情况，是一部具有新中国军队特色，融思想性、科学性和可读性为一体的后勤史书。

海军海上医疗救护研究中心基本建成

为了研究解决在舰艇摇摆、颠簸等特定环境中对伤病员的医疗救治问题，全军第一个海上医疗救护研究中心在海军422医院基本建成。该中心于1980年开始筹建，边建设边开展科研工作，先后研制出支撑式手术床、支撑式X射线诊断机等适应海上医疗救护的器械225件。重点探索了在船体大幅度摇摆条件下，开展伤员早期救治、伤员换乘等医疗保障的方式方法。该中心的医疗队先后在海上成功地进行阑尾切除、断指再植等手术25例。编写了《海上医疗救护经验选编》、《海上急救医学》、《海上医疗救护训练大纲》等。在完成的27个科研项目中，19次获得全军和全国科技成果奖。

二炮成立医学科学技术委员会及分会

为加强对医学科学研究的领导，推动第二炮兵医学科学技术的发展，调动各级医务人员开展医疗科技研究的积极性，提高医疗卫生科技水平和卫勤保障能力。二炮科学技术委员会于1989年11月15日，批准成立二炮医学科学技术委员会。为完善健全医学科技体系建设，1990年6月23日，二炮各医院和疗养院又相继成立了分会。二炮医学科学技术委员会受中国人民解放军医学科学技术委员会和二炮科学技术委员会后勤科技学术委员会的领导并开展学术活动。各分会受其上级单位的科学技术委员会和二炮医学科学技术委员会双重领导。

二炮医学科学技术委员会设有卫勤学术委员会、医学管理学术委员会、药学学术委员会、防护防疫专业学术委员会和内科、外科、护理及超声医学等专业学术机构。各专业学术组在该会的领导下开展医学科技研究工作，进行学术交流活动。

二炮医学科学技术委员会及分会的委员分别由二炮各级卫勤领导或具有高级医科专业技术职务的科研、教学、临床专家担任。委员会成员采取聘任制，亦可连聘连任。

二炮医学科学技术委员会及分会的主要任务是：拟制二炮医疗卫生科学技术研究规划，组织指导二炮各级医务人员开展医疗卫生科技研究；提出人才培养和推广应用医疗卫生新技术及装备器材改进和建设的意见；参与研究审修医疗卫生建设规划；开展特种卫生防护与治疗研究；组织医学科学技术研究课题的论证和技术攻关；提供医疗卫生科技咨询和技术服务；组织医学科技学术交流，编写医科学术资料。同时，接受并积极完成领导赋予的其他任务。

进行军队预防、医疗、保健一体化试点

根据军队卫生系统的现状、军队卫生工作的特点和基层卫生与健康保健的需求，总后卫生部提出了军队预防、医疗、保健一体化的军队卫生工作新模式。其主要依据和意义：一是以提高战斗力为根本标准，部队卫生工作更好地保护和增进官兵身心健康；二是贯彻预防为主的方针，从组织形式到工作内容和服务范围上实行防治结合；三是依据医学模式的转变，在整个军队卫生系统转变单纯生物医学模式，逐步地向生物、心理、社会医学模式过渡，不断扩大预防功能；四是从当前军队卫生系统编制体制与部队预防保健任务不相适应的现实出发，充分发挥现有卫勤力量的作用，不仅要依靠现有卫生防疫机构，而且要开发各级各类医疗卫生机构的功能，调动各方面的积极性，使军队卫生系统在预防、医疗、保健工作中发挥出整体优势，增强综合卫生保障能力，更好地为提高部队战斗力服务。

"一体化"的实施，主要采取先行试点、逐步推开、不断完善的方式进行。在明确指导思想、目标任务的基础上，经过反复论证，先提出实施方案，制定各级职责和考评标准。其组织形式，是在区域性分级保障的前提下，实施医院与部队帮带责任制。医院在现行编制体制不变的情况下，重点放在如何扩大预防保健功能上，积极开展卫生与疾病监督监测，加强部队卫生防病技术指导，同时在医院建立相应的预防保健组织，从而适应"一体化"新体制的发展趋势。

1990年，总后卫生部在广州、济南军区的部队分别进行了"一体化"试点，取得初步成效。(1) 预防为主的意识不断强化，预防保健工作得到了重视和加强，试点单位的各级防保组织都得以充实加强，防疫人员满编在位；(2) 各级各类卫生人员的岗位职责进一步明确，促进了预防保健工作的落实，官兵的预防接种率和体检率都在95%以上，卫生课到课率为97%；(3) 医院的优势得到了充分发挥，扩大了服务功能，定期派出专职人员深入体系部队主动服务，不仅开医疗处方医伤治病，而且开社会预防大处方，积极展开卫生防保指导和卫生监督监测；(4) 营以下卫生员全都配齐，加强了连队卫生管理，各项卫生制度得到很好落实，促进了基层卫生建设，部队整体健康水平明显提高，没有发生传染病流行和食物中毒，各项发病率都控制在规定的指标之内，训练伤发生率下降了50%，有效地保证部队各项任务的顺利完成。

改革全军医疗设备维修保障体制 根据总后勤部关于后勤保障体制改革的总目标，在网络型划区医疗保障体制改革试点取得成绩与经验的基础上，为充分发挥战区内维修技术力量的整体优势，增强区域卫生系统的整体保障能力，为提高部队战斗力服务，总后卫生部组织实施了区域性医疗设备维修体制改革试点工作，即在战区内建立区域性医疗设备维修站。维修站的建立，使军队维修工作打破了三军界限，现行体制由"分散封闭式"向"网络开发型"体制转变，部队基层单位医疗设备维修实现了"划区保障，就近维修"，方便了部队，提高了设备的使用效益，有效地解决了部队维修难的问题。同时，也为地方医疗单位提供了维修技术服务。这一改革也为探索平战结合的区域性维修技术保障体制积累了经验。

多年来，由于诸军兵种的维修保障自成体系，形成了"分散封闭式"维修体制，致使战区内维修技术力量得不到纵向协作和横向联合，部队基层单位医疗设备不能就近就便维修，只能按体系送修，造成了"舍近求远"的状况，维修难的问题一直困扰着部队基层医疗单位。总后卫生部于1989年初，在济南战区组织实施了区域性维修体制改革试点工作。在战区内选择医院和部队相对集中、具有一定数质量的维修技术力量、维修设施条件好、地理位置适中、交通条件方便的中心医院建立区域性维修站。其任务是担负区域内三军部队基层单位医疗设备的维修、安装调试、使用管理的技术检查指导、报废技术鉴定和新购设备的技术咨询，并为地方单位开展有偿技术服务。

在运行中，各站采取了送修与巡修相结合的方法，为体系单位维修设备。为提高部队对常规设备的正确使用和自修能力，各站还利用进修和办训练班的形式，为部队培训了骨干，对发挥现有设备的效能和使用效益起到了重要作用。两年来，各站已为136个单位上门检修设备268次，计383台（件），各单位送修设备386台（件），修复率达98%以上。据统计，该区域内部队医疗设备的平均完好率由建站前的68.7%提高到92.6%。

在总结经验的基础上，这一改革已向全军各战区推广。目前，在全军已推广建立了12个维修站。总后卫生部规划"八五"期间将建立的区域性维修站在全军的维修覆盖率要达到83%以上。

首届全军急诊医学学术会议交流诊治经验 据《解放军医学杂志》1990年第2期报道，首届全军急诊医学学术会议1989年11月14～17日在上海召开，424篇论文展示了军队急诊医学研究的进展情况，具体经验是：

创伤救治经验 加强阵地抢救，危及生命者用直升机运送指定医院；一线医院开展心肺复苏与监护；专科医疗队加强一线医院；配备器械装备；医疗机构前伸，及时救治危重伤员；定期培训急救人员，建立3级急救组织。

腹部伤诊治经验 1075例腹部伤，死亡率8～32%，诊断经验：询问外伤史；腹部常规检查；动态观察；多科协作，辅诊检查，防止漏诊。治疗经验：先治疗、后诊断，边治疗、边诊断，尽快确诊；及时有效抗休克，同时剖腹手术止血；重视救治合并伤，防止漏诊；建立强有力的抢救组，就地手术，方法力求简单、迅速和安全。

颅脑伤诊治经验 705例颅脑伤，死亡率8.6～35%，诊治经验是早期诊断、早期处理，及时处理合并伤和防治并发症；抢救关键是降低颅内压和保持呼吸道通畅，监测意识、瞳孔及生命体征变化，及时手术是治疗颅内血肿的关键；颅脑火器伤造成血管损

伤及多部位多弹片损伤应早期处理、保持呼吸通畅、抗癫痫、抗菌治疗、彻底清创、变开放伤为闭合性损伤。

抢救多发伤经验 1852例多发伤，休克者占46～100%，成功率58.3～89.4%，抢救经验：手术顺序为胸、腹、颅脑、泌尿、四肢；救治原则为气道通畅、补液扩容、心泵功能监测、控制大出血；有意识障碍者常为颅脑伤；呼吸困难者常有胸部伤；休克者多有内脏或大血管伤；用塑料袋包好断肢、指放入冰瓶保存，待病情稳定后手术。

空军首次研制出飞行事故记录器 空军1990年研制出飞行事故记录器。该记录器为球体形，直径25公分，重8.5公斤。各次鉴定证明，保护外壳性能良好，达到（1）能抗1000G冲击，作用时间5毫秒；（2）能抗1000℃高温，在火焰覆盖面不小于50%，燃烧30分钟情况下，其内部温度不超过80℃；（3）在3米的深水中浸泡72小时，内部不进水；（4）能抗穿透，当一触头直径为6.25毫米、重220公斤的重物自由落体砸下时，不危及其内的记录介质。事故记录器内记录信息的载体为磁带或存储器，能记录飞行高度、速度、航向角、俯仰角、倾斜角等飞行参数，心电和脑电等生理参数共56个模拟量信号，36个开关量信号，2个频率量信号及座舱内的声音。事故记录器如用磁带作记录信息的载体，可保存飞机事故前3小时的信息，用存储器可保存飞机事故前30分钟的信息。

空军完成飞行学员心理学“筛选–控制”选拔体系的研究 空军航空医学研究所1900年完成了一套系统、动态、连续的心理学选拔方法和仪器的研究，称之为“筛选–控制”选拔体系。筛选是指对应征者就学习飞行所必需的心理品质进行心理学选拔；控制是指对某些暂时缺乏，但可塑性较强的心理品质进行心理学训。在控制的同时可根据学员的心理发展情况作进一步筛选。筛选–控制选拔体系包括：（1）智能效率测验。例如采用双重任务试验检测应征者注意力分配能力、信息处理能力、剩余注意能力、应变思维能力和运动协调能力。（2）心理会谈。通过面对面谈话，观察应征者外表、智力和身体倾向、意志和性格，并按3级制评分。（3）智能效率和自我控制能力训练。在飞行学院采用智能效率检测仪与生物反馈仪联机训练飞行学员，目的在于提高智能效率和自我控制能力，同时作进一步筛选。（4）飞行能力评定方法，用以对照选拔和训练效果。经招飞试用，证明总符合率较高，且有进一步筛选的作用。今后将不断发展完善这一选拔体系，同时也将在招飞中全面推广应用。

中国人民武装警察部队后勤

生产经营稳步发展 1990年，武警各总队认真贯彻落实党中央治理整顿的方针和总部生产生活管理座谈会精神，努力克服困难，使生产经营在调整改革中稳步发展，全部队生产经营总收益比1989年增加10.6%。一年中，为保持以工矿业、服务业为主体的经营性生产持续稳定健康地发展，各单位着重抓了清理整顿，改造挖潜。总队、支队两级普遍对经营性项目进行了全面考察，区别情况，具体研究，做到当停则停，当转则转，当扶则扶，较好地克服了市场疲软、销路不畅以及资金、人才、技术、能源、原材料短缺等困难。全年全部队经营性生产总收益比1989年增长12.8%。为增强实物供应能力，各单位努力解决农副业生产中的地皮、场地、设施等问题，拓宽生产门路。总队农（牧）场、支队副食品基地已发展到244个，农副业生产收益达1100多万元，粮食、蔬菜、肉类的生产均比1989年有大幅度增长。

在抓好经营性生产的同时，各单位还认真抓基层中队以养猪种菜为重点的业余生产。全部队有31%的中队业余生产收益超万元，有68%的中队人均收益超百元。在基层自补的基础上，各级机关还从生产收益中拨出3300万元补助基层生活，使90%的中队实现了“斤半加四两”，保证了部队生活水平稳中有升。

圆满完成亚运会执勤保障任务 1990年，武警部队后勤部门对亚运会执勤部队实施了及时有效的后勤保障。

高度重视，加强领导 针对亚运会执勤部队保障没有专项经费、供需矛盾突出等情况，确定了“区别情况、突出重点、勤俭办事，确保亚运会执勤需要”的保障原则。健全了保障组织，保证了各方面都有人负责，上下关系畅通。区分了保障任务，确定保障方式，制定了工作标准。各级后勤部门多次派人深入到

执勤点，检查指导，解决困难，保证了保障工作的顺利进行。

精心组织，突出重点　以一线保障为主，以给养、卫勤和运输保障为重点，灵活实施保障。给养保障以就地起伙为主与在职工食堂搭伙相结合，伙食标准提高了2倍，保证了部队吃饱吃好；卫勤保障实行按片设点与随队保障相结合，严格落实预防措施，保证了亚运会执勤部队无一非战斗减员；运输保障以安全及时为准则，建立了严格的车辆使用管理制度，共动用车辆1.4万余台次，行驶53万多公里，未发生误时误事现象和事故；部队居住以充分利用现场设施为主与搭建帐篷相结合，既节减了开支，又方便了部队；经费保障采取向财政部请领一点，总部挤一点，总队、支队拿一点的办法，全部队共开支2200多万元，其中生活补助费300多万元，较好地保证了需要；被装保障良好，各级为一线执勤部队解决87式夏常服、黑皮鞋等3.16万套（双）。官兵穿戴崭新的警服、铮亮的皮鞋和雪白的手套上哨执勤，展示了中国武警威武之师、文明之师的良好形象。

武警总医院正式开院　武警部队总医院于1990年10月20日正式开院。经历年扩建的武警总医院，建筑面积5.5万平方米，编制500张床位，内设29个医疗科室，有雄厚的医疗实力和先进的医疗设备，口腔科、泌尿科、骨科、耳鼻喉科和眼科均有专长。武警总医院的顺利建成，标志着武警部队卫勤保障系统更加完善，必将在推动部队“三化”建设中产生积极作用。

苏联军队后勤

综述　1990年，苏军后勤面对大量裁军和驻国外军队大批撤回国内，尤其是国家经济体制改革和市场经济对军队的强烈冲击，以及其他一些多年积累的问题，继1989年之后又继续采取了一些相应措施，以保证后勤自身的生存能力和对整个军队的保障能力，并适应“使国防能力保持合理够用水平”的需要。1990年，苏军后勤突出抓了3个方面的工作。

继续改革后勤保障体制　苏军后勤保障体制的改革主要集中在变逐级保障为划区保障上。苏军总后勤部长强调，1990年的主要工作是推行与完善划区保障体制。从1988年下半年开始，苏军后勤在白俄罗斯、列宁格勒、莫斯科军区和西部军队集群试行划区保障体制，1990年，除油料勤务在全军正式实行划区保障体制外，其他勤务，包括卫生、给养等仍继续试行。苏军后勤部长阿尔希波夫大将强调，划区保障体制的优越性“无可争辩”，它可以缩短为部队供应物资的时间，减少物资的对流运输，提高经济效益，简化统计报表，密切与地方的关系，加强后勤机关的责任心等。但由于试行时间较短，加上试点前未能从理论上进行广泛深刻的论证，所以在认识上尚不一致，在实践上还存在一些漏洞，例如，实行划区保障的代表机构地区保障中心人力、财力、设施不足，同一地区内同类单位间的协调工作不够等。这些问题引起苏军后勤的高度重视，苏军后勤领导人表示，实行或试行划区保障体制，既要坚持，又不能操之过急。

此外，苏军后勤在其他方面也提出一些改革措施。例如，在卫生勤务体制方面，将师卫勤主任由直属后勤部长领导转归师长直接领导，以加强部队卫勤保障的组织领导工作；将配置较近的几个力量薄弱的医院联合成一个大医院，以平衡财力、物力和干部力量等。据认为，这些措施的实行，有助于提高卫勤保障能力和经济效益。

重视改善军人生活待遇　苏军把加强部队的物质技术基础、不断改善部队生活状况看作提高部队战备程度的最重要因素之一。苏军强调，官兵的情绪、感受和思想“不仅取决于各种形式的训练”，“更多地还取决于他们在生理和精神上的多种需要是否能得到满足”。苏军总财务部长谈到，尽管1990年的国防预算减少了8.2%，但在现实条件下还是够用的。因此，1990年，苏军仍将很大一部分力量用于部队的生活保障。据苏联总后勤部长透露，苏军用于改善军人生活的物力、财力比1989年增加了1～2倍，在食、住、卫生等方面做了许多工作。其中最突出的有以下4点：

一是大力发展农副业生产。为加强农副业生产，苏军制定并下达了农副业生产条例，统一为各部队拨出一大批农业机械。到1990年底，苏军军办农场已发展到83个，专业奶场80个，部队（企业、机关）农副业单位9000个。1990年全军所生产的农副产品——肉、菜（含土豆）、蛋、奶每年可分别满足部队3个月、4个月、7个月、12个月的需要，从而使部队的生活水平得以进一步提高。

二是加强和改善部队食堂的设备和设施。为不断改善部队官兵就餐条件，提高伙食质量，除加强给养勤务的管理外，苏军特别注意不断加强给养勤务的物质基础。1990年，苏军新建和改建了大批部队食堂、伙食制作“工业化”水平进一步提高，实现“自我服务”的食堂由1988年的40%增加到70%。

三是积极解决住房问题。为解决近20万户无房军官、准尉、超期服役军人的住房问题。苏军投入大量人力物力建新房，将办公楼或其他建筑物改建成集体宿舍等，使住房紧张状况开始得到缓解。

四是努力改善医疗卫生条件。为切实保证和进一步提高军人的健康水平，苏军除在组织上采取一定措施外，特别注意加强医疗机构的物质技术基础。例如，在每个军区医院建立一个咨询诊断中心；在远东和土耳其斯坦两个军区各建一个配备有现代化医疗设备的区域教研中心；建立军队疗养院康复治疗和专业治疗系统，为全军医疗单位配备大批新式医疗器材等。所有这些措施都为改善部队的卫生健康状况提供了良好条件。

全面加强部队后勤管理　在军队面临重重困难的条件下，苏军更加注意加强部队的后勤管理，总后司令部参谋长克里莫夫中将在《武装力量共产党人》杂志1990年第1期上发表专文，强调“部队后勤管理搞得好坏在很大程度上决定着部队的战斗力及战备程度”。因此，他强调，必须“极其认真地”把后勤管理“计划好和组织好”。苏军着重从3方面采取了一些必要措施：

(1) 建立新的制度，适应形势发展的需要。例如，扩大部队指挥员的财务自主权，允许他们自行支配年终剩余经费，从而可以使经费的使用更加合理和节省；允许军人（军官、准尉、超期服役军人）自由买房，退役人员参加住房合作社可以优先，为解决住房短缺问题开辟多条途径；增加对部队参加农副业生产人员的物质奖励，以提高其生产积极性等。

(2) 强化各种训练，提高管理人员工作水平。为搞好部队后勤管理，苏军强调要全面持久地搞好部队的军政训练和专业训练。1990年，除进行过去实施的各种正常训练外，苏军特别注意以各种方式对部队机关和各级指挥员及全体后勤专业人员进行普遍的经济训练，强调必须学会用经济分析方法考虑和安排各项工作。苏军认为，只有学会经济分析方法，才能改变过去那种不讲经济效益的思维方式和工作态度。苏军总后勤部长在1990年初还强烈呼吁各级后勤机关必须改变工作作风，提高工作质量，增强管理能力，解决好一系列早该解决的管理方面的问题。

(3) 发挥各种组织的作用，实施对后勤工作的监督检查。苏军后勤的监督检查工作已实行多年。1990年，在新的条件下，作为实施后勤管理的一项重要措施，苏军更加强调搞好此项工作。苏军报刊经常发表文章，强调给养勤务的内部检查委员会、营房勤务的住房委员会、各种临时性的检查组以及部队的党团组织等，要积极参与部队的后勤管理，切实保证后勤为部队生活和战备服务。苏军总后勤部长阿尔希波夫大将建议国防部成立经济部也是基于上述考虑。该建议的实质是将经济部作为国防部的一个总的经济管理或后勤管理机构，加强苏军后勤管理的力量。

国防费的分配使用　据苏军报刊杂志公布，1990年苏联国防预算总额为709.758亿卢布，比1989年减少63.184亿卢布，即减少了8.2%。1990年国防预算的各项拨款如下：武器装备购置费　这是苏联国防预算中最大的一项开支，总数是310.365亿卢布，占预算总数的43.7%，比1989年减少15.77亿卢布，即减少4.8%。科技和设计试验费　1990年为131.540亿卢布，占国防预算总额的20%，比1989年减少21.458亿卢布，即减少14%。1990年苏军停止了海军、空军及其他方面的一些课题研究，并由设计试验转向科学论证试验。1990年的拨款仅提供给最佳试验、设计、科研单位，以保障提高主要国防武器和军事装备的质量。人员维持费　其中包括两部分：一是人员薪金。1990年这项拨款为67.98亿卢布，其中现役军人薪金57.659亿卢布、职工工资10.321亿卢布。由于武装力量削减兵员，1990年人员薪金费总数比1989年减少4.63亿卢布，即减少7.4%。二是军队物资技术保障和战备费。这项预算是125.253亿卢布，占国防预算总额的17.6%。军事建筑和维修费　这项预算为37.158亿卢布，比去年减少8.805亿卢布，即减少19.2%。其中10.42亿卢布用于住宅建设，6.69亿卢布用于社会文化设施和生活设施。预备役人员开支费　与其他项目不同的是1990年这项拨款为24.4亿卢布，比去年高7%。这是因为苏联大量裁减兵员后，退休人员增多。

国家市场经济给后勤带来严重困难　据苏联《红星报》1990年12月7日报道，苏联国防部副部长兼武装力量后勤部长阿尔希波夫大将在回答该报记者提问时谈到，在市场经济条件下，国家的生产水平下降，原有的经济关系不复存在，各种物资出现全面短缺，民族冲突不断发生，所有这些，都反映到军队及其保障工作中。阿斯特拉罕、伏尔加格勒和弗拉基米尔3个州的地方政府和供应单位不再按分配的指标为部队提供肉食；被服物资（包括靴鞋、帽子、内衣等）供应计划不能完成；白俄罗斯停止了对部队的油料供应；拉脱维亚拒绝按计划给所在军区的部队供应粮食；亚利亚宾斯克市把军官子女的入园（托）费提到每月120卢布；军队抽出大量人力物力帮助地方秋收，但地方付给军队的报酬远远达不到商定的数额等等。在此情况下，军队的生活物资出现严重短缺，军官、准尉及其家属的社会保障程度大大降低。

苏军总后勤部长谈市场经济条件下的后勤对策 据苏联《红星报》1990年12月7日报道，苏联国防部副部长兼武装力量后勤部长阿尔希波夫大将就市场经济给军队后勤带来的影响和苏军正在或将要采取的措施等回答了该报记者提出的问题。他认为，由于苏军“正处在一个特殊形势之下”，因此军队应采取各种措施，包括“更充分地利用现有储备”、建立新的保障体制、与有关单位挂钩、培训专业骨干等，以克服目前的困难。

制定适应市场经济条件的规划 1990年下半年，苏军总后勤部根据国防部的指示，制定了武装力量“进入市场经济”的规划，其指导思想是：“在法律允许范围内，比过去更大胆、更广泛地利用经济核算，采用商业方法，讲究经营艺术。”该规划的构想实质是“逐步过渡到主要以经济方法对部队实施保障”，根本目的是“建立一个新的。与市场经济相适应、使国防能力保持合理够用水平的部队保障体制”。

努力提高农副业生产水平 阿尔希波夫指出：“随着市场关系的不断发展和国民经济部门新的组织机构的建立，我们将逐步过渡到与生产厂家直接挂钩。来自国家的订货将只剩下对部队和舰艇战备有直接影响的物资。此外，还要大大提高军办农场和部队农副业单位的生产水平。”为此，应采取以下措施：(1) 采用集约化技术，招聘专业人员，也可以引进国外先进技术及成套设备；(2) 认真解决部队农副业单位的编制问题（首先要在经济上进行论证，尔后再将此问题报总参谋部，根据专一原则设置建制分队）；(3) 建立农产品加工基地，生产最终食品，如奶制品、罐头、肉制品等，部分食品还可卖给地方。

与军内外有关单位挂钩 阿尔希波夫认为，要解决“养活军队”的问题，必须“直接与有关单位挂钩”。首先是军队要帮助地方（例如收获庄稼），使其感到有利可图，这样，地方才愿意帮助军队。其次是军队与军队之间要相互帮助，例如，地处苏联西南部的北高加索军区可以帮助位于苏联西北部的列宁格勒军区在克拉斯诺达尔边区采购蔬菜，而列宁格勒军区也可代北高加索军区签订提供摩尔曼斯克鱼的合同。苏军部队和舰艇后勤各业务部门首长已被赋予以下权利：“按有关文件确定的价格对地方企业、机关和居民实施或接受有偿劳务。”

调整军队企业生产计划 阿尔希波夫强调，后勤各部队必须尽快确定需要继续生产和应该停止生产（以不造成特别损失为前提）的技术器材和物资名单。而那些“设备良好、生产用料少的小型军队企业”，则可“将部分力量用于生产民品，从中获得一些额外收入”。

积极培养具有丰富经济知识的骨干 阿尔希波夫指出，军代处、部队经济工作部门、驻区商业工作部门、军区。舰队和各总部司令部经济小组，都认为应当成立的国防部经济部，都需要具有丰富经济知识的骨干。为此，苏军计划从1991训练年度开始，把经济和商业专业课列入后勤院校教学大纲。另外，还准备选派最有培养前途的军官到各种经济训练班去学习。

加强物资经费管理 阿尔希波夫认为，各军区和舰队后勤虽然每年节约2.7～2.8亿卢布，但“仍有很大潜力”可挖。应当制定一套科学方法来“控制储备的使用”，以克服“限额纪律被破坏，油料烧得过多”等现象。此外，还要制订具体措施，“提高物资的直接使用者对物资的关心程度”。

军队独立销售过时和多余物资 苏联国防部曾作出决定，将部队使用的过时武器装备和仓库、基地存放的非部队所需及多余物资上交国家物资局，然后由其卖给地方。但在此项工作中，下面常常“叫苦连天”，1990年头3个季度只完成上交计划的63%(3.53亿卢布)。阿认为，造成这种结果的原因在于“缺少对执行者应有的物质刺激”，因此苏联政府应“赋予军队以独立销售物资的权利”，而且所得款项（包括外汇）的70%交国防部，用以解决回国部队的设施问题和改善军人的社会及生活条件，以及对军用物资销售人员实施物质奖励。阿尔希波夫认为，在此项工作中，“还应允许部队单位实行易货交易”。

苏军总军事卫生部提出加强卫勤建设的重大措施 据苏联《军事医学杂志》1990年第1期报道，苏军总军事卫生部部长涅恰耶夫卫勤少将发表专文，提出苏军在1990年及以后加强卫勤建设的7项重大措施。

继续进行卫勤划区保障试验　涅恰耶夫认为:"划区保障是为了使卫勤部队和机关的工作有更大的自主权和取得更好的效益，为了集中人力物力以便更好地满足陆海军的需求。这一体制的重要特点在于，不需进行大的改革和拨款，只要合理使用现有卫勤力量，就能完成战争初期对实施防御的军队集群实施卫勤保障的任务。"

改革战术卫勤保障体制　苏联国防部决定，从1990年开始，师卫勤主任转归师长直接领导。涅恰耶夫认为，这一改革的目的是"使部队的卫生监督达到一个新的水平，大大提高卫生防疫工作效率。改革的主要原因在于：(1) 1990年将裁减一定数量的医务人员，尽管陆军师削减了大量人员，但对每个军医来说，他所负责的人数却增加了许多。在此情况下，对军人实施优良医疗救护便出现了许多困难。(2) 关于提高摩步团医疗诊断水平的目标远远没有达到。医疗所的医疗和诊断器材没有得到有效利用，诊断和医疗事故有增无减。(3) 由于军人的威信下降，军区学非所用，且对其职业有不满情绪，上级卫勤首长对下属不关心，所以在军医中出现了不少消极倾向。

成立紧急救治系统　涅恰耶夫认为,"成立应付各种自然灾害和事故的有效紧急救治系统，是完善卫勤战备工作的重要措施之一"。该系统包括装备精良的建制空中机动力量（医疗队和医院），以及各军区和舰队由大型医疗机构组成的编外医疗部队。其好处是：(1) 军事医学的经验、通用性和机动性以及与物资和运输保障勤务的协同能力，都可在全国范围内得到运用。(2) 可在和平时期的实践中检验野战军事医学的基本理论原则，试验新的技术装备和器材，进行必要的科研。

加强驻区医院建设　涅恰耶夫认为，苏军许多驻区医院的工作不完全符合时代的要求。这些医院在其发展、组织体制、物质基础、技术装备，特别是现代化诊断化验水平方面，都远远落后于军区医院，尤其是总部医院。因此，必须改进驻区医院的工作。其主要措施是，尽可能把相互靠近的一些小医院合并成大医院。涅恰耶夫强调，将各军兵种和国防部各总部在同一驻区内可设的同一类型医院联合起来实行统一领导，有助于缩小驻区医院与军区医院和总部医院医疗救护水平的差距，改进诊断医疗器材，集中财力加强物质基础。1990年，由苏军总参谋长批准的上述建议开始付诸实施。

采取积极的预防传染病措施　为搞好此项工作，计划在苏联国防部中央流行病实验室和远东军区流行病卫生队各设1个艾滋病防疫科；1990～1991年在数十个大的驻区医院设立免疫诊断实验室。涅恰耶夫强调，要尽最大努力进行艾滋病防治，要特别重视监督医疗机构的流行病预防措施执行情况，以及输血者和外籍军人的诊查。

加强科研与教育训练　涅恰耶夫认为，各医学院军事医学教研室的一个严重失误是对科研工作和科研干部培训没有很好组织。鉴于苏军卫勤军官的配备程度较低（军事医学院只能保障军队对医生和药剂师需要的80%），进医学院军事医学系的学生不断减少，军医的补充问题越来越困难，年轻的医生大量退役，总军事卫生部采取了下列措施：(1) 从1990年起，吸收医学院中年级的女大学生进入军事医学院学习。(2) 战术环节医疗机构的部分军医由有军衔的医士替代，并为此开办医士军医学校。(3) 以社会公平原则对待卫勤干部的服役、提职和调动。(4) 重新研究集训和演习的制度及方法，消除形式主义和死啃书本的作风。涅恰耶夫强调，应以军区和舰队卫生勤务为基础，轮流集训卫勤领导干部，以便研究在现实条件下平时与战时的卫勤管理能力，以及战斗训练、卫生防疫、保健和科研工作现状等，有利于就地直接解决问题。(5) 改变军事医学院和地方医学院军事医学教员的实习办法。教员实习开始增加新的内容，即利用军事医学院校的科研潜力解决军队医学面临的迫切问题。

全面加强物质技术基础　涅恰耶夫认为，全面加强物质技术基础是完善军队卫勤保障的一个最重要因素。因此，必须节约和合理使用药材和医疗设备，集中解决医疗部（分）队和机关的装备及设备问题，而且应当最有效和最熟练地使用仪器和设备。

采取措施解决军官住房紧张问题　据苏联《红星报》统计，截止1990年1月，苏军的缺房户已达181900个，其中现役军人170500户（这其中军官128100户）。造成近几年苏联军人住房越来越紧张的原因是：(1) 苏联重新调整军事战略以后，裁减员额50万人，大部分退役或转入预备役的军官和准尉及超期服役军人要返回入伍所在地。(2) 苏联从东欧、阿富汗、蒙古等地陆续撤军。重新安置人员骤增，加之他们中大部分人在国内都没有住房，造成有关军区的住房愈加紧张。(3) 建房建筑材料和装修材料严重不足，资金短缺，导致一些计划内的建筑项目不能上马，更谈不上交付使用。苏军各部队50～80%的建房构件未得满足。(4) 地方政府未按照国家规定，如期按量向军队拨出地皮或住房；即使是在拨出地皮时，也提出一些苛刻条件，使住房建筑费用锐增。(5) 国防部由于人力物力财力受到限制，其住房建设速度较慢。(6) 许多完全与军队脱离了行政关系和组织关系的人没有搬出营区，占用大量住房。

针对军队住房的紧张局面，苏联政府和国防部采取了一些措施：(1) 国家大量投资。苏联政府认为，军人住房不只是军队自己的问题，它具有全国性，仅国防部难以很好地解决这个问题。为此，苏联政府决定，对第 12 个五年计划（1986～1990 年）再增拨军人住房投资 15 亿卢布，对第 13 个和 14 个五年计划军队住房建设分别投资 71 亿和 83 亿卢布。(2) 国防部扩大自建规模。国防部积极寻求各种办法，努力完成本五年计划中营建住房 1940 万平方米的任务。苏联国防部长亚佐夫元帅在 1990 年 6 月 3 日《红星报》上发表的《军事政策》一文中指出，国防部在第 13 个五年计划中将营建住房 2400 万平方米，另为退役和转入预备役的军人营建住房 500 万平方米；第 14 个五年计划中营建住房 2500 万平方米。国防部决定，这些营建任务的完成主要依靠自己的力量，即扩大自建规模。(3) 由国防部出钱，招标国民经济部门的大型建筑企业承担军队住房建筑任务。计划第 13 个和第 14 个为五年计划中用该种方式分别完成 500 万和 600 万平方米，并适当增加军地合股建房数量。(4) 停建或少建非住房设施，调整基建结构，用好资金，加快房建速度。(5) 军人与其他公民一样，享有买房权力。家庭人数较多、子女较多和死难烈士军人家属买房时享受一定的照顾，付款期限由 10 年延至 15 年，首次付款额由 50%减至 30%。(6) 军队退役人员享受优先参加住房合作社的权力。苏军规定，凡由于健康状况、年龄或武装力量裁减兵员等原因而退役的人员必须登记，以便由地方苏维埃政府保障其住房。这些军人在自己选定的落户地点未分到房子之前，仍由原服役地点的地方政府安排住房。还规定，达到苏联《全国普遍兵役义务法》规定的最高服役年限，或者距这个年限不超过 3 年的所有军官、准尉及超期服役军人，不管在哪里服役，都有权优先参加住房合作社，有权优先在选定的居住地点获得住房地段。(7) 凡是与部队脱离了行政和组织关系的人必须尽快从军队营区搬迁出去，由地方解决住房。(8) 国家规定，地方政府每年应向国防部拨出一部分住房或地皮。有欠国防部住房的单位必须尽快偿还。(9) 改建一部分办公楼或其他服务性建筑，大力营建集体宿舍——装配式护板房。每套宿舍住 17 户，每个房间安置 1 户。这种房子可能要住到 1994 年。(10 自上而下加强对从地方苏维埃领取住房工作的监督检查，有效合理地分配使用这些住房，使每一个房间作到“最大程度的饱和”，决不让一间空着，并作好对现有住房的维修保障工作。(11) 加强军队住房委员会的建设，提高其专业技能和职业道德，增强责任心，扩大“公开性”，并作好监督工作。

油料勤务实行划区保障新体制 据苏联《红星报》1989 年 11 月 30 日和 12 月 15 日报道，苏军油料勤务在经过一年多的试点之后，从 1990 年起开始在全军推行划区保障新体制。其主要作法是：以油库和油料基地为基础，建立油料保障中心，负责对周围军队的油料保障。每个油料保障中心除了为其管辖地区部队发放油料以外，还有权监督、检查各被供单位油料消耗的实际情况，从而克服油料的超标准消耗；严格管理统计、报表工作，均衡地搞好供应，合理计划油料的周转、库房及油罐的使用，防止积压；供油单位和用油单位及时进行核算。莫斯科军区试点经验表明，实行划区保障以后，油料消耗减少 3.7 万吨，往来文书减少 90%。对流运输也有所减少。

苏军油料供应实行划区保障主要是基于以下 3 种考虑：(1) 第二次世界大战以后，苏海军各舰队早已采用了类似的体制，并积累了一定的经验。(2) 苏联整个国民经济的管理，正由行政指令方法转为经济方法。(3) 推行油品批发贸易之后，已有 1／3 油品品种交各军区和舰队通过各地的油料保障机构就地定货与销售，因而为各军区提供油品的供应单位比过去大为增加。

苏军认为，为不断完善划区保障体制，应注意作好以下工作：(1) 各油料保障中心与被供单位加强相互间的联系。(2) 为解决油料基地和油库改为地区保障中心之后人力与设备不足的问题，军区油料勤务部门从其所属单位调配解决，并作好人员的培训工作。(3) 制定相应的法规性文件，明确油料保障中心的法定地位。

加强被装仓库的建设和管理工作 据苏联《武装力量后勤》杂志 1990 年第 1、2 期报道，虽然兵员大量裁减，但被装勤务的工作量照旧，由于被装勤务人力紧张，在管理上出现许多困难。为此，苏军提出以下几项措施：(1) 在连的编制中增设连部文书，协助司务长搞好被装仓库的统计工作。在团级和师级机关增设被装勤务首长助理，军区仓库设立技术装备修理所和消防队。(2) 取消部队定期服役士兵和军士的个人被装统计卡片。(3)发给士兵的使用期不超过1年的物品作为直接消耗品加以注销。(4)广泛使用电子计算机。(5)在总部和军区仓库内安设电传打字电报机，以便有效地获取部队被装方面的信息。

在加强仓库管理工作的同时，苏军还十分注意加强被装勤务的物质技术基础。计划在1986～1990年五年计划期间新建38个仓库。库房的基本要求是：(1)被服物资采用先进的储存方法，广泛使用库用货架与竖井式货架。(2)采用液压驱动小车和立柱式货盘，提高被装运输的机械化水平。(3)总部仓库增加统一标准的铁路集装箱，以便实行集装箱化的军事运输。(4)总部和军区仓库实行不固定所有者的等量货盘交换制度。(5)在各军区仓库内建立自动化管理系统。

提高军人伙食标准　据苏联《红星报》1990年11月22日报道，1990年11月17日苏联部长会议通过决议，规定了军人新的伙食标准。合成军队士兵的伙食标准分别从1991年、1992年、1993年1月1日起执行。其中蛋由现在的每周2个增加到1993年的4个；土豆由现在的每日550克增加到1993年的每日600克；1993年蔬菜的日定额由现在的270克增加到300克；肉日定额由现在的270克增加到1993年的300克；鱼由现在的100克增加到120克；茶由现在的1.0克增加到1.2克。苏军规定，从1990年2月1日起，以增加军官的职务薪金取代每月30卢布的伙食补贴。苏军还打算给各地军官发放实物口粮，以充分保障军官能及时按量领到给养物资。

军企大规模转产　据苏联《海军文集》杂志1990年第8期报道，1990年苏联军企大规模转产问题十分引人注目。军企转产有以下几个主要原因：(1)军企转产是社会发展的客观规律决定的，因而是不可避免的。(2)军企转产问题是和总的国际国内形势直接相关的，军企转产的时机与规模首先取决于国内国民经济的状况。(3)军事工业部门内部的优先顺序会发生一些变化。(4)军事装备在战略上与对方形成相对合理均势。(5)军事经济的个别领域出现了生产过剩(军事经济危机)。军企转产问题不仅是一个军事政治和军事经济概念，而且也是一个与整个国民经济比例结构和部门间比例结构相关联的再生产的范畴。

据苏刊报道，国防工业的转产规模很大，涉及面很宽，预计有420家大型企业转产，转产深度由5～100%不等。1989年苏联全部电视机和家用缝纫机、97%以上的电冰箱和录音机、50%强的摩托车、约70%的吸尘器和洗衣机都是由苏联国防工业企业生产的。1990年原计划生产12.80亿卢布的医疗卫生器械设备，预计到第13个五年计划末将达到25.6亿，1995年将达到28亿。

军企转产主要有两条路：一是新品生产采取与过去的国防产品大致相同的工艺，二是采用原则上不同的工艺。第1种方法较为理想，但不适用于大部分企业或不能完全解决问题，因此也要采取第2种方法。为顺利实现军企转产，应做好以下工作：(1)安排现代化农业和轻工业生产资料及商品设备的生产；(2)增加医疗器材的生产；(3)掌握民用商品和实现生态纲要所需设备的生产；(4)通过更多地给国民经济提供电子设备、通信设备、航天设备和运输器材，成为加速科技进步的组织核心。军企转产也产生了许多社会问题，主要有对职工和整个集体的社会保障问题，新的人员培训问题以及保持专业化和政府的计划管理问题。这些问题有待解决。

提出提高国防资源利用效益的3项措施

据《海军文集》杂志1990年第8期报道，苏军越来越重视提高国防资源的利用效益，为此准备采取3项措施：一是提高科研和设计工作质量，缩短工作周期。苏军强调，新武器和技术装备的研制是提高国防资源利用效益的“关键阶段”之一，必须根据先进的战术技术指标和经济指标来设计和研制新的武器装备，因为新武器的设计参数往往决定着生产、使用和维修这些装备所需的费用。二是提高国防生产及其他国民经济有关部门(运输、通信、物资技术供应等部门)的效益。苏军认为，这样做的好处是依靠减少物资、原料、燃料的消耗以及最合理地组织劳动和提高劳动生产率，降低每件装备的成本，缩短它们的制作时间。这是任何一项军工生产最重要的效益标准。所有与军事经济有关的部门都应力求最优地达到这些标准。三是加强资源的合理利用。合理使用运输线路，综合运用各种运输手段，正确储存与包装物资器材，使用现代化通信器材和电子计算机设备等。苏军强调，资源利用在很多方面还取决于军队自身管理机制的完善，即管理手段、形式和方法的完善。它首先包括完善部队后勤管理的计划和组织制度，物资器材消耗标准、军人保障标准和人员物质奖励标准以及资源利用的核算和监督系统。

重视提高后勤生存能力　据苏联《武装力量后勤》杂志1990年第4期报道，近年来，苏军通过总结苏联卫国战争，特别是入侵阿富汗战争在后方防卫方面的经验教训，认为加强后方防卫的主要问题是提高后勤生存能力。提高后勤生存能力的主要措施有：（1）加强野战油管干线、载运物资的汽车纵队和交通线的警戒和防御。这些任务由汽车、道路和管线部（分）队在其管区内，在与作战兵团密切协同条件下独自完成。警戒和防御用的兵力兵器大致分配如下：担任载运关键物资的车辆和汽车纵队的押运、警戒和防御任务的分队占10～20%，担任后勤机关和专业技术保障机构的警戒任务的分队占40～60%，与侦察破坏和登陆小分队作战、维持当地居民秩序、对交通线进行控制、开设战俘收容所的分队占30～40%。（2）加强统一计划与指挥。在执行任务的整个地区建立统一的警戒和防御系统，统一实行计划、指挥与管理。在这个前提下，后勤专业技术保障和后勤保障分队及机关要采取积极和消极的防御措施，主要包括：组织直接警戒和宿营警戒；抽调机动力量与敌小股空降兵和破坏小分队作斗争；构筑配置地域的工事；防护精确制导武器；组织对空观察和对防空目标的射击等。（3）组织好转移时的后方防卫。在后勤和其他机构转移时。在物资器材前送时和组织各种形式的后送时应当明确规定每个纵队在行进中、途中小休息时（特别是在休息地域时）以及在物资器材转运（交接）时等各种时机警戒和防御的具体措施。在制定防卫计划时，不仅考虑执行任务地区的地形特点，也要考虑居民的态度及其他重要因素，预测出前送和后送途中易受打击的要害目标，采取周密的防卫措施，尤其注意对空警戒和防卫，同时指挥员应拥有必要的预备警戒力量以应付突然发生的情况。

实行集中运输　据苏《武装力量后勤》杂志1990年第4期介绍，苏海军为实行集中运输，已制定了提高汽车使用效率和发展集中运输的计划，还成立了常设的计划执行监督委员会。例如在某些水警区把分散的力量组织成大型汽车运输分队，很快提高了车辆的维护质量，并节约了油料和摩托储备，尤其是提高了车辆使用效率。但是集中运输也遇到了许多问题：一是决策随意性大，车船使用效率降低。有时计划某冷藏船10个小时卸完货，却停留半个月，冷藏船成了临时浮动仓库。决策的随意性还表现在对运输物缺乏价值论证。二是车船技术状况差，辅助船几乎有一半老化，过了使用期限，自然退役量大大超过新船补充量。有的船由于缺乏对船体的修理，退役时主副机都还是完好的，造成了浪费。三是组织工作不善，车船管理混乱。时常发生舰船靠到码头后，运输车辆没有及时组织好，指挥员不得不租用地方车辆运输物资的事情。有些轻型车常被部队的一些主管人员占用，而运输人员和零星物资又不得不动用大型载重车。

海军驻区生活设施不足　据苏《海军文集》1990年第7期报道，以往苏海军后勤保障的重点在海上，后勤保障主要是为舰艇服务，在某种程度上忽视了驻区生活设施的建设。驻区营房、食堂、浴室、洗衣店、小型医院等服务场所远不能满足需要。据苏海军后勤部长透露，截止1990年1月，海军约有无房户2万人，需改善住房条件的7000户，住危旧房的有几千户。地方共欠海军26000平方米住房赔款，地方政府不能及时偿还住房赔款是影响海军生活设施建设的重要因素之一。据估计，住房矛盾突出的问题要很长时间才能解决，需要国家大力支持。今后几年，苏海军后勤工作将向驻区生活设施建设方面作适当倾斜。

海军在推行划区保障体制改革中加强基地建设　据苏《武装力量后勤》1990年第7、9期介绍，苏海军舰艇部队的后勤保障从帝俄时代到现在一直都是按照划区原则进行的。目前，海军的岸勤保障工作由区舰队、海军基地后勤、后勤保障区和舰队后勤处负责，远洋作战编队的保障则由保障船等机动后勤负责。1990年，苏军经过1年试点，在全军大规模推行划区保障体制。海军在这一重大改革中，主要从两方面改进：（1）建立骨干基地和地区中心，发挥后勤保障区的作用。要求基地和地区中心承办金融业务，根据实际需要，允许就地与供方建立契约关系。（2）继续实行无申请单的保障方法。由指定骨干基地和仓库对有关的舰艇编队和岸上部队实施全面保障。改革后的划区保障体制要求基地有更强的保障能力，职责范围大大扩充，加强基地建设成为客观要求。在经费不足的情况下，基层单位大都挖掘潜力，采取许多加强基地建设的措施，如用经济手段建库房，维修油库等。例如太平洋舰队，以自营方式建成了265座库房，总容量约4500个标准车皮，还建成了1条长400米的深水板桩码头，使大约400套技术设备改善了储存条件。还建造了专用货场。

海军卫勤系统广泛应用计算机进行管理

据苏《武装力量后勤》杂志1990年第1期介绍，苏海军总医院的主要门诊室和处理室都设有终端，门诊医生查明患者病症后，将观察结果和治疗意见输入存储器，计算机则根据患者的个别状况和病情分析，向医生输出药品、治疗设备等方面的全部数据供医生参考，全过程只需要几分钟。远航舰艇和保障船的医生及舰队医生也使用计算机完成咨询和治疗任务。舰艇医生的初诊意见从舰艇发往医院，医院的计算机将分析后的信息立即向医院专家报告。舰艇医生在极短时间内就可收到医院专家的治疗方案。目前，苏海军卫生系统的计算机应用存在的问题，一是由于缺乏终端和打印装置，限制了计算机的使用；二是医院现有计算机都是国外进口的，其语言和操作系统单一，不能使用国产机程序，也不能与其他医院的机器配套。因此，苏联海军计划为舰队医院配备国产小型计算机，自编程序，培训程序使用和维修人员。各舰队医院实现计算机联网，把国家主要医疗机构的最佳程序变成舰队可以使用的程序。

实行新的军人口粮标准 据苏《红星报》1990年11月22日报道，苏联部长会议于1990年11月17日通过决议，实行新的军人口粮标准。军人口粮标准由过去的15类减为6类，即合成军队口粮、飞行员口粮、海军口粮、潜水员口粮、医疗口粮以及军校（指苏沃洛夫军校、纳希莫夫军校和军乐学校学员）口粮。合成军队（战士）口粮将从1991年起的每年1月1日起逐年推行。

成立全军紧急医疗救护科研实践中心 据苏《军事医学杂志》1990年第4、8期介绍，苏军在布尔坚科苏军临床总医院（在莫斯科）成立全军紧急医疗救护科研实践中心，协调全军救灾医疗任务，还在莫斯科、列宁格勒、基辅、塔什干和哈巴罗夫斯克成立5个苏军特种（独立）医疗队。特种医疗队实际上是一种多科野战移动医院，编制相当于师独立卫生营，可以空降，以单元（组件）为原则组建各科室。

组建平时救灾特种医疗队 据苏联《军事医学杂志》1990年第8期报道，为了加强灾害医学工作，苏军除组建各种机动医救组织外，还组织特种医疗队。特种医疗队由常备和机动两部分组成，编制相当于师独立卫生营。常备部分有：分类后送组、外科组、麻醉监护治疗组、留治组、化验组和X线组等，以及药房和保障分队。可展开100张床位的医院。有自备电源、通信设备与通风装置。可开展工作2～3个月。采用可变式集装箱、充气帐篷等现代设备。机动部分是各种专科医疗小组（外科、烧伤、中毒、放射等），依灾情性质配备。特种医疗队每昼夜可救护500名伤员。在16小时工作日内开展60～80次复杂外科手术。医疗队成员平时均在大医院内工作，具有较强的专业技能。

空降兵卫勤部门建立救灾医疗机构 据苏联《军事医学杂志》1990年第4期报道，苏军空降兵已按两种方案组建称为空中机动医院的医疗机构，一是改建配属空降兵的驻军医院，二是改建空降兵的独立教导卫生营。空中机动医院组成3个组（2个外科组、1个内科组），每组25～30人。在受领任务后几小时内到达指定地点开展工作，并可自主活动2～3天。外科组成员包括5～6名外科军医、2名麻醉军医、1名内科军医、1名临床化验员、2名急救医助、4名男手术护士、3名男麻醉护士、若干名卫生员和司机兼卫生兵。内科组设2名内科军医、1名毒理放射学专家、1名男护士长、1名临床化验员、5名男护士、2名医助和若干名卫生兵和司机兼卫生兵。每组均装备通信器材、救护车、电钻、野战炊事车、帐篷、伤员搜集和搬运器材、睡袋、橡皮储水器、取暖设备等。各组均可搭乘伊尔-76D军用运输机或直升机。外科组展开收容分类、轻伤员换药、抗休克、手术、住院等小组和药房。

空中机动医院经常处于待命出发状态。全体医务人员均须掌握跳伞技能、物资装运技能等。必要时可装备越野汽车、直升机、独立的生命保障系统等。

总结地震后医疗救护的特点 苏军卫勤少将科罗特基赫根据军队参与1988年底亚美尼亚地震医疗救护的经验，在德《军事医学杂志》1990年第1期撰文，总结地震后医疗救护的特点：（1）地震后震区所有国家级卫生机关几乎全部瘫痪，无法组织医疗救护。地震将通信线路、供电网、供水网、排水网、住宅等破坏，难以估计卫生减员数、灾区健在医务人员数和医疗设备完好率；（2）地震所在军区派出的特别加强医疗队震后5小时左右到达灾区，展开救护工作。因伤员不断增多，而没有足够帐篷安置伤员，余震不断，决定对伤员进行初步医生救治，并快速后送到震区以外就近医院治疗；（3）震后10小时，陆续有医疗队到达，视人数多少组织若干个外科手术组、分类后送组、包扎组、抗休克组和住院部（收治暂时不宜后送者）。50%以上的伤员震后4～10小时送来医疗队，伤员被分为4类：需初步医生救治（四肢骨折、软组织伤、颅脑外伤与脊柱伤）与后送伤员；需复苏与紧急外科手术伤员；救治后不必后送的轻伤员；濒死伤员。轻伤员数略多于中、重度伤员总人数。重伤员中以下肢伤为最多，依次为混合伤、脊柱伤、颅脑伤和胸腹部伤；（4）重视对患各种损伤并伴有长时间挤压综合症伤员的治疗；大量输液以利尿，伤口上方奴佛卡因封闭，包扎固定，筋膜切除、止痛等。有的伤员要紧急空运到专科救护单位。实践证明，组建一支能独立自主展开工作、拥有一切必需装备的快速反应医疗队意义重大。

研制出远航舰船用多功能医用自动化装置 据苏《医务报》1990年2月4日和《红星报》同年8月24日报道，苏联"量子"科研生产联合公司会同苏联海军卫勤部门以及基洛夫军事医学院共同研制出名叫"梅第安那"的多功能医用自动化装置。该装置可辅助远航舰船上的医生解决疑难医疗诊断问题，如判读心电图、测量海员机体潜力和预测其工作能力（记忆力、注意力、思维能力、精神运动能力）等，并可进行自动化诊断。装置由微处理、信息存储、文件编制和显示设备以及程序保障设备等构成。海军科研机构已进行了试用。

美国军队后勤

综述 进入90年代，美军面临着"基地调整和关闭"、"军事人员裁减"和"国防预算紧缩"等问题，为了解决这些问题给后勤建设带来的影响，美军采取了一些相应措施，提出了后勤工作任务和投资战略。

美军强调90年代的后勤任务仍然以提高后勤的持续保障能力为中心，全面加强后勤战备建设；提高平时战时后勤保障的时效性。为此，美军提出保持后勤态势的8项措施：（1）健全划区仓库补给系统；加强空中交通线，快速向海外部队运输修理零配件。（2）加强后方维修。（3）加大库存基金和用户送后方仓库维修的换发件。（4）增加运输费用，特别是要为海外运输规划中的部队撤离和装备调配提供足够的经费。（5）采购运输装备，解决战略空运和海运能力不足的问题。（6）增加主要军械的储备量。（7）继续预置成套装备器材。（8）增加私营军工生产能力，为战时提供充足的弹药和装备器材。

美国参谋长联席会议联合参谋部后勤部长认为，"未来的美军将进入一个财力紧缩的时代"，"美国国会领导人将越来越要求军队把钱花得精打细算，三思而行"。为使有限的国防资源发挥更大的效益，美军将从各方面致力于后勤的现代化建设，强调作战部队与保障部队的现代化同步进行，增强后勤保障自动化系统的快速性、机动性和生存力；加强后勤部分队的训练，特别是后备役部队执行后勤保障工作的训练；减少浪费现象，节支节源，进一步提高保障效率。

1990年8月，美军开始了"沙漠盾牌"行动，在这一行动中，美军遇到了不少问题，如战略海空运能力不足，弹药等关键性作战物资消耗量巨大，而美军的储备量将不能保障长期作战的需要。为此，美军认为有必要重新考虑其防务政策；应该停止进一步削减军事力量和国防费的计划；有必要加强后勤保障。

主要资料来源：

①美《陆军》杂志1990年绿皮书。

②美《陆军后勤》杂志1990年7～8月号。

国防费的分配使用 据美国防部长1991财年国防报告，美国1990财年军费总额为2914亿美元，占美国国民生产总值比重5.3%。其分配使用情况如下：（1）按军种分配：陆军776亿美元、海军与海军陆战队996亿美元、空军930亿美元、国防部直属机构212亿美元。2、按职能项目分配：（1）人事费——陆军298亿美元、海军与海军陆战队269亿美元、空军218亿美元、国防部直属机构不详，合计至少785亿美元；（2）作战与维持费——陆军256亿美元、海军与海军陆战队273亿美元、空军248亿美元、国防部直属机构89亿美元，合计866亿美元；（3）采购费——陆军143亿美元、海军与海军陆战队345亿美元、空军302亿美元、国防部直属机构24亿美元，合计825亿美元；（4）研究、发展、试验与鉴定费——陆军54亿美元、海军与海军陆战队94亿美元、空军135亿美元、国防部直属机构83亿美元，合计367亿美元；（5）军事建筑费——陆军11亿美元、海军与海军陆战队11亿美元、空军14亿美元、国防部直属机构15亿美元，合计52亿美元；（6）家属宿舍修建费——陆军14亿美元、海军与海军陆战队7亿美元、空军9亿美元、国防部直属机构不详，合计32亿美元。军费总额中如计入周转金和管理费13亿美元，应为2927亿美元。

强调加强陆军在90年代的作战、生存能力和后勤保障能力 据美国《陆军》杂志1989年第10期报道，由于战斗系统越来越现代化，90年代陆军的作战、生存能力和后勤保障能力更加显得重要。为此，在后勤方面作出了以下考虑：（1）最大限度地共同使用通用装备。（2）提高人员和重要装备部件的生存能力。(3) 维修的诊断和预警。用人工智能技术分析和掌握武器系统和车辆的状况，使用机器人实施一般的修理。(4) 弹药装卸和储存自动化。(5) 生产体积更小、重量更轻而杀伤力更大的武器。弹药将是整装弹，散装弹将减少 30%，重量减少 50%。(6) 各种飞机和战车在战场上使用同一种油料。设计体积更小，重量更轻、效率更高的加油系统，使用可将消耗量减少 50%的矿物燃料。(7) 提高士兵在战场、掩体或边远地区加热食品和净水的能力。(8) 用计算机和人工智能技术跟踪补给品的使用情况，并且只是在需要时才将补给品运到前方。后勤需要量和情报由一个无文书的保障网传递。(9) 推广自动化和机器人分发系统。(10) 装备的设计要能提高空运、海运和地面运输能力。

90 年代将加强欧洲战区的后勤建设 据苏《武装力量后勤》杂志 1990 年 8 期介绍，美军制定了 90 年代加强欧洲战区后勤建设的规划，主要表现在 5 个方面：(1) 继续重视国家战略物资储备。美国正在大力积蓄战略原料和紧缺物资的国家储备，规定储备量至少要能满足 3 年战争期间军事生产的需要。其中，地下石油储备预计到 90 年代中期将达到 1.36 亿吨。工业设备现已储备 4 万台，并能在 60 天内全部完成生产军用品的准备。(2) 加强战区的防护和后勤建设。90 年代中期以前，美军在欧洲战区后勤建设的重点是建立有防护设施的仓库，加大物资器材储备，缩短武器装备的修理时间。继续扩大后勤自动化指挥网络和通信系统，计划到 2005 年把自动化指挥系统应用到从陆军总部和本土基地仓库到每个基层后勤保障部（分）队。(3) 提高战略空运能力。美军计划在 1992 年以前正式装备 200 架吸收最新科技成果的 C-17 重型运输机（载重量为 78 吨）。到 2000 年，美军的战略空运能力将达到每昼夜 9630 万吨／公里。按现有的运输机和即将配备的运输机计算，美军可在 30 天内向欧洲空运 23.5 万多吨物资，到 2000 年可达 50 万吨以上。(4) 加强海军移动保障力量。发展移动后勤保障力量的主要目的在于最大限度地降低作战船只对海军基地的依赖性，并在可能范围内把后勤保障的中心转移到海上去。美军计划在海军舰船上大量储备物资和技术器材。除计划需要量大的弹药和燃料有待后续补给外，其他物资的舰上储备量均要求达到 60～120 天。到 2000 年，美海军仅在大西洋上就拥有 156～158 艘辅助舰，其中包括大吨位、高航速、远航程、配有舰载货运直升机的补给运输舰和油船。它们具有同时给几艘舰船实施横向、纵向或垂直补给的能力。(5) 开发新型后勤技术装备。未来 15～20 年内，有可能开发出一系列高效能的新型后勤技术装备，其能力及使用率将大大超过现行装备。如各种新型油料技术装备器材将利用最新技术，使其工作效率、自动化程度大大提高。

国防后勤局论证"国防后勤现代化规划"

美国防后勤局邀请美全国科学委员会对"后勤系统现代化计划"进行了论证。该委员会于 1988 年写出中期论证报告（蓝皮书），并提出"国防后勤现代化规划"。"规划"阐述了国防后勤局的目标、物资的统一管理、管理与组织等问题，并指出"后勤系统现代化计划"的最终目标是：(1) 提高动员能力。(2) 改进和平时期部队的战备状况。(3) 增强对部队保障的快速反应能力。(4) 降低各项工作费用。(5) 提高物资和勤务保障质量。对于物资的统一管理，"规划"指出，国防后勤局的基本任务之一是及时有效地向三军提供各类补给品和修理零配件。"后勤系统现代化计划"为改进国防后勤局的这些工作提供了机会。充分利用这一机会提供的可能性，有助于改进战备状态，减少库存量，提高预算审查中的可靠性，并提出具体的管理计划：国防后勤局需要对保障全军的物资需要量进行预测。提高预测物资需要量的能力有助于国防后勤局解决好库存投入的拨款重点和战备目标；利用当前经济的有利条件，采购通用物资；对库存品建立最有效的管理手段；加强各种资料数据的管理。对于管理与组织工作，"规划"指出，为了实现"后勤系统现代化计划"，必须对国防后勤局内部各种各样的独立组织和设施加强权威性的计划目标管理。具体措施包括：组成一个计划管理办公室；提高管理人员的技能；发展自动化系统等。

国防后勤局和陆军器材部推行全面质量管理 为改进质量管理工作，提高产品质量监查的效率，美国防后勤局正计划实施名为 IQUE 的质量监查新规程。IQUE 规程（厂内质量评定规程）的宗旨是：运用全面质量管理的基本原理和方法来推动不断改进生产工序和提高产品质量。它的工作中心是与国防合同商密切协作，对有关的生产工序和产品的质量不断进行跟踪、衡量、分析，并提出改进意见。其目的就是在提高产品质量同时，降低产品寿命周期费用，让用户满意。新规程将取代美国国防后勤局合同行政处已沿用了 25 年之久的合同质量监查规程，它对美军各军种、国防部各部门、美国国家航天局和各盟国在美国的有关武器系统、子系统和零、部件采购的大部分合同都将产生影响。新规程于 1990 年 5 月起在美国国防后勤局范围内对国防合同行政处的所有合同商开始分阶段实施。

据美国《陆军后勤》杂志 1990 年 1～2 月号报道，美国陆军器材部为了达到工作中的最佳标准推行全面质量管理。他们认为全面质量管理的含义是，以实际上供得起的成本费用，实现装备生产和后勤保障的高质量，武器装备的生产和后勤保障包括陆军器材部的一切活动，涉及一切管理人员。全面质量管理依据的基本思想，就是不断改进所有层次和所有职责领域的工作效能。为了搞好全面质量管理，陆军器材部指出必须做到以下 3 点：（1）在组织的一切层次，从最高的管理者到最新的工人，进行广泛的训练。（2）让职工更积极地参与，即所谓“职工参加管理”。（3）改变管理文化素养。

采用计算机辅助后勤保障计划 1987 年 3 月，美国海军部下属的海军海洋系统司令部科学家和工程师召开了第 24 届技术年会，会上介绍了美国国防部的“计算机辅助后勤保障计划”（简称 CALS 计划）。CALS 计划，就是在用储存在计算机里的“电子数据信息”取代书本型的技术手册，在全军采用统一的技术标准，并将武器系统的维修保养与武器系统的设计、制造进行统一处理。其目的是在设计便于保障的武器系统与提供后勤技术信息这两个方面取得较大的改进。该系统实现后，基本自动化和集成化的操作过程，将在相当程度上取代目前的技术手册型武器系统保障过程。对于参与武器系统研究、开发、采购以及全寿命周期保障的科技界与工程界具有深刻的影响。美国国防部提出，90 年代要在全军实现 CALS 计划。CALS 计划是由主管研究与工程的国防部副部长和主管人力、设施与后勤的助理国防部长联合下达，由国防分析研究院在整个国防部范围内推行计算机辅助后勤保障系统的研制。由工业界和国防部联合组成的 CALS 任务领导小组建议，国防部采用一个分阶段实行各项创议的计划，保证实现下列 3 项工作目标：（1）设计更便于保障的武器系统；（2）使后勤与技术信息由技术手册形式向电子数据形式转变；（3）按常规为新武器系统收集和分配电子数据形式的后勤与技术信息。国防部还设立了由国防部、各军种和各局资深代表组成的 CALS 领导小组，并从国防部长办公室各参谋机构、各军种、国防后勤局、国防通信局和各联勤司令官得到技术保障。它每季度向负责设施和后勤的助理国防部长做一次汇报。除此之外，各军种部和各局都建立了与之相应的 CALS 分计划。

重视物资节约工作 据美国《陆军后勤》杂志 1990 年 1～2 月号报道，为了加强物资管理，充分利用有限资源，陆军后勤副参谋长重申物资回收规划，强调加强仓库级可修损坏物资和次要军品回收工作。制定陆军物资回收规划是为了增加可修损坏物资的回收率，防止这些物资在当地国防物资再利用和出售办公室受到不适当的处理。陆军规定上述物资的回收率标准为 90%。仓库级可修损坏物资的修理费通常较低，待修复后再返回使用单位，其速度要比采购新品进行更换快 75%。如果物资得到适当的回收，将会改善短缺物资的供应。因此，为帮助指挥官和后勤管理人员更好地执行物资回收计划，后勤管理局公布了改进物资回收规划的报告系统。该系统包括每季度和每月向总部和各级有关部门提交的物资回收报告。这些报告对规定回收的执行情况提供详细资料。当回收率低于 90%的标准时，物资管理中心、设备补给处和大司令部则必须采取措施加强领导和监督。

计划组建师航空兵保障营 据美国《陆军航空兵》杂志 1990 年 2 月号，美军批准了组建师航空兵保障营的设想。师航空兵保障营由 3 个连组成，即：营部与补给连、地面装备维修连、飞机维修连。营部与补给连负责全营的指挥与控制，还负责第 1、2、3、7 类补给品的供应，以及第 5 类补给品的协调与运输，管理统一的食堂。地面装备维修连负责对师航空兵保障营的车辆与装备实施单位维修，也对航空旅和师航空兵保障营的地面车辆遂行直接支援维修。飞机维修连对机体、部件、武器系统和电子设备提供飞机中间维修。师航空兵保障从 1990 年 8 月开始在美驻欧陆军中进行为期 1 年的试验。试验的结果将决定是否在全陆军的所有重装师中都增设师航空兵保障营。美军认为，建立师航空兵保障营，是对师属机动性最强、杀伤力最大的旅——航空旅提供综合后勤保障的最好方法。

陆军器材部提出整编意见 据美国《陆军后勤》1990 年 5～6 月号报道，陆军最近提出的改变部队编制、关闭一些基地和重新配置资源的建议，将对陆军器材部产生影响。为此，陆军器材部将进行相应的整编，并提出以下整编意见：（1）减少陆军器材部下属各业务局的数量。在 1992 财年将减少 270 名文职人员和 40 名军人。（2）合并各业务局的有关职能。（3）合并后勤控制单位，数据编目单位，器材战备保障单位及包装、储存与集装箱中心。（4）合并几个装备试验、测量与诊断单位。（5）精简陆军器材部的管理工程处。（6）待陆军确定的 21 项实验项目完成后，精简陆军实验室。(7) 削减红河陆军仓库的工作人员，关闭萨克拉门托陆军仓库。(8) 在1991财年和1992财年分别终止底特律陆军坦克工厂和利马陆军坦克工厂的坦克生产。(9) 在1995财年之前停止密西西比、堪萨斯、斯克兰顿、森弗劳尔和龙霍恩几家陆军弹药工厂的生产。

拟定步兵2000年战斗服、野战口粮和武器现代化计划 据1990年5月美《国防武装力量》杂志报道，美陆军已拟定的2000年步兵现代化计划，分为未来士兵战斗服、野战口粮和新型武器3部分。其中战斗服部分包括士兵综合保护套装的研制和步兵综合战斗系统（一种新型野战背包）的研制。士兵综合保护套装由：(1) 带个人通信系统的头盔；(2) 配套武器和头罩；(3) 激光防护眼罩；(4) 微环境调节系统等组成。其重量若不包括微环境调节系统（用于核化生环境中）仅为25磅，而目前美士兵装备重约64磅。士兵综合保护套装的优点是：在实战中，士兵可在正常听力范围之外保持联络；红外线瞄准仪使武器易于击中目标；激光防护眼罩防止眼睛损伤；士兵被"密封"但仍能自如呼吸；过滤化学污染空气并使身体降温。该套装已处于3年技术发展阶段，1992年开始野战实验，1993年进入全面研制，预计2000年服役。目前，美陆军纳蒂克中心已能使现成可食餐中的面包保鲜3年。到1996年，野战部队在现成可食餐中能吃到意大利式烤焰饼、美洲小石鲈鱼、汉堡包及薄饼。其价格将一直维持在每餐3.55美元的水平。其他将供部队使用的食品装备与食品有：(1) 镁合金板制成的无火口粮加热器，只加少许水浸湿，即可将口粮加热至华氏100度，美军计划花50万美元购进100万套；(2) 加水即可冲饮的牛奶冰淇淋混合饮料；(3) 猪牛肉香肠。改进食品包装适应寒冷气候和使水果保湿保鲜是纳蒂克中心目前制订的改进现成可食餐的短期目标之一。在武器研制方面，美陆军计划研制比M-16A2性有更优良，更轻便，更具杀伤力的G-11型和ACR型步枪，其重量仅为M-16A2型NATO标准5.56毫米口径步枪的一半。拟1995年前服役。美陆军为未来20年步兵现代化计划拨款1亿美元，而在1990财年报告中美国会也为陆军和海军陆战队的现代化计划分别拨款1800万和1200万美元。

增加拨款解决海运能力不足问题 据美国《海军时报》1990年7月3日透露，美军海运能力严重不足。据国防部估计，美军需要一支160多艘船的运输船队，才能应付一场大规模的地区冲突。而且前美军运输船队只有120艘左右的快运船、预置船和第1类预备役船。

美国运输司令部司令官、空军上将约翰逊指出，在所有需要大规模动员的战争中，美军所需海运的2/3可能不得不依赖商船队。但是，美国商船队的船只也在减少，预计到2000年可能降到不足200艘。为改变这一现状，美国国会已经拨款1500万美元，研究新的海运技术，增强海运能力。国防部将把这笔钱用于对快速海运工具的研究和开发上。在布什总统提出的1991财年预算中，有2.25亿美元用于维持费和增购5艘第1类预备役运输船。

全力实施"沙漠盾牌"行动中的运输保障

据美国《海军时报》9～12月和《国防运输杂志》1990年12月号报道，为保障"沙漠盾牌"行动的顺利实施，美军几乎动用其全部海、空运力量。(1) 从1952年以来首次动用了民航后备队，动用了数十家民航公司的客机。参加空运的各型飞机达400多架。在最初阶段，美军以每天124架次的速度进行空运。头6个星期，共执行任务3000次，运部队10万人，物资9.5万吨，按吨英里算，超过了战后西柏林危机期间（空运共持续65个星期）的规模。在这次行动中，美军99%的人员和一些急需的补给物资的运输均由军用和民用飞机完成。为配合战略空运，美军还动用了空中加油机。在从本土飞往海湾的途中，12～14小时内给运输机进行5次空中加油，使之能直达目的地。(2) 95%的重型装备和大宗物品以及99%的油料由海路运输。到1990年11月底，军事海运司令部共动用舰船187艘，其中海军现役船46艘，预备役船43艘，租赁的船98艘。租赁的船只包括美国船31艘、外籍船67艘。美军第1个月的海运量比朝鲜战争头一个月的海运量多近50%，总计运出的各种物资体积达400万立方英尺。美国还首次启用了海上预置船。海上预置船有3个中队，每个中队所储装备和物资能保障1个海军陆战旅（1.65万）作战1个月。此外，美军还动用了12艘为陆空军部队预储装备和物资的浮动预置船。

美军为其海上航母编队和特混舰队配备了先进的补给舰船和供应舰船。这些海上补给舰和供应舰具有提供油、弹药、食品的综合保障能力和进行舰船维修的高技术支援能力，并且航速高，保障速度快，能够满足航母编队的伴随保障需要。

麦纳麦海军站在"沙漠盾牌"行动中发挥作用 据美《海军时报》1990年10月22日介绍，在中东巴林国麦纳麦岛上有一个鲜为人知的美国海军站，驻扎着一支海军后勤支援分队，负责中东地区的美海军部队和其他派出人员的后勤保障。这支仅有200人组成的分队已成为美驻中东部队的活动中心，被美军事人员称为沙漠中的一片绿洲。

麦纳麦海军站位于巴哈马35个群岛的最北端，占地11英亩，距沙特阿拉伯中海岸15英里，距科威特南部大约200英里，由于它处于波斯湾的心脏，所以是美海军理想的供应与生活基地，并具有重要的战略意义。

这个海军站虽然不大，但可谓麻雀虽小，五脏俱全。除建有永久性的仓库，为舰艇部队提供部分补给外，还可为过往的水兵们提供周到的服务。如在军人俱乐部里，水兵们可以跳舞、玩牌、品尝小吃，或与家人打直拨电话。此外还建有体育馆、餐馆、军官俱乐部、邮局、理发店等娱乐和生活设施，也能承担必要的舰船修理业务。

自"沙漠盾牌"行动部署以来，这个非常小的基地顿时进入了一个"大时期"，在每一个角落里，越来越多的人在工作。据执行沙漠盾牌行动的海军后勤部队司令罗伯特·萨顿少将说：这个单位已经具备了进一步发展的基础，可以用来满足驻中东海军50多艘舰艇的物资供应和生活服务的需求。现在这个海军站每天都通过巴哈马国际机场和海军站码头接收大量的空、海运物资和海军人员，为舰队承担了大量的物资供应。必要时，该海军站还可以做为驻中东海军舰艇的母港，担负起舰艇的修理任务。

计划采用处理舰船垃圾的新方法 据美《舰员》杂志1989年第10期报道，美海军计划从1993年1月1日开始完全杜绝海军舰船向海洋排放塑料垃圾。美海军认为，舰船排放的塑料垃圾，不仅污染海洋，同时也给舰船本身带来一定的威胁，例如，漂浮的塑料垃圾很容易堵塞舰船的海水入口，也容易暴露舰船的活动区域及航线。

美军计划从教育、操作、供应和技术等4个渠道实现上述目标，一是教育水兵自觉把塑料垃圾与其他垃圾分开投入相应的垃圾桶内。二是建立一些规章制度，例如，限制塑料垃圾在舰上保留的时间。三是改革舰上的供应，为减少舰船塑料垃圾的来源，美海军供应系统司令部采用非塑料制品代替舰上常用的塑料杯、咖啡搅拌器等物品。供应系统司令部还计划研制非塑料包装袋、包装纸等新材料，重点限制食品污染源——塑料垃圾。四是研制、安排舰上固体垃圾处理设备。计划研制和安装3种不同的固体垃圾处理设备：立式垃圾压缩机、固体垃圾粉碎机和塑料垃圾处理机。

空军后勤中心调整组织机构 据美《空军时报》1990年12月3日报道，美空军后勤司令部重新调整了5大后勤中心的组织机构。调整的目的是为了在人员精简的情况下更好地满足后勤工作的需要。新的后勤中心是按生产线与服务线组编的，不再按职能组编。调整之后，各个后勤中心更象一所现代化的企业，分别集中从事某种特定产品的生产或者服务工作，不再广泛地从各个方面保障武器系统。现在，各个后勤中心均包括3类组织机构：（1）司令部参谋处；（2）主要服务部门，如合同管理、财务管理、人力资源、环境保护、通信管理、计算机管理系统等；（3）生产管理部门，主要包括直接为空军各作战司令部服务的部门。空军后勤司令部计划下一步调整其他下属专业单位及总部机关的组织机构。

关闭部分基地 据美国《空军时报》1990年12月17日报道，美国空军为节约经费于1990年12月31日正式关闭皮斯空军基地。基地关闭工作始于1989年6月，至1990年11月已基本完成。整个关闭工作共包括1269项，主要由基地后勤和供应人员承担。皮斯空军基地于1956年启用，是美国空军主要基地之一，用作轰炸机和空中加油机基地，隶属战略空军司令部，主要驻扎第45空军师、第509轰炸机联队和第157空中加油大队，共有各种人员约3500名。根据1988年12月美国会批准的计划，美空军还将关闭乔治（1992年12月）、马瑟和夏努特（1993年7月）、诺顿（1994年8月）等4个主要空军基地。

编制联合军种工资软件程序 据美《空军杂志》1990年5月号报道，为帮助陆军实现军人工资发放系统标准化，美空军财务与会计中心编制了联合军种工资软件程序。陆军将主要使用空军的工资发放系统为其150多万现役军人、国民警卫队和后备队发放工资。此外，该中心还正在研究关于空军文职人员和由空军负责发给工资的非空军文职人员的工资发放系统。预计到1991年9月可在各部队使用新的工资发放系统。

采用X射线检查飞机 据美《空军杂志》1990年5月号报道，美空军后勤司令部撒克拉门托后勤中心采用X射线检查飞机的新方法。这种方法是用2台高架机器人对完好的飞机进行X射线扫描，检查飞机是否有微小的腐蚀与结构损伤。如果发现有微小的裂纹或腐蚀，便可及时排除隐患。

研究出飞机除漆新方法 据美《空军杂

志》1990年5月号报道，美空军后勤司令部奥格登后勤中心研究出飞机除漆的新方法。新的方法是用喷洒细小的空心塑料颗粒代替化学溶剂清除飞机上的涂漆。采用新的方法，清除1架飞机的涂漆时工作时间缩短了2/3，节约用水2.5万加仑，同时还减少了环境污染。

增拨国防环保经费 据美《空军时报》1990年11月19日报道，美众议院军事委员会在1990年夏季通过了将1991财年的国防预算追加8200万美元的议案。此款专门用于拟关闭的军事基地的环境治理。同时，该委员会还同意另拨出1500万美元，作为全军环境保护与净化项目的科研经费。

改进计算机通信网络系统 据美国《空军时报》1990年5月28日报道，1990年4月美国空军后勤司令部耗资1.258亿美元建立的局部地区网络——计算机通信网络节，开始投入使用。它不但将该司令部及其5大空军后勤中心的几个计算机系统连接起来，而且通过与国防数据网络的联结，使该司令部与空军所有主要基地均连接起来了。局部地区网络是美空军后勤管理系统10年计算机现代化的支柱，旨在提高飞机零部件的管理效率，可传送电文、图表和声像，能迅速查出飞机所需零部件并在几分钟内做出发送备件指令。局部地区网络使用方便，易于改装，还适于未来新计算机系统的需要。

全力实施“沙漠盾牌”行动中的卫勤保障

据美国《海军时报》1990年9～12月报道，为满足海湾美军对医疗救护的需求，美军已建立了由医院船、舰队医院和野战医院组成的机动医疗保障系统，美军还首次动用并在海湾部署了2艘各有1000个床位，80个治疗室，最大收治能力为每昼夜300人的具有防核生化能力的医院船。美军还在海湾部署了第5舰队医院。该医院有500个床位，由300个集装箱携带60天持续作业用的全部设备及补给品。部分集装箱可与帐篷连接成手术室、X光室和药房。

此外，美军在沙特阿拉伯部署了8个野战医院，并将其最新装备的“可部署医疗系统”投入使用。该系统有7个类型，由不同标准模式单元组合而成，包括手术室、化验室、X光室和药房，代表了美军野战医疗救护的现代化水平。

在“沙漠盾牌”行动中，美军还动员了大批医务人员。此次行动对军医和护士需要量大，除动员现役医务人员外，美军还征召了1700名预备役人员支援“沙漠盾牌”行动。

组织入侵巴拿马作战战场的医疗后送

美军《陆军时报》1990年1月22日透露，入侵巴拿马作战战场的医疗保障是美军侵越战争以来规模最大的，也是“最成功”的。参与医疗保障的卫勤部队有第41战斗保障医院、布鲁克陆军医疗中心、第1和31航空医疗后送中队等6个单位。伤病员由直升机后送，利用通信联络，直升机着陆前已知伤病员总数及分别送至各医院的伤病员数。第41战斗保障医院医务人员协助布鲁克陆军医疗中心对运到的伤病员快速分类。飞机一着陆，分类医生立即登机初次分类，并用手写色码标签评估机上伤病员伤病情况。经初次分类的伤病员立即被抬上救护车，5分钟即驶至急救室。再次分类后，伤病员分3类：应立即手术的伤病员、可稍等候手术或需精心护理的伤病员、轻伤病员。通过急救室检查分类后进入病房平均需5～7分钟，某些危重伤病员需45分钟。据报道，从飞机着陆到完成重伤病员医疗分类与紧急救治，并将其送往直接护理地点，总共约20分钟时间。手术室为帐篷式房屋。凯利美空军基地飞行线附近展开2个手术室和8张病床，可同时进行15例手术。术前需对伤病员重新检查、分类，以确定手术顺序。医务人员采用新技术救治中弹和粉碎性骨折伤病员，实施阑尾切除。在战场或战场附近得到救治的伤病员后送到威尔福德空军医疗中心或布鲁克陆军医疗中心，进行后续治疗。

2艘医院船奉命出航 据1990年10月《国际武装力量》杂志报道，美海军军事海运司令部的2艘医院船——“仁慈”号和“舒适”号，奉命驶往海湾或海湾周围地区。这2艘于70年代中由超级油轮改装的医院船，长度与3个足球场相当，高度与10层高楼相仿。每艘医院船设病床1000张，每天可生产75000加仑淡水，每日供应3餐，2小时内可给2500人提供用餐。此外，船上还设有12个手术室，1个有80张床位的特护病房，7个中等护理病房与2个轻伤病房，1个电子监视康复病房以及全套医院保障设备，能开展烧伤和牙科治疗，并有多种理疗设备。医院船的首要任务是在发生战争时能向全军提供完备的并能迅速作出反应的海上机动医疗设施。“仁慈”号上配备的医务人员主要来自奥克兰海军医院。“舒适”号上的医务人员主要来自贝塞斯达国家海军医学中心。

提出增强士兵携行负荷能力的体能训练措施 据美军体能训练学院心理学研究主任巴尔克和该学院训练主任奥康纳在1990年3～4月号《步兵》杂志上撰文，介绍美陆军制定的体能训练方案。

这一训练方案总的指导思想是改善士兵体能的基本成分（即有氧能力、无氧能力、肌力、耐力、柔韧性和身体组成）和增强士兵的携行负荷能力。训练方案的要点是每周5天进行训练，共计9周，通常1个星期内1天进行阻力训练；1天进行心血管机能训练；1天进行无氧能力练习；1天进行循环练习；第5天进行公路行军或集体跑步练习（隔周交替进行）。总的训练过程强调阻力训练，包括每次完成3组8～12次1次性最大力量70～85%重量的重复练习，这有助于增强与携行负荷关联的肌肉力量。

拨款开展激光眼损伤快速防护研究 据《应用科学与分析新闻通讯》1990年第3期报道，1990年3月15日美海军分别与6个单位签订合同，研究激光眼损伤的快速防护措施，其经费指标是休斯飞机公司151.8万美元，马丁马丽艾塔实验室44.9万美元，俄亥俄州代顿大学63.5万美元，加利福尼亚州罗克维尔国际科学中心32万美元，纽约科内尔大学35.8万美元，加利福尼亚州国际SRI公司87.9万美元。

用快速方法检测生物战剂 据《美国应用科学和分析新闻通讯》1990年4月报道，在美国科学促进协会年会上，美陆军化学研究和发展司令部斯奈德报告了用离子迁移率光谱检测微生物，可成功地检测出粪便中的肠道杆菌。基里亚霍纳赛报告用质谱法成功地检测毒素和生物活性肽。塞拉西报告用酶联免疫过沪测定法快速检测葡萄球菌肠毒素。瓦尔德斯报告用受体基质生物传感器成功地检测蛇毒和真菌毒素。美军正在研究鼠疫菌、炭疽菌、阿根廷出血热病毒和烈谷热病毒的快速检测。

日本自卫队后勤

综述 1990年度是日本执行《新5年防卫扩军计划》(1986～1990)的最后一年。为加强后勤对部队的各项保障和进一步提高后勤的战备水平，日本自卫队继续增加了后勤经费，重点用于改善部队的生活条件、福利待遇和增加作战物资储备，发展后勤装备。同时，日本自卫队还继续调整后勤的编制体制，扩建新的后勤机构，以增强后勤的总体实力。

防卫费的分配使用 据1990年版《自卫队年鉴》和1990年版《防卫白皮书》报道，日本1990年度防卫预算为41593亿日元，比上年度增长6.1%，占国民生产总值的0.997%。

1990年度防卫费分配情况如下。按单位分：陆上自卫队为14748.53亿日元，约占防卫费总额的35.5%，比上年度增加955.8亿日元，增长率为6.9%；海上自卫队为9760.23亿日元，占防卫费总额的23.5%，比上年度增加44.63亿日元，增长率为0.5%；航空自卫队为11217.06亿日元，占防卫费总额的27%，比上年度增加916.57亿日元，增长率为8.9%。三自卫队合计35725.81亿日元，比上年度增加1916.99亿日元，增长率为5.7%。内部部局为79.21亿日元，比上年度增加4.38亿日元，增长率为5.9%；参谋长联席会议为26.06亿日元，比上年度增加1.1亿日元，增长率为4.4%；防卫大学为128.21亿日元，比上年度增加11.03亿日元，增长率为9.4%；防卫医科大学为158.45亿日元，比上年度增加14.59亿日元，增长率为10.1%；防卫研究所为10.71亿日元，比上年度增加0.88亿日元，增长率为8.9%；技术研究本部为1032.41亿日元，比上年度增加111.72亿日元，增长率为12.1%；采购实施本部为57亿日元，比上年度增加2.55亿日元，增长率为4.7%；防卫设施厅为4373.64亿日元，比上年度增加331.77亿日元，增长率为8.2%；安全保障会议为1.91亿日元，比上年度增加0.06亿日元，增长率为3.4%。按用途分：研究开发费为929亿日元，占防卫费总额的2.2%；设施建设费为1329亿日元，占防卫费总额的3.2%；基地对策费（用于改善基地周围环境的经费）为4061亿日元，占防卫费总额的9.8%；维持费（用于维持军人的生活和教育训练等的经费）为6697亿日元，占防卫费总额的16.1%；采购费为11403亿日元，占防卫费总额的27.4%；人事粮食费为16680亿日元，占防卫费总额的40.1%；其他为494亿日元，占防卫费总额的1.2%。

继续改革师后勤保障体制 据《后勤科技与装备》杂志报道，为加强对师属后勤分队的集中统一指挥，增强师后勤的保障能力，日本陆上自卫队自1987年开始将现行步兵师逐步改编为5种不同类型（A、B、C、D、E）的装甲摩托化师，同时对师后勤体制进行改革。师后勤体制改革的主要内容是设立后勤保障团，对原有的师补给队、军械队、运输队与卫生队实施集中统一的领导，改变上述后勤分队过去在行政上受司令部一般参谋的第4部领导、业务上受特业参谋的各后勤业务课领导的体制。1990年度，日本陆上自卫队继续对第10、12、13等3个师进行了上述改编。至此，日本陆上自卫队对12个步兵师中的10个师完成了上述改编。

增加弹药、油料采购量 据日本《防卫天线》杂志1990年第2期报道，弹药、油料等重要作战物资储备不足，多年来一直是日本防卫力量建设的一个薄弱环节。因此，近几年来，日本自卫队适当增加了弹药、油料的采购经费，以增强自卫队的持续作战能力。1990年度，日本自卫队的弹药采购费为1662.74亿日元，油料采购费为506.46亿日元，分别比1989年度增加155.79亿日元和120.04亿日元，增长率分别为10.34%和30.9%。

研究确保战时油料供应的对策 日本《军事研究》杂志1990年第2期发表了资源问题研究家近冈寄山的文章，探讨如何确保战时日本自卫队油料供应。文章认为，石油贫乏和美国对日石油禁运是日军在太平洋战争中战败的重要原因。鉴于这一历史的教训，日军从平时起即应当加强确保战时油料供应的对策研究。文章估计，战时陆上自卫队的日油料需要量约为250万升，航空自卫队约为2780万升，海上自卫队的需要量更大。而且前日本自卫队自己的油料储备很少，民间的油料储备也只有123.1亿升，而且有一半以上不能作为自卫队用油，所以一旦有事，自卫队的油料供应将面临窘境。为改变这种状况，日本自卫队应采取如下对策：一是建立自卫队自己的作战油料储备，即不论陆、海、空自卫队，都要在各自的基地内或基地周边地区，以地下储存方式建立所需的油料储备。二是改进油料的输送手段，即研制能越野机动和能在被破坏的道路上远距离机动的特种运油车，同时发展输油管线输油。三是对战时自卫队利用民间油料问题进行立法，即为了在战时确保军队能顺利地利用民间油料，从平时起即统一各方面的认识，采取有关的立法措施。

组建直升机运输队 据《后勤》杂志1990年第1期报道，日本自卫队早在1984年即开始采购CH-47J运输直升机，并计划在各航空方面队逐步组建直升机运输队，以便在战时能够及时将各基地的物资转运到“前线”。1988年10月和1989年3月，日本航空自卫队先后成立了入间直升机运输队（中部航空方面队）和三泽直升机运输队（北部航空方面队）。直升机运输队装备直升机3架。1990～1991年，日航空自卫队计划继续组建春日直升机运输队（西部航空方面队）和那霸直升机运输队（西南航空运输团）。

增强空军基地生存能力 据日本《航空情报》1990年4月报道，日本航空自卫队为提高空军基地的防空、地面防护和抢修等能力，采取了以下措施。为百里空军基地装备了机场防空用的近程地空导弹系统2套，可携式地空导弹24组，高炮16门。在千岁、三泽等空军基地修建了10个飞机掩蔽库。仅在三泽空军基地就耗资110亿日元，用于修建飞机掩蔽库、修理厂和仓库等设施。全国每个空军基地都新配备了1套移动式飞机地面拦阻设备。空军计划采购7套机场跑道抢修用道面板，以及简易防护壁等装备，分配给有关基地。

加强空军基地的基本建设 据日本《航空情报》1990年4月报道，日本航空自卫队在千岁、入间和滨松3个空军基地新建了一批各种公共营房。对三泽等3个空军基地的跑道等设施进行了整修，并购置了机场周围的安全用地。继续修建硫磺岛空、海军合用航空基地的滑行道和停机坪等设施，这一工程共耗资46亿日元，空、海军各出23亿日元。

军医严重缺编 据日本《军事研究》杂志1990年第9期透露，日本陆、海、空三自卫队军医缺编情况十分严重，陆上自卫队尤其如此。日本自卫队的军医主要由防卫厅防卫医科大学培养。防卫医科大学成立于1973年，自1980年该校第1期学员毕业以来，到1990年3月共毕业11期、800名军医。尽管如此，日本自卫队的军医缺额仍很大。如1988年末，日本三自卫队的军医编制定额为989人，而实有军医仅为675人，满编率不到70%。日本陆上自卫队的一些基层医疗机构军医缺编情况更为严重。陆上自卫队编制军医占全军军医总编制的65%，其中负责部队日常医疗保健工作的115个驻地医务室共编配军医120人，但实际只配备军医30名，满编率只有25%。基层医疗机构严重缺编的原因是：(1)日本自卫队在军医总额短缺的情况下，通常优先满足中央医院和地区医院对医生的需求；(2)日本自卫队的军医在军医大学毕业后，经国家考试合格后被任命为军医，补充到部队任职。但是，按日本医师法规定，新任职的军医还须进行2年的临床研修才能到部队正式服务；服务2年后又要进行2年的专科研修。此外，毕业七八年后的军医，有的还要攻读博士课程，所以陆上自卫队经常有200名在编军医在外学习，结果导致军医严重缺额。为解决这一问题，日本自卫队拟通过采取将进修、研修的军医列入编外的办法，增加军医的人数。

增加津贴种类，修订部分津贴标准 据1990年3月15日日本《朝云周报》报道，1990年，日本自卫队新增加津贴1种，提高8种津贴的标准，此外还有2种津贴扩大了发放范围。新增的津贴种类为移动警戒津贴，1990年度该项津贴的预算为615万日元。其发放标准是，担任移动警戒任务超过30日的人员每日发给560日元。提高标准的8种津贴是：跳伞作业津贴、夜间护理津贴、除雪津贴、潜水作业津贴、异常气候条件下作业津贴、加速度条件下作业津贴、小笠原岛（不含父岛）津贴、航海津贴，平均增加20～25%。如跳伞作业津贴，军士级由700日元增加到4100日元，三佐由1000日元增加到6300日元。扩大发放范围的津贴是尸体处理津贴和放射线操作津贴。

改善军人生活待遇 据1990年3月15日日本《朝云周报》报道，1990年，日本自卫队从以下方面改善了军人的生活待遇。陆上自卫队继续落实1989年制定的改进军人服装的"辉号"计划。该计划规定试制新式军人常服、鞋和帽子。1990年，陆上自卫队将新式服装系列的样品拿到部队巡回展出，征求各方面的意见，并确定了最终的方案，并计划于1991年向部队配发新式服装。海上自卫队继续改善舰上人员的生活条件和上岸后的休息条件。继吴港之后，1990年度，海上自卫队又在横须贺港为潜艇人员修建了陆地待机所；继1989年的6艘军舰之后，又在6艘军舰上安装了船用卫星发射信号接收装置，以方便舰上人员收看电视；在2艘军舰上的乘员床铺之间安装蜂巢铝板隔板，以方便乘员的个人生活；在2艘军舰上安装了食具洗涤器，以减轻舰上炊事人员的工作负担。

新建、改建军人生活用房 据日本1990年3月5日《朝云周报》报道，1990年度，日本自卫队从3个方面改善了军人生活用房。一是改造、新建士兵住房。1990年，日本陆、海、空三自卫队共新建、改造士兵住房67所，总居住面积约19万平方米，比1989年增加5万平方米。此外，日本自卫队继续改建非木结构住房和撤出双层床铺。二是整修军官宿舍。陆、海、空三自卫队共计整修军官宿舍1759户，总经费为244亿日元，使军官宿舍的满足率达到了90%。三是整修生活辅助设施。1990年度，日本自卫队新建、改建厨房19个，其中陆上自卫队11个、海上自卫队8个；修建、改建澡堂20个，其中陆上自卫队12个、海上自卫队8个；新建、改建游泳池8个，其中陆上自卫队1个、海上自卫队5个、航空自卫队2个；新建、改建体育馆25个；修缮军人福利中心15个，其中陆上自卫队7个、海上自卫队4个、航空自卫队4个。

改革军人退休金制度 据日本《军事研究》杂志1990年第3期报道，日本自卫队于1990年开始实行新的自卫官退休金制度。日本自卫队对达到最高服役年限的自卫队干部和军士实行的是退休制。日本自卫队干部和军士的最高服役年限为：中、上将58岁，少将56岁，上校55岁，少、中校54岁，军士长至上尉53岁，上士52岁，中士和下士50岁。日军旧退休金制度规定，干部和军士退休后从满55岁开始享受退休金。在年龄未满55岁的时期内，只能领取少量的退休金，因此退休干部自卫官和军士还须到社会上另谋职业，才能维持家庭生计。但是，由于年龄偏大，自卫官退休后的再就业机会很少；即使能够就业，工资也只有退役前的40～50%。为使自卫官退休后的生活有保障，日本防卫厅人事局于1986年夏专门设立了一个由专家组成的退休金制度研究机构，专门对自卫官退休金问题进行研究，并于1990年提出了改革现行退休金制度的方案。新退休金制度的要点为：(1) 改变享受退休金待遇的年龄。干部自卫官、军士享受退休金待遇的年龄从55岁改为60岁，与国家公务人员一致起来。(2) 向未满60岁的退休干部自卫官和军士支付"特别供给金"。特别供给金的标准是自退休之日起至60岁开始领取退休金这段时间内应领取的本人薪金的50%。"特别供给金"分2次发，第1次为退役当年，发给"特别供给金"总数的2/7；第2次在退休后第3年，发给剩余的5/7。新的退休金制度自1990年10月开始实行。为此，1990年日本自卫队须支付13.9亿日元的"特别供给金"。三是延长服役年限。日本自卫队从保留军队建设骨干的需要出发，适当延长了干部自卫官和军士的服役年龄：现行的上、中将58岁、少将56岁退休一律延长至60岁；上士52岁、下士和中士50岁退休一律延长至53岁；医生、药剂师、警备员等一律延长至60岁。

越南军队后勤

综述 近年来，越南军队的后勤工作受到市场经济的严重冲击，在物价不稳，物资短缺，资金不足的情况下，正加速改革进程，觅求新的后勤保障方式，以适应新形势的发展。

后勤工作体制 越军后勤保障工作由总后勤局负责，全军团以上单位均设有相应的后勤保障机构，负责本单位的粮秣、油料、被服、轻武器、弹药、战场救护等通用物资的申请、发放和少量储备工作。坦克、装甲车辆、火炮、防空武器装备以及通信、工兵器材等专用物资则按军兵种系统分级补给。总后勤局是全军后勤保障工作的最高领导机关，其主要职责是：拟定军事预算，负责全军后勤工作的协调和通用物资的采购、储备、加工、调拨、供应及专用物资补给和运输。总后勤局下设军粮、军需、财务、军医、军装、计划、营房、物资、生产、农林、运输、油料等直属局。后勤局是设在各军兵种师以上单位或相当一级单位里的后勤机关，下设各种业务部门，以协助后勤局将总后勤局的主张、计划与本单位的任务相结合，并指导下级工作。海军、空军、防空军的后勤机构主要负责各自专用物资器材的管理。后勤处是设在各军兵种旅团级单位或相当一级单位的后勤机关。

后勤保障原则 越军强调发挥全民后勤的力量，按区域部署保障系统，集中指挥后勤力量，为主要方向的主要任务部队服务。

全民办后勤的原则 越军强调，根据“中央和地方都要为国防事业就地提供后勤保障”的精神，军队各级后勤工作都必须依靠全民后勤的力量，充分发挥地方和人民后勤的作用。其中包括：动员地方党政机关和人民群众协助军队进行军需物资的收集和储备，以便应付突发事件，保证前线急需；动员和组织地方有关部门和人民群众为部队运输物资器材，运送、救治、护理伤病员；组织民兵自卫队直接担负修筑军路，挖掘战壕，构筑工事等多种战场后勤工作。

国防和经济相结合的原则 越军认为，国防和经济密切结合是形成保卫国家综合力量的根本要素，也是军队逐级形成后勤部署，就地组建可靠的后勤物资技术保障的基础。其中，军区的后勤工作必定要与辖区内地方政府密切协同，具体指导省县军指开展国防与经济相结合的有关工作，各野战兵团（主力军）也要与地方密切配合，以便使国民经济能为军队后勤保障发挥积极作用。

按区域部署后勤保障系统 越军强调，平时按预定战区部署后勤网点，并通过完善的运输系统形成牢固的连环后勤网络。就地筹集和储备各种通用物资，以便能在战时发挥最大的后勤力量，在最短的时间内完成对参战部队的后勤保障，并能最大限度减少破坏程度和自然耗损。

集中使用后勤力量的原则 在物资储备尚不充足的情况下，越军当局要求各级指挥员必须懂得合理组织使用后勤力量的方法，以最大限度地发挥现有后勤力量。对于在主要方向担负主要作战任务的部队，必须以全力向他们提供后勤保障。其中，在进攻和反攻战役中，要给在主要方向上担负主要任务的单位以全力保障。在防御战役中，要尽一切力量给在主要防御方向上扼守关键区域的单位和战役反突击力量以保障。

统一指挥的原则 越军认为，所有为军队服务的后勤工作必须实行自上而下的集中统一指挥，唯如此才足以发挥全民后勤的综合威力。为实现对后勤工作的统一指挥，强调部队各级后勤部门要保持高度一致，业务上要有明确的分工和密切协同，要坚决贯彻执行有关规定和制度。

后勤工作现状及改革后勤供给方式的趋向 近年来越军后勤已陷于空前困难，主要表现在以下方面。

军费不足，无法维持正常工作 1989年越军实际军费仅占国防预算的67%，而军费的70%要用于维持部队的最低生活水准，以适应不断上涨的物价。实际上能真正用到部队训练、技术装备保障、干部培养、部队建设、国防工程项目上的资金不足30%，致使很多工作无法正常进行。现有200余家军工企业由于资金不足，开工率不足50%，机器使用率仅有35%。

库房陈旧，装备器材严重耗损 近年来，由于缺少仓库建设预算，装备器材的维修保养经费不足，以致造成“许多技术器材和装备损坏、降级”，如不及时解决问题，“就要报废数十亿美元的装备”。

营房简陋，干部住房紧张　目前越军许多新建单位和换防部队没有固定营房和制式床铺，只有临时性简易房和床板。“10万以上的干部没有住房，10万干部的住房太拥挤”。

生活水准低下，工资制度不合理　据越军报刊透露，目前越军中下级军官的工资收入仅够维持自己的生活，根本无力照顾家庭。普通士兵的津贴更是少得可怜。越国防部财政局局长黎科少将曾多次在报刊上呼吁改革现行工资制度，以提高军人待遇。据称，越军的现行工资制度有4个方面的不合理，即：军队工资低于国家行政干部水准；20%的优待补助没有补够生活费；边疆工作40年的老兵只能享受25年的军龄补贴；不设职务工资，违背按劳分配原则。

缺医少药，官兵身体素质下降　目前越军所属医院、门诊部、卫生队设备陈旧，医护人员短缺，药品供应不足，使不少伤员不能及时就诊。发病率不断上升，健康状况急剧下降。据越军总后勤局军医局透露，“有的部队进入山区仅6个月就有数百人患病，数十人死亡，近万人次入院”。

面对上述问题，越军总后勤局于1989年度召开全军后勤工作会议，提出了1990年后勤工作的任务和方向。会议认为，在当前困难情况下，原有的后勤保障方式已不适应新的形势，“必须按新的保障方式进行改革，即实行军队供给货币化”，也就是按部队供给标准货物价值，把经费直接拨给各单位，各单位可自行管理并灵活使用该项经费，以保障部队生活。据称，这种新的保障方式的优点是：可缓解供应与需求之间的矛盾。由于原来的实物供给变成了现金供给，需求单位掌握了购物的主动权，可在质量、品种、价格上进行选择；缩短了价格差距；精减了军内庞大的后勤供给机构，减少了油料、车辆的耗损，节省了人力、物力和库房开支，使按定量标准供应的物资能够直接、迅速地发到部队。

与此同时，越军当局对军官工资的改革也提出了3个预想方案：(1) 工资的基本结构由军衔工资和职务工资组成，分别占60%和40%，晋职和晋衔均加薪。(2) 工资基本结构由军衔组成，加职务补助。(3) 工资基本结构由职务组成，加军衔补助。

主要资料来源：

①越《全民国防》1990年。

②越《人民军队报》1990年。

越国防部武器局局长谈武器装备管理　综合“越南之声”1990年5月22日报道，越国防部武器局局长杜德最近就全军武器装备管理和保养工作指出，当前搞好这项工作十分重要，中央02号决议和国防部224号指示均体现出对这一工作的关心和重视。从1989年以来，各单位入库的武器装备数量很大，仅火炮就上万门，枪支数十万支，面临着库房不够，技术力量减弱等困难，为保管好这一大批“无价之宝”，各级指挥员要认真贯彻武器装备管理条例，动员全体干部战士切实分类管理和保养好武器弹药，修建库房，培养专业管理人员，做好安全工作。

调整国防经济建设机构体制　据“越南之声”4月17日报道，1989年3月3日越部长会议决定成立国防工业与经济总局。同时还决定成立国防工业总公司、公司和联合科学生产单位。根据此决定，越中央军事委员会也相应下达了关于国防经济的专门指示，这是1975年以来越南军队生产部门进行的第3次较大规模的机构调整。

第11建设兵团改编为11建筑公司　据《人民军队报》1990年2月10日报道，2月8日，越军总后勤局11建筑公司在河内举行公司成立仪式。该公司的前身是隶属总后勤局的担负建筑任务的原第11兵团。目前11建筑公司下辖14个单位，近7000人，其中有5个建筑安装企业，4个建材生产企业，2个运输企业（拥有500部陆路运输工具和5000吨海河运输能力），水电设备安装企业、机器企业、木器企业各1个。公司具有建造各种民用、工业、文化工程和建设机场、港口、矿井、桥涵的能力。

长山建设总公司着手更新技术装备　据《全民国防》杂志1990年第10期载文透露，越军长山建设总公司的技术设备已很陈旧，远不能适应任务的需要。在现有的1000多台各型汽车中，有90%的载重车、60%的工程机械车和65%的指挥车车型极为落后。只有40%的工程机械能适应当前的任务需要，大批日、美、意等国生产的大功率机械使用年限已满，为改变上述状况，该总公司已于1990年着手对技术装备进行更新，计划至1995年引进2条沥青路面施工流水线，20台大功率推土机，8～10台挖掘机，100辆载重12吨以上的自卸载重车，以及部分架桥装备和其他车辆、机械。计划6年内用于更新装备的总投资为260～280亿盾（年均40～45亿盾）。资金来源除每年向国家或银行借贷约10亿盾外，其余由公司内部筹措。为保证装备更新计划的进行，该公司已成立一个由机械车辆技术、工程及财务等人员组成的研究组，负责每年及长远的技术装备更新计划，并积极有效地组织实施，为公司总经理当好参谋。据称，至 1995 年全部技术基本更新后，该公司上缴的利润将每年增长 10%。该公司的前身是 1959 年 5 月 19 日成立的 559 部队（长山兵团）。抗美战争期间，主要担负向南方运送人员和武器装备的任务。1989 年 3 月，为适应新的形势又改为长山建设总公司，隶属国防工业和经济总局，主要经营公路建设、水利水电工程及煤矿开采等。

其他国家军队后勤

印度国防费的分配使用 据印度《军事新闻》1990 年报道，印度 1990～1991 财年的军费预算为 1575 亿卢比，约合 93.7 亿美元，比上一财年增长 21%。扣除物价上涨部分，军费实际增长 11%。军费具体分配如下：陆军 791.015 亿卢比，海军 87.7 亿卢比，空军 201.776 亿卢比，兵工厂 14.32 亿卢比，资本投资 480.189 亿卢比。另外，不列入军费的国防部费用为 31.521 亿卢比，军队人员退休金 150 亿卢比。

印军加强山地师的后勤保障能力 据《印度陆军后勤保障》（解放军出版社 1990 年版）一书介绍，印军十分重视山地师的特点及其作战条件的特殊性。山地师后勤分队的编制人数比其他部队多，山地师的物资储备量高于一般步兵师和装甲师；步兵师和装甲师不储备一般物资和被装，而山地师则要储备 90 个日份；步兵师和装甲师不储备弹药，而山地师则要储备 1500 吨各类弹药，因此，山地师比其他类型的师多编 1 个弹药连。山地师的野战救护队力量也强于其他类型的师，仅牙医排就多编军医、医助和卫生员各 1 名。

巴基斯坦军队建设精干、高效的后勤领导系统 据《后勤学术（外军后勤版）》杂志 1990 年第 5 期报道，巴基斯坦军队按照精干、高效的原则，不断加强后勤领导系统建设。巴基斯坦全军从连到军各级部队均只有 1 名主官。主官既负责军事指挥，也负责后勤工作。如陆军军的领导干部只有 1 名军长（中将）和 1 名参谋长。参谋长只有 2 名上校军官作为助手：1 名负责作战，1 名负责行政（后勤）。旅以下部队，没有后勤机关，均分别由 1 名中校、少校、上尉军官负责：连后勤工作由连主官直接负责，配有 1 名非委任军官（军士）作助手。总部各业务部门的军官也相当少，许多具体工作均由文职官员做。如巴陆军供应运输局，负责军需、油料和车船 3 个方面的大部分工作，共编 80 人，只有 10 名军官，其余 70 人均为文职官员。

泰国军队公布军龄计算方法及退休待遇规定 据《后勤学术（外军后勤版）》1990 年第 3 期报道，泰军公布了军人的军龄计算方法及退休待遇规定。在正常情况下，军龄从入伍年份算起；在战时或特殊情况下，军龄则增倍计算。如军人参加国内外战争，守卫边防，野外军事训练及出国学习、受训、做外事工作等，军龄一律 1 年按 2 年计算。军官提升少将后，虽然在野战或驻外的时间减少，但他们经常指挥战斗，组织演习和视察部队，因而将军的军龄通常也 1 年按 2 年计算。有位上将 20 岁入伍，60 岁退休，但他的军龄却为 57 年。

泰国军人离队的方式不同，计算退伍费的方法也不同，军龄不超过 10 年。因故离队者，领取酬劳金。计算方法是，月薪（按军人的最后月薪，下同）乘以军龄，1 次领取；军龄超过 10 年，而又不到退休年龄，辞去军职另谋职业者，领取赡养费。这种情况计算退伍费比较复杂，因此，泰国对军人的军衔、年龄和军龄的范围均作了具体规定：少尉、上尉不超过 45 岁；少校、中校不超过 50 岁；上校、将军不超过 55 岁。军龄不超过 15 年者，每月领取月薪（下同）的 30%；15～24 年者，领取 50%；25～29 年者，领取 60%；30～34 年者，领取 70%；35～39 年者，领取 80%；军龄超过 40 年者，每月可领取月薪的 80%以上，但最高额不得超过原月薪。规定还要求，领取赡养费者 1 次领完，因此，其计算方法是：月薪的百分比乘以军龄。军人年满 60 岁退休者，领取退休金。计算方法有 2 种：（1）一次性领取者，按月薪乘以军龄计算；（2）按月领取者的方法是：月薪除以 50（领取退休金的平均基数）乘以军龄。按月领取退休金者，可一直领到去世为至。

德国军方提出预防参战人员战斗应激的措施 据《瑞士综合军事医学杂志》1990 年第 2 期报道，德军事医学工作者研究认为，战斗应激不论其强弱，都能影响参战人员实际作战能力的充分发挥，因而有必要采取针对性措施，避免参战人员临阵发生战斗应激或至少使战斗应激的发生率降到最低限度，并使发病者的症状减轻。军事医学工作者在实际调查研究中探索了减轻参战人员战斗应激的各种因素，进而研究了这些因素中哪些容易改变，或通过训练可发生改变，或哪些因素似乎难以改变，或根本就不能改变，等等。根据调查研究所取得的成果，军方制定了研究、训练和思想教育计划。该计划本着“艺高胆大”的原则，强调在专业技术、战术训练中对士兵要从严要求，加强思想与心理学教育，以此使参战士兵树立战斗必胜信心，保障他们身心健康，思想情绪稳定。具体讲，要通过训练和思想教育，使士兵树立起：(1) 充分相信自己具备实际能力（体能、智能和技能）；(2) 相信自己所在部队的集体智慧与能力，即相信自己的战友、上级和整个部队的能力；(3) 相信自己的武器、弹药和各种器材以及通信联络系统是先进的；(4) 相信自己的“事业”。这4个“相信”为参战士兵在战场上抗衡因战争态势所致的战斗应激创造了良好的前提条件。事实表明，对一方充满信赖，对另一方的信赖程序必然会减弱；个人自信心很强，坚信自己必胜，对战斗小组的依赖性就相对减少。

军事医学工作者强调，人毕竟是一种高级动物，其体能的发挥受多种因素的制约。除上述诸因素外，睡眠与作业能力也有密切关系。人在长时间完全丧失睡眠情况下，谈不上有效发挥其作业能力，而在其恢复睡眠以后，作业能力才得以充分发挥。利用最佳睡眠节律指导，可使参战人员保持良好的战斗能力，它比通过作业能力训练来提高丧失睡眠情况下的战斗力效果好、费用低。此外，炎热气候、饥饿、干渴等因素亦同样能影响参战人员能力的发挥，需要研究有效的预防措施。

德研制成军用SDP 3型灭菌蒸馏器 据原民主德国《军事医学杂志》1990年第3期报道，军方已研制成供野战药房使用的SDP 3型灭菌蒸馏器，主要用于药物、药剂容器、医疗器械和卫生服的消毒灭菌和蒸馏水的制备，滴眼药水化学产热处理及提供非饮用热水。安装在单轴挂车底盘上的锅炉设备，主要部件有蒸汽锅炉、柴油燃烧室、2个高压消毒器、可间接加热热水器的蒸馏器、可直接加热热水器的蒸馏器、蒸汽喷射泵、蒸汽喷射升降机以及水管系统与蒸汽管系统。此外，作为SDP 3型灭菌蒸馏器的附件还有4个洗涤槽、2个可装1500升和100升水的机动水箱、1个蒸馏水容器、1套完整的备件、1套工具等。

德军用口腔器械医疗箱开始服役 据《军事医学杂志》1990年第2期报道，原民主德国国家人民军研制的军用口腔器械医疗箱开始服役，供野战条件下各医疗后送阶梯用于伤员口腔伤病治疗，也可用于部队驻防条件下军人口腔疾病的常规治疗。医疗箱配备了供1个口腔科医疗用的最低数量装备，有供止痛、保守治疗、常规牙周病和拔牙以及用于颌面伤救治等的全部器材和药物。除了各种各样规格的口腔器械以外，还有1个便携牙科治疗机，其操作部件带有微型电动机手控把，电源既可以用220伏、125伏或110伏交流电，也可以用12伏直流电源。牙医治疗机还有1个带照明灯的口腔反射镜，这样在照明不足、光线较暗的野战条件下，照样可以开展口腔伤病的医治工作。口腔器械医疗箱内除上述耐用性口腔医疗器械外，有供医疗用所必需的各种消耗品，如消毒药、药棉等。装满药品器械后，医疗箱毛重25000克。需要时，可在5分钟内展开，进行救治工作。

英军制定出新的伤员后送计划 据《北约十六国》杂志1989年12月号报道，英军制定出新的伤员后送计划，伤员后送救护程序是：伤员从受伤地点自己走到或由担架抬到连救护所，尔后由团装甲救护车后送到团救护所。目前已有大批装甲救护车在英军中服役。前方地域不能救治的伤病员均后送到野战医院，主要由救护车中队轮式车辆和人员输送车来后送。必要时，由直升机后送。后方战斗地域和后勤地带设有总医院、专科（烧伤、眼科、神经外科）手术队和后送医院。

战时，英军医疗单位和医疗设施应尽可能靠近前方展开，以及时救治伤员。能在前方地域治疗的伤员应就地治疗。前方地域不能治疗或很难完全治愈的伤员（危重伤员除外）经公路送至后方战斗地域。后方外科综合设施收治前方外科综合设施转来的外科伤员。前方医疗设施手术过的伤员送至后方战斗地域接受确定性治疗。因伤势加重需进一步后送治疗的伤员，由列车送至后勤地带的后送医院实施治疗。

英国皇家空军空中后送中队驻扎在机场，负责扶抬伤员上机，处治后送前需要诊治的伤员。皇家空军C-130飞机与民用飞机可迅速将伤员送至英国本土各医疗设施接受治疗。空中后送中断时，可由皇家海军医务人员用“罗罗”渡船在海上后送伤员。

法军强调建设精干的后勤系统 据《后勤学术（外军后勤版）》杂志1990年第5期报道，法军强调，要建设一个领导机构精干、保障力量充实的后勤系统。法军的最高领导机关是三军参谋部，三军参谋部有1名副参谋长分管三军的后勤工作，他主管的后勤局负责三军后勤的协调工作。法三军参谋部后勤局的编制不足 90 人。此外，作为总部一级的后勤机构，三军参谋部下设的油料总局和卫生总局，每局机关的编制人数也仅百余人。而法军后勤的保障力量却十分充实，法军后勤人员占法军部队总人数的 46%。在法 4 个陆军军及快速行动部队中，各编 1 个后勤旅，负责整个军的各项后勤保障。后勤旅下设参谋、补给、维修和卫生 4 个部，平时编有 1 万余人(战时 1.4 万人)、各种车辆 3000 余台（战时 4000 余台)，补给系统一次能运送弹药 2400 吨、油料 1750 立方米、给养 190 吨，并能储油 2700 立方米；维修系统 1 天能对 100 件装备（包括复杂电子设备）实施大修，并供应备件 1520 吨；卫生系统能接收 1950 名伤员住院，每天能进行手术 400 人次，1 次可运送伤员 1500 名。

法军实行油料、卫勤联勤保障 据《后勤学术（外军后勤版)》杂志 1990 年第 5 期报道，法军的油料、卫勤保障分别由三军参谋部油料总局和卫生总局统管，实行三军联勤。法军油料总局负责三军油料和油料器材的订货、分发、供应、管理及技术保障。担负油料供应任务的油库及空军基地油库，均归油料总局统一领导，由所在军区油料局具体负责管理；海军基地油库由海军具体负责管理和供应。对距油库较近（一般不超过 60 公里）的不同军区或军种的部队，采取就近代供的办法。

法三军卫生总局统一负责陆、海、空三军的通用医疗药品和卫生器材的订货、分发、供应和管理。三军部队的医疗机构和设施均归三军卫生总局统一领导，三军部队的人员均可就近就医。

法军油料和卫生工作通过联勤，避免了同一地区各军种油料、卫生机构的重复设置；便于全国范围内油库、输油网及医疗设施的统一部署；便于提高油库和卫勤设施的利用效率和总体保障效益。

瑞士军队研究战时士兵的心理反应 据《瑞士综合军事医学杂志》1990 年第 2 期报道，卫勤人员的调查研究发现，临近战斗或在前方阵地上作战过程中，参战士兵在自身健康受到威胁，甚至有生命危险时，会产生警报性心理反应。不管这种威胁或生命危险的起因如何，警报性心理反应总是与人身心方面的因素有关，可能出现恐惧综合症。由于精神方面原因可导致不眠症，大脑皮层知觉区出现拘禁，人的辅助思维受阻；因肾上腺反应，致使生理方面出现诸如血液循环、呼吸、糖代谢一时性增强等一系列机体反应。在一定的危险限度内，这种警报性心理反应能改善与直接威胁性危险有关的机体作业能力，但持续的时间难以长久。一旦这种威胁性危险比事先预料的大（事实上也是如此），有可能引起一部分士兵出现过度的警报性心理-生理反应。心理方面表现为：随着思维活动与本能行为的抑制，机体出现恐怖性代偿功能障碍；生理方面表现为：有的士兵出现严重的植物神经症候群，如难以控制的震颤、腹泻等。以上种种就是外界环境中客观存在的危险与个人自身能力相互之间不协调的反应，也是生理和心理上受到某种损害之后而出现的反应。所有这些都与个人内环境心理稳定性及机体代偿功能密切相关。战时，参战士兵心理一旦丧失平衡，对于各种隐蔽的或可能的恐怖性威胁，必然会产生警报性心理反应，即战斗应激，也会使个人实际潜在的作业能力降低。就是说，战斗应激与人的作业能力呈反比关系，战斗应激越小，单兵或战斗小组战士的作业能力就越大，反之亦然。在炮火连天的战场上，与生命攸关的危险是客观存在，只能设法采取一些有效措施，从身心两方面让参战士兵树立起自信心，以抗衡外界威胁作用，最大限度发挥个人自身潜在能力，争取战斗胜利。

瑞典军队探索药材储备新路子 据联邦德国《国际卫勤部队》杂志 1990 年 1 月号报道，瑞典国家药材公司不仅经营着瑞典的所有药房，而且垄断了 80%左右的药材批发市场。瑞典军队也委托该公司筹措和供应军队战时药材，具体任务由政府下达，主要有平时的药材采购、储存与更新；战时全国范围内药材的分配。该公司为此设立防务处，由军队的 1 名上校担任处长。据称，这种做法的好处是：(1) 有利于军队与地方携手合作，共同解决战时药材的储备和供应问题。(2) 一套班子，军民两用，经济上很合算。(3) 有利于提高药材供应的速度。例如，1988 年 12 月，瑞典一支救援队在赴苏联亚美尼亚救灾期间，其向国内申请的抗生素和静脉注射液，1 天之内即装箱发运。

澳大利亚军队医学专家谈保健体能训练 据 1990 年第 1～2 月美《国防杂志》报道，澳军医学专家莫利介绍了澳陆军基础体能训练研究情况。莫利指出：有规律的有氧训练如每周 3 次，每次 30 分钟共 4 周的中等强度训练可改善与心血管系统有关的生理指标，可使高血压患者及正常血压者的收缩压和舒张压降低 10／4mmHg，其作用与降压药物相当；同时可明显降低休息和亚极量运动时心率；改善包括血清胆固醇、肥胖症、饮食和吸烟等生活习惯在内的心脏危险因素和有益于调整人的心理思维与情感机能状态。试验证明，每周训练3天，每天至少训练15分钟，最小训练强度为最大心率储备的66%（即训练心率大于140次／分）为有效训练所需的最小有氧训练量。训练内容除跑步、行军外，还可进行身体大肌肉群的运动。通过对挑选出的一组男性医科学生的踏车运动试验研究表明，对于军队中20～25岁机关人员来说，每周3次，每次30分钟共6周的训练，有氧能力可望增加20～30%，训练心率应在125～140次／分之间。莫利还指出，试验证明，停止训练6周后训练效果降低72%，9周后回到训练前水平。这种停训效应和训练效应基本平行，因此为保持体能训练效果必须坚持有规律、不间断的锻炼。

委内瑞拉军队1991年改善军人生活待遇 据苏军1990年12月26日《红星报》援引委内瑞拉《国民报》消息，在委内瑞拉政府提交国会审议的1991年度预算草案中，军事拨款将近470亿波利瓦(约合9.4亿美元)，是1990年度的2部。据委内瑞拉国防部透露，增加的国防费将主要用于改善军人的物质待遇、住房条件，扩大医疗网，增加退休金。委内瑞拉已决定增加军人薪金和津贴，高级军官增加20～25%，中级军官平均增加50%，初级军官平均增加69%，士兵平均增加90%。

军事法制

中国军事法制

综述 1990年，随着中国社会主义法制建设的不断完善和发展，军事法制建设也将得到了长足的发展。无论在军事立法、执法、守法、军队法律服务以及军事法学理论研究和宣传教育等各个方面，都取得了可喜的成绩和进步，军事法制建设已初具规模，具体表现在：

军事立法项目是建国以来最多的一年 1990年的军事立法是令人瞩目的。江泽民总书记当选国家军委主席以来，接连签署发布了12项军事法规，内容包括军事训练、武器装备管理、军队立法程序、国防计量监督管理、房地产管理、共同条令、环境保护、国防专利等军队建设各个方面，连同1990年2月七届全国人大常委会第十二次会议通过的军事设施保护法，共13项。

军事法规的清理、汇编工作取得了重大进展 历时2年多，工程浩繁的军事法规清理已于1990年宣告结束。共达19卷39册总计2600万字的《中华人民共和国军事法规汇编》和《中国人民解放军军事规章汇编》分别在1990年底和1991年上半年出版发行，填补了中国法律书籍的一项空白。

军事法学的研究取得丰硕成果 1990年，全国军内外报刊杂志发表军事法方面的学术论文和文章有100余篇；出版了《军事法概论》、《军人法律手册》、《军事设施保护法简论》、《纪律条令通论》、《军事法制学》等一批有关军事法的理论专著和工具书；成立了北京军事法学会，召开了军事行政诉讼问题研讨会，等等。有力地推动了军事法学理论的深入研究和发展。

依法治军的思想深入军心，各级领导干部和领导机关的执法意识明显增强 继全军普法教育中各级领导干部带头学法之后，1990年全军广泛开展了贯彻共同条令的教育，这是对各级领导干部法律意识的又一次大检阅。新的共同条令公布后，从军委、总部首长到大单位领导以及集团军主管，都首先以普通一兵的身份认真学习共同条令，扎扎实实地贯彻执行条令条例。在许多阅兵场上，受阅的首先是各级军政主管。而在军事设施保护法生效前的宣传教育中，在国务院和中央军委的统一部署下，各大军区会同驻地省、市、自治区政府共同研究落实该法的实施，军地领导分别代表双方签订严格执行该法的协议书。这些都充分表明，中央军委提出的治法治军的思想已深入军心。

七届人大十二次会议通过军事设施保护法 中华人民共和国第七届全国人民代表大会常务委员会第十二次会议于1990年2月23日通过并公布了《中华人民共和国军事设施保护法》，自1990年8月1日起施行。

军事设施保护法共8章37条。第1章总则；第

2 章军事禁区、军事管理区的划定；第 3 章军事禁区的保护；第 4 章军事管理区的保护；第 5 章没有划入军事禁区、军事管理区的军事设施的保护；第 6 章管理职责；第 7 章法律责任；第 8 章附则。在第 1 章“总则”中，该法明确规定：“本法所称军事设施，是指国家直接用于军事目的的下列建筑、场地和设备：（1）指挥机关、地面和地下的指挥工程、作战工程；（2）军用机场、港口、码头；（3）营区、训练场、试验场；（4）军用洞库、仓库；（5）军用通信、侦察、导航、观测台站和测量、导航、助航标志；（6）军用公路、铁路专用线，军用通信、输电线路，军用输油、输水管道；（7）国务院和中央军事委员会规定的其他军事设施。”同时规定：“各级人民政府和军事机关应当从国家安全利益出发，共同保护军事设施，维护国防利益。”“中华人民共和国的所有组织和公民都有保护军事设施的义务。禁止任何组织或者个人破坏、危害军事设施。任何组织或者个人对破坏、危害军事设施的行为，都有权检举、控告。”

《中华人民共和国军事设施保护法》，是加强国防建设、维护国家安全利益的一项重要法律，是国防建设逐步走向正规化、法制化的重要步骤。这项法律的颁布施行，为保护军事设施提供了法律依据，对于增强全民族的国防意识，制止破坏、危害军事设施的非法行为，加强军政、军民团结，保护军事设施的安全和使用效能，提高国家的防卫能力，保障社会主义建设和改革开放顺利进行，维护国家长治久安，有着十分重要的意义。

《中国人民解放军立法程序暂行条例》发布施行 国家军委主席江泽民于 1990 年 4 月 15 日签署命令，正式发布《中国人民解放军立法程序暂行条例》，并自发布之日起施行。这是军队历史上第一个关于立法程序的军事法规。《条例》共 7 章 44 条。第 1 章总则，规定了该条例的立法目的和依据，适用范围，军事机关的立法权限，军事法规和规章的名称，以及制定法规应遵循的原则等。第 2、3、4、5 章，是按照立法过程中的 4 个阶段，即立法规划和计划、起草、送审与审定、发布，分别对每一阶段的工作程序和基本要求作了规定。第 6 章是对法规发布后的修改和废止程序的规定。第 7 章为附则，明确了该条例的解释权、有关授权事项及施行时间等。

这个《条例》适用于中央军委及其各总部、国防科工委、各军兵种和军区在其职权范围内制定军事法规、军事规章的活动。拟定由中央军委提请国家立法机关审议的法律草案的活动，拟定由国务院和中央军委联合发布或批准发布的军事行政法规草案的活动，以及拟定由国务院各部门和军委各总部、国防科工委联合发布的军事行政规章草案的活动，参照该条执行。

《条例》根据宪法关于国家立法体制和国防、武装力量领导体制的规定，明确了军事机关的立法体制，划分了其立法权限。《条例》规定，军事法规由中央军委制定；军事规章由军委各总部以及国防科工委、各军兵种、各军区制定；调整对象属于国防建设领域，涉及地方人民政府、社会团体、企事业单位和公民的军事行政法规、军事行政规章，分别由中央军委会同国务院，军委各总部、国防科工委会同国务院有关部门联合制定。

《条例》对军事法规、规章的名称作了明确的区分和规范。规定军事法规的名称为条令、条例、概则、规定、规则、办法；军事规章的名称为概则、规定、规则、办法、训练大纲、教令、教范、细则、标准等；规范部队战斗和训练动作的以及对全军性某一方面的工作作系统规定的军事规章亦可称条令、条例。

为了保证军事立法的严肃性和法规的权威性，《条例》明确了军事领导机关和首长在军事立法中的职责，规定上报的立法建议，呈报法规草案，须由呈报单位的主要负责人签署。拟提交国家立法机关审议的法律草案和由中央军委发布的军事法规，应当经军委常务会议讨论审定。同时规定，军事法规由中央军委主席发布，或者经中央军委批准，由军委主管总部、国防科工委、军兵种的最高首长发布。军事行政法规由国务院总理和中央军委主席联合发布，或者经国务院、中央军委批准，由国务院有关部门和军委主管总部、国防科工委的最高首长联合发布。军事行政法规，经国务院、中央军委批准，也可以由国防部长发布。军事规章由军委各总部、国防科工委、各军兵种、各军区最高首长发布。法规通常以发布命令的形式公开发布。涉及军事秘密不宜对外公开的，以文件形式发布。

《条例》的发布施行，解决了军事机关立法活动有法可依的问题，标志着军事机关立法活动从此走上科学化、制度化、规范化的轨道，这对于加快立法步伐，提高工作效率，保证法规质量，具有重要的作用。

中央军委颁发新的共同条令 中国人民解放军共同条令是中国人民解放军《内务条令》、《纪律条令》、《队列条令》的统称。亦称军队三大条令。1990年6月9日，中央军委主席江泽民签署命令，将重新修订的《内务条令》、《纪律条令》、《队列条令》颁发全军贯彻执行。新的共同条令，是中国人民解放军的基本军事法规，是新时期坚持依法治军、从严治军，进行正规化建设的基本依据，是三军将士的行为准则。新条令的颁发施行，是军队建设上的一件大事，对于保证党对军队的绝对领导，保持部队的高度稳定和集中统一，全面提高部队战斗力，具有十分重要的意义。

内务条令　修订后的《内务条令》共20章267条、10个附录。正文内容包括：总则，军人宣誓，军人职责，礼节，军容风纪，作息，日常制度，值班，警卫，装备管理，伙食、农副业生产和财务管理，卫生，营区、营产管理和连队内务设置，紧急战斗准备和紧急集合，野营管理，安全工作，文职干部管理，军旗、军徽的使用和军歌的奏唱以及附则等。附录包括：军旗，军徽、军歌，报告词示例、军官证、文职干部证、士兵证式样，中国人民解放军军衔标志及帽徽、军种（专业技术）符号式样，帽徽、肩章、军种（专业技术）符号和领花的佩带与缀订方法，值班、值勤人员臂章式样，外出证式样以及男女军人参照发型等。

新的《内务条令》较之1984年颁布的《内务条令》，增加了军人宣誓、安全工作、文职干部管理、军旗军徽的使用和军歌的奏唱、附则5章。同时，在有关章节中，增加了官兵相互关系、机关一日生活、证件和印章管理、保密、农副业生产管理、连队内务设置等若干节，并补充增写和修改了一些条款。

新的《内务条令》所规定的内容，体现了人民军队的建军宗旨和原则。条令的颁发施行，对于建立全军正规的内务制度，维护良好的内外关系，明确职责，进行行政管理，培养严整的军容、优良的作风，自觉而严格的组织纪律，以巩固和提高部队的战斗力，都具有重要意义。

纪律条令　《纪律条令》的修订是在不打乱1984年颁布的《纪律条令》的体例和结构的基础上进行的。新的《纪律条令》共6章77条、8个附录。正文内容包括：总则，奖励，处分，特殊问题的处理措施，控告、申诉和纪律监察以及附则等。附录包括：三大纪律、八项注意，荣誉称号奖旗规格一览表，个人奖励登记（报告）表，单位奖励登记（报告）表，处分登记（报告）表，行政看管审批表，行政看管登记表以及控告、申诉登记表等。

新的《纪律条令》主要增加了军人遵守纪律必须做到的10项要求，维护纪律和实施奖惩的原则，处分项目、奖惩的承办单位和实施程序，以及“行政看管”、“纪律监察”等内容，还调整了奖惩权限，增加了奖惩条件。

新的《纪律条令》所规定的内容，反映了人民军队的本质，体现了赏罚严明，以说服教育为主，惩处为辅的原则，既保证了严格的纪律又维护了军人的民主权利。条令的颁发施行，对于维护军队纪律，正确实施奖惩，保证军队高度的集中统一，加强革命化、现代化、正规化建设，将发挥重要作用。

队列条令　新的《队列条令》，是以现行编制装备为依据，以1983年颁布的《队列条令》为基础，继承军队队列训练和队列生活的优良传统，力求使修改后的队列动作、队形和队列指挥庄重大方，整齐划一，便于指挥，简便易行。

新的《队列条令》共9章53条、4个附录。正文内容包括：总则，队列指挥和队列生活基本要求，单个军人的队列动作，分队、部队的队列动作，分队乘坐汽车、敬礼，军旗的掌持和迎送，阅兵以及附则等。附录包括：队列指挥位置示例图，队列口令下达的要领，标兵旗的规格以及符号等。

新的《队列条令》所规定的内容，继承和发扬了军队队列训练和队列生活的优良传统。条令的颁发施行，对于规范全军的队列动作、队列队形和队列指挥，正确实施队列训练，培养良好的军姿、严整的军容、协调一致的动作、严格的组织纪律，以适应技术、战术训练和增强战斗力的需要，都具有重要作用。

中央军委批准正式颁发《军队基层建设纲要》　据《解放军报》1990年2月20日报道，由总参谋部、总政治部、总后勤部联合制定的《军队基层建设纲要》，1月中旬已经中央军委批准正式颁发。这是中国人民解放军新时期基层建设的统一章程。《纲要》的颁发，标志着基层建设开始走上规范化、制度化的轨道。

《军队基层建设纲要》是适应新形势下军队革命化、现代化、正规化建设的需要产生的，是优良传统和新情况新经验相结合的产物。军队建设指导思想实行战略性转变以后，军队基层建设进入新的发展阶段，遇到了许多新情况和新问题。1986年以来，全军各级领导机关和基层单位根据军委领导关于用两三年的时间大抓基层的指示，积极探索新形势下加强基层建设的途径，取得了明显成效，探索和积累了不少新经验，但是由于缺乏全军性的统一规范，基层建设中一系列问题未能得到很好的解决。为此，三总部在综合前几年全军部队抓基层经验的基础上，经过广泛调查和深入研究，联合制定了《军队基层建设纲要》，1988年6月由中央军委批准颁发全军试行。试行的情况表明，《纲要》对端正各级抓基层的指导思想、统一基层建设的标准和主要内容、促进和加强基层建设，产生了重大作用。在此基础上，三总部对《纲要》（试行稿）作了进一步修改，使之更加充实和完善。

这次军委批准正式颁发的《纲要》，对基层建设的指导思想、衡量标准以及基层建设各个方面的主要内容，都作了明确规定。《纲要》指出，基层建设必须贯彻党在社会主义初级阶段的基本路线和新时期的建军思想，紧紧围绕建设有中国特色的现代化正规化革命化军队的总任务，切实遵循必须着眼于提高战斗力、加强全面建设、注重打好基础、坚持从严治军、勇于改革创新、坚持从实际出发等一系列原则，按照政治思想坚强、军事素质优良、作风纪律严格、内外关系密切、生活保障良好、组织作用明显等标准，全面加强基层建设，提高部队的战斗力。

《纲要》高度重视加强基层的政治建设，明确要求全军官兵必须“忠于党，忠于国家，忠于社会主义，忠于人民，拥护党的路线方针政策，在思想上政治上行动上与党中央、中央军委保持高度一致”，并强调指出，基层政治教育，必须围绕保证部队政治上永远合格，培养有理想、有道德、有文化、有纪律的革命军人这个目标来进行，通过教育，使官兵了解中国的基本国情，加深对“一个中心、两个基本点”的理解，坚定不移地坚持四项基本原则，旗帜鲜明地反对资产阶级自由化，积极支持和参加改革，努力为建设有中国特色的社会主义作贡献；同时还要使官兵牢记军队的性质、宗旨和优良传统，明确军队的根本职能和军人职责，发扬爱国主义、革命英雄主义精神，保持艰苦奋斗的政治本色。

《纲要》对领导机关抓基层的职责和方法也作了明确规定，特别要求各级领导机关必须树立为基层服务的思想，关心干部战士的疾苦，帮助基层解决困难，加强调查研究，做到作风扎实，工作落实。

总政颁发《加强和改进士兵思想政治教育方案》 据《解放军报》1990年3月12日报道，《加强和改进士兵思想政治教育方案》经过1989年的试行，已由总政治部颁发全军执行。这个文件是依据中共中央、中央军委关于加强和改进思想政治工作的指示精神，在总结和概括部队思想政治教育实践经验的基础上形成的。

《方案》指出，加强和改进士兵思想政治教育，必须从军队的实际出发，着眼于培养有理想、有道德、有文化、有纪律的革命军人，加强基层政治建设，保证部队政治上永远合格，在继承和发扬中国人民解放军思想政治教育优良传统的基础上，调整内容，改进方法，理顺关系，增强效果，使教育同国际国内新的形势相适应，同改革开放和发展社会主义商品经济的要求相适应，同加强军队革命化、现代化、正规化建设的需要相适应。士兵思想政治教育必须坚持以马列主义、毛泽东思想为指导，用社会主义、共产主义思想和党的基本路线教育部队；旗帜鲜明地坚持四项基本原则，坚持改革开放，反对资产阶级自由化和各种错误思潮；必须突出军队的性质和根本职能，围绕促进基层建设，提高部队战斗力，努力培养军人特有的思想品格和作风；必须注重提高教育效果，根据部队思想道德建设的要求，从国情、军情和士兵思想文化基础出发，实事求是，讲究实效，防止和克服形式主义。《方案》指出，新时期军队思想政治教育的根本目标是培养“四有”革命军人，据此，士兵在服役期内应达到4个方面的具体要求：(1) 政治坚定。(2) 安心服役。(3) 履行职责。(4) 遵纪守法。

《方案》将士兵思想政治教育规范为基础教育、时事政策教育和经常性思想教育3部分，并调整了3项教育内容的时间比例，要求对军委、总部规定的年度思想政治教育时间各级必须严格遵守。为保证各项教育有计划、有准备地组织实施，各部队可实行周教育日制度。《方案》对各级政治机关的职责作了明确规定，强调各级政治机关在履行职责时，应切实加强宏观控制。对经常性思想教育，师以上机关一般只提出指导性意见，不作指令性要求。布置教育，要充分考虑基层的承受能力，注意留有余地。要区别不同情况，确定教育的不同形式和范围，保证旅、团政治机关拥有一定的教育自主权。《方案》要求营、连政治干部要认真履行思想政治教育的职责，不断增强搞好教育的责任感。各级党委要加强对士兵政治教育的领导，把这项工作列入重要议事日程。

总政治部在颁发《方案》的通知中要求，各级党委和政治机关应把它作为政治工作干部的必读文件，认真组织学习，并结合部队实际，切实抓好落实。

江泽民主席颁布《训练条例》 据《解放军报》1990年4月19日报道，中央军委主席江泽民于1990年4月6日发布命令，将《中国人民解放军军事训练条例》颁发全军执行。《训练条例》是为适应军队革命化、现代化、正规化建设的需要，保证训练落实，提高训练质量，促进训练发展而制定的，是全军军事训练的基本法规，适用于全军现役部队的军事训练。

《训练条例》分为总则，职责，对象与基本要求，年度任务，组织与实施，考核与评定，保障、奖励与处分，附则等9章108条。

《训练条例》强调，军事训练是提高战斗力的根本途径，是军队履行职能的重要保证，全军必须把军事训练作为和平时期部队工作的中心。军事训练必须保持坚定正确的政治方向，坚持为军队建设服务，保持部队的高度集中统一，保证党对军队的绝对领导。军事训练必须以马列主义、毛泽东思想为指导，以军事战略为依据，贯彻从实战需要出发，从难、从严训练，提高部队战斗力的方针。军事训练的基本任务是研究军事理论，学习毛泽东军事思想，学习邓小平同志关于新时期军队建设的论述，掌握军事知识和技能，演练现代作战的组织指挥和战法，培养顽强的战斗意志、优良的战斗作风和严格的组织纪律，全面提高官兵的军事素质和部队的整体作战能力。

《训练条例》指出，组织指导军事训练必须遵循训战一致、教养一致、分类指导、正规系统、勤俭练兵、确保质量的原则。军事训练工作实行统一领导，分级管理，按级负责制。总参谋部是全军军事训练的主管机关。各级司令部是本单位军事训练的主管机关。组织领导军事训练是各级司令、政治、后勤、技术机关的共同职责和任务。各机关必须在军政首长领导下，以军事训练为中心，各司其职，各负其责，协调工作，形成合力。

总参颁发试行《战役训练纲目》 据《解放军报》1990年8月24日报道，作为军区、集团军组织实施战役训练基本依据的《战役训练纲目》，总参谋部已于1990年8月20日向全军颁发试行。《纲目》的问世。为全军战役训练内容体系的建立，创造了良好的开端。

全军战役训练开展时间短、基本建设薄弱，以往训练通常是结合各自情况临时设置内容，没有统一的教材和完整的内容体系。随着《纲目》的颁发，战役训练中无所遵循，随意性大的问题将逐步得到克服。

《纲目》是在参照中外历史经验的基础上，以现阶段全军战役训练的实际做法为主要依据编写的。其主体思想是从部队战役训练的目的和任务出发，把研究统一作战指导和演练掌握战役行动方法作为战役训练的基本内容，根据全军现行体制和各级任务，按训练对象的级别划分训练层次，按完成作战任务的需要规定训练任务。

新一代装甲兵部队军事训练规章颁发 随着全军军事训练正规化的开展，装甲兵部队的军事训练规章逐步建立健全，至1990年底已基本配套齐全，并已颁发部队使用。规范训练内容的规章有：《坦克分队军事训练大纲》、《坦克新乘员军事训练大纲》、《装甲步兵分队军事训练大纲》、《装甲兵侦察分队军事训练大纲》、《坦克（装甲车）修理分队军事训练大纲》、《坦克（装甲车）新修理工军事训练大纲》以及与训练大纲配套使用的70余本教材。规范训练程序、方法的规章有：《坦克射击教范》、《坦克驾驶教范》、《坦克通信教范》、《分队战术训练教程》、《装甲步兵分队战术训练教程》、《坦克、机械化（装甲）步兵师旅团首长机关训练教程》。规范训练成绩评定的规章有：《坦克部（分）队军事训练成绩评定标准》、《机械化（装甲）步兵军事训练成绩评定标准》、《坦克新乘员军事训练成绩评定标准》、《装甲兵侦察分队军事训练成绩评定标准》、《坦克（装甲车）修理分队军事训练成绩评定标准》、《坦克（装甲车）新修理工军事训练成绩评定标准》。规范训练保障的规章有：《装甲兵部队军事训练教材、器材配发标准》和《装甲兵部队军事训练教材、器材使用管理规定》。为进一步加强正规化训练，总参装甲兵部又制定了《装甲兵部队军事训练正规化标准》，从训练的组织领导、训练"四落实"、训练成绩、训练保障各个方面，明确规定了具体指标，以检验部队的正规化训练水平，激励全军装甲兵部队开展正规化训练达标活动，使装甲兵部队依法施训，依法治训，不断提高在现代战争条件下的整体作战能力。

第一代《工程保障条令》和第二代《工程兵战斗条令》发布施行 1990年11月28日，迟浩田总参谋长签署命令，发布《中国人民解放军合成军队战斗工程保障条令》和《中国人民解放军工程兵战斗条令》，在全军施行。

这两本条令是合成军队战斗条令的重要组成部分。《工程保障条令》是规范合成军队组织实施战斗工程保障的法规，是各级战斗条令中关于组织实施工程保障条款的具体化和补充。《工程兵战斗条令》是规范工程兵部队、分队战斗行动的法规。第一代的《工程兵战斗条令》是1964年由原总参谋长罗瑞卿签署颁发的。《工程保障条令》于1964年写出征求意见稿后，由于历史的原因未来得及经总长审批颁发，只是以军委工程兵司令部名义下发部队试用。20多年来，两本条令对合成军队组织实施战斗工程保障和工程兵的作战、训练以及编制、装备的研究都起了重要作用。

但是，由于国际形势、中国人民解放军的军事战略、作战指导思想和工程兵的编制体制、装备技术、官兵素质等情况都发生了重大变化；《中国人民解放军合成军队战斗概则》和师、团、营各级战斗条令已更新了两代，第1部《中国人民解放军立法程序暂行条例》也已发布；原来的《工程保障条令》和《工程兵战斗条令》已不适应发展变化了的新情况，所规范的内容和表达形式等均有许多不符合现行军事法规之处，部队、院校广大官兵迫切要求修改制定出适应现代条件下诸兵种合同战斗要求、与现行合成军队战斗条令配套的《工程保障条令》和《工程兵战斗条令》。

据此，总参工程兵部于1985年，责成工程兵指挥学院组成条令编修组，并邀请有关单位的专家参加，对两本条令开始了修改、编写工作。在编修中，坚持以毛泽东军事思想为指针，以积极防御的战略方针和军委的有关指示为依据，严格遵照《中国人民解放军合成军队战斗概则》、合成军队各级战斗条令、《中国人民解放军立法程序暂行条例》；在继承传统经验的基础上，认真吸取近20多年来世界各国军队的作战经验，删去了原条令中陈旧过时的内容，注人新的军事思想、新的作战原则、新的战法。

新颁发的《中国人民解放军合成军队战斗工程保障条令》，共有8章、238条。第1章为总则，明确了该条令的制定依据、原则、指导思想，适用范围，现代合同战斗工程保障的目的、地位、特点和任务；第2～7章为分则，具体规范了合成军队在各种不同战斗类型、战斗样式中，保障部队隐蔽安全、指挥稳定、机动顺利和破坏限制敌人机动的工程措施及组织实施方法；第8章为附则，明确了该条令的解释权和生效日期。《中国人民解放军工程兵战斗条令》，共有9章、274条。第1章为总则，明确了该条令的制定依据、原则、指导思想，适用范围，工程兵的地位作用、编成、基本任务、行动特点和要求；第2～8章为分则，具体规范了工程兵部队分队在合同战斗中遂行工程保障任务和以工程手段遂行战斗任务的组织指挥、行动方法和各种保障；第9章为附则，明确了该条令的解释权、生效日期和现行条令的废止日期。

新一代通信条令颁发全军 据《解放军报》1990年12月10日报道，新一代通信条令——《中国人民解放军通信概则》、《中国人民解放军集团军作战通信条令》、《中国人民解放军合成军队师(旅)、团战斗通信条令》和《中国人民解放军营战斗通信条令》，已经总参谋长迟浩田上将签署命令，于1990年12月1日正式印发全军施行。

新一代通信条令立足通信兵的现有编制装备，着眼今后的发展，在继承军队通信工作的历史经验和光荣传统基础上，总结、吸收20多年来作战训练通信保障和通信值勤、管理的新经验和科研的新成果，反映了军事通信工作的基本规律。

飞行训练工作条例颁布实施 据《解放军报》1990年10月30日报道，空军司令员王海、政治委员朱光于1990年9月25日发布命令，批准《中国人民解放军空军飞行训练工作条例》颁布施行。

《条例》是依据《中国人民解放军训练条例》制定的。是空军各级领导、机关和航空兵部队、飞行院校组织管理飞行训练工作的基本依据，是空军组建以来第一部飞行训练组织管理法规。《条例》共分为10章。条例要求：各级领导必须把飞行训练作为经常性的中心工作来抓，各级军事、政治、后勤、航空工程机关必须在军政首长领导下，各司其职，各负其责，协调工作，形成合力。

武警训练规定颁发施行 1990年11月26日，《中国人民武装警察部队军事训练若干规定》颁发部队施行。这个规定，是武警部队依据中央军委颁发的《军事训练条例》，结合武警部队实际情况制定的训练法规，是武警部队贯彻《军事训练条例》的具体规章，是组织军事训练的依据。《规定》共有10个部分，较之中国人民解放军《军事训练条例》增加了训练部分，从10个方面详尽规定了武警部队训练中的各项制度。《规定》明确要求：各部队必须坚决贯彻执行军委颁发的《军事训练条例》，把军事训练摆在重要位置。要贯彻从执勤、处置突发事件的需要出发，从难、从严训练，提高战斗力的方针。《规定》强调，军事训练必须坚持坚定正确的政治方向，坚持为武警部队全面建设服务，保持武警部队的高度集中统一，保证党对武警部队的绝对领导；必须坚持训用一致，教养一致；坚持从实际出发，实行分类指导；坚持依法治训，建立正规化的训练秩序；坚持按纲施训，勤俭练兵。

教委、总政联合发布《军队院校从地方招收高中毕业生工作的若干规定》 据《解放军报》1990年4月24日报道，为提高军队院校从地方招收高中毕业生的质量，选拔立志献身国防事业的优秀人才，国家教委、总政联合发布《军队院校从地方招收高中毕业生工作的若干规定》。

《规定》指出，参加全国普通高等学校报考军队院校的考生的基本条件是：年龄20周岁以下，拥护四项基本原则，志愿为国防建设事业服务，身体健康。报考初级指挥专业的考生，应具有良好的素质和强健的体魄。各普通中学和各有关部门以及军队院校招生人员，必须对考生进行政治思想品德考核，做出真实、准确的鉴定。

《规定》指出，军队院校招生实行在面试的基础上，提前单独录取的办法。对第1志愿报考军队院校的考生，成绩在当地最低录取分数线以上的，有关省、自治区、直辖市招生委员会办公室，应将他们的全部档案材料提供给军队院校，择优录取。被军队院校录取的考生，地方院校不得再行录取。外语院校主要招收文史类考生，兼收理工类考生。外语成绩突出的，可适当照顾录取；政治院校主要招收文史类考生，兼收理工类考生；文史和理工类考生的录取比例，由军队院校与有关省、自治区、直辖市招生委员会办公室商定公布；报考海军舰艇（潜艇）部门长专业的考生，体格检查合格、成绩达到最低录取分数线的，优先录取；初级指挥专业严格按报考志愿择优录取。完成招生计划有困难的，有关省、自治区、直辖市招生委员会办公室可在报考第1志愿的考生中，以低于最低录取分数线10～20分投档，军队院校按照初级指挥专业的要求，择优录取。受地（市）级以上单位表彰的优秀学生干部、三好学生以及少数民族考生和烈士子女，军队院校可按国家教育委员会的有关规定，优先录取。

《规定》指出，军队院校完成招收学员任务后，尚有培训余力的，可按国家教育委员会、总参谋部、总政治部的有关规定招收地方委托培养生。军队院校不招收自费生、走读生。

《规定》强调，军队院校招收地方普通中学高中毕业生的来源计划和分专业计划，由国家教育委员会、总政治部联合下达。招生来源计划一经确定，各级必须坚决执行。因特殊原因确需改变的，须报国家教育委员会、总政治部批准。

《规定》要求各省、自治区、直辖市招生委员会办公室和军队有关单位，要加强对军队院校招生工作的领导，支持、鼓励应届高中毕业生报考军队院校。各级领导干部和招生工作人员，要坚持原则，严格执行招生政策和规定，遵纪守法，抵制和反对不正之风。

总部颁发院校招生考核新规定 1990年3月17日，总参谋部、总政治部正式颁发《中国人民解放军院校招生军事科目考核暂行规定》。这一规定是军队招生工作的一项改革，是确保优秀士兵入学，提高军校学员质量的重要措施。

总部这次颁发的“暂行规定”，是在汇集近几年全军各大单位和各军兵种不断改进军队院校招生军事（专业）考核成果基础上，经过试点和论证形成的。选拔士兵考生的程序是，考生经连队推荐，营级党委提名，机关职能部门考核，团（旅）级党委审批。在政治审查和身体检查合格的基础上，参加军事考核和文化统考。报考初级指挥院校的军事科目考核成绩，同文化科目统考成绩，一并记入录取总分。例如，报考陆军学院本科、大专或报考二年制中专的考生，都实行千分制，军事、文化分各占一半；参加军事科目考核的考生，其成绩有下列情形者取消报考军校的资格：初级指挥专业总分低于300分、专业科目低于180分、技术专业总分低于180分者。报考技术专业的考生，军事科目考核成绩单独记分，作为录取资格审查，不计入录取总分。

报考各陆军学院考生的军事科目考核，按定向招生的原则，由旅以上单位，按照总部和各军兵种统一制定的军事科目考核成绩评定《细则》或《标准》，对考生逐个逐项进行考核。考核合格者，从高分到低分进行排序，根据招生数量，按一定比例，分别确定各专业参加全军文化统考的对象。

《中国人民解放军环境保护条例》颁发施行 1990年7月10日，中华人民共和国中央军事委员会主席江泽民发布命令，批准《中国人民解放军环境保护条例》颁发全军实施。

新颁发的《中国人民解放军环境保护条例》是在1982年由中国人民解放军总参谋部、总政治部、总后勤部颁发的《中国人民解放军环境保护暂行条例》的基础上修订的。分总则、防止污染、治理污染、环境管理、环境科研与监测、奖励与惩罚、附则。该条例科学地总结了全军在开展环境保护工作中一些行之有效的做法和经验，提出了新时期军队环保工作的基本任务、方针和原则，充分体现了军队环保工作的特点，是军队今后环境保护工作的依据和基本法规。

《中国人民解放军环境保护条例》明确规定了军队环境保护工作的基本任务是保护和合理利用自然环境和资源、开展环境监测和科学研究，防治环境污染和其他公害，植树造林，维护生态平衡，创造一个清洁、适宜、优美的工作和生活环境，保障全体官兵和人民群众身体健康，提高部队战斗力。基本方针是：预防为主，防治结合，治管并重，讲求实效，保障战备。还明确了全军各级环境保护管理机构及其职责，提出了军队环境保护办事机构对军队环境保护工作实施统一监督管理和与各业务部门分工负责相结合的管理体制。

《中国人民解放军环境保护条例》的颁发施行，把军队环境保护工作纳入正规化、法规化建设的轨道，对于提高全军官兵、职工的环境意识，增强责任感和自觉性，使各级各部门充分运用法律武器，行使自己的权力，履行自己的义务，对促进军队环保工作的进一步开展，将起到极大的指导和推动作用。

《中国人民解放军房地产管理条例》颁发施行 中华人民共和国中央军事委员会主席江泽民1990年4月20日发布命令，批准《中国人民解放军房地产管理条例》颁发全军实施。

《中国人民解放军房地产管理条例》，科学地总结了全军多年来房地产管理工作中的一些行之有效的做法和经验，对新时期如何进一步搞好军队房地产管理工作作了新的规定，是军队房地产管理的基本法规。

《房地产管理条例》分总则、调整与审批、管理、开发经营、奖惩、附则。条例明确规定，军队房地产的调整和处理权限集中于军委和总部，各单位对其所住用的房地产负有管理、维护的责任，没有处理的权力；对军队房地产实行责任管理，采用行政和经济办法相结合的管理办法，把管理责任落实到单位和个人；对现有营区逐步创造条件划分为军事行政区和家属生活区，家属生活区的房地产随着住房制度的改革，采取经济手段管理，使之逐步向社会化过渡；军队空余房地产的开发经营，要在保证军队住用和保守军事秘密的前提下进行，必须归口管理，依法经营，严格履行审批手续，充分发挥经济效益；对房地产管理成绩突出的单位和个人应给予精神和物质奖励，对违反条例的行为要给予处罚。

《房地产管理条例》的颁布实施，必将加速军队房地产管理工作标准化、制度化、规范化的进程。

《国防计量监督管理条例》发布施行

1990年4月5日，国务院总理李鹏、中央军委主席江泽民签署第54号命令，发布《国防计量监督管理条例》，自发布之日起施行。这是中国国防计量史上的一件大事，它标志着国防计量工作由过去的技术和行政管理走上与法制管理相结合的阶段。

《条例》共6章28条，包括：总则、计量机构、计量标准、计量检定、计量保证与监督、附则等。

《条例》规定，国防计量是指军工产品研制、试验、生产、使用全过程中的计量工作。国防计量工作是国家计量工作的组成部分，在业务上接受国务院计量行政部门的指导。国防计量实行国家法定计量单位。

《条例》规定，国防科工委计量管理机构，对中国人民解放军和国防科技工业系统国防计量工作实施统一监督管理。军工产品研制、试验、生产、使用部门计量管理机构，对本部门（行业）的国防计量工作实施监督管理。省、自治区、直辖市主管军工任务的部门的计量管理机构，对本地区的国防计量工作实施监督管理。

《条例》规定，军工产品研制、试验、生产、使用部门和单位的计量技术机构的计量标准器具、计量检定人员、环境条件和规章制度，经国防科工委计量管理机构或其指定的机构组织国防计量考核认可并发给证书后，方可承担军工产品研制、试验、生产、使用任务。

《条例》的发布施行，对于加强国防计量工作的监督管理，保证军工产品（含航天产品）的量值准确一致，提高军工产品的质量与可靠性，发挥国防计量技术和设备的优势为国民经济服务，开创国防计量工作的新局面，都具有重大的意义。

《中国人民解放军武器装备管理工作条例》发布施行 1990年4月12日，中央军委主席江泽民签署命令颁发《中国人民解放军武器装备管理工作条例》。这是军队武器装备管理工作的基本军事法规。

《条例》共有9章66条及一个附录。正文内容包括：总则，职责与分工，申请与补充，动用与封存，保管与维修，转级与退役、报废，技术革新，奖励与惩戒，以及附则。附录是“部队武器装备管理科学化、制度化、经常化标准”。

《条例》在“总则”中明确指出：本条例所称的武器装备，是部队用于实施和保障作战行动的武器、武器系统和军事技术器材的统称。武器装备管理，是指武器装备从军队接收到退役报废的一系列管理工作过程。其工作范围主要包括：武器装备的申请、补充、动用、封存、保管、维修、转级、退役、报废和技术革新等。武器装备管理工作的基本任务是保证武器装备经常处于良好的技术状态，保障部队遂行平时和战时的各项任务。

《条例》在武器装备动用方面，明确规定：军内非编制序列单位、生产经营和企业单位，不得配发和动用部队武器装备；抢险救灾或者执行其他紧急任务，需动用配属的武器装备，装备部门应当按业务系统及时将动用情况逐级上报备案；任何单位不得擅自动用在编武器装备从事生产经营活动，确需动用时，需按总参谋部、总后勤部制定的具体办法执行。

《条例》对武器装备的保管和维修制定了明确的要求，武器装备保管必须做到无丢失、无损坏、无锈蚀、无霉烂变质。武器装备完好率必须达到规定的标准。对武器装备管理工作做得好的单位和个人要给予奖励或表彰；对武器装备管理差的单位要给予通报批评。

国务院、中央军委颁发《民兵工作条例》 1990年12月24日，国务院总理李鹏、中央军委主席江泽民签署命令，颁布重新修订的《民兵工作条例》，于1991年1月1日起施行。

新的《民兵工作条例》是在1978年颁布的《民兵工作条例》的基础上重新修订的。共9章46条，包括：总则、民兵组织、政治工作、军事训练、武器装备、战备执勤、民兵事业费、奖励和惩处以及附则等。它是新时期民兵建设的重要军事行政法规，是各级开展民兵工作的基本依据。

新《条例》明确指出：民兵是中国共产党领导的不脱离生产的群众武装组织，是中华人民共和国武装力量的组成部分，是中国人民解放军的助手和后备力量。民兵工作的任务是：建立和巩固民兵组织，提高民兵军政素质，配备和管理民兵武器装备，储备战时所需的后备兵员；组织民兵参加社会主义现代化建设，组织民兵担负战备执勤，维护社会治安；组织民兵参军参战，支援前线，抵抗侵略，保卫祖国。民兵工作应当贯彻人民战争思想，坚持劳武结合，坚持民兵制度与预备役制度、民兵工作与战时兵员动员准备工作的结合。

新《条例》明确规定，全国的民兵工作在国务院、中央军委领导下，由中国人民解放军总参谋部主管。军区按照上级赋予的任务，负责本区域的民兵工作。省军区、军分区、县（市）人民武装部，是本地区的军事领导指挥机关，负责本区域的民兵工作。乡、民族乡、镇、街道和企事业单位设立的人民武装部，负责办理本区域、本单位的民兵工作，按规定不设立人民武装部的街道、企事业单位，确定一个部门办理。《条例》还规定，乡、民族乡、镇、街道和企事业单位的人民武装部体制的变动，按照国家有关规定办理。

新《条例》的颁布施行，标志着全国的民兵工作纳入了国家法制建设的轨道，它对于提高各级领导干部和广大人民群众的国防观念，保证各级地方党委、人民政府和军事部门依法开展民兵工作，进一步加强后备力量建设，维护国家的安宁和社会的稳定，都具有重要而深远的意义。

《中国人民解放军升挂国旗规定》印发全军执行 中央军委于1990年9月25日，将《中国人民解放军升挂国旗规定》印发全军执行。这是全军执行《中华人民共和国国旗法》的基本依据。

《规定》共9条，其基本内容是：总政治部对全军的国旗升挂和使用，实施监督管理。下列军事机关、单位应当每日升挂国旗：总参谋部、总政治部、总后勤部，国防部外事局；各军区、各军兵种、国防科工委、军事科学院、国防大学；边防海防哨所，驻边境口岸的军队外事机构。除此以外的其他军事机关、单位、军队家属区、军队企事业单位，应当在国庆节、建军节、国际劳动节、元旦、春节升挂国旗。团以上机关应当在工作日升挂国旗。军事机关、部队、院校及其他军事单位，举行重大庆祝、纪念活动，大型文化、体育活动，大型展览会，可以升挂国旗。驻民族自治地区部队的师级以上机关，在民族自治地方政府升挂国旗的纪念日和主要传统节日，可以升挂国旗。军用舰船按照《中国人民解放军舰艇条令》的规定升挂国旗。军队院校、除寒假、暑假和星期日外，应当每日升挂国旗。

《规定》的印发执行，对于维护和捍卫国旗的尊严，增强军人的国家观念，发扬爱国主义精神，具有重要意义。

三总部制定颁发《关于军队妇女政治、生活待遇若干问题的暂行规定》 据《解放军报》1990年4月20日报道，总参谋部、总政治部、总后勤部联合制定的《关于军队妇女政治、生活待遇若干问题的暂行规定》，最近已颁发全军执行。制定这个《规定》，是为了适应军队建设和改革的新形势，维护军队妇女的合法权益，改善政治生活待遇，进一步调动女军官、女文职干部、女士兵、女职工和随军妇女家属的积极性，使她们在部队建设的各条战线上作出更大的贡献。

这个《规定》是按照国家的有关政策、法令、结合部队的实际情况，在深入调查研究、广泛征求意见的基础上制定的。《规定》共分10条，内容主要包括：军队女同志的使用范围，在分配工作时，有关单位和部门应予接收，妥善安置；对申请入党、入团的女同志，特别是女知识分子，要积极培养教育，确实具备党员、团员条件的，应及时吸收她们入党、入团；军队院校招生，凡适合女同志的专业，要招收一定数额的女生；女同志比较集中的单位和部门，应注意选拔优秀的妇女干部进入领导班子；为女同志提供学习条件，适量订阅全国性和驻地省级妇女报刊；每年“三八”节都要举行群众性的纪念活动。对女同志分配住房及其他关系到女同志切身利益的有关问题，也分别作出了相应的具体规定。

海军现行条令条例已达530多种　据《解放军报》1990年9月22日报道，海军近年来十分重视法规建设，先后修改颁发了《舰艇条令》、《战斗条令》、《海军航空兵战斗条令》等一大批条令条例，据统计，海军现行条令条例有530多种，各舰队也根据共同条令的精神和原则，结合实际需要，制定了一系列规定和细则，使各种条令制度日趋健全和完善。

二炮5年制定完善后勤法规70余项　据《解放军报》1990年10月4日报道，二炮后勤经费物资供应已经走上法制轨道，在1985～1990年的5年间，总部和二炮有关部门已先后制定完善二炮后勤业务规章300余项，其中70多项经总后勤部批准已正式颁发部队实施。

1985年以前，二炮部队后勤供应标准统随所在军区标准实施，使二炮部队的一些特殊问题长期得不到解决。1985年，经总部批准，二炮部队供给由代供改为直供后，相当一部分标准法规是空白，有些制度也不健全。二炮部队党委认为：只有逐步建立起一套层次分明、门类齐全、科学合理的后勤标准制度和法规体系，才能真正做到依法管理后勤工作，依法规范后勤各项活动。为此，他们利用这一转机，着手全面建立具有二炮部队特色的后勤法规体系。

深入部队调查论证，充分掌握第一手材料，不断填补二炮部队后勤标准法规的空白，是建立二炮部队后勤业务法规的首要步骤。长期以来，二炮部队伙食灶别无论是什么单位，统一按陆勤一、二类灶执行，远远满足不了官兵训练、施工散热量的需要，对此，二炮后勤先后组成了13个调查组，行程数万公里，获得了大量第一手资料，经总后有关业务部门协调论证，终于建立了一套适合于二炮部队特点的伙食灶别法规，并付诸部队实施。

修改不合理的法规，是他们完善后勤法规体系的又一有效步骤。二炮部队多处深山、荒漠，蔬菜运输与边海防部队一样，损耗较大。由于历史的原因，没有享受到运输损耗补助，导致菜篮子与菜盘子极不相符。对此，军需部运输部通过论证、调查，使二炮部队均已享受到这一补助标准。二炮部队接触有害物质人员补助标准，一直按50年代的标准执行。有关部门在实地经过周密调查、测试、获取了大量的数据，终于使这不尽完善的标准得以健全。

沈阳军区1990年制定军事规章20余种

据《解放军报》1990年12月6日报道，沈阳军区认真贯彻执行中央军委有关加强军事立法的指示精神和《中国人民解放军立法程序暂行条例》，紧密结合军区部队建设的实际，加快军事立法步伐。1990年以来，先后制定出涉及战备训练、管理教育、学员苗子选拔、教导队培训，违反保密法规的处罚、武器装备科技成果鉴定、工程管理、财务审计等方面的军事规章20余种。

中国首家军事法学会在北京成立　中国第一个以军事法为专门研究对象的学术团体——北京军事法学会，于1990年2月17日在首都解放军总后勤部礼堂举行成立大会。来自军队和地方的从事军事法学理论研究、教学和实际工作的80多名同志出席了成立大会。

军事法学在中国是一门十分年轻的学科，党的十一届三中全会以后，国家法制建设和军事法制建设的迅速发展，为军事法学研究提供了条件。近几年，一大批军事法律工作者和军内外专家学者加入到军事法学的拓荒行列，初步形成了一支研究队伍，并相继发表，出版了一些军事法学论文和专著，使军事法学越来越引起法学界和军事学界的广泛关注。1987年，军队科研机关将军事法学列为军事学的一个分支学科，同年，国家教委又将军事法学列为法学的一个分支学科，从而奠定了军事法学作为一个专门学科的独立地位。

经北京市批准成立的北京军事法学会是北京市法学会的一个专业分会。它的基本任务是：研究中国国防建设和武装力量的法律制度，探讨具有中国特色的军事法理论和实践问题；为国防建设和武装力量的法制建设提供法律服务；组织和推动军事法学学术研究活动，扶持和培养军事法学研究人才；组织开展军事法学的学术交流，协助有关部门开展群众性的国防宣传教育工作。

大会一致通过了《北京军事法学会章程》。选举产生了由54人组成的第一届理事会和14人组成的常务理事会。经理事会推举，中央军委法制局局长图们被选为该学会会长。著名法学家张友渔和北京市人大常委会副主任封明为应邀担任北京军事法学会顾问。

成都军区成都、昆明法律顾问处成立

据《解放军报》1990年1月4日报道，成都军区成都法律顾问处和昆明法律顾问处于1987年12月分别在成都和昆明成立，是在军区政治部领导下，为军区首长、机关和部队提供法律服务的工作机构。其工作职责和主要业务范围是：为军区和部队首长、机关制定部队法制建设规划、决策提供建议和意见；协助军区和部队首长、机关依法调查、调解军队内部的一些民事、经济和行政纠纷；接受机关和部队的委托，以代理人的身份参与诉讼或非诉讼事务，接受部队企事业单位的聘请，担任法律顾问；接受刑事案件被告人的委托或军事法院的指定担任辩护人；开展法律咨询，代写法律文书；配合部队开展法制宣传教育。

成都军区成都、昆明法律顾问处现有成员25名，其中现役军官8名，离退休政法干部17名，全部取得了军内特邀律师资格。这两个法律顾问处自成立以来，办理了327件法律事务。其中，提供法律咨询217人次，代写法律文书15份；接受16个单位的聘请提供常年法律顾问；办理非诉讼事务15件；接受军内刑事案件被告人委托或军事法院的指定，担任42名被告人的辩护人；为部队挽回经济损失128.8万元，避免经济损失216.8万元。

成都军区成都法律顾问处办公地点在成都军区政治部。成都军区昆明法律顾问处办公地点：云南省昆明市金碧路弥勒寺。

其他国家军事法制

《苏联国防法》草案制定工作完成 据苏《红星报》1990年4月20日报道，第1部《国防法》草案制定工作即将完成，可望提交苏联最高苏维埃第4次会议讨论。草案的主要内容包括：

(1) 草案对涉及国防领域的一切活动都制定了明确的法规。这一点从《国家政权及管理机关在国防领域的权力》、《企业、机关及其他团体在国防领域的职责》、《国防经济保障》等章节名称中就可看到。《苏联武装力量和其他部队》一节对武装力量和其他部队的法律地位原则的确定作了第一次尝试。草案还确立了战争状态、战时状态、动员、军事管制和民防等方面的法规。上述有些问题以前也都有过规定，但都是通过国防部或部长会议下达密令或绝密令的方式规定的。这便导致一些怪现象的产生，如民防是全民的事，却没有公开的民防法规，全是秘密条文。人民不了解法规，怎么执行？

(2) 草案解决了在必要时由谁“拍板”的问题。草案规定，总统作为武装力量最高统帅，作为国家安全负责人，享有决定权。草案规定由总统作出反击决定和下达苏联武装力量采取军事行动、使用核武器及批准进行核试验的命令。

(3) 草案第一次从法律上确认，各加盟共和国、自治共和国及其他自治区，苏联各族人民都有义务从全联盟利益出发，共同实施国家防卫，保证巩固国防的一切措施得以实行。这一条在今天有特别重要的意义。

(4) 草案从法律上确认了苏联军事学说的防御性质。这在军事建设领域和国际领域都很重要。草案还专立一节阐明苏联在军事上应承担的国际法律义务。其中规定，苏联在组织国家防卫采取军事行动的过程中将遵守它所参加的国际谈判准则。

(5) 草案论证了公民实行替代役制和合同兵役制的可能性。这种方法过去有过实践，如1939年对信教者就曾实行过这种兵役制；军事建筑工程人员的补充也是采用这种方法。我们签订和批准的一系列国际协定也没有排除采用此种兵役制的可能性。

(6) 草案充分反映了“人的价值高于一切”的思想。《苏联公民权利》一条确定了军人及一切参加国防保障活动的公民的社会政治权利，并规定侵犯这方面权利应承担的责任。《关于违反苏联“国防法”的责任》部分规定，对一切妨碍武装力量和其他部队履行其职责的活动，一切唆使他人抵抗或反对武装力量和其他部队的活动以及公开玷污军人称号和荣誉的行为，都要依法追究责任。

苏颁布《苏军军事政治机关概则》 据苏《红星报》1991年1月23日报道，1991年1月11日苏联总统戈尔巴乔夫发布命令，批准了《苏军事政治机关概则》，其要点如下：

军事政治机关的性质 原政治机关是苏共在苏军、克格勃部队、内务部部队、铁道兵中的领导机关，苏共通过各级政治部门对武装力量的工作实施领导。新组建的军事政治机关则不同，不再是苏共在军队中的领导机关，而是军事指挥机关的一个组成部分，不再接受苏共的领导，只对苏联宪法负责，执行人民代表大会、最高苏维埃、总统及内阁的有关法令。各级军事政治机关的直接领导分别是国防部长、克格勃主席、内务部部长、铁道兵司令及各级相应的指挥员。

军事政治机关的人员编成、职责及工作程序分别由国防部部长、克格勃主席、内务部部长和铁道兵司令确定。各级军事政治机关的首长是各级指挥员的第一副职，分别由总统、内阁、国防部部长、克格勃主席、内务部部长、铁道兵司令及其他相应职务的指挥员（首长）任命。

军事政治机关的任务 军事政治机关负责全军的军事政治工作，具体任务如下：

(1) 军事政治机关同其他军事领导部门一起，执行苏联国防和安全领域的国家政策，保证军队的战斗动员准备以及战斗任务的完成。(2) 根据官兵的思想状况、民族特点以及对宗教信仰的态度实施教育工作，进行政治、法律、道德和精神心理训练，培养军人忠于宪法所规定的义务和社会主义选择，培养其爱国主义和国际主义精神，随时准备保卫苏维埃社会主义共和国联盟。(3) 制定和落实加强军人纪律、预防军人犯罪、增强多民族军人集体的团结、保障军人服役安全的措施。(4) 指导苏联公民役前训练，关心国家青年政策在部队的落实情况，开展精神和文化生活。(5) 同现有各合法政党、群众组织以及其他社会组织相配合，协调军队的舆论宣传工作。(6) 组织各军事院校社会政治及人文学科的教学工作，负责军事政治机关干部的培养、训练、教育、分配工作。(7) 负责军人、职工及其家属的社会保障，检查有关保护军人的各项法律、法令在部队的落实情况，保障军人的民主权利。

据苏军报刊透露，苏军总军事政治部拟设立5个部门：军事政治教育部、新闻媒介部、国际军事政治情报与合作部、技术器材与印刷企业管理部、社会政治组织与运动联络处。新组建的军事政治机关编制人员将比原政治机关裁减37%，裁减下来的政工人员除安排退役外，经过培训后重新分配。

苏颁布《苏军党组织工作细则》 据苏《红星报》1991年2月13日报道，苏共中央委员会和中央监察委员会召开联合全会，批准了《苏军党组织工作细则》。《红星报》1991年2月13日公布了该细则。

该细则包括3部分：(1) 军队党组织工作的基本方针；(2) 基层党组织；(3) 党委会。

该细则规定，“苏联武装力量中的党组织乃是苏共的一个组成部分，遵循苏共党章行事，保证全军共产党员积极贯彻党在军事建设和加强国防方面所采取的政策”，“在苏联法律及苏联武装力量其他法规的范围内开展活动”，“据此同各级主官和军事指挥机关采取协调一致的行动”。

在“军队党组织工作的基本方针”这一部分中，强调“全军各级党组织通过党员贯彻执行党的军事政策，进行思想政治工作，组织完成党的决议”，“宣传马列主义理论的价值观”，“解释苏共在国防和国家安全问题上所采取的政策以及履行宪法规定的保卫社会主义祖国义务的必要性”。

该细则规定，团以下单位建立基层党组织，师以上单位成立党委会。全军党委会由全军党代表会议选举产生。各级党委会均设办事机构。

美陆军改写1986年版《作战纲要》 据美《陆军时报》1990年11月26日报道，美陆军训练与条令司令部司令福斯上将向该报编辑部透露，美陆军正在改写1986年版《作战纲要》。其谈话主要内容如下：

关于改写《作战纲要》的指导思想 改写《作战纲要》的工作早已开始，近几个月进行了大量模拟作业和分析工作，探讨了欧洲、中东地区各种可能的作战背景以及低强度冲突作战设想，修正了先前的某些观点。改写《作战纲要》的主旨，是反映在未来战场上如何发现敌人及如何对敌实施火力打击。根据各种不同冲突对作战的要求，计划在新版《作战纲要》中综合反映以下4个作战阶段的理论内容：在第1阶段，如何搞好战斗情报准备；在第2阶段，如何为决战创造条件，要求这方面的内容既适用于低强度冲突作战，又适用于中、高强度冲突作战；在第3阶段，如何实施决战，并分别阐述低强度冲突中的决战内容（训练支援、经济援助、经济开发、上层结构改革）和中、高强度冲突中的决战内容（怎样运用远程打击火力，如何协调运用攻击直升机、空军飞机与远程支援火力，为决战的实施创造有利的战场条件，以及如何通过战役战斗实施决战，达成作战目的等）；第4阶段，如何调整部署、休整补充部队，作好实施后续战斗和战役的准备，取得整个战争胜利。

关于美国陆军部队的使命与编制 改写后的《作战纲要》将反映陆军部队使命与编制的变化。就陆军来说，投送作战力量的能力将成为整个陆军的一种能力。这是陆军使命的一个根本性变化，因为从美国本土向海外投送作战力量已成为目前的经常性任务，在裁减前沿部署部队的情况下，更是如此。当然，前沿部署部队也必须能离开原防区，同其他部队一道去执行应急作战任务。例如，在欧洲执行核、生、化作战任务的部队也能到沙特阿拉伯，同其他部队一起执行应急作战任务。所以，美国陆军各部队今后的使命将较少地受地区的限制；其中的前沿部署部队虽仍将限定在特定地区执行任务，但当形势需要时也要准备到其他地区执行任务。以第18空降军为例，它就担负着一系列不同任务。为了使陆军能够选择适当的部队执行任务，然后使它快速展开，并同其他部队一起战斗，第18空降军的编制将被调整为适合编组不同规模（小型、中型或大型）的特遣部队的一种编制。其他陆军作战部队也将具备此种根据需要编组不同部队执行任务的能力。上述作法已成功地运用于入侵巴拿马之战，再次用之于“沙漠盾牌”行动。今后美国陆军的所有部队，包括驻国内的部队，都将采用这种编组方式执行各种任务。

就陆军各级部队来说，各级战斗分队的任务不会有重大变化，基本上和过去一样：运动、射击、夺取地形或进行防御，只是营一级的任务将有所增加。营一级将编有战斗分队、战斗支援分队与后勤支援分队，并且要组织坦克、步兵、特种部队之间的战斗协同。军一级将负责组织不同规模的部队更加灵活地执行各种任务；各作战区的司令官则负责组织陆、海（包括海军陆战队）、空军部队之间的作战行动与协同。

由于使命与任务的变化，部队（尤其是师）的编制结构也将不同于以往。过去美陆军部队的编制主要是按照欧洲战区的作战要求设计的，随着情况的变化，应调整部队编制。陆军将强调在营以上各级部队普遍实行诸兵种合成军编制，其中在旅一级要实行固定的诸兵种合成军编制，使其编有战斗部队、战斗支援和后勤支援部队。截至目前，美陆军主要是在师一级搞诸兵种合成化。现在需要把陆军部队的合成化进一步扩大到旅一级部队。旅实现合成化后，将同时具有在线式部署中同其他旅并列战斗的能力和在非线式部署中实施机动战、抗击进攻己方翼侧和后方之敌的能力。因此，未来的旅一级部队将是由战斗部队、炮兵、工程兵和后勤支援部队组成的、凝聚力强的合成兵种部队。师这一级将变成一个战斗指挥控制机构，其目的是压缩部队的行政层次。军一级将直辖若干战斗旅，战斗中必要时责成师指挥控制若干旅（一般为3～4个）执行特定的战斗任务。

关于未来作战的性质问题 改写后的《作战纲要》将反映未来作战性质的变化。由于未来将压缩前沿部署部队的规模，陆军将没有足够的部队在前沿防区建立绵密的作战部署，各部队之间将有很大的间隙，后方也将十分空虚，极易受敌攻击。因此，未来作战中，为了阻止敌攻击己方后方或从翼侧迂回，部队近战地域的纵深将进一步扩大，广泛采取非线式作战行动，在广大地区实施机动战，以抗击敌进攻或实施反击（反攻），即战初各旅在一线并列展开，当敌即将达成突破（一路或多路突破）时，有关的旅即迅速转移到防区纵深，以集中兵力，然后大举反击（反攻）。这意味着，营、旅两级在战斗初期通常实施线式战斗，随着战斗的发展，要实施机动，集中兵力，然后迂回和从翼侧攻击突入之敌或临时转入防御之敌，或攻击敌之后方，最后达到粉碎敌夺取己方后方的企图。从军的作战来看，美军目前在海湾地区的部署颇象传统的区域防御部署，但实际上它的兵力是集中的，其集中点大都选在适合机动作战的开阔地附近。在如此广阔的战场上实施机动作战既有风险，也有成功的良机，但总的看这种战法对美军部队是有利的。因此，未来的作战将充满机动战性质。为充分发挥己方部队的长处，充分利用战场上的有利条件，陆军部队将更加重视机动战，并努力做好打机动战的准备。新版《作战纲要》将对机动战的含义、性质、任务、各级指挥官的职责和权限作出详细说明，以便于指挥官据此组织实施机动战。组织实施机动战，要求指挥官向部属明确传达自己的意图。为此，准备研究修改和完善有关的指挥程序。实施机动战特别强调各级指挥官善于在某些场合对所属部（分）队实施集中指挥，而在另一些场合实施分散指挥，让部属有更大的行动自由，以利用有利战机。机动战要求更高程度的协调一致，这不仅因为实施机动战十分复杂，还因为指挥官必须按整个作战计划的要求把各部队的行动统一起来。因此，指挥官要具有更大的灵活性。对此，新版《作战纲要》将更加充分地加以说明，指明非线式作战条件下可供利用的有利战机与可能面临的风险，以及不同情况下的行动原则，并举例详加说明。新版《作战纲要》还将进一步强调主动和灵敏这两项原则的重要性。

关于加强侦察与掩护力量问题 在开阔地区实施

机动战，各部队之间必将留有很大间隙，因此有必要从部队的编制上解决侦察与掩护力量问题，即为机动部队配备更多的侦察与骑兵部队。这是从模拟作业中得出的一个重要结论。今后作战部队的侦察力量将扩大其用途，即用来进一步查明电子侦察器材（如遥感系统）搜集的情况，查明敌真实意图，防止受敌欺骗。将来的师，在受命指挥控制若干个旅执行特定战斗任务时，不仅要象现在一样组织侦察活动，而且要组织安全保障，包括使用装甲部（分）队执行掩护任务。因此，未来的侦察部队将主要由装甲骑兵组成。营一级仍将配备一定数量的侦察分队。侦察部队的任务除发现敌人外，还包括：遂行传统的警戒任务；遂行监视和牵制任务，直到投入战斗的机动部队进入交战为止。在其他场合，如在机动中，侦察部队将负责掩护己方战斗部队的翼侧或间隙。

关于近战问题　改写后的《作战纲要》将着重说明近战战场纵深的扩大问题。未来的近战战场将不像现在那样严格限定，它将变得更加广大。在广大的空间实施近战，将要求指挥官不时地精确协调所属各部队的行动。然而，由于在整个作战过程中难以做到始终如一地协调作战，又要求各部队在总的作战计划之下机断行事。由于未来近战战场的结构将不做严格区分，交战中必然会出现敌我战线犬牙交错的情况，己方的作战部署将不再象以往那样紧密。在这种情况下，要求作战部队根据实际情况采取最佳方式部署部队，以免遭敌先进的远程袭击兵器杀伤。这也意味着部队的作战方法将发生新变化。实际上，陆军部队已在欧文堡全国训练中心的训练中采用了新的作战方法。例如，为了防敌炮兵杀伤，部队事先在距防区前沿10～15公里的地区待机，仅向前方派出侦察或掩护部（分）队，当敌发起进攻时，部队再迅速进入预设阵地进行防御战斗。在其他场合，如部队所处的地形十分有利，隐蔽和掩蔽条件优良，或者道路不良，部队来不及在敌接近时向预设阵地机动，则事先就要将部队配置在严密结构的防区，在所谓非线式战场按预定行动方案打一场线式战斗，尽管这样做风险大。不管采取何种方法作战，部队的作战目的主要是歼灭敌人，只有在必要时才夺取（或保守）重要地区，诸如关系到部队能否顺利实施整个战役战斗的地区，影响己方指挥或后勤支援稳定的地区。另外，未来战场的后方将是一个十分薄弱的地区，极易受在某个或某些地段突破的大股小股敌军的危害。指挥官要亲自负责或责成下属指挥官采取有力措施保障后方的安全。

关于后勤保障问题　作战部队的后勤保障也将有重大变化，主要是废止补给站分发供应制，采取单位分发供应制。补给站分发供应制是美陆军自二战沿用至今的主要补给方式，其主要缺点是：供应机构庞大，到处屯集大量补给物资，后勤机动十分不灵活。现在陆军的各级部队都装备有足够的自动化数据处理和通信器材，将来还要装备更好的C^3I系统，完全可以保证各级部队及时向后勤机构申报后勤支援要求，由后勤机构按需供应足够的补给物资。根据这一考虑，打算在旅、军两级建立精干的后勤机构，废除在补给站屯集大量补给物资的做法，实行单位分发供应制，使战斗部队摆脱后勤的束缚，以利于轻装机动。未来的旅、军两级后勤机构将具有独立计划、管理、组织和按需保障供应的能力。

美陆军颁布陆战太空支援条令　据美《军用太空简讯》报道，美陆军打算在1990年颁布FM100-18号野战条令《陆军作战中的太空支援》，正式确认美国陆军在太空作战方面的地位、作用和使命。该条令将规定：(1) 为了支援未来陆军的“空地一体作战”，陆军在作战中将广泛使用天基遥感侦察系统和攻击系统来发现和消灭敌军战线后方的重要目标（如指挥所、炮兵部队和坦克纵队），并将利用气象卫星和遥感侦察卫星收集的情报准确判断敌军的运动路线、方向和规模，以计划己方装甲部队、炮兵部队和直升机部队的联合攻击行动。(2) 陆军将改变以往的作法，在推行战略防御计划和反卫星计划方面作出更大努力（如大力研制可供支援战术部队用的“战略性”陆基反卫星动能截击系统，打算在常规战争爆发之初用来摧毁敌侦察与信号情报卫星），逐步扩大陆战中对太空系统的使用（在2000年以前还只能主要依赖空军和民用卫星提供支援）。(3) 把战略性的太空支援与地面作战中战役战术性的太空支援使命明确区分开来。

美陆、空军联合颁发《野战条令100-20》　美《防务周刊》1990年1月8日报道，美陆军参谋长沃诺上将和空军参谋长韦尔奇上将于1989年12月4日，批准了陆、空军联合作战条令——《野战条令100-20》。该条令主要论述美军在第三世界低强度冲突中的作战原则，其内容要点如下：

(1) 在低强度冲突中，军事领导者有两种职责。条令在开始部分除了阐明低强度冲突的基本内涵以及低强度冲突与其他正规作战行动的微妙而重要的区别外，还着重讲述了军事领导者在低强度冲突环境中的两种职责。第一种职责是传统职责，即完成军事任务、指挥部（分）队作战、抢占有利地形和消灭敌人等。第二种职责是，千方百计地“施加积极影响，以达成更大的政治和心理目标”。

(2) 有克制地使用武力，尽量减少破坏和伤亡。该条令指出，低强度作战的重要原则是，尽量少使用武力，以最大限度地减少平民的伤亡和对财产的破坏。这就需要周密地进行计划、协调与控制。

(3) 特种作战部队在低强度冲突中可发挥巨大作用。该条令用很大篇幅阐述了特种作战部队在低强度冲突中的作用。这种部队除了计划和实施反暴乱、反恐怖和反游击行动外，还可用于准军事行动。

美参议院军事委员会通过国防支出授权法 据日《朝日新闻》1990年7月14日报道，美参议院7月13日通过1991财年（1990年10月～1991年9月）国防支出授权法。该法根据政府和国会两院主席商定的预算范围，决定将布什总统1990年1月提出的国防预算下调180亿美元，将切尼提出的1991财年的减员数字从3.8万人调整到5万人，并同意布什总统的意见将驻欧美军也减5万人，冻结MX机动式导弹的生产费，保持战略防御倡议的现有预算额。这项授权法将推动美国大幅度削减兵员和压缩新武器的开发和生产规模。

国际组织、条约

国际组织

联合国 *概况* 1945年10月24日，在中、苏、美、英、法和其他多数签字国递交批准书后，《联合国宪章》开始生效，联合国正式成立。根据宪章规定，联合国的宗旨是：维护国际和平与安全；发展国际间以尊重人民平等权利及自决原则为根据的友好关系；促成国际合作。截至1990年底，联合国拥有会员国159个①。联合国的主要组织机构包括：(1) 大会，由全体会员国组成，是联合国的主要审议机构，每年举行一届。大会主席由全体会员国选举产生，任期一年。第44届大会主席为尼日利亚前外长约瑟夫·加尔巴，第45届大会主席为马耳他副总理兼外交和司法部长吉多·德马尔科。(2) 安全理事会，简称安理会，系联合国唯一有权采取行动以维持国际和平与安全的机构。安理会决议对联合国全体成员国具有约束力。安理会由5个常任理事国，即中、苏、美、英、法，和10个非常任理事国组成。非常任理事国由大会选举产生，任期两年，每年改选5个，任满不能连任。1990年度的10个非常任理事国是：加拿大、哥伦比亚、埃塞俄比亚、马来西亚、芬兰、也门、罗马尼亚、古巴、科特迪瓦、扎伊尔。安理会主席由成员国代表按英文字母顺序轮流担任，任期一个月。(3) 经济及社会理事会，由54个理事国组成，每年开会两次，讨论国际经济、社会、文化、教育和卫生等问题。(4) 国际法院，设在荷兰海牙，由15名法官组成。法官由大会和安理会分别选出，任期9年。(5) 秘书处，联合国的行政机构，设秘书长1人，作为联合国的行政首长。秘书长由安理会推荐，经大会任命，任期5年，可以连任。现任秘书长为佩雷斯·德奎利亚尔。联合国总部设在美国纽约。

主要活动 **一、联合国大会** 1990年，联合国共举行大会3次。第1次是2月下旬召开的禁毒问题特别大会。第2次是4月下旬召开的经济问题特别大会。第3次是9月18日开幕的例行的第45届大会。这3次会议所讨论的安全、经济、社会问题都是当今世界面临的紧迫问题。

1990年2月20～23日，“国际合作取缔麻醉药品和精神药物非法生产、供应、需要、贩运和分销问题的联大特别会议”（简称禁毒特别联大）在纽约联合国总部举行。大会由第44届联大主席加尔巴任主席，中国等一百多个国家的代表团与会。加尔巴在开幕词中指出，全球性的毒品问题已经构成对国际和平与安全的威胁。德奎利亚尔秘书长也在会上发表讲话，呼吁采取多边行动，并加强联合国在全球反毒行动中的中枢作用，全力取缔毒品。经过充分讨论，会议一致通过了《政治宣言》和《全球行动纲领》，并宣布1991～2000年为联合国禁毒10年。

1990年4月23日～5月1日，联合国关于国际经济合作，特别是恢复发展中国家经济增长和发展特别大会在纽约联合国总部举行。159个国家的代表团与会。第44届联大主席加尔巴当选为大会主席。会议开幕时首先一致通过一项决议，接纳新独立的纳米比亚共和国为联合国会员国。加尔巴在开幕词中指出，发达国家和发展中国家不平衡的“双轨发展”，使大部分发展中国家经济发展停滞，甚至倒退。德奎利亚尔秘书长在致词中强调，80年代发展中国家的经济处于停滞和下降状态，这种趋势必须扭转。137个国家的代表团团长发了言，一致要求加强全球范围内的国际合作，恢复发展中国家的经济增长与发展。中国代表团团长、经贸部长郑拓彬4月24日发言，提出了加强国际经济合作的3项原则：必须由各国人民根据自己的国情来选择发展道路；必须建立良好的国

① 1989年第44届联大举行时，联合国共拥有会员国159个。1990年，纳米比亚和列支敦士登加入联合国，会员国应为161个；但由于南、北也门统一为一个国家，民主德国与联邦德国实现统一，成为一个国家，因而到1990年底，联合国拥有的会员国仍为159个。

际经济环境；应该把恢复发展中国家的经济增长和发展作为国际经济合作的首要目标。大会最后一致通过了《关于国际经济合作，特别是恢复发展中国家经济增长和发展的宣言》，呼吁国际社会创造有利的国际经济环境，坚决支持发展中国家为解决严重的经济和社会问题所作的努力。

1990年9月18日，第45届联合国大会在纽约联合国总部开幕。马耳他副总理兼外交和司法部长吉多·德马尔科当选为大会主席。他在开幕词中说，国际政治关系虽已发生了明显变化，但海湾危机表明，世界形势中仍然存在严重问题，继续对世界的政治、经济和社会发展构成威胁。本届大会通过的第一项决议是，接纳列支敦士登为新会员国。

列入第45届联大临时议程的共有150项之多。但是，由于海湾危机的爆发和联合国安理会处理海湾危机的努力吸引了国际社会的注意力，对本届联大的进程产生了一定的影响。尽管如此，联合国大会还是就当前的政治、经济形势，特别是裁军、地区冲突、经济社会发展等迫切问题进行了广泛讨论并通过了相应决议。

1990年9月28日，中国外长钱其琛在联大发言，全面阐述了中国政府对海湾问题及其他重大国际问题的原则立场和主张。他重申，中国政府主张在安理会有关各项决议的框架内，通过政治途径解决海湾危机，避免诉诸武力。他还具体阐述了中国政府关于建立国际政治新秩序的主张："在和平共处五项原则的基础上建立国际政治新秩序，是时代的要求，是各国人民的迫切愿望。中国认为，国际政治新秩序应包括以下主要内容：第一，每个国家都有权根据本国国情选择自己的政治、经济和社会制度；第二，世界各国特别是大国必须严格遵守不干涉他国内政的原则；第三，国家之间应当互相尊重，求同存异，和睦相处，平等相待，互利合作；第四，国际争端应通过和平方式合理解决，而不应诉诸武力或以武力相威胁；第五，各国不论大小强弱都有权参与协商解决世界事务。"

1990年10月10日，联合国大会举行会议，纪念1960年第15届联大通过的《给予殖民地国家和人民独立的宣言》发表30周年。本届联大主席德马尔科发表讲话指出，自宣言通过以来，世界上已出现80个新的国家，广大的领土已经独立，并加入了国际社会大家庭。联合国秘书长德奎利亚尔在讲话中强调，由于非殖民化进程的结果，今天的联合国远比30年前更具有代表性，更为强大，它将继续为推动目前尚存的18个非自治领土的政治、经济和社会的发展而努力。

1990年11月9日和12日，联大政治与安全委员会分别通过由中国提出的关于常规裁军和核裁军的决议案。这两项决议均强调，拥有最大常规武库和核武库的美苏两大国在裁军问题上负有特殊责任，它们应当率先停止军备竞赛，早日大幅度削减常规武器和核武器。

1990年12月6日，联大全体会议以144票赞成、2票（美国、以色列）反对通过决议，呼吁召开一次中东和平国际会议，以全面公正地解决中东问题。12月13日，联大又通过3项决议，批评美国纵容以色列继续推行其侵略和扩张政策，并再次呼吁召开一次在联合国主持下，由安理会5个常任理事国和包括巴勒斯坦解放组织在内的所有冲突各方参加的中东和平国际会议。12月14日，联大主席德马尔科也向国际社会发出了同样的呼吁。

1990年12月10日，联大第2委员会（即经济与财政委员会）通过决议，批准联合国关于第4个发展10年的国际发展战略。该发展战略提出，在今后的10年里，发展中国家生活条件应有显著的改善，贫富国家间的差距应进一步缩小。为此，应促进发展中国家的经济增长；加快发展进程，以满足社会需求，减少极端贫困，促进人类资源和技能的发展和利用；改进国际货币、财政及贸易体制，以支持发展进程；稳定世界经济，改善国家和国际宏观经济管理；着重解决最不发达国家所存在的问题。

二、安理会 1990年，国际形势继续动荡，柬埔寨问题尚未解决，海湾地区又出现危机。因此，安理会维护和平与安全的任务日趋繁重和艰巨，其地位和作用也随之增强。

（一）关于柬埔寨问题 1990年1～12月，联合国安理会为寻求柬埔寨问题的全面政治解决进行了不懈的努力，并取得了重大进展。

1990年1月15～16日，安理会5个常任理事国在法国首都巴黎就政治解决柬埔寨问题举行第1轮磋商，并就解决柬埔寨问题的下列原则取得一致意见：不使用武力；通过全面政治解决办法，其中主要包括外国军队经过核实的撤离，停火和停止任何外来军事援助，谋求持久和平；柬埔寨人民通过自由、公正和民主的选举行使自决权；联合国在解决柬埔寨问题中发挥更大作用；在过渡阶段，由 个全国最高委员会行使柬埔寨主权等。

1990年2月12～13日，安理会5个常任理事国在纽约联合国总部就政治解决柬埔寨问题进行第2轮磋商，集中讨论在柬维持和平的方式和过渡阶段中的行政机构问题。会议公报宣布，5国代表一致认为，联合国能够有效活动的必需条件是：外国军队的撤出受到核查，实现停火，停止外来军事援助，各派武装力量在指定地区集结并进入营地。在这次会议上，联合国秘书长德奎利亚尔宣布，他已建立了柬问题特别工作组，而且由他本人担任组长。工作组的任务是监督联合国行动的技术方面，如行政、人员、后勤等。

1990年3月12～13日，安理会5个常任理事国关于政治解决柬埔寨问题的第3轮磋商在巴黎举行。会议结束时发表了磋商纪要，宣布5国代表在柬组织自由公正的选举、成立柬全国最高委员会、成立联合国在柬过渡时期权力机构等3个问题上取得了一致意见。

1990年5月25～26日，安理会5个常任理事国在纽约联合国总部就政治解决柬埔寨问题举行第4轮磋商，着重讨论关于柬过渡时期的政权和军事问题，并取得了一定的进展。

1990年7月16～17日，安理会5个常任理事国关于柬埔寨问题的第5轮磋商在巴黎举行。磋商结束时发表的磋商纪要指出，5国代表在全面政治解决柬问题的两个关键性问题，即柬大选前行政管理的临时安排和军事安排上取得重大进展，并完成了相应的文件。

1990年8月27～28日，安理会5个常任理事国在纽约联合国总部就政治解决柬埔寨问题举行第6轮磋商。磋商结束后发表了联合声明。声明宣布，5国代表已就解决柬埔寨问题方案的框架达成最后协议。该框架共由5个部分组成：柬大选前行政管理的过渡安排、过渡时期的军事安排、在联合国主持下举行大选、保护人权、关于柬主权及领土完整的国际保障。声明强调，上述方案的实施需要柬冲突各方——越南及柬埔寨四方的充分支持。因此，5国敦促有关各方将该方案作为一个整体接受，并将其作为解决柬埔寨冲突的基础。8月29日，德奎利亚尔秘书长发表声明，要求柬埔寨冲突各方接受安理会5个常任理事国提出的政治解决方案。9月22日，安理会通过决议，批准了这一方案。

1990年9月上旬，柬埔寨四方代表在印尼首都雅加达举行会议，表示接受安理会5个常任理事国拟定的完整方案，并于9月10日宣布成立柬全国最高委员会。但由于金边政权方面的阻挠，最高委员会主席未能选出。有鉴于此，安理会于9月20日通过一项决议，安理会5个常任理事国于10月16日发表一项声明，敦促柬埔寨各方尽快选出最高委员会主席，但没有成功。

1990年11月23～26日，安理会5个常任理事国的代表、联合国秘书长的代表以及巴黎国际会议两主席，就政治解决柬埔寨问题在巴黎举行工作会议，完成了关于全面政治解决柬埔寨问题的协议及其5个附件、关于柬埔寨问题的国际保证协议、柬埔寨恢复和平和重建的宣言、会议最后文件的起草工作。这些文件草案将由巴黎国际会议两主席提交会议协调委员会讨论，最后由部长级国际会议审议通过。

（二）关于中美洲问题　1990年1月17日，安理会举行紧急会议，审议入侵巴拿马的美国军队1989年12月底强行搜查尼加拉瓜驻巴拿马外交官住宅事件。会上，尼加拉瓜代表谴责美军侵犯尼外交官住宅是强权政治行径，要求美军立即撤出巴拿马。哥伦比亚等8国提出一份决议草案，认为美军搜查尼驻巴拿马大使官邸事件是违反国际法公认并列入《维也纳外交和领事关系公约》的特权与豁免权的。该决议草案在付诸表决时，中国等13票赞成，英国弃权，由于美国反对，该案被否决。

1990年3月27日，安理会在审议了德奎利亚尔秘书长关于中美洲形势的报告后，一致通过决议，决定扩大联合国中美洲观察团的任务，并增派一支800人的联合国和平部队，以便协助解散尼加拉瓜反政府武装。

1990年4月20日，安理会应德奎利亚尔秘书长的要求举行会议，审议中美洲问题。德奎利亚尔提出，鉴于尼加拉瓜三方（当选总统查莫罗夫人、即将卸任的桑地诺政权、反政府武装）已于4月19日签署了实现停火和遣散反政府武装的协议，并要求联合国中美洲观察团对停火的实施以及在规定的地区内遣散反政府武装进行监督，安理会应扩大中美洲观察团的权限。会议一致通过决议，扩大中美洲观察团的权限，以便他们立即监督尼加拉瓜停火并促进反政府武装的遣散工作。

1990年5月4日，安理会一致通过决议，要求联合国中美洲观察团在1990年6月10日前完成尼加拉瓜反政府武装的遣散工作。决议明确指出，中美洲观察团现在的任务是监督尼境内双方停火、双方部队隔离和遣散尼反政府武装成员。为了便于观察团完成任务，安理会根据德奎利亚尔秘书长的建议，决定把观察团任期延长6个月，到1990年11月7日止。

1990年5月23日，安理会举行会议，听取德奎利亚尔秘书长关于尼加拉瓜形势的报告。考虑到尼反政府武装领导人设置障碍，致使武装人员遣散的进程迟缓，安理会5月份主席、芬兰常驻联合国代表克劳斯·托尔努多代表安理会发表声明，呼吁尼加拉瓜反政府武装立即、全面地履行其关于6月10日前遣散全部武装人员的承诺。

1990年6月8日，安理会举行会议，讨论尼加拉瓜反政府武装遣散问题。鉴于尼加拉瓜新任总统查莫罗夫人与反政府武装领导人加莱亚诺已于5月30日达成新的协议，遣散工作业已恢复，但难以在6月10日前完成，安理会通过决议，将尼反政府武装力量遣散期限延长19天，即延至6月29日。

1990年6月27日，在联合国中美洲观察团的监督下，尼加拉瓜反政府武装总参谋部领导人富兰克林在尼首都马那瓜附近的圣佩德罗·罗瓦戈地区向联合国中美洲和平部队象征性地交出自己使用的武器。至此，尼反政府武装已经全部放下武器，标志着持续10年之久的尼加拉瓜内战已经结束。6月29日，由戈麦斯领导的中美洲和平部队中的700名委内瑞拉士兵，在胜利完成监督尼反政府武装交枪解散的任务后先期回国。中美洲观察团的其余军事观察员和文职人员也于1990年11月圆满完成安理会赋予的中美洲和平使命，顺利撤出。

（三）关于中东地区各项问题　1990年3月29日，安理会举行会议，审议伊朗和伊拉克执行安理会598号决议情况。德奎利亚尔秘书长在致安理会的报告中指出，安理会598号决议中的多项内容，如完全撤军和遣返战俘等尚未得到贯彻执行，但联合国两伊军事观察小组自1988年8月9日设立以来，在实现两伊停火方面起到了不可缺少的作用。它的继续存在是执行安理会598号决议，和平解决两伊冲突的一个基本条件。会议根据秘书长的报告一致通过决议，要求两伊立即执行安理会598号决议，全面解决两伊冲突问题；决定将联合国两伊军事观察小组的驻留期延长6个月。8月2日伊拉克入侵科威特后，两伊关系出现重大转变。8月16日，伊拉克突然宣布，它将于17日开始从伊朗领土撤军，预计5天内全部完成。17日，伊拉克开始从伊朗撤军并释放了1000名伊朗战俘。同时，伊朗外长致函联合国秘书长，要求联合国驻两伊军事观察小组执行监督和确认伊拉克撤军的使命。8月23日，伊拉克外长正式通知联合国秘书长，宣称已经完成从伊朗的撤军，但伊朗方面对此仍持有保留意见。

1990年，以巴勒斯坦问题为核心的阿以冲突仍在继续。安理会为解决这一问题召开了多次会议。5月25日，应阿拉伯集团国家的要求，安理会在日内瓦举行紧急会议，审议以色列军队枪杀巴勒斯坦平民事件。此次会议本应在纽约联合国总部举行，因美国拒绝巴勒斯坦国总统阿拉法特入境而不得不改在日内瓦召开。中国常驻联合国副代表丁原洪在会上发言，强烈谴责以色列当局镇压巴勒斯坦人的罪恶行径，呼吁中东有关各方和国际社会继续努力，推动中东和平进程向前发展，公正合理地解决巴勒斯坦问题，从根本上改变中东地区长期动荡不安的局面。阿拉法特在会上提出了实现中东和平的建议。但由于美国方面的阻挠，会议未能取得实质性成果。1990年10月10～13日，安理会举行会议，审议10月8日以色列当局在巴勒斯坦被占领土上的暴行问题。会议于13日一致通过决议（即安理会672号决议），对10月8日暴力事件造成的重大伤亡表示震惊，对以色列安全部队的暴行予以谴责，要求以色列严格遵守《关于战时保护平民的第四项日内瓦公约》的法律义务和责任。1990年12月20日，安理会一致通过决议，要求以色列确保阿拉伯被占领土上巴勒斯坦人的安全，授权德奎利亚尔秘书长考察该地区形势，为改善以色列占领下巴勒斯坦平民的状况作出紧急努力。然而就在这次会议上，由于美国的反对，一些理事国（均为不结盟国家）关于召开一次中东问题国际会议的决议草案未能付诸表决。会议采取折中形式，由安理会当月主席、也门常驻联合国大使阿卜杜拉·萨利赫·阿什塔勒宣读一项声明，表示理事国一致同意，在适当的时候召开一次经过适当组织的国际会议，为在阿以冲突问题上实现谈判解决和实现持久和平所作出的努力提供便利；但在何时才是适当时机问题上，各理事国之间尚未取得一致意见。

1990年6月27日，安理会举行会议，一致通过联合国秘书长德奎利亚尔6月20日提出的关于在联合国监督下解决西撒哈拉争端的和平计划。该计划建议在西撒实行停火，并在停火生效6个月后在西撒举行公民投票，以决定西撒前途。同时由联合国派遣一支名为"联合国西撒公民投票观察团"的和平部队，以监督那里的和平进程。和平解决西撒争端的这一重大进展是联合国秘书长德奎利亚尔持续努力的成果。早在1990年1月22日，他便任命约翰尼斯·曼兹为新的联合国驻西撒特别代表，以加速西撒和平进程。1990年3月下旬，他亲自出访摩洛哥和阿尔及利亚，与摩洛哥国王哈桑二世、西撒人阵领导人阿齐兹举行了会谈，终于使西撒问题的和平解决出现了转机。

1990年8月2日～11月29日，安理会相继就海湾危机问题通过12项决议。1990年8月2日，伊拉克武装入侵科威特。应科威特政府的要求，安理会举行紧急会议并通过660号决议。决议谴责伊拉克对科威特的入侵，要求伊拉克立即无条件地从科威特撤军，并呼吁伊、科两国立即通过谈判解决争端。1990年8月6日，由于伊拉克拒绝执行安理会660号决议，安理会举行会议并661号决议，决定对伊拉克实行强制性经济制裁和武器禁运。1990年8月9日，鉴于伊拉克政府8月8日宣称，科威特已并入伊拉克，组成所谓“统一的国家”，安理会举行会议并一致通过第662号决议，宣布伊拉克无论以何种方式，何种借口吞并科威特，均不具备法律效力，都是无效的。1990年8月18日，应美国常驻联合国代表皮克林的要求，安理会举行紧急会议并一致通过第664号决议，要求伊拉克政府允许外国公民立即撤离伊拉克和科威特。决议还要求伊拉克不得采取任何危害外国公民人身安全和健康的行动；撤销要外国关闭驻科威特外交使团的决定。1990年8月25日，安理会举行会议，以13票赞成，2票（古巴和也门）弃权通过第665号决议，授权在海湾地区部署海上力量的国家“必要时采取与具体情况相称的措施”以阻止出入伊拉克的船只，对其货物和目的地进行核查，从而确保安理会关于对伊拉克实行贸易制裁的661号决议得以实施。1990年9月13日，安理会举行会议并通过第666号决议，规定了向伊拉克或科威特提供食品的有关原则和分发食品的机制。1990年9月16日，安理会举行会议并一致通过第667号决议，强烈谴责伊拉克军队侵犯外国驻科威特使馆的行为，要求伊拉克立即释放被扣留的外交人员和外国侨民。1990年9月24日，安理会举行会议并一致通过第669号决议，授权安理会制裁委员会审议因制裁伊拉克而遭受损失的一些国家所提出的援助要求，并向安理会主席提交采取适当行动的建议。1990年9月25日，安理会举行部长级会议，当月主席、苏联外长谢瓦尔德纳泽主持会议，15个理事国的外长或常驻代表及特邀代表科威特外长出席，德奎利亚尔秘书长与会并讲了话。会议以14票赞成、1票（古巴）反对通过了第670号决议，决定对伊拉克和被其占领的科威特实行空中封锁，并且禁止伊拉克船只进入各国港口。1990年10月29日，安理会举行会议并通过第674号决议，要求伊拉克停止扣留第三国国民为人质，不得虐待和迫害科威特及第三国公民。1990年11月28日，安理会举行会议并一致通过第677号决议，强烈谴责伊拉克改变科威特人口构成和销毁科威特合法政府档案材料的行径。1990年11月29日，安理会在经过事先长时间反复磋商后，应当月主席、美国国务卿贝克的要求召开部长级会议，审议美国提出的关于安理会授权对伊拉克使用武力的决议草案。安理会15个成员国的外长均出席了会议。会议经过表决，以12票赞成、1票（中国）弃权、2票（古巴、也门）反对的多数票通过第678号决议，授权联合国成员国在伊拉克于1991年1月15日之前仍拒不执行从科威特撤军等安理会有关决议的情况下，使用一切必要手段，维护、执行有关决议，恢复海湾地区的和平与安全。中国外长钱其琛在表决前发言，阐述了中国政府的立场。他指出，联合国作为一个维护和平与安全的国际组织，既要对国际安全负责，也要对历史负责。联合国在授权一些成员国对另一个成员国采取军事行动这样的重大问题上应当十分慎重，避免匆忙行事。中国对过去11个有关决议都投赞成票，是因为那11个决议所规定的制裁措施尽管严厉，都不属于动用武力的范围。即将表决的这个决议草案采用了“使用一切必要手段”的措词，实质上是允许采取军事行动，而这一内容有悖于中国政府力主和平解决的一贯立场，因此，中国代表团难以对这个决议案投赞成票；另一方面，海湾危机是由于伊拉克入侵和吞并科威特而引起的，伊拉克至今未在从科威特撤军这个关键问题上采取实际行动，中国注意到，即将表决的这个决议草案同时也要求伊拉克充分遵守安理会660号决议和其他有关决议，也就是要求伊拉克立即从科威特撤军，对这一点中国是赞成的，因此中国对这个决议草案将不投反对票。联合国秘书长德奎利亚尔与会并发表讲话指出，决议将是对伊拉克的一个“严重警告”；联合国要的不是投降，而是在尊重各种合法利益并有利于更广泛的和平与法制的情况下，寻求解决危机的最体面的途径。

三、其他专题性会议与活动 1990年，为了促进国际和平与合作，联合国除大会和安理会外，还举行了其他一系列专题性会议和活动。

1990年1月29～31日，联合国亚太地区建立信任和安全措施会议在尼泊尔首都加德满都举行。来自中国、美国、苏联、日本、印度等20多个国家的40多名政府官员、学者、知名人士以及负责裁军事务的联合国副秘书长明石康出席了会议。明石康在会上介绍了欧洲在建立信任与安全措施方面的作法后强调，亚太地区应该根据自己的条件创立信任和安全措施。与会代表讨论了亚太地区形势，就建立信任和安全措施提出了一系列建议。中国代表候志通在发言中强调指出，为了实现亚太地区的和平与安全，必须排除超级大国对本地区的军事干预和一切形式的霸权主义，结束侵略和干涉，使国家间关系真正建立在和平共处五项原则的基础之上，而且建立信任和安全措施只能作为裁军的早期补充和辅助措施，而不能取代实际裁军步骤。

1990 年 4 月 9～11 日，联合国纳米比亚理事会（成立于 1967 年）在刚刚获得独立的纳米比亚共和国首都温得和克举行特别会议，并发表宣言，鉴于纳米比亚业已独立，该理事会的托管使命已经完成，建议联合国大会确认其自行解散。纳米比亚总理根哥布在会上发表讲话，对纳米比亚理事会在 20 多年间进行的卓有成效的工作表示赞赏。1990 年 9 月 11 日，第 44 届联大通过决议，正式决定解散纳米比亚理事会。

1990 年 4 月 16～19 日，联合国裁军会议在日本东京举行，美、苏等 22 个国家和地区的政治家、外交官和科学家出席。与会代表指出，联合国在裁军问题上可以有所作为，首先应加强检查，阻止质量上的扩军。会议发出呼吁，要求把科学技术的发展应用于裁军而不是扩军。

1990 年 9 月 3～14 日，第 2 次联合国最不发达国家问题会议在巴黎举行。包括中国在内的 140 多个联合国成员国、20 多个国际组织的代表出席。法国外长迪马当选为会议主席。联合国秘书长德奎利亚尔致开幕词。会议讨论了 1981 年第 1 次最不发达国家问题会议通过的行动纲领执行情况和 90 年代援助最不发达国家的新目标，并一致通过了《巴黎宣言》和《90 年代援助最不发达国家行动纲领》。

1990 年 9 月 30 日，由加拿大、埃及、墨西哥、巴基斯坦、瑞典和马里等国共同倡议召开的联合国世界儿童问题首脑会议在纽约联合国总部举行。70 多个国家的国家元首或政府首脑、数十个国家的外长及常驻联合国代表出席会议。马里总统穆萨·特拉奥雷担任主席。他在开幕词中指出，会议的目的是提醒人们担负起建设和平，使儿童的生存、保护和发展得到保障的责任。会议通过了《关于儿童生存、保护和发展的世界宣言》和《90 年代行动计划》。在当天举行的上述宣言和行动计划的签字仪式上，中国政府总理李鹏的代表、外交部长钱其琛草签了这两个文件。

1990 年 10 月 3 日，联合国公布了美国国务卿贝克和苏联外长谢瓦尔德纳泽关于加强联合国作用的联合声明，题为《在变化的世界中承担的和平与安全的义务》。联合声明主张使联合国确立其在维持国际安全、和平解决争端和防止冲突方面的决定性作用；表示美苏两国将在联合国及其机构和活动中强调其对国际和平与安全的作用；两国将努力利用联合国解决 90 年代的国际问题。

近年来，联合国在维护国际和平，促进国际合作以解决人类面临的一些紧迫问题方面发挥了积极作用。1990 年，联合国的这种积极作用表现得更为明显。正因为如此，作为联合国代表的秘书长德奎利亚尔于 1990 年 2 月 15 日被援予“奥纳西斯—雅典娜 1990 年人和人类奖”，以表彰他在解决国际冲突和振兴联合国机构中所作出的努力。

作为联合国的创始会员国和安理会常任理事国之一，中国一贯恪守联合国宪章的宗旨和原则，重视联合国的作用。同往年一样，中国积极参加了联合国 1990 年的各项工作。特别是在安理会多次审议国际上最突出的海湾危机过程中，中国代表坚持原则，维护正义，既对国际安全负责，又对历史负责，博得国际社会的广泛赞赏。在解决地区冲突方面，特别是在谋求柬埔寨问题的政治解决等问题上，中国也同样作出了重大的贡献。中国代表在联合国有关会议上一再表示，愿同其他成员国一道，为加强联合国维持和平行动的作用作出努力。中国继 1989 年参加联合国维持和平行动特别委员会，并派出文职人员参与联合国对纳米比亚公民投票的监督之后，又于 1990 年 4 月派遣 5 名军事观察员，参加联合国中东停战监督组织的活动，即是有力的证明。

不结盟运动 *概况* 不结盟运动正式诞生于 1961 年 9 月 1～6 日在南斯拉夫首都贝尔格莱德举行的第一次不结盟国家元首和政府首脑会议，其成员共 102 个（其中包括 101 个国家和西南非洲人民组织）。不结盟运动的宗旨是：反对帝国主义、新老殖民主义、种族隔离、包括犹太复国主义在内的种族主义；反对一切形式的征服、依赖，直接、间接、公开或隐蔽的干涉和干预；反对在国际关系中使用政治、外交、经济、军事和文化等一切形式的压力。不结盟运动的主要组织机构或活动形式有：（1）不结盟国家元首和政府首脑会议，每 3 年召开一次，主要任务是讨论共同关心的重大国际政治经济问题，加强不结盟国家的团结和统一，维护国际和平与正义。1990 年担任主席的是南斯拉夫联邦主席团主席博·约维奇。（2）不结盟国家外长会议，基本职能是为首脑会议进行准备工作，并就重大国际问题进行协商。1990年担任主席的是南斯拉夫外长隆查尔。(3) 不结盟国家协调局，这是首脑会议的常设机构，其代表通常由各成员国常驻联合国纽约总部的代表兼任。它原则上每年举行一次部长级会议，由应届外长会议主席主持。

主要活动 1990年1月29日～2月1日，不结盟运动妇女会议在古巴首都哈瓦那举行。会议发表声明，要求不结盟国家和其他不发达国家把解决妇女问题放在优先地位，强调为改善妇女地位必须扩大和加强国际间合作。

1990年3月11～13日，不结盟运动关于巴勒斯坦问题的9国（南斯拉夫、阿尔及利亚、巴勒斯坦、古巴、印度、孟加拉国、塞内加尔、津巴布韦、赞比亚）委员会在突尼斯举行会议，讨论巴勒斯坦问题和中东局势的新情况。会议发表公报，谴责以色列把苏联犹太移民安置在以色列侵占巴勒斯坦领土的扩张行径；主张敦促联合国安理会通过一项决议，宣布以色列把苏联犹太移民安置在以占区的一切行动都是非法和永远无效的；强调只有以色列从其占领的阿拉伯领土上完全撤出，巴勒斯坦人民拥有建立自己国家的自决权，巴勒斯坦问题才能获得真正和持久的解决。

1990年4月23日，不结盟运动外长会议主席、南斯拉夫外长隆查尔，在联合国总部举行的第18次特别联大（即关于国际经济合作特别大会）会议上，代表不结盟国家发言，指出发展中国家的发展除需要自身的努力与调整外，还必须创造较为有利的国际条件：一是要有解决债务问题的办法，扭转发展中国家的资金净利倒流；二是应该通过减少贸易保护主义，特别是降低非关税贸易壁垒，使国际市场可以自由进入；三是在经济发展及诸如与贫困作斗争、改善生活条件、开发人力资源、环境、交通和科技合作等方面应尽快恢复南北对话。

1990年8月2日～12月31日，不结盟国家为和平解决海湾危机而积极工作。8月2日，即伊拉克入侵科威特的当天，不结盟运动外长会议主席、南斯拉夫外长隆查尔在贝尔格莱德召开不结盟国家驻南斯拉夫使节紧急会议，讨论伊拉克入侵科威特问题。隆查尔在会上明确表示，南斯拉夫谴责使用武力，认为伊拉克必须立即撤军，必须充分尊重科威特的主权和领土完整，必须通过对话和谈判和平解决争端。与会的不结盟国家驻南使节对伊拉克军队入侵科威特深表不安，指出把这种行动当作解决争端的方法是不能接受的。会议支持南斯拉夫的立场和行动，强调不结盟运动主席为和平解决这一问题作进一步努力具有重要的意义。10月6日，出席第45届联大的不结盟国家外长在纽约联合国总部发表声明，要求伊拉克立即无条件撤军，恢复科威特的主权、独立及其合法政府，呼吁所有国家严格执行安理会的有关决议。声明指出，不结盟国家外长对可能导致军事冲突的危险升级表示严重关切，认为军事冲突将给海湾地区和世界的和平与安全带来难以预料的后果。因此，他们委托不结盟运动主席国南斯拉夫，寻求以和平方式政治解决海湾危机的方案。声明最后呼吁，在解决海湾危机的同时，应促进国际社会处理以巴勒斯坦问题为核心的阿以争端，以达到公正、持久地解决中东地区的问题。11月6日，联合国安理会的4个不结盟运动成员国哥伦比亚、古巴、马来西亚和也门，经过反复磋商，拟定了一份旨在寻求和平解决海湾危机办法的安理会决议草案，呼吁在伊拉克军队撤出科威特的同时，进驻一支由阿拉伯国家军队组成的联合国维持和平部队，负责维护科威特的法律和秩序。该决议草案重申，伊拉克应立即无条件地从科威特撤出其军队，恢复科威特的主权、独立和领土完整。在伊拉克撤军后，国际社会应立即取消包括贸易、经济制裁和冻结财产在内的所有根据联合国安理会决议制定的制裁措施。草案要求委托联合国秘书长德奎利亚尔在阿拉伯联盟的协助下进行调停，以和平解决科威特和伊拉克之间的争端。但是，由于作为安理会常任理事国之一的美国代表认为该决议草案的时机不适宜而提出异议，加之一些海湾国家也对决议草案持保留意见，这一决议草案最终未能付诸表决。1990年12月，不结盟运动主席国南斯拉夫外长隆查尔，作为不结盟国家代表，为寻求海湾危机的和平解决，先后访问了伊朗、阿联酋、叙利亚、约旦和伊拉克，积极进行调解。在访问伊拉克期间，他同萨达姆总统和阿齐兹外长进行了长时间的会谈。12月30日，隆查尔结束对伊拉克的访问回到贝尔格莱德。次日，他致函联合国安理会5个常任理事国，提议为了避免海湾战争，应力争就和平解决海湾危机进行对话。

1990年8月1～9日，不结盟运动南方委员会在委内瑞拉首都加拉加斯举行第9次会议，正式提出《对南方的挑战》的最后报告。该报告长达325页，由6章构成，主要包括3大问题：南方的发展、南南合作、南北关系。报告认为，南方存在的主要问题是，经济增长很少能消除结构上的不平衡，也未能加强国家的团结、稳定和内聚力；忽视农业；把现代化简单地看作模仿西方的观点、消费方式和社会关系等。为解决这些问题，报告主张强调粮食保障、卫生、教育和就业；保持一个可以接受的增长速度；不模仿西方生活方式；实行混合经济；实现政治结构民主化；发展科技、保护环境。报告提出了加强南南合作的“优先行动计划”，其主要内容包括：各国的发展计划与国家政策应体现对南南合作承担的义务；各国设立南南合作全国委员会；设立南方银行与债务国论坛；确保南方国家的大部分产品能在2000年前享受“全球贸易普惠制”待遇；加强初级产品生产国协会等。为改善南北关系，报告提出了6点“全球紧急行动计划”，其核心内容是：制止南北资金倒流，减轻南方债务负担；增加对南方的优惠性资金转移；取消保护主义，稳定初级产品价格等。1990年10月6日，不结盟运动南方委员会在坦桑尼亚的阿鲁沙举行第10次，也是最后一次会议。南方委员会主席尼雷尔在会上指出，发展中国家面临的最重要任务是发展的自身经济、实行南南合作和争取建立国际经济新秩序。会议经过讨论后决定，鉴于南方委员会已经完成其使命，应停止工作，新设不结盟运动南方中心接替它完成后续工作。根据这一决定，南方委员会于10月31日正式停止工作。11月1日，南方中心正式成立。其职责是动员南方国家和人民全力投入经济发展，推动南方国家间的切实合作，争取改变不合理的旧的国际经济秩序。

北大西洋条约组织 *概况* 1949年4月4日，美国、加拿大、英国、法国、荷兰、比利时、卢森堡、意大利、葡萄牙、丹麦、挪威、冰岛等12国在华盛顿签署了《北大西洋条约》。1949年8月24日条约正式生效。1949年9月17日召开第一次理事会，决定成立北大西洋条约组织的各种机构，北大西洋条约组织从此建立。希腊、土耳其（1952年2月18日）、联邦德国（1955年5月5日）、西班牙（1982年5月30日）先后加入北约，现有成员国16个。

北约的主要机构有：(1) 北大西洋理事会，即部长理事会，为北约最高权力机构，由各成员国的外交部长组成，必要时国防部长、财政部长甚至政府首脑也可参加。每年举行两次会议，主要负责审定政治、军事方面的重大问题。(2) 防务计划委员会，由参加北约防务一体化指挥系统的13国（法国于1966年7月1日退出一体化机构；冰岛因无军队未参加）和西班牙（未参加北约军事一体化机构，但于1986年5月29日参加防务计划委员会）的国防部长组成，每年开会两次，主要负责制定统一的军事计划。(3) 常设理事会，为部长理事会和防务计划委员会休会期间的最高执行机构，由各成员国派大使级常任代表组成，北约秘书长任主席。常设理事会下辖政治、经济、军事等各种专业委员会，其中包括核防务委员会及其所属的核计划小组等。(4) 国际秘书部，负责北约会议的准备、组织和联络工作，由秘书长直接领导。秘书长也是部长理事会、防务计划委员会、核防务委员会、核计划小组的主席。(5) 军事委员会，为北约最高军事指挥机关。由参加北约防务一体化指挥系统13国的总参谋长组成（另外，法国派联络官参加，冰岛派文官参加，西班牙派常驻代表参加），负责拟订军事政策和战略方针，向部长理事会和防务计划委员会提出建议并领导北约部队各战区司令部。军事委员会下辖欧洲盟军最高司令部、大西洋盟军最高司令部、海峡盟军司令部、美国-加拿大地区盟军计划小组。各国向上述战区司令部提供的部队接受军事委员会和本国政府的双重领导。

北约现任秘书长为曼弗雷德·韦尔纳（德国）。军事委员会主席为维格雷克·埃德上将（挪威，1989年10月1日出任现职）。欧洲盟军最高司令为约翰·罗杰斯·高尔文上将（美国）。

主要活动 1990年5月9～10日，第45次核计划小组会议在加拿大艾伯特省滑雪圣地卡纳纳斯基斯举行，14个北约成员国（法国、冰岛除外）与会。会议主要讨论了北约核战略问题，一致欢迎美国总统乔治·布什关于取消部署在西欧的“长矛”短导和核炮弹现代化计划的决定，认为苏联目前在欧洲仍保持常规力量和战术核力量优势，北约应继续坚持“灵活反应”战略，保持核武器与常规武器适当结合的威慑力量；建议尽早就撤除欧洲短导问题与苏联进行谈判；反对在欧洲实行“第三个零点方案”。会议也发生了严重分歧：一是美英坚持强调核威慑战略仍应作为北约军事战略的重要支柱，北约应保留首先使用核武器的权利，而联邦德国等国则认为苏联发动常规进攻的可能性已大为减少，北约应适当调整核威慑战略；二是美、英强调北约有必要在西欧部署新一代空地导弹，而联邦德国、荷兰等国则只原则上赞成研制新一代空地导弹，不同意在其国土上部署；三是联邦德国、比利时、荷兰、意大利等认为华约正在解体，原来部署在联邦德国境内、旨在攻击民主德国边境地区目标的核炮弹已无存在的必要，因此主张美国宣布单方面全部撤走，美英对此表示反对。由于双方互不相让，本次会议未能作出任何实质性决定。

1990年5月22～23日，防务计划委员会国防部长会议在布鲁塞尔举行，14个北约成员国（法国、冰岛除外）的国防部长参加。会议主要讨论了调整北约防务规划和修订军事战略问题。在防务规划方面，会议同意：裁减常备军兵力；放弃要求北约成员国军费每年实增3%的决定，各成员国可根据实际情况决定军费的增减；建议组建多国部队，具体设想是由联邦德国、英、美各出一个师组成北约军；责成防务计划小组研究今后3年防务计划和90年代的长远规划。在修订军事战略方面，会议认为：北约的核威慑和灵活反应战略的总原则依然有效，但必须根据新情况进行调整；决定从7月1日起降低战备等级，减少北约军事演习的次数和规模，代之以计算机模拟演练。此外，会议还认为北约不应解散，美国的核力量和常规力量仍应留驻欧洲，但欧洲各成员国应该准备承担更大的防务责任。

1990年7月5～6日，北约第11次首脑会议在伦敦举行。会议主要讨论了欧洲形势、德国统一后的联盟归属、未来欧洲安全结构、北约职能的转变和军事战略的调整等问题，并发表了《伦敦宣言》。(1)会议认为欧洲已进入一个“充满希望的新时代”，但存在着许多捉摸不定的因素，北约必须适应这一形势，加强联盟的政治作用，必须继续团结在一起，努力加强共同防务；(2)会议决定，在与华约签署欧洲常规裁军谈判协议时，将规定统一后德国军队的限额，以最终解决统一德国的军事地位和联盟归属问题；(3)此次会议强调发挥欧安会在欧洲事务中的作用，提议1990年底在巴黎举行的欧安会首脑会议对欧安会制度化作出决定，以使欧安会成为欧洲进行政治对话的论坛。会议提出了如下建议：欧安会各成员国的国家元首、政府首脑和部长之间至少每年举行一次会晤，并使之制度化；设立欧安会秘书处、欧安会防止冲突中心和欧安会议会等常设机构；(4)会议决定调整北约军事战略，主要是：缩小核威慑力量的规模并调整其任务，将核武器从“先期使用”变为“最后手段”；修改“灵活反应”战略和“前沿防御”作战方针，逐步缩减前沿部署兵力，降低战备等级，减少训练、演习次数，组建多国部队；(5)协调对苏联和东欧政策，提出了一系列“化敌为友”的措施：建议两大军事集团成员国共同发表联合声明，宣告不再互为敌手，并重申不诉诸武力或以武力相威胁；邀请苏联总统戈尔巴乔夫和东欧国家的代表访问北约总部并发表讲话；提议苏联和东欧国家同北约建立经常性的外交联系；派北约秘书长韦尔纳访问莫斯科；建议与苏联和东欧国家加强军事接触，如军事领导人互访和举办东西方军事学术研讨会；(6)决定推动欧洲常规裁军谈判的进程，力争在年内达成欧洲常规裁军谈判协议，同时开始举行关于削减短程核武器的谈判，并立即建议撤除美国在欧洲的1400余枚核炮弹。此次会议是北约成立41年来最重要的一次会议，其突出特点是标榜“和平”，标志着北约正在由军事政治组织转向政治军事组织，将对东西方关系和欧洲形势的发展产生深远的影响。

1990年8月10日，北约16国成员国外长在布鲁塞尔举行了特别会议讨论海湾局势。会议一致同意对伊拉克进行制裁，支持土耳其关闭经过其领土的伊拉克输油管道，强烈谴责伊拉克入侵科威特，要求伊拉克立即从科威特无条件撤军；北约西欧盟国同意美国采取军事行动，但反对北约采取步调一致的军事行动，表明大多数西欧盟国与美国在处理海湾危机问题上还存在着分歧。

1990年9月12～15日，北约军事委员会在西班牙首都马德里召开，除法国和冰岛外，14国成员国国防参谋长和北约欧洲盟军最高司令高尔文与会。15日，会议听取了美国参谋长联席会议主席鲍威尔关于海湾军事态势的报告，介绍了美国、英国、法国、意大利增兵和联邦德国提供经济援助的情况。会议对以下问题取得了一致看法：(1)在中东建立类似北约的军事机构，协调多国部队的行动；(2)一旦土耳其遭到伊拉克袭击，北约将采取军事行动；(3)将位于直布罗陀海峡附近的西班牙港口阿尔赫西拉变为北约的海湾战争后勤保障基地；(4)要求各国增派更多的地面部队、提供后勤物资和资金，支持美国的军事行动。在会上，军事委员会主席埃德将军还指出，鉴于海湾危机，北约应扩大防区，冲破《北大西洋条约》的限制。但会议未对此建议取得一致意见。

1990年11月19日，北约与华约22国首脑在欧安会巴黎会议上正式签署了《欧洲常规武装力量条约》。该条约对两大军事集团的常规军备进行了大幅度裁减，将改变欧洲常规军事力量的对比，是继美苏中导条约之后在裁军领域的又一次重大突破。同日，两大军事集团成员国首脑还在巴黎签署了《22国联合声明》，标志着战后形成的“两大集团的冷战状态已经结束”。

1990年12月6～7日，北约防务计划委员会和防务计划小组会议在布鲁塞尔举行，除法国外，北约成员国国防部长均参加会议。会议主要讨论了北约战略、国防计划、《欧洲常规武装力量条约》的核查机制等问题，交换了海湾危机情况，未作出实质性决定。

华沙条约组织 *概况* 1955年5月14日，苏联、阿尔巴尼亚、保加利亚、民主德国、波兰、罗马尼亚、捷克斯洛伐克、匈牙利等8国在波兰首都华沙缔结《友好合作互助条约》，根据此条约结成军事政治同盟，即华沙条约组织，简称华约。1968年9月13日，阿尔巴尼亚宣布退出。1990年9月24日，民主德国裁军和国防部长赖纳·埃佩尔曼与华约联合武装力量总司令卢舍夫签定民主德国退出华约组织的议定书。议定书规定：民主德国从1990年10月3日起不再享有华约成员国的权利，也不再承担对华约的义务；民主德国国家人民军代表最迟于10月2日从华约领导机构退出；华约在民主德国领土上存放的军备物资应交还苏联军队，秘密文件应予销毁或交还苏联。根据民主德国人民议院有关决议和两德签署的统一条约的规定，民主德国于10月3日正式加入联邦德国。统一的德国是北约成员国。1990年底华约共有6个成员国：苏联、保加利亚、波兰、罗马尼亚、捷克和斯洛伐克、匈牙利。1976年以来，蒙古、越南、老挝派观察员参加会议。

政治协商委员会是华约最高决策机构，由各成员国派一政府代表团或特派代表参加，“就一切有关它们的共同利益的重要国际问题彼此磋商”和“审查由于条约的实施所引起的问题”，下设常设委员会（负责拟定有关外交政策的建议）和联合秘书处。国防部长委员会是华约最高军事机构，协调成员国之间的军事行动，向各成员国党政首脑提出报告。此外，华约还设有外交部长委员会、联合武装力量司令部、联合武装力量军事委员会、联合武装力量参谋部等机构。华约的联合武装力量由苏联在民主德国、波兰、捷克和斯洛伐克、匈牙利的驻军以及各成员国根据协议拨归联合武装力量司令部指挥的部队组成。1990年华约联合武装力量总司令是苏联的彼得·卢舍夫大将，参谋长是苏联的弗·洛博夫大将。华约常设机构均设在莫斯科。

主要活动 1990年，华约组织举行的主要会议有：首脑会议和国防部长委员会各1次，外交部长委员会会议和成员国政府代表临时委员会会议各2次，特别裁军委员会会议4次。

外长委员会布拉格会议 1990年3月17日，外交部长委员会在捷克和斯洛伐克首都布拉格举行会议。出席会议的有保加利亚外长鲍伊科·季米特洛夫、匈牙利外长霍恩、民主德国外长马尔库斯·梅克尔、波兰外长克日什托夫·斯库比舍夫斯基、罗马尼亚外长塞久尔·切拉克、苏联外长谢瓦尔德纳泽、捷克和斯洛伐克外长伊日·丁斯特比尔等。会议主要讨论了德国统一及与此相关的问题。

与会外长一致认为：德国统一问题是两德人民的事情，两德有权根据自己的愿望统一起来，应当把两德的统一和欧洲的统一理解成互为条件的共同进程。德国统一的主要问题是军备的水平。一切国家，包括统一的德国在内，都应遵循防御理论原则，拥有的武器和军队的数量只能是防御所必须的。华约和北约应该继续保留一段时间，但其作用应从军事方面转移到政治方面，使两个集团成为政治性组织。应加速赫尔辛基进程，使之逐步代替欧洲两集团的职能。此外，波兰外长在会上提出关于确认和保障波兰西部边界的建议，得到其他成员国外长的赞同和支持。

会议在德国统一的方式及应采取何种措施防止欧洲可能出现冲突的问题上未能取得一致意见，在统一后的德国将实行什么样的军事政治结构问题上也存在分歧。苏联外长谢瓦尔德纳泽等坚决要求，统一的德国不能成为北约组织的成员；另一些与会外长则认为，统一后的德国参加北约是适宜的，否则，“中立”或“被孤立的德国”将会走上一条对欧洲不利的道路。

莫斯科首脑会议 1990年6月7日，华约组织在苏联首都莫斯科举行首脑会议，即政治协商委员会会议。出席会议的有：保加利亚总统佩特尔·姆拉德诺夫，部长会议主席安德烈·卢卡诺夫，国防部长多布里·朱罗夫，外交部长鲍伊科·季米特洛夫；匈牙利临时总统根茨·阿尔帕德，总理安托尔·约瑟夫，国防部长菲尔·拉约什，外交部国务秘书绍莫吉·费伦茨，匈驻苏大使捷尔凯·山多尔；民主德国总理洛塔尔·德梅齐埃，人民议院院长扎比内·贝格曼波尔，外交部长马尔库斯·梅克尔，裁军和国防部长赖纳·埃佩尔曼；波兰总统雅鲁泽尔斯基，部长会议主席马佐维耶茨基，外交部长克日什托夫·斯库比舍夫斯基，国防部长弗洛里安·西维茨基；罗马尼亚总统杨·伊里埃斯库，总理彼得·罗曼，国防部长维克托·斯腾库列斯库，外交部副部长罗穆卢斯·内亚古，罗驻苏大使瓦西里·尚德鲁；苏联总统戈尔巴乔夫，部长会议主席雷日科夫，外交部长谢瓦尔德纳泽，总统顾问委员会委员亚历山大·雅科夫列夫，国防部长亚佐夫；捷克和斯洛伐克总统哈韦尔，总理马里安·恰尔法，副总理兼外交部长伊日·丁斯特比尔，国防部长米洛斯拉夫·瓦采克。政治协商委员会秘书长阿博伊莫夫、华约联合武装力量总司令卢舍夫大将也参加了会议。与会者讨论了全欧进程、建立新的安全结构和加强欧洲稳定的前景，就重新研究华约的性质、职能和活动，以及可能对其进行的根本改革交换了意见。戈尔巴乔夫向会议通报了1990年5月30日～6月4日举行的苏美最高级会晤的结果。会议任命捷副外长兹德涅克·马杰伊卡为下任政治协商委员会秘书长。

会议通过一项宣言。宣言说：欧洲目前的发展在为克服集团安全模式和欧洲分裂创造条件。这种发展是不可逆转的。它符合各国人民在相互协调、没有人为障碍和意识形态敌视的情况下生活的利益。与会者主张建立新的全欧安全体系，建立和平与合作的统一欧洲。华约各成员国将积极参加这个活跃的进程，并认为必须重新研究华约的性质和职能，这样才能在过渡时期完成同裁军和建立全欧安全体系有关的新的迫切任务。与会者一致认为：华约和北约过去的文件中所包含的对抗性因素不再符合时代精神。在这种新的形势下，各成员国将着手重新研究华约的性质、职能和活动，并把它改造成主权的、平等的国家建立在民主原则基础上的条约。为此，它们成立了政府全权代表临时委员会。该委员会在1990年10月底之前要向政治协商委员会提出有关的具体建议。各成员国希望以这种方式为加强欧洲的和平、安全和稳定，为发展赫尔辛基进程作出贡献。与会者重申愿意在双边和多边基础上同北约及其成员国以及欧洲的中立和不结盟国家建设性地相互协作，以利于欧洲的稳定和裁军、加强信任和确立防御的合理够用原则，认为赫尔辛基进程坚持不懈的及全面的制度化是这件事的一个重要阶段。

宣言说：与会者主张顺利结束维也纳常规武器和欧洲安全与信任措施的谈判，以便1990年底举行的欧安会参加国领导人会晤能够通过有关的协议。关于德国统一的外部方面，与会者一致认为，统一应该在全欧进程的背景下及其原则基础上来实现，应该促进和加深这一进程的发展，应该考虑德国邻国和所有其他国家安全的合法利益，确保欧洲边界的不可破坏性。

会议期间，戈尔巴乔夫设宴招待各成员国代表团，并发表讲话说：睦邻与合作在欧洲发展的现阶段具有特殊意义。当今已出现历史性机遇：克服战后分裂、建设没有恐怖的繁荣的欧洲，各国人民和一切国家在这样一个欧洲中互利合作。沿着这条道路前进的步伐已经开始迈出，但还要解决许多复杂的问题。要在削减武器的条件下确保稳定的平衡。创造新的全欧安全结构，为在经济和生态、文化与科学、人权方面进行广泛的协作铺平道路。互相信任是一个非物质的财富，不管是华约国家还是整个欧洲，没有这一财富是行不通的。华约国家尽管千差万别，还是能够冷静地和建设性地对比观点和立场，表现出有意听取意见和相互谅解、找到明智的妥协和符合共同利益的解决办法。这就是走向坚决摆脱合作机制中一切不合理和过时的东西，保护和增强各个国家之间、各国和人民之间的关系中过去和现在真正有价值的东西的道路。

会后，波兰外长斯库比谢夫斯基说：会上大家同意对华约的任务和作用进行审查。必须对华约的工作进行总结。同时必须对军事结构进行深刻的改造。华约可以成为进行协商的场所。但各方对华约范围内进行政治合作问题意见不一。波兰可以在双边关系基础上同苏联进行政治合作，不需要在华约范围内的政治合作。波兰同匈牙利、捷克和斯洛伐克有另一种合作结构。华约也可以成为建立欧洲安全机构前的过渡性组织。作为北约的对手，华约还可起作用，但它仅在一定的问题上起作用，在裁军问题上，特别是在维也纳和日内瓦会议上未涉及的问题上起作用。会议没有深入讨论德国统一问题。波兰对此有意见。会议只取得一半成就。

国防部长委员会柏林会议 1990年6月13～14日，华约国防部长委员会在民主德国首都柏林召开会议。出席会议的有：保加利亚国防部长多布里·朱罗夫，匈牙利国防部长菲尔·拉约什，民主德国国防部长赖纳·埃佩尔曼，波兰国防部长弗洛里安·西维茨基，苏联国防部长德米特里·亚佐夫，捷克和斯洛伐克国防部长米洛斯拉夫·瓦采克，华约联合武装力量总司令卢舍夫等。罗马尼亚国防部长斯腾库列斯库因布加勒斯特“发生暴力行动”未能出席会议。会议讨论了对华约的重新评价、华约的改革、在考虑到严格遵守防御性质的前提下联合武装力量进一步完善的发展方向、常规裁军以及苏联从盟国撤军等问题。

与会者一致赞成改造东欧军事联盟，就建立超集团安全体系问题达成原则协议。会议特别强调华约组织成员国将继续以防御性质原则指导其军事政策，同时呼吁北约组织加速和深化其结构内部的变革，以证实其为建立欧洲共同安全秩序的“诚意和良好愿望”。与会者认为：由于华约和北约的互相信任不断增强，“确实有可能赋予这两个组织非对抗性的特性，并能够为建立泛欧安全结构作出积极的贡献”。会议在讨论华约的前途问题时产生了不同意见。

会后，苏联国防部长亚佐夫向塔斯社记者发表谈话说：此次国防部长委员会会议旨在实现 1990 年 6 月 7 日在莫斯科通过的政治协商委员会的宣言。华约国家正在发生的政治进程在很大程度上事先决定了欧洲和全世界的目前局势。然而国内生活和国际生活中的变化并不平坦，有时还相当棘手。业已积累下来的各种矛盾的解决要求国家领导人、政治领导人和军事领导人负起特殊责任，小心谨慎确定可靠的不致脱离大方针的方向。华约在确保国家安全和集体安全中曾经起过的和继续所起的巨大的真正具有历史意义的作用是不言而喻的。它仍然是欧洲安全的一个现实的和有效的因素，是协调盟国在国防、削减军备与裁军领域作出的努力的场所。华沙条约组织的建立也是由世界发展的客观进程和在 40 年代末至 50 年代初的历史条件下决定的。不应忘记，西方大国建立的北约组织并没有掩饰其侵略意图并且加紧做了准备实现其意图的工作。甚至在已经过去了几十年的今天，也不能对北约依然保持强大军事实力不闻不问。建立欧洲安全的新结构的事情才刚刚开始。今后还会有不少障碍和危险。北约的战略依然如故，关于北约必须适应当前的变化的宣言现在还没有用切实的步骤加以充实，而且北约正在加紧装备新式武器，日益增强其战斗实力。在这种情况下，华约联盟联系不能削弱。削弱的政策是缺乏远见的，不利于欧洲的均势和稳定。应该相信，经历了并适应新现实的华约可以履行其有计划地、平静地过渡到欧洲安全新体系的作用。

成员国政府全权代表临时委员会切拉科维采会议 1990 年 7 月 15～17 日，华约成员国政府全权代表临时委员会在捷克和斯洛伐克首都布拉格附近的切拉科维采举行会议。这次会议是根据 1990 年 6 月 7 日召开的华约首脑会议所通过的宣言召开的，主要研究了各成员国关于改造华约组织的具体设想问题。

成员国政府全权代表临时委员会索非亚会议 1990 年 9 月 18～19 日，华约成员国政府代表临时委员会在保加利亚首都索非亚举行第 2 次会议。出席会议的有各成员国外交部的官员和军事专家。会议的任务是继续讨论关于改变华约性质、确定其前途以及今后各成员国应承担的任务等一系列问题。会议对与华约前途有关的大部分问题达成一致意见，但因有的成员国提出新的建议，使决定华约前途的文件草案未能按期制定。苏联代表强调，苏联仍对保加利亚的安全提供保障，执行对保加利亚承担的义务。

特别裁军委员会布拉格会议 1990 年 9 月上旬～10 月下旬，华约特别裁军委员会在捷克和斯洛伐克首都布拉格先后举行 4 次会议，讨论各成员国在欧洲常规力量条约谈判所议定的武器削减的数量问题。出席会议的有保加利亚、匈牙利、捷克和斯洛伐克、罗马尼亚、波兰、苏联的副外长和武装力量总参谋长，民主德国以观察员身份参加了会议。

欧洲常规力量条约谈判早已就华约和北约各自在欧洲保留坦克、装甲车、火炮、战斗机、直升机等常规武器的数量通过一项协议草案，要求两大集团尽快在各自内部就各成员国的常规武器配额问题达成协议，以便 1990 年 11 月 19 日在巴黎举行的欧洲安全与合作会议最高级会议上正式签署欧洲常规力量条约。为此，华约特别裁军委员会于 1990 年 9 月 10 日举行第 1 次会议进行研究，但未能达成协议。不久后举行第 2 次会议，也未能取得一致。10 月 10 日举行第 3 次会议，就各成员国关于装甲车、战斗机和直升机的配额问题达成一致，但在坦克和火炮的配额问题上仍存在较大分歧。10 月 26 日举行第 4 次会议，由于各成员国相互做出让步，终于就坦克和火炮的配额问题达成协议。其中在华约组织的 2 万辆坦克限额中，苏联坦克占 1.315 万辆，其余数额在保加利亚、匈牙利、捷克和斯洛伐克、罗马尼亚和波兰之间分配。

外长委员会布达佩斯会议 1990 年 11 月 3 日，外交部长委员会在匈牙利首都布达佩斯举行会议。出席会议的有保加利亚、匈牙利、捷克和斯洛伐克、罗马尼亚和波兰的外长。苏联外长谢瓦尔德纳泽因在莫斯科“参加某些紧要的政治活动”而未能到会，由副外长尤利·克维钦斯基代替参加。会议就欧洲常规力量条约谈判为华约议定的常规武器限额在各成员国如何分配问题达成一项协议。

协定签署后，匈牙利外长盖佐·耶森斯基对记者说：华约各国外长进行了实质性会谈，这是一次不拘泥于形式的会议。会议达成的协议是取代困扰欧洲 40 多年的冷战对抗、朝着建立新的欧洲安全体系方向迈出的第一步。波兰外长克日什托夫·斯库比舍夫斯基也对记者说：“这将是统一的欧洲的一个新开端。”苏联副外长尤利·克维钦斯基却对记者说：这项协议与华约组织作为一个军事联盟的前途毫不相干。华约组织正在“发挥和完成一种有益的作用”。

东南亚国家联盟

概况 1967 年 8 月 8 日，泰国、菲律宾、印度尼西亚、马来西亚和新加坡等 5 国外长会议发表《东南亚国家联盟成立宣言》，正式宣告东南亚国家联盟成立。1984 年 1 月文莱独立后随即加入东盟。巴布亚新几内亚为观察员。

宗旨是本着平等和合作的精神，通过共同努力来加速本地区的经济增长、社会进步和文化发展，奠定一个繁荣、和平的东南亚国家共同体的基础，并促进地区的和平与稳定，增进地区的积极合作和相互援助，同国际组织和区域性组织保持紧密和有益的合作。

不定期举行的东盟首脑会议确定东盟的基本方针政策。外长会议是重要磋商和决策机构。常务委员会由当年主持外长会议的东道国外长任主席，1990 年主席为印尼外长阿里·阿拉塔斯。

主要活动 （一）1990 年 7 月 23 日，东盟外长就柬埔寨问题政治解决进程及美国突然宣布改变对民柬政府在联合国代表权问题的态度，在雅加达发表《联合声明》。《声明》呼吁柬埔寨各派就组建全国最高委员会一事，“紧急取得一致意见”；支持西哈努克为结束柬埔寨冲突找到一项全面政治解决办法方面发挥关键作用；并指出，“柬埔寨在联合国的代表权是一个微妙的政治问题，试图在此刻改变代表会使寻求解决办法的努力受挫。”同日，新加坡外长黄根成表示，美国改变政策“无助于东盟的和平解决进程”。泰国外长西提·沙卫西拉认为，美国态度的改变给东盟外长会议“投下了阴影”。

（二）1990 年 7 月 24～25 日，第 23 届东盟外长会议在雅加达举行。印尼总统苏哈托致开幕词时说：“东盟应该保持继续积极适应的能力，同时保持团结一致的立场和向共同目标迈进。”会议期间，新加坡外长黄根成和马来西亚外长阿布·奥马尔等批评美国突然停止支持民柬在联合国的代表权。黄根成认为，美国的作法只会鼓励越南人坚持他们不肯妥协的立场。奥马尔认为，美国的作法“将无助于和平进程”。会议发表的公报强调：

(1) 鉴于世界当前正在迅速发生变化，东盟应当举行新的首脑会议。

(2) 东盟国家每年应对地区经济情况进行调查，即加强东盟的宏观经济展望。

(3) 关于柬埔寨问题。解决柬埔寨冲突只能为恢复柬埔寨问题巴黎国际会议的谈判进程作全面的准备，而不能采用军事手段。因此，敦促柬各派加紧为成立全国最高委员会作出努力。全国最高委员会应由体现各种政治见解的柬人民中具有代表性的权威人士组成，它成立后应当体现柬独立、主权和统一，并占有柬在联合国的席位。任何企图在此时改变柬代表资格的做法都会给谋求全面解决柬问题政治方案的行动带来不利影响。

(4) 有增无减的印支难民外流使收容国、原在国及第三国之间关系紧张。因此，重申决心实施 1989 年日内瓦国际难民问题会议上决定的全面行动计划，并敦促越南和美国全部接受这一计划。

(5) 应及时采取更为具体的步骤来提高东盟内部经济合作的效率。

(6) 支持亚太经济合作论坛。

(7) 欢迎东西方关系发生的“根本性变化”，这种变化“大大改善了促进和平、安全和各国合作的国际气氛”，但地区安全问题“随时都须获得密切的关注”。

(8) 核裁军应当由联合国保护下的一切国家参加。对于这种谈判仍由超级大国垄断表示担忧。

(9) 希望欧洲共同体努力恢复东欧经济的行动“将不会损害东盟和欧共体的关系”。

(10) 关于 1992 年形成欧洲市场计划，要求欧共体在实施计划过程中确保东盟的利益不会因此而受到不利影响。

(11) 对以色列让犹太移民在阿拉伯被占领土上定居表示关切。

(12) 在种族隔离政策彻底结束之前，必须继续对南非实行制裁。

(13) 支持黎巴嫩享有充分的主权及实现领土完整和民族团结的立场。

（三）1990 年 7 月 26～28 日，东盟国家外长同贸易伙伴国（美国、日本、加拿大、澳大利亚、新西兰以及欧洲共同体）外长对话会议在雅加达举行。会议讨论了东南亚安全形势及经济关系问题。日本把东南亚局势仍然紧张这一点归咎于苏联，说苏联在亚洲的根本态度没有变化。日本外相中山太郎在会上说：“战后近 50 年，亚洲各国存在一种不安，即担心积蓄了经济力量的日本将来有可能成为军事威胁，日本要充分注意到这一点。”在讨论亚洲安全保障新格局时，他说：“对四周环海的日本来说，海洋的安全是特别重要的；对于亚太和平与安全来说，保持美国海军力量是重要的。”加拿大、澳大利亚外长在 1990 年 7 月 26 日会议上提出具体建议，敦促在东南亚地区作出类似“欧安会式”的安排。加外长克拉克建议，扩大定期磋商范围，把该地区其他国家也包括进去。澳大利亚外长加雷思·艾文斯说，澳“希望在任何旨在拟定新的地区安全办法的对话中发挥作用”。堪培拉和东盟将在本地区关系中“构筑新的层次”。东南亚地区一些外交官私下表示担心，美国从东南亚撤军，日本等国可能填补缺口。

（四）1990 年 9 月 16 日，东盟议会会议发表

《联合公报》，赞成联合国谴责伊拉克侵略科威特；对柬埔寨各派协商的发展表示欢迎，重申"只有为恢复柬埔寨问题国际会议的谈判进程作全面的准备工作而不使用军事手段才能使柬问题获得解决"。

（五）1990年10月29日，东盟国家财政部长会议在雅加达举行。印尼总统苏哈托在会上致词，呼吁东盟"应当更富有创新精神，并且更加努力加快和扩大东盟各成员国之间以及和亚太地区的经贸合作"。

（六）1990年11月15～16日，东盟国家能源部长会议召开。会议发表的《联合声明》宣布，将铺设一条天然气管道，并用电网把东盟各国联系起来。

（七）关于越南要求加入东盟问题。1990年11月21日，越南政府领导人向访越的印尼总统苏哈托表示准备参加东盟，印尼方面表示欢迎。但有的东盟成员国对此尚有疑虑，认为柬埔寨问题解决后方可考虑此事。1989年2月东盟曾决定，待柬埔寨问题解决后，要形成一个包括印支3国在内的组织。近一二年，印尼、泰国不断与越南发展关系，已达到派经济和军事代表团互访的程度。

（八）关于东盟国家对美苏减少在东南亚军事存在以后的不同安全保障设想和扩充自身军备等措施。

(1) 美苏削减军费和即将减少在东南亚的军事存在，引起东盟国家对该地区安全保障问题的一些不同设想，主要有3种类型：一是泰国担心由于在泰国西海岸经济区的划分问题上可能与印度发生争执，面临来自印度的"威胁"，因此希望同日本加强军事合作。1990年5月间，泰国总理差猜·春哈旺与日本防卫厅长官石川要三会晤时曾提议由日本武装力量帮助填补美军一旦撤离东南亚所留下的"真空"，并建议与日本海军在南中国海举行联合演习。差猜后来说，石川对此种想法表示接受。但日本官员说，第二次世界大战后盟国强加给日本的宪法不允许它进行模拟军事演习。显然，石川是在暗示两国可以举行训练演习，这样可以避开宪法的有关规定。同时，美国前国务卿亚历山大·黑格访泰时对泰国官员说，由于美国在该地区的作用减小，日本"可能被迫去填补该地区在安全方面出现的真空"。泰国政府一发言人说，差猜建议举行军事演习是"因为日本在沿海和海上防卫方面具有丰富的经验"。二是新加坡希望美国军事力量继续留在东南亚。1990年3月11日，新加坡贸易和工业部长兼第二国防部长李显龙说，"为了避免出现实力真空，需要美国的军事力量继续留在东南亚"。新加坡是最公开支持美国继续在该地区保留军事基地的东盟国家，而且允许美国较多地使用它自己的军事设施。三是马来西亚既反对美国继续保留在东南亚的军事存在，又反对日本趁机"填补真空"。1990年3月20日，马来西亚总理马哈蒂尔针对新加坡希望美国保持在东南亚军事存在一事，在吉隆坡国际军工产品展览会开幕式讲话中说："东盟国家必须为实现和平、自由和中立的无核区的目标而继续努力"；"任何与这个目标不一致的企图和行动，不仅会延缓这个目标的实现，而且还会为外来者插手该地区提供借口"。1990年5月间，马来西亚呼吁东盟警告日本不要扩大它的军事存在，要求日本削减其正在增长的防务开支，同时，针对泰国希望日本填补美国减少东南亚军事存在造成的缺口和泰日计划在南中国海举行联合军事演习一事，马来西亚国防部长东古·里陶丁通知泰国政府说，他对日本的意图有"怀疑"。东盟其他国家官员私下也表示，他们担心导致日本军国主义的复活。1990年7月间，马来西亚外交部长阿布·奥马尔在东盟讨论安全问题的秘密会议上，表示担心日本将会取代苏联成为对东南亚地区主要威胁时，"会场上爆发了不寻常的掌声"。东盟一位高级官员在另一次会议上说，该组织成员国担心，十分关注东南亚局势的美国也许会使日本成为它在该地区的"代理人"。

(2) 随着美苏决心减少在东南亚的军事力量，东盟国家加紧扩充自身军备。一是增加军事预算，加紧购置新式武器装备。新加坡1990年军事预算增至35亿新元，占全国预算的25%，相当于国民生产总值的6%。它除已配备6艘"旋风"级新型军舰（排水量虽仅600吨，但每艘安装有4枚搭载在3000吨级军舰上的舰舰导弹）外，还决心建造高速反潜护卫舰，以及为马六甲扫雷部队增添装备。泰国正在洽购1艘直升机航母、几艘潜艇，并想购买美国300辆旧坦克和开始整备美军与泰军都使用的武器弹药，使之处于"战时储备状态"。马来西亚1988年9月与英国签订购买装备总额达10亿英镑的协议后，决心以英制"旋风"战斗轰炸机作为空军主要作战飞机，西方专家推测其计划购入数超过12架，马来西亚对拥有潜艇也很有兴趣。东盟国家正在要求得到有能力在海岸线以外施展力量的高技术防御系统，这反映出它们对安全的关心"由内部转向了外部"。二是加强军事演习和对共同防务问题的安排。1989年底以来，印尼与新加坡和马来西亚与新加坡分别在印尼和沙捞越举行了军事演习。1990年3月间，马来西亚武装部队总参谋长坦·谢赫·哈希姆·穆罕默德·阿里说，马来西亚与印度尼西亚防务设计者们正在为计划于1991年年中举行的一次大规模海、陆、空军联合军事演习做准备工作。双边防务合作还包括在边境建立联合联络点，交换情报，在对方军事院校培训军官，军事首脑间定期协商等。1990年春季，泰国、印尼和新加坡同意共同投资4亿铢（合1550万美元）购置F-16飞行模拟装置以训练它们的飞行员。印尼武装部队司令苏特里斯诺认为，目前东盟国家的防务是“蜘蛛网状”的双边合作；马来西亚外长则认为，东盟防务共同体的确立是“90年代东盟的课题”，这一问题将突出出来。高级防务官员们还主张签订加强现有军事关系的东盟防务协议，以便保证所有成员的安全而不必依赖东盟以外国家的支持。另一种办法是“充实”英、澳、新（西兰）、马、新（加坡）5国防务协定，文莱可能是下一个加入该协定的国家，它将派观察员参加1990年11月举行的一次会议。

（九）关于东盟国家内部的分歧和东南亚地区今后面临的问题。1990年5月11日，日本《读卖新闻》载文评述；“在东西方紧张关系有所缓和的情况下，东南亚地区的不透明性却越来越严重。”5月12日，英国《经济学家》则指出“在东南亚发生冲突的因素仍然不少。”其原因是东南亚地区的国家、宗教和民族矛盾繁多，如果这些紧张关系因该地区的繁荣减退而变成敌对行动，那将会涉及东盟一些国家。例如：马来西亚东部的2个州即沙巴州和沙捞越州（它们有很大一部分自然资源用于马来西亚的发展）会不会设法脱离马来西亚联邦，泰国担心力量强大的印度会将其势力扩大到东南亚等。此外，新加坡为摆脱过分依赖马来西亚，1990年初签订一项耗资4亿新元(2.15亿美元）开发巴淡的协议，以解决向马来西亚购水和天然气的问题。新加坡增加军事预算等，可能在印尼获永久性军事训练设施以及同意美国扩大使用新军事基地等，引起了马来西亚的疑虑。1990年3月，印尼驻马来西亚大使索纳托·查尤斯曼说：新加坡扩充军事力量只不过是为了满足它自身强盛的需要。此外，新加坡作为一个被马来人所包围的小国，“自然会感到不安”。也许由于历史的原因，“新加坡认为印尼的威胁小于马来西亚，它可能想使印尼成为对马来西亚的一个平衡力量，以防止马来西亚对它施加太大的压力。”

阿拉伯国家联盟 *概况* 阿拉伯国家联盟，简称“阿拉伯联盟”或“阿盟”。1945年3月22日，埃及、沙特阿拉伯、约旦、叙利亚、黎巴嫩、伊拉克和阿拉伯也门共和国7国代表在开罗举行会议，通过《阿拉伯国家联盟宪章》，阿盟正式成立，现有成员21个（南、北也门于1990年5月21日宣布合并）。埃及的成员国资格曾于1979年3月31日被中止，总部也由开罗迁至突尼斯。1989年5月23日，阿盟恢复了埃及的成员国资格，但总部仍设在突尼斯。1990年9月10日，阿盟部长理事会作出决定，将总部迁回开罗。1990年10月31日，阿盟总部从突尼斯迁回开罗。阿盟的宗旨是加强成员国之间的紧密联系，协调彼此间的政策和行动，捍卫阿拉伯国家的主权和独立，谋求阿拉伯国家的一致利益和共同繁荣，成员国相互尊重其国家和政治制度，它们之间的争端不得诉诸武力解决。

首脑会议是阿盟的最高机构，自1964年起不定期举行，主要商讨阿拉伯国家和地区共同关心的问题。截至1982年9月，共举行过12次首脑会议。但1983年以来，却再未举行过首脑会议。1985年8月、1987年11月、1988年6月、1989年5月、1990年5月应一些成员国的要求，举行了5次特别首脑会议。

理事会由全体成员国代表组成，每年举行两次例会，会议通过的决议只对投赞成票的成员国有约束力，秘书处负责执行理事会议的决议。原秘书长谢德利·卡利比于1990年9月3日辞职，现代理秘书长是黎巴嫩的阿萨德。

主要活动 1990年5月22～23日，阿拉伯联盟理事会在伊拉克首都巴格达举行会议，就巴勒斯坦问题、苏联犹太人移居以色列问题以及预定于5月28日举行阿拉伯紧急首脑会议的议程进行了讨论。除叙利亚和黎巴嫩外，其他所有阿拉伯国家的外长都出席了会议。会议通过了关于巴勒斯坦和阿拉伯—以色列争端决议草案。该决议草案将提交即将举行的阿拉伯紧急首脑会议审议并通过。这项决议草案强调，面对以色列的侵略和扩张阴谋，必须采取有效的对策，必须全面支持巴勒斯坦人民的正义斗争。决议草案要求结束苏联犹太人移居被占领的巴勒斯坦和其他被占领的阿拉伯领土；呼吁世界所有国家停止向以色列提供援助和贷款并停止为被占领土的移民定居提供便利条件；强调应当举行中东问题的国际和平会议，支持以巴勒斯坦和平倡议为基础的全面解决中东问题方案。会议还通过了阿拉伯紧急首脑会议的5点议程。即巴勒斯坦问题，尤其是苏联犹太人移居以色列和犹太移民被安置在以占阿拉伯领土的危害性；西方国家和以色列对伊拉克、利比亚的威胁；不战不和的两伊僵局等阿拉伯世界面临的一系列重大问题。

1990年5月28～30日，第19届阿拉伯首脑会议在伊拉克首都巴格达召开。这次首脑紧急会议是巴勒斯坦国总统阿拉法特倡议召开的。会议主要讨论了巴勒斯坦问题和与此有关的苏联犹太移民涌入以色列问题。此外，与会各国首脑和代表还讨论了伊拉克受到西方攻击并可能遭到以色列袭击，以及埃及提出的将中东变为无毁灭性武器区的建议等问题。阿拉伯联盟21个成员国中16国的元首和摩洛哥、阿尔及利亚以及阿曼的高级代表参加了这次首脑紧急会议。叙利亚和黎巴嫩未参加。会议通过的最后声明，强调向被占领土的巴勒斯坦人民的起义斗争提供物质和政治上的援助，对犹太移民有组织地移居被占领的巴勒斯坦所造成的“巨大危险”，表示严重关切，并要求与此有直接关系的国家立即采取行动阻止苏联犹太移民大量涌入阿拉伯被占领土，制止以色列在被占领土安置犹太移民的计划。声明要求国际社会保护巴勒斯坦人免遭以色列屠杀，并谴责以色列扩张领土建立“大以色列”，把巴勒斯坦人赶出家园，没收他们的财产，让犹太移民占据巴勒斯坦领土的阴谋。声明指出，被占领土紧张局势的升级，是由于以色列继续镇压被占领土上的巴勒斯坦人和侵犯阿拉伯领土的结果。声明还表示，伊拉克有权采取措施维护国家的安全，并谴责美国使用武力和经济制裁威胁利比亚。会议决定从1990年起，恢复每年11月在开罗举行的阿拉伯首脑例会。会议原计划致函美苏首脑，要求美国改变支持以色列的立场，要求苏联控制犹太人移居以色列。但由于阿拉伯首脑们在这封信的措辞上意见分歧较大，会议未能就此达成一致意见。

1990年8月2～3日，阿盟部长理事会在开罗召开紧急会议，就伊拉克8月2日入侵科威特进行紧急磋商。会议发表声明，要求伊拉克立即无条件地撤出它的军队，呼吁召开一次阿拉伯首脑紧急会议，强调阿盟坚持维护其成员国的主权和领土完整。会议通过一项决议，其主要内容是，1、谴责伊拉克对科威特的侵略，不承认侵略的结果；2、谴责流血和破坏设施；3、要求伊拉克立即无条件地把它的军队撤至1990年8月1日前的位置；4、提请阿拉伯国家元首考虑召开一次首脑紧急会议，讨论这一侵略，研究找到一个持久的、有关双方接受的谈判解决办法；5、强调理事会坚持维护成员国的主权和领土完整，重申它恪守阿盟宪章规定即不诉诸武力解决成员国之间可能产生的争端，尊重成员国国内现有制度，不采取任何旨在改变这些制度的行动；6、理事会断然拒绝外国对阿拉伯事务的任何干预。21个成员国中14个国家投票赞成这一决议，苏丹、巴勒斯坦、约旦和也门反对，利比亚代表没有出席会议，伊拉克无权表决，毛里塔尼亚弃权。

1990年8月10日，阿拉伯首脑紧急会议在埃及首都开罗召开。21个阿盟成员国有15个国家元首参加，5个国家派代表出席，突尼斯没有到会，伊拉克第一副总理拉马丹率团出席，科威特埃米尔贾比尔出席开幕式。会议通过一项支持沙特阿拉伯和海湾国家的请求，向这些国家派驻阿拉伯部队的决议，支持沙特阿拉伯和其他海湾国家根据联合国决议和阿拉伯共同防务协议为保护自己而采取的措施，决议要求恢复科威特主权和独立，并支持科威特原来的合法政府，决议还谴责伊拉克对海湾国家造成的威胁，并批评伊拉克在沙特阿拉伯边界集结兵力。决议还含蓄地赞同以美国为首的一支多国部队驻在沙特阿拉伯。参加会议的20个国家有12个国家对该决议投了赞成票。伊拉克、利比亚和巴勒斯坦反对，阿尔及利亚和也门弃权，苏丹和毛里塔尼亚对此表示保留。

1990年8月30～31日，阿盟部长理事会应埃及和叙利亚的要求在埃及首都开罗举行紧急会议，审议阿拉伯国家对海湾危机的反应。21个成员国只有13个参加这次紧急会议。会议通过了5项决议，主要内容是要求伊拉克立即释放被它扣留的所有外国人质，并向科威特赔偿它入侵科所造成的损失；要求伊拉克妥善对待所有的老百姓，赔偿给他们造成的损失；重申了阿盟对伊拉克8月2日入侵科威特的谴责；要求伊拉克从科威特撤军；要求伊拉克恢复科威特合法政府，归还科威特埃米尔贾比尔的统治权。会议发表了最后公报，指责伊拉克破坏或没收了属于科威特政府、私营或公共机构、阿拉伯组织或国际组织的财产，并要求伊拉克当局立即停止这种行为，同时要求伊拉克不要侵害科威特的人口结构或改变科威特的行政区，也不要改变科威特地区的名称。

1990年9月10日，阿盟21个成员国中的12个国家的外长在埃及首都开罗举行会议并作出将阿盟总部从突尼斯迁回开罗的决定。

1990年10月3日，阿盟外长在纽约联合国总部举行秘密会议，阿盟21国除约旦、伊拉克和苏丹外都出席了会议，与会外长是来参加联大会议的。此次秘密会议就海湾局势和安理会与联大即将就以色列占领的阿拉伯领土问题作出的决议进行了讨论。会上外长们一致同意在联大会议上讨论伊拉克入侵科威特事件，并认为一切和平解决办法都应由阿盟制定，反对单个采取行动。

1990年10月17～18日，阿盟理事会在突尼斯召开特别会议，就10月8日以色列军警在耶路撒冷的圣殿山枪杀21名巴勒斯坦人事件进行讨论。21个成员国的外长或代表出席了会议。会上巴勒斯坦代表提出一项要求谴责以色列屠杀巴勒斯坦人的决议草案，由于其中有一段谴责了美国对以色列枪杀巴勒斯坦人事件所持的态度，海湾6国、埃及、叙利亚、黎巴嫩、吉布提和索马里对该决议投了反对票，决议案因11票反对10票赞成未获通过。

海湾阿拉伯国家合作委员会 *概况* 海湾阿拉伯国家合作委员会，成立于1981年5月，由阿拉伯联合酋长国、阿曼、巴林、卡塔尔、科威特和沙特阿拉伯等6国组成。其宗旨是：实现成员国之间在一切领域内的协调、一体化和联系，以达到它们的统一。其中尤以加强防务合作和区域经济合作为中心。合作委员会的组织机构有：(1)最高理事会，即6国首脑会议，每年举行一次例会。现任主席是巴林国埃米尔伊萨·本·苏莱曼·哈利法。(2)部长理事会，由6国外交大臣（部长）或代表他们的其他大臣（部长）组成，是执行机构，每3个月举行一次例会。现任主席是巴林国外交大臣穆罕默德·本·穆巴拉克·哈利法。(3)总秘书处为常设机构。现任秘书长是阿卜杜拉·比沙拉（科威特人）。总部设在沙特阿拉伯首都利雅得。(4)专门委员会有经济社会发展委员会、商业金融合作委员会、工业合作委员会、石油委员会、文化委员会和防务委员会。

主要活动 1990年3月4日，部长理事会在利雅得召开会议，讨论了关于约旦要求召开阿拉伯首脑紧急会议，解决苏联犹太人向以色列移民问题以及黎巴嫩的流血冲突和如何进一步推动在美国的倡导下，把两伊停火变成正常的和平等问题。

1990年3月11日，海湾合作委员会在科威特举行了代号为“半岛防护”的军事演习，6个成员国的喷气式战斗机、直升机、炮兵连、装甲车及地地导弹部队参加了此次演习。

1990年8月7日部长理事会在沙特阿拉伯的吉达举行秘密会议，科威特外交大臣萨巴赫亦出席了会议。会议讨论了伊拉克入侵科威特后的中东局势，呼吁伊拉克军队立即撤出科威特，回到8月2日前的阵地上去。

1990年9月5～6日，海湾合作委员会6国外长在沙特阿拉伯吉达举行会议，就如何结束海湾危机进行了讨论和磋商。会议发表公报称，尽管海湾地区存在着战争的危险，但是通过外交途径解决海湾危机的可能性仍然存在。公报重申伊拉克吞并科威特是“无效的”，敦促伊拉克无条件地从科威特撤军，以恢复科威特的合法政府。公报指出，海湾危机的根源是伊拉克侵略、吞并和占领科威特，伊拉克把国际社会推到了战争边缘。公报认为，伊拉克应对滞留在伊拉克和科威特的外国人的生命财产所蒙受的损失负责。

1990年11月7日，海湾合作委员会6国内政部长在沙特阿拉伯吉达举行会议，商讨各国在打击恐怖活动、破坏行径等方面的合作问题。会议谴责了伊拉克侵占科威特和企图抹杀其独立性的做法。会议表示支持科威特，同科站在一起，在各个领域，特别是安全合作、参与解放科威特和在恢复科合法政权方面援助科威特，强调海湾合作委员会成员国向被赶出祖国、剥夺财产的科威特公民提供一切方便及这一政策的连续性。会议决定采取必要的步骤，形成一条统一、坚强的战线，同伊拉克的恐怖活动以及伊拉克用以执行其针对海湾合作委员会国家的国际恐怖计划作斗争。

1990年12月4～5日，海湾合作委员会国防大臣会议在利雅得举行。此次会议是在海湾危机发展到一个关键时刻举行的。6个成员国的国防大臣出席了会议，就如何解决海湾危机以及实现海湾地区稳定与和平等问题进行了磋商，并研究了具体对策。会议就3个问题达成了一致意见。(1)必须尽快解决海湾危机。伊拉克必须服从联合国安理会的决议，按期撤出科威特，否则海湾合作委员会6国将支持用军事行动将伊拉克赶出科威特。为此，会议责成6国参谋长制定军事行动细节；(2)扩建原先6国所拥有的“半岛之盾”联合部队，并将从国外大量购买先进的武器予以装备，扩建计划待海湾危机结束后具体商定；(3)对今后海湾地区的安全作新的安排。6国国防大臣认为，鉴于地区霸权主义势力的存在，委员会原有的防御战略已不适用，必须重新考虑。而单靠海湾合作委员会本身的力量则难以确保其成员国的安全，亦无法实现本地区的稳定。因此，必须在国际社会的保护伞下就维护地区安全作出新的安排。此项工作将在海湾危机结束后具体研究。

1990年12月22～25日，海湾合作委员会第11届首脑会议在卡塔尔首都多哈举行。这是伊拉克侵吞科威特后，海湾合作委员会6国首脑首次聚会。会议就如何解决伊侵科问题、委员会成员国为确保今后自身安全，而加强政治合作与协调发展共同防卫力量、加速经济一体化以及海湾危机后该地区安全安排等问题进行了讨论研究。此次会议具有特殊意义，美国总统布什和苏联总统戈尔巴乔夫以及欧共体主席、伊斯兰会议组织秘书长等分别向会议致电祝贺。会议发表的公报重申了海湾合作委员会的一贯立场，呼吁伊拉克执行阿拉伯首脑会议和安理会有关决议，在1991年1月15日前无条件从科威特撤军，恢复科威特以贾比尔埃米尔为首的合法政府，以避免发生毁灭性战争；呼吁伊拉克尊重国际法和与科威特签署的条约、协定，和平解决两国争端。会议决定为促使海湾危机迅速获得公正解决，海湾合作委员会组成6国外交大臣委员会出访安理会5个常任理事国和其他有重要影响的国家。为表示6国解放科威特和恢复科合法政府的决心，会议决定下次首脑会议在科威特举行。会议强调了加速6国之间相互协调和一体化进程，努力实现联合自强的重要性，决定扩编并加强6国“半岛之盾”联合部队，即由目前的1万人扩充到5万人，并装备东西方最先进的武器，使之成为一支有效的武装力量。会议决定拨款50亿美元建立6国联合军事工业，联合伊朗共同对付伊拉克的威胁。在会议发表的公报中特别强调了海湾合作委员会愿与伊朗在睦邻、不干涉内政的原则基础上发展新型、特殊的友好关系。同时还指出，为防止伊拉克侵吞科威特的侵略行径重演，海湾合作委员会将与本地区国家和国际社会就作出适当的安排达成协议。会议公报还重申了对巴勒斯坦人民起义斗争和黎巴嫩合法政府的支持，呼吁召开中东国际和平会议，讨论解决中东问题。在经济合作方面，会议决定责成财经合作最高委员会采取必要措施，制定统一的外贸政策，加速6国经济一体化和共同市场的进程；成立一个基金会，由财经大臣开会确定具体方案，以支持阿拉伯和伊斯兰国家的发展努力。

非洲统一组织 *概况* 非洲统一组织，简称非统组织，成立于1963年5月25日。成员国由成立时的31个发展到1990年的51个。其宗旨是：促进非洲国家在政治、经济、文化、军事等方面的合作，保卫和巩固非洲国家的独立、主权和领土完整，从非洲根除一切形式的殖民主义，促进国际合作。组织机构有：国家和政府首脑会议为最高机构；部长理事会，由成员国的外交部长或其他部长组成；秘书处为常设机构。此外，还有解放委员会（又称非洲解放运动协调委员会）；调解、和解和仲裁委员会；经济和社会委员会；教育、科学、文化和卫生委员会；防务委员会。总部设在亚的斯亚贝巴。现任执行主席是乌干达总统约韦里·穆塞维尼，秘书长是萨利姆·阿哈迈德·萨利姆（坦桑尼亚人）。

主要活动 1990年1月31日，非统组织秘书长派特使前往利比里亚、科特迪瓦和几内亚，调查利边境发生骚乱后该地区出现的难民问题。秘书长特使、非统组织政治部主任巴赫向3国领导人转达非统组织对当地局势的严重关注，吁请进行最大的克制，防止局势进一步恶化。

1990年2月12～14日，非统组织非洲解放委员会第53次会议在开罗举行。这次会议主要讨论南非种族隔离制度和纳米比亚独立等问题，并敦促南非当局立即停止对莫桑比克和安哥拉反政府武装的支持，吁请国际社会全力支持这两个国家为实现民族和解所作的一切努力。关于纳米比亚独立问题，会议重申纳米比亚拥有民族独立和领土完整的权利，要求对纳米比亚独立后的建设项目和计划给予支持和必要的援助。

1990年2月19～24日，非统组织第51次部长理事会在亚的斯亚贝巴举行。会议的主要议题是南部非洲、东欧形势和非统组织预算等问题。会议结束时，通过了15项决议：谴责英国决定取消对南非进行新投资的禁令，赞扬欧洲共同体继续对南非实行制裁的立场；认为南非总统德克勒克1990年2月2日宣布实行改革的决定，仅是在国内外压力下发表的“有限的政策性声明”；要求国际社会继续对南非实行全面的制裁，同时支持非洲人国民大会和泛非主义大会；为纪念纳尔逊·曼德拉在监禁27年后获释，将2月11日定为“曼德拉日”；谴责南非对前线国家进行战争恐吓，以色列和南非之间“日益加强的军事和核合作”以及南非外长皮克·博塔出访布达佩斯；欢迎纳米比亚选举结果、通过的宪法以及将3月21日定为纳米比亚独立日；要求国际社会对纳米比亚独立后的重建和发展工作提供支援；重申纳米比亚的边界应包括沃尔维斯湾和沿海岛屿；通过了非统组织为1991财年制定的2910万美元预算和为非统组织秘书长实行结构改革拨出的一笔140万美元追加款项。

1990年3月19日，非统组织南部非洲特别委员会第4次会议在卢萨卡举行。13个成员国领导人出席，非统组织现任主席、埃及总统穆巴拉克主持会议。会议决定成立由安哥拉、博茨瓦纳、莫桑比克、尼日利亚、坦桑尼亚、赞比亚和津巴布韦等7国代表组成的专门小组，负责监督南非总统德克勒克与非国大预定于下个月举行的谈判。会议公报呼吁国际社会继续对南非实行制裁，直到南非当局彻底放弃种族隔离政策，

1990年4月2～5日，非统组织和联合国粮农组织、工业发展组织、贸易发展组织、世界银行、国际货币基金组织等机构联合举行会议，讨论非统组织与

联合国机构的合作问题。会议集中研究了建立非洲经济共同体、食品和农业、难民和发展人力资源等问题；认为建立非洲经济共同体对非统组织来说是头等重要的大事；强调非统组织应设立一个机构，负责协调联合国对非洲国家的援助；呼吁依靠非洲自己的专家和当地的研究机构，促进非洲的自力更生；要求非统秘书处和联合国及其难民事务高级专员署联合制定一项旨在彻底消除产生非洲难民根源的战略。

1990 年 6 月 11～16 日，非统组织指导委员会在亚的斯亚贝巴召开会议，制定建立非洲经济共同体的条约草案，以便提交 1990 年 7 月召开的非统组织首脑会议讨论通过。指导委员会主席罗伯特·伊斯坎达说，建立非洲经济共同体的过程将分为 6 个阶段在三、四年内完成。

1990 年 6 月 27～29 日，非统组织解放委员会在达累斯萨拉姆召开第 54 次会议。会议呼吁西方国家继续对南非政权实行经济制裁，直到南非的种族隔离制度被彻底清除；号召组成反对南非种族隔离制度的统一战线，以粉碎南非当局妄图破坏建立无种族主义和民主南非的阴谋。

1990 年 7 月 3～8 日，非统组织部长理事会第 52 次会议在亚的斯亚贝巴举行。非统组织成员国的 35 位部长和一些部长代表着重讨论了世界局势的变化及其对非洲的影响、建立非洲经济共同体、非洲债务危机、南部非洲形势、非洲难民产生的深刻原因、中东局势和巴勒斯坦问题以及非洲、阿拉伯合作等问题。在会议通过的一系列决议中，关于南非问题的决议紧急呼吁国际社会维持和加强对白人种族主义政权的制裁；关于安哥拉局势的决议谴责美国和南非继续干涉安哥拉内政；关于巴勒斯坦问题的决议呼吁美国恢复同巴解组织的对话；关于中东局势的决议重申支持召开中东和平国际会议的努力；关于非洲—阿拉伯合作的决议决定加强非洲—阿拉伯在各个领域的合作。

1990 年 7 月 9～11 日，非统组织第 26 届国家元首和政府首脑会议在亚的斯亚贝巴举行。会议讨论了世界形势的变化及其对非洲的影响、南部非洲形势和非洲的经济前景，通过了一份关于非洲政治、社会、经济形势和世界重大变化的宣言和一系列有关政治、经济、社会问题的决议。

此次首脑会议强调，要通过加强民主和非洲国家之间的经济一体化使非洲适应世界形势的变化。在政治上增加人民参与政府管理，加强民主机构。经济上加快建立非洲经济共同体。关于民主和人权问题，非统组织现任主席、乌干达总统穆塞维尼指出，没有民主就没有发展，非洲必须有民主和尊严。但非洲民主的形式不应是别人授意的，非洲必须抵制各种形式的“盛气凌人的外国干涉”。非统组织秘书长在向首脑会议所作的报告中说，非洲必须警惕将某种特定的民主模式强加给其他社会的做法。采取何种民主形式必须考虑到非洲各国的政治、经济、社会和文化的现状。

本届首脑会议举行了特别仪式，正式接纳纳米比亚为非统的第 52 个成员国。西南非洲人民组织主席努乔马第一次以纳米比亚总统的身份出席了非统首脑会议。

李鹏总理代表中国政府和人民，于 7 月 8 日致电祝贺非统组织首脑会议召开。贺电重申，中国政府和人民将一如既往地支持南非人民反对种族隔离制度的正义斗争，直至取得彻底胜利；支持非洲国家和人民维护国家主权、反对强权政治的斗争，以及加强区域合作、实现本大陆经济一体化和推动南北对话的努力。

1990 年 9 月 8 日，非统组织南部非洲特别委员会第 5 次会议在坎帕拉举行。会议发表的公报强调，解放运动和南非政权通过和平谈判寻求解决复杂的种族隔离问题是重要的；谴责南非右翼白人策动的恐怖行动升级，并呼吁国际社会从外部对南非种族主义政权施加压力，迫使它采取迅速和适当的措施制止南非出现的动乱。

1990 年 10 月 16 日，非统组织派出一个 3 人代表团自埃塞俄比亚抵达卢旺达和乌干达。其目的是帮助调解卢旺达政府军和反政府武装间的冲突。

拉美里约集团（即原“拉美 8 国集团”）

概况　拉美里约集团源于 70 年代以来成立的两个拉美孔塔多拉集团和支持第 2 个孔塔多拉集团的利马集团。70 年代，巴拿马总统托里霍斯领导的政府确定了同美国修改巴拿马运河条约，以实现从美国手中收回巴拿马运河控制权的目标。为此，托里霍斯制定了一些战略，其中之一是要求墨西哥、哥伦比亚、委内瑞拉和哥斯达黎加的支持，由此诞生了第 1 个孔塔多拉集团。它的目的是在巴拿马与美国进行有关运河法律章程的谈判方面，支持巴拿马政府。因此，当托里霍斯与当时的美国总统卡特就有关问题达成协议，巴拿马在外交上取得重大胜利后，第 1 个孔塔多拉集团遂因完成使命而宣告解散。1983 年 1 月 8～9 日，墨西哥、委内瑞拉、哥伦比亚和巴拿马 4 国外长在巴拿马的孔塔多拉岛讨论中美洲紧张局势问题，从此形成第 2 个孔塔多拉集团。其宗旨是促进中美洲国家通过和谈与对话方式，在没有外国干涉的情况下，由本地区国家自己解决存在的矛盾或冲突，并加强经济和社会发展合作，以求得本地区的发展。1985 年 7 月 29 日，阿根廷、秘鲁、巴西和乌拉圭 4 国在利马发表新闻公报，表示愿为孔塔多拉集团斡旋中美洲问题提供合作，这 4 国称为利马集团。1986 年 12 月 17～18 日，上述 8 国外长在巴西首都里约热内卢举行会议，决定建立一个常设政治磋商和协调机构，以便定期商讨拉美地区面临的重大问题。从此形成拉美 8 国集团。上述 8 国总统、外长在近几年中多次举行会议，进行斡旋活动，对促进和平解决中美洲问题作出了贡献，而且磋商了拉美国家面临的一些问题。在中美洲问题和平解决取得明显进展后，拉美 8 国集团更加重视协商拉美经济一体化、南北对话、外债问题以及在新的国际形势下，拉美国家应采取的战略和联合行动，拉美地区的和平、安全、发展及民主等问题。由于美国入侵巴拿马，巴政局不稳，被暂停与会资格，又有其他国家陆续加入该集团，因此现在人们称该集团为拉美里约集团。

宗旨是就拉美国家面临的问题建立持久的政治协商，协调进程，全面推动拉美国家的一体化。

成员国有阿根廷、巴西、玻利维亚、巴拉圭、厄瓜多尔、智利、墨西哥、哥伦比亚、乌拉圭、委内瑞拉、秘鲁、中美洲选派 1 国、加勒比区选派 1 国。巴拿马暂停与会资格。

主要活动 (一) 1990 年 3 月 29～30 日，里约集团第 6 次外长会议在墨西哥城举行。与会的有阿根廷、巴西、哥伦比亚、墨西哥、秘鲁、委内瑞拉、乌拉圭等 7 国外长，巴拿马外长因国内政治原因未能与会。会议主要议程是讨论 1989 年 10 月该集团第 3 届首脑会议以来拉美地区形势，为下半年在委内瑞拉首都加拉加斯举行的该集团第 4 届首脑会议作准备，同时讨论拉美与欧洲国家之间关系问题，为该集团外长 1990 年 4 月 8 日和 12 日分别在爱尔兰首都都柏林及匈牙利首都布达佩斯同欧共体和东欧国家外长举行的两个会议协调立场。会议公报不但对美国企图把国内法运用于治外法权表示关注，要求将此案提交美洲国家组织泛美司法委员会研究裁决，而且多次不点名地批评美国，涉及到的方面包括：美军在巴拿马的行为；美国在加勒比海对商船的攻击；美国利用本土对古巴进行的电视宣传战；美国对反毒国际合作原则的立场等。外长们强调，不管在任何情况下，都必须严格遵守国际法准则，尊重各国主权与领土完整和不干涉内政的原则。外长们要求：在巴拿马的外国军队把活动限制在自己的军事基地之内；巴拿马当局采取措施切实保障各国使团的外交特权不受侵犯；在不受外力干涉的情况下，通过全民协商实现巴拿马政府的合法化。同时指出，各国人民有权选择本国政府及治理者；不能以反毒为由干涉各国内政；强调各国主权及领土完整原则的充分有效性。

(二) 1990 年 10 月 11～12 日，里约集团第 4 届首脑会议在委内瑞拉首都加拉加斯召开。与会的有阿根廷、巴西、厄瓜多尔、智利、墨西哥、哥伦比亚、乌拉圭和委内瑞拉等 8 国总统，秘鲁总统藤森由于国内议会的阻挠未能出席会议，改由外长代表其出席会议。会议的主要议题包括：协调对美国总统布什提出的美洲自由贸易区建议的立场；拉美一体化和共同市场问题；乌拉圭回合贸易谈判，以及能源危机等。会议决定扩大该集团的政治磋商与协调体制；加速和深化全地区和小区域的一体化进程，以及建立拉丁美洲经济区。会议主席、委内瑞拉总统佩雷斯在开幕词中呼吁拉美国家努力加强本大陆的团结，向全世界表明“我们有能力团结起来解决自己的问题，使梦想变为现实”。会议发表了《加拉加斯声明》、《最后文件》和关于反毒品斗争的联合公报，其要点如下：

(1) 一致同意吸收玻利维亚和巴拉圭参加该集团，同时邀请中美洲国家推举一个国家和加勒比共同体担任主席的国家参加该集团的工作，以此扩大其代表性。

(2) 在拉美一体化的问题上，对近期小区域一体化的进展表示满意，对南锥国家、安第斯国家新近达成的协议以及双边一体化和自由贸易的协议表示全力支持，重申迫切需要加速和深化全地区和小区域的一体化进程，以便组成一个拉美经济区。

(3) 为克服海湾危机对各成员国能源和经济的影响，决定优先研究拉美地区能源互相补充的可能性。

(4) 支持美国总统布什提出的关于美洲自由贸易区的建议，认为这一建议第一次将债务、贸易和投资联系在一起。

(5) 呼吁以美国为代表的发达国家作出努力，取消关税和非关税壁垒，首先推动乌拉圭回合谈判务必圆满结束。

(6) 对委内瑞拉总统在联合国大会上提出的召开石油生产国和消费国的国际会议的倡议表示支持。

(7) 确定 1991、1992 和 1993 年的里约集团会议将分别在哥伦比亚、阿根廷和巴西举行。

(三) 1990 年 10 月 12 日，参加在委内瑞拉首都加拉加斯举行的里约集团第4届首脑会议的9国外长在新闻记者招待会上表明了以下主张：

(1) 必须统一该地区各国对美国总统布什提出的关于建立美洲贸易区倡议的看法。

布什的倡议"对于发展本地区国家的关系来说，是一项积极的建议，应该以现实主义的态度加以对待，因为这表明美国具有开始加强同美洲各国的经济、贸易和财政关系的愿望"。

布什的倡议应该作为下一轮乌拉圭谈判会议以外的一个议题，目的是统一该地区在有关拉美的切身利益问题上的看法。

(2) 对中美洲在加强该地区彻底而稳固的和平方面所取得的成就表示满意。支持危地马拉全国和解委员会所作的努力。(该委员会最近发表的《基多宣言》确定了促进危地马拉社会和平与和解的基本路线。)

(3) 关于能源合作问题，建议采取旨在尽量减少诸如中东危机可能造成的经济和社会影响的措施。

新参加里约集团的智利和厄瓜多尔外长在这次记者招待会上强调：必须重申拉美各国在国际经济和政治生活中日益增长的作用，巩固民主过渡进程和地区一体化和合作的成就。

国际条约

联合国安理会关于海湾危机和战争的决议

第660号决议（1990年8月2日通过）

安全理事会，

对伊拉克军队于1990年8月2日入侵科威特，感到震惊，

确定伊拉克入侵科威特构成对国际和平与安全的破坏，

根据《联合国宪章》第39条和第40条的规定采取行动，

1、谴责伊拉克入侵科威特；

2、要求伊拉克立即无条件地将其所有部队撤至其于1990年8月1日所在的据点；

3、要求伊拉克和科威特立即进行密集谈判以解决它们的争执，并支持这方面的一切努力，特别是阿拉伯联盟的努力；

4、决定必要时再次开会以审议进一步的步骤，以保证本决议获得遵守。

第661号决议（1990年8月6日通过）

安全理事会，

重申其1990年8月2日第660（1990）号决议，

深为关切该决议没有获得执行，而伊拉克继续入侵科威特，造成更多的人命损失和物质破坏，

决心终止伊拉克对科威特的入侵和占领，并恢复科威特的主权、独立和领土完整，

注意到科威特的合法政府表示愿意遵守第660（1990）号决议，

铭记其根据《联合国宪章》维持国际和平及安全的责任，

肯定按照《宪章》第51条，为对抗伊拉克对科威特的武装攻击，有行使单独或集体自卫的自然权利，

兹按照《联合国宪章》第7章规定采取行动，

1、确定伊拉克迄今未遵守第660（1990）号决议第2段的规定，并已篡夺了科威特合法政府的权力；

2、因此决定采取下列措施，使伊拉克遵守第660（1990）号决议第2段，恢复科威特合法政府的权力；

3、决定所有国家均应：

(a) 阻止原产于伊拉克或科威特并在本决议通过之日后出口的任何商品和产品输入其境内；

(b) 阻止其国民或在其领土内进行任何活动去促进或意图促进从伊拉克或科威特出口或转运任何商品和产品，并阻止其国民或悬挂其国旗的船只或在其领土内经营原产于伊拉克或科威特并在本决议通过之日后出口的任何商品和产品，特别包括阻止为这种活动或经营将任何资金转往伊拉克或科威特；

(c) 阻止其国民或从其境内或使用悬挂其国旗的船只将任何商品或产品，包括武器或任何其他军事装备，不论是否原产于其境内，出售或供应给伊拉克或科威特境内的任何人员或团体，或给意图在伊拉克或科威特境内经营的企业或从伊拉克或科威特营运的企业的任何人员或团体，但不包括纯为医疗目的的用品

和在人道主义情况下提供的食物，并阻止其国民或在其领土内进行任何活动去促进或意图促进这类商品或产品的出售或供应；

4、决定所有国家不得向伊拉克政府或向伊拉克或科威特境内的任何商业、工业或公用事业机构提供任何资金或任何其他财政或经济资源，并应阻止其国民及其境内任何人员从其境内转出或以其他方式提供任何这种资金或资源给该政府或任何前述机构，阻止将任何其他资金汇交伊拉克或科威特境内的人员或团体，但支付仅为纯属医疗或人道主义目的的款项及在人道主义情况下提供食物的款项除外；

5、要求所有国家，包括非联合国会员国，不论在本决议通过之日以前已签订任何合同或发给任何许可证，皆须严格按照本决议的规定行事；

6、决定按照安全理事会暂行议事规则第28条，成立一个安全理事会的委员会，由安理会全体成员组成，执行下述任务，向安理会报告工作，提出意见和建议：

(a) 审查将由秘书长提出的关于本决议执行进展情况的报告；

(b) 向各国索取关于各国为有效执行本决议各项规定所采取行动的进一步资料；

7、要求所有国家同该委员会充分合作以履行其任务，包括提供委员会为执行本决议所索取的资料；

8、请秘书长向委员会提供一切必要协助，并为此目的在秘书处内作出必要安排；

9、决定虽有本决议第4至8段的规定，本决议并不禁止向科威特合法政府提供援助，并要求所有国家：

(a) 采取适当措施，保护科威特合法政府及其机构的资产；

(b) 不承认占领国建立的任何政权；

10、请秘书长向安理会提出执行本决议进展情况的报告，首次报告应在30天内提出；

11、决定将本项目保留在安理会议程上，并继续努力以期早日终止伊拉克的侵略。

第662号决议（1990年8月9日通过）

安全理事会，

回顾其第660（1990）和661（1990）号决议，

对伊拉克宣布与科威特"全面永久合并"深感震惊，

再度要求伊拉克立即无条件地将其所有部队撤回到1990年8月1日所在的位置，

决心终止伊拉克对科威特的占领，恢复科威特的主权、独立和领土完整，

还决心恢复科威特合法政府的权力，

1、决定伊拉克不论以任何形式和任何借口兼并科威特均无法律效力，视为完全无效；

2、要求所有国家、国际组织和专门机构不承认这一兼并，也不进行任何可能被视为间接承认这一兼并的行动或来往；

3、要求伊拉克撤销其蓄意兼并科威特的行动；

4、决定将这一项目保留在安理会议程上，并继续努力早日终止这一占领。

第664号决议（1990年8月18日通过）

安全理事会，

回顾伊拉克对科威特的入侵和蓄意兼并以及第660、661和662号决议，

对伊拉克和科威特境内第三国国民的安全和福祉深感关切，

回顾伊拉克根据国际法在这方面的义务，

欣悉自安理会成员于1990年8月17日表示关切和焦虑后，秘书长正努力同伊拉克政府进行紧急协商，

根据《联合国宪章》第7章采取行动，

1、要求伊拉克准许和便利第三国国民立即离开科威特和伊拉克，并准许领事人员立即和继续不断前往探视这些国民；

2、要求伊拉克不要采取任何行动危害这些国民的安全或健康；

3、重申它在第662（1990）号决议中决定伊拉克对科威特的兼并完全无效，因此要求伊拉克政府撤销其关闭各国驻科威特外交和领事使团及取消使团人员豁免权的命令，并且今后不采取任何此种行动；

4、请秘书长尽早向安理会报告本决议的遵守情况。

第665号决议（1990年8月25日通过）

安全理事会，

回顾其660（1990）、661（1990）、662（1990）和664（1990）号决议，并要求将这些决议充分和立即执行；

已经在第661（1990）号决议中决定根据《联合国宪章》第7章实施经济制裁；

决心终止伊拉克对科威特之占领，这种占领状态危及一个会员国的存在，并决心恢复科威特的合法权力、主权、独立和领土完整，这需要迅速执行上述各项决议；

痛惜因伊拉克入侵科威特造成无辜生命之丧失，

并决心防止更多人命之丧失;

对伊拉克继续拒绝遵守第 660 (1990)、661 (1990)、662 (1990) 和 664 (1990) 号决议，特别是对伊拉克政府利用悬挂伊拉克国旗船只输出石油的行为，深为震惊;

1、呼吁同科威特政府合作的正在该地区部署海军部队的会员国，必要时在安全理事会权力下采取符合具体情况的措施，拦截一切进出海运，以便检查与核实其货物和目的地，并确保严格执行第 661 (1990) 号决议所规定的与此种海运有关的规定;

2、因此，请各会员国必要时合作，确保按照本决议第 1 段最大限度地采取政治和外交措施，以便第 661 (1990) 号决议获得遵守;

3、请各国按照《宪章》提供本决议第 1 段所述国家可能要求的援助;

4、请有关各国在执行本决议上述各段时协调行动，酌情利用军事参谋团的机制，并在同秘书长协商后向安全理事会和安全理事会第 661 (1990) 号决议所设委员会提出报告，以便于监督本决议的执行情况;

5、决定继续积极处理此案。

第 666 号决议 (1990 年 9 月 13 日通过)

安全理事会，

回顾其第 661 (1990) 号决议，该决议第 3 (c) 和第四段适用于食物，但不包括人道主义情况下提供的食物，

认识到可能会出现需要向伊拉克或科威特平民提供食物的情况，以减轻人们的苦难，

注意到根据上述决议第 6 段设立的委员会已经收到若干会员国有关这一问题的信函，

强调应由安全理事会单独或通过上述委员会来决定是否出现人道主义情况，

深切关注伊拉克未能遵守安全理事会第 664 (1990) 号决议规定的其对第三国国民的安全和生活保障所负有的义务，并重申，根据国际人道主义法律和《第 4 项日内瓦公约》的有关内容，伊拉克在这方面负有全部责任，

根据《联合国宪章》第 7 章:

1、决定为了对是否出现了第 661 (1990) 号决议第 3 (c) 段和第 4 段所界定的人道主义情况作出必要的判断，委员会将不断审查伊拉克和科威特的食物供应情况;

2、希望伊拉克遵守安全理事会第 664 (1990) 号决议关于其对第三国国民所负的义务，并重申，根据国际人道主义法律，包括《第四项日内瓦公约》的有关内容，伊拉克对他们的安全和生活保障负有全部责任;

3、请秘书长为本决议第 1 和第 2 段的目的，立即并不断地从联合国有关机构和其他适当的人道主义机构和其他所有方面收集关于伊拉克和科威特的食物供应情报，并由秘书长定期向委员会转递这类情报;

4、请在收集和提供这类情报时，特别注意以下几类可能会遭受特别困苦的人，如 15 岁以下的儿童、孕妇、产妇、病人和老年人;

5、决定如果委员会在受到秘书长的报告之后断定，已经出现了紧急需要人道主义援助的情况，必须向伊拉克或科威特提供食物，以减轻人们的困苦，它将迅速向安理会报告关于其如何应付这类需要的决定;

6、指示委员会在作这类决定时，应铭记着，应该通过联合国，在红十字国际委员会或其他适当的人道主义机构的合作下提供食物，并由它们来分配，以保证食物分到原定受惠者手中;

7、请秘书长根据本决议和其他有关决议的各项规定进行斡旋，以便利食物运送和分配给科威特和伊拉克。

8、回顾第 661 (1990) 号决议不适用于严格规定为用于医疗目的的物资，但针对这一问题建议，医疗物资的输出应受到出口国政府或适当的人道主义机构的严格监督。

第 667 号决义 (1990 年 9 月 16 日通过)

安全理事会，

重申其第 660 (1990)、661 (1990)、662 (1990)、664 (1990)、665 (1990) 和 666 (1990) 号决议，

回顾伊拉克为缔约国之一的 1961 年 4 月 18 日关于外交关系和 1963 年 4 月 24 日关于领事关系的两项《维也纳公约》，

认为伊拉克下令关闭科威特境内的大使馆和领事馆和撤销这些使馆和领馆以及其内工作人员的豁免权和特权的决定违反了安全理事会的各项决定、上面提到的国际《公约》和国际法，

对尽管有安全理事会的各项决定和上面提到的《维也纳公约》的规定，伊拉克仍然对科威特境内的外交使团及其工作人员采取暴力行动，深表关切;

对伊拉克新近侵犯科威特境内的外交驻地和劫持留在这些驻地之内享有外交豁免权的工作人员和外国国民，感到愤慨，

认为伊拉克的上述行动构成侵略行为，并且是公然违反了它按照《联合国宪章》进行国际关系的根本国际义务，

回顾伊拉克必须为使用暴力对待科威特境内的外国国民或任何使馆和领馆的工作人员承担全部责任；

决心确保它的决定和《联合国宪章》第25条受到尊重；

进一步认为伊拉克的行动的严重性构成了它违反国际法的进一步升级，迫使安理会不但要表示其紧急反应，并且还要紧急协商采取进一步的具体措施，以确保伊拉克遵守安理会的各项决议；

根据《联合国宪章》第7章：

1、强烈谴责伊拉克对科威特境内的外交驻地和人员进行的侵略行为，包括劫持在这些驻地内的外国国民的行动。

2、要求立刻释放这些外国国民以及第664(1990)号决议中提到的所有外国国民。

3、进一步要求伊拉克立刻并充分遵守它在安全理事会第660(1990)、662(1990)和664(1990)号决议、关于外交关系和领事关系的两项《维也纳公约》和国际法之下的国际义务。

4、进一步要求伊拉克立刻保护科威特和伊拉克境内的使馆和领馆所在地的安全、使馆和领馆工作人员的安全和健康，并且不得采取任何阻碍使馆和领馆履行职务的行动，包括同它们的国民接触和保护他们的人身安全与利益。

5、提醒所有国家，它们有严格遵守第661(1990)、662(1990)、664(1990)、665(1990)和666(1990)号决议的义务；

6、决定紧急进行协商，尽快根据《联合国宪章》第7章的规定针对伊拉克继续违反《联合国宪章》、安理会决议和国际法的行为采取进一步具体措施。

第669号决议（1990年9月24日通过）

安全理事会，

回顾其1990年8月6日第661(1990)号决议，

回顾《联合国宪章》第50条的规定，

认识到收到越来越多依照《联合国宪章》第50条的规定提出的援助要求，

委托关于伊拉克与科威特间局势的第661(1990)号决议所设委员会负责审查依照《联合国宪章》第50条的规定提出援助的要求，以及向安全理事会主席提出建议，以便采取适当行动。

第670号决议（1990年9月25日通过）

安全理事会，

重申其第660(1990)、661(1990)、662(1990)、664(1990)、665(1990)、666(1990)和667(1990)号决议，

谴责伊拉克悍然违反第660(1990)、662(1990)、664(1990)和667(1990)号决议以及国际人道主义法律，继续占领科威特，拒绝撤销其行动和结束对科威特的蓄意兼并，同时强迫拘留第三国国民，

谴责伊拉克部队对待科威特国民的方式，包括采取措施，违反国际法强迫他们离开本国，并对科威特境内的人民和财产滥行处置，

深感不安地注意到不断发生企图规避第661(1990)号决议所规定措施的情况，

又注意到一些国家已经限制其境内的伊拉克外交和领事人员的人数，另一些国家也正计划这样做，

决心以一切必要手段确保严格彻底地实施第661(1990)号决议规定的措施，

决心确保安理会各项决定和《联合国宪章》第25条和48条的规定得到遵守，

确认伊拉克政府违反上述各项决议或《联合国宪章》第25条或48条的任何行动，例如1990年9月16日伊拉克革命指挥委员会第377号命令，都完全无效，

重申决心尽力运用政治和外交手段，保证安全理事会各项决议得到遵守，

欢迎秘书长进行斡旋，根据安全理事会有关决议推动和平解决，并赞赏地注意到他不断为此努力，

向伊拉克政府强调，如果它仍不遵守第660(1990)、661(1990)、662(1990)、664(1990)、666(1990)和667(1990)号决议的规定，安理会可能根据《联合国宪章》，包括第7章，采取进一步的严重行动，

回顾《联合国宪章》第103条的规定，

根据《联合国宪章》第7章：

1、要求所有国家履行其义务，保证严格彻底地遵守第661(1990)号决议，特别是其中第3、4、5段；

2、确认第662(1990)号决议适用于一切运输工具，包括飞机在内；

3、决定所有国家，不论在本决议通过之日以前所签订的任何国际协定或任何合同或所发给的任何执照或许可证曾经授予任何权利或规定任何义务，均不

得准许任何来往伊拉克或科威特的飞机载运货物自其领土起飞，除非所载运的是经安理会或第661(1990)号决议所设委员会授权并按照第666(1990)号决议在人道主义情况下提供的食物，或纯属医疗目的的用品或两伊观察团专用的物品；

4、决定所有国家均不得准许要在伊拉克或科威特着陆的不论在何国注册的任何飞机，飞越其领土，除非：

(a) 飞机在该国家指定的伊拉克或科威特境外的一个机场着陆，以便接受检查，保证机上没有违反第661(1990)号决议或本决议规定的货物，为此目的，可以将飞机扣留必要的一段时间；

(b) 该次飞行业经第661(1990)号决议所设委员会核可；

(c) 该次飞行业经联合国证明纯为两伊观察团服务；

5、决定每一个国家均须采取一切必要措施，确保一切在其境内注册或由主要营业地点或永久住所在其境内经营者所经营的飞机遵守第661(1990)号决议和本决议的各项决定；

6、决定所有国家均须将不适用上文第4段的着陆规定而在其领土与伊拉克或科威特之间的飞行及该飞行的目的，及时通知第661(1990)号决议所设委员会；

7、吁请所有国家进行合作，采取必要措施，在符合国际法包括《芝加哥公约》的情况下，确保切实执行第661(1990)号决议和本决议的规定；

8、吁请所有国家扣留进入其港口、正在或已经被用于违反第661(1990)号决议的任何伊拉克注册船只，或不准这类船进入其港口，但经国际法承认为保障人命所必要的情况除外；

9、提醒所有国家，根据第661(1990)号决议，它们有义务冻结在其境内的伊拉克资产，保护在其境内的科威特合法政府及其机构的资产，并向第661(1990)号决议所设委员会报告这些资产的情况；

10、呼吁所有国家向第661(1990)号决议所设委员会提供资料，说明它们为执行本决议各项规定而采取的行动；

11、确认联合国、各专门机构和联合国系统内其他国际组织必须采取必要措施，实施第661(1990)号决议和本决议的规定；

12、决定：如有一国、或其国民、或通过其领土，规避第661(1990)号决议或本决议的规定时，即考虑对该国采取措施，以杜绝这类规避行为；

13、重申《第四项日内瓦公约》适用于科威特，伊拉克作为公约缔约国有义务完全遵守《公约》的所有规定，特别是根据《公约》应对其所犯的严重违约行为负责，而作出或下令作出严重违约行为的个人也应负责。

第674号决议（1990年10月29日通过）

安全理事会，

回顾其第660(1990)、661(1990)、662(1990)、664(1990)、665(1990)、666(1990)、667(1990)和670(1990)号决议，

强调迫切需要所有伊拉克部队立即无条件撤出科威特，恢复科威特的主权、独立和领土完整及其合法政府的权力，

谴责伊拉克当局及占领部队违反安理会的各项决定，违反《联合国宪章》、《第四项日内瓦公约》、《维也纳外交关系公约》、《维也纳领事关系公约》和国际法，扣留第三国国民为人质、虐待和压迫科威特及第三国国民，以及作出安理会接获报告的其他行动，例如销毁科威特人口记录、强迫科威特人离境、在科威特境内迁移人民、非法破坏和没收科威特境内的公私财产、包括医院用品和设备，

对科威特和伊拉克境内的第三国国民，包括这些国家的外交和领事使团人员的处境，表示极度震惊，

重申《第四项日内瓦公约》适用于科威特，伊拉克作为缔约国，有义务充分遵守其全部条款，特别是根据《公约》必须为严重违反公约承担责任，而严重违约或命令他人严重违约的个人也必须承担责任，

回顾秘书长为使伊拉克和科威特境内的第三国国民的安全与福祉所作出的努力，

深为关切因伊拉克入侵和占领科威特，而使科威特和伊拉克境内的个人付出经济代价，及受到损失和痛苦，

兹根据《联合国宪章》第7章采取行动，

重申国际社会力求通过和平方式解决国际争端和冲突，从而达到维持国际和平与安全的目标，

又回顾联合国及其秘书长按照《联合国宪章》的规定在和平解决争端和冲突方面所发挥的重大作用，

对伊拉克入侵和占领科威特所造成当前危机的危险，直接威胁着国际和平与安全，感到震惊，并且力求避免局势进一步恶化，

吁请伊拉克遵守安全理事会各项有关决议，特别是第660(1990)、662(1990)和664(1990)号决议，

重申安理会决心最大限度运用各种政治和外交手段，确保伊拉克遵守安全理事会各项决议，

A

1、要求伊拉克当局和占领部队立即停止违反安理会各项决定：《联合国宪章》、《第四项日内瓦公约》、《维也纳外交关系公约》、《维也纳领事关系公约》和国际法的行动，不得扣留第三国国民为人质，不得虐待和压迫科威特及第三国的国民，不得采取如上所述安理会接获报告的其他各种行动；

2、请各国整理所掌握或获报的关于伊拉克作出上面第1段所述严重违法行为的确凿资料，并将此种资料提供给安理会；

3、重申要求伊拉克对科威特和伊拉克境内的第三国国民，包括外交和领事使团人员，立即履行其根据《宪章》、《第四项日内瓦公约》、《维也纳外交关系公约》、《维也纳领事关系公约》、国际法普遍原则和安理会各项有关决议等应尽的义务；

4、并重申要求伊拉克允许并协助愿意离境的第三国国民，包括外交和领事人员立即离开科威特和伊拉克；

5、要求伊拉克保证科威特国民和在科威特及伊拉克境内的第三国国民，包括在科威特境内的外交和领事使团人员，可以立即获得其安全和福祉所需的食物、水和基本服务；

6、重申要求伊拉克立即保护在科威特和伊拉克境内的外交及领事人员与馆舍的安全和福祉，不得采取任何行动阻碍这些外交及领事使团执行职务，包括与本国侨民联系和保护他们的人身与利益，并撤销其关闭驻科威特的外交和领事使团及取消其人员豁免权的命令；

7、请秘书长在继续就伊拉克和科威特境内第三国国民的安全和福祉进行斡旋的范围内，设法达成第4、5、6段的目标，特别是使科威特国民和驻科威特的外交和领事使团获得食物、水和基本服务的供应，以及撤出第三国国民；

8、提醒伊拉克，根据国际法，对由于伊拉克入侵和非法占领科威特而造成的科威特及第二国、其国民及企业所遭受的任何损失、损害或伤害，它必须承担责任；

9、请各国收集本国及其国民和企业一切有关索赔的资料，以期按照国际法所可能作出的安抚，令伊拉克赔偿或作出财政补偿；

10、要求伊拉克遵守本决议及安理会前此各项决议的规定，否则，安理会将有必要根据《宪章》采取进一步措施；

11、决定积极地随时处理此案，直到按照安全理事会各项有关决议，科威特重获独立，和平恢复为止。

B

12、给秘书长以信任，请他提供斡旋，并在他认为适当的情况下进行斡旋和开展外交努力，使由于伊拉克侵略和占领科威特所造成的危机，得以在安全理事会第660（1990）、662（1990）和664（1990）号决议的基础上达成和平解决，并吁请所有国家，包括该区域国家和其他国家，在这个基础上遵照《宪章》为此目的继续努力，争取改进局势和恢复和平、安全与稳定；

13、请秘书长向安全理事会报告其斡旋和外交努力的结果。

第677号决议（1990年11月28日通过）

安全理事会，

回顾1990年8月2日第660（1990）号，1990年8月9日第662（1990）号和1990年10月29日第674（1990）号决议，

重申对伊拉克入侵和占领科威特给科威特人造成的痛苦表示关切，

严重关切伊拉克正在企图改变科威特的人口组成，并摧毁科威特合法政府保留的民政记录。

根据《联合国宪章》第7章：

1、谴责伊拉克企图改变科威特的人口组成，并摧毁科威特合法政府保留的民政记录；

2、责成秘书长保管一份已获科威特合法政府证明其真实性的科威特人口登记册，所登记的为截至1990年8月1日的人口；

3、请秘书长同科威特合法政府合作，制定关于如何索取和使用上述人口登记册的《细则和条例命令》。

第678号决议（1990年11月19日通过）

安全理事会，

回顾并重申其第660（1990）、661（1990）、662（1990）、664（1990）、665（1990）、666（1990）、667（1990）、669（1990）、670（1990）、674（1990）和677（1990）号决议，

注意到伊拉克悍然蔑视安理会，虽经联合国作出种种努力，仍拒不遵守其应当执行第660（1990）号决议及上述随后各有关决议的义务，

铭记其根据《联合国宪章》负有维持和维护国际和平与安全的职务与责任，

决心确保其各项决定获得完全遵守，

兹根据《联合国宪章》第7章：

1、要求伊拉克完全遵守第660（1990）号决议及随后的所有有关决议，并决定，在维持其所有各决定的同时，为表示善意，暂停一下，给予伊拉克最后一次遵守决议的机会；

2、授权同科威特政府合作的会员国，除非伊拉克在1990年1月15日或之前按以上第1段的规定完全执行上述各决议，否则可以使用一切必要手段，维护并执行安全理事会第660（1990）号决议及随后的所有有关决议，并恢复该地区的国际和平与安全；

3、请所有国家对根据本决议第2段采取的行动，提供适当支援；

4、请有关国家将根据本决议第2和第3段所采取行动的进展情况，随时通报安理会；

5、决定继续处理本案。

第686号决议（1991年3月2日通过）

安全理事会，

回顾并重申其第660（1990）、661（1990）、662（1990）、664（1990）、665（1990）、666（1990）、667（1990）、669（1990）、670（1990）、674（1990）、677（1990）和678（1990）号决议，

回顾《宪章》第25条规定的会员国义务，

回顾第661（1990）号决议有关援助科威特政府的第9段和有关提供纯为医疗目的的用品和在人道主义情况下提供食品的第3（C）段，

注意到伊拉克外交部长来信申明伊拉克同意完全遵守上述所有决议（S／22275）并表示愿意立即释放战俘（S／22273），

注意到科威特和按照第678（1990）号决议同科威特合作的各会员国部队已暂停军事进攻，

铭记伊拉克的和平意向获得保证的必要以及第678（1990）号决议恢复该区域国际和平与安全的目标，

强调伊拉克采取必要措施以便最终结束战争的重要性，

确认所有会员国维护伊拉克和科威特独立、主权和领土完整的承诺，并注意到根据安全理事会第678（1990）号决议第2段进行合作的各会员国，已表示将在同实现该决议目标相符的情况下，尽速结束这些国家在伊拉克的军事存在，

根据《宪章》第7章行动，

1、确认上述全部12项决议继续保有充分效力；

2、要求伊拉克履行其接受上述全部12项决议的诺言，特别要求伊拉克：

（a）立即取消其意图吞并科威特的行动；

（b）原则上接受它应对侵略和非法占领科威特而引起科威特和第三国及其国民和社团方面的任何损失、破坏或伤害承担赔偿责任；

（c）在红十字国际委员会、红十字会或红新月会主持下立即释放伊拉克拘留的所有科威特和第三国国民，交还任何已死亡的科威特和第三国被拘留国民的遗体；

（d）立即开始交还伊拉克攫取的一切科威特财产，并在最短期间内完成；

3、又要求伊拉克：

（a）停止使用其部队对所有会员国和其他各方采取敌对或挑衅行动，包括导弹攻击和派出战斗飞机；

（b）指定军事指挥官同科威特和按照第678（1990）号决议同科威特合作的会员国的部队指挥官会晤，尽早作出停战的军事方面的安排；

（c）作出在红十字国际委员会主持下立即接触和释放所有战俘的安排，并交还科威特和按照第678（1990）号决议同科威特合作的会员国的部队阵亡人员的遗体；和

（d）提供一切资料并协助查明在科威特和按照第678（1990）号决议同科威特合作的会员国部队暂时留驻的伊拉克地区以及在海湾内的伊拉克地雷、饵雷和其他爆炸物以及一切化学和生物武器和材料；

4、承认在伊拉克遵守上文第2和第3段所需的期间内，第678（1990）号决议第2段的条款仍然有效；

5、欢迎科威特和按照第678（1990）号决议同科威特合作的会员国作出决定，在红十字国际委员会主持下，按照1949年《第三项日内瓦公约》条款的要求，允许接触并开始释放伊拉克战俘；

6、请所有会员国以及联合国、各专门机构和联合国系统其他国际组织采取一切适当行动，同科威特政府和人民合作重建该国家；

7、决定伊拉克应将采取上述行动的时间通知秘书长和安全理事会；

8、决定为了保证最后停止敌对行动的迅速确立，安全理事会仍将积极审议此事项。

第687号决议（1991年4月3日通过）

安全理事会，

回顾其第660（1990）、661（1990）、662

(1990)、664 (1990)、665 (1990)、666 (1990)、667 (1990)、669 (1990)、670 (1990)、674 (1990)、677 (1990)、678 (1990) 和 686 (1991) 号决议，

欣见科威特恢复其主权、独立和领土完整，及其合法政府返国，申明所有会员国承诺维护科威特和伊拉克的主权、领土完整和政治独立，并注意到根据第 678 (1990) 号决议第 2 段同科威特合作的各会员国已表示打算按照第 686 (1991) 号决议第 8 段尽快结束其在伊拉克的军事存在，

重申鉴于伊拉克对科威特的非法入侵和占领，有必要就伊拉克的和平意向获得保证，

注意到伊拉克外交部长 1991 年 2 月 27 日的信 (S／22275) 和按照第 686 (1991) 号决议发出的信 (S／22273、S／22276、S／22320、S／22321 和 S／22330)，

注意到伊拉克和科威特，作为主权独立国家，于 1963 年 10 月 4 日在巴格达签署了"关于恢复友好关系、承认和有关事项的协议记录"，从而正式承认伊拉克和科威特之间的疆界以及岛屿划分，该《协议记录》按照《宪章》第 102 条在联合国登记，其中伊拉克承认科威特国在 1932 年 7 月 21 日伊拉克首相的信中所明确说明并接受、且经科威特国王 1932 年 8 月 10 日的信所接受的疆界内的独立和完全主权，

意识到有必要划定上述国界，

还注意到伊拉克违反它根据 1925 年 6 月 17 日在日内瓦签订的《禁止在战争中使用窒息性、毒性或其他气体和细菌作战方法的日内瓦议定书》所承担的义务，作出威胁使用这类武器的声明，并注意到它以前曾用过化学武器，确认伊拉克如再使用这种武器终将造成严重后果，

回顾伊拉克曾签署 1989 年 1 月 7 日至 11 日出席在巴黎举行的 1925 年日内瓦议定书和其他有关国家会议的所有国家通过的宣言，其中确定全面消除化学武器和生物武器的目标，

还回顾伊拉克曾签署 1972 年 4 月 10 日通过的《关于禁止发展、生产和储存细菌（生物）及毒素武器和销毁此种武器的公约》，

注意到伊拉克核准这项公约的重要性，

还注意到所有国家遵守这项公约和推动即将举行的审查会议以加强这项公约的权威、效率和普遍范围的重要性，

强调裁军谈判会议及早完成《全面禁止化学武器公约》的工作和世界各国加人这项公约的重要性，

注意到伊拉克使用弹道导弹进行未经挑衅的攻击，因此需要就伊拉克境内的这种导弹采取具体措施，

关切会员国掌握的报告指出，伊拉克不顾其根据 1968 年 7 月 1 日《不扩散核武器条约》所承担的义务，曾试图取得用于核武器方案的材料，

还回顾在中东地区设立无核武器区的目标，

认识到所有大规模毁灭性武器对这一地区的和平与安全所构成的威胁，和需要努力促成设立中东无核武器区，

又意识到在该区域实现均衡和全面控制军备的目标，

还意识到利用一切可行办法，包括该区域各国之间的对话，以实现上述各项目标的重要性，

注意到第 686 (1991) 号决议标志着解除第 661 (1990) 号决议所规定的措施对科威特的适用性，

注意到尽管在履行第 686 (1991) 号决议规定的义务方面有所进展，许多科威特国民和第三国国民仍然下落不明，财产仍然尚未归还，

回顾 1979 年 12 月 18 日在纽约开放签署的《反对劫持人质国际公约》，其中将所有劫持人质行为归类为国际恐怖主义的表现，

痛惜伊拉克在最近冲突中对伊拉克境外的目标威胁使用恐怖主义，并对伊拉克劫持人质表示遗憾，

严重关切地注意到秘书长 1991 年 3 月 20 日的报告 (S／22366) 和 1991 年 3 月 28 日的报告 (S／22409)，意识到有必要紧急满足科威特和伊拉克的人道主义需求，

铭记安理会最近各项决议所规定的恢复该地区国际和平与安全的目标，

意识到必须根据《宪章》第 7 章采取下列措施，

1、确认上文所指的所有十三项决议，但下文为实现本决议的目标，包括正式停火，明文更改的除外；

A

2、要求伊拉克和科威特尊重 1963 年 10 月 4 日在巴格达签署，在联合国登记，并由联合国以文件 7063 号，《联合国条约汇编，1964 年》出版，以行使两国主权的《科威特国与伊拉克共和国关于恢复友好关系、承认和有关事项的协议记录》所规定的国际疆界和岛屿归属不可侵犯；

3、请秘书长给予协助，同伊拉克和科威特作出安排，援用适当材料包括安全理事会第 S／22412 号文件所载的地图，划定伊拉克和科威特之间的疆界，

并于一个月内向安全理事会提出报告；

4、决定根据《宪章》，酌情采取一切必要措施，保证上述国际疆界的不可侵犯性；

B

5、请秘书长同伊拉克和科威特磋商，在3日内提出一项计划，供安全理事会批准，立即部署一支联合国观察组，以便对豪尔阿卜杜拉和就此设定的一个非军事区进行监测，该非军事区从1963年10月4日《科威特国与伊拉克共和国关于恢复友好关系、承认和有关事项的协议记录》所指疆界向伊拉克境内延伸10公里、向科威特境内延伸5公里；因其进驻非军事区及其对非军事区的监督，防止对边界的侵犯；观察从一国领土对另一国发动的任何敌对行动或潜在的敌对行动。该计划并要秘书长定期向安全理事会汇报关于观察组执勤的情况，如非军事区受到严重或和平受到潜在威胁，则立即汇报；

6、指出一俟秘书长通知安理会称联合国观察组部署完成，便将创造条件，使根据第678（1990）号决议同科威特合作的各会员国部队按照第688（1991）号决议结束它们在伊拉克的军事存在；

C

7、请伊拉克无条件重申它根据1925年6月17日在日内瓦签订的《禁止在战争中使用窒息性、毒性或其他气体和细菌作战方法的日内瓦议定书》所承担的义务，并批准1972年4月10日《关于禁止发展、生产和储存细菌（生物）及毒素武器和销毁此种武器的公约》；

8、决定伊拉克应无条件同意，在国际监督下，销毁、拆除或使其变成无害：

(a) 所有化学武器和生物武器以及所有储存中的药剂和所有有关的次系统及部件，以及所有的研究、发展支助和制造设施；

(b) 所有射程超过150公里以上的弹道导弹和有关的主要部件，和修理及生产设施；

9、为了执行上文第8段，决定如下：

(a) 伊拉克应在本决议通过后15天内向秘书长提出一项声明，说明第8段所述一切项目的地点、数量和类型，并同意按照下文规定，接受紧急的现场视察；

(b) 秘书长应同适当国家政府及酌情同世界卫生组织（卫生组织）总干事协商，于本决议通过后45天内拟订一项计划并提交安理会核可，该计划要求在核可后45天内完成以下行动：

（一）成立一个特别委员会，负责根据伊拉克的声明及特别委员会本身指定的任何其他地点，对伊拉克的生物、化学和导弹能力进行立即的现场视察；

（二）伊拉克向特别委员会放弃拥有上文第8(a)段下具体规定的所有项目，包括特别委员会在上文第9(b)（一）段下指定的其他地点内的项目，考虑到公共安全的需要而将之销毁、拆除或使其变成无害，同时伊拉克在特别委员会监督下销毁其一切导弹能力，包括上文第8(b)段中具体规定的各项能力；

（三）特别委员会向国际原子能机构（原子能机构）总干事提供下文第12和13段所要求的协助和合作；

10、决定伊拉克应无条件地保证不使用、研制、建造或取得上文第8和9段所述的任何项目，并请秘书长同特别委员会协商，拟订一项关于将来不断监测和核查伊拉克遵守本段规定情况的计划，在本决议通过后120天内提交安理会核可；

11、请伊拉克无条件重申它根据1968年7月1日《不扩散核武器条约》所承担的义务；

12、决定伊拉克应无条件地同意不取得或研制核武器或核武器可用材料，或任何分系统或部件或与上述有关的任何研究、研制、支助或制造设施；于本决议通过后15天内向秘书长和国际原子能机构（原子能机构）总干事提出一份声明，说明上述一切项目的地点、数量和类型；将其一切核武器可用材料交由原子能机构绝对控制，按照上文第9(b)段所讨论的秘书长的计划，在特别委员会的协助和合作下，予以保管和移除；按照下文第13段规定的安排，接受紧急的现场视察和把上述一切项目酌情销毁、拆除或使其变成无害；并接受下文第13段所讨论的关于将来不断监测和核查其遵守这些承诺情况的计划；

13、要求国际原子能机构（原子能机构）总干事通过秘书长，依照上文第9(b)段中秘书长的计划，在特别委员会的协助和合作下，根据伊拉克的各份声明和特别委员会所指定的任何其他场地，对伊拉克的核能力进行立即现场视查；在45天内拟订一项计划提交安全理事会，要求将上文第12段所列一切项目酌情销毁、拆除或使其变成无害；在安全理事会核可后45天内执行该计划；考虑到伊拉克根据1986年7月1日《不扩散核武器条约》的权利和义务，为将来监测和核查伊拉克对上文第12段的遵守情况拟订一个计划，包括伊拉克境内需由原子能机构核查和检查的所有核材料，以便证实原子能机构的保障措施已涵盖伊拉克境内所有有关的核活动，在本决议通过后120天内将计划提交安理会核可；

14、注意到本决议第8、9、10、11、12和13段中伊拉克需要采取的行动是达致以下目标和目的的步骤：实现在中东建立一个没有大规模毁灭性武器和运载此种武器所有导弹的地区，并且全面禁止化学武器；

D

15、请秘书长向安全理事会报告已采取何种步骤来协助归还伊拉克劫掠的所有科威特财产，包括科威特声称还没有归还或没有完整无损归还的任何财产；

E

16、重申在不影响1990年8月2日以前伊拉克所负债务和义务——这些将通过正常机制解决——的情况下，伊拉克应按照国际法对于因伊拉克非法侵略和占领科威特而为外国政府、国民和公司造成的任何直接损失、损害（包括环境损害）和自然资源损耗负责；

17、决定1990年8月2日以来伊拉克关于其外债的声明无效，并要求伊拉克严格遵守它对其外债还本付息的一切义务；

18、决定设立一个基金，以支付上面第16段范围内所提要求的赔偿，并成立一个委员会负责经管该基金；

19、指示秘书长至迟在本决议通过后30日内，为使该基金足以支付根据本决议第18段所确定的索赔要求，拟订关于该基金的建议，并为执行本决议第16、17和18段各项决定的方案拟订建议，提交安理会决定；该方案应包括：该基金的经管；如何决定伊拉克对该基金应缴款数的机制，应缴款额以伊拉克出口石油和石油产品值的利润为基础，但不超过秘书长向安理会所建议的数字，并照顾到伊拉克人民的需要（特别是人道主义需要）、会同国际金融机构斟酌外债偿付需要而评估的伊拉克支付能力、以及伊拉克经济的需要；关于确保向该基金缴款的安排；分配款项和付给索赔要求的程序；就本决议第16段明确规定的伊拉克赔偿责任而评估损失、登记索赔要求、核查索赔要求的确实性、解决有争议的索赔要求的适当程序；以及本决议所指派的委员会的组成；

20、决定：第661（1990）号决议内禁止向伊拉克出售或供给非医药和卫生用品的商品或产品、以及禁止与上述出售或供给有关的金融交易的禁令，不适用于已向第661（1990）号决议所设委员会提出通知的食物，也不适用于该委员会根据简化的加速“无异议”程序所批准的、在1991年3月20日秘书长报告（S/22366）中指明的以及该委员会所认定的任何其他人道主义需要的民用必需物资与用品，这项决定立即生效；

21、决定安理会应参照伊拉克政府的政策与做法，包括关于安全理事会所有有关决议的执行情况，每60日审查一次本决议第20段的规定，以便决定是否减轻或撤销该段中的禁令；

22、决定经安全理事会批准本决议第19段要求制订的方案，并经伊拉克完成本决议第8、9、10、11、12和13段所设想的一切行动后，第661（1990）号决议内关于禁止进口原产于伊拉克的商品和产品的禁令以及禁止与上述进口有关的金融交易的禁令，即不再有效；

23、决定在安全理事会根据本决议第22段采取行动前，授权第661（1990）号决议所设委员会，在保证伊拉克执行本决议第20段各项活动为取得足够金融资源有所需要时，可以批准例外处理关于禁止进口原产于伊拉克的商品与产品的禁令；

24、决定，按照第661（1990）号决议以及后来的各项有关决议，在安理会作出进一步决定之前，所有国家应继续防止其国民向伊拉克销售或供应下文所列项目，防止其国民推动或便利此类销售或供应，并防止从其领土上或使用悬挂其国旗的船只或飞机从事此类活动。这些项目是：

(a) 各类军火及有关物资，具体说来包括出售或以其他方式转让一切类型的常规军事装备，包括供准军事部队使用的装备，以及此类装备的零部件及其生产资料；

(b) 上面虽未开列，但在上文第8段和第12段已具体说明和规定的项目；

(c) 根据特许证或其他转让安排取得的用于生产、使用或储存上文(a)和(b)分段所列项目的技术；

(d) 与上文(a)和(b)分段所列项目之设计、开发、制造、使用、维修或支助有关的培训或技术支助服务人员或物资；

25、呼吁所有国家和国际组织无论存在何种合同、协定、特许证或任何其他安排，都应严格按照上文第24段的规定行事；

26、请秘书长同有关政府协商，在60天内制定出促进国际充分执行上文第24和25段和下文第27段的准则，供安理会核可，并提供给所有国家，同时制定程序，定期更新这些准则；

27、呼吁所有国家维持必要的国家控制和程序，并遵照安全理事会根据上文第26段所制定的准则采取其他必要行动，以确保遵行上文第24段的各项规定，同时呼吁各国际组织采取一切适当措施，协助确保充分遵行这些规定；

28、同意除上文第8和第12段指明和确定的项目外，在本决议通过后，无论如何在120天内，经常审查上文第22、23、24和25段所载的各项决定，并注意伊拉克遵行本决议的情况和该区域军备控制的一般进展；

29、决定所有国家，包括伊拉克在内应采取必要的措施确保不因伊拉克政府的请求或伊拉克境内任何人或任何团体的请求，或为这类个人或团体的利益或要求的任何人的请求，就由于安全理事会依第661(1990)号决议和有关各项决议采取措施而其任何合同或其他交易的执行遭受影响提出任何要求；

G

30、决定为了进一步承诺协助所有科威特国民和第三国国民返回科威特，伊拉克应向红十字国际委员会给予一切必要的合作，提供这些人的名单，便利红十字国际委员会与所有这些人接触，无论他们流落或被拘留何处，同时协助红十字国际委员会寻找那些仍然下落不明的科威特国民和第三国国民；

31、请红十字国际委员会酌情随时通知秘书长关于协助1990年8月2日或其后在伊拉克境内的所有科威特国民和第三国国民或其遗体遣返或送回的所有活动情况；

H

32、要求伊拉克通知安理会，表明其不进行或支持任何国际恐怖主义行动或准许任何旨在进行这类行动的组织在其境内进行活动，并要求伊拉克明确谴责和放弃一切恐怖主义行为、方法和做法；

I

33、在伊拉克正式通知秘书长和安全理事会表明其接受以上各项规定时，宣布伊拉克与科威特及根据第678(1990)号决议同科威特合作的会员国之间的正式停火生效；

34、决定继续审议本案，必要时采取进一步措施以执行本决议并确保该地区的和平与安全。

关于最后解决德国问题的条约　本条约1990年9月12日在莫斯科签字，签字人有苏联外交部长爱德华·谢瓦尔德纳泽、法国外交部长罗朗·迪马、西德外交部长汉斯—迪特里希·根舍、民主德国总理兼外交部长洛塔尔·德梅齐埃、美国国务卿詹姆斯·贝克和英国外交大臣道格拉斯·赫德。

“德意志联邦共和国、德意志民主共和国、法兰西共和国、苏维埃社会主义共和国联盟、大不列颠及北爱尔兰联合王国和美利坚合众国，

“意识到它们各国人民自1945年以来一直在和平环境中共同生活，

“注意到最近在欧洲发生的历史性变革使得消除这个大陆的分裂状态成为可能的事，

“考虑到四大国对柏林和整个德国享有的权利和负有的责任，以及四大国相应的战时和战后协议及决定，

“决心按照联合国宪章规定的义务，在尊重各国人民平等权利和自决原则的基础上发展各国间的友好关系并采取其他适当措施加强世界和平，

“回顾在赫尔辛基签署的欧洲安全和合作会议最后文件的原则，

“认识到那些原则为在欧洲建立公正和持久的和平秩序奠定了稳固的基础，

“决心考虑到每个人的安全利益，

“确信最终需要在欧洲消除敌对状态和发展合作关系，

“确认它们愿意加强安全，特别是通过有效的军备控制、裁军和建立信心的措施加强安全，它们愿意彼此不把对方视为敌人，而且愿为建立依赖和合作关系作出努力，鉴此它们愿意积极考虑在欧洲安全和合作会议的范围内作出适当的机构安排，

“欢迎德国人民在自由行使自决权的情况下，表达了他们把德国统一为一个国家的愿望，从而他们能够在统一的欧洲内作为一个平等和拥有主权的伙伴为世界和平服务，

“愿意就德国问题达成最后的解决办法，

“认识到由此，和鉴于德国统一为一个民主与和平的国家，四大国对柏林和整个德国享有的权利和负有的责任将失去作用，

“它们的外长作为代表按照1990年2月13日渥太华宣言规定，于1990年5月5日在波恩，1990年6月22日在柏林，1990年7月17日在巴黎（波兰共和国外交部长与会）以及1990年9月12日在莫斯科举行了会议，

“就以下条款达成了协议：

“第一款

“（1）统一后的德国领土将包括德意志联邦共和国、德意志民主共和国和整个柏林。其外部边界将是

德意志联邦共和国和德意志民主共和国的边界，并将从本条约生效之日起确定。确认明确的统一后德国边界的原始状态是欧洲和平秩序中必不可少的因素。

“(2) 统一后的德国和波兰共和国将根据受到国际法约束的一项条约确认它们目前的边界，

“(3) 统一后德国对其他国家没有任何领土要求，将来也不会提出任何要求，

“(4) 德意志联邦共和国政府和德意志民主共和国政府将保证，统一后德国的宪法不包括与这些原则相悖的任何条款。这相应地适用于序言中所规定的条款、第 23 款第 2 节和德意志联邦共和国基本法第 146 款。

“(5) 法兰西共和国政府、苏维埃社会主义共和国联盟政府、大不列颠及北爱尔兰联合王国政府以及美利坚合众国政府将把德意志联邦共和国政府和德意志民主共和国政府所相应承担的义务和作出的申述正式记录在案，并且宣布，履行这些义务将意味着对统一后德国明确的边界原始状态的确认。

“第二款

“德意志联邦共和国政府和德意志民主共和国政府重申它们所作的关于德国土地上只会出现和平的宣布。根据统一后德国的宪法，抱着破坏国家之间和平关系意向想要和已经采取的行动，特别是为进行侵略战争作准备的行动都是违反宪法的，而且是应受到惩罚的犯罪行动。德意志联邦共和国政府和德意志民主共和国政府宣告，统一后的德国决不使用在其宪法和联合国宪章规定以外的任何武器。

“第三款

“(1) 德意志联邦共和国政府和德意志民主共和国政府重申，它们放弃制造、拥有和控制核武器、生物武器和化学武器。它们宣称，统一后德国也将履行这些承诺。特别是，根据 1986 年 7 月 1 日签订的不扩散核武器条约所规定的权利和义务将继续适用于统一后德国。

“(2) 德意志联邦共和国政府在与德意志民主共和国政府完全一致的情况下，于 1990 年 8 月 30 日在维也纳进行的欧洲常规武器的谈判中发表了如下声明：

“‘德意志联邦共和国政府保证在三四年内把统一后德国武装部队人员减少到 37 万人（包括陆、空、海军）。减少武装部队人员将标志着欧洲常规力量谈判第一阶段协议开始生效。在整个限额的范围内，陆军和空军人数最多为 34.5 万人，按照商定的规定，欧洲常规力量谈判中的问题仅仅是陆军和空军问题。联邦政府认为，它所作的削减地面和空中部队的承诺是德国对削减欧洲常规力量作出的重大贡献。它认为，在今后的谈判中，其他与会国也会对加强欧洲安全和稳定作出贡献，其中包括采取限制部队人员的措施’。

“德意志民主共和国政府表示同意这项声明。

“(3) 法兰西共和国、苏维埃社会主义共和国联盟、大不列颠及北爱尔兰联合王国和美利坚合众国注意到德意志联邦共和国政府和德意志民主共和国政府发表的这些声明。

“第四款

“(1) 德意志联邦共和国政府、德意志民主共和国政府和苏维埃社会主义共和国联盟政府宣布，统一后德国和苏维埃社会主义共和国联盟将在本条约第 3 款第 2 节提到的德意志联邦共和国和德意志民主共和国履行保证的情况下，通过条约决定现德意志民主共和国和柏林存在的条件和时间，以及到 1994 年年底将要完成的撤退那里的武装部队的行动。

“(2) 法兰西共和国政府、大不列颠及北爱尔兰联合王国政府、美利坚合众国政府记录这一声明。

“第五款

“(1) 根据本协议第四款，在苏联完全撤出现德意志民主共和国和柏林的领土之前，只有不归属于联盟组织的德国本土防卫军队才能作为统一后德国武装部队驻扎在那一地区。派到联盟组织的是德国其他地区的军队。在撤军这段时间里，根据本款第 2 节规定，其他国家的武装部队不得在这一地区驻扎或进行其它军事活动。

“(2) 在苏联军队驻留现德意志民主共和国和柏林地区这段时间里，根据统一后德国政府和下列有关国家政府之间的协议，法兰西共和国、大不列颠及北爱尔兰联合王国和美利坚合众国的军队将应德国的要求继续驻扎在柏林。驻在柏林的所有非德国武装力量的军队及装备数量不得超出签订本协定时的数量。非德国武装力量不得在那里引进新的武器品种。统一后德国政府将同那些在柏林驻军的各国政府订立条约，条约将附加公平的条件，把统一后德国同有关各国现有的关系考虑在内。

“在苏联武装部队完全撤离现德意志民主共和国及柏林的领土后，派到军事联盟结构的德国武装部队就像在德国其他地区的那些部队一样，也可以驻扎在德国的那部分领土上，但不能携带核武器运载工具。这一点不适用于可能拥有常规能力以外的其他能力的常规武器系统，但是部署在德国那部分领土上的常规

武器系统其装备只为了起常规作用，而且被指定只起这种作用。外国军队和核武器或核武器运载工具不可以驻扎或部署在德国那部分领土。

“第六款

“统一后德国归属于联盟的权利，及因此产生的权利与义务不会受本条约影响。

“第七款

“（1）法兰西共和国、苏维埃社会主义共和国联盟、大不列颠及北爱尔兰联合王国和美利坚合众国据此将结束它们有关柏林和整个德国的权利与义务。因此有关相应的四方协定、决定和行为也将结束，并解散所有相关的四大国机构。

“（2）统一后德国对其内政和外交事务将相应地享有完全的主权。

“第八款

“（1）本条约应尽快得到批准或接受。在德国方面，本条约须经统一后德国批准。本条约因此将适用于统一后德国。

“（2）有关本条约的批准或接受文件应由统一后德国政府保存。该政府应将保管每项批准或接受文件事宜，通知其他签约国政府。

“第九款

“本条约应从签约各国最后一项批准或接受文件交存之日起，对统一后德国，法兰西共和国、苏维埃社会主义共和国联盟、大不列颠及北爱尔兰联合王国和美利坚合众国发生效力。

“第十款

“本条约的原始文本有英语、法语、德语和俄语四种，皆具同等效力。该原始文本应由德意志联邦共和国政府保存。德意志联邦共和国应把经批准后的真实文本传送给签约各国政府。”

欧洲常规武装力量条约 比利时王国、保加利亚共和国、加拿大、捷克和斯洛伐克联邦共和国、丹麦王国、法兰西共和国、德意志联邦共和国、希腊共和国、匈牙利共和国、冰岛共和国、意大利共和国、卢森堡大公国，荷兰王国、挪威王国、波兰共和国、葡萄牙共和国、罗马尼亚、西班牙王国、土耳其共和国、苏维埃社会主义共和国联盟、大不列颠及北爱尔兰联合王国、美利坚合众国（以下均称缔约国），

遵照 1989 年 1 月 10 日就欧洲常规武装力量举行谈判的授权，已于 1989 年 3 月 9 日开始在维也纳举行了这一谈判，

遵循欧洲安全与合作会议的目标和宗旨，并以此为基础举行了关于本条约的谈判，

回顾在相互关系和整个国际关系中不以武力威胁或使用武力来破坏任何国家的领土完整与政治独立，或不以违背《联合国宪章》的宗旨与原则的任何其他方式行事的义务，

认识到必须在欧洲防止任何军事冲突，

认识到为争取欧洲的进一步稳定与安全是它们负有的共同责任，

争取在和平合作的基础上以所有缔约国之间的新型安全关系取代军事对抗，从而为消除欧洲的分裂状态而作出贡献，

献身于在欧洲建立迄今为止规模最小的稳定与安全的常规武装力量均势，消除不利于稳定与安全的差距，以及必须优先考虑消除在欧洲发动突然袭击和大规模进攻作战能力的目标，

回顾它们签署或接受了 1948 年的《布鲁塞尔条约》、1949 年的《华盛顿条约》或 1955 年的《华沙条约》，它们有权成为或不成为联盟条约的缔约国，

献身于如下目标：确保在本条约适用地区内条约限定的常规武器装备的数量不超过：40 000 辆作战坦克，60 000 辆装甲作战车辆，40 000 门火炮，13 600 架作战飞机和 4000 架攻击直升机，

确认本条约不会损害任何一国的安全利益，

确认它们继续推进常规军备控制进程的承诺，包括从欧洲政治形势的发展来考虑未来欧洲稳定与安全的需要继续举行谈判，

兹协议如下：

第 1 条

1、各缔约国应履行本条约各条款规定的各项义务，包括与作战坦克、装甲作战车辆、火炮、作战飞机和作战直升机等 5 种常规武装力量相关的各项义务。

2、各缔约国还应贯彻本条约规定的其他措施，以便在削减常规武装力量期间和完成削减以后，确保欧洲的安全与稳定。

3、本条约包括下列议定书：《常规武器装备现有型号议定书》及附件，以下简称《现有型号议定书》；《将具有作战能力的特殊型号或种类的教练机重新分类为非武装教练机的程序议定书》，以下简称《飞机重新分类议定书》；《欧洲常规武装力量条约限定的常规武器装备削减程序议定书》，以下简称《削减议定书》；《作战直升机分类与多用途攻击直升机

重新分类的程序议定书》，以下简称《直升机重新分类议定书》；《信息通报与交流议定书》，以下简称《信息交流议定书》，并附《信息交流格式附件》，以下简称《格式附件》；《视察议定书》；《联合协商小组议定书》；《欧洲常规武装力量条约某些条款的临时性运用议定书》，以下简称《临时性运用议定书》。上述所有文件均系本条约不可分割的组成部分。

第2条

1、在本条约内：

(A)"缔约国集团"是指签署1955年《华沙条约》(即1955年5月14日在华沙签署的《友好、合作与相互援助条约》）的缔约国集团，包括以下国家：保加利亚共和国、捷克和斯洛伐克联邦共和国、匈牙利共和国、波兰共和国、罗马尼亚及苏维埃社会主义共和国联盟；或者是指签署或加入1948年《布鲁塞尔条约》(即1948年3月17日在布鲁塞尔签署的《经济、社会与文化合作以及集体自卫条约》）或1949年《华盛顿条约》(即1949年4月4日在华盛顿签署的《北大西洋条约》）的缔约国集团，包括以下国家：比利时王国、加拿大、丹麦王国、法兰西共和国、德意志联邦共和国、希腊共和国、冰岛共和国、意大利共和国、卢森堡大公国、荷兰王国、挪威王国、葡萄牙共和国、西班牙王国、土耳其共和国、大不列颠及北爱尔兰联合王国、美利坚合众国。

(B)"适用地区"是指从大西洋至乌拉尔山脉之间欧洲所有缔约国的整个陆地领土，以及缔约国所属的全部欧洲岛屿领土，包括丹麦王国的法罗群岛、挪威王国的斯瓦尔巴群岛（含熊岛)、葡萄牙共和国的亚速尔群岛与马德拉群岛、西班牙王国的加那利群岛、苏维埃社会主义共和国联盟的法兰士·约瑟夫地群岛与新地岛。对于苏维埃社会主义共和国联盟，其适用地区包括乌拉尔河与里海以西的全部领土。对于土耳其共和国，其适用地区包括由土耳其边界与39度纬线的交点延伸至穆拉迪耶、帕特诺斯、卡拉亚泽、泰克曼、凯马利耶、费凯、杰伊汉、多安肯特、格兹内并由此延伸至大海一线以北和以西的土耳其共和国领土。

(C)"作战坦克"是指一种自行装甲战斗车辆，它火力猛，主要装备有攻击装甲目标与其他目标所需的初速大的直射主炮，具有高度越野机动性和坚固防护力，其设计和装备主要不是用于输送作战部队。这种装甲车辆是陆军坦克和其他装甲兵团的主要武器系统。

作战坦克是指履带式装甲战斗车辆，无载荷车重不少于16.5公吨，装备有口径不小于75毫米、可作360度旋转的火炮。此外，任何符合上述所有其他标准的可供使用的任何轮式装甲战斗车辆也应被视为作战坦克。

(D)"装甲作战车辆"是指具有装甲防护力和越野能力的自行车辆。装甲作战车辆包括装甲人员输送车、装甲步兵战斗车和重武器作战车。

"装甲人员输送车"是指其设计和装备可用于输送一个战斗步兵班的装甲作战车辆。它通常装备有口径小于20毫米的构成整体所必要的、有机组成的武器。

"装甲步兵战斗车"是指其设计和装备主要用于输送一个战斗步兵班的装甲作战车辆。通常可供步兵从具有装甲防护力的车内向外射击。它装备有一门口径不小于20毫米的构成整体所必要的、有机组成的机关炮，有时还装备有反坦克导弹发射架。装甲步兵战斗车是陆军装甲步兵、机械化步兵或摩托化步兵兵团和部队的主要武器系统。

"重武器作战车"是指装备有一门口径不小于75毫米的构成整体所必要的、有机组成的直射火炮、无载荷车重不小于6公吨的装甲作战车辆。它不属于装甲人员输送车、装甲步兵战斗车或作战坦克的定义范围。

(E)"无载荷车重"是指不包括弹药、燃料、油料、润滑油、可卸反冲式装甲、备件、工具与附件、可卸式水下通气管设备、乘员及其背囊等物品的车辆重量。

(F)"火炮"是指主要以间接瞄准射击的火力攻击地面目标的大口径火炮系统。这种火炮系统可为诸兵种合成兵团提供重要的间接瞄准射击的火力支援。

大口径火炮系统指口径为100毫米和100毫米以上的加农炮、榴弹炮、加榴炮、迫击炮和多管火箭炮。此外，未来具有辅助性有效间接瞄准射击能力的任何大口径直接瞄准射击系统应属于火炮的范围之内。

(G)"派驻常规武装力量"是指一缔约国驻扎在适用地区内另一缔约国领土上的常规武装力量。

(H)"指定的永久性储存地"是指有明确划定的界线、用于存放本条约限定的常规武器装备的地点。这些武器装备计入常规武器装备的总限额，但不属于本条约限定的现役部队常规武器装备限额的范围。

(I)“装甲架桥车”是指一种自行装甲运输架桥车。它能背运并利用自身的机械装置架设或回收桥架。这种装有桥架的车辆是作为一个整体系统进行作业的。

(J)“本条约限定的常规武器装备”是指数量由本条约第4、5和6条限定的作战坦克、装甲作战车辆、火炮、作战飞机和攻击直升机。

(K)“作战飞机”是指使用导弹、非制导火箭、炸弹、加农炮、机关炮或其他杀伤破坏性武器来攻击目标的一种固定翼或变后掠翼飞机，以及担负诸如侦察或电子战等其他军事任务的任何样式或型号的飞机。“作战飞机”不包括初级教练机。

(L)“作战直升机”是指其武器、装备是用于攻击目标或执行其他军事任务的一种旋翼机。“作战直升机”包括攻击直升机和作战支援直升机，但不包括非武装运输直升机。

(M)“攻击直升机”是指装备有反装甲、空地或空空制导武器的一种作战直升机，机上为这些武器还装备有综合射击控制与瞄准系统。它包括特种攻击直升机和多用途攻击直升机。

(N)“特种攻击直升机”是指其设计主要是使用制导武器的一种攻击直升机。

(O)“多用途攻击直升机”是指其设计是用于执行多种军事任务，其装备是使用制导武器的攻击直升机。

(P)“作战支援直升机”是指不具备攻击直升机的要求，装备有诸如加农炮、机关炮、非制导火箭、炸弹或集束炸弹等各种自卫武器与面积压制武器，或装备以执行其他军事任务的一种作战直升机。

(Q)“受条约约束的常规武器装备”是指根据《信息交流议定书》的规定，应作为信息交流的作战坦克、装甲作战车辆、火炮、作战飞机、初级教练机、非武装教练机、作战直升机、非武装运输直升机、装甲架桥车、形似装甲人员输送车的车辆和形似装甲步兵战斗车的车辆。

(R)“在役”，对于常规武装力量与常规武器装备，是指在本条约适用地区内的作战坦克、装甲作战车辆、火炮、作战飞机、初级教练机、非武装教练机、作战直升机、非武装运输直升机、装甲架桥车、形似装甲人员输送车的车辆和形似装甲步兵战斗车的车辆，但不包括那些旨在执行和平时期内部安全任务的组织机构所拥有的武器装备或者符合本条约第3条规定的例外情况而拥有的武器装备。

(S)“形似装甲人员输送车的车辆”和“形似装甲步兵战斗车的车辆”是指车辆底盘分别与装甲人员输送车或装甲步兵战斗车相同，并且外形极其相似的装甲车辆，但没有口径为20毫米或20毫米以上的机关炮或加农炮，其构造即使经过改装也输送不了一个战斗步兵班。考虑到1949年8月12日签署的《日内瓦公约》关于“改善战地武装部队伤者病者境遇”的条款对救护车辆赋予特殊的地位，因此装甲人员输送救护车不应被视为装甲作战车辆或形似装甲人员输送车的车辆。

(T)“削减地点”是指根据本条约第8条的规定对本条约限定的常规武器装备进行削减的明确指定的地点。

(U)“削减义务”是指为确保遵守本条约第7条，在本条约生效后40个月内缔约国保证削减本条约限定的各类常规武器装备的数量。

2、受本条约约束的常规武器装备的现有型号均列入《现有型号议定书》。现有型号表应根据本条约第16条第2款第（D）项及《现有型号议定书》第4节的规定定期修改更新。对现有型号表的修改不应被视为对本条约的修正。

3、《现有型号议定书》上所列的作战直升机现有型号应根据《直升机重新分类议定书》第1节进行分类。

第3条

1、在本条约内，缔约国将使用下列数量统计规定:

根据第2条中的定义，在适用地区内的所有作战坦克、装甲作战车辆、火炮、作战飞机和攻击直升机，均应遵守第4、5和6条规定的数量限额和其他条款的规定。但不包括符合缔约国正常做法的下列武器装备:

(A) 正在制造，包括与制造有关的试验;

(B) 专门用于研究与发展;

(C) 属于历史陈列品;

(D) 根据本条约第9条的规定，已经退役正等待处理;

(E) 正在等待或整修以供出口或转口，暂时存放在本条约适用地区。这类作战坦克、装甲作战车辆、火炮、作战飞机与攻击直升机不应存放在《信息交流议定书》第5节所指定的地点，而应存放在这些地点之外的其他地方，或者存放在不超过10个在上一年度信息交流时已预先作出通报的这类指定地点。

如存放在这种指定地点，这些武器装备应与本条约限定的常规武器装备区分开来；

(F) 执行和平时期内部安全任务的组织机构所拥有的装甲人员输送车、装甲步兵战斗车、重武器作战车或多用途攻击直升机；

(G) 从本条约适用地区之外的某地经过适用地区转场至适用地区之外的最终目的地，在适用地区内停留的时间总计不得超过 7 天的武器装备。

2、遵照《信息交流议定书》第 4 节的规定，缔约国必须对此类作战坦克、装甲作战车辆、火炮、作战飞机或攻击直升机的情况作出通报。一缔约国如果在连续两年以上的年度信息交流中通报的数量特别大，必要时应向联合协商小组阐明理由。

第 4 条

1、在第 2 条定义的适用地区内，各缔约国应限制并视需要削减其作战坦克、装甲作战车辆、火炮、作战飞机和攻击直升机的数量，以便在本条约生效 40 个月以后，使各缔约国所属的缔约国集团按第 2 条规定所拥有的武器装备总数不超过以下限额：

(A) 20 000 辆作战坦克，其中在现役部队的不超过 16 500 辆；

(B) 30 000 辆装甲作战车辆，其中在现役部队的不超过 27 300 辆。在 30 000 辆装甲作战车辆中，装甲步兵战斗车与重武器作战车不超过 18 000 辆；装甲步兵战斗车与重武器作战车中，重武器作战车不超过 1 500 辆；

(C) 20 000 门火炮，其中在现役部队的不超过 17 000 门；

(D) 6 800 架作战飞机；

(E) 2 000 架攻击直升机。

不在现役部队的作战坦克、装甲作战车辆与火炮，应根据本条约第 2 条的规定存放在指定的永久性储存地，并且只能存放在本条第 2 款中规定的地区。这些指定的永久性储存地也可以位于包括敖德萨军区和列宁格勒军区南部的苏维埃社会主义共和国联盟的那部分领土上。在敖德萨军区存放的作战坦克不得超过 400 辆，火炮不得超过 500 门。在列宁格勒军区南部存放的作战坦克不得超过 600 辆；装甲作战车辆不得超过 800 辆，其中各型装甲作战车辆不得超过 300 辆，其余为装甲人员输送车；火炮不得超过 400 门。列宁格勒军区南部地区可以理解为北纬 60°15′线以南该军区所辖的地区。

2、在比利时王国、捷克和斯洛伐克联邦共和国、丹麦王国（含法罗群岛)、法兰西共和国、德意志联邦共和国、匈牙利共和国、意大利共和国、卢森堡大公国、荷兰王国、波兰共和国、葡萄牙共和国（含亚速尔群岛与马德拉群岛)、西班牙王国（含加那利群岛)、大不列颠及北爱尔兰联合王国、以及苏维埃社会主义共和国联盟乌拉尔山脉以西的波罗的海、白俄罗斯、喀尔巴阡、基辅、莫斯科及伏尔加-乌拉尔军区等欧洲的全部陆地范围以及全部欧洲岛屿的地区内，各缔约国应限制并视需要削减其作战坦克、装甲作战车辆和火炮的数量，以便在本条约生效 40 个月以后，使各缔约国所属的缔约国集团拥有的武器装备总数不超过以下限额：

(A) 15 300 辆作战坦克，其中在现役部队的不得超过 11 800 辆；

(B) 24 100 辆装甲作战车辆，其中在现役部队的不得超过 21 400 辆；

(C) 14 000 门火炮，其中在现役部队的不得超过 11 000 门。

3、在比利时王国、捷克和斯洛伐克联邦共和国、丹麦王国（含法罗群岛)、法兰西共和国、德意志联邦共和国、匈牙利共和国、意大利共和国、卢森堡大公国、荷兰王国、波兰共和国、大不列颠及北爱尔兰联合王国、以及苏维埃社会主义共和国联盟的波罗的海、白俄罗斯、喀尔巴阡和基辅军区等欧洲的全部陆地范围以及全部欧洲岛屿的地区内，各缔约国应限制并视需要削减其作战坦克、装甲作战车辆和火炮的数量，以便在本条约生效 40 个月以后，使各缔约国所属的缔约国集团拥有的现役部队武器装备总数不超过以下限额：

(A) 10 300 辆作战坦克；

(B) 19 260 辆装甲作战车辆；

(C) 9 100 门火炮；

(D) 在基辅军区，现役部队与指定的永久性储存地的武器装备总数不得超过：

(1) 2 250 辆作战坦克；

(2) 2 500 辆装甲作战车辆；

(3) 1 500 门火炮。

4、在比利时王国、捷克和斯洛伐克联邦共和国、德意志联邦共和国、匈牙利共和国、卢森堡大公国、荷兰王国和波兰共和国等国家欧洲的全部陆地范围以及全部欧洲岛屿的地区内，各缔约国应限制并视需要削减其作战坦克、装甲作战车辆和火炮的数量，以便在本条约生效 40 个月以后，使各缔约国所属的

缔约国集团拥有的现役部队武器装备的总数不超过以下限额:

(A) 7 500 辆作战坦克;

(B) 11 250 辆装甲作战车辆;

(C) 5 000 门火炮。

5、属于同一个缔约国集团的缔约国，可以将数量不超过适用地区限额的现役部队作战坦克、装甲作战车辆和火炮存放在本条和第5条第1款第(A)项所述的各个适用地区。通报的最大武器装备拥有量应符合第7条的规定。未经另一缔约国允许，任何缔约国均不得将其常规武装力量派驻该缔约国。

6、若在本条第4款规定的地区内一缔约国集团拥有的现役部队作战坦克、装甲作战车辆和火炮的总数少于本条第4款规定的限额，同时，根据第7条第2、3和5款的规定，任何缔约国通报的武器装备拥有量未被阻止达到最高的限额，那末，属于该缔约国集团的各缔约国可以在本条第3款所述的地区内，部署数量等于总数与该地区规定限额之间的差额的作战坦克、装甲作战车辆和火炮，但数量应符合本条第3款规定的限额。

第5条

1、为了确保各缔约国的安全在任何阶段都不受损害，因此:

(A) 在保加利亚共和国、希腊共和国、冰岛共和国、挪威王国、罗马尼亚、土耳其共和国的适用地区，以及苏维埃社会主义共和国联盟的列宁格勒、敖德萨、外高加索与北高加索军区等欧洲的全部陆地范围以及全部欧洲岛屿的地区内，各缔约国应限制并视需要削减其作战坦克、装甲作战车辆和火炮的数量，以便在本条约生效40个月以后，使各缔约国所属的缔约国集团现役部队的武器装备总数不超过第4条第1款规定的总限额与第4条第2款规定的总限额之间的差额，即:

(1) 4 700 辆作战坦克;

(2) 5 900 辆装甲作战车辆;

(3) 6 000 门火炮;

(B) 尽管本款第(A)项规定了数量限额，一个或多个缔约国仍可在本款第(A)项所指的地区内同一缔约国集团成员国的领土上，临时性地增加部署一定数量的现役部队武器装备，但每个缔约国集团增加的总数不得超过:

(1) 459 辆作战坦克;

(2) 723 辆装甲作战车辆;

(3) 420 门火炮；另外

(C) 每个缔约国集团在本款第(A)项所述地区内的任何一个缔约国领土上，补充部署的武器装备数量不得超过规定增加限额的1/3，即:

(1) 153 辆作战坦克;

(2) 241 辆装甲作战车辆;

(3) 140 门火炮。

2、进行临时性部署和接受临时性部署的一个或几个缔约国，应在部署开始前将拟部署的作战坦克、装甲作战车辆和火炮的总数分类通报所有其他的缔约国。若撤出临时性部署的作战坦克、装甲作战车辆和火炮，则进行部署和接受部署的一个或几个缔约国，应在撤出后30天内将情况通报所有其他的缔约国。

第6条

为了确保任何一个缔约国在适用地区内拥有的常规武器装备不超过本条约规定限额的大约1/3，各缔约国应限制并视需要削减其作战坦克、装甲作战车辆、火炮、作战飞机和攻击直升机的数量，以便在本条约生效40个月以后，使各缔约国在适用地区内拥有的武器装备数量不超过:

(A) 13 300 辆作战坦克;

(B) 20 000 辆装甲作战车辆;

(C) 13 700 门火炮;

(D) 5 150 架作战飞机;

(E) 1 500 架攻击直升机。

第7条

1、为使第4、5和6条规定的武器装备限额不被突破，自本条约生效后40个月起，各缔约国均应遵照本条第7款的规定，不得突破它在缔约国集团内部先前已经同意并按本条各款的规定已作通报的本条约限定的常规武器装备拥有量的最大数额。

2、各缔约国在签署本条约时，应向所有其他缔约国通报它拥有的本条约限定的常规武器装备的最大数额。各缔约国在签署本条约时提供的关于它拥有的本条约限定的武器装备最大数额的这一通报，在本条第3款规定的后续通报中说明的日期之前应继续有效。

3、根据第4、5和6条规定的武器装备限额，各缔约国有权改变其本条约限定的常规武器装备拥有量的最大数额。改变之前，该缔约国至少应比通报中说明的生效日期提前90天将改变的常规武器装备拥有量最大数额通报所有其他缔约国。为了不突破第4和5条中规定的任何一项武器装备的限额，若一缔约国增加武器装备拥有量的最大数额可能导致突破上述限额，则应预先或在增加的同时对同一缔约国集团的一个或几个缔约国先前通报的本条约限定的常规武器装备拥有量最大数额作出相应的削减。改变武器装备拥有量最大数额的通报，从通报中确定的日期起生效，直至按本款规定进行改变的后续通报中说明的日期为止。

4、缔约国按本条第2款或第3款要求所作的关于装甲作战车辆的通报内容，还应包括该缔约国的装甲步兵战斗车和重武器作战车拥有量的最大数额。

5、在第8条规定的削减武器装备的40个月期限到期之前90天，以及根据本条第3款的规定通报改变武器装备拥有量的最大数额期间，各缔约国应通报第4条的第2～4款以及第5条第1款第（A）项所述各地区内的作战坦克、装甲作战车辆和火炮拥有量的最大数额。

6、一缔约国若削减本条约限定的并按《信息交流议定书》的规定通报的常规武器装备拥有量，并不意味着授予任何其他缔约国根据本条规定增加其通报的常规武器装备拥有量最大数额的权利。

7、每个缔约国完全有责任确保按本条各款的规定通报的武器装备拥有量的最大数额不被突破。同一缔约国集团的缔约国应进行磋商，以保证按本条各款通报的武器装备总拥有量的最大数额不突破第4、5和6条规定的限额。

第8条

1、第4、5和6条规定的武器装备数量限额，应根据《削减议定书》、《直升机重新分类议定书》、《飞机重新分类议定书》、《现有型号议定书》第1节第2款第（A）项的脚注以及《视察议定书》等文件的规定，通过削减武器装备数量的办法来实现。

2、应予削减的常规武器装备的种类有作战坦克、装甲作战车辆、火炮、作战飞机和攻击直升机。具体型号均已列入《现有型号议定书》中。

（A）削减作战坦克和装甲作战车辆的途径有：销毁，改装为非军事用途，用于固定陈列展览，充作地靶，或者就装甲人员输送车而论，可按《现有型号议定书》第1节第2款第（A）项脚注的规定，将其加以改装。

（B）削减火炮的途径为：销毁或用于固定陈列展览，或者就自行火炮而论，可充作地靶。

（C）削减作战飞机的途径为：销毁，用于固定陈列展览，用于地面训练，或者就具有作战能力的特殊样式或型号的教练机而论，可将其改列入非武装教练机。

（D）削减特种攻击直升机的途径为：销毁，用于固定陈列展览，或用于地面训练。

（E）削减多用途攻击直升机的途径为：销毁，用于固定陈列展览，用于地面训练，或改列入其他类型。

3、在执行本条第1款所列各议定书规定的程序并按这些议定书的要求作出通报时，本条约限定的常规武器装备才被视为予以削减的对象。这样削减的武器装备不再计入第4、5和6条规定的数量限额之内。

4、武器装备的削减应分为3个阶段实施，并在本条约生效后40个月内完成，以使：

（A）在实施削减的第1阶段末，即本条约生效后的16个月内，各缔约国保证将本条约限定的每种常规武器装备的总削减量至少削减25%；

（B）在实施削减的第2阶段末，即本条约生效后的28个月内，各缔约国保证将本条约限定的每种常规武器装备的总削减量至少削减60%；

（C）在实施削减的第3阶段末，即本条约生效后的40个月内，各缔约国应将本条约限定的每种常规武器装备的总削减量全部削减完毕。将武器装备改装为非军事用途的缔约国应保证在实施削减的第3阶段末，根据《削减议定书》第8节的规定将全部作战坦克改装完毕；同时，

（D）根据《削减议定书》第8节第6款的规定，作部分销毁而被视为已削减的装甲作战车辆，应在本条约生效后64个月内，根据《削减议定书》第4节的规定，全部改装为非军事用途，或者全部予以销毁。

5、在签署本条约进行信息交流时，应宣布有待削减的本条约限定的常规武器装备确实存在于本条约的适用地区内。

6、本条约生效后30天内，各缔约国应将其须承担的削减数量通报所有其他缔约国。

7、除本条第8款规定的情况外，一缔约国应削减的每种常规武器装备的数量，不得少于本条约签署或生效时根据《信息交流议定书》通报的拥有量（这

两个数量以多者为据）与根据本条约第 7 条规定通报的拥有量最大数额之间的差额。

8、一缔约国对其根据《信息交流议定书》的规定通报的武器装备拥有量的修正，或者对其根据本条约第 7 条的规定通报的拥有量最大数量的修正，均应在调整其削减数量的通报中予以反映。一缔约国若通报减少其武器装备的削减数量，同一缔约国集团的一个或几个缔约国则应预先或与此同时通报相应增加的武器装备拥有量（根据第 7 条的规定，应不突破通报的拥有量最大数额），或者应通报一个或几个缔约国相应增加的削减数量。

9、一俟本条约生效，各缔约国应根据《信息交流议定书》的规定，向所有其他缔约国通报武器装备削减地点，包括最终将作战坦克与装甲作战车辆改装为非军事用途的地点。

10、各缔约国有权按其意愿指定任意多个削减地点，可不受任何限制地改变其指定的这种地点，并且最多可同时在 20 个地点进行武器装备的削减与最后的改装。经共同协议，缔约国有权共同使用削减地点，或将削减地点设在同一地点。

11、尽管本条第 10 款有规定，但在初始生效期内，即本条约开始生效至生效后 120 天之间的这段时期内，各缔约国应同时在不超过 2 个削减地点进行武器装备的削减。

12、除非本条第 1 款所列的各议定书中另有规定，否则，本条约限定的常规武器装备的削减工作均应在适用地区内的削减地点进行。

13、武器装备的削减过程，包括削减期限内和削减期限后的 24 个月内将本条约限定的常规武器装备改装为非军事用途的结果，均应按《视察议定书》的规定接受视察，任何缔约国无权予以拒绝。

第 9 条

1、除了根据第 8 条的有关条款规定不再在役，本条约适用地区内的作战坦克、装甲作战车辆、火炮、作战飞机和攻击直升机可在下列条件下以退役的方式不再在役；

(A) 本条约限定的这些常规武器装备退役和等候处理的地点不得超过 8 个。根据《信息交流议定书》的规定，这些地点应作为申报地点予以通报，并应在通报中确定其为本条约限定的常规武器装备退役后的集中地区。若存放退役的本条约限定的常规武器装备的地点也存放有与本条约相关的其他常规武器装备，退役的本条约限定的常规武器装备应单独存放，以便易于区别，

(B) 对于任一缔约国，此类退役的本条约限定的常规武器装备的数量不超过它通报的本条约限定的常规武器装备拥有量的 1%，或不超过 250 件，其中作战坦克、装甲作战车辆和火炮不超过 200 件，攻击直升机和作战飞机不超过 50 架。

2、退役通报应包括本条约限定的常规武器装备退役的数量、型号和退役地点，并根据《信息交流议定书》第 9 节第 1 款第（B）项的规定，送交所有其他缔约国。

第 10 条

1、根据《信息交流议定书》的规定，将本条约限定的常规武器装备存放在指定的永久性储存地的缔约国，应将这些指定的永久性储存地通报所有其他缔约国。通报的内容应包括指定的永久性储存地的名称与位置（含地理坐标），以及本条约限定的常规武器装备的各种类型在每个储存地上的数量。

2、指定的永久性储存地只应设置用于储存与维护武器装备所需的相应设施（例如仓库、车库、修配间、配套库房以及其他辅助设备），不应设置与本条约限定的常规武器装备相关的射击场或训练区。指定的永久性储存地只应用于存放属于一缔约国常规武装力量的武器装备。

3、每个指定的永久性储存地周围应有一条明确划定的实际界线。界线上应筑有高度至少为 1.5 米的围墙。围墙上开设的大门不得超过 3 个，只作为武器装备的进出口。

4、存放在指定的永久性储存地的本条约限定的常规武器装备，包括根据本条第 7、8、9 和 10 款的规定临时撤出的本条约限定的常规武器装备，不应计入现役部队的本条约限定的常规武器装备的数量之内。储存的但不是存放在指定的永久性储存地的本条约限定的常规武器装备，应计入现役部队的本条约限定的常规武器装备的数量之内。

5、除了本条第 6 款规定的情况外，现役部队或兵团不应驻扎在指定的永久性储存地内。

6、只有与指定的永久性储存地的安全、管理或维护储存在那里的武器装备相关的人员，才能驻扎在指定的永久性储存地内。

7、为了对存放在指定的永久性储存地的本条约限定的常规武器装备进行维护、修理或改装，各缔约

国应有权无须事先通报就可决定从指定的永久性储存地撤出并同时有权在指定的永久性储存地之外保留本条约限定的常规武器装备，但在每个指定的永久性储存地每类武器装备总数不得超过其通报的拥有量的10%（按最接近的整偶数计算），亦即在每个指定的永久性储存地每类武器装备总数不得超过10件。

8、除了本条第7款规定的情况外，任何缔约国不得将本条约限定的常规武器装备撤出指定的永久性储存地，除非它最迟在撤出前42天将此事通报所有其他缔约国。通报应由拥有本条约限定的常规武器装备的缔约国发出。通报中应说明：

(A) 本条约限定的常规武器装备所要撤出的指定的永久性储存地的位置，以及所要撤出的各种类型的本条约限定的常规武器装备的数量；

(B) 本条约限定的常规武器装备撤出与返回的日期；

(C) 本条约限定的常规武器装备从指定的永久性储存地撤出后，拟存放的地点及用途。

9、除了本条第7款规定的情况外，属于同一缔约国集团的缔约国从指定的永久性储存地撤出的和在指定的永久性储存地之外保留的本条约限定的常规武器装备总数，在任何时候均不得超过以下限额：

(A) 550辆作战坦克；

(B) 1 000辆装甲作战车辆；

(C) 300门火炮。

10、按本条第8、9款的规定，从指定的永久性储存地撤出的本条约限定的常规武器装备，应在撤出后42天内返回指定的永久性储存地。撤出后进行工业性改造的本条约限定的常规武器装备则属例外。这类武器装备改造完毕后，应立即返回指定的永久性储存地。

11、各缔约国应有权更换存放在指定的永久性储存地的本条约限定的常规武器装备。更换开始时，各缔约国应向所有其他缔约国通报更换本条约限定的常规武器装备的数量、地点、型号及配置。

第11条

1、各缔约国应限制其装甲架桥车的数量，以便在本条约生效40个月以后，它所属的缔约国集团在适用地区内的现役部队所拥有的装甲架桥车的总数不超过740辆。

2、对于各缔约国集团，在适用地区内超出本条第1款规定总数的所有装甲架桥车，均应根据第2条的规定存放在指定的永久性储存地。当装甲架桥车在指定的永久性储存地无论是单独存放还是与本条约限定的常规武器装备一起存放，第10条第1～6款应同时适用于装甲架桥车和本条约限定的常规武器装备。存放在指定的永久性储存地的装甲架桥车不应被视为现役部队的武器装备。

3、除了本条第6款规定的情况外，装甲架桥车可根据本条第4、5款的规定，撤出指定的永久性储存地，但最迟应在撤出前42天内将有关情况通报所有其他缔约国。通报中应说明：

(A) 装甲架桥车所要撤出的指定的永久性储存地的位置以及从各个储存地撤出的装甲架桥车的数量；

(B) 装甲架桥车撤出和返回指定的永久性储存地的日期；

(C) 装甲架桥车撤出指定的永久性储存地期间的用途。

4、除了本条第6款规定的情况外，从指定的永久性储存地撤出的装甲架桥车应在实际撤出日期之后42天内返回原地。

5、各缔约国集团从指定的永久性储存地撤出的和在指定的永久性储存地之外保留的装甲架桥车的总数，在任何时候均不得超过50辆。

6、为了进行维护与改装，缔约国应有权从指定的永久性储存地撤出并同时有权在指定的永久性储存地之外保留装甲架桥车，但在每个指定的永久性储存地装甲架桥车的总数不得超过其通报的拥有量的10%（按最接近的整偶数计算），亦即在每个指定的永久性储存地装甲架桥车的总数不得超过10辆。

7、一旦发生洪水泛滥或永久性桥梁被毁等自然灾害，缔约国应有权从指定的永久性储存地撤出装甲架桥车。撤出时，应将撤出情况通报所有其他缔约国。

第12条

1、一缔约国负责和平时期内部安全任务的组织机构所拥有的装甲步兵战斗车，若不是用于执行抵御外部敌人的地面作战任务，则不在本条约限制之列。但是，为了有利于本条约的实施和保证此类组织机构拥有的此类武器的数量不得违背本条约的有关条款，若一缔约国配备给负责和平时期内部安全任务的组织机构的装甲步兵战斗车超过1 000辆，则应计入本条约第4、5和6条规定的容许限额内。一缔约国配备给此类组织机构的装甲步兵战斗车可存放在第5条第1款第（A）项规定的适用地区，但不得超过600辆。各缔约国应进一步保证不使此类组织机构获得超出满足内部安全要求所需的作战能力。

2、一缔约国若将配属给常规武装力量使用的作战坦克、装甲步兵战斗车、火炮、作战飞机、攻击直升机和装甲架桥车转而配属给该缔约国任何不属于常规武装力量的组织机构，则应在转属生效之日前通报所有其他缔约国。通报中应说明转属生效日期、实际移交这类装备的日期，以及所转属的本条约限定的各种类型常规武器装备的数量。

第13条

1、为了保证对本条约各条款执行情况实施核查，各缔约国应根据《信息交流议定书》的规定，就其常规武器装备的情况进行通报和交流信息。

2、该通报与信息交流应根据第17条的规定进行。

3、各缔约国应对提供的信息负责；收到此类信息与通报不应视为所提供的信息有效或被承认。

第14条

1、为了保证对本条约各条款执行情况实施核查，根据《视察议定书》的规定，在适用地区内各缔约国应有权进行视察并有义务接受视察。

2、这种视察的目的是：

（A）在根据《信息交流议定书》提供的信息的基础上，核查各缔约国是否遵守第4、5和6条规定的数量限额；

（B）根据第8条与《削减议定书》的规定，监控在削减地点对作战坦克、装甲作战车辆、火炮、作战飞机和攻击直升机实施削减的进程；

（C）根据《直升机重新分类议定书》与《飞机重新分类议定书》的规定，监控对重新分类的多用途攻击直升机和有作战能力的教练机进行的核证。

3、任何缔约国均不得对它所属缔约国集团的其他缔约国行使本条第1、2款规定的权利，以免影响核查制度的目标。

4、若视察由一个以上的几个缔约国联合实施，则应由其中的一个缔约国对本条约各条款的执行负责。

5、在每个规定的时期内，各缔约国根据《视察议定书》第7、8节的规定，有权实施视察和有义务接受视察的次数，应根据《视察议定书》第2节的规定确定。

6、当120天的最后数量核实期限结束时，各缔约国应有权在适用地区内实施议定次数的空中视察，领土位于适用地区内的各缔约国应有义务接受议定次数的空中视察。上述议定的次数和其他适用的规定应在第18条中提及的谈判期间予以确定。

第15条

1、为了保证对本条约各条款执行情况实施核查，除了第14条规定的程序外，一缔约国应有权按照公认的国际法准则使用自己拥有的本国或多国技术核查手段。

2、一缔约国不得干涉另一缔约国根据本条第1款的规定使用本国或多国技术核查手段。

3、一缔约国不得使用隐蔽措施妨碍另一缔约国根据本条第1款的规定使用本国或多国技术核查手段，对本条约各条款的执行情况实施核查。此项规定不适用于与涉及本条约限定的常规武器装备的正常的人员训练、维修或操作等相关的掩蔽或隐蔽措施。

第16条

1、为了有助于达成本条约的目标和促进本条约各条款的实施，缔约国兹设立一个联合协商小组。

2、在联合协商小组范围内，缔约国应做到：

（A）提出有关遵守或可能违背本条约各条款的问题；

（B）设法解决本条约实施过程中对条约的解释可能出现的模棱两可与分歧的问题；

（C）研究并尽可能商定采取措施，以增强本条约的生命力与效力；

（D）根据第2条第2款的要求，修改《现有型号议定书》中的武器装备型号表；

（E）解决有关的技术问题，以便寻求缔约国对本条约的共同实施办法；

（F）必要时制定或修订联合协商小组以及根据本条约规定举行的会议的议事规则、工作方法、经费分配标准以及缔约国内部视察费用的分配标准；

（G）研究并制定适当的措施，确保通过缔约国内部信息交流或根据本条约的规定进行视察而获取的信息只用于本条约规定的目的，而且还应考虑到各缔约国为保护本国定为高度机密的信息而提出的特殊要求；

(H) 根据任何一个缔约国的要求，研究一缔约国根据第 21 条的规定，举行任何会议来审查其愿意提出的任何问题。但是这种研究不应损害任何缔约国诉诸第 21 条规定的程序的权利；

(I) 研究本条约实施过程中产生的种种争端问题。

3、各缔约国应有权将任何与本条约有关的问题提交联合协商小组，并将该问题列入小组议程。

4、联合协商小组应在协商一致的基础上作出决定或提出建议。所谓协商一致应理解为任何缔约国代表对作出的决定或提出的建议无任何异议。

5、联合协商小组可根据第 20 条的规定对本条约提出修正意见，供研究和批准。联合协商小组也可根据有关条款商定采取改进措施，以提高本条约的生命力与效力。除非这些改进措施只涉及行政或技术性的次要问题，否则在它们生效前应根据第 20 条的规定予以研究和批准。

6、本条中的任何内容均不应被视为禁止或限制任何缔约国通过联合协商小组之外的途径或场合，就本条约及其实施的有关事项，从其他缔约国获取信息或与它们协商。

7、联合协商小组应遵循《联合协商小组议定书》规定的程序。

第 17 条

缔约国应以书面形式传送本条约要求提供的信息与通报。它们应利用自己指定的外交渠道或其他正式渠道，其中特别是在专门协议基础上建立起来的通信网。

第 18 条

1、本条约签署后，缔约国应以同样的授权，本着本条约既定的目标，继续就常规武装力量举行谈判。

2、这些谈判的目标应是缔结一项关于采取进一步措施的协定。这些措施，包括根据授权限制本条约适用地区内常规武装力量员额的措施，旨在增进欧洲的安全与稳定。

3、缔约国应力争在欧洲安全与合作会议续会于 1992 年在赫尔辛基召开之前结束这些谈判。

第 19 条

1、本条约应是无限期的。以后签订的条约可以对它进行补充。

2、各缔约国在行使国家主权过程中，若认定同本条约主题事项有关的非常事件已经危及本国的最高利益，则有权退出本条约。拟退约的缔约国应将其退约决定通知条约保存国和所有其他缔约国。此通知至少应在退约前 150 天内发出。通知中应阐明该缔约国认为危害其最高国家利益的非常事件。

3、特别是在行使国家主权过程中，若另一缔约国增加第 2 条中定义的作战坦克、装甲作战车辆、火炮、作战飞机或攻击直升机的拥有量，使之超出本条约规定的限额，以致明显影响到适用地区内的力量平衡，各缔约国有权退出本条约。

第 20 条

1、任何一个缔约国均可对本条约提出修正案。提出的修正案文本应提交给条约保存国，并由其分发给所有缔约国。

2、若一项修正案业经所有缔约国通过，根据本条约第 22 条规定的生效程序，该修正案应开始生效。

第 21 条

1、本条约生效后 46 个月，以及此后每隔 5 年，条约保存国应召集一次缔约国会议，检查本条约的实施情况。

2、若任何缔约国认为出现了与本条约有关的特殊情况，尤其是当一缔约国宣布拟退出所属缔约国集团，加入第 2 条第 1 款第 (A) 项定义的另一个缔约国集团时，条约保存国应按该缔约国的要求举行缔约国非常会议。为使其他缔约国对该会议有所准备，该缔约国应在要求开会的申请书中说明必须召开非常会议的理由。会议应研究申请书中提出的已经出现的特殊情况以及这些情况对本条约的实施所产生的影响。会议应在收到申请书后 15 天内举行。除非另有决定，否则会期不得超过 3 周。

3、条约保存国应根据 3 个或 3 个以上缔约国的申请，召开缔约国会议，研究它们按第 20 条的规定提出的修正案。会议应在收到必要的申请后 21 天内举行。

4、一旦缔约国根据第19条的规定，通知它决定退出本条约，条约保存国应在接到退约通知后21天内召开缔约国会议，研究与该国退出本条约的有关问题。

第22条

1、本条约须经各缔约国按其宪法程序予以批准。批准书应交存在荷兰王国政府，该国特此被指定为条约保存国。

2、本条约之首所列的所有缔约国交存批准书10天之后，本条约即告生效。

3、条约保存国应将下列事项及时通知所有缔约国：

(A) 每份批准书均已交存；

(B) 本条约已生效；

(C) 根据第19条规定任何一国退出条约及退约的生效日期；

(D) 根据第20条规定提出的修正案文本；

(E) 对本条约的任何修正案的生效；

(F) 根据第21条规定提出的召开会议的任何申请；

(G) 根据第21条规定举行会议；

(H) 本条约要求条约保存国通知缔约国的任何其他事项。

4、条约保存国应根据《联合国宪章》第102条的规定为本条约登记注册。

第23条

本条约具有同等效力的英语、法语、德语、意大利语、俄语和西班牙语等6种文本的原件，应存放在条约保存国的档案馆。正式核证的本条约副本应由条约保存国分送所有缔约国。

* * * * * * * * * * *

欧洲常规武装力量条约缔约国关于陆基海军飞机的声明 为了促进欧洲常规武装力量条约的实施，本条约缔约国接受本条约范围之外的下列政治承诺。

1、在本条约适用地区内，任何缔约国所拥有的永久性陆基海军作战飞机不超过400架。这一承诺适用于拥有能打击水面或空中目标的武器装备的作战飞机，但不包括海上巡逻机。

2、在本条约有关条款中被确定为两个缔约国集团中的任何一个集团，所拥有的永久性陆基海军作战飞机总数均不超过430架。

3、在本条约适用地区内，任何缔约国的海军均不得拥有任何永久性陆基攻击直升机。

4、本声明规定的陆基海军飞机限额将从欧洲常规武装力量条约生效40个月后开始付诸实施。

5、从欧洲常规武装力量条约生效之日起，本声明即告生效。

德意志联邦共和国政府关于德国武装力量员额的声明 鉴于欧洲常规武装力量条约的签署，德意志联邦共和国政府确认联邦外交部长于1990年8月30日在欧洲常规武装力量谈判全体会议上发表的声明。声明内容如下：

“德意志联邦共和国政府决定在3～4年内将统一后的德国武装力量员额削减到37万（陆军、空军和海军）。削减工作将从欧洲常规武装力量条约的第一份协定生效时开始进行。

在这个总限额范围内，属于陆军与空军的员额不超过34.5万。根据一致同意的决议，只有陆军与空军是欧洲常规武装力量谈判的议题。

联邦政府把削减陆军与空军的承诺视为德国对削减欧洲常规武装力量的一项重大贡献。它认为，在后续谈判中，其谈判参与国也将为增进欧洲的安全与稳定作出各自的贡献，其中包括采取限制武装力量员额的措施。”

欧洲常规武装力量条约缔约国关于员额的声明 鉴于1990年11月19日欧洲常规武装力量条约的签署，着眼于该条约第18条中所指的一系列后续谈判，该条约缔约国声明，在举行这些谈判期间，它们将遵照决议，不在适用地区内增加核准的和平时期常规武装力量的总员额。

22国联合声明 比利时、保加利亚、加拿大、捷克和斯洛伐克联邦共和国、丹麦、法国、德国、希腊、匈牙利、冰岛、意大利、卢森堡、荷兰、挪威、波兰、葡萄牙、罗马尼亚、西班牙、土耳其、苏维埃社会主义共和国联盟、联合王国和美利坚合众国的国家或政府首脑

——热忱欢迎欧洲发生的历史性变化，

——满意地看到整个欧洲正在共同实施多元化民主、法治和人权的承诺，这对于欧洲的持久安全是十分重要的，

——确认持续了40余年的分裂与对抗时代的结束，各国之间关系的改善，及其对各国安全所起的作

用，

——深信欧洲常规武装力量条约的签署是对增进欧洲安全与稳定这一共同目标的重大贡献，

——深信这些发展必将在建立一个更为统一的欧洲大厦的持续合作进程中成为一个组成部分，

兹声明如下：

1、签署国郑重宣布，在业已开始的欧洲关系新纪元中，它们已不再互为敌手，将建立新的伙伴关系，相互伸出友谊之手。

2、它们回顾了《联合国宪章》规定的义务，重申它们在《赫尔辛基最后文件》中所作的全部承诺。它们强调赫尔辛基10原则均具有头等重要的意义，必须同等地和毫无保留地贯彻执行，对每条原则的解释均应考虑到其他各条原则。为此，它们确认不以武力威胁或使用武力来破坏任何国家的领土完整与政治独立，不以武力威胁或使用武力来图谋改变现有边界，以及不以违背上述文件的原则和宗旨的任何其他方式行事的义务和承诺。除非用于自卫或符合《联合国宪章》，它们决不使用所拥有的任何武器。

3、它们承认安全是不可分割的，它们之中任何一国的安全与所有欧洲安全与合作会议参加国的安全是不可分割的。

4、它们保证只保留防止战争和确保有效防务所需的军事能力。它们将牢记军事能力与军事学说之间的关系。

5、它们重申每个国家均有权成为或不成为联盟条约的缔约国。

6、它们满意地注意到它们之间加强了政治与军事接触，从而增进了相互理解与信任。为此，它们欢迎各国对最近关于建立新的定期外交联络的建议所作的积极反应。

7、它们宣布，决心为达成常规、核、化学军备控制与裁军协定作出积极的贡献，以增进各国的安全与稳定。尤其是它们呼吁《欧洲常规武装力量条约》早日生效，保证在欧安会范围内通过常规军备控制来不断推进欧洲和平的进程。它们欢迎美国和苏联就削减短程核力量举行的谈判将取得成果。

8、它们欢迎建立信任与安全措施对缓和紧张局势所作出的贡献，并全力支持此类措施进一步得到发展。它们重申“开放天空”倡议具有重要意义，决心使谈判尽快圆满结束。

9、它们保证与欧安会其他参加国共同努力推进欧安会的进程，以便对欧洲安全与稳定作出更大的贡献。它们尤其认为有必要加强欧安会各参加国内部的政治协商，并发展欧安会的其他机制。它们确信，《欧洲常规武装力量条约》，对一整套新的关于建立信任与安全措施的共识，以及在欧安会范围内建立的新型合作关系，都将使欧洲更加安全，从而在欧洲实现持久的和平与稳定。

10、它们相信，上述各点反映了它们人民对紧密合作和相互理解的殷切期望。它们宣告将不遗余力地遵照本声明和《赫尔辛基最后文件》中所规定的原则，促进相互关系的进一步发展。

本声明原件有英语、法语、德语、意大利语、俄语和西班牙语等6种文本，均具有同等效力。这些原件文本将交法国政府档案馆保存。按照《联合国宪章》第102条的规定，本声明还不够登记注册的条件，法国政府应将本声明的文本提交联合国秘书长，以便作为联合国正式文件分送该组织所有成员国。各签署国将收到法国政府提供的本声明的正式副本。

1990年世界军事大事记

1990年世界军事大事记

1月

1月1日

△中共中央总书记江泽民在全国政协新年茶话会上说，当前，国际上正在发生着一些重大事件，存在着诸多矛盾、斗争和不稳定因素。世界并不太平。但是国际形势的总格局没有变。

1月2日

△智利当选总统帕特里西奥·艾尔文谴责美国人侵巴拿马，要求美国尊重"人民自决"原则。

△为期一个月的北约冬季军事演习在联邦德国南部巴登－符腾堡州开始举行。演习代号为"重返德国"，参加兵力为5万人，比往年减少45%。演习地域包括整个南德地区，演习于1月26日结束。

1月3日

△巴拿马前国防军司令诺列加将军3日晚8时30分在巴拿马城落于美国当局手中，并已由美方送到美国佛罗里达州的霍姆斯特德空军基地。

△巴拿马总统恩达拉任命爱德华多·埃雷拉中校接替罗伯托·阿米霍上校为新成立的巴拿马公安部队司令。

1月4日

△美国总统布什派遣美国参谋长联席会议主席鲍威尔前往巴拿马会晤美国南方司令部司令瑟曼将军，商讨一项撤军计划。

△泰国外交部副部长巴博·林巴班图率领一个40人组成的代表团，离开曼谷前往老挝参加泰老边界划分问题谈判。泰老两国军队1988年初曾在泰国彭世洛府和老挝沙耶那里省之间的争议地区发生过激烈战斗。

△波兰国防部长西维茨基在电视讲话中透露，1989年波兰武装力量裁减了3.3万人、400辆坦克、700门火炮、600辆装甲输送车和约80架飞机。

1月5日

△美国总统布什说，美国入侵巴拿马的军事行动不会损害美苏关系。据美国《洛杉矶时报》报道，美国入侵巴拿马之前曾将行动意图通知苏联方面。

1月6日

△黎巴嫩基督教军队和穆斯林民兵6日早晨在划分贝鲁特东西区的绿线附近发生火炮和坦克交火。黎警方发言人认为这是自阿拉伯联盟1989年9月22日宣布停火以来一次最严重的违反停火行动。

△埃塞俄比亚政府宣布，政府已经解放了曾被提格雷人民解放阵线占领的北方城市德卜勒塔博尔，重创反政府军4个旅。

1月7日

△美国国防部长切尼和参谋长联席会议主席鲍威尔分别表示，美国向哥伦比亚附近的公海海域派遣军舰（航空母舰"肯尼迪"号和核动力巡洋舰"弗吉尼亚"号及8艘战舰），不会对哥伦比亚实施封锁。哥伦比亚外交部长指出，如果在哥伦比亚领海或公海发生干涉哥船只活动事件，美国政府必须对后果负责。哥已加强了对本国领海领空的巡逻和防御。

△民柬国民军已包围柬埔寨第2大城市马德望市，并于晚间袭击了马德望机场。

△萨尔瓦多总统克里斯蒂亚尼承认，政府军官兵参与了暗杀6名西班牙传教士的事件。

1月8日

△苏军副总参谋长克里沃舍耶夫上将说，苏联1990年将减少兵员18.54万名。

1月9日

△秘鲁前国防部长洛佩斯·阿尔武哈尔将军在首都利马被3名不明身份者暗杀身亡。

△美国"哥伦比亚"号航天飞机在佛罗里达州的肯尼迪航天中心顺利升空，开始了它为期10天的太空飞行。

△印度导弹计划负责人阿卜杜勒·卡拉姆对新闻记者说，印度现在已具备了生产射程超过5000公里的洲际导弹的能力。

1月10日

△菲律宾武装力量总参谋长德贝利亚命令军队由高度戒备状态改为通常戒备状态，并同意一半官兵回家探亲。

1月11日

△李鹏总理发表电视讲话宣布国务院命令，决定从1990年1月11日起，解除对北京市部分地区的戒严。

△巴基斯坦总统伊沙克·汗呼吁印度洋地区国家将本地区建成无核武器区。

△巴布亚新几内亚政府向布干维尔岛上的分裂主义武装力量宣战，治安部队已开进该岛。

△美国国防部长切尼说，他已着手对五角大楼的官僚文牍主义进行整顿，以使国防部在今后5年内能从中节省390亿美元的行政经费。

1月12日

△巴基斯坦外交部在伊斯兰堡召见苏联驻巴大使维克多·雅库宁，向他转达了对巴领土最近遭到喀布尔政府军导弹袭击一事的严重关注。

△美国航天飞机"哥伦比亚"号在太空成功地收回一颗在空间运行近6年的美国卫星。

△美国一架海军"天鹰"强击机在费城郊区训练时坠毁。

1月14日

△阿富汗游击队在霍斯特地区击落喀布尔政府军1架喷气式战斗机。

1月15日

△美苏限制核试验第6轮谈判在日内瓦开始，据美国代表团透露，本轮谈判主要是讨论非标准化核试验的规模问题。

△苏联最高苏维埃主席团宣布，阿塞拜疆共和国的纳戈尔诺—卡拉巴赫自治州及其附近地区，该共和国与伊朗接壤的国界边境地区，以及亚美尼亚共和国的戈里斯地区处于紧急状态。

1月16日

△为期两天的联合国安理会5个常任理事国代表会议在巴黎结束。会后发表了5国关于柬埔寨问题的磋商纪要。

△在哥伦比亚等国的反对下，美国政府被迫搁置其在哥伦比亚沿海部署"肯尼迪"号航母计划，"肯尼迪"号航母及其辅助舰只16日已返航，回到佛罗里达州的港口。

1月17日

△中国外交部部长助理徐敦信在巴黎表示，中国政府赞赏法国最近作出不向台湾出售6艘护卫舰的决定。

△民柬国民军解放了暹粒省瓦林县城。

1月18日

△苏联发表告阿塞拜疆和亚美尼亚人民书，呼吁这两个共和国的公民表现出理智，对自己的人民和祖国的命运负责。苏联国防部长亚佐夫宣布，苏联国防部决定把一定数量的后备役军人征召入伍，让他们参加阿塞拜疆和亚美尼亚两个共和国部分地区的执勤和宵禁活动。

△苏联外交部发言人佩尔菲耶夫说，根据苏越达成的协议，苏联已于1989年年底从越南金兰湾撤走米格-23歼击机和图-16中程轰炸机。目前留在金兰湾机场的一支航空兵分队有6～10架飞机（机型未说明）。

1月19日

△南非政府宣布将大幅度裁减海、空军和军备。海军人员减少18.3%，军备部门裁减10%，并且至少关闭5个海军基地和1个空军基地。

1月20日

△苏联最高苏维埃主席团颁布命令，宣布阿塞拜疆共和国首都巴库市从20日起进入紧急状态。据塔斯社报道，苏军部队已进入该市，"人民阵线"的战斗队曾向战士开枪。

△美国"哥伦比亚"号航天飞机在太空飞行11天后顺利返回地面。这是航天飞机在太空执行任务时间最长的一次飞行。

1月21日

△由于印度控制的克什米尔地区骚乱不止，印度政府下令军队开进克什米尔首府斯利那加市。

△安哥拉反政府武装"安盟"的士兵21日向本格拉省洛比托市西北郊20公里处的古巴兵站发动了进攻。25日古巴和安哥拉两国政府决定暂时中止从安哥拉撤出古巴军队的工作。

1月22日

△美苏第13轮削减战略核武器谈判在日内瓦举行，并就弹道导弹弹头进行对等的核查试验问题达成协议。

1月23日

△苏联外交部发言人格拉西莫夫说，苏联对美国决定将苏美限制核试验谈判推迟到美国参议院批准两国签订两项条约（1974年《苏美关于限制核武器地下核试验条约》和1976年《苏美关于用于和平目的的地下核爆炸条约》）之后表示"十分关注"，认为这

项决定与苏美之间现有的协议是相悖的。

△黎巴嫩总统赫拉维在得到叙利亚军队有条件地撤出贝鲁特西区的许诺之后于23日离开大马士革回国。

△美国陆军第82空降师1000余人乘C-130军用运输机抵达洪都拉斯，参加"军事演习"。

△巴布亚新几内亚政府军23日晚宣布，政府军已经占领了自称为"布干维尔革命军"的司令部。

1月24日

△黎巴嫩总统赫拉维目前正着手建立一支新的安全部队，作为解决黎巴嫩危机的第一步措施。

△阿根廷国防部长伊塔洛·卢德尔上午宣布辞职，梅内姆总统表示同意。

1月25日

△美国国防部宣布，由于水雷威胁已经减少，美国将撤回留在海湾执行扫雷任务的3艘扫雷艇。

△联邦德国、法国、意大利3国外交部长在维也纳表示，在东西方局势渐趋缓和的前提下，北约原先提出的欧洲短导现代化计划并非不可放弃。

1月26日

△菲律宾国防部长拉莫斯在非第2大城市宿务说，政府已采取措施，防止再次发生政变。菲政府已逮捕21名1989年12月军事政变的策划者。还在悬赏缉拿另外15名政变头目，

△美国空军在比尔空军基地为SR-71高空侦察机举行了正式退役仪式。

1月27日

△法国负责防务的国务秘书热拉尔·雷隆27日说，法国不打算因东欧国家发生的变化而立即从联邦德国撤军。法国目前驻扎在联邦德国的部队有5.5万人，配备有导弹、飞机和500多辆坦克。

1月29日

△美国国防部长切尼表示，美国在1991年将对军事力量只作微小的调整，但将继续保持和发展重要的武器项目。切尼提出，1991年美国将关闭35个国内军事基地，停止13个海外基地的军事活动。裁减陆军1.7万人，海军6000人，空军1.5万人；在海军方面将保持现有的14个航母舰队，只使2艘老龄的战列舰和2艘巡洋舰退役。美国将继续拨款发展SDI计划，B-2隐形轰炸机，"三叉戟"潜艇，MX机动洲际导弹和"侏儒"洲际导弹。

△菲律宾总统科·阿基诺在记者招待会上证实，菲政府最近挫败了一起计划于上周末攻打保安司令部的阴谋。

1月30日

△美国总统布什向国会提交了1991财年的政府预算报告，联邦政府收入为1.17万亿美元，支出为1.23万亿美元，赤字为631亿美元，国防开支为3033亿美元，扣除通货膨胀因素后比1990财年减少大约2%。

△苏联外交部新闻局第一副局长佩尔菲耶夫说，苏联认为美国计划在西欧部署450枚新的空基战术导弹是"违背起码的逻辑"，而且在维也纳常规武器谈判取得进展的情况下，美国的这种意图"更是不能接受的"。

1月31日

△美国总统布什31日晚在国会联席会议上发表《国情咨文》时提出一项裁军新建议，主张把美国和苏联在中欧和东欧的军事人员减少到各方拥有19.5万人的水平。

2月

2月1日

△国务院、中央军委决定，周玉书任中国人民武装警察部队司令员，徐寿增任中国人民武装警察政治委员。

△民主柬埔寨电台广播，越南当局在柬著名吴哥古迹地区部署了1000多名越军，这是越南自1989年9月所谓"全部撤军"后仍暗留部分越军在柬境内的又一证据。

△南斯拉夫人民军派部队进入科索沃地区，以维持科索沃的社会秩序，保护居民的生命安全。

2月5日

△苏联驻民主德国军队开始举行1990年的第1次大规模演习，约1.59万名苏军官兵、400名民主德国官兵参加演习，演习持续到2月11日。

△为期21天的欧安会"建立信任及安全措施军事学术讨论会"在维也纳结束，来自欧安会35个成员国的武装力量最高司令和总参谋长参加了这次讨论会，会议交流并公开了各自的防务政策及安全方案。与会国普遍认为，应当把制止战争作为军事战略及安全政策的最高准则。

△印控克什米尔地区的穆斯林武装分子在该地区首府斯利那加市与印度政府治安部队再次发生武装冲突。

△一架美国F-11喷气式战斗轰炸机5日下午在英国东部沃什湾海区射击场训练时突然坠毁。

2月7日

△苏联元帅阿赫罗梅耶夫在莫斯科限制海军活动的国际讨论会上说，苏美关系的改善取决于4个重大问题的解决，即双方削减进攻性战略武器；华约和北约裁减欧洲武装力量；双方开始削减海军的谈判；分阶段撤销苏联周围的美国军事基地，首先是海军基地。美国为保持其海上优势，至今不愿就削减海军问题进行谈判。

△日本鹿儿岛种子岛宇宙开发事业团种子岛宇宙中心首次用一枚火箭发射了3颗卫星。

2月8日

△北约在“欧洲常规裁军谈判”中就裁减双方驻欧常规力量提出新建议：(1) 双方把驻中欧的军队人数各减少到19.5万人，并同意把丹麦和匈牙利划人中欧地区；(2) 双方把作战飞机的数量各减少到4700架；(3) 攻击直升机仍保留1900架，但同意把裁减下来的直升机改作他用；(4) 同意华约提出的14.3吨以上装备有火炮的装甲车辆都属于裁减的范围。

2月9日

△阿根廷和英国军事技术人员和专家结束了在西班牙首都马德里举行的两天会议，会议讨论了妨碍两国复交的有关军事问题。阿根廷要求英国完全取消马尔维纳斯周围的150海里“专属区”和军事保护区。

2月10日

△苏联外交部长谢瓦尔德纳泽和美国国务卿贝克在莫斯科举行3天会谈后发表联合声明，声明在谈到战略核武器问题时指出，双方在解决空基巡航导弹方面取得了重大进展，在海基巡航导弹方面也有良好的推进。双方同意，海基巡航导弹问题将在双方发表平行的、政治上有约束力的声明的基础上加以解决。双方还就确定未部署的弹道导弹和弹头的数额问题达成协议。

2月11日

△苏联政府就撤出驻东欧国家的苏军问题发表声明。声明说，苏联已开始同捷匈两国谈判撤出苏军问题，并可望达成协议；如波兰政府愿意，苏联可以同波兰讨论撤出驻波苏军问题；苏联正在单方面裁减驻民主德国的军队，在维也纳欧洲常规裁军谈判达成协议的范围内，苏联还可继续裁减驻德苏军。

△在印度和巴基斯坦克什米尔实际控制线附近，印军11日向巴基斯坦平民开枪，巴军进行了还击。

2月12日

△泰国总理差猜在曼谷同访泰的苏联部长会议主席雷日科夫会谈时，要求苏联在和平解决柬埔寨问题上发挥更大的作用。雷日科夫支持差猜提出的“变印支战场为商场”的政策。双方表示要同时停止对柬埔寨各派的援助特别是军事援助。

△北约和华约两大军事集团23个国家外长参加的关于双方互相“开放天空”的会议12日上午在加拿大渥太华开幕。“开放天空”就是北约、华约两大军事集团的一方允许另一方的非武装飞机在临时通知的情况下，对对方的军事活动和军事设施进行监视和检查。

△苏联塔吉克共和国最高苏维埃主席团宣布，该共和国首都杜尚别市处于紧急状态，并从12日起实行宵禁。

2月13日

△总部设在巴拿马运河区的美国南方司令部发言人罗伯特上校宣布，1989年12月从美国本土调往巴拿马的1.4万名美军13日已全部撤离巴拿马回国。但美国警察部队仍留在巴拿马，以配合巴拿马公安部队在首都巴拿马城等城市维持治安。

2月14日

△苏联外长谢瓦尔德纳泽对解决阿富汗问题提出10点建议，主要内容有停止流血冲突；召开全阿富汗的和平会议，建议举行苏联、美国、巴基斯坦和伊朗四方会议，联合国秘书长或他的代表参加，阿富汗各方也派代表参加；完全停止向阿富汗交战各方提供武器。阿富汗游击队临时政府拒绝接受苏联提出的建议。

△第5届亚洲航空展在新加坡开幕，美国的F-16、苏联的苏-27和法国的“幻影”2000战斗机、中国的运-12民用飞机作了飞行表演。

△美国空军14日上午在佛罗里达州的卡纳维拉尔角发射两颗卫星，以试验空间及导弹激光武器。

2月15日

△美国和南朝鲜在汉城就撤走驻南朝鲜美国5000名军事人员达成协议。

2月16日

△法国装备总局在巴黎宣布，法国、联邦德国和英国已达成协议，共同研制一种代号为“眼镜蛇”的反炮雷达系统。

2月18日

△英国首相撒切尔夫人在伦敦说，任何有关德国统一的条约都必须尊重欧洲各国现行的边界。

2月19日

△法国总统密特朗抵伊斯兰堡对巴基斯坦作为期

4天的国事访问，两国将就法向巴出售核电站设备达成协议。

△莱索托军队包围了政府大楼并逮捕了政府国防、外交和司法大臣。

2月20日

△巴基斯坦总统伊沙克·汗和总理贝·布托在伊斯兰堡分别接见了以中国国防部长秦基伟上将率领的军事友好代表团。双方就中巴友好关系及克什米尔问题进行了交谈。

△由于科索沃的安全局势严重恶化，南斯拉夫联邦主席团会议决定向科索沃增兵，以捍卫宪法制度。制止暴力行为。

△埃及总统穆巴拉克同苏丹救国革命指挥委员会主席奥马尔·巴希尔就和平结束苏丹内战问题进行了会谈。

2月21日

△苏联领导人戈尔巴乔夫说，德国的统一不能破坏华约和北约这两个国际组织之间的军事战略平衡。统一后的德国不应对邻国的民族利益造成威胁和损失，应该排除任何对别国国界的侵犯。

△莱索托执政的军事委员会主席莱哈耶尼少将宣布，他已剥夺国王莫舒舒二世的一切权力。

2月22日

△日美防务首脑协商会议在东京举行，美国国防部长切尼在会谈时指出，美国根据“东亚战略计划”在今后3年内，将减少1.2～1.3万驻太平洋地区美军，其中将减少驻日美军5000人。日本防卫厅长官松本十郎表示，西方阵营应要求苏联削减驻远东地区的部队。

△维也纳欧洲常规裁军会谈在维也纳结束，美苏双方商定，美苏各自驻欧洲的部队限额为19.5万人，此外美国还可以在南欧及英国再驻扎3万人。在会谈中，北约还在飞机数量限额上提出了与华约立场十分相近的建议，即同意华约提出的4700架作战飞机的限额，并接受了华约坚持的作战飞机限额不包括防空截击机的立场。这样双方还可分别拥有500架防空截击机。

△捷克和斯洛伐克同苏联关于苏从捷撤军第2轮会谈在布拉格结束，双方草签了撤军协定。

2月23日

△美国国防部发言人说，驻巴拿马美军的2架直升机在夜间训练中撞毁，11名士兵丧生。

△“阿丽亚娜”4型火箭23日凌晨在法属圭亚那库鲁宇航发射中心升空1分40秒后爆炸。

2月24日

△菲律宾空军副司令兼参谋长赫拉尔多·普罗塔西奥准将接替何塞·德莱昂少将，任菲空军代理司令。

2月25日

△美国总统布什在同联邦德国总理科尔会谈后说，德国统一后应继续留在北约，同时考虑到欧洲有关国家的合法安全利益。

2月26日

△中国代表刘昭东在联合国和平利用外空委员会第27届科技小组委员会上宣布，中国将在1990年内发射5颗卫星。

2月27日

△中国外交部长钱其琛在日内瓦40国裁军会议上说，天下还不太平，世界并不安宁，裁军任重道远。即使两个超级大国削减它们的战略核武库的50%，它们仍然拥有世界核武器总数的90%，足以多次毁灭全人类。美苏不但应削减武器的数量，而且必须彻底停止武器质量的竞赛。美苏应当撤回在国外的一切驻军，撤除在国外的一切军事基地。

△朝鲜人民军最高司令部发布一项战斗准备命令，命令朝鲜人民军等武装力量作好一切战斗准备，密切注视美国和南朝鲜即将举行的“协作精神90”联合军事演习，粉碎一切战争挑衅活动。

△菲律宾司法当局逮捕了前国防部长恩里莱后，菲总统科·阿基诺下令军队进入“最高警戒”状态，以防叛乱者的袭击。

△北约和华约两大军事集团关于互相开放天空的会议在加拿大渥太华结束。双方在飞机的使用、飞机上监测仪器的使用、各国监视飞行所获取的情报资料的使用等重大问题存在严重分歧。没有能制定出一个协议草案。

2月28日

△巴布亚新几内亚总理纳马柳宣布，政府保安部队和布干维尔岛上的武装分子达成了停火协议。

△尼加拉瓜政府宣布，政府军28日起实行单方面停火，并敦促美国政府履行诺言，立即停止对尼反政府武装的一切援助，要求洪都拉斯政府拆除尼反政府武装在洪境内的营地。

3月

3月1日

△在雅加达举行的关于柬埔寨问题的非正式会议

于1日凌晨结束，没有达成任何协议。

△4架苏联侦察机1日凌晨进入加拿大防空识别区，但遭到拦截。

△代号为“友谊90”的捷苏联合军事演习在捷契阿特茨地区举行。

3月2日

△塔斯社报道，根据苏联和蒙古两国政府达成的协议，驻蒙苏军的主要作战部队将于1991年撤出，保障撤离物资的部队将于1992年撤出。

△美国总统布什在同日本首相海部的会谈中保证，美国计划削减在亚洲的驻军并不表明美国对其亚洲盟国的承诺有任何变化。两国首脑一致认为，需要更平等地分担“美国保护伞”的费用。

3月3日

△斯里兰卡政府宣布，1448名印度维持和平部队于3日离开斯里兰卡东部地区回国。

3月6日

△喀布尔政府挫败了国防部长纳瓦兹·塔奈发动的一次军事政变。数架飞机6日轰炸了总统府，防空部队进行了还击。喀布尔市一片混乱，双方交火激烈。

△苏联最高苏维埃颁布《关于阿塞拜疆和亚美尼亚局势及该地区局势正常化措施的决议》。

△菲律宾最高法院决定，允许被拘留的参议员前国防部长恩里莱保释。

3月7日

△阿富汗游击队领导人希克马蒂亚在伊斯兰堡发表声明说，7日政变军队仍控制着喀布尔以北50公里处的巴格拉姆空军基地，并在战斗中击落了一架喀布尔政府军喷气式战斗机。喀布尔驻印度大使萨瓦尔对记者说，7日凌晨政府军夺回了政变军队控制的国防部，有8名参加政变的将级军官投降。

△古巴国务委员会主席卡斯特罗宣布，在4月25日尼加拉瓜新政府上台之前，古巴将停止与尼加拉瓜的军事合作，并取消一些援助项目。

△联邦德国国防部长施托尔滕贝格在波恩宣布，美国现储存在德国的10000个化学弹将于1990年7～9月全部撤走，然后由美国在太平洋的约翰斯顿-阿托尔销毁。

3月8日

△比利时政府在一份涉及欧洲安全的正式声明中提出了“14点方案”。强调统一后的德国应与第二次世界大战期间与德国交战的国家缔结一项“和平条约”，北约与苏联可签订一项互不侵犯条约，但统一后的德国应留在北约组织内。

3月9日

△澳大利亚国防军副总司令阿兰·比蒙特在访问印尼时说，澳大利亚和印尼决定加强两国之间的防务合作。两国已计划举行一次联合军事演习。

△哥伦比亚政府和游击队组织“4.19运动”9日晚签署了《最后的和平协议》，从而使进行了16年反政府武装斗争的“4.19运动”成为合法政党。

△南非当局宣布承认纳米比亚独立。

3月10日

△海地总统阿夫里尔将军宣布辞职，由武装力量总司令亚伯拉罕将军临时执政。阿夫里尔是1988年9月通过军事政变上台的。

△美国在内华达试验场进行了1990年以来的第1次地下核试验。这是内华达试验场建立39年来的第700次核试验。

△苏联和匈牙利两国政府签署协议，双方确定驻匈牙利的苏军将于1991年6月30日前全部撤出。目前驻匈苏军约有5万人。

3月11日

△缅甸国家治安建设委员会发布命令，取消缅甸中部和西北部14个镇区的军事管制。

3月12日

△海地武装力量参谋长和组成协调大会的海地12个政党共同作出决定，最高法院法官埃尔塔·帕斯卡尔·特鲁洛女士12日被任命为海地临时总统。

△海湾合作委员会成员国科威特、沙特阿拉伯、阿联酋、阿曼、卡塔尔和巴林等6国军队举行的历时9天的第4次“半岛盾牌”军事演习12日在科威特结束。各成员国的9000名军人及大批战斗机、地地导弹、坦克和装甲车参加了这次演习，演习目的是加强各成员国军队的战斗力、协同作战能力和试验新武器。

3月13日

△美国最近在古巴关塔那摩海军基地加强了兵力，1艘直升机母舰和1艘导弹巡洋舰“诺曼底”号到达该基地。古巴国务委员会主席卡斯特罗指责美国增加对古巴的威胁。

3月14日

△西哈努克亲王说，柬抵抗力量最近在马德望、奥多棉吉、暹粒和磅同等省，摧毁了金边政权军队一些据点。但是，越南最近已派遣2万多越军重返柬埔寨，以图阻止抵抗力量取得更多的军事胜利。

△据来自巴布亚新几内亚首都莫尔斯比港的消息

说，14日晚间，巴新首都发生了一起未遂军事政变。总理拉比纳马柳说，他的政府完全控制着局势。

3月15日

△戈尔巴乔夫当选苏联总统后发表就职演说，他表示，今后除非遭到外来突然袭击，否则未经最高苏维埃或者人民代表大会的批准，决不在国外使用武力。他说，“必须进行深入的军事改革”。

3月16日

△美国16日派遣U-2高空战略侦察机对朝鲜北方进行空中侦察活动。

△美国陆军战略防御司令罗伯特·哈蒙德16日说，尽管国防部长切尼宣布了一项关于撤销100多座美军基地计划，陆军将继续扩建太平洋中部马绍尔群岛的夸贾林环礁的武器试验设施，而且将在夸贾林环礁进行首批SDI计划的武器试验。使用计算机、红外线控测器和陆基雷达引导火箭发射、拦截并击毁从加利福尼亚州发射的试验导弹。

3月17日

△华沙条约成员国外长在布拉格举行历时1天的会议，会议在统一后的德国实行什么样的军事政治结构、是否参加北约存在分歧，苏联外交部长坚决主张统一后的德国不能成为北约组织的成员。

3月18日

△伊斯兰堡收到的消息说，参与阿富汗国防部长纳瓦兹·塔奈领导的未遂政变的3位将军，即防空部队指挥官瓦利·沙阿、特别卫队指挥官纳吉布·艾哈迈德、国家安全部一重要部门首脑谢尔巴兹已被判处死刑。

3月20日

△美国总统布什向国会提交了《1990年国家安全战略报告》并发表概述美国政府今后战略目标的声明。布什说，美国战后所采取的遏制政策取得了“辉煌的胜利”。美国在继续保持全球战略平衡的同时，将进一步削减军队，使之更灵活、更好地应付突发事件。布什还表示，只要北约需要，美国仍将在欧洲保持大量的核力量和常规力量以作为北约联合防御的一部分。希望未来统一的德国能够留在北约内。

3月21日

△非洲大陆最后一块殖民地纳米比亚21日晨零时庄严宣告独立。萨姆·努乔马就任纳米比亚共和国首任总统。

△苏联总统戈尔巴乔夫发布命令，要求苏联国家安全委员会边防军采取必要措施加强保卫苏联沿立陶宛领土上的边界地段。要求立陶宛居民7天内交出武器。

3月23日

△菲律宾总统科·阿基诺下令对一名退休准将加利多所声称的美国国防情报局卷人1989年12月未遂军事政变一事进行调查。加利多说，一个名叫哈罗德·马格利奥的美国人曾许诺给哗变军队2000万美元的导弹和其他武器。

△日本防卫厅23日已拟定出今后5年扩充防卫力量计划，实行这一计划将耗资1500亿美元。日本自卫队在5年内将提高装备的质量，增设情报部，争取实现收集情报和指挥通信自动化。

△苏联国防部宣布，苏联基辅军区举行的为期8天的军事演习已于23日结束。这次战役战术演习演练了部队的指挥和多兵种协同作战行动。参加演习的有陆军和空军若干部队。另外还征召了4000名预备役军人参加。

3月24日

△最后一批印度维持和平部队的官兵24日上午在亭可马里乘船撤离斯里兰卡回国。

△戈尔巴乔夫任命国防部长亚佐夫等10人为总统委员会成员。

3月25日

△民主德国国防部在柏林宣布，华约防空部队将于28～30日在民主德国进行一次战术防空训练。民主德国、捷克和斯洛伐克、波兰以及苏联的防空部队将参加这次联合演习。

△苏丹军方发表声明说，政府已于25日凌晨采取行动，逮捕了以穆罕默德·阿里·哈立德少将为首的政变头子，粉碎了预定在27日即斋月第一天发动军事政变的阴谋。

3月26日

△泰国武装力量代理最高司令、陆军总司令差瓦立·永猜裕将军26日率领一个96人代表团对越南进行了为期1天的正式友好访问。差瓦立是泰、越关系史上第1位访越的泰国军界最高领导人。

3月27日

△苏联《真理报》刊登苏联陆军司令瓦连尼科夫的谈话，他说，苏军空降兵一个团已开进立陶宛首都维尔纽斯。

△联合国安理会通过决议，决定扩大联合国中美洲观察员小组的任务，并增派一支800人的联合国和平部队，以便协助解散尼加拉瓜反政府武装。

3月28日

△印度国防部人士说，28日早晨，印军向越过

实际控制线的巴基斯坦平民开了枪。29 日印控克什米尔地区的斯利那加又发生枪战。

3 月 29 日

△美国最新式的“三叉戟”Ⅱ型洲际导弹 29 日正式部署在“田纳西”号核潜艇上。“三叉戟”导弹长 44 英尺，重 65 吨，能携带 8 个弹头。“田纳西”号核潜艇是美国最大的核动力潜艇，配备 24 个导弹发射器。

△尼加拉瓜内政部发表公报，宣布古巴决定撤走驻在尼内政部的军事顾问。

3 月 30 日

△经过在挪威首都奥斯陆 4 天的谈判，危地马拉政府全国和解委员会与 3 个游击队组织组成的全国革命联盟代表 30 日达成协议，一致同意通过政治途径解决冲突。

3 月 31 日

△英国政府单方面取消了在马尔维纳斯群岛设置的 150 海里的军事保护区。

△英国首相撒切尔夫人和联邦德国总理科尔 31 日在伦敦会谈时，重申统一后的德国应留在北约。科尔说，他完全同意撒切尔夫人关于统一后在德国领土上保持北约核武器和美英法部队的意见。

△古巴革命武装力量宣布，到 31 日为止，古巴已从安哥拉撤军 32217 人。

4 月

4 月 1 日

△日本《读卖新闻》报道，日美两国将联合开发导弹用火箭发动机技术、潜艇磁场解析评价技术、提高导弹命中率的毫米波和红外线复合诱导装置技术等高级军事技术。

4 月 2 日

△伊拉克总统萨达姆·侯赛因在巴格达说，伊拉克没有任何核武器，但却拥有化学武器。如果哪个国家用核武器威胁伊拉克，伊拉克将用化学武器回击。

4 月 3 日

△中国七届人大三次会议 3 日下午在北京人大会堂举行第 5 次大会，大会选举江泽民为中华人民共和国中央军事委员会主席。

△联邦德国从 3 日起在盖伦基进行针对东方邻国的“核报复打击”军事演习。

△美国国防部发言人皮特·威廉斯正式承认，在 1989 年 12 月美国入侵巴拿马时，使用了一种新式隐形战斗机 F-117A。F-117A 隐形战斗机翼展 13 米，机身 20 米。美国空军总共订购了 59 架这种亚音速战斗机，其中有 3 架已在试验中坠毁。

△第 7 次中美洲首脑会议闭幕。会议发表声明，要求如期遣散尼加拉瓜反政府武装，并就地销毁收缴的全部武器。

△以色列发射一颗名为“地平线 2 号”的实验通信卫星。

4 月 4 日

△乍得全国武装部队与利比亚伊斯兰军团 3 日和 4 日在位于乍得和苏丹边境的巴海和蒂内两地再次发生激战，使两国关系再度紧张。

△联邦德国国防部发言人在波恩说，联邦德国国防军着手解散中程导弹部队，部署在西德的“潘兴ⅠA”导弹将在 1991 年 5 月底前分阶段拆除并在 1991 年底前销毁。德国部署了 72 枚“潘兴ⅠA”导弹，由两个导弹中队的 3800 名官兵负责操纵。

△澳大利亚工党领袖宣布组成第四届工党政府，原内政部长罗伯特雷改任国防部长。

4 月 5 日

△日本防卫厅和海上自卫队宣布，从 4 月下旬至 5 月上旬，日本将派遣护卫舰等 10 艘舰艇和 8 架 P3C 型反潜飞机参加由美国海军举行的“环太平洋 90”军事演习。

4 月 6 日

△中共中央军事委员会主席江泽民发布命令，将《中国人民解放军军事训练条例》颁发全军执行。

△在圣多米和普林西比首都举行的非洲四方首脑会议 6 日结束时发表一项关于安哥拉实现和平的公报。欧共体发表声明，呼吁安哥拉交战各方立即停火。

△西哈努克民族军攻占柬埔寨中部磅同省斯威县的重要军事据点尼比。

△洪都拉斯国民议会批准联合国维持和平部队进驻洪都拉斯 6 个月，以监督尼加拉瓜反政府武装撤离洪都拉斯。

△尼泊尔国王比兰德拉批准成立一个 4 人大臣会议，前首相洛肯德拉·巴哈杜尔·昌德任大臣会议首相兼宫廷事务和国防大臣。

△纳米比亚总统努乔马宣布，西南非洲人民组织已决定将它所有的武器捐赠给新独立的纳米比亚政府。据估计纳米比亚国民军将由 4 个旅组成，大约 3000 人。

△在阿富汗赫拉特省帕什道加尔贡村举行的游击队（约 3000 名游击队员参加）向喀布尔政府投降仪

式上，12 名游击队员向主席台开枪，引起一阵枪战。赫拉特省省长受重伤，喀布尔政府安全部副部长被打死，3 名游击队高级指挥员被打死。

4 月 7 日

△中国自行研制的“长征 3 号”运载火箭于 7 日晚在西昌发射中心起飞 21 分钟后，准确地将“亚洲一号”卫星送入转移轨道，首次成功地用中国运载火箭完成为国外发射商业卫星服务。

△伊拉克总统萨达姆·侯赛因发表声明，拒绝美国总统布什提出的不要使用化学武器的要求。他说，以色列拥有核武器、化学武器和生物武器，阿拉伯人也有权拥有同样武器。

△黎巴嫩国防部长曼苏尔到达大马士革，同叙利亚官员就黎巴嫩局势进行了会谈。

4 月 8 日

△埃及总统穆巴拉克说，埃及正在寻求将中东变为一个没有毁灭性武器的地区。

△逃亡中的菲律宾政变头目格雷戈里奥·霍纳桑的亲密顾问、前空军上尉梅西埃斯 8 日在马尼拉被抓获。

△8 日凌晨，菲律宾叛军士兵袭击了马尼拉监狱，救出涉嫌领导 1989 年 12 月第 6 次未遂政变的比利·比比特。

△黎巴嫩穆斯林“阿迈勒”运动和真主党民兵在贝鲁特南郊发生冲突。

△美军空军 F-16、F-15 战斗轰炸机和侦察机等机种在南朝鲜举行了针对朝鲜北方的空中军事演习。

4 月 9 日

△苏联外长谢瓦尔德纳泽在《消息报》发表谈话说，在刚刚结束的苏美外长华盛顿会晤中，在进攻性战略武器条约中两个最重要方面——空基和海基导弹问题上双方没有达成协议。

△伊拉克外交部宣布伊拉克驱逐一名美国驻巴格达的外交官，作为美国国务院 7 日驱逐伊拉克外交官的报复。美国政府决定取消一个航空贸易代表团对伊拉克的访问。

4 月 10 日

△日本航空自卫队宣布，航空自卫队和美国海军航空部队 17～25 日在日本石川县等空域举行联合空中训练。日本将派 F-4 和 F-15 战斗机、RF-4 侦察机和 E-2C 预警飞机等 31 架参加训练。美国将派 F-16 战斗机、F／A-18 战斗机和 E-3 空中预警机等 24 架飞机参加训练。

4 月 11 日

△苏联外交部长谢瓦尔德纳泽建议，统一后的德国拥有北约和华约成员的“双重身份”，以此作为解决德国统一后地位问题的妥协办法。美国、英国、联邦德国及北约对此表示反对。

△菲律宾国防部长拉莫斯最近透露，美国已原则上同意将其在欧洲的部分多余军事装备转送菲律宾。

4 月 12 日

△中国裁军大使侯志通在联合国裁军会议上说，只要美苏两个超级大国能无条件地保证不使用化学武器，全部销毁它们现有的化学武器库及其生产设施，并彻底停止生产和发展化学武器，就必将对多边谈判产生积极影响，从而促进全球范围内实现全面禁止和彻底销毁化学武器的目标。

△苏联总统戈尔巴乔夫说，目前苏美削减战略武器谈判中的最主要困难是空基和海基巡航导弹问题，苏联将为此采取一切措施，以使两国首脑在 6 月会晤中能够草签裁减 50%进攻性战略武器的条约。

△印度边防部队和巴基斯坦边防部队在克什米尔实际控制线一带发生军事冲突。巴基斯坦国防部否认巴在该地区部署军队和装备。印度 13 日也否认向该地区增兵。

△民主德国成立新政府，民德基民党主席德梅齐埃任部长会议主席，“民主觉醒”主席埃佩尔曼任裁军和国防部长。

4 月 13 日

△美国总统布什和英国首相撒切尔夫人在百慕大首府哈密尔顿举行会谈，双方认为北约将继续需要同时拥有常规武器和核武器，并使其保持现代化水平。统一后的德国应作为正式成员继续留在北约。包括参加北约的军事机构。苏联外交部发言人格拉西莫夫重申，苏联对统一后的德国加入北约是不能接受的。

△塔斯社发表声明，正式承认第二次世界大战期间，一批波兰军官在卡廷森林被苏联内务部杀害。

△苏联总统戈尔巴乔夫同波兰总统雅鲁泽尔斯基签署苏波宣言，两国将促使现存的军事政治联盟转变为欧洲集体安全的新的不结盟体系。

4 月 14 日

△泰国总理差猜·春哈旺在泰国国王批准后于 14 日宣布，任命泰国原武装力量最高司令部参谋长空颂蓬为最高司令，原陆军副总司令素臣·申巴允任陆军总司令。

△古巴武装力量机关报《堡垒报》报道，美国向它在古巴占领的关塔那摩海军基地增派 1 艘战舰。在

此之前，美国曾向关塔那摩派出3艘战舰和1艘核动力潜艇。

4月16日

△在联合国负责监督核查下，解散尼加拉瓜反政府武装的协议正式实施，260名反政府武装分子向联合国观察员上缴了他们的枪械。

△菲律宾总统科拉松·阿基诺16日对政府通缉的政变头目格雷戈里奥·霍纳桑上周在马尼拉接受一家新闻机构采访感到震惊，并下令军方不惜一切代价搜捕他。

△联合国裁军会议在日本仙台市开幕，会议的主题是“科学技术的趋势及对国际和平安全保障的影响”。

4月17日

△日美两国空军在日本航空自卫队的百里基地进行为期4天的联合训练。

△驻联邦德国的加拿大空军两架CF18型战斗机在南部卡尔斯鲁厄市上空相撞后爆炸坠毁。

4月18日

△中国常驻联合国副代表俞孟嘉大使在联合国印度洋特设委员会会议上发言，敦促外部势力特别是超级大国放弃在印度洋地区的一切形式的军事占领和军事存在，以确保印度洋地区的和平与安全。

△朝鲜中央通讯社报道，美国和南朝鲜最近连续5天举行了针对朝鲜北方的陆海空军军事演习。

4月19日

△尼加拉瓜桑地诺政府、即将接权的查莫罗夫人的政府和反政府武装的代表三方，经过3天的紧张谈判，19日终于达成彻底停火和解散反政府武装的两个协议。

△美国总统布什对记者说，美法双方认为，统一的德国应继续作为北约正式成员国留在北约。只要盟国愿意，美国将在西欧保留军事上所需的核力量和常规力量。

△越南外交部发言人胡彩否认关于越南可能允许美国使用金兰湾的传闻。

△联合国裁军会议闭幕，会议呼吁科学技术的发展应导致裁军，而不应用于扩军。

4月20日

△民主德国裁军和国防部在柏林宣布，民德、波兰和苏联西部集群空军将于4月24～25日在民德北部上空举行联合演习。

4月21日

△古巴《堡垒报》报道，美国最近又向关塔那摩增派一艘可载反舰艇导弹的导弹发射艇。

△两架绝密的美国F-117A型隐形战斗机首次公开展示。这种飞机用塑料和非金属等复合材料制成，能够避开敌方雷达而实施突然袭击。

4月22日

△尼日利亚发生一起未遂军事政变。尼总统巴班吉宣布，首都拉各斯的局势得到了控制。

4月23日

△苏丹政府23日凌晨在首都喀土穆粉碎一起军事政变，这是苏丹一个月发生的第2起未遂政变。

△古巴《堡垒报》报道，苏联国防部长亚佐夫最近在莫斯科表示，苏联将继续向古巴提供军事和经济援助。

4月24日

△根据苏联总统戈尔巴乔夫的命令，苏联国家安全委员会的边防部队采取一系列措施，加强沿立陶宛边境的苏联国界的防卫。

4月25日

△尼加拉瓜25日如期进行政权交接，比奥莱塔·巴里奥斯·查莫罗夫人正式就任尼加拉瓜总统。查莫罗夫人担任武装力量最高统帅兼国防部长。前国防部长温贝托。奥尔特加继续担任武装力量司令。查莫罗夫人宣布无限期中止1983年开始实行的爱国主义兵役制。

4月26日

△应苏联政府的邀请，中国总理李鹏在4月23～26日对苏联进行了正式访问。双方签署了两国关于和平利用与研究宇宙空间方面进行合作的协定、两国关于在中苏边境地区相互裁减军事力量和加强军事领域信任的指导原则协定等文件。双方重申将遵循《中苏联合公报》的有关原则，继续谈判，公正合理地解决历史遗留下来的中苏边界问题。双方对中苏边界地区相互裁减军事力量和加强军事领域信任的谈判所取得的进展表示满意。

△哥伦比亚“4.19”运动总统候选人卡洛斯·皮萨罗26日上午在一架客机上被恐怖分子枪杀。

4月27日

△两德国防部长共同强调，统一后的德国必须是北约成员国，但北约的军事机构和军事结构都不能扩展到民主德国领土上去。

4月28日

△苏联总统戈尔巴乔夫发布命令，授予苏联国防部长亚佐夫苏联元帅军衔。

△以色列巡逻炮艇在亚喀巴湾国际水域用机枪扫

射约旦国王侯赛因的皇家游艇。当时，侯赛因国王正站在游艇甲板上。

4月30日

△中国总理李鹏签署国务院令，西藏自治区拉萨市30日起解除戒严。

5月

5月1日

△北大西洋条约组织开始在直布罗陀海峡举行演习，9个成员国的14艘军舰和30架飞机参加，演习将持续12天，其目的是检验北约在战时保持这条重要水道畅通的能力。

5月2日

△“黎巴嫩力量”民兵司令盖亚盖亚在记者招待会上，敦促前政府军司令奥恩将他占据的贝鲁特东区巴卜达总统府交给黎巴嫩总统赫拉维。与此同时，“黎巴嫩力量”民兵与奥恩的部队在贝鲁特东区和北部的港口展开激战。

△苏丹救国革命指挥委员会主席巴希尔在会见一批装甲兵官兵时说，加朗领导的反政府的苏丹人民解放军已经拒绝政府所提出的所有和解方案。

5月3日

△美国总统布什在白宫举行的记者招待会上宣布，美国已决定中止执行“长矛”核导弹的更新计划，同时不再使核炮弹现代化。并将在1990年下半年同苏联举行关于欧洲短程核力量的谈判。

△北约外长特别会议在布鲁塞尔的北约总部召开，与会者就两德统一的进程和北约的前途进行磋商，16个成员国外长重申，两德统一后应仍留在北约内。

△喀布尔政权总统纳吉布拉宣布，从3日午夜开始，在阿富汗境内解除紧急状态。纳吉布拉是在1989年2月15日苏军全部撤离阿富汗后宣布全国进入紧急状态的。

5月4日

△法国总统密特朗与英国首相撒切尔夫人在伦敦郊外的沃兹堡举行会谈后表示，双方要进一步加强在防务方面的合作。作为西欧两个核大国，双方还谈及了核武器方面的合作问题。

△联合国安理会下午通过一项决议，要求联合国中美洲观察团在1990年6月10日前完成尼加拉瓜反政府武装的遣散工作。

5月5日

△美苏英法及两个德国的外长在波恩举行第1次会议，商讨如何为德国统一创造“外部条件”。“外部条件”主要包括德国统一后与欧洲军事联盟的关系、德波边界、第二次世界大战后4个战胜国对整个德国和西柏林的权利和责任等。

△驻蒙苏军司令马罗约夫中将在乌兰巴托宣布，1990年驻蒙苏军撤出计划将从5月15日起实施，8月结束。1990年将从蒙古的赛音山达、巴嘎诺尔、乔巴山、乔依尔和乌兰巴托等地撤出一个完整的苏军摩步师、几支空军部队和后勤部队，共2.68万人、436辆坦克、375门火炮、400辆装甲车、5930多件其他兵器。

5月7日

△苏联国防部第一副部长卢舍夫大将对塔斯社记者说，苏联在卫国战争中损失的军民总数为2700～2800万人。在战斗中被打死、重伤致死和被俘未回的军人共866.6万名。还有1800万人受伤或患病。

5月8日

△苏联各界人士8日在莫斯科大剧院举行大会，纪念伟大的卫国战争（1941～1945）胜利45周年。9日在莫斯科红场举行盛大阅兵式。

△中国裁军大使侯志通在联合国裁军委员会会议上指出，超级大国不但应大幅度削减军备的数量，而且必须停止军备质量的竞赛。超级大国最近把削减战略核武器指标由原来的50%降到30%，即使削减一半，它们仍然拥有世界核武器库总数的90%以上。足以多次毁灭全人类。并且它们之间的裁军谈判一直回避质量竞赛问题。在常规军备不断更新换代的同时，一批精确度更高、突防力更强、机动性更好的新的一代核武器正在加入庞大的战略核武器库。

5月9日

△北约16国国防部长开始在加拿大西部卡纳纳斯基斯举行为期两天的会议。会上北约成员国着重讨论了关于撤除针对东欧国家的陆基短程核导弹和装有核弹头的火炮问题。会议重申，尽管欧洲局势有所缓和，但是北约的核力量须同苏联的核力量保持均势。

5月10日

△中国代表丁原洪大使在联合国维持和平行动特别委员会会议上发言时表示，中国愿同其他成员国一起，为加强联合国维持和平行动的作用作出努力。中国1989年参加了联合国维持和平委员会特别会议。首次向联合国中东停战监督机构派出5名军事观察员。

△日本众议院10日通过1990财年预算案，其

中军费达4.16万亿日元，比上一年增加6.1%。

△中国代表沙祖康在联合国裁军委员会会议上就“军事事项客观情报”问题发言时表示，中国支持根据世界各地区和国家的具体情况进行适当的客观军事情报的交流。各国可根据其具体环境和政治、军事、安全条件，在自愿协商的基础上拟定适合各国情况的客观军事情报的交流、公开和透明措施。

5月11日

△黎巴嫩什叶派穆斯林“阿迈勒”运动和真主党民兵组织11日晨8时在黎南部实现全面停火。

5月12日

△巴基斯坦外交部长雅各布·汗提出了缓和印巴紧张关系3项建议：一是双方把集中在两国边界的军队撤回到和平时期的阵地；二是双方减少政治上的相互攻击；三是恢复诸如沿海边界委员会的接触以及落实1989年两国就锡亚琴冰川问题达成的协议。

5月13日

△曼谷报纸13日援引泰国陆军总司令素臣·甲巴允的话说，泰军已原则同意从美国购进300辆旧坦克。

5月14日

△由北约和华约23个成员国参加的欧洲常规军备谈判第7轮会谈，14日下午在维也纳开始。据参加谈判的代表透露，这一轮会谈的任务相当艰巨，长达400页的协议草案迄今只通过8页。双方除在战斗机最高限额，尤其是防空截击机限额等问题上存在较大分歧外，在削减兵力问题上也不一致。

△英国《金融时报》报道，英国目前在联邦德国的驻军为7万人。一旦欧洲常规裁军谈判达成协议，北约国家将马上就中欧地区的军备控制问题举行会谈，届时，英国将正式提出削减其驻联邦德国军队的建议。

5月15日

△为期两天的印度和巴基斯坦军事官员会晤于15日结束，双方未取得任何成果。美国总统布什决定派遣负责国家安全事务的总统助理罗伯特·盖茨作为特使前往印、巴，调解两国在克什米尔问题上的争端。

5月16日

△在严格的保安措施下，萨尔瓦多政府和游击队组织法拉本多·马蒂民族解放阵线的高级代表在委内瑞拉首都加拉加斯举行了新的一轮谈判。

5月18日

△美菲关于军事基地问题的探索性会谈在马尼拉结束，双方成立了一个联合技术委员会来监督援助计划实施情况。双方未能就延长美在菲军事基地签订新协定而举行正式谈判达成一项明确的协议。

5月19日

△美国国务卿贝克和苏联外长谢瓦尔德纳泽19日结束了为期4天的会谈，双方在削减战略武器条约方面取得重大进展，并就化学武器问题达成一项协议，但双方在统一后的德国的地位问题上仍各持己见。

5月20日

△中国外交部发言人说，5月20日一名以色列青年在特拉维夫附近制造了枪杀巴勒斯坦人事件，激起了被占领土巴勒斯坦人的极大愤慨，他们为此举行大规模抗议活动，遭到以色列当局的血腥镇压，中国强烈谴责以色列镇压巴勒斯坦人的行径。

5月21日

△各国议会联盟第一次全球性裁军会议21日在波恩开幕。东道国联邦德国外长根舍在大会上说，联邦德国支持美苏削减战略武器，强调任何一个国家的武装力量不能超出自卫的范围。中国代表团团长曾涛就防止核战争、消除核威胁重申中国政府的一贯主张。

5月22日

△阿富汗游击队人士说，20日从喀布尔发射的1枚“飞毛腿”导弹落入喀布尔西南30公里处的贾尔雷茨市场，使百余阿富汗人伤亡。阿富汗游击队22日用火箭袭击喀布尔，喀布尔机场被迫关闭。

△印控克什米尔地区约20万人聚集到斯利那加市中心，为21日遭武装激进分子刺杀的克什米尔人民行动委员会主席米尔怀兹·法鲁克举行葬礼。

△巴基斯坦陆军参谋长阿斯拉姆·贝格将军抵达达卡，同孟加拉国军方领导人讨论进一步加强两国军队间的关系和合作问题。

5月23日

△苏联最后一枚P-12型中程导弹在苏联西部边界的布列斯特州被销毁。至此，这种类型的149枚导弹已全部销毁。

△北约防务计划春季会议23日上午在布鲁塞尔的北约总部结束。会议主要讨论了新形势下北约的防务计划和战略调整问题。与会的北约15个成员国（除法国外）的国防部长宣布，鉴于东西方关系，特别是东欧形势的巨大变化，放弃防务开支逐年增加3%的计划。

5月24日

△日本天皇明仁重申裕仁天皇对日本侵略朝鲜半岛的历史“表示遗憾”的讲话。并说，想到“由日本带来的这段不幸时期”朝鲜人民所遭受的痛苦，“我不胜痛惜”。

△巴勒斯坦总统阿拉法特在日内瓦提出有关实现中东和平的最新建议，要求联合国派遣国际紧急部队进驻巴勒斯坦被占领土，彻底结束以色列的占领。

5月25日

△中共中央总书记江泽民25日下午在中南海会见了由坦桑尼亚总统办公室国务部长马奎培率领的坦桑尼亚军事代表团。

△历时5天的各国议会联盟第一次全球性裁军会议，在通过一项最后文件后，25日在波恩结束。最后文件说，当前的国际气候非常有利于进行军备监督与裁军。不裁军，便不能解决下一世纪的任何问题。文件要求在近东、东北亚和南亚建立无核区，尽快停止核试验，并彻底禁止化学武器。

5月26日

△联合国5个常任理事国26日晚在联合国总部结束关于柬埔寨问题的第4轮磋商后发表新闻公报，重申应达成一项全面政治解决方案。

5月27日

△成千上万的英国老战士27日聚集到法国敦刻尔克港，纪念第二次世界大战期间用小渡船疏散盟军50周年。

5月28日

△阿拉伯紧急首脑会议在巴格达开幕，会议将讨论关于声援伊拉克和利比亚对付西方和以色列威胁、阿拉伯和以色列的冲突、巴勒斯坦起义、伊拉克和伊朗之间不战不和状态以及苏联犹太移民等问题。

△民主德国裁军和国防部长埃佩尔曼在施特劳斯贝格会见了联邦德国国防部长施托尔滕贝格。双方宣布，从1990年6月1日起，国家人民军和联邦国防军指挥部和部队之间将建立正式关系。

5月30日

△苏联总统戈尔巴乔夫表示，西方国家坚持统一后的德国必须留在北约组织这一顽固态度只会破坏近一年来东西方不断发展的关系。统一后的德国必须是中立的。苏联的这一态度不会改变。

△历时3天的阿拉伯首脑紧急会议30日下午在巴格达闭幕。会议通过的最后声明强调，向被占领土的巴勒斯坦人民的起义斗争提供物质和精神上的援助。

5月31日

△民主朝鲜提出实现朝鲜半岛和平的新裁军方案。方案建议，自北南双方达成裁军协议之日起，3～4年内分3个阶段裁军，第1阶段双方的兵力裁至30万人；第2阶段裁至20万人；第3阶段结束时双方各保持在10万人以下。

△萨尔瓦多法拉本多·马蒂民族解放阵线与73个社会团体组成的全国和平委员会代表之间的和谈在墨西哥城结束，双方一致同意政治解决长达10年的内战。

△危地马拉游击队在马德里提出了解决武装冲突实现国内和平的5项条件。

△马尔代夫总统加尧姆改组内阁，加尧姆兼管国防和国家安全部。

6月

6月1日

△苏联总统戈尔巴乔夫同美国总统布什在白宫签署了美苏关于销毁化学武器、美苏关于限制地下核试验条约以及为和平目的的地下核爆炸条约的核查议定书等5项协议。发表了美苏关于削减进攻性战略武器条约的联合声明，美苏关于今后核武器和太空武器谈判的联合声明以及美苏关于削减欧洲常规力量协议的联合声明。

△美国决定在南朝鲜乌山空军基地增加部署一个由24架F-16型战斗轰炸机组成的大队。

6月2日

△印度政府最近向巴基斯坦驻新德里高级专员署递交了一封信，信中建议，为避免军事冲突，两国边防部队指挥官要保持经常的热线联系，两国分别后撤各自在克什米尔实际控制线一带的军队。

△印度科技国防部长梅农对记者说，目前尚无证据表明巴基斯坦在其领土上进行过核试验。

6月3日

△美国总统布什和苏联总统戈尔巴乔夫在华盛顿联合举行记者招待会上表示，通过这次首脑会晤，他们在一些国际和双边问题上达成一致意见，两国之间的关系进入了一个“合作的新阶段”，但同时承认，在德国问题统一后的地位和立陶宛问题上双方未能弥合分歧。

△英国外交大臣道格拉斯·赫德在沙特阿拉伯的吉达提出了打破中东和平进程僵局的4点计划。

6月4日

△中国国防部长秦基伟上将在开罗重申，中国支

持埃及总统穆巴拉克提出的使中东成为无毁灭性武器的倡议。

△波兰和荷兰签署关于两国常规武装力量试验性核查备忘录。

△尼加拉瓜反政府武装4名领导人在尼南部阿尔门德罗向联合国中美洲和平部队交出武器，表示愿意在国家机构中任职。

6月5日

△中国出席联合国第33届外空委员会的中国代表团团长唐承元在联合国总部说，中国自1970年成功地发射第1颗人造卫星以来，已在外空技术应用方面取得显著成绩。

△苏联波罗的海军事委员会通告立陶宛、拉脱维亚和爱沙尼亚3个共和国和地方政权机关以及全体公民，波罗的海军区全体军人遵循苏联总统的命令和苏联最高苏维埃通过的法律及苏联政府的决定。

△以色列军队电台广播，以色列军队副总参谋长巴尔库赫巴说，以色列和阿拉伯国家必定要再打一仗。未来的以阿战争包括伊拉克、叙利亚和其他阿拉伯国家。埃及也不能排除在外。

6月6日

△美国政府通知国会，美国将向沙特阿拉伯出售价值40.26亿美元的武器装备。这批军火交易包括出售1117辆轻型装甲车，2000枚“陶”式导弹，27门M-198榴弹炮，改进5架E-3空中预警机和8架KE-3空中加油机。

6月7日

△华沙条约组织政治协商委员会例会在莫斯科开幕，戈尔巴乔夫向与会者通报了他同美国总统布什会谈情况，会上就欧洲裁军和安全以及德国统一问题进行了讨论。会后发表声明说：“与会国主张建立新的全欧安全体系和建立和平与合作的统一欧洲。”

△北约外长会议在英国苏格兰小镇特恩贝里开幕，美国国务卿贝克向其他15国外长通报美苏首脑会谈的情况，讨论了德国问题。

△据塔斯社报道，苏联吉尔吉斯共和国首都伏龙芝7日宣布进入紧急状态，当地时间21时实行宵禁。

△印度一艘自制新型高速导弹巡洋舰7日在孟买编入海军开始服役。

6月8日

△苏联总统戈尔巴乔夫和英国首相撒切尔夫人在莫斯科表示，要在全欧进程中促进安全事业，但双方在未来德国地位等问题上分歧依然存在。

△美国总统布什同联邦德国总理科尔在华盛顿举行会谈后一致表示，未来德国无论在军事上还是在政治上都应成为北约的一个成员国。

△美国国防部长切尼命令美国空军部队将装备在轰炸机上的A型短程导弹全部拆卸下来。A型短程导弹是一种空地导弹，装备在B-1、B-52和FB-111轰炸机上。核弹头的威力相当于广岛原子弹威力的13倍。拆卸的原因是这种导弹发生事故时可能会渗漏出放射性钚。

△西欧联盟议会第36届会议第一阶段会议在巴黎闭幕。与会者一致主张西欧联盟应该成为大西洋联盟中的欧洲防务堡垒。欧洲应建立独立的防务新体系。

6月11日

△泰国国王普密蓬·阿杜德批准差瓦立·永猜裕上将辞去副总理兼国防部长职务。

△苏联国防部发布公告，一架国籍不明的运动飞机6月9日从土耳其方向飞到黑海之滨的苏联巴统市机场。随即飞离苏联。该机在归途中遭到边防部队的扫射。

6月12日

△苏联总统戈尔巴乔夫表示，苏联同意统一后的德国有条件地加入北约。美国总统布什表示，统一后的德国必须“无条件地”成为北约组织的一员，排除美国在这一问题作出让步的可能性。

△印控克什米尔首府斯利那加在发生两年来最严重的骚乱后于12日宣布实行宵禁。

△朝鲜人民武装力量部发言人对记者说，美国宣布的所谓分阶段从南朝鲜撤军方案完全是一个骗局。

△印度报纸报道，印度进行了两次第3代反坦克导弹发射试验，取得圆满成功。

6月14日

△应苏联政府的邀请，中国中央军事委员会副主席刘华清自5月31日～6月14日对苏联进行了正式访问。在访问期间，刘华清会见了苏联部长会议主席雷日科夫、苏联国防委员会第一副主席扎伊科夫和苏联国防部长亚佐夫。刘华清副主席同苏联部长会议副主席别洛乌索夫举行了会谈。就双方感兴趣的问题友好地、建设性地交换了意见。双方对会谈结果表示满意。

△美国总统布什同泰国总理差猜在华盛顿就柬埔寨问题举行了会谈，双方一致认为，美国同泰国应当继续进行外交努力以结束柬埔寨的冲突，实现符合柬埔寨人民愿望的全面解决。

△苏联国防部发表公告说，苏军兵员已裁减29.66万人，并撤销在欧洲地区的6个坦克师编制。

△正在维也纳参加欧洲常规裁军谈判第7轮会谈的法国和波兰代表团就裁减坦克和装甲问题联合提出一项新建议。北约和华约在欧洲地区所拥有的装甲车最高限额各为3万辆。

6月15日

△联邦德国、英国和法国政府首脑最近分别表示，苏联总统戈尔巴乔夫提出的关于统一后的德国可以成为北约和华约两个联盟的联系成员国的建议不能接受。

△华约武装力量参谋长、苏联陆军大将洛博夫认为，把民德军队并入联邦德国国防军实际上是想使其成为北约的部队，这一方案是不能接受的，这会严重影响欧洲力量对比。

△巴拿马政府15日再次拒绝美国军队到巴拿马领海进行巡逻的建议。

△泰国前副总理兼国防部长差瓦立·永猜裕被任命为泰武装力量最高司令部特别顾问。

△苏联国防部发言人说，苏联自1989年11月起没有进行过核试验；鉴于美国继续完善其核潜力，苏联不得不继续进行核试验。

6月17日

△西哈努克民族军解放了磅同省省会磅同市。

6月18日

△阿富汗游击队人士在伊斯兰堡说，阿临时政府总统穆贾迪迪已邀请居住在西方国家的30位前阿富汗政府要人或外交官前往位于巴基斯坦的阿游击队总部，出席有关讨论阿富汗前途的会议。

6月20日

△一伙斯里兰卡泰米尔武装分子20日夜间进入印度泰米尔纳德邦首府马德拉斯，袭击了伊拉姆人民革命解放阵线办公大楼。开枪打死解放阵线总书记，印度泰米尔纳德邦宣布进入警戒状态。

△由亚非人民团结组织主持的亚太地区裁军、合作与发展国际会议19～20日在平壤举行。

△美国总统布什宣布，美国决定中断与巴勒斯坦解放组织长达18个月之久的对话，国际舆论认为这是对中东和平进程的一个打击。

△科威特埃米尔贾比尔·艾哈迈德·萨巴赫20日批准由萨阿德王储为首相的科威特新内阁。国防大臣仍由纳瓦夫·艾哈迈德·贾比尔担任。

△据美国国会研究机构的报告，1989年的军火销售额为293亿美元，是1983年以来的最低水平，比1988年的384亿美元减少24%。

6月21日

△中国裁军事务大使侯志通在日内瓦指出，美国和苏联作为两个拥有最大核武库的超级大国对防止核武器扩散负有特殊的责任。

△泰国国王普密蓬·阿杜德任命总理差猜·春哈旺兼任国防部长。

△巴解组织执委会在巴格达举行的秘密会议上，决定中止巴勒斯坦官员同美国代表或特使以及以色列政府的任何接触。

6月23日

△据朝鲜中央通讯社报道，23日下午3时40分，正在进行军事演习的3艘南朝鲜作战舰艇以战斗队形侵入了朝鲜北方西部领海登山串东南方海域。

6月25日

△平壤各界20多万人25日傍晚举行集会和游行，纪念朝鲜祖国解放战争40周年。

△萨尔瓦多政府与游击队在墨西哥城附近的瓦斯特佩克结束自日内瓦谈判以来的第2轮谈判，由于双方分歧严重，未能就国内停火与和平达成任何协议。

6月26日

△为期两天的第3次地中海不结盟国家外长会议在阿尔及尔闭幕，包括26点内容的最后公报重申，“11国集团”决定把地中海地区变成一个“和平与合作地区”，并坚持不使用武力获取别国领土和最终结束外国占领的原则。公报要求减少在地中海的外国军事力量和舰只数量，并呼吁废除威胁地中海和中东地区和平、安全和稳定的一切战略合作协议。

△据法国国防部宣布，法国在南太平洋法属波利尼西亚进行了一次新的地下核试验。当量为低于10万吨TNT。

△苏联外交部新闻局长格拉西莫夫对记者说，苏联将继续保留在越南的军事存在，减少苏在越军事存在的速度取决于那里的形势发展和有关方面对苏联关于降低亚太地区军事对抗水平倡议的响应程度。

6月27日

△尼加拉瓜反前政府武装总参谋部人员27日宣布解除武装，这标志着尼加拉瓜持续10年的内战结束。尼加拉瓜10年内战造成约7万人死亡和约150亿美元的经济损失。

△联合国安理会通过一项决议，批准了联合国秘书长提出的关于在联合国监督下解决西撒哈拉争端的和平计划。

6月28日

△民主德国负责裁军问题的国务秘书马尔齐内克，在维也纳举行的欧洲常规军备谈判第7轮会议之后对记者说，民德不能接受苏联外长谢瓦尔德纳泽提出的统一后的德国武装力量的限额应为20～25万人的建议。

△罗马尼亚组成以彼·罗曼为总理的新政府，国防部长是维克托·斯腾库列斯库。

△布什总统在接受法国记者采访时表示反对北约与华约缔结一项互不侵犯条约，但他又说，如果这两大军事集团签署一项互不侵犯的正式声明则是可以接受的。

6月29日

△美国空军透露，1名战斗机飞行员在1次空战演习中，误将一枚实战导弹当作模拟导弹发射，击中另一架飞机的尾部。

7月

7月1日

△赞比亚总统卡翁达任命空军司令为国防部长。前空军副司令休伯特·西莫托被任命为空军司令，前陆军副司令弗朗西斯·西巴姆被任命为陆军司令。

△苏联国防部长亚佐夫宣布，苏联在1990年上半年已从捷克和斯洛伐克、匈牙利、波兰和蒙古撤出5.9万名苏联军人、1370辆坦克、1040门火炮和173架战斗机。

7月2日

△华盛顿报纸报道，美国总统布什最近向西欧盟国领导人提出改变北约的“灵活反应”战略，而把核武器作为遏制苏联常规力量进攻的“最后手段”。

△利比里亚政府军在首都蒙罗维亚的东部和西部同反政府组织“全国爱国阵线”之间发生战斗。蒙罗维亚城仍处于断水、断电和食品短缺的困境之中。

△古巴官方宣布，截止6月30日，古巴已从安哥拉撤回35450名古巴军人。

△斯里兰卡国防国务部长兰扬·维杰拉特纳表示，政府同泰米尔伊拉姆猛虎解放组织“无停火可言”，猛虎解放组织首先必须放下武器，然后才能同政府举行谈判。

△联邦德国外长根舍对记者说，华约和北约两大军事集团之间应该建立新的关系。

7月3日

△经过多轮间接谈判之后，伊朗和伊拉克外长3日下午在日内瓦举行了自两伊战争停火两年来的首次面对面直接谈判，从而使两伊和谈进程出现了新的转机。

△中国出席联合国印度洋特设委员会会议的代表沙祖康在会上发言时指出，某些外部大国在印度洋的军事活动和存在严重影响了该地区的和平与安全，因而消除这些大国的军事活动与军事存在是建立印度洋和平区的关键。

7月4日

△美国总统布什最近提出了邀请苏联总统戈尔巴乔夫访问北约总部的倡议。北约人士认为，布什发出这一倡议是企图迫使苏联承认北约永久存在的现实。

△新加坡、马来西亚、澳大利亚、新西兰和英国的海军和空军4日开始举行为期2周的联合海上军事演习。参加这次代号为“海星90-10”演习的约有3000多名军人和20艘军舰，其中包括驱逐舰、护卫舰、导弹巡洋舰、导弹快艇、巡逻艇、潜艇及17架战斗机。

7月5日

△为期2天的北约首脑会议在伦敦开幕，会议讨论的中心议题是北约的未来和新作用以及对德国统一后的北约成员资格。会议结束时通过的《伦敦宣言》在强调北约继续保持适当数量核武器和常规武器的同时，向苏联和东欧表示了“和平友好意向”。

△法国在南太平洋的法属玻利尼亚进行了1次地下核试验。新西兰和澳大利亚政府分别发表声明予以谴责。

7月6日

△波兰政府进行了组阁10个月后的第1次改组，52岁的海军中将彼得·科沃杰依奇克接替西维茨基大将任国防部长。

7月8日

△美国和希腊在雅典签署了1项新的防御合作协定。协定涉及美国在希腊军事基地的地位和美国对希腊的军事援助问题。有效期为8年。

7月9日

△联合国秘书长德奎利亚尔在日内瓦同西撒人阵代表萨伊德就实施联合国解决西撒哈拉争端的和平计划问题举行了会谈。

△联邦德国国防部长格·施托尔滕贝格9～11日对匈牙利进行了为期3天的访问，这是联邦德国国防部长首次出访一个华约国家。

7月10日

△西方7国首脑会议发表声明说，7国领导人讨论了威胁国际安全的核武器、化学和生物武器，以及

弹道导弹武器运载系统的扩散问题。

7月11日

△黎巴嫩内阁举行了自1989年11月组成以来的第1次全体会议，会议要求从贝鲁特撤走所有军事人员，以作为结束15年内战的第一步。

△据美联社报道，美国将同新加坡就使用其军事设施问题举行新的一轮谈判。根据讨论中的协定，美国的F-16战斗机和军舰将能临时使用新加坡的军事设施和港口，一些美国军事人员将驻扎在新加坡负责维修设备。

7月12日

△埃及总统穆巴拉克和沙特阿拉伯国王法赫德在吉达举行会谈，讨论推动中东和平进程的途径问题。

7月13日

△乌干达政府与坚持4年反政府武装斗争的乌干达人民民主运动在埃塞俄比亚首都亚的斯亚贝巴签署一项和解协议，协议规定政府对该组织反政府武装的所有官兵实行大赦，这个组织的士兵放下武器到政府接收站报到。

△苏联军队总政治部主任利济切夫大将因健康原因被解除职务，由总政治部第一副主任什利亚加上将接任。利济切夫被任命为国防部总监组成员。

7月14日

△埃及总统穆巴拉克在亚历山大港同叙利亚总统阿萨德讨论了巴勒斯坦、黎巴嫩危机及海湾局势等问题。

△斯里兰卡总统普雷马达萨说，政府军同泰米尔伊拉姆猛虎解放组织间的冲突问题与印度无关，这个问题必须由斯里兰卡政府在没有外来干涉的情况下加以解决。

△以伊朗为基地的阿富汗游击队8党联盟和以巴基斯坦为基地的阿富汗临时政府，在巴基斯坦的白沙瓦举行3周会谈未达成任何协议，14日宣告结束。

7月15日

△苏联总统戈尔巴乔夫同联邦德国总理科尔在莫斯科就联邦德国统一问题举行了会谈。

△朝鲜外交部发言人谈称，只要美国消除对朝鲜北方的核威胁，朝鲜政府将随时准备同国际原子能机构签订保证遵守《不扩散核武器条约》的协定。

△哥伦比亚空军出动数架战斗机，对一架擅自飞越哥领空的美国飞机进行迫降。

7月16日

△黎巴嫩穆斯林什叶派对立两派“阿迈勒”运动和真主党民兵16日早晨在黎巴嫩南部又爆发激烈战斗。

7月17日

△由美、苏、英、法4国外长和两个德国外长参加的关于两德统一问题的第3次“2+4”会议17日晚在巴黎结束。会议就解决德波边界的原则、方式和时间达成了全面协议。从而结束了第二次世界大战后德波边界不稳定的历史。

△柬埔寨民族政府常驻联合国代表团说，越南最近又向柬埔寨增派了一支1850人的军队，以支撑河内扶植的金边政权。

7月18日

△美国国会总审议局18日向国会递交的一份报告表明，原定在1993年部署第1批SDI武器的计划将可能因设计和测试问题而推迟。

△叙利亚总理马哈茂德·祖埃比同黎巴嫩总理萨利姆·胡斯在大马士革讨论了黎巴嫩局势的最新情况。

△中国长城工业公司副总经理陈寿椿对记者说，中国新研制的长征2号捆绑式大推力运载火箭，适用于发射90年代新一代的国际商业通信卫星。它的发射成功标志着中国商用运载火箭技术已发展到一个新的水平。

△民主德国裁军和国防部国务秘书阿布拉斯宣布国家人民军将不参加代号为“友谊90”华约联合军事演习，也不参加同苏联武装力量西部军区第20军联合举行的军事演习。

7月19日

△为期两天的印巴外交秘书级第一轮谈判在伊斯兰堡结束，双方未就克什米尔争端及两国军队从边境后撤等关键问题达成任何协议。

△法国《费加罗报》19日报道，日本首相海部强调，日本政府将继续加强同北约对话，以确定日本在西方安全问题上可能发挥的作用。

7月20日

△利比里亚反政府武装——利比里亚全国爱国阵线，从20日开始在首都蒙罗维亚再次同政府军展开激战，目前战斗正向多伊总统居住的海边要塞大楼逼近。

7月21日

△美国海军核动力航空母舰“乔治·华盛顿”号在弗吉尼亚州的纽波特纽斯造船厂下水。该舰是美国海军“尼米兹”级核动力航母中的第6艘，能容纳85架飞机，最高时速达30海里，在该舰服役的船员达6000人。

7月22日

△中国外交部长钱其琛22日在沙特阿拉伯吉达对记者说，中国政府在解决中东问题上的立场是：(1) 主张用和平的办法解决中东问题，希望有关方面都不要诉诸武力。(2) 主张由联合国召开有安理会5个常任理事国和中东问题各方参加的中东和平国际会议，讨论公正解决中东问题的具体措施。(3) 巴勒斯坦国和以色列国应该互相承认，犹太民族和巴勒斯坦民族应该和睦相处。

7月23日

△东南亚国家联盟6个成员国外长发表联合声明指出，柬埔寨在联合国的代表权是一项“微妙的政治问题”，在柬全国最高委员会尚未成立的时候，改变柬埔寨代表权的企图将会使寻求柬埔寨问题全面政治解决的努力遭到挫折。

7月24日

△埃及总统穆巴拉克抵达巴格达，出面调解伊拉克与科威特在原油超产及边界问题上的争端。

△美国国务院发言人塔特怀勒说，美国正密切注视在科伊边境进行的军事集结。美国国防部宣布，美国目前正在海湾与阿拉伯酋长国进行“事前没有宣布”的海军演习。

△希腊议会24日批准《希—美防务合作协定》。

7月25日

△苏联总统戈尔巴乔夫25日发布命令，限定苏联境内一切非法武装在15天内解散，并将武器、弹药和装备上交苏联内务部。

△美国国防部宣布，美国将向日本出售价值共达8.25亿美元的“宙斯盾”海军防御系统和其他武器装备。

△一支数目不详的金边政权军队侵入泰境，同泰国军队发生两次冲突。

7月26日

△联邦德国国防部宣布，美国部署在联邦德国的所有化学武器从26日起陆续撤走。美国在联邦德国共部署了将近10万枚榴弹，约含400吨毒气，全部集中在西普法尔的波尔马森斯。这些化学武器将被运到太平洋中的约翰斯顿–阿托尔岛销毁。

△2架美国F–4E“鬼怪”战斗轰炸机在训练中相撞坠毁。

7月27日

△苏联内务部长巴卡京在莫斯科举行的记者招待会上声明，内务部将协助地方政权机关用武力解除不服从总统令者的武装。

7月30日

△以赫拉维总统为首的黎巴嫩政府30日决定对基督教强硬派奥恩的部队控制的地区实行封锁，以迫使奥恩投降。

7月31日

△中共中央总书记、中央军委主席江泽民在人民解放军建军节前夕发表电视讲话。江泽民主席说：人民解放军不愧是忠于党、忠于人民的英雄军队。要始终坚持毛泽东军事思想和邓小平同志提出的新时期军队建设的方针原则；在服从国家经济建设大局的前提下积极推进军队现代化建设；更好地发扬人民军队忠于党的优良传统，使我军永远置于党的绝对领导之下；像爱护眼睛一样爱护军政军民团结。

△中国国防部31日在北京人大会堂举行盛大招待会，庆祝中国人民解放军建军63周年，国务委员兼国防部长秦基伟上将主持并致祝酒辞。

△科威特和伊拉克下午在沙特阿拉伯吉达举行直接会谈，以解决它们之间因石油和领土问题引起的争端。

△特立尼达和多巴哥黑人穆斯林政变分子下午释放了从27日起被扣押在议会大厦的罗宾逊总理。

△日本航空自卫队宣布，日美空军于7月31日～8月10日在冲绳附近联合举行空中作战演习。

8月

8月1日

△由阿拉伯国家斡旋的科威特同伊拉克的直接会谈1日中断。

△苏美外长1～2日在苏联伊尔库茨克举行会谈，双方通过的一份联合公报称，在阿富汗和柬埔寨问题上，苏美两国“扩大了相互谅解的领域”。

△据安哥拉报纸报道，土耳其最近调集了6万人的部队前往土耳其东南部地区，向反政府的库尔德武装发起进攻。

8月2日

△伊拉克军队2日凌晨2时入侵科威特北部边界并在当日占领科威特首都。双方部队在海湾大道北端展开了激烈战斗。联合国安理会2日通过一项决议，谴责伊拉克对科威特的入侵，要求伊拉克立即无条件地将其入侵科威特领土的全部军队撤至入侵前的位置。中国外交部发言人说，中国政府对伊拉克军队入侵科威特领土深表关切和不安，呼吁立即停止军事行

动，通过和平谈判解决争端。

△美国总统布什与英国首相撒切尔夫人在科罗拉多州会谈，主要讨论伊拉克入侵科威特这一突发事件。双方都谴责伊拉克这一行动。美国“独立”号航空母舰驶往海湾。

△苏联外交部2日宣布，鉴于出现了伊拉克入侵科威特的形势，苏联决定暂停向伊拉克供应武器和军事技术装备。法国和英国政府决定冻结伊拉克和科威特在法国和英国的财产。

8月3日

伊拉克军事占领科威特引起世界强烈反应，阿拉伯联盟部长理事会紧急会议经过一天一夜的紧张讨论后，3日晚通过一项决议，要求伊拉克立即无条件从科威特撤军。海湾合作委员会在开罗举行部长理事会特别会议后于3日发表声明，强烈谴责伊拉克入侵科威特，要求伊拉克立即无条件将其军队撤至8月1日前的地方。

△美苏外长发表联合声明说，“国际社会应当谴责伊拉克武装力量对科威特进行的粗暴的非法入侵。”

8月4日

△中国外交部长钱其琛在同塞舌尔计划和对外关系部长达尼埃尔·德圣热尔会谈时说，中国对伊拉克军队入侵科威特的不幸事件，表示严重关切。中国外交部副部长杨福昌4日就伊拉克出兵占领科威特分别紧急召见伊拉克驻华大使加夫和科威特驻华使馆临时代办休克里。杨福昌说，中国政府对伊拉克出兵占领科威特深表遗憾，强调科威特的独立、主权和领土完整应当得到尊重。

△联合国安理会的5个常任理事国4日召开非正式协商会议，讨论伊拉克-科威特局势。

△伊斯兰组织第19届外长会议谴责伊拉克对科威特的军事入侵，要求伊拉克军队立即无条件从科威特撤军，按照伊斯兰会议组织的原则，通过和平方式解决争端。

△伊拉克巴格达电台宣布，由9名军人组成的“自由科威特临时政府”内阁成立。

△欧共体12国代表4日在罗马开会一致决定对伊拉克采取全面禁运措施。

8月5日

△法新社报道，沙特阿拉伯部队6.6万人和后备役5.6万人已处于戒备状态。

△美国政府已于5日凌晨5时派遣海军陆战队进入利比里亚首都蒙罗维亚。据来自蒙罗维亚的报道说，利比里亚两支反政府武装与政府军这3股部队势均力敌，谁都不占有军事优势。

8月6日

△中国国家主席杨尚昆在接受沙特阿拉伯首任驻华大使国书时指出，中国同沙特阿拉伯关系进入新时期，呼吁伊拉克立即从科威特撤军。

△联合国安理会通过决议，决定对伊拉克进行强制性军事制裁和武器禁运。

△伊拉克已处于全面戒备状态，全国正在加紧备战，开始对400万巴格达市民和其他城市居民进行疏散演习。

△巴基斯坦总统莫拉姆·伊沙克·汗6日宣布解散国民议会和内阁后，紧接着宣布全国进入紧急状态。

△美国和越南官员在纽约越南驻联合国代表团驻地首次就柬埔寨问题直接会谈。

8月7日

△在吉达闭幕的海湾合作委员会6国外长会议发表声明，呼吁伊拉克立即从科威特撤军。

△西非国家经济共同体调解委员会7国元首在7日的首脑会议上决定，向利比里亚派遣一支维持和平部队。

8月8日

△美国总统布什在白宫向全国发表电视讲话时说，根据他的命令，美国第82空降师及空军某些部队已抵达沙特阿拉伯，以帮助沙政府“保卫家园”。

△英国外交大臣赫德宣布，英国决定派出海军和空军加入在沙特阿拉伯王国的多国部队。

△伊拉克革命指挥委员会在巴格达宣布，伊拉克和科威特“合并”。科威特王储兼首相在埃及亚历山大港发表讲话时说，伊拉克宣布同科威特合并无效。

8月9日

△联合国安理会15个成员国一致通过第662号决议，宣布伊拉克对科威特的合并无效。

△苏联外交部9日就海湾局势发表声明，主张通过集体努力，充分利用联合国机构解决冲突，反对诉诸武力和单方面解决。

△以色列首次试验发射了由美国资助的准备用来对付短程弹道导弹的“箭”式导弹。

△芬兰国防军在芬兰西南部沿海地区开始进行为期一周的海防军事演习，芬兰陆海空三军的2千名官兵、近200辆军用车辆、200艘舰船以及20架战斗机参加了这次代号为“龙虾90”的联合军事演习。

8月10日

△阿拉伯联盟首脑紧急会议10日晚间结束，会

议通过一项决议，派遣阿拉伯部队保卫沙特阿拉伯等海湾国家。

△民主德国裁军和国防部宣布，驻民德的苏联武装力量将于 8 月 10～17 日在民德中部地区举行军事演习。有 1.5 万名苏军官兵参加。

△苏联《红星报》报道，从苏联总统戈尔巴乔夫下令限期收缴非法武装拥有的武器以来，15 天内已收缴枪支 1600 支，弹药 10 万余发。

8 月 11 日

△美国总统布什宣布，美国已决定对伊拉克进行封锁，以确保联合国安理会对伊拉克的经济制裁措施得以实施。

8 月 12 日

△美国总统布什下令对伊拉克实施事实上的封锁，并断然拒绝伊拉克总统萨达姆提出的撤军建议。

△土耳其议会授予政府在必要时宣布战争、派遣军队出国和允许外国军队驻扎土耳其的权力。

8 月 13 日

△巴基斯坦外交部宣布，应沙特阿拉伯的请求，巴基斯坦将派兵参加“伊斯兰部队”，前往沙特阿拉伯以防伊拉克入侵。

8 月 14 日

△苏联红旗太平洋舰队编队进入朝鲜元山港进行访问。

△中国国防科工委副主任怀国模在莫斯科召开的“军转民”国际会议上发言说，“美苏两国拥有最强大的军事技术和工业实力，因而有责任率先将军工技术转向民用。”

8 月 15 日

△孟加拉国决定派军队去沙特阿拉伯，保卫这个国家。

△今天是日本战败 45 周年，日本首相海部俊树表示，日本要牢记从第二次世界大战中汲取的教训，为确立世界和平而竭尽全力。

△老挝人民军总参谋长西沙瓦 · 齐本潘 15 日到达曼谷后，就解决泰老边界争端与泰国军方领导人交换意见。

8 月 16 日

△美国总统布什命令美国驻海湾地区舰队司令官采取行动，拦截所有装载货物进出伊拉克的船只。

8 月 17 日

△伊拉克议会议长马赫迪 · 萨利赫在声明中说，只要伊拉克在战争威胁中，伊拉克就不会释放这些“侵略国”的公民。据悉，在伊拉克 8 月 2 日入侵科威特以前，滞留在伊拉克和科威特的外国人中，大约有 3000 美国人和 5000 英国人，其他国家的外国人约有 14000 人。

△伊拉克开始从其占领的伊朗领土撤军和释放了首批 1000 名伊朗战俘。

△苏联总统戈尔巴乔夫表示，苏联打算“通过集体努力”来解决海湾冲突，主张“采取政治手段”防止发展成“更危险的军事冲突”。

8 月 18 日

△联合国安理会一致通过了第 664 号决议，要求伊拉克政府允许外国公民立即撤离伊拉克和科威特，允许他们立即与他们国家驻伊拉克和科威特的领事官员进行接触。

8 月 19 日

△美国军舰向在海湾中部水域航行的 1 艘伊拉克油轮开火。

8 月 20 日

△伊拉克宣布将一批扣留在伊拉克的西方人转移到了重要的军事和经济设施，以防止美国可能发动的袭击。

△联邦德国联邦国防军已正式着手组建东部军区司令部，以便在两德统一后联邦德国立即接管民主德国军队。

△印度军队与巴基斯坦军队在克什米尔地区两国实际控制线一带交火。

8 月 21 日

△中国常驻联合国代表李道豫大使对记者说，中国主张政治解决海湾危机，支持阿拉伯国家解决海湾危机的努力，支持充分利用联合国的现有机制以及发挥联合国秘书长的调解、斡旋作用。

△伊拉克总统萨达姆在给美国总统布什的一封公开信中说，把美国和其他一些西方国家的人员扣留在伊拉克，是因为美国和英国对伊拉克和整个阿拉伯世界进行了侵略。

8 月 22 日

△科威特王储兼首相萨阿德对记者说，科政府决定在国内加强武装斗争，通过游击队和常规战争，抗击伊拉克入侵者。

△美国总统布什签署一项行政命令，正式宣布征召美国的军事后备役人员，以支援美国目前在海湾地区的军事部署。

△海湾合作委员会成员国国防大臣在沙特阿拉伯决定，加强 6 个成员国间的防务合作，进一步增强拥有 1 万人的快速部署部队的力量。

8月23日

△以中共中央政治局委员、国务委员兼国防部长秦基伟上将为团长的中国军事友好代表团抵达平壤，开始对朝鲜进行为期8天的友好访问。

△以色列总理沙米尔表示，海湾危机已发展到顶点，以色列可能会向伊拉克发动“先发制人的袭击”。

8月24日

△中国常驻联合国日内瓦办事处副代表侯志通在日内瓦闭幕的裁军谈判会议夏季会议上强调，全面禁止和彻底销毁化学武器是裁军谈判会议的根本目标。

△伊拉克军队和坦克已包围了美国等8个国家的使馆，并切断了使馆的电力供应。

8月25日

△苏联总统戈尔巴乔夫会见法国外长迪马时表示，海湾局势使召开中东问题国际会议变得更为重要。

8月26日

△伊朗总统拉夫桑贾尼在内阁会议上说，如果外国军事力量在海湾的驻扎仅仅是为了保护大国的利益，那是“完全不能容忍的”。

△西非5国派出的3000名维持和平部队进驻利比里亚首都蒙罗维亚。

△伊拉克将所有注册的伊朗战俘移交完毕。

8月27日

△联合国安理会5个常任理事国完成了全面解决柬埔寨问题一揽子计划的文件起草工作。28日安理会5个常任理事国通过解决柬问题一揽子方案。

8月28日

△中国总理李鹏在七届全国人大常委会上说，伊拉克入侵科威特，美国和一些欧洲国家陈兵海湾与伊拉克对峙，导致严重的海湾危机，成为世界关注的焦点。这场危机是美苏缓和后全球格局失去平衡的表现，也是对美苏缓和的严重冲击，加剧了阿拉伯世界内部的分歧。美苏之间对抗的缓和，并不意味着世界的和平与安宁，世界反而变得更加动荡不安了。

△伊拉克总统萨达姆发布总统令，宣布科威特为伊拉克第19省。美国重申伊拉克吞并科威特无效。

8月29日

△中国国家主席杨尚昆会见塞内加尔外长时说，东西方关系缓和是件好事，但并不等于世界平静了，海湾当前局势就是证明，在国际风云突变的时候，第三世界国家应当相互谅解、加强合作。

8月30日

△以色列报刊披露了以国防部秘书长同美国军事官员之间的“秘密会谈”，双方讨论了美国向以色列提供尖端武器问题。

△华约联合武装力量参谋长洛博夫大将向塔斯社记者说，他本人对美国不断在海湾增兵表示“非常不安”，认为此举可能“从根本上改变该地区的战略均势”。

8月31日

△中印边界联合工作组第2次会议在新德里结束。

△美国和越南在美驻联合国代表团住地举行第2次会谈，双方未能就关于全面政治解决柬埔寨问题的一揽子方案达成一致意见。

△两个德国在柏林签署了统一条约。条约规定，统一后德国首都设在柏林，但议会和政府所在地将由未来的全德议会决定。

△根据古巴、安哥拉和南非1988年12月22日在纽约达成的协议，截至1990年8月31日，古巴已从安哥拉撤军37136人。

9月

9月1日

△西非5国维持和平部队自8月25日进驻利比里亚以来，已占领了蒙罗维亚的港口地区和连接总统府官邸和布什罗德岛自由港的重要桥梁。

△美国总统布什对记者宣布，美国决定免除埃及所欠的71亿美元的重大债务及8亿美元的利息。

9月2日

△为期2天的第9次东盟和美国对话会议在曼谷结束，会议敦促柬埔寨各方同联合国安理会5个常任理事国合作，尽快成立柬埔寨全国最高委员会。

△苏联外交部长谢瓦尔德纳泽赴朝鲜进行为期2天的访问。双方就朝苏双边问题和消除朝鲜半岛的军事对峙、裁军、北南对话等问题进行商谈。

9月3日

△中国外交部长钱其琛在安卡拉说，目前海湾危机对海湾和世界和平都构成十分严重的威胁。中国政府反对伊拉克武装入侵科威特，伊拉克必须无条件地从科威特撤出所有军队，让科威特的独立、主权和领土完整得到恢复，并尽快恢复这个地区的和平与稳定。

9月4日

△伊拉克入侵时撤离科威特的一个科威特旅，同其他阿拉伯国家的多国部队一起在沙特阿拉伯进行军

事演习。

9月5日

△美国拒绝了苏联方面提出的关于就中东问题和海湾危机问题举行国际会议的建议。

9月6日

△第1次朝鲜北、南双方高级会谈在汉城举行会谈后结束。双方对北、南方加入联合国、停止南朝鲜和美国每年举行的“协作精神”联合军事演习和释放访问北方后被监禁的南方人士等3个问题未能取得一致意见。

△沙特阿拉伯国防大臣苏丹·阿齐兹警告说，如果伊拉克发动化学战，沙特将使用“致命武器包括能打到伊拉克纵深地区的中程导弹”。

△据叙利亚通讯社报道，叙利亚陆军和空军举行了军事演习。演习中动用了地空导弹攻击模拟入侵敌机。

△历时2天的第10次日苏外长协商会议在东京结束。双方对这次协商结果均表满意。苏联外长谢瓦尔德纳泽说，“关于北方领土上的军事存在问题，可以在整个亚太地区安全保障范围内讨论。”解决北方领土和缔结和约是“极其困难和复杂的问题”。

9月7日

△美国国务卿贝克6日访问沙特阿拉伯会见了沙特国王法赫德、7日访问开罗会见了科威特埃米尔，沙特阿拉伯与科威特答应分担美国在海湾驻军的开支。

9月8日

△英国首相撒切尔夫人在访问苏格兰时说，应该鼓励苏联参加在海湾地区针对伊拉克的多国部队。

9月9日

△美国总统布什和苏联总统戈尔巴乔夫在赫尔辛基发表联合声明，强烈谴责伊拉克入侵和继续军事占领科威特，强调必须全面执行联合国安理会决议。布什和戈尔巴乔夫在赫尔辛基举行的记者招待会上强调，应当以和平手段解决海湾危机。

△利比里亚总统多伊在蒙罗维亚港口的一次战斗中受伤后死亡，反政府武装领导人约翰逊宣布自己为新总统。

9月10日

△柬埔寨四方在雅加达宣布成立柬全国最高委员会，该委员会的组成是：金边政权6人，柬民族政府中的三方各占2个席位，柬埔寨全国团结阵线方面有诺罗敦·拉那列和周森古沙；高棉人民民族解放阵线方面有宋双和英莫利；民主柬埔寨方面有乔森潘和宋成；金边政权方面有洪森、迪班、姜思隆、贺南洪、贡森奥和辛松。

△苏联外长谢瓦尔德纳泽说，在莫斯科开始的中苏边境地区裁减军事力量谈判将有助于导致双方同等安全原则上消除军事对峙。

9月11日

△美国总统布什11日晚向国会参众两院联席会议发表长篇政策演讲，就海湾危机、美苏首脑会晤及国内经济问题阐述了白宫的立场。布什再次表示不排除使用军事手段解决危机的可能性，并明确主张美国将在海湾地区发挥长期作用。

△中国出席日内瓦《不扩散核武器条约》第4次审议会的代表团团长侯志通说，为了维护世界和平与安全，不但要防止核武器的扩散，更重要的是必须全面禁止和彻底销毁核武器。中国政府奉行不主张、不鼓励、不从事核武器扩散、不帮助别国发展核武器政策。中国在防止核武器扩散方面作出了贡献。

9月12日

△解决德国统一的外部问题的“2+4”外长会议最后一轮会议12日上午在莫斯科结束。两个德国及苏美英法4国外长共同签署了一项关于统一后的德国主权问题的最后文件。

△苏联总统戈尔巴乔夫说，德国准备向苏联提供150亿马克，作为维持驻德苏军的费用和对苏财政援助。

9月13日

△联合国安理会通过第666号决议，规定了向伊拉克或科威特提供食品的有关原则。

△苏联外长谢瓦尔德纳泽和联邦德国外长根舍在莫斯科草签了苏德睦邻伙伴合作条约。条约重新确定在安全方面的关系，排除了首先使用武装力量对付对方。如果苏联或德国遭到别国侵略的话，双方中的一方拒不向进攻者提供军事援助或其他援助。

△在大马士革的西方外交人士说，叙利亚已向沙特派遣了约4000名士兵，并计划在今后6个月内再向海湾派遣2万多名士兵。

9月14日

△伊拉克军队14日强行进入法国、加拿大、荷兰和比利时驻科威特使馆。法国总统密特朗15日召开内阁会议之后宣布，法国决定从军事、外交等方面加强对伊拉克的制裁。

△戈尔巴乔夫在接见英国外交大臣赫德时说，“一些东欧国家的某些势力想把那儿发生的变革拖向对意识形态的复仇”。

△以美国航母“约翰·肯尼迪”号为首的5艘军舰通过苏伊士运河驶往红海。它们将成为伊拉克人侵科威特后集结在海湾和红海的多国部队的第3个航母战斗群。美国在海湾军舰已达30艘左右，其中包括“独立”号和“萨拉托加”号2艘航母。

9月15日

△法国总统密特朗宣布，法国决定驱逐伊拉克驻法使馆的武官以及其他10名外交官和26名在法国实习的伊拉克军人。法国将向沙特阿拉伯增派4000名军人，约30架战斗机、48架直升机和48辆坦克。

△由普林斯·约翰逊领导的利比里亚一派反政府武装占领了由政府军坚守数月之久的总统府；进驻利比里亚的西非国家维持和平部队接到新命令，当他们遭到袭击时可以还击。

9月16日

△联合国安理会16日凌晨一致通过第667号决议，强烈谴责伊拉克军队侵犯外国驻科威特使馆的行为。

9月17日

△欧共体12国外长在布鲁塞尔举行的政治合作委员会会议上作出决定，驱逐伊拉克驻欧共体国家使馆武官及其他军事人员。

△美国国防部长切尼解除了空军参谋长迈克尔·杜根将军的职务。理由是杜根违反国防部的规定，公开谈论美国可能袭击伊拉克境内的军事目标，并泄露了有关驻扎在海湾美军规模的机密情报。

9月18日

△第45届联合国大会在纽约联合国总部开幕。第44届联大就和平与安全、地区性争端、裁军、经济和社会问题通过了总共245页决议和附属文件。

△美国国防部发言人皮特·威廉斯宣布，鉴于与苏联的对抗危险已降低到了最低程度，美将关闭在海外的127个军事设施和减少23个设施中的美军人数。

9月19日

△华约成员国政府代表临时委员会第2次会议于18～19日在索非亚举行。会议对与华约前途有关的大部分问题达成一致意见。但因有的成员国提出新的建议，使决定华约前途的文件草案未能按期制定。

△法国总统密特朗宣布，在德国统一后的第一阶段约2年的时间里，法国将撤走其驻德军队的50%。法国的目标是最终完全撤军。因为德国即将获得完全的主权。联邦德国总统科尔表示，他仍然希望将来法国军队能留在德国。

△苏联外交部发言人格拉西莫夫否认苏联已同意借给美国1艘大船向海湾运送军事设备。

9月20日

△中国国家主席杨尚昆会见沙特阿拉伯外交官费萨尔亲王时说，解决海湾危机及其所产生的一切问题的基础是，伊拉克必须从科威特撤军，以恢复科威特主权、独立和领土完整。国务院总理李鹏会见费萨尔亲王时说，国际社会应采取措施避免海湾危机进一步恶化甚至导致战争。

△民主德国人民议院和联邦德国联邦议院分别以2/3多数票批准了联邦德国于8月31日在柏林签署的统一条约。

9月21日

△科威特财政大臣阿斯比在伦敦宣布，科威特将向参加海湾地区的多国部队提供约46亿美元的援助。

△苏联领导人戈尔巴乔夫说，苏联当前的形势“极不稳定”，孕育着巨大的危险，政局出现“严重危机”。他呼吁维护国内稳定，“坚决拒绝”对国家政权和管理系统进行“大换班”的主张。

9月22日

△泰勒领导的利比里亚全国爱国阵线反政府武装宣布，从22日起实行单方面停火，以便交战各方举行和平谈判。

△黎巴嫩基督教强硬派领导人奥恩拒绝了黎总统赫拉维21日签署的旨在结束内战的政治改革法案。

△华约成员国特别裁军委员会22～23日在布拉格开会，讨论各成员国应保留的各类武器和技术装备的最大限额问题。

9月23日

△沙特阿拉伯外交部宣布，驱逐伊拉克、也门和约旦驻沙特的部分外交官。

9月24日

△中国国家主席杨尚昆会见台湾《中国时报》记者说：“我们主张两岸尽快统一，实行一国两制，即台湾是在一个中国下的特别行政区，比内地自治区的自治权还要大，实行不同于大陆的社会制度，你实行你的三民主义，我实行我的社会主义，互不干预。台湾还可以保留部分军队，大陆不派人去台湾参加行政管理，相反我们欢迎台湾派人来大陆参加中央政府。”

9月25日

△中国外交部长钱其琛在联合国安理会举行的部长级会议上发言，阐述了通过和平方式政治解决海湾

危机的主张，并申明中国对第 670 号决议的态度。

△联合国安理会部长级会议通过了第 670 号决议，决定对伊拉克和被其占领的科威特实行空中封锁，并禁止伊拉克船只进入各国港口。

9 月 27 日

△科威特埃米尔贾比尔·萨巴赫在本届联大全体会议上发言时，强烈谴责伊拉克侵略、兼并科威特，呼吁国际社会伸张正义，伸出救援之手，恢复科威特的领土主权及其合法政府。

△英国外交部宣布，英国和伊朗恢复外交关系。

9 月 28 日

△中国外交部长钱其琛在 45 届联大上发表讲话，全面阐述了中国政府对海湾问题及其他重大国际事务的原则立场和主张，中国政府主张政治解决海湾问题和中东问题；希望柬埔寨各方实现真正的民族和解。中国政府认为在和平共处五项原则基础上建立国际政治新秩序，是时代的要求和各国人民的迫切愿望。中国政府认为不公正和不平等的国际经济秩序必须改变，各国人民有权决定本国经济模式。

△安理会 5 个常任理事国外交部长发表声明，强调“进一步发展安理会在对国际和平与安全的挑战面前作出迅速反应的能力”。要求伊拉克立即无条件撤出科威特。声明欢迎各方就组成全国最高委员会所达成的协议。

△美国国务卿贝克和越南外交部长阮基石在纽约举行会谈，讨论两国关系和柬埔寨问题。

9 月 30 日

△中国国务院总理李鹏在人大会堂举行盛大招待会，热烈庆祝中华人民共和国成立 41 周年。李鹏讲话中说，社会主义中国前途光明充满无限希望；中国的朋友越来越多，中国的国际地位正在提高。

△中国外交部发言人说，希望日本慎重处理派自卫队成员到国外问题。

10 月

10 月 1 日

△英国、法国、美国、苏联和两德外长在纽约签署了一项宣言，宣布停止英、法、美、苏 4 国在柏林和德国行使权力。

△美国海军 1～5 日在海湾阿曼南部海岸举行登陆演习，有 18 艘军舰、90 架直升机和 1.5 万名士兵参加。

10 月 2 日

△中国外交部长钱其琛在纽约美国亚洲学会发表讲话。在谈到朝鲜半岛问题时，钱说，解决朝鲜问题的根本出路在于朝鲜北南双方在没有外来干涉的情况下，通过协商对话的方式，和平解决国家统一问题。

10 月 3 日

△民主德国正式加入联邦德国，德国重新成为一个统一的国家。德国总理科尔致函世界各国政府称，统一后的德国的位置在北大西洋联盟之中。德国将放弃生产和拥有原子、生物和化学武器的权利，并将把德国军队裁减到 37 万人，德国军队准备参加联合国维护与重建和平的行动。

△中国和东盟在纽约发表联合声明，要求柬埔寨问题巴黎国际会议两主席国采取必要措施，以谋求柬埔寨问题早日全面政治解决。

10 月 4 日

△菲律宾前总统府警卫部队司令亚历山大·诺夫莱上校率领大约 200 名全副武装的叛军，突然强行占领了驻扎在菲律宾南部棉兰老岛武端市的陆军第 402 旅军营，并控制了附近的 4 个城镇、3 家广播电台和 1 家电视台。在叛军控制地区升起了一面象征独立的“棉兰老岛共和国”的兰白旗。

△中国外交部长钱其琛在纽约会见了苏联外交部长谢瓦尔德纳泽，双方就海湾局势、柬埔寨问题、双边关系及其他共同关心的问题进行友好讨论，相互通报了有关情况。

10 月 5 日

△中国在酒泉卫星发射中心，由“长征 2 号”运载火箭将 1 颗科学探测卫星送入预定轨道。

△“卢旺达爱国阵线”反政府武装与政府军在首都基加利发生激战，这是卢旺达 9 月 30 日发生内战以来在首都发生的首次枪战。

10 月 6 日

△菲律宾武装部队参谋长雷纳托·德贝利亚宣布，菲叛军首领亚历山大·诺夫莱上校在卡加延向政府军投降。

△美国“发现”号航天飞机于当地时间晨 7 时 40 分，在卡纳维拉尔角的肯尼迪航天中心发射上天。

10 月 8 日

△以色列警察在耶路撒冷的旧城圣殿山与示威的巴勒斯坦人发生冲突，并开枪打死 22 名示威者，打伤至少 150 人。中国常驻联合国代表李道豫在安理会审议被占巴勒斯坦领土局势时发言，强烈谴责以色列当局镇压巴勒斯坦人民的行径。

△2 架美国海军的武装直升机在阿曼湾上空失

踪。

△古巴国务委员会主席卡斯特罗接见了以苏联武装力量总参谋长米哈伊尔·莫伊谢耶夫为首的苏联军事代表团。

△南朝鲜总统卢泰愚任命前陆军参谋长李钟九接替李相薰为国防部长官。

10 月 9 日

△阿拉伯联盟和不结盟国家协调局分别发表声明，强烈谴责以色列武装警察在耶路撒冷屠杀巴勒斯坦人。

△关于德国向苏联驻原民德地区军队提供驻军和撤军费用的德苏过渡条约在波恩正式签署。条约规定，德国政府将在 4 年内向苏联提供总额为 120 亿马克的财政援助，以保证苏军在 4 年内顺利撤出原民德地区返回苏联。

10 月 10 日

△美国空军 1 架 F-111 型战斗轰炸机在海湾地区进行例行训练时坠毁。

10 月 11 日

△日本政府决定向国会提交关于《联合国和平合作法案》。

10 月 12 日

△《纽约时报》报道，美国 2 支最强大的装甲部队已抵达沙特阿拉伯，从而使部署在海湾地区的美军人数超过 20 万人。这两只装甲部队是驻扎在得克萨斯州的第 3 机械化装甲团和第 1 机械化师，共约 1.5 万人。

△西非维持和平部队战地指挥官、尼日利亚少将多贡亚罗宣布，西非维持和平部队在把泰勒领导的反政府部队赶出首都后，已完全控制蒙罗维亚。

△德国外长根舍与苏联驻德国大使捷列乔夫在波恩签署苏联在原民德地区驻军期限问题的条约。

10 月 13 日

△联合国安理会通过第 672 号决议，谴责以色列当局 10 月 8 日在巴勒斯坦被占领土造成大量平民伤亡的暴行。

△2 万名黎巴嫩政府军和数千名叙利亚部队对基督教强硬派领导人奥恩发动了两个半小时的突然袭击后，奥恩宣布向政府投降。

10 月 14 日

△伊朗和伊拉克两国决定恢复外交关系。

△黎巴嫩政府一位高级官员宣布，黎政府强烈反对前政府军司令奥恩（已逃至法驻黎巴嫩使馆内）在对他盗用公款等罪行作出判决之前离开黎巴嫩。

△科威特人民会议举行的第 2 次秘密会议上，讨论了用军事手段收复国土问题，一些青年将被组织起来接受军训。

△泰国前总理兼国防部长、原武装力量最高司令兼陆军总司令差瓦立·永猜裕成立名为“新希望”的政党。

10 月 15 日

△第 45 届联大审议了柬埔寨局势，经过协商，一致通过了本届联大主席德马尔科提出的一项决议，重申迫切需要制定柬埔寨冲突全面政治解决方案，敦促柬各方领导人在履行职责时进行合作，以便实现民族和解。

△苏联外长谢瓦尔德纳泽在最高苏维埃会议上作外交报告时指出，波罗的海应成为无核区。

10 月 16 日

△联合国 5 个常任理事国发表声明，敦促柬埔寨有关各方尽快解决柬全国最高委员会主席的人选问题，以便使该委员会在和平解决冲突的过程中发挥作用。

△美国国务卿贝克表示反对伊拉克方面所建议的以允许其在海湾保留数个战略岛屿换取它从科威特撤军的方案，认为这是个不公正的方案。

10 月 17 日

△中国代表侯志通大使在联大第一委员会发言时指出，核裁军在裁军议程上占有优先地位，超级大国应率先停止试验、生产、部署核武器，早日大幅度削减它们在国内外部署的各类核武器。

△斯里兰卡政府军在北部地区向反政府的泰米尔伊拉姆猛虎解放组织游击队发起全面攻击。

△有德国军人参加的第 1 支欧洲多国部队——德法混合旅，经过 2 年的筹建正式编入现役。德国国防部长施托尔滕贝格称这支部队对未来各国部队具有“样板性质”。

10 月 18 日

△朝鲜政务院总理、北方代表团团长延亨默和南朝鲜国务总理、南方代表团首席代表姜英勋，在平壤人民文化宫举行了第 2 次北南高级会谈。双方就改善北南关系达成共识，但没有达成具体协议。

△日本社会党决定成立反对向海外派兵联合斗争总部。

10 月 19 日

△联合国发表的一份报告指出，对改进核武器质量的限制没有取得明显效果，核武器系统的更新仍在继续进行。

△巴拿马当局破获了由前警察局长埃德华多·埃雷拉领导的旨在推翻恩达拉政府的一起阴谋。

△柬埔寨抵抗力量在曼谷发表的一项声明指出，由金边政权签署或将要签署的任何协定或条约都是无效的。

10月20日

△各国议会联盟第84届大会在乌拉圭埃斯特角闭幕，会议通过谴责伊拉克侵略科威特、谴责以色列警察在耶路撒冷圣殿山屠杀巴勒斯坦人的暴行等4项决议。

△美国纽约、华盛顿和旧金山等16个大城市的各界群众分别举行示威游行，要求布什政府立即从海湾撤军，以和平方式解决海湾危机。

△隶属英国第7装甲旅的12辆“挑战者”坦克抵达沙特阿拉伯的宰赫兰港，这是英国派往海湾的首批地面部队。

10月22日

△中国外交部发言人说，日本政府出动舰艇和飞机进入钓鱼岛海域并阻拦台湾渔民是毫无道理的。中国政府强烈要求日本政府立即停止在钓鱼岛及其附近海域的一切侵犯中国主权的活动。

10月23日

△中国驻联合国代表侯志通在纽约联合国总部重申，中国政府奉行不主张、不鼓励、不从事核武器扩散、不帮助别国发展核武器的政策。

10月24日

△朝鲜民主主义人民共和国政府在平壤举行中央报告大会，隆重纪念中国人民志愿军赴朝参战40周年。

△联合国安理会通过决议，对以色列占领下的阿拉伯领土上形势的继续恶化表示严重关注。要求以色列政府重新考虑其拒绝接纳联合国调查团的决定。

△黎巴嫩政府决定，将贝鲁特东、西区合并。自午夜12时起，在贝鲁特不允许有任何民兵组织或非政府武装存在。黎巴嫩军队和内部治安军全权保护公众的安全。

10月25日

△美国国防部长切尼发表谈话时透露，美国从未确定在海湾驻军的“上限”。最终将派多少美军取决于该地区的事态发展。美国可能再向海湾地区增派10万部队。美国舆论评论说，美国增派部队将使美军具有“进攻能力”，同时还表明美国在海湾的军事战略发生变化，即由防御性变为进攻性。

10月26日

△苏军总参谋长莫伊谢耶夫在布鲁塞尔宣布，苏联已从捷克和斯洛伐克、匈牙利撤出所有核武器，同时还大幅度削减了部署在原民德地区的核力量。

△苏联西南部的摩尔多瓦（前称摩尔达维亚）共和国近日形势紧张，该共和国最高苏维埃26日宣布对该共和国南部的一些地区实行紧急状态，时间2个月。28日苏联内务部队进驻上述地区。

10月27日

△南太平洋地区11国首脑在夏威夷向美国总统布什表示，他们担心太平洋正在变成倾倒致命化学武器的垃圾场。11国领导人要求布什接受南太平洋无核区条约。该条约禁止在南太平洋地区使用、试验、倾倒及储藏核武器和核废料。

△科威特石油大臣拉希德·萨利姆·阿迈里透露，科威特的海外投资总额约为1000亿美元。

10月28日

△法国总统密特朗在巴黎与苏联总统戈尔巴乔夫举行会谈，双方着重讨论了海湾危机和欧安会准备工作等问题。29日晚上双方签署了《法苏谅解与合作条约》。这是两国27年来签署的第1个双边条约。

10月29日

△联合国安理会通过第674号决议，要求伊拉克停止扣留第3国国民为人质，不得虐待和迫害科威特及第3国公民。

10月30日

△派往海湾地区的美国海军开始为期10天的大规模水陆两栖攻击演习。美国1万多名海军陆战队士兵在阿曼海滩登陆，20架飞机和75架直升机参加海岸攻击。

△日本执政的自民党实力人物、前副首相金丸信在福岛市讲话时说，自卫队必须遵守“专守防卫”的原则。

10月31日

△德国和波兰关于边界条约的第1轮谈判在波兰首都结束。双方就德波边界条约草案达成了一致意见。

11月

11月1日

△苏联环境部长尼古拉·沃尼佐夫说，除非其他核国家放弃进行核试验，否则苏联将不放弃核试验。

△萨尔瓦多政府和游击队法拉本多·马蒂民族解放阵线的代表最近举行秘密会谈，双方决定调整谈判

方式和程序，并充分利用联合国的调解作用。

11 月 2 日

△苏联摩尔多瓦共和国东部德涅斯特河沿岸的杜博萨雷、蒂拉斯波和宾杰里 3 个城市被宣布为处于紧急状态。

11 月 3 日

△埃及部署在阿拉伯联合酋长国的部队将参加阿联酋部队举行的大规模军事演习。

△也门决定成立有权宣布紧急状态或战争的国防委员会。成员由总统、议会议长、总理、国防部长和陆军参谋长组成。

11 月 4 日

△叙利亚新闻部长萨勒曼宣布，叙利亚将向沙特阿拉伯和其他海湾国家增派部队。叙利亚增派 1 个整编装甲师的工作完成后，它在沙特的军队将达到 2 万人。

11 月 6 日

△中国外交部长钱其琛赴开罗进行访问，钱外长抵达开罗后不久，便开始与正在埃及访问的美国国务卿贝克就海湾局势和双边关系广泛交换意见。

△中国外交部长钱其琛在沙特阿拉伯塔伊夫会见科威特埃米尔，就海湾局势和两国关系进行了会谈。

△伊拉克原共和国卫队司令侯赛因·拉希德接替尼扎尔·哈兹拉吉任武装部队总参谋长。

11 月 7 日

△埃及总统穆巴拉克会见中国外交部长钱其琛，穆巴拉克向钱其琛介绍了海湾局势的最新发展和埃及政府的立场，表示埃及愿为和平解决海湾危机继续努力。

△为庆祝伟大的十月社会主义革命 73 周年，莫斯科举行阅兵和群众游行。

△中国代表侯志通大使在联大第一委员会发言时，呼吁国际社会采取有效措施，全面禁止一切类型的外空武器，实现外空的“非武器化”。

11 月 8 日

△中国外交部长钱其琛在利雅得同沙特阿拉伯外交大臣费萨尔亲王就海湾局势及双边关系进行了会谈。

△美国总统布什宣布美国将向沙特阿拉伯和海湾地区增派美国作战部队，以保证美军具备“足够的军事进攻能力”。美国国防部长切尼说，美国部署在海湾的部队将从目前 23 万人增加到 40 万人左右。

△日本执政的自民党和在野的社会党、公明党、民社党的干事长或书记长在国会内举行会谈，一致认为，海部内阁提出的联合国和平合作法案在本届临时国会众议院会议审议完毕，被确认为废案。

△安哥拉总统多斯桑托斯决定由自己掌管国防部和武装力量的最高指挥机构。

11 月 9 日

△苏联总统戈尔巴乔夫和德国总理科尔在波恩正式签署《德苏睦邻、伙伴关系和合作条约》。

△科威特国防大臣纳瓦夫·贾比尔在沙特阿拉伯的塔伊夫证实，伊拉克在占领科威特时期，获取了科威特的 150 枚美制“隼”式导弹。

△菲律宾和美国关于美在菲军事基地的第 2 轮会谈在马尼拉结束，双方没有达成任何具体协议。

11 月 10 日

△约旦国王侯赛因在阿曼会见中国外交部长钱其琛时强调，海湾危机应在阿拉伯范围内和安理会有关决议的基础上尽早得到解决。

△历时 2 天的巴黎柬埔寨问题国际会议工作小组会议在雅加达闭幕，会议就全面政治解决柬问题协议草案构成取得广泛一致意见。

△黎巴嫩穆斯林什叶派亲叙利亚的阿迈勒运动和伊朗支持的其他党组织的民兵，在伊朗驻叙利亚大使和叙利亚官员的监督下已开始从贝鲁特各自控制的地区撤军。双方在贝鲁特打了 3 年仗，死亡 1100 多人。

11 月 12 日

△伊拉克总统萨达姆在巴格达会见中国外长钱其琛，双方就海湾局势进行了交谈，会见开始时，钱外长转交了杨尚昆主席给萨达姆总统的一封亲笔信。

△沙特阿拉伯国王法赫德晚上会见了中国外长钱其琛，双方就海湾局势和双边关系广泛交换了意见。

△钱其琛在结束中东 4 国之行时在吉达对新华社记者说，海湾局势处于严峻时刻，中国主张和平解决争端。

△联合国和平部队司令约维奇将军宣布，联合国和平部队已圆满完成监督伊朗和伊拉克撤军的艰巨任务。

△联大政治与安全委员会，通过中国提出的决议案，敦促美苏两国进一步履行它们对核裁军负有的特别责任，率先停止核军备竞赛，早日大幅度削减核武器。

11 月 13 日

△苏联总统戈尔巴乔夫同北约军事委员会主席维格莱克·艾德和北约欧洲盟军总司令约翰·高尔文在莫斯科克里姆林宫讨论了建立基于全欧机构之上的新

的安全模式问题，还讨论了两个军事、政治集团在解决这一重要任务中的作用和地位问题。

△苏联总统戈尔巴乔夫会见军队各级人民代表时表示，“必须保持苏联统一的武装力量”。苏联一些加盟共和国议会通过的法律规定，当地青年不得到本共和国境外服兵役。这给征兵工作带来很大困难。为此，戈尔巴乔夫强调，“要以现有的普遍义务兵役法为基础，继续保持现行的武装力量配备原则。”

11月14日

△叙利亚总统阿萨德在大马士革会见来访的埃及总统穆巴拉克，双方就海湾危机和摩洛哥提出召开阿拉伯首脑特别会议的建议进行秘密会谈。

△伊拉克最近颁布一项总统令，任命萨利赫·努曼为被伊拉克占领下的“科威特省”省长。

△德国外长根舍和波兰外长斯库比谢夫斯基在华沙签署德国和波兰关于确认两国之间现有边界的条约。

11月15日

△美国驻海湾部队在沙特东部省份开始举行为期6天代号为“雷击临近”的两栖登陆演习。参加演习的部队有1000名美国海军陆战队士兵、1100架飞机和包括“中途岛”号航母在内的16艘军舰。一些沙特部队也参加了演习。

△美国国防部长切尼下令征召7.2万多名后备役军人。

11月16日

△安哥拉政府在里斯本同反政府的“安盟”举行第5轮直接谈判，以结束这个国家持续15年的内战。

11月18日

△在巴黎参加欧安会首脑会议的美国总统布什分别同法国总统密特朗、英国首相撒切尔夫人、德国总理科尔就海湾局势进行磋商。撒切尔夫人说，她完全同意布什的意见，如果不能制止萨达姆，世界就不可能有和平。

△受强风巨浪的影响，美国和沙特阿拉伯的部队从15日开始举行的代号为“迅雷”联合军事演习，其两栖登陆部分被迫取消。

11月19日

△欧安会第2次首脑会议在巴黎克莱贝尔国际中心开幕，欧洲32个国家和美国、加拿大的领导人出席了会议。

△北约16个成员国首脑和华约6个成员国首脑在欧安会首脑会议开幕前，正式签署欧洲常规裁军条约。参加欧安会首脑会议的12个中立和不结盟国家首脑及联合国秘书长德奎利亚尔也参加了签字仪式。北约和华约成员国还签署了1项互不侵犯的联合声明。

△伊拉克宣布向科威特增兵25万，以抗衡在海湾集结的以美国为首的多国部队。

△出席欧安会首脑会议的美国总统布什和苏联总统戈尔巴乔夫在巴黎进行了长达2时半的会谈，讨论了在解决海湾危机中对伊拉克使用武力的可能性。

△乍得政府军和反政府武装力量在乍得东部靠近苏丹边界的蒂纳地区爆发的武装冲突在激烈进行。

11月20日

△叙利亚总统阿萨德和黎巴嫩总统赫拉维在大马士革举行会谈时一致同意组成一个叙黎联合委员会，以便同基督教黎巴嫩力量进行对话，并确定该派民兵撤出东贝鲁特的最后期限。

11月21日

△34国领导人在巴黎签署了《新欧洲巴黎宪章》。从而宣告欧安会第2次首脑会议结束。《宪章》指出，欧洲的冲突和分裂已经结束，各国今后的关系将建立在信任与合作的基础上。

△伊拉克总统萨达姆21～22日视察了伊军设在科威特的阵地和在伊南方城市巴士拉的伊拉克军队。

11月22日

△南亚区域合作联盟7国首脑一致谴责伊拉克入侵科威特，要求伊拉克立即从科撤军。

△根据塔斯社报道，在亚美尼亚戈里斯地区的恐怖分子使用从军队那里盗来的机枪、迫击炮和火焰喷射器连续4天向阿塞拜疆拉钦地区袭击，苏联内务部决定向该地区增派部队进行打击。

△黎巴嫩国防部长曼苏尔宣布，贝鲁特安全计划从22日晚正式生效。

11月23日

△为期3天的南亚区域合作联盟第5次首脑会议在马尔代夫首都马累降下帷幕，会议通过《马累宣言》。

△北大西洋条约组织秘书长韦尔纳在布达佩斯对记者说，即使华沙条约组织不存在了，北大西洋条约组织仍将继续存在下去，中东欧不会成为真空地带。

11月24日

△最近苏联一些加盟共和国提出要建立自己的民族军队，也有一些共和国要求从其领土上撤走苏联军队。针对这些情况，苏联国防部长亚佐夫说，他“赞成建立统一的联盟和统一的军队”的立场。亚佐夫24日晚对记者说：“苏联武装力量是一个整体，保卫着统

一国家的安全，它应该建立在普遍兵役制基础上，并应坚持保卫所有加盟共和国的安全。”

11月25日

△日本政府作出决定，由自卫队向驻日美军提供运输支援。

△以色列政府任命埃胡德·巴拉克少将为武装部队参谋长，取代原参谋长达恩·肖姆龙。

△埃及军队举行强渡苏伊士运河的演习。

11月26日

△经过3天磋商，柬埔寨问题巴黎工作会议在巴黎结束。与会的巴黎国际会议两主席、安理会5个常任理事国代表和联合国秘书长代表完成了关于全面政治解决柬埔寨问题的全部文件的起草工作。

11月27日

△苏联国防部长亚佐夫就一些加盟共和国威胁国防的违法行动在中央电视台发表措词强硬的讲话，宣布制止反军活动继续蔓延的措施。

△法国外交部长迪马在巴黎宣布，法国建议把伊拉克军队撤出科威特的最后期限定在1991年1月15日。

△在阿尔及尔参加“马格里布和地中海安全”首届讨论会的阿拉伯马格里布联盟5国战略和防务问题专家发表声明，强调通过制定5国共同的总体防御战略来维护马格里布国家的独立和安全。

11月28日

△中国外交部长钱其琛抵达纽约并立即会见了美国国务卿贝克，双方就海湾等问题交换了意见。

△联合国安理会一致通过科威特提出的一项决议案，强烈谴责伊拉克改变科威特人口构成和销毁科威特合法政府的档案材料的行径。

△英国新任首相约翰·梅杰在入主唐宁衔10号不到10小时，就公布了改组后的新内阁名单，国防大臣仍由汤姆·金担任。

△西非国家经济共同体首脑特别会议在巴马科闭幕，利比里亚冲突各方签署了一项停火协定。

11月29日

△联合国安理会通过第678号决议，授权联合国成员国在伊拉克于1991年1月15日之前仍拒不执行从科威特撤军等安理会有关决议的情况下，使用一切必要手段，维护、执行有关决议，恢复海湾地区的和平与安全。

△中国外交部长钱其琛在安理会讨论海湾局势时重申中国政府立场，要求伊拉克无条件撤军，呼吁和平解决海湾危机。

11月30日

△美国总统布什说，为了对和平作出进一步努力，他将邀请伊拉克外长阿齐兹在12月中旬双方方便的时间来华盛顿访问，并同他会晤。同时布什将派国务卿贝克在12月15日至1991年1月15日之间双方方便的时间前往巴格达会见伊拉克总统。

△据美国《洛杉矶时报》报道，美国正向海湾地区增派300架作战飞机，从而使美国在那一地区的空军作战力量增加1/3。达到1200架左右。

12月

12月1日

△伊拉克革命指挥委员会发表公报，宣布伊拉克有条件地接受美国总统布什关于举行美伊直接对话的建议。

△乍得全国武装部队同反对派伊德里斯·代比领导的爱国拯救运动的部队在首都恩贾梅纳展开了激烈的巷战。乍得总统哈布雷及其家属在战斗打响之前乘一架军用飞机抵达喀麦隆。

12月2日

△驻海湾的多国部队进入战备状态。一部分军队穿上了特制的防化服，以对付可能的化学武器袭击。部署在沙特阿拉伯东部的美国海军陆战队开始举行为期4天的两栖登陆演习。

△苏联总统戈尔巴乔夫任命苏共中央监察委员会主席、拉脱维亚族的普戈为内务部长，任命前驻阿富汗苏军司令、苏联基辅军区司令格罗莫夫为内务部第一副部长。

12月3日

△南斯拉夫国防部长迪耶维奇大将最近指出，反南斯拉夫、反社会主义力量正在复活，开展疯狂的进攻。目前南斯拉夫局势正在急剧恶化，有发生内战的可能性。任何外国武装跨越南斯拉夫国境，都被视作是侵略。等待他们的将是失败。

△阿根廷陆军和海岸警卫队部分军人发动兵变，占领了位于首都城内的陆军第1团兵营和陆军参谋总部大楼。兵变军队和忠于政府的部队发生枪战，双方均有伤亡。梅内姆总统宣布全国戒严并命令陆军总参谋长采取一切措施平息兵变。在全国各政党、各界人士的支持下，阿根廷政府采取果断措施迅速平息了兵变。

△黎巴嫩最大的民兵组织——基督教“黎巴嫩力量”民兵全部撤离贝鲁特东区。旨在结束15年内战的

“大贝鲁特计划”正式开始实施。

12月4日

△乍得爱国拯救运动执行委员会任命伊德利斯·代比为乍得新总统。38岁的代比曾是哈布雷总统的武装部队司令。

△苏联外交部新闻局长丘尔金在吹风会上断然否认苏联允许动用本国军队解决海湾危机的说法。

△波兰国防部长科沃杰伊奇克在华沙同美国国防部长切尼会谈时表示，波兰愿意购买12架美国F-16战斗机，条件是价格要与苏联米格-29歼击机相似。

12月5日

△美国国务院女发言人塔特怀勒宣布，伊拉克已正式接受了美国总统布什最近提出的为寻求海湾危机举行美伊谈判的建议。

△海湾合作委员会6国国防部长在沙特阿拉伯首都利雅得强调，决心不惜一切代价迫使伊拉克撤出科威特，同时希望和平解决海湾问题。

△黎巴嫩政府决定，从1991年起，由政府军接管全国所有港口，以切断各教派民兵武装的主要收入来源。

12月7日

△伊拉克国民议会批准释放所有外国人质。目前有2600名外国人质被扣留在伊拉克和科威特，以牵制美国为首的多国部队可能向伊拉克的进攻。

△在布鲁塞尔北约总部结束的北约国防部长会议重申，由于北约盟国依然面临种种不稳定的因素和苏联强大的军事力量，北约“在可预见的将来仍必须在欧洲保持一支足够的核、常规综合军事力量”。

△伊朗外长韦拉亚提在巴黎宣布，伊朗愿意对联合国安理会的决议承担义务，但“决不会参加针对伊拉克或海湾地区任何国家的任何战争”。

△日本防卫厅决定，提高防卫预算中的研究开发经费比例，将从1991年起把研究开发经费扩大到年防卫总预算的3%，增加的研究开发经费将主要用于航空自卫队未来支援战斗机的研制。

△菲律宾和美国关于美在菲军事基地的第3轮谈判在马尼拉结束，双方仍未就基地的主权和其他的有关问题达成协议。

12月8日

△美国国防部宣布，载有75架战斗机的“突击者”号航空母舰同另外7艘护卫舰8日离开加利福尼亚州的圣地亚哥港和长滩港前往海湾。它们将加入已经部署在阿拉伯海、红海和地中海东部的舰队行列。

12月9日

△埃及国防部长塔列布在开罗会见驻沙特的美军司令施瓦茨科夫。双方讨论了目前海湾地区的紧张局势以及一旦爆发战争，埃及驻沙特的部队如何发挥作用等问题。

△日本防卫厅长官石川要三结束对南朝鲜为期3天的访问，于9日晚回到东京，双方就日本和南朝鲜今后加强防卫合作关系达成一致意见。

12月10日

△美国国务卿贝克和苏联外长谢瓦尔德纳泽在美国南部城市休斯敦开始举行为期2天的会谈，主要讨论削减战略武器、向苏联提供人道主义援助和海湾危机等问题。

△美国向越南发出警告说，阻碍联合国关于结束柬埔寨冲突方案的实施，将损害它同美国恢复正常外交关系的前景。

12月11日

△中国国家主席杨尚昆会见了沙特阿拉伯国王法赫德的特使、沙特外交次大臣萨纳扬一行。在谈到海湾危机时，杨主席重申了中国对海湾危机的原则立场。

△中国国务院总理李鹏和马来西亚总理马哈蒂尔在诚挚友好的气氛中进行了富有成效的会谈，双方就重大国际问题，如柬埔寨问题、海湾危机问题交换了意见。

△联合国大会通过决议，强烈要求以色列停止驱赶和重新安置在以色列被占领土上的巴勒斯坦难民。

12月12日

△伊拉克国防部长阿卜杜勒·贾巴尔·尚沙勒被撤职，改任军事国务部长。前副参谋长萨迪·托马·阿巴斯任国防部长。

12月13日

△朝鲜北南第3次高级会谈第2轮会谈在汉城举行，由于双方意见相左，会谈未能取得进展。

12月14日

△据巴基斯坦官方人士说，巴基斯坦与美国关于核计划的谈判没有取得进展。

△泰国国王批准了差猜·春哈旺为总理的新内阁。国防部长由差猜兼任。

12月15日

△中国总理李鹏在马尼拉接受记者采访时说，中国执行的是独立自主的和平外交政策。中国在本世纪和下个世纪都不会对亚太地区的任何国家构成威胁。中国军队是防御性质的，执行的是和平外交政策。

△美国白宫发言人赫里克指责伊拉克方面宣布取消派遣阿齐兹外长于17日访美并会晤布什总统的计划。

12月16日

△中国外交部长钱其琛接受《人民日报》记者专访时说，1990年国际形势的特点是旧的格局已经打破，新的格局尚未形成，世界正在进入新旧格局交替、动荡不定的过渡时期。德国统一、"冷战"结束，战后雅尔塔格局已被打破。随着美苏关系的缓和，军事对抗减弱，世界大战打不起来。世界力量的格局正在向多极化发展。

12月17日

△日本防卫厅官员透露，日本政府决定今后扩充防卫力量5年计划期间，不增加陆海空自卫队现有人数。日本自卫队定员为27.3万人，但由于招募困难现有24.4万人。今后日本还将控制防卫费的增长，将平均年增长率6%以上降为3%左右。

12月18日

△中国国家主席杨尚昆会见科威特人民大会代表团时说，中国一贯主张应以和平方式解决国家间的分歧，而不应诉诸武力，更不允许以武力侵占和吞并别国。中国明确反对伊拉克对科威特的入侵和吞并，要求伊拉克立即无条件从科威特撤军。

△为期2天的北约外长理事会在布鲁塞尔闭幕，会议主要就海湾危机、北约与苏联、中欧、东欧国家的关系、北约内部在新形势下的战略调整等问题进行了讨论。

△联合国大会通过一系列决议，谴责南非的种族隔离制度，呼吁各国对南非严格实施武器禁运。

12月19日

△美国国防部长切尼在美军参谋长联席会议主席鲍威尔的陪同下到达沙特阿拉伯首都利雅得，同驻海湾美军指挥官讨论可能爆发同伊拉克的战争计划问题。

△沙特阿拉伯决定停止出口所有种类的飞机燃料，以增加储备量，保证部署在海湾地区多国部队约2000架军用飞机用油的供应。

12月21日

△美国总统布什同英国首相梅杰重点讨论了目前的海湾局势，在涉及这场危机的所有问题上"取得圆满一致"。

△苏联驻波罗的海地区的军队代表向立陶宛、拉脱维亚和爱沙尼亚3国领导发出警告，如果军队的活动、生活和后勤受到影响，他们将立即接管一切供电、供水、供暖和其他保障生活的设施以及工程网络，并把它们置于武装保护之下。

△居住在巴格达的100多万市民参加了大规模疏散演习。

12月22日

△波兰新任总统瓦文萨在波兰国民大会上宣誓就职，根据波兰宪法规定，瓦文萨兼任波兰武装力量最高统帅。

12月23日

△据土耳其《自由报》报道，土耳其武装部队为对付可能爆发的海湾战争已经做好战斗准备。土耳其已沿土伊边境线部署了10余万兵力，同伊拉克8个师相抗衡。土耳其方面已决定关闭其与伊拉克的唯一边界通道——哈布尔海关。

△菲律宾国防部长菲德尔·拉莫斯在棉兰老接受1716名穆斯林分裂主义分子及他们的33名指挥官投诚。

△利比里亚交战3方在冈比亚首都班珠尔签署了寻求持久和平的6点合作声明。

12月24日

△南朝鲜总统卢泰愚要求美军在南朝鲜驻扎下去，目前驻扎在南朝鲜的美军为4.3万人。

12月25日

△南美国家苏里南武装部队宣布政变成功。这次政变是在前陆军司令鲍特瑟上校因与总统尚卡尔发生分歧辞职后发生的。

12月26日

△美国国务院下令所有非必要美国官员撤离约旦、也门、苏丹，并要求居住在巴林、阿联酋、卡塔尔、沙特阿拉伯东部省和毛里塔尼亚的美国居民离开这些国家和地区。

△苏联武装力量总参谋部官员布鲁京上将宣布，苏联已经完成从东欧及蒙古的第2阶段撤军计划。苏联目前在捷匈的驻军只留下10～20%的技术装备与兵器。

12月27日

△中国国务院总理李鹏在同科威特埃米尔贾比尔会谈时指出，中国主张和平解决海湾危机，是希望以尽可能小的代价促使伊拉克从科威特撤军。

△英国《独立报》报道，英国政府的大臣们决定部署新一代的战术核武器，以取代陈旧的核炸弹。

12月28日

△美国向海湾地区增派一支包括"罗斯福"号和"美利坚"号2艘航母、4艘巡洋舰、3艘护卫舰和5

艘补给舰的舰队。1.6万名水兵和海军陆战队队员随同前往。预计1991年1月15日前可以抵达海湾。

△伊拉克在它的本土试射了一枚地地导弹，这是伊拉克3天内第2次试射导弹。

△美国总统布什下令免除埃及拖欠美国的最后10亿美元的军事债务。这样埃及所欠美国的70亿美元的军火债务全部被免除。

12月29日

△英国武装部队国务大臣汉密尔顿警告伊拉克，如果它对以美英为首的多国部队使用生物化学武器，将遭到"大规模报复"。

12月31日

△中共中央军委副主席刘华清上将在北京人大会堂会见了巴基斯坦陆军参谋长阿斯拉姆·贝格上将一行，双方就进一步发展中巴两国、两军友好关系等问题进行了亲切的交谈。

△索马里政府军同反政府军武装在首都摩加迪沙发生激烈战斗。

特 辑

近几年世界国防费投入状况及其发展趋势

国防费主要是指国家用于军事目的的各项经费开支，其中，既包括直接军费，也包括间接军费，在某些情况下，还应包括公共安全和对外军事援助费用。国防费是国家安全的重要财力保障，决定着国防建设与武装力量建设的规模以及发展的进程，影响着国家的军事防御与民间防御。同时，国防费的变化也对世界军事政治形势与军事战略形势产生一定的影响。

国防费的结构比较复杂，各国使用的概念也不完全相同，因而其内容与范围有很大的差别。不少国家所公布的，仅是其中的某些部分，而不是国防费的全部。有些国家所公布的主要是直接军费，而不包括间接军费，或者只公布国防费用，而不公布公安费用。国防费的隐蔽部分尽管多少不同，但比较普遍。有些国家出于保密或其他原因，甚至不公布国防费用。另外，国防预算与国防支出不同，计划数与实际数也有差别。由于各国使用的货币不同，货币的比值又经常波动，加上价格计算与通货膨胀等方面的因素，使国防费统计起来十分复杂。不少国家的国防费如按当年货币计算，呈增长趋势，如按不变货币计算则呈持平或下降趋势。例如1990年美国的直接军费预算为3016亿美元，如按1985年不变美元计算，则只相当2499亿美元。有些国家按本国货币计算，国防费是增加的，如果换算成美元，则可能是下降的。例如，波兰公布的国防预算，1988年为5249亿兹罗提，1989年为9824亿兹罗提，比上年度增长87.2%，1990年为10083.4亿兹罗提，又比上年度增长12.8%，但换算为美元后，3年分别为12.19亿美元、6.82亿美元和7亿美元，又呈下降和维持趋势。同样，由于本国货币升值，换算成美元后，国防费又增长很多。近几年来，日本的国防费就是如此。

由于以上原因，目前对国外的国防费还难以做精确的统计，只能做概略的判断。

一、世界国防费总额基本保持稳定

近几年来，随着形势的发展和各国内外政策的调整，有些国家的国防费有所压缩，有些国家放慢了增长速度，有些国家维持既定水平，也有一些国家还在增加国防支出，个别国家甚至还在大幅度增加军费开支，发展极不平衡。特别是海湾危机与海湾战争发生之后，一些国家的国防支出有较大的调整。但就总体而言，增减相抵，世界国防费基本保持稳定状态，并稍有增长。

目前，世界国防费总额大体在11500亿美元左右，约占世界国民总产值的4.5%。其中，直接军费大约占90～95%，约10350～10950亿美元。

在世界国防费总额中，发达国家占居主要地位。其中，西方国家大约占一半以上，苏联东欧国家约占四分之一，发展中国家仅占四分之一左右。除美苏外，1990年度国防支出在300亿美元以上者，主要有英、法、德、日等国家；国防支出在100亿美元以上者，有意大利、沙特阿拉伯、伊拉克、南朝鲜、民主德国、加拿大等；军费在50亿美元以上者，有西班牙、芬兰、澳大利亚、瑞典、印度、伊朗、埃及、荷兰、以色列等；军费在30亿美元以上者，有希腊、瑞士、挪威、朝鲜民主主义人民共和国、南非、土耳其、捷克和斯洛伐克、比利时等。加上其他中小发达国家，国防费总额大约在2500亿美元左右。如果把隐蔽的各种军事支出都计算在内，有可能达到2800亿美元，约占世界国防支出的四分之一。

二、美苏压缩国防开支的步伐减慢

就国家而言，国防费最多的仍然是美国。1990年，美国的国防预算为3016亿美元，支出为2963.42亿美元。其中，由国防部掌握的军费预算为2913.69亿美元，支出为2867.91亿美元；能源部掌握的核武器研制费为96亿美元，支出为89.03亿美元；其余为联邦兵役管理局掌握的兵役费以及与国防有关的战略物资储备管理费等。就公布的数字而言，国防预算占美国国民总产值的5.2%，占政府财政支出的23.7%，占公共支出的13.9%。然而，如果加上国务院掌握的对外援助费（62.88亿美元）、国家宇航局掌握的军事宇航费、退伍军人委员会掌握的老兵优抚费（288.88亿美元），以及运输部掌握的海岸警卫队经费（34亿美元），则美国的国防费实际上已经超过3462.6亿美元。约占国民总产值的6%。由于经济不景气，又存在高赤字、高国债和高逆差，近期内，美国国防费难以大幅度增加，但也不可能大幅度削减，很可能在现有基础上浮动。从国会通过的1991～1995年国防预算看，国防部控制的直接军费总额有15867亿美元，比政府提出的15883亿美元仅少15亿美元，年均约3173.4亿美元。大体维持现有水平。尽管国会主张先砍后增，美国防部也准备在1996年削减四分之一的现役兵力，压缩某些计划项目，拉长一些计划项目的完成时间，并使某些大型装备提早退役、封存或转入预备役，以节省军费开支，然而，美国并没有放弃超级大国的地位，更不会轻易地降低自己的军力，只是改变维持军力的方式：现役在减少而一类预备役却在加强，而且一类预备役部队的经费由200多亿美元增至280亿美元。美国武装力量的基本结构并没有发生根本性的变化，现代化进程还在继续，战备程度也未放松。因此，尽管1991年度的军事预算有所压缩，但是其他方面的支出还在增加，例如，核武器研制费提高到104.01亿美元，对外军事援助费增至88.12亿美元，海岸警卫队费用增至38亿美元，老兵优抚费增至303.08亿美元，加上军事航天项目，国防实际支出仍在3500亿美元上下。海湾危机爆发后，美国军事支出显著增加。海湾一战，美军耗资约422亿美元，尽管其他国家支付了一大部分（338亿美元），美国本身也进行了一些战争投资，追加了军费，并免除了一些参战国的债务。因此原预算方案已经落空。1991年度实际支出有可能达到3600亿美元。

国防支出仅次于美国的是苏联。然而，多年来，苏联公布的数字一直很低，变化很小，与实际数相距甚远。1970～1984年，国防费每年都是170亿卢布，1985～1986年，每年为190亿卢布，1987～1988年每年为202亿卢布。苏联实行“公开化”方针后，官方对过去的数字作了否定，公布了新的数字，并提出两年内削减军费300亿卢布的计划。尽管如此，官方公布的数字与实际数仍有一定差距。1989年度，苏联宣布削减军费14%，国防预算为773亿卢布，占国民总产值的8%，占国民收入的12%。1990年度，军费预算为709.76亿卢布，占国民总产值的7.5%，占国民收入的11%，占财政支出的15%。另外，还有航天费70多亿卢布。新的数字虽然反映了军费支出的某些情况，但是仍然不能说明其国防支出的全部实际。连苏联一些人士也对此表示怀疑。从公布的1991年度国防预算看，也可以说明其不实之处。1991年度军方提出的国防预算为980亿卢布（通过数为960亿卢布），国家安全委员会费用49亿卢布（内含边防军费用22亿卢布），内务部队费用56亿卢布，对外军事援助费4亿卢布，合计1069亿卢布。产生这种情况，除了预算制度方面的原因之外，更多地是由于隐蔽在国民经济各部门的军事支出一时还难以截然分清，有些项目，如军用航天费、民防费、预备役费用、全苏支援陆海空军志愿协会费用、退伍军人优抚费，以及一些加盟共和国的安全费等，并未全部计算在内，而且在价格计算方面也存在不少问题。如果加上各种隐蔽项目，苏联实际国防支出可能为1991年度国防预算的1.25倍，约1350亿卢布，按原比值计算，大约为2160亿美元，相当于美国国防实际支出的60%。苏联裁军100万人，改革武装力量的结构，并陆续从国外撤退驻军，减少对外军事义务，最大限度减轻军事负担，然而在近期内，由于需要大量安置编余人员，处理多余的装备，撤退驻外部队，重新进行部署，进行某些军事制度的改革，加上国内外形势的发展与市场经济的发展，军工产品大幅度调价，国防支出一时很难大幅度压缩，而且，现有经费已难以维持。军方已不断提出这方面的忧虑与警告。

三、其他发达国家的国防开支多数呈增长趋势

（一）欧美发达国家和东欧国家

近年来，随着东西方关系的缓和与欧洲局势的变化，西方国家虽然也在调整战略，计划削减常规兵力，改变武装力量结构，降低了军费增长速度，但是为应付美军一旦撤退后可能出现的情况，增强自身的军力，很多措施都未实行，而且不少国家都是减人不减钱，国防费甚至还有所增加，以抵销通货膨胀带来的影响，维持现有军力，促进装备现代化进程。海湾危机与战争爆发后，不少国家都增加了军事开支。1990年度，英国的国防预算为334.05亿美元，按北约的限额为348.8亿美元，占其国民总产值的4%。1991年度为355.6亿美元，比上年度增长约6%。海湾战争中，英国耗资54亿美元，其中由他国资助的仅为22.3亿美元，因而被迫动用战略储备基金。法国情况与英国类似，1990年国防预算为330.03亿美元，1991年度增至335.3亿美元，海湾战争后，法国也增加了军事支出。两德统一前，民主德国的国防预算为118.6亿美元，在东欧国家中居首位。联邦德

国的国防预算为310.2亿美元，如果加上西柏林驻军费和盟军驻军费，实际支出远远超出350亿美元。两德统一后，民主德国人民军实行整编，并纳人国防军序列，国防军总兵力拟减至37.5万人（其中东部保留5万人），国防费也实行统筹。但在现阶段，要处理整编和外国驻军中的各种问题，军事支出一时还很难降低。为了在1994年能使苏军顺利撤出，联邦德国答应支付苏联有关补偿费280亿马克。海湾战争爆发后，德国又承诺支付多国部队战争费55亿美元。统一后的德国目前在军事上尽管比较慎重，姿态较低，但为巩固统一，消除外部疑虑，经济上尽可能满足各方面的要求，近期内军事支出还会加大，有可能突破400亿美元，超出英法，而居欧洲西方国家之首。意大利的国防预算1990年度为189.79亿美元(北约的计算为216.8亿美元)。1991年度，其国防费还在增加，近占国民总产值的2.4%。加拿大的国防预算1990年度为101.94亿美元，比上年度增加7.53%，而且还在增加，并有附加军事支出，1991年度有可能达到110亿美元。同样，在过去的一年里，北约其他国家国防预算也都有所增加、如，1990年度西班牙国防预算比上年度增加10亿美元，达到79.8亿美元，增长率为12.7%；荷兰增加了7.78亿美元，达74.66亿美元，增长率为11.63%；比利时增加了3.1亿美元，达28.9亿美元，增长率为12%；挪威增加了3.81亿美元，达33.51亿美元，增长率为12.8%；丹麦增加了2.7亿美元，达21.92亿美元，增长率为14.1%；希腊增加了6.2亿美元，达37.9亿美元，增长率为19.6%。只有葡萄牙维持在12亿美元的水平。这些国家多少也都有某些隐蔽项目，而且也都受海湾战争的影响，追加了一定数量的军事支出，1991年度的国防预算也多于上一年度。在欧洲的西方国家中，非北约成员国的国防预算也是这样，上年度均有增长。如瑞典增加了10.52亿美元，达55.12亿美元，增长率为23.6%；瑞士增加了5.9亿美元，增长率为18.5%；芬兰增加了1.8亿美元，达18亿美元，增长率为11.1%；奥地利增加了2亿美元，达16.1亿美元，增长率为14.2%。这表明，尽管欧洲形势出现缓和，但西方国家都没有放松军事，国防支出实际上都在增加，而且在1991年度仍呈增长趋势。只有东欧国家例外。1989年度普遍出现了削减现役兵力，改组部队和削减军事支出的浪潮。如保加利亚国防预算1988年度为24.65亿美元，1989年度减为23.34亿美元，1990年又减至22.08亿美元；波兰1988年为12.19亿美元，1989年减为6.82亿美元，1990年为7.7亿美元；匈牙利1988年为9.8亿美元，1989年减为7.7亿美元，1990年度又减为7.2亿美元，占国民总产值的4.3%；罗马尼亚减少幅度较小，由8亿多美元减至不到8亿美元，基本维持原有水平；南斯拉夫由20.8亿美元减至12.1亿美元，在国民总产值中的比重由原来的3.6%降至2.1%；阿尔巴尼亚仍维持在1.7亿美元左右。在东欧国家中，国防预算增长的只有捷克和斯洛伐克，1989年为29.4亿美元，1990年为32.24亿美元。此外，这些国家的国防支出，也都有不少隐蔽部分。连同原民主德国在内，国防费实际支出总计为200多亿美元。目前，东欧国家还没有从政治动荡中摆脱出来，社会不够安定，各种矛盾也都纷纷暴露出来，在政权更迭后，特别是华约解体和苏军陆续撤出之后，各国为增强自身防御能力和进行军事改革，裁减军事支出的浪潮已基本停止。有些国家为应付内战危机，按本国货币计，国防支出还在增加。然而，由于经济衰退，增长幅度非常有限。

（二）亚太发达国家

亚太地区的发达国家国防支出一直在增长。其中，日本国防预算的年增长率虽然已由6.5%降低下来，但绝对值增长并不小。1989年度日本的国防预算为39198亿日元（306亿美元），比上年度增加2195亿日元，增长率为6%，占国民总产值的1.006%，占财政支出的6.49%。1990年度又增至41593亿日元（330.1亿美元），占国民总产值的0.997%，占财政支出的6.28%，比上年度增加2395亿日元（19亿美元），增长率为6.1%，居世界第五位。如果加上海上保安厅费用、老兵优抚费、驻日美军补偿费，实际支出有可能超过英法而居世界第五位。海湾危机爆发后，日本允诺向多国部队资助90亿美元，并且在战争结束后，还派出扫雷舰队，因而军事支出还会更大一些。今后5年，日本每年将以3%的速度增加预算支出，5年内国防预算总额为22.76万亿日元（约1800亿美元），年均约360亿美元。其中，1991年度约42860亿日元（约340亿美元），1992年度约44146亿日元（约350亿美元），1993年度约45470亿日元（约360亿美元），1994年度约46825亿日元（约370亿美元），1995年度约48240亿日元（约380亿美元），每年平均增加10亿美元。另外，日本计划在今后5年内把对驻日美军的补偿费由过去的153亿美元增加到170亿美元，年均34亿美元。加上海上保安厅的费用与老兵优抚费，日本的年国防支出将很快突破400亿美元。到

1995年有可能突破450亿美元。如果发生类似海湾危机的事件，在此基础上，还会追加军事支出。应该指出的是，目前日本自卫队的实力并没有达到计划限额，也没有削减现役兵力的计划，因而不像欧洲那样减人不减钱，而是加人又加钱。国防支出的增加，不仅会加快日本武装力量现代化建设的进程，而且也是日本由经济大国向政治大国与军事大国过渡，承担更多军事义务的重要措施。

澳大利亚现役兵力仅6.81万人，其国防预算1990年度已达63.8亿美元，占其国民总产值的2.2%，也呈稳步增长趋势。今后几年内，尽管计划使国防支出在国民总产值中的比重稳定在2.3%的水平，但是随着国民经济的发展，国防预算的实际金额也将逐年增长。澳大利亚已宣布在整个90年代国防支出总额将达783亿美元，年均78.3亿美元，年平均增长2.3～3.3亿美元，增长率为3.7%。据此计算，1991年度为66.2亿美元，1995年度为76.5亿美元，2000年可达91.8亿美元。如果加上隐蔽的军事支出，数量还会更大。新西兰的情况与此类似，也呈稳步增长趋势。新西兰现役兵力仅万余人，1990年度的国防预算为8.4亿美元，占国民总产值的2.1%。如果与澳保持同步，年增加约3000～4000万美元，到1995年可能突破10亿美元。

四、发展中国家国防开支很不平衡，多数水平较低

发展中国家130多个，分布在亚非拉各洲，各种矛盾交错，情况比较复杂。尽管各国都有加强国防的强烈愿望，但是绝大多数国家军事基础较差，现役兵力虽然不少，但现代化程度较低，加之经济能力有限，很难进行必要的军事投资。发展中国家整个国防支出大约仅占世界国防费总额的四分之一，而且各国发展极不平衡，地区差别较大。

（一）产油富国或“热点”地区国家

在发展中国家中，国防支出较多的主要是一些产油富国、新兴工业国、地区性大国，以及热点地区的一些国家。

以石油生产国为例，1990年度沙特阿拉伯的国防预算为138.4亿美元，约占其国民总产值的16%。海湾危机爆发后，又追加了军事支出，并且为多国部队提供约120亿美元的战争费。战争结束后，沙特又与海湾其他国家一起，加强地区安全体系，国防支出显著增加。科威特的国防预算额为15.4亿美元，遭受入侵后，全军覆没，损失巨大。科利用在国外的存款，为多国部队支付约90亿美元。阿曼（13.85亿美元）、阿联酋（15.9亿美元）、巴林（4亿美元）、卡塔尔（3亿美元），在海湾危机后，军费都有增加。两伊战争结束后，伊拉克和伊朗的军事支出都保持着较高的水平。1990年，伊拉克的国防预算为133亿美元，约占其国民总产值的22%。在海湾战争中，伊拉克进行了全面动员和大规模军事调动，耗资巨大，并且受到广泛的经济封锁和沉重的军事打击，损失严重，也引起国内的动乱，军事支出已无法准确统计。战争结束后，其军事行动受到严重限制，军事支出减少，还面临着巨额的战争赔偿问题，经济恢复需要时间，军事费用一时难以恢复到原有水平。1990年，伊朗的国防预算为87.66亿美元，占其国民总产值的1.9%。海湾危机后，军事支出也有增加。除海湾国家外，西亚地区其他国家也都不同程度地介入这场战争，额外增加了军事负担。土耳其1990年度的国防预算为32.8亿美元，约占其国民总产值的4%。海湾危机发生后，土耳其加强土伊边境地区的军事活动，并且为多国部队提供了军事基地，军事支出显著增加。叙利亚1990年国防预算约26亿美元（占国民总产值的12%），由于参加了多国部队，介入海湾战争，实际军事支出也在增加。约旦、也门等国也受这次战争的影响。以色列的军事支出长期处于较高的水平，1990年，国防预算达63.2亿美元，约占其国民总产值的15%。海湾战争中以色列虽未参加多国部队的联合行动，但军队进入戒备状态，军事支出也有增加。在阿以矛盾没有彻底解决之前，以色列的军事支出仍将保持增长的势头。包括海湾国家在内的西亚地区，矛盾错综复杂，地区冲突接连不断，是战后以来最主要的“热点”地区之一，也是军火贸易的主要市场，军事支出相对较多，在第三世界占居首位。海湾一战，使这一地区的军事支出超过平时预算的一倍，达1100多亿美元，约占当前世界军事支出总额的10%。

（二）新兴工业国和地区

在发展中国家中，一些新兴工业国的国防支出也在不断增长。以南朝鲜为例，1987年的国防预算为49154亿元（59.8亿美元），1989年达到66380亿元（98.86亿美元），占国民总产值的4.73%，占财政支出的30%。1990年进而增至75185亿元（108.91亿美元），增长幅度为13.3%。此外，南朝鲜每年还要支付美国驻军的各种费用20多亿美元。随着经济的发展，南朝鲜的国防预算还在看涨。目前，南朝鲜正在积极推行“战斗力增长计划”，在1990～1995年期间，准备拨款240.3亿美元采购新装备，比上一个五

年拨款高出2倍。南朝鲜的军事支出大约相当朝鲜民主主义人民共和国国防支出（41.54亿美元）的3倍。中国的台湾地区，1990年军事预算也已增加到85.5亿美元。东盟国家正在向新兴工业国迈进，国防费也在不断增加。1990年，6国国防预算合计已达80亿美元，其中，泰国为20.4亿美元，约占国民总产值的3%；新加坡16.7亿美元，占国民总产值的5.8%；印度尼西亚为14.7亿美元（1989年为15.93亿美元），约占国民总产值的1.7%；菲律宾为10.52亿美元，约占国民总产值的2.3%；文莱为3亿多美元，约占国民总产值的10%。

（三）地区性军事强国

发展中国家的一些地区性军事强国，国防支出也呈增长趋势。以印度为例，在其“七五”计划期间（1985／1986～1989／1990）军费年平均增长率为15%，平均占国民总产值的3.74%，占财政支出的16%。1990／1991年度公布数字为1575亿卢比（约93.72亿美元），比上年度增长21%，占财政支出的16.7%。加上国防部本部的开支（31.521亿卢比）和军人退伍费（150亿卢比），实际支出达1756.521亿卢比（约104.5亿美元）。新近公布的1991／1992年度国防预算比上年度增加110亿卢比（5.77亿美元），达1680亿卢比，占其财政支出的13%。如果加上其他费用，实际支出有可能达到1870亿卢比，约110多亿美元，大约相当于巴基斯坦国防预算的3.6倍。1990年度，巴基斯坦的国防预算为28.9亿美元，约占其国民总产值的7.8%，目前可能已超过30亿美元。越南长期处于战争状态，南北统一后，又发动了侵柬战争，军费最高曾达50亿美元。1988年后，越南因外援减少、从柬埔寨部分撤军、经济不振等因素，已无力维持高额的军事支出，目前已降至13亿美元左右，约占其国民总产值的8%。如果越南在印支的政策不变，一旦走出经济低谷，军费还会增长。埃及是北非的一个大国，受中东局势的影响，其国防支出也保持在较高水平。1990年度埃及的国防预算为63.8亿美元，约占其国民总产值的6%。海湾危机期间，埃及参加了多国部队的军事行动，为此，国外免除了其所负的一些债务，也得到海湾国家的某些资助，但是埃及也增加了一些支出。南非长期推行种族主义，军事支出也保持在较高水平。1990年度国防预算为39.2亿美元，约占其国民总产值的4.1%。此外，中美洲的尼加拉瓜、西印度群岛的古巴、南美的巴西，都是本地区的一些重要国家，军事支出也相对大于周围的一些国家。

（四）其他不发达国家

发展中国家中还有大约40多个不发达的中小国家，军事支出数额很小，且处于维持水平。有些国家由于经济困难，甚至还在降低军事支出。

综上所述，就地区而言，欧洲目前还是军事支出最多的地区，国防费还在稳步增加，包括隐蔽部分在内，实际国防支出大约在4750亿美元以上，约占世界国防支出的41%；北美次之，也比较稳定，约3750多亿美元，约占世界国防支出的32.3%；西亚波动较大，受海湾战争影响也最大，约1300亿美元，占世界国防支出的11.5%；东亚和东南亚仍呈增长趋势，约900多亿美元，占世界国防支出的8%；南亚也在增长，约170多亿美元，占1.5%；南太平洋地区约100亿美元，占1%；非洲220多亿美元，占2%；拉美120多亿美元，约占1%；非洲拉美地区目前外债负担较大，增长幅度有限。

五、当前影响世界国防开支的几个主要因素

世界国防费的发展，既受世界军事政治形势与军事战略形势的影响，也受世界军事经济形势与军事科技形势的制约，同时也与各国的国情、国力有关。从近期情况看，世界国防支出仍在缓慢增长，但在世界国民总产值中的比重却在逐步降低，每年增长幅度大约300亿美元左右。促进国防支出增加的因素主要有以下几点：(1)东西方关系尽管出现缓和，但世界并不太平，很多基本矛盾并未根本解决，强权政治和霸权主义依然存在，地区仍在动荡，而且还有不少“热点”。(2)大战虽然发生的可能性不是很大，局部冲突的频率也在降低，但是局部战争仍然接连不断，海湾一战就是几百亿美元。(3)发达国家的军事基础比较雄厚，军事开支较大，尽管不断在进行裁军谈判，但是进展缓慢，达成的协议也极其有限，特别是一些主要的发达国家，国防发展的很多计划项目并未放弃，军事支出都没有明显的压缩。有些国家虽然放慢了军费增长的速度，但实际值仍在增加。有些国家虽然准备减少兵力，但并没有降低军事开支。(4)华约国家虽已解体，裁减了部分兵力，减少了某些装备，压缩了部分军事预算，但是并没有节省经费，相反，为了撤军，调整军事结构，重新部署兵力，安置退役人员，销毁多余装备、进行军事改革，近期内，都需要额外的军事开支，实际国防支出一时很难压低。(5)一些新兴工业国、石油生产国和地区性大国，以及“热点”地区的国家军事支出还在增加。不少发展中国家虽然经济上有困难，但为巩固国防，加强

战备，改变军事上的落后状况，也在尽最大的努力。海湾战争虽告一段落，但是也激发了一些国家加强军备的热情，刺激了世界军火贸易。(6) 高技术的发展给国防现代化建设与军备竞赛带来一些新的影响，也加重了经济上的负担，尽管一些国家的兵力兵器数量在减少，但是质量和技术装备水平却在提高，军事投资在加强，军事技术上的竞争很激烈。(7) 由于通货膨胀比较普遍，包括人事费、活动费、研制费、采购费、军事建筑费等在内的各项费用都在提高。尽管不少国家都在努力调整维持费与投资费的比例，促进国防现代化进程，但是为保障军队的稳定，维持正常的活动，维持费仍然居高不下，并且在不断增长。例如，日本维持一名军人的费用（不含装备研制、采购与军事建筑），1989 年为 7837844 日元（约 62200 美元），1990 年则增加到 8303378 日元（合 65900 美元），增长率为 6%。苏联要向志愿兵役制过渡，人事费也需大幅度地提高。(8) 公开的军事支出有所控制，隐蔽的军事支出则无法控制，为了缓解国防支出与非国防支出的矛盾，应付公众对高额军事支出的抵制情绪，不少国家都不把某些军事支出项目列在国防预算之内，而是隐蔽在国民经济的各个部门。有些国家所公布的军事开支只是政府的开支，而不包括地方政府的支出；有些只公布正规军事力量的开支，而不公布准军事力量的开支。由于保密，有些国家公布的数字并不真实，在对外军事贸易与军事援助方面，情况更是如此。

国防支出体现着各国的军事政策，也在一定程度上反映着当前世界军事形势发展状况。从世界国防支出情况及其发展趋势看，可以得到以下结论：形势在缓和，军事在发展。

两德统一及其军队整编

民主德国和联邦德国于 1990 年 10 月 3 日正式统一成为一个国家。这是战后 45 年来在欧洲发生的重大政治事件。这次德国的统一是通过和平谈判方式由民德加入联邦德国而实现的。统一后的国名叫德意志联邦共和国，简称为“德国”，除国名外，它的国旗、国徽、国歌、宪法、货币、军队名称也都沿用了统一前联邦德国的称谓，首都设在柏林。

一、两德统一的简要经过

第二次世界大战导致了德意志民族的分裂，战后形成了两个德国。两德要实现统一有 6 大问题需要在民德、联邦德国、美国、英国、法国、苏联 6 国之间进行协商解决。

这 6 个问题是“经济统一”问题、“政治统一”问题、“大选”问题、“边界”问题、“统一后德国军事联盟归属”问题以及“美、英、法、苏 4 大国权利和责任”问题。这 6 个问题中，前 3 个问题简称为“内部问题”，主要在两个德国之间进行磋商解决；后 3 个问题简称为“外部问题”，主要通过“2+4”会议（“2”指两个德国，“4”指美、英、法、苏 4 大国）谈判解决。在两个德国积极合作、美国的大力支持、苏联不断退让、英法默认下，以上 6 个问题迅速地得到解决，因此仅历时 10 个月两德就出人意料地实现了统一。

“内部问题”的解决（1989 年 11 月 9 日～1990 年 12 月 2 日）。第 1 个内部问题，是“经济统一”问题。1989 年 11 月 9 日，民德宣布开放边界，这意味着德国领土上两大阵营界线消失了。1989 年 11 月 17 日，民德提出两德建立“条约共同体”的建议。1989 年 11 月 28 日，联邦德国总理科尔提出了“有关德国统一问题的十点计划”。这两项倡议表明德国统一问题开始明朗化了。1990 年 2 月 1 日民德总理莫德罗在其实行两德统一的“四点”方案中，首先提出了建立两德经济、货币联盟的建议，这个建议远远超出了他提出的“条约共同体”构想。这标志着两德在统一问题上发生了转折性变化，这也表明德国统一问题提到了议事日程。1990 年 2 月 7 日，联邦德国内阁通过决议成立了以科尔为首的“德国统一”内阁委员会，专门研究与统一有关的问题，为统一作具体准备。1990 年 2 月 13 日，莫德罗在访问联邦德国时，双方商定成立一个专门委员会商讨两德建立货币联盟与经济共同体事宜。两国领导人就德国统一问题原则上达成了共识。1990 年 3 月 18 日，民德举行大选，大选中，主张两德统一的“德国联盟”出乎意料地获胜，这说明两德两种制度之间的问题变成了国内问题，这就大大加快了德国统一步伐。1990 年 4 月 24 日，联邦德国总理科尔和民德新总理德梅齐埃在波恩会晤，就 7 月 1 日正式建立货币、经济、社会联盟达成谅解。

1990年5月18日民德和联邦德国政府正式签署了两德之间"关于建立货币、经济和社会联盟"的第1个"国家条约"，简称为"经济统一"条约。在这一条约的"货币联盟"中规定，从1990年7月1日起用联邦德国马克取代民德马克作为民德的通用货币；在"经济联盟"款项中规定，在民德全面实行联邦德国的社会市场经济制度，并逐步适应欧共体的经济政策和目标；在"社会联盟"款项中规定，民德全面采纳联邦德国各项社会政策、劳动法规，按照联邦德国格式建立社会保障体制。该条约经两国议会批准后于1990年7月1日正式生效并付诸实施。这标志着两德经济走上了统一道路，为加速实现两德的政治统一铺平了道路。随着经济统一步伐加速，政治统一问题也提上了日程。这就是要解决的第2个问题。1990年4月19日，民德新总理德梅齐埃在其新政府施政纲领中明确表示，民德赞同按联邦德国"基本法"第23条规定同联邦德国尽快实现统一。民德的这种态度大大促进了联邦德国各党在政治统一问题上态度的转变。形势迅速朝着向尽快统一的方向发展，1990年8月31日，两德政府在柏林签订了关于两德统一的第2个"国家条约"，简称为"政治统一"条约。这一条约共9章45条。条约对两德实现政治统一涉及的政治、法律、财政、司法、科技和文化等各个领域以及涉外条约等各个方面都作出了规定。这一条约为民德加入联邦德国、为举行全德大选铺平了道路，也为德国最终实现全面统一奠定了法律基础。第3个要解决的问题，就是"关于大选"问题。随着以上两个问题的解决或明朗化，两德于1990年7月31日经协商后提出了举行大选的日期。1990年8月2日，两德在柏林签署了举行全德选举的第3个"国家条约"，简称"全德大选"条约。经两国议会批准后，1990年10月3日两德实现全国统一，并把这一天定为德国统一日和国庆日。1990年12月2日，全德举行统一后第1次大选，组成统一德国议会和政府，从而完成了德国全面统一。

"外部问题"的解决（1989年11月29日～1990年10月3日）。"外部问题"主要有3个：一是德波边界问题；二是统一后德国联盟归属问题；三是美英法苏4大国权利和责任问题。随着"内部问题"逐步解决，苏、美、英、法4国也改变了原先所持的立场，对两德统一步伐的加快表示理解并起了顺水推舟的作用。1989年11月29日，戈尔巴乔夫对到苏联访问的民德总理莫德罗说，"德国统一问题并非出乎预料，德国统一是毫无疑问的。"为两德统一开了绿灯。1990年2月10日联邦德国总理科尔为两德统一问题出访苏联，戈尔巴乔夫明确表示赞成德国统一，并表示如何实现统一，由德国人民自己来决定。在苏联态度改变后，美国的态度也发生了变化。布什政府也明确表示，德国的统一不仅是"现实的"而且是"可行的"。英法的立场也发生松动，英国首相撒切尔夫人表示"德国的统一看来不可避免"。在联邦德国总理科尔访美并向布什总统保证德国统一后将留在北约之后，1990年2月13日美国主动提出了德国统一的"2+4"方案。与此同时，苏联在北约与华约召开的外长会议上接受了美国的上述方案，正式表明了苏联赞同德国统一的立场。英国和法国在形势迅速发展的情况下，也不得不表示赞同。这样德国统一的"外部问题"会谈，被推上了议事日程。1990年5月5日，6国外长在波恩举行第1次"2+4"会议，主要讨论"外部问题"日程的安排。6国外长在各自阐述自己的原则立场之后，确认德国人民有自己决定自己命运的权利，并就"外部问题"的4项议程即边界问题、德国军事联盟归属问题、柏林问题、最终的国际法解决办法以及结束4大国的权利和责任问题取得了一致意见。与会者还表示要毫不迟疑、按部就班地解决德国统一问题。1990年6月22日，6国外长在民德首都柏林召开第2次"2+4"会议。会议主要讨论统一后德国军事联盟归属问题，会谈对此虽未取得突破性进展，但彼此立场有所接近，各方还就加速谈判进程，在1990年11月欧安会首脑会议前结束"2+4"谈判达成一致意见，以便届时把6国外长达成的有关全面解决德国问题协议提交欧安会首脑会议讨论。这就为进一步解决"外部问题"创造了条件。1990年7月17日，6国外长在巴黎举行第3次"2+4"会议，波兰外长应邀出席了此次会议。会议有两项议程，第1项议程是讨论德波边界问题。经过讨论，会议就维持目前德波边界现状问题达成了协议。协议主要内容是：两个德国保证在统一后要在可能短的时间内同波兰签订双边条约，确认德波现有边界；统一后的德国领土只包括目前的联邦德国、民德和柏林市；两德保证修改目前的联邦宪法排除扩大领土的可能性；统一后的德国对其他任何国家也不提出领土要求；4大国表示注意到了两个德国的诺言和确认德国的最后边界。第2项议程是继续讨论统一后德国军事联盟归属问题。由于会议前夕，即1990年7月14～16日，联邦德国总理科尔访问苏联，双方达成了一揽子交易，因而在7月17日召开的"2+4"会议上顺利地通过了统一后德国军事联盟归属问题。苏德一揽子协议主要内容是：德国从统一之日起享有充分主权，可以自由和独立地决定自己军事联盟归属问题；统一后德国的疆域包括目前的联邦德国、民德和柏林市；统一后德国武装力量最高限额为37万人，并不制造，拥有和支配核武器、化学武器和生物武器；德国统一后，苏联3～4年内从民德撤出全部驻军，并结束苏在德国的"权利和责任"；在苏军撤出前，北约军队不延伸到现在民德地区；在此期间，美、英、法军队仍留驻西柏林。对此，双方签署了《过渡条约》和《关于苏联驻留和撤出条约》。会上，联邦德国总理公开声明："德国将同波兰签订边界条约；不向苏联提出曾属于德国的哥尼斯堡（即加里宁格勒）的领土问题；统一后的德国将"成为北约的成员国"；德国除已宣布的向苏联提供由政府担保的50亿马克银行贷款外，还同意为驻民主德国苏军的驻留、撤回、回国安置和转业培训提供120亿马克的补偿费和30亿马克的无息贷款。1990年9月12日，6国外长在莫斯科举行了"2+4"第4次会议，也是最后一次外长会议。会议经过反复争论后，签署了《关于最终解决德国问题的条约》。该条约共十条，对德国统一后的边界、德国军队数量、苏联从德国撤军问题以及美、英、法、苏4大国结束在德国的"权利和责任"问题都作了明确规定。1990年10月2日，美、苏、英、法和两德外长签署宣言，宣布结束4大国在柏林和德国的"权利和责任"，1990年10月3日两德宣布统一，德国拥有了完全的主权。至此，"外部问题"的3个问题全部得到了最终解决。对此，美国国务卿评价说，"条约的签署表明长达45年的一段历程结束了"。苏联称此为"世界历史上具有重大意义的重要事件"，标志着"冷战"时代已成为过去。民德总理德梅齐埃说，"这个条约标志着冷战时代的结束。它是战后欧洲签订的最重要条约中的一个"。联邦德国外长根舍说，"这项条约不仅是德国的历史而且是整个欧洲历史的新的一章。"

二、统一后的军队整编

两德统一后，德国军队名称仍沿用原联邦德国军队的称谓，即"联邦国防军"。目前，德军正在根据有关规定对其国防体制及三军部队实施精简整编。

（一）整编政策与原则

这次德军整编将根据《关于最终解决德国问题的条约》、《欧洲常规武装力量条约》以及德国《陆军2000年结构计划》，在联邦国防部总监察长统一领导下进行。这次整编按先合并后裁减的原则实施，预计1994年底前完成。其整编政策与原则是：

1、在和平时期，三军总兵力最高限额为37万人。到1994年底，联邦国防军将由原联邦德国国防军32万人和民德人民军5万人组成。联邦国防部及联邦国防军包括师一级在内的高级军官职务将分配给原联邦德国军官担任，原民主德国人民军将级军官除留2名担任文职顾问外，其余全部退休；营团以下的指挥官职位由原两德军官混合组成。

2、联邦国防军仍坚持陆、海、空三军体制，以陆军为主，空军次之，海军力量最小。具体来说，在37万人中，陆军定额为25.4万人，占总兵力68.6%；空军定额为8.38万人，占总兵力22.7%；海军定额为3.22万人，占总兵力8.7%。

3、联邦国防军将使用统一的制式武器装备，即使用原联邦德国或西方武器装备，但不装备核武器、化学武器以及生物武器。原民德的武器装备除暂留1个米格-29型机大队服役外，其余将逐步销毁。

4、新的国防军将根据新的任务要求编组部队。目前正在进行试验，计划组成三支承担不同任务的武装力量。第一支力量称为"本土防御部队"，由本土野战部队和本土三军防御部队组成，主要用于保护本国的领土、领空、领海主权；第二支力量称为"战时动员部队"，平时它是一支架子部队，战时进行动员扩编，主要用来处理发生的危急事件，保持国家的边界安全；第三支力量称为"快速反应部队"，这是一支机动部队，平时战备程度较高，满员率达90%以上，主要用来"参加联合国维护与重建和平的行动"或"多国部队组织的活动"。

5、统一后的德军中原联邦德国部分将继续留在北大西洋公约组织之内，1994年底之前，原民德部分将不归属于任何军事联盟，它只对德国议会负责；其后，在联邦国防军中除本土陆军防御部队外，其余的均负有执行北约组织任务的责任，而在战时这支部队将拨归北约指挥。

（二）整编的主要方法

两德统一前夕，联邦德国国防军总兵力为49.5万人，民德人民军为13.5万人，合计总兵力为63万人。根据德国统一条约等有关规定，德国国防军总兵力在1994年底前必须裁减至37万人。目前，军方当局已据此精神制订了一个分阶段裁减人员、机构与装备的计划。

1、分阶段裁减人员

第一步，至1992年三军总兵力由63万人减至45万人，共减少18万人；第二步，至1993年约减至39万人，共减少6万人；第三步，至1994年底以前，减至37万人，共减少2万人。为了保证裁军计划的顺利完成，德军规定从1991年起士兵服役期将由现行的15个月减至12个月。

2、大力精简军事单位

根据德国统一后裁减军备计划和整编民德人民军的设想，德国防部决定从1990年10月3日起，至1994年底，大力精简军事机构和部队编制。计划1991年撤销西部地区的36个坦克和装甲营。此后还将撤销约64个营级单位。至1994年底，西部地区陆军将由现在的34.5万人减至21.46万人；其中，陆军师将由现在的12个减至8个；海军将由现在的3.9万人减至3.02万人；空军将由现在的11.1万人减至7.52万人。东部地区在1990年10月底以前已撤销60个单位，计划1991年底前还将解散1500个军事单位，军事设施已撤销109个，以后几年还将撤销400余个。届时，东部地区陆军将由现在的8.9万人减至3.94万人，其中陆军师将由现在的6个师缩编成6个旅，2个集团军部将撤销；海军将由现在的1.6万人减至2000人，大部分单位将被撤销；空军将由现在的3万人减至8600人，空军师由2个减为1个，其他单位大部分也将撤销。至1994年底，德国将全部完成精简任务。

3、逐步裁减部队装备

根据上述裁军计划，三军武器装备亦计划在今后4年内进行大规模削减。其中，坦克将由7283辆减至4166辆，共减少42.6%；装甲车将由8322辆减至3446辆，共减少58.3%；各种火炮由4690门减至2705门，共减少42.3%；作战飞机将由1204架减至900架，共减少24.4%；武装直升机将由471架减至306架，共减少32.9%。另外，各型舰艇计划在今后10年内由180艘减至100艘，共减少44.5%。

（三）整编后的主要变化

在精简整编的同时，德国政府将对三军种体制亦进行调整。从目前的设想及整编情况看，国防体制中统帅部体制变化不大，联邦总理仍是武装力量的最高统帅；联邦安全委员会仍是最高军事决策机构，国防部仍是全军最高指挥机构，总监察长仍负责联邦国防军的组织、建设和战备以及协调三军指挥参谋部的工作；联邦总理仍通过国防部和陆、海、空三军指挥参谋部对其武装力量实施领导与指挥，但是三军种指挥体制及部队编制则发生了较大的变化。

1、陆军体制 陆军最高指挥机构为陆军指挥参谋部，主要负责野战陆军和本土陆军司令部的行政与作战指挥。陆军将编有3个军、8个师、30个旅和北部、南部、东部3个陆军司令部。其中，北部本土陆军司令部由原联邦德国北部本土陆军司令部和石荷州本土陆军司令部合并而成；南部本土陆军司令部由原联邦德国南部本土陆军司令部等单位合并而成；东部本土陆军司令部由原民德人民军国防部及陆军司令部为基础改组而成，司令部设在波茨坦。为了提高部队的快速反应能力，在野战陆军师的建制中，计划抽出3个装甲、摩托步兵旅、2个空降旅和1个山地步兵旅组成1支快速反应部队。为了提高部队战时动员能力，还计划在野战陆军旅的建制中，抽出7个装甲营和6个步兵营组成1支架子部队，又称“战时动员部队”。该部队负有双重作战任务，它既是旅的组成部分，又是架子部队的组成部分。经过上述整编后，陆军总兵力减为25.4万人，其中，西部地区陆军为21.46万人，占总数的84.5%，东部地区陆军为3.94万人，占总数的15.5%。

2、海军体制 海军最高指挥机构为海军指挥参谋部。该部将设舰队司令部及海军支援司令部等单位。其中，舰队司令部由原联邦德国舰队司令部和原民德3个区舰队司令部改编而成，主要负责对海军作战部队的指挥。该司令部下辖若干舰、机兵种司令部。海军支援司令部由原联邦德国海军支援司令部和原民德区舰队司令部所属支援单位改编而成，主要负责后勤支援保障工作，下设2～3个地区性海军司令部。其中，东部海军军区司令部设在罗斯托克，而瓦尔内明德和佩纳明德两基地则将作为东部地区海军基地。经上述调整后，海军总兵力减为3.22万人，其中，西部地区海军为3.02万人，东部地区海军为2000人；海军舰艇在今后10年内将由现在的180艘减至100艘，包括驱逐舰、护卫舰、潜水艇、导弹快艇以及扫雷舰等。

3、空军体制 空军最高指挥机构为空军指挥参谋部。该部下设航空队司令部和空军支援司令部等单位。其中，航空队司令部以原联邦德国空军航空司令部为主组成，下辖5个空军师。这5个师由原联邦德国4个空军师和原民德2个空军师改编而成，其中第5师司令部设在埃格斯多夫。空军支援司令部由原民德防空军司令部和原联邦德国空军支援司令部合并而成，主要负责后勤支援保障工作。该部下设北部、南部、东部3个空军支援群司令部。经过上述调整后，空军总兵力减为8.38万人，其中，西部地区空军为7.52万人，东部地区空军为8600人。

此次整编是两德统一之后进行的第一次整编。经过此次整编，德军的机构、人员、装备、基地以及设施等方面虽均明显减少，但其战争潜力不可低估，这主要表现在：

1、从经济上看，德国国民生产总值达到1.5万亿美元，居西方世界第三位；债权额1988年达2060亿美元，是世界金融强国，居世界第二位；对外贸易名列世界前茅，是欧洲贸易强国；工业生产能力占欧洲国家的50%左右。由此可见，德国已超过英法两国而成为欧洲的经济大国，在全球范围内，也能与美日经济大国相抗衡。这种优厚的经济基础，无疑为发展军事奠定了雄厚的物质基础。

2、从军工生产能力看，目前，德国共有1000多家公司生产武器和军用设备。在这些公司中大约有30万人从事国防技术产品生产。德国国防军现在所使用的武器装备约90%是由本国提供的。现在它能生产的武器装备有：(1) 飞机。能够生产与英国、意大利联合研制的“狂风”式多用途战斗机，能够仿造美国的F-104型战斗机和意大利的G-91型战斗机。(2) 舰艇。能够生产3340～3370吨驱逐舰，2090～3500吨护卫舰；419～456吨潜水艇；234～391吨导弹快艇；205～388吨扫雷艇。(3) 陆军武器。能够生产“豹-Ⅰ”、“豹-Ⅱ”型主战坦克、“维塞尔”微型坦克；“米兰”和“霍特”式反坦克导弹；“罗兰”防空导弹；“猎豹”式双管防空装甲车；“獾”式多功能工兵装甲车等。此外，据说德国已成为一个潜在的核国家。目前，它拥有各种反应堆30多座，能在6～9个月内制造出钚弹。

3、从军事技术水平看，它目前生产的很多武器均属于世界先进行列。如“狂风”式多用途战斗机是西欧国家主要机种之一；“豹-Ⅱ”式主战坦克性能已超过美国，居世界前列；“米兰”和“霍特”型反坦克导弹已销往世界30多个国家；常规舰艇和潜水艇性能也很优良，已出口世界很多国家，据称，目前德国已具备生产大吨位舰艇、重型轰炸机以及中、远程导弹的能力。

4、从后备役部队数量看，德国拥有充足的后备役部队，目前大致分三大类：第一类后备役部队约20～30万人，可在接到命令后3天内人列服役；第二类后备役部队约有70～100万人，可在接到命令后2周内应征入伍；第三类后备役部队约100万以上，进行动员后，可在1个月左右充实到部队中去。这样，庞大的后备力量为今后进一步扩军奠定了兵员基础。

三、对两德统一的反应及看法

两德实现统一不仅是欧洲历史发展的重大政治事件，也是战后世界范围内发生的重大政治事件，. 引起了各国的关注，各国领导人和报刊纷纷发表讲话或发表文章，评论德国的统一。

(一) 两德统一将对欧洲格局产生重大影响。 美、英、法等国认为德国统一至少产生以下重大影响。(1) 统一后的德国将变成欧洲的“超级大国”。英国《星期日泰晤士报》发表文章说，拥有大约7800万人的“第四德意志帝国”将暂时取代离我们最近的超级大国——“正在分裂的苏联”。90年代，德国将成为一个“取得很大成功的超级大国”。美国《新闻周刊》载文称，“德国将成为一个比它的两个部分相加之和还要强大的国家。本世纪结束时和它开始时一样，将会有一个德意志超级大国在欧洲大陆上出现。”(2) 两德统一将打破欧洲的“平衡”与“均势”。英国前首相撒切尔夫人对记者说，“我们必须适应这种设想，在欧洲将会出现一个比其他所有国家都要强盛的国家。德国人有巨大的贸易顺差，他们的经济效率很高，这将改变均势”。法国前军备总代表亨利·马特尔对记者说，“德国的统一正在动摇我们在其中已生活了40多年的欧洲平衡”。美国《新闻周刊》发表文章称，“德国重新统一将打破战后微妙的力量平衡，这一平衡使和平维持了两代人之久，并使西欧人达到了有可能实现经济和政治完全一体化的地步。”意大利《信使报》也著文称，“德国重新统一，势必改变欧洲力量的均势”。(3) 两德统一意味着战后秩序的“崩溃”，两大军事集团可能“解散”。奥地利《信使报》发表文章说，“德国的统一将意味着战后秩序的最终崩溃，军事联盟的消除和德国回到世界政治之中。”美国前国务卿基辛格在《巴尔的摩太阳报》发表文章称，“无论德国朝着哪个方向发展，以北大西洋条约组织和华沙条约组织为基础的这种现行安全安排都将受到损害。在苏联驻中欧的政治力量和军事力量崩溃的同时，西方民主国家对军事威胁的担心正在逐渐减弱。因此，现行的这种安排将不能维持下去。”法国《发展论坛报》评论说，“重新统一两个德国等于是从民德撤走苏联部署在那里的38万军队、1000架飞机和6500辆坦克。”“重新统一两个德国也等于要求美国撤出联邦德国，从撤军到逐步解散两个联盟，中间只隔着许多战略家从今天就可以跨越的一步。”(4) 欧洲的政治格局将发生根本性和转折性变化，一种“新秩序”将在欧洲诞生。联邦德国总理科尔在欧安会欧洲经济合作会议上发表讲话说，“现在，我们正处在历史性转折之中。我们这一代欧洲人有建立新秩序的千载难逢的机会。”法国《巴黎龙报》发表评论说，“随着德国的统一，原有的历时40多年的东西方对峙和竞争的局面将不复存在，欧洲的政治格局将出现根本性和转折性变化。原来的东西方两极将被德国、苏联和欧共体三角关系取代。统一的德国、苏联和欧共体将成为欧洲的三大核心。德国在未来欧洲世界中的作用将举足轻重。”“美国人有强大的经济、军事力量，但它无法决定欧洲的局势，欧洲的未来将由欧洲人自己来决定。”法新社评论说，“在这个大欧洲中，德国无论从地缘政治还是从经济上来说，都会占据中心位置。”

（二）两德统一将对欧共体产生重大双重影响。美、英、法等国认为两德统一将对欧共体发展产生双重重大影响。(1) 从近期看，两德统一虽然会“加速”欧洲联合，但短期内，欧洲统一大市场建设和货币联盟会受到一定影响。西班牙首相冈萨雷斯在接受记者采访时说，“两个德意志国家的联合将会加速欧洲的联合进程。我指的不仅是下一个目标，即建立经济和货币联盟，而且还有欧洲的政治联合。”美国《商业日报》发表文章称，“德国统一将会使欧洲共同体到1992年底建立一个统一市场的计划延迟实施，包括共同体的欧洲货币统一计划。”美国《新闻周刊》认为，“欧洲货币联盟将比以往任何时候都更多地受到非常强大的德国马克的支配。” (2) 从长期来看，两德统一将使德国经济得到大发展，成为一个“经济大国”，在欧共体内将居“支配地位”，这将“加速”欧洲的联合进程，使一个西欧共同体变成一个“全欧共同体”。瑞士《瑞士报》发表文章说，“两德统一将引起投资和需求的大发展，从而导致德国经济的大发展。”英国前外交大臣彼得·卡林顿发表文章称，“在欧共体看来，一个统一的德国将是一个经济大国。联邦德国的技术和工业力量加上民德的大量年轻劳动力将构成一支令人生畏的经济力量。”英国前首相撒切尔夫人在接受采访时说，“如果让这么大的一个德国加入目前的欧共体，那它就会居于支配地位。”芬兰政界著名人士马克斯·雅格布松发表文章称，“统一后的德国将把欧共体推向前进，它将从一个西欧共同体变成一个全欧共同体。”

（三）两德统一也将对世界形势与格局产生重大影响。美、日等国认为，“一个经济上强大的统一的德国比起军事上强大的统一的德国更具有威胁性。”美国马里兰大学教授、美国德国专家凯瑟琳夫人发表演讲说，德国统一，将加快欧洲裁军谈判进程，由此而来欧洲军事战略格局将发生重要变化，并由此影响到美国世界军事战略部署，从而也影响到全球的战略格局。东京银行常任参议真野辉彦发表文章说，两德统一后，两德人口合到一起为7800万,其国民经济将远远超过英国、法国。如果再进一步，把波兰和匈牙利等国也拉入自由经济圈，那么将给整个欧洲和世界带来巨大影响。由于德国统一，世界格局将发生变化。日本评论家谷川庆太郎评论称，德国统一后国民生产总值接近15000亿美元，工业生产占整个欧洲的50%，而且拥有世界最强的通货之一——联邦德国马克。所以，恢复独立的统一德国将由战败国一跃而成为世界强国。对世界形势与格局，将产生重大影响。

南朝鲜军事力量发展情况综述

80年代以来，南朝鲜当局以苏联和民主朝鲜“威胁”以及美军从南朝鲜撤军为由，以推行“自主国防”战略为目标，不断地发展军事力量。

一、近10年来三军军事力量发展情况

80年代以来，南朝鲜三军在“质为主，量为辅”建军原则指导下，大力发展军事力量，陆军建设重点是增强陆军师的质量和数量，加强坦克与反坦克、装甲与反装甲作战能力，提高炮兵火力，提高在陆上独立对付对手的攻防能力；海军建设重点是增加中小型舰艇，增强海上攻防能力，提高反潜、抗登陆、扫布雷能力，提高从海上独立对付对手的攻防能力；空军建设重点是装备新型战斗机，增强防空作战能力，提高从空中独立对付对手的攻防能力。与1980年相比，迄1991年3月底，南朝鲜三军数量和质量都有一定的发展，特别是在质量上有了惊人的提高。(1) 从三军人员数量看，总兵力由600600人增至650000人，共增加8.2%。其中陆军由520000人增至550000人，增加5.7%；海军由48000人增至60000人，增加25%；空军由32600人增至40000人，增加22.7%；(2) 从三军兵器数量看，总兵器量由9665件增至14629件，共增加51%。其中各型坦克由860辆增至1560辆，增加81%；各型装甲车

由570辆增至1750辆，增加2倍；各型火炮由7398门增至9540门，增加29%；地地、地空导弹由125枚增至540枚，增加3.3倍；各型舰船由104艘增至200余艘，约增加92%，其总吨位由9万吨增至10万吨，增加1.1%；各型飞机由608架增至1039架，增加70%；(3) 从编制情况看，陆军新建立3个集团军司令部、2个军司令部、1个机械化师、1个装甲旅，使建制单位增至3个集团军司令部、7个军司令部、2个机械化师、19个步兵师、3个装甲旅、7个特种作战旅。每个师新成立1个航空队，每个师的步兵营由9个扩编为12个；师属坦克连扩编为坦克营，每个师均组建了反坦克导弹连，装备了"陶"式和"龙"式反坦克导弹，组建了"火神"高炮连，使陆军具备了可越过三八线进行作战的能力。海军新建立3个舰队司令部、1个陆战师、2个反潜机中队，装备了"韩国"型驱逐舰、导弹快艇、扫雷舰等6种新型舰艇，使海军建制单位增至3个作战舰队、2个陆战师、1个陆战旅，以及2个反潜机中队，由近岸型部队发展为远岸型部队。空军新建立了3个新型战斗机大队，使空军建制单位增至7个战斗机飞行团、25个各型机飞行队、2个运输机飞行团。由于上述部队入列，空军已具有远岸作战能力；(4) 从武器装备质量看，陆海空三军有一批70、80年代生产的现代化新型武器装备入列服役，其中陆军有200辆88型坦克，240门155毫米以上大口径火炮，300枚"红眼睛"、"毒刺"等3种不同型号的地空导弹，306枚"陶"式和"龙"式反坦克导弹，396架AH-IS、UH-IH／IB、500MD等型直升机；海军有11艘驱逐舰及护卫舰、33艘导弹快艇、3艘KSS-1小型潜水艇、31艘登陆舰艇、62架反潜机及反潜直升机；空军有48架F-16型战斗机、23架A-37特种作战飞机。总之，由于上述兵器装备的入列，部队五大作战能力有了明显提高，其中海、空军部队正在由近岸型部队发展成为远岸型部队。

二、近10年来三军军事力量发展特点

80年代以来，随着经济、科技发展，南朝鲜三军建设也进入了一个新的阶段，重点是加强了"自主国防"战略建设，并且已经取得了明显的成效，主要表现在：

(一) 建立了独立的国防指挥体制。南朝鲜当局根据"自主国防"战略要求，经过多年酝酿于1990年下半年对其国防指挥体制进行了大规模调整，并从1990年10月1日开始实行新的国防指挥体制。在新的国防指挥体制中，总统是武装力量最高统帅；国家安全保障会议是武装力量的最高决策机构；国防部是总统统率武装力量的最高指挥机构，主要负责制定国防政策和军队建设规划，其部长全权掌管武装力量的指挥、控制大权；参谋长联席会议负责对陆、海、空三军部队作战指挥，是三军最高作战指挥机构；陆、海、空三军本部分别负责对本军种所属部队的行政指挥，主要负责行政、后勤等项工作。据南朝鲜军方称，参谋长联席会议下设战略企划、作战、情报、支援等4个部，秘书、民事心理战、战备态势检查、指挥控制通信等4个室，这些单位分别负责参谋长联席会议职权范围内各项具体工作事宜。这次调整是朝鲜战争停战以来进行的最大一次调整，南朝鲜国防部官员自称此次调整为"第二次建军"，通过调整将目前陆、海、空三军3个独立指挥系统合并为一个指挥系统，其战略意义十分深远。具体来说有三，一是提高了独立指挥作战能力，为从美军手中收回作战指挥权作好了准备。朝鲜战争停战以来，南朝鲜军队作战指挥权一直掌握在驻南朝鲜美军司令手中，南朝鲜本身没有一个独立的作战指挥机构。通过此次调整，南朝鲜首次有了一个独立的作战指挥机构，这就为解散"美韩联合部队司令部"和"美韩野战集团军司令部"作好了组织上的准备；同时，也为逐步从美军手中收回作战指挥权奠定了基础。二是加强了最高统帅部对三军部队集中统一指挥，实现了一元化领导。朝鲜战争停战后，南朝鲜一直实行陆、海、空三军并立体制，现改为三军联合体制，即统一归参谋长联席会议指挥。这就解决了以往最高统帅部权力过于分散，各军种权力又过于集中的弊病，也解决了三军组织机构职能重叠，国防资源管理混乱的局面。经调整后，最高统帅部可通过参谋长联席会议对所属部队实施作战指挥，可通过陆、海、空三军本部对所属部队实施行政领导。因而，加强了对三军集中统一指挥。三是提高了三军联合作战能力。朝鲜战争停战后，南朝鲜三军一直实行三军并立体制，各自为政现象非常严重，这次调整将并立体制改为联合体制，有利于三军协同作战，提高了海空军在三军中地位，适应了现代化战争需要。

(二) 建立了独立的武器打击系统。南朝鲜三军独立武器打击系统是在70年代基础上逐步建立起来的。目前，这个系统由4大部分组成。第1部分为自动化战术防空系统。目前，它由雷达、战斗机、导弹和高炮4类武器组成。第1类为雷达警戒系统，由空军10多个地面监视雷达站和海军10余个海岸监视雷达站联合组成，探测距离为400公里，可探测朝

鲜北方大部分地区、中国黄海地区以及日本海部分地区。第2类为远程拦截系统，由F-5型战斗机、F-4型战斗机、F-16型战斗机组成，其拦截范围为290～1200公里。第3类为中、近程拦截系统，由5种地空导弹和一种高炮组成，其拦截范围分别为150米～140000米，其中"奈基"Ⅱ和"霍克"两种地空导弹主要拦截中空中程目标，射高为30公里以下，射程为5～140公里；"红眼睛"和"小槲树"两种地空导弹主要拦截低空近程目标，射高为150～2000米，射程为3600至4000米；"毒刺"地空导弹主要拦截低空近程快速目标，射高为1500米，射程为4800米；高炮部队由20毫米6管"火神"自行火炮组成，主要拦截低空目标，射程为6400米。第2部分为导弹、飞机、火炮三结合地面攻防系统。攻击系统部分由M-48A3、M-48A5、"韩国"式坦克和"诚实约翰"火箭、"长矛"战术导弹、"白熊"战术导弹组成，导弹的射程为25～100公里；防御系统部分由导弹、直升机和火炮组成，其中"龙"式和"陶"式反坦克导弹射程为460米～3000米，500MD直升机载有"陶"式反坦克导弹，具有空中机动打击能力，最大射程为3750米，反坦克火炮主要有：106毫米无坐力炮、90毫米无坐力炮、88.9毫米火箭筒，最大射程为7680米。第3部分为水面、水下、空中近岸防御系统。目前，这个系统中，水面系统由驱逐舰、护卫舰、猎潜舰、摩托炮艇等舰艇组成，主要载有鱼雷、反潜火箭、"鱼叉"舰舰导弹、"标准"舰空导弹等，射程为24～113公里；水下系统由小型潜水艇组成，载有鱼雷；空中系统由S-2型反潜巡逻机、ALF-3反潜直升机等组成，机上载有"海燕"导弹、鱼雷、深水炸弹等武器。第4部分为远岸作战系统。南朝鲜海军1986年初根据"攻势防御"战略要求组建了3支远岸型作战舰队，构成远岸型作战系统。该系统由驱逐舰、护卫舰、导弹快艇、摩托炮艇等舰艇组成，主要执行区域性攻防任务及机动作战支援任务。

（三）建立了独立的武器装备生产系统。南朝鲜当局从1974年开始着手建立独立的武器装备生产系统。它经历了一个从无到有，从小到大的建设过程。经过18年的努力，目前，南朝鲜已在东南沿海地区建立了军备生产基地，逐步形成了一个较为完整的武器装备生产系统。南朝鲜人士称，当前，南朝鲜军工生产发展原则是"引进与研制并重"，两者相比又以研制为重点。南朝鲜加快武器装备国产化的目的有三：一是为了建立与"自主国防"战略相适应的武器装备生产系统；二是为了改变在武器装备上过于依赖美国的局面，也是为美军撤出作准备；三是为了消除与朝鲜北方的军事力量差距。1990年底以前，南朝鲜的武器装备系统由3部分组成。第1部分为基本火器生产系统。该系统建立于70年代后半期。现在可以批量生产的主要武器装备有：M-16型自动步枪，轻重两用机枪，105毫米榴弹炮，155毫米榴弹炮，20毫米6管"火神"高炮，M-48A3、M-48A5型中型坦克，500MD直升机，"白熊"地地战术导弹，导弹快艇，摩托炮艇以及弹药等。第2部分为大型武器生产系统。该系统虽组建于80年代但发展非常迅速，取得了令人瞩目的成就。目前，可以生产的武器装备有105毫米牵引炮、155毫米自行火炮、多联装火箭炮、"韩国"88型坦克、K-1型坦克、"韩国"式装甲车、"韩国"式驱逐舰、护卫舰、巡逻艇、小型潜水艇以及F-5F"制空"战斗机等。总之，南朝鲜军队所拥有的主要武器装备几乎都是在此期间发展起来的。这一系统的建立不仅从质量上弥补了数量上的劣势，而且有些武器装备摆脱了依赖美国的情况。第3部分为高精度武器生产系统。南朝鲜当局计划在2000年前建立起该系统，实现武器装备现代化和国产化目标。该系统建成后，南朝鲜将可生产除核武器以外的所有的高精度电子技术武器。

三、今后10年三军发展计划构想

为了适应美军撤军新形势，南朝鲜当局决定进一步加快"自主国防"战略建设步伐。这一战略目标是"国防自主化，军队先进化，军事科学化，武器装备国产化"。为达此目的，南朝鲜总统卢泰愚、前国防部长官李相重相继都发表了讲话。在讲话中，卢泰愚强调指出，"美国部队在这里仅仅是帮助我们"，"韩国必须发展自己的防务系统"，"我们必须实现我国的防务'韩国化'，以便为美国最终从这里撤出做好准备"；李相重反复指出，"我们必须继续加强军队建设，如果把目前加强军队建设工作继续下去，到2000年时，我们就可以建立起全面的独立的防务系统"。为了建设全面的独立的防务系统，南朝鲜当局拟采取以下重要措施：

（一）大力增加防务开支。80年代以来，南朝鲜防务开支一直固定在占国民生产总值的6%，年增长率为8～9%，平均每年防务费为50亿美元。随着美军逐步撤出，南朝鲜当局计划在今后数年大力增加防务开支，使防务费达到占国民生产总值7%左右，年平均防务费达到80亿美元以上。

与此同时，还计划大力增加研究与发展费用。80年代南朝鲜用于研究与发展费用只占防务预算的

1.5%，计划90年代增加到占防务预算的3%，2000年时，增加到占防务预算的7%。南朝鲜当局明确指出，增加这些费用主要用来发展下一代新型武器，加强武器装备现代化建设。

（二）大力增强海、空军力量。南朝鲜当局计划在90年代中在加快三军建设的同时，把海、空军力量建设放在优先地位，海军建设目标是大型化、高速化、导弹化；空军建设目标是序列化、电子化、导弹化，进一步提高海、空军区域作战能力，提高海、空军中远程作战能力，为21世纪进一步发展远洋海、空军力量奠定基础。其中，海军计划在今后10年内建设10艘大型驱逐舰、9～12艘大型潜水艇，并对现役水面舰艇进行技术改造。空军计划分3步进行发展，第1步在1998年前研制出类似美国F／A-18攻击型战斗机的FX战斗机，共装备120架，拟与现役F-16型战斗机搭配使用，形成双层空防系统，用F-16型战斗机执行近程空战任务，用FX型战斗机执行远程空战任务，主要用来对付米格-25和米格-29型战斗机，届时它将成为空军主力战斗机；第2步计划在2003年前研制出类似美国F-16型战斗机或F／A-18型战斗攻击机的FXX多用途战斗机，共装备180架；第3步计划从2004年开始研制出自己设计的下一代战斗机，即FXXX式战斗机。此外，还计划从1993年开始生产英国"隼"式战斗教练机。

（三）大力加强作战指挥系统自动化建设。目前，南朝鲜三军已在旅级以上单位建立了C^3I自动化作战指挥系统，基本上实现了通信、指挥、情报传递的自动化，计划在90年代建立一个三军统一的自动化的作战指挥系统。最近，南朝鲜总统卢泰愚在谈到建立新的指挥系统时说，"韩国必须建立一个更加有力和更加有效的指挥系统，更加可靠和更加迅速的通信情报传递系统。"

1990年中外军事交往

●1月10～15日，孟加拉国陆军参谋局长阿卜杜斯·萨拉姆少将一行2人应中国人民解放军总参谋部的邀请访问了中国。总参谋长迟浩田、副总参谋长徐信分别会见了萨拉姆少将。萨一行访问了北京、上海等地，参观了部队、院校，游览了风景名胜，同中国军队有关部门进行了友好接触。

●2月7～21日，中国人民解放军空军司令员王海上将一行5人应孟加拉国空军参谋长蒙塔兹少将和泰国空军司令甲社上将的邀请访问了孟、泰两国。孟加拉国总统艾尔沙德、国防秘书拉赫曼、陆军参谋长拉赫曼中将、海军参谋长苏尔坦少将分别会见了王海司令员一行；泰国政府总理兼国防部长差猜上将，最高司令的代表、最高副司令瓦拉那上将也分别会见了王海一行。王海司令员等参观访问了孟、泰两国空军部队、院校，游览了风景名胜。

●2月19日～3月4日，中华人民共和国国务委员兼国防部长秦基伟上将一行9人应巴基斯坦和孟加拉国政府的邀请分别访问了巴、孟两国。秦部长访巴时，巴总统、总理、高资部长、参联会主席、巴中友协主席和陆、海、空三军参谋长分别会见了秦部长一行，巴国防国务部长全程陪同秦部长访问。秦部长访孟时，孟总统、副总统、总理、副总理、外交部长、国防秘书和陆、海、空三军参谋长分别会见秦部长一行。秦部长参观访问了巴、孟军队的部队、院校，游览了风景名胜，并同两国有关领导人就共同关心的问题广泛地交换了意见。

秦部长回国途经泰国时，泰政府总理兼国防部长差猜、代理最高司令兼陆军司令差瓦利分别会见了秦部长一行。

●4月2～12日，中华人民共和国国防部外事局局长宋文中一行4人应苏联国防部外事局局长胡热科夫海军少将的邀请访问了苏联。这是中苏两军中断了30多年交往以后中国军队首次派团访苏。苏联国防部第一副部长兼总参谋长莫伊谢耶夫大将和总政副主任格列别纽克中将分别会见了宋文中局长。两国国防部外事局长就恢复和开展两军交往问题进行了坦诚友好的会谈。宋文中局长一行访问了莫斯科、列宁格勒、伏尔加格勒等地，参观了部队、院校等军事单位，并游览了名胜古迹。

●4月10～15日，委内瑞拉陆军总司令卡洛斯·佩尼亚洛萨中将一行4人应中国国防部邀请访问了中国。徐信副总长为佩尼亚洛萨访华举行了欢迎仪式和宴会。国防部长秦基伟会见了佩尼亚洛萨总司令一行。委客人访问了北京、西安、杭州、上海等地，参观了部队、院校，游览了名胜古迹。

●4月17～27日，由海军政委李耀文上将率领的中国人民解放军友好参观团一行8人应邀对朝鲜进行了友好访问。朝人民军总参谋长崔光大将会见并举行欢迎宴会。朝鲜人民伟大领袖金日成会见并宴请李耀文政委及友好参观团全体成员。朝人民军武装部长吴振宇等领导同志也分别会见了参观团。参观团先后访问了平壤、开城、元山、金刚山等地，参观了陆、海军部队和军事院校等，并游览了风景名胜。所到之处受到了热情友好的接待。

●4月27日～5月1日，古巴革命武装力量总参谋长罗萨莱斯中将一行8人应迟浩田总参谋长邀请访华。迟浩田总参谋长为罗萨莱斯总参谋长举行了欢迎仪式和宴会，两军总参谋长还进行了会谈。国防部长秦基伟上将会见了古客人。罗萨莱斯总参谋长先后访问了北京、石家庄，参观了部队、院校，游览了风景名胜。

●4月29日～5月9日，斐济武装部队司令兰布卡少将和夫人一行7人应中国国防部邀请访华。迟浩田总参谋长为兰布卡司令访华举行了欢迎仪式和宴会，双方进行了友好、坦诚的交谈。国家主席杨尚昆、国防部长秦基伟分别会见了兰布卡一行。斐济客人先后访问了北京、南京、上海、厦门、广州等地，参观了陆、海、空军及武警部队，并游览了风景名胜。在南京、广州访问时，南京军区司令员向守志、广州军区政委张仲先分别会见并宴请了兰布卡司令。

●5月10～18日，泰国国防部次长万猜·朗达军上将和夫人一行应邀访问了中国。徐信副总参谋长到机场迎送万猜上将一行，并为其举行了欢迎宴会。国防部长秦基伟、总参谋长迟浩田分别会见了万猜一行。万猜一行访问了北京、桂林、上海等地，参观了部队、院校，游览了名胜古迹，所到之处均受到当地军政有关部门的热情接待。

●5月13～23日，巴基斯坦海军参谋长雅斯图尔·马立克上将及夫人一行5人应中国人民解放军海军司令员张连忠邀请访问了中国。张连忠司令员为马立克上将举行了欢迎仪式和宴会，并就发展两国海军友好合作关系等问题进行了交谈。中央军委副主席刘华清、国防部长秦基伟、总参谋长迟浩田分别会见了马立克上将。巴客人先后访问了北京、青岛、上海、杭州、广州等地，参观了海军部队、院校等，游览了风景名胜。

●5月21日～6月4日，由总统办公室国务部长（主管国防）马奎塔率领的坦桑尼亚军事代表团一行5人应中华人民共和国国务委员兼国防部长秦基伟的邀请访问中国。秦部长为马奎塔部长访华举行了欢迎仪式和宴会。两国部长举行了会谈。中共中央总书记、中央军委主席江泽民，总参谋长迟浩田分别会见了马奎塔部长一行。坦客人先后访问了北京、石家庄、南京、上海、重庆等地，参观了部队、院校等，并游览了风景名胜。代表团在南京访问时，南京军区司令员固辉会见并宴请了坦桑客人。

●5月22日～6月13日，中国人民解放军总政副主任周文元率领总政歌舞团120人对朝鲜进行了访问演出。金日成主席和吴振宇部长等朝鲜党政军领导同志会见了周副主任并观看了演出。歌舞团在平壤、开城、元山、金刚山、新义州等地演出17场，观众达5万多人，受到热烈欢迎和高度赞扬。歌舞团还参观访问了人民军部队、院校，游览了风景名胜。周副主任等同朝鲜人民军总政治局交流了军队政治工作情况，文艺工作者相互介绍了文艺创作、表演技艺的体会。此次访问演出取得了圆满成功。

●5月31日～6月14日，中华人民共和国中央军委副主席刘华清上将一行21人应邀访问了苏联。苏部长会议副主席别洛乌索夫迎接并宴请刘副主席一行。苏部长会议主席雷日科夫，苏共中共政治局委员、中央书记扎伊科夫，苏国防部长亚佐夫等分别会见了刘副主席。刘副主席等参观访问了部队等军事单位、科研部门，并游览了风景名胜。

●6月1～7日，苏联国防部外事局局长胡热科夫海军少将一行6人，应我国防部外事局傅加平局长邀请，访问了中国。这是近30多年来第一个访华的苏军事代表团。傅加平局长为胡热科夫访华举行了欢迎宴会，两国国防部外事局长进行了会谈。迟浩田总长、徐信副总长、总政于永波副主任分别会见了胡热科夫海军少将。苏客人先后访问了北京、上海、广州、深圳等地，参观了部队、院校等，并游览了风景名胜。

●6月3～14日，中华人民共和国国务委员兼国防部长秦基伟率领的中国军事友好代表团一行9人应埃及武装部队总司令兼国防和军工生产部长尤素福·塔利布上将和约旦武装部队的邀请分别访问了埃及和约旦两国。这是中国国防部长首次出访中东国家。埃及穆巴拉克总统、约旦侯赛因国王会见了秦部长一行。秦部长分别同埃及国防部长和约旦总参谋长举行了会谈，参观访问了两国的部队、院校，游览了名胜古迹，所到之处受到热烈友好的接待。

●6月4～19日，由炮兵司令康·约尼查中将率领的罗马尼亚军官休假团一行6对夫妇，应中国国防部邀请，来中国度假并参观访问。徐信副总长和夫人张德焕设宴欢迎，迟浩田总长和夫人姜青萍会见了罗客人。罗军官休假团先后访问了北京、厦门、南京、上海、大连等地，参观了部队、院校和地方企业单位，游览了名胜古迹。

●6月5～9日，由院长弗洛伦西奥·马格西诺退役准将率领的菲律宾国防学院代表团一行26人访问了中国。何其宗副总长为菲国防学院代表团访华举行了欢迎宴会。迟浩田总长会见了马格西诺院长。菲客人先后访问了北京、广州，参观了中国人民解放军国防大学和北京卫戍区某师的军事表演，并游览了风景名胜。广州军区司令员朱敦法在马格西诺院长一行访问广州时会见并宴请了菲客人。

●6月6～7日，泰国副总理兼国防部长差瓦利一行6人来华访问。中国人民解放军迟浩田总长、徐信副总长等到机场迎送。中华人民共和国杨尚昆主席会见了差瓦利。迟浩田总长、徐信副总长、钱其琛外长参加了会见。钱其琛外长还单独会见了差瓦利，双方就共同关心的问题交换了意见。

●6月14～20日，埃及防空军司令沙兹利中将和夫人一行5人应中国人民解放军空军司令员王海上将邀请访问了中国。王海司令员为沙兹利司令访华举行了欢迎仪式和宴会，并主持向客人介绍了中国防空情况。迟浩田总长会见了沙兹利司令。埃及客人访问了北京地区的空军部队、院校，游览了名胜古迹。

●6月21～26日，泰国海军司令巴帕·格里沙纳占上将和夫人一行8人应中国人民解放军海军司令员张连忠邀请访问了中国。张连忠司令员到机场迎接巴帕一行，并在海军机关所在地举行了欢迎仪式，陪同巴帕检阅了海军仪仗队。此后，张司令员在人大会堂设宴欢迎巴帕一行。中华人民共和国国务委员兼国防部长秦基伟、国务委员邹家华分别会见了巴帕上将。巴帕一行先后访问了北京、上海等地。

●6月22日～7月2日，由武装部队总参谋长伊兹哈克中将为团长、副总参谋长苏莱曼中将为副团长的苏丹军事代表团一行11人应中国人民解放军总参谋长迟浩田上将的邀请访问了中国。迟总长为苏丹军事代表团举行了欢迎仪式和宴会，两国军队总长进行了会谈。中央军委副主席刘华清上将、国务委员兼国防部长秦基伟上将分别会见了伊兹哈克总长一行。苏丹客人先后访问了北京、桂林、广州、佛山、深圳等地，参观了部队、院校，游览了风景名胜。

●6月22日～7月2日，由院长苏伦·高维尔海军中将为团长的印度国防学院代表团一行20人访问中国。这是该院自1960年成立以来第一次派团访华，也是近30年来印中之间首次进行的军事友好交往。徐信副总长会见并宴请了印国防学院代表团，代表团还拜会了中国外交部齐怀远副部长。代表团访问了北京、上海、广州、深圳等地，参观了国防大学及陆、海军部队，游览了风景名胜，听取了国防大学、外交部、国家计委关于中国军队情况、外交政策和经济建设等情况介绍，与北京国际战略学会就国防和地区形势进行了座谈。

●7月5～19日，由捷克斯洛伐克东部军区司令安德莱依恰克中将率领的军官休假团一行6人应中国国防部邀请访问中国并度假。中国人民解放军徐信副总长、韩怀智副总长分别会见了捷休假团。休假团先后访问了北京、青岛、南京、无锡、上海、广州等地，参观了部队、院校、工厂，游览了风景名胜。

●7月24日～8月2日，由苏联英雄、退役空军中将费德罗夫率领的苏军老战士代表团一行10人应中国国防部邀请访问了中国。中共中央顾问委员会常委肖克、中国人民解放军副总参谋长徐信、总政副主任周文元、空军司令员王海等领导人会见了苏老战士代表团全体成员。苏客人先后访问了北京、哈尔滨、沈阳、大连、上海等地，参观了部队、工厂，祭扫了苏军烈士墓，并游览了风景名胜。

●7月28日～8月7日，应中华人民共和国国防部邀请，由朝鲜人民武力部副部长全文燮大将率领的朝鲜人民军友好参观团一行12人访问了中国。徐信副总长到机场迎接全文燮大将一行，并为其举行了欢迎宴会。秦基伟部长会见了全文燮大将，宾主进行了友好交谈。朝鲜友好参观团访问了北京、泰安、南京、上海、沈阳等地，参观了部队、院校及工厂、商店、居民家庭，游览了名胜古迹。济南军区司令员张万年、南京军区司令员固辉、沈阳军区司令员刘精松在军区分别会见并宴请了全文燮大将及友好参观团其他成员。

●8月10～17日，由中国人民解放军副总参谋长何其宗中将率领的军事友好代表团一行6人应邀参加津巴布韦建军10周年庆祝活动并进行友好访问。访津期间，津巴布韦总统穆加贝、副总统穆登达、国防部长霍维分别会见了何其宗副总长一行。代表团参加了津建军节全部庆祝活动，同津军队领导人进行了广泛的接触，并参观了津部队，游览了风景名胜。

●8月23～30日，由中共中央政治局委员、国务委员兼国防部长秦基伟率领的中华人民共和国军事友好代表团应朝鲜人民武装力量部吴振宇部长邀请访问了朝鲜。秦基伟同志一行抵离平壤时，吴振宇部长率人民军各总部和军兵种主要高级将领等1000多名官兵及市民到车站迎送，吴部长为秦部长举行了隆重的迎送仪式和宴会。两国国防部长进行了友好的会谈。朝方还组织了6000多名官兵参加的欢迎集会。朝鲜国家主席金日成会见并宴请了秦部长一行，并作了亲切、坦诚的谈话。金日成主席还签署政令，授予秦基伟一级国旗勋章，授予代表团其他成员一级独立自由勋章和一级友谊勋章。秦部长一行访朝期间参观了朝人民军部队和建设工程，游览了风景名胜，所到之处受到热烈的欢迎和款待。

●8月31日～9月15日，由广州军区司令员朱敦法中将率领的中国军事友好参观团一行5人应邀访问了罗马尼亚和捷克斯洛伐克。参观团访罗期间，罗政府总理罗曼、国防部长斯坦库列斯库、军队总参谋长约内尔分别会见了朱敦法司令员一行；在访捷时，捷军副总参谋长温德尔少将会见了朱敦法司令员一行。友好参观团访问了罗、捷两国军事单位，游览了风景名胜，并参观了工厂、农村，所到之处受到了友好的接待。

●9月6～15日，由指挥参谋学院院长沙辛·拉德准将率领的伊朗指挥参谋学院代表团一行43人应邀访问了中国。徐惠滋副总长会见并宴请了该团，热烈欢迎伊朗首次派军事院校代表团访华。伊团先后访问了北京、南京、包头等地，参观了中国军队的部队、院校，游览了风景名胜。

●9月23～30日，中华人民共和国国防部外事局局长傅加平少将一行3人应蒙古人民共和国国防部的邀请访问了蒙古。这是1961年以来中国军队访蒙的第一个代表团。蒙军副总长兼卫戍区司令嘎拉桑少将和国防部外事司长桑堆扎布中校等到车站迎接，蒙国防部副部长蒙赫道尔吉少将会见并宴请，蒙国防部长沙·扎丹巴中将、对外关系部第一副部长乔普赫尔分别会见了傅加平局长。在中国驻蒙古使馆举行的庆祝中国国庆招待会上，蒙总统彭·蒙其尔巴特同傅局长互致问候。中国客人访问了乌兰巴托、额尔登特等地，参观了蒙军部队、院校，游览了风景名胜。

●10月7～18日，伊朗国防部长阿克托尔·托尔康一行11人应中国国防部长秦基伟的邀请访问了中国。秦基伟部长为托尔康部长举行了欢迎仪式和宴会，中伊两国国防部长就共同关心的问题进行了会谈。国家主席杨尚昆、中央军委副主席刘华清、总参谋长迟浩田等领导人分别会见了托尔康一行。托一行先后访问了北京、成都、上海、包头等地，参观了部队、工厂和科研机构，游览了风景名胜，所到之处受到当地驻军及有关部门的热烈欢迎和盛情款待。

●10月13～19日，泰国武装部队最高副司令披集·军拉瓦尼上将和夫人一行10人访问了中国。中国人民解放军徐信副总长到机场迎接，并为披集副司令一行举行了欢迎宴会。中国国防部秦基伟部长、迟浩田总长分别会见宴请了披集上将。披集一行先后访问了北京、桂林、广州等地，参观了中国军事院校，游览了风景名胜。在广州访问时广州军区司令员朱敦法会见并宴请了披集上将一行。

●10月21～27日，哥伦比亚国防部长博特罗上将一行3人应中国国防部秦基伟部长邀请对中国进行了访问。秦部长为博特罗部长举行了欢迎仪式和宴会，两国国防部长进行了会谈。博特罗上将是哥第一位来中国访问的国防部长，中华人民共和国主席杨尚昆会见了博特罗部长一行。哥客人先后访问了北京、南京、上海、广州、深圳等地，参观了部队，游览了风景名胜。在广州，军区司令员朱敦法会见并宴请了博特罗部长一行。

●10月25日，是中国人民志愿军赴朝参战40周年纪念日。由国防大学校长张震上将率领的前中国人民志愿军代表团、北京军区副司令员兼北空司令员耀先中将率领的前中国人民志愿军英模代表团、总参通信部政委胡贵友少将率领的前中国人民志愿军烈属代表团共34人，赴朝鲜参加了前志愿军入朝参战40周年纪念活动。朝鲜国家主席金日成会见并宴请了全体中国客人。代表团成员在平壤参加了纪念志愿军入朝参战40周年大会，向志愿军烈士塔献了花圈，观看了大型团体操和文艺演出，参观了朝鲜部队、工厂等，游览了风景名胜。兰州军区政委曹芃生中将随李铁映同志率领的中国党政代表团，也赴朝参加了庆祝活动。

●10月25日～11月1日，由苏联部长会议副主席兼国家军事工业问题委员会主席伊戈尔·谢尔盖耶维奇·别洛乌索夫率领的政府代表团一行26人，应中华人民共和国中央军事委员会副主席刘华清邀请访问了中国。刘华清副主席为别洛乌索夫一行举行了欢迎宴会，并主持同别洛乌索夫一行举行了会谈。国家主席杨尚昆、总理李鹏分别会见了别洛乌索夫及其主要随行人员。苏客人由国防科工委主任丁衡高夫妇陪同先后访问了北京、上海、广州、深圳等地，参观了部队、院校、科研部门和工厂，游览了名胜古迹。客人所到之处均受到热情接待。

●10月25日～11月1日，罗马尼亚国防部长斯坦库列斯库上将一行10人应中华人民共和国国务委员兼国防部长秦基伟邀请访问了中国。秦基伟部长为斯坦库列斯库部长举行了欢迎仪式和宴会，宾主双方进行了会谈。国家主席杨尚昆会见了斯坦库列斯库部长及其主要随行人员。罗客人先后访问了北京、西安、广州、深圳等地，参观了中国军事院校、科研部门和工业项目，游览了风景名胜。在广州访问时，军区司令员朱敦法会见并宴请了罗马尼亚客人。

●11月3～13日，由朝鲜人民军总政治局副局长李奉远上将率领的政工代表团一行9人应邀访问了中国。中国人民解放军总政副主任周文元中将等前往迎接并设宴欢迎李奉远上将一行。中央军委刘华清副主席、杨白冰秘书长、秦基伟部长等分别会见了李奉远上将；总政其他领导人于永波和李继耐、海军政委魏金山、空军政委朱光、国防大学校长兼政委张震、广州军区政委张仲先分别参加了有关活动。朝客人访问了北京、南京、广州等地，参观了部队、院校，观看了文艺演出，并游览了风景名胜。

●11月5～10日，孟加拉国武装部队国防指挥参谋学院院长阿卜杜斯·萨马德少将应中国人民解放军国防大学校长张震的邀请访问了中国。张震校长为萨马德院长访华举行了欢迎宴会并陪同参观了国防大学。国务委员兼国防部长秦基伟会见了萨马德院长。萨先后访问了北京、桂林、广州等地，参观了军事院校，并游览了风景名胜。

●11月9～17日，蒙古国防部外事条法司司长苏赫巴特尔中校率领的蒙古国防部外事代表团一行3人，应中国国防部外事局傅加平局长的邀请，访问了中国。这是近30年来，蒙古军队第一个正式访华的代表团。秦基伟国防部长、徐信副总长分别会见了苏赫巴特尔中校，傅加平局长同代表团进行了会谈。蒙古客人先后访问了北京、广州、深圳、上海等地，参观了部队、院校及工农业项目，并游览了风景名胜。苏赫巴特尔中校对此次访华非常满意，认为达到了预期的目的。

●11月10～17日，应中国国防部邀请，由朝鲜人民武力部副部长金光振大将率领的朝鲜民主主义人民共和国军事代表团一行6人对中国进行了访问。中国人民解放军徐信副总长到机场迎接金光振大将一行，并为其举行了欢迎宴会。中央军委副主席刘华清、国防部长秦基伟、总参谋长迟浩田分别会见了金光振大将。副总长何其宗出席了刘副主席的会见。朝军事代表团先后访问了北京、泰安、南京、扬州等地，参观了部队、院校及工厂、农村。济南军区司令员张万年、南京军区司令员固辉分别在泰安、南京会见并宴请了金光振副部长一行。

●11月18～25日，由赞比亚空军司令西姆托韦少将为团长的赞空军代表团一行6人应中国人民解放军空军司令员王海的邀请访问了中国。王海司令员为西姆托韦司令举行了欢迎仪式和宴会。迟浩田总参谋长会见了西姆托韦司令一行。代表团访问了北京、长春、石家庄、上海、杭州、广州等地，参观了空军部队、院校及工厂，并游览了名胜古迹，所到之处受到了当地驻军的热情接待。

●12月3～7日，中国人民解放军总参谋长迟浩田上将一行4人应泰军最高司令顺通上将邀请赴泰国参加泰国王63寿辰庆典活动，并进行友好访问。泰政府总理兼国防部长差猜上将会见了迟总长。泰军最高司令顺通上将、陆军司令素金达上将也分别会见了迟总长。迟总长还会见了泰军其他有关领导人，游览了风景名胜。

●12月6～15日，由缅甸空军司令兼政府交通运输部长、社会福利和劳工部长丁吞中将为首的缅甸友好代表团一行10人，应中国人民解放军空军司令员王海的邀请，对中国进行了正式友好访问。王海司令员为丁吞司令举行了欢迎仪式和宴会，并主持向客人介绍了中国空军有关情况。国务委员兼国防部长秦基伟会见了代表团一行。丁吞司令先后访问了北京、成都、上海、杭州、广州深圳等地，参观了空军部队、工厂，并游览了风景名胜。

●12月10～17日，由中国人民解放军海军副参谋长张予三少将率领的“郑和”号训练舰280名官兵应邀访问了泰国。泰海军司令巴帕上将及海军学院、作战舰队、梭桃邑基地、陆战队领导人分别会见了张予三少将等。泰海军官兵及旅泰华侨参观了“郑和”舰。我舰官兵参观了泰海军学院、训练大队、陆战队及泰海军的“苏克荷泰”号小型导弹护卫舰，所到之处受到泰海军官兵的热烈欢迎。

●1990年12月30日～1991年1月4日，巴基斯坦陆军参谋长贝格上将及夫人一行6人应中国人民解放军总参谋部的邀请访问了中国。徐信副总长为贝格访华举行了欢迎仪式，陪同检阅了陆军仪仗队，双方进行了会谈。中央军委刘华清副主席、秦基伟国防部长、迟浩田总长分别会见了贝格一行。贝格上将一行先后访问了北京、杭州、桂林等地，参观了工厂，游览了风景名胜。

军事理论研讨会剪影

中国人民解放军全军毛泽东军事思想学术讨论会于 1990 年 9 月 8～12 日在安徽合肥举行

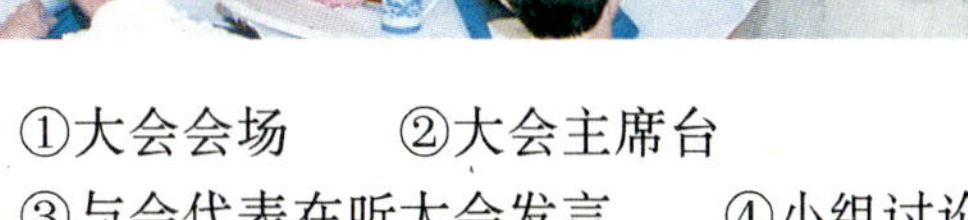

①大会会场　②大会主席台
③与会代表在听大会发言　④小组讨论

第二届孙子兵法国际研讨会于 1990 年 10 月 16～19 日在北京召开

⑤大会会场　⑥与会代表在听大会发言

朱金科　供稿

由中国人民解放军军事科学院主办的军事理论讨论会于1990年7月18～22日在北京召开

⑦会场
⑧会议主席台

⑨中国人民解放军兰州军区于1990年3月对毛泽东军事思想理论骨干进行集训

⑩中国人民解放军济南军区于1990年2月召开军事气象工作学术研讨会

⑪中国人民解放军沈阳军区某集团军于1990年4月召开工兵正规化训练观摩学术研讨会

军队政治工作剪影(中国)

①进行共产主义教育 ②谈心

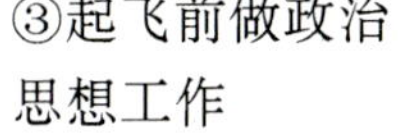

③起飞前做政治思想工作

④幸福的时刻

⑤在圆明园遗址对应征青年进行爱国主义教育

⑥学习毛泽东著作

军事训练掠影（中国）

①飞行训练　②运输途中的地空导弹

③远航编队　⑤防化兵在进行喷火训练

④导弹发射　⑥海军陆战队员在进行步坦演练

⑦⑧陆海空三军仪仗队雄姿
⑨训练中的武警战士
⑩训练中的民兵
⑪训练中的女民兵
⑫女民兵在进行射击

军事训练、演习掠影

①美海军陆战队在巴拿马进行热带丛林训练

②美军初级军官进行越野行军训练

③意大利特种部队进行潜入敌后训练

④芬兰陆军部队演练冲击

⑤新加坡、印尼军官联合进行图上作业训练

军事训练、演习掠影

①美军女兵进行体能训练

②美军新兵都要到毒气室“品尝”毒气的味道

③用迷彩进行伪装也是美军女兵的必修课

④美军女兵进行射击训练

⑤美军女兵进行越过障碍训练

图片提供　刘书礼

军事后勤工作剪影(中国)

①抢修火炮　③地下火炮库
②运送战车　④吊装火炮

⑤检修战车　⑥检修海底电缆

⑦抢修坦克发动机
⑧抢修坦克传动装置

⑨快速更换炮塔
⑩抢修坦克变速箱
⑪抢修好的坦克向集结地域开进
⑫开设野战弹药库

美军『沙漠盾牌』行动 掠影

①快速空运至海湾的美第82空降
②正在登船的美海军陆战远征旅
③开赴阵地的美军"王中王"式
空导弹车
④美军展开的油料供应系统
⑤飞抵沙特的"阿帕奇"式攻击直
升机

图片提供　刘书礼

海湾战争部分作战飞机

▲美E—3A空中预警与控制飞机

▼美F—111战斗轰炸机

▼美KC—10空中加油机

▲苏制苏—24攻击机，伊拉克装备10余架

▼美B—52G战略轰炸机

海湾战争部分作战飞机

▲美F—15战斗机

▼美F—16战斗机

▲苏制米格—29战斗机，伊拉克装备近30架

▼苏制米格—21战斗机，伊拉克装备约70架

▲英“旋风”战斗机

▼美F/A—18航母舰载机

地面武器

海湾战争部分

①美军M 1 A 1 型坦克

②美军M60A 3 型坦克

③美军M 113 A 1 型装甲输送车

④英军"挑战者"式坦克

⑤法军A MX 40型坦克

⑥苏制T—72型坦克，伊军装备的主战坦克

图片提供：夏学华　文武

海湾战争部分

地面武器

图片提供
文武
夏学华

①美军M109A 2型155 毫米自行榴炮

②美军M 901型“陶”式反坦导弹发射车

③美军M 9型工兵作业车

④法军“海豚”反坦直升机

⑤苏制A T —4 反坦导弹，伊军装备有此导弹

⑥苏制“萨姆—8”防空导弹，伊军装备有此导弹

海湾战争部分航母

▲美海军"肯尼迪"号航母

▲美海军"艾森豪威尔"号航母

③

▲美海军"突击者"号航母

④

▶美海军「萨拉托加」号航母

海湾战争部分航母

①

▲苏海军「基辅」级航母

②

▲英海军「常胜」级轻型航母

▼英海军「皇家方舟」号轻型航母

③

▶美海军“中途岛”级航母

部分电子战装备

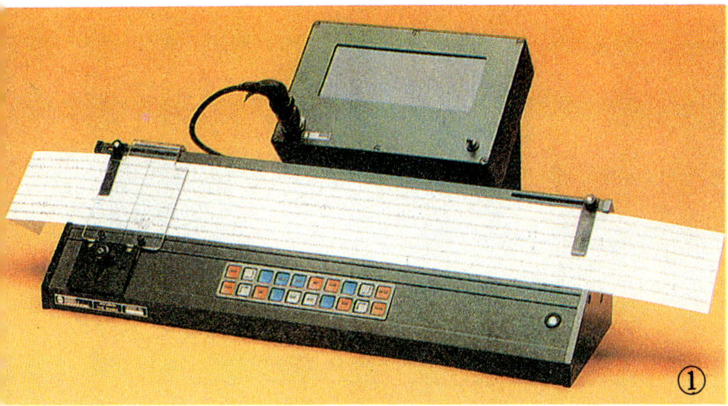

①（美）话音窃听器

②（英）P C —5000型微型电子计算机

③（以）T A C J S 战术通信自动干扰车

④（美）空军诱饵雷达

⑤（英）充气假目标

图片提供　刘书礼

部分电子战装备

①（北约）防御者式空中预警机

②（法）T R C —350 H 型跳频电台

③（法）T F H－950S 型数字微波通信系统

④（英）海王—2 式海上预警机

⑤（美）A N／ P R D—12型便携式测向机

部分航天器

1. 美国马丁—玛丽埃塔公司设计的空间站装修机器人
2. 美军高密度大气层防御拦截器
3. 美国『大力神』导弹发射装置

4. 日本『休斯—393』型通信卫星
5. 美国『发现者』号航天飞机
6. 美空军第3代预警卫星

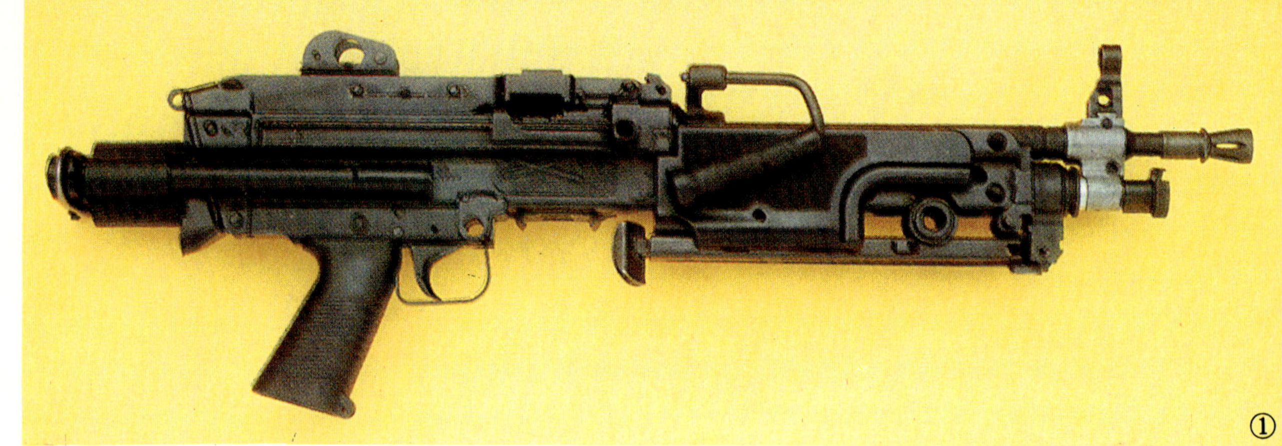

部分新式轻武器

1、（比）伞兵用轻机枪

2、（美）三角牌786 型冲锋枪

3、（以）冷光手榴弹

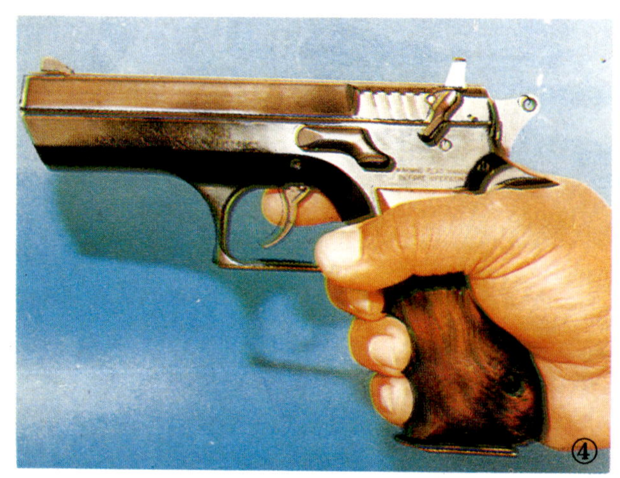

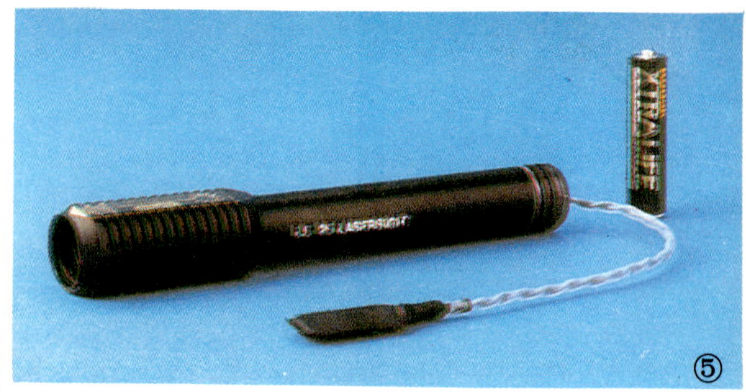

4、（以）41A E 型 9 毫米手枪

5、（英）L 25 型轻武器激光瞄准具

图片提供：刘书礼

新近出版的部分军事读物（中国）

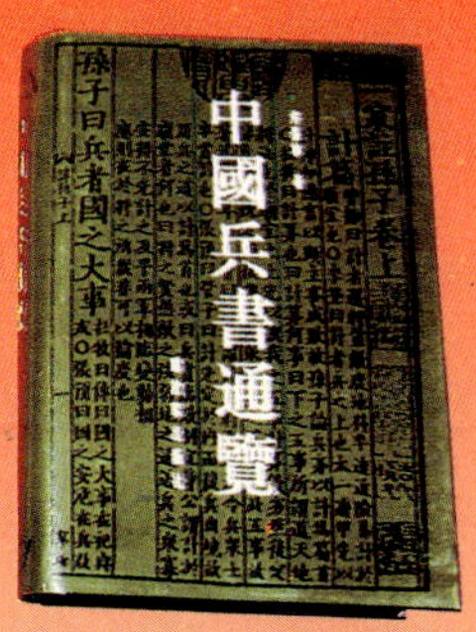

解放军出版社　符晓笛供稿

新近出版的部分军事读物（中国）

军事科学出版社　何炳富　刘义昌供稿

新近出版的部分军事读物（中国）

解放军文艺出版社　明　丽供稿

国防大学出版社　李贺然　陈署栋供稿